제4판

법인세법강의

이준봉(성균관대학교 법학전문대학원 교수) 저

SAMIL | 삼일인포마인

제4판 서문

독자 여러분의 성원에 힘입어 법인세법강의 제4판을 출간하였습니다. 독자 여러분께 감사의 마음을 전합니다. 저자에게는 다시없이 영광스러운 일입니다. 저자는 현재에 머무르지 않고 독자 여러분께 더 나은 학문적 업적을 담은 결과물을 올리기 위하여 더욱 정진하겠습니다. 독자 여러분의 충고 및 고견을 통하여 발전시킬 수 있다는 믿음이 없었다면, 저자가 본서 및 조세법총론과 같은 졸저들을 계속하여 출간할 수는 없었을 것입니다. 다시 한번 독자 여러분의 배려에 고개숙여 감사드립니다.

저자는 법인세법강의 제4판을 준비하는 과정에서 오·탈자, 비문 및 설명이 불명확하거나 부족한 부분 등을 발견하여 수정하고 보완하였습니다. 아직 부족한 부분들이 있을 것이나 계속 보완하기 위하여 노력하겠습니다.

저자는 법인세법강의 제4판을 출간함에 있어서, 제3판의 내용을 수정하고 보완하는 것 외에 그간 개정·신설된 법령들과 최근 판례들을 반영하였으며 법인세법의 해석 또는 입법에 참고할 수 있는 쟁점 및 시각에 대한 논의를 나름대로 전개하여 보았습니다.

제4판에 새롭게 추가되거나 보충된 쟁점 또는 시각들 중 주요한 것들은 다음과 같습니다. 수입배당금 익금불산입 적용의 예외에 해당하는 '피출자법인의 소득에 법인세가 과세되지 아니한 수입배당금'의 정함에 대한 이론적 근거가 어떠한지 여부, 권리의무확정주의와 미국 판례 및 입법례 상 청구권 행사 기준(claim of right doctrine)·조세혜택 기준(tax benefit rule) 등 사이의 관계가 어떠한지 여부, 입법론의 관점에서 현행 법인세법 상 의제배당과 법인 단계의 배당가능이익의 관계에 어떻게 설정되는 것이 타당한 것인지 여부, 조세특례를 부여함에 있어서 연구개발이 어떻게 정의되어야 하는지 여부, 인건비의 정의와 대법원 판례 상 통상임금 개념 사이의 관계가 어떠한지 여부, '개인인 본인과 친족관계 또는 경제적 연관관계에 있는 자'가 법인의 발행주식총수 또는 출자총액의 100분의 30 이상을 출자한 경우 개인인 본인이 해당 법인의 특수관계인이 되기 위한 요건은 무엇인지 여부, 공동연구개발비 및 유형자산 공동사용료의 분담기준이 어떠한지 여부, 내국법인의 산출세액에서 공제하는 간접투자외국법인세액이 어떻게 계산되어야 하는지 여부, 물적 분할된 신설회사의 주식 전체를 시가에 따라 인수하여 완전자회사로 편입한 후 완전모자회사 사이의 합병을 한 경우 완전자회사 주식가액과 그 순자산가액의 차이를 손금에 산입할 수 있는지 여부, 그 경우 해당 손금과 손금산입 일반요건 사이의 관계가 어떠한지 여부 등입니다.

이 책이 세상에 멋있게 나오도록 힘을 다하여 주신 삼일피더블유씨솔루션 이희태 대표이사, 조원오 전무, 임연혁 차장, 이슬기 대리 및 편집팀에 감사드립니다.

이 책에는 내용상 잘못 기술된 부분 및 오·탈자 등이 있을 수 있습니다. 이는 전적으로 저자의 무능력에 기인한 것입니다. 향후 독자 여러분의 고견을 바탕으로 이 책을 수정하고 발전시킬 것을 다시 한번 약속드립니다.

2025년 3월

著者 識

제3판 서문

독자 여러분의 성원에 힘입어 법인세법강의 제3판을 출간하였습니다. 독자 여러분께 감사의 마음을 전합니다. 저자에게는 다시없이 영광스러운 일입니다. 저자는 현재에 머무르지 않고 독자 여러분께 더 나은 학문적 업적을 담은 결과물을 올리기 위하여 더욱 정진하겠습니다. 독자 여러분의 충고 및 고견을 통하여 발전시킬 수 있다는 믿음이 없었다면, 저자가 본서 및 조세법총론과 같은 졸저들을 계속하여 출간할 수는 없었을 것입니다. 다시 한번 독자 여러분의 배려에 고개숙여 감사드립니다.

저자는 법인세법강의 제3판을 준비하는 과정에서 오·탈자, 비문 및 설명이 불명확하거나 부족한 부분 등을 발견하여 수정하고 보완하였습니다. 아직 부족한 부분들이 있을 것이나 계속 보완하기 위하여 노력하겠습니다.

저자는 법인세법강의 제3판을 출간함에 있어서, 제2판의 내용을 수정하고 보완하는 것 외에 그간 개정·신설된 법령들과 최근 판례들을 반영하였으며 법인세법의 해석 또는 입법에 참고할 수 있는 쟁점 및 시각에 대한 논의를 나름대로 전개하여 보았습니다.

제3판에 새롭게 추가되거나 보충된 쟁점 또는 시각들 중 주요한 것들은 다음과 같습니다.

법인세법 상 사업과 업무의 구분이 어떠한지 여부, 법인 임원 또는 그 사용인의 고의 또는 중과실에 의한 행위와 관련된 손해배상금 등의 손금산입 여부, 사회질서 위반행위와 그 행위 관련 법률비용의 손금산입 여부, 사회질서 위반 자체로 인한 손금불산입과 조세법률주의 사이의 관계가 어떠한지 여부, 법인세법 상 '자본 또는 출자의 납입'을 상법에 따라 해석하여야 하는지 여부, 법인 순자산의 감소가 수반되지 않는 비용의 손금산입 여부, 손금산입 요건의 판정시기와 사업연도의 관계가 어떠한지 여부, 특수관계인 등으로부터 분여받은 이익의 익금산입과 부당행위계산 부인의 관계가 어떠한지 여부, 물적 분할된 신설회사 주식 전체를 시가로 인수한 후 완전모자회사 간 합병을 한 경우 완전자회사 주식 시가와 완전자회사 순자산가액의 차액을 손금에 산입할 수 있는지 여부, 우선주 감자대금과 수입배당금 사이의 관계가 어떠한지 여부, 재평가적립금을 감액하여 지급받은 금액과 수입배당금 사이의 관계가 어떠한지 여부, 출산지원금 등과 인건비 또는 복리후생비 사이의 관계가 어떠한지 여부, 신주발행형 우리사주매수선택권의 행사와 그 손금산입에 관한 규정의 성격이 어떠한지 여부,

위임입법 관점 상 복리후생비 항목을 한정하는 시행령을 어떻게 해석하여야 하는지 여부, 일반적 장기용역계약과 작업진행률 적용 사이의 관계가 어떠한지 여부, 평가심의위원회를 통한 시가 적용을 어떻게 판단하고 해석하여야 하는지 여부, 법인세법과 그 시행령 상 시가 정의를 이렇게 조화롭게 해석하여야 하는지 여부, 시가를 확인하고 검증하기 위한 감정평가와 시가가 불분명한 경우 그 보충적 가액을 결정하기 위한 감정평가가 동일한 것인지 여부, 청산법인에 대한 지급배당금 소득공제가 어떻게 적용되어야 하는지 여부 등입니다.

이 책이 세상에 멋있게 나오도록 힘을 다하여 주신 삼일인포마인 이희태 대표이사, 조원오 전무, 임연혁 차장, 이슬기 대리 및 편집팀에 감사드립니다.

이 책에는 내용상 잘못 기술된 부분 및 오·탈자 등이 있을 수 있습니다. 이는 전적으로 저자의 무능력에 기인한 것입니다. 향후 독자 여러분의 고견을 바탕으로 이 책을 수정하고 발전시킬 것을 다시 한번 약속드립니다.

2024년 7월

著者 識

제2판 서문

독자 여러분의 성원에 힘입어 법인세법강의 제2판을 출간하였습니다. 2015년 조세법총론 제1판을 출간할 당시는 물론 지난해 법인세법강의 초판을 출간할 당시에도, 이러한 순간을 맞이하게 될 것은 전혀 예상할 수 없었습니다. 독자 여러분께 감사의 마음을 전합니다. 저자에게는 다시없이 영광스러운 일입니다. 저자는 현재에 머무르지 않고 독자 여러분께 더 나은 학문적 업적을 담은 결과물을 올리기 위하여 더욱 정진하겠습니다. 독자 여러분의 충고 및 고견을 통하여 발전시킬 수 있다는 믿음이 없었다면, 저자가 위 졸저들을 계속하여 출간할 수는 없었을 것입니다. 다시 한번 독자 여러분의 배려에 고개숙여 감사드립니다.

저자는 법인세법강의 제2판을 준비하는 과정에서 오·탈자, 비문 및 설명이 불명확하거나 부족한 부분 등을 발견하여 수정하고 보완하였습니다. 아직 부족한 부분들이 있을 것이나 계속 보완하기 위하여 노력하겠습니다.

저자는 법인세법강의 제2판을 출간함에 있어서, 제1판의 내용을 수정하고 보완하는 것 외에 그간 개정·신설된 법령들과 최근 판례들을 반영하였으며 법인세법의 해석 또는 입법에 참고할 수 있는 쟁점 및 시각에 대한 논의를 나름대로 전개하여 보았습니다. 이번 법인세 법령의 개정을 통하여 종전 굳어진 용례로 여겨졌던 용어 등이 변경되었습니다. 법정기부금이 특례기부금으로, 지정기부금이 일반기부금으로, 접대비가 기업업무추진비로 각 용어들이 변경되었고, 연결납세방식의 완전지배 개념이 연결지배 개념으로 대체되었습니다. 또한 기존 제도가 폐지되거나, 새로운 제도가 도입되는 경우 역시 있었습니다. 지주회사 수입배당금액의 익금불산입 특례가 폐지되고, 외국자회사 수입배당금의 익금불산입 제도 및 한국채택국제 회계기준 적용 보험회사에 대한 소득금액 계산의 특례 등이 신설된 것이 그 예에 해당합니다.

제2판에 새롭게 추가되거나 보충된 쟁점 또는 시각들 중 주요한 것들은 다음과 같습니다.

국외투자기구가 국내원천소득이 실질적으로 귀속되는 외국법인으로서 조세조약 상 제한세율을 적용받기 위한 경정청구를 할 수 있는지 여부, '손금의 확정' 이후 손금이 추가적으로 발생하거나 변동되는 경우 그 변동분의 귀속 사업연도를 어떻게 판정할 것인지 여부, 합병차익과 합병차손의 인식범위가 어떠한지 여부, 자산 취득거래 당시 상대계정이 자본계정인지에 따라 해당 자산의 향후 처분 시 그 손익의 인식이 달라질 수 있는지 여부, BOT 방식의 경우 임대료에 관한 익금을 어떻게 인식할 것인지 여부, 특수관계인으로부터 자산 양수를 하면서 기업회계기준에 따라 장부에 계상한 자산의 가액이 시가에 미달하는 경우 그 차액에 대한 감가상각비 상당액의 손금 산입 규정이 한국채택국제회계기준을 적용할 경우에도 여전히 적용될 수 있는지 여부, 손비로 계상하지 않은 개발비에 대하여 감가상각의제 규정을 적용할 수 있는지 여부, 미국 세법 상 spin-offs, split-offs, split-ups를 어떻게 구분할 수 있는지 여부, 일본 법인세법 상 '자산조정계정' 또는 '차액부채조정계정'이 우리 자산조정계정과 어떻게 구분되는지 여부, 시가를 초과하여 지급한 금원을 해당 거래를 수행하기 위한 거래비용으로 재구성할 수 있는지 여부, 수동적 동업자인 비거주자 또는 외국법인에 대하여 조세조약을 적용하는 경우 그 소득구분을 어떻게 판정하는지 여부 등입니다.

이 책이 세상에 멋있게 나오도록 힘을 다하여 주신 삼일인포마인 이희태 대표이사, 조원오 전무, 임연혁 차장, 이슬기 대리 및 편집팀에 감사드립니다.

이 책에는 내용상 잘못 기술된 부분 및 오·탈자 등이 있을 수 있습니다. 이는 전적으로 저자의 무능력에 기인한 것입니다. 향후 독자 여러분의 고견을 바탕으로 이 책을 수정하고 발전시킬 것을 다시 한번 약속드립니다.

2023년 3월

著者 識

초판 서문

저자는 2015년 조세법총론을 출간하면서 세법학자로서 더욱 노력하여 더 나은 학문적 결과물을 독자 여러분께 올리겠다는 다짐을 했습니다. 2020년 가을 조세법총론 제7판 개정작업에 관하여 구상하던 중, 저자가 이러한 다짐을 지키고 있는지 여부에 관한 의문이 들었습니다. 한편 그 당시 세법 중에서 가장 기술적이면서도 전문적이라고 여겨지는 법인세법을 저자 나름의 일관된 논리체계를 통하여 분석하여 설명하고 싶다는 소망 역시 있었습니다. 법인세법이 주로 세무회계 및 실무관행에 의존하여 해석되고 집행되는 것이 현실이나, 이러한 해석 및 집행기준을 일관된 논리체계를 통하여 이해할 필요가 있다는 생각을 하였습니다. 이를 통하여 향후 새롭게 제기되는 쟁점들 역시 그 논리체계에 따라 정합성 있게 해결할 수 있고 향후 입법에 대한 방향 역시 제시할 수 있다고 여겼기 때문입니다. 법인세법 해석론 역시 법학 일반의 해석론과 깊게 연관되어 있다는 점 역시 감안하였습니다. 그런데 이러한 생각에 대한 회의감이 구름처럼 몰려오기에는 긴 시간이 걸리지 않았습니다. 법인세법강의를 저술하는 초반부터 새롭게 해결하여야 할 쟁점들이 많이 등장하였고, 이들을 적확하게 해결하기에는 저자의 능력이 너무 부족하다는 점을 느꼈습니다. 결국 저자의 한계가 노정되는 수준에서 법인세법강의를 마무리할 수밖에 없었습니다. 독자 여러분의 양해 및 배려를 구하고 싶습니다. 향후 지속적으로 오류를 수정하고 논리를 가다듬어 법인세법강의를 발전시키겠다는 다짐을 믿어 주시기 바랍니다.

저자는 (사)한국세법학회 및 (사)한국국제조세협회를 통하여 세법 전문가 및 학자로서의 길을 걸어왔으며, 두 학회를 통하여 학문적 자양분을 얻었습니다. 저자의 이러한 행로는 이철송 교수님(건국대학교 법학전문대학원 석좌교수)을 뵙게 되면서 시작되었습니다. 저자를 학문의 세계로 이끄셨고, 지금도 학문뿐만 아니라 학자로서의 자세와 관련하여서도 수많은 가르침을 주고 계십니다. 감사합니다. 항상 건강하시기를 기원합니다. 또한 저자는 경영학박사 학위논문을 지도하신 이만우 교수님(고려대학교 경영대학 명예교수)으로부터 세법의 기반을 형성하는 세무회계의 중요성에 관한, 법학박사 학위논문을 지도하신 이창희 교수님(서울대학교 법학전문대학원 교수)으로부터 세법 해석론의 근저에 흐르는 기본원리의 중요성에 관한 가르침을 얻었습니다. 감사합니다. 그리고 항상 건강하시기를 기원합니다.

본서는 법인세법을 주된 대상으로 합니다. 국세기본법 및 조세특례제한법 등 법인세법과 관련된 세법 역시 그 대상에 포함되어 있습니다. 저자는 본서를 기술함에 있어 국내·외 단행본, 논문 및 판례들로부터 많은 도움을 받았습니다. 본서 역시 다른 분들에게 조금이라도 도움이 될 수 있기를 소망합니다.

이 책이 세상에 멋있게 나오도록 힘을 다하여 주신 삼일인포마인 이희태 대표이사, 조원오 전무, 임연혁 차장, 이슬기 대리 및 편집팀에 감사드립니다.

이 책에는 내용상 잘못 기술된 부분 및 오·탈자 등이 있을 수 있습니다. 이는 전적으로 저자의 무능력에 기인한 것입니다. 향후 독자 여러분의 고견을 바탕으로 이 책을 수정하고 발전시킬 것을 다시 한번 약속드립니다.

끝으로 이 책의 출간에 따른 기쁨을 아내 그리고 두 아들과 함께 나누고 싶습니다. 가족의 힘이 없었다면 저자의 오늘 역시 없습니다.

2022년 4월

著者 識

차 례

제1편 **법인세 총론**

제1장 **법인과세 일반론 / 49**

| 제1절 | **소득의 정의** ··· 49
　Ⅰ. 소득의 이론 상 정의 등 ·· 50
　　1. Haig‒Simons 이론 / 50
　　2. Carter Commission의 포괄적 과세표준 / 52
　　　2.1. 포괄적 과세표준 / 52
　　　2.2. 자본소득의 과세 / 52
　Ⅱ. 현행 법인세법 상 소득의 정의 ···································· 53

| 제2절 | **자본소득에 대한 조세혜택 부여의 정당성 여부** ··················· 53

　제1관 조세혜택 부여 찬성 논거 및 그에 대한 반론 ··············· 54
　Ⅰ. 소득 속성의 부인 ·· 54
　Ⅱ. 집결효과 ··· 55
　Ⅲ. 인플레이션 ·· 56
　Ⅳ. 이중과세 ··· 56
　Ⅴ. 위험회피 ··· 57
　Ⅵ. 저축회피 ··· 57
　Ⅶ. 동결효과 ··· 58

　제2관 조세혜택 부여 반대 논거 및 그에 대한 반론 ··············· 59
　Ⅰ. 경제적 이익 ··· 59
　Ⅱ. 소득과세 복잡성의 원천 ·· 60
　Ⅲ. '불공정의 심화' 및 '재정손실에 대응하는 추가적 저축 또는
　　위험선호 발생의 희박함' ··· 60

차 례 9

차 례

| 제3절 | **실현주의** ·· **61**

| 제4절 | **소득과세의 문제점** ··· **67**
    I. 자원의 배분 : 귀속소득 ································ 68
    II. 포괄적 과세대상 ·· 69
    III. 조세지출 ·· 70
    IV. 복잡성 ·· 71
    V. 자본의 회수 ··· 71
    VI. 인플레이션 ··· 71
    VII. 기타 문제점 ··· 72

| 제5절 | **소득과세에 대한 대안의 모색** ······················· **73**
    I. 부가가치세 ··· 73
    II. 순자산세 또는 부유세 ································ 73
    III. 인두세 ·· 74
    IV. 소비 또는 현금흐름세 ······························· 74
    V. 단일세율세 ··· 75

| 제6절 | **법인과세의 필요성** ·· **75**

| 제7절 | **법인세와 주주 단계 소득과세의 통합** ············· **79**
    I. 조합 방식 ··· 79
    II. 카터 방식 ··· 80
    III. 법인세 주주귀속 방식 ································· 80
    IV. 지급배당금 소득공제 방식 ························ 80
    V. 이중세율 방식 ··· 81
    VI. 수취배당금 익금불산입 방식 ···················· 81
    VII. 수취배당금 세액공제 방식 ························ 82

제2장   법인세법 총칙 / 83

| 제1절 | **법인세법의 목적** ··· **83**

| 제2절 | **법인세법 상 주요 용어의 정의** ························· **83**

Ⅰ. 법인의 의의 ··· 83

Ⅱ. 내국법인과 외국법인 ····································· 84

Ⅲ. 영리법인과 비영리법인 ································· 87

  1. 영리법인 / 87

  2. 비영리법인 / 88

    2.1. 비영리내국법인의 범위 / 88

    2.2. 법인세법 상 비영리법인 / 88

    2.3. 조세특례제한법 상 비영리법인 / 95

  3. 비영리외국법인 / 96

Ⅳ. 기타 용어에 대한 정의 ································· 97

  1. 사업연도 / 97

  2. 연결납세방식 등 / 97

  3. 특수관계인 / 98

    3.1. 특수관계인의 정의 / 98

    3.2. 특수관계인의 유형 / 99

      3.2.1. 실질적 지배자와 친족 / 99

      3.2.2. 비소액주주 등과 친족 / 101

      3.2.3. 임원·직원 및 생계유지자 / 105

      3.2.4. 해당 법인 또는 실질적 지배자 등이 지배적 영향력을 행사하는 법인 / 107

      3.2.5. 연속 30% 이상 지분을 소유한 법인·개인 / 108

      3.2.6. 기업집단 소속 계열회사 및 그 계열회사의 임원 / 108

  4. 합병법인과 피합병법인 / 108

  5. 분할법인과 분할신설법인 / 108

차 례

| 제3절 | **법인세법 상 납세의무자 및 납세의무의 범위** ···························· **109**

　Ⅰ. 납세의무자 등의 정의 및 범위 ································· 109

　Ⅱ. 납세의무, 납부의무 및 과세소득 사이의 관계 ················ 110

　Ⅲ. 법인세법 상 납세의무자 별 과세소득의 범위 ················· 112

　　1. 영리내국법인 과세소득의 범위 / 112

　　2. 비영리내국법인 과세소득의 범위 / 113

　　3. 외국법인 과세소득의 범위 / 114

　　4. 국가 또는 지방자치단체 과세소득의 범위 / 115

| 제4절 | **법인세법 상 과세소득의 유형별 구분** ···························· **116**

　Ⅰ. 각 사업연도의 소득 ··· 116

　　1. 개요 / 116

　　2. 영리법인의 각 사업연도 소득 / 117

　　3. 비영리법인의 각 사업연도 소득 / 118

　Ⅱ. 토지 등 양도소득 ··· 119

　Ⅲ. 투자·상생협력 촉진을 위한 과세특례 상 소득에 대한 법인세

　　납세의무 ·· 120

　Ⅳ. 청산소득 ·· 120

| 제5절 | **신탁소득** ·· **121**

| 제6절 | **사업연도** ·· **122**

　Ⅰ. 사업연도의 의의 및 신고 ··································· 122

　Ⅱ. 사업연도의 변경 ··· 125

　Ⅲ. 사업연도의 의제 ··· 127

| 제7절 | **납세지** ··· **131**

　Ⅰ. 납세지의 결정기준 ··· 131

　Ⅱ. 납세지의 지정 ··· 133

　Ⅲ. 납세지의 변경 ··· 134

| 제8절 | **과세관할** ·· **135**

제2편

내국법인 과세소득에 대한 법인세

제1장 **영리내국법인의 각 사업연도 소득에 대한 법인세 / 140**

| 제1절 | **과세표준과 그 계산** ···································· 140

[제1관] 과세표준 개관 ······································ 140

[제2관] 내국법인 각 사업연도 소득에 대한 과세표준 ············· 143

Ⅰ. 과세표준 계산구조 ······································ 143

   1. 이월결손금의 공제 / 145

   2. 비과세소득 / 155

   3. 소득공제 / 156

      3.1. 유동화전문회사 등에 대한 소득공제 / 157

      3.2. 프로젝트금융투자회사에 대한 소득공제 / 176

      3.3. 자기관리 부동산투자회사의 신축 국민주택 임대소득공제
        / 177

      3.4. 자기관리 부동산투자회사의 공공지원 민간임대주택 등
        임대소득공제 / 178

Ⅱ. 내국법인 각 사업연도 소득에 대한 과세표준 계산의 특례 ····· 178

   1. 기능통화를 도입한 법인의 과세표준 계산 특례 / 179

      1.1. 기능통화를 도입한 법인의 과세표준 계산 특례 일반
        / 179

      1.2. 원화 재무제표를 기준으로 한 과세표준계산방법 / 183

      1.3. 기능통화 재무제표를 기준으로 한 과세표준계산방법
        / 184

      1.4. 원화환산 재무제표를 기준으로 한 과세표준계산방법
        / 184

   2. 해외사업장의 과세표준 계산 특례 / 186

차 례

2.1. 해외사업장의 과세표준 계산 특례 일반 / 186
2.2. 원화 재무제표를 기준으로 한 과세표준계산방법 / 189
2.3. 기능통화 재무제표를 기준으로 한 과세표준계산방법
/ 189
2.4. 원화환산 재무제표를 기준으로 한 과세표준계산방법
/ 190
3. 조합법인의 과세표준 계산 특례 / 192
4. 해운기업의 과세표준 계산 특례 / 192

| 제2절 | **각 사업연도의 소득금액** ·· **194**

[제1관] 각 사업연도의 소득금액 개관 ······································· 194
Ⅰ. 각 사업연도 소득금액, 결손금 및 이월결손금의 정의 ··········· 194
Ⅱ. 익금의 범위 ·· 194
1. 법인세법 상 익금은 법인의 순자산을 증가시키는 거래로 인하
여 발생하여야 한다. / 195
2. 법인세법 상 익금의 본질은 수익이어야 한다. / 198
3. 법인세법 상 익금은 자본 또는 출자의 납입에 해당하지 않아야
한다. / 201
4. 법인세법 상 익금의 범위에 대하여 별도의 정함이 있는 경우에
는 그에 따라 판정하여야 한다. / 206
5. 법인세법 상 '익금의 발생'과 '익금의 확정'은 구분되어야 한다.
/ 211
Ⅲ. 손금의 범위 ·· 225
1. 법인세법 상 손금은 법인의 순자산을 감소시키는 거래로 인하
여 발생하여야 한다. / 226
2. 법인세법 상 손금의 본질은 손비이어야 한다. / 228
3. 법인세법 상 손금은 자본 또는 출자의 환급 그리고 잉여금의
처분에 해당하지 않아야 한다. / 232
4. 법인세법 상 손금의 범위에 대하여 별도의 정함이 있는 경우에
는 그에 따라 판정하여야 한다. / 246

5. 손금은 법인의 사업과 관련하여 발생하거나 지출되어야 한다. / 253

6. 손금은 일반적으로 인정되는 통상적이거나, 수익과 직접 관련되어야 한다. / 256

7. 법인세법과 다른 법률은 손금의 사업관련성, 일반적 통상성 및 수익 직접 관련성에 대하여 달리 정할 수 있다. / 267

8. 법인세법 상 '손금의 발생'과 '손금의 확정'은 구분되어야 한다. / 273

Ⅳ. 자본거래와 손익거래 ·· 278
Ⅴ. 각 사업연도 소득금액의 계산 ··· 289

1. 소득금액 계산의 원칙 / 289

2. 외국법인 등과의 거래에 대한 소득금액 계산의 특례 / 295

3. 부당행위계산의 부인에 의한 소득금액 계산의 특례 / 296

4. 한국채택국제회계기준 적용 보험회사에 대한 소득금액 계산의 특례 / 296

제2관 익금의 총액 ·· 298

Ⅰ. 익금의 총액 개관 ·· 298
Ⅱ. 익금산입 항목 ·· 299

1. 개관 / 299

2. 사업수입금액 / 300

3. 추계하는 경우 부동산임대 전세금 또는 임대보증금에 대한 사업수입금액 / 302

4. 자산의 양도금액 / 302

5. 자기주식의 양도금액 / 304

6. 자산의 임대료 / 308

7. 자산의 평가차익 / 311

8. 자산수증익 / 314

9. 채무면제익 / 317

10. 손금에 산입한 금액 중 환입된 금액 / 320

11. 자본거래로 인하여 특수관계인으로부터 분여받은 이익 / 321

12. 특수관계인에 대한 미회수 업무무관 가지급금 등 / 322

13. 특수관계인인 개인으로부터 저가 매입한 유가증권의 시가와 그 매입가액의 차액 / 326

14. 세액공제된 간접외국납부세액 / 329

15. 동업기업으로부터 배분받은 소득금액 / 330

16. 의제배당금액 / 331

    16.1. 서설 / 331

    16.2. 주식의 소각, 자본의 감소, 사원의 퇴사·탈퇴 또는 출자의 감소로 인한 의제배당 / 352

    16.3. 잉여금의 자본금 전입에 의한 의제배당 / 357

    16.4. 자기주식 등을 보유한 상태에서 자본잉여금을 자본금에 전입한 경우의 의제배당 / 373

    16.5. 법인 해산으로 잔여재산을 분배하는 경우의 의제배당 / 376

    16.6. 법인 합병으로 합병대가를 취득하는 경우의 의제배당 / 377

    16.7. 법인 분할로 분할대가를 취득하는 경우의 의제배당 / 380

17. 보험감독회계기준에 따라 수익으로 계상한 책임준비금 감소액 / 383

18. 법인세법 상 열거되지 않았으나 법인에 귀속되었거나 귀속될 수익금액 / 383

19. 조세특례제한법 상 과다차입 부동산임대법인의 간주익금 / 384

Ⅲ. 익금불산입 항목 ·· 387

1. 개관 / 387

2. 법인세법 상 익금불산입 항목 / 390

    2.1. 자본거래로 인한 수익의 익금불산입 / 390

        2.1.1. 자본거래와 손익거래의 구분 / 390

        2.1.2. 주식발행액면초과액 / 392

        2.1.3. 주식의 포괄적 교환차익 / 393

        2.1.4. 주식의 포괄적 이전차익 / 396

　　　　2.1.5. 감자차익 / 397

　　　　2.1.6. 합병차익 / 415

　　　　2.1.7. 분할차익 / 417

　　2.2. 자산의 평가이익의 익금불산입 / 418

　　　　2.2.1. 자산평가의 의의 / 418

　　　　2.2.2. 자산의 평가이익 중 익금산입 항목 / 420

　　2.3. 수입배당금액의 익금불산입 / 427

　　　　2.3.1. 의의 / 427

　　　　2.3.2. 내국법인 수입배당금액의 익금불산입 / 428

　　　　2.3.3. 지주회사 수입배당금액의 익금불산입 특례 / 438

　　　　2.3.4. 외국자회사 수입배당금액의 익금불산입 / 444

　　2.4. 법인세법 상 기타 익금불산입 항목 / 447

　　　　2.4.1. 각 사업연도의 소득으로 이미 과세된 소득 / 447

　　　　2.4.2. 법인세 등 환급액 중 다른 세액 충당액 / 448

　　　　2.4.3. 국세 등 과오납금의 환급금에 대한 이자 / 450

　　　　2.4.4. 부가가치세의 매출세액 / 452

　　　　2.4.5. 자산수증익 등 중 이월결손금 충당액 / 454

　　　　2.4.6. 연결자법인 또는 연결모법인으로부터 지급받는 금
　　　　　　　 액 / 457

　　　　2.4.7. 자본준비금을 감액하여 받는 배당 / 458

　　　　2.4.8. 채무 출자전환의 '시가 초과 주식발행액' 중 법정
　　　　　　　 이월결손금에 충당하지 않은 금액 / 464

　3. 조세특례제한법 상 익금불산입 항목 / 465

　　3.1. 사업재편계획 관련 익금불산입 / 465

　　　　3.1.1. 금융채무 상환 자산매각 관련 과세특례 / 465

　　　　3.1.2. 채무 인수·변제 관련 과세특례 / 466

　　　　3.1.3. 주주 등 자산양도 관련 법인세 등 과세특례 / 466

　　　　3.1.4. 기업의 채무면제익 관련 과세특례 / 467

　　　　3.1.5. 합병에 따른 중복자산 양도 관련 과세특례 / 468

　　3.2. 조세특례제한법 상 기타 익금불산입 / 468

차 례

3.2.1. 연구개발 관련 출연금 등 과세특례 / 468

3.2.2. 사업전환 무역조정지원기업 관련 과세특례 / 470

3.2.3. 재무구조개선계획 상 자산양도 관련 과세특례 / 471

3.2.4. 외국자회사 주식 등 현물출자 관련 과세특례 / 472

3.2.5. 채무 인수·변제 관련 과세특례 / 473

3.2.6. 주주 등 자산양도 관련 과세특례 / 474

3.2.7. 채무면제익 관련 과세특례 / 475

3.2.8. 합병에 따른 중복자산 양도 관련 과세특례 / 475

3.2.9. 공장의 대도시 밖 이전 관련 과세특례 / 476

3.2.10. 법인 본사 이전 관련 과세특례 / 477

3.2.11. 공공기관 혁신도시 등 이전 관련 과세특례 / 478

3.2.12. 수도권 밖으로의 본사 이전 관련 과세특례 / 478

3.2.13. 수용 등에 따른 공장 이전 관련 과세특례 / 479

3.2.14. 중소기업 공장 이전 관련 과세특례 / 479

3.2.15. 수용 등에 따른 물류시설 이전 관련 과세특례 / 480

3.2.16. 대학 재정 건전화 관련 과세특례 / 481

제3관 손금의 총액 ··· 482

Ⅰ. 손금의 총액 개관 ·· 482

Ⅱ. 손금산입 항목 ··· 483

1. 개관 / 483

2. 법인세법 상 손금 항목 / 485

2.1. 판매 상품 또는 제품에 관한 매입가액 등 / 485

2.2. 판매한 상품 등에 대한 판매 관련 부대비용 / 487

2.3. 양도한 자산의 양도 당시 장부가액 / 489

2.4. 인건비 / 489

2.5. 유형자산의 수선비 / 494

2.6. 유형자산 및 무형자산에 대한 감가상각비 / 494

2.7. 특수관계인으로부터 양수한 자산의 특정 감가상각비 / 495

2.8. 자산의 임차료 / 497

    2.9. 차입금이자 / 498

    2.10. 회수 불능 부가가치세 매출세액미수금 / 498

    2.11. 자산의 평가차손 / 499

    2.12. 제세공과금 / 499

    2.13. 영업자가 조직한 단체에 지급한 회비 / 500

    2.14. 광업의 탐광비 / 500

    2.15. 무료진료권 또는 새마을진료권에 의한 무료진료 가액 / 501

    2.16. 기증한 잉여 식품 등의 장부가액 / 502

    2.17. 업무 관련 해외시찰·훈련비 / 502

    2.18. 특정 학교 등에 대한 운영비 또는 수당 / 503

    2.19. 우리사주조합 출연 자사주의 장부가액 또는 금품 / 503

    2.20. 손비로 계상한 미술품의 취득가액 / 504

    2.21. 광고선전 목적 기증 물품의 구입비용 / 504

    2.22. 임직원 행사 주식매수선택권 등에 대한 보전금액 / 506

    2.23. 주식매수선택권 등 행사에 따른 주식기준보상액 등 / 507

    2.24. 중소기업 또는 중견기업 부담 기여금 / 510

    2.25. 임직원 유족에 대한 학자금 등 특정 일시금 지급액 / 511

    2.26. 법정 기금에 출연하는 금품 / 511

    2.27. 보험감독회계기준에 따라 적립한 책임준비금의 증가액 / 511

    2.28. 동업기업으로부터 배분받는 결손금 / 512

    2.29. 법인세법 상 열거되지 않았으나 법인에 귀속되었거나 귀속될 손비금액 / 512

3. 조세특례제한법 상 손금 항목 / 513

    3.1. 채무의 인수·변제에 대한 과세특례 / 513

    3.2. 주주 등의 자산양도에 관한 법인세 등 과세특례 / 513

    3.3. 금융기관의 자산·부채 인수에 대한 법인세 과세특례 / 514

    3.4. 학교법인 자법인의 학교법인에 대한 출연금 과세특례 / 514

    3.5. 정비사업조합 설립인가 등 취소에 따른 채권의 손금산입 / 514

    3.6. 사업재편계획 상 채무 인수·변제액의 손금산입 / 515

    3.7. 사업재편계획 상 자산증여 주주 등의 손금산입 / 515

차 례

Ⅲ. 손금불산입 항목 ·· 516

1. 개관 / 516

2. 법인세법 상 손금불산입 항목 / 518

  2.1. 대손금의 손금불산입 / 518

    2.1.1. 법정 대손사유 발생에 따른 대손금의 손금산입 / 518

    2.1.2. 대손금 손금산입 규정의 적용이 배제되는 채권 / 523

    2.1.3. 채권재조정과 대손금의 손금산입 / 526

    2.1.4. 법인세법 상 대손금 부인액의 세무조정 / 530

  2.2. 자본거래 등으로 인한 손비의 손금불산입 / 530

    2.2.1. 자본거래와 손익거래의 구분 / 530

    2.2.2. 잉여금의 처분을 손비로 계상한 금액 / 531

    2.2.3. 주식할인발행차금 / 532

    2.2.4. 감자차손 / 533

    2.2.5. 주식의 포괄적 교환차손 / 533

    2.2.6. 주식의 포괄적 이전차손 / 534

    2.2.7. 합병차손 / 534

    2.2.8. 분할차손 / 536

  2.3. 세금과 공과금의 손금불산입 / 537

    2.3.1. 법인세, 법인지방소득세, 관련 가산세 등 및 부가가
치세 매입세액 / 537

    2.3.2. 기반출 미판매 개별소비세 또는 주세의 미납액 / 543

    2.3.3. 벌금, 과료, 과태료, 가산금 및 강제징수비 / 544

    2.3.4. 법령에 따라 의무적으로 납부하는 것이 아닌 공과
금 / 546

    2.3.5. 법령 상 의무의 불이행 또는 금지·제한 등의 위반
을 이유로 부과되는 공과금 / 547

    2.3.6. 연결자법인 또는 연결모법인에게 지급하였거나 지
급할 연결법인별 법인세액 / 547

  2.4. 징벌적 목적의 손해배상금 등에 대한 손금불산입 / 548

  2.5. 자산의 평가손실의 손금불산입 / 550

2.6. 감가상각비의 손금불산입 / 551

  2.6.1. 감가상각비 손금산입 개요 / 551

  2.6.2. 감가상각비의 손금산입방법 / 555

  2.6.3. 감가상각자산의 범위 / 556

    2.6.3.1. 감가상각자산 범위의 개요 / 556

    2.6.3.2. 감가상각자산에서 제외되는 법정 자산 / 556

    2.6.3.3. 감가상각자산의 범위 / 558

  2.6.4. 감가상각비 시부인액의 계산 및 그 처리 / 566

  2.6.5. 감가상각 법정 상각범위액의 계산 / 567

    2.6.5.1. 감가상각 법정 상각범위액 계산요소 개관 / 567

    2.6.5.2. 내용연수 / 568

    2.6.5.3. 상각률 / 570

    2.6.5.4. 잔존가액 / 571

    2.6.5.5. 감가상각방법 / 571

    2.6.5.6. 감가상각범위액의 계산 / 574

  2.6.6. 감가상각의 의제 / 576

  2.6.7. 즉시상각의 의제 / 577

  2.6.8. 한국채택국제회계기준 적용법인의 감가상각 특례 / 581

2.7. 기부금의 손금불산입 / 588

  2.7.1. 기부금 손금산입 개요 / 588

  2.7.2. 특례기부금의 시부인 계산 / 594

    2.7.2.1. 특례기부금의 범위 / 595

    2.7.2.2. 특례기부금의 손금산입한도액 / 603

  2.7.3. 일반기부금의 시부인 계산 / 603

    2.7.3.1. 일반기부금의 범위 / 603

    2.7.3.2. 일반기부금의 손금산입한도액 / 611

  2.7.4. 비지정기부금의 시부인 계산 / 612

2.8. 기업업무추진비의 손금불산입 / 612

  2.8.1. 기업업무추진비 손금산입 개요 / 612

  2.8.2. 증빙 불비 기업업무추진비의 손금불산입 / 619

　　　　　2.8.3. 기업업무추진비 한도초과액의 손금불산입 / 620
　　　　2.9. 과다경비 등의 손금불산입 / 623
　　　　　2.9.1. 과다경비 등의 손금불산입 개요 / 623
　　　　　2.9.2. 상여금 등의 손금불산입 / 624
　　　　　2.9.3. 퇴직급여의 손금불산입 / 632
　　　　　2.9.4. 퇴직보험료 등의 손금불산입 / 635
　　　　　2.9.5. 복리후생비의 손금불산입 / 639
　　　　　2.9.6. 여비 등의 손금불산입 / 640
　　　　　2.9.7. 공동경비의 손금불산입 / 641
　　　　2.10. 업무와 관련 없는 비용의 손금불산입 / 642
　　　　2.11. 업무용승용차 관련비용의 손금불산입 등 특례 / 655
　　　　　2.11.1. 업무용승용차 감가상각비의 손금산입 특례 / 655
　　　　　2.11.2. 업무용승용차 관련비용의 손금불산입 특례 / 656
　　　　　2.11.3. 업무용승용차 처분손실의 손금산입 특례 / 659
　　　　2.12. 지급이자의 손금불산입 / 659

제4관 준비금 및 충당금의 손금산입 ························· 668
Ⅰ. 총설 ··· 668
Ⅱ. 준비금의 손금산입 ·· 670
　1. 법인세법 상 준비금의 손금산입 / 670
　　1.1. 비영리내국법인의 고유목적사업준비금의 손금산입 / 670
　　1.2. 책임준비금의 손금산입 / 670
　　1.3. 비상위험준비금의 손금산입 / 672
　　1.4. 해약환급금준비금의 손금산입 / 673
　2. 조세특례제한법 상 준비금의 손금산입 / 673
　　2.1. 고유목적사업준비금의 손금산입 / 673
　　2.2. 자본확충목적회사의 손실보전준비금의 손금산입 / 673
　　2.3. 신용회복목적회사의 손실보전준비금의 손금산입 / 675
Ⅲ. 충당금의 손금산입 ·· 675
　1. 법인세법 상 퇴직급여충당금의 손금산입 / 675

2. 대손충당금의 손금산입 / 679

3. 구상채권상각충당금의 손금산입 / 685

Ⅳ. 일시상각충당금 또는 압축기장충당금의 손금산입 ·················· 687

1. 법인세법 상 일시상각충당금 또는 압축기장충당금의 손금산입
   / 687

   1.1. 국고보조금 등으로 취득한 사업용자산가액의 손금산입
      / 687

   1.2. 공사부담금으로 취득한 사업용자산가액의 손금산입 / 692

   1.3. 보험차익으로 취득한 자산가액의 손금산입 / 693

   1.4. 기능통화의 변경에 따른 자산·부채 변동액의 손금산입
      / 694

   1.5. 현물출자 시 과세특례 / 695

   1.6. 교환으로 인한 자산양도차익 상당액의 손금산입 / 695

2. 조세특례제한법 상 일시상각충당금 또는 압축기장충당금의 손
   금산입 / 696

   2.1. 주식의 포괄적 교환·이전에 대한 과세특례 / 696

   2.2. 주식의 현물출자 등에 의한 지주회사의 설립 등에 대한
      과세특례 / 696

   2.3. 재무구조개선계획에 따른 기업 간 주식 등의 교환에 대한
      과세특례 / 696

   2.4. 임대주택 부동산투자회사의 현물출자자에 대한 과세특례
      등 / 696

      2.4.1. 임대주택 부동산투자회사의 현물출자자에 대한 과
         세특례의 적용 / 696

      2.4.2. 과세이연된 양도소득세 또는 법인세에 대한 사후
         관리 / 698

   2.5. 공모부동산투자회사의 현물출자자에 대한 과세특례 / 700

      2.5.1. 공모부동산투자회사의 현물출자자에 대한 과세특
         례의 적용 / 700

      2.5.2. 과세이연된 법인세에 대한 사후관리 / 701

2.6. 해외자원개발투자에 대한 과세특례 / 702

2.7. 농업협동조합중앙회의 분할 등에 대한 과세특례 / 702

2.8. 수산업협동조합중앙회의 분할 등에 대한 과세특례 / 703

2.9. 사업재편계획에 따른 기업 간 주식 등의 교환에 대한 과세특례 / 703

제5관 손익의 귀속사업연도, 자산의 취득가액 및 자산 · 부채의 평가
·· 703

Ⅰ. 총설 ·· 703

Ⅱ. 손익의 귀속사업연도 ·· 706

1. 일반원칙 / 706

2. 자산의 판매손익 등의 귀속사업연도 / 709

3. 용역제공 등에 의한 손익의 귀속사업연도 / 714

4. 이자소득 등의 귀속사업연도 / 718

4.1. 이자소득의 귀속사업연도 / 718

4.2. 배당소득의 귀속사업연도 / 724

4.3. 보험료 등의 귀속사업연도 / 726

5. 자산 임대료의 귀속사업연도 / 726

6. 기타 손익의 귀속사업연도 / 727

6.1. 금전등록기 설치 · 사용 법인의 익금 귀속사업연도 / 727

6.2. 사채할인발행차금 상각액의 손금 귀속사업연도 / 727

6.3. 유동화자산의 양도방식에 따른 보유자산의 양도 등에 대한 손익 귀속사업연도 / 730

6.4. 개발이 취소된 개발비의 손금 귀속사업연도 / 730

6.5. 파생상품의 거래로 인한 손익의 귀속사업연도 / 731

6.6. 리스료 등의 귀속사업연도 / 733

6.7. 법인이 아닌 조합 등으로부터 받는 분배이익금의 귀속사업연도 / 734

6.8. 징발재산의 대가를 징발보상증권으로 받는 경우 손익의 귀속사업연도 / 734

Ⅲ. 자산의 취득가액 ··· 735
　1. 일반원칙 / 735
　2. 자산의 취득가액 / 736
Ⅳ. 자산·부채의 평가 ·· 743
　1. 일반원칙 / 743
　2. 자산·부채별 평가 / 744
　　2.1. 개요 / 744
　　2.2. 재고자산의 평가 / 747
　　2.3. 유가증권 등의 평가 / 750
　　　2.3.1. 법인세법 상 유가증권 등의 정의 및 그 범위 / 750
　　　2.3.2. 유가증권 등의 평가 / 754
　　　2.3.3. 기업회계기준에 따른 유가증권 등의 평가에 관한
　　　　　　 세무조정 / 755
　　2.4. 외화자산 및 부채의 평가 / 757
　　2.5. 가상자산의 평가 / 758
Ⅴ. 한국채택국제회계기준 적용 내국법인에 대한 재고자산평가차익 익금
　불산입 ··· 759

제6관 기업구조조정에 관한 특례 ································· 760
Ⅰ. 총설 ·· 760
Ⅱ. 합병에 관한 특례 ··· 764
　1. 합병거래 개관 / 764
　2. 합병 시 피합병법인에 대한 과세 / 766
　3. 합병 시 합병법인에 대한 과세 / 773
　　3.1. 합병법인에 의한 자본거래 인식 및 그 인식 관련 계정의
　　　　 처리 / 773
　　3.2. 합병법인에 대한 과세 / 780
　4. 적격합병 시 합병법인에 대한 과세특례 / 783
　5. 합병 시 이월결손금 등 공제 제한 / 788
　　5.1. 이월결손금 공제 제한 / 788

차 례

　　　5.2. 처분손실 공제 제한 / 789

　　　5.3. 감면 또는 세액공제 제한 / 790

　　　5.4. 기부금한도초과액 공제 제한 / 791

　　6. 합병 시 피합병법인 주주에 대한 과세 / 791

Ⅲ. 분할에 관한 특례 ··· 795

　　1. 분할거래 개관 / 795

　　2. 분할 시 분할법인 등에 대한 과세 / 796

　　3. 분할 시 분할신설법인 등에 대한 과세 / 808

　　4. 적격분할 시 분할신설법인 등에 대한 과세특례 등 / 809

　　5. 분할 시 이월결손금 등 공제 제한 / 812

　　　5.1. 이월결손금의 공제 제한 / 812

　　　5.2. 자산 처분손실의 공제 제한 / 813

　　　5.3. 감면 또는 세액공제 제한 / 814

　　　5.4. 기부금한도초과액 공제 제한 / 815

　　6. 분할 후 분할법인이 존속하는 경우의 과세특례 / 815

　　7. 물적분할 시 분할법인에 대한 과세특례 / 817

　　　7.1. 물적분할 시 분할법인에 대한 과세이연 특례 / 817

　　　7.2. 분할법인이 적격합병되거나 적격분할하는 등 경우 분할
　　　　　신설법인주식 등 압축기장충당금의 대체 및 그 사후관리
　　　　　/ 822

　　　7.3. 물적분할 시 분할법인에 대한 과세이연 특례에 대한 사후
　　　　　관리 / 825

　　　7.4. 물적분할 시 분할신설법인에 의한 분할법인 세무조정사
　　　　　항 등의 승계 / 826

　　8. 분할 시 분할법인 등 주주에 대한 과세 / 827

Ⅳ. 그 밖의 기업구조조정에 관한 특례 ··· 830

　　1. 법인세법 상 일시상각충당금 또는 압축기장충당금을 통한 과
　　　세특례 / 830

　　　1.1. 현물출자 시 과세특례 / 830

　　　　　1.1.1. 현물출자 시 압축기장충당금을 통한 손금산입 특

　　　　례 / 830

　　　　1.1.2. 주식 등 또는 자산의 처분에 의한 압축기장충당금
　　　　　　　의 익금산입 등 사후관리 / 832

　　　　1.1.3. 사업의 폐지 등에 의한 압축기장충당금의 익금산
　　　　　　　입 등 사후관리 / 837

　　1.2. 교환으로 인한 자산양도차익 상당액의 손금산입 / 837

　　1.3. 사업양수 시 이월결손금 공제 제한 / 839

2. 조세특례제한법 상 일시상각충당금 또는 압축기장충당금을 통
　한 과세특례 / 840

　　2.1. 주식의 포괄적 교환·이전에 대한 과세특례 / 840

　　　　2.1.1. 주식의 포괄적 교환·이전거래 개관 / 840

　　　　2.1.2. 주식의 포괄적 교환 등에 따른 완전자회사의 주주
　　　　　　　에 대한 과세이연 요건 등 / 840

　　　　2.1.3. 완전자회사가 되는 내국법인의 주주가 '법인'인 경
　　　　　　　우에 대한 과세 / 843

　　　　2.1.4. 완전자회사가 되는 내국법인의 주주가 '거주자 등'
　　　　　　　인 경우에 대한 과세 / 844

　　　　2.1.5. 주식의 포괄적 교환 등 과세특례에 대한 사후관리
　　　　　　　/ 845

　　　　2.1.6. 주식의 포괄적 교환 등과 부당행위계산 부인 / 847

　　2.2. 주식의 현물출자 등에 의한 지주회사의 설립 등에 대한
　　　　과세특례 / 852

　　　　2.2.1. 지주회사의 설립과 주식의 포괄적 교환·이전 등
　　　　　　　의 관계 / 852

　　　　2.2.2. 내국법인 주주의 현물출자 등에 의한 지주회사의
　　　　　　　설립 등에 대한 과세특례 요건 / 852

　　　　2.2.3. 내국법인 주주의 전환지주회사에 대한 현물출자
　　　　　　　등에 대한 과세특례 요건 / 853

　　　　2.2.4. 내국법인 주주의 지주회사 및 전환지주회사 관련
　　　　　　　과세이연 방법 / 854

차 례

2.2.5. 내국법인 주주의 지주회사 및 전환지주회사 관련 과세특례에 대한 사후관리 / 857

2.2.6. 부득이한 사유로 인한 주식 보유요건 및 사업계속 요건에 관한 특례 / 859

2.3. 재무구조개선계획에 따른 기업 간 주식 등의 교환에 대한 과세특례 / 860

2.3.1. 재무구조개선계획에 따른 기업 간 주식 등의 교환에 대한 과세특례의 적용 / 860

2.3.2. 물적분할 또는 현물출자 시 과세특례에 따른 현물출자로 취득한 주식 등의 전부를 다시 재무구조개선계획에 따라 기업 간 주식 등의 교환을 하는 경우에 대한 과세이연 특례 / 862

2.3.3. 교환양수법인의 지배주주 등이 보유한 주식 등의 전부를 양수하는 경우에 대한 사후관리 / 862

2.4. 농업협동조합중앙회의 분할 등에 대한 과세특례 / 864

2.5. 수산업협동조합중앙회의 분할 등에 대한 과세특례 / 865

2.6. 사업재편계획에 따른 기업 간 주식 등의 교환에 대한 과세특례 / 865

2.6.1. 사업재편계획에 따른 기업 간 주식 등의 교환에 대한 과세특례의 적용 / 865

2.6.2. 과세이연된 양도소득세 또는 법인세의 사후관리 / 867

2.6.3. 물적분할 또는 현물출자 시 과세특례에 따른 현물출자로 취득한 주식 등의 전부를 다시 사업재편계획에 따라 기업 간 주식 등의 교환을 하는 경우에 대한 과세이연 특례 / 868

제7관 부당행위계산의 부인에 의한 소득금액 계산의 특례 ······· 869

Ⅰ. 부당행위계산의 부인 총설 ··· 869

1. 부당행위계산의 부인의 입법취지 및 그 헌법 상 존립근거
/ 869

2. 부당행위계산의 부인과 실질과세원칙 / 870

Ⅱ. 부당행위계산의 부인 적용요건 ·· 878

1. 부당행위계산의 부인 적용요건 일반 / 878

2. 특수관계인의 범위 / 885

3. 부당행위계산의 유형 등 / 886

3.1. 부당행위계산의 유형 / 886

3.1.1. 자산을 고가매입 또는 현물출자받았거나 그 자산을 과대상각한 경우 / 887

3.1.2. 무수익자산을 매입 또는 현물출자받았거나 그 자산 관련 비용을 부담한 경우 / 899

3.1.3. 자산을 무상 또는 저가로 양도하거나 현물출자한 경우 / 901

3.1.4. 특수관계인인 법인 간 불공정한 비율로 합병·분할하여 합병·분할에 따른 양도손익을 감소시킨 경우 / 909

3.1.5. 불량자산을 차환하거나 불량채권을 양수한 경우 / 911

3.1.6. 출연금을 대신 부담한 경우 / 911

3.1.7. 금전, 그 밖의 자산 또는 용역을 무상 또는 시가보다 낮은 이율·요율이나 임대료로 대부하거나 제공한 경우 / 912

3.1.8. 금전, 그 밖의 자산 또는 용역을 시가보다 높은 이율·요율이나 임차료로 차용하거나 제공받은 경우 / 916

3.1.9. 파생상품에 근거한 권리를 행사하지 아니하거나 그 행사기간을 조정하는 등의 방법으로 이익을 분여하는 경우 / 917

3.1.10. 자본거래로 인하여 주주 등인 법인이 특수관계인인 다른 주주 등에게 이익을 분여한 경우 / 917

3.1.11. 증자·감자, 합병·분할, 전환사채 등에 의한 주

차 례

식의 전환 · 인수 · 교환 등 자본거래를 통해 법인
의 이익을 분여하였다고 인정되는 경우 / 920
3.1.12. 이상의 각 경우에 준하는 행위 또는 계산 및 그 외에
법인의 이익을 분여하였다고 인정되는 경우 / 924
4. 부당행위계산 규정의 적용 상 시가의 범위 / 928
4.1. 시가의 정의 / 928
4.2. 시가가 불분명한 경우 시가의 적용 / 931
4.3. '금전'의 대여 또는 차용에 대한 시가의 특별 적용 / 933
4.4. '금전 외 자산' 또는 용역의 제공에 대한 시가의 특별 적용
/ 935
Ⅲ. 부당행위계산의 부인 효과 ·· 936

│제3절│ 세액의 계산 ·· 939

제1관 법인세액 계산 일반 ··· 939

제2관 영리내국법인의 토지 양도소득 등에 대한 법인세 계산특례
··· 941

제3관 투자 · 상생협력 촉진을 위한 과세특례 ···························· 946
Ⅰ. 투자 · 상생협력 촉진을 위한 과세특례의 적용대상 및 법인세의
추가납부 ··· 946
Ⅱ. 미환류소득에 대한 법인세의 계산 및 신고 ····························· 946
Ⅲ. 차기환류적립금 및 초과환류액에 관한 특례 ·························· 948
Ⅳ. 기계장치 등 법정 자산의 처분에 대한 사후관리 ···················· 950

제4관 세액감면 및 세액공제 ··· 950
Ⅰ. 세액감면 및 세액공제의 정의 및 그 적용순서 ······················· 950
Ⅱ. 세액감면 ··· 952
Ⅲ. 세액공제 ··· 953
1. 세액공제 개관 / 953
2. 법인세법 상 세액공제 / 953

2.1. 외국납부세액공제 등 / 953

2.1.1. 직접 외국납부세액공제 / 954

2.1.1.1. 직접 외국납부세액공제 개관 / 954

2.1.1.2. 외국납부세액의 계산 / 956

2.1.1.3. 국외원천소득의 계산 / 958

2.1.1.4. 외국납부세액의 이월공제 / 960

2.1.2. 간주 외국납부세액공제 / 961

2.1.3. 간접 외국납부세액공제 / 961

2.1.4. 외국 혼성단체로부터 받은 배당에 관한 외국납부
세액공제 / 962

2.1.5. 외국납부세액공제 시의 환율적용 / 964

2.2. 간접투자회사 등의 외국납부세액공제 및 환급 특례 / 964

2.3. 재해손실에 대한 세액공제 / 968

2.4. 사실과 다른 회계처리로 인한 경정에 따른 세액공제 / 969

3. 조세특례제한법 상 세액공제 / 972

Ⅳ. 조세특례의 제한 및 그 사후관리 ·· 973

1. 중복지원의 배제 등 / 973

1.1. 국가 등의 금전적 지원에 의하여 투자한 자산에 중복지원
배제 / 973

1.2. 특정 세액공제 동시적용의 경우 특례의 선택 / 974

1.3. 외국인 투자에 대한 세액감면과 세액공제의 중복적용 배
제 / 974

1.4. 세액감면 등과 세액공제의 동일 사업연도 동시적용의 경
우 특례의 선택 / 975

1.5. 세액감면 등과 세액공제의 동일 사업장 및 사업연도 동시
적용의 경우 특례의 선택 / 976

2. 추계과세 시 등의 감면배제 / 977

2.1. 추계과세 시 세액공제 배제 / 977

2.2. 결정 및 기한 후 신고 시 감면 등 배제 / 977

2.3. 경정 및 수정신고 시 감면 등 배제 / 978

차 례

　　　　2.4. 현금영수증가맹점 가입의무 등 협력의무 위반 시 감면 등
　　　　　　　배제 / 979
　　　3. 수도권과밀억제권역의 투자에 대한 조세감면 배제 / 981
　　　4. 최저한세액에 미달하는 세액에 대한 감면 등의 배제 / 982
　　　5. 조세특례제한법 상 세액공제액의 이월공제 / 985
　　　6. 감면세액의 추징 / 987

| 제4절 | **신고 및 납부** ·· **989**

　[제1관] 과세표준 등의 신고 ··· 989
　Ⅰ. 과세표준 및 세액의 신고 ··· 989
　Ⅱ. 성실신고확인서 제출 ··· 994
　Ⅲ. 준비금의 손금산입 특례 ·· 995

　[제2관] 법인세의 납부 ·· 996
　Ⅰ. 납부할 세액의 계산 및 납부 ·· 996
　Ⅱ. 중간예납 ··· 997

| 제5절 | **결정 · 경정 및 징수** ·· **1000**

　[제1관] 과세표준의 결정 · 경정 ·· 1000
　Ⅰ. 과세표준의 결정 · 경정 ·· 1000
　　　1. 과세표준의 결정 · 경정 / 1000
　　　2. 추계결정 · 경정 / 1002
　Ⅱ. 수시부과결정 ·· 1009
　Ⅲ. 소득처분 ··· 1010
　　　1. 과세표준의 신고 · 결정 또는 경정이 있는 때의 소득처분 / 1010
　　　2. 과세표준의 추계결정 · 경정이 있는 때의 소득처분 / 1017
　　　3. 부당하게 사외유출된 금액을 회수한 때의 소득처분 / 1018
　　　4. 법인세법 상 소득처분의 성격 및 기능 등에 관한 쟁점 별 검토
　　　　 / 1018

    4.1. 익금산입(손금불산입)으로 세무조정한 경우의 소득처분
        과 법인 순자산 또는 자본 사이의 관계 / 1019

    4.2. 익금불산입(손금산입)으로 세무조정한 경우의 소득처분
        과 법인 순자산 또는 자본 사이의 관계 / 1020

    4.3. 사외유출 여부의 판정 / 1022

    4.4. 사외유출과 '자본의 환급' 또는 '잉여금의 처분' 사이의 관
        계 / 1026

    4.5. 사외유출과 현실적 귀속 사이의 관계 / 1026

  5. 소득귀속자 관련 과세 / 1027

제2관 세액의 징수 및 환급 ··· 1037
Ⅰ. 세액의 징수·환급 ··· 1037
Ⅱ. 중소기업의 결손금 소급공제에 따른 환급 ···························· 1037
Ⅲ. 법인세법 상 원천징수 ·· 1039
  1. 내국법인의 이자소득 등에 대한 원천징수 / 1040
    1.1. 내국법인의 이자소득 등에 대한 원천징수 및 납부 / 1040
    1.2. 원천징수세액의 납부기한에 관한 특례 / 1045
    1.3. 원천징수의 대리 또는 위임 / 1046
    1.4. 이자소득금액의 지급의제 / 1047
    1.5. 이자소득금액의 지급시기 / 1047
    1.6. 채권 등 보유기간이자상당액의 계산 등 / 1049
    1.7. 적격집합투자기구의 증권을 매도하는 경우 그 보유기간
        이자상당액에 관한 계산특례 / 1052
    1.8. 원천징수의무의 승계 / 1053
    1.9. 원천징수영수증의 발급 / 1053
    1.10. 지급명세서의 제출 / 1054
  2. 내국법인이 '채권 등을 매도하는 경우 등' 그 보유기간이자상
    당액에 대한 원천징수 / 1054
Ⅳ. 소득세법 상 원천징수 ·· 1058

차 례

| 제6절 | **가산세** ··· **1058**

　[제1관] 가산세 개요 ··· 1058

　[제2관] 법인세법 상 가산세 ································· 1059
　Ⅰ. 업무용승용차 관련 비용 명세서 제출 불성실 가산세 ············· 1059
　Ⅱ. 성실신고확인서 제출 불성실 가산세 ································· 1059
　Ⅲ. 주주 등의 명세서 등 제출 불성실 가산세 ·························· 1060
　Ⅳ. 장부의 기록·보관 불성실 가산세 ····································· 1061
　Ⅴ. 기부금영수증 발급·작성·보관 불성실 가산세 ···················· 1062
　Ⅵ. 증명서류 수취 불성실 가산세 ··· 1063
　Ⅶ. 신용카드 및 현금영수증 발급 불성실 가산세 ····················· 1064
　Ⅷ. 지급명세서 등 제출 불성실 가산세 ··································· 1065
　Ⅸ. 계산서 등 제출 불성실 가산세 ·· 1068
　Ⅹ. 특정외국법인의 유보소득 계산 명세서 제출 불성실 가산세
　　 ··· 1069

제2장 ┃ **법인과세 신탁재산의 각 사업연도의 소득에 대한 법인세 과세특례 / 1071**

| 제1절 | **통칙** ··· **1071**

| 제2절 | **과세표준과 그 계산** ······································· **1074**

| 제3절 | **신고·납부 및 징수** ······································· **1075**

제2장의 2   연결사업연도의 소득에 대한 법인세 과세특례 / 1079

| 제1절 | 통칙 ··· 1079

| 제2절 | 과세표준과 그 계산 ··· 1087

| 제3절 | 세액의 계산 ··· 1094

| 제4절 | 신고 및 납부 ·· 1098

| 제5절 | 결정·경정 및 징수 등 ·· 1102

제3장   내국영리법인의 청산소득에 대한 법인세 / 1104

| 제1절 | 청산소득 과세 총설 ··· 1104

| 제2절 | 과세표준과 그 계산 ··· 1115

  제1관 청산소득 금액 및 청산기간 중 각 사업연도 소득금액의 계산
  ··· 1115

  제2관 법인의 조직변경으로 인한 청산소득에 대한 과세특례 ··· 1119

| 제3절 | 세액의 계산 ··· 1120

| 제4절 | 신고 및 납부 ·· 1120

| 제5절 | 결정·경정 및 징수 ··· 1123

  제1관 결정 및 경정 등 ·· 1123

  제2관 징수 ··· 1126

  제3관 청산소득에 대한 가산금의 적용 제외 ······························· 1126

| 제6절 | 청산법인 주주 등에 대한 의제배당 ·· 1126

차 례

제4장 비영리내국법인의 소득에 대한 법인세 / 1128

| 제1절 | **비영리법인의 범위** ······································· **1128**

Ⅰ. 비영리내국법인의 범위 ································· 1128

Ⅱ. 법인세법 상 비영리법인 ······························ 1128

1. 민법 제32조에 의하여 설립한 법인 / 1128

2. 사립학교법 또는 그 밖의 특별법에 의하여 설립된 법인 / 1129

2.1. 사립학교법에 의하여 설립된 학교법인 / 1129

2.2. 특별법에 따라 설립된 법인 / 1130

2.3. 법정 조합법인 등 / 1131

3. 법인으로 보는 단체 / 1132

4. 전환 국립대학 법인에 대한 특례 / 1135

5. 비영리외국법인 / 1135

Ⅲ. 조세특례제한법 상 비영리법인 ······················· 1136

| 제2절 | **비영리법인의 과세소득** ······························· **1136**

| 제3절 | **비영리법인에 대한 출연과 과세** ····················· **1137**

| 제4절 | **비영리법인의 각 사업연도 소득금액에 대한 특례** ········· **1140**

Ⅰ. 개요 ·· 1140

Ⅱ. 비영리내국법인의 수익사업 관련 특례 ················· 1140

1. 비영리법인의 수익사업과 각 사업연도 소득 / 1140

2. 비영리법인의 수익사업에 대한 개별적 검토 / 1144

2.1. 사업소득 / 1144

2.2. 이자소득 / 1148

2.3. 배당소득 / 1149

2.4. 주식·신주인수권 또는 출자지분의 양도로 인한 수입 / 1152

2.5. 유형자산 및 무형자산의 처분으로 인한 수입 / 1152

2.6. 부동산에 관한 권리 및 기타자산의 처분으로 인한 수입
/ 1154

2.7. 보유기간 별 과세대상인 채권의 매매익 / 1155

Ⅲ. 비영리내국법인의 고유목적사업준비금의 손금산입 특례 ······ 1156

1. 고유목적사업준비금의 설정 및 손금산입 등 / 1156

2. 고유목적사업준비금의 설정 및 손금산입 특례 / 1160

3. 고유목적사업준비금의 지출 등 / 1164

4. 고유목적사업준비금으로 손금산입하는 비영리내국법인의
   인건비 특례 / 1169

Ⅳ. 구분경리와 장부기장 특례 ·· 1170

| 제5절 | **비영리법인의 과세표준 및 세액의 신고 · 납부에 관한 특례** ······· 1172

Ⅰ. 이자소득에 대한 신고특례 ·· 1172

Ⅱ. 자산양도소득에 대한 신고특례 ·· 1173

| 제6절 | **조합법인, 정비사업조합 및 학교법인에 대한 과세특례** ············· 1175

Ⅰ. 조합법인에 대한 과세특례 ·· 1175

Ⅱ. 정비사업조합에 대한 과세특례 ·· 1179

Ⅲ. 대학재정 건전화를 위한 과세특례 ·· 1181

| 제7절 | **비영리법인의 청산과 과세** ··· 1182

| 제8절 | **보칙에 관한 특례** ··· 1183

제**5**장 　조세특례제한법 상 동업기업 과세특례 / 1184

| 제1절 | **동업기업 과세특례 관련 용어의 정의** ······································ 1184

| 제2절 | **동업기업 과세특례의 적용범위** ··· 1185

| 제3절 | **동업기업 및 동업자의 납세의무** ··· 1186

| 제4절 | **동업기업과세특례의 적용 및 포기신청** ····································· 1187

| 제5절 | **동업기업 소득금액 등의 계산 및 배분** ···································· 1188

차 례

[제1관] 동업기업 소득금액 및 결손금의 계산 및 배분 ·············· 1188
Ⅰ. 동업기업 소득금액 및 결손금의 배분 ························ 1188
Ⅱ. 동업자 단계의 소득금액 및 결손금의 계산 ···················· 1191
[제2관] 동업기업 세액의 계산 및 배분 ························ 1193

| 제6절 | 동업기업과 동업자 간의 거래 ······················ 1194
| 제7절 | 지분가액의 조정 ······························· 1195
| 제8절 | 동업기업 지분의 양도 ·························· 1197
| 제9절 | 동업기업 지분의 분배 ·························· 1197
| 제10절 | 동업기업의 소득의 계산 및 배분명세 신고 ············· 1198
| 제11절 | 비거주자 또는 외국법인인 동업자에 대한 원천징수 ······· 1199
| 제12절 | 가산세 ·································· 1201
| 제13절 | 준용규정 ································· 1202

제**6**장 보칙 / 1204

| 제1절 | 법인의 설립 또는 설치신고 ······················ 1204
| 제2절 | 법인과세 신탁재산의 수탁자 변경신고 ················ 1205
| 제3절 | 비영리법인의 수익사업 개시신고 ··················· 1207
| 제4절 | 사업자등록 ································· 1207
| 제5절 | 장부의 비치 · 기장 ··························· 1208
| 제6절 | 기부금영수증 발급명세의 작성 · 보관의무 등 ··········· 1209
| 제7절 | 구분경리 ································· 1210

Ⅰ. 구분경리 법인의 범위 및 그 방법 등 ·············· 1210

Ⅱ. 수익사업을 영위하는 비영리법인의 구분경리 특례 ·············· 1212

Ⅲ. 법인세가 감면되는 사업과 기타의 사업을 겸영하는 법인의
구분경리 특례 ·············· 1213

Ⅳ. 합병법인 및 분할신설법인 등의 구분경리 특례 ·············· 1213

| 제8절 | 지출증명서류의 수취 및 보관 ·············· 1215

| 제9절 | 신용카드가맹점 가입 · 발급 의무 등 ·············· 1218

| 제10절 | 현금영수증가맹점 가입 · 발급 의무 등 ·············· 1219

| 제11절 | 주주명부 등의 작성 · 비치 ·············· 1222

| 제12절 | 주식등변동상황명세서의 제출 ·············· 1222

| 제13절 | 지급명세서의 제출의무 ·············· 1225

| 제14절 | 외국법인의 국내원천소득 등에 대한 지급명세서 제출의무의 특례
·············· 1226

| 제15절 | 매입처별 세금계산서합계표의 제출 ·············· 1228

| 제16절 | 가상자산 거래내역 등의 제출 ·············· 1228

| 제17절 | 계산서의 작성 · 발급 등 ·············· 1229

| 제18절 | 질문 · 조사 ·············· 1231

| 제19절 | 등록전산정보자료의 요청 ·············· 1232

차 례

제**7**장   벌칙 / 1233

참고문헌 ………………………………………………………………… 1234
- 국내문헌 / 1234
- 구미문헌 / 1234
- 일본문헌 / 1235

색인 ……………………………………………………………………… 1236

법령약어

　국내 법령을 인용할 경우에는 괄호를 사용하고 그 괄호 내에서는 다음과 같은 약어를 사용한다. 위 약어를 다시 약칭(동법, 동령, 동칙 등)하지는 않는다. 법조문을 표시함에 있어서 '제'는 생략한다. 시행령에는 법에 관한 약호에 령을, 시행규칙의 경우에는 칙을, 기본통칙의 경우에는 통칙을 각 부가하여 표기한다.

* 법령

가맹사업거래의 공정화에 관한 법률	가맹사업
가상자산 이용자 보호 등에 관한 법률	가상자산
가정폭력방지 및 피해자보호 등에 관한 법률	가정폭력
가족관계의 등록 등에 관한 법률	가족등록
감정평가 및 감정평가사에 관한 법률	감정평가
개발제한구역의 지정 및 관리에 관한 특별조치법	개발제한
개별소비세법	개소세
건강가정기본법	건강가정
건설기술 진흥법	건설기술
건축물의 분양에 관한 법률	건축분양
건축법	건축
건축사법	건축사
게임산업진흥에 관한 법률	게임산업
고등교육법	고등교육
고용보험법	고용보험
고용상 연령차별금지 및 고령자고용촉진에 관한 법률	고령자고용
공공기관의 운영에 관한 법률	공공기관
공공주택 특별법	공공주택
공동주택관리법	공동주택
공유재산 및 물품 관리법	공유재산
공익사업을 위한 토지 등의 취득 및 보상에 관한 법률	공익토지
공인노무사법	노무사
공인회계사법	회계사
공직선거법	공직선거
공항시설법	공항시설
과학기술분야 정부출연연구기관 등의 설립·운영 및 육성에 관한 법률	과학기술
관광진흥법	관광진흥
관세법	관세
관세사법	관세사
국가균형발전 특별법	국가균형

국가재정법	국가재정
국민기초생활보장법	기초생활
국민체육진흥법	국민체육
국세기본법	국기
국유재산법	국유재산
국제금융기구에의 가입조치에 관한 법률	국제금융기구
국제사법	국제사법
국제조세조정에 관한 법률	국조
국채법	국채
국토의 계획 및 이용에 관한 법률	국토계획
근로기준법	근기
근로복지기본법	근로복지
근로자퇴직급여 보장법	근로퇴직
금융산업의 구조개선에 관한 법률	금융산업
금융실명거래 및 비밀보장에 관한 법률	금융실명
금융위원회의 설치 등에 관한 법률	금융위
금융지주회사법	금융지주
금융혁신지원 특례법	금융혁신
금융회사부실자산 등의 효율적 처리 및 한국자산관리공사의 설립에 관한 법률	자산관리공사
금융회사의 지배구조에 관한 법률	금융지배
기부금품의 모집 및 사용에 관한 법률	기부금품
기업구조조정 촉진법	구조조정
기업구조조정투자회사법	구조조정투자
기업 활력 제고를 위한 특별법	기업활력
노동조합 및 노동관계조정법	노동조정
노인복지법	노인복지
노인장기요양보험법	노인요양
농어촌특별세법	농특
농어촌발전 특별조치법	농어촌발전
농업협동조합법	농협
농업협동조합의 구조개선에 관한 법률	농협구조개선
다문화가족지원법	다문화가족
대덕연구개발특구 등의 육성에 관한 법률	대덕연구
대·중소기업 상생협력 촉진에 관한 법률	상생협력
도시 및 주거환경정비법	도시정비
독점규제 및 공정거래에 관한 법률	공정거래
모자보건법	모자보건
무역보험법	무역보험
문화예술진흥법	문화예술
민간임대주택특별법	민간임대
민법	민법
민사소송법	민소
민사조정법	민사조정

민사집행법	민집
박물관 및 미술관 진흥법	박물관
방문판매 등에 관한 법률	방문판매
법무사법	법무사
법인세법	법세
법인의 등기사항에 관한 특례법	법인등기
변리사법	변리사
변호사법	변호사
벤처기업육성에 관한 특별조치법	벤처기업
벤처투자 촉진에 관한 법률	벤처투자
보건의료기술 진흥법	보건의료
보험업법	보험업
부가가치세법	부가세
부동산 거래신고 등에 관한 법률	부동산신고
부동산등기법	부동산등기
부동산투자회사법	부동산투자
빈집 및 소규모주택 정비에 관한 특례법	빈집정비
사립학교법	사립학교
사회기반시설에 대한 민간투자법	민간투자
사회복지법	사회복지
사회적기업 육성법	사회적기업
산림보호법	산림보호
산림조합법	산림조합
산림조합의 구조개선에 관한 법률	산림구조개선
산업교육진흥 및 산학연협력촉진에 관한 법률	산업교육
산업재해보상보험법	산업재해
산업집적활성화 및 공장설립에 관한 법률	산업집적화
상속세 및 증여세법	상증세
상업등기법	상업등기
상법	상법
새마을금고법	새마을금고
서민의 금융생활 지원에 관한 법률	서민금융
성매매방지 및 피해자보호 등에 관한 법률	성매매방지
성폭력방지 및 피해자보호 등에 관한 법률	성폭력방지
세무사법	세무사
세종특별자치시 설치 등에 관한 특별법	세종시
소득세법	소세
소방산업의 진흥에 관한 법률	소방산업
소재·부품·장비산업 경쟁력강화를 위한 특별조치법	소재산업
송·변전설비 주변지역의 보상 및 지원에 관한 법률	송변전
수도권정비계획법	수도권
수산업협동조합법	수협
수산업협동조합의 부실예방 및 구조개선에 관한 법률	수협구조개선

식품 등 기부 활성화에 관한 법률   식품기부
식품위생법   식품위생
신용협동조합법   신협
신탁법   신탁
아동복지법   아동복지
어업협정체결에 따른 어업인 등의 지원 및 수산업발전특별법   어업협정
여신전문금융업법   여신금융
염관리법   소금
영유아보육법   영유아보육
예금자보호법   예금자보호
온실가스 배출권의 할당 및 거래에 관한 법률   배출권
외국환거래법   외환거래
유아교육법   유아교육
유통산업발전법   유통산업
은행법   은행
의료법   의료
의료 해외진출 및 외국인환자 유치 지원에 관한 법률   의료해외진출
임대주택법   임대주택
입양특례법   입양특례
자동차관리법   자동차관리
자동차손해배상 보장법   자배법
자본시장과 금융투자업에 관한 법률   자본시장
자산유동화에 관한 법률   자산유동화
자산재평가법   재평가
자원의 절약과 재활용촉진에 관한 법률   재활용
자유무역협정 체결에 따른 무역조정 지원에 관한 법률   자유무역
장애인복지법   장애복지
재난 및 안전관리 기본법   재난관리
재외국민의 교육지원 등에 관한 법률   재외국민
재외동포의 출입국과 법적 지위에 관한 법률   재외동포
전기통신사업법   통신사업
전기통신사업 회계정리 및 보고에 관한 규정   전기통신
전자금융거래법   전자금융
전자상거래 등에서의 소비자보호에 관한 법률   소비자보호
전자어음의 발행 및 유통에 관한 법률   전자어음
전자정부법   전자정부
전파법   전파
정신건강증진 및 정신질환자 복지서비스 지원에 관한 법률   정신건강
제주특별자치도 설치 및 국제자유도시 조성을 위한 특별법   제주특별자치
조세범 처벌절차법   조세처벌절차
조세특례제한법   조특
주세법   주세
주식·사채 등의 전자등록에 관한 법률   전자등록

주식회사 등의 외부감사에 관한 법률	외감법
주택건설기준 등에 관한 규정	주택건설
주택도시기금법	도시기금
주택법	주택
중소기업기본법	중소기업
중소기업 인력지원 특별법	중소인력지원
중소기업 창업지원법	중소기업창업
중증장애인생산품 우선구매 특별법	장애우선구매
지방공기업법	지방공기업
지방세기본법	지기
지방세법	지세
지방세특례제한법	지특
지방자치법	지자
지방자치분권 및 지역균형발전에 관한 특별법	지방분권
지역신용보증재단법	지역신용
직업교육훈련 촉진법	직업교육
질서위반행위규제법	질서위반
집단에너지사업법	집단에너지
채무자 회생 및 파산에 관한 법률	채무회생
체육시설의 설치 · 이용에 관한 법률	체육시설
초 · 중등교육법	초중등교육
콘텐츠산업 진흥법	콘텐츠
통계법	통계
특정 금융거래정보의 보고 및 이용 등에 관한 법률	특정금융거래
파견근로자보호 등에 관한 법률	파견근로
평생교육법	평생교육
폐기물관리법	폐기물
한국사학진흥재단법	사학진흥
한국장학재단 설립 등에 관한 법률	한국재단
한국주택금융공사법	주택금융
한국투자공사법	투자공사
한부모가족지원법	한부모
항만법	항만
해외자원개발 사업법	해외자원
행정권한의 위임 및 위탁에 관한 규정	행정위탁
혁신도시 조성 및 발전에 관한 특별법	혁신도시
협동조합 기본법	협동조합
형법	형법
OECD 모델 조세협약	OECD협약
UN 모델 조세협약	UN협약

범 례

1. 각주에 있어서 우리 논문 명 및 미국 판례의 당사자 표시의 경우만 이탤릭체로 표시한다.

2. 각주에 있어서 학술지 등 정기간행물의 경우『 』를 사용하여 표시한다. 예)『조세법 연구』

3. 우리의 판례는 다음과 같은 방식으로 각주에서 인용한다.

   헌재 2008.10.30. 2006헌바80.

   대법원 2012.1.19. 2008두8499 전원합의체 판결.

   대법원 2001.11.27. 99다22311.

4. 미국의 판례는 다음과 같은 방식으로 각주에서 인용한다.

   Gregory v. Helvering, 293 U.S. 465, 469 (1935).

5. 일본 판례는 다음과 같은 방식으로 각주에서 인용한다.

   日最判 昭和27年2月28日 刑集 6卷 3号 546頁。

   東京高判 昭和54年3月19日 高裁刑集 32卷 1号 44頁。

   日最判 平成27年7月17日 平成26年 (行ヒ) 第190号。

6. 한국의 도서 및 논문은 다음과 같은 방식으로 각주에서 인용한다.

   이창희, 세법강의, 박영사, 2020, 58면.

   김의석, *실질과세원칙의 적용에 관한 접근방식*,『조세법연구』제18집 제2호, 한국세법학회, 2012.

7. 미국의 도서 및 논문은 각주에서 다음과 같이 인용한다.

   Camilla E. Watson, Tax Procedure and Tax Fraud, 4th Ed. West, 2012, at 106-108.

   Allen D. Madison, The Tension between Textualism and Substance-Over-Form Doctrines in Tax Law, 43『Santa Clara Law Review』699, at 700-702.

8. 일본의 도서는 각주에서 다음과 같이 인용한다.

   金子 宏、租稅法、第16版、弘文堂、2011、19-20頁。

   下村 秀夫、租稅法律主義をめぐる諸問題 −稅法の解釋と適用を中心として−、『稅務大學校論叢』6号, 日本 稅務大學校, 1972(昭和47年), 30頁。

9. 미국의 'Internal Revenue Code'는 'I.R.C.'로 표기한다.

10. m.n.은 방주 번호(marginal number)를 의미한다.

11. OECD, UN 및 US 모델 조세조약은 할주(cut-in note)가 아닌 각주(footnote)에서 인용한다.

제 **1** 편

법인세 총론

제1장 법인과세 일반론
제2장 법인세법 총칙

제1장

법인과세 일반론

제1절 소득의 정의

　법인세법은 내국법인 및 국내원천소득이 있는 외국법인은 그 '**소득**'에 대한 법인세를 납부할 의무가 있다고 규정한다(법세 §2). 모든 조세는 과세대상(tax base), 세율(rate of tax) 및 납세의무자(taxpayer)를 그 요소로 하는바, 위 규정은 법인세의 과세대상이 '소득'이라는 점을 분명히 하는 것이다. 조세는 과세대상을 기준으로 소비하는(spend) 것에 대하여 과세하는 소비세(consumption taxes), 소유하는(own) 것에 대하여 과세하는 부유세(wealth taxes), 가득한(earn) 것에 대하여 과세하는 소득세(income and profit taxes) 및 인간 자체(human beings)에 대하여 과세하는 인두세(poll taxes)로 분류할 수 있다.[1] 법인세는 위 분류 상 소득세에 속한다.

　법인세는 소득을 과세대상으로 하는 소득세이므로 소득이 어떻게 정의되는지 여부에 따라 법인세 과세 여부 및 그 과세표준의 범위가 달라진다. 한편 조세는 공공재를 공급(provision of public goods), 자원의 배분(distribution of resources) 및 경제안정(economic stabilisation)을 위하여 부과되는 것이고[2] 모든 조세 및 조세체계는 일반적으로 공평(equity), 경제적 효율성(efficiency), 편리성(convenience), 단순성(simplicity) 및 유연성(flexibility)이라는 기준을 통하여 평가될 수 있다.[3] 법인세법 상 소득 역시 위 조세부과의 목적 및 평가기준에 부합하도록 정의되는 것이 타당하다. 즉, 소득의 정의에는 단순한 기술적인 측면을 넘어 가치평가에 대한 고려 역시 반영되어야 하는 것이므로, 단순하게 현행 법인세법 상 소득이 어떻게 정의되었는지 여부만을 살피는 것으로는 충분하지 않다. 이에 현행 법인세법 상 과세대상인 소득에 대하여

---

1) Anghard Miller and Lynne Oats, Principles of International Taxation, 3th Ed., Bloomsbury Professional, 2012, at 4.
2) *Id.*, at 3.
3) *Id.*, at 6.

살피기 이전에 이론 상 소득의 정의에 대하여 먼저 본다. 이하 이론 상 소득의 정의는 법인뿐만 아니라 개인 등에 관한 것이기도 하다.

소득의 이론 상 정의 등

소득의 개념은 과세표준을 특정하기 위하여 필요한 개념이므로 특정 수취액이 소득에 해당하는지 여부는 원칙적으로 과세대상 여부의 결정에 관한 것이다. 다만 소득과세는 소득 재분배를 위한 정책적 수단 등으로서 기능하는 것이므로 소득 재분배라는 정책적 목표 역시 소득을 정의함에 있어서 반영되어야 하고, 조세공평이라는 이념 역시 반영되어야 한다. 이하 Haig‒Simons의 이론 상 소득 정의 및 Carter Commission의 포괄적 과세표준의 순서로 살핀다.

1. Haig‒Simons 이론

경제학자들이 세법 상 소득을 평가한다면, 소득세법 및 법인세법 상 정의된 소득에 대한 정의는 지나치게 협소하고 인위적이며 기이할 뿐만 아니라 불합리하다고 말할 수 있다.[4] Robert Murray Haig는 어느 납세의무자의 두 시점 사이의 경제적 구매력(economic power)의 순증가액에 대한 화폐적 평가액이 세법 상 소득이 되어야 한다고 한다.[5] 이러한 정의에 의하면 소득의 원천과 무관하게 당해 사업연도에 대한 경제적 구매력의 증가액은 모두 소득으로서 과세되어야 한다. Henry C. Simons는 1938년 위 Haig의 정의를 보다 정교하게 수정하여 개인소득을 다음 두 금액의 대수적 합계액(algebraic sum)으로 정의한다. 첫째, 소비과정에서 소비된 권리의 시장가치. 둘째, 해당 기간의 두 시점 사이에 있어서 재산권의 저량(stock)의 증가액.[6] Simons의 정의는 기본적으로 Haig의 정의와 비슷하나, 소득의 정의에 있어서 명시적으로 소비를 고려한다는 점에서 차이가 있다. 위 두 이론에 따르면, 소득은 당해 과세연도 동안의 소비액에 그 순자산 증가액을 더한 것이다. 정기적 수취금액의 원천(예를 들면 급여, 임금, 사업소득 또는 자산소득), 자산의 매각이익(자본소득), 타인으로부터의 이전(예를 들면 증여, 상속 및 도박이득금), 자신의 노동력에 의한 직접 생산물(예를 들면 자경 과일 및 야채, 집수리)

---

4) Haig in Haig(ed.), The Federal Income Tax(1921), at 54 ; Peter W. Hogg, Joanne E. Magee & Jin Yan Li, Principles of Canadian Income Tax Law, 7th Ed., CARSWELL, 2010, at 82에서 재인용.
5) Haig in Haig(ed.), op. cit., at 59.
6) Simons, Personal Income Tax(1938), at 50 ; Peter W. Hogg, Joanne E. Magee & Jin Yan Li, op. cit., at 82에서 재인용.

또는 자신의 재산에 대한 귀속소득(예를 들면 자신의 집에 대한 점유) 등이 모두 소득에 포함된다. 또한 순자산의 증가액이 예상가능한 것인지 여부, 정기적인지 여부, 우연한 사정에 기인한 것인지 여부, 실현되었는지 여부 및 현금인지 여부는 중요하지 않다. 모든 이득이 세법 상 납세의무자의 소득을 측정함에 있어서 포함되어야 한다.

　위 이론은 분석가들이 소득세의 공평성을 측정함에 있어서 근거로 사용되어 왔으나 현실적으로 법으로서 시행되지는 않았다. Simons 자신도 자신의 소득에 대한 정의가 모든 목적에 대하여 유용한 것은 아니고 수정 없이 그래도 작동할 수 있는 것 역시 아니라고 언급하였다.[7] 이에는 다음과 같은 이유가 있을 수 있다. 세법 상 소득의 정의는 개인의 담세능력을 측정하여야 할 뿐만 아니라 실행가능성의 측면에서 충분히 적용 가능하여야 한다. 위 이론들은 순자산의 증가액이 공정시장가치에 의하여 측정되거나 최소한 객관적으로 평가되는 것을 전제하고 있다. 비실현이익과 비화폐성 혜택(benefits)의 경우에는 커다란 평가문제가 발생할 수 있고, 이에 대한 감시 문제 역시 발생할 수 있다. 발생주의에 의하기보다는 실현주의에 의하여 이를 과세하는 것이 보다 편리하다. 게다가 유동성의 문제 역시 발생한다. 납세의무자는 순자산은 증가하였으나 현금으로 실현되지 않았음에도 불구하고 세금을 납부하기 위하여 자산을 매각하여야 한다. 증여, 정신적 손해에 대한 손해배상금 및 대가가 지급되지 않는 가사노동 등과 같은 특정 경제적 소득에 대하여서는 이들이 소득을 구성함에도 불구하고 이를 과세하지 않는 것에 대한 사회적 및 정치적 목적이 있을 수 있고, 그러한 목적이 '소득으로서 과세하는 것'보다 우월한 가치를 지닐 수 있다.[8]

　한편 소득이 무엇인지 여부에 관한 쟁점을 무엇을 수령하였는지 여부로 한정할 수 없다는 점에 유의하여야 한다. 과세소득을 측정함에 있어서 무엇을 공제할 것인지 여부, 누구의 소득으로 보아야 하는지 여부 및 언제 소득을 얻은 것으로 보아야 하는지 여부 역시 소득이 무엇인지 여부와 상호 분리될 수 없는 상태로 연관되어 있다.[9]

---

7) Michael J. Graetz · Deborah H. Schenk · Anne L. Alstott, Federal Income Taxation, Principles and Policies, 8th Ed., Foundation Press, 2018, at 84.
8) Peter W. Hogg, Joanne E. Magee & Jin Yan Li, op. cit., at 83.
9) Michael J. Graetz · Deborah H. Schenk · Anne L. Alstott, op. cit., at 85.

2. Carter Commission의 포괄적 과세표준

2.1. 포괄적 과세표준

Carter Commission은 Haig - Simons의 소득을 다음과 같이 재정의하였다.[10] 즉 포괄적 과세표준(comprehensive tax base)은 당해 과세연도 중 납세단위(즉 납세의무자)에 의하여 소비되거나 포기된 재화 또는 용역의 시장가치와 그 납세단위에 의하여 보유된 자산의 시장가치의 연간 변화금액을 합한 것으로 정의한다. 소득에 대한 정의는 해당 정의를 사용하는 목적에 적합하여야 한다. 따라서 소득에 대한 정의가 공정한 조세체계의 기반으로서 사용되어야 한다면, 납세의무자 담세능력의 연간 포괄적 증가분을 합리적으로 측정할 수 있어야 한다. 소득원천(source)에 기반한 전통적인 소득개념은, 비록 신탁소득의 세무회계 등과 같은 특정 목적에 부합할 수는 있지만, 납세의무자의 담세능력을 만족스럽게 측정할 수 있는 척도는 될 수 없다. 많은 부의 증가항목이 소득에서 제외되기 때문이다. 모든 부의 증가는 해당 수령자의 담세능력을 증가시키므로, 원칙적으로 그 소득원천과 무관하게 부의 증가는 소득에 포함되어야 한다. 포괄적 과세표준은 Haig - Simons의 소득에 대한 정의에 크게 의존하고 있으나 그보다는 덜 포괄적이다. Haig - Simons 이론은 매년 평가를 전제로 하는 것이나 이를 그대로 실행하는 것은 어렵다. 따라서 Carter Commission은 쉽게 화폐로 측정할 수 있는 항목들(예를 들면, 실현된 자본이득, 증여, 상속 및 우발적 소득 등)에 한하여 과세표준을 증가시키는 것으로 Haig - Simons의 소득에 대한 정의를 수정하였다.

2.2. 자본소득의 과세

자본소득은 전통적인 소득의 개념에서는 제외되는 것이나 포괄적 과세표준에는 자본소득이 포함된다. 자본소득을 소득에서 제외하는 것은 누진과세의 원칙을 심각하게 훼손하는 것이다. 자본소득의 대부분은 고소득 개인에 의하여 실현된다. Carter Commission은 과세의 당위성은 인정하나 실현되지 않은 소득을 발생주의에 따라 과세하는 것이 매우 어렵다는 행정적 문제를 감안하여 미실현된 자본소득은 과세표준에 포함하지 않는 것으로 하였다. 다만 자본소득의 과세가 이연되는 것을 막기 위하여 사망 시, 증여 시 및 캐나다 거주자성을 상실하는 경우에는 간주처분이 있는 것으로 취급할 것을 제안한다.[11] 캐나다 정부의 White Paper는 Carter 보고서를

---

10) Report of the Royal Commission on Taxation(Carter Report)(1966), vol. 3, at 39 ; Peter W. Hogg, Joanne E. Magee & Jin Yan Li, *op. cit.*, at 83에서 재인용.

주로 받아들였지만, 정부는 1971년 법에서 간주처분을 수용하지 않았고 실현된 자본소득의 1/2만을 소득에 포함하는 것으로 하였다.[12] 미국 경우에도 자본소득을 세법 상 보다 유리하게 취급한다.[13]

Ⅱ 현행 법인세법 상 소득의 정의

내국법인의 **각 사업연도의 소득**은 그 사업연도에 속하는 익금의 총액에서 그 사업연도에 속하는 손금의 총액을 뺀 금액으로 한다(법세 §14 ①). 내국법인의 각 사업연도의 **결손금**은 그 사업연도에 속하는 손금의 총액이 그 사업연도에 속하는 익금의 총액을 초과하는 경우에 그 초과하는 금액으로 한다(법세 §14 ②). **익금**은 원칙적으로 순자산을 증가시키는 거래로 인하여 발생하는 수익(이익 또는 수입)을(법세 §15 ①), **손금**은 순자산을 감소시키는 거래로 인하여 발생하는 손비(손실 또는 비용)(법세 §19 ①)을 의미한다. 즉 법인세법은 원칙적으로 소득의 원천을 묻지 않고 순자산을 변동시키는 거래로 인한 순자산 증가분을 소득으로 정의한다. 다만 법인세법 및 조세특례제한법이 달리 정하는 경우 및 자본거래(자본의 납입, 출자의 환급 및 잉여금의 처분)로 인한 순자산 변동분은 소득의 정의에서 제외한다(법세 §15 ①, §19 ①). 우리 법인세법 입장은 'Haig－Simons의 소득'보다는 'Carter Commission의 포괄적 과세표준'에 보다 가깝다. 다만 각 국가의 조세정책 상 결단에 의하여 어느 범위에서 소득에서 제외할 것인지 여부가 달리 결정된다.

제2절 자본소득에 대한 조세혜택 부여의 정당성 여부

자본소득을 다른 소득에 비하여 세법 상 보다 유리하게 취급하는 입장이 정당한 것인지 여부에 대하여 찬반 양론이 대립한다. 그러나 우리 법인세법은 자본소득 역시 소득금액의 일부로서 파악하고 원칙적으로 이를 보다 유리하게 취급하지는 않을 뿐만 아니라 이 쟁점은 개인에 대한 소득세에 대하여서도 적용되는 것이므로, 법인세법과 관련하여 이에 대하여

---

11) Peter W. Hogg, Joanne E. Magee & Jin Yan Li, *op. cit.*, at 83~84.
12) *Id.*, at 84~85.
13) Michael J. Graetz·Deborah H. Schenk·Anne L. Alstott, *op. cit.*, at 566.

논의할 해석론적 실익은 적다. 다만 이러한 논쟁은 이론적 또는 입법론적 접근과 관련하여 그 논의의 실익이 있으므로 이에 대하여 살핀다.

제1관 **조세혜택 부여 찬성 논거 및 그에 대한 반론**

자본소득을 세법 상 보다 유리하게 취급하는 입장에 대한 찬성 논거들 및 그에 대한 반론을 미국의 경우를 중심으로 다음과 같이 살핀다.

소득 속성의 부인

자본소득은 소득으로서의 속성을 갖지 않는다는 주장이 자본소득을 소득과세에서 제외하는 가장 기본적인 논거이다. 이 주장은 자본소득은 반복적으로 발생하지 않는다는 점 및 자본소득이 이자율의 변화를 반영하는 것에 불과한 경우들이 있다는 점에 주목한다.[14]

첫째, 자본소득은 반복적으로 발생하지 않는다는 점과 관련하여 살핀다. 이 주장은 누진적 소득과세(progressive income tax)는 반복적으로 발생하는 항목들에 대하여서만 적용되어야 하고, 비경상적 도는 우연적 이득은 일반적으로 배제되어야 한다는 견해에 근거한다. 이에 대한 **반론**은 다음과 같다. 이상과 같은 협의의 소득 개념은 *Glenshaw Glass* 판례[15]에 의하여 폐기되었다. 즉 이 판례는 징벌적 손해배상금(punitive damages award) 역시 소득으로 판결하였다. 경상적 항목들만이 소득에 포함되어야 한다는 주장은 소득과세의 과세표준은 설사 납세자가 우연적 또는 비경상적 이득으로 인하여 담세능력이 증가한 경우에도 그 차이를 반영하여야 한다는 명제와 충돌한다. 자본소득의 금전적 가치는 다른 소득의 경우와 동일한 구매력을 표창하므로 자본소득(또는 손실)에 대하여 특별한 취급을 할 필요가 없다.

둘째, 이자율의 변동에 따른 자산가치의 변동분은 소득이 아니라는 점에 대하여 살핀다. '이자율의 변동으로 인한 자산가치의 변동분은 소득이 아니라는 주장'에 대한 분석은 보다 복잡하다. 이자율이 하락하는 경우에는 채권 등 확정 소득 자산(fixed income asset)의 가격은 '보다 낮은 이자를 지급하는 유사한 자산의 수익률'에 상응하는 정도에 이르기까지 상승한다.

---

14) Michael J. Graetz · Deborah H. Schenk · Anne L. Alstott, *op. cit.*, at 566~567.
15) *Commissioner v. Glenshaw Glass Co.*, 348 U.S. 426(1955).

해당 자산 가격상승분은 그 채권 등 소유자의 이자소득에 영향을 미치지 않는다. 예를 들어, 12%의 이자를 지급하는 채권의 가격은, 시장이자율이 10%로 떨어지는 경우, $1000에서 $1200으로 상승한다. 해당 채권을 매각하고 그 매각대금 전체를 10%의 이자를 지급하는 새로운 채권에 투자한 납세의무자는 여전히 '원금 $1200에 대한 10% 이자인 $120'를 연간 이자소득으로 가득한다. 채권 등 가격상승으로 인하여 자본소득이 발생하였다고 하더라도 해당 납세자가 가득한 이자소득에는 변화가 없다. 이에 대한 **반론**은 다음과 같다. 위 주장이 상당 부분 사실이나, 가격상승분을 실현한(enjoy the price increase) 납세자의 경제적 지위(economic position)는 그렇지 않은 납세의무자에 비하여 향상된다. 해당 납세의무자는 $1000가 아닌 $1200의 재화 또는 용역을 구매할 수 있다. 만약 해당 투자를 유지한다고 하더라도 해당 납세의무자의 자본은 이자율의 하락 이전에 해당 채권 등에 투자하지 않은 자의 자본에 비하여 증가한 셈이다. 해당 채권 등에 투자하지 않은 자의 자본은 $1000에 불과하고 새로운 채권 등에 대한 투자에 의하여 보다 낮은 이자를 가득할 수밖에 없으나, 이자율의 하락으로 인한 자본가치의 상승은 누릴 수 없기 때문이다. 채권 등 확정 소득 자산에 보다 빨리 투자하여 자본가치의 상승분을 누릴 수 있다는 사실로 인하여 해당 납세의무자의 경제적 지위가 개선된 것이다.

Ⅱ 집결효과

실현주의(realization rule)로 인하여 납세의무자는 수년에 걸쳐서 발생한 자본소득을 해당 자산을 매각하는 사업연도에 신고하여야 하는바, 그 자본소득에 대하여는 '매년 발생한 자본소득에 대하여 적용될 수 있는 한계세율'보다 더 높은 한계세율이 적용되게 된다. 이를 **집결효과**(bunching)라고 한다. 자본소득에 대하여 조세혜택을 부여하는 것을 통하여 그 집결효과를 완화시킬 수 있다.[16] 이에 대한 **반론**은 다음과 같다.[17] 첫째, 집결효과는 누진세율이 적용되고 자본소득이 발생하는 기간보다 자산의 처분일 현재 적용되는 세율구간이 보다 높은 경우에 한하여 문제가 된다. 둘째, 위 주장은 납세의무자가 자산의 매각시점까지 과세가 이연되는 효과를 누린다는 점을 고려하지 않는다. 실현주의로 인하여 누리는 과세이연효과가 집결효과를 상쇄시킬 수도 있다. 셋째, 소득 평준화를 달성하기 위하여 자본소득 세율(capital gains rate)을 낮추는 것은 매우 거친 수단에 해당한다. 자본소득(또는 손실)을 보유기간에 대하여 배분한

---

16) Michael J. Graetz · Deborah H. Schenk · Anne L. Alstott, *op. cit.*, at 567.
17) Id.

후, 각 배분 소득에 대하여 해당 과세기간의 한계세율을 적용하여 납부할 세액을 계산하는 것이 보다 합리적이다.

 인플레이션

인플레이션 기간 중 발생한 자본소득 중 일부는 진정한 소득이 아니라 인플레이션 자체의 효과에 불과하고, 일반적 가격상승 효과를 반영하는 범위 내에서는 납세의무자의 경제적 구매능력이 증가한 것으로 볼 수 없다. 따라서 이는 경제적 소득이 아니므로 과세대상에 편입될 수 없다.[18] 이에 대한 **반론**은 다음과 같다.[19] 긴 인플레이션 기간 동안 보유한 자산에 대한 자본소득이, 매각일에 실현된 화폐가치와 그 이전 화폐가치를 비교할 때, 잘못 측정된다는 것은 사실이다. 인플레이션 효과에 불과한 소득에 대한 과대 과세분은 인플레이션율 및 보유기간에 따라 달라진다. 그런데 낮은 자본소득 세율은 인플레이션율 및 보유기간과 아무런 관련이 없다. 따라서 자본소득 세율을 낮추는 것은 인플레이션 소득에 대한 적절한 해결책이 아니다. 인플레이션 효과는 과세이연 효과에 의하여 상쇄될 수도 있다. 게다가 낮은 자본소득 세율은 손실이 발생하는 경우에는 의미가 없다. 또한 소득세 전체에 대하여 포괄적으로 인플레이션 효과를 조정하지 않고 자본소득의 경우에 대하여서만 조정하는 것을 합리화하기는 어렵다. 가속상각(accelerated depreciation) 또는 취득원가의 인플레이션 연동제(inflation indexation) 등이 위 문제점을 개선하는 것에 도움이 될 수 있으나, 그 도입 여부는 조세정책 상 결단에 속한다.

 이중과세

주식양도차익은 법인 단계에서 과세된 소득의 유보분을 반영하는 것이므로 이중과세에 해당한다.[20] 이에 대한 **반론**은 다음과 같다.[21] 주식양도차익 중 법인 단계 유보 이익잉여금을 반영하는 부분에 대하여 이중과세가 발생할 수 있다. 그러나, 이는 법인세와 주주 단계 소득세의 통합(integration)에 관한 쟁점에 속하는 것이고, 자본소득 중 주식 이외의 자산 및 과세되지 않은 가격상승분에 대하여서는 위 주장을 적용할 수 없다.

---

18) *Id.*
19) *Id.,* at 568.
20) *Id.*
21) *Id.*

Ⓥ 위험회피

자본소득에 대한 세금이 투자자들의 기대수익률을 낮추므로, 투자자들이 보다 위험한 투자안을 선택할 유인을 감소시킨다. 투자자들이 세금이 부과되지 않는 상황에 선택할 수 있는 투자안보다 덜 위험한 투자안을 선택하도록 투자 포트폴리오를 변경하므로, 경제적 후생(economic welfare)이 감소할 수 있다. 때로는 고위험 투자안이, '직업 및 혁신을 창출하는 새로운 산업' 및 '농업과 같이 내재적으로 위험하나 필요불가결한 벤처산업(inherently risky but essential ventures, such as agriculture)'에 대하여 자금을 공급하는 것과 같은 방식으로, 사회적으로 가치 있는 기능을 수행한다고 여겨지기 때문이다.[22] 이에 대한 **반론**은 다음과 같다.[23] 세법 상 손실이 온전히 보상된다면 소득과세가 투자자의 위험회피를 야기한다고 볼 수 없다. 손실을 완전히 공제할 수 있다면, 정부가 수익률 상승으로 인한 성장가치뿐만 아니라 수익률 하락으로 인한 위험 역시 공유하기 때문이다. 일반적으로 자본손실 공제는, 손실을 실현하고 이득을 이연시키는 행태(cherry picking)를 방지하기 위하여, 제한적으로 허용될 뿐이나, 만약 자본손실을 통상소득(ordinary income)에 대하여 공제할 수 있도록 허용한다면 위험선호 유인을 제공할 수는 있다. 게다가 일반적으로 부여하는 자본소득에 대한 조세혜택은 위험자산에 한정되지 않고 적용된다는 점 역시 감안하여야 한다.

Ⓥ 저축회피

소비행태(consumption behavior)는 일반적으로 연간 소득(annual income)보다는 '생애기준 평균소득'(average lifetime income) 또는 장기 기대 소득(expected long-term income)에 의존한다고 여겨진다. 따라서 '일생에 한번 발생한 자본소득'은, 특별한 사정이 없는 한, 합리적 소비자의 전 생애에 걸쳐서 소비될 가능성이 크다. 소득에 대하여 즉시 과세된 부분은 정부에 의하여 소비되는 반면에, 납세자가 해당 소득을 보유한다면 이는 적어도 임시적이라도 저축될 것이다. 성장경제(growing economy)에 있어서, 이는 저축에 대한 지속적인 누수가 발생한다는 것을 의미한다. 자본소득은 저축되는 경향이 있으므로, 자본소득 과세는 소비보다는 저축을 저해하는 방식으로 기능한다. 따라서 자본소득 과세는 다른 재정조달 수단에 비하여 저축

---

22) *Id.*, at 568~569.
23) *Id.*, at 569.

및 투자를 전반적으로 감소시킬 가능성이 크다.[24] 이에 대한 **반론**은 다음과 같다.[25] 자본소득 과세가 저축에 장애를 초래한다는 우려는 일반적으로 소득과세보다는 소비과세(taxation of consumption)를 지지하는 논거로서 기능한다. 소비과세는 납세의무자의 소득원천과 무관하게 모든 저축을 그 과세대상에서 제외하기 때문이다. 그럼에도 불구하고 저축에 대한 우대조치를, 자본소득에 기인한 것으로 한정하여 적용한다면, 이는 특히 불공정하다. 다른 형태의 저축에 비하여, 자본소득 대상에 포섭될 수 있는 적격자산은 고소득 납세의무자에 의하여 보유될 가능성이 크기 때문이다. 따라서 '고소득 납세의무자는 어떠한 경우에도 저축하려는 경향이 크기 때문에 자본소득 우대조치가 저축에 대하여 보다 강력한 영향을 미치게 된다는 주장'은, 설사 그 주장이 사실이라고 하더라도, 이상의 우려로 인하여 그 존립근거를 잃게 된다. 게다가 저축에 대하여 과세하지 않는 방법으로 저축에 대한 수익률을 제고시키면 이로 인하여 민간부문 저축이 증가하는지 여부 자체가 명확하지 않다. 교육 또는 퇴직에 대비하여 특정 금액의 사용을 해당 목적을 달성하는 시점까지만 유보하려는 저축자는, 저축에 대한 수익률이 높아지면 해당 목적을 보다 빠른 시기에 달성할 수 있으므로, 그 저축을 줄일 수도 있다. 민간부문 저축이 증가한다고 가정하더라도, 이로 인하여 자본비용(the cost of capital)이 낮아져 국내투자가 증가하는지 여부는 불확실하다. 개방경제 하에서는 오히려 해외투자가 증가할 수도 있다.

동결효과

가격 상승분에 대한 자본소득 과세는, 시장 여건(market conditions) 상 특정 자산을 매각하는 것이 유리함에도 불구하고, 해당 자산의 매각을 미루게 하는 요인으로 기능할 수 있다. 이를 동결효과(lock-in)라고 한다. 동결효과로 인하여 유동성이 감소하고, 자본의 이동성이 손상되며 시장가격의 변동성이 커질 수 있다. 자본소득에 대한 우대조치를 통하여 이러한 세법 상 장애요인들을 낮추어 투자를 위한 경제적 유인을 제공할 수 있다.[26] 이에 대한 **반론**은 다음과 같다.[27] 동결효과가 현실적으로 존재하나, 미국의 경우 대부분의 자본소득은 과세대상에서 제외된다. 상속의 경우 상속세 공제한도 등으로 인하여 상속세가 과세되지 않으면서도 피상속인 단계의 해당 자산 취득가액을 시가로 계상하므로 그 자본소득이 과세대상에서 제외되

---

24) *Id.*
25) *Id.*, at 569~570.
26) *Id.*, at 570.
27) *Id.*

고, 개인 주거지의 매각으로 인한 자본소득의 상당 부분이 자본소득 과세에서 제외된다. 또한 개인 주거지 관련 자본소득 이외의 자본소득은 대부분 납세의무자의 경우 비과세 퇴직저축기금 (nontaxable retirement savings funds)의 적용대상에 포함된다. 동결효과로 인하여 발생하는 문제점은 자산의 매각으로 인한 이득을 과세하지 않는 방법 또는 발생주의에 따라 미실현이득에 대하여 과세하는 방법으로 해결할 수 있다. 이른바 '시가주의'(mark-to-market system)에 따르면, 납세의무자는 매년 말 자산의 가치를 신고하고 해당 연도 중의 가치변동분을 세법 상 손익으로서 취급하여야 한다. 발생주의에 따른 소득과세가 이론적으로 옳다고 주장하는 자들 역시 그 실행 상 문제점을 감안하지 않을 수 없었다. 그러나 실현주의의 적용을 축소하거나 제거하는 것에 찬성하는 자들은 이러한 문제점들을 극복할 수 없는 것으로 보지 않는다. 이들은 발생주의에 따른 소득과세가 소득세를 단순화시킨다고 주장한다. 즉 설사 평가 및 유동성에 관한 문제점이 발생한다고 하더라도, 조세계획 관련 복잡성(tax planning complexities)의 감소, 인플레이션 조정(adjustments for inflation)의 단순화 및 법인세의 잠재적 폐지가능성(the possible elimination of corporate income tax)으로 인한 장점이 이러한 문제점에 대한 우려를 상쇄시키고도 남는다고 주장한다.

제2관 조세혜택 부여 반대 논거 및 그에 대한 반론

자본소득을 세법 상 보다 유리하게 취급하는 입장에 대한 반대 논거들 및 그에 대한 반론은 다음과 같다.

 ## 경제적 이익

자본소득에 대한 화폐적 가치(a dollar for capital gain)는 다른 경제적 이득의 경우와 동일하다. 자본소득에 대한 화폐적 가치는 다른 소득의 경우와 동일한 구매력을 가지므로, 자본소득(또는 손실)을 특별히 달리 취급할 필요가 없다.[28] 이에 대한 **반론**은 다음과 같다.[29] 자본소득에 대한 화폐적 가치는 위 찬성 논거들과 동일한 이유로 다른 경제적 이득의 경우와 달리 취급되어야 한다.

---

28) *Id.*
29) *Id.*, at 571.

소득과세 복잡성의 원천

자본소득에 대한 우대조치로 인하여 소득과세의 복잡성이 크게 증가한다. 미국의 경우 많은 세법 규정들이 자본소득(또는 손실)에 대한 특별취급을 정하기 위하여 존재한다. '통상소득을 자본소득으로 전환하는 것'(conversion of ordinary income into capital gain)[30]을 포함하는, '자본소득 지위를 얻기 위한 조세계획'(tax planning to achieve capital gain status)이 발생할 수 있다. 이러한 조세계획으로 인하여 기이하고 복잡한 약정 및 거래들이 야기된다.[31] 이에 대한 **반론**은 다음과 같다.[32] 자본소득의 특별취급으로 인하여 발생한 소득세제의 복잡성은 자본소득을 통상소득으로 과세하는 것을 통하여 사라지지 않는다. 소득과세의 복잡성은 주로 '취득원가의 계산 및 조정 등을 통한 손익의 계산' 및 '손익 귀속시기의 특정'으로 인하여 발생한다. 게다가 실현주의 요건이 유지된다면, 자본손실의 공제에 대한 제한규정을 두는 것은 필수적이다. 그렇지 않다면 발생주의에 따른 이득 및 손실 모두를 갖는 개인은 손실만을 실현할 수 있고, 이로 인하여 그 손실이 자본소득과 무관한 급여소득 등에 대하여 제한 없이 공제될 수 있기 때문이다. 만약 자본손실 공제에 대한 제한규정이 있어야 한다면, 여전히 자본거래는 통상거래와 구분되어야 한다. 그렇다면 자본거래를 정의하는 것에 관련된 복잡성은 여전히 남게 된다.

Ⅲ '불공정의 심화' 및 '재정손실에 대응하는 추가적 저축 또는 위험선호 발생의 희박함'

자본소득에 대한 우대조치는 주로 고소득 납세의무자에게 혜택을 주는 것이다. 게다가 이로 인하여 재정손실(revenue cost)에 대응하는 '추가적인 저축' 및 '추가적인 위험선호'가 발생할 가능성은 희박하다.[33] 이에 대한 **반론**은 다음과 같다.[34] 자본소득 우대조치로 인한 재정손실이 과장되어 있다. 자본소득 세율이 높으면 납세의무자들은 해당 소득의 실현을 이연시키므로, 이로 인하여 자본소득으로 인한 재정수입이 줄어들 뿐만 아니라 경제성장에도 악영향이 미친다. 사실, 자본소득 세율이 얼마인지 여부와 무관하게, '주식 또는 다른 자본자산으

---

30) *Bramblett v. Commissioner*, 960 F. 2d 526(5th Cir. 1992).
31) Michael J. Graetz · Deborah H. Schenk · Anne L. Alstott, *op. cit.*, at 571.
32) *Id.*
33) *Id.*
34) *Id.*

로 구성된 상당한 크기의 포트폴리오를 가진 부유한 납세의무자들'은 항상 언제 자본소득세를 납부할 것인지 또는 이를 납부할 것인지 자체와 관련하여 폭넓게 재량을 행사할 수 있다. 그들은 현금이 필요한 경우 가격이 상승한 자산을 판매하는 대신에 해당 자산을 담보로 금원을 차용할 수 있다. 또한 자본이득 및 자본손실이 내재된 자산 모두를 가진 부유한 납세의무자들은 통상 자본손실 내재 자산의 매각시점을 조절하는 방법으로 자본소득에 대한 과세를 회피하거나 이연시킬 수 있다. 자본이득 내재 자산을 판매하거나 보유하는지 여부를 유연하게 조정할 수 있는 납세의무자에 대하여, 어느 정도의 자본소득세율을 설정하는 것이 재정수입을 극대화시킬 수 있는지 여부를 확실하게 알 수는 없다. 자본소득 우대조치에 관한 반대 논거들에도 불구하고, 미국의 경우 경제적 실증증거(economic evidence)들은 자본소득세율을 19%에서 28%의 범위 내에서 설정하는 경우 자본소득에 대한 재정수입이 극대화될 수 있다는 결과를 제시한다.

제3절 실현주의

조세와 관련된 복잡하고도 애매한 쟁점들이 여섯 개념을 중심으로 발생한다는 견해가 있다.[35] 즉 평가(valuation), 순소득(net income), 실현주의(realization), 과세이연(tax deferral), 실질 과세(substance over form) 및 소득이전(income shifting)을 중심으로 세법 상 여러 주요 쟁점들이 발생한다고 주장한다. 대체로 수긍할 수 있는 견해이다. 평가 및 순소득 개념은 소득과세 상 소득의 정의 및 평가와 관련된 쟁점이지만 이는 소득 관련 손익의 귀속시기와도 연관된다. 실질과세 및 소득이전 개념은 조세회피 및 탈세 등과 관련된 것으로서 소득과세에만 국한되는 개념은 아니다. 실현주의 및 과세이연 개념은 소득과세 상 소득의 구성요소인 손익의 귀속시기에 관한 쟁점이며 과세이연은 실현주의를 전제로 하는 개념이다. 소득과세 상 개별 항목이 소득에 포함되는지 여부 및 해당 항목이 얼마로 평가되어야 하는지 여부는 각 개별규정에서 논의되어야 한다. 소득과세 중 법인세의 맥락 상 소득이 이론적으로, 즉 손익에 영향을 미치는 항목들 전체를 기준으로 어떻게 정의되어야 하는지 여부에 대하여서는 소득의 정의 부분에서 살폈다. 그런데 소득과세 상 손익에 영향을 미치는 항목들 전체를 기준으로 어떻게

---

35) Anne L. Alstott, Taxation in Six Concepts : A Student's Guide, CCH Inc., 2018.

평가되어야 하는지 여부는 그 손익을 언제 어떠한 방식으로 인식하여야 하는지 여부와 밀접하게 관계되는바, 이는 소득과세 상 실현주의와 관련된 쟁점에 해당한다. 이상 위 각 개념들 사이의 관계에 비추어 보면, 소득과세에 있어서 실현주의를 핵심개념으로서 논의할 필요가 있다. 이하 소득과세 맥락 상 실현주의에 대하여 살핀다.

소득과세 맥락 상 실현주의 쟁점은 납세의무자가 보유한 순자산의 가치상승분을 그 가치상승 이전과 동일하게 해당 순자산을 보유하는 경우에도 과세할 수 있는지 여부와 관계된다. 특정 순자산의 보유기간 중이라도 그 가치상승분을 각 과세기간 별 발생분(accrued portion)으로 구분하여 과세한다는 입장과 특정 순자산과 관련된 매각 등 실현계기(realization event)가 발생하는 경우에 한하여 그 보유기간 중 가치상승분에 대하여 과세할 수 있다는 입장이 대립한다. 통상 전자를 **발생주의 과세**(taxation on an accrual basis)로, 후자를 **실현주의 과세**(taxation on a realization basis)로 부른다.

미실현이익에 대하여 과세하지 않는 실현주의 과세로 인하여 납세의무자는 손익의 인식시점을 폭넓게 조정할 수 있다. 즉 이득은 이연하여 인식하고, 손실은 조기에 인식할 수 있다. 이는 조세계획(tax planning)에 대한 중요한 수단이 된다. 또한 실현주의로 인하여 과세이연을 위한 복잡한 거래가 야기되므로 이에 대응하는 소득과세 역시 복잡해진다. 자의적이고도 무의미한 구분 규정으로 인하여 매우 중요한 조세 상 결과가 영향을 받게 되는 측면 역시 있다.[36]

실현주의로 인하여 발생하는 잠재적 남용가능성 등 문제점들에도 불구하고, 실현주의는 필요악(a necessary evil)으로서 인식된다. **발생주의에 따라 주기적으로 손익에 대하여 과세하는 입장에는 다음과 같은 세 가지 문제가 있다.** 이러한 문제들을 종합적으로 감안한다면, 과세관청이 이들 문제를 극복하기는 어렵다. 첫째, 매년 발생주의에 따른 납세신고와 관련된 행정적 부담이 크다. 둘째, 매년 자산가치를 평가하는 것 자체가 어렵고 그 비용 역시 감당하기 힘들다. 셋째, 발생하였으나 실현되지 않는 소득에 대하여 세금을 납부하기 위하여서는 추가적인 자금을 조달하여야 하나 이 조달에 대한 잠재적 어려움이 발생할 수 있다. 또한 명목 상 소득(paper gains)에 대한 세금은 정치적으로 지지되기도 어렵다.[37]

실현주의 과세를 채택할 수밖에 없는 심각한 사정들에도 불구하고, 모든 자산 및 상황에 대하여 실현주의를 적용하여야 하는 것은 아니다. 증권거래소에 상장된 증권들에 대하여서는

---

36) Michael J. Graetz · Deborah H. Schenk · Anne L. Alstott, *op. cit.*, at 149.
37) *Id.*

매년 가치를 평가하는 것이 용이하므로, 그 미실현 손익에 대하여 과세할 수 있다. 현물 이전거래 (in-kind transfers)와 관련하여서는 행정적 부담, 평가 및 유동성에 관한 문제가 발생하지만 이를 과세대상에서 제외할 수는 없다. 유동성 관련 우려 역시 유일한 판단요소가 될 수는 없다. 현금 수령 시점에 이르러야 실현된 것으로 본다면 납세의무자들이 너무도 쉽게 과세를 회피할 수 있기 때문이다. 현물 수령액을 소득에 포함시키지 않는다면 납세의무자는 납세의무 인식시점을 너무도 쉽게 조작할 수 있을 뿐만 아니라, 현금 대신 재화 또는 용역을 교환하는 거래를 할 큰 유인을 제공하는 결과에 이르게 된다.[38]

실현주의에 대한 예외에도 불구하고 실현주의는 여전히 소득과세 상 중요한 역할을 수행하고 있다. 그러나 이러한 중요한 역할에도 불구하고, 실현주의는, 공정성 및 효율성의 관점에서, 소득과세에 대한 심각한 문제 역시 야기하고 있다. 수평적 공평(horizontal equity)을 해하는 많은 경우가 발생한다. 즉 급여로서 $1000을 받는 경우와 보유한 건물의 가치가 특정 과세기간 중 $1000 상승하는 경우 모두 경제적 의미의 소득이 증가하나 급여의 경우에만 과세된다. 건물을 처분하는 경우에는 궁극적으로 과세될 것이나, 이 경우에도 과세이연의 혜택을 누리는 결과에 이른다. 실현주의는 '미실현이득에 대한 과세이연의 혜택을 누릴 수 있는 자산'의 취득을 선호하도록 하는 유인을 제공한다. 즉 동일한 30% 세율구간에 속한 납세의무자가 10% 유효이자율의 채권을 $10,000에 취득하거나 매년 10% 가치가 상승하는 주식을 $10,000에 취득할 수 있다면, 납세의무자는 후자의 주식을 취득하는 것을 선호하게 된다. 2년 후 채권에 투자한 납세의무자는 $11,450[10,000 + 1000(1-0.3) + 1000(1-0.3)×1.07]을 회수할 수 있고, 주식에 투자한 납세의무자는 $11,470[10,000 + (1000 + 1,000 × 1.1) × (1-0.3)]을 회수할 수 있기 때문이다. 위험요인을 무시한다면, 채권의 경우에는 매수인을 모집하기 위하여 채권에 대한 이자율을 올려야 한다. 게다가 미국의 경우에는 거의 내내 자본소득에 대한 우대조치로 인하여 주식에 대한 세율이 채권 이자에 대한 세율보다 낮았다. 이로 인하여 주식과 채권 사이의 불균형은 심화되었다.[39]

실현계기(realization event)에 관한 미국 주요 판례의 입장은 다음과 같다. 총수입금액(gross income)은 특별한 규정이 없는 한 그 원천을 불문하는 모든 소득(all income from whatever source derived)을 의미한다. 총수입금액에는 실현된 소득이 포함되나 그 실현 방법이 어떠한지 여부는 묻지 않는다. 따라서 금전, 자산 또는 용역 형태로 실현되는 경우 역시 이에 포함되며,

---

38) *Id.*, at 149~150.
39) *Id.*, at 150.

매입한 중고 피아노 속에 들어 있던 구권 화폐 역시 통상소득에 포함된다.[40] 납세의무자가 완전한 지배권(complete dominion)을 행사할 수 있고 또한 명확히 실현된 모든 부의 유입(all accessions to wealth)은 소득에 포함된다. 교장이 출판사로부터 요청하지 않은 교과서를 받아 도서관에 기부하고 이에 대하여 기부금 공제를 받았다면 해당 교과서의 가치는 소득에 포함된다.[41] 주식배당(stock dividend)으로 인하여 주주의 부가 증가하는 것은 아니므로, 주식배당으로 수령한 주식은 주주의 소득에 해당하지 않는다.[42] 다만 주주 단계의 배당소득 과세가 주주 단계 부의 증가를 근거로 이루어지는 것은 아니라는 점에서 우리의 경우에는 미국 판례와 달리 취급하는바, 이에 대하여서는 해당 부분에서 구체적으로 논의한다. 가치가 하락한 주택 저당권부 채권(home mortgage loans)으로 구성된 포트폴리오를 가진 자가 해당 포트폴리오를 다른 채무자(mortgagor) 및 다른 담보자산에 근거한 주택 저당권부 채권과 교환한 경우, 해당 교환거래는 실현계기에 해당하므로 그로 인하여 발생한 손실은 공제될 수 있다.[43]

손익의 귀속시기에 관한 미국 주요 판례의 입장은 다음과 같다. 사업 상 체결한 계약으로 인하여 수령한 금원은 특정 거래로 인하여 순이익(net profit)이 발생하는지 여부와 무관하게 그 수령한 연도의 수익으로서 신고하여야 하고, 이는 수정 헌법 제16조(the Sixteenth Amendment) 당시에도 일반적으로 용인된 관념이다. 수정 헌법 제16조가 거래단위로 순이익을 계산하여 신고할 것을 요구하는 것은 아니다.[44] 이 판례는 **거래단위가 아니라 사업연도 단위로 순이익, 즉 소득을 신고하여야 한다는 원칙**에 대하여 판시한 것이다. 그런데 위 원칙을 엄격하게 적용할 경우, 그 실무 상 어려움을 야기되는 거래들 역시 있다. 특정 거래가 두 사업연도 이상에 걸쳐서 발생하거나 영향을 미치는 경우가 이에 해당한다. 즉 한 사업연도에 손실 또는 비용이 발생하고 다른 사업연도에 회복되는 경우, 여러 사업연도에 걸쳐서 가득한 소득을 한 사업연도에 현금으로 수령한 경우 및 한 사업연도에는 결손이 발생하고 다른 사업연도에는 소득이 발생하는 경우가 이에 해당한다. 이러한 어려움에 대처하기 위한 미국 판례의 입장은 다음과 같다. 납세의무자가 청구권을 행사하여 수익(earnings under a claim of right)을 그 처분에 관한 제한 없이 수령하였다면, 설사 해당 현금을 보유할 절대적 권리가 없다거나

---

40) *Cesarini v. United States*, 296 F. Supp. 3 (N.D. Ohio 1969).
41) *Haverly v. United States*, 513 F.2d 224 (7th Cir. 1975).
42) *Eisner v. Macomber*, 252 U.S. 189, 40 S. Ct. 189 (1920).
43) *Cottage Savings Association v. Commissioner*, 499 U.S. 554, 111 S. Ct. 1503 (1991).
44) *Burnet v. Sanford & Brooks Co.*, 282 U.S. 359 (1931).

원상회복의무 등 우발채무를 여전히 부담한다고 하더라도 해당 수익을 소득으로서 신고하여야 한다.[45] 이를 '청구권 행사 기준'(claim of right doctrine[46])이라고 한다. 이 North American Oil 사건에서는 수령한 현금을 반환하지 않았지만, 소득에 산입한 현금을 향후 반환하게 된 경우는 어떻게 처리하여야 하는지 여부가 쟁점이 된다.[47] 선의에 따라 청구하여 아무런 조건 없이 수령한 종업원 상여를 소득으로 신고한 후 제기된 소송에서 해당 상여가 잘못 산정된 것으로 판명되었고 그 판단에 따라 과다지급된 상여분을 반환하였다고 하더라도, 당초 소득신고를 재산정할 수는 없다.[48] Lewis 판결 3년 후 미국 의회는 청구권 행사 기준에 따라 수령한 금원을 반환하는 경우에는 그 반환 시점에 공제될 수 있다는 취지의 규정을 제정한다.[49] 이에 따르면, '납세의무자가 특정 항목에 대한 무제약적 권리(an unrestricted right)를 가진다는 점에 근거하여 그 항목을 해당 과세기간의 소득에 포함하였다는 점'[50] 및 '해당 과세기간 종료 이후의 후속 과세기간에 이르러서야 해당 항목의 전부 또는 일부에 대하여 무제약적 권리를 갖지 않는다는 사실이 확립되었다(established)는 점'을 충족하는 경우에 해당 금액을 그 반환시점에 소득에서 공제할 수 있다. 위 규정의 해석과 관련하여, '납세의무자가 특정 항목에 대한 무제약적 권리(an unrestricted right)를 가진다는 점'[51] 및 '후속 과세기간에 납세의무자가 무제약적 권리를 가지지 않은 것으로 확립되었다는 점'[52]을 어떻게 해석하여야 하는지 여부'에 대한 판례가 형성되었다. 이 경우 납세의무 경감액은 '반환 당시 공제될 경우의 납세의무 경감액' 및 '해당 금액 수령 당시 공제될 경우의 납세의무 경감액' 중 큰 금액으로 정하여진다.[53] 한편 '특정 항목을 소득에서 공제한 이후 해당 항목을 환수하거나 지급하지 않은 경우 해당 금액을 소득에 후속 과세기간의 소득에 산입하여야 하는지 여부' 및 '특정 항목을 공제하였으나 해당 과세기간의 소득이 없어서 소득금액에서 공제될 수 없었으나 후속 과세기간에 해당 항목을 환수하거나 결과적으로 지급하지 않게 된 경우에도 여전히 후속 과세기간의 소득에 산입하여야 하는지 여부'가 쟁점이 된다. 이는 '조세혜택 기준'(tax benefit rule)에 관한 쟁점들이다. 전자의 쟁점은 '조세혜택 기준에 따른 소득산입'(inclusionary

---

45) *North American Oil Consolidated v. Burnet*, 286 U.S. 417 (1932).
46) Michael J. Graetz · Deborah H. Schenk · Anne L. Alstott, *op. cit.*, at 695~700.
47) Donald B. Tobin · Samuel A. Donaldson, *Principles of Federal Income Taxation of Individuals* 8th Ed., West Academic Publishing, 2017, at 603.
48) *United States v. Lewis*, 340 U.S. 590 (1951).
49) IRC(Internal Revenue Code) § 1341(a)(1).
50) IRC § 1341(a)(2).
51) *Van Cleave v. United States*, 718 F.2d 193 (6th Cir. 1983).
52) *Pike v. Commissioner*, 44 T.C. 787 (1965).
53) IRC § 1341(a)(3)~(5).

component of tax benefit rule)에, 후자의 쟁점은 '조세혜택 기준에 따른 소득배제'(exclusionary component of tax benefit rule)에 관한 것이다.[54] '조세혜택 기준에 따른 소득산입'에 따르면, 특정 항목을 소득에서 공제한 이후 해당 항목을 환수하거나 지급하지 않은 경우 해당 금액을 소득에 후속 과세기간의 소득에 산입하여야 한다. 즉 은행이 대손상각을 통하여 손금에 산입한 대출금이 향후 회수되었다면 그 회수 시점이 속한 과세기간의 소득에 산입하여야 한다.[55] 부동산의 사용용도를 종교 또는 교육으로 지정하여 기부하고 기부금 공제를 받았고 이로 인하여 납세의무가 경감되었는바, 향후 피기부자가 해당 부동산을 해당 용도로 사용하지 않고 반환하였다면 그 부동산의 회수를 소득으로 취급하여야 한다.[56] '조세혜택 기준에 따른 소득배제'는 법제화되어 있다. 즉 이전 과세기간에 공제된 금액이 납세의무를 경감시키지 못한 범위 내에서는 해당 금액이 회수되었다고 하더라도 그 회수 시점이 속한 과세기간의 소득에 포함되지 않는다.[57] 감가상각(depreciation), 감모상각(depletion) 및 무형자산의 상각 (amortization)에 대하여서는 조세혜택 기준이 적용되지 않는다.[58] 따라서 감가상각, 감모상각 및 무형자산의 상각으로 인하여 조세혜택을 받았는지 여부와 무관하게 해당 금액이 향후 소득에 산입되어야 한다. 다만 이월결손금으로서 공제될 수 있는 것은 별개의 쟁점에 속한다.[59] 조세혜택 기준은 재해손실,[60] 기금횡령액(embezzled funds),[61] 상여금[62] 등에 대하여서도 적용된다. 또한 계약위반, 신인의무 위반 또는 독과점 금지규정 위반에도 '조세혜택 기준에 따른 소득배제'와 동일한 취지의 규정이 적용된다.[63] 미국 판례는 나아가 조세혜택 기준을 납세의무자에게 부당한 혜택을 부여하는 것을 방지하기 위한 공평의 원칙으로서 적용하여야 한다는 취지의 판시를 한다. 그 내용은 다음과 같다. 납세의무자인 법인이 주주에게 부과된 세금을 납부하고 이를 손금으로서 공제한 후 해당 세금이 주주에게 환급되었는바, 이와 관련하여 미국 국세청은 해당 세금이 회수되었으므로 법인이 환급액을 소득에 산입하여야 한다고 주장하고 법인은 자신에게 환급되지 않았으므로 조세혜택 기준에 의하더라도 해당 금액을 소득에 산입할 수 없다고 주장하였다. 위 사안에 대하여 미국 판례는 조세혜택 기준은 후속 사건이

---

54) Michael J. Graetz · Deborah H. Schenk · Anne L. Alstott, op. cit., at 685~686.
55) National Bank of Commerce v. Commissioner, 115 F.2d 875 (9th Cir. 1940).
56) Alice Phelan Sullivan Corp. v. United States, 381 F.2d 399 (Ct. Cl. 1967).
57) IRC § 111(a).
58) Reg. § 1.111-1(d)(2)(iii).
59) Donald B. Tobin · Samuel A. Donaldson, op. cit., at 610~611.
60) Reg. § 1.165-1(a).
61) Tennessee Foundry & Machinery Co. v. Commissioner, 48 T.C. 419 (1967).
62) Larchfield Corp. v. United States, 203 F. Supp. 821 (1962).
63) IRC §186.

당초 공제의 전제사실과 그 실질 상 기본적으로 합치되지 않는다는 점(indeed fundamentally inconsistent with the premise)이 현출되는 경우에 한하여 적용될 수 있는바, 이 사건의 경우에는 동일한 과세기간에 후속사건이 발생하였다면 해당 공제가 법인에게 허용되지 않았을 것이므로 주주에게 반환된 세금은 법인의 소득에 포함되어야 한다고 판시한다.[64]

법인세법은 내국법인의 각 사업연도의 익금과 손금의 귀속사업연도는 그 익금과 손금이 확정된 날이 속하는 사업연도로 한다고 규정한다(법세 §40 ①). 이를 통상 **권리의무확정주의**라고 한다. 즉 법인세법은 권리 또는 의무가 확정되는 시점을 그 실현계기로 보아 손익을 인식하는 입장을 취한다. '권리 또는 의무의 확정이 의미하는 바가 무엇인지 여부'는 익금 또는 손금의 확정 및 손익의 귀속사업연도 등 관련 부분에서 살핀다.

제4절   소득과세의 문제점

조세는 과세대상을 기준으로 소비하는(spend) 것에 대하여 과세하는 소비세(consumption taxes), 소유하는(own) 것에 대하여 과세하는 부유세(wealth taxes), 가득한(earn) 것에 대하여 과세하는 소득세(income and profit taxes) 및 인간 자체(human beings)에 대하여 과세하는 인두세(poll taxes)로 분류할 수 있는바,[65] 소득과세에 대하여서는 다음과 같은 문제점들이 내재되어 있다. 이러한 문제점을 명확히 파악함으로써 현행 소득과세를 개선할 수 있다. 이러한 문제점들은 자원의 배분(allocation of resources : imputed income), 포괄적 과세대상 (comprehensive tax base), 조세지출(tax expenditures), 복잡성(complexity), 자본의 회수 (recovery of capital), 인플레이션(inflation) 등과 관련하여 발생한다. 다만 이 논의는 소득세 및 법인세를 포괄하는 소득과세 전체에 관한 것임에 유의하여야 한다. 이하 각 쟁점별로 살핀다.

---

64) *Hillsboro National Bank v. Commissioner*, 460 U.S. 370 (1983).
65) Anghard Miller and Lynne Oats, *op. cit.*, at 4.

자원의 배분 : 귀속소득

소득과세가 자원배분을 왜곡한다는 주장이 있다. 이 주장에 대하여 살핀다. 이는 소득세가 여가에 대하여서는 과세하지 않고 소득에 대하여서만 과세한다는 점을 근거로 한다. 이로 인하여 경제구성원들이 지나칠 정도로 일을 여가로 대체하는 경향을 보인다. 또한 화폐소득 (money income)에 대하여서는 과세하면서도 **귀속소득**(imputed income)에 대하여서는 과세 하는 것으로 인한 **사중손실**(deadweight loss) 역시 발생한다.[66] 귀속소득은 자산의 재화 또는 노동으로 인하여 얻는 경제적 이익을 의미한다.

사중손실이 발생하는 예는 다음과 같다.[67] 갑이 전문가로서 제공하는 용역의 시간 당 가치가 $50이고 세율이 40%라고 가정한다. 따라서 갑의 용역에 대한 시간 당 세후 이익은 $30이다. 갑이 자신의 정원을 정리하기 위하여 조경업자를 고용할 경우에는 시간 당 $40을 지불하여야 한다. 갑이 스스로 자신의 정원을 관리하는 경우에는 시간 당 $40을 절약할 수 있다. 이러한 경제적 이익은 귀속소득으로서 과세되지 않는다. 그렇다면 갑은 $30을 얻기 위하여 전문가로서 의 용역을 추가적으로 제공하기보다는 자신의 정원을 스스로 관리하는 것이 경제적으로 이익이 된다. 즉 사회적으로 $50의 대가를 지불하려는 용역이 있음에도 갑은 사회적 가치가 $40인 용역을 수행하게 되는바, 이러한 현상이 소득과세를 부과하는 사회에 대하여 발생한 사중손실에 해당한다. 이상과 같이 비과세 귀속소득(nontaxable imputed income)을 창출하는 활동이 과세대상소득을 창출하는 활동을 대체하게 되는 효과를 **대체효과**(substitution effect)라고 한다. 이상의 주장에 대하여서는 다음과 같은 **논평들**(comments)이 있다.[68] 첫째, 귀속소득 역시 과세당국이 파악하여 과세하는 방법으로 사중손실을 제거할 수 있다. 둘째, 사중손실로 인하여 항상 대체효과가 발생하는 것은 아니다. 귀속소득을 그 자체로 화폐소득을 직접적으로 발생시키지 못하므로 화폐소득이 필요한 경우에는 자신의 소득수준을 유지하기 위하여 추가적 으로 일을 하여야 한다. 이러한 효과는 **소득효과**(income effect)라고 한다. 소득효과가 대체효과 이상인 경우에는 납세의무자는 과세대상 소득을 창출하는 일을 추가적으로 하게 된다.

자원배분을 왜곡시키는 요인이 소득과세로 한정되지는 않는다. 소비세(excise tax), 과점 (monopolies), 배타적 사용료(license fees), 단체협약(collective bargaining agreements), 관세 (tariffs), 정부 가격지지 제도(government price support) 및 보조금(subsidy) 등 역시 자원배분

---

66) Donald B. Tobin · Samuel A. Donaldson, *op. cit.*, at 20~21.
67) *Id.*, at 21.
68) *Id.*, at 21~22.

을 왜곡시키는 요인들에 해당한다. 그런데 자원배분 왜곡요인 중 하나만을 제거하는 것을 통하여서는 경제 전체에 대한 자원배분의 왜곡이 시정되지 않거나 오히려 악화될 수 있다. 따라서 **다른 자원배분 왜곡요인을 그대로 두고 소득과세에 의하여 야기된 자원배분 왜곡효과만을 제거한다고 하더라도 경제 전체의 자원배분이 반드시 개선된다고 볼 수 없으며 오히려 더욱 악화될 수도 있다.**[69] 재택 노동 배우자(stay-at-home spouse)의 소득에 대하여 과세하지 않는 것으로 인하여 자원배분이 왜곡된다는 주장 역시 위와 동일한 이유로 정당화되기는 어렵다. 귀속소득에 대한 과세를 어느 범위까지만 허용하는 것으로 정하기는 어렵다. 모든 소득이 가능한 한 과세대상에 편입되도록 노력하는 것이 그로 인한 행정적 부담을 감안하더라도 가치가 있을 수 있다. 그러나 '소득과세 방식 자체'가 자원배분의 왜곡에 의미를 갖는 것이 아니다. 현실세계에서 '비교적 용이하게 과세할 수 있는 것으로 인정되는 소득'에 대한 과세를 통하여 재정조달수단으로서의 기능을 수행하는 소득과세를 그 자체로서 인정할 필요가 있다. 전반적인 자원배분 왜곡을 시정하기 위한 목적만으로 새로운 소득을 과세대상에 편입하는 것은 무용하거나 실패할 가능성이 크다.[70]

Ⅱ 포괄적 과세대상

소득에 해당하나 비과세되거나 조세혜택이 부여되는 소득항목들로 인하여 소득과세가 수평적 공평(horizontal equity)을 해한다는 주장이 있다. 그러나 포괄적 과세대상을 설정하여 모든 소득에 대하여 과세한다는 목표는 사실상 달성하기 어렵다. 정부에 의하여 부여되는 공공혜택(public benefits)은 대부분 과세대상이 되지 않는다. 이에 대한 과세가 용인되기 어렵거나 그 실행이 불가능하기 때문이다. 또한 귀속소득, 기부금 또는 비영리단체가 지급하는 무상금원(transfer payments), 생명보험금, 증여액 및 자산의 미실현 가치상승분 등과 같이, 정부가 부여하지는 않았으나 과세대상에서 제외되는 항목들도 역시 있다. 이에 대한 과세 역시 용인되기 어렵거나 그 실행이 불가능하기 때문이다. 그 밖에 심리적 소득(psychic income)으로서 과세되지 않는 비금전 혜택(non-pecuniary benefits) 등 역시 있다. 그러나 포괄적 과세대상을 계산하는 것이 궁극적으로 어렵다고 할지라도 공중들(public)에 의하여 명백하게 정당화될 수 없는 비과세 등을 개선하기 위한 시도는 필요하다. 재정조달수단으로서 기능하는

---

69) *Id.*, at 22.
70) *Id.*, at 22~24.

소득과세는 공중들의 신뢰에 기반하기 때문이다. 공공적 합의(public consensus)가 그 시도를 위한 시금석이 될 수 있다.[71]

Ⅲ 조세지출

조세지출과 관련된 공정성 논의는 다음 세 입장과 관련되어 있다.[72] 첫째, 소득공제, 비과세 및 기타 조세혜택들이 역진적 효과(regressive effect)를 갖는다. 소득공제 및 비과세 등은 높은 세율구간에 속한 납세의무자에게 보다 큰 세액절감 효과를 주기 때문이다. 이러한 효과는 누진세율로 인하여 불가피하게 발생하는 측면이 있다. 누진세율로 인하여 발생하는 역진적 효과를 제거하기 위하여서는 모든 소득이 과세대상으로 편입되어야 한다. 누진적 세율구조 하에서는 특정 소득이 배제되는 경우 역진적 효과가 발생하기 때문이다. 그런데 모든 소득을 과세대상에 편입하는 것이 불가능하므로 특정 소득은 과세대상에서 제외될 수밖에 없다. 과세대상에 포섭되지 않는 소득과 관련하여서도 높은 세율구간에 속한 납세의무자에게 보다 유리한 효과가 발생한다. 둘째, '진정한 과세대상 소득에 이르는 과정에서 공제될 필요가 없는 소득공제, 비과세 및 기타 조세혜택들의 리스트'를 정리하여, 역진성의 관점에서 재고하거나 폐지하는 것을 고려할 수 있다. 그러나 포괄적 과세대상을 계산할 수 없는 한 위 리스트는 불완전할 수밖에 없으므로 이 방법을 통하여서도 그 역진성을 온전히 해소할 수는 없다. 셋째, 조세지출 항목별로 각 세수감소 추정치를 명시하는 조세지출예산(tax expenditure budget)과 각 항목 별 통상적인 정부지출예산을 비교하는 방법으로 조세지출의 타당성 여부를 검토할 수 있다. 다만 조세지출예산의 추정치는 비현실적 가정을 전제하여야만 산출할 수 있고, 특정 조세지출을 제거하는 것이 경제에 미치는 깊은 효과(profound effect)가 반영되지 않는 문제점이 있다. 조세지출 개념을 어떻게 설정할 것인지 여부와 관련하여 이상과 같은 방법론적인 문제점들이 있지만, 이를 통하여 전반적인 예산편성과정에서 다양한 조세조항들이 미치는 각 효과를 분리하여 파악할 수 있다는 측면에서는 효용을 갖는다.

---

71) *Id.*, at 24~27.
72) *Id.*, at 27~31.

Ⅳ 복잡성

현행 소득과세는 지나치게 복잡하다. 소득과세의 복잡성은 사회 자체의 복잡성, 특정 이해관계의 영향, 조세체계의 개혁으로 인한 영향, 사회적으로 바람직한 행태에 대한 유인으로서의 기능 및 국가 경제정책수단으로서의 기능이 반영된 것이다. 조세체계를 단순화하기 위한 미국 1986년 조세개혁법(the Tax Reform Act of 1986)이 통과된 이후에도 의회 및 행정부는 많은 조항들을 추가하였는바, 그 조항들 중 일부는 칭찬할 만한 것들이었지만, 다른 일부들은 불필요한 것들이었다. 그 조항들 중 거의 모든 조항들로 인하여 소득과세의 복잡성은 증가되었다. 위와 같은 조항들을 추가한 정치인들은 종종 조세개혁 및 조세단순화를 동시에 주장한다. 이러한 이중적 필요로 인하여 조세체계를 쉽게 단순화하기는 어렵다.

Ⅴ 자본의 회수

소득과세의 경우 '투자 원금의 비용 또는 손금산입'과 '투자원금으로 인한 수익의 수익 또는 익금산입'을 경제적으로 의미 있게 연결하는 것이 어려운 경우가 있다. 즉 일시금 납입 종신연금보험료(a single primium life annuity)를 불입한 후 일정기간 경과 후 연금형태로 그 원리금을 수령하는 경우, 해당 보험료 납입액의 공제시점과 해당 금액에 대한 수익의 과세시점을 연결하기 위한 여러 방법들이 있다. 즉 보험료를 납부시점에 즉시 비용화하는 방법, 연금 수령액을 한도로 먼저 공제한 후 남은 잔액 전체에 대하여 과세하는 방법, 연금 수령기간 중 해당 금액을 배분하여 공제하는 방법, 연금산정 상 기대여명기간(life expectancy)이 완료되는 시점에 공제하는 방법, 연금 초기 수령액의 대부분을 과세대상 이자소득으로 간주하는 방법, 계약 체결시점의 현재가치에 근거하여 유효이자율법에 따라 공제금액을 결정하는 방법 등이 있다. 각 방법에 따라 납세의무자의 경제적 지위는 달라지고 이에 따라 납세의무자의 투자의사결정 역시 달라지는 문제점이 발생한다.[73]

Ⅵ 인플레이션

인플레이션이 소득세에 미치는 영향과 관련된 미국 판례가 있다.[74] Kerbaugh-Empire

---

73) *Id.,* at 31~44.

회사는 독일은행으로부터 미국 달러를 차입하였다. 그 약정에 따르면 Kerbaugh-Empire 회사는 반드시 독일 마르크화로 변제하여야 한다. Kerbaugh-Empire 회사는 벤처기업에 투자하였으나 실패한 반면 차입금의 변제시점 독일 마르크화 가치가 하락하여 그 변제와 관련하여서는 이익을 보았다. 다만 벤처기업투자에 따른 손실이 차입금 변제 관련 이익보다 크다. 이와 관련하여 미국 국세청은 차입금 변제 관련 이익에 대하여 과세하였으나, 미국 대법원은 벤처기업투자 관련 손실이 차입금 변제 관련 이익보다 크므로 소득이 없다고 판시하였다. 위 판례와 관련하여서는 두 거래가 별개의 거래라는 점을 간과하였다는 점에서 잘못된 것이라는 비판이 있다. 다만 위 판례는 통화거래 자체로부터 발생한 이득 역시 소득을 구성한다는 점을 인정하였다는 점에서 의의가 있다.[75] 인플레이션은 경제 전반에 걸쳐서 발생하지만 각 재화 또는 용역별로 인플레이션 비율은 상이할 수 있다. 따라서 특정 시점에 등가로 교환거래를 하였다고 할지라도 일정 기간이 경과한 후에는 두 거래당사자의 구매력은 달라진다. 이러한 문제는 매우 광범위하고도 큰 규모로 왜곡을 발생시킨다. 그러나 소득과세 자체가 이러한 인플레이션 문제를 명시적으로 다루지는 않는다. 이와 관련하여 자본소득세율을 인하하는 방법으로 그 왜곡효과를 줄여야 한다는 주장이 제기된다. 그러나 이는 정책목표에 비하여 그 사용하는 정책수단이 과대할 뿐만 아니라 잘못된 것이기도 하다. 실질적인 구매력 감소를 해결할 수 없기 때문이다. 한편 자산의 취득원가를 물가와 연동시켜야 한다는 주장 역시 있다. 실질적인 구매력을 유지하면서 자본소득을 계산할 수 있는 측면에서 타당하나, 이 주장이 실행되지는 않은 단계이다.[76]

Ⅶ 기타 문제점

소득과세와 관련하여서는, 자본소득을 우대하여 취급하는 것이 타당한지 여부, 특정 사업에 대한 유인을 제공하는 것이 타당한지 여부, 사업적 활동과 개인적 활동의 성격을 겸유하는 활동을 어떻게 취급할 것인지 여부 및 가족 단위로 세금을 부과하는 것이 타당한지 여부 등과 관련된 문제점들이 발생할 수 있다.[77]

---

74) *Bowers v. Kerbaugh-Empire Co.*, 271 U.S. 170, 46 S. Ct. 449 (1926).
75) Donald B. Tobin · Samuel A. Donaldson, *op. cit.*, at 45.
76) *Id.*, at 46~47.
77) *Id.*, at 47.

소득과세에 대한 대안의 모색

소득과세에 대한 문제점을 지적하면서, 그에 대한 대안으로서 다른 과세체계를 주장하는 견해들 역시 있다. 소득과세가 재정수입 조달수단으로서 수행하는 중요한 역할을 감안한다면, 각 대안들이 소득과세를 대체할 수준에 이를 수는 없다고 본다. 다만 그 대안을 살피는 것을 통하여 소득과세에 대한 시사점을 얻을 수는 있다. 이하 소득과세에 대한 대안으로서 제시되는 각 과세방안에 대하여 살핀다.

Ⅰ 부가가치세

소득과세를 소비과세(consumption tax)로 전환하여야 한다는 주장이 있다. 소비과세의 한 형태로서 부가가치세(value-added tax)를 소득과세에 대한 대안으로 제시한다. 부가가치세는 각 생산 및 분배의 각 단계에서의 가치증가분에 대하여 과세한다. 최종 소비자가 해당 세금을 궁극적으로 부담한다. 판매세(sales tax)와 비슷하게 재화 또는 용역을 구매하는 시점에 세금을 납부하므로 부가가치세는 소비세에 해당한다. 이에 찬성하는 입장은 소비과세가 저축을 증가시키는 반면에 소득과세는 저축을 좌절시키고 소비를 장려한다고 주장한다. 다만 부가가치세가 소득과세에 대한 대안이 될 수 있을 만큼 재정수입을 조달할 수 있을지 여부는 매우 의문스럽다.[78]

Ⅱ 순자산세 또는 부유세

순자산세(net worth tax) 또는 부유세(wealth tax)는 통상 납세의무자가 보유하는 자산가치의 1%를 초과하지 않는 범위에서 부과된다. 순자산세 또한 부유세는 그 세율이 해당 자산의 소득률을 결코 초과할 수 없고 그렇지 않다면 해당 자산의 소유가 포기될 것이므로, 소득과세를 대체하는 재정수입 조달수단으로서의 역할을 수행하기에는 충분하지 않다. 순자산세 또는 부유세와 관련하여서는 그 밖에 평가의 어려움, 높은 실행비용 및 세금납부를 위한 유동성의 부족 등 문제점들이 발생한다. 미국의 경우 부동산세(real estate taxes) 및 상속증여세(estate

---

78) *Id.*, at 16~17.

and gift taxes) 형태로서 순자산세 또는 부유세가 시행될 뿐이나 그 세목과 관련하여서는 이상의 각 문제점들이 발생하고 어느 세목도 소득세를 대체할 만한 재정수입을 조달하지는 못하고 있다.[79]

 인두세

인두세(heax tax)는 소득, 공제 또는 비용 개념과 무관하게 사회구성원인 각 개인에 대하여 동등한 금액을 부과하는 세목이다. 다만 질병, 고령 및 자녀와 관련된 공제는 허용된다. 이를 시행할 경우에는 세법은 지극히 단순하게 되고 세법을 집행하기 위한 비용 역시 미미한 수준으로 감소한다. 그러나 이러한 장점에도 불구하고 인두세는 시행될 수 없다. 극심한 역진성(extreme regressivity)이 발생하기 때문이다. 이를 시정하기 위하여서는 소득수준을 추가적으로 감안하여야 하나, 그 경우에는 인두세가 다시 소득과세로 전환되는 결과에 이르게 된다.[80]

 소비 또는 현금흐름세

소비 또는 현금흐름세(consumption or cash flow tax)는 본질적으로 저축을 제외한 소득에 대하여 과세한다는 것을 의미한다. 낮은 세율구간의 납세의무자는 높은 세율구간의 납세의무자에 비하여 그 소비비율이 높으므로, 소비세는 역진적인 것으로 평가될 수 있다. 그러나 소비세의 경우에도 매년 소비금액을 기준으로 가파른 누진세율구조를 적용한다면 누진적인 것으로 전환될 수 있고, 생활필수품의 소비에 대한 공제(deductions) 또는 면제(exemptions)를 허용할 수도 있다. 소비 또는 현금흐름세를 소득과세에 대한 대안으로서 주장하는 견해는 소득수준과 무관하게 소비금액을 기준으로 과세하는 것이 역진적인 것처럼 보이나 이 경우에도 두 납세의무자가 누리는 생활수준이 동일하므로 동일하게 과세하는 것이 오히려 공평하다고 한다. 고소득자의 저축 역시 소비를 위하여 인출되는 시점에는 결국 과세된다는 점 역시 주장한다. 또한 소비세가 소득과세에 비하여 저축을 장려하고 저축이 증가하면 그 자체로 사회적 혜택(social benefits)이 창출된다는 주장 역시 한다.[81]

---

79) *Id.*, at 17.
80) *Id.*, at 17~18.
81) *Id.*, at 18~19.

Ⓥ 단일세율세

단일세율세(flat rate tax)는 누진세율에 의한 소득과세를 대신하여 모든 소득에 대하여 단일세율(예를 들면 20%)로 과세하는 소득과세를 의미한다. 이는 소득공제, 비과세, 세액공제 및 세액계산 특례 중 많은 것들을 폐지하는 것을 전제로 한다. 단일세율세와 관련하여서는 다음과 같은 점들이 지적된다. 첫째, 소득과세의 복잡성과 누진세율의 존재는 별개의 쟁점에 속한다. 즉 누진세율로 인하여 소득과세가 복잡해지는 것은 아니다. 정교하게 구성된 다양한 거래들을 획일적 기준에 따라 과세하기보다는 그 거래속성에 따라 과세하는 것이 오히려 합리적이다. 소득과세 자체가 전반적으로 단순화되면서 그러한 과세를 할 수는 없다.[82] 둘째, 만약 누진세율구조가 단일세율구조로 대체되고 소득공제, 비과세, 세액공제 및 세액계산 특례 중 많은 것들이 폐지된다면, 어느 납세의무자가 세금을 추가 부담할 여력이 있는지 또는 없는지 여부를 분명히 알 수가 없다. 따라서 만약 정부가 누진세율구조 하에서 조달할 수 있는 금원과 동일한 금액을 단일 세율 과세체계 하에서 추가로 조달하기 위하여서는, 특정되지 않는 과세대상으로부터 해당 금원을 조달하여야 한다. 즉 단일세율구조 하에서 동일한 금액을 조달하기 위하여서는, 누진세율구조 하에서 보다 넓은 범위의 소득에 대하여 과세하여야 한다. 이러한 경우에는 높은 소득구간에 속한 납세의무자의 세금은 낮추고 중간 또는 낮은 소득구간에 속한 납세의무자의 세금은 올리는 결과에 이를 수 있다.[83]

제6절 법인과세의 필요성

법인세의 부과근거를 사법 상 법인 본질론에 근거하여 논의하는 것은 타당하지 않다.[84] 세법이 사법 상 법인본질론을 반드시 수용하거나 이에 구속되어야 하는 규범적 근거 및 당위성이 존재하지 않을 뿐만 아니라, 현행 법인세법 역시 사법 상 본질론을 그 존립근거로 한다고 볼 수도 없기 때문이다. 이하 법인세를 부과할 실천적 논거 및 그에 대한 경제적 합리성을 중심으로 논의한다. 법인세를 부과하는 경우 종국적으로 해당 법인세를 부담하는 자가 누구인지

---

82) *Id.*, at 19~20.
83) *Id.*, at 20.
84) 같은 취지 : 임승순, 조세법 제20판, 박영사, 2020, 604면~605면.

여부가 쟁점이 된다. 이 경우 법인세를 부담하는지 여부는 법인세를 누가 과세관청에게 납부하여야 하는지 여부가 아니라 법인세로 인한 경제적 불이익을 누가 부담하는지 여부에 관한 것이다. 세법에 따른 납세자로서 세금을 납부하는 자와 해당 세금을 종국적으로 부담하는 자가 다른 경우, 해당 세금이 '전가'(incidence)되었다고 한다. **특정 세금의 전가 경로 및 전가 금액을 특정하는 것은 매우 어렵다.** 이는 법인세 전가의 경우에도 동일하다. 그러나 **법인세 전가와 관련하여 분명한 것은, 어느 경우에도 법인 자체에 법인세가 전가되지는 않는다는 점이다.**[85]

법인세가 종국적으로 법인 자체에 귀속되지 않고 모두 전가된다면, 법인세 부과는 어떻게 정당화될 수 있는가? 개인소득세를 징수하는 경우에는 각 개인의 사정을 감안하여 조세부담을 보다 정확하게 배분시킬 수 있다. 이에 반하여 법인세는 특정 납세의무자의 사정을 고려하지 않고 또한 해당 납세의무자의 불만에 직면하지 않고서도 징수할 수 있다. 따라서 과세관청 입장에서는 부과 및 징수비용이 낮은 세목에 해당한다. **만약 법인세를 폐지하고 개인소득세만을 부과한다면** 납세의무자들은 법인을 통하여 투자하고 해당 금액을 법인 단계 세금의 부담 없이 계속 재투자하는 방법으로 과세이연 효과를 얻을 수 있다. 이로 인하여 납세의무자는 법인을 통하여 투자하는 방법을 통하여 직접 투자하는 경우보다 높은 세후 수익률을 얻을 수 있게 된다. 이러한 과세이연 효과를 제거하기 위하여서는 개인소득세의 경우와 같이 법인 단계에서도 매년 과세되어야 한다. 법인 단계에서 매년 과세된다고 하더라도 법인의 주주 단계에서 그 배당소득에 대하여 과세하지 않는다면 경제적 이중과세는 발생하지 않는다. 이 경우 법인세는 개인소득에 대한 원천징수세액으로서 기능한다.[86] 다만 이 경우에도 이중과세가 발생할 여지는 남아 있다. 갑이 $100을 출자하여 A회사를 설립하고 A회사는 특정 자산을 $100에 매입하였고 해당 자산은 첫 사업연도 중 $150으로 가치가 상승하였다. 그 가치상승만으로는 A회사 단계 및 주주인 갑 단계에서 세금이 발생하지 않는다. 다만 갑이 보유한 주식의 가치는 $150으로 상승한다. 그런데 갑이 그 가격 상승 후 해당 주식을 매각한다면 갑은 $50에 대하여 과세되고, A회사 역시 해당 자산을 매각하였다면 역시 $50에 대하여 과세된다. 이 경우에는 경제적 이중과세가 발생한다. 따라서 법인과 그 주주 사이의 이중과세를 완전히 제거하기 위하여서는, 주주가 법인으로부터 받은 배당 및 주식의 양도차익 모두에 대하여 과세하지 않아야 한다.[87] 법인 단계 소득을 '배당 여부와 무관하게 주주 개인의 소득으로서

---

85) Howard E. Abrams · Richard L. Doernberg · Don A. Leatherman, Federal Corporate Taxation 7th Ed., Foundation Press, 2013, at 5.
86) Id., at 8~9.
87) Id., at 10.

신고하는 것'을 조건으로 해당 소득에 대하여 법인세만을 과세하는 경우에 대하여 살핀다. 모든 소득이 단일 세율로 과세된다면 이러한 방법을 통하여 법인과 그 주주 사이의 이중과세는 제거될 수 있다. 이 경우에는 법인 단계 소득을 주주에게 귀속(impute)시키지 않고서도 이중과세를 제거할 수 있다. 그러나 법인세율과 주주 단계 개인소득세율이 단일 세율로 정하여지는 것은 아니다. 법인세율을 개인소득세 최고세율로 책정한다면, 보다 낮은 세율구간에 속한 주주에 대하여 과다한 세금을 부과하는 결과에 이른다. 이러한 효과는 법인 주주가 비과세단체(tax-exempt organizations)인 경우 더욱 극적으로 나타난다. 법인세율을 낮은 세율로 책정한다면 그보다 높은 세율구간에 속한 주주는 혜택을 받게 된다. **법인과 주주 단계의 세율구조가 여러 단계로 구성된 경우에는 법인세를 부과하지 않고 법인 단계의 소득을 주주 단계의 소득으로 귀속시켜 주주 단계에서만 과세하지 않고서는 이중과세를 완전히 제거할 수 없다.** 미국의 경우 S 법인과 파트너쉽은 그 실체 단계에서 과세하지 않고 그 소득을 그 구성원의 소득으로 귀속시켜 그 구성원 단계에서만 과세하는 방법으로 이중과세를 제거한다. 그러나 구성원에게 그 실체 단계의 소득 또는 손실 항목을 배분하는 것은 매우 복잡한 규정을 필요로 한다.[88] 또한 S 법인과 파트너쉽의 경우 그 실체 단계 소득 또는 공제의 성격을 그 구성원 단계까지 유지시키기 위하여서는 역시 복잡한 규정들이 있어야 한다.[89] **주식 등 출자지분의 매년 가치변동분에 대하여 주주 단계에서 과세하고 법인세를 폐지하는 경우에 대하여 살핀다.** 이 경우에는 주주 단계에서 법인 단계의 소득뿐만 아니라 법인 단계의 미실현 가치상승분에 대하여서도 매년 과세하게 된다. 다만 많은 법인에 대하여서는 이러한 과세체계를 실행할 수 없다. 주식의 시가를 평가할 수 있는 적극적 시장(active market)이 존재하지 않기 때문이다. 게다가 주식 가치의 매년 상승분을 과세하는 것은 소득과세의 근간인 실현주의를 폐지하는 것과 같다. 주식에 대하여서만 실현주의를 폐지한다면 금융시장(financial market)이 이러한 극적인 변화에 대응하는 과정에서 조세 공정성에 대한 해결하기 어려운 문제들이 야기된다.[90]

이상의 논의들로부터 얻을 수 있는 **시사점들**은 다음과 같다. **개인소득세와 법인세 모두 각 재정수입 조달수단으로서의 독특한 장점을 갖는다.** 법인세를 폐지하고 개인소득세만을 부과한다면, 납세의무자는 법인을 통하여 투자하는 방법을 통하여 직접 투자하는 경우보다 높은 세후 수익률을 얻을 수 있게 된다. 이러한 과세이연 효과를 제거하기 위하여서는 개인소득세의 경우와 같이 법인 단계에서도 매년 과세되어야 한다. 법인 단계에서 법인세가 과세된다면

---

88) *Id.*, at 10~11.
89) *Id.*, at 12 footnote 29.
90) *Id.*, at 12.

주주가 법인으로부터 받은 배당뿐만 아니라 주주 단계의 주식의 양도차익 모두에 대하여 과세하지 않아야 법인과 주주 사이의 이중과세를 제거할 수 있다. 즉 **법인세를 폐지하고 개인소득세만을 부과하는 경우 발생하는 과세이연 효과를 방지하기 위하여서는 다시 법인세가 과세되어야 하고, 이 경우 이중과세를 제거하기 위하여서는 주주가 법인으로부터 받은 배당뿐만 아니라 주주 단계의 주식의 양도차익 모두에 대하여 과세하지 않아야 한다.** 법인 단계 소득에 대하여 법인세만을 부과하고 개인소득세가 부과되지 않는다면, 주주 단계에서 적용되는 개인소득세율에 따라 과다징수 또는 과소징수의 문제가 발생하여 공평성을 해한다. 이러한 문제를 해결하기 위하여서는 법인 단계의 소득을 주주의 소득으로 귀속시켜서 주주 단계에서 개인소득세율로 과세하여야 한다. 그러나 이 경우에는 법인 단계 소득 또는 손실 항목의 배분 및 그 소득 또는 손실 항목의 보전 등과 관련하여 많은 실무상 쟁점들이 발생하므로 이를 실행하는 것은 어렵다. 즉 **법인세만을 부과하고 개인소득세를 폐지하는 경우 주주 등 단계 과세에서 야기되는 불공정성을 제거하기 위하여서는 다시 법인 단계 소득을 주주 등에게 귀속시켜 개인소득세를 과세하여야 한다. 다만 법인 단계 소득을 주주 등 단계에 귀속시키는 것을 실행하는 것이 매우 어려워 모든 법인이 이를 감당할 수 있는 것은 아니다.** 법인세를 폐지하고 주식 등 출자지분의 매년 가치변동분에 대하여 주주 단계에서 과세하는 경우 주식 등 출자지분의 가치평가가 전제되어야 하는바, 이러한 가치평가는 일부 한정된 법인에 대하여서만 가능하고 주식 등에 대하여서만 실현주의를 폐기하는 것으로 인하여 불공정성이 야기된다. 즉 **법인세를 폐지하고 주식 등 출자지분의 매년 가치변동분에 대하여 주주 단계에서 과세하는 것 역시 실행하기 어렵고 그로 인하여 야기되는 불공정성을 감당하기 어렵다.**

이상 각 시사점들에 비추어 보면, 소득과세로서 법인세와 개인소득세 모두 과세이연 및 불공정성의 방지 등 관점에서 각 존치할 가치가 있고, 실행가능성이 담보되는 특정 법인에 한하여 법인 단계에서 법인세가 부과되지 않는 도관체(pass-through entity)로서 취급하는 것이 타당하다. 다만 법인세와 개인소득세가 병존하는 경우에도 법인과 그 주주 등 출자자 사이의 경제적 이중과세를 조정하기 위한 별도의 장치는 필요하다.

법인과 그 주주 등 출자자 사이의 경제적 이중과세를 조정에 대하여서는 항을 바꾸어 '법인세와 개인소득세의 통합' 부분에서 살핀다.

법인세와 주주 단계 소득과세의 통합

법인과 그 주주 등 출자자 사이의 경제적 이중과세를 조정하기 위한 주요 방법들은 다음과 같다. 조합 방식(partnership method), 카터 방식(Cater method), 법인세 주주귀속 방식 (imputation method), 지급배당금 소득공제 방식(dividend‒paid deduction ; DPD), 이중세율 방식(two‒rates or split‒rate method), 수취배당금 익금불산입 방식(dividend‒received deduction method ; DRD), 수취배당금 세액공제 방식(dividend‒received credit method ; DRC) 등이 그 예에 속한다. 한편 미국의 경우에는 법인과 그 주주 등 출자자를 별개로 보아 그들 사이의 경제적 이중과세를 조정하지 않는다. 이를 통상 고전적 이중과세 방식(classical double tax system)이라고 하는바, 이에 대하여서는 별도로 살피지 않는다. 미국의 경우에는 이중과세를 피하기 위하여 선택할 수 있는 법인으로서 유한책임회사(limited liability company) 및 S 법인(S Corporation)에 대하여 별도로 규정한다. 이하 위 각 순서대로 개괄적으로 살핀 후, 이들 중 법인세법이 채택한 방식들은 각 해당 부분에서 따로 살핀다.

Ⅰ 조합 방식

법인을 조합으로 보아 그 소득을 '주주의 지분율' 내지 '출자자인 사원의 지분가액'에 비례하여 배분하고, 해당 배분액을 그 주주 또는 사원의 소득으로 보아 과세하는 방식이다. 이 방식에 의하면 법인세는 폐지되고 법인의 소득은 모두 주주 내지 사원의 소득으로서 과세되기 때문에 이중과세는 완전히 배제된다. 이 방식은 주주 내지 사원의 수가 적고 그 실체가 개인기업과 다르지 않은 소법인에 대하여 현실적으로 적용할 수 있고, 또한 이는 법인으로 전환한 기업과 개인기업 사이의 세부담을 공평하게 부과하기에 적절한 제도이다. 그러나 소유와 경영이 분리된 대법인의 경우에는 주주 수가 많고 게다가 법인주주의 지분비율 역시 높으므로 이 방식을 적용하는 것은 기술적으로 곤란하다. 또한 주주의 입장에서는 현실적으로 분배되지 않은 미실현소득에 대하여 과세되는 문제가 발생한다. 따라서 이러한 방식은 일반적으로 채택되지 않는다.[91]

---

91) 金子 宏, 租稅法 第二十三版, 弘文堂, 2019, 327頁.

Ⅱ 카터 방식

법인의 소득에 대하여 소득세 최고세율로 과세하는 한편, 법인의 '법인세 공제 이전 모든 소득'을 지분수 내지 출자금액에 비례하여 개인주주 내지 사원에게 안분하고 산출된 소득세액에서 법인세 상당액을 공제하는 방식이다. 이는 캐나다의 카터위원회가 제안한 것이다. 법인세가 소득세 이전에 부과되지만, 최고세율보다 낮은 세율구간에 속한 주주 내지 사원에 대하여서는 법인세의 환급이 이루어지므로 결과적으로는 조합 방식과 동일하게 이중과세가 배제된다. 그러나 이 방식에는 조합 방식과 동일한 문제점이 존재한다.[92]

Ⅲ 법인세 주주귀속 방식

수취배당에 더하여 '수취배당에 대응하는 법인세액의 전부 또는 일부에 상당하는 금액'을 개인 주주의 소득에 가산(gross up)하여 소득세액을 산출하고 그 산출한 금액에서 그 가산한 금액을 공제하는 방식이다(공제되지 않는 금액이 있는 경우에는 환급). 수취배당에 대응하는 법인세액의 전부를 주주에게 귀속하는 경우에는 법인소득 중 배당된 부분에 한하여서는 이중과세가 완전히 배제된다. 이 방식에 따르면 법인 유보소득에 관하여서는 법인세와 소득세의 통합이 전혀 이루어지지 않아, 주주 내지 사원 단계에서 상대적으로 중과되거나 상대적으로 경감되는 경우가 발생한다. 그러나 이 방식은 구조가 간단하여 실제 적용하기 쉽고, 게다가 고소득자의 경우와 저소득자의 경우에 대하여 동일한 정도로 이중과세가 배제된다. 또한 세수와 연계하여 이중과세의 배제 정도를 원활히 조절할 수 있다.[93]

Ⅳ 지급배당금 소득공제 방식

법인소득 중 '배당 기타 이익처분한 금액'을 법인 단계에서 손금에 산입하여 법인세 과세대상에서 제외하는 방식이고, 그 전부를 손금에 산입하는 경우에는 법인소득 중 배당 등 이익처분 금액에 대하여서는 이중과세가 완전히 배제된다. 그러나 이 방식에 따르면 법인 유보소득에 대하여서는 법인세 주주귀속 방식과 동일하게 법인세와 소득세의 통합이 전혀 이루어지지

---

92) 上揭書, 328頁.
93) 上揭書.

않아, 주주 내지 사원 단계에서 상대적으로 중과되거나 상대적으로 경감되는 경우가 발생한다. 또한 유보된 이익을 향후 배당재원으로 사용하는 경우에는 기왕에 납부한 법인세액의 환급에 관한 문제가 발생한다.[94] 법인세는 통상 자금조달방법에 대하여 왜곡을 초래하는바, 차입하여 자금을 조달한 경우에는 그 지급이자가 손금에 산입되나 자기자본으로 자금을 조달한 경우에는 지급배당이 세후 이익처분으로서 손금에 산입되지 않게 된다.[95] 그러나 지급배당금 소득공제 방식을 채택하는 경우에는 법인의 자금조달방법에 따른 차별적 취급이 제거된다.

이중세율 방식

법인소득 중 배당된 금원에 대하여서는 통상의 법인세율보다 낮은 세율을 적용하는 방식이고, 이는 지급배당금의 일부를 손금에 산입하는 방식과 결과적으로 일치한다. 이를 지급배당금경과 방식으로 부르기도 한다. 이 방식에 따르면, 배당된 소득에 대하여 이중과세가 부분적으로 배제된다. 유보된 이익을 향후 배당하는 경우에 기왕에 납부한 법인세의 환급에 관한 문제가 발생한다는 점은 지급배당금 소득공제 방식과 동일하다.[96]

Ⅵ 수취배당금 익금불산입 방식

개인의 수취배당금 중 일정 비율 또는 일정액을 소득에서 제외하는 방식이다. 이 방식은 이중과세의 배제수단으로서 부족할 뿐만 아니라, 누진세율로 인하여 세부담 경감효과가 고소득자일수록 커지게 되는 문제가 발생한다.[97] 따라서 수취배당금 익금불산입 방식은 주주가 법인인 경우, 즉 법인이 다층 구조(multi-tier structure)로 연결된 경우 각 법인 단계에서 중복하여 과세되는 효과(cascading tax effect)를 완화하기 위한 제도로서 활용된다.

---

94) 上揭書, 328頁~329頁.
95) 岡村 忠生, 法人税法講義 第三版, 成文堂, 2006, 4頁~5頁.
96) 金子 宏, 前揭書, 329頁.
97) 上揭書.

Ⅶ 수취배당금 세액공제 방식

개인의 수취배당금 중 일정 비율 또는 일정 금액을 소득세액으로서 공제하는 방식이다. 이 방식에 따르면, 특정 소득단계를 조준하여 그 소득단계의 납세자에 대한 이중과세를 완전히 배제하는 것은 가능하나, 소득단계가 올라갈수록 이중과세의 배제를 넘어서는 정도로 경감효과가 점점 커지게 되고 소득단계가 내려갈수록 이중과세를 배제하는 정도가 감소하게 되는 문제가 발생한다.[98]

---

98) 上揭書.

제2장

법인세법 총칙

제1절 **법인세법의 목적**

법인세법은 법인세의 과세 요건과 절차를 규정함으로써 법인세를 공정하게 과세하고, 납세의무의 적절한 이행을 확보하며, 재정수입의 원활한 조달에 이바지함을 목적으로 한다(법세 §1).

제2절 **법인세법 상 주요 용어의 정의**

 법인의 의의

법인의 의의에 대하여 살핀다. 법인은 자연인 이외에 '법률에 의하여 권리능력이 인정되어 있는 법적 주체를 말하며, 이는 법률상 권리·의무의 주체가 되는 것을 의미한다. 법률상 권리·의무관계는 민법, 상법 또는 세법 등 개별 법률에 의하여 규율된다. 사법관계에 관한 일반법률이라고 할 수 있는 민법은 "법인은 법률의 규정에 따라 정관으로 정한 목적의 범위 내에서 권리와 의무의 주체가 된다"고 규정하여, 그 목적에 반하지 아니하는 범위 내에서 모든 권리와 의무를 행사할 수 있다는 점을 분명히 한다(민법 §34). 또한 민법 및 상법은 법인은 설립등기에 의하여 성립하고(민법 §33 및 상법 §172) 해산에 의하여 청산단계에 들어가서 청산종결의 등기를 함으로써 소멸한다고 규정한다(민법 §77 이하 ; 상법 §227 이하). 그 밖의 특별법 등에서 법률상 권리·의무의 주체가 되는 실체에 대하여 규정한다. 그러나 **법인세법은 법인 자체에 대한 정의 규정을 두지 않는다.** 따라서 법인세법 상 법인을 **차용개념**으로 보아, 법인세법 및 국세기본법 등 다른 세법에서 별도로 규정하지 않는 한, 각 조문 상 법인을 민법 또는 상법 등 개별 법률에 의하여 해석하는 것이 타당하다.

Ⅱ 내국법인과 외국법인

내국법인과 외국법인의 구분 기준에 대하여 설립준거법주의와 본거지법주의가 대립한다. **설립준거지법주의**는 법인의 항상 특정 국가의 법에 의하여 법인격이 부여되는 것이므로 법인이 설립될 때에 준거한 법을 기준으로 법인에 대한 속인법을 결정하여야 한다는 입장이다. 영비법계 국가들이 일반적으로 채용하는 입장이다. 이는 법인의 법률관계에 안정성을 부여한다는 장점이 있는 반면에 거래상대방의 보호에 미흡하다는 단점이 있다.[99] **본거지법주의**는 법인과 가장 밀접한 관련을 갖는 곳이 그 본거지라는 점과 법인과 거래관계가 있는 상대방의 보호라는 관점에서 법인의 본거지가 있는 곳의 법을 그 속인법으로 해야 한다는 입장이다. 이는 다시 영업활동의 중심지를 본거지로 보아야 한다는 입장과 주된 사무소의 소재지를 본거지로 보아야 한다는 입장으로 구분된다. 본거지법주의는 독일, 오스트리아 등 유럽국가들이 일반적으로 채택한다. 이는 본거지의 개념이 불확정적이고 법인의 영업지나 사무소가 변경됨에 따라 법인에 적용될 준거법이 달라진다는 단점이 있는 반면에 거래상대방의 보호에 충실하다는 장점이 있다.[100]

민법은 외국법인에 대한 규정을 두지 않는다. **상법** 역시 외국회사에 대하여 정의하지 않는다. 외국회사의 정의에 관하여서는 주소지법주의, 설립준거법주의 및 설립행위지주의 등이 제시되나, **설립준거법주의**가 통설이다.[101] 설립준거지법주의에 의하면 상법 상 외국회사는 외국의 법에 의하여 설립된 회사를 뜻한다. 상법은 또한 **유사외국회사**에 대하여서도 정의한다. 외국에서 설립된 회사라도 대한민국에 그 본점을 설치하거나 대한민국에서 영업할 것을 주된 목적으로 하는 때에는 대한민국에서 설립된 회사와 같은 규정에 따라야 한다(상법 §617). **국제사법**은 법인 또는 단체는 그 **설립의 준거법**에 의하나, 외국에서 설립된 법인 또는 단체가 **대한민국에 주된 사무소가 있거나 대한민국에서 주된 사업을 하는 경우**에는 대한민국 법에 의한다고 규정한다(국제사법 §16). 한편 **법인에 대한 법률관계를 어느 국가의 법에 의하여 규율할 것인지 여부와 국내법을 적용함에 있어서 외국법인을 어떻게 정의하여 차별 취급할 것인지 여부**는 별개의 쟁점에 해당한다. 국내법을 적용함에 있어서는 국제사법 상 원칙과 다른 기준을 통하여 외국법인 또는 외국회사에 해당하는지 여부를 판단할 수 있는바, 이는 후자의 쟁점에 속한다. 예를 들어 부동산 거래신고 등에 관한 법률은 외국인 등을 국제사법 상 기준과 달리 정의한다(부동

---

99) 신창섭, 국제사법 제4판, 세창출판사, 2018, 201면~202면.
100) 상게서, 202면.
101) 이철송, 회사법강의 제29판, 박영사, 2021, 1235면.

산신고 §2 4호).[102]

　법인세법은 "내국법인"을 본점, 주사무소 또는 사업의 실질적 관리장소가 국내에 있는 법인이라 하여, 기본적으로는 본점소재지주의를 채택하고 있으면서 '사업의 실질적인 관리장소'라는 개념을 보완적으로 차용하고 있으며, 상법에서 일반적으로 채택하고 있는 설립준거법주의와는 그 입장을 달리하고 있다. **내국법인**은 본점, 주사무소 또는 사업의 실질적 관리장소가 국내에 있는 법인을 말한다(법세 §2 1호). **외국법인**은 본점 또는 주사무소가 외국에 있는 단체(사업의 실질적 관리장소가 국내에 있지 아니하는 경우만 해당)로서 **법정 기준에 해당하는 법인**(법세령 §2 ②, ③)을 말한다(법세 §2 3호). 법정 기준에 해당하는 법인은 다음 각 호의 어느 하나에 해당하는 단체를 말한다(법세령 §2 ②). 이 경우 국세청장은 다음 법정 기준에 따른 외국법인의 유형별 목록을 고시할 수 있으며, 이러한 외국법인 기준의 적용은 조세조약 적용대상의 판정에 영향을 미치지 아니한다(법세령 §2 ③, ④). 한편 **판례**는 **국내세법의 적용에 있어서 국외투자기구가 '국내원천소득을 실질적으로 귀속받는 외국법인'에 해당하면 조세조약에 따른 제한세율을 적용받기 위한 경정청구를 할 수 있다**고 판시한다.[103] 조세조약에 따른 제한세율을 적용받기 위한 절차규정은 국내세법의 적용에 관한 쟁점이므로 외국법인에 해당되는지 여부는 다음 법정 기준에 의하여 판정되어야 한다. 그럼에도 불구하고 판례는 국내원천소득의 실질적 귀속 여부를 기준으로 위 경정청구를 할 수 있는지 여부에 대하여 판정하였다. 이는 법인세법이 위 경정청구를 위한 특별규정(법세 §98의6 ①)을 두고 있고 '실질적 귀속자인 외국법인'을 그 요건으로 규정하기 때문이다. 판례가 해당 국외투자기구가 다음 법정 요건을 충족한 것으로 전제로 나아가 국내원천소득의 실질적 귀속자인지 여부에 대하여 추가적으로 판시한 것으로 보아야 한다. 다만 입법론으로서는 국내세법의 적용에 있어서도 다음 법정 기준만으로 외국법인에 해당하는지 여부를 판정하는 것은 타당하지 않다고 판단한다. 우리나라 및 상대국의 세법상 취급을 그 판정요소로서 활용하는 것이 타당하기 때문이다.

---

1. 설립된 국가의 법에 따라 법인격이 부여된 단체
2. 구성원이 유한책임사원으로만 구성된 단체
3. (삭제)
4. 그 밖에 해당 외국단체와 동종 또는 유사한 국내의 단체가 상법 등 국내의 법률에 따른 법인인 경우의 그 외국단체

---

102)　상계서, 1235면~1236면.
103)　대법원 2022.10.27. 2020두47397.

실질적 관리장소(Place of effective management)는 "법인의 업무수행에 필요한 중요한 관리와 상업적 결정이 실질적으로 이루어지는 장소"를 의미한다. 판례 역시 "실질적 관리장소란 법인의 사업 수행에 필요한 중요한 관리 및 상업적 결정이 실제로 이루어지는 장소를 뜻하고, 법인의 사업수행에 필요한 중요한 관리 및 상업적 결정이란 법인의 장기적인 경영전략, 기본 정책, 기업재무와 투자, 주요 재산의 관리·처분, 핵심적인 소득창출 활동 등을 결정하고 관리하는 것을 말한다. 법인의 실질적 관리장소가 어디인지는 이사회 또는 그에 상당하는 의사결정기관의 회의가 통상 개최되는 장소, 최고경영자 및 다른 중요 임원들이 통상 업무를 수행하는 장소, 고위 관리자의 일상적 관리가 수행되는 장소, 회계서류가 일상적으로 기록·보관 되는 장소 등의 제반 사정을 종합적으로 고려하여 구체적 사안에 따라 개별적으로 판단하여야 한다. 다만 법인의 실질적 관리장소는 결정·관리행위의 특성에 비추어 어느 정도의 시간적·장 소적 지속성을 갖출 것이 요구되므로, 실질적 관리장소를 외국에 두고 있던 법인이 이미 국외에서 전체적인 사업활동의 기본적인 계획을 수립·결정하고 국내에서 단기간 사업활동의 세부적인 집행행위만을 수행하였다면 종전 실질적 관리장소와 법인 사이의 관련성이 단절된 것으로 보이는 등의 특별한 사정이 없는 한 법인이 실질적 관리장소를 국내로 이전하였다고 쉽사리 단정할 것은 아니다"고 판시한다.[104] 다만 **법인세법 상 실질적 관리장소 개념과 조세조약 의 적용 상 실질적 관리장소 개념이 구분된다는 점에 유의하여야 한다.** 조세조약 상 거주자판정규 칙(tie-breakers)의 적용에 있어서 실질적 관리장소 개념은 체약당사자국 모두가 특정 법인을 자신의 거주자로서 판정하는 경우를 해결하기 위한 것이다. 법인세법이 실질적 관리장소 개념에 의하여 특정 법인을 내국법인으로 판정한다고 할지라도, 타방 체약국 역시 해당 법인을 그 국내법에 따른 실질적 관리장소 개념에 의하여 그 내국법인으로 판정할 수 있다. 이 경우에 대하여 조세조약 상 거주자판정규칙(tie-breakers)이 적용된다. 따라서 조세조약 상 거주자판 정규칙(tie-breakers)으로서 기능하는 실질적 관리장소의 판정은 비교형량을 그 핵심적 요소 로 한다. 즉 비교형량을 통하여 실질적 관리장소에 보다 부합한 국가를 선택하는 결단이 필요하다.

---

104) 대법원 2016.1.14. 2014두8896 ; 대법원 2021.2.25. 2017두237.

Ⅲ 영리법인과 비영리법인

1. 영리법인

영리법인의 의의에 대하여 본다. 회사는 상행위나 그 밖의 영리를 목적으로 하여 설립한 법인을 말한다(상법 §169). 영리성 유무에 따라, 상법 상 영리법인인 회사와 민법 상 비영리법인인 사단법인 및 재단법인이 구분된다. 따라서 영리성 유무는 민법과 상법 모두 동일하게 해석되어야 하며, 법인세법 역시 원칙적으로 이를 달리 해석할 규범적 당위는 존재하지 않는다. **'영리성'**은 대외적으로 영리활동 또는 수익활동을 하는 것뿐만 아니라 그 활동을 통하여 얻은 이익을 사원들에게 분배하는 것을 목적으로 하는 것을 의미한다. 따라서 비영리법인 역시 대외적으로 수익활동을 할 수 있지만 그 활동으로 인한 이익을 구성원에게 분배하는 것을 목적으로 하지 않으므로 영리성을 충족하지 못한다.[105] 이익의 분배에는 잔여재산의 분배 역시 포함되는 것으로 본다. 즉 해당 법인의 구성원에게 잔여재산 역시 분배할 수 없다고 보아야 한다. 그렇지 않으면 설사 배당을 하지 못한다고 할지라도 법인 해산 시에 잔여재산을 분배하는 방법으로 그 구성원들이 투자원리금을 회수할 수 있기 때문이다. 다만 법정 조합법인 등(법세령 §2 ①)은 주주 또는 출자자 등에 대하여 배당함에도 불구하고 법인세법이 이를 비영리법인으로 본다는 점에 유의하여야 한다. 영리성 유무는 해당 법인의 실질에 따라 판단하여야 하므로, 법인의 정관 등에서 '비영리'를 표방하거나 적극적인 영리추구를 명시하지 않았다고 하더라도 그 실질에 따라 영리법인으로 분류될 수 있다.

영리법인의 범위에 대하여 본다. 영리법인을 설립근거에 따라 분류하면 상법상의 회사(주식회사, 유한회사, 유한책임회사, 합명회사, 합자회사)와 특별법에 의해 설립된 회사 등으로 나누어진다. 상법상의 회사는 상법 상 영리를 목적으로 설립한 법인으로서 전부 영리법인으로 분류되나(상법 §169), 특별법에 의해 설립된 법인 중 민법 제32조의 규정에 의한 법인과 유사한 설립목적을 가진 법인은 법인세법상 비영리법인으로 분류될 수 있다.

법인세법은 비영리내국법인(법세 §2 2호) 및 비영리외국법인(법세 §2 4호)에 대하여 규정하고, 영리내국법인 및 영리외국법인에 대하여서는 정의하지 않는다. 비영리내국법인(법세 §2 2호) 및 비영리외국법인(법세 §2 4호)에 대한 정의규정을 열거적인 것으로 보아야 하고, **법인세법 상 법인 중 비영리내국법인 또는 비영리외국법인에 해당하지 않으면, 법인세법 또는 조세특례제**

---

105) 이철송, 전게서, 45면.

한법에서 특별히 규정하지 않는 한, 영리법인으로 보아야 한다. 영리성과 비영리성은 개념 상 양립할 수 없어서, 영리법인과 비영리법인의 중간개념을 상정할 수 없기 때문이다.

2. 비영리법인

2.1. 비영리내국법인의 범위

법인세법상 비영리법인으로 볼 수 있는 내국법인은 '민법(민법 §32)에 의하여 설립한 법인', '사립학교법에 의하여 설립된 학교법인, 특별법에 의하여 설립된 비영리법인, 법정 조합법인 등' 및 '법인으로 보는 단체'(국기 §13)로 구분된다(법세 §2 2호). 외국법인 중 외국의 정부·지방자치 단체 및 영리를 목적으로 하지 아니하는 법인(법인으로 보는 단체를 포함)은 비영리외국법인에 해당한다(법세 §2 4호). 한편 조세특례제한법이 비영리법인으로 의제하는 경우 등이 있다. 즉 특정 정비사업조합은 비영리내국법인으로 의제된다(조특 §104의7 ②).

이하 각 순서대로 살핀다.

2.2. 법인세법 상 비영리법인

2.2.1. 민법 제32조에 의하여 설립한 법인

'민법 제32조에 따라 설립된 법인'은 비영리법인에 해당한다(법세 §2 2호 가목). 민법 상 학술, 종교, 자선, 기예, 사교 기타 영리 아닌 사업을 목적으로 하는 사단 또는 재단은 주무관청의 허가를 얻어 이를 법인으로 할 수 있다(민법 §32). 이를 통상 민법 상 비영리법인이라고 한다. 이에는 사단법인(민법 §40)과 재단법인(민법 §43)이 있다. 반면에 회사는 상행위나 그 밖의 영리를 목적으로 하여 설립한 법인을 말한다(상법 §169). 영리성 유무에 따라, 상법 상 영리법인인 회사와 민법 상 비영리법인인 사단법인 및 재단법인이 구분된다. 따라서 영리성 유무는 민법과 상법 모두 동일하게 해석되어야 하며, 법인세법 역시 원칙적으로 이를 달리 해석할 규범적 당위는 존재하지 않는다.

민법 상 비영리법인이 해산하는 경우, 해산한 법인의 재산은 정관으로 지정한 자에게 귀속한다 (민법 §80 ①). 정관으로 귀속권리자를 지정하지 아니하거나 이를 지정하는 방법을 정하지 아니한 때에는 이사 또는 청산인은 주무관청의 허가를 얻어 그 법인의 목적에 유사한 목적을 위하여 그 재산을 처분할 수 있으나 사단법인에 있어서는 총회의 결의가 있어야 한다(민법 §80 ②). 이상과 같이 처분되지 아니한 재산은 국고에 귀속한다(민법 §80 ③).

2.2.2. 사립학교법 또는 그 밖의 특별법에 의하여 설립된 법인

가. 사립학교법에 의하여 설립된 학교법인

'사립학교법에 따라 설립된 법인'은 비영리법인에 해당한다(법세 §2 2호 나목). 사립학교는 학교법인, 공공단체 외의 법인 또는 그 밖의 사인이 설치하는 유아교육법(유아교육 §2 2호), 초·중등교육법(초중등교육 §2) 및 고등교육법(고등교육 §2)에 따른 학교를 말한다(사립학교 §2 1호). 학교법인은 사립학교만을 설치·경영할 목적으로 설립되는 법인을 말한다(사립학교 §2 2호). 사립학교법에 따라 학교법인을 설립하려는 자는 일정한 재산을 출연하고, 정관을 작성하여 교육부장관의 허가를 받은 후(사립학교 §10), 설립등기를 마쳐야 한다(사립학교 §8). 국립학교나 공립학교는 국가 또는 지방자치단체에 속하므로 이에 해당하지 않는다.

사립학교법에 따른 학교법인이 정관에 해산에 따른 잔여재산의 귀속자에 관한 규정을 두려는 경우 그 귀속자는 학교법인이나 그 밖에 교육사업을 경영하는 자 중에서 선정되도록 하여야 한다(사립학교 §35 ①). 해산한 학교법인의 잔여재산은 합병 및 파산의 경우를 제외하고는 교육부장관에게 청산종결을 신고한 때에 정관으로 지정한 자에게 귀속된다(사립학교 §35 ②). 위 각 경우에도 불구하고 학교법인의 임원 또는 해당 학교법인이 설립한 사립학교를 경영하는 자 등이 사립학교법 또는 교육 관계 법령을 위반하여 해당 학교법인이 관할청으로부터 회수 등 재정적 보전을 필요로 하는 시정요구를 받았으나 이를 이행하지 아니하고 해산되는 경우, 정관으로 지정한 자가 법정 사유(사립학교 §35 ③ 각 호)에 해당하는 경우에는 그 지정이 없는 것으로 본다(사립학교 §35 ③). 위 각 규정에 따라 처분되지 아니한 재산 중 대학교육기관을 설치·경영하는 학교법인의 재산은 한국사학진흥재단법(사학진흥 §17 ②)에 따른 사학진흥기금 의 청산지원계정에 귀속되고, '사립의 초등학교·중학교·고등학교·고등기술학교·고등공 민학교·특수학교·유치원 및 이들에 준하는 각종학교'(사립학교 §4 ① 1호)를 설치·경영하는 학교법인의 재산은 해당 지방자치단체에 귀속된다(사립학교 §35 ④).

나. 특별법에 따라 설립된 법인

'특별법에 따라 설립된 법인으로서 민법 제32조에 규정된 목적과 유사한 목적을 가진 법인'은 비영리법인에 해당한다(법세 §2 2호 나목). 특별법에 따라 설립된 법인은 사립학교법 이외의 특별법에 의하여 설립된 비영리법인을 의미한다. '민법 제32조에 규정된 목적'은 '학술, 종교, 자선, 기예, 사교 기타 영리 아닌 사업'을 의미한다. 따라서 특별법에 따라 설립된 법인의 경우에는 '학술, 종교, 자선, 기예, 사교 기타 영리아닌 사업과 유사한 목적을 가진 것인지 여부'가 쟁점이 된다. '영리성 유무'를 통하여 상법 상 회사와 민법 상 비영리법인을 구분하는바, 특별법 상 비영리법인을 구분함에 있어서도 원칙적으로 동일한 '영리성 유무' 기준을 사용하는 것이 타당하다. 그렇지 않으면 동일한 실질을 가짐에도 불구하고 달리 규제되는 문제점이 발생할 수 있기 때문이다. 이상의 논의에 따르면 '사립학교법이 아닌 특별법에 의하여 설립된 비영리법인'은 학술, 종교, 자선, 기예, 사교 기타 영리 아닌 사업과 유사한 목적을 가져야 하고 그 구성원에게 수익활동에서 발생한 이익 및 잔여재산을 분배하지 못한다고 해석하여야 한다. 이러한 요건을 충족하는지 여부는 개별 특별법, 관계 법령 및 정관을 통하여 판정하여야 한다. 다만 특별법에 의하여 설립된 법정 법인(법세령 §2 ①)으로서 그 주주·사원 또는 출자자에게 이익을 배당하지만 여전히 비영리법인으로 의제되는 경우 역시 있다(법세 §2 2호 나목 괄호부분). 이에 대하여서는 항을 바꾸어 살핀다.

특별법에 따라 설립된 법인으로서 그 구성원이 국가 또는 지방자치단체에 한정된 경우 그 구성원에게 이익배당 또는 잔여재산분배를 하는 경우에도 이를 비영리법인으로 볼 수 있는가? 국가 또는 지방자치단체 역시 경제주체로서 투자활동 등 경제활동을 수행할 수 있다. 따라서 국가 또는 지방자치단체가 납세의무를 부담하지 않는다는 점 또는 비영리법인의 경우 궁극적으로 잔여재산이 국고에 귀속될 수 있다는 점 등에 근거하여 국가 또는 지방자치단체가 특별법에 근거하여 설립한 법인이라는 점에만 근거하여 해당 법인을 비영리법인으로 의제할 수는 없다. 게다가 이를 뒷받침하는 규범적 근거 역시 없으며 비영리법인 세제는 이익배당 또는 잔여재산분배를 고려하지 않고 설계되어 있다는 점 역시 감안하여야 한다. 또한 해당 법인의 이익잉여금의 사용 또는 처분 등이, 관계 법령에 따라 그 구성원인 국가 또는 지방자치단체에 의하여 지시, 관리 또는 감독된다는 점은 이 쟁점과 무관하다는 점에 유의하여야 한다.

2.2.3. 법정 조합법인 등

법정 조합법인 등의 경우에는 주주 또는 출자자 등에 대한 배당 여부에 불구하고 이를 비영리법인으로 보아 법인세법을 적용한다(법세 §2 2호 나목 괄호부분). **법정 조합법인 등**은 다음 각 호의 법인을 말한다(법세령 §2 ①).

1. 농업협동조합법에 따라 설립된 조합(조합공동사업법인을 포함)과 그 중앙회
2. 소비자생활협동조합법에 따라 설립된 조합과 그 연합회 및 전국연합회
3. 수산업협동조합법에 따라 설립된 조합(어촌계 및 조합공동사업법인을 포함)과 그 중앙회
4. 산림조합법에 따라 설립된 산림조합(산림계를 포함)과 그 중앙회
5. 엽연초생산협동조합법에 따라 설립된 엽연초생산협동조합과 그 중앙회
6. (삭제)
7. (삭제)
8. 중소기업협동조합법에 따라 설립된 조합과 그 연합회 및 중앙회
9. 신용협동조합법에 따라 설립된 신용협동조합과 그 연합회 및 중앙회
10. 새마을금고법에 따라 설립된 새마을금고와 그 연합회
11. 염업조합법에 따라 설립된 대한염업조합

법정 조합법인 등을 주주 또는 출자자 등에 대한 배당 여부에 불구하고 비영리법인으로 보아 법인세법을 적용하는 것은 비영리법인 과세체계에 부합하지 않는다. 정치적 결단에 따른 것으로 본다. 따라서 **법정 조합법인 등에 대하여서는 비영리법인 과세체계가 수정되어야 한다.** 법정 조합법인 등 중 대한염업조합을 제외한 조합 등에 대하여서는 수익사업과 관련하여 해당 법인의 소득금액이 아닌 결산재무제표상 당기순이익에 근거하여 과세표준을 계산하는 당기순이익과세를 적용하여 과세한다(조특 §72 ①). 이 경우에 대하여 비영리법인의 고유목적사업준비금의 손금산입 규정을 적용하는 것 역시 그 체계 상 부합되지 않는다. 따라서 **당기순이익과세를 하는 조합법인 등의 경우**(조특 §72 ①)에는 고유목적사업준비금의 손금산입 규정을 적용하지 않는다(조특령 §69 ①). 당기순이익 과세의 적용대상에서 대한염업조합을 배제한 것에 특별한 사정이 있는 것으로 보이지는 않는다.

당기순이익 과세가 적용되는 조합법인의 범위는 다음과 같다(조특 §72 ① 각 호).

1. 신용협동조합법에 따라 설립된 신용협동조합 및 새마을금고법에 따라 설립된 새마을금고
2. 농업협동조합법에 따라 설립된 조합 및 조합공동사업법인
3. (삭제)
4. 수산업협동조합법에 따라 설립된 조합(어촌계를 포함) 및 조합공동사업법인
5. 중소기업협동조합법에 따라 설립된 협동조합·사업협동조합 및 협동조합연합회
6. 산림조합법에 따라 설립된 산림조합(산림계를 포함) 및 조합공동사업법인
7. 엽연초생산협동조합법에 따라 설립된 엽연초생산협동조합
8. 소비자생활협동조합법에 따라 설립된 소비자생활협동조합

2.2.4. 법인으로 보는 단체

가. 법인으로 보는 단체의 의의

'법인으로 보는 단체'(법인으로 보는 법인이 아닌 사단·재단 기타 단체)(국기 §13 ④)는 법인세법 상 비영리법인에 해당한다(법세 §2 2호 다목). 법인으로서 등기되지 않았으나 법인으로서의 실질을 갖춘 단체를 비영리법인으로 의제하는 규정이다. 법인으로서의 실질을 갖추었으나 법인으로서의 법인격을 갖추지 못한 경우에는 권리·의무가 해당 단체에 귀속되기 어렵다. 이를 해결하기 위하여 부동산등기법은 종중, 문중 기타 대표자나 관리인이 있는 법인 아닌 사단이나 재단에 속하는 부동산의 등기에 관하여는 그 사단 또는 재단을 등기권리자 또는 등기의무자로 한다고 규정하여 부동산등기에 관한 한 법인으로 보는 단체도 권리의무의 주체가 될 수 있도록 한다(부동산등기 §26). 또한 민사소송법 역시 민사소송에 관한 소송능력을 인정하는 규정을 두고 있다(민소 §52). 법인세법이 이와 동일한 맥락 하에서 법인으로 보는 단체에 대하여 납세의무 부담주체로서의 지위를 인정한 것이다. **법인으로 보는 단체를 비영리법인으로 취급하는 이유는 무엇인가?** 회사는 상행위나 그 밖의 영리를 목적으로 하여 설립한 법인을 말한다(상법 §169). 회사는 본점소재지에서 설립등기를 함으로써 성립한다(상법 §172). 영리법인에 대하여서는 법인세법이 적용되고, 상행위나 그 밖의 영리를 목적으로 하면서도 법인으로 설립되지 않는 단체에 대하여서는 공동사업장 과세(소세 §43, §87) 또는 동업기업과세특례(조특 §100의14~§100의26)가 적용된다. 그러나 영리를 목적으로 하지 않은 단체에 대하여서는 공동사업장 과세 또는 동업기업과세특례가 적용될 수는 없다. 해당 단체의 구성원들에게 수익을 배분하지 않는다면, 해당 단체를 소득세법 상 거주자 또는 비거주자로 볼 수밖에 없다. 소득세법 상 거주자 또는 비거주자로 취급하는 경우와 비영리법인으로 취급하는 경우에 대하여 적용되는 과세체계는 상이하다. 비영리법인에 대하여서는 '비영리 목적에 따른 활동'에 보다 정합성을 갖는 과세체계가 적용된다. 따라서 영리를 목적으로 하지 않는 단체에 대하여서는, 해당 단체가 법인으로서의 실질을 갖추었다면, 이를 비영리법인으로 법인으로 취급될 수 있는 여지를 부여하는 것이 타당하다.

나. 법인으로 보는 단체의 범위

(1) 당연히 법인으로 보는 단체

법인이 아닌 사단·재단 기타 단체 가운데 다음 중 어느 하나에 해당하는 경우로서 수익을 구성원에게 분배하지 아니하는 단체는 비영리법인으로 보아 법인세법을 적용받으며, 여타의 단체는 소득세법의 적용을 받게 된다(국기 §13 ①).

> 1. 주무관청의 허가 또는 인가를 받아 설립되거나 법령에 따라 주무관청에 등록한 사단, 재단, 그 밖의 단체로서 등기되지 아니한 것. 부동산등기용 등록번호를 부여받은 것만으로 주무관청에 등록한 것으로 볼 수 없다.[106] 관계 법령에 따라 등록하였는지 여부에 의하여 등록 여부를 판정하여야 한다. 법인격 없는 사단이면서 동시에 법인격 없는 재단일 수는 없다.[107]
> 2. 공익을 목적으로 출연된 기본재산이 있는 재단으로서 등기되지 아니한 것. 한국자산관리공사에 설치된 부실채권정리기금이 이에 해당한다.[108]

법인 아닌 단체로서 위 각 요건을 갖추었으나 수익을 구성원에게 분배하는 단체는 국내에 주사무소 또는 사업의 실질적 관리장소를 둔 경우에는 1거주자로, 그 밖의 경우에는 1비거주자로 보아 소득세법을 적용한다(소세 §2 ③ 본문). 다만, 다음 각 호의 어느 하나에 해당하는 경우에는 소득구분에 따라 해당 단체의 각 구성원별로 소득세법 또는 법인세법에 따라 소득에 대한 소득세 또는 법인세[해당 구성원이 법인세법에 따른 법인(법인으로 보는 단체를 포함)인 경우로 한정]를 납부할 의무를 진다(소세 §2 ③ 단서).

> 1. 구성원 간 이익의 분배비율이 정하여져 있고 해당 구성원별로 이익의 분배비율이 확인되는 경우
> 2. 구성원 간 이익의 분배비율이 정하여져 있지 아니하나 사실상 구성원별로 이익이 분배되는 것으로 확인되는 경우

해당 단체의 전체 구성원 중 일부 구성원의 분배비율만 확인되거나 일부 구성원에게만 이익이 분배되는 것으로 확인되는 경우에는 다음 각 호의 구분에 따라 소득세 또는 법인세를 납부할 의무를 진다(소세 §2 ④).

---

106) 대법원 2010.12.23. 2008두19864.
107) 대법원 1999.9.7. 97누17261.
108) 대법원 2016.11.24. 2016두43268.

1. 확인되는 부분 : 해당 구성원별로 소득세 또는 법인세에 대한 납세의무 부담
2. 확인되지 아니하는 부분 : 해당 단체를 1거주자 또는 1비거주자로 보아 소득세에 대한 납세의무 부담

법인으로 보는 단체 외의 법인 아닌 단체에 해당하는 국외투자기구(투자권유를 하여 모은 금전 등을 가지고 재산적 가치가 있는 투자대상자산을 취득, 처분하거나 그 밖의 방법으로 운용하고 그 결과를 투자자에게 배분하여 귀속시키는 투자행위를 하는 기구로서 국외에서 설립된 기구)**를 국내원천소득의 실질귀속자**(소세 §119의2 ① 2호)**로 보는 경우** 그 국외투자기구는 1비거주자로서 소득세를 납부할 의무를 진다(소세 §2 ⑤).

(2) 신청·승인에 의하여 법인으로 보는 단체

법인으로 보는 임의단체(법인으로 보는 사단·재단 기타 단체 이외의 법인 아닌 단체) **중 다음 요건을 모두 갖춘 것**으로서 관할 세무서장에게 법정 절차(국기령 §8)에 따라 신청하여 **승인**을 얻은 단체에 대하여 이를 법인으로 보며, 승인을 얻은 날이 속하는 과세기간과 그 후 3년간은 거주자 또는 비거주자로 볼 수 없다(국기 §13 ②). 즉 법인으로 보는 임의단체의 요건에 해당될 경우에는 선택에 의하여 개인으로 납세의무를 이행하거나 관할 세무서장의 승인을 받아 법인으로 납세의무를 이행할 수 있다.

1. 사단, 재단, 그 밖의 단체의 조직과 운영에 관한 규정을 가지고 대표자나 관리인을 선임하고 있을 것.
2. 사단, 재단, 그 밖의 단체 자신의 계산과 명의로 수익과 재산을 독립적으로 소유·관리 할 것.
3. 사단, 재단, 그 밖의 단체의 수익을 구성원에게 분배하지 아니할 것.

법인으로 보는 단체와 관련하여서는 '**조합**'과 같은 '**법인 아닌 기타 단체**'에 유의하여야 한다. 사람을 구성원으로 하는 단체는 사단과 조합의 두 유형이 있는데 조합은 사단과 달리 단체로서의 단일성보다는 구성원의 개성이 강하게 표면에 나타나고 있으며 민법은 조합을 법인으로 하지 않고 구성원 사이의 일종의 계약관계로 규정하고 있다. 따라서 조합은 법인세법의 적용을 받는 단체가 아니고 소득세법의 적용대상이 된다. 다만, 노동조합, 협동조합 등과 같은 단체들은 명칭만 조합이지 실제로는 특례법에 의하여 설립하는 사단으로서의 실체를 가진다.

2.2.5. 전환 국립대학 법인에 대한 특례

세법에서 규정하는 납세의무에도 불구하고 **전환 국립대학 법인**(국립대학 법인(고등교육 §3) 중 국립학교 또는 공립학교로 운영(고등교육 §3, §18, §19)되다가 법인별 설립근거가 되는 법률에 따라 국립대학 법인으로 전환된 법인)에 대한 국세의 납세의무(국세를 징수하여 납부할 의무는 제외)를 적용할 때에는 전환 국립대학 법인을 별도의 법인으로 보지 아니하고 국립대학 법인으로 전환되기 전의 국립학교 또는 공립학교로 본다(국기 §13 ⑧ 본문). 다만, 전환 국립대학 법인이 해당 법인의 설립근거가 되는 법률에 따른 교육·연구 활동에 지장이 없는 범위 외의 수익사업을 하는 경우의 납세의무에 대해서는 그러하지 아니하다(국기 §13 ⑧ 단서).

2.3. 조세특례제한법 상 비영리법인

법정 정비사업조합(조특 §104의7 ② 각 호)에 대해서는 법인세법(법세 §2)에도 불구하고 **비영리내국법인**으로 보아 법인세법(고유목적사업준비금의 손금산입(법세 §29)은 제외)을 적용한다(조특 §104의7 ② 전단). 이 경우 전환정비사업조합은 신고(조특 §104의7 ① 단서)한 경우만 해당한다(조특 §104의7 ② 후단). **법정 정비사업조합**은 다음과 같다(조특 §104의7 ② 각 호).

---

1. 도시 및 주거환경정비법(도시정비 §35)에 따라 설립된 조합(전환정비사업조합을 포함)
2. 빈집 및 소규모주택 정비에 관한 특례법(빈집정비 §23)에 따라 설립된 조합

이하 **정비사업조합 관련 과세특례**에 대하여 살핀다.

2003년 6월 30일 이전에 **주택건설촉진법**(법률 제6852호로 개정되기 전의 것) 제44조 제1항에 따라 조합설립의 인가를 받은 재건축조합으로서 도시 및 주거환경정비법(도시정비 §38)에 따라 법인으로 등기한 **전환정비사업조합**에 대해서는 법인세법(법세 §3)에도 불구하고 전환정비사업조합 및 그 조합원을 각각 공동사업장 및 공동사업자로 보아 소득세법(법세 §43 ③, §87 ①)을 적용한다(조특 §104의7 ① 본문). 다만, 전환정비사업조합이 해당 사업연도의 소득에 대한 과세표준과 세액을 납세지 관할 세무서장에게 신고(법세 §60)하는 경우 해당 사업연도 이후부터는 그러하지 아니하다(조특 §104의7 ① 단서).

도시개발법이나 그 밖의 법률에 따른 환지처분[도시개발법에 따른 도시개발사업, 농어촌정비법에 따른 농업생산기반 정비사업, 그 밖의 법률에 따라 사업시행자가 사업완료후에 사업구역 내의 토지 소유자 또는 관계인에게 종전의 토지 또는 건축물 대신에 그 구역 내의 다른 토지

또는 사업시행자에게 처분할 권한이 있는 건축물의 일부와 그 건축물이 있는 토지의 공유지분으로 바꾸어 주는 것(사업시행에 따라 분할·합병 또는 교환하는 것을 포함)](소세령 §152 ①)으로 지목 또는 지번이 변경되거나 보류지로 충당되는 경우에는 양도로 보지 아니한다(소세 §88 1호 가목).

정비사업조합이 도시 및 주거환경정비법에 따라 해당 **정비사업에 관한 공사를 마친 후에 그 관리처분계획에 따라 조합원에게 공급하는 것으로서 종전의 토지를 대신하여 공급하는 토지 및 건축물**(해당 정비사업의 시행으로 건설된 것만 해당)은 부가가치세법(부가세 §9, §10)에 따른 재화의 공급으로 보지 아니한다(조특 §104의7 ③).

정비사업조합이 관리처분계획에 따라 해당 정비사업의 시행으로 조성된 토지 및 건축물의 소유권을 타인에게 모두 이전한 경우로서 그 **정비사업조합이 납부할 국세 또는 강제징수비를 납부하지 아니하고 그 남은 재산을 분배하거나 인도한 경우**에는 그 정비사업조합에 대하여 강제징수를 하여도 징수할 금액이 부족한 경우에만 그 남은 재산의 분배 또는 인도를 받은 자가 그 부족액에 대하여 제2차 납세의무를 진다. 이 경우 해당 제2차 납세의무는 그 남은 재산을 분배 또는 인도받은 가액을 한도로 한다(조특 §104의7 ④).

정비사업조합이 도시 및 주거환경정비법에 따라 해당 정비사업에 관한 관리처분계획에 따라 **조합원에게 종전의 토지를 대신하여 토지 및 건축물을 공급하는 사업**은 법인세법(법세 §4 ③)에 따른 **수익사업이 아닌 것으로** 본다(조특 §104의7 ④ ; 조특령 §104의4). 따라서 정비사업을 통하여 조합원분 주택 등 가치를 증가시키는 것을 해당 정비사업조합 단계의 수익사업으로 보아 과세하지 않는다. **정비사업조합이 조합원분이 아닌 일반분양분 주택 등을 공급하는 사업**은 비영리법인의 수익사업에 해당한다. 다만 이 경우에는 고유목적사업준비금의 손금산입(법세 §29)이 적용되지 않는다(조특 §104의7 ② 전단 괄호부분).

3. 비영리외국법인

비영리외국법인은 외국법인 중 외국의 정부·지방자치단체 및 영리를 목적으로 하지 아니하는 법인(법인으로 보는 단체를 포함)을 말한다(법세 §2 4호). 즉 외국법인 중 외국의 정부·지방자치단체는 영리활동을 하는지 여부와 무관하게 비영리법인으로 취급하고, 그 밖의 외국법인은 영리를 목적으로 하지 아니하는 법인(법인으로 보는 단체를 포함)에 해당하는지 여부에 따라 비영리법인으로 구분한다. 영리성 유무는 내국법인의 경우와 동일하게 판정하여야 한다.

기타 용어에 대한 정의

1. 사업연도

사업연도는 법인의 소득을 계산하는 1회계기간을 의미하고(법세 §2 5호), 법령이나 법인의 정관 등에서 정하는 1회계기간으로 하나, 그 기간은 1년을 초과하지 못한다(법세 §6 ①). 사업연도와 관련하여서는 해당 부분에서 별도로 상세히 살핀다(법세 §6~§8).

2. 연결납세방식 등

연결납세방식이란 둘 이상의 내국법인을 하나의 과세표준과 세액을 계산하는 단위로 하여 법인세를 신고·납부하는 방식을 말한다(법세 §2 6호). 연결법인이란 연결납세방식을 적용받는 내국법인을 말하며(법세 §2 7호), 연결집단이란 연결법인 전체를 말한다(법세 §2 8호). 연결모법인이란 연결집단 중 다른 연결법인을 연결지배하는 연결법인을 말하며(법세 §2 9호), 연결자법인이란 연결모법인의 연결지배를 받는 연결법인을 말한다(법세 §2 10호). 연결사업연도란 연결집단의 소득을 계산하는 1회계기간을 말한다(법세 §2 11호). **연결지배**는 내국법인이 다른 내국법인의 발행주식총수 또는 출자총액의 100분의 90 이상을 보유하고 있는 경우를 말하고, 그 보유비율은 다음 각 목에서 정하는 바에 따라 계산한다(법세 §2 10호의2).

가. 의결권 없는 주식 또는 출자지분을 포함할 것
나. 상법 또는 자본시장과 금융투자업에 관한 법률에 따라 보유하는 자기주식은 제외할 것
다. 근로복지기본법에 따른 우리사주조합을 통하여 근로자가 취득한 주식 및 그 밖에 법정 주식으로서 발행주식총수의 100분의 5 이내의 주식은 해당 법인이 보유한 것으로 볼 것
라. 다른 내국법인을 통하여 또 다른 내국법인의 주식 또는 출자지분을 간접적으로 보유하는 경우로서 법정 경우에는 법정방법에 따라 합산할 것

연결납세방식 등과 관련하여서는 해당 부분에서 별도로 상세히 설명한다(법세 §76의8~§76의22).

3. 특수관계인

3.1. 특수관계인의 정의

특수관계인은 법인과 '경제적 연관관계 또는 경영지배관계 등 법정 관계'(법세령 §2 ⑤)에 **있는 자**를 말한다(법세 §2 12호 전단). 이 경우 본인도 그 특수관계인의 특수관계인으로 본다(법세 §2 12호 후단). 종전 대법원 판결을 해당 법인을 기준으로 특수관계인에 해당하는지 여부를 판정하여야 한다는 일방관계설의 입장을 취하였으나,[109] 입법을 통하여 위와 같이 쌍방관계설로 변경되었다. **법인과 경제적 연관관계 또는 경영지배관계 등 법정 관계**는 다음의 어느 하나에 해당하는 관계에 있는 자를 말한다(법세령 §2 ⑤). 다음 **열거된 자에 한하여** 특수관계인에 해당한다.[110]

---

① 임원(법세령 §40 ①)의 임면권의 행사, 사업방침의 결정 등 해당 법인의 경영에 대해 사실상 영향력을 행사하고 있다고 인정되는 자(상법 §401의2 ①에 따라 이사로 보는 자를 포함)와 그 친족(국기령 §1의2 ①에 정의된 자를 의미)

② 비소액주주 등(소액주주 등(법세령 §50 ②)이 아닌 주주 또는 출자자)와 그 친족

③ 다음의 어느 하나에 해당하는 자 및 이들과 생계를 함께하는 친족
  ㉠ 법인의 임원·직원 또는 비소액주주 등의 직원(비소액주주 등이 영리법인인 경우에는 그 임원을, 비영리법인인 경우에는 그 이사 및 설립자를 말함)
  ㉡ 법인 또는 비소액주주 등의 금전이나 그 밖의 자산에 의해 생계를 유지하는 자

④ 해당 법인이 직접 또는 그와 상기 ①~③의 관계에 있는 자를 통해 어느 법인의 경영에 대해 지배적인 영향력(국기령 §1의2 ④)을 행사하고 있는 경우 그 법인

⑤ 해당 법인이 직접 또는 그와 상기 ①~④의 관계에 있는 자를 통해 어느 법인의 경영에 대해 지배적인 영향력(국기령 §1의2 ④)을 행사하고 있는 경우 그 법인

⑥ 해당 법인에 30% 이상을 출자하고 있는 법인에 30% 이상을 출자하고 있는 법인이나 개인

⑦ 해당 법인이 독점규제 및 공정거래에 관한 법률에 따른 기업집단에 속하는 법인인 경우에는 그 기업집단에 소속된 다른 계열회사 및 그 계열회사의 임원

특수관계인을 정의함에 있어서 '**본인도 그 특수관계인의 특수관계인으로 본다**'는 문언이 의미하는바는 무엇인가? 법인의 **거래상대방**이 그 법인과 '**경제적 연관관계 또는 경영지배관계 등 법정 관계**'(법세령 §2 ⑤)에 **있는 경우**에는 그 거래상대방과 해당 법인은 특수관계인에

---

109) 대법원 2011.7.21. 2008두150 전원합의체 판결.
110) 대법원 1986.3.25. 86누30.

해당한다. 그런데 **해당 거래상대방이 해당 법인을 기준으로 그 특수관계인에 해당하지 않는다고 할지라도, 그 거래상대방을 기준으로 법인이 그와 '경제적 연관관계 또는 경영지배관계 등 법정 관계'**(법세령 §2 ⑤)**에 있다면** 해당 법인과 그 거래상대방은 특수관계인에 해당한다. 즉 거래당사자들 중 일방을 기준으로 하여 특수관계인에 해당하는 경우뿐만 아니라 일방을 기준으로 특수관계인에 해당되지 않더라도 그 타방을 기준으로 특수관계에 해당되는 경우에도 역시 거래당사자들 모두가 특수관계인이 된다. 이러한 입장을 이른바 **雙方關係說**이라고 한다. **법인은 어떤 경우에 그 거래상대방의 특수관계인으로서 그 거래상대방과 특수관계인이 될 수 있는가?** 이 쟁점은 '본인도 그 특수관계인의 특수관계인으로 보는 규정(법세 §2 12호 후단)'의 적용에 있어서, 법인의 거래상대방을 기준으로 적용할 수 있는 특수관계의 범위가 어떠한지 여부와 관계된다. 위 규정의 적용에 있어서 본인이 '법인'이므로 그 경우 적용되는 특수관계는 상대방이 법인인 경우로 한정되어야 한다. 즉 '본인의 특수관계인'을 기준으로 적용되는 '특수관계'는 '경제적 연관관계 또는 경영지배관계 등 법정 관계'(법세령 §2 ⑤) 중 그 상대방인 법인인 경우를 전제로 하는 것에 한하여 적용될 수 있다.[111] 그 상대방이 친족 등 자연인을 전제로 하는 특수관계는 적용될 수 없다.

3.2. 특수관계인의 유형

3.2.1. 실질적 지배자와 친족

임원(법세령 §40 ①)**의 임면권의 행사, 사업방침의 결정 등 해당 법인의 경영에 대해 사실상 영향력을 행사하고 있다고 인정되는 자**(상법 §401의2 ①에 따라 이사로 보는 자를 포함)**와 그 친족**(국기령 §1의2 ①에 정의된 자를 의미)**은** 특수관계인에 해당한다. 이를 **실질적 지배자**로 부른다. 법인 역시 실질적 지배자에 포함된다.[112] 해당 법인이 특수관계인에 해당되지 않는다면 그 법인을 지배하는 자 역시 특수관계인에 해당되지 않을 수 있어서, 법인을 지배력 행사의 도구로 활용하여 특수관계인의 범위에서 벗어날 수 있는 여지를 차단할 필요가 있기 때문이다. 게다가 법인 역시 독립된 법인격을 가진 권리·의무의 주체로서 기능하고 법인 역시 법인의 특수관계인이 될 수 있으므로, 자연인과 달리 취급하여 특수관계인에서 제외할 규범적 당위가 존재하는 것 역시 아니다.

---

111) 유사한 취지 : 김완석·황남석, 법인세법론, 삼일인포마인, 개정증보판, 2021, 651면.
112) 대법원 2006.8.25. 2004다26119 참조.

'**사실상 영향력을 행사하고 있다고 인정되는 자**'에 해당하는지 여부는 법률 상 소유관계 및 지배관계 등에 구애되지 않고 각 구체적 상황에 따라 개별적으로 판단하여야 한다. 따라서 특정 개인이 다른 법인을 통하여 특정 법인의 경영에 대해 사실상 영향력을 행사하는 경우에는 해당 개인 역시 특수관계인으로 보아야 한다. 그러나 사실상 영향력을 행사하는지 여부에 의하여 특수관계 여부를 판단하는 것은 심각한 **법적 불확실성**을 야기한다. 따라서 사실상 영향력을 행사하는지 여부는 일회적 사건 또는 행위에 의하여 판단할 것이 아니라 '**당사자들 사이에서 영향력이 계속·반복적으로 행사되는 관계의 형성에 이른 것인지 여부**'에 의하여 판정하여야 하고, 과세관청이 그에 대한 입증책임을 부담하여야 한다. 또한 특수관계인에 해당하는지 여부가 미치는 세법상 영향을 감안한다면, 법적 예측가능성의 관점에서 그 판정결과가 사회통념에서 벗어나지 않도록 제한적으로 해석되는 것이 타당하다.

실질적 지배자에는 상법상 이사로 보는 **업무집행지시자**(상법 §401의2 ①)를 포함한다(법세령 §2 ⑤ 1호). **업무집행지시자**는 다음 각 호의 자를 말한다(상법 §401의2 ①).

1. 회사에 대한 자신의 영향력을 이용하여 이사에게 업무집행을 지시한 자. 회사에 대한 영향력을 가진 자를 전제로 한다.[113]
2. 이사의 이름으로 직접 업무를 집행한 자. 회사에 대한 영향력을 가진 자를 전제로 한다.[114]
3. 이사가 아니면서 명예회장·회장·사장·부사장·전무·상무·이사 기타 회사의 업무를 집행할 권한이 있는 것으로 인정될 만한 명칭을 사용하여 회사의 업무를 집행한 자. 직명 자체에 업무집행권이 표상되어 있기 때문에 그에 더하여 회사에 대한 영향력을 가진 자일 것까지 요건으로 하는 것은 아니다.[115]

친족은 국세기본법 시행령에서 정하는 자를 말한다(법세령 §2 ⑤ 1호). 이는 다음 어느 하나에 해당하는 관계를 말한다(국기령 §1의2 ①). 민법상의 친족 범위와 상이하다는 점에 유의할 필요가 있다. 다만 혈족, 인척, 사실상 혼인관계, 입양, 직계비속 등 개념은 각 세법이 달리 규정하지 않는 한 차용개념으로서 민법에 따라 해석하여야 한다.

① 6촌 이내의 혈족
② 4촌 이내의 인척

---

113) 대법원 2009.11.26. 2009다39240.
114) 대법원 2009.11.26. 2009다39240.
115) 대법원 2009.11.26. 2009다39240.

③ 배우자(사실상의 혼인관계에 있는 자를 포함)

④ 친생자로서 다른 사람에게 친양자 입양된 자 및 그 배우자·직계비속

⑤ 본인이 민법에 따라 인지한 혼인 외 출생자의 생부나 생모(본인의 금전이나 그 밖의 재산으로 생계를 유지하는 사람 또는 생계를 함께하는 사람으로 한정)

임원은 다음 각 호의 어느 하나에 해당하는 자를 말한다(법세령 §40 ①).

1. 법인의 회장, 사장, 부사장, 이사장, 대표이사, 전무이사 및 상무이사 등 이사회의 구성원 전원과 청산인
2. 합명회사, 합자회사 및 유한회사의 업무집행사원 또는 이사
3. 유한책임회사의 업무집행자
4. 감사
5. 그 밖에 제1호부터 제4호까지의 규정에 준하는 직무에 종사하는 자

3.2.2. 비소액주주 등과 친족

비소액주주 등과 그 친족은 당해 법인의 특수관계인에 해당한다(법세령 §2 ⑤ 2호). '비소액주주 등'은 '소액주주 등이 아닌 주주 또는 출자자'를 의미한다. '주주 또는 출자자'는 **영리법인의 지분소유권자**를 의미하는 것으로 보아야 한다. 따라서 '영리법인의 구성원'인 '사원' 역시 이에 포함된다. **비영리법인의 경우**에는 지분소유권자의 개념을 상정할 수 없고 해당 법인의 설립자 등이라고 할지라도 법인에 대한 이익배당청구권 또는 그 잔여재산분배청구권을 가지지 않으므로 주주 또는 출자자로서 특수관계인에 해당될 수는 없다. 즉 출자는 비영리법인에 대한 기부행위와는 구별된다. 재단법인의 경우는 그 설립자의 기부행위에 의하여 정관을 작성하여 법인을 설립하나 그 기부로 인하여 기부자가 법인의 구성원이 되는 것이 아니므로 출자가 되지 않으며, 따라서 기부자는 법인의 특수관계인이 될 수 없는 것이 그 예에 속한다. 다만 해당 법인에 대하여 사실상 영향력을 행사하는 자에 해당한다면 그 관계로 인하여 특수관계인이 될 수 있다. 그렇다면 **주주·사원 또는 출자자에게 이익을 배당할 수 있는 비영리법인인 조합법인의 경우 그 주주·사원 또는 출자자는 특수관계인에 해당하는가?** 법인세법은 법정조합법인(법세령 §2 ①)은 그 주주·사원 또는 출자자에게 이익을 배당할 수 있다고 하더라도 그 조합법인은 비영리법인에 해당한다고 규정한다(법세 §2 2호 나목). 게다가 관계 법령에 의하면, 해당 조합법인의 조합원은 그 지위에 근거하여 그 조합법인의 단체법적 의사결정에 참여할

수 있다. 그렇다면 해당 법정 조합법인과 그 주주·사원 또는 출자자 사이는 영리법인의 경우와 그 주주 등 사이와 그 경제적 실질이 유사하거나 동일하므로, 특수관계 여부 역시 영리법인과 동일하게 판정하는 것이 타당하다. 즉 **주주·사원 또는 출자자에게 이익을 배당할 수 있는 조합법인의 경우 비영리법인이라고 하더라도 그 주주·사원 또는 출자자는 해당 법인의 특수관계인에 해당한다.**

　주주, 사원 또는 출자자의 범위는 세법에서 별도로 규정하지 않고 달리 해석할 규범적 당위가 없는 한 민법, 상법 또는 특별법 등 각 관계 법령에서 정하는 바에 의하여 해석하여야 한다. 따라서 **주주, 사원 또는 출자자 지위의 취득시점 및 소멸시점** 역시 세법에서 별도로 규정하지 않고 달리 해석할 규범적 당위가 없는 한 민법, 상법 또는 특별법 등 각 관계 법령에서 정하는 바에 의하여 해석하여야 한다. 따라서 법인과 그 주주 사이에 특수관계가 있는 경우 그 중 어느 일방에 대하여 회사정리절차개시결정이나 파산선고결정이 있었다고 하여 곧 법인의 출자자인 관계까지 소멸하는 것은 아니므로 그 법인과 주주 사이의 특수관계 역시 소멸한다고 볼 수 없다.[116] **특수관계인인 주주, 사원 또는 출자자는 당해 법인의 주주, 사원 또는 출자자만을 지칭**하므로, 이에 당해 법인의 주주, 사원 또는 출자자가 법인일 경우 당연히 그 법인의 주주, 사원 또는 출자자가 포함되는 것은 아니다.[117] **비소액주주 등의 권능 중 일부가 제한되거나 그 권능이 일시 제한되는 경우 등에도 여전히 특수관계인에 해당하는가?** 비소액주주 등의 권능 중 일부가 제한되거나 그 권능이 일시 제한된다고 하더라도, 소액주주 등에 해당하지 않은 한, 설사 여전히 특수관계인에 해당되는 것으로 보아야 한다. 이는 법인세법 상 달리 해석할 문언 상 근거가 없다는 점, 주주, 사원 또는 출자자로서 다른 권능을 행사하거나 그 권능이 부활할 수 있다는 점, 주주 등의 권능 중 일부가 제한되거나 그 권능이 일시 제한되는지 여부는 법인과 해당 주주 등이 통제할 수 있는 요소이므로 이에 근거하여 객관적인 특수관계 여부의 판정이 달라지는 것은 타당하지 않다는 점을 고려한 것이다. 다만 이는 소액주주 등의 범위와 관련하여 그 '발행주식총수 또는 출자총액'에 '주주 등의 권능 중 일부가 제한되거나 그 권능이 일시 제한된 경우'가 포함되는지 여부와는 구분된다는 점에 유의하여야 한다. 실질적으로 비소액주주 등에 해당함에도 '주주 등의 권능 중 일부가 제한되거나 그 권능이 일시 제한된 경우'를 그 '발행주식총수 또는 출자총액'에 포함하면 여전히 소액주주 등으로 판정될 수 있기 때문이다.

---

116) 대법원 2009.12.10. 2007두15872.
117) 대법원 1988.12.13. 88누3666.

소액주주 등의 범위에 대하여 살핀다. 소액주주 등에 해당하기 위해서는 '발행주식총수 또는 출자총액의 1%에 미달하는 주식 등을 소유할 것' 및 '해당 법인의 국가·지방자치단체가 아닌 지배주주 등과 특수관계가 없을 것'이라는 요건을 모두 충족하여야 한다(법세령 §50 ②). 비영리법인의 출연자가 주주 등의 범위에 포함되지 않지만 조합법인(법세 §2 2호 나목)의 출연자를 특수관계인의 범위에 포함하는 경우에는 그 조합원의 지분 역시 주주 등에 포함되는 것으로 보아야 한다. 소액주주 등에 해당하는지 여부는 개별 세법규정이 판정시기를 특정하여 규정하지 않는 이상 특수관계인에 해당하는지 여부가 쟁점이 되는 각 거래 당시를 기준으로 판단하여야 한다. 소액주주 등의 정의에 '발행주식총수 또는 출자총액'이라는 용어가 사용되는바, 이에 **의결권 없는 주식이 포함되는가?** 소액주주 등이 해당 법인에 영향력을 미치기 위하여서는 주주총회에서 영향력을 행사할 수 있을 정도의 의결권이 있어야 한다. 그런데 회사는 의결권이 없는 종류주식이나 의결권이 제한되는 종류주식을 발생할 수 있다(상법 §344의2 ①). 무의결권 주식은 회사의 경영자 또는 지배주주로서는 그의 지배력을 감소시키지 않고 활용할 수 있는 자본조달 수단이 되고 주주로서는 별 효용이 없는 의결권을 포기하는 대신 우선적 배당이라는 안정적인 이득이 주어지므로 의결권 없는 주식은 회사의 이해관계자 모두에게 고루 매력이 있는 주식이다.[118] 따라서 의결권없는 주식은 주주가 회사에 대하여 영향력 또는 지배력을 행사하기 위한 수단으로서 기능하지 못하는 것이므로 소액주주 등을 판정함에 있어서 발행주식 총수에서 제외하는 것이 타당하다. **의결권이 제한되는 주식 역시 소액주주 등의 판정에 있어서 발행주식총수에서 제외되는가?** 의결권이 제한되는 주식은 결의의 일부 안건에 관하여 의결권이 없는 주식을 의미한다.[119] 주주가 해당 법인에 대하여 영향력 또는 지배력을 갖는지 여부는 개별 안건과 관계된 것이 아니라 주주로서 주주총회에서 의결권을 행사할 수 있는 가능성 자체에 의하여 발생하는 것이므로 의결권이 제한되는 주식은 소액주주 등의 판정에 있어서 발행주식총수에 포함되는 것으로 보아야 한다. **의결권의 행사가 일시적으로 제한되는 주식 역시 소액주주 등의 판정에 있어서 발행주식총수에서 제외되는가?** 상법상 의결권의 행사가 일시적으로 제한되는 경우에는 자기주식(상법 §369 ②), 상호주(상법 §369 ③), 특별이해관계 있는 주주(상법 §368 ③), 감사선임시의 제한(상법 §409 ②)이 있다. 특별법상 의결권의 행사가 제한되는 경우에는 채무자 회생 및 파산에 관한 법률에 의한 회생절차의 개시 당시 회사의 부채총액이 자산총액을 초과하는 경우(채무회생 §146), 독점규제 및 공정거래에 관한 법률상

---

118) 이철송, 전게서, 293면.
119) 상게서, 295면.

대규모기업집단에 속하는 금융·보험회사가 소유하는 계열회사의 주식(공정거래 §11) 및 자본시장 및 금융투자업에 관한 법률 상 집합투자업자가 투자한도를 초과하여 보유하는 주식(자본시장 §87)이 있다. 또한 특별법상 주식의 취득이 제한된 경우가 있는바 이 경우에는 그 의결권의 행사 역시 제한되는 것이 일반적이다.[120] '의결권의 행사가 일시적으로 제한되는 경우'는 주주의 영향력 또는 지배력의 관점에서는 '의결권이 제한되는 주식의 경우'와 동일하게 보는 것이 타당하다. 즉 '주주로서 특정 상황으로 인하여 의결권의 행사가 일시적으로 제한되는 경우'라고 할지라도, 주주의 영향력 또는 지배력을 '주주총회에서 의결권을 행사할 수 있는 가능성 자체'에 의하여 판단하는 것이 타당하므로 의결권의 행사가 일시적으로 제한되는 주식 역시 소액주주 등의 판정에 있어서 발행주식총수에 포함되는 것으로 보아야 한다. **의결권이 없는 주식에 대하여 의결권의 행사 또는 부활의 조건이 있는 경우 소액주주 등의 판정은 어떻게 이루어져야 하는가?** 상법은 회사가 의결권이 없는 종류주식이나 의결권이 제한되는 종류주식을 발행하는 경우에는 정관에 의결권을 행사할 수 없는 사항과, 의결권행사 또는 부활의 조건을 정한 경우에는 그 조건 등을 정하여야 한다고 규정한다(상법 §344의3 ①). 이에 따르면 의결권 없는 주식의 경우에도 특정 주주총회 또는 특정 의안에 대하여서는 의결권을 행사할 수 있는 조건 또는 전체적으로 의결권을 회복할 수 있는 조건이 설정될 수 있다. 이 경우에는 **소액주주 등 판정시점 당시 위 행사의 조건 또는 부활의 조건이 성취되었는지 여부**에 따라서 발행주식총수에 포함되는지 여부를 결정하여야 한다. 위 행사의 조건 또는 부활의 조건은 정관에 규정된 경우에 한하여 행사할 수 있으므로[121] 소액주주 등 판정에 있어서 정관의 내용을 유의하여 검토하여야 한다.

소액주주 등의 판정과 관련된 지배주주 등의 범위에 대하여 살핀다. 지배주주 등은 법인의 발행주식총수 또는 출자총액의 1% 이상의 주식 또는 출자지분을 소유한 주주 등으로서 그와 특수관계에 있는 자와의 소유 주식 또는 출자지분의 합계가 해당 법인의 주주 등 중 가장 많은 경우의 해당 주주 등을 말한다(법세령 §43 ⑦). 여기서 '특수관계가 있는 자'는 해당 주주 등이 개인인 경우와 법인인 경우로 나누어 살펴볼 수 있다(법세령 §43 ⑧).

주주 등이 개인인 경우에는 다음 관계에 있는 자를 그 특수관계가 있는 자로 본다(법세령 §43 ⑧ 1호).

---

120) 상게서, 537면~541면.
121) 상게서, 292면.

가. 친족(법세령 §2 ⑤ 1호)

나. 경영에 대해 사실상 영향력을 행사하고 있다고 인정되는 관계(법세령 §2 ⑤ 1호)에 있는 법인

다. 해당 주주 등과 위 '가' 및 '나'에 해당하는 자가 발행주식총수 또는 출자총액의 30% 이상을 출자하고 있는 법인

라. 해당 주주 등과 그 친족이 이사의 과반수를 차지하거나 출연금(설립을 위한 출연금에 한함)의 30% 이상을 출연하고 그 중 1명이 설립자로 되어 있는 비영리법인

마. 상기 '다' 및 '라'에 해당하는 법인이 발행주식총수 또는 출자총액의 30% 이상을 출자하고 있는 법인

주주 등이 법인인 경우에는 다음 관계에 있는 자를 그 특수관계가 있는 자로 본다(법세령 §43 ⑧ 2호).

가. 임원의 임면권 행사, 사업방침의 결정 등 해당 법인의 경영에 대해 사실상 영향력을 행사하고 있다고 인정되는 자(상법 §401의2 ①에 따라 이사로 보는 자를 포함)와 그 친족

나. 비소액주주 등과 그 친족

다. 해당 법인이 직접 또는 그와 위 '가' 및 '나'의 관계에 있는 자를 통해 어느 법인의 경영에 대해 지배적인 영향력을 행사하고 있는 경우 그 법인

라. 해당 법인이 직접 또는 그와 위 '가'부터 '다'까지의 관계에 있는 자를 통해 어느 법인의 경영에 대해 지배적인 영향력을 행사하고 있는 경우 그 법인

마. 해당 법인에 30% 이상을 출자하고 있는 법인에 30% 이상을 출자하고 있는 법인이나 개인

바. 해당 법인이 독점규제 및 공정거래에 관한 법률에 따른 기업집단에 속하는 법인인 경우에는 그 기업집단에 소속된 다른 계열회사 및 그 계열회사의 임원

3.2.3. 임원·직원 및 생계유지자

'법인의 임원·직원 또는 비소액주주 등의 직원(비소액주주 등이 영리법인인 경우에는 그 임원, 비영리법인인 경우에는 그 이사 및 설립자)'와 '법인 또는 비소액주주 등의 금전이나 그 밖의 자산에 의해 생계를 유지하는 자' 및 그 친족은 당해 법인의 특수관계인에 해당한다(법세령 §2 ⑤ 3호). 비소액주주 등의 직원 역시 해당 법인의 특수관계인에 포함되나, 그 직원의 범위가 통상의 용례와 달리 '임원', '이사' 및 '설립자'로 제한되어 있다는 점에 유의하여야 한다.

임원은 다음에 규정하는 직무에 종사하는 자이다(법세령 §40 ①). 임원의 지위가 유지되는지

여부는 상법(상법 §382) 및 민법(민법 §690) 등 관계 법령의 요건에 의하여 판단하여야 한다. 따라서 '관계 법령과 무관하게' 임원이 보수를 받는지 여부 및 해당 법인이 직권 폐업되었는지 여부 등을 별도의 기준으로서 사용할 수는 없다. 즉 상법, 민법, 채무자 회생 및 파산에 관한 법률 등 관계 법령에 따라 임원의 지위가 소멸되는 경우에 법인세법 상 특수관계인의 판정에 있어서도 임원의 지위를 상실하는지 여부에 의하여 결정하여야 한다. 당사자 일방이 파산선고를 받은 경우에는 민법(민법 §690)에 의하여 위임계약이 당연히 종료되므로,[122] 상법 상 위임관계인 임원의 지위 역시 소멸한다(상법 §382 ②).

> 가. 법인의 회장·사장·부사장·이사장·대표이사·전무이사 및 상무이사 등 이사회의
>   구성원 전원과 청산인
> 나. 합명회사·합자회사 및 유한회사의 업무집행사원 또는 이사
> 다. 유한책임회사의 업무집행자
> 라. 감사
> 마. 그 밖에 위 각 호에 준하는 직무에 종사하는 자

직원에 대한 별도의 정의는 없다. 개별규정에서 별도로 정의하거나 세법상 달리 해석하여야 할 규범적 당위가 없는 한 근로기준법상 근로자의 개념에 해당하는 자 중에서 임원을 배제한 개념으로 해석하는 것이 타당하다. 근로기준법은 근로자를 "직업의 종류와 관계없이 임금을 목적으로 사업이나 사업장에 근로를 제공하는 자"로 규정한다(근기 §2 1호). 따라서 직원은 **직업의 종류와 관계없이 임금을 목적으로 사업이나 사업장에 근로를 제공하는 자로서 임원에 해당하지 않는 자**를 의미하는 것으로 보아야 한다.

생계를 유지하는 자에 대한 별도의 정의는 없지만, 해당 법인으로부터 수수한 금전 등을 일상생활의 유지를 위한 자금의 원천으로 삼는 자로 해석하는 것이 타당하다. 구체적인 사실관계에 의하여 판단할 수밖에 없다. 다만 생계유지 여부는 일회적 사건 또는 행위에 의하여 판단할 것이 아니라 **'당사자들 사이에서 일상생활 유지를 위한 자금이 공동하여 사용되는 생활관계가 형성되었는지 여부'**에 의하여 판정하여야 하고, 과세관청이 그에 대한 입증책임을 부담하여야 한다. 또한 특수관계인에 해당하는지 여부가 미치는 세법상 영향을 감안한다면, 법적 예측가능성의 관점에서 그 판정결과가 사회통념에서 벗어나지 않도록 제한적으로 해석되는 것이 타당하다.

---

122) 대법원 2002.8.27. 2001다13624.

3.2.4. 해당 법인 또는 실질적 지배자 등이 지배적 영향력을 행사하는 법인

해당 법인이 직접 또는 그와 위 각 특수관계에 있는 자(법세령 §2 ⑤ 1호~3호)를 통하여 어느 법인의 경영에 대하여 지배적인 영향력을 행사하고 있는 경우 그 법인은 해당 법인의 특수관계인에 해당된다(법세령 §2 ⑤ 4호). 해당 법인이 직접 또는 그와 위 각 특수관계에 있는 자(법세령 §2 ⑤ 1호~4호)를 통하여 어느 법인의 경영에 대하여 지배적인 영향력을 행사하고 있는 경우 그 법인은 해당 법인의 특수관계인에 해당된다(법세령 §2 ⑤ 5호).

해당 법인에 지배적인 영향력을 행사하고 있는지 여부에 대하여 살핀다. 영리법인의 경우에는 '법인의 발행주식총수 또는 출자총액의 30% 이상을 출자한 경우' 및 '임원의 임면권의 행사, 사업방침의 결정 등 법인의 경영에 대하여 사실상 영향력을 행사하고 있다고 인정되는 경우'에, 비영리법인의 경우에는 '법인 이사의 과반수를 차지하는 경우' 및 '법인의 출연재산(설립을 위한 출연재산만 해당)의 30% 이상을 출연하고 그 중 1인이 설립자인 경우'에 각 해당 법인에 지배적인 영향력을 행사하고 있는 것으로 본다(국기령 §1의2 ④).

지배적 영향력을 행사하는 관계에 대하여서는 법인세법 집행기준에서 정하고 있는바,[123] 이를 참고할 필요가 있으나 이에 한정될 수는 없다. '지배적 영향력을 행사하는지 여부'는 **'사실상 영향력을 행사하는 자에 해당하는지 여부'**에 의하여 결정되는바, '사실상 영향력을 행사하고 있다고 인정되는 자에 해당하는지 여부'는 법률 상 소유관계 및 지배관계 등에 구애되지 않고 각 구체적 상황에 따라 개별적으로 판단하여야 한다. 따라서 특정 개인이 다른 법인을 통하여 특정 법인의 경영에 대해 사실상 영향력을 행사하는 경우에는 해당 개인 역시 특수관계인으로 보아야 한다. 그러나 사실상 영향력을 행사하는지 여부에 의하여 특수관계 여부를 판단하는 것은 심각한 **법적 불확실성**을 야기한다. 따라서 사실상 영향력을 행사하는지 여부는 일회적 사건 또는 행위에 의하여 판단할 것이 아니라 **'당사자들 사이에서 영향력이 계속·반복적으로 행사되는 관계의 형성에 이른 것인지 여부'**에 의하여 판정하여야 하고, 과세관청이 그에 대한 입증책임을 부담하여야 한다. 또한 특수관계인에 해당하는지 여부가 미치는 세법상 영향을 감안한다면, 법적 예측가능성의 관점에서 그 판정결과가 사회통념에서 벗어나지 않도록 제한적으로 해석되는 것이 타당하다.

---

123) 법세집행 52-87-1.

3.2.5. 연속 30% 이상 지분을 소유한 법인·개인

해당 법인에 100분의 30 이상을 출자하고 있는 법인에 100분의 30 이상을 출자하고 있는 법인이나 개인은 특수관계인에 해당한다(법세령 §2 ⑤ 6호). 즉 직접적인 출자관계로써 연결되는 바는 아니지만, 각 출자 단계에서 30% 이상을 출자하면 각 단계마다 경영에 대하여 지배적인 영향력을 행사할 수 있어 결국 한 단계 건너서도 궁극적으로 경영에 대하여 지배적인 영향력의 행사가 가능하므로 특수관계인의 범위에 포함된다.

3.2.6. 기업집단 소속 계열회사 및 그 계열회사의 임원

해당 법인이 독점규제 및 공정거래에 관한 법률에 의한 기업집단에 속하는 법인인 경우 **그 기업집단에 소속된 다른 계열회사 및 그 계열회사의 임원**은 그 법인과 특수관계에 있는 자에 해당된다(법세령 §2 ⑤ 6호). 해당 법인에 대한 법인인 주주 등의 임원이 아니라, 해당 법인이 속하는 동일한 기업집단에 속하는 회사의 임원이기 때문에 특수관계인이 된다는 점에 유의하여야 한다.

4. 합병법인과 피합병법인

합병법인이란 합병에 따라 설립되거나 합병 후 존속하는 법인을 말하고, 피합병법인이란 합병에 따라 소멸하는 법인을 말한다(법세 §2 13호, 14호). 합병법인과 피합병법인에 대하여서는 해당 부분에서 별도로 상세히 설명한다(법세 §44, §45).

5. 분할법인과 분할신설법인

분할법인이란 분할(분할합병을 포함)에 따라 분할되는 법인을 말하며, 분할신설법인이란 분할에 따라 설립되는 법인을 말한다(법세 §2 15호, 16호). 분할법인과 분할신설법인에 대하여서는 해당 부분에서 별도로 상세히 설명한다(법세 §46, §47).

Ⅰ　납세의무자 등의 정의 및 범위

　납세자는 **납세의무자**(연대납세의무자와 납세자를 갈음하여 납부할 의무가 생긴 경우의 제2차 납세의무자 및 보증인을 포함)와 **세법에 따라 국세를 징수하여 납부할 의무를 지는 자**를 말한다(국기 §2 10호). 즉 본래의 납세의무자 이외에 연대납세의무자, 제2차 납세의무자, 보증인 및 원천징수의무자 역시 납세자에 포함된다. 납세의무자는 세법에 따라 국세를 납부할 의무(국세를 징수하여 납부할 의무는 제외)가 있는 자를 말한다(국기 §2 9호). 즉 납세의무자는 개별 세법에 따라 정하여지고, 원천징수의무자는 납세의무자에 포함되지 않는다. 제2차 납세의무자는 납세자가 납세의무를 이행할 수 없는 경우에 납세자를 갈음하여 납세의무를 지는 자를 말한다(국기 §2 11호). 보증인은 납세자의 국세 또는 체납처분비의 납부를 보증한 자를 말한다(국기 §2 12호). 원천징수는 세법에 따라 원천징수의무자가 국세(이에 관계되는 가산세는 제외)를 징수하는 것을 말한다(국기 §2 3호). 지방세의 경우에도 이와 같은 내용을 규정하나, 원천징수 대신에 특별징수라는 용어를 사용한다(지기 §2 ① 10호~14호, 20호). 연대납세의무자는 타인과 연대하여 납세의무를 부담하는 자를 의미한다(국기 §25 : 지기 §44). 한편 국세기본법은 제2차 납세의무(국기 §38~§41)와 양도담보권자의 물적 납부의무(국기 §42)를 구분하여 규정하고, 납세자의 조세와 체납처분비를 양도담보재산으로써 납부하는 양도담보권자는 물적 납부의무자에 해당한다(국기 §42 : 지기 §75). 다만 2018년 12월 31일 개정을 통하여 가산금이 가산세에 포함된 국세의 경우와 달리, 지방세의 경우에는 가산금이 가산세와 분리되어 규정되어 있고 가산금은 우선권의 판정에 있어서 본세와 동일하게 취급된다는 점에 유의하여야 한다. 이 경우 **물적 납부의무를 부담하는 양도담보권자 역시 납세자를 정의함에 있어서 사용되는 제2차 납세의무자의 범위에 포함되는 것으로 볼 수 있는가?** 이 쟁점은 물적 납부의무를 부담하는 양도담보권자 역시 납세자가 납세의무를 이행할 수 없는 경우에 납세자를 갈음하여 납세의무를 지는 자라고 할 수 있는지 여부와 관계된다. 양도담보권자는 본래의 납세자의 양도담보재산에 의하여서만 해당 조세를 '납부할 의무'를 부담할 뿐 양도담보권자가 '납세의무'를 부담하여 양도담보권자의 일반재산에 대하여 납부의무를 부담하는 것은 아니므로 '납세자를 갈음하여 납세의무를 지는 자'라고 할 수 없다. 따라서 물적 납부의무를 부담하는 양도담보권자는 납세자

에 해당하지 않는다.[124]

    법인세법은 **내국법인**과 **국내원천소득이 있는 외국법인**이 법인세를 납부할 의무가 있다고 규정한다(법세 §3 ①). 내국법인 중 국가와 지방자치단체(지방자치단체조합을 포함)는 그 소득에 대한 법인세를 납부할 의무가 없다(법세 §3 ②). **지방자치단체조합**에 대하여 살핀다. 2개 이상의 지방자치단체가 하나 또는 둘 이상의 사무를 공동으로 처리할 필요가 있을 때에는 규약을 정하여 지방의회의 의결을 거쳐 시·도는 행정안전부장관의 승인, 시·군 및 자치구는 시·도지사의 승인을 받아 지방자치단체조합을 설립할 수 있으니, 지방자치단체조합의 구성원인 시·군 및 자치구가 2개 이상의 시·도에 걸쳐 있는 지방자치단체조합은 행정안전부장관의 승인을 받아야 한다(지자 §176 ①). 지방자치단체조합은 법인으로 한다(지자 §176 ②). **연결법인**은 각 연결사업연도의 소득(법세 §76의14 ①)에 대한 법인세(각 연결법인의 토지 등 양도소득에 대한 법인세(법세 §55의2) 및 투자·상생협력 촉진을 위한 과세특례를 적용하여 계산한 법인세(조특 §100의32 ②)를 포함)를 연대하여 납부할 의무가 있다(법세 §3 ③). 위 각 경우 '법인세를 납부할 의무'라는 문언을 사용하지만, 이는 법인세 납세의무에 대하여 규정하는 것이다.

    한편 법인세법은 **법인세를 원천징수하는 자**는 해당 법인세를 납부할 의무가 있다고 규정한다(법세 §3 ④). 납세의무자는 세법에 따라 국세를 납부할 의무가 있는 자를 말하나 이에는 국세를 징수하여 납부할 의무가 있는 자가 제외된다(국기 §2 9호). 즉 원천징수의무자는 납세의무자에 포함되지 않고 납세자의 범위에 포함될 뿐이다. 원천징수대상 소득을 가득한 자가 납세의무자에 해당한다. 따라서 이 경우 '법인세를 납부할 의무'라는 문언은 법인세 납세의무가 아니라 법인세 납부의무에 대하여 규정하는 것이다.

    이상의 논의를 종합하면 법인세법 납세의무자는 내국법인 및 국내원천소득이 있는 외국법인이고 내국법인의 범위에서 국가와 지방자치단체(지방자치단체조합을 포함)는 제외된다. 한편 내국법인을 영리내국법인과 비영리내국법인으로 구분된다.

Ⅱ 납세의무, 납부의무 및 과세소득 사이의 관계

    법인세법은 납세의무(법세 §3), 납부의무(법세 §3) 및 과세소득(법세 §4)이라는 용어를 사용하고 있다. 따라서 이들 사이의 관계를 정립할 필요가 있다. 법인세법이 납세의무와 납부의무에 대하여 정의하지 않는다. 따라서 이 경우 국세기본법이 적용되어야 한다(국기 §3 ①). 납세자는

---

124) 이준봉, 조세법총론 제7판, 삼일인포마인, 2021, 336면~337면(제2편 제2장 제1절 Ⅰ).

납세의무자(연대납세의무자와 납세자를 갈음하여 납부할 의무가 생긴 경우의 제2차 납세의무자 및 보증인을 포함)와 세법에 따라 국세를 징수하여 납부할 의무를 지는 자를 말한다(국기 §2 10호). 즉 본래의 납세의무자 이외에 연대납세의무자, 제2차 납세의무자 및 보증인 역시 납세의무자에 포함된다. 한편 납세의무자는 세법에 따라 국세를 납부할 의무(국세를 징수하여 납부할 의무는 제외)가 있는 자를 말한다(국기 §2 9호). 그렇다면 납세의무자에서 제외되는 '세법에 따라 국세를 징수하여 납부할 의무를 지는 자'가 지칭하는 거래당사자가 누구인지 여부가 쟁점이 된다. '연대납세의무자, 제2차 납세의무자 및 보증인'은 모두 국세를 자신이 납부한 이후 개별 세법이 정한 납세의무자에 대하여 구상권 등을 행사할 수 있을 뿐, 본래의 납세의무자로부터 '국세를 징수하여 납부할 의무'를 부담하는 것은 아니다. 한편 법인세법은 법인세를 원천징수하는 자는 해당 법인세를 납부할 의무가 있다고 규정한다(법세 §3 ④). 원천징수는 세법에 따라 원천징수의무자가 국세(이에 관계되는 가산세는 제외)를 징수하는 것을 말한다(국기 §2 3호). 법인세를 과세할 권한은 납세지를 관할하는 세무서장 또는 지방국세청장에게 있다(법세 §12). 그렇다면 '국세를 징수하여 납부할 의무'는 '국세를 원천징수하여 납부할 의무'로 보아야 하고, 원천징수의무자는 납세의무자로부터 과세관할을 대신하여 국세를 징수하여 납부하는 당사자를 의미하는 것으로 보아야 한다. 이상의 논의에 따르면, **납세의무는 개별 세법에 따라 정하여지고 이에 원천징수의무는 포함되지 않으나, 납부의무에는 납세의무와 원천징수의무가 포함된다.** 한편 법인세법은 '과세되는 소득'을 영리내국법인, 비영리외국법인, 영리외국법인 및 비영리외국법인으로 구분하여 정한다(법세 §4). 그러나 '과세되는 소득'에 대한 법인세를 갈음하여 납부할 자 또는 그 소득에 대한 법인세를 징수하여 납부할 자와 관련하여 '과세되는 소득'을 별도로 정하지 않는다. 그렇다면 '과세되는 소득'에 대한 법인세법 규정은 법인세법이 납세의무자를 구체적으로 정하고 해당 납세의무자에 대하여 '과세하는 소득'을 정한 것으로 보아야 한다. 즉 **과세소득은 '개별 세법이 정하는 납세의무자가 그 납세의무를 부담하는 소득의 범위'를 의미한다.**

이하 법인세법 상 납세의무자인 영리법인, 비영리법인, 외국법인 및 국가 또는 지방자치단체로 구분하여, 각 과세소득의 범위에 관하여 살핀다.

법인세법 상 납세의무자 별 과세소득의 범위

법인세법 상 법인의 과세소득은 그 납세의무자 및 유형별로 각 사업연도의 소득, 청산소득, 토지 등 양도소득 및 투자·상생협력 촉진을 위한 과세특례를 적용하여 계산한 소득으로 다음과 같이 구분된다. 이하 각 납세의무자 별로 구분하여 살핀다.

법인의 유형		각 사업연도 소득	토지 등 양도소득	투자·상생협력 관련 소득	청산소득
영리 법인	내국법인	국내·외 원천소득	과세	과세	과세
	외국법인	국외 원천소득	과세	비과세	비과세
비영리 법인	내국법인	국내·외 원천소득 중 수익사업에서 발생한 소득	과세	비과세	비과세
	외국법인	국내 원천소득 중 수익사업에서 발생한 소득	과세	비과세	비과세

1. 영리내국법인 과세소득의 범위

영리내국법인이 납세의무를 부담하는 소득, 즉 과세소득은 '각 사업연도의 소득', '청산소득' 및 '토지 등 양도소득(법세 §55의2)'이다(법세 §4 ①). 또한 투자·상생협력 촉진을 위한 과세특례에 따라 법정 영리내국법인은 투자, 임금 등으로 환류하지 아니한 미환류소득(차기적립금과 이월된 초과환류액을 공제한 금액)이 있는 경우 해당 미환류소득에 20%를 곱하여 산출한 세액을 미환류소득에 대한 법인세로 하여 일반적인 법인세 외에 추가로 납부하여야 한다(조특 §100의32). 투자·상생협력 촉진을 위한 과세특례에 따른 법인세는 동일한 입법목적을 가지는 유사 입법례를 찾기 어려운 특이한 세제로서 상호출자제한기업집단에 속하는 내국법인만을 대상으로 하고 있다(조특 §100의32 ①). 한편 상법에 따른 합명회사 또는 합자회사 등의 경우에도 동업기업과세특례(조특 §100의15 ①)를 신청할 수 있고, 그 경우에는 법인 단계가 아니라 그 구성원 단계에서 납세의무를 부담한다(조특 §100의18). 따라서 동업기업과세특례를 신청한 합명회사 또는 합자회사 등 법인은 영리내국법인이라고 할지라도 법인세 납세의무를 부담하지 않는다.

영리내국법인은 각 사업연도의 소득, 청산소득, 토지 등 양도소득 및 투자·상생협력 촉진을 위한 과세특례를 적용하여 계산한 소득에 대하여 납세의무를 부담하며 그 과세소득이 국내원천소득인지 여부를 묻지 않는다. 즉 영리내국법인은 해당 법인이 가득한 전 세계 소득(worldwide income)에 대하여 납세의무를 부담한다. 이는 법인세법은 제한된 범위 내에서만 납세의무를 부담하는 비영리내국법인 및 외국법인의 경우와 구분된다. 종전에는 국적(nationality) 및 영토(territoriality)를 기준으로 국가 간 과세권을 배분하였다. 즉 납세자가 특정 국가에 개인적인 연관성(link or allegiance)을 갖는다는 이유로 그가 어느 곳에 있는지 여부와 무관하게 해당 국가가 그 납세자에 대하여 과세권을 행사할 뿐만 아니라 해당 국가 내에서 발생한 소득에 대하여서도 과세권을 행사할 수 있었다.[125] 그러나 국가 간 과세권 배분을 위한 위 국적 및 영토 기준은 거주(residence) 및 원천(source) 기준으로 바뀌었다. 특정 국가가 그 거주자에 대하여 전 세계 소득(worldwide income)에 대한 과세권을 행사할 수 있는 것으로 전환되었다. 국적을 기준으로 할 경우, 부유한 납세자는 조세피난처(tax haven)의 국적을 취득하는 방법을 통하여 특정 국가의 과세권에서 벗어나면서도 그 국가에서 영구적으로 생활할 수 있기 때문이다. 또한 국가는 그 영토 내에 소득원천을 갖는 소득에 대한 과세권을 행사할 수 있다. 이 경우 소득원천이 있는지 여부는 경제적 개념이 아니라 법률 상 개념에 해당한다.[126] 특정 국가의 세법 또는 조세조약 상 규정에 의하여 특정 국가에 소득원천이 있는지 여부가 결정된다.

우리 법인세법 역시 국제적 과세권 배분에 관한 위 입장에 따르고 있다. 법인세법 상 국내원천소득을 정의하는 규정(법세 §93)이 별도로 있다. 다만 국제조세 관련 내용은 본서에서 다루지 않는다.

2. 비영리내국법인 과세소득의 범위

비영리내국법인의 과세소득은 '각 사업연도의 소득' 및 '토지 등 양도소득(법세 §55의2)'이다(법세 §4 ① 단서). 즉 비영리내국법인의 청산소득은 과세소득이 아니다. 비영리법인이 해산하는 경우 그 잔여재산은 정관으로 지정한 자에게 귀속시켜야 하며, 정관에 지정한 자가 없거나 그 지정 방법을 정하지 아니한 때에는 당해 법인과 유사한 목적을 가진 비영리법인에게 인도하거나 국가에 귀속시켜야 한다(민법 §80). 따라서 비영리법인의 청산소득에 대하여 법인세를 과세되면 해당 비영리법인의 기본재산이 감소하여 이를 승계한 비영리법인의 당초 목적사업에 따른

---

125) Reuven S. Avi-Yonah, Advanced Introduction to International Tax Law, Edward Elgar, 2015, at 8.
126) Id.

활동이 저해될 우려가 있고 국가에 귀속되는 경우에는 그 과세 실익이 없는 것이므로 비영리법인의 청산소득에 대하여는 법인세를 과세하지 않는다. 한편 비영리내국법인이 해산한 경우 그 수익사업과 관련하여서는 해산등기일 다음 날부터 그 사업연도 종료일까지의 기간이 하나의 사업연도로 의제되고(법세 §8 ①), 청산 중 내국법인의 경우에도 해당 기간이 사업연도에 포함된다(법세 §8 ④). 위 각 사업연도의 소득은 청산소득에 포함되지 않고 별도의 각 사업연도 소득으로서 과세된다는 점에 유의하여야 한다.

3. 외국법인 과세소득의 범위

외국법인이 납세의무를 부담하는 소득, 즉 과세소득은 '각 사업연도의 국내원천소득' 및 '토지 등 양도소득(법세 §95의2)'이다(법세 §4 ④). 다만 비영리외국법인의 각 사업연도의 국내원천소득은 수익사업(법세 §4 ③ 각 호)에서 생기는 소득으로 한정한다(법세 §4 ⑤). 외국법인은 해당 법인의 거주지국에서 해산 절차가 진행되어 그 소득금액을 해당 국가의 법에 의하여 산정하여야 하고 또한 해당 청산소득이 법인세법상 국내원천소득(법세 §93)에 해당하지 않으므로 이에 대하여 과세권을 주장할 수 없다는 점을 감안한 것으로 보인다. 비영리외국법인은 외국법인 중 외국의 정부·지방자치단체 및 영리를 목적으로 하지 아니하는 법인(법인으로 보는 단체를 포함)을 말한다(법세 §2 4호). 다만 1988년 12월 31일 개정 전에는 우리나라에서 행하고 있는 경제활동의 성격에 따라 비영리외국법인 또는 영리 외국법인인지의 여부를 구분하여 법인세 납세의무가 있는지 여부를 판단하였다.[127]

한편 외국법인이란 본점 또는 주사무소가 외국에 있는 단체(사업의 실질적 관리장소가 국내에 있지 아니하는 경우만 해당)로서 법정 기준(법세령 §2 ②, ③)에 해당하는 법인을 말한다(법세 §2 3호). 즉 본점 또는 주사무소가 외국에 있으며 국내에 사업의 실질적 관리장소 역시 없는 경우에 한하여 법인세법상 외국법인에 해당한다. 따라서 국내에 본점 또는 주사무소가 있거나 실질적 관리장소가 있는 경우에는 내국법인에 해당한다. 청산소득은 일정 기간이 법인 존속할 것을 전제로 한다. 그런데 실질적 관리장소는 본점 또는 주사무소와 달리 국외로 이전하는 것이 용이하다. 그렇다면 **국내에 실질적 관리장소만 존재하던 내국법인이 그 실질적 관리장소를 이전한 경우 이에 대하여 청산소득이 부과될 수 있는가?** 이 쟁점은 내국법인의 출국세(exit tax)와 관련된 것이다. 법인세법 또는 상법 등이 실질적 관리장소를 이전하는

---

127) 대법원 1986.10.14. 84누430.

것 자체를 해산사유로 규정하지 않으므로, 본점 또는 주사무소가 있는 외국에서 청산절차가 진행되지 않는 한 해당 법인이 해산한 것으로 볼 수는 없기 때문이다. 따라서 실질적 관리장소가 외국으로 이전하는 것은 내국법인의 청산소득과는 무관하다. 이 경우에 대하여 출국세를 부과할지 여부는 입법정책에 의하여 결정되어야 한다. **국내에 실질적 관리장소를 두고 외국에 본점 또는 주사무소를 둔 경우 외국에서 청산절차가 진행된다면 국내에서 그 청산소득에 대하여 과세할 수 있는가?** 외국법에 따라 청산절차가 완료된다면 국내에 실질적 관리장소 역시 존재하지 않게 되므로 내국법인은 국내법 상 해산사유(상법 §227)를 유추적용하여 해산되는 것으로 보아야 한다. 이 경우 국내에서 해산등기가 이루어질 수 있는지 여부가 문제로 될 수 있으나 그 해산등기의 가능 여부와 무관하게 해산이 이루어진 것으로 보아야 한다. 해산의 효과는 해산등기에 의하여 발생하는 것이 아니라 해산사유의 발생에 의하여 발생하기 때문이다.[128] 이 경우에도 국내에 실질적 관리장소가 존재하는 기간에 대응하는 청산소득에 대하여서만 과세권을 주장할 수 있을 것으로 본다. 즉 이 경우 원칙적으로는 법인세법 상 청산소득에 관한 규정을 준용하여 계산한 청산소득에 대하여 과세할 수 있다. 다만 해당 기간에 귀속되는 청산소득 금액을 산정하는 것과 관련된 기술적 규정이 존재하지 않을 수 있다는 점, 외국의 청산소득 금액 산정규정이 그대로 적용될 수도 없다는 점, 세액을 계산할 별도의 규정이 존재하지 않음에도 다른 목적의 계산규정에 근거하여 과세하는 것은 특별한 사정이 없는 한 조세법률주의에 반한다는 우려가 있을 수 있다는 점 및 이 경우에는 해당 청산소득 과세가 조세조약의 적용대상에 해당하는지 여부 자체가 불분명하여 이중과세가 제거되지 않을 가능성이 크다는 점 등에 비추어 현실적으로 과세하기 어려운 측면이 있다. 외국법에 따라 청산절차가 진행 중인 경우에는 이를 우리 법에 따른 해산사유가 발생하였다고 볼 수 있는지 여부에 따라 판정하여야 한다. 청산절차가 진행 중 청산소득이 아닌 각 사업연도 소득에 대하여 과세할 수 있음은 물론이다.

4. 국가 또는 지방자치단체 과세소득의 범위

내국법인 중 국가와 지방자치단체(지방자치단체조합을 포함)는 그 소득에 대한 법인세를 납부할 의무가 없다(법세 §3 ②). 즉 법인세법은 국가 또는 지방자치단체(지방자치단체조합을 포함)가 법인이라는 점을 전제하고 있다. 지방자치법은 지방자치단체를 법인으로 규정한다(지

---

128) 이철송, 전게서, 179면.

자 §3). 또한 법인세법에 따라 법인세를 원천징수하는 자는 이를 납부할 의무가 있고 이를 불이행할 경우 원천징수납부 등 불성실가산세의 부과 대상이나, 국가 또는 지방자치단체와 지방자치단체조합에 대하여는 원천징수의무 불이행에 대한 원천징수납부 등 불성실가산세를 부과하지 아니한다(국기 §47의5 ③ 3호). **국가 또는 지방자치단체가 관리·운용하는 기금 역시 국가 또는 지방자치단체에 포함되는가?** 국가 또는 지방자치단체가 관리·운용하는 기금이라면 해당 기금으로부터 발생한 소득은 국가 또는 지방자치단체의 회계에 편입되어야 하고 그로 인한 권리·의무 역시 국가 또는 지방사치단체에 귀속되어야 한다. 다만 특별법에 의하여 별도로 설정된 기금이라면 해당 기금으로부터 발생한 소득이 국가 또는 지방자치단체에 결과적으로 귀속된다고 하더라도 이를 당연히 국가 또는 지방자치단체와 동일하게 볼 수는 없다. 해당 기금의 소득에 대하여 비과세하거나 조세특례 등을 부여하기 위하여서는 별도의 법인세법 또는 조세특례제한법 상 규정이 필요하다.

제4절 법인세법 상 과세소득의 유형별 구분

법인세법 상 법인의 과세소득은 그 유형별로 각 사업연도의 소득, 청산소득, 토지 등 양도소득 및 투자·상생협력 촉진을 위한 과세특례를 적용하여 계산한 소득으로 구분되는바, 각 유형별로 살핀다.

각 사업연도의 소득

1. 개요

법인세법 상 각 사업연도 소득은 다음과 같이 개관할 수 있다.

내국법인의 경우 각 사업연도의 소득에 대하여 본다. 영리내국법인의 각 사업연도 소득은 그 사업연도에 속하는 익금(법세 §15)의 총액에서 그 사업연도에 속하는 손금(법세 §19)의 총액을 뺀 금액으로 한다(법세 §14 ①). 연결법인의 경우 연결법인의 각 사업연도의 소득은 각 연결사업연도의 소득(법세 §76의14 ①)으로 한다(법세 §4 ②). 비영리내국법인의 각 사업연도의 소득은 수익사업(법세 §4 ③ 각 호)에서 생기는 소득으로 한정된다(법세 §4 ③).

외국법인의 경우 각 사업연도의 소득에 대하여 본다. 외국법인 중 **국내사업장**(법세 §94)**을 가진 외국법인 및 국내원천 부동산소득**(법세 §93 3호)**이 있는 외국법인**의 경우(법세 §91 ①), 해당 외국법인의 각 사업연도의 국내원천소득의 총합계액은 해당 사업연도에 속하는 익금의 총액에서 해당 사업연도에 속하는 손금의 총액을 뺀 금액으로 한다(법세 §92 ①). 외국법인 중 **국내사업장 또는 국내원천 부동산소득이 없는 외국법인의 경우**(국내원천 부동산등양도소득 (법세 §93 7호)**이 있는 경우는 제외**)에는 각 소득별 수입금액을 바로 각 사업연도의 소득금액으로 하나(법세 §92 ② 1호 본문), 유가증권등양도소득의 경우에는 수입금액(특정 요건을 갖춘 외국법인 은 수입금액을 정상가액으로 함)에서 취득가액 및 양도비용을 공제한 금액을 각 사업연도의 국내원천소득금액으로 한다(법세 §92 ② 1호 단서). 다만 유가증권등양도소득이 있는 외국법인이 특정요건(특수관계인 사이의 거래로서 거래가격이 정상가격보다 낮은 경우)을 갖춘 경우에는 정상가격을 수입금액으로 하여 각 사업연도의 소득금액을 계산하여야 한다(법세 §92 ② 2호). **국내사업장 또는 국내원천 부동산소득이 없는 외국법인 중 국내원천 부동산등양도소득**(법세 §93 7호)**이 있는 외국법인**은 토지 등 양도가액에서 취득가액 및 토지 등 양도를 위하여 지출한 비용을 공제한 금액을 각 사업연도의 국내원천소득금액으로 한다(법세 §92 ③).

이하 내국법인의 과세소득을 영리법인과 비영리법인의 각 사업연도 소득으로 구분하여 살핀다. 외국법인의 각 사업연도 소득에 대한 자세한 내용은 별도의 국제조세 도서에 담기로 한다.

2. 영리법인의 각 사업연도 소득

영리내국법인의 각 사업연도 소득은 그 사업연도에 속하는 **익금**(법세 §15)**의 총액**에서 그 사업연도에 속하는 **손금**(법세 §19)**의 총액**을 뺀 금액으로 한다(법세 §14 ①). 익금은 자본 또는 출자의 납입 및 법인세법에서 규정하는 것은 제외하고 해당 법인의 순자산을 증가시키는 거래로 인하여 발생하는 **수익**(이익 또는 수입)의 금액으로 한다(법세 §15 ①). 손금은 자본 또는 출자의 환급, 잉여금의 처분 및 이 법에서 규정하는 것은 제외하고 해당 법인의 순자산을 감소시키는 거래로 인하여 발생하는 **손비**(손실 또는 비용)의 금액으로 한다(법세 §19 ①). 영리내국법인의 각 사업연도 소득은 익금의 총액에서 손금의 총액을 차감한 것이나 익금 또는 손금은 원칙적으로 순자산을 증가시키거나 감소시키는 거래에서 발생한 수익 또는 손비를 의미한다. 즉 영리내국법인은 원칙적으로 순자산의 변동을 초래하는 모든 소득에 대하여 그 발생 원천과 상관 없이 납세의무를 부담한다.

다만 영리내국법인이 익금의 총액에서 손금의 총액을 차감한 소득에 대하여 납세의무를 부담하는 것과 달리, **특정 해운기업은 영리내국법인에 해당함에도 불구하고 개별선박순톤수를 기준으로 산정된 선박표준이익에 대하여 납세의무를 부담한다**는 점에 유의할 필요가 있다. 즉 법정 요건을 갖춘 해운기업의 소득은 해운소득과 비해운소득으로 구분하여 각각 다음과 같이 과세표준을 계산하고 그 합계액을 해운기업의 과세표준으로 할 수 있다(조특 §104의10).

> 해운기업의 법인세 과세표준 = 해운소득[선박표준이익 = 개별선박표준이익(개별선박순톤수 × 톤당 1운항일 이익 × 운항일수 × 사용률)의 합계액](조특령 §104의7 ②) + 비해운소득[일반 내국법인의 각 사업연도의 소득금액 = 법인세법 제13조부터 제54조까지의 규정에 따라 계산한 금액]

3. 비영리법인의 각 사업연도 소득

비영리내국법인의 각 사업연도의 소득은 **수익사업**(법세 §4 ③ 각 호)**에서 생기는 소득**으로 한정된다(법세 §4 ③). 다만 **조합법인**(법세 §2 2호 나목)의 경우에는 이익을 배당받을 수 있음에도 불구하고 비영리법인으로 분류되는바, 그 조합법인의 각 사업연도 소득의 계산 역시 별도의 특례에 의하여 계산한다. 이를 **당기순이익과세**라고 한다. 신용협동조합 및 농업협동조합 등 특정 조합법인(조특 §72 ① 각 호)의 각 사업연도의 소득에 대한 법인세는 2020년 12월 31일 이전에 끝나는 사업연도까지 법인세법 규정(법세 §13, §55)에도 불구하고 해당 법인의 결산재무제표상 당기순이익[법인세 등을 공제하지 아니한 당기순이익을 말한다]에 기부금[해당 법인의 수익사업과 관련된 것만 해당)의 손금불산입액(법세 §24)과 기업업무추진비(해당 법인의 수익사업과 관련된 것만 해당)의 손금불산입액(법세 §25) 등 손금의 계산에 관한 법정 규정(법세령 §69)을 적용하여 계산한 금액을 합한 금액에 100분의 9[해당 금액이 20억원(2016년 12월 31일 이전에 조합법인 사이 합병하는 경우로서 합병에 따라 설립되거나 합병 후 존속하는 조합법인의 합병등기일이 속하는 사업연도와 그 다음 사업연도에 대하여는 40억원을 말함)을 초과하는 경우 그 초과분에 대하여서는 100분의 12]의 세율을 적용하여 과세한다(조특 §72 ① 본문). 다만, 해당 법인이 법정 절차(법세령 §69)에 따라 당기순이익과세를 포기한 경우에는 그 이후의 사업연도에 대하여 당기순이익과세를 하지 아니한다(조특 §72 ① 단서).

당기순이익 과세가 적용되는 조합법인의 범위는 다음과 같다(조특 §72 ① 각 호).

1. 신용협동조합법에 따라 설립된 신용협동조합 및 새마을금고법에 따라 설립된 새마을금고
2. 농업협동조합법에 따라 설립된 조합 및 조합공동사업법인
3. (삭제)
4. 수산업협동조합법에 따라 설립된 조합(어촌계를 포함) 및 조합공동사업법인
5. 중소기업협동조합법에 따라 설립된 협동조합·사업협동조합 및 협동조합연합회
6. 산림조합법에 따라 설립된 산림조합(산림계를 포함) 및 조합공동사업법인
7. 엽연초생산협동조합법에 따라 설립된 엽연초생산협동조합
8. 소비자생활협동조합법에 따라 설립된 소비자생활협동조합

수익사업에서 생기는 소득은 무엇을 의미하는가? 수익사업에서 생기는 소득은 다음 각 사업에서 생기는 소득을 의미한다(법세 §4 ③).

1. 제조업, 건설업, 도매 및 소매업 등 통계청장이 작성·고시하는 한국표준산업분류(통계 §22)에 따른 사업으로서 법정(법세령 §3 ①)의 사업
2. 이자소득(소세 §16 ①)
3. 배당소득(소세 §17 ①)
4. 주식·신주인수권 또는 출자지분의 양도로 인한 수입
5. 유형자산 및 무형자산의 처분으로 인한 수입. 다만, 고유목적사업에 직접 사용하는 자산의 처분으로 인한 법정의(법세령 §3 ②) 수입은 제외한다.
6. 법정 자산(소세 §94 ① 2호, 4호)의 양도로 인한 수입
7. 그 밖에 대가를 얻는 계속적 행위로 인한 수입에 해당하는 법정 채권매매익(법세령 §3 ③)

토지 등 양도소득

국가·지방자치단체(지방자치단체조합 포함)를 제외한 모든 법인(법인으로 보는 사단, 재단, 기타 단체를 포함)이 법정 토지 및 건물을 양도하는 경우에는 일반적인 법인세 외에 토지 등 양도소득에 대한 법인세(법세 §55의2, §95의2)를 추가하여 납부하여야 한다(법세 §4 ①, ④). 이 규정은 2001년 12월 31일 법 개정으로 종전의 특별부가세 제도가 폐지됨에 따라 부동산 투기의 재발방지 및 부동산가격의 안정을 목적으로 도입된 것이다.

투자 · 상생협력 촉진을 위한 과세특례 상 소득에 대한 법인세 납세의무

내국법인(영리내국법인에 한정)이 다음의 어느 하나에 해당하고, 투자 · 임금 등으로 환류하지 아니한 미환류소득(차기적립금과 이월된 초과환류액을 공제한 금액)이 있는 경우 해당 미환류소득에 20%를 곱하여 산출한 세액을 미환류소득에 대한 법인세로 하여 일반적인 법인세 외에 추가로 납부하여야 한다(조특 §100의32).

---

① 각 사업연도 종료일 현재 자기자본(재무상태표 상의 자산의 합계액에서 부채의 합계액을 공제한 금액)이 500억원을 초과하는 법인. 다만, 중소기업(조특령 §2), 비영리내국법인(법세 §2 2호) 및 유동화전문회사 등(법세 §51의2 각 호)은 제외한다.
② 각 사업연도 종료일 현재 상호출자제한기업집단(공정거래 §14 ①)에 속하는 법인

 ## 청산소득

내국법인이 해산(합병이나 분할에 의한 해산은 제외한 경우 해산에 의한 청산소득 금액은 그 법인의 해산에 의한 '잔여재산의 가액'에서 '해산등기일 현재의 자본금 또는 출자금과 잉여금의 합계액'인 '자기자본의 총액'을 공제한 금액으로 한다(법세 §79 ①, §77). 청산소득을 법인의 과세소득의 범위에 포함하는 이유는 다음과 같다. 첫째, 종전의 법인세 부과시 착오 또는 누락 등에 의하여 과세소득으로 포착되지 아니한 소득이 청산과정에서 상당히 보완될 수 있다. 둘째, 법인 순자산의 증가임은 분명하나 법인이 스스로 자산평가차익을 계상하지 않는 한 과세할 수 없었던 자산의 가치상승분 등이 잔여재산의 환가 과정에서 청산소득으로 실현할 수 있다. 즉, 청산소득에 대한 과세는 각 사업연도의 소득에 대한 과세가 지닌 불완전성을 보완하는 일종의 법인세 최종 정산 절차로서의 성격을 가진다. 다만 영리내국법인이라고 할지라도 법정 **조직변경의 경우**에는 청산소득에 대한 법인세를 과세하지 아니한다(법세 §78 : 법세령 §120의26).

법인이 설립무효 또는 설립취소의 소에 의하여 무효 또는 취소의 판결을 받은 경우에 그 무효 또는 취소의 판결에는 소급효가 없다. 즉 설립무효의 판결 또는 설립취소의 판결은 제3자에 대하여도 그 효력이 있다. 그러나 판결확정 전에 생긴 회사와 사원 및 제3자 사이의

권리의무에 영향을 미치지 아니한다(상법 §190). 따라서 이 경우에는 법인 해산의 경우에 준하여 청산하여야 한다.[129] 즉 법인이 무효 또는 취소의 판결을 받은 경우에도 판결확정 전에 발생한 소득 및 청산소득에 대하여 법인세 납세의무를 부담하여야 한다.

제5절　신탁소득

신탁재산에 귀속되는 소득에 대해서는 그 **신탁의 이익을 받을 수익자**가 그 신탁재산을 가진 것으로 보고 법인세법을 적용하나(법세 §5 ①), **다음 각 호의 어느 하나에 해당하는 신탁**으로서 **법정 요건**(법세령 §3의2 ①)**을 충족하는 신탁**(투자신탁(자본시장 §9 ⑱ 1호) 및 수익증권이 발행된 신탁(소세 §17 ① 5호의3)은 제외)의 경우에는 신탁재산에 귀속되는 소득에 대하여 그 신탁의 **수탁자**〔거주자(내국법인 또는 소득세법에 따른 거주자)인 경우에 한정〕가 법인세를 납부할 의무가 있다(법세 §5 ② 전단). 이 경우 **신탁재산별로 각각을 하나의 내국법인**으로 본다(법세 §5 ② 후단).

1. 목적신탁(신탁 §3 ① 각 호 외의 부분 단서)
2. 수익증권발행신탁(신탁 §78 ②)
3. 유한책임신탁(신탁 §114 ①)
4. 그 밖에 제1호부터 제3호까지의 규정에 따른 신탁과 유사한 신탁으로서 대통령령으로 정하는 신탁

법정 요건은 다음과 같다(법세령 §3의2 ①).

1. 수익자가 둘 이상일 것. 다만, 어느 하나의 수익자를 기준으로 법인세법 상 '경제적 연관관계 또는 경영지배관계 등 법정 관계(법세령 §2 ⑧)에 있는 자'(법세 §2 12호)이거나 소득세법 상 특수관계인(소세령 §98 ① ; 국기령 §1의2 ①, ②, ③ 1호)에 해당하는 자는 수익자 수를 계산할 때 포함하지 않는다.
2. '위탁자가 신탁을 해지할 수 있는 권리, 수익자를 지정하거나 변경할 수 있는 권리, 신탁 종료 후 잔여재산을 귀속 받을 권리를 보유하는 등 신탁재산을 실질적으로 지배·통제할 것'(법세령 §3의2 ② 1호)에 해당하지 않을 것

---

129) 이철송, 전게서, 152면.

다만 **수익자가 위탁자가 신탁재산을 실질적으로 통제하는 등 법정 요건**(법세령 §3의2 ②)을 **충족하는 신탁의 경우**에는 신탁재산에 귀속되는 소득에 대하여 그 신탁의 **위탁자가** 법인세를 납부할 의무가 있다(법세 §5 ③). **법정 요건**은 다음 각 호의 어느 하나에 해당하는 신탁을 말한다(법세령 §3의2 ②).

> 1. 위탁자가 신탁을 해지할 수 있는 권리, 수익자를 지정하거나 변경할 수 있는 권리, 신탁 종료 후 잔여재산을 귀속 받을 권리를 보유하는 등 신탁재산을 실질적으로 지배·통제할 것
> 2. 신탁재산 원본을 받을 권리에 대한 수익자는 위탁자로, 수익을 받을 권리에 대한 수익자는 위탁자의 지배주주 등(법세령 §43 ⑦)의 배우자 또는 같은 주소 또는 거소에서 생계를 같이 하는 직계존비속(배우자의 직계존비속을 포함)으로 설정했을 것

　한편 **법인세법은 신탁 및 신탁재산에 대하여 정의하지는 않는다.** 따라서 이는 민사법상 차용개념으로서 세법상 달리 해석하여야 할 규범적 당위가 존재하지 않는 한 신탁법, 신탁업법 또는 자본시장법에 따라서 해석하여야 한다.

제6절　사업연도

 사업연도의 의의 및 신고

　사업연도는 법령이나 법인의 정관 등에서 정하는 1회계기간으로 하나, 그 기간은 1년을 초과하지 못한다(법세 §6). 사업연도는 과세소득을 계산하는 기간적 단위를 의미하는바, 법인세법은 '사업연도', 소득세법은 '**과세기간**'이란 용어를 사용하고, 조세특례제한법은 법인의 사업연도와 개인의 과세기간을 총칭하여 '**과세연도**'라는 용어를 사용한다. 특정 법령에서 사업연도를 특별히 지정하는 경우에는 해당 법령 상 사업연도가 법인세법 상 사업연도가 된다. 예를 들어 은행업법 상 금융기관은 그 결산일을 12월 31일로 하며(은행 §41), 보험업법 상 보험회사도 매년 12월 31일(2013년 3월 31일 이전에는 3월 31일)에 장부를 폐쇄하고 재무제표를 제출하여야 한다(보험업 §118 ① : 보험업령 §61). 정관 등에서 사업연도를 명시한 경우에는 그 사업연도가 법인세법상 사업연도가 된다. **사업연도를 정하는 법령의 범위에 외국 법령 역시 포함되는가?**

우리 법령만을 의미하는 것으로 보아야 한다. 우리 법을 해석함에 있어서 외국법의 내용은 사실인정의 대상이 될 뿐이기 때문이다. 따라서 외국의 법령에는 사업연도에 관한 정함이 있지만 우리 법령에는 이에 관한 정함이 없다면 이는 법령에 사업연도에 대한 정함이 없는 경우로 보아야 한다. **'정관 등'이라는 문언을 사용하는 이유는 무엇인가?** 정관이 법인의 단체적 법률관계를 규정하는 자치법규로서 성문법에 대한 보충적 또는 변경적 효력을 갖는 규범에 해당한다면[130] 그 형식적 명칭에 구애되지 않는다는 의미에서 '정관 등'이라는 문언을 사용한 것으로 본다. **법인의 정관 등에서 1년을 초과하여 사업연도를 정한 경우에는 사업연도를 어떻게 결정하여야 하는가?** 법인이 정하는 1년 초과 사업연도를 1년의 사업연도와 이를 초과하는 사업연도로 구분하여 두 사업연도가 반복하여 진행되는 것으로 보아야 한다. 즉 1년의 사업연도, 초과기간 사업연도, 1년의 사업연도, 초과기간 사업연도의 순서로 반복하여 사업연도가 진행되는 것으로 보는 것이 타당하다. 이러한 해석은 사업연도의 의제에 관한 규정과 조화를 이루는 것이다(법세 §8).

　　법령 또는 법인의 정관 등에 사업연도가 규정되어 있지 않은 법인의 사업연도는 어떻게 결정되는가? 법령이나 정관 등에 사업연도에 관한 규정이 없는 내국법인은 따로 사업연도를 정하여 **법인 설립신고**(법세 §109 ①) 또는 **사업자등록**(법세 §111)과 함께 납세지 관할 세무서장(법세 §12)에게 사업연도를 **신고**하여야 한다(법세 §6 ②). 국내사업장(법세 §94)이 있는 외국법인으로서 법령이나 정관 등에 사업연도에 관한 규정이 없는 법인은 따로 사업연도를 정하여 국내**사업장 설치신고**(법세 §109 ②) 또는 **사업자등록**(법세 §111)과 함께 납세지 관할 세무서장에게 사업연도를 신고하여야 한다(법세 §6 ③). 국내사업장이 없는 외국법인으로서 국내원천 부동산소득(법세 §93 3호) 또는 국내원천 부동산등양도소득(법세 §93 7호)이 있는 법인은 따로 사업연도를 정하여 **그 소득이 최초로 발생하게 된 날부터 1개월 이내에** 납세지 관할 세무서장에게 사업연도를 신고하여야 한다(법세 §6 ④). **사업연도 신고의무가 있는 법인이 신고하지 않는 경우 사업연도는 어떻게 결정되는가?** 신고하여야 할 법인이 그 신고를 하지 아니하는 경우에는 매년 1월 1일부터 12월 31일까지를 그 법인의 사업연도로 한다(법세 §6 ⑤). **무신고라면 법인이 최초 사업연도를 개시한 경우에도 1월 1일부터 사업연도가 개시하는 것으로 보아야 하는가?** 이 경우에는 **최초 사업연도 개시일부터 12월 31일까지**를 해당 법인의 최초 사업연도로 보아야 한다. 법인세법은 최초 사업연도 개시일에 대하여 법률 단계에서 직접 규정하지 않고 시행령 단계에서 비로소 구체적으로 규정하나, 법인세법은 '**법령**이나 정관 등에 사업연도에 관한 규정이 없는 경우'

---

130) 이철송, 전게서, 100면.

및 '국내사업장이 없는 경우'에 대하여 사업연도를 적용함에 있어서 '법인의 최초 사업연도의 개시일 등'에 대한 정함이 적용된다고 규정한다(법세 §6 ⑥). 이 규정에 따르면, 위 경우에도 **최초 사업연도 개시일**에 대한 정함이 적용되어야 하기 때문이다. 사업에 대한 경제적 실질이 개시되지 않았음에도 불구하고 인위적으로 사업연도를 의제할 수는 없다는 점 역시 고려하여야 하기 때문이다. **신고기한을 도과하여 신고한 경우에는 사업연도를 어떻게 결정하여야 하는가?** 최초 사업연도의 경우 신고기한을 도과하여 신고하였다면 이를 무신고한 경우로 보아 해당 연도 12월 31일까지를 최초 사업연도로, 다음 해 1월 1일부터 신고 상 사업연도 개시일까지를 별도의 사업연도로 각 결정한 후에는 신고한 바에 따라 사업연도를 결정하는 것이 타당하다. **법령 및 정관 등에 사업연도에 대한 규정이 있음에도 불구하고 이와 달리 사업연도를 신고한 경우 사업연도는 어떻게 결정되어야 하는가?** 법령에 반하는 신고의 효력을 인정할 수는 없고 그렇게 해석하여야 할 규범적 당위 역시 없다. 정관이 법인의 자치법규로서의 법적 성질을 갖는다는 점을 감안한다면 정관 등에 반하는 내용의 신고 역시 동일하게 해석하여야 할 것이지만 법인세법이 사업연도의 변경 제도(법세 §7)를 두고 있으므로 해당 요건에 따라 판정하여야 한다. 즉 사업연도 변경 요건을 충족한 경우에는 이에 따라 사업연도가 변경되지만 그렇지 않은 경우에는 그 신고의 효력이 없는 것으로 보아야 한다. 이와 다른 입장을 취하는 행정해석 등은 정관의 자치법규성 및 사업연도 변경 제도를 둔 취지에 어긋난 것으로 본다.

최초 사업연도 개시일에 대하여 살핀다. **내국법인**의 최초 사업연도 개시일은 설립등기일을 최초 사업연도의 개시일로 한다(법세령 §4 ① 1호). 사업연도 결정의 명확성을 확보하기 위하여, 사업의 실질적 개시 여부 또는 사업의 실질적 귀속과 상관없이 설립등기일을 기준으로 사업연도를 정한 것으로 본다. 다만 **법인으로 보는 단체**(법세 §2 2호 다목)의 경우에는, 법령에 의하여 설립된 단체에 있어서 당해 법령에 설립일이 정하여진 경우에는 그 설립일, 설립에 관하여 주무관청의 허가 또는 인가를 요하는 단체와 법령에 의하여 주무관청에 등록한 단체의 경우에는 그 허가일·인가일 또는 등록일, 공익을 목적으로 출연된 기본재산이 있는 재단으로서 등기되지 아니한 단체에 있어서는 그 기본재산의 출연을 받은 날 및 납세지 관할 세무서장의 승인을 얻은 단체(국기 §13 ②)의 경우에는 그 승인일을 각 최초 사업연도의 개시일로 한다(법세령 §4 ① 1호 단서). **외국법인**의 경우에는 국내사업장(법세 §94)을 가지게 된 날(국내사업장이 없는 경우에는 국내원천 부동산소득(법세 §93 3호) 또는 국내원천 부동산등양도소득(법세 §93 7호)이 최초로 발생한 날)을 최초 사업연도의 개시일로 한다(법세령 §4 ① 2호).

법인의 설립 이전에 지출원인이 발생한 경우에도 손금에 산입될 수 있는가? 법인의 설립

전에 지출원인이 발생한 비용이라도 그 법인의 설립목적과 설립 후의 영업 내용 등에 비추어 법인세법 상 손비의 요건(법세 §19 ②)을 갖추었다고 인정되는 경우에는 특별한 사정이 없는 한 그 법인에 귀속되는 손비로 보아야 한다.[131]

  사업연도 개시일 이전에 손익이 발생하였으나 그 손익이 해당 법인에 사실상 귀속되는 경우 해당 손익은 어느 사업연도에 발생한 것으로 보아야 하는가? 최초 사업연도의 개시일 전에 생긴 손익을 사실상 그 법인에 귀속시킨 것이 있는 경우 조세포탈의 우려가 없을 때에는 최초 사업연도의 기간이 1년을 초과하지 아니하는 범위 내에서 이를 당해 법인의 최초 사업연도 의 손익에 산입할 수 있고, 이 경우 최초 사업연도의 개시일은 당해 법인에 귀속시킨 손익이 최초로 발생한 날로 한다(법세령 §4 ②). 이 규정은 사업연도를 객관적 기준에 따라 결정하는 법률 단계의 기본 원칙에 대한 예외에 해당하는 것이므로 문언에 따라 엄격하게 해석되어야 하며 이를 시행령 단계가 아닌 법률 단계에서 규정하는 것이 타당하다.

  '사실상 법인에 귀속시킨 것이 있는 경우 조세포탈의 우려가 없을 때'라는 문언을 어떻게 해석하여야 하는가? 해당 법인의 설립을 위한 권리의무 관계로서 그 설립 중 법인에 총유적으로 귀속될 수 있는 경우를 의미한다고 보아야 한다. 즉 설립 중 법인에 귀속되는 것으로서 법인이 설립된 경우 특별한 이전행위를 요하지 않고 해당 법인에 귀속될 수 있는 것으로 한정되어야 한다. 따라서 발기인 등 개인의 행위 또는 발기인 등이 다수인 경우 그 상호 간 약정으로 인하여 취득하거나 부담하는 권리의무 관계는 이에 해당되지 않는 것으로 보아야 한다.[132]

Ⅱ 사업연도의 변경

  사업연도를 변경하려는 법인은 그 법인의 직전 사업연도 종료일부터 3개월 이내에 법정절차 (법세령 §5)에 따라 사업연도변경신고서(법세칙 §82 ⑦ 1호)를 납세지 관할 세무서장에게 제출(국세 정보통신망에 의한 제출을 포함)하여 신고하여야 한다(법세 §7 ①). **법령에 사업연도가 정하여진 경우에도 사업연도를 변경할 수 있는가?** 법령에 반하는 신고의 효력을 인정할 수는 없고 그렇게 해석하여야 할 규범적 당위 역시 없으므로, 정관 등에 사업연도가 정하여진 경우 및 신고에 의하여 사업연도가 정하진 경우에 한하여 사업연도를 변경할 수 있는 것으로 해석하여 야 한다. **법인이 직전 사업연도 종료일부터 3개월이 경과된 이후에 사업연도 변경신고를**

---

131) 대법원 2013.9.26. 2011두12917
132) 이철송, 전게서, 229면~237면 참조

한 경우 사업연도는 어떻게 결정되는가? 이 경우에는 그 법인의 사업연도는 변경되지 아니한 것으로 본다(법세 §7 ② 본문). 다만, 법령에 따라 사업연도가 정하여지는 법인의 경우 관련 법령의 개정에 따라 사업연도가 변경된 경우에는 신고를 하지 아니한 경우에도 그 법령의 개정 내용과 같이 사업연도가 변경된 것으로 본다(법세 §7 ② 단서). **사업연도를 변경하는 법령의 범위에 외국 법령 역시 포함되는가?** 우리 법령만을 의미하는 것으로 보아야 한다. 우리 법을 해석함에 있어서 외국법의 내용은 사실인정의 대상이 될 뿐이기 때문이다. 따라서 외국의 법령의 사업연도에 관한 규정이 변경된 경우는 법령에 따른 사업연도의 변경에 포함될 수 없다. **사업연도가 종료되기 이전에 사업연도를 변경할 수 있는가?** 법문은 명백히 사업연도 종료일로부터 3개월 이내에 법정절차에 따라 사업연도의 변경을 신고할 수 있다고 규정하므로, 그 종료일 이전에 변경신고를 할 수는 없는 것으로 보아야 하고, 법문언과 달리 이를 인정하여야 할 규범적 당위 역시 없다. 변경된 사업연도가 경과되기 이전에 다시 사업연도 변경 신고를 하였다고 하더라도 이 역시 효력이 없는 것으로 보아야 한다. **사업연도가 종료되기 이전에 법인의 사업연도에 관한 정관 자체가 변경된 경우에는 그 효력발생시점은 언제인가?** 이 경우에는 사업연도의 의제에 관한 규정(법세 §8)을 준용하여 사업연도를 결정하는 것이 타당하다. 즉 정관 변경시점까지의 기간과 그 이후 변경된 사업연도 개시일 전까지 기간을 별도의 사업연도로 보아야 한다. **종전 사업연도와 변경된 사업연도 개시일 사이의 기간은 어떻게 취급되는가?** 사업연도가 변경된 경우에는 종전의 사업연도 개시일부터 변경된 사업연도 개시일 전날까지의 기간을 1사업연도로 하나, 그 기간이 1개월 미만인 경우에는 변경된 사업연도에 그 기간을 포함한다(법세 §7 ③). 1개월 미만의 기간이 사업연도에 포함된다면 그 사업연도의 개시일은 포함되는 기간의 초일이 되어야 한다. **사업연도가 의제되는 경우에도 1개월 미만의 사업연도가 변경된 사업연도에 포함되는가?** 법문이 사업연도가 변경되는 경우로 한정하여 규정하고 있다는 점, 위 규정은 사업연도의 기간을 요건으로 하는 중간예납 규정(법세 §63) 등에도 영향을 미치는 것이므로 이를 확대하여 적용하는 것에는 신중하여야 한다는 점 및 사업연도는 1년을 초과하지 못한다(법세 §6)는 규정이 존재한다는 점에 비추어 보면 특별한 규정이 없는 한 사업연도의 변경에 관한 규정이 다른 경우에 적용될 수는 없다. 따라서 사업연도가 의제되는 경우에는 위 규정이 적용될 수는 없다.

Ⅲ 사업연도의 의제

내국법인에 해산·합병 및 분할, 사업연도 중 연결납세방식의 적용 또는 외국법인의 국내사업장 상실 등과 같은 특수한 사정이 발생하는 때에 해당 사유발생일을 기준으로 사업연도를 별도로 정하는 것을 **사업연도의 의제**라고 한다.

등기일을 기준으로 사업연도를 의제하는 경우에 해당 등기가 효력이 없는 것이라면 그 사업연도를 어떻게 결정하여야 하는가? 해당 등기 효력의 상실이 소급효를 갖는다면 해당 등기뿐만 아니라 해당 등기에 터잡은 다른 등기의 효력 역시 그 효력이 상실되는 것으로 보아 종전 사업연도가 그대로 적용되는 것으로 보아야 하고, 그 효력의 상실이 소급효를 갖지 않고 장래효만 갖는다면 해당 등기일을 기준으로 한 사업연도가 유지되어야 한다.

내국법인이 **해산**하는 경우에 대하여 본다. 내국법인이 사업연도 중에 해산(합병 또는 분할에 따른 해산과 조직변경(법세 §78)은 제외)한 경우에는 '그 사업연도 개시일부터 해산등기일(파산으로 인하여 해산한 경우에는 파산등기일을 말하며, 법인으로 보는 단체의 경우에는 해산일을 말함)까지의 기간'과 '해산등기일 다음 날부터 그 사업연도 종료일까지의 기간'을 각 구분되는 1사업연도로 본다(법세 §8 ①). **파산등기일을 해산등기일로 의제하는 이유는 무엇인가?** 회사가 해산된 때에는 '합병과 파산의 경우 외에는' 그 해산사유가 있은 날로부터 일정 기간 내에 해산등기를 하여야 하고(상법 §228), 청산인은 '파산의 경우를 제하고는' 해산등기하여야 한다(민법 §85). 즉 파산의 경우에는 해산등기를 하지 않고, 별도의 파산등기를 하여야 한다(채무회생 §23). 따라서 파산등기일을 해산등기일과 구분하여 의제하는 것이다. **휴면회사로서 해산이 의제된 경우에는 사업연도를 어떻게 의제하여야 하는가?** 법원행정처장이 최후의 등기 후 5년을 경과한 회사는 본점의 소재지를 관할하는 법원에 아직 영업을 폐지하지 아니하였다는 뜻의 신고를 할 것을 관보로써 공고한 경우에, 그 공고한 날에 이미 최후의 등기 후 5년을 경과한 회사로써 공고한 날로부터 2월 이내에 법정절차(상법령 §28)에 의하여 신고를 하지 아니한 때에는 그 회사는 그 신고기간이 만료된 때에 해산한 것으로 본다(상법 §520의2). 이를 휴면회사의 해산의제라고 한다. 이 경우에는 신고기간 만료일을 해산등기일로 보아야 하는지 여부가 쟁점이 된다. 이를 긍정하는 견해가 있을 수 있지만, 휴면회사로서 해산이 의제되는 경우에는 등기관이 직권으로 해산등기를 하여야 하므로(상업등기 §73 ①), 해산등기일을 기준으로 사업연도를 의제하는 것이 타당하다. **법인의 설립에 대한 무효 또는 취소판결이 확정된 경우에는 사업연도를 어떻게 의제하여야 하는가?** 특별법에 의한 법인, 상사법인 또는 민사법인 모두 그 설립이 무효 또는 취소되는 경우에는 이를 등기하여야 한다(법인등기 §3 ; 법인등기칙 §3). 회사의 경우에도 설립무효의 판결 또는 설립취소의 판결이 확정된 때에는 본점과 지점의 소재지에서 등기하여야 한다고 규정한다(상법 §192). 따라서 설립에 대한 무효 또는 취소가 확정되는 경우에도 그 효력이 소급하는 것은 아니므로 해산의 경우에 준하여 청산하는 것이 타당하다는 점.[133] 설립의 무효 또는 취소판결의 확정일이 공시되는 것은 아니라는 점 및 해산등기일에 대응되는 날을 설립의 무효 또는 취소 등기일로 보는 것이 절차의 명확성의 관점에서 타당하다는 점에 감안할 때 그 등기일을 기준으로 사업연도를 의제하는 것이 타당하다. 이와 다른 입장을 취하는 기본통칙(법세통칙 8-0··2)이 있으나 위 근거에 비추어 볼 때 타당하지 않다고 판단한다. **법인의 단순한 휴·폐업 또는 수익사업의 변경 및 중단은 법이 정하는 해산등기가 이루어지지 않는 한 사업연도 의제사유에 해당하지 않아서 종전 사업연도 규정이 적용된다. 다만 비영리법인의 해산으로 인하여 수익사업이 다른 비영리법인에게 승계되는 경우에는 종전 법인의 해산등기일을 기준으로 사업연도를 의제하여야 한다.** 비영리법인의 해산으로 인하여 수익사업이 다른 비영리법인에게 승계되는 경우는 '조직변경'에 해당하지 않기 때문이다.

파산해지의 경우 즉 파산취소·파산폐지 또는 파산종결의 결정이 있는 경우에도 사업연도는 의제되는가? 파산절차가 종료하는 것을 총칭하여 파산의 해지라고 하며 이는 파산의 종결, 파산취소 및 파산폐지로 구분된다.[134] 파산취소·파산폐지 또는 파산종결의 결정이 있는 경우에는 법원사무관 등은 직권으로 지체 없이 등기소에 그 등기를 촉탁하여야 한다(채무회생 §23 ①). 청산목적의 달성에 의하여 파산절차가 종료되는 경우 즉 최후의 배당에 의하여 파산절차가 종결되는 경우 잔여재산이 존재하지 않는다면 청산중의 법인은 최종적으로 소멸하나 잔여재산이 존재하면 법인의 경우 다시 잔여재산 분배를 위한 청산을 하거나 법인의 계속이 가능하다.[135] 파산절차에서 채무자회생절차로 이전하는 경우 역시 파산종결의 경우에 포함할 수 있는바, 이 경우 회생개시결정이 있으면 파산절차가 중지되고 회생인가결정이 있으면 파산절차가 종결되며 인가에 이르지 않고 회생절차가 종료되면 중지된 파산절차가 속행된다.[136] 파산취소의 경우에는 그 결정이 확정되면 파산선고가 없는 것이 되고 파산절차개시에 수반한 제반효과는 소급하여 소멸한다.[137] 파산폐지의 경우에는 그 결정이 확정되면 채무자가 파산재단의

---

133) 상게서, 156면.
134) 노영보, 도산법 강의, 박영사, 2018, 455면.
135) 상게서.
136) 상게서, 459면~460면.

관리처분권을 회복하고 파산재단에 관한 소송의 당사자적격을 회복하나, 이미 진행된 절차의 효과는 지속하고 관재인이 유효하게 한 행위의 효력이 실효하는 것은 아니다. 동의폐지의 경우에는 법인계속의 절차를 밟아 해산 전의 상태로 복귀하거나(채무회생 §540) 비용부족에 의한 이시폐지의 경우 잔여재산이 있다면 해산에 의한 청산절차가 진행된다.[138]

파산취소의 경우에는 법인세법이 사업연도의 의제사유로 규정하는 파산등기일이 소급적으로 존재하지 않은 것으로 보아야 하므로 종전 파산등기일에 기반하여 의제된 사업연도의 효과 역시 소급하여 소멸하는 것으로 보아야 한다. **파산폐지의 경우**에는 그 폐지 이후 진행되는 절차에 따라 법인계속 또는 청산중 법인에 관한 사업연도 의제규정 및 사업연도에 관한 일반규정이 적용되어야 한다. **파산종결의 경우**에도 그 종결 이후 진행되는 절차에 따라 청산 중 법인에 관한 사업연도 의제규정 및 사업연도에 관한 일반규정이 적용되어야 한다.

내국법인이 **합병** 또는 **분할**하는 경우에 대하여 본다. 내국법인이 사업연도 중에 합병 또는 분할에 따라 해산한 경우에는 그 사업연도 개시일부터 합병등기일 또는 분할등기일까지의 기간을 그 해산한 법인의 1사업연도로 본다(법세 §8 ②). 합병 또는 분할 후에도 존속하는 법인에 대하여서는 그 변경등기일을, 합병 또는 분할로 설립되는 법인의 경우에는 그 설립등기일을 기준으로 사업연도를 의제한다(법세령 §6). 이는 시행령 단계가 아니라 법률 단계에서 규정하는 것이 타당하다. 동일한 쟁점에 대한 구체적인 내용을 시행령이 규정하는 것이 아니라 법률상 쟁점과 구분되는 별도의 내용에 대하여 시행령이 새롭게 규정하기 때문이다.

내국법인이 **청산 중 법인의 사업을 계속하는 경우**에 대하여 본다. 청산 중인 내국법인의 잔여재산가액이 사업연도 중에 확정된 경우에는 '그 사업연도 개시일부터 잔여재산가액 확정일까지의 기간'을, 사업을 계속하는 경우(상법 §229, 285, 287의40, 519, 610)에는 '그 사업연도 개시일부터 계속등기일(계속등기를 하지 아니한 경우에는 사실상의 사업 계속일)까지의 기간' 및 '계속등기일 다음 날부터 그 사업연도 종료일까지의 기간'을 각 1사업연도로 본다(법세 §8 ④). 따라서 '해산등기일 다음 날부터 그 사업연도 종료일까지의 기간' 중에 잔여재산가액이 확정된 경우에는 사업연도가 다시 '해산등기일 다음 날부터 잔여재산가액 확정일까지의 기간' 및 '잔여재산가액 확정일 다음 날부터 그 사업연도 종료일까지의 기간'으로 구분된다. **잔여재산가액 확정일**은 '해산등기일 현재의 잔여재산의 추심 또는 환가처분을 완료한 날' 또는 '해산등기일 현재의 잔여재산을 그대로 분배하는 경우에는 그 분배를 완료한 날'을 의미한다(법세령 §123 ③).

---

137) 상게서, 456면.
138) 상게서, 459면.

내국법인이 **연결납세방식**을 적용받는 경우에 대하여 본다. 내국법인이 사업연도 중에 연결납세방식을 적용받는 경우에는 그 사업연도 개시일부터 연결사업연도 개시일 전날까지의 기간을 1사업연도로 본다(법세 §8 ⑤). 다른 내국법인을 연결지배하는 내국법인인 연결가능모법인(비영리법인 등 법정 법인(법세령 §120의12)은 제외)과 그 다른 내국법인인 연결가능자법인(청산중인 법인 등 법정 법인(법세령 §120의12)은 제외)은 법정절차(법세령 §120의13)에 따라 연결가능모법인의 납세지 관할 지방국세청장의 승인을 받아 연결납세방식을 적용할 수 있고, 연결가능자법인이 둘 이상일 때에는 해당 법인 모두가 연결납세방식을 적용하여야 한다(법세 §76의8 ①).

외국법인이 **국내사업장을 가지지 않게 된 경우**에 대하여 본다. 국내사업장이 있는 외국법인이 사업연도 중에 그 국내사업장을 가지지 아니하게 된 경우에는 그 사업연도 개시일부터 그 사업장을 가지지 아니하게 된 날까지의 기간을 1사업연도로 보나, 국내에 다른 사업장을 계속하여 가지고 있는 경우에는 그러하지 아니하다(법세 §8 ⑥). 법이 '사업장을 가지지 아니하게 된 날'이라는 문언을 사용하였으므로 이는 등기 또는 신고 여부와 상관없이 그 사실관계에 따라 해당 일자를 확정하여야 한다.

국내사업장이 없는 외국법인의 **국내원천 부동산소득 또는 부동산등양도소득이 발생하지 않게 된 경우**에 대하여 본다. 국내사업장이 없는 외국법인이 사업연도 중에 국내원천 부동산소득(법세 §93 3호) 또는 국내원천 부동산등양도소득(법세 §93 7호)이 발생하지 아니하게 되어 납세지 관할 세무서장에게 그 사실을 신고한 경우에는 '그 사업연도 개시일부터 신고일까지의 기간'을 1사업연도로 본다(법세 §8 ⑦). 법이 '소득이 발생하지 아니하게 된 날'이라는 문언을 사용하였으므로 이는 등기 또는 신고 여부와 상관없이 그 사실관계에 따라 해당 일자를 확정하여야 한다.

내국법인이 **조직변경**을 한 경우에 대하여 본다. 내국법인이 사업연도 중에 조직변경(법세 §78 각 호)을 한 경우에는 조직변경 전의 사업연도가 계속되는 것으로 본다(법세 §8 ③). 조직변경하는 경우는 '상법에 따라 조직변경하는 경우', '특별법에 따라 설립된 법인이 그 특별법의 개정이나 폐지로 인하여 상법에 따른 회사로 조직변경하는 경우', '변호사법에 따라 법무법인이 법무법인(유한)으로 조직변경하는 경우', '관세사법에 따라 관세사법인이 관세법인으로 조직변경하는 경우', '변리사법에 따라 특허법인이 특허법인(유한)으로 조직변경하는 경우', '협동조합 기본법 제60조의 2 제1항에 따라 법인 등이 협동조합으로 조직변경하는 경우' 및 '지방공기업법 제80조에 따라 지방공사가 지방공단으로 조직변경하거나 지방공단이 지방공사로 조직변경하는 경우'를 의미한다(법세 §78 각 호 ; 법세령 §120의26). 조직변경 사유는 한정적인 것으로 보아야 한다. 이 규정이 사업연도를 결정하는 원칙에 대한 예외로서 사업연도를 별도로 의제하는 것이기 때문이다.

납세지의 결정기준

내국법인의 법인세 납세지에 대하여 본다. 내국법인의 법인세 납세지는 그 법인의 등기부에 따른 본점이나 주사무소의 소재지(국내에 본점 또는 주사무소가 있지 아니하는 경우에는 사업을 실질적으로 관리하는 장소의 소재지)로 한다(법세 §9 ① 본문). 다만, 법인으로 보는 단체의 경우에는 당해 단체의 사업장 소재지를 납세지로 하고, 주된 소득이 부동산임대소득인 단체의 경우에는 그 부동산의 소재지를 납세장소로 한다. 이 경우 2 이상의 사업장 또는 부동산을 가지고 있는 단체의 경우에는 주된 사업장 또는 주된 부동산의 소재지를 납세지로 하며, 사업장이 없는 단체의 경우에는 당해 단체의 정관 등에 기재된 주사무소의 소재지(정관 등에 주사무소에 관한 규정이 없는 단체의 경우에는 그 대표자 또는 관리인의 주소)를 납세지로 한다(법세 §9 ① 단서 ; 법세령 §7 ①). 주된 사업장 또는 주된 부동산의 소재지는 직전사업연도의 사업수입금액(법세 §11 1호)이 가장 많은 사업장 또는 부동산의 소재지를 의미한다(법세령 §7 ②).

외국법인의 법인세 납세지에 대하여 본다. 외국법인의 법인세 납세지는 국내사업장의 소재지로 하나, 국내사업장이 없는 외국법인으로서 국내원천 부동산소득(법세 §93 3호) 또는 국내원천 부동산등양도소득(법세 §93 7호)이 있는 외국법인의 경우에는 각 그 자산의 소재지를 납세지로 한다(법세 §9 ②). 둘 이상의 국내사업장이 있는 외국법인에 대하여는 직전사업연도의 사업수입금액(법세 §11 1호)이 가장 많은 사업장의 소재지를 납세지로 하고(법세 §9 ③ ; 법세령 §7 ②), 이 경우 주된 사업장 소재지의 판정은 최초로 납세지를 정하는 경우에만 적용한다(법세령 §7 ③). 직전사업연도의 사업수입금액이 없거나 동일한 경우 납세지는 어떻게 결정하는가? 이에 대한 결정기준은 규정되어 있지 않다. 한편 주된 사업장을 정할 수 없는 경우에는 납세지를 관할하는 지방국세청장(법세 §12) 또는 국세청장이 납세지를 지정할 수 있다(법세령 §8 ① 3호). 그러나 이 경우에 대하여서는 '외국법인에 대한 납세자의 지정이 이루어지기 이전에 둘 이상의 자산이 있는 경우'를 준용하여 외국법인이 신고하는 장소를 납세지로 하는 것이 타당하다. 주된 사업장 소재지의 판정은 최초로 납세지를 정하는 경우에만 적용되는바, '당해 사업연도의 아직 확정되지 않은 수입금액'을 대체기준으로 보아 납세지를 정하는 것보다는 납세자의 의사를 존중하는 것이 타당하기 때문이다. 또한 준용할 수 있는 규정이 있는 이상, 이를 '주된 사업장을 정할 수 없는 경우'로 보는 것 역시 타당하지 않기 때문이다. 한편 **둘 이상의 자산이 있는 외국법인**에 대하여는 국내원천소득이 발생하는 장소 중 당해 외국법인이 납세지로 신고하는 장소를 납세지로 한다(법세 §9 ③ ; 법세령 §7 ④). 이 경우 그 신고는 2 이상의 국내원천소득이 발생하게 된 날부터 1월 이내에 납세지 신고서(법세칙 §82)에 의하여 납세지 관할 세무서장에게 하여야 한다(법세령 §7 ④). 건설업 등을 영위하는 외국법인의 국내사업장이 영해에 소재하는 이유 등으로 국내사업장을 납세지로 하는 것이 곤란한 경우에는 국내의 등기부상 소재지를 납세지로 하나, 등기부상 소재지가 없으면 국내에서 그 사업에 관한 업무를 총괄하는 장소를 납세지로 한다(법세령 §7 ⑤). 건설업 영위 외국법인에 대한 특례는 시행령이 아닌 법률 단계에서 규정하는 것이 타당하다. 위임의 근거가 불명확하기 때문이다.

원천징수대상 법인세의 납세지에 대하여 본다. 이자소득이나 집합투자기구로부터의 이익 중 투자신탁의 이익을 지급하는 자(법세 §73), 원천징수대상채권 등을 타인에게 매도하는 내국법인(법세 §73의2), 국내사업장이 없는 외국법인에게 국내원천소득 중 원천징수대상 소득을 지급하는 자(법세 §98), 외국법인에게 채권 등의 이자 등을 지급하는 자(법세 §98의3), 조세회피지역에 소재하는 외국법인에게 원천징수대상 소득을 지급하는 자(법세 §98의5), 국내원천소득을 실질적으로 귀속받는 외국법인이 조세조약에 따른 제한세율을 적용받으려는 경우 그 소득의 지급자(법세 §98의6) 또는 외국법인(또는 국외투자기구)이 국내원천소득을 외국인 통합계좌를 통하여 지급받는 경우 그 지급자(법세 §98의8)가 원천징수한 법인세의 납세지는 **법정 원천징수의무자의 소재지**(법세령 §7 ⑥)로 한다(법세 §9 ④). 법정 원천징수의무자의 소재지는 다음과 같다. 원천징수의무자가 **거주자 개인**인 경우에는 그 거주자의 주된 사업장 소재지를 의미하나, 주된 사업장 외의 사업장에서 원천징수를 하는 경우에는 그 사업장의 소재지, 사업장이 없는 경우에는 그 거주자의 주소지 또는 거소지를 그 소재지로 한다(법세령 §7 ⑥ 1호 ; 소세 §7 ① 1호). 원천징수의무자가 **비거주자 개인**인 경우에는 그 비거주자의 주된 국내사업장 소재지를 의미하나, 주된 국내사업장 외의 국내사업장에서 원천징수를 하는 경우에는 그 국내사업장의 소재지, 국내사업장이 없는 경우에는 그 비거주자의 거류지 또는 체류지를 그 소재지로 한다(법세령 §7 ⑥ 1호 ; 소세 §7 ① 2호). 원천징수의무자가 **법인**인 경우에는 해당 법인의 본점 등(본점·주사무소 또는 국내에 본점이나 주사무소가 소재하지 않다면 사업의 실질적 관리장소의 소재지)을 의미하나, 법인으로 보는 단체의 경우에는 내국법인인 법인으로 보는 단체의 납세지(법세령 §7 ①)를 그 소재지로 보고, 외국법인의 경우에는 해당 법인의 주된 국내사업장의 소재지를 의미한다(법세령 §7 ⑥ 2호 가목). 법인의 지점·영업소 또는 그 밖의 사업장이 독립채산제에 의해 독자적으로 회계사무를 처리하는 경우에는 그 사업장의 소재지(그 사업장의 소재지가 국외에 있는 경우는 제외). 다만, 법인이 지점·영업소 또는 그 밖의 사업장에서 지급하는 소득에 대한 원천징수세액을 본점 등에서 전자계산조직 등에 의해 일괄계산하는 경우로서 본점 등의 관할 세무서장에게 신고하거나 부가가치세법상 사업자단위로 관할 세무서장에게 등록한 경우(부가세 §8 ③, ④)에는 해당 법인의 본점 등의 소재지를 의미한다(법세령 §7 ⑥ 2호 나목). 법인의 본점 등에서의 원천징수세액의 일괄납부 신고를 하려는 법인은 원천징수세액을 일괄납부하려는 달의 말일부터 1개월 전까지 원천징수세액 본점일괄납부신고서를 본점 관할 세무서장에게 제출하여야 한다(법세령 §7 ⑧ ; 법세칙 §2의3, §82 ⑥ 2호의2). 다만 **외국법인에 대한 원천징수 또는 징수의 특례**(법세 §98) 및 **외국법인의 원천징수대상채권 등에 대한 원천징수의 특례**(법세 §98의3)에 따른 원천징수의무자가 국내에 그 소재지를 가지지 아니하는 경우에는 해당 유가증권을 발행한 내국법인 또는 외국법인의 국내사업장의 소재지(국내원천 부동산주식 등양도소득(법세 §93 7호 나목) 및 국내원천 유가증권양도소득(법세령 §132 ⑧)이 있는 경우) 또는 국세청장이 지정하는 장소를 그 납세지로 한다(법세 §9 ④ ; 법세령 §7 ⑦). 현재 국세청장이 지정하는 장소는 정하여지지 않았다.

납세지 결정기준의 충족 여부에 관한 판정은 어느 시점을 기준으로 하여야 하는가? 납세지는 과세관할과 밀접하게 연관되어 있고 납세지를 관할하는 세무서장 또는 지방국세청장에게 과세관할이 있다(법세 §12). 과세관할을 갖는 세무서장 또는 지방국세청장에 의하여 조세채무가 확정되고, 그 확정된 조세채무의 납부 및 징수 역시 해당 과세관할과 관련된다. 따라서 '조세채무가 확정'된 이후 '조세채무가 소멸'할 때까지의 전 과정에 납세지 관할 세무서장 또는 지방국세청장이 관여한다. 그렇다면 최초의 납세지 역시 과세관할의 관여가 시작되는 최초시점인 조세채무의 확정시점을 기준으로 결정하는 것이 타당하다. 즉 조세채무의 신고시점, 과세관할에 의한 결정 및 경정시점 및 원천징수세액의 확정시점을 기준으로 최초의 납세지를 결정하는 것이 타당하다. 향후 각 과세관할의 관여시점을 기준으로 납세지가 변경될 수 있음은 물론이다.

Ⅱ 납세지의 지정

납세지를 관할하는 지방국세청장(법세 §12)은 납세지가 그 법인의 납세지로 적당하지 아니하다고 인정되는 **법정사유**(법세령 §8 ①)가 있는 경우에는 납세지 결정기준과 달리 그 납세지를 지정할 수 있다(법세 §10 ①). 법정사유는 '내국법인의 본점 등의 소재지가 등기된 주소와 동일하지 아니한 경우', '내국법인의 본점 등의 소재지가 자산 또는 사업장과 분리되어 있어 조세포탈의 우려가 있다고 인정되는 경우', '둘 이상의 국내사업장을 가지고 있는 외국법인의 경우로서 주된 사업장의 소재지를 판정(법세령 §7 ③)할 수 없는 경우' 및 '국내사업장이 없는 외국법인으로서 국내원천 부동산소득(법세 §93 3호) 또는 국내원천 부동산등양도소득(법세 §93 7호)이 발생하는 둘 이상의 자산이 있는 외국법인의 경우(법세 §9 ② 단서)로서 납세지에 대한 신고(법세령 §7 ④)를 하지 않은 경우'를 말한다. **새로이 지정될 납세지가 그 관할을 달리하는 경우**에는 **국세청장**이 그 납세지를 지정할 수 있다(법세령 §8 ②). 관할 지방국세청장이나 국세청장이 납세지를 지정한 경우에는 **법정절차**(법세령 §8 ③)에 따라 해당 법인에 이를 알려야 한다(법세 §10 ②). 즉 해당 법인의 당해 사업연도 종료일부터 45일 이내에 납세지의 지정통지를 하여야 한다. 납세지의 지정통지를 기한 내에 하지 아니한 경우에는 종전의 납세지를 그 법인의 납세지로 한다(법세령 §8 ④).

한편 납세지의 지정 없이 구 납세지를 관할하는 세무서장이 행한 법인세 등 부과처분은 위법하다.[139]

Ⅲ 납세지의 변경

법인은 납세지가 변경된 경우에는 그 변경된 날부터 15일 이내에 납세지변경신고서(법세칙 §82)를 변경 후의 납세지 관할 세무서장에게 제출(국세정보통신망에 의한 제출을 포함)하여 이를 신고하여야 하고, 이 경우 납세지가 변경된 법인이 부가가치세법상 사업자등록이 변경된 사실을 신고한 경우(부가세 §8)에는 납세지 변경신고를 한 것으로 본다(법세 §11 ① : 법세령 §9 ②). 납세지의 변경신고를 받은 세무서장은 그 신고받은 내용을 변경 전의 납세지 관할 세무서장에게 통보하여야 한다(법세령 §9 ②). 위 신고를 하지 아니한 경우에는 종전의 납세지를 그 법인의 납세지로 한다(법세 §11 ②). 납세지가 변경된 법인이 위 신고기한을 경과하여 변경신고를 한 경우에는 변경신고를 한 날부터 그 변경된 납세지를 당해 법인의 납세지로 한다(법세칙 §3). **납세자는 임의로 납세지를 변경할 수 있는가?** 납세지의 변경은 납세지가 지정되는 경우 외에 납세지의 결정기준에 따른 사실관계가 변경된 경우에 그 신고를 통하여 변경을 허용하는 제도로 보는 것이 타당하고, 이와 달리 납세자가 그 결정기준과 무관하게 납세지를 변경할 수 있는 것은 아니라고 본다. 따라서 변경된 납세지 역시 납세지 결정기준에 부합하는 장소이어야 한다.

---

139) 대법원 1983.9.27. 83누300.

외국법인이 납세지를 국내에 가지지 아니하게 된 경우에는 그 사실을 납세지 관할 세무서장에게 신고하여야 한다(법세 §11 ③).

법인이 사업연도 중에 합병 또는 분할로 인하여 소멸한 경우 피합병법인·분할법인 또는 소멸한 분할합병의 상대방법인의 각 사업연도의 소득(합병 또는 분할에 따른 양도손익을 포함)에 대한 법인세 납세지는 합병법인·분할신설법인 또는 분할합병의 상대방법인의 납세지(분할의 경우에는 승계한 자산가액이 가장 많은 법인의 납세지)로 할 수 있고, 이 경우 납세지의 변경신고(법세 §11 ①)를 하여야 한다(법세령 §9 ③).

제8절   과세관할

납세지는 납세자가 법인세에 관한 신고·신청이나 납부 등 각종의 행위를 하는 대상을 정하고 과세관청이 납세자에 대하여 경정·결정 등의 구체적 처분을 하는 관할세무관서를 정하는 기준이 되는 장소를 말한다. 법인세의 경우 이러한 납세지를 관할하는 세무서장 또는 지방국세청장이 과세한다(법세 §12). 즉 법인세 과세관할은 납세지를 관할하는 세무서장 또는 지방국세청장에게 있다. 납세자는 해당 과세관할에 대하여 신고·신청이나 납부 등 각종의 행위를 하고 과세관할은 납세자에 대하여 경정·결정 등 구체적 처분을 할 권한을 갖는다.

법인세는 판례는 **과세관할을 위반한 경우 그 과세처분은 위법하다**고 판시한다. 즉 법인이 납세지 변경신고를 하였으나 종전의 납세지에서 과세하는 것이 적당하다고 인정될 때에는 납세지 지정절차를 거쳐야 하고 이러한 납세지 지정절차 없이 종전의 납세지를 관할하는 세무서장이 과세한 경우에는 그 같은 과세처분은 관할없는 세무서장이 한 처분으로서 위법하다.[140] 또한 소득금액변동통지를 납세지 관할 세무서장 또는 관할 지방국세청장이 아닌 다른 세무서장 또는 지방국세청장이 하였다면 이는 관할 없는 과세관청의 통지로서 흠이 있는 통지에 해당한다.[141]

과세관할을 위반한 하자는 무효사유에 해당하는가? 판례는 관할위반의 하자가 중대한 것이나 그 하자가 일견하여 객관적으로 명백한 것이라고 할 수 없는 경우에는 당연무효사유는 아니라고 판시한다. 즉 납세지를 관할하는 세무서장이 아닌 다른 세무서장의 소득세 부과·징수

---

140) 대법원 1982.9.14. 80누127.
141) 대법원 2015.1.29. 2013두4118.

처분은 관할 없는 과세관청의 처분으로서 위법하고 그 하자가 중대하다고 할 것이나, 납세자가 주민등록을 빈번히 이전·말소한 경위, 세무서장이 처분에 이르기까지 그 주소를 확인한 과정과 관련 규정들의 취지에 비추어 그 하자가 일견하여 객관적으로 명백한 것이라고 할 수 없는 경우에는 당연무효사유는 아니다.[142] 과세관청이 증여세과세처분 당시 납세자의 주소지나 거소지를 관할하는 세무서는 아니지만, 증여세 결정 전 통지서가 송달될 당시에는 납세자의 주소지를 관할하고 있었고, 과세처분 납세고지서가 납세자에게 송달되어 납세자가 증여세를 그 납부기한 안에 납부하였으며, 과세처분 당시 3개월마다 갱신되는 전산자료를 행정자치부로부터 받아 납세자의 주소지를 확인하고 있던 과세당국으로서는 과세처분 납세고지서가 납세자에게 송달될 때 납세자의 주민등록 변경사항을 전산자료를 통하여 확인할 수 없었던 점 등에 비추어 보면, 납세자의 주소지를 관할하지 아니하는 세무서장이 한 증여세부과처분이 위법하나 그 흠이 객관적으로 명백하여 당연무효라고 볼 수는 없다.[143]

다만 **과세관할을 위반한 신고는 그 효력에 영향이 없다.** 즉 과세표준신고서는 신고 당시 해당 국세의 납세지를 관할하는 세무서장에게 제출하여야 하지만(전자신고를 하는 경우에는 지방국세청장이나 국세청장에게 제출할 수 있음), 과세표준신고서가 관할 세무서장 외의 세무서장에게 제출된 경우에도 그 신고의 효력에는 영향이 없다(국기 §43). 이 경우 관할 세무서장 외의 세무서장에게 제출되는 과세표준신고서에 대하여서는 관할 세무서를 밝혀 그 세무서장에게 제출하도록 하여야 하고, 해당 과세표준신고서를 접수한 후 소관이 아님을 알게 되었을 때에는 그 신고서를 관할 세무서장에게 지체 없이 송부하고, 그 뜻을 적은 문서로 해당 납세자에게 통지하여야 한다(국기령 §24).

---

142) 대법원 2001.6.1. 99다1260.
143) 대법원 2003.1.10. 2002다61897.

제 **2** 편

내국법인 과세소득에 대한 법인세

제1장 영리내국법인의 각 사업연도 소득에 대한 법인세

제2장 법인과세 신탁재산의 각 사업연도의 소득에 대한 법인세 과세특례

제2장의 2 연결사업연도의 소득에 대한 법인세 과세특례

제3장 내국영리법인의 청산소득에 대한 법인세

제4장 비영리내국법인의 소득에 대한 법인세

제5장 조세특례제한법 상 동업기업 과세특례

제6장 보칙

제7장 벌칙

법인세법 상 납세의무자의 관점에서 내국법인은 영리내국법인과 비영리내국법인으로 구분된다. 영리내국법인의 신고·납부와 관련하여 다음과 같은 특례가 있다. 법인격이 없는 신탁을 법인으로 취급하여 과세하는 법인과세신탁의 특례 및 다수의 영리내국법인들을 하나의 영리내국법인으로 보아 신고·납부할 수 있는 연결납세의 특례가 있다. 한편 상법에 따른 합명회사 또는 합자회사 등이 동업기업과세특례(조특 §100의15 ①)를 신청하여 법인 단계가 아니라 그 구성원 단계에서 납세의무를 부담할 수도 있다(조특 §100의18). 법인세법 상 과세소득은 법인세법 상 납세의무자가 그 납세의무를 부담하는 소득의 범위를 의미한다. 영리내국법인의 과세소득은 '각 사업연도의 소득', '청산소득' 및 '토지 등 양도소득(법세 §55의2)'이다(법세 §4 ①). 또한 '투자·상생협력 촉진을 위한 과세특례에 따라 계산한 소득(조특 §100의32)'이 있다. 비영리내국법인의 과세소득은 '각 사업연도의 소득' 및 '토지 등 양도소득(법세 §55의2)'이고(법세 §4 ① 단서), 비영리내국법인의 청산소득은 과세소득이 아니다.

이하 영리내국법인의 각 사업연도 소득에 대한 법인세, 법인과세 신탁재산의 각 사업연도의 소득에 대한 법인세, 각 연결사업연도의 소득에 대한 법인세, 영리내국법인의 청산소득에 대한 법인세, 비영리내국법인의 각 사업연도 소득에 대한 법인세, 조세특례제한법 상 동업기업 과세특례에 따른 법인세 및 보칙의 순서로 살핀다. '토지 등 양도소득(법세 §55의2)' 및 '투자·상생협력 촉진을 위한 과세특례에 따라 계산한 소득(조특 §100의32)'은 영리내국법인 소득금액 계산의 특례 부분에서 살핀다.

제1장

영리내국법인의 각 사업연도 소득에 대한 법인세

제1절 과세표준과 그 계산

제1관 과세표준 개관

내국법인의 각 사업연도의 과세표준은 각 사업연도에 대한 과세표준, 각 연결사업연도 소득에 대한 과세표준 및 청산소득에 대한 과세표준으로 구분된다. 각 사업연도에 대한 과세표준은 각 사업연도의 소득금액에서 이월결손금, 비과세소득 및 소득공제를 공제한 금액으로 결정한다(법세 §13 ①). **각 연결사업연도 소득에 대한 과세표준**은 각 연결사업연도 소득의 범위에서 각 연결사업연도의 개시일 전 15년 이내에 개시한 연결사업연도의 결손금, 각 연결법인의 비과세소득의 합계액 및 각 연결법인의 소득공제액의 합계액을 차례로 공제한 금액으로 결정한다(법세 §76의13 ①). **청산소득에 대한 과세표준**은 법인의 해산에 의한 잔여재산의 가액에서 해산등기일 현재의 자본금 또는 출자금과 잉여금의 합계액을 공제한 청산소득 금액 자체로 결정한다(법세 §77, §79).

외국법인의 각 사업연도 과세표준은 '국내사업장을 가진 외국법인과 국내원천 부동산소득(법세 §93 3호)이 있는 외국법인의 경우'와 '기타 외국법인의 경우'로 구분하여 계산되며, 전자의 경우에는 국내원천소득의 총합계액(원천징수되는 국내원천소득 금액(법세 §98 ①, §98의3, §98의5, §98의6)은 제외에서 결손금, 비과세소득 및 선박이나 항공기의 외국 항행으로 인하여 발생하는 소득을 차감하여, 후자의 경우에는 소득구분에 따른 각 국내원천소득(법세 §93 각 호)의 금액 자체를 각 사업연도의 소득에 대한 법인세의 과세표준으로 결정한다(법세 §91).

외국법인의 각 사업연도 과세표준은 본서의 범위에서 제외되며, 국제조세 관련 도서에서 별도로 다루기로 한다.

내국법인의 각 사업연도의 과세표준 계산에 대한 특례 역시 규정되어 있다. 기능통화를 도입한 법인의 과세표준 계산 특례(법세 §53의2), 해외사업장의 과세표준 계산 특례(법세 §53의3), 조합법인의 과세표준 계산 특례(조특 §72), 및 해운기업의 과세표준 계산 특례(조특 §104의10 ①), 가 이에 해당한다.

각 사업연도 소득금액과 과세표준을 구분하여 계산하는 이유는 무엇인가? 내국법인의 각 사업연도의 소득은 그 사업연도에 속하는 익금의 총액에서 그 사업연도에 속하는 손금의 총액을 뺀 금액으로 한다(법세 §14 ①). 내국법인의 각 사업연도의 결손금은 그 사업연도에 속하는 손금의 총액이 그 사업연도에 속하는 익금의 총액을 초과하는 경우에 그 초과하는 금액으로 한다(법세 §14 ②). 익금은 원칙적으로 순자산을 증가시키는 거래로 인하여 발생하는 수익(이익 또는 수입)(법세 §15 ①)을, 손금은 순자산을 감소시키는 거래로 인하여 발생하는 손비(손실 또는 비용)(법세 §19 ①)를 의미한다. 익금 또는 손금은 각 거래의 구성요소에 해당하고, 하나의 거래에는 익금 및 손금이 모두 포함될 수 있다. 소득은 익금에서 손금을 차감하여 계산한다. 소득은 하나의 거래를 단위로 하거나 다수의 거래를 단위로 계산할 수 있다. 즉 소득은 동일한 성질을 갖는 거래뿐만 아니라 각 성질이 다른 여러 거래를 단위로 계산할 수도 있다. 각 사업연도 소득금액은 익금 또는 손금의 성질을 묻지 않고 동일한 사업연도를 단위로 계산한 소득을 의미한다. 각 사업연도 소득금액은 그 사업연도에 속하는 익금의 총액에서 손금의 총액을 차감하여 계산하므로, 개별 거래에서 발생한 익금과 손금을 해당 거래 단위로 상계하지 않고서 각 구분하여 별개의 항목으로 기록하여야 한다. 즉 법인세법은 각 사업연도 소득금액의 계산 이전에는 법인세법 및 조세특례제한법이 상정하는 익금 또는 손금 단위로 각 총액을 계산할 것을 요구하고 있다. 따라서 법인세법 및 조세특례제한법이 기업회계기준 상 손익과 달리 익금 또는 손금을 정의하기 위하여서는 '소득 단위'가 아닌 '익금 또는 손금 단위'에서 조정을 하여야 한다. 이러한 세무조정을 익금산입 · 불산입 및 손금산입 · 불산입이라 고 한다. 그런데 법인세법 및 조세특례제한법이 '개별 또는 특정 거래 단위' 및 '사업연도 단위'의 '소득'에 대하여 조정할 필요가 있는 경우 역시 있다. 익금의 총액에서 손금의 총액을 공제하기 이전(각 사업연도 소득금액을 계산하기 이전)에는 특정 거래 단위 또는 사업연도 단위의 소득이 계산되지 않는다. 따라서 이러한 조정은 각 사업연도 소득금액에 대하여 조정할 수밖에 없다. 각 사업연도 소득금액을 사업연도 단위별로 익금의 총액에서 손금의 총액을 공제하는 방법으로 계산한다고 하더라도 그 중 '개별 또는 특정 거래 단위'의 소득을 구분하여 별도로 계산할 수 있음은 물론이다. '각 사업연도 단위'의 소득금액에 대한 조정으로서는 이월결손금 공제가 있다. 각 사업연도 소득금액 중 '개별 또는 특정 거래 단위'의 소득에 대한 조정으로서는 비과세소득과 소득공제가 있다. 각 사업연도 단위의 소득금액에 대한 조정이 다른 조정에 비하여 우선하여 적용되는 것이 타당하다. 소득의 종류를 묻지 않고 공제되는 것이 납세자에게 유리하기 때문이다. 또한 이월결손금 공제는 사업연도를 단위로 하는 것이므로 각 사업연도를 넘어 소급공제하거나 이월공제할 수 있는 것을 전제로 한다. 소급공제 또는 이월공제를 어느 범위에서 어느 방식으로 허용할지 여부는 조세정책 상 결단에 관한 것이다. 비과세소득이 소득공제에 비하여 우선 적용되는 것이 타당하다. 비과세소득은 소득의 계산에 의하여 공제요건을 충족하지만 소득공제의 경우에는 소득계산 이외의 별도의 공제요건을 다시 충족하여야 하기 때문이다. 비과세소득이나 소득공제액은 특정 사업연도 소득금액 중 일부의 공제에 관한 것이므로 해당 사업연도의 소득금액을 넘어서 공제하는 것을 전제로 하지 않는다. 따라서 소급공제 또는 이월공제를 상정할 수 없다. 각 사업연도별로 별도의 과세가 이루어진다는 점, 비과세소득이나 소득공제액은 특정 사업연도의 특정 소득을 전제로 하는바 이에 대하여 소급공제 또는 이월공제를 허용한다면 손익의 귀속시기에 관한 규정이 심각하게 훼손된다는 점 및 비과세소득이나 소득공제액이 각 사업연도 소득금액을 초과하는 경우 이월공제 등을 허용한다면 이들을 손금과 동일하게 보아 추가적인 결손금을 인정하는 것과 동일한 결과에 이르게 되나 비과세소득이나 소득공제액을 손금으로 보는 규정이 없을 뿐만 아니라 그 당위성 역시 없다는 점을 감안하여야 하기 때문이다. 만약 비과세소득이나 소득공제액에 대하여 이월공제 등을 허용할 필요가 있다면 그 항목들을 별도의 손금 항목으로 규정하면 될 것이므로 이를 허용할 규범적 실익 역시 없다. 이상의 각 사정을 감안하여, 법인세법 은 각 사업연도 소득금액과 구분되는 과세표준이라는 개념을 설정하고 이를 각 사업연도 소득금액에서 이월결손금, 비과세소득 및 소득공제액을 순차적으로 공제한 금액으로 정의한다 (법세 §13). 각 사업연도 소득금액 계산 이후 소득금액에 대하여 증액조정할 수는 없는가? 조세법률주의에 비추어 보면 각 사업연도 소득금액 계산 이후 '소득금액'을 대상으로 감액조정하는 경우와 증액조정하는 경우를 동일하게 취급할 수는 없다. 조세법률주의에 따르면 '납세자의 행위 또는 거래 등을 내용으로 하는 과세요건'을 미리 명확하게 규정한 법률을 통하여 납세의무를 창설하거나 가중할 수 있다. 소득금액 자체는 납세자인 법인의 행위 또는 거래 등에 해당하지 않고 단지 그 행위 또는 거래 등의 '결과'만을 정리하는 계산작업에 불과하여서, 이를 증액한다고 하더라도 그 증액된 금액이 납세자의 어느 행위 또는 거래 등에 귀속되는 것인지 여부를 특정할 수 없다. 또한 납세자는 소득금액이 얼마로 산정될지 여부를 미리 알 수도 없으며 이를 직접 통제할 수도 없다. 따라서 소득금액의 계산 이후 그 소득금액을 증액하여 납세의무를 가중시키는 내용의 세법은 '납세자가 준수 여부를 통제할 수 있는 행위 또는 거래 등에 기반한 과세요건'을 특정하거나 미리 규정하지 않은 과세를 내용으로 하는 것으로서 조세법률주의에 반한다. 소득금액을 결과적으로 증액할 필요가 있는 경우에는 '납세자가 미리 알 수 있고 통제할 수 있는 익금산입 또는 손금불산입 요건'을 법정하는 방법을 통하여 그 결과에 이르러야 한다. 그러나 조세법률주의는 납세의무를 경감하거나 제거하는 국면에 대하여서는 적용되지 않는다. 따라서 조세정책 상 필요 등에 따라 각 사업연도 소득금액 계산 이후 '소득금액'을 대상으로 감액조정하는 것은 가능하다.

이하 내국법인 각 사업연도 소득에 대한 과세표준 및 이에 대한 특례의 순서로 살핀다.

제2관 **내국법인 각 사업연도 소득에 대한 과세표준**

 과세표준 계산구조

내국법인의 각 사업연도의 소득에 대한 법인세의 **과세표준**은 각 사업연도의 소득의 범위에서 다음 각 호의 금액과 소득을 **차례로 공제**한 금액으로 한다. 다만, 이월결손금 공제는 각 사업연도 소득의 100분의 60(**중소기업**(조특 §5 ①)과 **회생계획을 이행 중인 기업 등 법정 법인**(법세령 §10)의 경우는 100분의 100)을 한도로 한다(법세 §13 ①). 이하 각 항목들이 해당 순서에 따라 공제되는 것임에 유의하여야 한다.

1. 이월결손금(법세 §14 ③) 중 다음 각 목의 요건을 모두 갖춘 금액
   가. 각 사업연도의 개시일 전 15년 이내에 개시한 사업연도에서 발생한 결손금일 것
   나. 신고(법세 §60)하거나 결정·경정(법세 §66)되거나 수정신고(국기 §45)한 과세표준에 포함된 결손금일 것
2. 법인세법과 다른 법률에 따른 비과세소득
3. 법인세법과 다른 법률에 따른 소득공제액

이월결손금은 어떻게 정의되는가? 내국법인의 각 사업연도의 결손금은 그 사업연도에 속하는 손금의 총액이 그 사업연도에 속하는 익금의 총액을 초과하는 경우에 그 초과하는

금액이다(법세 §14 ②). 내국법인의 이월결손금은 각 사업연도의 개시일 전 발생한 각 사업연도의 결손금으로서 그 후의 각 사업연도의 과세표준을 계산할 때 공제되지 아니한 금액이다(법세 §14 ③). '익금의 총액' 및 '손금의 총액'에 대하여서는 내국법인의 각 사업연도 소득 부분에서 살핀다.

비과세소득과 소득공제액 역시 이월하여 공제할 수 있는가? 과세표준을 계산할 때 '해당 사업연도의 과세표준을 계산할 때 공제되지 아니한 비과세소득 및 소득공제액' 및 '최저한세(조특 §132)의 적용으로 인하여 공제되지 아니한 소득공제액'은 해당 사업연도의 **다음 사업연도 이후로 이월하여 공제할 수 없다**(법세 §13 ②).

회생계획을 이행 중인 기업 등 법정 법인은 다음 중 어느 하나에 해당하는 법인을 말한다(법세령 §10 ①).

---

1. 법원이 인가결정한 회생계획(채무회생 §245)을 이행 중인 법인
2. 기업개선계획의 이행을 위한 약정을 체결하고 기업개선계획(구조조정 §14 ①)을 이행 중인 법인
3. 해당 법인의 채권을 보유하고 있는 금융회사 등(금융실명 §2 1호)과 경영정상화계획의 이행을 위한 협약을 체결하고 경영정상화계획을 이행 중인 법인
4. 채권, 부동산 또는 그 밖의 재산권 등 유동화자산을 기초로 자본시장과 금융투자업에 관한 법률에 따른 증권을 발행하거나 자금을 차입하는 유동화거래를 할 목적으로 설립된 법인으로서 다음 각 목의 요건을 모두 갖춘 법인
   가. 상법 또는 그 밖의 법률에 따른 주식회사 또는 유한회사일 것
   나. 한시적으로 설립된 법인으로서 상근하는 임원 또는 직원을 두지 아니할 것
   다. 정관 등에서 법인의 업무를 유동화거래에 필요한 업무로 한정하고 유동화거래에서 예정하지 아니한 합병, 청산 또는 해산이 금지될 것
   라. 유동화거래를 위한 회사의 자산 관리 및 운영을 위하여 업무위탁계약 및 자산관리위탁계약이 체결될 것
   마. 2015년 12월 31일까지 유동화자산의 취득을 완료하였을 것
5. 유동화전문회사 등에 대한 소득공제가 적용되는 내국법인(법세 §51의2 ① 각 호)
6. 사업재편계획 승인(기업활력 §10)을 받은 법인

비영리 내국법인의 경우에도 위 내국법인의 과세표준에 관한 규정이 적용되는가? 비영리 내국법인의 과세표준 계산에 대하여 별도로 규정하지는 않는다. 법문이 내국법인의 과세표준 계산에 대하여 규정하므로 비영리 내국법인의 경우에도 위 규정이 적용된다. 다만 비영리

내국법인의 각 사업연도 소득에 대하여 별도의 규정(법세 §4 ③)이 적용되고, 비영리 내국법인의 경우에는 수익사업(법세 §4 ③)에서 생긴 소득과 결손금을 그 대상으로 하여 이월결손금 공제 규정이 적용된다(법세칙 §4 ①). 비영리 내국법인의 이월결손금 공제에 관한 내용은 시행규칙 단계에서 규정할 내용이 아니다. 법률 단계에서 비영리법인의 각 사업연도 소득에 대한 과세표준의 계산방법에 대하여 명확하게 규정하는 것이 타당하다.

이상의 논의를 종합하면, 내국법인의 각 사업연도의 과세표준은 각 사업연도의 소득금액에서 이월결손금, 비과세소득 및 소득공제를 차례로 공제한 금액으로 결정되는바, 내국법인의 각 사업연도 소득금액에 대하여서는 항을 바꾸어 후술하기로 하고, 이하 이월결손금, 비과세소득 및 소득공제의 순서로 살핀다.

1. 이월결손금의 공제

결손금 공제 제도는 해당 결손금을 과거 사업연도의 소득금액에서 공제할 수 있는 결손금 소급공제 제도가 있고, 향후 사업연도의 소득금액에서 공제할 수 있는 결손금 이월공제 제도가 있다. 결손금 공제 제도는 법인 사업자의 경제적 성과에 대한 측정결과인 과세표준을 평준화하기 위한 장치(an averaging device)로서 그 과세표준이 심하게 변동하는 것으로 인하여 발생하는 문제점을 개선하기 위한 것이다.[1] 과세표준의 변동성이 심하게 측정될 경우에는 해당 법인의 경제적 실질에 부합하지 않은 평가를 할 위험이 있으며, 해당 법인의 자금지출 및 자금조달 등 의사결정에도 어려움을 초래할 가능성이 크고, 나아가 조세부담 역시 심하게 변동되어 자금흐름에 불확실성을 야기할 수 있기 때문에 결손금 공제 제도를 인정하는 것이다. 미국 대법원 판례 역시[2] 결손금 공제 제도를 다음과 같이 설명한다. "결손금 공제 제도는 납세자가 성과가 빈약한 사업연도와 성과가 풍성한 사업연도를 통산하는 것을 허용하는 것으로서 하나의 사업연도를 넘어선 기간에 걸쳐서 평균적인 과세표준을 구하는 것과 비슷한 성격을 갖는다." 따라서 결손금 공제 제도는 법인 사업자에게 별도의 특혜를 부여하는 것은 아니라, 과세표준이 해당 법인의 경제적 실질에 따라 적정하게 표현되도록 하기 위한 것이다.

내국법인의 과세표준을 계산함에 있어서 **각 사업연도의 개시일 전 15년 이내에 개시한 사업연도에서 발생한 결손금으로서, 신고**(법세 §60)**하거나 결정 · 경정**(법세 §66)**되거나 수정신고**

---

1) Stephen Schwarz · Daniel J. Lathrope · Brant J. Hellwig, Fundamentals of Business Enterprise Taxation, 6th Ed., Foundation Press, at 955.
2) United States v. Foster Lumber Co., 429 U.S. 32, 97 S. Ct. 204 (1976).

(국기 §45)한 과세표준에 포함된 **결손금**은 각 사업연도 소득금액에서 **공제된다**(법세 §13 ①
1호). 이를 통상 **이월결손금 공제**라고 한다. 한편 결손금의 소급공제(법세 §72)를 인정하는
경우 역시 있다. 결손금의 소급공제에 대하여서는 세액의 징수 및 환급 등 부분에서 살핀다.[3]
이하 이월결손금의 공제를 중심으로 살핀다.

　　법인세법 상 이월결손금과 재무제표 상 이월결손금은 동일한가? 먼저 **상법 상 결손금과
재무제표 상 결손금이 동일한 것인지 여부에 대하여 본다.** 상법은 결손금 처리계산서를 회사의
재무제표 중 하나로 규정하나(법세령 §16 ①), 결손금 자체에 대하여 정의하지는 않는다. 다만
상법이 대차대조표 및 손익계산서를 재무제표로 규정하고(상법 §447), 회사의 회계는 상법,
회계처리기준(외감법 §5 ①) 및 공기업·준정부기관의 회계 원칙(공공기관법 §39 ③) 등이 먼저
적용되며 그 이외의 사항에 대하여서는 일반적으로 공정하고 타당한 회계관행에 따른다고
규정한다(상법 §446의2). 따라서 재무제표 상 회계처리기준에 따른 결손금과 상법 상 결손금은
별도의 특별한 규정이 없는 한 원칙적으로 동일한 것으로 보아야 한다. 그러나 상법에 따르면
자본금 및 법정준비금을 감소시키면서 결손을 보전할 수 있다(상법 §438 ①, §460). 임의준비금을
이입하여 결손금과 상계하는 것 역시 가능하나, 이는 상법 상 결손의 보전에 해당하지는
않는다. 따라서 당초 재무제표 상 결손금은 상법 상 결손의 보전 또는 임의준비금의 이입으로
인하여 상법 상 결손금과 달라질 수 있다. **재무제표 상 이월결손금과 법인세법 상 이월결손금이
동일한 것인지 여부에 대하여 본다.** 법인세법 상 결손금은 각 사업연도에 속하는 손금의
총액이 그 사업연도에 속하는 익금의 총액을 초과하는 경우에 그 초과하는 금액으로 하고(법세
§14 ②), 이월결손금은 각 사업연도의 개시일 전 발생한 각 사업연도의 결손금으로서 그 후의
각 사업연도의 과세표준을 계산할 때 공제되지 아니한 금액으로 한다(법세 §14 ③). 따라서
법인세법 상 결손금은 재무제표 상 비용이 수익을 초과하는 경우에 발생하는 결손금과 동일한
계산구조를 가진다. 그러나 법인세법 상 '익금의 총액' 및 '손금의 총액'이 재무제표 상 '수익'
및 '비용'과 동일한 것은 아니며, 법인세법이 상법 상 결손의 보전 또는 임의준비금의 이입을
통하여 결손금이 감소되는 것을 인정하고 있지 않으며 오히려 법인세법 상 이월결손금이
공제된 것으로 간주하는 별도의 규정(법세령 §10 ③)을 두고 있다는 점을 감안한다면 재무제표
상 이월결손금과 법인세법 상 이월결손금은 그 계산구조 상 유사하거나 동일한 것은 아니라고
보아야 한다.

---

3) 같은 장 제4절 제2관 Ⅱ 참조.

'신고(법세 §60)하거나 결정·경정(법세 §66)되거나 수정신고(국기 §45)한 과세표준에 포함된 결손금'이 의미하는 바는 무엇인가? 신고, 결정·결정 및 수정신고는 법인세법 상 정당한 세액을 결정하기 위한 절차들이다. 따라서 '신고하거나 결정·경정되거나 수정신고한 과세표준에 포함된 결손금'은 법인세법 상 인정되는 범위의 결손금으로서 과세표준에 포함된 것을 의미하고, 이러한 의미에서 재무제표 상 결손금과는 구분된다. 기한 후 신고(국기 §45의3)에는 조세채무 확정의 효력이 없다는 점을 감안하면 별도로 언급할 필요가 없다.[4] **납세자의 경정 등의 청구절차(국기 §45의2)를 통하여 확인되는 결손금 역시 공제할 수 있는 것으로 보아야** 한다. 그 이유는 다음과 같다. 첫째, 경정 등 청구 이전에 신고, 결정·결정 및 수정신고된 과세표준에 포함되지 않았다는 이유로 이월결손금의 공제를 사유로 하는 경정 등 청구를 무력화하는 것은 타당하지 않고 이를 정당화할 규범적 정당성이 없다. 둘째, 경정 등 청구의 요건인 '과세표준신고서 등에 기재된 결손금액 또는 환급세액(각 세법에 따라 결정 또는 경정이 있는 경우에는 해당 결정 또는 경정 후의 결손금액 또는 환급세액을 말함)이 세법에 따라 신고하여야 할 결손금액 또는 환급세액에 미치지 못할 때'에는 당초 과세표준신고서에 결손금이 기재되지 않았으나 세법 상 결손금이 존재하는 경우 역시 포함된다. 셋째, '신고 등을 한 과세표준에 포함된 결손금'을 신고 등 당시 '현실적으로 기재된 결손금'으로 해석하기보다는 '당초 신고 등 행위를 할 당시 과세표준에 법인세법 상 포함할 수 있었거나 포함하여야 할 결손금'으로서 조세채무와 확정과 관련하여 과세관청에 현출된 것으로 이해하는 것이 보다 합리적이다.

'신고(법세 §60)하거나 결정·경정(법세 §66)되거나 수정신고(국기 §45)한 과세표준에 포함된 결손금'을 과세표준의 계산 상 공제한다는 규정은 법률 제9898호로 일부 개정되어 2010. 1. 1. 시행된 법인세법에 의하여 도입된 것인바, **개정 법인세법이 시행된 2010. 1. 1. 이후 최초로 과세표준을 신고한 사업연도에 발생한 결손금 등에 대하여 과세관청의 결손금 감액경정이 있는 경우 해당 결손금 감액경정이 항고소송의 대상인 처분에 해당하는가?** 구 법인세법(2009. 12. 31. 법률 제9898호로 개정되기 전의 것) 제13조는 "내국법인의 각 사업연도의 소득에 대한 법인세의 과세표준은 각 사업연도의 소득의 범위 안에서 다음 각 호의 규정에 의한 금액과 소득을 순차로 공제한 금액으로 한다."라고 규정하면서, 제1호에서 '각 사업연도의 개시일 전 10년 이내에 개시한 사업연도에서 발생한 결손금으로서 그 후 각 사업연도의 과세표준

---

4) 2019년 12월 31일자 국세기본법 개정을 통하여 기한후과세표준신고서를 제출한 자 역시 경정청구를 할 수 있으나 이는 과세관청이 결정을 통하여 조세채무를 확정하여 줄 것을 신청한 것에 지나지 않는 것으로 보아야 한다 : 이준봉, 조세법총론 제7판, 삼일인포마인, 2021, 제3편 제2장 제2절 Ⅲ 2 참조.

계산에 있어서 공제되지 아니한 금액'을 이월결손금으로 공제한다고 규정하고 있었다. 개정 법인세법이 시행된 2010. 1. 1. 이후 최초로 과세표준을 신고한 사업연도에 발생한 결손금 등에 대하여 과세관청의 결손금 감액경정이 있는 경우, 특별한 사정이 없는 한 납세의무자로서는 결손금 감액경정 통지가 이루어진 단계에서 그 적법성을 다투지 않는 이상 이후 사업연도 법인세의 이월결손금 공제와 관련하여 종전의 결손금 감액경정이 잘못되었다거나 과세관청이 경정한 결손금 외에 공제될 수 있는 이월결손금이 있다는 주장을 할 수 없다고 보아야 할 것이므로, 이러한 과세관청의 결손금 감액경정은 이후 사업연도의 이월결손금 공제와 관련하여 법인세 납세의무자인 법인의 납세의무에 직접 영향을 미치는 과세관청의 행위로서, 항고소송의 대상이 되는 행정처분이라고 봄이 타당하다.[5]

이월결손금의 공제 여부를 납세자가 선택할 수 있는가? 법인세법은 내국법인의 각 사업연도의 소득에 대한 법인세의 과세표준은 각 사업연도의 소득의 범위에서 이월결손금, 비과세소득 및 소득공제금액을 차례로 공제하여 계산한다고 규정한다(법세 §13 ①). 즉 납세자의 선택 여부와 무관하게 이월결손금을 공제하여 과세표준을 계산한다. 따라서 이월결손금 공제 요건을 충족하는 경우에는 이는 과세표준 계산 시 당연히 공제되어야 하며 이를 전제로 과세관청은 결정·경정하고 납세자는 신고, 수정신고 및 경정청구를 할 수 있다. 납세자가 임의로 이월결손금의 공제 여부를 선택하도록 한다면 납세자는 세액감면 및 세액공제 등 조세혜택이 가장 적은 사업연도에 대하여 집중적으로 이월결손금을 공제하는 등 방법을 취하여 법인세 부담을 자의적으로 조정할 수 있다. 따라서 이월결손금의 공제순서가 정하여져야 한다. 또한 이월결손금의 공제 여부를 선택할 수 없다면 해당 사업연도에 이월결손금을 하지 않았다는 사유 역시 경정청구사유에 해당한다고 보아야 한다.

각 사업연도의 개시일 전 15년 이내에 개시한 사업연도에서 발생한 결손금 중 그 공제하는 순서는 어떻게 정하여지는가? 이월결손금을 공제할 때에는 먼저 발생한 사업연도의 결손금부터 차례대로 공제한다(법세령 §10 ②). **이월결손금은 항상 15년 이내에 개시한 사업연도에서 발생한 것에 한하여 공제될 수 있는가?** 결손금의 **발생시점에 관계 없이** 세무상 누적된 이월결손금 전체에 대하여 **공제를 허용하는 규정 역시 있다.** 그 예는 다음과 같다. 자산수증이익 및 채무면제 익 중 이월결손금 보전에 충당한 익금불산입 금액(법세 §18 6호 ; 법세령 §16 1호), 청산소득 금액 계산시 이월결손금(법세 §79 ④), 회생계획인가 등의 결정을 받은 법인 또는 사업재편계획을 이행 중인 법인 등의 채무면제익 익금불산입 과세특례(조특 §44, §121의29), 농업협동조합중앙회

5) 대법원 2020.7.9. 2017두63788.

등에 대한 고유목적사업준비금의 손금산입특례(조특 §74 ②: 조특령 §70 ②), 사업재편계획에 따른 채무의 인수·변제에 대한 과세특례(조특 §121의27) 및 사업재편계획에 따른 주주 등의 자산양도에 관한 법인세 등 과세특례(조특 §121의28). **공제기한의 제한이 있는 이월결손금과 그 제한이 없는 이월결손금이 동시에 존재하는 경우 납세자는 어느 이월결손금을 공제할지 여부에 대하여 선택할 수 있는가?** 위 상황에서 **공제기한의 제한이 있는 이월결손금을 먼저 사용하도록 한다면,** 공제기한의 제한이 없는 이월결손금의 사용을 법률의 규정이 없이 제한하는 효과가 발생한다. 또한 사업연도 말 현재 결손상태에 이를 법인에 자산수증익 등이 발생한 경우 그 자산수증익 등을 '공제기한이 종료될 이월결손금'과 충당하는 방법을 통하여 '공제기한이 종료될 이월결손금'이 자산수증익 등 금액을 한도로 새로운 이월결손금으로 전환하는 효과가 발생하게 된다. 즉 사업연도 말 현재 발생할 결손에 충당될 자산수증익 등이 과거의 이월결손금과 충당되고, 그 현재의 결손은 자산수증익 등이 이월결손금을 초과하는 범위에서만 충당될 수 있을 뿐이다. 그 나머지 결손은 새로운 이월결손금이 되어 새로운 공제기한의 적용을 받게 된다. 따라서 위 상황에서 납세자가 반드시 '공제기한의 제한이 있는 이월결손금'을 사용하도록 강제할 필요는 없다. 한편 **'공제기한의 제한이 없는 이월결손금'을 먼저 사용하도록 한다면,** 이로 인하여 '공제기한의 제한이 있는 이월결손금'이 공제기한의 경과로 인하여 소멸될 수 있다. 따라서 위 상황에서는 납세자가 어느 이월결손금을 사용할지 여부를 선택하도록 하는 것이 타당하다. 즉 **법인이 이월결손금의 공제 여부를 선택하는 것은 타당하지 않지만, '공제기한의 제한이 있는 결손금'과 '공제기한의 제한이 없는 결손금' 중 어느 결손금을 공제할지 여부는 법인이 선택하도록 하는 것이 타당하다.** 이 경우 다른 결손금을 공제하였어야 한다는 사유로 경정청구할 수는 없다고 보아야 한다.

이월결손금 공제를 적용함에 있어서 결손금으로서 공제된 것으로 간주되는 경우 역시 있는 가? 이월결손금을 공제할 때 다음 금액들은 각 사업연도의 과세표준을 계산할 때 공제된 것으로 본다(법세령 §10 ③).

첫째, '채무의 출자전환(DES)으로 주식 등을 발행하는 경우에 그 주식 등의 **시가**(법세 §51 ②) **초과 발행금액**'은 익금에 산입한다(법세 §17 ① 1호). 그러나 해당 익금산입액 중 '채무의 면제 또는 소멸로 인한 부채의 감소액 중 **법정 이월결손금**(법세령 §16 ①)을 보전하는 데에 **충당**(법세 §18 6호)'하지 않은 **법정 금액**(법세령 §15 ①)으로서 해당 사업연도의 익금에 산입하지 아니하고 그 이후의 각 사업연도에 발생한 결손금의 보전에 충당한 금액(법세 §17 ②)은 과세표준을 계산할 때 공제된 것으로 본다.

'채무의 면제 또는 소멸로 인한 부채의 감소액'으로 충당할 수 있는 법정 이월결손금은 다음 중 어느 하나에 해당하는 것을 말한다(법세령 §16 ①). 이 경우 이월결손금의 계산 역시 이월결손금의 계산에 관한 일반 규정(법세령 §10 ②, ③)에 따른다(법세령 §16 ②).

1. 결손금(법세 §14 ②)(적격합병 및 적격분할로 승계받은 결손금(법세 §44의3 ②, §46의3 ②)은 제외)으로서 그 후의 각 사업연도의 과세표준을 계산할 때 이월결손금으로서 공제(법세 §13 ① 1호)되지 아니한 금액
2. 신고된 각 사업연도의 과세표준(법세 §60)에 포함되지 아니하였으나 다음 중 어느 하나에 해당하는 결손금으로서 법인세법 상 결손금(법세 §14 ②)에 해당하는 것
   가. 채무자 회생 및 파산에 관한 법률에 따른 회생계획인가의 결정을 받은 법인의 결손금으로서 법원이 확인한 것
   나. 기업구조조정 촉진법에 의한 기업개선계획의 이행을 위한 약정이 체결된 법인으로서 금융채권자협의회가 의결한 결손금

법정 이월결손금에 충당하지 않은 법정 금액은 다음 금액을 말한다(법세령 §15 ①).

1. 채무자 회생 및 파산에 관한 법률에 따라 채무를 출자로 전환하는 내용이 포함된 회생계획인가의 결정을 받은 법인이 채무를 출자전환하는 경우로서 해당 주식 등의 **시가**(**시가가 액면가액에 미달하는 경우에는 액면가액**)를 초과하여 발행된 금액
2. 기업구조조정 촉진법에 따라 채무를 출자로 전환하는 내용이 포함된 기업개선계획의 이행을 위한 약정을 체결한 부실징후기업이 채무를 출자전환하는 경우로서 해당 **주식 등의 시가**(**시가가 액면가액에 미달하는 경우에는 액면가액**)를 초과하는 금액
3. 해당 법인에 대하여 채권을 보유하고 있는 금융회사 등(금융실명 §2 1호)과 채무를 출자로 전환하는 내용이 포함된 경영정상화계획의 이행을 위한 협약을 체결한 법인이 채무를 출자로 전환하는 경우로서 해당 **주식 등의 시가**(**시가가 액면가액에 미달하는 경우에는 액면가액**)를 초과하는 금액
4. 사업재편계획승인(기업활력 §10)을 받은 법인이 채무를 출자전환하는 경우로서 해당 **주식 등의 시가**(**시가가 액면가액에 미달하는 경우에는 액면가액을 말함**)를 초과하는 금액

둘째, 무상으로 받은 자산의 가액(국고보조금 등(법세 §36)은 제외) 및 채무의 면제 또는 소멸로 인한 부채의 감소액으로 충당된 이월결손금(법세 §18 6호)

셋째, 중소기업의 결손금 소급공제 규정에 따라 공제받은 결손금(법세 §72 ①) 및 중소기업의 결손금 소급공제에 따른 환급 특례(조특 §8의4)에 따라 공제받은 결손금

채무면제익 등을 이월결손금에 충당하는 경우 납세자는 어떠한 조치를 취하여야 하는가? 재무제표 상 이월결손금과 법인세법 상 이월결손금은 구분되는 것이므로, 법인세법에 따라 채무면제익 등을 이월결손금과 충당한다고 하더라도 이를 그대로 재무제표에 반영할 수는 없다. 결손금처리계산서에 기재할 수는 있으나 법인세법 상 결손금의 변화에 해당하는지 여부는 별개의 쟁점에 속한다. 채무면제익 등을 이월결손금에 충당하는 경우의 처리에 관하여 법률에 명시된 바는 없다. 다만 자본금과 적립금조정명세서(갑)(법세칙 §82 별지 서식 50호)은 '자본금과 적립금 계산서', '이월결손금 계산서' 및 '회계기준 변경에 따른 기초잔액 수정'을 기재하도록 정하여져 있다. 따라서 채무면제익 등을 이월결손금에 충당하는 경우에는 위 서식에 그 충당으로 인한 자본금, 적립금 또는 이월결손금의 변화내역을 기록하여야 한다.

채무면제익 등을 이월결손금에 충당하는 경우에도 그 충당한도가 적용되는가? 각 사업연도의 개시일 전 15년 이내에 개시한 사업연도에서 발생한 이월결손금의 공제는 각 사업연도 소득의 100분의 80(중소기업(조특 §5 ①)과 회생계획을 이행 중인 기업 등 법정 법인(법세령 §10)의 경우는 100분의 100)을 한도로 하나(법세 §13 ①), 자산수증익 또는 채무면제익으로 이월결손금을 보전하는 경우에는 그 한도에 관한 규정이 없다. 따라서 채무면제익 등 전액을 이월결손금의 보전에 충당할 수 있다.

이월결손금이 공제로 인하여 소멸하는 경우는 어떠한가? 이월결손금이 공제된 것으로 **간주되는 경우**('채무의 출자전환으로 발행하는 주식 등의 시가(법세 §51 ②)를 초과하여 발행된 금액' 중 '채무의 면제 또는 소멸로 인한 부채의 감소액 중 법정 이월결손금(법세령 §16 ①)을 보전하는 데에 충당(법세 §18 6호)'하지 않은 법정 금액(법세령 §15 ①)으로서 해당 사업연도의 익금에 산입하지 아니하고 그 이후의 각 사업연도에 발생한 결손금의 보전에 충당한 금액(법세 §17 ②), 무상으로 받은 자산의 가액 및 채무의 면제 또는 소멸로 인한 부채의 감소액으로 충당된 이월결손금(법세 §18 6호), 중소기업의 결손금 소급공제 규정에 따라 공제받은 결손금(법세 §72 ①)) 및 **이월결손금이 과세표준 계산 시 소득금액에서 공제된 경우**(법세 §13 ①, §45 ①, §45 ②, §46의 4 ②, §79 ④, §91 ①)에 한하여 이월결손금이 소멸한다. 따라서 **재무제표 상 결손금이 상법 상 자본금의 감소 및 법정 준비금의 감소를 통하여 보전되거나 임의준비금의 이입을 통하여 소멸한다고 할지라도 이로 인하여 세법상 이월결손금이 소멸하는 것은 아니다.** 과세표준 계산 시 해당 사업연도까지 공제되지 않은 이월결손금만이 공제될 수 있는바, 그 공제되지 않은 이월결손금은 위 각 사유로 인하여 공제되어 소멸하지 않은 이월결손금을 의미한다.

합병 또는 분할로 인하여 승계한 이월결손금 역시 과세표준의 계산 상 이월결손금에 포함되는가? 합병에 따른 이월결손금 등의 승계금액(법세 §81 ②) 및 분할에 따른 이월결손금 등의 승계금액(법세 §83 ②) 역시 과세표준의 계산을 위한 이월결손금의 범위에 포함된다(법세령 §10 ④). 다만 이월결손금을 승계한 분할신설법인 또는 분할합병의 상대방법인은 그 승계받은 사업에서 발생한 소득금액의 범위 안에서만 공제할 수 있다(법세 §46의3 ②, §46의4).

동업기업 과세특례의 적용에 따른 수동적 동업자에 대한 결손금 배분한도를 초과한 결손금을 추가로 배분받아 발생한 결손금 역시 과세표준의 계산 상 이월결손금에 포함되는가? 동업기업 과세특례 상 수동적 동업자(조특령 §100의18 ① 단서)에 대한 배분한도(조특령 §100의18 ②)를 초과하는 결손금을 추가로 배분받아 손금에 산입한 해당 법인의 사업연도에 결손금이 발생한 경우에는 추가로 배분받은 결손금과 해당 사업연도의 결손금 중 작은 것에 상당하는 금액은 '배분한도 초과 결손금이 발생한 동업기업의 사업연도의 종료일이 속하는 사업연도'에 발생한 결손금으로 보아 공제한다(법세령 §10 ⑤).

추계결정 또는 경정함에 따라 공제되지 않은 이월결손금 역시 법인세 과세표준의 계산 시 공제될 수 있는가? 법인세의 과세표준과 세액을 추계하는 경우(법세 §66 ③ 단서)에는 천재지변 등으로 장부나 그 밖의 증명서류가 멸실되어 추계하는 경우를 제외하고는 이월결손금 공제(법세 §13 ① 1호), 외국자회사 수입배당금액의 익금불산입(법세 §18의4) 및 외국납부세액공제(법세 §57)를 적용하지 아니한다(법세 §68). 그러나 이러한 결손금이라고 할지라도 추계하지 않은 다음 사업연도에 있어서는 이월결손금으로서 공제될 수 있다(법세칙 §4 ②).

비영리법인의 경우에도 이월결손금 공제가 적용되는가? 비영리법인의 경우에는 수익사업 (법세 §4 ③)에서 생긴 소득과 결손금을 그 대상으로 하여 이월결손금 공제 규정이 적용된다(법세칙 §4 ①). 비영리법인의 이월결손금 공제에 관한 내용은 시행규칙 단계에서 규정할 내용이 아니다. 법률 단계에서 비영리법인의 각 사업연도 소득에 대한 과세표준의 계산방법에 대하여 명확하게 규정하는 것이 타당하다.

추계결정 또는 경정으로 인하여 이월결손금이 공제되지 않은 경우 해당 기간만큼 그 공제기간이 연장되는가? 이월결손금의 공제 여부는 납세자의 선택 여부와 무관한 것인바 추계결정 또는 경정되는 것 역시 납세자의 의사에 따라 결정되는 것이므로, 위 경우에 대하여 이월결손금 공제기간을 연장할 수는 없다. 이를 인정할 규범적 당위성도 없고 이를 인정하는 규정 역시 없다.

면제 또는 감면사업을 겸영하는 경우에는 이월결손금을 어떻게 계산하여야 하는가? 먼저 이월결손금이 면제 또는 감면사업에 대하여 어떻게 공제되는지 여부에 대하여 살핀다. 각 사업연도의 소득에 대한 세액 감면 또는 면제를 하는 경우 그 감면 또는 면제되는 세액은 감면소득이 과세표준에서 차지하는 비율에 따라 세액 감면 또는 면제를 한다. 즉 별도의 규정이 있는 경우를 제외하고는 산출세액(토지 등 양도소득에 대한 법인세액(법세 §55의2) 및 투자·상생협력 촉진을 위한 과세특례(조특 §100의32)를 적용하여 계산한 법인세액은 제외에 그 감면 또는 면제되는 소득이 과세표준에서 차지하는 비율(100분의 100을 초과하는 경우에는 100분의 100)을 곱하여 산출한 금액(감면의 경우에는 그 금액에 해당 감면율을 곱하여 산출한 금액)으로 한다(법세 §57 ②). **따라서 각 사업연도의 소득에 대한 세액을 감면 또는 면제하는 경우에는 '감면 또는 면제하는 소득이 과세표준에서 차지하는 비율'을 기준으로 '감면 또는 면제되는 세액'을 계산하므로, 그 감면 또는 면제하는 소득을 계산하는 것이 중요하다.** '감면 또는 면제하는 소득'이 커지면 '감면 또는 면제되는 세액'이 커지게 되므로 '감면 또는 면제하는 사업'에 배분된 공제액 등(이월결손금·비과세소득 또는 소득공제액)이 적을수록 납세자에게 유리하다. 그런데 '감면 또는 면제되는 소득'은 '사업연도의 과세표준계산 시 공제한 공제액 등(이월결손금·비과세소득 또는 소득공제액)이 있는 경우'에는 그 공제액 등이 '감면사업 또는 면제사업'에서 발생한 경우에는 공제액 전액을, 그 공제액 등이 '감면사업 또는 면제사업'에서 발생한 것인지가 불분명한 경우에는 '소득금액'에 비례하여 안분계산한 금액을 공제한 금액으로 한다(법세령 §96). 즉 **감면 또는 면제세액을 계산할 때, 원칙적으로 감면사업 또는 면제사업에서 발생한 이월결손금 등 공제액만을 공제하여 '감면 또는 면제되는 소득'을 계산하나, 그 발생 여부가 불분명한 경우에는 '전체의 이월결손금 등 공제액'을 '공제액 등 반영 이전의 소득금액'에 비례하여 안분한 후 그 안분된 이월결손금 등을 해당 소득금액에서 공제하여 '감면 또는 면제되는 소득'을 계산한다.** 그런데 '특정 사업연도 감면 또는 면제사업 부분의 소득금액'이 해당 법인의 그 당시 이월결손금 등 공제액과 반드시 비례관계에 있는 것은 아니다. '감면 또는 면제사업을 구분경리하는 경우'에는 각 사업에서 발생한 결손금만이 해당 사업에서 공제되는 반면에 '감면 또는 면제사업을 구분경리하지 않은 경우'에는 다른 사업부문에서 발생한 결손금이 '감면 또는 면제사업의 소득금액'에서 공제되거나 그 반대의 경우 역시 발생할 수 있다. 이는 불합리하다. '구분경리하지 않는 경우에 한하여' 이월결손금 등 공제액이 그 발생 사업이 감면사업인지 여부와 무관하게 교차하여 공제되는 것을 합리화하기는 어렵다. 그런데 '구분경리하지 않는 경우'에는 현실적으로 해당 사업부문의 공제액 등 반영 이전의 소득금액을 기준으로 그 공제액 등을 안분하는 것이 일응 타당한 측면이 있다. 따라서 '구분경리하지 않는 경우'를 기준으로 그 취급을 통일하는 것이 타당하다. 즉 '감면 또는 면제사업을 구분경리하는 경우'에도 해당 법인의 이월결손금 등 공제액을 '공제액 등 반영 이전의 소득금액'

에 비례하여 안분한 후 그 안분된 이월결손금을 해당 소득금액에서 공제하여 '감면 또는 면제되는 소득'을 계산하는 것이 타당하다. 다만 그 안분한 공제액이 '감면 또는 면제사업에서 발생한 공제액 등'을 초과하는 경우에도 '감면 또는 면제사업에서 발생한 공제액 등'만을 공제하여 '감면 또는 면제하는 소득'을 계산하여야 한다. 이를 통하여 구분경리에 대한 유인을 제공할 수 있다.

북한 내 사업으로 인하여 발생한 소득, 즉 금강산지구 또는 개성공업지구에서 발생한 소득에서 발생한 결손금을 남한 내 사업의 소득금액에 대하여 공제할 수 있는가? 남북 사이의 소득에 대한 이중과세방지합의서 제22조 제1항에 따르면 "일방은 자기 지역의 거주자가 상대방에서 얻은 소득에 대하여 세금을 납부하였거나 납부하여야 할 경우 일방에서는 그 소득에 대한 세금을 면제한다. 그러나 이자, 배당금, 사용료에 대하여는 상대방에서 납부하였거나 납부하여야 할 세액만큼 일방의 세액에서 공제할 수 있다"라고 규정하고, 동조 제2항은 "일방은 자기 지역의 거주자가 상대방에서 얻은 소득에 대한 세금을 법이나 기타 조치에 따라 감면 또는 면제받았을 경우 세금을 전부 납부한 것으로 인정한다"라고 규정한다. 즉 **남북 사이의 소득에 대한 이중과세방지합의서에 따르면 우리나라는 북한 내 사업에서 발생한 소득에 대하여 과세권을 포기하였는바, 이 규정에 근거하여 북한 내 사업에서 발생한 결손금 역시 우리나라의 과세표준의 계산 시 공제하는 것을 부인할 수 있는지 여부가 쟁점이 된다.** 남북 사이의 소득에 대한 이중과세방지합의서는 조세조약에 준하는 것이고 조세조약은 국내세법에 의하여 발생한 과세권을 제거 또는 경감하기 위한 목적 내에서 적용되는 것이다. 그렇다면 위 합의서에 별도의 규정이 없는 한 국내세법의 적용 자체가 배제되거나 달리 적용될 수는 없다. 따라서 **국내세법 상 결손금 또는 이월결손금 공제에 대한 규정의 적용이 달라질 이유는 없다.** 판례는 역시 다음 근거를 이유로 우리 법인세법에 따른 결손금의 공제를 인정한다.[6] 첫째, 위 합의서 제22조는 '상대방에서 얻은 소득에 대하여 세금을 납부하였거나 납부하여야 할 경우'라고 정하고 있는데, 결손금이 발생한 경우에는 납부할 세금 자체가 없어서 위 조항에서 규율하는 이중과세가 문제될 여지가 없다. 둘째, 위 합의서 제22조가 소득면제방식을 채택하였음을 이유로 납세자의 국내원천소득에서 북한 지역의 결손금을 공제하는 것을 허용하지 아니하면 납세자에게는 오히려 세금부담이 늘어나게 되어서, 이중과세 방지를 위한 이 사건 합의서의 기본 목적에 반한다. 셋째, 북한의 금강산관광지구법 제8조는 "개발업자가 하는 관광지구개발과 영업활동에는 세금을 부과하지 않는다"고만 정하고 있고 결손금 이월 공제규정이 없으므로,

---

6) 대법원 2012.10.11. 2012두12532.

북한의 고정사업장에서 발생한 결손금을 우리나라 법인세법 상 과세표준을 산정함에 있어서 고려하더라도 이중의 혜택을 주게 되지 아니한다.

2. 비과세소득

법인세법 상 과세표준에서 공제하는 비과세소득은 법인세법과 다른 법률에 따른 비과세소득을 의미하는바(법세 §13 ① 2호), 그 내용은 아래와 같다. 다만 해당 사업연도의 과세표준을 계산할 때 공제되지 아니한 비과세소득 금액은 다음 사업연도 이후로 이월하여 공제할 수 없다(법세 §13 ②).

법인세법 상 비과세소득으로는 공익신탁법에 따른 공익신탁의 신탁재산에서 생기는 소득이 있다(법세 §51).

조세특례제한법 상 비과세소득은 다음과 같다. 중소기업창업투자회사, 창업기획자, 벤처기업출자유한회사 또는 신기술사업금융업자가 벤처기업 등(창업자, 신기술사업자, 벤처기업, 신기술창업전문회사 또는 코넥스상장기업)에 또는 창투조합 등을 통하여 2025년 12월 31일까지 출자함으로써 취득한 주식 등의 양도로 인한 양도차익과 벤처기업 등으로부터 2025년 12월 31일까지 받는 배당소득(조특 §13 ① 1호~3호, ④), 기금운용법인 등(기금을 관리·운용하는 법인 또는 공제사업을 하는 법인)이 창투조합 등을 통하여 벤처기업 등에 2025년 12월 31일까지 출자함으로써 취득한 주식 또는 출자지분의 양도로 인한 양도차익 등(조특 §13 ① 4호, ④), 중소기업창업투자회사 또는 신기술사업금융업자가 코넥스상장기업(코넥스시장에 상장한 중소기업)에 2025년 12월 31일까지 출자함으로써 취득한 주식 또는 출자지분의 양도로 인한 양도차익과 코넥스상장기업으로부터 2025년 12월 31일까지 받는 배당소득(조특 §13 ① 5호, ④), 중소기업창업투자회사, 벤처기업출자유한회사 또는 신기술사업금융업자가 창투조합 등을 통하여 코넥스상장기업에 2025년 12월 31일까지 출자함으로써 취득한 주식 또는 출자지분의 양도로 인한 양도차익과 코넥스상장기업으로부터 2025년 12월 31일까지 받는 배당소득(조특 §13 ① 6호, ④), 중소기업창업투자회사 등의 소재·부품·장비전문기업 주식양도차익 등에 대한 비과세(조특 §13의4), 어업협정체결에 따른 어업인 등 및 어선원이 2009년 12월 31일까지 지급받는 지원금 등(조특 §104의2), 2018 평창 동계올림픽대회 및 동계패럴림픽대회의 운영에 직접 관련된 자로서 국제올림픽위원회 등 법정 외국법인이 2018년 12월 31일까지 대회 운영과 관련하여 얻은 소득(조특 §104의28).

중소기업창업투자회사 등의 주식양도차익 등에 대한 비과세 요건이 충족되었는지 여부는 중소기업창업투자회사 등이 해당 주식 또는 출자지분을 취득한 시점을 기준으로 판정하는 것이 타당하다. 법문이 그 주식 또는 출자지분의 취득에 대하여서는 기한(예를 들어 '2020년 12월 31일까지')을 정하고 있으나 출자지분의 양도에 대하여서는 그 기한을 정하지 않고 있으며, 해당 비과세특례는 특정 법인들이 주식 또는 출자지분을 취득하는 것을 권장하기 위하여 부여되는 것이고, 주식 또는 출자지분의 양도는 해당 법인의 상황에 따라 다양하게 이루어질 뿐만 아니라 그 처분을 해당 취득자의 자유로운 판단에 따르도록 하는 것이 타당하기 때문이다. 다만 배당소득에 대하여서는 기한이 정하여져 있다(조특 §13 ④). 또한 위 중소기업창업투자회사 등의 주식양도차익 등에 대한 비과세가 적용되기 위하여서는 그 주식 또는 출자지분을 **법정의 방법에 따라 취득하여야** 한다(조특 §13 ②). 즉 해당 기업의 설립 시에 자본금으로 납입하는 방법 또는 해당 기업이 설립된 후 7년 이내에 유상증자하는 경우로서 증자대금을 납입하는 방법을 통하여 취득하여야 한다. 법정 방법에 따라 취득한 이후 **무상증자**로 인하여 추가 취득하는 경우 해당 주식 역시 당연히 포함되는 것으로 보아야 한다. 그 경제적 실질에 변화가 없기 때문이다. 위 중소기업창업투자회사 등이 **출자한 법인이 합병**됨으로 인하여 합병법인으로부터 취득하는 주식은 해당 합병법인이 여전히 위 비과세특례의 적용대상이 되는지 여부에 따라 달리 판단하여야 한다.

3. 소득공제

법인세법 상 과세표준에서 공제하는 소득공제는 법인세법과 다른 법률에 따른 소득공제를 의미하는바(법세 §13 ① 3호), 그 내용은 아래와 같다. 다만 해당 사업연도의 과세표준을 계산할 때 공제되지 아니한 소득공제 금액은 다음 사업연도 이후로 이월하여 공제할 수 없다(법세 §13 ②).

법인세법 상 소득공제로는 유동화전문회사 등에 대한 소득공제(법세 §51의2)와 국내사업장이 있는 외국법인 등의 선박 또는 항공기의 외국항행으로 인하여 발생하는 소득(그 상대국이 내국법인에게 동일한 면제의 혜택을 부여하는 경우에 한함)에 대한 공제(법세 §91 ①)가 있다. 후자의 경우에는 국제조세 부분에서 별도로 다룬다.

조세특례제한법 상 소득공제로는 **프로젝트금융투자회사**가 2025년 12월 31일 이전에 사업연도에 대하여 배당가능이익의 100분의 90 이상을 배당한 경우 그 배당금액에 대한 소득공제(조특 §104의31), 자기관리 부동산투자회사가 2009년 12월 31일 이전에 국민주택을 신축 등을 하여 임대하는 경우 최초로 소득이 발생한 사업연도부터 6년간 국민주택임대소득금액의 50% 공제(조특 §55의2 ④)와 자기관리 부동산투자회사가 2021년 12월 31일 이전에 일정 규모 이하의 주택을 신축 등을 하여 임대하는 경우 최초로 소득이 발생한 사업연도부터 6년 또는 9년간 해당 주택의 임대소득금액의 100% 공제(조특 §55의2 ⑤)가 있다.

자기관리 부동산투자회사의 경우에는 조세특례제한법(조특 §55의2)에 따라 소득공제의 혜택을 받을 수 있는 한편 **위탁관리 부동산투자회사**의 경우에는 법인세법(법세 §51의2)에 따라 소득공제의 혜택을 받는다는 점에 유의할 필요가 있다. 자기관리 부동산투자회사(부동산투자 §2 1호 가목)는 자산운용 전문인력을 포함한 임직원을 상근으로 두고 자산의 투자 · 운용을 직접 수행하는 회사이고, 위탁관리 부동산투자회사(부동산투자 §2 1호 나목)는 자산의 투자 · 운용을 자산관리회사에 위탁하는 회사이다. 참고로 **부동산투자회사**(부동산투자 §2 1호)는 부동산에 투자하여 운용하는 것을 주된 목적으로 법정 요건(부동산투자 §3~§8, §11의2, §45, §49의2 ①)을 갖춘 자기관리 부동산투자회사, 위탁관리 부동산투자회사 및 기업구조조정 부동산투자회사를 의미한다. 기업구조조정 부동산투자회사(부동산투자 §2 1호 다목)는 법정 부동산(부동산투자 §49의2 ① 각 호)을 투자 대상으로 하며 자산의 투자 · 운용을 자산관리회사에 위탁하는 회사를 의미한다. **기업구조조정 투자회사** 역시 법인세법(법세 §51의2)에 따라 소득공제의 혜택을 받는다.

이하 유동화전문회사 등에 대한 소득공제, 프로젝트금융투자회사에 대한 소득공제, 자기관리 부동산투자회사의 신축 국민주택 임대 소득공제 및 자기관리 부동산투자회사의 공공지원 민간임대주택 등 임대소득공제의 순서로 살핀다.

3.1. 유동화전문회사 등에 대한 소득공제

가. 유동화전문회사 등에 대한 소득공제 일반

내국법인 중 **다음 각 법인이 법정 배당가능이익**(법세령 §86의3 ①)의 **100분의 90 이상을 배당한 경우** 그 배당금액은 '**해당 배당을 결의한 잉여금 처분의 대상이 되는 사업연도**'의 **소득금액에서 공제**한다(법세 §51의2 ①). 2022년 12월 31일 개정 이전 구 법인세법에 근거한 시행령에 따르면, 공제하는 배당금 상당액이 당해 사업연도의 소득금액을 초과하는 경우 당해 초과금액은 이를 없는 것으로 본다(법세령 §86의3 ⑧). 초과배당금에 대한 규정을 시행령 단계에서 규정하는 것은 타당하지 않다. 이를 배당가능이익의 범위에 관한 위임규정에 내포되는 것으로 보기 어렵기 때문이다. **법인세법은 2022년 12월 31일 개정을 통하여 초과배당금에 대하여 법률단계에서 다음과 같이 규정한다.** 이 규정들은 2023년 1월 1일 이후 배당을 결의하는 경우부터 적용한다. 배당금액이 해당 사업연도의 소득금액을 초과하는 경우 그 **초과배당금액**은 해당 사업연도의 다음 사업연도 개시일부터 5년 이내에 끝나는 각 사업연도로 이월하여 그 이월된 사업연도의 소득금액에서 공제할 수 있다(법세 §51의2 ④ 본문). 다만, 내국법인이 이월된 사업연도에 배당가능이익의 100분의 90 이상을 배당하지 아니하는 경우에는 그 초과배당금액을 공제하지 아니한다(법세 §51의2 ④ 단서). 이월된 초과배당금액을 해당 사업연도의 소득금액에서 공제하는 경우에는 법정 방법('이월된 초과배당금액을 해당 사업연도의 배당금액보다 먼저 공제할 것' 및 '이월된 초과배당금액이 둘 이상인 경우에는 먼저 발생한 초과배당금액부터 공제할 것')(법세 §51의2 ⑤ 각 호)에 따라 공제한다(법세 §51의2 ⑤).

또한 법 문언이 지급배당금 소득공제가 적용되는 사업연도를 특별히 한정하지 않고, 이를 제한할 규범적 당위성 역시 없으므로 법인세법 상 사업연도에 해당한다면 해당 사업연도에 대하여 위 소득공제 규정이 적용되어야 한다. 따라서 청산기간 중이라는 등 사유가 위 규정의 적용에 있어서 의미를 갖는 것은 아니다. **법인세법은 2024년 12월 31일 개정을 통하여 위 초과배당금 관련 내용을 다음과 같이 규정한다.** 배당금액이 해당 사업연도의 소득금액에서 이월결손금(법세 §13 ① 1호)을 뺀 금액을 최초로 초과하는 경우에는 그 초과하는 금액을 해당 사업연도의 다음 사업연도 개시일부터 5년 이내에 끝나는 각 사업연도로 이월하여 그 이월된 사업연도의 소득금액에서 공제할 수 있다(법세 §51의2 ④ 본문). 다만, 내국법인이 이월된 사업연도에 배당가능이익의 100분의 90 이상을 배당하지 아니하는 경우에는 그 이월된 금액을 공제하지 아니한다(법세 §51의2 ④ 단서). '최초로 이월된 사업연도 이후 사업연도의 배당금액'이 해당 사업연도의 소득금액에서 이월결손금과 해당 사업연도로 이월된 금액을 순서대로 뺀 금액(해당 금액이 0보다 작은 경우에는 0으로 한다)을 초과하는 경우에는 그 초과하는 금액을 해당 사업연도의 다음 사업연도 개시일부터 5년 이내에 끝나는 각 사업연도로 이월하여 그 이월된 사업연도의 소득금액에서 공제할 수 있다(법세 §51의2 ⑤ 본문). 다만, 내국법인이 이월된 사업연도에 배당가능이익의 100분의 90 이상을 배당하지 아니하는 경우에는 그 이월된 금액을 공제하지 아니한다(법세 §51의2 ⑤ 단서). 위 각 이월공제배당금액을 해당 사업연도의 소득금액에서 공제하는 경우에는 법정 방법('이월공제배당금액을 해당 사업연도의 배당금액보다 먼저 공제할 것' 및 '이월공제배당금액이 둘 이상인 경우에는 먼저 발생한 이월공제배당금액부터 공제할 것')(법세 §51의2 ⑥ 각 호)에 따라 공제한다(법세 §51의2 ⑥).

소득공제를 적용받으려는 내국법인은 **법정 절차**(법세령 §86의3 ⑨)에 따라 소득공제신청을 하여야 한다(법세 §51의2 ③). 즉 과세표준신고(법세 §60)와 함께 소득공제신청서(법세칙 §82)에 해당 배당소득에 대한 실질귀속자(해당 소득과 관련하여 법적 또는 경제적 위험을 부담하고 그 소득을 처분할 수 있는 권리를 가지는 등 그 소득에 대한 소유권을 실질적으로 보유하고 있는 자)별 명세를 첨부하여 납세지 관할 세무서장에게 제출하여야 한다. 다만, 주주인 동업기업의 동업자들에 대하여 소득세 또는 법인세가 전부 과세되는 경우에는 해당 내국법인이 소득공제를 받기 위하여서는(법세 §51의2 ② 1호 단서), 배당을 받은 동업기업으로부터 법정신고기한(조특 §100의23 ①)까지 제출받은 동업기업과세특례적용 및 동업자과세 여부 확인서(법세칙 §82)를 첨부하여야 한다.

이하 서술의 편의를 위하여 이하 제1호 내지 제8호 법인은 '**적격법인**'으로, 제9호 법인은 '**적격유사법인**'으로 칭한다. 다만 적격유사법인은 2020년 12월 22일 개정법률에 의하여 삭제되었으나, 개정 전 법률의 해석을 위하여 살핀다.

1. 자산유동화에 관한 법률에 따른 유동화전문회사
2. 자본시장과 금융투자업에 관한 법률에 따른 투자회사, 투자목적회사, 투자유한회사, 투자합자회사(기관전용 사모집합투자기구(자본시장 §9 ⑲ 1호)는 제외) 및 투자유한책임회사
3. 기업구조조정투자회사법에 따른 기업구조조정투자회사
4. 부동산투자회사법에 따른 기업구조조정 부동산투자회사 및 위탁관리 부동산투자회사
5. 선박투자회사법에 따른 선박투자회사
6. 민간임대주택에 관한 특별법 또는 공공주택 특별법에 따른 특수 목적 법인 등으로서 법정 법인(법세령 §86의3 ②). 법정 법인은 임대사업을 목적으로 투자회사의 규정(민간임대령 §4 ① 3호 다목)에 따라 설립된 법인을 말한다(법세령 §86의3 ②).
7. 문화산업진흥 기본법에 따른 문화산업전문회사
8. 해외자원개발 사업법에 따른 해외자원개발투자회사
9. 제1호부터 제8호까지와 유사한 투자회사로서 다음 각 목의 요건을 갖춘 법인일 것. **다만 적격유사법인은 2020년 12월 22일 개정법률에 의하여 삭제되었고, 다음 시행령 등 역시 2021년 2월 17일 개정 시행령에 의하여 삭제되었으나, 개정 전 법률의 해석을 위하여 살핀다.**
   가. 회사의 자산을 설비투자, 사회간접자본 시설투자, 자원개발, 그 밖에 상당한 기간과 자금이 소요되는 '**특정사업**'에 운용하고 그 수익을 주주에게 배분하는 회사일 것. 투자회사가 특정사업을 운용하도록 하는 요건은 투자회사가 '특수목적법인(special purpose company)으로서의 성격을 유지하도록 하기 위한 것이다. 즉 투자회사가 특정 설비투자, 사회간접자본 시설투자, 자원개발 등과 관련된 사업의 수행에만 집중하

여 다른 성격을 가진 사업의 영업위험이 특정사업에 혼입되지 않도록 하여, 투자자가 특정사업과 관련된 수익 및 위험만을 대상으로 평가하여 안정적으로 투자할 수 있도록 유도하기 위한 것이다. 특정사업의 운영과정에서 기본적 동일성이 유지되는지 여부는 각 구체적인 사정에 의하여 판단되어야 한다. 따라서 지급배당금 소득공제 규정은 **당초 특정사업과 기본적 동일성이 유지되는 경우**에만 적용될 수 있다. 특정사업을 운용하는 과정에서 여러 경제적 상황에 따라 다른 성격의 활동을 불가피하게 영위하여야 할 사정이 있을 수도 있다. 운용자금인 현금을 일시적으로 금융기관에 예치하거나 유휴설비를 일시적으로 임대하는 등이 그 예에 해당한다. 따라서 특정사업의 운영을 위하여 **일시적·부수적으로 수행되는 활동**으로서 특정사업의 수익성을 제고하고 해당 활동으로 인하여 수반되는 위험이 특정사업의 운영에 영향을 미친다고 볼 수 없는 경우에 한하여 특정사업과 다른 성격의 활동이 허용된다고 보아야 한다. **다른 사업자와 공동으로 사업을 운용하는 경우**는 다른 사업자의 영업위험이 혼입되는 것이므로 원칙적으로 '특정사업을 운용하여야 한다'는 요건을 충족하지 못한 것으로 보아야 하나 법은 예외적으로 그 투자회사가 **주택법에 따라 주택건설사업자와 공동으로 주택건설사업을 수행하는 경우**에 대하여서는 이를 허용한다(법세령 §86의3 ③).

나. 본점 외의 영업소를 설치하지 아니하고 직원과 상근하는 임원을 두지 아니할 것. '특정사업의 운영을 위하여 일시적·부수적으로 수행되는 활동으로서 특정사업의 수익성을 제고하고 그 해당 활동으로 인하여 수반되는 위험이 특정사업의 운영에 영향을 미친다고 볼 수 없는 경우'와 관련된 장소는 '본점 외의 영업소'에 해당하지 않는다고 보아야 한다.

다. 한시적으로 설립된 회사로서 존립기간이 2년 이상일 것. **존립기간 중 특정사업이 중단된 경우라고 할지라도 2년의 기간이 경과된 경우**라면 이 요건을 충족한 것으로 보아야 한다. 운영상황 등에 따라서는 해당 자산 등의 매각 등 방법을 통하여 특정사업에서 벗어나는 것이 투자자의 수익성 관점에서 타당한 경우도 있기 때문이다.

라. 상법이나 그 밖의 법률의 규정에 따른 주식회사로서 발기설립의 방법으로 설립할 것

마. 발기인이 기업구조조정투자회사법 상 발기인 배제요건(구조조정투자 §4 ② 각 호) 중 어느 하나에 해당하지 아니하고 법정 발기인 요건(법세령 §86의3 ④)을 충족할 것. 즉 발기인 중 1인 이상이 '금융회사 등'(법세령 §61 ② 1호~13호, 24호) 또는 '국민연금법에 의한 국민연금관리공단(민간투자사업을 시행(민간투자 §4 2호)하는 투자회사의 경우에 한정)'에 해당하고, 그 발기인이 100분의 5(발기인(법세령 §86의3 ④ 1호)이 다수인 경우에는 이를 합산) 이상의 자본금을 출자한 경우에는 요건을 충족하지 못한 것으로 본다(법세령 §86의3 ④). '100분의 5 출자요건'은 각 사업연도별 법정 배당가능이익에 대한 배당결의 시점을 기준으로 판정하여야 한다. 출자비율은 경영상황 또는 주변 여건 등에 따라 달라질 수 있기 때문에 각 사업연도를 기준으로 판단하는 것이 타당하다.

바. 이사가 기업구조조정투자회사법 상 이사 배제요건(구조조정투자 §12 각 호) 중 어느 하나에 해당하지 아니할 것

사. 감사는 기업구조조정투자회사법 상 감사 자격요건(구조조정투자 §17)에 적합할 것.

이 경우 "기업구조조정투자회사"는 "회사"로 본다.

아. 자본금 규모, 자산관리업무와 자금관리업무의 위탁 및 설립신고 등에 관하여 법정 요건(법세령 §86의3 ⑤)을 충족할 것. 법정 요건에는 '자본금이 50억원 이상일 것(민간투자사업을 시행(민간투자 §4 2호)하는 투자회사의 경우에 10억)', '자산관리·운용 및 처분에 관한 업무를 당해 회사와 출자관계가 있는 자산관리회사(법세령 §86의3 ⑤ 2호)에게 위탁할 것[해당 회사에 대한 지배주주 등이 아니고 출자비율이 100분의 10 미만인 자금관리사무수탁회사(자본시장과 금융투자업에 관한 법률에 따른 신탁업을 영위하는 금융회사 등)와 신탁계약과 대리사무계약을 체결(건축분양 §4 ① 1호)한 경우, 신탁계약에 관한 업무는 자금관리사무수탁회사에 위탁할 수 있다]', '자금관리사무수탁회사에 자금 관리업무를 위탁할 것', '주주가 법정 발기인 요건(법세령 §86의3 ④)을 충족할 것', '법인설립등기일부터 2월 이내에 법정 사항(법세령 §86의3 ⑤ 5호)을 기재한 명목회사설립신고서에 법정 서류(법세칙 §42의2 ①)를 첨부하여 납세지 관할 세무서장에게 신고할 것' 및 '자산관리회사와 자금관리사무수탁회사가 동일인이 아닐 것(해당 회사에 대한 지배주주 등이 아니고 출자비율이 100분의 10 미만인 자금관리사무수탁회사(자본시장과 금융투자업에 관한 법률에 따른 신탁업을 영위하는 금융회사 등)와 신탁계약과 대리사무계약을 체결(건축분양 §4 ① 1호)한 경우에는 그렇지 않음)'이 있다.

법률 단계에서는 **자본금 규모, 자산관리업무와 자금관리업무**의 위탁에 대하여 대통령령에 위임하였으나, 그 시행령이 **자산관리·운용 및 처분에 관한 업무**의 위탁에 대하여 규정하는 것이 타당한지는 의문이다. '관리'와 '운용 및 처분'이라는 각 개념이 내포하는 바가 상이할 수 있기 때문이다. 법률 단계에서 통합하여 위임하는 것이 타당하다. '자산관리회사와 자금관리사무수탁회사가 동일인이 아닐 것'이라는 요건을 판단함에 있어서는 두 회사 사이 또는 제3자에 의한 실질적 지배관계 역시 감안하여야 한다. 자산관리회사 및 자금관리사무수탁회사가 투자회사로부터 위탁받은 업무를 재위탁할 수 있는지 여부는 재위탁받은 회사 자체가 법정 요건을 충족하였는지 여부에 의하여 판단하는 것이 타당하다. 만약 재위탁이 허용된다면, 관련된 회사 모두를 대상으로 동일인에 해당되는지 여부를 판단하여야 한다.

명목회사설립신고를 받은 납세지 관할 세무서장은 행정정보의 공동이용(전자정부 §36 ①)을 통하여 신고인의 법인 등기사항증명서를 확인하여야 한다(법세칙 §42의2 ②). 명목회사설립신고서를 신고한 후에 이사·감사 및 주주가 법정 요건(법세 §51의2 ① 9호 바목, 사목 : 법세령 §86의3 ⑤ 4호)을 충족하지 못하게 되는 경우로서 그 사유가 발생한 날부터 1개월 이내에 해당 요건을 보완하는 경우에는 그 법인은 해당 요건을 계속 충족하는 것으로 본다(법세령 §86의3 ⑥). 또한 명목회사설립신고서에 기재된 법정 사항(법세령 §86의3 ⑤ 5호)이 변경된 경우에는 변경사항이 발생한 날부터 2주 이내에 해당 변경사항을 기재한 명목회사변경신고서에 법정 서류(법세칙 §42의2 ①)를 첨부하여 납세지 관할 세무서장에게 신고하여야 한다(법세령 §86의3 ⑦). 이 경우에도 신고인의 법인 등기사항증명서를 확인하여야 한다(법세칙 §42의2 ②).

명목회사설립신고서에 기재된 법정 사항(법세령 §86의3 ⑤ 5호)이 변경된 경우에는,

이사·감사 및 주주가 법정 요건(법세 §51의2 ① 9호 바목, 사목 ; 법세령 §86의3 ⑤ 4호)을 충족하지 못하게 되는 경우와 달리, '보완하는 경우에는 그 법인은 해당 요건을 계속 충족하는 것으로 본다'는 문언이 부가되어 있지 않다. 따라서 위 경우 '2주 이내'는 훈시기간으로 보아야 한다. 그렇지 않다면, 단순한 사무 착오 등 사유로 투자회사 전체의 세법상 취급이 달라지는 가혹한 결과가 발생할 수 있기 때문이다.

지급배당금 소득공제 규정의 적용을 위한 배당은 현금배당으로 한정되는가? 배당가능이익을 산정함에 있어서, '법인 잉여금의 전부 또는 일부를 자본이나 출자에 전입함으로써 주주 등인 내국법인이 취득하는 주식 등의 가액' 중 의제배당액(법세 §16 ① 2호 각 목 이외의 부분 본문) 역시 포함하는 점에 비추어 보면 배당 또는 의제배당에 해당되는 한 배당의 종류를 제한할 것은 아니다. 즉 현금배당(상법 §462), 주식배당(상법 §462의2), 현물배당(상법 §462의4) 모두에 대하여 지급배당금 소득공제 규정이 적용된다. 보통주에 대한 배당인지 아니면 종류주식에 대한 배당인지 여부 역시 문제될 수 없다. 다양한 투자자들의 수요에 대응하기 위하여 발행된 종류주식에 대하여서는 보통주와 다른 내용의 배당을 하는 것은 당연할 뿐만 아니라, 다양한 투자자들을 유치하는 것 자체가 투자기구로서의 본질에 부합되는 것이기 때문이다. 또한 법인세법에 따라 배당으로 소득처분(법세 §67)되는 경우에도 배당한 것으로 보아야 한다. 법인세 법이 법인세 과세표준의 신고·결정 또는 경정으로 인하여 발생한 익금에 산입하거나 손금에 산입하지 아니한 금액이 사외유출되어 주주에게 귀속되었다는 점에 근거하여 배당으로 소득처 분을 하는바, 그 소득처분 역시 다른 배당과 경제적 실질이 동일하다는 점을 전제로 하는 것이고 그러한 의제 역시 규범적으로 정당화될 수 있는 것이기 때문이다. 다만 이익참가부 사채가 발행된 경우 법인의 배당가능이익이 사채권자에게 지급된다고 하더라도 이는 사채권자 의 권리 행사에 의한 것이므로 통상의 이자 지급과 동일한 것으로 보아 이자로서 손금에 산입되어야 한다. 따라서 이익참가부 사채권자에게 배당가능이익이 지급된 경우에는 그 지급된 사업연도의 배당가능이익을 감소되는 효과가 발생할 뿐이다.

외국법인의 국내사업장에 대하여서도 지급배당금 소득공제 규정이 적용될 수 있는가? 법문언 자체가 내국법인으로 그 적용대상으로 규정한다는 점, 국내사업장이 본점에 송출하는 금원은 배당에 해당되지 않는다는 점 및 국내사업장으로부터 본점에 송금된 금원에 대하여서는 과세권이 미치지 않아서 경제적 이중과세를 조정하기 위한 배당지급금 소득공제 규정을 적용하 는 것이 타당하지 않다는 점에 비추어 외국법인의 국내사업장이 유동화전문회사 등과 동일한 기능을 수행한다고 할지라도 지급배당금 소득공제 규정을 적용할 수는 없다.

'법정 배당가능이익의 범위가 판정된 특정 사업연도와 다른 사업연도'의 잉여금에 대한 배당 결의를 기준으로 특정 사업연도의 소득금액에 대하여 지급배당금 소득공제 규정을 적용할 수 있는가? 법정 배당가능이익의 범위가 판정된 특정 사업연도가 아닌 다른 사업연도에 대한 배당 결의를 기준으로 지급배당금 소득공제 규정을 적용하는 것은 투자기구(investment vehicle)로서 투자수익을 투자자에게 즉시 배당할 것을 유도하여 투자자가 직접 투자한 것과 동일한 경제적 효과를 누리도록 하는 것을 목표로 하는 지급배당금 소득공제 규정의 취지에 비추어 타당하지 않을 뿐만 아니라 내국법인이 소득금액을 그 확정 시점과 무관하게 자신의 의사에 따라 조정 또는 조작할 수 있는 기회를 제공한다는 점에서도 허용될 수 없다. 따라서 지급배당금 소득공제는 '현실적으로 배당한 사업연도'가 아닌 '배당 결의의 대상인 사업연도, 즉 잉여금 처분의 대상이 된 사업연도'에 대하여 적용하여야 한다. 2020년 12월 22일 개정법률 역시 동일한 취지로 개정되었다.

배당가능이익이 귀속되는 사업연도에 대하여 그 다음 사업연도에 배당 결의하였으나 그 배당 결의한 사업연도 내에 배당을 현실적으로 지급하지 않은 경우에도 '배당가능이익이 귀속되는 사업연도'에 대하여 지급배당금 소득공제 규정을 적용하여야 하는가? 법인이 배당 결의를 하고 현실적으로 배당을 지급하지 않는다고 하더라도 법인은 다음에 정하는 각 시점까지 해당 배당을 지급한 것으로 의제되어 원천징수의무를 이행하여야 한다. 즉 법인이 이익 또는 잉여금의 처분에 따른 배당 또는 분배금을 그 처분을 결정한 날부터 3개월이 되는 날까지 지급하지 아니한 경우에는 그 3개월이 되는 날에 그 배당소득을 지급한 것으로 보아 소득세를 원천징수하여야 한다(소세 §131 ① 본문). 다만, 11월 1일부터 12월 31일까지의 사이에 결정된 처분에 따라 다음 연도 2월 말일까지 배당소득을 지급하지 아니한 경우에는 그 처분을 결정한 날이 속하는 과세기간의 다음 연도 2월 말일에 그 배당소득을 지급한 것으로 보아 소득세를 원천징수하여야 한다(소세 §131 ① 단서). 법인세법에 따라 소득처분되는 배당(법세 §67)에 대하여 서는 법인세 과세표준을 결정 또는 경정하는 경우에는 소득금액변동통지서를 받은 날(소세령 §192), 법인세 과세표준을 신고하는 경우에는 그 신고일 또는 수정신고일에 각 그 배당소득을 지급한 것으로 보아 소득세를 원천징수하여야 한다(소세 §131 ②). 배당소득을 지급한 것으로 의제하는 원천징수 관련 규정에 부합되도록 해석하는 것이 타당하므로, 배당소득 지급의제의 경우에도 해당 배당소득이 귀속되는 사업연도에 대하여 지급배당금 소득공제 규정을 적용할 수 있다고 본다.

배당지급시기에 대한 의제규정에도 불구하고 법인이 배당결의한 사업연도가 경과된 시점에도 여전히 배당을 현실적으로 지급하지 않는다면, 이 경우를 어떻게 취급하여야 하는가? 배당 결의가 이루어지면 주주들에게 법인에 대한 배당금 청구권이 발생하고 그 청구권은 법인의 부채로 계상된다. 따라서 현금을 지급한 경우와 동일하게 법인 순자산의 감소라는 효과가 발생한다. 이러한 사정을 감안한다면 법인이 현실적으로 배당을 지급하였는지 여부가 지급배당금 소득공제 규정의 적용에 영향을 미치지 않는다고 해석하는 것이 타당하다. 다만 법인과 주주 사이의 암묵적인 약정 등에 따라 장기간 현실적인 배당이 이루어지지 않았거나 특정 주주가 배당금 청구권의 행사를 포기한 것으로 볼 수 있다면, 이는 법인이 주주에게 현실적인 배당을 하고 다시 법인에 출자한 것으로 의제하는 것이 타당하다. 법인에 대한 주주의 추가적 금원출자 자체에 대하여 원칙적으로 부당행위 계산부인 규정(법세 §52)이 적용될 수 없으므로, 이 경우 특별한 사정이 없는 한 법인세법 상 부당행위계산 부인규정이 적용될 것은 아니다.

유동화전문회사 등의 주주 일부가 수취하는 배당금이 비과세되는 경우에는 지급배당금 소득공제 규정의 적용 자체가 배제되는 것인가? 법문언 상 주주에 대하여 배당금이 비과세되는지 여부가 배당가능이익의 산정에 영향을 미치지 않아서 '배당가능이익의 90% 이상을 배당하였는지 여부'는 주주 단계의 과세 여부와 상관 없이 내국법인 단계에서 판정되어야 한다는 점, 지급배당금 소득공제 규정이 아니라 배당세액공제를 통하여서도 법인과 주주 사이의 경제적 이중과세는 조정될 수 있지만 그 배당세액공제는 해당 배당금이 종합소득금액에 포함되는 경우에 한하여 허용된다는 것에 비추어 보면 법인 단계에서 과세되는지 여부는 다른 주주에 대하여서도 영향을 미치게 되는바 유동화전문회사 등 일부 주주에 대한 비과세로 인하여 다른 주주의 법적 지위에 영향을 미치게 하는 것은 타당하지 않다는 점 및 비과세되는 주주에게 지급된 배당금을 특정할 수 있기 때문에 해당 금액에 대하여 법인 단계에서 소득공제를 부인하는 것이 실행 측면에서 어렵지 않다는 점에 비추어 보면, 유동화전문회사 등 단계에서 요건을 충족한다면 비과세되는 일부 주주에 대한 지급배당금에 대하여 별도로 소득공제를 부인하는 규정을 둘 여지가 있다는 점과 무관하게 다른 주주에 대한 지급배당금에 대하여 그 소득공제를 부인할 수는 없다.

지급배당금 소득공제 규정이 투자회사 단계에서 적용되지 않는 경우 그 법인 주주 단계에서 수입배당금 익금불산입 제도가 적용되는가? 수입배당금 익금불산입 규정(법세 §18, §18의2)은 법인 단계에서 과세된 배당가능이익이 다시 법인 주주 단계에서 과세되는 경제적 이중과세를 조정하기 위한 제도이므로, 법인 단계에서 지급배당금 소득공제 규정이 적용되지 않아 법인세가 과세되는 경우에 대하여 수입배당금 익금불산입 규정이 당연히 적용되어야 한다.

나. 법정 배당가능이익의 산정

법정 배당가능이익은 어떻게 산출하는가? 기업회계기준에 따라 작성한 재무제표상의 **법인세비용 차감 후 당기순이익**에 **이월이익잉여금을 가산**하거나 **이월결손금을 공제**하고, **이익준비금**(상법 §458)**을 차감**한 금액을 말한다(법세령 §86의3 ① 본문). 지급배당금 소득공제 규정을 적용하기 위한 배당가능이익의 산정에 있어서 그 기준이 되는 기업회계기준에 대하여 직접 정의하지는 않는다. '익금과 손금의 귀속사업연도'와 '자산·부채의 취득 및 평가'(법세 §43 ; 법세령 §79)에 관하여 적용되는 기업회계기준에 대한 정의에 따라 해석하는 것이 타당하다. 그렇다면 이 경우 기업회계기준은 다음의 어느 하나에 해당하는 회계기준을 의미한다고 보아야 한다(법세령 §79). 다만 공기업·준정부기관 회계규칙은 영리내국법인의 소득금액 계산과는 무관하다. 중소기업회계기준은 상법에 따른 주식회사의 회계처리와 재무보고에 관한 기준(상법령 §15 3호)을 정함을 목적으로 하고,[7] 구체적으로 적용할 수 있는 기준이 없는 경우 일반기업회계기준을 참조하여 회계처리한다.[8]

> – 한국채택국제회계기준
> – 한국회계기준원이 정한 회계처리기준(외감법 §5 ① 2호, §4)
> – 증권선물위원회가 정한 업종별회계처리준칙
> – 공공기관의 운영에 관한 법률에 따라 제정된 공기업·준정부기관 회계규칙
> – 상법에 따른 회계기준(상법령 §15 3호)
> – 그 밖의 법령에 따라 제정된 회계처리기준으로서 기획재정부장관의 승인을 받은 것

법정 배당가능이익은 기업회계에 따른 법인의 장부에 법인세법 상 세무조정사항이 반영된 금액을 의미하는가? 법인세법은 법정 배당가능이익을 '기업회계기준에 따라 작성한 재무제표' 상의 법인세비용 차감 후 당기순이익에 이월이익잉여금을 가산하거나 이월결손금을 공제하고, 이익준비금(상법 §458)을 차감한 금액(법세령 §86의3 ① 본문)으로 정의한다. '**기업회계기준에 따라 작성한 재무제표**'에는 손익계산서(또는 기타포괄손익계산서) 및 대차대조표(또는 재무상태표)가 포함되는바, 각 재무제표들에는 당기순이익, 이월이익잉여금 및 이월결손금이라는

---

7) 중소기업회계기준 제1조.
8) 중소기업회계기준 제3조 단서.

계정이 각 계상되어 있고 '법인세 비용'이라는 개념 역시 기업회계 상 개념이다. 또한 법인세법은 **법정 배당가능이익의 산정 시 제외되거나 포함되는 항목**(법세령 §86의3 ① 단서, 각 호)에 대하여 별도로 규정하고 있다. 따라서 법정 배당가능이익의 계산을 위한 당기순이익, 이월이익잉여금 및 이월결손금은 법인세법에 특별한 규정이 없는 한 기업회계기준에 따라 계상된 금액을 의미하는 것으로 보아야 한다. 따라서 법정 배당가능이익의 산정을 위한 특별한 규정이 적용되지 않는 한, 기업회계 상 손익의 귀속시기 또는 자산·부채의 평가에 대한 판단이 법인세법 상 손익의 귀속시기 또는 자산·부채의 평가와 나르다는 이유로 법정 배당가능이익의 범위를 달리 판단하는 것은 타당하지 않다.

지급배당금 소득공제 규정 상 배당가능이익과 상법 상 배당가능이익은 동일한 것인가? 상법 상 배당가능이익은 대차대조표의 순자산액에서 자본금, 자본준비금, 이익준비금 및 미실현이익을 공제하는 방식으로 산정된다(상법 §462 ①). 즉 상법은 대차대조표(또는 재무상태표)에 근거하여 배당가능이익을 산정한다. 그러나 지급배당금 소득공제 규정의 적용에 있어서 배당가능이익은 손익계산서(또는 기타포괄손익계산서)의 당기순이익에 대차대조표(또는 재무상태표)의 이월이익잉여금 또는 이월결손금을 반영하는 방식을 통하여 산출된다. 즉 지급배당금 소득공제 규정 상 배당가능이익과 상법 상 배당가능이익은 서로 다른 방식에 의하여 산출된다. 당기순이익(또는 당기순손실)은 결국 이익잉여금 또는 결손금에 반영된다는 점을 감안한다면, 두 방식 모두 원칙적으로 자본금 및 자본잉여금이 아닌 이익잉여금을 배당가능이익으로 포착하려는 입장을 취하는 점에서는 동일하다. 다만 상법상 배당가능이익에는 자본준비금 및 이익준비금의 감소제도(상법 §461)로 인하여 감소된 자본준비금이 배당가능이익에 포함될 수 있다는 점에 유의하여야 한다. 이상과 같이 지급배당금 소득공제 규정 상 배당가능이익과 상법 상 배당가능이익이 원칙적으로 동일한 배당가능이익의 산정을 추구한다는 점에서, 법인세법 역시 적격합병(법세 §44 ②, ③) 또는 적격분할(법세 §46 ②)로 인하여 합병법인 또는 분할신설법인 등에 이전되는 배당가능이익을 통제하기 위한 한도를 설정함에 있어서는 대차대조표(또는 재무상태표) 상 순자산, 자본금, 자본잉여금 등에 근거하는 방식을 취하고 있다(법세령 §86의3 ① 1호, §18 8호, §16 ① 2호). 적격합병 또는 적격분할이 이루어지는 당시 합병법인 또는 분할신설법인 등의 당기순이익이 즉시 확정될 수 없다는 점을 감안하여 상법상 접근방식을 대용적으로 사용하는 것으로 본다.

법정 배당가능이익의 범위를 판정하는 시점은 언제인가? 해당 사업연도에 대한 소득공제 규정의 적용을 위하여서는 배당가능이익의 범위를 판정하여야 한다. 그런데 배당가능이익이 당기순이익 및 이익잉여금 등을 기준으로 확정되므로 배당 여부를 결정할 당시 그 당기순이익 및 이익잉여금 등이 확정되어 있어야 하고, 배당은 이익잉여금의 처분으로서 원칙적으로 해당 사업연도가 종결된 이후 개최되는 주주총회의 의결에 의하여 확정된다. 중간배당(상법 §462의3)의 경우에는 이사회의 결의에 의하여 직전 결산기의 순자산액, 자본금, 자본적립금 및 이익적립금에 근거하여 배당이 결정되나 이로 인하여 당해 결산기를 기준으로 배당가능이익 이 발생하지 못할 우려가 있는 때에는 중간배당을 할 수 없다. 따라서 중간배당 역시 해당 결산기의 확정된 배당가능이익에 의하여 통제된다. 따라서 법정 배당가능이익의 범위는 해당 결산기에 대한 배당 결의 시점을 기준으로 판정되어야 하고, 법정 배당가능이익의 90% 이상을 배당하였는지 여부 역시 동일한 시점을 기준으로 판정하여야 한다. 배당 결의 시점과 현실적인 배당 시점이 다를 수 있는바, 현실적인 배당 시점은 해당 법인 집행부의 의사에 따라 정하여지는 것이므로 이를 기준으로 지급배당금 소득공제 규정의 적용 여부를 결정할 수는 없다. 법정 배당가능이익의 범위가 당기순이익을 기준으로 이에 이월이익잉여금(또는 이월결손금)을 반영하는 방식으로 정하여지므로, **배당 결의 시점과 연결되는 사업연도는 법정 배당가능이익에 포함된 당기순이익이 발생한 사업연도를 기준으로 결정되어야 한다.** 이월이익잉여금(또는 이월결손금)에는 여러 사업연도에 관계된 금액이 누적되어 있으므로 이를 기준으로 배당 결의 시점에 관계된 사업연도를 특정할 수는 없기 때문이다.

　내국법인이 법정 배당가능이익의 범위를 의도적으로 축소하지 않았다면, 그 법정 배당가능이익의 범위가 배당 결의 이후에 증가되는 경우라도 추가적인 배당을 통하여 해당 사업연도에 관한 '배당가능이익의 90% 이상 배당' 요건이 충족된 것으로 할 수 있는가? 법정 배당가능이익의 산정에 있어서 법인세법이 법정 배당가능이익의 산정 시 제외되거나 포함하는 항목에 대한 별도의 규정(법세령 §86의3 ① 단서, 각 호)을 두고 있어서 법정 배당가능이익 범위의 판정시점에 세무조정 사항 역시 반영하여야 할 경우가 있으나, 그 판정시점에 이를 반영하기 어렵거나 그 세무조정사항에 대한 판단이 과세관청의 판단과 다를 수 있다. 또한 내국법인의 단순한 회계상 착오가 발생할 여지 역시 있다. 이러한 경우들에 있어서 내국법인이 의도적으로 배당가능 이익의 범위를 축소한 것이 아니라면, 계속기업의 가정에 비추어 보면 손익의 귀속시기 또는 자산·부채의 평가에 대한 차이는 일시적 차이에 불과할 수 있다는 점, 경제적 실질에 부합하는 과세를 하는 것이 타당하다는 점 및 법인세법 역시 분식회계의 경우에도 경정청구를 인정하고 국세기본법 역시 경정청구 및 후발적 경정청구 제도를 두고 있다는 점을 감안하여 내국법인이 추가적인 배당을 통하여 해당 사업연도에 대한 지급배당금 소득공제 규정의 적용을 유지하도록 허용하는 것이 타당하다. 이 쟁점은 법정 배당가능이익의 범위가 판정된 특정 사업연도가 아닌 다른 사업연도에 대한 배당 결의를 기준으로 지급배당금 소득공제 규정을 적용할 수 있는지 여부와 구분되는 것이다.

지급배당금 상당액이 당해 사업연도의 소득금액을 초과하는 경우 당해 초과금액은 이를 없는 것으로 본다는 규정(법세령 §86의3 ⑧)이 의미하는 바는 무엇인가? 지급배당금 상당액이 당해 사업연도의 소득금액을 초과하는 경우를 '배당 결의한 금액이 법정 배당가능이익의 범위 내인 경우'와 '법정 배당가능이익의 범위를 벗어난 경우'로 구분할 수 있다.

먼저 배당 결의한 금액이 법정 배당가능이익의 범위 내인 경우에 대하여 본다. 법정 배당가능이익의 계산을 위한 당기순이익, 이월이익잉여금 및 이월결손금은 법인세법에 특별한 규정이 없는 한 기업회계기준에 따라 계상된 금액을 의미한다. 이익준비금은 상법에 따라 계산한 금액을 의미한다. 소득금액은 기업회계기준에 따른 당기순이익에 기초하나 법인세법에 따른 별도의 세무조정 사항을 반영하여 계산하고, 이는 이월이익잉여금, 이월결손금 및 이익준비금 자체와 무관하다. '법정 배당가능이익에서 소득금액을 공제한 금액'은 '이월이익잉여금(이월결손금 및 이익준비금 차감)에서 당해 사업연도의 세무조정 순액을 공제한 것'과 동일하다. 따라서 법정 배당가능이익이 당해 사업연도의 소득금액을 초과하는 경우는 이월이익잉여금(이월결손금 및 이익준비금 차감)의 잔액이 당해 사업연도의 세무조정 순액을 초과하는 경우를 의미한다. 이 경우에는 설사 배당 결의된 금액이 소득금액을 초과한다고 하더라도 이는 법정 배당가능이익의 범위 내로서 이익잉여금을 배당재원으로 하므로 이 역시 여전히 배당으로 보아야 한다. 그렇다면 법정 배당가능이익의 범위 내에서 배당 결의한 금액이 소득금액을 초과한 경우 그 초과금액을 없는 것으로 본다는 문언은 당해 사업연도에 대한 지급배당금 소득공제로 인하여 '이월이익잉여금(이월결손금 및 이익준비금 차감)의 잔액이 감소하는 것을 허용하지 않는다는 의미'로 해석하여야 한다.

배당 결의한 금액이 법정 배당가능이익의 범위를 초과하는 경우에 대하여 본다. 배당 결의된 금액이 법정 배당가능이익의 범위를 초과하는 경우 그 초과 배당금액은 그 실질이 배당에 해당되지 않으며, 그 초과 배당금액에 대하여 손금성을 인정할 수도 없다. 법인으로부터 주주에게 유출되는 금원의 성격은 그 경제적 실질에 따라 배당, 출자(자본금 또는 자본잉여금)의 환급 또는 양도대가의 지급으로 분류될 수 있는바, 그 초과 배당금액은 배당 또는 양도대가의 지급에 해당하지 않으므로 이를 '출자의 환급'으로 보아야 한다. 세법상 자본금의 감소에 있어서는 반드시 상법상 감자 절차를 거쳐야 하는 것은 아니나 상법상 절차를 존중하는 것이 타당하므로, 이 경우 출자의 환급은 원칙적으로 '의제배당과세대상이 아닌 세법상 자본잉여금의 감소'로 처리하고 해당 금액을 초과하는 경우에 한하여 '자본금의 감소'로 처리하는 것이 타당하다. 즉 배당 결의한 금액이 법정 배당가능이익의 범위를 초과하는 경우에 당해 초과금액을 없는 것으로 본다는 문언은 해당 초과 배당금액을 '의제배당과세대상이 아닌 세법상 자본잉여금의 감소' 또는 '자본금의 감소'로 처리되어야 한다는 의미로 해석하여야 한다.

내국법인이 법정 배당가능이익의 90% 이상에 대하여 배당 결의한 이후 그 법정 배당가능이익의 범위가 감소되어 해당 배당 결의 금액이 배당가능이익의 범위를 초과하게 되었다면 그 초과금액은 어떻게 처리하여야 하는가? 이 쟁점은 당초부터 법정 배당가능이익의 범위를 초과하여 배당 결의한 경우 해당 초과금액을 어떻게 처리할 것인지와 동일한 것이다. 따라서 법정 배당가능이익의 범위가 향후 감소되어 당초의 배당액 중 일부가 초과배당이 되는 경우 그 초과배당액은 원칙적으로 '의제배당과세대상이 아닌 세법상 자본잉여금의 감소'로 처리하고 해당 금액을 초과하는 경우에 한하여 '자본금의 감소'로 처리하는 것이 타당하다.

법정 배당가능이익의 산정 시 제외되는 항목 역시 있다(법세령 §86의3 ① 단서, 각 호). 즉 '자본준비금을 감액하여 받는 배당' 및 '당기순이익, 이월이익잉여금 및 이월결손금' 중 특정 자산의 평가손익은 위 배당가능이익의 범위에 포함되지 않는다. 이하 항목별로 나누어 구체적으로 살핀다.

첫째, 자본준비금을 감액하여 받는 배당(내국법인이 보유한 주식의 장부가액을 한도)(상법 §461의2)은 위 배당가능이익에서 제외한다(법세령 §86의3 ① 1호, §18 8호, §16 ① 2호). 다만, 법인 잉여금의 전부 또는 일부를 자본이나 출자에 전입함으로써 주주 등인 내국법인이 취득하는 금액 중 '의제배당에 해당하는 특정금액(법세 §16 ① 2호 각 목 이외의 부분 본문)'에 한하여 위 배당가능이익에 포함된다. 따라서 '의제배당에 해당하지 않는 다음 금액'은 여전히 위 배당가능이익의 범위에 포함되지 않는다(법세 §16 ① 2호 각 목).

ⅰ) 자본준비금을 감액하여 받는 배당(상법 §461의2) 중 수익의 익금불산입 항목(법세 §17 ① 각 호)에 해당하는 주식발행액면초과액, 주식의 포괄적 교환차익, 주식의 포괄적 이전차익, 감자차익, 합병차익 및 분할차익이 이에 해당한다. 즉 법인이 수령한 위 익금불산입 금액은 해당 법인의 배당가능이익의 범위에 포함되지 않는다(법세 §16 ① 2호 가목).

수익의 익금불산입 항목에 해당한다고 할지라도 다음 금액은 예외적으로 다시 배당가능이익에 포함된다(법세령 §12 ① 각 호). 법인세법이 이 항목들의 실질을 자본거래가 아닌 손익거래에 따른 익금으로 보아 과세하므로 이를 배당재원이 될 수 있는 배당가능이익에 포함하는 것이다.

① 채무의 출자전환으로 주식 등을 발행하는 경우 주식발행액면초과액 중 그 주식 등의 시가(법세 §52 ②)를 초과하여 발행된 금액(법세 §17 ① 1호 단서)

② 자기주식 또는 자기출자지분을 소각하여 생긴 이익 중 소각 당시 시가(법세 §52 ②)가 취득가액을 초과하거나 소각일부터 2년 이내에 자본에 전입하는 금액

③ 적격합병(법세 §44 ②, ③)을 한 경우 '합병등기일 현재 합병법인이 승계한 재산의 가액 중 그 재산의 피합병법인 장부가액(세무조정사항(법세령 §85 1호)을 반영하기 이전의 장부가액)을 초과하는 금액', '피합병법인의 의제배당대상 자본잉여금(상법 상 자본잉여금(상법 §459 ① ; 법세칙 §8) 및 자산재평가에 따른 재평가적립금(법세칙 §8) 중 법인 잉여금의 전부 또는 일부를 자본이나 출자에 전입함으로 인한 주식배당 중 의제배당에 해당하는 금액(법세 §16 ① 2호 각 목 이외의 부분 본문))' 및 '피합병법인의 이익잉여금에 상당하는 금액'의 합계액. 주식회사 외의 법인은 이 규정을 준용하여 계산한 금액으로 한다. 또한 위 합계액은 합병차익(법세 §17 ① 5호)을 한도로 계산한다.

합병차익은 다음과 같이 계산한다(법세 §17 ① 5호). 상법(상법 §174) 상 합병의 경우로서 소멸된 회사로부터 승계한 재산의 가액이 그 회사로부터 승계한 채무액, 그 회사의 주주에게 지급한 금액과 합병 후 존속하는 회사의 자본금증가액 또는 합병에 따라 설립된 회사의 자본금을 초과한 경우의 그 초과금액을 합병차익으로 계산한다. 합병차익을 계산함에 있어서, 법인세법이 자본금증가액에 대하여서만 언급할 뿐 그 자본금에 연계된 신주발행가액 자체에 대하여서는 언급하지 않는다는 점, 신주발행가액이 언급되지 않으므로 주식발행액면초과액은 합병차익 계산과 무관하다는 점, 자본금의 증가를 전제로 하므로 신주발행이 전제되어야 한다는 점 및 합병차익 자체는 독립된 계정과목이 아니라 여러 계정과목을 통하여 산출된 금액을 의미한다는 점에 대하여 각 유의하여야 한다. 결론적으로 합병차익은 합병대가로서 신주를 발행하는 경우 합병법인에 결과적으로 유입되는 순자산가액이 합병법인(존속법인 또는 신설합병법인)이 계상한 자본금을 초과하는 금액을 의미한다. 그 경위는 다음과 같다. 소멸회사의 주주에게 지급하는 금액은 합병대가를 구성하고, 그 회사의 주주에게 지급하는 금액에는 현물배당 가액 역시 포함된다. '소멸회사 및 그 주주의 입장'에서 합병법인에 출자하는 금액은 '소멸회사의 순자산'에서 '합병대가로서 그 주주에게 교부된 금액'을 제외한 금원으로 한정된다. 그러나 합병거래를 포함하는 기업구조조정 거래의 경우에는 합병법인 등 인수기업이 반드시 그 출자금원에 직접 대응하여 신주를 발행하여야 하는 것은 아니다. 거래당사자들은 기업구조조정 거래 이후의 경제적 성과에 대한 판단 또는 그 기대 등에 기초한 협상을 통하여 신주발행가액을 정한다. 합병법인이 합병대가로서 지급한 신주발행가액이 합병법인이 새롭게 계상하는 자본금을 초과하는 경우 그 초과금액은 주식발행액면초과액으로 계상하여야 하고 이는 자본거래로 인한 수익으로서 익금불산입된다(법세 §17 ① 1호). 그런데 합병차익은 신주발행 가액이 아닌 합병법인에 결과적으로 유입된 순자산이 합병법인이 새롭게 계상하는 자본금을 초과하는 경우 그 초과금액을 의미한다. 이러한 점에서 합병차익은 주식발행액면초과액과 결정적 차이를 보인다.

배당가능이익에 포함하는 금액에 대하여 합병차익을 한도로 설정한 이유는 무엇인가? 합병을 통하여 피합병법인의 배당가능이익이 합병법인에게 승계될 수 있고 그 배당가능이익을 특정하여야 합병법인의 배당가능이익을 특정할 수 있다. 나아가 이를 통하여 합병법인으로부터 유출되는 금액이 배당에 해당하는지 여부를 판정할 수 있다. 그러나 **적격합병**의 경우에는 합병법인의 양도가액을 피합병법인의 합병등기일 현재의 순자산장부가액으로 보아 양도손익이 발생하지 않는 것으로 보므로 합병대가 중 일부가 법인세법 상 무시될 뿐만 아니라 '합병법인의 증가되는 자본금 및 자본잉여금'은 '피합병법인의 소멸하는 자본금, 이익잉여금 및 자본잉여금'과 동일하지 않다. 따라서 '합병법인'의 배당가능이익에 포함될 수 있는 금액을 '피합병법인에서 소멸되는 배당가능이익을 기준으로 산정하여야, 즉 피합병법인을 기준으로 피합병법인으로부터 합병법인에 이전되는 배당가능이익을 산정하는 것이 타당하다. 그런데 합병법인이 피합병법인으로부터 승계할 수 있는 배당가능이익을 산정함에 있어서는 '합병법인에 결과적으로 유입되는 순자산가액을 초과할 수는 없다는 점' 및 '피합병법인으로부터 승계한 순자산가액 중 합병법인이 자본금에 편입한 금액을 바로 합병법인의 배당가능이익으로 볼 수는 없다는 점'을 각 감안하여야 한다. 이상 두 조건을 모두 충족하기 위하여서는, '합병법인이 피합병법인으로부터 승계할 수 있는 배당가능이익'은 '합병법인에 결과적으로 유입되는 순자산가액에서 해당 자본금을 공제한 금액'의 범위 내에서 결정되어야 한다. 즉 합병차익의 범위 내에서 합병법인은 피합병법인의 배당가능이익을 승계할 수 있다고 보아야 한다.

④ **적격분할**(법세 §46 ②)을 한 경우 내국법인이 분할로 해산하는 인적분할을 통하여 그 법인의 자산을 분할신설법인 등(분할신설법인 또는 분할합병의 상대방법인)(법세 §46 ① 각 호 외 부분 전단)에 이전한 경우에 있어서 [**분할신설법인 등이 승계한 재산의 가액이 그 재산의 분할법인 장부가액을 초과하는 경우 그 초과하는 금액**] 및 [**분할에 따른 분할법인의 '자본금' 및 '상법 상 자본잉여금**(상법 §459 ① ; 법세칙 §8)과 자산재평가에 **따른 재평가적립금**(법세칙 §8)' 중 '**의제배당대상 자본잉여금이 아닌 자본잉여금**' 합계액의 **감소액이 '분할한 사업부문의 분할등기일 현재 순자산장부가액**'에 미달한 경우 그 미달금액]의 합계액. 위 합계액은 분할차익(법세 §17 ① 6호)을 한도로 계산한다. 이에 관한 구체적 설명은 합병차익의 경우와 같다. 한편 적격분할의 경우에는 적격합병의 경우와 달리 위 미달금액에 대하여서도 '분할법인의 분할등기일 현재의 분할 전 이익잉여금과 의제배당대상 자본잉여금에 상당하는 금액의 합계액'을 한도로 설정한다.

분할차익은 다음과 같이 계산한다. 상법 상 분할 또는 분할합병(상법 §503의2)으로 **설립된 회사 또는 존속하는 회사에 출자된 재산의 가액이 출자한 회사로부터 승계한 채무액, 출자한 회사의 주주에게 지급한 금액과 설립된 회사의 자본금 또는 존속하는 회사의 자본금증가액을 초과한 경우의 그 초과금액**이 분할차익에 해당한다(법세 §17 ① 6호). 즉 분할차익은 '**분할신설법인 등에 결과적으로 유입된 순자산액**'이 '**분할신설법인 등의 자본금증가액**'을 초과하는 금액을 의미한다. 이에 관한 구체적 설명은 합병차익의 경우와 같다.

분할법인에 계상된 '자본금' 및 '의제배당대상이 아닌 자본잉여금' 합계액의 감소금액이 '분할 사업부문 순자산장부가액'에 미달하는 경우, 그 미달금액을 배당가능이익에 포함하는 이유 및 그 미달금액에 대한 한도를 설정하는 이유는 무엇인가? 분할을 통하여 배당가능이익이 분할법인에서 분할신설법인 등에 승계될 수 있다. 그 배당가능이익이 특정되어야 향후 분할신설법인 등에서 유출되는 금원이 배당에 해당하는지 여부를 판정할 수 있다. 그러나 **적격분할**의 경우에는 분할법인의 양도가액을 분할신설법인 등의 분할등기일 현재의 순자산장부가액으로 보아 양도손익이 발생하지 않는 것으로 보므로 합병대가 중 일부가 법인세법 상 무시될 뿐만 아니라(분할합병의 경우) '분할신설법인 등의 증가되는 자본금 및 자본잉여금'은 '분할법인의 소멸하는 자본금, 이익잉여금 및 자본잉여금'과 동일하지 않다. 따라서 '분할법인의 자본 구성요소'를 기준으로 '분할신설법인 등'의 배당가능이익에 포함될 수 있는 이익잉여금 또는 의제배당대상 자본잉여금을 산정하여야 한다. 한편 **적격분할**의 경우에는 적격합병의 경우와 달리 분할법인과 분할신설법인 등 모두가 장부를 별도로 계상하여야 한다. 따라서 **적격분할의 경우에는 '분할신설법인 등에 승계되는 배당가능이익 전체'뿐만 아니라 '분할법인'의 '자본금 및 의제배당대상이 아닌 자본잉여금 합계액'에 대하여서도 별도로 한도를 설정하여야 한다.** 즉 분할신설법인 등에 승계되는 법인세법 상 배당가능이익 전체를 계산하기 위하여서는, 합병의 경우 합병차익을 한도로 설정하여 승계되는 그 배당가능이익 전체를 통제하는 것처럼, 분할차익을 통하여 분할신설법인 등에 승계되는 배당가능이익 전체에 대하여 통제하여야 하고, 그 밖에도 분할법인의 '자본금 및 의제배당대상이 아닌 자본잉여금 합계액'에 대하여서도 별도로 그 한도를 설정하여야 한다. 그렇지 않으면, 분할법인은 '자본금 및 의제배당대상이 아닌 자본잉여금을 분할신설법인 등에 승계되는 순자산장부가액보다 적게 감소시키는 방법'을 통하여 분할법인 단계의 납입자본을 과다계상하여 배당가능이익을 줄이면서도, '분할신설법인 등에 승계되는 순자산장부가액 감소액'은 여전히 분할신설법인 등에 대한 출자금액에 포함되어 분할신설법인의 자본잉여금 형태로 승계될 수 있기 때문이다. 따라서 그 차액을 분할법인 단계에서 배당가능이익에 추가하여야 한다. 한편 배당가능이익에 포함되는 금액은 종국적으로 분할법인의 분할등기일 현재의 분할 전 '이익잉여금과 의제배당대상 자본잉여금에 상당하는 금액의 합계액'을 초과할 수는 없는 것이므로, 해당 금액을 한도로 설정하여야 한다.

ⅱ) 자산재평가법에 따른 재평가적립금(토지의 재평가차액(재평가 §13 ① 1호)에 상당하는 금액은 제외(법세 §16 ① 2호 나목). 자산재평가법에 의하여 적립된 재평가적립금을 1995년 1월 1일 이후 자본에 전입하는 경우에는 의제배당 과세대상에서 제외된다. 그러나 1998년 4월 10일 자산재평가법 개정을 통하여 1984년 1월 1일 이후 취득한 토지와 1983년 12월 31일 이전 취득한 토지 중 1984년 1월 1일 이후 1회 재평가한 토지 역시 재평가를 할 수 있게 되었다. 그 토지 재평가차액에 대하여서는 1%의 재평가세를 부과되나 압축기장충당금의

계상을 통하여 향후 토지를 처분하는 시점까지 과세를 이연된다. 개정된 자산재평가법에 상응하여 1998년 12월 28일 개정된 법인세법은 토지 재평가차액을 의제배당 과세대상 잉여금의 범위에 포함하였다. 즉 1999년 1월 1일 이후 재평가적립금 중 익금에 산입되는 재평가차액(1% 세율 적용분)에 상당하는 금액을 자본에 전입하는 경우에는 그 금액은 의제배당 과세대상이 된다. 따라서 자산재평가법에 따른 재평가적립금을 자본에 전입하는 경우 해당 금액은 배당가능 이익에 포함되지 않지만, 토지의 재평가차액의 경우에는 해당 금액이 배당가능이익에 포함된다.

둘째, 당기순이익, 이월이익잉여금 및 이월결손금 중 특정 자산(법세령 §73 2호 가목~다목)**의 평가손익**은 위 배당가능이익에서 제외한다(법세령 §86의3 ① 2호 본문). 즉 주식 등, 채권 및 집합투자재산(자본시장 §9 ⑳)에 대한 평가손익은 위 배당가능이익에서 제외한다. 다만 법령(법세령 §75 ③)에 따라 시가법으로 평가한 투자회사 등의 특정 자산(법세령 §73 2호 다목)의 평가손익은 배당가능이익에 포함한다. 즉 투자회사 등이 보유한 집합투자재산(자본시장 §9 ⑳)에 대하여 시가법에 따라 평가한 손익은 배당가능이익에 포함한다. 투자회사 등이 보유하는 집합투자재산 을 시가법에 따라 평가한 손익을 투자회사 등의 영업손익에 해당하는 것으로 보아야 하기 때문이다. 또한 이와 동일한 맥락에서 부동산투자회사법에 따른 위탁관리 부동산투자회사 및 기업구조조정 부동산투자회사가 보유한 자산의 평가손익 역시 배당가능이익에 포함된다. 그런데 환매금지형집합투자기구(자본시장 §230)가 보유한 시장성 없는 자산(자본시장령 §242 ②)은 집합투자재산(자본시장 §9 ⑳)이지만 원가법 또는 시가법 중 해당 환매금지형집합투자기구가 납세지 관할 세무서장에게 신고한 방법에 따라 평가하되, 그 방법을 이후 사업연도에 계속 적용하여야 한다(법세령 §75 ③ 단서). 만약 환매금지형집합투자기구가 신고를 통하여 원가법으로 평가한다면 이는 배당가능이익에서 제외하여야 한다. 법령에 따라 시가법으로 평가한 경우에 해당하지 않기 때문이다.

법령은 특정 자산의 평가와 관련하여 '주식 등' 및 '투자회사 등'이라는 문언을 별도로 정의하지 않고 사용하는바 이는 타당하지 않다. **'주식 등'**은 주식회사의 주식 또는 다른 형태인 회사의 출자지분을 의미하는 것으로 보아야 한다. **'투자회사 등'**은 자본시장과 금융투자업에 관한 법률이 규정하는 회사 형태의 집합투자기구(자본시장 §194~§217의2)로 해석하는 것이 타당하다. 회사 형태의 집합투자기구에는 투자회사, 투자유한회사, 투자합자회사 및 투자유한책임회사가 있다.

특정 자산에 대한 평가손익을 배당가능이익에서 공제하는 위 규정은 당기순이익뿐만 아니라 이월이익잉여금 및 이월결손금에 대하여서도 적용된다는 점에 유의하여야 한다.

다. 적격유사법인 및 의제유사법인

적격유사법인은 2020년 12월 22일 개정법률에 의하여 삭제되었고 시행령 등 역시 2021년 2월 17일 개정 시행령에 의하여 삭제되었으나, 개정 전 법률의 해석을 위하여 다음과 같이 살핀다.

적격유사법인(법세 §51의2 ① 9호)이 되기 위하여서는 해당 각 요건들을 충족하여야 하나, 이와 무관하게 **적격유사법인으로 의제되는 경우 역시 있다.** 적격법인과 유사한 투자회사가 주택법에 따라 주택건설사업자와 공동으로 주택건설사업을 수행하는 경우로서 그 자산을 주택건설사업에 운용하고 해당 수익을 주주에게 배분하는 때에는 적격유사법인의 요건을 갖춘 것으로 본다(법세령 §86의3 ③). 이러한 의제규정을 법률 상 위임규정이 없이 시행령 단계에서 규정하는 것은 타당하지 않다. '적격법인과 유사한 투자회사'는 '적격유사법인의 요건을 갖춘 투자회사'로 보아야 할 것이다. 그렇다면 이 규정이 적격유사법인의 요건(법세 §51의2 ① 9호)을 갖춘 투자회사라고 할지라도 다른 사업자와 공동으로 사업을 운용한다면 원칙적으로 '특정사업을 운용하여야 한다'는 요건(법세 §51의2 ① 9호 가목)을 충족하지 못한 것으로 보아야 하나 그 투자회사가 주택법에 따라 주택건설사업자와 공동으로 주택건설사업을 수행하는 경우에 한하여 위 특정사업 운용 요건을 충족한 것으로 본다는 점을 분명히 한 것으로 해석하여야 한다.

라. 지급배당금 소득공제 적용의 예외

'배당을 받은 주주 등에 대하여 법인세법 또는 조세특례제한법에 따라 그 배당에 대한 소득세 또는 법인세가 **비과세**되는 경우' 및 '배당을 지급하는 내국법인이 주주 등의 수 등을 고려한 **법정 사모법인**(법세령 §86의3 ⑩)인 경우'에는 설사 해당 법인이 적격법인 및 적격유사법인에 해당한다고 할지라도 지급배당금 소득공제 규정이 적용되지 않는다(법세 §51의2 ②). 법인과 주주 등 사이의 경제적 이중과세를 조정할 필요가 없기 때문이다.

다만 배당을 받은 주주 등에 대하여 비과세되는 전자의 경우에도 배당을 받은 주주 등이 동업기업과세특례(조특 §100의15 ①)를 적용받는 동업기업인 경우로서 그 동업자들(그 동업자들의 전부 또는 일부가 **상위 동업기업**(조특 §100의15 ③)에 해당하는 경우에는 그 상위 동업기업에 출자한 동업자들)에 대하여 배분받은 배당(조특 §100의18 ①)에 해당하는 소득에 대한 소득세 또는 법인세가 전부 과세되는 경우는 위 소득공제 규정이 적용된다(법세 §51의2 ② 1호 단서). 이 경우에는 비록 주주 등인 동업기업에 대하여서는 소득세 또는 법인세가 과세되지 않으나 그 동업자들에 대하여서는 과세되는 것이어서 배당을 하는 내국법인과 동업기업의 동업자들 사이의 경제적 이중과세를 조정할 필요가 있기 때문이다. **투자신탁**에 대하여 배당된 경우 비록 투자신탁 단계에서 과세되지 않는다고 할지라도 그 수익자에 대하여 과세된다면 이 경우에도 지급배당금 소득공제 규정이 적용되어야 한다. 법인세법 상 신탁재산에 귀속되는 소득은 그 신탁의 이익을 받을 수익자(수익자가 특정되지 아니하거나 존재하지 아니하는 경우에는 그 신탁의 위탁자 또는 그 상속인)가 그 신탁재산을 가진 것이므로(법세 §5 ①, ③), 투자신탁에 지급된 배당이 그 수익자 등에게 지급된 것으로 보아 지급배당금 소득공제 규정의 적용 여부를 판정하여야 하기 때문이다.

'배당에 대한 소득세 또는 법인세가 비과세되는 경우'는 반드시 법인세법 또는 조세특례제한 법 상 비과세 소득으로 열거된 경우만을 의미하는가? 법인세법은 배당에 대한 소득세 또는 법인세가 비과세되는 경우에 대한 적용의 예외로서 동업기업 과세특례에 대하여서는 동업자에 대하여 소득세 또는 법인세가 '전부 과세'되는 경우에는 지급배당금 소득공제를 적용한다고 규정한다(법세 §51의2 ② 1호 단서). 조세특례제한법은 동업기업 단계에서 발생한 소득을 비과세 소득으로 규정하는 것이 아니라 동업기업이 아닌 동업자가 납세의무를 부담하도록 규정하고 있을 뿐이다. 그렇다면 배당에 대한 소득세 또는 법인세가 비과세되는 경우에는 비과세소득으로 열거된 경우뿐만 아니라 해당 주주 단계에서 소득세 또는 법인세가 과세되지 않는 경우 역시 포함되는 것으로 보아야 한다. 다만 법인세법이 동업기업이 아닌 동업자 단계에서 '전부 과세'되는 경우로 한정한다는 점을 감안한다면, 법인세법이 투자회사의 주주에 대한 배당에 대하여 그 주주 단계에서는 소득세 또는 법인세가 전부 과세되지 않고 그 다음 단계의 주주에 대하여 전부 과세되는 경우에 한하여 예외적으로 지급배당금 소득공제를 허용하는 것으로 보는 것이 타당하다. **주주 단계에서 동업기업 과세특례가 적용되는 경우뿐만 아니라 수취배당금 익금불산 입 규정 또는 지급배당금 소득공제 규정이 적용되는 경우에도 '배당에 대한 소득세 또는 법인세가 비과세되는 경우'에 포함되는가?** 수취배당금 익금불산입 규정 또는 지급배당금 소득공제 규정이 적용되는 경우에는 동업기업 과세특례가 적용되는 경우와 달리 출자비율 또는 배당금액에 따라서 비과세되는 금액이 달라질 수 있어서 투자회사로부터 받은 배당의 일부에 대하여서만 과세되지 않는 경우 역시 있다. 그렇다면 동업기업 과세특례의 경우 전부 과세되는 경우와 동일하다고 판정되는 범위에서만, 즉 배당금 전액에 대하여 주주 단계에서 수취배당금 익금불산입 또는 지급배당금 소득공제가 적용되는 경우에 한하여 동업기업 과세특례에 대한 예외 규정을 유추적용할 수 있다고 본다.

법정 사모법인은 '사모방식으로 설립되었을 것' 및 '개인 등(개인 2인 이하 또는 개인 1인 및 그 친족)이 발행주식총수 또는 출자총액의 100분의 95 이상의 주식 등을 소유할 것(다만, 개인 등에게 배당 및 잔여재산의 분배에 관한 청구권이 없는 경우를 제외)' 두 요건을 모두 충족한 법인을 의미한다(법세령 §86의3 ⑩). 법정 사모법인의 경우에는 법인과 주주를 구분하는 것이 무의미하다는 점을 고려한 것으로 보이나, 그 타당성에는 의문이 있다. 법인을 주주인 개인들의 지갑으로 활용하는 경우에는 오히려 배당을 유도하여 주주인 개인 단계에서 과세되도록 유도하는 것이 보다 타당하기 때문이다. 공모적 성격의 투자기구에 있어서는 소수 주주의 의사에 의하여 법인에 이익을 유보하는 것이 불가능하지만 사모의 경우에는 법인 단계에서의 배당 여부가 소수 주주의 의사만에 의하여 결정될 수 있으며 법인 단계에서의 세부담이 개인 주주 단계의 세부담보다 가볍다면 개인 주주들은 설사 법인세를 부담한다고 할지라도 법인에 소득을 유보하려는 유인을 가질 것이기 때문이다. 오히려 배당하지 않을 경우에도 배당한 것으로 의제하여 과세하는 것이 타당하다.

3.2. 프로젝트금융투자회사에 대한 소득공제

법인세법 상 투자회사(법세 §51의2 ①)와 유사한 투자회사로서 다음 각 호의 요건을 모두 갖춘 법인이 2025년 12월 31일 이전에 끝나는 사업연도에 대하여 법정 배당가능이익(조특령 §104의28 ① : 법세령 §86의3 ①)의 100분의 90 이상을 배당한 경우 그 배당금액은 해당 배당을 결의한 잉여금 처분의 대상이 되는 사업연도의 소득금액에서 공제한다(조특 §104의31 ①). 이 경우 법인은 과세표준신고(법세 §60)와 함께 소득공제신청서(법세칙 §61)를 납세지 관할 세무서장에게 제출해야 한다(조특 §104의31 ⑤ : 조특령 §104의28 ⑧). 동업기업의 경우에는 소득공제신청을 할 때 동업기업으로부터 법정신고기한(조특 §100의23 ①)까지 제출받은 동업기업과세특례적용 및 동업자과세여부 확인서(법세칙 §61)를 추가로 첨부해야 한다(조특령 §104의28 ⑨). 법인세법 상 소득공제 배제요건(법세 §51의2 ② 각 호)을 갖춘 경우에는 위 소득공제를 적용하지 않는다(조특 §104의31 ②).

1. 회사의 자산을 설비투자, 사회간접자본 시설투자, 자원개발, 그 밖에 상당한 기간과 자금이 소요되는 특정사업에 운용하고 그 수익을 주주에게 배분하는 회사일 것. 이 경우 주택법에 따라 주택건설사업자와 공동으로 주택건설사업을 수행하는 경우로서 그 자산을 주택건설사업에 운용하고 해당 수익을 주주에게 배분하는 때에는 이 요건을 갖춘 것으로 본다(조특령 §104의28 ②).
2. 본점 외의 영업소를 설치하지 아니하고 직원과 상근하는 임원을 두지 아니할 것
3. 한시적으로 설립된 회사로서 존립기간이 2년 이상일 것
4. 상법이나 그 밖의 법률의 규정에 따른 주식회사로서 발기설립의 방법으로 설립할 것
5. 발기인이 기업구조조정투자회사법 상 발기인 배제요건(구조조정투자 §4 ② 각 호) 중 어느 하나에 해당하지 아니하고 법정 요건(조특령 §104의28 ③)을 충족할 것
6. 이사가 기업구조조정투자회사법 상 이사 배제요건(구조조정투자 §12 각 호) 중 어느 하나에 해당하지 아니할 것
7. 감사는 기업구조조정투자회사법 상 감사 자격요건(구조조정투자 §17)에 적합할 것. 이 경우 "기업구조조정투자회사"는 "회사"로 본다.
8. 자본금 규모, 자산관리업무와 자금관리업무의 위탁 및 설립신고 등에 관하여 법정 요건(조특령 §104의28 ④, ⑤, ⑥)을 갖출 것

배당금액이 해당 사업연도의 소득금액을 초과하는 경우 그 **초과배당금액**은 해당 사업연도의 다음 사업연도 개시일부터 **5년 이내**에 끝나는 각 사업연도로 **이월하여** 그 이월된 사업연도의 소득금액에서 **공제**할 수 있다(조특 §104의31 ③ 본문). 다만, 내국법인이 이월된 사업연도에 배당가능이익의 100분의 90 이상을 배당하지 아니하는 경우에는 그 초과배당금액을 공제하지 아니한다(조특 §104의31 ③ 단서). **이월된 초과배당금액**을 해당 사업연도의 소득금액에서 공제하는 경우에는 **다음 각 호의 방법에 따라 공제**한다(조특 §104의31 ④).

1. 이월된 초과배당금액을 해당 사업연도의 배당금액보다 먼저 공제할 것
2. 이월된 초과배당금액이 둘 이상인 경우에는 먼저 발생한 초과배당금액부터 공제할 것

3.3. 자기관리 부동산투자회사의 신축 국민주택 임대소득공제

자기관리 부동산투자회사(부동산투자 §2 1호 가목)가 2009년 12월 31일 이전에 법정 국민주택(조특령 §51의2 ③)을 신축하거나 취득 당시 입주된 사실이 없는 국민주택을 매입하여 임대업을 경영하는 경우에는 그 임대업으로부터 최초로 소득이 발생한 사업연도(임대사업 개시일부터 5년이 되는

날이 속하는 사업연도까지 그 사업에서 소득이 발생하지 아니하는 경우에는 5년이 되는 날이 속하는 사업연도)와 그 다음 사업연도 개시일부터 5년 이내에 끝나는 사업연도까지 국민주택을 임대함으로써 발생한 소득금액의 100분의 50에 상당하는 금액을 각 사업연도의 소득금액에서 공제한다(조특 §55의2 ④). 자기관리 부동산투자회사가 소득공제를 적용받는 사업과 그 밖의 사업을 겸영하는 경우에는 구분하여 경리(법세 §113)하여야 한다(조특 §55의2 ⑥).

3.4. 자기관리 부동산투자회사의 공공지원 민간임대주택 등 임대소득 공제

자기관리 부동산투자회사(부동산투자 §2 1호 가목)가 2021년 12월 31일 이전에 공공지원민간임대주택(민간임대 §2 4호) 또는 장기일반민간임대주택(민간임대 §2 5호)으로서 법정 규모(조특령 §51의2 ④ 1호) 이하의 주택 또는 그 밖의 주택으로서 법정 규모(조특령 §51의2 ④ 2호) 이하의 주택을 신축하거나 취득 당시 입주된 사실이 없는 위 주택을 매입하여 임대업을 경영하는 경우에는 그 임대업으로부터 최초로 소득이 발생한 사업연도(임대사업 개시일부터 5년이 되는 날이 속하는 사업연도까지 그 사업에서 소득이 발생하지 아니하는 경우에는 5년이 되는 날이 속하는 사업연도)와 그 다음 사업연도 개시일부터 8년(그 밖의 주택으로서 법정 규모(조특령 §51의2 ④ 2호) 이하의 주택의 경우에는 5년) 이내에 끝나는 사업연도까지 해당 주택을 임대함으로써 발생한 소득금액의 100분의 100에 상당하는 금액을 각 사업연도의 소득금액에서 공제한다(조특 §55의2 ⑤). 자기관리 부동산투자회사가 소득공제를 적용받는 사업과 그 밖의 사업을 겸영하는 경우에는 구분하여 경리(법세 §113)하여야 한다(조특 §55의2 ⑥).

Ⅲ 내국법인 각 사업연도 소득에 대한 과세표준 계산의 특례

외국법인 등과의 거래에 대한 소득금액 계산의 특례(법세 §53), 기능통화를 도입한 법인의 과세표준 계산 특례(법세 §53의2), 해외사업장의 과세표준 계산 특례(법세 §53의3), 조합법인의 과세표준 계산 특례(조특 §72), 및 해운기업의 과세표준 계산 특례(조특 §104의10 ①)가 내국법인의 각 사업연도의 과세표준 계산에 대한 특례에 해당한다.

이하 위 순서대로 살핀다.

1. 기능통화를 도입한 법인의 과세표준 계산 특례

1.1. 기능통화를 도입한 법인의 과세표준 계산 특례 일반

기업회계기준에 따라 원화 외의 통화를 기능통화로 채택하여 재무제표를 작성하는 내국법인의 과세표준 계산은 다음 각 과세표준계산방법 중 납세지 관할 세무서장에게 신고한 방법에 따른다(법세 §53의2 ① 본문). 다만, 최초로 과세표준계산방법 중 제2호 또는 제3호의 방법을 신고하여 적용하기 이전 사업연도의 소득에 대한 과세표준을 계산할 때에는 그 제1호의 방법을 적용하여야 하며, 같은 연결집단에 속하는 연결법인은 같은 과세표준계산방법을 신고하여 적용하여야 한다(법세 §53의2 ① 단서).

이상의 특례를 **기능통화를 도입한 법인의 과세표준 계산 특례**라고 한다.

> 1. 원화 외의 기능통화를 채택하지 아니하였을 경우에 작성하여야 할 재무제표를 기준으로 과세표준을 계산하는 방법
> 2. 기능통화로 표시된 재무제표를 기준으로 과세표준을 계산한 후 이를 원화로 환산하는 방법
> 3. 재무상태표 항목은 사업연도 종료일 현재의 환율, 포괄손익계산서(포괄손익계산서가 없는 경우에는 손익계산서를 말한다. 이하 같음) 항목은 해당 거래일 현재의 환율(대통령령으로 정하는 항목의 경우에는 해당 사업연도 평균환율로 함)을 적용하여 원화로 환산한 재무제표를 기준으로 과세표준을 계산하는 방법

기능통화는 무엇을 의미하는가? 기능통화를 도입한 법인의 과세표준 계산 특례는 '기업회계기준에 따라 원화 외의 통화를 기능통화로 채택한 경우'에 대한 것이므로 법인세법에 특별한 정함이 없는 한, 기능통화의 의미는 기업회계기준에서 찾아야 한다. 법인세법은 기능통화에 대하여 정의하지 않는다. 한국채택 국제회계기준(K-IFRS)에 따르면, 기능통화는 **'영업활동이 이루어지는 주된 경제 환경의 통화'**를 의미한다.[9] '일반적으로 영업활동이 이루어지는 주된 경제 환경'은 **주로 현금을 창출하고 사용하는 환경**을 말한다.[10] 기능통화가 초인플레이션 경제의 통화일 경우에는 기업회계기준서 제1029호 '초인플레이션 경제에서의 재무보고'에 따라 재무제표를 재작성하여야 한다.[11]

---

9) 기업회계기준서 제1021호 환율변동효과 문단 8.
10) 기업회계기준서 제1021호 환율변동효과 문단 9.
11) 기업회계기준서 제1021호 환율변동효과 문단 14.

기능통화를 도입한 법인의 과세표준 계산 특례는 '기업회계기준에 따라 원화 외의 통화를 기능통화로 채택한 경우'에 대하여 적용되므로, 기능통화를 결정하는 과정 및 기능통화를 통한 거래의 보고 등에 대하여 규정하는 기업회계기준[12]에 위반하는 경우에는 법인세법 상위 특례규정을 위반하는 결과에 이르게 된다.

과세표준계산방법 중 제2호 또는 제3호의 방법을 신고하여 적용하는 법인은 최초로 그 과세표준계산방법을 적용하려는 사업연도의 신고(법세 §60)와 함께 납세지 관할 세무서장에게 과세표준계산방법신고서(법세칙 §82)를 제출하여야 한다(법세령 §91의2 ①).

과세표준계산방법 중 제2호 또는 제3호의 방법을 신고하여 적용하는 법인은 기능통화의 변경, 과세표준계산방법이 서로 다른 법인 간 합병 등 **법정 사유**(법세령 §91의2 ②)**가 발생한 경우 외에는 과세표준계산방법을 변경할 수 없다**(법세 §53의2 ②). **법정 사유**는 '기능통화를 변경한 경우', '과세표준계산방법이 서로 다른 법인이 합병(분할합병을 포함)한 경우', '과세표준계산방법이 서로 다른 사업자의 사업을 인수한 경우' 및 '연결납세방식을 최초로 적용받는 내국법인의 과세표준계산방법이 해당 연결집단의 과세표준계산방법과 다른 경우(해당 연결집단의 과세표준계산방법으로 변경하는 경우만 해당)'를 의미한다. 법정 사유가 발생하여 과세표준계산방법을 변경하려는 경우에는 변경된 과세표준계산방법을 적용하려는 사업연도 종료일까지 납세지 관할 세무서장에게 과세표준계산방법변경신청서(법세칙 §82)를 제출하여야 한다(법세령 §91의2 ③). 관할 세무서장은 사업연도 종료일부터 1개월 이내에 그 승인 여부를 결정하여 통지하여야 한다(법세령 §91의2 ④). 위 기간 내 통지하지 않은 경우에는 변경을 승인한 것으로 보아야 한다. 법인이 승인을 받지 아니하고 과세표준계산방법을 변경한 경우 과세표준은 변경하기 전의 과세표준계산방법에 따라 계산한다(법세령 §91의2 ⑤).

과세표준계산방법 중 제2호 또는 제3호의 방법을 적용하는 법인이 기능통화를 변경하는 경우에는 기능통화를 변경하는 사업연도의 소득금액을 계산할 때 '개별 자산·부채별'로 **'변경 후 기능통화로 표시된 해당 사업연도의 개시일 현재 해당 자산·부채의 장부가액'에서 '변경 전 기능통화로 표시된 직전 사업연도의 종료일 현재 자산·부채의 장부가액에 해당 자산·부채의 취득일 또는 발생일의 환율을 적용하여 변경 후 기능통화로 표시한 금액'**을 뺀 금액을 익금에 산입하고 그 상당액을 법정 절차(법세령 §92의2 ⑧)에 따라 **일시상각충당금**(법세령 §64 ③) 또는 **압축기장충당금**(법세령 §64 ③)으로 계상하여 손금에 산입한다(법세 §53의2 ③). 법인이 과세표준계산방법 중 제2호 또는 제3호의 방법을 최초로 사용하는 경우 역시 동일하게 취급하고,

---

12) 기업회계기준서 제1021호 환율변동효과.

이 경우 변경 전 기능통화는 원화로 본다(법세 §53의2 ④). 이 경우 환율은 해당하는 날의 매매기준율 등으로 하고, 사업연도 평균환율은 '해당 사업연도 매일의 외국환거래규정에 따른 매매기준율 또는 재정된 매매기준율의 합계액을 해당 사업연도의 일수로 나눈 금액(법세칙 §44의2)으로 한다(법세령 §91의3 ⑤).

기능통화를 변경함으로 인하여 자산의 장부가액이 증가하거나 부채의 장부가액이 감소하는 경우에는 법인의 순자산이 증가하므로 그 증가액을 익금에 산입하여 과세대상에 포함시켜야 한다. 그러나 기능통화를 변경하는 것을 법인의 영업수익 등이 실현된 경우와 동일시하는 것이 타당하지 않은 측면이 있으므로, 해당 **기능통화 변경효과가 반영된 자산·부채의 장부가액에 대한 차감계정으로서 일시상각충당금 또는 압축기장충당금을 계상**하여 해당 익금산입액에 대응하는 손금을 인위적으로 발생시킨 다음 해당 손금액이 나중에 다시 익금에 산입되도록 하는 방법을 통하여 당초 익금산입액에 대한 과세를 이연하는 것이다. 이러한 결과는 법인세법은 기능통화의 변경으로 인한 순자산의 증가액을 그 장부가액에 반영하지 않는 경우와 동일하다. 법인세법이 기능통화의 변경으로 인하여 발생한 법인 순자산의 증가액이 반영한 가액으로 장부가액을 계상하면서도 최종적으로는 그 경제적 실질에 부합하는 결과를 얻도록 결단한 것이다.

한편 기업회계 상 순자산과 세법상 순자산 사이의 일시적 차이를 세무조정하기 위하여 자본금과 적립금조정명세서(을)에 유보 또는 △유보로 소득처분하는 것인바, 유보 또는 △유보의 소득처분은 위 일시적 차이가 해소되는 시점에 다시 △유보 또는 유보로 소득처분된다. 따라서 법인세법이 장부가액을 기능통화의 변경으로 인하여 발생한 법인 순자산의 증가액이 반영된 가액으로 계상하는 경우에는 기업회계상 장부가액과 법인세법상 장부가액이 동일하여 사후관리를 할 필요가 없고 그 순자산 증가액이 사외로 유출된 것도 아니므로 익금에 산입한다고 하더라도 유보 또는 사외유출(배당, 상여, 기타 사외유출, 기타소득)로 소득처분할 수 없다. 한편 '특정 통화로 표시된 금액을 변동된 환율을 사용하여 다른 통화로 환산할 때 생기는 차이'를 '외환차이'라고 하는바,[13] 외환차이는 기타포괄손익으로 인식한다.[14] 기타 소득처분은 세법상 익금 또는 손금에 산입하지만 해당 항목이 기업회계 상 당기순이익에 반영되지 않았을 뿐 기업회계 상 자본을 구성하는 별도의 항목(자본잉여금·자본조정·이익잉여금·기타포괄손익누계액)[15]에 이미 반영되어 있는 경우에 하는 소득처분이다. 따라서 기능통화의 변경으로

---

13) 기업회계기준서 제1021호 문단 8.
14) 기업회계기준서 제1021호 문단 20~37.
15) 자본금 자체는 감자 또는 증자 절차를 거쳐야 변경할 수 있다.

인하여 발생한 법인 순자산의 증가액은 '기타'로 소득처분하여야 한다. 다만 일시상각충당금 또는 압축기장충당금으로 계상하여 손금에 산입한 금액은 해당 금액 상당의 일시적 차이가 해소되는 시점에 다시 익금에 산입되어야 할 것이므로 △유보로 소득처분하여 사후관리를 하여야 한다.

　　감가상각자산에 대하여서는 일시상각충당금을, 그 외의 자산에 대하여서는 압축기장충당금을 설정한다(법세령 §64 ③). 감가상각 대상에 해당하는지 여부에 따라 손금에 산입된 금액을 다시 익금에 산입하는 등 사후 관리하는 방법이 다르기 때문에 별도의 명칭을 사용하여 충당금을 설정하는 것이다. 즉 손비로 계상한 일시상각충당금은 해당 사업용자산의 감가상각비(취득가액 중 해당 일시상각충당금에 상당하는 부분에 대한 것에 한정)와 상계하고, 해당 자산을 처분하는 경우에는 상계하고 남은 잔액을 그 처분한 날이 속하는 사업연도에 전액 익금에 산입한다(법세령 §64 ④ 1호). 손비로 계상한 압축기장충당금은 당해 사업용 자산을 처분하는 사업연도에 이를 전액 익금에 산입한다(법세령 §64 ④ 2호). 해당 사업용자산의 일부를 처분하는 경우의 익금산입액은 해당 사업용자산의 가액 중 일시상각충당금 또는 압축기장충당금이 차지하는 비율로 안분계산한 금액으로 한다(법세령 §64 ⑤).

　　기능통화를 변경함으로 인하여 자산의 장부가액이 감소하거나 부채의 장부가액이 증가하는 경우에 그 상당액을 손금에 산입하지 않는 이유는 무엇인가? 기능통화를 변경함으로 인하여 자산의 장부가액이 감소하거나 부채의 장부가액이 증가하는 경우에는 법인의 순자산이 감소하므로 그 감소액을 손금에 산입하여야 한다. 그러나 법인세법은 그 감소액을 손금에 산입한다고 규정하지 않는다. 법인세법 상 장부가액을 기능통화의 변경으로 인한 순자산 감소분이 반영된 가액으로 계상한다면 향후 자산이 감가상각되거나 처분되는 경우 및 부채가 소멸하는 경우에 '감가상각액의 감소' 및 '처분이익 또는 채무소멸익의 증가'가 발생한다. 그렇다면 법인 순자산의 감소액은 손금에 산입하지 않으면서 향후 해당 금액에 대하여 추가적으로 과세하는 불합리한 결과가 발생한다. 따라서 법인세법이 기능통화의 변경으로 인한 위 자산·부채에 대한 순자산의 감소분을 손금에 산입한다는 규정을 두지 않는 것을 법인세법이 기업회계기준과 달리 그 순자산의 감소분을 세법 상 장부가액에 반영하지 않는다는 취지로 규정한 것으로 보아야 한다. 즉 법인세법은 기업회계 상 순자산 감소를 부인하여 익금에 산입하고 향후 감가상각 또는 처분 등이 이루어지는 시점에 해당 금액만큼 익금불산입하는 입장을 취한 것이다.

　　'특정 통화로 표시된 금액을 변동된 환율을 사용하여 다른 통화로 환산할 때 생기는 차이'를 '외환차이'라고 하는바,[16] 외환차이는 기타포괄손익으로 인식한다.[17] 즉 기업회계는 기능통화의 변경으로 인하여 발생한 법인 순자산의 감소액을 기타포괄손익에 반영한다. 법인세법이 기업회계 상 순자산의 감소를 인정하지 않음에도 기업회계가 순자산을 과소계상하면서 이를 당기순이익이 아닌 기타포괄손익이라는 자본항목에 반영한 것이므로 먼저 기타포괄손익에 계상한 금액을 손금산입한 후 그 손금산입액을 부인하여야 한다. 기타포괄손익에 계상한 금액을 손금에 산입하는 경우에는 이미 해당 금액이 자본을 구성하는 기타포괄손익에 반영되어 있으므로 기타로 소득처분하고, 그 손금산입액을 부인하여 익금산입(유보)로 소득처분하여야 한다. 유보된 금액은 향후 기업회계상 장부가액과 법인세법상 장부가액 사이의 일시적 차이가 해소되는 시점에 익금불산입(△유보)로 소득처분된다.

기능통화로 변경하는 대상은 기업회계 상 계정과목으로 한정되는가? 기업회계기준서에 따르면 당연히 기능통화로 변경하는 대상이 기업회계 상 계정과목에 한정될 수밖에 없다. 그러나 본조는 과세표준계산방법에 관한 특례에 관한 것이므로, 과세표준의 계산에 있어서 세무조정사항은 당연히 반영되어야 한다. 세무조정사항과 기업회계 상 계정과목에 대한 평가가 달라지는 경우에는 세법 상 취급에 있어서 정합성을 잃게 되어 많은 실무상 문제점을 야기할 뿐만 아니라 이를 합리화할 수 있는 규범상 논거 역시 없다. 따라서 세무조정사항 역시 기업회계 상 계정과목과 기능통화로 함께 변경되어야 한다.

기능통화로 변경된다는 사정으로 인하여 기왕의 세무조정사항에 대한 사후관리시점이 도래한 것으로 볼 수 있는가? 세무조정사항에 대하여서는 각 항목 별로 감가상각 또는 처분 등 사후관리시점이 정하여져 있다. 기능통화의 변경으로 인하여 발생하는 효과에 대하여서는 별도로 사후관리할 수 있고 실제 별도로 사후관리를 하는 조항(법세 §53의2 ③) 역시 있다. 따라서 기능통화로 변경하는 시점에 존재하는 세무조정사항을 기능통화로 변경하여야 하는 것은 타당하지만, 그 사정으로 인하여 해당 세무조정사항 자체에 대한 사후관리시점이 도래한 것으로 보는 것은 타당하지 않다.

1.2. 원화 재무제표를 기준으로 한 과세표준계산방법

원화 재무제표를 기준으로 한 과세표준계산방법은 원화 외의 기능통화를 채택하지 아니하였을 경우에 작성하여야 할 재무제표를 기준으로 과세표준을 계산하는 방법을 의미하고(법세 §53의2 ① 1호), 이 방법을 적용하는 경우에는 '각 사업연도의 소득금액을 계산할 때 손금에

---

16) 기업회계기준서 제1021호 문단 8.
17) 기업회계기준서 제1021호 문단 20~27.

산입하는 항목'을 손비로 계상한 경우에 한하여, 그 항목을 '원화 외의 통화를 기능통화로 채택하지 아니하였을 경우에 작성하여야 할 원화 재무제표의 금액'을 기준으로 산정한다(법세령 §91의3 ①).

1.3. 기능통화 재무제표를 기준으로 한 과세표준계산방법

기능통화 재무제표를 기준으로 한 과세표준계산방법은 기능통화로 표시된 재무제표를 기준으로 과세표준을 계산한 후 이를 원화로 환산하는 방법을 의미하고(법세 §53의2 ① 2호), 이 방법을 적용하는 경우에는, 법인세법 및 법인세법 시행령에 따른 익금 및 손금, 결손금(법세 §13 ① 1호), 비과세소득(법세 §13 ① 2호) 및 소득공제액(법세 §13 ① 3호)은 기능통화로 표시하여 과세표준을 계산한 후 이를 원화로 환산하여야 한다(법세령 §91의3 ②).

'기능통화로 표시된 과세표준을 원화로 환산하는 경우', '기업업무추진비한도 금액(법세 §25 ④ 각 호)을 기능통화로 환산하는 경우' 및 '세액공제액(법세 §57, §57의2 ; 조특 §5, §10, §11, §24~§26, §94, §104의5)을 기능통화로 계산한 후 원화로 환산하는 경우'에는 사업연도 종료일 현재의 **매매기준율 등** 또는 **평균환율**(법세령 §91의3 ⑤) 중 '과세표준계산방법신고서(법세령 §91의2 ①) 또는 과세표준계산방법변경신청서(법세령 §91의2 ③)를 제출하는 신고'와 함께 납세지 관할 세무서장에게 신고한 환율을 적용한다(법세령 §91의3 ③).

'기업회계기준에 따른 화폐성 외화자산과 부채(법세령 §73 3호)', '금융회사 등(법세령 §61 ② 1호~7호) 외의 법인이 화폐성외화자산·부채의 환위험을 회피하기 위하여 보유하는 통화선도 등(통화선도, 통화스왑 및 환변동보험)(법세령 §73 5호)', '금융회사 등(법세령 §61 ② 1호~7호)이 보유하는 화폐성외화자산·부채와 통화선도 등' 및 '금융회사 등(법세령 §61 ② 1호~7호) 외의 법인이 보유하는 화폐성외화자산·부채와 화폐성외화자산·부채의 환위험을 회피하기 위하여 보유하는 통화선도 등(법세령 §73 5호)'과 관련된 규정을 적용함에 있어서 외화는 '기능통화 이외의 통화'를 의미한다(법세령 §91의3 ④).

1.4. 원화환산 재무제표를 기준으로 한 과세표준계산방법

원화환산 재무제표를 기준으로 한 과세표준계산방법은 **재무상태표** 항목은 사업연도 종료일 현재의 환율, **포괄손익계산서**(포괄손익계산서가 없는 경우에는 손익계산서) **항목**은 해당 거래일 현재의 환율(**법정 항목**(법세령 §91의3 ⑥)의 경우에는 해당 사업연도 평균환율로 함)을 적용하여 원화로 환산한 재무제표를 기준으로 과세표준을 계산하는 방법을 의미한다(법세 §53의2 ① 3호). 다만 감가상각비, 퇴직보험료(확정기여형 퇴직연금 등의 부담금(법세령 §44의2 ④)), 퇴직급여충당금, 대손충당금, 구상채권상각충당금, 그 밖에 이와 유사한 항목으로서 기획재정부령으로 정하는 항목(현재 이를 정하는 기획재정부령은 없음)에 대하여서는 손금 계상액 및 손금산입한도를 각각 기능통화로 표시하여 손금산입액을 결정한다(법세령 §91의3 ⑦).

법정 항목을 다음 각 항목을 의미한다(법세령 §91의3 ⑥ ; 법세칙 §44의2).

- 감가상각비
- 퇴직급여충당
- 대손충당금
- 구상채권상각충당금
- 현재가치할인차금상당액(법세령 §68 ⑥)
- 건설 등의 제공으로 인한 손익(법세령 §69 ① 본문)
- 법정 이자 및 할인액(법세령 §70 ① 1호 단서, 2호 단서)
- 보험료상당액 등(법세령 §70 ③)
- 법정 이자 및 할인액과 배당소득(법세령 §70 ④)
- 법정 임대료상당액과 이에 대응하는 비용(법세령 §71 ① 각 호 외 부분 단서)
- 사채할인발행차금(법세령 §71 ③)
- 그 밖에 이와 유사한 법정 항목으로서 기획재정부령으로 정하는 항목. 현재 이를 정하는 기획재정부령은 없다.

'기업회계기준에 따른 화폐성 외화자산과 부채(법세령 §73 3호)', '금융회사 등(법세령 §61 ② 1호~7호) 외의 법인이 화폐성외화자산·부채의 환위험을 회피하기 위하여 보유하는 통화선도 등(통화선도, 통화스왑 및 환변동보험)(법세령 §73 5호)', '금융회사 등(법세령 §61 ② 1호~7호)이 보유하는 화폐성외화자산·부채와 통화선도 등' 및 '금융회사 등(법세령 §61 ② 1호~7호) 외의 법인이 보유하는 화폐성외화자산·부채와 화폐성외화자산·부채의 환위험을 회피하기 위하여 보유하는 통화선도 등(법세령 §73 5호)'과 관련된 규정을 적용함에 있어서 외화는 '기능통화 이외의 통화'를 의미한다(법세령 §91의3 ④).

환율은 해당하는 날의 매매기준율 등으로 하고, 사업연도 평균환율은 '해당 사업연도 매일의 외국환거래규정에 따른 매매기준율 또는 재정된 매매기준율의 합계액을 해당 사업연도의 일수로 나눈 금액(법세칙 §44의2)으로 한다(법세령 §91의3 ⑤).

2. 해외사업장의 과세표준 계산 특례

2.1. 해외사업장의 과세표준 계산 특례 일반

내국법인의 해외사업장의 과세표준 계산은 다음 각 과세표준계산방법 중 납세지 관할 세무서
장에게 신고한 방법에 따른다. 다만, 최초로 제2호 또는 제3호의 과세표준계산방법을 신고하여
적용하기 이전 사업연도의 소득에 대한 과세표준을 계산할 때에는 제1호의 과세표준계산방법을
적용하여야 한다(법세 §53의3 ①). 이를 **해외사업장의 과세표준 계산 특례**라고 한다.

---

1. 해외사업장 재무제표를 원화 외의 기능통화를 채택하지 아니하였을 경우에 작성하여야
   할 재무제표로 재작성하여 본점의 재무제표와 합산한 후 합산한 재무제표를 기준으로
   과세표준을 계산하는 방법
2. 해외사업장의 기능통화로 표시된 해외사업장 재무제표를 기준으로 과세표준을 계산한
   후 이를 원화로 환산하여 본점의 과세표준과 합산하는 방법
3. 해외사업장의 재무제표에 대하여 재무상태표 항목은 사업연도 종료일 현재의 환율을,
   포괄손익계산서 항목은 대통령령으로 정하는 환율을 각각 적용하여 원화로 환산하고
   본점 재무제표와 합산한 후 합산한 재무제표를 기준으로 과세표준을 계산하는 방법

과세표준계산방법 중 제2호 또는 제3호의 방법을 신고하여 적용하는 법인은 과세표준계산방
법이 서로 다른 법인 간 합병 등 **법정 사유**(법세령 §91의4 ①)**가 발생한 경우 외에는 과세표준계산방
법을 변경할 수 없다**(법세 §53의3 ②). 법정 사유는 '과세표준계산방법이 서로 다른 법인이
합병(분할합병을 포함)한 경우' 및 '과세표준계산방법이 서로 다른 사업자의 사업을 인수하는
경우'를 의미한다(법세령 §91의4 ①). 과세표준계산방법 중 제2호 또는 제3호의 방법을 신고하여
적용하는 법인은 최초로 그 과세표준계산방법을 적용하려는 사업연도의 신고(법세 §60)와
함께 납세지 관할 세무서장에게 과세표준계산방법신고서(법세칙 §82)를 제출하여야 한다(법세령
§91의4 ②, §91의2 ①). 법정 사유가 발생하여 과세표준계산방법을 변경하려는 경우에는 변경된
과세표준계산방법을 적용하려는 사업연도 종료일까지 납세지 관할 세무서장에게 과세표준계
산방법변경신청서(법세칙 §82)를 제출하여야 한다(법세령 §91의4 ②, §91의2 ③). 관할 세무서장은
사업연도 종료일부터 1개월 이내에 그 승인 여부를 결정하여 통지하여야 한다(법세령 §91의4
②, §91의2 ④). 위 기간 내 통지하지 않은 경우에는 변경을 승인한 것으로 보아야 한다. 법인이
승인을 받지 아니하고 과세표준계산방법을 변경한 경우 과세표준은 변경하기 전의 과세표준계

산방법에 따라 계산한다(법세령 §91의4 ②, §91의2 ⑤).

과세표준계산방법 중 제2호 또는 제3호의 방법을 신고하여 적용하는 법인은 최초로 그 과세표준계산방법을 적용하려는 사업연도의 신고(법세 §60)와 함께 납세지 관할 세무서장에게 과세표준계산방법신고서(법세칙 §82)를 제출하여야 한다(법세령 §91의2 ①). 과세표준계산방법을 변경하려는 경우에는 변경된 과세표준계산방법을 적용하려는 사업연도 종료일까지 납세지 관할 세무서장에게 과세표준계산방법변경신청서(법세칙 §82)를 제출하여야 한다(법세령 §91의4 ②, §91의2 ③). 관할 세무서장은 사업연도 종료일부터 1개월 이내에 그 승인 여부를 결정하여 통지하여야 한다(법세령 §91의4 ②, §91의2 ④). 위 기간 내 통지하지 않은 경우에는 변경을 승인한 것으로 보아야 한다. 법인이 승인을 받지 아니하고 과세표준계산방법을 변경한 경우 과세표준은 변경하기 전의 과세표준계산방법에 따라 계산한다(법세령 §91의4 ②, §91의2 ⑤).

과세표준계산방법 중 제2호 또는 제3호의 방법을 적용하는 과정에서 발생하는 원화환산차손익 또는 각 환율간 차이로 인한 환산차손익은 어떻게 처리하여야 하는가?

법인세법의 입장은 다음과 같다. 내국법인이 보유하는 자산과 부채의 장부가액을 증액 또는 감액(감가상각은 제외)하여 평가한 경우에는 그 평가일이 속하는 사업연도와 그 후의 각 사업연도의 소득금액을 계산할 때 그 자산과 부채의 장부가액은 평가 전의 가액으로 한다(법세 §42 ① 본문). 다만 금융회사 등은 그 보유하는 '화폐성외화자산·부채와 통화선도 등'에 대하여서는 평가할 수 있고, 금융회사 등 외의 법인은 그 보유하는 '화폐성외화자산·부채와 환위험회피 용통화선도 등'에 대하여 평가할 수 있다(법세령 §76 ①, ②). 즉 금융회사 등 외의 법인은 화폐성외화 자산·부채와 환위험회피용통화선도 등 모두를 함께 평가하여 환위험을 회피하는 경우에만 평가할 수 있다. 이상과 같이 평가에 관한 특별규정이 있는 경우에는 그 평가한 원화금액과 원화기장액의 차익 또는 차손은 해당 사업연도의 익금 또는 손금에 이를 산입한다(법세령 §76 ④). 따라서 해외사업장 재무제표를 원화로 환산하는 과정에서 발생한 환산차손익 또는 각 환율간 차이로 인한 환산차손익은, 특별규정의 적용대상이 아닌 한, 법인의 각 사업연도의 소득금액을 계산함에 있어서 이를 익금 또는 손금에 산입할 수 없다. 한편 화폐성외화채권·채무 를 평가에 관한 경우와 외화채권·채무를 상환하거나 상환받는 경우는 달리 취급하여야 한다. 내국법인이 상환받거나 상환하는 외화채권·채무의 원화금액과 원화기장액의 차익 또는 차손 은 당해 사업연도의 익금 또는 손금에 이를 산입한다(법세령 §76 ⑤).

기업회계기준의 입장은 다음과 같다. 기업회계기준서에 따르면, 보고기업과 해외사업장의 경영성과와 재무상태를 연결하는 경우 연결실체 내 잔액 제거와 종속기업의 연결실체 내

내부거래제거와 같은 정상적인 연결절차를 수행하나, 내부거래에서 생긴 화폐성자산(또는 화폐성부채)은 장단기 여부에 관계없이, 대응하는 화폐성부채(또는 화폐성자산)와 상계하더라도 관련된 환율변동효과는 연결재무제표에 나타나게 된다.[18] 이러한 외환차이는 연결재무제표에서 당기손익으로 인식하나, '보고기업과 해외사업장을 포함하는 재무제표(예 : 해외사업장이 종속기업인 경우의 연결재무제표)'에 나타나는 외환차이는 처음부터 **기타포괄손익**으로 인식하고 순투자의 처분시점에 자본에서 당기손익으로 재분류한다.[19] **해외사업장을 처분하는 경우**에는 기타포괄손익과 별도의 자본항목으로 인식한 해외사업장관련 외환차이의 누계액은 해외사업장의 **처분손익을 인식하는 시점에 자본에서 당기손익으로 재분류**한다.[20] 일반기업회계기준에 따르면, 기타포괄손익누계액의 변동은, 매도가능증권평가손익, 해외사업환산손익 및 현금흐름위험회피 파생상품평가손익은 구분하여 표시하고 그 밖의 항목은 그 금액이 중요할 경우에는 적절히 구분하여 표시할 수 있다.[21] 즉 해외사업환산손익을 기타포괄손익누계액으로 표시한다. 해외사업을 연결 또는 지분법을 적용하여 보고기업의 재무제표에 포함되도록 하기 위하여 해외사업장의 경영성과와 재무상태를 표시통화로 환산하는 경우에 발생하는 외환차이는 **기타포괄손익**으로 인식한다.[22] 해외사업장을 처분하는 경우에는 기타포괄손익으로 인식하고 별도의 자본항목에 누계한 해외사업장관련 외환차이의 누계액(처분비율에 해당하는 금액)은 해외사업장의 **처분손익을 인식하는 시점에 자본에서 당기손익으로 재분류**한다.[23] 즉 기업회계기준에 따르면 해외사업장의 환산으로 인한 외환차이를 기타포괄손익으로 처리하고 그 처분손익을 인식하는 시점에는 이를 당기손익으로 재분류한다.

이상의 논의를 종합하면 다음과 같다. 법인세법에 따르면, 금융기관의 '화폐성외화자산ㆍ부채 및 통화선도 등'에 대한 평가와 금융기관 외 법인의 '화폐성외화자산ㆍ부채 및 환위험회피용 통화선도 등'을 결합한 환위험회피를 위한 평가에 해당하지 않은 한 '해외사업장 재무제표를 원화로 환산하는 과정에서 발생한 환산차손익 또는 각 환율간 차이로 인한 환산차손익'은 익금 또는 손금에 산입할 수 없다. 따라서 내국법인이 기타포괄손익으로 처리한 해외사업장이 환산차손익은 위 법인세법 상 특별한 정함에 해당하지 않는 한 익금 또는 손금에 산입될 수 없다. 그렇다면 이에 대한 세무조정은 다음과 같이 이루어져야 한다. 기업회계기준이 향후

---

18) 기업회계기준서 제1021호 문단 45.
19) 기업회계기준서 제1021호 문단 32.
20) 기업회계기준서 제1021호 문단 32.
21) 일반기업회계기준 제2장 재무제표의 작성과 표시 문단 2.79.
22) 일반기업회계기준 제23장 환율변동효과 문단 23.17, 문단 23.14.
23) 일반기업회계기준 제23장 환율변동효과 문단 23.17.

처분손익을 인식할 시점에 세법상 익금 또는 손금에 산입하여야 할 항목을 당기순이익이 아니라 자본의 구성요소 중 하나인 기타포괄손익으로 회계처리하였으므로 이를 먼저 세법상 익금 또는 손금에 포함시켜야 한다. 이를 위하여 해당 항목에 대하여 익금산입(기타) 또는 손금산입(기타)로 소득처분한다. 이미 법인세법상 순자산인 자본에 반영되어 있으므로 기타로 소득처분한 것이다. 해당 각 익금 또는 손금은 그 계상시점에 세법상 익금 또는 손금에는 해당하지 않기 때문에 이에 대하여 익금불산입(△유보) 또는 손금불산입(유보)로 소득처분한다. 향후 사후관리를 하여야 하므로 각 △유보 또는 유보로 처분한 것이다. 한편 해외사업장의 환산과 관련하여 처분손익을 인식하여야 하는 시점, 즉 화폐성외화채권·채무의 경우에는 상환받거나 상환하는 시점에는 법인세법과 기업회계기준 모두 손익거래로 인식하여야 한다는 점에 대하여서는 동일하다. 그러나 그 인식하는 금액에 있어서는 차이를 보이는바, 이를 일치시키기 위하여 위 익금불산입(△유보) 또는 손금불산입(유보)한 항목에 대하여 다시 익금산입(유보) 또는 손금산입(△유보)로 소득처분하여 사후관리하여야 한다.

2.2. 원화 재무제표를 기준으로 한 과세표준계산방법

원화 재무제표를 기준으로 한 과세표준계산방법은 해외사업장 재무제표를 원화 외의 기능통화를 채택하지 아니하였을 경우에 작성하여야 할 재무제표로 재작성하여 본점의 재무제표와 합산한 후 합산한 재무제표를 기준으로 과세표준을 계산하는 방법을 의미하고(법세 §53의3 ① 1호), 이 방법을 적용하는 경우에는 '각 사업연도의 소득금액을 계산할 때 손금에 산입하는 항목'을 손비로 계상한 경우에 한하여, 그 항목을 '원화 외의 통화를 기능통화로 채택하지 아니하였을 경우에 작성하여야 할 원화 재무제표의 금액'을 기준으로 산정한다(법세령 §91의5 ①).

2.3. 기능통화 재무제표를 기준으로 한 과세표준계산방법

기능통화 재무제표를 기준으로 한 과세표준계산방법은 해외사업장의 기능통화로 표시된 해외사업장 재무제표를 기준으로 과세표준을 계산한 후 이를 원화로 환산하여 본점의 과세표준과 합산하는 방법을 의미하고(법세 §53의3 ① 2호), 이 방법을 적용하는 경우에는 법인세법 및 법인세법 시행령에 따른 익금 및 손금을 해외사업장의 기능통화로 표시하여 과세표준을 계산한 후 이를 원화로 환산하여야 하며, 원화로 환산한 해외사업장 과세표준을 본점의 과세표준과 합산한 금액에 대하여 법인의 과세표준(법세 §13)을 계산한다(법세령 §91의5 ②). 이 경우에는 기능통화로 표시된 해외사업장 과세표준을 사업연도 종료일 현재의 **매매기준율 등** 또는 **평균환율**(법세령 §91의3 ⑤) 중 '과세표준계산방법신고서(법세령 §91의2 ①) 또는 과세표준계산방법변경신청서(법세령 §91의2 ③)를 제출하는 신고'와 함께 납세지 관할 세무서장에게 신고한 환율을 적용한다(법세령 §91의2 ②, §91의5 ③).

기능통화 재무제표를 기준으로 한 과세표준계산방법을 사용하는 경우 **해외사업장에서 지출한** 기부금, 기업업무추진비, 고유목적사업준비금, 책임준비금, 비상위험준비금, 퇴직급여, 퇴직보험료(확정기여형 퇴직연금 등의 부담금(법세령 §44의2 ④)), 퇴직급여충당금, 대손충당금, 구상채권상각충당금, 그 밖에 법인세법 및 법인세법 시행령에 따라 **손금산입한도가 있는 손금 항목**은 이를 손금에 산입하지 아니한다(법세령 §91의5 ④). 그 손금에 산입하지 아니한 금액은 '매매기준율 등 또는 평균환율 중 신고한 환율(법세령 §91의5 ③)'을 적용하여 원화로 환산한 후 본점의 해당 항목과 합산하여 본점의 소득금액을 계산할 때 해당 법인(본점과 해외사업장을 포함)의 손금산입한도 내에서 손금에 산입하고, 이 경우 해당 법인의 손금산입한도를 계산할 때 해외사업장 재무제표는 '위 환율(법세령 §91의5 ③)'을 적용하여 원화로 환산한다(법세령 §91의5 ⑤).

'기업회계기준에 따른 화폐성외화자산과 부채(법세령 §73 3호)', '금융회사 등(법세령 §61 ② 1호~7호) 외의 법인이 화폐성외화자산·부채의 환위험을 회피하기 위하여 보유하는 통화선도, 통화스왑 및 환변동보험(이하 '통화선도 등')(법세령 §73 5호)', '금융회사 등(법세령 §61 ② 1호~7호)이 보유하는 화폐성외화자산·부채와 통화선도 등' 및 '금융회사 등(법세령 §61 ② 1호~7호) 외의 법인이 보유하는 화폐성외화자산·부채와 화폐성외화자산·부채의 환위험을 회피하기 위하여 보유하는 통화선도 등(법세령 §73 5호)'과 관련된 규정을 적용함에 있어서 외화는 '기능통화 이외의 통화'를 의미한다(법세령 §91의5 ⑥).

2.4. 원화환산 재무제표를 기준으로 한 과세표준계산방법

원화환산 재무제표를 기준으로 한 과세표준계산방법은 해외사업장의 재무제표에 대하여 **재무상태표 항목은 사업연도 종료일 현재의 환율을**, **포괄손익계산서 항목은 법정 환율을** 각각 적용하여 원화로 환산하고 본점 재무제표와 합산한 후 합산한 재무제표를 기준으로 과세표준을 계산하는 방법을 의미한다(법세 §53의3 ① 3호). **사업연도 종료일 현재의 환율은** 사업연도 종료일 현재의 매매기준율 등을 의미하고, **법정 환율은 법정 항목에 대하여서는** 매매기준율 등을, **법정 항목이 아닌 경우에는** 해당 항목의 거래일 현재의 **매매기준율 등**

또는 **평균환율**(법세령 §91의3 ⑤) 중 '과세표준계산방법신고서(법세령 §91의2 ①) 또는 과세표준계산방법변경신청서(법세령 §91의2 ③)를 제출하는 신고'와 함께 납세지 관할 세무서장에게 신고한 환율(법세령 §91의4 ②)'을 의미한다(법세령 §91의5 ⑦). **사업연도 평균환율**은 '해당 사업연도 매일의 외국환거래규정에 따른 매매기준율 또는 재정된 매매기준율의 합계액을 해당 사업연도의 일수로 나눈 금액(법세칙 §44의2)으로 한다(법세령 §91의3 ⑤).

법정 항목을 다음 각 항목을 의미한다(법세령 §91의5, §91의3 ⑥).

- 감가상각비
- 퇴직급여충당
- 대손충당금
- 구상채권상각충당금
- 현재가치할인차금상당액(법세령 §68 ⑥)
- 건설 등의 제공으로 인한 손익(법세령 §69 ① 본문)
- 법정 이자 및 할인액(법세령 §70 ① 1호 단서, 2호 단서)
- 보험료상당액 등(법세령 §70 ③)
- 법정 이자 및 할인액과 배당소득(법세령 §70 ④)
- 법정 임대료상당액과 이에 대응하는 비용(법세령 §71 ① 각 호 외 부분 단서)
- 사채할인발행차금(법세령 §71 ③)
- 그 밖에 이와 유사한 법정 항목으로서 기획재정부령으로 정하는 항목. 현재 이를 정하는 기획재정부령은 없다.

'기업회계기준에 따른 화폐성 외화자산과 부채(법세령 §73 3호)', '금융회사 등(법세령 §61 ② 1호~7호) 외의 법인이 화폐성외화자산·부채의 환위험을 회피하기 위하여 보유하는 통화선도 등(통화선도, 통화스왑 및 환변동보험')(법세령 §73 5호)', '금융회사 등(법세령 §61 ② 1호~7호)이 보유하는 화폐성외화자산·부채와 통화선도 등' 및 '금융회사 등(법세령 §61 ② 1호~7호) 외의 법인이 보유하는 화폐성외화자산·부채와 화폐성외화자산·부채의 환위험을 회피하기 위하여 보유하는 통화선도 등(법세령 §73 5호)'과 관련된 규정을 적용함에 있어서 외화는 '기능통화 이외의 통화'를 의미한다(법세령 §91의3 ④).

3. 조합법인의 과세표준 계산 특례

조합법인의 당기순이익 과세에 대하여서는 비영리법인의 각 사업연도에 대한 법인세 과세 부분에서 살핀다.[24] 이하 **당기순이익 과세를 하는 조합법인 등의 경우에도 이월결손금이 공제될 수 있는지 여부를 중심으로 살핀다.** 조합법인 등은 과세표준 계산에 관한 규정(법세 §13) 및 세율에 관한 규정(법세 §55)에도 불구하고 해당 법인의 결산재무제표 상 법인세 등을 공제하지 아니한 당기순이익에 해당 법인의 수익사업에 관련된 기부금의 손금불산입액(법세 §24)과 기업업무추진비 손금불산입액(법세 §25) 등 법정 금액(법세령 §69)을 합한 금액에 9%[법정 금액(20억 또는 40억)을 초과하는 금액에는 12%]의 세율을 적용하여 과세한다(조특 §72 ① 본문). 즉 결산재무제표 상 당기순이익에 기부금 및 기업업무추진비 등을 조정할 뿐이므로 이월결손금 공제를 적용할 여지가 없다. 다만 해당 법인이 당기순이익과세를 포기한 경우에는 그 이후의 사업연도에 대하여 당기순이익과세를 하지 아니하므로(조특 §72 ① 단서), 그 경우에는 이월결손금 공제 규정이 적용될 수 있다.

4. 해운기업의 과세표준 계산 특례

내국법인 중 해운법 상 외항운송사업의 경영 등 법정 요건(조특령 §104의7 ①)을 갖춘 해운기업의 법인세과세표준은 2024년 12월 31일까지 다음 금액으로 할 수 있다(조특 §104의10 ①). 이를 **해운기업의 과세표준 계산 특례**라고 하며, 이 특례가 적용되는 세금을 통상 **톤세**(tonnage tax)라고 한다. **과세표준 계산 특례를 적용받으려는 법인 또는 특례 적용 기업은 해양수산부장관의 확인서**(조특령 §104의10 ⑤, ⑥)를 받으려는 경우에는 **선박 보유 현황 및 기준선박 투자계획서**를 해양수산부장관에게 제출해야 한다(조특령 §104의10 ⑩).

> 〔외항운송 활동과 관련된 법정 해운소득(조특령 §104의7 ②)에 대하여 선박별로 계산한 개별선박표준이익(개별선박순톤수 × 톤당 1운항일 이익 × 운항일수 × 사용률)의 합계액에 해당하는 선박표준이익〕 + 〔비해운소득에 대하여서는 법인세법(법세 §13~§54)에 따라 계산한 금액〕

비해운소득에서 발생한 결손금은 선박표준이익과 합산하지 아니하며, 해운소득에 대하여서는 법인세법, 국세기본법 및 조약에 규정되거나 **조세특례 지정 적격 법률**(조특 §3 ① 각 호)에 규정된 비과세, 세액면제, 세액감면, 세액공제 또는 소득공제 등의 조세특례를 적용하지 않는다

---

24) 같은 편 제4장 제6절 Ⅰ 참조.

(조특 §104의10 ③). 해운소득에 법인세법 상 원천징수된 소득(법세 §73, §73의2)이 포함되어 있는 경우 그 소득에 대한 원천징수세액은 법인세의 산출세액에서 이미 납부한 세액으로 공제하지 않는다(조특 §104의10 ④). 과세표준 계산 특례 적용을 받기 전에 발생한 이월결손금은 해운소득(조특 §104의10 ① 1호) 및 비해운소득(조특 §104의10 ① 2호)에 대한 소득금액의 계산 시 공제하지 않는다(조특 §104의10 ⑤).

해운기업의 과세표준 계산 특례를 적용받으려는 법인은 법정 절차(조특령 §104의7 ⑤, ⑥)에 따라 과세표준 계산 특례 적용을 신청하여야 하며, 과세표준 계산 특례를 적용받으려는 사업연도부터 연속하여 5개 사업연도에 해당하는 **과세표준 계산 특례 적용기간** 동안 과세표준 계산 특례를 적용받아야 한다(조특 §104의10 ② 본문). 다만, 과세표준 계산 특례를 적용받고 있는 해운기업은 2017년 12월 31일이 속하는 사업연도까지 법정 절차(조특령 §104의7 ⑦)에 따라 과세표준 계산 특례의 적용을 포기할 수 있다(조특 §104의10 ② 단서).

해운기업의 과세표준 계산 특례를 적용받고 있는 법인이 과세표준 계산 특례 적용기간 동안 법정 요건(조특령 §104의7 ①)을 2개 사업연도 이상 위반하는 경우에는 2회째 위반하게 된 사업연도부터 해당 과세표준 계산 특례 적용기간의 남은 기간과 다음 5개 사업연도 기간은 과세표준 계산 특례를 적용받을 수 없다(조특 §104의10 ⑥). 과세표준 계산 특례를 적용받는 내국법인이 해당 중간예납기간의 법인세액을 기준으로 중간예납세액을 정하는 경우(법세 §63의2 ① 2호) 중간예납의 과세표준은 해당 중간예납기간에 대하여 위 과세표준 계산 특례 규정(조특 §104의10 ①~⑤)에 따라 계산한 금액으로 하고, 그 중간예납세액의 계산(법세 §63의2 ① 2호) 상 감면된 법인세액과 납부한 원천징수세액은 비해운소득과 관련된 부분에 대해서만 적용한다(조특 §104의10 ⑦).

해운기업의 과세표준 계산 특례를 적용하기 위한 그 밖의 구체적인 사항들에 대하여서는 별도의 규정들(조특령 §104의7 ; 조특칙 §46의3)이 있다.

제2절 각 사업연도의 소득금액

제1관 각 사업연도의 소득금액 개관

Ⅰ 각 사업연도 소득금액, 결손금 및 이월결손금의 정의

내국법인의 **각 사업연도의 소득**은 그 사업연도에 속하는 **익금의 총액**에서 그 사업연도에 속하는 **손금의 총액**을 뺀 금액으로 한다(법세 §14 ①). 내국법인의 각 사업연도의 **결손금**은 그 사업연도에 속하는 손금의 총액이 그 사업연도에 속하는 익금의 총액을 초과하는 경우에 그 초과하는 금액으로 한다(법세 §14 ②). 결손금은 손금의 총액 및 익금의 총액에 근거하여 계산되므로 법인세법 상 결손금에 해당한다. 따라서 기업회계기준 상 결손금과는 다르다. 내국법인의 **이월결손금**은 각 사업연도의 개시일 전 발생한 각 사업연도의 결손금으로서 그 후의 각 사업연도의 과세표준을 계산할 때 공제되지 아니한 금액으로 한다(법세 §14 ③). 결손금 및 이월결손금의 처리에 대한 보다 구체적인 사항에 대하여서는 과세표준의 계산구조[25])에서 자세히 살핀다.

이하 각 사업연도의 소득금액에 대하여 익금의 범위, 손금의 범위, 자본거래와 손익거래 및 각 소득금액의 계산 순서로 살핀다.

Ⅱ 익금의 범위

익금은 무엇을 의미하는가? 익금은 자본 또는 출자의 납입 및 법인세법에서 규정하는 것은 제외하고 해당 **법인의 순자산을 증가시키는 거래**로 인하여 발생하는 수익(이익 또는 수입을 포함)의 금액을 의미한다(법세 §15 ①). 따라서 익금은 원칙적으로 ⅰ) **법인의 순자산을 증가시키는 거래로 인하여 발생하여야** 하고, ⅱ) 그 본질은 **수익이어야** 한다. ⅲ) **자본 또는 출자의 납입에 해당하지 않아야** 한다. ⅳ) **법인세법 상 별도의 정함**이 있는 경우에는 그에 따라 익금의 범위를 달리 판정하여야 한다. 한편 법인세법은 익금의 범위와 관련하여서는

---

25) 같은 장 제2관 Ⅰ 1 참조.

'발생'을 기준으로 정의하나, 익금의 귀속사업연도와 관련하여서는 '확정'을 기준으로 사용한다. 따라서 ⅴ) **'익금의 발생'과 '익금의 확정'이 어떠한 관계에 있는지 여부**에 대하여서도 살펴야 한다. 이하 각 요건의 순서대로 살피고, 구체적인 익금산입 및 익금불산입 항목에 관하여서는 '익금의 총액' 부분에서 살핀다.

1. 법인세법 상 익금은 법인의 순자산을 증가시키는 거래로 인하여 발생하여야 한다.

법인세법은 '**법인의 순자산**'에 대하여 명확하게 정의하지 않는다. 그렇지만, '합병 시 합병법인에 대한 과세'와 관련하여서는 '자산의 장부가액 총액에서 부채의 장부가액 총액을 뺀 가액'을 '순자산장부가액'으로 정의하고(법세 §44 ① 2호), 그 용어를 합병 및 분할에 관한 규정들에서 사용한다. 합병 및 분할에 관한 순자산에 대한 정의는 법인세법 체계의 정합성 상 그 당사자인 개별 내국법인에도 그대로 적용되어야 한다. 또한 합병 및 분할의 당사자인 법인과 그렇지 않은 법인의 순자산이 달라야 할 규범적 논거 및 당위성 역시 없다. 따라서 법인의 순자산은 '**자산의 총액에서 부채의 총액을 차감한 금액**'을 의미하는 것으로 보아야 한다.

'법인의 순자산'이 자산의 총액에서 부채의 총액을 차감한 금액을 의미한다면, '**순자산을 증가시키는 거래**'는 자산의 총액을 증가시키는 거래, 부채의 총액을 감소시키는 거래 및 자산의 총액을 증가시키면서 부채의 총액을 감소시키는 거래를 의미한다. 즉 순자산을 증가시키는 거래는 반드시 자산의 총액을 증가시키거나 부채의 총액을 감소시키는 거래와 관계되어야 한다. 자산의 '총액' 또는 부채의 '총액'을 증가 또는 감소시킨다는 의미는, **하나의 거래 중 자산 계정들 또는 부채 계정들이 각 계정들끼리 동시에 변화하는 경우에도 결과적으로 그 총액을 증가 또는 감소시켜야 한다**는 것을 의미한다. 결과적으로 **자산 총액의 증가 또는 부채 총액의 감소를 통하지 않고서 익금이 발생할 수는 없다.**

법인세법은 '**자산**' 및 '**부채**' 자체에 대하여 정의하지 않는다. 다만 내국법인의 각 사업연도의 소득금액을 계산할 때 그 법인이 익금과 손금의 귀속사업연도와 자산·부채의 취득 및 평가에 관하여 일반적으로 공정·타당하다고 인정되는 기업회계기준을 적용하거나 관행을 계속 적용하여 온 경우에는 법인세법 및 조세특례제한법에서 달리 규정하고 있는 경우를 제외하고는 그 기업회계기준 또는 관행에 따른다고 규정한다(법세 §43). 법인의 자산·부채의 취득 및 평가에 대하여 규정하기 위하여서는 자산 및 부채에 대한 정의가 전제되어야 한다. 따라서 **내국법인이 기업회계기준 또는 관행에 따라 계상한 자산 및 부채를 법인세법 및 조세특례제한법**

이 특별히 부인하지 않는 한 해당 자산 및 부채의 계상은 세법 상 인정되어야 한다. 따라서 법인 순자산의 증가액은 법인세법 및 조세특례제한법이 달리 규정하지 않는 한 기업회계기준에 따라 계상한 자산 및 부채에 근거하여 결정된다. 기업회계기준 상 손익의 귀속에 관한 규정이 세법의 개별규정에 명시되어 있지 않다는 이유만으로 곧바로 권리의무확정주의에 반한다고 단정할 수는 없고, 특정 기업회계기준의 도입 경위와 성격, 관련된 과세실무 관행과 그 합리성, 수익비용대응 등 일반적인 회계원칙과의 관계, 과세소득의 자의적 조작 가능성, 연관된 세법 규정의 내용과 체계 등을 종합적으로 고려하여, 내국법인의 각 사업연도 소득금액계산에 적용될 수 있는 '기업회계의 기준이나 관행'에 해당하는지를 판단하여야 한다.[26]

기업회계의 기준 또는 관행은 다음의 어느 하나에 해당하는 회계기준(해당 회계기준에 배치되지 아니하는 것으로서 일반적으로 공정·타당하다고 인정되는 관행 포함)을 의미한다(법세령 §79). 공기업·준정부기관 회계규칙은 영리내국법인의 소득금액 계산과는 무관하다. 중소기업회계기준은 상법에 따른 주식회사의 회계처리와 재무보고에 관한 기준(상법령 §15 3호)을 정함을 목적으로 하고,[27] 구체적으로 적용할 수 있는 기준이 없는 경우 일반기업회계기준을 참조하여 회계처리한다.[28] 공기업·준정부기관 회계규칙 및 중소기업회계기준을 포함하는 각 회계기준 또는 관행은 한국채택국제회계기준과 한국회계기준원이 정한 회계처리기준에서 정의하는 자산, 부채, 자본, 수익 및 비용 등 기본개념에 기반하고 있다. 이하 위 기본개념에 대한 논의에 있어서는 한국채택국제회계기준과 한국회계기준원이 정한 회계처리기준을 중심으로 살핀다.

> - 한국채택국제회계기준
> - 주식회사 등의 외부감사에 관한 법률 제5조 제1항 제2호 및 같은 조 제4항에 따라 한국회계기준원이 정한 회계처리기준
> - 증권선물위원회가 정한 업종별회계처리준칙
> - 공공기관의 운영에 관한 법률에 따라 제정된 공기업·준정부기관 회계규칙
> - 상법에 따른 회계기준(상법령 §15 3호)
> - 그 밖의 법령에 따라 제정된 회계처리기준으로서 기획재정부장관의 승인을 받은 것

---

26) 대법원 2017.12.22. 2014두44847.
27) 중소기업회계기준 제1조.
28) 중소기업회계기준 제3조 단서.

법인의 '순자산'과 '자본의 총액'은 어떠한 관계인가? 법인의 순자산은 '자산의 총액에서 부채의 총액을 차감한 금액'이다. 그런데 **기업회계의 기준 또는 관행**에 따르면 **'자본의 총액'**은 '자산의 총액'에서 '부채의 총액'을 공제한 금액을 의미한다. 그리고 자본의 총액은 자본금, 자본잉여금(자본조정을 포함) 및 이익잉여금(기타포괄손익누계액을 포함)의 합계액으로 구성된다. 기업회계기준 상 '자산의 총액'에서 '부채의 총액'을 공제한 금액을 뜻하는 자본의 **총액**은 **'자본금, 자본잉여금(자본조정을 포함) 및 이익잉여금(기타포괄손익누계액을 포함)의 합계액'**으로 달리 표현할 수 있다. 한편 '법인세법은 자본의 총액에 대하여 명확하게 정의하지 않지만, 해산에 의한 청산소득 금액의 계산에 있어서 자기자본의 총액을 자본금 또는 출자금과 잉여금의 합계액을 자기자본의 총액으로 정의한다(법세 §79). 타인자본이 부채를 의미하므로 자기자본의 총액은 자본의 총액과 같은 의미이다. 법인세법 상 해산에 의한 청산소득 금액의 계산에 있어서 자본의 총액에 대한 정의는 법인세법 체계의 정합성 상 청산 중이 아닌 내국법인에도 그대로 적용되어야 한다. 자본의 총액을 자본금 및 잉여금으로 구분한다는 점에 있어서 기업회계기준과 법인세법은 동일하다. 법인세법 역시 원칙적으로 기업회계기준 상 자산 및 부채의 계상을 전제로 하므로 법인세법과 기업회계기준 사이의 차이를 조정하는 세무조정사항을 제외한다면 법인세법 상 자본의 총액 역시 '자산의 총액에서 부채의 총액을 차감한 금액'을 의미하는 순자산과 동일하고 이는 다시 자본금 또는 출자금과 잉여금의 합계액으로 표현될 수 있다. 즉 법인세법이 기업회계기준을 전제로 하고 있으므로, 자산·부채의 계상에 관하여 법인세법 또는 조세특례제한법이 별도의 규정한 경우를 제외한다면 기업회계기준에 의한 순자산 및 자본의 총액은 법인세법에 의한 순자산 및 자본의 총액과 원칙적으로 동일하다.

법인세법이 익금을 자본의 총액을 증가시키는 거래로 인하여 발생할 것을 요건으로 규정하지 않고 법인의 순자산을 증가시키는 거래로 인하여 발생할 것을 요건으로 하는 이유는 무엇인가? '자산의 총액'에서 '부채의 총액'을 공제한 금액을 의미하는 순자산을 증가시키는 거래와 자본 총액을 증가시키는 거래의 그 최종적인 결과는 동일하지만 그 결과에 이르는 거래의 단계는 다를 수 있다. 순자산의 증가분은 소득금액을 구성한 이후에 자본 총액을 구성하는 이익잉여금에 편입되므로, 그 이익잉여금이 편입된 이후에야 비로소 순자산의 증가분이 자본 총액의 증가분과 일치하게 된다. 따라서 세무상 이익잉여금으로 편입되기 이전에 소득금액을 계산함에 있어서는 순자산의 증가분을 기준으로 익금의 범위를 정할 수밖에 없다.

2. 법인세법 상 익금의 본질은 수익이어야 한다.

법인세법은 '이익' 또는 '수입', 즉 '수익'에 대하여서도 정의하지 않는다. 다만 내국법인의 각 사업연도의 소득금액을 계산할 때 그 법인이 익금과 손금의 귀속사업연도와 자산·부채의 취득 및 평가에 관하여 일반적으로 공정·타당하다고 인정되는 기업회계기준을 적용하거나 관행을 계속 적용하여 온 경우에는 법인세법 및 조세특례제한법에서 달리 규정하고 있는 경우를 제외하고는 그 기업회계기준 또는 관행에 따른다(법세 §43). 법인의 익금과 손금의 귀속사업연도를 법인세법 및 조세특례제한법에서 달리 규정하고 있는 경우를 제외하고는 그 기업회계기준 또는 관행에 따라 정하기 위하여서는 기업회계기준 또는 관행에 법인세법 상 익금 또는 손금에 대응하는 용어가 정의되어 있어야 한다. 기업회계의 기준 또는 관행은 법정되어 있는바(법세령 §79), 이에 따르면 재무제표는 자산, 부채, 자본, 수익 및 비용으로 구성되어 있다. 따라서 법인세법 상 익금 또는 손금에 대응되는 것은 기업회계기준 상 수익 및 비용이라고 보아야 한다. 그렇다면 **내국법인이 기업회계기준 또는 관행에 따라 계상한 수익은 법인세법 및 조세특례제한법이 특별히 부인하지 않는 한 법인세법 상 수익('이익' 또는 '수입')으로서 인정되어야 한다. 따라서 법인세법 상 익금이 되기 위하여서는 법인 순자산의 증가로 인하여 발생하는 계정이, 법인세법 및 조세특례제한법이 달리 규정하지 않는 한, 기업회계기준에 따른 수익에 해당하여야 한다.**

수익은 어떠한 경우에 발생하는가? 기업회계기준 또는 관행에 따라 계상한 수익은 법인세법 및 조세특례제한법이 특별히 부인하지 않는 한 법인세법 상 수익으로서 인정되어야 한다. '수익의 발생'에 대하여 법인세법 또는 조세특례제한법은 정의하지 않는다. 그렇다면 수익의 발생 여부 자체는 기업회계기준 또는 관행에 의하여 결정되어야 한다.

기업회계기준서에 따르면 수익의 인식은 '자산의 최초 인식 또는 자산의 장부금액의 증가' 또는 '부채의 제거 또는 부채의 장부금액의 감소'와 동시에 발생한다.[29] **자산**은 과거 사건의 결과로 기업이 통제하는 현재의 '경제적 효익을 창출할 잠재력을 지닌 **권리**'이다.[30] 권리는 계약, 법률 또는 이와 유사한 수단에 의해 성립되지만, '공공의 영역(public domain)에 속하지 않는 노하우의 획득이나 창작' 또는 '실무 관행, 공개한 경영방침 등에 실질적으로 따라야 하는 다른 당사자의 의무'에 의하여서도 획득할 수 있다.[31] **부채**는 과거 사건의 결과로 기업이

---

29) 재무보고를 위한 개념체계 문단 5.4. (1).
30) 재무보고를 위한 개념체계 문단 4.3~4.4.
31) 재무보고를 위한 개념체계 문단 4.7.

경제적 자원을 이전해야 하는 **현재의무이다.**[32] 한 당사자가 경제적 자원을 이전해야 하는 의무가 있는 경우, 다른 당사자(또는 당사자들)는 그 경제적 자원을 수취할 권리가 있다.[33] 인식은 자산, 부채, 자본, 수익 또는 비용을 재무상태표나 재무성과표에 포함하기 위하여 포착하는 과정을 의미하고 이는 그러한 재무제표 중 하나에 어떤 항목(단독으로 또는 다른 항목과 통합하여)을 명칭과 **화폐금액**으로 나타내는 것과 관련된다.[34]

일반기업회계기준에 의하면 수익은 경제적 효익이 유입됨으로써 **자산이 증가하거나 부채가 감소하고 그 금액을 신뢰성 있게 측정할 수 있을 때** 인식하고, 이는 수익의 인식이 **자산의 증가나 부채의 감소와 동시에 이루어짐**을 의미한다.[35] 자산은 당해 항목에 내재된 미래의 경제적 효익이 기업실체에 유입될 가능성이 매우 높고 또한 그 측정속성에 대한 가액이 **신뢰성 있게 측정**될 수 있다면 재무상태표에 인식한다.[36] 기업실체가 현재의 의무를 미래에 이행할 때 경제적 효익이 유출될 가능성이 매우 높고 그 금액을 **신뢰성 있게 측정**할 수 있다면 이러한 의무는 재무상태표에 **부채**로 인식한다.[37]

이상의 논의에 비추어 보면, 기업회계기준에 따른 수익의 발생은 특정 거래와 관련된 자산의 증가 또는 부채의 감소가 인식되는 시점에 이루어진다. 즉 수익의 발생시점은 특정 거래와 관련된 자산의 증가 또는 부채의 감소가 인식되는 시점과 동일하다. 자산과 부채는 신뢰성 있게 측정되는 경우에 한하여 인식할 수 있고, 이에 대하여서는 법인세법 및 조세특례제한법이 기업회계기준과 달리 규정할 수 있다. 그렇다면 **법인세법 상 익금은 특정 거래로 인하여 법인세법, 조세특례제한법 및 기업회계기준에 따라 자산 · 부채의 변동이 인식되는 시점에 발생하고 이 경우 법인세법 또는 조세특례제한법이 기업회계기준에 우선하여 적용된다.** 자산 · 부채는 화폐금액으로 측정할 수 있는 경우에만 계상할 수 있는바, 이는 화폐금액으로 측정되기 시작되는 상태를 의미하는 것이 아니라 신뢰성 있게 측정되는 상태를 의미한다. 따라서 '익금의 발생'은 자산 · 부채의 변동분이 화폐금액으로 신뢰성 있게 측정된 상태를 의미하고, 이는 통상의 경우 일회적 거래로 인하여 즉시 측정된다고 할지라도 원칙적으로는 신뢰성 있게 측정된 상태에 이르기 위한 '시간의 경과'를 필요로 하는 개념이다. 또한 '신뢰성 있게 측정되는 상태'에 있어서 '신뢰성'에 대한 판단은 향후 경제적 상황의 변화에 따라 달라질 수 있는

---

32) 재무보고를 위한 개념체계 문단 4.26.
33) 재무보고를 위한 개념체계 문단 4.30.
34) 재무보고를 위한 개념체계 문단 5.1.
35) 재무회계개념체계 문단 143.
36) 재무회계개념체계 문단 140.
37) 재무회계개념체계 문단 142.

것이므로 해당 변동액 역시 자산·부채의 계상금액에 반영될 수 있는 여지를 담고 있다. 즉 '익금의 발생'은 자산·부채의 평가와 관련된 개념으로서 자산·부채를 얼마의 화폐금액으로 신뢰성 있게 측정하여 계상할 것인지 여부, 즉 익금의 범위에 관련된다. 법인세법 역시 '익금의 범위'를 판정함에 있어서 '발생' 여부를 기준으로 한다. 다만 자산·부채에는 거래 당사자의 권리 또는 의무가 각 화체되어 있는바, 익금을 합리적으로 신뢰성 있게 측정할 수 있다는 점이 그와 관련된 자산·부채의 현실적인 이행을 담보하는 것은 아니다. 한편 '익금의 발생'과 '익금의 확정'은 구분되어야 한다.[38] 즉 '익금의 발생'에는 거래의 실질에 따라 일정한 기간의 경과가 필요할 수 있으나, '익금의 확정'은 익금의 발생기간 중 어느 특정 시점을 기준으로 해당 사업연도에 익금의 발생액 모두를 귀속시키는 것과 관계되기 때문이다. **자산의 취득가액은** '**익금의 발생액**'**에 직접적으로 연계된다.** 즉 자산의 취득가액은 특정 자산의 유입으로 인한 익금의 발생액에 해당하므로, 이는 해당 자산의 유입이 여러 사업연도에 걸친 경우에도 그 중 하나의 사업연도에 귀속시키는 것에 관한 익금의 확정과는 구분되는 개념이다.

기업회계기준 상 수익은 당기순이익의 구성요소인 수익으로 한정되는 것인가? 통상 기업회계 기준 상 수익 또는 비용은 손익계산서에 표시되며 수익에서 비용을 공제한 결과는 당기순이익 (또는 당기순손실)로 표시된다. 그러나 한국채택 국제회계기준이 적용되는 경우에는 손익계산 서 대신에 **포괄손익계산서**를 작성하여야 하고 이에는 **총포괄손익**[거래나 그 밖의 사건으로 인한 기간 중 자본의 변동(소유주로서의 자격에 기반한 그 소유주와의 거래로 인한 자본의 변동은 제외)]이 표시되면 총포괄손익은 '**당기순손익**'과 '**기타포괄손익**'의 모든 구성요소를 포함한다.[39] **소유주**는 자본으로 분류되는 금융상품의 보유자를 의미한다.[40] 즉 주식회사의 주주 또는 다른 회사의 출자자 등을 의미한다. 당기순손익 항목은 수익에서 비용을 차감한 금액으로서 기타포괄손익의 구성요소는 제외되고, 다른 한국채택국제회계기준에서 요구하거 나 허용하여 당기손익으로 인식하지 않은 수익과 비용항목(재분류조정 포함)을 의미한다.[41] **재분류조정** 항목은 당기나 과거 기간에 기타포괄손익으로 인식되었으나 당기손익으로 재분류 된 금액을 의미한다.[42] 그렇다면 **기타포괄손익** 역시 그 본질은 '수익'과 '비용'에 해당하고 기타포괄손익 역시 당기순이익으로 재분류되기도 하는 것이므로, 기타포괄손익 역시 법인세법 상 익금의 요건인 '수익'에 해당되는 것으로 보아야 한다.

---

38) 같은 II 5 참조.
39) 기업회계기준서 제1001호 재무제표 표시 문단 7.
40) 기업회계기준서 제1001호 재무제표 표시 문단 7.
41) 기업회계기준서 제1001호 재무제표 표시 문단 7.
42) 기업회계기준서 제1001호 재무제표 표시 문단 7.

기타포괄손익에 포함되는 항목은 다음과 같다.[43]

> - 재평가잉여금의 변동(기업회계기준서 제1016호 '유형자산'과 기업회계기준서 제1038호 '무형자산' 참조)
> - 확정급여제도의 재측정요소(기업회계기준서 제1019호 '종업원급여' 참조)
> - 해외사업장의 재무제표 환산으로 인한 손익(기업회계기준서 제1021호 '환율변동효과' 참조)
> - 기업회계기준서 제1109호 문단 5.7.5에 따라 기타포괄손익 – 공정가치 측정 항목으로 지정한 지분상품에 대한 투자에서 발생한 손익
> - 기업회계기준서 제1109호 문단 4.1.2A에 따라 기타포괄손익 – 공정가치로 측정하는 금융자산에서 발생한 손익
> - 기업회계기준서 제1109호 문단 5.7.5에 따라 기타포괄손익 – 공정가치로 측정하는 지분상품 투자에 대한 위험회피에서 위험회피수단의 평가손익 중 효과적인 부분과 현금흐름위험회피에서 위험회피수단의 평가손익 중 효과적인 부분(기업회계기준서 제1109호의 제6장 참조)
> - 당기손익 – 공정가치 측정 항목으로 지정한 특정 부채의 신용위험 변동으로 인한 공정가치 변동 금액(기업회계기준서 제1109호 문단 5.7.7 참조)
> - 옵션계약의 내재가치와 시간가치를 분리할 때와 내재가치의 변동만을 위험회피수단으로 지정할 때 옵션 시간가치의 가치변동(기업회계기준서 제1109호 제6장 참조)
> - 선도계약의 선도요소와 현물요소를 분리하고 현물요소의 변동만 위험회피수단으로 지정할 때 선도계약의 선도요소의 가치변동과 금융상품의 외화 베이시스 스프레드 가치변동을 위험회피수단 지정에서 제외할 때 외화 베이시스 스프레드의 가치변동(기업회계기준서 제1109호 제6장 참조)

3. 법인세법 상 익금은 자본 또는 출자의 납입에 해당하지 않아야 한다.

주식회사의 자본은 그 외의 법인에 있어서의 출자에 대응하는 것이고 이는 주주 등 출자자의 구체적 납입행위 등을 통하여 형성된다. 이는 상법에 따른 것이다. 세법이 민사법 상 개념을 차용하는 경우가 있는바, 차용개념의 경우에도 세법상 독자적으로 해석되어야 하는 특별한 사정이 없는 한 원칙적으로 민사법 상 개념과 동일하게 해석되는 것이 타당하고,[44] 주식회사의 자본과 그 외 법인의 출자를 상법과 달리 해석하여야 할 특별한 사정 역시 없기 때문이다. 오히려 경제적 실질에 따라 동일하게 취급하는 것이 타당하다.

---

43) 기업회계기준서 제1001호 재무제표 표시 문단 7.
44) 대법원 2010.4.29. 2007두11092 ; 이준봉, 조세법총론 제7판 삼일인포마인, 2021, 197면~198면.

법인세법은 자본 또는 출자의 납입 자체에 대하여 정의하지 않고 나아가 자본 또는 출자를 형성하기 위한 납입행위가 자본 계정 중 어느 요소에 대하여 영향을 미치는지 여부에 대하여서도 명시적으로 정하지 않는다. 조세특례제한법 역시 그렇다. 법인세법이 기업회계기준을 전제로 하고 있으므로, 자산·부채의 계상에 관하여 법인세법 또는 조세특례제한법이 별도의 규정한 경우를 제외한다면 기업회계기준에 의한 순자산 및 자본의 총액은 법인세법에 의한 순자산 및 자본의 총액과 원칙적으로 동일하다는 점 및 자본은 자산에서 부채를 공제한 금액이라는 점에 대하여서는 기술하였다. 따라서 **자본 또는 출자의 납입 자체가 어떻게 정의되는지 여부 및 자본 또는 출자를 형성하기 위한 납입행위가 자본 계정 중 어느 요소에 대하여 영향을 미치는지 여부는 자본의 구성요소인 계정의 계상과 관련된 것이므로 원칙적으로 기업회계기준에 따라야 한다.** 다만 기업회계기준 역시 납입행위 자체에 대하여서는 규정하지 않고 이를 규정하는 것이 기업회계기준의 영역에 속하는 것도 아니므로, 법인세법 익금의 정의 상 '납입'은 차용개념으로 보아야 한다. 따라서 **법인세법 익금의 정의 상 납입은 법인세법의 목적에 반하지 않는 한 상법 상 납입행위를 의미하는 것으로 해석**하는 것이 타당하다. 판례 역시 동일한 입장이다. "자본 또는 출자의 납입"의 의미에 대하여 법인세법이 별도의 정의 규정을 두고 있지 않은 이상 특별한 사정이 없는 한 상법상 의미와 동일하게 해석하는 것이 법적안정성이나 조세법률주의가 요구하는 엄격해석의 원칙에 부합하는 점 등을 종합하면, "자본 또는 출자의 납입"은 상법상 회사 설립 또는 설립 후 신주 발행 시 이루어지는 납입행위만을 가리킨다고 보아야 한다.[45]

먼저 기업회계기준에 따른 자본 또는 출자의 납입에 대하여 살핀다.

기업회계기준서 상 자본의 변동은 순자산 증가 또는 감소를 의미하나, 소유주로서의 자격에 기반한 그 소유주와의 거래(예 : 출자, 기업자신의 지분상품의 재취득 및 배당) 및 그러한 거래와 직접 관련이 있는 거래원가에서 발생하는 변동은 제외된다.[46] 소유주는 자본으로 분류되는 금융상품의 보유자를 의미한다.[47] 즉 주식회사의 주주 또는 다른 회사의 출자자 등을 의미한다. 자본의 구성요소는 **납입자본, 기타포괄손익의 누계액과 이익잉여금의 누계액** 등으로 구성된다.[48] 소유주로서의 자격에 기반한 그 소유주와의 거래 중 출자는 납입자본에 해당하는 것으로 보아야 한다. 기타포괄손익 및 이익잉여금은 반드시 소유자의 자격에 기한

---

45) 대법원 2023.11.30. 2019두58445.
46) 기업회계기준서 제1001호 재무제표 표시 문단 109.
47) 기업회계기준서 제1001호 재무제표 표시 문단 7.
48) 기업회계기준서 제1001호 재무제표 표시 문단 108.

거래일 것을 전제로 하지 않기 때문이다. 기업회계기준서 자체에서 납입자본 자체의 구분에 대하여 정하는 것은 아니나, 납입자본과 적립금 등을 자본금, 주식발행액면초과액, 적립금 등과 같이 다양한 분류로 세분화하는 것을 인정한다.[49] 따라서 자본금이 정하여져 있고 주식의 발행금액이 액면금액보다 작은 경우에는 주식할인발행차금을 계상할 수 있다.

일반기업회계기준에 따른 자본금은 '주주들이 납입한' 법정자본금으로 한다.[50] **자본잉여금은 증자나 감자 등 '주주와의 거래'에서 발생하여 자본을 증가시키는 잉여금으로서, 주식발행액면초과액, 자기주식처분이익, 감자차익 등이 포함된다.**[51] 주주로부터 현금을 수령하고 주식을 발행하는 경우에 주식(상환우선주 등 포함)의 발행금액이 액면금액(무액면주식의 경우 발행금액 중 이사회 또는 주주총회에서 자본금으로 정한 금액)보다 크다면 그 차액을 주식발행액면초과액으로 하여 자본잉여금으로 회계처리하고, 발행금액이 액면금액보다 작다면 그 차액을 주식발행액면초과액의 범위 내에서 상계처리하고, 미상계된 잔액이 있는 경우에는 자본조정의 주식할인발행차금으로 회계처리한다.[52] **법정자본금, 주식발행액면초과액 및 주식할인발행차금이 소유주의 납입과 관련된 계정이다.** 그 밖의 자본 구성요소로는 **자본조정, 기타포괄손익누계액, 이익잉여금(또는 결손금)**이 있다.[53] 법정자본금, 자본잉여금 및 자본조정 계정이 기업회계기준서의 납입자본에 대응하는 것이다. 기업회계기준서가 자본을 납입자본, 기타포괄손익의 누계액과 이익잉여금의 누계액 등으로 구분하기 때문이다.

기업회계기준서 및 일반기업회계기준에 따르면 '자본 또는 출자'는 법정자본금, 자본잉여금, 자본조정, 이익잉여금(또는 결손금) 및 기타포괄손익누계액을 의미한다. 법인세법 상으로는 자본을 자본금, 자본잉여금 및 이익잉여금으로 구분하고, 자본잉여금은 기업회계기준 상 자본잉여금과 자본조정을, 이익잉여금은 기업회계기준 상 이익잉여금(또는 결손금) 및 기타포괄손익누계액을 포함하는 것으로 한다.

이상의 논의를 종합하면, 법인세법 상 자본 또는 출자의 납입은 주주 또는 출자자 등을 의미하는 소유주의 자격에 기한 거래로 인하여 자산의 증가 또는 부채의 감소가 발생한 결과 자본이 증가하는 거래를 의미하고 이는 상법상 납입행위에 해당하여야 한다. 상법상 납입행위는 상법상 '출자의 이행'을 의미한다. 자산의 증가 또는 부채의 감소와 관련된 자본계정은 법정자본

---

49) 기업회계기준서 제1001호 재무제표 표시 문단 78.
50) 일반기업회계기준 제2장 재무제표의 작성과 표시 I 문단 2.29 결론도출근거 2.6.
51) 일반기업회계기준 제2장 재무제표의 작성과 표시 I 문단 2.30.
52) 일반기업회계기준 제15장 자본 문단 15.3.
53) 일반기업회계기준 제2장 재무제표의 작성과 표시 I 문단 2.75.

금, 주식발행액면초과액 및 주식할인발행차금이다. 주식회사가 아닌 법인의 경우에는 출자금 등 계정이 이에 해당한다.

상법상 납입행위에 대하여 살핀다. **주식회사**의 경우 발기설립의 경우 발기인이 회사의 설립 시에 발행하는 주식의 총수를 인수한 때에는 지체없이 각 주식에 대하여 그 인수가액의 전액을 납입하여야 한다(상법 §295 ①). 모집설립의 경우 주식인수를 청약한 자는 발기인이 배정한 주식의 수에 따라서 인수가액을 납입할 의무를 부담하고(상법 §303), 회사설립시에 발행하는 주식의 총수가 인수된 때에는 발기인은 지체없이 주식인수인에 대하여 각 주식에 대한 인수가액의 전액을 납입시켜야 한다(상법 §305 ①). **유한책임회사**의 경우 사원은 신용이나 노무를 출자의 목적으로 하지 못하고(상법 §287의4 ①), 정관의 작성 후 설립등기를 하는 때까지 금전이나 그 밖의 재산의 출자를 전부 이행하여야 한다(상법 §287의4 ②). **유한회사**의 경우 이사는 사원으로 하여금 출자전액의 납입 또는 현물출자의 목적인 재산전부의 급여를 시켜야 하고(상법 §548 ①), 출자는 출자금액의 납입 또는 현물출자의 이행을 의미한다(상법 §548 ① 참조). **합명회사**의 경우 사원은 재산출자 이외에 노무·신용출자 역시 가능하고(상법 §222 참조), 출자의무는 정관의 작성에 의하여 성립한다(상법 §179 4호). **합자회사**의 경우 무한책임사원은 합명회사의 사원과 동일한 출자의무를 부담하나 유한책임사원의 경우에는 신용 또는 노무를 출자의 목적으로 하지 못한다(상법 §272).

법인세법 상 자본 또는 출자의 납입은 법인세법 상 익금의 본질인 수익에 해당하는가? 법인법상 익금이 되기 위하여서는 원칙적으로 법인 순자산의 증가로 인하여 발생하는 계정이 기업회계기준에 따른 수익에 해당하여야 한다. 그런데 기업회계기준서에 의하면 수익은 자산의 증가 또는 부채의 감소로서 자본의 증가를 가져오며, 자본청구권 보유자의 출자와 관련된 것을 제외하고, 자본청구권 보유자로부터의 출자는 수익이 아니다.[54] 즉 수익은 자본참여자의 출자 관련 증가분을 제외한 자본의 증가를 수반하는 것으로서 회계기간의 통상적인 활동에서 발생하는 경제적 효익의 총유입을 의미한다.[55] 따라서 법인의 자본 또는 출자에 의한 자본의 증가는 수익에 해당할 수 없다. 또한 일반기업회계기준에 의하면 수익은 경제적 효익이 유입됨으로써 자산이 증가하거나 부채가 감소하고 그 금액을 신뢰성 있게 측정할 수 있을 때 손익계산서에 인식하고, 이는 수익의 인식이 자산의 증가나 부채의 감소와 동시에 이루어짐을 의미한다.[56] 일반기업회계기준 상 포괄손익(comprehensive income)은 법인세법 상 익금 또는 손금의

---

54) 재무보고를 위한 개념체계 문단 4.68, 4.70.
55) 기업회계기준서 제1018호 수익 문단 7.
56) 일반기업회계기준 제16장 수익 결론도출근거 16.3.

본질인 수익 또는 비용에 해당하는바, 포괄손익은 일정기간 동안 '주주와의 자본거래를 제외한' 모든 거래나 사건에서 인식한 자본의 변동을 말하고, 이를 보고하는 목적은 주주와의 자본거래를 제외한 인식된 거래와 기타 경제적 사건으로 인하여 발생한 모든 순자산의 변동을 측정하기 위한 것이며, 이러한 순자산의 변동 중 일부는 손익계산서에 표시되고 일부는 재무상태표의 자본의 별도 구성항목으로 표시된다.[57] 즉 주주와의 자본거래를 통한 순자산 증가분은 손익계산서에 반영될 수 있는 포괄손익 자체에서 배제된다. 그렇다면 **법인세법 상 자본 또는 출자의 납입은 그 성질 상 수익의 속성을 가지지 않아서 법인세법 상 익금이 될 수 없다.**

법인세법 상 자본 또는 출자의 납입은 그 성질 상 익금이 될 수 없음에도 불구하고 이를 익금에서 제외한다는 규정을 둔 이유는 무엇인가? 법인세법에 따르면 익금은 '자본 또는 출자의 납입' 및 '법인세법에서 규정하는 것'은 제외하고 해당 **법인의 순자산을 증가시키는 거래**로 인하여 발생하는 **수익(이익 또는 수입을 포함)**의 금액을 의미한다(법세 §15 ①). 따라서 '법인의 순자산을 증가시키는 거래로 인하여 발생하는 수익(개념 상 정의)'이라고 할지라도 법에서 특별히 규정하는 경우에는 개념 상 정의와 달리 익금의 범위를 정할 수 있다. 그렇다면 '자본 또는 출자의 납입'에 대하여서도 특별한 규정을 통하여 익금에 해당하는지 여부를 달리 정할 수 있는지 여부가 쟁점이 될 수 있다. **법인세법은 '자본 또는 출자의 납입'의 경우를 '법인세법에서 규정하는 것'과 구분하여 개념 상 정의에서 제외하고 있다. 이러한 규정방식을 통하여 법인세법이 '자본 또는 출자의 납입'의 성질을 갖는 거래는 특별한 규정을 통하여서도 익금에 포함될 수 없다는 점을 분명히 한 것으로 해석**하는 것이 타당하다.

한편 법인세법은 주식발행액면초과액이라고 할지라도 채무의 출자전환으로 주식 등을 발행하는 경우에는 그 주식 등의 시가(법세 §52 ②)를 초과하여 발행된 금액은 익금에 포함된다고 규정한다(법세 §17 ① 1호 단서). 법인세법 상 익금의 정의에 있어서 납입이 상법 상 납입행위를 의미한다는 점에 비추어 보면 채무의 출자전환에 있어서 주식 등이 시가를 초과하여 발행될 수는 없다. 따라서 설사 법인이 그 시가를 초과하여 발행된 금액을 주식발행액면초과액으로 계상하였다고 하더라도 이는 '자본 또는 출자의 납입'의 성질을 가질 수 없다. 위 규정은 이를 확인한 것에 불과하다. 다만 면제된 채무액 자체가 출자의 납입액이 될 수 있으므로 전액 주식발행액면초과액으로 보아야 한다는 견해 역시 입론의 여지가 있다. 그러나, 법인세법은 채무면제익은 손익거래로서 익금에 산입하고 주식발행액면초과액은 자본거래로서 손금불산입한다는 점을 감안한다면, 출자의 납입액을 면제된 채무액 자체만으로 판정할 수는 없다.

---

57) 일반기업회계기준 제2장 재무제표의 작성과 표시 Ⅰ 문단 2.29, 결론도출근거 2.9.

이러한 점을 감안하여 법인세법이 발행되는 주식의 시가를 출자의 납입액에 대한 대용치(proxy)로서 특별히 규정한 것으로 이해하는 것이 타당하다.

기업회계기준 또는 법인세법의 수익 또는 익금의 정의에서 '자본 또는 출자의 납입'을 제외하는 규범적 당위성은 무엇인가? 주주 또는 출자자가 법인에 출자하는 경우 이는 양도로 의제되어 주주 또는 출자자에게 양도소득에 대한 과세가 이루어진다. 만약 자본 또는 출자의 납입을 익금으로 본다면 그 납입된 자본 또는 출자액 전체에 대하여 다시 법인세가 부과되어 그 법인은 유동성 문제에 직면하게 되고 향후 영업활동에 투입될 지원이 심각하게 훼손된다. 주주 또는 출자자는 법인에 출자하였다는 이유로 양도차익에 대하여 과세되는 것뿐만 아니라, 자본 또는 출자액 전체에 대하여 법인세가 과세되는 것이므로 그 주식 또는 출자지분의 가치 역시 심각하게 하락한다. 게다가 자본 또는 출자액 전체는 향후 영업활동을 통하여 수익의 창출에 이바지하고 손비로서 공제될 것임에도 불구하고 이를 납입 즉시 과세하여 그에 대응하는 손비를 공제할 수 없도록 하는 것은 소득과세라는 법인세의 본질에 반한다. 또한 자본 또는 출자액 전체는 향후 영업활동에 이바지하여 익금 형태로 전환되어 다시 법인세의 과세대상이 될 것이므로 그 출자 당시 이를 과세할 실익 역시 없으며, 그 출자 당시 과세한 세액을 향후 법인세액에서 공제하지 않으면 자본 또는 출자액 전체에 대하여 이중과세를 하는 결과에 이를 수 있어 이를 조정하여야 할 것이나 이는 실무적으로 대단히 어렵다. 법인의 설립 또는 증자에 참여하였다는 이유로 법인세법이 그 주주 또는 출자자에게 심각한 불이익을 부과할 규범적 당위성이 존재하지 않고 이러한 불이익을 방지하는 것이 오히려 경제적 합리성에 부합된다. 이상의 각 점을 감안하여 기업회계기준 및 법인세법이 '자본 또는 출자의 납입'을 수익 또는 익금에서 제외한 것으로 판단한다.

4. 법인세법 상 익금의 범위에 대하여 별도의 정함이 있는 경우에는 그에 따라 판정하여야 한다.

법인세법은 익금을 정의함에 있어서 '법인세법에서 규정하는 것은 제외'한다는 문언을 사용하는바, 그 의미가 무엇인지 여부에 대하여 살핀다. 즉 법인세법은 익금에 해당하지만 법인세법에서 규정하는 것은 그 정의에서 제외된다고 규정하는바, 이 문언이 그 성질 상 '법인의 순자산을 증가시키는 거래로 인하여 발생하는 수익'에 해당하지만 법인세법이 이를 익금에서 제외할 수 있는 것만을 의미하는 것인지 아니면 '법인의 순자산을 증가시키는 거래로 인하여 발생하는 수익'에 해당하는지 여부와 무관하게 법인세법이 익금을 정할 수 있다는 것을 의미하는지 여부가 쟁점이 된다. 후자의 경우라면 법인세법이 특정 거래의 결과가 기업회계기준 상 수익이 아니라고 할지라도 이를 익금으로 정의할 수 있어야 한다. **자기주식의 처분익에 대하여 살핀다.** 기업회계기준서에 따르면 기업이 자기주식을 재취득하는 경우에는 자기주식은 자본에서 차감하고 자기주식을 매입, 매도, 발행, 소각하는 경우의 손익은 당기손익으로 인식하지 않는다.[58] 일반기업회계기준에 따르면, 기업이 매입 등을 통하여 취득하는 자기주식은 취득원가를 자기주식의 과목으로 하여 자본조정으로 회계처리하고, 자기주식을 처분하는 경우 처분금액이 장부금액보다 크다면 그 차액을 자기주식처분이익으로 하여 자본잉여금으로 회계처리하며 그 반대의 경우에는 자본조정의 자기주식처분손실로 회계처리한다.[59] 그러나 법인세법은 자기주식(합병법인이 합병에 따라 피합병법인이 보유하던 합병법인의 주식을 취득하게 된 경우를 포함)의 양도금액을 익금에 산입하고 있다(법세령 §11 2호의2). **익금의 귀속시기와 관련하여서도 살핀다.** 법인세법이 정하는 익금의 귀속시기와 기업회계기준 상 수익의 인식기준이 상이할 수 있다. 따라서 기업회계기준에 따르면 수익이 발생하지 않았으나 법인세법 상으로는 익금을 인식하여야 하는 경우 역시 있다. 이러한 경우에는 기업회계상 수익에 해당하지 않음에도 불구하고 법인세법 상 익금을 인식하여야 한다. 이상의 논의에 따르면 **법인세법이 익금을 정의함에 있어서 사용한 '법인세법에서 규정하는 것은 제외'한다는 문언은 법인세법 개별규정을 통하여 기업회계기준의 수익 인식기준과 달리 익금의 범위에 더하거나 익금에서 제외할 수 있다는 의미로 해석하여야 한다.** 다만 자기주식처분익을 익금으로 과세하는 것은 입법론적으로는 타당하지 않다. 이에 대하여서는 관련된 부분에서 설명한다.[60] 한편 법인세법이 개별규정을 통하여 익금으로 정의하거나 이에서 배제한다는 자체로 인하여 해당 항목의 익금으로서의 성질에 영향을 미치는 것은 아니다. 각 개별규정이 익금으로서의 성질을 확인하는 경우도 있고 그 성질과 달리 특별히 규정하는 경우도 있다. 따라서 두 경우 중 어디에 해당하는지 여부는 개별규정별로 검토되어야 한다. **조세특례제한법 역시 익금의 범위에 대하여 법인세법 상 별도의 정함을 할 수 있는가?** 법인세법에는 익금의 범위를 달리 정할 권한이 부여된다(법세 §14 ①). 그러나 법인세법은 조세특례제한법에 대하여서는 언급하지 않는다. 이로 인하여 조세특례제한법 역시 익금의 범위와 관련하여 법인세법처럼 기업회계기준의 수익 인식기준과 달리 익금의 범위에 더하거나 익금에서 제외할 수 있는지 여부가 쟁점이 된다. 법인세법은 익금과 손금의 귀속사업연도와 자산·부채의 취득 및 평가에 관하여 법인세법 및 조세특례제한법에서

---

58) 기업회계기준서 제1032호 금융상품 : 표시 문단 33.
59) 일반기업회계기준 제15장 자본 문단 15.8~9.
60) 같은 절 제2관 Ⅱ 5 참조.

기업회계기준 또는 관행과 달리 정할 수 규정한다(법세 §43). 수익의 발생 여부는 익금의 귀속시기 및 자산·부채의 평가와 밀접하게 관련되어 있다. 따라서 법인세법이 익금의 정의에 있어서 법인세법이 달리 정할 수 있다고 규정한다고 할지라도, 조세특례제한법 역시 익금의 범위에 관하여 특별한 정함을 할 수 있다고 보아야 한다.

법인세법 및 조세특례제한법이 '법인세법 상 순자산의 증가가 없음에도 불구하고' 별도의 익금을 인정할 수 있는가? 법인세법 및 조세특례제한법은 '법인의 순자산을 증가시키는 거래로 인하여 발생하는 수익'에 해당하는지 여부와 무관하게 익금의 범위를 정할 수 있다는 것은 '법인의 순자산을 증가시키는 거래'가 '수익'에 해당하지 않음에도 불구하고 이를 익금으로 인정할 수 있다는 의미에 불과하고 '법인의 순자산이 증가하지 않음에도 불구하고' 이를 익금으로 인정할 수 있다는 의미는 아니다. 법인의 순자산 증가가 없음에도 별도의 익금을 인정할 수 있는 것으로 해석하는 것은 가공소득에 대한 과세를 허용하는 것으로서 이는 조세평등주의에 근거한 실질과세원칙(국기 §14)에 정면으로 위반된다. 법인은 법인세법에 따라 '소득'에 대한 법인세를 납부할 의무가 있는바(법세 §3), 이 규정이 법인세법이 경제적 실질과 무관하게 '소득'을 규정할 수 있다는 의미하는 것도 아니다. 조세법률주의와 조세평등주의의 타협점으로서 규정된 실질과세원칙이 법인세법상 개별규정을 통하여 배제될 수 없기 때문이다.[61] 한편 법인의 순자산 증가가 수반되지 않는 익금의 인식은 법인세법이 기반하고 있는 기업회계기준의 기본원리인 회계등식(자산+비용 =부채+자본+수익)에도 정면으로 위반된다. 다만 법인의 순자산에 변화가 없음에도 법인세법이 익금산입을 의제하고 동시에 손금산입(또는 세액공제)을 적용하여 조정하는 것은 실질과세원칙 및 회계등식에 위반되지 않는다. 가공소득에 대한 과세가 발생하지 않고 회계등식에도 위반되지 않기 때문이다. 따라서 법인세법이 경제적 이중과세를 조정하는 등 기술적 이유 또는 특수관계인 사이의 거래를 규제하는 등 정책적 목적을 위하여 익금산입을 의제하고 동시에 손금산입(또는 세액공제)을 적용하여 조정하는 것은 가능하다. 즉 법인세법 및 조세특례제한법이 법인의 순자산 증가가 수반되지 않는 별도의 익금을 인식할 수는 없으나 법인세법 및 조세특례제한법이 경제적 이중과세를 조정하는 등 기술적 이유 또는 특수관계인 사이의 거래를 규제하는 등 정책적 목적을 위하여 익금산입과 손금산입(또는 세액공제)을 동시에 적용하는 것은 가능하다.

'법인세법 및 조세특례제한법에 의하여 특별히 익금에서 배제되는 경우'에는 '법인 순자산의 유출에도 불구하고 법인세법 상 손금에서 배제된 거래'가 취소되어 법인 순자산이 다시 유입되는

---

61) 이준봉, 전게서, 127면~131면 참조.

경우 역시 포함되는가? 이 쟁점은 법인 순자산의 유입이 없음에도 특별규정을 통하여 익금에 산입할 수 있는지 여부에 관한 쟁점과 연관된다. 법인세법 및 조세특례제한법이 특별규정을 통하여 익금에서 배제하는 경우에는 '법인세법 및 조세특례제한법이 특별히 익금에서 제외한 경우'뿐만 아니라 '법인 순자산의 유출에도 불구하고 법인세법 상 손금에서 제외하였던 거래'가 취소 등으로 환원되어 법인의 순자산이 다시 유입되는 경우 역시 포함하여야 한다. 법인 순자산이 유출됨에도 불구하고 손금에 산입되지 않는다는 것은 법인 순자산이 유출됨에도 그 과세대상인 소득금액이 줄지 않는다는 의미이다. 그런데 해당 거래가 취소되어 법인 순자산이 유입되는 것을 익금에 산입한다면 그 유출 이전의 순자산을 회복하는 것임에도 불구하고 그 소득금액은 증가한다. 이는, '법인 순자산의 유입이 없음에도 특별규정을 통하여 익금에 산입할 수 있는지 여부에 관한 쟁점'에서 살핀 바와 같이, 법인 순자산의 변동, 즉 자산·부채의 변동이 없음에도 소득금액을 증액하는 것은 가공소득에 대한 과세로서 헌법상 조세평등주의에 근거한 실질과세원칙에 반할 뿐만 아니라 이를 허용할 별도의 규범적 정당성 역시 찾기 어렵다.

'자본 또는 출자의 환급'이 취소되어 그 환급액을 반환받은 경우' 역시 '법인세법 및 조세특례제한법에 의하여 특별히 익금에서 배제되는 경우'에 포함되는지 여부에 대하여 살핀다. 법인에 의한 '자본 또는 출자의 환급'은 손금에 산입되지 않는다(법세 §19 ①).[62] 즉 법인세법 상 자본거래로서 손금의 정의에서 배제된다. '자본 또는 출자의 환급'이 취소 등으로 환원되어 유출된 법인 순자산을 반환받은 경우에 대하여 과세하는 것 역시 가공소득에 대하여 과세하는 것에 해당한다. 따라서 '법인 순자산의 유출에도 불구하고 법인세법 상 손금에서 제외하였던 거래'가 취소 등으로 환원되어 법인의 순자산이 다시 유입되는 경우에 포함하는 것이 타당하다. 즉 '자본 또는 출자의 환급'이 취소되어 그 환급액을 반환받은 경우' 역시 '법인세법 및 조세특례제한법에 의하여 특별히 익금에서 배제되는 경우'에 포함된다. 환급액을 반환하는 법인주주 단계에서는 그 성질 상 손금불산입된다.[63]

'자본거래로서 손금불산입되는 금액이 다른 잉여금 등과 상계되는 경우' 역시 '법인세법 및 조세특례제한법에 의하여 특별히 익금에서 배제되는 경우'에 포함되는지 여부에 대하여 살핀다. 주식할인발행차금은 자본거래로서 손금에 산입되지 않는다(법세 §20 1호). 자본거래로서 손금의 정의에서 배제된 항목이 다른 잉여금과 상계되어 소멸하는 것은 자본 구성요소 사이의 대체거래에 불과한 것이므로 어느 구성요소의 증가가 다른 구성요소의 감소를 수반하므로

---

62) 같은 관 Ⅲ 3 참조.
63) 같은 관 Ⅲ 4 참조.

그 성질 상 익금의 정의를 충족할 수 없다. 따라서 이는 '법인세법 및 조세특례제한법에 의하여 특별히 익금에서 배제되는 경우'에 포함되는지 여부에 대하여 살필 필요가 없이 그 성질상 익금에 해당하지 않는다.

'법인세법 및 조세특례제한법에 의하여 특별히 익금에서 배제되는 경우'에는 '납입자본을 환수한 경우' 역시 포함되는가? 법인에 의한 '자본 또는 출자의 납입'은 그 성질 상 해당 법인의 손금에 산입되지 않는다. '자본 또는 출자의 납입'을 통한 순자산의 유출과 동시에 '주식 또는 출자지분'이라는 자산을 취득하기 때문이다. 한편 납입자본의 환수를 통하여 자산 등을 취득하는 경우는 그 환수액만큼 '주식 또는 출자지분'의 취득원가(또는 시가평가액) 역시 감소하므로 그 성질상 익금에 해당하지 않는다. 따라서 '납입자본을 환수한 경우'가 '법인 순자산이 유출된다고 하더라도 법인세법 상 손금에서 제외하였던 거래가 취소 등으로 환원되어 법인의 순자산이 다시 유입되는 경우'에 포함될 여지 자체가 없다.

법인세법 및 조세특례제한법 상 규정이 없어서 기업회계기준의 문언에 따라 익금에 해당하는지 여부를 판정하는 경우에도 그 최종적인 판정권한은 여전히 법원에 귀속되는가? 법인세법 및 조세특례제한법 상 특별한 규정이 없어서 기업회계기준의 문언에 따라 익금에 해당하는지 여부에 대하여 판정하는 경우라고 할지라도 그 판정은 **법인세법의 해석에 관한 것이므로, 최종적으로는 법원이 경제적 실질의 관점에 따라 관련 규정의 목적 또는 취지 등을 감안하는 세법 독자적 입장에 기반하여 기업회계기준 상 문언을 해석하여야 한다.** 법인세법 상 익금에 해당하는지 여부는 국민의 권리·의무에 관계된 사항으로서 민간에 위탁될 수 없고, 기업회계기준의 적용과정에서 그 해석에 관한 업무가 다른 기관에 위탁되었다고 하더라도 법인세법의 해석에 있어서 법원이 기업회계기준의 해석업무를 담당하는 회계기준원 등의 판단에 의하여 좌우될 수도 없다. 법원의 판단에 있어서 참고될 수 있을 뿐이다.

법인세법 및 조세특례제한법이 달리 규정함에 있어서 그 입법에 대한 규범적 한계는 없는가? 조세법률주의가 헌법 상 대원칙이지만 평등의 원칙에서 연원하는 조세평등주의 역시 존중되어야 헌법상 가치이다. 조세법률주의와 조세평등주의는 서로 상충되면서도 타협될 수 있다. 법인세법 및 조세특례제한법이 법률을 통하여 익금의 범위에 대하여 달리 규정하는 것은 조세법률주의에 부합되는 것이지만 그 법률을 통하여 조세평등주의를 위반할 수는 없다. 조세평등주의는 수평적 공평의 원칙 및 수직적 공평의 원칙을 통하여 실현되나 두 원칙 역시 절대적으로 관철될 수는 없다. 따라서 합리적 이유가 있는 경우라면 납세자 간의 차별취급 역시 예외적으로 허용되어야 한다. 헌법재판소 역시 세법의 내용을 어떻게 정할 것인가에 관하여 입법자에게는 광범위한 형성의 자유가 인정되며, 더욱이 오늘날 조세입법자는 조세의 부과를 통하여 재정수입의 확보라는 목적 이외에도 국민경제적, 재정정책적, 사회정책적 목적달성을 위하여 여러 가지 관점을 고려할 수 있다는 점을 근거로 하여 합리적 이유가 있는 경우라면 납세자 간의 차별취급도 예외적으로 허용된다고 판시한다.[64] 이러한 이유로 **조세입법 자체가 평등원칙을 위반하였는지 여부**를 심사함에 있어서는 다른 경우와는 달리 특별한 사정이 없는 한 "조세의 부과와 징수에 있어서 합리적 이유가 없이 자의적으로 특정 납세자를 불리하게 차별하거나 우대하는 등의 방법으로 납세자의 '담세능력'에 상응하여 공정하고 평등하게 취급하여야 한다는 평등의 원칙을 위반하지 않았는지 여부"만을, 즉 자의성 여부만을 심사한다.[65] 따라서 법인세법 및 조세특례제한법이 법률을 통하여 익금 및 손금의 범위에 대하여 달리 규정한다고 하더라도 해당 법률이 "조세의 부과와 징수에 있어서 합리적 이유가 없이 자의적으로 특정 납세자를 불리하게 차별하거나 우대하는 등의 방법으로 납세자의 '담세능력'에 상응하여 공정하고 평등하게 취급하여야 한다는 평등의 원칙을 위반할 수는 없다.[66] 나아가 조세법률주의와 조세평등주의 사이의 상충관계를 해소하기 위한 헌법상 타협의 결과가 실질과세원칙(국기 §14)으로 구체화된 것이므로 **법인세법 및 조세특례제한법이 손금의 범위에 대하여 달리 규정한다고 하더라도 경제적 실질에 의한 판단을 배제하는 것을 내용으로 한다면 이 역시 헌법상 조세평등주의에 위반된다.**[67]

5. 법인세법 상 '익금의 발생'과 '익금의 확정'은 구분되어야 한다.

법인세법은 익금은 해당 법인의 순자산을 증가시키는 거래로 인하여 **발생**하는 수익으로 정의하고(법세 §15 ①), 그 수익의 범위 및 구분 등에 필요한 사항은 법정(법세령 §11)되어 있다(법세 §15 ②). 한편 내국법인의 각 사업연도의 익금과 손금의 귀속사업연도는 그 익금과 손금이 **확정**된 날이 속하는 사업연도로 하고(법세 §40 ①), 익금과 손금의 귀속사업연도의 범위 등에 관하여 필요한 사항은 법정(법세령 §68, §69, §70, §71)되어 있다(법세 §40 ②). 법인세법이 익금의 범위와 익금 귀속사업연도의 범위를 구분하여 규정하는 이상 그 범위를 정하는 기준으로 사용된 '발생'과 '확정'은 구분되어야 한다.

법인세법 상 익금은 특정 거래로 인하여 법인세법, 조세특례제한법 및 기업회계기준에

---

64) 헌재 2002.8.29. 2001헌가24.
65) 헌재 2003.12.18. 2002헌마593.
66) 이준봉, 전게서, 271면~275면.
67) 상게서, 127면~131면 참조.

따른 자산·부채의 변동이 인식되는 시점에 발생하고 이 경우 법인세법 또는 조세특례제한법이 기업회계기준에 우선하여 적용된다. 자산·부채는 화폐금액으로 측정할 수 있는 경우에만 계상할 수 있는바, 이는 화폐금액으로 측정되기 시작되는 상태를 의미하는 것이 아니라 신뢰성 있게 측정되는 상태를 의미한다. 따라서 '익금의 발생'은 자산·부채의 변동분이 화폐금액으로 신뢰성 있게 측정된 상태를 의미하고, 이는 통상의 경우 일회적 거래로 인하여 즉시 측정된다고 할지라도 원칙적으로는 신뢰성 있게 측정된 상태에 이르기 위한 '시간의 경과'를 필요로 하는 개념이다. 또한 '신뢰성 있게 측정되는 상태'에 있어서 '신뢰성'에 내한 판단은 향후 경제적 상황의 변화에 따라 달라질 수 있는 것이므로 해당 변동액 역시 자산·부채의 계상금액에 반영될 수 있는 여지를 담고 있다. 즉 **'익금의 발생'은 자산·부채의 평가와 관련된 개념으로서 자산·부채를 얼마의 화폐금액으로 신뢰성 있게 측정하여 계상할 것인지 여부, 즉 익금의 범위에 관련된다.** 법인세법 역시 '익금의 범위'를 판정함에 있어서 '발생' 여부를 기준으로 한다. 다만 자산·부채에는 거래 당사자의 권리 또는 의무가 각 화체되어 있는바, **익금을 합리적으로 신뢰성 있게 측정할 수 있다는 점이 그와 관련된 자산·부채의 현실적인 이행을 담보하는 것은 아니다.**

'익금의 발생'은 어느 시점에 종료되는가? 경제적 실질 상 하나의 거래로 인하여 발생한 익금은 통상 하나의 사업연도 내에 그 계상금액의 측정이 완료된다. 그러나 하나의 거래라고 할지라도 특정 사업연도가 경과된 후 또는 여러 사업연도가 지난 후에야 익금의 계상금액이 신뢰성 있게 측정되는 경우 또는 특정 시점을 기준으로 신뢰성 있게 측정된 금액이 경제적 상황 등의 변경으로 인하여 변경되는 경우 역시 있을 수 있다. 익금의 인식이 일부 가능하게 된 사업연도와 익금이 신뢰성 있게 측정되는 사업연도가 다르다고 할지라도 해당 익금의 발생은 하나의 사건에 불과하다. 즉 '익금의 발생'은 특정 시점을 기준으로 판정되는 것이 아니라 일정한 기간을 두고 판정되어야 한다. '익금의 발생'이 언제 종료되는지 여부는 경제적 실질에 따른 하나의 거래가 언제 종료된 것인지 여부에 의하여 판정되어야 한다. '익금의 발생'은 자산·부채의 변동분을 의미하고 자산·부채에 내재된 권리 또는 의무는 경제적 자원의 통제 및 이전과 관련된다. 따라서 **특정 거래와 관련된 경제적 자원의 통제 및 이전 활동이 실질적으로 종료되는 시점을 '익금의 발생'이 종료되는 시점으로 보아야 한다.** 법률에 특별한 규정이 있다면 당연히 그 규정에 의하여 결정되어야 한다.

익금의 발생이 여러 사업연도에 걸쳐서 발생하는 경우에는 익금을 어느 사업연도에 귀속시켜야 하는지 여부가 문제로 된다. 각 사업연도 단위로 익금 계상금액을 구분하여 인식한다면,

이는 하나의 자산·부채를 각 사업연도 별로 나누어 다수의 자산·부채로 계상하는 것과 동일한 것으로서 경제적 실질 상 하나의 거래라는 점에도 배치될 뿐만 아니라 하나의 자산·부채에 대하여 다수의 귀속사업연도가 인정되어 법적 불확실성이 야기되고 해당 각 익금에 손금을 대응시키는 과정에서 많은 실무적 어려움 역시 발생하게 된다. 이러한 문제점을 해결하기 위하여 익금의 계상금액이 최종적으로 집계되어 확정되기 이전에는 이를 익금으로서 계상하지 않고 그 최종적 측정이 완료된 시점을 해당 익금의 귀속사업연도로 정하는 방법을 취할 수 있지만, 이 방법을 적용하는 경우에는 다음과 같은 문제점이 발생한다. 첫째, 거래 당사자들이 거래가 실질적으로 완료되었음에도 불구하고 일부 거래의 이행을 의도적으로 미루는 방법을 통하여 익금의 계상시기를 조작할 수 있다. 둘째, 익금의 귀속시기와 달리 손금의 계상금액을 가능한 한 빨리 계상하려는 유인이 있다. 셋째, 익금의 최종적 집계가 이루어지는 시점과 손금의 최종적 집계가 이루어지는 시점이 다를 수 있어서 익금과 손금을 대응하는 것이 어려워진다. 넷째, 익금과 손금이 최종적으로 집계되는 시점에 이를 각 계상하고 그 사업연도를 귀속시기로 판정한다는 입장은 익금 또는 수익의 범위를 '발생' 개념을 통하여 정의하는 법인세법 및 기업회계기준과 양립하기 어려워서 법인세법 자체를 적용하는 경우뿐만 아니라 기업회계기준을 보충적으로 적용하는 경우에도 많은 실무 상 문제가 야기될 수 있다.

그렇다면 **익금의 발생기간 중 어느 시점을 기준으로 해당 익금을 사업연도에 귀속시켜야 하는가?** 먼저 자산·부채의 변동분을 신뢰성 있게 측정할 수 없는 상태에 대하여 익금이 확정되었다고 할 수 있는지 여부에 대하여 살핀다. 자산·부채의 변동분을 신뢰성 있게 측정할 수 있는 경우에 한하여 익금이 발생하는 것이고, 발생하지 않은 익금에 대하여 확정시기를 논할 수는 없다. 따라서 자산·부채의 변동분이 신뢰성 있게 측정된다는 점은 익금의 확정을 위한 전제조건에 해당한다. 다음으로 자산·부채의 변동분을 신뢰성 있게 측정할 수 있다면 이 상태를 바로 익금의 발생이 확정된 것으로 볼 수 있는지 여부에 대하여 살펴야 한다. 자산 또는 부채에는 권리 또는 의무라는 개념이 화체되어 있고 거래 일방이 권리를 취득한 것은 거래 타방이 그에 상응하는 의무를 부담한다는 것을 의미한다. 그러나 특정 거래로 인하여 발생한 그 권리 또는 의무를 합리적으로 측정할 수 있다고 할지라도 해당 의무가 거래 당사자들 사이에서 항상 이행되는 것은 아니고, 그 권리 또는 의무를 합리적으로 신뢰성 있게 측정할 수 있다는 점이 거래 당사자들이 자산 또는 부채와 관련된 의무를 이행할 가능성이 높다는 점을 전제로 하는 것 역시 아니다. **익금 발생 거래가 확정되었다고 판단하기 위하여서는 해당 거래와 관련된 자산·부채의 이행에 대한 확실성이 보장되어서 해당 거래가 실질적으로**

종료된 상태로 볼 수 있어야 한다. 따라서 익금 발생 거래가 실질적으로 확정되었다는 판단을 하기 위하여서는 해당 거래와 관련된 자산·부채의 변동분을 신뢰성 있게 측정할 수 있을 뿐만 아니라 거래 당사자들이 해당 자산·부채와 관련된 의무를 이행할 가능성이 높아야 한다. 그렇다면 어느 경우에 거래 당사자들이 해당 자산·부채와 관련된 의무를 이행할 가능성이 높은 것으로 판단할 수 있는지 여부가 쟁점이 된다. 이 쟁점은 자산·부채의 계상과 관련된 것인바, 법인세법 및 조세특례제한법이 이에 대하여 명확하게 정의하지 않는다.

기업회계기준서에 따르면, 부채의 첫 번째 조건은 기업에게 의무가 있다는 것이고,[68] 한 당사자가 경제적 자원을 이전해야 하는 의무가 있는 경우, 원칙적으로 다른 당사자(또는 당사자들)는 그 경제적 자원을 수취할 권리가 있다.[69] 따라서 어느 경우에 의무를 부담한다고 인식할 것인지 여부에 대하여 살필 필요가 있다. 의무는 기업이 실질적으로 회피할 수 없는 책무 또는 책임을 의미하고, 의무는 항상 다른 당사자(또는 당사자들)에게 이행되어야 하며 그 당사자(또는 당사자들)의 신원을 알 필요는 없다.[70] 의무는 계약, 법률 또는 이와 유사한 수단에 의해 성립되나 기업이 실무 관행, 공개한 경영방침, 또는 특정한 행동을 할 것으로 낸 성명으로 인하여 이를 실질적으로 위반하여 행동할 수 없는 경우에도 발생할 수 있다.[71] 기업이 의무를 실질적으로 회피할 수 있는지 여부는 기업의 책무나 책임의 성격에 따라 달라질 수 있지만, 경제적 자원의 이전을 회피할 수 있도록 취하는 행동이 이전하는 것보다 유의적으로 더 불리한 경제적 결과를 가져온다면 기업은 이전을 회피할 수 있는 실제 능력이 없다고 판단할 수 있다.[72] 한편 이전하지 않아도 되었을 경제적 자원을 이전하도록 요구받거나 의무의 이행을 요구할 수 있게 하는 대가에 해당하는 경제적 효익의 수취나 조치가 아직 없는 경우 기업은 경제적 자원을 이전해야 하는 현재의무가 없으므로,[73] 의무 이행의 회피가능성에 대하여 논의할 실익이 없다.

일반기업회계기준에 따르면, 자산은 당해 항목에 내재된 미래의 경제적 효익이 기업실체에 유입될 가능성이 매우 높고 또한 그 측정속성에 대한 가액이 신뢰성 있게 측정될 수 있는 경우에 인식하고,[74] 부채는 현재의 의무를 미래에 이행할 때 경제적 효익이 유출될 가능성이

---

68) 재무보고를 위한 개념체계 문단 4.28.
69) 재무보고를 위한 개념체계 문단 4.30.
70) 재무보고를 위한 개념체계 문단 4.29.
71) 재무보고를 위한 개념체계 문단 4.31.
72) 재무보고를 위한 개념체계 문단 4.34.
73) 재무보고를 위한 개념체계 문단 4.47.
74) 재무회계개념체계 문단 140.

매우 높고 그 금액을 신뢰성 있게 측정할 수 있는 경우에 인식한다.[75] 수익을 인식하기 위하여서는 i) **실현하거나 실현가능한 시점에 이르고**, 즉 수익의 발생과정에서 수취 또는 보유한 자산이 교환단위와 시장가격이 존재하여 시장에서 중요한 가격변동 없이 기업실체가 보유한 수량을 즉시 현금화할 수 있는 상태에 있어야 하고, ii) **수익은 그 가득과정이 완료되어야**, 즉 재화의 생산 또는 인도, 용역의 제공 등을 통한 수익 창출활동을 수행하고 그 활동이 대가로서의 경제적 효익을 이용할 수 있다고 주장하기에 충분한 정도에 이르러야 한다.[76] **수익이 실현하거나 실현가능한 시점에 이른다는 문언이 뜻하는 바에 대하여 살핀다.** 수익의 발생과정에서 수취 또는 보유한 자산이 현금화된 것을 의미하는 것은 아니다. 만약 그렇게 해석한다면 자산으로서 채권을 인식한다고 할지라도 해당 채권이 현금으로 회수되기 이전에는 수익을 인식할 수 없는바, 이는 수익의 인식이 채권 등 자산의 증가와 동시에 이루어진다는 원칙에 어긋나기 때문이다. 따라서 '자산이 교환단위와 시장가격이 존재하여 시장에서 중요한 가격변동 없이 기업실체가 보유한 수량을 즉시 현금화할 수 있는 상태'라는 문언은 해당 자산이 신뢰성 있게 측정된 상태를 설명한 것으로 보아야 한다. 즉 신뢰성 있게 측정된 상태에 이르기 위하여서는 자산의 교환단위와 시장가격이 있는 것만으로는 부족하고 이를 중요한 가격변동 없이 즉시 현금화할 수 있는 가능성이 있어야 한다. 기업회계기준서가 '신뢰성 있게 측정된 상태'에 대하여 명시적으로 설명하지 않으나 동일하게 해석하는 것이 타당하다. 따라서 **일반기업회계기준에 따르면 수익을 인식하기 위하여서는 수익금액을 신뢰성 있게 측정할 수 있고, 경제적 효익이 유입될 가능성이 매우 높아야 하며, 경제적 효익의 유입을 주장하기 위하여서는 재화의 생산 또는 인도, 용역의 제공 등을 통한 수익 창출활동을 수행하여야 한다.** 다만 일반기업회계기준은 어느 경우에 경제적 효익이 유입될 가능성이 높은지 여부에 대하여 일반기업회계기준이 명시적으로 설명하지는 않으나 그 판단은 기업회계기준서와 동일하게 경제적 자원의 이전을 회피할 수 있도록 취하는 행동이 이전하는 것보다 유의적으로 더 불리한 경제적 결과를 야기하는지 여부에 의하여 판단하는 것이 타당하다. 두 기업회계기준이 동일한 인식 하에 기본개념을 사용하고 있고, 또한 이를 달리 해석하여야 할 규범적 당위가 없다고 판단하기 때문이다.

이상의 논의에 비추어 보면 **거래 당사자들이 익금 발생에 관련된 자산·부채에 내재된 의무를 실제로 이행할 것이 예상되는 시점에 해당 거래가 실질적으로 완결되었다고 보아**

---

75) 재무회계개념체계 문단 142.
76) 재무회계개념체계 문단 144.

그 시점을 익금의 확정시점으로 보는 것이 타당하다. 따라서 '익금의 확정'은 ⅰ) 특정 거래와 관련된 자산·부채의 계상금액을 신뢰성 있게 측정할 수 있고, ⅱ) 해당 자산·부채에 내재된 의무를 최소한 거래 당사자 일방이 이행하여 다른 당사자에게 그에 상응하는 의무의 이행을 요구할 수 있으며, 다른 당사자가 그 의무의 이행을 회피할 수 있도록 취하는 행동이 의무를 이행하는 것보다 유의적으로 더 불리한 경제적 결과를 가져오는 상태를 의미한다. 이 경우 의무는 계약, 법률 또는 이와 유사한 수단에 의해 성립하는 것에 한정되지 않는 점에 유의하여야 한다. 위 ⅱ) 요건에 기반한 판례 역시 있다. 즉 소득의 지급자와 수급자 사이에 채권의 존부 및 범위에 관한 다툼이 있어 소송으로 나아간 경우에 그와 같은 분쟁이 경위 및 사안의 성질 등에 비추어 명백히 부당하다고 할 수 없는 경우라면 소득이 발생할 권리가 확정되었다고 할 수 없고, 판결이 확정된 때에 그 권리가 확정된다고 보아야 한다고 판시한다.[77] 그리고 '신뢰성 있게 측정된 상태'는 '자산이 교환단위와 시장가격이 존재하여 시장에서 중요한 가격변동 없이 기업실체가 보유한 수량을 즉시 현금화할 수 있는 상태'를 의미한다. 즉 신뢰성 있게 측정된 상태에 이르기 위하여서는 자산의 교환단위와 시장가격이 있는 것만으로는 부족하고 이를 중요한 가격변동 없이 즉시 현금화할 수 있는 가능성이 있어야 한다.

'익금의 확정'은 '익금의 발생'에 거래 당사자가 의무이행을 실질적으로 회피할 수 있는지 여부에 대한 판단이 부가된 것으로서 익금의 발생기간 중 한 시점을 특정한 것이므로 익금의 확정 이후에도 익금이 발생할 수 있다. '익금의 발생'은 '익금의 확정'보다는 넓은 개념으로서 '익금의 발생'은 '익금의 확정'을 위한 전제조건에 해당한다. '익금의 발생' 및 '익금의 확정'은 기업회계기준 상 자산·부채·수익·비용의 정의 자체에 내재된 개념이다. 다만 법인세법 및 조세특례제한법이 자산·부채·익금·손금을 달리 규정하는 경우에는 이에 따라 수정되어야 한다.

한편 판례는 소득이 발생하였다고 하기 위하여는 소득이 현실적으로 실현되었을 필요까지는 없지만 적어도 소득이 발생할 권리가 그 실현가능성에 있어서 상당히 높은 정도로 성숙, 확정되어 있어야 한다고 판시한다.[78] 또한 판례는 소득이 발생할 권리가 성숙, 확정되었다고 할 것인가는 반드시 일률적으로 말할 수는 없고, 다만 개개의 구체적인 권리의 성질과 내용 및 법률상, 사실상의 여러 조건을 종합적으로 고려하여 이를 결정하여야 한다고 판시한다.[79]

위 판례들이 '익금의 확정'에 대하여 판시한 것이라면, '권리가 그 실현가능성에 있어서

---

77) 대법원 1997.4.8. 96누2200
78) 대법원 1977.12.27. 76누25 ; 대법원 1981.2.10. 79누441 ; 대법원 1980.4.22. 79누296
79) 대법원 1981.2.10. 79누441

상당히 높은 정도로 성숙, 확정된 상태'라는 문언은 '권리를 행사하는 당사자가 그 상대방에게 관련된 자산·부채에 내재된 의무를 이행하여 그 상대방에게 그에 상응하는 의무의 이행을 요구할 수 있으며, 그 상대방이 해당 의무의 이행을 회피할 수 있도록 취하는 행동이 의무를 이행하는 것보다 유의적으로 더 불리한 경제적 결과를 가져오는 상태'를 의미한다고 보아야 한다. 반면에 위 판례들이 소득 발생의 전제인 자산으로서의 권리가 신뢰성 있게 측정된 상태에 있어야 한다는 취지에 대하여, 즉 '익금의 발생'에 대하여 판시한 것이라면, '권리가 그 실현가능성에 있어서 상당히 높은 정도로 성숙, 확정된 상태'라는 문언은 "권리의 교환단위와 시장가격이 존재하여 중요한 가격변동 없이 해당 권리를 즉시 현금화할 수 있는 상태'를 의미하는 것으로 보아야 한다. '익금의 확정'이 '익금의 발생'을 전제로 하는 것이므로 두 가지 해석 모두 '익금의 확정'에 대한 판시로 볼 수도 있으나 두 개념을 구분하는 것이 타당하다. 다만 권리확정주의에서 말하는 '확정'의 개념을 소득의 귀속시기에 관한 예외 없는 일반원칙으로 단정하여서는 아니 되고, 구체적인 사안에 관하여 소득에 대한 관리·지배와 발생소득의 객관화 정도, 납세자금의 확보시기 등까지도 함께 고려하여 그 소득의 실현가능성이 상당히 높은 정도로 성숙·확정되었는지 여부를 기준으로 귀속시기를 판단하여야 한다.[80]

　권리의무의 확정과 관련된 미국의 판례 등에 대하여 살핀다. 납세의무자가 청구권을 행사하여 수익(earnings under a claim of right)을 그 처분에 관한 제한 없이 수령하였다면, 설사 해당 현금을 보유할 절대적 권리가 없다거나 원상회복의무 등 우발채무를 여전히 부담한다고 하더라도 해당 수익을 소득으로서 신고하여야 한다.[81] 이를 '청구권 행사 기준'(claim of right doctrine[82])이라고 한다. 이 North American Oil 사건에서는 수령한 현금을 반환하지 않았지만, 소득에 산입한 현금을 향후 반환하게 된 경우는 어떻게 처리하여야 하는지 여부가 쟁점이 된다.[83] 선의에 따라 청구하여 아무런 조건 없이 수령한 종업원 상여를 소득으로 신고한 후 제기된 소송에서 해당 상여가 잘못 산정된 것으로 판명되었고 그 판단에 따라 과다지급된 상여분을 반환하였다고 하더라도, 당초 소득신고를 재산정할 수는 없다.[84] Lewis 판결 3년 후 미국 의회는 청구권 행사 기준에 따라 수령한 금원을 반환하는 경우에는 그 반환 시점에 공제될 수 있다는 취지의 규정을 제정한다.[85] 이에 따르면, '납세의무자가 특정 항목에 대한

---

80) 대법원 2015.9.10. 2010두1385; 대법원 2024.11.20. 2022두47629.
81) *North American Oil Consolidated v. Burnet*, 286 U.S. 417 (1932).
82) Michael J. Graetz·Deborah H. Schenk·Anne L. Alstott, *op. cit.*, at 695~700.
83) Donald B. Tobin·Samuel A. Donaldson, *op. cit.*, at 603.
84) *United States v. Lewis*, 340 U.S. 590 (1951).
85) IRC(Internal Revenue Code) § 1341(a)(1).

무제약적 권리(an unrestricted right)를 가진다는 점에 근거하여 그 항목을 해당 과세기간의 소득에 포함하였다는 점'[86] 및 '해당 과세기간 종료 이후의 후속 과세기간에 이르러서야 해당 항목의 전부 또는 일부에 대하여 무제약적 권리를 갖지 않는다는 사실이 확립되었다(established)는 점'을 충족하는 경우에 해당 금액을 그 반환시점에 소득에서 공제할 수 있다. 위 규정의 해석과 관련하여, '납세의무자가 특정 항목에 대한 무제약적 권리(an unrestricted right)를 가진다는 점'[87] 및 '후속 과세기간에 납세의무자가 무제약적 권리를 가지지 않은 것으로 확립되었다는 점'[88]을 어떻게 해석하여야 하는지 여부'에 대한 판례가 형성되었다. 이 경우 납세의무 경감액은 '반환 당시 공제될 경우의 납세의무 경감액' 및 '해당 금액 수령 당시 공제될 경우의 납세의무 경감액' 중 큰 금액으로 정하여진다.[89] 한편 '특정 항목을 소득에서 공제한 이후 해당 항목을 환수하거나 지급하지 않은 경우 해당 금액을 소득에 후속 과세기간의 소득에 산입하여야 하는지 여부' 및 '특정 항목을 공제하였으나 해당 과세기간의 소득이 없어서 소득금액에서 공제될 수 없었으나 후속 과세기간에 해당 항목을 환수하거나 결과적으로 지급하지 않게 된 경우에도 여전히 후속 과세기간의 소득에 산입하여야 하는지 여부'가 쟁점이 된다. 이는 '**조세혜택 기준**'(tax benefit rule)에 관한 쟁점들이다. 전자의 쟁점은 '**조세혜택 기준에 따른 소득산입**'(inclusionary component of tax benefit rule)에, 후자의 쟁점은 '**조세혜택 기준에 따른 소득배제**'(exclusionary component of tax benefit rule)에 관한 것이다.[90] '조세혜택 기준에 따른 소득산입'에 따르면, 특정 항목을 소득에서 공제한 이후 해당 항목을 환수하거나 지급하지 않은 경우 해당 금액을 소득의 후속 과세기간의 소득에 산입하여야 한다. 즉 은행이 대손상각을 통하여 손금에 산입한 대출금이 향후 회수되었다면 그 회수 시점이 속한 과세기간의 소득에 산입하여야 한다.[91] 부동산의 사용용도를 종교 또는 교육으로 지정하여 기부하고 기부금 공제를 받았고 이로 인하여 납세의무가 경감되었는바, 향후 피기부자가 해당 부동산을 해당 용도로 사용하지 않고 반환하였다면 그 부동산의 회수를 소득으로 취급하여야 한다.[92] '조세혜택 기준에 따른 소득배제'는 법제화되어 있다. 즉 이전 과세기간에 공제된 금액이 납세의무를 경감시키지 못한 범위 내에서는 해당 금액이 회수되었다고 하더라도 그 회수

---

86) IRC § 1341(a)(2).
87) *Van Cleave v. United States*, 718 F.2d 193 (6th Cir. 1983).
88) *Pike v. Commissioner*, 44 T.C. 787 (1965).
89) IRC § 1341(a)(3)∼(5).
90) Michael J. Graetz · Deborah H. Schenk · Anne L. Alstott, *op. cit.*, at 685∼686.
91) *National Bank of Commerce v. Commissioner*, 115 F.2d 875 (9th Cir. 1940).
92) *Alice Phelan Sullivan Corp. v. United States*, 381 F.2d 399 (Ct. Cl. 1967).

시점이 속한 과세기간의 소득에 포함되지 않는다.[93] 감가상각(depreciation), 감모상각(depletion) 및 무형자산의 상각(amortization)에 대하여서는 조세혜택 기준이 적용되지 않는다.[94] 따라서 감가상각, 감모상각 및 무형자산의 상각으로 인하여 조세혜택을 받는지 여부와 무관하게 해당 금액이 향후 소득에 산입되어야 한다. 다만 이월결손금으로서 공제될 수 있는 것은 별개의 쟁점에 속한다.[95] 조세혜택 기준은 재해손실,[96] 기금횡령액(embezzled funds),[97] 상여금[98] 등에 대하여서도 적용된다. 또한 계약위반, 신인의무 위반 또는 독과점 금지규정 위반에도 '조세혜택 기준에 따른 소득배제'와 동일한 취지의 규정이 적용된다.[99] 미국 판례는 나아가 **조세혜택 기준**을 납세의무자에게 부당한 혜택을 부여하는 것을 방지하기 위한 **공평의 원칙**으로서 적용하여야 한다는 취지의 판시를 한다. 그 내용은 다음과 같다. 납세의무자인 법인이 주주에게 부과된 세금을 납부하고 이를 손금으로서 공제한 후 해당 세금이 주주에게 환급되었는바, 이와 관련하여 미국 국세청은 해당 세금이 회수되었으므로 법인이 환급액을 소득에 산입하여야 한다고 주장하고 법인은 자신에게 환급되지 않았으므로 조세혜택 기준에 의하더라도 해당 금액을 소득에 산입할 수 없다고 주장하였다. 위 사안에 대하여 미국 판례는 조세혜택 기준은 후속 사건이 당초 공제의 전제사실과 그 실질 상 기본적으로 합치되지 않는다는 점(indeed fundamentally inconsistent with the premise)이 현출되는 경우에 한하여 적용될 수 있는바, 이 사건의 경우에는 동일한 과세기간에 후속사건이 발생하였다면 해당 공제가 법인에게 허용되지 않았을 것이므로 주주에게 반환된 세금은 법인의 소득에 포함되어야 한다고 판시한다.[100]

구체적인 사실관계에 기반한 판례들에 대하여 살핀다.

변호사 보수금약정만을 근거로 그 수입사건이 승소로 종결 확정되었을 때에 소득의 권리확정이 있었다고 볼 수 없고 그 이후의 권리발생변경을 고려하여야 한다.[101] 변호사인 원고가 당사자가 64명인 행정소송사건을 수임하면서 보수계약을 맺은 당사자는 그 중 17명에 지나지 아니하고, 소송대상인 매립토지 전체에 관하여는 소유권이전등기가 경료되었다고 하더라도

---

93) IRC § 111(a).
94) Reg. § 1.111-1(d)(2)(iii).
95) Donald B. Tobin · Samuel A. Donaldson, *op. cit.*, at 610~611.
96) Reg. § 1.165-1(a).
97) *Tennessee Foundry & Machinery Co. v. Commissioner*, 48 T.C. 419 (1967).
98) *Larchfield Corp. v. United States*, 203 F. Supp. 821 (1962).
99) IRC §186.
100) *Hillsboro National Bank v. Commissioner*, 460 U.S. 370 (1983).
101) 대법원 1977.12.27. 76누25.

각 그 등기의 말소등기절차를 구하는 민사소송사건이 아직도 소송 계속중이며, 위 매립토지 621,945평 중 원고가 그 보수로 받기로 한 248,000평이 구체적으로 특정되어 있는지 여부가 불분명하다.[102] 한편 판례는 변호사의 수임사건이 비록 서울고등법원에서 승소판결이 선고되고 승소금액 일부에 대하여 가집행선고가 되었을지언정 패소한 대한민국의 상고에 의하여 사건이 대법원에 계속되게 되어 승소로 종결되지 못한 이상 원고의 보수금 채권은 확정되었다고 볼 수 없다고 판시한다.[103] 이상의 구체적인 사실관계에 비추어 보면 위 판례들은 모두 변호사의 성공보수약정과 관련되어 있다. 성공보수약정이 체결되었으므로 계약 상 의무가 전제로 되어 있고 만약 성공보수약정에 따른 권리가 발생하였다면 그 약정에 따라 변호사는 그 상대방에게 그 약정에 따른 의무의 이행을 요구할 수 있고 그 상대방이 해당 의무의 이행을 회피할 수 있도록 취하는 행동이 의무를 이행하는 것보다 유의적으로 더 불리한 경제적 결과를 가져오는 상태에 있다. 따라서 위 판례들은 성공보수약정에 따른 권리가 발생하였는지 여부가 쟁점이 되는 사안들이다. 그러나 다른 판례는 대여원리금 청구소송을 제기하여 가집행선고부 승소판결을 받고, 이를 집행권원으로 하여 배당받아 금원을 이자 변제에 각 충당한 경우에는 이자소득이 발생한 것으로 본다고 판시하고,[104] 수급자가 가집행선고부 승소판결에 의하여 지급자로부터 실제로 금전을 수령하였다면 비록 아직 그 본안판결이 확정되지 않았다고 할지라도 특별한 사정이 없는 한 법인세법 상 소득의 실현가능성이 상당히 높은 정도로 성숙·확정된다고 판시한다.[105] 이 판례들은 가집행선고부 판결이 취소된 경우에는 당초 납세의무가 후발적으로 소멸하였으므로 그 납세의무가 확정된 것으로 볼 수 없다는 취지로 이해하는 것이 타당하다.

한편 구상채권의 익금산입과 관련된 판례 역시 있다. 이 판례 역시 "익금이 확정되었다고 하기 위해서는 소득의 원인이 되는 권리가 실현가능성에서 상당히 높은 정도로 성숙되어야 하고, 이런 정도에 이르지 아니하고 단지 성립한 것에 불과한 단계에서는 익금이 확정되었다고 할 수 없으며, 여기서 소득의 원인이 되는 권리가 실현가능성에서 상당히 높은 정도로 성숙되었는지는 일률적으로 말할 수 없고 개개의 구체적인 권리의 성질과 내용 및 법률상·사실상의 여러 사정을 종합적으로 고려하여 결정하여야 한다"는 취지로 판시하면서, 다시 "보증보험금을 지급하고 보험계약자 등에 대해 취득하는 구상채권은 수익행위로 인하여 취득하는 채권이 아니라 보험금비용의 지출과 동시에 비용 회수를 위해 민법 등에 따라 취득하는 채권에 불과하여

---

102) 대법원 1981.2.10. 79누441.
103) 대법원 1980.4.22. 79누296.
104) 대법원 2011.6.24. 2008두20871.
105) 대법원 2019.5.16. 2015다35270; 대법원 2024.11.20. 2022두47629.

실질적인 자산가치를 평가하기 어려우므로 이를 취득한 사업연도에는 권리의 실현가능성이 성숙되었다고 보기 어렵고, 구상채권 중 과거 회수율을 기초로 장차 회수될 것으로 추정한 금액 역시 추정치에 불과하여 구상채권을 취득한 사업연도에 그 금액만큼 권리의 실현가능성이 성숙되었다고 보기 어렵다"는 취지로 판시한다.[106] 이 판례 역시 익금을 '신뢰성 있게 측정할 수 있는지 여부'에 관한 쟁점을 '익금의 확정'에 관한 쟁점으로 다루고 있다. 그렇다면 **이상의 각 판례들이 '익금의 확정'을 언급하지만 실질적으로는 '익금의 발생'에 대하여 판시한 것이므로, 그 판시 상 '권리가 그 실현가능성에 있어서 상당히 높은 정도로 성숙, 확정된 상태'라는 문언은 '권리의 교환단위와 시장가격이 존재하여 중요한 가격변동 없이 해당 권리를 즉시 현금화할 수 있는 상태'를 의미하는 것으로 보아야 한다.** 법인세법이 '익금의 발생'과 '익금의 확정'을 구분하고 있음에도 불구하고, 익금의 확정 역시 익금의 발생을 전제로 한다는 점으로 인하여 이를 구분하지 않고 혼용하는 경향이 있다.

또한 법인세법 및 조세특례제한법이 '익금의 발생' 또는 '익금의 확정' 자체에 대하여 정의하지 않아서 기업회계기준에 따라 '그 의미를 찾는 것이고 기업회계기준 상 자산·부채에 내재된 권리 또는 의무는 반드시 계약, 법률 또는 이와 유사한 수단에 의해 성립하는 것에 한정되지 않는 점에 비추어 보면 위 **'판시내용 상 권리'** 역시 **계약, 법률 또는 이와 유사한 수단에 의해 성립하는 것에 한정되지 않는 것으로 해석하여야 한다.**

'익금의 확정' 이후에 익금이 추가적으로 발생하거나 변동되는 경우 그 변동분의 귀속시기는 어떻게 정하여져야 하는가? 익금은 신뢰성 있게 측정된 금액으로 계상되는바, '익금의 확정' 이후에 신뢰성 있게 측정된 금액이 경제적 상황 등의 변경에 의하여 추가적으로 발생하거나 변동될 수 있다. '익금의 발생'이 '익금의 확정'보다는 넓은 개념에 해당하고 '익금의 확정'은 익금이 발생하는 기간 중 어느 시점을 특정하여 해당 익금 전체를 특정 사업연도에 귀속시키기 위한 개념이므로 '익금의 확정' 이후의 익금 변동액 역시 '익금이 확정된 사업연도'에 귀속되어야 한다. **다만 '익금 확정 후의 자산·부채 계상금액의 변동액'과 '익금 확정 이후 발생한 회수불능'은 구분되어야 한다.** '익금 확정 이후의 변동액'은 익금의 발생과정 중 신뢰성 있는 측정치에 대한 판단이 변동되는 것과 관련되므로 여전히 특정 자산 또는 부채의 계상금액을 얼마로 측정할 것인지 여부에 대한 쟁점이지만, '익금 확정 이후 발생한 회수불능'은 익금의 발생이 종료되어 자산 등이 신뢰성 있게 측정된 금액에 따라 계상된 이후에 발생한 회수불능 상태의 처리에 관한 쟁점이므로 구분되어야 한다. **전자는 익금의 발생이 종료되기 이전에 관한 것이지**

---

106) 대법원 2011.9.29. 2009두11157.

만, 후자는 익금의 발생이 종료된 이후에 발생한 자산의 손상에 관한 것이다. 특별한 규정이 없는 한 특정 거래와 관련된 경제적 자원의 통제 및 이전 활동이 실질적으로 종료되는 시점을 '익금의 발생'이 종료되는 시점으로 보아야 한다. 다음 판례들 역시 이러한 입장에 따라 판시한 것으로 본다. 대여금에 대한 이자채권이 현실적으로 실현될 가능성이 없다고 할지라도 이는 회수불능으로 확정된 때에 대손금으로 처리할 수 있는 사유가 될 뿐이지 이로 인하여 수입이자의 귀속시기에 영향을 미치는 것은 아니다.[107] 채권이 발생하였을 경우 이를 익금에 산입할 것인지 여부를 판단함에 있어 그 채권의 행사에 법률상 제한이 없다면 일단 권리가 확정된 것으로서 당해 사업연도의 익금으로 산입되는 것이고 그 후 채무자의 무자력 등으로 채권의 회수가능성이 없게 되더라도 이는 회수불능으로 확정된 때 대손금으로 처리할 수 있는 사유가 될 뿐이지 이로 인하여 그 채권으로 인한 소득의 귀속시기에 영향을 미치는 것은 아니다.[108] 용역계약에 따른 판매대행 용역의 제공은 해당 매매계약이 체결됨으로써 완료되는 것이므로 그 무렵 중개수수료 채권은 확정적으로 발생한다.[109]

'익금의 발생 및 확정' 이후 '과세표준확정신고 또는 과세표준과 세액의 결정 · 경정이 있은 시점'에 이미 소득이 실현될 가능성이 전혀 없게 된 것이 객관적으로 명백한 때에는 어떻게 처리하여야 하는가? '익금의 발생' 및 '익금의 확정'은 사실인정에 기반한 규범적 판단에 해당한다. '경제적 자원을 통제하거나 이전하기 위한 활동이 존재한다'는 점은 **사실인정**에 속하고, '해당 활동으로 인하여 경제적 자원이 통제되거나 이전된 상태에 이른 것인지 여부', '통제되거나 이전된 경제적 자원을 신뢰성 있게 측정할 수 있는지 여부' 및 '경제적 자원의 통제와 이전에 대한 의무의 이행을 실질적으로 회피할 수 있는지 여부'는 **규범적 판단**에 해당한다.

익금의 발생 및 확정 이후에 그 판단의 전제가 되는 **사실인정 자체가 변경되는 경우** 역시 발생할 수 있다. 즉 사후적으로 '경제적 자원을 통제하거나 이전하기 위한 활동'이 존재한 것으로 볼 수 없는 사정이 발생할 수 있다. 사실관계가 사후적으로 변경되어 익금발생의 전제사실이 소멸하였다면 후발적 경정청구를 할 수 있다. 당초 사실인정이 잘못된 경우 경정청구 할 수 있음은 물론이다. 한편 **규범적 판단**의 경우에는 당초 판단이 법인세법에 어긋나는 것이었다면 이에 대하여 법인세 신고 이후에 경정청구를 할 수 있을 뿐이고 규범적 판단의 변경을 이유로 당초 납세의무의 경감을 주장할 여지는 없다. 한편 과세관청이 부과처분을 한 경우 그 후에 발생한 계약의 해제 등 후발적 사유를 원인으로 한 경정청구 제도가 있다

---

107) 대법원 2004.2.13. 2002두11479.
108) 대법원 2005.5.13. 2004두3328.
109) 대법원 2019.9.9. 2017두47564.

하여 그 처분 자체에 대한 쟁송의 제기를 방해하는 것은 아니므로 경정청구와 별도로 당초 부과처분을 다툴 수 있다.[110] 즉 사실관계의 변경으로 인하여 **후발적 경정청구가 발생하였다고 할지라도 바로 당초 부과처분에 대하여 다툴 수 있다.**

'최초의 법인세 신고·결정 또는 경정'이 이루어진 이후에 익금 발생의 전제사실이 변경되고 그 사유가 경정청구 또는 후발적 경정청구를 통하여 확정된 납세의무로부터 벗어날 수 있다. '최초의 법인세 신고·결정 또는 경정' 당시에 이미 경정청구 사유 또는 후발적 경정청구 사유가 발생하여 익금의 발생 또는 확정의 전제사실이 존재하지 않은 상태라면 소멸한 소득을 상대로 과세하는 것이므로 허용될 수 없다. 즉 '최초의 신고·결정 또는 경정을 할 당시' 이미 계약이 합의해제되었다면 합의해제의 소급효로 인하여 과세대상이 이미 소멸하여 존재하지 않는 것으로 보는 것이 타당하다.[111] 판례 역시 매매계약의 해제 전에 부과처분이 이루어졌다 하더라도 해제의 소급효로 인하여 계약의 효력이 소급하여 상실되는 이상 부과 대상이 처음부터 없었던 셈이 되므로 그 부과처분은 위법하다고 판시한다.[112] 또한 계약이 해제권의 행사에 의하여 해제되었음이 증명된 이상 그에 관한 소송의 판결에 의하여 해제 여부가 확정되지 않았다 하더라도 후발적 경정청구사유에 해당한다.[113] 권리의무가 확정되었는지를 판단하기 위한 **전제사실이 소급하여 소멸**하였다면 당초의 권리의무의 확정에 대한 판단 역시 수정되는 것은 당연한 것이고, 이를 들어 권리의무 확정주의에 반하는 것으로 볼 수는 없고, 후발적 경정청구 제도 역시 이를 전제로 그 사유를 규정하고 있다.[114] 판례 역시 사업상의 정당한 사유로 당초의 매매대금이나 용역대금을 감액한 경우도 포함된다고 봄이 타당하므로 특별한 사정이 없는 한 그 감액분을 당초 매매대금이나 용역대금에 대한 권리가 확정된 사업연도의 소득금액에 포함하여 법인세를 과세할 수는 없다고 판시한다.[115] 따라서 '**과세표준확정신고 또는 과세표준과 세액의 결정·경정이 있은 시점에 이미 소득이 실현될 가능성이 전혀 없게 된 것이 객관적으로 명백한 때**'라는 사유가 경정청구사유 또는 후발적 경정청구사유에 해당하는 지 여부에 따라서 그 취급이 달라져야 한다.

판례는 채권의 전부 또는 일부를 회수할 수 없는 사유가 발생하였는지는 과세표준확정신고 또는 과세표준과 세액의 결정·경정이 있는 때를 기준으로 판단하여야 하고,[116] 납세의무의

110) 대법원 2002.9.27. 2001두5989.
111) 이준봉, 전게서, 544면~546면.
112) 대법원 2002.9.27. 2001두5989.
113) 대법원 2020.1.30. 2016두59188.
114) 이준봉, 전게서, 542면.
115) 대법원 2013.12.26. 2011두1245.

성립 후 소득의 원인이 된 채권이 채무자의 도산 등으로 인하여 회수불능이 되어 장래 그 소득이 실현될 가능성이 전혀 없게 된 것이 객관적으로 명백하게 되었다면, 이는 '계약이 해제권의 행사에 의하여 해제되거나 해당 계약의 성립 후 발생한 부득이한 사유로 해제되거나 취소된 경우에 준하는 사유'로서 **후발적 경정청구사유**에 해당한다고 판시한다.[117] 한편 법인세법은 대손사유(법세령 §19의2 ①)에 대하여 규정하고, 그 대손사유의 발생은 새로운 손금의 발생에 해당하므로 이를 후발적 경정청구사유라고 할 수는 없다. 그렇다면 '채무자의 도산 등으로 인하여 회수불능이 되어 장래 그 소득이 실현될 가능성이 전혀 없게 된 것이 객관적으로 명백한 상태'가 법인세법 상 대손사유와 어떠한 관계인지에 대하여 살펴야 한다. 만약 '소득이 실현될 가능성이 전혀 없게 된 것이 객관적으로 명백한 상태'가 채권의 발생 이후에 상황의 변화에 의하여 초래된 것이라면 위 판례의 입장은 대손사유를 별도의 손금으로 인정하는 법인세법과 양립하기 어렵다. 다만 채무자의 도산 등으로 인하여 회수불능이 되어 장래 그 소득이 실현될 가능성이 전혀 없었다는 점이 채권의 발생 당시부터 객관적으로 명백한 상태에 있었고 그 채권의 행사에 대하여 다툼이 존재한다면, 이를 해제권 또는 취소권이 행사되어 채권 관련 거래 또는 행위가 소급하여 소멸된 것과 동일한 것으로 규범상 평가할 수 있다. 그렇다면 이 경우는 익금 발생의 전제사실이 소급적으로 소멸하여 당초 소득이 발생하지 않은 것으로 보아야 하므로 법인세법의 입장과 양립할 수 있다. 따라서 '채권이 발생된 때라 하더라도 그 과세대상이 되는 채권이 채무자의 도산으로 인하여 회수불능이 되어 장래 그 소득이 실현될 가능성이 전혀 없게 된 것이 객관적으로 명백한 때에는 경제적 이득을 대상으로 하는 소득세의 과세는 그 전제를 잃게 되고 따라서 이러한 경우에는 그 소득을 과세소득으로 하여 소득세를 부과할 수는 없다'는 취지의 판시[118]는 '채권이 발생된 때라 하더라도 그 과세대상이 되는 채권이 채무자의 도산 등으로 인하여 회수불능이 되어 장래 그 **소득이 실현될 가능성이 전혀 없게 된 것이 채권의 발생 당시부터 객관적으로 명백한 상태에 있었고 그 채권의 행사에 대하여 다툼이 존재한다면** 그 경제적 이득을 대상으로 하는 법인세는 그 전제를 잃게 되고, 그와 같은 소득을 과세소득으로 하여 법인세를 부과할 수 없다'는 취지로 해석하여야 한다.

'익금의 발생 및 확정' 이후에 발생한 사정은 익금 발생의 전제사실이 소급적으로 소멸한

---

116) 대법원 2013.9.13. 2013두6718.
117) 대법원 2014.1.29. 2013두18810.
118) 대법원 1984.3.13. 83누720 ; 대법원 1989.9.12. 89누1896 ; 대법원 2002.10.11. 2002두1953 ; 대법원 2004.11.25. 2003두14802

경우가 아니라면 당초 납세의무의 성립에 영향을 미칠 수 없다. 즉 분할지급시기가 도래한 이후 당사자가 별도 약정으로 대가의 지급시기를 늦추기로 합의를 하더라도 원칙적으로 이미 발생한 납세의무에 영향을 미칠 수 없다.[119]

다만 법인세법, 조세특례제한법 그리고 기업회계기준에 의하여 손익의 귀속시기에 대한 별도의 정함이 있는 경우에는 그에 따라야 한다. 법인세법 시행령에 의하면 작업진행률에 의한 익금 또는 손금이 공사계약의 해약으로 인하여 확정된 금액과 차액이 발생된 경우에는 그 차액을 해약일이 속하는 사업연도의 익금 또는 손금에 산입한다(법세령 §69 ③). 판례 역시 법인세법이나 관련 규정에서 일정한 계약의 해제에 대하여 그로 말미암아 실현되지 아니한 소득금액을 해제일이 속하는 사업연도의 소득금액에 대한 차감사유 등으로 별도로 규정하고 있거나, 경상적·반복적으로 발생하는 매출에누리나 매출환입과 같은 후발적 사유에 대하여 납세의무자가 기업회계의 기준이나 관행에 따라 그러한 사유가 발생한 사업연도의 소득금액을 차감하는 방식으로 법인세를 신고해 왔다는 등의 특별한 사정이 있는 경우에는, 그러한 후발적 사유의 발생은 당초 성립하였던 납세의무에 영향을 미칠 수 없다고 판시한다.[120] 손익의 귀속시기에 대하여서는 법인세법 및 조세특례제한법에 특별한 규정이 없으면 기업회계기준이 적용된다(법세 §43).

Ⅲ 손금의 범위

손금은 무엇을 의미하는가? 손금은 자본 또는 출자의 환급, 잉여금의 처분 및 법인세법에서 규정하는 것은 제외하고 해당 **법인의 순자산을 감소시키는 거래**로 인하여 발생하는 **손비**(손실 또는 **비용**을 포함)의 금액을 의미한다(법세 §19 ①). 따라서 손금은 원칙적으로 ⅰ) **법인의 순자산을 감소시키는 거래로 인하여 발생하여야** 하고, ⅱ) 그 본질은 **손비**이어야 한다. ⅲ) 또한 **자본 또는 출자의 환급 그리고 잉여금의 처분에 해당하지 않아야** 한다. ⅳ) **법인세법 상 별도의 정함**이 있는 경우에는 그에 따라 손금의 범위를 달리 판정하여야 한다.

손금은 법인의 사업 또는 수익과 어떤 관계에 있어야 하는가? 이 쟁점은 소득금액을 감소시키는 법인의 순자산 감소거래는 그 순자산 증가거래와 달리 법인의 의사결정만으로 실행될 수 있고 이로 인하여 과세권이 잠탈될 수 있는 여지가 있다는 점에 관계된 것이다. 이를 감안하여 법인세법은 손비는 법인세법 및 다른 법률에서 달리 정하고 있는 것을 제외하고는

---

119) 대법원 2015.8.19. 2015두1588.
120) 대법원 2013.12.26. 2011두1245 ; 대법원 2014.3.13. 2012두10611 ; 대법원 2017.9.21. 2016두60201 ; 대법원 2020.1.30. 2016두59188.

그 법인의 사업과 관련하여 발생하거나 지출된 손실 또는 비용으로서 일반적으로 인정되는 통상적인 것이거나 수익과 직접 관련된 것으로 한다고 규정한다(법세 §19 ②). 따라서 손금을 의미하는 손비는 ⅴ) 법인의 **사업과 관련**하여 발생하거나 지출되어야 하고, ⅵ) **일반적으로 인정되는 통상적인 것이거나 수익과 직접 관련**되어야 한다. ⅶ) 또한 사업관련성, 일반적 통상성 및 수익 직접 관련성에 대하여 **법인세법과 다른 법률에 달리 정하는 경우**에는 이에 따라야 한다.

한편 법인세법은 손금의 범위와 관련하여서는 '발생'을 기준으로 정의하나, 손금의 귀속사업 연도와 관련하여서는 '확정'을 기준으로 사용한다. 따라서 ⅷ) **'손금의 발생'과 '손금의 확정'**이 어떠한 관계에 있는지 여부에 대하여서도 살펴야 한다.

납세의무자가 손금으로 신고한 금액이 손비의 요건을 갖추지 못하였다는 사정에 대한 입증책임은 어느 당사자가 부담하는가? 법인세 부과처분 취소소송에서 과세처분의 적법성과 과세요건사실의 존재에 대한 증명책임은 과세관청에 있으므로 과세표준의 기초가 되는 각 사업연도의 익금과 손금에 대한 증명책임도 원칙적으로 과세관청에 있다. 따라서 납세의무자가 손금으로 신고한 금액이 손비의 요건을 갖추지 못하였다는 사정도 원칙적으로 과세관청이 증명해야 한다.[121]

이하 각 요건의 순서대로 살피고, 구체적인 손금산입 및 손금불산입 항목에 관하여서는 '손금의 총액' 부분에서 살핀다.

1. 법인세법 상 손금은 법인의 순자산을 감소시키는 거래로 인하여 발생하여야 한다.

법인세법은 **'법인의 순자산'**에 대하여 법인세법이 명확하게 정의하지 않지만, 법인의 순자산은 **'자산의 총액에서 부채의 총액을 차감한 금액'**을 의미하는 것으로 보아야 한다. '법인의 순자산'이 자산의 총액에서 부채의 총액을 차감한 금액을 의미한다면, **'순자산을 감소시키는 거래'**는 자산의 총액을 감소시키는 거래, 부채의 총액을 증가시키는 거래 및 자산의 총액을 감소시키면서 부채의 총액을 증가시키는 거래를 의미한다. 즉 순자산을 감소시키는 거래는 반드시 자산의 총액을 감소시키거나 부채의 총액을 증가시키는 거래와 관계되어야 한다. 자산의 '총액' 또는 부채의 '총액'을 감소 또는 증가시킨다는 의미는, **하나의 거래 중 자산**

---

121) 대법원 2021.9.16. 2017두68813.

계정들 또는 부채 계정들이 각 계정들끼리 동시에 변화하는 경우에도 결과적으로 그 총액을 증가 또는 감소시켜야 한다는 것을 의미한다. 결과적으로 자산 총액의 감소 또는 부채 총액의 증가를 통하지 않고서 손금이 발생할 수는 없다. 법인세법은 '자산' 및 '부채' 자체에 대하여 정의하지 않지만, 내국법인이 기업회계기준 또는 관행에 따라 계상한 자산 및 부채를 법인세법 및 조세특례제한법이 특별히 부인하지 않는 한 해당 자산 및 부채의 계상은 세법 상 인정되어야 한다. 따라서 법인 순자산의 감소액은 법인세법 및 조세특례제한법이 달리 규정하지 않는 한 기업회계기준에 따라 계상한 자산 및 부채에 근거하여 결정된다. 기업회계기준 상 손익의 귀속에 관한 규정이 세법의 개별규정에 명시되어 있지 않다는 이유만으로 곧바로 권리의무확정주의에 반한다고 단정할 수는 없고, 특정 기업회계기준의 도입 경위와 성격, 관련된 과세실무 관행과 그 합리성, 수익비용대응 등 일반적인 회계원칙과의 관계, 과세소득의 자의적 조작 가능성, 연관된 세법 규정의 내용과 체계 등을 종합적으로 고려하여, 내국법인의 각 사업연도 소득금액계산에 적용될 수 있는 '기업회계의 기준이나 관행'에 해당하는지를 판단하여야 한다.[122]

기업회계의 기준 또는 관행은 다음의 어느 하나에 해당하는 회계기준(해당 회계기준에 배치되지 아니하는 것으로서 일반적으로 공정·타당하다고 인정되는 관행 포함)을 의미한다(법세령 §79). 공기업·준정부기관 회계규칙은 영리내국법인의 소득금액 계산과는 무관하며 그 외 각 회계기준 또는 관행은 한국채택국제회계기준과 한국회계기준원이 정한 회계처리기준에서 정의하는 자산, 부채, 자본, 수익 및 비용 등 기본개념에 기반하고 있으므로 이하 위 기본개념에 대한 논의에 있어서는 한국채택국제회계기준과 한국회계기준원이 정한 회계처리기준을 중심으로 살핀다.

- 한국채택국제회계기준
- 주식회사 등의 외부감사에 관한 법률 제5조 제1항 제2호 및 같은 조 제4항에 따라 한국회계기준원이 정한 회계처리기준
- 증권선물위원회가 정한 업종별회계처리준칙
- 공공기관의 운영에 관한 법률에 따라 제정된 공기업·준정부기관 회계규칙
- 상법에 따른 회계기준(상법령 §15 3호)
- 그 밖의 법령에 따라 제정된 회계처리기준으로서 기획재정부장관의 승인을 받은 것

---

122) 대법원 2017.12.22. 2014두44847.

법인의 '순자산'과 '자본의 총액'은 어떠한 관계인가? 법인세법이 기업회계기준을 전제로 하고 있으므로, 자산·부채의 계상에 관하여 법인세법 또는 조세특례제한법이 별도의 규정한 경우를 제외한다면 기업회계기준에 의한 순자산 및 자본의 총액은 법인세법에 의한 순자산 및 자본의 총액과 원칙적으로 동일하다.

법인세법이 손금을 자본의 총액을 감소시키는 거래로 인하여 발생할 것을 요건으로 규정하지 않고 법인의 순자산을 감소시키는 거래로 인하여 발생할 것을 요건으로 하는 이유는 무엇인가? '자산의 총액'에서 '부채의 총액'을 공제한 금액을 의미하는 순자산을 감소시키는 거래와 자본총액을 감소시키는 거래의 그 최종적인 결과는 동일하지만 그 결과에 이르는 거래의 단계는 다를 수 있다. 순자산의 감소분은 소득금액을 구성한 이후에 자본 총액을 구성하는 이익잉여금에 편입되므로, 그 이익잉여금이 편입된 이후에야 비로소 순자산의 감소분이 자본 총액의 감소분과 일치하게 된다. 따라서 세무상 이익잉여금으로 편입되기 이전에 소득금액을 계산함에 있어서는 순자산의 감소분을 기준으로 손금의 범위를 정할 수밖에 없다.

2. 법인세법 상 손금의 본질은 손비이어야 한다.

법인세법은 '손실' 또는 '비용', 즉 '손비'에 대하여서도 정의하지 않는다. 다만 내국법인의 각 사업연도의 소득금액을 계산할 때 그 법인이 손익의 귀속사업연도와 자산·부채의 취득 및 평가에 관하여 일반적으로 공정·타당하다고 인정되는 기업회계기준을 적용하거나 관행을 계속 적용하여 온 경우에는 법인세법 및 조세특례제한법에서 달리 규정하고 있는 경우를 제외하고는 그 기업회계기준 또는 관행에 따른다(법세 §43). 법인의 익금과 손금의 귀속사업연도를 법인세법 및 조세특례제한법에서 달리 규정하고 있는 경우를 제외하고는 그 기업회계기준 또는 관행에 따라 정하기 위하여서는 기업회계기준 또는 관행에 법인세법 상 손금에 대응하는 용어가 정의되어 있어야 한다. 기업회계의 기준 또는 관행은 법정되어 있는바(법세령 §79), 이에 따르면 재무제표는 자산, 부채, 자본, 수익 및 비용으로 구성되어 있다. 따라서 법인세법 상 손금에 대응되는 것은 기업회계기준 상 비용이라고 보아야 한다. 그렇다면 **내국법인이 기업회계기준 또는 관행에 따라 계상한 비용은 법인세법 및 조세특례제한법이 특별히 부인하지 않는 한 법인세법 상 손비('손실' 또는 '비용')로서 인정되어야 한다.** 따라서 법인세법 상 손금이 되기 위하여서는 법인 순자산의 증가로 인하여 발생하는 계정이, 법인세법 및 조세특례제한법이 달리 규정하지 않는 한, 기업회계기준에 따른 비용에 해당하여야 한다.[123]

비용은 어떠한 경우에 발생하는가? 기업회계기준 또는 관행에 따라 계상한 비용은 법인세법 및 조세특례제한법이 특별히 부인하지 않는 한 법인세법 상 비용으로서 인정되어야 한다. '비용의 발생'에 대하여 법인세법 또는 조세특례제한법은 정의하지 않는다. 그렇다면 비용의 발생 여부 자체는 기업회계기준 또는 관행에 의하여 결정되어야 한다.

기업회계기준서에 따르면 **비용의 인식**은 '부채의 최초 인식 또는 부채의 장부금액의 증가' 또는 '자산의 제거 또는 자산 장부금액의 감소'와 동시에 발생한다.[124] **자산**은 과거 사건의 결과로 기업이 통제하는 현재의 '경제적 효익을 창출할 잠재력을 지닌 **권리**'이다.[125] 권리는 계약, 법률 또는 이와 유사한 수단에 의해 성립되지만, '공공의 영역(public domain)에 속하지 않는 노하우의 획득이나 창작' 또는 '실무 관행, 공개한 경영방침 등에 실질적으로 따라야 하는 다른 당사자의 의무'에 의하여서도 획득할 수 있다.[126] **부채**는 과거 사건의 결과로 기업이 경제적 자원을 이전해야 하는 **현재의무**이다.[127] 한 당사자가 경제적 자원을 이전해야 하는 의무가 있는 경우, 다른 당사자(또는 당사자들)는 그 경제적 자원을 수취할 권리가 있다.[128] **인식**은 자산, 부채, 자본, 비용 또는 비용을 재무상태표나 재무성과표에 포함하기 위하여 포착하는 과정을 의미하고 이는 그러한 재무제표 중 하나에 어떤 항목(단독으로 또는 다른 항목과 통합하여)을 명칭과 **화폐금액**으로 나타내는 것과 관련된다.[129]

일반기업회계기준에 의하면 비용은 경제적 효익이 사용 또는 유출됨으로써 자산이 감소하거나 부채가 증가하고 그 금액을 신뢰성 있게 측정할 수 있을 때 인식하고, 이는 비용의 인식이 자산의 감소나 부채의 증가와 동시에 이루어짐을 의미한다.[130] **자산**은 당해 항목에 내재된 미래의 경제적 효익이 기업실체에 유입될 가능성이 매우 높고 또한 그 측정속성에 대한 가액이 **신뢰성 있게 측정**될 수 있다면 재무상태표에 인식한다.[131] 기업실체가 현재의 의무를 미래에 이행할 때 경제적 효익이 유출될 가능성이 매우 높고 그 금액을 **신뢰성 있게 측정**할 수 있다면 이러한 의무는 재무상태표에 **부채**로 인식한다.[132]

이상의 논의에 비추어 보면, 기업회계기준에 따른 비용의 발생은 특정 거래와 관련된 자산의

---

123) 이하 상황에 따라 손비와 비용을 혼용하기로 한다.
124) 재무보고를 위한 개념체계 문단 5.4. (2).
125) 재무보고를 위한 개념체계 문단 4.3~4.4.
126) 재무보고를 위한 개념체계 문단 4.7.
127) 재무보고를 위한 개념체계 문단 4.26.
128) 재무보고를 위한 개념체계 문단 4.30.
129) 재무보고를 위한 개념체계 문단 4.51.
130) 재무회계개념체계 문단 145.
131) 재무회계개념체계 문단 140.
132) 재무회계개념체계 문단 142.

감소 또는 부채의 증가가 인식되는 시점에 이루어진다. 즉 비용의 발생시점은 특정 거래와 관련된 자산의 감소 또는 부채의 증가가 인식되는 시점과 동일하다. 자산과 부채는 신뢰성 있게 측정되는 경우에 한하여 인식할 수 있고, 이에 대하여서는 법인세법 및 조세특례제한법이 기업회계기준과 달리 규정할 수 있다. 그렇다면 **법인세법 상 손금은 특정 거래로 인하여 법인세법, 조세특례제한법 및 기업회계기준에 따른 자산·부채의 변동이 인식되는 시점에 발생하고 이 경우 법인세법 또는 조세특례제한법이 기업회계기준에 우선하여 적용**된다. 자산·부채는 화폐금액으로 측정할 수 있는 경우에만 계상할 수 있는바, 이는 화폐금액으로 측정되기 시작되는 상태를 의미하는 것이 아니라 신뢰성 있게 측정되는 상태를 의미한다. 따라서 '**손금의 발생**'은 자산·부채의 변동분이 화폐금액으로 신뢰성 있게 측정된 상태를 의미하고, 이는 통상의 경우 일회적 거래로 인하여 즉시 측정된다고 할지라도 원칙적으로는 신뢰성 있게 측정된 상태에 이르기 위한 '시간의 경과'를 필요로 하는 개념이다. 또한 '신뢰성 있게 측정되는 상태'에 있어서 '신뢰성'에 대한 판단은 향후 경제적 상황의 변화에 따라 달라질 수 있는 것이므로 해당 변동액 역시 자산·부채의 계상금액에 반영될 수 있는 여지를 담고 있다. 즉 '**손금의 발생**'은 자산·부채의 평가와 관련된 개념으로서 자산·부채를 얼마의 화폐금액으로 신뢰성 있게 측정하여 계상할 것인지 여부, 즉 손금의 범위에 관련된다. 법인세법 역시 '손금의 범위'를 판정함에 있어서 '발생' 여부를 기준으로 한다. 판례 역시 손금의 액수가 정하여져야 한다는 전제하에 손금의 인정 여부에 대하여 판시한다. 즉 법인이 사용인에게 지급하는 상여금이 일정 기간 동안의 근로의 대가로 임금적 성질을 지니고 있는 경우에 전체 기간 중 해당 경과일수에 상응하는 상여금의 액수가 가분적으로 확정되지 않았다면 그와 같은 손금처리는 용인될 수 없다.[133] 다만 자산·부채에는 거래 당사자의 권리 또는 의무가 각 화체되어 있는바, **손금을 합리적으로 신뢰성 있게 측정할 수 있다는 점이 그와 관련된 자산·부채의 현실적인 이행을 담보하는 것은 아니다.** 한편 '**손금의 발생**'과 '**손금의 확정**'은 **구분되어야 한다.**[134] 즉 '손금의 발생'에는 거래의 실질에 따라 일정한 기간의 경과가 필요할 수 있으나, '손금의 확정'은 손금의 발생기간 중 어느 특정 시점을 특정하여 해당 사업연도에 손금의 발생액 모두를 귀속시키는 것과 관계되기 때문이다. **부채의 장부가액은 '손금의 발생액'에 직접적으로 연계된다.** 즉 부채의 장부가액은 특정 자산의 유출로 인한 손금의 발생액에 해당하므로, 이는 해당 자산의 유출이 여러 사업연도에 걸친 경우에도 그 중 하나의 사업연도에

---

133) 대법원 1989.11.14. 88누6412.
134) 같은 Ⅲ 8 참조.

귀속시키는 것에 관한 손금의 확정과는 구분되는 개념이다.

기업회계기준 상 비용은 당기순이익의 구성요소인 비용으로 한정되는 것인가? 통상 기업회계기준 상 수익 또는 비용은 손익계산서에 표시되며 수익에서 비용을 공제한 결과는 당기순이익(또는 당기순손실)로 표시된다. 그러나 한국채택 국제회계기준이 적용되는 경우에는 손익계산서 대신에 **포괄손익계산서**를 작성하여야 하고 이에는 **총포괄손익**[거래나 그 밖의 사건으로 인한 기간 중 자본의 변동(소유주로서의 자격에 기반한 그 소유주와의 거래로 인한 자본의 변동은 제외)]이 표시되면 총포괄손익은 '**당기순손익**'과 '**기타포괄손익**'의 모든 구성요소를 포함한다.[135] **소유주**는 자본으로 분류되는 금융상품의 보유자를 의미한다.[136] 즉 주식회사의 주주 또는 다른 회사의 출자자 등을 의미한다. 당기순손익 항목은 수익에서 비용을 차감한 금액으로서 기타포괄손익의 구성요소는 제외되고, 다른 한국채택국제회계기준서에서 요구하거나 허용하여 당기손익으로 인식하지 않은 수익과 비용항목(재분류조정 포함)을 의미한다.[137] **재분류조정** 항목은 당기나 과거 기간에 기타포괄손익으로 인식되었으나 당기손익으로 재분류된 금액을 의미한다.[138] 그렇다면 **기타포괄손익 역시 그 본질은 '수익'과 '비용'에 해당하고 기타포괄손익 역시 당기순이익으로 재분류되기도 하는 것이므로, 기타포괄손익 역시 법인세법 상 손금의 요건인 '비용'에 해당되는 것으로 보아야 한다.**

기타포괄손익에 포함되는 항목은 다음과 같다.[139]

- 평가잉여금의 변동(기업회계기준서 제1016호 '유형자산'과 기업회계기준서 제1038호 '무형자산' 참조)
- 확정급여제도의 재측정요소(기업회계기준서 제1019호 '종업원급여' 참조)
- 해외사업장의 재무제표 환산으로 인한 손익(기업회계기준서 제1021호 '환율변동효과' 참조)
- 기업회계기준서 제1109호 문단 5.7.5에 따라 기타포괄손익-공정가치 측정 항목으로 지정한 지분상품에 대한 투자에서 발생한 손익
- 기업회계기준서 제1109호 문단 4.1.2A에 따라 기타포괄손익-공정가치로 측정하는 금융자산에서 발생한 손익
- 기업회계기준서 제1109호 문단 5.7.5에 따라 기타포괄손익-공정가치로 측정하는 지분상품

---

135) 기업회계기준서 제1001호 재무제표 표시 문단 7.
136) 기업회계기준서 제1001호 재무제표 표시 문단 7.
137) 기업회계기준서 제1001호 재무제표 표시 문단 7.
138) 기업회계기준서 제1001호 재무제표 표시 문단 7.
139) 기업회계기준서 제1001호 재무제표 표시 문단 7.

투자에 대한 위험회피에서 위험회피수단의 평가손익 중 효과적인 부분과 현금흐름위험회
피에서 위험회피수단의 평가손익 중 효과적인 부분(기업회계기준서 제1109호의 제6장
참조)
- 당기손익-공정가치 측정 항목으로 지정한 특정 부채의 신용위험 변동으로 인한 공정가치
변동 금액(기업회계기준서 제1109호 문단 5.7.7 참조)
- 옵션계약의 내재가치와 시간가치를 분리할 때와 내재가치의 변동만을 위험회피수단으로
지정할 때 옵션 시간가치의 가치변동(기업회계기준서 제1109호 제6장 참조)
- 선도계약의 선도요소와 현물요소를 분리하고 현물요소의 변동만 위험회피수단으로 지정할
때 선도계약의 선도요소의 가치변동과 금융상품의 외화 베이시스 스프레드 가치변동을
위험회피수단 지정에서 제외할 때 외화 베이시스 스프레드의 가치변동(기업회계기준서
제1109호 제6장 참조)

3. 법인세법 상 손금은 자본 또는 출자의 환급 그리고 잉여금의 처분에 해당하지 않아야 한다.

법인세법은 자본 또는 출자의 환급 그리고 잉여금의 처분에 대하여 정의하지 않고 나아가
이들 개념이 자본 계정 중 어느 요소에 대하여 영향을 미치는지 여부에 대하여서도 명시적으로
정하지 않는다. 조세특례제한법 역시 그렇다. 주식회사의 자본은 그 외의 법인에 있어서의
출자에 대응하는 것이다. 주식회사의 자본과 그 외 법인의 출자를 상법과 달리 해석하여야
할 특별한 사정 역시 없기 때문이다. 오히려 경제적 실질에 따라 동일하게 취급하는 것이
타당하다.

법인세법 상 자본 또는 출자의 의미에 대하여 살핀다. 법인세법이 기업회계기준을 전제로
하고 있으므로, 자산·부채의 계상에 관하여 법인세법 또는 조세특례제한법이 별도의 규정한
경우를 제외한다면 기업회계기준에 의한 순자산 및 자본의 총액은 법인세법에 의한 순자산
및 자본의 총액과 원칙적으로 동일하다는 점 및 자본은 자산에서 부채를 공제한 금액이라는
점에 대하여서는 기술하였다. 따라서 **자본 또는 출자의 의미는 원칙적으로 기업회계기준에
따라야 한다.** 기업회계기준서 및 일반기업회계기준에 따르면 자본 또는 출자는 법정자본금,
자본잉여금, 자본조정, 이익잉여금(또는 결손금) 및 기타포괄손익누계액을 의미한다. 법인세
법 상으로는 자본을 자본금, 자본잉여금 및 이익잉여금으로 구분하고, 자본잉여금은 기업회계기
준 상 자본잉여금과 자본조정을, 이익잉여금은 기업회계기준 상 이익잉여금(또는 결손금)
및 기타포괄손익누계액을 포함하는 것으로 한다.

법인세법은 '자본 또는 출자의 환급' 중 '환급'에 대하여서도 정의하지 않고 기업회계기준 역시 이에 대하여 정의하지 않는바, 환급은 납입에 대응되는 개념으로 보는 것이 타당하다. 즉 환급은 상법상 납입행위에 대한 반대행위로서 정의된다. 상법상 납입행위는 주주 또는 출자자 등을 의미하는 소유주의 자격에 기한 거래로 인하여 자산의 증가 또는 부채의 감소가 발생한 자본이 증가하는 거래를 의미하고, 그 자산의 증가 또는 부채의 감소와 관련된 자본계정은 법정자본금, 주식발행액면초과액 및 주식할인발행차금이다. 주식회사가 아닌 법인의 경우에는 출자금 등 계정이 이에 해당한다. 그렇다면 **자본 또는 출자의 환급은 주주 또는 출자자 등을 의미하는 소유주의 자격에 기한 거래로 인하여 자산의 감소 또는 부채의 증가가 발생한 결과 자본이 감소하는 거래를 의미한다.** 그러나 납입행위와 경우와 달리 출자의 환급에 관계되는 자본계정은 자본을 구성하는 자본금, 자본잉여금 및 이익잉여금 모두와 관계된다. 납입된 자본 또는 출자는 법인의 거래를 통하여 변동되는 것이므로 그 납입 당시의 계정에 한하여 환급에 관계되는 것은 아니기 때문이다. 한편 환급 자체에 대하여서 법인세법 및 기업회계기준에서 정의하지 않으므로, **환급은 법인세법 상 납입에 대응하는 차용개념으로서 법인세법 상 목적에 반하지 않는 한 상법상 출자의 환급으로 보아야 한다.**

상법 상 출자의 환급에 대하여 살핀다. 내국법인이 **합병**으로 인하여 소멸되는 피합병법인(상법 §227 4호, §269, §287의38, §517 1호, §609 ① 1호)의 주주에게 합병대가가 지급되는 경우, **분할**법인(분할법인이 존속하는 경우에는 소각 등에 의하여 감소된 주식만 해당) 또는 소멸한 **분할합병**의 상대방법인(상법 §517 1호의2, §609 ① 1호)의 주주에게 분할대가가 지급되는 경우, 그 밖의 사유로 **해산**한 법인(상법 §227, §269, §287의38, §517, §609)의 주주에게 잔여재산이 분배되는 경우에 각 법인으로부터 주주에게 출자의 환급이 이루어진다. 이하 **회사의 형태 별 '출자의 환급' 사유**에 대하여 살핀다. **주식회사**의 경우에 대하여 본다. 주식회사의 경우에는 인적회사와 달리 퇴사 제도가 없다. 주주는 주주권을 양도하는 방법으로 주주의 지위에서 벗어날 수 있다. 주주의 지위는 인적 회사의 사원의 지위와 달리 주식을 취득하거나 상실함으로써 발생·소멸하기 때문이다.[140] 이는 당사자의 약정 또는 정관의 규정에 의하여 달리 정할 수 없다.[141] 주식회사의 양도가 제한된 경우 양도승인거부의 통지를 받은 주주는 통지를 받은 날부터 20일 내에 회사에 대하여 양도의 상대방의 지정 또는 그 주식의 매수를 청구할 수 있는바(상법 §335의2 ④), 그 **주식매수청구권**의 행사로 인하여 회사가 주식을 매수한 경우에는 이는 그 실질이 자본의

---

140) 이철송, 전게서, 363면.
141) 대법원 1967.6.13. 67다302 ; 대법원 1963.11.7. 62다117.

환급 또는 자본의 감소에 해당한다.[142] 영업양도 등, 합병, 분할합병, 주식의 포괄적 교환·이전의 승인에 관한 주주총회의 특별결의에 반대하는 주주에게도 주식매수청구권이 인정되는바(상법 §360의5, §360의22, §374의2 ①, §522의3, §530의11 ②), 이 경우 회사가 주식을 매수한 경우 역시 마찬가지이다. 회사가 **자기주식 취득**의 경우 역시 주식매수청구권이 행사된 경우와 유사하게 그 실질은 출자의 환급에 해당한다. 그러나 법인세법은 자기주식의 양도금액을 익금에 산입하므로(법세령 §11 2호의2), 자기주식의 취득원가를 손금으로 계상하여야 한다. 따라서 자기주식의 취득은 자산의 취득과 동일하게 취급하여야 한다. 이는 주식매수청구권이 행사된 경우에도 동일하게 보아야 한다. 다만 취득한 자기주식을 소각한 경우에는 아래 자본금의 감소를 수반하는 출자의 환급으로 보아야 한다. 한편 주식회사의 경우 자본금을 감소하는 방법은 액면주식을 발행한 경우에는 액면가를 감액하는 방법, 주식병합 또는 주식소각을 통하여 주식수를 감소하는 방법이 있고, 무액면주식을 발행한 경우에는 회사의 자본감소 결정에 의하여 자본금을 줄이는 방법이 있다.[143] 이상 **자본금의 감소**와 관련하여 그 대가가 지급되는 유상감자의 경우는 출자의 환급에 해당한다. **유한회사**의 경우에 대하여 본다. 유한회사 역시 물적회사이므로 인적회사와 달리 퇴사제도가 없다. 유한회사 지분의 소각은 주식의 소각 규정을 준용하고(상법 §560, §343 ①), 자기지분의 취득 및 처분에 대하여서도 주식회사의 규정을 준용한다(상법 §560, §341의2, §341의3, §342). 자본금을 감소하는 방법으로는 출자 1좌 금액의 감소, 출자좌수의 감소 또는 양자의 병용이 모두 가능하고 출자좌수를 감소하는 방법을 택한 때에는 지분의 소각 또는 병합의 방법에 의한다.[144] 이 경우 그 대가가 지급된다면 이는 출자의 환급에 해당한다. **유한책임회사**의 경우 퇴사 사원은 그 지분의 환급을 금전으로 받을 수 있고, 퇴사 사원에 대한 환급금액은 퇴사 시의 회사의 재산 상황에 따라 정하며, 퇴사 사원의 지분 환급에 대하여는 정관으로 달리 정할 수 있다(상법 §287의28). 환급금액이 회사의 순자산 중 해당 퇴사원의 지분에 상당한 금원을 초과할 수 없음은 당연하다. 유한책임회사는 그 지분의 전부 또는 일부를 양수할 수 없고, 유한책임회사가 지분을 취득하는 경우에 그 지분은 취득한 때에 소멸한다(상법 §287의9). 지분이 소멸한다고 하더라도 자본금에는 영향이 없다.[145] 자본금에는 영향이 없다고 하더라도, 해당 지분이 소멸하는 과정에서 회사의 자본이 유출되므로 이를 출자의 환급으로 보는 것이 타당하다. **합명회사**의 경우 퇴사한 사원은 노무 또는 신용으로 출자의 목적으로

---

142) 이철송, 전게서, 396면.
143) 상게서, 958면~960면.
144) 상게서, 1228면.
145) 상게서, 212면.

한 경우에도 그 지분의 환급을 받을 수 있으나 정관에 다른 규정이 있는 때에는 그러하지 아니하다(상법 §222). 해당 지분의 환급은 출자의 종류와 관계없이 금전으로 할 수 있다(상법 §195 ; 민법 §719 ②). **합자회사**의 경우 사원의 퇴사로 인한 지분의 환급에 대하여 별도의 규정을 두지 않았으므로 합명회사에 대한 규정이 준용된다(상법 §269).

법인의 손금에 산입되지 않는 자본 또는 출자의 환급은 주주 또는 출자자 단계에서 어떻게 취급되는가? 자본 또는 출자의 환급이 이루어진 경우 이를 지급한 법인 단계에서 그 환급금원은 손금에 산입될 수 없다. 그렇다면 이를 수수한 주주 단계에서는 이를 어떻게 취급하는지 여부가 쟁점이 된다. 법인세법은 주주 단계에서 해당 환급금원이 해당 주식 또는 출자지분을 취득하기 위하여 사용한 금액을 초과하는 경우 그 초과금액을 배당으로서 과세한다(상법 §16 ①). 즉 법인세법은 해당 '주식 또는 출자지분을 취득하기 위하여 사용한 금액'은 납입자본을 환급받은 것으로 의제하고, 이를 초과한 금원은 이익잉여금을 분배받은 것으로 의제하는 입장을 취한다. 즉 현행 의제배당 과세체계는 '경제적 실질 상 주주 단계에서의 양도소득 또는 주식 가치의 증가 자체'를 배당소득으로 의제하는 특정 거래유형 역시 포함한다. 의제배당의 유형 중 '자본의 감소로 인하여 주주 등인 내국법인이 취득하는 금전과 그 밖의 재산가액의 합계액이 해당 주식 등을 취득하기 위하여 사용한 금액을 초과하는 금액'(법세 §16 ① 1호) 및 '법인이 자기주식 또는 자기출자지분을 보유한 상태에서 상법 상 자본준비금 또는 재평가적립금(토지의 경우 제외)을 자본전입을 함에 따라 그 법인 외의 주주 등인 내국법인의 지분 비율이 증가한 경우 증가한 지분 비율에 상당하는 주식 등의 가액'(법세 §16 ① 3호)이 이에 해당한다. 이러한 입장은 법인 단계 이익잉여금 등 배당가능이익 또는 해당 이익의 경제적 실질에 직접 근거하지 않고 배당금액을 의제한다는 점에서 입법론적으로 비판의 여지가 있다.

자본 또는 출자의 환급과 잉여금의 처분은 어떻게 구분되는가? 잉여금은 자본금과 함께 법인 내 자본 계정을 구성하는 요소인바, 자본의 의미에 대하여 살핀다. **기업회계기준서**에 따르면 자본은 기업의 자산에서 모든 부채를 차감한 후의 잔여지분이고,[146] 자본청구권은 기업의 잔여지분에 대한 청구권으로서 부채의 정의를 충족하지 않는 한, '기업이 발행한 다양한 유형의 지분' 및 '기업이 또 다른 자본청구권을 발행할 의무'를 포함한다.[147] **일반기업회계기준**에 따르면, 자본은 기업실체의 자산 총액에서 부채 총액을 차감한 잔여액 또는 순자산으로서 기업실체의 자산에 대한 소유주의 잔여청구권이다.[148] 즉 **자본을 구성하는 각 계정들은 법인의**

---

146) 재무보고를 위한 개념체계 문단 4.63.
147) 재무보고를 위한 개념체계 문단 4.64.
148) 재무회계개념체계 문단 104.

순자산을 주주 또는 출자자의 법인에 대한 청구권의 관점에서 법인 내에서 재분류하기 위한 것이다. 법인세법 상 잉여금은 자본잉여금과 이익잉여금으로 구분되고, 자본잉여금에는 기업회계기준 상 자본잉여금과 자본조정이, 이익잉여금에는 기업회계기준 상 이익잉여금(또는 결손금) 및 기타포괄손익누계액이 포함되는바, 이들 각 **잉여금 계정들은 법인의 순자산과 달리 그 자체가 법인 밖으로 이전되거나 유출될 수 있는 것이 아니고, 잉여금 계정에서 제거되거나 다른 잉여금 계정으로 대체될 수 있을 뿐이다.** 잉여금이 대체되지 않고 제거된다는 것은 필연적으로 법인 순자산의 감소를 수반한다. 다만 해당 순자산에 대한 청구권자는 법인의 소유주인 주주 또는 출자자로 한정된다. 자본, 즉 잉여금 및 자본금에 대한 청구권은 주주 또는 출자자의 법인의 잔여지분에 대한 청구권이므로 이는 이미 채권자에 대한 부채가 공제된 금원에 대한 청구권에 해당하고, 주주 또는 출자자가 그 지위를 채권자로 전환하는 것은 잔여지분에 대한 청구권이라는 점 자체와 모순될 뿐만 아니라 법인의 채권자를 해하는 것으로서 허용될 수 없기 때문이다. 즉 **법인의 잉여금을 제거하면서 주주 또는 출자자가 아닌 채권자에 대한 부채를 인식할 수는 없다.** 한편 자본총액 또는 자본 구성요소의 변동을 야기하는 거래는 '자산 또는 부채의 변동이 수반되는 거래', '자본 계정 사이의 대체거래' 또는 '두 유형의 결합거래'로 구분된다. '자산 또는 부채의 변동이 수반되는 거래'에 한하여 자본총액이 변동하는 것이며 '자본 계정 사이의 대체거래'를 통하여서는 자본총액이 아닌 자본 구성요소의 변동이 있을 뿐이다. **자본 또는 출자의 환급은** 주주 또는 출자자 등을 의미하는 소유주의 자격에 기한 거래로 인하여 자산의 감소 또는 부채의 증가가 발생한 결과 **자본이 감소하는 거래를 의미한다.** 자본 또는 출자의 총액이 감소하지 않는 경우를 들어 자본 또는 출자가 환급되었다고 할 수는 없기 때문이다. 따라서 **잉여금이 다른 잉여금으로 대체되는 거래는 자본 또는 출자의 환급에 포함될 수 없다.** 주식배당은 자산 또는 부채의 변동이 수반되지 않고 이익잉여금이 자본금으로 대체되는 거래에 불과하므로 자본계정 사이의 대체거래에 해당하고 이는 '자본 또는 출자의 환급'에 해당하지 않는다. 이에 반하여 현금배당 또는 현물배당은 자산의 변동이 수반되어 자본 또는 출자의 총액이 감소하는 거래에 해당하므로 자본 또는 출자의 환급에 포함될 수 있다. 주식배당과 현금배당 등은 자본 또는 출자의 환급 및 잉여금의 처분 모두 손금에 해당하지 않으므로 두 경우 손금에 산입되지 않는다는 점 및 이익잉여금의 제거가 수반된다는 점에서 동일하다. 그렇다면 이익잉여금의 제거가 수반된다는 점에 주목하여 주식배당과 현금배당 등 모두를 잉여금의 처분으로 파악할 수 있는지 여부가 쟁점이 될 수 있다. 그런데 법인세법이 '자본 또는 출자의 환급'과 '잉여금의 처분'을 구분하고 있으므로, 이 쟁점은 현금배당 또는 현물배당을 잉여금의 처분으로 파악할 것인지 여부 또는 자본 또는 출자의 환급이 자본금 또는 자본잉여금과 같은 납입자본의 감소만을 의미하는 것인지 여부와 동일한 것이다. 이러한 관점에서 **자본 또는 출자의 환급을 자본금 또는 자본잉여금과 같은 납입자본의 감소만을 의미하는 것으로 해석하는 견해가 있을 수 있으나, 이는 다음과 같은 점에서 타당하지 않다.** 첫째, 법인세법은 자본 또는 출자를 환급받는 주주 단계에서 일정한 금액을 의제배당으로서 과세하므로 이에는 이익잉여금 역시 포함된 것으로 보아야 한다. 둘째, 법인세법은 법인 단계에서 잉여금의 처분이 있었는지 여부와 무관하게 의제배당을 정의한다. 셋째, 이익잉여금 역시 자본 또는 출자의 구성요소에 해당한다. 넷째, 법인 단계의 자본 또는 출자의 환급과 주주 단계에서의 배당과 구분되는 납입자본의 회수는 별개의 개념에 해당한다.[149] 다섯째, 법인세법은 '자본 또는 출자의 환급'(법세 §19)과 '자본감소'(법세 §17)를 구분하여 사용한다. 여섯째, 자본 또는 출자는 납입된 이후 여러 거래를 통하여 변동되는 것이므로, 주주 또는 출자자에 의한 '출자의 납입 단계'에 있어서 '자본 또는 출자의 범위'와 '출자의 환급 단계'에 있어서 '자본 또는 출자의 범위'를 동일하게 해석할 필요는 없다. 이상의 논의에 비추어 보면, 자본 또는 출자의 환급대상에는 이익잉여금 역시 포함되므로 현금배당 또는 현물배당 역시 자본 또는 출자의 환급에 포함되는 것으로 보아야 한다. 따라서 **잉여금의 처분은 '자산의 감소 또는 부채의 증가'가 동반되지 않는 자본 계정 사이의 대체거래를** 의미하므로, 주식배당은 현금배당 등과 달리 잉여금의 처분에 해당한다.

이상의 논의를 정리한 결과는 다음과 같다. **법인세법이 '자본 또는 출자의 환급'과 '잉여금의 처분'을 구분하는바, '자본 또는 출자의 환급'은 주주 또는 출자자 등을 의미하는 소유주의 자격에 기한 거래로 인하여 자산의 감소 또는 부채의 증가가 발생한 결과 자본이 감소하는 거래를 의미하고 그 환급대상에는 이익잉여금 역시 포함되며, '잉여금의 처분'은 '자산의 감소 또는 부채의 증가'가 동반되지 않는 자본 계정 사이의 대체거래만을 의미한다.** 잉여금의 처분에 해당하는지 여부는 거래의 형식이 아니라 경제적 실질에 따라 판단하여야 한다. 배당의 형식을 갖추지 않아도 해당 거래의 경제적 실질이 배당가능이익을 주주에게 이전하는 것에 해당할 수 있기 때문이다. 판례 역시 이러한 입장을 취한다. 즉 법인이 지배주주인 임원(그와 특수관계에 있는 임원을 포함)에게 보수를 지급하였더라도, 보수가 법인의 영업이익에서 차지하는 비중과 규모, 해당 법인 내 다른 임원들 또는 동종업계 임원들의 보수와의 현저한 격차 유무, 정기적·계속적으로 지급될 가능성, 보수의 증감 추이 및 법인의 영업이익 변동과의

---

149) 같은 절 제2관 16. 의제배당 1.1 참조.

연관성, 다른 주주들에 대한 배당금 지급 여부, 법인의 소득을 부당하게 감소시키려는 주관적 의도 등 제반 사정을 종합적으로 고려할 때, 해당 보수가 임원의 직무집행에 대한 정상적인 대가라기보다는 주로 법인에 유보된 이익을 분여하기 위하여 대외적으로 보수의 형식을 취한 것에 불과하다면, 이는 이익처분으로서 손금불산입 대상이 되는 상여금과 실질이 동일하다고 판시한다.[150]

　'자본 또는 출자의 환급', '잉여금의 처분' 또는 '법인세 및 법인지방소득세의 납부' 사이에 어떠한 관계가 내재되어 있는지 여부에 대하여 살핀다. 이 쟁점을 '국가 또는 지방자치단체'의 '법인세 또는 법인지방소득세에 대한 추상적 부과·징수권'이 법인에 대한 '주주 또는 출자자의 지위'와 어떠한 관계에 있는지 여부 및 '법인세 및 법인지방소득세의 납부'를 '자본 또는 출자의 환급'이 아니라 '잉여금의 처분'으로 볼 수는 없는지 여부로 구분하여 살핀 후, 나아가 법인세법 상 이익잉여금은 세전 금액으로 관리하여야 하는지 아니면 세후 금액으로 관리하여야 하는지 여부에 대하여서도 살핀다.

　'국가 또는 지방자치단체'의 '법인세 또는 법인지방소득세에 대한 추상적 부과·징수권'은 법인에 대한 '주주 또는 출자자의 지위'와 어떠한 관계인가? 헌법은 모든 국민은 법률이 정하는 바에 의하여 납세의 의무를 진다고 규정한다(헌법 §38). 이에 근거하여 법인세법은 납세의무자(법세 §3) 및 과세소득의 범위(법세 §4)에 대하여 규정하고, 지방세법은 법인지방소득세(지세 §103의19~103의65)의 납세의무자 및 과세소득의 범위(지세 §86)에 대하여 규정한다. 법인지방소득세 납부의무의 범위는 법인세법에서 정하는 바에 따른다(지세 §86 ②). 이상과 같이 법인이 법인세 및 법인지방소득세(법인세 등)에 대하여 부담하는 납세의무는 헌법상 납세의무에서 기인한 것이다. 따라서 국가 및 지방자치단체는 법인에 대하여 '자본 또는 출자를 납입하거나 금원 등을 대여하는 등의 대가'를 지급하지 않고서 법인에 대하여 법인세 등을 부과하고 징수할 수 있는 권리를 갖는다. 법인세 등 부과·징수권은 법인 단계에서 확정될 소득금액에 연동되는 것이므로 국가 또는 지방자치단체는 그 부과·징수권이 구체적으로 발생하기 이전에는 채권자의 지위를 갖는다고 볼 수 없다. 법인세 등에 관한 국가 또는 지방자치단체의 이해관계는 법인세법 등에 따라 무상으로 취득한 '주주 또는 출자자와 유사한 소유지분'으로 보아야 한다. 다만 주주 또는 출자자와 달리 법인세법에 따라 '확정된 법인의 소득금액'에 대하여서만 소유지분을 가질 뿐이다. 국가 또는 지방자치단체의 소유지분은 법인세법 상 소득금액의 확정을 조건으로 구체적인 화폐성 청구권으로 전환되며, 그 구체적 행사는 법인세법

---

150) 대법원 2017.9.21. 2015두60884.

등 규정에 따라야 한다. 이상의 논의에 따르면, **국가 또는 지방자치단체의 법인세 등에 대한 추상적 부과·징수권은 법인세법 등에 따라 무상으로 취득한 권리로서 '법인세법[151] 상 확정될 소득금액'에 대한 추상적 소유지분을 표창한다.** 즉 국가 또는 지방자치단체는 법인의 소득금액에 대하여 주주 또는 출자자와 유사한 지분소유권자로서의 지위를 갖는다. 한편 국가 또는 지방자치단체의 법인세 등에 대한 조세채권은 **법인세법[152] 상 소득금액의 확정을 조건으로 법인세법 등에 따라 확정된 구체적 화폐성 청구권을 의미한다.** 구체적으로 발생한 국가 또는 지방자치단체의 화폐성 청구권은 채권으로서 그 금액 및 행사 등에 관한 구체적 사항들은 법인세법 등에 따라 정하여진다. **'법인세 및 법인지방소득세의 납부'를 '자본 또는 출자의 환급'이 아니라 '잉여금의 처분'으로 볼 수는 없는가?** 법인세 등의 납부를 '자본 또는 출자의 환급'에 포함하는 것이 타당하다. 잉여금의 처분은 자본계정 사이의 대체거래에 해당하고 잉여금의 자본금에의 전입으로 인한 주식배당 또는 무상주의 발행 역시 이에 해당하는바, 국가 또는 지방자치단체는 법인의 잉여금의 자본금에의 전입 시 주식배당 또는 무상주를 받을 권리가 없다는 점, 잉여금의 처분은 '자산의 감소 또는 부채의 증가'가 동반되지 않는 자본 계정 사이의 대체거래를 의미하나 '법인세 및 법인지방소득세의 납부'는 순자산의 유출이 동반되므로 그 정의 자체에 부합되지 않는다는 점 및 국가 또는 지방자치단체의 부과·징수권은 법인 단계의 소득금액만을 대상으로 행사될 수 있고 자본잉여금 등과는 무관하므로 법인 잉여금 사이의 대체거래와 친하지 않다는 점을 고려하는 것이 타당하기 때문이다. 한편 본서는 순자산의 유출을 수반하는 현금배당 등 역시 법인 단계의 자본 또는 출자의 환급으로 보고, 이는 주주 단계의 납입자본의 회수와 구분된다는 점에 유의하여야 한다. **법인세법 상 이익잉여금은 세전 금액으로 관리하여야 하는가? 아니면 세후 금액으로 관리하여야 하는가?** 법인세법 상 소득금액은 그 성질 상 법인세법 상 이익잉여금에 속한다. 법인세 등 납부로 인하여 법인의 순자산이 유출되나 해당 금액이 손금에 산입되지 않는다면 법인세 등 납부를 법인세법 상 이익잉여금의 감소로 보는 것이 타당하다. 그렇다면 법인세법 상 이익잉여금은 세후 금액으로 보는 것이 타당하다. 자본금과 적립금조정명세서(갑)(법세칙 §82 별지 서식 50호) 역시 '자본금 및 잉여금의 합계액'에 '세무조정유보소득의 합계액인 자본금과 적립금명세서(을)(법세칙 §82 별지 서식 51호) 금액'을 더한 후 '손익미계상 법인세 등'을 차감하는 방식으로 법인 순자산을 관리한다. 다만 주주 단계의 배당소득을 계산하는 목적으로는 법인세법 상 이익잉여금을 달리 보아야 한다. 국가 또는

---

151) 조세특례제한법 역시 법인세법의 규정에 따라 적용된다.
152) 조세특례제한법 역시 법인세법의 규정에 따라 적용된다.

지방자치단체는 법인 단계의 소득금액뿐만 아니라 주주 단계의 소득에 대하여서도 부과·징수권을 갖는다. 경제적 이중과세에 해당하는 법인 및 주주 단계의 각 소득에 대한 과세는 그 성질상 동일한 소득에 대한 것이다. 경제적 이중과세의 조정은 법인 단계의 세전 소득을 대상으로 계산된 각 세액이 중복되지 않도록 조정하는 것이므로, 경제적 이중과세의 조정대상인 주주 단계의 배당소득 역시 세전 이익잉여금을 대상으로 계산하여야 한다. 즉 **법인 내 유보된 이익잉여금은 세후 이익잉여금을 의미하고, 주주 단계 배당소득의 계산을 위한 이익잉여금은 세전 이익잉여금을 의미한다.** 법인과 주주 사이의 경제적 이중과세의 조정에 관한 입법 상 결단으로는 통상 다음과 같은 방법 등이 있다. 법인과 주주 또는 출자자를 별개의 실체로 보아 경제적 이중과세를 조정하지 않는 방법(classical system of corporate tax), 법인이 '실제 지급하는 배당금액'에 '법인이 납부한 법인세액 중 해당 배당금액에 귀속되는 금액'을 가산한 금액을 주주 또는 출자자가 수령한 것으로 의제하여 과세한 후 그 가산 법인세액에 대하여 배당세액공제를 인정하는 제도(dividend imputation & 'imputed tax credit or franking credit')(소세 §17 ③, §56), 법인 주주가 특정 법인으로부터 받은 배당을 익금에 산입하지 않는 수입배당금 익금불산입 제도(dividend – received deduction : DRD)(법세 §18의2, §18의3, §18의4), 특정 법인이 지급하는 배당을 그 법인의 소득금액에서 공제하는 제도(dividend – paid deduction : DPD)(법세 §51의2), 특정 법인에 대하여 법인세를 과세하지 않고 법인 단계의 소득을 그 구성원에 대하여 과세하는 제도(partnership taxation)(조특 §100의14~§100의26). **법인과 주주 사이의 경제적 이중과세를 조정하는 경우에는 주주 단계 배당소득의 계산을 위한 이익잉여금을 세전 이익잉여금으로 보아야 하고, 미국의 경우와 같이 법인과 주주 또는 출자자를 별개의 실체로 보아 경제적 이중과세를 조정하지 않는 경우에는 주주 단계 배당소득의 계산을 위한 이익잉여금 역시 세후 이익잉여금을 의미하는 것으로 보아야 한다.**

기업회계기준은 법인세 등 납부액을 다음과 같이 비용으로 인식하나, 이는 **법인세법 상 입장에 어긋나는 것임에 유의하여야 한다.** 법인세 등 납부액은 기업회계기준과 달리 법인세법 상 손금에 반영될 수 없으므로, 법인세 등 납부액을 기업회계기준 상 비용으로 인식한 당기순이익(당기순손실)이 그대로 법인세법 상 이익잉여금에 반영될 수는 없다. **기업회계기준서**에 따르면, 당기 및 과거 기간의 법인세 중 납부되지 않은 부분을 부채로 인식한다. 만일 과거 기간에 납부하여야 할 금액을 초과해서 납부하였다면 그 초과금액은 자산으로 인식한다.[153] 과거 회계기간의 법인세에 대하여 소급공제가 가능한 세무상 결손금과 관련된 혜택은 자산으로

---

153) 기업회계기준서 제1012호 문단 1.

인식한다.[154] 정상활동 손익과 관련된 법인세비용(수익)을 포괄손익계산서에 표시한다.[155] **일반기업회계기준**에 따르면, 당기법인세부담액(환급액)과 이연법인세는 손익계산서 상 법인세비용의 계산에 반영되어야 하고, 이 경우 전기 이전의 기간과 관련된 법인세부담액(환급액)을 당기에 인식한 금액(법인세 추납액 또는 환급액)은 당기법인세부담액(환급액)으로 하여 법인세비용에 포함한다.[156] 자본에 직접 가감되는 항목과 관련된 당기법인세부담액과 이연법인세는 자본에 직접 가감되어야 한다.[157] 법인세 관련 자산과 부채는 재무상태표의 다른 자산이나 부채와 구분하여 표시되어야 하고, 이연법인세자산과 이연법인세부채는 당기법인세자산과 당기법인세부채로부터 구분되어야 한다.[158]

잉여금의 처분이 손금의 정의에서만 언급된 이유는 무엇인가? 법인세법 상 잉여금은 이익잉여금 및 자본잉여금으로 구분되는바, 익금이 발생한 경우 이익잉여금은 그에 따라 증가되는 관계에 있으므로 익금의 정의에서 이익잉여금의 증가를 배제할 필요는 없다. 자본잉여금의 증가는 기업회계기준 상 수익에 해당하지 않으므로 익금의 정의 자체에 포함되지 않을 뿐만 아니라 이로 인하여 주주의 경제적 또는 법적 지위에 영향을 미치는 바가 없다. 그러나 잉여금의 처분에 따른 이익잉여금 또는 자본잉여금의 감소는 현금배당, 주식배당 또는 무상주의 발행과 같이 주주에게 자산 또는 주식이 새롭게 귀속되는 결과가 발생할 수 있다. 따라서 주주에 대한 자산 또는 주식의 유출이 법인 단계에서의 손금산입과 어떠한 관계에 있는지 여부를 분명하게 할 필요가 있다. 게다가 현금배당은 '자본 또는 출자의 환급'이라는 개념에 포섭될 수 있지만, 주식배당은 동일한 배당임에도 불구하고 자산 등의 변동이 수반되지 않기 때문에 그 개념에 포섭될 수 없다. 현금배당과 주식배당 모두 배당으로서 동일하게 과세되므로 이를 지급하는 법인 단계에서의 손금산입 여부 역시 동일하게 취급되기 위하여서는 별도로 잉여금의 처분 역시 손금에서 제외된다는 점을 분명히 할 필요가 있다.

법인세법 상 '자본 또는 출자의 환급'과 '잉여금의 처분'은 법인세법 상 손금의 본질인 손비에 해당하는가? 법인세법 상 손금이 되기 위하여서는 원칙적으로 법인 순자산의 증가로 인하여 발생하는 계정이 기업회계기준에 따른 비용에 해당하여야 한다. 그런데 기업회계기준서에 의하면 비용은 자산의 감소 또는 부채의 증가로서 자본의 감소를 가져오며, 자본청구권

---

154) 기업회계기준서 제1012호 문단 2.
155) 기업회계기준서 제1012호 문단 16.
156) 일반기업회계기준 제22장 문단 22.46.
157) 일반기업회계기준 제22장 문단 22.48.
158) 일반기업회계기준 제22장 문단 22.53.

보유자에 대한 분배와 관련된 것을 제외하고 자본청구권 보유자에 대한 분배는 비용이 아니다.[159] 따라서 법인의 자본 또는 출자의 환급에 의한 자본의 감소는 비용에 해당할 수 없다. 또한 일반기업회계기준에 의하면, 비용은 경제적 효익이 사용 또는 유출됨으로써 자산이 감소하거나 부채가 증가하고 그 금액을 신뢰성 있게 측정할 수 있을 때 인식하고, 이는 비용의 인식이 자산의 감소나 부채의 증가와 동시에 이루어짐을 의미한다.[160] 또한 일반기업회계기준 상 포괄손익(comprehensive income)은 법인세법 상 익금 또는 손금의 본질인 수익 또는 비용에 해당하는바, 포괄손익은 일정기간 동안 '주주와의 자본거래를 제외한' 모든 기래나 사건에서 인식한 자본의 변동을 말하고, 이를 보고하는 목적은 주주와의 자본거래를 제외한 인식된 거래와 기타 경제적 사건으로 인하여 발생한 모든 순자산의 변동을 측정하기 위한 것이며, 이러한 순자산의 변동 중 일부는 손익계산서에 표시되고 일부는 재무상태표의 자본의 별도 구성항목으로 표시된다.[161] 즉 주주와의 자본거래를 통한 순자산 감소분은 손익계산서에 반영될 수 있는 포괄손익 자체에서 배제된다. 또한 잉여금의 처분은 '자산의 감소 또는 부채의 증가'가 동반되지 않는 자본 계정 사이의 대체거래를 의미하므로 이 역시 기업회계기준 상 비용의 정의에 포섭될 수 없다. 그렇다면 **법인세법 상 '자본 또는 출자의 환급' 및 '잉여금의 처분'은 그 성질 상 비용, 즉 손비의 속성을 가지지 않아서 법인세법 상 손금이 될 수 없다.**

법인세법 상 자본 또는 출자의 납입 그리고 잉여금의 처분이 그 성질 상 손금이 될 수 없음에도 불구하고 이를 손금에서 제외한다는 규정을 둔 이유는 무엇인가? 법인세법에 따르면 손금은 '자본 또는 출자의 환급', '잉여금의 처분' 및 '법인세법에서 규정하는 것'은 제외하고 해당 **법인의 순자산을 감소시키는 거래**로 인하여 발생하는 **손비(손실 또는 비용을 포함)**의 금액을 의미한다(법세 §19 ①). 따라서 '법인의 순자산을 감소시키는 거래로 인하여 발생하는 손비, 즉 비용(개념 상 정의)'이라고 할지라도 법에서 특별히 규정하는 경우에는 개념 상 정의와 달리 손금의 범위를 정할 수 있다. 그렇다면 '자본 또는 출자의 환급' 및 '잉여금의 처분'에 대하여서도 특별한 규정을 통하여 손금에 해당하는지를 달리 정할 수 있는지 여부가 쟁점이 될 수 있다. **법인세법은 '자본 또는 출자의 환급' 및 '잉여금의 처분'의 경우를 '법인세법에서 규정하는 것'과 구분하여 개념 상 정의에서 제외하고 있다. 이러한 규정방식을 통하여 법인세법이 '자본 또는 출자의 환급' 및 '잉여금의 처분'의 성질을 갖는 거래는 특별한 규정을 통하여서도 손금에 포함될 수 없다는 점을 분명히 한 것으로 해석하는 것이 타당하다.**

---

159) 재무보고를 위한 개념체계 문단 4.69~4.70.
160) 재무회계개념체계 문단 145.
161) 일반기업회계기준 제2장 재무제표의 작성과 표시 Ⅰ 문단 2.29, 결론도출근거 2.9.

한편 유동화전문회사 등이 법정 배당가능이익의 100분의 90 이상을 배당한 경우 그 금액은 해당 사업연도의 소득금액에서 공제하는바(법세 §51의2 ①), 이를 통상 '**지급배당금 소득공제**'라고 한다. 이러한 지급배당금 소득공제를 두고 잉여금의 처분에 해당하는 배당을 손금에 산입한 것으로 볼 수 있다는 견해가 있을 수 있으나, 이는 타당하지 않다. 법인세법은 배당을 손금에 산입한 것이 아니라 소득금액에서 공제하고 있기 때문이다. 손금에 산입한 경우에는 이월결손금으로서 다음 사업연도 이후에 공제될 수 있는 여지가 있지만, 소득공제의 경우에는 이월하여 공제할 수 없다는 점(법세 §13 ② 1호)에서 차이를 보인다.

통상 '**잉여금처분에 의한 신고조정**'이라고 하는 손금산입항목이 있는바, 이 역시 잉여금의 처분을 손금으로 산입한 것이라는 견해가 있을 수 있다. 먼저 **결산조정과 신고조정**에 대하여 살핀다. 법인세법은 손금의 산입에 대한 절차가 별도로 규정되지 않기 때문에 원칙적으로 기업회계기준에 따라 계상하였는지 여부와 무관하게 법인세법 상 각 사업연도의 소득금액을 계산할 때 손금에 산입할 수 있다. 이를 통상 '**신고조정**'이라고 한다. 이에 반하여 법인세법이 특정 손금의 경우에는 '각 사업연도의 결산을 확정할 때 손비로 계상한 경우에 해당 사업연도의 소득금액을 계산할 때 손금에 산입한다'는 취지로 규정하여 손금산입의 절차를 제한하고 있다. 이를 통상 '**결산조정**'이라고 한다. 결산조정과 관련하여서는 '**손비의 계상**'이 의제되는 **경우 역시 있다**. 즉 결산조정과 관련하여서는 '**손비의 계상**'이 의제되는 경우 역시 있다. 즉 법인세법은 특정 손비의 계상과 관련하여 '세무조정계산서에 계상하고 그 금액 상당액을 사업연도의 이익처분을 할 때 준비금 또는 충당금을 적립한 경우에는 그 금액을 결산을 확정할 때 손비로 계상한 것으로 본다'는 취지로 규정한다. 이를 통상 '**잉여금처분에 의한 신고조정**'이라고 한다. '손비로 계상한 것으로 의제한다'는 문언에는 손금산입이 손비의 계상을 전제로 한다는 점이 내포된 것이므로 이는 그 본질 상 결산조정에 해당한다. 다만 결산 시점 이후에 세무조정이 이루어진다는 점을 감안하여 신고조정이라는 용어는 그대로 사용한다. 본서는 이를 '**잉여금처분에 의한 신고조정**'이 아닌 '**이익처분을 전제로 하는 신고조정**'이라고 하는 것이 보다 타당하다.

'잉여금처분에 의한 신고조정'이라는 용어는 다음과 같은 점에 비추어 볼 때에도 타당하지 **않다**. 잉여금처분 자체가 손금에 해당할 수 있는 취지 또는 손금의 계상 여부와 무관하게 손금에 산입된다는 취지로 각 오인할 여지를 남기기 때문이다. 통칭 '잉여금처분에 의한 신고조정'은 사업연도의 이익처분을 할 때 준비금 또는 충당금을 계상하는 것을 조건으로 '기업회계기준 상 계상하지 않았고 현실적으로 지출되지 않은 비용'을 법인세법 상 신고 시에 손금에 산입하는 것을 의미하고, 손금에 산입함에 있어서도 해당 사업연도의 결산 확정 시 손금을 계상한 것으로 의제하는 방법을 통한다. 현실적으로 손금산입에 관련된 비용이 지출되는 경우에는 그 발생금액을 해당 준비금 또는 충당금과 상계하므로, 그 지출로 인하여 비용이 추가적으로 인식되는 것은 아니다. 충당금과 준비금의 설정은 법인세법이 손금산입의 효과를 발생시키기 위한 단계와 기업회계기준 상 이익잉여금에 법인세법 상 별도로 인정된 손금산입 효과를 반영하기 위한 단계로 구분되며, 그 손금산입에 관련된 자산을 특정할 수 있으면 해당 자산에 대한 차감계정으로서 충당금을 설정하고 이를 특정할 수 없으면 부채로시 준비금을 설정하는 방법을 사용한다. 비록 사업연도의 이익처분 형식을 취한다고 할지라도 준비금 또는 충당금은 그 본질상 부채 또는 자산에 대한 차감계정에 해당한다.

　이상의 논의에도 불구하고 '**잉여금처분에 의한 신고조정**'이라는 용어로 인하여 잉여금의 **처분 자체가 손금인지 여부에 대한 의문이 발생할 수 있으므로, 이에 대하여 보다 구체적으로 살핀다.** 법인세법이 자산의 차감계정으로서 충당금을 의제적으로 설정하는 것(법세 §35 ②)은 법인세법이 손금의 범위를 기업회계기준과 달리 별도로 규정한 것에 해당하므로 잉여금의 처분이 손금에 해당하는지 여부와는 관계가 없는 반면에, 법인세법이 미처분이익잉여금에 대하여 준비금을 계상하도록 규정하는 경우에 대하여서는 그 여부에 대하여 살필 필요가 있다. 상법상 준비금의 계상은 이익잉여금 자체가 자산·부채의 변동을 수반하면서 감소하는 것이 아니라 미처분 이익잉여금이 준비금으로 대체되는 것으로서 자본 구성요소 사이의 대체거래에 불과하다. 따라서 그 자체로는 '잉여금의 처분'으로서 손금에 산입될 수 없다. 법인세법 역시 '결산을 확정할 때 잉여금의 처분을 손비로 계상한 금액'은 손금에 산입하지 않는다고 규정한다(법세 §20 1호). 그런데 법인세법이 '준비금의 계상'을 조건으로 손금의 범위를 기업회계 기준과 달리 별도로 규정하는 경우가 있다(법세 §29 ②, §31 ②, §61 ①). 즉 법인세법 및 조세특례제한 법 상 별도의 손금산입을 위한 전제요건으로서 준비금의 계상을 규정하는 경우가 있다. 그렇다면 **법인세법 및 조세특례제한법 상 손금산입을 위한 준비금의 설정에 있어서 준비금은 상법 상 이익준비금 또는 임의준비금 등을 의미하는가?** 상법 상 미처분 이익잉여금이 임의준비금으로 전환되는 경우 손익이 인식될 여지가 없다. 자산·부채의 변동이 초래되지 않고, 이는 잉여금의 처분에 해당하기 때문이다. 상법상 준비금은 주주 또는 출자자를 포함하는 소유주의 지위를 가진 자에 대한 배당 또는 환급 등 거래와 관련된 계정이다. 그런데 법인세법 및 조세특례제한법은 장래의 고유목적사업을 위한 지출, 비상위험에 대비한 지출 또는 장래 발생할 손실의 보전 등을 미리 손금에 산입하기 위한 조건으로서 준비금을 설정하는 것을 요구한다. 장래 예상되는 지출의 상대방이 주주 또는 출자자의 지위를 가진 자로 한정되지 않는다. 법인세법 및 조세특례제한법이 장래의 지출을 미리 현재 시점에 손금에 산입하는 것으로 의제할 수는 있지만, 그 지출 상대방의 지위에 대하여 의제할 수는 없다. 게다가 상법 상 준비금은 현실적 지출이 발생할 경우 그 지출과 준비금을 상계할 수 없다. 준비금의 감소는 상법 상 재무제표의 승인결의(상법 §449 ①) 등을 통하여 해당 준비금을 미처분 이익잉여금에 편입하는 방법으로 감소할 수 있고, 해당 금액은 주주총회 등의 의사결정에 따른 이익잉여금 처분을 통하여서만 법인 밖으로 유출될 수 있기 때문이다. 따라서 설사 준비금이라는 계정을 사용한다고 할지라도 법인이 주주 또는 출자자의 지위를 가지지 않는 당사자에 대한 의무를 인식하는 것이라면 이는 부채를 인식하는 것이다. 부채를 인식함에 있어서 그 당사자의 신원을 알 필요 역시 없다. 따라서 **법인세법 및 조세특례제한법 상 손금산입을 위한 요건에 해당하는 '준비금의 설정'은 법인세법 및 조세특례제한법이 기업회계기준 상의 계상 여부와 무관하게 별도로 인정하는 '부채의 인식'을 의미한다.** 그렇다면, 충당금 또는 준비금이 비록 사업연도의 이익처분 형식을 통하여 설정된다고 하더라도 준비금 또는 충당금은 그 본질상 부채 또는 자산에 대한 차감계정에 해당한다. 따라서 **'해당 사업연도의 이익처분을 할 때 준비금 또는 충당금으로 적립한 경우에는 그 금액을 결산을 확정할 때 손비로 계상한 것으로 본다'**는 취지의 법인세법 상 문언(법세 §29 ②, §31 ②, §35 ②, §61 ①)은 **'해당 사업연도의 이익처분을 할 때 준비금 또는 충당금을 계상하면, 이를 해당 사업연도의 결산을 확정할 때 해당 금액 상당의 부채 또는 자산에 대한 차감계정을 설정하여 손비로 계상한 것으로 본다'**는 의미로 해석하여야 한다. 즉 준비금 또는 충당금의 설정은 법인세법 및 조세특례제한법이 별도의 부채 또는 자산의 차감계정을 인식하는 방법을 통하여 손금을 인식하기 위한 전제조건에 해당한다.

분개를 통하여 이상의 논의를 구체적으로 표현하면 다음과 같다. 이익처분을 하는 법인 단계의 분개와 법인세법 상 의제되는 결산 확정 시 분개가 별도로 필요하다. 즉 법인이 이익처분으로서 충당금 또는 준비금을 설정하는 시점에 법인은 '미처분 이익잉여금 / 충당금' 또는 '미처분 이익잉여금 / 준비금'으로 각 분개하여 이를 법인의 장부에 반영하여야 하고, 법인세법 상 의제되는 결산 확정 시 세무조정 분개에 해당하는 충당금의 경우에는 '충당금 전입액 / 충당금'의 분개가, 준비금의 경우에는 '준비금 전입액 / 준비금'의 분개가 각 별도로 필요하며 이는 자본금과 적립금 조정명세서를 통하여 사후관리된다. 전자 분개에 있어서 충당금 및 준비금은 상법 상 임의준비금의 성격을 갖고, 후자 분개에 있어서 충당금 및 준비금은 자산의 차감계정 및 부채의 성격을 갖는다.

기업회계기준 또는 법인세법의 비용 또는 손비의 정의에서 '자본 또는 출자의 환급'과 '잉여금의 처분'을 제외하는 규범적 당위성은 무엇인가? 주주 또는 출자자가 법인으로부터 자본 또는 출자를 환급받거나 법인이 잉여금을 처분하는 것을 손금으로 정의한다면, 법인의 의사결정만으로 각 사업연도 소득금액을 인식하지 않을 수 있다. 즉 법인세 부과대상을 자의로 조정할 수 있다. 예를 들면 각 사업연도 소득금액이 과대하다고 판단하면 이를 현금배당하거나 주식배당을 하는 방법으로 그 사업연도 소득금액을 줄일 수 있다. 또한 자본 또는 출자액 전체는 향후 거래에 있어서 손금 형태로 전환된 후 다시 잉여금의 형태로 자본 또는 출자에 편입될 것인바, 잉여금의 처분 역시 손금으로 취급한다면 이는 법인세를 부과하지 않겠다는 것과 동일하다. 게다가 자본잉여금을 자본금에 전입하는 방법으로 처분하는 경우에는 법인의 경제적 실질에 변화가 없음에도 추가적으로 손금을 인정하는 셈이 된다. 따라서 '자본 또는 출자의 환급' 및 '잉여금의 처분'을 법인세법 상 손금으로 인정할 수 있는 규범적 당위성이 존재하지 않고 그 손금산입을 방지하는 것이 오히려 경제적 합리성에 부합된다. 이상의 각 점을 감안하여 기업회계기준 및 법인세법이 '자본 또는 출자의 환급' 및 '잉여금의 처분'을 비용 또는 손비에서 제외한 것으로 판단한다.

4. 법인세법 상 손금의 범위에 대하여 별도의 정함이 있는 경우에는 그에 따라 판정하여야 한다.

법인세법은 손금을 정의함에 있어서 '법인세법에서 규정하는 것은 제외'한다는 문언을 사용하는바, 그 의미가 무엇인지 여부에 대하여 살핀다. 즉 법인세법이 별도로 규정하는 것은 손금의 정의에서 제외된다고 규정하는바, 이 문언이 그 성질 상 손금에 해당하지만 이를 손금에서 제외할 수 있다는 것을 의미하는 것인지 아니면 '법인의 순자산을 감소시키는 거래로 인하여 발생하는 손비'에 해당하는지 여부와 무관하게 법인세법이 손금을 정할 수 있다는 것을 의미하는지 여부가 쟁점이 된다. 후자의 경우라면 법인세법이 특정 거래의 결과가 기업회계기준 상 비용이 아니라고 할지라도 이를 손금으로 정의할 수 있어야 한다. **손금의 귀속시기와 관련하여 살핀다.** 법인세법이 정하는 손금의 귀속시기와 기업회계기준 상 비용의 인식기준이 상이할 수 있다. 따라서 기업회계기준에 따르면 비용이 발생하지 않았으나 법인세법 상으로는 손금을 인식하여야 하는 경우 역시 있다. 이러한 경우에는 기업회계상 비용에 해당하지 않음에도 불구하고 법인세법 상 손금을 인식하여야 한다. 이상의 논의에 따르면 **법인세법이 손금을**

정의함에 있어서 사용한 '법인세법에서 규정하는 것은 제외'한다는 문언은 기업회계기준 상 비용 또는 손비의 인식기준과 달리 법인세법 규정을 통하여 손금에 더하거나 손금에서 제외할 수 있다는 의미로 해석하여야 한다. 법인세법 개별규정이 손금으로서의 성질을 확인하는 경우도 있고 그 성질과 달리 특별히 규정하는 경우도 있다. 따라서 두 경우 중 어디에 해당하는지 여부는 개별규정별로 검토되어야 한다. **조세특례제한법 역시 손금의 범위에 대하여 법인세법 상 별도의 정함을 할 수 있는가?** 법인세법에는 손금의 범위를 달리 정할 권한이 부여된다(법세 §19 ①). 그러나 법인세법은 조세특례제한법에 대하여서는 언급하지 않는다. 이로 인하여 조세특 례제한법 역시 손금의 범위와 관련하여 법인세법처럼 기업회계기준의 비용 또는 손비 인식기준 과 달리 손금의 범위에 더하거나 손금에서 제외할 수 있는지 여부가 쟁점이 된다. 법인세법은 익금과 손금의 귀속사업연도와 자산·부채의 취득 및 평가에 관하여 법인세법 및 조세특례제한 법에서 기업회계기준 또는 관행과 달리 정할 수 규정한다(법세 §43). 비용 또는 손비의 발생 여부는 손금의 귀속시기 및 자산·부채의 평가와 밀접하게 관련되어 있다. 따라서 법인세법이 손금의 정의에 있어서 법인세법이 달리 정할 수 있다고 규정한다고 할지라도, 조세특례제한법 역시 손금의 범위에 관하여 특별한 정함을 할 수 있다고 보아야 한다.

법인세법 및 조세특례제한법에 특별한 규정이 없는 경우에도 기업회계기준에 따라 준비금 및 충당금을 설정하여 손금에 산입할 수 있는가?

먼저 기업회계기준에 따라 준비금 및 충당금을 설정할 수 있는지 여부에 대하여 살핀다. **기업회계기준서에 따라 충당부채 및 준비금에 대하여 살핀다.** 충당부채는 다음 요건을 모두 충족하는 경우에는 인식한다.[162] ⅰ) 과거 사건의 결과로 현재의무가 존재한다. ⅱ) 해당 의무를 이행하기 위하여 경제적 효익이 있는 자원을 유출할 가능성이 높다. ⅲ) 해당 의무를 이행하기 위하여 필요한 금액을 신뢰성 있게 추정할 수 있다. 기업회계기준서는 준비금 역시 충당부채와 동일하게 인식한다. 즉 준비금에 대하여 독립적으로 설명하지는 않으나, 보험계약과 관련하여 '보고기간말에 존재하지 않는 보험계약으로부터 미래에 발생가능한 보험금에 대하여 충당부채(비상위험준비금, 평준화준비금 등)의 인식을 금지한다'고 규정한 다.[163] **기업회계기준서는 준비금을 충당부채에 포함하여 다루며 충당부채를 인식하기 위한 별도의 요건에 대하여서도 규정하나 이는 부채로서의 실질을 갖는지 여부와 관련된 것이다.** **일반기업회계기준에 따라 충당부채 및 준비금에 대하여 살핀다.** 충당부채는 과거 사건이나

---

162) 기업회계기준서 제1037호 충당부채, 우발부채 및 우발자산 문단 2.
163) 기업회계기준서 제1104호 보험계약 문단 14.

거래의 결과에 의한 현재의무로서, 지출의 시기 또는 금액이 불확실하지만 그 의무를 이행하기 위하여 자원이 유출될 가능성이 매우 높고 또한 당해 금액을 신뢰성 있게 추정할 수 있는 의무를 말한다.[164] 일반기업회계기준에서는 부채로 인식하지 아니하는 준비금을 세무회계상 부채로 인식하는 경우에도 장부금액과 세무기준액의 차이가 발생한다.[165] 세법상 인정되어 설정되는 준비금은 기업회계 상으로는 비용으로 인정되지 않지만 세무 상으로는 당기의 비용으로 인정하여 손금에 산입하여 주는 것이다.[166] **일반기업회계기준 역시 준비금을 충당부채 중 하나로서 취급하며 세법 상 설정되는 준비금이 기업회계기준 상 부채의 요건과 무관하게 설정될 수 있다는 점을 명시한다. 또한 충당부채를 인식하기 위한 별도의 요건에 대하여서도 규정하나 이는 부채로서의 실질을 갖는지 여부와 관련된 것이며 그 내용이 기업회계기준서와 동일하다.**

　법인세법 및 조세특례제한법은 준비금 및 충당금을 특정하여 해당 항목의 경우에 그 준비금 또는 충당금을 설정하는 경우에 손금에 산입할 수 있다고 규정한다. 이는 결산조정 및 이익처분을 전제로 하는 신고조정으로 구분할 수 있다. **법인세법 상 인정되는 결산조정 항목**은 다음과 같다. 고유목적사업준비금의 손금산입(법세 §29 ①), 책임준비금의 손금산입(법세 §30 ①), 비상위험준비금의 손금산입(법세 §31 ①), 해약환급금준비금(법세 §32 ①), 퇴직급여충당금(법세 §33 ①), 대손충당금(법세 §34 ①), 구상채권상각충당금(법세 §35 ①), 법정 대손사유의 발생으로 인한 대손금의 손금산입(법세 §19의2 ① ; 법세령 §19의2 ③), 법정 법인의 기능통화 변경 사업연도 소득금액의 계산 시 일시상각충당금 또는 압축기장충당금의 손금산입(법세 §53의2 ③), 국고보조금 등으로 취득한 사업용자산가액에 대한 일시상각충당금 또는 압축기장충당금의 손금산입(법세 §36 ① ; 법세령 §64 ③), 공사부담금으로 취득한 사업용자산가액의 손금산입(법세 §37 ① ; 법세령 §64 ③), 보험차익으로 취득한 자산가액의 손금산입(법세 §38 ① ; 법세령 §64 ③). **조세특례제한법 상 인정되는 결산조정 항목**은 다음과 같다. 구조개선적립금에 대한 과세특례(조특 §48), 학교법인 등 고유목적사업준비금의 손금산입 특례(조특 §48), 자본확충목적회사의 손실보전준비금의 손금산입 특례(조특 §104의3), 여수세계박람회 참가준비금의 손금산입 특례(조특 §104의9), 신용회복목적회사의 손실보전준비금의 손금산입 특례(조특 §104의12). **이익처분을 전제로 하는 신고조정 항목**은 다음과 같다. 감사인의 회계감사를 받는 비영리내국법인의 고유목적사업준비금에 대한 손비 계상(법세 §29 ②), 비상위험준비금의 손금 계상(법세 §31 ②), 구상채권상각충당금

---

164) 일반기업회계기준 제14장 충당부채, 우발부채 및 우발자산 문단 14.3.
165) 일반기업회계기준 제22장 법인세회계 문단 22.5.
166) 일반기업회계기준 제22장 법인세회계 실 22.3(4).

의 손금 계상(법세 §35 ②), 조세특례제한법 상 준비금의 손금산입(법세 §61 ①). 이상 법인세법 및 조세특례제한법 상 준비금 및 충당금은 그 설정에 있어서 기업회계기준이 요구하는 충당부채로서의 요건에 대하여 규정하지 않는다.[167] 즉 준비금 또는 충당금이 ⅰ) 과거 사건의 결과로 현재의무가 존재하고, ⅱ) 해당 의무를 이행하기 위하여 경제적 효익이 있는 자원을 유출할 가능성이 높으며, ⅲ) 해당 의무를 이행하기 위하여 필요한 금액을 신뢰성 있게 추정할 수 있는지 여부에 대하여 규정하지 않는다. **법인세법 및 조세특례제한법은 기업회계기준 상 부채 또는 자산의 차감계정으로서의 요건을 갖추었는지 여부와 무관하게 준비금 또는 충당금을 설정할 수 있도록 허용한다.** 다만 각 관련 규정에서 설정된 준비금 및 충당금을 별도로 사후관리한다.

그렇다면 준비금 또는 충당금에 관하여서는 법인세법 및 조세특례제한법이 기업회계기준과 달리 별도로 규정한 것이므로, 법인세법 및 조세특례제한법이 기업회계기준 상 충당부채 또는 준비금에 우선하여 적용된다. 따라서 **법인세법 및 조세특례제한법이 특정 법인에 한하여 준비금 또는 충당금을 통한 손금산입을 인정한 경우에는 다른 법인은 준비금 또는 충당금을 통하여 손금산입할 수 없다고 보아야 하고, 기업회계기준에 따라 계상한 비용의 경제적 실질이 법인세법 및 조세특례제한법 상 준비금 또는 충당금과 동일한 경우에는 법인세법 및 조세특례제한법 상 요건을 충족한 경우에 한하여 손금에 산입될 수 있다고 보아야 한다.** 다만 법인세법 및 조세특례제한법이 기업회계기준에 따른 충당금 또는 준비금의 계상을 일반적으로 인정하지 않는다는 취지의 규정을 두지 않았으므로, **법인세법 상 손금산입 요건을 충족하고 손익의 귀속사업연도에 관한 규정에 반하지 않는다면 기업회계기준에 따라 계상한 충당금 및 준비금이 손금에 산입될 수 있다고 보아야 한다.**

법인세법 및 조세특례제한법이 '법인세법 상 순자산의 감소가 없음에도 불구하고' 별도의 손금을 인정할 수 있는가? 법인세법 및 조세특례제한법은 '법인의 순자산을 감소시키는 거래로 인하여 발생하는 손비'에 해당하는지 여부와 무관하게 손금의 범위를 정할 수 있다는 것은 '법인의 순자산을 감소시키는 거래'가 '손비'에 해당하지 않음에도 불구하고 이를 손금으로 인정할 수 있다는 의미에 불과하고 '법인의 순자산이 감소하지 않음에도 불구하고' 이를 손금으로 인정할 수 있다는 의미는 아니다. 법인의 순자산 감소가 없음에도 별도의 손금을 인정할 수 있는 것으로 해석하는 것은 가공손실을 허용하는 것으로서 이는 조세평등주의에 근거한

---

167) 자산의 차감계정으로서 충당금을 설정한다고 할지라도 그 요건은 부채의 인식 요건과 동일하다. 경제적 효용의 유출에 대한 인식이라는 점에서 동일하기 때문이다.

실질과세원칙(국기 §14)에 정면으로 위반된다. 법인은 법인세법에 따라 '소득'에 대한 법인세를 납부할 의무가 있는바(법세 §3), 이 규정이 법인세법이 경제적 실질과 무관하게 '소득'을 규정할 수 있다는 의미하는 것도 아니다. 조세법률주의와 조세평등주의의 타협점으로서 규정된 실질과세원칙이 법인세법상 개별규정을 통하여 배제될 수 없기 때문이다.[168] 한편 법인의 순자산 감소가 수반되지 않는 손금의 인식은 법인세법이 기반하고 있는 기업회계기준의 기본원리인 회계등식(자산+비용 ＝부채+자본+수익)에도 정면으로 위반된다. 판례 역시 원칙적으로 법인의 순자산을 감소시키는 거래로 인하여 발생하는 손비에 해당하지 않는 금액은 손금산입 특례규정 등에 열거되어 있지 않은 한 손금이 될 수 없다고 판시한다.[169] 다만 법인의 순자산에 변화가 없음에도 법인세법이 익금산입을 의제하고 동시에 손금산입을 적용하여 조정하는 것은 실질과세원칙 및 회계등식에 위반되지 않는다. 가공손실이 발생하지 않고 회계등식에도 위반되지 않기 때문이다. 따라서 법인세법이 경제적 이중과세를 조정하는 등 기술적 이유 또는 특수관계인 사이의 거래를 규제하는 등 정책적 목적을 위하여 익금산입을 의제하고 동시에 손금산입을 적용하여 조정하는 것은 가능하다. 즉 **법인세법 및 조세특례제한법이 법인의 순자산 감소가 수반되지 않는 별도의 손금을 인식할 수는 없으나 법인세법 및 조세특례제한법이 경제적 이중과세를 조정하는 등 기술적 이유 또는 특수관계인 사이의 거래를 규제하는 등 정책적 목적을 위하여 익금산입을 의제하고 동시에 손금산입을 적용하여 조정하는 것은 가능하다.** 법인세법이, '이월결손금 공제에 대한 시적 제한'과 무관하게 '채무면제익 또는 자산수증익'을 통하여 법인의 결손을 보전할 수 있도록, '채무면제익 또는 자산수증익'을 법정 이월결손금과 충당하는 것을 허용하는 특별규정(법세 §18 6호)을 두거나, 그 법정 이월결손금에 충당하지 않은 금액을 해당 사업연도의 익금에 산입하지 아니하고 그 이후의 각 사업연도에 발생한 결손금의 보전에 충당할 수 있는 특별규정(법세 §17 ②)을 두는 것 역시 법인세법 상 기술적 이유에 의하여 손금을 인정하는 경우에 해당한다.[170]

법인세법 및 조세특례제한법에 의하여 특별히 손금에서 배제되는 경우에는 '법인 순자산의 유입에도 불구하고 법인세법 상 익금에서 제외된 거래'가 취소 등으로 환원되어 법인의 순자산이 다시 유출되는 경우 역시 포함되는가? 이 쟁점은 법인 순자산의 유출이 없음에도 특별규정을 통하여 손금에 산입할 수 있는지 여부에 관한 쟁점과 연관된다. 법인세법 및 조세특례제한법이 특별규정을 통하여 손금에서 배제하는 경우에는 '법인세법 및 조세특례제한법이 특별히 손금에

---

168) 이준봉, 전게서, 127면~131면 참조
169) 대법원 2023.10.12. 2023두45736.
170) 같은 절 제2관 Ⅲ 2.4.5 참조

서 제외한 경우'뿐만 아니라 '법인 순자산의 유입에도 불구하고 법인세법 상 익금에서 제외된 거래'가 취소 등으로 환원되어 법인의 순자산이 다시 유출되는 경우 역시 포함하여야 한다. 법인 순자산이 유입됨에도 불구하고 익금에 산입되지 않는다는 것은 법인 순자산이 유입됨에도 그 과세대상인 소득금액이 증가하지 않는다는 의미이다. 그런데 해당 거래가 취소되어 법인 순자산이 유출되는 것을 손금에 산입한다면 그 소득금액 상 변화가 없었던 그 유입 이전의 순자산으로 돌아가는 것임에도 불구하고 그 소득금액은 감소한다. 이는, '법인 순자산의 유출이 없음에도 특별규정을 통하여 손금에 산입할 수 있는지 여부에 관한 쟁점'에서 살핀 바와 같이, 법인 순자산의 변동, 즉 자산·부채의 변동이 없음에도 소득금액을 감액하는 가공손실을 발생시키는 것으로서 헌법상 조세평등주의에 근거한 실질과세원칙에 반할 뿐만 아니라 이를 허용할 별도의 규범적 정당성 역시 찾기 어렵다. '자본 또는 출자의 납입'이 취소 등으로 환원되는 경우 역시 '법인세법 및 조세특례제한법에 의하여 특별히 손금에서 배제되는 경우'에 포함되는지 여부에 대하여 살핀다. '자본 또는 출자의 납입'은 익금에 산입되지 않는다(법세 §15 ①).[171] 즉 법인세법에 의하여 익금의 정의에서 배제된다. '자본 또는 출자의 납입'이 취소 등으로 환원되어 법인 순자산이 다시 유출되는 경우에 대하여 과세하는 것 역시 가공손실을 발생시키는 것에 해당한다. 이 경우 역시 '법인 순자산의 유입에도 불구하고 법인세법 상 익금에서 제외된 거래가 취소 등으로 환원되어 법인의 순자산이 다시 유출되는 경우'에 포함하는 것이 타당하다. 즉 '법인세법 및 조세특례제한법에 의하여 특별히 손금에서 배제되는 경우'에 해당한다. 해당 금원을 수령한 주주 단계에서는 그 성질 상 익금불산입된다.[172]

'자본거래로서 익금불산입되는 금액이 다른 잉여금 등과 상계되는 경우' 역시 '법인세법 및 조세특례제한법에 의하여 특별히 손금에서 배제되는 경우'에 포함되는지 여부에 대하여 살핀다. 주식발행액면초과액 등 여러 항목들이 자본거래로서 익금에 산입되지 않는다(법세 §17 ①). 자본거래로서 익금의 정의에서 배제된 항목이 다른 잉여금과 상계되어 소멸하는 것은 자본 구성요소 사이의 대체거래에 불과한 것으로서 어느 구성요소의 감소가 다른 구성요소의 증가를 수반하므로 그 성질 상 손금의 정의를 충족할 수 없다. 따라서 이는 '법인세법 및 조세특례제한법에 의하여 특별히 손금에서 배제되는 경우'에 포함되는지 여부에 대하여 살필 필요가 없이 그 성질상 손금에 해당하지 않는다.

'회수한 납입자본을 다시 반환한 경우' 역시 '법인세법 및 조세특례제한법에 의하여 특별히

---

171) 같은 관 II 3 참조
172) 같은 관 II 4 참조

손금에서 배제되는 경우'에는 포함되는가? 법인이 납입자본을 회수하는 것은 그 성질 상 해당 법인의 익금에 산입되지 않는다. '자본 또는 출자의 회수'를 통한 순자산의 유입과 동시에 '주식 또는 출자지분"의 취득원가(또는 시가평가액)가 감소하기 때문이다. 한편 납입자본의 회수가 취소 등으로 환원되어 해당 금원을 반환한다고 하더라도 그 반환금원만큼 '주식 또는 출자지분'의 취득원가(또는 시가평가액) 역시 증가하므로 그 성질상 손금에 해당하지 않는다. 따라서 '회수한 납입자본을 다시 반환한 경우'가 '법인 순자산의 유입에도 불구하고 법인세법 상 익금에서 제외된 거래가 취소 등으로 환원되어 법인의 순자산이 다시 유출되는 경우'에 포함'될 여지 자체가 없다. 즉 '법인세법 및 조세특례제한법에 의하여 특별히 손금에서 배제되는 경우'에 해당할 여지 자체가 없다.

법인세법 및 조세특례제한법 상 규정이 없어서 기업회계기준의 문언에 따라 손금에 해당하는지 여부를 판정하는 경우에도 그 최종적인 판정권한은 여전히 법원에 귀속되는가? 법인세법 및 조세특례제한법 상 특별한 규정이 없어서 기업회계기준의 문언에 따라 손금에 해당하는지 여부에 대하여 판정하는 경우라고 할지라도 그 판정은 법인세법의 해석에 관한 것이므로, 최종적으로는 법원이 경제적 실질의 관점에 따라 관련 규정의 목적 또는 취지 등을 감안하는 세법 독자적 입장에 기반하여 기업회계기준 상 문언을 해석하여야 한다. 법인세법 상 손금에 해당하는지 여부는 국민의 권리·의무에 관계된 사항으로서 민간에 위탁될 수 없고, 기업회계기준의 적용과정에서 그 해석에 관한 업무가 다른 기관에 위탁되었다고 하더라도 법인세법의 해석에 있어서 법원이 기업회계기준의 해석업무를 담당하는 회계기준원 등의 판단에 의하여 좌우될 수도 없다. 법원의 판단에 있어서 참고될 수 있을 뿐이다.

법인세법 및 조세특례제한법이 달리 규정함에 있어서 그 입법에 대한 규범적 한계는 없는가? 법인세법 및 조세특례제한법이 법률을 통하여 손금의 범위에 대하여 달리 규정한다고 하더라도 해당 법률이 "조세의 부과와 징수에 있어서 합리적 이유가 없이 자의적으로 특정 납세자를 불리하게 차별하거나 우대하는 등의 방법으로 납세자의 '담세능력'에 상응하여 공정하고 평등하게 취급하여야 한다는 평등의 원칙을 위반할 수는 없다.[173] 나아가 조세법률주의와 조세평등주의 사이의 상충관계를 해소하기 위한 헌법상 타협의 결과가 실질과세원칙(국기 §14)으로 구체화된 것이므로 법인세법 및 조세특례제한법이 손금의 범위에 대하여 달리 규정한다고 하더라도 경제적 실질에 의한 판단을 배제하는 것을 내용으로 한다면 이 역시 헌법상 조세평등주의에 위반된다.[174]

---

173) 이준봉, 전계서, 271면~275면.

5. 손금은 법인의 사업과 관련하여 발생하거나 지출되어야 한다.

법인세법 상 '손금이 사업과 관련하여 발생하거나 지출되어야 한다'는 요건이 의미하는 바는 무엇인가?

먼저 법인세법 상 '사업'에 대하여 살핀다. 법인세법은 익금 총액 및 손금 총액에 의하여 계산된 각 '사업'연도의 소득금액에 대하여 과세하기 위한 것이다. 따라서 익금 또는 손금과 무관한 활동을 법인의 사업연도에 귀속시킬 수는 없다. 법인세법 상 사업은 익금 또는 손금의 발생과 연관되어 있어야 한다. 손금의 발생은 자산·부채의 변동과 동시에 이루어지므로, 손금은 자산·부채의 변동에 의하여 측정된다. 그런데 법인세법이 사업, 자산 또는 부채에 대하여 정의하지는 않는다. 따라서 **기업회계기준 상 자산 또는 부채의 정의로부터 출발하여 법인세법 상 '사업'의 의미에 대하여 살펴야 한다.** 기업회계기준서에 따르면 자산은 과거 사건의 결과로 기업이 통제하는 현재의 경제적 자원을 의미하고 경제적 자원은 경제적 효익을 창출할 잠재력을 지닌 권리를 뜻한다.[175] 부채는 과거 사건의 결과로 기업의 경제적 자원을 이전해야 하는 현재의무를 의미한다.[176] 의무에는 기업이 경제적 자원을 다른 당사자(또는 당사자들)에게 이전하도록 요구받게 될 잠재력이 있어야 한다.[177] 즉 손금의 발생은 경제적 자원을 기업이 통제하거나 이전하는 것과 관련되어 있다. '**통제**'는 기업, 즉 법인과 경제적 자원을 결부시키는 개념이고,[178] 법인이 경제적 자원의 사용을 지시하고 그로부터 유입될 수 있는 경제적 효익을 얻을 수 있는 현재의 능력이 있는 경우 그 경제적 자원을 통제한다고 할 수 있으며 일방 당사자가 경제적 자원을 통제하면 다른 당사자는 그 자원을 통제하지 못하는 관계에 있다.[179] '**이전**'은 '통제'에 대한 반대개념으로서 다른 당사자에 의한 의무의 이행을 요구받아 경제적 자원을 사용하고 그로 인하여 경제적 효익이 유출되는 상태를 의미한다. **일반기업회계기준**에 의하면, 재무제표 기본요소의 인식은 자산, 부채, 수익, 비용을 통하여 **경제적 효과**를 재무제표에 표시하는 것을 의미하고, 그러한 인식은 거래와 사건의 경제적 효과를 **최초**로 기록하는 것뿐만 아니라 동일한 항목에 대한 **후속적인 변화**와 기록되었던 항목의 **제거**를 모두 포함한다.[180] 어떠한 항목을 인식하기 위하여서는 당해 항목과 관련된

---

174) 상게서, 127면~131면 참조.
175) 재무보고를 위한 개념체계 문단 4.2.
176) 재무보고를 위한 개념체계 문단 4.2.
177) 재무보고를 위한 개념체계 문단 4.37.
178) 재무보고를 위한 개념체계 문단 4.19.
179) 재무보고를 위한 개념체계 문단 4.20.
180) 재무회계개념체계 문단 131.

미래 **경제적 효익이 기업실체에 유입되거나 또는 유출될 가능성**이 매우 높아야 한다.[181]

법인세법 상 '사업'을 정의함에 있어서 '익금 및 손금의 발생'은 그 핵심적 요소에 해당하는바, 이는 '자산, 부채, 수익, 비용'의 인식을 전제로 한다. 그런데 '자산, 부채, 수익, 비용의 인식'은 기업회계기준서에 따르면 '경제적 자원의 통제 및 이전'이라는 요건을 갖추어야 하고, 일반기업회계기준에 따르면 '경제적 효익의 유입 및 유출'이라는 요건을 갖추어야 한다. 두 요건 모두 동일한 의미를 담고 있다고 판단한다. 이하 '경제적 자원의 통제 및 이전'이라는 표현을 사용한다.

이상의 논의를 정리한 결과는 다음과 같다. 법인세법은 익금 총액 및 손금 총액에 의하여 계산된 각 사업연도의 소득금액에 대하여 과세하기 위한 것이므로, 익금 또는 손금과 무관한 활동을 사업연도에 귀속시킬 수는 없다. 그렇다면 법인세법 상 사업은 일응 '익금 또는 손금의 발생에 관계된 활동'으로 정의하는 것이 타당하다. '자산·부채의 변동분' 자체가 익금 또는 손금의 발생에 해당한다. 자산·부채의 변동은 '경제적 자원의 통제 및 이전' 및 그 통제 또는 이전을 위하여 수행하는 활동, 즉 그와 관련된 업무의 수행에 의하여 야기된다. 또한 사업활동은 계속기업의 가정에 부합하도록 정의되어야 한다. 기업회계기준 및 법인세법이 이를 전제로 자산·부채 및 수익·비용 등을 인식하기 때문이다. 그렇다면 **법인세법 상 '사업'**은 **'익금 또는 손금의 발생 및 변동의 결과인 순이익'을 계속하여 창출하기 위하여 수행되는 '경제적 자원의 통제 및 이전' 또는 '그와 관련하여 수행되는 업무'**로 정의할 수 있다.

이어서 **'법인의 사업'**이 되기 위한 요건에 대하여 살핀다. 사업활동이 특정 법인에 의하여 수행된다고 하기 위하여서는 '경제적 자원의 통제 및 이전' 및 '그와 관련된 업무의 수행'이 법인의 의사결정에 의하여 이루어져야 한다. 그러나 법인의 의사결정이 있었는지 여부를 법인 집행부의 주관적 의도에 의하여 판단할 수는 없다. 객관적인 지위에 근거한 행위를 기준으로 평가하여야 하고 규범상 이와 동일하게 평가할 수 있는 경우 역시 포함하여야 한다. 이러한 점을 감안한다면, 사업이 '주주총회 또는 이사회 등 법인의 의사결정기관' 또는 '법인의 의사결정을 구체적으로 집행할 수 있는 지위에 있거나 그 지위에 있다고 법률 상 평가되는 자의 행위 또는 법률 상 법인에게 귀속되는 행위가 개입되는 경우에 한하여 이를 법인의 사업이라고 할 수 있다. 그렇다면 **'법인의 사업'**은 **'익금 또는 손금의 발생 및 그 변동의 결과인 순이익'을 창출하기 위한 활동으로서, '법인의 의사결정기관' 또는 '법인의 의사결정을 구체적으로 집행할 수 있는 지위에 있거나 그 지위에 있다고 법률상 평가되는 자'에 의하여 수행되거나, 법률 상 해당 법인에 귀속되는 행위로 인하여 야기된 '경제적 자원의 통제 및 이전' 또는**

---

181) 재무회계개념체계 문단 132.

'그와 관련하여 수행되는 업무'로 정의할 수 있다. 한편 **법인세법 상 업무는 법인의 사업과 구분되고 법인의 업무는 그 사업에 대한 하위개념으로서 보다 좁은 개념으로 보아야 한다.**[182]

또한 사업은 인적·물적 자원의 유기적 결합을 통하여 수행될 수 있고, 사업을 구성하는 요소들 모두가 해당 기업의 재무제표에 반영되는 것 역시 아니다. 사업은 인적 자원 및 물적 자원의 단순 합산과 다른 질적 특성을 갖는 인적·물적 자원의 유기적 결합체를 의미한다. 이는 기업구조조정의 대상이 되는 사업단위를 설정함에 있어서 중요한 의미를 갖는다. 나아가 기업구조조정 관련 과세특례를 부여하기 위하여서는 법인 주주 등의 동일성에 실질적 변화가 없어야 한다. 법인세법은 특정 재화를 양도하는 경우와 같이 원칙적으로 재화의 현황에 아무런 변화가 없음에도 그 소유자가 변경된 사정 자체를 소득실현의 계기로 보아 과세하기 때문이다.

이상의 논의에 따르면, '손금의 발생이 법인의 사업과 관련하여 발생하거나 지출되어야 한다'는 요건은 '법인의 의사결정기관' 또는 '법인의 의사결정을 구체적으로 집행할 수 있는 지위에 있거나 그 지위에 있다고 법률상 평가되는 자'에 의하여 '경제적 자원의 통제 및 이전' 또는 '그와 관련하여 수행되는 업무'가 수행되거나, 법률 상 법인에 귀속되는 행위로 인하여 '경제적 자원의 통제 및 이전' 또는 '그와 관련된 업무의 수행'이 발생하였다는 것을 의미한다. 이 경우 **사업이 정관 상 목적사업으로 기재된 것인지 여부 및 해당 사업이 위법한 것인지 여부 등은 사업의 판정에 있어서 영향을 미치지 못한다.** 사업에 대한 판정에 있어서는 법인의 경제적 자원이 통제되거나 이전되었는지 여부가 핵심적 요소이고, 법인에 의하여 경제적 자원이 통제되거나 이전되었음에도 단순히 정관 상 목적사업에 해당하지 않거나 법률에 위반된다는 이유 등 사유로 법인세를 부과하지 않는 것은 경제적 실질에 위반된 것이며, 나아가 법인이 이러한 사정을 이용하여 부당하게 경제적 이익을 얻을 수 있는 유인을 제공할 수 있기 때문이다.

법인의 사업에 관련되지 않은 손금은 해당 법인의 손금으로서 인식될 수 없다. '법인의 의사결정기관' 또는 '법인의 의사결정을 구체적으로 집행할 수 있는 지위에 있거나 그 지위에 있다고 규범상 평가되는 자'에 의하여 수행되지 않았으므로 법인에 귀속될 수 없고, 법인은 그 경제적 자원의 이전에 관여한 자에 대하여 반환청구권을 행사할 수 있으므로 '이전된 경제적 자원'이 '그에 대한 반환청구권'으로 대체되어 법인 순자산의 변동이 발생하지 않는 것으로 보아야 하기 때문이다.

또한 법인의 사업에 관련된 손금으로 귀속된다고 할지라도, 그 업무를 수행한 자연인의 고의

---

182) 같은 절 제3관 Ⅲ 2.10 참조.

또는 중과실 등 귀책사유로 인하여 법인이 그 자연인에 대하여 구상권 등 채권을 가지고 그 채권이 자산으로서의 요건을 충족한다면, 그 자산 계상금액은 법인의 손금에서 제외되어야 한다. 향후 구상권의 회수가능성 및 그에 대한 회수의도를 감안하여 그 채권에 대한 대손금 또는 급여로서 손금되어야 한다. 만약 법인이 구상권에 대한 회수가능성이 있음에도 바로 손금으로 처리하였다면, 사업관련성이 있는 한, 근로소득을 지급한 것으로 보아야 한다. 한편 소득세법은 거주자가 해당 과세기간에 지급하였거나 지급할 금액 중 "업무와 관련하여 고의 또는 중대한 과실로 타인의 권리를 침해한 경우에 지급되는 손해배상금"을 필요경비에 산입하지 않는다고 규정하나(소세 §33 ① 15호), 이는 법인과 달리 거주자 자신이 자연인으로서 직접 행위를 수행하는 점을 감안한 것에 불과하고 거주자의 경우에도 그 임원 또는 사용인의 고의 또는 중과실로 인하여 발생한 손해배상금에 대하여서는 법인의 경우와 동일하게 해석하는 것이 타당하다. 형사사건 또는 손해배상소송의 방어 및 청구 등을 위하여 지출한 법률비용에 대한 손금산입 여부 역시 행위자의 고의 또는 중과실에 의하여 영향을 받는가? 손해배상소송의 방어를 위하여 지출한 법률비용을 손금에 산입하지 않는다면 당사자들은 자신의 권리를 지키거나 방어하기 위하여 지출되는 비용을 가능한 한 절약하여야 하고, 당사자가 효과적으로 방어하기 위하여 보다 많은 금액을 지출한다면 그 자체가 불이익으로 작용한다. 그런데 조세가 당사자들의 방어권 행사에 장애를 초래하는 것을 합리화할 수 있는 규범적 가치 역시 발견하기 어렵고, 당사자의 방어결과에 따라서 해당 비용의 손금산입 여부를 결정하여야 한다는 것을 정당화할 수 있는 규범적 근거 역시 없다. 나아가 손해배상금과 손해배상 관련 방어비용은 별도의 성격을 가진 지출이고 법인세법은 손해배상 관련 방어비용을 손금불산입 항목으로 규정하지도 않는다. 따라서 이상의 각 점을 감안한다면 형사사건 또는 손해배상소송의 방어를 위하여 지출한 법률비용 일체는 전액 손금에 산입되어야 한다. 다만 사업관련성 및 통상성 등 손금산입에 관한 일반요건은 충족하여야 한다.

6. 손금은 일반적으로 인정되는 통상적이거나, 수익과 직접 관련되어야 한다.

익금과 손금은 자산·부채의 변동분을 인식함과 동시에 인식되는 것이나 이는 하나의 거래를 통하여 반드시 익금과 손금이 동시에 발생하는 것을 의미하는 것은 아니다. 따라서 거래는 그 관련 자산·부채의 변동에 따라 '익금과 손금이 동시에 발생하는 거래', '손금이 발생하나 익금은 발생하지 않는 거래' 및 '익금이 발생하나 손금은 발생하지 않는 거래'로 구분될 수 있다. 손금이 발생하지 않는다면, 손금을 익금에 어떻게 대응시킬지 여부 또는 그 성격을 어떻게 구분할 것인지 여부에 대하여 논할 실익이 없다. 은행에 예치한 금원으로부터 이자수익이 인식되는 경우가 이에 해당한다. '익금과 손금이 동시에 발생하는 거래' 및 '손금이 발생하나 익금은 발생하지 않는 거래'에 대하여 위 각 쟁점에 대하여 논의할 실익이 있다.

'익금과 손금이 동시에 발생하는 거래'에 있어서 손금은 익금에 직접 관련되므로 그 손금은 해당 익금에 대응되어야 한다. 기업회계기준 상 수익이 익금의 본질에 해당한다. 법인세법이 손금이 수익과 직접 관련되어야 한다는 취지는 이러한 관계를 표현한 것이다. 매입하거나 제조한 재고자산을 판매하여 매출이 발생한 경우 등이 이에 해당한다.

익금과 손금이 동시에 발생하는 거래는 반드시 한 사업연도에 걸쳐서 발생하는 것인가?

익금과 직접 관련하여 발생한 손금은 동일한 거래나 사건에서 발생하는 익금을 인식할 때 대응하여 인식한다. 그 예로는 매출수익에 대응하여 인식하는 매출원가를 들 수 있다. 이와 관련된 판례에 대하여 살핀다. 법인이 주택건설사업을 함에 있어서 그 사업을 위하여 취득한 토지의 일부를 그 사업의 승인조건에 따라 분양토지의 이용편의에 제공하기 위하여 도로로 조성하여 지방자치단체에 기부채납한 경우, 그 도로의 가액 상당의 비용은 수익의 발생에 직접 관련된 필요경비로서 그 귀속시기는 수익의 발생이 확정된 때가 속한 사업연도에 해당한다고 판시한다.[183] 법인이 상품 매입을 위하여 선급금을 지급하였으나 그 선급금 상당의 상품을 공급받지 못한 경우, 상품의 판매로 인한 수익은 상품을 판매함으로써 비로소 발생하는 것이어서 당해 상품의 판매로 인한 수익의 발생을 상정할 수 없으므로, 그 수익에 대응하는 비용인 매입가액 또한 발생할 여지가 없어 선급금 상당액을 손금에 산입할 수 없다.[184] 부동산이 상품 또는 제품으로 판매되는 경우 그 매입가액으로서 법인에 귀속되었거나 귀속될 금액은 그 대가로 현금을 지급하든 매입채무를 부담하든 그 가액이 확정되면 특별한 사정이 없는 한 그 부동산의 양도금액이 익금으로 귀속되는 사업연도의 손금에 산입되어야 하고, 반드시 현실로 그 가액이 지출되어야만 손금에 산입되는 것은 아니다.[185]

한편 특정 자산으로부터 발생하는 경제적 효익이 여러 사업연도에 걸쳐 유입되어 특정 자산으로 인한 익금 역시 여러 사업연도에 걸쳐서 인식되는 경우, 이와 관련하여 발생한 특정 성격의 손금은 체계적이고 합리적인 배분절차에 따라 각 사업연도에 배분하는 과정을 거쳐 인식하여야 한다. 유형자산의 감가상각비와 무형자산의 상각비가 그 예에 해당한다.

183) 대법원 2002.11.13. 2001두1918.
184) 대법원 2009.8.20. 2007두1439
185) 대법원 2013.4.11. 2010두17847

이와 같이 여러 사업연도에 걸쳐서 익금창출에 직접 기여하는 특정자산에 대한 손금을 체계적이고 합리적인 배분절차에 따라 각 사업연도에 배분하는 과정을 거쳐 인식하는 것 역시 손금이 수익에 직접 관련된 것으로 보아야 한다. 따라서 법인세법, 조세특례제한법 또는 기업회계기준에 따라 인정된 자산의 계상금액 전체가 합리적 배분절차를 거쳐서 손금으로 인식되는 되어야 하고 그 일부가 '일반적이거나 통상적이지 않다'는 사유로 손금산입에서 배제될 수는 없다. 다만 해당 자산의 계상 여부와 계상금액 그리고 그 손금산입시기의 적용에 있어서 법인세법 및 조세특례제한법이 기업회계기준에 우선하여 적용될 뿐이다.

'손금이 발생하나 익금은 발생하지 않는 거래'에 있어서 손금은 다시 '법인의 사업에 관련된 경우'와 '법인의 사업에 관련되지 않는 경우'로 구분된다. 후자의 경우에는 법인세법 상 손금에서 제외된다. 특정 거래로 인하여 손금이 발생하나 익금은 발생하지 않는다고 하더라도 그 손금이 법인의 사업에 관련되었다면 이는 해당 법인의 손금에 해당한다. 일반 관리부서의 직원에 급여를 지급하는 등 판매비 및 관리비를 지급하는 경우가 이에 해당한다. 이처럼 법인의 사업에는 관련되나 익금에는 직접 대응할 수 없는 손금은 재화 및 용역 등 경제적 자원이 이전 또는 지출되거나 부채가 발생하는 사업연도, 즉 손금의 발생이 인식되는 사업연도에 인식하여야 한다.

'일반적 통상성' 요건, '사업 관련성' 요건 및 '수익 직접 관련성' 요건은 각 어떠한 관계에 있는가? 이 쟁점은 '손금이 수익과 직접 관련된 경우'에도 그 손금이 '일반적으로 인정되는 통상적인 것'이어야 하는지 여부 및 '손금이 수익과 직접 관련되지는 않으나 법인의 사업에는 관련된 경우'에도 그 손금은 다시 '일반적으로 인정되는 통상적인 것'이어야 하는지 여부와 관계된다. 법인세법이 '법인의 사업과 관련하여 발생하거나 지출된 손실 또는 비용'으로서 '일반적으로 인정되는 통상적인 것'이거나 '수익과 직접 관련된 것'으로 한다고 규정하므로(법세 §19 ②), '일반적으로 인정되는 통상적인 것'이라는 요건이 '수익과 직접 관련된 것'이라는 요건을 수식하거나 한정하지 않아서, 손금이 수익과 직접 관련된다면 그 손금이 다시 '일반적으로 인정되는 통상적인 것'에 해당하는지 여부를 판단할 필요가 없다. 수익과 직접 관련되어 있음에도 이에 대하여 다시 그 손금산입을 '일반적으로 인정되는 통상적인 것인지 여부'에 의하여 제한하여야 할 규범적 당위가 없고, 각 법인의 경제적 상황 등에 의하여 수익에 직접 연관되는 손금의 범위가 달라질 수 있음에도 이를 무시하고 일반적이거나 통상적인지 여부에 의하여 손금산입을 제한하는 것은 경제적 실질에 어긋나기 때문이다. 나아가 손금이 수익과 직접 관련된다면 그 손금이 다시 '법인의 사업에 관련되는지 여부'에 대하여 판단할 필요 역시 없다. 법인의 사업에는 익금 또는 수익의 발생이 내포되어 있으므로 손금이 수익에 직접 관련된다면 당연히 사업관련성이 인정되기 때문이다. 그렇다면 '손금이 수익과 직접 관련되지는 않으나 법인의 사업에는 관련된 경우'에 한하여 그 손금이 다시 '일반적으로 인정되는 통상적인 것'이어야 하는지 여부가 쟁점이 될 수 있다. 법인세법 및 조세특례제한법이 자산·부채의 평가 및 손익 귀속시기에 대하여 특별히 규정한 경우에는 이러한 경우가 발생할 수 없다. 해당 규정들에 의하여 특별하게 인정된 자산·부채 및 손익귀속시기에 기반하여 인정된 손금에 대하여 사업관련성은 있으나 일반적으로 인정되는 통상적인 것이 아니라고 할 수는 없기 때문이다. 그렇다면 이 쟁점은 기업회계기준 상 비용으로서 인식되면서 법인세법 상 사업관련성 역시 갖는 손금에 대하여서만 발생할 수 있다. 기업회계기준 상 비용으로서 법인세법 상 사업관련성이 인정되는 손금이 '일반적으로 인정되는 통상적인 것'이 아니라는 이유로 손금에 산입되지 않는다면 이는 기업회계기준과 세법 사이의 영구적인 차이를 발생시키는 것이므로 사외유출의 경우로서 소득처분하여야 할 것이다.

손금이 '일반적으로 인정되는 통상적인 것이어야 한다'는 요건이 의미하는 바는 무엇인가? 이 쟁점을 논의하기에 앞서 '법인의 사업에 관련됨에도 불구하고 다시 일반적으로 인정된 통상적인 것에 한하여 법인세법 상 손금으로 인정된다'는 명제가 법규범 상 타당한 것인지 여부에 대하여 검토한다. 사업활동의 영위 방식은 사적 자치에 맡겨져 있고, 해당 방식에 경제적 합리성이 있다면 법인세법 상 존중되어야 한다. 그렇지 않다면 법인이 '일반적으로 인정된 통상적인 경제적 자원'이 아닌 경제적 자원을 투입하여 수익의 창출에 간접적으로 이바지하는 방식으로 법인의 사업에 관련되는 경우에는 해당 방식에 경제적 합리성이 존재한다고 할지라도 법인세법 상 손금으로 인정되지 않는 불이익을 입게 되므로 해당 법인은 그 방식을 포기하여야 한다. 이는 법인세법이 명목상 평등의 가치를 보전하기 위하여 법인의 경제적 자유를 탄압하는 것이다. 또한 실질적 평등은 동일한 것은 동일하게 다른 것은 다르게 취급하는 것인바, 이는 실질적 평등에도 반하는 것이다. 따라서 '법인의 사업에 관련됨에도 불구하고 다시 일반적으로 인정된 통상적인 것에 한하여 법인세법 상 손금으로 인정된다'는 명제가 '수익창출에 간접적으로 이바지하는 방식으로 법인의 사업에 관련되는 경우에는 일반적으로 인정된 통상적인 것에 한하여 법인세법 상 손금으로 인정된다'는 것을 의미한다면 이는 조세가 경제적 활동과 관련된 자유 등 기본권을 보장하고 실질적인 자유와 평등을 실현하기 위한 재원을 마련하는 것을 목적으로 부과되는 것이라는 점과도 상충되고, "대한민국의 경제질서는 개인과 기업의 경제상의 자유와 창의를 존중함을 기본으로 한다"는 헌법 규정(헌법

§119 ①)에도 위반된다.[186]

　손금이 '일반적으로 인정되는 통상적인 것'에 해당하는지 여부는 개별 법인의 고유한 경제적 특성을 전제하고 판정되어야 한다. 즉 손금이 '일반적으로 인정되는 통상적인 것'에 해당하는지 여부를 판정함에 있어서, 개별 기업의 고유한 경제적 특성에 비추어 볼 때 비용으로서 특정 또는 특정 범위의 경제적 자원을 이전, 즉 투입하는 것이 개별 법인의 입장에서 고유한 경제적 합리성을 가질 수 있다는 점을 존중하여야 한다. 그런데 개별 법인이 특정 경제적 자원을 투입하는 방식 자체가 통상 발생하는 것도 아니고 그 방식이 일반적으로 알려지지 않은 경우 역시 있을 수 있다. 이러한 경우에 어떻게 개별 법인의 고유한 경제적 특성을 전제하여 일반성 및 통상성을 판정하여야 하는지 여부가 문제이다. 그런데 법인세법이 개별 법인의 고유한 경제적 특성 및 투입되는 경제적 자원의 내용 자체에 대하여 직접 규정할 수는 없다. 개별 법인의 고유한 경제적 특성을 전제로 하여 경제적 자원의 투입과정에 대하여 규정할 수밖에 없다. 경제적 자원 투입에 대한 경제적 합리성이 존재하기 위하여서는 개별 법인의 고유한 경제적 특성이 반영되어야 한다. 개별 법인의 경제적 합리성에 기한 특정 경제적 자원의 투입과정이 경험칙에 부합한다면 이를 통상적이 아니라고 할 수는 없다. 그런데 일반성과 통상성은 그 문언 자체로는 이들 개념을 구분하기 힘들다. 경제적 자원의 투입에 대한 경제적 합리성이 존재할 뿐만 아니라 그 투입과정이 개별 기업의 경제적 특성에 기반한 경험칙에 부합한다고 하더라도 이를 두고 일반적으로 인정되는 것이 아니라고 할 수 있어야 일반성과 통상성을 구분할 실익이 있다. 법문언이 동일한 의미를 강조하기 위하여 동어반복할 필요 역시 없기 때문이다. 그런데 개별 법인의 고유한 경제적 특성만을 고려할 경우에는 특정 경제적 자원의 투입 또는 이전이 경험칙에 부합된다고 할 수 있지만 동일한 상황에 있는 동종업계의 특성 역시 함께 감안한다면 경험칙에는 부합하지 않을 수 있다. 법인세법 역시 '일반적으로 인정되는 통상적인 것'이라는 법문언을 사용하여, 통상성은 일반적으로 인정되는 경우와 그렇지 않은 경우로 구분하고 있다. 따라서 '일반적으로 인정되는 통상적인 것', 즉 **'일반적 통상성'을 개별 기업의 고유한 경제적 특성뿐만 아니라 동일한 상황에 처한 동종기업의 경제적 특성 역시 함께 감안할 경우에도 특정 경제적 자원의 투입방식이 경험칙에 부합한다는 의미로 해석하는 것이 타당하다. 따라서 손금의 일반성 및 통상성을 '개별 법인의 특정 손금의 투입 또는 그 투입의 범위'를 다른 법인의 그것과 단순하게 비교하는 방식으로 판단할 수는 없다.** 한편 판례는 '일반적으로 용인되는 통상적'인 비용이라 함은 납세의무자와 같은 종류의

---

186) 이준봉, 전게서, 154면.

사업을 영위하는 다른 법인도 동일한 상황 아래에서는 지출하였을 것으로 인정되는 비용을 의미하고, 그러한 비용에 해당하는지 여부는 지출의 경위와 목적, 형태, 액수, 효과 등을 종합적으로 고려하여 객관적으로 판단하여야 한다고 판시한다.[187] 이 판례들에 있어서 '같은 종류의 사업을 영위하는 다른 법인도 동일한 상황 아래에서는 지출하였을 것으로 인정되는 비용'이라는 문언이 뜻하는 바 역시 동일한 취지를 담은 것으로 본다. 또한 판례는 **건설회사가 베트남, 캄보디아, 라오스와 기부약정을 체결하고 2006. 1. 1.부터 2009. 12. 31.까지 이들 국가에 칠판, 피아노 등의 교육물품 구입과 교육시설 및 태권도 훈련시설의 건립 등을 목적으로 기부한 경우** 기부금의 지출로 말미암아 건설회사의 기업 이미지가 제고되는 등으로 위 국가들에서 사업을 수행하는 데 다소 도움이 되었다고 하더라도, 그 기부금을 원고의 사업과 관련하여 발생하거나 지출된 손실 또는 비용으로서 일반적으로 인정되는 통상적인 것이거나 수익과 직접 관련된 것이라고 볼 수는 없다고 판시한다.[188] 국내에서 지출할 경우 기부금으로 취급된 금원이 해외에서 지출한 경우에는 손금산입 한도의 제한이 없는 손금으로 처리될 수 없고 기부금 자체가 특정 사업의 진행을 조건으로 이루어진 것이 아니라는 점 등을 감안한 판례이다. 한편 판례는 **금융지주회사인 갑 주식회사의 자회사 은행이 관련 민사사건 판결의 취지에 따라 을에게 손해배상금 및 지연손해금을 지급하였고, 갑 회사는 관련 민사사건 판결이 확정된 사업연도의 법인세 신고 시 위 손해배상금 등을 손금에 산입한 사안**에서, 위 손해배상금 등은 관련 민사사건의 확정판결에 따라 을에게 실제 발생한 손해를 배상하기 위하여 지급된 것으로서, 그 지출 자체가 사회질서에 위반한다고 볼 수 없고, 액수 또한 실손해의 범위를 벗어나는 과도한 금액이라고 단정하기 어려우며, 자회사 은행과 같은 종류의 사업을 영위하는 다른 법인도 동일한 상황 아래에서는 마찬가지로 위 손해배상금 등을 지출하였을 것으로 보이는 점, 어떠한 비용을 손금불산입 대상으로 규정할 것인지는 입법정책의 문제로, 법인세법은 손금의 범위에 대하여 규정하는 한편, 이와 별도로 특례규정에서 손금불산입 항목과 손금산입 항목을 열거하고 있는데, 손해배상금은 손금불산입 항목으로 규정하고 있지 않은 점 등을 종합하면, 위 손해배상금 등은 자회사 은행의 사업과 관련하여 지출된 비용으로서 일반적으로 인정되는 통상적인 것이므로 손금에 해당한다고 판시한다.[189]

위법비용 역시 손금에 산입될 수 있는가? 먼저 세법이 손금 부인을 통하여 위법행위에 대하여 제재하는 것이 타당한지 여부에 대하여 살핀다.[190] 첫째, 위법소득을 얻는 과정에서

---

187) 대법원 2009.11.12. 2007두12422 ; 대법원 2021.9.16. 2017두68813; 대법원 2024.9.12. 2021두35308.
188) 대법원 2014.8.26. 2014두4719.
189) 대법원 2024.9.12. 2021두35308.

발생한 위법비용에 대하여서는 법인세법상 손금을 부인하는 것이 정의의 관념에 충실하고 일종의 벌칙으로서 위법비용의 손금을 부인하는 것이 타당하다는 견해가 있을 수 있으나, 이러한 견해가 규범상 정당성을 갖는 것은 아니다. 즉 위 견해에는 다음과 같은 문제가 있다. 위법소득과 관련된 위법비용에 대하여 손금산입을 부인하는 것은 소득과세와 정면으로 충돌하는 것이고 공평의 이념에 오히려 반하는 것이다. 위법소득과 관련된 위법비용에 대하여 손금산입을 부인하는 것은 위법비용의 경우에는 총수입금액, 즉 익금에 대하여 과세한다는 것으로서 이는 익금에서 손금을 공제하여 과세하는 소득과세와 정면으로 충돌하는 것이기 때문이다. 또한 소득과세는 수평적 공평 및 수직적 공평의 이념에 부합되는 것이 타당하나, 위와 같이 위법소득에 대하여 총액과세하는 것은 이에 반하는 측면이 있다. 즉 위법행위와 관련하여 비용을 많이 지출하여 그 소득이 적은 자를 이보다 적은 비용을 지출하여 그 소득이 높은 자에 비하여 높은 세율로 과세하는 효과가 발생하는 것으로서 이에 공평의 개념에 반하는 측면이 있다.[191] 둘째, 위법비용의 손금부인을 일종의 벌칙(penalty)으로 보아 위 예에서 나타나는 불합리함을 설명할 수 있다는 견해가 있을 수 있다. 그러나 이러한 접근방식에는 다음과 같은 문제가 있다. 벌칙의 부과는 위반행위의 경중에 따라 달라져야 하는 것임에도 불구하고, 손금을 부인하는 방법으로 벌칙을 부과하는 것은 해당 손금의 크기와 납세의무자의 한계세율의 정도 등에 따라 그 불이익의 크기가 달라지는 것에 불과하여 위반행위의 경중과 무관하게 불이익이 부과되는 결과에 이르게 된다. 즉 위법행위의 주범이 영위하는 사업비용이 종범의 경우보다 적거나, 주범의 한계세율이 보다 낮다면 세법이 종범을 주범보다 심하게 취급하는 부당한 결과에 이를 수 있다. 이러한 방식으로 벌칙을 부과하는 것은 자의적으로 벌칙을 부과하는 것과 다를 바가 없다.[192] 또한 손금을 부인하는 방법으로 납세의무자에게 벌칙으로서 불이익을 주는 것은 그 실질이 형사상 벌금형과 동일함에도 형사절차에 적용되는 납세의무자의 기본권 보장에 대한 규정이 적용되지 않는 문제가 있다.[193] 따라서 벌칙으로서 위법비용의 손금을 부인한다는 것은 헌법상 원리에 부합되지 않는 측면 역시 있어서 함부로 확대하여 적용하는 것은 타당하지 않다. 셋째, 위법비용의 손금부인을 일종의 '죄악세(sin tax)'로 보는 견해가 있을 수 있으나,[194] 설사 이를 죄악세로 본다고 할지라도 이는 자의적이고도

---

190) 이준봉, 전게서, 539면~542면.
191) Douglas A. Kahn · Howard Bromberg, *Provisions Denying a Deduction for Illegal Expenses and Expenses of an Illegal Business Should Be Repealed*, 18 『Fla. Tax Rev.』 207, 2016, at 216-218.
192) *Id.*, at 219.
193) *Id.*, at 222.
194) *Id.*, at 225.

부적당한 세에 해당할 수 있다. 조세는 특정 과세대상에 대하여 특정세율에 따라 부과되어야 하는 것인 바, 이는 과세대상과 조세 사이에 아무런 관련성이 없이 납세의무자의 사업구조 및 한계세율 등에 따라 부과되는 것에 불과하므로 조세법률주의에 부합한다고 볼 수 없기 때문이다. 넷째, 위법비용에 대하여 손금산입을 허용하는 것은 정부가 위법행위에 대하여 보조금을 지급하는 것이라는 견해 역시 있을 수 있으나 이 역시 타당하지 않다. 위법소득을 얻는 자 역시 적법한 소득을 얻는 자와 마찬가지로 국가의 비용을 부담하도록 하는 것이 타당하다는 점 등을 근거로 위법소득에 대하여서도 과세하기 때문이다. 위법소득을 계산함에 있어서 위법비용을 손금에 산입하는 것은 적법소득과 마찬가지로 소득을 측정하기 위한 것이지 이를 들어 정부가 위법행위에 대하여 보조금을 지급하는 것이라고 할 수는 없는 것이다.[195) 판례 역시 위법소득에 대하여 과세하는 것을 인정한다.[196) 이상의 각 논의를 종합하면, **위법소득에 대하여 벌금 등 형사처벌을 부과하는 경우 해당 벌금 등을 손금에 산입할 수 없는 것과 별도로 해당 위법소득을 얻기 위하여 지출한 위법비용 역시 세법이 손금산입을 부인하는 것을 합리화할 수 있는 규범적 근거는 없는 것이므로, 세법이 명시적으로 규정하지 않은 위법비용에 대하여서는 손금산입을 부인하는 것은 타당하지 않다.**

사회질서에 위반하여 지출된 비용이 손금에 산입될 수 있는지 여부에 대하여 살핀다.[197) 판례는 소득세는 원칙적으로 소득이 다른 법률에 의하여 금지되는지 여부와 관계없이 담세력에 따라 과세하여야 하고 순소득을 과세대상으로 하여야 하므로 범죄행위로 인한 위법소득을 얻기 위하여 지출한 비용이더라도 필요경비로 인정함이 원칙이나, **비용의 지출이 사회질서에 심히 반하는 등 특별한 사정이 있는 경우라면 필요경비로 인정할 수 없다**고 판시한다.[198) 즉 판례는 의약품 도매상이 약국 등 개설자에게 금전을 제공하는 것이 약사법 등 **관계 법령에 따라 금지된 행위가 아니라고 하여 곧바로 사회질서에 위반하여 지출된 비용이 아니라고 단정할 수는 없고,** 그것이 사회질서에 위반하여 지출된 비용에 해당하는지 여부는 그러한 지출을 허용하는 경우 야기되는 부작용, 그리고 국민의 보건과 직결되는 의약품의 공정한 유통과 거래에 미칠 영향, 이에 대한 사회적 비난의 정도, 규제의 필요성과 향후 법령상 금지될 가능성, 상관행과 선량한 풍속 등 **제반 사정을 종합적으로 고려하여 사회통념에 따라 합리적으로 판단하여야** 한다고 판시한다.[199) 또한 의약품 도매상이 약국 등 개설자에게 의약품 판매촉진의

---

195) Id., at 222-223.
196) 대법원 1998.5.8. 96누6158 ; 대법원 2015.1.15. 2012두7608 ; 대법원 2024.9.12. 2021두35308.
197) 이준봉, 전게서, 536면~539면.
198) 대법원 2015.2.26. 2014도16164.

목적으로 이른바 '리베이트'라고 불리는 금전을 지급하는 것은 약사법 등 관계 법령이 이를 명시적으로 금지하고 있지 않더라도 사회질서에 위반하여 지출된 것에 해당하여 그 비용은 손금에 산입할 수 없다고 판시한다.[200] 한편 위 판례를 분석함에 있어서 미국의 경우에는 리베이트 등에 대하여 손금을 부인하는 특별규정, 즉 IRC Section 162(c)(3)[201]을 두고 있으나 우리의 경우에는 이러한 특별규정이 없다는 점에 주목할 필요가 있다. 판례는 입찰에서의 경쟁을 제한하기 위한 담합금에 대하여서도 사회질서 위반을 이유로 손금산입을 부인한다. 즉 공사의 입찰·수주와 관련하여 동종 업체들로부터 수령한 담합사례금을 익금산입하는 한편, 동종 업체들에게 지급한 담합사례금은 법률에 위반하여 다른 사업자와 공동으로 부당하게 입찰에서의 자유로운 경쟁을 제한하기 위하여 지출된 담합금에 해당하므로 그 지출 자체가 사회질서에 반하는 것이므로 '일반적으로 용인되는 통상적인 비용'이나 '수익과 직접 관련된 비용'에 해당한다고 볼 수 없어 이를 손금에 산입할 수 없다.[202] 한편 이 담합사례금 판례는 하나의 공사에 대하여 담합사례금을 수수하면서 지급하는 사안이 아니라 여러 공사에 걸쳐서 수수하거나 지급한 담합사례금을 각 구분하여 별도로 세무조정하는 사안에 관한 것이므로, '수령한 담합사례금은 익금산입하고 지급한 담합사례금은 손금에 산입한다'는 취지의 판시를 동일한 거래에 대한 매출과 매출원가의 대응으로 오인하지 않아야 한다.

그렇다면 사회질서에 위반하여 지출된 비용의 손금산입을 부인하는 근거는 무엇인가?[203] 판례는 사회질서에 위반하여 지출된 비용은 '일반적으로 용인되는 통상적인 비용'에 해당되지 않는다고 판시한다.[204] 즉 '일반적으로 용인되는 통상적인 비용'이라 함은 납세의무자와 같은 종류의 사업을 영위하는 다른 법인도 동일한 상황 아래에서는 지출하였을 것으로 인정되는 비용을 의미하고, 그러한 비용에 해당하는지 여부는 지출의 경위와 목적, 그 형태·액수·효과 등을 종합적으로 고려하여 판단하여야 하는데, 특별한 사정이 없는 한 사회질서에 위반하여

---

199) 대법원 2015.1.15. 2012두7608 ; 대법원 2017.10.26. 2017두51310.
200) 대법원 2015.1.15. 2012두7608 ; 대법원 2017.10.26. 2017두51310.
201) No deduction shall be allowed under subsection (a) for any kickback, rebate, or bribe made by any provider of services, supplier, physician, or other person who furnishes items or services for which payment is or may be made under the Social Security Act, or in whole or in part out of Federal funds under a State plan approved under such Act, if such kickback, rebate, or bribe is made in connection with the furnishing of such items or services or the making or receipt of such payments. For purposes of this paragraph, a kickback includes a payment in consideration of the referral of a client, patient, or customer.
202) 대법원 2017.10.26. 2017두51310.
203) 이준봉, 법인세법상 주요 쟁점에 대한 판례의 동향과 전망, 조세법연구 제22집 제3호, (사)한국세법학회, 2016, 140-141면 ; 이하 '졸고, 법인세 판례 논문'으로 인용한다.
204) 대법원 2009.11.12. 2007두12422

지출된 비용은 여기에서 제외된다. 한편 판례는 위법소득의 경우라고 할지라도 몰수나 추징과 같은 위법소득에 내재되어 있던 경제적 이익의 상실가능성이 현실화된다면 이에 대하여 후발적 경정청구를 할 수 있다고 판시한다.[205] 즉 위법소득의 지배·관리라는 과세요건이 충족됨으로써 일단 납세의무가 성립하였다고 하더라도 그 후 몰수나 추징과 같은 위법소득에 내재되어 있던 경제적 이익의 상실가능성이 현실화되는 후발적 경정청구 사유가 발생하여 소득이 실현되지 아니하는 것으로 확정됨으로써 당초 성립하였던 납세의무가 전제를 잃게 되었다면, 특별한 사정이 없는 한 납세자는 국세기본법 제45조의2 제2항 등이 규정한 후발적 경정청구를 하여 납세의무의 부담에서 벗어날 수 있다. 이 판례의 입장에 따른다면, 즉 위법소득을 경제적 이익의 관점에서 본다면 위법소득을 얻기 위하여 지출된 비용이 위법하다고 할지라도 경제적 손실이 야기되는 한 손금에 산입하여야 하는지 여부가 문제로 될 수 있다. 이상의 각 사정을 감안한다면 사회질서에 위반하여 지출된 비용의 의미를 확정하는 자체에도 어려움이 있다.[206] 또한 위법비용이라는 이유 또는 사회질서에 위반하여 지출된 비용이라는 이유만으로 손금산입을 부인할 규범적 당위성 역시 확실하지 않다. 따라서 '**특별한 사정이 없는 한 사회질서에 위반하여 지출된 비용은 손금에서 제외된다**'는 취지의 판시 자체는 타당하지 않다. 사회질서 위반 자체로 인하여 일반통상성이 없는 비용으로 판단한다면 이는 조세법률주의에 반할 가능성이 있다. 사회질서 위반 여부 자체는 세법이 아닌 다른 법률에 의하여 규율되기 때문이다.

사회질서 또는 법률에 위반되는 지출을 손금의 일반적인 통상성에 반한다고 볼 수 있는 경우는 없는가? 사업의 위법성 여부가 법인세법 상 사업의 정의에 있어서 의미를 갖는 것은 아니나, 사업 자체의 공익적 성격 등으로 인하여 허가·인가 등 법률 상 요건을 충족하거나 해당 사업의 운영에 대한 많은 행위규제를 준수할 필요가 있는 사업 역시 존재한다. 그러한 사업의 경우에는 법률 상 허가·인가 등 각 요건 및 기타 행위규제에 관한 각 규정을 준수하거나 그 취지에 부합하도록 행위하는 것이 해당 법인을 포함한 동종기업들에게 일반적으로 요구된다. 또한 해당 법인을 포함한 동종기업들이 통상적으로 그러한 요구를 이행하거나 준수하여야 한다는 점은 해당 법인 수익창출활동의 본질적 요소이면서도 그 수익창출활동의 제약요소에 해당한다. 그렇다면 **사업 자체의 공익적 성격 등으로 인하여 허가·인가 등 법률 상 요건을 충족하거나 해당 사업의 운영에 대한 많은 행위규제를 준수할 필요가 있는 사업에 있어서, 그 수익창출활동에 대한 본질적 요소이자 제약요소에 해당하는 법령 상 요건, 행위규제 및**

---

205) 대법원 2015.7.16. 2014두5514 전원합의체 판결.
206) 이준봉, 전게서, 537면~540면.

그 법령의 취지에 반하는 비용 지출은 손금으로서의 일반적 공익성을 갖추지 못한 것으로 볼 수 있다. 판례가 의약품 도매상의 리베이트 및 입찰 담합사례금에 대하여 '특별한 사정이 없는 한 사회질서에 위반하여 지출된 비용은 손금에서 제외된다'는 취지의 판시를 하는바, 이는 의약품 도매업 및 입찰 참여 건설사 등의 사업 내용의 고유한 특성을 반영한 것으로 보아야 한다. 따라서 '특별한 사정이 없는 한 사회질서에 위반하여 지출된 비용은 손금에서 제외된다'는 판시는 '법률 상 요건을 충족하거나 그 행위규제를 준수하는 것이 해당 사업 수익창출활동의 본질적 요소이자 그 제약요소를 구성하는 사업에 있어서는 특별한 사정이 없는 한 사회질서에 위반하여 지출된 비용은 일반적으로 인정된 통상적인 것에 해당하지 않으므로 손금에서 제외된다'는 취지로 이해하는 것이 타당하다. 다만 '법률 상 요건을 충족하거나 그 행위규제를 준수하는 것이 요구되는 사업이라고 할지라도 그 수익창출활동의 본질적 요소이자 제약요소에 해당하지 않는 규정을 위반하여 지출한 비용은 손금에 산입되어야 한다. 판례 역시 신탁업과 은행업을 겸영하는 법인이 우대금리의 적용으로 인하여 신탁계정에서 발생한 고객의 손실을 은행계정 지출액으로 보전하여 신탁업 감독 규정을 위반하는 결과가 빚어졌더라도 이는 신탁 고객들의 이탈로 인한 자금 유출을 방지하고 수익기반을 유지하고자 하는 사업상 필요에 따른 것으로서 그로 인하여 지출된 비용을 손금에 산입하는 것이 사회질서에 반한다고 보기 어렵다고 판시한다.[207]

사회질서에 반하는 행위로 인한 형사사건 및 손해배상소송을 위하여 지출한 법률비용 역시 사회질서에 반하는 것인가? 형사사건 및 손해배상소송의 방어 또는 청구 등을 위한 법률비용의 지출이 사회질서에 반하는 것인지 여부와 손해배상 등의 원인이 되는 행위가 사회질서에 반하는 것인지 여부는 구분되어야 한다. 손해배상 등의 원인이 되는 행위가 사회질서에 반하는 것이라고 하여 그로 인하여 발생한 관련 사실관계의 존부 및 범위 등에 대하여 다투거나 그로 인한 손해를 보전하기 위한 행위 역시 사회질서에 반하는 것이라고 판단하는 것은 모순이다. 사회질서에 반하는 행위로 인하여 발생한 손해를 보전하기 위하여 청구하는 것은 사회질서를 회복하기 위한 것이고, 나아가 납세자가 형사사건 또는 손해배상소송의 방어를 위하여 지출한 비용 역시 국가의 사법체계에 순응하고 이를 이용하기 위한 비용으로서 이를 두고 사회질서에 반한다고 할 수도 없기 때문이다. 따라서 사회질서 위반을 원인으로 하는 형사사건 및 손해배상소송 등과 관련하여 당사자들이 지출한 각 법률비용은 사회질서에 반하는 것에 해당되지 않는다. 다만 이 경우에도 손금산입에 관한 사업관련성 및 통상성 등 일반요건은 충족하여야 한다.

---

207) 대법원 2015.12.10. 2013두13327.

위법비용을 수익에 직접 관련된 손금으로 인정할 수는 없는가? 법인의 손비가 수익에 직접 관련된 경우에는 그 손비가 '일반적으로 인정되는 통상적인 것'에 해당하는지 여부를 다시 검토할 필요가 없으므로 수익에 직접 관련된 위법비용은 손금에 산입될 수 있다고 보아야 한다. 위법비용에 직접 관련된 소득은 통상 위법소득에 해당할 가능성이 크다. 그러나 **위법소득 발생에 직접적으로 관련된 것으로 보이는 위법비용에 대하여서도 그 손금산입을 부인하는 판례가 있다.** 유흥주점의 유흥접객원과 영업상무 등에게 지급한 성매매 수당 내지 성매매 손님 유치 수당은 성매매 및 그것을 유인하는 행위를 전제로 지급된 것으로서 그 비용의 지출은 선량한 풍속 기타 사회질서에 심히 반하므로 필요경비로 인정할 수 없다.[208] 성매매업에 대하여 법령 상 요건 또는 행위규제를 준수하는 방법으로 수익을 창출할 것을 기대할 수는 없는바, 그와 관련된 위법소득에 대하여 과세하는 한, 별도의 법령에 의한 불이익이 부과되는 것과는 별개로, 위법소득의 창출에 직접적으로 관련된 위법비용은 손금에 산입하는 것이 타당하다.

7. 법인세법과 다른 법률은 손금의 사업관련성, 일반적 통상성 및 수익 직접 관련성에 대하여 달리 정할 수 있다.

법인세법은 법인세법 및 다른 법률이 사업관련성, 일반적 통상성 및 수익 직접 관련성에 대하여 달리 정할 수 있다고 규정한다(법세 §19 ②). 손금의 사업관련성, 일반적 통상성 및 수익 직접 관련성은 자산·부채의 평가 및 손익 귀속시기의 인식과 밀접하게 연관된다. 손금은 자산·부채의 변동분을 의미하고 해당 손금이 어느 사업연도에 귀속되는지 여부 역시 해당 사업연도의 손금과 관련된 자산·부채의 인식 및 제거와 관계되기 때문이다. 그런데 법인세법 및 조세특례제한법은 자산·부채의 평가 및 손익 귀속시기의 인식에 대하여 기업회계기준과 달리 규정할 수 있다(법세 §43). 다만 '자산·부채의 평가'에 대하여서는 법인세법 및 조세특례제한법 상 특별한 규정이 없는 경우에도 기업회계기준이 보충적으로 적용될 수는 없다는 점에 유의하여야 한다.[209] 그렇다면 **조세특례제한법 역시 사업관련성, 일반적 통상성 및 수익 직접 관련성에 대하여 달리 정할 수 있다**고 보아야 한다. 이 경우에는 손금의 사업 또는 수익 관련성에 대한 일반적 정의(법세 §19 ②)가 적용되지 않아서 기업회계기준과의 차이가 발생할 수 있는바, 이는 세무조정을 거친 후 자본금과 적립금조정명세서를 통하여 사후관리되어

---

208) 대법원 2015.2.26. 2014도16164.
209) 같은 판 V 1 참조.

야 한다.

　세법이 아닌 '다른 법률'이 손금의 사업관련성, 일반적 통상성 및 수익 직접 관련성에 대하여 달리 정하는 것이 타당한가? 실질적으로 조세에 해당하는 의무를 '조세의 종목과 세율 등' 헌법상 수권사항을 명시하지 않는 일반 법률에 의하여 부과한다면 비록 법률을 통하여 해당 의무를 창설하였다고 하더라도 헌법에 위반하는 것으로 보아야 한다. 해당 의무가 어떠한 종류의 조세이고 그 세율이 어떠한지 여부 등 납세의무를 부과하기 위한 헌법상 수권사항들을 명시하지 않고서 단지 법률의 형식만을 빌어 실질적인 납세의무를 창설할 수 있도록 허용한다면 "대표가 없는 곳에 과세는 없다"라는 헌법정신이 잠탈될 우려가 커지기 때문이다. "조세의 종목과 세율은 법률로 정한다"는 헌법 규정(헌법 §59)이 이러한 취지 역시 천명하는 것으로 보는 것이 타당하다.[210] 따라서 다른 법률이 직접 손금의 사업관련성, 일반적 통상성 및 수익 직접 관련성에 대하여 달리 정하는 것은 허용될 수 없고, 법인세법 및 조세특례제한법이 다른 법률을 원용하여 규정하는 경우에 한하여 다른 법률의 내용이 세법에 반영될 수 있다. 법인세법 및 조세특례제한법의 규정을 해석함에 있어서 다른 법률의 규정 내용 및 취지가 반영될 수 있음은 물론이다.

　한편 법인세법 및 조세특례제한법이 손금의 사업관련성, 일반적 통상성 및 수익 직접 관련성에 대하여 달리 정할 수 있다고 할지라도 이는 법인세법 및 조세특례제한법이 기업회계기준과 달리 규정하는 자산·부채·익금·손금과 조화를 이루는 방향으로 해석되어야 한다. 즉 손금의 사업관련성, 일반적 통상성 및 수익 직접 관련성에 대한 별도의 정함은 그와 관련된 자산·부채의 평가 및 손익 귀속시기에 관한 규정이 뒷받침되어야 하지만, 이를 명시적으로 규정하지 않았다고 하더라도 조화를 이루도록 해석하여야 이중과세 또는 이중비과세가 발생하는 결과를 방지할 수 있다.

　법인세법 및 조세특례제한법 상 규정이 없어서 기업회계기준의 문언에 따라 사업관련성, 일반적 통상성 및 수익 직접 관련성에 대하여 판정하는 경우에도 그 최종적인 판정권한은 여전히 법원에 귀속되는가? 법인세법 및 조세특례제한법 상 특별한 규정이 없어서 기업회계기준의 문언에 따라 사업관련성, 일반적 통상성 및 수익 직접 관련성에 대하여 판정하는 경우라고 할지라도 그 판정은 법인세법의 해석에 관한 것이므로, 최종적으로는 법원이 경제적 실질의 관점에 따라 관련 규정의 목적 또는 취지 등을 감안하는 세법 독자적 입장에 기반하여 기업회계기준 상 문언을 해석하여야 한다. 법인세법 상 사업관련성, 일반적 통상성 및 수익 직접 관련성에

---

210) 이준봉, 전게서, 68면~69면.

대한 판정은 국민의 권리·의무에 관계된 사항으로서 민간에 위탁될 수 없고, 기업회계기준의 적용과정에서 그 해석에 관한 업무가 다른 기관에 위탁되었다고 하더라도 법인세법의 해석에 있어서 법원이 기업회계기준의 해석업무를 담당하는 회계기준원 등의 판단에 의하여 좌우될 수도 없다. 법원의 판단에 있어서 참고될 수 있을 뿐이다.

법인세법 및 조세특례제한법이 달리 규정함에 있어서 그 입법에 대한 규범적 한계는 없는가? 법인세법 및 조세특례제한법이 법률을 통하여 손금의 사업관련성, 일반적 통상성 및 수익 직접 관련성에 대하여 달리 규정한다고 하더라도 해당 법률이 "조세의 부과와 징수에 있어서 합리적 이유가 없이 자의적으로 특정 납세자를 불리하게 차별하거나 우대하는 등의 방법으로 납세자의 '담세능력'에 상응하여 공정하고 평등하게 취급하여야 한다는 평등의 원칙을 위반할 수는 없다.[211] 나아가 조세법률주의와 조세평등주의 사이의 상충관계를 해소하기 위한 헌법상 타협의 결과가 실질과세원칙(국기 §14)으로 구체화된 것이므로 법인세법 및 조세특례제한법이 손금의 사업관련성, 일반적 통상성 및 수익 직접 관련성에 대하여 달리 규정한다고 하더라도 경제적 실질에 의한 판단을 배제하는 것을 내용으로 한다면 이 역시 헌법상 조세평등주의에 위반된다.[212]

법인세법 및 조세특례제한법이 손금산입을 위한 특별한 절차에 대하여서도 규정할 수 있는가? 법인세법은 손비는 법인세법 등에서 달리 정하고 있는 것을 제외하고는 그 법인의 사업과 관련하여 발생하거나 지출된 손실 또는 비용으로서 일반적으로 인정되는 통상적인 것이거나 수익과 직접 관련된 것으로 한다고 규정한다(법세 §19 ②). 이 문언에 따르면 법인세법 및 조세특례제한법은 '법인의 사업과 관련하여 발생하거나 지출된 손실 또는 비용으로서 일반적으로 인정되는 통상적인 것이거나 수익과 직접 관련되는 것'이라고 할지라도 법인의 손금에서 제외할 수 있고 그 반대의 경우라고 할지라도 손금에 포함할 수 있다. 법인세법 및 조세특례제한법이 손금산입을 위한 특별한 절차에 대하여 규정하는 것은 전자의 경우에 해당한다. 즉 **법인세법 및 조세특례제한법은 '법인의 사업과 관련하여 발생하거나 지출된 손실 또는 비용으로서 일반적으로 인정되는 통상적인 것이거나 수익과 직접 관련되는 것'이라고 할지라도 특별한 절차를 거치지 않으면 손금에 산입될 수 없다고 규정할 수 있다.**

법인세법은 손금의 산입에 대한 절차가 별도로 규정되지 않기 때문에 원칙적으로 기업회계기준에 따라 계상하였는지 여부와 무관하게 법인세법 상 각 사업연도의 소득금액을 계산할

---

211) 이준봉, 전게서, 271면~275면.
212) 상게서, 127면~131면 참조.

때 손금에 산입할 수 있다. 이를 통상 '**신고조정**'이라고 한다. 이에 반하여 법인세법이 특정 손금의 경우에는 '각 사업연도의 결산을 확정할 때 손비로 계상한 경우에 해당 사업연도의 소득금액을 계산할 때 손금에 산입한다'는 취지로 규정하여 손금산입의 절차를 제한하고 있다. 이를 통상 '**결산조정**'이라고 한다. 결산조정과 관련하여서는 '**손비의 계상**'이 의제되는 **경우 역시 있다.** 즉 법인세법은 특정 손비의 계상과 관련하여 '세무조정계산서에 계상하고 그 금액 상당액을 사업연도의 이익처분을 할 때 준비금 또는 충당금을 적립한 경우에는 그 금액을 결산을 확정할 때 손비로 계상한 것으로 본다'는 취지로 규정한다. 이를 통상 '**잉여금처분에 의한 신고조정**'이라고 한다. '손비로 계상한 것으로 의제한다'는 문언에는 손금산입이 손비의 계상을 전제로 한다는 점이 내포된 것이므로 이는 그 본질 상 결산조정에 해당한다. 다만 결산 시점 이후에 세무조정이 이루어진다는 점을 감안하여 신고조정이라는 용어는 그대로 사용한다.

 '잉여금처분에 의한 신고조정'이라는 용어는 다음과 같은 점에 비추어 볼 때에도 타당하지 **않다.** 잉여금처분 자체가 손금에 해당할 수 있는 취지 또는 손금의 계상 여부와 무관하게 손금에 산입된다는 취지로 각 오인할 여지를 남기기 때문이다. 법인세법은 '결산을 확정할 때 잉여금의 처분을 손비로 계상한 금액'은 손금에 산입하지 않는다고 규정한다(법세 §20 1호). 통칭 '잉여금처분에 의한 신고조정'은 사업연도의 이익처분을 할 때 준비금 또는 충당금을 계상하는 것을 조건으로 '기업회계기준 상 계상하지 않았고 현실적으로 지출되지 않은 비용'을 법인세법 상 신고시에 손금에 산입하는 것을 의미하고, 손금에 산입함에 있어서도 해당 사업연도의 결산 확정 시 손금을 계상한 것으로 의제하는 방법을 통한다. 현실적으로 손금산입에 관련된 비용이 지출되는 경우에는 그 발생금액을 해당 준비금 또는 충당금과 상계하므로, 그 지출로 인하여 비용이 추가적으로 인식되는 것은 아니다. 따라서 통칭 '잉여금처분에 의한 신고조정'은 '결산을 확정할 때 잉여금의 처분을 손비로 계상하는 것'과는 구분된다. '잉여금처분에 의한 신고조정'에 있어서 충당금과 준비금의 설정은 법인세법이 손금산입의 효과를 발생시키기 위한 단계와 기업회계기준 상 이익잉여금에 법인세법 상 별도로 인정된 손금산입 효과를 반영하기 위한 단계로 구분되며, 그 손금산입에 관련된 자산을 특정할 수 있으면 해당 자산에 대한 차감계정으로서 충당금을 설정하고 이를 특정할 수 없으면 부채로서 준비금을 설정하는 방법을 사용한다. 비록 사업연도의 이익처분 형식을 취한다고 할지라도 준비금 또는 충당금은 그 본질상 부채 또는 자산에 대한 차감계정에 해당한다. 따라서 '**해당 사업연도의 이익처분을 할 때 준비금 또는 충당금으로 적립한 경우에는 그 금액을 결산을 확정할 때 손비로 계상한**

것으로 본다'는 취지의 법인세법 상 문언(법세 §29 ②, §31 ②, §35 ②, §61 ①)은 '해당 사업연도의 이익처분을 할 때 준비금 또는 충당금을 계상하면 이를 해당 사업연도의 결산을 확정할 때 해당 금액 상당의 부채 또는 자산의 차감계정을 설정하여 손비로 계상한 것으로 본다'는 의미로 해석하여야 한다. 즉 준비금 또는 충당금의 설정은 법인세법 및 조세특례제한법이 별도의 손금을 인식하기 위한 전제조건에 해당한다.[213]

분개를 통하여 이상의 논의를 구체적으로 표현하면 다음과 같다. 이익처분을 하는 법인 단계의 분개와 법인세법 상 의제되는 결산 확정 시 분개가 별도로 필요하다. 즉 법인이 이익처분으로서 충당금 또는 준비금을 설정하는 시점에 법인은 '미처분 이익잉여금 / 충당금' 또는 '미처분 이익잉여금 / 준비금'으로 각 분개하여 이를 법인의 장부에 반영하여야 하고, 법인세법 상 의제되는 결산 확정 시 세무조정 분개로서 충당금의 경우에는 '충당금 전입액 / 충당금'의 분개가, 준비금의 경우에는 '준비금전입액 / 준비금'의 분개가 필요하고 이는 자본금과 적립금 조정명세서를 통하여 사후관리된다. 전자 분개에 있어서 충당금 및 준비금은 상법 상 임의준비금의 성격을 갖고, 후자 분개에 있어서 충당금 및 준비금은 자산의 차감계정 및 부채의 성격을 갖는다.[214]

본서는 이하 '잉여금처분에 의한 신고조정'이 아닌 '이익처분을 전제로 하는 신고조정'이라는 용어를 사용한다.

결산조정이 적용되는 항목은 다음과 같다. 법인세법 상 인정되는 결산조정 항목은 다음과 같다. 고유목적사업준비금의 손금산입(법세 §29 ①), 책임준비금의 손금산입(법세 §30 ①), 비상위험준비금의 손금산입(법세 §31 ①), 해약환급금준비금(법세 §32 ①), 퇴직급여충당금(법세 §33 ①), 대손충당금(법세 §34 ①), 구상채권상각충당금(법세 §35 ①), 법정 대손사유의 발생으로 인한 대손금의 손금산입(법세 §19의2 ① : 법세령 §19의2 ③), 법정 법인의 기능통화 변경 사업연도 소득금액의 계산 시 일시상각충당금 또는 압축기장충당금의 손금산입(법세 §53의2 ③), 국고보조금 등으로 취득한 사업용자산가액에 대한 일시상각충당금 또는 압축기장충당금의 손금산입(법세 §36 ① : 법세령 §64 ③), 공사부담금으로 취득한 사업용자산가액의 손금산입(법세 §37 ① : 법세령 §64 ③), 보험차익으로 취득한 자산가액의 손금산입(법세 §38 ① : 법세령 §64 ③), 기업회계기준에 따른 채권의 재조정에 의하여 발생한 채권의 장부가액과 현재가치의 차액의 대손금산입(법세령 §19의2 ⑤), 경과이자 등의 손금산입(법세령 §70), 경과임대료 등의 손금산입(법세령 §71 ①),

---

213) 같은 관 Ⅲ 3 참조.
214) 같은 관 Ⅲ 3 참조.

장기할부 대금채무에 관한 현재가치할인차금 또는 연지급수입의 지급이자의 손금산입(법세령 §72 ③). **조세특례제한법 상 인정되는 결산조정 항목을 다음과 같다.** 구조개선적립금에 대한 과세특례(조특 §48), 학교법인 등 고유목적사업준비금의 손금산입 특례(조특 §48), 자본확충목적 회사의 손실보전준비금의 손금산입 특례(조특 §104의3), 여수세계박람회 참가준비금의 손금산입 특례(조특 §104의9), 신용회복목적회사의 손실보전준비금의 손금산입 특례(조특 §104의12). **결산조 정항목은 기업회계기준에 따른 장부에는 비용에 반영하지 않는 방법으로 이익을 크게 계상하면 서도, 해당 비용을 과세표준의 신고 시에 반영하여 각 사업연도 소득금액을 감액하려는 유인을 제거하기 위한 것이다.** 따라서 법인세법 상 손금에 산입할 수 있으나 기업회계기준 상으로는 법인의 의사에 따라 비용으로 계상하지 않을 수 있는 항목으로 구성된다.

이익처분을 전제로 하는 신고조정이 적용되는 항목은 다음과 같다. 감사인의 회계감사를 받는 비영리내국법인의 고유목적사업준비금에 대한 손비 계상(법세 §29 ②), 비상위험준비금의 손금 계상(법세 §31 ②), 구상채권상각충당금의 손금 계상(법세 §35 ②), 조세특례제한법 상 준비금의 손금산입(법세 §61 ①). 이익처분을 전제로 하는 신고조정의 경우에는 모두 세무조정계산서에 계상하는 것을 전제로 한다. '이익처분을 전제로 하는 신고조정'은 손금에 산입하는 금액을 법인에 유보하여 향후 현실적인 지출에 대비할 수 있도록 배당가능이익 감소를 통하여 해당 금액 상당의 자산이 사외로 유출되는 것이 방지하는 경우에 한하여 손금산입을 인정하는 것을 목적으로 한다. 따라서 이익처분을 통하여 미처분 이익잉여금이 준비금 또는 충당금 형태의 임의적립금으로 계상되는 경우에 한하여 손금에 산입한다.

준비금을 세무조정계산서에 계상하여 손금에 산입하는 시점은 해당 사업연도 관련 과세표준 신고시점으로 한정되는 것인가? 판례는 '준비금을 세무조정계산서에 계상하는 방법으로 손금 에 산입하는 것을 허용한 취지는 이와 같은 준비금은 실제로 발생한 비용이 아니어서 기업회계상 이를 법인의 장부에 비용으로 계상할 수 없다는 점을 고려하여 특별히 신고조정의 방법에 의하여 그 준비금의 설정에 따른 손금산입이 허용되는 것임을 밝힌 데에 있으므로, 내국법인이 당초 조세특례제한법상 준비금을 손금으로 계상하지 아니한 채 과세표준을 계산하여 그 과세표 준신고서를 제출하였다고 하더라도 경정청구기간 내에는 경정청구를 통하여 신고조정의 방법 에 따라 당해 준비금을 손금에 산입할 수 있다'는 취지로 판시한다.[215] **이익처분은 반드시 손금산입 사업연도 관련 재무제표에 대하여 이루어져야 하는가?** 판례는 '손금으로 계상한 준비금 상당액을 '당해' 사업연도의 이익처분에 있어서 적립금으로 적립하도록 규정하고 있더라

---

215) 대법원 2009.7.9. 2007두1781.

도, 당해 사업연도의 처분가능이익이 없거나 부족하여 적립하여야 할 금액에 미달하게 적립한 때에는 그 미달액 상당액이 배당 등을 통하여 사외로 유출될 여지가 없는 점, 조세특례제한법상 준비금의 손금산입제도는 납세자에게 조세를 영구히 면제하여 주는 것이 아니라 추후 그 목적용도에 따라 사용한 경우 준비금과 상계하거나 상계 후 잔액을 익금에 산입하여 일시적으로 과세를 이연하는 제도인 점 등에 비추어 보면, 어느 법인이 당해 사업연도의 처분가능이익이 없거나 부족하여 손금으로 계상한 준비금 상당액 전액을 적립금으로 적립할 수 없는 때에는 당해 사업연도의 처분가능이익을 한도로 적립할 수 있으며 이 경우 그 부족액은 다음 사업연도 이후에 추가로 적립할 것을 조건으로 손금산입을 허용하되, 만일 다음 사업연도 이후에 처분가능 이익이 발생하였음에도 이를 적립하지 않는 때에는 그 한도 내에서 손금산입을 부인하는 것으로 해석함이 상당하다'는 취지로 판시한다.[216]

8. 법인세법 상 '손금의 발생'과 '손금의 확정'은 구분되어야 한다.

법인세법은 손금은 해당 법인의 순자산을 감소시키는 거래로 인하여 **발생**하는 손비(수익 또는 비용)로 정의하고(법세 §19 ①), 그 손비의 범위 및 구분 등에 필요한 사항은 법정(법세령 §19)되어 있다(법세 §19 ③). 법인세는 기간과세로서 사업연도에 따라 과세단위가 구분되므로, 사업연도의 법인세를 계산할 때 위 각 사업연도의 특정 금액이 손금산입의 대상이 될 수 있는지 여부는 해당 사업연도의 소득금액 계산에 적용되는 법인세법령이 정한 손금산입의 요건을 갖추었는지를 기준으로 판단하여야 한다.[217] 한편 내국법인의 각 사업연도의 익금과 손금의 귀속사업연도는 그 익금과 손금이 **확정**된 날이 속하는 사업연도로 하고(법세 §40 ①), 익금과 손금의 귀속사업연도의 범위 등에 관하여 필요한 사항은 법정(법세령 §68, §69, §70, §71)되어 있다(법세 §40 ②). 법인세법이 손금의 범위와 손금 귀속사업연도의 범위를 구분하여 규정하는 이상 그 범위를 정하는 기준으로 사용된 '발생'과 '확정'은 구분되어야 한다.

법인세법 상 손금은 특정 거래로 인하여 법인세법, 조세특례제한법 및 기업회계기준에 따른 자산·부채의 변동이 인식되는 시점에 발생하고 이 경우 법인세법 또는 조세특례제한법이 기업회계기준에 우선하여 적용된다. 자산·부채는 화폐금액으로 측정할 수 있는 경우에만 계상할 수 있는바, 이는 화폐금액으로 측정되기 시작되는 상태를 의미하는 것이 아니라 신뢰성 있게 측정되는 상태를 의미한다. 따라서 '손금의 발생'은 자산·부채의 변동분이 화폐금액으로

---

216) 대법원 2009.7.9. 2007두1781.
217) 대법원 2023.4.27. 2018두62928.

신뢰성 있게 측정된 상태를 의미하고, 이는 통상의 경우 일회적 거래로 인하여 즉시 측정된다고 할지라도 원칙적으로는 신뢰성 있게 측정된 상태에 이르기 위한 '시간의 경과'를 필요로 하는 개념이다. 또한 '신뢰성 있게 측정되는 상태'에 있어서 '신뢰성'에 대한 판단은 향후 경제적 상황의 변화에 따라 달라질 수 있는 것이므로 해당 변동액 역시 자산·부채의 계상금액에 반영될 수 있는 여지를 담고 있다. 즉 '**손금의 발생**'은 자산·부채의 평가와 관련된 개념으로서 **자산·부채를 얼마의 화폐금액으로 신뢰성 있게 측정하여 계상할 것인지 여부, 즉 손금의 범위에 관련된다.** 법인세법 역시 '손금의 범위'를 판정함에 있어서 '발생' 여부를 기준으로 한다. 다만 자산·부채에는 거래 당사자의 권리 또는 의무가 각 화체되어 있는바, **손금을 합리적으로 신뢰성 있게 측정할 수 있다는 점이 그와 관련된 자산·부채의 현실적인 이행을 담보하는 것은 아니다.**

'손금의 발생'은 어느 시점에 종료되는가? 경제적 실질 상 하나의 거래로 인하여 발생한 손금은 통상 하나의 사업연도 내에 그 계상금액의 측정이 완료된다. 그러나 하나의 거래라고 할지라도 특정 사업연도가 경과된 후 또는 여러 사업연도가 지난 후에야 손금의 계상금액이 신뢰성 있게 측정되는 경우 또는 특정 시점을 기준으로 신뢰성 있게 측정된 금액이 경제적 상황 등의 변경으로 인하여 변경되는 경우 역시 있을 수 있다. 손금의 인식이 일부 가능하게 된 사업연도와 손금이 신뢰성 있게 측정되는 사업연도가 다르다고 할지라도 해당 손금의 발생은 하나의 사건에 불과하다. 즉 '손금의 발생'은 특정 시점을 기준으로 판정되는 것이 아니라 일정한 기간을 두고 판정되어야 한다. '손금의 발생'이 언제 종료되는지 여부는 경제적 실질에 따른 하나의 거래가 언제 종료된 것인지 여부에 의하여 판정되어야 한다. '손금의 발생'은 자산·부채의 변동분을 의미하고 자산·부채에 내재된 권리 또는 의무는 경제적 자원의 통제 및 이전과 관련된다. 따라서 **특정 거래와 관련된 경제적 자원의 통제 및 이전 활동이 실질적으로 종료되는 시점을 '손금의 발생'이 종료되는 시점으로 보아야 한다.** 법률에 특별한 규정이 있다면 당연히 그 규정에 의하여 결정되어야 한다.

손금의 발생이 여러 사업연도에 걸쳐서 발생하는 경우에는 손금을 어느 사업연도에 귀속시켜야 하는지 여부가 문제로 된다. 이 경우 각 사업연도 단위로 손금 계상금액을 구분하여 인식한다면, 이는 하나의 자산·부채를 각 사업연도별로 나누어 다수의 자산·부채로 계상하는 것과 동일한 것으로서 경제적 실질 상 하나의 거래라는 점에도 배치될 뿐만 아니라 하나의 자산·부채에 대하여 다수의 귀속사업연도가 인정되어 법적 불확실성이 야기되고 해당 각 손금을 익금에 대응시키는 과정에서 많은 실무적 어려움 역시 발생하게 된다.

이러한 문제점을 해결하기 위하여 손금의 계상금액이 최종적으로 집계되어 확정되기 이전에는 이를 손금으로서 계상하지 않고 그 최종적 측정이 완료된 시점을 해당 손금의 귀속사업연도로 정하는 방법을 취할 수 있지만, 이 방법을 적용하는 경우에는 다음과 같은 문제점이 발생하게 된다. 첫째, 거래 당사자들이 거래가 실질적으로 완료되는 것과 무관하게 일부 거래의 이행을 의도적으로 앞당기거나 미루는 방법을 통하여 손금의 계상시기를 조작할 수 있다. 둘째, 손금의 최종적 집계가 이루어지는 시점과 익금의 최종적 집계가 이루어지는 시점이 다를 수 있어서 손금과 익금을 대응하는 것이 어려워진다. 셋째, 손금과 익금이 최종적으로 집계되는 시점에 이를 각 계상하고 그 사업연도를 귀속시기로 판정한다는 입장은 손금 또는 비용의 범위를 '발생' 개념을 통하여 정의하는 법인세법 및 기업회계기준과 양립하기 어려워서 법인세법 자체를 적용하는 경우뿐만 아니라 기업회계기준을 보충적으로 적용하는 경우에도 많은 실무상 문제가 야기될 수 있다.

그렇다면 **손금의 발생기간 중 어느 시점을 기준으로 해당 손금을 사업연도에 귀속시켜야 하는가?** 먼저 자산·부채의 변동분을 신뢰성 있게 측정할 수 없는 상태에 대하여 손금이 확정되었다고 할 수 있는지 여부에 대하여 살핀다. 자산·부채의 변동분을 신뢰성 있게 측정할 수 있는 경우에 한하여 손금이 발생하는 것이고, 발생하지 않은 손금에 대하여 확정시기를 논할 수는 없다. 따라서 자산·부채의 변동분이 신뢰성 있게 측정된다는 점은 손금의 확정을 위한 전제조건에 해당한다. 다음으로 자산·부채의 변동분을 신뢰성 있게 측정할 수 있다면 이 상태를 바로 손금의 발생이 확정된 것으로 볼 수 있는지 여부에 대하여 살펴야 한다. 자산 또는 부채에는 권리 또는 의무라는 개념이 화체되어 있고 거래 일방이 권리를 취득한 것은 거래 타방이 그에 상응하는 의무를 부담한다는 것을 의미한다. 그러나 특정 거래로 인하여 발생한 그 권리 또는 의무를 합리적으로 측정할 수 있다고 할지라도 해당 의무가 거래 당사자들 사이에서 항상 이행되는 것은 아니고, 그 권리 또는 의무를 합리적으로 신뢰성 있게 측정할 수 있다는 점이 거래 당사자들이 자산 또는 부채와 관련된 의무를 이행할 가능성이 높다는 점을 전제로 하는 것 역시 아니다. **손금 발생 거래가 확정되었다고 판단하기 위하여서는 해당 거래와 관련된 자산·부채의 변동에 대한 확실성이 보장되어서 해당 거래가 실질적으로 종료된 상태로 볼 수 있어야 한다.** 따라서 손금 발생 거래가 실질적으로 확정되었다는 판단을 하기 위하여서는 해당 거래와 관련된 자산·부채의 변동분을 신뢰성 있게 측정할 수 있을 뿐만 아니라 거래 당사자들이 해당 자산·부채와 관련된 의무를 이행할 가능성이 높아야 한다. 그렇다면 어느 경우에 거래 당사자들이 해당 자산·부채와 관련된 의무를 이행할 가능성이 높은 것으로 판단할 수 있는지 여부가 쟁점이 된다. 이 쟁점은 자산·부채의 계상과 관련된 것인바, 법인세법 및 조세특례제한법이 이에 대하여 명확하게 정의하지 않는다. **기업회계기준서**에 따르면, 부채의 첫 번째 조건은 기업에게 의무가 있다는 것이고,[218] 한 당사자가 경제적 자원을 이전해야 하는 의무가 있는 경우, 원칙적으로 다른 당사자(또는 당사자들)는 그 경제적 자원을 수취할 권리가 있다.[219] 따라서 어느 경우에 의무를 부담한다고 인식할 것인지 여부에 대하여 살필 필요가 있다. 의무는 기업이 실질적으로 회피할 수 없는 책무 또는 책임을 의미하고, 의무는 항상 다른 당사자(또는 당사자들)에게 이행되어야 하며 그 당사자(또는 당사자들)의 신원을 알 필요는 없다.[220] 의무는 계약, 법률 또는 이와 유사한 수단에 의해 성립되나 기업이 실무 관행, 공개한 경영방침, 또는 특정한 행동을 할 것으로 낸 성명으로 인하여 이를 실질적으로 위반하여 행동할 수 없는 경우에도 발생할 수 있다.[221] **기업이 의무를 실질적으로 회피할 수 있는지 여부는 기업의 책무나 책임의 성격에 따라 달라질 수 있지만, 경제적 자원의 이전을 회피할 수 있도록 취하는 행동이 이전하는 것보다 유의적으로 더 불리한 경제적 결과를 가져온다면 기업은 이전을 회피할 수 있는 실제 능력이 없다고 판단할 수 있다.**[222] 한편 이전하지 않아도 되었을 경제적 자원을 이전하도록 요구받거나 의무의 이행을 요구할 수 있게 하는 대가에 해당하는 경제적 효익의 수취나 조치가 아직 없는 경우 기업은 경제적 자원을 이전해야 하는 현재의무가 없으므로,[223] 의무 이행의 회피가능성에 대하여 논의할 실익이 없다.

　일반기업회계기준에 따르면, 자산은 당해 항목에 내재된 미래의 경제적 효익이 기업실체에 유입될 가능성이 매우 높고 또한 그 측정속성에 대한 가액이 신뢰성 있게 측정될 수 있는 경우에 인식하고,[224] 부채는 현재의 의무를 미래에 이행할 때 경제적 효익이 유출될 가능성이 매우 높고 그 금액을 신뢰성 있게 측정할 수 있는 경우에 인식한다.[225] 경제적 효익의 사용을 비용으로 인식하기 위하여서는 과거에 인식한 자산의 미래 경제적 효익이 감소 또는 소멸되거나 경제적 효익의 수반 없이 부채가 발생 또는 증가한 것이 명백한 경우에 인식한다.[226] **일반기업회계기준에 따르면 비용을 인식하기 위하여서는 비용금액을 신뢰성 있게 측정할 수 있고, 경제적**

---

218) 재무보고를 위한 개념체계 문단 4.28.
219) 재무보고를 위한 개념체계 문단 4.30.
220) 재무보고를 위한 개념체계 문단 4.29.
221) 재무보고를 위한 개념체계 문단 4.31.
222) 재무보고를 위한 개념체계 문단 4.34.
223) 재무보고를 위한 개념체계 문단 4.47.
224) 재무회계개념체계 문단 140.
225) 재무회계개념체계 문단 142.
226) 재무회계개념체계 문단 147.

효익이 유출될 가능성이 명백하여야 한다. 다만 어느 경우에 경제적 효익이 유입될 가능성이 명백한지 여부에 대하여 일반기업회계기준이 명시적으로 설명하지는 않으나 그 판단은 기업회계기준서와 동일하게 경제적 자원의 이전을 회피할 수 있도록 취하는 행동이 이전하는 것보다 유의적으로 더 불리한 경제적 결과를 야기하는지 여부에 의하여 판단하는 것이 타당하다. 두 기업회계기준이 동일한 인식 하에 기본 개념을 사용하고 있고, 일반기업회계기준에 따른 비용의 인식을 수익의 인식과 동일하게 해석하는 것이 타당하기 때문이다.

이상의 논의에 비추어 보면 **거래 당사자들이 손금 발생에 관련된 자산·부채에 내재된 의무를 실제로 이행할 것이 예상되는 시점에 해당 거래가 실질적으로 완결되었다고 보아 그 시점을 손금의 확정시점으로 보는 것이 타당하다.** 따라서 '익금의 확정'은 특정 거래와 관련된 자산·부채의 계상금액을 합리적으로 측정할 수 있고, 해당 자산·부채에 내재된 의무를 최소한 거래 당사자 일방이 이행하여 다른 당사자에게 그에 상응하는 의무의 이행을 요구할 수 있으며, 다른 당사자가 그 의무의 이행을 회피할 수 있도록 취하는 행동이 의무를 이행하는 것보다 유의적으로 더 불리한 경제적 결과를 가져오는 상태를 의미한다. 이 경우 의무는 계약, 법률 또는 이와 유사한 수단에 의해 성립하는 것에 한정되지 않는 점에 유의하여야 한다. '손금의 확정'은 '손금의 발생'에 대한 정의에 거래 당사자가 의무이행을 실질적으로 회피할 수 있는지 여부에 대한 판단이 부가된 것이므로 '손금의 발생'이 '손금의 확정'보다는 넓은 개념에 해당한다. '손금의 발생' 및 '손금의 확정'은 기업회계기준 상 자산·부채·수익·비용의 정의 자체에 내재된 개념이다. 다만 법인세법 및 조세특례제한법이 자산·부채·익금·손금을 달리 규정하는 경우에는 그에 따라 수정되어야 한다.

'손금의 확정' 이후 손금이 추가적으로 발생하거나 변동되는 경우 그 변동분의 귀속시기는 어떻게 정하여져야 하는가? 손금은 신뢰성 있게 측정된 금액으로 계상되는바, '손금의 확정' 이후 신뢰성 있게 측정된 금액이 경제적 상황 등의 변경에 의하여 추가적으로 발생하거나 변동될 수 있다. '손금의 발생'이 '손금의 확정'보다는 넓은 개념이고 '손금의 확정'은 손금이 발생하는 기간 중 어느 시점을 특정하여 해당 손금 전체를 특정 사업연도에 귀속시키기 위한 개념이므로 '손금의 확정' 이후의 손금 변동액 역시 '손금이 확정된 사업연도'에 귀속되어야 한다. 손익의 귀속시기에 대하여 법인세법 및 조세특례제한법 상 특별규정이 있는 경우에는 해당 규정에 의하여 손금이 확정된 사업연도에 위 변동액 역시 귀속되어야 하고, 그 특별한 규정이 없는 경우에 한하여 기업회계기준이 적용된다(법세 §43). 다만 법인세법 및 조세특례제한법 상 '익금의 확정'에 관한 특별규정이 있는 경우에는, 해당 익금과 직접 관련된 손금에 대하여서는 별도의 배제규정이 없는 한 그 손금 역시 익금이 확정되는 사업연도에 귀속되는 것으로 보아야 한다. 손금은 수익과 직접 관련되어야 하기 때문이다(법세 §19 ②).

Ⅳ 자본거래와 손익거래

법인세법 상 익금은 원칙적으로 법인의 순자산을 증가시키는 거래로 인하여 발생하는 수익(이익 또는 수입)의 금액(법세 §15 ①)으로, 손금은 원칙적으로 법인의 순자산을 감소시키는 거래로 인하여 발생하는 손비(손실 또는 비용)의 금액(법세 §19 ①)으로 각 정의된다. 다만 '자본 또는 출자의 납입', '자본 또는 출자의 환급', '잉여금의 처분' 및 '법인세법 및 조세특례제한법이 익금과 손금에 대하여 달리 정하는 경우'는 이러한 원칙에 대한 예외에 해당한다.

법인세법 상 '거래'는 어떻게 정의되어야 하는가? 법인세법 상 익금 및 손금의 정의에 따르면 거래는 원칙적으로 법인의 순자산을 증가시키거나 감소시키는 효과를 가져야 한다. '순자산의 증가 또는 감소'가 '거래'를 수식하는 관계에 있으므로 '거래'라는 개념은 순자산의 증감을 포함하는 보다 넓은 개념이어야 한다. 즉 순자산의 변화가 초래되지 않는 경우 역시 포섭할 수 있어야 한다. 법인의 순자산은 '기업회계기준 상 자본'과 동일하게 자산에서 부채를 공제한 금액을 의미한다. 자본은 자본금, 자본잉여금 및 이익잉여금의 구성된다. 법인세법 및 조세특례제한법은 기업회계기준과 다른 자산·부채를 별도로 규정할 수 있다. 법인세법 상 익금 및 손금은 자산·부채의 변동이 수반되는 경우에만 인식할 수 있으므로, 법인세법 상 자산·부채 변동분의 인식은 익금 및 손금의 요소인 수익 또는 비용(손비)의 인식과 동시에 인식되어야 한다. 익금과 손금은 향후 세무 상 이익잉여금으로서 자본에 편입되나, 이러한 과정을 거치지 않더라도 자본은 '자본 또는 출자의 납입'을 통한 순자산 유입에 의하여 직접 증가할 수도 있고, '자본 또는 출자의 환급'을 통한 순자산 유출에 의하여 직접 감소할 수도 있다. '잉여금의 처분'에 의하여서는 '자산의 감소 또는 부채의 증가'가 동반되지 않고 자본 계정 사이의 교환으로 인하여 자본의 구성이 변화할 뿐이므로 순자산 즉 자본에는 변화가 발생하지 않는다.[227] 이상의 논의에 따르면 특정 거래로 인한 순자산계정의 변동분은 항상 이에 대응하는 수익, 비용 및 자본변동분의 합계와 동일하다. 복식부기의 원리 상 자산과

---

227) 본서는 자본의 환급에 이익잉여금을 재원으로 하는 현금배당 등 역시 포함되는 것으로 정의하고, 순자산의 감소가 수반되지 않는 주식배당 또는 무상주 발행의 경우는 잉여금의 처분에 포함되는 것으로 정의한다 : 같은 관 Ⅲ 3 참조.

비용을 동일한 차변에, 부채, 수익 및 자본은 동일한 대변에 계상된다. 자산·부채 순변동분의 반대편에는 수익·비용·자본에 해당하는 계정이 기입되고, 자본계정 사이에 대체거래에 있어서는 각 자본계정이 그 반대편에 기입된다. 특정 거래로 인하여 자산·부채·수익·비용·자본 계정금액에 변화가 발생할 수 있지만, 그 변화 후에도 '자산 및 비용의 합계액'은 항상 '부채, 자본금, 자본잉여금, 이익잉여금 및 수익의 합계액'이 동일하게 유지된다. 즉 단일 거래를 자산 및 부채를 각 구성요소로서 분개할 수 있으나, 해당 계정의 분개만으로는 그 거래에 대한 분개가 완결되지 않는다. 특정 거래로 인하여 자산·부채의 변동분이 발생하는 이상 그 변동분에 대응하는 수익·비용·자본에 해당하는 계정이 기입되어야 해당 거래에 대한 분개가 완성된다. 그렇다면 **법인세법 상 거래는 기능적 관점에서 법인의 '자산 및 비용의 합계액'과 '부채, 자본(자본금, 자본잉여금 및 이익잉여금) 및 수익의 합계액'을 동일하게 유지하는 방식으로 그 자산, 부채, 자본(자본금, 자본잉여금 및 이익잉여금), 수익, 비용 계정을 변화시키는 원인으로 정의할 수 있다.** 이상 거래의 정의에 따르면, 자산, 부채, 수익, 비용, 자본금, 자본잉여금, 이익잉여금 계정의 계상금액에 영향을 미치지 못하는 행위 또는 사건은 거래에 포섭될 수 없다. 법인에 따라서는 장부를 복식부기원리에 의하여 기장하지 않는 법인 역시 있을 수 있으나 그렇다고 하더라도 해당 거래는 위 정의에 의하여 재해석될 수 있다.

법인세법 상 거래 중 '자본 또는 출자의 납입' 및 '자본 또는 출자의 환급'의 경우는 자산·부채의 변동이 수반된다고 할지라도 그 변동분이 익금과 손금의 본질적 요소인 기업회계기준 상 수익 또는 비용(손비)에 해당하지 않아서 익금 또는 손금에 해당할 수 없고, 잉여금의 처분은 '자산의 감소 또는 부채의 증가'가 동반되지 않는 자본 계정 사이의 대체거래를 의미하므로 이 역시 기업회계기준 상 비용(손비)의 정의에 포섭될 수 없어서 손금이 될 수 없다. 또한 '자본 또는 출자의 납입', '자본 또는 출자의 환급' 및 '잉여금의 처분'이 익금과 손금의 정의에서 제외된다는 점에 관하여서는 법인세법 및 조세특례제한법이 달리 규정할 수 없다. 그렇다면 **'자본 또는 출자의 납입', '자본 또는 출자의 환급' 및 '잉여금의 처분'**은 그 해당 거래의 본질 자체로 익금 또는 손금에 포함될 수 없을 뿐만 아니라 법인세법 및 조세특례제한법을 통하여서도 이에 포함될 수 없는바, 통상 이를 **자본거래**라고 한다. 자본거래는 주주 또는 출자자의 지위에 근거하거나 주주 또는 출자자에 대하여서만 효과가 미치는 거래라고 할 수 있다.

손익거래는 '법인의 순자산을 증가시키는 결과 기업회계기준 상 수익(이익 또는 수입)을 발생시키는 거래' 및 '법인의 순자산을 감소시키는 결과 기업회계기준 상 손비(손실 또는 비용)를 발생시키는 거래' 및 '법인세법 및 조세특례제한법이 기업회계기준과 달리 익금 및 손금에 대하여 정하는 거래'로 구성된다.

법인세법 및 조세특례제한법이 익금 및 손금에 대하여 달리 정하는 거래에 대하여서는 기업회계기준과 법인세법 사이에 차이가 발생하는바, 이러한 차이는 세무조정을 거친 후 자본금과 적립금조정명세서를 통하여 사후관리할 필요가 있다. 세무조정 금액은 기업회계기준이 아닌 법인세법 상 성격구분에 따라 손익거래 또는 자본거래 항목으로서 구분되어야 한다. 또한 법인세법 및 조세특례제한법이 익금 및 손금에 대하여 달리 정하는 경우 그 법정 항목은 제한적으로 해석하는 것이 타당하다. 익금 및 손금의 본질적 속성과 달리 법이 특별히 정하는 것이기 때문이다. 따라서 법인세법 및 조세특례제한법이 달리 정하는 법정 항목과 관련되었다는 이유만으로 그 관련 항목을 법정 항목과 동일하게 취급할 수는 없고, 각 관련 항목이 익금 및 손금에 대한 일반적 정의에 부합하는지 여부에 대하여 별도로 검토하여야 한다.

'자본거래 또는 손익거래'와 '자본계정 또는 순자산계정' 사이의 관계는 어떠한가? 순자산계정을 자산, 부채에 해당하는 계정으로, 자본계정을 자본의 구성요소인 계정으로 각 구분한다. 법인세법 상 '특정 사업연도 중 순자산계정의 최종적 변동분'은 각 사업연도 소득금액의 계산에 포함되어 법인세가 과세된 이후 '자본계정 중 이익잉여금(또는 결손금)계정'에 편입되거나, 그 계산절차를 거치지 않고 직접 '자본계정 중 자본금 또는 자본잉여금계정'에 편입된다. '순자산계정의 변동분' 중 각 사업연도 소득금액 계산대상에 포함되는 변동분을 법인세법 상 익금 또는 손금이라고 한다. 손익거래는 '법인세법 상 익금 또는 손금'과 '그 대응하는 순자산계정'의 결합으로 구성된다. 자본거래는 '법인세법 상 순자산계정의 변동분 중 익금과 손금에서 제외되는 자본의 출자, 자본의 환급 또는 잉여금의 처분'과 '그에 대응하는 순자산계정'의 결합으로 구성된다. '자본의 출자, 자본의 환급 또는 잉여금의 처분' 역시 법인세법 상 순자산의 변동분을 지칭하는 용어에 해당한다. 손익거래와 자본거래 모두 해당 거래에 대응하는 순자산계정을 내포하나, 그 변화의 결과인 '익금 또는 손금'과 '자본의 출자, 자본의 환급 또는 잉여금의 처분'이 양립할 수 없다는 점에서 손익거래와 자본거래는 양립할 수 없다. 자본거래와 손익거래의 구분은 단일 거래로 인한 순자산 변동분의 성격구분에 관한 것이고, 자본계정과 순자산계정은 모두 단일거래의 구성요소에 해당한다. '기업회계기준'과 '법인세법 및 조세특례제한법' 사이의 차이를 조정하기 위한 세무조정분 역시 법인세법에 따라 손익거래 또는 자본거래로 구분되므로, 위 논의에 영향을 미치지 않는다. '자본의 출자, 자본의 환급 또는 잉여금의 처분에 해당하는 순자산변동분'은 세무회계 상 그 변동분을 익금 또는 손금과 같은 별도의 계정으로 분개하지 않고 직접 그에 대응하는 자본계정을 사용하여 분개한다.

'익금 또는 손금'의 경우에는 개별 거래에 따른 변동분을 익금의 총액 또는 손금의 총액으로 각 통합하여 계산한 후 다시 이를 각 사업연도 소득금액이라는 단일 금액으로 계산하여야 할 필요가 있기 때문에 중간계정이 필요하나, '자본의 출자, 자본의 환급 또는 잉여금의 처분'의 경우에는 그러한 절차가 필요하지 않기 때문이다. 이상의 논의에 따르면, 단일 거래는 순자산계정을 각 구성요소로서 분개할 수 있으나 순자산계정의 분개만으로는 해당 거래에 대한 분개가 완결되지 않는다. 자본거래와 손익거래의 구분은 특정 거래로 인한 순자산계정의 변동분, 즉 그 거래로 인하여 발생하는 자산 및 부채 사이의 불균등변동분의 성격구분에 관한 것이다. 자본의 납입, 출자의 환급 또는 잉여금의 처분 역시 익금 및 손금과 마찬가지로 순자산변동분을 지칭하는 용어이다. 특정 거래로 인하여 발생한 순자산변동분이 자본의 납입, 출자의 환급 또는 잉여금의 처분에 해당하는 범위 내에서 자본거래로 정의될 수 있다. 법인세법 상 자본거래와 손익거래는 양립할 수 없다. 따라서 특정 거래로 인하여 발생한 순자산변동분 중 자본거래로 포섭되지 않는 변동분은 손익거래로서 익금 또는 손금에 포섭되어야 한다. 세무회계 상 자본거래에 해당하는 자본의 납입, 출자의 환급 또는 잉여금의 처분은 개별 순자산계정 및 개별 자본계정의 결합으로서 분개될 뿐이다. 이는 손익거래의 경우 개별 계정과목과 구분되는 익금 또는 손금이라는 중간계정을 사용하여 분개하는 것과 다르다.

자본거래 인식분(자본 또는 출자의 납입)과 순자산계정 변동분이 일치하지 않는다면, 그 차액은 '순자산계정 또는 순자산차감계정' 또는 '익금 또는 손금'으로서 인식하여야 한다. 그 이유에 대하여 경우를 나누어 살핀다. 먼저 자본거래 인식분(자본 또한 출자의 납입)이 순자산 증가분을 초과하는 경우 그 초과분을 어떻게 인식하여야 하는지 여부에 대하여 살핀다. 통상의 거래에서는 이러한 현상은 발생하지 않는다. 해당 자본거래 초과인식분은 '상법 상 자본충실 원칙' 및 '세법 상 실질과세원칙'에 반하는 가공 자본에 불과하기 때문이다. 그러나 합병 등 기업구조조정 거래에서 이러한 현상이 발생할 수 있다. 기업구조조정 거래대가는 해당 기업의 미래수익력에 대한 평가 및 기대 등에 의하여 결정되기 때문이다. 즉 인수기업이 인식하는 주관적 자본증가액과 피인수기업으로부터 유입되는 그 장부 상 순자산가액이 달라질 수 있다. 이에 대하여서는 별도로 후술한다. 이하 논의에 있어서 '순자산변동분'은 '인수기업에 유입되는 피인수기업의 장부 상 순자산가액'을 의미하고 '기업구조조정 거래대가를 모두 신주발행 형태로 지급하는 것'을 전제로 한다. 이 경우 기업구조조정 거래의 실질을 무시할 수 없다면, 즉 해당 거래가 가공거래가 아니라면, '기업구조조정 거래 이전에는 존재하지 않았던 새로운 자산'이 추가적으로 유입된 것으로 의제하여야 한다. 다만 의제적으로 자본을 증가시켰으므로,

향후 손익거래를 통하여 자본을 감소시킬 수 있는 장치가 준비되어야 한다. '기업구조조정 거래 이전에는 존재하지 않았던 새로운 자산'을 기왕에 인식한 순자산에 귀속되지 않으면서 별도의 대가를 받고 처분될 수 없는 형태의 특수한 자산으로 계상하여야 한다. 즉 해당 자산은 향후 상각(amortization) 또는 손상(impairment)의 인식절차를 통하여 손금으로 전환되는 기능만을 수행하여야 한다. 이러한 맥락에 따라 법인세법은 기업구조조정 거래에 있어서 자본거래 초과인식분에 대응하는 별도의 순자산계정(영업권 또는 합병매수차손 등)의 인식을 허용하면서도, 해당 자산에 대하여 '기업 전체가 매각되는 등을 통하여서만 인식할 수 있을 뿐 통상의 거래를 통하여 창설할 수는 없다는 점' 및 '해당 자산은 상각 등을 통하여서만 소멸할 수 있을 뿐 대가를 받고 처분될 수 없다는 점'을 특별조건으로서 부가한다. 향후 '영업권 또는 합병매수차손 등'은 그 상각 등을 통하여 손금에 산입되고, 그 손금산입 합계액은 '의제적으로 증가된 자본계정'을 차감시키는 기능을 수행한다. 이러한 방식을 통하여 기업구조조정 거래 이후에도 순자산계정 변동분과 자본계정 변동분이 균형을 이룰 수 있는 규범적 토대가 형성된다. 만약 이러한 방식을 추가적으로 도입하지 않는다면, 기업구조조정 거래 당시 이미 자본계정을 미리 증가시켰음에도 불과하고, 기업구조조정 이후 거래로 인한 순자산계정 변동분이 이익잉여금에 편입되어 다시 자본을 증가시킬 수 있는 여지를 남기게 되는 문제점이 발생한다. '영업권 또는 합병매수차손'은 해당 기업의 미래 초과수익력을 예상한 경우에 계상되므로 이러한 결과에 이르게 될 가능성은 크다. 그런데 이러한 경우 '영업권 또는 합병매수차손 등'을 인식하는 것이 허용되지 않는다면, 의제적으로 증가된 자본증가액을 감소시키기 위하여 해당 금액을 즉시 손금으로 반영하여야 한다. 해당 손금은 '향후 발생하는 익금'과 상쇄되지 않는다면, 자본에 대한 차감계정에 해당하는 결손금에 편입된다. 다만 손금에 반영하여야 한다는 쟁점과 해당 손금이 법인세법 상 사업관련성이 없거나 조세정책 상 사유 등에 의하여 부인될 수 있는지 여부는 별개의 쟁점이라는 점에 유의하여야 한다. 그러나 해당 거래와 관련하여 경영 상 필요 등 사업관련성, 경제적 합리성 또는 규제기관의 권고 등에 의한 비자발적 선택 등 사유가 존재한다면 해당 손금을 부인할 수는 없을 뿐 아니라 해당 손금의 부인을 통하여 탈세 또는 조세포탈로 의율하는 것은 더욱 용인될 수 없다는 점에도 역시 유의하여야 한다. 과세권의 합리적 행사라고 할 수 없고, 이는 법률판단의 영역에 속한 것이기 때문이다. 한편 법인세법은 영업권을 인식하기 위한 조건을 '상호·거래관계, 그 밖의 영업상의 비밀 등에 대하여 사업상 가치가 있다고 보아 대가를 지급한 경우'(법세령 §80의3 ②)로 한정하는바, 이러한 입장의 타당성에 대하여서는 합병과 관련하여 살핀다.[228] 다음으로 **자본거래 인식분이**

순자산 증가분에 미치지 못하는 경우 그 미달분을 어떻게 인식하여야 하는지 여부에 대하여 살핀다. 통상의 거래에서는 이러한 현상은 발생하지 않는다. 해당 자본거래 미달인식분은 순자산 유입분의 일부를 상법 상 근거 없이 무시하는 것이고, 세법 상 실질과세원칙에도 부합하지 않기 때문이다. 그러나 합병 등 기업구조조정 거래에서 이러한 현상이 발생할 수 있다. 기업구조조정 거래대가는 해당 기업의 미래수익력에 대한 평가 및 기대 등에 의하여 결정되기 때문이다. 즉 인수기업이 인식하는 주관적 자본증가액과 피인수기업으로부터 유입되는 그 장부 상 순자산가액이 달라질 수 있다. 이에 대하여서는 별도로 후술한다. 이하 논의에 있어서 '순자산변동분'은 '인수기업에 유입되는 피인수기업의 장부 상 순자산가액'을 의미하고 '기업구조조정 거래대가를 모두 신주발행 형태로 지급하는 것'을 전제로 한다. 이 경우 기업구조조정 거래의 실질을 무시할 수 없다면, 즉 해당 거래가 가공거래가 아니라면, '기업구조조정 거래 당시 존재하는 순자산계정'을 자본거래 인식범위 내로 차감하여 인식하여야 한다. 다만 의제적으로 자본을 감소시켰으므로, 향후 손익거래를 통하여 자본을 증가시킬 수 있는 장치가 준비되어야 한다. '기업구조조정 거래 당시 존재하는 개별 순자산계정'이 아닌 '순자산 전체'에 대하여 연계되면서도 향후 상각 등을 통하지 않고서는 소멸할 수 없는 차감계정을 별도로 계상하여야 한다. 즉 해당 순자산 전체에 대한 차감계정은 향후 상각 등을 통하여 익금으로 전환되는 기능만을 수행하여야 한다. 이러한 맥락에 따라 법인세법은 기업구조조정 거래에 있어서 자본거래 미달인식분에 대응하는 별도의 자산 차감계정(부의 영업권 또는 합병매수차익 등)의 인식을 허용하면서도, 해당 자산 차감계정에 대하여 '기업 전체가 매각되는 등을 통하여서만 인식할 수 있을 뿐 통상의 거래를 통하여 인식될 수 없다는 점' 및 '해당 자산 차감계정은 상각 등을 통하여서만 소멸할 수 있다는 점'을 특별조건으로서 부가한다. 향후 '부의 영업권 또는 합병매수차익'은 그 상각 등을 통하여 익금에 산입되고, 그 익금산입 합계액은 '의제적으로 감소된 자본계정'을 증가시키는 기능을 수행한다. 이러한 방식을 통하여 기업구조조정 거래 이후에도 순자산계정 변동분과 자본계정 변동분이 균형을 이룰 수 있는 규범적 토대가 형성된다. 만약 이러한 방식을 추가적으로 도입하지 않는다면, 기업구조조정 거래 당시 이미 자본계정을 미리 감소시켰음에도 불과하고, 기업구조조정 이후 거래로 인한 순자산계정 변동분이 결손금에 편입되어 다시 자본을 감소시킬 수 있는 여지를 남기게 되는 문제점이 발생한다. '부의 영업권 또는 합병매수차익 등'은 해당 기업의 우발채무의 발생 등 순자산의 추가적인 감소를 예상한 경우에 계상되므로 이러한 결과에 이르게 될 가능성은 크다. 그런데 이러한 경우 '부의 영업권

---

228) 같은 절 제6관 II 3 참조.

또는 합병매수차익 등'을 인식하는 것이 허용되지 않는다면, 의제적으로 감소된 자본증가액을 증가시키기 위하여 해당 금액을 즉시 익금에 반영하여야 한다. 해당 익금은 '향후 발생하는 손금'과 상쇄되지 않는다면, 자본계정인 이익잉여금에 편입된다. 다만 익금에 반영하여야 한다는 쟁점과 해당 익금이 법인세법 상 사업관련성이 없거나 조세정책 상 사유 등에 의하여 부인될 수 있는지 여부는 별개의 쟁점이라는 점에 유의하여야 한다. 그러나 해당 거래와 관련하여 경영 상 필요 등 사업관련성, 경제적 합리성 또는 규제기관의 권고 등에 의한 비자발적 선택 등 사유가 존재한다면 부의 영업권을 부인하여 익금에 산입할 수는 없을 뿐 아니라 그 익금산입을 하지 않았다는 이유로 탈세 또는 조세포탈로 의율하는 것은 더욱 용인될 수 없다는 점에도 역시 유의하여야 한다. 이를 납세의무자의 경제적 실질에 부합하는 '과세권의 합리적 행사'라고 할 수 없고, 이는 법률판단의 영역에 속한 것이기 때문이다. **기업구조조정 거래에 있어서 자본계정의 변동분이 순자산계정의 변동분과 달리 결정될 수 있는 이유는 무엇인가?** 기업구조조정 거래는 법인의 개별 순자산을 평가하여 성립되는 거래가 아니라 법인(또는 사업단위) 자체를 평가하여 성립되는 거래(bundle transaction)에 해당하고, 법인(또는 사업단위) 자체에 대한 평가는 개별 순자산 평가의 총합과 구분된다. 기업구조조정 거래대가는 거래당사자의 해당 기업의 미래 초과수익력에 대한 평가 또는 기대에 의하여 결정되고, 기업구조조정 거래대가를 신주를 발행할 것인지 또는 금원 등을 교부할 것인지 여부 역시 해당 거래 당사자들 사이의 합의에 의하여 결정된다. 즉 기업구조조정 거래로 인한 신주발행분은 순자산의 유입에 상응하는 청구권으로서 계상되는 것이 아니라 기업구조조정 대가로서 결정되는 속성을 가진다. 따라서 신주발행 역시 해당 법인의 장부 상 유입되는 순자산의 합계와 무관하게 결정될 수 있다. 이 점에서 통상의 자본납입 거래와 구분된다. 이상의 각 점으로 인하여 기업구조조정 거래에 있어서는 인수기업이 주관적으로 인식하는 자본계정증가분이 해당 법인에 유입되는 피인수기업의 장부 상 순자산가액과 달라지는 경우가 발생할 수 있다. **기업구조조정 거래에 있어서 인수기업이 주관적으로 인식하는 자본계정증가분이 해당 법인에 유입되는 피인수기업의 장부 상 순자산가액과 달리 결정되는 경우 그 차액을 자본계정으로 인식하지 않는 규범적 논거는 무엇인가?** 자본계정은 자산계정 및 부채계정의 변화에 대응하여 인식하는 계정에 해당한다. 따라서 순자산계정의 변동분에 대응되지 않는 자본계정의 변동분은 가공계정에 해당한다. 또한 자본계정의 증가(또는 미달)분 인식차액을 다시 자본계정으로 계상한다는 것은 실제 발생한 자본거래를 바로 부인하는 것과 동일하다. 즉 신주가 발행되었음에도 불구하고 이를 부인하는 것으로서 실제 발생한 거래에 반한다. 게다가 자본계정의 증가(또는 미달)분 인식차액은 기업구조조정 거래로 인하여 비로소 발생하는 것인바, 이는 거래 당사자들이 기업구조조정으로 인한 자본계정의 변화 자체를 의도하여 거래하는 것이 아니라 기업구조조정 거래 이후 해당 법인의 손익을 예상하여 거래한다는 점으로부터 기인한다. 따라서 기업구조조정으로 인한 자본계정의 증가(또는 미달)분 인식차액은 기업구조조정 거래 이후 발생할 해당 법인의 손익예상치에 대한 평가의 결과에 해당한다. 따라서 그 자본계정의 증가(또는 미달)분 인식차액에 대응하는 계정을 향후 손익거래에 영향을 미치는 순자산계정 또는 순자산차감계정으로 인식하여, 기업구조조정 거래 이후의 손익거래에 편입되도록 하는 것이 타당하다. 이상 각 점으로 인하여 기업구조조정 거래에 있어서 자본계정증가분이 순자산계정변동분과 차이를 보이는 경우 그 차액에 대응하는 계정을 순자산계정 또는 순자산차감계정으로 인식하는 것이 타당하다. **법인세법 상 순자산계정변동분은 해당 거래의 성격에 따라 손익거래 또는 자본거래에 편입될 수 있으나, 법인세법 상 자본계정의 변동분은 손익거래에 편입될 수 없다.** 자본계정의 변동분은 이미 손익거래로서 인식한 결과에 해당하는 이익잉여금의 증감분 및 자본거래로 인한 증감분으로 구성되므로, 자본계정의 변동분을 손익거래에 편입시킬 수는 없다. 따라서 단일 거래를 자본거래로 인식한다고 하더라도, 자본거래에 대응하여 인식한 순자산계정은 향후 거래의 성격에 따라 손익거래 또는 자본거래에 편입될 수 있는 반면에 자본계정은 향후 거래를 통하여서도 손익거래에 편입될 수 없다. 그렇다면 자본거래의 경우에는 해당 거래를 모두 향후 손익거래에 편입될 수 없는 자본계정만으로 인식하여야 한다는 주장은 명백한 오류에 해당한다. 예를 들어 살핀다. 자본출자의 경우 유입된 자산은 순자산계정으로 인식하지만 이에 대응하는 인식하여서는 자본금 또는 주식발행액면초과액(주식할인발행차금)을 자본계정으로서 인식한다. 즉 자본의 출자는 자본거래에 해당하지만 해당 거래의 구성요소로서 순자산계정인 자산계정 역시 인식할 수 있다. 향후 거래를 통하여 자산계정은 손익거래 또는 자본거래(자본의 환급 또는 다른 회사에 대한 출자 등)에 편입될 수 있지만, 자본금 또는 주식발행액면초과액(주식할인발행차금)은 손익거래에 편입될 수 없다.

'기업구조조정 거래대가와 순자산유입액이 차이를 보이는 경우'와 '순자산유입액(또는 신주발행가액)과 그 관련 자본금계상액이 차이를 보이는 경우'는 구분하여야 한다. 이하 합병거래를 중심으로 살피나, 이는 다른 기업구조조정 거래에도 해당 거래의 속성을 반영하여 유사하게 적용할 수 있다.

'영업권 또는 합병매수차손' 또는 '부의 영업권 또는 합병매수차익'에 대하여 살핀다. 자본금계정은 자본계정의 일부 구성요소에 해당하므로 자본금과 자본은 구분된다. 또한 각 법인 별

자본금 계산단위인 액면가액 역시 다르고, 액면가액은 주식의 경제적 가치와 무관하다. 합병거래에 있어서는 그 순자산유입액을 초과하거나 그에 미달하여 합병대가를 지급할 수 있고, 그 합병대가로서 지급하는 금액의 범위 내에서 자본거래를 인식할 수 있다. 거래당사자들은 기업구조조정 거래 이후의 경제적 성과에 대한 판단 또는 그 기대 등에 기초한 협상을 통하여 합병대가를 정하기 때문이다. 또한 순자산유입액 및 합병대가는 모두 경제적 실질을 반영한 금액이므로 '영업권 또는 합병매수차손' 또는 '부의 영업권 또는 합병매수차익' 역시 그 경제적 맥락에 따른 실질에 의하여 계산되어야 한다.

주식발행액면초과액(또는 주식할인발행차금)에 대하여 살핀다. 소멸회사의 주주에게 지급하는 금액은 합병대가를 구성하고, 그 회사의 주주에게 지급하는 금액에는 현물배당 가액 역시 포함된다. '소멸회사 및 그 주주의 입장'에서 합병법인에 출자하는 금액은 '소멸회사의 순자산'에서 '합병대가로서 그 주주에게 교부된 금액'을 제외한 금원으로 한정된다. 그러나 합병거래를 포함하는 기업구조조정 거래의 경우에는 합병법인 등 인수기업이 반드시 그 출자금원에 직접 대응하여 신주를 발행하여야 하는 것은 아니다. 거래당사자들은 기업구조조정 거래 이후의 경제적 성과에 대한 판단 또는 그 기대 등에 기초한 협상을 통하여 신주발행가액을 정한다. 합병법인이 합병대가로서 지급한 신주발행가액이 합병법인이 새롭게 계상하는 자본금을 초과하는 경우 그 초과금액은 주식발행액면초과액으로, 그 미달금액은 주식할인발행차금으로 계상하여야 한다. 이는 자본거래로 인한 수익 또는 손비로서 각 익금불산입 또는 손금불산입된다(법세 §17 ① 1호, §20 2호). 합병대가를 '신주 발행이 아닌 다른 형태'로 지급하는 범위 내에서는 합병법인 자본계정이 증가할 수 없고 따라서 신주발행가액과 자본금의 차액을 인식할 여지 자체가 없다. 주식발행액면초과액 또는 주식할인발행차금은 '경제적 의미와 무관한 자본금'을 합병대가 중 '신주발행가액'으로 전환하기 위한 수단으로서 인식될 뿐이다.

합병차익(또는 합병차손)에 대하여 살핀다. 합병차익(차손)을 계산함에 있어서, 법인세법이 자본금증가액에 대하여서만 언급할 뿐 그 자본금에 연계된 신주발행가액 자체에 대하여서는 언급하지 않는다는 점, 신주발행가액이 언급되지 않으므로 주식발행액면초과액(주식할인발행차금)은 합병차익(차손) 계산과 무관하다는 점, 자본금의 증가를 전제로 하므로 신주발행이 전제되어야 한다는 점 및 합병차익(차손) 자체는 독립된 계정과목이 아니라 여러 계정과목을 통하여 산출된 금액을 의미한다는 점에 대하여 각 유의하여야 한다. 결론적으로 합병차익(차손)은 합병대가로서 신주를 발행하는 경우 합병법인에 결과적으로 유입되는 순자산가액이 합병법인(존속법인 또는 신설합병법인)이 계상한 자본금을 초과하거나 그에 미달하는 경우 그 초과금액(미달금액)을 의미한다. 그 경위는 다음과 같다. 소멸회사의 주주에게 지급하는 금액은 합병대가를 구성하고, 그 회사의 주주에게 지급하는 금액에는 현물배당 가액 역시 포함된다. '소멸회사 및 그 주주의 입장'에서 합병법인에 출자하는 금액은 '소멸회사의 순자산'에서 '합병대가로서 그 주주에게 교부된 금액'을 제외한 금원, 즉 '결과적으로 합병법인에 유입된 순자산가액'으로 한정된다. 합병차익(차손)은 신주발행을 전제로 하여 계산됨에도 불구하고 이에 주목하여, '신주발행가액'이 아닌 '결과적으로 합병법인에 유입된 순자산가액'을 기준으로 계산한다. 이 점에서 신주발행가액을 기준으로 계산하는 주식발행액면초과액(주식할인발행차금)과 결정적 차이를 보인다. 다만 합병차익(차손) 역시 경제적으로 무의미한 자본금을 기준으로 계산한다는 점에서는 주식발행액면초과액(주식할인발행차금)과 유사한 성격을 갖는다. 그런데 **합병차익(차손)을 계산함에 있어서 '신주발행가액'이 양수(+)이어야 한다는 점이 전제되어야 한다.** 합병차익(차손)은 합병대가로서의 신주발행을 전제로 계산하는 것인바, 합병대가인 신주 자체가 유통될 수 있는 자산에 해당하고 신주발행가액 자체가 '0' 또는 '음수(−)'일 수는 없기 때문이다. 따라서 **합병차익은 신주발행가액 중 자본금을 초과하는 금액으로서, 합병차손은 자본금의 범위 내에서 인식될 수밖에 없다.** 또한 합병차익(차손) 자체는 독립된 계정과목이 아니라 여러 계정과목을 통하여 산출된 금액을 의미하고 이에는 합병법인에 유입된 순자산과 합병법인으로부터 합병대가를 통하여 유출된 순자산 모두가 포함되므로, 원칙적으로는 단일항목으로서 익금불산입 또는 손금불산입 여부를 정할 수는 없다. 법인세법 역시 내국법인의 각 사업연도의 소득은 그 사업연도에 속하는 익금의 총액에서 그 사업연도에 속하는 손금의 총액을 뺀 금액으로 한다고 규정(법세 §14 ①)하여, 각 사업연도를 단위로 익금 및 손금의 각 총액 단계에서 상쇄될 수 있을 뿐 개별 거래 단계에서 순자산 유입과 유출이 상쇄될 수는 없다는 점을 명시하고 있다. 게다가 합병차손의 경우에는 합병법인에 유입된 순자산 증가효과와 합병법인으로부터 합병대가를 통하여 유출된 순자산 감소효과가 충돌하여 그 방향을 예측할 수도 없다. 이러한 맥락으로 인하여, 합병차손 자체를 손금불산입 항목으로 규정할 수는 없다(법세 §20). 다만 합병차익은 법인세법이 특별히 익금으로 규정한 항목이 포함되지 않는 한 그 계산구조 상 모두 주식발행액면초과액에 포섭되므로 익금불산입 항목으로 정할 수 있다(법세 §17 ① 5호). 주식발행액면초과액은 그 자체로 익금불산입 항목에 해당한다(법세 §17 ① 1호). 합병차익 개념은 합병거래에서 특유하게 인식하는 것이므로, 위와 같은 취지의 익금불산입 규정을 둘 실익이 있다. 주식이 액면 미만으로 발행되는 경우에는 주식발행액면초과액이 발생할 수 없고, 그 경우 합병차익 역시 계산될 수 없다.

이상의 논의에 따르면, '법인세법 상 손익에 영향을 미치는 영업권 등(부의 영업권 등)'은 '합병법인의 자본금계상액이 신주발행가액(또는 순자산유입액)과 차이를 보여 주식발행초과금액(주식할인발행차금) 또는 합병차익(차손)이 발생한다고 하더라도, 여전히 합병대가와 순자산변동액을 기준으로 계산되어야 한다. 그렇지 않으면 경제적으로 무의미한 '합병법인 계상 자본금'에 의하여 '손익에 영향을 미치는 영업권 등(부의 영업권 등)'의 크기가 달라지는 문제가 발생하기 때문이다.

합병대가는 '신주발행', '현금 등 자산 지급' 및 '부채 인수'라는 형태로 지급될 수 있다. '현금 등 자산 지급'과 '부채 인수'는 합병거래당사자인 합병법인 및 피합병법인 단계에서 그 경제적 실질이 동일하다. 따라서 피합병법인이 채무초과상태인지 여부는 합병거래에 있어서 어떠한 영향을 미칠 수 없다. 인수되는 순채무 역시 합병대가에 포함하여 계산하는 외에 별도의 고려를 할 필요가 없다. 즉 채무초과상태의 기업을 합병하면서 신주발행 형태로 합병대가를 지급한다면, '순부채 인수가액'과 '신주발행으로 인한 자본증가액'을 합한 금액이 합병대가로서 지급된 것이다. 이 경우 순자산유입액은 '0'이다. '부채 인수' 및 '신주발행'으로 합병대가를 지급한 경우에도, '합병차익(차손)'은 합병대가 중 '순자산유입액'과 '합병법인 계상 자본금' 사이의 차액으로서 계산될 뿐이므로, 그 부채인수액 및 신주발행가액이 그 계산과 무관하다. 또한 이 경우에도 영업권 등은 여전히 합병대가(부채인수액 및 신주발행가액)에서 순자산유입액('0')을 차감한 금액으로 계산된다.

만약 영업권 등(부의 영업권 등)을 계상하는 것이 부인된다면 해당 금액을 즉시 손금 또는 익금에 반영하여야 한다. 다만 손금 또는 익금에 반영하여야 한다는 쟁점과 해당 손금 또는 익금이 법인세법 상 사업관련성이 없거나 조세정책 상 사유 등에 의하여 부인될 수 있는지 여부는 별개의 쟁점이라는 점에 유의하여야 한다. 그러나 해당 거래와 관련하여 경영상 필요 등 사업관련성, 경제적 합리성 또는 규제기관의 권고 등에 의한 비자발적 선택 등 사유가 존재한다면 해당 손금을 부인할 수는 없을 뿐 아니라 해당 손금의 부인을 통하여 탈세 또는 조세포탈로 의율하는 것은 더욱 용인될 수 없다는 점에도 역시 유의하여야 한다. 이를 납세의무자의 경제적 실질에 부합하는 '과세권의 합리적 행사'라고 할 수 없고, 이 쟁점은 법률판단의 영역에 속한 것이기 때문이다. 또한 부의 영업권 계상을 부인하여 익금에 반영할 것인지 여부는 위 손금을 부인할 것인지 여부와 동일한 기준에 의하여 판단하는 것이 타당하다.

본서는 법인세법 상 단일 거래로 인한 순자산 변동분이 자본거래이면서 동시에 손익거래일 수 없다는 관계를 '자본거래와 손익거래의 양립불가능성'으로, 법인세법 상 자본계정의 향후 변동분은 손익거래에 편입될 수 없으나 순자산계정의 향후 변동분은 해당 거래의 성격에 따라 손익거래 또는 자본거래에 편입될 수 있는 관계를 '**자본계정 및 순자산계정 변동분의 비대칭적 성격구분**'으로 각 칭한다.

각 사업연도 소득금액의 계산

1. 소득금액 계산의 원칙

내국법인의 **각 사업연도의 소득**은 그 사업연도에 속하는 **익금의 총액**에서 그 사업연도에 속하는 **손금의 총액**을 뺀 금액으로 한다(법세 §14 ①). 내국법인의 각 사업연도의 **결손금**은 그 사업연도에 속하는 손금의 총액이 그 사업연도에 속하는 익금의 총액을 초과하는 경우에 그 초과하는 금액으로 한다(법세 §14 ②). 결손금은 손금의 총액 및 익금의 총액에 근거하여 계산되므로 법인세법 상 결손금에 해당한다. 따라서 기업회계기준 상 결손금과는 다르다. 내국법인의 **이월결손금**은 각 사업연도의 개시일 전 발생한 각 사업연도의 결손금으로서 그 후의 각 사업연도의 과세표준을 계산할 때 공제되지 아니한 금액으로 한다(법세 §14 ③). 결손금 및 이월결손금의 처리에 대한 보다 구체적인 사항에 대하여서는 과세표준의 계산구조[229]에서 자세히 살핀다.

법인세법 상 거래의 단위는 어떻게 설정되어야 하는가? 법인세법 상 거래는 기능적 관점에서 법인의 '자산 및 비용의 합계액'과 '부채, 자본(자본금, 자본잉여금 및 이익잉여금) 및 수익의 합계액'을 동일하게 유지하는 방식으로 그 자산, 부채, 자본(자본금, 자본잉여금 및 이익잉여금), 수익, 비용 계정을 변화시키는 원인으로 정의할 수 있다. 거래에 대한 정의는 하나의 행위 또는 사건에 의하여서도 충족될 수 있고, 다수의 행위 또는 사건들이 결합하여 그 정의를 충족할 수도 있는 기술적이고도 중립적인 것이다. 법인세법이 거래 개념에 기반하여 익금 및 손금의 발생에 대하여 정의하고 그 익금 및 손금의 확정 여부에 따라 손익의 귀속시기가 달라질 수 있기 때문에 거래단위의 설정이 의미를 갖는다. 거래의 단위를 설정한다는 것은 '익금 및 손금의 발생 그리고 그 확정 여부'에 대하여 동일한 기준을 적용할 수 있는 단위를 설정하는 것과 같다. 이러한 의미에서 거래의 단위가 손익의 귀속시기와 관련된 것이라는 취지의 견해는[230] 타당하다. **익금 및 손금의 발생 그리고 그 확정에 대하여 법인세법 및**

---

229) 같은 장 제2관 Ⅰ 1 참조.
230) 송동진, 법인세법, 삼일인포마인, 2020, 101면.

조세특례제한법이 규정하고 있는바, 이 경우에는 그 규정들에 따라 거래의 단위를 설정하여야 한다. 다만 **법인세법 및 조세특례제한법 상 규정들을 적용할 수 없거나 그 적용에 있어서 분명하지 않은 점에 있는 경우에 대하여서는 별도의 해석론이 필요하다.** 거래는 법률 상 특별한 규정이 없는 한 기업회계기준에 따른 재무제표요소(자산, 부채, 자본, 수익, 비용)의 인식을 전제로 하므로 재무제표요소로서 인식되지 않았다면 거래단위의 설정에 대하여 논의할 실익이 없고, 기업회계기준에 따라 이미 인식된 재무제표요소들을 어떻게 분리하거나 통합할 것인지 여부는 기업회계기준의 적용범위에 속하지 않기 때문에 위 각 경우에는 기업회계기준에 의존할 수는 없다. 국세기본법은 '과세표준의 계산에 관한 규정은 소득, 수익, 재산, 행위 또는 거래의 명칭이나 형식과 관계없이 그 실질 내용에 따라 적용하고, 제3자를 통한 간접적인 방법이나 둘 이상의 행위 또는 거래를 거치는 방법으로 법인세법 또는 세법의 혜택을 부당하게 받기 위한 것으로 인정되는 경우에는 그 경제적 실질 내용에 따라 당사자가 직접 거래를 한 것으로 보거나 연속된 하나의 행위 또는 거래를 한 것으로 보아 이 법 또는 세법을 적용한다'는 취지로 규정한다(국기 §14 ②, ③). 법인세법 상 거래단위의 설정에도 **실질과세원칙**은 적용되어야 한다. 따라서 거래단위를 설정함에 있어서도 **경제적 실질**에 따라 그 실질이 동일한 거래에 대하여서는 익금 및 손금의 발생과 그 확정에 대하여 동일한 기준을 적용하여야 하고, 그 실질이 동일하지 않다면 각 실질에 맞는 별도의 기준을 적용하여야 한다. 즉 **법인세법 및 조세특례제한법 상 규정이 없는 경우에는 경제적 실질을 기준으로 거래단위를 설정하여야 한다.** 판례는 사업자가 상품을 판매하거나 용역을 제공하는 등의 거래를 하는 경우 각각의 거래로 인한 소득의 귀속시기는 특별한 사정이 없는 한 하나의 시점으로 정해져야 하고, 그러한 상품판매 등의 행위가 하나의 거래에 해당하는지 아니면 2개 이상의 거래에 해당하는지는 거래의 목적, 거래되는 상품의 특성, 거래의 관행, 당사자의 의사 등을 종합적으로 고려하여 판단하여야 한다고 판시한다.[231] 판례 역시 거래의 경제적 실질을 판단함에 있어서 거래의 목적, 거래되는 상품의 특성, 거래의 관행, 당사자의 의사 등을 종합적으로 고려하여 판단하여야 한다는 취지로 판시한 것으로 본다. 장기도급계약에 있어서는 손익의 귀속사업연도를 급부 유형별로 구분하여 인식할 것이 아니라 계약별로 일괄하여 인식하여야 하기 때문에 계약별로 일괄하여 계산하여야 한다는 판시[232] 역시 경제적 실질이 급부유형별이 아니라 하나의 계약 전체로서의 구성된다는 점을 감안한 것으로 본다.

---

231) 대법원 2009.4.23. 2007두337.
232) 대법원 1995.7.14. 94누3469.

거래단위의 설정은 소득금액의 계산에 어떠한 영향을 미치는가? 동일한 거래단위에 대하여서는 익금 및 손금의 발생과 그 확정에 대하여 동일한 기준을 적용하여야 하고, 그 거래단위가 다르다면 별도의 기준을 적용하여야 한다. 따라서 거래의 단위에 따라 익금 및 손금의 발생 범위가 달라질 수 있고, 그 익금 및 손금의 귀속사업연도 역시 달라질 수 있다. '익금 및 손금의 발생 범위' 그리고 '익금 및 손금의 귀속 여부'는 모두 각 사업연도의 '익금의 총액' 및 '손금의 총액'에 영향을 미치므로 거래단위에 설정이 달라지는 경우에는 각 사업연도 소득금액의 계산 역시 달라질 수 있다.

익금의 총액에서 손금의 총액을 공제한다는 문언이 의미하는 바는 무엇인가? 동일한 거래단위 내에서 발생한 자산·부채의 변동분에 기반하여 익금 또는 손금이 인식되며 그 변동분이 법인의 순자산을 증가시키는 경우에는 익금이, 감소시키는 경우에는 손금이 각 인식된다. 따라서 동일한 거래단위 내 자산·부채의 변동분에 기반하여 익금과 손금이 동시에 인식될 수는 없다. 하나의 거래단위가 여러 거래단위로 분리될 수 있다면 각 분리된 거래단위에서 각 익금 또는 손금이 발생하게 되고, 어느 거래단위가 다른 거래단위에 통합된다면 그 거래에서 발생한 익금 또는 손금은 통합된 거래단위의 익금 또는 손금에 흡수될 수밖에 없다. 즉 **하나의 거래단위에서는 하나의 익금 또는 손금이 인식될 수 있을 뿐이다.** 이 점은 **경제적 실질에 따라 거래단위를 설정함에 있어서도 감안하여야 한다.** 또한 **거래단위를 기준으로 익금 또는 손금의 발생 또는 확정 여부를 판정하여야 하는바, 그 거래단위의 결정에는 해당 법인의 사업의 실질을 감안하여야 한다.** 따라서 유동성 공급자인 외국증권업자 갑이 유동성 공급계약을 맺은 주식워런트증권 발행사로부터 주식워런트증권을 발행가격에 인수하여 투자자들에게 매도하고 발행사에 증권과 동일한 내용의 장외파생상품을 매도하는 거래를 하는 경우 투자자들에게 최초로 시가에 따라 매도한 사업연도에 발행사로부터 인수한 증권의 인수가격과 매도가격의 차액을 해당 사업연도의 손금으로 산입하여야 하고, 이는 최초 매도 당시 갑이 인식한 손실 중 만기가 해당 사업연도에 도래하지 않는 증권을 인수하여 매도함으로써 인식한 손실이 있다고 하더라도 달라지지 않는다.[233] 유동성공급자의 사업내용에 비추어 보면 그 거래단위는 주식워런트증권 발행사로부터 주식워런트증권을 발행가격에 인수하여 투자자들에게 매도하는 것을 하나의 거래단위로 설정하는 것이 타당하기 때문이다.

법인세법 상 각 사업연도의 소득은 개별 거래를 통하여 발생하는 익금 또는 손금을 그 거래 단계에서 공제하지 않고 익금 및 손금을 각 구분하여 각 사업연도 단위로 집계한 후

---

233) 대법원 2017.3.22. 2016두51511.

익금의 총액에서 손금의 총액을 공제하는 방식으로 계산하여야 한다(법세 §14 ①). 결손금의 경우 역시 동일하다(법세 §14 ②). '익금의 총액' 및 '손금의 총액'을 계산하기 위하여서는 익금 또는 손금 내에서는 합산하여 표시될 수 있어야 하고 이 경우에도 각 익금 또는 손금의 명세는 특정되어 있어야 한다. 다만 개별 익금과 손금을 통산하는 것이 금지될 뿐이다. '익금의 총액' 및 '손금의 총액'은 각 사업연도가 경과되어야 그 사업연도 단위로 계산할 수 있다. 따라서 소득 또는 결손금은 각 사업연도 단위에서 발생하는 것이지 개별 거래 단계에서는 인식될 수 없다. 법인세법 및 조세특례제한법이 거래단위를 특정하여 각 거래단위별로 익금 또는 손금을 인식하도록 규정하였다고 하더라도 법인이 각 거래단위에서 발생한 익금 또는 손금을 서로 통산할 수 있다면, 이는 각 법률이 정하는 거래단위를 법인이 임의로 통합할 수 있는 것과 동일하므로 법인세법이 이를 금지하는 것이다. 그렇다면 익금의 총액에서 손금의 총액을 공제하여 각 사업연도 소득 또는 결손금을 계산하라는 취지의 문언은 **법인세법 및 조세특례제한법에 의하여 특정 거래단위 별 익금과 손금이 각 구분하여 인식될 수 있도록, 어느 거래단위에서 인식된 익금 또는 손금이 다른 거래단위에서 인식된 익금 또는 손금과 공제되는 것은 금지하고 오직 각 사업연도 단위로 집계된 익금(손금)의 총액 수준에서만 그 공제를 허용한다는 점을 분명히 한 것이다.**

'익금 또는 손금의 총액', '자산·부채의 평가', '자산·부채의 취득원가' 및 '손익의 귀속시기'의 관계는 어떠한가? '익금 또는 손금의 총액'은 익금 또는 손금에 산입되거나 불산입되는 항목에 관한 것으로서 '**익금 또는 손금의 발생액**'과 동일하다. 익금과 손금이 단일 거래에서 발생한다고 할지라도 이를 상계하지 않는다는 의미에서 '총액'이라는 용어를 사용할 뿐이다. **자산·부채의 취득가액(최초 장부가액)은 '익금 또는 손금의 발생액'에 포함된다.** 법인세법 상 익금 또는 손금의 정의에 포섭되는 항목이라면 법인세법 및 조세특례제한법이 정하는 불산입 항목에 해당되지 않는 한 익금 또는 손금으로서 취급된다. '**자산·부채의 평가**' 역시 익금 및 손금 계상금액의 기반이 되는 자산·부채의 변동분에 관한 것이므로 '**익금 또는 손금의 발생액**'에 포함된다. 한편 특정 사업연도의 자산·부채를 얼마로 평가하여 계상할지 여부는 해당 사업연도에 인식하여야 할 손익의 범위와도 역시 관계되므로 '자산·부채의 평가'는 손익의 귀속시기와도 연관된다고 볼 여지 역시 있다. 그러나 '**손익의 귀속시기**'는 '**익금 또는 손금의 확정**'에 직접적으로 연관되어 있다고 보아야 한다. 자산·부채를 평가할 수 있다고 하더라도 어느 사업연도에 계상할 것인지 여부는 익금 또는 손금의 확정 여부에 따라 달라지기 때문이다. 즉 자산·부채를 평가할 수 있다고 하더라도 관련된 익금 또는 손금이 확정되지 않았다면 해당 사업연도에는 계상할 수 없다. 다만 법인세법 또는 조세특례제한법이 '특정 시점 당시'의 자산·부채의 평가에 대하여 규정한다면, 해당 조문이 '익금 또는 손금의 발생' 및 '익금 또는 손금의 확정' 모두에 대하여 규정한 것으로 보아야 한다.[234] 한편 법인세법 상 합리적 추정에 의하여 계산하여 자산·부채를 계상하는 경우가 있고(법세령 §44의2, §57, §60 ; 법세칙 §31, §34), 그 계상금액 역시 변동될 수도 있다. 기업회계기준 역시 합리적 추정에 의하여 계산하여 자산·부채를 계상하는 경우가 있고, 그 계상금액의 변동 역시 인정하고 있다. '익금 또는 손금의 발생액'에는 '자산·부채의 취득원가(최초 장부가액)', '합리적 추정에 의하여 계상한 자산·부채의 변동액' 및 '자산·부채의 평가액'이 포함된다. 자산·부채의 평가 이후 해당 평가액은 그 장부가액에 반영된다(법세령 §72 ⑤ 1호).

한편 합리적 추정에 의한 자산·부채 계상금액의 변동과 자산·부채의 평가를 어떻게 구분하여야 하는지 여부가 쟁점이 된다. 익금·손금은 자산·부채의 변동분에 의하여 측정되는 것이므로 익금·손금의 확정시점에는 관련된 자산·부채의 계상금액이 신뢰성 있게 측정되어야 하나, 익금·손금의 발생원인에 해당하는 거래가 실제 종료되기 이전에, 즉 '익금·손금의 발생'이 종료되기 이전에 새로운 정보의 입수 또는 새로운 사정의 전개로 인하여 당초 측정치를 새롭게 추정하여야 하거나 그 거래가 종료되는 시점에 합리적으로 추정된 금액을 정산할 것이 예정된 경우로서 '익금·손금의 확정' 당시 측정치가 변화될 수 있다. 이 경우 합리적 추정의 변화에 따른 변동금액 또는 그 정산대금은 '익금·손금의 확정' 당시 자산·부채의 변동분에 대한 수정 또는 그 확정 당시부터 발생이 예정된 금액으로서 이는 해당 익금·손금 관련 자산·부채의 취득가액 또는 장부가액의 계상과 관련된다. 즉 새로운 정보의 획득, 새로운 상황의 전개 또는 계약의 내용 등에 따라 익금·손금의 확정 당시 합리적 추정을 통하여 신뢰성 있게 측정된 계상금액이 익금·손금 발생 거래가 실제 종료되는 시점까지 새롭게 측정된 신뢰성 있는 금액에 의하여 변동되는 것은 회계추정의 변화에 관한 것으로서 여전히 자산·부채 취득가액 또는 장부가액의 계상과 관련된다. 또한 자산의 최초 취득가액 또는 장부가액에 근거하여 다시 새로운 장부가액을 계산하는 것 역시 자산의 평가에 해당하지 않는다. 자산의 최초 취득가액 또는 장부가액에 근거하여 계산된 감가상각비를 새로운 장부가액에 반영하는 것이 그 예에 속한다. 법인세법 역시 감가상각을 평가에서 제외한다(법세령 §42 ① 각 호 외 괄호부분). 또한 법인이 해당 자산의 취득가액 총액을 다른 수량 또는 종류의 자산에 대하여 승계하는 경우에는 각 승계자산의 장부가액이 변동되는바, 이 경우 변동분 역시 평가에서

---

234) 같은 절 제1관 Ⅴ 1 참조.

제외된다. 당초 취득가액에 기반하여 재계산된 가액에 불과하기 때문이다. **자산ㆍ부채의 평가는** 익금ㆍ손금 발생 거래가 종료된 이후 자산ㆍ부채 취득가액 또는 장부가액에 기반하여 계산하지 않는 별도의 기준에 근거하여 취득가액 또는 장부가액을 다시 측정하는 것을 의미한다. 따라서 자산 계상금액의 모든 변동이 바로 자산의 평가를 의미하는 것은 아니다. 부채 계상금액이 변동하는 경우에도 동일하다.[235]

'자산ㆍ부채의 평가에 해당하지 않는 자산ㆍ부채 계상금액의 변동분'을 어떻게 익금 또는 손금에 반영할지 여부는 여전히 '자산ㆍ부채의 취득가액'에 관한 것으로서 법인세법 및 조세특례 제한법 상 특별한 규정이 없는 한 기업회계기준이 보충적으로 적용되어야 한다. 그러나 자산ㆍ부 채 계상금액의 변동과 자산ㆍ부채의 평가는 구분되는 개념이므로, '자산ㆍ부채의 평가'에 대하여 서는 법인세법 및 조세특례제한법 상 특별한 규정이 없는 경우에도 기업회계기준이 보충적으로 적용될 수는 없다. 내국법인의 각 사업연도의 소득금액을 계산할 때 그 법인이 '자산ㆍ부채의 취득'에 관하여 일반적으로 공정ㆍ타당하다고 인정되는 기업회계기준을 적용하거나 관행을 계속 적용하여 온 경우에는 법인세법 및 조세특례제한법에서 달리 규정하고 있는 경우를 제외하고 는 그 기업회계기준 또는 관행에 따른다고 규정하기 때문이다(법세 §43).[236] 법인세법 상 원칙적으 로 내국법인이 보유하는 자산과 부채의 장부가액을 평가하는 경우에는 그 평가일이 속하는 사업연도와 그 후의 각 사업연도의 소득금액을 계산할 때 그 자산과 부채의 장부가액은 평가 전의 가액으로 한다고 규정(법세 §42 ①)에도 이러한 취지가 담겨 있다.

소득금액의 계산에 대한 구체적 사항을 하위 법령에 위임하는 근거는 무엇인가? 법인세법은 포괄적인 위임의 근거를 두고 있다. 즉 법인세법에 규정된 것 외에 내국법인의 각 사업연도의 소득금액 계산에 필요한 사항은 대통령령으로 정한다고 규정한다(법세 §53). 타당한 위임 방식이 아니다. 위임의 범위를 정하는 보다 명확한 위임기준을 정하여야 한다. 또한 소득금액의 계산에 관한 개별규정들 역시 각 대통령령에 위임할 수 있으므로, 그 위임근거에는 일반규정으로서의 내용이 담겨야 한다.

익금과 손금에 대한 증명책임은 어떻게 분배되어야 하는가? 과세처분의 적법성 및 과세요건 사실의 존재에 대한 증명책임은 과세관청에게 있으므로 과세표준의 기초가 되는 각 사업연도의 익금과 손금에 대한 증명책임도 원칙적으로 과세관청에게 있다고 할 것이나, 납세의무자가 신고한 어느 손금의 용도나 지급의 상대방이 허위라거나 손금으로 신고한 금액이 손비의

---

235) 같은 장 제2절 제2관 Ⅱ 7 참조.
236) 같은 장 제2절 제2관 Ⅱ 7 참조.

요건을 갖추지 못하였다는 사정이 과세관청에 의하여 상당한 정도로 증명된 경우에는 증명의 난이도 또는 공평의 관념 등에 비추어 그러한 비용이 실제로 지출되었다거나 다른 사정에 의하여 손비의 요건이 충족된다는 점에 관한 증명의 필요는 납세의무자에게 돌아간다.[237]

2. 외국법인 등과의 거래에 대한 소득금액 계산의 특례

납세지 관할 세무서장 또는 관할 지방국세청장은 우리나라가 조세의 이중과세 방지를 위하여 체결한 조세조약의 상대국과 그 조세조약의 상호합의 규정에 따라 내국법인이 국외에 있는 지점·비거주자 또는 외국법인과 한 거래의 거래금액에 대하여 권한이 있는 당국 간에 합의를 하는 경우에는 그 합의에 따라 그 법인의 각 사업연도의 소득금액을 조정하여 계산할 수 있다. 이를 외국법인 등과의 거래에 대한 소득금액 계산의 특례(법세 §53)라고 한다. 조세조약 상 일방체약국이 자국기업의 이전가격(transfer price)을 증액하여 과세한 경우에는 동일한 소득에 대하여 양 체약국이 과세하는 이중과세가 발생할 여지가 있으므로 당국 간의 합의에 따라 어느 일방체약국이 그 기업의 과세소득을 부당하게 감소된 부분만큼 증가시키는 경우 타방체약국이 자국에 있는 관계기업의 과세소득을 일방체약국의 증가분만큼 감액 조정하는 경우에 경정청구를 허용하고, 반대의 경우에는 수정신고를 하게 하는 것이 그 예에 해당한다.

조세조약 자체에서 특별한 정함을 두고 있는 경우에는 조세조약이 국내법에 우선하여 적용되므로 조세조약이 위 소득금액 계산의 특례에 대하여 규정한다면 해당 조세조약에 근거하여 위 특례가 적용된다. 그러나 우리의 경우와 같이 국내세법이 소득금액 계산의 특례에 대하여 규정하는 경우에는 조세조약 상 근거규정이 없다고 하더라도 국내세법 상 특례규정이 적용된다. 한편 통상 조세조약이 소득금액 계산의 특례를 적용하기 위한 절차에 대하여 규정하는 것은 아니므로 그 절차에 대하여서는 조세조약이 적용되는 경우에도 국내법이 적용된다.

내국법인의 소득금액 조정의 신청 및 그 절차 등 조정에 관하여 필요한 사항에 대하여서는 국제조세조정에 관한 법률 시행령 규정(국조령 §17)을 준용한다(법세령 §91).

소득금액 및 결정세액의 조정을 받으려는 거주자는 통보(국조 §27 ②)를 받은 날부터 3개월 이내에 소득금액 계산특례 신청서(국조칙 §5)에 법정 절차(국조령 §42 ②)에 따라 국세청장이 발급한 상호합의 종결 통보서를 첨부하여 납세지 관할 세무서장에게 수정신고 또는 경정청구(국세정보통신망을 활용한 청구를 포함)를 하여야 한다(국조령 §17 ①). 일방적 사전승인(국조령

---

237) 대법원 2014.8.20. 2012두23341.

§11의2 ②)을 받은 거주자가 소득금액 및 결정세액의 조정을 받으려는 경우에는 법정 절차(국조령 §11의2 ⑤)에 따라 국세청장이 발급한 통지서를 받은 날부터 3개월 이내에 소득금액 계산특례 신청서(국조칙 §5)에 국세청장이 발급한 통지서를 첨부하여 납세지 관할 세무서장에게 수정신고 또는 경정청구를 하여야 한다(국조령 §17 ②). 위와 같이 경정청구를 받은 납세지 관할 세무서장은 경정청구를 받은 날부터 2개월 이내에 과세표준 및 세액을 경정할 수 있고, 이 경우 경정하여야 할 이유가 없을 때에는 그 사실을 경정청구를 한 자에게 통지하여야 한다(국조령 §17 ③).

3. 부당행위계산의 부인에 의한 소득금액 계산의 특례

부당행위계산의 부인규정(법세 §52) 역시 소득금액 계산의 특례에 해당하나 구분하여 별도로 살핀다.[238]

4. 한국채택국제회계기준 적용 보험회사에 대한 소득금액 계산의 특례

보험회사가 보험업에 대한 한국채택국제회계기준에 해당하는 법정 **보험계약국제회계기준** (보험계약에 대한 한국채택국제회계기준으로서 한국회계기준원이 제1117호로 제정하여 2023년 1월 1일부터 시행되는 회계처리기준)(법세령 §78의3 ①)을 최초로 적용하는 경우에는 보험계약국제회계기준을 최초로 적용하는 최초적용사업연도의 직전 사업연도에 손금에 산입한 **책임준비금**(보험업법에 따른 책임준비금)에 **법정 계산식을 적용하여 산출한 금액**(법세령 §78의3 ②)을 최초적용사업연도의 소득금액을 계산할 때 **익금에 산입**한다(법세 §42의3 ①). **법정 계산식을 적용하여 산출한 금액**은 보험계약국제회계기준을 최초로 적용하는 최초적용사업연도의 직전 사업연도에 손금에 산입한 책임준비금(보험업법에 따른 책임준비금)의 금액에서 다음 제1호의 금액을 빼고 제2호의 금액을 더한 금액을 말한다(법세령 §78의3 ②).

> 1. 다음 각 목에 해당하는 금액의 합계액
> 가. 직전사업연도 당시의 보험감독회계기준에 따르면 자산에 해당하여 익금에 산입되었으나 최초적용사업연도 이후의 새로운 보험감독회계기준에 따르면 책임준비금 산출에 반영되는 항목으로 변경된 것으로서 직전사업연도 종료일 현재 미상각신계약비 등 기획재정부령으로 정하는 항목(법세칙 §39의3 ①)
> 나. 직전사업연도 종료일 현재 재보험자산(보험업령 §63 ②)

---

238) 같은 절 제7관 참조.

2. 직전사업연도 당시의 보험감독회계기준에 따르면 기타 부채에 해당하여 손금에 산입되었으나 최초적용사업연도 이후 새로운 보험감독회계기준에 따르면 책임준비금 산출에 반영되는 항목으로 변경된 것으로서 직전사업연도 종료일 현재 보험미지급금 등 기획재정부령으로 정하는 항목(법세칙 §39의3 ②)에 해당하는 금액

보험회사는 최초적용사업연도의 개시일 현재 **보험업법 상 회계처리기준**(보험업 §120 ③)에 따라 계상한 **책임준비금에 법정 계산식을 적용하여 산출한 금액**(법세령 §78의3 ③)을 해당 사업연도의 소득금액을 계산할 때 **손금에 산입**한다(법세 §42의3 ②). **법정 계산식을 적용하여 산출한 금액**은 최초적용사업연도 개시일 현재 책임준비금의 금액(할인율 변동에 따른 책임준비금 평가액의 변동분은 제외)에서 보험계약자산 및 재보험계약자산의 금액을 뺀 금액을 말한다(법세령 §78의3 ③).

다만 보험회사는 **위 규정에도 불구하고** 법정 익금산입금액(법세 §42의3 ①)에서 법정 손금산입금액(법세 §42의3 ②)을 뺀 금액에 법정 계산식을 적용하여 산출한 **전환이익**(최초적용사업연도의 익금산입액(법세령 §78의3 ②)에서 최초적용사업연도의 손금산입액(법세령 §78의3 ③)을 공제한 금액: 금액이 양수인 경우로 한정)(법세령 §78의3 ④)을 최초적용사업연도와 그 다음 3개 사업연도의 소득금액을 계산할 때 **익금에 산입하지 아니할 수 있다**(법세 §42의3 ③ 전문). 이 경우 **전환이익**은 최초적용사업연도의 다음 4번째 사업연도 개시일부터 **3년간 균등하게** 나누어 **익금에 산입**한다(법세 §42의3 ③ 후문). 각 사업연도 별 익금산입액은 법정 계산식[(전환이익)×(해당 사업연도의 개월 수/36)]에 따라 계산한 금액을 해당 사업연도의 익금에 산입하며, 1월 미만의 일수는 1월로 하고, 사업연도 개시일이 속한 월을 계산에 포함한 경우에는 사업연도 개시일부터 3년이 되는 날이 속한 월은 계산에서 제외한다(법세령 §78의3 ⑤). '전환이익의 익금불산입 및 추후 익금산입'(법세 §42의3 ③)을 적용받으려는 보험회사는 최초적용사업연도의 소득에 대해 과세표준 신고(법세 §60)를 할 때 **전환이익 익금불산입신청서**를 납세지 관할 세무서장에게 제출해야 한다(법세령 §78의3 ⑥). 이 경우 보험회사에 대하여서는 '**해약환급금준비금의 손금산입**'(법세 §32)이 적용되지 않는다(법세 §42의3 ⑤). 보험회사가 위 3년 기간 중에 **해산**(적격합병(법세 §44 ②, ③) 또는 적격분할(법세 §46 ②)로 인한 해산은 제외)하는 경우 익금에 산입되지 아니한 **전환이익**이 있으면 이를 **해산등기일이 속하는 사업연도**의 소득금액을 계산할 때 **익금에 산입**한다(법세 §42의3 ④).

한국채택국제회계기준 적용 보험회사에 대한 소득금액 계산의 특례는 2022년 12월 31일 신설된 규정으로서, 보험회사가 2022년 12월 31일이 속하는 사업연도에 보험계약국제회계기준

을 적용하고 해약환급금준비금을 적립한 경우 해당 보험회사에 대하여서는 2023년 1월 1일 신고하는 분부터 적용한다.

제2관 | 익금의 총액

I 익금의 총액 개관

법인세법 상 익금은 자본 또는 출자의 납입 및 법인세법에서 규정하는 것은 제외하고 해당 **법인의 순자산을 증가시키는 거래**로 인하여 발생하는 **수익**(**이익** 또는 **수입**을 포함)의 금액을 의미한다(법세 §15 ①). 법인의 순자산을 증가시키는 거래로 인하여 발생하는 수익(이익 또는 수입을 포함)의 금액에 해당하면 이는 그 성질 상 원칙적으로 법인세법 상 익금에 해당한다. 다만 '자본 또는 출자의 납입'은 정의 자체에서 제외된다. 또한 법인세법은 익금의 정의와 무관하게 특정 항목을 익금에 가산하거나 제외할 수 있다. 조세특례제한법 역시 법인세법과 동일하게 특정 항목을 익금에 가산하거나 제외할 수 있다.[239]

법인세법은 익금에 산입하는 항목과 익금에 불산입하는 항목에 대하여 개별규정을 통하여 규정하고 조세특례제한법 역시 익금에 산입하는 항목에 대하여 규정한다. 본서는 개별규정을 통하여 익금에 산입하는 항목을 '**익금산입 항목**'으로, 익금에 불산입하는 항목을 '**익금불산입 항목**'이라고 한다. 익금산입 항목은 성질 상 익금에 포함된다는 점을 개별규정을 통하여 확인하는 항목과 성질 상 익금에 해당하지 않음에도 개별규정을 통하여 익금에 포함시키는 항목으로 구분된다. 익금불산입 항목 역시 성질 상 익금에 포함되지 않는 항목이라는 점을 개별규정을 통하여 확인하는 항목과 성질 상 익금에 포함됨에도 불구하고 개별규정을 통하여 익금에서 제외하는 항목으로 구분된다.

법인세법은 익금 정의에 포함되는 '수익의 범위'에 대하여 규정하고(법세령 §11), 그 항목 중에는 '그 밖의 수익으로서 그 법인에 귀속되었거나 귀속될 금액' 역시 포함된다(법세령 §11 10호). 법인세법 상 수익은 특별한 규정이 없는 한 기업회계기준 상 수익을 의미하므로, 기업회계기준 상 '수익'에 해당한다면 특별한 규정이 없는 한 법인세법 상 익금에 해당한다.

이하 익금산입 항목 및 익금불산입 항목으로 구분하여 살핀다.

---

239) 같은 절 제1관 II 4 참조.

Ⅱ 익금산입 항목

1. 개관

법인세법 및 조세특례제한법이 규정하는 익금 항목은 다음과 같다. 각 익금 항목이 성질 상 익금에 포함된다는 점을 개별규정을 통하여 확인하는 항목과 성질 상 익금에 해당하지 않음에도 개별규정을 통하여 익금에 포함시키는 항목으로 구분된다는 점에 대하여는 기술하였다. 설사 개별규정을 통하여 익금산입 항목으로 규정되지 않았다고 하더라도, 법인세법 상 익금의 정의를 충족하고 익금불산입 항목에 해당하지 않는다면 법인세법 상 익금에 해당한다.

구 분	익금산입 항목
법인세법 상 익금산입 항목	사업수입금액(법세 §15 ① ; 법세령 §11 1호)
	추계하는 경우 부동산임대 전세금 또는 임대보증금에 대한 사업수입금액(법세 §15 ① ; 법세령 §11 1호 단서)
	자산의 양도금액(법세 §15 ① ; 법세령 §11 2호)
	자기주식의 양도금액(법세 §15 ① ; 법세령 §11 2호의2)
	자산의 임대료(법세 §15 ① ; 법세령 §11 3호)
	자산의 평가차익(법세 §15 ① ; 법세령 §11 4호)
	자산수증익(법세 §15 ① ; 법세령 §11 5호)
	채무면제익(법세 §15 ① ; 법세령 §11 6호)
	손금에 산입한 금액 중 환입된 금액(법세 §15 ① ; 법세령 §11 7호)
	자본거래로 인하여 특수관계인으로부터 분여받은 이익(법세 §15 ① ; 법세령 §11 8호)
	특수관계인에 대한 미회수 업무무관 가지급금 등(법세 §15 ① ; 법세령 §11 9호)
	특수관계인인 개인으로부터 저가 매입한 유가증권의 시가와 그 매입가액의 차액(법세 §15 ② 1호)
	세액공제된 간접외국납부세액(법세 §15 ② 2호)
	동업기업으로부터 배분받은 소득금액(법세 §15 ② 3호)
	의제배당금액(법세 §16)
	보험감독회계기준에 따라 수익으로 계상한 책임준비금 감소액(법세령 §11 10호)
	그 밖의 법인 귀속 수익(법세 §15 ① ; 법세령 §11 11호)
조세특례제한법 상 익금산입 항목	과다차입 부동산임대법인의 간주익금(조특 §138)

이하 각 항목들의 순서대로 살핀다.

2. 사업수입금액

통계청장이 작성·고시하는 한국표준산업분류(통계 §22)에 따른 각 사업에서 생기는 사업수입금액(기업회계기준(법세령 §79 각 호)에 따른 매출에누리금액 및 매출할인금액을 제외하고, 내국법인이 생산·공급하는 재화 또는 용역을 해당 내국법인의 임원 또는 직원에게 시가보다 낮은 가액으로 판매 또는 제공하는 경우에는 그 판매 또는 제공가액과 시가와의 차액은 사업수입금액에 포함한다(법세령 §11 1호). 법인의 임직원에 대한 재화·용역 등 할인금액은 법인의 인건비 항목으로서 손금에 산입된다(법세령 §19 3호의3). 이 경우 임원은 기업업무추진비의 범위 계산을 위한 정의(법세령 §40 ①)와 같다(법세령 §2 ⑧ 1호). 한국표준산업분류에 포함되지 않는 사업 또는 위법사업이라고 할지라도 법인세법 상 사업에 포함될 수 있음은 물론이다.[240] '사업'에 대하여 예시적으로 규정하는 것이다. 다만 업종 별 매출액을 기준으로 조세특례 등이 적용되는 경우에는 한국표준산업분류에 따른 업종이 의미를 갖는다.

기업회계기준 상 매출에누리 및 매출할인에 대하여 살핀다. **기업회계기준서**에 따르면, 수익은 받았거나 받을 대가의 공정가치로 측정한다.[241] 수익금액은 일반적으로 판매자와 구매자 또는 자산의 사용자 간의 합의에 따라 결정되며, 판매자에 의해 제공된 매매할인 및 수량리베이트를 고려하여 받았거나 받을 대가의 공정가치로 측정한다.[242] **일반기업회계기준**에 따르면, 매출액은 기업의 주된 영업활동에서 발생한 제품, 상품, 용역 등의 총매출액에서 매출할인, 매출환입, 매출에누리 등을 차감한 금액이다.[243] 즉 기업회계기준은 매출에누리 및 매출할인에 대하여 직접 정의하지 않으나 이는 수익 또는 총매출액에서 차감한다고 규정한다. 또한 위 기업회계기준(법세령 §79 각 호)에는 회계관행은 포함되지 않는다. 그렇다면 매출에누리 및 매출할인에 대한 법인의 회계처리가 기업회계기준에 따른 적정한 것으로 인정된다면 수입금액에서 차감하여야 한다. 한국표준산업분류 상 사업이 아니거나 위 기업회계기준이 적용되지 않는 경우라고 할지라도 경제적 실질이 동일하다면 동일하게 취급하여야 한다.

다만 법인세법이 기업회계기준을 원용하여 매출에누리 및 매출할인을 정의하였으나 기업회계기준이 매출에누리 및 매출할인에 대하여 정의하지 않고 그에 관한 회계처리에 대하여서만

---

240) 같은 절 제1관 Ⅲ 5 참조.
241) 기업회계기준서 제1018호 수익 문단 9.
242) 기업회계기준서 제1018호 수익 문단 10.
243) 일반기업회계기준 제2장 재무제표의 작성과 표시 Ⅰ 문단 2.46.

규정한다. 따라서 법인세법 상 매출에누리 및 매출할인에 해당하는지 여부는 여전히 법인세법의 해석에 관한 쟁점으로서 최종적으로 법원의 판단에 의하여 결정되어야 한다. 또한 법인세법 상 매출에누리 및 매출할인에 해당하는지 여부는 국민의 권리·의무에 관계된 사항으로서 민간에 위탁될 수 없고, 기업회계기준의 적용과정에서 그 해석에 관한 업무가 다른 기관에 위탁되었다고 하더라도 법인세법의 해석에 있어서 법원이 기업회계기준의 해석업무를 담당하는 회계기준원 등의 판단에 의하여 좌우될 수도 없다. 법원의 판단에 있어서 참고될 수 있을 뿐이다.

법인세법 상 매출에누리 및 매출할인에 해당하는지 여부는 최종적으로 법원의 해석에 의하여 결정되어야 하는바, 그 해석에 있어서 개별 거래의 경제적 실질이 존중되어야 한다. 따라서 개별 거래의 구체적 상황에 비추어 볼 때, 해당 거래의 수입금액을 감액하는 것을 정당화할 수 있는 경제적 합리성이 존재하는지 여부가 그 해석 상 중요한 지침이 되어야 한다. 그렇다면 불특정 다수인을 상대로 적용되는지 여부, 법인 내에서 적용되는 기준이 있는지 여부 또는 법인 내 기준의 공시되었는지 여부 등을 기준으로 판단하는 것은 타당하지 않다. 위 각 기준들은 개별 거래의 구체적 상황에 비추어 그 수입금액에서 매출에누리 및 매출할인을 차감하여야 할 경제적 합리성이 존재하는지 여부와는 무관하기 때문이다. 경제적 합리성의 존재 여부가 해당 활동의 적법성과 연관되는 것은 아니므로, 위법사업의 경우에도 그 사업환경에 따른 경제적 합리성이 존재하는지 여부에 대하여 판단하여야 한다.

사업수익금액에서 매출에누리 및 매출할인을 차감한다는 규정에는 매출에누리 및 매출할인의 손익귀속시기가 그 실제 발생시점과 무관하게 사업수입금액의 귀속시기와 동일하게 정하여진다는 점 역시 포함되어 있다.

사업수입금액 전체를 수익에 포함하는 것은 거래단위의 설정과 관련하여 어떤 의미를 갖는가? 수익에 포함되는 사업수입금액은 기업회계기준 상 매출에 해당한다. 매출 자체를 수익에 포함한다는 것은 매출원가를 별도의 비용 즉 손비로서 인식한다는 것을 의미한다. 즉 매출 거래와 매출원가 거래는 별개의 거래단위에 해당하므로 개별 거래의 매출에서 매출원가를 직접 공제하여 소득금액을 계산할 수는 없다. 따라서 법인세법은 '판매한 상품 또는 제품에 대한 원료의 매입가액(기업회계기준에 따른 매입에누리금액 및 매입할인금액을 제외)과 그 부대비용'을 별도의 손금으로 규정한다(법세령 §19 1호).

3. 추계하는 경우 부동산임대 전세금 또는 임대보증금에 대한 사업수입 금액

법인세를 추계하는 경우(법세 §66 ③ 단서) 부동산임대에 의한 전세금 또는 임대보증금에 대한 사업수입금액은 금융회사 등의 정기예금이자율을 고려하여 기획재정부령(법세칙 §6)으로 정하는 정기예금이자율을 적용하여 계산한 금액으로 하므로 해당 금액이 '수익'에 포함된다(법세령 §11 1호 단서). 2024년 3월 22일 시행규칙 개정으로 인하여 현재는 연간 1천분의 35를 말한다(법세칙 §6). 2025년 3월 시행규칙 개정으로 인하여 현재는 연간 1천분의 31을 말한다.

4. 자산의 양도금액

자산의 양도금액은 법인세법 상 '수익'에 포함된다(법세령 §11 2호). 양도대상 자산이 재고자산이라면 그 양도금액은 기업회계기준 상 매출로서 사업수입금액에 포함된다. 그렇다면 '자산의 양도금액'에 있어서 '자산'은 어떤 자산을 의미하는지 여부가 문제가 된다. 사업수입금액에 대응하는 손금은 '판매한 상품 또는 제품'에 관련된 것이다(법세령 §19 1호). 그렇다면 '자산의 양도금액'에 있어서 '자산'은 '판매한 상품 또는 제품'이 아닌 자산으로 보는 것이 타당하다. 한편 자산의 양도금액 자체를 '수익'으로 본다는 것은 양도금액의 수수와 양도자산의 유출이 각 별개의 거래에서 발생한 것으로 본다는 의미이다. 따라서 '양도한 자산의 양도 당시의 장부가액'을 별도의 손금으로 규정한다(법세령 §19 2호). 즉 양도금액의 수수거래와 양도자산의 유출거래는 각 별개의 거래단위에 해당하므로 개별 거래의 양도가액에서 양도 당시 장부가액을 직접 공제하여 소득금액을 계산할 수는 없다. 따라서 기업회계기준에 따라 순액법으로, 즉 자산의 양도금액에 해당하는 수익과 양도 당시의 장부가액에 해당하는 양도원가를 상계하는 방법으로 회계처리하는 것은 법인세법에 어긋나는 것이다. 이 경우에도 세무조정이 필요하나, 소득금액에 미치는 영향은 없으므로 '기타'로 처분하는 것이 타당하다.

자산의 양도에 있어서 '양도'의 의미는 어떻게 결정되어야 하는가? 양도에 해당하는지 여부에 따라 양도손익의 발생 여부 및 그 손익의 귀속시기가 달라진다. 법인세법 및 조세특례제한법 상 양도에 관한 정의 규정은 없다. 따라서 기업회계기준 상 양도의 의미에 대하여 살펴야 하는바, **기업회계기준은 '제거'라는 용어를 통하여 양도 등 개념에 대하여 설명한다. 기업회계기준서**에 따르면, 제거는 기업의 재무상태표에서 인식된 자산이나 부채의 전부 또는 일부를 삭제하는 것이고, 일반적으로 해당 항목이 더 이상 자산 또는 부채의 정의를 충족하지 못할 때 발생한다.

즉 자산은 일반적으로 기업이 인식한 자산의 전부 또는 일부에 대한 통제를 상실하였을 때 제거하고, 부채는 일반적으로 기업이 인식한 부채의 전부 또는 일부에 대한 현재의무를 더 이상 부담하지 않을 때 제거한다.[244] 어떤 경우에는 기업이 자산이나 부채를 이전하는 것처럼 보일 수 있지만, 그럼에도 불구하고 그 자산이나 부채가 기업의 자산이나 부채로 남아있을 수 있다.[245] 기업이 자산을 이전했지만 여전히 그 자산에서 발생할 수 있는 경제적 효익 중 유의적인 양(＋) 또는 음(－)의 변동에 노출되는 경우, 이는 때때로 기업이 그 자산을 계속 통제할 수 있음을 나타낸다.[246] 또한 기업이 다른 당사자에게 자산을 이전하였으나 그 다른 당사자가 그 기업의 대리인으로서 자산을 보유하고 있는 경우, 양도인은 여전히 자산을 통제한다.[247] 기업회계기준서의 경우 금융자산,[248] 유형자산,[249] 투자부동산,[250] 무형자산[251] 및 보험계약[252]의 제거에 대하여 개별적으로 규정한다. **일반기업회계기준**에 따르면, 인식이란 거래나 사건의 경제적 효과를 자산, 부채, 수익, 비용 등으로 재무제표에 표시하는 것을 말하고, 그 인식은 거래와 사건의 경제적 효과를 최초로 기록하는 것뿐만 아니라 동일한 항목에 대한 후속적인 변화와 기록되었던 항목의 제거를 모두 포함한다.[253] 즉 특정 항목이 인식 요건을 갖추지 못한 경우에 재무제표에서 제거된다. 유형자산의 장부금액은 '처분하는 때' 또는 '사용이나 처분으로 미래 경제적 효익이 예상되지 않을 때'에 제거한다.[254] 무형자산의 경우에도 동일하다.[255] **기업회계기준에 따라 양도의 의미를 해석한다고 하더라도 이는 법인세법의 해석에 관한 것이므로, 최종적으로는 법원이 경제적 실질의 관점에 따라 관련 규정의 목적 또는 취지 등을 감안하는 세법 독자적 입장에 기반하여 기업회계기준 상 문언을 해석하여야 한다.**

거래 형식 상 양도에 해당한다고 하더라도 법인세법의 해석 상 그 경제적 실질이 양도가 아닌 차입거래로 판정되는 경우 또는 기업회계기준 상으로는 양도(차입거래)에 해당하나 법인세법상으로는 차입거래(양도)로 판정되는 경우가 있을 수 있다는 점에 유의할 필요가 있다. 국제거래에서 각 국가 별로 특정 거래가 양도에 해당하는지 여부에 대한 판정이 달라질

---

244) 재무보고를 위한 개념체계 문단 5.26.
245) 재무보고를 위한 개념체계 문단 5.29.
246) 재무보고를 위한 개념체계 문단 5.29 (1), 4.24.
247) 재무보고를 위한 개념체계 문단 5.29 (2), 4.25.
248) 기업회계기준서 제1109호 금융상품.
249) 기업회계기준서 제1016호 유형자산.
250) 기업회계기준서 제1040호 투자부동산.
251) 기업회계기준서 제1038호 무형자산.
252) 기업회계기준서 제1117호 보험계약.
253) 재무회계개념체계 문단 131.
254) 일반기업회계기준 제10장 유형자산 문단 10.44.
255) 일반기업회계기준 제11장 무형자산 문단 11.38.

수 있는바, 다국적기업들이 이러한 특성을 소득이전 및 과세기반 잠식(base erosion & profit shifting ; BEPS)의 수단으로 활용하여 조세회피행위를 하는 예가 많다.

자산을 교환하는 경우에 있어서 양도금액은 어떻게 결정하는가? 법인세법이 자산을 교환하는 경우 양도금액을 어떻게 결정하는지에 대하여 명시적으로 규정하지 않는바, 법인세법이 자산의 취득가액으로 명시하지 않은 그 밖의 자산은 '취득 당시의 시가'로 평가한다(법세령 §72 ② 7호). 그렇다면 자산을 교환하는 경우 취득하는 자산을 기준으로 평가하는지 아니면 이전하는 자산을 기준으로 평가하는지 여부가 문제가 된다. 판례는 취득하는 자산을 기준으로 평가한다고 판시한다. 법인이 일부 사업부를 양도하면서 주식을 교환거래로 취득한 사안에서, 법인세법상 양도자산의 처분손익을 계산하는 경우 주주가 취득한 주식의 취득가액은 원칙적으로 취득 당시 주식의 시가로 하여야 한다.[256] 자산의 교환으로 발생하는 수익으로서 익금에 산입하여야 할 '자산의 양도금액'은 특별한 사정이 없는 한 교환으로 취득하는 자산의 취득 당시 시가에 의하고, 대가의 일부로 현금을 수령한 경우에는 이를 합산하여야 한다.[257]

5. 자기주식의 양도금액

자기주식의 양도금액은 법인세법 상 '수익'에 포함된다(법세령 §11 2호의2). 또한 합병에 따라 피합병법인이 보유하던 합병법인의 주식을 취득하게 된 자기주식의 양도금액 역시 '수익'에 포함된다(법세령 §11 2호의2 본문). 다만 이 경우 **법정 주식매수선택권**(법세령 §19 19호의2 각 목 외의 부분 본문)**의 행사에 따라 주식을 양도하는 경우**에는 주식매수선택권 행사 당시의 시가로 계산한 금액으로 한다(법세령 §11 2호의2 단서). 수익은 자산·부채의 변동과 동시에 인식되는 것이므로, 법인세법이 자기주식을 자산으로 보는 경우에 한하여 자기주식의 양도금액이 수익에 포함될 수 있다. 즉 **법인세법은 자기주식을 자산으로 규정하여, 자기주식의 양도금액을 자산의 양도금액과 동일시한다.** 기업회계기준서에 따르면, 기업이 자기지분상품을 재취득하는 경우에는 자기주식은 자본에서 차감하고, 자기주식을 매입, 매도, 발행, 소각하는 경우의 손익은 당기손익으로 인식하지 않는다.[258] 또한 기업이나 연결실체 내의 다른 기업이 이러한 자기주식을 취득하여 보유할 수 있고, 이 경우 지급하거나 수취한 대가는 자본으로 직접 인식한다.[259] **일반기업회계기준**에 따르면, 기업이 매입 등을 통하여 취득하는 자기주식은 취득원가를 자기주

---

256) 대법원 2010.3.25. 2007두18017.
257) 대법원 2011.7.28. 2008두5650 ; 대법원 2013.6.14. 2011두29250.
258) 기업회계기준서 제1032호 금융상품 : 표시 문단 33.
259) 기업회계기준서 제1032호 금융상품 : 표시 문단 33.

식의 과목으로 하여 자본조정으로 회계처리한다.[260] 자기주식을 처분하는 경우 처분금액이 장부금액보다 크다면 그 차액을 자기주식처분이익으로 하여 자본잉여금으로 회계처리하고, 처분금액이 장부금액보다 작다면 그 차액을 자기주식처분이익의 범위 내에서 상계처리하고, 미상계된 잔액이 있는 경우에는 자본조정의 자기주식처분손실로 회계처리하며, 이익잉여금(결손금) 처분(처리)으로 상각되지 않은 자기주식처분손실은 향후 발생하는 자기주식처분이익과 우선적으로 상계한다.[261] **기업회계기준에 따르면 자기주식은 자본에서 차감되는 계정에 해당하고 그 처분으로 인한 손익 역시 모두 자본에 속하는 계정으로 취급하여 익금 또는 손금이 발생할 여지가 없다.** 법인세법 역시 자기주식 취득의 대가로 지급한 금액에 대하여서는 손익을 인식하지 않는다. 즉 자본감소절차의 일환으로서 자기주식을 취득하여 소각하는 것은 자본의 증감에 관련된 자본거래이므로 주식소각의 목적에서 자기주식 취득의 대가로 지급한 금액은 자본의 환급에 해당할 뿐 손익거래로 인하여 발생하는 손금에 해당하지 않는다.[262] 다만 법인세법은 자기주식의 양도가액을 익금으로 보아 자기주식처분익을 인식한다. 주식의 매도가 자산거래인 주식의 양도에 해당하는가 또는 자본거래인 주식의 소각 내지 자본의 환급에 해당하는가는 법률행위 해석의 문제로서 그 거래의 내용과 당사자의 의사를 기초로 하여 판단하여야 할 것이지만, 실질과세의 원칙상 단순히 당해 계약서의 내용이나 형식에만 의존할 것이 아니라, 당사자의 의사와 계약체결의 경위, 대금의 결정방법, 거래의 경과 등 거래의 전체과정을 실질적으로 파악하여 판단하여야 한다.[263] **자기주식의 취득거래에서 그 상대계정이 자본계정인 경우에도 향후 해당 자기주식의 처분거래에 있어서 손익을 인식하여야 하는가?** 자기주식의 취득을 자산의 취득으로 보는 경우와 자본 출자거래로 보는 경우 모두 그 취득과정에서 손익을 인식하지 않는다는 점에서는 현행법 상 동일하다. 또한 취득거래와 처분거래는 별개의 거래이므로 그 취득 당시 상대계정이 자본계정인지 아니면 손익계정인지 여부가 그 처분 당시 손익의 인식 여부에 영향을 미칠 수 없다. 따라서 **자기주식 취득거래 시 상대계정이 자본금 또는 자본잉여금의 성격을 갖는다고 할지라도 향후 자기주식 처분거래에 있어서는 그렇지 않은 취득거래와 동일하게 손익을 인식하여야 한다.** 판례 역시 유사한 취지로 판시한다. 자기주식은 피합병법인의 자산으로서 합병차익을 산정하는 요소가 되기는 하지만 합병 이후

---

260) 일반기업회계기준 제15장 자본 문단 15.8.
261) 일반기업회계기준 제15장 자본 문단 15.9.
262) 대법원 2013.5.23. 2013두673.
263) 대법원 2002.12.26. 2001두6227 ; 대법원 2010.10.28. 2008두19628 ; 대법원 2013.5.9. 2012두27091 ; 대법원 2019.6.27. 2016두49525.

합병법인이 이를 처분하는 행위는 합병과는 구별되는 후속거래로서 순수한 자본거래에 해당한다고 보기 어렵다. 또한 자기주식 역시 양도성과 자산성을 가질 뿐만 아니라 합병에 따라 자기주식을 자산으로 취득하였다가 처분하여 이익을 얻는 것이 다른 사유로 자기주식을 취득하였다가 처분하여 이익을 얻는 것과 본질적으로 다르지 아니하다. 또한 현행 법인세법 상 자기주식의 시가에서 피합병법인의 장부가액을 뺀 금액을 자산조정계정으로 계상하고 그 자산조정계정은 감가상각자산 외의 자산에 설정된 것이므로 해당 자산을 처분하는 사업연도에 전액 익금 또는 손금에 산입하여야 한다.[264] **입법론 상 법인세법이 자기주식처분익을 인식하는 것은 타당하지 않다.** 자기주식 처분거래의 경제적 실질은 주식의 발행과 유사하고, 자기주식 취득거래의 경제적 실질은 법인 자산의 유출거래로서 그 성격에 따라 배당, 자본의 소각, 양도차익으로 구분되는 것이 타당하기 때문이다. 미국과 일본의 입법례 역시 자기주식처분익을 익금으로 인식하지 않는다.

　　자기주식처분익과 자기주식소각익 사이의 관계는 어떠한가? 법인세법은 자기주식 또는 자기출자지분을 소각하여 생긴 이익(자기주식소각익)을 원칙적으로 자본잉여금으로 취급하고, 특정 경우에 한하여 이를 이익잉여금으로 취급한다. 즉 자기주식 또는 자기출자지분을 소각하여 생긴 이익을 자본이나 출자에 전입함으로써 주주 등인 내국법인이 취득하는 주식 등의 가액은, 소각 당시 시가(법세 §52 ②)가 취득가액을 초과하는 경우 또는 소각일부터 2년 이내에 자본에 전입하는 경우가 아니라면, 의제배당으로 취급되지 않는다. 그렇다면 **특정 경우에 자기주식소각익을 이익잉여금으로 의제하는 근거에 대하여 살필 필요가 있다.** '자기주식소각익의 인식'과 '그 자기주식소각익의 자본전입'이 결합되는 경우에는 경제적 실질의 관점에서 해당 거래들이 '자기주식처분익의 인식' 및 '그 자기주식처분익의 자본전입'과 동일시되는 경우가 있다. 자기주식의 소각 당시 그 시가가 취득가액을 초과한 상태에서 자기주식소각익을 자본에 전입하여 주식을 발행하는 것은 자기주식을 먼저 시가로 처분하여 자기주식처분익을 인식한 이후에 그 처분익을 자본에 전입하여 주식배당을 하는 경우와 동일시될 수 있다. 전자의 경우에는 익금이 인식되지 않지만 후자의 경우에는 자기주식처분익이 익금으로서 인식되어야 한다. 따라서 전자의 거래를 통하여 자기주식처분익의 인식을 잠탈 할 수 있다. 또한 자기주식의 소각 당시에는 시가가 그 취득가액을 초과한 상태는 아니지만 자기주식소각익을 인식한 이후 어느 시점에 주식의 시가가 당초 자기주식의 취득가액을 초과하게 된 상태에서 그 자기주식소각익을 자본에 전입하여 주식을 발행한다면 자기주식의 소각 당시 주식의 시가가

---

264) 대법원 2022.6.30. 2018두54323.

자기주식의 취득원가를 초과하는 경우와 동일한 결과가 발생할 수 있는 여지가 있다. 다만 그 소각 당시 향후 주식의 가격을 예상할 수는 없으므로 법인세법은 그 기한을 2년으로 제한한다. 이상의 논의를 정리하면 다음과 같다. **법인세법은 자기주식소각익을 원칙적으로 자본잉여금으로 취급하나, 거래의 형식 상 자기주식소각익이 인식된다고 하더라도 그 거래를 통하여 자기주식처분익의 인식이 잠탈될 가능성이 있는 특정 거래의 경우에는 자기주식소각익을 이익잉여금으로 취급하는 입장을 취하고 있다. 그러나 법인세법의 입장에는 다음과 같은 문제가 있다.** 첫째, 자기주식처분익의 인식을 회피하려는 특정 경우를 상정하여 그 경우에 자기주식소각익을 이익잉여금으로 인식하는 것이나, 자기주식처분익을 익금으로 인식하는 것 자체가 입법론 상 타당하지 않다. 둘째, 주식의 시가가 자기주식의 취득가액을 초과하는 시점에 자기주식을 소각하는 모든 행위에 대하여 조세부담을 가중시킬 수 있는 규범적 당위성은 존재하지 않는다. 셋째, 자기주식의 소각 이후 2년 이내에 자기주식소각익을 자본에 전입하는 모든 거래를 자기주식처분익의 인식을 회피하기 위한 거래로 단정할 수 없으며 2년이라는 기한 역시 자의적으로 설정된 것이다. 넷째, 법인세법이 거래 당사자의 사적 자치에 부당하게 개입하는 결과를 야기할 수 있다. 이상 **법인세법의 입장은 자기주식처분익의 인식을 회피하려는 거래에 대응하기 위한 것이지만 그 규정방식이 지나치게 작위적이고 이로 인하여 거래 당사자의 사적 자치에 지나치게 개입하는 결과를 야기할 수 있다.** 입법을 통하여 자기주식처분익에 대한 과세와 함께 근본적으로 개선될 필요가 있다. 다만 해석론으로서는 **법인세법이 조세회피 등을 방지하기 위한 특별 조세회피방지규정(special anti-avoidance rule ; SAAR)을 둔 것이므로 법인세법의 해당 규정을 충족한 자기주식 소각 거래에 대하여 다시 일반적 조세회피방지규정(general anti-avoidance rule ; GAAR)인 실질과세원칙을 적용하여 해당 거래를 부인하거나 재구성하여 자본잉여금인 자기주식소각익을 이익잉여금으로 인식할 수는 없다고 해석하여야 한다.**[265]

합병법인이 합병에 따라 피합병법인이 보유하던 합병법인의 주식을 취득하게 된 경우 그 자기주식의 취득가액은 적격합병의 경우에는 피합병법인의 장부가액으로, 부적격합병의 경우에는 합병 당시 시가로 계상된다. 법인세법이 자기주식을 자산으로 인식하는 이상, 합병법인이 피합병법인으로 취득한 주식을 양도하는 경우에는 그 자기주식의 양도금액을 수익으로서 인식하여야 한다.

---

265) 이준봉, 전게서, 176면 참조.

6. 자산의 임대료

자산의 임대료는 법인세법 상 '수익'에 포함된다(법세령 §11 3호). 자산의 임대와 관련하여 임대료 채권이 인식되는 경우 그와 동시에 수익을 인식한다는 의미이다. 해당 자산의 임대업이 법인의 사업을 구성하는 경우, 임대료는 사업수입금액에 해당한다. 따라서 '자산의 임대료'는 법인이 판매하는 상품 또는 제품이 아닌 자산의 임대료를 의미한다.

자산의 임대에 해당하는지 여부 역시 그 경제적 실질에 의하여 판정되어야 한다. 자산의 임대는 법인이 그 자산에 대한 소유권을 여전히 보유한다는 점을 전제로 하나, 비록 자산의 임대 형식을 취하지만 그 경제적 실질은 매매에 해당하는 경우 역시 있다. 또한 토지를 임대하여 지상에 건물을 신축한 후 그 건물을 미래 특정 시점에 토지 소유자에게 무상으로 이전할 것을 약정하고 그 시점이 도래하기 이전까지 여러 사업연도 동안 그 토지를 사용하는 경우 토지 임대료 상당액이 건축물에 대한 양도금액을 구성하는 것인지 아니면 단순한 토지 임대료를 구성하는지 여부가 쟁점이 될 수 있다. 신축 건물의 토지 사용기간 중 신축 건물에 대한 소유권의 이전이 실질적으로 확정되었는지 여부에 결정되어야 한다. 신축 건물의 토지 사용기간 중 그 건물에 대한 소유권의 이전이 회피될 수 없거나 없다고 평가되는 상황이라면 무상이전의 형식을 취하였다고 하더라도 토지 임대료 상당을 분할하여 지급받는 건물의 양도대가로 보고 장기할부판매에 준하여 처리하여야 하고, 그렇지 않다면 건물 소유자에게는 각 사업연도 중 토지임대료 채무가 발생하고 토지 소유자에게는 토지 임대료 채권이 발생하며 해당 자산의 이전으로 인하여 토지 임대료 채무에 대한 대물변제가 발생한 것으로 보아야 한다.

자산의 임대료에 해당하는지 여부 역시 그 경제적 실질에 의하여 판정되어야 한다. 즉 토지 임차인이 비용을 지출하고 그로 인하여 토지의 가치가 증가하였으나 그에 대한 별도의 소유권이 인정될 수 없어서 그 토지에 귀속되는 경우라면 그 비용은 비록 임대료 형식을 취하지 않았지만 토지에 대한 임대료에 포함되어야 한다. 임차인이 부담하여야 할 의무가 없는 비용을 임차인이 임대인을 대신하여 부담하였다면 이 역시 자산의 임대료에 포함되어야 함은 물론이다. 한편 토지 임차인이 비용을 지출한 결과가 토지에 귀속되어 그에 대하여 별도의 소유권이 인정되지 않으나 그 비용지출에 대한 대가로서 일정 기간 해당 토지를 무상으로 사용할 수 있는 권리를 취득하고 그 기간이 경과한 이후에 그 토지를 반환한다면, 토지에 대한 임대료 상당액을 용역의 대가를 분할하여 지급받는 것으로 보아야 한다.

민간투자사업의 추진방식에 자산의 임대료에 관한 규정이 적용되는지 여부에 대하여 살핀다.

민간투자사업의 추진방식은 다음 각 방식 중 하나로 추진하여야 한다(민간투자 §4). 첫째, 사회기반시설의 준공과 동시에 해당 시설의 소유권이 국가 또는 지방자치단체에 귀속되며, 사업시행자에게 일정기간의 시설관리운영권을 인정하는 방식(둘째 방식에 해당하는 경우는 제외). 이 방식을 BTO(Build-Transfer-Operate) **방식**이라고 하고, 사업별 특성에 따라 투자위험을 전적으로 사업시행자가 부담하는 형태(일반적 BTO 사업)와 주무관청과 사업시행자가 분담하는 형태(위험분담형 BTO 사업)가 있다.[266] BTO 방식의 경우에는 토지임대료 상당액을 분할하여 수령하는 해당 시설에 대한 매각대가로 보아야 하고, 위험분담형 BTO 사업의 경우에도 토지임대료 상당액의 매각대가로서의 성격은 동일하나 자산수증익에 해당하는 국가 또는 지방자치단체로부터의 위험분담액이 사업시행자에게 추가적으로 지급된 것으로 보아야 한다. 둘째, 사회기반시설의 준공과 동시에 해당 시설의 소유권이 국가 또는 지방자치단체에 귀속되며, 사업시행자에게 일정기간의 시설관리운영권을 인정하되, 그 시설을 국가 또는 지방자치단체 등이 협약에서 정한 기간 동안 임차하여 사용·수익하는 방식. 이 방식을 BTL(Build-Transfer-Lease) **방식**이라고 한다.[267] 이 경우 사업시행자가 매각대가로서 국가 또는 지방자치단체 등이 일정기간 동안 지급하는 해당 시설에 대한 임차료 상당액을 수령하는 내용의 장기할부조건으로 해당 시설을 양도한 것으로 보아야 한다. 셋째, 사회기반시설의 준공 후 일정기간 동안 사업시행자에게 해당 시설의 소유권이 인정되며 그 기간이 만료되면 시설소유권이 국가 또는 지방자치단체에 귀속되는 방식. 이 방식은 BOT(Build-Operate-Transfer) **방식**이라고 한다.[268] 해당 시설에 대한 소유권을 이전하기 이전의 운용기간 동안 발생한 토지임대료 상당액을 해당 시설에 대한 매각대가의 선수금으로 보아야 한다. 판례 역시 유사한 취지로 판시한다. 임대료로 토지사용기간 만료 시에 건축물의 소유권을 이전받기로 하는 경우에는 해당 시점의 건축물의 시가가 곧 후불로 받기로 한 임대료에 해당한다고 보아야 하고, 임대료 지급기간이 1년을 초과하므로 '이미 경과한 기간에 대응하는 임대료 상당액'으로서 각 사업연도의 익금에 산입할 금액은 토지사용기간 만료 시의 건축물의 시가를 전체 토지사용기간 중 해당 사업연도에 속하는 기간의 비율로 안분한 금액이라고 보는 것이 타당하다.[269] 임차인에 해당하는 인천국제공항공사가 조달한 차입금에 상당한 토지와 시설은 국가 또는 지방자치단체가 관리할 것인지 여부에 관계없이 사업준공일에 인천국제공항공사에 소유권이

---

266) http://pimac.kdi.re.kr/about/private.jsp (2022년 3월 38일 최종방문) 참조.
267) http://pimac.kdi.re.kr/about/private.jsp (2022년 3월 38일 최종방문) 참조.
268) http://pimac.kdi.re.kr/about/private.jsp (2022년 3월 38일 최종방문) 참조.
269) 대법원 2022.1.27. 2017두51983 ; 대법원 2022.1.27. 2017두52719 ; 대법원 2022.1.27. 2018두39027.

귀속된다.[270] 넷째, 사회기반시설의 준공과 동시에 사업시행자에게 해당 시설의 소유권이 인정되는 방식. 이 방식을 BOO(Build – Own – Operate) **방식**이라고 한다.[271] 이 경우에도 사업기간을 정할 수 있으나, 그 경우에는 사업기간이 종료된 이후에 그 시설의 사업권이 국가 또는 지방자치단체에 귀속되는 것은 아니라 사업시행자가 해당 시설을 해체 또는 철거하여야 한다.[272] 이 방식은 국가 또는 지방자치단체가 사회기반시설이 국민 일반에 제공되는 공공적 혜택을 유발하기 위하여 일정기간 동안 또는 영구적으로 토지임대료 상당액을 사업시행자에게 무상으로 이전한 것으로 보아야 하고 사업시행자는 해당 금액을 익금으로 인식하여야 한다. 해당 사업이 종료된 이후 국가 또는 지방자치단체가 그 출자가액의 반환에 참여할 수 없으므로 이를 사업시행자와 국가 또는 지방자치단체의 공동사업으로 볼 수는 없다. 다섯째, 민간부문이 사업을 제안하거나 사업의 변경을 제안하는 경우에 해당 사업의 추진을 위하여 그 밖의 방식을 제시하여 주무관청이 타당하다고 인정하여 채택한 방식. 여섯째, 그 밖에 주무관청이 수립한 민간투자시설사업기본계획에 제시한 방식. 다섯째 또는 여섯째 방식으로는 민간 기업이 스스로 자금을 조달하여 개발하기 위해 공공시설을 장기간 임대(Lease)한 뒤, 시설을 확장(Build)하고, 확장된 시설을 운영(Operative)하는 LBO(Lease – Build – Operative) **방식**, 민간 사업자가 스스로 자금을 조달하여 현재 있는 공공시설에 부가하여 건설하고 그 이후에 결합 시설물(combined facility)에 대해 고정계약 기간 또는 민간이 투자 자본 회수에 더하여 수익을 창출할 수 있을 때까지 운영하나 추가된 시설에 대한 소유권을 이전할 의무는 없는 WAA(Wraparound Addition) **방식**, 공공부문이 소유하고 있는 현재의 공공시설을 개조하거나 확장하고자 하는 민간 사업자가 매수(Buy)하여, 민간 사업자가 그 공공시설을 개조 및 확장 건설(Build)한 이후에 프랜차이즈(franchise) 하에서 민간 사업자가 영구적으로 운영(Operate)하는 BBO(Buy – Build – Operate) **방식** 등이 있을 수 있다.[273] LBO(Lease – Build – Operative) 방식의 경우에는 확장시설에 대한 별도의 소유권이 인정될 수 없어서 당초의 공공시설에 귀속되는 경우라면 그 비용은 비록 임대료의 형식을 취하지 않았지만 당초 공공시설에 대한 임대료에 추가적으로 포함되어야 한다. 만약 확장시설에 대한 별도의 소유권이 인정되나 임대기간의 종료 후에는 국가 또는 지방자치단체에 귀속된다면

---

270) 대법원 2022.1.27. 2017두36045.
271) http://pimac.kdi.re.kr/about/private.jsp (2022년 3월 38일 최종방문) 참조.
272) 한국행정학회, 민간투자활성화를 위한 지속가능한 민관협력(Public – Private Partnerships, PPPs)에 관한 연구, 기획재정부 보고서, 2011.11.30., 18면.
273) 상게 보고서, 14면~18면.

확장시설에 대하여서는 BOT 방식의 경우와 동일하게 그 확장시설에 귀속되는 임대료 상당액을 확장시설에 대한 매각대가의 선수금으로 보아야 한다. 확장시설을 해제하거나 철거하여야 한다면 단순한 공공시설의 임대계약으로 취급하여야 한다. 확장시설을 설치하는 것은 임차기간 중 임차인의 사용방식 중 하나에 불과하기 때문이다. WAA(Wraparound Addition) 방식의 경우 국가 또는 지방자치단체가 결합시설물이 국민 일반에 제공되는 공공적 혜택을 유발하기 위하여 일정기간 동안의 공공시설임대료 상당액을 사업시행자에게 무상으로 이전한 것으로 보아야 하고 사업시행자는 해당 금액을 익금으로 인식하여야 한다. 다만 사업기간이 종료되었음에도 사업시행자가 소유하는 추가시설이 존치하는 한 그에 대하여서는 별도의 임대차계약이 성립하는 것으로 보아야 한다. BBO 방식의 경우는 사업시행자가 국가 또는 지방자치단체로부터 해당 공공시설을 매수한 일회적 매매거래에 불과하다. 다만 매수 이후 운영에 관하여 국가 또는 지방자치단체가 특정 사항에 대하여 개입할 수 있다는 조건이 부가되었을 뿐이다. 이상 민간투자방식을 각 유형에 따라 분석하였는바, 실제 거래에 있어서는 전형적인 유형에서 벗어날 수 있으므로 종국적으로는 구체적인 거래상황에 근거한 경제적 실질에 근거하여 판단하여야 한다.

7. 자산의 평가차익

자산의 평가차익은 법인세법 상 '수익'에 포함된다(법세령 §11 4호). 자산의 평가는 법인과 제3자 사이의 거래 없이 법인 보유한 자산의 계상금액이 변동되는 것을 뜻하므로, 평가차익은 평가로 인하여 법인 보유한 자산의 계상금액이 증가한 금액을 의미한다. 따라서 법인세법 상 익금에 대한 정의에 비추어 보면 자산의 평가차익은 법인세법 및 조세특례제한법 상 특별한 규정이 없는 한 원칙적으로 법인세법 상 '수익'에 포함될 수 있다(법세 §15 ①, ③, §43). 그런데 내국법인이 보유하는 자산과 부채의 장부가액을 증액 또는 감액(평가)한 경우에는 특별한 규정이 없는 한 그 평가일이 속하는 사업연도와 그 후의 각 사업연도의 소득금액을 계산할 때 그 자산과 부채의 장부가액은 평가 전의 가액으로 한다(법세 §42 ①). 즉 법인세법은 자산의 평가를 원칙적으로 부인한다. 이에 따라 법인세법은 자산의 평가이익은 원칙적으로 내국법인의 각 사업연도의 소득금액을 계산할 때 익금에 산입하지 아니하고(법세 §18 1호), 자산의 평가손실은 각 사업연도의 소득금액을 계산할 때 손금에 산입하지 아니한다(법세 §22). 이상의 논의에 따르면, 자산의 평가차익은 법인세법 및 조세특례제한법 상 특별한 규정(법세 §42 ; 법세령

§74~§76)이 있는 경우에 한하여 법인세법 상 '수익'에 포함될 수 있을 뿐이다. 따라서 기업회계기준에 의한 평가는 법인세법 상 익금에 영향을 미칠 수는 없다.

한편 법인세법 상 합리적 추정에 의하여 계산하여 자산·부채를 계상하는 경우가 있고(법세령 §44의2, §57, §60 : 법세칙 §31, 34), 그 계상금액 역시 변동될 수도 있다. 기업회계기준 역시 합리적 추정에 의하여 계산하여 자산·부채를 계상하는 경우가 있고, 그 계상금액의 변동 역시 인정하고 있다. 합리적 추정에 의한 **자산·부채 계상금액의 변동과 자산·부채의 평가를 어떻게 구분하여야 하는지 여부가** 쟁점이 될 수 있다. '익금·손금의 발생'과 '익금·손금의 확정'은 구분되어야 한다. '익금·손금의 발생'에는 거래의 실질에 따라 일정한 기간의 경과가 필요할 수 있고 '익금·손금의 확정'은 익금·손금의 발생기간 중 어느 특정 시점으로 결정된다. 익금·손금은 자산·부채의 변동분에 의하여 측정되는 것이므로 익금·손금의 확정시점에는 관련된 자산·부채의 계상금액이 신뢰성 있게 측정되어야 한다. 그러나 익금·손금의 발생원인에 해당하는 거래가 실제 종료되기 이전에, 즉 '익금·손금의 발생'이 종료되기 이전에 새로운 정보의 입수 또는 새로운 사정의 전개로 인하여 당초 측정치를 새롭게 추정하여야 하거나 그 거래가 종료되는 시점에 합리적으로 추정된 금액을 정산할 것이 예정된 경우에는 '익금·손금의 확정' 당시 측정치가 변화될 수 있다. 이 경우 합리적 추정의 변화에 따른 변동금액 또는 그 정산대금은 '익금·손금의 확정' 당시 자산·부채의 변동분에 대한 수정 또는 그 확정 당시부터 발생이 예정된 금액으로서 이는 해당 익금·손금 관련 자산·부채의 취득가액 또는 장부가액의 계상과 관련된다. 즉 **새로운 정보의 획득, 새로운 상황의 전개 또는 계약의 내용 등에 따라 익금·손금의 확정 당시 합리적 추정을 통하여 신뢰성 있게 측정된 계상금액이 익금·손금 발생 거래가 실제 종료되는 시점까지 새롭게 측정된 신뢰성 있는 금액에 의하여 변동되는 것은 회계추정의 변화에 관한 것으로서 여전히 자산·부채 취득가액 또는 장부가액의 계상과 관련된다. 또한 자산의 최초 취득가액 또는 장부가액에 근거하여 다시 새로운 장부가액을 계산하는 것 역시 자산의 평가에 해당하지 않는다.** 자산의 최초 취득가액 또는 장부가액에 근거하여 계산된 감가상각비를 새로운 장부가액에 반영하는 것이 그 예에 속한다. 법인세법 역시 감가상각을 평가에서 제외한다(법세 §42 ① 각 호 외 괄호 부분). 또한 법인이 해당 자산의 취득가액 총액을 다른 수량 또는 종류의 자산에 대하여 승계하는 경우에는 각 승계자산의 장부가액이 변동되는바, 이 경우 변동분 역시 평가에서 제외된다. 당초 취득가액에 기반하여 재계산된 가액에 불과하기 때문이다. **자산·부채의 평가는 익금·손금 발생 거래가 종료된 이후 자산·부채 취득가액 또는 장부가액에 기반하여 계산하지 않는 별도의 기준에 근거하여**

취득가액 또는 장부가액을 다시 측정하는 것을 의미한다. 따라서 자산 계상금액의 모든 변동이 바로 자산의 평가를 의미하는 것은 아니다. 부채 계상금액이 변동하는 경우에도 동일하다.

자산·부채 계상금액의 변동과 자산·부채의 평가는 구분되는 개념이므로, 자산·부채의 평가에 해당하지 않는 자산·부채 계상금액의 변동분을 어떻게 익금 또는 손금에 반영할지 여부는 여전히 자산·부채의 취득가액에 관한 것으로서 자산평가의 경우와 달리 법인세법 및 조세특례제한법 상 특별한 규정이 없는 한 기업회계기준이 보충적으로 적용되어야 한다. 내국법인의 각 사업연도의 소득금액을 계산할 때 그 법인이 **자산·부채의 취득**에 관하여 일반적으로 공정·타당하다고 인정되는 기업회계기준을 적용하거나 관행을 계속 적용하여 온 경우에는 법인세법 및 조세특례제한법에서 달리 규정하고 있는 경우를 제외하고는 그 기업회계기준 또는 관행에 따르기 때문이다(법세 §43).

기업회계기준 역시 회계추정의 변경과 자산의 재평가를 개념적으로 구분한다. 기업회계기준은 또한 회계추정의 변경에 따른 손익의 인식에 대하여서도 다룬다. 기업회계기준서에 따르면, **회계추정의 변경**은 자산과 부채의 현재 상태를 평가하거나 자산과 부채와 관련된 예상되는 미래효익과 의무를 평가한 결과에 따라 자산이나 부채의 장부금액 또는 기간별 자산의 소비액을 조정하는 것으로서 이는 새로운 정보의 획득, 새로운 상황의 전개 등에 따라 지금까지 사용해오던 회계적 추정치를 바꾸는 것이므로, 오류수정에 해당하지 아니한다.[274] 사업활동에 내재된 불확실성으로 인하여 재무제표의 많은 항목이 정확히 측정될 수 없고 추정될 수밖에 없다. 추정은 최근의 이용가능하고 신뢰성 있는 정보에 기초한 판단을 수반한다.[275] 회계추정의 변경이 자산 및 부채의 장부금액을 변경하거나 자본의 구성요소에 관련되는 경우, 회계추정을 변경한 기간에 관련 자산, 부채 또는 자본 구성요소의 장부금액을 조정하여 회계추정의 변경효과를 인식하고,[276] 그 외의 경우에는 회계추정의 변경효과를 다음의 회계기간의 당기손익에 포함하여 전진적으로 인식한다.[277] 자산과 부채에 대한 **재평가** 또는 **재작성**은 자본의 증가나 감소를 초래하여 이와 같은 자본의 증가 또는 감소는 수익과 비용의 정의에는 부합하지만, 이 항목들은 특정 자본유지개념에 따라 포괄손익계산서에는 포함하지 않고 자본유지조정 또는 재평가적립금으로 자본에 포함한다.[278] **일반기업회계기준**에 따르면, **회계추정의 변경**은

---

274) 기업회계기준서 제1008호 회계정책, 회계추정의 변경 및 오류 문단 5.
275) 기업회계기준서 제1008호 회계정책, 회계추정의 변경 및 오류 문단 32.
276) 기업회계기준서 제1008호 회계정책, 회계추정의 변경 및 오류 문단 37.
277) 기업회계기준서 제1008호 회계정책, 회계추정의 변경 및 오류 문단 36.
278) 재무보고를 위한 개념체계 문단 8.10.

기업환경의 변화, 새로운 정보의 획득 또는 경험의 축적에 따라 지금까지 사용해오던 회계적 추정치의 근거와 방법 등을 바꾸는 것을 말하고 이는 기업환경의 불확실성 하에서 미래의 재무적 결과를 사전적으로 예측하는 것을 말한다.[279] 회계추정의 변경은 전진적으로 처리하여 그 효과를 당기와 당기 이후의 기간에 반영한다.[280] 유형자산의 인식시점 이후에는 원가모형이나 재평가모형 중 하나를 회계정책으로 선택하여 유형자산 분류별로 동일하게 적용한다.[281] 최초 인식 후에 공정가치를 신뢰성 있게 측정할 수 있는 유형자산은 재평가일의 공정가치에서 이후의 감가상각누계액과 손상차손누계액을 차감한 재평가금액을 장부금액으로 하고, **재평가**는 보고기간말에 자산의 장부금액이 공정가치와 중요하게 차이가 나지 않도록 주기적으로 수행한다.[282]

자산의 평가이익 중 익금산입 항목에 관한 구체적인 내용은 후술한다.[283]

8. 자산수증익

무상으로 받은 자산의 가액은 법인세법 상 '수익'에 포함된다(법세령 §11 5호). 무상으로 받은 자산의 가액을 자산수증익이라고 한다. 자산을 무상으로 받아야 하므로, 법인의 소유자인 주주 또는 출자자에 의한 '자본 또는 출자의 납입'은 자산수증익에서 제외된다. '자본 또는 출자의 납입'에 대한 대가로서 법인에 대한 소유주로서의 청구권을 표창하는 주식 또는 출자지분을 취득하기 때문이다. 손해배상 또는 손실보상으로 인하여 받는 금원 역시 무상으로 취득한 자산에 포함되지 않는다. 손해 또는 손실에 대한 대가로서 받는 것이므로 이를 두고 무상으로 취득하였다고 할 수 없기 때문이다. 또한 법인세법 상 손익거래가 아닌 자본거래의 일부로서 자산을 무상으로 취득한 경우에는 해당 자산의 가액을 수익으로 인식할 수 없다. 즉 무상감자의 전단계로서 자기주식을 무상으로 취득하는 경우 그 자기주식의 가액을 자산수증익에 포함되지 않는다.

한편 무상으로 받은 자산의 가액(국고보조금 등(법세 §36)은 제외) 중 법정 이월결손금(법세령 §16)을 보전하는 데에 충당한 금액은 익금에 산입하지 않고(법세 §18 6호), 국고보조금 등에 대하여서는 별도의 손금산입 규정(법세 §36 : 법세령 §64)이 있다.

영리법인이 무상으로 받은 자산의 취득가액은 시가로 계상하여야 한다(법세 §41 ①, ② :

---

279) 일반기업회계기준 제5장 회계정책, 회계추정의 변경 및 오류 문단 5.7.
280) 일반기업회계기준 제5장 회계정책, 회계추정의 변경 및 오류 문단 5.14.
281) 일반기업회계기준 제10장 유형자산 문단 10.22.
282) 일반기업회계기준 제10장 유형자산 문단 10.24.
283) 같은 관 Ⅲ 2.2.2 참조.

법세령 §72 ② 7호). 시가를 어떻게 결정할지 여부에 대하여서는 부당행위계산의 부인 규정을 살펴야 한다. 납세지 관할 세무서장 또는 관할 지방국세청장은 내국법인의 행위 또는 소득금액의 계산이 특수관계인과의 거래로 인하여 그 법인의 소득에 대한 조세의 부담을 부당하게 감소시킨 것으로 인정되는 경우에는 시가를 기준으로 소득금액을 계산한다(법세 §52). 이를 부당행위계산의 부인이라고 한다. 나아가 법인세법은 그 소득금액 계산의 기준이 되는 시가에 대하여서도 규정하는바(법세 §52 ④ ; 법세령 §89), 이 규정은 법인세법 상 시가에 대한 일반적 정의에 해당한다. 따라서 무상으로 취득한 자산의 시가 역시 부당행위계산의 부인규정에 따른 시가에 의하여 결정되어야 한다.

저가매입한 자산은 무상으로 받은 자산에 포함되지 않는다. 이는 유상매수자산으로서 그 가격이 시가와 다른 것에 불과하다. 시가와 매입가액의 차액 자체가 별도의 자산을 구성하는 것이 아니다. 법인이 해당 자산을 매각 거래 등을 통하여 처분한 경우에 한하여 그 매매 상대방으로부터 받을 매출채권 등 대가를 통제한다고 할 수 있을 뿐이므로, 해당 자산과 구분하여 별도로 그 차액에 대하여 수익을 인식할 수는 없다. 따라서 그 차액이 해당 자산과 구분되는 별도의 자산을 구성한다고 할 수 없다. 나아가 해당 자산의 매수 당시 매수 법인이 그 차액 상당의 경제적 효익을 얻을 권리를 미리 통제하고 있다고 할 수 없을 뿐만 아니라 향후 매매 당시의 시가 역시 알 수 없는 것이므로 경제적 효익의 유입 가능성이 높거나 이를 신뢰성 있게 측정할 수 있다고 할 수도 없다. 즉 시가와 매입가액의 차액을 두고 무상으로 받은 자산이라고 할 수도 없다. 저가매수한 자산에 대하여 익금을 인식하는 것은 해당 자산의 매출시점이 아닌 매수시점에 즉시 손익을 인식하는 것으로서 영리법인의 수익활동에 따른 소득에 대하여 과세한다는 법인세의 본질에 부합하지 않고 법인세의 기반을 이루는 기업회계기준에도 부합하지 않는다. 법인세법 역시 이러한 전제 하에 타인으로부터 매입한 자산은 원칙적으로 매입가액에 기반하여 취득가액을 계상한다(법세 §41 ; 법세령 §72).

한편 **법인세법이 저가매입한 자산에 대하여 시가와의 차액을 매수 당시에 익금에 산입하도록 규정하는 경우 역시 있는바, 이 경우에도 법인세법이 그 차액 상당의 새로운 자산을 인식하는 것이 아니라 기왕에 인식한 자산의 계상금액을 시가로 수정하는 것에 불과하다.** 해당 자산과 구분하여 별도로 수익을 인식할 수 없기 때문이다. 자산의 계상금액을 시가로 수정하면 시가와 매입가액의 차액만큼 순자산이 증가하므로 익금을 인식하고 해당 자산을 매각할 경우 그 차액 상당이 손금인 매출원가에 추가된다. 법인세법은 특수관계인인 개인으로부터 유가증권을 시가보다 낮은 가액으로 매입하는 경우 시가와 그 매입가액의 차액에 상당하는 금액은 익금에

산입하는바, 이에 대하여서는 후술한다.[284]

부당행위계산의 부인 규정에 따라 특수관계인과의 거래를 통하여 자산을 무상 또는 시가보다 낮은 가액으로 양도 또는 현물출자한 경우에는 시가를 기준으로 소득금액을 계산하는바(법세 §52 ; 법세령 §88 ① 3호), 이 경우 시가와의 차액 등을 낮은 가액으로 처분한 법인의 익금에 산입하여 당해 법인의 각 사업연도의 소득금액을 계산한다(법세령 §89 ⑤). 즉 법인이 시가보다 낮은 가액으로 양도 등 처분을 하였음에도 불구하고 시가로 처분한 것으로 의제하여 해당 법인의 소득금액을 계산하여야 한다. 그렇다면 **부당행위계산의 부인을 통하여 법인이 시가로 처분한 것으로 의제하는 경우 그 거래 상대방은 해당 자산의 취득가액을 시가로 계상할 수 있는가?** 법인세법에 따르면 이 경우에도 해당 자산의 취득가액을 매입가액으로 계상하여야 한다(법세령 §70 ② 1호). 이러한 입법은 타당하지 않다. 자세한 내용은 부당행위계산의 부인에서 살핀다. 입법론으로서 부당행위계산의 부인에 있어서도 이익을 분여한 법인에 대하여 시가와 양도가액의 차액을 익금에 산입하였다면, 그 양수법인은 해당 자산을 시가로 계상하는 것이 타당하다. 그러나 이와 같이 시가로 계상하는 경우에도 시가와 양도가액의 차액 상당의 자산을 무상으로 추가 취득한 것으로 이해하는 것은 타당하지 않다. 그 이유는 상술한 바와 같다.

저가매입한 자산과 부담부 증여자산은 구분되어야 한다. 매입의 경우에는 취득가액을 매입가격에 기반하여 계상하므로 시가와 매입가액의 차액이 무상으로 취득한 자산에 해당하는지 여부가 논의될 여지가 있지만, 증여의 경우에는 그 취득가액을 시가로 계상하므로 이를 논의할 여지 자체가 없다. 따라서 부담부 증여자산의 경우에는 해당 자산의 시가 상당액이 자산수증익에 포함되어야 하지만 해당 법인의 경제적 부담 상당액이 그 자산수증익에서 제외될 뿐이고, 해당 자산의 취득가액은 여전히 취득 당시의 시가로 계상하여야 한다. 다만 저가매입한 자산인지 아니면 부담부 증여자산인지 여부는 각 거래의 경제적 실질에 따라 판정되어야 한다.

법인세법은 무상으로 **'자산을 받았는지 여부'**를 결정하는 기준, 즉 자산수증익 귀속시기에 대한 규정을 두지 않고 있다. 따라서 법인이 자산을 받았는지 여부는 해당 자산을 기업회계기준에 따라 법인의 장부에 계상할 수 있는지 여부에 의하여 결정하여야 한다. 거래 상대방으로부터 특정 경제적 효익을 제공받거나 특정 자산에 대한 점유를 이전받았다고 하더라도 이를 기업회계 기준에 따라 법인의 자산으로서 계상할 수 없다면 이에 대하여 자산수증익을 인식할 수는 없다. 법인세법이 기업회계기준과 달리 자산으로 인정하는 경우에 해당 자산 역시 무상으로 취득한 자산이 될 수 있고, 그 자산을 취득하였는지 여부는 자산의 취득에 관한 기업회계기준이

---

284) 같은 II 13 참조.

적용되어야 한다.

자산 취득의 '**무상성**'에 대하여서는 해당 거래의 경제적 실질을 기준으로 각 구체적인 상황에 따라 판단하여야 한다.

실질과세원칙(국기 §14) 또는 개별적 조세회피방지규정(소세 §101 ②) 등의 적용으로 인하여 법인의 무상취득거래가 부인되거나 무시될 경우에는 해당 법인이 인식한 자산수증익의 인식 역시 함께 부인되어야 한다. 국가의 과세권 행사는 체계적 정합성을 갖추어야 하고, 규범적 정당성을 갖기 어려운 방식의 과세권 행사를 통하여 재정수입의 확보를 추구하는 것은 타당하지 않기 때문이다.

비영리법인이라고 할지라도 수익사업과 관련하여 자산수증익이 발생한 경우에는 영리법인의 경우와 동일하게 해석하여야 한다. 수익사업 관련성은 각 거래의 구체적 상황에 비추어 발견된 경제적 실질에 따라 판단하여야 한다.

무상으로 받은 자산의 가액이 법인세법 상 '수익'에 포함되므로 이에 대하여서는 법인세가 부과된다. 따라서 **법인은 무상으로 받은 자산에 대하여 별도로 증여세를 부담하지는 않는다.** 상속세 및 증여세법(상증세 §4의2 ③)이 수증자에게 소득세법에 따른 소득세 또는 법인세법에 따른 법인세가 부과되는 경우에는 증여세를 부과하지 아니하고 이는 소득세 또는 법인세가 소득세법, 법인세법 또는 다른 법률에 따라 비과세되거나 감면되는 경우에도 또한 같다고 규정하기 때문이다.

9. 채무면제익

채무의 면제 또는 소멸로 인하여 생기는 부채의 감소액(채무의 출자전환 시 시가 초과 주식발행액(법세 §17 ① 1호 단서)을 포함)은 법인세법 상 '수익'에 포함된다(법세령 §11 6호). 이를 통상 채무면제익이라고 한다. 채무의 면제 또는 소멸이 자본거래의 일부로서 발생하는 경우에는 수익으로서의 채무면제익을 인식할 수 없으나, 채무의 출자전환으로 주식 등을 발행하는 경우에는 그 주식 등의 시가(법세 §52 ②)를 초과하여 발행된 금액 역시 채무면제익에 포함된다(법세 §17 ① 1호 단서 ; 법세령 §11 6호). 즉 채무의 출자전환(debt-equity swap ; DES)으로 인하여 발행되는 주식의 시가 이상으로 채무가 소멸하는 경우에 그 초과액은 채무면제익에 포함된다. **법인의 채권자인 주주 또는 출자자가 그 채권을 포기하는 경우, 이를 주주 또는 출자자에 의한 출자의 납입으로 보아야 하는지 아니면 단순한 채권의 포기로 보아야 하는지 여부가 쟁점이 될 수 있다.** 전자의 경우에는 법인이 채무면제익을 인식할 수 없지만 후자의 경우에는 이를 인식하여야 한다. 이 쟁점은 주식소유비율 또는 출자비율이 채권포기액에 상응하는 정도로 변화하는지 여부에 의하여 판정되어야 한다. 채무의 출자전환에 해당하는지 여부는 해당 거래의 경제적 실질에 따라 판정하여야 한다. 채무면제익 중 법정 이월결손금(법세령 §16)을 보전하는 데에 충당한 금액은 익금에 산입하지 않는다(법세 §18 6호).

채무의 출자전환 시 '시가 초과 주식발행액'은 어떻게 계산하는가? 법인세법은 '액면금액 이상으로 주식을 발행한 경우' 그 액면금액을 초과한 금액에 해당하는 **주식발행액면초과액** 중 시가를 초과하여 발행된 금액을 익금에 산입한다고 규정한다(법세령 §17 ① 1호). 주식의 시가는 발행가액을 의미한다. 따라서 주식은 액면금액 미만으로 발행될 수도 있다. 그렇다면 액면금액 미만으로 주식을 발행하나 출자전환된 채무는 그 시가인 발행가액을 초과하는 경우에는 그 시가 초과 주식발행액을 어떻게 취급하여야 하는지 여부가 쟁점이 될 수 있다. 액면금액 자체가 주식의 시가에 영향을 미치는 것은 아니므로 액면금액 미만으로 주식을 발행하였다는 이유만으로 익금에 산입되는 시가 초과 주식발행액을 계산하지 않는 것은 경제적 실질에 반하는 것이다. 따라서 **주식 액면미달 발행**(상법 §417)**의 경우에도 출자전환된 채무가 그 시가인 발행가액을 초과한다면 익금에 산입되는 시가 초과 주식발행액을 계산하여야 한다.** 그런데 주식 액면미달 발행의 경우에 발생하는 주식할인발행차금(액면미달의 가액으로 신주를 발행하는 경우(상법 §417) 그 미달하는 금액과 신주발행비의 합계액)은 자본거래에서 발생한 잉여금에 해당하여 손금에 산입될 수 없다(법세 §20 2호). '출자전환된 채무액'이 '발행주식 액면가액의 합계액(발행가액 및 주식할인발행차금의 합계액)'에 미치지 못하는 경우에는 그 미달금액은 여전히 주식할인발행차금의 성격을 갖는다. 주식할인발행차금 중 채무면제액으로 상계되는 금액은 그 실질이 출자의 납입을 통하여 이를 주식할인발행차금과 상계하는 것에 해당하므로 이를 익금에 반영할 수는 없다. '자본거래로서 손금불산입되는 금액이 다른 잉여금 등과 상계되는 경우' 역시 익금에 산입할 수 없기 때문이다.[285] 따라서 **주식 액면미달 발행의 경우에는 '출자전환된 채무액'이 '발행주식 액면가액의 합계액'을 초과하는 때에 한하여 그 초과금액을 익금에 산입되는 시가 초과 주식발행액으로 계산하여야 한다.**

'시가 초과 주식발행액'을 '주식발행액면초과액'으로 처리한 경우에는 어떻게 세무조정하여야 하는가? 법인세법 상 익금으로 인식하여야 하는 채무출자 전환 시 '시가 초과 주식발행액'을 '주식발행액면초과액'으로 처리한 경우에는 '주식발행액면초과액'을 익금에 산입하고 이는 이미 자본에 반영되어 있으므로 기타로 소득처분하여야 한다.

---

285) 같은 절 제1관 Ⅱ 4 참조.

채무의 면제 또는 소멸의 의미는 어떻게 해석하여야 하는가? 채무의 면제 또는 소멸은 손익의 귀속시기에 영향을 미친다. 즉 채무의 면제 또는 소멸이 인식되는 시점에 채무면제익을 인식하여야 한다. 법인세법 또는 조세특례제한법이 채무의 면제 또는 소멸에 대하여 정의하지 않는다면 기업회계기준에 따라야 한다. 그런데 기업회계기준은 채무의 면제 또는 소멸에 대하여 명시적으로 정의하지는 않지만, 자산의 제거에 대하여서는 규정한다. 따라서 법인의 채무가 면제 또는 소멸되었는지 여부는 채권자의 입장에서 해당 채권이 장부에서 제거되었는지 여부에 의하여 판단하여야 한다. **기업회계기준서**에 따르면, 제거는 기업의 재무상태표에서 인식된 자산이나 부채의 전부 또는 일부를 삭제하는 것이고, 일반적으로 해당 항목이 더 이상 자산 또는 부채의 정의를 충족하지 못할 때 발생한다. 즉 자산은 일반적으로 기업이 인식한 자산의 전부 또는 일부에 대한 통제를 상실하였을 때 제거하고, 부채는 일반적으로 기업이 인식한 부채의 전부 또는 일부에 대한 현재의무를 더 이상 부담하지 않을 때 제거한다.[286] 어떤 경우에는 기업이 자산이나 부채를 이전하는 것처럼 보일 수 있지만, 그럼에도 불구하고 그 자산이나 부채가 기업의 자산이나 부채로 남을 수 있다.[287] 기업이 자산을 이전했지만 여전히 그 자산에서 발생할 수 있는 경제적 효익 중 유의적인 양(+) 또는 음(−)의 변동에 노출되는 경우, 이는 때때로 기업이 그 자산을 계속 통제할 수 있음을 나타낸다.[288] 또한 기업이 다른 당사자에게 자산을 이전하였으나 그 다른 당사자가 그 기업의 대리인으로서 자산을 보유하고 있는 경우, 양도인은 여전히 자산을 통제한다.[289] **일반기업회계기준**에 따르면, 인식이란 거래나 사건의 경제적 효과를 자산, 부채, 수익, 비용 등으로 재무제표에 표시하는 것을 말하고, 그 인식은 거래와 사건의 경제적 효과를 최초로 기록하는 것뿐만 아니라 동일한 항목에 대한 후속적인 변화와 기록되었던 항목의 제거를 모두 포함한다.[290] 즉 특정 항목이 인식 요건을 갖추지 못한 경우에 재무제표에서 제거된다. **기업회계기준에 따라 제거의 의미를 해석한다고 하더라도 채권자가 법인에 대한 채권을 통제하는지 여부는 여전히 법인세법의 해석에 관한 것이므로, 최종적으로는 법원이 경제적 실질의 관점에 따라 관련 규정의 목적 또는 취지 등을 감안하는 세법 독자적 입장에 기반하여 기업회계기준 상 문언을 해석하여야 한다.** 이 경우 해당 채권에 대한 대손사유의 발생 등 법인세법 상 규정 또는 채권의 존부에 대한 민상법 상 효과가 해당 채권의 소멸 여부에 대한 가장 중요한 경제적 실질을 구성한다.

---

286) 재무보고를 위한 개념체계 문단 5.26.
287) 재무보고를 위한 개념체계 문단 5.29.
288) 재무보고를 위한 개념체계 문단 5.29 (1), 4.24.
289) 재무보고를 위한 개념체계 문단 5.29 (2), 4.25.
290) 재무회계개념체계 문단 131.

따라서 법인세법 상 대손사유(법세 §19의2 ① ; 법세령 §19의2)가 발생하였다면 채무자인 법인은 채무면제익을 인식할 수 있다. 또한 형식적으로 채권에 대한 소멸시효가 완성되었다고 할지라도 그 소멸시효가 중단되거나 시효이익에 대한 포기의 의사표시가 있었다면 채권자가 여전히 해당 채권을 통제한다고 보는 것이 타당하다.[291]

채무면제익의 인식 범위는 어떻게 결정되어야 하는가? 법인세법 상 부채의 평가액을 기준으로 결정하여야 한다. **법인 채무면제 또는 소멸의 효과가 번복되는 경우에는 어떻게 처리하여야 하는가?** 법인세법 상 대손사유가 발생한 이후 채권자가 해당 채권을 회수하는 경우에는 그 회수한 날이 속하는 사업연도의 소득금액을 계산할 때 익금에 산입하므로(법세 §19의2 ②), 채권자에 대응하여 채무면제익을 인식하였던 법인의 경우에는 채무면제익을 인식하였던 사업연도가 아닌 그 지급하는 사업연도에 손금에 산입하여야 한다. 다만 대손사유 이외의 사유로 발생한 채무소멸 또는 채무면제의 효과가 번복이 되는 경우에는 법인세법 상 귀속시기에 관한 특별한 규정이 없으므로 법인이 채무면제익을 인식하였던 사업연도의 소득금액을 수정하여야 한다. **연대채무, 부진정연대채무 또는 보증채무 등이 면제 또는 소멸된 경우에도 채무면제익을 인식하여야 하는가?** 연대채무, 부진정연대채무 또는 보증채무 등을 법인의 부채로서 계상하여야 하는지 여부는 해당 법인이 처한 구체적 상황에 따라서 달리 결정된다. 기업회계기준에 의할 경우 해당 법인이 위 각 채무를 재무제표 상 부채로서 인식하여 계상하여야 한다면, 그 인식시점에 손금을 인식하고 그 채무가 면제 또는 소멸하는 경우에 채무면제익을 인식하는 것이 타당하다. 기업회계기준에 의하더라도 그 채무를 인식할 필요가 없는 경우라면 이에 대하여 채무면제익을 인식할 수는 없다.

한편 법인 채무의 면제 또는 소멸은 법인이 대가를 지급하지 않았음에도 그 채무가 장부에서 제거된다는 점에서 변제 또는 채무인수 등을 통하여 법인의 채무가 소멸하는 경우와는 구분된다. 채무소멸의 **'무상성'**에 대하여서는 해당 거래의 경제적 실질을 기준으로 각 구체적인 상황에 따라 판단하여야 한다.

10. 손금에 산입한 금액 중 환입된 금액

손금에 산입한 금액 중 환입된 금액은 법인세법 상 '수익'에 포함된다(법세령 §11 7호). 법인이 임의로 환입하는 경우는 위 '환입'에 포함되지 않는다. 이를 허용한다면 법인이 소득금액을

---

291) 대법원 2012.8.17. 2009두14965 ; 대법원 2012.8.23. 2010두12996.

자의로 조정할 수 있는 여지가 발생하고 이는 특별한 규정이 없는 한 자산과 부채의 평가를 허용하지 않는다는 규정(법세 §42)에도 반한다. 따라서 법인세법, 조세특례제한법 또는 기업회계기준에 따라 환입이 허용되는 경우에 한하여 손금에 산입한 금액이 법인세법 상 수익에 포함될 수 있다. 위 규정에는 환입금액은 그 환입일이 속하는 사업연도의 수익으로 계상되는 것이지 손금산입 당시의 소득금액이 수정되는 것이 아니라는 의미 역시 내포되어 있다. 손금에 산입한 재산세를 그 이후 사업연도에 환입받는 경우 등이 이에 해당한다.

'손금'에 산입된 금액에 한하여 환입된 경우 수익에 포함되는 것이므로 자산의 취득가액으로 계상된 경우에는 그 취득가액에서 환입금액을 차감하여야 한다. 이 경우에는 취득가액 계상 당시 사업연도의 소득금액을 수정하여야 한다. 손금불산입되는 세금과 공과금(법세 §21)을 환입받는 경우에는 해당 금액이 해당 법인의 수익에 포함될 수 없다. 법인의 재무제표에 수익으로 계상되어 있다면 익금불산입으로 세무조정하여야 한다.

11. 자본거래로 인하여 특수관계인으로부터 분여받은 이익

법인 단계의 자본거래로 인하여 그 법인의 주주인 법인이 특수관계인 등으로부터 분여받은 이익(법세령 §88 ① 8호, 8호의2)은 법인세법 상 '수익'에 포함된다(법세령 §11 8호). 부당행위계산의 부인이 적용되지 않는다면 이 규정은 당연히 적용되지 않는다. 또한 이 규정은 법인 단계에서 발생한 거래가 자본거래에 해당함에도 불구하고 그 주주 단계에서 손익거래가 발생할 수 있다는 점을 확인하면서도, 부당행위계산 부인 상 '이익을 분여받은 법인 단계'에서 그 이익을 익금에 산입할 것인지 여부를 부당행위계산 부인과 별도로 판단한다는 취지 역시 담고 있다. 이 규정은 법인세법 상 익금 요건에 대한 예시규정(법세 §15 ①)이기 때문이다. 따라서 자본거래로 인하여 특수관계인으로부터 분여받은 이익이 법인세법 상 익금의 요건(법세 §15)에 부합하는지 여부에 대하여 추가적으로 살펴야 하고, 이에 포섭되지 않는다면 익금산입에서 배제되어야 한다. 한편 판례는 이 경우 특수관계인에는 법인 주주뿐만 아니라 개인 주주도 포함한다고 판시한다.[292] '자본거래로 인하여 특수관계인으로부터 분여받은 이익'에 대하여서는 부당행위계산의 부인 부분에서 자세히 살핀다.

---

292) 대법원 2024.6.13. 2023두39808.

12. 특수관계인에 대한 미회수 업무무관 가지급금 등

가지급금 등(가지급금(법세 §28 ① 4호 나목) 및 그 이자)로서 '특수관계(법세령 §2 ⑧)가 소멸되는 날까지 회수하지 아니한 가지급금 등(다음 미회수 이자는 제외)' 또는 '특수관계(법세령 §2 ⑧)가 소멸되지 아니한 경우로서 가지급금(법세 §28 ① 4호 나목)의 이자를 이자발생일이 속하는 사업연도 종료일부터 1년이 되는 날까지 회수하지 아니한 경우 그 이자'는 법인세법 상 '수익'에 포함된다(법세령 §11 9호 본문). 다만, 채권·채무에 대한 쟁송으로 회수가 불가능한 경우 등 법정 사유(법세칙 §6의2)가 있는 경우는 제외한다(법세령 §11 9호 단서). **특수관계가 소멸되는 날까지 회수하지 아니한 가지급금 등을 익금에 산입하는 규정**(법세령 §11 9호 가목)**이 모법**(법세 §15 ③) **상 위임범위인 '수익의 범위 및 구분 등'에 반하는 것인가?** 위임사항인 '수익의 범위 및 구분 등'에는 '순자산의 유입으로 인한 익금'(법세 §15 ①)뿐만 아니라 '소득처분을 위한 조세정책 상 이유 등으로 익금으로 보는 것'도 포함된다고 봄이 타당한 점, 법인이 정당한 사유 없이 특수관계가 소멸되는 날까지 회수하지 않은 업무무관 가지급금 등은 '순자산의 유입으로 인한 익금'(법세 §15 ①)에는 해당하지 않지만 소득처분을 위한 조세정책 상 이유로 익금으로 보는 것으로서 그 위임 범위에 포함되므로, 위 시행령 조항(법세령 §11 9호 가목)은 위임 범위에서 그 위임 취지를 구체적으로 명확하게 한 것으로 볼 수 있는 점에 비추어, 위 시행령 조항이 모법(법세 §15 ③)의 위임 범위를 벗어남으로써 조세법률주의에 위배된다고 평가하기 어렵다.[293]

법정 사유는 '채권·채무에 대한 쟁송으로 회수가 불가능한 경우', '특수관계인이 회수할 채권에 상당하는 재산을 담보로 제공하였거나 특수관계인의 소유재산에 대한 강제집행으로 채권을 확보하고 있는 경우', '해당 채권과 상계할 수 있는 채무를 보유하고 있는 경우' 또는 '위 각 사유와 비슷한 사유로서 회수하지 아니하는 것이 정당하다고 인정되는 경우' 중 하나에 해당하는 경우를 말한다(법세칙 §6의2).

가지급금(법세 §28 ① 4호 나목)은 특수관계인에게 해당 법인의 업무와 관련 없이 지급한 가지급금 등으로서 그 명칭 여하에 불구하고 당해 법인의 업무와 관련이 없는 자금의 대여액(금융회사 등(법세령 §61 ② 각 호)의 경우 주된 수익사업으로 볼 수 없는 자금의 대여액을 포함)을 말한다(법세령 §53 본문). 다만, 다음 각 법정 금액(법세칙 §28, §44)은 제외된다(법세령 §53 단서).

---

293) 대법원 2021.8.12. 2018두34305 ; 대법원 2021.7.29. 2020두39655.

1. 미지급금(지급의제(소세 §132 ①, §135 ③)되는 미지급 상여금)에 대한 소득세(소득할 주민세와 미지급소득으로 인한 중간예납세액상당액을 포함하며, 다음 산식에 의하여 계산한 금액을 한도로 함)를 법인이 납부하고 이를 가지급금 등으로 계상한 금액(당해 소득을 실지로 지급할 때까지의 기간에 상당하는 금액에 한정)
   미지급소득에 대한 소득세액 =종합소득 총결정세액 × 미지급소득/종합소득금액
2. 국외에 자본을 투자한 내국법인이 해당 국외투자법인에 종사하거나 종사할 자의 여비·급료 기타 비용을 대신하여 부담하고 이를 가지급금 등으로 계상한 금액(그 금액을 실지로 환부받을 때까지의 기간에 상당하는 금액에 한정)
3. 법인이 우리사주조합(근로복지 §2 4호) 또는 그 조합원에게 해당 우리사주조합이 설립된 회사의 주식취득(조합원간에 주식을 매매하는 경우와 조합원이 취득한 주식을 교환하거나 현물출자함으로써 독점규제 및 공정거래에 관한 법률에 의한 지주회사 또는 금융지주회사법에 의한 금융지주회사의 주식을 취득하는 경우를 포함)에 소요되는 자금을 대여한 금액(상환할 때까지의 기간에 상당하는 금액에 한정)
4. 국민연금법에 의하여 근로자가 지급받은 것으로 보는 퇴직금전환금(당해 근로자가 퇴직할 때까지의 기간에 상당하는 금액에 한정)
5. 대표자에게 상여처분한 금액(법세령 §106 ① 1호)에 대한 소득세를 법인이 납부하고 이를 가지급금으로 계상한 금액(특수관계가 소멸될 때까지의 기간에 상당하는 금액에 한정)
6. 직원에 대한 월정급여액의 범위에서의 일시적인 급료의 가불금
7. 직원에 대한 경조사비 또는 학자금(자녀의 학자금을 포함)의 대여액
7의2. 중소기업(조특령 §2)에 근무하는 직원(지배주주 등인 직원은 제외)에 대한 주택구입 또는 전세자금의 대여액
8. 금융기관부실자산 등의 효율적 처리 및 한국자산관리공사의 설립에 관한 법률에 의한 한국자산관리공사가 출자총액의 전액을 출자하여 설립한 법인에 대여한 금액

특수관계인에 대한 미회수 업무무관 가지급금 등을 특수관계가 소멸하는 시점에 익금에 산입하는 근거는 무엇인가? 법인세법은 법인의 장부 계상과 무관하게 특수관계가 소멸하는 시점(미수이자가 1년을 초과하여 회수되지 않은 경우 역시 포함)까지 미회수한 업무무관 가지급금 등이 특수관계인에게 이미 유출되어 회수가능성이 없는 것으로 의제한다. 이로 인하여 법인세법 상 순자산과 재무제표 상 순자산이 달라지는 것으로 의제하는 효과 및 법인의 장부상 가지급금 등이 동일하게 계상되어 있음에도 불구하고 해당 가지급금 등 상당액이 유출된 것으로 의제하는 효과가 발생한다.

먼저 법인세법 상 순자산과 재무제표 상 순자산의 불일치와 관련하여 살핀다. 법인세법이 가지급금 등이 사외유출된 것으로 의제하였지만 해당 가지급금 등은 법인의 장부에 여전히

계상되어 있으므로, 해당 가지급금 등을 사후관리하여야 할 필요가 있다. 따라서 해당 가지급금 등을 사후관리하기 위하여서는 가지급금 등 상당액을 손금에 산입하면서도 이를 △유보로 소득처분하여야 한다. △유보는 법인의 장부에서 가지급금 등이 현실적으로 제거될 때 유보로 소득처분하여 두 소득처분이 상쇄되어 소멸한다. 법인의 장부에 계상된 가지급금 등이 최종적으로 대손처리되거나 회수되는 과정을 통하여 법인의 장부에서 현실적으로 제거된다. 해당 가지급금 등이 대손상각을 통하여 법인의 장부에서 제거되는 경우에는 가지급금 등 상당액에 대하여 익금(유보)의 소득처분을 하고 그 소득처분은 해당 가지급금 등에 대한 손금(△유보)의 소득처분과 상쇄되는 방법으로 사후관리된다. 이러한 결과는 업무무관 가지급금 등에 대하여 법인이 계상한 대손금은 손금불산입되어야 한다는 규정(법세 §19의2 ② 2호)과 정합성을 이룬다. 만약 법인이 대손처리한 가지급금 등이 나중에 회수된 경우에는 장부 상 대손처리된 가지급금 등이 회수되었으므로 법인이 이를 수익으로 인식할 것이나 대손처리된 가지급금 등에 대하여서는 이미 법인세법 상 손금불산입되어 소득금액에 가산되었으므로 다시 회수된 금액을 익금에 산입할 수는 없다. 즉 법인이 회수된 금액에 대하여 인식하는 수익은 이미 법인세법 상 순자산에 반영되어 있다. 따라서 법인의 장부상 계상한 수익에 대하여 익금불산입(기타)로 소득처분하여야 한다. 한편 법인이 가지급금 등을 회수하는 경우에는 해당 가지급금 등 상당액에 대하여 익금(유보)의 소득처분을 하여야 하고, 해당 가지급금 등에 대한 손금(△유보)의 소득처분은 그 익금(유보)의 소득처분과 상쇄되는 방법으로 사후관리된다. 법인의 장부 상 가지급금 등이 현금 등 자산으로 대체되는 것에 대하여서는 세무조정의 효과가 발생하지 않는다.

가지급금 등의 사외유출 의제와 관련하여 살핀다. 법인세법 상 특수관계가 소멸하는 시점에 가지급금 등이 유출되어 순자산이 감소한 것으로 의제되었으므로 해당 금액을 손금에 산입하여야 할 것이나 법인세법은 다시 특수관계가 소멸하는 시점까지 미회수한 업무무관 가지급금 등을 수익에 포함한다고 규정한다. 이로 인하여 세무조정 상 손금에 산입된 가지급금 등 상당액과 익금으로 인식된 가지급금 등 상당액이 상쇄되는 결과에 이르게 된다. 즉 이는 법인세법 상 가지급금 등 상당액이 사외유출된 것으로 의제하지만 해당 금액을 손금에는 불산입하는 것과 같다. 따라서 손금불산입(사외유출)로 처분하여야 한다. 다만 법인의 '대표자' 와의 특수관계가 소멸될 때까지 회수하지 아니함에 따라 익금에 산입한 금액은 항상 기타 사외유출로 처분하여야 한다(법세령 §106 ① 3호 아목).

결과적으로 특수관계가 소멸하는 시점 당시 미회수한 업무무관 가지급금 등과 관련된 손금산 입(△유보) 소득처분의 효과와 손금불산입(사외유출) 소득처분의 효과가 상쇄되어 소득금액

상으로는 변화가 발생하지 않는다. 이러한 효과는 법인세법이 특수관계가 소멸하는 시점에 업무무관 가지급금 등에 대하여 아무런 세무조정을 하지 않은 경우와 동일하다. 다만 사외유출 소득처분으로 인하여 해당 소득에 대한 법인의 원천징수의무가 추가적으로 발생할 뿐이다. 기타 사외유출로 처분하는 경우에는 원천징수의무가 발생하지 않는다.

이상의 논의에 따르면, **법인세법이 특수관계가 소멸하는 시점까지 미회수한 업무무관 가지급 금 등이 특수관계인에게 유출된 것으로 의제함으로써 발생하는 손금산입 효과를 상쇄하기 위하여 그 가지급금 등 상당액을 익금에 포함하는 것으로 보아야 한다.** 즉 법인이 계상한 가지급금에 변화가 없고 설사 가지급금을 회수하였다고 하더라도 이로 인하여 손익이 발생하지 않음에도 불구하고 특수관계의 소멸을 계기로 손금산입과 익금산입을 동시에 의제하는 것이다. 특수관계인에 대한 가지급금을 규제하기 위한 목적에서 법인세법이 특별하게 인정하는 것으로 보아야 한다.

만약 가지급금 유출로 인한 손금산입과 그에 상응하는 익금산입을 동시에 의제하지 않고, 특수관계가 소멸하는 등 사유가 발생하였다는 이유만으로 법인의 장부에 이미 계상된 가지급금 등 계상금액을 별도의 익금으로 즉시 인식하는 것은 이론적 및 규범상 성립할 수 없다. 이 경우 가지급금 등이 법인의 장부에 계상되어 있으므로 특수관계가 소멸하였다는 사정이 발생한다고 할지라도 이로 인하여 추가적으로 순자산이 증가할 수는 없고, 설사 가지급금 등이 회수되었다고 할지라도 이로 인하여 가지급금 등이 현금 등 자산으로 대체될 뿐 익금이 발생할 여지가 없기 때문이다. 게다가 법인세법 및 조세특례제한법은 법인의 순자산 증가가 수반되지 않는 별도의 익금을 인식할 수는 없고 다만 경제적 이중과세를 조정하는 등 기술적 이유 또는 특수관계인 사이의 거래를 규제하는 등 정책적 목적을 위하여 익금산입과 손금산입을 동시에 의제하는 것이 가능할 뿐이다.[294]

법인이 가지급금 등을 장부에 계상하지 않았다면, 가지급금 등을 법인세법이 추가적으로 인식하고 이로 인하여 발생한 '법인의 장부와 법인세법 사이에서 발생한 순자산 불일치'에 대하여 사후관리를 하여야 하므로 익금산입(유보)로, 또한 그 가지급금 등이 사외로 유출되어 소멸한 것으로 의제하므로 손금산입(△유보) 손금불산입(사외유출)로 각 소득처분을 하여야 한다. 익금산입(유보)와 손금산입(△유보)의 효과는 서로 상쇄되므로 결국 손금불산입(사외유출)의 소득처분만을 하면 된다.

'특수관계가 소멸되는 날까지 회수하지 아니한 가지급금 등'의 범위에서 제외되는 사유를

---

294) 같은 절 제1관 Ⅱ 4 및 Ⅲ 4 참조.

제한적으로 열거하는 점 및 익금에 산입하지 않는 법정사유를 제한하고 그 제한 사유와 유사한 경우에 한하여 익금에 산입하지 않는다고 규정한 점은 실질과세원칙의 측면에서 정당화될 수 있는가? 특수관계인에 대한 미회수 업무무관 가지급금 등을 특수관계가 소멸하는 시점에 익금에 산입하는 것을 뒷받침하는 정책적 근거는 존재한다. 다만 법인이 특수관계인에 대하여 가지급금을 지급하여야 하는 점 및 특수관계가 소멸하는 시점에 가지급금을 회수하지 않은 점과 관련하여 각 당사자들 사이에 이를 설명할 수 있는 경제적 합리성이 존재할 수 있음에도 불구하고 법인세법이 이를 무시하고 해당 각 사유들의 범위를 인위적으로 제한하여 경제적 실질에 따른 판단 자체를 배제하는 것은 정당화될 수 없다. 게다가 법인세법이 실제 발생하지 않은 거래를 발생한 것으로 의제하여 과세한다고 할지라도 이에서 벗어날 수 있는 사유들은 반드시 열거하여 한정적으로 규정하여야 한다는 입장을 설명할 수 있는 별도의 규범적 정당성 역시 찾기 어렵다. 경제적 실질에 따른 과세권의 행사를 내용으로 하는 실질과세원칙은 헌법상 조세평등주의에서 연원하는 것인바, 법인세법 상 개별규정에 의하여 경제적 실질에 따른 판단 자체를 배제하는 것은 조세평등주의에 반하는 것이다. 그렇다면 '특수관계가 소멸되는 날까지 회수하지 아니한 가지급금 등'의 범위에서 제외되는 사유를 제한적으로 열거하고, 익금에 산입하지 않는 법정사유 역시 제한적으로 인정하는 현행 시행령 규정은, 해당 법인이 법정 사유와 관계없이 별도의 정당한 사유를 주장할 수 있는 여지를 두지 않는 한, 조세평등주의에 반하는 것으로 허용될 수 없다고 보아야 한다.

13. 특수관계인인 개인으로부터 저가 매입한 유가증권의 시가와 그 매입가액의 차액

특수관계인인 개인으로부터 유가증권을 시가(법세 §52 ②)보다 낮은 가액으로 매입하는 경우 시가와 그 매입가액의 차액에 상당하는 금액은 익금으로 본다(법세 §15 ② 1호). 익금에 산입한 시가와 그 매입가액의 차액은 양수법인의 해당 유가증권에 대한 취득가액에 포함된다(법세령 §72 ③ 1호). 개인이 특수관계인에게 시가보다 낮은 가격으로 자산을 양도한 때에는 양도소득의 부당행위계산 규정이 적용되어 양도가액을 시가로 하여 양도소득을 계산한다(소세 §101 ; 소세령 §167 ③, ④). 유가증권 역시 자산에 포함되나 법정 유가증권(소세 §94 ① 3호 ; 소세령 §157)만이 양도소득 과세대상에 포함된다. 따라서 채권 및 일부 주식 등은 양도소득 과세대상이 아니므로 이에 대하여서는 양도소득의 부당행위계산 규정이 적용되지 않는다. 다만 시가보다 높은 가액으로 법인이 매입하는 경우에는 양수법인에 대하여 부당행위계산 부인규정이 적용되어 그 시가초과액은 양수법인의 취득가액에서 제외된다(법세령 §72 ④ 3호, §88 ① 1호).

특수관계인인 법인으로부터 유가증권을 시가보다 낮은 가액으로 매입하는 경우에는 부당행위계산 부인규정이 적용되어 시가와 매입가액의 차액이 양도법인의 익금에 산입된다(법세 §52 : 법세령 §88, §89). 부당행위계산 부인규정이 적용되는 경우에는 취득가액에 대한 특별한 규정이 없어서 매입한 자산에 대한 일반원칙에 따라 양수법인은 매입가액에 따라 취득원가를 계상한다(법세령 §72 ② 1호).[295] 다만 시가보다 높은 가액으로 법인이 매입하는 경우에는 부당행위계산 부인규정이 적용되어 그 시가초과액은 양수법인의 취득가액에서 제외된다(법세령 §72 ④ 3호, §88 ① 1호).

유가증권을 매입한 거래에 대하여서만 적용된다. 유가증권을 법인이 취득하는 거래가 매입거래에 해당하는지 여부는 그 경제적 실질에 의하여 판단하여야 한다. 법인세법은 매입에 대하여 명시적으로 정의하지 않는다. 익금의 인식이 동반되므로 자본거래 또는 자본거래의 일부를 구성하는 거래는 제외되어야 하고, 대가가 지급되어야 하므로 유상거래에 해당하여야 한다. 경제적 실질에 의하여 판단하여야 하므로 반드시 매매의 형식을 갖출 필요는 없다. 따라서 매입거래를 자본거래 또는 그 일부에 해당하지 않는 유상거래를 의미하는 것으로 보는 것이 타당하다. 따라서 자기주식을 감자 또는 소각의 목적으로 취득하거나 유가증권을 저가로 현물출자받은 경우 등은 매입거래에서 제외된다.

법인이 특수관계인인 개인으로부터 유가증권을 매입하는 시점에 시가와 그 매입가액의 차액에 상당하는 금액은 익금산입(유보)로 소득처분한다. 향후 양도 시 사후관리를 위한 것이다. 해당 유가증권의 양도 시점에는 손금산입(△유보)로 소득처분하여 이는 익금산입(유보)와 상쇄된다.

법인세법이 유가증권 모두에 대하여 양도소득 과세대상에 포함되는지 여부와 무관하게 특수관계인인 개인으로부터 양수하였다는 이유만으로 그 취득가액을 시가로 계상하여야 한다고 규정하는 것은 타당하지 않다. 그 이유는 다음과 같다.

첫째, 법인세법은 타인으로부터 매입한 자산은 원칙적으로 그 매입가액을 취득가액으로 계상하는바, 유가증권의 양수시점에 시가와 그 매입가액의 차액에 상당하는 금액을 익금에 산입하는 것은 취득가액의 계상에 관한 일반원칙에 벗어나는 것이다.

---

295) 양수인이 법인인 경우에도 시가를 기준으로 부당행위계산의 부인을 적용한다는 규정(법세 §52 ②)에 근거하여 해당 자산의 매입가액을 실제거래가액에 시가부족액을 더한 금액으로 해석할 여지가 있다 : 같은 장 제2절 제8관 II 3.1.3 참조.

둘째, 부당행위계산 부인규정이 적용되는 경우에도 저가양수한 양수법인 단계에서는 매입가액을 취득가액으로 계상한다.[296]

셋째, 동일한 유가증권이라고 할지라도 '특수관계인인 개인으로부터 매입한 경우'와 '특수관계인인 법인으로부터 매입한 경우' 그 취득가액을 달리 계상하여야 하는 것은 타당하지 않다.

넷째, '양도소득 과세대상인 유가증권'을 '특수관계인인 개인으로부터 저가로 매입한 경우' 양도인 단계에서 양도소득에 대한 부당행위계산 규정이 적용되어 시가부족액에 대하여 추가로 과세됨과 동시에 양수법인에 대하여 그 양수시점에 그 시가부족액에 대하여 다시 과세하는 것을 합리화할 수는 없다.

다섯째, '양도소득 과세대상에 포함되지 않는 채권 및 일부 유가증권'에 대하여서는 양도인 단계에서는 과세되지 않으므로, 양도소득에 대한 부당행위계산의 부인이 적용되지 않아서 시가부족액에 대한 추가 과세 역시 이루어지지 않는다. 그럼에도 불구하고 '법인이 특수관계인인 개인으로부터 유가증권을 매입한 경우'에는 그 법인 단계에서 시가부족액이 그 양수시점에 과세되고, 해당 자산의 취득가액 역시 시가로 계상되어야 한다. 양도인 단계에서 부당행위계산의 부인이 적용되지 않음에도 불구하고 양수인인 법인 단계에서는 그 양수시점에 부당행위계산의 부인을 적용하는 것과 동일한 효과를 발생시키는 것에 해당한다. 이는 부당하다. '특수관계인인 법인으로부터 유가증권을 매입한 경우'에는 취득가액 계상에 관한 일반원칙이 적용되어 그 채권 및 일부 유가증권의 매입가액이 취득가액으로 계상되고, 양도시점에는 그 매입가액이 손금에 산입된다. 그런데 법인 단계에서 양수시점에 시가와 매입가액의 차액을 익금에 산입하지 않더라도 향후 양도시점에 해당 차액만큼 손금이 적게 인식되는 효과가 발생하므로, 특정 자산의 양수시점에 취득가액을 시가로 계상하는 것을 강제할 규범적 당위성이 있다고 할 수 없다.

'양도소득 과세대상인 유가증권'의 경우 위 시가계상 규정의 적용 상 문제가 많다면, '양도소득 과세대상에 포함되지 않는 채권 및 일부 유가증권'을 특수관계인인 개인으로부터 저가로 매입한 경우에 대하여서는 양수법인이 시가와 그 매입가액의 차액에 상당하는 금액을 양수시점에 익금에 산입하여야 할 필요성은 있는 것인가? 양도소득 과세대상에 포함되지 않은 유가증권

---

296) 법인이 특수관계인에게 무상 또는 저가로 양도하여 부당행위계산의 부인이 적용되는 경우 그 양수인인 법인 단계에서 '시가를 기준으로 부당행위계산의 부인을 적용한다는 규정'(법세 §52 ②)에 근거하여 해당 자산의 매입가액을 실제거래가액에 시가부족액을 더한 금액으로 해석할 여지는 있으나, 그 경우에도 이는 양도인 단계에서 시가부족액이 과세되고 그 결과를 양수인 단계의 취득가액에 반영하는 것에 불과한 것으로서 양수인 단계에서 그 양수시점에 시가부족액에 대하여 과세하는 것과는 구분된다 ; 같은 장 제2절 제8관 Ⅱ 3.1.3 참조.

을 개인이 특수관계인인 법인에게 매각하는 경우에는 오히려 그 양도가액을 가능한 한 높게 설정하려는 유인이 있다. 양수법인 역시 그 취득가액을 높게 계상하려는 유인을 가진다. 향후 양도시점에 양도차익을 적게 인식할 수 있기 때문이다. 따라서 **어떠한 경우에 특수관계 사이인 개인과 법인이 양도가액을 시가보다 낮게 설정하려고 할 것인지에 대하여 추가로 살필 필요가 있다.** 현행 규정은 특수관계인인 개인이 유가증권을 저가로 양도하는 방식을 통하여 이익을 법인에 분여하였음에도 불구하고 그 개인에 대하여서는 양도소득이 과세되지 않고 해당 법인이 시가와 매입가액의 차액에 대하여 수증익을 인식하지 않는 것은 타당하지 않다는 점을 고려한 것으로 보인다. 그런데 이러한 현상은 유가증권이 아닌 자산이라고 할지라도 그에 대하여 양도소득이 과세되지 않는다면 해당 자산의 양수 시점에 동일하게 발생하는 것이고, 이는 해당 자산의 향후 양도 시점에는 자동적으로 해소되므로 이를 들어 문제라고 할 수도 없다. 또한 유가증권을 양도한 개인과 해당 '법인의 주주'가 특수관계라고 할지라도 그 주주에게 저가 양도로 인하여 즉시 이익이 실현되는 것도 아니며 해당 주식을 양도하는 경우에는 위 차액에 해당하는 만큼 손금을 적게 인식할 것이므로 위 현상은 그 양도 시점에 역시 자동적으로 해소된다. 설사 증여이익이 발생한다고 하더라도 이는 상속세 및 증여세법(상증세 §45의5 등)에 의하여 해결할 사안이다. 게다가 저가매입한 자산은 무상으로 받은 자산에 포함되지 않고 시가와 매입가액의 차액 자체가 별도의 자산을 구성하는 것이 아니므로 이에 대하여 자산수증익을 인식하는 것 역시 타당하지 않다. 법인세법 역시 이러한 전제 하에 타인으로부터 매입한 자산은 원칙적으로 매입가액에 기반하여 취득가액을 계상한다(법세 §41 ; 법세령 §72). 따라서 법인세법이 저가매입한 자산에 대하여 시가와의 차액을 매수 당시에 익금에 산입하도록 규정하는 경우는 법인세법이 기왕에 인식한 자산의 계상금액을 시가로 수정하는 것에 불과한 것인바, 취득가액 계상에 관한 일반원칙에서 벗어나 이를 뒷받침할 수 있는 규범적 당위성 및 합리성은 존재하지 않는다. 이상의 논의에 비추어 보면 **'양도소득 과세대상에 포함되지 않는 채권 및 일부 유가증권'을 특수관계인인 개인으로부터 저가로 매입한 경우에도 양수법인이 시가와 그 매입가액의 차액에 상당하는 금액을 그 양수시점에 익금에 산입하여야 할 규범적 당위성 또는 합리성이 존재하지 않는다. 따라서 현행 규정은 폐지되는 것이 타당하다.**

14. 세액공제된 간접외국납부세액

내국법인의 각 사업연도의 소득금액에 외국자회사로부터 받는 수입배당금액이 포함되어 있는 경우 그 외국자회사의 소득에 대하여 부과된 외국법인세액 중 그 수입배당금액에 대응하는 법정 금액(법세령 §94)은 세액공제 또는 손금산입되는 외국법인세액으로 본다(법세 §57 ④). 이 경우 해당 외국법인세액을 통상 간접외국납부세액이라고 한다. 현실적으로는 외국자회사로부터 간접외국납부세액이 공제된 금원을 수입배당금으로 수령한다. 그러나 간접외국납부세액을 세액공제하기 위하여서는, 먼저 간접외국납부세액이 공제되지 않은 금원을 외국자회사로부터 받는 수입배당금으로 보아 법인세액을 계산하고 그 법인세액에서 간접외국납부세액을 공제하는 방법을 적용하여야 한다. 법인세법은 해당 간접외국납부세액이 공제되기 이전 상태의 소득금액을 만들기 위하여 간접외국납부세액을 익금에 산입하는 것이다. 간접외국납부세액을 손금에 산입한다는 것은 외국자회사로부터 현실적으로 받는 금원, 즉 간접외국납부세액이 공제된 금원을 수입배당금으로 법인세액을 계산한다는 것을 의미한다. 따라서 간접외국납부세액을 익금에 산입할 이유가 없다. 이러한 이유로 법인세법은 세액공제되는 간접외국납부세액만을 익금에 산입한다.

법인 순자산의 증가가 수반되지 않은 간접외국납부세액을 법인의 익금으로 의제하는 것이 가능한가? 법인세법 및 조세특례제한법이 법인의 순자산 증가가 수반되지 않는 별도의 익금을 인식할 수는 없으나 법인세법 및 조세특례제한법이 경제적 이중과세를 조정하는 등 기술적 이유 또는 특수관계인 사이의 거래를 규제하는 등 정책적 목적을 위하여 익금산입과 손금산입 (또는 세액공제)을 동시에 적용하는 것은 가능하다.[297] 따라서 법인세법이 법인과 법인 주주 사이의 경제적 이중과세를 조정하기 위하여 익금산입을 의제하고 동시에 세액공제를 적용하는 것은 설사 익금산입이 법인 순자산의 증가와 무관하다고 할지라도 허용된다.

15. 동업기업으로부터 배분받은 소득금액

동업기업은 2명 이상이 금전이나 그 밖의 재산 또는 노무 등을 출자하여 공동사업을 경영하면서 발생한 이익 또는 손실을 배분받기 위하여 설립한 단체를 말하고(조특 §100의14 1호), 동업자는 동업기업의 출자자인 거주자, 비거주자, 내국법인 및 외국법인을 말한다(조특 §100의14 2호). 동업기업에 대하여서는 소득세 또는 법인세를 부과하지 아니하고(조특 §100의15 ①), 동업자는 배분(조특 §100의18)받은 동업기업의 소득에 대하여 소득세 또는 법인세를 납부할 의무를 진다(조특 §100의15 ②). 따라서 동업자가 동업기업으로부터 배분받은 소득에 대하여 소득세 또는 법인세

---

297) 같은 절 제1관 Ⅱ 4 참조.

를 납부하여야 하므로, 동업자는 동업기업으로부터 배분받은 소득을 자신의 소득으로 인식하여야 한다. 이러한 이유로 법인세법은 동업기업으로부터 배분받은 소득을 법인인 동업자의 익금으로 규정한다(법세 §15 ② 3호).

동업기업 소득의 배분절차는 다음과 같다. 동업자군별 동업기업 소득금액 또는 결손금은 동업자를 거주자, 비거주자, 내국법인 및 외국법인의 네 개의 동업자군으로 구분하여 각 군별로 동업기업을 각각 하나의 거주자, 비거주자, 내국법인 또는 외국법인으로 보아 계산한 해당 과세연도의 소득금액 또는 결손금을 말한다(조특 §100의14 4호). 동업자군별 배분대상 소득금액 또는 결손금은 각 과세연도의 종료일에 해당 동업자군에 속하는 동업자들에게 동업자 간의 손익배분비율에 따라 배분하나, 동업기업의 경영에 참여하지 아니하고 출자만 하는 수동적 동업자(조특령 §100의18 ①)에게는 결손금을 배분하지 아니하되 해당 과세연도의 종료일부터 10년 이내에 끝나는 각 과세연도에 그 수동적 동업자에게 소득금액을 배분할 때 배분되지 않은 결손금을 그 배분대상 소득금액에서 법정 절차(조특령 §100의18 ②)에 따라 공제하고 배분한다(조특 §100의18 ①).

16. 의제배당금액

16.1. 서설

법인세법 상 의제배당에 대하여 살피기 이전에 배당에 대하여 먼저 살핀다. 법인세법은 배당에 대하여 명시적으로 정의하지 않는다. 다만 배당금 또는 분배금을 의제하면서 특정 금액을 '법인이 출자한 피출자법인으로부터 이익을 배당받았거나 잉여금을 분배받은 금액'으로 본다고 규정한다(법세 §16 ①). 또한 이익의 배당금 또는 잉여금의 분배금을 통합하여 이를 배당금액으로 정의한다(법세 §18의2 ①). 따라서 **법인세법 상 배당은 법인이 출자한 피출자법인으로부터 이익을 배당받았거나 잉여금을 분배받은 금액을 의미한다.**

법인이 피출자법인으로부터 배당받는 '이익'은 무엇을 의미하는가? 법인이 피출자법인으로부터 배당받은 '이익'은 각 익금 항목이 아닌 **이익잉여금**으로 보아야 한다. 익금의 총액에서 손금의 총액을 차감한 금액은 소득금액으로서 계산되고 해당 소득금액이 다시 여러 단계를 거쳐서 세무상 이익잉여금으로서 적립되는 것이므로, 주주가 각 익금 항목을 수령하는 것을 상정할 수 없기 때문이다. 즉 이익잉여금을 법인의 배당절차를 통하여 수령한 금액이 배당소득에 해당한다.

모든 영리내국법인이 배당가능이익에 대한 배당절차를 두고 있는가? 모든 영리내국법인이 배당가능이익에 대한 배당절차를 두는 것은 아니다. 상법 상 주식회사 및 유한회사의 경우에는 배당가능이익을 계산하고(상법 §462 ①, §583 ①), 그 배당가능이익에 대한 배당절차를 두고 있다(상법 §462 ②, §580, §583 ①). 유한책임회사의 경우에는 배당이라는 용어가 아닌 잉여금의 분배(상법 §287의37)에 대하여 규정한다. 잉여금은 대차대조표상의 순자산액으로부터 자본금의 액을 뺀 금액을 의미하고(상법 §287의37 ①), 자본금은 사원이 출자한 금전이나 그 밖의 재산가액을 의미한다(상법 §287의35). 잉여금은 정관에 다른 규정이 없으면 각 사원이 출자한 가액에 비례하여 분배한다(상법 §287의37 ④). 유한책임회사의 경우 잉여금은 주식회사 및 유한회사의 배당가능이익과 동일한 개념에 해당한다. 유한책임회사의 자본금에는 주식회사 등의 자본금과 자본잉여금에 해당하는 주식발행액면초과액 등이 포함된 것이고, 유한책임회사에 대하여서는 주식회사 및 유한회사의 경우와 달리 자본의 유지를 위한 법정적립금에 대한 규정(상법 §458~§460, §583 ①)이 없기 때문이다. 즉 유한책임회사의 경우 잉여금의 분배라는 용어를 사용하지만 이는 주식회사 및 유한회사의 이익잉여금에 대한 배당과 동일하다. 이상의 논의를 종합하면 다음과 같이 정리할 수 있다. **주식회사, 유한회사 및 유한책임회사는 배당가능이익을 산출한 후 그 배당가능이익에 대한 배당절차를 두고 있다.** 한편 합명회사의 경우에는 각 회사의 순자산 총액이 사원의 재산출자액을 초과하는 경우에는 이익이고 그 부족액은 손실에 해당하고, 법정준비금 제도도 없으며 이익이 없어도 배당할 수 있다.[298] 손실 역시 각 사원에게 분배된다. 합명회사 사원이 연대·무한책임을 부담하므로 그 사원이 회사의 대외적 신용의 기초를 구성하기 때문이다.[299] 손익의 분배는 정관에 특별한 규정이 없으면 각 사원의 출자비율에 따른다(상법 §195 : 민법 §711). 합자회사의 경우에는 합명회사의 경우와 동일하게 손익을 배분할 수 있으나(상법 §269, §195 : 민법 §711), 유한책임사원은 그 출자액을 한도로 손실을 분담한다.[300] 이상의 논의를 종합하면 다음과 같이 정리할 수 있다. **합명회사와 합자회사는 법인 단계의 이익 또는 손실을 그 순자산 총액과 사원의 재산출자액을 비교하여 결정하는바, 이익이 없는 경우에도 순자산을 사원에게 분배할 수 있을 뿐만 아니라 손실 역시 각 사원에게 분배할 수 있다. 즉 합명회사와 합자회사의 경우에는 이익이 아닌 사원의 출자재산액 및 손실 역시 사원에게 분배될 수 있다.** 법인세법 상 배당은 법인이 출자한 피출자법인으로부터 이익을 배당받았거나 잉여금을 분배받은 금액을 의미하므로, 합명회사와 합자회사의 경우 분배된 손실은 법인세법 상 배당과는

---

298) 이철송, 전게서, 164면.
299) 상게서, 165면.
300) 상게서, 194면.

무관하다.

　　영리내국법인의 배당가능이익은 상법 상 이익잉여금만으로 구성되는가? 주식회사의 배당가능이익은 회사는 대차대조표의 순자산액으로부터 '자본금의 액', '그 결산기까지 적립된 자본준비금과 이익준비금의 합계액', '그 결산기에 적립하여야 할 이익준비금의 액' 및 '법정 미실현이익(상법령 §19)'을 공제하여 계산한다(상법 §462 ①). 법정 미실현이익은 회계 원칙(상법 §446의2)에 따른 자산 및 부채에 대한 평가로 인하여 증가한 대차대조표상의 순자산액으로서, 미실현손실과 상계하지 아니한 금액을 말하나, '파생결합증권(자본시장 §4 ② 5호)의 거래를 하고, 그 거래의 위험을 회피하기 위하여 해당 거래와 연계된 거래를 한 경우로서 각 거래로 미실현이익과 미실현손실이 발생한 경우' 및 '파생상품(자본시장 §5)의 거래가 그 거래와 연계된 거래의 위험을 회피하기 위하여 한 경우로서 각 거래로 미실현이익과 미실현손실이 발생한 경우'에는 미실현이익과 미실현손실을 상계할 수 있다. 즉 **주식회사의 배당가능이익은 자본금에서 법정준비금 및 회계원칙에 따른 자산·부채의 평가에 따른 미실현이익을 제외하여 계산한다.** 또한 회사는 적립된 자본준비금 및 이익준비금의 총액이 자본금의 1.5배를 초과하는 경우에 주주총회의 결의에 따라 그 초과한 금액 범위에서 자본준비금과 이익준비금을 감액할 수 있다(상법 §461의2). 이를 **준비금의 감소**라고 한다. 그런데 준비금의 감소를 통하여 배당가능이익의 산정시 자본금에서 공제되어야 할 자본준비금이 감소하는 효과가 발생하고 이로 인하여 감액된 자본준비금이 배당가능이익에 편입되는 결과에 이르게 된다. 즉 **준비금의 감소를 통하여 자본잉여금에 해당하는 자본준비금이 주식회사의 배당가능이익에 포함되는 결과가 발생할 수 있다.** 유한회사의 경우에는 주식회사의 법정준비금(상법 §458~§460), 이익배당(상법 §462) 및 중간배당(상법 §462의3)에 관한 규정을 준용하나(상법 §583 ①), 준비금의 자본전입(상법 §461) 및 준비금의 감소(상법 §461의2)에 관한 규정은 준용하지 않는다(상법 §583 ①). 즉 **유한회사는 배당가능이익을 주식회사와 동일한 방법으로 계산하나 준비금을 법정준비금을 감소할 수는 없다. 따라서 유한회사의 경우 법정준비금의 감소가 적용되지 않으므로 상법 상 자본준비금이 배당가능이익에 포함될 수는 없다.** 유한책임회사의 경우에는 잉여금은 주식회사 및 유한회사의 배당가능이익과 동일한 개념에 해당하나, 주식회사 및 유한회사의 경우와 달리 자본의 유지를 위한 법정적립금에 대한 규정(상법 §458~§460, §583 ①)이 없다. 따라서 유한책임회사의 경우 주식회사 등의 **배당가능이익에 해당하는 잉여금에 주식회사 등의 자본준비금에 상응하는 자본잉여금이 포함될 수는 없다.** 합명회사와 합자회사의 경우에는 상법 상 배당가능이익이라는 개념을 상정할 수 없으므로 이상과 같은 논의의 실익이 없다.

법인세법 상 '잉여금'을 어떻게 해석하여야 하는가? 법인세법은 해산에 의한 청산소득 금액의 계산과 관련하여 '자본금 또는 출자금'과 '잉여금'의 합계액을 자기자본의 총액으로 정의한다(법세 §79 ①). 모든 법인은 해산될 수 있고 청산소득을 계산할 경우와 내국법인의 소득금액을 계산할 경우 자기자본의 총액이 달리 해석되어야 할 규범적 정당성이 없고 내국법인 의 소득금액을 계산과 관련하여 법인세법이 잉여금을 달리 정의하지도 않는다. 따라서 청산소득 의 계산에 관련된 잉여금 및 자기자본 총액에 대한 정의는 내국법인의 소득금액을 계산함에 있어서도 그대로 적용되어야 한다. 그렇다면 **법인세법 상 잉여금은 자본의 총액 중 '자본금 또는 출자금'을 제외한 금원을 의미한다.** 이러한 해석은 법인의 '잉여금'의 전부 또는 일부를 '자본이나 출자'에 전입함으로써 주주 등인 내국법인이 취득하는 주식 등의 가액이 배당에 포함될 수 있다는 취지의 법인세법 상 문언(법세 §16 ① 2호)에도 부합된다. **법인세법 상 '잉여금'은 어떻게 구성되는가?** 법인세법 상 자본의 총액은 법인세법이 기업회계기준을 전제로 하고 있으므로, 자산·부채의 계상 또는 손익의 귀속시기에 관하여 법인세법 또는 조세특례제한법이 별도의 규정한 경우를 제외한다면 기업회계기준에 의한 순자산 및 자본의 총액은 법인세법에 의한 순자산 및 자본의 총액과 원칙적으로 동일하다. 따라서 법인세법 상 자본의 총액은 기업회계기준 상 '자산의 총액'에서 '부채의 총액'을 공제한 금액을 뜻하는 자본의 총액과 동일하며 이는 '자본금, 자본잉여금(자본조정을 포함) 및 이익잉여금(기타포괄손익누계액을 포함)의 합계액'으로 달리 표현할 수 있다.[301] 그런데 **유한책임회사, 합명회사 및 합자회사의 '자본금 또는 출자금'은 사원의 출자재산액 자체를 의미하는 것으로 보아야 하고, 그 '자본금 또는 출자금'에는 자본잉여금 역시 포함된다.** 이들 회사의 '자본금 또는 출자금'에는 주식회사 등의 자본금과 자본잉여금에 해당하는 주식발행액면초과액 등이 포함되고, 주식회사 및 유한회 사의 경우와 달리 자본의 유지를 위한 법정적립금에 대한 규정(상법 §458~§460, §583 ①)이 없기 때문이다. 즉 **법인세법 상 잉여금은 자본잉여금과 이익잉여금으로 구성된다.** 그러나 **유한책임회사, 합명회사 및 합자회사의 경우 각 회사의 순자산액이 사원의 자본금 또는 출자재산 액을 초과하는 금액에 해당하는 잉여금은 이익잉여금을 의미한다.**

영리내국법인의 기업회계기준 상 이익잉여금은 법인세법 상 이익잉여금과 동일한 것인가? 법인세법 또는 조세특례제한법이 별도의 규정한 경우를 제외한다면 기업회계기준에 의한 순자산 및 자본의 총액은 법인세법에 의한 순자산 및 자본의 총액과 원칙적으로 동일하다. 따라서 법인세법 상 자본의 총액은 기업회계기준 상 '자산의 총액'에서 '부채의 총액'을 공제한

---

301) 같은 절 제1관 Ⅱ 1 참조.

금액을 뜻하는 자본의 총액과 동일하며 이는 '자본금, 자본잉여금(자본조정을 포함) 및 이익잉여금(기타포괄손익누계액을 포함)의 합계액'으로 달리 표현할 수 있다.[302] **기업회계기준 상 이익잉여금과 법인세법 상 이익잉여금의 구분에 관하여 살피기 이전에 기업회계기준 상 이익잉여금 등의 구성요소에 대하여 살핀다.** 기업회계기준서에 따르면 자본의 구성요소는 각 분류별 납입자본, 각 분류별 기타포괄손익의 누계액과 이익잉여금의 누계액 등을 포함한다.[303] 자본변동표에는 자본의 구성요소 별로 산출된 당기순손익, 기타포괄손익 및 소유주로서의 자격에 기반한 그 소유주와의 거래(소유주에 의한 출자와 소유주에 대한 배분, 그리고 지배력을 상실하지 않는 종속기업에 대한 소유지분의 변동을 구분하여 표시)에 대한 변동액 및 각 구성요소 별 기초시점과 기말시점의 장부금액 조정내역을 표시하여야 한다.[304] 소유주로서의 자격에 기반한 그 소유주와의 거래는 자본거래를 의미하며 이는 기타포괄손익의 누계액과 이익잉여금의 누계액에 포함되지 않는다. 기업회계기준 상 당기순손익 및 기타포괄손익은 자본의 구성요소인 기타포괄손익의 누계액과 이익잉여금의 누계액에 대한 각 구성요소에 해당한다. 법인세법은 원칙적으로 당기순손익 및 기타포괄손익 모두 손익거래로서 포괄하여 이에 기반하여 익금 및 손금을 계산하고 기타포괄손익의 누계액과 이익잉여금의 누계액을 별도로 인식하지 않는다. 일반기업회계기준에 따르면 당기순이익은 자본의 구성요소인 이익잉여금의 변동분을 구성한다.[305] 일반기업회계기준의 당기순이익에는 기업회계기준서 상 기타포괄손익 역시 포함된다. 이상의 논의에 따르면 기업회계기준 상 기타포괄손익의 누계액과 이익잉여금의 누계액의 합계액이 법인세법 상 이익잉여금에 대응한다. 따라서 법인세법 상 이익잉여금과 비교하는 관점에서는 기업회계기준 상 이익잉여금의 구성요소를 당기순손익 및 기타포괄손익으로 보아야 한다. **법인세법 상 소득금액(또는 결손금)과 기업회계기준 상 당기순손익(및 기타포괄손익)의 관계에 대하여 살핀다.** 자산·부채의 계상 여부 또는 손익의 귀속시기는 기업회계기준 상 당기순손익(및 기타포괄손익), 그리고 세법상 익금의 총액에서 손금의 총액을 공제한 소득금액(또는 결손금)에 대하여 영향을 미친다. 법인세법 상 익금 및 손금은 기업회계기준 상 수익 또는 손비에 기초하여 계산되고 그 익금 및 손금에 기초하여 법인세법상 소득금액(또는 결손금)이 계산되므로, **법인세법상 소득금액(또는 결손금)은 기업회계기준 상 당기순손익(및 기타포괄손익)에 대응하는 것이다.** 다만 법인세법 및 조세특례제한

---

302) 같은 절 제1관 Ⅱ 1 참조.
303) 기업회계기준서 제1001호 재무제표 표시 문단 108.
304) 기업회계기준서 제1001호 재무제표 표시 문단 106.
305) 일반기업회계기준 제2장 재무제표의 작성과 표시 Ⅰ 문단 2.80.

법이 위 각 쟁점에 대하여 기업회계기준과 다른 별도의 규정을 두는 경우에는 법인세법 상 소득금액(또는 결손금)과 기업회계기준 상 당기순이익(및 기타포괄손익)이 구체적인 금액에 있어서 달라진다. **법인세법 상 소득금액(또는 결손금)과 기업회계기준 상 당기순이익(및 기타포괄손익) 사이의 차이를 야기하는 요인들을 다음과 같이 구분할 수 있다.** 첫째, 기업회계기준 상 당기순이익(및 기타포괄손익)의 계산에 포함되지만 법인세법 상 소득금액(또는 결손금)의 계산에는 포함되지 않는 항목들이 있다. 세무조정 상 익금불산입 또는 손금불산입 항목들이 이에 해당한다. 둘째, 기업회계기준 상 당기순이익(및 기타포괄손익)의 계산에 포함되지 않지만 법인세법 상 소득금액(또는 결손금)의 계산에는 포함되는 항목들이 있다. 세무조정 상 익금산입 및 손금산입 항목들이 이에 해당한다. **기업회계기준과 달리 법인세법 상 소득금액(또는 결손금)의 계산에는 포함되는 항목들이 법인세법 상 이익잉여금에 포함되는 것은 당연하다. 그러나 기업회계기준 상 당기순이익(및 기타포괄손익)의 계산에 포함되지만 법인세법 상 소득금액(또는 결손금)의 계산에 포함되지 않은 항목이 법인세법 상 이익잉여금에 포함되는지 여부는 문제될 수 있다.** 기업회계기준 상 당기순이익(및 기타포괄손익)의 계산에 포함되지만 법인세법 상 소득금액(또는 결손금)의 계산에 포함되지 않은 항목은 손금불산입 항목과 익금불산입 항목으로 구분된다. 먼저 **손금불산입 항목**에 대하여 살핀다. 법인세법은 법인세 과세표준의 신고 · 결정 또는 경정이 있는 때 익금에 산입하거나 손금에 산입하지 아니한 금액은 그 귀속자 등에게 상여 · 배당 · 기타사외유출 · 기타 · 사내유보로 처분한다(법세 §67 ; 법세령 §106). 이 경우 손금에 산입하지 않는 금액, 즉 손금불산입 금액은 기업회계기준 상 손비에 해당하지만 법인세법이 손금에서 제외하는 금액을 의미하는바, 위 법인세법 규정들은 해당 손금불산입 금액 역시 소득금액의 계산에 해당한다는 점을 전제로 하고 있다. 즉 법인세법 상 이익잉여금의 계산에 포함되는 것을 전제로 하고 있다. **익금불산입 항목**에 대하여 살핀다. 기업회계기준 상 수익에 해당하지만 법인세법이 익금불산입하는 항목이 법인세법 상 이익잉여금의 계산에서 제외되어야 하는지 여부는 기업회계기준 상 이익잉여금을 법인세법 상 자본잉여금으로 전환할 수 있는지 여부와 관련된다. 만약 기업회계기준 상 이익잉여금이 법인세법 상 자본잉여금으로 전환될 수 있다면, '법인세법 상 자본잉여금'에 해당하지 않은 잉여금을 자본금에 전입한 경우에는 그 자본전입으로 인하여 발행되는 주식의 가액이 의제배당에 해당한다고 규정하여야 한다.[306] 그러나 **법인세법은 '회계기준**(상법령 §15)**에 따른 자본잉여금**(상법령 §18)**을 의미하는**

---

306) 이는 법인세법 상 이익잉여금이 배당 또는 분배되는 경우에 한하여 배당소득이 될 수 있다는 점을 전제로 하며, 이에 대하여서는 항을 바꾸어 설명한다.

상법 상 자본준비금'과 '자산재평가법에 따른 재평가적립금(법세칙 §8)'에 '해당하지 않는' 잉여금을 자본에 전입한 경우 그 주식의 가액은 의제배당에 해당한다고 규정한다(법세 §16 ① 2호). 그러나 '상법 상 자본준비금'과 '자산재평가법에 따른 재평가적립금(법세칙 §8)' 중에서도 자본전입 시 의제배당으로 과세될 수 있는 잉여금이 있으므로, 이를 별도로 구분하여 **의제배당대상 자본잉여금**으로 정의한다. 즉 '의제배당대상이 아닌 자본잉여금'을 자본에 전입하는 경우에는 원칙적으로 그 주식의 가액이 의제배당에서 제외되지만, '의제배당대상 자본잉여금'을 자본에 전입하는 경우에는 그 주식의 가액이 의제배당에 해당한다. '**의제배당대상 자본잉여금**'은 '**상법 상 자본준비금**(회계기준(상법령 §15)에 따른 자본잉여금(상법령 §18))' 및 '**자산재평가법에 따른 재평가적립금**(법세칙 §8)' 중 '**자본거래로 인하여 받은 익금불산입 항목**(법세령 §17 ① 각호)에서 제외되어 익금에 산입되는 특정 항목(법세령 §12 ① 단서 각 호)' 및 '**재평가적립금 중 토지에 대한 재평가차액**(재평가 §13 ① 1호)'을 의미한다(법세령 §12 ① 3호 나목). 따라서 **법인세법 상 기업회계기준 상 이익잉여금의 구성요소에 해당하는 항목이 법인세법 상 익금불산입된다고 하더라도 이는 여전히 법인세법 상 이익잉여금의 구성요소에 해당한다고 해석하여야 한다.** 이러한 해석을 통하여서만 내국법인 수입배당금의 익금불산입 규정(법세 §18의2) 및 지주회사 수입배당금의 익금불산입 규정(법세 §18의2)이 적용되는 항목이라고 할지라도 이 항목들은 다시 해당 내국법인 및 지주회사의 배당재원이 될 수 있다는 점을 설명할 수 있다. 법인세법 상 익금불산입한다는 이유로 해당 항목을 기업회계기준 상 이익잉여금의 구성요소에서 자본잉여금의 구성요소로 전환할 수 있다면 익금불산입 항목이 해당 법인 단계 및 그 주주에 대한 배당 또는 잔여재산의 분배 단계 모두에서 과세대상에서 제외하는 결과에 이르게 되나, 법인세법이 이를 의도한다고 볼 수 없다. **법인세법 상 익금불산입 항목임에도 불구하고 여전히 법인세법 상 이익잉여금의 구성요소에 해당한다는 것이 의미하는 바는 무엇인가?** 기업회계기준 상 수익에 해당함에도 법인세법 상 익금불산입된 항목이 법인세법 상 이익잉여금의 구성요소에 포함된다는 것은 기업회계기준 상 수익에 해당하는 법인세법 상 익금불산입 항목을 법인세법 상 익금으로 인식하는 것이 아니라 바로 자본의 구성요소에 해당하는 이익잉여금으로 인식한다는 것을 의미한다. 따라서 그 익금불산입하는 항목은 원칙적으로 '기타'로 소득처분하여야 한다. 이미 자본의 구성요소인 이익잉여금에 반영되어 있기 때문이다. 다만 익금불산입 항목으로 인하여 기업회계기준 상 자산·부채의 계상금액과 법인세법 상 그 계상금액이 달라지는 경우에는 그 차이를 사후관리하기 위하여 △유보로 처분하여야 한다.

이상의 각 논의를 정리한 결과는 다음과 같다. **기업회계기준 상 이익잉여금의 구성요소에**

기업회계기준 상 당기순손익(및 기타포괄손익)이 포함된다면, 법인세법 상 이익잉여금의 구성요소에는 기업회계기준 상 당기순손익(및 기타포괄손익)뿐만 아니라 법인세법 상 소득금액(또는 결손금)의 계산에 포함되는 항목들 모두가 포함된다. 이러한 점에서 법인세법 상 이익잉여금은 기업회계기준 상 이익잉여금과는 구분되고, 법인세법 상 이익잉여금의 계산을 위한 구성요소에 포함되는지 여부는 해당 항목이 기업회계기준 상 당기순손익(및 기타포괄손익) 또는 법인세법 상 소득금액(또는 결손금)의 계산과정에 포함되는 것인지 여부에 의하여 결정되어야 한다. 나아가 상법 상 배당가능이익 역시 기업회계기준 상 자본의 구분에 따라 산정되는 것이므로 법인세법 상 이익잉여금은 상법 상 배당가능이익과도 구분되는 별도의 개념에 해당한다. 한편 법인세법 상 이익잉여금은 기업회계기준 상 이익잉여금에 기반하여 계산되지만 추가적으로 법인세법 상 소득금액(또는 결손금)의 계산과정에 포함되는지 여부에 의하여 조정되는 것이므로, **법인세법 상 이익잉여금은 기업회계기준 상 이익잉여금과 이익잉여금 세무조정분으로 구성된다.** 이익잉여금 세무조정분은 기업회계기준 상 자본잉여금이지만 법인세법 상으로는 이익잉여금에 포함되는 세무조정 증가분 및 기업회계기준 상 이익잉여금에 포함되지만 법인세법 상 과세대상에서 제외되는 세무조정 감소분으로 구분할 수 있다. 전자는 자기주식처분익이, 후자의 경우에는 자산·부채의 임의평가분이 그 예에 해당한다. 다만 법인세법 개별규정 상 이익 또는 이익잉여금이 법인세법 상 이익잉여금을 의미하는 것인지 아니면 기업회계기준 상 이익잉여금을 의미하는 것인지 여부는 해당 규정의 고유한 규정 형식 또는 규범적 특성에 따라 해석하여야 한다.

기업회계기준 상 자본잉여금을 법인세법 상 이익잉여금으로 취급하는 것과 달리, 기업회계기준 상 이익잉여금을 법인세법 상 자본잉여금으로 전환하는 것이 금지되는 이유는 무엇인가? 먼저 **법인세법이 기업회계기준 상 자본잉여금을 법인세법 상 이익잉여금으로 전환할 수 있는 근거에 대하여 살핀다.** 법인세법은 기업회계기준 상 자본잉여금을 익금에 산입하여 과세하고 이를 이익잉여금으로 전환하는 특수한 경우에 대하여 규정한다. 법인세법은 기업회계기준과 달리 자산·부채를 정의할 수 있고 이로 인하여 기업회계기준 상 자본잉여금으로 계상된 잉여금이 법인세법 상 익금 및 이익잉여금으로 취급될 수 있다.[307] 또한 자본잉여금이 포함된 자본거래의 형식을 통하여 실질 상 이익잉여금이 배당되거나 특정 법인의 이익잉여금이 합병 또는 분할 등 기업구조조정을 통하여 다른 법인의 자본잉여금의 계상되는 경우에는 법인세법이 그 경제적 실질에 따라 이를 이익잉여금으로 취급할 수 있다.[308] 한편 이와 관련하여 기업회계기

---

307) 같은 절 제1관 Ⅱ 4 참조.

준 상 자본잉여금을 법인세법이 이익잉여금으로 의제하는 것은 거래의 실질 상 자본 또는 출자의 환급에 해당하고 자본 또는 출자의 환급의 범위에 대하여서 법인세법 및 조세특례제한법이 달리 정할 수 없으므로[309] 이에는 이익잉여금이 포함될 수 없다는 견해가 있을 수 있다. 그러나 '자본 또는 출자의 환급'에는 '자본 또는 출자의 납입'과 달리 이익잉여금이 포함되는 것이므로[310] 이러한 견해는 타당하지 않다. 오히려 '자본 또는 출자의 환급'에 이익잉여금이 포함된다는 해석을 통하여 기업회계기준 상 자본잉여금을 법인세법이 이익잉여금으로 전환하여 인식하는 것이 가능하다는 점을 설명할 수 있다. 이어서 **법인세법이 기업회계기준 상 이익잉여금을 법인세법 상 자본잉여금으로 전환할 수 없는 근거에 대하여 살핀다.** 기업회계기준 상 이익잉여금은 기업회계기준 상 수익 및 비용에 근거한 당기순손익(또는 기타포괄손익)에 근거하여 산정되는바 이에는 반드시 자산·부채의 변동이 수반된다. 즉 기업회계기준 상 이익잉여금은 자산·부채 변동분의 누계에 따른 순자산 증가분을 의미한다. 그러나 이에는 자본 또는 출자의 납입으로 인한 순자산 증가분은 배제된다. 법인세법 역시 이와 동일한 입장을 취하고 이는 법인세법 및 조세특례제한법의 특별규정을 통하여서도 변경할 수 없다.[311] 즉 기업회계기준과 법인세법 모두 법인 단계 수익추구활동에 대한 결과인 이익잉여금과 주주 또는 출자자의 납입에 기반하는 자본잉여금을 준별하고 있다. 법인세법이 해당 법인의 영리활동에 기인한 자산·부채의 변동에 따른 순자산 증가분을 해당 법인 단계에서 정책적 또는 논리적 합리성 등에 근거하여 익금불산입할 수 있으나, 법인세법이 그와 같이 익금불산입한다고 할지라도 해당 금액을 법인의 주주 또는 출자자가 납입한 것으로 의제하는 것을 정당화할 수 있는 규범 상 근거는 없다. 게다가 법인세법 상 익금불산입한다는 이유로 해당 항목을 기업회계기준 상 이익잉여금의 구성요소에서 자본잉여금의 구성요소로 전환할 수 있다면 익금불산입 항목이 해당 법인 단계 및 그 주주에 대한 배당 또는 잔여재산의 분배 단계 모두에서 과세대상에서 제외하는 결과에 이르게 되는바, 법인세법이 이를 의도한다고 볼 수 없다. 한편 **기업회계기준은 이익잉여금의 처분을 통하여 자본조정 계정과 상계하는 것을 인정하나 법인세법 상 이익잉여금은 자본조정과 상계되어 소멸될 수 없다고 보아야 한다.** 기업회계기준은 상법에서 규정하지 않는 자본조정에 대하여 정의한다. 자본조정은 당해 항목의 성격으로 보아 자본거래에 해당하나 최종 납입된 자본으로 볼 수 없거나 자본의 가감 성격으로 자본금이나

---

308) 같은 장 제2절 제2관 Ⅰ 3 가 배당가능이익 부분 및 같은 16 1.3 부분 참조.
309) 같은 절 제1관 Ⅲ 3 참조.
310) 같은 절 제1관 Ⅲ 3 참조.
311) 같은 절 제1관 Ⅱ 3 참조.

자본잉여금으로 분류할 수 없는 항목이다. 예를 들면, 자기주식, 주식할인발행차금, 주식선택권, 출자전환채무, 감자차손 및 자기주식처분손실 등이 포함된다.[312] 즉 자본조정은 그 성질 상 자본금 또는 자본잉여금에 해당하는 항목이다. 기업회계기준은 이익잉여금(또는 결손금)을 손익계산서에 보고된 손익과 다른 자본항목에서 이입된 금액의 합계액에서 주주에 대한 배당, 자본금으로의 전입 및 자본조정 항목의 상각 등으로 처분된 금액을 차감한 잔액으로 정의한다.[313] 일반기업회계기준에 따르면 자본조정에 포함되는 주식할인발행차금, 자기주식처분손실 및 감자차손은 이익잉여금(결손금) 처분(처리)으로 상각되거나,[314] 자본금 또는 자본잉여금으로 대체된다.[315] 이상의 논의에 따르면, 기업회계기준 상으로는 이익잉여금의 처분을 통하여 자본조정 항목과 상계하는 것 역시 가능하고, 이에 대한 상법 상 제한 역시 없다. 그러나 법인세법 상 이익잉여금은 자본조정과 상계되어 소멸할 수 없다. 이를 통하여 배당과세가 잠탈될 수 있기 때문이다. 즉 기업회계기준 상 자본조정과 상계된 이익잉여금은 법인세법 상 이익잉여금에 영향을 미칠 수 없다고 보아야 한다. 또한 **법인세법이 이익잉여금을 자본잉여금으로 전환하는 것과 법인세법 상 이익잉여금이 자본잉여금이 아닌 '자본금'에 전입되어 주식배당되거나 그 자본금의 결손을 보전하는 용도로 사용될 수 있는 것은 구분된다는 점에 유의하여야 한다.** 이익잉여금을 자본금에 전입하거나 자본금의 결손에 보전하는 경우에는 해당 금액이 주식배당으로서 과세되거나 소득금액에서 공제되는 이월결손금의 감소를 수반한다는 점에서 구분되기 때문이다. 또한 이익잉여금으로 결손금을 보전한다는 것은 경제적 실질에 따라 이익잉여금을 조정한다는 의미이므로 이를 두고 자본잉여금으로 전환되었다고 할 수도 없다. **이상의 쟁점은 '자본 또는 출자의 납입' 및 '자본 또는 출자의 환급'을 구성하는 잉여금의 범위와도 관계된다.** 즉 '자본 또는 출자의 환급'에는 '자본 또는 출자의 납입'과 달리 이익잉여금이 포함될 수 있지만, '자본 또는 출자의 납입'에 근거한 순자산의 증가액은 어떠한 경우에도 법인세법 상 익금을 통하여 이익잉여금에 편입될 수 없다는 점에 근거하여, 법인세법이 기업회계기준 상 자본잉여금을 법인세법 상 이익잉여금으로 전환하는 것은 가능하지만 반대로 기업회계기준 상 이익잉여금을 법인세법 상 자본잉여금으로 전환하는 것은 불가능하다는 '**법인세법 상 이익잉여금과 자본잉여금 사이의 불가역적 관계**'를 설명할 수도 있다.

법인세법 상 이익잉여금의 계산에 기업회계기준 상 당기순손익(및 기타포괄손익) 또는

---

312) 일반기업회계기준 제2장 문단 2.31.
313) 일반기업회계기준 제2장 문단 2.33.
314) 일반기업회계기준 제15장 문단 15.3, 15.9, 15.11.
315) 일반기업회계기준 제19장 문단 19.8, 19.9, 19.12, 19.18, 19.23.

법인세법 상 소득금액(또는 결손금)의 계산에 포함되는 항목들 모두가 영향을 미친다면 법인세법 상 이익잉여금이 기업회계기준 상 이익잉여금보다 항상 크게 인식되는 것인가? 기업회계기준 상 당기순이익(및 기타포괄손익)의 계산에 포함되지 않지만 법인세법 상 소득금 액(또는 결손금)의 계산에 추가되는 항목들 중 일부는 사외유출로 소득처분(배당, 상여, 기타사 외유출, 기타소득)될 수 있고, 다른 일부는 기업회계기준과 법인세법 사이의 일시적 차이에 해당하는 항목으로서 '유보'로 소득처분된 후 그 처분 등 시점에 △유보 소득처분을 통하여 제거되며, 나머지는 이미 자본의 구성요소에 포함되어 있다는 이유로 '기타'로 소득처분된다. 또한 기업회계기준 상 당기순이익(및 기타포괄손익)의 계산에 포함되지만 법인세법 상 소득금 액(또는 결손금)의 계산에 포함되지 않은 항목 중 일부는 기업회계기준과 법인세법 사이의 일시적 차이에 해당하는 항목으로서 '△유보'로 소득처분된 후 그 처분 등 시점에 유보 소득처분 을 통하여 제거되며, 나머지는 이미 자본의 구성요소에 포함되어 있다는 이유로 '기타'로 소득처분된다. 따라서 **기업회계기준 상 이익잉여금과 법인세법 상 이익잉여금 사이의 차이는 세무조정 당시 이미 동일한 상태이거나 시간의 경과에 따라 해소될 수 있고 법인세법 상 소득처분에 의하여 사외유출되는 등 방법을 통하여 변동될 수 있으므로 후자가 전자에 비하여 항상 크게 인식된다고 할 수는 없다.**

법인세법 상 자본잉여금의 구성요소는 어떻게 정의되어야 하는가? 법인세법 상 잉여금은 자본의 총액 중 '자본금 또는 출자금'을 제외한 금원을 의미하고, 그 잉여금은 이익잉여금 및 자본잉여금으로 구분된다. 법인세법 상 이익잉여금의 구성요소는 자본의 총액 중 '자본금 또는 출자금'을 제외한 금원으로서 기업회계기준 상 당기순손익(및 기타포괄손익) 또는 법인세 법 상 소득금액(결손금)의 계산에 포함되었던 금액을 의미한다. 그렇다면 **법인세법 상 자본잉여 금의 구성요소는 자본의 총액 중 '자본금 또는 출자금'을 제외한 금원으로서 기업회계기준 상 당기순손익(및 기타포괄손익) 또는 법인세법 상 소득금액(결손금)의 계산에서 제외되었던 항목으로 구성된다.** 한편 법인세법은 자본잉여금을 의제배당대상 자본잉여금과 그 밖의 자본잉 여금으로 구분하는바, 이 경우 **의제배당대상 자본잉여금은 상법 및 기업회계기준 등에 따라 자본잉여금으로 구분되지만, 법인세법 상으로는 이익잉여금으로 구분되는 금액을 의미한다.** 법인세법은 의제배당대상 자본잉여금을 '자본거래로 인한 잉여금(상법 §459 ①)과 자산재평가법 에 따른 재평가적립금(법세칙 §8)' 중 '자본거래로 인하여 받은 익금불산입 항목(법세령 §17 ① 각 호)에서 제외되어 익금에 산입되는 특정 항목(법세령 §12 ① 단서 각 호)' 및 '재평가적립금 중 토지에 대한 재평가차액(재평가 §13 ① 1호)'으로 정의한다(법세령 §12 ① 3호 나목). 자본거래로 인한 잉여금은 회계기준(상법령 §15)에 따른 자본잉여금을 의미한다(상법령 §18). 재평가적립금 중 토지에 대한 재평가차액(재평가 §13 ① 1호)에 한하여 법인세법에 의한 소득금액 계산 상 익금에 산입하되, 당해 재평가차액에 상당하는 금액을 손금에 산입할 수 있다(재평가 §33 ① 단서). 자산재평가법에서 법인세법 상 익금 및 손금의 산입 여부에 대하여 규정하는 것은 타당하지 않다. 해당 내용을 법인세법에 편입하여야 한다.

'이익잉여금의 배당'과 '잉여금의 분배'를 구분하는 이유는 무엇인가? 모든 영리내국법인이 이익잉여금을 자본잉여금과 구분하여 계상하는 것은 아니며 이익잉여금에 대한 배당절차를 두는 것 역시 아니다. 배당절차를 두지 않은 법인의 경우에도 잉여금을 감소하여 그 효과가 주주에게 발생할 수 있는바, 법인세법은 이러한 일련의 절차를 잉여금의 분배로 표현한다. 즉 법인세법은 배당을 사법 상 배당과 구분되는 독자적인 개념으로 정의하기 위하여 영리내국법인의 각 사법상 특성에 따라 '이익잉여금의 배당'과 '잉여금의 분배'를 구분하여 각 그 배당 정의에 포함하고 있다. 다만 '잉여금의 분배'라는 용어가 법인세법 상 이익잉여금에 속하지 않은 잉여금의 분배를 내포하는 것으로 사용될 수도 있으나, 해당 금원이 배당에 해당하는지 여부는 그 성질에 따라 판정되어야 한다.

법인이 피출자법인으로부터 이익잉여금을 배당받거나 잉여금을 분배받았다는 문언이 뜻하는 바는 무엇인가? 법인이 피출자법인으로부터 이익잉여금을 배당받거나 잉여금을 분배받는다는 문언은 피출자법인 단계의 이익잉여금 또는 잉여금이 감소하고 이로 인한 효과가 그 주주에게 미치는 것을 의미한다. 이익잉여금 또는 잉여금은 별도로 이전되는 자산이 아니며, 자산의 총액에서 부채의 총액을 차감한 자본의 총액을 해당 법인의 관점에서 그 성질에 따라 별도로 구분하여 정리하는 계정과목에 불과하기 때문이다. 피출자법인 단계의 이익잉여금 또는 잉여금의 감소로 인하여 해당 법인 단계에서 발생하는 효과는 순자산의 유출 또는 자본금의 증가로 인한 주식발행으로 구체화된다. 이익잉여금의 감소로 인하여 순자산의 유출이 수반되지 않는 주식배당 역시 법인세법 상 이익배당과 동일하게 과세된다. 배당 또는 분배의 본질은 이익잉여금 또는 잉여금의 감소에 있는 것이지 그로 인한 순자산의 유출 또는 자본금의 증가로 인한 주식발행에 있는 것이 아니다. 순자산의 유출 또는 자본금의 증가로 인한 주식발행은 다른 거래로 인하여서도 발생할 수 있기 때문이다.

법인세법 상 '자본잉여금의 분배' 역시 법인세법 상 배당에 해당하는가? 법인세법은 자본잉여금에 해당하는 자본준비금을 감액(상법 §461의2)하여 받는 배당은 익금에 산입하지 않으나, '이익잉여금 및 의제배당대상 자본잉여금'(법세 §16 ① 2호 각 목 외 본문 ; 법세령 §12 ① 3호 나목)으로부터 받은 배당(내국법인이 보유한 주식의 장부가액을 한도)은 익금에 산입한다(법세 §18 8호). 의제배당대상 자본잉여금 역시 법인세법 상 이익잉여금에 해당한다. 즉 **법인세법은 '자본잉여금의 분배'를 원칙적으로 그 주주 단계에서 과세대상인 배당소득으로 보지 않는다.** 자본잉여금의 분배가 그 법인 단계에서 손금에 해당하지 않음은 물론이다. **영리내국법인 단계의 자본잉여금의 분배 또는 감소가 그 법인 주주에게 미치는 효과에 대하여 살피기 이전에 자본잉여금의 처분에 대하여 살핀다.** 주식회사의 경우 법정준비금의 처분에 대하여 살핀다. 회사는 그 자본금의 2분의 1이 될 때까지 매 결산기 이익배당액의 10분의 1 이상을 이익준비금으로 적립하여야 하나, 주식배당의 경우에는 그러하지 아니하다(상법 §458). 회사는 자본거래에서 발생한 잉여금을 기업회계기준(상법령 §15)에 따라 자본잉여금을 자본준비금으로 적립하여야 하고(상법 §459 ① : 상법령 §18), 합병이나 분할 또는 분할합병(상법 §530의2)의 경우 소멸 또는 분할되는 회사의 이익준비금이나 그 밖의 법정준비금은 합병·분할·분할합병 후 존속되거나 새로 설립되는 회사가 승계할 수 있다(상법 §459 ②). 법정준비금인 이익준비금(상법 §458) 또는 자본준비금(상법 §459)은 자본금의 결손 보전에 충당하는 경우 외에는 처분하지 못한다(상법 §460). 회사는 이사회의 결의에 의하여 준비금의 전부 또는 일부를 자본금에 전입할 수 있으나 정관으로 주주총회에서 결정하기로 정한 경우에는 그러하지 아니하다(상법 §461 ①). 이를 준비금의 자본금 전입이라고 한다. 즉 **주식회사의 경우 자본잉여금에 해당하는 자본준비금은 자본금의 결손 보전에 충당하거나 자본금에 전입하는 방법으로만 처분될 수 있다.** 유한회사의 경우에는 주식회사의 법정준비금(상법 §458~§460)에 관한 규정을 준용하나(상법 §583 ①), 준비금의 자본전입(상법 §461) 및 준비금의 감소(상법 §461의2)에 관한 규정은 준용하지 않는다(상법 §583 ①). 즉 유한회사가 법정준비금을 자본금의 결손 보전에 충당하는 경우 외에는 처분하지 못한다는 점 및 배당가능이익을 동일한 방법으로 계산한다는 점에서는 주식회사와 동일하나 준비금을 자본금에 전입하거나 법정준비금을 감소할 수는 없다. 따라서 **유한회사의 경우 자본준비금은 자본금의 결손 보전에 충당하는 경우 외에는 처분하지 못한다.** 유한책임회사, 합명회사 및 합자회사의 경우 그 '자본금 또는 출자금'은 사원의 출자재산액 자체를 의미하는 것으로 보아야 하고, 그 '자본금 또는 출자금'에는 자본잉여금 역시 포함된다. 이들 회사의 '자본금 또는 출자금'에는 주식회사 등의 자본금과 자본잉여금에 해당하는 주식발행액면초과액 등이 포함되고, 주식회사 및 유한회사의 경우와 달리 자본의 유지를 위한 법정적립금에 대한 규정(상법 §458~§460, §583 ①)이 없기 때문이다. 따라서 **유한책임회사, 합명회사 및 합자회사의 경우에는 자본금 또는 출자금의 환급이 있을 뿐 자본잉여금의 분배가 이루어질 수 없다.** 자본금 또는 출자금의 환급은 법인 주주 단계에서도 익금에 산입될 수 없으므로 이에 대하여 배당소득에 해당하는지 여부에 대하여 논의할 실익이 없다. 이상의 논의에 따르면 **영리내국법인 단계에서 계상되는 자본잉여금은 자본금의 결손 보전에 충당하거나 자본금에 전입하는 방법으로만 처분될 수 있다.** 한편 상법 상 각 회사의 형태에 속하지 않은 법인세법 상 법인의 경우에는 해당 법인의 경제적 실질에 따라 위 각 규정들을 준용하여 해석하여야 한다. **영리내국법인 단계에서의 자본잉여금 감소가 그 주주에 대하여 미치는 효과에 대하여 살핀다.** 자본잉여금을 자본금의 결손 보전에 사용한다는 것은 결손금과 자본잉여금을 상계하는 것으로서 이는 해당 법인 내부거래에 불과한 것으로서 주주에게 미치는 영향이 없고, 해당 법인의 순자산에 영향을 미치는 것도 아니다. 자본잉여금을 자본금에 전입하는 것 역시 해당 법인 내부거래에 불과하고 해당 법인의 순자산에 영향을 미치는 것은 아니나, 주식회사의 경우에는 자본금의 증가로 인하여 그 주주에게 주식이 발행되는 효과가 발생한다. 다만 **주주가 자본금의 전입으로 인하여 신주를 수수한다고 할지라도 이로 인하여 주주 또는 출자자의 부가 증가하는 것은 아니다.** 주식의 수가 증가될 뿐 해당 법인 순자산의 증가가 수반되지 않기 때문이다. **유한회사의 경우에도 자본금의 전입으로 인하여 사원지분에 변동이 발생하는 것은 아니다.** 즉 영리내국법인 단계에서의 자본잉여금 감소가 그 자체로는 해당 법인 주주 또는 사원의 순자산 또는 부에 영향을 미치는 것은 아니다.

영리내국법인 단계에서의 자본잉여금의 분배를 원칙적으로 그 주주 단계에서 배당소득으로 보지 않는 것에 관한 규범적 당위성에 대하여 살핀다. 이 쟁점은 영리내국법인 단계에서의 자본잉여금 감소가 그 자체로는 해당 법인 주주 또는 사원의 순자산 또는 부에 영향을 미치지 않는다는 점을 근거로 배당소득에서 배제할 수 있는지 여부와 관련되어 있다. 이익잉여금을 배당하거나 분배하는 경우에도 이로 인하여 해당 법인 주주 또는 사원의 순자산 또는 부가 증가하는 것은 아니다. 이에 대하여서는 후술한다. 따라서 위 점을 근거로 자본잉여금의 분배를 배당소득에서 제외할 수는 없다. **이 쟁점은 오히려 주주 또는 출자자가 법인에 납입한 자본을 회수하는 경우에 그 납입자본의 회수액을 소득으로 인식할 수 있는지 여부와 관련되어 있다.** 법인 단계에서의 자본 또는 출자의 환급에는 이익잉여금 역시 포함되어 있다.[316] 법인 단계의 '자본 또는 출자의 환급'을 주주 단계에서는 일응 **'납입자본의 회수'와 '이익잉여금에 기한 배당(주식배당 제외)'으로 구분할 수 있다. 납입자본은 어떻게 정의되어야 하는가?** 법인세법 상 잉여금은 자본의 총액 중 '자본금 또는 출자금'을 초과한 금액으로서 이는 이익잉여금과 자본잉여금으로 구분된다. '자본 또는 출자의 환급'은 '자본금(또는 출자금) 및 잉여금의 환급'을

---

316) 같은 절 제1관 Ⅲ 3 참조.

의미한다. 법인세법 상 '자본 또는 출자의 환급' 중 이익잉여금을 제외하면, '자본금(또는 출자금) 및 자본잉여금'이 남는다. 법인세법 상 이익잉여금의 구성요소에는 기업회계기준 상 당기순손익(및 기타포괄손익)뿐만 아니라 법인세법 상 소득금액(또는 결손금)의 계산에 포함되는 항목들 모두가 포함되고, 법인세법 상 자본잉여금의 구성요소는 자본의 총액 중 '자본금 또는 출자금'을 제외한 금원으로서 기업회계기준 상 당기순손익(및 기타포괄손익) 또는 법인세법 상 소득금액(결손금)의 계산에서 제외되었던 항목으로 구성된다. 그렇다면 이 쟁점은 '주주 또는 출자자가 납입한 자본'이라는 의미의 납입자본을 법인의 '자본 또는 출자' 중 '기업회계기준 상 당기순손익(및 기타포괄손익)'뿐만 아니라 '법인세법 상 소득금액(또는 결손금)'의 각 계산 모두에서 제외되는 항목들의 합계금액으로 정의할 수 있는지 여부와 관계된다. 법인의 순자산은 주주 또는 출자자의 납입, 법인의 영리활동 및 순자산에 대한 평가를 통하여 형성된다. 그런데 법인세법은 자산·부채의 임의평가를 허용하지 않고 그 평가가 없는 것으로 보아 소득금액을 계산하되, 예외적으로만 그 평가를 인정하여 법인의 손익에 반영한다(법세 §42 : 법세령 §74~§76). 따라서 법인세법 상으로는 법인 순자산에 대한 평가를 순자산을 형성하는 별도의 범주로 상정할 실익이 없다. 그렇다면 법인의 순자산을 형성하는 요인은 법인의 영리활동 및 주주 또는 출자자의 납입으로 구분할 수 있다. 그런데 법인과 '주주 또는 출자자' 사이의 거래에 있어서 기업회계기준 상 당기순손익(및 기타포괄손익) 또는 법인세법 상 소득금액(결손금)의 계산과 무관한 항목은 법인 단계의 고유한 수익추구활동에 대한 성과치와 무관한 것이다. 따라서 이를 법인의 소유주인 '주주 또는 출자자'의 납입행위에 귀속시키는 것이 타당하고, 법인의 '자본 또는 출자'를 귀속시킬 수 있는 '법인 단계의 고유한 영리활동' 및 '주주 또는 출자자의 납입행위' 이외의 제3의 범주를 별도로 상정할 수도 없다. 그렇다면, **법인세법 상 납입자본을 법인의 '자본 또는 출자' 중 '기업회계기준 상 당기순손익(및 기타포괄손익)'뿐만 아니라 '법인세법 상 소득금액(또는 결손금)'의 각 계산 모두에서 제외되는 항목들의 합계금액으로 정의하는 것이 타당하다.** 즉 납입자본은 **'자본금 또는 출자금'과 '자본잉여금'의 합계금액**으로 정의된다. 다만 기업회계기준 상 납입자본과 법인세법 상 납입자본은 세무조정 및 자산·부채에 대한 평가의 차이로 인하여 동일하지 않다. 개별규정(국조령 §47)에서 납입자본금을 정의하는 경우가 있으나 이를 법인세법 상 납입자본에 대한 정의로 볼 수는 없으며 해당 규정의 적용을 위한 목적 내에서 정의된 것으로 보아야 한다. 이하 본서는 법인세법 상 '자본 또는 출자의 환급'을 주주 단계의 '납입자본의 회수'와 '이익잉여금에 기한 배당(주식배당 제외)'으로 구분한다. **납입자본의 회수를 주주 단계에서 배당소득으로 과세하지 않는 이유에**

대하여 살핀다. 법인세법 상 배당은 법인이 출자한 피출자법인으로부터 이익을 배당받았거나 잉여금을 분배받은 금액을 의미한다. 이익의 배당은 이익잉여금의 배당을 의미한다. 잉여금은 자본의 총액에서 '자본금 또는 출자금'을 초과하는 금액을 의미하므로, '자본금 또는 출자금'은 배당소득의 정의를 충족할 수 없다. 납입자본은 '자본금 또는 출자금'과 자본잉여금으로 구성된다. 따라서 배당의 정의 상 잉여금의 범위에 자본잉여금 역시 포함되는지 여부에 관한 쟁점만 남는다. 법인세법은 주식배당과 관련하여 이익잉여금 및 의제배당대상 자본잉여금을 자본금에 전입하여 주식 등이 발행되는 경우에만 배당소득으로 의제한다. 의제배당대상 자본잉여금 역시 법인세법 상 이익잉여금에 포함된다. 즉 이익잉여금이 자본금에 전입되는 형태로 분배되는 경우에 한하여 의제배당으로 과세된다. '주식배당에 대한 재원'과 '이익잉여금의 배당을 포함하는 다른 형태의 배당에 대한 재원'을 구분하여 달리 취급할 규범적 근거는 없다. 그렇다면 **배당소득의 정의 상 '잉여금의 분배'를 '이익잉여금의 배당'과 동일하게 취급하여 그 잉여금을 자본잉여금이 아닌 이익잉여금으로 해석하는 것이 타당하다.** 나아가 다른 형태의 배당들 사이의 조세중립성에 관련된 해석과 별도로, **법인을 통하여 투자한 주주 또는 출자자에게 자본잉여금이 분배되는 경우에 대하여 과세할 수 있는 합리적 논거가 있는지 여부에 대하여서도 추가적으로 살필 필요가 있다.** 주주 또는 출자자는 자신들이 직접 수익추구활동을 수행하거나 법인을 통하여 이를 수행할 수 있다. 세법은 두 경우를 경제적 실질에 따라 동일하게 취급하여야 한다. 주주 또는 출자자들이 직접 투자하여 수익추구활동을 수행하는 경우에 그 활동의 결실에 해당하는 소득을 가득한 경우에 그 소득에 대하여 과세하는 것이 소득과세의 본질에 해당한다. 그렇다면 주주 또는 출자자들이 법인을 통하여 수익추구활동을 수행하는 경우에는 그 투자의 결실에 해당하는 이익잉여금을 분배받는 경우 그 투자활동이 종결된 것으로 보아 그에 대하여 과세하여야 한다. 납입자본을 구성하는 '자본금 또는 출자금'과 자본잉여금은 모두 법인 단계에서 과세되지 않을 뿐만 아니라 법인 수익추구활동에 대한 성과치와 무관한 항목들이다. 주주 또는 소유자가 자본 또는 출자를 납입하는 방법으로 법인에 투자하여 수행한 수익추구활동의 성과치는 법인의 자본계정 상 이익잉여금 형태로 유보되어 있다. 법인 단계의 납입자본의 환급과 이익잉여금의 배당은 반드시 하나의 거래를 통하여 이루어질 필요가 없으며 각 독립적으로 발생할 수 있다. 즉 납입자본의 환급은 주주 또는 소유자의 투자에 대한 수익과 무관할 뿐만 아니라 투자수익의 분배와 독립적으로 이루어질 수 있다. 그렇다면 주주 또는 소유자의 투자행위가 완결되었는지 여부는 법인 단계의 납입자본의 환급이 아니라 이익잉여금의 분배를 기준으로 결정하는 것이 타당하다. 즉 **주주 또는 출자자의 법인을 통한 투자행위는 법인으로부터**

이익잉여금을 분배받은 범위에서 종결되는 것이고, 그 분배시점에 투자수익에 대한 과세가 이루어져야 한다. 또한 자본잉여금은 주주 또는 출자자의 투자수익과는 무관하다. 따라서 자본잉여금이 분배되는 시점에 그 자본잉여금을 주주 또는 출자자에 대한 배당소득으로 과세할 수는 없다. 다만 '법인과 주주 사이의 거래' 또는 '법인 단계의 특정 자본거래'로 인하여 주주가 양도차익을 얻거나 그 지분비율이 증가하는 이익 등을 배당으로 의제하여 과세하는 경우가 있으나 이는 법인 단계 자본금 또는 자본잉여금의 감소 또는 분배 자체에 근거한 것이 아니므로 위 논의와 구분되는 것으로 보아야 한다. 한편 잉여금이 자본잉여금에 해당하는지 여부는 거래의 형식이 아니라 그 경제적 실질에 따라 판단하여야 한다. 따라서 특정 법인이 상법 상 배당가능이익의 통제를 받지 않고 자유롭게 잉여금을 배당 또는 분배할 수 있다고 할지라도 그 잉여금을 배당소득으로 과세할지 여부는 그 잉여금의 경제적 실질에 자본잉여금에 해당하는지 아니면 이익잉여금에 해당하는지 여부에 의하여 결정하여야 한다.

이익잉여금의 배당 또는 배분에 대하여 법인의 주주 단계에서 배당소득으로 과세하는 이유는 무엇인가? 이익잉여금이 주주 또는 출자자에게 배당 또는 분배된다고 하더라도 주주 또는 출자자의 순자산 또는 부가 증가하는 것은 아니다. 규범 상 해당 금액만큼 주식 또는 출자지분의 가액이 하락하기 때문이다. 따라서 이익잉여금의 배당 또는 배분에 의하여 주주의 순자산 또는 부가 증가하였다는 이유로 배당소득에 대하여 과세할 수는 없다. 이 점은 자본잉여금의 분배의 경우와 동일하다. 한편 주주 또는 출자자는 자신들이 직접 수익추구활동을 수행하거나 법인을 통하여 이를 수행할 수 있는바, 주주 또는 출자자들이 법인을 통하여 수익추구활동을 수행하는 경우에는 주주 또는 출자자가 그 투자의 결실에 해당하는 이익잉여금을 법인으로부터 분배받는 경우 그 투자활동이 종결된 것으로 보아야 한다. 즉 **주주 또는 소유자의 법인을 통한 투자행위는 법인으로부터 이익잉여금을 분배받은 범위에서 종결되는 것이고, 그 분배시점에 투자수익에 대한 과세가 이루어져야 한다.** 이는 주주 또는 출자자가 직접 수익추구활동을 수행한 경우 그 주주 또는 출자자 단계에서 투자수익이 확정되어 화폐단위로 측정된 경우에 그 소득에 대하여 과세할 수 있는 것과 동일하다. 주주 또는 출자자가 직접 투자한 경우에는 그 투자소득에 대하여 주주 또는 출자자 단계에서 한번 과세될 뿐이다. 그러나 주주 또는 출자자가 법인을 통하여 투자한 경우에는 법인 단계에서 법인세가 과세되고 이익잉여금이 배당 또는 분배되는 경우에 주주 또는 출자자 단계에서 다시 배당소득으로 과세된다. 이처럼 경제적으로 동일한 소득이 다른 납세자 단계에서 이중으로 과세되는 것을 통상 **경제적 이중과세**라고 부른다. 한편 경제적으로 동일한 소득이 동일한 납세자 단계에서 이중으로 과세되는 것은 통상 **법적 이중과세**라고 한다. **법인과 주주 또는 출자자 단계의 경제적 이중과세를 어떻게 조정할 것인지 여부는 입법 상 결단에 달려 있다.** 그 입법 상 결단에 관한 선택지로는 통상 다음과 같은 방법 등이 있다. 법인과 주주 또는 출자자를 별개의 실체로 보아 경제적 이중과세를 조정하지 않는 방법(classical system of corporate tax), 법인이 '실제 지급하는 배당금액'에 '법인이 납부한 법인세액 중 해당 배당금액에 귀속되는 금액'을 가산한 금액을 주주 또는 출자자가 수령한 것으로 의제하여 과세한 후 그 가산 법인세액에 대하여 배당세액공제를 인정하는 제도(dividend imputation & imputed tax credit or franking credit)(소세 §17 ③, §56), 법인 주주가 특정 법인으로부터 받은 배당을 익금에 산입하지 않는 수입배당금 익금불산입 제도(dividend-received deduction ; DRD)(법세 §18의2, §18의3, §18의4), 특정 법인이 지급하는 배당을 그 법인의 소득금액에서 공제하는 제도(dividend-paid deduction ; DPD)(법세 §51의2), 특정 법인에 대하여 법인세를 과세하지 않고 법인 단계의 소득을 그 구성원에 대하여 과세하는 제도(partnership taxation)(조특 §100의14~§100의26). 미국의 경우에는 법인과 주주 또는 출자자를 별개의 실체로 보아 경제적 이중과세를 조정하지 않는 방법을 선택하는 바, 이로 인하여 세법 상 법인(corporation)으로 취급되는 경우 조세부담액이 과중하게 된다. 미국의 경우 이러한 문제점을 해결하기 위한 수단으로서 법인세가 부과되지 않는 S 법인(S-corporation), 유한책임회사(limited liability corporation ; LLC) 또는 파트너쉽 과세(partnership taxation)를 인정하고 있다.

자본잉여금과 이익잉여금 중 어느 잉여금을 감액할 것인지 여부는 어떻게 결정되는가? 법인이 잉여금을 유보할 것인지 아니면 잉여금을 감액할 것인지 여부는 법인의 재량에 달려 있다. 잉여금을 감액하는 경우 자본잉여금을 처분할 것인지 이익잉여금을 배당할 것인지 여부 역시 법인의 재량에 달려 있다. 이는 각 경영판단에 속하기 때문이다.

법인세법 상 이익잉여금의 배당 또는 분배는 반드시 법인 단계의 배당 또는 분배 절차를 통하여서만 이루어지는가? 기업회계기준 상 이익잉여금의 구성요소에 기업회계기준 상 당기순손익(및 기타포괄손익)이 포함된다면, 법인세법 상 이익잉여금의 구성요소에는 기업회계기준 상 당기순손익(및 기타포괄손익)뿐만 아니라 법인세법 상 소득금액(또는 결손금)의 계산에 포함되는 항목들 모두가 포함된다. 그런데 상법 상 배당가능이익 또는 이익잉여금은 원칙적으로 기업회계기준에 근거하여 산정된다. 따라서 상법 상 배당 또는 분배절차만으로는 법인세법 상 이익잉여금의 배당 또는 분배를 모두 설명할 수는 없다. 그렇다면 배당 또는 분배절차를 거쳤는지 여부는 배당에 해당하는지 여부의 판정에 있어서 기준이 될 수 없고 그 실질에 따라 판정하여야 한다. 한편 법인세법은 이러한 맥락의 일환으로서 **배당금 또는 분배금으로 의제되는 경우**에 대하여 규정한다(법세 §16). 이를 통상 **의제배당**이라고 한다. '**배당 또는 분배절차를 거치지 않은 배당**'에는 **의제배당뿐만 아니라 경제적 실질에 따른 배당 등 역시 포함**된다. 회사가 토지를 정상시가보다 높은 가격으로 매입함으로써 그 차액에 상응하는 금액이 주주들에게 확정적으로 현실귀속된 경우, 그 현실귀속소득은 배당소득에 해당한다.[317] 주식회사가 창업주이자 이사회의장의 지위에 있었던 자에게 매년 임대수입의 10% 이내에서 성과상여금을 지급하기로 하는 이사회결 후 이에 기초하여 5년에 걸쳐 해당 사업연도별로 개최되었던 주주총회와 이사회 등에서 구체적인 액수를 확정하여 을에게 성과상여금을 지급한 경우, 그 이사회결의는 내용 및 전후 경과에 비추어 보면 별다른 지급기준도 없이 실질적으로 잉여금 처분을 위한 분배금을 매년 을에게 지급하면서도 명목상으로만 손금산입대상이 되는 상여금의 형식을 갖추기로 한 것에 해당한다.[318] 한편 **의제의 대상이 이익잉여금에 해당하는지 여부가 아니라, 주주 단계에 결과적으로 귀속되는 이익에 대한 소득구분이라는 점에 유의하여야 한다.** 입법론 상 법인 단계의 세법 상 배당가능재원의 존부와 무관하게 배당 또는 분배로 의제하는 현행 법인세법의 입장에는 후술하는 바와 같은 문제가 있다.

법인세법은 의제배당 금액을 다음과 같이 규정한다.

첫째, 주식의 소각, 자본의 감소, 사원의 퇴사·탈퇴 또는 출자의 감소로 인하여 주주 등인 내국법인이 취득하는 금전과 그 밖의 재산가액의 합계액이 해당 '주식 또는 출자지분'을 취득하기 위하여 사용한 금액을 초과하는 금액,

둘째, 법인 이익잉여금의 전부 또는 일부를 자본이나 출자에 전입함으로써 주주 등인 내국법인이 취득하는 '주식 또는 출자지분'의 가액,

셋째, 법인이 자기주식 또는 자기출자지분을 보유한 상태에서 자본잉여금을 자본전입을 함에 따라 그 법인 외의 주주 등인 내국법인의 지분 비율이 증가한 경우 증가한 지분 비율에 상당하는 '주식 또는 출자지분'의 가액,

넷째, 해산한 법인의 주주 등(법인으로 보는 단체의 구성원을 포함)인 내국법인이 법인의 해산으로 인한 잔여재산의 분배로서 취득하는 금전과 그 밖의 재산가액이 그 '주식 또는 출자지분'을 취득하기 위하여 사용한 금액을 초과하는 금액,

다섯째, 피합병법인의 주주 등인 내국법인이 취득하는 합병대가가 그 피합병법인의 '주식

---

317) 대법원 2004.7.9. 2003두1059, 1066.
318) 대법원 2017.4.27. 2014두6562.

또는 출자지분'을 취득하기 위하여 사용한 금액을 초과하는 금액,

여섯째, 분할법인 또는 소멸한 분할합병의 상대방법인의 주주인 내국법인이 취득하는 분할대가가 그 분할법인 또는 소멸한 분할합병의 상대방법인의 주식(분할법인이 존속하는 경우에는 소각 등에 의하여 감소된 주식만 해당)을 취득하기 위하여 사용한 금액을 초과하는 금액.

법인세법이 의제배당 금액을 계산함에 있어서 '법인의 납입자본 중 소멸하는 주식 또는 출자지분에 귀속되는 금액'이 아니라 '주식 또는 출자지분을 취득하기 위하여 사용한 금액'을 공제하는 이유는 무엇인가? 법인세법 상 의제배당 중에는 주주 또는 출자자가 보유한 주식 또는 출자지분이 소멸하고 그 대가를 받는 경우가 있다. 이 경우 이익잉여금을 배당 또는 분배하는 경우에 배당소득으로 과세되는 것이므로, 주식 또는 출자지분의 소멸대가에서 그 주식 또는 출자지분에 귀속되는 납입자본을 공제하는 방법을 통하여 이익잉여금을 계산하는 것이 합리적이라는 견해가 있을 수 있다. 그러나 이러한 견해는 다음과 같은 이유로 타당하지 않다. 의제배당에 관련된 주식을 발행시장을 통하여 취득하는 경우도 있고 유통시장을 통하여 취득하는 경우도 있다. 발행시장을 통하여 주식 등을 취득한 이후 법인의 순자산에 대한 시가는 이익잉여금 유보액, 납입자본의 총액을 포함하는 다양한 시장평가요인들에 의하여 형성된다. 따라서 주식 등을 유통시장을 통하여 취득한 경우에도 이러한 모든 시장평가요인들이 반영된 그 취득 당시의 시가에 의하여 거래를 한 것이다. 따라서 주식 등의 발행 이후 해당 주식에 귀속되는 법인 순자산의 시가는 그 발행 이후 이익잉여금의 유보금액뿐만 아니라 다양한 시장평가요인이 함께 반영되어 있다. 한편 주식 등의 발행 당시에는 해당 주식 등의 취득가액에 해당하는 발행가액 모두가 납입자본에 편입되나, 각 발행 당시 납입자본에 편입되는 발행가액은 각 상이하다. 따라서 주식 등의 발행 이후 해당 주식 등에 귀속되는 납입자본은 법인 전체의 납입자본 중 비율적 일부가 귀속될 뿐이다. 즉 주식 등 발행 당시 납입자본으로 귀속된 금액과 그 발행 이후 해당 주식 등에 귀속되는 납입자본은 동일하지 않다. 그렇다면 의제배당의 경우 소멸하는 주식 등에 배분되는 순자산의 가액에서 소멸 당시 주식 등에 귀속되는 납입자본을 차감한 금액에는 '소멸 당시' 이익잉여금의 유보액, '취득(또는 발행) 시점'부터 '소멸 시점'까지의 납입자본 변동액 및 해당 기간 동안 발생한 그 밖의 시장평가요인에 따른 법인 순자산의 시가변동액이 포함된다. 이 경우 위 시장평가요인에 따른 시가변동액은 그 성질 상 양도손익에, 납입자본 사이의 차액은 자본거래에 따른 차손익에 각 해당하므로 배당소득과는 무관하다. 한편 의제배당의 경우 소멸하는 주식 등을 취득하기 위하여 사용한 금액에는 '취득 당시' 이익잉여금의 유보액 및 납입자본 총액을 포함하는 다양한 시장평가요인에 따른

법인 순자산의 시가에 의하여 결정된다. 주식 등의 소멸대가는 '소멸 당시' 이익잉여금의 유보액 및 납입자본 총액을 포함하는 다양한 시장평가요인에 따른 법인 순자산의 시가에 의하여 결정된다. 따라서 **의제배당의 경우 소멸하는 주식 등에 배분되는 순자산의 가액에서 소멸하는 주식 등을 취득하기 위하여 사용한 금액을 공제한 금액에는 '취득 시점'부터 '소멸 시점' 사이의 이익잉여금 및 납입자본의 변동액 그리고 해당 기간 동안 발생한 그 밖의 시장평가요인에 따른 법인 순자산의 시가변동액이 포함된다.** 소멸 당시 이익잉여금의 유보액 전체가 **포함되지 않고, '취득 시점'부터 '소멸 시점' 사이의 이익잉여금 변동액만이 포함된다는 점에서 차이를 보인다.** 그런데 소멸 당시 이익잉여금 유보액에는 해당 주식 등 취득 이전에 유보된 이익잉여금 역시 반영되는바, 이는 해당 주식의 취득가액에 이미 반영된 것이고 그 이전 소유자에 대한 양도소득 과세대상에 포함되는 금액이라는 점을 감안한다면 소멸 당시 주주의 의제배당 과세대상에 포함시키는 것은 타당하지 않다. 양도소득에 대하여 과세된 소득이 다른 납세자 단계에서는 다시 배당소득으로 과세될 수 있기 때문이다. 해당 주식 등의 양도에 대하여 양도소득이 과세되는지 여부는 문제되지 않는다. 이는 별도의 조세정책 상 결단에 속하기 때문이다. 그렇다면 **의제배당의 경우 소멸하는 주식 등에 배분되는 순자산의 가액에서 소멸하는 주식 등을 취득하기 위하여 사용한 금액을 공제하는 방법이 소멸 당시 주식 등에 귀속되는 납입자본을 차감하는 방법보다 합리적이라고 평가할 수 있다.**

다만 의제배당 금액을 '소멸하는 주식 등에 배분되는 순자산의 가액'에서 '소멸하는 주식 등을 취득하기 위하여 사용한 금액'을 공제하여 계산하는 방법에도 여전히 다음과 같은 문제점이 내재되어 있다. 첫째, '취득 시점'에서 '소멸 시점'까지의 시장평가요인에 따른 시가변동액은 그 성질 상 양도손익에 해당하는바 이를 배당소득으로 전환한다면 그 과세 상 취급에 있어서 합리성 없는 차별을 초래할 수 있다. 둘째, '취득 시점'에서 '소멸 시점'까지 납입자본의 변동액은 그 성질 상 자본거래에 따른 차손익에 불과하여 법인세의 과세대상에 포함되지 않으나, 의제배당 금액을 통하여 과세대상에 편입되는 문제가 발생한다. 즉 해당 주식에 귀속되는 납입자본 총액이 증가하는 경우에는 그 증가분이 의제배당 금액의 계산에 있어서 배당소득에 포섭되지 않아서 문제가 없고, 이는 납입자본의 증가분 자체가 익금이 될 수 없다는 점에도 부합된다. 그러나 해당 주식에 귀속되는 납입자본 총액이 감소하는 경우에는 그 감소분이 의제배당 금액의 계산에 있어서 배당소득에 포섭되는 문제가 발생한다. 법인세법 상 과세대상에 포섭되지 않는 납입자본이 배당소득으로 전환되는 효과가 발생하기 때문이다. 납입자본의 감소분은 다음과 같은 이유로 법인 및 그 주주 단계에서 익금 또는 소득이 발생시키지 않는다. 납입자본을 구성하는 자본잉여금 및 자본금 또는 출자금은 이익잉여금으로 전환될 수 없다. 자본잉여금은 자본금에 전입되거나 자본금의 결손을 보전하기 위하여 사용될 수밖에 없으나 이는 각 자본거래에 해당하고 이로 인하여 주주 단계에서 익금이 인식되는 것은 아니다. 주주에게 환급된 자본금 또는 출자금 자체는 주주의 소득이 될 수 없으며 해당 법인 단계에서도 이에 대하여 손익이 인식될 수는 없다. 따라서 '소멸하는 주식 등에 배분되는 순자산의 가액'에서 '소멸하는 주식 등을 취득하기 위하여 사용한 금액'을 공제한 금액에 포함된 이익잉여금, 양도손익, 납입자본의 회수분을 별도로 계산하여 이익잉여금에 해당하는 금액만을 배당소득으로 과세하는 절차를 마련하여야 한다. 다만 법인세법 체계에 근거한 해석론을 통하여서도 현행 법령 상 의제배당 금액을 해당 주식에 귀속되는 이익잉여금, 양도손익 및 납입자본의 회수분으로 구분하여 인식하는 것 역시 가능하다고 판단한다. 입법론적으로는 다음과 같은 내용을 명확하게 규정하여야 한다. 이익잉여금은 법인 단계에 계상되어 있으므로 이를 해당 주식에 배분하는 절차가 필요하고, 현행 의제배당 계산금액 중 이익잉여금을 제외한 금액은 양도차익과 납입자본의 회수분으로 구분하여야 한다. 양도차익은 해당 주식의 시가와 그 취득가액의 차액을 한도로 인정되어야 하며, 나머지 금액은 납입자본의 회수분으로 취급하여야 한다.

이하 법인세법 상 의제배당에 대하여 각 항목 별로 살핀다.

16.2. 주식의 소각, 자본의 감소, 사원의 퇴사·탈퇴 또는 출자의 감소로 인한 의제배당

주식의 소각, 자본의 감소, 사원의 퇴사·탈퇴 또는 출자의 감소로 인하여 주주 등인 내국법인이 취득하는 금전과 그 밖의 재산가액의 합계액이 해당 주식 등(주식 또는 출자지분)을 취득하기 위하여 사용한 금액을 초과하는 금액은 의제배당 금액으로 본다(법세 §16 ① 1호). **무상감자 또는 주식병합**의 경우에는 그 대가로 취득하는 금전 또는 그 밖의 재산이 없고 법인 단계의 위 거래들은 모두 자본거래로서 이익잉여금의 발생과 무관하므로, 위 각 거래들로 인하여 의제배당이 발생하지는 않는다. **무상감자 또는 주식병합을 통하여 보유주식 수량이 감소되는 경우 그 감소된 수량에 상응하여 주식의 취득가액이 감소되어야 하는가?** 법인이 보유하는 주식의 취득원가 총액은 향후 해당 주식의 매매 등 처분시점에 손금에 산입되어 해당 법인의 손익에 영향을 미치지 않는 반면에, 무상감자 또는 주식병합으로 인하여 발행법인 단계에서는 감자차익이 발생할 뿐 손익거래가 발생하지 않고 그 주주 단계에서 의제배당이 발생하는 것도 아니므로 무상감자 또는 주식병합은 그 손익에 영향을 미치지 않는다. 그렇다면 무상감자 또는 주식병합으로 인하여 보유주식의 수량이 감소한다고 할지라도 손익에 영향을 미치는 해당 주식의 취득원가 총액은 나머지 주식에 대하여 유지되어야 한다. 즉 잔여 보유주식의 장부가액을 증액하는 방법으로 조정되어야 한다. 한편 **의제배당 금액이 음(－)으로 계산되는 경우 해당 금액은 어떻게 처리하여야 하는가?** 주식의 소각, 자본의 감소, 사원의 퇴사·탈퇴 또는 출자의 감소로 인하여 주주 등인 내국법인이 취득하는 금전과 그 밖의 재산가액의 합계액이 해당 주식 등을 취득하기 위하여 사용한 금액에 미달하는 경우가 있을 수 있고, 이 경우 의제배당 금액은 음(－)으로 계산된다. 현행 법령에 의하여 계산한 의제배당 금액에는 이익잉여금, 양도손익, 납입자본의 회수분이 포함될 수 있다. 이익잉여금이 음수일 수는 없으므로 의제배당 금액이 음(－)으로 계산되는 것은 양도차손 및 납입자본의 회수에 기인한 것이다. 해당 주식 등 취득가액과 그 시가와의 차이가 양도차손에 해당할 것이고 이를 초과하는 음(－)의 금액은 납입자본의 회수로 보아야 한다. 해당 주식에 대한 기왕의 세무조정 사항은 소멸하여야 하고, 소멸하는 주식에 귀속되는 이익잉여금에 대하여서는 배당소득으로서 인식하고, 그 소멸로 인하여 새롭게 인식하는 양도차손은 손금에 산입하여야 한다. 납입자본의 회수는 익금의 인식과 무관하다. '소멸하는 주식에 대하여 계산된 음(－)의 의제배당 금액'을 잔존하는 주식 등에 대한 세무조정 사항으로 전환할 수 있는 근거는 없다.

주주 등이 법인으로부터 주식 등 소각 또는 소멸의 대가로서 취득하는 재산의 평가에 대하여 살핀다. 취득재산이 **주식 등인 경우** 그 재산은 시가(법세 §52)에 의하여 평가하나, 이 경우 자본거래로 인하여 특수관계인으로부터 분여받은 이익(법세령 §88 ① 8호)이 있는 경우에는 그 금액을 차감한 금액으로 한다(법세령 §14 ① 1호 라목). 해당 이익에 대하여서는 법인세법 상 소득처분(법세 §67 : 법세령 §106)을 통하여 별도로 과세되기 때문이다. 취득재산이 **주식 등이 아닌 경우**에는 그 재산의 취득 당시의 시가로 평가한다(법세령 §14 ① 2호).

'주주가 주식 등을 취득하기 위하여 사용한 금액'은 해당 주식 등에 대한 '법인세법 상 취득가액'을 의미한다. 주식 등 취득가액을 기업회계기준 상 금액으로 계상하였다고 할지라도 해당 주식 등의 취득과 관계된 세무조정사항 역시 주식 등의 소각과 함께 소멸하게 되므로 주식 등 취득가액을 법인세법 상 취득가액으로 인식한 결과에 이르게 된다. **주식병합**이 이루어지는 경우 병합 이전 주식들에 대한 취득가액이 병합 이후 주식에 대한 취득가액으로 합산되어야 한다. 법인이 **무상감자**를 통하여 감자차익을 인식하고 그 감자차익과 결손금을 상계처리하는 방법으로 **결손금**을 보전하는 경우, 이는 법인 내 자본 항목들 사이의 대체거래에 불과하므로 주주가 소유하는 잔존 주식의 취득가액에 아무런 영향을 미치지 못한다. 자본잉여금의 자본금

전입을 통하여 **무상주 등을 취득한 이후 해당 주식 등의 1주 또는 1좌당 장부가액**은 '구주식 등 1주 또는 1좌당 장부가액'을 '1 + 구주식 등 1주 또는 1좌당 신주식 등 배정수'로 나눈 금액으로 한다(법세령 §14 ②). 즉 무상주의 취득가액을 영으로 본다. **주식 액면가액의 감액을 통하여 자본금이 감소하는 경우 해당 주식의 취득가액 역시 변동되어야 하는가?** 주식의 액면가액이 감액되는 경우 법인의 자본금이 감소하는 것은 사실이나, 주식의 취득가액은 자본금 자체에 의하여 영향을 받는 것이 아니고 액면가액의 감액을 통하여 주식 수에 변동을 초래하는 것 역시 아니므로 해당 주식의 취득가액을 조정할 필요는 없다. **주식배당**을 통하여 주식 등을 취득한 경우에는 해당 주식의 발행금액을 취득가액으로 한다. 주식배당의 경우 주식 등의 발행금액만큼 법인 단계의 이익잉여금이 소멸하기 때문이다. 상법 상 주식 등의 발행금액은 권면액, 즉 액면가액이다(상법 §462의2 ②). **무액면주식**의 가액은 의제배당의 확정시기에 해당하는 날(법세령 §13)에 자본금에 전입한 금액을 자본금 전입에 따라 신규로 발행한 주식 수로 나누어 계산한 금액에 의한다(법세령 §14 ④). 한편 자본시장과 금융투자업에 관한 법률에 따른 **투자회사 등**[투자회사, 투자목적회사, 투자유한회사, 투자합자회사(기관전용 사모집합투자기구(자본시장 §9 ⑲ 1호)는 제외) 및 투자유한책임회사](법세 §51의2 ① 나목)이 주식배당으로 인하여 취득하는 주식 등의 가액은 영으로 한다(법세령 §14 ① 1호 가목 단서). 투자회사 등이 법인으로부터 주식배당을 받는 경우 그 주식 등의 가액에 관한 구체적 내용에 대하여서는 후술한다.[319]

 '**주주가 주식 등을 취득하기 위하여 사용한 금액**'을 해당 주식 등의 '**종전 장부가액**' 또는 '**시가**'로 보는 경우 역시 있다. 즉 주주가 다음 각 요건을 갖추어 주식 등을 취득한 경우에는 **종전의 장부가액**(합병대가(법세 §16 ② 1호) 중 일부를 금전이나 그 밖의 재산으로 받는 경우로서 합병으로 취득한 주식 등을 시가로 평가한 가액이 종전의 장부가액보다 작은 경우에는 **시가**)을 해당 주식 등의 취득가액으로 본다(법세령 §14 ① 1호의2). 이 규정은 **완전 모자 관계인 외국법인들 사이의 역합병** 또는 **내국법인의 완전자법인인 외국법인들 사이의 합병**에 관한 것이다. 내국법인의 '외국법인인 완전자회사'가 '외국법인인 완전손회사'를 합병하는 경우에는 완전자회사가 모법인인 내국법인에게 합병대가를 지불하지 않지만, 내국법인의 '외국법인인 완전자회사'가 '외국법인인 완전손회사'에게 역합병되는 경우에는 완전자회사의 주주인 내국법인에게 합병대가를 지급하여야 한다. 따라서 그 역합병의 경우에는 의제배당이 문제로 된다. "외국법인이 다른 외국법인의 발행주식총수 또는 출자총액을 소유하고 있는 경우로서 그 다른 외국법인에 합병되거나"라는 문언은 내국법인의 완전자회사가 완전손회사에게 역합병되는 경우를 지칭하

---

319) 같은 Ⅱ 16.3 참조.

는 것이다. 또한 내국법인의 완전자법인인 외국법인들 사이의 합병의 경우에도 피합병법인의 주주인 내국법인에게 합병대가가 지급되어야 한다. 따라서 의제배당이 역시 문제가 된다. 그런데 **완전 모자 관계인 외국법인들 사이의 역합병** 또는 **내국법인의 완전자법인인 외국법인들 사이의 합병**로 인하여 내국법인이 그 합병대가로서 취득한 주식 등에 대하여 해당 국가에서 과세되지 않거나 과세이연되었다면, 내국법인에 대하여 그 비과세 또는 과세이연 효과를 승계시킨 후 해당 주식 등에 대한 양도소득을 계산하거나 해당 주식 등의 소멸 등에 관한 의제배당을 계산하는 경우 등에 있어서 해당 금액을 소득금액에 포섭시킬 필요가 있다. 법인세법 은 이러한 효과를 얻기 위하여 해당 주식의 취득가액을 종전 장부가액 등으로 조정하는 것이다. 다만 위 특례를 적용함에 있어서 그 시행시기에 대하여 유의할 필요가 있다. 입법론적으로는 발행주식총수 또는 출자총액을 소유하는지 여부가 아니라 해당 외국에서 비과세 또는 과세이연 요건을 충족하였는지 여부 및 외국의 각 요건이 국내세법 상 비과세 또는 과세요건에 상응하는 것인지 여부에 주목하는 것이 타당하다.

> - 외국법인이 다른 외국법인의 발행주식**총수** 또는 출자**총액**을 소유하고 있는 경우로서 그 다른 외국법인에 합병되거나, 내국법인이 서로 다른 외국법인의 발행주식**총수** 또는 출자**총액**을 소유하고 있는 경우로서 그 서로 다른 외국법인 간 합병될 것(내국법인과 그 내국법인이 발행주식**총수** 또는 출자**총액**을 소유한 외국법인이 각각 보유하고 있는 다른 외국법인의 주식 등의 합계가 그 다른 외국법인의 발행주식**총수** 또는 출자**총액**인 경우로서 그 서로 다른 외국법인 간 합병하는 것을 포함)
> - 합병법인과 피합병법인이 우리나라와 조세조약이 체결된 동일 국가의 법인일 것
> - 위 조세조약이 체결된 국가에서 피합병법인의 주주인 내국법인에 합병에 따른 법인세를 과세하지 아니하거나 과세이연할 것
> - 위 각 사항을 확인할 수 있는 서류를 납세지 관할 세무서장에게 제출할 것

소각되는 주식 등의 취득가액이 각 상이한 경우 그 소각 대상 주식을 어떻게 식별하여야 하는가? 법인세법은 의제배당 관련 주식 등의 평가와 관련하여 평균법을 사용하여야 하는 경우에 대하여 규정하고 있다. 즉 자본잉여금을 자본금에 전입하여 주식을 취득한 후 신·구주식 등의 1주 또는 1좌당 장부가액의 계산(법세령 §14 ②) 및 주식 등 소각 후 남은 주식 등 장부가액의 계산(법세령 §14 ③ 후단)에 있어서 주식 등을 평균법에 의하여 계산한다고 규정한다. 특별한 규정이 없는 한 자본잉여금을 자본금에 전입하는 시점 및 주식 등 소각 시점을 전후하여 주식 등 장부가액의 계산방법 자체가 달라져야 할 당위성은 없는 것이므로, 소각 대상 주식

등의 취득가액이 각 상이한 경우에도 평균법이 동일하게 적용되는 것이 타당하다. 평균법은 그 적용 상황에 따라 총평균법 또는 이동평균법으로 구분하여 적용된다. 이러한 해석은 법인세법 상 주식 등은 총평균법 또는 이동평균법에 의하여 평가된다는 일반원칙(법세 §73 2호 가목, 나목 : 법세령 §75 ①)에도 부합한다. **주식 등의 소각 대상 주식에 무상주가 포함된 경우 소각 주식을 어떻게 식별하고 평가하여야 하는가?** 주식 등의 소각(자본 또는 출자의 감소를 포함) 대상 주식에 그 소각 이전 2년 이내에 자본잉여금의 자본금 전입에 의하여 취득한 주식 등(법세 §16 ① 2호 각 목 외의 부분 단서)이 있는 경우에는 그 주식 등을 먼저 소각한 것으로 보며, 그 주식 등의 당초 취득가액은 이를 "0"으로 한다(법세령 §14 ③ 전단). 통상 자본잉여금의 자본금 전입에 의하여 취득한 주식 등을 **무상주**라고 한다. 주식 등의 소각 이전 2년 이내에 주식 등의 일부를 처분한 경우에는 무상주와 다른 주식 등을 그 주식 등의 수에 비례하여 처분한 것으로 보며, 주식 등의 소각 후 1주 또는 1좌당 장부가액은 소각 후 장부가액의 합계액을 소각 후 주식 등의 총수로 나누어 계산한 금액으로 한다(법세령 §14 ③ 후단). 의제배당 금액에 납입자본의 변동분이 포함되는 문제점이 있다는 점에 대하여 기술한 바 있다. 이에 비추어 보면 무상주가 먼저 소각된 것으로 보고 그 취득가액을 "0"으로 보아 계산하는 것은 위 문제점을 더욱 악화시키는 것으로 입법론 상 재고되어야 한다. 이 쟁점은 주식소각익의 자본금 전입에 의한 의제배당에 관한 다음 항의 논의와도 연계된다. 한편 '**무상으로 취득한 주식의 소각**'과 '**주식의 무상소각**'은 **구별하여야 한다.** 주식을 무상으로 취득하였다고 할지라도 해당 주식을 그에 대한 대가를 지급하고 소각하는 것은 유상소각에 해당하기 때문이다.

주식 유상소각의 경우에도 부당행위계산의 부인규정이 적용되는가? 이 쟁점에 대하여 살피기 이전에 **법인이 자기주식을 취득한 후 자기주식을 소각하는 경우**와 **법인이 주식을 유상소각하는 경우**에 대하여 살핀다. 전자의 거래는 법인과 주주 사이의 매매거래와 법인에 의한 자기주식의 소각이 결합된 것이다. 법인이 주식을 매수한 해당 주식을 그 매입가액에 따라 장부에 계상한다. **자기주식 소각의 경우 해당 주식을 매각한 주주는 해당 거래에 대한 손익을 인식하여야 한다.** 법인이 자기주식을 소각하는 경우에는 매입가액으로 계상된 자기주식을 제거하고, 해당 제거금액과 그 상대계정으로서 제거되는 '자기주식에 귀속되는 자본금'을 비교하여 감자차손익을 인식한다. 만약 자기주식을 소각하지 않고 매각하였다면 법인이 이익잉여금인 자기주식처분손익을 인식하여야 하지만 이를 소각한 경우에는 자본잉여금인 감자차손익을 인식하여야 한다. 이 경우 해당 감자차손익을 자본금에 전입하여 주식을 발행한다면 이익잉여금을 직접 자본금에 전입하여 의제배당이 발생하는 경우와 그 경제적 실질이 동일하게 된다. 이 쟁점은 잉여금의 자본금 전입에 의한 의제배당 부분에서 다시 살핀다. 후자의 거래는 자기주식의 취득거래를 인식하지 않고 직접 소각대상 주식의 매입가액과 유상소각을 통하여 소멸되는 '해당 주식에 귀속되는 자본금'을 비교하여 감자차손익을 인식한다. 따라서 이 경우 주주가 주식의 매각거래를 통한 손익을 인식하여야 하는지 여부가 문제될 수 있다. **유상소각의 경우에도 주식을 매각한 주주는 그 경제적 실질에 따라 해당 거래에 대한 손익을 인식하여야 한다.** 자기주식 소각의 경우뿐만 아니라 주식 유상소각의 경우 모두 법인에 주식을 매각한 주주는 해당 거래로 인한 손익을 인식하여야 한다. 법인과 주주는 특수관계인에 속한다. 법인세 법 상 부당행위계산 부인규정은 법인이 시가와 다른 가액의 거래하는 것을 통하여 특수관계인에 게 이익을 분여한 경우에 적용된다. 따라서 자기주식 소각 거래 및 주식 유상소각 거래가 법인 단계에서는 자본거래에 해당한다고 하더라도 법인이 주주로부터 주식을 취득하는 거래는 손익거래에 해당하므로, **주식소각 거래의 경우 특수관계에 해당하는 법인과 주주 사이의 주식취득 거래에 대하여서는 부당행위계산 부인규정이 적용되어야 한다. 또한 법인 단계의 감자거래에 있어서 주주 등의 소유주식 등의 비율에 의하지 아니하고 일부 주주 등의 주식 등을 소각하는 방법을 통하여 법인이 특수관계인인 다른 주주 등에게 이익을 분여한 경우에도 부당행위계산 부인규정이 적용되어야 한다**(법세 §52 ; 법세령 §88 ① 8호).

의제배당의 확정시기에 대하여 살핀다. 주주총회·사원총회 또는 이사회에서 주식의 소각, 자본 또는 출자의 감소를 결의한 날(주식의 소각, 자본 또는 출자의 감소를 결의한 날의 주주와 기준일(상법 §354)의 주주가 다른 경우에는 기준일을 말함) 또는 사원이 퇴사·탈퇴한 날을 의제배당의 확정시기로 본다(법세령 §13 1호). 회사는 의결권을 행사하거나 배당을 받을 자 기타 주주 또는 질권자로서 권리를 행사할 자를 정하기 위하여 일정한 날에 주주명부에 기재된 주주 또는 질권자를 그 권리를 행사할 주주 또는 질권자로 볼 수 있는바(상법 §354 ①), 이를 통상 기준일(record date)이라고 한다.

16.3. 잉여금의 자본금 전입에 의한 의제배당

법인 잉여금의 전부 또는 일부를 자본이나 출자에 전입함으로써 주주 등인 내국법인이 취득하는 주식 등의 가액은 의제배당에 해당하나, **자본준비금**(상법 §459 ①)**으로서 법정 자본잉여 금**(법세령 §12 ①) **및 자산재평가법에 따른 재평가적립금(토지의 재평가차액**(재평가 §13 ① 1호)**에 상당하는 금액을 제외한 금액을 전입하는 경우에는 의제배당에 해당하지 않는다**(법세 §16 ① 2호). 잉여금 중 자본준비금 및 재평가적립금에 해당하는 특정 항목이 의제배당에서 제외되는 것이므로 이익잉여금을 자본금에 전입하는 경우 발행하는 주식 등의 가액은 의제배당에 해당한다. 또한 법인세법은 의제배당에서 제외되는 자본준비금에서 다시 제외되어 의제배당의 대상이 되는 자본잉여금을 의제배당대상 자본잉여금으로 규정한다. 즉 의제배당 대상 잉여금을 '자본거래로 인한 잉여금(상법 §459 ①)과 자산재평가법에 따른 재평가적립금'(법세칙 §8) 중 '자본거래로 인하여 받은 익금불산입 항목(법세령 §17 ① 각 호)에서 제외되어 익금에 산입되는 특정 항목(법세령 §12 ① 단서 각 호)' 및 '재평가적립금 중 토지에 대한 재평가차액(재평가 §13 ① 1호)'으로 정의한다(법세령 §12 ① 3호 나목). 자본거래로 인한 잉여금은 회계기준(상법령 §15)에 따른 자본잉여금을 의미한다(상법령 §18). 재평가적립금 중 토지에 대한 재평가차액(재평가 §13 ① 1호)에 한하여 법인세법에 의한 소득금액 계산 상 익금에 산입하되, 당해 재평가차액에 상당하는 금액을 손금에 산입할 수 있다(재평가 §33 ① 단서). **의제배당대상 자본잉여금은 기업회계기준 및 상법 상 자본잉여금에 해당하지만 법인세법 상 익금에 산입되는 항목을 대상으로 하는 이익잉여금에 해당한다.** 이상의 논의들은 다음과 같이 정리할 수 있다. **법인세법은 '자본잉여금의 분배'를 그 주주 단계에서 과세대상인 배당소득으로 보지 않는다.** 이는 주주 또는 소유자의 법인을 통한 투자행위는 법인으로부터 이익잉여금을 분배받은 범위에서 종결되는 것이고, 그 분배시점에 투자수익에 대한 과세가 이루어져야 한다는 점 및 자본잉여금의 주주 또는 출자자의 투자수익과는 무관하다는 점에도 부합된다. 한편 **잉여금이 자본잉여금에 해당하는지 여부는 거래의 형식이 아니라 그 경제적 실질에 따라 판단하여야 한다.**

이하 잉여금의 전입을 통한 의제배당에 관련된 상법 상 자본준비금 및 재평가적립금의 범위에 대하여 구체적으로 살핀다.

첫째, 상법 상 자본준비금(상법 §459 ①) **중 자본거래로 인한 수익의 익금불산입 항목**(법세 §17 ① 각 호)**은 의제배당대상에서 제외되나**(법세령 §12 ① 본문), **그 중 특정항목은 의제배당대상에 포함된다**(법세 §16 ① 2호 ; 법세령 §12 ① 단서 각 호). 자본거래로 인한 수익의 익금불산입 항목(법세 §17 ① 각 호)에 해당하는 주식발행액면초과액, 주식의 포괄적 교환차익, 주식의 포괄적 이전차익, 감자차익, 합병차익 및 분할차익이 이에 해당한다. 즉 위 수익의 익금불산입 항목에 해당하는 금액은 의제배당대상 자본잉여금의 범위에 포함되지 않는다(법세 §16 ① 2호 가목 ; 법세령 §12 ① 본문). 자본거래로 인한 수익의 익금불산입 항목에 해당함에도 다시 예외적으로 의제배당대상 자본잉여금에 포함되는 항목은 다음과 같다(법세령 §12 ① 단서 각 호).

① 채무의 출자전환으로 주식 등을 발행하는 경우 주식발행액면초과액 중 그 주식 등의 시가(법세 §52 ②)를 초과하여 발행된 금액(법세 §17 ① 1호 단서)

② 자기주식 또는 자기출자지분을 소각하여 생긴 이익 중 소각 당시 시가(법세 §52 ②)가 취득가액을 초과하거나 소각일부터 2년 이내에 자본에 전입하는 금액

③ 적격합병(법세 §44 ②, ③)을 한 경우 '합병등기일 현재 합병법인이 승계한 재산의 가액 중 그 재산의 피합병법인 장부가액(세무조정사항(법세령 §85 1호)을 반영하기 이전의 장부가액, 이하 같음)을 초과하는 금액', '피합병법인의 의제배당대상 자본잉여금(상법 상 자본잉여금(상법 §459 ① : 법세칙 §8) 및 자산재평가에 따른 재평가적립금(법세칙 §8) 중 법인 잉여금의 전부 또는 일부를 자본이나 출자에 전입함으로 인한 주식배당 중 의제배당에 해당하는 금액(법세 §16 ① 2호 각 목 이외의 부분 본문), 이하 동일)' 및 '피합병법인의 이익잉여금에 상당하는 금액'의 합계액. 주식회사 외의 법인은 이 규정을 준용하여 계산한 금액으로 한다. 또한 위 합계액은 합병차익(법세 §17 ① 5호)을 한도로 계산한다.

④ 적격분할(법세 §46 ②)을 한 경우 내국법인이 분할로 해산하는 인적분할을 통하여 그 법인의 자산을 분할신설법인 등(분할신설법인 또는 분할합병의 상대방법인)(법세 §46 ① 각 호 외 부분 전단)에 이전한 경우에 있어서 분할신설법인 등이 승계한 재산의 가액이 그 재산의 분할법인 장부가액을 초과하는 경우 그 초과하는 금액 및 분할에 따른 분할법인의 자본금 및 '상법 상 자본잉여금(상법 §459 ① : 법세칙 §8)과 자산재평가에 따른 재평가적립금(법세칙 §8)' 중 의제배당대상 자본잉여금이 아닌 잉여금의 감소액이 '분할한 사업부문의 분할등기일 현재 순자산장부가액'에 미달한 경우 그 미달금액의 합계액. 주식회사 외의 법인은 이 규정을 준용하여 계산한 금액으로 한다. 또한 위 합계액은 분할차익(법세 §17 ① 6호)을 한도로 계산한다.

둘째, 자산재평가법에 따른 재평가적립금은 의제배당대상 자본잉여금에 포함되지 않으나(법세 §16 ① 2호 나목), 토지의 재평가차액(재평가 §13 ① 1호)에 상당하는 금액은 의제배당대상 자본잉여금에 포함된다(법세 §16 ① 2호 나목 괄호부분). 자산재평가법에 의하여 적립된 재평가적립 금을 1995년 1월 1일 이후 자본에 전입하는 경우에는 의제배당 과세대상에서 제외된다. 그러나 1998년 4월 10일 자산재평가법 개정을 통하여 1984년 1월 1일 이후 취득한 토지와 1983년 12월 31일 이전 취득한 토지 중 1984년 1월 1일 이후 1회 재평가한 토지 역시 재평가를 할 수 있게 되었다. 그 토지 재평가차액에 대하여서는 1%의 재평가세를 부과되나 압축기장충당금 의 계상을 통하여 향후 토지를 처분하는 시점까지 과세를 이연된다. 개정된 자산재평가법에 상응하여 1998년 12월 28일 개정된 법인세법은 토지 재평가차액을 의제배당 과세대상 잉여금의 범위에 포함하였다. 즉 1999년 1월 1일 이후 재평가적립금 중 익금에 산입되는 재평가차액(1%

세율 적용분)에 상당하는 금액을 자본에 전입하는 경우에는 그 금액은 의제배당 과세대상이 된다. 따라서 자산재평가법에 따른 재평가적립금을 자본에 전입하는 경우 해당 금액은 의제배당 대상 자본잉여금에 포함되지 않지만, 토지의 재평가차액의 경우에는 해당 금액이 의제배당대상 자본잉여금에 포함된다.

재평가적립금의 일부를 자본 또는 출자에 전입하는 경우에는 토지의 재평가차액(재평가 §13 ① 1호)에 상당하는 금액과 그 밖의 금액의 비율에 따라 각각 전입한 것으로 한다(법세령 §12 ④).

이하 상법 상 자본준비금(상법 §459 ①) 중 의제배당대상 자본잉여금에 포함되는 항목들에 대하여 살핀다.

첫째, 채무의 출자전환으로 주식 등을 발행하는 경우 주식발행액면초과액 중 그 주식 등의 시가(법세 §52 ②)**를 초과하여 발행된 금액**(법세 §17 ① 1호 단서). 통상 채무면제익이라고 한다. 채무의 면제 또는 소멸이 자본거래의 일부로서 발생하는 경우에는 수익으로서의 채무면제익을 인식할 수 없다. 다만 채무의 출자전환으로 주식 등을 발행하는 경우에는 그 주식 등의 시가(법세 §52 ②)를 초과하여 발행된 금액 역시 채무면제익에 포함된다(법세령 §11 1호 단서 ; 법세령 §11 6호). 즉 채무의 출자전환(debt-equity swap ; DES)으로 인하여 발행되는 주식의 시가 이상으로 채무가 소멸하는 경우에 그 초과액은 채무면제익에 포함된다. 법인의 채권자인 주주 또는 출자자가 그 채권을 포기하는 경우, 이를 주주 또는 출자자에 의한 출자의 납입으로 보아야 하는지 아니면 단순한 채권의 포기로 보아야 하는지 여부가 쟁점이 될 수 있다. 전자의 경우에는 법인이 채무면제익을 인식할 수 없지만 후자의 경우에는 이를 인식하여야 한다. 이 쟁점은 주식소유비율 또는 출자비율이 채권포기액에 상응하는 정도로 변화하는지 여부에 의하여 판정되어야 한다. 채무의 출자전환에 해당하는지 여부는 해당 거래의 경제적 실질에 따라 판정하여야 한다.

둘째, 자기주식 또는 자기출자지분을 소각하여 생긴 이익 중 소각 당시 시가(법세 §52 ②)**가 취득가액을 초과하거나 소각일부터 2년 이내에 자본에 전입하는 금액.** 법인세법은 자기주식 또는 자기출자지분을 소각하여 생긴 이익(자기주식소각익)을 원칙적으로 자본잉여금으로 취급하고, 특정 경우에 한하여 이를 이익잉여금으로 취급한다. 그렇다면 **특정 경우에 자기주식소 각익을 이익잉여금으로 의제하는 근거에 대하여 살필 필요가 있다.** '자기주식소각익의 인식'과 '그 자기주식소각익의 자본전입'이 결합되는 경우에는 경제적 실질의 관점에서 해당 거래들이 '자기주식처분익의 인식' 및 '그 자기주식처분익의 자본전입'과 동일시되는 경우가 있다. 자기주식의 소각 당시 그 시가가 취득가액을 초과한 상태에서 자기주식소각익을 자본에 전입하여 주식을 발행하는 것은 자기주식을 먼저 시가로 처분하여 자기주식처분익을 인식한 이후에 그 처분익을 자본에 전입하여 주식배당을 하는 경우와 동일시될 수 있다. 전자의 경우에는 익금이 인식되지 않지만 후자의 경우에는 자기주식처분익이 익금으로서 인식되어야 한다. 따라서 전자의 거래를 통하여 자기주식처분익의 인식을 잠탈할 수 있다. 또한 자기주식의 소각 당시에는 시가가 그 취득가액을 초과한 상태는 아니지만 자기주식소각익을 인식한 이후 어느 시점에 주식의 시가가 당초 자기주식의 취득가액을 초과하게 된 상태에서 그 자기주식소각익을 자본에 전입하여 주식을 발행한다면 자기주식의 소각 당시 주식의 시가가 자기주식의 취득원가를 초과하는 경우와 동일한 결과가 발생할 수 있는 여지가 있다. 다만 그 소각 당시 향후 주식의 가격을 예상할 수는 없으므로 법인세법은 그 기한을 2년으로 제한한다. 이상의 논의들은 다음과 같이 정리할 수 있다. **법인세법은 자기주식소각익을 원칙적으로 자본잉여금으로 취급하나, 거래의 형식 상 자기주식소각익이 인식된다고 하더라도 그 거래를 통하여 자기주식처분익의 인식이 잠탈될 가능성이 있는 특정 거래의 경우에는 자기주식소각익을 이익잉여금으로 취급하는 입장을 취하고 있다. 그러나 법인세법의 입장에는 다음과 같은 문제가 있다.** 첫째, 자기주식처분익의 인식을 회피하려는 특정 경우를 상정하여 그 경우에 자기주식소각익을 이익잉여금으로 인식하는 것이나, 자기주식처분익을 익금으로 인식하는 것 차제가 입법론 상 타당하지 않다. 둘째, 주식의 시가가 자기주식의 취득가액을 초과하는 시점에 자기주식을 소각하는 모든 행위에 대하여 조세부담을 가중시킬 수 있는 규범적 당위성은 존재하지 않는다. 셋째, 자기주식의 소각 이후 2년 이내에 자기주식소각익을 자본에 전입하는 모든 거래를 자기주식처분익의 인식을 회피하기 위한 거래로 단정할 수 없으며 2년이라는 기한 역시 자의적으로 설정된 것이다. 넷째, 법인세법이 거래 당사자의 사적 자치에 부당하게 개입하는 결과를 야기할 수 있다. 이상 **법인세법의 입장은 자기주식처분익의 인식을 회피하려는 거래에 대응하기 위한 것이지만 그 규정방식이 지나치게 작위적이고 이로 인하여 거래 당사자의 사적 자치에 지나치게 개입하는 결과를 야기할 수 있다. 입법을 통하여 자기주식처분익에 대한 과세와** 함께 근본적으로 개선될 필요가 있다. 다만 해석론으로서는 **법인세법이 조세회피 등을 방지하기 위한 특별 조세회피방지규정**(special anti-avoidance rule ; SAAR)**을 둔 것이므로 법인세 법의 해당 규정을 충족한 자기주식 소각 거래에 대하여 다시 일반적 조세회피방지규정**(general anti-avoidance rule ; GAAR)**인 실질과세원칙을 적용하여 해당 거래를 부인하거나 재구성 하여 자본잉여금인 자기주식소각익을 이익잉여금으로 인식할 수는 없다고 해석하여야 한**

다.[320] 한편 주식 유상소각으로 인한 감자차손익과 자기주식의 소각에 의한 감자차손익은 동일한 것인지 여부 역시 문제가 될 수 있다. 두 경우 감자차손익의 경제적 실질이 자본잉여금에 해당한다는 점에 있어서는 동일하나, 자기주식을 소각하는 경우에는 자기주식처분손익의 인식을 회피할 수 있는 의도가 개입될 기회가 있으나 유상소각의 경우에는 그 의도가 개입할 여지가 없다는 점에서 구분될 수 있다. 자기주식소각익을 특정 기간 내에 자본금에 전입한 경우에만 이익잉여금의 전입에 의한 의제배당으로 과세되고, 원칙적으로 자본잉여금을 자본금에 전입하는 것은 이익잉여금의 전입에 의한 의제배당으로 과세되지 않는다는 점에 비추어 보면 유상소각에 의한 감자차손익과 자기주식의 소각으로 인한 감자차손익은 의제배당의 관점에서 동일하게 취급하는 것은 타당하지 않다. 다만 두 경우를 구분하는 것이 명백하지 않은 경우 역시 있다. 해당 거래의 구체적인 상황에 입각한 경제적 실질에 따라 구분하여야 한다.

셋째, 적격합병(법세 §44 ②, ③)**을 한 경우 '합병등기일 현재 합병법인이 승계한 재산의 가액 중 그 재산의 피합병법인 장부가액을 초과하는 금액', '피합병법인의 의제배당대상 자본잉여금' 및 '피합병법인의 이익잉여금에 상당하는 금액'의 합계액(합병차익을 한도).**

적격합병의 경우 다음 금액이 의제배당대상 자본잉여금으로 구분된다. 적격합병(법세 §44 ②, ③)을 한 경우 **'합병등기일 현재 합병법인이 승계한 재산의 가액 중 그 재산의 피합병법인 장부가액**(세무조정사항(법세령 §85 1호)을 반영하기 이전의 장부가액, 이하 같음)**을 초과하는 금액', '피합병법인의 의제배당대상 자본잉여금**(상법 상 자본잉여금(상법 §459 ① : 법세칙 §8) 및 자산재평가에 따른 재평가적립금(법세칙 §8) 중 법인 잉여금의 전부 또는 일부를 자본이나 출자에 전입함으로 인한 주식배당 중 의제배당에 해당하는 금액(법세 §16 ① 2호 각 목 이외의 부분 본문), 이하 동일)' 및 '피합병법인의 이익잉여금에 상당하는 금액'의 합계액**. 주식회사 외의 법인은 이 규정을 준용하여 계산한 금액으로 한다.

위 합계액은 합병차익(법세 §17 ① 5호)**을 한도로 계산한다.** 합병차익은 다음과 같이 계산한다(법세 §17 ① 5호). 상법(상법 §174) 상 합병의 경우로서 **소멸된 회사로부터 승계한 재산의 가액**이 그 회사로부터 **승계한 채무액**, 그 회사의 **주주에게 지급한 금액**과 합병 후 **존속하는 회사의 자본금증가액 또는 합병에 따라 설립된 회사의 자본금을 초과한 경우의 그 초과금액**을 합병차익으로 계산한다.

합병차익의 일부를 자본 또는 출자에 전입하는 경우에는 의제배당대상이 아닌 자본잉여금을

---

320) 이준봉, 전게서, 173면 참조.

먼저 전입하는 것으로 한다(법세령 §12 ②). 즉 자본금에 전입하여 주식 등을 발행하는 경우 그 주주 단계에서 배당소득이 인식되지 않는 잉여금부터 전입한 것으로 본다. 법인세법 시행령 2019년 2월 12일 개정(2019. 2. 12. 대통령령 제29529호) 이전에는 합병차익의 일부를 자본 또는 출자에 전입하는 경우에는 자산조정계정, 합병감자차익, 의제배당대상이 아닌 자본잉여금 승계분, 의제배당대상인 자본잉여금 승계분 및 이익잉여금의 순서에 따라 전입하는 것으로 규정하였다. 개정규정은 합병에 따라 승계한 잉여금을 그 시행 이후 자본으로 전입하는 분부터 적용하고, 승계한 잉여금 중 그 시행 전에 자본으로 전입하고 시행 당시 남은 잉여금에 대하여서는 종전의 규정에 따른다(구 법세령 부칙 §4). 합병의 경우 소멸회사의 이익준비금이나 그 밖의 법정준비금은 합병 후 존속되거나 새로 설립되는 회사가 승계할 수 있는바(상법 §459 ②), 그 준비금의 승계가 있는 경우에도 그 승계가 없는 것으로 보아 이를 계산한다(법세령 §12 ③). 회사는 그 자본금의 2분의 1이 될 때까지 매 결산기 이익배당액의 10분의 1 이상을 이익준비금으로 적립하여야 하나, 주식배당의 경우에는 그러하지 아니하다(상법 §459 ①). 즉 상법 상 이익준비금은 법인세법 상 이익잉여금에 해당한다. 또한 회사는 자본거래에서 발생한 잉여금을 기업회계기준(상법령 §15)에 따라 자본준비금으로 적립하여야 하고(상법 §459 ②), 상법 상 자본잉여금은 위 자본거래로 인한 잉여금과 자산재평가법에 따른 재평가적립금을 말한다. 즉 상법 상 자본준비금은 원칙적으로 법인세법 상 자본잉여금에 해당한다. 그렇다면 상법 상 이익준비금이나 그 밖의 법정준비금은 법인세법 상 이익잉여금 또는 자본잉여금의 범주 중 하나에 귀속된다. 따라서 상법 상 위 준비금을 별도의 잉여금으로 보아 계산할 필요가 없다. '의제배당대상 자본잉여금' 또는 '의제배당대상이 아닌 자본잉여금' 중 각 어느 잉여금을 전입할 것인지 여부는 법인세법이 관여할 영역이 아니므로 법인의 자율적인 의사결정에 따라 정하여져야 한다.

의제배당대상 자본잉여금에 포함하는 금액에 대하여 합병차익을 한도로 설정한 이유는 무엇인가? 합병을 통하여 피합병법인의 배당가능이익이 합병법인에게 승계될 수 있고 그 배당가능이익을 특정하여야 합병법인의 배당가능이익을 특정할 수 있다. 나아가 이를 통하여 합병법인으로부터 유출되는 금액이 배당에 해당하는지 여부를 판정할 수 있다. 그러나 **적격합병**의 경우에는 합병법인의 양도가액을 피합병법인의 합병등기일 현재의 순자산장부가액으로 보아 양도손익이 발생하지 않는 것으로 보므로 합병대가 중 일부가 법인세법 상 무시될 뿐만 아니라 '합병법인의 증가되는 자본금 및 자본잉여금'은 '피합병법인의 소멸하는 자본금, 이익잉여금 및 자본잉여금'과 동일하지 않다. 따라서 '합병법인'의 배당가능이익에 포함될 수 있는 금액을 '피합병법인에서 소멸되는 배당가능이익을 기준으로 산정하여야, 즉 피합병법인을 기준으로 피합병법인으로부터 합병법인에 이전되는 배당가능이익을 산정하는 것이 타당하다. 그런데 합병법인이 피합병법인으로부터 승계할 수 있는 배당가능이익을 산정함에 있어서는 '합병법인에 결과적으로 유입되는 순자산가액을 초과할 수는 없다는 점' 및 '피합병법인으로부터 승계한 순자산가액 중 합병법인이 자본금에 편입한 금액을 바로 합병법인의 배당가능이익으로 볼 수는 없다는 점'을 각 감안하여야 한다. 이상 두 조건을 모두 충족하기 위하여서는, '합병법인이 피합병법인으로부터 승계할 수 있는 배당가능이익'은 '합병법인에 결과적으로 유입되는 순자산가액에서 해당 자본금을 공제한 금액'의 범위 내에서 결정되어야 한다. 즉 합병차익의 범위 내에서 합병법인은 피합병법인의 배당가능이익을 승계할 수 있다고 보아야 한다. 이를 감안하여 의제배당대상 자본잉여금에 포함되는 한도 역시 합병차익으로 설정한 것이다.

넷째, 적격분할(법세 §46 ②)**을 한 경우 '분할신설법인 등이 승계한 재산의 가액이 그 재산의 분할법인 장부가액을 초과하는 경우 그 초과하는 금액' 및 '분할법인의 자본잉여금 중 의제배당대상 자본잉여금이 아닌 잉여금의 감소액'이 '분할한 사업부문의 분할등기일 현재 순자산장부가액'에 미달한 경우 그 미달금액의 합계액**(분할 전 이익잉여금과 의제배당대상 자본잉여금에 상당하는 금액의 합계액을 한도).

적격분할의 경우 다음 금액이 의제배당대상 자본잉여금으로 구분된다. 즉 적격분할(법세 §46 ②)을 한 경우 내국법인이 분할로 해산하는 인적분할을 통하여 그 법인의 자산을 분할신설법인 등(분할신설법인 또는 분합병의 상대방법인)(법세 §46 ① 각 호외 부분 전단)에 이전한 경우에 있어서 [**분할신설법인 등이 승계한 재산의 가액이 그 재산의 분할법인 장부가액을 초과하는 경우 그 초과하는 금액**] 및 [분할에 따른 분할법인의 '**자본금**' 및 '상법 상 자본잉여금(상법 §459 ① : 법세칙 §8)과 자산재평가에 따른 재평가적립금(법세칙 §8)' 중 '**의제배당대상 자본잉여금이 아닌 자본잉여금**' 합계액의 감소액이 '**분할한 사업부문의 분할등기일 현재 순자산장부가액**'에 **미달한 경우 그 미달금액**]의 합계액. 위 합계액은 분할차익(법세 §17 ① 6호)을 **한도로 계산한다.** 분할차익을 한도로 설정하는 것과 관련된 설명은 위 합병의 경우와 같다. 또한 분할의 경우에는 위 **미달금액** 역시 '**분할법인의 분할등기일 현재의 분할 전 이익잉여금과 의제배당대상 자본잉여금에 상당하는 금액의 합계액**'을 한도로 인식하여야 한다.

분할차익은 다음과 같이 계산한다. 상법 상 분할 또는 분할합병(상법 §503의2)으로 **설립된 회사 또는 존속하는 회사에 출자된 재산의 가액이 출자한 회사로부터 승계한 채무액, 출자한 회사의 주주에게 지급한 금액과 설립된 회사의 자본금 또는 존속하는 회사의 자본금증가액을**

초과한 경우의 그 **초과금액**이 분할차익에 해당한다(법세 §17 ① 6호). 즉 분할차익은 '**분할신설법인 등에 결과적으로 유입되는 순자산액**'이 '**분할대가 및 분할신설법인 등의 자본금증가액**'을 초과하는 금액을 의미한다.

분할차익의 일부를 자본 또는 출자에 전입하는 경우에는 의제배당대상이 아닌 자본잉여금을 먼저 전입하는 것으로 한다(법세령 §12 ②). 즉 자본금에 전입하여 주식 등을 발행하는 경우 그 주주 단계에서 배당소득이 인식되지 않는 잉여금부터 전입한 것으로 본다. 법인세법 시행령 2019년 2월 12일 개정(2019. 2. 12. 대통령령 제29529호) 이전에는 분할차익의 일부를 자본 또는 출자에 전입하는 경우에는 자산조정계정, 분할감자차익, 의제배당대상이 아닌 자본잉여금 승계분, 의제배당대상인 자본잉여금 승계분 및 이익잉여금의 순서에 따라 전입하는 것으로 규정하였다. 개정규정은 분할에 따라 승계한 잉여금을 그 시행 이후 자본으로 전입하는 분부터 적용하고, 승계한 잉여금 중 그 시행 전에 자본으로 전입하고 시행 당시 남은 잉여금에 대하여서는 종전의 규정에 따른다(구 법세령 부칙 §4). '분할 또는 분할합병'(상법 §530의2)의 경우 분할되는 회사의 이익준비금이나 그 밖의 법정준비금은 분할·분할합병 후 존속되거나 새로 설립되는 회사가 승계할 수 있는바(상법 §459 ②), 그 준비금의 승계가 있는 경우에도 그 승계가 없는 것으로 보아 이를 계산한다(법세령 §12 ③). 회사는 그 자본금의 2분의 1이 될 때까지 매 결산기 이익배당액의 10분의 1 이상을 이익준비금으로 적립하여야 하나, 주식배당의 경우에는 그러하지 아니하다(상법 §459 ①). 즉 상법 상 이익준비금은 법인세법 상 이익잉여금에 해당한다. 또한 회사는 자본거래에서 발생한 잉여금을 기업회계기준(상법령 §15)에 따라 자본준비금으로 적립하여야 하고(상법 §459 ②), 상법 상 자본잉여금은 위 자본거래로 인한 잉여금과 자산재평가법에 따른 재평가적립금을 말한다. 즉 상법 상 자본준비금은 원칙적으로 법인세법 상 자본잉여금에 해당한다. 그렇다면 상법 상 이익준비금이나 그 밖의 법정준비금은 법인세법 상 이익잉여금 또는 자본잉여금의 범주 중 하나에 귀속된다. 따라서 상법 상 위 준비금을 별도의 잉여금으로 보아 계산할 필요가 없다. '**의제배당대상 자본잉여금**' 또는 '**의제배당대상이 아닌 자본잉여금**' 중 각 어느 잉여금을 전입할 것인지 여부는 법인세법이 관여할 영역이 아니므로 법인의 자율적인 의사결정에 따라 정하여져야 한다.

분할법인에 계상된 '자본금' 및 '의제배당대상이 아닌 자본잉여금' 합계액의 감소금액이 '분할 사업부문 순자산장부가액'에 미달하는 경우 그 미달금액을 의제배당대상인 자본잉여금에 포함하는 이유 및 그 미달금액에 대한 한도를 설정하는 이유는 무엇인가? 분할을 통하여 배당가능이익이 분할법인에서 분할신설법인 등에 승계될 수 있다. 그 배당가능이익이 특정되어야 향후 분할신설법인 등에서 유출되는 금원이 배당에 해당하는지 여부를 판정할 수 있다. 그러나 **적격분할**의 경우에는 분할법인의 양도가액을 분할신설법인 등의 분할등기일 현재의 순자산장부가액으로 보아 양도손익이 발생하지 않는 것으로 보므로 합병대가 중 일부가 법인세법 상 무시될 뿐만 아니라(분할합병의 경우) '분할신설법인 등의 증가되는 자본금 및 자본잉여금'은 '분할법인의 소멸하는 자본금, 이익잉여금 및 자본잉여금'과 동일하지 않다. 따라서 '분할법인의 자본 구성요소'를 기준으로 '분할신설법인 등'의 배당가능이익에 포함될 수 있는 이익잉여금 또는 의제배당대상 자본잉여금을 산정하여야 한다. 한편 적격분할의 경우에는 적격합병의 경우와 달리 분할법인과 분할신설법인 등 모두가 장부를 별도로 계상하여야 한다. 따라서 적격분할의 경우에는 '분할신설법인 등에 승계되는 배당가능이익 전체'뿐만 아니라 '분할법인'의 '자본금 및 의제배당대상이 아닌 자본잉여금 합계액'에 대하여서도 별도로 한도를 설정하여야 한다. 즉 분할신설법인 등에 승계되는 법인세법 상 배당가능이익 전체를 계산하기 위하여서는, 합병의 경우 합병차익을 한도로 설정하여 승계되는 그 배당가능이익 전체를 통제하는 것처럼, 분할차익을 통하여 분할신설법인 등에 승계되는 배당가능이익 전체에 대하여 통제하여야 하고, 그 밖에도 분할법인의 '자본금 및 의제배당대상이 아닌 자본잉여금 합계액'에 대하여서도 별도로 그 한도를 설정하여야 한다. 그렇지 않으면, 분할법인은 '자본금 및 의제배당대상이 아닌 자본잉여금을 분할신설법인 등에 승계되는 순자산장부가액보다 적게 감소시키는 방법'을 통하여 분할법인 단계의 납입자본을 과다계상하여 배당가능이익을 줄이면서도, '분할신설법인 등에 승계되는 순자산장부가액 감소액'은 여전히 분할신설법인 등에 대한 출자금액에 포함되어 분할신설법인의 자본잉여금 형태로 승계될 수 있기 때문이다. 따라서 그 차액을 분할법인 단계에서 배당가능이익에 추가하여야 한다. 한편 배당가능이익에 포함되는 금액은 종국적으로 분할법인의 분할등기일 현재의 분할 전 '이익잉여금과 의제배당대상 자본잉여금에 상당하는 금액의 합계액'을 초과할 수는 없는 것이므로, 해당 금액을 한도로 설정하여야 한다. 이를 감안하여 의제배당대상 자본잉여금에 포함되는 한도 역시 동일하게 설정한 것이다.

이익잉여금의 자본금 전입으로 인하여 발행한 주식 등의 가액에 대하여 살핀다. 주식배당의 경우 주식 등의 가액은 **액면가액** 또는 **출자금액**으로 한다. 주식배당의 경우 발행된 주식 등의 액면가액 또는 출자금액만큼 법인 단계의 이익잉여금이 소멸하기 때문이다. 상법 상 주식 등의 발행금액은 권면액, 즉 액면가액이다(상법 §462의2 ②). **무액면주식**의 가액은 의제배당의 확정시기에 해당하는 날(법세령 §13)에 자본금에 전입한 금액을 자본금 전입에 따라 신규로 발행한 주식 수로 나누어 계산한 금액에 의한다(법세령 §14 ④). 다만, **투자회사 등**[자본시장과 금융투자업에 관한 법률에 따른 투자회사, 투자목적회사, 투자유한회사, 투자합자회사(기관전용 사모집합투자기구(자본시장 §9 ⑲ 1호)는 제외) 및 투자유한책임회사](법세 §51의2 ① 나목)이 취득하는 주식 등의 가액은 영으로 한다(법세령 §14 ① 1호 가목 단서).

투자회사 등이 주식배당으로 인하여 취득한 주식 등의 가액을 영으로 하는 이유는 무엇인가? 먼저 **투자회사 등이 보유한 재산의 평가에 대하여 살핀다.** 투자회사 등이 보유한 집합투자재산 (법세령 §73 2호 다목 ; 자본시장 §9 ⑳)은 시가법에 따라 평가한다(법세령 §75 ③ 본문). 다만, 환매금지형 집합투자기구(자본시장 §230)가 보유한 시장성 없는 자산(자본시장 §230 ⑤ ; 자본시장령 §242 ②)은 개별법, 총평균법 또는 이동평균법 중 어느 하나에 해당하는 방법(법세령 §75 ① 각 호) 또는 시가법 중 해당 환매금지형집합투자기구가 신고(법세 §60)와 함께 납세지 관할 세무서장에게 신고한 방법에 따라 평가하되, 그 방법을 이후 사업연도에 계속 적용하여야 한다(법세령 §75 ③ 단서). 환매금지형집합투자기구는 존속기간을 정한 집합투자기구로서 집합투자증권의 환매 를 청구할 수 없는 집합투자기구를 의미한다(자본시장 §230 ①). 환매금지형집합투자기구에 한하여 시장성 없는 자산을 보유할 수 있다(자본시장 §230 ⑤ ; 자본시장령 §242 ②). 즉 **투자회사 등은 집합투자기구로서 보유재산을 원칙적으로 시가법에 의하여 평가하여야 하고, 집합투자증 권의 환매를 청구할 수 없는 환매금지형집합투자기구에 한하여 개별법, 총평균법 또는 이동평균 법 중 어느 하나로 평가할 수 있는 여지가 있다.** 이어서 **투자회사 등이 주식배당으로 인하여 취득한 주식 등의 취득가액을 영으로 하는 경우의 과세상 취급에 대하여 살핀다.** 투자회사 등이 법인으로부터 주식배당을 받는 경우 그 주식 등의 가액을 영으로 한다는 것은 투자회사 등 단계에서 주식배당 당시 의제배당으로 과세하지 않는다는 의미이다. **투자회사 등의 재산을 시가법으로 평가하는 경우에 대하여 본다.** 투자회사 등 재산을 시가법으로 평가한다면, 주식배당 으로 취득한 주식 등에 대하여 의제배당으로 과세되지 않는다고 하더라도 그 시가평가를 통하여 주식배당 당시의 취득가액뿐만 아니라 향후 시가변동분 역시 투자회사 등의 익금에 반영된다. 이와 같이 익금에 산입된 금액에 대하여서는 지급배당금 소득금액 공제제도(법세 §51의2)가 적용될 수 있고, 그 경우에는 지급배당금은 투자회사 등 단계의 소득금액에서 공제되고 주주 단계에서는 배당소득으로서 과세된다. 투자회사 등으로부터 법인 주주가 받는 배당에 대하여서는 그 수입배당금 익금불산입 제도(법세 §18의2, §18의3 ; §18의3은 2023년 1월 1일 이후 받는 수입배당금에 대하여서는 적용되지 않음)가 적용되지 않는다(법세 §18의2 ② 3호, §18의3 ② 2호). 투자회사 등으로부터 개인 주주가 배당을 받는 경우에는 배당세액공제가 적용되지 않는다(소세 §17 ③, §56 ; 소세령 §27의3 ② 1호). 또한 배당을 받은 주주 등에 대하여 법인세법 또는 조세특례제한법에 따라 그 배당에 대한 소득세 또는 법인세가 비과세되는 경우(법세 §51의2 ② 1호)에 대하여서는 지급배당금 소득금액 공제제도가 적용되지 않는다. 투자회사 등 단계에서 지급배당금 소득금액 공제제도(법세 §51의2)가 적용되지 않는 경우에도 해당 주식 등이 영으로 평가되므로 이에 대하여 투자회사 등 단계에서 과세되는 것은 아니다. 한편 해당 주식을 보유한 상태에서 잔여재산으로 분배하거나 해당 주식 자체가 현물배당(상법 §462의4)되는 경우에는 그 주식 등은 시가로 평가되어 법인 단계의 청산소득 또는 그 주주 단계의 의제배당계산에 포함된다. 이 경우에도 해당 주식 등에 대한 경제적 이중과세 자체가 발생하지 않는다. 즉 **투자회사 등이 보유한 재산을 시가로 평가하는 경우에는 주식배당으로 인하여 취득한 주식 등의 취득가액을 영으로 평가한다고 하더라도 그 주식 등의 취득가액이 과세대상에서 제외되지 않을 뿐만 아니라 그로 인하여 투자회사 등과 그 주주 사이에서 경제적 이중과세 및 비과세가 발생하는 것도 아니다.** 이러한 결과는 투자회사 등이 투자기구로서의 기능을 수행하는 것에 부합되는 것이다. 다만 투자회사 등이 사모 집합투자기구(법세령 §86의3 ⑩)인 경우에는 지급배당금 소득공제 제도가 적용되지 않는바(법세 §51의2 ② 2호), 이 경우에는 주식배당으로 취득한 주식 등은 시가로 평가되어 투자회사 등 단계에서 과세될 여지가 있으나, 이 경우에도 투자회사 등 단계에서 주식배당이 과세되지 않으므로 그 주식배당과 관련하여서는 경제적 이중과세가 발생하지 않는다. **투자회사 등의 재산을 시가법이 아닌 방법으로 평가하는 경우에 대하여 본다.** 투자회사 등 재산을 시가법으로 평가하지 않는 경우, 주식배당 당시 의제배당으로 과세하지 않는 금액은 해당 주식 등이 처분, 현물배당 또는 잔여재산으로 분배되기 이전에는 시가로 평가되지 않고 시가로 평가되지 않는 한 과세되지 않는다. 투자회사 등 단계의 주식 등은 해당 주식 등이 처분, 현물배당 또는 잔여재산의 분배를 통하지 않고서는 주주 등 단계로 이전될 수 없다. 투자회사 등의 재산을 시가로 평가하지 않는다고 하더라도 투자회사 등이 주식배당으로 취득한 주식 등을 영으로 보아 과세하지 않는다면, 해당 금액이 주주 단계로 이전되는 경우에 대한 과세 상 취급은 투자회사 등 재산을 시가평가한 경우와 여전히 동일하다. 다만 과세시점이 다를 뿐이다. 이러한 결과는 투자회사 등이 투자기구로서의 기능을 수행하는 것에 부합되는 것이다. 이상의 논의를 종합한 결과는 다음과 같다. **투자회사 등이 주식배당으로 취득한 주식 등을 영으로 보아 과세하지 않는다면, 투자회사 등의 재산을 시가로 평가하는지 여부 및 지급배당금 소득공제 제도가 적용되는지 여부와 무관하게 그 주식배당과 관련하여 투자회사 등 및 그 주주 등 사이에서 경제적 이중과세 및 비과세가 발생하지 않는다.** 이러한 결과는 투자회사 등이 투자기구로서의 기능을 수행하는 것에 부합되는 것이다. 다음으로 투자회사 등이 주식배당으로 인하여 취득한 주식 등의 취득가액을 그 액면가액 또는 출자가액으로 하는 경우를 가정하여 그 과세상 취급에 대하여 살핀다. 투자회사 등이 주식배당을 받는 경우 그 취득가액을 일반 내국법인과 동일하게 액면가액 또는 출자가액으로 평가하여 의제배당으로 과세하는 경우 대부분 액면가액 또는 출자가액 중 일부에 대하여서만 수입배당금 익금불산입 제도(법세 §18의2, §18의3: §18의3은 2023년 1월 1일 이후 받는 수입배당금에 대하여서는 적용되지 않음)가 적용되고, 그 나머지 액면가액 또는 출자가액은 소득금액에 포함된다. 투자회사 등 재산을 시가법으로 평가한다면, 주식배당으로 취득한 주식 등에 대하여 의제배당으로 과세되지 않는 금액 및 향후 시가변동액 역시 그 시가평가를 통하여 투자회사 등의 익금에 반영된다. 이와 같이 익금에 산입된 금액에 대하여서는 지급배당금 소득금액 공제제도(법세 §51의2)가 적용될 수 있고, 그 경우에는 지급배당금은 투자회사 등 단계의 소득금액에서 공제되고 주주 단계에서는 배당소득으로서 과세된다. 그런데 투자회사 등 단계에서 지급배당금 소득공제 요건을 충족하지 못한다면 액면가액 또는 출자금액 중 과세된 금원에 대한 경제적 이중과세는 조정되지 않는다. 투자회사 등으로부터 법인 주주가 받는 배당에 대하여서는 그 수입배당금 익금불산입 제도(법세 §18의2, §18의3: §18의3은 2023년 1월 1일 이후 받는 수입배당금에 대하여서는 적용되지 않음)가 적용되지 않고(법세 §18의2 ② 3호, §18의3 ② 2호), 개인 주주가 배당을 받는 경우에는 배당세액공제가 적용되지 않기 때문이다(소세 §17 ③, §56 ; 소세령 §27의3 ② 1호). 투자회사 등 단계의 주식 등은 해당 주식 등이 처분, 현물배당 또는 잔여재산의 분배를 통하지 않고서는 주주 등 단계로 이전될 수 없고, 투자회사 등이 주식배당으로 취득한 주식 등의 취득가액이 주주 단계로 이전되는 경우에는 이를 시가로 평가하여 과세하므로 투자회사 등 재산을 시가평가한 경우와 그렇지 않은 경우는 그 과세시점이 다를 뿐이고 과세상 취급 자체는 동일하다. 한편 이러한 논리는 해당 주식을 보유한 상태에서 잔여재산으로 분배하거나 해당 주식 자체가 현물배당(상법 §462의4)되는 과정에서 그 주식 등이 시가로 평가되어 의제배당의 계산에 포함되는 경우에도 동일하게 적용될 수 있다. 이상의 논의를 정리하면 다음과 같다. 투자회사 등 단계에서 주식배당으로 취득한 주식 등의 취득가액을 액면가액 또는 출자가액으로 계상하고 투자회사 등이 지급배당금 소득금액 공제제도(법세 §51의2)의 요건을 충족하지 못한다면, 투자회사 등의 재산을 시가로 평가하는지 여부와 무관하게, 투자회사 등 단계에서 주식배당으로서 과세대상이 된 액면가액 또는 출자가액에 대한 경제적 이중과세는 투자회사 등과 그 주주 사이에서 조정되지 않는다. 이러한 결과는 투자회사 등이 투자기구로서의 기능을 수행하는 것에 부합되지 않는다. 결론적으로 법인세법은 이러한 문제점이 발생하는 것을 방지하기 위하여, 즉 투자회사 등으로서 충실하게 기능할 수 있도록, 투자회사 등이 주식배당을 받은 경우 그 가액을 '0'으로 의제하는 것이다.

투자회사 등의 경우 이익잉여금을 재원으로 하는 현물배당, 주식배당 및 자본잉여금을 재원으로 하는 무상주의 각 가액을 모두 영으로 볼 수는 없는가? 현물배당과 주식배당에 대하여 살핀다. 모두 법인 단계의 이익잉여금이 소멸된다는 점 및 이익잉여금의 배당으로 수취한 순자산 및 주식배당으로 수취한 주식 등 역시 모두 자산으로서 환급가능성이 있다는 점에 있어서 동일하므로 차별적으로 취급할 이유는 없다. 그러나 투자회사 등이 현물(현금 이외의 자산)을 배당을 통하여서만 취득하는 것이 아니므로 다른 경우의 현물취득과 동일한 취급을 하여야 하고, 투자회사 등이 취득한 현물가액을 일반원칙에 따라 처리한다고 하더라도 그 시가법 등 평가방법으로 인하여 심각한 문제가 발생하는 것 역시 아니다. 따라서 투자회사 등이 배당으로서 취득하는 현물의 가액은 자산취득의 일반원칙에 따라 처리하는 것이 타당하다. 주식배당과 무상주에 대하여 살핀다. 자본잉여금의 자본금 전입으로 인하여 취득한 주식 등인 무상주와 이익잉여금을 자본금에 전입하는 주식배당으로 인하여 취득한 주식 등은 그 주주 단계에서는 동일한 주식 등임에도 불구하고 그 취득가액이 달라지는 문제가 발생할 수 있다. 즉 무상주의 경우에는 그 취득가액이 영이고, 주식배당의 경우에는 그 특칙이 없다면 취득가액을 액면가액 또는 출자가액으로 계상하여야 하고, 투자회사 등 단계에서 주식 등을 처분하는 경우에는 그 취득가액을 구분하여 달리 취급하여야 한다. 그런데 투자회사 등은 통상 그 재산을 시가법을 통하여 평가하므로 그 취득가액을 얼마로 계상하였는지 여부는 문제가 되지 않고, 시가법을 통하여 평가하지 않는 경우에도 주식배당으로 취득한 주식 등의 취득가액을 영으로 계상하는 것이 투자회사 등의 투자기구로서의 기능을 수행하는 것에 오히려 도움이 된다. 이러한 이유로 법인세법은 자본잉여금의 자본금 전입으로 인하여 취득한 주식 등의 취득가액을 영으로 보는 것과 동일하게 주식배당으로 취득한 주식 등의 취득가액을 영으로 본다.

주식배당과 관련하여 투자회사 등에 대하여 영리내국법인에 적용되는 경제적 이중과세의 조정에 관한 세제를 그대로 적용할 수는 없는가? 영리내국법인이 법인으로부터 주식배당을 받는 경우 그 취득가액을 액면가액 또는 출자가액으로 평가하여 의제배당으로 과세한다면 그 액면가액 또는 출자가액 중 일부에 대하여서만 수입배당금 익금불산입 제도(법세 §18의2, §18의3; §18의3은 2023년 1월 1일 이후 받는 수입배당금에 대하여서는 적용되지 않음)가 적용되어 소득금액에서 공제되므로 그 나머지 액면가액 또는 출자가액은 소득금액에 포함된다. 다만 배당가능이익에는 그 액면가액 또는 출자가액 전체가 포함된다. 주주 단계에서는 배당가능이익에 포함된 그 액면가액 또는 출자가액 전체에 대하여 다시 배당소득이 과세될 수 있는바, 법인 주주인 경우에는 그 배당소득 중 일부에 대하여서만 수입배당금 익금불산입 제도(법세 §18의2, §18의3: §18의3은 2023년 1월 1일 이후 받는 수입배당금에 대하여서는 적용되지 않음)가 다시 적용되고, 개인 주주인 경우에는 해당 소득이 종합소득에 포함된다는 전제 하에 배당소득공제(소세 §56)가 적용된다. 한편 영리내국법인 단계에서 **주식 등이 처분된 경우**에는, 주식배당된 주식 등에 대한 취득가액이 액면가액 또는 출자가액으로 계상되므로 '시가에서 그 액면가액 또는 출자가액을 취득원가로서 공제한 금액'이 양도소득으로 계산되고, 그 양도소득 금액이 투자회사 등 단계의 배당가능이익에 추가된다. 그 배당가능이익이 주주 단계에서 배당소득으로서 과세될 수 있다. 즉 **영리내국법인의 경우 주식배당으로 취득한 주식 등을 보유한 상태에서 의제배당 금액을 배당하거나 그 주식 등을 처분한 후 그 시가에 상당하는 금액을 배당하는 경우 모두 영리내국법인과 그 주주 사이의 경제적 이중과세는 한정된 범위 내에서 조정될 뿐이다.** 이러한 사정은 영리내국법인이 청산되거나 주식배당된 주식 등 자체가 현물배당되는 경우에도 동일하다. 즉 영리내국법인이 청산되는 경우 그 청산 당시 주식 등의 시가 상당액은 청산 이전 각 사업연도 소득금액 및 청산소득의 형태로 과세되고, 그 시가 상당액은 의제배당의 계산에 다시 포함된다. 해당 주식 자체가 현물배당(상법 §462의4)되는 경우에는, 영리내국법인 단계의 소득금액 계산과 무관하게 주주 등 단계에서는 주식 등의 시가 전체를 기준으로 배당소득이 계산된다. 위 각 경우 모두 영리내국법인과 그 주주 사이에서는 경제적 이중과세가 발생하는바 이에 대한 별도의 특례는 적용되지 않는다. 이상의 논의를 종합하면 다음과 같이 정리할 수 있다. **영리내국법인과 그 주주 사이에 적용되는 경제적 이중과세의 조정에 관한 세제를 투자기구로서 기능하는 투자회사 등에 대하여 그대로 적용할 수는 없다.**

'투자회사 등이 아닌 지급배당금 소득공제 제도가 적용되는 다른 회사'가 주식배당으로 취득한 주식 등의 취득가액 역시 영으로 볼 수는 없는가? 법인과 주주 등 사이의 경제적 이중과세를 조정하기 위하여 지급배당금 소득금액 공제제도가 적용되는 회사는 다음과 같다 (법세 §51의2 ①). 다음 지급배당금 소득금액 공제제도가 적용되는 회사들이 다른 법인으로부터 주식배당을 받는다면, 투자회사 등 경우와 동일한 과세 상 결과들이 발생할 수 있다. 그러나 다른 법인의 주식 등을 취득하거나 처분하는 등 방법으로 운용하는 것 자체를 주된 목적으로 하는 회사는 투자회사 등에 한정된다. 이러한 점을 감안하여 법인세법이 투자회사 등이 주식배당을 통하여 취득한 주식 등에 한정하여 그 취득가액을 영으로 의제한 것으로 보는 것이 타당하다.

1. 자산유동화에 관한 법률에 따른 유동화전문회사
2. 자본시장과 금융투자업에 관한 법률에 따른 투자회사, 투자목적회사, 투자유한회사, 투자합자회사(기관전용 사모집합투자기구(자본시장 §9 ⑲ 1호)는 제외) 및 투자유한책임회사
3. 기업구조조정투자회사법에 따른 기업구조조정투자회사
4. 부동산투자회사법에 따른 기업구조조정 부동산투자회사 및 위탁관리 부동산투자회사
5. 선박투자회사법에 따른 선박투자회사
6. 민간임대주택에 관한 특별법 또는 공공주택 특별법에 따른 특수 목적 법인 등으로서 법정 법인(법세령 §86의3 ②). 법정 법인은 임대사업을 목적으로 투자회사의 규정(민간임대령 §4 ① 3호 다목)에 따라 설립된 법인을 말한다(법세령 §86의3 ②).
7. 문화산업진흥 기본법에 따른 문화산업전문회사
8. 해외자원개발 사업법에 따른 해외자원개발투자회사
9. 제1호부터 제8호까지와 유사한 투자회사로서 다음 각 목의 요건을 갖춘 법인일 것[321]
   가. 회사의 자산을 설비투자, 사회간접자본 시설투자, 자원개발, 그 밖에 상당한 기간과 자금이 소요되는 '특정사업'에 운용하고 그 수익을 주주에게 배분하는 회사일 것
   나. 본점 외의 영업소를 설치하지 아니하고 직원과 상근하는 임원을 두지 아니할 것
   다. 한시적으로 설립된 회사로서 존립기간이 2년 이상일 것
   라. 상법이나 그 밖의 법률의 규정에 따른 주식회사로서 발기설립의 방법으로 설립할 것
   마. 발기인이 기업구조조정투자회사법 상 발기인 배제요건(구조조정투자 §4 ② 각 호) 중 어느 하나에 해당하지 아니하고 법정 발기인 요건(법세령 §86의3 ④)을 충족할 것
   바. 이사가 기업구조조정투자회사법 상 이사 배제요건(구조조정투자 §12 각 호) 중 어느 하나에 해당하지 아니할 것
   사. 감사는 기업구조조정투자회사법 상 감사 자격요건(구조조정투자 §17)에 적합할 것
   아. 자본금 규모, 자산관리업무와 자금관리업무의 위탁 및 설립신고 등에 관하여 법정 요건(법세령 §86의3 ⑤)을 충족할 것

의제배당의 확정시기에 대하여 살핀다. 주주총회 · 사원총회 또는 이사회에서 자본 또는 출자에의 전입을 결의한 날(이사회의 결의에 의하는 경우에는 회사가 공고한 날(상법 §461 ③)을 말함)을 의제배당의 확정시기로 본다(법세령 §13 1호). 이사회의 결의에 의하여 준비금의 전부 또는 일부를 자본금에 전입하는 경우 회사는 일정한 날을 정하여 그 날에 주주명부에 기재된 주주가 신주의 주주가 된다는 뜻을 그날의 2주간 전에 공고하여야 하나 그날이 주주명부의 폐쇄 기간(상법

---

321) 2020년 12월 22일 개정에 의하여 제9호는 폐지되었으나, 개정 전 법률에 대한 해석의 필요가 있으므로 이에 대하여 기술한다.

§354 ① 중인 때에는 그 기간의 초일의 2주간 전에 이를 공고하여야 한다(상법 §461 ③).

16.4. 자기주식 등을 보유한 상태에서 자본잉여금을 자본금에 전입한 경우의 의제배당

법인이 자기주식 또는 자기출자지분을 보유한 상태에서 의제배당대상이 아닌 자본잉여금(법세 §16 ① 2호 각 목)을 준비금에 자본전입을 함에 따라 그 법인 외의 주주 등인 내국법인의 지분 비율이 증가한 경우 증가한 지분 비율에 상당하는 주식 등의 가액을 의제배당 금액으로 본다(법세 §16 ① 3호). 이는 의제배당대상이 아닌 자본잉여금을 준비금에 전입한 경우에도 해당 금액을 의제배당 금액으로 보는 예외규정에 해당한다.

자기주식 또는 자기출자지분의 법적 지위에 대하여 살핀다. 자기주식 등(자기주식 또는 자기출자지분)에 대하여 배당하는 것은 해당 금액을 회사에 유보하는 것과 동일하고 자기주식 취득의 실질은 자본 또는 출자의 환급에 해당하는바 자기주식 등에 대하여 배당하는 것은 가공의 자본에 대하여 배당하는 결과에 해당하므로, 자기주식에 대하여 **배당청구권**을 인정할 수 없으며 그 배당에는 주식배당 역시 포함된다.[322] 회사가 **잔여재산분배청구권**을 갖는다면 법인격이 소멸할 회사가 다시 재산을 취득하는 것은 의미가 없으며 그 분배받은 재산은 다시 주주에게 분배하고 여기에 다시 회사가 자기주식을 가지고 분배에 참여하는 순환이 되풀이된다.[323] 따라서 자기주식 등에는 잔여재산분배청구권 역시 인정되지 않는다. 자기주식 등에 대하여 **신주 등 인수권**을 인정한다면 이익잉여금을 자본금에 전입하는 경우에는 이익배당을 받는 것과 같은 결과에 이르게 되고 신주발행 시 자기주식에 대하여 신주인수를 인정하는 것은 허구의 출자에 해당한다.[324] 자본잉여금을 자본금에 전입하는 것은 회사 내 자본 구성요소들 사이의 대체거래에 불과하나 이로 인하여 자기주식에 대하여서도 주식 등이 발행된다면, 이는 배당가능이익을 재원으로 하는 특정 방법을 통한 자기주식의 취득(상법 §341) 및 특정목적에 의한 자기주식 취득(상법 §341의2)만을 허용하는 상법에 반할 뿐만 아니라 이익잉여금을 전입하는 경우와 달리 자본잉여금을 전입하는 경우에 대하여서만 신주 등 인수권을 허용할 규범적 정당성이 없다. 이러한 점을 감안하여 **법인세법 역시 법인이 자기주식 등을 보유한 상태에서 자본잉여금을 자본금에 전입하여 주식 등을 발행하는 경우 자기주식 등에 대하여서는 주식**

---

322) 이철송, 전게서, 425면.
323) 상게서.
324) 상게서.

등이 배정되지 않는다는 입장을 전제한다.

자본잉여금을 자본에 전입하는 경우 법인이 보유한 자기주식 등에 대하여 배정되지 않는 주식 등이 해당 법인 외 주주들에게 무상으로 배정된다면 그 주주들의 법인에 대한 주식 등 비율이 증가하게 된다. 즉 주식 등 총수가 10,000이고 배정 이전에 법인 주주와 나머지 주주 사이의 주식 등 비율이 2:8인 경우, 그 총수와 동일한 수의 주식 등이 자본잉여금의 자본금 전입으로 인하여 발행되고 위와 같은 경로를 통하여 법인 외 주주에게 배정된다면, 법인 주주와 나머지 주주 사이의 주식 등의 비율은 1:9(2000:18,000)로 변경된다. 즉 주식 등 비율이 법인으로부터 나머지 주주에게 10%만큼 이전된다. 또한 설사 자기주식 등에 배정되는 주식을 실권처리한다고 하더라도 위 비율은 1:8(2000:16,000)로 변경된다. 나머지 주주 등 사이에서는 각 주주 등의 비율에 따라 안분하여 배정된다. 주주 등은 해당 주식에 근거하여 이익배당청구권, 신주인수청구권 또는 잔여재산분배청구권을 행사할 수 있다. 따라서 주주 등의 주식 등 비율이 증가하는 경우 해당 주식 등에 내재된 이익배당청구권, 신주인수청구권 또는 잔여재산분배청구권의 실현대상이 증가하는 것으로 볼 수 있다. 법인세법이 이 점에 주목하여 그 증가분을 의제배당으로 포착한 것으로 보인다.

현행 자기주식 등의 보유와 관련된 의제배당 세제에는 다음과 같은 문제가 있다. 첫째, 현행 자기주식 등의 보유와 관련된 의제배당으로 인하여 취득한 주식 등 가액을 주식배당의 경우와 동일하게 해당 주식 등의 액면가액 또는 출자가액으로 의제하지만(법세령 §14 ① 1호 가목), 이는 해당 주식 등이 향후 소멸하는 경우 그 의제배당의 계산에 있어서 반영될 뿐이고, 그 주식 등을 보유하는 경우 배당소득의 계산에는 영향을 미치지 못한다. 둘째, 법인 단계에서 자본잉여금을 자본금에 전입하였으므로 법인 단계의 이익잉여금은 여전히 소멸되지 않는다. 따라서 그 이익잉여금이 법인 단계에서 소멸되는 시점에 다시 배당소득으로 과세될 수 있다. 즉 이익잉여금의 배당에 대한 이중과세가 발생한다. 셋째, 자기주식 등의 보유와 관련된 의제배당의 과세대상인 그 주식 등의 취득가액을 현행법과 달리 영으로 본다고 할지라도 과세대상이 누락되는 것은 아니다. 법인 단계에 유보된 이익잉여금이 배당되는 경우에는 배당소득으로 과세되고, 해당 주식 등이 향후 소멸하는 경우 의제배당의 계산에 있어서 해당 주식의 액면가액 또는 출자가액만큼 적게 공제되기 때문이다. 오히려 이 경우에는 이익잉여금의 배당에 대한 이중과세의 문제가 발생하지 않는다. 넷째, 현행 의제배당 과세대상인 주식 등 비율의 증가는 그 경제적 실질 상 해당 주식 등이 향후 소멸하는 경우에야 실현되는 의제배당에 대한 과세를 그 주식 등의 취득단계에서 미리 인식하도록 취득가액을 조정하는 것에 불과하다. 이는 법인세법 상 손익의 귀속시기에 관한 원칙에 부합하지 않는다. 다섯째, 자본잉여금의 준비금 전입으로 인하여 취득한 주식 등의 취득가액이 법인 단계의 자기주식 등 보유 여부에 따라 달라지는 것은 바람직하지 않다. 여섯째, 주식 등 비율의 증가와 관련하여 주주 등에게 이전되는 것은 주식 등에 내재된 추상적인 권리에 불과하고 이는 해당 권리가 구체적으로 실현되기 이전에는 해당 주식 등에서 분리될 수 없다는 점에서 해당 비율의 증가를 익금으로 볼 수 있는지 여부에 대한 의문이 있을 수 있다. 이상의 각 문제점들에 비추어 보면 **입법론적으로는 자기주식 등을 보유한 상태에서 자본잉여금을 자본금에 전입하고 이로 인하여 주주 등의 지분비율이 증가한다고 하더라도 이를 의제배당으로 간주할 필요는 없으며 그 비율증가와 관련된 주식 등의 취득가액을 다른 무상주들과 동일하게 영으로 취급하는 것이 타당하다. 해석론으로서는 주식 등 비율증가와 관련된 의제배당 금액에 상당하는 이익잉여금이 법인세법상 감소된 것으로 해석하는 것이 타당하다.** 즉 현행 주식 등 비율증가와 관련된 의제배당을 주식배당과 동일한 것으로 해석하는 것이 타당하다.

　자기주식 등을 보유한 상태에서 자본잉여금을 전입함으로 인하여 취득한 주식 등의 가액에 대하여 살핀다. 이 경우 주식 등 가액 역시 주식배당의 경우와 동일하게 그 주식 등의 가액을 **액면가액** 또는 **출자금액**으로 본다(법세령 §14 ① 1호 가목). **무액면주식**의 가액은 의제배당의 확정시기에 해당하는 날(법세령 §13)에 자본금에 전입한 금액을 자본금 전입에 따라 신규로 발행한 주식 수로 나누어 계산한 금액에 의한다(법세령 §14 ④). 다만, **투자회사 등**[자본시장과 금융투자업에 관한 법률에 따른 투자회사, 투자목적회사, 투자유한회사, 투자합자회사(기관전용 사모집합투자기구(자본시장 §9 ⑲ 1호)는 제외) 및 투자유한책임회사](법세 §51의2 ① 나목)이 취득하는 주식 등의 가액은 영으로 한다(법세령 §14 ① 1호 가목 단서). 투자회사 등이 법인으로부터 주식배당을 받는 경우 그 주식 등의 가액에 관한 구체적 내용에 대하여서는 기술한다.[325]

　의제배당의 확정시기에 대하여 살핀다. 주주총회·사원총회 또는 이사회에서 자본 또는 출자에의 전입을 결의한 날(이사회의 결의에 의하는 경우에는 회사가 공고한 날(상법 §461 ③)을 말함)을 의제배당의 확정시기로 본다(법세령 §13 1호). 이사회의 결의에 의하여 준비금의 전부 또는 일부를 자본금에 전입하는 경우 회사는 일정한 날을 정하여 그 날에 주주명부에 기재된 주주가 신주의 주주가 된다는 뜻을 그날의 2주간 전에 공고하여야 하나 그날이 주주명부의 폐쇄 기간(상법 §354 ①) 중인 때에는 그 기간의 초일의 2주간 전에 이를 공고하여야 한다(상법 §461 ③).

---

325) 같은 Ⅱ 16.3 참조.

16.5. 법인 해산으로 잔여재산을 분배하는 경우의 의제배당

해산한 법인의 주주 등(법인으로 보는 단체의 구성원을 포함)인 내국법인이 법인의 해산으로 인한 **잔여재산의 분배**로서 취득하는 금전과 그 밖의 재산가액이 그 주식 등을 취득하기 위하여 사용한 금액을 초과하는 금액을 의제배당 금액으로 본다(법세 §16 ① 4호). 상법 상 **조직변경**(상법 §242, §286, §287의43, §604, §607)은 회사의 해산원인(상법 §227, §285, §287의38, §517, §609)이 아니기 때문에 본 규정이 적용되지 않는다.

잔여재산의 분배로 인하여 주주 등이 취득하는 금전이 아닌 재산의 가액에 대하여서는 주주 등이 법인으로부터 주식 등 소각 또는 소멸의 대가로서 취득하는 재산의 평가에 대하여 살핀 바와 같다.[326] 즉 취득재산이 **주식 등인 경우** 그 재산은 시가(법세 §52)에 의하여 평가하나, 이 경우 자본거래로 인하여 특수관계인으로부터 분여받은 이익(법세령 §88 ① 8호)이 있는 경우에는 그 금액을 차감한 금액으로 한다(법세령 §14 ① 1호 라목). 해당 이익에 대하여서는 법인세법 상 소득처분(법세 §67 ; 법세령 §106)을 통하여 별도로 과세되기 때문이다. 취득재산이 **주식 등이 아닌 경우**에는 그 재산의 취득 당시의 시가로 평가한다(법세령 §14 ① 2호).

'주식 등을 취득하기 위하여 사용한 금액'은 해당 주식 등에 대한 '법인세법 상 취득가액'을 의미한다. '주식 등을 취득하기 위하여 사용한 금액'에 대한 구체적인 사항들은 '주주 등이 소각 또는 소멸되는 주식 등을 취득하기 위하여 사용한 금액'에 대하여 살핀 바와 같다.[327]

의제배당의 확정시기에 대하여 살핀다. 해당 법인의 잔여재산 가액이 확정된 날을 의제배당의 확정시기로 본다(법세령 §13 2호). **잔여재산의 가액이 확정되기 이전에 잔여재산을 분배한 경우 그 확정시기는 언제인가?** 잔여재산 가액의 확정은 그 시점이 객관적으로 특정되는 것이나 실제 잔여재산의 분배일은 청산인 등의 의사에 의하여 주관적으로 그 시점이 정하여지는 것이므로, 잔여재산의 가액이 확정되기 이전에 잔여재산이 분배되었다고 할지라도 그와 관련된 의제배당의 확정시기는 잔여재산의 가액이 확정된 날로 보아야 한다. 그렇지 않으면 의제배당에 관한 손익의 인식이 자의로 조정될 여지가 발생한다. 나아가 잔여재산이 그 가액의 확정 이전에 분배되었다고 할지라도 잔여재산 가액의 확정으로 인하여 정산되어야 한다는 점 및 청산인 등 위법행위로 인하여 그 확정 이전에 분배된 경우에는 법인 및 이해관계인이 반환청구권을 갖는다는 점 역시 고려하여야 한다.

---

326) 같은 Ⅱ 16.2 참조.
327) 같은 Ⅱ 16.2 참조.

16.6. 법인 합병으로 합병대가를 취득하는 경우의 의제배당

피합병법인의 주주 등인 내국법인이 취득하는 합병대가가 그 피합병법인의 주식 등을 취득하기 위하여 사용한 금액을 초과하는 금액을 의제배당 금액으로 본다(법세 §16 ① 5호). 합병대가의 판정에 있어서 계약을 원인으로 지급되었는지 아니면 손해배상을 원인으로 지급되었는지 여부 등은 중요하지 않다. 합병대가에 해당하는지 여부는 그 지급원인과 관계 없이 피합병법인의 순자산에 대한 대가로서의 경제적 실질을 갖는지 여부에 의하여 판정하여야 한다.

합병대가는 다음과 같이 계산한다. 합병대가는 합병법인으로부터 합병으로 인하여 취득하는 합병법인(합병등기일 현재 합병법인의 발행주식총수 또는 출자총액을 소유하고 있는 내국법인을 포함)의 주식 등의 가액과 금전 또는 그 밖의 재산가액의 합계액을 의미한다(법세 §16 ② 1호).

합병대가로 취득한 재산이 취득재산이 주식 등인 경우에 그 주식 등은 **원칙적으로 시가**(법세 §52)**에 의하여 평가**하고, 이 경우 자본거래로 인하여 특수관계인으로부터 분여받은 이익(법세령 §88 ① 8호)이 있는 경우에는 그 금액을 차감한 금액으로 한다(법세령 §14 ① 1호 라목). 해당 이익에 대하여서는 법인세법 상 소득처분(법세 §67 : 법세령 §106)을 통하여 별도로 과세되기 때문이다. **다만 합병대가인 주식 등의 가액을 종전 장부가액 또는 '시가'로 평가하는 경우가 있다. 적격합병에 관한 특정 요건**['합병등기일 현재 1년 이상 사업을 계속하던 내국법인 간의 합병일 것(다만, 다른 법인과 합병하는 것을 유일한 목적으로 하는 법인으로서 법정 요건을 갖춘 법인의 경우는 이 요건을 갖춘 것으로 봄)' 및 '피합병법인의 주주 등이 합병으로 인하여 받은 합병대가의 총합계액 중 합병법인의 주식 등의 가액이 100분의 80 이상이거나 합병법인의 모회사(합병등기일 현재 합병법인의 발행주식총수 또는 출자총액을 소유하고 있는 내국법인을 말함)의 주식 등의 가액이 100분의 80 이상인 경우로서 그 주식 등이 법정절차(법세령 §80의2 ④)에 따라 배정될 것(다만 피합병법인의 지배주주 등(법세령 §80의2 ⑤)이 합병등기일이 속하는 사업연도의 종료일까지 그 주식 등을 보유할 필요는 없음)'](법세 §44 ② 1호, 2호)을 모두 갖추거나 **완전모자회사 또는 동일한 내국법인의 완전자회사 사이의 합병**의 경우(법세 §44 ③)에는, **종전 장부가액**(합병대가(법세 §16 ② 1호) 또는 분할대가(법세 §16 ② 2호) 중 일부를 금전이나 그 밖의 재산으로 받은 경우로서 합병 또는 분할로 취득한 주식 등을 시가로 평가한 가액이 종전의 장부가액보다 작은 경우에는 **시가**를 말함)으로 평가한다(법세령 §14 ① 1호 나목 본문). 다만, **투자회사 등**이 취득하는 주식 등의 경우에는 영으로 한다(법세령 §14 ① 1호 나목 단서).

투자회사 등이 취득하는 주식 등을 영으로 평가하는 이유에 대하여서는 잉여금의 자본금 전입으로 인한 의제배당 부분에서 기술한다.[328] **물적 분할된 신설회사의 주식 전체를 시가에 따라 인수하여 완전자회사로 편입한 후 완전모자회사 사이의 합병을 한 경우라면**, 완전자회사 주식가액과 완전자회사 순자산가액의 차액은 손금 일반요건에서 벗어나지 않는 한 완전모회사 단계에서 손금에 산입하여야 한다. 완전모회사 단계에서 완전자회사 순자산을 그 장부가액으로 평가하여야 하고, 투자자산으로서의 완전자회사 주식은 완전자회사 순자산으로 대체되기 때문이다. **합병대가로 받은 주식 등의 시가가 구주의 장부가액에 미달하여 합병대가인 주식을 그 시가로 평가하는 경우 피합병법인의 주주는 그 차액을 손금으로 인식할 수 있는가?** 피합병법인 주주 단계에서는 의제배당의 쟁점이 발생하는바, 현행 법인세법 상 '음(-)의 배당'이라는 개념에 기하여 손금을 인식할 수는 없다. 다만 입법론으로서 법인 단계에서 주주에게 이전되는 현금흐름을 배당, 납입자본의 회수 및 양도손익으로 구분할 수 있다면 양도차손을 인식할 수 있는 것이 타당하다. 해석론으로서도 이 경우 양도차손이 발생한 것으로 볼 여지가 없는 것은 아니다. **판례는 손금산입을 부인**한다. 피합병회사의 주주인 법인이 회사 합병으로 피합병회사의 주식에 갈음하여 존속회사 또는 신설회사의 주식을 취득하는 경우, 피합병회사의 주식과 존속회사 또는 신설회사의 주식 교체는 당해 법인이 자신의 의사에 따라 피합병회사의 주식을 처분하고 존속회사 또는 신설회사의 주식을 취득하는 것이 아니라 피합병회사가 다른 회사와 합병한 결과 당해 법인이 보유하던 자산인 피합병회사의 주식이 존속회사 또는 신설회사의 주식으로 대체되는 것에 불과하다고 할 것이므로, 존속회사 또는 신설회사의 주식의 시가가 피합병회사의 주식의 취득가액에 미치지 못한다고 하더라도 그 차액은 자산의 평가차손에 불과하여 당해 사업연도의 소득금액을 산정함에 있어서 이를 손금에 산입할 수 없다.[329] **완전 모자 관계인 외국법인들 사이의 역합병 또는 내국법인의 완전자법인인 외국법인들 사이의 합병의 경우에 대하여 보다 자세히 살핀다.** 주주가 다음 각 요건을 갖추어 주식 등을 취득한 경우에는 **종전의 장부가액**(합병대가(법세 §16 ② 1호) 중 일부를 금전이나 그 밖의 재산으로 받는 경우로서 합병으로 취득한 주식 등을 시가로 평가한 가액이 종전의 장부가액보다 작은 경우에는 **시가**)을 해당 주식 등의 취득가액으로 본다(법세령 §14 ① 1호의2). 이 규정은 **완전 모자 관계인 외국법인들 사이의 역합병 또는 내국법인의 완전자법인인 외국법인들 사이의 합병**에 관한 것이다. 내국법인의 '외국법인인 완전자회사'가 '외국법인인 완전손회사'를 합병하

---

328) 같은 II 16.3 참조.
329) 대법원 2011.2.10. 2008두2330.

는 경우에는 완전자회사가 모법인인 내국법인에게 합병대가를 지불하지 않지만, 내국법인의 '외국법인인 완전자회사'가 '외국법인인 완전손회사'에게 역합병되는 경우에는 완전자회사의 주주인 내국법인에게 합병대가를 지급하여야 한다. 따라서 그 역합병의 경우에는 의제배당이 문제로 된다. "외국법인이 다른 외국법인의 발행주식총수 또는 출자총액을 소유하고 있는 경우로서 그 다른 외국법인에 합병되거나"라는 문언은 내국법인의 완전자회사가 완전손회사에게 역합병되는 경우를 지칭하는 것이다. 또한 내국법인의 '완전자법인인 외국법인들' 사이의 합병의 경우에도 피합병법인의 주주인 내국법인에게 합병대가가 지급되어야 한다. 따라서 의제배당이 역시 문제로 된다. 그런데 **완전 모자 관계인 외국법인들 사이의 역합병** 또는 **내국법인의 완전자법인인 외국법인들 사이의 합병**으로 인하여 내국법인이 그 합병대가로서 취득한 주식 등에 대하여 **해당 국가에서 과세되지 않거나 과세이연되었다면,** 내국법인에 대하여 그 **비과세 또는 과세이연 효과를 승계시킨 후** 해당 주식 등에 대한 **양도소득을 계산하거나 해당 주식 등의 소멸 등에 관한 의제배당을 계산하는 경우** 등에 있어서 해당 금액을 **소득금액에 포섭시킬 필요**가 있다. 법인세법은 이러한 효과를 얻기 위하여 해당 주식의 취득가액을 종전 장부가액 등으로 조정하는 것이다. 다만 위 특례를 적용함에 있어서 그 시행시기에 대하여 유의할 필요가 있다. 입법론적으로는 '발행주식총수 또는 출자총액을 소유하는지 여부'가 아니라 '해당 외국에서 비과세 또는 과세이연 요건을 충족하였는지 여부' 및 '외국의 각 요건이 국내세법 상 비과세 또는 과세요건에 상응하는 것인지 여부'에 주목하는 것이 타당하다.

> 1. 외국법인이 다른 외국법인의 발행주식**총수** 또는 출자**총액**을 소유하고 있는 경우로서 그 다른 외국법인에 합병되거나, 내국법인이 서로 다른 외국법인의 발행주식**총수** 또는 출자**총액**을 소유하고 있는 경우로서 그 서로 다른 외국법인 간 합병될 것(내국법인과 그 내국법인이 발행주식**총수** 또는 출자**총액**을 소유한 외국법인이 각각 보유하고 있는 다른 외국법인의 주식 등의 합계가 그 다른 외국법인의 발행주식**총수** 또는 출자**총액**인 경우로서 그 서로 다른 외국법인 간 합병하는 것을 포함)
> 2. 합병법인과 피합병법인이 우리나라와 조세조약이 체결된 동일 국가의 법인일 것
> 3. 위 조세조약이 체결된 국가에서 피합병법인의 주주인 내국법인에 합병에 따른 법인세를 과세하지 아니하거나 과세이연할 것
> 4. 위 각 사항을 확인할 수 있는 서류를 납세지 관할 세무서장에게 제출할 것

합병대가가 주식 등 이외의 재산인 경우 그 재산가액은 그 재산의 취득 당시의 시가로 평가한다(법세령 §14 ① 2호).

합병대가를 계산하는 경우 다음 각 금액은 포함되지 않는다. 합병포합주식에 대하여 교부한 것으로 보는 합병교부주식 등의 가액(법세령 §80 ① 2호 가목 단서), 합병법인이 납부하는 피합병법인의 법인세 및 그 법인세(감면세액을 포함)에 부과되는 국세와 법인지방소득세(지세 §88 ②)의 합계액(법세령 §80 ① 2호 나목)은 합병대가에 포함되지 않는다(법세칙 §7). 이상 각 항목들은 피합병법인 단계에서 합병에 다른 양도손익을 적정하게 계산하기 위하여 합병대가에 추가된 것이나 그 경제적 실질의 관점에서 보면 그 주주 등에게 실질적으로 교부된 대가로 볼 수 없기 때문에 의제배당의 계산에는 포함하지 않는 것이다. 이상의 내용을 법인세법 시행규칙에서 정하는 것은 타당하지 않다. 법령 단계에서 위임규정을 갖추어서 규정하여야 한다.

'**주식 등을 취득하기 위하여 사용한 금액**'은 해당 주식 등에 대한 '**법인세법 상 취득가액**'을 의미한다. '주식 등을 취득하기 위하여 사용한 금액'에 대한 구체적인 사항들은 '주주 등이 소각 또는 소멸되는 주식 등을 취득하기 위하여 사용한 금액'에 대하여 살핀 바와 같다.[330]

의제배당의 확정시기에 대하여 살핀다. 해당 법인의 합병등기일을 의제배당의 확정시기로 본다(법세령 §13 3호).

16.7. 법인 분할로 분할대가를 취득하는 경우의 의제배당

분할법인 또는 소멸한 분할합병의 상대방법인의 주주인 내국법인이 취득하는 분할대가가 그 분할법인 또는 소멸한 분할합병의 상대방법인의 주식(분할법인이 존속하는 경우에는 소각 등에 의하여 감소된 주식만 해당)을 취득하기 위하여 사용한 금액을 초과하는 금액을 의제배당 금액으로 본다(법세 §16 ① 6호). 분할대가의 판정에 있어서 계약을 원인으로 지급되었는지 아니면 손해배상을 원인으로 지급되었는지 여부 등은 중요하지 않다. 분할대가에 해당하는지 여부는 그 지급원인과 관계 없이 분할신설법인 등에 이전된 순자산에 대한 대가로서의 경제적 실질을 갖는지 여부에 의하여 판정하여야 한다.

분할대가는 다음과 같이 계산한다. 분할신설법인 또는 분할합병의 상대방법인으로부터 분할로 인하여 취득하는 분할신설법인 또는 분할합병의 상대방법인(분할등기일 현재 분할합병의 상대방법인의 발행주식총수 또는 출자총액을 소유하고 있는 내국법인을 포함)의 주식의 가액과 금전 또는 그 밖의 재산가액의 합계액을 의미한다(법세 §16 ② 2호).

분할대가로 취득한 재산이 취득재산이 주식 등인 경우에 그 주식 등은 원칙적으로 시가(법세

---

330) 같은 Ⅱ 16.2 참조.

§52)에 의하여 평가하고, 이 경우 자본거래로 인하여 특수관계인으로부터 분여받은 이익(법세령 §88 ① 8호)이 있는 경우에는 그 금액을 차감한 금액으로 한다(법세령 §14 ① 1호 라목). 해당 이익에 대하여서는 법인세법 상 소득처분(법세 §67 ; 법세령 §106)을 통하여 별도로 과세되기 때문이다. 다만 분할대가인 주식 등의 가액을 종전 장부가액 또는 '시가'로 평가하는 경우가 있다. 적격분할에 관한 특정 요건['분할등기일 현재 5년 이상 사업을 계속하던 내국법인이 법정 요건(법세 §46 ② 1호 각 목)을 갖추어 분할하는 경우일 것(다만, 분할합병의 경우에는 소멸한 분할합병의 상대방법인 및 분할합병의 상대방법인이 분할등기일 현재 1년 이상 사업을 계속하던 내국법인일 것)' 및 '분할법인 등의 주주가 분할신설법인 등으로부터 받은 분할대가의 전액이 주식인 경우(분할합병의 경우에는 분할대가의 100분의 80 이상이 분할신설법인 등의 주식인 경우 또는 분할대가의 100분의 80 이상이 분할합병의 상대방법인의 발행주식총수 또는 출자총액을 소유하고 있는 내국법인의 주식인 경우를 말함)로서 그 주식이 분할법인 등의 주주가 소유하던 주식의 비율 등을 고려하여 **법정 방법**(법세령 §82의2 ⑦)에 따라 배정될 것[2024년 12월 31일 이전에는 '주식의 비율에 따라 배정(분할합병의 경우에는 **법정 방법**(법세령 §82의2 ⑦)에 따라 배정한 것을 말함)될 것' : 다만 분할법인의 지배주주 등(법세령 §82의2 ⑧)이 합병등기일이 속하는 사업연도의 종료일까지 그 주식 등을 보유할 필요는 없음)'](법세 §46 ② 1호, 2호) 모두를 갖춘 경우로서 분할로 취득한 주식 등을 시가로 평가한 가액이 종전의 장부가액보다 작은 경우에는 **시가**를 말함)로 평가한다(법세령 §14 ① 1호 나목 본문). 다만, **투자회사 등**이 취득하는 주식 등의 경우에는 영으로 한다(법세령 §14 ① 1호 나목 단서). 투자회사 등이 취득하는 주식 등을 영으로 평가하는 이유에 대하여서는 잉여금의 자본금 전입으로 인한 의제배당 부분에서 기술한다.[331] **분할대가로 받은 주식 등의 시가가 구주의 장부가액에 미달하여 분할대가인 주식을 그 시가로 평가하는 경우 분할법인의 주주는 그 차액을 손금으로 인식할 수 있는가?** 분할법인 주주 단계에서는 의제배당의 쟁점이 발생하는바, 현행 법인세법 상 '음(-)의 배당'이라는 개념에 기하여 손금을 인식할 수는 없다. 다만 입법론으로서 법인 단계에서 주주에게 이전되는 현금흐름을 배당, 납입자본의 회수 및 양도손익으로 구분할 수 있다면 양도차손을 인식할 수 있는 것이 타당하다. 해석론으로서도 이 경우 양도차손이 발생한 것으로 볼 여지가 없는 것은 아니다. **판례는 합병거래와 관련하여 다음과 같이 손금산입을 부인하나 분할거래에도 동일하게 적용될 것으로 보인다.** 피합병회사의 주주인 법인이 회사 합병으로 피합병회사의 주식에 갈음하여 존속회사 또는 신설회사의 주식을 취득하는 경우,

---

331) 같은 Ⅱ 16.3 참조.

피합병회사의 주식과 존속회사 또는 신설회사의 주식의 교체는 당해 법인이 자신의 의사에 따라 피합병회사의 주식을 처분하고 존속회사 또는 신설회사의 주식을 취득하는 것이 아니라 피합병회사가 다른 회사와 합병한 결과 당해 법인이 보유하던 자산인 피합병회사의 주식이 존속회사 또는 신설회사의 주식으로 대체되는 것에 불과하다고 할 것이므로, 존속회사 또는 신설회사의 주식의 시가가 피합병회사의 주식의 취득가액에 미치지 못한다고 하더라도 그 차액은 자산의 평가차손에 불과하여 당해 사업연도의 소득금액을 산정함에 있어서 이를 손금에 산입할 수 없다.[332]

분할대가가 주식 등 이외의 재산인 경우 그 재산가액은 그 재산의 취득 당시의 시가로 평가한다(법세령 §14 ① 2호).

분할대가를 계산하는 경우 다음 각 금액은 포함되지 않는다. 분할합병포합주식에 대하여 교부한 것으로 보는 분할합병교부주식 등의 가액(법세령 §82 ① 2호 가목 단서), 분할신설법인 등이 납부하는 분할법인의 법인세 및 그 법인세(감면세액을 포함)에 부과되는 국세와 법인지방소득세(지세 §86 ②)의 합계액(법세령 §82 ① 2호 나목)은 분할대가에 포함되지 않는다(법세칙 §7). 또한 분할 후 법인이 존속하는 경우 소득금액의 계산과 관련하여서도 위 각 항목들(법세령 §83의2 ① 2호 가목 단서, 나목)은 그 분할대가에 포함되지 않는다(법세칙 §7). 이상 각 항목들은 법인 단계에서 분할에 따른 양도손익 또는 분할 후 존속하는 법인에 관한 소득금액을 적정하게 계산하기 위하여 분할대가에 추가된 것이나, 그 경제적 실질의 관점에서 보면 그 주주 등에게 실질적으로 교부된 대가로 볼 수 없기 때문에 의제배당의 계산에서 제외하는 것이다. 이상의 내용을 법인세법 시행규칙에서 정하는 것은 타당하지 않다. 법령 단계에서 위임규정을 갖추어서 규정하여야 한다.

'주식 등을 취득하기 위하여 사용한 금액'은 해당 주식 등에 대한 '법인세법 상 취득가액'을 의미한다. '주식 등을 취득하기 위하여 사용한 금액'에 대한 구체적인 사항들은 '주주 등이 소각 또는 소멸되는 주식 등을 취득하기 위하여 사용한 금액'에 대하여 살핀 바와 같다.[333]

의제배당의 확정시기에 대하여 살핀다. 해당 법인의 분할등기일을 의제배당의 확정시기로 본다(법세령 §13 4호).

---

332) 대법원 2011.2.10. 2008두2330.
333) 같은 Ⅱ 16.2. 참조.

17. 보험감독회계기준에 따라 수익으로 계상한 책임준비금 감소액

보험업법에 따른 보험회사가 **보험업법에 따라 적립한 책임준비금**(보험회사는 결산기마다 보험계약의 종류에 따라 법정 책임준비금과 비상위험준비금(보험업령 §63)을 계상하고 따로 작성한 장부에 각각 기재하여야 함)(보험업 §120)**의 감소액**(할인율의 변동에 따른 책임준비금 평가액의 감소분은 제외)으로서 **보험감독회계기준**(보험업 §120 ③)에 따라 수익으로 계상된 금액은 법인세법 상 익금에 해당한다(법세령 §11 10호). 이 규정은 **보험감독회계기준에 따라 계상한 책임준비금의 손금산입**(보험회사는 최초적용사업연도의 개시일 현재 **보험업법 상 보험감독회계기준**(법세령 §11 10호 ; 보험업 §120 ③)에 따라 계상한 **책임준비금**에 법정 계산식을 적용하여 산출한 금액을 해당 사업연도의 소득금액을 계산할 때 **손금에 산입함**)(법세 §42의3 ②) 및 그 밖의 **'한국채택국제회계기준 적용 보험회사에 대한 소득금액 계산의 특례'**[334]에 대응하는 것이다. 또한 보험감독회계기준이 법인세법 상 명시된 기업회계기준의 범위(법세령 §79)에 명시되지 않았다는 점 역시 감안하여 특별히 규정한 것으로 판단한다.

18. 법인세법 상 열거되지 않았으나 법인에 귀속되었거나 귀속될 수익금액

법인세법은 익금을 자본 또는 출자의 납입 및 법인세법에서 규정하는 것은 제외하고 해당 법인의 순자산을 증가시키는 거래로 인하여 발생하는 수익(이익 또는 수입)의 금액으로 정의하는바(법세 §15 ①), 그 수익에는 법인세법 시행령이 열거하는 각 수익(법세령 §11 1호~9호)뿐만 아니라 그 밖의 수익으로서 그 법인에 귀속되었거나 귀속될 금액 역시 법령에서 달리 정하지 않는 한 법인세법 상 수익에 포함된다(법세령 §11 10호). 조세특례제한법 역시 법인세법과 동일하게 익금에 대한 별도의 규정을 둘 수 있다.[335] 즉 **법인세법 상 익금의 정의를 만족하고 법인세법 및 조세특례제한법에 의하여 익금에서 배제되지 않는다면, 설사 법인세법 상 열거되지 않더라고 하더라도, 여전히 법인세법 상 익금에 포함된다.** 따라서 **'법인에 귀속되었거나 귀속될 금액'에 해당하는지 여부는 해당 법인에 대한 익금으로서의 정의를 충족하는지 여부에 의하여 결정되어야 한다.** 해당 법인의 익금에 해당하기 위하여서는 해당 법인의 자산 또는 부채로 인식될 수 있는지 여부, 즉 해당 법인의 자산·부채의 변동분에 포함되는지 여부 등 여러 기준을 충족하여야 하는바, 이에 관한 구체적인 내용은 '익금의 범위' 부분에서 기술한다.[336]

---

334) 같은 절 제1관 V 4 참조.
335) 같은 절 제1관 Ⅱ 4 참조.
336) 같은 절 제1관 Ⅱ 참조.

19. 조세특례제한법 상 과다차입 부동산임대법인의 간주익금

　　법인의 자기자본에 대한 차입금의 비율 등을 고려하여 **법정기준**(조특령 §132 ①, ②)을 초과하여 차입금을 보유하고 있는 **내국법인으로서 부동산임대업을 주업으로 하는 법인**(비영리내국법인 은 제외(조특령 §132 ③)이 '**법정주택**(조특령 §132 ④)**을 제외한 부동산 또는 그 부동산에 관한 권리 등**'을 대여하고 보증금, 전세금 또는 이에 준하는 것을 받은 경우에는 **법정절차**(조특령 §132 ⑤, ⑥)에 따라 계산한 금액을 **법인세법 상 익금**(법세 §15 ①)**에 가산한다**(조특 §138 ①). 이 경우 익금에 가산한 금액은 **기타사외유출**로 소득처분한다(법세령 §106 ① 3호 사목).

　　법인이 '부동산 또는 그 부동산에 관한 권리 등'을 대여하고 받은 보증금, 전세금 또는 이에 준하는 것을 받은 것은 임차인에 대한 부채에 해당하므로, 이를 익금에 가산할 수는 없다. 다만 해당 보증금 등을 보유하는 기간 중에는 그에 통제권을 가지며 해당 금원을 금융기관 등에 예치한 경우에는 이자수익 등이 발생할 수 있다. 이는 차입금 자체를 익금에 산입할 수 없고 해당 차입금을 금융기관 등에 예치한 경우에는 이자수익 등이 발생할 수 있다는 점에서 보증금 등 및 일반 차입금은 동일하다. 또한 보증금 등 및 일반 차입금을 금융기관 등에 예치하지 않고 법인의 수익창출활동에 투입하는 경우에도 해당 금원 모두는 향후 법인의 수익에 대응하는 손비로서 인식된다는 점에서 동일하다. 그러나 다음 각 점에 있어서는 차이를 보인다. 법인이 해당 부동산 등을 보유한 상태에서 그 수익창출활동에 투입된 자금을 차입금으로서 조달한 경우에는 지급이자비용이 추가적으로 손금에 산입되는 반면에 해당 부동산 등에 대한 임대수익을 얻을 수 있다. 법인이 동일한 상태에서 보증금 등으로 그 수익창출활동에 투입된 자금을 조달한 경우에는 해당 금원에 대한 이자비용을 지급하지 않아서 이자비용 상당액이 손금에 산입되지 않는 대신에 해당 부동산 등에 대한 현실적인 임대수익을 얻을 수는 없다. 즉 두 타인자본 조달방법은 각 다른 특성을 보유하므로 법령이 나서서 어느 한 방법을 선택하도록 강요할 수는 없다. 따라서 **보증금 등을 통하여 조달한 모든 금원을 법인이 조달한 다른 차입금과 동일하게 보는 것은 타당하지 않다.**

　　한편 법인이 조달할 수 있는 차입금에는 법령, 은행대출규정 또는 대여자의 자율적인 판단 등에 의하여 제한이 부가된다. 이는 해당 법인의 재무건전성 또는 대여금의 회수가능성을 확보하기 위한 것이다. 부동산임대업을 주업으로 하는 법인 등의 경우에는 사회 일반에 미치는 영향을 감안하여 그 차입금에 대한 한도가 설정될 필요가 크다. 그런데 보증금 등을 통하여 타인자본을 조달하는 경우에는 그 차입금 한도에 의하여 영향을 받지 않는다. 따라서 차입금이 과다한 법인의 경우에는 타인자본을 보증금 등을 통하여 조달하는 방법으로 차입금 한도에 관한 제한을 잠탈할 유인이 발생한다. 즉 차입금이 과다한 법인에 한하여 그 보증금 등의 경제적 실질을 다른 차입금과 동일한 것으로 보아 규제할 필요가 있다. **통상 법인세법 및 조세특례제한법 상 규제할 필요가 있는 차입금에 대하여서는 그 지급이자를 손금불산입하는 방법으로 규제하나, 보증금 등의 경우에는 지급이자가 발생하지 않으므로 조세특례제한법은 해당 보증금 등에 대한 간주익금을 법인세법 상 익금에 가산하는 방법을 통하여 동일한 효과를 부여한다.** 만약 보증금 등이 법인의 수익창출활동에 직접 투입되지 않고 금융기관 등에 예치되었다면 해당 금원에서 창출된 금원에 대하여서는 간주익금을 인식하는 것이 타당하지 않으므로 공제되어야 한다. 나아가 **보증금 등에 대한 간주익금이 법인세법 상 익금에 해당할 수 있는지 여부에 대하여 살핀다.** 보증금 등을 통하여 조달한 금원에 대한 통제권을 법인이 보유하고, 보증금 등을 다른 차입금으로 조달할 경우 발생할 수 있는 비용 역시 정기예금이자율 등 기준에 따라 합리적으로 측정할 수 있다는 점에 비추어 보면 보증금 등에 대한 간주익금 역시 법인세법 상 익금 인식에 대한 요건을 충족한다. **부동산임대업을 주업으로 하는 특정 법인의 경우에 한하여 보증금 등에 대한 간주익금을 인식하는 이유는 무엇인가?** 차입금에 대한 한도가 설정되어야 하는 필요가 있는 사업을 영위하는 법인들은 많다. 그러나 법인이 조달하는 차입금을 부동산 등에 대한 보증금 등으로 충분히 대체할 수 있는 사업을 영위하는 법인은 많지 않다. 이러한 점을 감안하여 조세특례제한법이 과다한 차입금을 보유하는 부동산임대업을 주업으로 하는 법인을 보증금 등에 대한 간주익금의 적용대상으로 선택한 것으로 보인다. 다른 법인의 경우에도 이를 적용하여야 할 필요가 있을 수 있으나, 이는 입법재량에 속한 것으로 판단한다.

이하 보증금 등에 대한 간주익금을 인식하기 위한 각 요건에 대하여 살핀다.

법정기준은 차입금이 자기자본(다음 제1호 및 제2호의 금액 중 큰 금액을 말함)**의 2배**에 상당하는 금액을 말한다. 이 경우 차입금과 자기자본은 **적수**로 계산하되, 사업연도 중 합병·분할하거나 증자·감자 등에 따라 **자기자본의 변동**이 있는 경우에는 당해 사업연도 개시일부터 자기자본의 변동일 전일까지의 기간(당해 기간에 해당하는 자기자본은 제1호의 규정에 따른 금액에서 증자액 또는 감자액을 차감 또는 가산하여 계산할 수 있음)과 그 변동일부터 당해 사업연도 종료일까지의 기간으로 각각 나누어 계산한 자기자본의 적수를 합한 금액을 자기자본의 적수로 한다(조특령 §132 ①). 차입금에는 **업무무관자산 등에 대한 지급이자의**

손금불산입이 적용되지 않는 차입금(법세령 §53 ④), 지급이자가 이미 손금불산입된(법세령 §55) 차입금 및 주택도시기금법에 따른 주택도시기금으로부터 차입한 금액이 제외된다(조특령 §132 ②).

> 1. 당해 사업연도 종료일 현재 대차대조표상의 **자산의 합계액에서 부채**(충당금을 포함하며, 미지급법인세를 제외)**의 합계액을 공제한 금액**
> 2. 당해 사업연도 종료일 현재의 **납입자본금**(자본금에 주식발행액면초과액 및 감자차익을 가산하고, 주식할인발행차금 및 감자차손을 차감한 금액으로 함)

부동산임대업을 주업으로 하는 법인은 당해 법인의 **사업연도 종료일 현재** 자산총액 중 임대사업에 사용된 자산가액이 100분의 50 **이상인 법인**을 말하고, 그 자산가액의 계산은 소득세법상 기준시가(소세 §99)에 의하며, **자산의 일부**를 임대사업에 사용할 경우 임대사업에 사용되는 자산가액은 임대보증금 등의 간주익금 계산규정(조특칙 §59)이 정하는 바에 의하여 계산한다(조특령 §132 ③). 자산의 일부를 임대사업에 사용할 경우의 임대사업에 사용되는 자산가액은 ['일부를 임대사업에 사용하고 있는 자산의 가액' × (임대사업에 사용하고 있는 부분의 면적/당해 건물의 연면적)]을 의미한다(조특칙 §59 ①). 부동산임대업을 주업으로 하는지 여부를 판정하기 위하여서는 부동산임대업과 기타 사업을 분별할 수 있을 정도로 **구분경리**하여야 한다.

법정주택은 주택과 그 부속토지로서 다음 각 호의 면적 중 넓은 면적 이내의 토지를 말한다(조특령 §132 ④).

> 1. 주택의 연면적(지하층의 면적, 지상층의 주차용으로 사용되는 면적 및 주민공동시설(주택건설 §2 3호)의 면적을 제외)
> 2. 건물이 정착된 면적에 5배(도시지역 밖의 토지의 경우에는 10배)를 곱하여 산정한 면적

법정절차에 따라 계산한 다음과 같다. 익금에 가산할 금액은 다음의 산식에 의하여 계산하고, 이 경우 익금에 가산할 금액이 영보다 적은 때에는 이를 없는 것으로 보며, 적수의 계산은 매월말 현재의 잔액에 경과일수를 곱하여 계산할 수 있다(조특령 §132 ⑤).

익금에 가산할 금액 =
{(당해 사업연도의 보증금 등의 적수 - 임대용부동산의 건설비상당액의 적수) ×
〔1/365(윤년인 경우에는 366)〕 × 정기예금이자율} - (당해 사업연도의 임대사업부분에
서 발생한 수입이자와 할인료·배당금·신주인수권처분익 및 유가증권처분익의 합계액)

임대용부동산의 건설비상당액은 다음 각 호의 1에 해당하는 금액을 말한다(조특령 §132 ⑥).

1. 지하도를 건설하여 국유재산법 기타 법령에 의하여 국가 또는 지방자치단체에 기부채납하
   고 지하도로 점용허가(1차 무상점유기간에 한정)를 받아 이를 임대하는 경우에는 **지하도의
   법정 건설비상당액**(조특칙 §59 ② 1호)
2. 제1호 외의 임대용부동산에 있어서는 당해 **임대용부동산의 법정 건설비상당액**(토지가액을
   제외)(조특칙 §59 ② 2호)

건설비상당액은 당해 건축물의 취득가액(자본적 지출액을 포함하고, 재평가차액을 제외)으
로 하고, 그 적수는 다음 각 호의 산식에 의하여 계산한 금액으로 하며, 면적의 적수 계산은
매월말 현재의 잔액에 경과일수를 곱하여 계산할 수 있다(조특칙 §59 ②).

1. 지하도의 법정 건설비상당액
   지하도의 건설비 적수총계 × (임대면적의 적수/임대가능면적의 적수)
2. 임대용부동산의 법정 건설비상당액
   임대용부동산의 건설비 적수총계 × (임대면적의 적수/건물 연면적의 적수)

 III 익금불산입 항목

1. 개관

법인세법 및 조세특례제한법 상 개별규정들이 익금불산입 항목에 대하여 규정한다. 익금불산
입 항목은 해당 항목의 성질 상 익금에 해당하지 않는다는 점을 개별규정을 통하여 확인하는
항목과 해당 항목의 성질 상 법인세법 상 익금에 해당함에도 불구하고 개별규정을 통하여
익금에서 제외하는 항목으로 구분된다. 전자의 경우에는 그 성질 상 법인세법 상 이익잉여금에

포함될 수 없지만, 후자의 경우에는 비록 법인 단계에서 익금불산입되었다고 하더라도 법인세법 상 이익잉여금에 포함된다.[337] 즉 법인세법 상 기업회계기준 상 이익잉여금의 구성요소에 해당하는 항목이 법인세법 상 익금불산입된다고 하더라도 이는 여전히 법인세법 상 이익잉여금의 구성요소에 해당한다. 이러한 해석을 통하여서만 내국법인 수입배당금의 익금불산입 규정(법세 §18의2) 및 지주회사 수입배당금의 익금불산입 규정(법세 §18의2)이 적용되는 항목이라고 할지라도 이 항목들은 다시 해당 내국법인 및 지주회사의 배당재원이 될 수 있다는 점을 설명할 수 있고, 법인세법 상 익금불산입한다는 이유로 해당 항목을 기업회계기준 상 이익잉여금의 구성요소에서 자본잉여금의 구성요소로 전환할 수 있다면 익금불산입 항목이 해당 법인 단계 및 그 주주에 대한 배당 또는 잔여재산의 분배 단계 모두에서 과세대상에서 제외하는 결과에 이르게 되나 법인세법이 이를 의도한다고 볼 수 없기 때문이다. 기업회계기준 상 수익에 해당함에도 법인세법 상 익금불산입된 항목이 법인세법 상 이익잉여금의 구성요소에 포함된다는 것은 기업회계기준 상 수익에 해당하는 법인세법 상 익금불산입 항목을 법인세법 상 익금으로 인식하는 것이 아니라 바로 자본의 구성요소에 해당하는 이익잉여금으로 인식한다는 것을 의미한다. 따라서 그 익금불산입하는 항목은 원칙적으로 '기타'로 소득처분하여야 한다. 이미 자본의 구성요소인 이익잉여금에 반영되어 있기 때문이다. 다만 익금불산입 항목으로 인하여 기업회계기준 상 자산·부채의 계상금액과 법인세법 상 그 계상금액이 달라지는 경우에는 그 차이를 사후관리하기 위하여 △유보로 처분하여야 한다.

한편 법인세법 및 조세특례제한법 상 익금불산입 항목은 **영구적으로 소득금액의 계산에서 배제되는 경우**와 일시적으로 소득금액의 계산에서 제외되나 일정 기간의 경과 후 다시 소득금액의 계산에 포함되는 **과세이연의 경우**로 구분될 수 있다. 나아가 특정 사업연도에 신청을 하거나 그 납세신고서에 반영할 것을 요건으로 익금불산입 등 과세특례를 부여하는 경우 역시 있다. 그렇다면 **특정 사업연도에 신청을 하거나 그 납세신고서에 반영한 경우에 한하여 과세특례의 혜택을 부여받을 수 있는 경우에도 기한 후 신고를 통하여 그 과세특례와 관계된 경정청구를 할 수 있는가?** 국세기본법 상 '기한 후 신고를 한 자' 역시 수정신고(국기 §45) 및 경정청구(국기 §45의2)를 할 수 있다. 2019년 12월 31일 개정 이전에는 '과세표준신고서를 법정신고기한까지 제출한 자'의 범위에 '기한 후 신고를 한 자'가 포함되지 않아서, '기한 후 신고를 한 자'는 수정신고 및 경정청구를 할 수 없었다. 다만 이는 기한 후 신고에 대하여 조세채무를 확정하는 효력이 있는지 여부와는 별개의 쟁점에 속한다. 따라서 특정 사업연도에

---

337) 같은 II 16.1. 참조.

신청을 하거나 그 납세신고서에 반영한 경우에 한하여 과세특례의 혜택을 부여받을 수 있는 경우에도 기한 후 신고를 통하여 그 과세특례와 관계된 경정청구를 할 수 있는지 여부가 쟁점이 된다. 기한 후 신고를 한 경우에도 경정청구를 할 수 있다는 점이 특정 과세특례의 혜택을 부여하기 위한 요건을 변경하는 것은 아니므로 특정 사업연도에 신청하거나 그 납세신고서에 반영한 경우에 한하여 과세특례의 혜택이 부여되는 경우에는 설사 기한 후 신고를 통하여 그 신청하거나 해당 내용을 반영한다고 하더라도 여전히 해당 과세특례의 혜택은 부여될 수 없다고 판단한다.

법인세법 상 익금불산입 항목은 다음과 같다.

구 분	익금불산입 항목
자본거래로 인한 수익의 익금불산입	주식발행액면초과액(법세 §17 ① 1호)
	주식의 포괄적 교환차익(법세 §17 ① 2호)
	주식의 포괄적 이전차익(법세 §17 ① 3호)
	감자차익(법세 §17 ① 4호)
	합병차익(법세 §17 ① 5호)
	분할차익(법세 §17 ① 6호)
평가이익의 익금불산입	자산의 평가이익(법세 §18 1호)
수입배당금액의 익금불산입	내국법인 수입배당금액의 익금불산입(법세 §18의2)
	지주회사 수입배당금액의 익금불산입 특례(법세 §18의3; 2023년 1월 1일 이후 받는 수입배당금에 대하여서는 적용되지 않음)
	외국자회사 수입배당금액의 익금불산입(법세 §18의4)
기타 익금불산입 항목	각 사업연도의 소득으로 이미 과세된 소득(법세 §18 2호)
	법인세 등 환급액 중 다른 세액 충당액(법세 §18 3호)
	국세 등 과오납금의 환급금에 대한 이자(법세 §18 4호)
	부가가치세의 매출세액(법세 §18 5호)
	자산수증익 등 중 이월결손금 충당액(법세 §18 6호)
	연결자법인 또는 연결모법인으로부터 지급받는 금액(법세 §18 7호)
	자본준비금을 감액하여 받는 배당(법세 §18 8호)
	채무의 출자전환 시 특정 시가 초과발행 금액(법세 §17 ②)

조세특례제한법 상 익금불산입 항목은 다음과 같다.

구 분	익금불산입 항목
사업재편계획 관련 익금불산입	금융채무 상환 자산매각 관련 과세특례(조특 §121의26)
	채무 인수·변제 관련 과세특례(조특 §121의27)
	주주 등 자산양도 관련 법인세 등 과세특례(조특 §121의28)
	기업의 채무면제익 관련 과세특례(조특 §121의29)
	기업 간 주식 등의 교환 관련 과세특례(조특 §121의30)
	합병에 따른 중복자산 양도 관련 과세특례(조특 §121의31)
기타 익금불산입	연구개발 관련 출연금 등 과세특례(조특 §10의2)
	사업전환 무역조정지원기업 관련 과세특례(조특 §33)
	재무구조개선계획 상 자산양도 관련 과세특례(조특 §34)
	외국자회사 주식 등 현물출자 관련 과세특례(조특 §38의3)
	채무 인수·변제 관련 과세특례(조특 §39)
	주주 등 자산양도 관련 과세특례(조특 §40)
	채무면제익 관련 과세특례(조특 §44)
	합병에 따른 중복자산 양도 관련 과세특례(조특 §47의4)
	공장의 대도시 밖 이전 관련 과세특례(조특 §60)
	법인 본사 이전 관련 과세특례(조특 §61)
	공공기관 혁신도시 등 이전 관련 과세특례(조특 §62)
	지방이전법인 공장 등 양도 관련 과세특례(조특 §63의2 ⑤)
	수용 등에 따른 공장 이전 관련 과세특례(조특 §85의2)
	중소기업 공장 이전 관련 과세특례(조특 §85의8)
	수용 등에 따른 물류시설 이전 관련 과세특례(조특 §85의9)
	대학 재정 건전화 관련 과세특례(조특 §104의16)

2. 법인세법 상 익금불산입 항목

2.1. 자본거래로 인한 수익의 익금불산입

2.1.1. 자본거래와 손익거래의 구분

'자본 또는 출자의 납입', '자본 또는 출자의 환급' 및 '잉여금의 처분'은 그 해당 거래의 본질 자체로 익금 또는 손금에 포함될 수 없을 뿐만 아니라 법인세법 및 조세특례제한법을 통하여서도 이에 포함될 수 없는바, 통상 이를 **자본거래**라고 한다. 법인세법 상 거래 중 '자본 또는 출자의 납입' 및 '자본 또는 출자의 환급'의 경우는 자산·부채의 변동이 수반된다고 할지라도 그 변동분이 익금과 손금의 본질적 요소인 기업회계기준 상 수익 또는 비용(손비)에 해당하지 않아서 익금 또는 손금에 해당할 수 없고, 잉여금의 처분은 '자산의 감소 또는 부채의 증가'가 동반되지 않는 자본 계정 사이의 대체거래를 의미하므로 이 역시 기업회계기준 상 비용(손비)의 정의에 포섭될 수 없어서 손금이 될 수 없다. 또한 '자본 또는 출자의 납입', '자본 또는 출자의 환급' 및 '잉여금의 처분'이 익금과 손금의 정의에서 제외된다는 점에 관하여서는 법인세법 및 조세특례제한법이 달리 규정할 수 없다. 자본거래는 주주 또는 출자자의 지위에 근거하거나 주주 또는 출자자에 대하여서만 효과가 미치는 거래라고 할 수 있다.[338]

법인세법은 **자본거래로 인한 수익**이라는 표현을 사용한다(법세 §17). 그러나 이상 자본거래의 정의에 비추어 보면, 자본거래는 법인세법 상 손익거래를 의미하는 수익(법세 §15 ①)에 포함될 수 없으므로 위 표현은 형용모순에 해당한다. **자본거래로 인한 잉여금**이라고 표현하는 것이 타당하다. 나아가 자본거래로 인하여 발생한 잉여금은 자본잉여금을 의미하고 이에는 이익잉여금이 포함되지 않으므로, 자본거래로 인하여 발생한 잉여금이라고 할지라도 이에 포함된 이익잉여금은 제외되어야 한다. 법인세법 역시 자본거래로 인하여 발생한 잉여금 중에서 손익거래로서 과세되는 부분을 익금불산입 대상에서 제외하고 있다(법세 §17 ① 1호 단서, 5호 단서, 6호 단서).

법인세법 상 자본잉여금의 구성요소는 자본의 총액 중 '자본금 또는 출자금'을 제외한 금원으로서 기업회계기준 상 당기순손익(및 기타포괄손익) 또는 법인세법 상 소득금액(결손금)의 계산에서 제외되었던 항목으로 구성된다. 한편 법인세법 상 이익잉여금의 구성요소는 자본의 총액 중 '자본금 또는 출자금'을 제외한 금원으로서 기업회계기준 상 당기순손익(및 기타포괄손익) 또는 법인세법 상 소득금액(결손금)의 계산에 포함되었던 금액으로 구성된다.[339] 따라서 **법인세법 상 자본잉여금의 구성요소에 해당한다면, 법인세법 상 익금불산입 항목으로 열거되지 않았다고 하더라도 여전히 익금에 포함될 수 없다.** 즉 자본거래로 인한 수익의 익금불산입에 관한 법인세법 규정(법세 §17 ①)은 확인적 규정에 해당한다.

이하 법인세법이 열거한 항목들에 대하여 살핀다.

---

338) 같은 절 제1관 IV 참조.
339) 같은 II 16.1. 참조.

2.1.2. 주식발행액면초과액

액면금액 이상으로 주식을 발행한 경우 그 액면금액을 초과한 금액(무액면주식의 경우에는 발행가액 중 자본금으로 계상한 금액을 초과하는 금액)은 익금에 산입하지 않는다(법세 §17 ① 1호 본문). 그 초과금액을 **주식발행액면초과액**이라고 한다. 다만, 채무의 출자전환으로 주식 등을 발행하는 경우에는 그 주식 등의 시가(법세 §52)를 초과하여 발행된 금액은 제외한다(법세 §17 ① 1호 단서). 채무의 출자전환(debt-equity swap ; DES)에 있어서 주식 등이 시가를 초과하여 발행된 금액은 익금에 산입되어 법인세법 상 이익잉여금을 구성한다. 따라서 그 초과금액을 자본금에 전입한 경우에는 주식배당으로서 과세된다(법세령 §12 ① 1호). 한편 주식대금의 납입에 의하여 출자를 이행하는지 아니면 **현물출자**를 통하여 출자를 이행하는지 여부는 주식발행의 원인행위에 해당할 뿐이므로 주식이 발행되는 한 두 경우를 달리 취급할 이유가 없다. 다만 현물출자의 경우 출자목적인 재산의 가액이 주식인수가격을 초과한 경우라고 할지라도 그 차액을 현금으로 반환할 수는 없으므로,[340] 그 출자재산의 가액을 기준으로 주식발행액면초과액이 결정되어야 한다. 회사가 수종의 **종류주식**을 발행하여 그 발행가액이 각 주식의 종류별로 상이하다고 할지라도 액면금액이 동일하다면 주식발행액면초과액은 각 주식의 종류별로 달리 계산된다. 다만 해당 각 주식발행액면초과액은 향후 각 주식의 종류별로 관리되는 것이 아니라 통합하여 사후관리된다.

신주발행비는 주식발행가액에서 차감되므로 주식발행액면초과액에서 제외된다. 액면미달의 가액으로 신주를 발행하는 경우(상법 §417) 그 미달하는 금액과 신주발행비의 합계액을 주식할인발행차금으로 계상하는 바(법세 §20 2호), 이로부터 신주발행비가 주식의 발행가액에서 차감된다는 점을 알 수 있다. 주식발행액면초과액 계산의 경우와 주식할인발행차금 계산의 경우를 달리 해석할 근거 및 당위성이 없다. 다만 신주발행비에 해당하는지 여부는 해당 비용의 지출이 없으면 주식이 발행될 수 없는 직접적인 관계에 있는지 여부에 의하여 판정하는 것이 타당하다. 신주발행비에 해당하면 비용으로서 손금에 산입될 수 없어서 그 해당 여부를 엄격히 해석할 필요가 있기 때문이다.

주식대금을 외화로 정한 경우 주식의 발행가액이 액면가액을 초과하는지 여부는 어느 시점을 기준으로 판정하여야 하는가? 주식회사는 발기인 또는 주주가 출자를 이행한 후 설립등기에 의하여 성립하고(상법 §172), 신주의 발행은 납입 또는 현물출자의 이행을 한 경우 그 납입기일의

---

340) 이철송, 전게서, 245면~246면.

다음 날로부터 효력이 발생한다(상법 §423 ①). 신주발행의 효력이 발생한 이후 회사는 자본금의 변경등기를 하여야 한다(상법 §317 ④, §183). 주주의 출자 이행은 해당 외화를 납입한 것으로서 완료되고, 설립등기 또는 변경등기의 경우 자본금은 원화로 표시하여야 한다. 따라서 외화로 주식대금을 납입한 경우에는 출자의 이행 이후 설립등기 또는 변경등기 사이에 환율변동에 노출된다. 따라서 만약 외화로 주식대금을 납입한 경우 원화환산환율의 기준시점을 설립등기일 또는 변경등기일로 한다면 주식대금의 납입시점에는 원화 주식대금과 동일한 외화가 납입되었음에도 불구하고 그 설립등기일 또는 변경등기일에는 추가적으로 주식발행액면초과액 또는 주식할인발행차금이 발생하게 된다. 특히 주식할인발행차금이 발생하는 경우에는 주식납입대금이 자본금에 미달되는 상태가 야기되어 해당 주식발행의 효력 자체가 문제가 된다. 따라서 **외화로 주식대금을 납입한 경우에는 그 납입시점 당시의 환율에 의하여 환산한 원화금액을 설립등기 또는 변경등기에 기재하는 것으로 해석하여야 한다.** 다만 설립등기 또는 변경등기 이후의 환율에 의하여 평가한 각 변동액의 계상 여부는 외화자산의 평가에 관한 쟁점에 속한 것으로 보아야 한다.

2.1.3. 주식의 포괄적 교환차익

주식의 포괄적 교환(상법 §360의2)을 한 경우로서 자본금 증가의 한도액(상법 §360의7)이 완전모회사의 증가한 자본금을 초과한 경우의 그 초과액은 익금에 산입하지 않는다(법세 §17 ① 2호). 회사는 **주식의 포괄적 교환**에 의하여 다른 회사의 발행주식의 총수를 소유하는 완전모회사가 될 수 있고, 이 경우 그 다른 회사를 완전자회사라 한다(상법 §360의2 ①). 주식의 포괄적 교환에 의하여 '완전자회사가 되는 회사의 주주가 가지는 그 회사의 주식'은 주식을 교환하는 날에 완전모회사가 되는 회사에 이전하고, 그 완전자회사가 되는 회사의 주주는 '그 완전모회사가 되는 회사가 발행하는 신주의 배정'을 받거나 '그 회사 자기주식의 이전'을 받음으로써 그 회사의 주주가 된다(상법 §360의2 ②). **완전모회사가 되는 회사의 자본금**은 주식교환의 날에 완전자회사가 되는 회사에 현존하는 **순자산액에서 특정 금액**('완전자회사가 되는 회사의 주주에게 제공할 금전이나 그 밖의 재산가액' 및 '완전자회사가 되는 회사의 주주에게 이전하는 자기주식(상법 §360의3 ③ 2호)의 장부가액'의 합계액)을 **뺀 금액을 초과하여 증가시킬 수 없다**(상법 §360의7 ①). **완전모회사가 되는 회사가 그 주식교환 이전에 완전자회사가 되는 회사의 주식을 이미 소유하고 있는 경우에는 완전모회사가 되는 회사의 자본금**은 그 주식교환의 날에 '완전자회사가 되는 회사에 현존하는 순자산액에 그 회사의 발행주식총수에 대한 주식교환으로 인하여 완전모회사가 되는 회사에 이전하는 주식의 수의 비율을 곱한 금액'에서 위 특정 금액을 뺀 금액의 한도를 **초과하여 이를 증가시킬 수 없다**(상법 §360의7 ②). 즉 완전모회사가 되는 회사가 그 주식교환 이전에 완전자회사가 되는 회사의 주식을 이미 소유하고 있는 경우에는 해당 비율을 제외한 순자산액을 이전받는 것으로 보아 자본금 증가에 대한 한도를 설정한다.

 '**완전모회사가 완전자회사가 되는 회사의 주식을 이미 소유하고 있는 경우 완전모회사의 자본금 증가한도를 설정하는 것**'에 대한 쟁점은 '**합병 또는 분할합병의 경우 포합주식이 합병대가 또는 분할대가에 포함되는 것**'과는 구분된다. 즉 합병 또는 분할합병의 경우 합병법인 또는 분할신설법인 등이 이미 피합병법인 등 또는 분할법인의 주식을 이미 소유하고 있다면 이를 포합주식으로 보아 그에 대하여 주식 등을 교부하지 않더라도 교부한 것으로 보아 합병대가 (법세령 §80 ① 2호 가목 단서) 또는 분할합병대가(법세령 §82 ① 2호 가목 단서)를 계산하는바, 이는 '피합병법인 또는 분할법인 등'의 소득금액을 계산하기 위한 것이지 '합병법인 또는 분할신설법인 등'에 대한 자본금 증가한도를 설정하기 위한 것은 아니다. 주식의 포괄적 교환에 있어서의 완전모회사에 대응하는 회사는 '합병법인 또는 분할신설법인 등'이다. 따라서 '피합병법인 또는 분할법인 등'의 소득금액을 계산하기 위한 포합주식에 대한 논의는 위 완전모회사에 대한 자본금 증가한도를 설정하는 것과는 무관하다.

 주식의 포괄적 교환에 있어서 완전모회사 자본금 증가의 한도액이 의미하는 바는 무엇인가? 주식의 포괄적 교환에 있어서 '완전모회사가 주식을 발행하면서 취득하는 대가'는 다음과 같다. 먼저 '완전자회사가 되는 회사에 현존하는 순자산액'을 취득하므로 그 순자산액이 대가에 해당한다. 만약 위 순자산액을 취득하면서 '완전자회사가 되는 회사의 주주에게 금전이나 그 밖의 재산을 제공하였다면 그 가액'은 공제되어야 하고 또한 완전모회사의 자기주식을 이전하였다면 자기주식의 가액 역시 공제하여야 한다. 즉 '**주식의 포괄적 교환에 있어서 완전모회사 자본금 증가의 한도액**'은 '**주식발행에 있어서 납입된 발행가액**'에 **상응하는 것**이다. 따라서 주식의 포괄적 교환에 있어서 완전모회사 자본금이 그 한도 이상으로 증가할 수 없다는 것은 주식발행에 있어서 자본금이 주식발행가액 이상으로 증가할 수 없다는 것과 동일한 이치를 확인한 것에 불과하다. 그렇다면 **주식발행에 있어서 자본금을 초과하는 금액을 주식발행 액면초과액으로 보는 것과 마찬가지로, 주식의 포괄적 교환에 있어서 자본금 증가의 한도액이 완전모회사의 증가한 자본금을 초과한 경우의 그 초과액 역시 주식발행액면초과액과 동일한 성질을 가진 것으로 보아야 한다.**

 '완전자회사가 되는 회사의 주주'에게 완전모회사의 자기주식을 이전하는 경우에는 자기주식

처분익의 인식과 관련하여 의문이 발생한다. 법인세법은 기업회계기준에 입각한 상법의 입장과 달리 자기주식처분익을 손익거래로부터 발생한 익금으로 인식하는바(법세령 §11 2호의2), 주식의 포괄적 교환에 있어서 자기주식을 이전하는 과정에서도 역시 자기주식처분익을 인식하고 이는 법인세법 상 이익잉여금에 편입되어야 하기 때문이다. 따라서 상법 상 자본금 증가한도(상법 §360의7)를 법인세법 상 그대로 적용하는 현행 입장은 **입법상 착오**에 해당한다. **법인세법 상 주식 포괄적 교환의 경우 완전모회사 자본금 증가의 한도액을 계산함에 있어서는 '자기주식의 장부가액'이 아닌 '자기주식의 시가'를 완전자회사로부터 수취하는 순자산액에서 공제하여야 하고, 자기주식의 시가와 장부가액의 차액은 자기주식처분손익으로 인식하여야 한다.** 법인세법 체계에 근거하여 해석을 통하여 동일한 결과에 이를 수 있는지 여부에 대한 의문이 있을 수 있지만, 법인세법이 자본거래로 인하여 발생한 잉여금 중에서 손익거래로서 과세되는 부분을 익금불산입 대상에서 제외하고 있고(법세 §17 ① 1호 단서, 5호 단서, 6호 단서), 자기주식처분손익의 경우만 달리 취급하여야 할 당위성이 없으므로 해석론을 통하여서도 동일한 결론에 이를 수 있다고 해석하는 것이 타당하다. 이를 통하여 기업회계기준 및 이에 기반한 상법의 입장과 달리 자기주식처분손익을 손익거래로부터 발생한 이익잉여금의 구성요소로 보는 법인세법의 입장과 조화를 이룰 수 있다. 다만 자기주식처분손익을 손익거래로 보는 법인세법의 입장 자체가 입법론 상 문제가 있다는 점에 대하여서는 기술하였다.[341]

완전자회사가 되는 회사의 순자산액은 어느 시점을 기준으로 산출되어야 하는가? 상법은 주식교환의 날을 기준으로 완전자회사가 되는 회사에 현존하는 순자산액을 산출한다고 규정한다(상법 §360의7 ①). 완전모회사의 자본증가액을 주식교환계약서에 특정되어야 하므로 그 계약체결일에 추산하여 그 자본증가액을 결정하여야 한다. 그런데 주식교환계약서의 승인을 위한 주주총회(상법 §360의3 ①)의 회일의 2주 전부터 주식교환의 날 이후 6월이 경과하는 날까지 그 회일의 2주간 전부터 6월 내에 작성한 대차대조표 및 손익계산서를 공시하여야 하므로(상법 §360의4 ① 3호), 주식교환계약서 상 완전자회사의 순자산액을 그 대차대조표를 기준으로 작성하여야 한다. 게다가 주식교환계약서를 작성하고 주주총회에서 승인한 후 구 주권의 실효절차를 밟는 것 역시 상당한 시간을 요한다. 따라서 주식교환계약서를 작성한 당시의 위 순자산액과 주식교환의 날 현재 위 순자산액 사이에는 괴리가 발생하는바, 상법은 그 해결방법에 대하여 규정하지 않는다.[342] 법인세법 역시 이에 대하여 규정하지 않는다. 주식교환계약서를 작성한

---

341) 같은 절 제1관 Ⅱ 5 참조.
342) 이철송, 전게서, 1187면.

당시의 위 순자산액과 주식교환의 날 현재 위 순자산액 사이에 괴리가 발생하고 이로 인하여 완전모회사가 되는 회사의 자본증가액이 잘못 결정되었다면 사후적으로 다른 주주총회를 통하여 수정하여야 할 것으로 본다. 따라서 **법인세법 상 주식교환의 날 현재 완전자회사가 되는 회사의 순자산액은 포괄적 주식교환을 승인한 주주총회 이후 사후적으로 확정된 주식교환의 날 현재의 완전자회사가 되는 회사의 순자산액을 의미하는 것으로 보아야 한다.**

완전모회사 자본금 증가의 한도액을 계산함에 있어서는 '자기주식의 장부가액'이 아닌 '자기주식의 시가'를 완전자회사로부터 수취하는 순자산액에서 공제하여야 한다면, **자기주식의 시가는 어떻게 결정하여야 하는가?** 자기주식의 시가를 완전자회사가 되는 회사의 순자산액에서 공제하여야 하는 경우, 만약 자기주식의 시가를 포괄적 주식교환으로 발행되는 주식의 '발행가액'으로 결정한다면, 해당 주식발행가액의 공제항목인 자기주식의 시가를 다시 그 주식의 발행가액으로 정하여야 하는 모순이 발생한다. 따라서 이 경우 자기주식의 시가는 포괄적 주식교환을 승인한 주주총회 이후 '사후적으로 확정된' 주식교환의 날 현재의 완전자회사가 되는 회사의 순자산액에 자기주식의 소유비율을 곱하는 방식으로 계산하여야 한다.

2.1.4. 주식의 포괄적 이전차익

주식의 포괄적 이전(상법 §360의15)을 한 경우로서 완전모회사 자본금의 한도액(상법 §360의18)이 설립된 완전모회사의 자본금을 초과한 경우의 그 초과액은 익금에 산입하지 않는다(법세 §17 ① 3호). 회사는 **주식의 포괄적 이전**에 의하여 완전모회사를 설립하고 완전자회사가 될 수 있고(상법 §360의15 ①), 그 주식이전에 의하여 완전자회사가 되는 회사의 주주가 소유하는 그 회사의 주식은 주식이전에 의하여 설립하는 완전모회사에 이전하고, 그 완전자회사가 되는 회사의 주주는 그 완전모회사가 주식이전을 위하여 발행하는 주식의 배정을 받음으로써 그 완전모회사의 주주가 된다(상법 §360의15 ②). 설립하는 완전모회사의 자본금은 주식이전의 날에 완전자회사가 되는 회사에 현존하는 순자산액에서 그 회사의 주주에게 제공할 금전 및 그 밖의 재산의 가액을 뺀 액을 초과하지 못한다(상법 §360의18). 주식의 포괄적 이전의 경우에는 완전모회사를 신설하는 것이므로 주식의 포괄적 교환의 경우 쟁점이 되었던 포합주식과 자기주식에 관한 쟁점은 발생하지 않는다.

주식의 포괄적 이전에 있어서 완전모회사 자본금 증가의 한도액은 주식의 포괄적 교환의 경우와 동일하게 '주식발행에 있어서 납입된 발행가액'에 상응하는 것이다. 따라서 주식의 포괄적 이전에 있어서 완전모회사 자본금이 그 한도 이상으로 증가할 수 없다는 것은 주식발행에 있어서 자본금이 주식발행가액 이상으로 증가할 수 없다는 것과 동일한 이치를 확인한 것에 불과하다. 그렇다면 주식발행에 있어서 자본금을 초과하는 금액을 주식발행액면초과액으로 보는 것과 마찬가지로, 주식의 포괄적 이전에 있어서 자본금 증가의 한도액이 완전모회사의 증가한 자본금을 초과한 경우의 그 초과액 역시 주식발행액면초과액과 동일한 성질을 가진 것으로 보아야 한다.

주식의 포괄적 이전에 있어서도 주식의 포괄적 교환의 경우와 마찬가지로 완전자회사가 되는 회사의 순자산액은 어느 시점을 기준으로 산출되어야 하는지 여부가 쟁점이 된다. 상법은 주식이전의 날을 기준으로 완전자회사가 되는 회사에 현존하는 순자산액을 산출한다고 규정한다(상법 §360의18). 완전모회사의 자본증가액을 주식이전계약서에 특정되어야 하므로 그 계약체결일에 추산하여 그 자본증가액을 결정하여야 한다. 그런데 주식이전계약서의 승인을 위한 주주총회(상법 §360의16 ①)의 회일의 2주 전부터 주식이전의 날 이후 6월이 경과하는 날까지 그 회일의 2주간 전부터 6월 내에 작성한 대차대조표 및 손익계산서를 공시하여야 하므로(상법 §360의17 ① 3호), 주식이전계약서 상 완전자회사의 순자산액을 그 대차대조표를 기준으로 작성하여야 한다. 따라서 주식이전계약서를 작성한 당시의 위 순자산액과 주식이전의 날 현재 위 순자산액 사이에는 괴리가 발생하는바, 상법은 그 해결방법에 대하여 규정하지 않는다.[343] 법인세법 역시 이에 대하여 규정하지 않는다. 주식이전계약서를 작성한 당시의 위 순자산액과 주식이전의 날 현재 위 순자산액 사이에 괴리가 발생하고 이로 인하여 완전모회사가 되는 회사의 자본증가액이 잘못 결정되었다면 사후적으로 다른 주주총회를 통하여 수정하여야 할 것으로 본다. 따라서 법인세법 상 주식이전의 날 현재 완전자회사가 되는 회사의 순자산액은 포괄적 주식이전을 승인한 주주총회 이후 사후적으로 확정된 주식이전의 날 현재의 완전자회사가 되는 회사의 순자산액을 의미하는 것으로 보아야 한다.

2.1.5. 감자차익

자본감소의 경우로서 그 감소액이 주식의 소각, 주금의 반환에 든 금액과 결손의 보전에 충당한 금액을 초과한 경우의 그 초과금액, 즉 감자차익은 익금에 산입하지 않는다(법세 §17 ① 4호). 그렇다면 감자차익의 성질을 파악하기 위하여서는 법인세법 상 자본감소, 주금반환금액 및 결손보전의 의미 및 그 성질에 대하여 살펴야 한다.

이하 법인세법 상 자본감소의 의미, 법인세법 상 결손과 상법상 결손의 구분, 법인세법

---

343) 상게서 참조.

상 감자차익의 계산 상 결손의 의미, 자본금 및 자본잉여금의 감소와 법인 순자산의 유출의 관계, 감자차손익과 자본잉여금 사이의 관계, 감자차익의 산정에 있어서 자본감소에 해당하는지 여부의 판정, 상법 상 위법감자의 경우와 법인세법 상 감자차익의 발생 여부, 상법 및 기업회계기준 상 감자가 자본금의 감소를 의미하는 논거가 무엇인지 여부에 대하여 살핀다.

　　법인세법 상 '자본감소'를 상법 상 '자본금의 감소'와 동일하게 해석하여야 하는가? 먼저 상법 상 '자본금의 감소'에 대하여 살핀다. 상법 상 주식회사와 유한회사의 경우에는 자본금의 감소로 인하여 감자차손익이 발생할 수 있으나, 유한책임회사의 경우에는 자본금이 감소하더라도 감자차손익이 발생할 여지가 없고, 합명회사와 합자회사의 경우에는 상법 상 자본금의 감소가 있을 수 없으므로 자본금의 감소 자체로 사원에게 법인 순자산이 유출되는 등 효과가 발생할 수 없고 나아가 감자차손익이 발생할 여지 자체가 없다. 그런데 법인세법 상 자본감소에 관한 규정은 모든 형태의 회사에 대한 것이고 상법과 달리 자본금의 감소라는 용어를 사용하지 않는다. 게다가 유한책임회사, 합명회사 및 합자회사의 경우 자본금에는 그 성질 상 자본잉여금 역시 포함된다는 점에 비추어 보면 법인세법 상 자본감소를 상법 상 주식회사와 유한회사의 경우에 한하여 적용되는 '자본금의 감소'로 한정할 이유가 없고 자본금 자체가 경제적 실질을 수반하는 개념이 아니므로 법인세법이 자본금만을 전제로 자본감소를 정의할 당위성 역시 없다. 상법 및 기업회계기준의 경우에 대하여서는 별도로 살핀다.[344] 따라서 **법인세법 상 '자본감소'에는 상법과 달리 자본금 및 자본잉여금의 감소 모두가 포함되는 것으로 해석하여야 한다.**[345]

　　법인세법 상 '자본 또는 출자의 환급'과 '자본감소'를 어떻게 구분하여야 하는지 여부에 대하여 살핀다. 먼저 법인세법 상 자본감소에 이익잉여금의 감소 역시 포함되는지 여부에 대하여 살핀다. 상법 및 법인세법 상 '자본 또는 출자'는 그 성질 상 이익잉여금, 자본잉여금 및 자본금으로 구성되는바, 법인세법 상 '자본 또는 출자의 환급'에는 자본금과 자본잉여금을 합한 납입자본뿐만 아니라 이익잉여금 모두의 감소가 포함된다.[346] 따라서 자본의 구성요소인 이익잉여금, 자본잉여금 및 자본금의 감소는 모두 법인세법 상 '자본 또는 출자의 환급'에 포섭된다. 법인세법 상 '자본 또는 출자의 환급'과 '자본감소' 모두 자본거래로서 법인 단계의 손금에 해당하지 않는다는 점에서는 동일하다. 그러나 전자의 경우에는 주주 단계의 배당소득에

---

344) 같은 절 제2관 Ⅲ 2.1.5 '상법 및 기업회계기준 상 감자를 자본금의 감소로 인식하는 이유는 무엇인가?' 부분 참조.
345) 같은 절 제2관 Ⅲ 2 참조.
346) 같은 절 제1관 Ⅲ 3 참조.

대한 쟁점이 내재되어 있는 반면에 후자의 경우에는 그런 쟁점이 발생할 여지가 없으므로, 법인세법 상 달리 취급하여야 할 필요가 있다. 또한 상법이 이익잉여금의 배당과 자본금의 감소를 구분하고 있는바, 법인세법 역시 이익잉여금의 배당과 무관한 자본금 및 자본잉여금의 감소에 대하여 별도로 규정할 필요가 있다. 한편 이익잉여금의 감소로 인하여 법인 순자산이 유출되는 경우는 이익잉여금의 배당으로서 별도 취급되므로 이익잉여금의 감소를 자본금 또는 자본잉여금의 감소에 포함시켜 그 합계액을 기준으로 다시 자본감소에 따른 의제배당액을 계산할 수도 없다. 즉 법인세법 상 자본감소에 이익잉여금의 감소는 포함될 수 없다. 이상의 논의에 따르면, 법인세법은 이익잉여금을 제외한 '자본금 및 자본잉여금'의 감소를 포섭하는 용어로서 '자본의 감소'를 사용하고, '자본금, 자본잉여금 및 이익잉여금'의 감소를 포섭하는 용어로서 '자본 또는 출자의 환급'을 사용한다.[347]

법인세법 상 '결손'은 상법 상 '결손'과 동일한 것인가?

먼저 상법 상 결손에 대하여 살핀다. 상법 상 '자본금의 결손'은 **주식회사**의 경우 결산기 말 회사의 순자산액이 자본금과 법정준비금(이익준비금과 자본준비금)의 합계에 미달하는 상태를 의미하고, 영업연도 도중에 일시 이와 같은 상태가 발생하더라도 기말의 손익이 미정이므로 결손으로 볼 수 없으며 임의준비금으로 보전할 수 있는 경우에도 결손으로 볼 수 없다.[348] 상법은 법정준비금의 사용에 관하여 '자본금의 결손'이라는 용어를 사용하고 법정준비금(이익준비금 및 자본준비금)은 자본금의 결손 보전에 충당하는 경우 외에는 처분하지 못한다고 규정한다(상법 §460). 따라서 **결산기 말 발생한 당기순이익 또는 임의준비금의 이입을 통하여 결손이 해소되는 상태라면 결손으로 볼 수 없다.** 한편 이 쟁점은 미처분 이익잉여금 및 임의준비금이 남아 있는 경우에 결손을 인식할 수 있는지 여부와도 관계된다. 이익잉여금은 대차대조표 또는 재무상태표에 표시되는 계정으로서 당기순손익, 준비금 적립, 배당 등 요인에 의하여 증가 또는 감소하며 해당 결산기 말 현재의 이익잉여금 계상액은 그 변동의 누적치에 해당하고, 대차대조표 또는 재무상태표에 계상되는 결손금 역시 이익잉여금 변동이 누적된 결과이기 때문이다. 기업회계기준서에 따르면 자본변동표에는 자본을 납입자본, 기타포괄손익의 누계액과 이익잉여금의 누계액 등으로 구분하여[349] 각 구분 별로 당기순손익, 기타포괄손익 및 소유주로서의 자격에 기반한 그 소유주와의 거래의 변동액이 포함된다.[350] 일반기업회계기준

---

347) 같은 절 제2관 Ⅲ 2 참조.
348) 이철송, 전게서, 995면.
349) 기업회계기준서 제1001호 문단 108.
350) 기업회계기준서 제1001호 문단 106.

에 따르면, 이익잉여금의 변동에는 회계정책의 변경으로 인한 누적효과, 중대한 전기오류수정손익, 연차배당, 중간배당 및 당기순손익 등이 포함된다.[351] 즉 기업회계기준에 따르면 이익잉여금에는 **당기순손실 또는 기타포괄손실 역시 반영되므로 어느 한 회계기간에 당기순손실 또는 기타포괄손실이 발생한다고 하여 바로 결손금이 발생하였다고 할 수 없다.** 결손금은 손익계산서 또는 포괄손익계산서에 계상되는 당기순손실 또는 기타포괄손실과는 구분되는 개념이다. **유한회사의 경우** 대차대조표 및 손익계산서 등을 재무제표로서 작성하여야 한다(상법 §579). 주식회사의 자본금의 감소(상법 §439 ①, ②), 법정준비금(상법 §458~§460) 및 배당가능이익(상법 §461)에 관한 규정을 준용한다(상법 §583 ①, §597). 따라서 **유한회사에 있어서 자본금의 결손 역시 주식회사의 경우와 동일하게 보는 것이 타당**하다. 유한책임회사의 경우에는 자본금에 그 성질상 자본잉여금 역시 포함되며 법정준비금에 대한 규정이 없다. 따라서 **유한책임회사의 경우에는 자본금의 결손을 주식회사 및 유한회사와 동일하게 정의할 수는 없다.** 합명회사 및 합자회사의 경우에도 그 '출자금'에 주식회사 등의 자본금과 자본잉여금에 해당하는 주식발행액면초과액 등이 포함되므로 자본잉여금의 처분에 대한 개념이 없고, 법정준비금에 대한 규정 역시 없다. 따라서 **합명회사 및 합자회사의 경우에도 자본금의 결손을 주식회사 등과 동일하게 정의할 수는 없다.** 그렇다면 '결산기 말 회사의 순자산액이 자본금과 법정준비금(이익준비금과 자본준비금)의 합계에 미달하는 상태'를 의미하는 상법 상 자본금의 결손에 대한 정의를 모든 회사에 대하여 적용될 수는 없다. 주식회사와 유한회사의 경우 자본금의 결손은 **'결산기 말 회사의 순자산액이 자본금과 법정준비금(이익준비금과 자본준비금)의 합계에 미달하는 상태'를 의미하나, 유한책임회사, 합명회사 및 합자회사의 경우에는 '결산기 말 현재 회사의 순자산이 자본금 또는 출자금에 미치지 못한 상태'를 의미하는 것으로 해석하여야 한다.** 한편 상법은 결손의 보전을 위한 자본금의 감소(상법 §438 ②, §439) 및 결손금의 처리(상법 §447 ② 7호, 8호)에 있어서도 '결손'이라는 용어를 사용하는바, 그 결손 역시 법정준비금의 사용에 관한 '자본금의 결손'과 동일한 의미로 해석하는 것이 타당하다. 법정준비금(또는 자본잉여금)을 통하여 결손을 보전하는 경우와 자본금을 통하여 결손을 보전하는 경우는 결손을 보전하는 재원에 있어서 차이를 보일 뿐이고, 자본금 및 법정준비금(또는 자본잉여금)을 통하여 보전되는 결손이라면 그 결손은 자본금 및 법정준비금(또는 자본잉여금)을 합한 금액보다는 적어야 하기 때문이다. 게다가 기업회계기준에 기반한 상법의 경우 미처분 이익잉여금 및 임의준비금이 존재함에도 불구하고 결손금이 발생할 수는 없으므로 결손금의 처리에 있어서

---

351) 일반기업회계기준 제2장 문단 2.80.

의 결손금 역시 상법 상 '자본금의 결손'의 경우와 동일하게 해석하여야 하기 때문이다. 나아가 상법 및 기업회계기준의 체계 상 달리 해석할 논거 및 이유 역시 없다. **결손금은 손익계산서 또는 포괄손익계산서에 계상되는 당기순손실 또는 기타포괄손실과는 구분되는 개념**이라는 점에도 유의하여야 한다.

법인세법 상 결손에 대하여 살핀다. 법인세법은 결손금을 사업연도에 속하는 손금의 총액이 그 사업연도에 속하는 익금의 총액을 초과하는 경우에 그 초과하는 금액으로 정의한다(법세 §14 ②). 즉 소득금액에 대한 반대개념으로서 결손금이라는 용어를 사용한다. 소득금액에서 공제하는 이월결손금(법세 §13 ①) 역시 동일하다. 또한 감자차익을 정의하면서 결손이라는 용어를 사용한다. 즉 감자차익을 '자본감소의 경우로서 그 감소액이 주식의 소각, 주금의 반환에 든 금액과 결손의 보전에 충당한 금액을 초과한 경우의 그 초과금액'으로 정의한다. 따라서 '소득금액에 대한 반대개념으로서의 결손금'과 '감자차익의 계산 상 결손'에 있어서 각 결손이라는 용어의 의미가 동일한지 여부가 문제가 된다. **소득금액에 대한 반대개념으로서의 결손금은 기업회계기준 상 손익계산서 또는 포괄손익계산서에 계상되는 당기순손실 또는 기타포괄손실에 대응되는 개념으로서 상법 상 결손과는 다른 의미를 갖는다.** 소득금액은 익금총액에서 손금의 총액을 공제하여 계산하는바 익금 및 손금의 기초에 해당하는 수익 및 손비가 기업회계기준 상 손익계산서 또는 포괄손익계산서에 계상되는 수익 및 비용에 기반하기 때문이다.

법인세법 상 감자차익의 계산 상 결손은 기업회계기준 상 대차대조표 또는 재무상태표에 계상되는 결손금과 동일한 것으로서 상법 상 결손의 의미와 동일한 것이다. 그 이유는 다음과 같다. 법인세법 상 자본감소 절차에 대하여 별도로 규정하지 않고 있어서 상법에 따라 자본감소를 해석하는 것이 타당하다. '손익계산서 또는 포괄손익계산서에 계상되는 당기순손실 또는 기타포괄손실'은 이익잉여금 누계액 또는 기타포괄손익 누계액에 편입되는 것이므로, 그 당기순손실 또는 기타포괄손실을 자본금 또는 자본잉여금의 감소를 통하여 보전하는 것은 기업회계기준 및 상법의 체계에 부합하지 않을 뿐만 아니라 법인세법 상 이월결손금 공제규정(법세 §13 ①)에도 어긋난다.

영리내국법인의 경우 자본금 및 자본잉여금의 감소와 법인 순자산 유출의 관계에 대하여 살피기 이전에 먼저 영리내국법인의 경우 자본금, 자본잉여금, 이익잉여금 그리고 배당가능이익 사이의 관계에 대하여 살핀다.

주식회사의 경우에 대하여 본다. 주식회사의 **배당가능이익**은 대차대조표의 순자산액으로부터 '자본금의 액', '그 결산기까지 적립된 자본준비금과 이익준비금의 합계액', '그 결산기에 적립하여야 할 이익준비금의 액' 및 '법정 미실현이익(상법령 §19)'을 공제한 액으로 계산한다(상법 §462 ①). **자본잉여금**은 자본준비금으로 적립되고(상법 §459 ① ; 상법령 §18, §15), 결손의 보전에 충당하거나 자본금에 전입하는 것 외의 방법으로 처분하지 못한다(상법 §460, §461). 상법이 결손에 대하여 별도로 정의하는 것은 아니다. 다만 '결손금의 처리'를 '이익잉여금의 처분'에 대응되는 용어로서 사용하는바(상법 §447 ② 7호, 8호), 이로부터 이익잉여금과 결손금은 각 별도의 자본 구성요소인 계정과목으로 계상되며 결손금이 기업회계기준 상 손익거래의 결과로서 비용이 수익을 초과한 상태를 의미한다는 점을 알 수 있다. 법인세법 역시 결손금을 사업연도에 속하는 손금의 총액이 그 사업연도에 속하는 익금의 총액을 초과하는 경우에 그 초과하는 금액으로 정의한다(법세 §14 ②). 자본준비금으로 적립된 자본잉여금이 결손 보전을 통하여 소멸되면, 배당가능이익 산정 시 공제항목인 자본준비금이 감소하고 이로 인하여 배당가능이익이 증가한다. 자본잉여금을 자본금에 전입하는 것은 배당가능이익에 영향을 미치지는 않으니 이로 인하여 자본금의 증가로 인한 주식발행이 수반된다. 자본금의 감소를 통하여 발생한 감자차익 역시 자본잉여금에 해당하므로 그 감자차익은 다시 '자본금의 결손 보전에 충당'(상법 §460)하거나 '자본금에 전입'(상법 §461 ①)하는 방법으로 처분될 수 있다. 한편 자본준비금은 결손의 보전을 통하지 않고서도 배당가능이익에 편입될 수 있다. 즉 회사는 적립된 자본준비금 및 이익준비금의 총액이 자본금의 1.5배를 초과하는 경우에 주주총회의 결의에 따라 그 초과한 금액 범위에서 자본준비금과 이익준비금을 감액할 수 있다(상법 §461의2). 이를 통상 법정준비금의 감소라고 한다. 자본준비금 및 이익준비금은 모두 배당가능이익의 산정 시 공제항목에 해당하는 바, 법정준비금인 자본준비금 역시 감액된 경우에는 해당 금액이 배당가능이익에 포함되는 결과에 이른다. 즉 자본잉여금은 법정준비금의 감소를 통하여 배당가능이익을 증가시킬 수 있다. **자본금** 역시 결손의 보전을 위하여 직접 감소될 수 있다. 결손의 보전을 위하여 자본금을 감소하는 경우에는 주주총회 보통결의(상법 §368 ①)만 있으면 된다(상법 §438 ②). 자본금의 감소를 통한 결손의 보전은 자본금이 감소하면서 배당가능이익을 증가시키는 효과를 발생시킨다. 또한 자본금의 감소를 통하여 감자차익이 발생하는 경우에는 자본금이 자본잉여금인 감자차익으로 전환된다(상법 §459 ① ; 상법령 §18, §15). **이익잉여금** 역시 자본금에 전입되거나 결손의 보전을 위하여 처분될 수 있다. 즉 회사는 이익잉여금 또는 이익준비금을 자본금에 전입하여 주식을 발행하는 방법으로 배당을 할 수 있다(상법 §461, §462의2 ①). 또한 이익잉여금에 해당하는 이익준비금을 통하여 결손을 보전할 수도 있다(상법 §461). 이익준비금은 배당가능이익

산정 시 공제항목에 해당하는바(상법 §462 ①), 이익준비금을 통하여 결손을 보전하면 배당가능이익이 증가하는 효과가 발생한다. 주식배당을 통하여 이익잉여금이 자본금으로 전환되고 이익준비금을 통한 결손의 보전을 통하여 배당가능이익이 증가된다. 한편 기업회계기준은 상법에서 규정하지 않는 **자본조정**에 대하여 정의한다. 자본조정은 당해 항목의 성격으로 보아 자본항목에 해당하나 최종 납입된 자본으로 볼 수 없거나 자본의 가감 성격으로 자본금이나 자본잉여금으로 분류할 수 없는 항목이다. 예를 들면, 자기주식, 주식할인발행차금, 주식선택권, 출자전환채무, 감자차손 및 자기주식처분손실 등이 포함된다.[352] 즉 자본조정은 그 성질 상 자본금 또는 자본잉여금에 해당하는 항목이다. 기업회계기준은 이익잉여금(또는 결손금)을 손익계산서에 보고된 손익과 다른 자본항목에서 이입된 금액의 합계액에서 주주에 대한 배당, 자본금으로의 전입 및 자본조정 항목의 상각 등으로 처분된 금액을 차감한 잔액으로 정의한다.[353] 일반기업회계기준에 따르면 자본조정에 포함되는 주식할인발행차금, 자기주식처분손실 및 감자차손은 이익잉여금(결손금) 처분(처리)으로 상각되거나,[354] 자본금 또는 자본잉여금으로 대체된다.[355] 이상의 논의에 따르면, 기업회계기준 상으로는 이익잉여금의 처분을 통하여 자본조정 항목과 상계하는 것 역시 가능하고, 이에 대한 상법 상 제한 역시 없으나, 이익잉여금이 자본조정과 상계된다고 하더라도 상법 상 배당가능이익이 증가하지는 않는다. 그 이유는 다음과 같다. 만약 자본에 대한 차감계정에 해당하는 자본조정이 상법 상 자본준비금(자본잉여금)에 포섭되는 것이라면 자본에서 차감하여야 할 자본조정이 이익잉여금과 상계될 경우 '배당가능이익의 공제항목인 자본준비금'이 증가하므로 상법 상 배당가능이익이 감소한다. 만약 상법 상 자본조정이 자본준비금(자본잉여금)에 포섭되지 않는 것이라면 이익잉여금과 자본조정이 상계된다고 하더라도 그로 인하여 법인의 순자산이 영향을 받는 것은 아니고 '배당가능이익의 공제항목인 자본준비금'에도 영향을 미치지 않아서 배당가능이익이 달라지지 않는다. 따라서 기업회계기준 상 자본조정이 이익잉여금과 상계된다고 하더라도 이로 인하여 상법 상 배당가능이익이 증가하는 것은 아니다. 그런데 법인세법은 상법과 같이 '순자산에 자본준비금 또는 이익준비금 등을 공제하여 배당가능이익을 계산하는 방식'이 아니라 '세무 상 이익잉여금 자체를 관리하는 방식'을 취하므로, 법인세법 상 이익잉여금이 자본조정과 상계되는 것을 허용할 수 없다. 이를 통하여 배당과세가 잠탈될 수 있기 때문이다. 따라서 기업회계기준 상 자본조정과 상계된

---

352) 일반기업회계기준 제2장 문단 2.31.
353) 일반기업회계기준 제2장 문단 2.33.
354) 일반기업회계기준 제15장 문단 15.3, 15.9, 15.11.
355) 일반기업회계기준 제19장 문단 19.8, 19.9, 19.12, 19.18, 19.23.

이익잉여금은 법인세법 상 이익잉여금에 영향을 미칠 수 없다. 이상의 논의를 정리한 결과는 다음과 같다. 자본준비금으로 적립되는 자본잉여금은 '결손의 보전' 또는 '법정준비금의 감소'를 통하여 배당가능이익을 증가시킬 수 있고, '준비금 자본전입'을 통하여서는 자본금으로 전환될 수 있다. 자본금은 결손의 보전을 통하여 배당가능이익을 증가시킬 수 있고, 자본금의 감소를 통하여 자본잉여금인 감자차익으로 전환될 수 있다. 이익잉여금 또는 이익준비금은 결손의 보전을 통하여 배당가능이익을 증가시킬 수 있고, 자본금에 전입되어 배당될 수도 있으며 기업회계기준 상 자본조정과 상계될 수 있다.

유한회사의 경우에 대하여 본다. 유한회사는 주식회사 자본금의 감소(상법 §439 ①, ②), 법정준비금(상법 §458~§460) 및 배당가능이익(상법 §461)에 관한 규정을 준용하나(상법 §583 ①, §597), 준비금의 자본전입(상법 §461) 및 준비금의 감소(상법 §461의2)에 관한 규정은 준용하지 않는다(상법 §583 ①). 즉 유한회사가 자본금을 사원총회의 결의를 통하여 감소할 수 있다는 점, 법정준비금을 자본금의 결손 보전에 충당하는 경우 외에는 처분하지 못한다는 점 및 배당가능이익을 동일한 방법으로 계산한다는 점에서는 주식회사와 동일하나, 준비금을 자본금에 전입하거나 법정준비금을 감소할 수는 없다. 따라서 유한회사의 경우 이익준비금 또는 자본준비금은 '자본금의 결손 보전에 충당'하는 경우 외에는 처분하지 못하고, 자본금은 결손의 보전 또는 감자를 위하여 감소될 수 있다.

유한책임회사의 경우에 대하여 본다. 유한책임회사의 '자본금 또는 출자금'은 사원의 출자재산액 자체를 의미하는 것으로 보아야 하고, 그 '자본금 또는 출자금'에는 자본잉여금 역시 포함된다. 즉 자본금은 사원이 출자한 금전이나 그 밖의 재산가액을 의미한다(상법 §287의35). 따라서 **유한책임회사의 경우에는 자본금 또는 출자금의 환급이 있을 뿐 자본잉여금의 분배가 이루어질 수 없다.** 정관 변경의 방법으로 자본금을 감소할 수 있고, 감소 후의 '자본금의 액이 순자산액 이상인 경우'에는 채권자보호절차(상법 §232)를 이행할 필요가 없다(상법 §287의36). '자본금의 액이 순자산액 이상인 경우'라는 문언은 명백한 입법의 착오이므로 '순자산액이 자본금의 액 이상인 경우'로 해석하여야 한다.[356] 유한책임회사는 자본금을 감소할 수 있는 경우를 한정하여 규정하지 않으므로 주식회사의 자본금 및 자본잉여금을 포함하는 의미의 **자본금을 감소하면서 법인 순자산을 유출하는 것 역시 가능하다.** 다만 자본금이 감소하는 경우에도 자본잉여금이 존재하지 않으므로 자본잉여금인 감자차익이 발생할 수는 없다. 이익잉여금 처분계산서 또는 결손금 처리계산서를 재무제표로서 규정하고(상법 §287의33 ; 상법령

---

356) 이철송, 전게서, 210면.

§5), 유한책임회사의 회계는 원칙적으로 일반적으로 공정하고 타당한 회계관행에 따르므로(상법 §287의32), 자본금 또는 이익잉여금을 통하여 결손을 보전하는 것 역시 가능하다고 본다. **자본금 또는 이익잉여금을 통하여 결손을 보전하는 경우에는 배당가능이익이 증가한다.** 한편 유한책임회사는 그 지분의 전부 또는 일부를 양수할 수 없고, 유한책임회사가 지분을 취득하는 경우에 그 지분은 취득한 때에 소멸한다(상법 §287의9).

합명회사 및 합자회사의 경우에 대하여 본다. 합명회사와 합자회사의 경우 그 '자본금 또는 출자금'은 사원의 출자재산액 자체를 의미하는 것으로 보아야 하고, 그 '자본금 또는 출자금'에는 자본잉여금 역시 포함되므로 합명회사 및 합자회사의 경우에는 자본금 또는 출자금의 환급이 있을 뿐 **자본잉여금의 분배가 이루어질 수 없다. 배당가능이익 및 자본금의 감소에 대한 규정 자체가 없다.** 합명회사의 경우 손실 역시 각 사원에게 분배된다. 손익의 분배는 정관에 특별한 규정이 없으면 각 사원의 출자비율에 따른다(상법 §195 ; 민법 §711). 합자회사의 경우에는 합명회사의 경우와 동일하게 손익을 배분할 수 있으나(상법 §269, §195 ; 민법 §711), 유한책임사원은 그 출자액을 한도로 손실을 분담한다.[357]

영리내국법인의 경우 자본금 및 자본잉여금의 감소와 법인 순자산의 유출의 관계에 대하여 살핀다.

주식회사 및 유한회사의 경우에 대하여 본다. 주식회사 및 유한회사의 경우 '**주주 등의 법인 순자산에 대한 주식 또는 출자지분 비율**'에 변동을 초래하지 않으면서 법인 순자산을 유출하는 것은 배당가능이익이 증가하는 경우에 한하여 가능하다. 자본거래를 통하여 배당가능이익이 증가하는 것은 결손을 보전하기 위하여 자본금 또는 자본잉여금이 감소하는 경우에 한하여 가능하다. 따라서 자본금 또는 자본잉여금의 감소액이 '결손의 보전'을 위하여 사용되는 경우에 한하여 '주주 등의 법인 순자산에 대한 주식 또는 출자지분 비율'에 변동을 초래하지 않으면서 배당가능이익이 증가할 수 있다. 배당가능이익이 증가하는 경우에 한하여 법인 순자산이 유출될 수 있다. 그렇다면 **자본금 또는 자본잉여금의 감소액이 '결손의 보전'을 위하여 사용되는 경우에는 '주주 등의 법인 순자산에 대한 주식 또는 출자지분 비율'에 변동을 초래하지 않으면서 법인 순자산이 유출될 수 있지만, 그렇지 않다면 법인 순자산은 '주주 등의 법인 순자산에 대한 주식 또는 출자지분 비율'에 변동을 초래하면서 유출될 수밖에 없다.**

이상의 쟁점과 관련하여 법인세법은 법인이 자기주식 또는 자기출자지분을 보유한 상태에서 자본잉여금을 자본전입함에 따라 그 법인 외의 주주 등인 내국법인의 지분 비율이 증가한

---

357) 상계서, 165면.

경우 증가한 지분 비율에 상당하는 주식 등의 가액을 의제배당으로 과세하므로(법세 §16 ①
3호), 배당가능이익이 증가되지 않아도 법인 순자산의 유출될 수 있다는 견해가 있을 수 있으나,
위 의제배당에 대하여서는 입법론적으로는 자기주식 등을 보유한 상태에서 자본잉여금을
자본금에 전입하고 이로 인하여 주주 등의 지분비율이 증가한다고 하더라도 이를 의제배당으로
간주할 필요는 없으며 그 비율증가와 관련된 주식 등의 취득가액을 다른 무상주들과 동일하게
영으로 취급하는 것이 타당하다는 점 및 해석론으로서는 주식 등 비율증가와 관련된 의제배당
금액에 상당한 이익잉여금이 법인세법상 감소된 것으로 해석하는 것이 타당하다는, 즉 현행
주식 등 비율증가와 관련된 의제배당을 주식배당과 동일한 것으로 해석하는 것이 타당하다는
점을 감안한다면[358] 위 의제배당을 배당가능이익이 증가되지 않으면서도 법인 순자산이
유출되는 경우로 볼 수는 없다.

　**자본금 또는 자본잉여금을 결손에 보전하는 경우에는 결손금에 해당하는 만큼 자본금 또는
자본잉여금이 소멸하므로 그 과정에서 감자차익 또는 감자차손을 인식할 필요가 없고, '주주
등의 법인 순자산에 대한 주식 또는 출자지분 비율'에 변동을 야기하면서 법인의 순자산이
유출되는 경우는 법인이 자기주식 또는 자기출자지분을 양수하여 소각하는 것을 의미한다.**
한편 자본금을 감소하는 또 다른 방법으로는 액면가액의 감액 또는 주식의 병합이 있다.
액면가액을 감액하면서 그 대가를 주주에게 지급하는 경우에는 자기주식 등을 유상감자하는
경우와 그 대가를 지급하지 않는 경우는 무상감자의 경우와 동일하다. 주식병합의 경우에는
각 주식 등의 액면가액이 동일하므로 자본금의 감소가 수반되나 그 감소액이 자본잉여금인
감자차익으로 전환되는 것이므로 이는 위 무상감자의 경우와 동일하다. 따라서 이하 자본의
감소를 통하여 감자차손익이 발생할 수 있는지 여부를 자기주식 등의 소각을 중심으로 살핀다.

　**자기주식 또는 자기출자지분을 양수하여 소각하면서 법인의 순자산이 유출되는 경우에는
감자차익 또는 감자차손이 발생한다.**[359] 감자차익은 자본금의 감소액이 주식 등의 소각,
주금 등의 반환에 필요한 금액을 초과하는 경우에 발생하고 감자차손은 자본금의 감소액
이상으로 주식의 소각, 주금의 반환에 필요한 금액을 지급하는 경우에 발생한다. 자본금 자체는
주식 등의 시가와 무관한 것이므로 감자차익 또는 감자차손은 법인 순자산의 실질적 유출을
의미하는 것이 아닐 뿐만 아니라 자기주식 등의 취득과정에서 법인 순자산 유출 여부와도
무관하다. 자기주식 등을 취득하는 과정에서는 자기주식 등은 그 취득가액으로 계상할 뿐

---

358) 같은 관 Ⅱ 16.4 참조.
359) 기업회계기준 역시 자기주식 소각의 경우에 한하여 감자차손익을 인식한다 ; 기업회계기준서 제1032호
　　문단 33, 일반기업회계기준 제15장 자본 문단 15.8, 일반기업회계기준 제15장 자본 문단 15.9 참조.

그에 귀속되는 자본금과 자본잉여금을 구분하여 계상하지 않는다. 해당 주식 등이 언제 발행된 것인지 여부를 알 수 없어서 해당 주식 등에 귀속되는 주식발행액면초과액 등을 알 수 없고 이를 구분할 필요 역시 없기 때문이다. 즉 자기주식의 취득원가를 자본금과 자본잉여금이 혼합된 것으로 의제한다. 따라서 해당 주식 등을 소각하는 경우에는 해당 주식 등의 취득 당시 그 취득가액과 소각 당시 소멸하는 주식 등 자본금의 차액을 자본잉여금으로 의제할 수밖에 없다. 이와 같이 자기주식 등 소각의 경우 인식한 자본잉여금을 감자차익 또는 감자차손이 라는 계정과목으로 표시하는 것이다. 법인이 자기주식 또는 자기출자지분을 무상으로 취득하여 소각하는 경우에는 소멸하는 자본금 전액이 감자차익으로 인식된다. 한편 '자기주식의 취득과 그 소각을 하나의 거래로 의제하여 그 주주에 대하여 의제배당과세를 할 것인지 아니면 자기주식 의 취득과 그 소각을 별개의 거래로 보아 자기주식 취득 단계에서 주주에 대하여 양도소득 과세를 할 것인지 여부'와 '자기주식 소각 단계에서 발생한 감자차익 또는 감자차손이 자본잉여 금 또는 자본의 차감계정에 해당한다는 점'과는 구분되어야 한다. 원칙적으로 자기주식의 취득과 그 소각은 별개의 거래에 해당하고 법인 순자산 유출과 관련하여 주주에 대하여 어떻게 과세할 것인지 여부는 그 취득 단계에서 쟁점이 된다. **다만 상법 상 주식회사 및 유한회사의 경우 자본의 감소는 자본금의 감소를 의미하나 법인세법 상 '자본감소'에는 상법과 달리 자본금 및 자본잉여금의 감소 모두가 포함되고,**[360]) **법인세법 상 감자차익 또는 감자차손은 법인세법 상 자본감소를 전제로 한다는 점에 유의하여야 한다. 나아가 법인세법은 이익잉여금을 제외한 '자본금 및 자본잉여금'의 감소를 포섭하는 용어로서 '자본감소'를 사용하고, '자본금, 자본잉여금 및 이익잉여금'의 감소를 포섭하는 용어로서 '자본 또는 출자의 환급'을 사용한다는 점에도 유의하여야 한다.**[361])

한편 법인이 소각을 위하여 자기주식 등을 취득하는 경우 그 대가에는 해당 법인의 이익잉여금 역시 반영될 수 있으므로 그 소각 당시 자본금과 그 취득가액의 차이를 자본잉여금인 감자차손익 으로 인식하는 것이 타당하지 않다는 견해가 있을 수 있다. 원칙적으로 자기주식의 취득과 그 소각은 별개의 거래에 해당하고 법인 순자산 유출과 관련하여 주주에 대하여 어떻게 과세할 것인지 여부는 그 취득 단계에서 쟁점이 될 뿐 그 소각 단계와 무관하므로 이는 타당하지 않다. 이 쟁점과 관련하여 추가적으로 살핀다. 기업회계기준에 기반한 상법은 자기주식을 취득, 소각 및 처분을 자본거래로 파악한다. **기업회계기준서**에 따르면 자기주식 등을 취득한

---

360) 같은 절 제2관 Ⅲ 2 참조.
361) 같은 절 제2관 Ⅲ 2 참조.

경우 자본에서 차감하고, 자기지분상품을 매입, 매도, 발행, 소각하는 경우의 손익은 당기손익으로 인식하지 않는다.[362] **일반기업회계기준**에 따르면 기업이 매입 등을 통하여 취득하는 자기주식은 취득원가를 자기주식의 과목으로 하여 자본조정으로 회계처리하고,[363] 자기주식처분손익은 자본잉여금 또는 자본조정으로 취급한다.[364] 이러한 취급은 자기주식 등을 취득하거나 처분하는 것이 그 경제적 실질 상 자본 또는 출자의 환급 및 주식 등 발행과 동일하다는 점에도 부합한다. 따라서 기업회계기준 및 상법의 입장에 따르면 자기주식을 취득하거나 소각하는 거래는 모두 자본거래에 속하므로 그 소각 당시 자본금과 그 취득가액의 차이를 당기손익 또는 이익잉여금으로 인식할 수 없다. 법인세법 역시 자기주식 취득의 대가로 지급한 금액에 대하여서는 손익을 인식하지 않는다. 즉 자본감소절차의 일환으로서 자기주식을 취득하여 소각하는 것은 자본의 증감에 관련된 자본거래이므로 주식소각의 목적에서 자기주식 취득의 대가로 지급한 금액은 자본의 환급에 해당할 뿐 손익거래로 인하여 발생하는 손금에 해당하지 않는다.[365] 다만 법인세법은 자기주식을 소각하는 경우와 달리 이를 처분하는 경우에는 **자기주식처분익을 인식한다.** 이로 인하여 그 경제적 실질이 동일한 자기주식 등 소각익과 자기주식 등 처분익을 구분하여 취급하여야 하고 자기주식 등 소각익을 준비금에 전입하는 방법을 통하여 자기주식 등 처분익에 대한 과세를 면탈하려는 시도를 막아야 할 필요가 생긴다. 입법론 상 타당하지 않다는 점에 대하여는 기술하였다.[366]

　유한책임회사, 합명회사 및 합자회사의 경우에 대하여 본다. 유한책임회사, 합명회사 및 합자회사의 '자본금 또는 출자금'은 사원의 출자재산액 자체를 의미하는 것으로 보아야 하고, 그 '자본금 또는 출자금'에는 자본잉여금 역시 포함되어 자본금과 자본잉여금이 구분되지 않기 때문에 자본금의 감소 과정에서 감자차익 또는 감자차손을 인식할 수 없고, **유한책임회사, 합명회사 및 합자회사에 있어서 자본의 감소는 결국 자본금의 감소를 의미한다.**

　이상의 논의들을 종합한 결과는 다음과 같다. 상법 상 주식회사 및 유한회사의 경우 자본의 감소는 자본금의 감소를 의미하고, 감자차익 또는 감자차손의 실질은 자본금의 감소 과정에서 발생하는 자본잉여금과 동일하다. 유한책임회사, 합명회사 및 합자회사의 경우에도 자본의 감소는 자본금의 감소를 의미하나 그 감소 과정에서 감자차익 또는 감자차손을 인식할 수는

---

362) 기업회계기준서 제1032호 문단 33.
363) 일반기업회계기준 제15장 자본 문단 15.8.
364) 일반기업회계기준 제15장 자본 문단 15.9.
365) 대법원 2013.5.23. 2013두673.
366) 같은 관 Ⅱ 5 참조.

없다. 다만 법인세법 상 '자본감소'에는 상법과 달리 자본금 및 자본잉여금의 감소 모두가 포함된다는 점[367]에 유의하여야 한다. 따라서 법인세법은 상법 상 모든 회사에 대하여 자본감소를 정의할 수 있다. 나아가 법인세법은 이익잉여금을 제외한 '자본금 및 자본잉여금'의 감소를 포섭하는 용어로서 '자본감소'를 사용하고, '자본금, 자본잉여금 및 이익잉여금'의 감소를 포섭하는 용어로서 '자본 또는 출자의 환급'을 사용한다는 점[368]에도 유의하여야 한다.

감자차익의 산정에 있어서 자본감소에 해당하는지 여부는 어떻게 판정하여야 하는가? 자본감소에 해당하는지 여부가 분명하지 않은 경우가 있을 수 있다. 자기주식 등을 무상 또는 유상으로 취득한 이후 즉시 해당 주식을 소각하는 것이 통상의 경우이지만, 그 취득 이후 상당한 시간이 경과된 이후에 해당 주식이 소각되는 경우 역시 있을 수 있다. 자기주식 등을 무상으로 취득하거나 특수관계인인 개인으로부터 저가로 매수한 직후 소각하였다면 해당 자기주식 등의 시가 또는 시가와의 차액은 감자차익으로서 익금에 산입되지 않지만, 자기주식 등을 무상으로 취득하거나 특수관계인인 개인으로부터 저가로 매수한지 상당한 기간이 경과한 이후에 해당 주식을 소각한다면 해당 주식의 취득 당시에는 그 시가 또는 시가와의 차액을 자산수증익으로서 익금으로 인식한 후, 소각 당시에는 다시 해당 주식의 액면가액의 합계액과 그 취득가액 사이의 차액을 감자차손익으로 인식하여야 하는지 여부가 쟁점이 될 수 있다. 한편 자기주식 등에 대하여 자산수증익을 인식하여야 하는지 여부가 쟁점이 될 수 있으나, 자기주식 등 처분익을 익금에 산입하는 현행 법인세법의 입장 하에서는 자기주식 등 역시 자산으로 보아야 하므로 이에 대하여 자산수증익을 인식할 수 있다고 보아야 한다. 자기주식 등의 취득거래와 자기주식 등의 소각거래를 통합하여 자본감소로 파악할 것인지 아니면 두 거래를 각 독립된 거래로 볼 것인지 여부는 해당 거래의 구체적인 상황에 입각한 경제적 실질에 따라 판정하여야 한다.

자본감소의 경우에도 부당행위계산 부인규정이 적용될 수 있는가? 법인 단계의 감자에 있어서 주주 등의 소유주식 등의 비율에 의하지 아니하고 일부 주주 등의 주식 등을 소각하는 경우, 주주 등인 법인이 특수관계인인 다른 주주 등에게 이익을 분여한다면 이에 대하여 부당행위계산 부인규정이 적용된다(법세 §52 ; 법세령 §88 ① 8호 가목). 법인 단계의 감자를 통하여 그 밖의 방법으로 법인의 이익을 분여하였다고 인정되는 경우에도 부당행위계산 부인규정이 적용된다(법세 §52 ; 법세령 §88 ① 8호의2).

---

367) 같은 절 제2관 Ⅲ 2 참조.
368) 같은 절 제2관 Ⅲ 2 참조.

주식소각 등 자본금의 감소절차가 상법에 위반된 경우에도 법인세법 상 감자차익에 관한 규정은 그대로 적용되는가? 먼저 **상법 상 자본금의 감소에 대하여** 살핀다. 주식회사의 경우 액면주식의 자본금을 감소하는 방법은 액면금액의 감액, 주식병합, 주식소각이 있다. 무액면주식의 경우에는 액면이 없으므로 액면금액의 감액이 있을 수 없고 자본과 주식이 연결되어 있지 않기 때문에 자본금의 감소를 위하여 주식병합 또는 주식소각을 할 필요도 없다. 단지 회사가 자본감소의 의사결정을 하는 것으로 족하다. 설사 주식병합 또는 주식소각을 한다고 할지라도 자본금이 감소하는 것은 아니다.[369] 액면주식의 경우에는 감자차익이 발생할 수 있으나, 무액면주식의 경우에는 주주에게 환급하는 금액이 없이 단지 자본금의 계수만을 조정하는 것이므로 감자차익이 발생하지 않는다.[370] 자본금의 감소에는 주주총회 특별결의(상법 §434)가 있어야 하고(상법 §438 ①), 채권자보호절차를 거쳐야 한다(상법 §439, §232). **유한회사의** 경우에는 주식회사 자본금의 감소(상법 §439 ①, ②) 및 주식병합에 관한 단주의 처리(상법 §443)에 관한 규정이 준용된다(상법 §597). 자본금의 감소는 출자 1좌 금액의 감소, 출자좌수의 감소 또는 양자의 병용이 가능하고 출자좌수의 감소는 지분의 소각 또는 병합에 의한다.[371] **유한책임회사**의 경우 사원이 출자한 금전이나 그 밖의 재산가액을 유한책임회사의 자본금으로 한다(상법 §287의35). 따라서 유한책임회사의 자본금은 사원의 출자재산액 자체를 의미하는 것으로 보아야 하고, 그 자본금에는 자본잉여금 역시 포함된다. 정관 변경의 방법으로 자본금을 감소할 수 있고, 감소 후의 자본금의 액이 순자산액 이상인 경우에는 채권자보호절차(상법 §232)를 이행할 필요가 없다(상법 §287의36). '자본금의 액이 순자산액 이상인 경우'라는 문언은 명백한 입법의 착오이므로 '순자산액이 자본금의 액 이상인 경우'로 해석하여야 한다.[372] 유한책임회사는 자본금을 감소하는 경우를 한정하여 규정하지 않으므로 주식회사의 자본금 및 자본잉여금을 포함하는 의미의 자본금을 감소하면서 법인 순자산을 유출하는 것 역시 가능하다. 한편 유한책임회사는 그 지분의 전부 또는 일부를 양수할 수 없고, 그 지분을 취득하는 경우에 그 지분은 취득한 때에 소멸하므로, 자기출자지분을 소각하는 방법으로는 자본금을 감소시킬 수 없다(상법 §287의9). **합명회사와 합자회사의 경우,** 그 출자금은 사원의 출자재산액 자체를 의미하는 것으로 보아야 하고, 그 '자본금 또는 출자금'에는 자본잉여금 역시 포함된다. 합명회사의 경우에는 각 회사의 순자산 총액이 사원의 재산출자액을 초과하는 경우에는 이익이고 그 부족액은

---

369) 이철송, 전게서, 958면~960면.
370) 상게서, 966면.
371) 상게서, 1228면.
372) 상게서, 210면.

손실에 해당하고, 법정준비금제도(상법 §458~§460, §583 ①)도 없으며 이익이 없어도 배당할 수 있다.[373] 손실 역시 각 사원에게 분배된다. 합명회사 사원이 연대·무한책임을 부담하므로 그 사원이 회사의 대외적 신용의 기초를 구성하기 때문이다.[374] 손익의 분배는 정관에 특별한 규정이 없으면 각 사원의 출자비율에 따른다(상법 §195 : 민법 §711). 합자회사의 경우에는 합명회사의 경우와 동일하게 손익을 배분할 수 있으나(상법 §269, §195 : 민법 §711), 유한책임사원은 그 출자액을 한도로 손실을 분담한다.[375] 이상의 논의에 따르면, 합명회사와 합자회사는 법인 단계의 이익 또는 손실을 그 순자산 총액과 사원의 재산출자액을 비교하여 결정하는바, 이익이 없는 경우에도 순자산을 사원에게 분배할 수 있을 뿐만 아니라 손실 역시 각 사원에게 분배할 수 있다. 즉 합명회사와 합자회사의 경우에는 이익이 아닌 사원의 출자재산액 및 손실 역시 사원에게 분배될 수 있다. 합명회사와 합자회사의 경우 분배된 손실은 법인세법 상 배당과는 무관하다.

주식소각 등 자본금의 감소절차가 상법에 위반된 경우의 효과에 대하여 본다. 주식회사의 경우 자본금 감소의 무효는 주주·이사·감사·청산인·파산관재인 또는 자본금의 감소를 승인하지 아니한 채권자만이 자본금 감소로 인한 변경등기가 된 날부터 6개월 내에 소송만으로 주장할 수 있다(상법 §445). 감자무효의 판결은 제3자에 대하여서도 그 판결의 효력이 미친다(상법 §445). 따라서 소송을 제기하지 않은 자들에 대하여서 감자무효 판결의 효력이 미친다. 즉 해당 감자는 대세적으로 무효이다. 액면주식의 경우 감자무효의 판결이 확정되면, 자본금이 감소 이전으로 회복하고 액면가를 감액한 경우에도 감소 이전의 액면가로 회복된다. 소각된 주식 역시 부활하여, 병합된 주식은 병합 이전의 주식으로 분할된다.[376] 무상감자의 경우에는 판결 확정 당시의 주주에 대하여 위 각 효력이 발생하는 것이나, 유상감자의 경우 또는 무상감자이나 단주의 대금을 지급한 경우에는 문제가 발생한다. 감소 이전의 상태로 회복하기 위하여서는 기왕에 지급된 대금을 회수하여야 하는바, 이를 누구로부터 회수하여야 하는지 여부가 문제되기 때문이다. 현재의 주주로부터 회수한다면 추가출자를 요구하는 것이므로 주주유한책임의 원칙에 반한다. 따라서 감자 당시의 주주로부터 회수하여야 한다. 즉 감자무효의 판결이 확정되면 감자 당시의 주주는 회사에 대하여 감소대가로 받은 금전을 반환하여야 한다.[377] 소각된

---

373) 상게서, 164면.
374) 상게서.
375) 상게서, 169면.
376) 상게서, 967면.
377) 상게서, 967면~968면.

주식의 부활, 병합된 주식의 분할로 인한 주식 수의 증가 역시 감자 당시 주주에게 발생한다. 액면가를 감액한 경우에는 액면가의 회복과 동시에 현재의 주주에 대하여서는 주식의 병합을 하고 감자 당시의 주주에게는 당시의 감소율에 따라 주식을 발행하여야 한다.[378] 감소대가를 회수할 수 없고 이로 인하여 회사에 손해가 발생한 경우에는 이사의 책임(상법 §399)이 발생하고 주주 또는 채권자에게 손해가 발생하는 경우에는 회사 또는 이사를 상대로 손해배당청구를 할 수 있다(상법 §389 ③, §210, §401).[379] 무액면주식의 경우에는 감자가 자본금의 계수를 축소하는 것에 그치므로 감자무효의 판결이 확정되는 경우에도 자본금의 계수를 감자 이전으로 회복하는 것에 그친다.[380] 다만 자본금 감소로 인한 변경등기가 된 날부터 6개월 내에 소가 제기되지 않는 경우에는 감자에 무효사유가 있다고 할지라도 이에 대하여 주장할 수 없다. **유한회사**의 경우 자본금 감소에 대하여 주식회사의 감자무효의 소에 관한 규정(상법 §445, §446)이 준용된다(상법 §597). 따라서 감자무효의 판결이 확정된 경우의 효과 및 자본금 감소로 인한 변경등기가 된 날부터 6개월 내에 소가 제기되지 않는 경우에는 감자에 무효사유가 있다고 할지라도 이에 대하여 주장할 수 없다는 점은 주식회사의 경우와 동일하다. **유한책임회사**의 경우에는 정관 변경의 방법으로 자본금을 감소할 수 있다(상법 §287의36). 변경된 정관의 내용에 반하여 감자가 이루어진 경우 회사는 사원에 대하여 감자대금 반환청구권을 가진다고 본다. **합명회사**의 경우 사원은 정관에 의하여 확정된 출자의무를 이행하여야 하고, 그 이행의 시기 및 방법은 정관에 정함이 있으면 그에 다르고 그 정함이 없으면 업무집행의 방법으로 정한다(상법 §179 4호, §195 ; 민법 §706). 출자의무를 이행하지 않는 경우에는 채무불이행으로 인한 책임을 부담함과 동시에 이는 제명(상법 §220 ① 1호) 또는 업무집행권 내지 대표권 상실의 원인(상법 §205 ①, §216)이 된다.[381] 손익의 분배는 정관에 특별한 규정이 없으면 각 사원의 출자비율에 따른다(상법 §195 ; 민법 §711). 손익의 분배가 정관 또는 출자비율에 반하여 이루어진 경우에는 사원이 출자의무를 이행하지 않는 경우에 준하여 처리하여야 하므로 회사가 해당 금원에 대한 반환청구 권을 갖는 것으로 본다. **합자회사**의 경우 사원은 정관에 의하여 확정된 출자의무를 이행하여야 하고, 그 이행의 시기 및 방법은 정관에 정함이 있으면 그에 따르고 그 정함이 없으면 업무집행의 방법으로 정한다(상법 §269, §179 4호, §195 ; 민법 §706). 출자의무를 이행하지 않는 경우에는 채무불이행으로 인한 책임을 부담함과 동시에 이는 제명(상법 §220 ① 1호)의 원인이 된다(상법

---

378) 상게서, 968면.
379) 상게서, 968면.
380) 상게서.
381) 상게서, 159면.

§269). 유한책임사원은 그 출자가액에서 이미 이행한 부분을 공제한 가액을 한도로 하여 회사채무를 변제할 책임이 있고, 회사에 이익이 없음에도 불구하고 배당을 받은 금액은 변제책임을 정함에 있어서 이를 가산한다(상법 §279). 합자회사의 경우에는 합명회사의 경우와 동일하게 정관에 특별한 규정이 없으면 각 사원의 출자비율에 따라 손익을 배분할 수 있으나(상법 §269, §195 ; 민법 §711), 유한책임사원은 그 출자액을 한도로 손실을 분담한다.[382] 손익의 분배가 정관, 출자비율 또는 출자액에 반하여 이루어진 경우에는 사원이 출자의무를 이행하지 않는 경우에 준하여 처리하여야 하므로 회사가 해당 금원에 대한 반환청구권을 갖는 것으로 본다.

위법 감자에 대한 효과를 정리하면 다음과 같다. 주식회사가 액면주식을 발행한 경우 감자무효의 판결이 확정되면 감자 당시의 주주는 회사에 대하여 감소대가로 받은 금전을 반환하여야 한다. 즉 회사는 감자 당시의 주주에 대하여 감소대가에 대한 반환청구권을 갖는다. 다만 자본금 감소로 인한 변경등기가 된 날부터 6개월 내에 소가 제기되지 않는 경우에는 감자에 무효사유가 있다고 할지라도 이에 대하여 주장할 수 없다. 유한회사의 경우에는 액면주식을 발행한 주식회사의 경우와 같다. 유한책임회사의 경우 변경된 정관의 내용에 반하여 감자가 이루어진 경우 회사는 사원에 대하여 감자대금 반환청구권을 가진다. 합명회사의 경우 손익의 분배가 정관 또는 출자비율에 반하여 이루어진 경우에는 사원이 출자의무를 이행하지 않는 경우에 준하여 처리하여야 하므로 회사가 해당 금원에 대한 반환청구권을 갖는다. 합자회사의 경우 손익의 분배가 정관, 출자비율 또는 출자액에 반하여 이루어진 경우에는 사원이 출자의무를 이행하지 않는 경우에 준하여 처리하여야 하므로 회사가 해당 금원에 대한 반환청구권을 갖는다. 이상의 논의에 따르면 **회사가 상법 상 감자 절차를 위반하거나 손익분배 절차를 위반하여 출자금이 반환된 경우에는 그 감자 또는 손익배분의 효력이 없고 회사는 해당 주주 또는 사원에 대한 반환청구권을 가진다. 다만 주식회사 및 유한회사의 경우 자본금 감소로 인한 변경등기가 된 날부터 6개월 내에 소가 제기되지 않는 경우에는 그렇지 않다.**

주식소각 등 자본금의 감소절차가 상법에 위반된 경우에도 법인세법 상 감자차익에 관한 규정은 그대로 적용되는 여부에 대하여 살핀다. 법인세법은 감자차익을 '자본감소의 경우로서 그 감소액이 주식의 소각, 주금의 반환에 든 금액과 결손의 보전에 충당한 금액을 초과한 경우의 그 초과금액'으로 정의하는바(법세 §17 ① 4호), 상법 상 감자절차의 위반으로 인하여 회사가 주주 또는 사원에 대하여 '주식의 소각, 주금의 반환에 든 금액'의 반환청구권을 갖는다면 해당 금원이 주주 등에게 지출된 것으로 볼 수 있는지 여부가 문제가 된다. 해당 금원에

---

382) 상게서, 165면.

대한 반환청구권 역시 법인이 자산으로 인식하여야 하므로, 감자대가가 지급되지 않은 것으로 볼 수 있을 뿐만 아니라 감자 자체의 효력 역시 없기 때문이다. 게다가 이 경우에는 이사, 업무집행사원 또는 대표권자에 대한 손해배상청구권 역시 발생할 수 있다. 따라서 **자본감소가 상법 상 감자 절차 등을 위반하여 그 감자 등의 효력이 없고 이로 인하여 회사가 해당 주주 또는 사원에 대한 반환청구권을 가지는 경우에는 법인세법 상 감자차익에 대한 규정이 적용되지 않는다고 보아야 한다.** 다만 주식회사 및 유한회사의 경우 자본금 감소로 인한 변경등기가 된 날부터 6개월 내에 소가 제기되지 않는 경우에는 감자무효를 다툴 수 없으므로 법인세법 상 감자차익에 대한 규정이 적용된다는 점에 유의하여야 한다. 만약 감자대가에 대한 반환청구권 또는 손해배상청구권이 현실적으로 회수불가능하게 되어 대손금의 요건을 충족한다면 해당 금액은 손금에 산입될 수 있다.

　상법 및 기업회계기준 상 감자를 '자본금'의 감소로 인식하는 이유는 무엇인가? 자본은 이익잉여금, 자본잉여금 및 자본금으로 구성된다. 따라서 '자본감소'의 '자본'에 이익잉여금, 자본잉여금 및 자본금이 모두 포함되는지 여부가 쟁점이 될 수 있으나 **상법 상 자본의 감소에 있어서 자본은 자본금을 의미한다.** 즉 주식회사 및 유한회사의 경우 자본의 감소는 자본금의 감소를 의미하고, 감자차익 또는 감자차손은 자본금의 감소 과정에서 발생하는 자본잉여금을 의미한다. 유한책임회사, 합명회사 및 합자회사의 경우 그 '자본금 또는 출자금'에는 자본잉여금 역시 포함되므로 자본금의 감소 과정에서 감자차익 또는 감자차손을 인식할 수 없으나 이 경우에도 자본의 감소는 역시 자본금의 감소를 의미한다.

　상법 및 기업회계기준 상 감자를 '자본금의 감소'로 인식하는 논거에 대하여 살핀다. 먼저 **영리내국법인 단계의 자본잉여금의 처분에 대하여 살핀다.** 주식회사의 경우 법정준비금의 처분에 대하여 살핀다. 회사는 그 자본금의 2분의 1이 될 때까지 매 결산기 이익배당액의 10분의 1 이상을 이익준비금으로 적립하여야 하나, 주식배당의 경우에는 그러하지 아니하다(상법 §458). 회사는 자본거래에서 발생한 잉여금을 기업회계기준(상법령 §15)에 따라 자본잉여금을 자본준비금으로 적립하여야 하고(상법 §459 ① : 상법령 §18), 합병이나 분할 또는 분할합병(상법 §530의2)의 경우 소멸 또는 분할되는 회사의 이익준비금이나 그 밖의 법정준비금은 합병·분할·분할합병 후 존속되거나 새로 설립되는 회사가 승계할 수 있다(상법 §459 ②). 법정준비금인 이익준비금(상법 §458) 또는 자본준비금(상법 §459)은 자본금의 결손 보전에 충당하는 경우 외에는 처분하지 못한다(상법 §460). 회사는 이사회의 결의에 의하여 준비금의 전부 또는 일부를 자본금에 전입할 수 있으나 정관으로 주주총회에서 결정하기로 정한 경우에는 그러하지 아니하다(상법 §461 ①). 이를 준비금의 자본금 전입이라고 한다. 즉 주식회사의 경우 '자본잉여금에 해당하는 자본준비금'은 '자본금의 결손 보전에 충당'하거나 '자본금에 전입'하는 방법으로만 처분될 수 있다. **유한회사**의 경우에는 주식회사의 법정준비금(상법 §458~§460)에 관한 규정을 준용하나(상법 §583 ①), 준비금의 자본전입(상법 §461) 및 준비금의 감소(상법 §461의2)에 관한 규정은 준용하지 않는다(상법 §583 ①). 즉 유한회사가 법정준비금을 자본금의 결손 보전에 충당하는 경우 외에는 처분하지 못한다는 점 및 배당가능이익을 동일한 방법으로 계산한다는 점에서는 주식회사와 동일하나 준비금을 자본금에 전입하거나 법정준비금을 감소할 수는 없다. 따라서 유한회사의 경우 이익준비금 또는 자본준비금은 '자본금의 결손 보전에 충당'하는 경우 외에는 처분하지 못한다. **유한책임회사, 합명회사 및 합자회사**의 경우 그 '자본금 또는 출자금'은 사원의 출자재산액 자체를 의미하는 것으로 보아야 하고, 그 '자본금 또는 출자금'에는 자본잉여금 역시 포함된다. 이들 회사의 '자본금 또는 출자금'에는 주식회사 등의 자본금과 자본잉여금에 해당하는 주식발행액면초과액 등이 포함되고, 주식회사 및 유한회사의 경우와 달리 자본의 유지를 위한 법정적립금에 대한 규정(상법 §458~§460, §583 ①)이 없기 때문이다. 따라서 유한책임회사, 합명회사 및 합자회사의 경우에는 '자본금 또는 출자금'에 주식회사 등의 자본금과 자본잉여금에 해당하는 주식발행액면초과액 등이 포함되므로 자본잉여금의 처분에 대한 개념이 없다. 이상의 논의를 종합하면 다음과 같다. **주식회사의 경우** '자본잉여금에 해당하는 자본준비금'은 '자본금의 결손 보전에 충당'하거나 '자본금에 전입'하는 방법으로만 처분될 수 있고, 유한회사의 경우 자본준비금은 '자본금의 결손 보전에 충당'하는 경우 외에는 처분하지 못한다. 유한책임회사, 합명회사 및 합자회사의 경우에는 '자본금 또는 출자금'에 주식회사 등의 자본금과 자본잉여금에 해당하는 주식발행액면초과액 등이 포함되므로 자본잉여금의 처분에 대한 개념이 없다. 따라서 상법 상 주식회사 및 유한회사의 경우 자본잉여금은 자본금을 증액하거나 그 차감계정인 결손금과 상계하기 위한 목적으로만 처분될 수 있으므로 자본계정 중 감소 여부가 쟁점이 되는 것은 자본금에 국한되고, 유한책임회사, 합명회사 및 합자회사의 경우에는 상법 상 자본잉여금의 처분에 대한 개념에 대한 개념이 없으므로 자본계정 중 감소 여부가 쟁점이 되는 것은 자본금(또는 출자금)으로 한정된다.

2.1.6. 합병차익

합병차익은 합병(상법 §174)의 경우로서 '소멸된 회사로부터 승계한 재산의 가액'이 '그 회사로부터 승계한 채무액', '그 회사의 주주에게 지급한 금액'과 '합병 후 존속하는 회사의 자본금증가액 또는 합병에 따라 설립된 회사의 자본금'을 초과한 경우의 그 초과금액을 의미하고 그 합병차익은 익금에 산입하지 않는다(법세 §17 ① 5호 본문). 다만, '소멸된 회사로부터 승계한 재산가액'이 '그 회사로부터 승계한 채무액', '그 회사의 주주에게 지급한 금액'과 '주식가액'을 초과하는 경우로서 법인세법 상 익금으로 규정한 금액은 제외한다(법세 §17 ① 5호 단서).

  '소멸된 회사로부터 승계한 재산가액'이 '그 회사로부터 승계한 채무액', '그 회사의 주주에게 지급한 금액'과 '주식가액'을 초과하는 금액이 의미하는 바는 무엇인가? 상법은 회사법 제1장에서 합병의 가능성 및 제한 그리고 신설합병 시 설립위원에 관한 두 조문을 두고(상법 §174), 합명회사의 합병에 관하여 그 효력발생시기, 효과 및 무효판결의 효력 등에 관한 상세한 규정을 둔다(상법 §230~§240). 주식회사는 특유한 절차를 규정함과 동시에 합명회사의 규정들을 준용한다(상법 §522~§530). 유한회사는 특유한 절차를 규정함과 동시에 합명회사와 주식회사의 규정들을 준용한다(상법 §598~§608).[383] 합병에는 **흡수합병**(merger)과 **신설합병**(consolidation)이 있다. 흡수합병은 수개의 합병당사회사 중 하나의 회사만이 존속하고 나머지 회사는 모두 소멸하면서 존속회사가 소멸회사의 권리·의무를 승계하고 사원을 수용하는 방법이다. 신설합병은 합병당사회사 전부가 소멸하고 이들에 의하여 신설된 회사가 소멸회사의 권리·의무를 승계하고 사원을 수용하는 방법이다.[384] 합병의 경우 존속회사 또는 신설회사가 소멸회사로부터 소멸회사의 권리·의무를 승계하는바, 그 **승계금액은** '소멸된 회사로부터 승계한 재산가액'에서 '그 회사로부터 승계한 채무액'을 공제한 금액을 의미하고, 이에 대하여 다시 '소멸회사의 주주에게 지급한 금액'을 공제한 금액은 '**소멸회사로부터 결과적으로 유입된 순자산액**'을 **의미한다.** 합병대가를 '신규 발행한 주식 등 출자지분'이 아닌 현물로 지급하는 경우 그 가액 역시 '소멸회사의 주주에게 지급한 금액'에 포함된다. '**신규 발행한 주식 등 출자지분**' 및 '**그 밖의 현물대가**'를 어떻게 조합하여 합병대가를 지급할 것인지 여부는 거래당사자들의 **합의에 따라 결정**된다. 따라서 '소멸회사로부터 결과적으로 유입된 순자산액'은 '소멸회사로부터 승계한 순자산에서 신주발행가액 이외의 합병대가를 제외한 금액'을 의미한다. 한편 '합병으로 인하여 발행한 주식가액'은 신주발행 형태의 합병대가를 의미한다. 따라서 '**소멸된 회사로부터 승계한 재산가액**'이 '그 회사로부터 승계한 채무액', '그 회사의 주주에게 지급한 금액'과 '**주식가액**'을 **초과하는 금액**은 합병대가로서 신주가 발행된 경우 '**소멸회사로부터 결과적으로 유입된 순자산액**'이 '**합병으로 발행한 신주주식가액**'을 **초과한 금액**을 의미한다. 이는 부의

---

383) 상게서, 120면.
384) 상게서, 120면~121면.

영업권 또는 합병매수차익과 연관된다. 합병거래에 있어서는 그 순자산유입액을 초과하거나 그에 미달하여 합병대가를 지급할 수 있다. 거래당사자들은 기업구조조정 거래 이후의 경제적 성과에 대한 판단 또는 그 기대 등에 기초한 협상을 통하여 합병대가를 정하기 때문이다. 또한 합병대가는 '신주발행', '현금 등 자산 지급' 및 '부채 인수'라는 형태로 지급될 수 있다. '현금 등 자산 지급'과 '부채 인수'는 합병거래당사자인 합병법인 및 피합병법인 단계에서 그 경제적 실질이 동일하다. 합병거래의 양도가액은 모든 지급 형태를 포함하는 합병대가를 의미한다. '소멸된 회사로부터 승계한 재산가액이 그 회사로부터 승계한 채무액 및 그 회사의 주주에게 지급한 금액을 초과한 금액'은 '소멸회사로부터 승계한 순자산에서 신주발행이 아닌 형태의 합병대가를 공제한 금액'으로서 '합병법인(존속회사 또는 신설회사)에 결과적으로 유입된 순자산액'을 의미한다. 그럼에도 불구하고 신주발행가액이 이에 미치지 못한다는 것은 합병거래의 양도가액이 적게 지급하였다는 점을 의미한다. 이 경우 합병법인(존속회사 또는 신설회사)은 합병매수차익을 인식한다. 합병매수차익은 합병등기일부터 5년간 균등하게 나누어 익금에 산입한다(법세 §44 ② ; 법세령 §80의3 ①). 따라서 **'소멸된 회사로부터 승계한 재산가액'이 '그 회사로부터 승계한 채무액', '그 회사의 주주에게 지급한 금액'과 '주식가액'을 초과하는 경우로서 법인세법 상 익금으로 규정한 금액은 합병매수차익을 의미한다.** 한편 합병법인 단계의 자본 증가분 형태로 피합병법인으로부터 승계받을 수 있는 이익잉여금 또는 의제배당대상 자본잉여금의 범위는 합병차익을 한도로 한다는 점에 유의할 필요가 있다(법세 §16 ① 2호 ; 법세령 §12 ① 3호).[385]

2.1.7. 분할차익

분할차익은 분할 또는 분할합병(상법 §530의2)으로 설립된 회사 또는 존속하는 회사에 출자된 재산의 가액이 출자한 회사로부터 승계한 채무액, 출자한 회사의 주주에게 지급한 금액과 설립된 회사의 자본금 또는 존속하는 회사의 자본금증가액을 초과한 경우의 그 초과금액을 의미하고 그 분할차익은 익금에 산입하지 않는다(법세 §17 ① 6호 본문). 다만, 분할 또는 분할합병으로 설립된 회사 또는 존속하는 회사에 출자된 재산의 가액이 출자한 회사로부터 승계한 채무액, 출자한 회사의 주주에게 지급한 금액과 주식가액을 초과하는 경우로서 이 법에서 익금으로 규정한 금액은 제외한다(법세 §17 ① 6호 단서).

'출자한 회사로부터 승계한 재산가액'이 '그 회사로부터 승계한 채무액', '그 회사의 주주에게

---

385) 같은 관 Ⅱ 16.3 참조.

지급한 금액'과 '주식가액'을 초과하는 경우로서 법인세법에서 익금으로 규정한 금액은 분할매수차익을 의미한다. 이에 대한 이유는 위 합병차익 부분에서 설명한 바와 같다. 한편 '분할 또는 분할합병으로 설립된 회사 또는 존속하는 회사' 단계의 자본증가분 형태로 출자한 법인으로부터 승계받을 수 있는 금액의 범위는 이익잉여금 또는 의제배당대상 자본잉여금이 분할차익을 한도로 한다는 점에 유의할 필요가 있다(법세 §16 ① 2호 ; 법세령 §12 ① 4호).[386]

2.2. 자산의 평가이익의 익금불산입

2.2.1. 자산평가의 의의

자산의 평가차익은 법인세법 상 '수익'에 포함된다(법세령 §11 4호). 자산의 평가는 법인과 제3자 사이의 거래 없이 법인 보유한 자산의 계상금액이 변동되는 것을 뜻하므로, 평가차익은 평가로 인하여 법인 보유한 자산의 계상금액이 증가한 금액을 의미한다. 따라서 법인세법 상 익금에 대한 정의에 비추어 보면 자산의 평가차익은 법인세법 및 조세특례제한법 상 특별한 규정이 없는 한 원칙적으로 법인세법 상 '수익'에 포함될 수 있다(법세 §15 ①, ③, §43). 그런데 내국법인이 보유하는 자산과 부채의 장부가액을 증액 또는 감액(평가)한 경우에는 특별한 규정이 없는 한 그 평가일이 속하는 사업연도와 그 후의 각 사업연도의 소득금액을 계산할 때 그 자산과 부채의 장부가액은 평가 전의 가액으로 한다(법세 §42 ①). 즉 법인세법은 자산의 평가를 원칙적으로 부인한다. 이에 따라 법인세법은 자산의 평가이익은 원칙적으로 내국법인의 각 사업연도의 소득금액을 계산할 때 익금에 산입하지 아니하고(법세 §18 1호), 자산의 평가손실은 각 사업연도의 소득금액을 계산할 때 손금에 산입하지 아니한다(법세 §22). 이상의 논의에 따르면, **자산의 평가차익은 법인세법 및 조세특례제한법 상 특별한 규정**(법세 §42 ; 법세령 §74~§76)**이 있는 경우에 한하여 법인세법 상 '수익'에 포함될 수 있을 뿐이다. 따라서 기업회계기준에 의한 평가는 법인세법 상 익금에 영향을 미칠 수는 없다.**

한편 법인세법 상 합리적 추정에 의하여 계산하여 자산·부채를 계상하는 경우가 있고(법세령 §44의2, §57, §60 ; 법세칙 §31, §34), 그 계상금액 역시 변동될 수도 있다. 기업회계기준 역시 합리적 추정에 의하여 계산하여 자산·부채를 계상하는 경우가 있고, 그 계상금액의 변동 역시 인정하고 있다. 합리적 추정에 의한 **자산·부채 계상금액의 변동과 자산·부채의 평가를 어떻게 구분하여야 하는지 여부가 쟁점이 될 수 있다.** '익금·손금의 발생'과 '익금·손금의 확정'은 구분되어야

---

386) 같은 판 II 16.3 참조.

한다. '익금·손금의 발생'에는 거래의 실질에 따라 일정한 기간의 경과가 필요할 수 있고 '익금·손금의 확정'은 익금·손금의 발생기간 중 어느 특정 시점으로 결정된다. 익금·손금은 자산·부채의 변동분에 의하여 측정되는 것이므로 익금·손금의 확정시점에는 관련된 자산·부채의 계상금액이 신뢰성 있게 측정되어야 한다. 그러나 익금·손금의 발생원인에 해당하는 거래가 실제 종료되기 이전에, 즉 '익금·손금의 발생'이 종료되기 이전에 새로운 정보의 입수 또는 새로운 사정의 전개로 인하여 당초 측정치를 새롭게 추정하여야 하거나 그 거래가 종료되는 시점에 합리적으로 추정된 금액을 정산할 것이 예정된 경우에는 '익금·손금의 확정' 당시 측정치가 변화될 수 있다. 이 경우 합리적 추정의 변화에 따른 변동금액 또는 그 정산대금은 '익금·손금의 확정' 당시 자산·부채의 변동분에 대한 수정 또는 그 확정 당시부터 발생이 예정된 금액으로서 이는 해당 익금·손금 관련 자산·부채의 취득가액 또는 장부가액의 계상과 관련된다. 즉 새로운 정보의 획득, 새로운 상황의 전개 또는 계약의 내용 등에 따라 익금·손금의 확정 당시 합리적 추정을 통하여 신뢰성 있게 측정된 계상금액이 익금·손금 발생 거래가 실제 종료되는 시점까지 새롭게 측정된 신뢰성 있는 금액에 의하여 변동되는 것은 회계추정의 변화에 관한 것으로서 여전히 자산·부채 취득가액 또는 장부가액의 계상과 관련된다. 또한 자산의 최초 취득가액 또는 장부가액에 근거하여 다시 새로운 장부가액을 계산하는 것 역시 자산의 평가에 해당하지 않는다. 자산의 최초 취득가액 또는 장부가액에 근거하여 계산된 감가상각비를 새로운 장부가액에 반영하는 것이 그 예에 속한다. 법인세법 역시 감가상각을 평가에서 제외한다(법세 §42 ① 각 호 외 괄호 부분). 또한 법인이 해당 자산의 취득가액 총액을 다른 수량 또는 종류의 자산에 대하여 승계하는 경우에는 각 승계자산의 장부가액이 변동되는바, 이 경우 변동분 역시 평가에서 제외된다. 당초 취득가액에 기반하여 재계산된 가액에 불과하기 때문이다. 자산의 평가는 익금·손금 발생 거래가 종료된 이후 자산·부채 취득가액 또는 장부가액에 기반하여 계산하지 않는 별도의 기준에 근거하여 취득가액 또는 장부가액을 다시 측정하는 것을 의미한다. 따라서 자산 계상금액의 모든 변동이 바로 자산의 평가를 의미하는 것은 아니다. 부채 계상금액이 변동하는 경우에도 동일하다.

자산·부채 계상금액의 변동과 자산·부채의 평가는 구분되는 개념이므로, 자산·부채의 평가에 해당하지 않는 자산·부채 계상금액의 변동분을 어떻게 익금 또는 손금에 반영할지 여부는 여전히 자산·부채의 취득가액에 관한 것으로서 자산평가의 경우와 달리 법인세법 및 조세특례제한법 상 특별한 규정이 없는 한 기업회계기준이 보충적으로 적용되어야 한다. 내국법인의 각 사업연도의 소득금액을 계산할 때 그 법인이 자산·부채의 취득에 관하여 일반적으로 공정·타당하다고 인정되는 기업회계기준을 적용하거나 관행을 계속 적용하여 온 경우에는 법인세법 및 조세특례제한법에서 달리 규정하고 있는 경우를 제외하고는 그 기업회계기준 또는 관행에 따르기 때문이다(법세 §43). 기업회계기준 역시 회계추정의 변경과 자산의 재평가를 개념적으로 구분하고, 회계추정의 변경에 따른 손익의 인식에 대하여서도 다룬다.[387]

이하 자산의 평가이익 중 익금에 산입되는 항목에 대하여 살핀다. 자산의 평가이익은 법인세법 및 조세특례제한법 상 특별한 규정이 있는 경우에 한하여 법인세법 상 '수익'에 포함될 수 있다는 점에 대하여는 기술하였기 때문이다.

2.2.2. 자산의 평가이익 중 익금산입 항목

자산의 평가이익 중 법인세법이 특별히 정한 경우(법세 §42 ① 각 호)에는 내국법인의 각 사업연도의 소득금액을 계산할 때 익금에 산입한다(법세 §18 1호).

내국법인이 보유하는 자산과 부채의 장부가액을 평가(증액 또는 감액 ; 감가상각은 제외)한 경우에는 그 평가일이 속하는 사업연도와 그 후의 각 사업연도의 소득금액을 계산할 때 그 자산과 부채의 장부가액은 평가 전의 가액으로 하나, 다음 각 호의 어느 하나에 해당하는 경우에는 그러하지 아니하다(법세 §42 ①).

> 1. 보험업법이나 그 밖의 법률에 따른 유형자산 및 무형자산 등의 평가(장부가액을 **증액**한 경우만 해당)
> 2. **재고자산 등 법정 자산과 부채**(법세령 §73)의 평가

재고자산 등 법정 자산과 부채는 재고자산[제품 및 상품(부동산매매업자가 매매를 목적으로 소유하는 부동산을 포함하며, 유가증권은 제외), 반제품 및 재공품, 원재료 및 저장품], **유가증권 등**(주식 등, 채권, 집합투자재산(자본시장 §9 ⑳) 및 '특별계정(보험업 §108 ① 3호)에 속하는 자산'), **화폐성 외화자산과 부채**(기업회계기준에 따른 인정되는 것을 의미), **금융회사 등**(법세령 §61 ② 1호~7호)**이 보유하는 통화선도 등**(통화 관련 파생상품 중 법정 통화선도, 통화스왑 및 환변동보험(법세칙 §37의2)을 의미) 및 **금융회사 등**(법세령 §61 ② 1호~7호) **외의 법인이 보유하는 통화선도 등**(법정 통화선도, 통화스왑 및 환변동보험(법세칙 §37의2) 중 화폐성 외화자산·부채의

---

387) 같은 관 Ⅱ 5 참조.

환위험을 회피하기 위하여 보유하는 것에 한정을 의미한다(법세령 §73).

재고자산은 어떻게 해석하여야 하는가? 법인세법은 재고자산이라는 용어를 사용하지만 이에 대하여 정의하지는 않는다. 내국법인은 **자산의 취득**에 관하여 일반적으로 공정·타당하다고 인정되는 기업회계기준을 적용하거나 관행을 계속 적용하여 온 경우에는 법인세법 및 조세특례제한법에서 달리 규정하고 있는 경우를 제외하고는 그 기업회계기준 또는 관행에 따른다(법세 §43). 재고자산을 어떻게 정의하는지 여부는 재고자산의 취득과 관계된 쟁점이다. 재고자산에 대한 정의를 충족한 경우에만 재고자산을 취득한 것으로 인식할 수 있기 때문이다. 따라서 재고자산은 기업회계기준에 따라 해석하여야 한다. 즉 **법인세법 상 재고자산은 제품 및 상품, 반제품 및 재공품, 원재료 및 저장품으로 분류하는바, 이는 각 용어에 상응하는 기업회계기준 상 용어에 따라 해석되어야 한다.** 기업회계기준서에 따르면, 재고자산은 통상적인 영업과정에서 판매를 위하여 **보유 중인 자산**, 통상적인 영업과정에서 판매를 위하여 **생산 중인 자산** 또는 생산이나 용역제공에 **사용될 원재료나 소모품**을 의미한다.[388] 다만 농림어업활동에 관련된 생물자산과 수확시점의 농림어업 수확물에 대하여서는 별도의 기준(기업회계기준서 제1041호 '농림어업')이 적용된다. 즉 기업의 생물자산에서 수확한 생산물의 수확시점까지는 별도의 기준을 적용하고, 그 수확시점 이후에는 재고자산 등에 관한 일반원칙이 적용된다.[389] 또한 금융상품에 대하여서도 별도의 회계기준(기업회계기준서 제1032호 '금융상품 : 표시'와 제1109호 '금융상품')이 적용된다.[390] 법인세법 역시 유가증권 등을 재고자산에서 분리하여 별도로 규정한다(법세령 §73 1호 가목 괄호부분). **일반기업회계기준**에 의하면, '재고자산'은 정상적인 영업과정에서 판매를 위하여 보유하거나 생산과정에 있는 자산 및 생산 또는 서비스 제공과정에 투입될 원재료나 소모품의 형태로 존재하는 자산을 말한다.[391] 재공품은 생산과정에 있는 자산을 의미한다.[392] 재공품은 반제품을 포함하고, 반제품은 현재 상태로 판매가능한 재공품을 말한다.[393] 저장품은 부분품, 소모품, 소모공구기구, 비품 및 수선용 부분품 등을 포함한다.[394] 이상 재공품, 반제품 및 저장품에 대한 구분은 기업회계기준서가 적용되는 경우에도 동일하게 해석하는 것이 타당하다. 건설형 공사계약에서 발생하는 진행중인 건설공사,[395] 금융상품,[396]

---

388) 기업회계기준서 제1002호 문단 6.
389) 기업회계기준서 제1002호 문단 1 : 기업회계기준서 제1041호 문단 1, 문단 3, 문단 5.
390) 기업회계기준서 제1002호 문단 1.
391) 일반기업회계기준 제7장 문단 7.3.
392) 일반기업회계기준 실무지침 문단 7.1.
393) 일반기업회계기준 실무지침 문단 7.6.
394) 일반기업회계기준 실무지침 문단 7.1.
395) 일반기업회계기준 제16장.

농림어업활동과 관련된 생물자산과 수확시점의 농림어업 수확물[397] 및 온실가스 배출권[398]에 대하여서는 별도의 기준이 적용된다.[399] 법인세법 역시 유가증권 등을 재고자산에서 분리하여 별도로 규정한다(법세령 §73 1호 가목 괄호부분).

집합투자재산은 무엇을 의미하는가? 집합투자재산은 집합투자기구의 재산으로서 투자신탁 재산, 투자회사재산, 투자유한회사재산, 투자합자회사재산, 투자유한책임회사재산, 투자합자조합재산 및 투자익명조합재산을 말한다(자본시장 §9 ⑳). **집합투자기구**는 집합투자를 수행하기 위한 기구로서 투자신탁(집합투자업자인 위탁자가 신탁업자에게 신탁한 재산을 신탁업자로 하여금 그 집합투자업자의 지시에 따라 투자 · 운용하게 하는 신탁 형태의 기구), 투자회사(상법에 따른 주식회사 형태의 기구), 투자유한회사(상법에 따른 유한회사 형태의 기구), 투자합자회사(상법에 따른 합자회사 형태의 기구), 투자유한책임회사(상법에 따른 유한책임회사 형태의 기구), 투자합자조합(상법에 따른 합자조합 형태의 기구) 및 투자익명조합(상법에 따른 익명조합 형태의 기구)을 말한다(자본시장 §9 ⑱). **집합투자**는 2인 이상의 투자자로부터 모은 금전 등을 투자자로부터 일상적인 운용지시를 받지 아니하면서 재산적 가치가 있는 투자대상자산을 취득 · 처분, 그 밖의 방법으로 운용하고 그 결과를 투자자에게 배분하여 귀속시키는 것을 말한다(자본시장 §6 ⑤ 본문). 다만, '**특정 법률**(자본시장령 §6 ① 각 호)에 따라 **사모**의 방법으로 금전 등을 모아 운용 · 배분하는 것으로서 **법정 투자자**(자본시장령 §6 ②)의 총수가 49인(자본시장령 §6 ③) 이하인 경우', '**자산유동화계획**(자산유동화 §3)에 따라 금전 등을 모아 운용 · 배분하는 경우' 및 '행위의 성격 및 투자자 보호의 필요성 등을 고려하여 **집합투자가 아니라고 보는 법정 경우**(자본시장령 §6 ④)'는 집합투자에 포함되지 않는다(자본시장 §6 ⑤ 단서).

특정 법률은 부동산투자회사법, 선박투자회사법, 문화산업진흥 기본법, 산업발전법, 벤처투자 촉진에 관한 법률, 여신전문금융업법, 소재 · 부품 · 장비산업 경쟁력강화를 위한 특별조치법 및 농림수산식품투자조합 결성 및 운용에 관한 법률을 의미한다(자본시장령 §6 ① 각 호). **법정 투자자**는 전단투자자(자본시장령 §10 ① 각 호) 및 특정 기금 · 공제법인(자본시장령 §10 ③ 12호, 13호) 중 금융위원회가 정하여 고시하는 자를 의미한다(자본시장령 §6 ②). **자산유동화계획**은 유동화전문회사 · 자산유동화업무를 전업으로 하는 외국법인 및 신탁업자가 자산유동화에 관하여 자산유동화에 관한 법률의 적용을 받기 위하여 금융위원회에 등록하는 서류로서 유동화

---

396) 일반기업회계기준 제6장.
397) 일반기업회계기준 제27장.
398) 일반기업회계기준 제33장.
399) 일반기업회계기준 제7장 문단 7.2.

자산의 범위, 유동화증권의 종류, 유동화자산의 관리방법 등을 담은 자산유동화에 관한 계획을 말한다(자산유동화 §3). **집합투자가 아니라고 보는 법정 경우**(자본시장령 §6 ④)는 다음 각 경우를 말한다.

---

1. 예치기관(자본시장 §74 ③)이 투자자예탁금(자본시장 §74 ①)을 법정 절차(자본시장 §74 ①)에 따라 예치 또는 신탁받아 운용·배분하는 경우
1의2. 종합금융투자사업자(자본시장 §77의2)가 종합투자계좌업무(자본시장 §77의6 ① 3호)를 하는 경우
2. 다음 각 목의 어느 하나에 해당하는 경우로서 신탁업자가 신탁재산을 효율적으로 운용하기 위하여 수탁한 금전을 공동으로 운용하는 경우
   가. 종합재산신탁(자본시장 §103 ②)으로서 금전의 수탁비율이 100분의 40 이하인 경우
   나. 신탁재산의 운용에 의하여 발생한 수익금의 운용 또는 신탁의 해지나 환매에 따라 나머지 신탁재산을 운용하기 위하여 불가피한 경우
3. 투자목적회사(자본시장 §249의13)가 그 업무를 하는 경우
4. 종합금융회사(자본시장 §336)가 어음관리계좌 업무(자본시장 §329)를 하는 경우
5. 민간임대주택에 관한 특별법 또는 공공주택 특별법에 따른 특수 목적 법인(법세 §51의2 ① 6호)이 '이익을 얻거나 손실을 회피할 목적으로 현재 또는 장래의 특정 시점에 금전, 그 밖의 재산적 가치가 있는 것을 지급하기로 약정함으로써 취득하는 권리'를 취득하기 위하여 지급하였거나 지급하여야 할 금전 등(자본시장 §3 ① 각 호 외의 부분 본문)을 모아 운용·배분하는 경우
6. 지분증권의 소유를 통하여 다른 회사의 사업내용을 지배하는 것을 주된 사업으로 하는 국내회사가 그 사업을 하는 경우
7. 가맹사업(가맹사업 §2 1호)을 하는 경우
8. 다단계판매 사업(방문판매 §2 5호)을 하는 경우
9. 통계법에 따라 통계청장이 고시하는 한국표준산업분류에 따른 제조업 등의 사업을 하는 자가 직접 임직원, 영업소, 그 밖에 그 사업을 하기 위하여 통상적으로 필요한 인적·물적 설비를 갖추고 투자자로부터 모은 금전 등으로 해당 사업을 하여 그 결과를 투자자에게 배분하는 경우. 다만, 사업자가 해당 사업을 특정하고 그 특정된 사업의 결과를 배분하는 경우는 제외한다.
10. 학술·종교·자선·기예·사교, 그 밖의 영리 아닌 사업을 목적으로 하는 계인 경우
11. 종중, 그 밖의 혈연관계로 맺어진 집단과 그 구성원을 위하여 하는 영리 아닌 사업인 경우
12. 민법에 따른 비영리법인, 공익법인의 설립·운영에 관한 법률에 따른 공익법인, 사회복지사업법에 따른 사회복지법인, 근로복지기본법에 따른 우리사주조합, 그 밖에 관련 법령에 따라 허가·인가·등록 등을 받아 설립된 비영리법인 등이 해당 정관 등에서 정한 사업목적에 속하는 행위를 하는 경우

---

13. 투자자로부터 모은 금전 등을 투자자 전원의 합의에 따라 운용·배분하는 경우
14. 다른 법인과 합병하는 것을 유일한 사업목적으로 하고 모집을 통하여 주권을 발행하는 기업인수목적회사가 다음 요건을 모두 갖추어 그 사업목적에 속하는 행위를 하는 경우
    가. 주권(최초 모집 이전에 발행된 주권은 제외의 발행을 통하여 모은 금전의 100분의 90 이상으로서 금융위원회가 정하여 고시하는 금액 이상을 주금납입일의 다음 영업일까지 증권금융회사(자본시장 §324 ①) 등 금융위원회가 정하여 고시하는 기관에 예치 또는 신탁할 것
    나. 예치 또는 신탁한 금전을 다른 법인과의 합병등기가 완료되기 전에 인출하거나 담보로 제공하지 않을 것. 다만, 기업인수목적회사의 운영을 위하여 불가피한 경우로서 주식매수청구권의 행사(자본시장 §165의5)로 주식을 매수하기 위한 경우 등 금융위원회가 정하여 고시하는 경우에는 인출할 수 있다.
    다. 발기인 중 1인 이상은 금융위원회가 정하여 고시하는 규모 이상의 지분증권(집합투자 증권은 제외 투자매매업자일 것
    라. 임원이 금융회사 임원의 배제요건(금융지배 §5 ① 각 호)에 해당하지 아니할 것
    마. 최초로 모집한 주권의 주금납입일부터 90일 이내에 그 주권을 증권시장에 상장할 것
    바. 최초로 모집한 주권의 주금납입일부터 36개월 이내에 다른 법인과의 합병등기를 완료할 것
    사. 그 밖에 투자자 보호를 위한 것으로서 금융위원회가 정하여 고시하는 기준을 갖출 것
15. 금융위원회가 다음 각 사항을 종합적으로 고려하여 집합투자에 해당하지 아니한다고 인정하는 경우
    가. 운용에 따른 보수를 받는 전문적 운용자의 존재 여부
    나. 투자자의 투자동기가 전문적 운용자의 지식·경험·능력에 있는지, 투자자와 전문적 운용자 간의 인적 관계에 있는지 여부
    다. 운용 결과가 합리적 기간 이내에 투자금액에 따라 비례적으로 배분되도록 예정되어 있는지 여부
    라. 투자자로부터 모은 재산을 전문적 운용자의 고유재산과 분리할 필요성이 있는지 여부
    마. 집합투자로 보지 아니할 경우에는 투자자 보호가 뚜렷하게 곤란하게 될 가능성이 있는지 여부

보험업법 상 특별계정은 무엇을 의미하는가? 보험회사는 **변액보험계약**(보험금이 자산운용의 성과에 따라 변동하는 보험계약을 말함)에 대하여서는 법정 절차(보험업령 §52)에 따라 그 준비금에 상당하는 자산의 전부 또는 일부를 그 밖의 자산과 구별하여 이용하기 위한 **특별계정**을 각각 설정하여 운용할 수 있다(보험업 §108 ① 3호). 특별계정에 속하는 자산은 다른 특별계정에 속하는 자산 및 그 밖의 자산과 구분하여 회계처리하여야 하고(보험업 §108

②), 특별계정에 속하는 이익을 그 계정상의 보험계약자에게 분배할 수 있다(보험업 §108 ③).

화폐성 외화자산과 부채는 무엇을 의미하는가? 법인세법은 기업회계기준에 따른 화폐성 외화자산과 부채에 대한 평가이익은 익금에 산입한다고 규정한다(법세령 §73 3호 괄호부분). 따라서 화폐성 외화자산과 부채는 기업회계기준에 따라 정의되어야 한다. **기업회계기준서에** 따르면, **화폐성항목의 본질적 특징은 확정되었거나 결정가능한 화폐단위의 수량으로 받을 권리나 지급할 의무**라는 것이다. 예를 들어, 현금으로 지급하는 연금과 그 밖의 종업원급여, 현금으로 상환하는 충당부채, 리스부채, 부채로 인식하는 현금배당 등이 화폐성항목에 속한다. 또 수량이 확정되지 않은 기업 자신의 지분상품이나 금액이 확정되지 않은 자산을 받거나 주기로 한 계약의 공정가치가 화폐단위로 확정되었거나 결정 가능하다면 이러한 계약도 화폐성 항목에 속한다. 반면에 **비화폐성항목의 본질적 특징은 확정되었거나 결정 가능한 화폐단위의 수량으로 받을 권리나 지급할 의무가 없다**는 것이다. 예를 들면 재화와 용역에 대한 선급금, 영업권, 무형자산, 재고자산, 유형자산, 사용권자산, 비화폐성 자산을 인도하여 상환하는 충당부채 등이 비화폐성항목에 속한다.[400] **외화**는 기능통화 이외의 다른 통화를 의미하고, **기능통화**는 영업활동이 이루어지는 주된 경제 환경의 통화를 의미한다.[401] 일반기업회계기준 역시 화폐성·비화폐성항목, 외화 및 기능통화에 대하여 기업회계기준서와 동일하게 정의한다.[402] 따라서 **화폐성 외화자산 및 부채는 확정되었거나 결정 가능한 '기능통화 이외의 다른 통화'에 해당하는 화폐단위의 수량으로 받을 권리나 지급할 의무**를 의미한다.

통화선도, 통화스왑 및 환변동보험은 무엇을 의미하는가? **통화선도**는 원화와 외국통화 또는 서로 다른 외국통화의 매매계약을 체결함에 있어 장래의 약정기일에 약정환율에 따라 인수·도하기로 하는 거래(법세칙 §37의2 1호)를, **통화스왑**은 약정된 시기에 약정된 환율로 서로 다른 표시통화간의 채권채무를 상호 교환하기로 하는 거래(법세칙 §37의2 2호)를, **환변동보험** 은 한국무역보험공사가 법정 절차(무역보험 §3)에 따라 운영하는 환변동위험을 회피하기 위한 선물환 방식의 보험계약[특정계약(당사자 어느 한쪽의 의사표시에 의하여 '기초자산이나 기초자산의 가격·이자율·지표·단위 또는 이를 기초로 하는 지수 등에 의하여 산출된 금전, 그 밖의 재산적 가치가 있는 것을 수수하는 거래'를 성립시킬 수 있는 권리를 부여하는 것을 약정하는 계약)과 결합된 보험계약은 제외한다](법세칙 §37의2 3호)을 각 의미한다. 위 특정 계약을 통상 **옵션계약**이라고 한다. 즉 옵션계약과 결합된 보험계약은 위 선물환 방식의 보험계약

---

400) 기업회계기준서 제1021호 문단 16.
401) 기업회계기준서 제1021호 문단 8.
402) 일반기업회계기준 실무지침 문단 23.1 ; 일반기업회계기준 제23장 용어의 정의, 문단 23.2.

에서 제외된다.

위험회피는 무엇을 의미하는가? 위험회피는 공정가치나 현금흐름의 변동이라는 위험에 노출된 경우 그 변동분이 상쇄되도록 위험회피대상항목과 위험회피수단을 연결하여 손익을 인식하는 것을 의미한다. 따라서 위험회피는 손익의 인식과 관련된 것인바, 법인세법이 이에 대하여 정의하지 않으므로 위험회피는 기업회계기준 상 정의에 따라 해석되어야 한다(법세 §43). **기업회계기준서**에 따르면, **위험회피효과**는 회피대상위험으로 인한 위험회피대상항목의 공정가치나 현금흐름의 변동이 위험회피수단의 공정가치나 현금흐름의 변동으로 상쇄되는 정도를 의미한다. **위험회피대상항목**은 공정가치나 미래현금흐름의 변동위험에 노출되어 있는 자산, 부채, 확정계약, 발생가능성이 매우 높은 예상거래 또는 해외사업장에 대한 순투자로서 위험회피대상으로 지정된 것을 의미한다. **위험회피수단**은 공정가치나 현금흐름의 변동이 지정된 위험회피대상항목의 공정가치나 현금흐름의 변동을 상쇄할 것으로 기대하여 지정한 파생상품 또는 비파생금융자산(또는 비파생금융부채)을 의미하고, 비파생금융자산 및 비파생 금융부채는 환율변동위험을 회피하기 위한 경우에만 위험회피수단이 될 수 있다. **확정계약**은 미래의 특정시기에 거래대상의 특정 수량을 특정 가격으로 교환하기로 하는 구속력 있는 약정을 의미한다. **예상거래**는 이행해야 하는 구속력은 없으나, 향후 발생할 것으로 예상되는 거래를 의미한다.[403] **일반기업회계기준** 역시 위험회피회계와 관련하여 기업회계기준서와 동일한 취지로 정의하고 있다.[404]

자산의 평가이익 중 특정 항목을 예외적으로 익금에 산입하는 이유는 무엇인가? 법인세법이 자산의 평가이익 중 특정 항목에 대하여 예외적으로 익금을 인식하도록 허용하는 경우 및 그 허용논거는 다음과 같다. (i) 법령의 필요 상 자산을 평가증하여 익금을 인식할 필요가 있는 경우, (ii) 영업의 주기에 비추어 하나의 사업연도 내에 소멸하거나 다른 영업자산의 손익에 연동되는 속성이 있는 재고자산, 유가증권 등 또는 통화선도 등의 경우에는 기말 현재의 시가에 의하여 평가하는 것이 오히려 정확한 정보를 제공하고 일관된 기준에 의한 평가를 통하여 오히려 각 사업연도의 소득금액을 조작할 수 있는 여지를 남기지 않을 수 있는 경우, (iii) 외화로 표시되어 환율변동의 위험에 노출되어 있으나 그 변동위험이 납세자의 의사와 무관하게 발생하며 화폐성항목으로서 즉시 현금화할 수 있다면 '외화자산 중' 또는 '외화자산 및 외화부채 중' 일부를 선택하여 처분하는 방법으로 소득금액을 조작할 수 있으므로

---

403) 기업회계기준서 제1039호 문단 9.
404) 일반기업회계기준 제6장 문단 6.48~6.79.

법인세법 상 기말 현재 등의 환율에 의하여 평가하는 것이 오히려 이를 방지할 수 있는 경우, (iv) 공정가치나 현금흐름의 변동이라는 위험에 노출되는 것을 예방하기 위한 위험회피회계를 선택하였다면 위험회피대상항목과 위험회피수단 모두에 대하여 평가를 통한 손익을 인식하여야 그 위험회피의 목적을 달성할 수 있는 경우.

2.3. 수입배당금액의 익금불산입

2.3.1. 의의

주주 또는 출자자는 자신들이 직접 수익추구활동을 수행하거나 법인을 통하여 이를 수행할 수 있는바, 주주 또는 출자자들이 법인을 통하여 수익추구활동을 수행하는 경우에는 주주 또는 출자자가 그 투자의 결실에 해당하는 이익잉여금을 법인으로부터 분배받는 경우 그 투자활동이 종결된 것으로 보아야 한다. 즉 **주주 또는 소유자의 법인을 통한 투자행위는 법인으로부터 이익잉여금을 분배받은 범위에서 종결되는 것이고, 그 분배시점에 투자수익에 대한 과세가 이루어져야 한다.** 주주 또는 출자자가 직접 투자한 경우에는 그 투자소득에 대하여 주주 또는 출자자 단계에서 한번 과세될 뿐이다. 그러나 주주 또는 출자자가 법인을 통하여 투자한 경우에는 법인 단계에서 법인세가 과세되고 이익잉여금이 배당 또는 분배되는 경우에 주주 또는 출자자 단계에서 다시 배당소득으로 과세된다. 이처럼 경제적으로 동일한 소득이 다른 납세자 단계에서 이중으로 과세되는 것을 통상 **경제적 이중과세**라고 부른다. 한편 경제적으로 동일한 소득이 동일한 납세자 단계에서 이중으로 과세되는 것은 통상 **법적 이중과세**라고 한다. **법인과 주주 또는 출자자 단계의 경제적 이중과세를 어떻게 조정할 것인지 여부는 입법 상 결단에 달려 있다.** 그 입법 상 결단에 관한 선택지로는 통상 다음과 같은 방법 등이 있다. 법인과 주주 또는 출자자를 별개의 실체로 보아 경제적 이중과세를 조정하지 않는 방법(classical system of corporate tax), 법인이 '실제 지급하는 배당금액'에 '법인이 납부한 법인세액 중 해당 배당금액에 귀속되는 금액'을 가산한 금액을 주주 또는 출자자가 수령한 것으로 의제하여 과세한 후 그 가산 법인세액에 대하여 배당세액공제를 인정하는 제도(dividend imputation & imputed tax credit or franking credit)(소세 §17 ③, §56), 법인 주주가 특정 법인으로부터 받은 배당을 익금에 산입하지 않는 수입배당금 익금불산입 제도 (dividend-received deduction ; DRD)(법세 §18의2, §18의3, §18의4; §18의3은 2023년 1월 1일 이후 받는 수입배당금에 대하여서는 적용되지 않음), 특정 법인이 지급하는 배당을 그 법인의 소득금액에서 공제하는 제도(dividend-paid deduction ; DPD)(법세 §51의2), 특정 법인에 대하여 법인세를 과세하지 않고 법인 단계의 소득을 그 구성원에 대하여 과세하는 제도(partnership taxation)(조특 §100의14~§100의26). 미국의 경우에는 법인과 주주 또는 출자자를 별개의 실체로 보아 경제적 이중과세를 조정하지 않는 방법을 선택하는 바, 이로 인하여 세법 상 법인(corporation)으로 취급되는 경우 조세부담액이 과중하게 된다. 미국의 경우 이러한 문제점을 해결하기 위한 수단으로서 법인세가 부과되지 않는 S 법인(S-corporation), 유한책임회사(limited liability corporation ; LLC) 또는 파트너쉽 과세(partnership taxation)를 인정하고 있다.[405]

수입배당금 익금불산입 제도는 법인의 주주가 다시 법인인 형태가 반복되는 다층 구조(multi-tier structure)를 통하여 투자할 경우 법인과 주주 사이의 경제적 이중과세가 조정되지 않으면 최종적인 주주 또는 출자자에 대한 과세가 법인을 거치면서 중복되는 효과(cascading effect)가 발생할 수 있다는 문제점을 해결하기 위하여 도입된 것이다. 따라서 법인 주주의 소유비율에 따라서 수입배당금 익금불산입의 정도를 달리할 논거는 부족하다. 이러한 측면에서 현행 입법례는 재고될 필요가 있다.

2.3.2. 내국법인 수입배당금액의 익금불산입

내국법인(고유목적사업준비금(법세 §29)을 손금에 산입하는 비영리내국법인은 제외)이 해당 법인이 출자한 피출자법인인 내국법인으로부터 받은 **수입배당금액**('이익의 배당금 또는 잉여금의 분배금'과 '배당금 또는 분배금으로 보는 금액'(법세 §16) ; 각 연결사업연도의 소득(법세 §76의14)의 경우도 동일) **중 제1호의 금액에서 제2호의 금액을 뺀 금액**은 각 사업연도의 소득금액을 계산할 때 **익금에 산입하지 아니하고,** 그 금액이 0보다 작은 경우에는 없는 것으로 본다(법세 §18의2 ①). 이상의 제도를 **내국법인 수입배당금 익금불산입**이라고 한다. 이는 출자법인 및 피출자법인이 모두 **내국법인**인 경우에 한하여 적용되며, 각 '피출자법인별로' 구분하여 계산된다. 내국법인의 출자 여부는 그 명의에 불구하고 실질내용에 판정하여야 한다.[406]

배당의 형식 또는 종류에 대하여 제한하지 않으므로 **현물배당, 주식배당, 의제배당** 역시 수입배당금에 포함되나, 상법 및 그 정관 상 유효한 배당이어야 한다. 그렇지 않으면 **위법배당**으로서 그 법적 효력 및 경제적 효과가 부인될 수 있고 법인세법이 이러한 위법배당을 적법한 배당과 동일한 실질을 갖는 것으로 취급하여야 할 규범적 당위 역시 없기 때문이다. 다만

---

405) 같은 관 Ⅱ 16.1 참조.
406) 대법원 2000.1.18. 98두13102.

익명조합의 익명조합원에 대한 배당은 제외된다. 익명조합 자체가 법인이 아니어서 그로부터 받은 배당은 '내국법인으로부터 받은 수입배당금'에 해당하지 않기 때문이다. 판례 역시 동일한 취지로 판시한다. 내국법인이 익명조합계약을 체결하여 다른 내국법인의 영업을 위하여 출자하고 다른 내국법인은 영업으로 인한 이익을 분배하기로 약정한 다음 이에 따라 익명조합원의 지위에 있는 내국법인이 영업자의 지위에 있는 다른 내국법인에 출자를 하는 경우에, 내국법인이 출자를 통하여 다른 내국법인의 주식 등을 취득하거나 주주 등의 지위에 있게 되는 것이 아니므로, 출자를 한 내국법인이 영업자의 지위에 있는 다른 내국법인으로부터 지급받는 돈은 익명조합원의 지위에서 출자 당시 정한 손익분배약정에 따라 지급받는 것에 불과할 뿐 주주 등이 받는 배당액이나 의제배당금 등에 해당할 여지가 없다. 따라서 익명조합원의 지위에 있는 내국법인이 익명조합계약에 따라 영업자의 지위에 있는 다른 내국법인으로부터 지급받는 돈은 익금불산입 대상이 되는 '수입배당금액'이 아니다.[407] **우선주 감자대금이 수입배당금에 해당하는지 여부에 관한 판례가 있다.**[408] 갑 주식회사와 캐나다 소재 을 법인이 합작투자계약 체결에 따라 내국법인인 병 주식회사를 설립한 후, 출자양도계약에 따라 갑 회사가 네트워크 사업부문 전부를 병 회사에 현물출자 방식으로 사업을 양도하여 대가로 병 회사의 주식 등을 지급받았고, 또한 갑 회사와 을 법인은 우선주약정을 체결하였는데, 이후 우선주약정에 따라 병 회사가 지급한 우선주 감자대금을 갑 회사가 자본감소에 따른 의제배당액으로 보아, 법인세 신고 시 이를 수입배당금으로 보아 위 우선주 감자대금 중 일부를 익금불산입하자, 관할 세무서장이 위 우선주 감자대금의 실질을 네트워크 사업양도대금으로 보아서 갑 회사에 법인세(가산세 포함)를 경정·고지한 사안에 대하여, 판례는 다음과 같은 취지로 판시한다. 위 우선주 감자대금은 우선주약정에서 정한 우선주 유상감자의 조건을 충족하여 지급되었고, 우선주약정은 합자투자계약 등과 별도로 체결된 것으로서 우선주 유상감자 조건에 충족하는지는 출자양도계약에서 정한 사업양도대금의 내용이나 효력에 영향을 미치지 않는 점, 합자투자계약에 따라 자회사인 병 회사를 통하여 국내에 네트워크 사업을 영위하게 된 을 법인으로서는 국내 네트워크 사업이 안정적으로 경영성과를 낼 수 있도록 갑 회사에 경제적 유인을 제공하여 사업양도 이후에도 네트워크 사업에 적극적으로 협력하게 할 필요가 있어 우선주약정을 체결한 것으로 보이고, 달리 우선주약정이 실질과 괴리되는 비합리적인 형식이나 외관을 취하였다고 볼 만한 사정은 찾기 어려운 점, 실제로 병 회사는 국내 매출액이 우선주약정에서 정한 기준

---

407) 대법원 2017.1.12. 2015두48693.
408) 대법원 2023.11.30. 2020두37857.

목표액을 초과하는 경영성과를 달성하였는데, 이에 비추어 보아도 우선주약정 체결에는 뚜렷한 사업목적이 인정되고, 조세회피목적에서 비롯한 것으로 보기는 어려운 점 등을 종합하면, 위 우선주 감자대금은 수입배당금에 해당하므로 그 일부는 익금불산입의 대상에 해당한다. 한편 내국법인의 주주인 **비영리법인**은 원칙적으로 배당을 할 수 없고 비영리법인 수익사업에 대한 과세는 고유목적사업준비금을 통하여 조정될 수 있을 뿐만 아니라 예외적으로 배당이 허용되는 조합법인(법세 §2 2호 나목 ; 법세령 §2 ①)의 경우에는 그 조합원은 법인이 아닌 개인이기 때문에 제외하는 것이다.

배당을 통하여 주주 단계에서 **손실**을 발생시킬 수 없기 때문에 익금불산입액이 0보다 작은 경우에는 이를 없는 것으로 본다.

내국법인 수입배당금 익금불산입 규정을 적용받기 위하여서는 법인은 신고(법세 §60)와 함께 수입배당금액명세서(법세칙 §82)를 첨부하여 납세지 관할 세무서장에게 제출하여야 한다(법세 §18의2 ⑤).

---

1. 피출자법인 별로 수입배당금액에 **법정 익금불산입률**(법세 §18의2 ① 1호)을 곱한 금액의 합계액
2. 내국법인이 각 사업연도에 지급한 차입금의 이자가 있는 경우에는 **차입금의 이자 중** 익금불산입률 및 피출자법인에 출자한 금액이 내국법인의 자산총액에서 차지하는 비율 등을 고려하여 정하는 **법정 차감금액**(법세령 §17의2 ③)

2022년 12월 31일 개정 이전 **법정 익금불산입률**은 다음과 같다(법세 §18의2 ① 1호).

피출자법인의 구분	피출자법인에 대한 출자비율	익금불산입률
주권상장법인(자본시장과 금융투자업에 관한 법률에 따른 주권상장법인)	100%	100%
	30% 이상~100% 미만	50%
	30% 미만	30%
주권상장법인 외의 법인	100%	100%
	50% 이상~100% 미만	50%
	50% 미만	30%

2023년 1월 1일 이후 받는 수입배당금의 **법정 익금불산입률**은 다음과 같다(법세 §18의2 ① 1호).

피출자법인에 대한 출자비율	익금불산입률
50% 이상	100%
20% 이상~50% 미만	80%
20% 미만	30%

　　내국법인이 출자한 피출자법인에 대한 **출자비율은 피출자법인의 배당기준일 현재 3개월 이상 계속해서 보유하고 있는 주식 등을 기준**으로 계산하고, 이 경우 보유 주식 등의 수를 계산할 때 같은 종목의 주식 등의 일부를 양도한 경우에는 먼저 취득한 주식 등을 먼저 양도한 것으로 본다(법세령 §17의2 ①). 내국법인의 보유 여부는 그 명의에 불구하고 실질내용에 판정하여야 한다.[409] 출자비율의 판정시점은 법문 상 '**배당기준일 현재**'이다. 따라서 '배당기준일 현재' 이외 시점에서의 출자비율은 의미가 없다. **출자비율은 자기주식 등을 제외한 유통발행주식 총수를 기준으로 계산하여야 한다.** 자기주식 등에 대하여 배당하는 것은 해당 금액을 회사에 유보하는 것과 동일하고 자기주식 취득의 실질은 자본 또는 출자의 환급에 해당하는바 자기주식 등에 대하여 배당하는 것은 가공의 자본에 대하여 배당하는 결과에 해당하므로, 자기주식에 대하여 배당청구권을 인정할 수 없기 때문이다.[410] 출자비율에 의하여 익금불산입률을 정하는 것이 합리적이라고 할 수 없으므로 가능한 한 법인 주주에게 유리하게 해석하는 것이 타당하다는 점 역시 고려되어야 한다. 또한 유통발행주식에 해당한다면 그 발행총수를 계산함에 있어서 **종류주식에 해당하는지 여부는 문제로 되지 않는다. 피출자법인에 대한 출자비율을 직·간접 소유비율을 합한 것으로 보아야 하는가?** 간접 소유관계에 있어서는 중간에 개재된 회사들이 배당을 결의할지 여부 및 배당가능이익이 존재하는지 여부 등에 따라 해당 내국법인에게 수입배당금이 발생할지 여부가 결정되므로 반드시 내국법인이 직접 소유하는 경우와 직·간접 소유하는 경우가 동일하다고 할 수는 없지만 그 경제적 실질이 유사하다고 할 수는 있다. 그런데 내국법인의 피출자법인에 대한 소유관계에 대하여 직접 소유비율만을 근거로 익금불산 입률을 계산하는 경우와 직·간접 소유비율 모두를 합하여 익금불산입률을 계산하는 경우 각 익금불산입률이 달리 산정될 수 있다. 예를 들면 주권상장법인의 경우 직접 소유비율이 25%, 간접 소유비율이 25%인 경우는 직접 소유비율이 50%인 경우와 그 경제적 실질이 유사하다. 그런데 직접 소유비율이 50%인 경우에는 익금불산입률이 50%이나, 직·간접 소유비율을 각 분리하여 계산하는 경우에는 25%의 직접 소유비율에 대한 전체 수입배당금 대비

---

409) 대법원 2000.1.18. 98두13102.
410) 이철송, 전게서, 409면.

익금불산입률 15%(30% × 1/2)와 25%의 간접 소유비율(자회사가 피출자법인의 25%를 소유하고 내국법인이 자회사의 100%를 소유하는 경우)에 대한 그 익금불산입률 15%(30% × 1/2)를 합한 30%의 익금불산입률이 적용되는 등 문제가 발생한다. 따라서 **내국법인에 수입배당금이 발생하는 경우에는 내국법인의 피출자법인에 대한 직·간접 소유비율을 합하여 출자비율을 계산하고, 이를 근거로 익금불산입률을 계산하는 것이 타당하다.**

차입금의 이자 중 법정 차감금액은 다음과 같다(법세령 §17의2 ③).

> 차감금액 = A(내국법인의 차입금 이자) × B/C{B[해당 피출자법인의 주식 등(국가 및 지방자치단체로부터 현물출자받은 주식 등은 제외)의 장부가액 적수(일별 잔액의 합계액)] / C[내국법인의 사업연도 종료일 현재 재무상태표상 자산총액의 적수]} × D(법정 익금불산입률(법세 §18의2 ① 1호))

차입금 및 그 차입금 이자가 있는 경우에 익금불산입금액에서 차감하는 이유는 무엇인가? 차입금 이자의 범위 차입금을 통하여 자회사의 주식 등을 취득한 경우에는 해당 차입금으로 인한 이자비용이 소득금액에서 공제됨과 동시에 그 주식 등으로 인한 수입배당금 역시 익금불산입되는 이중혜택을 받을 수 있기 때문에 차입금 이자 중 법정 금액을 차감하는 것이다. 따라서 기업회계기준 상 이자비용에 해당한다고 하더라도 그 계정의 성격 상 현금의 지출이 동반되지 않는 회계처리를 위한 명목 상 계정에 해당하거나 해당 법인의 영업활동에 필연적으로 수반되는 계정에 해당한다면 법령에 열거되지 않았다고 하더라도 이는 차입금 이자의 범위에서 제외하는 것이 타당하다. 현재가치할인차금 및 연지급수입에 있어서 취득가액과 구분하여 지급이자로 계상한 금액 역시 그와 동일한 성격의 금원이다. **현재가치할인차금 및 연지급수입에 있어서 취득가액과 구분하여 지급이자로 계상한 금액**은 그 차입금의 이자에서 **제외한다**(법세령 §76 ⑥).

차입금 및 그 차입금 이자가 있는 경우에 이를 익금불산입금액에서 차감하는 규정(법세령 §17의2 ③)은 차입금의 차입금으로 다른 법인의 주식을 취득하는 그 자체뿐 아니라 이미 취득한 다른 법인의 주식을 계속 보유하고 있는 것을 규제하려는 것이므로, 법인이 차입금으로 다른 법인의 주식을 취득한 경우나 자기자본으로 다른 법인의 주식을 취득하였지만 이를 계속 보유함으로 인하여 다른 비용을 차입금으로 충당한 경우나 당해 법인에 미치는 효과가 다르다고 할 수 없는 만큼, **손금불산입 지급이자를 다른 법인 주식의 취득이나 보유에 직접 소요된 차입금의 지급이자로 제한할 이유는 없다.**[411] 또한 차입금의 이자가 민법상 금전소비대차계약

---

411) 대법원 2000.1.18. 98두13102.

에 따른 채무의 이자나 출자주식과 개별적인 관련성을 갖는 차용금에 한정된다고 할 수도 없다.[412] 금융회사가 예금계약 등에 근거하여 고객으로부터 예금을 맡아 관리하면서 지출하는 예수금 이자는 예금 유치에 따른 영업비용이므로 차입금 이자와 동일시할 수 없고, 회계상으로도 전혀 다른 계정에 해당하나, **금융회사가 환매조건부 채권매도, 매출어음 할인, 금융채의 발행, 신탁계정으로부터 자금차입 등 그 밖에 다양한 방식으로 타인으로부터 그 목적사업을 위한 운영자금을 조달하면서 지출하는 비용들은** 금융회사가 아닌 일반 기업들의 경우와 마찬가지로 차입금 이자로 보아야 한다.[413]

차입금 및 그 차입금의 이자에서 지급이자 손금불산입의 적용(법세령 §55)에 따라 이미 손금불산입된 금액은 제외한다(법세령 §17의2 ②). 이미 손금불산입된 이자비용에 대하여 이중으로 불이익을 주는 것은 타당하지 않으므로 지급이자 손금불산입의 적용에 따라 이미 손금불산입된 금액은 제외한다.

차입금의 이자 중 '자회사의 주식 등이 자산총액에서 차지하는 비율'만큼 차감하는 이유는 무엇인가? 법인세법이 내국법인의 차입금 중 '피출자법인의 주식 등이 자산총액에서 차지하는 비율'만큼 그 차입금을 통하여 피출자법인의 주식 등을 취득한 것으로 의제하는 것이다. 즉 해당 차입금의 개별적인 용도와 무관하게 의제를 통하여 익금불산입액을 산정한다. 또한 **'국가 및 지방자치단체로부터 현물출자받은 주식 등'**은 차입금을 통하여 취득한 것이 아니므로 법정 차감금액의 계산식에서 제외되어야 한다. 법정 차감금액의 계산식 상 B에는 **수입배당금액이 배정되는 주식 등**만이 포함되어야 함은 당연하다. 회사는 이익의 배당 및 잔여재산의 분배 등에 관하여 내용이 다른 종류주식을 발행할 수 있고(상법 §344 ①) 법인세법 상 수입배당금액의 계산에서 배제되는 경우(법세 §18의2 ②) 관련 주식 등은 그 성질 상 포함될 수 없기 때문이다. C에는 포함되는 자산총액은 **재무제표 상 자산총액**을 의미하므로 세무조정 사항이 반영될 여지가 없고, '사업연도 종료일 현재 자산총액'의 적수이므로 사업연도 중 자산의 변동을 고려할 필요 역시 없다. B에 포함되는 **주식 등 장부가액**은 재무제표 상 장부가액으로 보는 것이 타당하다. 재무제표 상 장부가액이 그 취득을 위하여 현실적으로 지출된 금액에 해당하고 C에 포함되는 자산총액 역시 재무제표 상 자산총액으로 규정하고 있기 때문이다.

적수의 계산과 관련된 기간의 산정에 대하여 법인세법은 규정하지 않고 법인세법에 별도의 규정이 없으면 국세기본법이 적용되어야 한다. 국세기본법에 따르면, 기간의 계산은 특별한

---

412) 대법원 2017.7.11. 2015두49115.
413) 대법원 2017.7.11. 2015두49115.

규정이 있는 것을 제외하고는 민법에 따라야 한다(국기 §4). 기간을 일, 주, 월 또는 연으로 정한 때에는 기간의 초일은 산입하지 아니하나 그 기간이 오전 영시로부터 시작하는 때에는 그러하지 아니하다(민법 §157). 기간을 시, 분, 초로 정한 때에는 즉시로부터 기산한다(민법 §156). 기간을 일, 주, 월 또는 연으로 정한 때에는 기간 말일의 종료로 기간이 만료한다(민법 §159). 기간을 주, 월 또는 연으로 정한 때에는 역에 의하여 계산한다(민법 §160 ①). 주, 월 또는 연의 처음으로부터 기간을 기산하지 아니하는 때에는 최후의 주, 월 또는 연에서 그 기산일에 해당한 날의 전일로 기간이 만료한다(민법 §160 ②). 월 또는 연으로 정한 경우에 최종의 월에 해당일이 없는 때에는 그 월의 말일로 기간이 만료한다(민법 §160 ③). 기간의 말일이 토요일 또는 공휴일에 해당한 때에는 기간은 그 익일로 만료한다(민법 §161). 따라서 적수를 일별 잔액의 합계액으로 계산하는 경우에는 원칙적으로 초일은 산입하지 아니하고 기간 말일의 종료로 기간이 만료한다.

수입배당금액 중 익금불산입금액을 어떻게 세무조정하여야 하는가? 수입배당금액 중 익금불산입금액에 대하여서는 사후관리할 필요가 없으며 해당 익금불산입으로 인하여 법인의 순자산에 변화가 발생하는 것 역시 아니므로 수입배당금 중 익금불산입금액에 대하여서는 익금불산입(기타)로 세무조정하여야 한다.

수입배당금액 익금불산입 제도가 적용되지 않는 수입배당금액 역시 있다(법세 §18의2 ②). 즉 다음 수입배당금액에 대하여서는 익금불산입률 등을 계산할 필요가 없다.

첫째, 배당기준일 전 3개월 이내에 취득한 주식 등을 보유함으로써 발생하는 수입배당금액. 회사는 의결권을 행사하거나 배당을 받을 자 기타 주주 또는 질권자로서 권리를 행사할 자를 정하기 위하여 일정한 날에 주주명부에 기재된 주주 또는 질권자를 그 권리를 행사할 주주 또는 질권자로 볼 수 있는바(상법 §354 ①), 이를 통상 **기준일**(record date)이라고 한다. 즉 배당기준일은 배당결의일과 구분된다. **주식 등을 취득하였는지 여부**는 해당 취득거래의 경제적 실질이 가공행위(sham)에 해당하지 않는 한 상법 등 관련 법령에 따라 그 취득 여부를 결정하는 것이 타당하다. '3개월 이내'에 해당하는지 여부를 판정하기 위하여서는 명확한 기준이 적용될 필요가 있기 때문이다. 또한 합병, 분할 또는 조직변경 등 법령에 따라 종전 당사자의 권리를 승계하는 경우에는 보유기간을 합산하여 산정하는 것이 타당하다. 수입배당금 익금불산입 규정의 적용을 위하여 단기 매매를 활용하는 경우에는 이를 통하여 익금불산입의 혜택을 받고, 나아가 해당 주식을 배당 직후 매각한 경우에는 배당락으로 인한 양도손실이 발생하여 소득금액을 줄일 수 있는 혜택 역시 얻게 된다. 이러한 상황을 방지하기 위하여 배당기준일 전 3개월 이내에 취득한 주식 등을 제외하는 것이다. 수입배당금에는 의제배당 역시 포함되는바(법세 §18의2 ①), **의제배당의 경우**에는 의제배당의 확정시기(법세령 §13)를 배당기준일로 보아야 한다.

둘째, 지주회사 수입배당금액의 익금불산입 특례(법세 §18의3)가 적용되는 수입배당금액. 다른 특례가 적용되기 때문에 내국법인 수입배당금액의 익금불산입 규정을 적용할 필요가 없다. 2023년 1월 1일 이후 받는 수입배당금에 대하여서는 적용되지 않는다.

셋째, 유동화전문회사 등에 대한 지급배당금 소득공제 규정(법세 §51의2) 또는 **프로젝트금융투자회사에 대한 지급배당금 소득공제** 규정(조특 §104의31)에 따라 지급받은 수입배당금액. 지급배당금 소득공제 규정의 적용으로 인하여 지급배당금에 대하여서는 그 법인 단계에서 과세되지 않아서, 경제적 이중과세를 조정할 필요가 없기 때문이다. 따라서 소득공제 규정의 요건을 충족하지 못하여 지급배당금 공제가 적용되지 않는다면 수입배당금 익금불산입 규정이 적용되어야 한다.

넷째, 법인세법과 조세특례제한법에 따라 **법인세를 비과세 · 면제 · 감면받는 법정 법인**(법세령 §17의2 ④)으로부터 받은 수입배당금액. 법정 법인은 수도권 밖으로 본사를 이전하여 **100%의 감면율**이 적용되는 사업연도의 법인(조특 §63의2), 제주첨단과학기술단지 입주기업으로서 100%의 감면율이 적용되는 사업연도의 법인(조특 §121의8), 제주투자진흥지구 또는 제주자유무역지역 입주기업으로서 100%의 감면율이 적용되는 사업연도의 법인(조특 §121의9), **동업기업과세특례**(조특 §100의15 ①)를 적용받는 법인을 말한다(법세령 §17의2 ④). 해당 법인 단계에서 과세되지 않아서, 경제적 이중과세를 조정할 필요가 없기 때문이다. 100%의 감면율이 적용되지 않는 경우에는 수입배당금 익금불산입 규정이 적용되어야 한다.

다섯째, 법인과세 신탁재산에 대한 지급배당금 소득공제 규정(법세 §75의14)에 따라 지급받은 수입배당금액. 지급배당금 소득공제 규정의 적용으로 인하여 지급배당금에 대하여서는 그 법인과세 신탁 단계에서 과세되지 않아서, 경제적 이중과세를 조정할 필요가 없기 때문이다.

여섯째, 자산재평가법 상 자본전입 의무(재평가 §28 ②)**를 위반하여 바로 재평가적립금**(법세 §16 ① 2호 나목)**을 감액하여 지급받은 수입배당금액**. 2023년 12월 31일 개정을 통하여, 재평가적립금을 감액하여 배당하는 경우에는 모든 재평가적립금에 대하여 그 법인주주 단계에서 수입배당금으로 과세하는 것으로 변경되었다(법세 §18 8호 가목). 재평가적립금을 자본에 전입하는 경우에는 여전히 토지에 대한 재평가적립금에 한하여 주식배당으로 과세한다.[414] 재평가적립금에

---

414) 이에 관한 자세한 내용은 '같은 관 III 2.4.7. 자본준비금을 감액하여 받는 배당' 부분 참조.

대하여서는 1% 또는 3%의 재평가세를 법인 단계에서 과세되었을 뿐 법인세를 납부하지 않았다는 점에 착안하여 그 법인주주 단계에서 수입배당금 익금불산입 규정을 적용하지 않는 것이다.

다만 수입배당금 익금불산입은 법인과 최종적인 개인 주주 사이에 법인이 개입됨으로 인하여 최종 주주의 세후수익률이 직접 법인에 투자하는 경우에 비하여 낮아지는 부당한 결과를 방지하기 위한 것이므로, 수입배당금을 수령한 중간 단계 법인에게 혜택을 부여하기 위한 것은 아니다. 따라서 수입배당금을 수령한 법인 아래 단계의 주주에 대하여 경제적 이중과세를 조정함에 있어서는 그 이전 단계에서 재평가적립금을 재원으로 배당하였는지 여부로 인한 불이익이 없어야 한다. 그러나 법인과 최종 주주 사이에 여러 법인이 개입된 다층 구조(multi-tier structure) 하에서 이러한 불이익이 발생하지 않도록 관리하는 것은 어렵다. 규제의 실익과 관리 가능성 사이의 비교형량이 요구되는 조문이다.

일곱째, '적격합병 또는 적격분할에 따른 합병차익 또는 분할차익' 중 '피합병법인의 재평가차익에 상당하는 법정 금액'(법세 §18 8호 나목, 다목)**을 감액하여 지급받는 수입배당금액.** 2023년 12월 31일 개정을 통하여, 재평가적립금을 감액하여 배당하는 경우에는 모든 재평가적립금에 대하여 그 법인주주 단계에서 수입배당금으로 과세하는 것으로 변경되었으므로(법세 §18 8호 가목), 적격합병 및 적격분할을 통하여 피합병법인의 재평가적립금이 승계되는 경우 역시 동일하게 취급하기 위하여 신설한 규정이다.[415]

다만 수입배당금 익금불산입은 법인과 최종적인 개인 주주 사이에 법인이 개입됨으로 인하여 최종 주주의 세후수익률이 직접 법인에 투자하는 경우에 비하여 낮아지는 부당한 결과를 방지하기 위한 것이므로, 수입배당금을 수령한 중간 단계 법인에게 혜택을 부여하기 위한 것은 아니다. 따라서 수입배당금을 수령한 법인 아래 단계의 주주에 대하여 경제적 이중과세를 조정함에 있어서는 그 이전 단계에서 재평가적립금을 재원으로 배당하였는지 여부로 인한 불이익이 없어야 한다. 그러나 법인과 최종 주주 사이에 여러 법인이 개입된 다층 구조(multi-tier structure) 하에서 이러한 불이익이 발생하지 않도록 관리하는 것은 어렵다. 규제의 실익과 관리 가능성 사이의 비교형량이 요구되는 조문이다.

여덟째, 자본의 감소로 주주 등인 내국법인이 취득한 재산가액이 당초 주식 등의 취득가액을 초과하는 금액 등 '피출자법인의 소득에 법인세가 과세되지 아니한 수입배당금액으로서 법정 수입배당금액'(법세령 §17의2 ⑤). **법정 수입배당금액**(법세령 §17의2 ⑤)은 '자본의 감소로 인하여

---

415) 이에 관한 자세한 내용은 '같은 판 Ⅲ 2.4.7. 자본준비금을 감액하여 받는 배당' 부분 참조.

주주 등인 내국법인이 취득하는 금전과 그 밖의 재산가액의 합계액이 해당 주식 등을 취득하기 위하여 사용한 금액을 초과하는 금액'(법세 §16 ① 1호) 및 '법인이 자기주식 또는 자기출자지분을 보유한 상태에서 상법 상 자본준비금 또는 재평가적립금(토지의 경우 제외)을 자본전입을 함에 따라 그 법인 외의 주주 등인 내국법인의 지분 비율이 증가한 경우 증가한 지분 비율에 상당하는 주식 등의 가액'(법세 §16 ① 3호)을 의미한다. **'피출자법인의 소득에 법인세가 과세되지 아니한 수입배당금액'에 대하여 이론적으로 살핀다.** 피출자법인은 배당을 지급하는 법인이다. '피출자법인의 소득으로서 법인세가 과세되지 아니한 수입배당금원'은 '배당을 지급하는 피출자 법인 단계'에서 법인세가 과세되지 않은 금원으로서 피출자법인의 주주 등에게 수입배당금의 형식으로서 지급된 금원을 의미한다. 법정 수입배당금원은 피출자법인과 그 주주 사이에서 특정 의제배당 형식을 통하여 지급된 금원을 의미한다. 배당은 지급법인 단계 이익잉여금의 감소를 전제로 하고 각 거래유형별 의제배당(constructive dividend)은 '법인과 주주 등 사이의 거래로 인하여 주주 등에 귀속된 소득금액'에 대한 대용치(proxy)로서 기능한다. '피출자법인 단계에서 법인세가 과세되지 않은 금원'은 '손익거래로 인한 법인세 과세대상 금원이나 법인세법 상 가치결단에 의하여 익금불산입된 금원' 또는 '자본거래로 인한 금원으로서 법인세 과세대상에 해당하지 않는 금원'으로 구분할 수 있다. '손익거래로 인한 법인세 과세대상 금원이나 법인세법 상 가치결단에 의하여 익금불산입된 금원'은 여전히 법인세법 상 이익잉여금을 구성하므로,[416] 배당재원이 될 수 있다. 그러나 '자본거래로 인한 금원으로서 법인세 과세대상에 해당하지 않는 금원'과 '주주 단계에 귀속된 소득금액에 해당하는 의제배당액'은 양립하기 어렵다. 피출자 법인 단계에서 '자본거래로 인한 금원으로서 법인세 과세대상에 해당하지 않는 금원'에 대하여 피출자법인의 주주 단계에서 수입배당금 익금불산입을 적용하지 않는다는 것은 해당 금원 역시 배당재원이 될 수 있다는 것을 의미한다. 이는 '자본(또는 출자)의 감소 또는 환급액 전체'를 '손익거래 상 익금인 수입배당금'으로 의제하는 것으로서 과세체계 상 용납할 수 없다. 비록 현행 법인세법 자체에 법인 단계 배당가능이익의 존부와 무관하게 거래유형 자체에 근거하여 배당을 의제한다는 문제가 있으나,[417] 법인세법이 이러한 문제에 터잡아 '자본거래로 인한 금원 역시 배당재원이 될 수 있다'고 전제하는 것을 규범 상 정당화할 수는 없다. 다만 현행 의제배당 과세체계는 '경제적 실질 상 주주 단계에서의 양도소득 또는 주식 가치의

---

416) 같은 판 II 16.1 '영리내국법인의 기업회계기준 상 이익잉여금은 법인세법 상 이익잉여금과 동일한 것인가?' 부분 참조.
417) 같은 판 II 16.1 '법인세법 상 이익잉여금의 배당 또는 분배는 반드시 법인 단계의 배당 또는 분배 절차를 통하여서만 이루어지는가?' 부분 이하 참조.

증가 자체'를 배당소득으로 의제하는 특정 거래유형 역시 포함한다. 이 경우에는 해당 금원은 피출자법인 단계의 소득에 산입된 적이 없다. 따라서 법인세법 시행령이 '주주 단계에서의 경제적 실질 상 양도소득 또는 주식 가치의 증가 자체'를 표상하는 의제배당의 두 유형을 특정하여 규정하는 것이다. 즉 **익금불산입 적용의 예외로서의 '피출자법인의 소득에 법인세가 과세되지 아니한 수입배당금액'을 '경제적 실질 상 피출자법인 주주 단계에서의 양도소득 또는 주식 가치의 증가 자체를 의미하는 특정 의제배당금액'으로 해석하여야 한다.** 이 경우 주식 가치의 증가 자체를 수입배당금으로서 과세하였다면 해당 주식의 취득가액에 반영하여야 한다. 이는 수입배당금 자체가 주식의 취득가액과 무관하다는 쟁점과는 구분된다.

한편 위와 같이 법정 수입배당금에 대하여 법인 주주 단계에서 수입배당금 익금불산입이 적용되지 않았음에도 불구하고, 해당 법인 아래 단계의 주주에 대하여 경제적 이중과세를 조정하는 과정에 불이익이 없어야 함은 물론이다.

2.3.3. 지주회사 수입배당금액의 익금불산입 특례

내국법인 중 **지주회사**('독점규제 및 공정거래에 관한 법률에 따른 지주회사', '금융지주회사법에 따른 금융지주회사', '기술의 이전 및 사업화 촉진에 관한 법률에 따른 공공연구기관첨단기술지주회사' 및 '산업교육진흥 및 산학연협력촉진에 관한 법률에 따른 산학연협력기술지주회사')가 **자회사**(해당 지주회사가 출자한 법인으로서 지주회사의 자회사에 대한 출자 비율 등을 고려하여 **법정 요건을 갖춘 내국법인**(법세령 §17의3 ②))로부터 받은 **수입배당금액**('이익의 배당금 또는 잉여금의 분배금'과 '배당금 또는 분배금으로 보는 금액'(법세 §16)) 중 제1호의 금액에서 제2호의 금액을 뺀 금액은 각 사업연도의 소득금액을 계산할 때 익금에 산입하지 아니하고, 그 금액이 0보다 작은 경우에는 없는 것으로 본다(법세 §18의3 ①). 이상의 제도를 **지주회사 수입배당금 익금불산입**이라고 한다. **다만 2023년 1월 1일 이후 받는 수입배당금에 대하여서는 위 규정이 적용되지 않는다. 2022년 12월 31일 개정을 통하여 해당 규정이 삭제되었다.** 개정 이전 수입배당금에 관한 규정의 해석 및 적용을 위하여 이하 내용을 삭제하지 않는다. 배당의 범위 등은 내국법인 수입배당금액의 익금불산입의 경우와 같다. 지주회사 수입배당금 익금불산입 규정을 적용받기 위하여서는 법인은 신고(법세 §60)와 함께 수입배당금액명세서(법세칙 §82)를 첨부하여 납세지 관할 세무서장에게 제출하여야 한다(법세 §18의3 ⑦).

1. 자회사별로 수입배당금액에 **법정 익금불산입률**을 곱한 금액의 합계액
2. 지주회사가 각 사업연도에 지급한 차입금의 이자가 있는 경우에는 **차입금의 이자 중** 익금불산입률 및 자회사에 출자한 금액이 지주회사의 자산총액에서 차지하는 비율 등을 고려하여 정하는 **법정 차감금액**

법정 익금불산입률은 다음과 같다(법세 §18의3 ① 1호). **법정 익금불산입률**은 각 '자회사별로' 구분하여 계산된다.

자회사의 구분	자회사에 대한 출자비율	익금불산입률
주권상장법인(자본시장과 금융투자업에 관한 법률에 따른 주권상장법인)	40% 이상	100%
	30% 이상~40% 미만	90%
	30% 미만	80%
주권상장법인 외의 법인	80%	100%
	50% 이상~80% 미만	90%
	50% 미만	80%

지주회사는 사업연도 종료일 현재 '독점규제 및 공정거래에 관한 법률', '금융지주회사법', '기술의 이전 및 사업화 촉진에 관한 법률' 및 '산업교육진흥 및 산학연협력촉진에 관한 법률'에 따라 **지주회사로 신고한 내국법인**으로 하나, 해당 사업연도 종료일 현재 해당 법률에 따른 **지주회사의 설립·전환의 신고기한**이 도래하지 아니한 자가 해당 각 사업연도의 소득에 대한 과세표준 신고기한(법세 §60)까지 해당 법률에 따라 지주회사로 신고한 경우에는 이를 지주회사로 본다(법세령 §17의3 ①). 사업연도 종료일 현재 아직 지주회사 전환 신고기한이 도래하지 않은 경우라고 할지라도 해당 사업연도에 대한 과세표준 신고기한까지 신고하면 소급적용한다는 규정에 비추어 보면, 사업연도 종료일 현재 지주회사로 신고되었다면 해당 신고 이전 동일한 사업연도 중 수령한 수입배당금 역시 익금불산입금액 계산에 포함하는 것이 타당하다. **지주회사의 요건을 갖추지 못한 경우 내국법인 수입배당금 익금불산입제도가 적용되는가?** 지주회사 수입배당금액의 익금불산입 특례가 적용되는 경우에 내국법인 수입배당금액의 익금불산입이 적용되지 않는다는 규정은 있지만(법세 §18의2 ② 2호), 그 반대의 규정은 없다. 지주회사 요건을 갖추지 못하여 그 익금불산입 특례가 적용되지 않는다고 하여 일반 내국법인에 대하여 적용되는 수입배당금액의 익금불산입 규정을 배제할 규범적 정당성이 없고 지주회사 경우의

익금불산입을 특례로 규정하는 법문언의 취지에 비추어 보더라도, 지주회사의 요건을 갖추지 못한 경우라고 할지라도 내국법인 수입배당금 익금불산입제도는 여전히 적용된다고 해석하여야 한다. 2023년 1월 1일 이후 받는 수입배당금에 대하여서는 '지주회사 수입배당금액의 익금불산입 특례가 적용되는 경우에 내국법인 수입배당금액의 익금불산입이 적용되지 않는다는 규정'이 적용되지 않는다는 점에 대하여서는 상술하였다.

법정 요건을 갖춘 내국법인은 다음 각 요건을 모두 갖춘 **내국법인인 자회사**를 말한다(법세령 §17의3 ②).

---

1. 지주회사(법세 §18의3 ①)가 직접 그 내국법인의 발행주식총수 또는 출자총액의 100분의 40('자본시장과 금융투자업에 관한 법률에 따른 주권상장법인' 또는 '벤처기업육성에 관한 특별조치법에 따른 벤처기업(벤처기업 §2 ①)'인 경우에는 100분의 20) 이상을 그 내국법인의 **배당기준일 현재 3개월 이상 계속하여 보유**하고 있는 법인일 것
2. 다음 각 목의 구분에 따른 **내국법인**일 것
   가. 해당 내국법인의 지주회사가 **금융지주회사**인 경우 : 금융기관(금융지주 §2 ① 1호)(금융업의 영위와 밀접한 관련이 있는 회사(금융지주령 §2 ②)를 포함)
   나. 해당 내국법인의 지주회사가 **금융지주회사 외의 지주회사**인 경우 : 한국표준산업분류에 따른 금융 및 보험업을 영위하지 아니하는 법인. 다만, **자회사인 해당 내국법인이 금융지주회사 외의 지주회사인 경우**에는 금융 및 보험업을 영위하지 아니하는 법인으로 본다.

지주회사의 **자회사**에 대한 출자비율은 자회사의 **배당기준일 현재 3개월 이상 계속해서 보유하고 있는 주식 등을 기준**으로 계산하나, 지주회사의 완전자회사가 되기 전에 부여한 신주인수권과 전환권이 지주회사의 완전자회사가 된 후 행사되어 자회사의 발행주식총수가 증가하는 경우 동 발행주식(배당기준일 전 3월 이내에 발행된 것에 한정)에 대하여는 배당기준일 현재 보유하고 있는 주식 등을 기준으로 계산한다(법세령 §17의3 ③). 이 경우 보유주식 등의 수를 계산할 때 동일 종목의 주식 등의 일부를 양도한 경우에는 먼저 취득한 주식 등을 먼저 양도한 것으로 본다(법세령 §17의3 ⑧). 출자비율의 판정시점은 법문 상 **'배당기준일 현재'**이다. 따라서 '배당기준일 현재' 이외 시점에서의 출자비율은 의미가 없다. **출자비율은 자기주식 등을 제외한 유통발행주식 총수를 기준으로 계산하여야 한다.** 자기주식 등에 대하여 배당하는 것은 해당 금액을 회사에 유보하는 것과 동일하고 자기주식 취득의 실질은 자본 또는 출자의 환급에 해당하는바 자기주식 등에 대하여 배당하는 것은 가공의 자본에 대하여 배당하는

결과에 해당하므로, 자기주식에 대하여 배당청구권을 인정할 수 없기 때문이다.[418] 출자비율에 의하여 익금불산입률을 정하는 것이 합리적이라고 할 수 없으므로 가능한 한 법인 주주에게 유리하게 해석하는 것이 타당하다는 점 역시 고려되어야 한다. 또한 유통발행주식에 해당한다면 그 발행총수를 계산함에 있어서 **종류주식**에 해당하는지 여부는 문제로 되지 않는다. **피출자법인에 대한 출자비율을 직·간접 소유비율을 합한 것으로 보아야 하는가?** 간접 소유관계에 있어서는 중간에 개재된 회사들이 배당을 결의할지 여부 및 배당가능이익이 존재하는지 여부 등에 따라 해당 내국법인에게 수입배당금이 발생할지 여부가 결정되므로 반드시 내국법인이 직접 소유하는 경우와 직·간접 소유하는 경우가 동일하다고 할 수는 없지만 그 경제적 실질이 유사하다고 할 수는 있다. 그런데 내국법인의 피출자법인에 대한 소유관계에 대하여 직접 소유비율만을 근거로 익금불산입률을 계산하는 경우와 직·간접 소유비율 모두를 합하여 익금불산입률을 계산하는 경우 각 익금불산입률이 달리 산정될 수 있다. 예를 들면 주권상장법인의 경우 직접 소유비율이 25%, 간접 소유비율이 25%인 경우는 직접 소유비율이 50%인 경우와 그 경제적 실질이 유사하다. 그런데 직접 소유비율이 50%인 경우에는 익금불산입률이 100%이나, 직·간접 소유비율을 각 분리하여 계산하는 경우에는 25%의 직접 소유비율에 대한 전체 수입배당금 대비 익금불산입률 40%(80% × 1/2)와 25%의 간접 소유비율(자회사가 손회사의 25%를 소유하고 내국법인이 자회사의 100%를 소유하는 경우)에 대한 그 익금불산입률 40%(80% × 1/2)를 합한 80%의 익금불산입률이 적용되는 등 문제가 발생한다. 따라서 **내국법인에 수입배당금이 발생하는 경우에는 내국법인의 피출자법인에 대한 직·간접 소유비율을 합하여 출자비율을 계산하고, 이를 근거로 익금불산입률을 계산하는 것이 타당하다.**

차입금의 이자 중 법정 차감금액은 다음과 같다(법세령 §17의3 ⑤).

> 차감금액 = A(지주회사의 차입금 이자) × B/C{B〔해당 자회사의 주식 등(국가 및 지방자치단체로부터 현물출자받은 주식 등은 제외의 장부가액 적수〕/ C〔지주회사의 사업연도 종료일 현재 재무상태표상 자산총액(금융지주회사가 차입할 때의 이자율보다 높은 이자율로 자회사에게 대여한 금액이 있는 경우에는 자산총액에서 그 대여금을 뺀 금액)의 적수〕} × D(법정 익금불산입률(법세 §18의3 ① 1호))

차입금 및 그 차입금의 이자에서 '금융지주회사법에 따른 금융지주회사가 차입할 때의

418) 이철송, 전게서, 425면.

이자율보다 높은 이자율로 자회사에 대여한 금액'에 상당하는 차입금의 이자와 지급이자 손금불산입의 적용(법세령 §55)에 따라 이미 손금불산입된 금액은 제외한다(법세령 §17의3 ④). 현재가치할인차금 및 연지급수입에 있어서 취득가액과 구분하여 지급이자로 계상한 금액 역시 그 차입금의 이자에서 제외한다(법세령 §76 ⑥). 금융지주회사가 차입하여 자회사들에게 대여하는 것은 금융지주회사의 고유업무에 속하며 그 업무를 수행하는 과정에서 필연적으로 '금융지주회사가 차입할 때의 이자율보다 높은 이자율로 자회사에게 대여한 금액'이 발생하는 것이고 이는 자회사의 주식 등 취득과 무관한 것이므로 제외한다. 또한 이미 손금불산입된 이자비용에 대하여 이중으로 불이익을 주는 것은 타당하지 않으므로 지급이자 손금불산입의 적용에 따라 이미 손금불산입된 금액은 제외한다. 그렇다면 **차입금 및 그 차입금 이자가 있는 경우에 익금불산입금액에서 차감하는 이유는 무엇인가?** 차입금 이자의 범위 차입금을 통하여 자회사의 주식 등을 취득한 경우에는 해당 차입금으로 인한 이자비용이 소득금액에서 공제됨과 동시에 그 주식 등으로 인한 수입배당금 역시 익금불산입되는 이중혜택을 받을 수 있기 때문에 차입금 이자 중 법정 금액을 차감하는 것이다. 따라서 기업회계기준 상 이자비용에 해당한다고 하더라도 그 계정의 성격 상 현금의 지출이 동반되지 않는 회계처리를 위한 명목 상 계정에 해당하거나 해당 법인의 영업활동에 필연적으로 수반되는 계정에 해당한다면 법령에 열거되지 않았다고 하더라도 이는 차입금 이자의 범위에서 제외하는 것이 타당하다. 현재가치할인차금 및 연지급수입에 있어서 취득가액과 구분하여 지급이자로 계상한 금액 역시 그와 동일한 성격의 금원이다. **차입금의 이자 중 '자회사의 주식 등이 자산총액에서 차지하는 비율'만큼 차감하는 이유는 무엇인가?** 법인세법이 지주회사의 차입금 중 '자회사의 주식 등이 자산총액에서 차지하는 비율'만큼 그 차입금을 통하여 자회사의 주식 등을 취득한 것으로 의제하는 것이다. 즉 해당 차입금의 개별적인 용도와 무관하게 의제를 통하여 익금불산입액을 산정한다. **'국가 및 지방자치단체로부터 현물출자받은 주식 등'**은 차입금을 통하여 취득한 것이 아니므로 법정 차감금액의 계산식에서 제외되어야 한다. 법정 차감금액의 계산식 상 B에는 **수입배당금액이 배정되는 주식 등**만이 포함되어야 함은 당연하다. 회사는 이익의 배당 및 잔여재산의 분배 등에 관하여 내용이 다른 종류주식을 발행할 수 있고(상법 §344 ①) 법인세법 상 수입배당금액의 계산에서 배제되는 경우(법세 §18의2 ②) 관련 주식 등은 그 성질 상 포함될 수 없기 때문이다. C에는 포함되는 자산총액은 **재무제표 상 자산총액**을 의미하므로 세무조정 사항이 반영될 여지가 없고, '사업연도 종료일 현재 자산총액'의 적수이므로 사업연도 중 자산의 변동을 고려할 필요 역시 없다. B에 포함되는 **주식 등 장부가액**은 재무제표 상 장부가액으로 보는 것이 타당하다. 재무제표 상 장부가액이 그 취득을 위하여 현실적으로 지출된 금액에 해당하고 C에 포함되는 자산총액 역시 재무제표 상 자산총액으로 규정하고 있기 때문이다. 지주회사(**분할지주회사**)가 **적격물적분할**(법세 §47 ①)로 다른 신설지주회사를 설립하는 경우에는 **신설지주회사**가 적격물적분할에 따라 승계한 자회사의 주식 등의 장부가액은 분할등기일 전일 분할지주회사의 해당 주식 등의 장부가액으로 한다(법세령 §17의3 ⑥). **적수의 계산과 관련된 기간의 산정**에 대하여 법인세법은 규정하지 않고 법인세법에 별도의 규정이 없으면 국세기본법이 적용되어야 한다. 국세기본법에 따르면, 기간의 계산은 특별한 규정이 있는 것을 제외하고는 민법에 따라야 한다(국기 §4). 기간을 일, 주, 월 또는 연으로 정한 때에는 기간의 초일은 산입하지 아니하나 그 기간이 오전 영시로부터 시작하는 때에는 그러하지 아니하다(민법 §157). 기간을 시, 분, 초로 정한 때에는 즉시로부터 기산한다(민법 §156). 기간을 일, 주, 월 또는 연으로 정한 때에는 기간 말일의 종료로 기간이 만료한다(민법 §159). 기간을 주, 월 또는 연으로 정한 때에는 역에 의하여 계산한다(민법 §160 ①). 주, 월 또는 연의 처음으로부터 기간을 기산하지 아니하는 때에는 최후의 주, 월 또는 연에서 그 기산일에 해당한 날의 전일로 기간이 만료한다(민법 §160 ②). 월 또는 연으로 정한 경우에 최종의 월에 해당일이 없는 때에는 그 월의 말일로 기간이 만료한다(민법 §160 ③). 기간의 말일이 토요일 또는 공휴일에 해당한 때에는 기간은 그 익일로 만료한다(민법 §161). 따라서 적수를 일별 잔액의 합계액으로 계산하는 경우에는 원칙적으로 초일은 산입하지 아니하고 기간 말일의 종료로 기간이 만료한다.

수입배당금액 중 익금불산입금액을 어떻게 세무조정하여야 하는가? 수입배당금액 중 익금불산입금액에 대하여서는 사후관리할 필요가 없으며 해당 익금불산입으로 인하여 법인의 순자산에 변화가 발생하는 것 역시 아니므로 수입배당금 중 익금불산입금액에 대하여서는 익금불산입(기타)로 세무조정하여야 한다.

수입배당금액 익금불산입 제도가 적용되지 않는 수입배당금액 역시 있다(법세 §18의3 ②). 즉 다음 수입배당금액에 대하여서는 익금불산입률 등을 계산할 필요가 없다.

첫째, 배당기준일 전 3개월 이내에 취득한 주식 등을 보유함으로써 발생하는 수입배당금액. 회사는 의결권을 행사하거나 배당을 받을 자 기타 주주 또는 질권자로서 권리를 행사할 자를 정하기 위하여 일정한 날에 주주명부에 기재된 주주 또는 질권자를 그 권리를 행사할 주주 또는 질권자로 볼 수 있는바(상법 §354 ①), 이를 통상 **기준일**(record date)이라고 한다. 즉 배당기준일은 배당결의일과 구분된다. **주식 등을 취득하였는지 여부**는 해당 취득거래의 경제적 실질이 가공행위(sham)에 해당하지 않는 한 상법 등 관련 법령에 따라 그 취득 여부를 결정하는 것이 타당하다. '3개월 이내'에 해당하는지 여부를 판정하기 위하여서는 명확한 기준이 적용될 필요가 있기 때문이다. 또한 합병, 분할 또는 조직변경 등 법령에 따라 종전 당사자의 권리를 승계하는 경우에는 보유기간을 합산하여 산정하는 것이 타당하다. 수입배당금 익금불산입 규정의 적용을 위하여 단기 매매를 활용하는 경우에는 이를 통하여 익금불산입의 혜택을 받고, 나아가 해당 주식을 배당 직후 매각한 경우에는 배당락으로 인한 양도손실이 발생하여 소득금액을 줄일 수 있는 혜택 역시 얻게 된다. 이러한 상황을 방지하기 위하여 배당기준일 전 3개월 이내에 취득한 주식 등을 제외하는 것이다. 수입배당금에는 의제배당 역시 포함되는바(법세 §18의2 ①), **의제배당의 경우**에는 의제배당의 확정시기(법세령 §13)를 배당기준일로 보아야 한다.

둘째, 유동화전문회사 등에 대한 **지급배당금 소득공제** 규정(법세 §51의2) 또는 **프로젝트금융투자회사에 대한 지급배당금 소득공제** 규정(조특 §104의31)에 따라 지급받은 수입배당금액. 지급배당금 소득공제 규정의 적용으로 인하여 지급배당금에 대하여서는 그 법인 단계에서 과세되지 않아서, 경제적 이중과세를 조정할 필요가 없기 때문이다. 따라서 소득공제 규정의 요건을 충족하지 못하여 지급배당금 공제가 적용되지 않는다면 수입배당금 익금불산입 규정이 적용되어야 한다.

셋째, 법인세법과 조세특례제한법에 따라 **법인세를 비과세 · 면제 · 감면받는 법정 법인**(법세령 §17의2 ④)으로부터 받은 수입배당금액. 법정 법인은 수도권 밖으로 본사를 이전하여 **100%의 감면율**이 적용되는 사업연도의 법인(조특 §63의2), 제주첨단과학기술단지 입주기업으로서 100%의 감면율이 적용되는 사업연도의 법인(조특 §121의8), 제주투자진흥지구 또는 제주자유무역지역 입주기업으로서 100%의 감면율이 적용되는 사업연도의 법인(조특 §121의9), **동업기업과세특례**(조특 §100의15 ①)를 적용받는 법인을 말한다(법세령 §17의3 ⑨). 해당 법인 단계에서 과세되지 않아서, 경제적 이중과세를 조정할 필요가 없기 때문이다. 100%의 감면율이 적용되지 않는 경우에는 수입배당금 익금불산입 규정이 적용되어야 한다.

넷째, 법인과세 신탁재산에 대한 **지급배당금 소득공제** 규정(법세 §75의14)에 따라 지급받은 수입배당금액. 지급배당금 소득공제 규정의 적용으로 인하여 지급배당금에 대하여서는 그 법인과세 신탁 단계에서 과세되지 않아서, 경제적 이중과세를 조정할 필요가 없기 때문이다.

2.3.4. 외국자회사 수입배당금액의 익금불산입

국제거래에 있어서 거래당사자들은 거주지국에서 과세될 뿐만 아니라 원천지국에서도 과세되는 이중과세의 위험에 노출될 수 있다. 따라서 원활한 국제거래를 위하여서는 그 이중과세의 위험이 제거 또는 경감될 필요가 있다. 국제거래에 있어서 이중과세의 위험을 제거하거나 경감하는 방법을 다음 세 가지로 유형화할 수 있다.[419]

첫째, **소득공제방법**(exemption method). 이 방법에 의할 경우, 거주지국은 거주자의 국외원천소득에 대하여 과세할 수 없어서 거주자의 국외원천소득이 거주지국에서 면세된다(exempt)고 할 수 있다.

둘째, **세액공제방법**(credit method). 이 방법에 의할 경우, 거주자의 국외원천소득 역시 거주지국에서 과세된다. 거주자가 납부한 외국납부세액은 거주지국이 소득에 대하여 부과한 세금에 대하여 공제된다.

셋째, **손금산입방법**(deduction method). 이 방법에 의할 경우, 거주자가 납부한 외국납부세액은 사업 상 손금(expense)으로서 취급된다. 거주지국은 거주자의 국외원천소득에 대하여서는 과세하나 이 경우 그 외국납부세액을 국외원천소득에 대한 손금으로서 공제하는 것을 허용한다.

소득공제방법과 관련하여서는 다음과 같은 변형된 형태의 방법 역시 있다.[420] **누진세율 소득공제방법**(exemption with progression) 및 **지분참여 소득공제방법**(exemption with participation)이 그 예에 해당한다. 전자는 국외원천소득에 대하여 소득공제를 적용하나, 국외원천소득에 대하여 낮은 세율구간이 먼저 적용되는 것으로 보아 국내원천소득에 대한 누진세율을 적용하는 방법을 의미한다. 후자는 일정 수준 이상의 국외 지분참여로 인하여 발생한 국외원천소득에 대하여 소득공제를 허용하는 방법을 의미한다. 현행 법인세법에 도입된 '외국자회사로부터 받은 수입배당금에 대한 익금불산입 제도'는 위 지분참여 소득공제방법에 해당한다.

이하 **외국자회사로부터 받은 수입배당금액에 관련된 국제적 이중과세의 위험을 제거 또는 경감**하기 위하여 도입된 '**외국자회사 수입배당금액의 익금불산입**'에 대하여 현행 법인세법 규정을 중심으로 살핀다.

내국법인(간접투자회사 등(법세 §57의2 ①)은 제외)이 해당 법인이 출자한 **외국자회사**[내국법인이 의결권 있는 발행주식총수 또는 출자총액의 100분의 10(조세특례제한법에 따른 해외자원개발사업을 하는 외국법인(조특 §22)의 경우에는 100분의 5) 이상을 출자하고 있는 외국법인으로서 **법정요건**[6개월 이상 계속하여 보유(내국법인이 적격합병, 적격분할, 적격물적분할, 적격현물출자에 따라 다른 내국법인이 보유하고 있던 외국자회사의 주식 등을 승계받은 때에는 그 승계 전 다른 내국법인이 외국자회사의 주식 등을 취득한 때부터 해당 주식 등을 보유한

---

419) Lynne Oats · Emer Mulligan, Principles of International Taxation, 7th. Ed., Bloomsbury Professional, 2019, at 84.
420) *Id.*, at 87, 102~104.

것으로 봄)](법세령 §18 ①)을 갖춘 법인; '주식 취득가액에 포함되는 수입배당금액'(법세 §41 ① 1호의2)의 경우에도 동일]로부터 받은 수입배당금액(이익의 배당금 또는 잉여금의 분배금과 배당금 또는 분배금으로 보는 금액(법세 §16))의 100분의 95에 해당하는 금액은 각 사업연도의 소득금액을 계산할 때 익금에 산입하지 아니한다(법세 §18의4 ①). 이 규정을 적용받으려는 내국법인은 과세표준 신고(법세 §60)를 할 때, 외국자회사 수입배당금액 명세서를 첨부하여 납세지 관할 세무서장에게 제출하여야 한다(법세 §18의4 ⑤; 법세령 §18 ④). '특정외국법인의 유보소득에 대하여 내국법인이 배당받은 것으로 보는 금액 및 해당 유보소득이 실제 배당된 경우의 수입배당금액'(국조 §27 ①, §29 ①, ②)에 대해서는 위 규정을 적용하지 아니한다(법세 §18의4 ③).

다만 '외국자회사 수입배당금액의 익금불산입'(법세 §18의4 ①)이 적용되는 경우라고 할지라도 다음 각 호의 어느 하나에 해당하는 금액은 각 사업연도의 소득금액을 계산할 때 익금에 산입한다(법세 §18의4 ④).

---

1. '유보소득 배당간주 규정이 적용되는 특정외국법인'(국조 §27 ① 각 호)으로부터 받은 수입배당금액으로서 법정 수입배당금액(법세령 §18 ②). 법정 수입배당금액은 특정외국법인(국조 §27 ① 중 실제부담세액(국조 §27 ① 1호)이 실제발생소득의 15퍼센트 이하인 특정외국법인의 해당 사업연도에 대한 다음 각 호의 금액을 말한다(법세령 §18 ② 본문). 다만, 해외자원개발사업법에 따른 해외자원개발사업자가 해외자원개발을 위해 조세특례제한법에 따라 외국법인에 출자하거나 투자(조특 §104의15 ①)하는 경우 해외자원개발사업자의 수입배당금 중 해당 투자 또는 출자로부터 발생한 해당 사업연도에 대한 다음 각 호의 금액은 제외한다(법세령 §18 ② 단서).

    > 1. 이익잉여금 처분액 중 이익의 배당금(해당 사업연도 중에 있었던 이익잉여금 처분에 의한 중간배당을 포함) 또는 잉여금의 분배금
    > 2. 법인세법(법세 §16)에 따라 배당금 또는 분배금으로 보는 금액

2. 혼성금융상품(자본 및 부채의 성격을 동시에 가지고 있는 금융상품으로서 법정 금융상품(법세령 §18 ③))의 거래에 따라 내국법인이 지급받는 수입배당금액. 법정 금융상품은 다음 각 호의 구분에 따른 요건을 모두 갖춘 금융상품을 말한다(법세령 §18 ③).

---

1. 우리나라의 경우: 우리나라의 세법에 따라 해당 금융상품을 자본으로 보아 내국법인이 해당 금융상품의 거래에 따라 거래상대방인 외국자회사로부터 지급받는 이자 및 할인료를 배당소득으로 취급할 것
2. 외국자회사가 소재한 국가의 경우: 그 국가의 세법에 따라 해당 금융상품을 부채로 보아 외국자회사가 해당 금융상품의 거래에 따라 거래상대방인 내국법인에 지급하는 이자 및 할인료를 이자비용으로 취급할 것

3. 제1호 및 제2호와 유사한 것으로서 정하는 법정 수입배당금액

내국법인이 해당 법인이 출자한 **외국법인**(외국자회사는 제외)**으로부터 자본준비금을 감액하여 받는 배당으로서** 익금불산입되는 배당(법세 §18 8호)에 준하는 성격의 **수입배당금액을 받는 경우** 그 금액의 100분의 95에 해당하는 금액은 각 사업연도의 소득금액을 계산할 때 익금에 산입하지 아니한다(법세 §18의4 ②).

2.4. 법인세법 상 기타 익금불산입 항목

2.4.1. 각 사업연도의 소득으로 이미 과세된 소득

각 사업연도의 소득으로 이미 과세된 소득(법인세법과 다른 법률에 따라 비과세되거나 면제되는 소득을 포함)은 익금에 산입하지 아니한다(법세 §18 2호). 각 사업연도의 소득으로 이미 과세된 소득을 다시 익금에 산입하여 과세하는 것은 법적 이중과세에 해당하므로 허용하지 않는 것이다. 비과세소득이나 면제소득에 해당되어 법인세를 납부하지 않았다고 하더라도 이미 소득금액에 포함되었다면 이후 기업회계기준에 따라 수익으로 계상된다고 하더라도 익금에 산입하지 않는다. 법률에 따른 전기의 비과세 또는 면제를 향후 장부에 수익으로 계상한다는 이유로 그 효과를 소멸시키는 것은 타당하지 않기 때문이다.

만약 전기 각 사업연도의 소득금액에 대하여 경정사유가 있거나 후발적으로 발생한다면 특별한 규정(법세령 §69 ③)이 없는 한 해당 전기 사업연도의 소득금액을 경정하여야 한다. 법인세법이 기업회계기준과 법인세법 사이의 일시적 차이에 대하여 '**익금산입**(또는 **손금불산입**)(**유보**)'**로** 소득처분하였으나 그 일시적 차이가 해소되는 경우 또는 기업회계기준과 법인세법 사이의 영구적 차이에 대하여 '**익금산입**(또는 **손금불산입**)(**사외유출**)'**로** 소득처분하였으나 해당 금액의 전부 또는 일부가 환입된 경우에 한하여, 전기 사업연도의 소득금액이 당기

사업연도의 소득금액에 포함되는지 여부가 쟁점이 된다.

기업회계기준과 법인세법 사이의 일시적 차이에 대하여 '익금산입(또는 손금불산입)(유보)'로 소득처분하였으나 그 일시적 차이가 해소되는 경우에는 그 일시적 차이의 해소 당시 법인의 회계처리에 따라 세무조정이 달라진다. 법인이 당기의 수익으로 계상하였다면 해당 수익에 대하여 '익금불산입(△유보)'로 소득처분하고, 이익잉여금의 증가로 계상하였다면 '익금산입(기타), 익금불산입(△유보)'로 소득처분한다. 자본의 구성요소인 이익잉여금을 익금으로 전환하나 이미 자본에 반영되어 있으므로 기타로 소득처분한 후, 그 전환된 익금에 대하여 다시 익금불산입(△유보)로 소득처분한다.

기업회계기준과 법인세법 사이의 영구적 차이에 대하여 '익금산입(또는 손금불산입)(사외유출)'로 소득처분하였으나 해당 금액의 전부 또는 일부가 환입된 경우에는 해당 환입액을 익금산입(기타)로 소득처분하여야 한다.[421] 이에 대한 근거는 다음과 같다. 사외유출은 장부에 수익으로 계상되지 않은 금액이 법인세법상 익금산입되거나 장부에 비용으로 계상된 금액이 법인세법상 손금불산입된 경우를 전제로 하므로, 당초 장부상으로는 수익이 계상되지 않거나 비용이 계상된 상태에 있었다. 사외유출된 금액이 환입된다면 장부상 수익이 계상되거나 비용의 환입이 인식된다. 이로서 법인세법이 당초 익금산입 및 손금불산입한 것과 동일한 상태에 이르게 되므로 사외유출된 금액이 환입된 범위 내에서는 '기업회계기준 상 자본'과 '법인세법 상 세무조정 후 사외유출 이전의 자본'이 동일하게 된다. 그러나 법인세법 상 순자산은 여전히 사외유출된 상태로 계상되어 있으므로, 사외유출 거래를 취소하여야 한다. 즉 법인세법 상 순자산의 유입을 익금산입하여 소득금액을 증가시키고, 해당 순자산의 유출로 인하여 감소한 자본 구성요소 계정을 다시 증액하여야 한다. 한편 기업회계기준 상으로는 사외유출 취소분이 이미 반영되어 있다. 그렇다면 사외유출 거래의 취소로 인한 익금산입은 법인세법 상 자본 구성요소 계정의 변화를 통하여 반영될 수밖에 없다. 따라서 **사외유출된 금액이 향후 사업연도에 다시 법인에 환입된 경우에는 해당 유입액을 익금산입(기타)로 소득처분하여야 한다.**

2.4.2. 법인세 등 환급액 중 다른 세액 충당액

손금에 산입하지 아니한 각 사업연도에 납부하였거나 납부할 '**법인세 또는 법인지방소득세**'(법세 §21 1호)를 환급받았거나 **환급**받을 금액을 다른 세액에 **충당**한 금액은 익금에 산입하지 아니한다(법세 §18 3호). 법인지방소득세 납부의무의 범위는 법인세법에서 정하는 바에 따른다(지

---

421) 제1장 제4절 소득처분 부분 참조.

세 §86 ②). 법인세의 환급 및 충당에 대하여서는 국세기본법(국기 §51~§54)에 따라 해석되어야 한다.[422]

각 사업연도에 납부하였거나 납부할 법인세 또는 법인지방소득세는 손금에 산입하지 않는다 (법세 §21 1호). 그 이유에 대하여 살핀다. 각 사업연도에 납부하였거나 납부할 법인세 또는 법인지방소득세를 손금에 산입할 경우에는 그 손금산입으로 인하여 소득금액이 달라지며 이로 인하여 다시 법인세 또는 법인지방소득세가 달라지는 순환적 계산에 빠지게 되므로, 이를 손금에 산입하지 않는다. 이러한 기술적 이유 이외에 각 사업연도에 납부하였거나 납부할 법인세 또는 법인지방소득세를 손금에 산입하지 않는 규범적 근거에 대하여 살필 필요가 있다. **법인 순자산이 유출됨에도 불구하고 법인세 또는 법인지방소득세를 손금에 산입하지 않는 규범적 근거는 무엇인가?** 이 쟁점은 국가 또는 지방자치단체의 '법인세 등에 대한 부과·징수권'과 '주주 또는 출자자의 지위' 사이의 관계에 대한 논의와 연결된다. **국가 또는 지방자치단체의 법인세 등에 대한 추상적 부과·징수권은 법인세법 등에 따라 무상으로 취득한 권리로서 법인세법**[423] **상 확정될 소득금액에 대한 추상적 소유지분을 표창한다.** 즉 국가 또는 지방자치단체는 법인의 소득금액에 대하여 주주 또는 출자자와 유사한 지분소유권자로서의 지위를 갖는다. 한편 국가 또는 지방자치단체의 법인세 등에 대한 조세채권은 **법인세법**[424] **상 소득금액의 확정을 조건으로 법인세법 등에 따라 확정된 구체적 화폐성 청구권을 의미한다.**[425] 구체적으로 발생한 국가 또는 지방자치단체의 화폐성 청구권은 채권으로서 그 금액 및 행사 등에 관한 구체적 사항들은 법인세법 등에 따라 정하여진다. 따라서 국가 또는 지방자치단체가 법인세 등을 부과·징수하는 것은 '법인 소득금액의 확정'을 계기로 주주총회 등에 의한 배당결의와 상관없이 세법에 따라 '법인 소득금액에 대한 추상적 소유지분'을 구체적 조세채권의 형태로 전환하는 것을 의미하므로, **법인세 또는 법인지방소득세의 납부는 '주주 또는 출자자에 대한 배당'과 그 성질이 유사하다.** 따라서 법인의 손금에 산입될 수 없다(법세 §21 1호).

법인세법 상 손금에 산입하지 않는 법인세 또는 법인지방소득세를 환급받는 경우 법인 순자산이 유입됨에도 불구하고 익금에 산입하지 않는 규범적 근거는 무엇인가? 이 쟁점은 법인 순자산의 유입이 없음에도 특별규정을 통하여 익금에 산입할 수 있는지 여부에 관한 논의와 연결되는바, 법인세법 및 조세특례제한법이 특별규정을 통하여 익금에서 배제하는

---

422) 이준봉, 전게서, 465면~482면 참조.
423) 조세특례제한법 역시 법인세법의 규정에 따라 적용된다.
424) 조세특례제한법 역시 법인세법의 규정에 따라 적용된다.
425) 같은 절 제1관 Ⅲ 3 참조.

경우에는 '법인세법 및 조세특례제한법이 특별히 익금에서 제외한 경우'뿐만 아니라 '법인 순자산이 유출된다고 하더라도 법인세법 상 손금에서 제외하였던 거래가 취소 등으로 환원되어 법인의 순자산이 유입되는 경우' 역시 포함하여야 한다. 그렇지 않으면 가공소득에 대한 과세로 서 헌법상 조세평등주의에 근거한 실질과세원칙에 반할 뿐만 아니라 이를 허용할 별도의 규범적 정당성 역시 찾기 어렵기 때문이다.[426] 따라서 '**법인세법 상 손금에서 제외되었던 법인세 또는 법인지방소득세'를 환급받는 경우 역시 '법인세법 및 조세특례제한법이 특별규정을 통하여 익금에서 배제하는 경우'에 해당하므로 이는 법인세법 상 익금에서 제외되어야 한다.**

2.4.3. 국세 등 과오납금의 환급금에 대한 이자

국세 또는 지방세의 과오납금의 '환급금에 대한 이자'는 익금에 산입하지 아니한다(법세 §18 4호). '환급금에 대한 이자'로 인하여 법인 순자산이 증가함에도 불구하고 해당 금액이 익금불산입되는 것이다. 익금불산입된 '환급금에 대한 이자'는 여전히 법인세법 상 이익잉여금 에는 편입되어 배당가능재원을 구성한다.

환급가산금에 대하여 살핀다. 세무서장은 국세환급금을 충당하거나 지급할 때(국기 §51)에는 국세환급가산금 기산일(국기령 §43의3 ①)부터 충당하는 날 또는 지급결정을 하는 날까지의 기간과 시중은행의 1년 만기 정기예금 평균 수신금리를 고려한 3.1%(국기칙 §19의3)의 이자율(국 기령 §43의3 ②)에 따라 계산한 **국세환급가산금**을 국세환급금에 가산하여야 한다(국기 §52 ①). 국세에 충당(국기 §51 ⑧)하는 경우 국세환급가산금은 지급결정을 한 날까지 가산한다(국기 §52 ②). 국세환급가산금을 가산하지 않는 경우 역시 있다. '경정 등의 청구(국기 §45의2)' 및 '이의신청, 심사청구, 심판청구, 감사원법에 따른 심사청구 또는 행정소송법에 따른 소송에 대한 결정이나 판결(국기 제7장)'이 없이 고충민원의 처리에 따라 국세환급금을 충당하거나 지급하는 법정 경우에는 국세환급가산금을 가산하지 아니한다(국기 §52 ③). 지방자치단체의 장은 지방세환급금을 충당하거나 지급할 때(지기 §60)에는 법정기산일부터 충당하는 날 또는 지급결정을 하는 날까지의 기간과 금융회사의 예금이자율 등을 고려한 3.1%(국기칙 §19의3)의 이율(지기령 §43 : 국기령 §43의3 ②)에 따라 계산한 **지방세환급가산금**을 지방세환급금에 가산하여 야 한다(지기 §62 ①). 지방세환급금을 지방세에 충당(지기 §60 ⑥)하는 경우 지방세환급가산금은 지급결정을 한 날까지 가산한다(지기 §62 ②). **조세환급금**은 조세채무가 처음부터 존재하지 않거나 그 후 소멸하였음에도 불구하고 국가가 법률상 원인 없이 수령하거나 보유하고 있는

---

426) 같은 절 제1관 II 4 참조.

부당이득에 해당하고, **환급가산금**은 그 **부당이득에 대한 법정이자**로서의 성질을 가지며, 환급가산금의 내용에 대한 세법상의 규정은 민법 상 부당이득의 반환범위에 관한 특례로서의 성질을 가진다.[427]

국세 등 과오납금의 환급금에 대한 이자를 익금에 산입하지 않는 이유는 무엇인가? 국세기본법 및 지방세법은 환급금에 대한 법정 이자율을 3.5%(국기칙 §19의3)로 특정한다. 세법이 특정하는 법정 이자율은 **환급가산금의 법인세 차감 후 이자율**을 의미한다. 즉 환급가산금의 이자율을 법인 순자산의 결과적 세후 증가액을 정하는 기준으로서 규정한 것이다. 이는 국가 또는 지방자치단체가 환급가산금에 귀속되는 법인세액을 원천징수한 후 지급하고 해당 세액에 대하여 공제를 허용하는 것과 동일하다. 그러나 각 법인이 직면한 유효세율이 상이하여 환급가산금을 지급할 당시에는 그 유효이자율을 미리 특정할 수 없으므로 이러한 방식을 실행하는 것은 어렵다. 따라서 법인세법은 법정 세후 이자율에 의하여 계산한 환급가산금을 지급하고, 해당 금액을 익금불산입하는 방식을 선택한 것으로 보아야 한다. 만약 환급가산금의 법정 이자율이 법인세 차감 전 이자율을 의미하는 것이라면, 국가 또는 지방자치단체가 법정 이자율에 의하여 환급가산금을 지급한다고 하더라도 법인세법이 다시 이를 환수하는 결과에 이르며 그 환수액 역시 해당 법인이 직면한 유효이자율에 따라 달라지는 문제점이 발생한다. 세법 상 명문으로 인정된 이자율을 다시 세법이 나서서 부인하는 것을 세법 전체를 관통하는 체계정당성에 부합하는 해석으로 볼 수 없고, 국가 또는 지방자치단체가 납세자별로 상이한 환급가산금을 지급하는 결과를 초래하는 것은 조세법률주의 또는 조세평등주의 모두에 반할 가능성이 있다. 따라서 환급가산금에 관한 법정 이자율을 법인세 차감 전 이자율로 해석하는 것은 타당하지 않고, 이를 법인세 차감 후 이자율로 해석하는 것이 타당하다. 한편 **법정 세후 이자율에 의하여 계산한 환급가산금을 지급하고, 해당 금액을 익금불산입하는 방식을 선택할 수 있는 법률은 세법으로 한정된다는 점에 유의하여야 한다.** 모든 국민은 법률이 정하는 바에 의하여 납세의 의무를 지고(헌법 §38), 조세의 종목과 세율은 법률로 정하여야 한다(헌법 §59). 세법은 헌법 상 납세의무에 근거하여 그 종목과 세율을 정하는 방식으로 제정되어야 한다. 실질적으로 조세에 관련된 사항을 '조세의 종목과 세율 등' 헌법상 수권사항을 명시하지 않는 일반 법률에 의하여 결정한다면 이는 위 각 헌법 조항에 근거한 조세법률주의에 반하는 것으로 보아야 하기 때문이다.[428] 이는 조세법률주의에 반하는지 여부를 논하기 이전에 정책적 타당성의

---

427) 대법원 2009.9.10. 2009다11808.
428) 이준봉, 전게서, 68면~69면.

관점에서도 바람직하지 않고 이를 권장하여야 할 당위성 역시 찾기 어렵다. 특별한 필요성이 인정되는 경우에는 법인세법에 반영하는 것이 타당하다. 따라서 **세법 이외의 법률이 가산금에 대하여 독자적으로 규정하거나 국세환급금의 지급절차를 준용하여 규정한다고 할지라도 해당 가산금이 바로 법인세법 상 익금불산입된다고 할 수는 없다.** 세법이 아닌 법률 상 가산금에 대하여 국세환급가산금 또는 지방세환급가산금과 동일하게 익금불산입 규정이 적용되기 위하여서는 법인세법 상 해당 내용이 반영되어야 한다.

관세환급가산금 역시 익금에 산입되지 않는가? 관세법 역시 관세환급가산금에 대하여 규정한다. 세관장은 관세환급금을 환급하거나 충당(관세 §46)할 때에는 법정 관세환급가산금 기산일(관세령 §56 ③)부터 환급결정 또는 충당결정을 하는 날까지의 기간과 서울특별시에 본점을 둔 은행의 1년 만기 정기예금 이자율의 평균을 고려한 3.5%(관세칙 §9의3)의 이율(관세령 §56 ②)에 따라 계산한 관세환급가산금에 더하여야 한다(관세 §48 ① 본문). 다만, 국가 또는 지방자치단체가 직접 수입하는 물품 등 법정 물품(관세령 §56 ④)에 대하여는 그러하지 아니하다(관세 §48 ① 단서). 법인세법은 국세와 지방세법의 경우 환급가산금이 익금에 산입되지 않는다고 규정하나(법세 §18 4호), 관세는 국세의 범위에 속하지 않는다(국기 §2 1호). 따라서 관세환급가산금이 익금불산입될 수 있는지 여부가 쟁점이 된다. 한편 관세법과 수출용 원재료에 대한 관세 등 환급에 관한 특례법에서 세관장이 부과·징수하는 국세에 관하여 국세기본법에 대한 특례규정을 두고 있는 경우에는 관세법과 수출용 원재료에 대한 관세 등 환급에 관한 특례법에서 정하는 바에 따른다(국기 §3 ②). 즉 관세법은 국세기본법에 대한 특례를 규정할 수 있는 특별법의 지위에 있다. 또한 관세법 역시 헌법 상 납세의무에 근거하여 제정된 광의의 세법상 정의에 포함된다고 보아야 한다. 따라서 **관세환급가산금에 대하여서도 법인세법 상 국세환급가산금에 대한 익금불산입 규정을 유추적용하는 것이 타당하다.**

2.4.4. 부가가치세의 매출세액

부가가치세의 매출세액은 익금에 산입하지 아니한다(법세 §18 5호). **부가가치세 매출세액**은 재화 또는 용역을 공급받는 자로부터 거래징수하여 국가에 납부하여야 하는 금원에 해당하므로 이를 **부채**로 인식하여야 한다. 따라서 자산의 유입이 있다고 하더라도 부채인 부가가치세 매출세액 역시 인식하여야 하므로 법인 순자산의 증가는 발생하지 않는다. 따라서 부가가치세 매출세액을 거래징수하였다고 하여 이를 익금으로 인식할 수는 없다. **부가가치세 매입세액**은 선급금으로서 **자산**의 성격을 갖는다. 한편 **사업자가 부가가치세 매출세액을 초과하여 거래징수**

하거나 부가가치세 매출세액에 미달하여 거래징수한 경우에는 부가가치세 납부세액과 부가가치세 거래징수세액 사이의 괴리가 발생한다. 이 경우 사업자와 재화 또는 용역을 공급받는 자 사이에 추가적으로 정산하여야 할 권리 또는 의무가 없다면 그 초과액 또는 미달액은 사업자의 익금 또는 손금에 산입되어야 한다.

이하 위 쟁점과 관련된 범위 내에서 부가가치세에 대하여 간략히 살핀다. 부가가치세의 **매출세액**은 해당 과세기간에 공급한 재화 또는 용역의 공급가액을 합한 금액인 과세표준(부가세 §29)에 10%의 세율(부가세 §30)을 적용하여 계산한 금액으로 한다(부가세 §37 ①). **사업자가** 재화 또는 용역을 공급하는 경우에는 해당 과세기간에 공급한 재화 또는 용역의 공급가액(부가세 §29 ①)에 10%의 세율(부가세 §30)을 적용하여 계산한 부가가치세를 재화 또는 용역을 **공급받는 자로부터 징수**하여야 한다(부가세 §29). **세관장**은 수입되는 재화에 대한 '관세의 과세가격과 관세, 개별소비세, 주세, 교육세, 농어촌특별세 및 교통·에너지·환경세를 합한 금액'인 과세표준(부가세 §29 ②)에 대하여 부가가치세를 징수하여야 한다(부가세 §35 ①). 부가가치세의 **납부세액**은 **매출세액**(대손세액(부가세 §45 ①)을 뺀 금액)에서 **매입세액**(부가세 §38), 그 밖에 부가가치세법 및 다른 법률에 따라 공제되는 매입세액을 뺀 금액으로 하고, 이 경우 매출세액을 초과하는 부분의 매입세액은 **환급세액**으로 한다(부가세 §37 ②). 매입세액은 사업자가 자기의 사업을 위하여 사용하였거나 사용할 목적으로 공급받거나 수입한 재화 또는 용역에 대한 부가가치세액(사업양수인이 대리납부한 부가가치세액(부가세 §52 ④)을 포함)을 말한다(부가세 §38 ①). 사업자는 부가가치세 납부세액 또는 환급세액을 **신고납부**하거나 **환급**받는다(부가세 §48, §49). 이상의 내용에 따르면, 사업자는 해당 과세기간 동안 재화 또는 용역을 공급받는 자로부터 징수한 부가가치세 매출세액에서 부가가치세 매입세액을 공제하여 계산한 납부세액을 신고납부하거나 환급받는다. 그렇다면 부가가치세 매출세액은 재화 또는 용역을 공급받는 자로부터 거래징수하여 국가에 납부하여야 하는 금원에 해당하므로, 이를 부채로 인식하여야 한다. 통상 부가가치세 매출세액에 대하여 **부가가치세 예수금**이라는 계정을 사용하고, 부가가치세 매입세액에 대하여 **부가가치세 대급금**이라는 계정을 사용한다. 부가가치세 대급금은 부가가치세 예수금에 대한 차감계정의 성격과 선급금에 해당하는 자산의 성격을 갖는다. 따라서 부가가치세 대급금은 부가가치세 예수금과 상계되나, 초과액이 발생한 경우에는 부가가치세 환급세액이라는 형태의 자산으로서의 성격을 갖는다.

2.4.5. 자산수증익 등 중 이월결손금 충당액

무상으로 받은 자산의 가액(국고보조금 등(법세 §36)은 제외)과 채무의 면제 또는 소멸로 인한 부채의 감소액 중 법정 이월결손금(법세령 §16 ①)을 보전하는 데에 충당한 금액은 익금에 산입하지 아니한다(법세 §18 6호). **국고보조금 등**에 대하여서는 별도의 손금산입 규정(법세 §36 : 법세령 §64)이 있다. 즉 국고보조금 등으로 취득한 사업용자산가액에 대하여서는 일시상각충당금 또는 압축기장충당금을 설정하는 방법을 통하여 손금에 산입할 수 있으므로(법세 §36 ① : 법세령 §64 ③), 국고보조금 등에 대하여 익금불산입할 필요가 없다. **'채무의 면제 또는 소멸로 인한 부채의 감소액'**으로 충당할 수 있는 법정 이월결손금은 다음 중 어느 하나에 해당하는 것을 말한다(법세령 §16 ①).이 경우 이월결손금의 계산 역시 이월결손금의 계산에 관한 일반 규정(법세령 §10 ②, ③)에 따른다(법세령 §16 ②).

---

1. 결손금(법세 §14 ②)(적격합병 및 적격분할로 승계받은 결손금(법세 §44의3 ②, §46의3 ②)은 제외)으로서 그 후의 각 사업연도의 과세표준을 계산할 때 이월결손금으로서 공제(법세 §13 ① 1호)되지 아니한 금액. **적격합병 및 적격분할로 승계받은 결손금**(법세 §44의3 ②, §46의3 ②)은 승계받은 법인의 사업에서 발생한 결손금이므로 해당 사업에서 발생한 소득금액의 범위에서 공제될 수 있다.
2. 신고된 각 사업연도의 과세표준(법세 §60)에 포함되지 아니하였으나 다음 중 어느 하나에 해당하는 결손금으로서 법인세법 상 결손금(법세 §14 ②)에 해당하는 것
   가. 채무자 회생 및 파산에 관한 법률에 따른 회생계획인가의 결정을 받은 법인의 결손금으로서 법원이 확인한 것
   나. 기업구조조정 촉진법에 의한 기업개선계획의 이행을 위한 약정이 체결된 법인으로서 금융채권자협의회가 의결한 결손금

이월결손금으로서 공제되었는지 여부는 어떻게 판정하는가? 이월결손금이 공제된 것으로 간주되는 경우('채무의 출자전환으로 발행하는 주식 등의 시가(법세 §51 ②)를 초과하여 발행된 금액' 중 '채무의 면제 또는 소멸로 인한 부채의 감소액 중 법정 이월결손금(법세령 §16 ①)을 보전하는 데에 충당(법세 §18 6호)'하지 않은 법정 금액(법세령 §15 ①)으로서 해당 사업연도의 익금에 산입하지 아니하고 그 이후의 각 사업연도에 발생한 결손금의 보전에 충당한 금액(법세 §17 ②), 무상으로 받은 자산의 가액 및 채무의 면제 또는 소멸로 인한 부채의 감소액으로 충당된 이월결손금(법세 §18 6호), 중소기업의 결손금 소급공제 규정에 따라 공제받은 결손금(법세 §72 ①)) 및 **이월결손금이 과세표준 계산시 소득금액에서 공제된 경우**(법세 §13 ①, §45 ①, §45

②, §46의 4 ②, §79 ④, §91 ①)에 한하여 이월결손금이 소멸한다. 따라서 **재무제표 상 결손금이 상법 상 자본금의 감소 및 법정 준비금의 감소를 통하여 보전되거나 임의준비금의 이입을 통하여 소멸한다고 할지라도 이로 인하여 세법상 이월결손금이 소멸하는 것은 아니다.** 과세표준 계산 시 해당 사업연도까지 공제되지 않은 이월결손금만이 공제될 수 있는바, 그 **공제되지 않은 이월결손금은 위 각 사유로 인하여 공제되어 소멸하지 않은 이월결손금을 의미한다.**[429]

법인세법 상 이월결손금과 재무제표 상 이월결손금은 동일한가? 먼저 **상법 상 결손금과 재무제표 상 결손금이 동일한 것인지 여부에 대하여 본다.** 상법은 결손금 처리계산서를 회사의 재무제표 중 하나로 규정하나(상법령 §16 ①), 결손금 자체에 대하여 정의하지는 않는다. 다만 상법이 대차대조표 및 손익계산서를 재무제표로 규정하고(상법 §447), 회사의 회계는 상법, 회계처리기준(외감법 §5 ①) 및 공기업·준정부기관의 회계 원칙(공공기관법 §39 ③) 등이 먼저 적용되며 그 이외의 사항에 대하여서는 일반적으로 공정하고 타당한 회계관행에 따른다고 규정한다(상법 §446의2). 따라서 재무제표 상 회계처리기준에 따른 결손금과 상법 상 결손금은 별도의 특별한 규정이 없는 한 원칙적으로 동일한 것으로 보아야 한다. 그러나 상법에 따르면 자본금 및 법정준비금을 감소시키면서 결손을 보전할 수 있다(상법 §438 ①, §460). 임의준비금을 이입하여 결손금과 상계하는 것 역시 가능하나, 이는 상법 상 결손의 보전에 해당하지는 않는다. 따라서 당초 재무제표 상 결손금은 상법 상 결손의 보전 또는 임의준비금의 이입을 통하여 결손금이 감소될 수 있다.[430] **재무제표 상 이월결손금과 법인세법 상 이월결손금이 동일한 것인지 여부에 대하여 본다.** 법인세법 상 결손금은 각 사업연도에 속하는 손금의 총액이 그 사업연도에 속하는 익금의 총액을 초과하는 경우에 그 초과하는 금액으로 하고(법세 §14 ②), 이월결손금은 각 사업연도의 개시일 전 발생한 각 사업연도의 결손금으로서 그 후의 각 사업연도의 과세표준을 계산할 때 공제되지 아니한 금액으로 한다(법세 §14 ③). 따라서 법인세법 상 결손금은 재무제표 상 비용이 수익을 초과하는 경우에 발생하는 결손금과 동일한 계산구조를 가진다. 그러나 법인세법 상 '익금의 총액' 및 '손금의 총액'이 재무제표 상 '수익' 및 '비용'과 동일한 것은 아니며, 법인세법이 상법 상 결손의 보전 또는 임의준비금의 이입을 통하여 결손금이 감소되는 것을 인정하고 있지 않으며 오히려 법인세법 상 이월결손금이 공제된 것으로 간주하는 별도의 규정(법세령 §10 ③)을 두고 있다는 점을 감안한다면 재무제표 상 이월결손금과 법인세법 상 이월결손금은 그 계산구조는 유사하나 동일하지는 않다고 보아야

---

429) 제1절 제2관 Ⅰ 1 참조.
430) 제1절 제2관 Ⅰ 1 참조.

한다.[431]

　이월결손금은 소득금액과 상계되는 것인바, 채무면제익 또는 자산수증익을 이월결손금에 **충당하는 것을 허용하는 이유는 무엇인가?** 결손금은 각 사업연도의 소득금액을 계산하는 단계에서 발생하고(법세 §14 ②), 이월결손금은 과세표준을 계산함에 있어서 각 사업연도의 소득금액에서 공제된다(법세 §13 ①). 따라서 이월결손금의 공제 또는 소멸은 소득금액 계산 이후 단계에서 발생하는 쟁점으로서 그 이전 단계에서 발생하는 손금의 계상 여부와는 무관하다. 법인세법 상 채무면제익 또는 자산수증익으로 충당하는 것을 허용한다고 할지라도 기업회계기준 상으로는 여전히 채무면제익 또는 자산수증익을 인식하여야 하고, 기업회계기준 상 이월결손금을 채무면제익 또는 자산수증익과 상계할 수는 없다. 법인세법이 채무면제익 또는 자산수증익을 익금불산입하는 것만으로는 이월결손금이 소멸하는 효과를 반영할 수 없다. 따라서 법인세법이 법정 이월결손금에 한하여 이를 손금으로 전환하여 인식하고 해당 금액이 결과적으로 채무면제익 또는 자산수증익과 상계되는 효과를 얻도록 하는 방법을 선택한 것으로 이해하여야 한다. 따라서 법인세법 상 '이월결손금에 충당한 금액을 익금불산입한다'는 취지의 문언을 이러한 의미로 이해하는 것이 타당하다. 즉 법인세법이, 이월결손금은 과세표준을 계산함에 있어서 각 사업연도의 소득금액에서 공제된다는 원칙에도 불구하고, 특정 조건을 충족하는 경우에 채무면제익 또는 자산수증익을 이월결손금에 충당하는 것은 이월결손금을 특정 경우에 한하여 손금으로 전환하는 것과 동일하다. 그런데 이월결손금을 '소득금액에서 공제하는 것'과 '손금으로 전환하여 소득금액을 계산하는 것'이 과세표준의 계산에 미치는 효과는 원칙적으로 동일하지만, 이월결손금 공제에 대한 시적 제한(법세 §13 ①)이 적용되는 경우에는 그렇지 않다. '법인세법 상 특별규정에 의하여 이월결손금을 손금으로 전환하는 것'은 '이월결손금의 소득금액에 대한 공제'와 구분되므로 이에 대하여서는 이월결손금 공제에 대한 시적 제한이 적용되지 않기 때문이다. 즉 **법인세법이, '이월결손금 공제에 대한 시적 제한'과 무관하게 '채무면제익 또는 자산수증익'을 통하여 법인의 결손을 보전할 수 있도록, '채무면제익 또는 자산수증익'을 법정 이월결손금과 충당하는 것을 허용하는 특별규정을 둔 것이다.** 다만 채무면제익 또는 자산수증익을 법정 이월결손금에 충당하는 경우 해당 충당금원을 채무면제익 또는 자산수증익의 익금불산입 항목으로 규정하는 것보다는, 그 충당된 이월결손금을 특별한 손금산입 항목으로서 규정하는 것이 법인세법 체계에 보다 부합된다고 판단한다.

　채무면제익 또는 자산수증익의 법정 이월결손금 충당에 대한 세무조정은 다음과 같다.

---

431) 제1절 제2관 I 1 참조.

법인세법에 따라 채무면제익 또는 자산수증익을 법정 이월결손금에 충당한 경우에는 이월결손금에 충당되는 금액을 손금에 산입하나, 그 효과는 이미 이월결손금 형태로 법인 자본에 대한 차감계정으로서 반영되어 있었으므로, 기타로 소득처분하여야 한다.

채무면제익 등을 이월결손금에 충당하는 경우 납세자는 어떠한 조치를 취하여야 하는가? 재무제표 상 이월결손금과 법인세법 상 이월결손금은 구분되는 것이므로 법인세법에 따라 채무면제익 등을 이월결손금과 충당한다고 하더라도 이를 그대로 재무제표에 반영할 수는 없다. 결손금처리계산서에 기재할 수는 있으나 법인세법 상 결손금의 변화에 해당하는지 여부는 별개의 쟁점에 속한다. 채무면제익 등을 이월결손금에 충당하는 경우의 처리에 관하여 법률에 명시된 바는 없다. 다만 자본금과 적립금조정명세서(갑)(법세칙 §82 별지 서식 50호)은 '자본금과 적립금 계산서', '이월결손금 계산서' 및 '회계기준 변경에 따른 기초잔액 수정'을 기재하도록 정하여져 있다. 따라서 채무면제익 등을 이월결손금에 충당하는 경우에는 위 서식에 그 충당으로 인한 자본금, 적립금 또는 이월결손금의 변화내역을 기록하여야 한다.[432]

채무면제익 등을 이월결손금에 충당하는 경우에도 그 충당한도가 적용되는가? 각 사업연도의 개시일 전 15년 이내에 개시한 사업연도에서 발생한 이월결손금의 공제는 각 사업연도 소득의 100분의 60(중소기업(조특 §5 ①)과 회생계획을 이행 중인 기업 등 법정 법인(법세령 §10)의 경우는 100분의 100)을 한도로 하나(법세 §13 ①), 자산수증익 또는 채무면제익으로 이월결손금을 보전하는 경우에는 그 한도에 관한 규정이 없다. 따라서 채무면제익 등 전액을 이월결손금의 보전에 충당할 수 있다.

채무면제익 등을 이월결손금에 충당한 이후 해당 채무면제익 등 거래가 취소된 경우에는 어떻게 처리하여야 하는가? 법인세법에 따라 인식할 수 있는 채무면제익 또는 자산수증익을 이월결손금과 충당하였다면, 이월결손금 충당거래와 채무면제익 등 취소로 인한 순자산 유출거래는 별개의 거래로 보아야 한다. 따라서 이월결손금 충당거래의 법인세법 상 효력은 유효하고, 취소 등 사유가 발생한 사업연도에 '채무면제익 등 취소에 따른 순자산 유출거래'로 인하여 별도의 손금이 발생한 것으로 처리하여야 한다.

2.4.6. 연결자법인 또는 연결모법인으로부터 지급받는 금액

연결자법인 또는 연결모법인으로부터 지급받았거나 지급받을 금액(법세 §76의19 ②, ③)은 익금에 산입하지 아니한다(법세 §18 7호). **연결자법인**은 법정신고기한(법세 §76의17 ①)까지 연결법

---

432) 제1절 제2관 Ⅰ 1 참조.

인별 산출세액에서 연결사업연도에 대한 '감면 및 기납부세액'(해당 연결사업연도의 해당 법인의 감면세액, 연결법인별 중간예납세액(법세 §76의18), 해당 법인의 원천징수된 세액(법세 §73, §73의2))을 뺀 금액에 각종 불성실가산세(법세 §75, §75의2~§75의9)를 가산하여 **연결모법인에 지급**하여야 한다(법세 §76의19 ②). **연결모법인**은 연결산출세액에서 '감면 등 및 기납부세액'[(해당 연결사업연도의 감면세액·세액공제액, 연결사업연도의 연결중간예납세액(법세 §76의18), 각 연결법인의 원천징수된 세액의 합계액(법세 §73, §73의2)); 가산세는 제외한다]을 공제한 금액을 각 연결사업연도의 소득에 대한 법인세로서 법정신고기한(법세 §76의17 ①)까지 **납세지 관할 세무서 등에 납부**하여야 한다(법세 §76의19 ①). 즉 **연결모법인은 연결자법인이 납부할 각 법인세를 받아 이를 합하여 계산한 후 각 연결사업연도의 소득에 대한 법인세로서 납부한다.** 따라서 연결자법인이 모법인에게 지급하는 법인세는 연결자법인 단계에서 손금불산입되고, 이를 수령한 연결모법인 단계에서는 익금불산입된다. 연결모법인이 연결자법인으로부터 각 수령한 법인세를 납부한 경우 이 역시 손금불산입되는 것은 물론이다.

2.4.7. 자본준비금을 감액하여 받는 배당

법정준비금의 감소(상법 §461의2)에 따라 **자본준비금**을 감액하여 받는 배당(내국법인이 보유한 주식의 장부가액을 한도)은 익금에 산입하지 아니한다(법세 §18 8호 본문). 법정준비금은 이익준비금 및 자본준비금을 의미하는바, 법정준비금의 감소를 통하여 자본준비금 역시 상법 상 배당가능이익에 포함될 수 있다. 따라서 배당가능이익에 포함된 자본준비금이 배당되는 경우에는 이를 법인 주주의 배당소득으로 보지 않는 것이다.[433] 자본준비금의 배당은 해당 법인 단계에서의 자본의 환급에 해당하고 이를 수령하는 법인 단계에서는 납입자본의 회수에 해당하므로 익금에 산입하지 않는다.[434] 다만, **의제배당대상 자본잉여금**의 배당은 제외한다(법세 §18 8호 단서). **2023년 12월 31일 개정 이전 법률**에 따르면 '의제배당대상 자본잉여금'은 '상법 상 자본준비금(회계기준(상법령 §15)에 따른 자본잉여금(상법령 §18))' 및 '자산재평가법에 따른 재평가적립금(법세칙 §8)' 중 '자본거래로 인하여 받은 익금불산입 항목(법세령 §17 ① 각호)에서 제외되어 익금에 산입되는 특정 항목(법세령 §12 ① 단서 각 호)' 및 '재평가적립금 중 토지에 대한 재평가차액(재평가 §13 ① 1호)'을 의미한다(법세 §16 ① 2호 ; 법세령 §12 ① 3호 나목). 법인세법은 '**의제배당대상이 아닌 자본잉여금**', 즉 자본전입 시 의제배당대상에서 제외된

---

433) 같은 관 Ⅱ 16.1 참조.
434) 같은 절 제1관 Ⅱ 4 참조.

자본준비금에 대하여 정의하는바(법세 §16 ① 2호 각 목), 이는 '상법 상 자본준비금(회계기준(상법령 §15)에 따른 자본잉여금(상법령 §18))' 및 '자산재평가법에 따른 재평가적립금(법세칙 §8) 중 토지에 대한 재평가차액을 제외한 금원'을 의미한다. 의제배당대상이 아닌 자본잉여금을 감액하여 배당하는 경우에는 법인주주 단계에서 해당 금원은 익금불산입되었다. 2023년 12월 31일 개정 법률에 따르면, '배당지급법인 단계의 감액'을 통하여 배당한 금원 중 '법인주주 단계에서 익금불산입'되는 '자본잉여금' 범위가 변경되었다. '상법 상 자본준비금(회계기준(상법령 §15)에 따른 자본잉여금(상법령 §18))', '적격합병(법세 §44 ②, ③)에 따른 합병차익(법세 §17 ① 2호) 중 피합병법인의 재평가적립금(법세 §16 ① 2호 나목)에 상당하는 금액(법정 금액(법세령 §17 ①)을 한도)을 제외한 금액' 및 '적격분할(법세 §46 ②)에 따른 분할차익(법세 §17 ① 6호) 중 분할법인의 재평가적립금(법세 §16 ① 2호 나목)에 상당하는 금액(법정 금액(법세령 §17 ②)을 한도)을 제외한 금액'을 감액하여 받는 배당금액은 익금불산입한다(!법세 §18 8호 각 목). **자본잉여금을 자본에 전입하는 경우에는 토지에 대한 재평가차액은 의제배당대상 자본잉여금에 해당하고 다른 재평가차액은 의제배당대상 자본잉여금에서 제외되는바,** 개정 전 법률은 자본잉여금 감액으로 인한 배당금액의 법인주주 단계의 익금불산입 여부를 결정함에 있어서도 해당 구분을 승계하여 적용한다. 이는 자산재평가법 상 '재평가차액은 법인세법 또는 소득세법의 규정에 의한 소득금액 계산상 익금 또는 수입금액에 산입하지 아니하나, 토지의 재평가차액(재평가 §13 ① 1호)은 법인세법에 의한 소득금액계산상 익금에 산입하되 동법이 정하는 바에 의하여 당해 재평가차액에 상당하는 금액을 손금에 산입할 수 있다'는 취지의 규정(재평가 §33 ①)을 반영한 것이다. 그러나, **개정 법률은 자본잉여금의 자본전입으로 인하여 수령한 주식 등이 배당에 해당하는지 여부와 자본잉여금을 감액하여 배당한 경우 해당 금원이 배당에 해당하는지 여부를 다르게 규정한다.** 즉 재평가차액을 감액하여 배당하는 경우 원칙적으로 법인 주주단계에서 해당 금액을 익금산입하는 것으로 변경되었다. **이러한 입장은 배당 관련 과세체계와 관련하여 많은 의문을 남긴다.** 자본전입의 경우에는 주식 등을 교부하는 반면에 감액배당의 경우에는 순자산 유출이 동반된다는 점에 주목한 것으로 보이나, 이는 해당 금원을 주주 단계에서 수입배당금으로서 익금산입하는지 여부와는 관계가 없는 쟁점에 해당한다. 출자 환급의 경우에도 순자산 유출이 수반되나 이로 인하여 자본거래가 손익거래로 전환되는 것은 아니기 때문이다. 또한 법인 단계에서 손익을 인식하지 않은 금원이 '배당재원으로 사용된다는 점'에만 근거하여 그 성격을 이익잉여금으로 전환할 수 없다는 점 및 수입배당금으로서 익금산입한다고 하더라도 법인 단계에서 납부한 3% 재평가세에 대한 경제적 이중과세를 조정하지 않는다는 점에 비추어 볼 때에도 타당하지 않을 수 있다. 다만 자산재평가법 상 재평가적립금은 자본에 전입 등 목적을 위하여서만 처분할 수 있는바(재평가 §28 ②), 이를 감액하여 배당하는 것은 이에 해당하지 않는다는 점을 감안한다면 개정 법률의 입장을 이해할 수 있다. 즉 재평가적립금을 자본에 전입하여 무상주를 교부한 후 해당 주식을 유상소각하는 것과 재평가적립금을 감액하여 현금 등으로 배당하는 것은 그 경제적 실질이 동일함에도 전자의 경우에는 의제배당으로 과세되는 반면에 후자의 경우에는 자본잉여금의 환급으로 취급하는 것이 타당하지 않을 수 있기 때문이다. 따라서 법률 상 자본에 전입하여야 할 재평가적립금을 그 전입과정을 거치지 않고 감액하여 배당하는 것은 재평가적립금을 자본에 전입하여 무상주를 교부한 후 해당 주식을 유상소각한 것으로 보아야 한다. 이 경우 세무 상 자본잉여금에 해당하는 재평가적립금을 감액하고, 자본금 은 변동이 없는 것(무상주 발행을 통하여 증가하였으나 유상소각으로 감소)으로 관리하여야 한다. 이와 관련하여서는 주식배당으로 취득하는 주식과 무상주로서 취득하는 주식은 그 취득가액이 다르다는 점 및 법률 상 자본전입이 강제되지 않는 경우에는 자본잉여금을 감액하여 배당하는 것을 자본의 감소로 보아야 한다는 점에 유의하여야 한다. **근본적으로는 법인과 주주 사이의 권리의무 관계를 그 경제적 실질에 따라 출자, 배당, 양도 및 자본의 감소로 구분하여 과세하는 체계를 정립할 필요가 있고, 배당 과세를 위하여 법인 단계의 배당가능이익 자체 및 그 이전을 관리 또는 통제하지 않고 특정 거래유형에 착안하여 작위적으로 소득구분하는 것이 타당하지 않다.** 한편 개정 법률 적용에 관한 부칙규정에 유의할 필요가 있다. **개정 법률은, 이상의 입장을 전제로, 적격합병 및 적격분할에 따른 각 합병차익 및 분할차익 중 재평가적립금 상당하는 법정 금액을 감액하여 배당하는 경우, 법인주주 단계에서 해당 금액을 수입배당금으로 서 익금에 산입한다.** 이하 개정 법령의 내용에 대하여 살핀다.

적격합병의 경우 '익금산입 법정 한도금액'은 다음과 같다.

$$A - (B - C)$$

A : 합병차익
B : 피합병법인의 자본금과 의제배당대상 자본잉여금 외의 자본잉여금(재평가적립금(법세 §16 ① 2호 나목)은 제외)을 합산한 금액
C : 합병법인의 자본금 증가액

적격분할의 경우 '익금산입 법정 한도금액'은 다음과 같다.

$$A - (B - C)$$

A : 분할차익
B : 분할법인의 자본금 감소액과 의제배당대상 자본잉여금 외의 자본잉여금(재평가적립금
　　(법세 §16 ① 2호 나목)은 제외) 감소액을 합산한 금액
C : 분할신설법인의 자본금

적격합병 및 적격분할의 경우 위 각 법정 한도금액을 산정함에 있어서, 합병법인 또는 분할신설법인이 다음 각 호에 해당하는 경우에는 해당 호에서 정하는 바에 따라 계산한다(법세령 §17 ③).

1. 상법에 따라 승계한 준비금(상법 §459 ②)이 있는 경우: 그 승계가 없는 것으로 보아 계산
2. 합병차익 또는 분할차익의 일부를 자본 또는 출자에 전입하는 경우: 피합병법인 또는 분할법인의 재평가적립금(법세 §16 ① 2호 나목)에 상당하는 금액이 먼저 자본 또는 출자에 전입된 것으로 보아 그 전입 후 남은 금액만 합병차익 또는 분할차익에 포함하여 계산

또한 합병법인 또는 분할신설법인이 합병차익 또는 분할차익의 일부를 감액배당하는 경우에는 다음 각 호의 순서에 따라 해당 금액을 배당한 것으로 본다(법세령 §17 ④).

1. 적격합병 또는 적격분할의 경우, '자본잉여금의 감액으로 인한 법인 주주의 배당금' 중 '익금산입 금액'(법세 §18 8호 나목, 다목)
2. 피합병법인 또는 분할법인의 이익잉여금 및 의제배당대상 자본잉여금에 상당하는 금액
3. 피합병법인 또는 분할법인의 의제배당대상 자본잉여금 외의 자본잉여금에 상당하는 금액

영리내국법인의 배당가능이익이 상법 상 이익잉여금만으로 구성되는지 여부에 대하여 살핀다.[435] 주식회사의 배당가능이익은 회사는 대차대조표의 순자산액으로부터 '자본금의 액', '그 결산기까지 적립된 자본준비금과 이익준비금의 합계액', '그 결산기에 적립하여야 할 이익준

---

435) 같은 관 Ⅱ 16.1 참조.

비금의 액' 및 '법정 미실현이익(상법령 §19)'을 공제하여 계산한다(상법 §462 ①). 법정 미실현이익은 회계 원칙(상법 §446의2)에 따른 자산 및 부채에 대한 평가로 인하여 증가한 대차대조표상의 순자산액으로서, 미실현손실과 상계하지 아니한 금액을 말하나, '파생결합증권(자본시장 §4 ② 5호)의 거래를 하고, 그 거래의 위험을 회피하기 위하여 해당 거래와 연계된 거래를 한 경우로서 각 거래로 미실현이익과 미실현손실이 발생한 경우' 및 '파생상품(자본시장 §5)의 거래가 그 거래와 연계된 거래의 위험을 회피하기 위하여 한 경우로서 각 거래로 미실현이익과 미실현손실이 발생한 경우'에는 미실현이익과 미실현손실을 상계할 수 있다. 즉 **주식회사의 배당가능이익은 자본금에서 법정준비금 및 회계원칙에 따른 자산·부채의 평가에 따른 미실현이익을 제외하여 계산한다.** 또한 회사는 적립된 자본준비금 및 이익준비금의 총액이 자본금의 1.5배를 초과하는 경우에 주주총회의 결의에 따라 그 초과한 금액 범위에서 자본준비금과 이익준비금을 감액할 수 있다(상법 §461의2). 이를 **준비금의 감소**라고 한다. 그런데 준비금의 감소를 통하여 배당가능이익의 산정시 자본금에서 공제되어야 할 자본준비금이 감소하는 효과가 발생하고 이로 인하여 감액된 자본준비금이 배당가능이익에 편입되는 결과에 이르게 된다. 즉 **준비금의 감소를 통하여 자본잉여금에 해당하는 자본준비금이 주식회사의 배당가능이익에 포함되는 결과가 발생할 수 있다.** 유한회사의 경우에는 주식회사의 법정준비금(상법 §458~§460), 이익배당(상법 §462) 및 중간배당(상법 §462의3)에 관한 규정을 준용하나(상법 §583 ①), 준비금의 자본전입(상법 §461) 및 준비금의 감소(상법 §461의2)에 관한 규정은 준용하지 않는다(상법 §583 ①). 즉 **유한회사는 배당가능이익을 주식회사와 동일한 방법으로 계산하나 준비금을 법정준비금을 감소할 수는 없다.** 따라서 유한회사의 경우 법정준비금의 감소가 적용되지 않으므로 상법 상 자본준비금이 배당가능이익에 포함될 수는 없다. 유한책임회사의 경우에는 잉여금은 주식회사 및 유한회사의 배당가능이익과 동일한 개념에 해당하나, 주식회사 및 유한회사의 경우와 달리 자본의 유지를 위한 법정적립금에 대한 규정(상법 §458~§460, §583 ①)이 없다. 따라서 유한책임회사의 경우 주식회사 등의 **배당가능이익에 해당하는 잉여금에 주식회사 등의 자본준비금에 상응하는 자본잉여금이 포함될 수는 없다.** 합명회사와 합자회사의 경우에는 상법 상 배당가능이익이라는 개념을 상정할 수 없으므로 이상과 같은 논의의 실익이 없다. 이상의 논의에 따르면, **주식회사의 경우에 한하여 법정준비금의 감소를 통하여 배당가능이익에 자본잉여금에 해당하는 자본준비금이 포함될 수 있다.**

자본잉여금을 재원으로 하여 배당할 것인지 여부는 법인의 재무적 의사결정에 따라야 한다. 법인이 잉여금을 유보할 것인지 아니면 잉여금을 감액할 것인지 여부는 법인의 재량에 달려 있다. 잉여금을 감액하는 경우 현행 상법 상 자본잉여금을 재원으로 하여 배당할 수 있고 특별법에 의하여 상법 상 배당가능이익에 대한 통제가 적용되지 않을 수 역시 있으므로, 자본잉여금을 재원으로 하여 배당할 것인지 여부 역시 법인의 재량에 달려 있는 것으로 보아야 한다. 다만 해당 배당을 법인세법 상 배당으로 취급하여야 할지 여부는 별개의 쟁점에 해당한다.

법인 자본준비금의 감액을 통하여 배당금을 수령한 경우 해당 주주 단계의 회계처리 및 그에 대한 세무조정은 어떠하여야 하는가? 주주 등 단계에서는 법인 단계의 배당재원에 따라 회계처리를 달리할 수는 없다. 따라서 주주 등은 기업회계기준에 따라 수령한 배당금을 배당금 수익으로 인식한다. 그러나 자본준비금을 감액하여 받은 배당은 법인세법 상 배당소득에 해당하지 않고, 이는 주주 단계에서의 납입자본의 회수에 해당한다. 따라서 배당금 수익에 대하여 익금불산입하고, 해당 주식 등의 세무상 장부가액을 감액하여야 한다. 세무상 감액된 장부가액은 주식 등을 처분하는 경우에 사후관리하여야 하므로 △유보로 소득처분한다.

외국법인으로부터 자본잉여금을 감액하여 배당금을 수령한 경우 해당 주주 단계의 회계처리 및 그에 대한 세무조정은 어떠하여야 하는가? 법인세법이 상법 상 법정준비금의 감소(상법 §461의2)를 통하여 받은 배당을 익금에 산입하지 않는다고 규정하였으므로, 상법의 적용을 받지 않는 외국법인으로부터 배당을 받은 경우에는 익금에 산입되어야 한다는 견해가 있으나 이는 논리적 오류에 해당하며 그 규범적 정당성 역시 결여된 것이다. '상법 상 법정준비금의 감소(상법 §461의2)를 통하여 받은 배당을 익금에 산입하지 않는다'는 규정은 상법 상 법정준비금의 감소가 적용되지 않는 경우에 대하여서는 적용될 수 없을 뿐이고 나아가 익금에 산입하여야 한다는 내용까지 담을 수는 더욱 없기 때문이다. 외국법인으로부터 자본잉여금을 감액하여 배당금을 수령하는 것은 '상법에 따라 자본잉여금을 감액하여 수령하였는지 여부'와 무관하게 '자본 또는 출자의 환급'에 해당하며, '자본 또는 출자의 환급'을 통하여 주주 등이 수령한 금액은 그 성질 상 익금불산입되어야 한다.[436] 따라서 내국법인의 경우와 동일하게 익금불산입하고 주식 등의 세무상 장부가액을 감액하여 △유보로 소득처분하여야 한다. OECD 및 UN 모델 조세협약(OECD협약 §10 ③ : UN협약 §10 ③)뿐만 아니라 우리나라가 체결한 대부분의 조세조약[437]은 배당소득을 정의함에 있어서 '소득 및 분배를 하는 회사가 거주자인 국가의 법에

---

436) 같은 절 제1관 Ⅱ 4 참조.
437) 중국, 일본, 영국, 독일, 네덜란드, 베트남, 싱가포르, 인도, 인도네시아, 프랑스, 스위스, 홍콩 등 ; 미국의 경우 배당에 대하여 정의하지 않으나 원칙적으로 '협약에서 정의되지 아니한 기타의 용어는, 달리 문맥에 따르지 아니하는 한, 그 조세가 결정되는 체약국의 법에 따라 내포하는 의미를 가진다'고 규정하므로 동일한 결론에 이르게 된다.

의하여 배당으로 과세상 취급하는 경우'를 배당소득에 포함하고, 법인세법이 국내원천 배당소득을 정의함에 있어서도 이익잉여금을 재원으로 하는 소득세법 상 배당소득에 관한 정의(소세 §17 등)를 원용한다(법세 §93 2호). 따라서 내국법인으로부터 배당받는 경우와 외국법인으로부터 배당받는 경우를 차별하여 취급하여야 할 규범적 정당성이 없다.

2.4.8. 채무 출자전환의 '시가 초과 주식발행액' 중 법정 이월결손금에 충당하지 않은 금액

'채무의 출자전환(DES)으로 주식 등을 발행하는 경우에 그 주식 등의 시가(법세 §51 ②) 초과 발행금액'은 익금에 산입한다(법세 §17 ① 1호). 그러나 해당 익금산입액 중 '무상으로 받은 자산의 가액(국고보조금 등(법세 §29)은 제외)과 채무의 면제 또는 소멸로 인한 부채의 감소액 중 법정 이월결손금(법세령 §16 ①)을 보전하는 데에 충당(법세 §18 6호)'하지 않은 법정 금액(법세령 §15 ①)은 해당 사업연도의 익금에 산입하지 아니하고 그 이후의 각 사업연도에 발생한 결손금의 보전에 충당할 수 있다(법세 §17 ②). 즉 **채무 출자전환의 '시가 초과 주식발행액' 중 법정 이월결손금에 충당하지 않은 금액은 익금에 산입하지 않고 그 이후의 각 사업연도에 발생한 결손금의 보전에 충당할 수 있다.**[438] 다만 내국법인이 익금에 산입하지 아니한 금액 전액을 결손금의 보전에 충당하기 전에 사업을 폐지하거나 해산하는 경우에는 그 사유가 발생한 날이 속하는 사업연도의 소득금액 계산에 있어서 결손금의 보전에 충당하지 아니한 금액 전액을 익금에 산입한다(법세령 §15 ②).

법정 이월결손금에 충당하지 않은 금액을 해당 사업연도의 익금에 산입하지 않고 그 이후의 각 사업연도에 발생한 결손금의 보전에 충당하기 위한 세무조정은 어떻게 하여야 하는가? 법인세법에 따라 채무면제익 또는 자산수증익을 **법정 이월결손금에 충당한 경우**에는 이월결손금에 충당된 금액을 손금에 산입하나, 그 효과는 이미 이월결손금 형태로 법인 자본에 대한 차감계정으로서 반영되어 있었던 것이므로 기타로 소득처분한다.[439] 채무자가 **법정 금액을 법정 이월결손금에 충당하지 않은 경우**에 있어서 해당 채무면제익 또는 자산수증익 금액을 해당 사업연도의 익금에 산입하지 않기 위하여서는 기업회계기준 상 인식한 '채무면제익 또는 자산수증익'에 대하여 익금불산입하여야 하고 이를 향후 이월결손금에 충당하기 위하여 사후관리하기 위하여서는 △유보로 소득처분하여야 한다. 이월결손금과 충당하는 시점에는

---

438) 같은 관 Ⅲ 2.4.5 참조.
439) 같은 관 Ⅲ 2.4.5 참조.

이월결손금의 충당에 대하여서는 손금산입(기타)로, △유보로 소득처분된 '채무면제익 또는 자산수증익'에 대하여서는 유보로 각 소득처분하여야 한다.

3. 조세특례제한법 상 익금불산입 항목

3.1. 사업재편계획 관련 익금불산입

3.1.1. 금융채무 상환 자산매각 관련 과세특례

내국법인이 **다음 각 호의 어느 하나에 해당하는 내용**이 포함되어 있는 **법정 사업재편계획**(조특령 §116의30 ④ ; 기업활력 §9 ②, §10)**에 따라** 2021년 12월 31일 이전에 **자산을 양도하는 경우**에는 해당 자산을 양도함으로써 발생하는 법정 양도차익상당액(양도차익 중 법정 채무상환액에 상당하는 금액으로서 법정 결손금을 초과하는 금액)(조특령 §116의30 ⑤, ⑥)에 대하여서는 **해당 사업연도와 해당 사업연도의 종료일 이후 3개 사업연도의 기간 중 익금에 산입하지 아니하고 그 다음 3개 사업연도의 기간 동안 균분한 금액 이상을 익금에 산입**할 수 있다(조특 §121의26 ①).

> 1. 자산을 양도한 날[장기할부조건의 경우에는 각 회의 할부금(계약금은 첫 회의 할부금에 포함)을 받은 날(조특령 §116의30 ①)을 말하며, 법정 부득이한 사유(조특령 §116의30 ②)가 있는 경우에는 그 사유가 종료된 날]부터 법정 기한(조특령 §116의30 ③)까지 채무를 상환한다는 내용
> 2. 자산을 양도한 날부터 법정 기한(조특령 §116의30 ③)까지 통합투자세액공제의 적용 상 그 공제대상 자산(조특 §24 ① 1호 가목, 나목)에 투자한다는 내용

내국법인이 **법정 사유**(조특 §121의26 ② 각 호)에 해당되는 경우에는, 해당 사유가 발생한 사업연도의 소득금액을 계산할 때 익금에 산입하지 아니한 금액을 법정 절차(조특령 §116의30 ⑨)에 따라 익금에 산입하여야 하고, 법정 이자상당가산액(조특령 §116의30 ⑩)을 법인세에 가산하여 납부하여야 하며, 해당 세액은 법인세법 상 납부하여야 할 세액(법세 §64)으로 본다(조특 §121의26 ②).

금융채무 상환 자산매각 관련 과세특례의 구체적 적용과 관련된 그 밖의 규정들이 있다(조특 §121의26 ; 조특령 §116의30).

3.1.2. 채무 인수·변제 관련 과세특례

내국법인의 **주주 등**(주주 또는 법인 출자자)**이 해당 내국법인의 채무를 인수·변제하는 경우로서 법정 사업재편계획**(조특령 §116의31 ③ ; 기업활력 §9 ②, §10)**에** 따라 2021년 12월 31일까지 해당 내국법인의 지배주주 등의 소유 **주식 또는 출자지분을 법정 특수관계인**(조특령 §116의31 ④ ; 법세령 §43 ⑦, ⑧) **외의 자에게 전부 양도하는 경우**에는 해당 내국법인의 채무금액 중 해당 주주 등이 인수·변제한 금액은 해당 연도 **주주 등의** 소득금액을 계산할 때 법정 금액(조특령 §116의31 ⑥)을 한도로 **손금에 산입**한다(조특 §121의27 ①).

채무가 인수·변제되어 채무가 감소한 내국법인(양도대상법인)은 소득금액을 계산할 때 채무감소액(법정 결손금을 초과하는 금액(조특령 §116의31 ⑦)에 한정)을 해당 사업연도와 해당 사업연도의 종료일 이후 3개 사업연도의 기간 중 익금에 산입하지 아니하고 그 다음 3개 사업연도의 기간 동안 균분한 금액 이상을 익금에 산입한다(조특 §121의27 ②).

내국법인이 **법정 사유**(조특 §121의27 ③ 각 호)에 해당되는 경우에는, 해당 사유가 발생한 사업연도의 소득금액을 계산할 때 익금에 산입하지 아니한 금액을 법정 절차(조특령 §116의31 ⑧)에 따라 익금에 산입하여야 하고, 법정 이자상당가산액(조특령 §116의31 ⑨)을 법인세에 가산하여 납부하여야 하며, 해당 세액은 법인세법 상 납부하여야 할 세액(법세 §64)으로 본다(조특 §121의27 ③).

채무 인수·변제 관련 과세특례의 구체적 적용과 관련된 그 밖의 규정들이 있다(조특 §121의27 ; 조특령 §116의31).

3.1.3. 주주 등 자산양도 관련 법인세 등 과세특례

내국법인이, **법정 사업재편계획**(조특 §121의28 ① 각 호 ; 조특령 §116의32 ③)**에 따른 주주 등**(주주 또는 출자자)**의 자산증여 및 법인의 채무상환에 따라**, 주주 등으로부터 2021년 12월 31일 이전에 **자산을 무상으로 받은 경우**에는 해당 사업연도의 소득금액을 계산할 때 해당 자산가액(법정 결손금(조특령 §116의32 ②)을 초과하는 금액으로 한정)은 자산을 증여받은 날이 속하는 사업연도의 종료일 이후 3개 사업연도의 기간 중 익금에 산입하지 아니하고 그 다음 3개 사업연도의 기간 동안 균분한 금액 이상을 익금에 산입하여야 한다(조특 §121의28 ①).

자산을 증여한 법인 주주 등의 경우 증여한 자산증여액(자산의 장부가액)(조특령 §116의32 ⑨)**을** 해당 사업연도의 소득금액을 계산할 때 **손금에 산입**한다(조특 §121의28 ②).

주주 등이 법인에 자산을 증여할 때 소유하던 자산을 양도하고 2021년 12월 31일 이전에 그 양도대금을 해당 법인에 증여하는 경우에는 해당 자산을 양도함으로써 발생하는 양도차익 중 **증여금액에 상당하는 법정 양도차익상당액**(조특령 §116의32 ⑪)은 법정 절차(조특 §121의28 ③ 각 호)에 따라 양도소득세를 **감면하거나** 같은 금액을 **익금에 산입하지 아니할** 수 있다(조특 §121의28 ③).

자산을 증여받은 법인이 **법정 사유**(조특 §121의28 ④ 각 호)에 해당되는 경우에는, 해당 사유가 발생한 사업연도의 소득금액을 계산할 때 익금에 산입하지 아니한 금액을 법정 절차(조특령 §116의32 ⑫)에 따라 익금에 산입하여야 하고, 법정 주주 등이 감면받은 세액(조특령 §116의32 ⑬, ⑭) 및 법정 이자상당가산액(조특령 §116의32 ⑮)을 법인세에 가산하여 납부하여야 하며, 해당 세액은 법인세법 상 납부하여야 할 세액(법세 §64)으로 본다(조특 §121의27 ③).

법인이 주주 등으로부터 자산을 무상으로 받음으로써 **해당 법인의 다른 주주 등이 얻는 이익**은 상속세 및 증여세법에 따른 증여로 보지 아니하나, 자산을 증여한 주주 등의 법정 특수관계인(상증세령 §2의2 ① 각 호)에 대하여서는 그러하지 아니하다(조특 §121의28 ⑤).

주주 등 자산양도 관련 법인세 등 과세특례의 구체적 적용과 관련된 그 밖의 규정들이 있다(조특 §121의28 ; 조특령 §116의32).

3.1.4. 기업의 채무면제익 관련 과세특례

법정 사업재편계획(조특령 §116의33 ① ; 기업활력 §9 ②, §10)**을 이행 중인** 내국법인이 금융채권자로부터 채무의 일부를 2021년 12월 31일까지 면제받은 경우 그 **채무면제익**(법정 결손금을 초과하는 금액(조특령 §116의33 ②)에 한정)은 소득금액을 계산할 때 해당 사업연도와 해당 사업연도의 종료일 이후 3개 사업연도의 기간 중 익금에 산입하지 아니하고 그 다음 3개 사업연도의 기간 동안 균분한 금액 이상을 익금에 산입한다(조특 §121의29 ①).

내국법인이 **법정 사유**(조특 §121의29 ② 각 호)에 해당되는 경우에는, 해당 사유가 발생한 사업연도의 소득금액을 계산할 때 익금에 산입하지 아니한 금액 전액을 익금에 산입하여야 하고, 법정 이자상당가산액(조특령 §116의33 ③)을 법인세에 가산하여 납부하여야 하며, 해당 세액은 법인세법 상 납부하여야 할 세액(법세 §64)으로 본다(조특 §121의29 ②).

채무를 면제(채무의 출자전환으로 채무를 면제한 경우를 포함)한 **금융채권자**는 해당 사업연도의 소득금액을 계산할 때 그 면제한 채무에 상당하는 금액을 손금에 산입한다(조특 §121의29 ③).

기업의 채무면제익 관련 과세특례의 구체적 적용과 관련된 그 밖의 규정들이 있다(조특 §121의29 ; 조특령 §116의33).

3.1.5. 합병에 따른 중복자산 양도 관련 과세특례

법정 사업재편계획(조특령 §116의35 ① : 기업활력 §9 ②, §10)**에 따라** 내국법인 간에 2021년 12월 31일까지 **합병**(분할합병을 포함하며, 같은 업종 간의 합병으로 한정)**함에 따라 중복자산이 발생한 경우로서** 합병법인이 합병등기일부터 1년 이내에 그 **중복자산을 양도하는 경우** 그 중복자산을 양도함에 따라 발생하는 양도차익(그 중복자산에 대한 합병평가차익 및 분할평가차익을 포함)에 대하여서는 법정 절차(조특령 §116의35 ④)에 따라 계산한 금액을 해당 사업연도의 소득금액을 계산할 때 익금에 산입하지 아니할 수 있고, 해당 금액은 양도일이 속하는 사업연도의 종료일 이후 3년이 되는 날이 속하는 사업연도부터 3개 사업연도의 기간 동안 균분한 금액 이상을 익금에 산입하여야 한다(조특 §121의31 ①).

내국법인이 **법정 사유**(조특 §121의31 ② 각 호)에 해당되는 경우에는, 해당 사유가 발생한 사업연도의 소득금액을 계산할 때 익금에 산입하지 아니한 금액을 법정 절차(조특령 §116의35 ⑥)에 따라 익금에 산입하여야 하고, 법정 이자상당가산액(조특령 §116의35 ⑦)을 법인세에 가산하여 납부하여야 하며, 해당 세액은 법인세법 상 납부하여야 할 세액(법세 §64)으로 본다(조특 §121의31 ②).

합병에 따른 중복자산 양도 관련 과세특례의 구체적 적용과 관련된 그 밖의 규정들이 있다(조특 §121의31 : 조특령 §116의35).

3.2. 조세특례제한법 상 기타 익금불산입

3.2.1. 연구개발 관련 출연금 등 과세특례

내국인이 2026년 12월 31일까지 연구개발 등을 목적으로 **연구개발출연금 등**(국가, 지방자치 단체, 공공기관의 운영에 관한 법률에 따른 공공기관 또는 지방공기업법에 따른 지방공기업으로 부터 출연금 등의 자산)을 받은 경우로서 법정 절차(조특령 §9의2 ② : 법세 §113)에 따라 해당 연구개발출연금 등을 **구분경리**하는 경우에는 연구개발출연금 등에 상당하는 금액을 해당 과세연도의 소득금액을 계산할 때 익금에 산입하지 아니할 수 있다(조특 §10의2 ①). **익금에 산입하지 아니한 금액**은 해당 지출액에 상당하는 금액을 해당 지출일이 속하는 과세연도의 소득금액을 계산할 때 익금에 산입하는 방법(연구개발출연금 등을 해당 **연구개발비로 지출**하는 경우) 또는 감가상각자산과 그 외의 자산을 구분하여 법정 절차(조특령 §9의2 ③)에 따라 익금에 산입하는 방법(연구개발출연금 등으로 해당 연구개발에 사용되는 **자산을 취득**하는 경우)에 따라 **익금에 산입**하여야 한다(조특 §10의2 ②). 즉 연구개발출연금 등을 해당 연구개발비로 지출하는 경우에는 그 지출일에 익금에 산입하여야 하므로 연구개발출연금 등을 수익으로 인식할 수 없고, 연구개발에 사용되는 자산을 취득하는 경우에는 감가상각비에 상당하는 금액을 익금에 산입하거나 처분한 날이 속하는 과세연도에 전액 익금에 산입한다(조특령 §9의2 ③). 연구개발출연금 등을 지급받아 연구개발비로 지출하는 금액에 대하여서는 **연구 및 인력개발비에 대한 세액공제가 적용되지 않는다**(조특령 §9 ①). 연구개발은 그 속성상 기업의 수익 발생과 곧바로 이어지지 않는 경우가 많고 시행착오나 실패의 위험이 따르므로 결과의 불확실성이 내재되어 있고, 조세특례제한법이 기업의 연구개발에 소요된 비용을 손금에 산입하는 것에서 더 나아가 연구개발비 세액공제 제도를 둔 것은, 연구개발의 불확실성에 따른 시행착오나 실패로 인하여 기업이 부담하게 되는 손실에 대하여 세제 지원이라는 안전장치 또는 보상책을 마련함으로써 연구개발에 대한 기업의 투자를 독려하고, 국민경제의 건전한 발전에 이바지함을 목적으로 한다. 따라서 **연구개발, 그 중 과학기술활동에 해당하기 위해서는 과학적 또는 기술적 불확실성을 체계적으로 해소하기 위한 활동이어야** 한다. 결과의 불확실성은 연구개발활동 자체에 내재된 속성이므로 **위탁연구개발의 경우 위탁자뿐만 아니라 연구개발활동을 실제로 수행하는 수탁자의 입장에서도 결과의 불확실성이 있어야** 연구개발로 인정될 수 있다.[440] 연구개발비 세액공제 관련 위탁적격기관 중 하나로 종전에는 '국내외 기업의 연구기관 또는 전담부서 등(신성장동력산업연구개발업무 또는 원천기술연구개발업무의 경우 법정 전담부서 등만 해당한다)'이라고 규정하던 것을 '국내외 기업의 연구기관 또는 전담부서 등(전담부서 등에서 직접 수행한 부분에 한정한다)'으로 하는 개정규정의 입법 취지와 개정 연혁, 다른 조세법령 부칙의 입법례, 납세자의 예측가능성 및 법적 안정성 등을 종합하여 보면, **개정규정은 개정 이후 개시하는 과세연도 분부터 적용된다**고 봄이 상당하다.[441]

연구개발출연금 등에 상당하는 금액을 익금에 산입하지 아니한 내국인이 그 연구개발출연금 등을 해당 연구개발 목적 외의 용도로 사용하거나 해당 연구개발에 사용하기 전에 폐업하거나 해산하는 경우 그 사용하지 아니한 금액은 해당 사유가 발생한 날이 속하는 과세연도의 소득금액을 계산할 때 익금에 산입하고 법정 이자상당가산액을 가산하여 납부하여야 하나, 합병하거나 분할하는 경우로서 합병법인 등이 그 금액을 승계한 경우는 제외하며 그 금액은 합병법인 등이 익금에 산입하지 아니한 것으로 본다(조특 §10의2 ③, ④, §33 ③ 후단).

---

440) 대법원 2024.12.24. 2021두55203.
441) 대법원 2024.12.12. 2021두48359.

정부출연금 등을 받는 경우에 대한 회계처리 및 세무조정은 어떻게 하여야 하는가? 법인세법 상 국가보조금에 대하여 규율하는 법률(법세령 §64 ⑥)과 정부출연금 등에 대하여 규율하는 법률(구 조특령 §9의2 ①: 2024년 12월 31일 법률 개정으로 삭제됨)이 상이하고 그 내용 역시 차이가 있으므로[442] 법인세법 상 국가보조금과 정부출연금 등은 달리 취급하여야 하고, 국가보조금에 대한 회계처리기준[443] 역시 정부출연금 등에 바로 적용되는 것으로 볼 수 없다. 즉 국고보조금은 자산의 취득을 전제로 하고 그 회계처리에 있어서도 기업회계기준서가 적용되는 경우에는 이연수익법과 자산차감법 모두가 적용될 수 있으나, 일반기업회계기준이 적용되는 경우에는 자산차감법만 적용된다.[444] 정부출연금 등은 비용으로 지출되는 경우와 자산을 취득하는 경우 모두를 전제로 하고 그 회계처리에 대한 명확한 기준 역시 없어서 국고보조금에 대한 어느 한 회계처리방법을 준용할 수도 없다. 따라서 정부출연금 등을 수령한 경우 해당 금원을 국고보조금의 경우처럼 이연수익법 또는 자산차감법에 따라 회계처리할 수는 없고, 정부출연금 등 수익으로 인식하여야 한다. 법인세법 역시 기업회계기준이 수익으로 인식한다는 전제하에 규정한다(조특 §10의2 ①, ②). 그렇다면 정부출연금 등을 수령한 시점에는 익금불산입(△유보)로 소득처분하고, 감가상각 시에는 그에 상응하는 △유보액을, 처분 시에 잔존 △유보액 전체를 각 익금산입(유보)로 소득처분하여야 한다.

연구개발 관련 출연금 등 과세특례의 구체적 적용과 관련된 그 밖의 규정들이 있다(조특 §10의2 : 조특령 §9의2).

3.2.2. 사업전환 무역조정지원기업 관련 과세특례

무역조정지원기업(자유무역 §6)이 경영하던 전환전사업을 전환사업(자유무역 §6 ③ 각 호)으로 전환하기 위하여 해당 전환전사업에 직접 사용하는 전환전 사업용 고정자산을 2021년 12월 31일까지 양도하고 양도일부터 1년 이내에 전환사업에 직접 사용할 사업용 고정자산을 취득하는 경우 **전환전 사업용 고정자산을 양도함에 따라 발생하는 양도차익**에 대하여서는 법정 절차(조특령 §30 ④)에 따라 계산한 금액을 해당 사업연도의 소득금액을 계산할 때 익금에 산입하지 아니할 수 있고, 이 경우 해당 금액은 양도일이 속하는 사업연도 종료일 이후 3년이 되는 날이 속하는 사업연도부터 3개 사업연도의 기간 동안 균분한 금액 이상을 익금에 산입하여야

---

442) 2024년 12월 31일 조세특례제한법 제10조의2 개정 이전에 근거한 설명이며 개정 이후에는 국가 등으로부터 연구개발출연금을 수령한 것인지 여부를 기준으로 과세특례를 적용한다.
443) 기업회계기준서 제1020호 문단 24~27 : 일반기업회계기준 제17장 문단 17.5.
444) 기업회계기준서 제1020호 문단 24~27 : 일반기업회계기준 제17장 문단 17.5.

한다(조특 §33 ①).

거주자의 경우에는 법정 방법(조특령 §30 ⑤)에 따라 **양도소득세의 100분의 50에 상당하는 세액을 감면하는 방법**(전환전사업의 사업장 건물 및 그 부속토지의 전환전사업양도가액으로 전환사업의 기계장치를 취득한 경우) 또는 법정 절차(조특령 §30 ⑥)에 따라 **과세이연을 하는 방법**(전환전사업양도가액으로 전환사업의 사업장 건물 및 그 부속토지를 취득한 경우)에 따라 세액을 감면받거나 과세이연을 받을 수 있다(조특 §33 ②).

내국인이 **사업전환을 하지 아니하거나 전환사업 개시일부터 3년 이내에 해당 사업을 폐업하거나 해산한 경우**에는 그 사유가 발생한 날이 속하는 사업연도의 소득금액을 계산할 때 법정 절차(조특령 §30 ⑧)에 따라 계산한 금액을 익금에 산입하거나 감면 또는 과세이연받은 세액을 양도소득세로 납부하여야 하고, 이 경우 해당 사유가 발생한 날이 속하는 사업연도의 과세표준신고를 할 때(법인의 경우) 또는 해당 사유가 발생한 날이 속하는 달의 말일부터 2개월 이내(거주자의 경우)까지 법정 이자상당가산액(조특령 §116의35 ⑦)을 가산하여 법인세 또는 양도소득세로 납부하여야 하며, 그 세액은 법인세법 또는 소득세법에 따라 납부하여야 할 세액(법세 §64 : 소세 §111)으로 본다(조특 §33 ③).

과세이연을 받은 거주자(또는 거주자의 상속인)는 **거주자가 전환사업의 사업장 건물 및 그 부속토지를 증여하거나 거주자의 사망으로 전환사업의 사업장 건물 및 그 부속토지에 대한 상속이 이루어지는 경우**에는 과세이연받은 세액 전액(조특령 §30 ⑧ 3호, ⑭)을 증여일이 속하는 달의 말일부터 3개월 이내(거주자가 전환사업의 사업장 건물 및 그 부속토지를 증여하는 경우) 또는 상속개시일이 속하는 달의 말일부터 6개월 이내(거주자의 사망으로 전환사업의 사업장 건물 및 그 부속토지에 대한 상속이 이루어지는 경우)까지 양도소득세로 납부하여야 한다(조특 §33 ④).

사업전환 무역조정지원기업 관련 과세특례의 구체적 적용과 관련된 그 밖의 규정들이 있다(조특 §33 : 조특령 §30).

3.2.3. 재무구조개선계획 상 자산양도 관련 과세특례

내국법인이 재무구조를 개선하기 위하여 2021년 12월 31일 이전에 자산을 양도한(소세령 §162) 날[다만 장기할부조건의 경우에는 각 회의 할부금(계약금은 첫 회의 할부금에 포함)을 받은 날(조특령 §34 ①), 부득이한 법정 사유(조특령 §34 ③)가 있는 경우에는 그 사유가 종료된 날]부터 법정 기한(조특령 §34 ④)까지 법정 채무(조특령 §34 ⑤)를 상환한다는 내용이 포함되어 있는 **법정 재무구조개선계획**(조특령 §34 ⑥, ⑦)**에 따라 자산을 양도하는 경우**에는 해당 자산을 양도함으로써 발생하는 양도차익 중 채무상환액으로서 결손금을 초과하는 금액에 해당하는 **법정 양도차익상당액**(조특령 §34 ⑧, ⑨)에 대하여서는 해당 사업연도와 해당 사업연도의 종료일 이후 3개 사업연도의 기간 중 익금에 산입하지 아니하고 그 다음 3개 사업연도의 기간 동안 균분한 금액 이상을 익금에 산입한다(조특 §34 ①).

내국법인이 **법정 사유**(조특 §34 ② 각 호)에 해당되는 경우에는, 해당 사유가 발생한 사업연도의 소득금액을 계산할 때 익금에 산입하지 아니한 금액을 법정 절차(조특령 §34 ⑩)에 따라 익금에 산입하여야 하고, 법정 이자상당가산액(조특령 §34 ⑪)을 법인세에 가산하여 납부하여야 하며, 해당 세액은 법인세법 상 납부하여야 할 세액(법세 §64)으로 본다(조특 §34 ②).

재무구조개선계획 상 자산양도 관련 과세특례의 구체적 적용과 관련된 그 밖의 규정들이 있다(조특 §34 ; 조특령 §34).

3.2.4. 외국자회사 주식 등 현물출자 관련 과세특례

5년 이상 계속하여 사업을 한 내국법인이 2021년 12월 31일까지 **외국자회사**(내국법인이 현물출자일 현재 발행주식총수 또는 출자총액의 100분의 20 이상을 출자하고 있는 외국법인)**의 주식 등**(주식 또는 출자지분)**을 현물출자**하여 새로운 외국법인을 설립하거나 이미 설립된 외국법인에 현물출자하는 경우 그 현물출자로 인하여 발생한 **외국자회사의 주식 등의 양도차익에 상당하는 금액**은 그 양도일부터 4년이 되는 날이 속하는 사업연도부터 각 사업연도의 소득금액을 계산할 때 그 금액을 36으로 나눈 금액에 해당 사업연도의 개월 수를 곱하여 산출한 금액을 익금에 산입한다(조특 §38의3 ①). 이 경우 **현물출자일**은 국제사법 상 법리에 따라 물권의 준거법인 해당 물건소재지법(국제사법 §19) 등에 따라 판단하는 것이 타당하다.

외국자회사의 주식 등을 현물출자한 내국법인이 그 **주식 등의 양도차익 전액을 익금에 산입하기 전에 현물출자로 취득한 주식 등을 양도하는 경우**에는 익금에 산입하지 아니한 금액 중 양도한 주식 등의 비율에 상당하는 금액으로서 법정 절차(조특령 §35의5 ①)에 따라 계산한 금액을 익금에 산입하며, 내국법인 또는 내국법인으로부터 외국자회사의 주식 등을 현물출자받은 **외국법인이 사업을 폐업하거나 해산하는 경우**에는 그 사유가 발생한 날이 속하는 사업연도의 소득금액을 계산할 때 익금에 산입하지 아니한 금액 전액을 익금에 산입한다(조특 §38의3 ② 본문). 다만, 법정 사유(조특 §38의3 ② 각 호)가 발생한 경우에는 그러하지 아니한다(조특 §38의3 ② 단서).

외국자회사 주식 등 현물출자 관련 과세특례의 구체적 적용과 관련된 그 밖의 규정들이 있다(조특 §38의3 : 조특령 §35의5).

3.2.5. 채무 인수 · 변제 관련 과세특례

내국법인의 **법인인 주주 등**(주주 또는 출자자)이 해당 **법인의 법정 채무**(조특령 §36 ②)를 **인수 · 변제**(조특령 §36 ①)**하는 경우**로서 **법정 요건**[법정 재무구조개선계획(조특령 §36 ④, ⑤)에 따라 2023년 12월 31일까지 해당 내국법인의 지배주주 등(지배주주 · 출자자 및 그 특수관계인)(조특령 §36 ⑥ : 법세령 §43 ⑦, ⑧)의 소유주식 또는 출자지분을 법정 특수관계인(조특령 §36 ⑦ : 법세령 §2 ⑧ 각 호) 외의 자에게 전부 양도하거나 법정 절차(조특령 §36 ⑱)에 따라 법인청산계획서를 해당 내국법인의 납세지 관할 세무서장에게 제출하고 2025년 12월 31일까지 해당 내국법인의 청산을 종결하여야 한다는 요건]**을 갖춘 경우**에는 해당 법인의 채무금액 중 **해당 주주 등이 인수 · 변제한 금액**은 해당 연도 주주 등의 소득금액을 계산할 때 법정 금액(조특령 §36 ③)을 한도로 **손금에 산입**한다(조특 §39 ①).

채무가 인수 · 변제되어 채무가 감소한 **양도등대상법인**은 소득금액을 계산할 때 채무감소액(법정 결손금을 초과하는 금액(조특령 §36 ⑧)에 한정)을 해당 사업연도와 해당 사업연도의 종료일 이후 3개 사업연도의 기간 중 익금에 산입하지 아니하고 그 다음 3개 사업연도의 기간 동안 균분한 금액 이상을 익금에 산입하나, 법인청산계획서를 제출한 양도등대상법인(조특 §39 ① 2호)의 경우에는 해산하는 날이 속하는 사업연도의 소득금액을 계산할 때 채무감소액을 익금에 산입한다(조특 §39 ②).

양도등대상법인(조특 §39 ②)이 **법정 사유**(조특 §39 ③ 각 호)에 해당되는 경우에는, 해당 사유가 발생한 과세연도에 양도등대상법인의 소득금액을 계산할 때 익금에 산입하지 아니한 금액을 법정 절차(조특령 §36 ⑨)에 따라 익금에 산입하여야 하고, 이 경우 주주 등이 감면받은 법인세액(조특령 §36 ⑩) 및 법정 이자상당가산액(조특령 §36 ⑪)을 법인세에 가산하여 납부하여야 하며, 해당 세액은 법인세법 상 납부하여야 할 세액(법세 §64)으로 본다(조특 §39 ③).

법인의 양도 · 양수(조특 §39 ① 1호)에 있어서 양도등대상법인의 자산부족액을 익금에 산입하여 이를 **소득처분**(법세 §67)하는 경우 해당 양도등대상법인은 소득세법에도 불구하고 그 처분금액에 대한 소득세를 **원천징수**하지 아니한다(조특 §39 ④).

법인의 **채무가 인수 · 변제**됨에 따라 해당 법인의 다른 주주 등이 얻는 이익에 대하여서는 상속세 및 증여세법에 따른 **증여**로 보지 아니하나, 채무를 인수 · 변제한 주주 등의 법정 특수관계인(조특령 §36 ⑯ : 상증세령 §19 ② 각 호)에 대하여서는 그러하지 아니하다(조특 §39 ⑤).

채무 인수·변제 관련 과세특례의 구체적 적용과 관련된 그 밖의 규정들이 있다(조특 §39 : 조특령 §36).

3.2.6. 주주 등 자산양도 관련 과세특례

내국법인이 **주주 등**(주주 또는 출자자)**으로부터** 2021년 12월 31일 이전에 법정 사항(조특 §40 ① 2호 : 조특령 §37 ⑤~⑩)이 포함된 **법정 재무구조개선계획**(조특령 §37 ③, ④)에 따라 **자산을 무상으로 받은 경우**(조특령 §37 ①)에는 해당 사업연도의 소득금액을 계산할 때 해당 자산가액(법정 결손금을 초과하는 금액(조특령 §37 ②)에 한정)은 자산을 증여받은 날이 속하는 사업연도의 종료일 이후 3개 사업연도의 기간 중 익금에 산입하지 아니하고 그 다음 3개 사업연도의 기간 동안 균분한 금액 이상을 익금에 산입하여야 한다(조특 §40 ①).

자산을 증여한 법인 주주 등의 경우 증여한 자산의 장부가액(조특령 §37 ⑪)을 해당 사업연도의 소득금액을 계산할 때 **손금에 산입**한다(조특 §40 ②).

주주 등이 법인에 자산을 증여할 때 소유하던 자산을 양도하고 2021년 12월 31일 이전에 그 **양도대금을** 해당 법인에 **증여하는 경우**에는 해당 자산을 양도함으로써 발생하는 양도차익 중 증여금액에 상당하는 **법정 양도차익상당액**(조특령 §37 ⑫)은 양도차익상당액에 대한 양도소득세의 100분의 100에 상당하는 세액을 감면하는 방법(거주자의 경우) 또는 양도차익상당액을 해당 사업연도의 소득금액을 계산할 때 익금에 산입하지 아니하는 방법(내국법인의 경우)으로 양도소득세를 감면하거나 같은 금액을 익금에 산입하지 아니할 수 있다(조특 §40 ③).

자산을 증여받은 법인이 **법정 사유**(조특 §40 ④ 각 호)에 해당하는 경우에는 해당 사유가 발생한 사업연도의 소득금액을 계산할 때 익금에 산입하지 아니한 금액을 법정 절차(조특령 §37 ⑬)에 따라 익금에 산입하고, 이 경우 감면한 세액을 해당 법인이 납부할 법인세액에 법정 절차(조특령 §37 ⑭, ⑮)에 따라 가산하여 징수한다(조특 §40 ④).

법인이 납부할 세액에는 **법정 이자상당가산액**(조특령 §37 ⑲, ⑳)을 가산하며 해당 세액은 법인세법 상 납부하여야 할 세액(법세 §64)으로 보나, 부득이한 사유로 파산한 경우(조특 §40 ④ 3호 단서 : 조특령 §37 ⑱)에는 그러하지 아니하다(조특 §40 ⑤).

주주 등 자산양도 관련 과세특례의 구체적 적용과 관련된 그 밖의 규정들이 있다(조특 §40 : 조특령 §37).

3.2.7. 채무면제익 관련 과세특례

내국법인이 2021년 12월 31일까지 금융채권자로부터 **회생계획인가의 결정 및 경영정상화계획의 이행을 위한 약정 등 법정 사유**(조특 §44 ① 각 호)**에 따라 채무의 일부를 면제받은 경우**에는 소득금액을 계산할 때 그 채무면제익(법정 결손금을 초과하는 금액(조특령 §41 ①)에 한정)은 해당 사업연도와 해당 사업연도의 종료일 이후 3개 사업연도의 기간 중 익금에 산입하지 아니하고 그 다음 3개 사업연도의 기간 동안 균분한 금액 이상을 익금에 산입한다(조특 §44 ①). 기업구조조정투자회사법에 따른 약정체결기업이 **기업구조조정투자회사**로부터 채무를 출자로 전환받는 과정에서 채무의 일부를 면제받는 경우 그 채무면제익은 동일한 방법으로 익금에 산입한다(조특 §44 ②).

채무를 면제받은 법인(조특 §44 ①)이 채무면제익 전액을 익금에 산입하기 전에 **사업을 폐업하거나 해산하는 경우**에는 그 사유가 발생한 날이 속하는 사업연도의 소득금액을 계산할 때 익금에 산입하지 아니한 금액 전액을 익금에 산입한다(조특 §44 ③).

채무를 면제(채무의 출자전환으로 채무를 면제한 경우를 포함)(조특 §44 ①)한 **금융채권자**(기업구조조정투자회사법에 따른 기업구조조정투자회사는 제외)는 해당 사업연도의 소득금액을 계산할 때 그 면제한 채무에 상당하는 금액을 손금에 산입한다(조특 §44 ④).

채무면제익 관련 과세특례의 구체적 적용과 관련된 그 밖의 규정들이 있다(조특 §44 ; 조특령 §41).

3.2.8. 합병에 따른 중복자산 양도 관련 과세특례

제약업 등 법정 업종(조특령 §44의4 ①)을 경영하는 내국법인 간에 2021년 12월 31일까지 **합병**(분할합병을 포함하며, 같은 업종 간의 합병으로 한정)**함으로써 중복자산**[합병당사법인(분할합병의 경우를 포함)의 사업에 직접 사용되던 자산으로서 그 용도가 동일하거나 유사한 사업용유형고정자산(조특령 §44의4 ②)]**이 발생한 경우**로서 합병법인이 합병등기일부터 1년 이내에 그 중복자산을 양도하는 경우 그 중복자산을 양도함에 따라 발생하는 양도차익(그 중복자산에 대한 합병평가차익 및 분할평가차익을 포함)에 대하여서는 법정 절차(조특령 §44의4 ④)에 따라 계산한 금액을 해당 사업연도의 소득금액을 계산할 때 익금에 산입하지 아니할 수 있고, 이 경우 해당 금액은 양도일이 속하는 사업연도의 종료일 이후 3년이 되는 날이 속하는 사업연도부터 3개 사업연도의 기간 동안 균분한 금액 이상을 익금에 산입하여야 한다(조특 §47의4 ①).

내국법인이 합병등기일부터 3년 이내에 해당 **사업을 폐업하거나 해산한 경우**에는 그 사유가 발생한 날이 속하는 사업연도의 소득금액을 계산할 때 '익금에 산입하지 아니한 금액 전액'(조특령 §44의4 ⑥)을 익금에 산입하고, 이 경우 익금에 산입한 금액에 대하여서는 **법정 이자상당가산액**(조특 §33 ③ 후단 : 조특령 §30 ⑨)을 가산하여 법인세 또는 양도소득세로 납부하여야 하며, 그 세액은 법인세법 또는 소득세법 상 납부하여야 할 세액(법세 §64 : 소세 §111)으로 본다(조특 §47의4 ②, §33 ③ 후단).

합병에 따른 중복자산 양도 관련 과세특례의 구체적 적용과 관련된 그 밖의 규정들이 있다(조특 §47의4 : 조특령 §44의4).

3.2.9. 공장의 대도시 밖 이전 관련 과세특례

법정 대도시['수도권과밀억제권역' 또는 '수도권과밀억제권역 외의 지역으로서 법정 지역(해당 지역에 위치한 산업입지 및 개발에 관한 법률에 따른 산업단지는 제외; 다만 산업입지 및 개발에 관한 법률에 따라 산업단지로 지정되기 전부터 해당 지역에서 공장시설을 갖추고 사업을 하는 내국법인이 그 공장을 지방으로 이전하기 위하여 해당 공장의 대지와 건물을 양도하는 경우에는 해당 지역을 대도시로 봄(조특 §60 ⑤))(조특령 §56 ②)']에서 **공장시설**을 갖추고 사업을 하는 내국법인이 대도시에 있는 공장을 **지방(대도시 밖)으로 이전**(수도권 밖에 있는 공장을 수도권으로 이전하는 경우는 제외)하기 위하여 해당 **공장의 대지와 건물**을 2025년 12월 31일까지 양도함으로써 발생하는 양도차익에 대하여서는 해당 **양도차익**에서 양도일이 속하는 사업연도의 직전 사업연도 종료일 현재 법정 이월결손금(법세 §13 ① 1호)을 뺀 금액의 범위에서 법정 절차(조특령 §56 ③)에 따라 계산한 금액을 해당 사업연도의 소득금액을 계산할 때 익금에 산입하지 아니할 수 있고, 이 경우 해당 금액은 양도일이 속하는 사업연도 종료일 이후 5년이 되는 날이 속하는 사업연도부터 5개 사업연도의 기간 동안 균분한 금액 이상을 익금에 산입하여야 한다(조특 §60 ②). 내국법인은 법정 분류(조특령 §54)를 기준으로 이전 전의 공장에서 영위하던 업종과 이전 후의 공장에서 영위하는 업종이 같아야 한다(조특 §60 ③).

내국법인이 해당 익금불산입액 전액을 익금에 산입하기 전에 지방 공장을 취득하여 **사업을 개시하지 아니하거나 사업을 폐업 또는 해산하는 경우** 등 법정 사유(조특령 §56 ⑤)가 있는 경우에는 그 사유가 발생한 날이 속하는 사업연도의 소득금액을 계산할 때 익금에 산입하지 아니한 금액 중 법정 절차(조특령 §56 ⑥)에 따라 계산한 금액을 익금에 산입하고, 이 경우 익금에 산입한 금액(합병 또는 분할 및 분할합병에 의하여 사업을 폐업하거나 해산함으로써 익금에 산입한 금액은 제외)에 대하여서는 **법정 이자상당가산액**(조특 §33 ③ 후단 : 조특령 §30 ⑨)을 가산하여 법인세 또는 양도소득세로 납부하여야 하며, 그 세액은 법인세법 또는 소득세법 상 납부하여야 할 세액(법세 §64 : 소세 §111)으로 본다(조특 §60 ④, §33 ③ 후단).

공장의 대도시 밖 이전 관련 과세특례의 구체적 적용과 관련된 그 밖의 규정들이 있다(조특 §60 : 조특령 §56).

3.2.10. 법인 본사 이전 관련 과세특례

수도권과밀억제권역에 본점이나 주사무소를 둔 내국법인이 **본점이나 주사무소를 수도권과 밀억제권역 밖으로 이전**하기 위하여 해당 **본점 또는 주사무소의 대지와 건물**을 2025년 12월 31일까지 양도하여 발생한 **양도차익**은 해당 양도차익에서 양도일이 속하는 사업연도의 직전 사업연도 종료일 현재 법정 이월결손금(법세 §13 ① 1호)을 뺀 금액의 범위에서 법정 절차(조특령 §57 ④)에 따라 계산한 금액을 해당 사업연도의 소득금액을 계산할 때 익금에 산입하지 아니할 수 있고, 이 경우 해당 금액은 양도일이 속하는 사업연도 종료일 이후 5년이 되는 날이 속하는 사업연도부터 5개 사업연도의 기간 동안 균분한 금액 이상을 익금에 산입하여야 한다(조특 §61 ③). 내국법인은 한국표준산업분류 상의 세분류(조특령 §57 ⑫)를 기준으로 이전 전의 본점 또는 주사무소에서 영위하던 업종과 이전 후의 본점 또는 주사무소에서 영위하는 업종이 같아야 한다(조특 §61 ④).

내국법인이 해당 **익금불산입액 전액을 익금에 산입하기 전에 법정 사유**(조특 §61 ⑤ 각 호)에 해당하는 경우에는 그 사유가 발생한 날이 속하는 사업연도의 소득금액을 계산할 때 익금에 산입하지 아니한 금액 중 법정 절차(조특령 §57 ⑮)에 따라 계산한 금액을 익금에 산입하고, 이 경우 익금에 산입한 금액(합병 또는 분할 및 분할합병에 의하여 사업을 폐업하거나 해산함으로써 익금에 산입한 금액은 제외)에 대하여서는 **법정 이자상당가산액**(조특 §33 ③ 후단 : 조특령 §30 ⑨)을 가산하여 법인세 또는 양도소득세로 납부하여야 하며, 그 세액은 법인세법 또는 소득세법 상 납부하여야 할 세액(법세 §64 : 소세 §111)으로 본다(조특 §61 ⑤, §33 ③ 후단).

법인 본사 이전 관련 과세특례의 구체적 적용과 관련된 그 밖의 규정들이 있다(조특 §61 : 조특령 §57).

3.2.11. 공공기관 혁신도시 등 이전 관련 과세특례

이전공공기관(혁신도시 §2 2호)이 **본사**(본점 또는 주사무소)를 **혁신도시**(혁신도시 §2 3호) 또는 **세종시**(세종특별자치시 설치 등에 관한 특별법에 따른 세종특별자치시)로 **이전하기 위하여 종전부동산**(혁신도시 §2 6호)을 2021년 12월 31일까지 **양도함**으로써 발생하는 양도차익에 대하여서는 해당 양도차익에서 양도일이 속하는 사업연도의 직전 사업연도 종료일 현재 법정 이월결손금(법세 §13 ① 1호)을 뺀 금액의 범위에서 법정 절차(조특령 §58 ②)에 따라 계산한 금액을 해당 사업연도의 소득금액을 계산할 때 익금에 산입하지 아니할 수 있고, 이 경우 해당 금액은 양도일이 속하는 사업연도 종료일 이후 5년이 되는 날이 속하는 사업연도부터 5개 사업연도의 기간 동안 균분한 금액 이상을 익금에 산입하여야 한다(조특 §62 ①). 내국법인이 해당 익금불산입액 전액을 익금에 산입하기 전에 법정 사유(조특 §61 ⑤ 각 호)에 해당하는 경우에 대하여서는 법인 본사 이전 관련 과세특례에 관한 규정(조특 §61 ⑤)이 준용된다(조특 §62 ②).

성장관리권역(수도권 §6 ① 2호)에 **본사가 소재하는 이전공공기관**이 2018년 12월 31일까지 **혁신도시로 본사를 이전하는 경우**, 이전공공기관은 과세연도 별로 법정 금액(조특 §62 ④ 1호, 3호)에 상당하는 소득에 대하여 이전일 이후 이전공공기관에서 최초로 소득이 발생한 과세연도(이전일부터 5년이 되는 날이 속하는 과세연도까지 소득이 발생하지 아니한 경우에는 이전일부터 5년이 되는 날이 속하는 과세연도)와 그 다음 과세연도의 개시일부터 2년 이내에 끝나는 과세연도까지는 법인세의 전액을, 그 다음 2년 이내에 끝나는 과세연도에는 법인세의 100분의 50에 상당하는 세액을 감면한다(조특 §62 ④). 법인세를 감면받은 이전공공기관이 법정 사유(조특 §62 ⑦ 각 호)에 해당하는 경우에는 그 사유가 발생한 과세연도의 과세표준신고를 할 때 법정 절차에 따라 계산한 세액을 법인세로 납부하여야 한다(조특 §62 ⑦). 감면받은 법인세액을 납부하는 경우에는 **법정 이자상당가산액**(조특 §63 ③)을 가산하여 법인세 또는 양도소득세로 납부하여야 하며, 그 세액은 법인세법 또는 소득세법 상 납부하여야 할 세액(법세 §64 ; 소세 §111)으로 본다(조특 §62 ⑧, §63 ③). 법정 이자상당가산액(조특 §63 ③)의 산정에 관하여 위임된 대통령령이 정비되지 않은 상태이다. 입법의 불비로서 시정되어야 한다.

공공기관 혁신도시 등 이전 관련 과세특례의 구체적 적용과 관련된 그 밖의 규정들이 있다(조특 §62 ; 조특령 §58).

3.2.12. 수도권 밖으로의 본사 이전 관련 과세특례

본사이전법인이 수도권과밀억제권역에 있는 본사를 양도함으로써 발생한 양도차익에 대한 법인세에 관하여는 법인 본사 이전 관련 과세특례에 관한 규정(조특 §61 ③, ⑤, ⑥)을 준용한다(조특 §63의2 ④).

3.2.13. 수용 등에 따른 공장 이전 관련 과세특례

공익사업을 위한 토지 등의 취득 및 보상에 관한 법률에 따른 공익사업의 시행으로 해당 **공익사업지역에서 그 사업인정고시일**(사업인정고시일 전에 양도하는 경우에는 양도일)**부터 소급하여 2년 이상 가동한 공장**(공장을 사업인정고시일부터 소급하여 2년 미만 가동한 경우 양도일 현재 1년 이상 가동한 공장의 토지로서 사업인정고시일부터 소급하여 5년 이상 보유한 토지를 포함)**을 공익사업 시행지역 밖의 지역**(공익사업의 시행으로 조성한 공익사업 지역 안의 토지를 사업시행자로부터 직접 취득하여 해당 공장의 용지로 사용하는 경우에는 그 공익사업 시행지역을 포함)**인 법정 지역**(조특령 §79의8 ①)**으로 이전**하기 위하여 그 **공장의 대지와 건물**을 그 공익사업의 사업시행자에게 2021년 12월 31일까지 **양도**(공장의 대지의 일부만 양도하는 경우를 포함)함으로써 발생하는 양도차익에 상당하는 금액은 법정 방법(조특 §85의7 ① 각 호)에 따라 익금에 산입하지 아니하거나 양도소득세를 분할납부할 수 있다(조특 §85의7 ①).

내국인이 법정 절차(조특령 §79의8 ⑤)에 따라 공장을 이전하지 아니하거나 그 공장의 양도일부터 3년 이내에 해당 사업을 폐업하거나 해산한 경우에는 그 사유가 발생한 날이 속하는 사업연도의 소득금액을 계산할 때 법정 절차(조특령 §79의8 ⑥)에 따라 계산한 금액을 익금에 산입하거나 분할납부할 세액을 양도소득세로 납부하여야 하고, 이 경우 익금에 산입할 금액 또는 납부할 세액에 대하여서는 **법정 이자상당가산액**(조특 §33 ③ 후단 : 조특령 §30 ⑨)을 가산하여 법인세 또는 양도소득세로 납부하여야 하며, 그 세액은 법인세법 또는 소득세법 상 납부하여야 할 세액(법세 §64 : 소세 §111)으로 본다(조특 §85의7 ②, §33 ③ 후단).

수용 등에 따른 공장 이전 관련 과세특례의 구체적 적용과 관련된 그 밖의 규정들이 있다(조특 §85의7 : 조특령 §79의8).

3.2.14. 중소기업 공장 이전 관련 과세특례

2년 이상 계속하여 공장시설을 갖추고 사업을 하는 중소기업이 수도권과밀억제권역(산업입지 및 개발에 관한 법률에 따라 지정된 산업단지는 제외)(조특 §79의9 ①) **외의 지역으로 공장을 이전**하거나 산업입지 및 개발에 관한 법률에 따른 **산업단지에서 2년 이상 계속하여 공장시설을**

갖추고 사업을 하는 중소기업이 동일한 산업단지 내 다른 공장으로 이전하는 경우 해당 공장의 대지와 건물을 2025년 12월 31일까지 양도함으로써 발생하는 양도차익에 상당하는 금액은 법정 방법(조특 §85의8 ① 각 호)에 따라 익금에 산입하지 아니하거나 양도소득세를 분할납부할 수 있다(조특 §85의8 ①).

내국인이 법정 절차(조특령 §79의9 ⑤)에 따라 공장을 이전하지 아니하거나 해당 공장의 양도일부터 3년 이내에 해당 사업을 폐업하거나 해산한 경우에는 해당 사유가 발생한 날이 속하는 사업연도의 소득금액을 계산할 때 법정 절차(조특령 §79의9 ⑥)에 따라 계산한 금액을 익금에 산입하거나 분할납부할 세액을 양도소득세로 납부하여야 하고, 이 경우 익금에 산입할 금액 또는 납부할 세액에 관하여는 **법정 이자상당가산액**(조특 §33 ③ 후단 : 조특령 §30 ⑨)을 가산하여 법인세 또는 양도소득세로 납부하여야 하며, 그 세액은 법인세법 또는 소득세법 상 납부하여야 할 세액(법세 §64 : 소세 §111)으로 본다(조특 §85의8 ②, §33 ③ 후단).

중소기업 공장 이전 관련 과세특례의 구체적 적용과 관련된 그 밖의 규정들이 있다(조특 §85의8 : 조특령 §79의9).

3.2.15. 수용 등에 따른 물류시설 이전 관련 과세특례

공익사업을 위한 토지 등의 취득 및 보상에 관한 법률에 따른 공익사업의 시행으로 해당 **공익사업지역에서** 그 사업인정고시일(사업인정고시일 전에 양도하는 경우에는 양도일)부터 소급하여 5년 이상 사용한 **법정 물류시설**(조특령 §79의10 ①)**을 법정 지역**(조특령 §79의10 ②)**으로 이전**하기 위하여 그 물류시설의 대지 또는 건물을 그 공익사업의 사업시행자에게 2021년 12월 31일까지 양도함으로써 발생하는 **양도차익**에 상당하는 금액은 법정 방법(조특 §85의9 ① 각 호)으로 익금에 산입하지 아니하거나 양도소득세를 분할납부할 수 있다(조특 §85의9 ①).

내국인이 법정 절차에 따라 물류시설을 이전하지 아니하거나 그 물류시설의 양도일부터 3년 이내에 해당 사업을 폐업하거나 해산한 경우에는 그 사유가 발생한 날이 속하는 사업연도의 소득금액을 계산할 때 법정 절차(조특령 §79의10 ⑦)에 따라 계산한 금액을 익금에 산입하거나 분할납부할 세액을 양도소득세로 납부하여야 하고, 이 경우 익금에 산입할 금액 또는 납부할 세액에 대하여서는 **법정 이자상당가산액**(조특 §33 ③ 후단 : 조특령 §30 ⑨)을 가산하여 법인세 또는 양도소득세로 납부하여야 하며, 그 세액은 법인세법 또는 소득세법 상 납부하여야 할 세액(법세 §64 : 소세 §111)으로 본다(조특 §85의9 ②, §33 ③ 후단). 물류시설의 이전에 관하여 위임된 대통령령이 정비되지 않은 상태이다. 입법의 불비로서 시정되어야 한다.

수용 등에 따른 물류시설 이전 관련 과세특례의 구체적 적용과 관련된 그 밖의 규정들이 있다(조특 §85의9 ; 조특령 §79의10).

3.2.16. 대학 재정 건전화 관련 과세특례

고등교육법에 따른 **학교법인이 법정 수익용 기본재산**(조특령 §104의16 ①)**을 양도**하고 양도일부터 1년 이내에 **다른 수익용 기본재산을 취득**하는 경우 보유하였던 수익용 기본재산을 양도하여 발생하는 양도차익은 법정 절차(조특령 §104의16 ③)에 따라 계산한 금액을 해당 사업연도의 소득금액을 계산할 때 익금에 산입하지 아니할 수 있고, 이 경우 해당 금액은 양도일이 속하는 사업연도 종료일 이후 3년이 되는 날이 속하는 사업연도부터 3개 사업연도의 기간 동안 균분한 금액 이상을 익금에 산입하여야 한다(조특 §104의16 ①).

학교법인이 다른 수익용 기본재산을 취득하지 아니하는 경우에는 해당 사유가 발생한 날이 속하는 사업연도의 소득금액을 계산할 때 법정 절차(조특령 §104의16 ⑤)에 따라 계산한 금액을 익금에 산입하고, 이 경우 익금에 산입하는 금액에 하여서는 **법정 이자상당가산액**(조특 §33 ③ 후단 : 조특령 §30 ⑨)을 가산하여 법인세 또는 양도소득세로 납부하여야 하며, 그 세액은 법인세법 또는 소득세법 상 납부하여야 할 세액(법세 §64 ; 소세 §111)으로 본다(조특 §104의16 ②, §33 ③ 후단).

고등교육법에 따른 학교법인이 발행주식총수의 100분의 50 이상을 출자하여 설립한 법인이 **해당 법인에 출자한 학교법인에 출연하는 학교법인 출연금**은 '해당 사업연도의 소득금액(기부금(법세 §24)을 손금에 산입하기 전의 소득금액)'에서 '결손금(법세 §13 ① 1호)의 합계액 및 기부금(학교법인 출연금은 제외)(법세 §24)의 합계액'을 공제한 금액을 한도로 손금에 산입한다(조특 §104의16 ④).

대학 재정 건전화 관련 과세특례의 구체적 적용과 관련된 그 밖의 규정들이 있다(조특 §104의16 ; 조특령 §104의16).

제3관　손금의 총액

Ⅰ 손금의 총액 개관

　법인세법 상 손금은 자본 또는 출자의 환급, 잉여금의 처분 및 법인세법에서 규정하는 것은 제외하고 해당 **법인의 순자산을 감소시키는 거래**로 인하여 발생하는 **손비(손실 또는 비용**을 포함)의 금액을 의미한다(법세 §19 ①). 따라서 손금은 원칙적으로 ⅰ) **법인의 순자산을 감소시키는 거래로 인하여 발생하여야** 하고, ⅱ) 그 본질은 **손비**이어야 한다. ⅲ) 또한 **자본 또는 출자의 환급 그리고 잉여금의 처분에 해당하지 않아야** 한다. ⅳ) **법인세법 상 별도의 정함**이 있는 경우에는 그에 따라 손금의 범위를 달리 판정하여야 한다. 또한 법인세법은 손금은 법인세법 및 다른 법률에서 달리 정하고 있는 것을 제외하고는 그 법인의 사업과 관련하여 발생하거나 지출된 손실 또는 비용으로서 일반적으로 인정되는 통상적인 것이거나 수익과 직접 관련된 것으로 한다고 규정한다(법세 §19 ②). 따라서 손금을 의미하는 손비는 ⅴ) 법인의 **사업과 관련**하여 발생하거나 지출되어야 하고, ⅵ) **일반적으로 인정되는 통상적인 것이거나 수익과 직접 관련**되어야 한다. ⅶ) 또한 사업관련성, 일반적 통상성 및 수익 직접 관련성에 대하여 **법인세법과 다른 법률에 달리 정하는 경우**에는 이에 따라야 한다. 한편 법인세법은 손금의 범위와 관련하여서는 '발생'을 기준으로 정의하나, 손금의 귀속사업연도와 관련하여서는 '확정'을 기준으로 사용한다. 따라서 ⅷ) **'손금의 발생'과 '손금의 확정'이 어떠한 관계에 있는지 여부**에 대하여서도 구분하여야 한다.[445]

　법인세법은 손금에 산입하는 항목과 손금에 불산입하는 항목을 개별규정을 통하여 규정하고 조세특례제한법 역시 개별규정을 통하여 이에 대하여 규정한다. 본서는 개별규정을 통하여 손금에 산입하는 항목을 '**손금산입 항목**'으로, 손금에 불산입하는 항목을 '**손금불산입 항목**'이라고 한다. 손금산입 항목은 성질 상 손금에 포함된다는 점을 개별규정을 통하여 확인하는 항목과 성질 상 손금에 해당하지 않음에도 개별규정을 통하여 손금에 포함시키는 항목으로 구분된다. 후자의 경우로서는 법인세법 상 준비금 및 충당금(일시상각충당금 및 압축기장충당금 포함) 항목이 있다. 손금불산입 항목 역시 성질 상 손금에 포함되지 않는 항목이라는 점을 개별규정을 통하여 확인하는 항목과 성질 상 손금에 포함됨에도 불구하고 개별규정을

---

445) 보다 구체적인 내용은 같은 절 제1관 Ⅲ 참조.

통하여 익금에서 제외하는 항목으로 구분된다.

법인세법은 손금 정의에 포함되는 '손비의 범위'에 대하여 규정하고(법세령 §19), 그 항목 중에는 '그 밖의 수익으로서 그 법인에 귀속되었거나 귀속될 금액' 역시 포함된다(법세령 §19 23호). 법인세법 상 손금은 특별한 규정이 없는 한 기업회계기준 상 손비를 의미하므로, 기업회계기준 상 '손비(수익 또는 비용)'에 해당한다면 특별한 규정이 없는 한 법인세법 상 손금에 해당한다.

이하 손금산입 항목 및 손금불산입 항목으로 구분하여 살핀다.

 손금산입 항목

1. 개관

법인세법 및 조세특례제한법이 규정하는 손금 항목은 다음과 같다. 각 손금 항목이 성질 상 손금에 포함된다는 점을 개별규정을 통하여 확인하는 항목과 성질 상 손금에 해당하지 않음에도 개별규정을 통하여 손금에 포함시키는 항목으로 구분된다는 점에 대하여는 기술하였다. 설사 개별규정을 통하여 손금산입 항목으로 규정되지 않았다고 하더라도, 법인세법 상 손금의 정의를 충족하고 손금불산입 항목에 해당하지 않는다면 법인세법 상 손금에 해당한다.

법인세법 상 그 성질 상 손금에 해당하지 않음에도 개별규정을 통하여 손금에 포함시키는 **준비금 및 충당금(일시상각충당금 및 압축기장충당금 포함) 항목에 대하여서는 손금의 총액 부분과 구분하여 각 별도로 살핀다.**

법인세법 및 조세특례제한법 상 손금 항목은 다음과 같다.

구 분	손금 항목
법인세법 상 손금 항목	판매한 상품 또는 제품에 관한 매입가액 등(법세령 §19 1호)
	판매한 상품 등에 대한 판매 관련 부대비용(법세령 §19 1호의2)
	양도한 자산의 양도 당시 장부가액(법세령 §19 2호)
	인건비(법세령 §19 3호)
	유형자산의 수선비(법세령 §19 4호)
	유형자산 및 무형자산에 대한 감가상각비(법세령 §19 5호)
	특수관계인으로부터 양수한 자산의 특정 감가상각비(법세령 §19 5호의2)
	자산의 임차료(법세령 §19 6호)

구 분	손금 항목
법인세법 상 손금 항목	차입금이자(법세령 §19 7호)
	회수 불능 부가가치세 매출세액미수금(법세령 §19 8호)
	자산의 평가차손(법세령 §19 9호)
	제세공과금(법세령 §19 10호)
	영업자가 조직한 단체에 지급한 회비(법세령 §19 11호)
	광업의 탐광비(법세령 §19 12호)
	무료진료권 또는 새마을진료권에 의한 무료진료 가액(법세령 §19 13호)
	기증한 잉여 식품 등의 장부가액(법세령 §19 13호의2)
	업무 관련 해외시찰·훈련비(법세령 §19 14호)
	특정 학교 등에 대한 운영비 또는 수당(법세령 §19 15호)
	우리사주조합 출연 자사주의 장부가액 또는 금품(법세령 §19 16호)
	손비로 계상한 미술품의 취득가액(법세령 §19 17호)
	광고선전 목적 기증 물품의 구입비용(법세령 §19 18호)
	임직원 행사 주식매수선택권 등에 대한 보전금액(법세령 §19 19호)
	주식매수선택권 등 행사에 따른 주식기준보상액 등(법세령 §19 19호의2)
	중소기업 또는 중견기업 부담 기여금(법세령 §19 20호)
	임직원 유족에 대한 학자금 등 특정 일시금 지급액(법세령 §19 21호)
	법정 기금에 출연하는 금품(법세령 §19 22호)
	보험감독회계기준에 따라 적립한 책임준비금의 증가액(법세령 §19 23호)
	동업기업으로부터 배분받는 결손금(법세 §19 ③)
	그 밖의 법인 귀속 손비(법세령 §19 23호)
조세특례제한법 상 손금 항목	채무의 인수·변제에 대한 과세특례(조특 §39)
	주주 등의 자산양도에 관한 법인세 등 과세특례(조특 §40)
	금융기관의 자산·부채 인수에 대한 법인세 과세특례(조특 §52)
	학교법인 자법인의 학교법인에 대한 출연금 과세특례(조특 §104의16 ④)
	정비사업조합 설립인가등 취소에 따른 채권의 손금산입(조특 §104의26)
	사업재편계획 상 채무 인수·변제액의 손금산입(조특 §121의27 ①)
	사업재편계획 상 자산증여 주주 등의 손금산입(조특 §121의28 ②)

2. 법인세법 상 손금 항목

2.1. 판매 상품 또는 제품에 관한 매입가액 등

판매한 상품 또는 제품에 대한 원료의 매입가액(기업회계기준에 따른 매입에누리금액 및 매입할인금액을 제외)과 그 부대비용은 법인세법 및 그 시행령이 달리 정하는 것을 제외하고는 법인세법 상 손금에 포함된다(법세령 §19 1호).

법인세법 상 매출원가는 어떻게 해석하여야 하는가? 법인세법 문언에 따르면 상품의 매입가액과 제품에 대한 원료의 매입가액만이 손비에 포함되는 것처럼 보인다. 한편 법인세법은 매입한 자산은 매입가액에 부대비용을 가산한 금액을 취득가액으로 하고, 자기가 제조·생산 또는 건설 기타 이에 준하는 방법에 의하여 취득한 자산은 제작원가에 부대비용을 가산한 금액을 취득가액으로 한다는 등 자산의 취득가액에 대하여 규정한다(법세 §41 ① ; 법세령 §72). 즉 제조·생산 또는 건설 기타 이에 준하는 방법에 의하여 취득한 자산 등의 취득가액은 원료의 매입가액에 한정되지 않는다. 그렇다면 '상품 또는 제품에 대한 원료의 매입가액 및 그 부대비용'은 자산의 취득가액과 다른 개념이다. '상품 또는 제품에 대한 원료의 매입가액 및 그 부대비용'이 법인세법 상 손비에 포함되는바 그 손비는 매출에 대응하는 매출원가를 의미하고, 이는 기업회계기준의 경우에도 동일하다. 자산의 취득가액 중 '상품 또는 제품에 대한 원료의 매입가액 및 그 부대비용'에 해당하지 않은 금액 등이 매출원가 포함되는지 여부에 관한 규정이 법인세법에는 없으나 기업회계기준에는 구체적인 규정들이 정비되어 있다. 내국법인의 각 사업연도의 소득금액을 계산할 때 그 법인이 **익금과 손금의 귀속사업연도와 자산·부채의 취득 및 평가**에 관하여 일반적으로 공정·타당하다고 인정되는 기업회계기준을 적용하거나 관행을 계속 적용하여 온 경우에는 법인세법 및 조세특례제한법에서 달리 규정하고 있는 경우를 제외하고는 그 기업회계기준 또는 관행에 따라야 한다(법세 §43). 매출에 대응하여 손비로서 매출원가를 인식할지 여부 및 얼마로 인식할지 여부는 손금의 귀속사업연도 및 자산의 취득 및 평가에 관한 쟁점에 속한다. 매출원가의 인식 여부에 따라 손금의 귀속연도가 달라지고 매출원가는 판매하는 상품 또는 제품의 가액에 의하여 결정되기 때문이다. 한편 '상품 또는 제품에 대한 원료의 매입가액 및 그 부대비용'의 구체적 범위에 관한 규정 역시 없는 경우가 있다. 이상의 논의에 따르면, **'상품 또는 제품에 대한 원료의 매입가액 및 그 부대비용'은 법인세법 상 규정에 의하여 매출원가인 손비에 포함되나, 그 밖의 항목에 관하여서는 법인세법 상 매출원가에 해당하는지 여부 및 매출원가에 해당하는 항목을 얼마로 계상하여야**

하는지 여부를 기업회계기준 상 문언에 기반하여 판정하여야 한다. 다만 법인세법에 기업회계기준 상 매출원가를 계산하기 위한 요소(예를 들면 재고자산의 평가, 당기 매입액)에 대한 특별규정이 있다면, 해당 규정의 적용을 전제한 후 기업회계기준에 따라 매출원가를 계산하여야 한다.

한편 법인세법 상 매출원가에 포함되는 '매입가액과 그 부대비용'은 '판매 관련 부대비용'과 구분되는바, 그 구분 역시 특별한 규정이 없는 한 기업회계기준 상 문언에 기반하여 판정하여야 한다. 해당 구분 역시 손금의 귀속사업연도 및 자산의 취득 및 평가에 영향을 미치기 때문이다. 즉 '매입가액과 그 부대비용'에 해당한다면 이는 자산의 취득가액에 포함된 후 해당 자산의 처분 시점에 손비로 인식되지만, '판매 관련 부대비용'은 그 발생 즉시 손비로 인식된다.

기업회계기준에 따른 매입에누리금액 및 매입할인금액을 매입가액에서 제외하는 이유는 무엇인가? 자산을 취득할 당시 매입에누리금액 및 매입할인금액이 포함된 가액을 그 매입가액으로 계상한다면 그에 대응하여 매입에누리금액 및 매입할인금액을 수익으로 인식하여야 한다. 자산의 취득을 위하여 지출하여야 할 금액을 감액하여 법인 순자산을 증가시켰기 때문이다. 그러나 자산의 판매 등 처분이 이루어지기 전에 해당 자산과 관련하여 수익을 먼저 인식하는 것은 수익비용대응의 원칙에 부합하지 않는다. 자산의 취득 당시에는 그 매입가액을 매입에누리금액 및 매입할인금액이 제외된 실제 지출금액으로 인식하고, 해당 자산의 판매 등 처분 시 매입에누리금액 및 매입할인금액만큼 손비를 적게 인식하는 것이 타당하다. 기업회계기준 역시 이와 동일한 입장이다.

매입에누리금액 및 매입할인금액에 해당하는지 여부 역시 특별한 규정이 없는 한 기업회계기준 상 문언에 기반하여 판정하여야 한다. 일반기업회계기준에 따르면 매입과 관련된 할인, 에누리 및 기타 유사한 항목은 매입원가에서 차감한다.[446) 기업회계기준서가 적용되는 경우에도 특별한 사정이 없는 한 그 처리는 동일할 것으로 본다. 그러나 **기업회계기준 역시 매입할인 및 매입에누리 자체에 대하여 정의하지는 않는다.** 따라서 매입할인 및 매입에누리에 해당하는지 여부는 해당 비용을 즉시 수익으로 인식하는 것이 타당한지 아니면 해당 자산의 매입가액에서 차감하여 향후 해당 자산의 판매 등 처분시점에 그 차감액만큼 손비를 적게 인식하는 것이 타당한지 여부에 의하여 판정되어야 한다. 또한 자산 매도인 단계에서 매출에누리 및 매출할인으로 취급되는 항목은 자산 매출액에 반영되어 자산 매수인에게 이전되므로 해당 항목은 자산 매수인 단계에서 매입에누리 및 매입할인으로 취급되는 것이 타당하다. 자산 매도인의 판매

---

446) 일반기업회계기준 제7장 문단 7.6.

관련 비용은 자산 매출액에 반영되지 않으므로, 매수인의 자산 매입가액에 반영될 수 없다. 판례는 원재료 공급자들과 1년 단위로 원재료 구입계약을 체결하고 원재료를 공급받으면서 사전에 약정한 연간 구매물량 등의 조건이 충족됨에 따라 계약기간 종료 직후 원재료 공급자들로부터 받은 인센티브는 매입에누리에 해당하고, 당사자가 미리 계약기간 동안의 구매물량을 합리적으로 추정할 수 없어 약정 물량 이상을 구매함으로써 인센티브의 발생 및 그 액수가 확정되는 경우라면 그 확정된 사업연도의 매입가액에서 인센티브를 차감하는 것은 타당하다고 판시한다.[447] 즉 판례는 구매물량에 기반하여 부여된 인센티브가 매입에누리에 해당한다는 전제하에, 매입에누리가 일정 기간에 걸친 구매물량에 기반하여 확정되는 경우라면 그 확정시점의 매입가액에서 그 매입에누리를 차감하여야 한다고 판시한다. 매입에누리가 일정 기간의 구매물량을 대상으로 계산된다고 하더라도 확정되지 않는 매입에누리는 그 확정 이전의 매입가액에서 공제될 수 없고 매입에누리가 반드시 그 계산의 대상이 되는 기간의 구매물량에 대하여 적용되어야 하는 것 역시 아니므로, 매입에누리 확정 이후 구매물량의 매입가액에서 공제되는 것으로 보는 판례의 입장은 타당하다.

2.2. 판매한 상품 등에 대한 판매 관련 부대비용

판매한 상품 또는 제품의 보관료, 포장비, 운반비, 판매장려금 및 판매수당 등 판매와 관련된 부대비용(판매장려금 및 판매수당의 경우 사전약정 없이 지급하는 경우를 포함)은 법인세법 및 그 시행령이 달리 정하는 것을 제외하고는 법인세법 상 손금에 포함된다(법세령 §19 1호의2). 판매장려금 및 판매수당의 경우 2009년 1월 1일 이후 지출분에 대하여서는 사전약정의 유무에 의하여 손금에 해당하는지 여부의 판정이 영향을 받지 않는다. 다만 업무무관비용 또는 부당행위 계산의 부인 등에 의하여 손금불산입될 수는 있다. **판매 관련 부대비용에 해당하는지 여부는 특별한 규정이 없는 한 기업회계기준 상 문언에 기반하여 판정하여야 한다.** 즉 판매와 관련된 부대비용은 기업회계기준(법세령 §79 각 호)에 따라 계상한 판매 관련 부대비용을 말한다(법세칙 §10). 일반기업회계기준에 따르면 판매비는 제품, 상품, 용역 등의 판매활동에서 발생하는 비용으로서 매출원가에 속하지 아니하는 모든 영업비용을 포함한다.[448] 판매비의 정의는 기업회계 상 기본개념에 속하므로 기업회계기준서가 적용되는 경우에도 특별한 사정이 없는 한 동일하게 적용될 것으로 판단한다.

---

447) 대법원 2015.9.10. 2013두6862.
448) 일반기업회계기준 제2장 문단 2.49.

판매 관련 부대비용은 매출액에서 차감되어야 하는가? 이 쟁점은 판매 관련 부대비용이 매출에누리금액 및 매출할인금액에 포함되는지 여부와 관계된다. 법인세법 상 매출에누리금액 및 매출할인금액은 사업수입금액인 매출에서 제외된다(법세령 §11 1호). 따라서 판매 관련 부대비용이 매출에누리금액 및 매출할인금액에 해당한다면 이를 다시 손비로서 규정할 필요가 없다. 즉 법인세법 상 판매 관련 비용은 매출에누리금액 및 매출할인금액과 구분되는 별도의 손비항목이다. 따라서 설사 기업회계기준이 판매 관련 비용을 매출에누리금액 또는 매출할인금액으로 분류한다고 할지라도 법인세법 상으로는 특별한 규정이 없는 한 판매 관련 비용은 매출에누리금액 또는 매출할인금액과 구분되는 별도의 손비항목으로 보아야 한다. 따라서 일반기업회계기준은 판매인센티브를 매출에서 차감한다고 규정하나,[449] 이러한 경우에도 법인세법 상 판매인센티브는 매출에누리금액 또는 매출할인금액과 구분되는 별도의 손비항목으로 보아야 한다. 이상의 논의에 따르면, 법인세법 상 판매 관련 부대비용에 해당하는지 여부는 특별한 규정이 없는 한 기업회계기준 상 문언에 기반하여 판정하여야 하나, 법인세법 상 판매 관련 부대비용의 성격 또는 분류와 관련하여서는 기업회계기준 상 분류와 무관하게 매출에누리금액 또는 매출할인금액과 구분되는 별도의 손비항목으로 보아야 한다. 법인세법 자체에 그 분류 또는 성격에 관한 특별규정이 있다면 그에 따라야 한다. 판매 관련 부대비용의 분류 또는 성격의 차이로 인하여 세무조정을 할 실익은 없으나 사업수익금액, 즉 매출의 계상금액과 관련하여서는 영향을 미칠 수 있다.

판매 관련 비용과 기업업무추진비는 어떻게 구분되는가? 기업업무추진비는 기업활동의 원활과 기업의 신장을 도모하기 위하여 필요한 경비로서 기업체의 영업규모와 비례관계에 있으므로 이를 엄격하게 해석하여야 하고 법인이 사업을 위하여 지출한 비용 가운데 상대방이 사업에 관련 있는 자들이고 지출의 목적이 접대 등의 행위에 의하여 사업관계자들과의 사이에 친목을 두텁게 하여 거래관계의 원활한 진행을 도모하는 데 있는 것이라면 그 비용은 기업업무추진비라고 할 것이나, 그 지출경위나 성질, 액수 등을 건전한 사회통념이나 상관행에 비추어 볼 때 상품 또는 제품의 판매에 직접 관련하여 정상적으로 소요되는 비용으로 인정되는 것이라면, 이는 판매부대비용에 해당한다.[450]

판매 관련 부대비용 이외에 관리비 및 영업외비용 역시 기업회계기준 상 손비에 해당하는 경우 법인세법 상 특별규정이 없는 한 손금에 포함된다.

---

449) 일반기업회계기준 제16장 실무적용지침 문단 16.23.
450) 대법원 2007.10.25. 2005두8924.

2.3. 양도한 자산의 양도 당시 장부가액

양도한 자산의 양도 당시의 장부가액은 법인세법 및 그 시행령이 달리 정하는 것을 제외하고는 법인세법 상 손금에 포함된다(법세령 §19 2호). 이는 자산의 양도금액이 법인세법 및 그 시행령이 달리 정하는 것을 제외하고는 법인세법 상 수익에 포함되는 것(법세령 §11 2호)에 대응하는 조문이다. 기업회계기준에 따르면 법인의 상품 또는 제품 등 재고자산이 아닌 자산의 양도로 인한 처분손익을 순액으로 인식하나, 법인세법에 따르면 **양도가액은 익금으로, 장부가액은 손금으로 각 총액으로 손익을 인식**하여야 한다. 이는 내국법인의 각 사업연도의 소득은 그 사업연도에 속하는 익금의 총액에서 그 사업연도에 속하는 손금의 총액을 뺀 금액으로 계산한다는 원칙(법세 §14 ①)과도 부합된다.

장부가액은 세법 상 장부가액을 의미한다. 자산의 취득 및 평가는 법인세법 및 조세특례제한법에서 달리 규정하지 않는 경우에 한하여 기업회계기준이 적용될 수 있으므로(법세 §43), 양도 당시 장부가액은 자산의 취득 및 평가에 관한 법인세법 및 조세특례제한법이 먼저 적용된 세법 상 장부가액으로 보아야 한다. 감가상각은 자산의 장부가액에 영향을 미치나 자산의 평가에서는 제외된다(법세 §42 ①). 그러나 법인세법 및 조세특례제한법이 감가상각에 대하여 기업회계기준과 다른 별도의 규정을 두고 있으므로 감가상각 대상자산 장부가액의 계산은 그 세법 상 규정에 따라야 한다. 즉 감가상각 대상자산의 장부가액 역시 세법 상 장부가액을 의미한다. 판례도 '양도한 자산의 양도 당시의 장부가액'은 취득 당시 매입가액 등을 기초로 하되 기업회계에 따른 장부가액이 아니라 세무회계에 따른 장부가액을 의미하고 자산의 취득 후 기업회계 상 평가차익이 발생하였더라도 이를 '자산의 장부가액'에 반영할 수 없으며, 이러한 법리는 비영리사업회계에 속하는 자산이 수익사업회계에 전입된 때 이를 비영리사업에 지출한 것으로 보아 기업회계에 따른 장부가액을 당초 매입가액에 평가차익이 추가된 시가로 계상하였더라도 마찬가지라고 판시한다.[451]

양도 당시의 장부가액이 세법 상 장부가액을 의미하므로, 양도 당시에는 해당 자산에 대하여 유보(△유보)된 세무조정 사항을 △유보(유보)로 처분하여 정리하여야 한다.

2.4. 인건비

인건비[임원등에게 시가보다 낮은 가격으로 제공하거나 구입할 수 있도록 지원하는 법정

---

451) 대법원 2017.7.11. 2016두64722.

방식을 통하여 임원 또는 직원이 얻는 이익에 상당하는 금액(법세령 §19 3호의3 ; 소세 §20 ① 6호; 소세령 §38 ③ 각 호)을 포함]는 법인세법 및 그 시행령이 달리 정하는 것을 제외하고는 법인세법 상 손금에 포함된다(법세령 §19 3호, 3호의3). 다만 인건비가 과다하거나 부당하다고 인정되는 경우(법세 §26 1호 ; 법세령 §43, §44, §44의2)에는 손금불산입된다.[452]

> **임원등에게 시가보다 낮은 가격으로 제공하거나 구입할 수 있도록 지원하는 방식**은 다음 각 호의 어느 하나에 해당하는 방식으로 한다.
>
> > 1. 법인이 생산·공급하는 자사제품등(재화 또는 용역)을 임원등에게 시가보다 낮은 가격으로 판매 또는 제공하는 방식
> > 2. 법인이 임원등에게 자사제품등을 구입하거나 제공받는 데 사용하도록 지원금을 지급하는 방식
> > 3. 법인이 임원등에게 법인의 계열회사(독점규제 및 공정거래에 관한 법률에 따른 계열회사)가 생산·공급하는 계열회사제품등(재화 또는 용역)을 구입하거나 제공받는 데 사용하도록 지원금을 지급하는 방식
> > 4. 법인의 계열회사가 법인의 임원등에게 계열회사제품등을 시가보다 낮은 가격으로 판매 또는 제공하고, 법인이 그 계열회사에 그 판매 또는 제공가액과 시가와의 차액을 지급하는 방식

2024년 2월 29일 시행령 개정에 의하여 위 내국법인을 중소기업 및 중견기업으로 제한하는 규정이 폐지되었다. 따라서 중소기업 및 중견기업이 아닌 내국법인의 해외현지법인에 파견된 임원 또는 직원의 인건비 역시 해당 내국법인의 인건비에 포함된다.

또한 2024년 2월 29일 시행령 개정에 의하여 임원 또는 직원의 출산 또는 양육 지원을 위해 해당 임원 또는 직원에게 공통적으로 적용되는 지급기준에 따라 지급하는 금액(법세령 §19 3호의2) 역시 법인의 손금에 해당한다. 이 금액 역시 인건비 또는 복리후생비적 성격을 갖는 금원으로 볼 수 있으나, 법인세법 시행령이 인건비 항목(법세령 §19 3호) 및 복리후생비에 대한 손금산입 항목(법세령 §45 ① 각 호)과 구분하여 규정하였다는 점 및 그 입법취지를 감안한다면 위 금액에 대하여서는 인건비 및 복리후생비에 대한 손금산입 한도 및 손금불산입 규정이 적용되지 않는 것으로 해석하여야 한다. 다만 '공통적으로 적용되는 지급기준'은 해당 금원의 지급 이전에 법인 차원에서 적용되는 상태이어야 하고, 그 적용 이전에 지급된 금원은 인건비

---

452) 같은 관 Ⅲ 2.9 참조.

또는 복리후생비로 보아야 할 것이다. 주주총회(또는 사원총회)의 결의에 반하지 않는 한 이사회 등 법인 경영진에 의하여 결정되더라도 법인 차원에서 적용되는 상태로 보아야 하고, 주주총회(또는 사원총회) 결의에 의하여 추인된다면 지급기준을 소급하여 적용할 수 있다고 본다.

인건비는 어떻게 정의되어야 하는가? 법인세법은 인건비에 대하여 정의하거나 그 범위를 정하고 있지 않다. 다만 법인 인건비가 과다하거나 부당한지 여부를 법인이 그 임원 또는 직원에게 지급하는 보수, 상여금, 해산수당, 퇴직위로금, 퇴직급여(근로퇴직 §2 5호) 및 퇴직보험료 등(퇴직급여를 지급하기 위하여 납입하거나 부담하는 보험료·부금 또는 부담금)을 대상으로 판정한다(법세 §26 1호 ; 법세령 §43, §44, §44의2). 따라서 위 각 금원들은 인건비에 포함되어야 한다.한편 근로기준법은 임금을 사용자가 근로의 대가로 근로자에게 임금, 봉급, 그 밖에 어떠한 명칭으로든지 지급하는 모든 금품으로 정의한다(근기 §2 5호). 근로기준법은 강행법규로서 법인은 이를 준수하여야 하며 법인세법이 근로기준법에 반하는 내용을 정할 규범적 당위성 역시 없다. 다만 근로기준법 상 임금은 근로자에게 지급하는 금원을 의미하는바, 근로자는 직업의 종류와 관계없이 임금을 목적으로 사업이나 사업장에 근로를 제공하는 사람을 말하고(근기 §2 1호), 사용자는 사업주 또는 사업 경영 담당자, 그 밖에 근로자에 관한 사항에 대하여 사업주를 위하여 행위하는 자를 말한다(근기 §2 2호). 이에 반하여 법인세법은 임원(법인의 회장, 사장, 부사장, 이사장, 대표이사, 전무이사·상무이사 등 이사회의 구성원 전원과 청산인, 합명회사, 합자회사 및 유한회사의 업무집행사원 또는 이사, 유한책임회사의 업무집행자, 감사 또는 이에 준하는 직무에 종사하는 자)(법세령 §40 ①) 또는 직원에게 지급하는 금원을 인건비에 포함시킨다. 따라서 법인세법 상 인건비는 근로자에게 근로의 대가로 지급하는 임금, 봉급, 그 밖에 어떠한 명칭으로든지 지급하는 모든 금품 또는 임·직원에게 지급하는 보수, 상여금, 해산수당, 퇴직위로금, 퇴직급여 및 퇴직보험료 등 금품을 의미한다고 보아야 한다. 그런데 이 항목들은 모두 각 소득세법 상 근로소득 또는 퇴직소득에 포섭될 수 있는 것이다. 그렇다면 **법인세법 상 인건비를 소득세법 상 근로소득 또는 퇴직소득에 대응하는 개념으로 보는 것이 타당하다.** 이를 통하여 법인세법과 소득세법이 유기적으로 결합하여 기능할 수 있기 때문이다.

해외현지법인에 파견된 임원 또는 직원의 인건비 등 파견 임직원의 인건비에 대하여 살핀다. 법인세법은 내국법인(중소기업(조특령 §2) 및 중견기업(조특령 §4 ①)으로 한정)이 발행주식총수 또는 출자지분의 100분의 100을 직접 또는 간접 출자한 해외현지법인에 파견된 임원 또는 직원의 인건비(해당 내국법인이 지급한 인건비가 해당 내국법인 및 해외출자법인이 지급한 인건비 합계의 100분의 50 미만인 경우로 한정)를 인건비로서 손금에 산입한다고 규정한다(법세령 §19 3호). 이는 위 **적격 내국법인이 적격 해외현지법인에 임원 또는 직원의 인건비가 해당 내국법인 및 해외출자법인이 지급한 인건비 합계의 100분의 50 미만인 경우에는 그 업무내용과 무관하게 적격 내국법인의 손금에 산입할 수 있다고 의제하는 규정**에 불과하다. 중소기업 또는 중견기업이 해외현지법인에 파견한 임원 또는 직원의 인건비를 일정 요건 하에 손금에 산입한다는 규정을 '중소기업 또는 중견기업이 아닌 법인'이 해외현지법인에 파견한 임원 또는 직원의 인건비 또는 '발행주식총수 또는 출자지분 100분의 100의 직접 또는 간접 출자 요건'을 충족하지 못한 해외현지법인에 파견한 임직원에 대한 인건비의 손금에 산입하는 것을 배제하는 규정으로 볼 수 없기 때문이다. 따라서 위 규정 상 요건을 갖추지 않는다고 할지라도 손금으로서의 일반요건(법세 §19)을 갖춘 이상 해당 법인의 손금산입을 부인할 수는 없다. 즉 **내국법인이 해외현지법인에 파견한 임직원이 수행하는 업무가 내국법인의 사업에 관련되어 그 손금이 내국법인이 귀속된다는 점을 입증한다면, 해당 임직원에게 지급하는 금원을 내국법인의 손금에 산입할 수 있다.** 만약 내국법인과 해외현지법인의 업무를 동시에 수행한다면 인건비를 합리적으로 배분하여야 하나, 이 경우 내국법인에 배분되는 인건비에 대한 입증책임은 내국법인에 귀속되는 손금에 대한 입증이므로 내국법인이 이를 입증하여야 한다. 다만 귀속되는 손금의 범위는 국제거래에 있어서는 시가가 아니라 정상가격(국조 §2 ① 5호)을 기준으로 해당 거래에 대한 조정 여부를 결정하므로 내국법인과 해외현지법인 사이의 합리적 배부기준이 인건비에 관한 정상가격에 속한다는 점을 입증하는 것으로 족하다. 만약 내국법인이 인건비의 귀속 및 그 배부금액의 합리성에 대한 입증을 다하지 못한다면 그 범위에서 해당 인건비는 손금불산입되어야 한다. 그러나 과세관청은 내국법인이 입증하는 합리적 배부기준을 부인함으로 인하여 국제적 이중과세를 초래할 수 있다는 점 및 국제거래에 있어서는 시가가 아닌 정상가격(국조 §2 ① 5호)을 기준으로 해당 거래를 재구성하여야 하므로 국내기업들 사이의 인건비만을 기준으로 그 배부기준을 부인할 수 없다는 점을 신중히 고려하여야 한다. **내국법인이 다른 내국법인에 임직원을 파견한 경우의 인건비에 대하여서도 해외현지법인에 파견된 임원 또는 직원의 인건비에 관한 법리가 그대로 적용된다.** 다만 적격 내국법인의 적격 해외현지법인에 대한 의제규정이 적용되지 않는다. 또한 **임직원이 두 내국법인의 업무를 수행하는 경우에 있어서 내국법인들이 특수관계에 있지 않는 경우에도** 내국법인들은 그 인건비에 대한 합리적 배부기준에 따라 배분된 각 금액이 해당 내국법인의 손금으로서 귀속된다는 점 및 해당 배부금액이 시가 또는 경제적 합리성을 갖는 가격에 해당한다는 점에 대하여 각 입증하여야 한다. 그러나 이 경우 거래당사자인 내국법인들 사이에 합의된 배부기준이 있다면 해당 금액의 합리성에 대한 입증을 다한 것으로 보아야 한다. 과세관청은 만약 실질과세원칙을 적용할 수 있는 상황이라면 이를 적용하여 그 배부기준을 부인할 수 있을 뿐이다. 만약 내국법인이 인건비의 귀속 및 그 배부금액의 합리성에 대한 입증을 다하지 못한다면 그 범위에서 해당 인건비는 손금불산입되어야 하나, 이 경우에도 과세관청은 다른 내국법인에 귀속되는 인건비를 그와 동일한 기준을 적용하여 결정하여야 한다. **임직원이 두 내국법인의 업무를 수행하는 경우에 있어서 내국법인들이 특수관계에 있다면** 거래당사자인 내국법인들이 합의한 배부기준이 있다는 것만으로는 각 내국법인이 자신에게 귀속되는 인건비를 입증하였다고 볼 수 없다. 즉 내국법인들 사이의 배부기준에 따른 인건비가 자신의 사업에 관련된 손금이라는 점 및 해당 금액이 인건비의 시가 또는 경제적 합리성을 갖는 가격에 해당한다는 점에 대하여 입증하여야 하나, 그 거래당사자들 사이에 합의된 배부기준이 있다는 점만으로는 그 입증을 다하였다고 볼 수 없다. 만약 내국법인이 인건비의 귀속 및 그 배부금액의 합리성에 대한 입증을 다하지 못한다면 그 범위에서 해당 인건비는 손금불산입되어야 하나, 이 경우에도 과세관청은 다른 내국법인에 귀속되는 인건비를 그와 동일한 기준을 적용하여 결정하여야 한다. 이상의 **각 쟁점들은 내국법인과 그 임직원 사이의 인건비에 대한 부당행위계산 부인규정의 적용과는 구분된다.** 이에 대하여서는 과다경비의 손금불산입 부분에서 살핀다.[453]

한편 법인세법은 인건비 외에도 **복리후생비, 여비 및 교육·훈련비 등**이 과다하거나 부당하다고 인정하는 금액은 내국법인의 각 사업연도의 소득금액을 계산할 때 손금에 산입하지 아니한다고 규정한다(법세 §26). 따라서 이들 비용 역시 손금에 산입되는 것을 법인세법이 전제한다고 볼 수 있는바, 이는 손금산입의 일반요건에 비추어 당연한 법리를 확인한 것에 불과하다. 다만 법인세법 상 인건비를 소득세법 상 근로소득 또는 퇴직소득에 대응하는 개념으로 보는 것이 타당하므로, **복리후생비, 여비 및 교육·훈련비의 성격을 갖는 지출이라고 할지라도 해당 금원이 소득세법 상 근로소득에 포섭되는 것이라면 이는 법인세법 상 인건비로서 취급하여야 한다.** 이에 대하여서는 과다경비 등의 손금불산입(법세 §26) 부분에서 살핀다.

---

453) 같은 관 Ⅲ 2.9 참조.

2.5. 유형자산의 수선비

유형자산의 수선비는 법인세법 및 그 시행령이 달리 정하는 것을 제외하고는 법인세법 상 손금에 포함된다(법세령 §19 4호). 법인세법은 자산을 유형자산과 무형자산으로 구분하여 사용하나 이에 대하여 정의하지는 않는다. 따라서 기업회계기준의 문언에 따라 **유형자산**의 의미를 해석하는 것이 타당하다. 기업회계기준서는 유형자산 및 무형자산 외에도 투자부동산이라는 용어 역시 사용하나, 일반기업회계기준은 유형자산 및 무형자산 외 투자부동산이라는 용어는 사용하지 않는다. 법인세법 역시 투자부동산에 대하여 규정하지 않으므로, 일반기업회계기준에 따라 유형자산을 이해하는 것이 타당하다. 일반기업회계기준에 따르면 유형자산은 재화의 생산, 용역의 제공, 타인에 대한 임대 또는 자체적으로 사용할 목적으로 보유하는 물리적 형체가 있는 자산으로서, 1년을 초과하여 사용할 것이 예상되는 자산을 말한다.[454] 한편 법인세법은 **수선비**에 대하여서도 정의하지는 않으나, 자본적 지출을 법인이 소유하는 감가상각자산의 내용연수를 연장시키거나 해당 자산의 가치를 현실적으로 증가시키기 위하여 지출한 수선비로 정의한다(법세 §31 ②). 즉 수선비는 자산의 내용연수 및 해당 자산의 가치를 현실적으로 유지하기 위하여 지출하는 비용으로 볼 수 있다. 그렇다면 유형자산의 수선비를 **재화의 생산, 용역의 제공, 타인에 대한 임대 또는 자체적으로 사용할 목적으로 보유하는 물리적 형체가 있는 자산으로서 1년을 초과하여 사용할 것이 예상되는 자산의 내용연수 및 해당 자산의 가치를 현실적으로 유지하기 위하여 지출하는 비용**으로 해석하는 것이 타당하다.

2.6. 유형자산 및 무형자산에 대한 감가상각비

유형자산 및 무형자산에 대한 감가상각비는 법인세법 및 그 시행령이 달리 정하는 것을 제외하고는 법인세법 상 손금에 포함된다(법세령 §19 5호). 법인세법은 건물, 기계·장치, 특허권 등 법정 유형자산 및 무형자산(법세령 §24)을 감가상각자산으로 정의한다(법세 §23 ①). 개별 감가상각자산별로 법정 감가상각방법에 따라 계산한 상각범위액의 범위에서 감가상각비를 손금에 산입한다(법세 §23). 감가상각비는 각 사업연도에 해당 감가상각자산의 장부가액을 직접 감액하는 방법 또는 장부가액을 감액하지 아니하고 감가상각누계액으로 계상하는 방법 중 선택하여 손금에 산입한다(법세령 §25). 감가상각자산을 양도 또는 폐기하는 경우 그 양도일 또는 폐기일이 속하는 사업연도에 법정 상각범위액의 범위와 관련된 해당 자산의 상각부인액

---

454) 일반기업회계기준 제10장 문단 10.4.

또는 해당 자산의 장부가액에서 1천원을 공제한 금액을 손금에 산입하는 방법으로 감가상각절차가 종료된다(법세령 §31 ⑦, §32). 다만 이상의 각 규정들에도 불구하고 법인세법은 감가상각 자체에 대하여 정의하지는 않는다. 비록 감가상각이라는 용어를 기업회계기준에서도 사용하지만, 감가상각비의 손금산입에 대하여서는 법인세법이 별도로 규율하고 있으므로 이를 쉽게 차용할 수도 없다. 따라서 이상의 각 법인세법 규정들을 통하여 감가상각을 해석하는 것이 타당하다. 즉 **법인세법 상 감가상각은 건물, 기계·장치, 특허권 등 유형자산 및 무형자산을 포함하는 법정 감가상각대상자산을 보유 또는 사용하면서 각 사업연도 별로 법정 감가상각방법에 따라 계산한 상각범위액의 범위에서 해당 감가상각자산의 장부가액을 직접 감액하는 방법 또는 장부가액을 감액하지 아니하고 감가상각누계액으로 계상하는 방법 중 하나를 선택하여 해당 감가상각자산을 손금으로 전환하는 절차를 통칭하는 용어로서 사용된다.**

2.7. 특수관계인으로부터 양수한 자산의 특정 감가상각비

특수관계인으로부터 자산 양수를 하면서 기업회계기준에 따라 장부에 계상한 자산의 가액이 시가에 미달하는 경우, '실제 취득가액이 시가를 초과한다면 시가와 장부에 계상한 가액과의 차이' 또는 '실제 취득가액이 시가에 미달한다면 실제 취득가액과 장부에 계상한 가액과의 차이'에 대하여 계산된 법정 감가상각비 상당액(법세령 §24~§34)은 법인세법 및 그 시행령이 달리 정하는 것을 제외하고는 법인세법 상 손금에 포함된다(법세령 §19 5호의2). 즉 법인이 특수관계인으로부터 자산을 양수하면서 시가와 다른 금액을 장부에 계상하고 해당 차액에 대한 감가상각비를 계상하지 않았다고 하더라도 법인은 강제적으로 감가상각비를 손금에 산입하여야 한다. 한편 법인세법은 '실제 취득가액과 장부계상금액의 차이' 자체에 대하여 감가상각할 것으로 특별히 규정하고 있으므로, **한국채택국제회계기준**이 적용되는 경우 해당 차이를 영업권으로 계상하고 그에 대하여 상각하는 것이 아니라 **영업권 손상차손**을 인식할 수밖에 없다고 할지라도 위 규정은 그대로 적용되어야 한다.

기업회계기준에 따라 장부에 계상한 자산의 가액과 실제 취득가액이 달라지는 경우는 언제 발생하는가? 기업회계기준에 따라 장부에 계상한 자산가액이 실제 취득가액과 달라지는 경우는 당사자들이 임의로 자산의 장부가액을 달리 계상하는 것과는 구분된다. 위 경우에 해당하기 위하여서는 기업회계기준이 실제 취득가액과 달리 장부가액을 계상하는 것을 허용하여야 한다. **일반기업회계기준에 따르면, 동일지배 하에서 지배·종속관계가 변경되는 주식인수도 및 사업인수도의 경우** 인수자는 인수대상 주식 또는 인수대상 사업의 자산·부채에 대하여 연결장부금액으로 인식한다.[455] 거래 참여자가 지배기업인 경우에 인수(인도)대상 주식 또는 사업의 연결장부금액과 그 대가로 지급(수령)한 금액의 **차이는** 거래 상대방인 **종속기업에 대한 투자주식에 가감하고, 거래 상대방인 종속기업이 부분종속기업인 경우에는** 차이금액 중 지배지분에 해당하는 금액을 **투자주식에 가감하고, 잔여금액은 자본잉여금으로 반영한다.**[456] **종속기업이 인도자인 경우** 인도대상 주식 또는 사업의 장부금액과 그 대가로 수령한 금액의 차이를 **자본잉여금에 반영**하며, **종속기업이 인수자인 경우** 인수사업의 연결장부금액과 그 대가로 지급한 금액의 차이를 **자본잉여금에 반영**한다.[457] 그런데 **법인세법**에 따르면 매입가액에 취득세(농어촌특별세와 지방교육세를 포함), 등록면허세, 그 밖의 부대비용을 가산한 금액을 취득가액으로 계상하여야 한다(법세령 §72 ② 1호). 따라서 동일지배 하에서 지배·종속관계가 변경되는 주식인수도 및 사업인수도의 경우에는 기업회계기준에 따른 자산의 장부가액과 실제 취득가액이 달라지는 경우가 발생한다.

    기업회계기준에 따라 장부에 계상한 자산의 가액과 실제 취득가액이 달라지는 경우 시가 또는 실제 취득가액과 장부가액 사이의 차이를 감가상각비로서 손금에 산입하는 이유는 무엇인가? 감가상각비는 원칙적으로 법인의 장부에 계상 경우에 한하여 손금에 산입될 수 있다(법세 §23 ①). 따라서 취득가액(또는 시가)과 장부가액 사이의 차이는 법인의 장부에 계상되지 않은 이상 감가상각비로서 손금에 산입될 수 없다. 이는 해당 거래가 당사자의 조세회피 등에 기인한 것이 아니고 해당 거래의 경제적 실질에도 부합하지 않는다. 따라서 법인세법은 비록 위 차이 금액이 장부에 계상되지 않았다고 하더라도, 이를 감가상각비로서 손금에 산입할 수 있도록 허용한다. **기업회계기준에 따라 장부에 계상한 자산의 가액은 시가에 미달하나 실제 취득가액은 시가를 초과하는 경우,** 해당 거래는 특수관계인 사이의 거래이므로 자산 취득 법인에 대하여 부당행위계산 부인규정이 적용된다. 따라서 자산 취득 법인 단계에서 시가 초과 지급액은 손금불산입(기타사외유출 등)으로 처분되고 해당 자산의 실제 취득가액 중 시가초과분은 감액되어 손금산입(△유보)로 처분된다. 결국 손금불산입액과 손금산입액이 상쇄되어 시가와 장부가액 사이의 차이만 쟁점이 되므로, 법인세법은 시가와 장부가액 사이의 차액을 감가상각을 통하여 손금에 산입하도록 규정한다. **기업회계기준에 따라 장부에 계상한 자산의 가액이 시가에 미달하고 실제 취득가액 역시 시가에 미달하는 경우,** 실제 취득가액과 장부에 계상한 가액과의 차이는 법인세법 상 취득가액에는 반영되어 있지 않지만 이미 기업회계

---

455) 일반기업회계기준 제32장 문단 3.6, 3.11.
456) 일반기업회계기준 제32장 문단 3.12 제1문, 제2문.
457) 일반기업회계기준 제32장 문단 3.12 제3문.

기준에 따라 자본잉여금의 형태로 반영되어 있다. 또한 해당 금액은 법인세법에 따라 취득가액으로 증액되어야 하고 향후 감가상각을 통하여 손금산입되는 방법으로 사후관리되어야 한다. 따라서 익금산입 항목이 이미 자본에 반영되어 있는 경우에는 통상 익금산입(기타)로 처분하나, 위 경우에는 익금산입(유보), 익금불산입(기타)로 소득처분한 후 해당 금액에 대하여 감가상각되는 시점에 각 손금산입(△유보)로 처분하여야 한다. 결과적으로는 시점 차이는 있지만 익금산입(기타)로 처분한 것과 같다. 취득가액의 시가 미달분에 대하여서는 특수관계인 사이의 유가증권 저가매입(법세 §15 ② 1호)에 해당하지 않는 한 별도의 세무조정이 필요하지 않다. **만약 법인이 취득가액과 장부가액 사이의 차액을 자본잉여금이 아닌 영업권으로 계상한 경우**, 이는 계정과목 상 차이에 불과하고 영업권을 자본잉여금으로 전환하여 반영하는 과정에 법인세법 상 추가적인 세무조정 역시 필요 없으므로, 위 경우와 동일하게 영업권 계상금액에 대하여 감가상각비를 계산하여 손금에 산입하도록 허용하는 것이 타당하다.

2.8. 자산의 임차료

자산의 임차료는 법인세법 및 그 시행령이 달리 정하는 것을 제외하고는 법인세법 상 손금에 포함된다(법세령 §19 6호).

임차료의 범위는 그 용어에 한정될 필요가 없고, 자산의 사용가치를 향유하는 대가로서 임차인이 지급하거나 부담하는 모든 명칭의 금원에 해당하면 이를 임차료로 보아야 한다. 자산의 사용가치를 향유하는 대가로서 임차인이 지급하거나 부담하는지 여부는 해당 거래 전체의 구체적 상황에 기반하여 그 경제적 실질에 따라 판정하여야 한다. 임차인이 금원을 지급하거나 부담하였다고 하더라도 이로 인하여 자산을 취득한 것으로 볼 수 있다면 이는 임차료의 범위에서 제외되어야 한다. 선급임차료는 자산으로서 향후 임대기간이 경과된 이후에 임차료로서 손금에 산입될 수 있다. 임차거래 전체에 대한 대가로서 지급된 것이라면 그 현실적 지급시기가 언제인지 여부는 문제가 되지 않지만 그 대가는 임차기간에 해당하는 각 사업연도에 배분되어야 한다.

리스료 역시 그 성질에 따라서는 자산의 임차료에 해당할 수도 있다. 즉 리스회사가 대여하는 리스자산 중 기업회계기준에 따른 **금융리스**의 자산은 리스이용자의 감가상각자산으로, 금융리스 외의 리스자산은 리스회사의 감가상각자산으로 한다(법세령 §24 ⑤). 따라서 금융리스 외의 리스자산, 즉 **운용리스**의 자산과 관련하여 지급하는 리스료는 자산의 임차료에 해당한다. 리스이용자가 리스로 인하여 수입하거나 지급하는 리스료(리스개설직접원가를 제외)의 익금과 손금의 귀속사업연도는 기업회계기준으로 정하는 바에 따르나, 한국채택국제회계기준을 적용하는 법인의 금융리스 외의 리스자산에 대한 리스료의 경우에는 리스기간에 걸쳐 정액기준으로 손금에 산입한다(법세칙 §35 ①).[458]

2.9. 차입금이자

차입금의 이자는 법인세법 및 그 시행령이 달리 정하는 것을 제외하고는 법인세법 상 손금에 포함된다(법세령 §19 7호). 다만 법인세법은 채권자 불명 사채의 이자, 건설자금에 충당한 차입금의 이자, 업무무관 자산 등에 대한 지급이자 등에 대하여 손금불산입한다(법세 §28). 차입금에 해당하는지 여부 및 해당 법인의 차입금에 해당하는지 여부는 해당 거래의 형식이 아니라 그 거래의 구체적 상황에 기반한 경제적 실질에 따라 판정되어야 한다. 따라서 해당 차입금이 장부에 계상되었는지 여부 또는 차입금의 이자가 아닌 배당 또는 분배로 계상하였는지 여부 자체는 문제되지 않는다. 판례 역시 이자비용 항목으로 계상한 금액이 정기예금의 명목 가치와 현재 가치의 차이를 기간 경과에 따라 조정하는 현재가치할인차금의 상각액에 대응하는 것일 뿐이고 이를 '이미 경과한 기간에 대응하는 이자 등을 당해 사업연도의 손금으로 계상한 경우'로 볼 수도 없다면 이는 이자비용에 해당하지 않는다고 판시한다.[459] 한편 차입금의 이자에 해당한다고 하더라도 그 이자가 자산의 취득원가를 구성한다면 손금에 해당하지 않는다.

2.10. 회수 불능 부가가치세 매출세액미수금

회수할 수 없는 부가가치세 매출세액미수금(대손세액공제(부가세 §45)를 받지 아니한 것에 한정)은 법인세법 및 그 시행령이 달리 정하는 것을 제외하고는 법인세법 상 손금에 포함된다(법세령 §19 8호). 부가가치세 매출세액은 재화 또는 용역을 공급받는 자로부터 사업자인 법인이 거래징수하는 것이므로 법인의 수익에 해당하지 않고, 법인은 그 매출세액을 거래징수하였는지 여부를 불문하고 이를 과세관할에 납부하여야 한다. 법인인 사업자는 부가가치세가 과세되는 재화 또는 용역을 공급하고 외상매출금이나 그 밖의 매출채권(부가가치세를 포함)의 전부 또는 일부가 공급을 받은 자의 파산·강제집행이나 그 밖에 법정 사유(부가세령 §87)로 대손되어 회수할 수 없는 경우에는 대손세액(대손금액 × 110분의 10)을 그 대손이 확정된 날이 속하는 과세기간의 매출세액에서 뺄 수 있다(부가세 §45 본문). 이를 **대손세액공제**라고 한다. 대손세액공

---

458) 같은 절 제5관 Ⅱ 6.6 참조.
459) 대법원 2014.4.10. 2013두25344.

제는 그 대손이 확정된 날이 속하는 과세기간의 매출세액에서만 공제될 수 있다. 따라서 부가가치세 매출세액미수금이라고 할지라도 대손세액공제를 받을 수 없는 경우가 있다. 그런데 부가가치세 매출세액미수금으로서 대손세액공제를 받지 않은 금액은 사실상 회수할 수 없는 미수금에 해당하여 자산성을 갖는다고 볼 수 없다. 따라서 법인세법은 회수할 수 없는 부가가치세 매출세액미수금으로서 대손세액공제를 받지 않은 금액을 손금에 산입한다고 규정한다. 다만 부가가치세 매출세액미수금이 아닌 대손금에 대하여서는 별도의 대손금 손금불산입 규정(법세 §19의2)이 적용된다.

2.11. 자산의 평가차손

자산의 평가차손은 법인세법 및 그 시행령이 달리 정하는 것을 제외하고는 법인세법 상 손금에 포함된다(법세령 §19 9호). 다만 내국법인이 보유하는 자산의 장부가액을 평가(증액 또는 감액, 단 감가상각은 제외)한 경우에는 그 평가일이 속하는 사업연도와 그 후의 각 사업연도의 소득금액을 계산할 때 그 자산과 부채의 장부가액은 평가 전의 가액으로 한다(법세 §42 ① 본문). 즉 법인세법은 원칙적으로 자산의 평가를 인정하지 않는다. 다만 재고자산 및 유형자산 등 특정 자산의 경우에는 평가를 통하여 장부가액을 감액할 수 있다(법세 §42 ① 단서, ③). 법인세법 상 예외적으로 허용되는 장부가액의 평가감을 통하여 발생한 평가손실은 손금에 산입할 수 있다(법세 §22 단서 ; 법세령 §19 9호).

2.12. 제세공과금

제세공과금(외국자회사 수입배당금의 익금불산입(법세 §18의4) 및 외국납부세액공제(법세 §57 ①) 모두를 적용하지 않는 경우의 외국법인세액을 포함)은 법인세법 및 그 시행령이 달리 정하는 것을 제외하고는 법인세법 상 손금에 포함된다(법세령 §19 10호). 다만 법인세법 상 손금불산입되는 제세공과금 역시 법정되어 있다(법세 §21). 따라서 **손금에 산입되는 제세공과금은 법인세법 상 손금불산입되는 제세공과금을 제외한 것을 의미한다.**

손금불산입되는 제세공과금에는 각 사업연도에 납부하였거나 납부할 법인세가 포함되는바, 이 경우 **외국납부세액공제**(법세 §57 ①)를 적용하는 경우의 외국법인세액은 그 손금불산입되는 법인세에 포함된다. 법인세법은 이에 대응하여 '외국납부세액공제(법세 §57 ①)를 적용하지 않는 경우의 외국법인세액'이 손금에 포함된다고 규정한다. 즉 외국납부세액공제가 적용되는 경우에는 그 공제되는 외국납부세액 역시 손금불산입되는 법인세에 포함되나, 그 세액공제가 적용되지 않고 외국자회사 수입배당금의 익금불산입(법세 §18의4) 역시 적용되지 않는 경우에는 그 외국납부세액이 별도의 손금으로 산입된다. 손금불산입되는 법인세에 포함되는 외국납부세액은 법인의 각 사업연도 소득금액을 계산할 때에는 손금에 산입되지 않으나, 납부할 법인세액을 계산할 때 그 세액에서 공제된다.

2.13. 영업자가 조직한 단체에 지급한 회비

영업자가 조직한 단체로서 **법인이거나 주무관청에 등록된 조합 또는 협회**에 지급한 회비는 법인세법 및 그 시행령이 달리 정하는 것을 제외하고는 법인세법 상 손금에 포함된다(법세령 §19 11호). 이 경우 조합 또는 협회에 지급한 회비는 **조합 또는 협회가 법령 또는 정관이 정하는 바에 따른 정상적인 회비징수 방식에 의하여 경상경비 충당 등을 목적으로 조합원 또는 회원에게 부과하는 회비**로 한다(법세칙 §10 ②). 회비의 명칭과 무관하게 이상 회비의 정의를 충족하는지 여부를 판정하여야 하고, 그 회비에 해당하는 경우에는 전액 손금에 산입된다. 법인세법 및 그 시행령이 그 회비를 손금에서 배제하는 규정을 두지 않기 때문이다. **다만 회비에 대한 정의 규정은 2018년 3월 21일 신설되었다.** 그 이전에는 정상적인 회비징수방식에 의하지 않고 지급된 회비를 특별회비로, 법인이거나 주무관청에 등록된 조합 또는 협회에 해당하지 않은 단체에 지급한 회비는 임의회비로 보아 이를 일반기부금(구 '지정기부금')으로 취급하였다. 회비에 대한 정의 규정이 신설된 2018년 3월 21일 이후에는 특별회비와 임의회비가 일반기부금에서 제외되었다. 따라서 임의회비는 비지정기부금에 해당하고, 특별회비는 영업자가 조직한 단체가 기부금지정단체에 해당하는지 여부에 의하여 그 성격이 달라질 것이나 대부분 비지정기부금에 해당되어 손금불산입될 것으로 보인다.

2.14. 광업의 탐광비

광업의 탐광비(탐광을 위한 개발비를 포함)는 법인세법 및 그 시행령이 달리 정하는 것을 제외하고는 법인세법 상 손금에 포함된다(법세령 §19 12호). **기업회계기준서**에 따르면 **광물자원의 탐사 및 평가에 관련된 지출**을 탐사평가자산으로 인식하고 그 지출에는 탐사 권리의 취득, 지형학적, 지질학적, 지구화학적 및 지구물리학적 연구, 탐사를 위한 시추, 굴착, 표본추출, 광물자원 추출의 기술적 실현가능성과 상업화가능성에 대한 평가와 관련된 활동 등이 포함된다.[460] 다만 **광물자원의 개발과 관련된 지출**은 탐사평가자산으로 인식하지 아니하고, 별도의 무형자산으로 인식할 수 있다.[461] **일반기업회계기준**은 광물자원의 탐사와 평가 또는 광물자원 추출을 수행하는 기업은 추출활동에 사용하는 유형자산이나 무형자산의 취득 또는 개발을 위한 지출은 각 '유형자산'과 '무형자산'을 적용하여 회계처리한다고 규정할 뿐이다.[462] **법인세법 상 탐광비의 의미를 기업회계기준 상 광물자원의 탐사, 평가 및 개발에 관련된 지출로 해석하는 것이 타당하다.** 탐광비의 의미 역시 탐광 관련 자산의 인식 또는 그 손금의 귀속사업연도와 관련되기 때문이다. 그런데 기업회계기준은 광물자원의 탐사 및 평가 그리고 그 개발과 관련된 지출을 자산으로 인식하는 것을 전제로 하나, 법인세법은 탐광비 및 탐광을 위한 개발비 모두를 원칙적으로 손금으로 규정하고 있다. 다만 법인세법은 2021년 2월 17일 개정을 통하여 개발비를 무형자산으로 인식할 수 있다고 규정한다. 즉 상업적인 생산 또는 사용 전에 재료·장치·제품·공정·시스템 또는 용역을 창출하거나 현저히 개선하기 위한 계획 또는 설계를 위하여 연구결과 또는 관련 지식을 적용하는데 발생하는 비용으로서 기업회계기준에 따른 개발비 요건을 갖춘 것(산업기술연구조합 육성법에 따른 산업기술연구조합의 조합원이 해당 조합에 연구개발 및 연구시설 취득 등을 위하여 지출하는 금액을 포함)은 무형자산인 개발비로서 인식할 수 있다(법세령 §24 ① 2호 바목). 따라서 **탐광을 위한 개발비가 기업회계기준 상 개발비 요건을 충족한 경우에는 이를 손금이 아닌 무형자산인 개발비로서 인식한다. 또한 탐광을 위하여 자산을 취득한 경우에는 그 지출금액을 손금이 아닌 자산으로 인식하여야 한다.**

2.15. 무료진료권 또는 새마을진료권에 의한 무료진료 가액

보건복지부장관이 정하는 무료진료권 또는 새마을진료권에 의하여 행한 무료진료의 가액은 법인세법 및 그 시행령이 달리 정하는 것을 제외하고는 법인세법 상 손금에 포함된다(법세령 §19 13호).

통상의 무료진료는 기부금 또는 기업업무추진비에 해당할 수 있고 이 경우에는 손금불산입 규정(법세 §24, §25)이 적용된다. 그럼에도 불구하고 법인세법은 '보건복지부장관이 정하는 무료진료권 또는 새마을진료권에 의하여 행한 무료진료의 가액'은 손금에 산입한다고 규정한다. 이 규정을 통하여 **통상의 무료진료와 달리 '보건복지부장관이 정하는 무료진료권 또는 새마을진**

---

460) 기업회계기준서 제1106호 문단 9.
461) 기업회계기준서 제1106호 문단 10.
462) 일반기업회계기준 제27장 문단 27.21.

료권에 의하여 행한 무료진료'의 가액은 기부금 또는 기업업무추진비에 포함되지 않고 이를 전액 손금에 산입한다고 해석하는 것이 타당하다. 기부금 또는 기업업무추진비에 관한 손금불산입 규정은 해당 지출금액이 손금에 해당한다는 점을 전제로 하는바 '보건복지부장관이 정하는 무료진료권 또는 새마을진료권에 의하여 행한 무료진료의 가액' 역시 기부금 또는 기업업무추진비에 해당될 수 있다면 이를 통상의 무료진료와 별도로 손금에 산입한다는 취지를 규정할 실익 역시 없기 때문이다. 또한 통상의 무료진료와 '보건복지부장관이 정하는 무료진료권 또는 새마을진료권에 의하여 행한 무료진료'는 그 요건 상 구분되고 위 무료진료권 또는 새마을진료권 에 의하여 행한 무료진료를 권고할 정책적 유인 역시 있다는 점을 고려하여야 한다.

'보건복지부장관이 정하는 무료진료권 또는 새마을진료권에 의하여 행한 무료진료의 가액'에 **국가, 지방자치단체 또는 기금 등이 부담하는 금액**이 포함될 수 없음은 당연하다.

2.16. 기증한 잉여 식품 등의 장부가액

식품 등(식품 및 생활용품(식품기부령 별표 1))(식품기부 §2 1호, 1호의2)의 제조업·도매업 또는 소매업을 영위하는 내국법인이 해당 사업에서 발생한 잉여 식품 등을 제공자(식품기부 §2 4호) 또는 제공자가 지정하는 자에게 무상으로 기증하는 경우 기증한 잉여 식품 등의 장부가액(이는 기부금(법세 §24 ①)에 포함하지 아니함)은 법인세법 및 그 시행령이 달리 정하는 것을 제외하고는 법인세법 상 손금에 포함된다(법세령 §19 13호의2). 즉 잉여 식품 등의 장부가액이 전액 손금에 산입된다.

2.17. 업무 관련 해외시찰·훈련비

업무와 관련 있는 해외시찰·훈련비는 법인세법 및 그 시행령이 달리 정하는 것을 제외하고는 법인세법 상 손금에 포함된다(법세령 §19 14호). 업무 관련 해외시찰·훈련비 역시 '여비 및 교육·훈련비'에 포함되므로 법정 절차(법세령 §46)에 따라 과다하거나 부당하다고 인정되는 금액은 손금불산입될 수 있다(법세 §26 3호). 그러나 법인세법은 법인이 임원 또는 직원이 아닌 지배주주 등(특수관계(법세령 §43 ⑧)에 있는 자를 포함)에게 지급한 여비 또는 교육훈련비는 해당 사업연도의 소득금액을 계산할 때 손금에 산입하지 아니한다고 규정할 뿐이다(법세령 §46). 따라서 임·직원에게 지급한 업무 관련 있는 해외시찰·훈련비의 구체적 한도를 규정할 수 있는 규범적 근거는 존재하지 않는다. 다만 임·직원에게 지급한 해외시찰·훈련비라고 할지라도 업무와 무관한 지출금액이라면 이는 '업무와 관련 있는 해외시찰·훈련비'에 해당되지 않으므로 이를 손금에 산입할 수는 없다. 업무 관련 여부는 구체적인 상황에 입각한 경제적 실질에 따라 판정되어야 한다.

2.18. 특정 학교 등에 대한 운영비 또는 수당

초·중등교육법에 설치된 근로청소년을 위한 특별학급 또는 산업체부설 중·고등학교의 운영비, 교육기관이 당해 법인과의 계약에 의하여 채용을 조건으로 설치·운영하는 직업교육 훈련과정·학과 등(산업교육 §8)의 운영비, 현장실습(직업교육 §7)에 참여하는 학생들에게 지급하는 수당 및 현장실습수업(고등교육 §22)에 참여하는 학생들에게 지급하는 수당은 법인세법 및 그 시행령이 달리 정하는 것을 제외하고는 법인세법 상 손금에 포함된다(법세령 §19 15호).

2.19. 우리사주조합 출연 자사주의 장부가액 또는 금품

우리사주조합에 출연하는 자사주의 장부가액 또는 금품은 법인세법 및 그 시행령이 달리 정하는 것을 제외하고는 법인세법 상 손금에 포함된다(법세령 §19 16호). 자사주는 신주인수권과 구분되고 우리사주조합에 증자방식을 통하여 주식을 배정하는 것은 우리사주조합에 신주인수권을 출연한 것에 불과하므로 이를 자기주식을 출연한 경우로 볼 수는 없다. 금전에 해당하지 않은 금품을 우리사주조합에 출연하는 경우에는 그 시가 상당액을 손금에 포함하여야 하고, 해당 금품의 장부가액과 시가 사이의 차액을 익금으로 인식하여야 한다. 또한 법인이 우리사주조합에 출연하는 자사주의 장부가액 또는 금품 중 해당 법인의 종업원에게 귀속되는 금액만이 해당 법인의 손금에 산입될 수 있고 보아야 한다. 그렇지 않으면 손금이 복제되어 여러 법인에서 공제될 수 있기 때문이다.

한편 법인세법은 우리사주조합과 관련하여 다음과 같은 세제지원 역시 규정한다. 법인이 우리사주조합의 운영비를 부담하는 경우 복리후생비로서 손금에 산입된다(법세령 §45 ① 3호). 법인이 우리사주조합(근로복지 §2 4호) 또는 그 조합원에게 해당 우리사주조합이 설립된 회사의 주식취득(조합원간에 주식을 매매하는 경우와 조합원이 취득한 주식을 교환하거나 현물출자함으로써 '독점규제 및 공정거래에 관한 법률에 의한 지주회사' 또는 '금융지주회사법에 의한 금융지주회사'의 주식을 취득하는 경우를 포함)에 소요되는 자금을 대여한 금액(상환할 때까지의 기간에 상당하는 금액에 한정에 대하여서는 부당행위계산의 부인규정(법세 §52)을 적용하지 않는다(법세령 §89 ⑤ 단서 : 법세칙 §44 3호).

2.20. 손비로 계상한 미술품의 취득가액

장식·환경미화 등의 목적으로 사무실·복도 등 여러 사람이 볼 수 있는 공간에 항상 전시하는 미술품의 취득가액을 그 취득한 날이 속하는 사업연도의 손비로 계상한 경우 그 취득가액(취득가액이 거래단위 별로 1천만원 이하인 것으로 한정)은 법인세법 및 그 시행령이 달리 정하는 것을 제외하고는 법인세법 상 손금에 포함된다(법세령 §19 17호). 각 개정 시점에 따라 거래단위별 한도금액이 다르다는 점에 대하여 유의하여야 한다.

2.21. 광고선전 목적 기증 물품의 구입비용

광고선전 목적으로 기증한 물품의 구입비용[특정인에게 기증한 물품(개당 3만원 이하의 물품은 제외)의 경우에는 연간 5만원 이내의 금액으로 한정]은 법인세법 및 그 시행령이 달리 정하는 것을 제외하고는 법인세법 상 손비에 포함된다(법세령 §19 18호). 불특정다수에게 광고선전 목적으로 물품을 기증하는 경우에는 금액에 대한 제한이 없으나 특정인을 상대로 광고선전 목적으로 물품을 기증하는 경우에는 개당 3만원 이하의 물품은 모두 광고선전비에 해당하고 개당 3만원을 초과하는 물품의 경우에는 연간 5만원 이내의 금액에 한하여 광고선전비에 포함될 수 있다. 즉 특정인을 상대로 물품을 기증하는 경우라고 할지라도, 광고선전 목적으로 일정 금액 이하의 물품을 기증한 것이라면 광고선전비에 포함될 수 있다. 만약 법인이 해당 법인 외의 자와 동일한 조직, 자산, 사업 등을 공동으로 운영하거나 영위함에 따라 **공동광고선전비**가 발생 또는 지출되는 경우에는 공동경비의 손금불산입 규정(법세 §26 4호 ; 법세령 §48 ; 법세칙 §25)이 적용된다.

광고선전비는 어떻게 정의되어야 하는가? 법인세법 및 기업회계기준에 광고선전비 자체에 대한 정의 규정은 없다. 광고선전비의 의미를 기업업무추진비, 판매부대비용 및 기부금과의 비교를 통하여 해석하는 것이 타당하다. 판례는 법인이 **사업을 위하여 지출한 비용 가운데 상대방이 사업에 관련 있는 자들이고 지출의 목적이 접대 등의 행위에 의하여 사업관계자들과의 사이에 친목을 두텁게 하여 거래관계의 원활한 진행을 도모하는 데 있다면 기업업무추진비라고** 할 것이지만, 이와 달리 지출의 상대방이 불특정다수인이고 **지출의 목적이 법인의 이미지를 개선하여 구매의욕을 자극하는 데 있다면 광고선전비라고** 판시한다.[463] 다만 현행 법령 상 특정인에게 기증하는 물품 역시 일정 조건을 충족하는 경우에는 광고선전비에 포함될 수 있으므로, 광고선전에 해당하는지 여부에 대한 본질적 구분기준은 특정 비용의 지출목적이 법인의 이미지를 개선하여 구매의욕을 자극하는 것인지 여부라고 할 수 있다. 한편 광고선전비는 법인의 이미지 개선을 통한 구매의욕의 자극을 목적으로 하는 것이므로 판매와 직접 관련되는 비용에는 해당하지 않는바, 만약 특정 지출이 **상품 또는 제품의 판매에 직접 관련하여 정상적으로 소요되는 비용**으로 인정되는 것이라면 이는 **판매부대비용**에 해당한다.[464) **기부금**은 내국법인이 **사업과 직접적인 관계없이 무상으로 지출하는 금액**(법정 거래(법세령 §35)를 통하여 실질적으로 증여한 것으로 인정되는 금액을 포함)을 말한다(법세 §24 ①). 또한 기업회계기준이 광고선전 자체에 대하여 정의하지 않고 있으므로 광고선전비에 해당하는지 여부는 법인세법 해석을 통하여 판정되어야 한다. 따라서 **법인이 특정 지출을 광고선전비로 계상한 것이 기업회계기준에 위반되지 않는다고 할지라도, 그 광고선전비 계상 여부는 법인세법 상 광고선전비의 판정에 영향을 미칠 수 없다.**

광고선전비의 귀속사업연도는 언제인가? 법인세법 및 조세특례제한법이 광고선전비의 귀속에 대하여 특별히 규정하고 있지 않으므로 일반원칙에 따라 광고선전비의 지출의무가 확정된 사업연도를 그 귀속사업연도로 보아야 한다.[465) 다만 광고선전의 목적을 자산을 취득하거나 제작한 경우에는 해당 자산을 감가상각하거나 처분하는 등 시점에 각 손금으로 인식하여야 한다.

불특정다수인에게 지출하는지 여부는 어떻게 판정하여야 하는가? 불특정다수인에게 지출하는지 여부는 법인이 영위하는 사업의 특성을 감안하여 판정하여야 한다. 의료기 판매업을 영위하는 법인의 경우에는 해당 의료기를 사용할 가능성이 있는 잠재적인 고객을 대상으로 특정 비용을 지출하는 것이라면 이를 해당 법인의 사업 상 불특정다수인을 대상으로 지출하는 것으로 판정하여야 한다. 즉 이를 두고 특정 의료기 사용집단을 대상으로 그 비용을 지출한 것으로 판정할 수는 없다. 즉 불특정다수인에게 지출하는지 여부는 **법인이 영위하는 사업의 특성이 반영된 잠재적 고객 집단**을 상대로 특정 비용을 지출하였는지 여부에 의하여 결정되어야 한다.

---

463) 대법원 2010.6.24. 2007두18000.
464) 대법원 2007.10.25. 2005두8924.
465) 같은절 제1관 Ⅲ 8 참조.

2.22. 임직원 행사 주식매수선택권 등에 대한 보전금액

임직원이 **법정 주식매수선택권** 또는 주식이나 주식가치에 상당하는 금전으로 지급받는 상여금에 해당하는 **법정 주식기준보상을 행사하거나 지급받는 경우** 해당 **법정 주식매수선택권 등**(주식매수선택권 또는 주식기준보상)을 **부여하거나 지급한 법인에 그 행사 또는 지급비용으로서 보전하는 금액**은 법인세법 및 그 시행령이 달리 정하는 것을 제외하고는 법인세법 상 손비에 포함된다(법세령 §19 19호).

'**법정 주식기준보상**'은 임직원이 지급받는 상여금으로서 **법정 요건**('주식 또는 주식가치에 상당하는 금전으로 지급하는 것일 것', '사전에 작성된 주식기준보상 운영기준 등에 따라 지급하는 것일 것', '임원이 지급받는 경우 정관·주주총회·사원총회 또는 이사회의 결의로 결정된 급여지급기준에 따른 금액을 초과하지 아니할 것' 및 '지배주주 등(법세령 §43 ⑦)인 임직원이 지급받는 경우 정당한 사유 없이 같은 직위에 있는 지배주주 등 외의 임직원에게 지급하는 금액을 초과하지 아니할 것') **모두를 충족한 것**을 의미한다(법세칙 §10의2 ①).

'**법정 주식매수선택권 등**'은 '금융지주회사법에 따른 금융지주회사로부터 부여받거나 지급받은 주식매수선택권 등(주식매수선택권은 상장회사가 상법 상 특례(상법 §542의3)에 따라 부여한 경우만 해당)' 및 '법정 해외모법인으로부터 부여받거나 지급받은 특정 주식매수선택권 등'을 의미한다(법세령 §19 19호 각 목).

'**법정 해외모법인**'은 **법정 요건**['외국법인으로서 발행주식이 자본시장과 금융투자업에 관한 법률에 따른 증권시장 또는 이와 유사한 시장으로서 증권의 거래를 위하여 외국에 개설된 시장에 상장된 법인' 및 '외국법인으로서 법정 주식매수선택권 등(법세령 §19 19호 각 목 외의 부분)의 행사 또는 지급비용을 보전하는 내국법인(자본시장과 금융투자업에 관한 법률에 따른 상장법인은 제외)의 의결권 있는 주식의 100분의 90 이상을 직접 또는 간접으로 소유한 법인(주식의 **간접소유비율**은 '해당 외국법인이 소유하고 있는 주주법인의 의결권 있는 주식 수가 그 주주법인의 의결권 있는 총주식수에서 차지하는 비율'에 '주주법인이 소유하고 있는 해당 내국법인의 의결권 있는 주식 수가 그 내국법인의 의결권 있는 총주식수에서 차지하는 비율'을 곱하여 계산하되, 해당 내국법인의 주주법인이 둘 이상인 경우에는 각 주주법인별로 계산한 비율을 합산하고, 해당 외국법인과 주주법인 사이에 하나 이상의 법인이 개재되어 있고, 이들 법인이 주식소유관계를 통하여 연결되어 있는 경우에도 또한 같음)'] **모두를 충족한 법인**을 의미한다(법세칙 §10의2 ②).

'**특정 주식매수권 등**'은 법정 주식매수권 등으로서 **법정 요건**['상법에 따른 주식매수선택권과 유사한 것으로서 해외모법인의 주식을 미리 정한 행사가액으로 인수 또는 매수(행사가액과 주식의 실질가액과의 차액을 현금 또는 해당 해외모법인의 주식으로 보상하는 경우를 포함)할 수 있는 권리일 것(주식매수선택권만 해당)', '해외모법인이 발행주식총수의 100분의 10의 범위에서 부여하거나 지급한 것일 것' 및 '해외모법인과 해당 법인 간에 해당 주식매수선택권 등의 행사 또는 지급비용의 보전에 관하여 사전에 서면으로 약정하였을 것'] **모두를 충족한 것**을 의미한다(법세칙 §10의2 ③).

2.23. 주식매수선택권 등 행사에 따른 주식기준보상액 등

'상법(상법 §340의2, §542의3), 벤처기업육성에 관한 특별조치법(벤처기업 §16의3), 또는 소재·부품·장비산업 경쟁력강화를 위한 특별조치법(소재산업 §56)에 따른 주식매수선택권', '근로복지기본법(근로복지 §39) 따른 우리사주매수선택권(다만 **상장회사의 주식매수선택권의 경우**(상법 §542의3)에는 해당 법인의 임직원에게 부여하는 것으로 한정)'이나 '금전'을 '해당 법인의 발행주식총수의 100분의 10 범위'에서 부여받거나 지급받은 자에 대한 **법정 금액**('주식매수선택권 또는 우리사주매수선택권을 부여받은 경우에는 약정된 주식매수시기에 약정된 주식의 매수가액과 시가의 차액을 금전 또는 해당 법인의 주식으로 지급하는 경우의 해당 금액' 또는 '약정된 주식매수시기에 주식매수선택권 또는 우리사주매수선택권 행사에 따라 주식을 시가보다 낮게 발행하는 경우 그 주식의 실제 매수가액과 시가의 차액', '주식기준보상으로 금전을 지급하는 경우 해당 금액')은 법인세법 및 그 시행령이 달리 정하는 것을 제외하고는 법인세법 상 손비에 포함된다(법세령 §19 19호의2). 이 규정은 우리사주매수선택권의 활용을 촉진하여 기업이 우수한 인재를 유치하고 근로자 복지를 향상시킬 수 있도록 우리사주매수선택권의 행사차액을 손비의 범위에 포함시킨 **창설적 규정**이라고 보아야 한다.[466] '**순자산을 감소시키는 거래**'의 의미는 법문대로 엄격하게 해석하여야 하는바, **신주발행형 우리사주매수선택권**의 행사로 신주가 발행되는 경우에는 인수가액의 납입으로 법인의 자본이 증가할 뿐 순자산이 감소하지 않으므로 위 행사차액은 갑 회사의 순자산을 감소시키는 거래로 인하여 발생하는 손비로서 '인건비' 내지 '그 밖의 손비로서 그 법인에 귀속되었거나 귀속될 금액'에 해당하지 않고, 창설적 규정이 시행되기 전에 우리사주매수선택권을 행사한 경우에는 해당 규정을 적용할

---

466) 대법원 2023.10.12. 2023두45736.

수 없을 뿐만 아니라 그 시행 전 조문의 해석에도 고려할 수 없다.[467]

법인세법은 주식매수선택권 등의 행사에 따른 차액보상금액 등에 대하여 한정된 범위에서 손금산입을 인정하나, 그 손금산입 범위는 기업회계기준 상 비용인정 범위와 다르다. 따라서 주식매수선택권 등의 행사에 따른 차액보상금액 등 중 손금불산입되는 범위를 파악하는 것 역시 매우 중요하다.

기업회계기준 상 주식결제형 주식기준보상거래에 대하여 살핀다. 기업회계기준서에 따르면, 주식결제형 주식기준보상거래의 경우에는 기업은 그 지분상품의 대가로 거래상대방에게서 받을 용역을 미래 가득기간에 받는다고 보고, 기업은 거래상대방이 가득기간 동안 용역을 제공함에 따라 회계처리하며, 그에 상응하여 자본의 증가를 인식한다. **회계처리 예는 다음과 같다.**[468] (1) 종업원에게 3년 동안 근무하는 조건으로 주식선택권을 부여한다면, 주식선택권 대가에 해당하는 근무용역을 **미래 가득기간** 3년에 걸쳐 받는다고 본다. (2) 종업원에게 성과조건을 충족할 때까지 계속 근무하는 것을 조건으로 주식선택권을 부여하며, 가득기간은 성과조건이 충족되는 시점에 따라 달라진다면, 주식선택권 대가에 해당하는 근무용역을 **미래 기대가득기간**에 걸쳐 받는다고 본다. 이때, **기대가득기간은 부여일 현재 가장 실현 가능성이 높다고 판단되는 성과조건의 결과에 기초하여 추정**한다. 성과조건이 시장조건이면, 부여한 주식선택권 공정가치를 추정할 때 사용하는 가정에 맞게 기대가득기간을 추정하며 후속적으로 수정하지 아니한다. 그러나 성과조건이 시장조건이 아니면, 후속적인 정보로 추정한 기대가득기간이 앞서 추정했던 기대가득기간과 다르다면 **기대가득기간 추정치를 변경**한다. 일반기업회계기준에 따르면, 주식결제형 주식기준보상거래의 경우에 제공받는 재화나 용역의 공정가치를 측정하여 그 금액을 **보상원가와 자본(자본조정)**으로 회계처리하나, 제공받는 재화나 용역의 공정가치를 신뢰성있게 측정할 수 없다면 부여한 지분상품의 공정가치에 기초하여 재화나 용역의 공정가치를 간접 측정하고 그 금액을 보상원가와 자본(자본조정)으로 회계처리한다.[469]

기업회계기준 상 주식결제형 주식기준보상거래를 '주식보상비용/주식선택권(자본조정)'로 인식하였으나 법인세법 상 그 분개가 인정되지 않는 경우에는 '**손금불산입(기타)**'로 소득처분한다. 손금불산입액이 이미 자본항목에 반영되어 있기 때문이다.

기업회계기준 상 현금결제형 주식보상거래에 대하여 살핀다. 기업회계기준서에 따르면, 현금결제형 주식기준보상거래의 경우에 제공받는 재화나 용역과 그 대가로 부담하는 부채를

---

467) 대법원 2023.10.12. 2023두45736.
468) 기업회계기준서 제1102호 문단 15.
469) 일반기업회계기준 제19장 문단 19.9.

부채의 공정가치로 **측정**하고, 부채가 결제될 때까지 매 보고기간 말과 결제일에 부채의 공정가치를 재측정하고, **공정가치의 변동액은 당기손익으로 인식**한다.[470] 일반기업회계기준에 따르면, 현금결제형 주식기준보상거래의 경우에 제공받는 재화나 용역과 그 대가로 부담하는 부채를 **부채의 공정가치로 측정**하고, 부채가 결제될 때까지 매 보고기간말과 최종결제일에 부채의 공정가치를 재측정하고 **공정가치의 변동액은 보상원가로 회계처리**한다.[471]

　기업회계기준 상 현금결제형 주식기준보상거래를 '주식보상비용/장기미지급비용'으로 인식하였으나 법인세법 상 그 분개가 인정되지 않는 경우에는 '**손금불산입(유보)**'로 소득처분하고, 주식기준보상에 관한 권리가 행사되어 장기미지급비용을 현금으로 결제하는 시점에는 '**손금산입(△유보)**'로 소득처분한다.

　기업회계기준 상 결제방식을 선택할 수 있는 주식보상거래에 대하여 살핀다. 기업회계기준서에 따르면, 기업이 **거래상대방**에게 주식기준보상거래를 현금이나 지분상품발행으로 결제받을 수 있는 선택권을 부여한 때에는, 부채요소(거래상대방의 현금결제요구권)와 자본요소(거래상대방의 지분상품결제요구권)가 포함된 복합금융상품을 부여한 것이다.[472] **기업**이 현금이나 지분상품발행으로 결제할 수 있는 선택권을 갖는 조건이 있는 주식기준보상거래의 경우에는, 현금을 지급해야 하는 현재의무가 있는지를 결정하고 그에 따라 주식기준보상거래를 회계처리하고, 다음 중 어느 하나에 해당하는 경우에는 현금을 지급해야 하는 현재의무가 있는 것으로 본다.[473] (1) 지분상품을 발행하여 결제하는 선택권에 상업적 실질이 없는 경우(예 : 법률에 따른 주식발행의 금지), (2) 현금으로 결제한 과거의 실무관행이 있거나 현금으로 결제한다는 방침이 명백한 경우, (3) 거래상대방이 현금결제를 요구할 때마다 일반적으로 기업이 이를 수용하는 경우. **일반기업회계기준**에 따르면, 기업이 **거래상대방**에게 현금결제방식이나 주식결제방식의 선택권을 부여한 경우에는 **부채요소(거래상대방의 현금결제요구권)**와 **자본요소(거래상대방의 주식결제요구권)**가 포함된 **복합금융상품**을 부여한 것으로 본다.[474] **기업이 현금결제방식이나 주식결제방식을 선택할 수 있는 경우에는, 우선 현금을 지급해야 하는 현재의무가 있는지 여부를 결정**하고 그에 따라 주식기준보상거래를 회계처리하며, 다음과 같은 경우에는 현금을 지급해야 하는 현재의무가 있는 것으로 본다.[475] (1) 지분상품을 발행하여

---

470) 기업회계기준서 제1102호 문단 30.
471) 일반기업회계기준 제19장 문단 19.26.
472) 기업회계기준서 제1102호 문단 35.
473) 기업회계기준서 제1102호 문단 41.
474) 일반기업회계기준 제19장 문단 19.30.
475) 일반기업회계기준 제19장 문단 19.31.

결제하는 방식에 상업적 실질이 결여된 경우(예 : 법률에 의해 주식발행이 금지되는 경우), (2) 과거의 경험으로 볼 때 대부분 현금으로 결제하는 경우, (3) 현금결제정책이 확립되어 이미 공표된 경우, (4) 과거의 경험으로 볼 때 거래상대방이 현금결제를 요구할 때마다 기업이 이를 수용하는 경우.

기업회계기준 상 결제방식을 선택할 수 있는 주식보상거래의 경우에도 그 회계처리는 기업회계기준 상 구분에 따라 주식결제형 또는 현금결제형 주식보상거래로 각 회계처리를 한다. 따라서 이 경우 각 기업회계기준에 따른 회계처리에 대응하여 위 주식결제형 또는 현금결제형 주식보상거래에 대한 각 세무조정이 적용되어야 한다.

한편 **주식매수선택권 행사이익에 대한 소득과세특례가 적용되는 경우**가 있는바, 이 경우 **법인은 원천징수의무자로서 해당 특례의 적용에 따른 절차를 준수하여야** 한다는 점에 유의할 필요가 있다. 그 소득과세특례로는 벤처기업 주식매수선택권 행사이익 비과세특례(조특 §16의2), 벤처기업 주식매수선택권 행사이익 납부특례(조특 §16의3) 및 벤처기업 주식매수선택권 행사이익에 대한 과세특례(조특 §16의4)가 있다.

2.24. 중소기업 또는 중견기업 부담 기여금

중소기업(중소기업 §2 ①) 및 중견기업(조특령 §6의4 ①)이 부담하는 **법정 기여금**(중소인력지원 §35의3 ① 1호)은 법인세법 및 그 시행령이 달리 정하는 것을 제외하고는 법인세법 상 손비에 포함된다(법세령 §19 20호). 중소벤처기업부장관은 중소기업 청년근로자의 고용과 핵심인력의 장기재직 촉진 및 중소기업 인력양성을 위하여 중소기업 청년근로자 및 핵심인력 성과보상기금을 설치하여야 하는바(중소인력지원 §35의2), **법정 기여금**은 중소기업 및 중견기업이 그 성과보상기금의 재원을 조성하기 위하여 부담하는 기여금을 의미한다(중소인력지원 §35의3 ① 1호).

중소기업 또는 중견기업의 핵심인력이 **성과보상기금의 공제사업**에 2021년 12월 31일까지 가입하여 공제납입금을 5년(중소기업 또는 중견기업의 청년근로자를 대상으로 하는 공제사업에 가입하여 만기까지 납입한 후에 핵심인력을 대상으로 하는 공제사업에 연계하여 납입하는 경우에는 해당 기간을 합산하여 5년) 이상 납입하고 그 성과보상기금으로부터 공제금을 수령하는 경우에 해당 공제금 중 해당 기업이 부담한 기여금 부분에 대해서는 소득세법 상 근로소득(소세 §20)으로 보아 소득세를 부과하되, **소득세의 100분의 50(중견기업 근로자의 경우에는 100분의 30)에 상당하는 세액을 감면**한다(조특 §29의6).

2.25. 임직원 유족에 대한 학자금 등 특정 일시금 지급액

임원 또는 직원(지배주주 등(법세령 §43 ⑦)인 자는 제외)의 사망 이후 유족에게 **학자금 등으로 일시적으로 지급하는 금액**으로서 **법정 요건**(임원 또는 직원의 사망 전에 정관이나, 주주총회·사원총회 또는 이사회의 결의에 의하여 결정되어 임원 또는 직원에게 공통적으로 적용되는 지급기준에 따라 지급되는 것)(법세칙 §10의3)을 충족하는 것은 법인세법 및 그 시행령이 달리 정하는 것을 제외하고는 법인세법 상 손비에 포함된다(법세령 §19 21호).

2.26. 법정 기금에 출연하는 금품

해당 내국법인이 설립한 **사내근로복지기금**(근로복지 §50), 해당 내국법인과 다른 내국법인 간에 공동으로 설립한 **공동근로복지기금**(근로복지 §86의2), 해당 내국법인의 **협력중소기업**(조특 §8의3 ① 1호)이 설립한 사내근로복지기금(근로복지 §50) 또는 해당 내국법인의 협력중소기업(조특 §8의3 ① 1호) 간에 공동으로 설립한 공동근로복지기금(근로복지 §86의2)에 출연하는 금품은 법인세법 및 그 시행령이 달리 정하는 것을 제외하고는 법인세법 상 손비에 포함된다(법세령 §19 22호).

2.27. 보험감독회계기준에 따라 적립한 책임준비금의 증가액

보험업법에 따른 보험회사가 **보험업법에 따라 적립한 책임준비금**(보험회사는 결산기마다 보험계약의 종류에 따라 법정 책임준비금과 비상위험준비금(보험업령 §63)을 계상하고 따로 작성한 장부에 각각 기재하여야 함)(보험업 §120)**의 증가액**(할인율의 변동에 따른 책임준비금 평가액의 증가분은 제외)으로서 **보험감독회계기준**(보험업 §120 ③)에 따라 비용으로 계상된 금액은 법인세법 상 손금에 해당한다(법세령 §19 23호).

위 규정은 다음 익금산입에 대응한다. 보험업법에 따른 보험회사가 **보험업법에 따라 적립한 책임준비금의 감소액**(할인율의 변동에 따른 책임준비금 평가액의 감소분은 제외)으로서 **보험 감독회계기준**에 따라 수익으로 계상된 금액은 법인세법 상 익금에 해당한다(법세령 §11 10호).

위 규정은 다음 각 규정에 근거하거나 관련된다. 보험감독회계기준에 따라 계상한 **책임준비금의 손금산입**(보험회사는 최초적용사업연도의 개시일 현재 **보험업법 상 보험감독회계기준**(법세령 §11 10호 : 보험업 §120 ③)에 따라 계상한 **책임준비금**에 법정 계산식을 적용하여 산출한 금액을 해당 사업연도의 소득금액을 계산할 때 **손금에 산입**함)(법세 §42의3 ②) 및 그 밖의

'한국채택국제회계기준 적용 보험회사에 대한 소득금액 계산의 특례'[476]에 대응하는 것이다. 또한 보험감독회계기준이 법인세법 상 명시된 기업회계기준의 범위(법세령 §79)에 명시되지 않았다는 점 역시 감안하여 특별히 규정한 것으로 판단한다.

2.28. 동업기업으로부터 배분받는 결손금

동업기업은 2명 이상이 금전이나 그 밖의 재산 또는 노무 등을 출자하여 공동사업을 경영하면서 발생한 이익 또는 손실을 배분받기 위하여 설립한 단체를 말하고(조특 §100의14 1호), **동업자군별 동업기업 결손금**은 동업자를 거주자, 비거주자, 내국법인 및 외국법인의 네 개의 동업자군으로 구분하여 각 군별로 동업기업을 각각 하나의 거주자, 비거주자, 내국법인 또는 외국법인으로 보아 소득세법 또는 법인세법에 따라 계산한 해당 과세연도의 결손금을 말한다(조특 §100의14 4호). 동업자군별 배분대상 결손금은 각 과세연도의 종료일에 해당 동업자군에 속하는 동업자들에게 동업자 간의 **손익배분비율**에 따라 배분하나, 동업기업의 경영에 참여하지 아니하고 출자만 하는 수동적 동업자에게는 결손금을 배분하지 아니하되 해당 과세연도의 종료일부터 10년 이내에 끝나는 각 과세연도에 그 수동적 동업자에게 소득금액을 배분할 때 배분되지 않은 결손금을 그 배분대상 소득금액에서 법정 절차에 따라 공제하고 배분한다(조특 §100의18 ①). **내국법인이 동업자로서 동업기업으로부터 배분받은 결손금은 동업자인 내국법인의 손금으로 본다**(법세 §19 ③).

2.29. 법인세법 상 열거되지 않았으나 법인에 귀속되었거나 귀속될 손비 금액

법인세법은 손금을 자본 또는 출자의 환급, 잉여금의 처분 및 법인세법에서 규정하는 것은 제외하고 해당 법인의 순자산을 감소시키는 거래로 인하여 발생하는 손비(손실 또는 비용)의 금액으로 정의하는바(법세 §19 ①), 그 손비에는 법인세법 시행령이 열거하는 각 손비(법세령 §19 1호~22호)뿐만 아니라 그 밖의 손비로서 그 법인에 귀속되었거나 귀속될 금액 역시 법령에서 달리 정하지 않는 한 법인세법 상 손비에 포함된다(법세령 §19 23호). 조세특례제한법 역시 법인세법과 동일하게 손금에 대한 별도의 규정을 둘 수 있다.[477] 즉 **법인세법 상 손금의 정의를 만족하고 법인세법 및 조세특례제한법에 의하여 손금에서 배제되지 않는다면**, 설사

---

476) 같은 절 제1관 Ⅴ 4 참조.
477) 같은 절 제1관 Ⅲ 4 참조.

법인세법 상 열거되지 않더라고 하더라도, 여전히 법인세법 상 손금에 포함된다. 따라서 '법인에 귀속되었거나 귀속될 금액'에 해당하는지 여부는 해당 법인에 대한 손금으로서의 정의를 충족하는지 여부에 의하여 결정되어야 한다. 해당 법인의 손금에 해당하기 위하여서는 해당 법인의 자산 또는 부채로 인식될 수 있는지 여부, 즉 해당 법인의 자산·부채의 변동분에 포함되는지 여부 등 여러 기준을 충족하여야 하는바, 이에 관한 구체적인 내용은 '손금의 범위' 부분에서 기술한다.[478]

3. 조세특례제한법 상 손금 항목

3.1. 채무의 인수·변제에 대한 과세특례

내국법인의 **주주 등**(법인인 주주 또는 출자자)이 해당 법인의 **금융채권자채무**(조특령 §36 ②)를 인수·변제(주주 등이 단독 또는 공동으로 하나의 계약에 의하여 일시에 **인수·변제**하는 것에 한정)(조특령 §36 ①)하는 경우로서 **법정 요건**['법정의 자(조특령 §34 ⑦ 1호~4호)가 승인한 법정 재무구조개선계획(조특령 §36 ④, §34 ⑥ 1호~4호)에 따라 2023년 12월 31일까지 해당 내국법인의 지배주주 등(지배주주·출자자 및 그 특수관계인)(법세령 §43 ⑦, ⑧)의 소유주식 또는 출자지분을 법정 특수관계인(법세령 §2 ⑤ 각 호) 외의 자에게 전부 양도할 것' 및 '법인청산계획서를 법정 절차에 따라 해당 내국법인의 납세지 관할 세무서장에게 제출하고 2025년 12월 31일까지 해당 내국법인의 청산을 종결할 것'] 모두를 갖춘 경우에는 해당 법인의 채무금액 중 해당 주주 등이 인수·변제한 금액은 해당 연도 주주 등의 소득금액을 계산할 때 금융채권자채무금액(조특령 §36 ③)을 한도로 손금에 산입한다(조특 §39 ①).

3.2. 주주 등의 자산양도에 관한 법인세 등 과세특례

내국법인이 주주 등(주주 또는 출자자)으로부터 2021년 12월 31일 이전에 법정 요건(조특 §40 ① 각 호)을 모두 갖추어 자산을 무상으로 받은 경우에는 해당 사업연도의 소득금액을 계산할 때 해당 자산가액(결손금을 초과하는 법정 자산수증익(조특령 §37 ②)에 한정)은 자산을 증여받은 날이 속하는 사업연도의 종료일 이후 3개 사업연도의 기간 중 익금에 산입하지 아니하고 그 다음 3개 사업연도의 기간 동안 균분한 금액 이상을 익금에 산입하여야 하는바(조특 §40 ①), 이 경우 자산을 증여한 법인인 주주 등의 경우 **증여한 자산의 장부가액**(조특령 §37

---

478) 같은 절 제1관 Ⅲ 참조.

⑪)을 해당 사업연도의 소득금액을 계산할 때 손금에 산입한다(조특 §40 ②).

3.3. 금융기관의 자산·부채 인수에 대한 법인세 과세특례

금융위원회는 금융기관의 자기자본비율이 일정 수준에 미달하는 등 재무상태가 법정 기준에 미달하거나 거액의 금융사고 또는 부실채권의 발생으로 금융기관의 재무상태가 법정 기준에 미달하게 될 것이 명백하다고 판단되면 금융기관의 부실화를 예방하고 건전한 경영을 유도하기 위하여 해당 금융기관이나 그 임원에 대하여 **적기시정조치**(금융산업 §10 ①)로서 영업의 양도나 예금·대출 등 금융거래와 관련된 **계약이전명령**을 할 수 있고(금융산업 §10 ① 8호), 해당 명령을 이행하지 않는 등 법정 사유가 있는 경우에는 **계약이전결정**을 할 수 있다(금융산업 §14 ②). 금융위원회가 한 적기시정조치 중 계약이전명령(금융산업 §10 ①) 또는 계약이전의 결정(금융산업 §14 ②)에 따라 **인수금융기관**(금융산업 §2 1호)이 2021년 12월 31일까지 **부실금융기관**(금융산업 §2 3호)**으로부터 자산의 가액을 초과하는 부채를 이전받은 경우**로서 **법정 요건**('인수금융기관이 예금보험공사(예금자보호 §3)로부터 순부채액에 상당하는 금액을 보전받을 것' 및 '인수금융기관이 이전받은 자산과 부채의 가액이 금융감독원장이 확인한 가액일 것')을 갖춘 경우에는 이전받은 부채의 가액 중 이전받은 자산의 가액을 초과하는 순부채액을 해당 사업연도의 소득금액을 계산할 때 손금에 산입한다(조특 §52).

3.4. 학교법인 자법인의 학교법인에 대한 출연금 과세특례

고등교육법에 따른 학교법인이 발행주식총수의 100분의 50 이상을 출자하여 설립한 자법인이 해당 법인에 출자한 학교법인에 출연하는 **학교법인 출연금**은 '해당 사업연도의 소득금액(기부금(법세 §24)을 손금에 산입하기 전의 소득금액)'에서 '결손금(법세 §13 ① 1호)의 합계액 및 기부금(학교법인 출연금은 제외)의 합계액'을 뺀 금액을 한도로 손금에 산입한다(조특 §104의16 ④).

3.5. 정비사업조합 설립인가 등 취소에 따른 채권의 손금산입

정비사업의 시행이 명령·처분이나 사업시행계획서 또는 관리처분계획에 위반되었다고 인정되는 때에는 정비사업의 적정한 시행을 위하여 필요한 범위에서 '국토교통부장관', '특별시장·광역시장·도지사' 또는 '시장·군수'는 추진위원회, 주민대표회의, 사업시행자 또는 정비사업전문관리업자에게 처분의 취소·변경 또는 정지, 공사의 중지·변경, 임원의 개선 권고,

그 밖의 필요한 조치를 취할 수 있다(도시정비 §113 ①). **추진위원회의 승인 또는 조합 설립인가가 취소된 경우**로서 해당 정비사업과 관련하여 선정된 **시공자 등**(설계자·시공자 또는 정비사업전문관리업자)이 2021년 12월 31일까지 **조합 등[추진위원회 또는 조합(연대보증인을 포함)]에 대한 채권**을 '채권확인서(도시정비 §133)를 시장·군수에게 제출하는 방법' 또는 '과세표준신고와 함께 법정 사항(조특령 §104의23 각 호)을 포함하는 채권의 포기에 관한 확인서를 납세지 관할 세무서장에게 제출하는 방법(조특령 §104의23)'을 통하여 **포기하는 경우**에는 해당 채권의 가액은 시공자 등이 해당 사업연도의 소득금액을 계산할 때 손금에 산입할 수 있다(조특 §104의26 ①).

시공자 등이 채권을 포기함에 따라 조합 등이 얻는 이익에 대해서는 상속세 및 증여세법에 따른 증여 또는 법인세법에 따른 익금으로 보지 아니한다(조특 §104의26 ②).

3.6. 사업재편계획 상 채무 인수·변제액의 손금산입

내국법인의 **주주 등**(법인인 주주 또는 출자자)이 **해당 내국법인의 금융채권자채무**(조특령 §116의31 ②)를 **인수·변제**(주주 등이 단독 또는 공동으로 하나의 계약에 따라 일시에 인수·변제하는 것에 한정)(조특령 §116의31 ①)하는 **경우**로서 **법정 사업재편계획**(조특령 §116의31 ③ : 기업활력 §9 ② 각 호, §10)에 따라 2021년 12월 31일까지 해당 내국법인의 지배주주 등(지배주주·출자자 및 그 특수관계인)(조특령 §116의31 ④)의 소유 주식 또는 출자지분을 법정 특수관계인(조특령 §116의31 ⑤) 외의 자에게 전부 양도하는 경우에는 해당 내국법인의 채무금액 중 해당 주주 등이 인수·변제한 금액은 해당 연도 주주 등의 소득금액을 계산할 때 법정 금액(양도대상법인의 금융채권자채무 중 해당 주주 등이 인수·변제한 금액)(조특령 §116의31 ⑥)을 한도로 손금에 산입한다(조특 §121의27 ①).

3.7. 사업재편계획 상 자산증여 주주 등의 손금산입

내국법인이 주주 등(주주 또는 출자자)으로부터 2021년 12월 31일 이전에 법정 요건(조특 §121의28 ① 각 호)을 모두 갖추어 자산을 무상으로 받은 경우에는 해당 사업연도의 소득금액을 계산할 때 해당 자산가액(결손금을 초과하는 법정 자산수증익(조특령 §116의32 ②)에 한정)은 자산을 증여받은 날이 속하는 사업연도의 종료일 이후 3개 사업연도의 기간 중 익금에 산입하지 아니하고 그 다음 3개 사업연도의 기간 동안 균분한 금액 이상을 익금에 산입하여야 하는바(조특 §121의28 ①), 이 경우 자산을 증여한 법인인 주주 등의 경우 **증여한 자산의 장부가액**(조특령

§116의32 ⑨)을 해당 사업연도의 소득금액을 계산할 때 손금에 산입한다(조특 §121의28 ②).

Ⅲ 손금불산입 항목

1. 개관

법인세법 상 개별규정들이 손금불산입 항목에 대하여 규정한다. 손금불산입 항목은 해당 항목의 성질 상 손금에 해당하지 않는다는 점을 개별규정을 통하여 확인하는 항목과 해당 항목의 성질 상 법인세법 상 손금에 해당함에도 불구하고 개별규정을 통하여 손금에서 제외하는 항목으로 구분된다. 전자의 경우로는 법인세법 상 준비금 및 충당금에는 그 성질 상 법인세법 상 이익잉여금의 계산에 반영될 수 없지만, 후자의 경우에는 비록 법인 단계에서 손금불산입되었다고 하더라도 법인세법 상 이익잉여금의 계산에는 반영되어야 한다. 즉 법인세법 상 기업회계기준 상 이익잉여금의 계산요소에 해당하는 항목이 법인세법 상 손금불산입된다고 하더라도 이는 여전히 법인세법 상 이익잉여금의 계산요소에 해당한다. 기업회계기준 상 순자산의 감소가 수반되는 손비에 해당하여 법인의 순자산이 유출되었음에도 불구하고 법인세법 상 손금불산입되었다는 이유로 다시 이 항목들은 법인의 배당재원이 될 수는 없기 때문이다. 즉 법인세법 상 손금불산입으로 세무조정하면서 해당 항목에 대하여 소득처분하는 것으로 족하고 이를 다시 법인세법 상 이익잉여금에 가산할 것은 아니다. 기업회계기준 상 손비에 해당함에도 법인세법 상 손금불산입된 항목 역시 법인세법 상 이익잉여금의 계산요소에 반영된다는 것은, '기업회계기준 상 손비로서 법인세법 상 손금불산입되는 항목'을 법인세법 상 손금이 아니라 바로 법인세법 상 이익잉여금의 차감요소로 인식한다는 것을 의미한다.

한편 법인세법 및 조세특례제한법 상 손금불산입 항목은 **영구적으로 소득금액의 계산에서 배제되는 경우**와 특정 사업연도의 손금에서 제외되나 일정 기간의 경과 후 다시 손금의 계산에 포함되는 **일시적으로 손금에서 제외되는 경우**로 구분될 수 있다. 나아가 **특정 사업연도에 신청을 하거나 그 납세신고서에 반영할 것을 요건으로** 손금산입 등 과세특례를 부여하는 경우 역시 있다. 그렇다면 **특정 사업연도에 신청을 하거나 그 납세신고서에 반영한 경우에 한하여 손금산입의 특례가 적용되는 경우에 기한 후 신고를 통하여 그 손금산입 특례와 관계된 경정청구를 할 수 있는가?** 국세기본법 상 '기한 후 신고를 한 자' 역시 수정신고(국기 §45) 및 경정청구(국기 §45의2)를 할 수 있다. 2019년 12월 31일 개정 이전에는 '과세표준신고서를 법정신고기한까지 제출한 자'의 범위에 '기한 후 신고를 한 자'가 포함되지 않아서, '기한 후 신고를 한 자'는 수정신고 및 경정청구를 할 수 없었다. 다만 이는 기한 후 신고에 대하여 조세채무를 확정하는 효력이 있는지 여부와는 별개의 쟁점에 속한다. 따라서 특정 사업연도에 신청을 하거나 그 납세신고서에 반영한 경우에 한하여 손금산입의 특례가 부여되는 경우에도 기한 후 신고를 통하여 그 특례와 관계된 경정청구를 할 수 있는지 여부가 쟁점이 된다. 기한 후 신고를 한 경우에도 경정청구를 할 수 있다는 점이 특정 손금산입 특례의 부여요건을 변경하는 것은 아니므로 특정 사업연도에 신청하거나 그 납세신고서에 반영한 경우에 한하여 손금산입 특례가 부여되는 경우에는 설사 기한 후 신고를 통하여 그 신청하거나 해당 내용을 반영한다고 하더라도 여전히 해당 과세특례의 혜택은 부여될 수 없다고 판단한다.

법인세법 상 손금불산입 항목은 다음과 같다.

구 분	손금불산입 항목
법인세법 상 손금불산입 항목	대손금의 손금불산입(법세 §19의2)
	자본거래 등으로 인한 손비의 손금불산입(법세 §20)
	세금과 공과금의 손금불산입(법세 §21)
	징벌적 목적의 손해배상금 등에 대한 손금불산입(법세 §21의2)
	자산의 평가손실의 손금불산입(법세 §22)
	감가상각비의 손금불산입(법세 §23)
	기부금의 손금불산입(법세 §24)
	기업업무추진비의 손금불산입(법세 §25)
	과다경비 등의 손금불산입(법세 §26)
	업무와 관련 없는 비용의 손금불산입(법세 §27)
	업무용 승용차 관련비용의 손금불산입 등 특례(법세 §27의2)
	지급이자의 손금불산입(법세 §28)

2. 법인세법 상 손금불산입 항목

2.1. 대손금의 손금불산입

2.1.1. 법정 대손사유 발생에 따른 대손금의 손금산입

내국법인이 보유하고 있는 채권에 대한 대손금은 **법정 대손사유가 발생하는 경우에 한하여 손금에 산입할 수 있고, 그 외의 경우에는 손금에 산입할 수 없다.** 즉 내국법인이 보유하고 있는 채권 중 **채무자의 파산 등 법정 사유**(법세령 §19의2 ①)로 회수할 수 없는 채권의 대손금은 **법정 사업연도**(법세령 §19의2 ③)의 소득금액을 계산할 때 손금에 산입한다(법세 §19의2 ①). 한편 **대손충당금의 계상을 통하여 손금에 산입하는 것에 대하여서는 대손충당금의 손금산입** 부분에서 살핀다.[479]

내국법인이 보유하는 **채권의 범위에 대한 제한은 없다.** 당초부터 존재하지 않았던 **가공의 채권**과 그에 대한 인정이자를 기업회계 상 바로 잡는다고 하여 이를 법인세법상 손금산입이 허용되는 대손금에 해당한다고 볼 수는 없다.[480] 따라서 **법인을 실질적으로 지배하는 자가 자산의 지위를 이용하여 법인의 자금을 횡령**한 것과 관련하여 법인이 그 횡령액 상당을 손해배상채권으로 계상한다고 하더라도 그 손해배상채권은 가공채권을 계상한 것으로 보아야 하므로 이에 대하여 대손금으로 손금산입할 수는 없다. 횡령액을 유출된 날이 속하는 사업연도에 익금산입하고 그 귀속자에 대하여 소득처분(법세령 §106 ①)을 하여야 한다. 만약 향후 회수한다면 이미 과세된 소득으로서 익금불산입(기타)로 소득처분하여야 한다. 그러나 법인을 실질적으로 지배하는 자가 아닌 자가 법인의 자금을 횡령하고 그 횡령액 상당을 손해배상채권으로 계상한 후 그 회수노력에도 불구하고 결과적으로 회수불능에 이르렀다면 해당 금액을 대손금으로 손금산입할 수 있다. 또한 대손이 반드시 채권 전부에 대하여 발생하여야 하는 것은 아니므로, 해당 채권을 그 회수가능성이 반영된 낮을 가액으로 처분함으로 인하여 발생한 처분손실 역시 대손에 포함하는 것이 타당하다.

대손금에 해당하는지 여부는 법인이 장부에 계상한 계정과목이 아니라 그 경제적 실질에 의하여 판단하여야 한다. 따라서 법인이 임의적으로 채권을 포기하였다면 이는 대손금으로 처리될 성질의 것이 아니지만,[481] 사실상 대손사유가 발생한 경우와 동일한 상황 하에서

---

479) 같은 절 제4관 Ⅲ 2 참조.
480) 대법원 2004.9.23. 2003두6870.
481) 대법원 1994.12.2. 92누14250.

법인이 불가피하게 채권을 포기하였다면 채권포기액 역시 대손금으로 보아야 한다.

법정 사업연도는 다음 법정 사유별로 **해당 사유가 발생한 날이 속하는 사업연도**(소멸시효가 완성(법세령 §19의2 ① 1호~5호), 신용회복지원협약에 의한 면책(법세령 §19의2 ① 5호의2) 또는 경매취소(법세령 §19의2 ① 6호)의 경우) 또는 **해당 사유가 발생하여 손비로 계상한 날이 속하는 사업연도**(그 밖의 경우)로 정하여진다(법세령 §19의2 ③).

대손사유가 발생한 날이 속하는 사업연도의 손금에 산입하여야 하는 경우에는 설사 법인이 다른 사업연도의 손금으로 계상하였다고 할지라도 이는 부인되어야 하고 이 경우에는 해당 사업연도의 소득금액에 대하여 경정청구하여야 한다. 따라서 법인이 가진 약속어음채권의 소멸시효가 완성된 경우 이로 인한 대손금은 채무자의 자산상황, 지급능력 등 자산성 유무에 대하여 회수불능이라는 회계적 인식을 한 여부에 관계없이 그에 대응한 청구권이 법적으로 소멸되어 당연히 회수할 수 없게 된 것으로 봄이 타당하므로 그 소멸된 날이 속하는 사업연도의 손금으로 산입되는 것이지 법인이 그 후 대손으로 회계상 처리를 한 사업연도의 손금에 산입될 수 없다.[482] 대손사유가 발생하여 손비로 계상한 날이 속하는 사업연도에 손금에 산입되는 경우에는 결산 당시에 대손이 발생하였다고 회계상 처리를 하지 아니한 이상, 그 후에 회계상의 잘못을 정정하였다는 등의 이유로 경정청구를 할 수도 없다.[483]

법인이 다른 법인과 합병하거나 분할하는 경우로서 **특정 대손금**을 합병등기일 또는 분할등기일이 속하는 사업연도까지 손비로 계상하지 아니한 경우 그 대손금은 해당 법인의 **합병등기일 또는 분할등기일이 속하는 사업연도의 손비로 한다**(법세령 §19의2 ④). 따라서 합병 당시 채무자의 사업폐지 등으로 피합병법인의 채권 전부를 회수할 수 없다는 사실이 이미 객관적으로 확정되었는데도 회수불능채권을 합병등기일이 속하는 사업연도의 손금으로 계상하지 않았더라도 대손금은 피합병법인의 합병등기일이 속하는 사업연도의 손금으로 하여야 하고, 이러한 회수불능채권을 피합병법인이 대손금 처리를 하지 않은 데에 고의 또는 중대한 과실이 없다고 하여 달리 볼 것은 아니다.[484] **특정 대손금**은 '해당 사유가 발생하여 손비로 계상한 날이 속하는 사업연도에 손금에 산입하는 대손금' 중 '물품의 수출 또는 외국에서의 용역제공으로 발생한 채권으로서 한국무역보험공사로부터 회수불능으로 확인된 채권(법세령 §19의2 ① 7호)'을 '제외'한 대손금을 의미한다.

손금에 산입한 대손금 중 회수한 금액은 그 회수한 날이 속하는 사업연도의 소득금액을

---

482) 대법원 1990.10.30. 90누325.
483) 대법원 2003.12.11. 2002두7227.
484) 대법원 2017.9.7. 2017두36588.

계산할 때 익금에 산입한다(법세 §19의2 ③). 대손금을 손금에 산입하려는 내국법인은 신고(법세 §60)와 함께 **대손충당금 및 대손금조정명세서**(법세칙 §82)를 납세지 관할 세무서장에게 제출하여야 한다(법세 §19의2 ④ ; 법세령 §19의2 ⑧). 대손금을 회수하였음에도 이를 익금으로 계상하지 않았다면 익금산입으로 소득처분하고, 만약 해당 금액이 사외로 유출되었다면 그 귀속자에 대하여 소득처분을 하여야 한다.

채무자의 파산 등 법정 사유로 회수할 수 없는 채권은 다음과 같다(법세령 §19의2 ①). 법정 사유는 각 독립적이므로 각 사유는 중첩적으로 적용될 수 있고, **하나의 사유가 적용된다고 하여 다른 사유의 적용이 배제되는 것도 아니다.** 법정 사유가 한정적으로 열거된 것인지 여부가 쟁점이 될 수 있는바, 해당 대손금이 **법인의 사업과 관련하여 일반적으로 인정되는 통상적인 범위 내에서 발생되는 것이거나 '수익의 창출' 또는 '손실의 회피'에 직접 관련되어 발생하는 경우에는 해당 대손금을 손금에 산입할 수 있도록 허용하는 것이 타당**하다. 이 경우에는 해당 대손금이 법인세법 상 손금의 정의를 충족하는 것으로 보이고, 법률 단계에서 명시적으로 배제하지 않는 항목을 시행령 단계에서 대손사유 배제에 관한 별도의 규범적 정당성과 무관하게 단지 명시하지 않았다는 이유로 대손사유에서 배제하는 것은 타당하지 않기 때문이다.

1. 상법에 따른 **소멸시효가 완성**된 외상매출금 및 미수금. 소멸시효의 완성은 그로 인하여 채권이 소멸하였다는 점을 전제로 하는 것이고, 채권자의 귀책사유로 인하여 소멸시효가 완성된 경우는 대손사유에서 제외하는 것이 타당하다(이하 소멸시효 완성의 경우에도 동일).
2. 어음법에 따른 **소멸시효가 완성**된 어음
3. 수표법에 따른 **소멸시효가 완성**된 수표
4. 민법에 따른 **소멸시효가 완성**된 대여금 및 선급금
5. 채무자 회생 및 파산에 관한 법률에 따른 **회생계획인가의 결정** 또는 **법원의 면책결정**에 따라 '회수불능으로 확정'된 채권. 이는 '채권'이 소멸하는 경우뿐만 아니라 그 '책임'만이 면책되는 경우 역시 대손사유에 포함된다는 점을 분명히 하는 규정이다. 또한 **회생계획인가의 결정 또는 법원의 면책결정은 채권자 평등의 원칙에 기반한 결정을 의미**하므로, 해당 결정이 특정 채권자가 경제적 합리성에 반하여 다른 채권자보다 불리한 조건으로 채권을 포기한 점에 기반하여 이루어진 것이라면 해당 결정을 근거로 대손금의 손금산입을 인정할 수는 없다.
   '회수불능으로 확정되었는지 여부'는 개별 사안별로 구체적 상황을 반영하여 판단하여야 한다. 회생계획에서 별도의 납입 등을 요구하지 아니하고 신주발행 방식의 출자전환으로 기존 회생채권 등의 변제를 갈음하기로 하면서도 출자전환에 의하여 발행된 주식은 무상으

로 소각하기로 정하였다면, 인가된 회생계획의 효력에 따라 새로 발행된 주식은 그에 대한 주주로서의 권리를 행사할 여지가 없고 다른 대가 없이 그대로 소각될 것이 확실하게 되므로 그 출자전환의 전제가 된 회생채권 등은 회생계획인가의 결정에 따라 회수불능으로 확정되었다고 봄이 타당하다.[485] 회수불능 여부는 회생계획인가의 결정일 또는 법원의 면책결정일 당시를 기준으로 결정되어야 한다. 따라서 해당 일 이후 채권의 포기 여부에 대한 손금산입 여부는 별개의 쟁점에 해당한다. 손금의 귀속사업연도 역시 회생계획인가의 결정일 또는 법원의 면책결정일이 속하는 사업연도로 정하여져야 한다.

5의2. 서민의 금융생활 지원에 관한 법률에 따른 채무조정을 받아 **신용회복지원협약**(서민금융 §75)에 따라 면책으로 확정된 채권

6. 민사집행법에 따라 채무자의 재산에 대한 **경매가 취소**(민집 §102)된 압류채권

7. **물품의 수출 또는 외국에서의 용역제공으로 발생한 채권**으로서 '기획재정부령으로 정하는 사유(법세칙 §10의4 ①)'에 해당하여 무역에 관한 법령에 따라 **한국무역보험공사**(무역보험 §37)로부터 회수불능으로 확인된 채권

8. 채무자의 **파산, 강제집행, 형의 집행, 사업의 폐지, 사망, 실종 또는 행방불명**으로 회수할 수 없는 채권. '회수할 수 없다는 점'이 입증되어야 하나, 이는 사실인정에 관한 것으로서 반드시 공식적 서류 또는 공적 확인을 통하여 입증되어야 하는 것은 아니다.

9. **부도발생일부터 6개월 이상 지난 수표 또는 어음상의 채권 및 외상매출금**(중소기업의 외상매출금으로서 부도발생일 이전의 것에 한정). 다만, 해당 법인이 채무자의 재산에 대하여 저당권을 설정하고 있는 경우는 제외한다. **외상매출금의 발생 여부**는 민사법 상 효력에 의하여 결정하여야 한다. 법인세법이 그 효력의 발생을 전제로 규정하는 것이기 때문이다. **부도발생일**은 소지하고 있는 **부도수표나 부도어음의 지급기일**(지급기일 전에 해당 수표나 어음을 제시하여 금융회사 등으로부터 부도확인을 받은 경우에는 그 **부도확인일**)로 하고, 이 경우 대손금으로 손비에 계상할 수 있는 금액은 사업연도 종료일 현재 회수되지 아니한 해당 채권의 금액에서 1천원을 뺀 금액으로 한다(법세령 §19의2 ②). 부도수표 또는 부도어음을 소지하는 경우를 전제로 하므로 도난 또는 분실 등 사유로 부도수표 또는 부도어음을 소지하지 않은 경우에는 이에 해당하지 않고, 이 경우에는 해당 채권에 대한 별도의 대손사유가 있는지 여부가 쟁점이 된다.

9의2. 중소기업의 외상매출금 등(외상매출금 및 미수금)으로서 **회수기일이 2년 이상 지난 외상매출금 등**. 다만, 특수관계인과의 거래로 인하여 발생한 외상매출금 등은 제외한다.

10. **재판상 화해 등 확정판결과 같은 효력을 가지는 것**으로서 기획재정부령으로 정하는 것에 따라 회수불능으로 확정된 채권

11. **회수기일이 6개월 이상 지난 채권 중 채권가액이 30만원 이하**(채무자별 채권가액의 합계액을 기준)인 채권

12. **금융회사 등**(법세령 §61 ② 각 호)**의 채권**(여신전문금융회사인 신기술사업금융업자(법세령 §61 ② 13호)의 경우에는 신기술사업자에 대한 것에 한정) 중 다음 각 목의 채권. **금융감독원 장의 승인 및 인정처분이 과세관청의 판단만으로 달리 결정될 수는 없다.** 금융감독원장의 승인 및 인정처분은 행정쟁송을 통하여 변경 또는 취소될 수 있을 뿐이다.

가. 금융감독원장이 기획재정부장관과 협의하여 정한 **대손처리기준에 따라 금융회사 등이 금융감독원장으로부터 대손금으로 승인받은 것**

나. **금융감독원장이** 가목의 기준에 해당한다고 인정하여 **대손처리를 요구한 채권으로 금융회사 등이 대손금으로 계상한 것**

13. **중소기업창업투자회사**(벤처투자 §2 10호)**의 창업자에 대한 채권**으로서 중소벤처기업부장관이 기획재정부장관과 협의하여 정한 기준에 해당한다고 인정한 것. 해당 기준을 충족하는지 여부는 구체적 사실관계에 기반한 경제적 실질에 의하여 판정되어야 한다.

물품의 수출 또는 외국에서의 용역제공으로 발생한 채권(법세령 §19의2 ① 7호)**과 관련된 '기획재정부령으로 정하는 사유'**는 다음 중 어느 하나의 사유를 의미한다(법세칙 §10의4 ①).

1. 채무자의 파산·행방불명 또는 이에 준하는 불가항력으로 채권회수가 불가능함을 **현지의 거래은행·상공회의소 또는 공공기관**이 확인하는 경우
2. 거래당사자 간에 분쟁이 발생하여 **중재기관·법원 또는 보험기관 등**이 채권금액을 감면하기로 결정하거나 채권금액을 그 소요경비로 하기로 확정한 경우(채권금액의 일부를 감액하거나 일부를 소요경비로 하는 경우에는 그 감액되거나 소요경비로 하는 부분으로 한정)
3. 채무자의 인수거절·지급거절에 따라 채권금액의 회수가 불가능하거나 불가피하게 거래당사자 간의 합의에 따라 채권금액을 감면하기로 한 경우로서 이를 **현지의 거래은행·검사기관·공증기관 또는 공공기관**이 확인하는 경우(채권금액의 일부를 감액한 경우에는 그 감액된 부분으로 한정)

재판상 화해 등 확정판결과 같은 효력을 가지는 것(법세령 §19의2 ① 10호)**으로서 기획재정부령으로 정하는 것**은 다음 중 어느 하나를 의미한다(법세칙 §10의4 ②). 화해, 화해권고결정, 결정 및 조정은 당사자들 사이의 실질적인 법적 분쟁을 전제로 하는 것이어야 한다. 따라서 당사자들 사이의 통모 또는 공모에 의하여 확정된 화해 등은 그 실질을 채권의 포기로 보아 대손사유에서 배제하여야 한다.

1. 민사소송법에 따른 화해
2. 민사소송법에 따른 화해권고결정
3. 민사조정법에 따른 결정(민사조정 §30)
4. 민사조정법에 따른 조정

---

485) 대법원 2018.6.28. 2017두68295.

2.1.2. 대손금 손금산입 규정의 적용이 배제되는 채권

대손금은 법정 대손사유가 발생하는 경우에 한하여 손금에 산입될 수 있으나 다음 채권의 경우에는 법정 대손사유의 발생과 무관하게 대손금의 손금산입에 관한 규정이 적용되지 않는다(법세 §19의2 ②). 대손금 손금산입이 허용되지 않는 다음 채권에 대하여서는 대손충당금의 손금산입 역시 허용되지 않는다(법세 §34 ②).

1. **채무보증**(독점규제 및 공정거래에 관한 법률 상 채무보증(공정거래 §24 각 호) 등 법정 채무보증(법세령 §19의2 ⑥)은 제외)으로 인하여 발생한 **구상채권**. 이 규정은 채무보증에 의한 과다한 차입으로 기업의 재무구조가 악화되는 것과 연쇄도산으로 인한 사회적 비용이 증가하는 것을 억제하여 재무구조의 건실화를 유도하고 기업의 구조조정을 촉진하여 기업의 경쟁력을 강화하고자, 보증채무를 대위변제함으로써 발생하는 구상채권의 대손금을 전부 손금불산입하도록 함으로써 법인 스스로 보증채무의 변제능력과 구상채권의 회수가능성을 심사숙고하여 자력 범위 내에서만 채무보증을 하도록 유도하기 위한 것이다.[486]
   다만, **주택도시기금법에 따른 주택도시보증공사**(법세령 §63 ① 2호)가 각 사업연도의 결산을 확정할 때 **구상채권상각충당금**을 손비로 계상한 경우에는 법정 범위에서 그 계상한 구상채권상각충당금을 해당 사업연도의 소득금액을 계산할 때 손금에 산입할 수 있는바(법세 §35 ①), 주택도시보증공사가 신용보증계약에 의하여 **대위변제한 금액 중 해당 사업연도에 손비로 계상한 금액**(대위변제한 금액 중 구상채권으로 계상한 금액을 제외한 금액)은 **구상채권으로 보아 손금불산입**하나, 이 경우 손금불산입한 금액은 **해당 대손사유가 발생한 날이 속하는** 사업연도의 소득금액을 계산할 때 **손금에 산입한다**(법세령 §19의2 ⑦).
2. 특수관계인에 대한 **업무무관 가지급금 등**(법세 §28 ① 4호 나목). 이 경우 특수관계인에 대한 판단은 **대여시점을 기준**으로 한다. 따라서 '특수관계자에 대한 업무무관 가지급금인지 여부는 대손사유가 발생할 당시를 기준으로 판단하여야 한다'는 판례[487] 및 '법인이 특수관계자에게 제공한 업무무관 가지급금에 대손사유가 발생하기 전 또는 그 채권의 매도에 따른 처분손실이 발생하기 전에 특수관계가 이미 소멸하였다면 이는 더 이상 비정상적으로 자금을 대여하는 것으로 볼 수 없으므로, 채권의 처분손실을 손금에 산입할 수 없는 특수관계자에 대한 업무무관 가지급금으로 볼 것인지 여부는 특별한 사정이 없는 한 그 채권을 처분할 당시를 기준으로 판단하여야 한다'는 판례[488]는 유지될 수 없다.
   업무무관 가지급금 등은 **명칭 여하에 불구하고 당해 법인의 업무와 관련이 없는 자금의 대여액**(금융회사 등(법세령 §61 ② 각 호)의 경우 주된 수익사업으로 볼 수 없는 자금의 대여액을 포함)을 말한다(법세령 §89 ⑤ 본문). 따라서 '업무와 관련 없이 지급한 가지급금'에는 순수한 의미의 대여금은 물론 구상금 채권 등과 같이 채권의 성질상 대여금에 준하는 것도 포함되고, 적정한 이자율에 의하여 이자를 받으면서 가지급금을 제공한 경우도 포함된다 할 것이며, 가지급금의 업무관련성 여부는 당해 법인의 목적사업이나 영업내용을 기준으로 객관적으로 판단하여야 한다.[489] 법인이 특수관계자로부터 지급받아야 할 매매대금의 회수를 정당한 사유 없이 지연시키는 것은 실질적으로 매매대금이 계약상의 의무이행기한 내에 전부 회수된 후 다시 가지급된 것과 같은 효과를 가져온다는 점에서 그 미회수 매매대금 상당액은 '업무와 관련 없이 지급한 가지급금 등'에 해당한다.[490] 다만 부당행위계산 부인규정이 적용되지 않는 **인정이자 계산의 특례**(법세령 §89 ⑤ 단서)**가 적용되는 금액**(법세칙 §44 각 호)**은 제외**된다(법세 §28 ① 4호 나목 : 법세령 §53 ①).

독점규제 및 공정거래에 관한 법률 상 채무보증 등 법정 채무보증에 대하여서는 대손금을 **손금에 산입할 수 있는바**, 그 구체적 대상은 다음과 같다(법세령 §19의2 ⑥). 구상채권의 대손금에 관하여 예외적으로 손금산입이 허용되는 채무보증은 법률 조항에서 위임을 받은 시행령 조항에서 열거한 유형의 채무보증으로 한정되므로, 법인이 사업과 관련된 거래대금을 지급받기 위하여 채무보증을 하였더라도 채무보증이 법령 상 열거한 유형에 해당하지 아니하는 경우에는 그로 인하여 발생한 구상채권의 대손금을 손금에 산입할 수 없다.[491] 이상 판례의 입장과 달리 **입법론 또는 해석론으로서 채무보증이 법인의 사업과 관련하여 일반적으로 인정되는 통상적인 범위 내에서 제공된 것이거나 수익과 직접 관련된 경우에는 해당 채무보증으로 인한 구상채권에 대한 대손금을 손금에 산입할 수 있도록 허용하는 것이 타당하다.** 채무보증 역시 법인의 수익추구활동의 일환으로서 제공될 수 있을 뿐 아니라 채무보증 자체에도 그에 합당한 경제적 합리성이 내재될 수 있기 때문이다. 그렇다면 법령 상 열거된 채무보증과 관련하여서는 이상의 요건을 충족하였는지 여부를 묻지 않고 해당 채무보증 관련 구상채권에 대한 대손금을 손금에 산입할 수 있다는 점에서 법령 상 열거할 실익이 있다고 보아야 한다.

1. 독점규제 및 공정거래에 관한 법률 상 채무보증(공정거래 §10의2 ① 각 호). 이는 조세특례제한법에 따른 합리화기준에 따라 **인수되는 회사의 채무와 관련된 채무보증**(공정거래령 §17의2 ① 각 호) 및 기업의 **국제경쟁력 강화를 위하여 필요한 경우** 등 법정 경우(공정거래령 §17의2 ② 각 호)에 대한 채무보증을 말한다.
2. 금융회사 등(법세령 §61 ② 각 호)이 행한 채무보증
3. 법률에 따라 신용보증사업을 영위하는 법인이 행한 채무보증

---

486) 헌재 2009.7.30. 2007헌바15.
487) 대법원 2014.7.24. 2012두6247.
488) 대법원 2017.12.22. 2014두2256.
489) 대법원 2003.3.11. 2002두4068.
490) 대법원 2010.1.14. 2007두5646.
491) 대법원 2016.1.14. 2013두17534.

4. 대·중소기업 상생협력 촉진에 관한 법률 상 위탁기업이 수탁기업협의회의 구성원인 수탁기업에 대하여 행한 채무보증

5. 건설업 및 전기 통신업을 영위하는 내국법인이 건설사업(미분양주택을 기초로 하는 법정 유동화거래(법세령 §10 ① 4호)를 포함)과 직접 관련하여 특수관계인에 해당하지 아니하는 자에 대하여 한 채무보증. 다만, **건설산업 등과 관련된 법정의 자**[민간투자사업시행자 등(민간투자 §2 8호), 법률(국유재산 §13 ② 1호 ; 공유재산 §7 ② 1호)에 따라 기부한 행정재산을 운영하는 내국법인, 투자회사·프로젝트투자금융회사 및 이들과 유사한 법정 내국법인(법세 §51의2 ① 1호, 2호, 4호, 6호 ; 조특 §104의31 ① 각 호)](법세칙 §10의5)**에 대한 채무보증**은 특수관계인에 대한 채무보증을 포함한다.

6. 해외자원개발 사업법에 따른 해외자원개발사업자가 해외자원개발사업과 직접 관련하여 해외에서 설립된 법인에 대하여 행한 채무보증

7. 해외건설 촉진법에 따른 해외건설사업자가 해외자원개발을 위한 해외건설업과 직접 관련하여 해외에서 설립된 법인에 대해 행한 채무보증

부당행위계산 부인규정이 적용되지 않는 인정이자 계산의 특례(법세령 §89 ⑤ 단서)**가 적용되는 금액**(법세칙 §44 각 호)은 다음과 같다(법세칙 §44 각 호). 이에 대하여서는 대손금 **손금산입** 규정이 적용된다.

1. 배당소득 원천징수시기에 대한 특례(소세 §131) 및 근로소득 원천징수시기에 대한 특례(소세 §135)에 따라 지급한 것으로 보는 배당소득 및 상여금(이하 '미지급소득')에 대한 소득세(개인지방소득세와 미지급소득으로 인한 중간예납세액상당액을 포함하며, '종합소득 총결정세액'에 '미지급소득이 종합소득금액에서 차지하는 비율'을 곱한 금액을 한도로 함)를 **법인이 납부하고 이를 가지급금 등으로 계상한 금액**(해당 소득을 실제 지급할 때까지의 기간에 상당하는 금액으로 한정)

2. 국외에 자본을 투자한 내국법인이 해당 **국외투자법인에 종사하거나 종사할 자의 여비·급료 기타 비용을 대신하여 부담하고 이를 가지급금 등으로 계상한 금액**(그 금액을 실지로 환부받을 때까지의 기간에 상당하는 금액으로 한정)

3. 법인이 우리사주조합(근로복지 §2 4호) 또는 그 조합원에게 해당 **우리사주조합이 설립된 회사의 주식취득**(조합원간에 주식을 매매하는 경우와 조합원이 취득한 주식을 교환하거나 현물출자함으로써 독점규제 및 공정거래에 관한 법률 상 지주회사 또는 금융지주회사법 상 금융지주회사의 주식을 취득하는 경우를 포함)**에 소요되는 자금을 대여한 금액**(상환할 때까지의 기간에 상당하는 금액으로 한정)

4. 국민연금법에 의하여 **근로자가 지급받은 것으로 보는 퇴직금전환금**(당해 근로자가 퇴직할 때까지의 기간에 상당하는 금액으로 한정)

5. **대표자에게 상여처분한 금액**(법세령 §106 ① 1호 단서)**에 대한 소득세를 법인이 납부하고 이를**

가지급금으로 계상한 금액(특수관계가 소멸될 때까지의 기간에 상당하는 금액으로 한정)

6. 직원에 대한 월정급여액의 범위에서의 **일시적인 급료의 가불금**

7. 직원에 대한 **경조사비 또는 학자금**(자녀의 학자금을 포함)의 **대여액**

7의2. **중소기업**(조특령 §2)**에 근무하는 직원**(지배주주 등인 직원은 제외)**에 대한 주택구입 또는 전세자금의 대여액**

8. 금융기관부실자산 등의 효율적 처리 및 한국자산관리공사의 설립에 관한 법률에 의한 **한국자산관리공사가 출자총액의 전액을 출자하여 설립한 법인에 대여한 금액**

2.1.3. 채권재조정과 대손금의 손금산입

　　내국법인이 **기업회계기준에 따른 채권의 재조정에 따라 채권의 장부가액과 현재가치의 차액을 대손금으로 계상한 경우에는 이를 손금에 산입**하며, 손금에 산입한 금액은 기업회계기준의 환입방법에 따라 익금에 산입한다(법세령 §19의2 ⑤). 한편 대손충당금의 손금산입 범위액(법세 §34 ①)을 계산할 때에는 위 대손금과 관련하여 계상된 대손충당금은 제외하고 계산한다(법세령 §61 ④). 위 대손금은 손금산입 후 기업회계기준의 환입방법에 따라 익금에 다시 산입된다는 점을 감안한 것으로 보인다. 한편 **채무자 회생 및 파산에 관한 법률에 따른 법원의 회생계획인가 결정에 따라 채무를 출자전환하는 경우 대손되어 회수할 수 없는 금액**을 출자전환하는 시점의 출자전환된 매출채권 장부가액과 출자전환으로 취득한 주식 또는 출자지분의 시가와의 차액으로 보아, **부가가치세법 상 대손세액공제**를 적용한다(부가세령 §87 ① 2호).

　　채권의 재조정에 해당하는지 여부는 기업회계기준에 의하여 판정되어야 한다. 기업회계기준서에 따르면, 금융자산의 계약상 현금흐름이 재협상되거나 변경되었으나 그 금융자산이 이 기준서에 따라 제거되지 아니하는 경우에는 해당 금융자산의 **총장부금액을 재계산**하고 **변경손익을 당기손익으로** 인식한다.[492] **해당 금융자산의 총장부금액은 재협상되거나 변경된 계약상 현금흐름을** 해당 금융자산의 **최초 유효이자율**(또는 취득시 신용이 손상되어 있는 금융자산의 경우에는 신용조정 유효이자율) 또는 **수정 유효이자율로 할인한 현재가치로** 재계산한다.[493] **발생한 원가나 수수료는 변경된 금융자산의 장부금액에 반영하여** 해당 금융자산의 남은 존속기간에 상각한다.[494] **일반기업회계기준에 따르면, 채권·채무조정을 통하여 조건이 변경된 채권에 대한 대손상각비는 채권·채무조정에 따른 약정상 정해진 미래 현금흐름을 채권 발생시**

---

492) 기업회계기준서 제1109호 문단 5.4.3. 제1문.
493) 기업회계기준서 제1109호 문단 5.4.3. 제2문.
494) 기업회계기준서 제1109호 문단 5.4.3. 제3문.

점의 유효이자율로 할인하여 계산된 현재가치와 채권의 대손충당금 차감전 장부금액과의 차이로 계산한다.[495] 해당 채권에 대한 **대손충당금과 대손상각비**를 다음과 같이 **조정**한다. 이미 설정된 대손충당금이 채권·채무조정에 따라 결정된 대손상각비 금액보다 적은 경우에는 부족분에 대해서 대손충당금을 추가로 설정하며, 이미 설정된 대손충당금이 채권·채무조정에 따라 결정된 대손상각비 금액보다 많은 경우에는 초과분에 대하여 대손충당금을 환입한다.[496] 다만, 관측가능한 활성시장에서 거래되는 채권의 시장가격이 있는 경우에는 그 채권의 시장가격, 담보로 제공된 자산이 있고 그 자산의 처분을 통하여 채권을 회수할 가능성이 매우 높은 경우에는 그 **자산의 공정가치에 근거하여 대손상각비를 측정**할 수 있다.[497] 대손상각비의 측정방법은 **각 채권별로 일관성 있게 적용**하여야 하며 측정방법의 변경은 상황이 변하는 경우에만 정당화될 수 있다.[498]

채권의 재조정에 따라 채권의 장부가액과 현재가치의 차액을 대손금으로 계상한 경우에도 대손사유의 발생 요건을 충족하여야 하는가? 기업회계기준에 따른 채권의 재조정에 따라 채권의 장부가액과 현재가치의 차액을 대손금으로 계상한 경우에는 이를 손금에 산입한 후 다시 기업회계기준의 환입방법에 따라 익금에 산입하므로, 해당 채권을 회수하는 경우에 한하여 그 회수한 날이 속하는 사업연도의 소득금액을 계산할 때 익금에 산입하는 다른 경우와는 구분된다. 즉 법인세 소득금액의 일실 또는 잠탈이 발생할 여지가 없다. 따라서 기업회계기준에 따른 채권의 재조정에 따라 채권의 장부가액과 현재가치의 차액을 대손금으로 계상한 경우에는 해당 대손금이 별도의 대손사유를 충족하였는지 여부와 무관하게 손금에 산입되는 것으로 보아야 한다.

기업회계기준에 따른 채권 재조정의 경우 채무자는 채무의 장부가액과 현재가치의 차액을 어떻게 인식하여야 하는가? 법인세법은 기업회계기준에 따른 채권 재조정의 경우 채권자에 대하여서는 대손금을 계상할 수 있다고 규정하나 이 경우 채무자가 해당 대손금 상당액을 어떻게 취급하여야 하는지 여부에 대하여 명시적으로 규정하지 않는다. **먼저 기업회계기준의 입장에 대하여 살핀다.** 기업회계기준서에 따르면, 소멸하거나 제3자에게 양도한 금융부채(또는 금융부채의 일부)의 장부금액과 지급한 대가(양도한 비현금자산이나 부담한 부채를 포함)의 차액은 **당기손익**으로 인식한다.[499] **일반기업회계기준에 따르면, 조건변경으로 채무가 조정되**

---

495) 일반기업회계기준 문단 6.98 제1문.
496) 일반기업회계기준 문단 6.98 제2문.
497) 일반기업회계기준 문단 6.98 제1문 단서.
498) 일반기업회계기준 문단 6.98 제3문.

는 경우에는 채권·채무조정에 따른 약정상 정해진 미래 현금흐름을 채무 발생시점의 유효이자율로 할인하여 계산된 현재가치와 채무의 장부금액과의 차이를 채무에 대한 **현재가치할인차금과 채무조정이익**으로 인식한다.[500] 조정대상채무에 대하여 전환사채나 채무증권을 발행하는 형식으로 채권·채무조정이 이루어지는 경우에는 이를 채무의 변제로 보지 않고 채무의 조건변경으로 회계처리한다.[501] **동종 또는 유사한 채권·채무에 대하여 적용할 이자율보다 더 낮은 이자율로 만기를 연장하는 경우**로서, 경제환경의 변동으로 동일한 신용도에 대한 **채무 발생시점의 시장이자율과 채권·채무조정시점의 시장이자율에 현저한 차이가 있는 경우**에는 채권·채무조정시점의 적절한 이자율로 할인하여 **채무조정이익**을 인식한다.[502] **채무 출자전환의 경우**에는 지분증권의 공정가치와 채무의 장부금액과의 차이를 채무조정이익으로 인식하나, 시장성이 없는 지분증권의 공정가치를 신뢰성 있게 측정할 수 없는 경우에는 발행되는 지분증권을 조정대상 채무의 장부금액으로 회계처리하고 채무조정이익을 인식하지 않는다.[503] **법인세법의 입장에 대하여 살핀다.** 법인세법은 원칙적으로 부채의 평가를 허용하지 않고(법세 §42 ①), 외화부채에 대하여 예외적으로 평가를 허용한다(법세령 §76). 그러나 부채, 즉 채무의 평가는 채무의 조정과는 구분된다. 자산·부채의 평가는 익금·손금 발생 거래가 종료된 이후 자산·부채의 취득가액 또는 장부가액에 기반하여 계산하지 않는 별도의 기준에 근거하여 취득가액 또는 장부가액을 다시 측정하는 것을 의미하므로, 자산 계상금액의 모든 변동이 바로 자산의 평가를 의미하는 것은 아니고 이는 부채 계상금액이 변동하는 경우에도 동일하다.[504] 즉 부채의 동일성이 유지되나 해당 부채의 장부가액에 기반하여 계산하지 않는 별도의 기준에 근거하여 그 장부가액을 다시 측정하는 것은 부채의 평가에 해당하나, 당초 부채의 조건 등에 변화가 발생하여 다시 측정하는 것은 부채의 조정에 해당한다. 따라서 **부채, 즉 채무의 평가에 관한 법인세법의 규정은 채무의 조정에 대하여 적용될 수 없다.** 한편 법인세법에 따르면, 채무의 면제 또는 소멸로 인하여 생기는 부채의 감소액은 채무면제익으로서 익금에 산입되고, 그 채무면제익에는 채무의 출자전환으로 주식 등을 발행하는 경우에는 그 주식 등의 시가를 초과하여 출자전환된 채무액(법세령 §17 ① 1호 단서) 역시 포함된다(법세령 §116호). 채무 출자전환의 경우에는 원칙적으로 발행하는 주식의 액면금액 이상으로 전환된 채무액

---

499) 기업회계기준서 제1109호 문단 3.3.3.
500) 일반기업회계기준 문단 6.90 제1문.
501) 일반기업회계기준 문단 6.90 제2문.
502) 일반기업회계기준 문단 6.91 제1문.
503) 일반기업회계기준 문단 6.87.
504) 같은 절 제2관 Ⅱ 7 참조.

은 주식발행액면초과액으로 보아 익금불산입되지만 주식의 시가를 초과하여 전환된 채무액은 채무면제익으로서 익금에 산입되어야 한다. 그런데 **법인세법 규정은 기업회계기준에 우선하여 적용되어야 한다.**

이상의 논의를 정리하면 다음과 같다. 기업회계기준에 따른 채권 재조정의 경우 채무자는 채무의 장부가액과 현재가치의 차액을 채무면제익으로 인식하여야 하고 채무 출자전환의 경우에는 발행주식의 시가를 초과하여 전환된 채무액을 채무면제익으로 보아야 한다.

채무면제익 중 법정금액은 해당 사업연도 이후의 각 사업연도에 발생한 결손금의 보전에 충당할 수 있는바, 이 경우 채권자는 발행주식의 취득가액을 어떻게 계상하여야 하는가? '채무의 출자전환의 경우 채무자는 법정 이월결손금(법세령 §16 ①)을 보전하는 데에 충당(법세 §18 6호)'하지 않은 법정 금액(법세령 §15 ①)은 해당 사업연도의 익금에 산입하지 아니하고 그 이후의 각 사업연도에 발생한 결손금의 보전에 충당할 수 있다(법세 §17 ②). 즉 **채무 출자전환의 '시가 초과 주식발행액' 중 법정 이월결손금에 충당하지 않은 법정금액은 익금에 산입하지 않고 그 이후의 각 사업연도에 발생한 결손금의 보전에 충당할 수 있다.**[505] 다만 내국법인이 익금에 산입하지 아니한 금액 전액을 결손금의 보전에 충당하기 전에 사업을 폐지하거나 해산하는 경우에는 그 사유가 발생한 날이 속하는 사업연도의 소득금액 계산에 있어서 결손금의 보전에 충당하지 아니한 금액 전액을 익금에 산입한다(법세령 §15 ②). **채무자가 채무면제익을 법정 이월결손금에 충당한 때** 채무자는 이월결손금에 충당된 금액을 손금에 산입하나, 그 효과는 이미 이월결손금 형태로서 법인의 자본에 반영되어 있었던 것이므로 기타로 소득처분하여야 하는바[506], 이 경우 채권자는 '발행주식의 시가'를 그 취득가액으로 계상하고 대손금을 인식할 수 있다. 채무자가 채무면제익을 **법정 금액을 법정 이월결손금에 충당하지 않은 때** 채무자는 채무면제익에 대하여 익금불산입하여야 하고 이를 향후 이월결손금에 충당하기 위하여 사후관리하기 위하여서는 △유보로 소득처분하여야 하는바, 이 경우 채권자는 주식의 취득가액을 출자전환된 채무액으로 계상하여야 한다. 채무자 단계에서 '채무면제익'이 익금불산입됨에도 불구하고 채권자 단계에서 '채무면제익'에 상당하는 금액을 대손금으로 인식하는 것은 타당하지 않기 때문이다. 해당 금액은 채무자 단계에서는 이월결손금과 충당하는 시점에는 이월결손금의 충당에 대하여서는 손금산입(기타)로, △유보로 소득처분된 '채무면제익'에 대하여서는 유보로 각 소득처분하여야 하고, 채권자 단계에서는 해당 주식이 처분되는 시점에

---

505) 같은 관 Ⅲ 2.4.5 참조.
506) 같은 관 Ⅲ 2.4.5 참조.

손금에 산입된다. 한편 **대손금 손금산입 규정이 적용이 배제되는 채권**(법세 §19의2 ② 각 호)**이 출자전환되는 때** 채권자는 발행주식의 취득가액을 '발행주식의 시가'로 계상하여야 한다(법세령 §72 ② 4호의2). 채무자가 채무면제익을 법정 이월결손금에 충당하였는지 여부와 무관하게 채권자는 발행주식의 취득가액을 '발행주식의 시가'로 계상하여야 한다. 이 경우 채무의 출자전환으로 인하여 발생하는 출자전환된 채권과 발행주식의 시가 사이의 차액이 발생하는바, 채무자가 채무면제익을 법정 이월결손금에 충당하였다고 할지라도 그 차액은 채권자 단계에서 대손금으로서 손금에 산입될 수 없다.

2.1.4. 법인세법 상 대손금 부인액의 세무조정

법인이 대손금으로 계상하였으나 법인세법 상 그 대손금 계상이 부인되는 경우 해당 금액에 대하여 어떻게 세무조정을 하여야 하는지 여부에 대하여 살핀다. **대손금 귀속사업연도에 오류가 있는 경우**에는 손금불산입(유보)로 소득처분하고 해당 귀속사업연도가 도래하는 시점에 손금산입(△유보)로 소득처분한다. **회수불능 요건을 충족하지 못한 경우**에는 손금불산입(유보)로 소득처분하고 해당 요건을 충족한 시점에 손금산입(△유보)로 소득처분한다. **대물변제로 취득한 자산의 가액이 소멸된 채권의 장부가액에 미치지 못하는 경우** 과다계상된 자산에 대하여서는 손금산입(△유보)로 소득처분한 후 해당 자산의 처분 등 시점에 손금불산입(유보)로 소득처분한다. 미달금액이 법인세법 상 대손금의 요건을 충족하지 못한 경우에는 손금불산입(유보) 또는 손금불산입(기타사외유출)로 소득처분한다. 손금불산입(유보)로 소득처분된 금액은 회수불능되는 시점에는 손금산입(△유보)로 소득처분한다.

2.2. 자본거래 등으로 인한 손비의 손금불산입

2.2.1. 자본거래와 손익거래의 구분

'자본 또는 출자의 납입', '자본 또는 출자의 환급' 및 '잉여금의 처분'은 그 해당 거래의 본질 자체로 익금 또는 손금에 포함될 수 없을 뿐만 아니라 법인세법 및 조세특례제한법을 통하여서도 이에 포함될 수 없는바, 통상 이를 **자본거래**라고 한다. 법인세법 상 거래 중 '자본 또는 출자의 납입' 및 '자본 또는 출자의 환급'의 경우는 자산·부채의 변동이 수반된다고 할지라도 그 변동분이 익금과 손금의 본질적 요소인 기업회계기준 상 수익 또는 비용(손비)에 해당하지 않아서 익금 또는 손금에 해당할 수 없고, 잉여금의 처분은 '자산의 감소 또는 부채의 증가'가 동반되지 않는 자본 계정 사이의 대체거래를 의미하므로 이 역시 기업회계기준 상 비용(손비)의 정의에 포섭될 수 없어서 손금이 될 수 없다. 또한 '자본 또는 출자의 납입', '자본 또는 출자의 환급' 및 '잉여금의 처분'이 익금과 손금의 정의에서 제외된다는 점에 관하여서는 법인세법 및 조세특례제한법이 달리 규정할 수 없다. 자본거래는 주주 또는 출자자의 지위에 근거하거나 주주 또는 출자자에 대하여서만 효과가 미치는 거래라고 할 수 있다.[507] 따라서 **법인세법 상 자본거래로 인하여 발생한 잉여금의 감소는 그 성질 상 손금에 해당하지 않으므로, 법인세법 상 손금불산입 항목으로 열거되지 않았다고 하더라도 여전히 손금에 포함될 수 없다.** 즉 자본거래로 인한 수익의 손금불산입에 관한 법인세법 규정(법세 §20)은 확인적 규정에 해당한다.

법인세법은 **자본거래로 인한 손비**라는 표현을 사용한다(법세 §20). 그러나 이상 자본거래의 정의에 비추어 보면, 자본거래는 법인세법 상 손익거래를 의미하는 손비(법세 §19 ①)에 포함될 수 없으므로 위 표현은 형용모순에 해당한다. **자본거래로 인한 잉여금의 감소**라고 표현하는 것이 타당하다. 자본거래로 인하여 발생한 잉여금은 자본잉여금을 의미하고 이에는 이익잉여금이 포함되지 않으나, **자본거래로 인한 잉여금의 감소에는 이익잉여금이 포함될 수 있다.** 이익잉여금이 자본거래로 인하여 자본금에 편입되어 감소할 수 있기 때문이다.

자본거래에 해당하는지 여부는 해당 거래의 명칭 등 형식이 아니라 그 거래의 경제적 실질에 근거하여 판단되어야 하고, 자본거래와 직접 관련하여 발생하는 비용 역시 자본거래로 인한 손금불산입 금액에 반영되어야 한다.

이하 법인세법이 열거한 항목들 및 그 밖의 주요한 잉여금 감소 항목에 대하여 살핀다.

2.2.2. 잉여금의 처분을 손비로 계상한 금액

잉여금의 처분은 '자산의 감소 또는 부채의 증가'가 동반되지 않는 자본 계정 사이의 대체거래를 의미하므로 이 역시 기업회계기준 상 비용(손비)의 정의에 포섭될 수 없어서 손금이 될 수 없고, '잉여금의 처분'이 손금의 정의에서 제외된다는 점에 관하여서는 법인세법 및 조세특례제한법이 달리 규정할 수 없다.[508] 따라서 법인이 잉여금의 처분을 결산의 확정 시 손비로 계상한다고 하여 이를 손금으로 인정할 수는 없다. 법인의 회계처리에 따라 법인세법 상 손금의 성질이 변경될 수는 없기 때문이다. 즉 결산을 확정할 때 잉여금의 처분을 손비로

---

507) 같은 절 제1관 Ⅳ 참조.
508) 같은 절 제1관 Ⅳ 참조.

계상한 금액은 내국법인의 각 사업연도의 소득금액을 계산할 때 손금에 산입하지 아니한다는 규정(법세 §20 1호)은 자본거래로 인한 잉여금의 감소가 손금에 포함되지 않는다는 점을 확인하는 것에 불과하다.

법인이 잉여금의 처분을 손비로 계상하였다면 해당 금액은 손금불산입으로 소득처분하고, 법인이 잉여금의 처분을 이익잉여금에 반영하였다면 해당 금액을 손금산입(기타), 손금불산입으로 각 소득처분하여야 한다.

2.2.3. 주식할인발행차금

액면미달의 가액으로 신주를 발행하는 경우(상법 §417) 그 미달하는 금액과 신주발행비의 합계액은 내국법인의 각 사업연도의 소득금액을 계산할 때 손금에 산입하지 아니한다는 규정(법세 §20 2호). 그 미달금액과 신주발행비의 합계액을 **주식할인발행차금**이라고 한다. 회사가 성립한 날로부터 2년을 경과한 후에 주식을 발행하는 경우에는 회사는 주주총회의 특별결의(상법 §434)와 법원의 인가를 얻어서 주식을 액면미달의 가액으로 발행할 수 있다(상법 §417 ①). 회사가 수종의 **종류주식**을 발행하여 그 발행가액이 각 주식의 종류별로 상이하다고 할지라도 액면금액이 동일하다면 주식할인발행차금은 각 주식의 종류별로 달리 계산된다. 다만 해당 각 주식할인발행차금은 향후 각 주식의 종류별로 관리되는 것이 아니라 통합하여 사후관리된다. **신주발행비**는 주식발행가액에서 차감되므로 주식할인발행차금에 더하여진다. 주식발행액면 초과액 계산의 경우와 주식할인발행차금 계산의 경우에 있어서 신주발행비를 달리 해석할 근거 및 당위성이 없다. 다만 신주발행비에 해당하는지 여부는 해당 비용의 지출이 없으면 주식이 발행될 수 없는 직접적인 관계에 있는지 여부에 의하여 판정하는 것이 타당하다. 신주발행비에 해당하면 비용으로서 손금에 산입될 수 없어서 그 해당 여부를 엄격히 해석할 필요가 있기 때문이다.

주식대금을 외화로 정한 경우 주식의 발행가액이 액면가액에 미달하는지 여부는 어느 시점을 기준으로 판정하여야 하는가? 주식회사는 발기인 또는 주주가 출자를 이행한 후 설립등기에 의하여 성립하고(상법 §172), 신주의 발행은 납입 또는 현물출자의 이행을 한 경우 그 납입기일의 다음 날로부터 효력이 발생한다(상법 §423 ①). 신주발행의 효력이 발생한 이후 회사는 자본금의 변경등기를 하여야 한다(상법 §317 ④, §183). 주주의 출자 이행은 해당 외화를 납입한 것으로서 완료되고, 설립등기 또는 변경등기의 경우 자본금은 원화로 표시하여야 한다. 따라서 외화로 주식대금을 납입한 경우에는 출자의 이행 이후 설립등기 또는 변경등기 사이에 환율변동에 노출된다. 따라서 만약 외화로 주식대금을 납입한 경우 원화환산환율의 기준시점을 설립등기일 또는 변경등기일로 한다면 주식대금의 납입시점에는 원화 주식대금과 동일한 외화가 납입되었음에도 불구하고 그 설립등기일 또는 변경등기일에는 추가적으로 주식발행액면초과액 또는 주식할인발행차금이 발생하게 된다. 특히 주식할인발행차금이 발생하는 경우에는 주식납입대금이 자본금에 미달되는 상태가 야기되어 해당 주식발행의 효력 자체가 문제로 된다. 따라서 **외화로 주식대금을 납입한 경우에는 그 납입시점 당시의 환율에 의하여 환산한 원화금액을 설립등기 또는 변경등기에 기재하는 것으로 해석하여야 한다. 다만 설립등기 또는 변경등기 이후의 환율에 의하여 평가한 각 변동액의 계상 여부는 외화자산의 평가에 관한 쟁점에 속한 것으로 보아야 한다.**

2.2.4. 감자차손

자본감소의 경우로서 그 감소액이 주식의 소각, 주금의 반환에 든 금액과 결손의 보전에 충당한 금액을 초과한 경우의 그 초과금액, 즉 감자차익은 익금에 산입하지 않으나,(법세 §17 ① 4호). 감자차손을 손금에 산입하지 않는다는 규정은 없다. 그렇다면 감자차손이 손금에 해당하는지 여부는 감자차손의 발생이 자본거래에 해당하는지 여부에 의하여 판정되어야 한다. 그런데 **상법 상 주식회사 및 유한회사의 경우 자본의 감소는 자본금의 감소를 의미하고, 감자차익 또는 감자차손의 실질은 자본금의 감소 과정에서 발생하는 자본잉여금과 동일하다. 유한책임회사, 합명회사 및 합자회사의 경우에도 자본의 감소는 자본금의 감소를 의미하나 그 감소 과정에서 감자차익 또는 감자차손을 인식할 수는 없다.**[509] 법인세법 상 자본감소는 자본금 및 자본잉여금의 감소를 의미하고 법인세법 상 이익잉여금의 감소를 통한 순자산의 유출은 배당으로 과세되므로 감자차손은 '자본금 및 자본잉여금의 감소액'을 전제로 계산된다.[510] 따라서 **법인세법 상 감자차손은 그 실질이 자본금 또는 자본잉여금의 감소에 해당하므로 명문의 규정이 없더라도 그 성질 상 자본거래로서 손금에 산입될 수 없다.**

2.2.5. 주식의 포괄적 교환차손

주식의 포괄적 교환(상법 §360의2)을 한 경우로서 자본금 증가의 한도액(상법 §360의7)이 완전모회사의 증가한 자본금을 초과한 경우의 그 초과액은 익금에 산입하지 않는다(법세 §17 ① 2호).

---

509) 같은 절 제2관 Ⅲ 2.1.5 참조.
510) 같은 절 제2관 Ⅲ 2.1.5 참조.

즉 주식의 포괄적 교환차익은 익금에 산입되지 않는다. 그러나 **주식의 포괄적 교환차손을 손금에 산입하지 않는다는 규정은 없다.** 그러나 주식발행에 있어서 자본금에 미달하는 금액을 주식할인발행차금으로 보는 것과 마찬가지로 주식의 포괄적 교환에 있어서 자본금 증가의 한도액이 완전모회사의 증가한 자본금에 미달한 경우의 그 미달액 역시 주식할인발행차금과 동일한 성질을 가진 것으로 보아야 한다. 따라서 **주식의 포괄적 교환차손은 그 실질이 자본거래에서 발생하는 주식할인발행차금과 동일하므로 명시적인 규정이 없더라도 법인세법 상 손금에 산입될 수 없다.**

주식의 포괄적 교환차손과 관련된 주요한 쟁점들에 대하여서는 주식의 포괄적 교환차익에 관한 부분에서 살핀다.[511]

2.2.6. 주식의 포괄적 이전차손

주식의 포괄적 이전(상법 §360의15)을 한 경우로서 완전모회사 자본금의 한도액(상법 §360의18)이 설립된 완전모회사의 자본금을 초과한 경우의 그 초과액은 익금에 산입하지 않는다(법세 §17 ① 3호). 즉 주식의 포괄적 이전차익은 익금에 산입되지 않는다. 그러나 **주식의 포괄적 이전차손을 손금에 산입하지 않는다는 규정은 없다.** 그러나 주식발행에 있어서 자본금에 미달하는 금액을 주식할인발행차금으로 보는 것과 마찬가지로 주식의 포괄적 이전에 있어서 자본금 증가의 한도액이 완전모회사의 증가한 자본금에 미달한 경우의 그 미달액 역시 주식할인발행차금과 동일한 성질을 가진 것으로 보아야 한다. 따라서 **주식의 포괄적 이전차손은 그 실질이 자본거래에서 발생하는 주식할인발행차금과 동일하므로 명시적인 규정이 없더라도 법인세법 상 손금에 산입될 수 없다.**

주식의 포괄적 이전차손과 관련된 주요한 쟁점들에 대하여서는 주식의 포괄적 이전차익에 관한 부분에서 살핀다.[512]

2.2.7. 합병차손

합병차익은 합병(상법 §174)의 경우로서 '소멸된 회사로부터 승계한 재산의 가액'이 '그 회사로부터 승계한 채무액', '그 회사의 주주에게 지급한 금액'과 '합병 후 존속하는 회사의 자본금증가액 또는 합병에 따라 설립된 회사의 자본금'을 초과한 경우의 그 초과금액을 의미하고 그 합병차익은

---

511) 같은 절 제2관 Ⅲ 2.1.6 참조.
512) 같은 절 제2관 Ⅲ 2.1.7 참조.

익금에 산입하지 않는다(법세 §17 ① 5호 본문). 다만 '소멸된 회사로부터 승계한 재산가액'이 '그 회사로부터 승계한 채무액', '그 회사의 주주에게 지급한 금액'과 '주식가액'을 초과하는 경우로서 법인세법 상 익금으로 규정한 금액은 제외한다(법세 §17 ① 5호 단서). 한편 **합병차손**은 합병(상법 §174)의 경우로서 '소멸된 회사로부터 승계한 재산의 가액'이 '그 회사로부터 승계한 채무액', '그 회사의 주주에게 지급한 금액'과 '합병 후 존속하는 회사의 자본금증가액 또는 합병에 따라 설립된 회사의 자본금'에 미달한 경우의 그 미달금액을 의미하는 것으로 보아야 한다.

합병차익 및 합병차손의 계산 및 그 인식범위에 대하여 함께 살핀다. 합병차익(차손)을 계산함에 있어서, 법인세법이 자본금증가액에 대하여서만 언급할 뿐 그 자본금에 연계된 신주발행가액 자체에 대하여서는 언급하지 않는다는 점, 신주발행가액이 언급되지 않으므로 주식발행액면초과액(주식할인발행차금)은 합병차익(차손) 계산과 무관하다는 점, 자본금의 증가를 전제로 하므로 신주발행이 전제되어야 한다는 점 및 합병차익(차손) 자체는 독립된 계정과목이 아니라 여러 계정과목을 통하여 산출된 금액을 의미한다는 점에 대하여 각 유의하여야 한다. 결론적으로 **합병차익(차손)은 합병대가로서 신주를 발행하는 경우 합병법인에 결과적으로 유입되는 순자산가액이 합병법인(존속법인 또는 신설합병법인)이 계상한 자본금을 초과하거나 그에 미달하는 경우 그 초과금액(미달금액)**을 의미한다. 그 경위는 다음과 같다. 소멸회사의 주주에게 지급하는 금액은 합병대가를 구성하고, 그 회사의 주주에게 지급하는 금액에는 현물배당 가액 역시 포함된다. '소멸회사 및 그 주주의 입장'에서 합병법인에 출자하는 금액은 '소멸회사의 순자산'에서 '합병대가로서 그 주주에게 교부된 금액'을 제외한 금원, 즉 '결과적으로 합병법인에 유입된 순자산가액'으로 한정된다. 합병차익(차손)은 신주발행을 전제로 하여 계산됨에도 불구하고 이에 주목하여, '신주발행가액'이 아닌 '결과적으로 합병법인에 유입된 순자산가액'을 기준으로 계산한다. 이 점에서 신주발행가액을 기준으로 계산하는 주식발행액면초과액(주식할인발행차금)과 결정적 차이를 보인다. 다만 합병차익(차손) 역시 경제적으로 무의미한 자본금을 기준으로 계산한다는 점에서는 주식발행액면초과액(주식할인발행차금)과 유사한 성격을 갖는다. 그런데 **합병차익(차손)을 계산함에 있어서 '신주발행가액' 이 양수(+)이어야 한다는 점이 전제되어야 한다.** 합병차익(차손)은 합병대가로서의 신주발행을 전제로 계산하는 것인바, 합병대가인 신주 자체가 유통될 수 있는 자산에 해당하고 신주발행가액 자체가 '0' 또는 '음수(-)'일 수는 없기 때문이다. 따라서 **합병차익은 신주발행가액 중 자본금을 초과하는 금액으로서, 합병차손은 자본금의 범위 내에서 인식될 수밖에 없다.** 합병차익

(차손) 자체는 독립된 계정과목이 아니라 여러 계정과목을 통하여 산출된 금액을 의미하고 이에는 합병법인에 유입된 순자산과 합병법인으로부터 합병대가를 통하여 유출된 순자산 모두가 포함되므로, 원칙적으로는 단일항목으로서 익금불산입 또는 손금불산입 여부를 정할 수는 없다. 법인세법 역시 내국법인의 각 사업연도의 소득은 그 사업연도에 속하는 익금의 총액에서 그 사업연도에 속하는 손금의 총액을 뺀 금액으로 한다고 규정(법세 §14 ①)하여, 각 사업연도를 단위로 익금 및 손금의 각 총액 단계에서 상쇄될 수 있을 뿐 개별 거래 단계에서 순자산 유입과 유출이 상쇄될 수는 없다는 점을 명시하고 있다. 게다가 합병차손의 경우에는 합병법인에 유입된 순자산 증가효과와 합병법인으로부터 합병대가를 통하여 유출된 순자산 감소효과가 충돌하여 그 방향을 예측할 수도 없다. 이러한 맥락으로 인하여, 합병차손 자체를 손금불산입 항목으로 규정할 수는 없다(법세 §20). 다만 합병차익은 법인세법이 특별히 익금으로 규정한 항목이 포함되지 않는 한 그 계산구조 상 모두 주식발행액면초과액에 포섭되므로 익금불산입 항목으로 정할 수 있다(법세 §17 ① 5호). 주식발행액면초과액은 그 자체로 익금불산입 항목에 해당한다(법세 §17 ① 1호). 주식이 액면 미만으로 발행되는 경우에는 주식발행액면초과액이 발생할 수 없고, 그 경우 합병차익 역시 계산될 수 없다. 한편 익금불산입 예외에 해당하는 금원인 '소멸된 회사로부터 승계한 재산가액'이 '그 회사로부터 승계한 채무액', '그 회사의 주주에게 지급한 금액'과 '주식가액'을 초과하는 경우로서 법인세법 상 익금으로 규정한 금액(법세 §17 ① 5호 단서)은 **합병매수차익**을 의미한다.

2.2.8. 분할차손

분할차익은 분할 또는 분할합병(상법 §530의2)으로 설립된 회사 또는 존속하는 회사에 출자된 재산의 가액이 출자한 회사로부터 승계한 채무액, 출자한 회사의 주주에게 지급한 금액과 설립된 회사의 자본금 또는 존속하는 회사의 자본금증가액을 초과한 경우의 그 초과금액을 의미하고 그 분할차익은 익금에 산입하지 않는다(법세 §17 ① 6호 본문). 다만, 분할 또는 분할합병으로 설립된 회사 또는 존속하는 회사에 출자된 재산의 가액이 출자한 회사로부터 승계한 채무액, 출자한 회사의 주주에게 지급한 금액과 주식가액을 초과하는 경우로서 이 법에서 익금으로 규정한 금액은 제외한다(법세 §17 ① 6호 단서). **분할차손**은 '분할 또는 분할합병(상법 §530의2)으로 설립된 회사 또는 존속하는 회사에 출자된 재산의 가액'이 '출자한 회사로부터 승계한 채무액, 출자한 회사의 주주에게 지급한 금액과 설립된 회사의 자본금 또는 존속하는 회사의 자본금증가액'에 미달한 경우의 그 미달금액을 의미한다. '분할차익으로서 법인세법 상 익금으로 규정한 금액은 **분할매수차익**을 의미한다.[513] 그 밖의 쟁점들에 대한 설명은 위 합병차손 부분과 동일하다.

2.3. 세금과 공과금의 손금불산입

제세공과금(외국자회사 수입배당금의 익금불산입(법세 §18의4) 및 외국납부세액공제(법세 §57 ①) 모두를 적용하지 않는 경우의 외국법인세액을 포함)은 법인세법 및 그 시행령이 달리 정하는 것을 제외하고는 법인세법 상 손금에 포함되는바(법세령 §19 10호), 법인세법은 손금불산입 되는 세금과 공과금에 대하여서도 규정한다(법세 §21).

이하 법인세법 상 손금불산입되는 세금과 공과금에 대하여 차례로 살핀다.

2.3.1. 법인세, 법인지방소득세, 관련 가산세 등 및 부가가치세 매입세액

각 사업연도에 납부하였거나 납부할 법인세('외국자회사 수입배당금액의 익금불산입'(법세 §18의4)을 적용하는 경우 외국납부세액 및 외국납부세액공제(법세 §57)를 적용하는 경우의 외국법인세액을 포함) 또는 법인지방소득세와 '각 세법'에 규정된 '의무불이행'으로 인하여 납부하였거나 납부할 세액(가산세를 포함) 및 부가가치세의 매입세액(부가가치세가 면제되는 등 법정 세액(법세령 §22)은 제외)은 내국법인의 각 사업연도의 소득금액을 계산할 때 손금에 산입하지 아니한다(법세 §21 1호).

각 사업연도에 납부하였거나 납부할 법인세를 손금에 산입한다면 그 법인세로 인하여 각 사업연도 소득금액이 변화되는바, 이로 인하여 그 법인세액이 다시 변경되고 그 변경된 법인세가 다시 손금에 산입되어야 하는 문제가 발생한다. 이러한 기술적 문제로 인하여 각 사업연도에 납부하였거나 납부할 법인세를 각 사업연도의 소득금액을 계산할 때 손금에 산입하지 아니한다. 기업회계기준의 경우에는 손익계산서[514] 또는 포괄손익계산서[515]에 법인세비용을 계상하고, 이를 비용에 반영하기 이전의 법인세비용차감전계속사업손익 또는 법인세비용차감전순이익을 각 구분하여 별도의 항목으로 표시하는바, **기업회계기준 상 법인세비용은** 세무상 자산·부채와 기업회계기준 상 자산·부채 사이의 일시적 차이를 이연법인세자산 또는 이연법인세부채를 인식하고 이에 따른 이연법인세비용을 손익계산서[516] 또는 포괄손익계산서[517]에 반영하는

---

513) 같은 절 제2관 Ⅲ 2.1.7 참조.
514) 일반기업회계기준 문단 2.45.
515) 기업회계기준서 제1001호 문단 102, 103.
516) 일반기업회계기준 문단 22.14.

등에서 각 사업연도에 납부하였거나 납부할 법인세와 구분되는 개념이다.

각 사업연도에 납부하였거나 납부할 법인세에는 **토지 등 양도소득에 대한 과세특례에 따른 법인세액**(법세 §55의2), **중간예납세액**(법세 §63의2), **수시부과세액**(법세 §69) 및 **원천징수된 세액**(법세 §73 ; 법세 §73의2) 등 역시 포함된다. 법인세법에 따라 손금에 산입되지 아니하는 본세에 대한 **농어촌특별세**(감면받는 법인세의 감면세액을 과세표준으로 하여 20%의 세율을 곱한 금액)(농특 §5)는 법인세법에 따른 소득금액 계산에 있어서 필요경비 또는 손금에 산입하지 아니하므로(농특 §13), 농어촌특별세 역시 각 사업연도에 납부하였거나 납부할 법인세에 포함되는 것으로 보아야 한다.

다만 법인이 **제2차 납세의무자로서 납부한 법인세**는 각 사업연도 소득금액의 계산 상 기술적 문제의 발생과 무관하므로 사업관련성이 인정되고 구상권 등으로 인하여 취득한 채권의 회수가능성이 없다면 **손금에 산입될 수 있다고 본다.** 판례 역시 제2차 납세의무를 이행한 법인은 주된 납세의무자인 법인에 대하여 납부세액에 상당한 구상권을 취득하게 되므로 제2차 납세의무의 이행으로 곧바로 납부세액에 상당한 자산을 감소시키는 손비가 발생하였다고 볼 수는 없지만 주채무자인 법인에 대하여 그 납부세액에 대한 구상권을 행사할 수 없는 상태에 있었다면 위 구상채권은 회수할 수 없는 채권으로서 손비의 액으로 보아 손금에 산입할 수 있다고 판시한다.[518] 판례는 제2차 납세의무의 이행으로 인하여 주채무자에 대하여 구상권을 취득한다고 판시하나, 국세기본법 상 제2차 납세의무의 이행에 대하여서는 연대납세의무의 경우와 달리 민법 상 연대채무에 관한 규정이 준용되지 않으므로 민법 상 제3자에 의한 변제(민법 §469 ① 본문)로서 변제할 정당한 이익이 있는 경우에는 당연히 채권자를 대위한다는 규정이 적용되어야 할 것으로 본다.[519] 이러한 사정은 납세보증인 및 물적 납세의무자의 경우에도 동일하다. 따라서 **제2차 납세의무자, 납세보증인 및 물적 납세의무자는 해당 조세의 대납으로 인하여 발생한 법인세 채권을 대위하는 방법으로 주채무자에 대하여 권리를 행사할 수 있고, 연대납세의무자의 경우에는 민법 상 구상권을 행사하는 방법으로 해당 채무자에 대하여 권리를 행사할 수 있다.** 이 경우 해당 조세의 대납이 해당 법인의 사업에 관련되고, 대위행사하는 조세채권 및 구상권의 회수가능성이 없다면 연대납세의무자, 제2차 납세의무자, 납세보증인 및 물적 납세의무자는 그 회수불능액을 손금에 산입할 수 있다고 판단한다.

원천징수의무자인 법인이 원천징수세액을 대납한 경우 그 대납세액은 손금에 산입될 수

---

517) 기업회계기준서 제1012호 문단 12~33.
518) 대법원 1987.9.8. 85누821.
519) 이준봉, 전게서, 337면~338면.

있는가? 원천징수의무자는 원천징수 대상소득을 지급하면서 그 거래상대방으로부터 원천징수세액을 징수하여 납부하여야 할 의무를 부담한다. 원천징수세액을 징수하지 못하였다고 하더라도 그 납부의무가 소멸하는 것은 아니다. 원천징수세액의 납부는 원천징수의무자인 법인의 손금에 산입되지 않고 그 거래상대방이 납부할 세액에서 공제될 뿐이다. 원천징수의무자인 법인이 원천징수세액을 대납한 경우에는 그 거래상대방에 대하여 부당이득반환청구권 등 채권을 갖는 것이므로 법인 순자산의 감소가 있다고 볼 수 없다. 따라서 **원천징수의무자인 법인이 대납한 원천징수세액 자체는 손금에 산입될 수 없다.** 다만 원천징수의무자인 법인의 그 거래상대방에 대한 부당이득반환청구권 등 채권이 회수불능에 이른 경우에는 해당 채권에 대한 대손사유가 발생하였는지 여부가 별도로 판정되어야 한다. **원천징수의무자가 거래상대방 사이의 약정 등을 통하여 원천징수세액을 부담할 것으로 조건으로 거래대금을 결정한 경우에도 원천징수세액은 손금에 산입될 수 없는가?** 이 경우에는 원천징수세액의 부담 여부를 거래대금을 결정하는 기준으로서 활용한 것이므로 달리 보아야 한다. 즉 원천징수의무자인 법인 자체의 영업활동에 관련된 것으로 거래대금 감액사유가 발생한 경우와 동일하게 보아 손금에 산입하여야 한다. 따라서 **원천징수의무자가 거래상대방 사이의 약정 등을 통하여 원천징수세액을 부담할 것으로 조건으로 거래대금을 결정한 경우 그 원천징수세액은 원천징수의무자인 법인의 손금에 산입되어야 한다.**

법인지방소득세의 과세표준은 법인세의 과세표준(조세특례제한법 및 다른 법률에 따라 과세표준 산정과 관련된 조세감면 또는 중과세 등의 조세특례가 적용되는 경우에는 이에 따라 계산한 법인세의 과세표준)(법세 §13)과 동일한 금액으로 하므로(지세 §103의9), 각 사업연도에 납부하였거나 납부할 법인세와 동일한 이유로 각 사업연도의 소득금액을 계산할 때 손금에 산입하지 아니한다.

외국납부세액 역시 그 성질 상 각 사업연도에 납부하였거나 납부할 법인세와 동일하나 외국정부에 납부하였다는 점만이 다를 뿐이므로, 각 사업연도에 납부하였거나 납부할 법인세에서 외국납부세액을 공제하지 않으면 법인세에 대한 이중과세가 발생한다. 이러한 이중과세를 조정하기 위한 방법으로서 외국납부세액공제가 인정된다. **외국납부세액공제가 적용되는 경우의 외국법인세액은 해당 사업연도의 산출세액에서 공제할 수 있다**(법세 §57 ①). 즉 외국납부세액은 해당 세액이 반영되지 않은 각 사업연도 소득금액에 대하여 계산된 산출세액에서 공제될 뿐이다. 만약 외국납부세액을 각 사업연도 소득금액에서 공제한 후 다시 산출세액에서 공제한다면 이는 부당한 혜택을 부여하는 것에 해당한다. 다만 2020년 12월 22일 개정 이전에는 내국법인은 외국납부세액을 세액공제로서 공제할 것인지 아니면 손금에 산입할 것인지 여부를 선택할 수 있었다. 이 경우에는 손금산입 방법을 선택하여 외국납부세액을 손금에 산입할 수 있었다.

세법에 규정된 의무불이행으로 인하여 납부하였거나 납부할 세액(가산세를 포함)을 손금에 산입한다면, 법인세법이 세법에 규정된 의무불이행 행위를 보조하는 결과가 발생한다. 이를 합리화할 수 있는 규범적 근거를 찾기 어렵다. '**각 세법**'은 국세의 경우에는 '국세의 종목과 세율을 정하고 있는 법률과 국세징수법, 조세특례제한법, 국제조세조정에 관한 법률, 조세범 처벌법 및 조세범 처벌절차법'을(국기 §2 2호), 지방세의 경우에는 '특별시세, 광역시세, 특별자치 시세, 도세, 특별자치도세 또는 시·군세, 구세(자치구의 구세), 지방세징수법, 지방세법, 지방세 특례제한법, 조세특례제한법 및 제주특별자치도 설치 및 국제자유도시 조성을 위한 특별법'을 각 의미한다. 가산세는 '각 세법'의 정의에 포함되지 않으므로 법인세법이 이를 '각 세법'에 포함한다는 취지의 규정을 별도로 두고 있다. '**의무불이행**'에는 간접국세의 징수불이행·납부불 이행과 기타의 의무불이행의 경우가 포함된다(법세령 §21). 간접국세에 대한 명시적인 정의규정은 없다. 간접국세는 국세를 징수하여 납부하는 자가 해당 세액을 다른 납세의무자에게 전가할 것이 법률 상 예정되어 있는 국세로 정의할 수 있다. 이에는 부가가치세, 주세, 증권거래세, 개별소비세 및 인지세가 포함된다. 해당 세액 자체가 징수하여 납부하는 법인의 손금에 해당하지 않는다. 법인세법은 이에 더하여 간접국세 상 의무불이행을 이유로 부담하는 세액 역시 손금에 산입하지 않는다고 규정한다. 확인적 성격의 규정에 해당한다.

부가가치세 매입세액은 부가가치세 매출세액(대손세액(부가세 §45 ①)을 뺀 금액)에서 공제되며, 그 잔액을 부가가치세 납부세액이 하고 매출세액을 초과하는 부분의 매입세액은 환급세액으로 한다(부가세 §37 ②). **부가가치세 매출세액은 국가에 납부되어야 하므로 거래징수의무자인 법인의 익금에 해당하지 않고 그 매출세액에서 공제되는 부가가치세 매입세액 역시 손금에 해당하지 않는다.** 다만 모든 부가가치세 매입세액이 그 매출세액에서 공제되는 것은 아니다. 부가가치세가 면제되는 등 법정 사유(법세령 §22)로 인하여 부가가치세 매출세액에서 공제되지 않는 부가가치세 매입세액은 그 거래징수의무자인 법인의 부담으로 귀착된다. 부가가치세 거래징수는 해당 법인의 사업에 관련된 것이므로 **부가가치세 매출세액에서 부가가치세가 면제되는 등 법정 사유로 공제되지 않는 부가가치세 매입세액은 거래징수의무자인 법인의 손금에 해당한다.**

부가가치세가 면제되는 등 법정 세액은 다음과 같다(법세령 §22). 부가가치세가 면제되는 등 법정 사유는 거래징수의무자인 법인에 귀책사유가 없고 공제되지 않는 그 매입세액이 해당 법인의 부담으로 귀착되는 경우를 의미한다.

첫째, '부가가치세 면세사업자(부가세 §26)의 매입세액'. 부가가치세 면세사업자의 매입세액은 매출세액에서 공제될 수 없으므로(부가세 §39 ① 7호), 그 매입세액을 손금에 산입한다.

둘째, '법정 비영업형 소형자동차(운수업, 자동차판매업 등 법정 업종(부가세령 §78, §19 각 호)에 직접 영업으로 사용되는 것은 제외)(개소세 §1 ② 3호)의 구입과 임차 및 유지에 관한 매입세액(부가세 §39 ① 5호)'. 법정 비영업형 소형자동차의 구입에 관련된 매입세액은 해당 자동차의 취득원가에 가산하여 감가상각 등을 통하여 손금에 산입되고 임차와 유지에 관련된 매입세액은 바로 손금에 산입된다.

셋째, '기업업무추진비(소세 §35 ; 법세 §35) 및 이와 유사한 비용(부가세령 §79)의 지출에 관련된 매입세액(부가세 §39 ① 6호)'. 기업업무추진비 관련 매입세액은 기업업무추진비에 포함되어야 하고 기업업무추진비한도액(법세 §25)의 범위 내에서 손금에 산입된다.

넷째, '법인이 부담한 사실이 확인되는 매입세액으로서 법정 영수증(부가세 §36 ①~③)을 교부받은 거래분에 포함된 매입세액으로서 매입세액공제대상이 아닌 금액과 부동산 임차인이 부담한 전세금 및 임차보증금에 대한 매입세액(부가세칙 §11)'.

영수증의 경우에는 재화 또는 용역의 공급받는 자와 부가가치세를 별도로 기재하지 않으므로 이를 근거로 매입세액을 공제받을 수 없다. 다만 사업자가 **법정 일반과세자**(부가세령 §88 ⑤)**로부터 재화 또는 용역을 공급받고 부가가치세액이 별도로 구분되는 신용카드매출전표 등을 발급받은 경우로서** 법정 요건(법정 신용카드매출전표 등 수령명세서(부가세령 §88 ⑥, §74 1호)를 제출할 것 및 신용카드매출전표 등을 법정 절차(부가세령 §88 ⑦ ; 소세 §160의2 ④ ; 법세 §116 ④)에 따라 보관할 것)(부가세 §46 ③ 각 호)을 모두 충족하는 경우 그 부가가치세액은 제38조 제1항 또는 제63조 제3항에 따라 공제할 수 있는 매입세액으로 보는바(부가세 §46 ③), **이 경우 매입세액은 손금에 산입되지 않고 매입세액으로서 공제되어야 한다.**

전세금 및 임차보증금에 대한 매입세액은 **전세금 및 임차보증금에 대한 간주임대료의 매입세액**을 의미한다. 전세금 및 임차보증금의 교부 및 수수 자체가 재화 또는 용역의 공급에 해당하지 않기 때문이다. 부동산임대용역을 제공하는 경우 전세금 및 임차보증금에 대한 간주임대료가 임대용역의 과세표준에 포함된다. 간주임대료에 대하여서는 세금계산서 교부의무가 면제된다(부가세령 §71 ① 6호). 이 경우는 영수증을 교부받는 경우와 동일하게 처리하는 것이 타당하다. 따라서 임대인과 임차인 간의 약정 등에 의하여 임차인이 간주임대료 매입세액은 부담한다면 이는 임차인의 손금에 산입되고, 임대인은 그 간주임대료 매입세액이 자신의 익금이 아닌 부가세 예수금으로 인식하여야 한다. 만약 임대인이 간주임대료 매입세액을 부담한다면 이는 임대료를 간주임대료 매입세액을 통하여 감액하는 것과 동일하므로, 그 매입세액을 임대인의 손금에 산입하는 것이 타당하다.

한편 부가가치세 매입세액을 부담하지 않음에도 '의제매입세액공제'를 받을 수 있는 경우가 있다. '부가가치세를 면제받아 공급받거나 수입한 면세농산물 등을 원재료로 하여 제조·가공한 재화 또는 창출한 용역의 공급에 대하여 부가가치세가 과세되는 경우에 매출세액에서 공제받는 의제매입세액(부가세 §42)'과 '재활용폐자원 및 중고자동차를 수집하는 사업자가 세금계산서를 발급할 수 없는 자 등으로부터 재활용폐자원 및 중고자동차를 취득하여 제조 또는 가공하거나 이를 공급하는 경우에 매출세액에서 공제받는 의제매입세액(조특 §108)'은 해당 법인의 각 사업연도의 소득금액계산을 할 때 **해당 원재료의 매입가액에서 이를 공제**한다(부가세령 §22 ②). 즉 이 경우 매입세액을 지급하지 않았음에도 지급한 것으로 의제하여 해당 금액을 부가가치세 대급금으로 보아 해당 원재료의 매입가액에서 공제하고, 부가가치세 대급금인 의제매입세액 은 부가가치세 예수금인 매출세액에서 공제한다. **의제매입세액공제를 받기 위하여서는 신고 및 관련 서류를 제출하여야 하는바, 이를 준수하지 못하여 의제매입세액공제를 받지 못한 경우 해당 금액을 어떻게 취급하여야 하는가?** 의제매입세액공제를 받기 위하여서는 신고 및 관련 서류를 제출하여야 한다(부가세 §42 ③ : 조특령 §110 ⑤). 사업자가 의제매입세액공제 관련 신고 및 서류에 관한 요건을 준수하지 못하여 의제매입세액을 매출세액에서 공제받을 수 없다면, 그 의제매입세액 상당액이 원재료의 매입가액에서 공제되지 않는 것으로 보아야 한다. 이렇게 해석하는 방법을 통하여, 법인이 해당 원재료가 처분되는 시점에 의제매입세액 상당액을 손금에 산입할 수 있도록 하는 것이 타당하다.

부가가치세가 면제되는 등 법정 사유는 열거적인가? 부가가치세가 면제되는 등 법정 사유는 거래징수의무자인 법인에 귀책사유가 없고 공제되지 않는 그 매입세액이 해당 법인의 부담으로 귀착되는 경우를 의미한다. 그런데 법인세법은 부가가치세가 면제되는 등 법정 사유(법세령 §22)로서 네 가지 경우를 규정한다. 그렇다면 법인세법이 규정하는 법정 사유 외의 경우에는 설사 거래징수의무자인 법인에 귀책사유가 없고 공제되지 않는 그 매입세액이 해당 법인의 부담으로 귀착된다고 할지라도 해당 매입세액을 손금에 산입할 수 없는 것인지 여부가 쟁점이 된다. 거래징수의무자인 법인의 귀책사유가 매입세액공제를 허용하지 않는 특정 사유(부가세 §39 ① 1호, 2호, 4호)에 해당하지 않고, 해당 거래의 구체적 상황이 부가가치세가 면제되는 등 법정 사유(법세령 §22)와 유사한 경우로서 매입세액이 실질적으로 해당 법인의 부담으로 귀착되는 경우에는 목적론적 해석을 통하여 해당 매입세액의 손금산입을 허용하는 것이 타당하다. 부가가치세법의 엄격한 형식성 또는 복잡성으로 인하여 발생하는 거래징수의무자인 법인의 부담을 법인세법 상 소득금액의 계산에 있어서 반영하는 것이 해당 법인의 경제적 실질에 부합하기 때문이다.

2.3.2. 기반출 미판매 개별소비세 또는 주세의 미납액

반출하였으나 판매하지 아니한 제품에 대한 개별소비세 또는 주세의 미납액(다만, 제품가격에 그 세액에 상당하는 금액을 가산한 경우에는 예외)은 내국법인의 각 사업연도의 소득금액을 계산할 때 손금에 산입하지 아니한다(법세 §21 2호).

물품에 대한 개별소비세는 과세물품을 **제조장에서 반출할 때에** 그 행위 당시의 법령에 **따라 부과한다**(개소세 §4 1호). 납세의무가 있는 자는 매 분기(또는 매월) **제조장에서 반출한 물품의** 물품별 수량, 가격, 과세표준, 산출세액, 미납세액, 면제세액, 공제세액, 환급세액, 납부세액 등을 적은 신고서를 반출한 날이 속하는 분기의 다음 달 25일(또는 반출한 날이 속하는 달의 다음 달 말일)까지 제출하여야 하고(개소세 §9 ①), 신고서 제출 기한까지 개별소비세를 **납부하여야** 한다(개소세 §10 ①). 주류를 제조하여 제조장으로부터 반출하는 자(위탁 제조하는 주류의 경우에는 주류 제조 위탁자를 말함)는 주세를 납부할 의무가 있다(주세 §3 1호). **주류 제조장에서 주류를 반출한 자 또는 주류제조자는** 매 분기 주류 제조장에서 반출한 주류의 종류, 알코올분, 수량, 가격, 세율, 산출세액, 공제세액, 환급세액, 납부세액 등을 적은 **신고서를 반출한 날이 속하는 분기의 다음 달 25일까지 제출하여야** 하고(주세 §9 ①), 신고서 제출기한까지 **납부하여야** 한다(주세 §11).

개별소비세와 주세는 반출시점 등에 납세의무가 성립하는바, 물품 또는 주류가 반출된 이상 그 반출 당시 미납 개소세 및 주세에 대한 회계처리를 하여야 하며, 설사 판매가 되지 않았다고 할지라도 법정 신고기한이 도래하면 해당 세액을 납부하여야 한다. 물품 또는 주류의 반출 당시 개소세 또는 주류에 대한 회계처리를 '개소세(주세)대급금/개소세(주세)미납금'으로 하였다면, 해당 세금의 납부 시에 '개소세(주세)미납금/현금'으로, 판매시에는 '현금/개소세(주세)대급금'으로 각 회계처리를 하여야 한다. 법인세법은 물품 또는 주류의 반출 당시 인식한 개소세(주세)미납금을 손금에 산입하지 않는다고 규정한다. 개소세 또는 주세는 간접국세로서 그 반출 시에 납세의무가 성립한다고 할지라도 그 판매 시 고객으로부터 해당 금액을 회수하는 세목이므로, **물품 또는 주류의 반출 시 개소세(주세)미납금을 인식함과 동시에 고객으로**

회수할 해당 금액을 개소세(주세) 대급금으로 인식하므로 법인 순자산의 감소가 없다. 따라서 그 성질 상 손금에 해당하지 않는다. 법인세법 규정은 이를 확인하는 것이다. 다만 물품 또는 주류의 반출 당시 개소세(주세) 미납금을 인식하면서 해당 금액을 물품 또는 주류의 가액에 가산한 경우에는 해당 금액이 물품 또는 제품의 판매시점에 매출원가인 손금으로서 인식된다. 법인세법은 이러한 경우에는 손금에 산입한다고 규정하는바, 이는 향후 판매시점에 매출원가에 포함된다는 점을 확인하는 규정에 해당한다. 다만 이러한 회계처리가 기업회계기준 상 허용되는 지는 의문이다.

물품 또는 주류의 판매시점에 개소세(주세) 대급금으로 계상된 개소세 또는 주세를 회수하지 않은 경우 해당 금액은 손금에 산입되는가? 개소세 또는 주세의 납세의무자가 물품 또는 주류의 판매시점에 개소세 또는 주세를 임의로 회수하지 않았다면 이는 개소세(주세) 대급금을 임의로 포기한 것이므로 손금에 산입될 수 없다.

2.3.3. 벌금, 과료, 과태료, 가산금 및 강제징수비

벌금, 과료(통고처분에 따른 벌금 또는 과료에 상당하는 금액을 포함), 과태료(과료와 과태금을 포함), 가산금 및 강제징수비는 내국법인의 각 사업연도의 소득금액을 계산할 때 손금에 산입하지 아니한다(법세 §21 3호).

벌금, 과료(통고처분에 따른 벌금 또는 과료에 상당하는 금액을 포함), 과태료(과료와 과태금을 포함) 및 가산금을 손금에 산입한다면, 법인세법이 사회질서 위반행위 등을 보조하는 결과가 발생한다. 이를 합리화할 수 있는 규범적 근거를 찾기 어렵다. 강제징수비(종전 체납처분비에 해당) 역시 체납자가 조세를 체납하는 경우에 발생하는 비용인바, 이를 손금에 산입한다면 법인세법이 체납행위를 보조하는 결과에 이른다. 이를 합리화할 수 있는 규범적 근거 역시 찾기 어렵다.

벌금과 과료는 형법의 일종이다(형법 §41). 벌금은 5만원 이상으로 하나, 감경하는 경우에는 5만원 미만으로 할 수 있다(형법 §45). 과료는 2천원 이상 5만원 미만으로 한다(형법 §47). 벌금과 과료는 판결확정일로부터 30일 내에 납입하여야 하나, 벌금을 선고할 때에는 동시에 그 금액을 완납할 때까지 노역장에 유치할 것을 명할 수 있다(형법 §69 ①). 벌금을 납입하지 아니한 자는 1일 이상 3년 이하, 과료를 납입하지 아니한 자는 1일 이상 30일 미만의 기간 노역장에 유치하여 작업에 복무하게 한다(형법 §69 ②). 지방국세청장 또는 세무서장은 조세범칙행위의 확증을 얻었을 때에는 그 대상이 되는 자에게 그 이유를 구체적으로 밝히고 '벌금 상당액,

몰수 또는 몰취에 해당하는 물품 또는 추징금에 해당하는 금액'을 납부할 것을 통고하여야 하고, 몰수 또는 몰취에 해당하는 물품에 대해서는 그 물품을 납부하겠다는 납부신청을 하도록 통고할 수 있다(조세처벌절차 §15 ①). 지방국세청장 또는 세무서장의 위와 같은 처분을 **통고처분**이 라고 한다. 지방국세청장 또는 세무서장은 통고처분을 받은 자가 통고서를 송달받은 날부터 15일 이내에 통고대로 이행하지 아니한 경우에는 **고발**하여야 하나, 15일이 지났더라도 고발되기 전에 통고대로 이행하였을 때에는 그러하지 아니하다(조세처벌절차 §17 ②). **과태료**는 사법상·소송법상 의무를 위반하는 행위, 법률 상 징계사유에 해당하는 행위 및 그 밖의 법률 상 의무를 위반한 질서위반행위에 대하여 부과되는 금전 상 불이익처분으로서(질서위반 §2, §5), 행정청 또는 법원이 부과한다(질서위반 §14, §15). 행정청은 당사자가 납부기한까지 과태료를 납부하지 아니한 때에는 가산금 또는 중가산금을 징수한다(질서위반 §24). 세법상 과태료에는 과료와 과태금이 포함되는바, **과태금**은 농업협동조합 등 조합법인이 정관에 의하여 의무를 위반한 조합원에게 부과하는 금원, 귀속재산의 매수자가 매각대금 등을 납부하지 아니하는 경우에 부과하는 금원 또는 한국은행이 금융기관이 보유한 지급준비금이 최저지급준비금에 미치지 못한 경우 금융기관에 대하여 부과하는 금원을 의미한다. **가산금**은 국세, 관세 또는 지방세를 납부기한까지 납부하지 아니한 경우에 국세징수법, 관세법 또는 지방세기본법 등 지방세관계법에 따라 고지세액에 가산하여 징수하는 금액과 납부기한이 지난 후 일정 기한까지 납부하지 아니한 경우에 그 금액에 다시 가산하여 징수하는 금액을 말한다. 다만 가산금은 2018년 12월 31일 자 국세기본법 개정을 통하여 납부지연가산세로 통합되었고 관세법 및 지방세기본법 역시 이에 따라 개정되었다.

손금불산입되는 과태료(과료와 과태금을 포함)에 해당하는지 여부는 어떻게 판정되어야 하는가? 과태료(과료와 과태금을 포함)에 해당하는지 여부는 해당 거래의 형식 또는 명칭이 아니라 그 실질에 따라 결정되어야 한다. 한편 형벌의 일종인 벌금과 과료, 가산금 및 강제징수비는 국가 공권력의 행사로 인하여 발생하는 항목들이나, 과태료(과료와 과태금을 포함)는 국가가 사법 상 거래당사자로서 참여하는 경우에도 발생할 수 있는 항목이다. 따라서 사법 상 거래당사자로 참여하는 국가의 거래상대방인 법인이 부담하는 과태료(과료와 과태금을 포함)는 그 실질이 지연손해배상금 또는 위약금 등과 동일한 것으로 보아야 한다. 따라서 획일적으로 손금불산입될 수는 없다.

법인이 임직원에게 부과된 벌금, 과료 또는 과태료 등을 대납한 경우 해당 금액은 손금에 산입될 수 있는가? 이 쟁점은 임직원에게 부과된 벌금, 과료 또는 과태료 등이 실질적으로 법인에 귀속되었거나 귀속될 금액에 해당하는지 여부 및 임직원에게 부과된 벌금, 과료 또는 과태료 등이 법인에 귀속되는 경우 손금에 산입될 수 있는 성격의 금원에 해당하는지 여부로 나누어 살펴야 한다. 해당 벌금, 과료 또는 과태료 등이 실질적으로 법인에 귀속될 수 없다면 이를 법인의 손금에 산입할 수 없고, 해당 벌금, 과료 또는 과태료 등이 실질적으로 법인에 귀속된다고 할지라도 직접 법인에게 부과되었다면 손금불산입될 항목들이 법률 등 규정의 형식 상 임직원에게 부과되었다는 이유로 손금산입되는 것으로 해석하여야 할 규범적 논거 및 정당성이 없기 때문이다. 만약 손금불산입될 벌금, 과료 또는 과태료 등을 법인이 대납하였다면 이에 대하여서는 소득처분이 이루어져야 한다.

2.3.4. 법령에 따라 의무적으로 납부하는 것이 아닌 공과금

공과금은 국가 또는 공공단체에 의하여 국민 또는 공공단체의 구성원에게 강제적으로 부과되는 **모든 공적 부담**을 뜻하는바,[520] 법률 상 공과금은 국세징수법 또는 지방세징수법에서 규정하는 강제징수의 예에 따라 징수할 수 있는 채권 중 국세, 관세, 임시수입부가세, 지방세와 이와 관계되는 강제징수비를 제외한 것으로 정의된다(국기 §2 8호 ; 지세 §2 26호). 한편 법인세법 시행령 상 손금에 산입하는 공과금으로 규정되지 않는 한 손금불산입된다는 방식의 규정은 법인세법에 규정되지 않는 소득에 대하여 과세하는 것으로서 조세법률주의에 위배되어 위헌이다.[521]

법령에 따라 의무적으로 납부하는 것이 아닌 공과금은 내국법인의 각 사업연도의 소득금액을 계산할 때 손금에 산입하지 아니한다(법세 §21 4호). 법령에 따라 의무적으로 납부하는 것이 아닌 공과금은 '국가 또는 공공단체에 의하여 국민 또는 공공단체의 구성원에게 강제적으로 부과되는 모든 공적 부담'이라는 정의 자체에 포섭되지 않는다. 즉 **공과금의 형식을 취하였다고 하더라도 법령에 따라 의무적으로 납부하는 것이 아니라면 공과금으로서는 손금불산입된다.** 다만 해당 공과금 지출의 실질에 따라 사업 관련 경비 또는 기부금 등으로 취급될 수는 있다고 판단한다.

법령에 따라 의무적으로 납부하는 공과금이라고 할지라도 법령에 따라 이를 자산의 취득원가로 계상하는 경우 해당 금액을 손금에 산입할 수 없음은 당연하다.

---

520) 대법원 1990.3.23. 89누5386.
521) 헌재 1997.7.16. 96헌바36~49.

2.3.5. 법령 상 의무의 불이행 또는 금지·제한 등의 위반을 이유로 부과되는 공과금

법령에 따른 의무의 불이행 또는 금지·제한 등의 위반을 이유로 부과되는 공과금은 내국법인의 각 사업연도의 소득금액을 계산할 때 손금에 산입하지 아니한다(법세 §21 5호).

법령에 따라 의무적으로 납부하는 공과금이라고 할지라도 법령 상 의무의 불이행 또는 금지·제한 등의 위반을 이유로 부과되는 것이라면 해당 공과금이 손금에 산입될 수 있는지 여부가 쟁점이 된다. '법령 상 의무의 불이행 또는 금지·제한 등의 위반을 이유로 부과되는 공과금'은 **국가 공권력의 행사와 관련된 의무불이행 또는 금지·제한 등의 위반을 이유로 부과되는 공과금**으로 보아야 한다. 국가가 사법 상 거래당사자로서 참여하는 경우에도 그 거래상대방인 법인에 대하여 의무, 금지 또는 제한 등이 부과될 수 있는바, 이 경우 해당 의무 등의 위반에 대한 공과금은 '사법 상 거래당사자로 참여하는 국가의 거래상대방인 법인이 부담하는 과태료(과료와 과태금을 포함)'와 동일하게 그 실질을 지연손해배상금 또는 위약금 등으로 보는 것이 타당하기 때문이다.

2.3.6. 연결자법인 또는 연결모법인에게 지급하였거나 지급할 연결법인별 법인세액

연결자법인 또는 연결모법인에게 지급하였거나 지급할 연결법인세액(법세 §76의19 ②, ③)은 내국법인의 각 사업연도의 소득금액을 계산할 때 손금에 산입하지 아니한다(법세 §21 6호).

연결모법인은 연결산출세액에서 '해당 연결사업연도의 감면세액·세액공제액', '해당 연결사업연도의 연결중간예납세액(법세 §76의18)' 및 '해당 연결사업연도의 각 연결법인의 원천징수된 세액의 합계액(법세 §73, §73의2)'(가산세는 제외)을 공제한 금액을 각 연결사업연도의 소득에 대한 법인세로서 **법정신고기한**(법세 §76의17 ①)**까지** 납세지 관할 세무서 등에 **납부하여야** 한다(법세 §76의19 ①). **연결자법인은** 법정신고기한(법세 §76의17 ①)까지 연결법인별 산출세액에서 '해당 연결사업연도의 해당 법인의 감면세액', '해당 연결사업연도의 연결법인별 중간예납세액' 및 '해당 연결사업연도의 해당 법인의 원천징수된 세액(법세 §73, §73의2)'을 뺀 금액에 법정가산금액(법세 §75, §75의2~§75의9)을 더하여 **연결모법인에 지급하여야** 한다(법세 §76의19 ②). 즉 연결모법인이 연결법인 전체에 대한 법인세액을 법정신고기한까지 납부하여야 하고, 연결자법인은 연결법인 전체에 대한 법인세액 중 해당 법인에 귀속되는 법인세액을 연결모법인에게 지급하여야 한다. 따라서 **연결자법인이 연결모법인에게 지급하는 연결법인별 법인세액은 각 사업연도에 납부하였거나 납부할 법인세의 경우와 동일한 이유로 손금불산입되어야 한다.**

한편 연결자법인 부담 법인세액(법세 §76의19 ②)이 음의 수인 경우 연결모법인은 음의 부호를 뗀 금액을 법정신고기한(법세 §76의17 ①)까지 연결자법인에 지급하여야 하는바(법세 §76의19 ③), 해당 금액 역시 동일한 이유로 손금불산입되어야 한다.

2.4. 징벌적 목적의 손해배상금 등에 대한 손금불산입

내국법인이 지급한 손해배상금 중 **실제 발생한 손해를 초과하여 지급하는 금액으로서 법정 금액**(법세령 §23)은 내국법인의 각 사업연도의 소득금액을 계산할 때 손금에 산입하지 아니한다(법세 §21의2).

실제 발생한 손해를 초과하여 지급하는 법정 금액은 다음 각 손금불산입 대상 손해배상금을 말한다(법세령 §23 ①). 이 경우 실제 발생한 손해액이 분명하지 아니한 경우에는 내국법인이 지급한 손해배상금에 3분의 2를 곱한 금액을 손금불산입 대상 손해배상금으로 한다(법세령 §23 ②).

---

1. 다음 각 목의 어느 하나에 해당하는 법률의 규정에 따라 지급한 손해배상액 중 실제 발생한 손해액을 초과하는 금액
   가. 가맹사업거래의 공정화에 관한 법률 제37조의 2 제2항
   나. 개인정보 보호법 제39조 제3항
   다. 공익신고자 보호법 제29조의 2 제1항
   라. 기간제 및 단시간근로자 보호 등에 관한 법률 제13조 제2항
   마. 대리점거래의 공정화에 관한 법률 제34조 제2항
   바. 신용정보의 이용 및 보호에 관한 법률 제43조 제2항
   사. (삭제)
   아. 제조물 책임법 제3조 제2항
   자. 파견근로자보호 등에 관한 법률 제21조 제3항
   차. 하도급거래 공정화에 관한 법률 제35조 제2항
2. 외국의 법령에 따라 지급한 손해배상액 중 실제 발생한 손해액을 초과하여 손해배상금을 지급하는 경우 실제 발생한 손해액을 초과하는 금액

실제 발생한 손해를 초과하여 지급하는 금액에 해당하는지 여부는 어떻게 판정되어야 하는가? 실제 발생한 손해를 초과하여 지급하는 금액에 해당하는지 여부는 거래당사자들 사이의 손해배상에 관한 실질적인 분쟁이 판결의 확정 및 이와 동일한 효력을 갖는 결정 등에 의하여

확정되었고 그 결정 등에 '실제 발생한 손해'와 '징벌적 손해배상액'이 구분되어 있는지 여부에 의하여 판정하여야 한다. 거래당사자들 사이의 권리의무 관계가 확정되지 않은 상태를 기준으로 손금불산입 여부를 판정하는 것이 타당하지 않고, 거래당사자들 사이의 손해배상에 관한 실질적인 분쟁이 없는 경우 확정된 결정 등에 의하여 손금산입 여부를 결정하는 것은 거래당사자들에 의한 임의적 소득금액 조작을 허용하는 것에 해당하기 때문이다. **거래당사자들 사이의 손해배상에 관한 실질적인 분쟁이 진행되는 중 거래당사자들이 화해 또는 조정하는 경우에도 판결의 확정과 동일하게 취급하여야 하는지 여부**가 쟁점이 될 수 있는바, 손해배상금액에 관한 심리가 진행되는 중 그 화해 또는 조정 당시까지의 심리결과에 반하여 임의로 이루어진 것에 해당하지 않으면 그 화해 또는 조정의 결과에 따라 '실제 발생한 손해'와 '징벌적 손해배상액'을 구분하는 것이 타당하다. 이를 통하여 거래당사자들에게 손해배상에 관한 분쟁이 조기에 해결하려는 유인 역시 제공할 수 있다.

실제 발생한 손해액이 분명하지 아니한 경우는 어떻게 해석하여야 하는가? 실제 발생한 손해를 초과하여 지급하는 금액에 해당하는지 여부를 위와 같은 기준에 의하여 판정한다면, 실제 발생한 손해액이 분명하지 아니한 경우에 해당하는지 여부는 거래당사자들 사이의 손해배상에 관한 실질적인 분쟁이 재판의 확정 및 이와 동일한 효력을 갖는 결정 등에 의하여 확정되었음에도 불구하고 해당 손해배상액을 '실제 발생한 손해'와 '징벌적 손해배상액'으로 구분할 수 없는지 여부에 의하여 판정하여야 한다.

거래당사자들 사이의 손해배상에 관한 소송이 법원에 제기되어 소송계속 상태에 이르기 이전에 거래당사자들이 화해 또는 조정에 이른 경우에도 징벌적 목적의 손해배상금 등에 대한 손금불산입 규정이 적용되어야 하는가? 법인세법 상 징벌적 목적의 손해배상금 등에 대한 손금불산입 규정이 적용되기 위하여서는 법정 법률(법세령 §23 ① 1호 각 목)에 의한 손해배상금이 실제 발생한 손해액을 초과하는 경우에 대하여 적용된다. 따라서 법정 법률에 의한 손해배상금이 확정되어야 위 규정의 적용 여부를 결정할 수 있다. 실제 발생한 손해액이 분명하지 아니한 경우에도 내국법인이 지급한 손해배상금에 3분의 2를 곱한 금액을 손금불산입 대상 손해배상금으로 결정하므로 손해배상금 자체는 확정되어야 한다. 그런데 법정 법률(법세령 §23 ① 1호 각 목)에 의한 손해배상금 소송이 제기되었다는 점과 법정 법률에 의한 손해배상금이 확정되었다는 점을 동일시할 수는 없다. 그렇다면 법정 법률(법세령 §23 ① 1호 각 목)에 의한 손해배상금 소송이 제기되기 이전에 거래당사자들 사이의 분쟁이 판결의 확정과 동일한 효력을 가진 화해 또는 조정에 의하여 종결된 경우에는 징벌적 목적의 손해배상금 등에 대한 손금불산입 규정이 적용되지 않는 것으로 보아야 한다. 해당 금액은 업무와 관련 없는 비용 또는 과다경비 등에 해당하지 않는 한 손금에 산입되어야 한다. 이러한 해석을 통하여 거래당사자들에게 손해배상에 관한 분쟁이 조기에 해결하려는 유인 역시 제공할 수 있다.

2.5. 자산의 평가손실의 손금불산입

내국법인이 보유하는 자산의 평가손실은 각 사업연도의 소득금액을 계산할 때 손금에 산입하지 아니하나, 자산·부채의 평가에 관한 특별규정(법세 §42 ②, ③)에 따른 평가로 인하여 발생하는 평가손실은 손금에 산입한다(법세 §22).

내국법인이 보유하는 자산과 부채의 장부가액을 평가(증액 또는 감액 ; 감가상각은 제외)한 경우에는 그 평가일이 속하는 사업연도와 그 후의 각 사업연도의 소득금액을 계산할 때 그 자산과 부채의 장부가액은 평가 전의 가액으로 하나, 재고자산 등 법정 자산과 부채(법세령 §73)의 평가의 경우에는 그러하지 아니하다(법세 §42 ①). 즉 **재고자산 등 법정 자산과 부채**의 경우에는 법정 평가 또는 감액절차(법세령 §74~§78)를 통하여 손금에 산입할 수 있다(법세 §42 ②, ③). 자산·부채 평가의 의미 및 재고자산 등 법정 자산과 부채의 범위에 대하여서는 평가이익의 익금산입에 관한 부분 등에서 살핀다.[522]

자산의 평가손실을 특별규정을 통하여 예외적으로 손금에 산입하는 이유는 무엇인가? 법인세법이 자산의 평가손실 중 특정 항목에 대하여 예외적으로 손금을 인식하도록 허용하는 경우 및 그 허용 논거는 다음과 같다. (i) 법령의 필요 상 자산을 평가감하여 손금을 인식할 필요가 있는 경우, (ii) 영업의 주기에 비추어 하나의 사업연도 내에 소멸하거나 다른 영업자산의 손익에 연동되는 속성이 있는 재고자산, 유가증권 등 또는 통화선도 등의 경우에는 기말 현재의 시가에 의하여 평가하는 것이 오히려 정확한 정보를 제공하고 일관된 기준에 의한 평가를 통하여 오히려 각 사업연도의 소득금액을 조작할 수 있는 여지를 남기지 않을 수 있는 경우, (iii) 외화로 표시되어 환율변동의 위험에 노출되어 있으나 그 변동위험이 납세자의 의사와 무관하게 발생하며 화폐성항목으로서 즉시 현금화할 수 있다면 '외화자산 중' 또는 '외화자산 및 외화부채 중' 일부를 선택하여 처분하는 방법으로 소득금액을 조작할 수 있으므로 법인세법 상 기말 현재 등의 환율에 의하여 평가하는 것이 오히려 이를 방지할 수 있는 경우, (iv) 공정가치나 현금흐름의 변동이라는 위험에 노출되는 것을 예방하기 위한 위험회피회계를

---

522) 같은 절 제2관 Ⅱ 7 및 Ⅲ 2.2.2 참조.

선택하였다면 위험회피대상항목과 위험회피수단 모두에 대하여 평가를 통한 손익을 인식하여야 그 위험회피의 목적을 달성할 수 있는 경우

자산의 장부가액을 감액하는 것이 예외적으로 허용되는 경우는 다음과 같다. 재고자산으로서 파손·부패 등의 사유로 정상가격으로 판매할 수 없는 것, 유형자산으로서 천재지변·화재 등 법정 사유(법세령 §78 ①)로 파손되거나 멸실된 것 및 법정 주식 등(법세령 §78 ②)으로서 해당 주식 등의 발행법인에 대하여 법정 사유(부도가 발생한 경우, 채무자 회생 및 파산에 관한 법률에 따른 회생계획인가의 결정을 받은 경우 또는 기업구조조정 촉진법에 따른 부실징후기업이 된 경우)가 발생한 것에 대하여서 그 장부가액을 사업연도 종료일 현재 시가로 평가한 가액으로 감액할 수 있다(법세 §42 ③ ; 법세령 §78 ③). 이 규정은 법인이 임의로 조작할 수 없는 자산감액사유가 발생한 경우에는 해당 자산을 그 경제적 실질에 따른 가액으로 평가하여 해당 법인의 재무적 상태 및 그 경영성과를 적정하게 표시할 뿐만 아니라 해당 손실을 조기에 인식하여 소득금액에 반영할 수 있도록 하는 것이 해당 법인 및 그 이해관계인에게 유익하다는 점을 고려한 것으로 보인다.

기업회계기준에 따라 감액손실(손상차손)을 인식할 수도 있으나 이는 법인세법 규정과 일치되는 범위에서만 손금으로 인정된다.

2.6. 감가상각비의 손금불산입

2.6.1. 감가상각비 손금산입 개요

내국법인이 각 사업연도의 **결산을 확정할 때** 토지를 제외한 **감가상각자산**(건물, 기계 및 장치, 특허권 등 법정 유형자산 및 무형자산(법세령 §24 ①))에 대한 **감가상각비를 손비로 계상한 경우**에는 법정절차(법세령 §26)에 따라 계산한 **상각범위액의 범위**에서 그 계상한 감가상각비를 해당 사업연도의 소득금액을 계산할 때 손금에 산입하고, 그 계상한 금액 중 상각범위액을 초과하는 금액은 손금에 산입하지 아니한다(법세 §23 ①). 법정 상각범위액을 초과하는 감가상각비는 손금에 산입하지 않는바, 이를 **감가상각비의 손금불산입**이라고 한다. 법인이 각 사업연도에 감가상각비를 손비로 계상하는 경우에는 **개별 자산별로 구분**하여 **감가상각비조정명세서**(법세칙 §82)를 작성·보관하고, 신고(법세 §60)와 함께 **감가상각비조정명세서합계표**(법세칙 §82)와 **감가상각비시부인명세서**(법세칙 §82) 및 **취득·양도자산의 감가상각비조정명세서**(법세칙 §82)를 납세지 관할 세무서장에게 제출하여야 한다(법세 §23 ⑥ ; 법세령 §33). **다만 조세특례제한법**

상 중소·중견기업 설비투자자산의 감가상각비 손금산입 특례(조특 §28의2), 설비투자자산의 감가상각비 손금산입 특례(조특 §28의3), 에너지절약시설의 감가상각비 손금산입 특례(조특 §28의4)의 경우에는 **결산을 확정할 때 손비로 계상하였는지와 관계없이** 법정 금액의 범위에서 해당 소득금액을 계산할 때 손금에 산입할 수 있다.

법인은 원칙적으로 **감가상각비를 손비로 계상한 경우**에 한하여 감가상각비를 손금에 산입할 수 있으므로, **신고조정을 통한 세무조정으로서 감가상각비를 손금에 산입하거나 그 세무조정을 이유로 경정청구를 할 수는 없다.** 법정 상각범위액의 범위에서 감가상각비로 계상한 금액을 손금에 산입하므로 그 상각범위액에 미달하여 계상한 경우에는 그 **미달계상금액 역시 손금에 산입할 수 없다.**

감가상각비를 손금으로 계상하였는지 여부는 계정과목에 의하여 판단할 것이 아니라 그 실질에 의하여 판단하여야 하므로, **법인이 과소계상한 감가상각비를 전기오류수정손실로 처리하였다면 전기오류수정손실을 계상한 사업연도에 해당 금액을 감가상각비로 계상한 것으로 보아야** 한다. 이러한 맥락에서 법인이 감가상각비가 아닌 **자산감액손실을 계상한 경우에도 그 실질이 감가상각비에 해당한다면 감가상각비를 손금에 계상한 것으로 보아야** 한다. 즉 감가상각자산이 진부화, 물리적 손상 등에 따라 시장가치가 급격히 하락하여 법인이 **기업회계기준에 따라 손상차손을 계상한 경우**(유형자산으로서 천재지변·화재 등 법정 사유(법세령 §78 ①)로 파손되거나 멸실된 경우(법세 §42 ③ 2호)는 제외)에는 해당 금액을 감가상각비로서 손비로 계상한 것으로 본다(법세령 §31 ⑧). 이 경우 해당 금액을 감가상각비로서 손비에 계상한 것으로 보므로, 이에 대하여 **감가상각 시부인 계산을 하여야** 한다. 유형자산으로서 천재지변·화재 등 법정 사유(법세령 §78 ①)로 파손되거나 멸실된 경우(법세 §42 ③ 2호)에는 법인세법에 따라 바로 장부가액을 감액하여 손금을 인식할 수 있으므로 기업회계기준에 따른 손상차손의 계상에서 제외한 것이다. 또한 '시설의 개체 또는 기술의 낙후로 인하여 **생산설비의 일부를 폐기한 경우**' 및 '사업의 폐지 또는 사업장의 이전으로 임대차계약에 따라 임차한 사업장의 원상회복을 위하여 **시설물을 철거하는 경우**'에는 해당 자산의 장부가액에서 1천원을 공제한 금액을 폐기일이 속하는 사업연도의 손금에 산입할 수 있다(법세령 §31 ⑦). 즉 해당 자산의 장부가액에서 1천원을 공제한 금액을 감가상각비로 계상한 것으로 본다. 이 경우에는 해당 금액을 손금에 산입할 수 있다고 규정하므로 이에 대하여 **감가상각 시부인 계산을 하지 않는다.**

감가상각비를 손금으로 계상하는 방법이 기업회계기준에 부합된 것인지 여부는 법인세법상 감가상각비의 손금산입 여부에 영향을 주지 않는다고 판단한다. 법인세법은 감가상각비를 손금으로 계상하였는지 여부에 대하여서만 규정하고 감가상각범위액을 법인세법이 별도로 규정하므로 납세자인 법인의 남용가능성 역시 없기 때문이다.

한편 예외적으로 신고조정을 통하여 감가상각비를 계상할 수 있는 경우 역시 법정되어 있다.

법인세법은 감가상각의 개념에 대하여 명시적으로 정의하지 않는다. 감가상각은 감가상각비의 손금산입 여부에 관한 것이고 이는 손금의 귀속사업연도와 연관되므로, 감가상각은 법인세법상 규정이 없는 경우에는 기업회계기준에 따라 정의되는 것이 타당하다. **기업회계기준서**에 따르면, 유형자산을 구성하는 일부의 원가가 전체원가에 비교하여 유의적이라면, 해당 유형자산을 감가상각할 때 그 부분은 별도로 구분하여 감가상각하고, 각 기간의 감가상각액은 다른 자산의 장부금액에 포함되는 경우가 아니라면 당기손익으로 인식한다.[523] 무형자산의 경우 상각은 무형자산의 상각대상금액을 그 자산의 내용연수에 걸쳐 체계적으로 배분하는 것이다.[524] **일반기업회계기준**에 의하면, 유형자산의 경우 취득원가 또는 원가를 대체하는 다른 금액에서 잔존가치를 차감하여 결정되는 감가상각대상금액[525]을 내용연수에 걸쳐 자산의 경제적 효익이 소멸되는 형태를 반영하는 합리적이고 체계적인 방법[526]으로 배분하고 각 기간의 감가상각액은 다른 자산의 장부금액에 포함되는 경우가 아니라면 당기손익으로 인식한다.[527] 무형자산은 원가로 측정하여 최초로 장부가액을 인식한 후에는[528] 그 미래경제적효익이 시간의 경과에 따라 소비되기 때문에 상각을 통하여 그 장부금액을 감소시킨다.[529] 무형자산의 경우에는 원칙적으로 잔존가치를 반영하지 않은[530] 상각대상금액은 그 자산의 추정내용연수 동안 자산의 경제적 효익이 소비되는 행태를 반영하는[531] 합리적이고 체계적인 방법에 의하여 비용으로 배분한다.[532]

법인세법 및 기업회계기준 상 규정을 각 감안하면, **법인세법 상 감가상각은 건물, 기계·장치, 특허권 등 유형자산 및 무형자산을 포함하는 법정 감가상각대상자산을 보유 또는 사용하면서 각 사업연도별로 법정 감가상각방법에 따라 계산한 상각범위액의 범위에서 해당 감가상각자**

---

523) 기업회계기준서 제1016호 문단 6.
524) 기업회계기준서 제1038호 문단 8.
525) 일반기업회계기준 제10장 문단 10.33.
526) 일반기업회계기준 제10장 문단 10.38.
527) 일반기업회계기준 제10장 문단 10.32.
528) 일반기업회계기준 제11장 문단 11.10.
529) 일반기업회계기준 제11장 문단 11.27.
530) 일반기업회계기준 제11장 문단 11.33.
531) 일반기업회계기준 제11장 문단 11.32.
532) 일반기업회계기준 제11장 문단 11.26.

산의 장부가액을 직접 감액하는 방법 또는 장부가액을 감액하지 아니하고 감가상각누계액으로 계상하는 방법 중 하나를 선택하여 해당 감가상각자산을 손금으로 전환하는 절차를 통칭하는 용어로서 사용된다.

내국법인은 각 사업연도의 결산을 확정할 때 감가상각비를 손금으로 계상하는 경우에 한하여 법정 금액의 범위에서 이를 손금에 산입할 수 있다. 이를 통상 **결산조정에 의한 감가상각비의 손금산입**이라고 한다. 다만 법인세법 및 조세특례제한법은 감가상각비를 손금으로 계상하지 않는 경우에도 법인세 신고조정을 통하여 감가상각비를 손금에 산입할 수 있는 특례에 대하여서도 규정한다. 이에는 반드시 신고조정을 통하여 감가상각비를 손금에 산입할 수 있는 경우와 법인의 선택에 따라 신고조정을 통하여 감가상각비를 손금에 산입할 수 있는 경우로 구분된다. 이를 통상 **신고조정에 의한 감가상각비의 손금산입**이라고 한다.

신고조정에 의한 감가상각비의 손금산입이 강제되는 경우에 대하여 살핀다. 이 경우에는 '해당 사업연도의 소득금액을 계산할 때' 감가상각비를 손금에 산입하여야 한다.

첫째, 법정 **승용자동차**[법정 업무용승용차(운수업, 자동차판매업 등에서 사업에 직접 사용하거나 연구개발을 목적으로 사용하는 법정 승용자동차)(법세령 §50의2 ①)는 제외](개소세 §1 ② 3호)에 대한 감가상각비는 '각 사업연도의 소득금액을 계산할 때' 정액법을 상각방법으로 하고 내용연수를 5년으로 하여 계산한 금액(법세령 §50의2 ③)을 감가상각비로 하여 **손금에 산입하여야** 한다(법세 §27의2 ①).

둘째, 내국법인이 법인세법과 다른 법률에 따라 **법인세를 면제받거나 감면받은 경우**에는 '해당 사업연도의 소득금액을 계산할 때' 감가상각비를 손금에 산입하여야 한다(법세 §23 ③). 이를 **감가상각의 의제**라고 하고 이에 대하여서는 이하 해당 부분에서 살핀다.

셋째, 특수관계인으로부터 자산 양수를 하면서 기업회계기준에 따라 장부에 계상한 자산의 가액이 시가에 미달하는 경우. '실제 취득가액이 시가를 초과한다면 시가와 장부에 계상한 가액과의 차이' 또는 '실제 취득가액이 시가에 미달한다면 실제 취득가액과 장부에 계상한 가액과의 차이'에 대하여 계산된 법정 감가상각비 상당액(법세령 §24~§34)은 법인세법 및 그 시행령이 달리 정하는 것을 제외하고는 법인세법 상 손금에 포함된다(법세령 §19 5호의2). 즉 법인이 특수관계인으로부터 자산을 양수하면서 시가와 다른 금액을 장부에 계상하고 해당 차액에 대한 감가상각비를 계상하지 않았다고 하더라도 법인은 강제적으로 감가상각비를 손금에 산입하여야 한다.

신고조정에 의한 감가상각비의 손금산입 여부가 법인의 선택에 따라 결정되는 경우에 대하여 살핀다.

첫째, 한국채택국제회계기준(외감법 §5 ① 1호)을 **적용하는 내국법인**이 보유한 감가상각자산 중 유형자산과 법정 무형자산(법세령 §24 ②)의 감가상각비는 개별 자산별로 '2013년 12월 31일 이전 취득분'에 대하여서는 한국채택국제회계기준을 적용하지 아니하고 종전의 방식에 따라 감가상각비를 손비로 계상한 경우의 **종전감가상각비**가, '2014년 1월 1일 이후 취득분'에 대하여서는 법정 기준내용연수(법세칙 §13의2)를 적용하여 계산한 **기준감가상각비**가 **한국채택국제회계기준을 적용하지 않는 내국법인에 대하여 계산된 법정 감가상각비**(법세 §23 ①)**보다 큰 경우** 그 차액의 범위에서 **추가로 손금에 산입할 수 있다**(법세 §23 ②). 보다 구체적인 내용은 이하 한국채택국제회계기준 적용 법인의 감가상각 특례에서 살핀다.

둘째, 법정 서비스업(조특령 §25의2 ①, §23 ④)을 **영위하는 내국인**으로서 법정 요건(조특 §28 ① 각 호)을 모두 충족하는 자가 해당 사업에 사용하기 위하여 **법정 설비투자자산**(조특령 §25 ②)을 **2015년 12월 31일까지 취득하는 경우** 해당 설비투자자산에 대한 감가상각비는 '각 과세연도의 결산을 확정할 때 손금으로 계상하였는지와 관계없이' 법정 절차(조특령 §25 ③~⑨)에 따라 계산한 금액의 범위에서 해당 과세연도의 소득금액을 계산할 때 손금에 산입할 수 있다(조특 §28 ①).

셋째, 중소기업 또는 중견기업이 사업에 사용하기 위하여 **법정 설비투자자산**(조특령 §25의2 ②)을 **2017년 6월 30일까지 취득하는 경우** 해당 설비투자자산에 대한 감가상각비는 '각 과세연도의 결산을 확정할 때 손금으로 계상하였는지와 관계없이' 법정 절차(조특령 §25의2 ③~⑨)에 따라 계산한 금액의 범위에서 해당 과세연도의 소득금액을 계산할 때 손금에 산입할 수 있다(조특 §28의2 ①).

넷째, 내국인이 **법정 설비투자자산**(중소기업 또는 중견기업의 법정 사업용 고정자산(조특령 §25의3 ②), 그 밖의 기업의 법정 혁신성장투자자산(조특령 §25의3 ③))**을 2021년 12월 31일까지 취득하는 경우** 해당 설비투자자산에 대한 감가상각비는 '각 과세연도의 결산을 확정할 때 손비로 계상하였는지와 관계없이' 법정 절차(조특령 §25의3 ④~⑩)에 따라 계산한 금액의 범위에서 해당 과세연도의 소득금액을 계산할 때 손금에 산입할 수 있다(조특 §28의3 ①).

2.6.2. 감가상각비의 손금산입방법

법인이 감가상각비를 계상하여 손금에 산입하는 경우(법세 §23 ①, ②)에는 해당 감가상각자산의 **장부가액을 직접 감액하는 방법** 또는 **장부가액을 감액하지 아니하고 감가상각누계액으로 계상하는 방법** 중 선택하여야 한다(법세령 §25 ①). 장부가액을 직접 감액하는 방법을 선택하는 경우에는 '감가상각비/감가상각자산'으로 분개하고, 장부가액을 감액하지 아니하고 감가상각 누계액으로 계상하는 방법을 선택하는 경우에는 '감가상각비/감가상각누계액'으로 분개한다. 법인이 감가상각비를 **감가상각누계액**으로 계상하는 경우에는 **개별 자산별로 계상**하되, 개별 자산별로 구분하여 작성된 **감가상각비조정명세서**(법세령 §33)**를 보관하고 있는 경우**에는 감가상각비 총액을 **일괄하여 감가상각누계액으로 계상**할 수 있다(법세령 §25 ②).

감가상각비의 손금계상방법을 변경하는 것은 해당 자산의 장부가액을 실질적으로 변경하는 것이 아니므로 자산 취득가액의 평가 및 감액 등에 관한 규정이 적용될 여지가 없으며 감가상각방법의 변경에도 해당하지 않는다.

2.6.3. 감가상각자산의 범위

2.6.3.1. 감가상각자산 범위의 개요

감가상각은 법정 감가상각자산인 유형자산 및 무형자산을 최초로 인식한 이후, 해당 자산의 장부가액에서 잔존가치를 공제한 법정 감가상각대상금액을 자산의 경제적 효익이 소멸되는 경우에 적용되므로, 감가상각자산은 최초로 인식한 이후 자산의 경제적 효익이 소멸하는 유형자산 및 무형자산에 해당하여야 한다. 다만 법인세법은 감가상각자산의 정의에 해당한다고 할지라도 **법정 감가상각자산**(법세령 §24 ①)에 해당하는 경우에 한하여 감가상각을 허용하는 한편 **감가상각자산에서 제외되는 법정 자산**(법세령 §24 ③ : 조특 §104의2 ②) 역시 명시한다.

법인세법이 법정 감가상각자산 및 감가상각자산에서 제외되는 법정 자산을 동시에 규정하는 것을 어떻게 해석하여야 하는가? 법정 감가상각자산에 해당하는지 여부는 개별 자산별로 감가상각자산에 해당하는 여부에 관한 것이고, 감가상각자산에서 제외되는 법정 자산에 해당하는지 여부는 감가상각자산에 해당한다고 할지라도 감가상각에서 배제되는 특별한 경우에 관한 것이다. 따라서 법인세법이 상호 모순되는 법정 감가상각자산 및 감가상각자산에서 제외되는 법정 자산에 대하여 동시에 규정하는 것은 아니다.

2.6.3.2. 감가상각자산에서 제외되는 법정 자산

법인세법에 따르면, '사업에 사용하지 아니하는 것(유휴설비를 제외)', '건설중인 것' 및 '시간의 경과에 따라 그 가치가 감소되지 아니하는 것'은 감가상각자산에 포함되지 않는다(법세령 §24 ③). 또한 **조세특례제한법**에 따르면, 어업자 등이 2009년 12월 31일까지 어선·어구의 개조 비용 및 출어 비용에 대한 어업보조금(어업협정 §4 ③)을 지급받은 경우 어업보조금은 해당 어업자 등의 소득금액을 계산할 때 익금에 산입하지 아니하며, 그 어업보조금을 지출하거나 어업보조금으로 취득한 사업용 자산에 대하여 감가상각을 할 때에 이를 손금에 산입하지 아니한다(조특 §104의2 ②).

이하 법인세법 상 감가상각자산에서 제외되는 법정 자산에 대하여 살핀다.

사업에 사용하지 아니하는 감가상각자산에 대하여서는 감가상각을 할 수 없으나, 해당 자산이 **유휴설비**에 해당하는 경우에는 감가상각을 할 수 있다. 법인세법이 유휴설비에 대하여 정의하지 않으므로 유휴설비에 해당하는지 여부는 기업회계기준 중 운휴자산의 처리에 관한 규정[533]이 적용된다. 따라서 **기업회계기준 중 운휴자산의 처리에 관한 규정이 적용되는 경우에는 사업에 사용하지 않는다고 하더라도 해당 자산에 대하여 감가상각을 할 수 있다.** 다만 '사용중 철거하여 사업에 사용하지 아니하는 기계 및 장치 등'과 '취득 후 사용하지 아니하고 보관중인 기계 및 장치 등'은 유휴설비의 범위에 포함되지 않는다(법세칙 §12 ③). 따라서 '**사용중 철거하여 사업에 사용하지 아니하는 기계 및 장치 등'과 '취득 후 사용하지 아니하고 보관중인 기계 및 장치 등'은 유휴자산에 해당한다고 하더라도 해당 자산에 대하여 감가상각을 할 수는 없다.**

건설중인 자산에 대하여서는 감가상각을 할 수 없다. 건설중인 자산은 아직 법인의 사업에 사용되지 않기 때문이다. 건설중인 자산에는 '설치중인 자산' 또는 '그 성능을 시험하기 위한 시운전기간에 있는 자산'을 포함하나, 건설중인 자산의 일부가 완성되어 당해 부분이 사업에 사용되는 경우 그 부분은 이를 감가상각자산에 해당하는 것으로 한다(법세칙 §12 ④). 발전소들에 대한 예비승인시험 기간 중 터빈을 가동한 것은 발전소의 설비를 정상적으로 사용하기에 앞서 설치 과정의 일환으로 성능시험을 위한 시운전을 실시한 것에 불과하므로, 그 과정에서 전력을 소량 생산하여 생산공정에 투입하였다고 하더라도 발전소들의 일부가 완성되어 사업에 사용된 경우에 해당한다고 보기는 어렵다.[534] **건설자금에 충당한 법정 차입금의 이자**(법세령 §52)는 손금에 산입되지 않고 건설중인 자산으로 계상한다(법세 §28 ① 3호). 자기가 제조·생산 또는 건설하거나 그 밖에 이에 준하는 방법으로 취득하는 경우 제작원가에 부대비용을 더한 금액을 해당 자산의 취득가액으로 계상한다(법세 §41 ① 2호). 이 경우 **제작원가에 부대비용을 더한 금액**은 제조·생산 또는 건설 등이 진행되는 동안 건설중인 자산으로 계상되어야 한다. 법인세법이 건설중인 자산에 대하여 명시적으로 정의하지 않으므로 위 각 규정이 적용되지

---

533) 기업회계기준서 제1016호 문단 55 ; 일반기업회계기준 제10장 문단 10.35.
534) 대법원 2015.9.10. 2013두6862.

않는 범위에서 기업회계기준 중 차입원가 및 차입원가자본화에 관한 규정[535]이 적용된다.

시간의 경과에 따라 그 가치가 감소되지 아니하는 자산에 대하여서는 감가상각을 할 수 없다. 시간의 경과에 따라 그 가치가 감소되지 아니하는 자산은 법정 감가상각자산 중 해당 자산의 가치가 시간의 경과에 따라 감소하지 않는 자산을 의미한다. 토지 역시 시간의 경과에 따라 그 가치가 감소되지 아니하는 자산에 해당하나 토지는 법률 단계에서 이미 법정 감가상각자산에서 제외되었으므로 이에 해당하지 않는다. **골동품**이나 **수목** 등과 같이 법정 감가상각자산에서 제외되지 않았으나 시간의 경과에 따라 그 가치가 증가하거나 감소한다고 볼 수 없는 자산이 이에 해당한다. 또한 무형자산의 경우 **관계 법령에 의하여 존속기간이 정하여져 있다고 할지라도 해당 무형자산이 시간의 경과에 따라 그 가치가 감소되지 아니하는 자산에 해당한다면 이에 대하여 감가상각할 수 없다.**

2.6.3.3. 감가상각자산의 범위

유형자산인 감가상각자산의 범위는 다음과 같다(법세령 §24 ① 1호). **유형자산에 해당하는지 여부**, 즉 기업회계기준 상 유형자산으로 계상할 수 있는 상태에 이르러야 하고, **어느 유형의 유형자산에 속하는지 여부** 역시 법인세법이 명시적으로 정의하지 않으므로 기업회계기준에 의하여 판정하여야 한다. 다만 **유형자산이 법인에 귀속되는지 여부**는 특별한 규정이 없으면 사법상 권리관계에 의하여 판정하여야 한다. **손금불산입되는 비용을 유형자산의 취득가액으로 계상한 경우** 해당 비용 상당액에 대한 감가상각 역시 허용될 수 없다. **가공계상**한 유형자산이 감가상각자산에서 제외되는 것은 당연하다. 자산의 취득가액은 **세법상 취득가액**을 의미하므로, 기업회계기준 상 취득가액에 포함되었다고 할지라도 세법 상 인정되지 않는다면 이에 대한 감가상각비의 계상 역시 부인되어야 한다.

> 가. 건축물[건물(부속설비를 포함) 및 구축물]. **'구축물'** 또는 **'이와 유사한 유형고정자산'**에 해당하기 위해서는 토지에 정착한 건물 이외의 공작물로서 그 구조와 형태가 물리적으로 **토지와 구분되어 독립적인 경제적 가치를 가진 것**이어야 할 것이고, 그렇지 않은 경우에는 시간의 경과에 따라 가치가 감소하지 아니하는 자산인 토지와 일체로서 평가되므로 감가상각의 대상이 될 수 없으며, 토지에 대한 자본적 지출이라 함은 토지의 가치를 현실적으로 증가시키기 위하여 소요된 비용을 말한다.[536]
>
> 나. 차량 및 운반구, 공구, 기구 및 비품

---

535) 기업회계기준서 제1023호 ; 일반기업회계기준 제18장.
536) 대법원 2006.7.28. 2004두13844 ; 대법원 2009.5.14. 2006두11224.

다. 선박 및 항공기

라. 기계 및 장치

마. 동물 및 식물

바. 그 밖에 가목부터 마목까지의 자산과 유사한 유형자산

무형자산인 감가상각자산의 범위는 다음과 같다(법세령 §24 ① 2호). **무형자산에 해당하는지 여부**, 즉 기업회계기준 상 무형자산으로 계상할 수 있는 상태에 이르러야 하고, **어느 유형의 무형자산에 속하는지 여부** 역시 법인세법이 명시적으로 정의하지 않으므로 기업회계기준에 의하여 판정하여야 한다. 다만 **법인의 무형자산에 해당하는지 여부**는 특별한 규정이 없으면 사법상 권리관계에 의하여 판정하여야 한다. 기업회계기준이 무형자산에 관한 관련 법령 상 정의를 명시적 또는 암묵적으로 차용한다면 그 법령에 의하여 판정하여야 한다. **유형의 요소와 무형의 요소를 모두 갖추고 있는 자산**을 유형자산에 따라 회계처리하는지 아니면 무형자산으로 회계처리하는지를 결정해야 할 때에는, 어떤 요소가 더 유의적인지를 판단한다.[537] 예를 들면, 컴퓨터로 제어되는 기계장치가 특정 컴퓨터소프트웨어가 없으면 가동이 불가능한 경우에는 그 소프트웨어를 관련된 하드웨어의 일부로 보아 유형자산으로 회계처리하고, 이는 컴퓨터의 운영시스템에도 동일하게 적용하며, 관련된 하드웨어의 일부가 아닌 소프트웨어는 무형자산으로 회계처리한다.[538] **손금불산입되는 비용을 무형자산의 취득가액으로 계상한 경우** 해당 비용 상당액에 대한 감가상각 역시 허용될 수 없다. **가공계상**한 무형자산이 감가상각자산에서 제외되는 것은 당연하다. 자산의 취득가액은 **세법상 취득가액**을 의미하므로, 기업회계기준 상 취득가액에 포함되었다고 할지라도 세법 상 인정되지 않는다면 이에 대한 감가상각비의 계상 역시 부인되어야 한다. **법인세법 상 열거되지 않는 무형자산에 대하여서는 감가상각이 허용되지 않는다고 보아야 한다.** 유형자산의 경우에는 열거된 자산과 유사한 유형자산에 대하여 감가상각할 수 있다는 규정이 있으나 무형자산의 경우에는 이와 같은 규정이 없고, 이를 법인세법이 무형자산의 존재 여부에 대한 불확실성이 크다는 점을 감안하여 그 대상을 한정적으로 열거하는 입법적 결단을 한 것으로 볼 수 있기 때문이다. 따라서 기업회계기준 또는 관계 법령 상 무형자산으로 인식한다고 하더라도 법인세법 상 열거되지 않으면 해당 자산에 대하여 감가상각할 수 없다고 보아야 한다.

---

537) 기업회계기준서 제1038호 문단 4.
538) 기업회계기준서 제1038호 문단 4.

가. 영업권(합병 또는 분할로 인하여 합병법인 등이 계상한 영업권은 제외), 디자인권, 실용신안권, 상표권. 2010년 7월 1일 이후에는 합병 또는 분할로 인하여 합병법인 등이 계상한 영업권은 합병·분할 세제(법세 §44의2, §46의2 ; 법세령 §80의3 ①, §82의3 ①)에 의하여 별도로 취급된다. 법인세법은 영업권의 상각을 일반적으로 인정하고 합병·분할의 경우에는 영업권에 해당하는 합병매수차손 및 분할매수차손을 5년에 걸쳐서 상각한다고 규정한다. 그러나 기업회계기준은 반드시 그렇지는 않다. 기업회계기준서에 따르면, 내용연수가 유한한 무형자산의 상각대상금액은 내용연수 동안 체계적인 방법으로 배분하여야 하나,[539] 내용연수가 비한정인 무형자산은 상각하지 아니한다.[540] 일반기업회계기준에 따르면, 무형자산의 상각기간은 독점적·배타적인 권리를 부여하고 있는 관계 법령이나 계약에 정해진 경우를 제외하고는 20년을 초과할 수 없으나,[541] 예외적으로 무형자산의 내용연수가 법적 또는 계약상 20년을 초과한다는 명백한 증거가 있는 경우에는 최적 추정내용연수 동안 상각한다.[542] 법인세법의 경우에도 '시간의 경과에 따라 그 가치가 감소되지 아니하는 것'에 대하여서는 감가상각을 허용하지 않으므로 일반기업회계기준이 적용되는 경우에도 해당 영업권의 가치가 '시간의 경과에 따라 그 가치가 감소되지 아니하는 것'으로 판정된다면 이에 대하여 감가상각을 할 수는 없다. 또한 기업회계기준 상 '내용연수가 비한정인 것'으로 보더라도 매년 등 시점에 해당 자산에 대한 손상검사를 하여 손상차손이 발생하는지 여부를 검토하여야 한다.[543] 따라서 법인세법 상 '시간의 경과에 따라 그 가치가 감소되지 아니하는 것'과 기업회계기준서 상 '내용연수가 비한정인 것'을 동일한 취지로 해석한다면 **영업권의 '상각기간'에 관한 법인세법과 기업회계기준 상 규정이 그 원칙 상 서로 배치된다고 볼 수는 없다.** 다만 법인세법이 상각기간을 기업회계기준 또는 관련 법령과 달리 정한 경우에는 법인세법 규정이 적용되어야 한다. **기업회계기준 자체가 디자인권, 실용신안권 및 상표권에 대하여 별도로 정의하지 않으므로 관련 법령 상 정의에 따라 해석하여야** 할 것이나, 영업권을 별도로 정의하고 규율하는 관련 법령은 없다. 법인세법은 합병 또는 분할로 인하여 계상한 영업권, 즉 **합병매수차손 또는 분할매수차손은 감가상각자산인 영업권에서 제외된다고 규정하고,** 감가상각자산인 영업권의 범위에 **'사업의 양도·양수과정에서 양도·양수자산과는 별도로 양도사업에 관한 허가·인가 등 법률상의 지위, 사업상 편리한 지리적 여건, 영업상의 비법, 신용·명성·거래처 등 영업상의 이점 등을 감안하여 적절한 평가방법에 따라 유상으로 취득한 금액'** 또는 **'설립인가, 특정사업의 면허, 사업의 개시 등과 관련하여 부담한 기금·입회금 등으로서 반환청구를 할 수 없는 금액과 기부금 등'이 포함**된다고 규정한다(법세칙 §12 ①). 반드시 금액 및 기부금 등 형태로 지출될 것을 요구하는 것은 아니며 자산 또는 시설을 염가로 제공하는 등 금전적 이익을 제공하는 것이라면 그 경제적 실질에 따라 위 금액 및 기부금 등에 포함되는 것으로 보아야 한다. 판례 역시 '사업 개시 등과 관련하여 부담한 기부금 등'에는 법인이 사업 개시의 조건으로 타인의 채무를 면책적으로 인수하면서 그 채무자 등에 대한 구상권 등을 포기한 것으로 볼 수 있는 금액도 포함되고, 이러한 영업권은 특별한 사정이 없는 한 면책적 채무인수를 조건으로 사업을 개시한 때에 취득한다

고 판시한다.[544] 다만 해당 금원이 다른 자산의 취득원가에 포함된다면 이를 별도의 영업권으로 인식할 수는 없다. 또한 '설립인가, 특정사업의 면허, 사업의 개시 등과 관련된 기부금 등'이라면 이는 기부금 등으로서 그 지출 즉시 손금산입 여부가 판정되는 것이 아니라 영업권인 자산으로서 해당 수익에 대응하여 손금에 산입되어야 한다. 판례 역시 법인이 주택건설사업을 함에 있어서 그 사업을 위하여 취득한 토지의 일부를 그 사업의 승인조건에 따라 분양토지의 이용편의에 제공하기 위하여 도로로 조성하여 지방자치단체에 기부채납한 경우, 그 도로의 가액 상당의 비용은 수익의 발생에 직접 관련된 필요경비로서 그 귀속시기는 수익의 발생이 확정된 때가 속한 사업연도라고 보아야 하고, 그 도로의 가액이 특례기부금(구 '법정기부금')인 '국가 또는 지방자치단체에 무상으로 기증하는 금품의 가액'에 해당한다고 할 수 없다고 판시한다.[545]

'사업의 양도·양수과정에서 양도·양수자산과는 별도로 양도사업에 관한 허가·인가 등 법률상의 지위, 사업상 편리한 지리적 여건, 영업상의 비법, 신용·명성·거래처 등 영업상의 이점 등을 감안하여 적절한 평가방법에 따라 유상으로 취득한 금액'과 관련하여서도 해석 상 쟁점이 발생한다. 기업회계기준은 사업결합에 의하여 발생한 영업권[546]과 무형자산인 영업권[547]을 구분하여 취급한다. 사업결합이란 취득자가 하나 이상의 사업에 대한 지배력을 획득하는 거래나 그 밖의 사건을 말한다.[548] 다만 조인트벤처(공동약정)의 구성, 사업을 구성하지 않는 자산이나 자산 집단의 취득 및 동일지배 사업(또는 기업) 간의 결합은 사업결합에 해당하지 않는다.[549] 한편 법인세법은 합병·분할로 인하여 취득한 영업권은 무형자산인 영업권에서 제외하는바, '사업의 양도·양수'는 기업회계기준 상 사업결합에는 포함되나 합병·분할에는 포함되지 않는다. 그렇다면 **'사업의 양도· 양수과정에서 양도·양수자산과는 별도로 양도사업에 관한 허가·인가 등 법률상의 지위, 사업상 편리한 지리적 여건, 영업상의 비법, 신용·명성·거래처 등 영업상의 이점 등을 감안하여 적절한 평가방법에 따라 유상으로 취득한 금액'은 기업회계기준 상 사업결합에 의하여 취득한 영업권에 대응**하는 것이다. 따라서 사업결합으로 인한 영업권의 측정에 관한 기업회계기준[550]은 법인세법 상 영업권의 측정에 대하여 적용되는 것으로 보아야 한다.

기업회계기준 상 합병·분할 이외의 사업결합에 해당하나, 사업의 양도·양수를 통하지 않고 하나 이상의 사업에 대한 지배력을 획득하는 경우에도 영업권을 인식할 수 있는가? 조인트벤처(공동약정)의 구성 자체는 사업결합에 해당하지 않는다.[551] 그러나 공동약정의 한 당사자가 공동영업인 사업에 대한 지배력을 획득하고 그 취득일 직전에 해당 공동영업과 관련된 자산에 대한 권리와 부채에 대한 의무를 보유하고 있었다면, 이 거래는 단계적으로 이루어지는 사업결합하고, 이 취득자는 공동영업에 대하여 이전에 보유하고 있던 지분 전부를 재측정한다.[552] 또한 예를 들어 20X1년 12월 31일에 기업 A는 기업 B에 대한 비지배지분 35%를 보유하고 있고, 같은 날에 기업 B의 지분 40%를 추가로 매수하여 기업 B에 대한 지배력을 갖게 된다면 이는 단계적으로 이루어지는 사업결합에 해당한다.[553] 이처럼 사업의 양도·양수를 통하지 않고 '하나 이상의 사업에 대한 지배력을 획득하는 경우'로서 합병·분할에 해당하지 않는 사업결합에 대하여서도 그 경제적 실질에 따라 영업권의 계상을 인정하는 것이 타당하다.

한편 '설립인가, 특정사업의 면허, 사업의 개시 등과 관련하여 부담한 기금 · 입회금 등으로서 반환청구를 할 수 없는 금액과 기부금 등'과 관련하여서는 해석 상 쟁점이 발생한다. 기업회계기준 상 내부적으로 창출한 영업권은 자산으로 인식하지 아니한다.[554] 법인세법 역시 명문의 규정이 없이 내부적으로 창출한 영업권을 인정할 규범적 정당성이 없다. 이러한 맥락에서 '설립인가, 특정사업의 면허, 사업의 개시 등과 관련하여 부담한 기금 · 입회금 등으로서 반환청구를 할 수 없는 금액과 기부금 등'이 내부적으로 창출한 영업권에 해당하는지 여부가 쟁점이 될 수 있다. 그러나 '설립인가, 특정사업의 면허, 사업의 개시 등과 관련하여 부담한 기금 · 입회금 등으로서 반환청구를 할 수 없는 금액과 기부금 등' 역시 법인이 외부에서 취득한 것으로 보아야 한다. 즉 사업결합을 통하지는 않았지만 이 역시 외부에서 취득한 자산에 해당한다. 다만 **법인세법이 '설립인가, 특정사업의 면허, 사업의 개시 등과 관련하여 부담한 기금 · 입회금 등으로서 반환청구를 할 수 없는 금액과 기부금 등'의 '자산성'을** 기업회계기준 상 규정과 무관하게 **의제한 것으로** 보아야 한다. 따라서 '설립인가, 특정사업의 면허, 사업의 개시 등과 관련하여 부담한 기금 · 입회금 등으로서 반환청구를 할 수 없는 금액과 기부금 등' **이외의 경우라고 할지라도 기업회계기준 상 무형자산인 영업권으로서 인식될 수 있다면 이를 법인세법 상 무형자산인 영업권으로 인정**하는 것이 타당하다.

영업권의 취득과 기업업무추진비의 지출은 어떻게 구분되는가? 영업권은 그 기업의 전통, 사회적 신용, 그 입지조건, 특수한 제조기술 또는 특수거래관계의 존재 등을 비롯하여 제조판매의 독점성 등으로 동종의 사업을 영위하는 다른 기업이 올리는 수익보다 큰 수익을 올릴 수 있는 초과수익력이라는 무형의 재산적 가치를 말하는 것이고, 기업업무추진비는 법인이 사업을 위하여 지출한 비용 가운데 상대방이 사업에 관련있는 자들이고 지출의 목적이 접대 등의 행위에 의하여 사업관계자들과의 사이에 친목을 두텁게 하여 거래관계의 원활한 진행을 도모하는 데 있는 것을 말한다.[555] 따라서 영업양수를 통한 채무의 대위변제가 양수사업의 초과수익력인 무형의 가치를 인정하고 그 대가를 지급하기 위한 것이 아니라 거래처로부터 직접 공급받는 거래관계를 창설하기 위하여 이루어진 것이라면 이는 기업업무추진비에 해당한다.[556]

나. 특허권, 어업권, 해저광물자원 개발법에 의한 채취권, 유료도로관리권, 철도시설관리권, 수리권, 전기가스공급시설이용권, 공업용수도시설이용권, 수도시설이용권, 열공급시설이용권

다. 광업권, 전신전화전용시설이용권, 전용측선이용권, 하수종말처리장시설관리권, 수도시설관리권

라. 댐사용권

마. (삭제)

바. 개발비 : 상업적인 생산 또는 사용 전에 재료 · 장치 · 제품 · 공정 · 시스템 또는 용역을 창출하거나 현저히 개선하기 위한 계획 또는 설계를 위하여 연구결과 또는 관련 지식을 적용하는데 발생하는 비용으로서 당해 법인이 '개발비로 계상'한 것(산업기술연구조합

육성법에 의한 산업기술연구조합의 조합원이 동 조합에 연구개발 및 연구시설 취득 등을 위하여 지출하는 금액을 포함). 비용을 당해 법인이 개발비로 계상한 경우에만 감가상각자산인 개발비가 될 수 있으므로, 당해 법인이 개발비 규정에서 정한 비용을 지출하였더라도 개발비로 계상하지 않은 경우에는 위 규정에 따른 감가상각자산을 취득하였다고 볼 수 없다.[557]

법인이 **'개발비로 계상'한 경우에 한하여** 감가상각자산에 포함되나 반드시 개발비라는 계정과목으로 계상하여야 하는 것은 아니라고 본다. 해당 비용을 자산으로 계상하고 그 경제적 실질이 개발비에 해당한 것으로 충분하다고 판단한다. 또한 법인이 **개발비로 계상하였으나 해당 제품의 판매 또는 사용이 가능한 시점이 도래하기 전에 개발을 취소한 경우**에는 **법정 요건**('해당 개발로부터 상업적인 생산 또는 사용을 위한 해당 재료·장치·제품·공정·시스템 또는 용역을 개선한 결과를 식별할 수 없을 것' 및 '해당 개발비를 전액 손비로 계상하였을 것')을 모두 **충족하는 날이 속하는 사업연도의 손금에 산입한다**(법세령 §71 ⑤). 법인이 **개발비를 계상하여 감가상각비를 손금에 산입하던 중 관련 제품의 생산 또는 판매가 중단된 경우**에도 미상각개발비는 계속 상각하여야 한다. 다만 시설의 개체 또는 기술의 낙후로 인하여 생산설비의 일부를 폐기한 경우에 해당한다면, 당해 자산의 장부가액에서 1천원을 공제한 금액을 폐기일이 속하는 사업연도의 손금에 산입할 수 있다(법세령 §31 ⑦).

사. 사용수익기부자산가액 : 금전 외의 자산을 국가 또는 지방자치단체, 특례기부금 해당 단체(법세 §24 ③ 4호~6호) 또는 일반기부금 해당 단체(법세령 §39 ① 1호)에게 기부한 후, 그 자산을 사용하거나 그 자산으로부터 수익을 얻는 경우 해당 자산의 장부가액. 법인이 소유하거나 취득한 금전 외의 자산을 기부하고 그 대가로 사용수익권을 취득한 것으로 보아 해당 사용수익권에 대하여 감가상각을 허용한 것으로 보아야 한다. 법인세법은 사용수익권의 장부가액을 '사용수익기부자산의 장부가액'으로 의제한다. 이 경우 '사용수익기부자산의 장부가액'은 감가상각대상금액으로 기능하므로, 이를 **법인세법상 장부가액**으로 보아야 한다. 또한 법인세법이 사용수익권의 장부가액을 '사용수익기부자산의 장부가액'으로 의제한다고 할지라도 **법인이 소유하거나 취득한 금전 외의 자산을 기부하는 과정에서 발생한 비용 역시 사용수익기부자산의 장부가액에 포함되는 것으로 보아야** 한다. 해당 비용은 법인세법 상 취득원가 계상의 원칙 상 당연히 법인이 기부를 통하여 취득한 사용수익권의 취득가액에 포함되어야 하고, 사용수익권의 장부가액을 '사용수익기부자산의 장부가액'으로 의제한다는 규정이 이를 배제한 것으로 해석할 규범적 정당성이 없기 때문이다.

아. 주파수이용권(전파 §14) 및 공항시설관리권(공항시설 §26)

자. 항만시설관리권(항만 §24)

차. 그 밖에 위 각 자산과 유사한 무형자산

---

539) 기업회계기준서 제1038호 문단 97.
540) 기업회계기준서 제1038호 문단 107.

법인이 소유 또는 실질적으로 지배하는 감가상각자산에 한하여 감가상각비를 손금에 산입할 수 있다. **법인이 소유 또는 실질적으로 지배하는지 여부는 특별한 규정이 없는 한 해당 법인에 의하여 그 사업에 실질적으로 사용되고 기업회계기준 상 해당 법인의 자산으로 계상할 수 있는 실질을 가지는지 여부에 의하여 판정하여야 한다.** 따라서 법률적 관점에서 해당 자산의 취득이 유효한지 여부 또는 해당 법인의 장부에 계상하였는지 여부만에 의하여 판정할 것은 아니다. 이 경우 해당 법인의 거래상대방에 대하여서도 동일한 기준이 적용되어야 한다. 판례 역시 법인의 대표이사가 대표권을 남용하거나 이사회 결의를 거치지 않고 특수관계에 있는 금융리스이용회사와 리스물건의 매매계약을 체결하여 그 물건을 사용하던 중 그 물건을 반환한 사안에서, 법인이 특수관계회사로부터 리스물건의 대가를 지급하고 구입하여 실제로 제품생산 등에 사용하면서 현실적으로 지배하고 있었던 이상 그 리스물건은 반환될 때까지는 법인의 감가상각의 대상이 된다고 판시한다.558) 수처리시설에 관련 자산을 양수하여 12년의 계약기간 동안 그 자산을 이용하여 자산의 양도인에게 공업용수 및 폐수·하수 처리용역을 제공하고, 계약기간 종료일에 그 자산을 1원에 양도하기로 하는 내용의 계약을 각 체결한 후 그 계약에 따라 대가를 지급하고 양수하여 그 계약기간 동안 자신이 비용과 위험을 부담하여 이를 배타적으로 관리, 운영, 보수 및 유지하면서 용역을 제공하였다면, 그 자산은 계약기간 동안 양수인이 현실적인 지배력을 행사하면서 그 사업에 실질적으로 제공한 자산에 해당하므로 그 자산 양수인의 감가상각자산에 해당하고, 이를 자산 양도인에 제공한 대가의 실질을 계약기간 동안 이 사건 자산들의 사용·수익에 대한 선급임차료로 볼 수는 없다는 판례559) 역시 동일한

541) 일반기업회계기준 제11장 문단 11.26.
542) 일반기업회계기준 제11장 문단 11.28.
543) 기업회계기준서 제1038호 문단 108~110.
544) 대법원 2009.12.10. 2007두11955.
545) 대법원 2002.11.13. 2001두1918.
546) 기업회계기준서 제1103호 ; 일반기업회계기준 제12장.
547) 기업회계기준서 제1038호 ; 일반기업회계기준 제11장.
548) 일반기업회계기준 제12장 문단 12.2.
549) 기업회계기준서 제1103호 문단 2 ; 일반기업회계기준 제12장 문단 12.4.
550) 기업회계기준서 제1103호 ;
551) 기업회계기준서 제1103호 문단 2 ; 일반기업회계기준 제12장 문단 12.4.
552) 기업회계기준서 제1103호 문단 42A.
553) 기업회계기준서 제1103호 문단 41.
554) 기업회계기준서 제1038호 문단 48 ; 일반기업회계기준 제11장 문단 11.16.
555) 대법원 2004.4.9. 2003두7804.
556) 대법원 2004.4.9. 2003두7804.
557) 대법원 2022.7.28. 2019두58346.
558) 대법원 2009.7.9. 2007두4049.

입장이다.

법인이 해당 자산을 소유 또는 실질적으로 지배하는지 여부에 대하여 다루는 법인세법상 특별규정은 다음과 같다.

장기할부조건 등(법세령 §68 ④)으로 매입한 감가상각자산의 경우 법인이 해당 자산의 가액 전액을 자산으로 계상하고 사업에 사용하는 경우에는 그 대금의 청산 또는 소유권의 이전 여부에 관계없이 이를 감가상각자산에 포함한다(법세령 §24 ④). 장기할부조건 등은 자산의 판매 또는 양도(국외거래에 있어서는 소유권이전 조건부 약정에 의한 자산의 임대를 포함)로서 법정 요건('판매금액 또는 수입금액을 월부·연부 기타의 지불방법에 따라 2회 이상으로 분할하여 수입하는 것' 및 '당해 목적물의 인도일(상품 등 외의 자산은 소유권이전등기·등록일, 인도일 및 사용수익일 중 빠른 날)의 다음 날부터 최종의 할부금의 지급기일까지의 기간이 1년 이상인 것')을 만족하는 것을 말한다(법세령 §68 ④). 자산을 장기할부조건 등으로 취득하는 경우 발생한 채무를 기업회계기준이 정하는 바에 따라 현재가치로 평가하여 현재가치할인차금으로 계상한 경우의 당해 현재가치할인차금은 해당 자산의 취득가액에 포함되지 않는다(법세령 §72 ④). 이 경우 현재가치할인차금의 상각 역시 기업회계기준에 따라야 한다.

장기할부조건 등에 의한 자산의 판매 또는 양도에 해당하는지 여부는 해당 거래의 구체적 상황에 기반한 경제적 실질에 의하여 판정되어야 하며, 거래당사자 모두에 동일한 기준이 적용되어야 한다. 따라서 장기할부조건 등에 의한 자산의 판매 또는 양도에 해당한다면 그 양도인에 해당하는 법인은 그 대금의 청산 또는 소유권의 이전 여부에 관계없이 이를 감가상각자산에 포함시킬 수 없다. 국외거래에 있어서는 소유권이전 조건부 약정에 의한 자산의 임대를 그 경제적 실질과 무관하게 자산의 판매 또는 양도로 취급하는 것을 뒷받침하는 규범적 정당성은 없다고 본다. 입법론적 재고가 필요하다. 해석론으로서는 국외거래에 있어서 소유권이전 조건부 약정에 의하여 자산을 임차한 법인은 해당 자산을 감가상각할 수 없다고 보아야 한다. 장기할부조건 등으로 매입한 감가상각자산을 계약조건 등에 따라 반환하는 경우에도 이미 인식한 감가상각비를 익금에 산입할 필요는 없다. 장기할부조건 등으로 매입한 자산을 해당 법인의 자산으로서 감가상각한 것으로 법인세법이 의제한 것이므로, 이를 반환한다고 하여 이미 인식한 감가상각비를 부인할 수는 없기 때문이다. 또한 장기할부조건 등으로 매입한 자산을 반환하는 거래 자체에서 발생하는 손익 역시 인식하여야 한다.

자산을 시설대여하는 리스회사가 대여하는 리스자산 중 기업회계기준에 따른 금융리스의

---

559) 대법원 2016.1.28. 2013두7001.

자산은 리스이용자의 감가상각자산으로, 금융리스 외의 리스자산은 리스회사의 감가상각자산으로 한다(법세령 §24 ⑤). 자산유동화에 관한 법률에 의한 **유동화전문회사가 자산유동화계획에 따라 금융리스의 자산을 양수한 경우** 당해 자산에 대하여는 **리스이용자의 감가상각자산**으로 한다(법세령 §24 ⑥). 법인세법이 금융리스 또는 운용리스에 해당하는지 여부를 기업회계기준에 의하여 결정하도록 규정하므로, 리스거래의 성격구분은 기업회계기준[560]에 의존하여 판정되어야 한다. 법인세법이 위와 같이 기업회계기준에 따라 금융리스에 해당하는지 여부를 결정하는 바, 이에는 **법인세법 및 조세특례제한법 상 특별 규정이 없는 한 리스거래에 해당하는지 여부 및 리스거래 관련 자산·부채의 인식 여부 역시 기업회계기준에 따라 결정한다는 의미를 내포하는 것으로 보아야** 한다. 따라서 리스거래에 대한 적용범위 및 판매후리스거래에 대한 세법상 취급 역시 특별 규정이 없는 한 기업회계기준에 따라야 한다. 다만 리스거래의 성격구분 등 역시 법인세법의 해석에 관한 쟁점에 속하므로 기업회계기준 상 문언에 근거하여 법원이 최종적으로 해석하여야 한다.

한편 리스개설직접원가는 리스료에서 제외되는바(법세칙 §35), 이에 대하여서는 리스료의 귀속사업연도에서 구체적으로 살핀다.[561]

2.6.4. 감가상각비 시부인액의 계산 및 그 처리

내국법인이 감가상각비를 **손비로 계상한 경우**에는 **법정 상각범위액의 범위**에서 그 계상한 감가상각비를 해당 사업연도의 소득금액을 계산할 때 **손금에 산입**하고, 그 계상한 금액 중 상각범위액을 초과하는 금액은 손금에 산입하지 아니한다(법세 §23 ①). 감가상각비가 법정 상각범위액을 초과하는 경우 초과액을 **상각부인액**(법세령 §32 ①)이라고 하고, 감가상각비가 법정 상각범위액에 미달하는 경우 미달액을 **시인부족액**(법세령 §32 ①)이라고 한다. 감가상각비 상각부인액 또는 그 시인부족액을 계산하는 절차를 통상 **감가상각비 시부인**이라고 한다. 감가상각비의 손금산입 여부는 개별 자산별로 구분하여야 한다(법세령 §33). 따라서 **자산별 상각부인액과 시인부족액은 통산될 수 없다.**

상각부인액은 그 후의 사업연도에 해당 법인이 손비로 계상한 감가상각비가 상각범위액에 미달하는 경우에 그 **시인부족액을 한도로 손금에 산입**하고, 이 경우에는 법인이 감가상각비를 **손비로 계상하지 않은 경우에도 상각범위액을 한도로 그 상각부인액을 손금에 산입**한다(법세령

---

560) 기업회계기준서 제1116호 문단 61~88 ; 일반기업회계기준 제13장 문단 13.5~33.
561) 같은 절 제5관 Ⅱ 6.6 참조.

§32 ①). 다만 **시인부족액은** 그 후 사업연도의 **상각부인액에 이를 충당하지 못한다**(법세령 §32 ②). 즉 시인부족액은 **전기의 상각부인액에 대하여서만 충당**할 수 있다. 법인의 사업에 사용되지 않는 등 사유로 **감가상각자산에서 제외되는 경우**를 시인부족액이 발생한 것으로 보아 전기 상각부인액을 충당할 수는 없다.

법인이 감가상각자산의 장부가액을 **평가증**(법세 §42 ① 1호)한 경우 해당 감가상각자산의 **상각부인액은 평가증의 한도까지** 익금에 산입된 것으로 보아 **손금에 산입**하고, 평가증의 한도를 초과하는 금액은 이를 그 후의 사업연도에 이월할 상각부인액으로 하나, **시인부족액은 소멸**한다(법세령 §32 ③). 법인이 감가상각자산에 대하여 감가상각과 평가증을 병행한 경우에는 먼저 **감가상각을 한 후 평가증을 한 것으로 보아** 상각범위액을 계산한다(법세령 §32 ④).

감가상각자산을 **양도한 경우** 당해 자산의 **상각부인액은** 양도일이 속하는 사업연도의 **손금에 산입**한다(법세령 §32 ⑤). 감가상각자산을 양도하는 경우 그 **시인부족액에 대하여서는 세무조정할 필요가 없다.** 이 경우에는 기업회계기준 상 감가상각비로 계상한 금액이 그 양도에 반영되는 것으로 족하다. 감가상각자산의 **일부를 양도한 경우** 당해 양도자산에 대한 감가상각누계액 및 상각부인액 또는 시인부족액은 당해 감가상각자산 전체의 감가상각누계액 및 상각부인액 또는 시인부족액에 양도부분의 가액이 당해 감가상각자산의 전체 가액에서 차지하는 비율을 곱하여 계산한 금액으로 하고, 이 경우 그 가액은 취득 당시의 장부가액에 의한다(법세령 §32 ⑥).

2.6.5. 감가상각 법정 상각범위액의 계산

2.6.5.1. 감가상각 법정 상각범위액 계산요소 개관

감가상각 법정 상각범위액은 감가상각자산의 **취득가액 또는 취득가액에서 잔존가액을 차감한 금액**(법세령 §26 ②, ⑥)에 대하여 개별 자산별 **감가상각방법**(법세령 §26 ①, ②)에 따라 그 **내용연수**(법세령 §28, §29)를 감안하여 산출된 **상각률**(법세령 §28)을 곱하여 계산한 금액을 말한다. 취득가액 또는 취득가액에서 잔존가액을 차감한 금액을 **감가상각대상금액**이라고 한다. 그렇다면 감가상각 법정 상각범위액의 계산요소는 취득가액, 잔존가액, 감가상각방법, 내용연수, 상각률이다. 감가상각자산의 취득가액에 대하여서는 자산의 취득가액 부분에서 살핀다.

이하 감가상각 법정 상각범위액의 계산요소를 서술의 편의상 내용연수, 상각률, 잔존가액, 감가상각방법, 감가상각범위액의 계산 순서로 살핀다.

2.6.5.2. 내용연수

감가상각자산의 내용연수는 감가상각대상액을 배분하는 연 단위의 수를 의미한다. 법인세법 상 다음과 같이 법정되어 있다. **시험연구용자산**(법세칙 §15 별표2) 및 **법정 무형자산**[영업권(합병 또는 분할로 인하여 합병법인 등이 계상한 영업권은 제외), 디자인권, 실용신안권, 상표권 : 특허권, 어업권, 양식업권, 해저광물자원 개발법에 의한 채취권, 유료도로관리권, 수리권, 전기가스공급시설이용권, 공업용수도시설이용권, 수도시설이용권, 열공급시설이용권 : 광업 권, 전신전화전용시설이용권, 전용측선이용권, 하수종말처리장시설관리권, 수도시설관리권 : 댐사용권](법세령 §24 ① 2호 가목~라목)의 경우에는 그 내용연수는 기획재정부령(법세칙 §15 별표2, 별표3)이 정하는 바에 의하고, **그 밖의 감가상각자산**(개발비, 사용수익기부자산가액, 주파수이용권, 공항시설관리권, 항만시설관리권(법세령 §24 ① 2호 바목~자목)은 제외)의 경우에 는 구조 또는 자산별 · 업종별로 **기준내용연수**에 그 기준내용연수의 100분의 25를 가감한 **법정 내용연수범위**(법세칙 §15 별표5, 별표6) 안에서 법인이 선택하여 납세지 관할 세무서장에게 신고한 **신고내용연수**를 말하나, **법정신고기한**(법세령 §28 ③) 내에 신고를 하지 않은 경우에는 **기준내용연수**로 한다(법세령 §28 ①). 사업연도가 1년 미만이면 **환산내용연수**{[내용연수(법세령 §28 ① 1호) 또는 신고내용연수(또는 기준내용연수)(법세령 §28 ① 2호)] × (12/사업연도 개월수)}와 그에 따른 상각률에 따르고, 이 경우 개월 수는 태양력에 따라 계산하되, 1개월 미만의 일수는 1개월로 한다(법세령 §28 ②). 자산별 · 업종별로 적용한 **신고내용연수 또는 기준내용연수**는 그 후의 사업연도에 있어서도 **계속하여** 그 내용연수를 **적용**하여야 하고(법세령 §28 ④), 내용연수 의 **신고는 연 단위로** 하여야 한다(법세령 §28 ⑤).

법정신고기한은 다음과 같다. **신설법인과 새로 수익사업을 개시한 비영리내국법인이 내용연 수를 신고하는 경우**에는 그 영업을 개시한 날, 그 밖의 법인이 자산별 · 업종별 구분에 따라 **기준내용연수가 다른 감가상각자산을 새로 취득하거나 새로운 업종의 사업을 개시한 경우**에는 그 취득한 날 또는 개시한 날이 속하는 사업연도의 법인세 과세표준의 신고기한까지 **내용연수신 고서**(법세칙 §82)를 납세지 관할 세무서장에게 제출(국세정보통신망에 의한 제출을 포함)하여야 한다(법세령 §28 ③).

내용연수의 특례 및 변경에 대하여 살핀다.

법인은 다음 각 호의 경우에는 **기준내용연수에 기준내용연수의 100분의 50을 가감하는 범위에서 '사업장별'로** 납세지 관할 지방국세청장의 승인을 받아 내용연수범위와 달리 내용연수 를 적용하거나 적용하던 내용연수를 변경할 수 있다(법세령 §29 ①).

1. 사업장의 특성으로 **자산의 부식 · 마모 및 훼손의 정도가 현저**한 경우
2. 영업개시 후 3년이 경과한 법인으로서 당해 사업연도의 생산설비(건축물을 제외)의 **법정 가동률**(법세칙 §16)이 직전 3개 사업연도의 평균가동률보다 **현저히 증가**한 경우
3. 새로운 생산기술 및 신제품의 개발 · 보급 등으로 기존 생산설비의 **가속상각**이 필요한 경우
4. 경제적 여건의 변동으로 **조업을 중단하거나 생산설비의 가동률이 감소**한 경우

법인은 다음 각 호의 경우에는 **기준내용연수에 기준내용연수의 100분의 25를 가감하는 범위에서 '사업장별'로** 납세지 관할 지방국세청장의 승인을 받아 내용연수범위와 달리 내용연수를 적용하거나 적용하던 내용연수를 변경할 수 있다(법세령 §29 ①).

5. 신고내용연수 또는 기준내용연수가 적용되는 감가상각자산(법세령 §28 ① 2호)에 대하여 **한국채택국제회계기준을 최초로 적용하는 사업연도에 결산내용연수를 변경한 경우**(결산 내용연수가 연장된 경우 내용연수를 연장하고 결산내용연수가 단축된 경우 내용연수를 단축하는 경우만 해당하되 내용연수를 단축하는 경우에는 결산내용연수보다 짧은 내용연수로 변경할 수 없음)
6. 신고내용연수 또는 기준내용연수가 적용되는 감가상각자산(법세령 §28 ① 2호)에 대한 **기준내용연수가 변경된 경우**. 다만, 내용연수를 단축하는 경우로서 결산내용연수가 변경된 기준내용연수의 100분의 25를 가감한 범위 내에 포함되는 경우에는 결산내용연수보다 짧은 내용연수로 변경할 수 없다.

내용연수의 승인 또는 변경승인을 얻고자 할 때에는 법정신고기한(법세령 §28 ③)부터 3월 또는 그 변경할 내용연수를 적용하고자 하는 최초 사업연도의 종료일까지 **내용연수승인(변경승인)신청서**(법세칙 §82)를 납세지 관할 세무서장을 거쳐 관할 지방국세청장에게 제출(국세정보통신망에 의한 제출을 포함)하여야 하고, 이 경우 내용연수의 승인 · 변경승인의 신청은 연 단위로 하여야 한다(법세령 §29 ②). 신청서를 접수한 납세지 관할 세무서장은 신청서의 접수일이 속하는 사업연도 종료일부터 1개월 이내에 관할 지방국세청장으로부터 통보받은 승인 여부에 관한 사항을 통지하여야 한다(법세령 §29 ③). 감가상각자산의 내용연수를 변경(재변경을 포함) 한 법인이 당해 자산의 내용연수를 **다시 변경하고자 하는 경우**에는 변경한 내용연수를 최초로 적용한 사업연도 종료일부터 **3년이 경과하여야** 한다(법세령 §29 ④). 분할에 의하여 자산을 승계받은 분할신설법인이 내용연수신고서만 제출하고 내용연수변경신고서를 제출하지 않은

경우에는 특별한 사정이 없는 한 그 내용연수신고에 따른 내용연수를 적용하여야 하고, 분할법인이 적용하여 온 내용연수에 따른 잔존내용연수를 적용할 것이 아니다.[562]

중고자산 등의 수정내용연수에 대하여 살핀다.

내국법인이 **기준내용연수**(해당 내국법인에게 적용되는 기준내용연수)**의 100분의 50 이상이 경과된 중고자산**을 다른 법인 또는 사업자(소세 §1의2 ① 5호)로부터 취득(합병·분할에 의하여 자산을 승계한 경우를 포함)한 경우에는 그 자산의 '기준내용연수의 100분의 50에 상당하는 연수와 기준내용연수의 범위에서' 선택하여 납세지 관할 세무서장에게 신고한 **수정내용연수**를 내용연수로 할 수 있고, 이 경우 수정내용연수를 계산할 때 1년 미만은 없는 것으로 한다(법세령 §29의2 ①). 수정내용연수는 내국법인이 '중고자산을 취득한 경우에는 그 취득일이 속하는 사업연도의 법인세 과세표준 신고기한' 또는 '합병·분할로 승계한 자산의 경우에는 합병·분할 등기일이 속하는 사업연도의 법인세 과세표준 신고기한'의 각 기한 내에 **내용연수변경신고서**(법세칙 §82)를 제출한 경우에 한하여 적용한다(법세령 §29의2 ⑤).

2.6.5.3. 상각률

감가상각자산의 상각률은 다음과 같이 법정된다. **시험연구용자산**(법세칙 §15 별표2) 및 **법정 무형자산**[영업권(합병 또는 분할로 인하여 합병법인 등이 계상한 영업권은 제외), 디자인권, 실용신안권, 상표권 ; 특허권, 어업권, 양식업권, 해저광물자원 개발법에 의한 채취권, 유료도로 관리권, 수리권, 전기가스공급시설이용권, 공업용수도시설이용권, 수도시설이용권, 열공급시설이용권 ; 광업권, 전신전화전용시설이용권, 전용측선이용권, 하수종말처리장시설관리권, 수도시설관리권 ; 댐사용권](법세령 §24 ① 2호 가목~라목)의 경우에는 그 **상각률**은 기획재정부령(법세칙 §15 별표4)이 정하는 바에 의하고, **그 밖의 감가상각자산**(개발비, 사용수익기부자산가액, 주파수이용권, 공항시설관리권, 항만시설관리권, 그 밖의 유사한 무형자산(법세령 §24 ① 2호 바목~차목)은 제외)의 경우에는 구조 또는 자산별·업종별로 **기준내용연수**에 그 기준내용연수의 100분의 25를 가감한 **법정 내용연수범위**(법세칙 §15 별표5, 별표6) 안에서 법인이 선택하여 납세지 관할 세무서장에게 신고한 **신고내용연수에 따른 상각률**(법세칙 §15 별표4)을 말하나, 법정신고기한(법세령 §28 ③) 내에 신고를 하지 않은 경우에는 **기준내용연수에 따른 상각률**(법세칙 §15 별표4)을 말한다(법세령 §28 ①).

사업연도가 1년 미만이면 **환산내용연수**[내용연수(법세령 §28 ① 1호) 또는 신고내용연수(또는

---

562) 대법원 2014.5.16. 2011두32751.

기준내용연수)(법세령 §28 ① 2호)] × (12/사업연도 개월수)}와 그에 **따른 상각률**에 따르고, 이 경우 개월 수는 태양력에 따라 계산하되, 1개월 미만의 일수는 1개월로 한다(법세령 §28 ②).

사업연도(법세 §7, §8)가 1년 미만인 경우에는 **상각범위액**에 당해 사업연도의 월수를 곱한 금액을 12로 나누어 계산한 금액을 그 상각범위액으로 하고, 이 경우 월수는 역에 따라 계산하되 1월 미만의 일수는 1월로 한다(법세령 §26 ⑧).

2.6.5.4. 잔존가액

상각범위액을 계산함에 있어서 감가상각자산의 **잔존가액은 "0"으로** 한다(법세령 §26 ⑥ 본문). 다만, **정률법**에 의하여 상각범위액을 계산하는 경우에는 취득가액의 100분의 5에 상당하는 금액으로 하되, 그 금액은 당해 감가상각자산에 대한 미상각잔액이 최초로 취득가액의 100분의 5 이하가 되는 사업연도의 상각범위액에 가산한다(법세령 §26 ⑥ 단서).

감가상각이 종료되는 감가상각자산에 대하여는 잔존가액에 관한 규정(법세령 §26 ⑥)에도 불구하고 취득가액의 100분의 5와 1천원 중 적은 금액을 당해 감가상각자산의 장부가액으로 하고, 동 금액에 대하여는 이를 손금에 산입하지 아니한다(법세령 §26 ⑦).

2.6.5.5. 감가상각방법

감가상각비 상각범위액의 계산을 위한 감가상각방법은 **개별 감가상각자산 별로** 적용되는바, **감가상각방법의 구분**은 다음 각 호와 같다(법세령 §26 ①). 또한 법인은 **감가상각방법을** 납세지 관할 세무서장에게 **신고하여야** 한다(법세령 §26 ①). 법인이 상각방법을 신고하려는 때에는 **자산별로 하나의 방법을 선택**하여 **감가상각방법신고서**(법세칙 §82)를 신설법인과 새로 수익사업을 개시한 비영리내국법인이 내용연수를 신고하는 경우에는 그 영업을 개시한 날, 그 밖의 법인이 **감가상각자산을 새로 취득한 경우**에는 그 취득한 날이 속하는 사업연도의 법인세 과세표준의 신고기한까지 납세지 관할 세무서장에게 제출(국세정보통신망에 의한 제출을 포함)하여야 한다(법세령 §26 ③ 본문). 다만 다음 제9호에 해당하는 무형자산의 경우에는 개별 자산별로 상각방법을 선택할 수 있다(법세령 §26 ③ 단서). 법인이 신고한 상각방법(상각방법을 신고하지 아니한 경우에는 그 경우 적용되는 상각방법(법세령 §26 ④))은 그 후의 사업연도에도 계속하여 그 상각방법을 적용하여야 한다(법세령 §26 ⑤).

1. 건축물과 무형자산(제3호 및 제6호부터 제9호까지의 자산은 제외) : 정액법. 법인이 감가상각방법을 신고하지 않는 경우에도 정액법(법세령 §26 ④ 1호)

2. 건축물 외의 유형자산(제4호의 광업용 유형자산은 제외) : 정률법 또는 정액법. 법인이 감가상각방법을 신고하지 않는 경우에는 정률법(법세령 §26 ④ 2호)

3. 광업권(해저광물자원 개발법에 의한 채취권을 포함) 또는 폐기물매립시설(폐기물령 별표3 2호 가목) : 생산량비례법 또는 정액법. 법인이 감가상각방법을 신고하지 않는 경우에는 생산량비례법(법세령 §26 ④ 3호)

4. 광업용 유형자산 : 생산량비례법·정률법 또는 정액법. 법인이 감가상각방법을 신고하지 않는 경우에는 생산량비례법(법세령 §26 ④ 3호)

5. (삭제)

6. 개발비 : 관련 제품의 판매 또는 사용이 가능한 시점부터 20년의 범위에서 연단위로 신고한 내용연수에 따라 매 사업연도 별 경과월수에 비례하여 상각하는 방법. 법인이 감가상각방법을 신고하지 않는 경우에는 관련 제품의 판매 또는 사용이 가능한 시점부터 5년 동안 매년 균등액을 상각하는 방법(법세령 §26 ④ 4호)

7. 사용수익기부자산가액 : 해당 자산의 사용수익기간(그 기간에 관한 특약이 없는 경우 신고내용연수)에 따라 균등하게 안분한 금액(그 기간 중에 해당 기부자산이 멸실되거나 계약이 해지된 경우에는 그 잔액)을 상각하는 방법. 법인이 감가상각방법을 신고하지 않는 경우에도 동일한 방법(법세령 §26 ④ 5호)

8. 주파수이용권(전파 §14), 공항시설관리권(공항시설 §26) 및 항만시설관리권(항만 §24) : 주무관청에서 고시하거나 주무관청에 등록한 기간 내에서 사용기간에 따라 균등액을 상각하는 방법. 법인이 감가상각방법을 신고하지 않는 경우에도 동일한 방법(법세령 §26 ④ 5호)

9. 그 밖에 유사한 무형자산(법세령 §24 ① 2호 차목): 기업회계기준에 따른 연 단위로 신고한 내용연수에 따라 매 사업연도별 경과월수에 비례하여 상각하는 방법. 법인이 감가상각방법을 신고하지 않는 경우에는 5년 동안 매년 균등액을 상각하는 방법(법세령 §26 ④ 6호)

감가상각방법의 변경에 대하여 살핀다. 법인은 다음 각 호의 경우에는 감가상각방법 계속적용 규정(법세령 §26 ⑤)에도 불구하고 **납세지 관할 세무서장의 승인**을 얻어 그 상각방법을 변경할 수 있다(법세령 §27 ①). 상각방법의 변경승인을 얻고자 하는 법인은 그 '변경할 상각방법을 적용하고자 하는 최초 사업연도의 종료일'까지 **감가상각방법변경신청서**(법세칙 §82)를 납세지 관할 세무서장에게 제출(국세정보통신망에 의한 제출을 포함)하여야 한다(법세령 §27 ②). 신청 서를 접수한 납세지 관할 세무서장은 신청서의 접수일이 속하는 '사업연도 종료일부터 1개월 이내'에 그 승인 여부를 결정하여 통지하여야 한다(법세령 §27 ③). 변경승인기간에 대한 위

규정은 훈시규정이라고 판단한다. 따라서 **해당 기간 내에 변경승인 통지가 이루어지지 않는 경우에는 감가상각방법의 변경승인이 없는 것으로 보아야** 한다. 법인이 **변경승인을 얻지 아니하고 상각방법을 변경한 경우** 상각범위액은 변경하기 전의 상각방법에 의하여 계산한다(법세령 §27 ⑤). 다만 입법론으로서는 '신청서의 접수일이 속하는 사업연도 종료일'이 아닌 '감가상각방법변경신청서 제출일'로부터 일정 기간(예를 들면, 3개월)이 경과된 이후에는 감가상각방법의 변경을 승인한 것으로 본다는 규정을 신설할 필요가 있다.

---

1. 상각방법이 서로 다른 법인이 합병(분할합병을 포함)한 경우
2. 상각방법이 서로 다른 사업자의 사업을 인수 또는 승계한 경우
3. 외국인투자촉진법에 의하여 외국투자자가 내국법인의 주식 등을 100분의 20 이상 인수 또는 보유하게 된 경우
4. 해외시장의 경기변동 또는 경제적 여건의 변동으로 인하여 종전의 상각방법을 변경할 필요가 있는 경우. 이 경우 납세지 관할 세무서장이 상각방법의 변경을 승인하고자 할 때에는 '국세청장이 정하는 기준'에 따라야 한다(법세령 §27 ④). 상각방법의 변경승인은 기속재량에 속하므로 '국세청장이 정하는 기준'에 따랐다고 할지라도 재량권의 일탈 또는 남용이 있었는지 여부에 대한 사법심사가 생략될 수는 없다. 다만 '국세청장이 정하는 기준'을 위반한 경우에는 그 자체로 위법한 처분에 해당한다. 법인세법이 이에 따르도록 규정하기 때문이다.
5. 법정 사유에 의한 회계정책의 변경(법세칙 §14)에 따라 결산상각방법이 변경된 경우(변경한 결산상각방법과 같은 방법으로 변경하는 경우만 해당). **법정 사유에 의한 회계정책의 변경**은 '한국채택국제회계기준을 최초로 적용한 사업연도에 결산상각방법을 변경하는 경우' 또는 '한국채택국제회계기준을 최초로 적용한 사업연도에 지배기업의 연결재무제표 작성 대상에 포함되는 종속기업이 지배기업과 회계정책을 일치시키기 위하여 결산상각방법을 지배기업과 동일하게 변경하는 경우'를 말한다(법세칙 §14).

감가상각방법의 변경에 따른 상각범위액의 계산에 대하여 살핀다. 감가상각방법을 변경하는 경우 상각범위액의 계산은 다음 각 호의 계산식에 따른다(법세령 §27 ⑥ 진단).

---

1. **정률법 또는 생산량비례법을 정액법으로 변경하는 경우** : 상각범위액 = (감가상각누계액을 공제한 장부가액＋전기이월상각한도초과액) × 신고내용연수(또는 기준내용연수(법세령 §28 ① 2호 단서)(법세령 §28 ① 2호, §28 ⑥)의 정액법에 의한 상각률.
2. **정액법 또는 생산량비례법을 정률법으로 변경하는 경우** : 상각범위액 = (감가상각누계액을 공제한 장부가액＋전기이월상각한도초과액) × 신고내용연수(또는 기준내용연수(법세

령 §28 ① 2호 단서)(법세령 §28 ① 2호, §28 ⑥)의 정률법에 의한 상각률

3. **정률법 또는 정액법을 생산량비례법으로 변경하는 경우** : 상각범위액 = (감가상각누계액을 공제한 장부가액 + 전기이월상각한도초과액) × [해당 사업연도의 채굴량 또는 매립량/(총채굴예정량 또는 총매립예정량 - 변경 전 사업연도까지의 총채굴량 또는 총매립량)]. 이 경우 총채굴예정량은 한국광물자원공사법에 따른 한국광물자원공사가 인정하는 총채굴량을 말하고, 총매립예정량은 환경부장관 또는 시·도지사가 폐기물처리업을 허가할 때 인정한 총매립량(폐기물 §25 ③)을 말한다(법세령 §27 ⑥ 후단).

감가상각방법의 변경으로 인한 효과를 전기이월이익잉여금에 반영한 경우에 대한 세무조정은 다음과 같다. **전기이월이익잉여금을 감소시킨 경우**에는 손금산입(기타)로 소득처분하고 해당 금액을 해당 사업연도에 감가상각비로 계상한 것으로 보아 감가상각 시부인 계산을 한다. 감가상각비 손금계상 여부는 그 계정과목이 아니라 그 실질에 따라 판단하여야 하기 때문이다. **전기이월이익잉여금을 증가시킨 경우**에는 익금산입(기타)로 소득처분하고, 해당 금액은 이미 감가상각비로서 손금에 산입하였으므로 그 변경시점에 익금불산입하고 나아가 향후 상각 또는 처분 시점에는 손금불산입하기 위하여 손금산입(△유보)로 소득처분한다.

2.6.5.6. 감가상각범위액의 계산

감가상각방법 별 상각범위액의 계산방법은 다음과 같다(법세령 §26 ②). **사업연도**(법세 §7, §8)**가 1년 미만인 경우**에는 상각범위액에 당해 사업연도의 월수를 곱한 금액을 12로 나누어 계산한 금액을 그 상각범위액으로 하고, 이 경우 월수는 역에 따라 계산하되 1월 미만의 일수는 1월로 한다(법세령 §26 ⑧). **사업연도 중에 취득하여** 사업에 사용한 감가상각자산에 대한 상각범위액은 사업에 사용한 날부터 당해 사업연도 종료일까지의 월수에 따라 계산하고, 이 경우 월수는 역에 따라 계산하되 1월 미만의 일수는 1월로 한다(법세령 §26 ⑨).

1. **정액법** : 당해 감가상각자산의 취득가액(법세령 §72)에 당해 자산의 내용연수에 따른 상각률을 곱하여 계산한 각 사업연도의 상각범위액이 매년 균등하게 되는 상각방법
2. **정률법** : 해당 감가상각자산의 취득가액에서 이미 감가상각비로 손금에 산입한 금액(업무용승용차(법세 §27의2 ①)의 경우에는 손금에 산입하지 아니한 금액(법세 §27의2 ②, ③)을 포함)을 공제한 미상각잔액에 해당 자산의 내용연수에 따른 상각률을 곱하여 계산한 각 사업연도의 상각범위액이 매년 체감되는 상각방법
3. **생산량비례법** : 다음 각 목의 어느 하나에 해당하는 금액을 각 사업연도의 상각범위액으로

하는 상각방법

가. 해당 감가상각자산의 취득가액을 그 자산이 속하는 광구의 총채굴예정량으로 나누어 계산한 금액에 해당 사업연도의 기간 중 그 광구에서 채굴한 양을 곱하여 계산한 금액

나. 해당 감가상각자산의 취득가액을 그 자산인 폐기물매립시설의 매립예정량으로 나누어 계산한 금액에 해당 사업연도의 기간 중 그 폐기물매립시설에서 매립한 양을 곱하여 계산한 금액

적격합병 등[적격합병, 적격분할, 적격물적분할 또는 적격현물출자(법정 요건(법세 §47의2 ① 각 호)을 모두 갖추어 양도차익에 해당하는 금액을 손금에 산입하는 현물출자)]에 의하여 취득한 자산의 상각범위액을 정할 때 감가상각 계산 상 취득가액은 적격합병 등에 의하여 자산을 양도한 **양도법인의 취득가액**으로 하고, **미상각잔액**은 양도법인의 양도 당시의 장부가액에서 적격합병 등에 의하여 자산을 양수한 양수법인이 이미 감가상각비로 손금에 산입한 금액을 공제한 잔액으로 하며, 해당 자산의 **상각범위액**은 다음 각 호의 어느 하나에 해당하는 방법으로 정할 수 있다(법세령 §29의2 ② 전단). 이 경우 선택한 방법은 그 후 사업연도에도 계속 적용한다(법세령 §29의2 ② 후단).

1. **양도법인의 상각범위액을 승계하는 방법.** 이 경우 상각범위액은 법인세법 및 그 시행령에 따라 양도법인이 적용하던 상각방법 및 내용연수에 의하여 계산한 금액으로 한다.
2. **양수법인의 상각범위액을 적용하는 방법.** 이 경우 상각범위액은 법인세법 및 그 시행령에 따라 양수법인이 적용하던 상각방법 및 내용연수에 의하여 계산한 금액으로 한다.

적격물적분할 또는 **적격현물출자**를 하여 자산의 상각범위액을 정하는 경우(법세령 §29의2 ②)로서 **상각범위액이 해당 자산의 장부가액을 초과하는 경우**에는 그 초과하는 금액을 손금에 산입할 수 있고, 이 경우 그 자산을 처분하면 그 손금에 산입한 금액의 합계액을 그 자산을 처분한 날이 속하는 사업연도에 익금산입한다(법세령 §29의2 ③).

적격합병 등에 의하여 상각범위액을 정하는 경우(법세령 §29의2 ②, ③) 법인이 **적격요건위반사유에 해당하는 경우** 해당 사유가 발생한 날이 속하는 사업연도 및 그 후 사업연도의 소득금액 계산 및 감가상각비 손금산입액 계산에 관하여는 '**한국채택국제회계기준을 적용하는 사업연도 관련 적격합병 등 취득자산에 대한 감가상각비**'와 관련하여 적격요건위반사유가 발생한 경우에

대한 감가상각비 손금산입액 계산규정(법세령 §26의2 ⑩)을 준용한다(법세령 §29의2 ④ 전단). 이 경우 '최초로 적용한 사업연도부터 해당 사업연도의 직전 사업연도까지 손금에 산입한 감가상각비 총액(적격물적분할 또는 적격현물출자의 경우 상각범위액이 해당 자산의 장부가액을 초과하여 손금에 산입된 초과액(법세령 §29의2 ③ 전단) 포함)'(법세령 §26의2 ⑩ 1호)에서 '최초로 적용한 사업연도부터 해당 사업연도의 직전 사업연도까지 제6항을 적용하지 아니한 것으로 보고 재계산한 감가상각비 총액'(법세령 §26의2 ⑩ 2호)을 뺀 금액이 0보다 작은 경우에는 0으로 보며, 해당 사유가 발생한 날이 속하는 사업연도의 신고(법세 §60)와 함께 적격합병 등으로 취득한 자산 중 중고자산에 대한 수정내용연수를 신고하여야 하나, 그 신고를 하지 아니하는 경우에는 양수법인이 해당 자산에 대하여 법정 내용연수(법세령 §28 ①)로 신고한 것으로 본다(법세령 §29의2 ④ 후단).

2.6.6. 감가상각의 의제

내국법인이 각 사업연도의 소득에 대하여 법인세법과 다른 법률에 따라 **법인세를 면제받거나 감면받은 경우**에는 개별 자산에 대한 감가상각비가 **법정 상각범위액**(법세 §23 ①)**이 되도록** 감가상각비를 손금에 산입하여야 한다(법세 §23 ③ ; 법세령 §30 ① 본문). 다만, 한국채택국제회계기준을 적용하는 법인은 법정 절차(법세 §23 ②)에 따라 개별 자산에 대한 감가상각비를 추가로 손금에 산입할 수 있다(법세령 §30 ① 단서). 법인세를 면제 또는 감면받는 경우 감가상각비의 계상을 미루어 이중의 혜택을 받는 것을 방지하기 위한 조문이다. 법인세를 면제받거나 감면받는 사업은 구분경리되어야 하므로, **법인세를 면제받거나 감면받는 사업에 사용되는 자산에 한하여 감가상각의 의제가 적용되어야** 한다. 감면용 자산이라 할지라도 법인세를 면제 또는 감면받는 경우에만 적용되는 것이지 **감면기간에 결손이 발생하여 법인세를 면제 또는 감면받은 사실이 없는 경우에는 적용될 수 없다.**[563]

소득금액을 계산할 때 필요한 장부 또는 증명서류가 없거나 중요한 부분이 미비 또는 허위인 경우 등 법정 사유(법세령 §104 ①)로 **추계결정 또는 경정을 하는 경우**(법세 §66 ③ 단서)에는 감가상각자산에 대한 감가상각비를 손금에 산입한 것으로 본다(법세령 §30 ②). 따라서 이 경우에도 해당 감가상각자산의 장부가액은 감가상각비 상당액만큼 감액된다.

---

563) 대법원 1989.2.28. 87누891.

2.6.7. 즉시상각의 의제

즉시상각의 의제는 '법인이 특정 지출을 손비로 계상한 것'을 '법인이 해당 금액을 감가상각방법에 따라 사업연도별 감가상각비로 배분하지 않고 한 사업연도의 감가상각비로 즉시 계상한 것'으로 의제하는 것을 의미한다. 즉시상각의 의제는 '감가상각비의 손금 계상을 의제하고 이에 대하여 다시 감가상각 시부인 계산을 하는 경우'와 '감가상각비의 손금 계상을 의제하나 이에 대한 감가상각 시부인 계산의 적용을 배제하여 전액 손금에 산입하는 경우'로 구분된다. 전자의 경우에는 감가상각자산의 취득가액 또는 자본적 지출액을 손금에 계상한 경우와 기업회계기준에 따라 손상차손을 계상한 경우가 포함되고, 후자에는 소액자산·소액수선비·폐기 등에 관하여 손금을 계상한 경우가 포함된다. 즉시상각 의제의 경우에는 그 지출시점에 따라 **월할상각하는 것이 아니라 해당 지출이 속한 사업연도 기간 전체에 걸쳐서 감가상각된 것으로 보아야 한다.** '해당 사업연도의 소득금액을 계산할 때 감가상각비로 계상한 것으로 보아 상각범위액을 계산' 또는 '사업연도의 손비로 계상'이라는 법문언에 따라, 해당 지출이 그 사업연도 전체에 대하여 이루어진 것으로 보는 것이 타당하기 때문이다.

취득가액 또는 자본적 지출액의 손금계상에 대하여 본다. 내국법인이 '**감가상각자산을 취득하기 위하여 지출한 금액**' 또는 '**감가상각자산에 대한 법정 자본적 지출**(법세령 §31 ②)**에 해당하는 금액**'을 손비로 계상한 경우에는 해당 사업연도의 소득금액을 계산할 때 감가상각비로 계상한 것으로 보아 상각범위액을 계산한다(법세 §23 ④). **개발비를 손비로 계상하지 않았다면** 이 경우에는 감가상각자산인 개발비 자체를 취득하지 못하므로 해당 비용에 대하여서는 감가상각자산의 취득을 전제로 하는 즉시상각의제 대상이 될 수 없다. 즉 비용을 당해 법인이 개발비로 계상한 경우에만 감가상각자산인 개발비가 될 수 있으므로, 당해 법인이 개발비 규정에서 정한 비용을 지출하였더라도 개발비로 계상하지 않은 경우에는 감가상각자산을 취득하였다고 볼 수 없고 이에 대하여 즉시상각의제를 적용할 수 없다.[564] **법정 자본적 지출**은 법인이 소유하는 감가상각자산의 내용연수를 연장시키거나 해당 자산의 가치를 현실적으로 증가시키기 위하여 지출한 수선비를 말하며, 다음 각 호에 해당하는 것에 대한 지출을 포함한다(법세령 §31 ②). **진입도로개설비용의 자본적 지출 여부**에 관하여 판례는 다음과 같이 판시한다. 토지에 대한 자본적 지출이란 토지의 가치를 현실적으로 증가시키기 위하여 소요된 비용을 말하고, 통상 진입도로의 개설은 특별한 사정이 없는 한 그 진입도로에 의하여 이용 편의를 제공받는

---

564) 대법원 2022.7.28. 2019두58346.

토지의 효용가치를 증가시키는 데에 기여한다. 따라서 토지의 이용 편의를 위하여 해당 토지에 이르는 진입도로를 개설하여 국가 또는 지방자치단체에 이를 무상으로 공여한 경우, 그 도로로 된 토지의 가액 및 도로개설비용은 해당 토지의 가치를 현실적으로 증가시키는 데 소요된 것으로서 해당 토지에 대한 자본적 지출에 해당하고, 그 소요비용이 특정사업의 면허 또는 사업의 개시 등과 관련하여 지출된 것이라고 하여 달리 볼 것은 아니다.[565] 이 경우에는 **해당 금액을 감가상각비로 손금 계상한 것으로 보아 감가상각 시부인 계산을 하여야** 한다. 감가상각이 완료된 자산에 대하여 자본적 지출이 발생할 수 있는바, 이 경우에는 해당 금액에 상당하는 동일한 자산을 신규취득한 것으로 보아 감가상각할 수도 있으나 법인이 이를 자산이 아닌 비용으로 처리하였다면 즉시상각 의제하여 감가상각 시부인 계산을 하여야 한다. 그 감가상각 시부인 계산은 종전 자산과 동일한 방법에 의하는 것이 타당하다. 다만 **소액수선비**의 경우에는 설사 그 성질 상 자본적 지출에 해당한다고 할지라도 자본적 지출의 범위에 포함되지 않는 것으로 보아 이에 대하여 감가상각 시부인을 하지 않는바(법세령 §31 ③), 이에 대하여서는 후술한다.

1. 본래의 용도를 변경하기 위한 개조
2. 엘리베이터 또는 냉난방장치의 설치
3. 빌딩 등에 있어서 피난시설 등의 설치
4. 재해 등으로 인하여 멸실 또는 훼손되어 본래의 용도에 이용할 가치가 없는 건축물·기계·설비 등의 복구
5. 그 밖에 개량·확장·증설 등 제1호부터 제4호까지의 지출과 유사한 성질의 것. 신축·개축 등은 개량·확장·증설 등에 포함되지 않으므로 별도의 신규자산을 취득한 것으로 보아야 하며, 법인세법이 별도로 규정하지 않는 한 건축법 등 관계 법령에 따라 해당 개념을 구분하여야 한다.

자본적 지출에 포함되지 않는 **수익적 지출** 역시 규정되어 있다. 즉 다음 각 호의 지출은 자본적 지출에 해당하지 아니한다(법세칙 §17).

1. 건물 또는 벽의 도장
2. 파손된 유리나 기와의 대체
3. 기계의 소모된 부속품 또는 벨트의 대체

---

565) 대법원 2022.1.27. 2017두51983.

4. 자동차 타이어의 대체
5. 재해를 입은 자산에 대한 외장의 복구·도장 및 유리의 삽입
6. 기타 조업가능한 상태의 유지 등 제1호 내지 제5호와 유사한 것

법인세법 상 자본적 지출 및 수익적 지출에 관한 규정이 적용되지 않는 경우 각 지출의 구분 및 별도의 자산으로의 계상 여부는 기업회계기준 및 관계 법령의 규정(기업회계기준이 명시적 또는 묵시적으로 관계 법령 상 정의를 차용하는 경우)에 의하여 판단하여야 한다.

자본적 지출 및 수익적 지출의 구분에 관하여 오류가 있는 경우 세무조정은 다음과 같이 한다. 자본적 지출을 비용으로 계상하였고 해당 자산이 감가상각자산인 경우에는 해당 비용에 대하여 감가상각 시부인 계산을 하나 소액수선비(법세령 §31 ③)에 해당한다면 모두 손금으로 인정한다. 소액수선비는 그 성질 상 자본적 지출에 해당한다고 하더라도 즉시상각 의제하여 모두 손금에 산입하기 때문이다. 감가상각자산이 아니면 모두 손금불산입(유보)로 소득처분한다. 수익적 지출을 자산으로 계상하였다면 해당 금액은 손금산입(△유보)로 소득처분한다.

손상차손의 경우에 대하여 본다. 감가상각자산이 진부화, 물리적 손상 등에 따라 시장가치가 급격히 하락하여 법인이 **기업회계기준에 따라 손상차손을 계상한 경우**(유형자산으로서 천재지변·화재 등 법정 사유(법세령 §78 ①)로 파손되거나 멸실된 경우(법세 §42 ③ 2호)는 제외)에는 해당 금액을 감가상각비로서 손비로 계상한 것으로 본다(법세령 §31 ⑧). 이 경우 해당 금액을 감가상각비로서 손비로 계상한 것으로 보므로, 이에 대하여 **감가상각 시부인 계산을 하여야** 한다. 유형자산으로서 천재지변·화재 등 법정 사유(법세령 §78 ①)로 파손되거나 멸실된 경우(법세 §42 ③ 2호)에는 법인세법에 따라 바로 장부가액을 감액하여 손금을 인식할 수 있으므로 기업회계기준에 따른 손상차손의 계상에서 제외한 것이다.

소액자산의 경우에 대하여 본다. 취득가액이 **거래단위 별로 100만원 이하인 감가상각자산(다음 각 호에 해당하는 자산은 제외)**에 대해서는 그 사업에 사용한 날이 속하는 사업연도의 손비로 계상한 것에 한정하여 손금에 산입한다(법세령 §31 ④). 즉 거래단위 별로 100만원 이하인 감가상각자산을 자산으로 계상하지 않고 그 사용한 날이 속하는 사업연도의 손비로 계상한다면 해당 지출액 전액을 감가상각비로서 손금에 산입한다. 사용한 날이 속하는 사업연도의 손비로 계상하지 못하였다면 이를 감가상각자산으로 보아 그 시부인 계산을 거쳐서 손금에 산입되어야 한다. **거래단위**는 이를 취득한 법인이 그 취득한 자산을 독립적으로 사업에 직접 사용할 수 있는 것을 말한다(법세령 §31 ⑤). 따라서 여러 자산을 동시에 취득하는 경우라고 할지라도

거래단위 별로 취득가액이 100만원 이하라면 즉시상각 의제가 적용된다. 다만 **다음 각 호의 자산에 대하여서는 거래단위 별로 100만원 이하라고 할지라도 즉시상각 의제가 적용되지 않는다.**

> 1. 그 고유업무의 성질상 대량으로 보유하는 자산
> 2. 그 사업의 개시 또는 확장을 위하여 취득한 자산

　취득가액이 거래단위 별로 100만원을 초과하는 감가상각자산이라고 할지라도 즉시상각 의제가 적용되는 경우가 있다. 거래단위 별 100만원 이하인 감가상각자산에 대한 즉시상각 의제 규정(법세령 §31 ④)과 무관하게, 다음 각 호의 자산에 대하여서는 이를 그 사업에 사용한 날이 속하는 사업연도의 손비로 계상한 것에 한정하여 손금에 산입한다(법세령 §31 ⑥).

> 1. 어업에 사용되는 어구(어선용구를 포함)
> 2. 영화필름, 공구, 가구, 전기기구, 가스기기, 가정용 기구·비품, 시계, 시험기기, 측정기기 및 간판
> 3. 대여사업용 비디오테이프 및 음악용 콤팩트디스크로서 개별 자산의 취득가액이 30만원 미만인 것
> 4. 전화기(휴대용 전화기를 포함) 및 개인용 컴퓨터(그 주변기기를 포함)

　소액수선비의 경우에 대하여 본다. 법인이 각 사업연도에 지출한 수선비가 다음 각 호에 해당하는 경우로서 그 수선비를 해당 사업연도의 손비로 계상한 경우에는 자본적 지출에 대한 규정(법세령 §31 ②)에도 불구하고 **자본적 지출에 포함하지 않는다**(법세령 §31 ③). 소액수선비는 설사 그 성질 상 자본적 지출액에 해당한다고 할지라도 해당 지출액 전액을 감가상각비로서 손금에 산입한다.

> 1. 개별 자산별로 수선비로 지출한 금액이 600만원 미만인 경우
> 2. 개별 자산별로 수선비로 지출한 금액이 직전 사업연도 종료일 현재 재무상태표상의 자산가액(취득가액에서 감가상각누계액 상당액을 차감한 금액)의 100분의 5에 미달하는 경우
> 3. 3년 미만의 기간마다 주기적인 수선을 위하여 지출하는 경우

　폐기 등의 경우에 대하여 본다. '시설의 개체 또는 기술의 낙후로 인하여 **생산설비의 일부를**

폐기한 경우' 및 '사업의 폐지 또는 사업장의 이전으로 임대차계약에 따라 임차한 사업장의 원상회복을 위하여 **시설물을 철거하는 경우**'에는 해당 자산의 장부가액에서 1천원을 공제한 금액을 폐기일이 속하는 사업연도의 손금에 산입할 수 있다(법세령 §31 ⑦). 즉 해당 자산의 장부가액에서 1천원을 공제한 금액을 감가상각비로 계상한 것으로 본다. 이 경우에는 해당 금액을 손금에 산입할 수 있다고 규정하므로 이에 대하여 **감가상각 시부인 계산을 하지 않는다.**

2.6.8. 한국채택국제회계기준 적용법인의 감가상각 특례

　한국채택국제회계기준(외감법 §5 ① 1호)**을 적용하는 내국법인**이 보유한 감가상각자산 중 유형자산과 법정 무형자산(법세령 §24 ②)의 감가상각비는 개별 자산별로 '2013년 12월 31일 이전 취득분'에 대하여서는 한국채택국제회계기준을 적용하지 아니하고 종전의 방식에 따라 감가상각비를 손비로 계상한 경우의 **종전감가상각비**가, '2014년 1월 1일 이후 취득분'에 대하여서는 법정 기준내용연수(법세칙 §13의2)를 적용하여 계산한 **기준감가상각비**가 **한국채택국제회계기준을 적용하지 않는 내국법인에 대하여 계산된 법정 감가상각비**(법세 §23 ①)**보다 큰 경우** 그 차액의 범위에서 **추가로 손금에 산입할 수 있다**(법세 §23 ②). '2014년 1월 1일 이후 취득분' 자산은 법인이 2014년 1월 1일 이후에 취득한 감가상각자산으로서 기존보유자산 및 동종자산을 말한다(법세령 §26의3 ①). 법인이 각 사업연도에 감가상각비를 손비로 계상하는 경우에는 **개별 자산별로 구분하여 감가상각비조정명세서**(법세칙 §82)**를 작성·보관**하고, 신고(법세 §60)와 함께 **감가상각비조정명세서합계표**(법세칙 §82)**와 감가상각비시부인명세서**(법세칙 §82) **및 취득·양도자산의 감가상각비조정명세서**(법세칙 §82)를 납세지 관할 세무서장에게 제출하여야 한다(법세령 §33).

　법정 무형자산은 감가상각자산인 무형자산(법세령 §24 ①) 중 '결산내용연수(감가상각비를 손비로 계상할 때 적용하는 내용연수)를 확정할 수 없는 것으로서 **법정 요건**(법세칙 §12 ②)을 모두 갖춘 무형자산' 또는 '한국채택국제회계기준(외감법 §5 ① 1호)을 최초로 적용하는 사업연도 전에 취득한 **법정 영업권**(법세령 §24 ① 2호 가목)'을 말한다(법세령 §24 ②). **법정 요건**은 '법령 또는 계약에 따른 권리로부터 발생하는 무형자산으로서 법령 또는 계약에 따른 사용기간이 무한하거나, 무한하지 않더라고 취득가액의 100분의 10 미만의 비용으로 그 사용기간을 갱신할 수 있을 것', '한국채택국제회계기준(외감법 §5 ① 1호)에 따라 내용연수가 비한정인 무형자산으로 분류될 것' 및 '결산을 확정할 때 해당 무형자산에 대한 감가상각비를 계상하지 아니할 것' 모두를 의미한다(법세칙 §12 ②). **법정 영업권**은 감가상각자산인 영업권(합병 또는 분할로 인하여 합병법인등이 계상한 영업권은 제외)(법세령 §24 ① 2호 가목)을 의미하고, 이에는 '사업의 양도·양수과정에서 양도·양수자산과는 별도로 양도사업에 관한 허가·인가 등 법률상의 지위, 사업상 편리한 지리적 여건, 영업상의 비법, 신용·명성·거래처 등 영업상의 이점 등을 감안하여 적절한 평가방법에 따라 유상으로 취득한 금액' 또는 '설립인가, 특정사업의 면허, 사업의 개시 등과 관련하여 부담한 기금·입회금 등으로서 반환청구를 할 수 없는 금액과 기부금 등'이 포함된다(법세칙 §12 ①).

종전감가상각비의 계산에 대하여 살핀다.

한국채택국제회계기준 관련 감가상각비 손금산입 특례의 적용에 있어서 '2013년 12월 **31일 이전 취득한 자산**'(법세 §23 ② 1호)은 법인이 2013년 12월 31일 이전에 취득한 감가상각자산으로서 **기존보유자산**[기준연도(한국채택국제회계기준을 최초로 적용한 사업연도의 직전 사업연도) 이전에 취득한 감가상각자산] 및 기존보유자산과 동일한 종류(법정 감가상각자산 구분(법세칙 §13 ①)에 따름)의 자산으로서 기존보유자산과 동일한 업종(법정 업종 구분(법세칙 §13 ②)에 따르며, 해당 법인이 해당 업종을 한국채택국제회계기준 도입 이후에도 계속하여 영위하는 경우로 한정)에 사용되는 **동종자산**을 말한다(법세령 §26의2 ①). **법정 감가상각자산 구분**은 다음과 같다(법세칙 §13 ①). 시험연구용자산(법세령 §28 ① 1호 ; 법세칙 §15 ①)으로서 동일한 내용연수(법세칙 §15 ①, ② 별표 2)를 적용받는 자산(법세칙 §13 ① 1호), 특정 무형자산(법세령 §24 ① 2호 가목~라목)으로서 동일한 내용연수(법세칙 §15 ② 별표 3)를 적용받는 자산(법세칙 §13 ① 2호), 건축물 등 특정 자산(법세칙 §15 ③ 별표 5)으로서 동일한 기준내용연수(법세칙 §15 ③ 별표 5)를 적용받는 자산(법세칙 §13 ① 3호), 업종별 특정 자산(법세칙 §15 ③ 별표 6)에 대한 기준내용연수를 적용받는 자산(법세칙 §13 ① 4호). **법정 업종 구분**은 중분류(법세칙 §15 ③ 별표 6)에 따른 업종구분을 말한다(법세칙 §13 ②).

감가상각자산에 대한 종전감가상각비(법세 §23 ② 1호)는 제1호에 따른 금액의 범위에서, 개별 자산에 대하여 추가로 손금에 산입한 감가상각비(법세 §23 ②)를 동종자산 별로 합한 금액이 제2호에 따른 금액을 초과하지 아니하는 범위의 손금산입한도에서 손금에 산입한다(법세령 §26의2 ②).

---

1. **개별 자산의 감가상각비 한도** : 다음 각 목의 금액
   가. **결산상각방법**(한국채택국제회계기준을 최초로 적용한 사업연도의 직전 사업연도에 해당 자산의 동종자산에 대하여 감가상각비를 손비로 계상할 때 적용한 상각방법)이 **정액법인 경우** : 감가상각자산의 취득가액에 **기준상각률**(한국채택국제회계기준 도입 이전 상각률)을 곱하여 계산한 금액

나. **기준연도의 해당 자산의 동종자산에 대한 결산상각방법이 정률법인 경우** : 미상각잔액에 기준상각률을 곱하여 계산한 금액. 이 경우 정률법에 의하여 상각범위액을 계산하는 경우 취득가액의 100분의 5에 상당하는 금액으로 하되, 그 금액은 당해 감가상각자산에 대한 미상각잔액이 최초로 취득가액의 100분의 5 이하가 되는 사업연도의 상각범위액에 가산한다는 규정(법세령 §26 ⑥ 단서)이 준용된다.

2. **동종자산의 감가상각비 한도** : 다음 각 목의 금액('0'보다 작은 경우에는 '0')

　가. **제1호 가목의 경우** : 다음 계산식에 따라 계산한 금액

　　한도액 = (A × B) − C

　　A : 해당 사업연도에 감가상각비(법세 §23 ①)를 손금에 산입한 동종자산의 취득가액 합계액

　　B : 기준상각률

　　C : 해당 사업연도에 동종자산에 대하여 손금에 산입한 감가상각비(법세 §23 ①) 합계액

　나. **제1호 나목의 경우** : 다음 계산식에 따라 계산한 금액

　　한도액 = (A × B) − C

　　A : 해당 사업연도에 감가상각비(법세 §23 ①)를 손금에 산입한 동종자산의 미상각잔액 합계액

　　B : 기준상각률

　　C : 해당 사업연도에 동종자산에 대하여 손금에 산입한 감가상각비(법세 §23 ①) 합계액

　감가상각자산에 대한 종전감가상각비(법세 §23 ② 1호)의 계산에 있어서 기준연도에 동종자산에 대하여 감가상각비를 손금으로 계상할 때 정액법과 정률법을 모두 적용한 경우에는 개별자산의 감가상각비 한도 및 동종자산의 감가상각비 한도는 다음 각 호의 어느 하나에 해당하는 방법을 선택하여 계산하며, 이 경우 선택한 방법은 그 이후의 사업연도에도 계속하여 적용한다(법세칙 §13 ③). 이 경우 정액법 기준상각률 및 정률법 기준상각률은 해당 사업연도에 결산상각방법이 정액법인 자산 및 정률법인 자산에 대하여 법정 절차(법세령 §26의2 ④)에 각각 계산한 기준상각률을 말한다(법세칙 §13 ④). 또한 사업연도 중에 취득한 감가상각자산 및 사업연도 중에 처분한 감가상각자산의 취득가액 및 미상각잔액은 각각 그 취득가액 및 미상각잔액에 해당 감가상각자산을 사업에 사용한 월수를 사업연도의 월수로 나눈 금액을 곱하여 계산하고, 이 경우 월수는 역에 따라 계산하되 1월 미만의 일수는 1월로 한다(법세칙 §13 ⑤).

1. 다음 각 목에 따른 방법
    가. **개별 자산의 감가상각비 한도** : 다음 산식에 따라 계산한 금액
        (감가상각자산의 취득가액 × 결산상각방법이 정액법인 감가상각자산의 취득가액 비중 × 정액법 기준상각률) + (감가상각자산의 미상각잔액 × 결산상각방법이 정률법인 감가상각자산의 취득가액 비중 × 정률법 기준상각률)
    나. **동종자산의 감가상각비 한도** : 다음 산식에 따라 계산한 금액
        (동종자산의 취득가액 합계 × 결산상각방법이 정액법인 감가상각자산의 취득가액 비중 × 정액법 기준상각률) + (동종자산의 미상각잔액 합계 × 결산상각방법이 정률법인 감가상각자산의 취득가액 비중 × 정률법 기준상각률)
2. 결산상각방법이 정액법인 감가상각자산과 정률법인 감가상각자산 중 **취득가액 비중이 더 큰 감가상각자산의 결산상각방법을 기준연도의 결산상각방법으로** 보고 개별 자산의 감가상각비 한도 및 동종자산의 감가상각비 한도를 계산(법세령 §26의2 ②)하는 방법

종전감가상각비의 계산식을 적용함에 있어서 **기준연도에 해당 자산의 동종자산에 대하여 감가상각비를 손비로 계상하지 아니한 경우**에는 기준연도 이전 마지막으로 해당 자산의 동종자산에 대하여 감가상각비를 손비로 계상한 사업연도의 결산상각방법을 기준연도의 결산상각방법으로 한다(법세령 §26의2 ③).

기준상각률은 기준연도 및 그 이전 2개 사업연도에 대하여 각 사업연도 별로 다음 각 호에 따른 비율을 구하고 이를 평균하여 계산한다(법세령 §26의2 ④ 전단). 이 경우 기준연도 및 그 이전 2개 사업연도 중에 법인이 신규 설립된 경우, 합병 또는 분할한 경우, 상각방법을 변경한 경우(법세령 §27) 또는 내용연수범위와 달리 내용연수를 적용하거나 적용하던 내용연수를 변경한 경우(법세령 §29)에는 그 사유가 발생하기 전에 종료한 사업연도는 제외하고 계산한다(법세령 §26의2 ④ 후단).

1. **결산상각방법이 정액법인 경우**(법세령 §26의2 ② 1호 가목) : 동종자산의 감가상각비 손금산입액 합계액이 동종자산의 취득가액 합계액에서 차지하는 비율
2. **기준연도의 해당 자산의 동종자산에 대한 결산상각방법이 정률법인 경우**(법세령 §26의2 ② 1호 가목) : 동종자산의 감가상각비 손금산입액 합계액이 동종자산의 미상각잔액 합계액에서 차지하는 비율

내국법인이 **한국채택국제회계기준을 최초로 적용한 사업연도의 직전 사업연도에 한국채택**

국제회계기준을 준용하여 비교재무제표를 작성하고 비교재무제표를 작성할 때 사용한 상각방법 및 내용연수와 **동일하게 해당 사업연도의 결산상각방법 및 결산내용연수를 변경한 경우**에는 해당 사업연도에 한국채택국제회계기준을 최초로 적용한 것으로 본다(법세령 §26의2 ⑤).

적격합병등취득자산에 대하여서는 **감가상각비 손금산입 특례**가 적용된다. 적격합병등취득자산(법인이 한국채택국제회계기준을 적용한 사업연도 및 그 후 사업연도에 적격합병, 적격분할 및 적격물적분할에 의하여 취득하고, 법정 기존보유자산 및 그 동종자산(법세령 §26의2 ①)에 해당하는 자산)의 감가상각비는 다음 각 호의 방법에 따라 손금에 산입할 수 있다(법세령 §26의2 ⑥).

---

1. **동종자산을 보유한 법인 간 적격합병(적격분할에 해당하는 분할합병을 포함)한 경우** : 합병등기일이 속하는 사업연도의 직전 사업연도를 기준연도로 하여 해당 동종자산의 기준상각률(법세령 §26의2 ④)을 재계산한 후 그 기준상각률을 적용하여 손금에 산입(법세령 §26의2 ②)하는 방법. 이 경우 기준상각률을 재계산(법세령 §26의2 ④)할 때 동종자산의 감가상각비 손금산입액 합계액은 양도법인(적격합병등취득자산을 양도한 법인)과 양수법인이 해당 동종자산에 대하여 손금에 산입한 감가상각비를 더한 금액으로 하고, 동종자산의 취득가액 합계액은 양도법인과 양수법인이 계상한 해당 동종자산의 취득가액을 더한 금액으로 하며, 동종자산의 미상각잔액 합계액은 양도법인 및 양수법인이 계상한 해당 동종자산의 미상각잔액을 더한 금액으로 한다.
2. **동종자산을 보유하지 아니한 법인 간 적격합병한 경우, 적격분할 또는 적격물적분할에 의하여 신설된 법인이 적격분할 또는 적격물적분할에 의하여 취득한 자산의 경우** : 다음 각 목의 방법
   가. 양도법인이 합병등기일 등(합병등기일 또는 분할등기일)이 속하는 사업연도 이전에 한국채택국제회계기준을 적용하여 해당 자산에 대한 감가상각비를 손금에 산입(법세 §23 ②)한 경우 : 해당 자산에 대하여 양도법인이 이미 계산한 기준상각률을 적용하여 손금에 산입(법세령 §26의2 ②)하는 방법
   나. 가목 외의 경우 : 합병등기일 등이 속하는 사업연도의 직전 사업연도를 기준연도로 하고 적격합병등취득자산을 양수법인이 보유한 다른 자산과 구분하여 업종 및 종류별로 기준상각률을 재계산(법세령 §26의2 ④)한 후 그 기준상각률을 적용하여 손금에 산입(법세령 §26의2 ②)하는 방법. 이 경우 기준상각률을 재계산(법세령 §26의2 ④)할 때 동종자산의 감가상각비 손금산입액은 양도법인이 적격합병등취득자산에 대하여 손금에 산입한 감가상각비로 하고, 취득가액 및 미상각잔액은 각각 양도법인이 계상한 적격합병등취득자산의 취득가액 및 미상각잔액으로 한다.

적격합병등취득자산의 감가상각비를 손금에 산입(법세령 §26의2 ①)하는 경우 양도법인이

취득한 날을 적격합병등취득자산의 취득일로 보되, 양도법인이 합병등기일 등이 속하는 사업연도 이전에 국제회계기준을 적용한 경우에는 **양도법인의 기존보유자산과 동종자산이 아닌 자산**에 대해서는 적격합병등취득자산에 대한 감가상각비 손금산입 특례(법세령 §26의2 ⑥)를 적용하지 아니한다(법세령 §26의2 ⑦). 적격합병등취득자산의 종전감가상각비를 계산(법세령 §26의2 ②)할 때 **적격합병등취득자산의 취득가액**은 양도법인의 취득가액으로 하고, **미상각잔액**은 양도법인의 양도 당시의 장부가액(양도 당시의 시가에서 자산조정계정(법세령 §80의4 ①, §82의4 ①)을 뺀 금액)에서 양수법인이 이미 감가상각비로 손금에 산입한 금액을 공제한 잔액으로 한다(법세령 §26의2 ⑧).

　적격합병등취득자산의 기준상각률 및 손금산입한도를 계산할 때 양도법인 또는 양수법인의 결산상각방법이 한국채택국제회계기준을 최초로 적용한 사업연도 이후에 변경된 경우에는 변경되기 전 결산상각방법을 기준연도의 결산상각방법으로 하여 손금에 산입되는 감가상각비(법세령 §26의2 ②, ④)를 계산한다(법세령 §26의2 ⑨ 전단). 동종자산을 보유한 법인 간 적격합병한 경우 손금에 산입되는 감가상각비를 계산(법세령 §26의2 ⑥ 1호)할 때 법인 간 결산상각방법이 서로 다른 경우의 기준상각률 및 손금산입한도 계산방법은 다음과 같다(법세령 §26의2 ⑨ 후단). 즉 개별 자산의 감가상각비 한도 및 동종자산의 감가상각비 한도는 다음 각 호의 어느 하나에 해당하는 방법을 선택하여 계산하며, 이 경우 선택한 방법은 그 이후의 사업연도에도 계속하여 적용한다(법세칙 §13 ③). 이 경우 정액법 기준상각률 및 정률법 기준상각률은 해당 사업연도에 결산상각방법이 정액법인 자산 및 정률법인 자산에 대하여 법정 절차(법세령 §26의2 ④)에 각각 계산한 기준상각률을 말한다(법세칙 §13 ④). 또한 사업연도 중에 취득한 감가상각자산 및 사업연도 중에 처분한 감가상각자산의 취득가액 및 미상각잔액은 각각 그 취득가액 및 미상각잔액에 해당 감가상각자산을 사업에 사용한 월수를 사업연도의 월수로 나눈 금액을 곱하여 계산하고, 이 경우 월수는 역에 따라 계산하되 1월 미만의 일수는 1월로 한다(법세칙 §13 ⑤).

---

1. 다음 각 목에 따른 방법
　가. **개별 자산의 감가상각비 한도** : 다음 산식에 따라 계산한 금액
　　　(감가상각자산의 취득가액 × 결산상각방법이 정액법인 감가상각자산의 취득가액 비중 × 정액법 기준상각률) + (감가상각자산의 미상각잔액 × 결산상각방법이 정률법인 감가상각자산의 취득가액 비중 × 정률법 기준상각률)
　나. **동종자산의 감가상각비 한도** : 다음 산식에 따라 계산한 금액
　　　(동종자산의 취득가액 합계 × 결산상각방법이 정액법인 감가상각자산의 취득가액

비중 × 정액법 기준상각률) + (동종자산의 미상각잔액 합계 × 결산상각방법이 정률법
인 감가상각자산의 취득가액 비중 × 정률법 기준상각률)
2. 결산상각방법이 정액법인 감가상각자산과 정률법인 감가상각자산 중 **취득가액 비중이
더 큰 감가상각자산의 결산상각방법을 기준연도의 결산상각방법**으로 보고 개별 자산의
감가상각비 한도 및 동종자산의 감가상각비 한도를 계산(법세령 §26의2 ②)하는 방법

적격합병등취득자산의 감가상각비를 손금에 산입한 법인에 대하여 **적격요건위반사유**(법세
§44의3 ③, §46의3 ③, §47 ②)가 발생한 경우에는 해당 사유가 발생한 날이 속하는 사업연도
이후의 소득금액을 계산할 때 적격합병등취득자산의 감가상각비 규정(법세령 §26의2 ⑥)을 최초
로 적용한 사업연도 및 그 이후의 사업연도에 해당 규정을 적용하지 아니한 것으로 보고
감가상각비 손금산입액을 계산하며, '최초로 적용한 사업연도부터 해당 사업연도의 직전 사업연
도까지 손금에 산입한 감가상각비 총액'에서 '최초로 적용한 사업연도부터 해당 사업연도의
직전 사업연도까지 해당 규정을 적용하지 아니한 것으로 보고 재계산한 감가상각비 총액'을
뺀 금액을 적격요건위반사유가 발생한 날이 속하는 사업연도의 소득금액을 계산할 때 익금에
산입한다(법세령 §26의2 ⑩).

기준상각비의 계산에 대하여 살핀다.

한국채택국제회계기준 관련 감가상각비 손금산입 특례의 적용에 있어서 **'2014년 1월 1일
이후 취득자산'**은 법인이 2014년 1월 1일 이후에 취득한 감가상각자산으로서 기존보유자산
및 동종자산을 말한다(법세령 §26의3 ①). 감가상각자산에 대한 감가상각비는 제1호에 따른
금액의 범위에서 개별 자산에 대하여 추가로 손금에 산입하는 감가상각비(법세 §23 ②)를 동종자
산별로 합한 금액이 제2호에 따른 금액과 제3호에 따른 금액 중 작은 금액을 초과하지 아니하는
범위에서 손금에 산입한다(법세령 §26의3 ②). 다만 제3호에 따른 금액의 100분의 25에 해당하는
금액이 제2호의 금액보다 큰 경우에는 개별 자산에 대하여 추가로 손금에 산입하는 감가상각비
(법세 §23 ②)를 동종자산 별로 합한 금액이 제3호에 따른 금액의 100분의 25에 해당하는 금액을
초과하지 아니하는 범위에서 추가로 손금에 산입할 수 있다(법세령 §26의3 ③).

1. **개별 자산의 기준감가상각비** : 해당 사업연도의 결산상각방법과 법정 기준내용연수(법세칙
§13의2)를 적용하여 계산한 금액. 법정 기준내용연수는 시험연구용자산(법세령 §28 ① 1호
: 법세칙 §15 ①) 및 특정 무형자산(법세령 §28 ① 1호 ; 법세령 §24 ① 2호 가목~라목)의 경우에는
별표 2(법세칙 §15 ①, ② 별표 2) 및 별표 3(법세칙 §15 ② 별표 3)에 따른 내용연수를, 그
밖의 감가상각자산(법세령 §28 ① 2호)의 경우에는 별표 5(법세칙 §15 ③ 별표 5) 및 별표

6(법세칙 §15 ③ 별표 6)에 따른 기준내용연수를 말한다(법세칙 §13의2).

2. **기준감가상각비를 고려한 동종자산의 감가상각비 한도**('0'보다 작은 경우에는 '0') : 해당 사업연도에 동종자산에 대하여 해당 사업연도의 결산상각방법과 기준내용연수를 적용하여 계산한 감가상각비 합계액 - 해당 사업연도에 동종자산에 대하여 손금에 산입한 감가상각비(법세 §23 ①) 합계액

3. **종전감가상각비를 고려한 동종자산의 감가상각비 한도** : 다음 각 목의 구분에 따른 금액('0' 보다 작은 경우에는 '0')

   가. **기준연도의 결산상각방법이 정액법인 경우** : 다음 계산식에 따라 계산한 금액

   한도액 = (A × B) - C

   A : 해당 사업연도에 감가상각비(법세 §23 ①)를 손금에 산입한 동종자산의 취득가액 합계액

   B : 기준상각률

   C : 해당 사업연도에 동종자산에 대하여 손금에 산입한 감가상각비(법세 §23 ①) 합계액

   나. **기준연도의 결산상각방법이 정률법인 경우** : 다음 계산식에 따라 계산한 금액

   한도액 = (A × B) - C

   A : 해당 사업연도에 감가상각비(법세 §23 ①)를 손금에 산입한 동종자산의 미상각잔액 합계액

   B : 기준상각률

   C : 해당 사업연도에 동종자산에 대하여 손금에 산입한 감가상각비(법세 §23 ①) 합계액

2.7. 기부금의 손금불산입

2.7.1. 기부금 손금산입 개요

기부금은 내국법인이 **사업과 직접적인 관계없이 무상으로** 지출하는 금액[**법정 거래**(특수관계인 외의 자에게 **정당한 사유 없이** 자산을 정상가액보다 낮은 가액으로 양도하거나 특수관계인 외의 자로부터 정상가액보다 높은 가액으로 매입하는 것을 말하고, 이 경우 **정상가액**은 시가에 시가의 100분의 30을 더하거나 **뺀** 범위의 가액으로 함)(법세령 §35)**를 통하여 실질적으로 증여한** 것으로 인정되는 금액을 포함 : 이하 '**의제기부금**']을 말한다(법세 §24 ①). 사업 관련성이 부인되면 그 자체로 법인의 손금이 될 수 없으나(법세 §19 ②), 기부금의 경우에는 사업 관련성이 부인된다고 하더라도 정책적 고려에 의하여 특별히 법정 한도 내에서 손금산입을 인정하는 것이다. 기부금은 사업과 직접적인 관계없이 무상으로 지출되는 금원이므로, **법인의 무상 지출이 그 사업과 직접 관계된다면 이는 기업업무추진비 또는 사업 관련 손금에 해당**한다.

'법인의 업무와 무관한 지출인 기부금으로서 손금산입한도액이 적용되어야 한다는 점'에 대하여서는 과세관청이 **입증책임**을 부담하고, '법인의 사업, 즉 수익창출에 직접 관련된 비용으로서 전액 손금산입되어야 한다는 점'에 대하여서는 법인이 입증책임을 부담하여야 한다. **한편** '농협경제지주회사와 법률 제10522호 농업협동조합법 일부개정법률 부칙 제6조에 따른 분할'로 설립된 그 자회사가 법정 사업(조특령 §116의28 ②)을 위한 목적으로 **농업협동조합법에 따라 설립된 조합(조합원 및 조합공동사업법인을 포함)에 지출하는 금전, 재화 또는 용역**에 대해서는 기부금의 손금불산입(법세 §24)을 적용하지 아니한다(조특 §121의23 ⑤). 수협은행이 법정 사업(조특령 §116의29 ③)을 위한 목적으로 **수산업협동조합법에 따라 설립된 조합(조합원을 포함)에 지출하는 금전, 재화 또는 용역**에 대해서는 기부금의 손금불산입(법세 §24)을 적용하지 아니한다 (조특 §121의25 ③).

법인이 특수관계인에게 사업과 직접적인 관계없이 무상으로 지출하는 경우에도 기부금 손금산입 규정이 적용되는가? 법인이 특수관계인에게 사업과 직접적인 관계없이 무상으로 지출하는 경우에는 **부당행위계산 부인규정**(법세 §52)이 적용되어 그 법인의 행위 또는 소득금액의 계산과 관계없이 시가에 의하여 그 법인의 각 사업연도의 소득금액을 계산하여 해당 금액을 익금에 산입하여야 한다. 이 경우에는 기부금의 손금산입에 관한 규정이 적용될 수 없다. 따라서 법인이 특수관계인과 자산을 양도 또는 양수하는 경우에는 정상가액이 아닌 시가에 의한 부당행위계산 부인규정(법세 §52)이 적용되므로, 의제기부금 규정이 적용될 여지 자체가 없다.

법인세법 시행령은 의제기부금의 적용대상을 '자산의 양수도'로 한정하고 있는바, 의제기부금 규정은 어떠한 경우에 적용되어야 하는가? 법인이 특수관계인에게 사업과 직접적인 관계없이 무상으로 지출하는 경우에는 기부금 규정이 아니라 부당행위계산의 부인규정이 적용되어야 하므로, 의제기부금 규정 역시 법인이 특수관계인에게 무상 지출한 경우에는 적용되지 않는다. 법인세법 시행령 역시 특수관계인 외의 자와 '자산의 양수도'를 한 경우에 대하여 적용한다고 규정한다. 그렇다면 **의제기부금 규정을 '자산의 양수도'로 한정하는 것이 어떠한 의미를 갖는지 여부**가 쟁점된다. 법인이 특수관계인 외의 자에게 무상으로 지출하는 방법은 다양하다. 자산의 양수도는 유상거래이므로 그 거래형식 상으로는 무상 지출과 무관하나, 그 거래가액을 통하여 그 거래상대방에게 실질적으로 무상 지출을 하는 것이 가능하다. 그런데 유상거래는 자산의 양수도에 한정되지 않는다. 유상거래 중 '자산의 고가양수 또는 저가양도'의 경우에 대하여서만 시가가 아닌 정상가액을 통하여 기부금 규정을 완화하여 적용하고 그 밖의 유상거래에 대하여서는 시가를 통하여 기부금 규정을 보다 엄격하게 적용할 규범적 합리성은 없다. 다음으로는 유상거래 중 '자산의 고가양수 또는 저가양도'의 경우에 대하여서만 정상가액을 통하여서라고 기부금 규정을 적용하여야 하는 반면에 다른 유상거래에 대하여서는 기부금 규정을 적용하지 않는 것이 타당한지 여부에 대하여 살펴야 한다. 의제기부금과 관련하여 거래당사자들 사이에서 정상가액에 미달하거나 이를 초과하여 이익을 분여할 수 있는 거래방식이 다양하므로, 유상거래 중 **자산의 양수도에 한하여 의제기부금 대상으로 보는 것이 타당하지 않다는 견해가 있을 수 있다.** 그러나 법인이 특수관계인 외의 자와 거래를 함에 있어서 결정된 해당 거래가액에는 거래당사자들 사이에 특유한 경제적 합리성이 존재한다고 가정하는 것이 규범상 타당하다는 점, 그 거래당사자들 사이의 대가관계를 단일 거래만으로 설명할 수 없는 경우 역시 있다는 점, 거래상대방이 법인이라면 그 법인이 분여받은 이익에 대한 과세가 가능하고 개인이라면 증여세가 부과될 수 있어서 과세기반 일실의 우려가 없을 수 있다는 점, 현물기부 역시 해당 자산가액 상당액을 무상으로 이전하는 것에 해당하나 법인세법은 현물기부 자산가액의 산정에 있어서 정상가액을 고려하고 있지 않다는 점, 법문언이 유상거래 중 자산의 고가양수 또는 저가양도에 대하여 기부금 규정을 적용하면서도 정당한 사유가 있는 경우에는 이를 적용하지 않는다고 규정하여 예외적으로 적용되는 규정임을 명시하고 있다는 점, 유상거래 중 자산의 고가양수 또는 저가양도를 통하여 무상 지출하는 사례가 많아서 다른 유상거래와 달리 특별히 규제할 필요성이 클 수 있고 그 집행 역시 다른 유상거래에 비하여 용이한 것이 감안될 수 있다는 점 및 법률 단계에서 의제기부금의 범위를 시행령에 위임하였음에도 그 시행령의 명시적 내용과 무관하게 그 적용범위를 확장하는 것 자체가 위임입법의 법리에 어긋난다는 점에 각 비추어보면, **법인과 그 특수관계인이 아닌 자 사이의 '유상거래'에 대하여서는 '자산 양수도 거래'에 대하여서만 의제기부금 규정이 적용되는 것으로 한정하여 해석하는 것이 타당**하다. 다만 다른 유상거래의 경우 이익의 분여가 업무무관비용 또는 과다경비 등에 해당하는지 여부는 별도로 검토될 수 있다. 한편 **법인과 그 특수관계인이 아닌 자 사이의 '무상거래'를 통한 지출이 사업과 직접 관련된 것이 아니라면 이에 대하여 아무런 제한이 없이 기부금 규정이 적용되는 것은 당연하다.**

의제기부금의 경우 정당한 사유가 있는지 여부에 대한 입증책임은 과세관청에게 있다. 즉 정당한 사유가 없다는 점에 대하여 과세관청이 입증책임을 부담하는 것이 타당하다. 특수관계인 외의 자 사이의 자산 양수도 거래는 설사 정상가액과 비교하여 고가양수 또는 저가양도에 해당한다고 할지라도 원칙적으로는 거래당사자들 사이에서는 경제적 합리성이 존재한다고 추정하는 것이 타당하기 때문이다. 따라서 특수관계인 외의 자 사이의 자산 양수도 거래가 정상가액과 비교하여 고가양수 또는 저가양도에 해당하지 않는다면 해당 거래를 과세관청이 의제기부금 거래로 재구성할 여지가 전혀 없고, 위 고가양수 또는 저가양도에 해당하는 경우에도 해당 거래가액의 결정에 정당한 사유가 없는 경우에 한하여 해당 거래를 의제기부금 거래로 재구성할 수 있다. 정당한 사유가 없었다는 점을 입증하는 것이 소극적 사실을 입증하는 것에 해당하므로 타당하지 않다는 견해가 있을 수 있다. 그러나, 이 견해는 정당한 사유가 없었다는 점을 간접사실을 통하여 입증하는 것이므로 이를 소극적 사실을 입증하는 것으로 볼 수는 없다는 점 및 특수관계인 사이의 거래에 대하여 적용되는 부당행위계산 부인의 경우에도 조세의 부당한 감소가 있었다는 점에 대한 입증책임은 과세관청이 부담한다는 점에 비추어 볼 때 타당하지 않다.

법인의 금전을 통하지 않은 무상 지출액의 산정은 해당 거래의 각 구체적인 사정에 입각한 시가 또는 다른 합리적인 방법에 의하여 이루어져야 한다. 법인세법 상 부당행위계산 부인규정 상 시가 등에 관한 규정이 준용될 수 있다고 본다. **현물기부 자산가액의 산정에 관한 규정**(법세령 §36 ①)은 법인이 장부에 계상한 자산에 대한 것이므로 이를 **금전을 통하지 않는 무상 지출 일반에 대하여 적용할 수 있는 규정으로 볼 수는 없다.**

기부금의 지출방법에 대한 제한은 없다. 해당 거래의 형식이 아니라 그 경제적 실질이 기부금에 대한 정의를 충족하는지 여부에 의하여 판정하여야 한다. **생명보험업을 영위하는 법인이** 보험계약자에게 자산재평가로 인한 재평가적립금을 배당하는 것은 계약자에게 사후적으로 보험료를 정산환급하는 것이라 볼 수 있으므로 손금에 산입되는 것이 원칙이지만, **재평가적립금 중 과거 계약자들의 몫이라 하여 공익사업출연기금으로 계리한 자산의 운용수익은** 재무부 장관의 '생명보험회사 잉여금 및 재평가적립금 처리지침'에 따라 공익사업에 출연하였다 하여도, 이를 배당이라거나 배당금에 대한 이자로서 지급된 것, 또는 과거 계약자들이란 불특정인들이나 생명보험회사 스스로가 신탁한 신탁자산이라 할 수는 없고, 또 그 출연이 보험계약자로부터 수령하는 보험료와 대가관계에 있다고 할 수도 없으며 법률상 강제된 출연이라 할 수도 없으므로, 위 출연금은 업무와 관련 없이 무상으로 지급되는 금품으로서 일반기부금(구 '지정기부금')에 해당된다.[566] **서울올림픽체육진흥공단이 국무총리행정조정실의 조정내용에 따라 국민체육진흥공단 광고 수익금 중 일부를 전국자동차노동조합연맹에 근로자복지장학기금으로 출연한 경우,** 위 조합에 장학기금을 출연한 목적이 광고사업 자체의 달성에 있는 것은 아니라 할

---

566) 대법원 1997.7.25. 96누10119.

것이므로 위 장학기금은 광고사업과 직접 관계가 있다고 할 수 없을 뿐만 아니라 무상으로 지출한 것으로서 이는 기부금에 해당하고, 수익에 대응하는 비용에 해당한다고 할 수는 없으며 장학기금의 출연이 국무총리행정조정실의 조정 내용에 따른 것이라 하더라도 이를 법률상 강제된 출연이라고 볼 수 없는 이상 기부금이 아니라고 할 수 없다.[567] 법인이 **타인의 원금채무를 인수**한 경우 해당 금액이 비지정기부금에 해당하고 이는 **그 인수 후 이행한 이자지급채무**의 경우에도 동일하다.[568] 이 경우 이자지급채무를 이행한 시점이 그 이자 상당액에 대한 별도의 기부금 귀속시기에 해당한다.

법인이 소유하는 별도 자산으로 인식되거나 다른 자산의 취득가액에 가산되는 지출은 기부금에 해당하지 않는다. 사업과 직접적인 관계없이 무상으로 지출한다는 정의에 포섭될 수 없기 때문이다. 회사가 공장신축을 위하여 건설부장관으로부터 공유수면매립면허를 받아 매립한 토지 중 일부를 매립면허 시의 조건에 따라 기부채납의 형식으로 국가에 기증한 것이라면 그 공사비는 회사의 공장부지의 취득을 위하여 지출된 자본적 지출, 즉 공장부지의 취득원가에 포함되는 위 회사의 사업과 직접 관련되는 비용이라 할 것이므로 이는 위 법조 소정의 손금에 산입할 수 있는 기부금에 해당하지 아니한다.[569] 법인이 주택건설사업을 함에 있어서 그 사업을 위하여 취득한 토지의 일부를 그 사업의 승인조건에 따라 분양토지의 이용편의에 제공하기 위하여 도로로 조성하여 지방자치단체에 기부채납한 경우, 그 도로의 가액 상당의 비용은 수익의 발생에 직접 관련된 필요경비로서 그 귀속시기는 수익의 발생이 확정된 때가 속한 사업연도라고 보아야 하고, 그 도로의 가액을 특례기부금(구 '법정기부금')인 '국가 또는 지방자치단체에 무상으로 기증하는 금품의 가액'에 해당한다고 할 수 없다.[570] 토지의 이용 편의를 위하여 당해 토지에 이르는 진입도로를 개설하여 국가 또는 지방자치단체에 무상으로 공여한 경우, 그 도로로 된 토지의 가액 및 도로개설비용은 당해 토지의 가치를 현실적으로 증가시키는 데 소요된 것으로서 당해 토지에 대한 자본적 지출에 해당하고, 그 소요비용이 특정사업의 면허 또는 사업의 개시 등과 관련하여 지출된 것이라고 하여 다르지 않다.[571] 따라서 해당 지출액을 기부금으로 볼 수는 없다.

이월기부금의 손금산입에 대하여 살핀다. 내국법인이 각 사업연도에 지출하는 기부금 중

---

567) 대법원 1998.6.12. 97누11386.
568) 대법원 2004.1.29. 2003두247.
569) 대법원 1987.7.21. 87누108.
570) 대법원 2002.11.13. 2001두1918.
571) 대법원 2008.4.11. 2006두5502 ; 대법원 2020.4.9. 2017두50492.

특례기부금 또는 일반기부금의 각 손금산입한도액(법세 §24 ②, ③)을 초과하여 손금에 산입하지 아니한 금액은 해당 사업연도의 다음 사업연도 개시일부터 **10년 이내에 끝나는 각 사업연도로 이월**하여 그 이월된 사업연도의 소득금액을 계산할 때 **특례기부금 또는 일반기부금의 각 손금산입한도액의 범위에서 손금에 산입**한다(법세 §24 ⑤). 이월된 기부금은 **해당 사업연도에 지출한 기부금보다 먼저 손금에 산입**하고, 이 경우 이월된 금액은 먼저 발생한 이월금액부터 **손금에 산입**한다(법세 §24 ⑥).

기부금의 구분에 대하여 살핀다. 기부금은 특례기부금, 일반기부금 및 통상의 비지정기부금으로 구분된다. 법정 기부금수령단체에 기부할 경우에는 기준소득금액에서 결손금을 공제한 금액의 50퍼센트를 한도로 기부금을 손금에 산입할 수 있는바, 이 경우의 기부금을 **특례기부금**(법세 §24 ② 1호)이라고 한다. 사회복지·문화·예술·교육·종교·자선·학술 등 공익성을 고려하여 법인세법 시행령이 정하는 기부금으로서 특례기부금을 제외한 것을 **일반기부금**(법세 §24 ③ 1호)이라고 한다. 특례기부금 및 일반기부금에 해당하지 않는 기부금을 통상 **비지정기부금**(법세 §24 ④)이라고 한다. '특례기부금에 해당한다는 점' 또는 '비지정기부금에 해당하지 않는다는 점'에 대하여서는 법인이 **입증책임**을 부담하여야 한다.

현물기부 자산가액의 산정에 대하여 살핀다. 법인이 기부금을 금전 외의 '자산'으로 제공한 때 **특례기부금**(법세 §24 ② 1호)의 경우에는 '기부했을 때의 장부가액', **특수관계인이 아닌 자에게 기부한 일반기부금**(법세 §24 ③ 1호)의 경우에는 '기부했을 때의 장부가액', **그 밖의 기부금**의 경우에는 '기부했을 때의 장부가액과 시가 중 큰 금액'으로 해당 자산의 가액을 산정한다(법세령 §36 ①). **현물기부는** 유상거래 자체가 아니므로 **의제기부금의 범위에 포함될 수 없어서** 정상가액 자체가 문제되지 않는다. 현물기부 자산의 장부가액은 **세무 상 장부가액**을 의미한다. 현물기부를 통하여 해당 자산이 법인의 장부에서 제거되므로 이에 대한 세무조정 사항 역시 함께 되어야 하기 때문이다. **현물기부와 관련하여 부수적으로 발생하는 지출 또는 금전 상 부담 역시 현물기부로 인한 기부금 총액에 포함**하는 것이 타당하다. 위 규정은 현물기부 자산가액의 산정에 대한 것일 뿐 현물기부로 인한 기부금 총액의 산정에 대한 것은 아니기 때문이다. 한편 법인이 타인에게 자산을 무상으로 양도하거나 혹은 시가보다 현저하게 낮은 가액으로 양도함으로써 법인세법 소정의 기부금의 요건에 해당되는 경우 상대방이 취득한 자산가액이나 그에 상응한 법인자산의 감소액은 자산의 시가 상당액으로서 **비록 법인이 시가와 장부가액과의 차액을 기업경리 상 손비로 계상하지 않았다고 하더라도** 세법상 일단 차액 상당의 수익이 법인에 실현됨과 동시에 수익을 상대방에게 제공함에 따른 손실이 발생한 것으로 관념하여 그 손실을 기부금으로 보게 된다.[572] 즉 시가와 장부가액과의 차액은 해당 법인 단계에서 익금산입됨과 동시에 손금으로서 지출된 것으로 의제된다. 다만 해당 지출액이 기부금에 해당한다면 그 기부금의 성질에 따라 시부인 계산되어야 한다.

기부금의 귀속사업연도에 대하여 살핀다. 법인이 기부금을 가지급금 등으로 이연계상한 경우에는 이를 그 지출한 사업연도의 기부금으로 하고, 그 후의 사업연도에 있어서는 이를 기부금으로 보지 아니한다(법세령 §36 ②). 법인이 기부금을 미지급금으로 계상한 경우 실제로 이를 지출할 때까지는 당해 사업연도의 소득금액 계산에 있어서 이를 기부금으로 보지 아니한다(법세령 §36 ③). 기부금의 지출을 위하여 어음을 발행(배서를 포함)한 경우에는 그 어음이 실제로 결제된 날에 지출한 것으로 보며, 수표를 발행한 경우에는 당해 수표를 교부한 날에 지출한 것으로 본다(법세칙 §18). 기부금을 수령하는 단체가 설립 중인 경우에도 그 지출시기를 기준으로 귀속사업연도를 결정하여야 하는가? 기부금의 성격구분 자체가 이를 수령하는 법인 또는 단체 등의 성격에 따라 달라지므로 기부금을 수령하는 법인 등이 설립 중이라면 기부금의 성격구분 역시 미정인 상태에 있다. 기부금의 귀속사업연도는 해당 기부금의 지출시기를 기준으로 결정하되 해당 기부금의 구분은 설립된 법인 등의 성격에 따라야 그 지출시기로 소급하는 것으로 보는 것이 타당하다. 이 경우 법인은 기부목적에 따라 기부금의 성격을 구분하여 신고하고, 기부금을 수령하는 법인 등의 설립이 확정된 이후 해당 신고와 관련하여 경정청구 또는 수정신고 등을 할 수 있는 것으로 보아야 한다. 즉 기부금의 귀속사업연도와 기부금의 성격구분이 반드시 동일한 시점을 기준으로 결정되어야 하는 것은 아니다.

기부금의 지출절차에 대하여 살핀다. 기부금을 지출한 때에는 특례기부금(법세 §24 ② 1호)과 일반기부금(법세 §24 ③ 1호)을 구분하여 작성한 기부금명세서(법세칙 §82)를 신고(법세 §60)와 함께 납세지 관할 세무서장에게 제출해야 한다(법세령 §37 ③). 기부금을 지출한 법인이 손금산입을 하고자 하는 경우에는 기부금영수증(법세칙 §82)을 받아서 보관하여야 한다(법세령 §39 ④). 이하 특례기부금, 일반기부금 및 그 시부인 계산에 대하여 살핀다.

2.7.2. 특례기부금의 시부인 계산

내국법인이 각 사업연도에 지출한 기부금 및 제5항에 따라 이월된 기부금(일반기부금(법세 §24 ③ 1호)은 제외)(법세 §24 ⑤) 중 특례기부금(법세 §24 ② 1호)은 법정 손금산입한도액(법세 §24 ② 2호) 내에서 해당 사업연도의 소득금액을 계산할 때 손금에 산입하되, 그 법정 손금산입한도

---

572) 대법원 1993.5.25. 92누18320.

액을 초과하는 금액은 손금에 산입하지 아니한다(법세 §24 ②).

2.7.2.1. 특례기부금의 범위

특례기부금의 범위는 다음 각 목과 같다(법세 §24 ② 1호).

가. **국가나 지방자치단체에 무상으로 기증하는 금품**의 가액. 다만, 기부금품의 모집 및 사용에
   관한 법률의 적용을 받는 **기부금품**은 법정 절차(기부금품 §5 ②)에 따라 접수하는 것만
   해당한다. **법정 절차**는 다음과 같다. 국가 또는 지방자치단체 및 그 소속 기관·공무원과
   국가 또는 지방자치단체에서 출자·출연하여 설립된 법인·단체는 자발적으로 기탁하는
   금품이라도 법령에 다른 규정이 있는 경우 외에는 이를 접수할 수 없으나, '법정 절차(기부금
   품령 §14 ①)에 따라 사용용도와 목적을 지정하여 자발적으로 기탁하는 경우로서 기부심사
   위원회의 심의를 거친 경우', '모집자의 의뢰에 의하여 단순히 기부금품을 접수하여 모집자
   에게 전달하는 경우' 또는 '국가 또는 지방자치단체에서 출자·출연하여 설립한 법인·단
   체(기부금품 §5 ① 단서)로서 국가기관이나 지방자치단체의 장으로부터 대표자의 임면과
   업무 감독, 예산 승인, 조직원에 대한 인사 등에 실질적인 지휘·통제를 받지 아니하는
   법인·단체(기부금품령 §13)가 기부금품을 접수하는 경우'에 해당하면 이를 접수할 수
   있다(기부금품 §5 ②).
   **'법인이 개인 또는 다른 법인에게 자산을 기증하고 이를 기증받은 자가 지체없이 다시
   국가 또는 지방자치단체에 기증한 금품의 가액'과 '한국은행이 국제금융기구에의 가입조
   치에 관한 법률에 따라 출연한 금품**(국제금융기구 §2 ②)**의 가액'을** 포함한다(법세령 §37
   ①). 공공단체 등에 출연한 경우 그 출연이 국가의 권고에 따라 행하여진 것이라 하여
   국가를 출연의 상대방으로 본다거나 실질적인 수혜자로 보아 이를 국가 등에 출연한
   기부금과 같이 취급할 수는 없다.[573] 국가 또는 지방자치단체에 무상으로 기증하는 금품은
   기증의 상대방이 국가 또는 지방자치단체인 경우의 당해 금품을 가리키는 것으로 기증받은
   국가 또는 지방자치단체의 사후의 금품처리방법 여하에 의하여 그 성질을 달리할 것은
   아니므로 국가 또는 지방자치단체가 스스로 당해 금품을 지정된 기증목적에 제공하지
   아니하고 다른 유관단체에 인계하여 기증목적에 제공하게 하였어도 국가 또는 지방자치단
   체에 무상으로 기증하는 금품에 해당하지 않는 것은 아니다.[574] 카지노업 등을 영위하는
   갑 주식회사가 '을 관광개발공사 정상화 유도를 통한 지역경제 활성화 기여'를 지정기탁사유
   로 150억 원의 기부금을 병 지방자치단체에 지급하였고, 을 공사가 병 지방자치단체로부터
   위 기부금을 교부받아 운영자금으로 사용한 경우, 위 기부금은 손금산입이 허용되는
   특례기부금에 해당하고 갑 회사의 기부행위와 병 지방자치단체의 자금지원행위를 하나의
   행위 또는 거래라고 섣불리 단정하여 과세대상으로 삼을 수는 없다.[575]
나. **국방헌금**과 **국군장병 위문금품**의 가액. 국방헌금에는 예비군법에 따라 설치된 예비군에
   직접 지출하거나 국방부장관의 승인을 받은 기관 또는 단체를 통하여 지출하는 기부금을

포함한다(법세령 §37 ②).

다. 천재지변으로 생기는 **이재민을 위한 구호금품**의 가액. 천재지변에는 특별재난지역(재난관리 §60)으로 선포된 경우 그 선포의 사유가 된 재난을 포함한다(법세령 §38 ①).

라. 다음의 **기관**(병원은 제외)**에 시설비·교육비·장학금 또는 연구비로 지출**하는 기부금

   1) 사립학교법에 따른 사립학교

   2) 비영리 교육재단(국립·공립·사립학교의 시설비, 교육비, 장학금 또는 연구비 지급을 목적으로 설립된 비영리 재단법인으로 한정)

   3) 근로자직업능력 개발법에 따른 기능대학

   4) 평생교육법에 따른 전공대학의 명칭을 사용할 수 있는 평생교육시설 및 원격대학 형태의 평생교육시설

   5) 경제자유구역 및 제주국제자유도시의 외국교육기관 설립·운영에 관한 특별법에 따라 설립된 외국교육기관 및 제주특별자치도 설치 및 국제자유도시 조성을 위한 특별법에 따라 설립된 비영리법인이 운영하는 국제학교

   6) 산업교육진흥 및 산학연협력촉진에 관한 법률에 따른 산학협력단

   7) 한국과학기술원법에 따른 한국과학기술원, 광주과학기술원법에 따른 광주과학기술원, 대구경북과학기술원법에 따른 대구경북과학기술원, 울산과학기술원법에 따른 울산과학기술원 및 한국에너지공과대학교법에 따른 한국에너지공과대학교

   8) 국립대학법인 서울대학교 설립·운영에 관한 법률에 따른 국립대학법인 서울대학교, 국립대학법인 인천대학교 설립·운영에 관한 법률에 따른 국립대학법인 인천대학교 및 이와 유사한 법정 학교(법세령 §38 ②). **법정 학교**는 '정부출연연구기관 등의 설립·운영 및 육성에 관한 법률에 따라 설립된 한국개발연구원에 설치된 국제대학원', '한국학중앙연구원 육성법에 따라 설립된 한국학중앙연구원에 설치된 대학원 또는 과학기술분야 정부출연연구기관 등의 설립·운영 및 육성에 관한 법률에 따라 설립된 대학원대학(과학기술 §33)'을 말한다(법세령 §38 ②).

   9) 재외국민의 교육지원 등에 관한 법률에 따른 한국학교(법정 요건을 충족하는 한국학교(법세령 §38 ③)만 해당)로서 법정 절차(법세령 §38 ⑥)에 따라 기획재정부장관이 지정·고시하는 학교. **법정 요건을 충족하는 한국학교**는 '기부금 모금액 및 그 활용 실적을 공개할 수 있는 인터넷 홈페이지가 개설되어 있을 것' 및 '기획재정부장관에 의하여 학교 등 지정이 취소된 경우(법세령 §38 ⑭)에는 그 취소된 날부터 3년, 학교 등의 재지정을 받지 못하게 된 경우(법세령 §38 ⑭)에는 그 지정기간의 종료일부터 3년이 지났을 것' 모두를 갖춘 학교를 말한다(법세령 §38 ③). 이 경우 한국학교에 대해서는 해당 학교의 신청을 받아 주무관청이 매 분기 종료일부터 1개월 전이 되는 날까지 법정 서류(법세칙 §18의2 ③)를 갖추어 기획재정부장관에게 추천을 하고, 기획재정부장관은 매 분기 말일까지 지정하여 고시한다(법세령 §38 ⑥). 기획재정부장관이 고시한 학교에 지출하는 기부금은 **지정기간**(고시를 한 날이 속하는 연도의 1월 1일부터 6년간) 동안 특례기부금으로 손금에 산입한다(법세령 §38 ⑦).

    법정 서류는 다음과 같다(법세칙 §18의2 ③ 1호). 주무관청으로부터 추천 서류를 제출받은

기획재정부장관은 행정정보의 공동이용(전자정부 §36 ①)을 통하여 추천 대상인 법인의 등기사항증명서를 확인해야 한다(법세칙 §18의2 ④). 주무관청은 학교의 명칭이 변경된 경우로서 해당 학교가 지정요건을 계속 충족하고 있는 경우에는 지체 없이 그 학교의 정관을 첨부하여 기획재정부장관에게 그 사실을 알려야 하고, 이 경우 기획재정부장관은 행정정보의 공동이용(전자정부 §36 ①)을 통하여 그 학교의 법인 등기사항증명서를 확인해야 한다(법세칙 §18의2 ⑥).

> 가. 공익법인 등 추천서(법세칙 별지 63호의2)
> 나. (삭제)
> 다. 재외국민의 교육지원 등에 관한 법률에 따른 교육부장관의 설립승인서 및 운영승인서(재외국민 §5 ①, ④)
> 라. 최근 3년간(설립일부터 신청일 직전 사업연도 종료일까지의 기간이 3년 미만인 경우에는 해당 학교가 설립한 사업연도부터 신청일 직전 사업연도 종료일까지의 기간을 말함)의 결산서 및 해당 사업연도 예산서
> 마. 기부금을 통한 사업계획서

지정기간 동안 학교는 **법정 의무**['연간 기부금 모금액 및 그 활용 실적을 사업연도 종료일부터 4개월 이내에 기부금 모금액 및 활용실적 명세서(법세칙 §19 ⑤ 별지 63호의7)에 따라 해당 학교 및 국세청의 인터넷 홈페이지에 각각 공개할 것(다만, 상속세 및 증여세법에 따른 법정 사항(상증세 §50의3 ① 2호)을 법정 표준서식(공익법인 등(상증세 §50의3 ① 각 호 외 부분 단서)의 경우 기획재정부령으로 정하는 간편서식(상증세칙 §25 ⑦, 별지 31호의2))(상증세칙 §25 ⑥, 별지 31호)에 따라 공시하는 경우에는 기부금 모금액 및 활용 실적을 공개한 것으로 봄)' 및 '해당 사업연도의 수익사업의 지출을 제외한 지출액의 100분의 80 이상을 직접 고유목적사업에 지출할 것']를 **이행하여야 한다**(법세령 §38 ⑧). 학교는 **요건충족 여부 등**(법정 요건(법세령 §38 ③, ④)의 충족 여부 및 법정 의무(법세령 §38 ⑧)의 이행 여부)를 '사업연도 종료일부터 4개월 이내'(법세칙 §19 ①)에 별지 서식(법세칙 §19 ④ 별지 63호의12)에 의하여 주무관청에 보고하여야 하고, 이 경우 해당 법인 또는 기관이 요건충족 여부 등을 보고하지 아니하면 주무관청이 보고기한(법세칙 §19 ①)으로부터 2개월 이내에 보고하도록 지체 없이 요구하여야 한다(법세령 §38 ⑨ : 법세칙 §19 ③). 주무관청은 학교로부터 보고받은 내용을 점검한 후 그 점검결과(해당 법인이 요건충족 여부 등을 보고하지 아니한 경우에는 그 미보고사실을 포함)를 보고기한(법세칙 §19 ①)으로부터 2개월 이내에 별지 서식(법세칙 §19 ④ 별지 63호의12)에 의하여 국세청장에게 통보하여야 한다(법세령 §38 ⑩ : 법세칙 §19 ④).

국세청장은 학교가 다음 각 호의 어느 하나에 해당하는 경우에는 그 **지정의 취소**를 11월 30일(법세칙 §19 ⑥)까지 기획재정부장관에게 요청해야 한다(법세령 §38 ⑪). 국세청장은 지정을 취소할 것을 **기획재정부장관**에게 요청할 때에는 법정 사항(지정 취소 또는 재지정 거부 대상 학교 명칭, 주무관청, 지정 취소 사유, 그 밖에 지정 취소나

재지정 거부에 필요한 사항)을 적은 문서로 해야 하고, 이 경우 주무관청으로부터 통보받은 점검결과 등(법세칙 §19 ③)의 관련 자료를 첨부해야 한다(법세칙 §19 ⑦). 이 경우 기획재정부장관은 그 학교에 대하여 지정을 취소하지 아니할 수 있다(법세령 §38 ⑭). 학교의 지정을 취소하는 경우에는 그 학교의 명칭과 해당 사실 및 학교 지정적용 배제기간(지정취소일부터 지나야 하는 3년(법세령 §38 ③ 2호, §38 ④ 7호))을 지정취소일이 속하는 연도의 12월 31일(지정취소일이 속하는 달이 12월인 경우에는 다음 연도 1월 31일)까지 관보에 공고해야 한다(법세령 §38 ⑮).

1. 학교가 '사업연도 별로 1천만원'(법세칙 §18의2 ⑤) 이상의 상속세(그 가산세를 포함) 또는 증여세(그 가산세를 포함)를 추징당한 경우(상증세 §48 ②, ③, ⑧~⑪, §78 ⑤ 3호, ⑩, ⑪)

2. 학교가 목적 외의 사업을 하거나 설립허가의 조건을 위반하는 등 공익목적을 위반한 사실, 법정 요건(법세령 §38 ③, ④ 1호, 5호~7호) 및 법정 의무(법세령 §38 ⑧)를 위반한 사실 또는 주무관청에 의한 요구(법세령 §38 ⑨ 후단)에도 불구하고 요건충족 여부 등을 보고하지 않은 사실이 있는 경우. 이 경우 주무관청은 해당 학교의 명칭과 그 내용을 국세청장에게 즉시 알려야 한다(법세령 §38 ⑫).

3. 불성실기부금수령단체로 명단이 공개된 경우(국기 §85의5)

4. 법인의 대표자, 임원, 대리인, 직원 또는 그 밖의 종업원이 기부금품의 모집 및 사용에 관한 법률(기부금품 §16)을 위반하여 법인 또는 개인에게 징역 또는 벌금형이 확정된 경우. 이 경우 주무관청은 해당 학교의 명칭과 그 내용을 국세청장에게 즉시 알려야 한다(법세령 §38 ⑫).

5. 학교가 해산한 경우. 이 경우 주무관청은 해당 학교의 명칭과 그 내용을 국세청장에게 즉시 알려야 한다(법세령 §38 ⑫).

국세청장은 학교의 지정기간이 끝난 후에 그 학교의 지정기간 중 지정취소사유(법세령 §38 ⑪)에 해당하는 사실이 있었음을 알게 된 경우에는 그 학교에 대하여 재지정하지 아니하거나 이미 재지정된 경우에는 그 지정을 취소할 것을 '해당 사유를 알게 된 날부터 5개월이 되는 날'(법세칙 §19 ⑥ 2호)까지 기획재정부장관에게 요청하여야 한다(법세령 §38 ⑬). 국세청장은 지정을 취소할 것을 기획재정부장관에게 요청할 때에는 법정 사항(지정 취소 또는 재지정 거부 대상 학교 명칭, 주무관청, 지정 취소 사유, 그 밖에 지정 취소나 재지정 거부에 필요한 사항)을 적은 문서로 해야 하고, 이 경우 주무관청으로부터 통보받은 점검결과 등(법세칙 §19 ③)의 관련 자료를 첨부해야 한다(법세칙 §19 ⑦). 이 경우 기획재정부장관은 그 학교에 대하여 지정을 취소하지 아니할 수 있다(법세령 §38 ⑭). 학교의 지정을 취소하는 경우에는 그 학교의 명칭과 해당 사실 및 학교 지정적용 배제기간(지정취소일부터 지나야 하는 3년(법세령 §38 ③ 2호))을 지정취소일이 속하는 연도의 12월 31일(지정취소일이 속하는 달이 12월인 경우에는 다음 연도 1월 31일)까지 관보에 공고해야 한다(법세령 §38 ⑮).

마. 다음의 **병원에 시설비·교육비 또는 연구비로 지출**하는 기부금
　1) 국립대학병원 설치법에 따른 국립대학병원
　2) 국립대학치과병원 설치법에 따른 국립대학치과병원
　3) 서울대학교병원 설치법에 따른 서울대학교병원
　4) 서울대학교치과병원 설치법에 따른 서울대학교치과병원
　5) 사립학교법에 따른 사립학교가 운영하는 병원
　6) 암관리법에 따른 국립암센터
　7) 지방의료원의 설립 및 운영에 관한 법률에 따른 지방의료원
　8) 국립중앙의료원의 설립 및 운영에 관한 법률에 따른 국립중앙의료원
　9) 대한적십자사 조직법에 따른 대한적십자사가 운영하는 병원
　10) 한국보훈복지의료공단법에 따른 한국보훈복지의료공단이 운영하는 병원
　11) 방사선 및 방사성동위원소 이용진흥법에 따른 한국원자력의학원
　12) 국민건강보험법에 따른 국민건강보험공단이 운영하는 병원
　13) 산업재해보상보험법에 따른 법정 의료기관(산업재해 §43 ① 1호)
　14) 위 각 병원이 설립한 의료기술협력단(보건의료 §28의2 ①)

바. 사회복지사업, 그 밖의 사회복지활동의 지원에 필요한 재원을 모집·배분하는 것을 주된 목적으로 하는 비영리법인(법정 요건을 충족하는 법인(법세령 §38 ④)만 해당)으로서 법정 절차(법세령 §38 ⑥)에 따라 기획재정부장관이 지정·고시하는 법인에 지출하는 기부금. 이 경우 법인에 대해서는 해당 법인의 신청을 받아 주무관청이 매 분기 종료일부터 1개월 전이 되는 날까지 법정 서류(법세칙 §18의2 ③)를 갖추어 기획재정부장관에게 추천을 하고, 기획재정부장관은 매 분기 말일까지 지정하여 고시한다(법세령 §38 ⑥). 기획재정부장관이 고시한 법인에 지출하는 기부금은 **지정기간**(고시를 한 날이 속하는 연도의 1월 1일부터 6년간) 동안 특례기부금으로 손금에 산입한다(법세령 §38 ⑦).
법정 요건을 충족하는 법인은 다음과 같고(법세령 §38 ④), 이를 '**전문모금기관**'이라고 한다(법세칙 §19 ④ 2호).

1. 기부금 모금액 및 그 활용 실적을 공개할 수 있는 인터넷 홈페이지가 개설되어 있을 것
2. 외부감사인(외감법 §2 7호)에게 회계감사를 받을 것
3. 법정 서류 등(재무제표, 기부금 모집 및 지출내용, 해당 공익법인 등의 대표자, 이사, 출연자, 소재지 및 목적사업에 관한 사항, 출연재산의 운용소득 사용명세)(상증세 §50의3 ① 1호~4호)을 해당 비영리법인 및 국세청의 인터넷 홈페이지를 통하여 공시할 것
4. 직접 공익목적사업용 전용계좌(상증세 §50의2)를 개설하여 사용할 것
5. 지정 신청일(법세령 §38 ⑥) 직전 5개 사업연도[설립일부터 신청일 직전 사업연도 종료일까지의 기간이 5년 미만인 경우에는 해당 법인의 설립일부터 신청일이 속하는 달의 직전 달의 종료일까지의 기간(1년 이상인 경우만 해당)을 말한다] 평균 기부금

배분 지출액이 총지출금액의 100분의 80 이상이고 기부금의 모집·배분 및 법인의 관리·운영에 사용한 비용이 기부금 수입금액의 100분의 10 이하일 것 이 경우 총지출금액, 배분지출액 등의 계산에 관하여는 법정된 바(법세칙 §18의2)에 따라야 한다.

법정 총지출금액 및 배분지출액은 다음과 같다(법세칙 §18의2).

1. 총지출금액 : 발생주의에 기초한 결산 기준 포괄손익계산서(포괄손익계산서가 없는 경우에는 손익계산서를 말함)의 차변에 계상된 금액의 합계액에서 현재·미래의 현금흐름과 무관한 비용을 뺀 금액
2. 배분지출액 : 가목의 금액에서 나목과 다목의 금액을 뺀 금액
   가. 총지출금액 중 개인에게 직접 지원한 금액과 다른 비영리법인·단체의 고유목적사업을 위한 재원으로 지출한 금액의 합계액
   나. 해당 법인이 출연하여 설립한 법인 또는 단체에 지출한 금액
   다. 개인에게 직접 지원한 금액이 가목의 금액에서 나목의 금액을 뺀 금액의 100분의 30을 초과하는 경우 그 초과하는 금액

법정 서류는 다음과 같다(법세칙 §18의2 ③ 2호). 주무관청으로부터 추천 서류를 제출받은 기획재정부장관은 행정정보의 공동이용(전자정부 §36 ①)을 통하여 추천 대상인 법인의 등기사항증명서를 확인해야 한다(법세칙 §18의2 ④). 주무관청은 법인의 명칭이 변경된 경우로서 해당 법인이 지정요건을 계속 충족하고 있는 경우에는 지체 없이 그 법인의 정관을 첨부하여 기획재정부장관에게 그 사실을 알려야 하고, 이 경우 기획재정부장관은 행정정보의 공동이용(전자정부 §36 ①)을 통하여 그 법인의 법인 등기사항증명서를 확인해야 한다(법세칙 §18의2 ⑥).

가. 공익법인 등 추천서(법세칙 별지 63호의2)
나. 법인설립허가서
다. 법인 등기사항증명서
라. 정관
마. 기부금을 통한 사업계획서
바. 최근 3년간의 결산서 및 해당 사업연도 예산서
사. 총지출금액 계산서(법세칙 별지 63호의8)
아. 최근 3년간의 결산서에 대한 회계감사 보고서
자. 전용계좌개설 신고 사실(상증세령 §43의2 ⑩)에 대하여 관할 세무서장이 발급하는 사실증명

지정기간 동안 법인은 **법정 의무**['연간 기부금 모금액 및 그 활용 실적을 사업연도 종료일부터 4개월 이내에 기부금 모금액 및 활용실적 명세서(법세칙 §19 ⑤ 별지 63호의7)에 따라 해당 법인 및 국세청의 인터넷 홈페이지에 각각 공개할 것(다만,

상속세 및 증여세법에 따른 법정 사항(상증세 §50의3 ① 2호)을 법정 표준서식(공익법인 등(상증세 §50의3 ① 각 호 외 부분 단서)의 경우 기획재정부령으로 정하는 간편서식(상증세칙 §25 ⑦, 별지 31호의2))(상증세칙 §25 ⑥, 별지 31호)에 따라 공시하는 경우에는 기부금 모금액 및 활용 실적을 공개한 것으로 봄)' 및 '해당 사업연도의 수익사업 지출을 제외한 지출액의 100분의 80 이상을 직접 고유목적사업에 지출할 것']를 **이행하여야** 한다(법세령 §38 ⑧). 법인은 **요건충족 여부 등**(법정 요건(법세령 §38 ③, ④)의 충족 여부 및 법정 의무(법세령 §38 ⑧)의 이행 여부)를 '사업연도 종료일부터 4개월 이내'(법세칙 §19 ①)에 별지 서식(법세칙 §19 ④ 별지 63호의11)에 의하여 주무관청에 보고하여야 하고, 이 경우 해당 법인 또는 기관이 요건충족 여부 등을 보고하지 아니하면 주무관청이 보고기한(법세칙 §19 ①)으로부터 2개월 이내에 보고하도록 지체 없이 요구하여야 한다(법세령 §38 ⑨ ; 법세칙 §19 ③). 주무관청은 법인으로부터 보고받은 내용을 점검한 후 그 점검결과(해당 법인이 요건충족 여부 등을 보고하지 아니한 경우에는 그 미보고사실을 포함)를 보고기한(법세칙 §19 ①)으로부터 2개월 이내에 별지 서식(법세칙 §19 ④ 별지 63호의11)에 의하여 국세청장에게 통보하여야 한다(법세령 §38 ⑩ ; 법세칙 §19 ④).

국세청장은 법인이 다음 각 호의 어느 하나에 해당하는 경우에는 그 **지정의 취소**를 11월 30일(법세칙 §19 ⑥)까지 기획재정부장관에게 요청해야 한다(법세령 §38 ⑪). 국세청장은 지정을 취소할 것을 기획재정부장관에게 요청할 때에는 법정 사항(지정 취소 또는 재지정 거부 대상 법인 명칭, 주무관청, 지정 취소 사유, 그 밖에 지정 취소나 재지정 거부에 필요한 사항)을 적은 문서로 해야 하고, 이 경우 주무관청으로부터 통보받은 점검결과 등(법세칙 §19 ③)의 관련 자료를 첨부해야 한다(법세칙 §19 ⑦). 이 경우 **기획재정부장관**은 그 법인에 대하여 지정을 취소하지 아니할 수 있다(법세령 §38 ⑭). 법인의 지정을 취소하는 경우에는 그 법인의 명칭과 해당 사실 및 법인 지정적용 배제기간(지정취소일부터 지나야 하는 3년(법세령 §38 ③ 2호, §38 ④ 7호))을 지정취소일이 속하는 연도의 12월 31일(지정취소일이 속하는 달이 12월인 경우에는 다음 연도 1월 31일)까지 관보에 공고해야 한다(법세령 §38 ⑮).

1. 법인이 '사업연도별로 1천만원'(법세칙 §18의2 ⑤) 이상의 상속세(그 가산세를 포함) 또는 증여세(그 가산세를 포함)를 추징당한 경우(상증세 §48 ②, ③, ⑧~⑪, §78 ⑤ 3호, ⑩, ⑪)
2. 법인이 목적 외의 사업을 하거나 설립허가의 조건을 위반하는 등 공익목적을 위반한 사실, 법정 요건(법세령 §38 ③, ④ 1호, 5호~7호) 및 법정 의무(법세령 §38 ⑧)를 위반한 사실 또는 주무관청에 의한 요구(법세령 §38 ⑨ 후단)에도 불구하고 요건충족 여부 등을 보고하지 않은 사실이 있는 경우. 이 경우 주무관청은 해당 법인의 명칭과 그 내용을 국세청장에게 즉시 알려야 한다(법세령 §38 ⑫).

3. 불성실기부금수령단체로 명단이 공개된 경우(국기 §85의5)
4. 법인의 대표자, 임원, 대리인, 직원 또는 그 밖의 종업원이 기부금품의 모집 및 사용에 관한 법률(기부금품 §16)을 위반하여 법인 또는 개인에게 징역 또는 벌금형이 확정된 경우. 이 경우 주무관청은 해당 법인의 명칭과 그 내용을 국세청장에게 즉시 알려야 한다(법세령 §38 ⑫).
5. 법인이 해산한 경우. 이 경우 주무관청은 해당 법인의 명칭과 그 내용을 국세청장에게 즉시 알려야 한다(법세령 §38 ⑫).

국세청장은 법인의 **지정기간이 끝난 후에** 그 법인의 지정기간 중 **지정취소사유**(법세령 §38 ⑪)**에 해당하는 사실이 있었음을 알게 된 경우**에는 그 법인에 대하여 **재지정하지 아니하거나 이미 재지정된 경우에는 그 지정을 취소할 것**을 '해당 사유를 알게 된 날부터 5개월이 되는 날'(법세칙 §19 ⑥ 2호)까지 기획재정부장관에게 요청하여야 한다(법세령 §38 ⑬). **국세청장**은 지정을 취소할 것을 기획재정부장관에게 요청할 때에는 법정 사항(지정 취소 또는 재지정 거부 대상 법인 명칭, 주무관청, 지정 취소 사유, 그 밖에 지정 취소나 재지정 거부에 필요한 사항)을 적은 문서로 해야 하고, 이 경우 주무관청으로부터 통보받은 점검결과 등(법세칙 §19 ③)의 관련 자료를 첨부해야 한다(법세칙 §19 ⑦). 이 경우 **기획재정부장관**은 그 법인에 대하여 지정을 취소할 수 있다(법세령 §38 ⑭). 법인의 지정을 취소하는 경우에는 그 법인의 명칭과 해당 사실 및 법인 지정적용 배제기간(지정취소일부터 지나야 하는 3년(법세령 §38 ③ 2호))을 지정취소일이 속하는 연도의 12월 31일(지정취소일이 속하는 달이 12월인 경우에는 다음 연도 1월 31일)까지 관보에 공고해야 한다(법세령 §38 ⑮).
6. 신청일 직전 5개 사업연도 평균 개별 법인(단체를 포함)별 기부금 배분지출액이 전체 배분지출액의 100분의 25 이하이고, 출연자(상증세령 §38 ⑩) 및 출연자의 특수관계인(상증세령 §2 ①)인 법정 비영리법인(상증세령 §2 ① 4호, 5호, 8호)에 대해서는 기부금 배분지출액이 없을 것
7. 기획재정부장관에 의하여 법인 지정이 취소된 경우(법세령 §38 ⑭)에는 그 취소된 날부터 3년, 법인 재지정을 받지 못하게 된 경우(법세령 §38 ⑭)에는 그 지정기간의 종료일부터 3년이 지났을 것

---

573) 대법원 1997.4.11. 96누9164.
574) 대법원 1986.9.9. 85누379.
575) 대법원 2018.3.15. 2017두63887.

2.7.2.2. 특례기부금의 손금산입한도액

특례기부금의 법정 손금산입한도액(법세 §24 ② 2호)은 다음과 같다. 내국법인이 각 사업연도에 지출하는 특례기부금 중 손금산입한도액을 초과하여 손금에 산입하지 아니한 금액은 해당 사업연도의 다음 사업연도 개시일부터 10년 이내에 끝나는 각 사업연도로 이월하여 그 이월된 사업연도의 소득금액을 계산할 때 특례기부금 손금산입한도액의 범위에서 손금에 산입한다(법세 §24 ⑤). 이 경우 이월된 금액을 해당 사업연도에 지출한 기부금보다 먼저 손금에 산입하고, 이월된 금액은 먼저 발생한 이월금액부터 손금에 산입한다(법세 §24 ⑥). 2008년말 이전에 개시한 사업연도에서 발생한 이월결손금의 공제기한은 5년, 2009년 이후에 개시한 사업연도에서 발생한 이월결손금의 공제기한은 10년이라는 점에 유의하여야 한다. 특례기부금의 법정 손금산입한도액을 초과하는 금액은 그 귀속자와 무관하게 기타사외유출로 소득처분하고(법세령 §106 ① 3호 가목), 그 미달액에 대하여서는 세무조정을 할 필요가 없다.

> 〔기준소득금액(피합병법인, 분할법인 및 분할 후 존속하는 법인의 양도손익(법세 §44, §46, §46의5)은 제외하고 특례기부금과 일반기부금을 손금에 산입하기 전의 해당 사업연도의 소득금액) − 결손금(각 사업연도 소득의 60퍼센트를 한도로 이월결손금 공제를 적용받는 법인(법세 §13 ① 1호 단서)은 기준소득금액의 60퍼센트를 한도)(법세 §13 ① 1호)〕 × **50퍼센트**

2.7.3. 일반기부금의 시부인 계산

내국법인이 각 사업연도에 지출한 기부금 및 이월된 기부금(특례기부금(법세 §24 ② 1호)은 제외)(법세 §24 ⑤) 중 **일반기부금**(법세 §24 ③ 1호)은 **법정 손금산입한도액**(법세 §24 ③ 2호) 내에서 해당 사업연도의 소득금액을 계산할 때 손금에 산입하되, 그 법정 손금산입한도액을 초과하는 금액은 손금에 산입하지 아니한다(법세 §24 ③).

2.7.3.1. 일반기부금의 범위

일반기부금은 사회복지·문화·예술·교육·종교·자선·학술 등 공익성을 고려한 기부금(특례기부금(법세 §24 ② 1호)은 제외)(법세 §24 ③ 1호)으로서, 그 **구체적 범위**는 다음 각 호와 같다(법세령 §39 ①).

1. 다음 각 목의 비영리법인인 **공익법인 등**(단체 및 비영리외국법인을 포함)에 대하여 해당 공익법인 등의 고유목적사업비로 지출하는 기부금. 법인으로 보는 단체 중 **고유목적사업준비금의 손금산입 단체**(법세령 §56 ① 각 호)**를 제외한 단체의 수익사업**에서 발생한 소득을 고유목적사업비로 지출하는 금액은 이에 포함된다(법세령 §39 ②). **고유목적사업비**는 해당 비영리법인 또는 단체에 관한 법령 또는 정관에 규정된 설립목적을 수행하는 사업으로서 수익사업(보건업 및 사회복지 서비스업 중 보건업은 제외)(법세령 §3 ①) 외의 사업에 사용하기 위한 금액을 말한다(법세령 §39 ③). 다만, **바목에 따라 지정·고시된 법인에 지출하는 기부금은 지정기간**(지정일이 속하는 연도의 1월 1일부터 3년간(지정받은 기간이 끝난 후 2년 이내에 재지정되는 경우에는 재지정일이 속하는 사업연도의 1월 1일부터 6년간) 지출하는 기부금으로 한정한다.

   가. 사회복지사업법에 따른 사회복지법인

   나. 영유아보육법에 따른 어린이집

   다. 유아교육법에 따른 유치원, 초·중등교육법 및 고등교육법에 따른 학교, 근로자직업능력 개발법에 따른 기능대학, 전공대학 형태의 평생교육시설(평생교육 §31 ④) 및 원격대학 형태의 평생교육시설(평생교육 §33 ③)

   라. 의료법에 따른 의료법인 및 보건의료기술 진흥법에 따른 의료기술협력단(특례기부금이 적용되는 의료기술협력단(법세 §24 ② 1호 마목 14)은 제외)(보건의료 §28의2 ①)

   마. 종교의 보급, 그 밖에 교화를 목적으로 문화체육관광부장관 또는 지방자치단체의 장의 허가를 받아 설립한 비영리법인(그 소속 단체를 포함)(민법 §32)

   바. 주무관청의 허가를 받아 설립된 민법 상 비영리법인(민법 §32), 비영리외국법인, 사회적협동조합(협동조합 §85), 공공기관(공기업(공공기관법 §5 ④ 1호)은 제외)(공공기관법 §4) 또는 법률에 따라 직접 설립 또는 등록된 기관 중 다음의 요건을 모두 충족한 것으로서 **국세청장**(주사무소 및 본점소재지 관할 세무서장을 포함)**의 추천**을 받아 **기획재정부장관이 지정하여 고시한 법인.** 이 경우 국세청장은 **해당 법인의 신청을 받아** 기획재정부장관에게 추천해야 한다. 공익법인 등의 지정은 매분기별로 한다(법세칙 §18의3 ①). 국세청장은 공익법인 등이 지정된 경우에는 주무관청에 그 사실을 통지해야 한다(법세령 §39 ⑬).

   1) 다음의 구분에 따른 요건

      가) **민법 상 비영리법인 또는 비영리외국법인의 경우** : 정관의 내용상 수입을 회원의 이익이 아닌 공익을 위하여 사용하고 사업의 직접 수혜자가 불특정 다수일 것(비영리외국법인의 경우 추가적으로 재외동포(재외동포 §2)의 협력·지원, 한국의 홍보 또는 국제교류·협력을 목적으로 하는 것일 것). 다만, **주무부장관이 기획재정부장관과 협의**(공익법인 등의 설립허가 등에 관한 권한이 위임된 경우(행정위탁 §3 ①)에는 해당 권한을 위임받은 기관과 해당 공익법인 등의 관할 세무서장의 협의)하여 따로 수혜자의 범위를 정하여 이를 공익법인 등의 설립허가의 조건 또는 정관의 변경허가조건으로 한 경우(상증세령 §38 ⑧ 2호 각 목 외의 부분 단서)에는 해당 요건을 갖춘 것으로 본다.

나) **사회적협동조합의 경우** : 정관의 내용상 '지역(시·도의 관할 구역을 말하되, 실제 생활권이 둘 이상인 시·도에 걸쳐 있는 경우에는 그 생활권 전체) 사회의 재생, 지역 경제의 활성화, 지역 주민들의 권익·복리 증진 및 그 밖에 지역 사회가 당면한 문제 해결에 기여하는 사업(협동조합 §93 ① 1호 ; 협동조합령 §21 1호)', '법정 취약계층에 복지·의료·환경 등의 분야에서 사회서비스를 제공하는 사업(협동조합 §93 ① 2호 ; 협동조합령 §21 2호)' 또는 '법정 취약계층에 일자리를 제공하는 사업(협동조합 §93 ① 3호 ; 협동조합령 §21 3호)'을 수행하는 것일 것

다) **공공기관 또는 법률에 따라 직접 설립 또는 등록된 기관의 경우** : 설립목적이 사회복지·자선·문화·예술·교육·학술·장학 등 공익목적 활동을 수행하는 것일 것

2) **해산하는 경우 잔여재산**을 국가·지방자치단체 또는 유사한 목적을 가진 다른 비영리법인에 귀속하도록 한다는 내용이 정관에 포함되어 있을 것

3) **인터넷 홈페이지**가 개설되어 있고, 인터넷 홈페이지를 통해 연간 기부금 모금액 및 활용실적을 공개한다는 내용이 정관에 포함되어 있으며, 법인의 공익위반 사항을 **공익위반사항 관리·감독 기관**(국민권익위원회, 국세청 또는 주무관청 등 공익위반 사항을 관리·감독할 수 있는 기관) 중 1개 이상의 곳에 제보가 가능하도록 공익위반 사항 관리·감독기관이 개설한 인터넷 홈페이지와 해당 법인이 개설한 홈페이지가 연결되어 있을 것

4) 공익법인 등으로 지정·고시된 날이 속하는 연도와 그 직전 연도에 해당 비영리법인의 명의 또는 그 대표자의 명의로 **특정 정당 또는 특정인에 대한 선거운동**(공직선거 §58 ①)을 한 사실이 없을 것

5) 지정이 취소된 경우(법세령 §39 ⑫)에는 그 취소된 날부터 3년, 추천을 받지 않은 경우(법세령 §39 ⑨)에는 그 지정기간의 종료일부터 3년이 지났을 것. 다만, 위 1)~3)의 법정 의무를 위반한 사유(법세령 §39 ⑤ 1호)만으로 지정이 취소되거나 추천을 받지 못한 경우에는 그렇지 않다.

공익법인 등의 지정을 위한 추천절차는 다음과 같다. 공익법인 등의 지정을 위한 추천을 받으려는 법인은 공익법인 등 추천신청서(법세칙 §18의3 ② 별지 63호의5)에 다음 각 호의 **추천신청서류**를 해당 분기 마지막 달의 전전달 10일까지 국세청장(주사무소 및 본점소재지 관할 세무서장을 포함)에게 제출해야 한다(법세칙 §18의3 ②). 추천신청서류를 제출받은 **국세청장**은 행정정보의 공동이용(전자정부 §36 ①)을 통하여 추천 대상인 법인의 등기사항증명서를 확인해야 하며, 제출받은 추천신청서류를 검토한 후 지정요건을 충족하는 기관에 대해서는 해당 분기 마지막 달의 직전 달 10일까지 추천기관의 법인명, 대표자, 사업내용 등을 기재한 **공익법인 등 추천서**(법세칙 §18의3 ③ 별지 63호의2)에 추천신청서류를 첨부하여 기획재정부장관에게 제출해야 한다(법세칙 §18의3 ③). 공익법인 등은 **명칭이 변경된 경우로서 지정요건을 계속 충족하고 있는 경우** 공익법인등 명칭변경신청서(별지 63호의5)에 해당 공익법인

등의 정관과 외국의 정부가 발행한 해당 법인의 설립에 관한 사항을 증명할 수 있는 서류(비영리외국법인인 경우로 한정)(법세칙 §18의3 ② 1호 다목)를 국세청장에게 제출해야 하고, 이 경우 **국세청장은** 행정정보의 공동이용(전자정부 §36 ①)을 통하여 그 공익법인 등의 법인 등기사항증명서를 확인해야 한다(법세칙 §18의3 ⑥). 이 경우 자료를 제출받은 국세청장은 해당 분기 마지막 달의 직전 달 10일까지 **기획재정부장관에게** 명칭이 변경된 공익법인 등의 명단을 **통보**하고, 기획재정부장관은 해당 공익법인등의 명칭이 변경된 사실을 **관보에 공고**해야 한다(법세칙 §18의3 ⑦).

---

1. 법인 등의 설립 또는 등록에 관한 다음 각 목의 서류
   가. 민법 상 주무관청의 허가를 받아 설립된 비영리법인(민법 §32), 공공기관(공기업(공공기관 §5 ④ 1호)은 제외)(공공기관 §4) 또는 법률에 따라 직접 설립 또는 등록된 기관의 경우 : 법인설립허가서
   나. 사회적협동조합(협동조합 §85)의 경우 : 사회적협동조합 설립인가증
   다. 비영리외국법인의 경우 : 외국의 정부가 발행한 해당 법인의 설립에 관한 사항을 증명할 수 있는 서류
2. 정관
3. 최근 3년간의 결산서 및 해당 사업연도 예산서. 다만, 제출일 현재 법인 등의 설립기간이 3년이 경과하지 않은 경우에는 다음 각 목의 서류
   가. 제출 가능한 사업연도의 결산서
   나. 해당 사업연도 예산서
   다. 국세청장에 추천을 신청하는 날이 속하는 달의 직전 월까지의 월별 수입·지출 내역서
4. 지정일이 속하는 사업연도부터 3년(지정기간이 6년인 경우(법세령 §39 ① 1호 각 목 외의 부분 단서)에는 5년)이 경과하는 날이 속하는 사업연도까지의 기부금 모집을 통한 사업계획서
5. 공익법인 등 의무이행준수 서약서(지정기간이 3년인 경우(법세령 §39 ① 1호 각 목 외의 부분 단서)에 한정)(법세칙 §18의3 ② 별지 63호의6)
6. 기부금모금 및 지출을 통한 공익활동보고서(지정기간이 6년인 경우(법세령 §39 ① 1호 각 목 외의 부분 단서)에 한정)

공익법인 등['종교의 보급, 그 밖에 교화를 목적으로 문화체육관광부장관 또는 지방자치단체의 장의 허가를 받아 설립한 비영리법인(그 소속 단체를 포함)(민법 §32)'(법세령 §39 ① 1호 마목)은 제외][법세령 §39 ① 1호 각 목]**은 다음 각 호의 법정 의무를 이행해야** 한다(법세령 §39 ⑤ 전단). 이 경우 '**국세청장**(주사무소 및 본점소재지 관할 세무서장을 포함)**의 추천을 받아 기획재정부장관이 지정하여 고시한 법인**'(법세령 §39 ① 1호 바목)**은 지정기간**(선거운동 관련 의무(법세령 §39 ⑤ 4호)의 경우에는 지정일이 속하는 연도의 직전 연도를 포함) **동안** 해당 의무를 이행해야 한다(법세령 §39 ⑤ 후단)

1. 민법상 비영리법인 또는 비영리외국법인, 사회적협동조합 및 공공기관 또는 법률에 따라 직접 설립 또는 등록된 기관에 해당하기 위한 **목적사업, 잔여재산 및 인터넷 홈페이지 관련 법정 요건**(법세령 §39 ① 1호 바목 1)~3))을 모두 충족할 것

2. 다음 각 목의 구분에 따른 의무를 이행할 것

   가. **민법상 비영리법인 또는 비영리외국법인의 경우** : 수입을 회원의 이익이 아닌 공익을 위하여 사용하고 사업의 직접 수혜자가 불특정 다수일 것(비영리 외국법인의 경우 추가적으로 재외동포(재외동포 §2)의 협력·지원, 한국의 홍보 또는 국제교류·협력을 목적으로 하는 사업을 수행할 것). 다만, **주무부 장관이 기획재정부장관과 협의**(공익법인 등의 설립허가 등에 관한 권한이 위임된 경우(행정위탁 §3 ①)에는 해당 권한을 위임받은 기관과 해당 공익법인 등의 관할 세무서장의 협의)하여 따로 수혜자의 범위를 정하여 이를 공익법인 등의 설립허가의 조건 또는 정관의 변경허가조건으로 한 경우(상증세령 §38 ⑧ 2호 각 목 외의 부분 단서)에는 해당 요건을 갖춘 것으로 본다.

   나. **사회적협동조합의 경우** : '지역(시·도의 관할 구역을 말하되, 실제 생활권이 둘 이상인 시·도에 걸쳐 있는 경우에는 그 생활권 전체) 사회의 재생, 지역 경제의 활성화, 지역 주민들의 권익·복리 증진 및 그 밖에 지역 사회가 당면한 문제 해결에 기여하는 사업(협동조합 §93 ① 1호 ; 협동조합령 §21 1호)', '법정 취약계층에 복지·의료·환경 등의 분야에서 사회서비스를 제공하는 사업(협동조합 §93 ① 2호 ; 협동조합령 §21 2호)' 또는 '법정 취약계층에 일자리를 제공하는 사업(협동조합 §93 ① 3호 ; 협동조합령 §21 3호)'을 수행할 것

   다. **공공기관 또는 법률에 따라 직접 설립 또는 등록된 기관의 경우** : 사회복지·자선·문화·예술·교육·학술·장학 등 공익목적 활동을 수행할 것

3. **기부금 모금액 및 활용실적**을 매년 사업연도 종료일부터 4개월 이내에 다음 각 목에 따라 **공개**할 것. 다만, 기부금 모집 및 지출 내용(상증세 §50의3 ① 2호)을 법정 표준서식(공익법인 등(상증세 §50의3 ① 각 호 외 부분 단서)의 경우 기획재정부령으로 정하는 간편서식(상증세칙 §25 ⑦, 별지 31호의2))(상증세령 §43의5 ④ ; 상증세칙 §25 ⑥, 별지 31호)에 따라 공시하는 경우에는 다음 각 목의 공개를 모두 한 것으로 본다.

   가. 해당 공익법인 등의 인터넷 홈페이지에 공개할 것

   나. 국세청의 인터넷 홈페이지에 공개할 것. 이 경우 기부금 모금액 및 활용실적 명세서(법세칙 §19의2 ④, 별지 63호의7)에 따라 공개해야 한다.

4. 해당 공익법인 등의 명의 또는 그 대표자의 명의로 **특정 정당 또는 특정인에 대한 선거운동**(공직선거 §58 ①)을 한 것으로 권한 있는 기관이 확인한 사실이 없을 것

5. 각 사업연도의 수익사업 지출을 제외한 지출액의 100분의 80 이상을 **직접**

고유목적사업에 지출할 것

5의2. 사업연도 종료일을 기준으로 **최근 2년 동안 고유목적사업의 지출내역**이 있을 것

6. **직접 공익목적사업용 전용계좌**(상증세 §50의2)를 개설하여 사용할 것

7. **법정 서류 등**(재무제표, 기부금 모집 및 지출내용, 해당 공익법인 등의 대표자, 이사, 출연자, 소재지 및 목적사업에 관한 사항, 출연재산의 운용소득 사용명세) (상증세 §50의3 ① 1호~4호)을 사업연도 종료일부터 4개월 이내에 해당 공익법인 등과 국세청의 **인터넷 홈페이지를 통하여 공시**할 것. 다만, 간편한 방식으로 공시할 수 있는 공익법인 등(상증세 §50의3 ① 각 호 외의 부분 단서 : 상증세령 §43의5 ②)은 제외한다.

8. 공익법인 등에 적용되는 회계기준(상증세 §50의4)에 따라 외부감사인(외감법 §2 7호)에게 **회계감사**를 받을 것. 다만, 회계감사 제외 법정 공익법인 등(상증세 §50 ③ ; 상증세령 §43 ③, ④)은 제외한다.

공익법인 등['영유아보육법에 따른 어린이집'(법세령 §39 ① 1호 나목)과 '유아교육법에 따른 유치원'(법세령 §39 ① 1호 다목) 중 해당 사업연도에 기부금 모금액이 없는 공익법인 등(법세령 §39 ⑥ 1호) 및 종교의 보급, 그 밖에 교화를 목적으로 문화체육관광부장관 또는 지방자치단체의 장의 허가를 받아 설립한 비영리법인(그 소속 단체를 포함)(법세령 §39 ⑥ 2호, §39 ① 1호 마목 ; 민법 §32)은 제외]은 **법정 의무이행 여부**(법세령 §39 ⑥)를 '사업연도 종료일부터 4개월 이내(법세칙 §19의2 ①)'에 법정 서식(법세칙 §19의2 ③, 별지 63호의10)에 의하여 국세청장에게 보고해야 하고, 이 경우 해당 공익법인 등이 의무이행 여부를 보고하지 않으면 **국세청장**은 보고기한으로부터 2개월 이내에 보고하도록 지체 없이 요구해야 한다(법세령 §39 ⑥ ; 법세칙 §19의2 ②). **국세청장**은 보고받은 내용을 점검해야 하며, 그 점검결과 기부금 모금액 및 활용실적(법세령 §39 ⑤ 3호)을 공개하지 않거나 그 공개 내용에 오류가 있는 경우에는 기부금 지출 내역에 대한 세부내용을 제출할 것을 해당 공익법인 등에 요구할 수 있고, 이 경우 공익법인 등은 해당 요구를 받은 날부터 1개월 이내에 기부금 지출 내역에 대한 세부내용을 제출해야 한다(법세령 §39 ⑦).

국세청장은 다음 각 호의 어느 하나에 해당하는 경우에는 그 **지정의 취소**를 11월 30일(법세칙 §19의2 ⑤ 1호)까지 법정 사항(지정 취소대상 공익법인등의 명칭, 주무관청, 지정 취소사유, 그 밖에 지정 취소에 필요한 사항)을 기재한 문서(법세칙 §19의2 ⑥)를 통하여 기획재정부장관에게 요청해야 한다(법세령 §39 ⑧). 국세청장은 기획재정부장관에게 취소를 요청하기 전에 해당 공익법인 등에 지정취소 대상에 해당한다는 사실, 그 사유 및 법적근거 등을 통지해야 한다(법세령 §39 ⑩). 통지를 받은 공익법인 등은 그 통지 내용에 이의가 있는 경우 통지를 받은 날부터 1개월 이내에 국세청장에게 의견을 제출할 수 있다(법세령 §39 ⑪). 요청을 받은 **기획재정부장관**은 해당 공익법인

등의 지정을 취소할 수 있다(법세령 §39 ⑫). **국세청장**은 공익법인 등의 지정이 취소된 경우에는 주무관청에 그 사실을 통지해야 하며, 주무관청은 공익법인 등이 목적 외 사업을 하거나 설립허가의 조건을 위반하는 등 지정취소사유에 해당하는 사실(법세령 §39 ⑧)이 있는 경우에는 그 사실을 국세청장에게 통지해야 한다(법세령 §39 ⑬).

> 1. 법인이 '사업연도별로 1천만원'(법세칙 §18의3 ⑤) 이상의 상속세(그 가산세를 포함) 또는 증여세(그 가산세를 포함)를 추징당한 경우(상증세 §48 ②, ③, ⑧~⑪, §78 ⑤ 3호, ⑩, ⑪)
> 2. 법인이 목적 외의 사업을 하거나 설립허가의 조건을 위반하는 등 공익목적을 위반한 사실, 법정 의무(법세령 §39 ⑤ 1호~5호, 5호의2)를 위반한 사실 또는 국세청장에 의한 요구(법세령 §39 ⑥ 후단)에도 불구하고 요건충족 여부 등을 보고하지 않은 사실이 있는 경우. 이 경우 주무관청은 해당 법인의 명칭과 그 내용을 국세청장에게 즉시 알려야 한다(법세령 §38 ⑫).
> 3. 불성실기부금수령단체로 명단이 공개된 경우(국기 §85의5)
> 4. 법인의 대표자, 임원, 대리인, 직원 또는 그 밖의 종업원이 기부금품의 모집 및 사용에 관한 법률(기부금품 §16)을 위반하여 법인 또는 개인에게 징역 또는 벌금형이 확정된 경우. 이 경우 주무관청은 해당 법인의 명칭과 그 내용을 국세청장에게 즉시 알려야 한다(법세령 §38 ⑫).
> 5. 법인이 해산한 경우. 이 경우 주무관청은 해당 법인의 명칭과 그 내용을 국세청장에게 즉시 알려야 한다(법세령 §38 ⑫).

공익법인 등의 재지정에 대하여 살핀다. 기획재정부장관이 지정한 공익법인 등이 지정기간이 경과한 후 다시 공익법인 등으로 지정받기 위해서는 신규 지정절차(법세령 §39 ① 1호 바목, ②)의 경우에 따라 국세청장에게 추천신청서류를 제출하고 국세청장의 추천(법세령 §39 ③)을 받아 기획재정부장관이 **새로 지정해야** 한다(법세칙 §18의3 ④). 국세청장은 공익법인 등의 지정기간이 끝난 후에 그 공익법인 등의 지정기간 중 지정취소사유(법세령 §39 ⑧ 각 호)에 해당하는 사실이 있었음을 알게 된 경우에는 지정기간 종료 후 3년간 공익법인 등에 대한 추천을 하지 않아야 하며, 이미 재지정된 경우에는 그 지정을 취소할 것을 '해당 사유를 알게 된 날부터 5개월이 되는 날'(법세칙 §19의2 ⑤ 2호)까지 법정 사항(지정 취소대상 공익법인등의 명칭, 주무관청, 지정 취소사유, 그 밖에 지정 취소에 필요한 사항)을 기재한 문서(법세칙 §19의2 ⑥)를 통하여 기획재정부장관에게 요청해야 한다(법세령 §39 ⑨). 국세청장은 기획재정부장 관에게 취소를 요청하기 전에 해당 공익법인 등에 지정취소 대상에 해당한다는 사실, 그 사유 및 법적 근거 등을 통지해야 한다(법세령 §39 ⑩). 통지를 받은 공익법인 등은 그 통지 내용에 이의가 있는 경우 통지를 받은 날부터 1개월 이내에 국세청장에게 의견을 제출할 수 있다(법세령 §39 ⑪). 요청을 받은 **기획재정부장관**은 해당 공익법인 등의 지정을 취소할 수 있다(법세령 §39 ⑫). **국세청장**은 공익법인 등의 지정이 취소된 경우에는 주무관청에 그 사실을 통지해야 하며, 주무관청은 공익법인 등이 목적외 사업을 하거나 설립허가의 조건을 위반하는 등 지정취소사유에 해당하는 사실(법세령 §39 ⑧)이 있는 경우에는 그 사실을 국세청장에게 통지해야 한다(법세령 §39 ⑬).

2. 다음 각 목의 기부금

　　가. 유아교육법에 따른 유치원의 장·'초·중등교육법 및 고등교육법에 의한 학교의 장', 근로자직업능력 개발법에 의한 기능대학의 장, '전공대학 형태의 평생교육시설(평생교육 §31 ④) 및 원격대학 형태의 평생교육시설(평생교육 §33 ③)의 장'이 추천하는 개인에게 **교육비·연구비 또는 장학금**으로 지출하는 기부금

　　나. **공익신탁**(상증세령 §14 ① 각 호)으로 신탁하는 기부금

　　다. 사회복지·문화·예술·교육·종교·자선·학술 등 공익목적으로 지출하는 기부금으로서 **기획재정부장관이 지정하여 고시하는 기부금**

　　라. (삭제)

　　마. (삭제)

3. (삭제)

4. 다음 각 목의 어느 하나에 해당하는 사회복지시설 또는 기관 중 **무료 또는 실비로 이용할 수 있는 시설 또는 기관**에 기부하는 금품의 가액. 다만, 나목 1)에 따른 노인주거복지시설 중 양로시설을 설치한 자가 해당 시설의 설치·운영에 필요한 비용을 부담하는 경우 그 부담금 중 해당 시설의 운영으로 발생한 손실금(기업회계기준에 따라 계산한 해당 과세기간의 결손금을 말함)이 있는 경우에는 그 금액을 포함한다.

　　가. 아동복지법 제52조 제1항에 따른 **아동복지시설**

　　나. 노인복지법 제31조에 따른 **노인복지시설** 중 다음의 시설을 제외한 시설

　　　　1) 노인복지법 제32조 제1항에 따른 노인주거복지시설 중 입소자 본인이 입소비용의 전부를 부담하는 양로시설·노인공동생활가정 및 노인복지주택

　　　　2) 노인복지법 제34조 제1항에 따른 노인의료복지시설 중 입소자 본인이 입소비용의 전부를 부담하는 노인요양시설·노인요양공동생활가정 및 노인전문병원

　　　　3) 노인복지법 제38조에 따른 재가노인복지시설 중 이용자 본인이 재가복지서비스에 대한 이용대가를 전부 부담하는 시설

　　다. 장애인복지법 제58조 제1항에 따른 **장애인복지시설**. 다만, 다음 각 목의 시설은 제외한다.

　　　　1) 비영리법인(사회복지사업법 제16조 제1항에 따라 설립된 사회복지법인을 포함) 외의 자가 운영하는 장애인 공동생활가정

　　　　2) 장애인복지법 시행령 제36조에 따른 장애인생산품 판매시설

　　　　3) 장애인 유료복지시설

　　라. 한부모가족지원법 제19조 제1항에 따른 **한부모가족복지시설**

　　마. 정신건강증진 및 정신질환자 복지서비스 지원에 관한 법률 제3조 제6호 및 제7호에 따른 **정신요양시설 및 정신재활시설**

　　바. 성매매방지 및 피해자보호 등에 관한 법률 제6조 제2항 및 제10조 제2항에 따른 **지원시설 및 성매매피해상담소**

사. 가정폭력방지 및 피해자보호 등에 관한 법률 제5조 제2항 및 제7조 제2항에 따른 **가정폭력 관련 상담소** 및 **보호시설**

아. 성폭력방지 및 피해자보호 등에 관한 법률 제10조 제2항 및 제12조 제2항에 따른 **성폭력피해상담소** 및 **성폭력피해자보호시설**

자. 사회복지사업법 제34조에 따른 사회복지시설 중 **사회복지관**과 **부랑인 · 노숙인 시설**

차. 노인장기요양보험법 제32조에 따른 **재가장기요양기관**

카. 다문화가족지원법 제12조에 따른 **다문화가족지원센터**

타. 건강가정기본법 제35조 제1항에 따른 **건강가정지원센터**

파. 청소년복지 지원법 제31조에 따른 **청소년복지시설**

5. (삭제)

6. 다음 각 목의 요건을 모두 갖춘 국제기구로서 **기획재정부장관이 지정하여 고시하는 국제기구**에 지출하는 기부금

가. 사회복지, 문화, 예술, 교육, 종교, 자선, 학술 등 공익을 위한 사업을 수행할 것

나. 우리나라가 회원국으로 가입하였을 것

기획재정부장관은 종전의 법인세법 시행령(대통령령 제28640호로 개정되기 전의 것) 상 '정부로부터 허가 또는 인가를 받은 학술연구단체 · 장학단체 · 기술진흥단체'(구법세령 §36 ① 1호 다목), '정부로부터 허가 또는 인가를 받은 문화 · 예술단체(문화예술진흥법에 의하여 지정을 받은 전문예술법인 및 전문예술단체를 포함) 또는 환경보호운동단체'(구법세령 §36 ① 1호 라목) 또는 '일반기부금단체 등과 유사한 것으로서 기획재정부령이 정하는 일반기부금단체 등'(구법세령 §36 ① 1호 아목)이 **2021년 1월 1일부터 10월 12일까지 신청을 하지 않은 경우**에도 기획재정부장관이 정하여 고시하는 바에 따라 해당 일반기부금단체 등의 추천 신청을 받아 2022년 3월 31일까지 지정 · 고시를 할 수 있다(법세령 §39 ⑭). 이와 같이 지정 · 고시된 일반기부금 등에 **2021년 1월 1일부터 3년간**(지정받은 기간이 끝난 후 2년 이내에 재지정되는 경우에는 재지정일이 속하는 사업연도의 1월 1일부터 5년간) **지출했거나 지출하는 기부금은 일반기부금**으로 본다(법세령 §39 ⑮).

2.7.3.2. 일반기부금의 손금산입한도액

일반기부금의 법정 손금산입한도액(법세 §24 ③ 2호)은 다음과 같다. 내국법인이 각 사업연도에 지출하는 일반기부금 중 손금산입한도액을 초과하여 손금에 산입하지 아니한 금액은 해당 사업연도의 다음 사업연도 개시일부터 10년 이내에 끝나는 각 사업연도로 이월하여 그 이월된 사업연도의 소득금액을 계산할 때 일반기부금 손금산입한도액의 범위에서 손금에 산입한다(법

세 §24 ⑤). 이 경우 이월된 금액을 해당 사업연도에 지출한 기부금보다 먼저 손금에 산입하고, 이월된 금액은 먼저 발생한 이월금액부터 손금에 산입한다(법세 §24 ⑥). 2008년 말 이전에 개시한 사업연도에서 발생한 이월결손금의 공제기한은 5년, 2009년 이후에 개시한 사업연도에서 발생한 이월결손금의 공제기한은 10년이라는 점에 유의하여야 한다. 일반기부금의 법정 손금산입한도액을 초과하는 금액은 그 귀속자와 무관하게 기타사외유출로 소득처분하고(법세령 §106 ① 3호 가목), 그 미달액에 대하여서는 세무조정을 할 필요가 없다.

> [기준소득금액(피합병법인, 분할법인 및 분할 후 존속하는 법인의 양도손익(법세 §44, §46, §46의5)은 제외하고 특례기부금과 일반기부금을 손금에 산입하기 전의 해당 사업연도의 소득금액) − 결손금(각 사업연도 소득의 60퍼센트를 한도로 이월결손금 공제를 적용받는 법인(법세 §13 ① 1호 단서)은 기준소득금액의 60퍼센트를 한도)(법세 §13 ① 1호) − 특례기부금 손금산입액(이월하여 손금에 산입한 금액(법세 §24 ⑤)을 포함)] × 10퍼센트(사업연도 종료일 현재 사회적기업(사회적기업 §2 1호)은 20퍼센트)

2.7.4. 비지정기부금의 시부인 계산

비지정기부금은 해당 사업연도의 소득금액을 계산할 때 손금에 산입하지 아니한다(법세 §24 ④). 법인세법은 특례기부금(법세 §24 ② 1호) 또는 일반기부금(법세 §24 ③ 1호)의 손금산입한도액을 초과하여 익금에 산입한 금액은 그 귀속자와 무관하게 기타사외유출로 소득처분한다고 규정한다(법세령 §106 ① 3호 가목). 따라서 전액 손금부인되는 일반기부금의 경우에는 그 귀속자에 따라 배당, 상여, 기타사외유출 또는 기타로 소득처분할 수 있다(법세령 §106 ①).

2.8. 기업업무추진비의 손금불산입

2.8.1. 기업업무추진비 손금산입 개요

기업업무추진비는 접대, 교제, 사례 또는 그 밖에 어떠한 명목이든 상관없이 이와 유사한 목적으로 지출한 비용으로서 내국법인이 '직접 또는 간접적으로 업무와 관련이 있는 자와 업무를 원활하게 진행하기 위하여' 지출한 금액을 말한다(법세 §25 ①). 법인이 그 직원이 조직한 조합 또는 단체에 복리시설비를 지출한 경우 해당 조합이나 단체가 법인인 때에는 이를 기업업무추진비로 보며, 해당 조합이나 단체가 법인이 아닌 때에는 그 법인의 경리의 일부로 본다(법세령 §40 ②). 이 규정은 법인 직원이 조직한 조합 또는 단체에 대하여서만 적용된다. **법인의 종업원에**

대한 직접적 무상지출은 인건비 또는 복리후생비로서 손금에 산입된다. **법인이 직접 생산한 제품 등으로 제공한 것**은 기업업무추진비지출액에서 제외된다(법세칙 §20 ②). **법인이 기업업무추진비를 장부에 계상하였는지 여부는 기업업무추진비의 손금불산입 여부와 무관하다.** 실질적으로 기업업무추진비 지출이 있었는지 여부에 의하여 결정하여야 한다. '직접 또는 간접적으로 업무와 관련이 있는 자에 해당하는지 여부' 및 '업무의 원활한 진행을 위한 것인지 여부'는 해당 거래의 구체적 상황에 입각한 **경제적 실질에 의하여 판정**되어야 하고, 이는 기업업무추진비의 손금산입한도를 적용하기 위한 요건이므로 과세관청이 이에 대한 **입증책임**을 부담한다. '법인의 사업, 즉 수익창출에 직접 관련된 비용으로서 전액 손금에 산입되어야 한다는 점'에 대하여서는 법인이 입증책임을 부담한다. **기업업무추진비가 지출되었는지 여부** 역시 해당 거래의 경제적 실질에 의하여 판정되어야 한다. 업무관련자에게 거래형식 상 지출되었다고 하더라도 법인이 해당 지출자산 등에 대한 실질적 지배력을 유지하면서 그 경제적 효익을 여전히 향유한다면 이는 기업업무추진비가 지출된 것으로 볼 수 없다. **한편** '농협경제지주회사와 법률 제10522호 농업협동조합법 일부개정법률 부칙 제6조에 따른 분할'로 설립된 그 자회사가 법정 사업(조특령 §116의28 ②)을 위한 목적으로 **농업협동조합법에 따라 설립된 조합(조합원 및 조합공동사업법인을 포함)에 지출하는 금전, 재화 또는 용역**에 대해서는 기업업무추진비의 손금불산입(법세 §25)을 적용하지 아니한다(조특 §121의23 ⑤). 수협은행이 법정 사업(조특령 §116의29 ③)을 위한 목적으로 **수산업협동조합법에 따라 설립된 조합(조합원을 포함)에 지출하는 금전, 재화 또는 용역**에 대해서는 기업업무추진비의 손금불산입(법세 §25)을 적용하지 아니한다(조특 §121의25 ③).

법인이 특수관계인에게 직접 또는 간접적으로 업무와 관련하여 그 업무를 원활하게 진행하기 위하여 지출하는 경우에도 기업업무추진비 손금산입 규정이 적용되는가? 법인이 특수관계인에게 직접 또는 간접적으로 업무와 관련하여 그 업무를 원활하게 진행하기 위하여 지출하는 경우에 조세의 부당한 감소가 있다면 **부당행위계산 부인규정**(법세 §52)이 적용되어 그 법인의 행위 또는 소득금액의 계산과 관계없이 시가에 의하여 그 법인의 각 사업연도의 소득금액을 계산하여 해당 금액을 익금에 산입하여야 한다. 따라서 이 경우에는 기업업무추진비의 손금산입에 관한 규정이 적용될 수 없다. 다만 **특수관계인에 대한 지출이라고 할지라도 해당 거래에 대한 경제적 합리성이 존재하여 조세의 부당한 감소가 있다고 할 수 없다면** 부당행위계산 부인 규정이 적용될 수 없고, 나아가 이를 기업업무추진비로 보아 그 손금산입을 제한할 수도 없다. 특수관계인에 대한 지출이라고 할지라도 해당 지출 자체에 대한 경제적 합리성이 존재한다면 이를 단순히 업무를 원활하게 진행하기 위하여 지출한 것으로 볼 수는 없기 때문이다. **법인이 수익과 직접 관련하여 지출한 비용은 섣불리 이를 기업업무추진비로 단정하여서는 아니된다.**[576)]

기부금은 사업과 직접적인 관계없이 무상으로 지출하는 금액이므로, 법인의 업무를 원활하게 진행하기 위하여 지출한 금액을 의미하는 기업업무추진비에 포함될 수 없다.

판매부대비용은 매출에 직접 관련된 비용이므로 **업무의 진행을 원활하게 하기 위한 지출에 해당하지 않는다. 판매부대비용에 대하여서 손금산입한도가 제한되지 않는 것은 당연하다.** 법인의 지출이 판매부대비용과 기업업무추진비 모두에 해당될 수 있는 경우에는 **해당 지출의 주된 목적**이 무엇인지 여부에 의하여 그 성격을 구분하여야 한다. **주된 목적을 판정할 수 없는 경우** 해당 지출을 각 구분할 수 있다면 그 구분에 따라 취급을 달리하고 그 **지출을 구분할 수 없다면 전액 기업업무추진비로 취급하는 것이 타당**하다. 판매부대비용과 기업업무추진비를 구분하여 회계처리할 것인지 여부는 법인의 선택에 달린 것이고 그에 대한 정보 역시 법인이 전유한다는 점을 감안하면, 위 경우에 이르게 된 점에 대한 불이익이 법인에 귀속되는 것이 타당하기 때문이다. **판례의 입장에 대하여 살핀다.** 외판원이 회사와 위탁판매 및 수당지급에 관한 사전약정을 하고 호별방문 등을 통하여 판매한 후 그 대금을 소속 영업소에 입금시키고 판매실적에 비례하는 판매수당을 지급받아 왔다면 위 판매수당은 기업업무추진비가 아니라 판매와 관련하여 지출된 부대비용이다.[577)] 법인이 사업을 위하여 지출한 비용 가운데 상대방이 사업에 관련 있는 자들이고 지출의 목적이 접대 등의 행위에 의하여 사업관계자들과의 사이에 친목을 두텁게 하여 거래관계의 원활한 진행을 도모하는 데 있는 것이라면, 그 비용은 기업업무추진비라고 할 것이나, 그 지출경위나 성질, 액수 등을 건전한 사회통념이나 상관행에 비추어 볼 때 상품 또는 제품의 판매에 직접 관련하여 정상적으로 소요되는 비용으로 인정되는 것이라면, 이는 손비로 인정하는 판매부대비용에 해당한다.[578)] 상가건물을 매수취득하여 일괄분양하는 영업을 영위하는 회사가 분양업무를 담당하는 그 회사 및 계열회사 영업부직원들에게 약정에 따라 분양실적에 맞추어 일정 비율의 금원을 영업판촉비 내지 알선수수료 명목으로 지출한 경우, 그 지출의 상대방이 회사 내의 영업부직원 등이고, 지출목적이 회사의 목적사업인 상가분양의 촉진을 기하고자 함에 있으며, 특히 당사자 사이에 그 지출에 관한 구체적인 방법, 수액

---

576) 대법원 2010.6.24. 2007두18000 ; 대법원 2012.9.27. 2010두14329.

577) 대법원 1993.1.19. 92누8293 전원합의체 판결.

578) 대법원 2003.12.12. 2003두6559 ; 대법원 2007.10.25. 2005두8924 ; 대법원 2008.7.10. 2006두1098 ; 대법원 2009.11.12. 2007두12422.

등이 사전에 약정된 점에 비추어 볼 때, 이는 분양실적에 따라 지급된 능률급형식의 수수료이거나 분양알선에 대한 대가로서 지급된 상가분양의 부대비용의 성질을 지닌 것으로 볼 것이고 이를 기업업무추진비에 해당하는 것으로 볼 수는 없다.[579] 투자자문 수수료 명목의 금액이 실질적인 투자자문에 대한 대가와 투자자문회사들이 자기 고객의 투자자금을 증권계좌를 통하여 운용함으로써 증권회사에게 거래수수료 수입을 올려준 것에 대한 대가로 이루어져 있어 기업업무추진비가 아닌 판매부대비용에 해당한다.[580] 담배를 수입·판매하던 회사가 영업부진 때문에 영업을 중지하는 대리점에게 신규시장의 개척과 판매촉진을 위하여 영업지원 인건비 및 차량구입비를 지원한 경우에 있어서, 이는 상대방 사업자에게 지급된 '판매부대비용'에 해당하므로 이를 기업업무추진비로 보고 그 전부를 기업업무추진비 한도초과액으로서 손금불산입한 소득처분은 위법하다.[581] 갑 주식회사가 을 주식회사와 하도급계약을 체결하면서 "갑 회사가 재해 발생시 자기 비용으로 피해자와 합의하여 배상한다"는 약정을 체결하고 이에 따라 재해근로자에게 지급한 사고보상비 등을 공상처리비로 회계처리하여 손금산입한 경우 그 공상처리비는 갑 회사의 수익과 직접 관련된 비용으로서 기업업무추진비로 볼 수 없다.[582] **판례가 업무를 원활하게 진행하기 위하여 지출한 금액에 해당한다고 판시한 예**는 다음과 같다. 은행이 경비 및 운전업무의 용역계약을 맺은 용역회사의 고용인인 경비원 등에게 매월 일정액씩 지급한 근무보조비가 인건비가 아니라 기업업무추진비에 해당한다.[583] 격려금 및 선물 등의 지급 상대방이 사업자가 아닌 신문사 지국의 직원들이고, 위 격려금 및 선물의 지급과 지국의 직원 모집광고 무료게재가 거래수량이나 거래금액과는 관계없이 해당 신문사와 거래가 있는 모든 지국 및 그 직원들에 대하여 이루어진 점, 위와 같은 비용지출의 의도가 지국 직원들의 노고를 치하하고 사기를 진작하여 친목을 두텁게 함으로써 해당 신문사와의 거래관계를 보다 원활하게 진행하기 위한 데에 있는 점 등에 비추어 보면 그 격려금의 지급 등은 기업업무추진비에 해당한다.[584]

광고선전비는 법인의 이미지를 개선하여 **구매의욕을 자극하기 위하여 불특정다수인에 대하여 지출되는 금액**을 의미하므로,[585] 직접 또는 간접적으로 업무와 관련이 있는 자와 업무를

579) 대법원 1992.5.8. 91누9473.
580) 대법원 2007.10.25. 2005두8924.
581) 대법원 2009.11.12. 2007두12422.
582) 대법원 2012.9.27. 2010두14329.
583) 대법원 1999.6.25. 97누14194.
584) 대법원 2008.7.10. 2006두1098.
585) 대법원 2010.6.24. 2007두18000.

원활하게 진행하기 위하여 지출한 금액에 해당하지 않는다. 즉 광고선전비는 잠재적 고객인 불특정다수인의 구매의욕을 자극하기 위하여 지출되는 것인바, **잠재적 고객의 범위는 구체적인 거래의 내용에 따라 달리 판단되어야** 한다. 또한 광고선전비에 대하여서는 **손금산입한도가 제한되지 않는다.** 법인의 지출이 광고선전비와 기업업무추진비 모두에 해당될 수 있는 경우에는 **해당 지출의 주된 목적이 무엇인지 여부에 의하여 그 성격을 구분하여야** 한다. **주된 목적을 판정할 수 없는 경우** 해당 지출을 각 구분할 수 있다면 그 구분에 따라 취급을 달리하고 그 **지출을 구분할 수 없다면 전액 기업업무추진비로 취급하는 것이 타당**하다. 광고선전비와 기업업무추진비를 구분하여 회계처리할 것인지 여부는 법인의 선택에 달린 것이고 그에 대한 정보 역시 법인이 전유한다는 점을 감안하면, 위 경우에 이르게 된 점에 대한 불이익이 법인에 귀속되는 것이 타당하기 때문이다. **판례의 입장에 대하여 살핀다.** 외판원들이 시식용 상품을 친척이나 평소 알고 있는 사람에게 한정하지 않고 그들로부터 소개받은 사람이나 전혀 모르는 사람도 대상으로 호별방문을 하여 상품을 설명하고 시식용 상품을 제공하여 시식케 한 후 판매하여 왔다면, 시식용 상품은 판매하려는 상품의 내용과 질을 소비자로 하여금 직접 시험케 하여 소비자의 구매의욕을 자극함으로써 판매를 촉진하기 위한 것으로서 그 구입·배포에 소요된 비용은 상품의 판매를 위한 광고선전 목적으로 불특정다수인을 상대로 지출한 비용에 해당한다고 할 것이고, 노상배포를 하지 않았다거나 기존고객 또는 예비고객에게 배포하였다는 사실만으로 불특정다수인에게 배포한 것이 아니라고 말할 수는 없다.[586] 백화점 경영자가 판촉활동의 일환으로 거래실적이 우수한 불특정 고객에게 선물을 증정한다고 사전에 홍보하고 사은품을 지급하여 왔다면 그 구입에 소요된 비용은 광고선전비에 해당한다.[587] 신문사의 내방객 등에 대한 선물비는 그 내방객 등이 누구인지를 특정할 자료가 없어 그들이 위 신문사와 거래관계를 맺고 있는 특정인들이라고 보기 어렵고, 따라서 그들에게 선물을 지급한 것도 그들과의 거래관계를 원활하게 하기 위한 것이었다기보다는 대외적으로 위 신문사를 홍보하여 이미지를 개선하기 위한 것이었다고 봄이 타당하므로, 이는 광고선전비에 해당한다.[588]

기업업무추진비의 지출방법에 대한 제한은 없다. 해당 거래의 형식이 아니라 그 **경제적 실질이 기업업무추진비에 대한 정의를 충족하는지 여부에 의하여 판정하여야** 한다. 금전 또는 현물의 지출 그리고 이익의 분여 거래 등을 통하여 기업업무추진비는 다양한 형태로 지출될 수 있다.

---

586) 대법원 1993.1.19. 92누8293 전원합의체 판결.
587) 대법원 2002.4.12. 2000두2990.
588) 대법원 2010.6.24. 2007두18000.

기업업무추진비 가액의 계산은 해당 기업업무추진비를 지출했을 때의 장부가액과 시가 중 큰 금액(법세령 §36 ① 3호)으로 한다(법세령 §42 ⑥). 이 규정은 현물 기업업무추진비의 지출에 관한 것이다. 현물 기업업무추진비의 지출에 부수하여 발생하는 지출 또는 금전적 부담 역시 현물 기업업무추진비 총액에 가산하는 것이 타당하다. 따라서 현물 기업업무추진비의 지출과정에서 발생한 부가가치세액 역시 법인이 부담한다면 이 역시 기업업무추진비에 포함되어야 한다. 기업업무추진비의 지출이 이익 분여의 형태를 취한다면 이는 금전을 통한 기업업무추진비의 지출에 해당하지 않고 현물 기업업무추진비에도 포섭되지 않는다. 이 경우 '이익의 분여에 해당하는 기업업무추진비의 가액'은 시가에 의하여 평가하는 것이 타당하고, 그 시가의 산정과 관련하여서는 부당행위계산 부인규정(법세 §52)을 준용하는 것이 타당하다.

기업업무추진비의 지출에 2개 이상의 법인이 관계된 경우에는 기업업무추진행위에 대한 각 법인의 기여분에 따라 각 법인의 기업업무추진비 지출액을 정하여야 하나, 그 기여분이 분명하지 않은 경우에는 각 법인의 기업회계기준에 따른 매출액을 기준으로 안분하는 것이 타당하다.

기업업무추진비의 귀속사업연도에 관한 규정은 없다. 기부금의 경우는 실제 지출되었는지 여부가 중요하므로 현금주의에 따라 실제 지출되었는지 여부를 기준으로 귀속사업연도를 판정하는 것이 타당하나, 기업업무추진비의 경우에는 기업업무추진행위가 이루어졌는지 여부가 중요하므로 **기업업무추진행위가 발생한 시점을 기준으로 귀속사업연도를 판정하는 것이 타당**하다.

기업업무추진비를 자산으로 계상한 경우에는 해당 자산 계상 기업업무추진비에 대하여 손금산입(△유보)로 소득처분한다. 손금산입(△유보)된 금액 중 기업업무추진비한도액을 초과하는 금액에 대하여서는 다시 손금불산입(기타사외유출)로 소득처분하고(법세령 §106 ① 3호), 향후 해당 자산을 상각하거나 양도하는 경우에는 △유보 잔액에 대하여 손금불산입(유보)로 소득처분한다. 손금산입(△유보)된 금액 중 기업업무추진비한도액 범위 내 금액에 대하여서는 해당 자산을 상각하거나 양도하는 경우 그 △유보 잔액에 대하여 손금불산입(유보)로 소득처분하는 것으로 족하다. 즉 **기업업무추진비 자산 계상분에 대하여 손금산입(△유보)로 소득처분한다고 할지라도 그 손금산입된 기업업무추진비가 손금산입한도액 범위에 속하는지 여부에 따라 세무조정이 달라진다.** 따라서 기업업무추진비 자산 계상분 중 어느 자산 계상분을 기업업무추진비 손금산입한도액 초과분에 포함시킬 것인지 여부를 결정하여야 한다. 기업업무추진비 손금산입한도액 초과액은 해당 기업업무추진행위의 발생 당시 즉시 손금산입된 후 손금불산입(기타사외유출)로 소득처분되어야 한다. 감가상각에서 제외되거나 통상 처분이 예상되지 않는 자산에 계상된 경우에는 '손금불산입(기타사외유출) 소득처분' 이후의 세무조정

사항인 '△유보 잔액에 대한 손금불산입(유보) 소득처분'이 다른 자산에 비하여 미루어진다. 납세의무자인 법인의 관점에서 보면 가능한 한 그 손금불산입(유보) 처분을 지연시키는 것이 유리하다. 과세관청의 입장에서는 '△유보 잔액에 대한 손금불산입(유보) 소득처분' 역시 보다 조기에 할 수 있도록 처분할 유인이 있다. 그런데 '손금불산입(기타사외유출) 소득처분' 이후의 '△유보 잔액에 대한 손금불산입(유보) 소득처분'은 이미 기업업무추진비가 손금불산입된 이후 당초 △유보 잔액에 대한 사후관리에 불과한 것이므로 기업업무추진비의 손금산입한도액 설정의 취지와는 무관한 것이다. 또한 특별한 규범적 당위성이 존재하지 않는 한 과세관청이 납세자인 법인의 계정과목을 지정할 권한은 없다. 이상의 각 점을 감안한다면, 납세자인 법인과 과세관청 사이의 서로 다른 이해관계를 조정하기 위하여서는 별도의 입법이 필요하나 반드시 과세관청의 입장을 선택하여야 할 규범적 당위성은 크지 않다. 따라서 기업업무추진비 **자산 계상분 중 어느 자산 계상분을** 기업업무추진비 **손금산입한도액 초과분에 포함시킬 것인지 여부는 법인의 선택에 따라 결정하는 것이 타당**하다. 다만 법인은 기업업무추진비를 취득가액으로 계상한 자산들 사이에서 선택할 수 있다는 점에 유의할 필요가 있다. 법인이 기업업무추진비를 자산으로 계상하였다는 점이 전제되지 않는다면 본 쟁점은 발생할 수 없기 때문이다. 그러나 법인이 업무관련자에게 지출하였다는 점을 과세관청이 입증하였으나 법인이 이를 기업업무추진비로 장부에 계상하지 않았고 그 기업업무추진비가 계상된 자산 역시 특정하지 않는다면 비록 업무관련자에게 지급되었다고 하더라도 이를 업무무관 지출인 기부금으로 보는 것이 타당하다. 통상 비지정기부금에 해당할 것으로 보인다.

주주 등(주주 또는 출자자), '다음 각 호의 임원' 또는 직원이 부담하여야 할 성질의 기업업무추진비를 법인이 지출한 것은 이를 기업업무추진비로 보지 아니한다(법세령 §40 ①). 법인의 사업과 관련되지 않은 지출이므로 전액 손금불산입하고, 이에 대하여 그 귀속자에 따라 배당 또는 상여로 소득처분하여야 한다(법세령 §106 ①).

---

1. 법인의 회장, 사장, 부사장, 이사장, 대표이사, 전무이사 및 상무이사 등 이사회의 구성원 전원과 청산인
2. 합명회사, 합자회사 및 유한회사의 업무집행사원 또는 이사
4. 감사
5. 그 밖에 제1호부터 제4호까지의 규정에 준하는 직무에 종사하는 자

2.8.2. 증빙 불비 기업업무추진비의 손금불산입

내국법인이 한 차례의 접대에 지출한 기업업무추진비 중 **법정 금액**(경조금의 경우 : 20만원, 그 외의 경우 : 3만)(법세령 §41 ①)을 초과하는 기업업무추진비로서 **다음 각 호의 적격 증빙에 해당하지 아니하는 것은** 각 사업연도의 소득금액을 계산할 때 **손금에 산입하지 아니한다**(법세 §25 ② 본문). 적격 증빙에 해당하는 신용카드 등은 해당 법인의 명의로 발급받은 신용카드 등을 말한다(법세령 §41 ⑥). 증빙 불비 기업업무추진비는 손금불산입하고 **기타사외유출**로 소득처분한다(법세령 §106 ① 3호 나목).

> 1. 다음 각 목의 신용카드 등을 사용하여 지출하는 기업업무추진비. 재화 또는 용역을 공급하는 신용카드 등의 가맹점이 아닌 다른 가맹점의 명의로 작성된 매출전표 등을 발급받은 경우(매출전표 등에 기재된 상호 및 사업장소재지가 재화 또는 용역을 공급하는 신용카드 등의 가맹점의 상호 및 사업장소재지와 다른 경우)(법세령 §41 ⑤), 해당 지출금액은 이에 포함되지 않는다(법세 §25 ③).
>   가. 여신전문금융업법에 따른 신용카드(신용카드와 유사한 **법정 지급수단**(법세령 §41 ③)). 법정지급수단은 '여신전문금융업법에 따른 직불카드', '외국에서 발행된 신용카드' 또는 '기명식 선불카드, 직불전자지급수단, 기명식 선불전자지급수단 또는 기명식 전자화폐(조특 §126의2 ① 4호)'를 말한다(법세령 §41 ③).
>   나. 현금영수증(조특 §126의2 ① 2호)
> 2. 계산서(법세 §121 ; 소세 §163) 또는 세금계산서(부가세 §32, §35)를 발급받아 지출하는 기업업무추진비
> 3. 매입자발행세금계산서(부가세 §34의2)를 발행하여 지출하는 기업업무추진비
> 4. **법정 원천징수영수증**(사업자등록(소세 §168)을 하지 아니한 자로부터 용역을 제공받고 발급(소세 §144, §145)하는 원천징수영수증)(법세령 §41 ④)을 발행하여 지출하는 기업업무추진비

다만, **지출사실이 객관적으로 명백한 경우**로서 적격 증빙을 갖춘 기업업무추진비라는 증거자료를 구비하기 어려운 **국외지역에서의 지출 및 농어민에 대한 지출 등 법정 지출**(법세령 §41 ②)은 그러하지 아니하다(법세 §25 ② 단서).

> 1. 기업업무추진비가 지출된 국외지역의 장소(해당 장소가 소재한 인근 지역 안의 유사한 장소를 포함)에서 현금 외에 다른 지출수단이 없어 적격 증빙(법세 §25 ② 각 호)을 구비하기 어려운 경우의 해당 국외지역에서의 지출

2. 농・어민(한국표준산업분류에 따른 농업 중 작물재배업・축산업・복합농업, 임업 또는 어업에 종사하는 자를 말하며, 법인은 제외)으로부터 직접 재화를 공급받는 경우의 지출로서 그 대가를 금융회사 등(금융실명 §2 1호)을 통하여 지급한 지출(해당 법인이 과세표준 신고(법세 §60)를 할 때 과세표준 신고서에 송금사실을 적은 송금명세서를 첨부하여 납세지 관할 세무서장에게 제출한 경우에 한정)

2.8.3. 기업업무추진비 한도초과액의 손금불산입

내국법인이 각 사업연도에 지출한 기업업무추진비(증빙 불비 기업업무추진비(법세 §25 ②)로서 손금에 산입하지 아니하는 금액은 제외)로서 **법정 기본한도**(법세 §25 ④ 1호) 및 **법정 수입금액별 한도**(법세 §25 ④ 2호)의 **합계액**을 초과하는 금액은 해당 사업연도의 소득금액을 계산할 때 손금에 산입하지 아니한다(법세 §25 ④). 다만 **부동산임대업을 주된 사업으로 하는 등 법정 요건에 해당하는 내국법인**(법세령 §42 ②)의 경우에는 **법정 기본한도**(법세 §25 ④ 1호) 및 **법정 수입금액별 한도**(법세 §25 ④ 2호)의 **합계액의 100분의 50을 초과하는 금액**은 해당 사업연도의 소득금액을 계산할 때 손금에 산입하지 아니한다(법세 §25 ⑤). 기업업무추진비 손금산입한도 초과액은 손금불산입하고 **기타사외유출**로 소득처분한다(법세령 §106 ① 3호 나목).

법정 기본한도는 다음과 같다(법세 §25 ④ 1호).

기본한도금액 = A × B × 1/12

A : 1천200만원(중소기업의 경우에는 3천600만원)
B : 해당 사업연도의 개월 수(이 경우 개월 수는 역에 따라 계산하되, 1개월 미만의 일수는 1개월로 한다)

법정 수입금액별 한도는 다음과 같다(법세 §25 ④ 2호).

수입금액별 한도 : 해당 사업연도의 수입금액(**법정 수입금액**(법세령 §42 ①)만 해당)에 **다음 표에 규정된 비율**을 적용하여 산출한 금액. 다만, **특수관계인과의 거래에서 발생한 수입금액**에 대해서는 그 수입금액에 다음 표에 규정된 **적용률**을 적용하여 산출한 금액의 100분의 10에 상당하는 금액으로 한다. **특수관계인과의 거래에서 발생한 수입금액을 기타 수입금액**이라고 하며(법세칙 §20 ①), 그 기타 수입금액에 대하여 아래 적용률을 곱하여 산출한 금액은 '**해당 법인의 수입금액에 적용률을 곱하여 산출한 금액**'에서 '**해당 법인의 수입금액 중 기타 수입금액 외의 수입금액에 적용률을 곱하여 산출한 금액**'을 차감하는 방법으로

계산한다(법세칙 §20 ①).

수입 금액	비율
가. 100억원 이하	0.3퍼센트
나. 100억원 초과 500억원 이하	3천만원 + (수입금액−100억원) × 0.2퍼센트
다. 500억원 초과	1억1천만원 + (수입금액−500억원) × 0.03퍼센트

법정 수입금액은 기업회계기준에 따라 계산한 매출액[사업연도 중에 중단된 사업부문의 매출액을 포함하며, 파생결합증권(자본시장 §4 ⑦) 및 파생상품 거래(자본시장 §5 ①)의 경우 해당 거래의 손익을 통산한 순이익(0보다 작은 경우, 0)]을 말하나, 다음 각 호 법인에 대해서는 다음 계산식에 따라 계산한 금액으로 한다(법세령 §42 ①). 기업회계기준에 따라 계산한 매출액은 법인이 장부에 계상한 매출액과 구분된다. 따라서 법인이 장부에 매출로 계상하지 않았다고 할지라도 기업회계기준에 따라 계상하여야 한다면, 이 역시 매출액에 포함되어야 한다.

1. **자본시장과 금융투자업에 관한 법률에 따른 투자매매업자 또는 투자중개업자** : 매출액 + 투자중개업(자본시장 §6 ① 2호)의 영업과 관련한 보수 및 수수료의 9배에 상당하는 금액
2. **자본시장과 금융투자업에 관한 법률에 따른 집합투자업자** : 매출액 + 집합투자재산(자본시장 §9 ⑳)의 운용과 관련한 보수 및 수수료의 9배에 상당하는 금액
3. **한국투자공사법에 따른 한국투자공사** : 매출액 + 위탁자산 운용수수료(투자공사 §34 ②)의 6배에 상당하는 금액
4. **한국수출입은행법에 따른 한국수출입은행** : 매출액 + 수입보증료의 6배에 상당하는 금액
5. **금융회사부실자산 등의 효율적 처리 및 한국자산관리공사의 설립에 관한 법률에 따른 한국자산관리공사** : 매출액 + 업무수행에 따른 수수료(자산관리공사 §31 ①)의 6배에 상당하는 금액
6. **신용보증사업을 하는 법정 내국법인**(법세령 §63 ① 각 호) : 매출액 + 수입보증료의 6배에 상당하는 금액

부동산임대업을 주된 사업으로 하는 등 법정 요건에 해당하는 내국법인은 다음과 같다(법세령 §42 ②). 내국법인이 둘 이상의 서로 다른 사업을 영위하는 경우에는 사업별 사업수입금액이 큰 사업을 주된 사업으로 본다(법세령 §42 ③).

1. 해당 사업연도 종료일 현재 내국법인의 **지배주주 등**(법인의 발행주식총수 또는 출자총액의 100분의 1 이상의 주식 또는 출자지분을 소유한 주주 등으로서 그와 특수관계에 있는 자와의 소유 주식 또는 출자지분의 합계가 해당 법인의 주주 등 중 가장 많은 경우의 해당 주주 등)(법세령 §43 ⑦)**이 보유한 주식 등의 합계가** 해당 내국법인의 발행주식총수 또는 출자총액의 100**분의** 50**을 초과**할 것
2. 해당 사업연도에 **부동산임대업을 주된** 사업으로 하거나, **다음 각 목의 금액 합계가 기업회계기준에 따라 계산한 매출액**(가목부터 다목까지에서 정하는 금액이 포함되지 않은 경우에는 이를 포함하여 계산)의 100**분의** 50 **이상**일 것
   가. 부동산 또는 부동산 상의 권리의 대여로 인하여 발생하는 수입금액(임대보증금 등의 간주익금(조특 §138 ①)에 가산할 금액을 포함)
   나. 이자소득(소세 §16 ①)의 금액
   다. 배당소득(소세 §17 ①)의 금액
3. 해당 사업연도의 **법정 상시근로자**(법세령 §42 ④) **수가** 5**명 미만**일 것. 상시근로자 수의 계산은 **근로소득을 증대시킨 기업에 대한 세액공제 규정**(조특령 §26의4 ①)을 준용한다(법세령 §42 ⑤).
   법정 상시근로자는 근로기준법에 따라 근로계약을 체결한 내국인 근로자로 하나, 다음 각 호의 근로자는 제외한다(법세령 §42 ④).
   > 1. 해당 법인의 최대주주 또는 최대출자자와 그와 친족관계(국기령 §1의2 ①)인 근로자
   > 2. 근로소득원천징수부(소세령 §196 ①)에 의하여 근로소득세를 원천징수한 사실이 확인되지 아니하는 근로자
   > 3. 근로계약기간이 1년 미만인 근로자. 다만, 근로계약의 연속된 갱신으로 인하여 그 근로계약의 총기간이 1년 이상인 근로자는 제외한다.
   > 4. 단시간근로자(근기 §2 ① 8호)

기업업무추진비의 손금불산입 특례에 대하여 살핀다. **정부출자기관 등 법정 법인**[정부가 100분의 20 이상을 출자한 법인(공기업(공공기관 §5) · 준정부기관이 아닌 상장법인은 제외) 및 위 법인이 최대주주로서 출자한 법인](조특령 §130 ③, ④)에 대하여 손금산입한도액을 계산할 때 손금에 산입하는 기업업무추진비의 금액은 법정 손금산입한도액(법세 §25 ④)의 100분의 70에 상당하는 금액으로 한다(조특 §136 ②). 내국인이 2025년 12월 31일 이전에 지출한 **법정 문화 기업업무추진비**(조특령 §130 ⑤)에 대해서는 내국인의 기업업무추진비 한도액[법정 손금산입한도액(법세 §25 ④)을 합친 금액을 말하고, 부동산임대업을 주된 사업으로 하는 등 법정 내국법인(법세령 §42 ②)의 경우에는 그 금액에 100분의 50을 곱한 금액을 말함)에도 불구하고

해당 과세연도의 소득금액을 계산할 때 내국법인의 기업업무추진비 한도액의 100분의 20에 상당하는 금액의 범위에서 손금에 산입한다(조특 §136 ③).

내국법인이 2020년 1월 1일부터 2020년 12월 31일까지 지출한 기업업무추진비(구 '접대비')로서 법정 손금산입한도액(법세 §25 ④)을 계산할 때 수입금액별 한도는 법인세법 상 적용률(법세 §25 ④ 2호)에도 불구하고 다음 표에 규정된 비율을 적용하여 산출한다(조특 §136 ④).

수입 금액	비율
가. 100억원 이하	0.35퍼센트
나. 100억원 초과 500억원 이하	3천5백만원 + (수입금액−100억원) × 0.25퍼센트
다. 500억원 초과	1억3천5백만원 + (수입금액−500억원) × 0.06퍼센트

2020년이 2개 이상의 사업연도에 걸쳐 있는 내국법인의 경우에는 다음 계산식에 따라 수입금액별 한도를 산출한다(조특 §136 ⑤).

> (수입금액별 특례 한도(조특 §136 ④)) × (해당 사업연도 중 2020년에 속하는 일수/해당 사업연도의 일수) + (법인세법 상 법정 손금산입한도액(법세 §25 ④)) × (해당 사업연도 중 2020년에 속하지 않는 일수/해당 사업연도의 일수)

2.9. 과다경비 등의 손금불산입

2.9.1. 과다경비 등의 손금불산입 개요

법정 손비(법세 §26 각 호) 중 과다하거나 부당하다고 인정하는 법정 금액(법세령 §43~§48)은 내국법인의 각 사업연도의 소득금액을 계산할 때 손금에 산입하지 아니한다(법세 §26). 인건비(상여금 등, 퇴직급여, 퇴직보험료 등), 복리후생비, 여비 등 및 공동경비로 구분하여 각 과다하거나 부당하다고 인정하는 법정 금액이 정하여진다(법세령 §43~§48).

법정 손비는 다음과 같다(법세 §26 각 호). 법인세법 상 인건비를 소득세법 상 근로소득 또는 퇴직소득에 대응하는 개념으로 보는 것이 타당하다. 이를 통하여 법인세법과 소득세법이 유기적으로 결합하여 기능할 수 있기 때문이다. 따라서 복리후생비, 여비 및 교육·훈련비는 근로소득에 포함되지 않는 법인의 손금으로 이해하여야 한다. 즉 복리후생비, 여비 및 교육·훈련비의 성격을 갖는 지출이라고 할지라도 해당 금원이 소득세법 상 근로소득에 포섭되는 것이라면 이는 법인세법 상 인건비로서 취급하는 것이 타당하다. 그 경우에는 법인이 원천징수의무를 부담한다.

> 1. 인건비
> 2. 복리후생비
> 3. 여비 및 교육 · 훈련비
> 4. 법인이 그 법인 외의 자와 동일한 조직, 자산, 사업 등을 공동으로 운영하거나 경영함에 따라 발생되거나 지출된 손비
> 5. 제1호부터 제4호까지에 규정된 것 외에 법인의 업무와 직접 관련이 적다고 인정되는 법정 경비

이하 **상여금 등, 퇴직급여, 퇴직보험료 등, 복리후생비, 여비 등** 및 **공동경비**의 순서로 각 손금불산입에 대하여 살핀다. **해외현지법인에 파견된 임원 또는 직원의 인건비**((법세령 §19 3호), **임직원 행사 주식매수선택권 등에 대한 보전금액**(법세령 §19 19호) 및 **주식매수선택권 등 행사에 따른 주식기준보상액 등**(법세령 §19 19호의2) 역시 인건비에 속하나 이는 법인세법 상 손금항목 부분에서 살핀다.[589]

2.9.2. 상여금 등의 손금불산입

법인이 그 '임원' 또는 '직원'에게 **이익처분에 의하여 지급하는 상여금**은 이를 **손금에 산입하지 아니하고**, 이 경우 **합명회사 또는 합자회사의 노무출자사원에게 지급하는 보수**는 이익처분에 의한 상여로 본다(법세령 §43 ①). 이익의 처분에 의하여 지급하는 금원은 법인세법 상 손금의 정의(법세 §19)에 따르더라도 손금에 해당하지 않는다. 따라서 이 규정을 상여금의 손금산입 여부가 형식적 계정과목이 아니라 그 경제적 실질에 따라 판단되어야 한다는 점을 확인하는 것으로 보아야 한다. 주주 또는 출자자인 임원 또는 직원에게 이익처분에 의한 상여금을 지급하였다면 이를 배당으로 취급할 것이나, 주주 또는 출자자에 해당하지 않는 임원 또는 직원에게 이익처분에 의한 상여금을 지급하였다면 특별한 규정이 없는 한 이를 기부금 등 사업 관련성이 없는 지출로서 손금불산입되는 것으로 보아야 한다. 판례 역시 법인이 지배주주인 임원(그와 특수관계에 있는 임원을 포함)에게 보수를 지급하였더라도, 보수가 법인의 영업이익에서 차지하는 비중과 규모, 해당 법인 내 다른 임원들 또는 동종업계 임원들의 보수와의 현저한 격차 유무, 정기적 · 계속적으로 지급될 가능성, 보수의 증감 추이 및 법인의 영업이익

---

589) 같은 판 Ⅱ 2.22, 2.23, 2.4 참조.

변동과의 연관성, 다른 주주들에 대한 배당금 지급 여부, 법인의 소득을 부당하게 감소시키려는 주관적 의도 등 제반 사정을 종합적으로 고려할 때, 해당 보수가 임원의 직무집행에 대한 정상적인 대가라기보다는 주로 법인에 유보된 이익을 분여하기 위하여 대외적으로 보수의 형식을 취한 것에 불과하다면, 이는 이익처분으로서 손금불산입 대상이 되는 상여금과 실질이 동일하므로 손금에 산입할 수 없다고 보아야 한다고 판시한다.[590] 이 경우 보수금에 직무집행의 대가가 일부 포함되어 있어 그 부분이 손금산입의 대상이 된다는 점은 보수금 산정 경위나 구성내역 등에 관한 구체적인 자료를 제출하기 용이한 납세의무자가 이를 증명할 필요가 있다.[591]

'임원'에게 지급하는 상여금 중 '정관·주주총회·사원총회 또는 이사회의 결의에 의하여 결정된 급여지급기준'에 의하여 지급하는 금액을 초과하여 지급한 경우 그 초과금액은 이를 손금에 산입하지 아니한다(법세령 §43 ②). 직원에게 지급하는 상여금은 모두 손금에 산입한다. 위 규정을 법인의 자치법적 의사결정을 존중하여 '정관·주주총회·사원총회 또는 이사회의 결의에 의하여 결정된 급여지급기준'에 의하여 지급하는 금액을 **인건비로서의 경제적 실질에 부합하는 금액으로 추정하는 규정으로 보는 것이 타당하다.** 따라서 설사 위 급여지급기준에 따라 지급할지라도 그 실질이 이익의 처분에 해당한다는 점이 입증된다면 해당 금액은 손금에 산입될 수 없다고 보아야 한다.

'정관·주주총회·사원총회 또는 이사회의 결의에 의하여 결정된 급여지급기준'에는 **해당 법인을 포함하는 기업집단 또는 기업그룹 전체 등에 대하여 공통적으로 적용되는 급여지급기준** 역시 포함되는 것으로 본다. 해당 법인의 의사에 의하여 남용될 여지가 없을 뿐만 아니라, 해당 법인이 이를 준수하여야 할 실질적인 의무를 부담하는 경우 역시 있기 때문이다. 공통적으로 적용되는 급여지급기준이 아니라면 설사 기업집단 등에 속한 다른 법인이 채택하였더라도 이에 해당할 수 없음은 물론이다. '임원 전체에 지급하는 상여금의 총액을 정하는 급여지급기준' 만으로는 '정관·주주총회·사원총회 또는 이사회의 결의에 의하여 결정된 급여지급기준'에 해당하지 않는 것으로 보아야 한다. 상여금 지급의 적정 여부는 해당 개인을 기준으로 판단되어야 하기 때문이다. 이 경우에는 해당 상여금의 경제적 실질이 근로의 대가인 인건비에 부합한다는 점에 대한 입증책임을 법인이 부담하여야 한다. '급여지급기준에 의하여 지급한' 금원을 손금에 산입하는 것이므로, **사후적으로 결정된 급여지급기준은, 그 남용가능성이 없고 이미 법인 내에서 암묵적으로 수용된 기준을 사후적으로 규정한 것에 불과하다는 등 특별한 사정이**

---

590) 대법원 2017.9.21. 2015두60884.
591) 대법원 2017.9.21. 2015두60884.

없는 한, 위 급여지급기준에 포함되지 않는 것으로 보는 것이 타당하다.

　법인의 급여지급기준을 충족한 날이 속하는 사업연도를 상여금 등의 귀속사업연도로 보아야 한다. 이 경우 급여지급기준을 충족한 날이 집단적으로 결정될 수도 있지만, 개인별로 결정될 수도 있다. 연차유급휴가비용과 같이 **근로자 개인의 구체적 사정에 기반하여 그 금전지급의무가 확정되는 경우**에는 해당 근로자에 대한 금전청구권이 확정되는 시점에 법인은 이를 손금으로 인식하는 것이 타당하다. 기업회계기준이 세법과 달리 추정 등을 통하여 비용을 먼저 인식한다면 해당 금액을 손금불산입(유보)로 소득처분한 후 해당 금액을 손금으로 인식하는 시점에 손금산입(△유보)로 소득처분하여야 한다. 급여지급기준 자체로 임원에게 상여금 청구권이 발생하는 것은 아니므로 설사 법인이 **급여지급기준에 미달하는 금원을 지급하였다고 하더라도 법인이 미달액에 대하여 채무면제익을 인식하여야 하는 것은 아니다.** 급여의 지급으로서의 경제적 실질을 갖고 급여지급기준에 부합한다면 그 지급시기는 문제로 되지 않으므로, 그 상여금을 **임원의 퇴직 이후에 지급**한다고 하더라도 이는 상여금으로서 손금에 산입하여야 하고 근로계약의 체결 당시 미리 지급한 **선급금은 근로기간에 안분하여 각 지급한 것으로 보아야** 한다. 상여금 지급수단은 금전에 한정되지 않고, **현물로 지급하는 경우에는 그 시가로 평가하여야** 한다. 이 경우 법인은 현물의 **시가와 장부가액 사이의 차액을 익금 또는 손금으로 인식하여야** 한다.

　상근이 아닌 임원에게 지급하는 보수는 부당행위계산 부인규정(법세 §52)이 적용되는 경우를 제외하고 이를 손금에 산입한다(법세령 §43 ④). **비상근임원에 해당하는지 여부**는 각 법인의 구체적 상황 및 해당 임원이 수행하는 실질적 직무내용 등에 의하여 판단하여야 할 것이나, 법인의 통상 보고라인 또는 의사결정과정에 참여하는지 여부가 중요한 요소가 될 수 있다. **직원에게 지급하는 보수는 모두 손금에 산입한다.** 법인세법은 **임원 보수 일반에 대한 손금산입 한도를 정하지 않는다.** 다만, 임원의 보수가 인건비로서의 경제적 실질을 갖는지 여부 및 보수의 지급을 통하여 상여금의 지급한도액을 잠탈하는 것은 아닌지 여부가 추가적으로 고려되어야 한다. **인건비의 경우 부당행위계산 부인규정을 적용함에 있어서는 유의하여야 할 점이 있다.** 인건비는 법인의 각 사업연도 소득금액을 계산함에 있어서는 손금으로서 공제되지만 해당 금액은 그 수령자인 개인에 대하여 소득세가 부과된다. 그런데 인건비의 과다 지급이 문제가 되는 경우에는 통상 소득세율이 법인세율보다 높다. 따라서 예외적으로 소득세를 징수할 가능성이 없는 경우가 아니라면 특수관계인에 대하여 인건비를 과다 지급한다고 하더라도 해당 거래 전체를 대상으로 판단할 경우 조세의 부당한 감소가 있다고 볼 수는 없다.

즉 통상의 경우 법인이 지급하는 금원이 인건비로서의 경제적 실질을 갖는다면 그 과다지급 여부를 일반적으로 적용되는 시가에 근거하여 부당행위계산 부인규정의 적용할 수는 없다. 또한 해당 법인 그 자체의 또는 해당 인건비 지급거래 자체의 고유한 사정에 기반한 경제적 합리성을 무시하고 일반적인 거래의 지급수준과 다르다는 이유만으로 손금산입을 부인하는 것은 헌법 상 경제적 기본권의 보장에 역행하는 측면이 강하다는 점 역시 감안하여야 한다. 그러나 **근로의 대가인 인건비에 해당하지 않고 그 실질 상 법인의 손금에 산입될 수도 없는 금원을 인건비의 형태로 지급하였다면 이는 가장거래에 해당하므로 그 경제적 실질에 따라 법인 단계에서 손금불산입하고 그 귀속자에 대하여 소득처분하는 것이 타당하다.** 이는 부당행위 계산 부인규정을 적용한 경우와 그 효력이 동일하다. 그러나 이러한 법리는 실질과세원칙의 적용에 따른 것이므로 특수관계인에 해당하지 않는 자 또는 상근임원에 대하여서도 동일하게 적용되어야 한다. **'법인이 지급하는 금원이 인건비에 해당하지 않고 그 실질 상 법인의 손금에 산입될 수도 없는 금원'이라는 점에 대한 입증책임은 과세관청이 부담한다.** 따라서 인건비 중 일부가 위 금원에 해당하는 경우에는 과세관청이 해당 지출의 실질 및 그 금액을 입증하여야 한다. 이상의 논의에 따르면 **인건비와 관련하여 부당행위계산 부인규정의 적용 여부에 따라 인건비의 손금산입 여부를 달리 취급하는 현행법의 태도는 바람직하지 않다.**

법인의 해산에 의하여 퇴직하는 임원 또는 직원에게 지급하는 **해산수당 또는 퇴직위로금 등은 최종 사업연도의 손금으로 한다**(법세령 §43 ⑤). **최종 사업연도**는 해산등기일 또는 퇴직일이 속하는 사업연도로 해석하여야 한다. **해산수당 또는 퇴직위로금 등**에 해당하는지 여부 역시 그 경제적 실질에 의하여 판단하여야 한다. 조기퇴직의 경우 통상 **명예퇴직금**이 지급되는바, 이 역시 퇴직위로금에 해당한다. 판례는 사용자가 근속기간과 평균임금을 산정기초로 삼는 퇴직금제도 외에 별도로 명예퇴직금제도를 두고 그에 따라 지급하는 명예퇴직금은 그 지급대상, 지급요건 및 산정방법 등이 다양하여 그 성격을 한 가지로만 규정지을 수는 없다 할 것이나, 장기근속자의 정년 이전 조기 퇴직을 유도하기 위하여 퇴직일부터 정년까지의 기간이 길수록 많은 금액이 지급되는 내용의 명예퇴직금제도를 설정하여 운영하는 경우, 그 **명예퇴직금은 후불임금이라기보다는 조기 퇴직에 대한 사례금 또는 장려금적인 성격이 농후하여 퇴직금제도 와는 그 성질을 달리한다고 판시한다.**[592] 따라서 이 경우 **명예퇴직금은 퇴직급여충당금과 상계하지 않고 바로 해당 사업연도의 손금에 산입할 수 있다.**

'지배주주 등(특수관계에 있는 자를 포함)**인 임원 또는 직원'**에게 정당한 사유 없이 '동일

---

592) 대법원 2007.11.29. 2005다28358.

직위에 있는 지배주주 등 외의 임원 또는 직원에게 지급하는 금액'을 초과하여 보수를 지급한 경우 그 **초과금액**은 이를 손금에 산입하지 아니한다(법세령 §43 ③). '동일 직위에 있는 지배주주 등 외의 임원 또는 직원에게 지급하는 금액'을 기준으로 초과 여부를 판정한다. '동일한 직위에 있는지 여부'는 실질적으로 담당하는 업무를 기준으로 판정하여야 한다. 따라서 '실질적으로 업무에 관여하지 않는 지배주주 등인 임직원의 경우'에는 동일한 직위에 있는 임직원이 존재하지 않으므로 그에 대한 보수 모두가 손금불산입되어야 한다. **지배주주 등인 임원 또는 직원에 대한 초과지급 보수의 손금불산입 규정과 부당행위계산 부인규정 사이의 관계는 어떠한가?** 인건비의 손금산입과 관련하여 부당행위계산 부인규정의 적용 여부를 기준으로 손금산입 여부를 달리 취급하는 것이 입법론 상 바람직하지는 않지만 현행 법인세법의 해석론으로서는 이 쟁점이 검토될 필요가 있다. 해당 법인이 '동일 직위에 있는 지배주주 등 외의 임원 또는 직원에게 지급하는 금액'을 '해당 법인의 고유한 사정이 반영된 합리적인 시가에 가장 근접한 인건비' 또는 '인건비로서의 경제적 실질을 갖는 금액의 한계치'로 보는 것이 타당하다. 따라서 지배주주 등인 임원 또는 직원에 대한 초과지급 보수의 손금불산입 규정이 적용되는 경우에는 '동일 직위에 있는 지배주주 등 외의 임원 또는 직원에게 지급하는 금액' 역시, 경제적 실질이 결여된 가공거래에 해당하는 등 특별한 사정이 없는 한, 부당행위계산 부인규정의 적용이 배제되는 것으로 보아야 한다.

상여금과 보수는 어떻게 구분되는가? 근로기준법은 법인이 준수하여야 할 강행규정이다. 따라서 **근로자의 경우**에는 법인세법 상 특별규정이 없는 한 상여금과 보수의 구분 역시 근로기준법에 근거하여 판정되어야 한다. 법인세법은 상여금과 보수 자체를 명시적으로 구분하여 정의하지는 않는다. 근로기준법 상 임금은 사용자가 근로의 대가로 근로자에게 임금, 봉급, 그 밖에 어떠한 명칭으로든지 지급하는 모든 금품을 말한다(근기 §2 ① 5호). 따라서 상여금과 보수 모두 근로의 대가로 지급받는 것이므로 근로기준법 상 임금에 포함된다. 또한 근로기준법은 임금을 평균임금 및 통상임금으로 구분한다. 평균임금은 이를 산정하여야 할 사유가 발생한 날 이전 3개월 동안에 그 근로자에게 지급된 임금의 총액을 그 기간의 총일수로 나눈 금액을 말하고(근기 §2 ① 6호 본문), 평균임금이 통상임금보다 적으면 그 통상임금액을 평균임금으로 한다(근기 §2 ②). 통상임금은 해고 예고의 경우(근기 §26), 휴업수당의 경우(근기 §46), 초과근로수당의 경우(근기 §52 ② 2호), 연장근로수당 등의 경우(근기 §56) 및 연차 유급휴가 수당의 경우(근기 §60)에 있어서 근로자에게 지급할 금원을 결정하는 기준으로서 기능한다. 따라서 법인세법 상 보수를 근로기준법 상 통상임금으로 해석하는 것이 타당하다. 그런데 근로기준법 역시 통상임금에 대하여 명시적으로 정의하지는 않는다. 판례는 **어떠한 임금이 통상임금에 속하는지 여부**는 그 임금이 소정근로의 대가로 근로자에게 지급되는 금품으로서 정기적·일률적·고정적으로 지급되는 것인지를 기준으로 객관적인 성질에 따라 판단하여야 하고, 임금의 명칭이나 지급주기의 장단 등 형식적 기준에 의해 정할 것이 아니라고 판시한다.[593] 어떤 임금이 통상임금에 속하기 위해서 일정한 간격을 두고 계속적으로 지급되는 정기성을 갖추어야 하고, 모든 근로자 또는 일정한 조건·기준을 충족한 근로자에 대하여 일률적으로 지급되는 성질을 갖추어야 하며, 근로자가 제공한 근로에 대하여 업적, 성과 기타의 추가적인 조건과 관계없이 당연히 최소한의 임금으로서 지급될 것이 확정되는 고정성을 갖추어야 한다.[594] **그러나 대법원은 전원합의체 판결을 통하여 다음과 같이 견해를 변경하였다.** 통상임금 개념을 해석하면, 통상임금은 소정근로의 대가로서 정기적, 일률적으로 지급하기로 정한 임금을 말한다. 통상임금은 근로기준법이 규정한 여러 임금을 산정하는 기준이 되므로, 그 본질은 근로자가 소정근로시간에 제공하기로 정한 근로의 가치를 평가한 기준임금이라는 데에 있다. 정기성과 일률성은 그 임금이 소정근로의 대가인 임금임을 뒷받침하는 개념적 징표이다. 근로자가 소정근로를 온전하게 제공하면 그 대가로서 정기적, 일률적으로 지급하도록 정해진 임금은 그에 부가된 조건의 존부나 성취 가능성과 관계없이 통상임금에 해당한다. 임금에 부가된 조건은 해당 임금의 객관적 성질을 실질적으로 판단하는 과정에서 소정근로 대가성이나 정기성, 일률성을 부정하는 요소 중 하나로 고려될 수는 있지만, 단지 조건의 성취 여부가 불확실하다는 사정만으로 통상임금성이 부정된다고 볼 수는 없다. **고정성이란 잣대 없이도, 근로자와 사용자가 소정근로시간에 제공하기로 정한 근로의 대가라는 '소정근로 대가성', 임금의 지급 시기와 지급 대상이 미리 일정하게 정해졌을 것을 요구하는 '정기성'과 '일률성'의 개념을 통하여 통상임금에 해당하는지 여부를 올바르게 판단할 수 있다.** 이러한 통상임금을 이루는 개념에는 '임금 지급에 관한 일정한 사전적 규율'의 의미가 내포되어 있으므로, 소정근로의 제공과 관계없이 일시적이거나 변동적으로 지급되는 금품은 여전히 통상임금에서 제외된다.[595] 통상임금은 소정근로의 대가로서 정기적, 일률적으로 지급하기로 정한 임금을 말한다. 근로자가 소정근로를 온전하게 제공하면 그 대가로서 정기적, 일률적으로 지급하도록 정해진 임금은 그에 부가된 조건의 존부나 성취 가능성과 관계없이 통상임금에 해당한다. **근무일수 조건(어떤 임금에 일정 근무일수를 충족하여야만 지급한다는 조건)**이 부가되어 있더라도, 그와 같은 조건이 소정근로를

---

593) 대법원 2013.12.18. 2012다89399 전원합의체 판결.
594) 대법원 2013.12.18. 2012다89399 전원합의체 판결.
595) 대법원 2024.12.19. 2020다247190 전원합의체판결.

온전하게 제공하는 근로자라면 충족할 조건, 즉 소정근로일수 이내로 정해진 근무일수 조건인 경우에는 그러한 조건이 부가되어 있다는 사정만으로 그 임금의 통상임금성이 부정되지 않는다. 설령 근로자의 실제 근무일수가 소정근로일수에 미치지 못하여 근로자가 근무일수 조건부 임금을 지급받지 못하더라도, 그 임금이 소정근로 대가성, 정기성, 일률성을 갖추고 있는 한 이를 통상임금에 산입하여 연장·야간·휴일근로에 대한 법정수당을 산정하여야 한다. 통상임금은 실제 근무일수나 실제 수령한 임금에 관계없이 소정근로의 가치를 반영하여 정한 기준임금이기 때문이다. 반면 소정근로일수를 초과하는 근무일수 조건부 임금은 소정근로를 제공하였다고 하여 지급되는 것이 아니고 소정근로를 넘는 추가 근로의 대가이므로 통상임금이 아니다.[596] 위 각 판결은 판결선고일 이후의 통상임금의 산정부터 적용되며, 소급적용되지 않는다.[597] 한편 **이사, 감사 등 임원의 경우** 상여금과 보수는 상법에 의하여 구분되는 것이 타당하다. 다만 상법 상 이사의 보수에는 근로자의 보수와 달리 월급·상여금 등 명칭을 불문하고 이사의 직무수행에 대한 보상으로 지급되는 대가가 모두 포함되고, 퇴직금 또는 퇴직위로금도 그 재직 중의 직무수행에 대한 대가로 지급되는 급여로서 이사의 보수에 해당하나,[598] 법인세법은 임원에 지급하는 상여금에 대하여 특별히 구분하여 규정한다는 점에 유의할 필요가 있다.

임원의 범위에 대하여 명시적으로 규정하지 않으나, 기업업무추진비에 관한 임원의 정의가 그대로 준용된다고 본다. 법인세법 시행령은 경제적 연관관계 또는 경영지배관계 등 법정관계를 정의함에 있어서도 임원의 범위를 위와 같이 정의한다(법세령 §2 ⑤ 1호). 즉 임원은 다음 각 호의 어느 하나에 해당하는 직무에 종사하는 자를 말한다(법세령 §40 ①). 임원 또는 직원에 해당하는지 여부는 실질적으로 수행하는 직무에 의하여 판단하여야 할 뿐, 형식적 직위·국적 등 요인은 이에 영향을 미치지 않는다.

> 1. 법인의 회장, 사장, 부사장, 이사장, 대표이사, 전무이사 및 상무이사 등 이사회의 구성원 전원과 청산인
> 2. 합명회사, 합자회사 및 유한회사의 업무집행사원 또는 이사
> 4. 감사
> 5. 그 밖에 제1호부터 제4호까지의 규정에 준하는 직무에 종사하는 자

지배주주 등은 '법인의 발행주식총수 또는 출자총액의 100분의 1 이상의 주식 또는 출자지분을

---

596) 대법원 2024.12.19. 2023다302838 전원합의체판결.
597) 대법원 2024.12.19. 2020다247190 전원합의체판결 ; 대법원 2024.12.19. 2023다302838 전원합의체판결.
598) 대법원 2004.12.10. 2004다25123 ; 대법원 2018.5.30. 2015다51968.

소유한 주주 등으로서 그와 특수관계에 있는 자와의 소유 주식 또는 출자지분의 합계가 해당 법인의 주주 등 중 가장 많은 경우의 해당 주주 등'을 말한다(법세령 §43 ⑦).

특수관계에 있는 자는 해당 주주 등과 다음 각 호의 어느 하나에 해당하는 관계에 있는 자를 말한다(법세령 §43 ⑧).

1. **해당 주주 등이 개인인 경우**에는 다음 각 목의 어느 하나에 해당하는 관계에 있는 자
   가. **친족**(국기령 §1의2 ①)
   나. 임원 임면권의 행사, 사업방침의 결정 등 해당 법인의 경영에 대해 **사실상 영향력을 행사하고 있다고 인정되는 법인**(법세령 §2 ⑧ 1호)
   다. 해당 주주 등과 가목 및 나목에 해당하는 자가 발행주식총수 또는 출자총액의 100분의 30 이상을 출자하고 있는 법인
   라. 해당 주주 등과 그 친족이 **이사의 과반수**를 차지하거나 출연금(설립을 위한 출연금에 한정)의 100분의 30 **이상을 출연**하고 그 중 **1명이** 설립자로 되어 있는 비영리법인
   마. 다목 및 라목에 해당하는 법인이 발행주식총수 또는 출자총액의 100분의 30 **이상을 출자**하고 있는 법인

2. **해당 주주 등이 법인인 경우**에는 경제적 연관관계 또는 경영지배관계 등 법정 관계에 있는 자. '개인인 본인과 친족관계 또는 경제적 연관관계에 있는 자가 법인의 발행주식총수 또는 출자총액의 100분의 30 이상을 출자한 경우 개인인 본인이 해당 법인의 특수관계인에 해당하기 위한 요건은 무엇인가? 개인인 본인은 직접 출자하지 아니한 채 그와 국세기본법 시행령상의 친족관계 또는 경제적 연관관계에 있는 자가 법인의 발행주식총수 또는 출자총 액의 100분의 30 이상을 출자한 경우 그 법인을 '본인과 경영지배관계에 있는 특수관계인'으 로 인정할 수는 있으나, 이러한 경우에도 **본인이 해당 법인의 경영에 대하여 지배적인 영향력을 행사하는 관계에 있어야만** 해당 법인을 본인의 특수관계인으로 인정할 수 있 다.[599]
   법정 관계는 다음 각 호의 관계를 말한다(법세령 §2 ⑧ 1호, 2호, 4호~7호).

   > 1. 임원(법세령 §40 ①)의 임면권의 행사, 사업방침의 결정 등 해당 법인의 경영에 대해 사실상 영향력을 행사하고 있다고 인정되는 자(상법 상 이사로 보는 자(상법 §401의2 ①)를 포함)와 그 친족(국기령 §1의2 ①)
   > 2. 비소액주주 등(소액주주 등(법세령 §50 ②)이 아닌 주주 또는 출자자)와 그 친족
   > 4. 해당 법인이 직접 또는 그와 제1호부터 제3호까지의 관계에 있는 자를 통해 어느 법인의 경영에 대해 국세기본법 시행령 제1조의 2 제4항에 따른 지배적인 영향력을 행사하고 있는 경우 그 법인
   > 5. 해당 법인이 직접 또는 그와 제1호부터 제4호까지의 관계에 있는 자를 통해 어느 법인의 경영에 대해 지배적인 영향력(국기령 §1의2 ④)을 행사하고 있는 경우 그

법인

6. 해당 법인에 100분의 30 이상을 출자하고 있는 법인에 100분의 30 이상을 출자하고 있는 법인이나 개인

7. 해당 법인이 독점규제 및 공정거래에 관한 법률에 따른 기업집단에 속하는 법인인 경우에는 그 기업집단에 소속된 다른 계열회사 및 그 계열회사의 임원

위 4호 및 5호를 적용함에 있어서 인용되는 3호는 다음과 같다.

3. 다음 각 목의 어느 하나에 해당하는 자 및 이들과 생계를 함께하는 친족

가. 법인의 임원·직원 또는 비소액주주 등의 직원(비소액주주 등이 영리법인인 경우에는 그 임원을, 비영리법인인 경우에는 그 이사 및 설립자)

나. 법인 또는 비소액주주 등의 금전이나 그 밖의 자산에 의해 생계를 유지하는 자

2.9.3. 퇴직급여의 손금불산입

퇴직급여제도에 대하여 살핀다. 퇴직급여제도는 확정급여형퇴직연금제도, 확정기여형퇴직연금제도 및 **퇴직금제도**(근로퇴직 §8)를 말한다(근로퇴직 §2 6호). 퇴직연금제도는 확정급여형퇴직연금제도, 확정기여형퇴직연금제도 및 개인형퇴직연금제도를 말한다(근로퇴직 §2 7호). **확정급여형퇴직연금제도**는 근로자가 받을 급여의 수준이 사전에 결정되어 있는 퇴직연금제도(근로퇴직 §2 9호)를, **확정기여형퇴직연금제도**는 급여의 지급을 위하여 사용자가 부담하여야 할 부담금의 수준이 사전에 결정되어 있는 퇴직연금제도(근로퇴직 §2 9호)를, **개인형퇴직연금제도**는 가입자의 선택에 따라 가입자가 납입한 일시금이나 사용자 또는 가입자가 납입한 부담금을 적립·운용하기 위하여 설정한 퇴직연금제도로서 급여의 수준이나 부담금의 수준이 확정되지 아니한 퇴직연금제도(근로퇴직 §2 10호)를 각 말한다. 이하 퇴직금제도를 중심으로 살핀다.

법인이 임원 또는 직원에게 지급하는 퇴직급여(근로퇴직 §2 5호)는 **임원 또는 직원의 현실적인 퇴직**으로 인하여 지급하는 것에 한하여 이를 손금에 산입한다(법세령 §44 ①). 현실적인 퇴직 여부는 그 개념 자체에 따르더라도 법인등기부의 기재 여부가 아니라 실질적으로 직무를 수행하는지 여부에 의하여 판단하여야 한다. 현실적으로 퇴직하지 아니한 임원 또는 직원에게 지급한 퇴직급여는 해당 임원 또는 직원이 현실적으로 퇴직할 때까지 이를 **업무무관 가지급금**(법세령 §53 ①)에 해당하는 것으로 본다(법세칙 §22 ①). **퇴직급여를 포기하거나 반납한 경우에도 퇴직급여를 지급한 것으로 보아야** 하고, 이 경우 해당 금액을 퇴직급여로서 손금에 산입한

---

599) 대법원 2024.7.25. 2022두63386.

후 포기 또는 반납된 금액을 익금에 산입하여야 한다. 그렇지 않으면 법인의 퇴직급여에 대한 원천징수의무가 잠탈될 수 있기 때문이다.

현실적인 퇴직은 법인이 퇴직급여를 실제로 지급한 경우로서 다음 각 호의 어느 하나에 해당하는 경우를 포함하는 것으로 한다(법세령 §44 ②). **아래의 각 사유가 현실적 퇴직사유를 한정적으로 열거한 것은 아니다.** 따라서 **상근임원이 비상근임원으로서 전환된 경우**에는 이를 현실적 퇴직사유로 보는 것이 타당하다. 임원의 직무에서 실질적으로 벗어나면서도 비상근임원의 형태를 유지하는 것을 통하여 과다한 퇴직급여를 지급할 수 있는 남용가능성이 있기 때문이다. 그렇다면 임원의 퇴직급여를 계산함에 있어서 법정 근속연수를 계산함에 있어서도 비상근임원으로서의 근속연수는 제외되어야 한다.

1. 법인의 직원이 해당 법인의 임원으로 취임한 때
2. 법인의 임원 또는 직원이 그 법인의 조직변경·합병·분할 또는 사업양도에 의하여 퇴직한 때
3. 퇴직급여를 중간정산(근로퇴직 §8 ②)하여 지급한 때(중간정산시점부터 새로 근무연수를 기산하여 퇴직급여를 계산하는 경우에 한정)
4. (삭제)
5. 정관 또는 정관에서 위임된 퇴직급여지급규정에 따라 장기 요양 등 **법정 사유**(법세칙 §22 ②)로 그 때까지의 퇴직급여를 중간정산하여 임원에게 지급한 때(중간정산시점부터 새로 근무연수를 기산하여 퇴직급여를 계산하는 경우에 한정).
   법정 사유는 다음 각 호의 어느 하나에 해당하는 경우를 말한다(법세칙 §22 ③).

   1. 중간정산일 현재 1년 이상 주택을 소유하지 아니한 세대의 세대주인 임원이 주택을 구입하려는 경우(중간정산일부터 3개월 내에 해당 주택을 취득하는 경우만 해당)
   2. 임원(임원의 배우자 및 생계를 같이 하는 부양가족(소세 §50 ① 3호)을 포함)이 3개월 이상의 질병 치료 또는 요양을 필요로 하는 경우
   3. 천재·지변, 그 밖에 이에 준하는 재해를 입은 경우

법인이 임원(지배주주 등 및 '지배주주 등과 특수관계(법세령 §43 ⑧)에 있는 자'는 제외) 또는 직원에게 해당 **법인과 특수관계인인 법인에 근무한 기간을 합산하여 퇴직급여를 지급하는 경우 법정 절차**(법세칙 §22 ④)에 따라 해당 퇴직급여상당액을 각 법인별로 안분하여 손금에 산입하고, 이 경우 해당 임원 또는 직원이 마지막으로 근무한 법인은 해당 퇴직급여에 대한 소득세법에 따른 원천징수 및 지급명세서의 제출을 일괄하여 이행할 수 있다(법세령 §44 ③).

특수관계를 판정함에 있어서 **기업집단에 소속된 다른 계열회사의 임원의 경우**(법세령 §2 ⑤ 7호)에는 특수관계에 있는 것으로 보지 아니한다(법세령 §44 ⑥). 법인이 임원 또는 직원에게 **'해당 법인**(임원 또는 직원이 전입하는 때에 퇴직급여 상당액을 인수하지 아니한 법인)과 특수관계인인 법인에 근무한 기간을 합산하여 퇴직급여를 지급하는 경우'에는 퇴직급여 전액 중 해당 법인이 지급할 퇴직급여의 금액(**각 법인으로부터의 전출 또는 각 법인으로의 전입을 각각 퇴직 및 신규채용으로 보아 계산한 금액**)을 임원 또는 직원이 해당 법인에서 퇴직하는 때에 각 법인의 손금에 산입한다(법세칙 §22 ④).

법인이 **'임원'**에게 지급한 퇴직급여 중 다음 각 호의 어느 하나에 해당하는 금액을 **초과하는 금액은 손금에 산입하지 아니한다**(법세령 §44 ④). 임원의 퇴직소득금액이 법정 한도(소세 §22 ③, ④)를 초과하는 경우에는 그 **초과하는 금액은 근로소득으로** 본다(소세 §22 ③).

---

1. 정관에 퇴직급여(퇴직위로금 등을 포함)로 지급할 금액이 정하여진 경우에는 **정관에 정하여진 금액**. 정관에 임원의 퇴직급여를 계산할 수 있는 기준이 기재된 경우를 포함하며, 정관에서 위임된 퇴직급여지급규정이 따로 있는 경우에는 해당 규정에 의한 금액에 의한다(법세령 §44 ⑤). 정관 상 기재된 **임원의 퇴직급여를 계산할 수 있는 기준**은 정관의 자치법규로서의 속성에 부합한 것이어야 하므로, 개별 임원 또는 구체적인 상황에 따라 임의로 적용할 수 있는 것은 이에 포함되지 않는다. 또한 위 기준은 정관에 기재되어야 하므로 **이사회에 위임하여 제정한 기준** 역시 이에 포함될 수 없고, **법원의 화해 또는 조정**에 의하여 지급하는 경우 역시 이에 포함되지 않는다. 다만 퇴직급여 계산을 위한 기술적인 규정은 이사회에서 제정할 수 있다고 본다.
2. 제1호 외의 경우에는 그 임원이 퇴직하는 날부터 소급하여 1년 동안 해당 임원에게 지급한 **총급여액**[근로소득(비과세소득(소세 §12)은 제외)(소세 §20 ① 1호, 2호)으로 하되, 상여금 등의 손금불산입(법세령 §43)에 따라 손금에 산입하지 아니하는 금액은 제외]**의 10분의 1에 상당하는 금액에 법정 근속연수**(법세칙 §22 ⑤)**를 곱한 금액**. 이 경우 해당 임원이 직원에서 임원으로 된 때에 퇴직금을 지급하지 아니한 경우에는 직원으로 근무한 기간을 근속연수에 합산할 수 있다. **총급여액**은 '근로를 제공함으로써 받는 봉급 · 급료 · 보수 · 세비 · 임금 · 상여 · 수당과 이와 유사한 성질의 급여(소세 §20 ① 1호)' 및 '**법인의 주주총회 · 사원총회 또는 이에 준하는 의결기관의 결의에 따라 상여로 받는 소득**(소세 §20 ① 2호)'에서 비과세 근로소득(소세 §12)을 제외한 것을 말한다. **법정 근속연수**는 역년에 의하여 계산한 근속연수를 말하고, 이 경우 1년 미만의 기간은 월수로 계산하되 1개월 미만의 기간은 이를 산입하지 아니한다(법세칙 §22 ⑤).

정관 또는 퇴직급여지급규정에 의하여 지급되었는지 여부 또는 총급여액에 포함되는지 여부 역시 그 경제적 실질에 따라 판정되어야 한다. 따라서 임원 퇴직급여 규정이 근로 등의 대가로서 퇴직급여를 지급하려는 것이 아니라 퇴직급여의 형식을 빌려 특정 임원에게 법인의 자금을 분여하기 위한 일시적인 방편으로 마련된 것이라면, 이는 임원 퇴직급여 규정에 해당하지 아니한다.[600] 또한 법인이 특정 임원에게 퇴직급여의 형식으로 법인의 자금을 분여하기 위하여 임원의 퇴직 직전에 퇴직급여의 산정기초가 되는 월 급여를 아무런 합리적인 이유 없이 인상한 경우에는 인상되기 전의 월 급여를 기초로 하여 산정되는 금액만이 퇴직급여로 손금산입 대상이 된다.[601]

퇴직급여충당금의 손금산입에 대하여 간략하게 살핀다. 퇴직급여의 지급 및 이하 퇴직보험료 등의 손금산입한도와 관련되기 때문이다. 충당금의 손금산입 부분에서 자세히 다룬다. 내국법인이 각 사업연도의 결산을 확정할 때 임원이나 직원의 퇴직급여에 충당하기 위하여 **퇴직급여충당금을 손비로 계상한 경우**에는 '퇴직급여의 지급대상이 되는 임원 또는 직원(확정기여형 퇴직연금 등이 설정된 자는 제외)에게 해당 사업연도에 지급한 **총급여액**(법세령 §44 ④ 2호)**의 100분의 5에 상당하는 금액**'(법세령 §60 ①)**의 범위**에서 그 계상한 퇴직급여충당금을 해당 사업연도의 소득금액을 계산할 때 손금에 산입한다(법세 §33 ①). 퇴직급여충당금을 손금에 산입한 내국법인이 임원이나 직원에게 퇴직금을 지급하는 경우에는 그 **퇴직급여충당금에서 먼저 지급한 것으로** 본다(법세 §33 ②).

2.9.4. 퇴직보험료 등의 손금불산입

내국법인이 임원 또는 직원의 **퇴직급여를 지급하기 위하여 납입하거나 부담하는 보험료 등**(보험료·부금 또는 부담금) 중 **법정 금액**(법세령 §44의2 ②~④)**을 손금에 산입하는 것 외의 보험료 등은 이를 손금에 산입하지 아니한다**(법세령 §44의2 ①). 법정 금액을 산정함에 있어서 법인이 임원 또는 직원에 대하여 **확정기여형 퇴직연금 등을 설정하면서 설정 전의 근무기간분에 대한 부담금을 지출한 경우** 그 지출금액은 '퇴직급여충당금의 누적액에서 차감된 퇴직급여충당금(법세칙 §31 ②)'에서 먼저 지출한 것으로 본다(법세칙 §24 ①).

내국법인이 임원 또는 직원의 퇴직을 퇴직급여의 지급사유로 하고 임원 또는 직원을 수급자로 하는 **법정 연금 등**(법세칙 §23)**의 부담금**으로서 지출하는 금액은 해당 사업연도 소득금액 계산에

---

600) 대법원 2016.2.18. 2015두50153.
601) 대법원 2016.2.18. 2015두50153.

있어서 이를 손금에 산입한다(법세령 §44의2 ②). **법정 연금 등**은 보험업법에 따른 보험회사, 자본시장과 금융투자업에 관한 법률에 따른 신탁업자·집합투자업자·투자매매업자 또는 투자중개업자, 은행법에 따른 은행 및 근로복지공단(산업재해 §10)이 취급하는 퇴직연금을 말한다(법세칙 §23). 부담금을 손금에 산입한 법인은 신고(법세 §60)와 함께 **퇴직연금부담금조정명세서**(법세칙 §82)를 첨부하여 납세지 관할 세무서장에게 제출하여야 한다(법세령 §44의2 ⑤).

법정 연금 등(법세칙 §23)**의 부담금으로서 지출하는 금액 중 확정기여형 퇴직연금 등**('확정기여형 퇴직연금'(근로퇴직 §19), '개인형퇴직연금제도'(근로퇴직 §24) 및 '과학기술인공제회법에 따른 퇴직연금 중 확정기여형 퇴직연금'에 해당하는 것을 말함)**의 부담금은 전액 손금에 산입**한다(법세령 §44의2 ③ 본문). 다만, **임원에 대한 부담금**은 법인이 퇴직 시까지 부담한 부담금의 합계액을 퇴직급여로 보아 법정 손금산입한도(법세령 §44의2 ④)를 계산하되, **손금산입한도 초과금액이 있는 경우**에는 퇴직일이 속하는 사업연도의 부담금 중 손금산입 한도 초과금액 상당액을 손금에 산입하지 아니하고, **손금산입한도 초과금액이 '퇴직일이 속하는 사업연도'의 부담금을 초과하는 경우** 그 초과금액은 퇴직일이 속하는 사업연도의 익금에 산입한다(법세령 §44의2 ③ 단서). 따라서 **임원에 대한 확정기여형 퇴직연금 등의 부담금 중 손금산입한도 초과금액이 발생하였는지 여부는** 퇴직일이 속하는 사업연도를 기준으로 판정하고 그 한도 초과금액에 대한 손금불산입 또는 익금산입 여부 역시 그 사업연도를 기준으로 결정되어야 하므로, **퇴직일 이전의 특정 사업연도의 확정기여형 퇴직연금 등의 부담금을 대상으로 손금불산입 또는 익금산입 여부를 결정할 수는 없다.**

법정 연금 등(법세칙 §23)**의 부담금으로서 지출하는 금액 중 '확정기여형 퇴직연금 등을 제외한 금액'은** 다음 제1호 및 제1호의 2의 금액 중 큰 금액에서 제2호의 금액을 뺀 금액을 **한도로 손금에 산입**하며, 둘 이상의 부담금이 있는 경우에는 먼저 계약이 체결된 퇴직연금 등의 부담금부터 손금에 산입한다(법세령 §44의2 ④). 이는 **강제조정사항**이므로 한도초과액은 손금불산입(유보)로, 한도미달액은 손금산입(△유보)로 각 세무조정한다.

---

1. 해당 사업연도 종료일 현재 재직하는 임원 또는 직원의 전원이 퇴직할 경우에 **퇴직급여로 지급되어야 할 금액의 추계액**(퇴직급여로서 손금에 산입하지 아니하는 금액(법세령 §44)과 확정기여형 퇴직연금 등의 부담금으로서 손금에 산입하는 금액(법세령 §44의2 ③ 본문)은 제외)에서 해당 사업연도 종료일 현재의 **퇴직급여충당금을 공제한 금액에 상당하는 연금에 대한 부담금**

1의2. **다음 각 목의 금액을 더한 금액**(퇴직급여로서 손금에 산입하지 아니하는 금액(법세령

§44)과 확정기여형 퇴직연금 등의 부담금으로서 손금에 산입하는 금액(법세령 §44의2 ③ 본문)은 제외)에서 해당 사업연도 종료일 현재의 **퇴직급여충당금을 공제한 금액에 상당하는 연금에 대한 부담금**

가. 매 사업연도 말일 현재를 기준으로 산정한 가입자의 **예상 퇴직시점까지의 가입기간에 대한 급여에 드는 비용 예상액의 현재가치에서 장래 근무기간분에 대하여 발생하는 부담금 수입 예상액의 현재가치를 뺀 금액**으로서 '법정 기초율(근로퇴직칙 §3 ②~⑤)을 사용하여 예상 퇴직시점의 급여를 산출하고 이를 예상 가입기간 단위로 배분하여 할당하는 방법(근로퇴직칙 §5)'에 따라 산정한 금액(근로퇴직 §16 ① 1호)

나. 해당 사업연도 종료일 현재 재직하는 임원 또는 직원 중 **확정급여형퇴직연금제도**(근로퇴직 §2 8호)**에 가입하지 아니한 사람 전원이 퇴직할 경우에 퇴직급여로 지급되어야 할 금액의 추계액과 확정급여형 퇴직연금제도에 가입한 사람으로서 그 재직기간 중 가입하지 아니한 기간이 있는 사람 전원이 퇴직할 경우에 그 가입하지 아니한 기간에 대하여 퇴직급여로 지급되어야 할 금액의 추계액**을 더한 금액

2. **직전 사업연도 종료일까지 지급한 부담금.** 이는 직전 사업연도 종료일까지 납입한 부담금의 누계액에서 해당 사업연도 종료일까지 퇴직연금 등의 해약이나 임원 또는 직원의 퇴직으로 인하여 수령한 해약금 및 퇴직급여와 확정기여형 퇴직연금 등으로 전환된 금액을 차감한 금액을 말한다(법세칙 §24 ②).

확정급여형 퇴직연금채무를 이행하기 위하여 자산을 사외적립하는 경우 기업회계기준에 따라 **사외적립자산의 기대수익 또는 기대손실을 퇴직급여와 상계**하였다면 이는 손익에 미치는 영향이 상쇄되므로 이에 대한 별도의 세무조정은 불필요하고(이 경우 익금 및 손금 모두에 대하여 세무조정을 할 수도 있음), **사외적립자산에서 발생한 보험수리적이익 또는 손실을 기타포괄손익으로 분개**하였다면 해당 금액에 대하여 각 익금산입(기타), 손금산입(기타)로 세무조정한다. 또한 사외적립자산에서 **보험수리적손실이 발생한 경우 법인세비용과 관련하여 '이연법인세자산/기타포괄손익누계액'으로 분개**였다면, 이는 법인세법 상 인정되지 않으므로 기타포괄손익누계액에 대하여서는 익금산입(기타), 이연법인세자산에 대하여서는 익금불산입(△유보)로 세무조정한다. 사외적립자산에서 **보험수리적이익이 발생한 경우 법인세비용과 관련하여 '기타포괄손익누계액/이연법인세부채'로 분개**였다면, 기타포괄손익누계액에 대하여서는 손금산입(기타), 이연법인세부채에 대하여서는 익금산입(유보)로 세무조정한다. 즉 위 두 분개의 경우 기타포괄손익누계액은 각 익금산입(기타), 손금산입(기타)로 각 세무조정하고, 이연법인세자산 또는 부채에 대하여서는 반대분개를 하여 각 익금불산입(△유보), 익금산입(유보)로 세무조정한다. 위 두 분개의 경우에도 손익에 미치는 영향이 상쇄되므로 세무조정을

하지 않을 수 있다.

퇴직연금부담금, 퇴직급여충당금 및 퇴직급여 사이의 적용순서에 대하여 살핀다. 퇴직급여충당금을 손금에 산입한 내국법인이 임원이나 직원에게 퇴직금을 지급하는 경우에는 그 퇴직급여충당금에서 먼저 지급한 것으로 본다(법세 §33 ②). 퇴직보험료 등은 임원 또는 직원의 퇴직급여를 지급하기 위하여 납입하거나 부담하는 보험료·부금 또는 부담금을 의미하는바(법세령 §44의2 ①), 이를 퇴직연금부담금으로 부른다. 퇴직연금부담금의 불입으로부터 퇴직자가 수령하는 금원은 퇴직보험금, 퇴직일시금신탁에 따른 일시금 및 퇴직연금으로 구분된다. 퇴직연금부담금 역시 현실적인 퇴직 이전에 퇴직급여를 미리 손금으로 인식하기 위한 것이므로 퇴직급여보다 먼저 적용되어야 한다. 퇴직연금부담금은 개인별로 관리되므로 법인 임직원 전체를 대상으로 관리되는 퇴직연금충당금보다 먼저 적용되는 것이 타당하다. 또한 확정기여형 퇴직연금 등 부담금은 손금산입한도의 적용과 관련하여서도 퇴직급여충당금보다 먼저 적용되는 것이 타당하다. 확정기여형 퇴직연금 등 부담금은 전액 손금산입되고 임원에 대한 확정기여형 퇴직연금부담금의 경우에도 그 한도초과액은 '퇴직일이 속하는 사업연도'를 기준으로 확정하므로 이역시 그 퇴직일 이전에는 한도초과 여부가 문제되지 않는다(법세령 §44의2 ③). 확정급여형 퇴직연금부담금의 경우 그 손금산입한도액을 퇴직급여 추계액에서 퇴직급여충당금 및 확정기여형 등 연금부담금을 제외하는 방식으로 계산하는바(법세령 §44의2 ④), 이를 법인이 퇴직급여충당금의 계상하지 않는 경우에도 추가적으로 손금에 산입할 수 있는 여지를 허용하기 위한 것으로 볼 수 있다는 점, 확정급여형 퇴직연금부담금을 확정기여형 퇴직연금 등 부담금과 유사하게 취급하는 것이 보다 타당하다는 점 및 결산조정사항으로서 계상 여부가 법인의 선택에 의하여 달라지는 퇴직급여충당금보다는 현실적인 금원 지출이 수반되는 확정급여형 퇴직연금부담금을 손금산입에 있어서 먼저 적용하는 것이 타당하다는 점에 각 비추어 볼때에도 확정급여형 퇴직연금부담금이 퇴직급여충당금보다 먼저 적용되는 것으로 보는 것이 타당하다. 이상의 논의에 비추어 보면 퇴직연금부담금, 퇴직급여충당금 및 퇴직급여의 순서로 퇴직 관련 손금을 인식하는 것이 타당하다. 한편 퇴직연금부담금의 불입으로부터 퇴직자가 수령하는 퇴직보험금 등의 지급 순서는 관계 법령 등에 의하여 결정될 것이나, 이는 법인 단계의 손금산입 적용순서와는 무관하다.

퇴직연금부담금을 납부한 법인이 현실적 퇴직으로 인하여 금원을 지급할 때 퇴직연금부담금이 아니라 퇴직급여충당금과 상계한 경우의 세무조정에 대하여 살핀다.

퇴직연금부담금을 납부한 법인은 해당 금액에 대하여 신고조정을 통하여 손금에 산입할 수 있음에도 불구하고 결산확정 시 퇴직급여충당금을 계상하는 방법으로 손금에 산입한 후 현실적 퇴직으로 인하여 금원을 지급하면서 퇴직급여충당금과 상계한 경우, 법인세법 상 손금산입 시점 및 현실적 금원지급 시점에 각 퇴직급여충당금을 퇴직연금부담금 계정으로 대체하여야 하나 이로 인한 세무조정은 필요하지 않다. 퇴직급여충당금 및 퇴직연금부담금의 세무 상 잔액을 조정한다는 의미에서 대체분개가 필요할 뿐이다.

퇴직연금부담금을 납입하고 해당 금액에 대하여 신고조정을 하면서 손금산입(△유보)하였으나 현실적 퇴직으로 인하여 금원을 지급하면서 퇴직연금부담금이 아닌 퇴직급여충당금과 상계한 경우, '손금산입(△유보)된 퇴직연금부담금의 사후관리로서 익금산입(유보)의 세무조정'이 필요하나 현실적 금원지급 시점에는 퇴직연금부담금 또는 퇴직급여충당금 중 어느 계정과 상계되더라도 손익에 영향을 미치지는 않으므로 추가적인 세무조정을 필요하지 않다. 퇴직연금부담금에 대한 익금산입(유보) 세무조정을 통하여 퇴직연금부담금의 세무 상 잔액이 조정된다. 그러나 퇴직연금부담금을 대신하여 상계된 퇴직급여충당금이 손금산입한도를 초과하여 손금불산입된 것이었다면, '손금산입(△유보)된 퇴직연금부담금의 사후관리로서 익금산입(유보) 세무조정' 및 '손금불산입(유보)된 퇴직급여충당금의 사후관리로서 손금산입(△유보)의 세무조정'이 필요하다. 손금산입한도를 초과하여 손금불산입(유보)된 퇴직급여충당금 역시 이후 사업연도의 손금산입한도 내에서 손금산입될 수 있는바, 이 경우에는 사후관리로서 손금산입(△유보)의 세무조정이 필요하기 때문이다.

손금산입한 퇴직급여충당금이 있는 법인이 현실적 퇴직으로 인하여 금원을 지급할 때 퇴직급여충당금과 상계하지 않고 퇴직급여로 처리한 경우의 세무조정에 대하여 살핀다. 퇴직급여충당금을 결산확정 시 계상하여 손금에 산입한 법인은 현실적 퇴직으로 인하여 금원을 지급할 때 퇴직급여충당금과 먼저 상계하여야 한다(법세 §33 ②). 따라서 법인이 이를 퇴직급여로 계상하였다고 하더라도 퇴직급여충당금과 상계한 것으로 보아 익금산입(유보)로 세무조정하여야 한다.

2.9.5. 복리후생비의 손금불산입

법인이 그 임원 또는 직원을 위하여 지출한 **복리후생비 중 다음 각 호의 어느 하나에 해당하는 비용 외의 비용은 손금에 산입하지 아니하고,** 이 경우 직원은 파견근로자(파견근로 §2)를 포함한다(법세령 §45 ①). 복리후생비의 성격을 갖는지 여부는 구체적 사정에 기반한 **경제적 실질에 의하여 판단하여야** 한다. 설사 복리후생비의 성격을 갖는 지출이라고 할지라도 해당 금원이 소득세법 상 근로소득에 포섭되는 것이라면 이는 법인세법 상 인건비로서 취급하는 것이 타당하다. 그 경우에는 법인이 원천징수의무를 부담한다. 법인세법이 복리후생비를 열거하고 있으므로 이에 해당하는 경우에 한하여 복리후생비로 취급해야 하나, 일반규정적 성격을 갖는 제8호를 적정하게 해석하는 것을 통하여 '복리후생비를 제한적으로 열거함으로 인하여 발생할 수 있는 불합리'를 해소하는 것이 타당하다. 한편 '손비 중 과다하거나 부당하다고 인정하는 금액은 내국법인의 각 사업연도의 소득금액을 계산할 때 손금에 산입하지 아니한다'는 취지의 법률(법세 §26) 상 위임에 근거하여 시행령이 특정 항목만을 복리후생비로 인정하고 다른 항목을 '법률 단계의 손비 일반요건'(법세 §19 ②) 및 '과다 또는 부당한지 여부'와 무관하게 배제할 수 있는지 여부 자체가 의문이다.

1. 직장체육비
2. 직장문화비
2의2. 직장회식비
3. 우리사주조합의 운영비
4. (삭제)
5. 국민건강보험법 및 노인장기요양보험법에 따라 사용자로서 부담하는 보험료 및 부담금
6. 영유아보육법에 의하여 설치된 직장어린이집의 운영비
7. 고용보험법에 의하여 사용자로서 부담하는 보험료
8. 그 밖에 임원 또는 직원에게 사회통념 상 타당하다고 인정되는 범위에서 지급하는 경조사비 등 제1호부터 제7호까지의 비용과 유사한 비용

2.9.6. 여비 등의 손금불산입

법인이 **임원 또는 직원이 아닌 지배주주 등**(법정 특수관계(법세령 §43 ⑧)에 있는 자를 포함)에게 지급한 **여비 또는 교육훈련비**는 해당 사업연도의 소득금액을 계산할 때 손금에 산입하지 아니한다(법세령 §46). 여비 또는 교육·훈련비의 성격을 갖는지 여부는 구체적 사정에 기반한 **경제적 실질에 의하여 판단하여야** 한다. 설사 여비 또는 교육·훈련비의 성격을 갖는 지출이라고 할지라도 해당 금원이 **소득세법 상 근로소득에 포섭되는 것이라면 이는 법인세법 상 인건비로서 취급하는 것이 타당**하다. 그 경우에는 법인이 원천징수의무를 부담한다.

2.9.7. 공동경비의 손금불산입

법인이 해당 법인 외의 자와 **동일한 조직, 자산, 사업 등을 공동으로 운영하거나 영위함에 따라 발생되거나 지출된 손비** 중 다음 각 호의 기준에 따른 **분담금액을 초과하는 금액**은 해당 법인의 소득금액을 계산할 때 **손금에 산입하지 아니한다**(법세령 §48). 다만 내국법인들이 그 공동경비의 분담에 관한 **특유의 경제적 합리성을 입증하는 경우**에는 다음 각 호의 기준에 **따르지 않았다고 하더라도 손금에 산입할 수 있다고 해석하여야** 한다. 그렇지 않다면 이는 헌법 상 경제적 기본권과 충돌할 여지가 있다. 법인세법이 거래당사자들 사이의 경제적 합리성과 무관하게 특정 가격을 미리 지시하거나 지도할 권한을 위임받았다고 볼 수 없기 때문이다. **내국법인이 다음 각 호의 기준을 준수하였다면 부당행위계산 부인규정의 적용이 배제된다고 보아야** 한다. 이 점이 다음 각 호의 기준을 규정한 규범적 실익에 해당한다.

> 1. 출자에 의하여 특정사업을 공동으로 영위하는 경우에는 **출자총액 중 당해 법인이 출자한 금액의 비율**
> 2. 제1호 외의 경우로서 **비출자공동사업자**(해당 조직, 자산, 사업 등에 관련되는 모든 법인 등)가 지출하는 비용에 대하여는 다음 각 목에 따른 기준
>   가. **비출자공동사업자 사이에 경제적 연관관계 또는 경영지배관계 등 법정 관계**(법세령 §2 ⑧ 각 호)**가 있는 경우** : 직전 사업연도 또는 해당 사업연도의 매출액 총액과 총자산가액(한 공동사업자가 다른 공동사업자의 지분을 보유하고 있는 경우 그 주식의 장부가액은 제외) 총액 중 법인이 선택하는 금액(선택하지 아니한 경우에는 직전 사업연도의 매출액 총액을 선택한 것으로 보며, 선택한 사업연도부터 연속하여 5개 사업연도 동안 적용하여야 함)에서 해당 법인의 매출액(총자산가액 총액을 선택한 경우에는 총자산가액을 말함)이 차지하는 비율. 매출액 및 총자산가액은 **기업회계기준에 따른 매출액**(자본시장과 금융투자업에 관한 법률에 따른 집합투자업자, 투자매매업자 또는 투자중개업자의 경우에는 **보수 및 수수료에 기반한 법정 금액**(법세령 §42 ① 1호, 2호)으로 할 수 있음) **및 총자산가액**으로 한다(법세칙 §25 ①). 이 경우 비출자공동사업자 전부 또는 일부가 직전 사업연도 매출액이 없는 경우에는 해당 사업연도의 매출액 총액 또는 총자산가액 총액 중 선택하여야 하며, 선택하지 않으면 해당 사업연도의 매출액 총액을 선택한 것으로 본다(법세령 §48 ②). 다만, **공동행사비, 공동구매비, 자산의 공동경비 등 법정 손비**(법세칙 §25 ②)에 대하여는 **참석인원 수, 구매금액, 해당 자산의 소유지분 · 사용횟수 등 법정 기준**(법세칙 §25 ②)에 따를 수 있다.
>   **법정 손비와 법정 기준**은 다음과 같다(법세칙 §25 ②).
> > 1. **공동행사비 등 참석인원의 수에 비례하여 지출되는 손비** : 참석인원비율

2. **공동구매비 등 구매금액에 비례하여 지출되는 손비** : 구매금액비율
3. **공동광고선전비**
   가. **국외 공동광고선전비** : 수출금액(대행수출금액은 제외하며, 특정 제품에
      대한 광고선전의 경우에는 해당 제품의 수출금액)
   나. **국내 공동광고선전비** : 기업회계기준에 따른 매출액 중 국내의 매출액(특정
      제품에 대한 광고선전의 경우에는 해당 제품의 매출액을 말하며, 주로 최종
      소비자용 재화나 용역을 공급하는 법인의 경우에는 그 매출액의 2배에 상당하
      는 금액 이하로 할 수 있음)
4. **공동연구개발비** : 기업회계기준에 따른 매출액 중 공동연구개발과 관련된 사업에
   서 발생한 매출액(공동연구개발과 관련된 사업의 구분은 한국표준산업분류에
   의한 세분류에 따름)
5. **유형자산의 공동사용료**(토지 및 건축물은 제외)
   가. 고정비 : 소유지분비율
   나. 고정비 외의 비용 : 사용비율
6. **무형자산의 공동사용료** : 해당 사업연도 개시일의 기업회계기준에 따른 자본의
   총합계액

공동광고선전비를 분담하지 아니하는 할 수 있는 법인은 다음 각 호와 같다(법세칙
§25 ④).

1. 당해 공동광고선전에 관련되는 자의 직전 사업연도의 매출액총액에서 당해
   법인의 **매출액이 차지하는 비율이 100분의 1에 미달하는 법인**
2. 당해 법인의 직전 사업연도의 매출액에서 당해 법인의 **광고선전비**(공동광고선전
   비를 제외)**가 차지하는 비율이 1천분의 1에 미달하는 법인**
3. 직전 사업연도 종료일 현재 청산절차가 개시되었거나 독점규제 및 공정거래에
   관한 법률에 의한 기업집단에서의 분리절차가 개시되는 등 **공동광고의 효과가**
   미치지 아니한다고 인정되는 법인

나. **가목 외의 경우** : 비출자공동사업자 사이의 약정에 따른 분담비율. 다만, 해당 비율이
   없는 경우에는 가목의 비율에 따른다.

2.10. 업무와 관련 없는 비용의 손금불산입

법인세법은 내국법인의 업무와 직접 관련이 없는 자산 관련 비용 및 그 지출에 대하여
손금산입을 부인하는 한편(법세 §27), 법인의 사업과 관련하여 발생하거나 지출된 손실 또는
비용으로서 일반적으로 인정되는 통상적인 것이거나 수익과 직접 관련된 것은 손금에 해당한다

고 규정한다(법세 §19 ②). 그렇다면 **사업 관련성, 수익 직접 관련성, 일반적 통상성** 및 **업무 직접 관련성** 사이의 관계가 어떠한지 여부가 쟁점이 된다.

먼저 **사업 관련성**에 대하여 살핀다.[602] '법인의 사업'은 '익금 또는 손금의 발생 및 변동의 결과'인 순이익을 계속하여 창출하기 위한 활동으로서, '법인의 의사결정기관' 또는 '법인의 의사결정을 구체적으로 집행할 수 있는 지위에 있거나 그 지위에 있다고 법률상 평가되는 자'에 의하여 수행되거나, 법률 상 법인에 귀속되는 행위로 인하여 야기된 '경제적 자원의 통제 및 이전' 또는 '그와 관련하여 수행되는 업무'로 정의할 수 있다. 따라서 '**손금의 발생이 법인의 사업과 관련하여 발생하거나 지출되어야 한다**'는 요건은 '법인의 의사결정기관' 또는 '법인의 의사결정을 구체적으로 집행할 수 있는 지위에 있거나 그 지위에 있다고 법률상 평가되는 자'에 의하여 '경제적 자원의 통제 및 이전' 또는 '그와 관련하여 수행되는 업무'가 수행되거나, 법률 상 법인에 귀속되는 행위로 인하여 '경제적 자원의 통제 및 이전' 또는 '그와 관련된 업무의 수행'이 발생하였다는 것을 의미한다. 이 경우 **사업이 정관 상 목적사업으로 기재된 것인지 여부 및 해당 사업이 위법한 것인지 여부 등은 사업의 판정에 있어서 영향을 미치지 못한다.** 사업에 대한 판정에 있어서는 법인의 경제적 자원이 통제되거나 이전되었는지 여부가 핵심적 요소이고, 법인에 의하여 경제적 자원이 통제되거나 이전되었음에도 단순히 정관 상 목적사업에 해당하지 않거나 법률에 위반된다는 이유 등 사유로 법인세를 부과하지 않는 것은 경제적 실질에 위반된 것이며, 나아가 법인이 이러한 사정을 이용하여 부당하게 경제적 이익을 얻을 수 있는 유인을 제공할 수 있기 때문이다. **법인의 사업에 관련되지 않은 손금은 해당 법인의 손금으로서 인식될 수 없다.** '법인의 의사결정기관' 또는 '법인의 의사결정을 구체적으로 집행할 수 있는 지위에 있거나 그 지위에 있다고 규범상 평가되는 자'에 의하여 수행되지 않았으므로 법인에 귀속될 수 없고, 법인은 그 경제적 자원의 이전에 관여한 자에 대하여 반환청구권을 행사할 수 있으므로 '이전된 경제적 자원'이 '그에 대한 반환청구권'으로 대체되어 법인 순자산의 변동이 발생하지 않는 것으로 보아야 하기 때문이다.

수익 직접 관련성 및 **일반적 통상성**에 대하여 살핀다.[603] 손금의 정의 상 '일반적 통상성' 요건, '사업 관련성' 요건 및 '수익 직접 관련성' 요건은 각 어떠한 관계에 있는지 여부에 대하여 살핀다. 이 쟁점은 '손금이 수익과 직접 관련된 경우'에도 그 손금이 '일반적으로 인정되는 통상적인 것'이어야 하는지 여부 및 '손금이 수익과 직접 관련되지는 않으나 법인의 사업에는

---

602) 같은 장 제2절 제1관 Ⅲ 5 참조.
603) 같은 장 제2절 제1관 Ⅲ 6 참조.

관련된 경우'에도 그 손금은 다시 '일반적으로 인정되는 통상적인 것'이어야 하는지 여부와 관계된다. 법인세법이 '법인의 사업과 관련하여 발생하거나 지출된 손실 또는 비용'으로서 '일반적으로 인정되는 통상적인 것'이거나 '수익과 직접 관련된 것'으로 한다고 규정하므로(법세 §19 ②), '일반적으로 인정되는 통상적인 것'이라는 요건이 '수익과 직접 관련된 것'이라는 요건을 수식하거나 한정하지 않아서 **손금이 수익과 직접 관련된다면 그 손금이 다시 '일반적으로 인정되는 통상적인 것'에 해당하는지 여부를 판단할 필요가 없다.** 수익과 직접 관련되어 있음에도 이에 대하여 다시 그 손금산입을 '일반적으로 인정되는 통상적인 것인지 여부'에 의하여 제한하여야 할 규범적 당위가 없고, 각 법인의 경제적 상황 등에 의하여 수익에 직접 연관되는 손금의 범위가 달라질 수 있음에도 이를 무시하고 일반적이거나 통상적인지 여부에 의하여 손금산입을 제한하는 것은 경제적 실질에 어긋나기 때문이다. 나아가 **손금이 수익과 직접 관련된다면 그 손금이 다시 '법인의 사업에 관련되는지 여부'에 대하여 판단할 필요 역시 없다.** 법인의 사업에는 익금 또는 수익의 발생이 내포되어 있으므로 손금이 수익에 직접 관련된다면 당연히 사업관련성이 인정되기 때문이다. 그렇다면 **'손금이 수익과 직접 관련되지는 않으나 법인의 사업에는 관련된 경우'에 한하여 그 손금이 다시 '일반적으로 인정되는 통상적인 것'이어야 하는지 여부가 쟁점이 될 수 있다.** 그런데 법인세법 및 조세특례제한법이 자산·부채의 평가 및 손익 귀속시기에 대하여 특별히 규정한 경우에는 이러한 경우가 발생할 수 없다. 해당 규정들에 의하여 특별하게 인정된 자산·부채 및 손익귀속시기에 기반하여 인정된 손금에 대하여 사업관련성은 있으나 일반적으로 인정되는 통상적인 것이 아니라고 할 수는 없기 때문이다. 그렇다면 이 쟁점은 기업회계기준 상 비용으로서 인식되면서도 법인세법 상 사업관련성 역시 갖는 손금에 대하여서만 발생할 수 있다.

손금이 '일반적으로 인정되는 통상적인 것이어야 한다'는 요건이 의미하는 바는 무엇인가? 이 쟁점을 논의하기에 앞서 '법인의 사업에 관련됨에도 불구하고 다시 일반적으로 인정된 통상적인 것에 한하여 법인세법 상 손금으로 인정된다'는 명제가 법규범 상 타당한 것인지 여부에 대하여 검토한다. 사업활동의 영위 방식은 사적 자치에 맡겨져 있고, 해당 방식에 경제적 합리성이 있다면 법인세법 상 존중되어야 한다. 그렇지 않다면 법인이 '일반적으로 인정된 통상적인 경제적 자원'이 아닌 경제적 자원을 투입하여 수익의 창출에 간접적으로 이바지하는 방식으로 법인의 사업에 관련되는 경우에는 해당 방식에 경제적 합리성이 존재한다고 할지라도 법인세법 상 손금으로 인정되지 않는 불이익을 입게 되므로 해당 법인은 그 방식을 포기하여야 한다. 이는 법인세법이 명목상 평등의 가치를 보전하기 위하여 법인의 경제적 자유를 탄압하는 것이다. 또한 실질적 평등은 동일한 것은 동일하게 다른 것은 다르게 취급하는 것이므로 이는 실질적 평등에도 반하는 것이다. 따라서 '법인의 사업에 관련됨에도 불구하고 다시 일반적으로 인정된 통상적인 것에 한하여 법인세법 상 손금으로 인정된다'는 명제가 '수익창출에 간접적으로 이바지하는 방식으로 법인의 사업에 관련되는 경우에는 일반적으로 인정된 통상적인 것에 한하여 법인세법 상 손금으로 인정된다'는 것을 의미한다면 이는 조세가 경제적 활동과 관련된 자유 등 기본권을 보장하고 실질적인 자유와 평등을 실현하기 위한 재원을 마련하는 것을 목적으로 부과되는 것이라는 점과도 상충되고, "대한민국의 경제질서는 개인과 기업의 경제상의 자유와 창의를 존중함을 기본으로 한다"는 헌법 규정(헌법 §119 ①)에도 위반된다.[604] 그렇다면 손금이 '일반적으로 인정되는 통상적인 것'에 해당하는지 여부는 개별 법인의 고유한 경제적 특성을 전제하고 판정되어야 한다. 즉 손금이 '일반적으로 인정되는 통상적인 것'에 해당하는지 여부를 판정함에 있어서, 개별 기업의 고유한 경제적 특성에 비추어 볼 때 비용으로서 특정 또는 특정 범위의 경제적 자원을 이전, 즉 투입하는 것이 개별 법인의 입장에서 고유한 경제적 합리성을 가질 수 있다는 점을 존중하여야 한다. 그런데 개별 법인이 특정 경제적 자원을 투입하는 방식 자체가 통상 발생하는 것도 아니고 그 방식이 일반적으로 알려지지 않은 경우 역시 있을 수 있다. 이러한 경우에 어떻게 개별 법인의 고유한 경제적 특성을 전제하여 일반성 및 통상성을 판정하여야 하는지 여부가 문제이다. 그런데 법인세법이 개별 법인의 고유한 경제적 특성 및 투입되는 경제적 자원의 내용 자체에 대하여 직접 규정할 수는 없다. 개별 법인의 고유한 경제적 특성을 전제로 하여 경제적 자원의 투입과정에 대하여 규정할 수밖에 없다. 경제적 자원 투입에 대한 경제적 합리성이 존재하기 위하여서는 개별 법인의 고유한 경제적 특성이 반영되어야 한다. 개별 법인의 경제적 합리성에 기한 특정 경제적 자원의 투입과정이 경험칙에 부합한다면 이를 통상적이 아니라고 할 수는 없다. 그런데 일반성과 통상성은 그 문언 자체로는 이들 개념을 구분하기 힘들다. 경제적 자원의 투입에 대한 경제적 합리성이 존재할 뿐만 아니라 그 투입과정이 개별 기업의 경제적 특성에 기반한 경험칙에 부합한다고 하더라도 이를 두고 일반적으로 인정되는 것이 아니라고 할 수 있어야 일반성과 통상성을 구분할 실익이 있다. 법문언이 동일한 의미를 강조하기 위하여 동어반복할 필요 역시 없기 때문이다. 그런데 개별 법인의 고유한 경제적 특성만을 고려할 경우에는 특정 경제적 자원의 투입 또는 이전이 경험칙에 부합된다고 할 수 있지만 동일한 상황에 있는 동종업계의 특성 역시 함께 감안한다면 경험칙에는 부합하지 않을 수

---

604) 이준봉, 전게서, 151면.

있다. 법인세법 역시 '일반적으로 인정되는 통상적인 것'이라는 법문언을 사용하여, 통상성은 일반적으로 인정되는 경우와 그렇지 않은 경우로 구분하고 있다. 따라서 '일반적으로 인정되는 통상적인 것', 즉 '일반적 통상성'을 개별 기업의 고유한 경제적 특성뿐만 아니라 동일한 상황에 처한 동종기업의 경제적 특성 역시 함께 감안할 경우에도 특정 경제적 자원의 투입방식이 경험칙에 부합한다는 의미로 해석하는 것이 타당하다. 따라서 손금의 일반성 및 통상성을 개별 법인의 특정 손금의 투입 또는 그 투입의 범위를 다른 법인과 단순하게 비교하는 방식으로 판단할 수는 없다.

  업무 직접 관련성에 대하여 살핀다. 사업 관련성과 업무 직접 관련성이 동일한 의미라면 업무 직접 관련성이 없는 항목들에 대한 손금불산입에 대하여 규정할 실익이 없다. 사업 관련성이 없으면 이미 손금에 해당하지 않기 때문이다. 한편 법인세법은 법인의 업무를 '법령에서 업무를 정한 경우에는 그 법령에 규정된 업무' 또는 '각 사업연도 종료일 현재의 법인등기부상의 목적사업(행정관청의 인가·허가 등을 요하는 사업의 경우에는 그 인가·허가 등을 받은 경우에 한정으로 정하여진 업무'로 정의한다(법세칙 §26 ②). 비록 업무무관 자산(법세 §27 1호)과 관련하여 정의하였다고 하더라도 그 정의는 업무무관 지출(법세 §27 2호)에 대하여서도 그대로 적용되는 것으로 보아야 한다. 정관 상 목적사업으로 기재된 것인지 여부 및 해당 사업이 위법한 것인지 여부 등은 법인의 사업 판정에 있어서 영향을 미치지 못하므로, **법인 업무는 법인 사업과 구분된다. 또한 법인 업무의 적용범위는 법인 사업에 대한 하위개념으로서 법인 사업에 비하여 좁다고 보아야 한다.** 사업 관련성이 부인되면 그 자체로 법인의 손금이 될 수 없기 때문에, 법인 업무의 적용범위가 법인 사업에 비하여 좁은 경우에 한하여 업무무관 비용의 손금불산입에 대하여 별도로 규정할 실익이 있다. 한편 법인의 업무에 직접 관련된다고 하더라도 반드시 법인의 수익에 직접 관련된다고 할 수는 없으며, 법인의 업무에 직접 관련되지 않는다고 하더라도 법인의 수익에 직접 관련될 수 있다. 수익 직접 관련성을 갖지 못하는 경우에 일반적 통상성의 충족 여부를 고려하여 손금산입 여부를 결정한다. 따라서 **업무와 직접 관련되지 않는 항목을 수익 직접 관련성 또는 일반적 통상성의 요건을 충족하지 못한 것으로 단정할 수는 없다.** 그런데 법인세법과 조세특례제한법은 손금 항목에 대하여 특별히 규정할 수 있다(법세 §19 ②). 그렇다면 업무와 직접 관련되지 않는 항목에 대한 손금불산입 규정을 손금의 정의 상 수익 직접 관련성 또는 일반적 통상성의 요건을 충족하지 못한 것에 대한 예시규정으로 볼 수는 없다. 오히려 **법인세법이 법인의 업무를 그 사업과 구분하여 한정적으로 정의하고 그 정의에 직접 관련되지 않는 특정 항목들의 손금불산입에 대하여**

한정적으로 열거하여 특별히 규정한 것으로 보아야 한다. 이러한 점을 감안한다면 **법인세법 상 업무와 관련 없는 비용의 손금불산입 규정을 한정적 열거규정으로 보아 제한적으로 해석하여야 한다.** 나아가 법인세법 및 조세특례제한법이 달리 규정함에 있어서 그 입법에 대한 규범적 한계는 없는지 여부에 대하여 살핀다.[605] 법인세법 및 조세특례제한법이 법률을 통하여 손금의 사업관련성, 일반적 통상성 및 수익 직접 관련성에 대하여 달리 규정한다고 하더라도 해당 법률이 조세의 부과와 징수에 있어서 합리적 이유가 없이 자의적으로 특정 납세자를 불리하게 차별하거나 우대하는 등의 방법으로 납세자의 '담세능력'에 상응하여 공정하고 평등하게 취급하여야 한다는 평등의 원칙을 위반할 수는 없다.[606] 나아가 조세법률주의와 조세평등주의 사이의 상충관계를 해소하기 위한 헌법상 타협의 결과가 실질과세원칙(국기 §14)으로 구체화된 것이므로 법인세법 및 조세특례제한법이 손금의 사업관련성, 일반적 통상성 및 수익 직접 관련성에 대하여 달리 규정한다고 하더라도 경제적 실질에 의한 판단을 배제하는 것을 내용으로 한다면 이 역시 헌법상 조세평등주의에 위반된다.[607] 세법은 가능한 한 합헌적으로 해석되어야 한다. 따라서 **법인세법 상 업무와 관련 없는 비용의 손금불산입 규정을 한정적 열거규정으로 본다고 하더라도, 해당 항목의 경제적 실질 상 손금에 해당하는지 여부와 무관하게 획일적으로 손금불산입한다고 해석할 수는 없다.** 그런데 이러한 해석은 업무와 관련 없는 비용의 손금불산입 규정을 한정적 열거규정으로 본다는 점과 양립하기 어렵다. 이를 조화시키기 위하여서는 **'업무 직접 관련성 자체를 해당 거래의 구체적 상황에 기반한 경제적 실질에 따라 개별적으로 판정하는 방법'을 통하여 경제적 실질 상 법인의 손금에 해당하는 항목이 손금산입에서 배제되지 않도록 해석하는 것이 타당하다.** 한편 판례는 업무 직접 관련성을 법인의 목적사업이나 영업내용을 기준으로 객관적으로 판단하여야 한다고 판시하나,[608] 해당 거래의 구체적 상황에 기반한 경제적 실질 역시 실질과세원칙에 기반한 것이므로 해당 거래와 관련된 객관적 요소 및 주관적 요소 모두를 함께 고려하여 그 경제적 실질을 판단하여야 한다.[609] 업무 직접 관련성에 관한 규정의 적용에 있어서 **과세관청이 '법인이 지출한 비용이 그 경제적 실질의 관점에서 해당 법인의 업무와 직접 관련되지 않았다는 점'에 대하여 입증책임을 부담하여야** 한다. 이러한 해석은 '일반적 통상성'을 개별 기업의 고유한 경제적 특성뿐만 아니라 동일한 상황에 처한

---

605) 같은 장 제2절 제1관 Ⅲ 7 참조.
606) 이준봉, 전게서, 271면~275면.
607) 상게서, 127면~131면 참조.
608) 대법원 1992.11.10. 91누8302 ; 대법원 2003.3.11. 2002두4068.
609) 이준봉, 전게서, 149면~151면 참조.

동종기업의 경제적 특성 역시 함께 감안할 경우에도 특정 경제적 자원의 투입방식이 경험칙에 부합한다는 의미로 이해하는 것과 궤를 같이 한다.

이하 법인세법 상 업무와 관련 없는 비용의 손금불산입 규정에 대하여 살핀다.

내국법인이 지출한 비용 중 '해당 법인의 업무와 직접 관련이 없다고 인정되는 **법정 자산**(법세령 §49 ①)을 취득·관리함으로써 생기는 비용 등 **법정 금액**(업무무관 자산(법세령 §49 ①)을 취득·관리함으로써 생기는 비용, 유지비, 수선비 및 이와 관련되는 비용)(법세령 §49 ③)' 및 '해당 법인의 업무와 직접 관련이 없다고 인정되는 **법정 지출금액**(법세령 §50)'은 각 사업연도의 소득금액을 계산할 때 손금에 산입하지 아니한다(법세 §27). **업무무관 자산의 취득으로 인하여 생기는 비용이 그 취득원가에 가산된 경우**에는 손금산입(△유보) 후 손금불산입으로 소득처분하여야 하고, 향후 해당 자산이 감가상각되거나 처분되는 경우에는 해당 금액에 대하여 손금불산입(유보)로 소득처분하여야 한다. 이상의 각 세무조정을 거친 이후 발생한 업무무관 자산 처분익이 익금에 포함되는 것과 마찬가지로, 이상의 각 세무조정을 거친 이후 발생한 업무무관 자산 처분손실은 손금에 산입되어야 한다. **'업무무관 비용 또는 지출'과 기부금은 어떻게 구분되어야 하는가?** 기부금은 내국법인이 '사업과 직접적인 관계없이' '무상으로 지출'하는 금액(법정 거래(법세령 §35)를 통하여 실질적으로 증여한 것으로 인정되는 금액을 포함)을 말한다(법세 §24 ①). 업무 직접 관련성은 사업 관련성을 전제로 한다. 즉 법인 업무는 법인 사업에 대한 하위개념으로서 법인 사업과 구분된다. 사업 관련성이 부인되면 그 자체로 법인의 손금이 될 수 없으나 기부금의 경우에는 특별히 법정 한도 내에서 손금산입을 인정하는 것이고, 업무무관 비용 또는 지출은 사업 관련성은 인정되나 법정 업무(법세칙 §26 ②)에 직접 관련되지 않는 특정 항목에 대하여 그 손금산입을 부인하는 것이다. **사업 관련성이 부인되는 경우에 기부금의 적용 여부가 쟁점이 되고, 사업 관련성은 인정되나 법정 업무 직접 관련성이 부인되는 경우에 업무무관 비용 또는 지출의 적용 여부가 쟁점이 된다.**

법정 자산은 다음 자산을 말한다(법세령 §49 ①, ②). 이 경우 **'법인의 업무'**는 '법령에서 업무를 정한 경우에는 그 법령에 규정된 업무' 또는 '각 사업연도 종료일 현재의 법인등기부 상의 목적사업(행정관청의 인가·허가 등을 요하는 사업의 경우에는 그 인가·허가 등을 받은 경우에 한정으로 정하여진 업무'를 말한다(법세칙 §26 ②).

1. 다음 각 목의 1에 해당하는 **부동산**. 다만, 법령에 의하여 사용이 금지되거나 제한된 부동산, 자산유동화에 관한 법률에 의한 유동화전문회사가 등록한 자산유동화계획(자산유동화

§3)에 따라 양도하는 부동산 등 **법정 부득이한 사유가 있는 부동산**(법세칙 §26 ⑤)을 제외한다. **당해 부동산을 법인의 업무에 직접 사용한 것으로 의제하는 경우 역시 있다**(법세칙 §26 ③). 즉 '토지를 취득하여 업무용으로 사용하기 위하여 건설에 착공한 경우(착공일이 불분명한 경우에는 착공신고서 제출일을 기준으로 하고, 천재지변·민원의 발생 기타 정당한 사유없이 건설을 중단한 경우에는 중단한 기간 동안 업무에 사용하지 아니한 것으로 봄)' 또는 '부동산매매업(법세칙 §26 ① 2호)을 주업으로 하는 법인이 취득한 매매용부동산을 법정 유예기간(법세칙 §26 ①)내에 양도한 경우'에는 법인의 업무에 직접 사용한 것으로 본다. **건축물이 없는 토지를 임대하는 경우에 대한 특례가 있다.** 즉 건축물이 없는 토지를 임대하는 경우(공장·건축물의 부속토지 등 법인의 업무에 직접 사용하던 토지를 임대하는 경우를 제외) 당해 토지는 업무에 직접 사용하지 아니하는 부동산으로 보나, 당해 토지를 임대하던 중 당해 법인이 건설에 착공하거나 그 임차인이 당해 법인의 동의를 얻어 건설에 착공한 경우 당해 토지는 그 착공일(착공일이 불분명한 경우에는 착공신고서 제출일)부터 업무에 직접 사용하는 부동산으로 본다(법세칙 §26 ④). **부동산 취득시기에 대한 특례가 있다.** 즉 부동산의 취득시기는 소득세법 상 규정(소세령 §162)에 따르나, 장기할부조건(소세령 §162 ① 3호)에 의한 취득의 경우에는 당해 부동산을 사용 또는 수익할 수 있는 날로 한다(법세칙 §26 ⑥).

가. **법인의 업무에 직접 사용하지 아니하는 부동산.** 다만, **법정 유예기간**(법세칙 §26 ①)이 경과하기 전까지의 기간 중에 있는 부동산을 제외한다. **법정 유예기간**은 '건축물 또는 시설물 신축용 토지의 경우'에는 '취득일부터 5년(공장용 부지(산업집적화 §2 1호)로서 산업집적활성화 및 공장설립에 관한 법률 또는 중소기업 창업지원법에 의하여 승인을 얻은 사업계획서상의 공장건설계획기간이 5년을 초과하는 경우에는 당해 공장건설계획기간)', '**부동산매매업**[한국표준산업분류에 따른 부동산 개발 및 공급업(묘지분양업을 포함) 및 건물 건설업(자영건설업에 한정)]**을 주업으로 하는 법인이 취득한 매매용부동산의 경우**'에는 '취득일부터 5년', '그 밖의 부동산의 경우'에는 '취득일부터 2년'을 말한다(법세칙 §26 ①). 다만 **법령·인가·허가·면허 상 제한이 있는 부동산의 경우**(법세칙 §26 ⑤ 2호 각 목)에는 그 유예기간의 계산에 대한 특례가 있다(법세칙 §26 ⑧). 즉 법령에 의하여 사용이 금지 또는 제한된 부동산의 경우(법세칙 §26 ⑤ 2호 가목)에는 해당 법령에 의한 사용의 금지·제한이 해제된 날이, 문화재보호법에 의하여 지정된 보호구역 안의 부동산의 경우(법세칙 §26 ⑤ 2호 나목)에는 문화재보호법에 의한 보호구역 지정이 해제된 날이 각 유예기간의 기산일이다(법세칙 §26 ⑧ 1호). 건축법 상 건축허가 제한(건축 §18) 및 행정지도에 의한 건축허가의 제한으로 인하여 건축을 할 수 없게 된 토지(법세칙 §26 ⑤ 2호 다목) 및 건축자재의 수급조절을 위한 행정지도에 의하여 착공이 제한된 토지(법세칙 §26 ⑤ 2호 라목)의 경우에는 건축허가 또는 착공이 제한된 기간을 가산한 기간을 유예기간으로 한다(법세칙 §26 ⑧ 2호). **업무와 관련이 없는 것으로 보는 기간**은 당해 부동산을 업무에 직접 사용하지 아니한 기간 중 유예기간과 겹치는 기간을 제외한 기간으로 계산하나, 당해 부동산을 취득한 후 계속하여 업무에 사용하지 아니하고 양도하는 경우에는 취득일(유예기간이 경과되기 전에 법정 사유(법세칙 §26

⑤ 2호 가목, 나목)가 발생한 경우에는 법령에 의한 사용의 금지·제한이 해제된 날(법세칙 §26 ⑧ 1호) 또는 문화재보호법에 의한 보호구역지정이 해제된 날(법세칙 §26 ⑧ 1호))부터 양도일까지의 기간으로 계산한다(법세칙 §26 ⑨ 1호). 다만, 공익사업을 위한 토지 등의 취득 및 보상에 관한 법률 및 그 밖의 법률에 의하여 수용(협의매수를 포함)되는 부동산 또는 산업단지(산업집적화 §2 14호) 안의 토지를 산업용지 등의 처분제한 등 규정(산업집적화 §39)에 따라 양도하는 부동산의 경우에는 업무와 관련이 없는 것으로 보는 기간의 계산규정(법세칙 §26 ⑨)에도 불구하고 해당 부동산을 업무에 직접 사용하지 아니한 기간 중 유예기간과 겹치는 기간을 제외한 기간을 해당 부동산에 대하여 업무와 관련이 없는 것으로 보는 기간으로 한다(법세칙 §26 ⑩).

나. **유예기간 중에 당해 법인의 업무에 직접 사용하지 아니하고 양도하는 부동산**. 다만, 법정 **부동산매매업**(법세칙 §26 ① 2호, ⑦ 본문)을 주업으로 영위하는 법인의 경우를 제외한다. 따라서 부동산매매업을 주업으로 하는 법인이 매매용부동산을 취득한 후 유예기간이 지난 다음 물적분할 등을 통하여 양도한 경우는 업무에 사용하지 아니하고 양도하는 경우'에 해당하지 않으므로, 부동산 취득일부터 양도일까지의 기간 전부가 아니라, 본문에 따라 유예기간이 지난 다음 날부터 양도를 통하여 직접 사용하기 전까지의 기간만이 업무와 관련이 없는 기간에 해당한다.[610] **부동산매매업과 다른 사업을 겸영하는 경우**에는 해당 사업연도와 그 직전 2사업연도의 부동산매매업 매출액의 합계액(해당 법인이 토목건설업을 겸영하는 경우에는 토목건설업매출액을 합한 금액을 말함)이 이들 3사업연도의 총수입금액의 합계액의 100분의 50을 초과하는 경우에 한하여 부동산매매업을 주업으로 하는 법인으로 본다(법세칙 §26 ⑦ 단서). **업무와 관련이 없는 것으로 보는 기간은 취득일**(법정 사유(법세칙 §26 ⑤ 2호 가목, 나목)가 발생한 경우에는 법령에 의한 사용의 금지·제한이 해제된 날(법세칙 §26 ⑧ 1호) 또는 문화재보호법에 의한 보호구역지정이 해제된 날(법세칙 §26 ⑧ 1호))**부터 양도일까지의 기간**으로 계산한다(법세칙 §26 ⑨ 2호). 다만, 공익사업을 위한 토지 등의 취득 및 보상에 관한 법률 및 그 밖의 법률에 의하여 수용(협의매수를 포함)되는 부동산 또는 산업단지(산업집적화 §2 14호) 안의 토지를 산업용지 등의 처분제한 등 규정(산업집적화 §39)에 따라 양도하는 부동산의 경우에는 업무와 관련이 없는 것으로 보는 기간의 계산규정(법세칙 §26 ⑨)에도 불구하고 해당 부동산을 업무에 직접 사용하지 아니한 기간 중 유예기간과 겹치는 기간을 제외한 기간을 해당 부동산에 대하여 업무와 관련이 없는 것으로 보는 기간으로 한다(법세칙 §26 ⑩). **유예기간 중 양도 등으로 인하여 종전 사업연도에 지출한 비용이 업무무관 비용으로서 손금불산입되는 경우에 관한 세액납부 특례가 있다.** 즉 업무무관 자산(법세령 §49 ①)을 양도하는 날이 속하는 사업연도 이전에 종료한 종전 사업연도의 업무와 관련 없는 비용을 손금에 산입하지 아니하는 경우 다음 각 호의 방법 중 하나를 선택하여 계산한 세액을 그 양도한 날이 속하는 사업연도의 법인세에 가산하여 납부하여야 한다(법세칙 §27). 이월결손금을 공제하는 등 세무조정을 하는 것이 유리한 경우에는 종전 사업연도의 각 사업연도의 소득금액 및 과세표준 등을 다시 계산하는 제1호 방법을, 세무조정의 실익이 없는 경우에는 단순히 세액만을

재계산하는 제2호 방법을 통하여 세액을 납부할 수 있도록 허용하기 위한 규정이다.

> 1. 종전 사업연도의 각 사업연도의 소득금액 및 과세표준 등을 다시 계산함에 따라 산출되는 결정세액에서 종전 사업연도의 결정세액을 차감한 세액(가산세를 제외)
> 2. 종전 사업연도의 과세표준과 손금에 산입하지 아니하는 금액을 합한 금액에 세율(법세 §55)을 적용하여 산출한 세액에서 종전 사업연도의 산출세액을 차감한 세액(가산세를 제외)

2. 다음 각 목의 1에 해당하는 **동산**
   가. 서화 및 골동품. 다만, 장식·환경미화 등의 목적으로 사무실·복도 등 여러 사람이 볼 수 있는 공간에 상시 비치하는 것을 제외한다.
   나. 업무에 직접 사용하지 아니하는 자동차·선박 및 항공기. 다만, 저당권의 실행 기타 채권을 변제받기 위하여 취득한 선박으로서 3년이 경과되지 아니한 선박 등 법정 부득이한 사유(저당권의 실행 기타 채권을 변제받기 위하여 취득한 자동차·선박 및 항공기로서 취득일부터 3년이 경과되지 아니한 것)(법세칙 §26 ⑪)가 있는 자동차·선박 및 항공기를 제외한다.
   다. 기타 가목 및 나목의 자산과 유사한 자산으로서 당해 법인의 업무에 직접 사용하지 아니하는 자산

'해당 법인의 업무와 직접 관련이 없다고 인정되는 법정 자산(법세령 §49 ①, ②)' 중 '법정 부득이한 사유가 있는 부동산'은 다음 각 호와 같다(법세칙 §26 ⑤).

> 1. (삭제)
> 2. 해당 부동산의 취득 후 다음 각 목의 어느 하나에 해당하는 사유가 발생한 부동산
>   가. 법령에 의하여 사용이 금지 또는 제한된 부동산(사용이 금지 또는 제한된 기간에 한정. 사용제한 여부는 원칙적으로 법인이 부동산을 **취득할 당시의 구체적인 목적**을 그 주된 사업과 대비하여 결정하여야 할 것이고, 그 해당 여부도 위 목적과 사용제한의 형태에 비추어 개별적으로 판단하여야 한다.[611] 주된 사업과 대비하여 결정하면 족하고, 법인의 모든 목적사업이 그 판단기준이 되는 것은 아니다.[612] 취득 전에 이미 법령의 규정에 의하여 사용이 금지 또는 제한된 부동산은 비업무용 부동산으로 보지 아니하는 위 경우에 해당하지 않는다.[613]
>   나. 문화재보호법에 의하여 지정된 보호구역 안의 부동산(지정된 기간에 한정)
>   다. 유예기간이 경과되기 전에 법령에 따라 해당 사업과 관련된 인가·허가(건축허가를

---

610) 대법원 2018.5.11. 2014두44342.

포함)·면허 등을 신청한 법인이 건축법 상 건축허가 제한(건축 §18) 및 행정지도에 의하여 건축허가가 제한됨에 따라 건축을 할 수 없게 된 토지(건축허가가 제한된 기간에 한정). 판례 역시 행정청이 행정작용의 일환으로 건축허가를 일률적으로 통제한 경우[614] 또는 행정작용에 의하여 현실적으로 부동산의 사용이 금지 또는 제한되는 경우[615]도 이에 포함된다고 판시한다. 다만 '부동산매매업을 주업으로 하는 법인이 취득한 매매용부동산(법세칙 §26 ① 2호)은 제외한다.

라. 유예기간이 경과되기 전에 법령에 의하여 당해 사업과 관련된 인가·허가·면허 등을 받았으나 건축자재의 수급조절을 위한 행정지도에 의하여 착공이 제한된 토지(착공이 제한된 기간에 한정). 다만 '부동산매매업을 주업으로 하는 법인이 취득한 매매용부동산(법세칙 §26 ① 2호)은 제외한다.

3. 개발사업시행자에 대한 양도소득세 등의 감면규정에서 정하는 자[구 조세특례제한법(법률 제6538호 조세특례제한법 중 개정법률로 개정되기 전의 법) 제78조 제1항 각 호] 또는 학교법인의 토지 등에 대한 특별부가세의 면제규정에서 정하는 자(같은 법 제81조 제1항)가 보유하는 위 각 규정 상 부동산

4. 광업법에 의하여 산업통상자원부장관의 인가를 받아 휴광 중인 광업용 부동산

5. 사업장(임시 작업장을 제외)의 진입도로로서 사도법에 의한 사도 또는 불특정다수인이 이용하는 도로

6. 건축법에 의하여 건축허가를 받을 당시에 공공공지로 제공한 토지(당해 건축물의 착공일부터 공공공지로의 제공이 끝나는 날까지의 기간에 한정)

7. 대덕연구개발특구 관리계획(대덕연구 §34)에 의하여 원형지로 지정된 토지(원형지로 지정된 기간에 한정)

8. 농업협동조합자산관리회사(농협구조개선 §29)의 업무(농협구조개선 §30)에 따라 농업협동조합법에 의한 조합, 농업협동조합중앙회, 농협은행, 농협생명보험 또는 농협손해보험으로부터 취득한 부동산

9. 농업협동조합법에 의한 조합, 농업협동조합중앙회, 농협은행, 농협생명보험 또는 농협손해보험이 농업협동조합자산관리회사(농협구조개선 §29)에 매각을 위임한 부동산

10. 민사집행법에 의하여 경매가 진행 중인 부동산과 국세징수법에 의하여 공매가 진행 중인 부동산으로서 최초의 경매기일 또는 공매일부터 5년이 경과되지 아니한 부동산

11. 저당권의 실행 기타 채권을 변제받기 위하여 취득한 부동산 및 청산절차에 따라 잔여재산의 분배로 인하여 취득한 부동산으로서 취득일부터 5년이 경과되지 아니한 부동산

12. 한국자산관리공사에 매각을 위임한 부동산으로서 3회 이상 유찰된 부동산

13. 대손충당금적립기준에 따라 대손충당금을 적립하는 법정 금융회사 등(법세령 §61 ② 각 호)이 저당권의 실행 또는 그 밖에 채권을 변제받기 위하여 취득한 자산으로서 다음 각 목의 어느 하나에 해당하는 부동산

가. 한국자산관리공사에 매각을 위임한 부동산

나. 부동산의 소유권에 관한 소송이 계속중인 부동산

14. 당해 부동산을 취득한 후 소유권에 관한 소송이 계속 중인 부동산으로서 법원에 의하여

사용이 금지된 부동산과 그 부동산의 소유권에 관한 확정판결일부터 5년이 경과되지 아니한 부동산

15. 도시개발법에 의한 도시개발구역 안의 토지로서 환지방식에 의하여 시행되는 도시개발사업이 구획단위로 사실상 완료되어 건축이 가능한 날부터 5년이 경과되지 아니한 토지

16. 건축물이 멸실·철거되거나 무너진 경우에는 당해 건축물이 멸실·철거되거나 무너진 날부터 5년이 경과되지 아니한 토지

17. 법인이 사업의 일부 또는 전부를 휴업·폐업 또는 이전함에 따라 업무에 직접 사용하지 아니하게 된 부동산으로서 그 휴업·폐업 또는 이전일부터 5년이 경과되지 아니한 부동산

18. 다음 각 목의 1에 해당하는 법인이 신축한 건물로서 사용검사일부터 5년이 경과되지 아니한 건물과 그 부속토지

　　가. 주택신축판매업 [한국표준산업분류에 의한 주거용 건물공급업 및 주거용 건물건설업 (자영건설업에 한정)] 을 영위하는 법인

　　나. 산업집적활성화 및 공장설립에 관한 법률에 의한 아파트형공장의 설치자

　　다. 건설업을 영위하는 법인

19. 주택법에 따라 주택건설사업자로 등록한 법인이 보유하는 토지 중 같은 법에 따라 승인을 얻은 주택건설사업계획서에 기재된 사업부지에 인접한 토지로서 해당 계획서상의 주택 및 대지 등에 대한 사용검사일부터 5년이 경과되지 아니한 토지

20. 허가의 효력이 상실된 염전(소금 §16)으로서 허가의 효력이 상실된 날부터 5년이 경과되지 아니한 염전

21. 공유수면매립법에 의하여 매립의 면허를 받은 법인이 매립공사를 하여 취득한 매립지로서 당해 매립지의 소유권을 취득한 날부터 5년이 경과되지 아니한 매립지

22. 행정청이 아닌 도시개발사업의 시행자가 도시개발법에 의한 도시개발사업의 실시계획인 가를 받아 분양을 조건으로 조성하고 있는 토지 및 조성이 완료된 후 분양되지 아니하거나 분양 후 환수 또는 환매한 토지(산업집적 §41)로서 최초의 인가일부터 5년이 경과되지 아니한 토지

23. 다음 각 목의 어느 하나에 해당하는 기관이 적기시정조치(금융산업 §10) 또는 계약이전의 결정(금융산업 §14 ②)에 따라 부실금융기관(금융산업 §2 2호)으로부터 취득한 부동산

　　가. 예금보험공사(예금자보호 §3)

　　나. 정리금융기관(예금자보호 §36의3)

　　다. 법정 금융기관(금융산업 §2 1호)

24. 자산유동화에 관한 법률에 따른 유동화전문회사가 자산유동화계획(자산유동화 §3)에 따라 자산보유자로부터 취득한 부동산

25. 유예기간 내 법인의 합병 또는 분할로 인하여 양도되는 부동산

26. 공장의 가동에 따른 소음·분진·악취 등에 의하여 생활환경의 오염피해가 발생되는 지역 안의 토지로서 당해 토지소유자의 요구에 따라 취득한 공장용 부속토지의 인접토지

27. 전국을 보급지역으로 하는 일간신문을 포함한 3개 이상의 일간신문에 다음 각 목의 조건으로 매각을 3일 이상 공고하고, 공고일(공고일이 서로 다른 경우에는 최초의 공고일을

말함)부터 1년이 경과하지 아니하였거나 1년 이내에 매각계약을 체결한 부동산
　　가. 매각예정가격이 시가(법세 §52) 이하일 것
　　나. 매각대금의 100분의 70 이상을 매각계약 체결일부터 6월 이후에 결제할 것
28. 위 제27호의 규정에 의한 부동산으로서 동호 각 목의 요건을 갖추어 매년 매각을 재공고하고, 재공고일부터 1년이 경과되지 아니하였거나 1년 이내에 매각계약을 체결한 부동산(직전 매각공고시의 매각예정가격에서 동 금액의 100분의 10을 차감한 금액 이하로 매각을 재공고한 경우에 한정)
29. 주택건설사업 등 사업계획승인권자(주택 §16 ①)로부터 공사착수기간의 연장승인(주택 §16 ; 주택령 §18 5호)을 받아 연장된 공사착수기간 중에 있는 부동산으로서 최초의 공사착수기간 연장승인일부터 5년이 경과되지 아니한 부동산(공사착수가 연장된 기간에 한정)
30. 당해 부동산의 취득 후 제2호부터 제29호까지의 사유 외에 도시계획의 변경 등 정당한 사유로 인하여 업무에 사용하지 아니하는 부동산
31. 송·변전설비 주변지역(송변전 §2 2호) 내 주택소유자의 주택매수청구(송변전 §5)에 따라 사업자가 취득하여 보유하는 주택 및 그 대지

법정 지출금액은 다음 각 호의 어느 하나에 해당하는 지출금액을 말한다(법세령 §50 ①). 업무무관 법정지출금액에 대하여 업무무관 법정자산에 관한 규정이 적용될 수는 없다.[616] **소액주주 등**은 발행주식총수 또는 출자총액의 100분의 1에 미달하는 주식 등을 소유한 주주 등(해당 법인의 국가, 지방자치단체가 아닌 지배주주 등의 특수관계인인 자는 제외)을 말한다(법세령 §50 ②). **대손금의 손금산입이 허용되지 않는 채권**(법세 §19의2 ② 각 호)**의 처분손실** 역시 업무무관 지출로서 손금에 산입하지 않는다(법세칙 §50 ③).

1. 해당 법인이 직접 사용하지 아니하고 다른 사람(주주 등이 아닌 임원과 소액주주 등인 임원 및 직원은 제외)이 주로 사용하고 있는 장소·건축물·물건 등의 유지비·관리비·사용료와 이와 관련되는 지출금. 다만, 법인이 법정 절차(상생협력 §35)에 따라 사업을 중소기업(제조업을 영위하는 자에 한정)에 이양하기 위하여 무상으로 해당 중소기업에 대여하는 생산설비와 관련된 지출금 등은 제외한다.
2. 해당 법인의 주주 등(소액주주 등은 제외)이거나 출연자인 임원 또는 그 친족이 사용하고 있는 사택의 유지비·관리비·사용료와 이와 관련되는 지출금

611) 대법원 1998.11.10. 97누12068 ; 대법원 2004.3.26. 2001두10790.
612) 대법원 1998.11.10. 97누12068.
613) 대법원 1998.11.10. 97누12068 ; 대법원 2007.1.25. 2005두5598.
614) 대법원 1998.11.10. 97누12068.
615) 대법원 2004.3.26. 2001두10790.
616) 대법원 2017.8.29. 2014두43301.

3. 업무무관 자산(법세령 §49 ①)을 취득하기 위하여 지출한 자금의 차입과 관련되는 비용
4. 해당 법인이 공여한 형법 또는 국제상거래에 있어서 외국공무원에 대한 뇌물방지법에 따른 뇌물에 해당하는 금전 및 금전 외의 자산과 경제적 이익의 합계액
5. 근로시간면제자에 대한 근로시간 면제 한도규정(노동조정 §24 ②)을 위반(노동조정 §24 ④)하여 지급하는 급여

2.11. 업무용승용차 관련비용의 손금불산입 등 특례

2.11.1. 업무용승용차 감가상각비의 손금산입 특례

업무용승용차(법정 승용자동차(개소세 §1 ② 3호) 중 운수업, 자동차판매업 등에서 사업에 직접 사용하거나 연구개발을 목적으로 사용하는 특정 승용자동차(법세령 §50의2 ①)는 제외)**에 대한 감가상각비**는 각 사업연도의 소득금액을 계산할 때 **법정 절차**(법세령 §50의2 ③)**에 따라 손금에 산입하여야 한다**(법세 §27의2 ①). 즉 업무용승용차는 '감가상각방법 규정'(법세 §26 ① 2호) 및 '감가상각 신고내용연수와 그 상각률에 관한 규정'(법세 §28 ① 2호)에도 불구하고 **정액법을** 상각방법으로 하고 **내용연수를 5년**으로 하여 계산한 금액을 감가상각비로 하여 **손금에 산입하여야** 한다(법세령 §50의2 ③). 업무용승용차에 대한 감가상각비는 **강제상각 방식**에 의하여 손금에 산입한다. 업무용승용차 관련비용을 손금에 산입한 법인은 신고(법세 §60)를 할 때 **업무용승용차 관련비용 명세서**를 첨부하여 납세지 관할 세무서장에게 제출하여야 한다(법세 §27의2 ⑥ : 법세령 §50의2 ⑭).

법정 승용자동차는 '배기량이 2천시시를 초과하는 승용자동차와 캠핑용자동차', '배기량이 2천시시 이하인 승용자동차(배기량이 1천시시 이하인 것으로서 법정 규격의 것은 제외)와 이륜자동차' 및 '전기승용자동차(법정 세부기준(자동차관리 §3 ②)을 고려한 법정 규격의 것은 제외)'을 말한다(개소세 §1 ② 3호).

운수업, 자동차판매업 등에서 사업에 직접 사용하거나 연구개발을 목적으로 사용하는 특정 승용자동차는 다음 각 호의 어느 하나에 해당하는 승용자동차를 말한다(법세령 §50의2 ①).

1. 자기생산·취득재화 중 영업 외의 용도로 사용하는 것을 재화의 공급으로 보는 자동차 관련 업종(부가세령 §19 ① 각 호) 또는 시설대여업(여신금융 §2 9호)에서 사업상 수익을 얻기 위하여 직접 사용하는 승용자동차
2. 제1호와 유사한 승용자동차로서 '한국표준산업분류표 중 장례식장 및 장의관련 서비스업을

영위하는 법인이 소유하거나 임차한 운구용 승용차(법세칙 §27의2 ①)'

3. 국토교통부장관의 임시운행허가(자동차관리 §27 ① 단서)를 받은 자율주행자동차

2.11.2. 업무용승용차 관련비용의 손금불산입 특례

업무용승용차 관련비용(내국법인이 업무용승용차를 취득하거나 임차함에 따라 해당 사업연도에 발생하는 감가상각비, 임차료, 유류비 등 **법정 비용**(법세령 §50의2 ②)) 중 **법정 업무사용금액**(법세령 §50의2 ④)에 해당하지 아니하는 금액은 해당 사업연도의 소득금액을 계산할 때 **손금에 산입하지 아니한다**(법세 §27의2 ②). 업무용승용차 관련비용을 손금에 산입한 법인은 신고(법세 §60)를 할 때 **업무용승용차 관련비용 명세서**를 첨부하여 납세지 관할 세무서장에게 제출하여야 한다(법세 §27의2 ⑥ ; 법세령 §50의2 ⑭). **개인사업자**에 대하여서는 별도의 규정(법세 §33의2)이 적용된다.

법정 비용은 업무용승용차에 대한 감가상각비, 임차료, 유류비, 보험료, 수선비, 자동차세, 통행료 및 금융리스부채에 대한 이자비용 등 업무용승용차의 취득·유지를 위하여 지출한 업무용승용차 관련비용을 말한다(법세령 §50의2 ②).

법정 업무사용금액은 다음 각 호의 구분에 따른 금액을 말한다(법세령 §50의2 ④). 다만, 해당 업무용승용차에 법정 자동차등록번호판(법세칙 §27의2 ②)을 부착하지 않은 경우에는 영(0)원으로 한다. 다음 각 호의 적용에 있어서, '시설대여업자 외의 자동차대여사업자로부터 임차한 승용차로서 임차계약기간이 30일 이내인 승용차(해당 사업연도에 임차계약기간의 합계일이 30일을 초과하는 승용차는 제외)(법세칙 §27의2 ⑤)'로서 '해당 법인의 임원 또는 직원' 또는 '계약에 따라 해당 법인의 업무를 위하여 운전하는 사람'을 운전자로 한정하는 임대차 특약을 체결한 경우에는 업무전용자동차보험에 가입한 것으로 본다(법세령 §50의2 ⑧).

1. 해당 사업연도 전체 기간(임차한 승용차의 경우 해당 사업연도 중에 임차한 기간) 동안 다음 각 목의 어느 하나에 해당하는 사람이 운전하는 경우만 보상하는 **업무전용자동차보험에 가입한 경우** : 업무용승용차 관련비용에 **업무사용비율**을 곱한 금액
   가. 해당 법인의 임원 또는 직원
   나. 계약에 따라 해당 법인의 업무를 위하여 운전하는 사람
   다. 해당 법인의 업무를 위하여 필요하다고 인정되는 경우로서 '해당 법인의 운전자 채용을 위한 면접에 응시한 지원자(법세칙 §27의2 ③)'
2. **업무전용자동차보험에 가입하지 아니한 경우** : 전액 손금불인정. 다만 해당 사업연도

전체기간(임차한 승용차의 경우 해당 사업연도 중에 임차한 기간) 중 **일부 기간만 업무전용자동차보험에 가입한 경우**에는 업무사용금액은 법정 계산식[업무용승용차 관련비용 × 업무사용비율 × (해당 사업연도에 실제로 업무전용자동차보험에 가입한 일수 ÷ 해당 사업연도에 업무전용자동차보험에 의무적으로 가입하여야 할 일수)]에 따라 산정한 금액으로 한다(법세령 §50의2 ⑨).

업무사용비율은 법정 운행기록 등(국세청장이 기획재정부장관과 협의하여 고시하는 운행기록 방법(법세칙 §27의2 ④))에 따라 확인되는 총주행거리 중 **업무용 사용거리**(제조·판매시설 등 해당 법인의 사업장 방문, 거래처·대리점 방문, 회의 참석, 판촉 활동, 출·퇴근 등 직무와 관련된 업무수행을 위하여 주행한 거리)(법세칙 §27의2 ⑦)가 차지하는 비율로 한다(법세령 §50의2 ⑤). 업무사용비율의 적용을 받으려는 내국법인은 업무용승용차별로 법정 운행기록 등을 작성·비치하여야 하며, 납세지 관할 세무서장이 요구할 경우 이를 즉시 제출하여야 한다(법세령 §50의2 ⑥). **법정 운행기록 등을 작성·비치하지 않은 경우 해당 업무용승용차의 업무사용비율은 다음 각 호의 구분에 따른 비율로 한다**(법세령 §50의2 ⑦). 다만 **부동산임대업을 주된 사업으로 하는 법정 내국법인**(법세령 §42 ②)의 경우에는 다음 각 호의 적용 시 그 한도를 **500만원**으로 한다(법세령 §50의2 ⑮). 해당 사업연도가 1년 미만이거나 사업연도 중 일부 기간 동안 보유하거나 임차한 경우의 월수의 계산은 역에 따라 계산하되, 1개월 미만의 일수는 1개월로 한다(법세령 §50의2 ⑯).

1. 해당 사업연도의 업무용승용차 관련비용이 1천5백만원(해당 사업연도가 1년 미만인 경우에는 1천5백만원에 해당 사업연도의 월수를 곱하고 이를 12로 나누어 산출한 금액을 말하고, 사업연도 중 일부 기간 동안 보유하거나 임차한 경우에는 1천5백만원에 해당 보유기간 또는 임차기간 월수를 곱하고 이를 사업연도 월수로 나누어 산출한 금액) 이하인 경우 : 100분의 100
2. 해당 사업연도의 업무용승용차 관련비용이 1천5백만원을 초과하는 경우 : 1천5백만원을 업무용승용차 관련비용으로 나눈 비율

법정 업무사용금액 중 '**업무용승용차별 감가상각비**' 또는 '**업무용승용차별 임차료 중 법정 감가상각비 상당액**(보험료와 자동차세 등을 제외한 **업무용승용차의 임차료 중 법정 금액**(법세칙 §27의2 ⑥)(법세령 §50의2 ⑫)'이 해당 사업연도에 각각 **800만원**(해당 사업연도가 1년 미만인 경우 800만원에 해당 사업연도의 월수를 곱하고 이를 12로 나누어 산출한 금액을 말하고,

사업연도 중 일부 기간 동안 보유하거나 임차한 경우에는 800만원에 해당 보유기간 또는 임차기간 월수를 곱하고 이를 사업연도 월수로 나누어 산출한 금액을 말함)을 **초과하는 경우 그 감가상각비 한도초과액은** 해당 사업연도의 손금에 산입하지 아니하고 **법정 절차**(법세령 §50의2 ⑬)**에 따라 이월하여 손금에 산입한다**(법세 §27의2 ③). **감가상각비 한도초과액은** '업무용승용차별 감가상각비' 또는 '업무용승용차별 임차료 중 법정 감가상각비 상당액(법세령 §50의2 ⑫)'에 업무사용비율을 곱하여 산출한 금액에서 800만원(해당 사업연도가 1년 미만인 경우 800만원에 해당 사업연도의 월수를 곱하고 이를 12로 나누어 산출한 금액을 말하고, 사업연도 중 일부 기간 동안 보유하거나 임차한 경우에는 800만원에 해당 보유기간 또는 임차기간 월수를 곱하고 이를 사업연도 월수로 나누어 산출한 금액을 말함)을 차감하여 계산한다(법세령 §50의2 ⑩). 해당 사업연도가 1년 미만이거나 사업연도 중 일부 기간 동안 보유하거나 임차한 경우의 월수의 계산은 역에 따라 계산하되, 1개월 미만의 일수는 1개월로 한다(법세령 §50의2 ⑯). **부동산임대업을 주된 사업으로 하는 법정 내국법인**(법세령 §42 ②)**의 경우에는 그 한도를 400만원으로 한다**(법세 §27의2 ⑤ ; 법세령 §50의2 ⑮). **감가상각비 한도초과액은 다음 각 호의 방법에 따라 산정된 금액을 한도로 이월하여 손금에 산입한다**(법세령 §50의2 ⑪). 따라서 감가상각비 한도초과액은 유보로 소득처분하여야 한다. 다만 **내국법인이 해산(합병·분할 또는 분할합병에 따른 해산을 포함)한 경우**에는 이월된 금액 중 남은 금액을 해산등기일(합병·분할 또는 분할합병에 따라 해산한 경우에는 합병등기일 또는 분할등기일)이 속하는 사업연도에 모두 손금에 산입한다(법세칙 §27의2 ⑧). **업무용승용차 임차료 중 한도초과액**을 손금불산입하는 경우에는 기타사외유출로 소득처분하여야 한다(법세령 §106 ① 3호 다목).

---

1. **업무용승용차별 감가상각비 이월액** : 해당 사업연도의 다음 사업연도부터 해당 업무용승용차의 업무사용금액 중 감가상각비가 800만원에 미달하는 경우 그 미달하는 금액을 한도로 하여 손금으로 추인한다.
2. **업무용승용차별 임차료 중 법정 감가상각비 상당액**(법세령 §50의2 ⑫) **이월액** : 해당 사업연도의 다음 사업연도부터 해당 업무용승용차의 업무사용금액 중 감가상각비 상당액이 800만원에 미달하는 경우 그 미달하는 금액을 한도로 손금에 산입한다.

업무용승용차의 임차료 중 법정 금액은 다음과 같다(법세칙 §27의2 ⑤).

1. 등록 시설대여업자(여신금융 §3 ②)로부터 임차한 승용차 : 임차료에서 해당 임차료에 포함되어 있는 보험료, 자동차세 및 수선유지비를 차감한 금액. 다만, 수선유지비를 별도로 구분하기 어려운 경우에는 임차료(보험료와 자동차세를 차감한 금액)의 100분의 7을 수선유지비로 할 수 있다.

2. 제1호에 따른 시설대여업자 외의 자동차대여사업자로부터 임차한 승용차 : 임차료의 100분의 70에 해당하는 금액

2.11.3. 업무용승용차 처분손실의 손금산입 특례

업무용승용차를 처분하여 발생하는 손실로서 업무용승용차별로 800만원(해당 사업연도가 1년 미만인 경우 800만원에 해당 사업연도의 월수를 곱하고 이를 12로 나누어 산출한 금액)을 초과하는 금액은 **법정 방법**(해당 사업연도의 다음 사업연도부터 800만원을 균등하게 손금에 산입하되, 남은 금액이 800만원 미만인 사업연도에는 남은 금액을 모두 손금에 산입하는 방법)(법세령 §50의2 ⑬)**에 따라 이월하여 손금에 산입**한다(법세 §27의2 ④). 다만 **내국법인이 해산(합병·분할 또는 분할합병에 따른 해산을 포함)한 경우**에는 이월된 금액 중 남은 금액을 해산등기일(합병·분할 또는 분할합병에 따라 해산한 경우에는 합병등기일 또는 분할등기일)이 속하는 사업연도에 모두 손금에 산입한다(법세칙 §27의2 ⑦). **업무용승용차 처분손실 중 한도초과액**을 손금불산입하는 경우에는 기타사외유출로 소득처분하여야 한다(법세령 §106 ① 3호 다목). 해당 사업연도가 1년 미만이거나 사업연도 중 일부 기간 동안 보유하거나 임차한 경우의 월수의 계산은 역에 따라 계산하되, 1개월 미만의 일수는 1개월로 한다(법세령 §50의2 ⑯). **부동산임대업을 주된 사업으로 하는 법정 내국법인**(법세령 §42 ②)의 경우에는 그 한도를 **400만원**으로 한다(법세 §27의2 ⑤ : 법세령 §50의2 ⑮). 업무용승용차 처분손실을 손금에 산입한 법인은 신고(법세 §60)를 할 때 **업무용승용차 관련비용 명세서**를 첨부하여 납세지 관할 세무서장에게 제출하여야 한다(법세 §27의2 ⑥ : 법세령 §50의2 ⑭). **개인사업자**에 대하여서는 별도의 규정(법세 §33의2)이 적용된다.

2.12. 지급이자의 손금불산입

내국법인의 각 사업연도의 소득금액을 계산할 때 **다음 각 호의 차입금의 이자는 손금에 산입하지 아니한다**(법세 §28 ①). 차입금의 이자의 손금불산입에 관한 규정이 동시에 적용되는

경우에는 **법정 순서**(법세령 §55)에 따라 적용한다(법세 §28 ③). **법정 순서**는 다음 각 채권자가 불분명한 법정 사채의 이자(법세 §28 ① 1호), 지급받은 자가 불분명한 소득세법 상 법정 채권·증권의 법정 이자·할인액 또는 차익(법세 §28 ① 2호), 건설자금에 충당한 차입금의 법정 이자(법세 §28 ① 3호) 및 법정 업무무관 자산 또는 법정 업무무관 가지급금 등 관련 차입금의 이자 중 법정 금액(법세령 §53 ②)의 순서를 의미한다(법세령 §55). 한편 **국제거래**와 관련하여서는 '출자금액 대비 과다차입금 지급이자의 손금불산입 규정(국조 §22)', '소득 대비 과다 지급이자의 손금불산입 규정(국조 §24)' 및 '혼성금융상품 거래에 따른 지급이자의 손금불산입 규정(국조 §25)'가 적용되는바, 두 규정이 동시에 적용되는 경우에는 그 중 손금에 산입하지 아니하는 금액이 크게 계산되는 것 하나만을 적용하고, 그 금액이 같은 경우에는 '배당으로 간주된 이자의 손금 불산입 규정(국조 §22)'을 적용한다(국조 §26 ①). 위 각 규정들을 법인세법 상 지급이자 손금불산입 규정(법세 §28)보다 우선하여 적용한다(국조 §26 ②, ③).

1. **채권자가 불분명한 법정 사채의 이자.** 이는 법정 차입금('채권자의 주소 및 성명을 확인할 수 없는 차입금', '채권자의 능력 및 자산상태로 보아 금전을 대여한 것으로 인정할 수 없는 차입금' 또는 '채권자와의 금전거래사실 및 거래내용이 불분명한 차입금')의 이자(알선 수수료·사례금 등 명목 여하에 불구하고 사채를 차입하고 지급하는 금품을 포함)를 말하나, 거래일 현재 주민등록표에 의하여 그 거주사실 등이 확인된 채권자가 차입금을 변제받은 후 소재불명이 된 경우의 차입금에 대한 이자를 제외한다(법세령 §51 ①). **사후적으로 채권자가 확인된 경우**에는 가산세의 부과는 별론으로 하더라도 해당 이자를 손금에 산입하는 것이 타당하다. 채권자가 불분명한 경우 그 이자지급액은 대표자에게 귀속된 것으로 보아 **상여**로 소득처분하여야 하나(법세령 §106 ① 1호 단서), 원천징수한 세액에 대하여서는 **기타사외유출**로 소득처분하여야 한다(법세령 §106 ① 3호 라목). 해당 이자지급액에 대하여 법인 및 그 귀속자에 대하여 경제적 이중과세가 발생하여 불합리한 측면이 있으나,[617] 법인세법 상 과세투명성을 확보하기 위한 징벌적 수단으로서 해당 법인에 대하여 손금불산입의 불이익을 추가적으로 적용한 것으로 보는 것이 타당하다. 해당 이자지급액의 귀속자에 대하여서는 이자지급액 전액을 상여처분하여 대표자의 종합소득에 합산하고 원천징수세액을 기납부세액으로 공제하는 것이 타당하다는 견해가 있으나,[618] 대표자에 대한 귀속이 의제적이므로 반드시 실제 귀속된 경우와 동일하게 처리할 필요성이 적다는 점 및 '익금에 산입한 금액이 대표자에게 귀속된 것으로 보아 소득처분한 경우 당해 법인이 그 처분에 따른 소득세 등을 대납하고 이를 손비로 계상한 금액'에 대하여 기타사외유출로 소득처분하는 규정(법세령 §106 ① 3호 아목)과의 중립성을 감안할 필요가 있다는 점을 고려한다면 현행법의 입장 역시 불합리한 것으로 단정할 수는 없다.
2. **소득세법 상 법정 채권·증권**('국가나 지방자치단체가 발행한 채권 또는 증권의 이자와

할인액', '내국법인이 발행한 채권 또는 증권의 이자와 할인액', '외국법인의 국내지점 또는 국내영업소에서 발행한 채권 또는 증권의 이자와 할인액' 또는 '법정 채권 또는 증권의 환매조건부 매매차익(소세령 §24)')(소세 §16 ① 1호, 2호, 5호, 8호)**의 이자·할인액 또는 차익 중 그 지급받은 자가 불분명한 것**으로서 '채권 또는 증권의 이자·할인액 또는 차익을 당해 채권 또는 증권의 발행법인이 직접 지급하는 경우 그 지급사실이 객관적으로 인정되지 아니하는 이자·할인액 또는 차익(법세령 §51 ②)'. **'법정 채권 또는 증권의 환매조건부 매매차익**'은 금융회사 등(금융회사 등(금융실명 §2 1호 각 목)과 원천징수면제소득 관련 법인(법세령 §111 ① 각 호)을 말함)이 환매기간에 따른 사전약정이율을 적용하여 환매수 또는 환매도하는 조건으로 매매하는 채권 또는 증권의 매매차익을 말한다(소세령 §24). **사후적으로 지급받는 자가 확인된 경우**에는 가산세의 부과는 별론으로 하더라도 해당 이자를 손금에 산입하는 것이 타당하다. 지급받는 자가 불분명한 경우 그 지급액은 대표자에게 귀속된 것으로 보아 **상여**로 소득처분하여야 하나(법세령 §106 ① 1호 단서), 원천징수한 세액에 대하여서는 **기타사외유출**로 소득처분하여야 한다(법세령 §106 ① 3호 라목). 현행법 상 소득처분의 타당성에 관한 논의는 제1호의 경우와 동일하다.

3. **건설자금에 충당한 차입금의 법정 이자**(법세령 §52). 건설자금이자를 손금에 산입하지 않는 것은, 건설을 위하여 조달한 차입금의 이자를 건설원가에 산입하지 아니하고 기간비용에 계상하게 된다면, 그 비용에 대응하는 수익이 없음에도 비용계산을 허용하는 셈이 되어 수익비용대응의 원칙에 위배된다는 점 등에 그 이론적 근거를 두고 있다.[619]

4. 다음 각 목의 어느 하나에 해당하는 자산을 취득하거나 보유하고 있는 내국법인이 각 사업연도에 지급한 **차입금의 이자 중 법정 금액**(차입금 중 해당 자산가액에 상당하는 금액의 이자를 한도로 함)(법세령 §53 ②). 이는 취득 또는 보유 자체에 대한 규정이므로, 그 취득 또는 보유의 원인, 경과 및 거래방식와 무관하게 적용된다. 따라서 가지급금을 지급하면서 적정한 이자율에 의한 이자를 받는 경우에도 적용된다.[620] 다만 회사가 특수관계 법인들에 대한 은행 대출을 위해 정기예금을 예치하여 담보로 제공한 경우, 회사의 정기예금 예치와 은행의 특수관계 법인들에 대한 대출은 별개로 이루어진 법률행위이므로, '업무무관 가지급금'에 해당하지 않는다.[621]

   가. **법정 업무무관 자산**(법세 §27 1호 ; 법세령 §49 ①). 이 규정은 타인 자본에 의존한 무리한 기업확장으로 기업의 재무구조가 악화되는 것을 방지하고, 대기업의 금융자산에 의한 부동산투기 및 비생산적인 업종에 대한 무분별한 기업확장을 억제하여 기업자금의 생산적 운용을 통한 기업의 건전한 경제활동을 유도하며, 아울러 국토의 효율적 이용을 도모하기 위한 것이다.[622] 이 규정을 법인세법은 손금의 범위에 대하여 특별한 정함을 할 수 있다는 규정(법세 §19 ①, ②)에 근거한 것으로 볼 수 있으나, 세법이 다른 정책적 목적을 위하여 사용되는 경우는 해당 정책적 목적에 따른 행위금지규정이 이미 존재하는 경우로 한정되는 것이 타당하다. 세법 자체가 특정 행위의 금지를 위한 규범을 대체하는 것으로 활용되는 경우에는 재산권의 수용 등 및 벌금과 같은 금전형에 대한 법적 제한 등을 잠탈하기 위한 도구로서 남용될 위험이 있기 때문이다. 따라서 현행 규정의 해석에 있어서는 업무무관 자산에 해당하는지 여부를 판단함에

있어서 이상의 입법목적을 감안하면서도, 해당 입법으로 인한 남용가능성이 발생하지 않도록 그 적용범위를 한정적으로 해석하는 것이 타당하다. 법정 업무무관 자산을 양도하는 날이 속하는 사업연도 이전에 종료한 **종전 사업연도의 업무와 관련 없는 지급이자를 손금에 산입하지 아니하는 경우** 다음 각 호의 방법 중 하나를 선택하여 계산한 세액을 그 양도한 날이 속하는 사업연도의 법인세에 가산하여 납부하여야 한다(법세칙 §27). 이월결손금을 공제하는 등 세무조정을 하는 것이 유리한 경우에는 종전 사업연도의 각 사업연도의 소득금액 및 과세표준 등을 다시 계산하는 제1호 방법을, 세무조정의 실익이 없는 경우에는 단순히 세액만을 재계산하는 제2호 방법을 통하여 세액을 납부할 수 있도록 허용하기 위한 규정이다.

> 1. 종전 사업연도의 각 사업연도의 소득금액 및 과세표준 등을 다시 계산함에 따라 산출되는 결정세액에서 종전 사업연도의 결정세액을 차감한 세액(가산세를 제외)
> 2. 종전 사업연도의 과세표준과 손금에 산입하지 아니하는 금액을 합한 금액에 세율(법세 §55)을 적용하여 산출한 세액에서 종전 사업연도의 산출세액을 차감한 세액(가산세를 제외)

나. 특수관계인에게 해당 법인의 업무와 관련 없이 지급한 **법정 업무무관 가지급금 등**(법세령 §53 ①). 이는 '명칭 여하에 불구하고'[623] 당해 법인의 업무와 관련이 없는 '**자금의 대여액**'(금융회사 등(법세령 §61 ② 각 호)의 경우 주된 수익사업으로 볼 수 없는 자금의 대여액을 포함)을 말한다(법세령 §53 ① 본문). 즉 '자금의 대여액'에 해당하는지 여부는 그 경제적 실질에 의하여 판단하여야 한다. 판례는 주식회사가 주주로부터 자기주식을 매수한 다음 1년 3개월 후 임시주주총회를 개최하여 위 주식을 소각하기로 결의하고 자본감소의 변경등기를 한 경우, 주주에게 주식 매매대금을 지급한 것은 감자대가를 선지급한 것이므로 그 매매대금 상당액을 업무무관 가지급금으로 본다.[624] 채권의 회수지연과 관련하여 지급이자를 업무무관 가지급금으로서 손금불산입하거나 인정이 자를 익금산입하기 위해서는 해당 법인이 특수관계인에 대하여 채권을 보유하고 있음이 전제가 되어야 하므로, 만약 해당 법인이 특수관계인에 대하여 채권을 보유하고 있지 않다면 그 채권의 보유를 전제로 한 지급이자 손금불산입이나 인정이자 익금산입 은 할 수 없다.[625]

다만, **인정이자 계산의 특례**(법세칙 §44 각 호)**가 적용되는 법정 금액**(법세칙 §28)**을 제외**한다(법세령 §53 ① 단서). 특수관계인에 대한 자금의 대여에 대하여 위 규정이 적용되나, 법인과 그 주주 사이에 특수관계가 있는 경우 그 중 어느 일방에 대하여 회사정리절차개시결정이나 파산선고결정이 있었다고 하여 곧 법인의 출자자인 관계까지 소멸하는 것은 아니므로 그 법인과 주주 사이의 특수관계 역시 소멸한다고 볼 수 없다.[626] 위 규정은 차입금을 보유하고 있는 법인이 특수관계자에게 업무와 관련 없이 가지급금 등을 지급한 경우에는 이에 상당하는 차입금의 지급이자를 손금불산입 하도록 하는 조세 상 불이익을 주어, 차입금을 생산적인 부분에 사용하지 아니하고 계열사 등 특수관계자에게 대여하는 비정상적인 행위를 제한함으로써 타인자본에 의존한 무리한 기업확장으로 기업의 재무구조가 악화되는 것을 방지하고, 기업자금의 생산적 운용을 통한 기업의 건전한 경제활동을 유도하기 위한 것이다.[627] 이 규정 역시 법인세법은 손금의 범위에 대하여 특별한 정함을 할 수 있다는 규정(법세 §19 ①, ②)에 근거한 것으로 볼 수 있으나, 세법이 다른 정책적 목적을 위하여 사용되는 경우는 해당 정책적 목적에 따른 행위금지규정이 이미 존재하는 경우로 한정되는 것이 타당하다. 세법 자체가 특정 행위의 금지를 위한 규범을 대체하는 것으로 활용되는 경우에는 재산권의 수용 등 및 벌금과 같은 금전형에 대한 법적 제한 등을 잠탈하기 위한 도구로서 남용될 위험이 있기 때문이다. 한편 현행 규정의 해석에 있어서는 업무무관 자산에 해당하는지 여부를 판단함에 있어서 이상의 입법목적을 감안하면서도, 해당 입법으로 인한 남용가능성이 발생하지 않도록 그 적용범위를 한정적으로 해석하는 것이 타당하다.

건설자금에 충당한 차입금의 법정 이자는 그 명목 여하에 불구하고 **사업용 유형자산 및 무형자산의 건설 등**(매입·제작 또는 건설)**에 소요되는 특정차입금**(자산의 건설 등에 소요되는지 여부가 분명하지 아니한 차입금은 제외)**에 대한 지급이자 등**(지급이자와 유사한 성질의 지출금 포함)을 말한다(법세령 §52 ①). **지급이자와 유사한 성질의 지출금에 해당하는지 여부는 법인세법 상 특별규정이 없는 한 해당 거래의 경제적 실질에 의하여 각 개별적으로 판단할 수밖에 없다.** 법인세법이 지급이자의 범위에 대한 별도의 규정을 두고 있고 법인세법 상 지급이자와 유사한 지출을 이에 포함한다고 규정하므로, 기업회계기준 상 지급이자를 바로 법인세법 상 지급이자와 유사한 지출로 해석할 수는 없기 때문이다. **해당 법인의 차입금인지 여부** 역시 그 경제적 실질에 의하여 개별적으로 판단하여야 한다. **지급이자에 포함되는지 여부에 관한 특별규정은 다음과 같다.** **특정차입금의 일시예금에서 생기는 수입이자**는 원본에 가산하는 자본적 지출금액에서 차감한다(법세령 §52 ②). **특정차입금의 일부를 운영자금에 전용**

617) 김완석·황남석, 전게서, 462면.
618) 이창희, 세법강의 제18판, 박영사, 2020, 991면.
619) 대법원 1995.8.11. 95누3121.
620) 대법원 2003.3.11. 2002두4068 ; 대법원 2007.9.20. 2005두9415.
621) 대법원 2009.4.23. 2006두19037.
622) 대법원 2004.3.26. 2001두10790.
623) 대법원 1992.11.10. 91누8302.
624) 대법원 2019.6.27. 2016두49525.
625) 대법원 2022.1.27. 2017두36045.
626) 대법원 2009.12.10. 2007두15872.
627) 헌재 2007.1.1. 2005헌바75, 2006헌바7, 2006헌바8.

한 경우에는 그 부분에 상당하는 지급이자는 이를 손금으로 한다(법세령 §52 ③). **특정차입금의 연체로 인하여 생긴 이자**를 원본에 가산한 경우 그 가산한 금액은 이를 해당 사업연도의 자본적 지출로 하고, 그 원본에 가산한 금액에 대한 지급이자는 이를 손금으로 한다(법세령 §52 ④). '자산을 장기할부조건 등(법세령 §68 ④)으로 취득하는 경우 발생한 채무를 기업회계기준이 정하는 바에 따라 현재가치로 평가하여 현재가치할인차금으로 계상한 경우의 당해 **현재가치할인차금의 상각액**' 및 '**법정 연지급수입**(법세칙 §37 ③)에 있어서 **취득가액과 구분하여 지급이자로 계상한 금액**'에 대하여서는 건설자금이자의 손금불산입 규정(법세령 §28)이 적용되지 않는다(법세령 §72 ⑥). **현재가치할인차금상각액에 관한 세무조정에 대하여 살핀다.** 법인세법 상 채무에 관한 현재가치할인차금상각액의 지급이자 계상이 부인되는 경우에는 해당 채무면제익의 인식에 대하여서는 익금불산입(△유보)로, 현재가치할인차금상각액의 지급이자 계상에 대하여서는 손금불산입(유보)로 소득처분한다. 장기할부 등으로 취득한 경우가 아닌 채무재조정에 따른 현재가치할인차금상각액은 건설자금이자로 계상할 수 없다. 이와 같이 채무면제익의 인식 및 건설자금이자의 계상이 모두 부인되는 경우에는 현재가치할인차금상각액의 계상에 대하여서는 손금불산입(유보)로, 건설자금이자의 계상에 대하여서는 다시 손금산입(△유보)로 각 소득처분하여야 한다. **법정 연지급수입**은 다음 각 호의 수입을 말한다(법세칙 §37 ③).

1. 은행이 신용을 공여하는 기한부 신용장방식 또는 공급자가 신용을 공여하는 수출자신용방식에 의한 수입방법에 의하여 그 선적서류나 물품의 영수일부터 일정기간이 경과한 후에 당해 물품의 수입대금 전액을 지급하는 방법에 의한 수입
2. 수출자가 발행한 기한부 환어음을 수입자가 인수하면 선적서류나 물품이 수입자에게 인도되도록 하고 그 선적서류나 물품의 인도일부터 일정기간이 지난 후에 수입자가 해당 물품의 수입대금 전액을 지급하는 방법에 의한 수입
3. 정유회사, 원유·액화천연가스 또는 액화석유가스 수입업자가 원유·액화천연가스 또는 액화석유가스의 일람불방식·수출자신용방식 또는 사후송금방식에 의한 수입대금결제를 위하여 외국환거래법에 의한 연지급수입기간 이내에 단기외화자금을 차입하는 방법에 의한 수입
4. 그 밖에 제1호 내지 제3호와 유사한 연지급수입

법인세법은 사업용 유형자산 및 무형자산에 대하여 별도로 정의하지는 않는다. 손금불산입되는 건설자금이자와 관련된 사업의 범위를 손금의 정의 상 사업으로 해석한다면 대부분의 지급이자가 손금불산입될 수 있으므로, 건설자금이자와 관련된 사업은 한정적으로 해석되어야

한다. 따라서 이 경우 사업은 **법인의 주된 영업활동, 즉 재고자산의 건설 등(매입·제작 또는 건설)에 이바지하기 위한 활동**을 의미하는 것으로 보아야 한다. 기업회계기준 역시 차입원가의 자본화에 대하여 규정하는바, **유·무형자산의 범위는 법인세법 등 특별규정이 없는 한 기업회계기준 상 유·무형자산과 동일하게 해석하는 것이 타당**하다. 한편 법인세법 상 건설자금이자와 관련된 사업의 정의에 따르면 **재고자산은 사업용 유형자산 및 무형자산에 포함될 수 없으므로 재고자산에 대하여서는 건설자금이자에 관한 규정이 특별규정이 없는 한 적용될 수 없다.** 그런데 기업회계기준은 재고자산 및 투자자산 등에 대하여서도 차입원가를 자본화할 수 있다.[628] 따라서 법인세법과 기업회계기준 상 차이에 대하여서는 **세무조정**이 필요하다. 법인세법 상 손금으로 계상하여야 할 금액을 기업회계기준에 따라 건설자금이자로 계상한 경우에는 건설자금이자로 계상한 금액에 대하여 손금산입(△유보)로, 감가상각하는 경우에는 해당 금액에 대하여 손금불산입(유보)로, 소득처분하는 경우에는 처분 당시 △유보 잔액에 대하여 손금불산입(유보)로 각 소득처분하여야 한다. 한편 **법인세법 상 손금불산입하여야 할 건설자금이자를 비용으로 계상한 경우에도 세무조정이 필요하다.** 감가상각자산이 아닌 경우에는 해당 금액에 대하여 손금불산입(유보)로, 소득처분하는 경우에는 손금산입(△유보)로 각 소득처분하여야 한다. **감가상각자산의 경우에는 해당 자산이 사업연도 종료일 현재 준공된 경우에는** 감가상각자산을 취득하기 위하여 지출한 금액을 비용으로 계상한 것으로 보아 즉시상각의제(법세 §23 ④ 1호)로서 감가상각비에 시부인계산을 하여 그 한도초과액이 발생하면 이를 손금불산입한다. **해당 자산이 사업연도 종료일 현재 준공되지 않은 경우에는** 손금불산입(유보)로, 준공된 경우에는 그 손금불산입액을 상각부인액으로 보아 준공 사업연도 이후의 사업연도에 해당 법인이 손비로 계상한 감가상각비가 상각범위액에 미달하는 시인부족액을 한도로 손금에 산입한다(법세령 §32 ①).

특정차입금에 대한 지급이자 등은 건설 등이 **'준공된 날'**까지 이를 **자본적 지출**로 하여 그 원본에 가산하나, 특정차입금의 일시예금에서 생기는 수입이자는 원본에 가산하는 자본적 지출금액에서 차감한다(법세령 §52 ②). **지급이자 등이 지출되었는지 여부**는 법인세법 상 특별규정이 없는 한 손익의 귀속시기에 관한 일반원칙에 따라 판단하여야 한다. **특정차입금에 대한 지급이자 등의 기산일**에 대한 규정은 없으나 건설 등이 개시된 날로 보는 것이 타당하다. **토지를 매입하는 경우 '준공된 날'**은 그 대금을 청산한 날(다만, 그 대금을 청산하기 전에 당해 토지를 사업에 사용하는 경우에는 그 사업에 사용되기 시작한 날)을, **건축물의 경우**

---

628) 기업회계기준서 제1023호 : 일반기업회계기준 제18장 참조.

'준공된 날'은 소득세법 상 취득일(소세령 §162) 또는 당해 건설의 목적물이 그 목적에 실제로 사용되기 시작한 사용개시일 중 빠른 날을 말한다(법세령 §52 ⑥). 특정차입금 중 해당 **건설 등이 준공된 후에 남은 차입금에 대한 이자**는 각 사업연도의 손금으로 하고, 이 경우 건설 등의 준공일은 당해 건설 등의 목적물이 전부 준공된 날로 한다(법세령 §52 ⑤). 법인세법이 토지 및 건축물에 대하여서는 준공된 날에 대하여 별도로 정의하므로 기업회계기준 상 취득원가의 계상과 관련된 해당 자산을 의도된 용도로 사용(또는 판매) 가능하게 하는 데 필요한 활동이 종료된 날이 적용될 수는 없으나, 그 밖의 사업용 유·무형자산에 대하여서는 기업회계기준이 적용될 수 있다고 본다. 또한 사업용 유·무형자산에 대하여 건설자금이자의 계상을 허용하는 것이므로 **업무무관 자산에 해당되는 기간 중 지출되는 지급이자 등은 건설자금이자에 포함될 수 없고 단지 업무무관 자산 관련 지급이자로서 손금불산입되어야** 한다.

건설자금에 충당한 차입금의 이자에서 법정 이자(법세령 §52)를 **뺀 법정 금액**(법세령 §52 ⑦)은 내국법인의 각 사업연도의 소득금액을 계산할 때 **손금에 산입하지 아니할 수 있다**(법세 §27 ②). 이 경우 **법정 금액**은 해당 사업연도의 개별 사업용 유형자산 및 무형자산의 건설 등에 대하여 다음 제2호의 금액과 제3호의 비율을 곱한 금액과 제1호의 금액 중 적은 금액을 말한다(법세령 §52 ⑦).

1. 해당 사업연도 중 건설 등에 소요된 기간에 실제로 발생한 일반차입금(해당 사업연도에 상환하거나 상환하지 아니한 차입금 중 특정차입금을 제외한 금액)의 지급이자 등의 합계
2. 다음 산식에 따라 계산한 금액(해당 건설 등에 대하여 해당 사업연도에 지출한 금액의 적수/해당 사업연도 일수 − 해당 사업연도의 특정차입금의 적수/해당 사업연도 일수)
3. 다음 산식에 따라 계산한 비율[일반차입금에서 발생한 지급이자 등의 합계액 ÷ (해당 사업연도의 일반차입금의 적수/해당 사업연도 일수)

법정 업무무관 자산 또는 가지급금 등과 관계된 '차입금의 이자 중 법정 금액'(법세 §28 ① 4호)은 지급이자에 법정 비율[(법정 업무무관 대여금(법세령 §53 ①) + 법정 업무무관 자산(법세령 §49 ①)) / 총차입금]을 곱한 금액(차입금 중 해당 자산가액에 상당하는 금액의 이자를 한도로 함)을 말한다(법세령 §53 ②). **총차입금**에 대한 정의가 없는바, 이는 기업회계기준 상 부채총액으로 해석하는 것이 타당하다. 달리 해석할 규범적 논거가 없다. **총차입금 및 자산가액의 합계액은 적수로 계산하되, 법정 업무무관 가지급금 등**(법세령 §53 ①)은 동일인에 대한 **가지급금 등과 가수금이 함께 있는 경우에는 이를 상계한 금액**으로 하며, **법정 업무무관 자산**(법세령

§49 ①))은 **취득가액**[법인세법 상 자산의 취득가액(법세 §72)으로 하되, 부당행위계산의 유형 중 '자산을 시가보다 높은 가액으로 매입 또는 현물출자받았거나 그 자산을 과대상각한 경우(법세령 §88 ① 1호)' 및 '법인의 자본(출자액을 포함)을 증가시키는 거래에 있어서 신주(전환사채·신주인수권부사채 또는 교환사채 등을 포함)를 배정·인수받을 수 있는 권리의 전부 또는 일부를 포기(그 포기한 신주가 법정 모집방법(자본시장 §9 ⑦)으로 배정되는 경우를 제외)하거나 신주를 시가보다 높은 가액으로 인수하는 경우(법세령 §88 ① 8호 나목)'의 시가초과액을 포함)]으로 한다(법세령 §53 ③). 다만 동일인에 대한 가지급금 등과 가수금의 발생시에 각각 상환기간 및 이자율 등에 관한 약정이 있어 이를 상계할 수 없는 경우에는 상계하지 않는다(법세칙 §28 ②). **법인세법 상 취득가액에 대한 규정이 없는 자산의 경우에는 해당 법인의 기업회계기준에 따른 장부가액에 근거하여 그 적수를 계산하는 것이 타당하다.**

차입금의 이자 중 법정 금액의 계산 상 차입금의 범위에서 다음 각 호의 금액은 제외된다(법세령 §53 ④).

> 1. 대손충당금적립기준에 따라 대손충당금을 적립하는 법정 금융회사 등(법세령 §61 ② 각 호)이 차입한 다음 각 목의 금액
>   가. 공공자금관리기금법에 따른 공공자금관리기금 또는 한국은행법에 의한 한국은행으로 부터 차입한 금액
>   나. 국가 및 지방자치단체(지방자치단체조합을 포함)로부터 차입한 금액
>   다. 법령에 의하여 설치된 기금으로부터 차입한 금액
>   라. 외국인투자촉진법 또는 외국환거래법에 의한 외화차입금
>   마. 예금증서를 발행하거나 예금계좌를 통하여 일정한 이자지급 등의 대가를 조건으로 불특정 다수의 고객으로부터 받아 관리하고 운용하는 자금. 은행이 영업자금의 장기 안정적 조달 및 자산건전성 향상을 목적으로 **특정 금융기관을 상대로 하여 총액인수방식으로 사모발행한 사채**의 경우, 그 성격이 일반 기업의 차입금과 다를 바 없으며 발행 당시 불특정 다수인에 대하여 채무를 부담한 것도 아니므로, 그 사채의 발행에 의하여 조달한 자금은 **이에 해당하지 않는다.**[629]
> 2. 내국법인이 한국은행총재가 정한 규정에 따라 기업구매자금대출에 의하여 차입한 금액

---

629) 대법원 2010.3.25. 2007두20867.

I 총설

법인세법 상 손금의 범위는 자본 또는 출자의 환급, 잉여금의 처분 및 법인세법에서 규정하는 것은 제외하고 해당 법인의 순자산을 감소시키는 거래로 인하여 발생하는 손비(손실 또는 비용)의 금액으로 한다(법세 §19 ①). 법인세법이 손금을 정의함에 있어서 사용한 '법인세법에서 규정하는 것은 제외'한다는 문언은 기업회계기준 상 비용 또는 손비의 인식기준과 달리 법인세법 규정을 통하여 손금에 더하거나 손금에서 제외할 수 있다는 의미로 해석하여야 하고, 조세특례제한법 역시 손금의 범위에 대하여 법인세법 상 별도의 정함을 할 수 있다.[630] 이에 근거하여 **법인세법 및 조세특례제한법은 기업회계기준 상 부채 또는 자산의 차감계정으로서의 요건을 갖추었는지 여부와 무관하게 준비금 또는 충당금을 설정할 수 있도록 허용하는 것이므로 법인세법 및 조세특례제한법이 기업회계기준 상 충당부채 또는 준비금에 우선하여 적용되고, 법인세법 및 조세특례제한법은 각 관련 규정에서 설정된 준비금 및 충당금을 별도로 사후관리한다.**[631] 따라서 법인세법 및 조세특례제한법이 특정 법인에 한하여 준비금 또는 충당금을 통한 손금산입을 인정한 경우에는 다른 법인은 준비금 또는 충당금을 통하여 손금산입할 수 없다고 보아야 하고, 기업회계기준에 따라 계상한 비용의 경제적 실질이 법인세법 및 조세특례제한법 상 준비금 또는 충당금과 동일한 경우에는 법인세법 및 조세특례제한법 상 요건을 충족한 경우에 한하여 손금에 산입될 수 있다고 보아야 한다.[632] 다만 법인세법 및 조세특례제한법이 기업회계기준에 따른 충당금 또는 준비금의 계상을 일반적으로 인정하지 않는다는 취지의 규정을 두지 않았으므로, 위 각 경우에 해당하지 않는다면 기업회계기준에 따라 계상한 충당금 및 준비금이 법인세법 상 손금산입의 요건을 충족하고 손익의 귀속사업연도에 관한 규정에 반하지 않는다면 손금에 산입될 수 있다고 보아야 한다.[633]

법인세법 및 조세특례제한법이 기업회계기준과 무관하게 준비금 및 충당금을 설정하여 손금에 산입하는 이유는 무엇인가? 법인세법은 내국법인의 각 사업연도의 익금과 손금의

---

630) 같은 절 제2관 Ⅲ 4 참조.
631) 같은 절 제2관 Ⅲ 4 참조.
632) 같은 절 제2관 Ⅲ 4 참조.
633) 같은 절 제2관 Ⅲ 4 참조.

귀속사업연도는 그 익금과 손금이 확정된 날이 속하는 사업연도로 한다고 규정하고(법세 §40 ①), 익금과 손금의 귀속사업연도의 범위 등에 관하여 필요한 사항은 대통령령(법세령 §68~§71)에 위임한다(법세 §40 ①). 그러나 이상과 같은 획일적 기준에 의하여 손익의 귀속사업연도를 정하는 것이 타당하지 않아서, **일시적으로 손익의 귀속사업연도를 조정할 필요가 있는 경우** 역시 있다. 이에 법인세법 및 조세특례제한법은 준비금, 충당금 및 일시상각·압축기장 충당금을 설정하는 방법을 통하여 손익의 귀속사업연도를 일시적으로 조정하기 위한 특례에 대하여 규정한다. 즉 법인세법 및 조세특례제한법[634]은 손익의 귀속사업연도를 일시적으로 조정하기 위하여 **'장래 확정되어야 할 손금'**을 미리 '부채의 성격을 갖는 준비금'으로 인식하여 현재 시점에 손금에 산입하는 것을 허용하는 방법, **'장래 특정 계정 자산의 유출 또는 손상가능성'**을 미리 '해당 자산계정에 대한 차감계정으로서의 성격을 갖는 충당금'으로 인식하여 현재 시점에 손금에 산입하는 것을 허용하는 방법 및 **'특정 자산과 관련하여 이미 확정된 익금'**의 인식을 이연시키기 위하여 '특정 자산에 대한 차감계정으로서의 성격을 갖는 일시상각·압축기장 충당금'을 사용한다. 즉 준비금, 충당금 및 일시상각·압축기장 충당금은 손익의 귀속사업연도를 일시적으로 조정하기 위한 특례에 해당하므로 각 **사후관리**를 필요로 한다. 준비금은 향후 발생할 손금 계정을 대체하여 계상되고, 충당금은 특정 계정 자산의 유출 또는 손상의 경우 해당 자산 계정을 대체하여 계상되며, 일시상각·압축기장 충당금은 특정 자산의 감가상각 또는 매각 등의 경우 그 반대분개를 통하여 감가상각비와 상계하거나 익금에 산입된다.

준비금으로는 **법인세법** 상 고유목적사업준비금(법세 §29 ; 법세령 §56), 책임준비금(법세 §30 ; 법세령 §57) 및 비상위험준비금(법세 §31 ; 법세령 §57)이 있고, **조세특례제한법** 상 고유목적사업준비금(조특 §74), 자본확충목적회사의 손실보전준비금(조특 §104의3) 및 신용회복목적회사의 손실보전준비금(조특 §104의12)이 있다.

충당금으로는 법인세법 상 퇴직급여충당금(법세 §33 ; 법세령 §60), 대손충당금(법세 §34 ; 법세령 §61) 및 구상채권상각충당금(법세 §35 ; 법세령 §63)이 있다.

일시상각·압축기장 충당금으로는 **법인세법** 상 국고보조금 등으로 취득한 사업용자산가액의 손금산입(법세 §36 ; 법세령 §64), 공사부담금으로 취득한 사업용자산가액의 손금산입(법세 §37 ; 법세령 §65), 보험차익으로 취득한 자산가액의 손금산입(법세 §38 ; 법세령 §66), 기능통화의 변경에 따른 자산·부채 변동액의 손금산입(법세 §52의3 ③), 현물출자 시 과세특례(법세 §47의2

---

634) 기업회계기준의 경우에는 충당부채라는 용어를 사용하고, 일시상각충당금 또는 압축기장충당금이라는 용어를 사용하지 않는다. 이하의 준비금, 충당금, 일시상각충당금 또는 압축기장충당금에 관한 설명은 법인세법 및 조세특례제한법 상 용례에 근거한 것이다.

: 법세령 §84의2) 및 교환으로 인한 자산양도차익 상당액의 손금산입(법세 §50 : 법세령 §86)이 있고, **조세특례제한법** 상 주식의 포괄적 교환·이전에 대한 과세특례(조특 §38), 주식의 현물출자 등에 의한 지주회사의 설립 등에 대한 과세특례(조특 §38의2), 재무구조개선계획에 따른 기업 간 주식 등의 교환에 대한 과세특례(조특 §46), 임대주택 부동산투자회사의 현물출자자에 대한 과세특례 등(조특 §97의6), 공모부동산투자회사의 현물출자자에 대한 과세특례(조특 §97의8), 해외자원개발투자에 대한 과세특례(조특 §104의15 ④), 농업협동조합중앙회의 분할 등에 대한 과세특례(조특 §121의23 ①, ④), 수산업협동조합중앙회의 분할 등에 대한 과세특례(조특 §121의25 ①) 및 사업재편계획에 따른 기업 간 주식 등의 교환에 대한 과세특례(조특 §121의30)가 있다.

 준비금의 손금산입

1. 법인세법 상 준비금의 손금산입

1.1. 비영리내국법인의 고유목적사업준비금의 손금산입

법인세법 상 비영리내국법인의 고유목적사업준비금의 손금산입(법세 §29)에 대하여서는 내국 비영리법인의 소득에 대한 법인세 부분[635]에서 살핀다.

1.2. 책임준비금의 손금산입

보험사업을 하는 내국법인(보험업법에 따른 보험회사는 제외)이 **각 사업연도의 결산을 확정할 때 책임준비금**(수산업협동조합법 등 보험사업 관련 법률에 따른 책임준비금)을 손비로 계상한 경우에는 법정 절차(법세령 §57 ①)에 따라 계산한 금액의 범위에서 그 계상한 책임준비금을 해당 사업연도의 소득금액을 계산할 때 손금에 산입한다(법세 §30 ①). 즉 책임준비금은 **다음 각 호의 금액을 합한 금액의 범위에서** 해당 사업연도의 소득금액을 계산할 때 **손금에 산입**한다(법세령 §57 ①). 책임준비금을 각 사업연도의 결산을 확정할 때 그 한도 내에서 적립할 수 있는 것이므로, **과소적립한 금액에 대하여 추인하여 손금에 산입하거나 경정청구할 수는 없다.** 내국법인은 신고(법세 §60)와 함께 **책임준비금명세서**(법세칙 §82)를 납세지 관할 세무서장에게 제출하여야 한다(법세 §30 ④ : 법세령 §57 ⑥). 책임준비금명세서에는 각 준비금별로 당기 환입 준비금과 당기 설정 준비금을 각 구분하여 기재하여야 하므로, **당기 환입 준비금과**

---

635) 같은 편 제4장 참조.

당기 설정 준비금을 각 총액으로 기재하여야 하고 준비금 사이에서 상계할 수도 없다.

1. 수산업협동조합법, 무역보험법, 새마을금고법, 건설산업기본법, 중소기업협동조합법 및 신용협동조합법에 따른 보험사업 또는 공제사업에 관한 약관에 따라 **해당 사업연도 종료일 현재 모든 보험계약이 해약된 경우 계약자 또는 수익자에게 지급하여야 할 환급액**(해약공제액을 포함)
2. 해당 사업연도 종료일 현재 보험사고가 발생했으나 아직 지급해야 할 보험금이 확정되지 않은 경우 그 **손해액을 고려하여 추정한 보험금 상당액**(손해사정, 보험대위 및 구상권 행사 등에 소요될 것으로 예상되는 금액을 포함)
3. 보험계약자에게 배당하기 위하여 적립한 **배당준비금으로서** 수산업협동조합법에 따른 공제사업의 경우에는 해양수산부장관이, 새마을금고법에 따른 공제사업의 경우에는 행정안전부장관이 기획재정부장관과 협의하여 승인한 금액

손금에 산입한 책임준비금은 법정 절차(법세령 §57 ②)에 따라 다음 사업연도 또는 손금에 산입한 날이 속하는 사업연도의 종료일 이후 3년이 되는 날(3년이 되기 전에 해산 등 법정 사유(법세령 §57 ③)가 발생하는 경우에는 해당 사유가 발생한 날)이 속하는 사업연도의 소득금액을 계산할 때 익금에 산입한다(법세 §30 ②). 손금에 산입한 금액 중 **위 제1호 및 제2호의 금액**은 다음 사업연도의 소득금액을 계산할 때 익금에 산입하고, **위 제3호의 금액**은 보험계약자에게 배당한 때에 먼저 계상한 것부터 그 배당금과 순차로 상계하되 손금에 산입한 사업연도의 종료일 이후 3년이 되는 날까지 상계하고 남은 잔액이 있는 경우에는 그 3년이 되는 날이 속하는 사업연도의 소득금액을 계산할 때 익금에 산입한다(법세령 §57 ②). **법정 사유**는 '해산(다만, 합병 또는 분할에 따라 해산한 경우로서 보험사업을 영위하는 합병법인 등이 그 잔액을 승계한 경우는 제외)' 또는 '보험사업의 허가 취소'를 말한다(법세령 §57 ③). **합병법인 등이 승계한 금액**(법세령 §57 ③ 1호 단서)은 '피합병법인 등이 손금에 산입한 사업연도'에 합병법인 등이 손금에 산입한 것으로 본다(법세령 §57 ④). 이 규정의 취지에 비추어 보면, 승계할 책임준비금의 잔액은 피합병법인을 기준으로 결정하는 것이 타당하다. 합병법인의 경우 그 평가기준이 다를 수 있기 때문이다. 다만 **비적격합병 또는 분할의 경우**에는 각 사업연도의 소득금액 및 과세표준을 계산할 때 익금 또는 손금에 산입하거나 산입하지 아니한 세무조정사항 중 **책임준비금에 관한 세무조정사항은 승계되지 않는다**(법세령 §85 2호).

책임준비금을 손금에 산입한 날이 속하는 사업연도의 종료일 이후 3년이 되는 날이 속하는 사업연도에 책임준비금을 익금에 산입하는 경우 **법정 이자상당액**('준비금의 잔액을 손금에

산입한 사업연도에 그 잔액을 손금에 산입함에 따라 발생한 법인세액의 차액'에 '손금에 산입한 사업연도의 다음 사업연도의 개시일부터 익금에 산입한 사업연도의 종료일까지의 기간에 대하여 1일 10만분의 25의 율'을 곱한 금액(법세령 §56 ⑦))(법세령 §57 ⑤)을 해당 사업연도의 법인세에 더하여 납부하여야 한다(법세 §30 ③).

1.3. 비상위험준비금의 손금산입

보험사업을 하는 내국법인이 **각 사업연도의 결산을 확정할 때 비상위험준비금**(보험업법이나 그 밖의 법률에 따른 비상위험준비금)을 손비로 계상한 경우에는 법정 절차(법세령 §58 ①)에 따라 계산한 금액의 범위에서 그 계상한 비상위험준비금을 해당 사업연도의 소득금액을 계산할 때 손금에 산입한다(법세 §31 ①). 즉 비상위험준비금은 **보험종목별 적립기준금액**[해당 사업연도의 **보험종목**(화재보험, 해상보험, 자동차보험, 특종보험, 보증보험, 해외수재 및 해외원보험을 말함)별 적립대상보험료의 합계액에 금융위원회가 정하는 **보험종목별 적립기준율**(보험업령 §63 ④)을 곱해 계산한 금액)**의 범위에서 손금에 산입**한다(법세령 §58 ①). 손금에 산입하는 비상위험준비금의 누적액은 해당 사업연도의 **보험종목별 적립대상보험료의 합계액의 100분의 50**(자동차보험의 경우에는 100분의 40, 보증보험의 경우에는 100분의 150)**을 한도**로 한다(법세령 §58 ②). 비상위험준비금을 각 사업연도의 결산을 확정할 때 그 한도 내에서 적립할 수 있는 것이므로, **과소적립한 금액에 대하여 추인하여 손금에 산입하거나 경정청구할 수는 없다.** 내국법인은 신고(법세 §60)와 함께 **비상위험준비금명세서**를 납세지 관할 세무서장에게 제출해야 한다(법세 §31 ③ : 법세령 §58 ⑤). **비상위험준비금의 처리 및 적립대상보험료의 계산방법**은 금융위원회가 정하여 고시(보험업령 §63 ④)하는 바에 따른다(법세칙 §30).

한국채택국제회계기준을 적용하는 내국법인이 비상위험준비금을 세무조정계산서(법세 §60 ② 2호)에 계상하고 그 금액 상당액을 해당 사업연도의 이익처분을 할 때 비상위험준비금으로 적립한 경우에는 **법정 금액**(보험종목별 적립기준금액을 합한 금액의 100분의 90)(법세령 §58 ③)**을 결산을 확정할 때 손비로 계상한 것으로 본다**(법세 §31 ②). 해당 사업연도의 결산에 관한 세무조정계산서에 계상하지 않은 이상, 추후 계상하여 손금에 산입하거나 경정청구할 수는 없다.

1.4. 해약환급금준비금의 손금산입

보험회사(보험업법에 따른 보험회사)가 **해약환급금준비금**(보험회사가 보험계약의 해약 등에 대비하여 적립하는 금액으로서 **법정 방법**[보험업법 상 해약환급금준비금에 관하여 금융위원회가 정하여 고시하는 방법(보험업령 §65 ② 3호)으로 계산한 금액](법세령 §59 ①)에 따라 계산한 금액)을 세무조정계산서(법세 §60 ② 2호)에 계상한(2024년 12월 31일 이전에는 계상하고 그 금액 상당액을 해당 사업연도의 이익처분을 할 때 해약환급금준비금으로 적립한) 경우에는 그 금액을 결산을 확정할 때 손비로 계상한 것으로 보아 해당 사업연도의 소득금액을 계산할 때 손금에 산입한다(법세 §32 ①). **손비로 계상한 해약환급금준비금의 처리**에 필요한 사항은 금융위원회가 정하여 고시하는 바(보험업령 §65 ② 3호)에 따른다(법세령 §59 ②). 이 경우 보험회사는 과세표준 신고(법세 §60)를 할 때 **해약환급금준비금에 관한 명세서**를 납세지 관할 세무서장에게 제출하여야 한다(법세 §32 ② ; 법세령 §59 ③). 해약환급금준비금 규정은 2022년 12월 31일 신설되었는바, 보험회사가 2022년 12월 31일이 속하는 사업연도에 **보험계약국제회계기준**(법세 §42의3 ①)을 적용하고 해약환급금준비금을 적립한 경우에는 해당 보험회사에 대하여서는 2023년 1월 1일 이후 신고하는 분부터 이 규정을 적용한다.

2. 조세특례제한법 상 준비금의 손금산입

2.1. 고유목적사업준비금의 손금산입

조세특례제한법 상 비영리내국법인의 고유목적사업준비금의 손금산입(조특 §74, §121의23, §121의25)에 대하여서는 내국 비영리법인의 소득에 대한 법인세 부분[636]에서 살핀다.

2.2. 자본확충목적회사의 손실보전준비금의 손금산입

자본확충목적회사[법정 금융기관(한국산업은행법에 따라 설립된 한국산업은행, 한국수출입은행법에 따라 설립된 한국수출입은행)(조특령 §104 ①)의 자본확충 지원을 위하여 설립된 법인으로서 기획재정부장관이 지정한 법인]가 **법정 방식**(조특령 §104 ②)으로 금을 조달·투자함으로써 발생하는 손실을 보전하기 위하여 2021년 12월 31일 이전에 끝나는 사업연도까지 **손실보전준비금을 손금으로 계상한 경우**에는 해당 사업연도의 소득금액을 계산할 때 **다음**

---

636) 같은 편 제4장 참조.

각 호에 따라 산정된 금액 중 적은 금액의 범위에서 해당 금액을 손금에 산입한다(조특 §104의3 ①). 자본확충목적회사는 과세표준신고서와 함께 **손실보전준비금명세서**를 납세지 관할 세무서장에게 제출하여야 한다(조특 §104의3 ⑤ : 조특령 §104 ④).

> 1. 해당 사업연도 중 손실보전준비금을 손금산입하기 이전 소득금액의 100분의 100
> 2. 해당 사업연도 종료일 현재 **법정 투자금액**(조특령 §104 ③)에서 손실보전준비금 잔액을 뺀 금액. 다만, 그 금액이 음수이면 영으로 본다.

법정 방식은 해당 사업연도에 다음 각 호의 방법으로 자금을 조달·투자하는 것을 말한다.(조특령 §104 ②).

> 1. 투자자금의 전액 또는 일부를 한국은행법에 따른 한국은행 또는 중소기업은행법에 따른 중소기업은행으로부터 **차입**(중소기업은행 및 금융회사부실자산 등의 효율적 처리 및 한국자산관리공사의 설립에 관한 법률에 따른 한국자산관리공사를 통한 **간접 차입**을 포함)
> 2. 투자자금을 법정 금융기관(조특령 §104 ①)이 발행하는 다음 각 목의 어느 하나에 투자
>   가. **신종자본증권**(금융채(은행령 §19) 중 **기본자본**(은행령 §1의2 1호)에 해당하는 것을 말함)
>   나. **후순위채권**(금융채(은행령 §19) 중 **보완자본**(은행령 §1의2 2호)에 해당하는 것을 말함)

법정 투자금액은 법정 금융기관(조특령 §104 ①)이 발행하는 신종자본증권(조특령 §104 ② 2호 가목)의 잔액과 후순위채권(조특령 §104 ② 2호 나목)의 잔액의 합계액의 100분의10을 말한다(조특령 §104 ③).

손실보전준비금을 손금으로 계상한 법인은 손실이 발생할 때에는 그 손실은 **이미 손금으로 계상한 손실보전준비금과 먼저 상계하여야** 한다(조특 §104의3 ②).

손금에 산입한 손실보전준비금으로서 그 준비금을 손금에 산입한 사업연도의 종료일 이후 **5년이 되는 날이 속하는 사업연도의 종료일까지 상계하고 남은 준비금의 잔액**은 5년이 되는 날이 속하는 사업연도의 소득금액을 계산할 때 익금에 산입한다(조특 §104의3 ③). 자본확충목적회사가 **해당 사업을 폐업하거나 그 법인이 해산하였을 때**에는 그 사유가 발생한 날이 속하는 과세연도의 소득금액을 계산할 때 익금에 산입하지 아니한 손실보전준비금 전액을 익금에 산입한다(조특 §104의3 ④).

2.3. 신용회복목적회사의 손실보전준비금의 손금산입

신용회복목적회사(낮은 신용도 또는 경제력의 부족 등의 사유로 금융회사 등으로부터 여신거래에 제한을 받고 있는 자에 대한 부실채권의 매입과 금리·만기 등의 재조정, 고금리 금융비용을 경감하기 위한 지급보증 등의 사업을 수행하는 법인으로서 기획재정부장관이 지정한 법인)가 2021년 12월 31일 이전에 끝나는 **각 사업연도에 손실보전준비금을 손금으로 계상**하였을 때에는 해당 사업연도의 소득금액을 계산할 때 **그 금액을 손금에 산입**한다(조특 §104의12 ①). 신용회복목적회사가 손실보전준비금을 손금 또는 익금에 산입하는 사업연도의 과세표준신고를 할 때 **손실보전준비금명세서**를 납세지 관할 세무서장에게 제출하여야 한다(조특 §104의12 ⑤ : 조특령 §104의10).

손실보전준비금을 손금에 산입한 법인은 손실이 발생하였을 때에는 그 손실을 **이미 손금으로 산입한 손실보전준비금과 먼저 상계하여야** 한다(조특 §104의12 ②).

손금에 산입한 손실보전준비금으로서 그 준비금을 손금에 산입한 사업연도의 종료일 이후 **15년이 되는 날이 속하는 사업연도의 종료일까지 상계하고 남은 준비금의 잔액**은 15년이 되는 날이 속하는 사업연도의 소득금액을 계산할 때 익금에 산입한다(조특 §104의12 ③). 신용회복목적회사가 **해당 사업을 폐업하거나 그 법인이 해산하였을 때**에는 그 사유가 발생한 날이 속하는 과세연도의 소득금액을 계산할 때 익금에 산입하지 아니한 손실보전준비금 전액을 익금에 산입한다(조특 §104의12 ④).

 충당금의 손금산입

1. 법인세법 상 퇴직급여충당금의 손금산입

퇴직급여제도에 대하여 살핀다. 퇴직급여제도는 확정급여형퇴직연금제도, 확정기여형퇴직연금제도 및 **퇴직금제도**(근로퇴직 §8)를 말한다(근로퇴직 §2 6호). 퇴직연금제도는 확정급여형퇴직연금제도, 확정기여형퇴직연금제도 및 개인형퇴직연금제도를 말한다(근로퇴직 §2 7호). **확정급여형퇴직연금제도**는 근로자가 받을 급여의 수준이 사전에 결정되어 있는 퇴직연금제도(근로퇴직 §2 9호)를, **확정기여형퇴직연금제도**는 급여의 지급을 위하여 사용자가 부담하여야 할 부담금의 수준이 사전에 결정되어 있는 퇴직연금제도(근로퇴직 §2 9호)를, **개인형퇴직연금제도**는 가입자의 선택에 따라 가입자가 납입한 일시금이나 사용자 또는 가입자가 납입한 부담금을 적립·운용하기 위하여 설정한 퇴직연금제도로서 급여의 수준이나 부담금의 수준이 확정되지 아니한 퇴직연금제도(근로퇴직 §2 10호)를 각 말한다. **퇴직급여충당금은 퇴직급여의 지급 및 퇴직보험료 등의 손금산입한도와 관련되어 있다.**

이하 퇴직급여충당금 제도를 중심으로 살핀다.

내국법인이 '**각 사업연도의 결산을 확정할 때**' 임원이나 직원의 퇴직급여에 충당하기 위하여 **퇴직급여충당금을 손비로 계상한 경우에는 법정 금액**(퇴직급여의 지급대상이 되는 임원 또는 직원(확정기여형 퇴직연금 등이 설정된 자는 제외))에게 해당 사업연도에 지급한 총급여액(법세령 §44 ④ 2호)의 100분의 5에 상당하는 금액)(법세령 §60 ①)**의 범위에서** 그 계상한 퇴직급여충당금을 해당 사업연도의 소득금액을 계산할 때 손금에 산입한다(법세 §33 ①). 내국법인은 신고(법세 §60)와 함께 **퇴직급여충당금조정명세서**를 납세지 관할 세무서장에게 제출하여야 한다(법세 §33 ⑤ ; 법세령 §60 ⑤).

'**손금에 산입하는 퇴직급여충당금의 누적액**'은 '**해당 사업연도 종료일 현재 재직하는 임원 또는 직원의 전원이 퇴직할 경우에 퇴직급여로 지급되어야 할 금액의 추계액**'과 '**법정 연금부담금**'(법세령 §44의2 ④ 1호의2 각 목)**을 더한 금액 중 큰 금액**(퇴직급여의 손금불산입 규정(법세령 §44)에 따라 손금에 산입하지 아니하는 금액은 제외)**에 다음 각 호의 비율을 곱한 금액을 한도로 한다**(법세령 §60 ②). 이 경우 '손금에 산입한 퇴직급여충당금의 누적액'에서 '퇴직급여충당금을 손금에 산입한 사업연도의 다음 사업연도 중 임원 또는 직원에게 지급한 퇴직금'을 뺀 금액이 '퇴직급여 추계액(법세령 §60 ②)에 법정 비율(법세령 §60 ② 각 호)을 곱한 금액'을 초과하는 경우 그 초과한 금액은 익금으로 환입하지 아니한다. 내국법인이 **국민연금법에 의한 퇴직금전환금으로 계상한 금액**은 위 법정 한도액(법세령 §60 ②)에 불구하고 이를 손금에 산입하는 **퇴직급여충당금의 누적액의 한도액에 가산한다**(법세령 §60 ④).

1. 2010년 1월 1일부터 2010년 12월 31일까지의 기간 중에 개시하는 사업연도 : 100분의 30
2. 2011년 1월 1일부터 2011년 12월 31일까지의 기간 중에 개시하는 사업연도 : 100분의 25
3. 2012년 1월 1일부터 2012년 12월 31일까지의 기간 중에 개시하는 사업연도 : 100분의 20
4. 2013년 1월 1일부터 2013년 12월 31일까지의 기간 중에 개시하는 사업연도 : 100분의 15
5. 2014년 1월 1일부터 2014년 12월 31일까지의 기간 중에 개시하는 사업연도 : 100분의 10
6. 2015년 1월 1일부터 2015년 12월 31일까지의 기간 중에 개시하는 사업연도 : 100분의 5
7. 2016년 1월 1일 이후 개시하는 사업연도 : 100분의 0

퇴직급여로 지급되어야 할 금액의 추계액은 정관 기타 퇴직급여지급에 관한 규정에 의하여 계산한 금액을 말한다. 다만, 퇴직급여지급에 관한 규정 등이 없는 법인의 경우에는 근로자퇴직급여 보장법이 정하는 바에 따라 계산한 금액으로 한다(법세칙 §31 ①). 시행령 단계의 위임규정이 필요하다.

퇴직급여충당금 누적액의 계산에 있어서 확정기여형 퇴직연금 등이 설정된 임원 또는 직원에 대하여 그 설정 전에 계상된 퇴직급여충당금(다음 제1호의 금액에 제2호의 비율을 곱하여 계산한 금액을 말함)을 차감한다(법세칙 §31 ②). 시행령 단계의 위임규정이 필요하다.

> 1. 직전 사업연도 종료일 현재 퇴직급여충당금의 누적액
> 2. 직전 사업연도 종료일 현재 재직한 임원 또는 직원의 전원이 퇴직한 경우에 퇴직급여로 지급되었어야 할 금액의 추계액 중 해당 사업연도에 확정기여형 퇴직연금 등이 설정된 자가 직전 사업연도 종료일 현재 퇴직한 경우에 퇴직급여로 지급되었어야 할 금액의 추계액이 차지하는 비율

법정 연금부담금은 다음 각 목의 금액을 더한 금액(**퇴직급여의 손금불산입 규정**(법세령 §44)**에 따라 손금에 산입하지 아니하는 금액과 확정기여형 퇴직연금 등의 손금산입 규정**(법세령 §44의2 ③)**에 따라 손금에 산입하는 금액은 제외**)에서 **해당 사업연도 종료일 현재의 퇴직급여충당금을 공제**한 금액에 상당하는 **연금에 대한 부담금**을 말한다(법세령 §44의2 ④ 1호의2 각 목).

> 가. 매 사업연도 말일 현재를 기준으로 산정한 가입자의 예상 퇴직시점까지의 가입기간에 대한 급여에 드는 비용 예상액의 현재가치에서 장래 근무기간분에 대하여 발생하는 부담금 수입 예상액의 현재가치를 뺀 금액으로서 '법정 기초율(근로퇴직칙 §3 ②~⑤)을 사용하여 예상 퇴직시점의 급여를 산출하고 이를 예상 가입기간 단위로 배분하여 할당하는 방법(근로퇴직칙 §5)'에 따라 산정한 금액(근로퇴직 §16 ① 1호)
> 나. 해당 사업연도 종료일 현재 재직하는 임원 또는 직원 중 확정급여형퇴직연금제도(근로퇴직 §2 8호)에 가입하지 아니한 사람 전원이 퇴직할 경우에 퇴직급여로 지급되어야 할 금액의 추계액과 확정급여형퇴직연금제도에 가입한 사람으로서 그 재직기간 중 가입하지 아니한 기간이 있는 사람 전원이 퇴직할 경우에 그 가입하지 아니한 기간에 대하여 퇴직급여로 지급되어야 할 금액의 추계액을 더한 금액

퇴직급여충당금을 손금에 산입한 내국법인이 임원이나 직원에게 퇴직금을 지급하는 경우에

는 그 **퇴직급여충당금에서 먼저 지급한 것으로** 본다(법세 §33 ②). '임원이나 직원에게 퇴직금을 지급하는 경우'는 현실적 퇴직으로 인하여 지급하는 경우를 의미하므로 퇴직금지급규정 등의 변경으로 인하여 금원을 지급하는 경우는 이에 포함되지 않는다. 따라서 이 경우에는 퇴직급여충당금과 상계할 것이 아니라 해당 사업연도의 손금으로 취급하는 것이 타당하다.

퇴직급여충당금을 손금에 산입한 내국법인이 합병하거나 분할하는 경우 그 법인의 합병등기일 또는 분할등기일 현재의 해당 퇴직급여충당금 중 합병법인 등(합병법인 · 분할신설법인 또는 분할합병의 상대방법인)이 승계받은 금액은 그 합병법인 등이 합병등기일 또는 분할등기일에 가지고 있는 퇴직급여충당금으로 본다(법세 §33 ③). **사업자가 그 사업을 내국법인에게 포괄적으로 양도하는 경우**에는 위 규정(법세 §33 ③)을 준용한다(법세 §33 ④). '사업을 내국법인에게 포괄적으로 양도하는 경우'는 사업장별로 당해 사업에 관한 모든 권리(미수금에 관한 것을 제외)와 의무(미지급금에 관한 것을 제외)를 포괄적으로 양도하는 경우로 하되, 당해 사업과 직접 관련이 없는 업무무관 자산(법세령 §49 ① 각 호)을 제외하고 양도하는 경우를 포함한다(법세칙 §31 ③). 법률 단계의 위임규정이 필요하다.

퇴직급여충당금과 관련된 세무조정에 대하여 살핀다. 퇴직급여충당금의 손금산입은 **결산조정사항**이므로 한도미달액에 대하여 세무조정은 하지 않으며, 그 한도초과액은 손금불산입(유보)로 세무조정한다. **손금불산입된 퇴직급여충당금이라고 할지라도 이후 사업연도의 손금산입 한도 내에서 손금산입될 수 있는바 이 경우에는 손금산입(△유보)로 세무조정한다.** 현실적 퇴직으로 인하여 금원이 지급될 때에는 손금불산입된 퇴직급여충당금과 먼저 상계된 것으로 취급하는 것이 타당하다. 한도초과액에 대한 사후관리를 조기에 종결시키는 것이 타당하기 때문이다. 따라서 퇴직급여충당금을 환입하는 경우에도 손금불산입된 퇴직급여충당금이 먼저 환입되는 것으로 보는 것이 타당하다. 한국채택국제회계기준을 채택하는 경우에는 퇴직급여충당금으로서 계상하는 금액이 달라질 수 있고 이로 인하여 종전 설정한 퇴직급여충당금을 환입하면서 전기이월이익잉여금 역시 조정하여야 하는 경우가 있다. 이 경우에는 전기이월이익잉여금에 대하여서는 익금산입(기타)로, 손금불산입된 퇴직충당금의 환입에 대하여서는 손금산입(△유보)로 세무조정한다. 한편 **확정급여형 퇴직연금의 경우** 그 손금산입한도에 관한 세무조정은 **강제조정사항**이므로 사후관리를 위하여 한도미달액은 손금산입(△유보)로, 한도초과액은 손금불산입(유보)로 세무조정한다.

퇴직연금부담금, 퇴직급여충당금 및 퇴직급여 사이의 손금산입 적용순서 및 관련된 세무조정에 대하여서는 퇴직보험료 등의 손금산입 부분에서 살핀다.[637]

2. 대손충당금의 손금산입

내국법인이 **각 사업연도의 결산을 확정할 때** 외상매출금, 대여금 및 그 밖에 이에 준하는 채권(법세령 §61 ①)의 대손에 충당하기 위하여 **대손충당금을 손비로 계상한 경우**에는 **법정 절차**(법세령 §61 ②)**에 따라 계산한 금액의 범위에서** 그 계상한 대손충당금을 해당 사업연도의 소득금액을 계산할 때 **손금에 산입**한다(법세 §34 ①). **결산조정**에 의하여서만 대손충당금을 손금에 산입할 수 있다. 외상매출금, 대여금 및 그 밖에 이에 준하는 채권을 해당 법인이 보유하는 경우에 한하여 대손충당금의 계상할 수 있는 것이므로, **'특정 거래가 채권의 매각거래 인지 아니면 차입거래인지 여부 등 법인이 해당 채권을 보유하는지 여부'에 대한 판정이 대손충당금의 계상에 영향을 미친다.** 해당 거래의 경제적 실질을 확정한 이후 '특정 채권의 취득 또는 손익의 귀속시기 등에 관한 법인세법 및 조세특례제한법 상 규정'에 의하여 판정하여야 할 것이다. 해당 규정이 없다면 기업회계기준을 기준으로 해당 거래가 매각거래인지 여부를 판정하여야 한다(법세 §43). 내국법인은 신고(법세 §60)와 함께 **대손충당금 및 대손금조정명세서** (법세칙 §82)를 납세지 관할 세무서장에게 제출하여야 한다(법세 §34 ⑤ : 법세령 §61 ⑤).

외상매출금, 대여금 및 그 밖에 이에 준하는 채권은 다음 각 호의 구분에 따른 것으로 한다(법세령 §61 ①).

---

1. **외상매출금** : 상품·제품의 판매가액 미수액과 가공료·용역 등의 제공에 의한 사업수입금 액의 미수액. 이 경우 미수액은 법인의 주된 영업활동에 관련된 미수금액을 의미하므로 기업회계기준 상 매출채권의 성격을 갖는 것으로 해석하여야 한다.
2. **대여금** : 금전소비대차계약 등에 의하여 타인에게 대여한 금액
3. **그 밖에 이에 준하는 채권** : 어음상의 채권·미수금, 그 밖에 기업회계기준에 따라 대손충당 금 설정대상이 되는 채권('자산을 시가보다 높은 가액으로 매입하는 거래'(법세령 §88 ① 1호)로 인하여 발생한 그 매도인의 '시가 초과액에 상당하는 채권'은 제외). 이 경우의 미수금은 법인의 주된 영업활동 외의 거래에서 발생한 미수금을 의미한다.

법정 절차에 따라 계산한 금액은 해당 사업연도 종료일 현재의 **채권잔액**(외상매출금·대여 금, 그 밖에 이에 준하는 채권(법세령 §61 ①)의 장부가액의 합계액)**의 100분의 1에 상당하는 금액과 채권잔액에 대손실적률**(법세령 §61 ③)**을 곱하여 계산한 금액 중 큰 금액**을 말한다(법세령 §61 ② 본문). 다만, 다음 각 호의 어느 하나에 해당하는 금융회사 등 중 '제1호부터 제4호까지,

---

637) 같은 절 제3관 Ⅲ 2.9.4. 참조.

제6호부터 제17호까지, 제17호의 2 및 제24호의 금융회사 등'의 경우에는 금융위원회(제24호의 경우에는 행정안전부)가 **기획재정부장관과 협의하여 정하는 대손충당금적립기준에 따라 적립하여야 하는 금액, 채권잔액의 100분의 1에 상당하는 금액** 또는 **채권잔액에 대손실적률**(법세령 §61 ③)**을 곱하여 계산한 금액 중 큰 금액**으로 한다(법세령 §61 ② 단서). 대손충당금의 손금산입 범위액을 계산할 때 '**기업회계기준에 따른 채권의 재조정에 따라 채권의 장부가액과 현재가치의 차액을 대손금으로 계상한 경우의 대손금**'(법세 §19의2 ⑤)과 관련하여 계상된 대손충당금은 제외한다(법세령 §61 ④).

---

1. 은행법에 의한 인가를 받아 설립된 은행
2. 한국산업은행법에 의한 한국산업은행
3. 중소기업은행법에 의한 중소기업은행
4. 한국수출입은행법에 의한 한국수출입은행
5. (삭제)
6. 농업협동조합법에 따른 농업협동조합중앙회(상호금융사업(농협 §134 ① 4호)에 한정) 및 농협은행
7. 수산업협동조합법에 따른 수산업협동조합중앙회(회원의 상환준비금과 여유자금의 운용·관리사업(수협 §138 ① 4호) 및 공제사업(수협 §138 ① 5호)에 한정) 및 수협은행
8. 자본시장과 금융투자업에 관한 법률에 따른 투자매매업자 및 투자중개업자
9. 자본시장과 금융투자업에 관한 법률에 따른 종합금융회사
10. 상호저축은행법에 의한 상호저축은행중앙회(지급준비예탁금에 한정) 및 상호저축은행
11. 보험회사
12. 자본시장과 금융투자업에 관한 법률에 따른 신탁업자
13. 여신전문금융업법에 따른 여신전문금융회사
14. 산림조합법에 따른 산림조합중앙회(회원을 위한 신용사업(산림조합 §108 ① 3호), 회원의 상환준비금과 여유자금의 법정 운용·관리사업(산림조합 §108 ① 4호) 및 공제사업(산림조합 §108 ① 3호)으로 한정)
15. 한국주택금융공사법에 따른 한국주택금융공사
16. 자본시장과 금융투자업에 관한 법률에 따른 자금중개회사
17. 금융지주회사법에 따른 금융지주회사
17의2. 신용협동조합법에 따른 신용협동조합중앙회(신용사업(신협 §78 ① 5호), 조합 및 조합원을 위한 공제사업(신협 §78 ① 6호) 및 조합이 아닌 자에 대한 법정 신용사업·공제사업(신협 §78의2 ①)에 한정)
18. 신용보증기금법에 따른 신용보증기금
19. 기술보증기금법에 따른 기술보증기금
20. 농림수산업자 신용보증법에 따른 농림수산업자신용보증기금

21. 한국주택금융공사법에 따른 주택금융신용보증기금
22. 무역보험법에 따른 한국무역보험공사
23. 지역신용보증재단법에 따른 신용보증재단
24. 새마을금고법에 따른 새마을금고중앙회(신용사업(새마을금고 §67 ① 5호) 및 금고 및 금고의 회원을 위한 공제사업(새마을금고 §67 ① 6호)에 한정)
25. 중소기업창업투자회사(벤처투자 §2 10호)
26. 예금자보호법에 따른 예금보험공사 및 정리금융회사
27. 자산유동화에 관한 법률에 따른 유동화전문회사
28. 대부업 등의 등록 및 금융이용자 보호에 관한 법률에 따라 대부업자로 등록한 법인
29. 산업재해보상보험법에 따른 근로복지공단(근로자 신용보증 지원사업에서 발생한 구상채권에 한정)
30. 금융회사부실자산 등의 효율적 처리 및 한국자산관리공사의 설립에 관한 법률에 따른 한국자산관리공사(부실채권정리기금을 포함)
31. 농업협동조합의 구조개선에 관한 법률에 따른 농업협동조합자산관리회사
32. (삭제)
33. (삭제)
34. (삭제)
35. (삭제)
36. (삭제)
37. (삭제)
38. (삭제)

대손실적률은 해당 사업연도의 법정 대손금(법세 §19의2 ①)을 직전 사업연도 종료일 현재의 채권가액으로 나눈 금액을 말한다(법세령 §61 ③).

대손금 손금산입이 허용되지 않는 다음 채권(법세 §19의2 ②)에 대하여서는 **대손충당금의 손금산입 역시 허용되지 않는다**(법세 §34 ②).

1. **채무보증**(독점규제 및 공정거래에 관한 법률 상 채무보증(공정거래 §24 각 호) 등 법정 채무보증(법세령 §19의2 ⑥)은 제외)으로 인하여 발생한 **구상채권**. 이 규정은 채무보증에 의한 과다한 차입으로 기업의 재무구조가 악화되는 것과 연쇄도산으로 인한 사회적 비용이 증가하는 것을 억제하여 재무구조의 건실화를 유도하고 기업의 구조조정을 촉진하여 기업의 경쟁력을 강화하고자, 보증채무를 대위변제함으로써 발생하는 구상채권의 대손금을 전부 손금불산입하도록 함으로써 법인 스스로 보증채무의 변제능력과 구상채권의 회수가능성을 심사숙고하여 자력 범위 내에서만 채무보증을 하도록 유도하기 위한 것이다.[638]

다만, **주택도시기금법에 따른 주택도시보증공사**(법세령 §63 ① 2호)가 각 사업연도의 결산을 확정할 때 **구상채권상각충당금**을 손비로 계상한 경우에는 법정 범위에서 그 계상한 구상채권상각충당금을 해당 사업연도의 소득금액을 계산할 때 손금에 산입할 수 있는바(법세 §35 ①), 주택도시보증공사가 신용보증계약에 의하여 **대위변제한 금액 중 해당 사업연도에 손비로 계상한 금액**(대위변제한 금액 중 구상채권으로 계상한 금액을 제외한 금액)은 **구상채권으로 보아 손금불산입**하나, 이 경우 손금불산입한 금액은 **해당 대손사유가 발생한 날이 속하는 사업연도**의 소득금액을 계산할 때 **손금에 산입**한다(법세령 §19의2 ⑦).

2. 특수관계인에 대한 **업무무관 가지급금 등**(법세 §28 ① 4호 나목). 이 경우 특수관계인에 대한 판단은 **대여시점을 기준**으로 한다. 따라서 '특수관계자에 대한 업무무관 가지급금인지 여부는 대손사유가 발생할 당시를 기준으로 판단하여야 한다'는 판례[639] 및 '법인이 특수관계자에게 제공한 업무무관 가지급금에 대손사유가 발생하기 전 또는 그 채권의 매도에 따른 처분손실이 발생하기 전에 특수관계가 이미 소멸하였다면 이는 더 이상 비정상적으로 자금을 대여하는 것으로 볼 수 없으므로, 채권의 처분손실을 손금에 산입할 수 없는 특수관계자에 대한 업무무관 가지급금으로 볼 것인지 여부는 특별한 사정이 없는 한 그 채권을 처분할 당시를 기준으로 판단하여야 한다'는 판례[640]는 유지될 수 없다.

업무무관 가지급금 등은 **명칭 여하에 불구하고 당해 법인의 업무와 관련이 없는 자금의 대여액**(금융회사 등(법세령 §61 ② 각 호)의 경우 주된 수익사업으로 볼 수 없는 자금의 대여액을 포함)을 말한다(법세령 §89 ⑤ 본문). 따라서 '업무와 관련 없이 지급한 가지급금'에는 순수한 의미의 대여금은 물론 구상금 채권 등과 같이 채권의 성질상 대여금에 준하는 것도 포함되고, 적정한 이자율에 의하여 이자를 받으면서 가지급금을 제공한 경우도 포함된다 할 것이며, 가지급금의 업무관련성 여부는 당해 법인의 목적사업이나 영업내용을 기준으로 객관적으로 판단하여야 한다.[641] 법인이 특수관계자로부터 지급받아야 할 매매대금의 회수를 정당한 사유 없이 지연시키는 것은 실질적으로 매매대금이 계약상의 의무이행기한 내에 전부 회수된 후 다시 가지급된 것과 같은 효과를 가져온다는 점에서 그 미회수 매매대금 상당액은 '업무와 관련 없이 지급한 가지급금 등'에 해당한다.[642]

다만 부당행위계산 부인규정이 적용되지 않는 **인정이자 계산의 특례**(법세령 §89 ⑤ 단서)가 **적용되는 금액**(법세칙 §44 각 호)은 **제외**된다(법세 §28 ① 4호 나목 ; 법세령 §53 ①).

대손충당금을 손금에 산입한 내국법인은 대손금이 발생한 경우 그 **대손금을 대손충당금과 먼저 상계하여야** 하고, 상계하고 **남은 대손충당금의 금액**은 다음 사업연도의 소득금액을 계산할 때 **익금에 산입**한다(법세 §34 ③). 즉 대손충당금 잔액은 모두 익금에 산입한 후 다음

---

638) 헌재 2009.7.30. 2007헌바15.
639) 대법원 2014.7.24. 2012두6247.
640) 대법원 2017.12.22. 2014두2256.
641) 대법원 2003.3.11. 2002두4068.
642) 대법원 2010.1.14. 2007두5646.

사업연도에 다시 새롭게 대손충당금을 설정하여야 한다. 이를 통상 **총액법**이라고 한다. 한편 **국제회계기준 최초 적용 내국법인 등의 경우**에는 대손충당금 환입액을 익금불산입할 수 있다(조특 §104의23). **법인이 종국적으로 소멸하는 사업연도에는 해당 법인 단계에서는 대손충당금을 계상할 수 없다.** 대손충당금은 다음 사업연도에 발생하는 대손금과 상계할 것을 예정하고 설정되는 것이기 때문이다. 잔여재산으로서 분배받은 주주 또는 출자자 단계에서 대손충당금을 설정할 수 있는지 여부는 별개의 쟁점에 해당하고, 종국적 사업연도에 해당하는지 여부 역시 관계 법령 등에 비추어 판정하여야 한다. **대손금은 대손사유가 발생한 채권을 의미하므로 채권의 매각손실과 구분되어야** 한다. 따라서 채권의 매각손실을 대손충당금과 상계하는 것은 허용되지 않는다. 이에 관한 법인세법 상 수정분개는 손익의 양면에 영향을 미치므로 그 실익이 없으나 대손충당금의 세무 상 잔액에는 영향을 미친다. **대손사유가 발생한 채권과 대손충당금을 설정한 채권이 동일하여야 하는가?** 법문 상 '대손금이 발생한 경우'라는 문언에 따르면 대손사유가 발생한 채권의 적격에 대한 제한이 없다. 대손충당금 설정대상 채권인지 여부 또는 대손충당금을 설정하였는지 여부 등 쟁점은 대손충당금의 손금산입한도 또는 손금계상 여부와 관련된 것이고, 대손금은 위 쟁점들과 무관하게 모든 채권에 대하여 발생할 수 있다. 또한 대손충당금은 개별 채권에 대하여 계상되는 것이 아니고 대손충당금 설정한도 내 어느 범위에서 대손충당금을 설정할지 여부는 법인의 선택에 달려있다. 따라서 **대손사유가 발생한 채권과 대손충당금을 설정한 채권이 동일할 필요는 없다.** 그렇다면 **대손충당금의 설정대상이 아닌 채권 또는 대손충당금을 설정하지 않은 채권에 해당하는지 여부와 무관하게 이미 설정된 대손충당금과 상계할 수 있다.** 법인이 당해 사업연도의 대손충당금 손금산입 범위액에서 **익금에 산입하여야 할 대손충당금을 차감한 잔액만을 대손충당금으로 계상한 경우** 차감한 금액은 이를 각각 익금 또는 손금에 산입한 것으로 본다(법세칙 §32 ①). 기업회계기준은 직전 사업연도의 대손충당금 잔액을 기준으로 추가적으로 대손충당금의 설정하거나 환입하는 방법을 채택하고 이를 통상 **보충법**이라고 하는바, 법인세법은 위 규정을 통하여 그 보충법을 수용하고 있다. **전기에 손금산입한도를 초과하여 손금불산입(유보)로 소득처분된 대손충당금 잔액**이 있다면 이 역시 당기에 익금에 산입될 것이므로 대응조정으로서 손금산입(△유보)로 소득처분되어야 한다. 이는 대손충당금을 차감한 잔액에 대하여 설정하는 보충법의 경우에도 동일하다. 다만 전기 사업연도에 대한 제척기간이 도과되어 손금불산입(유보)로 소득처분된 금액에 대하여 과세될 수 없다면 이에 대한 대응조정으로서 손금산입(△유보) 소득처분 역시 할 수 없다. 그렇지 않다면 대응조정에 그치는 것이 아니라 추가적으로 손금을 생성하는 것에 해당하기 때문이다. **법인이 전기에 과소계상한 대손충당금을 추가로 계상하면서 당기에 전기수정오류손실로 처리한 경우,** 이는 전기 대손충당금 잔액을 당기에 익금에 산입한 후 새롭게 대손충당금을 설정하는 법인세법의 입장(법세 §34 ③)에 어긋나므로 이에 대한 세무조정이 필요하다. 당기에 새롭게 대손충당금을 설정한 것으로 보아 전기오류수정손실에 대하여 손금산입(기타)로 소득처분하고 해당 금액을 포함하여 대손충당금 손금산입한도를 초과하였는지 여부를 판정하여야 한다.

　법인이 동일인에 대하여 매출채권과 매입채무를 가지고 있는 경우에는 당해 매입채무를 상계하지 아니하고 대손충당금을 계상할 수 있으나, 당사자 간의 약정에 의하여 상계하기로 한 경우에는 그러하지 아니하다(법세칙 §32 ②). 해당 채권들과 관련된 다른 이해관계인들이 존재하는 등 사유로 당사자 사이의 약정을 통하여서도 상계할 수 없는 경우에는 법인세법 역시 이를 수용하는 것이 타당하다. 또한 **과세표준금액을 추계결정 · 경정하는 경우** 대손충당금 (법세 §34) 또는 조세특례제한법에 의하여 익금에 산입하여야 할 준비금 또는 충당금이 있는 법인에 대하여는 이를 더한 금액을 과세표준으로 하여 그 세액을 결정 · 경정한다는 점(법세령 §104 ③ 3호)에 유의하여야 한다.

　대손충당금과 상계한 대손금을 회수한 경우에는 그 회수한 날이 속하는 사업연도의 소득금액을 계산할 때 익금에 산입한다(법세 §19의2 ③).

　대손충당금을 손금에 산입한 **내국법인이 합병하거나 분할하는 경우** 그 법인의 합병등기일 또는 분할등기일 현재의 해당 대손충당금 중 **합병법인 등이 승계**(해당 대손충당금에 대응하는 채권이 함께 승계되는 경우만 해당)**받은 금액은 그 합병법인 등이 합병등기일 또는 분할등기일에 가지고 있는 대손충당금으로 본다**(법세 §34 ④). 따라서 합병법인 등의 합병등기일 또는 분할등기일의 다음 날부터 종전 사업연도의 말일까지의 의제사업연도(법세 §8 ②)에 익금산입하여야 한다(법세 §34 ③). 대손충당금에 대응하는 채권이 함께 승계되는지 여부는 합병 및 분할 세제에 의하여 결정된다. **내국법인이 합병하거나 분할하는 경우**에 대하여 위 특례가 적용되므로, 사업의 포괄적 양수도의 경우 등에는 그 양도인 등이 양도일 등이 속하는 사업연도에 대손충당금 잔액을 익금에 산입하여야 한다.

　한편 **대손사유가 발생한 경우** 대손금의 손금산입 및 손금불산입에 대하여서는 대손금의 **손금불산입 부분에서 살핀다.**[643]

---

643) 같은 절 제3관 Ⅲ 2.1. 참조.

3. 구상채권상각충당금의 손금산입

법률에 따라 **신용보증사업을 하는 내국법인 중 법정 법인**(법세령 §63 ①)이 각 사업연도의 **결산을 확정할 때 구상채권상각충당금을 손비로 계상**한 경우에는 **법정 절차에 따라 계산한 금액**[해당 사업연도 종료일 현재의 신용보증사업과 관련된 신용보증잔액에 100분의 1과 구상채권발생률(직전 사업연도 종료일 현재의 신용보증잔액 중 해당 사업연도에 발생한 구상채권의 비율) 중 낮은 비율을 곱하여 계산한 금액](법세령 §63 ③)**의 범위에서** 그 계상한 구상채권상각충당금을 해당 사업연도의 소득금액을 계산할 때 **손금에 산입**한다(법세 §35 ①). 내국법인은 신고(법세 §60)와 함께 **구상채권상각충당금조정명세서**(법세칙 §82)를 납세지 관할 세무서장에게 제출하여야 한다(법세 §35 ④ ; 법세령 §63 ⑤).

신용보증사업을 하는 법정 내국법인은 다음 각 호의 어느 하나에 해당하는 법인을 말한다(법세령 §63 ①).

1. 대손충당금적립기준에 따라 대손충당금을 설정할 수 있는 법정 기금 및 공단 등(법세령 §61 ② 18호~23호, 29호)
2. 주택도시기금법에 따른 주택도시보증공사
3. 사회기반시설에 대한 민간투자법에 의한 산업기반신용보증기금
4. 신용보증재단중앙회(지역신용 §35)
4의2. 서민금융진흥원(서민금융 §3)
5. 엔지니어링산업 진흥법에 따른 엔지니어링공제조합
6. 소프트웨어 진흥법에 의한 소프트웨어공제조합
7. 방문판매 등에 관한 법률에 의한 공제조합
8. 한국주택금융공사법에 의한 한국주택금융공사
9. 건설산업기본법에 따른 공제조합
10. 전기공사공제조합법에 따른 전기공사공제조합
11. 산업발전법에 따른 자본재공제조합
12. 소방산업의 진흥에 관한 법률에 따른 소방산업공제조합
13. 정보통신공사업법에 따른 정보통신공제조합
14. 건축사법에 따른 건축사공제조합
15. 건설기술 진흥법에 따른 공제조합(건설기술 §74)
16. 콘텐츠공제조합(콘텐츠 §20의2)

한국채택국제회계기준을 적용하는 법인 중 법정 법인(주택도시기금법에 따른 주택도시보증

공사)(법세령 §63 ②)이 구상채권상각충당금을 **세무조정계산서**(법세 §60 ② 2호)**에 계상**하고 그 금액 상당액을 해당 사업연도의 **이익처분을 할 때 구상채권상각충당금으로 적립한 경우**에는 **법정 절차에 따라 계산한 금액**[해당 사업연도 종료일 현재의 신용보증사업과 관련된 신용보증잔액에 100분의 1과 구상채권발생률(직전 사업연도 종료일 현재의 신용보증잔액 중 해당 사업연도에 발생한 구상채권의 비율) 중 낮은 비율을 곱하여 계산한 금액](법세령 §63 ③)**의 범위**에서 그 금액을 **결산을 확정할 때 손비로 계상**한 것으로 본다(법세 §35 ②).

구상채권상각충당금을 손금에 산입한 내국법인은 신용보증사업으로 인하여 발생한 구상채권 중 **법정 대손금**(법세령 §63 ④)**이 발생한 경우** 그 대손금을 **구상채권상각충당금과 먼저 상계**하고, **상계하고 남은 구상채권상각충당금의 금액은 다음 사업연도의 소득금액을 계산할 때 익금에 산입**한다(법세 §35 ③). **법정 대손금**은 다음 각 호의 어느 하나에 해당하는 구상채권에서 발생한 대손금을 말한다(법세령 §63 ④).

1. **법정 대손사유**(법세 §19의2 ① 각 호)에 해당하는 구상채권. 이 경우 채권에 대하여 대손충당금과 구상채권상각충당금 모두 설정된 경우(법세 §19의2 ⑥ 3호)에는 **대손충당금과 먼저 상계하고 남은 대손금**에 대하여 구상채권상각충당금과 상계할 수 있다고 보는 것이 타당하다. 법정 대손사유를 준용하는 취지에 대손충당금과 상계할 수 있다는 점이 배제되어야 할 규범적 당위성이 없고 이를 인정하는 것이 충당금 사이의 적용순서를 분명하게 하는 효과가 있을 뿐만 아니라, 보다 일반적으로 적용되는 대손충당금에 관한 규정이 먼저 적용되는 것으로 보는 것이 타당하기 때문이다.
2. 당해 법인의 설립에 관한 법률에 의한 운영위원회(농림수산업자 신용보증기금의 경우에는 농림수산업자신용보증심의회, 신용보증재단의 경우에는 신용보증재단중앙회(지역신용 §35), 주택도시보증공사 및 근로복지공단의 경우에는 이사회)가 **기획재정부장관과 협의하여 정한 기준**에 해당한다고 인정한 구상채권. 이 경우 채권은 대손충당금과 상계할 수 없고 단지 **구상채권상각충당금과 상계할 수 있을 뿐**이다. 법정 대손사유가 발생하지 않기 때문이다.

Ⓥ 일시상각충당금 또는 압축기장충당금의 손금산입

1. 법인세법 상 일시상각충당금 또는 압축기장충당금의 손금산입

1.1. 국고보조금 등으로 취득한 사업용자산가액의 손금산입

내국법인이 **국고보조금 등**(보조금 관리에 관한 법률, 지방재정법, 그 밖에 **법정 법률**(법세령 §64 ⑥)에 따라 보조금 등)을 **지급받아** '그 지급받은 날이 속하는 사업연도'의 종료일까지 **법정 사업용자산**(사업용 유형자산 및 무형자산과 석유류[644])(법세령 §64 ①)을 '취득하거나 개량'하는 데에 사용한 경우 또는 사업용자산을 **취득하거나 개량**하고 이에 대한 국고보조금 **등을 사후에 지급받은 경우**에는 해당 사업용자산의 가액 중 그 사업용자산의 '취득 또는 개량'에 사용된 국고보조금 등 상당액을 **법정 절차**(법세령 §64 ②~④)에 따라 '**그 사업연도의 소득금액을 계산할 때**' 손금에 산입할 수 있다(법세 §36 ①). 즉 법인세법은 '사업연도의 소득금액을 계산할 때' 손금에 산입할 수 있도록 허용하므로 이는 **신고조정항목**에 해당한다. 법인세법 상 아래 일시상각충당금 또는 압축기장충당금을 통한 손금산입방법이 기업회계기준 상 국고보조금 등 회계처리방법과 다르기 때문이다. 또한 '손금에 산입할 수 있다'는 문언에 비추어 보면, 일시상각충당금 또는 압축기장충당금의 계상 여부는 **법인의 선택**에 달려있다. **국고보조금 등을 금전 외의 자산으로 받아 사업에 사용한 경우**에는 사업용자산의 취득 또는 개량에 사용된 것으로 본다(법세 §36 ④). '**취득 또는 개량**'에 사용하여야 하므로 수익적 지출 또는 운영자금 등으로 지출되는 것은 포함되지 않으며, '**사용**'하여야 하므로 실제 지출되어야 한다. 내국법인은 신고(법세 §60)와 함께 국고보조금 등과 국고보조금 등으로 취득한 사업용자산에 관한 **국고보조금 등 상당액 손금산입조정명세서**(법세칙 §82)를 납세지 관할 세무서장에게 제출하여야 한다(법세 §36 ⑤ ; 법세령 §64 ⑧).

법정 법률은 다음 각 호의 법률을 말한다(법세령 §64 ⑥).

---

[644] 사업용 유형자산의 성격을 갖는 석유류를 의미하는 것으로 보아야 하고, 재고자산인 석유류는 이에 해당하지 않는 것으로 보아야 한다. 법률 단계에서 재고자산과 구분되는 사업용 자산이라는 문언을 사용하고, 재고자산은 별도 방법에 의하여 평가되어야 하며, 재고자산의 구입대금을 보조하는 것은 법인의 운영자금을 보조하는 것과 동일한 것인바 이에 대하여 다시 손금산입 특례를 규정할 규범적 정당성을 찾기 어렵기 때문이다.

1. 농어촌 전기공급사업 촉진법
2. 전기사업법
3. 사회기반시설에 대한 민간투자법
4. 한국철도공사법
5. 농어촌정비법
6. 도시 및 주거환경정비법
7. 산업재해보상보험법
8. 환경정책기본법

법정 사업용자산과 관련하여 손금에 산입하는 금액은 국고보조금 등에 상당하는 금액으로 하나, 사업용자산을 취득하거나 개량한 후 국고보조금 등을 지급받았을 때에는 지급일이 속한 사업연도 이전 사업연도에 **이미 손금에 산입한 감가상각비에 상당하는 금액**은 손금에 산입하는 금액에서 **제외**한다(법세령 §64 ②). 이 규정은 자산수증익으로 인식한 국고보조금 등에 상당하는 금액을 손금으로 인식방법을 통하여 국고보조금 등이 수령시점에 과세되는 것을 막기 위한 것이다. **손금에 산입한 국고보조금 등에 상당하는 금액**을 감가상각자산의 경우에는 **일시상각충당금**으로, 그 외 자산의 경우에는 **압축기장충당금**으로 계상하여야 한다(법세령 §64 ③). **일시상각충당금**은 해당 사업용자산의 감가상각비(취득가액 중 해당 일시상각충당금에 상당하는 부분에 대한 것에 한정)와 상계하나, 해당 자산을 처분하는 경우에는 상계하고 남은 잔액을 그 처분한 날이 속하는 사업연도에 전액 익금에 산입한다(법세령 §64 ④ 1호). 이 경우 '**법인세법 상 시부인 계산을 거친 감가상각비**'에 상응하여 일시상각충당금을 익금에 산입하여야 한다. **압축기장충당금**은 당해 사업용 자산을 처분하는 사업연도에 이를 전액 익금에 산입한다(법세령 §64 ④ 2호). 해당 사업용자산의 일부를 처분하는 경우의 익금산입액은 **해당 사업용자산의 가액 중 일시상각충당금 또는 압축기장충당금이 차지하는 비율로 안분계산한 금액**에 의한다(법세령 §64 ⑤). 한편 **국고보조금 등의 자산수증익은 이월결손금에 보전하는 경우 익금불산입되는 자산수증이익의 범위에서 제외**된다(법세 §18 6호 괄호 부분). 따라서 자산수증익이 이월결손금의 보전을 통하여 익금불산입되면서 이에 대하여 일시상각충당금 또는 압축기장충당금이 계상될 수는 없다.

국고보조금 등을 지급받은 날이 속하는 사업연도의 종료일까지 사업용자산을 취득하거나 **개량하지 아니한 내국법인**이 그 사업연도의 다음 사업연도 개시일부터 1년 이내에 사업용자산을 취득하거나 개량하려는 경우에는 '취득 또는 개량'에 사용하려는 국고보조금 등의 금액을 위 규정(법세 §36 ①)을 준용하여 손금에 산입할 수 있고, 이 경우 허가 또는 인가의 지연 등 법정 사유(법세령 §64 ⑦)로 국고보조금 등을 기한 내에 사용하지 못한 경우에는 해당 사유가 끝나는 날이 속하는 사업연도의 종료일을 그 기한으로 본다(법세 §36 ②). 내국법인은 신고(법세 §60)와 함께 국고보조금 등과 국고보조금 등으로 취득한 사업용자산에 관한 국고보조금 등 사용계획서 (법세칙 §82)를 납세지 관할 세무서장에게 제출하여야 한다(법세 §36 ⑤ : 법세령 §64 ⑧).

허가 또는 인가의 지연 등 법정 사유는 다음 각 호의 어느 하나에 해당하는 경우를 말한다(법세령 §64 ⑦).

> 1. 공사의 허가 또는 인가 등이 지연되는 경우
> 2. 공사를 시행할 장소의 미확정 등으로 공사기간이 연장되는 경우
> 3. 용지의 보상 등에 관한 소송이 진행되는 경우
> 4. 그 밖에 제1호부터 제3호까지의 규정에 준하는 사유가 발생한 경우

국고보조금 등에 대한 일시상각충당금 또는 압축기장충당금의 손금산입시기는 언제인가? 원칙적으로 국고보조금 등을 지급받은 날이 속하는 사업연도의 소득금액을 계산할 때 국고보조 금 등에 대한 일시상각충당금 또는 압축기장충당금의 계상을 통하여 손금에 산입할 수 있다(법세 §36 ① : 법세령 §64 ②, ③). '지급받는 날'은 '해당 법인의 보조금 등에 대한 청구권이 확정된 날'로 보는 것이 타당하다. 현실적으로 현금 등이 지급된 날로 해석한다면 구체적 상황에 따라 그 사업연도가 달라지는 문제점이 발생하기 때문이다. 그러나 일시상각충당금 또는 압축기장충당금을 통한 손금산입은 신고조정항목이므로 법정신고기한이 지난 후 5년 이내에 신고조정에 의하여 손금에 산입하고 경정청구(국기 §45의2 ①)를 할 수 있다. 이 경우에는 국고보조 금 등을 소급하여 자산차감계정으로 계상하면서 전기이월이익잉여금을 감소시키고 감가상각 비와 상계된 국고보조금 등에 대하여서는 전기이월이익잉여금을 증가하는 것으로 회계처리를 할 것인바, 이에 대한 세무조정은 다음과 같다. 국고보조금 등을 대신하여 일시상각충당금 또는 압축기장충당금을 설정하기 위하여, '자산차감계정인 국고보조금 등'에 대하여서는 익금산 입(유보)로, 신고조정을 통하여 계상한 일시상각충당금 또는 압축기장충당금에 대하여서는 손금산입(△유보)로 각 소득처분한다. 감소한 전기이월이익잉여금에 대하여서는 이미 자본에 반영되어 있으므로 손금산입(기타)로 소득처분한다. 감가상각비와 상계된 일시상각충당금을

전기이월이익잉여금의 증가로 처리한 것과 관련하여서는 전기이월이익잉여금에 대하여서는 익금산입(기타)로, 상계된 일시상각충당금에 대하여서는 익금산입(유보)로 각 소득처분한다.

국고보조금 등 상당액을 손금에 산입한 내국법인이 **손금에 산입한 금액을 기한 내에 사업용자산의 취득 또는 개량에 사용하지 아니하거나 사용하기 전에 폐업 또는 해산하는 경우** 그 사용하지 아니한 금액은 해당 사유가 발생한 날이 속하는 사업연도의 소득금액을 계산할 때 **익금에 산입**한다(법세 §36 ③ 본문). 다만, **합병하거나 분할하는 경우로서 합병법인 등이 그 금액을 승계한 경우**는 제외하며, 이 경우 그 금액은 합병법인 등이 법정 절차(법세 §36 ②)에 따라 손금에 산입한 것으로 본다(법세 §36 ③ 단서). 한편 내국법인에 대하여 **조세특례제한법 상 투자세액공제 등 특례가 적용되는 경우**에는 국가 등으로부터 출연금 등의 자산을 지급받아 투자에 지출한다면 출연금 등의 자산을 투자에 지출한 금액에 상당하는 금액을 **그 투자금액 또는 취득금액에서 차감**하는 점(조특 §127 ①)에 유의할 필요가 있다.

국고보조금 등으로 취득한 사업용자산가액의 손금산입에 관한 세무조정에 대하여 살핀다. 국고보조금 등을 수령한 법인의 회계처리에 따라 법인세법 상 세무조정이 달라질 수 있으므로, **먼저 기업회계기준 상 국가로부터 보조금을 받는 경우에 대한 회계처리에 대하여 살핀다. 기업회계기준서에 따르면,** 자산 관련 정부보조금(공정가치로 측정되는 비화폐성 보조금 포함)은 재무상태표에 **이연수익**으로 표시하거나 **자산의 장부금액을 결정할 때 차감**하여 표시한다.[645] 자산 관련 보조금(또는 보조금의 적절한 부분)을 재무제표에 표시하는 두 가지 방법이 모두 인정된다.[646] 한 방법은 보조금을 이연수익으로 인식하여 자산의 내용연수에 걸쳐 체계적인 기준으로 당기손익에 인식하는 방법이다.[647] 다른 방법은 자산의 장부금액을 계산할 때 보조금을 차감하는 방법이다. 보조금은 감가상각자산의 내용연수에 걸쳐 감가상각비를 감소시키는 방식으로 당기손익으로 인식한다.[648] **일반기업회계기준**에 따르면, 자산 관련 보조금(공정가치로 측정되는 비화폐성 보조금 포함)을 받는 경우에는 관련 자산을 취득하기 전까지 받은 자산 또는 받은 자산을 일시적으로 운용하기 위하여 취득하는 다른 자산의 차감계정으로 회계처리하고, 관련 자산을 취득하는 시점에서 관련 **자산의 차감계정**으로 회계처리한다.[649] 자산 관련 보조금(공정가치로 측정되는 비화폐성 보조금 포함)은 그 자산의 내용연수에 걸쳐

---

645) 회계기준서 제1020호 문단 24.
646) 회계기준서 제1020호 문단 25.
647) 회계기준서 제1020호 문단 26.
648) 회계기준서 제1020호 문단 27.
649) 일반기업회계기준 제17장 문단 17.5.

상각금액과 상계하며, 해당 자산을 처분하는 경우에는 그 잔액을 처분손익에 반영한다.[650] 즉 기업회계기준서가 적용되는 경우에는 이연수익법과 자산차감법 모두가 적용될 수 있으나, 일반기업회계기준이 적용되는 경우에는 자산차감법만 적용된다. 그러나 법인세법은 기업회계기준에서 사용하지 않는 일시상각충당금 또는 압축기장충당금이라는 계정을 통하여 손금에 산입하므로, 기업회계기준 상 자산차감계정인 보조금 계정 또는 이연수익 계정은 법인세법 상 세무조정에 있어서 모두 제거되어야 한다. 이하 **기업회계기준 상 회계처리에 대한 법인세법 상 세무조정에 관하여 살핀다. 국고보조금 등을 수령한 사업연도에 해당 사업용자산을 취득하였다면,** 장부 상 계상된 국고보조금 등(또는 이연수익)을 제거하기 위하여 익금산입(유보)로 소득처분하고, 법인세법 상 신고조정에 의하여 계상한 일시상각충당금 또는 압축기장충당금에 대하여 손금산입(△유보)로 소득처분한다. **국고보조금 등을 수령한 사업연도 이후의 사업연도에 해당 사업용자산을 취득하였다면, 국고보조금 등 수령 사업연도**에 장부 상 계상된 국고보조금 등(또는 이연수익)을 제거하기 위하여 익금산입(유보)로 소득처분하고, 법인세법 상 신고조정에 의하여 계상한 압축기장충당금에 대하여 손금산입(△유보)로 각 소득처분한다. **향후 사업용자산을 취득한 사업연도**에는 이전 사업연도의 세무조정을 제거하기 위하여 국고보조금 등(또는 이연수익)에 대하여 손금산입(△유보)로, 압축기장충당금에 대하여 익금산입(유보)로 각 소득처분한 후, 해당 사업연도의 '사업용자산의 취득에 관한 기업회계기준 상 회계처리'에 대하여 다시 세무조정을 한다. 즉 장부 상 계상된 국고보조금 등(또는 이연수익)을 제거하기 위하여 익금산입(유보)로 소득처분하고, 법인세법 상 신고조정에 의하여 계상한 일시상각충당금 또는 압축기장충당금에 대하여 손금산입(△유보)로 소득처분한다. **사업용자산에 대하여 감가상각을 하는 경우에는,** 감가상각비에 상응하는 금액에 대하여, '장부 상 계상한 국고보조금 등(또는 이연수익)에 대한 익금산입(유보) 소득처분'의 사후관리로서 손금산입(△유보)의 세무조정을, '법인세법 상 일시상각충당금 또는 압축기장충당금에 대한 손금산입(△유보) 소득처분'의 사후관리로서 익금산입(유보)의 세무조정을 한다. **사업용 자산을 매각하는 경우에는,** '익금산입(유보)로 소득처분된 장부 상 국고보조금 등(또는 이연수익) 잔액'에 대한 사후관리로서 손금산입(△유보)의 세무조정을, '법인세법 상 일시상각충당금 또는 압축기장충당금 잔액'에 대한 사후관리로서 익금산입(유보)의 세무조정을 한다. **기업회계기준 상 국고보조금 회계처리를 하였으나 법인세법 상 국고보조금 등에 해당하지 않는 경우에는** 장부 상 계상된 국고보조금 등(또는 이연수익)을 제거하기 위하여 익금산입(유보)로 소득처분하고, 감가상각

---

650) 일반기업회계기준 제17장 문단 17.5.

하거나 매각하는 경우 각 해당 금액에 대하여 손금산입(△유보)로 소득처분한다. **국고보조금 등이 출자전환되는 경우**에는 출자전환되는 금액을 기준으로 국고보조금 등에 대한 세무조정을 취소하는 것이 타당하다. 즉 출자전환 금액에 상응하는 국고보조금 등에 대하여 손금산입(△유보)로, 일시상각충당금 또는 압축기장충당금에 대하여 익금산입(유보)로 세무조정하는 것이 타당하다. 출자전환 당시 국고보조금 등 잔액을 출자전환 금액으로 보는 것이 타당하다.

1.2. 공사부담금으로 취득한 사업용자산가액의 손금산입

내국법인 중 다음 각 호의 어느 하나에 해당하는 사업을 하는 법인이 그 사업에 필요한 시설을 하기 위하여 **해당 시설의 수요자 또는 편익을 받는 자로부터** 그 시설을 구성하는 **사업용자산**(토지 등 유형자산 및 무형자산)을 제공받은 경우 또는 **공사부담금**(금전 등)을 **제공받아** 그 제공받은 날이 속하는 사업연도의 종료일까지 사업용자산의 취득에 사용하거나, 사업용자산을 취득하고 이에 대한 공사부담금을 **사후에 제공받은** 경우에는 해당 사업용자산의 가액(공사부담금을 제공받은 경우에는 그 사업용자산의 취득에 사용된 공사부담금 상당액)을 **법정 절차**(법세령 §65 ②, ③, §64 ③~⑤, ⑦)에 따라 '**그 사업연도의 소득금액을 계산할 때**' 손금에 **산입할 수 있다**(법세 §37 ①). '**공사부담금**(금전 등)**을 제공받았는지 여부**'는 국고보조금의 경우와 동일하게 해당 금원에 대한 법인의 청구권이 확정되었는지 여부에 의하여 판단하는 것이 타당하다. 따라서 공사부담금을 장기에 걸쳐서 지급받기로 하였다면 각 사업연도에 확정된 금액에 한하여 지급받은 것으로 취급하는 것이 타당하다. 내국법인은 신고(법세 §60)와 함께 그 제공받은 사업용자산 및 공사부담금과 공사부담금으로 취득한 사업용자산에 관한 **공사부담금상당액 손금산입조정명세서**(또는 **공사부담금사용계획서**)(법세칙 §82)를 납세지 관할 세무서장에게 제출하여야 한다(법세 §37 ③ ; 법세령 §65 ⑤).

---

1. 전기사업법에 따른 전기사업
2. 도시가스사업법에 따른 도시가스사업
3. 액화석유가스의 안전관리 및 사업법에 따른 액화석유가스 충전사업, 액화석유가스 집단공급사업 및 액화석유가스 판매사업
4. 집단에너지공급사업(집단에너지 §2 2호)
5. 제1호부터 제4호까지의 사업과 유사한 법정 사업(지능정보화 기본법에 따른 초연결지능정보통신기반구축사업, 수도법에 의한 수도사업)(법세령 §65 ①)

손금에 산입하는 금액은 '개별 사업용자산별'로 해당 자산가액에 상당하는 금액(공사부담금을 제공받아 자산을 취득하는 경우에는 그 취득에 사용된 공사부담금에 상당하는 금액)으로 한다(법세령 §65 ② 본문). 이 경우 자산을 취득한 후 공사부담금을 지급받았을 때에는 지급일이 속한 사업연도 이전 사업연도에 **이미 손금에 산입한 감가상각비에 상당하는 금액**은 손금에 산입하는 금액에서 **제외**한다(법세령 §65 ② 단서). 공사부담금으로 사업용자산을 취득하는 경우 '자산가액에 상당하는 금액의 손금산입 및 익금산입'에 관하여서는 **국고보조금 등으로 취득한 사업용자산가액의 손금산입 중 관련 규정**(법세 §36 ②, ③ ; 법세령 §64 ③~⑤, ⑦)**을 준용**한다.

1.3. 보험차익으로 취득한 자산가액의 손금산입

내국법인이 '**보험대상자산**'인 유형자산의 멸실이나 손괴로 인하여 보험금을 지급받아 '**그 지급받은 날이 속하는 사업연도의 종료일까지**' 멸실한 보험대상자산과 **같은 종류**(멸실한 보험대상자산을 대체하여 취득한 유형자산으로서 그 용도나 목적이 멸실한 보험대상자산과 같은 것)(법세령 §66 ①)**의 자산을 대체 취득**하거나 손괴된 보험대상자산을 **개량**(그 취득한 자산의 개량을 포함)하는 경우에는 해당 자산의 가액 중 그 **자산의 취득 또는 개량에 사용된 보험차익 상당액을 법정 절차**(법세령 §66 ②, ③, §64 ③ 1호, ④ 1호, ⑤)에 따라 그 사업연도의 소득금액을 계산할 때 **손금에 산입할 수 있다**(법세 §38 ①). '**유형자산**'에 한하여 적용되므로 재고자산에 대하여서는 적용되지 않는다. **보험금 청구권자인 법인과 보험대상자산을 대체취득 또는 개량하는 법인이 동일한 경우**에 대하여 손금산입을 허용하는 것으로 보아야 한다. **장기에 걸친 대체취득 또는 개량**에 대하여서도 향후 사용될 보험차익 상당액 전체에 대하여 손금을 산입할 수 있는 것으로 보아야 한다. 대체취득 또는 개량이 반드시 하나의 사업연도 내에 완료될 수 있는 것은 아니고, 만약 사용되지 않은 경우에는 사후관리에 의하여 익금에 산입될 것이기 때문이다. 내국법인은 신고(법세 §60)와 함께 그 지급받은 보험금과 보험금으로 취득하거나 개량한 자산에 관한 **보험차익상당액 손금산입조정명세서**(또는 **보험차익사용계획서**)(법세칙 §82)를 납세지 관할 세무서장에게 제출하여야 한다(법세 §38 ③ ; 법세령 §66 ④).

손금에 산입하는 금액은 '**개별보험대상자산별**'로 해당 자산의 가액 중 그 **취득 또는 개량에 사용된 보험차익에 상당하는 금액**으로 하고, 이 경우 해당 보험대상자산의 가액이 지급받은 보험금에 미달하는 경우에는 보험금 중 보험차익 외의 금액을 먼저 사용한 것으로 본다(법세령 §66 ②). 보험차익으로 자산을 취득하거나 개량하는 경우 '보험차익에 상당하는 금액'의 손금산입 및 익금산입에 관하여 **국고보조금 등으로 취득한 사업용자산가액의 손금산입 중 관련 규정**(법세

§36 ②, ③ ; 법세령 §64 ③ 1호, ④ 1호, ⑤)을 **준용**한다. 다만 보험을 지급받은 날이 속하는 사업연도의 종료일까지 보험대상자산을 대체취득하거나 개량하지 아니한 내국법인이 그 사업연도의 다음 사업연도 개시일부터 '**2년 이내**'에 보험대상자산을 대체취득하거나 개량하려는 경우에 국고보조금 등의 규정을 준용하여 손금에 산입할 수 있다. 또한 압축기장충당금 및 '허가 또는 인가의 지연'에 관한 부분은 이 규정의 성질 상 준용하지 않는다.

1.4. 기능통화의 변경에 따른 자산·부채 변동액의 손금산입

기업회계기준에 따라 **원화 외의 통화를 기능통화로 채택하여 재무제표를 작성하는 내국법인**의 **과세표준 계산**은 '원화 외의 기능통화를 채택하지 아니하였을 경우에 작성하여야 할 재무제표를 기준으로 과세표준을 계산하는 방법'(법세 §53의2 ① 1호), '기능통화로 표시된 재무제표를 기준으로 과세표준을 계산한 후 이를 원화로 환산하는 방법'(법세 §53의2 ① 2호) 및 '재무상태표 항목은 사업연도 종료일 현재의 환율, 포괄손익계산서(포괄손익계산서가 없는 경우에는 손익계산서) 항목은 해당 거래일 현재의 환율(법정 항목(법세령 §91의3 ⑥)의 경우에는 해당 사업연도 평균환율)을 적용하여 원화로 환산한 재무제표를 기준으로 과세표준을 계산하는 방법'(법세 §53의2 ① 3호) 중 납세지 관할 세무서장에게 신고한 방법에 따른다(법세 §53의2 ①). **과세표준 계산방법 중 제2호 또는 제3호를 적용하는 법인이 기능통화를 변경하는 경우**에는 '기능통화를 변경하는 사업연도의 소득금액을 계산할 때' 개별 자산·부채별로 제1호의 금액에서 제2호의 금액을 뺀 금액을 **익금에 산입**하고 그 상당액을 **법정 절차**(법세령 §91의3 ⑧)에 따라 **일시상각충당금 또는 압축기장충당금**으로 계상하여 손금에 산입한다(법세 §53의2 ③). 일시상각충당금 또는 압축기장충당금으로 계상하여 손금에 산입한 금액(법세령 §64 ③)은 **국고보조금 등으로 취득한 사업용자산가액의 손금산입 중 관련 규정**(법세령 §64 ④, ⑤)을 준용하여 익금에 산입한다(법세령 §91의3 ⑧). 이 경우 기능통화의 변경으로 인하여 증가한 장부가액 상당액을 이미 자본에 반영되어 있으므로 익금산입(기타)로 소득처분하고 일시상각충당금 또는 압축기장충당금 계상분에 대하여서는 손금산입(△유보)로 **세무조정**하여야 한다.

> 1. 변경 후 기능통화로 표시된 해당 사업연도의 개시일 현재 해당 자산·부채의 장부가액
> 2. 변경 전 기능통화로 표시된 직전 사업연도의 종료일 현재 자산·부채의 장부가액에 해당 자산·부채의 취득일 또는 발생일의 환율을 적용하여 변경 후 기능통화로 표시한 금액

기능통화를 변경함으로 인하여 자산의 장부가액이 감소하거나 부채의 장부가액이 증가하는 경우, 즉 개별 자산·부채별로 제1호의 금액에서 제2호의 금액을 뺀 금액이 음수(-)인 경우 해당 금액을 손금에 산입하지 않는 이유는 무엇인가?[651] 기능통화를 변경함으로 인하여 자산의 장부가액이 감소하거나 부채의 장부가액이 증가하는 경우에는 법인의 순자산이 감소하므로 그 감소액을 손금에 산입하여야 한다. 그러나 법인세법은 그 감소액을 손금에 산입한다고 규정하지 않는다. 법인세법 상 장부가액을 기능통화의 변경으로 인한 순자산 감소분이 반영된 가액으로 계상한다면 향후 자산이 감가상각되거나 처분되는 경우 및 부채가 소멸하는 경우에 '감가상각액의 감소' 및 '처분이익 또는 채무소멸익의 증가'가 발생한다. 그렇다면 법인 순자산의 감소액은 손금에 산입하지 않으면서 향후 해당 금액에 대하여 추가적으로 과세하는 불합리한 결과가 발생한다. 따라서 법인세법이 기능통화의 변경으로 인한 위 자산·부채에 대한 순자산의 감소분을 손금에 산입한다는 규정을 두지 않는 것을 법인세법이 기업회계기준과 달리 그 순자산의 감소분을 세법 상 장부가액에 반영하지 않는다는 취지로 규정한 것으로 보아야 한다. 즉 법인세법은 기업회계 상 순자산 감소를 부인하여 익금에 산입하고 향후 감가상각 또는 처분 등이 이루어지는 시점에 해당 금액만큼 익금불산입하는 입장을 취한 것이다.

1.5. 현물출자 시 과세특례

현물출자 시 압축기장충당금을 통한 손금산입 특례(법세 §47의2)에 대하여서는 기업구조조정에 관한 특례 부분에서 살핀다.[652]

1.6. 교환으로 인한 자산양도차익 상당액의 손금산입

교환으로 인한 자산양도차익 상당액의 손금산입 특례(법세 §50)에 대하여서는 기업구조조정에 관한 특례 부분에서 살핀다.[653]

---

651) 같은 장 제1절 제2관 Ⅱ 1 참조.
652) 같은 절 제6관 Ⅳ 1 참조.
653) 같은 절 제6관 Ⅳ 1 참조.

2. 조세특례제한법 상 일시상각충당금 또는 압축기장충당금의 손금산입

2.1. 주식의 포괄적 교환·이전에 대한 과세특례

주식의 포괄적 교환·이전에 대한 과세특례(조특 §38)에 대하여서는 기업구조조정에 관한 특례 부분에서 살핀다.[654]

2.2. 주식의 현물출자 등에 의한 지주회사의 설립 등에 대한 과세특례

주식의 현물출자 등에 의한 지주회사의 설립 등에 대한 과세특례(조특 §38의2)에 대하여서는 기업구조조정에 관한 특례 부분에서 살핀다.[655]

2.3. 재무구조개선계획에 따른 기업 간 주식 등의 교환에 대한 과세특례

재무구조개선계획에 따른 기업 간 주식 등의 교환에 대한 과세특례(조특 §46)에 대하여서는 기업구조조정에 관한 특례 부분에서 살핀다.[656]

2.4. 임대주택 부동산투자회사의 현물출자자에 대한 과세특례 등

2.4.1. 임대주택 부동산투자회사의 현물출자자에 대한 과세특례의 적용

내국인이 다음 각 호의 요건을 모두 갖추어 법정 임대주택 부동산투자회사[총자산의 100분의 70 이상을 임대주택(민간임대주택에 관한 특별법에 따른 민간임대주택 및 공공주택 특별법에 따른 공공임대주택)으로 구성하는 부동산투자회사(부동산투자 §14의8 ③ 2호)로서 **법정 요건**(조특 칙 §44의2)을 모두 갖춘 부동산투자회사](조특령 §97의6 ①)에 2017년 12월 31일까지 **토지 또는 건물**(소세 §94 ① 1호)**을 현물출자함으로써 발생하는 양도차익에 상당하는 금액**(현물출자 후 **임대주택용으로 사용되는 법정 부분**(조특령 §97의6 ②)에서 발생하는 것에 한정)**에 대하여는 법정 금액**(조특령 §97의6 ③)**에 대하여 양도소득세의 납부 또는 법인세의 과세를 이연받을 수** 있다(조특 §97의6 ①). **현물출자를 2회 이상 하는 경우**에는 각각을 독립된 현물출자로 보아 위 과세특례를 적용한다(조특령 §97의6 ⑤). 내국인은 과세표준 신고와 함께 **현물출자명세서**(조특 칙 §61) 및 **현물출자 과세특례신청서**(조특칙 §61)를 납세지 관할 세무서장에게 제출하여야 하고,

---

654) 같은 절 제6관 Ⅳ 2 참조.
655) 같은 절 제6관 Ⅳ 2 참조.
656) 같은 절 제6관 Ⅳ 2 참조.

이 경우 **임대주택 부동산투자회사도 현물출자 과세특례신청서**를 제출하여야 한다(조특 §97의6 ④ : 조특령 §97의6 ⑨). 내국인이 과세특례를 적용받는 경우 **임대주택 부동산투자회사**는 매 분기의 마지막 날까지 **주주명부와 투자결과보고서**를 납세지 관할 세무서장에게 제출하여야 한다(조특 §97의6 ⑤ : 조특령 §97의6 ⑩).

---

1. 영업인가(변경인가의 경우 당초 영업인가 이후 추가적인 현물출자로 인한 변경인가에 한정)(부동산투자 §9 ①)를 받은 날부터 1년 이내에 현물출자할 것
2. 현물출자의 대가를 전액 주식으로 받을 것

법정 임대주택 부동산투자회사의 법정 요건은 다음과 같다(조특칙 §44의2).

---

1. 보유하고 있는 건축물 연면적의 100분의 70 이상을 임대주택(건설임대주택 또는 매입임대주택)(임대주택 §2 2호, 2호)으로 제공할 것
2. 임대주택으로 제공하는 각 주택과 그에 부수되는 토지의 취득 당시 기준시가의 합계액이 6억원 이하일 것
3. 임대주택으로 제공하는 각 주택의 전용면적이 85제곱미터 이하일 것

임대주택용으로 사용되는 법정 부분은 다음 각 호의 어느 하나에 해당하는 부분을 말한다(조특령 §97의6 ②).

---

1. 민간임대주택(민간임대 §2)과 공공임대주택(공공주택 §2 1호 가목)에 해당하는 주택(주거에 사용하는 오피스텔을 포함)
2. 제1호에 따른 주택에 딸린 토지(건물이 정착된 면적에 지역별로 다음 각 목에서 정하는 배율을 곱하여 산정한 면적을 초과하는 경우 그 초과하는 부분의 토지는 제외)
   가. 도시지역(국토계획 §6 1호)의 토지 : 5배
   나. 그 밖의 토지 : 10배

양도소득세의 납부 또는 법인세의 과세를 이연받을 수 있는 법정 금액은 다음 각 호의 구분에 따라 계산한 금액으로 한다(조특령 §97의6 ③).

1. **거주자의 경우** : 양도소득 결정세액(소세 §92 ③) × '거주자가 현물출자한 자산(토지 또는 건물)(소세 §94 ① 1호) 중 임대주택용으로 사용되는 법정 부분(조특령 §97의6 ②)의 비율'
2. **내국법인의 경우** : (현물출자(조특 §97의6 ① 2호)의 대가 – 현물출자한 자산의 장부가액) × 내국법인이 현물출자한 자산 중 임대주택용으로 사용되는 법정 부분(조특령 §97의6 ②)의 비율

내국법인이 법인세의 과세이연을 받은 법정 금액(조특령 §97의6 ③ 2호)은 **현물출자일이 속하는 사업연도의 소득금액을 계산할 때 손금에 산입하고,** 이 경우 손금에 산입하는 금액은 현물출자하는 자산의 **개별 자산별로 계산하여야** 하며, **손금에 산입하는 금액의 합계는 현물출자로 취득한 부동산투자회사 주식의 압축기장충당금으로 계상하여야** 한다(조특령 §97의6 ④).

2.4.2. 과세이연된 양도소득세 또는 법인세에 대한 사후관리

내국인이 **다음 각 호의 어느 하나에 해당하게 되는 경우에는 법정 절차**(조특령 §97의6 ⑦)에 따라 거주자의 경우에는 해당 사유 발생일이 속하는 달의 말일부터 2개월 이내(다음 제4호의 증여의 경우 3개월 이내, 상속의 경우 6개월 이내)에 **이연받은 양도소득세액을 납부하여야** 하며, 내국법인의 경우에는 해당 사유가 발생한 사업연도의 소득금액을 계산할 때 **과세이연받은 금액을 익금에 산입하여야** 한다(조특 §97의6 ②). 내국인이 납부를 이연받은 양도소득세액 또는 과세를 이연받은 법인세액을 다음 제2호(부동산투자회사법 상 영업인가 취소(부동산투자 §42)의 경우에 한정) 또는 제3호에 따라 납부하는 경우에는 **법정 방법에 따라 계산한 이자상당가산액**(조특령 §97의6 ⑧)을 양도소득세 또는 법인세에 더하여 납부하여야 하며, 해당 세액은 법인세법 또는 소득세법에 따라 납부하여야 할 세액(법세 §64 : 소세 §111)으로 본다(조특 §97의6 ③).

1. 현물출자의 대가로 받은 주식의 일부 또는 전부를 처분하는 경우(제4호에 따라 거주자가 증여하거나 거주자의 사망으로 상속이 이루어지는 경우는 제외)
2. 현물출자 받은 임대주택 부동산투자회사가 부동산투자회사법에 따라 해산(부동산투자 §44)하는 경우(다만, 부동산투자회사법에 따른 합병(부동산투자 §43)으로서 법인세법 상 적격합병(법세 §44 ② 각 호)인 경우는 제외하고, 이 경우 합병법인을 당초에 현물출자 받은 임대주택 부동산투자회사로 보아 익금산입 규정(조특 §97의6 ②)을 적용)
3. 매분기말 2분기 연속하여 법정 임대주택 부동산투자회사(조특령 §97의6 ①) 요건을 갖추지

못한 경우

4. 과세이연 특례(조특 §97의6 ①)를 적용받은 거주자가 현물출자의 대가로 받은 주식의 일부 또는 전부를 증여하거나 거주자의 사망으로 해당 주식에 대한 상속이 이루어지는 경우

이연받은 양도소득세액을 납부하거나 과세이연받은 소득금액을 익금에 산입하는 경우에는 다음 각 호의 방법에 따른다(조특령 §97의6 ⑦).

1. **거주자의 경우** : 다음 각 목에 따라 계산한 금액을 양도소득세액으로 납부한다.
   가. '**처분 또는 상속·증여 관련 사후관리 사유**'(조특 §97의6 ② 1호, 4호)가 발생한 경우로서 현물출자의 대가로 받은 주식 중 처분한 주식 수를 현물출자의 대가로 받은 주식 수로 나눈 **주식처분비율**(현물출자 외의 방법으로 취득한 주식을 처분하는 경우 현물출자의 대가로 받은 주식을 먼저 처분한 것으로 봄)**을 누적한 값이 100분의 50 미만인 경우** : 납부이연받은 양도소득세액 × 주식처분비율
   나. '**처분 또는 상속·증여 관련 사후관리 사유**'(조특 §97의6 ② 1호, 4호)가 발생한 경우로서 **주식처분비율을 누적한 값이 100분의 50 이상인 경우** : 납부이연받은 양도소득세액 전액(가목에 따라 이미 납부한 세액이 있는 경우에는 해당 금액을 제외)
   다. '**해산 또는 법정요건 미비 관련 사후관리 사유**'(조특 §97의6 ② 2호, 3호)가 발생한 경우 : 납부이연받은 양도소득세액 전액(가목에 따라 이미 납부한 세액이 있는 경우에는 해당 금액을 제외)

2. **내국법인의 경우** : 다음 각 목에 따라 계산한 금액을 익금에 산입한다.
   가. '**처분 관련 사후관리 사유**'(조특 §97의6 ② 1호)가 발생한 경우로서 각 현물출자의 대가로 받은 주식 중 해당 사업연도에 처분한 주식 수를 현물출자의 대가로 받은 주식 수로 나눈 **해당 연도 주식처분비율**(먼저 취득한 주식을 먼저 처분한 것으로 보며, 현물출자 외의 방법으로 취득한 주식을 처분하는 경우 현물출자의 대가로 받은 주식을 먼저 처분한 것으로 봄)**을 누적한 값이 100분의 50 미만인 경우** : 현물출자별로 계상된 압축기장충당금 × 해당 연도 주식처분비율
   나. '**처분 관련 사후관리 사유**'(조특 §97의6 ② 1호)가 발생한 경우로서 각 현물출자의 대가로 받은 주식의 **해당연도 주식처분비율을 누적한 값이 100분의 50 이상인 경우** : 계상한 압축기장충당금 전액(가목에 따라 이미 익금에 산입한 금액이 있는 경우에는 해당 금액을 제외)
   다. '**해산 또는 법정요건 미비 관련 사후관리 사유**'(조특 §97의6 ② 2호, 3호)가 발생한 경우 : 계상한 압축기장충당금 전액(가목에 따라 이미 익금에 산입한 금액이 있는 경우에는 해당 금액을 제외)

법정 방법에 따라 계산한 이자상당가산액은 다음 각 호의 구분에 따라 계산한 금액으로 한다(조특령 §97의6 ⑧).

1. **거주자의 경우** : 납부하여야 할 양도소득세 납부이연금액(조특령 §97의6 ⑦ 1호 다목)에 가목에 따른 기간과 나목에 따른 율을 곱하여 계산한 금액
   가. 현물출자한 토지 등에 대한 양도소득세 예정신고 납부기한의 다음 날부터 '해산 또는 법정요건 미비 관련 사후관리 사유'(조특 §97의6 ② 2호, 3호) 관련 세액의 납부일까지의 기간
   나. 1일 10만분의 25
2. **내국법인의 경우** : '해산 또는 법정요건 미비 관련 사후관리 사유'(조특 §97의6 ② 2호, 3호)가 발생하여 익금에 산입하는 금액(조특령 §97의6 ⑦ 2호 다목)을 과세특례(조특령 §97의6 ④)에 따라 손금산입하여 발생한 법인세액의 차액'에 가목에 따른 기간과 나목에 따른 율을 곱하여 계산한 금액
   가. 현물출자일이 속하는 사업연도 종료일의 다음 날부터 '해산 또는 법정요건 미비 관련 사후관리 사유(조특 §97의6 ② 2호, 3호)가 발생하여 익금에 산입하는 금액'(조특령 §97의6 ⑦ 2호 다목)을 익금에 산입하는 사업연도의 종료일까지의 기간
   나. 1일 10만분의 25

2.5. 공모부동산투자회사의 현물출자자에 대한 과세특례

2.5.1. 공모부동산투자회사의 현물출자자에 대한 과세특례의 적용

내국법인이 부동산투자회사법 상 영업인가(변경인가의 경우 당초 영업인가 이후 추가적인 현물출자로 인한 변경인가에 한정)(부동산투자 §9 ①)를 받은 날부터 1년 이내에 **공모부동산투자회사**(부동산투자 §49의3 ①)에 토지 또는 건물(소세 §94 ① 1호)을 2025년 12월 31일까지 **현물출자함으로써 발생하는 양도차익에 상당하는 금액**은 해당 사업연도의 소득금액을 계산할 때 **법정방법**(조특령 §97의8 ①)에 따라 **손금에 산입하여** 그 내국법인이 **현물출자로 취득한 주식을 처분할 때까지 과세를 이연받을 수 있다**(조특 §97의8 ①). 현물출자함으로써 발생하는 양도차익에 상당하는 금액에 대하여 과세를 이연받으려는 내국법인은 **법정 계산식**(현물출자로 취득하는 주식(조특 §97의8 ①)의 가액(현물출자한 자산의 시가(법세 §52 ②))(조특 §97의8 ③) − 현물출자한 자산의 장부가액)**에 따라 계산한 금액**을 현물출자일이 속하는 사업연도의 소득금액을 계산할 때 손금에 산입하고, 이 경우 손금에 산입하는 금액은 현물출자하는 **개별 자산별로 계산**하여야

하며, 손금에 산입하는 금액의 합계는 현물출자로 취득한 **공모부동산투자회사**(부동산투자 §49의3 ①) **주식의 압축기장충당금으로 계상하여야** 한다(조특령 §97의8 ①). **현물출자를 2회 이상 하는 경우**에는 각각을 독립된 현물출자로 보아 위 과세특례(조특 §97의8 ①)를 적용한다(조특령 §97의8 ②). **내국법인**은 과세표준 신고와 함께 **현물출자명세서**(조특칙 §61) 및 **현물출자 과세특례신청서**(조특칙 §61)를 납세지 관할 세무서장에게 제출하여야 한다(조특 §97의8 ④ : 조특령 §97의8 ⑥). 내국인이 과세특례를 적용받는 경우 **공모부동산투자회사**는 매분기의 마지막 날까지 **주주명부**를 납세지 관할 세무서장에게 제출하여야 한다(조특 §97의8 ⑤ : 조특령 §97의8 ⑦).

2.5.2. 과세이연된 법인세에 대한 사후관리

내국법인이 **다음 각 호의 어느 하나에 해당하게 되는 경우**에는 해당 사유가 발생한 사업연도의 소득금액을 계산할 때 과세이연받은 금액을 **법정 절차**(조특령 §97의8 ④)에 따라 **익금에 산입하여야** 한다(조특 §97의8 ②).

---

1. 현물출자의 대가로 받은 주식을 처분하는 경우
2. 현물출자를 받은 공모부동산투자회사가 부동산투자회사법에 따라 해산(부동산투자 §44)하는 경우. 다만, 부동산투자회사법에 따른 합병(부동산투자 §43)으로 해산하는 경우로서 법인세법 상 적격합병(법세 §44 ② 각 호)인 경우는 제외하고, 이 경우 합병법인을 당초에 현물출자를 받은 공모부동산투자회사로 보아 익금산입 규정(조특 §97의8 ②)을 적용한다

과세이연받은 소득금액을 익금에 산입하는 경우에는 다음 각 호의 구분에 따른 금액을 익금에 산입하여야 한다(조특령 §97의8 ④).

---

1. '**처분 관련 사후관리 사유**'(조특 §97의8 ② 1호)가 발생한 경우로서 각 현물출자의 대가로 받은 주식 중 해당 사업연도에 처분한 주식 수를 현물출자의 대가로 받은 주식 수로 나눈 **해당연도 주식처분비율**(먼저 취득한 주식을 먼저 처분한 것으로 보며, 현물출자 외의 방법으로 취득한 주식을 처분하는 경우 현물출자의 대가로 받은 주식을 먼저 처분한 것으로 봄)을 **누적한 값이 100분의 50 미만인 경우** : 현물출자별로 계상된 압축기장충당금 × 해당연도 주식처분비율
2. '**처분 관련 사후관리 사유**'(조특 §97의8 ② 1호)가 발생한 경우로서 각 현물출자의 대가로 받은 주식의 **해당연도 주식처분비율을 누적한 값이 100분의 50 이상인 경우** : 계상한 압축기장충당금 전액(제1호에 따라 이미 익금에 산입한 금액이 있는 경우에는 해당 금액을

제외)

3. '**해산 관련 사후관리 사유**'(조특 §97의8 ② 2호)**에 해당하는 경우** : 계상한 압축기장충당금 전액(제1호에 따라 이미 익금에 산입한 금액이 있는 경우에는 해당 금액을 제외)

내국법인이 과세를 이연받은 법인세액을 **부동산투자회사법에 따른 영업인가 취소**(부동산투자 §42)**로 인한 해산**으로 인하여 납부하는 경우(조특 §97의8 ② 2호)에는 **법정 방법에 따라 계산한 이자상당가산액**(조특령 §97의8 ⑤)을 **법인세에 더하여 납부하여야** 하며, 해당 세액은 **법인세법 상 납부하여야 할 세액**(법세 §64)으로 본다(조특 §97의8 ③). **법정 방법에 따라 계산한 이자상당가산액**은 현물출자일이 속하는 사업연도에 익금에 산입하여야 할 금액을 익금에 산입하지 아니함에 따라 발생한 법인세액의 차액에 다음 제1호에 따른 기간과 제2호에 따른 율을 곱하여 계산한 금액을 말한다(조특령 §97의8 ⑤).

1. 현물출자일이 속하는 사업연도의 종료일의 다음 날부터 '해산 관련 사후관리 사유(조특 §97의8 ② 2호)가 발생하여 익금에 산입하여야 할 금액'을 익금에 산입하는 사업연도의 종료일까지의 기간
2. 1일 10만분의 25

2.6. 해외자원개발투자에 대한 과세특례

해외자원개발사업자(해외자원 §2 5호)가 '**에너지 및 자원사업 특별회계법에 따른 보조금**'을 받아 **해외직접투자**(외환거래 §3 ① 18호)로 주식 또는 출자지분을 취득하는 경우에는 해당 주식 또는 출자지분을 법인세법 상 법정 사업용 자산(법세 §36 ① ; 법세령 §64 ①)으로 보아 '해당 주식 또는 출자지분에 대하여 압축기장충당금으로 계상하여 손금에 산입'(법세 §36 ① ; 법세령 §64 ③)할 수 있다(조특 §104의15 ④).

2.7. 농업협동조합중앙회의 분할 등에 대한 과세특례

농업협동조합중앙회의 분할 등에 대한 과세특례(조특 §121의23 ①, ④)에 대하여서는 기업구조 조정에 관한 특례 부분에서 살핀다.[657]

---

657) 같은 절 제6관 Ⅳ 2 참조.

2.8. 수산업협동조합중앙회의 분할 등에 대한 과세특례

수산업협동조합중앙회의 분할 등에 대한 과세특례(조특 §121의25 ①)에 대하여서는 기업구조조정에 관한 특례 부분에서 살핀다.[658]

2.9. 사업재편계획에 따른 기업 간 주식 등의 교환에 대한 과세특례

사업재편계획에 따른 기업 간 주식 등의 교환에 대한 과세특례(조특 §121의30)에 대하여서는 기업구조조정에 관한 특례 부분에서 살핀다.[659]

제5관 손익의 귀속사업연도, 자산의 취득가액 및 자산·부채의 평가

 총설

법인세법 상 자산·부채는 화폐금액으로 측정할 수 있는 경우에만 계상할 수 있는바, 이는 화폐금액으로 측정되기 시작되는 상태를 의미하는 것이 아니라 **신뢰성 있게 측정되는 상태**를 의미한다. 따라서 '익금의 발생'은 자산·부채의 변동분이 화폐금액으로 신뢰성 있게 측정된 상태를 의미하고, 이는 통상의 경우 일회적 거래로 인하여 즉시 측정된다고 할지라도 **원칙적으로는 신뢰성 있게 측정된 상태에 이르기 위한 시간의 경과를 필요로 하는 개념**이다. 또한 '신뢰성 있게 측정되는 상태'에 있어서 '신뢰성'에 대한 판단은 향후 경제적 상황의 변화에 따라 달라질 수 있는 것이므로 해당 변동액 역시 자산·부채의 계상금액에 반영될 수 있는 여지를 담고 있다. 즉 '**익금·손금의 발생**'은 자산·부채의 취득원가 및 평가와 관련된 개념으로서 자산·부채를 얼마의 화폐금액으로 신뢰성 있게 측정하여 계상할 것인지 여부, 즉 **익금·손금의 범위에 관련**된다. 법인세법 역시 '익금·손금의 범위'를 판정함에 있어서 '발생' 여부를 기준으로 한다. 다만 자산·부채에는 거래 당사자의 권리 또는 의무가 각 화체되어 있는바, 익금을 합리적으로 신뢰성 있게 측정할 수 있다는 점이 그와 관련된 자산·부채의 현실적인 이행을 담보하는 것은 아니다.[660] 한편 '**익금·손금의 발생**'과 '**익금·손금의 확정**'은 구분되어야

---

658) 같은 절 제6관 Ⅳ 2 참조.
659) 같은 절 제6관 Ⅳ 2 참조.
660) 같은 절 제1관 Ⅱ 2, Ⅲ 2 참조.

한다. 즉 '익금·손금의 발생'에는 거래의 실질에 따라 일정한 기간의 경과가 필요할 수 있으나, '익금·손금의 확정'은 익금·손금의 발생기간 중 어느 특정 시점을 특정하여 해당 사업연도에 익금·손금의 발생액 모두를 귀속시키는 것과 관계되기 때문이다. **자산·부채의 취득가액(최초 장부가액)은 '익금·손금의 발생액'에 직접적으로 연계된다.** 즉 자산·부채의 취득가액(최초 장부가액)은 특정 자산의 유입·유출으로 인한 익금·손금의 발생액에 해당하므로, 이는 해당 자산의 유입이 여러 사업연도에 걸친 경우에도 그 중 하나의 사업연도에 귀속시키는 것에 관한 익금·손금의 확정과는 구분되는 개념이다.[661] 따라서 익금·손금이 확정된 사업연도의 경과 후에 발생하는 익금·손금 역시 모두 자산·부채의 취득가액(최초 장부가액)에 포함되어야 한다. 익금·손금의 확정으로 인하여 자산·부채의 취득가액(최초 장부가액)이 영향을 받을 수는 없다.

'익금 또는 손금의 총액', '자산·부채의 평가', '자산·부채의 취득원가' 및 '손익의 귀속시기'의 관계에 대하여 살핀다. **'익금 또는 손금의 총액'**은 익금 또는 손금에 산입되거나 불산입되는 항목에 관한 것으로서 **'익금 또는 손금의 발생액'**과 동일하다. 익금과 손금이 단일 거래에서 발생한다고 할지라도 이를 상계하지 않는다는 의미에서 '총액'이라는 용어를 사용할 뿐이다. **자산·부채의 취득가액(최초 장부가액)은 '익금 또는 손금의 발생액'에 포함된다.** 법인세법상 익금 또는 손금의 정의에 포섭되는 항목이라면 법인세법 및 조세특례제한법이 정하는 불산입 항목에 해당되지 않는 한 익금 또는 손금으로서 취급된다. **'자산·부채의 평가'** 역시 익금 및 손금 계상금액의 기반이 되는 자산·부채의 변동분에 관한 것이므로 **'익금 또는 손금의 발생액'**에 포함된다. 한편 특정 사업연도의 자산·부채를 얼마로 평가하여 계상할지 여부는 해당 사업연도에 인식하여야 할 손익의 범위와도 역시 관계되므로 '자산·부채의 평가'는 손익의 귀속시기와도 연관된다고 볼 여지 역시 있다. 그러나 **'손익의 귀속시기'**는 **'익금 또는 손금의 확정'**에 직접적으로 연관되어 있다고 보아야 한다. 자산·부채를 평가할 수 있다고 하더라도 어느 사업연도에 계상할 것인지 여부는 익금 또는 손금의 확정 여부에 따라 달라지기 때문이다. 즉 자산·부채를 평가할 수 있다고 하더라도 관련된 익금 또는 손금이 확정되지 않았다면 해당 사업연도에는 계상할 수 없다. 다만 법인세법 또는 조세특례제한법이 **'특정 시점 당시'**의 자산·부채의 평가에 대하여 규정한다면, 해당 조문이 '익금 또는 손금의 발생' 및 '익금 또는 손금의 확정' 모두에 대하여 규정한 것으로 보아야 한다.[662]

---

661) 같은 절 제1관 Ⅱ 2, Ⅲ 2 참조.
662) 같은 절 제1관 Ⅴ 1 참조.

한편 법인세법 상 합리적 추정에 의하여 계산하여 자산·부채를 계상하는 경우가 있고(법세령 §44의2, §57, §60 ; 법세칙 §31, §34), 그 계상금액 역시 변동될 수도 있다. 기업회계기준 역시 합리적 추정에 의하여 계산하여 자산·부채를 계상하는 경우가 있고, 그 계상금액의 변동 역시 인정하고 있다. '익금 또는 손금의 발생액'에는 '자산·부채의 취득원가(최초 장부가액)', '합리적 추정에 의하여 계상한 자산·부채의 변동액' 및 '자산·부채의 평가액이 포함된다. 자산·부채의 평가 이후 해당 평가액은 그 장부가액에 반영된다(법세령 §72 ⑤ 1호).

한편 합리적 추정에 의한 자산·부채 계상금액의 변동과 자산·부채의 평가를 어떻게 구분하여야 하는지 여부가 쟁점이 된다. 익금·손금은 자산·부채의 변동분에 의하여 측정되는 것이므로 익금·손금의 확정시점에는 관련된 자산·부채의 계상금액이 신뢰성 있게 측정되어야 하나, 익금·손금의 발생원인에 해당하는 거래가 실제 종료되기 이전에, 즉 '익금·손금의 발생'이 종료되기 이전에 새로운 정보의 입수 또는 새로운 사정의 전개로 인하여 당초 측정치를 새롭게 추정하여야 하거나 그 거래가 종료되는 시점에 합리적으로 추정된 금액을 정산할 것이 예정된 경우로서 '익금·손금의 확정' 당시 측정치가 변화될 수 있다. 이 경우 합리적 추정의 변화에 따른 변동금액 또는 그 정산대금은 '익금·손금의 확정' 당시 자산·부채의 변동분에 대한 수정 또는 그 확정 당시부터 발생이 예정된 금액으로서 이는 해당 익금·손금 관련 자산·부채의 취득가액 또는 장부가액의 계상과 관련된다. 즉 새로운 정보의 획득, 새로운 상황의 전개 또는 계약의 내용 등에 따라 익금·손금의 확정 당시 합리적 추정을 통하여 신뢰성 있게 측정된 계상금액이 익금·손금 발생 거래가 실제 종료되는 시점까지 새롭게 측정된 신뢰성 있는 금액에 의하여 변동되는 것은 회계추정의 변화에 관한 것으로서 여전히 자산·부채 취득가액 또는 장부가액의 계상과 관련된다. 또한 자산의 최초 취득가액 또는 장부가액에 근거하여 다시 새로운 장부가액을 계산하는 것 역시 자산의 평가에 해당하지 않는다. 자산의 최초 취득가액 또는 장부가액에 근거하여 계산된 감가상각비를 새로운 장부가액에 반영하는 것이 그 예에 속한다. 법인세법 역시 감가상각을 평가에서 제외한다(법세 §42 ① 각 호 외 괄호 부분). 또한 법인이 해당 자산의 취득가액 총액을 다른 수량 또는 종류의 자산에 대하여 승계하는 경우에는 각 승계자산의 장부가액이 변동되는바, 이 경우 변동분 역시 평가에서 제외된다. 당초 취득가액에 기반하여 재계산된 가액에 불과하기 때문이다. 자산·부채의 평가는 익금·손금 발생 거래가 종료된 이후 자산·부채 취득가액 또는 장부가액에 기반하여 계산하지 않는 별도의 기준에 근거하여 취득가액 또는 장부가액을 다시 측정하는 것을 의미한다. 따라서 자산 계상금액의 모든 변동이 바로 자산의 평가를 의미하는 것은 아니다. 부채 계상금액이

변동하는 경우에도 동일하다.[663]

'자산·부채의 평가에 해당하지 않는 자산·부채 계상금액의 변동분'을 어떻게 익금 또는 손금에 반영할지 여부는 여전히 '자산·부채의 취득가액'에 관한 것으로서 법인세법 및 조세특례제한법 상 특별한 규정이 없는 한 기업회계기준이 보충적으로 적용되어야 한다. 그러나 자산·부채 계상금액의 변동과 자산·부채의 평가는 구분되는 개념이므로, '자산·부채의 평가'에 대하여서는 법인세법 및 조세특례제한법 상 특별한 규정이 없는 경우에도 기업회계기준이 보충적으로 적용될 수는 없다. 내국법인의 각 사업연도의 소득금액을 계산할 때 그 법인이 '자산·부채의 취득'에 관하여 일반적으로 공정·타당하다고 인정되는 기업회계기준을 적용하거나 관행을 계속 적용하여 온 경우에는 법인세법 및 조세특례제한법에서 달리 규정하고 있는 경우를 제외하고는 그 기업회계기준 또는 관행에 따른다고 규정하기 때문이다(법세 §43).[664] 법인세법 상 특별 규정이 없는 한 내국법인이 보유하는 자산과 부채의 장부가액을 평가하는 경우에는 그 평가일이 속하는 사업연도와 그 후의 각 사업연도의 소득금액을 계산할 때 그 자산과 부채의 장부가액은 평가 전의 가액으로 한다고 규정(법세 §42 ①)에도 이러한 취지가 담겨 있다.

 손익의 귀속사업연도

1. 일반원칙

내국법인의 각 사업연도의 익금과 손금의 귀속사업연도는 그 익금과 손금이 확정된 날이 속하는 사업연도로 한다(법세 §40 ①). 이를 통상 '권리의무 확정주의'라고 한다. 익금과 손금의 '확정'과 그 '발생'은 구분되는 개념이며, 그 귀속사업연도에 관한 쟁점은 익금과 손금의 확정에 관한 것이라는 점에 대하여는 기술하였다. 또한 법인세법은 익금과 손금의 귀속사업연도의 범위 등에 관하여 필요한 사항은 대통령령으로 정하도록 위임한다(법세 §40 ②). 그러나 '익금과 손금의 귀속사업연도의 범위 등에 관하여 필요한 사항'이라는 위임기준이 적절한 것인지 여부에 대하여서는 의문이 있을 수 있다. 예를 들면 '법인의 순자산을 증가 또는 감소시키는 손익거래로 인하여 발생하는 금액을 그 발생 사업연도 중 어느 한 사업연도에 귀속시키기 위하여 필요한 사항' 등과 같은 방식으로, 위임기준을 보다 명확하게 규정하는 것이 타당하다.

---

663) 같은 절 제2관 Ⅱ 7 참조.
664) 같은 절 제2관 Ⅱ 7 참조.

한편 과세처분의 적법성에 대한 입증책임은 과세관청에 있으므로 어느 사업연도의 소득에 대한 법인세 과세처분의 적법성이 다투어지는 경우 과세관청으로서는 과세소득이 있다는 사실 및 그 소득이 당해 사업연도에 귀속되었다는 사실을 입증하여야 하는바, 납세자가 과세대상이 되는 소득을 숨겨온 결과 그와 같은 소득이 어느 사업연도에 속한 것인지 확정하기 곤란한 경우에도 과세관청이 조사·확인한 사업연도에 따라 소득의 귀속사업연도를 달리할 수 없고 해당 과세대상 소득의 확정시기에 따라 그 귀속사업연도가 정하여져야 한다.[665]

익금 또는 손금의 확정 여부는 각 거래단위를 기준으로 판정되는바, 거래단위의 결정에는 해당 법인의 사업의 실질을 감안하여 각 거래단위가 설정되어야 한다. 따라서 유동성 공급자인 외국증권업자 갑이 유동성 공급계약을 맺은 주식워런트증권 발행사로부터 주식워런트증권을 발행가격에 인수하여 투자자들에게 매도하고 발행사에 증권과 동일한 내용의 장외파생상품을 매도하는 거래를 하는 경우 투자자들에게 최초로 시가로 매도한 사업연도에 발행사로부터 인수한 증권의 인수가격과 매도가격의 차액을 해당 사업연도의 손금으로 산입하여야 하고, 이는 최초 매도 당시 갑이 인식한 손실 중 만기가 해당 사업연도에 도래하지 않는 증권을 인수하여 매도함으로써 인식한 손실이 있다고 하더라도 달라지지 않는다.[666] 유동성공급자의 사업내용에 비추어 보면, 주식워런트증권 발행사로부터 주식워런트증권을 발행가격에 인수하여 투자자들에게 매도하는 것을 하나의 거래단위로 보는 것이 타당하기 때문이다.

손익의 귀속사업연도에 관한 규정이 없는 경우에는 그 귀속사업연도를 어떻게 정하여야 하는가? 내국법인의 각 사업연도의 소득금액을 계산할 때 그 법인이 익금과 손금의 귀속사업연도와 자산·부채의 취득 및 평가에 관하여 일반적으로 공정·타당하다고 인정되는 기업회계기준을 적용하거나 관행을 계속 적용하여 온 경우에는 법인세법 및 조세특례제한법에서 달리 규정하고 있는 경우를 제외하고는 그 기업회계기준 또는 관행에 따른다(법세 §43). **법인세법 및 조세특례제한법이 손익의 귀속사업연도에 대하여 달리 규정하고 있지 않는 한, 기업회계기준 또는 관행에 따라 손익의 귀속사업연도를 판정하여야 한다.**

법인세법은 전기오류수정손익의 귀속사업연도에 대하여 명시적으로 규정하지 않는바, 이 경우 역시 기업회계기준에 따라 그 귀속사업연도를 결정하여야 하는가? 전기오류수정손익은 전기에 귀속되어야 하는 손익을 이후 사업연도에 수정하는 것이므로 해당 사업연도의 귀속에 관한 법인세법이 적용되어야 한다. 즉 전기의 귀속사업연도에 관한 법인세법 규정이 적용되어야

---

665) 대법원 2000.2.25. 98두1826 ; 대법원 2020.4.9. 2018두57490.
666) 대법원 2017.3.22. 2016두51511.

하므로 이 경우를 법인세법 상 규정이 없는 것으로 볼 수는 없다. 판례 역시 전기오류수정손익을 기업회계기준에 따라 당해 사업연도의 손금 또는 익금에 산입함으로써 그 귀속사업연도가 당초의 귀속사업연도와 다르게 된 경우에는 법인세법상 권리의무확정주의에 따라 당해 익금과 손금이 확정된 날이 속하는 사업연도를 그 귀속시기로 보아야 한다고 판시한다.[667]

기업회계의 기준 또는 관행은 다음의 어느 하나에 해당하는 회계기준(해당 회계기준에 배치되지 아니하는 것으로서 일반적으로 공정·타당하다고 인정되는 관행 포함)을 의미한다 (법세령 §79). 공기업·준정부기관 회계규칙은 영리내국법인의 소득금액 계산과는 무관하다. 중소기업회계기준은 상법에 따른 주식회사의 회계처리와 재무보고에 관한 기준(상법령 §153호)을 정함을 목적으로 하고,[668] 구체적으로 적용할 수 있는 기준이 없는 경우 일반기업회계기준을 참조하여 회계처리한다.[669] 공기업·준정부기관 회계규칙 및 중소기업회계기준을 포함하는 각 회계기준 또는 관행은 한국채택국제회계기준과 한국회계기준원이 정한 회계처리기준에서 정의하는 자산, 부채, 자본, 수익 및 비용 등 기본개념에 기반하고 있다.

- 한국채택국제회계기준
- 주식회사 등의 외부감사에 관한 법률 제5조 제1항 제2호 및 같은 조 제4항에 따라 한국회계기준원이 정한 회계처리기준
- 증권선물위원회가 정한 업종별회계처리준칙
- 공공기관의 운영에 관한 법률에 따라 제정된 공기업·준정부기관 회계규칙
- 상법에 따른 회계기준(상법령 §15 3호)
- 그 밖의 법령에 따라 제정된 회계처리기준으로서 기획재정부장관의 승인을 받은 것

기업회계기준 또는 관행에 따른 손익 귀속사업연도에 대한 최종적인 판정 권한 역시 법원에 귀속되는 것인가? 손익 귀속사업연도에 대한 판정 역시 법인세법의 적용을 위한 해석에 관한 것이므로 손익 귀속사업연도에 대한 최종적인 판정권한 역시 법원에 귀속되어야 한다. 따라서 **법원이 최종적으로 경제적 실질의 관점에 따라 관련 기업회계기준 또는 관행의 목적 또는 취지 등을 감안하여 기업회계기준 상 문언을 세법 독자적 입장에 따라 해석하여야 한다.** 한편 판례는 기업회계기준 상 손익의 귀속에 관한 규정이 세법의 개별규정에 명시되어 있지 않다는 이유만으로 곧바로 권리의무확정주의에 반한다고 단정할 수는 없고, 특정 기업회계기준

---

667) 대법원 2004.9.23. 2003두6870.
668) 중소기업회계기준 제1조.
669) 중소기업회계기준 제3조 단서.

의 도입 경위와 성격, 관련된 과세실무 관행과 그 합리성, 수익비용대응 등 일반적인 회계원칙과의 관계, 과세소득의 자의적 조작 가능성, 연관된 세법 규정의 내용과 체계 등을 종합적으로 고려하여, 내국법인의 각 사업연도 소득금액 계산에 적용될 수 있는 '기업회계의 기준이나 관행'에 해당하는지를 판단하여야 한다고 판시한다.[670] 이를 '법원이 최종적으로 경제적 실질의 관점에 따라 관련 기업회계기준 또는 관행의 목적 또는 취지 등을 감안하여 기업회계기준상 문언을 세법 독자적 입장에 따라 해석하여야 한다는 원칙'에 대하여 판시한 것으로 이해하는 것이 타당하다.

이하 손익 귀속사업연도에 관한 구체적인 규정의 내용에 대하여 살핀다.

2. 자산의 판매손익 등의 귀속사업연도

자산의 양도 등으로 인한 익금 및 손금의 귀속사업연도는 다음 각 호의 날이 속하는 사업연도로 한다(법세령 §68 ①). 법인이 **매출할인**을 하는 경우 그 매출할인금액은 상대방과의 약정에 의한 지급기일(그 지급기일이 정하여 있지 아니한 경우에는 지급한 날)이 속하는 사업연도의 **매출액에서 차감**한다(법세령 §68 ⑤). **판례**는 법인세법이나 관련 법령에서 특정한 후발적 사유의 발생으로 말미암아 실현되지 아니한 소득금액을 그 후발적 사유가 발생한 사업연도의 소득금액에 대한 차감사유 등으로 별도로 규정하고 있거나, **경상적·반복적으로 발생하는 매출에누리**나 **매출환입**과 같은 후발적 사유에 대하여 납세의무자가 기업회계의 기준이나 관행에 따라 그러한 사유가 발생한 사업연도의 소득금액을 차감하는 방식으로 법인세를 신고해 왔다는 등의 특별한 사정이 있는 경우에는, 그러한 후발적 사유의 발생은 당초 성립하였던 납세의무에 영향을 미칠 수 없고 그 후발적 사유에는 사업상의 정당한 사유로 당초의 매매대금이나 용역대금을 감액한 경우도 포함된다고 봄이 타당하므로, 특별한 사정이 없는 한 그 감액분을 당초의 매매대금이나 용역대금에 대한 권리가 확정된 사업연도의 소득금액에 포함하여 법인세를 과세할 수는 없다고 판시한다.[671] 즉 **매출환입** 또는 **매출에누리**의 경우 각 반품일 또는 에누리 금액이 확정된 날이 속하는 사업연도의 매출액에서 차감하는 '기업회계의 기준이나 관행' 또는 '거래당사자들 사이에 지급기일에 관한 약정'이 있으면 각 이에 따라 처리하는 것이 타당하다. 지급기일 약정역시 거래당사자들 사이에서 적용되는 관행에 준하는 것으로 볼 수 있기 때문이다. **포인트** 또는 **마일리지** 역시 동일한 맥락에서 귀속사업연도를 판정하는 것이 타당하다.

---

670) 대법원 2017.12.22. 2014두44847.
671) 대법원 2013.12.26. 2011두1245.

1. **상품 등**[상품(부동산을 제외)·제품 또는 기타의 생산품]의 판매 : 그 상품 등을 **인도한 날**. 부동산은 재고자산에 해당하더라도 상품 등에서 제외되고, 부동산 관련 건설·제조 기타 용역(도급공사 및 예약매출을 포함)의 제공에는 용역 등의 귀속사업연도에 관한 규정(법세령 §69)이 적용된다. 거래당사자들 사이에 해당 자산에 대한 소유권 등 **법적 또는 경제적 효익 및 그에 대한 위험이 이전된 것으로 볼 수 있으면 '인도'에 해당**하는 것으로 보아야 하고 이를 '현실적 인도'(민법 §188 ①)에 국한할 것은 아니다. 이러한 맥락에서 '양수인이 이미 그 동산을 점유한 때에는 당사자의 의사표시만으로 그 효력이 생기는 **간이인도**'(민법 §188 ②), '동산에 관한 물권을 양도하는 경우에 당사자의 계약으로 양도인이 그 동산의 점유를 계속하는 때에는 양수인이 인도받은 것으로 보는 **점유개정**'(민법 §189) 및 '제삼자가 점유하고 있는 동산에 관한 물권을 양도하는 경우에는 양도인이 그 제삼자에 대한 반환청구권을 양수인에게 양도함으로써 동산을 인도한 것으로 보는 **목적물반환청구권의 양도**'(민법 §190) 역시 인도에 해당한다. 따라서 재화의 현실적 인도가 구매자의 요청에 따라 지연되고 있으나, 구매자가 소유권을 가지며 대금청구를 수락하는 판매를 의미하는 '**미인도청구 판매**'(bill and hold sales)[672] 역시 인도에 해당할 수 있다. '**상품권을 판매한 날**'은 상품 등을 인도한 날에 해당하지 않는다. 상품 등의 인도에 해당하는 경제적 실질이 없을 뿐만 아니라 그 판매 시는 당사자들의 의사에 의하여 조작될 여지 및 향후 미회수의 여지가 있기 때문이다. 상품 등의 판매 또는 양도에 있어서 **법률 또는 계약조건에 따라 반품 또는 교환할 수 있는 경우를 모두 시용판매의 약정이 있는 것으로 볼 수는 없다**. 판매 또는 양도가 완료된 이후에 해당 자산을 반품하거나 교환할 수 있는 경우와 판매 또는 양도 자체가 구매의 의사표시에 의하여 체결되는 경우는 구별하여야 하기 때문이다. 전자의 경우에는 해당 상품의 인도일이 속하는 사업연도를 그 귀속사업연도로 보아야 한다. 인도한 날 대금을 지급하였는지 여부가 두 경우를 구별하는 중요한 기준으로 기능할 것으로 본다. **상품 등을 잠정가액에 따라 인도한 이후 그 대금을 사후정산하는 경우에도 그 인도한 날을 기준으로 귀속사업연도를 결정하여야** 하고 사후정산금은 그 확정되는 날이 속하는 사업연도의 익금 또는 손금에 산입하여야 한다. 사후정산금 약정과 대금지급 약정을 합하여 하나의 약정으로 본다면 상품 등을 인도한 날 당시 계약 전체에 대한 익금이 확정되지 않은 것으로 보아야 하는 문제점이 있으므로 이를 별개의 약정으로 보는 것이 타당하다는 점, 상품 등을 인도한 날 당시 익금이 확정되지 않는 부분은 사후정산금 약정에 기한 부분으로 한정된다는 점 및 사후 확정된 대금과 당초의 잠정대금이 상계할 수 있다는 사정만으로 이를 동일하게 평가할 수는 없다는 점을 감안하여야 하기 때문이다. 한편 **상품 등을 인도한 날을 판정함에 있어서 다음 각 호의 경우에는 당해 호에 규정된 날로** 한다(법세칙 §33 ①).

---

672) 일반기업회계기준 제16장 적용사례 1.
673) 대법원 2011.7.28. 2008두5650.
674) 대법원 1991.11.22. 91누1691.

1. 납품계약 또는 수탁가공계약에 의하여 물품을 납품하거나 가공하는 경우에는 당해 물품을 계약상 인도하여야 할 장소에 보관한 날. 다만, 계약에 따라 검사를 거쳐 인수 및 인도가 확정되는 물품의 경우에는 당해 검사가 완료된 날로 한다.
2. 물품을 수출하는 경우에는 수출물품을 '계약상 인도하여야 할 장소에 보관한 날'. 이 경우 '계약상 인도하여야 할 장소에 보관한 날'은 **수출계약 상 해당 물품에 대한 소유권 및 위험부담이 이전될 날**'을 의미하는 것으로 보아야 한다. 수출계약의 인도조건은 매우 다양하므로 각 계약의 내용을 면밀하게 살펴야 한다.

2. **상품 등의 시용판매** : 상대방이 그 상품 등에 대한 **구입의 의사를 표시한 날**. 다만, 일정기간 내에 반송하거나 거절의 의사를 표시하지 아니하면 특약 등에 의하여 그 판매가 확정되는 경우에는 그 **기간의 만료일**로 한다.

3. **상품 등 외의 자산의 양도** : 그 **대금을 청산한 날**(한국은행법에 따른 **한국은행**이 취득하여 보유 중인 외화증권 등 외화표시자산을 양도하고 외화로 받은 **외화대금**으로서 원화로 **전환하지 아니한 그 취득원금**에 상당하는 금액의 **환율변동분**은 한국은행이 정하는 방식에 따라 해당 외화대금을 매각하여 원화로 전환한 날). **상품 등 외의 자산에 영업권 또는 무형자산 등 역시 포함되는 것은 당연하다.** 대금청산일은 '대금의 청산 당시 해당 상품 등 외의 자산 양도계약이 거래당사자들 사이에 유효하거나 해당 거래당사자들 사이에 그 계약의 유지와 관련하여 법률상 또는 경제적 청구권이 존재한다는 점' 및 '해당 계약에 부합하는 상품 등이 실재한다는 점'을 전제로 한다. 이상의 각 점에 전제되지 않으면 익금 자체가 발생한 것으로 볼 수 없기 때문이다. 또한 대금청산일에는 **현실적으로 금원이 지급된 날뿐만 아니라 관련 법령 등에 의하여 이와 동일하게 취급된 날 역시 포함**된 것으로 보는 것이 타당하다. **자산의 교환으로 취득하는 자산의 취득시기는** 특별한 사정이 없는 한 자산에 대한 실질적인 처분권을 취득한 때로 보아야 한다.[673] **다만,** 대금을 청산하기 전에 소유권 등의 이전등기(등록을 포함)를 하거나 당해 자산을 인도하거나 상대방이 당해 자산을 사용수익하는 경우에는 그 **이전등기일(등록일을 포함) · 인도일 또는 사용수익일 중 빠른 날**로 한다. 사용수익일 역시 경제적 실질의 관점에 따라 판단하여야 하므로, 이는 현실적 사용수익에 국한되지는 않는다. **상속, 공용징수, 판결, 경매 기타 법률의 규정에 의한 부동산에 관한 물권의 취득은 등기를 요하지 아니하는바**(민법 §187 본문), **이 경우에도 소유권이전등기일을 기준으로 귀속사업연도를 판정하여야 하는가?** 법률의 규정 등에 의한 부동산에 관한 물권의 취득 역시 세법 상 양도로 보아야 하는 경우가 있다. 판례는 소유권이전등기일을 기준으로 귀속시기를 정하는 법인세법 규정은 소득의 귀속시기를 획일적으로 정하기 위한 의제규정이라 할 것이므로, 법률행위에 의한 이전이거나 법률의 규정에 의한 이전인지 여부를 불문하고 위 규정의 문언 그대로 소유권이전등기일을 그 소득의 귀속시기로 보아야 한다고 판시한다.[674] 그러나 이 판례의 입장은 소유권이전등기일(등록일을 포함) · 인도일 또는 사용수익일 중 빠른 날을 기준으로 귀속사업연도를 정하는 것에는 거래당사자들의 의사에 의하여 각 기준을 조작하여 귀속사업연도를 선택하는 것을 방지하기 위한 취지가 반영되어 있으나 법령에 의하여 소유권이 이전되는 경우에는

그 소유권의 이전과 관련하여서는 남용의 여지가 없다는 점 및 법령에 의한 소유권이전의 경우에는 그 취득에 등기를 요하지는 않지만 처분에 있어서는 등기를 요하므로(민법 §187 단서) 법령에 의한 소유권의 이전에 있어서 그 소유권이전등기일을 기준으로 한다는 것은 그 취득시점의 귀속사업연도를 정하는 것과 무관하다는 점에 비추어 타당하지 않다. 소유권이전등기일은 법적으로 그 소유권이 이전되는 시점을 의미한다면, **목적론적으로 해석하여 소유권이전등기일에 '법령에 의한 소유권이전일' 역시 내포되는 것으로 해석하는 것이 타당하다.**

작업진행률을 적용할 수 있는 예외가 있다. 프로젝트금융투자회사(조특 §104의31)가 택지개발촉진법에 따른 택지개발사업 등 **법정 토지개발사업**(도시개발법에 따른 도시개발사업, 산업입지 및 개발에 관한 법률에 따른 산업단지개발사업, 택지개발촉진법에 따른 택지개발사업, 혁신도시 조성 및 발전에 관한 특별법에 따른 혁신도시개발사업)(법세칙 §33 ②)을 하는 경우로서 해당 사업을 완료하기 전에 그 사업의 대상이 되는 토지의 일부를 양도하는 경우에는 그 양도 대금을 해당 사업의 작업진행률(법세령 §69 ① 각 호 외의 부분 본문)에 따라 각 사업연도의 익금에 산입할 수 있다(법세령 §68 ⑦).

4. **자산의 위탁매매 : 수탁자가 그 위탁자산을 매매한 날.** 자산의 위탁판매에 해당하는지 여부는 경제적 실질에 따라 판정하여야 하고, 당사자들 사이의 계약형식에 따라 좌우될 것은 아니다.

5. **법정 증권시장**(자본시장 §8의2 ④ 1호)**에서 증권시장업무규정**(자본시장 §393 ①)**에 따라 보통거래방식으로 한 유가증권의 매매 : 매매계약을 체결한 날**

법인이 장기할부조건으로 자산을 판매하거나 양도한 경우로서 판매 또는 양도한 자산의 인도일['상품 등 외의 자산'(법세령 §68 ① 3호)의 경우에는 '이전등기일(등록일을 포함)·인도일 또는 사용수익일 중 빠른 날'(법세령 §68 ① 3호 단서)]이 속하는 **사업연도의 결산을 확정함에** 있어서 해당 사업연도에 **회수하였거나 회수할 금액과 이에 대응하는 비용을 각각 수익과 비용으로 계상한 경우에는** 해당 규정들(법세령 §68 ① 1호, 3호)에도 불구하고 그 **장기할부조건에 따라 각 사업연도에 회수하였거나 회수할 금액과 이에 대응하는 비용을 각각 해당 사업연도의 익금과 손금에 산입한다**(법세령 §68 ② 본문). 다만, **중소기업인 법인이 장기할부조건으로 자산을** 판매하거나 양도한 경우에는 '**해당 사업연도의 결산 상 회계처리와 무관하게**' 그 장기할부조건에 따라 각 **사업연도에 회수하였거나 회수할 금액과 이에 대응하는 비용을 각각 해당 사업연도의 익금과 손금에 산입할 수 있다**(법세령 §68 ② 단서). 이를 통상 '**회수기일 도래기준**'이라고 하며, 이는 법인의 현금 유동성을 고려한 것이다.

'**인도일 이전에 회수하였거나 회수할 금액**'은 인도일에 회수한 것으로 본다(법세령 §68 ③). '장기할부조건에 따라 자산을 판매 또는 양도하는 경우'에는 해당 자산을 먼저 인도한 후 그 대금을 장기에 걸쳐 회수하게 되는바, 만약 구체적인 계약조건 등에 따라 그 인도일 이전에 회수하였거나 회수할 금액이 있더라도 그 인도일 이전에 익금에 산입하지 않도록 인도일에 회수한 것으로 의제하는 것이다. 즉 '**인도일 이전에 인식한 선수금**'을 그 인도일에 회수한 것으로 의제한다. 또한 '**법인이 장기할부기간 중에 폐업한 경우**'에는 그 폐업일 현재 익금에 산입하지 아니한 금액과 이에 대응하는 비용을 폐업일이 속하는 사업연도의 익금과 손금에 각각 산입한다(법세령 §68 ③).

'**장기할부조건**'은 자산의 판매 또는 양도(국외거래에 있어서는 '소유권이전 조건부 약정에 의한 자산의 임대'를 포함)로서 판매금액 또는 수입금액을 월부·연부 기타의 지불방법에 따라 2회 이상으로 분할하여 수입하는 것 중 당해 목적물의 인도일의 다음 날부터 최종의 할부금의 지급기일까지의 기간이 1년 이상인 것을 말한다(법세령 §68 ④). '**자산의 판매 또는 양도**'**에 해당하는지 여부는 해당 거래의 형식이 아니라 그 경제적 실질에 의하여 판단하여야** 한다. 따라서 '국외거래에 있어서는 소유권이전 조건부 약정에 의한 자산의 임대'를 포함한다는 규정은 예시적인 것으로 보아야 한다. 판례 역시 국적취득조건부 용선계약이란 용선계약의 형식을 취하고는 있으나 실질적으로는 선박의 매매로서 그 선박의 매매대금을 일정 기간 동안 분할하여 지급하되 그 기간 동안 매수인이 선박을 사용할 수 있는 것으로서 선박수입의 특수한 형태이므로, 할부금의 지급방법이 2회 이상으로 분할되어 최종지급기일까지의 기간이 1년 이상인 국적취득조건부 용선계약은 장기할부조건부 매매와 동일하게 취급하여야 한다고 판시한다.[675] '**인도하였는지 여부**'와 관련하여서는 '목적물의 인도일'의 경우와 상품 등 인도일의 경우와 동일하게 해석하는 것이 타당하므로, 거래당사자들 사이에 해당 자산에 대한 소유권 등 법적 또는 경제적 효익 및 그에 대한 위험이 이전된 것으로 볼 수 있으면 인도에 해당하는 것으로 보아야 하고 이를 '현실적 인도'에 국한할 것은 아니다. 그러나 **인도약정일을 인도일로 볼 수는 없다.** 그 약정만으로 소유권 등 법적 또는 경제적 효익 및 그에 대한 위험이 이전된 것으로 볼 수 없기 때문이다. **장기할부조건을 충족하였는지 여부는 해당 계약의 체결시점을 기준으로 판정하는 것이 타당하다.** 거래당사자들 사이의 계약체결 이후의 사정에 의하여 귀속사업연도을 변경하도록 하는 것은 법인세법, 조세특례제한법 및 기업회계기준 등에 의하여 귀속사업연도를 정하는 것과 모순되기 때문이다. 계약이 변경되었다면 그 변경시점을 기준으로 장기할부조건을 충족하였는지 여부를 판정하여야 한다.

'**장기할부조건 등에 의하여 자산을 판매하거나 양도함으로써 발생한 채권**'에 대하여 기업회계

---

675) 대법원 2009.1.30. 2006두18270.

기준이 정하는 바에 따라 현재가치로 평가하여 **현재가치할인차금을 계상한 경우** 해당 현재가치 할인차금 상당액은 '**해당 채권의 회수기간 동안 기업회계기준이 정하는 바에 따라 환입하였거나 환입할 금액**'을 각 사업연도의 **익금에 산입한다**(법세령 §68 ⑥). 이를 통상 '**현재가치 인도기준**'이라고 한다. '장기할부조건 등'이라는 문언이 의미하는 바는 무엇인가? 이 쟁점은 '장기할부조건'이라는 문언 대신 '장기할부조건 등'이라는 문언을 사용한 이유가 무엇인지 여부에 대한 것이다. '**자산을 판매하거나 양도함으로써 발생한 채권**'으로서 기업회계기준이 정하는 바에 현재가치로 **평가하여 현재가치할인차금을 계상할 수 있는 경우를 포함한다는** 의미로 해석하는 것이 타당하다. 이러한 해석은 법인세법이 '장기할부조건'으로 한정하지 않고 '등'이라는 문언을 추가하여 유추적용할 수 있는 여지를 두고 있는 경우 역시 법인세법 상 규정이 없는 경우로 볼 수 있는 여지가 있다는 점, 법인세법 등에 규정이 없으면 기업회계기준에 따라 귀속사업연도를 정하여야 한다는 점 및 장기할부조건 '등'에 해당하는 경우에도 기업회계기준이 정하는 바에 현재가치로 평가하여 현재가치할인차금을 계상할 수 있어야 한다는 점에 기반한 것이다. 따라서 기업회계기준에 따라 **장기임차보증금을** 현재가치로 할인하여 계상하는 경우는 이에 포함될 수 없다.

　장기할부조건으로 판매 또는 양도된 자산을 '**취득한 법인**'이 그 장기할부 '**채무**'에 대하여 기업회계기준이 정하는 바에 따라 현재가치로 평가하여 **현재가치할인차금으로 계상하였다면**, 그 현재가치할인차금 상당액은 해당 자산의 취득가액에 포함되지 않는다(법세령 §72 ④ 1호).

3. 용역제공 등에 의한 손익의 귀속사업연도

　건설 등(건설·제조 기타 용역 ; 도급공사 및 예약매출을 포함)**의 제공**으로 인한 익금과 **손금은 그 목적물의 건설 등의 착수일이 속하는 사업연도부터 그 목적물의 인도일**(용역제공의 경우에는 그 제공을 완료한 날)**이 속하는 사업연도까지 법정 작업진행률**(목적물의 건설 등을 완료한 정도)(법세칙 §34)**를 기준으로 하여** 계산한 수익과 비용을 각각 **해당 사업연도의 익금과 손금에 산입한다**(법세령 §69 ① 본문). 아파트분양사업자가 장기간에 걸쳐 아파트를 건설하여 분양하는 것은 기업회계 상 예약매출에 해당한다.[676] 목적물의 완공 이전에 판매 또는 양도계약이 체결된 경우에는 예약매출로 볼 수 있으나, 목적물이 완성된 이후에 판매 또는 양도계약이 체결된다면 이는 자산의 판매 또는 양도로 보아야 한다. 이는 각 판매 또는 양도계약별로

---

676) 대법원 1992.10.23. 92누2936, 2943.

판정되는 것이 타당하다. **일반적인 장기용역계약**의 경우에도 위 규정이 적용되나, 중간지급 조건부 용역공급의 경우 원칙적으로 당사자 사이의 약정에 의하여 대가의 각 부분을 분할지급받기로 한 때에 익금의 귀속시기가 도래한 것으로 볼 수 있다.[677] '**목적물의 인도일**'은 '**해당 계약의 취지에 부합되는 상태로 완성된 목적물의 인도일**'로 보아야 한다. 용역제공의 경우에는 그 제공을 완료한 날을 목적물의 인도일로 본다는 규정 역시 이러한 취지를 담고 있다. 익금 또는 손금의 확정은 익금 또는 손금의 발생을 전제로 하고 그 확정시점이 도래하였다고 하였다고 하더라도 이를 이유로 사후적으로 발생하는 익금 또는 손금의 발생액을 부인할 수는 없으므로, 해당 계약의 취지에 부합하는 목적물이 완성되기 이전에 그 목적물이 물리적으로 인도되었다는 사정만으로 해당 목적물과 관련하여 발생하는 익금 또는 손금의 인식을 부인할 수는 없기 때문이다. '**작업진행률을 적용하는 건설 등 계약**'의 단위 설정 및 그 분리가능 여부는 경제적 실질의 관점에서 동일성을 갖는 하나의 공사인지 여부 또는 투입되는 공사원가가 별도로 구분되는지 여부 등 요소에 따라 설정되어야 한다.

부가가치세의 경우에는 할부 또는 조건부로 용역을 공급하는 경우 등의 용역의 공급시기를 원칙적으로 대가의 각 부분을 받기로 한 때로 보나, 역무의 제공이 완료되는 날 이후 받기로 한 대가의 부분에 대해서는 역무의 제공이 완료되는 날을 그 용역의 공급시기로 본다(부가세령 §29 ①).

작업진행률에 의한 익금 또는 손금이 공사계약의 해약으로 인하여 확정된 금액과 차액이 발생된 경우에는 그 차액을 **해약일이 속하는 사업연도의 익금 또는 손금에 산입**한다(법세령 §69 ③). 따라서 해당 차액을 당초 작업진행률에 의하여 인식한 사업연도의 익금 또는 손금에 반영할 수는 없다. 이는 **2012년 2월 2일 신설되어 2012년 1월 1일 개시한 사업연도부터 적용된다** 이 규정에는 거래당사자들 사이의 합의해제 역시 계속적 또는 경상적으로 이루어지는 사업 또는 경영활동의 일환에 해당한다는 점을 감안하여 그 손익을 해제일이 속하는 사업연도에 산입하는 것을 허용하는 취지가 반영된 것으로 본다. 따라서 '**공사계약의 해약**'에 있어서 '**해약**'은 합의해제를 의미하는 것으로 본다. 거래당사자의 귀책사유에 기하여 해제권 또는 취소권을 행사하는 경우를 거래당사자들 사이의 계속적 또는 경상적으로 이루어지는 사업 또는 경영활동으로 볼 수는 없기 때문이다. 즉 이 규정은 사업 또는 경영 상 필요에 의하여 해당 계약을 합의해제하는 경우에도 부득이한 사유가 있는지 여부와 무관하게 그 해제일이 속하는 사업연도의 익금 또는 손금에 산입할 수 있도록 허용하는 것이므로, **부득이한 사유로**

---

677) 대법원 2015.8.19. 2015두1588; 대법원 2023.12.21. 2023두50912.

인하여 합의해제된 경우에 한하여 후발적 경정청구를 허용하는 규정(국기령 §25의2 2호)에 대한 특례에 해당한다.[678] 따라서 작업진행률에 의하여 익금 또는 손금을 인식하는 공사계약이 해제된 경우에는 부득이한 사유에 의하여 해당 계약이 합의해제된 경우에도 그 해제일이 속하는 사업연도의 익금 또는 손금에 산입하여야 한다. 다만 '작업진행률에 의하여 익금 또는 손금을 인식하는 공사계약이 합의해제된 경우가 아닌 경우'에 대하여서는 국세기본법 상 후발적 경정청구에 관한 규정(국기 §45의2 ② : 국기령 §25의2)이 적용되어야 한다. 한편 '작업진행률의 계산과 무관한 금원에 대한 익금 또는 손금의 인식 여부' 또는 '공사대금 자체에 대한 다툼으로 인하여 소송이 계속중인 대금에 대한 익금 인식 여부'는 익금 또는 손금의 확정 여부에 관한 일반원칙에 따라 그 인식 여부를 결정하여야 한다.

'법정 작업진행률'은 다음 각 호의 구분에 따른 비율을 의미한다(법세칙 §34 ①).

---

1. 건설의 경우 : 법정 계산식[작업진행률＝(**해당 사업연도말까지 발생한 총공사비누적액/총공사예정비**)]을 적용하여 계산한 비율. '당해 사업연도 말까지 발생한 총공사비 누적액'에 포함되어야 하는 공사비는 도급계약에 따라 지급의무가 확정된 공사비가 아니라 '**수급인의 실제 공사 진행 정도에 따라 그 법인에 사실상 지급의무가 발생한 공사비**(＝**도급금액 × 수급인의 작업진행률**)'를 의미한다.[679] 다만, 건설의 수익실현이 작업시간 등(건설의 작업시간·작업일수 또는 기성공사의 면적이나 물량 등)과 비례관계가 있고, 전체 작업시간 등에서 이미 투입되었거나 완성된 부분이 차지하는 비율을 객관적으로 산정할 수 있는 건설의 경우에는 그 비율로 할 수 있다. **총공사예정비**는 '기업회계기준'을 적용하여 계약 당시에 추정한 공사원가에 해당 사업연도말까지의 변동상황을 반영하여 합리적으로 추정한 공사원가로 한다(법세칙 §34 ②). **해당 사업연도말까지의 변동상황**을 반영하여 산정한 공사원가를 기업회계기준에 따라 결정하여야 하므로, 한국채택기업회계기준의 적용으로 인하여 발생한 손익의 반영 여부 및 그 반영방법 역시 기업회계기준에 따라 결정하는 것이 타당하다.
2. 제1호 외의 경우 : 제1호를 준용하여 계산한 비율

작업진행률에 따라 해당 사업연도의 익금과 손금에 산입할 금액의 계산은 다음 각 호의 산식에 의한다(법세칙 §34 ③).

---

678) 대법원 2013.12.26. 2011두1245.
679) 대법원 2014.2.27. 2011두13842.

1. **익금** : (계약금액 × 작업진행률) - 직전 사업연도말까지 익금에 산입한 금액
2. **손금** : 당해 사업연도에 발생된 총비용. 총공사예정비를 기업회계기준에 따른 공사원가로 산정하므로, **당해 사업연도에 발생된 비용** 중 작업진행률의 계산에 포함되는지 여부 역시 기업회계기준에 따라 판정하는 것이 타당하다.

다만, **다음 각 호의 어느 하나에 해당하는 경우에는 그 목적물의 인도일이 속하는 사업연도의 익금과 손금에 산입할 수** 있다(법세령 §69 ① 단서).

1. 중소기업인 법인이 수행하는 계약기간이 1년 미만인 건설 등의 경우. 1년 미만의 용역매출에 대하여서는 법인세법 상 작업진행률 기준을 적용할 실익이 적으나, 기업회계기준의 적용에 있어서는 용역매출이나 예약매출의 수익 인식에 있어서 장단기 구분 없이 진행기준을 적용하는 경우가 있다. 이는 이상의 경우 법인세법이 그 결산서 상 회계처리와 무관하게 인도일 기준을 수용하는 것을 허용하는 규정이다.
2. 기업회계기준에 따라 그 목적물의 인도일이 속하는 사업연도의 수익과 비용으로 계상한 경우. 이는 용역매출의 경우에도 기업회계기준에 따라 인도일 기준으로 사업연도의 수익과 비용을 계상할 수 있다면 이를 수용하는 것을 허용하는 규정이다.

또한 **법정 작업진행률에 따라 익금과 손금을 인식하는 경우에도 다음 경우에는 그 목적물의 인도일이 속하는 사업연도의 익금과 손금에 각각 산입**한다(법세령 §69 ②). 즉 이 경우에는 목적물의 인도일이 속하는 사업연도의 익금과 손금에 각 산입하는 외 다른 선택을 할 수 없다.

작업진행률을 계산할 수 없다고 인정되는 법정 사유(법인이 비치·기장한 장부가 없거나 비치·기장한 장부의 내용이 충분하지 아니하여 당해 사업연도 종료일까지 실제로 소요된 총공사비누적액 또는 작업시간 등을 확인할 수 없는 경우)(법세칙 §34 ④)가 발생한 경우 **2023년 1월 시행령 개정 이전에는 다음의 경우에도 목적물의 인도일이 속하는 사업연도의 익금과 손금에 산입하여야** 했다. 지급배당금 소득공제(dividend-paid deduction ; DPD) 규정이 적용되는 법인(법세 §51의2 ① 각 호) 또는 위 지급배당금 소득공제 규정이 적용되는 프로젝트금융투자회사인 법인(조특 §104의31 ①)으로서 **한국채택국제회계기준을 적용하는 법인**이 수행하는 **예약매출**의 경우. 지급배당금 소득공제 제도는 배당가능이익의 100분의 90 이상을 배당한 경우에 적용되고 그 배당가능이익은 기업회계기준에 따라 작성한 재무제표 상의 법인세비용 차감 후 당기순이익을 기준으로 산정된다(법세령 §86의3 ① ; 조특령 §104의28

①). 법인세법이 이를 감안하여 기업회계기준을 수용하는 방식으로 지급배당금 소득공제 제도의 적용과 관련된 세무조정 사항이 불필요하게 발생하는 것을 방지하고 있다.

'법인이 건설 등 작업의 진행 중에 폐업하거나 해당 건설 등 계약을 양도한 경우'에는, 장기할부조건에 의한 자산의 판매손익에 관한 해당 규정(법세령 §68 ③)'을 준용하여, 그 폐업일 또는 양도일 현재 익금에 산입하지 아니한 금액과 이에 대응하는 비용을 해당일이 속하는 사업연도의 익금과 손금에 각각 산입하는 것이 타당하다. 이와 유사한 맥락에서, 판례 역시 중간지급 조건부 용역 공급의 경우 분할지급시기가 도래하기 전에 지급유예의 합의를 한 이후 계약이 중도에 해지되어 장래를 향하여 효력을 잃게 되어도 계약에 의한 용역제공이 완료되고 원칙적으로 이미 공급한 용역에 관한 대가를 지급받을 권리는 확정되므로 그 해지 시까지 이미 공급한 부분에 관한 용역의 공급시기와 익금의 귀속시기는 계약 해지 시에 도래한다고 판시한다.[680]

4. 이자소득 등의 귀속사업연도

4.1. 이자소득의 귀속사업연도

이자 등의 익금과 손금의 귀속사업연도는 다음 각 호의 구분에 따른다(법세령 §70 ①).

1. 법인이 수입하는 이자 및 할인액 : 소득세법 상 이자소득의 수입시기(소세령 §45)에 해당하는 날(한국표준산업분류상 금융보험업을 영위하는 법인의 경우에는 실제로 수입된 날로 하되, 선수입이자 및 할인액은 제외)이 속하는 사업연도. 이는 거주자와 내국법인의 경우를 그 수입시기와 귀속사업연도를 동일하게 규율하기 위한 것이다. 즉 법인의 수입이자와 관련된 소득세법 상 수입시기는 '실제 지급하거나 지급한 것으로 의제되는 날' 또는 '약정에 의한 지급일'을 의미하는바, 법인세법은 거주자의 경우와 동일하게 수입이자의 귀속사업연도를 결정한다. 금융보험업을 영위하는 법인이 수령하는 수입이자는 사업소득에 해당하고, 소득세법 상 사업소득에 해당하는 '한국표준산업분류 상의 금융보험업에서 발생하는 이자 및 할인액'의 수입시기는 '실제로 수입된 날'이다(소세령 §48 10호의3). 따라서 금융보험업을 영위하는 법인의 경우에는 '실제로 수입된 날'을 기준으로 귀속사업연도를 정한다. 선수입이자 및 할인액은 익금의 발생요건을 충족하지 못하였으므로 과세대상에서 제외한다. 은행 등 금융기관이 수입하는 이자의 귀속사업연도에 관하여 그 이자가 실제로 수입된 사업연도로 한다고 규정하고 있는 것은 은행과 같은 금융기관의 경우 다수의 고객을

---

680) 대법원 2015.8.19. 2015두1588.

상대로 신용공여 및 자금거래를 계속적으로 반복수행하고, 그 상품이 현금이라는 특성을 가지고 있다는 점과 아울러 금융기관의 보수주의적 회계관행을 존중한다는 취지에서 현금주의에 입각하여 익금으로 산입하도록 한 것이고, 금융기관이 금전대여와 관련하여 채무자의 이행지체로 인하여 받게 되는 지연손해금은 이자와는 법률적인 성질을 달리하지만 대여금채권의 존재를 전제로 하여 사실상 발생하는 것으로서 일정한 비율에 의하여 지급하도록 되어 있는 금전이고 변제기 후에도 채무자가 원본을 그대로 사용하는 것은 마찬가지라는 점에서 그 대가적 성질을 가지고 있다고 볼 수 있어 **실질적으로는 당초의 약정이자나 연체이자와 유사한 성질을 가지고 있으므로, 그 익금의 귀속시기는 이자의 경우와 같이 현금주의에 의하여 실제로 수입한 때가 속하는 사업연도로 봄이 상당하다.**[681] 다만, **법인이 결산을 확정할 때 이미 경과한 기간에 대응하는 이자 및 할인액**(원천징수되는 이자 및 할인액(법세 §73, §73의2)은 제외)**을 해당 사업연도의 수익으로 계상한 경우에는 그 계상한 사업연도의 익금으로 한다.** 이 규정은 소득세법과 기업회계기준의 각 수입시기가 서로 다른 경우 법인이 결산을 확정할 때 기업회계기준에 따라 기간경과분 미수이자를 계상하는 회계처리를 하였다면 이를 수용하기 위한 것이다. 그러나 **원천징수되는 법인의 수입이자에 대하여서는 기간경과분 미수이자를 계상한다고 할지라도 이를 익금에 산입하지 않고, 소득세법 상 수입시기**(금융보험업의 경우에는 실제 수입한 날)**을 기준으로 귀속사업연도를 정한다.** 법인이 기업회계기준 상 발생주의 회계를 적용하여 기간경과분 미수이자를 익금으로 계상하고 이에 대하여 법인세를 납부하였다면 해당 미수이자에 대하여서는 그 실제 지급시점에 원천징수할 수 없다. 그러나 법인이 그 기간경과분 미수이자를 계상하지 않았다면 원천징수의무자는 실제 지급시점에 그 전액에 대하여 원천징수하여야 한다. 그런데 원천징수의무자가 원천납세의무자인 법인의 기간경과분 미수이자 계상 여부를 확인하여 원천징수업무를 수행하는 것은 현실적으로 매우 어렵다. 따라서 원천징수되는 법인의 수입이자에 대하여서는 법인이 기업회계기준에 따라 결산을 확정할 때 기간경과분 미수이자를 계상하였다고 할지라도 이를 무시하고 익금에 산입하지 않는 것이다.[682] 이 경우 법인이 계상한 기간경과분 미수이자에 대하여서는 익금불산입(△유보)로 세무조정을 한다.

또한 **금융회사의 수입이자에 대하여서는 원칙적으로** '법정 금융기관에 대한 법정 소득'(법세 §73 ① : 법세령 §111 ①)에 대하여서는 원천징수하지 않고, 그 밖의 금융회사의 수입이자에 대하여서는 원천징수한다. 다만 **예외적으로** 채권 등의 보유기간이자상당액에 대하여 원천징수하는 **원천징수대상채권의 이자 등의 경우에는** '자본시장과 금융투자업에 관한 법률에 따른 투자회사 및 자본확충목적회사(조특 §104의3 ① : 법세령 §111 ① 16호)'가 **아닌 법인에 지급하는 경우에는 원천징수한다**(법세령 §111 ①). 즉 원천징수대상채권의 이자 등의 경우에는 이를 '자본시장과 금융투자업에 관한 법률에 따른 투자회사 및 자본확충목적회사(조특 §104의3 ① : 법세령 §111 ① 16호)에게 지급하는 경우에만 원천징수하지 않는다.

2. **법인이 지급하는 이자 및 할인액 : 소득세법 상 이자소득의 수입시기**(소세령 §45)**에 해당하는 날이 속하는 사업연도.** 이는 거주자가 이자를 지급하는 경우와 내국법인이 이자를 지급하는 경우를 동일하게 규율하기 위한 것이다. 금융보험업을 영위하는 법인이 지급하는 이자는

손금에 해당하고 거주자 사업소득의 관점에서는 필요경비에 해당한다. 소득세법은 필요경비의 귀속연도는 그 확정된 날이 속하는 과세기간으로 하고(소세 §39 ①), 거주자가 각 과세기간의 소득금액을 계산할 때 총수입금액 및 필요경비의 귀속연도에 대하여 일반적으로 공정·타당하다고 인정되는 기업회계의 기준을 적용하거나 관행을 계속 적용하여 온 경우에는 소득세법 및 조세특례제한법에서 달리 규정하고 있는 경우 외에는 그 기업회계의 기준 또는 관행에 따른다(소세 §39 ⑤)고 규정한다. 그런데 소득세법에는 수입이자의 경우와 달리 사업소득에 대한 필요경비에 해당하는 지급이자의 귀속연도에 관한 규정은 없으므로, 필요경비에 해당하는 지급이자의 귀속연도는 기업회계의 기준 또는 관행에 따라 결정되어야 한다. 따라서 법인세법은 금융보험업을 영위하는 법인의 지급이자에 대한 귀속사업연도를 소득세법 상 귀속연도와 동일하게 규율하면서도 수입이자의 경우와 달리 실제로 지급한 날을 기준으로 한다는 규정을 두지 않는다.

다만, **결산을 확정할 때 이미 경과한 기간에 대응하는 이자 및 할인액**(차입일부터 이자지급일이 1년을 초과하는 **특수관계인과의 거래에 따른 이자 및 할인액은 제외**)**을 해당 사업연도의 손비로 계상한 경우에는 그 계상한 사업연도의 손금으로 한다.** 이 규정은 소득세법과 기업회계기준의 각 지급이자 인식시점이 서로 다른 경우 법인이 결산을 확정할 때 기업회계기준에 따라 기간경과분 미지급이자를 계상하는 회계처리를 하였다면 이를 수용하기 위한 것이다. **은행이 주가지수연계 예금상품인 정기예금에 관하여 이자비용 항목으로 계상한 금액이 정기예금의 명목 가치와 현재가치의 차이를 기간 경과에 따라 조정하는 현재가치할인차금의 상각액에 대응하는 것이면**, 이는 '이미 경과한 기간에 대응하는 이자 등을 당해 사업연도의 손금으로 계상한 경우'로 볼 수도 없으므로 손금에 산입할 수 없다.[683]

지급이자의 경우에는 해당 금액에 대한 원천징수 여부가 쟁점이 될 수 없다. 원천징수는 이자소득을 수령한 법인이 납부할 세액에 관한 것이므로, 이자를 지급하는 법인의 그 지급이자를 인식 여부 및 그 금액에 영향을 미치지 않기 때문이다.

차입일부터 이자지급일이 1년을 초과하는 특수관계인과의 거래에 따른 이자 및 할인액의 경우에는 결산을 확정할 때 기간경과분 미지급이자를 계상하여도 해당 금액의 손금산입을 부인한다. 이는 특수관계인과의 거래에 있어서 실제 금원을 지급하지 않으면서도 가공손실을 인식하는 남용행위를 방지하기 위한 것이다. 2021년 2월 17일 시행령 개정시 도입되었으며 2021년 1월 1일 이후 개시하는 사업연도분부터 적용된다. 수입이자의 경우에는 선수입이자 및 할인액을 익금에서 제외하는바, 별도의 규정이 없더라도 해당 규정을 유추적용하여 **지급이자의 경우에는 선급이자 및 할인액을 손금에서 제외하는 것이 타당하다.**

---

681) 대법원 2002.11.8. 2001두7961.
682) 동일한 취지 : 이창희, 전게서, 885면.
683) 대법원 2014.4.10. 2013두25344.

소득세법 상 이자소득의 수입시기는 다음과 같다(소세령 §45).

1. '금전 사용에 따른 대가로서의 성격이 있는 유사 이자소득'(소세 §16 ① 12호) 및 '이자부 상품과 파생상품이 결합된 경우 해당 파생상품의 거래 또는 행위로부터의 이익'(소세 §16 ① 13호)에 해당하는 이자와 할인액 : **약정에 따른 상환일**. 다만, 기일 전에 상환하는 때에는 그 **상환일**

2. 채권 등(채권 또는 증권과 타인에게 양도가 가능한 증권으로서 이자 또는 할인액을 발생시키는 증권)(소세 §46 ①)으로서 무기명인 것의 이자와 할인액 : 그 **지급을 받은 날**

3. 채권 등(채권 또는 증권과 타인에게 양도가 가능한 증권으로서 이자 또는 할인액을 발생시키는 증권)(소세 §46 ①)으로서 기명인 것의 이자와 할인액 : **약정에 의한 지급일**

3의2. 파생결합사채로부터의 이익 : **그 이익을 지급받은 날**. 다만, 원본에 전입하는 뜻의 특약이 있는 분배금은 그 특약에 따라 **원본에 전입되는 날**로 한다.

4. 보통예금 · 정기예금 · 적금 또는 부금의 이자

   가. **실제로 이자를 지급받는 날**

   나. 원본에 전입하는 뜻의 특약이 있는 이자는 그 특약에 의하여 **원본에 전입된 날**

   다. 해약으로 인하여 지급되는 이자는 그 **해약일**

   라. 계약기간을 연장하는 경우에는 그 **연장하는 날**

   마. 정기예금연결정기적금의 경우 정기예금의 이자는 정기예금 또는 정기적금이 **해약되거나 정기적금의 저축기간이 만료되는 날**

5. 통지예금의 이자 : 인출일

6. (삭제)

7. 채권 또는 증권의 환매조건부 매매차익 : **약정에 의한 당해 채권 또는 증권의 환매수일 또는 환매도일**. 다만, 기일 전에 환매수 또는 환매도하는 경우에는 **그 환매수일 또는 환매도일**로 한다.

8. 저축성보험의 보험차익 : 보험금 또는 환급금의 **지급일**. 다만, 기일 전에 해지하는 경우에는 그 **해지일**로 한다.

9. 직장공제회 초과반환금 : 약정에 따른 **납입금 초과이익 및 반환금 추가이익의 지급일**. 다만, 반환금을 분할하여 지급하는 경우 원본에 전입하는 뜻의 특약이 있는 납입금 초과이익은 특약에 따라 **원본에 전입된 날**로 한다.

9의2. 비영업대금의 이익 : **약정에 의한 이자지급일**. 다만, '이자지급일의 약정이 없거나 약정에 의한 이자지급일 전에 이자를 지급받는 경우' 또는 '비영업대금을 회수한 금액이 원금에 미달하여 원금에서 먼저 차감된 금원(소세령 §51 ⑦)을 지급받는 경우'에는 각 해당일을 그 **이자지급일**로 한다.

10. 채권 등의 보유기간이자 등 상당액(소세령 §193의2 ③) : 해당 채권 등의 매도일 또는 이자 등의 지급일. **보유기간이자 등 상당액**은 채권 등(소세 §46 ①)의 매수일부터 매도일까지의 보유기간에 대하여 '이자 등의 계산기간에 약정된 이자 등의 계산방식'에 따라

법정 이자율['국채 등(물가연동국고채(소세령 §22의2 ③)는 제외)(소세령 §22의2 ①, ② 각 호)을 공개시장에서 발행하는 경우에는 표면이자율' 또는 '그 밖의 채권 등의 표면이자율에 발행 시 할인율을 더하고 할증률을 뺀 율']을 **적용하여 계산한 금액**(물가연동국고채(소세령 §22의2 ③)의 경우에는 법정 원금증가분(소세칙 §88의4)을 포함)을 말한다(소세령 §193의2 ③ 본문). **물가연동국고채의 법정 원금증가분**은 물가연동국고채의 액면가액에 매도일 또는 이자 등의 지급일의 '기획재정부 장관이 정하는 물가연동계수(국채칙 §3)'를 적용하여 계산한 금액에서 물가연동국고채의 액면가액에 발행일 또는 직전 원천징수일의 물가연동계수를 적용하여 계산한 금액을 차감하는 방법을 말한다(소세칙 §88의4 본문). 이 경우 원금증가분이 0보다 작은 경우에는 없는 것으로 보며, 발행일의 물가연동계수가 직전 원천징수일의 물가연동계수보다 클 경우에는 발행일의 물가연동계수를 적용한다(소세칙 §88의4 단서). 다만, **전환사채·교환사채 또는 신주인수권부사채에 대한 이자율**을 적용할 때 **만기보장수익률**이 별도로 있는 경우에는 그 만기보장수익률을 이자율로 하되, **조건부 이자율**이 있는 경우에는 그 조건이 성취된 날부터는 그 조건부 이자율을 이자율로 하며, 전환사채 또는 교환사채를 발행한 법인의 부도가 발생한 이후 주식으로 전환 또는 교환하는 경우로서 **전환 또는 교환을 청구한 날의 전환 또는 교환가액보다 주식의 시가가 낮은 경우**에는 전환 또는 교환하는 자의 보유기간이자등상당액은 없는 것으로 하며, **주식으로 전환청구 또는 교환청구를 한 후에도 이자를 지급하는 약정이 있는 경우**에는 전환청구일 또는 교환청구일부터는 **법정 방식**(소세칙 §88의2 단서)에 따라 해당 약정이자율을 적용한다(소세령 §193의2 ③ 단서). **전환사채 또는 교환사채가 주식으로 전환청구 또는 교환청구된 이후**에는 원칙적으로 보유기간이자등상당액 과세대상 채권(소세 §46 ①)이 아닌 것으로 본다(소세칙 §88의2 본문). 그러나 주식으로 청구를 한 후에도 이자를 지급하는 약정이 있는 경우에는 해당 이자를 지급받는 자에게 청구일 이후의 약정이자가 지급되는 것으로 보아 청구일(청구일이 분명하지 아니한 경우에는 해당 전환사채 등 발행법인의 사업연도 중에 최초로 청구된 날과 최종으로 청구된 날의 가운데에 해당하는 날)부터 해당 전환사채 등 발행법인의 사업연도 말일까지의 기간에 대하여 약정이자율을 적용한다(소세칙 §88의2 단서).

11. 제1호 내지 제10호의 이자소득이 발생하는 상속재산이 상속되거나 증여되는 경우 : 상속개시일 또는 증여일

투자회사 등이 결산을 확정할 때 증권 등의 투자와 관련된 수익 중 이미 경과한 기간에 대응하는 이자 및 할인액을 해당 사업연도의 수익으로 계상한 경우에는 그 계상한 사업연도의 익금으로 한다(법세령 §70 ④). 자본시장과 금융투자업에 관한 법률에 따른 신탁업자가 운용하는 신탁재산(투자신탁재산은 제외)에 귀속되는 '이자소득(금융보험업을 하는 법인의 수입금액을 포함)(소세 §16 ①)의 금액(법세 §73 ① 1호)'에 대한 귀속사업연도는 **원천징수일**(법세령 §111 ⑥)이 속하는 **사업연도로 한다**(법세령 §70 ⑤). **법인세법 상 원천징수**(법세 §73, §73의2)**하는 이자소득금액의 지급시**

기는 소득세법 상 이자소득에 대한 원천징수일(소세령 §190 각 호)로 한다(법세령 §111 ⑥ 본문).

다만, 대손충당금적립기준에 따라 대손충당금을 설정할 수 있는 법정 금융회사 등(법세령 §61 ② 1호~7호, 10호)이, '금융회사 등이 매출 또는 중개하는 어음'(소세령 §190 1호) 및 '은행(한국산업은행(법세령 §61 ② 2호), 중소기업은행(법세령 §61 ② 3호), 한국수출입은행(법세령 §61 ② 4호)을 포함)(은행 §2) 및 상호저축은행이 매출하는 표지어음으로서 보관통장으로 거래되는 것(은행이 매출한 표지어음의 경우에는 보관통장으로 거래되지 아니하는 것도 포함 ; 한국예탁결제원에 예탁되거나 전자등록기관에 전자등록된 경우에는 할인매출일에 원천징수하기를 선택한 경우만 해당)'(소세령 §190 1호)을 발행하여 매출하는 경우에는 해당 어음을 할인매출하는 날에 이자 등을 지급하는 것으로 보아 원천징수하고, 자본시장과 금융투자업에 관한 법률에 따른 신탁업자가 운용하는 신탁재산에 귀속되는 소득금액은 원천징수를 대리하거나 위임을 받은 자의 원천징수일(소세령 §155의2)에 지급하는 것으로 보아 원천징수한다(법세령 §111 ⑥ 단서).

소득세법 상 이자소득에 대한 원천징수일은 다음 각 호에 따른 날로 한다(소세령 §190 각 호).

1. 금융회사 등이 매출 또는 중개하는 어음, 단기사채 등(전자등록 §59), 은행(한국산업은행(법세령 §61 ② 2호), 중소기업은행(법세령 §61 ② 3호), 한국수출입은행(법세령 §61 ② 4호)을 포함)(은행 §2) 및 상호저축은행이 매출하는 표지어음으로서 보관통장으로 거래되는 것(은행이 매출한 표지어음의 경우에는 보관통장으로 거래되지 아니하는 것도 포함)의 이자와 할인액 (다만, 어음이 한국예탁결제원(자본시장 §294)에 발행일부터 만기일까지 계속하여 예탁되거나 단기사채 등이 전자등록기관(전자등록 §2 6호)에 발행일부터 만기일까지 계속하여 전자등록된 경우에는 해당 어음 및 단기사채 등의 이자와 할인액을 지급받는 자가 할인매출일에 원천징수하기를 선택한 경우만 해당) : 할인매출하는 날

1의2. 비거주자의 국내원천소득에 대하여 원천징수(소세 §156)를 하는 경우의 국내원천 이자소득(소세 §119 1호 나목) : 당해 소득을 지급하는 외국법인 또는 비거주자의 당해 사업연도 또는 과세기간의 소득에 대한 과세표준의 신고기한의 종료일(신고기한을 연장(법세 §97 ②)한 경우에는 그 연장한 기한의 종료일)

1의3. 동업기업으로부터 배분받는 소득(조특 §100의8 ①)으로서 해당 동업기업의 과세기간 종료 후 3개월이 되는 날까지 지급하지 아니한 소득 : 해당 동업기업의 과세기간 종료 후 3개월이 되는 날

1의4. 직장공제회 반환금을 분할하여 지급하는 경우 납입금 초과이익 : 납입금 초과이익을 원본에 전입하는 뜻의 특약에 따라 원본에 전입된 날

2. 그 밖의 이자소득 : 소득세법 상 이자소득의 수입시기에 해당하는 날(이자소득이 발생하는 상속재산이 상속되거나 증여되는 경우는 제외)(소세령 §45)

보험회사의 경우에는 위 각 규정에도 불구하고 보험계약과 관련하여 수입하거나 지급하는 이자·할인액 및 보험료 등으로서 **책임준비금 산출에 반영되는 항목**은 보험감독회계기준(보험업 §120)에 따라 수익 또는 손비로 계상한 사업연도의 익금 또는 손금으로 한다(법세령 §70 ⑥).

4.2. 배당소득의 귀속사업연도

법인이 수입하는 배당금은 소득세법 상 배당소득의 수입시기(소세령 §46)에 해당하는 날이 속하는 사업연도의 익금에 산입한다(법세령 §70 ② 본문). 다만, '**금융회사 등**(법세령 §61 ② 각 호)이 금융채무불이행자의 신용회복 지원과 채권의 공동추심을 위하여 공동으로 출자하여 설립한 자산유동화에 관한 법률에 따른 유동화전문회사'로부터 수입하는 배당금은 실제로 지급받은 날이 속하는 사업연도의 익금에 산입한다(법세령 §70 ② 단서).

소득세법 상 배당소득의 수입시기에 해당하는 날은 다음 각 호에 따른 날로 한다(소세령 §46).

1. 무기명주식의 이익이나 배당 : 그 지급을 받은 날
2. 잉여금의 처분에 의한 배당 : 당해 법인의 잉여금처분결의일
3. (삭제)
3의2. 출자공동사업자(소세 §17 ① 8호)의 배당 : 과세기간 종료일
3의3. '유사배당소득'(소세 §17 ① 9호) 또는 '배당소득을 발생시키는 거래 또는 행위와 파생상품이 결합된 경우 해당 파생상품의 거래 또는 행위로부터의 이익'(소세 §17 ① 10호) : 그 지급을 받은 날
4. 주식소각, 감자, 퇴사 등 또는 자본전입 관련 의제배당(소세 §17 ② 1호, 2호, 5호) : 주식의 소각, 자본의 감소 또는 자본에의 전입을 결정한 날(이사회의 결의에 의하는 경우에는 회사가 공고를 위하여 정한 날(상법 §461 ③))이나 퇴사 또는 탈퇴한 날
5. 해산, 합병 또는 분할 관련 의제배당(소세 §17 ② 3호, 4호, 6호)
   가. 법인이 해산으로 인하여 소멸한 경우에는 잔여재산의 가액이 확정된 날
   나. 법인이 합병으로 인하여 소멸한 경우에는 그 합병등기를 한 날
   다. 법인이 분할 또는 분할합병으로 인하여 소멸 또는 존속하는 경우에는 그 분할등기 또는 분할합병등기를 한 날
6. 법인세법에 의하여 처분된 배당 : 당해 법인의 당해 사업연도의 결산확정일
7. 집합투자기구로부터의 이익 : 집합투자기구로부터의 이익(소세령 §26의2 ①) 중 배당소득을

지급받은 날. 다만, 원본에 전입하는 뜻의 특약이 있는 분배금은 그 특약에 따라 원본에 전입되는 날로 한다.

8. (삭제)

9. 조각투자상품으로부터의 이익 : 그 이익을 지급받은 날

신용회복 지원과 채권의 공동추심을 위한 유동화전문회사로부터 수입하는 배당금은 실제로 지급받은 날이 속하는 사업연도의 익금에 산입하는바, 이에 해당하지 않은 유동화전문회사로부터의 배당소득의 귀속사업연도는 어떻게 결정되어야 하는가? 신용회복 지원과 채권의 공동추심을 위한 유동화전문회사에 해당하지 않은 유동화전문회사로부터의 배당소득의 귀속사업연도는 다음 각 점에 비추어 '**잉여금처분결의일이 속하는 사업연도**'로 결정하는 것이 타당하다.[684] 유동화전문회사의 주주가 해당 유동화자산을 직접 취득하였을 경우에는 유동화전문회사에 해당 소득이 귀속된 시점에 과세되었을 것인바, 그렇다면 해당 주주가 유동화전문회사를 통하여 유동화자산에 투자할 경우에는 배당금을 수령하는 시점에 과세하도록 한다면 소득인식 시기를 과도하게 이연시키는 결과에 해당할 수 있다는 점, 유동화법인의 형태가 유동화전문회사에 국한되는 것은 아니므로 유동화전문회사에 대하여서만 현금수령 시에 배당소득을 과세하도록 하는 것은 조세중립성을 해할 우려가 있는 반면에 유동화법인 모두에 대하여 현금수령시에 배당소득을 과세하여야 할 당위성이 있는 것은 아니라는 점, 유동화기구 단계에서의 배당금의 손금산입시점과 그 투자자에 대한 과세시점을 일치시키는 것이 타당하다는 점 및 유동화법인 단계에서의 배당가능이익을 산정하는 과정에서 합리적 수준의 적립금을 배당가능이익에서 제외할 수 있도록 하는 등을 통하여 배당가능이익의 산정방법을 개선한다면 세부담과 관련된 유동성 부족에 관한 문제점이 해결될 수 있다는 점 등을 각 감안한다면, 배당소득의 인식시기에 대한 일반원칙을 수정할 필요는 없이 '잉여금처분일이 속하는 사업연도'를 그 귀속사업연도로 정하는 것이 타당하다. **판례** 역시 유동화전문회사가 잉여금의 처분에 의한 배당을 한 경우 배당소득의 수입시기는, 그 배당소득의 귀속자가 배당금채권이 회수불능으로 확정된 때에 이를 대손금으로 처리할 수 없는 납세자라는 등의 특별한 사정이 없는 한, '당해 법인의 잉여금처분결의일'로 보아야 한다고 판시한다.[685]

투자회사 등이 결산을 확정할 때 증권 등의 투자와 관련된 수익 중 배당소득을 해당 사업연도의 수익으로 계상한 경우에는 그 계상한 사업연도의 익금으로 한다(법세령 §70 ④). 자본시장과

---

684) 이준봉, 유동화거래와 조세, 한국학술정보(주), 2012, 334면 ; 이하 '이준봉, 유동화전게서'로 인용한다.
685) 대법원 2015.12.23. 2012두16299.

금융투자업에 관한 법률에 따른 **신탁업자가 운용하는 신탁재산**(투자신탁재산은 제외)**에 귀속되는** '**집합투자기구**(소세 §17 ① 5호)**로부터의 이익 중 투자신탁의 이익의 금액**(법세 §73 ① 2호)'**에 대한 귀속사업연도는 원천징수일**(법세령 §111 ⑥)**이 속하는 사업연도로 한다**(법세령 §70 ⑤).

4.3. 보험료 등의 귀속사업연도

한국표준산업분류상 금융보험업을 영위하는 법인이 수입하는 보험료 등(보험료·부금·보증료 또는 수수료)**의 귀속사업연도는 그 보험료 등이 실제로 수입된 날이 속하는 사업연도로 하되, 선수입보험료 등**(주택도시기금법에 따른 **주택도시보증공사**(법세령 §63 ②, §63 ① 2호)가 결산을 확정할 때 부채로 계상한 **미경과보험료적립금을 포함**)**을 제외한다**(법세령 §70 ③ 본문). 다만, **결산을 확정함에 있어서 이미 경과한 기간에 대응하는 보험료상당액 등을 해당 사업연도의 수익으로 계상한 경우**(주택도시기금법에 따른 **주택도시보증공사**(법세령 §63 ②, §63 ① 2호)가 결산을 확정할 때 **미경과보험료적립금의 환입액을 수익으로 계상한 경우를 포함**)**에는 그 계상한 사업연도의 익금으로 하고, 자본시장과 금융투자업에 관한 법률에 따른 투자매매업자 또는 투자중개업자가 정형화된 거래방식으로 증권**(자본시장 §2)**을 매매하는 경우 그 수수료의 귀속사업연도는 매매계약이 체결된 날이 속하는 사업연도로 한다**(법세령 §70 ③ 단서).

5. 자산 임대료의 귀속사업연도

자산의 임대로 인한 익금과 손금의 귀속사업연도는 다음 각 호의 날이 속하는 사업연도로 한다(법세령 §71 ① 본문). 다만, '**결산을 확정함에 있어서 이미 경과한 기간에 대응하는 임대료상당액과 이에 대응하는 비용을 당해 사업연도의 수익과 손비로 계상한 경우**' 및 '**임대료 지급기간이 1년을 초과하는 경우 이미 경과한 기간에 대응하는 임대료 상당액과 비용**'은 이를 각각 당해 사업연도의 익금과 손금으로 한다(법세령 §71 ① 단서). '임대기간'이 아니라 '임대료 지급기간'이 1년을 초과한 경우라는 점에 유의하여야 한다.

> 1. 계약 등에 의하여 임대료의 지급일이 정하여진 경우에는 그 **지급일**
> 2. 계약 등에 의하여 임대료의 지급일이 정하여지지 아니한 경우에는 그 **지급을 받은 날**

6. 기타 손익의 귀속사업연도

6.1. 금전등록기 설치·사용 법인의 익금 귀속사업연도

금전등록기를 설치·사용한 법정 사업자(소세 §162) 및 영수증을 발급하는 법정 사업자(부가세 §36 ④)에 관한 규정이 적용되는 업종을 영위하는 법인이 금전등록기를 설치·사용하는 경우 그 수입하는 물품대금과 용역대가의 귀속사업연도는 그 **금액이 실제로 수입된 사업연도**로 할 수 있다(법세령 §71 ②).

6.2. 사채할인발행차금 상각액의 손금 귀속사업연도

법인이 사채를 발행하는 경우에 **사채할인발행차금**[상환할 사채금액의 합계액에서 사채발행 가액(사채발행수수료와 사채발행을 위하여 직접 필수적으로 지출된 비용을 차감한 후의 가액) 의 합계액을 공제한 금액]은 **기업회계기준에 의한 사채할인발행차금의 상각방법에 따라 이를 손금에 산입**한다(법세령 §71 ③). 기업회계기준에 따라 유효이자율법에 의하여 상각하는 등 방법을 법인세법이 수용한 것이다. 해당 법인에 대하여 적용되는 기업회계기준에 따라 상각하여 야 한다. **사채할증발행차금**에 대한 규정은 없다. 그러나 '사채할증발행차금의 실질은 사채할일 발행차금과 동일하게 만기 상환 시 장부가액과 액면가액을 일치시키기 위한 계산방법에 불과하 다는 점' 및 '법인세법은 수입이자와 지급이자의 귀속사업연도를 소득세법 상 이자소득의 수입시기를 준용하여 결정하는바, 소득세법은 채권 등(소세 §46 ①)의 보유기간이자등상당액(소 세령 §193의2 ③)의 계산을 위한 이자율로서 '채권 등의 표면이자율에 발행 시 할인율을 더하고 할증률을 뺀 율'을 수용하여 이자소득금액을 계산한다는 점'에 비추어 보면, 사채할증발행차금 의 경우에도 기업회계기준에 의한 사채할증발행차금의 상각방법에 따라 이를 익금에 산입하는 것이 타당하다.

전환사채 또는 신주인수권부사채 역시 법인이 발행하는 사채에 해당하는가? 주식으로의 전환권 또는 신주인수권은 각 행사 이전에는 잠재적 권리에 불과하므로 이를 근거로 전환사채 또는 신주인수권부사채의 사채로서의 성질을 부인할 수 없고, 그 밖에 전환사채 또는 신주인수권 부사채의 사채로서의 성질을 부인할 규범적 근거 및 그 합리성 역시 없다. 따라서 전환사채 또는 신주인수권부사채 역시 법인이 발행한 사채에 해당한다.

법인이 전환사채 또는 신주인수권부사채에 대한 회계처리와 관련하여 전환권(신주인수권) 조정, 전환권(신주인수권)대가 또는 상환할증금 등 계정을 기업회계기준에 따라 인식할 수

있는바, 해당 각 계정들이 법인세법 상 부인되어야 하는가? 전환권(신주인수권)조정, 전환권(신주인수권)대가 또는 상환할증금 등 계정은 전환사채 또는 신주인수권부사채의 장부가액과 관련된 것들이다. **상환할증금**은 전환권 또는 신주인수권을 행사하지 않을 경우 액면금액에 더하여 지급하기로 약정한 금액을 의미한다. **전환권(신주인수권)조정**은 사채의 액면금액 및 상환할증금에서 '사채의 액면금액, 명목이자 및 상환할증금을 현재가치로 할인한 금액'을 차감한 금액을 의미한다. 따라서 전환권(신주인수권)조정은 사채의 액면금액 및 상환할증금에 대한 차감계정으로서 차변에 계상되며, 이는 상각을 통하여 이자비용에 가산된다. **전환권(신주인수권)대가**는 '전환권(신주인수권)조정'에서 '상환할증금'을 차감한 잔액으로서, 이는 '전환사채 또는 신주인수권부사채를 발행하여 조달한 현금'이 '사채의 액면금액, 명목이자 및 상환할증금을 현재가치로 할인한 금액'을 초과하는 금액을 의미한다. 기업회계기준은 이를 수익으로 인식하지 않고 기타 자본잉여금으로서 계상한다. 향후 전환권(신주인수권)의 행사시점에 자본계정(주식발행액면초과액 등)으로 대체될 수 있기 때문이다. 그런데 **법인세법은 수입이자와 지급이자의 귀속사업연도를 소득세법 상 이자소득의 수입시기를 준용하여 결정하는바, 소득세법 상 수입시기를 결정함에 있어서 전환사채·교환사채 또는 신주인수권부사채에 대한 이자율은 각 표면이자율 및 만기보장수익률을 의미할 뿐이다.** 즉 전환사채·교환사채 또는 신주인수권부사채에 대한 이자율을 적용할 때 만기보장수익률이 별도로 있는 경우에는 그 만기보장수익률을 이자율로 하되, 조건부 이자율이 있는 경우에는 그 조건이 성취된 날부터는 그 조건부 이자율을 이자율로 하며, 전환사채 또는 교환사채를 발행한 법인의 부도가 발생한 이후 주식으로 전환 또는 교환하는 경우로서 전환 또는 교환을 청구한 날의 전환 또는 교환가액보다 주식의 시가가 낮은 경우에는 전환 또는 교환하는 자의 보유기간이자등상당액은 없는 것으로 하며, 주식으로 전환청구 또는 교환청구를 한 후에도 이자를 지급하는 약정이 있는 경우에는 전환청구일 또는 교환청구일부터는 법정 방식(소세칙 §88의2 단서)에 따라 해당 약정이자율을 적용한다(소세령 §193의2 ③ 단서). 따라서 **법인세법 상 전환권(신주인수권)조정, 전환권(신주인수권)대가 또는 상환할증금 등 계정은 사채할증발행차금과 달리 부인되는 것으로 보아야 한다.**

만약 법인세법이 위 각 계정들을 부인한다면, 다음과 같이 세무조정하여야 한다.[686] 해당 사채의 **발행시점**에는 '사채의 액면금액 및 상환할증금에 대한 차감계정'인 전환권(신주인수권)조정을 부인하여 부채(액면금액 및 상환할증금)를 증가시키므로 손금산입(△유보)로, 전환권

---

686) 법인세법 기본통칙 40-71…2 참조.

(신주인수권)대가는 이미 자본에 반영되어 있으므로 익금산입(기타)로, 부채인 상환할증금을 부인하므로 손금불산입(유보)로 각 세무조정한다. **이자지급시점**에는 이자비용에 가산되는 전환권(신주인수권)조정 상각액에 대하여 손금불산입(유보)로 세무조정한다. **전환권(신주인수권) 행사시점**에는 손금불산입한 상환할증금 중 전환권(신주인수권)을 행사한 부분에 대하여 손금산입(△유보)로, 손금산입(△유보)된 전환권(신주인수권)조정 잔액 중 해당 부분에 대하여 손금불산입(유보)로, 주식발행액면초과액으로 대체되는 전환권(신주인수권)대가는 익금산입(기타)로 각 세무조정한다. **상환시점**에는 만기 당시의 손금불산입된 상환할증금 잔액에 대하여 손금산입(△유보)로 세무조정한다. 한편 **법인세법이 위 각 계정들을 부인하여 이상의 세무조정을 하여야 한다고 하더라도 각 부인액은 일시적 차이를 야기할 뿐이고 향후 반대 세무조정을 통하여 각 제거될 것이 예정되어 있으므로 입법론으로서는 기업회계기준에 따른 회계처리를 수용하는 것이 타당하다고 본다.**

　　전환사채 또는 신주인수권부사채의 전환권(신주인수권)을 행사한 경우 그 원천징수와 관련하여 살핀다. '전환사채를 주식으로 전환하거나 교환사채를 주식으로 교환하는 경우' 또는 '신주인수권부사채의 신주인수권을 행사(신주 발행대금을 해당 신주인수권부사채로 납입하는 경우만 해당)하는 경우'에는 해당 채권 등의 이자 등을 지급받는 것으로 본다(법세령 §111 ⑤). 이 경우에도 전환사채·교환사채 또는 신주인수권부사채에 대한 이자율을 적용할 때 만기보장수익률이 별도로 있는 경우에는 그 만기보장수익률을 이자율로 하되, 조건부 이자율이 있는 경우에는 그 조건이 성취된 날부터는 그 조건부 이자율을 이자율로 하며, 전환사채 또는 교환사채를 발행한 법인의 부도가 발생한 이후 주식으로 전환 또는 교환하는 경우로서 전환 또는 교환을 청구한 날의 전환 또는 교환가액보다 주식의 시가가 낮은 경우에는 전환 또는 교환하는 자의 보유기간이자등상당액은 없는 것으로 하며, 주식으로 전환청구 또는 교환청구를 한 후에도 이자를 지급하는 약정이 있는 경우에는 전환청구일 또는 교환청구일 부터는 법정 방식(소세칙 §88의2 단서)에 따라 해당 약정이자율을 적용한다(소세령 §193의2 ③ 단서). 전환권(신주인수권)을 행사한 경우 지급한 것으로 보는 이자금액은 그 행사 법인에 대하여 과세될 것이므로, 그 행사로 인하여 취득한 주식의 취득가액에 반영되어야 한다. 그렇지 않으면 중복과세의 위험이 발생하기 때문이다.

6.3. 유동화자산의 양도방식에 따른 보유자산의 양도 등에 대한 손익 귀속사업연도

'유동화자산의 법정 양도방식(자산유동화 §13)에 의하여 보유자산을 양도하는 경우' 및 '매출채권 또는 받을어음을 배서양도하는 경우'에는 기업회계기준에 의한 손익인식방법에 따라 관련 손익의 귀속사업연도를 정한다(법세령 §71 ④). **기업회계기준**은 금융자산의 제거에 관한 기업회계기준서[687] 또는 일반기업회계기준[688] 등을 말한다.

유동화자산의 법정 양도방식은 자산유동화계획(자산유동화 §3, §4)에 따라 다음 각 호의 방식을 말하고, 이는 담보권의 설정으로 보지 아니한다(자산유동화 §13). 유동화거래의 경우 자산유동화계획(자산유동화 §3, §4)에 따른 양도가 아닌 경우에는 다음 각 호의 방식과 무관하게 해당 거래가 매각거래인지 아니면 차입거래인지 여부에 대하여 별도로 판단하여야 한다.[689]

---

1. 매매 또는 교환에 의할 것
2. 유동화자산에 대한 수익권 및 처분권은 양수인이 가질 것. 이 경우 양수인이 당해 자산을 처분하는 때에 양도인이 이를 우선적으로 매수할 수 있는 권리를 가지는 경우에도 수익권 및 처분권은 양수인이 가진 것으로 본다.
3. 양도인은 유동화자산에 대한 반환청구권을 가지지 아니하고, 양수인은 유동화자산에 대한 대가의 반환청구권을 가지지 아니할 것
4. 양수인이 양도된 자산에 관한 위험을 인수할 것. 다만, 당해 유동화자산에 대하여 양도인이 일정기간 그 위험을 부담하거나 하자담보책임(채권의 양도인이 채무자의 자력을 담보한 경우에는 이를 포함)을 지는 경우에는 그러하지 아니하다.

6.4. 개발이 취소된 개발비의 손금 귀속사업연도

법인이 **개발비**(법세령 §24 ① 2호 바목)로 **계상하였으나 해당 제품의 판매 또는 사용이 가능한 시점이 도래하기 전에 개발을 취소한 경우에는 다음 각 호의 요건을 모두 충족하는** 날이 속하는 사업연도의 손금에 산입한다(법세령 §71 ⑤).

---

687) 기업회계기준서 제1109호 문단 3.2.1.~3.2.23.
688) 일반기업회계기준 제6장 문단 6.5.~6.11.
689) 이준봉, 유동화전게서, 212~247면 참조.

1. 해당 개발로부터 상업적인 생산 또는 사용을 위한 해당 재료·장치·제품·공정·시스템 또는 용역을 개선한 결과를 식별할 수 없을 것
2. 해당 개발비를 전액 손비로 계상하였을 것

6.5. 파생상품의 거래로 인한 손익의 귀속사업연도

계약의 목적물을 인도하지 아니하고 목적물의 가액변동에 따른 차액을 금전으로 정산하는 **파생상품의 거래로 인한 손익**은 그 거래에서 정하는 **대금결제일이 속하는 사업연도**의 익금과 손금으로 한다(법세령 §71 ⑥). '**차액정산하는 파생상품 거래손익**'에는 '외국통화의 선도매입거래로 인하여 발생한 손익', '통화스왑 또는 이자율스왑 상 약정에 따라 확정되어 교환되는 금액', '차액결제 통화선도(non-delivable forward ; 사전에 결정된 결제환율과 약정환율이 차이를 보이는 경우 그 차액을 만기일에 결제하는 거래)로 인하여 지급되는 금액', '차액결제 통화스왑(non-delivable swap ; 사전에 결정된 결제환율과 약정환율이 차이를 보이는 경우 그 차액을 만기일에 지정통화로 결제하는 거래)로 인하여 지급되는 금액', '주가지수선물거래에 있어서 그 청산시점에 지급되는 금원' 등이 포함될 수 있다. **다만** '이자율스왑거래 시 수령한 선수수수료(up-front fee)', '금융보험업을 영위하는 법인이 파생상품을 판매하고 이를 헷지하기 위하여 특수관계 없는 다음 금융회사와 체결한 백투백 스왑(back-to-back swap)으로 인하여 수취한 선수수수료', '제로 쿠폰 스왑(zero-coupon swap ; 일방 당사자는 만기가 도달하면 고정된 금액을 일시에 지급하고 다른 당사자는 주기적으로 변동금액을 지급하는 스왑계약)의 경우 일시에 지급되는 금원' 등은 '차액정산하는 파생상품 거래손익'에 포함되지 않고 법인세법 상 이에 대한 규정이 없으므로 기업회계기준에 따라 손익에 반영하여야 한다. **파생상품 거래의 계약조건이 변경되는 경우**에는 해당 계약의 동일성이 유지되는지 여부에 따라 해당 거래로 인한 손익을 인식할지 여부가 달리 결정되어야 한다. 스노우볼 스왑계약(snowball swap ; 무제한 위험을 부담하나 그 수익률은 일정 범위로 한정되며 주기적으로 정산되나, 조기종결권은 없는 스왑계약)을 해제하면서 계약해지손실을 부담한다면 이어서 새로운 파생상품 계약을 체결한다고 하더라도 그 스노우볼 스왑계약은 종료된 것으로 보아야 한다. **파생상품거래의 단위를 어떻게 설정할지 여부에 대하여서도 법인세법 상 규정이 없다면 그 거래단위를 어떻게 결정하여야 하는가?** 이 쟁점은 파생상품을 통합된 하나의 상품으로 취급할 것인지(integration approach) 아니면 각 파생상품요소별로 구분하여 취급할 것인지(bifurcation approach) 여부에

대한 것이다. 두 접근방식 중 어느 방식을 선택하도록 정하는 획일적 기준을 제시하기는 어렵다. **해당 거래의 구체적 상황에 기반한 경제적 실질에 따라 두 접근방식 중 어느 한 방식을 선택하여 해당 거래에 대한 세법 상 취급을 정하여야 한다.** 다만 이러한 방법론에 따르면 법적 불확실성이 야기되는 문제점이 발생한다. 따라서 이러한 방법론은 취하는 경우, **입증책임을 다음과 같이 분배하는 방법을 통하여 그 법적 불확실성을 완화시키는 것이 타당하다.** 첫째, 해당 법인이 기업회계기준에 따른 회계처리와 달리 처리하였다면 해당 법인이 그 회계처리에 대한 세법 상 합리성 또는 정당성에 대하여 입증책임을 부담한다. 둘째, 해당 법인이 기업회계기준에 따라 회계처리를 하였다면 일응 해당 회계처리는 존중되어야 하고 이를 부인하는 과세관청이 회계처리와 다른 방법을 취하는 것이 세법 상 타당하다는 점에 대하여 입증책임을 부담한다. 기업회계기준에는 내재파생상품에 관한 기업회계기준서[690] 및 일반기업회계기준[691] 등이 포함될 수 있다. 나아가 **파생상품거래가 별도의 독립된 거래에 해당하는지 아니면 다른 거래에 포섭되는지 여부 역시 그 경제적 실질에 따라 판정하여야 한다.** 판례는 거래 당사자 사이의 합병기본약정 등에 따라 채권단이 출자전환을 하면서 해당 주식 발행법인과 채권단 사이에 해당 주식을 기초자산으로 하는 풋옵션 롱 포지션(put option long position) 및 그 위반에 대한 손해배상약정이 체결되었고, 그 이후 풋옵션 숏 포지션(put option short position)을 취한 해당 주식 발행법인이 주식소각에 의한 감자를 위하여 주식을 취득하는 과정에서 채권단의 풋옵션이 행사되었으나 발행법인이 이를 이행하지 못하자 그에 대한 손해배상액을 지급한 사안에서 그 손해배상금은 주식 취득의 대가에 해당하고 이는 자본감소절차의 일환으로 이루어진 것이므로 주식의 유상소각에 의한 자본의 환급에 해당한다고 판시한다.[692] 즉 판례는 풋옵션의 행사를 주식소각에 의한 감자절차의 일환으로서 파악하고 있다. 그 구체적 사실관계 및 판시내용은 다음과 같다. 첫째, 거래 당사자 사이에서 금융기관으로 구성된 채권단이 강원산업 및 현대제철 주식회사와 체결한 합병기본약정 등에 따라 2000. 1. 12. 강원산업에 대한 대출금채권을 강원산업 주식으로 출자전환하고, 2000. 3. 15. 현대제철 주식회사가 강원산업을 흡수합병함에 따라 그 강원산업 주식에 상응하는 현대제철 주식회사 주식을 취득하면서, 현대제철 주식회사가 2000. 7. 31. 채권단과 사이에 위 주식 중 12,265,252주에 해당하는 쟁점 주식에 관하여 기준가격으로 매수하도록 청구할 수 있는 풋옵션을 부여하고, 현대제철 주식회사

---

690) 기업회계기준서 제1032호 문단 28~32 ; 기업회계기준서 제1039호 문단 10~13 ; 기업회계기준서 제1109호 문단 4.3.1.~4.3.7.
691) 일반기업회계기준 제6장 문단 6.41~6.47 ; 제15장 문단 15.18~15.25, 실무지침 실 15.1~15.6.
692) 대법원 2013.5.23. 2013두673.

가 풋옵션 약속을 위반할 경우 채권단에게 옵션행사일의 한국증권거래소 종가 상당액과 기준가격의 차액을 손해배상하기로 하는 약정을 하였다. 둘째, 현대제철 주식회사는 2003년 정기주주총회에서 주식소각에 의한 감자결의를 하였고, 그 감자를 위하여 쟁점 주식을 취득하여 그 액면금 상당의 자본금을 감소하는 절차를 마치는 한편 현대제철 주식회사가 쟁점 주식을 취득 과정에서 채권단이 2003. 5. 29. 풋옵션의 행사를 통하여 현대제철 주식회사에게 기준가격인 1주당 8,785원에 쟁점 주식을 매수할 것을 청구하자, 현대제철 주식회사는 채권단에게 그 기준가격으로 계산한 금액을 지급하면서 채권단과 사이에서 '쟁점 주식을 2003. 5. 29. 한국증권거래소 종가에 매수하고 그 기준가격과의 차액에 해당하는 쟁점금액을 손해배상금 명목으로 지급한다'는 내용의 약정을 하였다. 셋째, 이 경우 현대제철 주식회사가 채권단에 지급한 쟁점 금액은 이 사건 주식 취득의 대가에 해당하고, 이를 채권단에 지급한 것은 자본감소절차의 일환으로 이루어진 것으로서 주식의 유상소각에 의한 자본의 환급에 해당한다고 보아, 위 풋옵션 약속 위반시의 손해배상 약정 등을 이유로 들어 쟁점 금액이 주식의 취득가액과 구별되는 비용으로서 손금에 해당한다거나 쟁점 금액의 일부는 실질적으로 출자전환된 대출금채권의 이자비용으로서 손금으로 산입되는 것은 아니다.

6.6. 리스료 등의 귀속사업연도

리스이용자가 리스로 인하여 수입하거나 지급하는 리스료(리스개설직접원가를 제외)의 익금과 손금의 귀속사업연도는 **기업회계기준으로 정하는 바에 따른다**(법세칙 §35 ① 본문). 특정 사업연도에 대한 리스료 손익의 인식 여부는 손익귀속사업연도에 대한 쟁점과 동일한 것이므로 이는 기업회계기준에 따라 정하여져야 한다. 만약 행정해석이 기업회계기준에 반한다면 이는 효력이 없는 것으로 보아야 한다. 이 경우 행정해석은 법인세법에 반하는 것이기 때문이다. 또한 **리스개설직접원가**를 기업회계기준에 따라 리스료로 계상하였다면 이는 리스료의 범위에서 명시적으로 배제되므로(법세칙 §35 ① 괄호부분), 법인세법 상 따라 부인되어야 한다. 그러나 **리스개설직접원가를 제외한 항목**이 리스료에 포함되는지 여부는 여전히 기업회계기준에 따라 판정되어야 하고, 리스개설직접원가에 해당하는지 여부 역시 기업회계기준에 따라 정하여진다. 리스개설직접원가는 **리스의 협상 및 계약단계에서 리스와 관련하여 직접 그리고 추가적으로 발생하는 수수료, 법적비용 및 내부발생원가**를 말하고, 판매관련팀의 일반간접비는 제외한다.[693] 나아가 **리스료에서 제외된 리스개설직접원가를 감가상각자산의 취득원가에 가산할지 여부 또는 별도의 자산으로 인식할지 여부** 등 역시 법인세법 및 조세특례제한법에 특별한 규정이 없는 한 기업회계기준에 의하여 그 인식 여부를 결정하여야 한다. 한편, **한국채택 국제회계기준을 적용하는 법인의 금융리스 외의 리스자산**(법세령 §24 ⑤)에 **대한 리스료**의 경우에는 **리스기간에 걸쳐 정액기준으로 손금에 산입**한다(법세칙 §35 ① 단서). 금융리스 외의 리스에 있어서, '한국채택국제회계기준을 적용하는 리스이용자'가 사용권자산과 리스부채를 현재가치로 할인하여 별도의 자산 및 부채로 인식한 후 이에 대하여 유효이자율로 상각한다면 이는 리스료를 리스기간에 걸쳐 정액기준으로 손금에 산입한다는 위 규정에 반한다. 따라서 이에 대한 세무조정이 필요하다. 사용권자산에 대하여 손금산입(△유보)로, 리스부채에 대하여 손금불산입(유보)로, 리스보증금의 현재가치할인차금 상당액에 대하여 익금산입(유보)로, 사용권자산의 감가상각비에 대하여 손금불산입(유보)로, 리스부채 상각액에 대하여 손금산입 (△유보)로, 리스보증금 상각액에 대하여 익금불산입(△유보)로 각 세무조정한다.

리스회사가 대여하는 리스자산 중 **기업회계기준에 따른 금융리스의 자산**은 리스이용자의 감가상각자산으로, **금융리스 외의 리스자산**은 리스회사의 감가상각자산으로 한다(법세령 §24 ⑤). 법인세법이 기업회계기준에 따라 금융리스에 해당하는지 여부를 결정하는바, 이에는 **법인세법 및 조세특례제한법 상 특별 규정이 없는 한 리스거래에 해당하는지 여부 및 리스거래 관련 자산·부채의 인식 여부 역시 기업회계기준에 따라 결정한다는 의미를 내포하는 것으로 보아야** 한다. 따라서 리스거래에 대한 적용범위 및 판매 후 리스거래에 대한 세법상 취급 역시 특별 규정이 없는 한 기업회계기준에 따라야 한다.

6.7. 법인이 아닌 조합 등으로부터 받는 분배이익금의 귀속사업연도

법인이 아닌 조합 등으로부터 받는 분배이익금의 귀속사업연도는 **당해 조합 등의 결산기간이 종료하는 날이 속하는 사업연도**로 한다(법세칙 §35 ②).

6.8. 징발재산의 대가를 징발보상증권으로 받는 경우 손익의 귀속사업 연도

징발재산정리에 관한 특별조치법에 의하여 징발된 재산을 국가에 매도하고 그 대금을 징발보 상증권으로 받는 경우 그 손익은 **상환조건에 따라 각 사업연도에 상환받았거나 상환받을 금액과 그 상환비율에 상당하는 매도재산의 원가를 각각 해당 사업연도의 익금과 손금에**

---

693) 기업회계기준서 제1017호 문단 38 ; 일반기업회계기준 제13장 결13.19~결13.20, 실.13.10~실13.11.

산입한다(법세칙 §35 ③ 전단). 이 경우 징발보상증권을 국가로부터 전부 상환받기 전에 양도한 경우 양도한 징발보상증권에 상당하는 금액에 대하여는 그 **양도한 때에 상환받은 것으로** 본다(법세칙 §35 ③ 후단).

 자산의 취득가액

1. 일반원칙

'**익금·손금의 발생**'은 자산·부채의 취득원가 및 평가와 관련된 개념으로서 자산·부채를 얼마의 화폐금액으로 신뢰성 있게 측정하여 계상할 것인지 여부, 즉 **익금·손금의 범위**에 **관련**된다. 법인세법 역시 '익금·손금의 범위'를 판정함에 있어서 '발생' 여부를 기준으로 한다. **자산·부채의 취득가액(최초 장부가액)은 '익금·손금의 발생액'에 직접적으로 연계된 다.** 그런데 '**익금·손금의 발생**'과 '**익금·손금의 확정**'은 **구분되어야 한다.** '익금·손금의 발생'에는 거래의 실질에 따라 일정한 기간의 경과가 필요할 수 있으나,'익금·손금의 확정'은 익금·손금의 발생기간 중 어느 특정 시점을 특정하여 해당 사업연도에 익금·손금의 발생액 모두를 귀속시키는 것과 관계되기 때문이다. 이상의 논의에 따르면, 자산·부채의 취득가액(최초 장부가액)은 특정 자산의 유입·유출로 인한 익금·손금의 발생액에 해당하므로, 이는 해당 자산의 유입이 여러 사업연도에 걸친 경우에도 그 중 한 사업연도에 귀속시키는 것에 관한 익금·손금의 확정과는 구분되는 개념이다.[694] 그렇다면 익금·손금이 확정된 사업연도 의 경과 후에 발생하는 익금·손금 역시 모두 자산·부채의 취득가액(최초 장부가액)에 포함되 어야 하고, 익금·손금의 확정으로 인하여 자산·부채의 취득가액(최초 장부가액)이 영향을 받을 수는 없다.

'**자산·부채의 평가**' 역시 익금 및 손금 계상금액의 기반이 되는 자산·부채의 변동분에 관한 것이므로 '**익금 또는 손금의 발생액**'에 포함되나, 이는 **자산·부채의 취득가액(최초 장부가액)과는 구분된다. 자산·부채의 평가는 익금·손금 발생 거래가 종료된 이후 자산·부 채 취득가액 또는 장부가액에 기반하여 계산하지 않는 별도의 기준에 근거하여 취득가액 또는 장부가액을 다시 측정하는 것을 의미**하기 때문이다. 따라서 자산 계상금액의 모든 변동이 바로 자산의 평가를 의미하는 것은 아니다. 부채 계상금액이 변동하는 경우에도 동일하다.[695]

---

694) 같은 절 제1관 II 2, III 2 참조.
695) 같은 절 제2관 II 7 참조.

'자산·부채의 평가에 해당하지 않는 자산·부채 계상금액의 변동분'을 어떻게 익금 또는 손금에 반영할지 여부는 여전히 '자산·부채의 취득가액'에 관한 것으로서 법인세법 및 조세특례 제한법 상 특별한 규정이 없는 한 기업회계기준이 보충적으로 적용되어야 한다. 그러나 자산·부채 계상금액의 변동과 자산·부채의 평가는 구분되는 개념이므로, '자산·부채의 평가'에 대하여서는 법인세법 및 조세특례제한법 상 특별한 규정이 없는 경우에는 기업회계기준이 보충적으로 적용될 수 없다. 내국법인의 각 사업연도의 소득금액을 계산할 때 그 법인이 '자산·부채의 취득'에 관하여 일반적으로 공정·타당하다고 인정되는 기업회계기준을 적용하 거나 관행을 계속 적용하여 온 경우에는 법인세법 및 조세특례제한법에서 달리 규정하고 있는 경우를 제외하고는 그 기업회계기준 또는 관행에 따른다고 규정하기 때문이다(법세 §43).[696] 법인세법 상 특별 규정이 없는 한 내국법인이 보유하는 자산과 부채의 장부가액을 평가하는 경우에는 그 평가일이 속하는 사업연도와 그 후의 각 사업연도의 소득금액을 계산할 때 그 자산과 부채의 장부가액은 평가 전의 가액으로 한다고 규정(법세 §42 ①)에도 이러한 취지가 담겨 있다.

법인세법이 자산의 취득가액에 대하여 규정하면서 부채의 최초 장부가액에 대하여 규정하지 않는 이유는 무엇인가? 법인세법이 자산의 취득가액과 거래상대방 부채의 최초 장부가액은 동일하게 계상되어야 한다는 점을 전제하는 것으로 보아야 한다. 따라서 특별한 규정이 없는 한 일방 당사자가 부담하는 부채의 최초 장부가액은 타당 당사자가 취득하는 자산의 취득가액과 동일하여야 한다. 이러한 원칙을 통하여 법인세법은 과세기반의 일실 또는 중복을 초래하지 않는 상태로 일관성 있게 적용될 수 있다. 이와 달리 정하는 특별 규정에는 이러한 원칙에서 일탈하는 것을 합리화 또는 정당화할 수 있는 가치가 담겨야 한다.

2. 자산의 취득가액

자산의 취득가액은 다음 각 호의 금액으로 한다(법세 §41 ① ; 법세령 §72 ②). 법인세법 및 조세특례제한법이 특정 자산의 취득가액에 대하여 규정한다면 해당 규정이 다음 각 호의 금액에 대하여 우선하여 적용되는 것은 당연하다. 생물자산 또는 수확물 등[697]의 경우와 같이 다음 각 호의 금액을 적용하기 어려운 경우에는 기업회계기준에 따라 그 취득원가를 인식하여야 한다(법세 §43).

---

696) 같은 절 제2관 Ⅱ 7 참조.
697) 기업회계기준서 제1041호 ; 일반기업회계기준 제27장 참조.

1. **타인으로부터 매입한 자산**[**단기금융자산 등**(기업회계기준에 따라 단기매매항목으로 분류된 금융자산 및 파생상품)(법세령 §72 ①)은 제외] : 매입가액에 취득세(농어촌특별세와 지방교육세를 포함), 등록면허세, 그 밖의 부대비용을 가산한 금액[법인이 토지와 건물 등(토지에 정착된 건물 및 그 밖의 구축물 등)을 함께 취득하여 토지의 가액과 건물 등의 가액의 구분이 불분명한 경우 시가(법세 §52 ②)에 비례하여 안분계산한다]. **타인으로부터 자산을 매입하는 경우 그 자산의 취득가액을 매입가액에 부대비용을 가산한 금액으로 계상한다는 것은 해당 자산의 매입거래 당시 손익을 인식하지 않는다는 것을 의미한다.** 즉 해당 금액 모두를 자본화하여 그 처분 등 시점에 손익을 인식하겠다는 것을 선언하는 것과 같다. **매입자산의 취득원가에 포함되는 매입 관련 부대비용의 범위는 법인세법 및 조세특례제한법에 다른 규정이 없는 한 기업회계기준에 따라 판정하여야 한다. 매입거래에 해당하는지 여부는 해당 거래의 구체적 상황에 입각한 경제적 실질에 의하여 판정되어야 한다.** 따라서 금융자산 **자전거래**의 경우 매입 또는 처분에 따른 손익을 인식할지 여부역시 그 경제적 실질에 의하여 판정하여야 한다. 이에 대한 법인세법 상 규정이 없다면 세법 상 경제적 실질의 관점에서 기업회계기준 상 금융자산의 제거에 관한 문언[698]을 해석하는 것이 타당하다. 또한 매입은 법인과 제3자 사이의 거래를 의미하므로 **거래상대방의 의사와 무관하게 법인 자체의 의사결정만으로 발생할 수 있는 거래는 매입에 해당하지 않는다.** 따라서 주식의 분할, 병합 조직변경 등은 매입거래에 해당하지 않는다. 이 경우에는 당초 자산의 매입가액 총액이 그대로 승계되어야 하고 이로 인하여 해당 자산의 장부가액이 조정될 수 있을 뿐이다. 채권 등을 매입하는 경우 그 대가에 기간경과분 이자가 포함되어 있다면 그 **경과이자는 매입가액에서 제외**된다. 경과이자는 별도의 자산으로 계상된 후 명목이자를 수령하는 시점에 현금 등으로 대체될 것이기 때문이다. 현금출자를 통하여 주식을 취득하는 경우 해당 **현금출자액**은 그 주식의 매입가액으로 보아야 한다. 전환사채 또는 전환주식의 전환권 행사에 따라 주식을 취득하는 경우에는 해당 **전환조건에 따른 주식발행가액**을 그 매입가액으로 보아야 한다. 전환가액이 당사자들 사이에 합의된 가액에 해당하기 때문이다. 콜옵션 롱포지션(call option long position)에 따라 주식을 취득하는 경우에는 그 **행사가격에 콜옵션 프리미엄**(call option premium)**을 더한 가액**을 매입가액으로 보아야 한다. 풋옵션 숏포지션(put option short position)에 따라 주식을 취득하는 경우에는 그 **행사가격에서 풋옵션 프리미엄**(put option premium)**을 차감한 가액**을 매입가액으로 보아야 한다. 옵션거래에 있어서 기초자산인 주식의 거래가 발생하기 위하여서는 당사자들의 합의에 따른 프리미엄의 지급이 선행되어야 하는바, 그 동일한 합의에 따라 옵션이 행사되었다면 그 프리미엄거래를 당사자들 사이의 하나의 약정에 따른 기초자산인 주식의 매매거래에 편입하여 하나의 거래로서 취급하는 것이 타당하기 때문이다. 만약 옵션이 행사되지 않았다면 해당 프리미엄거래 자체를 독립된 거래로서 그 손익으로서 인식하여야 한다. 한편 옵션거래에 있어서 프리미엄이 추후 변경된다고 하더라도 해당 **프리미엄의 변동액** 역시 기초자산인 주식의 매매거래에 관계된 것이라면 그 행사 당시를 기준으로 주식의 매매거래에 편입하여 하나의 거래로 취득하는 것이 타당하다. 자기주식의

처분익을 익금으로 인식하는 이상 **자기주식의 취득** 역시 자산의 매입거래로 보는 것이 타당하다. 자기주식을 유상소각하는 경우와는 구분하여야 한다.[699] **매입가액이 외화인 경우**에는 그 취득시점 당시의 '외국환거래규정에 따른 매매기준율 또는 재정된 매매기준율'에 의하여 환산한 원화금액을 매입가액으로 보아야 한다. 화폐성 외화부채의 상환에 관한 평가규정을 준용하는 것이 타당하기 때문이다. **매입시점을 어떻게 결정할 것인지 여부**는 법인세법 상 '매입'의 해석에 관한 것이므로 경제적 실질의 관점에서 관계 법령 및 계약 내용 등 구체적 상황을 감안하여 결정하여야 한다. 다만 이를 통하여서도 그 매입시점을 결정할 수 없다면 기업회계기준을 적용하여야 한다. 이 역시 자산의 취득에 관한 것이기 때문이다. **취득세 등 취득가액에 포함된 세금이 환급된 경우**에는 해당 취득원가를 계상한 사업연도에 대하여 손금산입(△유보)로, 감가상각한 사업연도에 대하여서는 익금불산입(유보)로, 해당 금액이 환급된 날이 속하는 사업연도에 대하여서는 손입산입(△유보) 잔액에 대하여 익금불산입(유보)로 각 세무조정하여야 한다.

1의2. 내국법인이 외국자회사를 인수하여 취득한 주식 등으로서 **법정 주식 등**: 익금불산입된 '외국자회사로부터 받은 수입배당금액'(법세 §18의4), 인수 시점의 외국자회사의 이익잉여금 등을 고려하여 정하는 **법정 금액**(법세령 §72 ② 1호의2). **법정 금액**은 해당 주식 등의 **매입가액에서 다음 각 목의 요건을 모두 갖춘 수입배당금액을 뺀 금액**을 말한다(법세령 §72 ② 1호의2). 이 규정은 2023년 1월 1일 이후 외국자회사를 인수한 경우부터 적용한다.

> 가. 내국법인이 외국자회사의 의결권 있는 발행주식총수 또는 출자총액의 100분의 10(해외자원개발사업을 하는 외국법인(조특 §22)의 경우에는 100분의 5) 이상을 최초로 보유하게 된 날의 직전일 기준 이익잉여금을 재원으로 한 수입배당금액일 것
> 나. 외국자회사 수입배당금 익금불산입(법세 §18의4 ①)에 따라 익금에 산입되지 않았을 것

2. **자기가 제조·생산·건설 기타 이에 준하는 방법에 의하여 취득한 자산**: 원재료비·노무비·운임·하역비·보험료·수수료·공과금(취득세와 등록세를 포함)·설치비 기타 부대비용의 합계액. '**부가가치세법 상 의제매입세액**'(부가세 §42)과 '**재활용폐자원 등에 대한 부가가치세 매입세액 공제특례**(조특 §108)에 따라 공제받는 매입세액'은 법인의 각 사업연도의 소득금액계산을 할 때 원재료의 매입가액에서 공제한다(법세령 §22의2 ②). 이 경우 **취득원가에 포함되는 부대비용의 범위** 역시 법인세법 및 조세특례제한법에 다른 규정이 없는 한 기업회계기준에 따라 판정하여야 한다. 따라서 기업회계기준에 의하여 배부된 금액은 특별 규정에 반하지 않는 한 취득원가에 포함되는 것으로 보아야 한다.

3. **합병·분할 또는 현물출자에 따라 취득한 자산의 경우** 다음 각 목의 구분에 따른 금액
   가. 적격합병 또는 적격분할의 경우: 피합병법인의 자산을 장부가액으로 양도받은 경우 양도받은 자산의 가액(법세령 §80의4 ①) 또는 분할법인 등의 자산을 장부가액으로 양도받은 경우 양도받은 자산의 가액(법세령 §82의4 ①)

나. 그 밖의 경우 : 해당 자산의 시가

3의2. **물적분할에 따라 분할법인이 취득하는 주식 등의 경우** : 물적분할한 순자산의 시가

가. (삭제)

나. (삭제)

4. **현물출자에 따라 출자법인이 취득한 주식 등의 경우** 다음 각 목의 구분에 따른 금액

    가. 출자법인 등(다른 내국인 또는 외국인과 공동으로 출자하는 경우 출자법인과 공동으로 출자한 자를 포함)이 현물출자로 인하여 피출자법인을 새로 설립하면서 그 대가로 주식 등만 취득하는 현물출자의 경우 : 현물출자한 순자산의 시가. 피출자법인을 신설하는 경우에는 해당 주식 등의 가액을 평가하는 것이 어려우므로, 그 대용치(proxy)로서 현물출자한 순자산의 시가에 의하여 취득가액을 계상하는 것이다.

    나. 그 밖의 경우 : 해당 주식 등의 시가

4의2. **채무의 출자전환에 따라 취득한 주식 등** : 취득 당시의 시가. 다만, 채무의 출자전환으로 주식 등을 발행하는 경우에는 그 주식 등의 시가를 초과하여 발행된 금액으로서 해당 사업연도의 익금에 산입하지 아니하고 그 이후의 각 사업연도에 발생한 결손금의 보에 충당할 수 있는 법정 요건(법세 §17 ② ; 법세령 §15 ①)을 갖춘 채무의 출자전환으로 취득한 주식 등은 출자전환된 채권(대손금을 손금에 산입할 수 없는 채권(법세 §19의2 ②)은 제외)의 장부가액으로 한다. **출자전환된 채권의 장부가액이 출자전환으로 취득한 주식을 초과하는 상황에 있어서 그 시가초과액을 해당 사업연도의 익금에 산입하지 않는다면**, 해당 시가초과액을 출자전환으로 취득한 주식 등의 취득가액에 반영하여 즉시 손금에 산입되지 않도록 하는 것이 타당하다. 주식 등의 취득가액에 반영된 시가초과액은 향후 사업연도에 그 처분 시 손금으로 전환된다. 또한 **출자전환된 채권의 장부가액이 출자전환으로 취득한 주식을 초과하는 상황에 있어서 '대손금을 손금에 산입할 수 없는 채권'**(법세 §19의2 ②)**을 출자전환한다면**, 그 취득가액을 취득 당시 주식 등 시가로 하는 것이 타당하다. 그 채권의 장부가액을 주식 등의 취득가액으로 한다면 대손금으로서 손금에 산입할 수 없는 채권이 주식 등 취득가액으로 전환되어 향후 사업연도에 손금에 산입되는 문제가 발생하기 때문이다. 한편 **출자전환되는 채무의 장부가액이 신주발행가액에 미치지 못하는 경우 해당 법인은 그 차액을 손금으로 인식한다.** 즉 갑 주식회사가 발행한 외화표시 전환사채를 을 외국회사가 인수한 후 전환권 행사기간이 도래하기 전에 갑 회사와 을 회사는 을 회사가 전환사채를 당시의 기준환율에 따라 평가하여 현물출자하고 갑 회사의 주식을 교부받기로 하는 현물출자 계약을 체결하였는데, 갑 회사가 현물출자 계약과 관련하여 부채로 계상된 전환사채가 소멸하고 자본항목인 자본금 및 주식발행액면초과액이 증가하는 것으로 회계처리를 하였고, 그 후 갑 회사가 전환사채의 현물출자가액과 장부가액의 차액을 법인세 관련 손금에 산입하여 경정청구하였는바, 이 경우 해당 금액은 손금으로 인정될 수 있다.[700)]

5. **합병 또는 분할(물적분할은 제외)에 따라 취득한 주식 등** : '종전의 장부가액'에 '의제배당 금액'(법세 §16 ① 5호, 6호) 및 '자본거래(법세령 §88 ① 8호 각 목, 8호의2)로 인하여 특수관계인으로부터 분여받은 이익'(법세 §11 8호)을 더한 금액에서 '합병대가'(법세 §16 ② 1호) 또는

'분할대가'(법세 §16 ② 2호) 중 금전이나 그 밖의 재산가액의 합계액을 뺀 금액

5의2. **단기금융자산 등** : 매입가액. 단기금융자산 등은 사업연도 말에 시가에 의하여 평가하여 손익에 반영하므로 매입 관련 부대비용을 취득가액에 가산할 실익이 없다. 이러한 이유로 법인세법이 기업회계기준을 수용한 것이다.

5의3. **공익법인 등**(상증세령 §12)**이 기부받은 자산** : 특수관계인 외의 자로부터 기부받은 '사회복지·문화·예술·교육·종교·자선·학술 등 공익성을 고려한 일반기부금'(법세 §24 ③ 1호)에 해당하는 자산(현물기부(법세령 §36 ①)에 따른 금전 외의 자산만 해당)은 기부한 자의 기부 당시 장부가액[사업소득과 관련이 없는 자산(개인인 경우만 해당)의 경우에는 취득 당시의 소득세법에 따른 취득가액(소세령 §89)]. 다만, 상속세 및 증여세법에 따라 증여세 과세가액에 산입되지 않은 출연재산이 그 후에 과세요인이 발생하여 그 과세가액에 산입되지 않은 출연재산에 대하여 증여세의 전액이 부과되는 경우에는 기부 당시의 시가로 한다.

6. **정부로부터 무상으로 할당받은 배출권**(배출권 §12) : 영(0)원

7. **그 밖의 방법으로 취득한 자산** : 취득 당시의 시가. 따라서 자산의 교환을 통하여 자산을 취득하는 경우, 무상으로 자산을 취득하는 경우 및 대물변제로 자산을 취득한 경우에도 해당 자산의 취득가액은 그 시가로 계상하여야 한다. 자산의 교환을 통하여 자산을 취득하는 경우 교환된 자산의 장부가액과 그 해당 자산 취득가액 사이의 차액 또는 대물변제로 자산을 취득한 경우에 있어서 채권의 장부가액과 해당 자산의 취득가액 사이의 차액에 대하여 각 손익을 인식하여야 하고, 무상으로 자산을 취득하는 경우에는 자산수증익을 인식하여야 한다.

자산의 취득가액에 포함되는 법정 항목은 다음과 같다(법세령 §72 ③). 이 경우 자본거래(법세령 §88 ① 8호 각 목, 8호의2)로 인하여 특수관계인으로부터 분여받은 이익'(법세 §11 8호) 중 '법인의 자본(출자액을 포함)을 증가시키는 거래에 있어서 신주(전환사채·신주인수권부사채 또는 교환사채 등을 포함)를 배정·인수받을 수 있는 권리의 전부 또는 일부를 포기(그 포기한 신주가 '자본시장과 금융투자업에 관한 법률에 따른 모집방법으로 배정되는 경우'(자본시장 §9 ⑦)를 제외)하거나 신주를 시가보다 높은 가액으로 인수하는 경우'(법세령 §88 ① 8호 나목) 및 '법인의 감자에 있어서 주주 등의 소유주식 등의 비율에 의하지 아니하고 일부 주주 등의 주식 등을 소각하는 경우'(법세령 §88 ① 8호 다목)에 있어서 부당행위계산 부인규정(법세 §52)에 따라 각 분여받은 이익을 취득가액에 포함한다(법세칙 §37 ②).

---

698) 기업회계기준서 제1109호 문단 3.1.1.~3.2.23 ; 일반기업회계기준 제6장 문단 6.5.~6.11.
699) 같은 절 제2관 Ⅱ 5, 16.2 참조.
700) 대법원 2018.7.24. 2015두46239.

1. '특수관계인인 개인으로부터 유가증권을 시가보다 낮은 가액으로 매입하는 경우 시가와 그 매입가액의 차액에 상당하는 금액'(법세 §15 ② 1호)을 익금에 산입하는 경우, 그 익금산입액
2. 건설자금에 충당하는 차입금 이자(법세 §28 ① 3호, ②)로서 손금에 산입하지 아니한 금액
3. 유형자산의 취득과 함께 국·공채를 매입하는 경우 기업회계기준에 따라 그 국·공채의 매입가액과 현재가치의 차액을 해당 '유형자산의 취득가액으로 계상'한 금액. 즉 이 경우 해당 차액을 유형자산의 매입 관련 부대비용으로 의제하는 것이다. '유형자산의 취득가액으로 계상'한 경우에 대하여 적용되므로, '재고자산'에 대하여서는 적용되지 않는다. 재고자산의 경우에는 통상 하나의 사업연도 내에 매출원가로 전환될 것이므로 이를 취득가액에 가산할 실익이 없다.

자산의 취득가액에서 배제되는 법정 항목은 다음과 같다(법세령 §72 ④).

1. 자산을 장기할부조건 등(법세령 §68 ④)으로 취득하는 경우 발생한 채무를 기업회계기준이 정하는 바에 따라 현재가치로 평가하여 **현재가치할인차금**으로 계상한 경우의 당해 현재가치할인차금
2. **법정 연지급수입**(법세칙 §37 ③)에 있어서 취득가액과 구분하여 지급이자로 계상한 금액. **법정 연지급수입**은 다음 각 호의 수입을 말한다(법세칙 §37 ③).

   1. 은행이 신용을 공여하는 **기한부 신용장방식**(banker's usance) 또는 공급자가 신용을 공여하는 **수출자신용방식**(shipper's usance)에 의한 수입방법에 의하여 그 선적서류나 물품의 영수일부터 일정 기간이 경과한 후에 당해 물품의 수입대금 전액을 지급하는 방법에 의한 수입
   2. **수출자가 발행한 기한부 환어음을 수입자가 인수**하면 선적서류나 물품이 수입자에게 인도되도록 하고, 그 선적서류나 물품의 인도일부터 일정 기간이 지난 후에 수입자가 해당 물품의 수입대금 전액을 지급하는 방법에 의한 수입
   3. 정유회사, 원유·액화천연가스 또는 액화석유가스 수입업자가 원유·액화천연가스 또는 액화석유가스의 **일람불방식·수출자신용방식** 또는 **사후송금방식에 의한 수입대금결제**를 위하여 외국환거래법에 의한 연지급수입기간 이내에 **단기외화자금을 차입**하는 방법에 의한 수입
   4. 그 밖에 제1호 내지 제3호와 유사한 연지급수입

3. '자산을 **시가보다 높은 가액으로 매입 또는 현물출자**받은 경우'(법세령 §88 ① 1호) 및 '법인의 자본(출자액을 포함)을 증가시키는 거래에 있어서 **신주(전환사채·신주인수권부 사채 또는 교환사채 등을 포함)를 시가보다 높은 가액으로 인수하는 경우**'(법세령 §88 ① 8호 나목)의 각 시가초과액
4. (삭제)

장기할부채무에 대한 현재가치할인차금(법세령 §72 ④ 1호) 및 연지급수입에 있어서의 지급이자(법세령 §72 ④ 2호)에 대하여서는 다음 각 규정이 적용되지 않는다(법세령 §72 ⑥).

- 내국법인 수입배당금액의 익금불산입에서 제외되는 차입금 관련 법정 금액(법세 §18의2 ① 2호)
- 지주회사 수입배당금액의 익금불산입에서 제외되는 차입금 관련 법정 금액(법세 §18의3 ① 2호). 2022년 12월 31일 법인세법 개정으로 인하여 삭제되어 적용되지 않는다.
- 지급이자의 손금불산입(법세 §28)
- 내국법인의 이자소득 등에 대한 원천징수(법세 §73)
- 내국법인의 채권 등의 보유기간이자상당액에 대한 원천징수(법세 §73의2)
- 외국법인에 대한 원천징수 또는 징수의 특례(법세 §98)
- 지급명세서의 제출의무(법세 §120)
- 외국법인의 국내원천소득 등에 대한 지급명세서 제출의무의 특례(법세 §120의2)

법인이 보유하는 자산에 대하여 특정 사유(평가, 자본적 지출, 합병 또는 분할합병)가 발생한 경우의 취득가액은 다음과 같다(법세령 §72 ⑤). 이 경우 자본거래(법세령 §88 ① 8호 각 목, 8호의2)로 인하여 특수관계인으로부터 분여받은 이익'(법세 §11 8호) 중 '법인의 자본(출자액을 포함)을 증가시키는 거래에 있어서 신주(전환사채·신주인수권부사채 또는 교환사채 등을 포함)를 배정·인수받을 수 있는 권리의 전부 또는 일부를 포기(그 포기한 신주가 '자본시장과 금융투자업에 관한 법률에 따른 모집방법으로 배정되는 경우'(자본시장 §9 ⑦)를 제외)하거나 신주를 시가보다 높은 가액으로 인수하는 경우'(법세령 §88 ① 8호 나목) 및 '법인의 감자에 있어서 주주 등의 소유주식 등의 비율에 의하지 아니하고 일부 주주 등의 주식 등을 소각하는 경우'(법세령 §88 ① 8호 다목)에 있어서 부당행위 계산부인 규정(법세 §52)에 따라 각 분여받은 이익을 취득가액에 포함한다(법세칙 §37 ②).

1. 자산·부채의 평가(법세 §42 ① 각 호, ③)가 있는 경우에는 그 평가액
2. 자본적 지출(법세령 §31 ②)이 있는 경우에는 그 금액을 가산한 금액
3. 합병 또는 분할합병[합병 또는 분할(물적분할은 제외)에 따라 취득한 주식 등(법세령 §72 ② 5호)의 경우는 제외]으로 받은 이익이 '자본거래(법세령 §88 ① 8호 각 목, 8호의2)로 인하여 특수관계인으로부터 분여받은 이익'(법세 §11 8호)에 해당하는 경우에는 그 이익을 가산한 금액

구상무역방법에 의하여 수출한 물품의 판매금액의 계산은 다음 각 호에 의한다(법세칙 §40 ①). 수출 또는 수입한 물품과 연계하여 수입 또는 수출하는 물품의 일부가 사업연도를 달리하여 이행되는 경우에 각 사업연도에서 이행된 분에 대한 수입물품의 취득가액 또는 수출물품의 판매가액은 그 이행된 분의 비율에 따라 각각 이를 안분계산한다(법세칙 §40 ③). 구상무역은 양국 간의 협정을 통하여 일정 기간 상호 간의 수출을 균등하게 하여 그 결제자금을 조달할 필요가 없도록 하는 것을 의도하는 무역을 의미한다.

> 1. 선수출 후수입의 경우에는 그 수출과 연계하여 수입할 물품의 외화표시가액을 수출한 물품의 선박 또는 비행기에의 적재를 완료한 날 현재의 당해 거래와 관련된 거래은행의 대고객 외국환매입률에 의하여 계산한 금액
> 2. 선수입 후수출의 경우에는 수입한 물품의 외화표시가액을 통관절차가 완료된 날 현재의 당해 거래와 관련된 거래은행의 대고객 외국환매입률에 의하여 계산한 금액

구상무역에 의하여 수입한 물품의 취득가액은 수출하였거나 수출할 물품의 판매금액과 당해 수입물품의 수입에 소요된 부대비용의 합계액에 상당하는 금액으로 한다(법세칙 §40 ②). 수출 또는 수입한 물품과 연계하여 수입 또는 수출하는 물품의 일부가 사업연도를 달리하여 이행되는 경우에 각 사업연도에서 이행된 분에 대한 수입물품의 취득가액 또는 수출물품의 판매가액은 그 이행된 분의 비율에 따라 각각 이를 안분계산한다(법세칙 §40 ③).

 IV 자산·부채의 평가

1. 일반원칙

자산·부채의 평가는 익금·손금 발생 거래가 종료된 이후 자산·부채 취득가액 또는 장부가액에 기반하여 계산하지 않는 별도의 기준에 근거하여 취득가액 또는 장부가액을 다시 측정하는 것을 의미한다. 따라서 자산 계상금액의 모든 변동이 바로 자산의 평가를 의미하는 것은 아니다. 부채 계상금액이 변동하는 경우에도 동일하다.[701] 자산의 최초 취득가액 또는 장부가액에 근거하여 다시 새로운 장부가액을 계산하는 것 역시 자산의 평가에 해당하지 않는다. 자산의 최초 취득가액 또는 장부가액에 근거하여 계산된 감가상각비를 새로운 장부가액

---

701) 같은 장 제2절 제2관 Ⅱ 7 참조.

에 반영하는 것이 그 예에 속한다. 법인세법 역시 감가상각을 평가에서 제외한다(법세령 §42 ① 각 호 외 괄호부분). 또한 법인이 해당 자산의 취득가액 총액을 다른 수량 또는 종류의 자산에 대하여 승계하는 경우에는 각 승계자산의 장부가액이 변동되는바, 이 경우 변동분 역시 평가에서 제외된다. 당초 취득가액에 기반하여 재계산된 가액에 불과하기 때문이다.

'자산·부채의 평가에 해당하지 않는 자산·부채 계상금액의 변동분'을 어떻게 익금 또는 손금에 반영할지 여부는 여전히 '자산·부채의 취득가액'에 관한 것으로서 법인세법 및 조세특례제한법 상 특별한 규정이 없는 한 기업회계기준이 보충적으로 적용되어야 한다. 그러나 자산·부채 계상금액의 변동과 자산·부채의 평가는 구분되는 개념이므로, '자산·부채의 평가'에 대하여서는 법인세법 및 조세특례제한법 상 특별한 규정이 없는 경우에도 기업회계기준이 보충적으로 적용될 수는 없다. 내국법인의 각 사업연도의 소득금액을 계산할 때 그 법인이 '자산·부채의 취득'에 관하여 일반적으로 공정·타당하다고 인정되는 기업회계기준을 적용하거나 관행을 계속 적용하여 온 경우에는 법인세법 및 조세특례제한법에서 달리 규정하고 있는 경우를 제외하고는 그 기업회계기준 또는 관행에 따른다고 규정하기 때문이다(법세 §43).[702] 법인세법 상 특별 규정이 없는 한 내국법인이 보유하는 자산과 부채의 장부가액을 평가하는 경우에는 그 평가일이 속하는 사업연도와 그 후의 각 사업연도의 소득금액을 계산할 때 그 자산과 부채의 장부가액은 평가 전의 가액으로 한다고 규정(법세 §42 ①)에도 이러한 취지가 반영되어 있다.

2. 자산·부채별 평가

2.1. 개요

내국법인이 보유하는 자산과 부채의 장부가액을 평가(증액 또는 감액 ; 감가상각은 제외)한 경우에는 그 평가일이 속하는 사업연도와 그 후의 각 사업연도의 소득금액을 계산할 때 그 자산과 부채의 장부가액은 평가 전의 가액으로 한다(법세 §42 ① 본문). 다만, 다음 각 호의 어느 하나에 해당하는 경우에는 그러하지 아니하다(법세 §42 ① 단서).

> 1. **보험업법이나 그 밖의 법률에 따른 유형자산 및 무형자산** 등의 평가(장부가액을 증액한 경우만 해당). 자산의 평가와 관련하여서는 법인세법 상 개별규정이 없더라도 바로 기업회

---

702) 같은 장 제2절 제2관 Ⅱ 7 참조.

계기준이 적용되는 것은 아니므로, **기업회계기준 상 재평가모형**의 적용에 관한 규정은 적용될 수 없다.

2. **재고자산 등 법정 자산과 부채**(법세령 §73)의 평가(법세령 §74~§77). **재고자산 등 법정 자산과 부채는 다음 각 호의 것을 말한다**(법세령 §73). 이 경우 그 자산 및 부채별로 법정 절차(법세령 §73~§77)에 따라 평가하여야 하고(법세 §42 ②), 자산과 부채를 평가한 내국법인은 그 자산과 부채의 평가에 관한 명세서를 납세지 관할 세무서장에게 제출하여야 한다(법세 §42 ④).

> 1. 다음 각 목의 어느 하나에 해당하는 재고자산
>   가. 제품 및 상품(부동산매매업자가 매매를 목적으로 소유하는 부동산을 포함하며, 유가증권을 제외)
>   나. 반제품 및 재공품
>   다. 원재료
>   라. 저장품
> 2. 다음 각 목의 어느 하나에 해당하는 유가증권 등
>   가. 주식 등
>   나. 채권
>   다. 집합투자재산(자본시장 §9 ⑳)
>   라. 보험업법 상 특별계정(보험업 §108 ① 3호)에 속하는 자산
> 3. **기업회계기준**에 따른 화폐성외화자산·부채. 화폐성외화자산·부채에 해당하는지 여부는 기업회계기준에 따라 결정되어야 한다.
> 4. 금융회사 등(법세령 §61 ② 1호~7호)이 보유하는 통화 관련 파생상품 중 **법정 통화선도 등**(통화선도, 통화스왑 및 환변동보험)(법세칙 §37의2). **법정 통화선도 등**은 다음 각 호의 거래를 말한다(법세칙 §37의2).
>
> > 1. **통화선도** : 원화와 외국통화 또는 서로 다른 외국통화의 매매계약을 체결함에 있어 장래의 약정기일에 약정환율에 따라 인수·도하기로 하는 거래
> > 2. **통화스왑** : 약정된 시기에 약정된 환율로 서로 다른 표시통화간의 채권채무를 상호 교환하기로 하는 거래
> > 3. **환변동보험** : 한국무역보험공사가 운영(무역보험 §3)하는 환변동위험을 회피하기 위한 선물환 방식의 보험계약(당사자 어느 한쪽의 의사표시에 의하여 기초자산이나 기초자산의 가격·이자율·지표·단위 또는 이를 기초로 하는 지수 등에 의하여 산출된 금전, 그 밖의 재산적 가치가 있는 것을 수수하는 거래를 성립시킬 수 있는 권리를 부여하는 것을 약정하는 계약과 결합된 보험계약은 제외)
>
> 5. 금융회사 등(법세령 §61 ② 1호~7호) 외의 법인이 화폐성외화자산·부채의 환위험을

회피하기 위하여 보유하는 통화선도 등
　　6. 가상자산(특정금융거래 §2 3호)

장부가액을 감액할 수 있는 법정 자산 역시 있다. 즉 다음 각 호의 어느 하나에 해당하는 자산은 **법정 방법**(법세령 §78 ③)에 따라 그 장부가액을 감액할 수 있다(법세 §42 ③). 이 경우 자산과 부채를 평가한 내국법인은 그 자산과 부채의 평가에 관한 명세서를 납세지 관할 세무서장에게 제출하여야 한다(법세 §42 ④).

---

1. 재고자산으로서 파손·부패 등의 사유로 정상가격으로 판매할 수 없는 것
2. 유형자산으로서 천재지변·화재 등 **법정 사유**(법세령 §78 ①)로 파손되거나 멸실된 것.
　법정 사유는 다음 각 호의 어느 하나에 해당하는 사유를 말한다(법세령 §78 ①).

> 1. 천재지변 또는 화재
> 2. 법령에 의한 수용 등
> 3. 채굴예정량의 채진으로 인한 폐광(토지를 포함한 광업용 유형자산이 그 고유의 목적에 사용될 수 없는 경우를 포함)

3. **법정 주식 등**(법세령 §78 ②)으로서 해당 주식 등의 발행법인이 다음 각 목의 어느 하나에 해당하는 것
　가. 부도가 발생한 경우
　나. 채무자 회생 및 파산에 관한 법률에 따른 회생계획인가의 결정을 받은 경우
　다. 기업구조조정 촉진법에 따른 부실징후기업이 된 경우
　라. 파산한 경우
　법정 주식 등은 다음 각 호의 구분에 따른 주식 등을 말한다(법세령 §78 ②).

> 1. **가목부터 다목까지의 경우** : 다음 각 목의 어느 하나에 해당하는 주식 등
> 　가. 주권상장법인(자본시장과 금융투자업에 관한 법률에 따른 주권상장법인)이 발행한 주식 등
> 　나. 중소기업 창업지원법에 따른 중소기업창업투자회사 또는 여신전문금융업법에 따른 신기술사업금융업자가 보유하는 주식 등 중 각각 창업자 또는 신기술사업자가 발행한 것
> 　다. 주권상장법인이 아닌 법인 중 경제적 연관관계 또는 경영지배관계 등 특수관계(법세령 §2 ⑧ 각 호)에 있지 않은 법인이 발행한 주식 등. 이 경우 법인과 특수관계의 유무를 판단할 때 **주식 등의 발행법인의 발행주식총수 또는 출자총액의 100분의**

5 이하를 소유하고 그 취득가액이 10억원 이하인 주주 등에 해당하는 법인은 업무무관 지출 관련 소액주주 등 규정[발행주식총수 또는 출자총액의 100분의 1에 미달하는 주식 등을 소유한 주주 등(해당 법인의 국가, 지방자치단체가 아닌 지배주주 등의 특수관계인인 자는 제외)](법세령 §50 ②)에도 불구하고 **소액주주 등으로 보아** 특수관계인에 해당하는지를 판단한다(법세령 §78 ④).

2. **라목의 경우** : 주식 등

3. (삭제)

4. (삭제)

장부가액을 감액할 수 있는 법정 방법은 '자산의 장부가액을 해당 감액사유가 발생한 사업연도(유형자산으로서 천재지변·화재 등 법정 사유(법세령 §78 ①)로 파손되거나 멸실된 경우(법세 §42 ③ 2호)에는 파손 또는 멸실이 확정된 사업연도를 포함)에 다음 각 호에 따른 평가액으로 감액하고, 그 감액한 금액을 해당 사업연도의 손비로 계상하는 방법'을 말한다(법세령 §78 ③).

1. **법정 재고자산**(법세 §42 ③ 1호)의 경우에는 당해 재고자산을 **사업연도 종료일 현재 처분가능한 시가**로 평가한 가액

2. **법정 유형자산**(법세 §42 ③ 2호)의 경우에는 **사업연도 종료일 현재 시가**로 평가한 가액

3. **법정 주식 등**(법세 §42 ③ 3호)의 경우에는 **사업연도 종료일 현재 시가**(주식 등의 발행법인별로 보유주식총액을 시가로 평가한 가액이 1천원 이하인 경우에는 1천원)로 평가한 가액

2.2. 재고자산의 평가

재고자산의 평가는 **다음 각 호의 1에 해당하는 방법**(제1호의 경우에는 동호 각 목의 1에 해당하는 방법) **중 법인이 납세지 관할 세무서장에게 신고한 방법**에 의한다(법세령 §74 ①). 재고자산의 평가를 월별·분기별 또는 반기별로 행하는 경우에는 전월·전분기 또는 전반기와 동일한 평가방법에 의하여야 한다(법세칙 §38). 재고자산에 해당하는지 여부는 재고자산의 계상 또는 취득에 관한 것이므로 기업회계기준에 의하여 결정되어야 한다. 재고자산 중 '반제품 및 재공품', '원재료', '저장품'에 해당하는지 여부 역시 동일하게 결정되어야 한다. 이는 재고자산의 평가에 관하여 특별 규정이 없으면 기업회계기준이 적용될 수 없다는 점과는 구분된다.[703] 법인세법은 화폐성외화자산·부채에 해당하는지 여부에 관하여서는 기업회계기준에 따라

---

703) 같은 Ⅳ 1 참조.

결정되어야 한다고 명시하는바(법세령 §73 3호), 재고자산 평가의 중요성을 감안한다면 재고자산 이 경우에도 이를 명시하는 것이 바람직하다. **원가법 및 저가법만을 재고자산의 평가방법으로 규정하므로 재고자산의 평가익을 인식할 수는 없다.** 재고자산을 평가한 법인은 신고(법세 §60)와 함께 **재고자산평가조정명세서**(법세칙 §82)를 납세지 관할 세무서장에게 제출하여야 한다(법세령 §74 ⑦).

---

1. **원가법** : 다음 각 목의 1에 해당하는 방법에 의하여 산출한 취득가액을 그 자산의 평가액으로 하는 방법

   가. **개별법**(재고자산을 개별적으로 각각 그 취득한 가액에 따라 산출한 것을 그 자산의 평가액으로 하는 방법)

   나. **선입선출법**(먼저 입고된 것부터 출고되고 그 재고자산은 사업연도 종료일부터 가장 가까운 날에 취득한 것이 재고로 되어 있는 것으로 하여 산출한 취득가액을 그 자산의 평가액으로 하는 방법)

   다. **후입선출법**(가장 가까운 날에 입고된 것부터 출고되고 그 재고자산은 사업연도 종료일부터 가장 먼 날에 취득한 것이 재고로 되어 있는 것으로 하여 산출한 취득가액을 그 자산의 평가액으로 하는 방법)

   라. **총평균법**(자산을 품종별·종목별로 당해 사업연도 개시일 현재의 자산에 대한 취득가액의 합계액과 당해 사업연도 중에 취득한 자산의 취득가액의 합계액의 총액을 그 자산의 총수량으로 나눈 평균단가에 따라 산출한 취득가액을 그 자산의 평가액으로 하는 방법)

   마. **이동평균법**(자산을 취득할 때마다 장부시재금액을 장부시재수량으로 나누어 평균단가를 산출하고 그 평균단가에 의하여 산출한 취득가액을 그 자산의 평가액으로 하는 방법)

   바. **매출가격환원법**(재고자산을 품종별로 당해 사업연도 종료일에 있어서 판매될 예정가격에서 판매예정차익금을 공제하여 산출한 취득가액을 그 자산의 평가액으로 하는 방법)

2. **저가법**: 재고자산을 **제1호의 규정에 의한 원가법과 기업회계기준이 정하는 바에 따라 시가로 평가한 가액** 중 낮은 편의 가액을 평가액으로 하는 방법. 즉 저가법을 적용하는 경우에는 기업회계기준에 의한 재고자산의 시가 평가액을 적용하는 것을 허용한다.

재고자산의 평가단위에 대하여 살핀다. 재고자산을 평가할 때 해당 자산을 **법정 재고자산의 각 분류**[제품 및 상품(부동산매매업자가 매매를 목적으로 소유하는 부동산은 포함하며, 유가증권은 제외), 반제품 및 재공품, 원재료, 저장품](법세령 §73 1호 각 목) **별로** 각 구분하여 **종류별·영업장별로** 각 다른 방법에 의하여 평가할 수 있다(법세령 §74 ② 본문). 이 경우 **수익과 비용을 영업의 종목**(한국표준산업분류에 의한 **중분류** 또는 소분류에 의함) 또는 **영업장별로 각 구분하**

여 기장하고, 종목별·영업장별로 제조원가보고서와 포괄손익계산서(포괄손익계산서가 없는 경우에는 손익계산서)를 작성하여야 한다(법세령 §74 ② 단서).

재고자산 평가방법의 신고에 대하여 살핀다. 법인이 재고자산의 평가방법을 신고(법세령 §74 ①)하고자 하는 때에는 다음 각 호의 기한 내에 **재고자산 등 평가방법신고(변경신고)서**(법세칙 §82)를 납세지 관할 세무서장에게 제출(국세정보통신망에 의한 제출을 포함)하여야 한다(법세령 §74 ③ 전단). 이 경우 저가법을 신고하는 경우에는 시가와 비교되는 원가법을 함께 신고하여야 한다(법세령 §74 ③ 후단). 법인이 다음 각 호의 기한이 경과된 후에 재고자산의 평가방법을 신고한 경우에는 그 신고일이 속하는 사업연도까지는 종전의 평가방법을 준용하고, 그 후의 사업연도에 있어서는 법인이 신고한 평가방법에 의한다(법세령 §74 ⑤).

> 1. **신설법인과 새로 수익사업을 개시한 비영리내국법인**은 당해 법인의 설립일 또는 수익사업 개시일이 속하는 사업연도의 법인세과세표준의 신고기한
> 2. **제1호의 신고를 한 법인으로서 그 평가방법을 변경하고자 하는 법인**은 변경할 평가방법을 적용하고자 하는 사업연도의 종료일 이전 3월이 되는 날

선입선출법 또는 개별법에 의한 평가가 강제되는 경우에 대하여 살핀다. 법인이 다음 각 호의 어느 하나에 해당하는 경우에는 납세지 관할 세무서장이 **선입선출법**(매매를 목적으로 소유하는 부동산의 경우에는 **개별법**)에 의하여 재고자산을 평가한다(법세령 §74 ④ 본문). 다만, 제2호 또는 제3호에 해당하는 경우로서 **신고한 평가방법에 의하여 평가한 가액이** 선입선출법(매매를 목적으로 소유하는 부동산의 경우에는 개별법)에 의하여 **평가한 가액보다 큰 경우**에는 신고한 평가방법에 의한다(법세령 §74 ④ 단서). 법인이 재고자산의 평가방법을 신고하지 아니하여 선입선출법 또는 개별법에 따라 평가되는 경우 그 평가방법을 변경하려면 변경할 평가방법을 적용하려는 사업연도의 종료일 전 3개월이 되는 날까지 변경신고를 하여야 한다(법세령 §74 ⑥).

> 1. 신설법인과 새로 수익사업을 개시한 비영리내국법인이 법정신고기한(법세령 §74 ③ 1호) 내에 재고자산의 평가방법을 **신고하지 아니한 경우**
> 2. 신고한 평가방법 **외의 방법으로 평가한 경우**
> 3. 평가방법은 변경하고자 하는 법인이 법정신고기한(법세령 §74 ③ 2호) 내에 재고자산의 평가방법 **변경신고를 하지 아니하고 그 방법을 변경한 경우**

2.3. 유가증권 등의 평가

2.3.1. 법인세법 상 유가증권 등의 정의 및 그 범위

주식 등(법세령 §73 2호 가목) **및 채권**(법세령 §73 2호 나목)**을 포괄하는 유가증권 등은 어떻게 정의되어야 하는가?** 법인세법 상 주식 등 및 채권, 그리고 이를 포괄하는 유가증권 등에 대한 정의규정이 없다. 자본시장과 금융투자업에 관한 법률은 증권(주식, 채권 등) 및 파생상품을 포괄하는 금융투자상품에 대하여 정의한다. 법인세법이 자본시장과 금융투자업에 관한 법률 상 금융투자상품에 대한 평가에 대하여 규정하지 않는다면 이는 입법적 미비에 해당하고 법인세법은 이러한 문제가 발생하지 않도록 해석되어야 한다. 게다가 법인세법이 원칙적으로 자본시장과 금융투자업에 관한 법률과 달리 증권, 파생상품을 정의하여야 할 규범적 합리성 및 정당성이 존재한다고 할 수도 없다. 만약 그러한 필요성이 있다면 법인세법이 특별규정으로서 달리 규정하는 것으로 충분하다. 한편 법인세법은 파생상품에 대한 평가를 유가증권 등의 평가와 구분하여 규정한다(법세령 §73 4호, 5호). 따라서 **법인세법 상 '주식 등' 및 '채권' 등을 포괄하는 유가증권 등은 자본시장과 금융투자업에 관한 법률 상 증권을 의미하는 것으로 보는 것이 타당하다.**

자본시장과 금융투자업에 관한 법률 상 금융투자상품, 증권 및 파생상품에 대하여 살핀다. **금융투자상품**은 이익을 얻거나 손실을 회피할 목적으로 현재 또는 장래의 특정 시점에 금전 등(금전, 그 밖의 재산적 가치가 있는 것)을 지급하기로 약정함으로써 취득하는 권리로서, 투자성[그 권리를 취득하기 위하여 지급하였거나 지급하여야 할 금전 등의 총액(판매수수료 등 법정 금액(자본시장령 §3 ①)을 제외)이 그 권리로부터 회수하였거나 회수할 수 있는 금전 등의 총액(해지수수료 등 법정 금액(자본시장령 §3 ②)을 포함)을 초과하게 될 위험]이 있는 것을 말한다(자본시장 §3 ① 본문). 다만, 다음 각 호의 어느 하나에 해당하는 것을 제외한다(자본시장 §3 ① 단서). 금융투자상품은 증권 및 파생상품(장내파생상품, 장외파생상품)으로 구분한다(자본시장 §3 ②).

1. 원화로 표시된 양도성 예금증서
2. 수익증권발행신탁(신탁 §78 ①)이 아닌 신탁으로서 다음 각 목의 어느 하나에 해당하는 관리형신탁(금전을 신탁받는 경우(신탁 §103 ① 1호)는 제외하고 수탁자가 법정 처분 권한을 행사하는 경우(신탁 §46~§48)는 포함)의 수익권
   가. 위탁자(신탁계약에 따라 처분권한을 가지고 있는 수익자를 포함)의 지시에 따라서만 신탁재산의 처분이 이루어지는 신탁

나. 신탁계약에 따라 신탁재산에 대하여 보존행위 또는 그 신탁재산의 성질을 변경하지 아니하는 범위에서 이용·개량 행위만을 하는 신탁

3. 그 밖에 해당 금융투자상품의 특성 등을 고려하여 금융투자상품에서 제외하더라도 투자자 보호 및 건전한 거래질서를 해할 우려가 없는 법정 금융투자상품(주식매수선택권(상법 §340의2, §542의3))(자본시장령 §3 ③)

파생상품은 다음 각 호의 어느 하나에 해당하는 계약상의 권리를 말한다(자본시장 §5 ① 본문). 다만, 해당 금융투자상품의 유통 가능성, 계약당사자, 발행사유 등을 고려하여 증권으로 규제하는 것이 타당한 법정 금융투자상품(자본시장령 §4의3)은 그러하지 아니하다(자본시장 §5 ① 단서).

1. 기초자산이나 기초자산의 가격·이자율·지표·단위 또는 이를 기초로 하는 지수 등에 의하여 산출된 금전 등을 장래의 특정 시점에 인도할 것을 약정하는 계약. **선도계약** (forward) 또는 **선물계약**(futures)을 의미한다.

2. 당사자 어느 한쪽의 의사표시에 의하여 기초자산이나 기초자산의 가격·이자율·지표·단위 또는 이를 기초로 하는 지수 등에 의하여 산출된 금전 등을 수수하는 거래를 성립시킬 수 있는 권리를 부여하는 것을 약정하는 계약. **옵션계약**(option)을 의미한다.

3. 장래 일정 기간 동안 미리 정한 가격으로 기초자산이나 기초자산의 가격·이자율·지표· 단위 또는 이를 기초로 하는 지수 등에 의하여 산출된 금전 등을 교환할 것을 약정하는 계약. **스왑계약**(swap)을 의미한다.

4. 제1호부터 제3호까지의 규정에 따른 계약과 유사한 법정 계약

증권으로 **취급되는 법정 파생상품**은 다음과 같다(자본시장령 §4의3).

1. 증권 및 장외파생상품에 대한 투자매매업의 인가를 받은 금융투자업자가 발행하는 증권 또는 증서로서 기초자산(**증권시장이나 해외 증권시장에서 매매거래되는 주권 등** 금융위원회가 정하여 고시하는 **기초자산**)의 가격·이자율·지표·단위 또는 이를 기초로 하는 지수 등의 변동과 연계하여 미리 정하여진 방법에 따라 **그 기초자산의 매매나 금전을 수수하는 거래를 성립시킬 수 있는 권리가 표시된 증권 또는 증서**

2. **신주인수권증서**(상법 §420의2) 및 **신주인수권증권**(상법 §516의5)

증권은 내국인 또는 외국인이 발행한 금융투자상품으로서 투자자가 취득과 동시에 지급한

금전 등 외에 어떠한 명목으로든지 추가로 지급의무(투자자가 기초자산에 대한 매매를 성립시킬 수 있는 권리를 행사하게 됨으로써 부담하게 되는 지급의무를 제외)를 부담하지 아니하는 것을 말한다(자본시장 §4 ① 본문). 증권은 채무증권, 지분증권, 수익증권, 투자계약증권, 파생결합증권, 증권예탁증권으로 구분한다(자본시장 §4 ②).

채무증권은 국채증권, 지방채증권, 특수채증권(법률에 의하여 직접 설립된 법인이 발행한 채권), 사채권('유가증권이나 통화 또는 기초자산의 가격·이자율·지표·단위 또는 이를 기초로 하는 지수(자본시장 §4 ⑩)의 변동과 연계하여 미리 정하여진 방법에 따라 상환 또는 지급금액이 결정되는 파생결합사채'의 경우에는 '발행과 동시에 투자자가 지급한 금전 등에 대한 이자, 그 밖의 과실에 대하여만 해당 기초자산의 가격·이자율·지표·단위 또는 이를 기초로 하는 지수 등의 변동과 연계된 증권'(자본시장 §4 ⑦ 1호)으로 한정), 기업어음증권(기업이 사업에 필요한 자금을 조달하기 위하여 발행한 약속어음으로서 법정 요건(자본시장령 §4)을 갖춘 것), 그 밖에 이와 유사한 것으로서 지급청구권이 표시된 것을 말한다(자본시장 §4 ③).

지분증권은 주권, 신주인수권이 표시된 것, 법률에 의하여 직접 설립된 법인이 발행한 출자증권, 상법에 따른 합자회사·유한책임회사·유한회사·합자조합·익명조합의 출자지분, 그 밖에 이와 유사한 것으로서 출자지분 또는 출자지분을 취득할 권리가 표시된 것을 말한다(자본시장 §4 ④).

수익증권은 금전신탁계약에 의한 수익권이 표시된 수익증권(자본시장 §110), 투자신탁의 수익권(자본시장 §189), 그 밖에 이와 유사한 것으로서 신탁의 수익권이 표시된 것을 말한다(자본시장 §4 ⑤).

투자계약증권은 특정 투자자가 그 투자자와 타인(다른 투자자를 포함) 간의 공동사업에 금전 등을 투자하고 주로 타인이 수행한 공동사업의 결과에 따른 손익을 귀속받는 계약상의 권리가 표시된 것을 말한다(자본시장 §4 ⑥).

파생결합증권은 기초자산의 가격·이자율·지표·단위 또는 이를 기초로 하는 지수 등의 변동과 연계하여 미리 정하여진 방법에 따라 지급하거나 회수하는 금전 등이 결정되는 권리가 표시된 것을 말한다(자본시장 §4 ⑦ 본문). 다만, 다음 각 호의 어느 하나에 해당하는 것은 제외한다 (자본시장 §4 ⑦ 단서).

1. 발행과 동시에 투자자가 지급한 금전 등에 대한 이자, 그 밖의 과실에 대하여만 해당 기초자산의 가격·이자율·지표·단위 또는 이를 기초로 하는 지수 등의 변동과 연계된 증권. 이는 채무증권으로 분류된다.

2. 옵션계약(당사자 어느 한쪽의 의사표시에 의하여 기초자산이나 기초자산의 가격·이자율·지표·단위 또는 이를 기초로 하는 지수 등에 의하여 산출된 금전 등을 수수하는 거래를 성립시킬 수 있는 권리를 부여하는 것을 약정하는 계약)(자본시장 §5 ① 2호)에 따른 계약상의 권리(증권으로 취급되는 법정 파생상품(자본시장령 §4의3)은 제외). 이는 파생상품으로 분류된다.

3. 해당 사채의 발행 당시 객관적이고 합리적인 기준에 따라 미리 정하는 사유가 발생하는 경우 주식으로 전환되거나 그 사채의 상환과 이자지급 의무가 감면된다는 조건이 붙은 것으로서, 주권상장법인이 발행하는 조건부자본증권(자본시장 §165의11 ①)에 해당하는 사채. 이는 혼성증권(hybrid instrument)으로서 주식과 채권의 중간영역에 속하는 금융투자상품이다.

3의2. 은행법 상 상각형 조건부자본증권(은행 §33 ① 2호), 은행주식 전환형 조건부자본증권(은행 §33 ① 3호) 및 은행지주회사주식 전환형 조건부자본증권(은행 §33 ① 4호). 이는 혼성증권(hybrid instrument)으로서 주식과 채권의 중간영역에 속하는 금융투자상품이다.

3의3. 금융지주회사법 상 상각형 조건부자본증권(금융지주 §15의2 ① 2호) 또는 전환형 조건부자본증권(금융지주 §15의2 ① 3호). 이는 혼성증권(hybrid instrument)으로서 주식과 채권의 중간영역에 속하는 금융투자상품이다.

4. 교환사채(주식이나 그 밖의 다른 유가증권으로 교환 또는 상환할 수 있는 사채)(상법 §469 ② 2호), 전환사채(상법 §513) 및 신주인수권부사채(상법 §516의2). 이는 채무증권으로 분류된다.

5. 그 밖에 제1호부터 제3호까지, 제3호의2, 제3호의3 및 제4호에 따른 금융투자상품과 유사한 법정 금융투자상품(신주인수권증서(상법 §420의2) 및 신주인수권증권(상법 §516의5))

증권예탁증권은 증권(자본시장 §4 ② 1호~5호)을 예탁받은 자가 그 증권이 발행된 국가 외의 국가에서 발행한 것으로서 그 예탁받은 증권에 관련된 권리가 표시된 것을 말한다(자본시장 §4 ⑧).

이상의 논의를 정리하면 다음과 같다. **법인세법 상 '주식 등' 및 '채권'을 포괄하는 '유가증권 등'은 자본시장과 금융투자업에 관한 법률 상 증권을 의미한다. 법인세법 상 '채권'은 '채무증권'에, 그 '주식 등'은 '지분증권, 수익증권, 투자계약증권, 파생결합증권, 증권예탁증권'에 각 대응되는 것으로 해석하는 것이 타당하다. 각 증권의 의미 및 그 범위는 법인세법 상 특별 규정이 없는 한 자본시장과 금융투자업에 관한 법률에 따라 해석하여야 한다.**

2.3.2. 유가증권 등의 평가

주식 등(법세령 §73 2호 가목) 및 채권(§73 2호 나목)에 해당하는 유가증권의 평가는 다음 각 호의 방법 중 법인이 납세지 관할 세무서장에게 신고한 방법에 의한다(법세령 §75 ①).

> 1. 개별법(채권의 경우에 한정)
> 2. 총평균법
> 3. 이동평균법
> 4. (삭제)

투자회사 등이 보유한 집합투자재산(법세령 §73 2호 다목 : 자본시장 §9 ⑳)은 시가법에 따라 평가한다(법세령 §75 ③ 본문). 다만, 환매금지형집합투자기구(자본시장 §230)가 보유한 시장성 없는 자산(자본시장령 §242 ②)은 유가증권의 법정 평가방법(개별법, 총평균법, 이동평균법)(법세령 §75 ① 각 호) 또는 시가법 중 해당 환매금지형집합투자기구가 신고(법세 §60)와 함께 납세지 관할 세무서장에게 신고한 방법에 따라 평가하되, 그 방법을 이후 사업연도에 계속 적용하여야 한다(법세령 §75 ③).

보험회사가 보유한 특별계정에 속하는 자산(법세령 §73 2호 라목 : 보험업 §108 ① 3호)은 유가증권의 법정 평가방법(개별법, 총평균법, 이동평균법)(법세령 §75 ① 각 호) 또는 시가법 중 해당 보험회사가 신고(법세 §60)와 함께 납세지 관할 세무서장에게 신고한 방법에 따라 평가하되, 그 방법을 이후 사업연도에도 계속 적용하여야 한다(법세령 §75 ④). 이 경우 평가방법을 신고하는 때에는 특별계정평가방법신고서를 제출하여야 한다(법세칙 §39).

재고자산의 평가에 대하여 적용되는 평가방법의 신고(법세령 §74 ③), 선입선출법 또는 개별법에 의한 강제평가(법세령 §74 ④), 기한 후 평가방법 변경신고에 대한 처리(법세령 §74 ⑤) 및 선입선출법 또는 개별법에 의한 강제평가 이후 평가방법의 변경(법세령 §74 ⑥)에 관한 각 규정은 유가증권의 평가에 관하여 준용된다(법세령 §75 ② 전단). 이 경우 선입선출법(법세령 §74 ④)은 총평균법으로, 재고자산평가조정명세서(법세령 §74 ⑥)는 유가증권평가조정명세서로 본다(법세령 §75 ② 후단). 또한 법인이 재고자산 평가방법의 신고에 대한 규정(법세령 §74 ③)을 준용함에 있어서 '신설법인과 새로 수익사업을 개시한 비영리내국법인'이라는 문언에는 '법인이 평가대상인 유가증권을 처음으로 취득하는 경우' 역시 내포된 것으로 해석하여야 한다.

2.3.3. 기업회계기준에 따른 유가증권 등의 평가에 관한 세무조정

기업회계기준에 따라 **단기매매증권으로 구분되는 경우**에 대한 세무조정은 다음과 같다. 기업회계기준서 상 당기손익 − 공정가치로 측정항목으로 구분된 경우[704] 및 일반기업회계기준 상 단기매매증권으로 분류된 경우[705]가 이에 해당한다. 위 두 경우를 통칭하여 단기매매증권으로 구분되는 경우라고 한다. 보유기간 중 인식한 단기매매증권평가이익(손실)에 대하여 각 익금불산입(△유보) 또는 손금불산입(유보)로 세무조정한 후, 해당 증권의 처분시점에는 익금산입(유보) 또는 손금산입(△유보)로 세무조정한다.

기업회계기준에 따라 **만기보유증권으로 구분되는 경우**에 대한 세무조정은 다음과 같다. 기업회계기준서 상 상각후원가 측정항목으로 구분된 경우[706] 및 일반기업회계기준 상 만기보유증권으로 분류된 경우[707]가 이에 해당한다. 위 두 경우를 통칭하여 만기보유증권으로 구분되는 경우라고 한다. 상각후원가의 측정을 통하여 인식한 이자수익 중 장부가액 증액분(할인발행의 경우) 또는 명목이자에서 이자수익을 차감한 장부가액 감액분(할증발행의 경우)에 대하여서는 각 익금불산입(△유보) 또는 손금불산입(유보)로 세무조정한 후 해당 증권의 매각 또는 만기시점에 익금산입(유보) 또는 손금산입(△유보)로 세무조정한다.

기업회계기준에 따라 **매도가능증권으로 구분되는 경우**에 대한 세무조정은 다음과 같다. 기업회계기준서 상 기타포괄손익 − 공정가치 측정항목으로 구분된 경우[708] 및 일반기업회계기준 상 매도가능증권으로 분류된 경우[709]가 이에 해당한다. 위 두 경우를 통칭하여 매도가능증권으로 구분되는 경우라고 한다. 보유기간 중 매도가능증권평가이익을 기타포괄손익으로 계상한 경우에는 기타포괄손익을 익금으로 전환하기 위하여 익금산입(기타)로 소득처분하는 동시에 이에 대하여 다시 익금불산입(△유보)로 세무조정한다. 매도가능증권평가손실을 기타포괄손익으로 계상한 경우에는 손금산입(기타)로 세무조정함과 동시에 다시 손금불산입(유보)로 세무조정한다. 매도가능증권을 처분하는 경우에는 각 익금산입(유보) 또는 손금산입(△유보)로 세무조정한다.

기업회계기준에 따라 **지분법으로 회계처리한 경우**에 대한 세무조정은 다음과 같다. 투자법인이 피투자자에 대하여 공동지배력이나 유의적인 영향력을 갖는 경우에는 지분법을 통하여

---

704) 기업회계기준서 제1109호 문단 4.1.1.~4.1.5, 문단 5.1.1.~5.7.1.
705) 일반기업회계기준 제6장 문단 6.19.~6.35.
706) 기업회계기준서 제1109호 문단 4.1.1.~4.1.5, 문단 5.1.1.~5.7.1.
707) 일반기업회계기준 제6장 문단 6.19.~6.35.
708) 기업회계기준서 제1109호 문단 4.1.1.~4.1.5, 문단 5.1.1.~5.7.1.
709) 일반기업회계기준 제6장 문단 6.19.~6.35.

해당 투자에 대한 손익을 인식한다. 이에 따르면 투자자산을 최초에 원가로 인식하고, 취득시점 이후 발생한 피투자자의 순자산 변동액 중 투자자의 몫을 해당 투자자산에 가감하여 보고하는 회계처리한다. 투자자의 당기순손익에는 피투자자의 당기순손익 중 투자자의 몫에 해당하는 금액을 포함하고, 투자자의 기타포괄손익에는 피투자자의 기타포괄손익 중 투자자의 몫에 해당하는 금액을 포함한다.[710] 일반기업회계기준의 경우에도 이와 유사하게 회계처리한다.[711] 투자주식에 대한 평가손익을 지분법손익으로 계상한 경우에는 각 손금불산입(유보) 또는 익금불산입(△유보)로 세무조정한다. 배당금으로서 수령한 금액을 투자주식 또는 관계기업투자주식의 감액으로 회계처리한 경우에는 해당 감액분에 대하여 익금산입(유보)로 세무조정하고 해당 배당금에 대하여 수입배당금액 익금불산입 규정(Dividend-Received Deduction ; DRD)이 적용된다면 해당 금액에 대하여 익금불산입(기타)로 세무조정한다. 해당 익금불산입 금액에 대하여서는 사후관리할 필요가 없으며 이로 인하여 법인의 순자산에 변화가 발생하는 것 역시 아니기 때문이다.

기업회계기준에 따라 유가증권손상차손을 인식한 경우에 대한 세무조정은 다음과 같다. 법인세법 상 법정 주식 등(법세령 §78 ②)으로서 해당 주식 등의 발행법인이 부도가 발생한 경우, 채무자 회생 및 파산에 관한 법률에 따른 회생계획인가의 결정을 받은 경우, 기업구조조정 촉진법에 따른 부실징후기업이 된 경우 및 파산한 경우에 한하여 그 장부가액을 감액할 수 있을 뿐이다(법세 §42 ③ 3호). 따라서 **기업회계기준에 따라 인식한 유가증권손상차손**을 손금불산입(유보)로 세무조정한다. 또한 **기업회계기준에 따라 손상차손의 회복분을 당기이익으로 인식한 경우**에는 해당 금액을 손금산입(△유보)로 세무조정하여 손금불산입(유보)된 금액에 대하여 사후관리한다. **손상차손으로 인식한 금액 이상으로 매도가능증권의 가격이 상승하여 해당 상승분을 기타포괄손익으로 인식한 경우**에는 해당 상승분에 대하여 익금산입(기타), 손상차손 회복분 및 상승액에 대하여 손금산입(△유보)로 세무조정한다. 손상차손 회복분에 대한 손금산입(△유보)은 종전 손금불산입(유보)된 금액에 대한 사후관리로서의 성격을 갖는다. 손상차손으로 인식한 금액 이상의 상승분에 대한 손금산입(△유보)은 익금산입(기타)에 대한 익금불산입으로서의 성격을 갖는다. **지분법 투자주식의 경우**에는 기업회계기준 상 손상차손으로 인식한 금액 이상의 상승분을 인식하지 않으므로,[712] 이에 대한 세무조정은 필요하지 않다. 기업회계기준에 따라 유가증권손상차손을 인식한 이후에 해당 주식 등에 대한 법인세법

---

710) 기업회계기준서 제1028호 문단 3, 문단 10.~15.
711) 일반기업회계기준 제8장.
712) 일반기업회계기준 제8장 문단 8.30.

상 위 사유가 발생한 경우에는 손금불산입(유보)로 세무조정한 금액에 대하여 손금산입(△유보)로 세무조정하여 사후관리한다.

2.4. 외화자산 및 부채의 평가

금융회사 등(법세령 §61 ② 1호~7호)이 보유하는 화폐성외화자산·부채와 통화선도 등은 다음 각 호의 방법에 따라 평가하여야 한다(법세령 §76 ①). 화폐성외화자산·부채에 해당하는지 여부는 기업회계기준에 따라 결정되어야 한다(법세령 §73 3호). 법인은 신고(법세 §60)와 함께 **외화자산등평가차손익조정명세서**를 관할 세무서장에게 제출하여야 한다(법세령 §76 ⑦).

---

1. **화폐성외화자산·부채** : 사업연도 종료일 현재의 **매매기준율 등**[법정 매매기준율 또는 재정된 매매기준율(외국환거래규정에 따른 매매기준율 또는 재정된 매매기준율)(법세칙 §39의2)]로 평가하는 방법
2. **통화선도 등** : 다음 각 호의 어느 하나에 해당하는 방법 중 **관할 세무서장에게 신고한 방법**에 따라 평가하는 방법. 다만, 최초로 나목의 방법을 신고하여 적용하기 이전 사업연도에는 가목의 방법을 적용하여야 한다. 이 경우 신고한 평가방법은 그 후의 사업연도에도 계속하여 적용하여야 한다(법세령 §76 ③ 본문).
   가. 계약의 내용 중 외화자산 및 부채를 **계약체결일**의 매매기준율 등으로 평가하는 방법
   나. 계약의 내용 중 외화자산 및 부채를 **사업연도 종료일 현재**의 매매기준율 등으로 평가하는 방법. 이 경우 그 평가방법을 적용하려는 법인은 최초로 이를 적용하는 사업연도의 신고(법세 §60)와 함께 **화폐성외화자산등평가방법신고서**를 관할 세무서장에게 제출하여야 한다(법세령 §76 ⑥).

금융회사 등(법세령 §61 ② 1호~7호) **외의 법인이 보유하는 화폐성외화자산·부채**(보험회사의 책임준비금은 제외)와 **환위험회피용통화선도 등**(화폐성외화자산·부채의 환위험을 회피하기 위하여 보유하는 통화선도 등)(법세령 §73 5호)은 다음 각 호의 어느 하나에 해당하는 방법 중 **관할 세무서장에게 신고한 방법**에 따라 평가하여야 한다(법세령 §76 ② 본문). 다만, 최초로 제2호의 방법을 신고하여 적용하기 이전 사업연도의 경우에는 제1호의 방법을 적용하여야 한다(법세령 §76 ② 단서). 화폐성외화자산·부채에 해당하는지 여부는 기업회계기준에 따라 결정되어야 한다(법세령 §73 3호). 법인은 신고(법세령 §60)와 함께 **외화자산등평가차손익조정명세서**를 관할 세무서장에게 제출하여야 한다(법세령 §76 ⑦). 한편 금융회사 등 외의 법인이 신고한 평가방법은 그 후의 사업연도에도 **계속하여 적용하여야 하나, 금융회사 등 외의 법인이 신고한**

평가방법의 경우에는 그 신고한 평가방법을 적용한 사업연도를 포함하여 5개 사업연도가 지난 후에는 다른 방법으로 신고를 하여 **변경된 평가방법**을 적용할 수 있다(법세령 §76 ③). 변경된 평가방법을 적용하려는 경우 그 변경된 평가방법을 적용하려는 법인은 최초로 이를 적용하는 사업연도의 신고(법세 §60)와 함께 화폐성외화자산등평가방법신고서를 관할 세무서장에게 제출하여야 한다(법세령 §76 ⑥).

> 1. 화폐성외화자산·부채와 환위험회피용통화선도 등의 계약 내용 중 외화자산 및 부채를 **취득일 또는 발생일**(통화선도 등의 경우에는 **계약체결일**) **현재**의 매매기준율 등으로 평가하는 방법
> 2. 화폐성외화자산·부채와 환위험회피용통화선도 등의 계약 내용 중 외화자산 및 부채를 **사업연도 종료일 현재**의 매매기준율 등으로 평가하는 방법. 이 경우 그 평가방법을 적용하려는 법인은 최초로 이를 적용하는 사업연도의 신고(법세 §60)와 함께 화폐성외화자산등평가방법신고서를 관할 세무서장에게 제출하여야 한다(법세령 §76 ⑥).

　　화폐성외화자산·부채, 통화선도 등 및 환위험회피용통화선도 등을 평가함에 따라 발생하는 **'평가한 원화금액'**과 **'원화기장액'**의 **차익 또는 차손**은 해당 사업연도의 익금 또는 손금에 이를 산입한다(법세령 §76 ④ 전단). 이 경우 **통화선도 등 및 환위험회피용통화선도 등의 계약 당시 원화기장액**은 계약의 내용 중 외화자산 및 부채의 가액에 계약체결일의 매매기준율 등을 곱한 금액을 말한다(법세령 §76 ④ 후단).

　　내국법인이 상환받거나 상환하는 외화채권·채무의 원화금액과 원화기장액의 차익 또는 차손은 당해 사업연도의 익금 또는 손금에 이를 산입한다(법세령 §76 ⑤ 전단). 다만, 한국은행법에 따른 **한국은행의 외화채권·채무 중 외화로 상환받거나 상환하는 외화금액의 '환율변동분'**은 '한국은행이 정하는 방식에 따라' 해당 외화금액을 매각하여 **원화로 전환한 사업연도**의 익금 또는 손금에 산입한다(법세령 §76 ⑤ 후단).

2.5. 가상자산의 평가

　　가상자산은 **선입선출법**에 따라 평가해야 한다(법세령 §77). 법인세법 상 가상자산에 대한 정의규정이 존재하거나 그 인용조문이 명시되어야 한다. **가상자산**은 경제적 가치를 지닌 것으로서 전자적으로 거래 또는 이전될 수 있는 전자적 증표(그에 관한 일체의 권리를 포함)를 말한다(특정금융거래 §2 3호 본문). 다만, 다음 각 목의 어느 하나에 해당하는 것은 제외한다(특정금융

거래 §2 3호 단서).

가. 화폐·재화·용역 등으로 교환될 수 없는 전자적 증표 또는 그 증표에 관한 정보로서
　　발행인이 사용처와 그 용도를 제한한 것

나. 불법 게임물의 이용을 통하여 획득한 유·무형의 결과물(게임산업 §32 ① 7호)

다. 선불전자지급수단(전자금융 §2 14호) 및 전자화폐(전자금융 §2 15호)

라. 전자등록주식 등(전자등록 §2 4호)

마. 전자어음(전자어음 §2 2호)

바. 전자선하증권(상법 §862)

사. 거래의 형태와 특성을 고려하여 법정된 것(전자채권(전자금융 §2 16호), 발행자가 일정한
　　금액이나 물품·용역의 수량을 기재하여 발행한 상품권 중 휴대폰 등 모바일기기에
　　저장되어 사용되는 상품권, 이에 각 준하는 것으로서 거래의 형태와 특성을 고려하여
　　금융정보분석원장이 정하여 고시하는 것)(특정금융거래령 §4)

 한국채택국제회계기준 적용 내국법인에 대한 재고자산평가차익 익금불산입

내국법인이 **한국채택국제회계기준을 최초로 적용하는 사업연도**에 재고자산평가방법을 후입선출법(법세령 §78의2 ①, §74 ① 1호 다목)에서 다른 재고자산평가방법(후입선출법은 제외한 원가법에 의한 평가방법)(법세령 §74 ① 1호 가목, 나목, 라목~바목)으로 **납세지 관할 세무서장에게 변경신고한 경우**에는 해당 사업연도의 소득금액을 계산할 때 제1호의 금액에서 제2호의 금액을 뺀 **재고자산평가차익을 익금에 산입하지 아니할 수 있다**(법세 §42의2 ① 전단). 내국법인은 한국채택국제회계기준을 최초로 적용하는 사업연도의 과세표준 신고(법세 §60)를 할 때 **재고자산평가차익 익금불산입 신청서를 납세지 관할 세무서장에게 제출하여야** 한다(법세령 §78의2 ④).

---

1. 한국채택국제회계기준을 최초로 적용하는 사업연도의 기초 재고자산 평가액
2. 한국채택국제회계기준을 최초로 적용하기 직전 사업연도의 기말 재고자산 평가액

익금에 산입하지 않은 재고자산평가차익은 한국채택국제회계기준을 최초로 적용하는 사업연도의 다음 사업연도 개시일부터 **5년간 균등하게 나누어 익금에 산입**한다(법세 §42의2 ① 후단). 재고자산평가차익을 익금에 산입하는 경우에는 법정 계산식(재고자산평가차익 × 해당

사업연도의 월수 ÷ 60월)에 따라 계산한 금액을 해당 사업연도의 익금에 산입한다(법세령 §78의2 ③ 전단). 이 경우 개월 수는 태양력에 따라 계산하되 1월 미만의 일수는 1월로 하고, 사업연도 개시일이 속한 월을 계산에서 포함한 경우에는 사업연도 개시일부터 5년이 되는 날이 속한 월은 계산에서 제외한다(법세령 §78의2 ③ 후단).

재고자산평가차익을 익금에 산입하지 아니한 내국법인이 해산(**적격합병**(법세 §44 ②, ③) 또는 **적격분할**(법세 §46 ②)로 인한 해산은 제외)**하는 경우**에는 법정 절차(법세 §42의2 ① 후단)에 따라 **익금에 산입하고 남은 금액**을 해산등기일이 속하는 사업연도의 소득금액을 계산할 때 익금에 산입한다(법세 §42의2 ②).

기업구조조정에 관한 특례

I 총설

본서는 **기업구조조정**(business restructuring)이라는 용어를 **법인의 법인격 자체에 변화를 야기하는 거래**(합병 : 분할), **법인의 지배구조에 근본적 변화를 야기하는 거래**(현물출자를 통한 기업의 지배 : 주식의 포괄적 교환·이전 ; 주식의 현물출자, 자기주식교환 또는 분할에 의한 지주회사의 설립 또는 지주회사로의 전환 ; 재무구조개선계획 또는 사업재편계획에 따른 기업 간 주식 등의 교환 ; 지배주주와 소수주주 사이의 강제적인 주식매매 등) 및 **법인 사업용 자산의 재편거래**(동일한 종류의 사업용자산 사이의 교환거래)를 내포하는 것으로 사용한다. 다만 **지배주주와 소수주주 사이의 강제적인 주식매매**(상법 §360의24, §360의25)는 거래당 사자 중 일방의 의사와 무관하게 회사의 지배구조의 변화를 야기하는 거래에 해당하지만, 세법 상으로는 주주 간 주식의 양도에 불과하고 이에 대하여 과세특례를 인정할 규범적 실익을 찾기 어렵다. 따라서 세법은 지배주주와 소수주주 사이의 강제적인 주식매매에 관한 과세특례를 규정하지 않는다. 지배주주와 소수주주 사이의 강제적인 주식매매에 대하여 간략히 살핀다. 회사의 발행주식총수의 100분의 95 이상을 자기의 계산으로 보유하고 있는 지배주주는 회사의 경영상 목적을 달성하기 위하여 필요한 경우에는 회사의 다른 소수주주에게 그 보유하는 주식의 매도를 청구할 수 있다(상법 §360의24 ①). 또한 지배주주가 있는 회사의 소수주주는 언제든지 지배주주에게 그 보유주식의 매수를 청구할 수 있다(상법 §360의25 ①).

합병 및 분할 등을 포함하는 기업구조조정은 법인 단계 사업의 융합 및 그 분화에 관한 거래에 해당한다. 따라서 먼저 **법인세법 상 사업의 의미에 대하여** 살핀다. 법인세법은 익금 총액 및 손금 총액으로 인하여 계산된 각 사업연도의 소득금액에 대하여 과세하기 위한 것이므로, 익금 또는 손금과 무관한 활동을 사업연도에 귀속시킬 수는 없다. 그렇다면 법인세법 상 사업은 일응 '익금 또는 손금의 발생에 관계된 활동'으로 정의하는 것이 타당하다. 그런데 '자산·부채의 변동분' 자체가 익금 또는 손금의 발생에 해당하고, 자산·부채의 변동은 '경제적 자원의 통제 및 이전' 및 그 통제 또는 이전을 위하여 수행하는 활동, 즉 그와 관련된 업무의 수행에 의하여 야기된다. 그렇다면 법인세법 상 '사업'은 일응 '익금 또는 손금의 발생 및 변동'을 위하여 수행되는 '경제적 자원의 통제 및 이전' 또는 '그와 관련하여 수행되는 업무'로 정의할 수 있다. 그런데 사업활동이 '특정 법인에 의하여 수행'된다고 하기 위하여서는 '경제적 자원의 통제 및 이전' 및 '그와 관련된 업무의 수행'이 법인의 의사결정에 의하여 이루어져야 한다. 그러나 법인의 의사결정이 있었는지 여부를 법인 집행부의 주관적 의도에 의하여 판단할 수는 없다. 객관적인 지위에 근거한 행위를 기준으로 평가하여야 하고 규범상 이와 동일하게 평가할 수 있는 경우 역시 포함하여야 한다. 이러한 점을 감안한다면, 사업이 '주주총회 또는 이사회 등 법인의 의사결정기관' 또는 '법인의 의사결정을 구체적으로 집행할 수 있는 지위에 있거나 그 지위에 있다고 법률 상 평가되는 자의 행위 또는 법률 상 법인에게 귀속되는 행위가 개입되는 경우에 한하여 이를 법인의 사업이라고 할 수 있다. 이상의 논의에 따르면, '**법인의 사업**'은 '**익금 또는 손금의 발생 및 그 변동**'을 위하여, '**법인의 의사결정기관**' 또는 '**법인의 의사결정을 구체적으로 집행할 수 있는 지위에 있거나 그 지위에 있다고 법률상 평가되는 자**'에 의하여 수행되거나 **법률 상 해당 법인에 귀속되는 행위로 인하여 야기된** '**경제적 자원의 통제 및 이전**' 또는 '**그와 관련하여 수행되는 업무**'로 정의할 수 있다. 이 경우 **사업이 정관 상 목적사업으로 기재된 것인지 여부 및 해당 사업이 위법한 것인지 여부 등은 사업의 판정에 있어서 영향을 미치지 못한다.** 사업에 대한 판정에 있어서는 법인의 경제적 자원이 통제되거나 이전되었는지 여부가 핵심적 요소이고, 법인에 의하여 경제적 자원이 통제되거나 이전되었음에도 단순히 정관 상 목적사업에 해당하지 않거나 법률에 위반된다는 이유 등 사유로 법인세를 부과하지 않는 것은 경제적 실질에 위반된 것이며, 나아가 법인이 이러한 사정을 이용하여 부당하게 경제적 이익을 얻을 수 있는 유인을 제공할 수 있기 때문이다.[713] 또한 사업은 인적·물적 자원의 유기적 결합을 통하여서만 수행될 수 있고, 사업을 구성하는 요소들 모두가

---

713) 같은 절 제1관 Ⅱ 5 참조.

해당 기업의 재무제표에 반영되는 것 역시 아니다. 사업은 인적 자원 및 물적 자원의 단순 합산과 다른 질적 특성을 갖는다. 따라서 **기업구조조정의 대상이 되는 사업단위는 인적·물적 자원의 유기적 결합체로서의 경제적 실질을 갖추어야 한다.** 그렇지 않으면 이는 각 인적 자원 또는 물적 자원이 해당 법인으로부터 유출되거나 이전된 것에 불과하다.[714] 나아가 **기업구조조정 관련 과세특례를 부여하기 위하여서는 법인의 주주 등의 동일성에 실질적 변화가 없어야 한다.** 법인세법은 특정 재화를 양도하는 경우와 같이 원칙적으로 재화의 현황에 아무런 변화가 없음에도 그 소유자가 변경된 사정 자체를 소득실현의 계기로 보아 과세하기 때문이다.[715]

기업구조조정에 대하여 과세특례를 부여하는 요건은 어떻게 설정되어야 하는가? 합병은 규모의 경제(economies of scale)를 실현하는 것이고 분할은 규모의 비경제(diseconomies of scale)를 해소하기 위한 것이다.[716] 분할거래는 다음 목적 등을 위하여 이루어지기도 한다.[717] 첫째, 주주들 사이의 이견을 해소하기 위한 목적. 이는 split-ups 거래의 경우에 중요하다. 주주들 사이에 회사의 지향점에 대한 이견이 있거나 개인적 반감이 있고 이로 인하여 회사경영 상 마찰 또는 교착상태가 초래될 수 있다. 이 경우 split-up을 통하여 해당 주주들이 경제적으로 서로 다른 길을 갈 수 있다. 둘째, 투기적 영업활동 또는 위험한 활동들로부터 발생하는 위험을 차단하기 위한 목적. 어느 사업부문은 그 성과가 좋으나, 다른 사업부문은 위험하여 큰 수익을 발생시킬 수 있지만 주요한 손실 역시 야기할 수 있다. 주주들은 위험한 사업부문이 안정적인 사업부문에 지장을 초래하는 것을 원하지 않는다. 분할거래의 각 유형(spin-offs, split-offs, split-ups) 모두를 이용하여 이러한 상황에 대응할 수 있다. 셋째, 법령상 요건을 충족하기 위한 목적. 법률이 규제목적 상 근거에 기반하여 사업부문들을 각 법인으로 분리하는 것을 요구하거나 이를 촉진하는 경우가 있다. 예를 들어 반독점 관련 법률이 하나의 법인을 각 사업부문별로 분리할 것을 명령할 수 있다. 분할거래의 각 유형(spin-offs, split-offs, split-ups) 모두를 이용하여 이러한 상황에 대응할 수 있다. 이상과 같이 각 합병 또는 분할거래에는 해당 거래를 수행할 현실적 유인들이 내재할 수 있다. 그러나 합병 또는 분할을 통하여 해당 사업의 인적·물적 자원의 유기적 결합체로서의 경제적 실질의 동일성이 유지되지 않거나

---

714) 같은 절 제1관 II 5 참조.
715) 같은 절 제1관 II 5 참조.
716) 이철송, 전게서, 1100면.
717) Dominic Daher, Joshua Rosenberg and Steve Johnson, Practical Guide to Corporate Taxation, CCH, 2012, at 189~190.

그 법인 주주 등 동일성이 유지되지 않는다면 이는 매각거래로 보아야 할 것이므로 과세특례를 부여할 수는 없다. 합병 또는 분할을 포함하는 기업구조조정 거래 전체에 대하여서도 동일한 기준에 의하여 판단하는 것이 타당하다. 그렇다면 **기업구조조정 거래에 대한 과세특례는 사업의 인적·물적 자원의 유기적 결합체로서의 경제적 실질의 동일성 및 그 법인 주주 등의 동일성이 유지되면서도 해당 거래를 통하여 규모의 경제(economies of scale)가 실현되거나 규모의 비경제(diseconomies of scale)가 해소되는 경우에 한하여 부여되는 것이 타당하다.**

미국 세법 상 분할거래의 유형에 대하여 살핀다.[718] 이는 spin-offs, split-offs, split-ups라는 용어를 구분하기 위한 것이다. 해당 거래들이 그대로 우리 회사법 또는 세법 상 허용되는지 여부 및 과세특례가 부여되는지 여부는 별개의 쟁점에 속한다. 미국 세법 상 분할거래(corporate division)는 통상 다음 세 가지 유형(spin-offs, split-offs, split-ups)으로 구분된다.

첫째, spin-offs. 회사분할 중 가장 빈번하게 이루어지는 유형이다. 이는 모회사가 자회사를 소유하는 구조와 관계된다. 자회사는 이미 존재하던 자회사일 수도 있고 분할로 인하여 비로소 신설된 자회사일 수도 있다. 모회사는 그 소유하는 자회사 주식을 모회사 주주들에게 비례적으로 분배한다. 이 거래로 인하여, 모회사와 자회사는 자매회사(brother-sister corporations)로 전환되고 자매회사들은 분배회사의 주주들에 의하여 동일한 비율로 소유되는 결과에 이른다. 예를 든다. A 회사는 10년 동안 B 회사를 완전자회사로서 소유하였다. A 회사는 B 회사 주식을 그 주주들에게 비례적으로 분배하고 그 주주들 모두는 A 회사 모든 주식을 여전히 보유한다. 이 거래는 spin-off에 해당한다.

둘째, split-offs. 이 거래에 있어서는 모회사 주주들이 자회사의 주식을 교부받으나 분배회사인 모회사의 주식을 교부하지는 않는다. 다만 하나 이상 분배회사의 주주들이 자회사 주식을 받는 대가로 분배회사 주식의 상당 부분 또는 전부(some or all)를 포기한다. 게다가 자회사 주식의 분배 역시 spin-offs와 달리 비례적인 필요는 없다. 예를 들어 spin-off와 split-off를 구분한다. C 회사는 낚시용품을 판매하는 상점을 소유한다. 또한 선박을 소유하고 낚시안내원 역시 고용하고 있다. C 회사의 고객은 C 회사의 선박을 임차하고 낚시안내원들의 용역에 대하여 대가를 지불하는 낚시꾼들이다. C 회사의 소유주들은 해당 활동들을 분리하기를 원한다. 이를 실현하기 위하여 D 회사를 신설하였다. 즉 C 회사는 위 상점 및 그 재고자산을 신설회사에 현물출자하고 그 대가로서 D 회사 주식 모두를 취득하였다. C 회사는 선박 및 낚시안내원에 대한 계약을 여전히 보유한다. 해당 거래 후 C 회사는 D 회사의 주식을 그 주주들에게 분배한다.

---

718) *Id.*, at 188~189.

해당 분배가 비례적이고 그 주주들이 C 회사 주식을 포기하지 않는다면 이는 spin-off에 해당한다. 그러나 C 회사의 하나 이상 주주들이 C 회사 주식과 D 회사 주식을 교환한다면 이는 split-off에 해당한다.

셋째, split-ups. 이 거래에 있어서는 모회사가 둘 이상 자회사의 주식을 완전 청산(complete liquidation)의 대가로서 모회사 주주들에게 분배한다. 이 경우 분배는 비례적(pro rata)일 수도 있고 불비례적(non-pro rata) 수 있다. 예를 들어 spin-off, split-off 및 split-up을 구분한다. E 회사는 아파트 빌딩 두 동을 소유하며 임대주택으로서 운용한다. 주주들은 두 빌딩을 각 별개 회사로 귀속시키는 것을 원한다. 이를 실행하기 위하여 E 회사가 빌딩 한 동을 신설 자회사에 출자하고 그 자회사의 모든 주식을 취득하는 방법을 취한다면 이 거래는 spin-off 또는 split-off에 해당할 수 있다. 다른 대안 역시 있다. E 회사가 한 빌딩을 신설 E1 자회사에 출자하여 그 모든 주식을 취득하고 다른 빌딩을 신설 E2 자회사에 출자하여 그 모든 주식을 취득한 결과, E 회사는 자산으로서 아파트 빌딩 두 동 대신에 신설 E1 자회사 주식과 신설 E2 자회사 주식만을 소유한다. 다음 단계로서 E 회사가 청산하면서 신설 E1 자회사 주식과 신설 E2 자회사 주식을 E 회사의 주주들에게 분배한다면 이 거래는 split-up에 해당한다. 이 경우 E 회사의 주주들 모두가 신설 E1 자회사 주식과 신설 E2 자회사 주식의 일부를 함께 받을 수도 있고, 특정 주주는 신설 E1 자회사 주식만을, 다른 주주는 신설 E2 자회사 주식만을 받을 수도 있다.

 합병에 관한 특례

1. 합병거래 개관

합병은 상법의 절차에 따라 2개 이상의 회사가 그 중 1개의 회사를 제외하고 소멸하거나 전부 소멸하되 청산절차를 거치지 아니하고, 소멸하는 회사의 모든 권리·의무를 존속회사 또는 신설된 회사가 포괄적으로 승계하고 사원을 수용하는 회사법 상의 법률사실이다.[719] 한편 영업양도는 일정한 영업목적을 위하여 조직되고, 유기적 일체로 기능하는 재산의 전부 또는 중요한 일부를 총체적으로 양도하는 것으로서 양수회사에 의한 양도회사의 영업적 활동의 전부 또는 중요한 일부분의 승계가 수반되는 것을 의미한다.[720] 이는 사원의 수용 및 권리·의무

---

719) 이철송, 전게서, 120면.
720) 대법원 1994.5.10. 93다47615.

의 포괄적 승계를 전제하지 않는다는 점에서 합병과 구분되고, 영업양도로 소멸하는 회사는 권리·의무의 포괄적 승계를 전제로 하는 합병의 경우와 달리 청산절차를 거쳐야 한다.

합병에는 흡수합병과 신설합병의 두 가지 방법이 있다. **흡수합병**은 수개의 합병당사회사 중 하나의 회사만이 존속하고 나머지 회사는 모두 소멸하며, 존속회사가 소멸회사의 권리·의무를 포괄적으로 승계하고 사원을 수용하는 방법이다. **신설합병**은 당사회사 전부가 소멸하고 이들에 의하여 신설된 회사가 소멸회사의 권리·의무를 포괄적으로 승계하고 사원을 수용하는 방법이다.[721]

기업결합에는 합병 이외에도 기업 간의 지배계약, 임원겸임, 주식취득을 통한 모자관계형성 또는 계열화 등 여러 가지 방법이 있다. 이들 방법은 각 기업의 법적 독립성을 유지시킨 채 기업행동의 통일을 기하는 것임에 비해 합병은 기업들의 법적 독립성을 박탈하고 단일체로 만드는 것이다. 그러므로 합병은 가장 완전한 기업결합방법이다.[722]

소멸회사의 재무구조가 취약한 경우에는 존속회사가 신주를 발행하지 않는 **무증자합병**이 가능하다. **채무초과회사의 합병** 역시 가능하고, 이 경우 기업실무 상 합병으로 인한 결손을 피하기 위하여 합병대가에 미달하는 자산액을 영업권으로 계상하여 차손을 메우고 있다.[723] 신주를 발행하지 않고 합병대가 전부를 교부금으로 지급하는 **교부금합병** 역시 가능하다.[724] 합병대가로서 모회사의 주식을 지급할 수 있으므로(상법 §523의2 ①), **삼각합병**(triangular merger) 역시 가능하다. 삼각합병은 다른 회사를 흡수하고자 하는 회사가 자회사를 합병당사회사(존속회사)로 만들어 타회사를 흡수하는 방식을 말한다. 이 경우 모회사는 자회사를 통하여 다른 회사를 통하여 흡수하므로 다른 회사의 채무에 대한 책임을 면할 수 있고 모회사 주주총회의 결의를 얻거나 주주들에게 주식매수청구권을 부여할 필요가 없다.[725] 한편 **역삼각합병**(reverse-triangular merger)이라는 방법 역시 있다. 자회사가 보유한 모회사 주식 모두를 다른 회사의 주주에게 교부하고 그 대가로 다른 회사의 주주가 가진 주식은 모회사에게 이전한다. 이 경우 자회사는 회사재산이 없어졌으므로 소멸한다. 그 결과 다른 회사는 모회사의 자회사가 된다. 상법 상 1회적 절차를 통한 역삼각합병은 가능하지 않고 삼각주식교환을 통하여 2차적인 단계로 추진할 수 있다.[726] 주식의 포괄적 교환에 있어서 그 교환교부금 전부를 완전모회사의

---

721) 이철송, 전게서, 120면~121면.
722) 상게서, 121면.
723) 상게서, 1103면.
724) 상게서, 1105면.
725) 상게서, 1106면~1107면.
726) 상게서, 1107면.

모회사 주식으로 교부할 수 있는바(상법 §360의3 ③ 4호, ⑥), 이 경우 주식의 포괄적 교환을 **삼각주식교환**이라고 한다.[727] 삼각주식교환을 통하여 역삼각합병이 가능해진 것이 아니라 역삼각합병의 효과를 발휘할 수 있게 된 것이다.[728]

이하 합병거래에 있어서 소멸회사를 피합병법인, 존속회사 또는 신설회사를 합병법인이라고 한다.

2. 합병 시 피합병법인에 대한 과세

피합병법인이 합병으로 해산하는 경우에는 그 법인의 자산을 **합병법인에 양도한 것으로 본다**(법세 §44 ① 전단). 이 경우 그 양도에 따라 발생하는 양도손익(제1호의 가액에서 제2호의 가액을 뺀 금액)은 피합병법인이 '**합병등기일이 속하는 사업연도**'의 소득금액을 계산할 때 **익금 또는 손금에 산입**한다(법세 §44 ① 후단). 이 경우 피합병법인이 양도한 '자산'은 '피합병법인의 순자산'을 의미한다. 법인이 합병으로 인하여 소멸한 경우 합병법인 등은 피합병법인 등이 납부하지 아니한 각 사업연도의 소득에 대한 법인세(합병에 따른 양도손익에 대한 법인세를 포함)를 납부할 책임을 진다(법세령 §85의2).

---

1. 피합병법인이 합병법인으로부터 받은 **법정 양도가액**(법세령 §80 ①)
2. 피합병법인의 합병등기일 현재의 **순자산장부가액**(자산의 장부가액 총액에서 부채의 장부가액 총액을 뺀 가액). **세무상 순자산장부가액**을 의미한다. 즉 세무조정사항이 반영된 순자산장부가액을 의미한다. 양도손익을 계산하는 피합병법인 단계에서 세무조정사항에 대한 처리가 완결되어야 하기 때문이다. 그러나 비적격합병의 경우 합병법인에 승계되는 퇴직급여충당금 또는 대손충당금(법세 §33 ③, ④, §34 ④)에 대한 세무조정사항은 합병법인에 승계되므로(법세령 §85 2호), 해당 세무조정사항을 그 장부가액에 반영하지 않아야 한다. 한편 피합병법인의 순자산장부가액을 계산할 때 국세기본법에 따라 환급되는 법인세액이 있는 경우에는 이에 상당하는 금액을 피합병법인의 합병등기일 현재의 순자산장부가액에 더한다(법세령 §80 ②). 익금불산입되는 환급 법인세액이 양도손익에 포함되는 것을 막기 위한 규정이다.

피합병법인이 합병법인으로부터 받은 법정 양도가액은 다음 각 호의 금액으로 한다(법세령 §80 ①).

---

727) 상게서, 1181면.
728) 상게서, 1182면.

1. **적격합병의 경우** : 피합병법인의 합병등기일 현재의 **순자산장부가액**(법세 §44 ① 2호)
2. **제1호 외의 경우** : 다음 각 목의 금액을 모두 더한 금액

   가. 합병으로 인하여 **피합병법인의 주주 등이 지급받는 합병교부주식 등**[합병법인 또는 합병법인의 모회사(합병등기일 현재 합병법인의 '발행주식총수' 또는 '출자총액'을 소유하고 있는 내국법인)의 주식 등]의 가액 및 금전이나 그 밖의 재산가액의 합계액. 다만, **합병포합주식 등**[합병법인이 합병등기일 전 취득한 피합병법인의 주식 등(신설합병 또는 3 이상의 법인이 합병하는 경우 피합병법인이 취득한 다른 피합병법인의 주식 등을 포함)]**이 있는 경우**에는 그 합병포합주식 등에 대하여 합병교부주식 등을 교부하지 아니하더라도 그 지분비율에 따라 합병교부주식 등을 교부한 것으로 보아 합병교부주식등의 가액을 계산한다. 이는 합병법인이 합병등기일 이전에 피합병주식을 미리 취득하는 방법으로 적격합병에 관한 요건을 충족하는 외관을 갖추는 것을 방지하기 위한 규정이다. 합병법인이 합병등기일 전 2년 이내에 피합병법인을 법인의 주식을 취득한 경우 이는 해당 법인의 청산소득이 부당히 감소되었는지 여부에 관계없이 포합주식으로서 합병대가의 총합계액에 산입되어야 한다.[729] 따라서 합병당사자 법인들은 포합주식이 있는 경우에는 이를 전제로 합병 의사결정을 하여야 한다.

   나. **합병법인이 납부하는 피합병법인의 법인세 및 그 법인세**(감면세액을 포함)**에 부과되는 국세와 법인지방소득세**(지세 §88 ②)**의 합계액**

　　적격합병(다음 각 호의 요건을 모두 갖춘 합병)**의 경우**에는 '피합병법인이 합병법인으로부터 받은 양도가액'(법세 §44 ① 1호)을 '피합병법인의 합병등기일 현재의 순자산장부가액'으로 보아 **양도손익이 없는 것으로 할 수 있다**(법세 §44 ② 본문). '**양도손익이 없는 것으로 할 수 있다**'는 문언과 '**적격합병의 경우 양도가액을 피합병법인의 합병등기일 현재의 순자산장부가액으로 한다**'는 취지의 문언(법세령 §80 ① 1호)**이 양립할 수 있는가?** 합병법인의 과세 상 취급이 피합병법인의 의사에 따라 달라지는 것은 타당하지 않고, 적격합병의 양도가액에 관한 규정과 모순되지 않게 해석하기 위하여서는 '양도손익이 없는 것으로 할 수 있다'는 문언을 피합병법인의 의사에 따라 달리 선택할 수 있는 주관적 가능성이 있다는 의미로 해석할 것이 아니라, 적격합병에 해당하면 양도가액을 실제 거래된 가액과 달리 볼 수 있는 객관적 가능성이 있다는 의미로 해석하여야 한다. 다만, **부득이한 법정 사유**(법세령 §80의2 ①)가 있는 경우에는 다음 제2호·제3호 또는 제4호의 요건을 갖추지 못한 경우에도 적격합병으로 보아 법정 방법(법세령 §80의4)에 따라 양도손익이 없는 것으로 할 수 있다(법세 §44 ② 단서). 적격합병의 특례를 적용받으려는

---

729) 대법원 2011.5.13. 2008두14074.

피합병법인은 과세표준 신고(법세 §60)를 할 때 합병법인과 함께 **합병과세특례신청서**(법세칙 §82)를 납세지 관할 세무서장에게 제출하여야 하고, **합병법인은 자산조정계정에 관한 명세서**(법세령 §80의4 ⑪)를 피합병법인의 납세지 관할 세무서장에게 함께 제출하여야 한다(법세령 §80 ③). 합병과세특례 관련 신청서 또는 명세서를 제출하지 않아도 피합병법인의 양도손익에 관한 과세특례가 적용되므로 피합병법인이 수정신고(국기 §45 ① 3호)를 할 수 있는 것으로 보아야 한다. 해당 과세특례요건을 충족하는 것 자체가 신청 등 절차보다 중요하고 해당 요건을 충족하는 거래 자체에 과세특례를 적용받고자 하는 피합병법인의 의사가 표현된 것으로 볼 수 있기 때문이다. 그러나 정당한 사유가 없이 합병과세특례 관련 신청서 또는 명세서를 제출하지 않은 경우(국기칙 §12 ① 1호) 또는 가산세 감면 제외 사유(국기령 §29)에 해당하는 경우(국기칙 §12 ① 2호)에는 피합병법인이 수정신고(국기 §45 ① 3호)를 통하여 양도차익의 전부 또는 일부에 상당하는 금액을 익금과 손금에 동시에 산입할 수는 없다(국기칙 §12 ①). 입법론으로 서는 가산세의 불이익을 부과하는 것은 별론으로 하더라도 시행규칙 상 위 제한은 폐지하는 것이 타당하다.

1. 합병등기일 현재 1년 이상 사업을 계속하던 내국법인 간의 합병일 것. 사업이 정관 상 목적사업으로 기재된 것인지 여부 및 해당 사업이 위법한 것인지 여부 등은 사업의 판정에 있어서 영향을 미치지 못한다. 사업에 대한 판정에 있어서는 법인의 경제적 자원이 통제되거 나 이전되었는지 여부가 핵심적 요소이고, 법인에 의하여 경제적 자원이 통제되거나 이전되었음에도 단순히 정관 상 목적사업에 해당하지 않거나 법률에 위반된다는 이유 등 사유로 법인세를 부과하지 않는 것은 경제적 실질에 위반된 것이며, 나아가 법인이 이러한 사정을 이용하여 부당하게 경제적 이익을 얻을 수 있는 유인을 제공할 수 있기 때문이다.[730] 사업의 계속 여부는 원칙적으로 인적·물적 자원의 유기적 결합체로서의 경제적 실질이 유지되는지 여부에 의하여 판정하여야 한다. 다만, **다른 법인과 합병하는 것을 유일한 목적으로 하는 법인으로서 법정 요건**(법세령 §80의2 ②)**을 갖춘 법인**의 경우는 이 요건을 갖춘 것으로 본다. **법정 법인을 갖춘 법인**은 다른 법인과 합병하는 것을 유일한 사업목적으로 하고 모집을 통하여 주권을 발행하는 기업인수목적회사(자본시장 §6 ④ 14호) 로서 다음 각 목의 요건을 모두 갖춘 법인을 말한다(법세령 §80의2 ②).

  가. 주권(최초 모집 이전에 발행된 주권은 제외)의 발행을 통하여 모은 금전의 100분의 90 이상으로서 금융위원회가 정하여 고시하는 금액 이상을 주금납입일의 다음 영업일까지 인가(자본시장 §324 ①)를 받은 증권금융회사 등 금융위원회가 정하여 고시하는 기관에 예치 또는 신탁할 것
  나. 가목에 따라 예치 또는 신탁한 금전을 다른 법인과의 합병등기가 완료되기 전에

인출하거나 담보로 제공하지 않을 것. 다만, 기업인수목적회사의 운영을 위하여 불가피한 경우로서 주식매수청구권의 행사(자본시장 §165의5)로 주식을 매수하기 위한 경우 등 금융위원회가 정하여 고시하는 경우에는 인출할 수 있다.

다. 발기인 중 1인 이상은 금융위원회가 정하여 고시하는 규모 이상의 지분증권(집합투자증권은 제외) 투자매매업자일 것

라. 임원이 금융회사의 지배구조에 관한 법률 상 배제요건(금융지배 §5 ① 각 호)에 해당하지 아니할 것

마. 최초로 모집한 주권의 주금납입일부터 90일 이내에 그 주권을 증권시장에 상장할 것

바. 최초로 모집한 주권의 주금납입일부터 36개월 이내에 다른 법인과의 합병등기를 완료할 것

사. 그 밖에 투자자 보호를 위한 것으로서 금융위원회가 정하여 고시하는 기준을 갖출 것

2. 피합병법인의 주주 등이 합병으로 인하여 받은 **합병대가의 총합계액**(법세령 §80 ① 2호 가목) 중 **합병법인의 주식 등의 가액이 100분의 80 이상**이거나 **합병법인의 모회사**(합병등기일 현재 합병법인의 '발행주식총수' 또는 '출자총액'을 소유하고 있는 내국법인)**의 주식 등의 가액이 100분의 80 이상**인 경우로서 그 주식 등이 **법정 방법**{해당 주주 등에 법정 계산식[합병교부주식 등의 가액의 총합계액(법세령 §80 ① 2호 가목) × 각 해당 주주 등의 피합병법인에 대한 지분비율(피합병법인의 자기주식 또는 자기출자지분에 대해 합병교부주식등을 배정하지 않는 경우에는 피합병법인의 자기주식 또는 자기출자지분을 제외하고 산정한 지분비율)]에 따른 가액 이상의 주식 등을 각 배정}(법세령 §80의2 ④)**에 따라 배정**되고, **법정 피합병법인의 주주 등**(법세령 §80의2 ⑤)이 합병등기일이 속하는 사업연도의 종료일까지 그 주식 등을 보유할 것. 합병의 경우에는 그 **반대주주**에게 **주식매수청구권**(상법 §522의3)을 인정한다. 이를 감안하여 합병의 경우에는 합병대가의 100분의 80 이상을 주식으로 받을 것을 그 요건으로 한다. 이상과 같이 기업구조조정 관련 과세특례를 부여하기 위하여서는 법인의 주주 등의 동일성에 실질적 변화가 없어야 한다. 법인세법은 특정 재화를 양도하는 경우와 같이 원칙적으로 재화의 현황에 아무런 변화가 없음에도 그 소유자가 변경된 사정 자체를 소득실현의 계기로 보아 과세하기 때문이다.[731] **법정 피합병법인의 주주 등**은 피합병법인의 지배주주 등(법세령 §43 ③) 중 다음 각 호의 어느 하나에 해당하는 자를 제외한 주주 등을 말한다(법세령 §80의2 ⑤).

1. 친족(법세령 §43 ⑧ 1호 가목 : 국기령 §1의2 ①) 중 4촌인 혈족
2. 합병등기일 현재 피합병법인에 대한 지분비율이 100분의 1 미만이면서 시가로 평가한 그 지분가액이 10억원 미만인 자
3. 기업인수목적회사(자본시장 §6 ④ 14호)와 합병하는 피합병법인의 지배주주 등인 자

법정 비율(100분의 80) **이상에 해당하는지 여부**를 판정할 때 합병법인이 **합병등기일 전 2년 내에 취득한 합병포합주식 등이 있는 경우**에는 다음 각 호의 금액을 **금전으로**

교부한 것으로 본다(법세령 §80의2 ③ 전단). 이 경우 **신설합병** 또는 3 이상의 법인이 합병하는 경우로서 피합병법인이 취득한 다른 피합병법인의 주식 등이 있는 경우에는 그 다른 피합병법인의 주식 등을 취득한 피합병법인을 합병법인으로 보아 다음 각 호를 적용하여 계산한 금액을 금전으로 교부한 것으로 한다(법세령 §80의2 ③ 후단).

> 1. **합병법인이 합병등기일 현재 피합병법인의 지배주주 등**(법세령 §43 ⑦)**이 아닌 경우** :
>   합병법인이 합병등기일 전 2년 이내에 취득한 합병포합주식 등이 피합병법인의 발행주식총수 또는 출자총액의 100분의 20을 **초과하는 합병포합주식 등**에 대하여 **교부한 합병교부주식 등**(합병포합주식 등에 합병교부주식 등을 교부한 것으로 보는 경우(법세령 §80 ① 2호 가목 단서) 그 주식 등을 포함)**의 가액**
> 2. **합병법인이 합병등기일 현재 피합병법인의 지배주주 등**(법세령 §43 ⑦)**인 경우** :
>   합병등기일 전 2년 이내에 취득한 **합병포합주식 등에 대하여 교부한 합병교부주식 등**(합병포합주식 등에 합병교부주식 등을 교부한 것으로 보는 경우(법세령 §80 ① 2호 가목 단서) 그 주식 등을 포함)**의 가액**

3. 합병법인이 **합병등기일이 속하는 사업연도의 종료일까지 피합병법인으로부터 승계받은 사업을 계속할 것**. 다만, **다른 법인과 합병하는 것을 유일한 목적으로 하는 법인으로서 법정 요건**(법세령 §80의2 ②)**을 갖춘 법인**의 경우는 이 요건을 갖춘 것으로 본다. 합병법인이 합병등기일이 속하는 사업연도의 종료일 이전에 피합병법인으로부터 승계한 자산가액(**유형자산, 무형자산 및 투자자산의 가액**)의 **2분의 1 이상을 처분하거나 사업에 사용하지 아니하는 경우**에는 사업을 계속하지 아니하는 것으로 한다(법세령 §80의2 ⑦ 본문). 다만, **피합병법인이 보유하던 합병법인의 주식을 승계받아 자기주식을 소각하는 경우**에는 해당 합병법인의 주식을 제외하고 피합병법인으로부터 승계받은 자산을 기준으로 사업을 계속하는지 여부를 판정하되, **승계받은 자산이 합병법인의 주식만 있는 경우**에는 사업을 계속하는 것으로 본다(법세령 §80의2 ⑦ 단서).

4. 합병등기일 1개월 전 당시 피합병법인에 종사하는 **법정 근로자**(법세령 §80의2 ⑥) 중 합병법인이 승계한 근로자의 비율이 100분의 80 이상이고, 합병등기일이 속하는 사업연도의 종료일까지 그 비율을 유지할 것. **법정 근로자**는 근로기준법에 따라 근로계약을 체결한 내국인 근로자를 말하나, 다음 각 호의 어느 하나에 해당하는 근로자는 제외한다(법세령 §80의2 ⑥).

> 1. **임원**(법세령 §40 ① 각 호)
> 2. 합병등기일이 속하는 사업연도의 종료일 이전에 정년(고령자고용 §19)이 도래하여 **퇴직이 예정된 근로자**
> 3. 합병등기일이 속하는 사업연도의 종료일 이전에 **사망한 근로자** 또는 **질병·부상 등 법정 사유**(법세칙 §40의2 ① : 고용보험칙 별표2 9호)**로 퇴직한 근로자**
> 4. **일용근로자**(소세 §14 ③ 2호)
> 5. **근로계약기간이 6개월 미만인 근로자**. 다만, 근로계약의 연속된 갱신으로 인하여

합병등기일 1개월 전 당시 그 근로계약의 총기간이 1년 이상인 근로자는 제외한다.
6. 금고·이상의 형을 선고받는 등 근로자의 **법정 중대한 귀책사유**(법세칙 §40의2 ②
   : 고용보험 §58 1호)**로 퇴직한 근로자**

적격합병 요건 중 합병대가에 관한 요건(법세 §44 ② 2호)**을 적용하지 않을 수 있는 부득이한**
사유는 다음과 같다(법세령 §80의2 ① 1호).

가. 법정 피합병법인의 주주 등(이하 "해당 주주 등")(법세령 §80의2 ⑤)이 합병으로 교부받은
   전체 주식 등의 2분의 1 미만을 처분한 경우. 이 경우 해당 주주 등이 합병으로 교부받은
   주식 등을 서로 간에 처분하는 것은 해당 주주 등이 그 주식 등을 처분한 것으로 보지
   않고, 해당 주주 등이 합병법인 주식 등을 처분하는 경우에는 **합병법인이 선택한 주식**
   등을 처분하는 것으로 본다. 납세지 관할 세무서장이 해당 법인이 선택한 주식 처분
   순서를 확인하기 위해 필요한 자료를 요청하는 경우에는 법인은 그 자료를 제출해야
   한다(법세령 §80의2 ⑧).
나. 해당 주주 등이 사망하거나 파산하여 주식 등을 처분한 경우
다. 해당 주주 등이 적격합병, 적격분할, 적격물적분할 또는 적격현물출자에 따라 주식 등을
   처분한 경우
라. 해당 주주 등이 조세특례제한법(조특 §38, §121의30)에 따라 주식 등을 현물출자 또는
   교환·이전하고 과세를 이연받으면서 주식 등을 처분한 경우
마. 해당 주주 등이 채무자 회생 및 파산에 관한 법률에 따른 회생절차에 따라 법원의 허가를
   받아 주식 등을 처분하는 경우
바. 해당 주주 등이 기업개선계획의 이행을 위한 약정(조특령 §34 ⑥ 1호) 또는 기업개선계획의
   이행을 위한 특별약정(조특령 §34 ⑥ 2호)에 따라 주식 등을 처분하는 경우
사. 해당 주주 등이 법령상 의무를 이행하기 위하여 주식 등을 처분하는 경우

적격합병 요건 중 사업계속에 관한 요건(법세 §44 ② 3호)**을 적용하지 않을 수 있는 부득이한**
사유는 다음과 같다(법세령 §80의2 ① 2호).

---

730) 같은 절 제1관 Ⅱ 5 참조.
731) 같은 절 제1관 Ⅱ 5 참조.

가. 합병법인이 파산함에 따라 승계받은 자산을 처분한 경우

나. 합병법인이 적격합병, 적격분할, 적격물적분할 또는 적격현물출자에 따라 사업을 폐지한 경우

다. 합병법인이 기업개선계획의 이행을 위한 약정(조특령 §34 ⑥ 1호) 또는 기업개선계획의 이행을 위한 특별약정(조특령 §34 ⑥ 2호)에 따라 승계받은 자산을 처분한 경우

라. 합병법인이 채무자 회생 및 파산에 관한 법률에 따른 회생절차에 따라 법원의 허가를 받아 승계받은 자산을 처분한 경우

적격합병 요건 중 고용승계에 관한 요건(법세 §44 ② 4호)**을 적용하지 않을 수 있는 부득이한 사유**는 다음과 같다(법세령 §80의2 ① 3호).

가. 합병법인이 회생계획(채무회생 §193)을 이행 중인 경우

나. 합병법인이 파산함에 따라 근로자의 비율을 유지하지 못한 경우

다. 합병법인이 적격합병, 적격분할, 적격물적분할 또는 적격현물출자에 따라 근로자의 비율을 유지하지 못한 경우

라. 합병등기일 1개월 전 당시 피합병법인에 종사하는 근로기준법에 따라 근로계약을 체결한 내국인 근로자가 5명 미만인 경우

적격합병의 법정 요건과 무관하게 적격합병으로 취득하는 경우 역시 있다. 다음 각 호의 어느 하나에 해당하는 경우에는 적격합병의 법정 요건(법세 §44 ②)과 무관하게 해당 합병을 적격합병으로 보아 양도손익이 없는 것으로 할 수 있다(법세 §44 ③).

1. 내국법인이 **발행주식총수** 또는 **출자총액**을 소유하고 있는 다른 법인을 합병하거나 그 다른 법인에 합병되는 경우

2. 동일한 내국법인이 **발행주식총수** 또는 **출자총액**을 소유하고 있는 서로 다른 법인 간에 합병하는 경우

3. 합병 시 합병법인에 대한 과세

3.1. 합병법인에 의한 자본거래 인식 및 그 인식 관련 계정의 처리

자본거래 인식분(자본 또는 출자의 납입)과 순자산계정 변동분이 일치하지 않는다면, 그 차액은 '순자산계정 또는 순자산차감계정' 또는 '익금 또는 손금'으로서 인식하여야 한다. 그 이유에 대하여 경우를 나누어 살핀다. 먼저 **자본거래 인식분(자본 또한 출자의 납입)이 순자산 증가분을 초과하는 경우** 그 초과분을 어떻게 인식하여야 하는지 여부에 대하여 살핀다. 통상의 거래에서는 이러한 현상은 발생하지 않는다. 해당 자본거래 초과인식분은 '상법 상 자본충실 원칙' 및 '세법 상 실질과세원칙'에 반하는 가공 자본에 불과하기 때문이다. 그러나 합병 등 기업구조조정 거래에서 이러한 현상이 발생할 수 있다. 기업구조조정 거래대가는 해당 기업의 미래수익력에 대한 평가 및 기대 등에 의하여 결정되기 때문이다. 즉 인수기업이 인식하는 주관적 자본증가액과 피인수기업으로부터 유입되는 그 장부 상 순자산가액이 달라질 수 있다. 이에 대하여서는 별도로 후술한다. 이하 논의에 있어서 '순자산변동분'은 '인수기업에 유입되는 피인수기업의 장부 상 순자산가액'을 의미하고 '기업구조조정 거래대가를 모두 신주발행 형태로 지급하는 것'을 전제로 한다. 이 경우 기업구조조정 거래의 실질을 무시할 수 없다면, 즉 해당 거래가 가공거래가 아니라면, '기업구조조정 거래 이전에는 존재하지 않았던 새로운 자산'이 추가적으로 유입된 것으로 의제하여야 한다. 다만 의제적으로 자본을 증가시켰으므로, 향후 손익거래를 통하여 자본을 감소시킬 수 있는 장치가 준비되어야 한다. '기업구조조정 거래 이전에는 존재하지 않았던 새로운 자산'을 기왕에 인식한 순자산에 귀속되지 않으면서 별도의 대가를 받고 처분될 수 없는 형태의 특수한 자산으로 계상하여야 한다. 즉 해당 자산은 향후 상각(amortization) 또는 손상(impairment)의 인식절차를 통하여 손금으로 전환되는 기능만을 수행하여야 한다. 이러한 맥락에 따라 법인세법은 기업구조조정 거래에 있어서 자본거래 초과인식분에 대응하는 별도의 순자산계정(영업권 또는 합병매수차손 등)의 인식을 허용하면서도, 해당 자산에 대하여 '기업 전체가 매각되는 등을 통하여서만 인식할 수 있을 뿐 통상의 거래를 통하여 창설할 수는 없다는 점' 및 '해당 자산은 상각 등을 통하여서만 소멸할 수 있을 뿐 대가를 받고 처분될 수 없다는 점'을 특별조건으로서 부가한다. 향후 '영업권 또는 합병매수차손 등'은 그 상각 등을 통하여 손금에 산입되고, 그 손금산입 합계액은 '의제적으로 증가된 자본계정'을 차감시키는 기능을 수행한다. 이러한 방식을 통하여 기업구조조정 거래 이후에도 순자산계정 변동분과 자본계정 변동분이 균형을 이룰 수 있는 규범적 토대가

형성된다. 만약 이러한 방식을 추가적으로 도입하지 않는다면, 기업구조조정 거래 당시 이미 자본계정을 미리 증가시켰음에도 불과하고, 기업구조조정 이후 거래로 인한 순자산계정 변동분이 이익잉여금에 편입되어 다시 자본을 증가시킬 수 있는 여지를 남기게 되는 문제점이 발생한다. '영업권 또는 합병매수차손'은 해당 기업의 미래 초과수익력을 예상한 경우에 계상되므로 이러한 결과에 이르게 될 가능성은 크다. 그런데 이러한 경우 '영업권 또는 합병매수차손 등'을 인식하는 것이 허용되지 않는다면, 의제적으로 증가된 자본증가액을 감소시키기 위하여 해당 금액을 즉시 손금으로 반영하여야 한다. 해당 손금은 '향후 발생하는 익금'과 상쇄되지 않는다면, 자본에 대한 차감계정에 해당하는 결손금에 편입된다. 다만 손금에 반영하여야 한다는 쟁점과 해당 손금이 법인세법 상 사업관련성이 없거나 조세정책 상 사유 등에 의하여 부인될 수 있는지 여부는 별개의 쟁점이라는 점에 유의하여야 한다. 그러나 해당 거래와 관련하여 경영 상 필요 등 사업관련성, 경제적 합리성 또는 규제기관의 권고 등에 의한 비자발적 선택 등 사유가 존재한다면 해당 손금을 부인할 수는 없을 뿐 아니라 해당 손금의 부인을 통하여 탈세 또는 조세포탈로 의율하는 것은 더욱 용인될 수 없다는 점에도 역시 유의하여야 한다. 과세권의 합리적 행사라고 할 수 없고, 이는 법률 판단의 영역에 속한 것이기 때문이다. 한편 법인세법은 영업권을 인식하기 위한 조건을 '상호·거래관계, 그 밖의 영업상의 비밀 등에 대하여 사업상 가치가 있다고 보아 대가를 지급한 경우'(법세령 §80의3 ②)로 한정하는바, 이러한 입장의 타당성 여부에 대하여서는 항을 바꾸어 후술한다. 다음으로 **자본거래 인식분이 순자산 증가분에 미치지 못하는 경우** 그 미달분을 어떻게 인식하여야 하는지 여부에 대하여 살핀다. 통상의 거래에서는 이러한 현상은 발생하지 않는다. 해당 자본거래 미달인식분은 순자산 유입분의 일부를 상법 상 근거 없이 무시하는 것이고, 세법 상 실질과세원칙에도 부합하지 않기 때문이다. 그러나 합병 등 기업구조조정 거래에서 이러한 현상이 발생할 수 있다. 기업구조조정 거래대가는 해당 기업의 미래수익력에 대한 평가 및 기대 등에 의하여 결정되기 때문이다. 즉 인수기업이 인식하는 주관적 자본증가액과 피인수기업으로부터 유입되는 그 장부 상 순자산가액이 달라질 수 있다. 이에 대하여서는 별도로 후술한다. 이하 논의에 있어서 '순자산변동분'은 '인수기업에 유입되는 피인수기업의 장부 상 순자산가액'을 의미하고 '기업구조조정 거래대가를 모두 신주발행 형태로 지급하는 것'을 전제로 한다. 이 경우 기업구조조정 거래의 실질을 무시할 수 없다면, 즉 해당 거래가 가공거래가 아니라면, '기업구조조정 거래 당시 존재하는 순자산계정'을 자본거래 인식범위 내로 차감하여 인식하여야 한다. 다만 의제적으로 자본을 감소시켰으므로, 향후 손익거래를 통하여 자본을 증가시킬 수 있는 장치가 준비되어야 한다. '기업구조조정 거래 당시 존재하는 개별 순자산계정'이 아닌 '순자산 전체'에 대하여 연계되면서도 향후 상각 등을 통하지 않고서는 소멸할 수 없는 차감계정을 별도로 계상하여야 한다. 즉 해당 순자산 전체에 대한 차감계정은 향후 상각 등을 통하여 익금으로 전환되는 기능만을 수행하여야 한다. 이러한 맥락에 따라 법인세법은 기업구조조정 거래에 있어서 자본거래 미달인식분에 대응하는 별도의 자산 차감계정(부의 영업권 또는 합병매수차익 등)의 인식을 허용하면서도, 해당 자산 차감계정에 대하여 '기업 전체가 매각되는 등을 통하여서만 인식할 수 있을 뿐 통상의 거래를 통하여 인식될 수 없다는 점' 및 '해당 자산 차감계정은 상각 등을 통하여서만 소멸할 수 있다는 점'을 특별조건으로서 부가한다. 향후 '부의 영업권 또는 합병매수차익'은 그 상각 등을 통하여 익금에 산입되고, 그 익금산입 합계액은 '의제적으로 감소된 자본계정'을 증가시키는 기능을 수행한다. 이러한 방식을 통하여 기업구조조정 거래 이후에도 순자산계정 변동분과 자본계정 변동분이 균형을 이룰 수 있는 규범적 토대가 형성된다. 만약 이러한 방식을 추가적으로 도입하지 않는다면, 기업구조조정 거래 당시 이미 자본계정을 미리 감소시켰음에도 불과하고, 기업구조조정 이후 거래로 인한 순자산계정 변동분이 결손금에 편입되어 다시 자본을 감소시킬 수 있는 여지를 남기게 되는 문제점이 발생한다. '부의 영업권 또는 합병매수차익 등'은 해당 기업의 우발채무의 발생 등 순자산의 추가적인 감소를 예상한 경우에 계상되므로 이러한 결과에 이르게 될 가능성은 크다. 그런데 이러한 경우 '부의 영업권 또는 합병매수차익 등'을 인식하는 것이 허용되지 않는다면, 의제적으로 감소된 자본증가액을 증가시키기 위하여 해당 금액을 즉시 익금에 반영하여야 한다. 해당 익금은 '향후 발생하는 손금'과 상쇄되지 않는다면, 자본계정인 이익잉여금에 편입된다. 다만 익금에 반영하여야 한다는 쟁점과 해당 익금이 법인세법 상 사업관련성이 없거나 조세정책 상 사유 등에 의하여 부인될 수 있는지 여부는 별개의 쟁점이라는 점에 유의하여야 한다. 그러나 해당 거래와 관련하여 경영 상 필요 등 사업관련성, 경제적 합리성 또는 규제기관의 권고 등에 의한 비자발적 선택 등 사유가 존재한다면 부의 영업권을 부인하여 익금에 산입할 수는 없을 뿐 아니라 그 익금산입을 하지 않았다는 이유로 탈세 또는 조세포탈로 의율하는 것은 더욱 용인될 수 없다는 점에도 역시 유의하여야 한다. 과세권의 합리적 행사라고 할 수 없고, 이는 법률 판단의 영역에 속한 것이기 때문이다. **기업구조조정 거래에 있어서 자본계정의 변동분이 순자산계정의 변동분과 달리 결정될 수 있는 이유는 무엇인가?** 기업구조조정 거래는 법인의 개별 순자산을 평가하여 성립되는 거래가 아니라 법인(또는 사업단위) 자체를 평가하여 성립되는 거래(bundle transaction)에 해당하고, 법인(또는 사업단위) 자체에 대한 평가는 개별 순자산 평가의 총합과 구분된다. 기업구조조정 거래대가는 거래당사자의 해당 기업의 미래 초과수익력에 대한 평가 또는 기대에 의하여 결정되고, 기업구조조정 거래대가를 신주를 발행할 것인지 또는 금원 등을 교부할 것인지 여부 역시 해당 거래 당사자들 사이의 합의에 의하여 결정된다. 즉 기업구조조정 거래로 인한 신주발행분은 순자산의 유입에 상응하는 청구권으로서 계상되는 것이 아니라 기업구조조정 대가로서 결정되는 속성을 가진다. 따라서 신주발행 역시 해당 법인의 장부 상 유입되는 순자산의 합계와 무관하게 결정될 수 있다. 이 점에서 통상의 자본납입 거래와 구분된다. 이상의 각 점으로 인하여 기업구조조정 거래에 있어서는 인수기업이 주관적으로 인식하는 자본계정증가분이 해당 법인에 유입되는 피인수기업의 장부 상 순자산가액과 달라지는 경우가 발생할 수 있다. **기업구조조정 거래에 있어서 인수기업이 주관적으로 인식하는 자본계정증가분이 해당 법인에 유입되는 피인수기업의 장부 상 순자산가액과 달리 결정되는 경우 그 차액을 자본계정으로 인식하지 않는 규범적 논거는 무엇인가?** 자본계정은 자산계정 및 부채계정의 변화에 대응하여 인식하는 계정에 해당한다. 따라서 순자산계정의 변동분에 대응되지 않는 자본계정의 변동분은 가공계정에 해당한다. 또한 자본계정의 증가(또는 미달)분 인식차액을 다시 자본계정으로 계상한다는 것은 실제 발생한 자본거래를 바로 부인하는 것과 동일하다. 즉 신주가 발행되었음에도 불구하고 이를 부인하는 것으로서 실제 발생한 거래에 반한다. 게다가 자본계정의 증가(또는 미달)분 인식차액은 기업구조조정 거래로 인하여 비로소 발생하는 것인바, 이는 거래 당사자들이 기업구조조정으로 인한 자본계정의 변화 자체를 의도하여 거래하는 것이 아니라 기업구조조정거래 이후 해당 법인의 손익을 예상하여 거래한다는 점으로부터 기인한다. 따라서 기업구조조정으로 인한 자본계정의 증가(또는 미달)분 인식차액은 기업구조조정거래 이후 발생할 해당 법인의 손익예상치에 대한 평가의 결과에 해당한다. 따라서 그 자본계정의 증가(또는 미달)분 인식차액에 대응하는 계정을 향후 손익거래에 영향을 미치는 순자산계정 또는 순자산차감계정으로 인식하여, 기업구조조정 거래 이후의 손익거래에 편입되도록 하는 것이 타당하다. 이상 각 점으로 인하여 기업구조조정 거래에 있어서 자본계정증가분이 순자산계정변동분과 차이를 보이는 경우 그 차액에 대응하는 계정을 순자산계정 또는 순자산차감계정으로 인식하는 것이 타당하다. **법인세법 상 순자산계정변동분은 해당 거래의 성격에 따라 손익거래 또는 자본거래에 편입될 수 있으나, 법인세법 상 자본계정의 변동분은 손익거래에 편입될 수 없다.** 자본계정의 변동분은 이미 손익거래로서 인식한 결과에 해당하는 이익잉여금의 증감분 및 자본거래로 인한 증감분으로 구성되므로, 자본계정의 변동분을 손익거래에 편입시킬 수는 없다. 따라서 단일 거래를 자본거래로 인식한다고 하더라도, 자본거래에 대응하여 인식한 순자산계정은 향후 거래의 성격에 따라 손익거래 또는 자본거래에 편입될 수 있는 반면에 자본계정은 향후 거래를 통하여서도 손익거래에 편입될 수 없다. 그렇다면 자본거래의 경우에는 해당 거래를 모두 향후 손익거래에 편입될 수 없는 자본계정만으로 인식하여야 한다는 주장은 명백한 오류에 해당한다. 예를 들어 살핀다. 자본출자의 경우 유입된 자산은 순자산계정으로 인식하지만 이에 대응하는 인식하여서는 자본금 또는 주식발행액면초과액(주식할인발행차금)을 자본계정으로서 인식한다. 즉 자본의 출자는 자본거래에 해당하지만 해당 거래의 구성요소로서 순자산계정인 자산계정 역시 인식할 수 있다. 향후 거래를 통하여 자산계정은 손익거래 또는 자본거래(자본의 환급 또는 다른 회사에 대한 출자 등)에 편입될 수 있지만, 자본금 또는 주식발행액면초과액(주식할인발행차금)은 손익거래에 편입될 수 없다.

'기업구조조정 거래대가와 순자산유입액이 차이를 보이는 경우'와 '순자산유입액(또는 신주발행가액)과 그 관련 자본금계상액이 차이를 보이는 경우'는 구분하여야 한다. 이하 합병거래를 중심으로 살피나, 이는 다른 기업구조조정 거래에도 해당 거래의 속성을 반영하여 유사하게 적용할 수 있다.

'영업권 또는 합병매수차손' 또는 '부의 영업권 또는 합병매수차익'에 대하여 살핀다. 자본금계정은 자본계정의 일부 구성요소에 해당하므로 자본금과 자본은 구분된다. 또한 각 법인 별 자본금 계산단위인 액면가액 역시 다르고, 액면가액은 주식의 경제적 가치와 무관하다. 합병거래에 있어서는 그 순자산유입액을 초과하거나 그에 미달하여 합병대가를 지급할 수 있고, 그 합병대가로서 지급하는 금액의 범위 내에서 자본거래를 인식할 수 있다. 거래당사자들은 기업구조조정 거래 이후의 경제적 성과에 대한 판단 또는 그 기대 등에 기초한 협상을 통하여 합병대가를 정하기 때문이다. 또한 순자산유입액 및 합병대가는 모두 경제적 실질을 반영한 금액이므로 '영업권 또는 합병매수차손' 또는 '부의 영업권 또는 합병매수차익' 역시 그 경제적 맥락에 따른 실질에 의하여 계산되어야 한다.

주식발행액면초과액(또는 주식할인발행차금)에 대하여 살핀다. 소멸회사의 주주에게 지급하는 금액은 합병대가를 구성하고, 그 회사의 주주에게 지급하는 금액에는 현물배당 가액 역시 포함된다. '소멸회사 및 그 주주의 입장'에서 합병법인에 출자하는 금액은 '소멸회사의 순자산'에서 '합병대가로서 그 주주에게 교부된 금액'을 제외한 금원으로 한정된다. 그러나 합병거래를 포함하는 기업구조조정 거래의 경우에는 합병법인 등 인수기업이 반드시 그 출자금원에 직접 대응하여 신주를 발행하여야 하는 것은 아니다. 거래당사자들은 기업구조조정

거래 이후의 경제적 성과에 대한 판단 또는 그 기대 등에 기초한 협상을 통하여 신주발행가액을 정한다. 합병법인이 합병대가로서 지급한 신주발행가액이 합병법인이 새롭게 계상하는 자본금을 초과하는 경우 그 초과금액은 주식발행액면초과액으로, 그 미달금액은 주식할인발행차금으로 계상하여야 한다. 이는 자본거래로 인한 수익 또는 손비로서 각 익금불산입 또는 손금불산입된다(법세 §17 ① 1호, §20 2호). 합병대가를 '신주발행이 아닌 다른 형태'로 지급하는 범위 내에서는 합병법인 자본계정이 증가할 수 없고 따라서 신주발행가액과 자본금의 차액을 인식할 여지 자체가 없다. **주식발행액면초과액 또는 주식할인발행차금은 '경제적 의미와 무관한 자본금'을 합병대가 중 '신주발행가액'으로 전환하기 위한 수단으로서 인식될 뿐이다.**

　합병차익(또는 합병차손)에 대하여 살핀다. 합병차익(차손)을 계산함에 있어서, 법인세법이 자본금증가액에 대하여서만 언급할 뿐 그 자본금에 연계된 신주발행가액 자체에 대하여서는 언급하지 않는다는 점, 신주발행가액이 언급되지 않으므로 주식발행액면초과액(주식할인발행차금)은 합병차익(차손) 계산과 무관하다는 점, 자본금의 증가를 전제로 하므로 신주발행이 전제되어야 한다는 점 및 합병차익(차손) 자체는 독립된 계정과목이 아니라 여러 계정과목을 통하여 산출된 금액을 의미한다는 점에 대하여 각 유의하여야 한다. 결론적으로 **합병차익(차손)은 합병대가로서 신주를 발행하는 경우 합병법인에 결과적으로 유입되는 순자산가액이 합병법인(존속법인 또는 신설합병법인)이 계상한 자본금을 초과하거나 그에 미달하는 경우 그 초과금액(미달금액)을 의미한다.** 그 경위는 다음과 같다. 소멸회사의 주주에게 지급하는 금액은 합병대가를 구성하고, 그 회사의 주주에게 지급하는 금액에는 현물배당 가액 역시 포함된다. '소멸회사 및 그 주주의 입장'에서 합병법인에 출자하는 금액은 '소멸회사의 순자산'에서 '합병대가로서 그 주주에게 교부된 금액'을 제외한 금원, 즉 '결과적으로 합병법인에 유입된 순자산가액'으로 한정된다. 합병차익(차손)은 신주발행을 전제로 하여 계산됨에도 불구하고 이에 주목하여, '신주발행가액'이 아닌 '결과적으로 합병법인에 유입된 순자산가액'을 기준으로 계산한다. 이 점에서 신주발행가액을 기준으로 계산하는 주식발행액면초과액(주식할인발행차금)과 결정적 차이를 보인다. 다만 합병차익(차손) 역시 경제적으로 무의미한 자본금을 기준으로 계산한다는 점에서는 주식발행액면초과액(주식할인발행차금)과 유사한 성격을 갖는다. 그런데 **합병차익(차손)을 계산함에 있어서 '신주발행가액'이 양수(+)이어야 한다는 점이 전제되어야 한다.** 합병차익(차손)은 합병대가로서의 신주발행을 전제로 계산하는 것인바, 합병대가인 신주 자체가 유통될 수 있는 자산에 해당하고 신주발행가액 자체가 '0' 또는 '음수(−)'일 수는 없기 때문이다. 따라서 **합병차익은 신주발행가액 중 자본금을 초과하는 금액으로**

서, 합병차손은 자본금의 범위 내에서 인식될 수밖에 없다. 또한 합병차익(차손) 자체는 독립된 계정과목이 아니라 여러 계정과목을 통하여 산출된 금액을 의미하고 이에는 합병법인에 유입된 순자산과 합병법인으로부터 합병대가를 통하여 유출된 순자산 모두가 포함되므로, 원칙적으로는 단일항목으로서 익금불산입 또는 손금불산입 여부를 정할 수는 없다. 법인세법 역시 내국법인의 각 사업연도의 소득은 그 사업연도에 속하는 익금의 총액에서 그 사업연도에 속하는 손금의 총액을 뺀 금액으로 한다고 규정(법세 §14 ①)하여, 각 사업연도를 단위로 익금 및 손금의 각 총액 단계에서 상쇄될 수 있을 뿐 개별 거래 단계에서 순자산 유입과 유출이 상쇄될 수는 없다는 점을 명시하고 있다. 게다가 합병차손의 경우에는 합병법인에 유입된 순자산 증가효과와 합병법인으로부터 합병대가를 통하여 유출된 순자산 감소효과가 충돌하여 그 방향을 예측할 수도 없다. 이러한 맥락으로 인하여, 합병차손 자체를 손금불산입 항목으로 규정할 수는 없다(법세 §20). 다만 합병차익은 법인세법이 특별히 익금으로 규정한 항목이 포함되지 않는 한 그 계산구조 상 모두 주식발행액면초과액에 포섭되므로 익금불산입 항목으로 정할 수 있다(법세 §17 ① 5호). 주식발행액면초과액은 그 자체로 익금불산입 항목에 해당한다(법세 §17 ① 1호). 합병차익 개념은 합병거래에서 특유하게 인식하는 것이므로, 위와 같은 취지의 익금불산입 규정을 둘 실익이 있다. 주식이 액면 미만으로 발행되는 경우에는 주식발행액면초과액이 발생할 수 없고, 그 경우 합병차익 역시 계산될 수 없다.

이상의 논의에 따르면, '법인세법 상 손익에 영향을 미치는 영업권 등(부의 영업권 등)'은 '합병법인의 자본금계상액이 신주발행가액(또는 순자산유입액)과 차이를 보여 주식발행초과금액(주식할인발행차금) 또는 합병차익(차손)이 발생한다고 하더라도, 여전히 합병대가와 순자산변동액을 기준으로 계산되어야 한다. 그렇지 않으면 경제적으로 무의미한 '합병법인 계상 자본금'에 의하여 '손익에 영향을 미치는 영업권 등(부의 영업권 등)'의 크기가 달라지는 문제가 발생하기 때문이다.

합병대가는 '신주발행', '현금 등 자산 지급' 및 '부채 인수'라는 형태로 지급될 수 있다. '현금 등 자산 지급'과 '부채 인수'는 합병거래당사자인 합병법인 및 피합병법인 단계에서 그 경제적 실질이 동일하다. 따라서 피합병법인이 채무초과상태인지 여부는 합병거래에 있어서 어떠한 영향을 미칠 수 없다. 인수되는 순채무 역시 합병대가에 포함하여 계산하는 외에 별도의 고려를 할 필요가 없다. 즉 채무초과상태의 기업을 합병하면서 신주발행 형태로 합병대가를 지급한다면, '순부채 인수가액'과 '신주발행으로 인한 자본증가액'을 합한 금액이 합병대가로서 지급된 것이다. 이 경우 순자산유입액은 '0'이다. '부채 인수' 및 '신주발행'으로 합병대가를 지급한 경우에도, '합병차익(차손)'은 합병대가 중 '순자산유입액'과 '합병법인 계상 자본금' 사이의 차액으로서 계산될 뿐이므로, 그 부채인수액 및 신주발행가액은 그 계산과 무관하다. 또한 이 경우에도 영업권 등은 여전히 합병대가(부채인수액 및 신주발행가액)에서 순자산유입액('0')을 차감한 금액으로 계산된다.

만약 영업권 등(부의 영업권 등)을 계상하는 것이 부인된다면 해당 금액을 즉시 손금 또는 익금에 반영하여야 한다. 다만 손금 또는 익금에 반영하여야 한다는 쟁점과 해당 손금 또는 익금이 법인세법 상 사업관련성이 없거나 조세정책 상 사유 등에 의하여 부인될 수 있는지 여부는 별개의 쟁점이라는 점에 유의하여야 한다. 그러나 해당 거래와 관련하여 경영상 필요 등 사업관련성, 경제적 합리성 또는 규제기관의 권고 등에 의한 비자발적 선택 등 사유가 존재한다면 해당 손금을 부인할 수는 없을 뿐 아니라 해당 손금의 부인을 통하여 탈세 또는 조세포탈로 의율하는 것은 더욱 용인될 수 없다는 점에도 역시 유의하여야 한다. 이를 과세권의 합리적 행사라고 할 수 없고, 이 쟁점은 법률 판단의 영역에 속한 것이기 때문이다. 또한 부의 영업권 계상을 부인하여 익금에 반영할 것인지 여부는 위 손금을 부인할 것인지 여부와 동일한 기준에 의하여 판단하는 것이 타당하다.

3.2. 합병법인에 대한 과세

합병법인이 합병으로 피합병법인의 자산을 승계한 경우에는 그 자산을 **피합병법인으로부터 합병등기일 현재의 시가**(법세 §52 ②)**로 양도받은 것으로** 본다(법세 §44의2 ① 전단). 이 경우 피합병법인의 각 사업연도의 소득금액 및 과세표준을 계산할 때 익금 또는 손금에 산입하거나 산입하지 아니한 금액, 그 밖의 자산·부채 등은 '법인세법 또는 다른 법률에 다른 규정이 있는 경우 외에는' **법정 세무조정사항**(법세령 §85)**만 합병법인이 승계**할 수 있다(법세 §44의2 ① 후단). **법정 세무조정사항의 승계**는 다음 각 호의 구분에 따른다(법세령 §85).

1. **적격합병의 경우** : 세무조정사항은 모두 합병법인에 승계
2. **제1호 외의 경우** : **퇴직급여충당금** 또는 **대손충당금**을 합병법인이 승계한 경우(법세 §33 ③, ④, §34 ④)에는 그와 관련된 세무조정사항을 승계하고 **그 밖의 세무조정사항**은 모두 합병법인에 미승계.
퇴직급여충당금을 손금에 산입한 내국법인이 합병하는 경우 그 법인의 합병등기일 현재의 해당 퇴직급여충당금 중 합병법인이 승계받은 금액은 그 합병법인이 합병등기일에 가지고 있는 퇴직급여충당금으로 본다(법세 §33 ③). 사업자가 그 사업을 내국법인에게 **포괄적으로**

양도하는 경우에도 같다(법세 §33 ④). **대손충당금을 손금에 산입한 내국법인이 합병하는 경우** 그 법인의 합병등기일 현재의 해당 대손충당금 중 합병법인이 승계(해당 대손충당금에 대응하는 채권이 함께 승계되는 경우만 해당)받은 금액은 그 합병법인이 합병등기일에 가지고 있는 대손충당금으로 본다(법세 §34 ④).

합병법인은 **피합병법인의 자산을 시가로 양도받은 것으로 보는 경우**로서 피합병법인에 지급한 **양도가액이 피합병법인의 합병등기일 현재의 순자산시가**(자산총액에서 부채총액을 뺀 금액)**보다 적은 경우**에는 그 **차액**(**합병매수차익**)(법세령 §80의3 ①)**을 세무조정계산서**(법세 §60 ② 2호)**에 계상**하고 합병등기일부터 **5년간 균등하게 나누어 익금에 산입**한다(법세 §44의2 ②). 합병매수차익을 익금에 산입할 때에는 합병등기일이 속하는 사업연도부터 합병등기일부터 5년이 되는 날이 속하는 사업연도까지 **법정 산식**[합병매수차익 × (해당 사업연도의 월수/60월)]**에 따라 계산한 금액을** 산입한다(법세령 §80의3 ① 전단). 이 경우 월수는 역에 따라 계산하되 1월 미만의 일수는 1월로 하고, 이에 따라 합병등기일이 속한 월을 1월로 계산한 경우에는 합병등기일부터 5년이 되는 날이 속한 월은 계산에서 제외한다(법세령 §80의3 ① 후단). **법인세법 상 합병매수차익을 장부 상 부의 영업권으로 계상하였다면**, 부의 영업권을 합병매수차익으로 대체하기 위하여 부의 영업권에 대하여 익금산입(유보) 합병매수차익에 대하여 익금불산입(△유보)로 세무조정한 후, 장부 상 부의 영업권 상각 여부와 무관하게 60개월 간 합병매수차익에 대하여 익금산입(유보)로 세무조정한다. 이는 부의 영업권 계상 당시 세무조정하지 않고 그 계상 이후 60개월 간 강제상각하여 익금에 산입하는 것과 동일한 효과를 낳는다.

합병법인은 **피합병법인의 자산을 시가로 양도받은 것으로 보는 경우**에 피합병법인에 지급한 **양도가액이 합병등기일 현재의 순자산시가를 초과하는 법정 경우**(합병법인이 피합병법인의 상호·거래관계, 그 밖의 영업상의 비밀 등에 대하여 사업상 가치가 있다고 보아 대가를 지급한 경우)(법세령 §80의3 ②)**에는** 그 **차액**(**합병매수차손**)(법세령 §80의3 ③)**을 세무조정계산서**(법세 §60 ② 2호)**에 계상**하고 합병등기일부터 **5년간 균등하게 나누어 손금에 산입**한다(법세 §44의2 ③). 합병매수차손을 손금에 산입할 때에는 합병매수차익의 익금산입에 관한 규정(법세령 §80의3 ①)**을** 준용한다(법세령 §80의3 ③). **법인세법 상 합병매수차손의 요건을 충족하는 금액을 장부 상 영업권으로 계상하였다면**, 영업권을 합병매수차손으로 대체하기 위하여 영업권에 대하여 손금산입(△유보) 합병매수차손에 대하여 익금산입(유보)로 세무조정한 후, 장부 상 영업권 상각 여부와 무관하게 60개월 간 합병매수차손에 대하여 손금산입(△유보)로 세무조정한다. 이는 영업권 계상 당시 세무조정하지 않고 그 영업권 계상 이후 60개월 간 강제상각하는 것과 동일한 효과를 낳는다. **법인세법 상 합병매수차손의 요건을 충족하지 못하였음에도 장부 상 영업권으로 계상한 경우 세무조정에 대하여 살핀다.** 이 경우 영업권 계상금액에 대하여 손금산입(△유보)한 후 손금불산입(기타)로 소득처분하고, 향후 영업권을 상각하는 시점에는 손금불산입(유보)로 세무조정한다는 견해가 있으나,[732] 이는 타당하지 않다. 영업권 계상금액에 대하여 손금불산입(기타)로 소득처분한다는 것은 해당 금액이 자본계정에 반영될 수 있음을 전제로 하는 것이다. 그러나 해당 금액은 이미 사외로 유출되었으나 이를 주주 또는 출자자에 대한 '자본(출자)의 환급' 또는 '잉여금의 처분'(법세 §19)으로 볼 수 없다. 해당 금액이 사외로 유출되었으므로, 이를 '자본(출자)의 납입'으로 보아 주식발행액면초과액 계정에 인식할 수도 없다. 즉 영업권 계상 금액은 법인의 자본거래와 무관하다. 본질적으로 손익거래에 해당한다. 따라서 **법인세법 상 합병매수차손으로 인식할 수 없다면 영업권의 계상을 부인하여 즉시 손금산입한 후 이에 대하여 조세정책 상 이유로 손금불산입하고 피합병법인에 유출된 것으로 보아 기타사외유출로 소득처분**하는 것이 타당하다. 향후 영업권을 **상각하는 시점에는 손금불산입(유보)로 세무조정**하여야 한다. 만약 영업권을 상각하지 않고 손상차손의 형태로 계상하였다면 해당 금액에 대하여 손금불산입(유보)로 세무조정하고 법인세법 상 손상차손의 회복 역시 부인하여야 한다.

'**합병법인이 피합병법인의 상호·거래관계, 그 밖의 영업상의 비밀 등에 대하여 사업상 가치가 있다고 보아 대가를 지급한 경우**'라는 문언이 이미 피합병법인 단계에서 형성되었으나 계상할 수 없었던 잠재적 자산을 지칭하는 것으로 해석될 여지가 크다. 판례 역시 합병법인이 피합병법인의 무형재산에 대한 사업상 가치를 평가하여 대가를 지급한 것으로 볼 수 있는지 여부를 기준으로 합병매수차손(영업권)의 인식 여부를 결정한다는 취지의 판시한다.[733] 그러나 이러한 해석은 거래의 실정에 부합하지 않는다. 합병법인이 비록 피합병법인이 활용하지 못하였다고 하더라도 인수를 통하여 미래 현금흐름을 창출할 수 있는 가능성에 투자한 것으로 보는 것이 타당하기 때문이다. 가공거래가 아닌 한 법인세법이 거래당사자의 경영상 판단에 개입하는 것은 타당하지 않다. 기업회계기준은 '합병법인이 피합병법인의 상호·거래관계, 그 밖의 영업상의 비밀 등에 대하여 사업상 가치가 있다고 보아 대가를 지급한 경우'에 한하여 합병매수차손(영업권)을 인식하는 현행 법인세법과 그 입장을 달리하므로, 기업회계기준

---

732) 신찬수·이철재·정창모, 법인세의 실무, 삼일인포마인, 2021, 1323면.
733) 대법원 2018.5.11. 2017두54791.

782 제2편 _ 내국법인 과세소득에 대한 법인세

상 영업권이 계상되었다고 하더라도 법인세법 상 합병매수차손(영업권)이 인식된다고 추단할 수는 없다.[734] 판례는 사업상 가치의 평가 여부는 합병의 경위와 동기, 합병 무렵 합병법인과 피합병법인의 사업 현황, 합병 이후 세무 신고 내용 등 여러 사정을 종합하여 객관적으로 판단하여야 한다고 판시한다.[735] 즉 피합병법인의 상황만에 근거하여 판단하는 것이 아님을 전제로 한다. 따라서 판례 역시 합병매수차손(영업권)을 합병법인의 상황과 무관하게 이미 피합병법인 단계에서 형성된 무형재산을 취득하면서 지급한 대가로 보는 것은 아니다. **실질과세 원칙에 따라 가공거래는 부인될 수 있으므로 입법론으로서는** '합병법인이 피합병법인의 상호·거래관계, 그 밖의 영업상의 비밀 등에 대하여 사업상 가치가 있다고 보아 대가를 지급한 경우'라는 문언을 삭제하는 것이 타당하다. **해석론으로서는** '합병법인의 피합병 사업부문에 관한 미래 사업전망'을 기준으로 '합병법인이 피합병법인의 상호·거래관계, 그 밖의 영업상의 비밀 등에 대하여 사업상 가치가 있다고 보아 대가를 지급한 경우'에 해당하는지 여부를 판단하는 것이 타당하다. 즉 이 경우 '사업상 가치'를 '합병법인의 미래 사업전망 상 가치'로 해석하는 것이 타당하다. 따라서 판례 상 '피합병법인의 무형재산에 대한 사업상 가치' 역시 '피합병법인 사업부문 중 합병법인의 미래 사업상 가치창출에 이바지할 수 있는 요소'로 이해하는 것이 타당하다. 법인세법 상 합병매수차손(영업권)으로 인정하기 위해서 반드시 합병대가 산정 시 별도의 적극적인 초과수익력 계산 과정이 수반되어야 하는 것은 아니고, 합병매수차손 (영업권)의 평가 여부는 합병 당시를 기준으로 판단하여야 하므로 합병 이후 합병법인의 결손이 확대되었다는 점만으로 달리 보기 어렵다.[736]

4. 적격합병 시 합병법인에 대한 과세특례

적격합병을 한 합병법인은 시가 양도 규정(법세 §44의2)에도 불구하고 피합병법인의 자산을 **장부가액으로 양도받은 것으로** 한다(법세 §44의3 ① 전단). 이 경우 **장부가액과 시가**(법세 §44의2 ①, §52)**와의 차액을 법정 방법**(법세령 §80의4 ①)**에 따라 '자산별로 계상'**하여야 한다(법세 §44의3 ① 후단). **자산조정계정을 자산별로 장부에 계상하는 법정 방법**은 다음과 같다. 합병법인은 피합병법인의 자산을 장부가액으로 양도받은 경우(법세 §44의3 ①) **양도받은 자산 및 부채의 가액을 합병등기일 현재의 시가로 계상**하되, **시가에서 피합병법인의 장부가액**(승계하는 세무 조정사항(법세령 §85 1호)이 있는 경우에는 그 세무조정사항 중 익금불산입액은 더하고 손금불산

---

734) 대법원 2018.5.11. 2017두54791.
735) 대법원 2018.5.11. 2015두41463 ; 대법원 2018.5.11. 2017두54791.
736) 대법원 2018.5.11. 2017두54791.

입액은 뺀 가액)을 뺀 금액이 0보다 큰 경우에는 그 차액을 익금에 산입하고 이에 상당하는 금액을 **자산조정계정으로 손금에 산입**하며, 0보다 작은 경우에는 **시가와 장부가액의 차액을 손금에 산입**하고 이에 상당하는 금액을 **자산조정계정으로 익금에 산입**한다(법세령 §80의4 ① 전단). 이 경우 계상한 자산조정계정은 다음 각 호의 구분에 따라 처리한다(법세령 §80의4 ① 후단). 자산조정계정을 계상한 합병법인은 신고(법세 §60)와 함께 **자산조정계정에 관한 명세서**(법세칙 §82)를 납세지 관할 세무서장에게 제출하여야 한다(법세 §44의3 ⑤ ; 법세령 §80의4 ⑪). 일본의 경우에는 비적격합병의 경우 승계되는 순자산의 시가와 합병대가를 비교하여 그 차액을 자산조정계정 또는 차액부채조정계정으로 계상하는바,[737] 이는 우리의 경우 적격합병에 있어서 시가와 장부가액의 차이에 대하여 계상되는 자산조정계정과는 구분되는 것이다.

> 1. **감가상각자산에 설정된 자산조정계정** : 자산조정계정으로 손금에 산입한 경우에는 해당 자산의 감가상각비(해당 자산조정계정에 상당하는 부분에 대한 것만 해당)와 상계하고, 자산조정계정으로 익금에 산입한 경우에는 감가상각비에 가산. 이 경우 해당 자산을 처분하는 경우에는 상계 또는 더하고 남은 금액을 그 처분하는 사업연도에 전액 익금 또는 손금에 산입한다.
> 2. **제1호 외의 자산에 설정된 자산조정계정** : 해당 자산을 처분하는 사업연도에 전액 익금 또는 손금에 산입. 다만, 자기주식을 소각하는 경우에는 익금 또는 손금에 산입하지 아니하고 소멸한다.

적격합병을 한 합병법인은 **피합병법인의 합병등기일 현재의 결손금**(법세 §13 ① 1호)과 피합병법인이 각 사업연도의 소득금액 및 과세표준을 계산할 때 **익금 또는 손금에 산입하거나 산입하지 아니한 금액, 그 밖의 자산·부채 및 감면·세액공제**(법세 §59) 등을 모두 **승계**(법세령 §85 1호)한다(법세 §44의3 ②). 적격합병의 경우 합병법인은 피합병법인이 합병 전에 적용받던 감면 또는 세액공제(법세 §59)를 승계하여 감면 또는 세액공제의 적용을 받을 수 있으나(법세령 §80의4 ② 전단), 이 경우 **법인세법 또는 다른 법률에 해당 감면 또는 세액공제의 요건 등에 관한 규정이 있는 경우**에는 합병법인이 그 요건 등을 모두 갖춘 경우에만 이를 적용한다(법세령 §80의4 ② 후단).

적격합병('완전모자회사 간 또는 완전모회사의 자매회사 간 합병'(법세 §44 ③)의 경우는 제외)**을 한 합병법인은 3년 이내의 법정 기간[**합병등기일이 속하는 사업연도의 다음 사업연도

---

737) 일본 법인세법 제62조의8, 동법 시행령 제123조의10, 동법 시행규칙 제27조의16.

의 개시일부터 2년(법정 근로자의 수가 하락하는 경우(법세 §44의3 ③ 3호)에는 3년)](법세령 §80의4 ③) 내에 다음 각 호의 어느 하나에 해당하는 사유가 발생하는 경우에는 그 사유가 발생한 날이 속하는 사업연도의 소득금액을 계산할 때 양도받은 자산의 **장부가액과 시가**(법세 §52 ②)**와의 차액**(시가가 장부가액보다 큰 경우만 해당), 승계받은 결손금 중 공제한 금액 등을 법정 방법(법세령 §80의4 ④)에 따라 익금에 산입하고, 피합병법인으로부터 **승계받아 공제한 감면·세액공제액 등**(법세령 §80의4 ②)을 법정 방법(법세령 §80의4 ⑥)에 따라 해당 사업연도의 법인세에 더하여 납부한 후 해당 사업연도부터 감면 또는 세액공제를 적용하지 아니한다(법세 §44의3 ③ 본문). 다만, **법정 부득이한 사유**(법세령 §80의4 ⑦)가 있는 경우에는 그러하지 아니하다(법세 §44의3 ③ 단서).

> 1. 합병법인이 피합병법인으로부터 승계받은 사업을 폐지하는 경우. 법정 기간(법세령 §80의4 ③) 내에 피합병법인으로부터 승계한 자산가액의 2분의 1 이상을 처분하거나 사업에 사용하지 아니하는 경우에는 피합병법인으로부터 승계받은 사업을 폐지한 것으로 본다(법세령 §80의4 ⑧ 본문). 처분 또는 사용 여부는 실제의 사용관계를 기준으로 객관적으로 판단하여야 한다.[738] '승계사업에 사용하는지 여부'를 '승계자산의 승계사업 전체에 대한 관련성 여부'로 해석하는 것이 타당하다. 해당 자산을 언제 사업에 실제 투입할지 여부 및 어느 사업부문에 투입할지 여부는 경영 상 판단에 속하기 때문이다. 다만, 피합병법인이 보유하던 합병법인의 주식을 승계받아 자기주식을 소각하는 경우에는 해당 합병법인의 주식을 제외하고 피합병법인으로부터 승계받은 자산을 기준으로 사업을 계속하는지 여부를 판정하되, 승계받은 자산이 합병법인의 주식만 있는 경우에는 사업을 계속하는 것으로 본다(법세령 §80의4 ⑧ 단서).
> 2. 법정 피합병법인의 주주 등이 합병법인으로부터 받은 주식 등을 처분하는 경우
> 3. 각 사업연도 종료일 현재 합병법인에 종사하는 법정 근로자 수(근로기준법에 따라 근로계약을 체결한 내국인 근로자)(법세령 §80의4 ⑨)가 합병등기일 1개월 전 당시 피합병법인과 합병법인에 각각 종사하는 근로자 수의 합의 100분의 80 미만으로 하락하는 경우

양도받은 자산의 장부가액과 시가(법세 §52 ②)와의 차액, 승계받은 결손금 중 공제한 금액 등을 익금에 산입하는 법정 방법은 다음과 같다. 합병법인이 위 법정 사유(법세 §44의3 ③ 각 호) 중 어느 하나에 해당하는 경우에는 **자산조정계정 잔액의 총합계액**(총합계액이 0보다 큰 경우에 한정하며, 총합계액이 0보다 작은 경우에는 없는 것으로 봄)과 **피합병법인으로부터 승계받은 결손금**(법세 §44의3 ②) 중 공제한 금액 전액을 익금에 산입한다(법세령 §80의4 ④ 전단).

---

738) 대법원 2018.6.28. 2016두40986.

이 경우 기왕에 계상된 자산조정계정은 소멸하는 것으로 한다(법세령 §80의4 ④ 후단). **자산조정계정 잔액의 총합계액이 0보다 작은 경우**는 부채 관련 자산조정계정 잔액이 자산 관련 자산조정계정 잔액보다 크거나 내재손실(built-in loss)를 갖는 자산이 그렇지 않은 자산을 초과한다는 것을 의미하는바, 이 경우 그 차액을 반대분개를 통하여 소멸시키면 해당 금액을 즉시 손금에 산입하여야 한다. 이를 기술적 관점에서 중립적이라고 판단하는 견해가 있을 수 있다. 그러나 이 경우 손금을 인식하는 것을 허용한다면 해당 법인의 부채가 현실적으로 이행되기 이전에 미리 손금을 인식하거나 내재손실을 갖는 자산이 제3자에게 처분되기 이전에 그 손실을 인식하는 결과에 이르게 된다. 자산의 승계는 합병당사자 사이의 손익 인식에 관계된 것이지만 승계된 부채는 합병당사자인 법인이 아닌 제3자에 대한 것이므로 합병당사자들 사이의 사정에 따라 미리 해당 부채가 이행된 것처럼 인식할 수는 없다는 점 및 내재손실을 가진 자산의 손실은 권리·의무가 포괄적으로 승계되는 합병거래의 성격에 비추어 제3자에게 처분되는 시점에 인식하는 것이 타당하다는 점에 비추어 보면 이는 타당하지 않다. 따라서 법인세법은 자산조정계정 잔액의 총합계액이 0보다 작은 경우에는 없는 것으로 본다.

　양수한 자산의 장부가액과 시가(법세 §52 ②)**와의 차액 등을 익금에 산입한 합병법인**은 피합병법인에 지급한 **양도가액과 피합병법인의 합병등기일 현재의 순자산시가와의 차액**을 위 법정 사유(법세 §44의3 ③ 각 호)가 발생한 날부터 합병등기일 이후 5년이 되는 날까지 **법정 방법**(법세령 §80의4 ⑤)에 따라 **익금 또는 손금에 산입한다**(법세 §44의3 ④). 즉 **자산조정계정 잔액의 총합계액을 익금에 산입한 경우, 합병매수차익 또는 합병매수차손에 상당하는 금액은 다음 각 호의 구분에 따라 처리한다**(법세령 §80의4 ⑤). 자산조정계정은 적격합병의 경우 양수한 자산의 장부가액과 시가와의 차액을 계상하기 위한 것이고, 합병매수차익 또는 합병매수차손은 비적격합병의 경우 양도가액과 시가와의 차액을 계상하기 위한 것이다. 따라서 두 방법이 양립할 수는 없다. 위 법정 사유가 발생하면 적격합병에서 제외되므로, 해당 합병이 비적격합병인 경우와 동일한 세법 상 취급이 이루어지도록 조정되어야 한다. 이를 위하여 법인세법은 합병매수차익 또는 합병매수차손을 해당 사유가 발생한 날이 속하는 사업연도에 새롭게 인식하여 손금 또는 익금에 산입하고 해당 금액에 상당한 금액을 합병등기일부터 5년이 되는 날까지 분할하여 익금 또는 손금에 산입하는 방법을 취하고 있다.

1. 합병 당시 합병법인이 피합병법인에 지급한 양도가액이 피합병법인의 합병등기일 현재의 순자산시가에 미달하는 경우 : 합병매수차익에 상당하는 금액을 위 법정 사유(법세 §44의3 ③ 각 호) 중 어느 하나에 해당하는 사유가 발생한 날이 속하는 사업연도에 손금에 산입하고, 그 금액에 상당하는 금액을 합병등기일부터 5년이 되는 날까지 다음 각 목의 구분에 따라 분할하여 익금에 산입

   가. 위 법정 사유(법세 §44의3 ③ 각 호) 중 어느 하나의 사유가 발생한 날이 속하는 사업연도 : 합병매수차익에 합병등기일부터 해당 사업연도 종료일까지의 월수를 60월로 나눈 비율을 곱한 금액(월수는 역에 따라 계산하되 1월 미만의 일수는 1월)을 익금에 산입

   나. 가목의 사업연도 이후의 사업연도부터 합병등기일부터 5년이 되는 날이 속하는 사업연도 : 합병매수차익에 해당 사업연도의 월수를 60월로 나눈 비율을 곱한 금액(합병등기일이 속하는 월의 일수가 1월 미만인 경우 합병등기일부터 5년이 되는 날이 속하는 월은 없는 것으로 함)을 익금에 산입

2. 합병 당시 합병법인이 피합병법인에 지급한 양도가액이 피합병법인의 합병등기일 현재의 순자산시가를 초과하는 경우 : 합병매수차손에 상당하는 금액을 위 법정 사유(법세 §44의3 ③ 각 호) 중 어느 하나에 해당하는 사유가 발생한 날이 속하는 사업연도에 익금에 산입하되, '합병법인이 피합병법인의 상호·거래관계, 그 밖의 영업상의 비밀 등에 대하여 사업상 가치가 있다고 보아 대가를 지급한 경우'(법세령 §80의3 ②)에 한정하여 그 금액에 상당하는 금액을 합병등기일부터 5년이 되는 날까지 다음 각 목의 구분에 따라 분할하여 손금에 산입

   가. 위 법정 사유(법세 §44의3 ③ 각 호) 중 어느 하나의 사유가 발생한 날이 속하는 사업연도 : 합병매수차손에 합병등기일부터 해당 사업연도 종료일까지의 월수를 60월로 나눈 비율을 곱한 금액(월수는 역에 따라 계산하되 1월 미만의 일수는 1월로 함)을 손금에 산입

   나. 가목의 사업연도 이후의 사업연도부터 합병등기일부터 5년이 되는 날이 속하는 사업연도 : 합병매수차손에 해당 사업연도의 월수를 60월로 나눈 비율을 곱한 금액(합병등기일이 속하는 월의 일수가 1월 미만인 경우 합병등기일부터 5년이 되는 날이 속하는 월은 없는 것으로 함)을 손금에 산입

피합병법인으로부터 받은 세무조정사항 및 그 승계받아 공제한 감면·세액공제액 등(법세령 §80의4 ②)을 처리하는 법정 방법은 다음과 같다. 합병법인이 위 법정 사유(법세 §44의3 ③ 각 호) 중 어느 하나에 해당하는 경우에는 합병법인의 소득금액 및 과세표준을 계산할 때 합병법인이 승계한 세무조정사항(법세령 §85 1호) 중 익금불산입액은 더하고 손금불산입액은 빼며, 피합병법인으로부터 승계하여 공제한 감면 또는 세액공제액 상당액을 해당 사유가 발생한 사업연도의 법인세에 더하여 납부하고, 해당 사유가 발생한 사업연도부터 적용하지

아니한다(법세령 §80의4 ⑥).

적격합병에 대한 사후관리 규정을 적용하지 않을 수 있는 법정 부득이한 사유(법세 §44의3
③ 단서)는 다음과 같다(법세령 §80의4 ⑦).

---

1. **사업폐지에 관한 요건**(법세 §44의3 ③ 1호)**에 대한 부득이한 사유가 있는 것으로 보는
   경우** : 적격합병 요건 중 사업계속에 관한 요건(법세 §44 ② 3호)을 적용하지 않을 수
   있는 부득이한 사유(법세령 §80의2 ① 2호 각 목)
2. **주식처분에 관한 요건**(법세 §44의3 ③ 2호)**에 대한 부득이한 사유가 있는 것으로 보는
   경우** : 법정 피합병법인의 주주 등(법세령 §80의4 ⑨, §80의2 ⑤)이 적격합병 요건 중 주식보유에
   관한 요건(법세 §44 ② 2호)을 적용하지 않을 수 있는 부득이한 사유(법세령 §80의2 ① 1호
   각 목)
3. **고용유지에 관한 요건**(법세 §44의3 ③ 3호)**에 대한 부득이한 사유가 있는 것으로 보는
   경우** : 적격합병 요건 중 고용유지에 관한 요건(법세 §44 ② 4호)을 적용하지 않을 수
   있는 부득이한 사유('합병법인이 회생계획(채무회생 §193)을 이행 중인 경우', '합병법인이
   파산함에 따라 근로자의 비율을 유지하지 못한 경우' 및 '합병법인이 적격합병, 적격분할,
   적격물적분할 또는 적격현물출자에 따라 근로자의 비율을 유지하지 못한 경우')(법세령
   §80의2 ① 3호 가목~다목)

---

5. 합병 시 이월결손금 등 공제 제한

5.1. 이월결손금 공제 제한

합병법인의 **합병등기일 현재 결손금**(법세 §13 ① 1호) **중 적격합병을 한 합병법인이 승계한
결손금**(법세 §44의3 ②)**을 제외한 금액**은 합병법인의 각 사업연도의 과세표준을 계산할 때
피합병법인으로부터 승계받은 사업에서 발생한 소득금액[중소기업 간 또는 동일사업을 하는
법인 간에 합병으로서 회계를 구분하여 기록하지 아니할 수 있는 경우(법세 §113 ③ 단서)에는
그 소득금액을 **법정 자산가액 비율**(법세령 §81 ①)로 안분계산한 금액으로 한다]**의 범위에서는
공제하지 아니한다**(법세 §45 ①). **법정 자산가액 비율**은 합병등기일 현재 합병법인과 피합병법인
의 **사업용 자산가액 비율**을 말하고, 이 경우 합병법인이 승계한 피합병법인의 사업용 자산가액은
'승계결손금을 공제하는 각 사업연도의 종료일' 현재 계속 보유(처분 후 대체하는 경우를
포함) · 사용하는 자산에 한정하여 그 자산의 합병등기일 현재 가액에 따른다(법세령 §81 ①).
적격합병을 한 합병법인이 승계한 결손금(법세 §44의3 ②)은 **피합병법인으로부터 승계받은**

사업에서 발생한 소득금액의 범위에서 합병법인의 각 사업연도의 과세표준을 계산할 때 **공제**한다 (법세 §45 ②). 합병법인이 각 사업연도의 과세표준을 계산할 때 승계하여 공제하는 결손금은 **합병등기일 현재의 피합병법인의 결손금**(합병등기일을 사업연도의 개시일로 보아 계산한 금액)(법세 §13 ① 1호)으로 하되, 합병등기일이 속하는 사업연도의 다음 사업연도부터는 **승계결손금의 범위액**(매년 순차적으로 1년이 지난 것으로 보아 계산한 금액)으로 한다(법세령 §81 ②).

합병법인의 합병등기일 현재 결손금과 합병법인이 승계한 피합병법인의 결손금에 대한 공제는 '이월결손금 공제한도 규정'(법세 §13 ① 단서)에도 불구하고 **다음 각 호의 구분에 따른 소득금액의 100분의 80**(중소기업과 회생계획을 이행 중인 기업 등 법정 법인(법세령 §10 ①)의 경우는 100분의 100)을 한도로 한다(법세 §45 ⑤).

> 1. **합병법인의 합병등기일 현재 결손금의 경우** : 합병법인의 소득금액에서 피합병법인으로부터 승계받은 사업에서 발생한 소득금액을 차감한 금액
> 2. **합병법인이 승계한 피합병법인의 결손금의 경우** : 피합병법인으로부터 승계받은 사업에서 발생한 소득금액

피합병법인의 사업을 승계한 합병법인의 결손금을 공제할 때 **사업의 계속 또는 폐지의 판정과 적용**에 관하여는 '적격합병 및 그 사후관리의 경우 사업의 계속 또는 폐지의 판정과 적용에 관한 규정'(법세령 §80의2 ⑦, §80의4 ⑧)을 준용한다(법세령 §81 ④).

5.2. 처분손실 공제 제한

적격합병을 한 합병법인은 **합병법인과 피합병법인이 합병 전 보유하던 자산의 처분손실**(합병등기일 현재 해당 자산의 시가(법세 §52 ②)가 장부가액보다 낮은 경우로서 그 차액을 한도로 하며, 합병등기일 이후 5년 이내에 끝나는 사업연도에 발생한 것만 해당)을 **각 합병 전 해당 법인의 사업에서 발생한 소득금액**(해당 처분손실을 공제하기 전 소득금액)**의 범위에서** 해당 사업연도의 소득금액을 계산할 때 **손금에 산입**한다(법세 §45 ③ 전단). 이 경우 손금에 산입하지 아니한 처분손실은 자산 처분 시 각 합병 전 해당 법인의 사업에서 발생한 결손금으로 보아 그 공제 제한에 관한 규정(법세 §45 ①, ②)을 적용한다(법세 §45 ③ 후단). 합병 당시 내재손실(built-in loss)이 있는 자산을 합병 이후에 처분하는 방법으로 결손금 공제 제한규정을 잠탈하는 것을 방지하기 위한 규정이다. 합병 이후의 기간을 특정하지 않을 경우 법인세법이 자산의

처분을 지나치게 막는 부작용이 발생할 수 있어서, 법인세법은 합병등기일 이후 5년 이내에 끝나는 사업연도에 발생한 처분손실만을 그 대상으로 정한다.

피합병법인의 사업을 승계한 합병법인의 결손금을 공제할 때 **사업의 계속 또는 폐지의 판정과 적용**에 관하여는 '적격합병 및 그 사후관리의 경우 사업의 계속 또는 폐지의 판정과 적용에 관한 규정'(법세령 §80의2 ⑦, §80의4 ⑧)을 준용한다(법세령 §81 ④).

5.3. 감면 또는 세액공제 제한

합병법인이 승계한 피합병법인의 감면 또는 세액공제(법세 §44의3 ②)는 피합병법인으로부터 승계받은 사업에서 발생한 소득금액 또는 이에 해당하는 법인세액의 범위에서 **법정 방법**에 따라 이를 적용한다. **적격합병을 한 합병법인이 승계받은 감면 또는 세액공제를 적용하는 법정 방법**(법세령 §81 ③)은 다음 각 호와 같다(법세령 §81 ③).

---

1. **감면**(일정기간에 걸쳐 감면되는 것으로 한정)(법세 §59 ① 1호)**의 경우**에는 합병법인이 승계받은 사업에서 발생한 소득에 대하여 합병 당시의 **잔존감면기간** 내에 종료하는 각 사업연도분까지 그 감면을 적용
2. **세액공제**(외국납부세액공제를 포함)(법세 §59 ① 3호)**로서 이월된 미공제액의 경우**에는 합병법인이 다음 각 목의 구분에 따라 **이월공제잔여기간** 내에 종료하는 각 사업연도분까지 공제
   가. **이월된 외국납부세액공제 미공제액** : 승계받은 사업에서 발생한 국외원천소득을 해당 사업연도의 과세표준으로 나눈 금액에 해당 사업연도의 세액을 곱한 금액의 범위에서 공제
   나. **법인세 최저한세액**(조특 §132)**에 미달하여 공제받지 못한 금액으로서 이월**(조특 §144)**된 미공제액** : 승계받은 사업부문에 대하여 조세특례제한법(조특 §132)을 적용하여 계산한 법인세 최저한세액의 범위에서 공제. 이 경우 공제하는 금액은 합병법인의 법인세 최저한세액을 초과할 수 없다.
   다. **가목 및 나목 외에 납부할 세액이 없어 공제받지 못한 금액으로서 이월**(조특 §144)**된 미공제액** : 승계받은 사업부문에 대하여 계산한 법인세 산출세액의 범위에서 공제

피합병법인의 사업을 승계한 합병법인의 **사업 계속 또는 폐지의 판정과 적용**에 관하여는 '적격합병 및 그 사후관리의 경우 사업의 계속 또는 폐지의 판정과 적용에 관하여 적용되는 규정'(법세령 §80의2 ⑦, §80의4 ⑧)을 준용한다(법세령 §81 ④).

5.4. 기부금한도초과액 공제 제한

합병법인의 합병등기일 현재 기부금한도초과액(기부금(법세 §24 ② 1호, ③ 1호) 중 이월(법세 §24 ⑤)된 금액으로서 그 후의 각 사업연도의 소득금액을 계산할 때 손금에 산입하지 아니한 금액) 중 **합병법인이 승계한 기부금한도초과액**(법세 §44의3 ②)**을 제외한 금액**은 합병법인의 각 사업연도의 소득금액을 계산할 때 합병 전 합병법인의 사업에서 발생한 소득금액을 기준으로 각 기부금 손금산입한도액(법세 §24 ② 2호, ③ 2호)의 범위에서 손금에 산입한다(법세 §45 ⑥).

피합병법인의 합병등기일 현재 기부금한도초과액으로서 합병법인이 승계한 금액(법세 §44의3 ②)은 합병법인의 각 사업연도의 소득금액을 계산할 때 피합병법인으로부터 승계받은 사업에서 발생한 소득금액을 기준으로 각 기부금 손금산입한도액(법세 §24 ② 2호, ③ 2호)의 범위에서 손금에 산입한다(법세 §45 ⑦).

피합병법인의 사업을 승계한 합병법인의 기부금한도초과액을 손금산입할 때 **사업의 계속 또는 폐지의 판정과 적용**에 관하여는 '적격합병 및 그 사후관리의 경우 사업의 계속 또는 폐지의 판정과 적용에 관한 규정'(법세령 §80의2 ⑦, §80의4 ⑧)을 준용한다(법세령 §81 ④).

6. 합병 시 피합병법인 주주에 대한 과세

피합병법인의 주주 등인 내국법인이 취득하는 합병대가가 그 피합병법인의 주식 등을 취득하기 위하여 사용한 금액을 초과하는 금액을 의제배당 금액으로 본다(법세 §16 ① 5호). 합병대가의 판정에 있어서 계약을 원인으로 지급되었는지 아니면 손해배상을 원인으로 지급되었는지 여부 등은 중요하지 않다. 합병대가에 해당하는지 여부는 그 지급원인과 관계 없이 피합병법인의 순자산에 대한 대가로서의 경제적 실질을 갖는지 여부에 의하여 판정하여야 한다.

합병대가는 다음과 같이 계산한다. 합병대가는 합병법인으로부터 합병으로 인하여 취득하는 합병법인(합병등기일 현재 합병법인의 발행주식총수 또는 출자총액을 소유하고 있는 내국법인을 포함)의 주식 등의 가액과 금전 또는 그 밖의 재산가액의 합계액을 의미한다(법세 §16 ② 1호).

합병대가로 취득한 재산이 취득재산이 주식 등인 경우에 그 주식 등은 **원칙적으로 시가**(법세 §52)**에 의하여 평가**하고, 이 경우 자본거래로 인하여 특수관계인으로부터 분여받은 이익(법세령 §88 ① 8호)이 있는 경우에는 그 금액을 차감한 금액으로 한다(법세령 §14 ① 1호 라목). 해당 이익에 대하여서는 법인세법 상 소득처분(법세 §67 ; 법세령 §106)을 통하여 별도로 과세되기 때문이다. 다만 합병대가인 주식 등의 가액을 종전 장부가액 또는 '시가'로 평가하는 경우가 있다. 적격합병에 관한 특정 요건['합병등기일 현재 1년 이상 사업을 계속하던 내국법인 간의 합병일 것(다만, 다른 법인과 합병하는 것을 유일한 목적으로 하는 기업인수목적회사(자본시장령 §6 ④ 14호)로서 법정 요건(자본시장령 §6 ④ 14호 각 목)을 갖춘 법인의 경우는 제외)' 및 '피합병법인의 주주 등이 합병으로 인하여 받은 합병대가의 총합계액 중 합병법인의 주식 등의 가액이 100분의 80 이상이거나 합병법인의 모회사(합병등기일 현재 합병법인의 발행주식총수 또는 출자총액을 소유하고 있는 내국법인을 말함)의 주식 등의 가액이 100분의 80 이상인 경우로서 그 주식 등이 법정절차(법세령 §80의2 ④)에 따라 배정될 것(다만 피합병법인의 지배주주 등(법세령 §80의2 ⑤)이 합병등기일이 속하는 사업연도의 종료일까지 그 주식 등을 보유할 필요는 없음)'](법세 §44 ② 1호, 2호)을 모두 갖추거나 **완전모자회사 또는 동일한 내국법인의 완전자회사 사이의 합병**의 경우(법세 §44 ③)에는, **종전 장부가액**(합병대가(법세 §16 ② 1호) 또는 분할대가(법세 §16 ② 2호) 중 일부를 금전이나 그 밖의 재산으로 받은 경우로서 합병 또는 분할로 취득한 주식 등을 시가로 평가한 가액이 종전의 장부가액보다 작은 경우에는 **시가**를 말함)으로 평가한다(법세령 §14 ① 1호 나목 본문). 다만, **투자회사 등**이 취득하는 주식 등의 경우에는 영으로 한다(법세령 §14 ① 1호 나목 단서). 투자회사 등이 취득하는 주식 등을 영으로 평가하는 이유에 대하여서는 잉여금의 자본금 전입으로 인한 의제배당 부분에서 기술한다.[739] **합병대가로 받은 주식 등의 시가가 구주의 장부가액에 미달하여 합병대가인 주식을 그 시가로 평가하는 경우 피합병법인의 주주는 그 차액을 손금으로 인식할 수 있는가?** 피합병법인 주주 단계에서는 의제배당의 쟁점이 발생하는바, 현행 법인세법 상 '음(-)의 배당'이라는 개념에 기하여 손금을 인식할 수는 없다. 다만 입법론으로서 법인 단계에서 주주에게 이전되는 현금흐름을 배당, 납입자본의 회수 및 양도손익으로 구분할 수 있다면 양도차손을 인식할 수 있는 것이 타당하다. 해석론으로서도 이 경우 양도차손이 발생한 것으로 볼 여지가 없는 것은 아니다. **판례는 손금산입을 부인한다.** 피합병회사의 주주인 법인이 회사 합병으로 피합병회사의 주식에 갈음하여 존속회사 또는 신설회사의 주식을 취득하는 경우, 피합병회사의 주식과 존속회사 또는 신설회사의 주식의 교체는 당해 법인이 자신의 의사에 따라 피합병회사의 주식을 처분하고 존속회사 또는 신설회사의 주식을 취득하는 것이 아니라 피합병회사가 다른 회사와 합병한 결과 당해 법인이 보유하던 자산인 피합병회사의 주식이 존속회사 또는 신설회사의 주식으로 대체되는 것에 불과하다고 할 것이므로, 존속회사 또는 신설회사의 주식의 시가가 피합병회사의

---

739) 같은 Ⅱ 16.3 참조.

주식의 취득가액에 미치지 못한다고 하더라도 그 차액은 자산의 평가차손에 불과하여 당해 사업연도의 소득금액을 산정함에 있어서 이를 손금에 산입할 수 없다.[740] 완전 모자 관계인 외국법인들 사이의 역합병 또는 내국법인의 완전자법인인 외국법인들 사이의 합병의 경우에 대하여 보다 자세히 살핀다. 주주가 다음 각 요건을 갖추어 주식 등을 취득한 경우에는 종전의 장부가액(합병대가(법세 §16 ② 1호) 중 일부를 금전이나 그 밖의 재산으로 받는 경우로서 합병으로 취득한 주식 등을 시가로 평가한 가액이 종전의 장부가액보다 작은 경우에는 시가)을 해당 주식 등의 취득가액으로 본다(법세령 §14 ① 1호의2). 이 규정은 완전 모자 관계인 외국법인들 사이의 역합병 또는 내국법인의 완전자법인인 외국법인들 사이의 합병에 관한 것이다. 내국법인의 '외국법인인 완전자회사'가 '외국법인인 완전손회사'를 합병하는 경우에는 완전자회사가 모법인인 내국법인에게 합병대가를 지불하지 않지만, 내국법인의 '외국법인인 완전자회사'가 '외국법인인 완전손회사'에게 역합병되는 경우에는 완전자회사의 주주인 내국법인에게 합병대가를 지급하여야 한다. 따라서 그 역합병의 경우에는 의제배당이 문제로 된다. "외국법인이 다른 외국법인의 발행주식총수 또는 출자총액을 소유하고 있는 경우로서 그 다른 외국법인에 합병되거나"라는 문언은 내국법인의 완전자회사가 완전손회사에게 역합병되는 경우를 지칭하는 것이다. 또한 내국법인의 완전자법인인 외국법인들 사이의 합병의 경우에도 피합병법인의 주주인 내국법인에게 합병대가가 지급되어야 한다. 따라서 의제배당이 역시 문제로 된다. 그런데 완전 모자 관계인 외국법인들 사이의 역합병 또는 내국법인의 완전자법인인 외국법인들 사이의 합병으로 인하여 내국법인이 그 합병대가로서 취득한 주식 등에 대하여 해당 국가에서 과세되지 않거나 과세이연되었다면, 내국법인에 대하여 그 비과세 또는 과세이연 효과를 승계시킨 후 해당 주식 등에 대한 양도소득을 계산하거나 해당 주식 등의 소멸 등에 관한 의제배당을 계산하는 경우 등에 있어서 해당 금액을 소득금액에 포섭시킬 필요가 있다. 법인세법은 이러한 효과를 얻기 위하여 해당 주식의 취득가액을 종전 장부가액 등으로 조정하는 것이다. 다만 위 특례를 적용함에 있어서 그 시행시기에 대하여 유의할 필요가 있다. 입법론적으로는 '발행주식총수 또는 출자총액을 소유하는지 여부'가 아니라 '해당 외국에서 비과세 또는 과세이연 요건을 충족하였는지 여부' 및 '외국의 각 요건이 국내세법 상 비과세 또는 과세요건에 상응하는 것인지 여부'에 주목하는 것이 타당하다.

---

740) 대법원 2011.2.10. 2008두2330.

- 외국법인이 다른 외국법인의 발행주식**총수** 또는 출자**총액**을 소유하고 있는 경우로서 그 다른 외국법인에 합병되거나, 내국법인이 서로 다른 외국법인의 발행주식**총수** 또는 출자**총액**을 소유하고 있는 경우로서 그 서로 다른 외국법인 간 합병될 것(내국법인과 그 내국법인이 발행주식**총수** 또는 출자**총액**을 소유한 외국법인이 각각 보유하고 있는 다른 외국법인의 주식 등의 합계가 그 다른 외국법인의 발행주식**총수** 또는 출자**총액**인 경우로서 그 서로 다른 외국법인 간 합병하는 것을 포함)
- 합병법인과 피합병법인이 우리나라와 조세조약이 체결된 동일 국가의 법인일 것
- 위 조세조약이 체결된 국가에서 피합병법인의 주주인 내국법인에 합병에 따른 법인세를 과세하지 아니하거나 과세이연할 것
- 위 각 사항을 확인할 수 있는 서류를 납세지 관할 세무서장에게 제출할 것

합병대가가 주식 등 이외의 재산인 경우 그 재산가액은 그 재산의 취득 당시의 시가로 평가한다(법세령 §14 ① 2호).

합병대가를 계산하는 경우 다음 각 금액은 포함되지 않는다. 합병포합주식에 대하여 교부한 것으로 보는 합병교부주식 등의 가액(법세령 §80 ① 2호 가목 단서), 합병법인이 납부하는 피합병법인의 법인세 및 그 법인세(감면세액을 포함)에 부과되는 국세와 법인지방소득세(지세 §88 ②)의 합계액(법세령 §80 ① 2호 나목)은 합병대가에 포함되지 않는다(법세칙 §7). 이상 각 항목들은 피합병법인 단계에서 합병에 다른 양도손익을 적정하게 계산하기 위하여 합병대가에 추가된 것이나 그 경제적 실질의 관점에서 보면 그 주주 등에게 실질적으로 교부된 대가로 볼 수 없기 때문에 의제배당의 계산에는 포함하지 않는 것이다. 이상의 내용을 법인세법 시행규칙에서 정하는 것은 타당하지 않다. 법령 단계에서 위임규정을 갖추어서 규정하여야 한다.

'주식 등을 취득하기 위하여 사용한 금액'은 해당 주식 등에 대한 '법인세법 상 취득가액'을 의미한다. '주식 등을 취득하기 위하여 사용한 금액'에 대한 구체적인 사항들은 '주주 등이 소각 또는 소멸되는 주식 등을 취득하기 위하여 사용한 금액'에 대하여 살핀 바와 같다.[741]

의제배당의 확정시기에 대하여 살핀다. 해당 법인의 합병등기일을 의제배당의 확정시기로 본다(법세령 §13 3호).

---

741) 같은 절 제2관 II 16.2 참조.

Ⅲ 분할에 관한 특례

1. 분할거래 개관

회사분할은 하나의 회사의 영업을 둘 이상으로 분리하고 분리된 영업재산을 자본으로 하여 회사를 신설하거나 다른 회사와 합병시키는 조직법적 행위를 말한다. 이에 의해 본래의 회사(분할회사)는 소멸하거나 규모가 축소된 상태로 존속하고 그 주주는 분할회사의 권리·의무를 승계한 회사의 주식을 취득한다.[742]

회사분할에는 분할회사는 해산하고 그를 토대로 2개 이상의 회사가 생겨나는 방법이 있겠고 분할회사는 그대로 존속하면서 그 일부의 권리의무를 신설하는 방법이 있을 수 있다(상법 §530의2 ①). 두 방법 모두를 **단순분할**이라고 한다.[743] 이는 다시 소멸분할 또는 존속분할로 구분된다.[744] 한편 분할된 일부분이 기존의 다른 회사에 흡수합병되거나 기존의 회사들과 신설합병될 수도 있는데(상법 §530의2 ②), 이를 **분할합병**이라고 한다.[745] 분할합병은 **소멸분할합병·존속분할합병** 또는 **흡수분할합병·신설분할합병**으로 구분된다.[746] **단순분할과 분할합병을 병행**할 수도 있다(상법 §530의2 ③). 분할합병의 경우 분할회사의 일부와 합병을 하는 상대방회사를 **분할합병의 상대방회사**라고 한다(상법 §530의6 ① 본문). 이상 어느 형태의 분할을 하든 신설회사 또는 분할합병의 상대방회사는 분할회사의 주주들에게 주식을 발행하나 이와 달리 신주를 분할회사의 주주에게 발행하지 않고 분할회사에 발행하는 방법을 취할 수도 있는데(상법 §530의12), 이를 **물적분할**이라고 한다.[747]

상법은 물적분할이라는 용어를 사용하지만(상법 §530의12), **인적분할**이라는 용어는 사용하지 않는다. 인적분할과 물적분할의 분류는 일본학자들이 만든 것이나 정확한 용어는 아니다. 물적분할의 경우에는 회사 영업재산의 분할만 있고 그 구성원의 분할이 없다는 점에서 타당하나, 상법 상 분할에서는 분할신설회사 또는 분할합병의 상대방회사가 분할회사의 주주 전원에게 지주수에 비례하여 신주를 배정하거나 자기주식을 이전하므로 구성원의 분할이 없기 때문이다.[748] 다만 국내 대부분 학자들이 '물적분할이 아닌 분할'에 대하여 인적분할이라는 용어를

---

742) 이철송, 전게서, 1126면.
743) 상게서.
744) 상게서, 1128면~1130면.
745) 상게서, 1126면.
746) 상게서, 1132면.
747) 상게서, 1128면.
748) 상게서, 1134면.

사용하므로, 서술의 편의 상 이하 인적분할이라는 용어를 사용한다.

이하 분할회사를 분할법인, 분할신설회사를 분할신설법인, 분할합병의 상대방회사를 분할합병의 상대방법인으로 부른다.

2. 분할 시 분할법인 등에 대한 과세

내국법인이 **분할로 해산하는 경우**(물적분할은 제외[749])에는 그 법인의 자산을 **분할신설법인 등**(분할신설법인 또는 분할합병의 상대방법인)**에 양도한 것으로 본다**(법세 §46 ① 전단). 분할법인의 자산은 분할법인의 순자산을 의미한다. **분할에 따라 발생하는 양도손익**(제1호의 가액에서 제2호의 가액을 뺀 금액)은 **분할법인 등**(분할법인 또는 소멸한 분할합병의 상대방법인)**이 분할등기일이 속하는 사업연도의 소득금액을 계산할 때 익금 또는 손금에 산입**한다(법세 §46 ① 후단). **분할법인 등**은 과세표준 신고(법세 §60)를 할 때 **분할신설법인 등과 함께 분할과세특례신청서**(법세칙 §82)를 납세지 관할 세무서장에게 제출하여야 한다(법세령 §82 ③ 전단). 분할과세특례 관련 신청서 또는 명세서를 제출하지 않아도 분할법인의 양도손익에 관한 과세특례가 적용되므로 분할법인이 수정신고(국기 §45 ① 3호)를 할 수 있는 것으로 보아야 한다. 해당 과세특례요건을 충족하는 것 자체가 신청 등 절차보다 중요하고 해당 요건을 충족하는 거래 자체에 과세특례를 적용받고자 하는 분할법인의 의사가 표현된 것으로 볼 수 있기 때문이다. 그러나 정당한 사유가 없이 분할과세특례 관련 신청서 또는 명세서를 제출하지 않은 경우(국기칙 §12 ① 1호) 또는 가산세 감면 제외 사유(국기령 §29)에 해당하는 경우(국기칙 §12 ① 2호)에는 분할법인이 수정신고(국기 §45 ① 3호)를 통하여 양도차익의 전부 또는 일부에 상당하는 금액을 익금과 손금에 동시에 산입할 수는 없다(국기칙 §12 ①). 입법론으로서는 가산세의 불이익을 부과하는 것은 별론으로 하더라도 시행규칙 상 위 제한은 폐지하는 것이 타당하다. **분할신설법인 등은 자산조정계정에 관한 명세서**(법세령 §82의4 ⑩)를 분할법인 등의 납세지 관할 세무서장에게 함께 제출하여야 한다(법세령 §82 ③ 후단). 법인이 분할로 인하여 소멸한 경우 분할신설법인 등은 분할법인 등이 납부하지 아니한 각 사업연도의 소득에 대한 법인세(분할에 따른 양도손익에 대한 법인세를 포함)를 납부할 책임을 진다(법세령 §85의2).

---

749) 별도로 구분하여 살핀다.

1. 분할법인 등이 **분할신설법인 등으로부터 받은 양도가액**
2. 분할법인 등의 분할등기일 현재의 **순자산장부가액**. 분할법인 등의 순자산장부가액을 계산할 때 국세기본법에 따라 **환급되는 법인세액**이 있는 경우에는 이에 상당하는 금액을 분할법인 등의 분할등기일 현재의 **순자산장부가액에 더한다**(법세령 §82 ②). 익금불산입되는 환급 법인세액이 양도손익에 포함되는 것을 막기 위한 규정이다.

분할에 따른 양도가액은 다음 각 호의 금액으로 한다(법세령 §82 ①).

1. **적격분할의 경우** : 분할법인 등의 분할등기일 현재의 순자산장부가액(법세 §46 ① 2호)
2. **제1호 외의 경우** : 다음 각 목의 금액을 모두 더한 금액
   가. 분할신설법인 등이 분할로 인하여 **분할법인의 주주에 지급한 분할신설법인 등의 주식**(분할합병의 경우에는 분할등기일 현재 분할합병의 상대방법인의 '발행주식총수' 또는 '출자총액'을 소유하고 있는 내국법인의 주식을 포함)**의 가액** 및 금전이나 그 **밖의 재산가액의 합계액**. 다만, 분할합병의 경우 **분할합병포합주식**['분할합병의 상대방법인이 분할등기일 전 취득한 분할법인의 주식', 신설분할합병 또는 3 이상의 법인이 분할합병하는 경우에는 '분할등기일 전 분할법인이 취득한 다른 분할법인의 주식(분할합병으로 분할합병의 상대방법인이 승계하는 것에 한정)', '분할등기일 전 분할합병의 상대방법인이 취득한 소멸한 분할합병의 상대방법인의 주식' 또는 '분할등기일 전 소멸한 분할합병의 상대방법인이 취득한 분할법인의 주식과 다른 소멸한 분할합병의 상대방법인의 주식'을 포함]**이 있는 경우**에는 그 주식에 대하여 **분할합병교부주식**(분할신설법인 등의 주식)**을 교부하지 아니하더라도** 그 지분비율에 따라 이를 **교부한 것으로 보아** 분할합병의 상대방법인의 **주식의 가액을 계산**한다.
   나. **분할신설법인 등이 납부하는** 분할법인의 **법인세** 및 그 **법인세**(감면세액을 포함)**에 부과되는 국세와 법인지방소득세**(지세 §88 ②)의 합계액

적격분할(다음 각 호의 요건을 모두 갖춘 분할)**의 경우**에는 **양도가액**(법세 §46 ① 1호)**을** 분할법인 등의 분할등기일 현재의 순자산장부가액으로 보아 양도손익이 없는 것으로 할 수 있다(법세 §46 ② 본문). 다만, **법정 부득이한 사유**(법세령 §82의2 ①)**가** 있는 경우에는 **제2호·제3호 또는 제4호의 요건을 갖추지 못한 경우에도 적격분할로 보아** 법정 방법(법세령 §82)에 따라 양도손익이 없는 것으로 할 수 있다(법세 §46 ② 단서).

1. 분할등기일 현재 5년 이상 사업을 계속하던 내국법인이 다음 각 목의 요건을 모두 갖추어

분할하는 경우일 것(**분할합병**의 경우에는 소멸한 분할합병의 상대방법인 및 분할합병의 상대방법인이 분할등기일 현재 **1년 이상** 사업을 계속하던 내국법인일 것). 합병거래와의 중립성을 고려하여 분할합병의 경우에는 1년 이상 사업을 계속할 것을 요건으로 규정한다. **사업이 정관 상 목적사업으로 기재된 것인지 여부 및 해당 사업이 위법한 것인지 여부 등은 사업의 판정에 있어서 영향을 미치지 못한다.** 사업에 대한 판정에 있어서는 법인의 경제적 자원이 통제되거나 이전되었는지 여부가 핵심적 요소이고, 법인에 의하여 경제적 자원이 통제되거나 이전되었음에도 단순히 정관 상 목적사업에 해당하지 않거나 법률에 위반된다는 이유 등 사유로 법인세를 부과하지 않는 것은 경제적 실질에 위반된 것이며, 나아가 법인이 이러한 사정을 이용하여 부당하게 경제적 이익을 얻을 수 있는 유인을 제공할 수 있기 때문이다.[750] 또한 사업은 인적·물적 자원의 유기적 결합을 통하여 수행될 수 있고, 사업을 구성하는 요소들 모두가 해당 기업의 재무제표에 반영되는 것 역시 아니다. 사업은 인적 자원 및 물적 자원의 단순 합산과 다른 질적 특성을 갖는 인적·물적 자원의 유기적 결합체를 의미한다.[751] 따라서 사업 자체가 기업구조조정의 대상이 되기 위하여서는 해당 사업부문이 인적·물적 자원의 유기적 결합체에 해당하는 경제적 실질을 갖추어야 한다. 그렇지 않으면 이는 각 인적 사원 또는 물적 자원이 해당 법인에서 유출된 것에 불과하여 사업이 분할되었다고 할 수 없기 때문이다. 사업의 계속 여부는 원칙적으로 당초 인적·물적 자원의 유기적 결합체로서의 경제적 실질이 유지되는 지 여부에 의하여 판정하여야 한다. **분할법인이 분할대상 사업을 5년 이상 계속하여야 하는가?** 법문 상 '5년 이상 사업계속 요건'은 분할법인에 대한 것이라는 점, 분할 이전에는 분할대상 사업은 분할법인의 일부로서 귀속될 뿐이므로 해당 사업의 계속 여부를 논하기 어려울 뿐만 아니라 분할법인의 지정 이전에는 해당 사업을 특정할 수도 없다는 점, 분할은 규모의 비경제 등 경제적 비합리성을 해소하기 위한 것인바 그 비합리성이 노정되는 기간을 5년 이상으로 규정할 규범적 합리성 또는 정당성이 없다는 점, 분할은 독립적으로 기능할 수 있는 실질적 사업부문을 나누는 것임에도 그 분할거래는 합병거래와 달리 분할법인만의 의사결정에 의하여 발생할 수도 있어서 분할법인의 실질적 사업수행 여부에 대하여 통제할 필요가 있다는 점에 비추어 본다면, '5년 이상 사업계속 요건'은 분할법인에 대한 것에 불과하고 분할 대상 사업 자체가 5년 이상 계속될 필요는 없다. **분할법인이 5년 이상 사업을 계속하였는지 여부는 어떻게 판정하여야 하는가?** 내국법인으로서 그 법인의 주주 등의 동일성에 실질적 변화가 없는 상태로 인적·물적 자원의 유기적 결합체로 서의 동일성의 범위 내에서 사업을 계속하였는지 여부에 의하여 판단하는 것이 타당하다. 법문 상 적용대상이 내국법인이고 그 법인의 주주 등의 동일성에 실질적 변화가 있다면 해당 사업이 양도된 것으로 볼 수 있기 때문이다. 다만 인적·물적 자원의 유기적 결합체로서의 경제적 실질이 그 동일성이 유지되는 범위 내에서 변화하는 것이라면 사업을 계속한 것으로 보아야 한다. 해당 사업 중 일부가 분할되거나 합병되는 경우 역시 사업기간을 통산하는 것이 기업구조조정의 관점에서 타당하기 때문이다. 사업의 운영방식 자체가 인적·물적 자원의 유기적 결합체로서의 동일성 여부 판단에 영향을 미치는 것이 아님은 물론이다.

가. 분리하여 사업이 가능한 독립된 사업부문을 분할하는 것일 것. 주식 등과 그와 관련된 자산·부채만으로 구성된 사업부문의 분할은 분할하는 사업부문이 **다음 각 호의 어느 하나에 해당하는 사업부문**인 경우로 한정하여 독립된 사업부문을 분할하는 것으로 본다(법세령 §82의2 ③). 사업의 분리가능성은 사업부문의 독립성과 동일한 개념에 해당한다. 인적·물적 자원의 유기적 결합체에 해당하는 사업부문이 다른 사업부문에 의존하지 않고 해당 사업부문을 단위로 경제적 자원이 통제되거나 이전될 수 있는지 여부에 의하여 판정되는 것이 타당하다. 판례 역시 '분리하여 사업 가능한 독립된 사업부문'이라는 요건은 기능적 관점에서 분할 이후 기존의 사업활동을 독립하여 영위할 수 있는 사업부문이 분할되어야 함을 뜻하고, 이는 독립된 사업활동이 불가능한 개별 자산만을 이전하여 사실상 양도차익을 실현한 것에 불과한 경우와 구별하기 위한 것이며, 독립적으로 사업이 가능하다면 단일 사업부문의 일부를 분할하는 것도 가능하다고 판시한다.[752] 또한 독립된 사업부문을 분할한다는 요건을 충족하기 위하여서는 분할의 효력발생일인 **분할등기일 당시에는 독립된 사업부문으로서의 실질을 갖추어야** 한다. **분할 이후 분할법인의 사업부문 역시 독립된 사업부문에 해당하여야 하는가?** 분할법인이 소멸하는 경우 역시 있다는 점, 분할법인이 독립된 사업부문을 분할한 이후 남는 사업부문에 새로운 인적·물적 자원을 충원하여 새로운 사업기회를 창출하려는 경우에는 남는 사업부문의 독립성을 유지할 필요가 없을 수 있다는 점 및 법인세법은 특별한 규범적 정당성이 없는 한 경영상 판단에 개입할 수 없다는 점 등에 비추어 보면, 분할 이후 분할법인의 사업부문에 대하여 그 독립성을 요구하는 것은 타당하지 않다.

1. 분할법인이 분할등기일 전일 현재 보유한 모든 **지배목적 보유주식 등**(지배목적으로 보유하는 법정 주식 등[분할법인이 지배주주 등(법세령 §43 ⑦)으로서 3년 이상 보유한 주식 등(주식 또는 출자지분)]을 말하나, 분할 후 분할법인이 존속하는 경우에는 해당 주식 등에서 '포괄승계로 의제되는 주식 등의 법정 승계사유'(법세칙 §41 ⑧ 1호, 2호, 4호)에 해당하는 주식 등(해당 각 승계사유의 "분할하는 사업부문"을 "분할존속법인"으로 볼 때의 주식 등)은 제외할 수 있다)(법세칙 §41 ③)과 **그와 관련된 자산·부채만으로 구성**된 사업부문
2. **지주회사**(독점규제 및 공정거래에 관한 법률 및 금융지주회사법에 따른 지주회사)**를 설립하는 사업부문**(분할합병하는 경우로서 다음 각 목의 어느 하나에 해당하는 경우에는 지주회사를 설립할 수 있는 사업부문을 포함). 다만, 분할하는 사업부문이 지배주주 등으로서 보유하는 주식 등과 그와 관련된 자산·부채만을 승계하는 경우로 한정한다.
   가. 분할합병의 상대방법인이 분할합병을 통하여 지주회사로 전환되는 경우
   나. 분할합병의 상대방법인이 분할등기일 현재 지주회사인 경우
3. 제2호와 유사한 법정의 경우(법세칙 §41 ④). 이는 분할하는 사업부문이 **다음 각 호의 요건을 모두 갖춘** 내국법인을 설립하는 경우를 말하나, 분할하는 사업부문

이 지배주주 등으로서 보유하는 주식 등과 그와 관련된 자산·부채만을 승계하는 경우로 한정한다(법세칙 §41 ④).

> 1. 해당 내국법인은 **외국법인이 발행한 주식 등 외의 다른 주식 등을 보유하지 아니할 것**
> 2. 해당 내국법인이 보유한 **외국법인 주식 등 가액의 합계액이 해당 내국법인 자산총액의 100분의 50 이상**일 것. 이 경우 외국법인 주식 등 가액의 합계액 및 내국법인 자산총액은 분할등기일 현재 재무상태표상의 금액을 기준으로 계산한다.
> 3. 분할등기일이 속하는 사업연도의 다음 사업연도 개시일부터 2년 이내에 유가증권시장(자본시장령 §176의9 ①) 또는 코스닥시장(자본시장령 제24697호 일부개정령 부칙 §8)에 해당 **내국법인의 주권을 상장**할 것. 분할등기일이 속하는 사업연도의 종료일까지 해당 내국법인의 주권이 상장되지 아니한 경우에는 분할등기일이 속하는 사업연도의 과세표준 신고기한 종료일까지 해당 내국법인의 주권 상장계획을 확인할 수 있는 서류를 납세지 관할 세무서장에게 제출하여야 상장 요건(법세칙 §41 ④ 3호)을 충족한 것으로 보며, 2년 이내(법세칙 §41 ④ 3호)에 주권이 상장된 경우에는 주권 상장을 확인할 수 있는 서류를 주권을 상장한 날이 속하는 사업연도의 과세표준 신고기한 종료일까지 납세지 관할 세무서장에게 제출하여야 한다(법세칙 §41 ⑤).

분할하는 사업부문이 주식 등을 승계하는 경우에는 분할하는 사업부문의 자산·부채가 포괄적으로 승계된 것으로 보지 아니한다(법세령 §82의2 ⑤ 본문). 다른 사업부문을 영위하는 법인에 대한 주식 등을 승계하는 방법을 통하여 독립된 사업부문의 승계에 관한 요건을 잠탈할 수 있기 때문이다. 자기주식이 분할대상에 포함되는 것 역시 독립된 사업부문의 분할이라는 요건에 위배된다. 자기주식은 분할법인의 남은 사업부문에 관련되기 때문이다. 다만, **주식 등과 그와 관련된 자산·부채만으로 구성된 사업부문의 법정 분할**(법세령 §82의2 ⑤)에 따라 주식 등을 승계하는 경우 또는 **이와 유사한 법정 경우**(법세칙 §41 ⑧)에는 그러하지 아니하다(법세령 §82의2 ⑤ 단서). **유사한 법정 경우는 다음 각 호의 어느 하나에 해당하는 주식 등을 승계하는 경우를 말한다**(법세칙 §41 ⑧).

> 1. 분할하는 사업부문이 분할등기일 전일 현재 법령상 의무로 보유하거나 인허가를 받기 위하여 보유한 주식 등
> 2. 다음 각 목의 어느 하나에 해당하는 법인의 주식 등
>> 가. 분할하는 사업부문이 100분의 30 이상을 매출하거나 매입하는 법인과

분할하는 사업부문에 100분의 30 이상을 매출 또는 매입하는 법인. '100분의 30 이상을 매출 또는 매입하는 법인'이라는 문언은 해당 법인과 분할하는 사업부문과의 관련성을 요건에 편입하기 위한 것이나, 특정 비율을 시행규칙 단계에서 명시하여 그 관련성의 범위를 축소하는 것은 시행령 단계의 '관련성'을 규범적 근거 없이 제한하는 것이므로 위임입법의 법리에 반하는 것으로 판단한다. '100분의 30 이상을 매출 또는 매입하는 등 거래관계의 구체적 상황에 비추어 분할하는 사업부문의 주요한 거래처로 판정되는 법인'으로 수정하는 것이 타당하다. 이는 아래 '100분의 20 이상'에 관한 부분에도 해당한다고 본다.

나. **분할법인이 완전지배**[발행주식총수 또는 출자총액을 보유(보유비율 계산 방법은 법정 방법(법세 §2 10호의2)을 준용)]**하고 있는 법인**으로서 다음 어느 하나에 해당하는 법인

1) 분할하는 사업부문이 100분의 20 이상을 매출하거나 매입하는 법인과 분할하는 사업부문에 100분의 20 이상을 매출하거나 매입하는 법인

2) 1)에 해당하는 법인이 100분의 20 이상을 매출하거나 매입하는 법인과 1)에 해당하는 법인에 100분의 20 이상을 매출하거나 매입하는 법인

3) 2)에 해당하는 법인이 매출하거나 매입하는 법인과 2)에 해당하는 법인에 매출하거나 매입하는 법인으로서 법정 계산식[(2)에 해당하는 법인과의 매출 또는 매입 비율) × (2)에 해당하는 법인의 1)에 해당하는 법인과의 매출 또는 매입 비율)]에 따라 계산한 매출 또는 매입 비율이 100분의 20 이상인 법인

3. 분할존속법인이 독점규제 및 공정거래에 관한 법률 및 금융지주회사법에 따른 지주회사로 전환하는 경우로서 분할하는 사업부문이 분할등기일 전일 현재 사업과 관련하여 보유하는 **다음 각 목의 어느 하나**에 해당하는 주식 등

가. 분할하는 사업부문이 지배주주 등으로서 보유하는 주식 등

나. 분할하는 사업부문이 **외국자회사**[내국법인이 의결권 있는 발행주식총수 또는 출자총액의 100분의 10(해외자원개발사업을 하는 외국법인(조특 §22)의 경우에는 100분의 5) 이상을 출자하고 있는 외국법인으로서 법정 요건(내국법인이 직접 외국자회사의 의결권 있는 발행주식총수 또는 출자총액의 100분의 10 이상을 해당 외국자회사의 배당확정일 현재 6개월 이상 계속하여 보유하고 있는 법인)(법세령 §94 ⑨)을 갖춘 법인; '보유'의 경우 '내국법인이 적격합병, 적격분할, 적격물적분할, 적격현물출자에 따라 다른 내국법인이 보유하고 있던 외국자회사의 주식 등을 승계받은 때'에는 그 승계 전 다른 내국법인이 외국자회사의 주식 등을 취득한 때부터 해당 주식 등을 보유한 것으로 봄](법세

§57 ⑤)의 주식 등을 보유하는 경우로서 해당 외국자회사의 주식 등을 보유한 내국법인 및 거주자인 주주 또는 출자자 중에서 가장 많이 보유한 경우의 해당 분할하는 사업부문이 보유한 주식 등

4. 분할하는 사업부문과 한국표준산업분류에 따른 세분류 상 동일사업을 영위하는 법인의 주식 등. **다음 각 호의 어느 하나에 해당하는 경우에는 동일사업을 영위하는 것으로 본다**(법세칙 §41 ⑨). 입법론으로서는 '3. 위 제1호 및 제2호와 실질적으로 유사한 경우'를 동일성 판단기준으로 신설하는 것이 타당하다. 법인세법이 명시하는 특정 비율을 해당 업종의 경제적 실질을 적확하게 반영하는 기준으로 보아야 하는 규범적 합리성 또는 정당성이 없기 때문이다.

> 1. 분할하는 사업부문 또는 승계하는 주식 등의 발행법인의 사업용 자산가액 중 세분류 상 동일사업에 사용하는 사업용 자산가액의 비율이 각 100분의 70을 초과하는 경우
> 2. 분할하는 사업부문 또는 승계하는 주식 등의 발행법인의 매출액 중 세분류 상 동일사업에서 발생하는 매출액의 비율이 각 100분의 70을 초과하는 경우

5. **분할법인이 완전지배하고 있는 법인**으로서 다음 각 목의 요건을 모두 갖춘 법인의 주식등
   가. **주식등승계가능법인**(제2호 또는 제4호에 해당하는 법인)을 완전지배하고 있을 것
   나. **주식등승계가능법인**의 주식등과 그와 관련된 자산·부채만을 보유하고 있을 것

나. **분할하는 사업부문의 자산 및 부채가 포괄적으로 승계될 것**. 다만, 공동으로 사용하던 자산, 채무자의 변경이 불가능한 부채 등 **분할하기 어려운 법정 자산과 부채 등**(법세령 §82의2 ④)은 제외한다. 분할하기 어려운 법정 자산과 부채 등은 다음 각 호의 자산과 부채를 말한다(법세령 §82의2 ④). 사업부문이 인적·물적 자원의 유기적 결합체로서의 경제적 실질을 유지하는 상태로 분할되기 위하여서는 필요적으로 해당 사업부문의 자산 및 부채가 포괄적으로 승계되어야 한다. 즉 포괄적 승계 요건은 인적·물적 자원의 유기적 결합체로서의 경제적 실질을 유지하기 위한 것이다. 판례 역시 이러한 맥락에서 '분할하는 사업부문의 자산 및 부채가 포괄적으로 승계될 것'이라는 요건은 독립된 사업부문 요건을 보완하는 것으로서, 해당 사업활동에 필요한 자산·부채가 분할신설법인에 한꺼번에 이전되어야 함을 뜻하며, 다른 사업부문에 공동으로 사용되는 자산·부채 등과 같이 분할하기 어려운 것은 승계되지 않더라도 기업의 실질적 동일성을 해치지 않는다고 판시한다.[753] **분할하기 어려운 법정 자산과 부채 등**(법세령 §82의2 ④) **외의 모든 자산·부채는 그대로 승계되어야 하는가?** 포괄적 승계 요건은 인적·물적

자원의 유기적 결합체로서의 경제적 실질을 유지하기 위한 것을 감안하면, 분할되는 사업부문 관련 자산·부채를 그 경제적 실질의 동일성을 해하지 않는 범위 내에서 특정 자산·부채의 누락 또는 포함이 있을 수 있다고 본다. 그렇다면 분할하기 어려운 법정 자산과 부채 등(법세령 §82의2 ④) 규정 상 항목들은 예시적인 것으로 보아야 한다. 예를 들면 현금 또는 현금등가물을 특정 사업에 귀속시키는 것은 불가능하나 위 규정에는 열거되어 있지 않다. 다만 분할당사자 법인들 사이에서 조세의 부당한 경감을 초래하는 특정 자산·부채의 누락 또는 포함에 대하여서는 실질과세원칙이 적용되어 해당 자산·부채의 승계가 부인되어야 한다. **'자산·부채의 승계 여부'는 사법 상 효력에 의하여 판단하여야 하는가?** 분할로 인산 권리·의무의 이전은 상법규정 (상법 §530의10)에 근거하여 분할계획서 또는 분할합병계약서에서 정하는 바에 따라 이루어지므로 개별 자산·부채의 승계에 관한 사법 상 효력을 논할 필요는 없다. 따라서 부동산에 관한 물권의 경우에도 그 취득을 위하여 등기를 필요로 하는 것은 아니다(민법 §187 본문). 다만 등기하지 않으면 처분하지 못한다(민법 §187 단서). 한편 환율조정계정은 급격한 환율변동으로 인한 기업의 대외신인도 하락 및 자금차입의 어려움 등을 해소하기 위하여 장기 화폐성 외화자산·부채에 대한 외화환산손익을 잔존 회수·상환기간에 걸쳐 균등하게 안분하여 손익에 반영하기 위한 것으로서 대차대조표상의 가공자산에 불과하므로, 이를 영업양도에 있어 양도대상이 되는 자산으로 볼 수는 없다는 판례의 입장[754] 역시 감안할 필요가 있다.

---

1. **자산**
    가. 변전시설·폐수처리시설·전력시설·용수시설·증기시설
    나. 사무실·창고·식당·연수원·사택·사내교육시설
    다. 물리적으로 분할이 불가능한 공동의 생산시설, 사업지원시설과 그 부속토지 및 자산
    라. 가목부터 다목까지의 자산과 유사한 법정 자산(공동으로 사용하는 상표권)(법 세칙 §41 ⑥)

2. **부채**
    가. 지급어음
    나. 차입조건 상 차입자의 명의변경이 제한된 차입금
    다. 분할로 인하여 약정 상 차입자의 차입조건이 불리하게 변경되는 차입금
    라. 분할하는 사업부문에 직접 사용되지 아니한 공동의 차입금
    마. 가목부터 라목까지의 부채와 유사한 법정 부채

3. **분할하는 사업부문이 승계하여야 하는 자산·부채로서 분할 당시 시가로 평가한 총자산가액 및 총부채가액의 각 100분의 20 이하인 자산·부채.** 이 경우 '분할하는 사업부문이 승계하여야 하는 자산·부채'는 '포괄승계 요건 상 자산·부채'와 동일한 것으로 해석하여야 한다. 분할과세의 체계적 정합성을 유지하도록 해석하

여야 하고 달리 해석하여야 할 규범적 당위를 찾기 어렵기 때문이다. 분할하는 사업부문이 승계하여야 하는 자산·부채, 총자산가액 및 총부채가액은 법정 계산방법(법세칙 §41 ⑦)에 따라 계산하되, 주식 등과 제1호의 자산 및 제2호의 부채는 제외한다. **법정 계산방법**은 다음과 같다(법세칙 §41 ⑦). 분할하는 사업부문과 존속하는 사업부문이 공동으로 사용하는 자산·부채의 경우에는 **각 사업부문별 사용비율**(사용비율이 분명하지 6아니한 경우에는 '각 사업부문에만 속하는 자산·부채의 가액'과 '사용비율로 안분한 공동사용 자산·부채의 가액'을 더한 총액의 비율)로 **안분하여** 총자산가액 및 총부채가액을 계산한다. 이 경우 하나의 분할신설법인 등이 여러 사업부문을 승계하였을 때에는 **분할신설법인 등이 승계한 모든 사업부문의 자산·부채 가액을 더하여** 계산한다.

다. **분할법인 등만의 출자에 의하여 분할하는 것일 것** 분할법인 등과 다른 법인이 공동출자하는 경우는 분할법인 주주 등의 동일성이 유지될 수 없기 때문이다.

2. 분할법인 등의 주주가 분할신설법인 등으로부터 받은 **분할대가의 전액이 주식인 경우**(**분할합병**의 경우에는 분할대가의 100**분의 80 이상**이 분할신설법인 등의 주식인 경우 또는 분할대가의 100분의 80 이상이 분할합병의 상대방법인의 발행주식총수 또는 출자총액을 소유하고 있는 내국법인의 주식인 경우를 말함)로서 그 주식이 분할법인 등의 주주가 소유하던 주식의 비율 등을 고려하여 **법정 방법**(법세령 §82의2 ⑦)에 따라 배정되고[2024년 12월 31일 이전에는 '주식의 비율에 따라 배정(분할합병의 경우에는 **법정 방법**(법세령 §82의2 ⑦)에 따라 배정한 것을 말함)되고'] **법정 분할법인 등의 주주**(법세령 §82의2 ⑧)가 분할등기일이 속하는 사업연도의 종료일까지 그 주식을 보유할 것. 상법은 단순분할의 경우에는 **반대주주의 주식매수청구권**을 인정하지 않으나, 합병 또는 분할합병의 경우에는 그 반대주주에게 주식매수청구권(상법 §522의3, §530의11 ②)을 인정한다. 단순분할의 경우에는 종전의 회사재산과 영업이 물리적 및 기능적으로 나누어질 뿐 주주의 권리는 신설회사에 그대로 미치므로 주주의 권리에 구조적인 변화가 발생하는 것은 아니기 때문이다.[755] 이를 감안하여 단순분할의 경우에는 그 분할대가의 전액을 주식으로 받을 것을 적격분할의 요건으로 하는 반면에, 합병 또는 분할합병의 경우에는 분할대가의 100분의 80 이상을 주식으로 받을 것을 그 요건으로 한다. 이상과 같이 기업구조조정 관련 과세특례를 부여하기 위하여서는 법인 주주 등의 동일성에 실질적 변화가 없어야 한다. 법인세법은 특정 재화를 양도하는 경우와 같이 원칙적으로 재화의 현황에 아무런 변화가 없음에도 그 소유자가 변경된 사정 자체를 소득실현의 계기로 보아 과세하기 때문이다.[756] **단주 매각대금의 지급**은 주식 외 분할대가의 범위에 포함되지 않는다. 주식을 지급하는 과정에서 발생하는 기술적인 문제를 해결하기 위한 것에 불과하기 때문이다.

분할대가의 총합계액은 '분할신설법인 등이 분할로 인하여 분할법인의 주주에 지급한 분할신설법인 등의 주식가액 및 금전이나 그 밖의 재산가액의 합계액'(법세령 §82 ① 2호 가목)으로 하고, 분할합병의 경우에는 분할대가의 총합계액 중 주식 등의 가액이 100분의

80 이상(법세 §46 ② 2호, §44 ② 2호)인지를 판정할 때 분할합병의 상대방법인이 분할등기일 전 2년 내에 취득한 분할법인의 **분할합병포합주식**이 있는 경우에는 다음 각 호의 금액을 금전으로 교부한 것으로 본다(법세령 §82의2 ⑥ 전단). 이 경우 신설분할합병 또는 3 이상의 법인이 분할합병하는 경우로서 분할법인이 취득한 다른 분할법인의 주식이 있는 경우에는 그 다른 분할법인의 주식을 취득한 분할법인을 분할합병의 상대방법인으로 보아 다음 각 호를 적용하고, 소멸한 분할합병의 상대방법인이 취득한 분할법인의 주식이 있는 경우에는 소멸한 분할합병의 상대방법인을 분할합병의 상대방법인으로 보아 다음 각 호를 적용하여 계산한 금액을 금전으로 교부한 것으로 본다(법세령 §82의2 ⑥ 후단).

1. **분할합병의 상대방법인이 분할등기일 현재 분할법인의 지배주주 등**(법세령 §43 ⑦)**이 아닌 경우** : 분할합병의 상대방법인이 분할등기일 전 2년 이내에 취득한 분할합병포합주식이 분할법인 등 발행주식총수의 100분의 20을 **초과**하는 경우 그 초과하는 분할합병포합주식에 대하여 교부한 분할합병교부주식(분할합병교부주식을 교부한 것으로 보는 법정 경우(법세령 §82 ① 2호 가목) 그 주식을 포함)의 가액

2. **분할합병의 상대방법인이 분할등기일 현재 분할법인의 지배주주 등**(법세령 §43 ⑦)**인 경우** : 분할등기일 전 2년 이내에 취득한 분할합병포합주식에 대하여 교부한 분할합병교부주식(분할합병교부주식을 교부한 것으로 보는 법정 경우(법세령 §82 ① 2호 가목) 그 주식을 포함)의 가액

주식을 배정하는 법정 방법은 다음과 같다(법세령 §82의2 ⑦). 분할법인 등의 주주에 분할 또는 분할합병으로 인하여 받은 주식을 배정할 때에는 **법정 분할법인 등의 주주**(법세령 §82의2 ⑧)에 **법정 계산식**{분할법인 등의 주주 등이 지급받은 분할신설법인 등 주식가액의 총합계액(법세령 §82 ① 2호 가목) × [법정 분할법인 등의 주주(법세령 §82의2 ⑧)의 분할법인 등에 대한 지분비율(분할법인등의 자기주식에 대해 분할신설법인등의 주식을 배정하지 않는 경우에는 분할법인등의 자기주식을 제외하고 산정한 지분비율)]}**에 따른 가액 이상의 주식을 각 배정하여야** 한다. '분할법인 등의 지배주주 등'이 '분할법인 등의 주주에게 배정되는 주식'을 '분할 이전 분할법인 등에 대한 자신의 지분비율' 이상으로 취득하여 분할신설회사 등에 대한 지배권을 여전히 유지하도록 하기 위한 규정이다. 즉 분할법인의 지배주주 등은 분할 이후 결과적으로 최소한 '분할 이전의 지분비율 상당의 분할신설법인 등에 대한 지배권'을 여전히 확보하여야 한다는 취지를 담는 것으로 해석하여야 한다. 분할법인이 자기주식을 보유하는 경우 지배주주 등의 실질적 지분비율은 명목상 지분비율을 초과하게 된다. 자기주식에는 의결권이 부여되지 않기 때문이다(상법 §369 ②). 따라서 법인세법은 '분할법인 등의 주주가 지급받은 분할신설법인 등의 주식' 중 '분할법인 등에 대한 자신의 지분비율 이상의 주식'을 배정하도록 규정하는 것이다. 또한 분할법인의 자기주식에 대하여 설사 주식이 배정된다고 하더라도 그 배정된 주식은 '분할법인 등의 주주가 지급받은 분할신설법인 등의 주식'에 포함될 수 없다. 분할법인 등의 주주가 지급받는 것이 아니기 때문이다.

법정 분할법인 등의 주주는 분할법인 등의 지배주주 등(법세령 §43 ⑦) 중 다음 각 호의 어느 하나에 해당하는 자를 제외한 주주를 말한다(법세령 §82의2 ⑧).

> 1. 친족(법세령 §43 ⑧ 1호 가목) 중 4촌인 혈족
> 2. 분할등기일 현재 분할법인 등에 대한 지분비율이 100분의 1 미만이면서 시가로 평가한 그 지분가액이 10억원 미만인 자

3. 분할신설법인 등이 분할등기일이 속하는 사업연도의 종료일까지 분할법인 등으로부터 **승계받은 사업을 계속할 것**. 분할법인의 사업계속 요건과 동일하게 해석하여야 한다. 분할신설법인 등이 분할법인 등으로부터 승계받은 사업의 계속 여부의 판정 등에 관하여는 **적격합병에 대하여 적용되는 법정 자산의 처분 등 및 자기주식소각에 관한 규정**(법세령 §80의2 ⑦)을 준용한다(법세령 §82의2 ⑨).

4. 분할등기일 1개월 전 당시 분할하는 사업부문에 종사하는 **법정 근로자**(법세령 §82의2 ⑨) 중 분할신설법인 등이 **승계한 근로자의 비율이 100분의 80 이상**이고, 분할등기일이 속하는 사업연도의 종료일까지 그 **비율을 유지할 것**. **법정 근로자**의 범위는 적격합병에 대하여 적용되는 규정(법세령 §80의2 ⑥)을 준용하되(이 경우 합병등기일은 분할등기일로 봄), 다음 각 호의 어느 하나에 해당하는 근로자는 제외할 수 있다(법세령 §82의2 ⑨).

> 1. 분할 후 존속하는 사업부문과 분할하는 사업부문에 모두 종사하는 근로자
> 2. 분할하는 사업부문에 종사하는 것으로 볼 수 없는 법정 업무(인사, 재무, 회계, 경영관리 업무 또는 이와 유사한 업무)(법세칙 §41 ⑩)를 수행하는 근로자

적격합병 요건을 적용하지 않을 수 있는 법정 부득이한 사유(법세 §46 ② 단서)(는 다음과 같다(법세령 §82의2 ①).

> 1. **주식보유에 관한 요건**(법세 §46 ② 2호)**에 대한 부득이한 사유가 있는 것으로 보는 경우** : 법정 분할법인 등의 주주(법세령 §80의2 ⑧)가 적격합병 요건 중 주식보유에 관한 요건(법세 §44 ② 2호)을 적용하지 않을 수 있는 부득이한 사유(법세령 §80의2 ① 1호 각 목). **법정 분할법인 등의 주주**(법세령 §80의2 ⑧)는 분할법인 등의 지배주주 등(법세령 §43 ③) 중 다음 각 호의 어느 하나에 해당하는 자를 제외한 주주를 말한다(법세령 §80의2 ⑧).

---

750) 같은 절 제1관 Ⅱ 5 참조.
751) 같은 절 제1관 Ⅱ 5 참조.
752) 대법원 2018.6.28. 2016두40986.
753) 대법원 2018.6.28. 2016두40986.
754) 대법원 2008.9.11. 2006두2558.
755) 이철송, 전게서, 1156면.
756) 같은 절 제1관 Ⅱ 5 참조.

1. 친족(법세령 §43 ⑧ 1호 가목) 중 4촌인 혈족
2. 분할등기일 현재 분할법인 등에 대한 지분비율이 100분의 1 미만이면서 시가로 평가한 그 지분가액이 10억원 미만인 자

2. **사업계속에 관한 요건**(법세 §46 ② 3호)**에 대한 부득이한 사유가 있는 것으로 보는 경우**
: 적격합병 요건 중 사업계속에 관한 요건(법세 §44 ② 3호)을 적용하지 않을 수 있는 부득이한 사유(법세령 §80의2 ① 2호 각 목)

3. **고용유지에 관한 요건**(법세 §46 ② 4호)**에 대한 부득이한 사유가 있는 것으로 보는 경우**
: 분할신설법인 등이 '적격합병 요건 중 고용유지에 관한 요건(법세 §44 ② 4호)을 적용하지 않을 수 있는 부득이한 사유(합병법인이 회생계획(채무회생 §193)을 이행 중인 경우, 합병법인이 파산함에 따라 근로자의 비율을 유지하지 못한 경우 및 합병법인이 적격합병, 적격분할, 적격물적분할 또는 적격현물출자에 따라 근로자의 비율을 유지하지 못한 경우)(법세령 §80의2 ① 3호 가목~다목)' 중 하나에 해당하거나 분할등기일 1개월 전 당시 분할하는 사업부문(분할법인으로부터 승계하는 부분)에 종사하는 법정 근로자(법세령 §82의2 ⑨)가 5명 미만인 경우

부동산임대업을 주업으로 하는 법정 사업부문 등(법세령 §82의2 ②)**을 분할**하는 경우에는 **적격분할로 보지 아니한다**(법세 §46 ③). 법정 사업부문 등은 다음과 같다(법세령 §82의2 ②).

1. **부동산임대업을 주업으로 하는 법정 사업부문**(법세칙 §41 ①). 이는 분할하는 사업부문(분할법인으로부터 승계하는 부문)이 승계하는 자산총액 중 부동산임대업에 사용된 자산가액이 100분의 50 이상인 사업부문을 말하고, 이 경우 하나의 분할신설법인 등(법세 §46 ① 전단) 또는 피출자법인이 여러 사업부문을 승계하였을 때에는 분할신설법인 등 또는 피출자법인이 승계한 모든 사업부문의 자산가액을 더하여 계산한다(법세칙 §41 ①).

2. 분할법인으로부터 승계한 사업용 자산가액(**법정 사업용 자산**(법세칙 §41 ②)의 가액은 제외) 중 '토지 또는 건물'(소세 §94 ① 1호) 및 '부동산에 관한 권리'(소세 §94 ① 2호)가 100분의 80 이상인 사업부문. **제외되는 법정 사업용 자산**은 분할일 현재 3년 이상 계속하여 사업을 경영한 사업부문이 직접 사용한 자산(부동산임대업에 사용되는 자산은 제외)으로서 '토지 또는 건물'(소세 §94 ① 1호) 및 '부동산에 관한 권리'(소세 §94 ① 2호)에 해당하는 자산을 말한다(법세칙 §41 ②).

3. (삭제)

3. 분할 시 분할신설법인 등에 대한 과세

분할신설법인 등이 분할로 분할법인 등의 자산을 승계한 경우에는 그 자산을 분할법인 등으로부터 **분할등기일 현재의 시가로 양도받은 것으로** 본다(법세 §46의2 ① 전단). 이 경우 분할법인 등의 각 사업연도의 소득금액 및 과세표준을 계산할 때 익금 또는 손금에 산입하거나 산입하지 아니한 금액, 그 밖의 자산·부채 등 **법정 세무조정사항**(법세령 §85)만 **분할신설법인 등이 승계할 수 있다**(법세 §46의2 ① 후단). **법정 세무조정사항의 승계**는 다음 각 호의 구분에 따른다(법세령 §85).

1. **적격분할의 경우** : 세무조정사항은 모두 분할신설법인 등에 승계. 분할 당시 세무상 유보로 남아 있는 금액을 분할신설법인이 그대로 승계한다.[757]
2. **제1호 외의 경우** : 퇴직급여충당금 또는 대손충당금을 분할신설법인 등이 승계한 경우(법세 §33 ③, ④, §34 ④)에는 그와 관련된 세무조정사항을 승계하고 그 밖의 세무조정사항은 모두 분할신설법인 등에 미승계
   퇴직급여충당금을 손금에 산입한 내국법인이 합병하는 경우 그 법인의 합병등기일 현재의 해당 퇴직급여충당금 중 분할신설법인 등이 승계받은 금액은 그 분할신설법인 등이 분할등기일에 가지고 있는 퇴직급여충당금으로 본다(법세 §33 ③). 사업자가 그 사업을 내국법인에게 **포괄적으로 양도**하는 경우에도 같다(법세 §33 ④). **대손충당금을 손금에 산입한 내국법인이 분할**하는 경우 그 법인의 분할등기일 현재의 해당 대손충당금 중 분할신설법인 등이 승계(해당 대손충당금에 대응하는 채권이 함께 승계되는 경우만 해당)받은 금액은 그 분할신설법인 등이 분할등기일에 가지고 있는 대손충당금으로 본다(법세 §34 ④).

분할신설법인 등은 **분할법인 등의 자산을 시가로 양도받은 것으로 보는 경우**(법세 §46의2 ①)로서 **분할법인 등에 지급한 양도가액이 분할법인 등의 분할등기일 현재의 순자산시가보다 적은 경우**에는 그 **차액**(분할매수차익)(법세령 §82의3 ①)을 세무조정계산서(법세 §60 ② 2호)에 계상하고 **분할등기일부터 5년간 균등하게 나누어 익금에 산입**한다(법세 §46의2 ②). **분할매수차익**에 대한 익금산입액 계산, 산입방법 등에 관하여는 합병 시 양도가액과 순자산시가와의 차액 처리에 관한 규정(법세령 §80의3 ①)을 준용한다(법세령 §82의3 ①).

분할신설법인 등은 **분할법인 등의 자산을 시가로 양도받은 것으로 보는 경우**(법세 §46의2 ①)에 **분할법인 등에 지급한 양도가액이 분할등기일 현재의 순자산시가를 초과하는 법정의 경우**(분할신설법인 등이 분할법인 등의 상호·거래관계, 그 밖의 영업상의 비밀 등에 대하여

---

757) 대법원 2014.3.13. 2013두20844.

사업상 가치가 있다고 보아 대가를 지급한 경우)(법세령 §82의3 ②)에는 그 **차액**(분할매수차손)(법세령 §82의3 ③)을 세무조정계산서(법세 §60 ② 2호)에 계상하고 **분할등기일부터 5년간 균등하게 나누어 손금에 산입**한다. **분할매수차손**에 대한 손금산입액 계산, 산입방법 등에 관하여는 합병 시 양도가액과 순자산시가와의 차액 처리에 관한 규정(법세령 §80의3 ③)을 준용한다(법세령 §82의3 ③). 분할매수차손의 계상 여부 역시 합병매수차손의 계상 여부에 관한 논의가 그대로 적용되는 것이 타당하다.[758]

4. 적격분할 시 분할신설법인 등에 대한 과세특례 등

적격분할을 한 분할신설법인 등은 시가양도 규정(법세 §46의2)에도 불구하고 분할법인 등의 자산을 **장부가액으로 양도받은 것으로** 한다(법세 §46의3 ① 전단). 이 경우 **장부가액과 분할등기일 현재의 시가**(법세 §46의2 ①)**와의 차액**(자산조정계정)(법세령 §82의4 ①)을 **법정 방법**(법세령 §82의4 ①)에 따라 '**자산별로 계상**'하여야 한다(법세 §46의3 ① 후단). **자산조정계정을 자산별로 장부에 계상하는 법정 방법**은 다음과 같다. 분할신설법인 등은 분할법인 등의 자산을 장부가액으로 양도받은 경우(법세 §46의3 ①) 양도받은 자산 및 부채의 가액을 분할등기일 현재의 시가로 계상하되, **시가에서 분할법인 등의 장부가액**(법정 세무조정사항(법세령 §85 1호)이 있는 경우에는 그 세무조정사항 중 익금불산입액은 더하고 손금불산입액은 뺀 가액으로 함)**을 뺀 금액이 0보다 큰 경우**에는 그 차액을 익금에 산입하고 이에 상당하는 금액을 자산조정계정으로 손금에 산입하며, **0보다 작은 경우**에는 시가와 장부가액의 차액을 손금에 산입하고 이에 상당하는 금액을 자산조정계정으로 익금에 산입한다(법세령 §82의4 ① 전단). 이 경우 자산조정계정의 처리에 관하여는 '적격합병에 대하여 적용되는 자산조정계정의 처리에 관한 규정'(법세령 §80의4 ①)을 준용한다(법세령 §82의4 ① 후단). 분할신설법인 등은 신고(법세 §60)와 함께 **자산조정계정에 관한 명세서**(법세칙 §82)를 납세지 관할 세무서장에게 제출하여야 한다(법세 §46의3 ⑤ ; 법세령 §82의4 ⑩).

적격분할을 한 분할신설법인 등은 분할법인 등의 분할등기일 현재 **결손금**(법세 §13 ① 1호)과 분할법인 등이 각 사업연도의 소득금액 및 과세표준을 계산할 때 **익금 또는 손금에 산입하거나 산입하지 아니한 금액, 그 밖의 자산 · 부채 및 감면 · 세액공제**(법세 §59) 등을 **법정 방법**(법세령 §82의4 ②, §85)**에 따라 승계**한다(법세 §46의3 ②).

---

758) 같은 관 Ⅱ 3 참조.

적격분할의 경우 분할법인 등의 각 사업연도의 소득금액 및 과세표준을 계산할 때 익금 또는 손금에 산입하거나 산입하지 아니한 세무조정사항은 모두 분할신설법인 등에 승계된다(법세령 §85 1호).

감면ㆍ세액공제(법세 §59)을 승계하는 법정 방법은 다음과 같다. 분할신설법인 등은 분할법인 등의 자산을 장부가액으로 양도받은 경우(법세령 §82의4 ①) 분할법인 등이 분할 전에 적용받던 감면 또는 세액공제(법세 §59)를 승계하여 감면 또는 세액공제의 적용을 받을 수 있다(법세령 §82의4 ② 전단). 이 경우 법인세법 또는 다른 법률에 해당 감면 또는 세액공제의 요건 등에 관한 규정이 있는 경우에는 분할신설법인 등이 그 요건 등을 갖춘 경우에만 이를 적용하며, 분할신설법인 등은 다음 각 호의 구분에 따라 승계받은 사업에 속하는 감면 또는 세액공제에 한정하여 적용받을 수 있다(법세령 §82의4 ② 후단).

1. 이월된 감면ㆍ세액공제가 특정 사업ㆍ자산과 관련된 경우 : 특정 사업ㆍ자산을 승계한 분할신설법인 등이 공제
2. 제1호 외의 이월된 감면ㆍ세액공제의 경우 : 분할법인 등의 사업용 자산가액 중 분할신설법인 등이 각각 승계한 사업용 자산가액 비율로 안분하여 분할신설법인 등이 각각 공제

적격분할을 한 분할신설법인 등은 3년 이내의 범위에서 법정 기간[분할등기일이 속하는 사업연도의 다음 사업연도 개시일부터 2년(법정 근로자 관련 사유(법세 §46의3 ③ 3호)의 경우에는 3년)](법세령 §82의4 ③) 내에 **다음 각 호의 어느 하나에 해당하는 사유가 발생하는 경우**에는 그 사유가 발생한 날이 속하는 사업연도의 소득금액을 계산할 때 **양도받은 자산의 장부가액과 시가**(법세 §46의2 ①)**와의 차액**(시가가 장부가액보다 큰 경우만 해당), **승계받은 결손금 중 공제한 금액 등**을 '적격합병 과세특례에 대한 사후관리 중 해당 규정'(법세령 §80의4 ④)을 준용하여 익금에 산입하고(법세령 §82의4 ④), **분할법인 등으로부터 승계받아 공제한 감면ㆍ세액공제액 등**(법세 §46의3 ②)**을 법정 방법**(적격분할의 경우 승계한 세무조정사항(법세령 §85 1호) 중 익금불산입액은 더하고 손금불산입액은 빼며, 분할법인 등으로부터 승계하여 공제한 감면 또는 세액공제액 상당액을 해당 사유가 발생한 사업연도의 법인세에 더하여 납부하고, 해당 사유가 발생한 사업연도부터 적용하지 아니함)(법세령 §82의4 ⑤)**에 따라 해당 사업연도의 법인세에 더하여 납부한 후 해당 사업연도부터 감면ㆍ세액공제를 적용하지 아니한다**(법세 §46의3 ③ 본문). 다만, **법정 부득이한 사유**(법세령 §82의4 ⑥)가 있는 경우에는 그러하지 아니하다(법세 §46의3 ③ 단서).

1. 분할신설법인 등이 분할법인 등으로부터 **승계받은 사업을 폐지**하는 경우. 분할신설법인 등이 분할법인 등으로부터 승계받은 사업의 폐지 여부 판정 등에 관하여는 '적격합병 과세특례에 대한 사후관리규정 중 사업폐지 판정규정'(법세령 §80의4 ⑧)을 준용한다(법세령 §82의4 ⑦). 사업의 계속 여부는 원칙적으로 인적·물적 자원의 유기적 결합체로서의 경제적 실질이 유지되는지 여부에 의하여 판정하여야 한다. '승계자산의 승계사업 전체에 대한 관련성 여부'로 해석하는 것이 타당하다. 해당 자산을 언제 사업에 실제 투입할지 여부 및 어느 사업부문에 투입할지 여부는 경영 상 판단에 속하기 때문이다. 즉 사업의 계속에 관한 요건은 기업 전체적으로 회사분할이라는 조직변경에 불구하고 사업이 계속되는지를 확인하기 위한 것이므로, 사업의 폐지 역시 개별 사업부문이나 개별 사업장이 아닌 승계받은 사업 전체를 기준으로 판단하여야 한다.[759] 다만 인적·물적 자원의 유기적 결합체로서의 경제적 실질이 그 동일성이 유지되는 범위 내에서 변화하는 것이라면 사업을 계속한 것으로 보아야 한다. 따라서 분할신설법인이 분할등기일이 속하는 사업연도의 종료일 전에 합병법인에 흡수합병되어 해산하였더라도, 분할신설법인이 분할법인으로부터 승계받은 사업을 합병법인이 다시 승계하여 계속 영위한 경우, 사업의 계속 요건을 충족한 것으로 볼 수 있다.[760] 사업의 운영방식 자체가 인적·물적 자원의 유기적 결합체로서의 동일성 여부 판단에 영향을 미치는 것이 아님은 물론이다.

2. **분할법인 등의 법정 주주**(법세령 §82의4 ⑧)가 분할신설법인 등으로부터 받은 **주식을 처분**하는 경우. 분할법인 등의 법정 주주는 '적격분할 판정요건 중 법정 주주'(법세령 §82의2 ⑧)를 말한다(법세령 §82의4 ⑧).

3. 각 사업연도 종료일 현재 분할신설법인에 종사하는 법정 근로자(근로기준법에 따라 근로계약을 체결한 내국인 근로자, 다만 '적격분할 판정요건 중 법정 근로자에서 제외되는 근로자'(법세령 §82의2 ⑩ 각 호)는 제외)(법세령 §82의4 ⑨) 수가 분할등기일 1개월 전 당시 분할하는 사업부문에 종사하는 근로자 수의 100분의 80 미만으로 하락하는 경우. 다만, 분할합병의 경우에는 다음 각 목의 어느 하나에 해당하는 경우를 말한다.

   가. 각 사업연도 종료일 현재 분할합병의 상대방법인에 종사하는 근로자 수가 분할등기일 1개월 전 당시 분할하는 사업부문과 분할합병의 상대방법인에 각각 종사하는 근로자 수의 합의 100분의 80 미만으로 하락하는 경우

   나. 각 사업연도 종료일 현재 분할신설법인에 종사하는 근로자 수가 분할등기일 1개월 전 당시 분할하는 사업부문과 소멸한 분할합병의 상대방법인에 각각 종사하는 근로자 수의 합의 100분의 80 미만으로 하락하는 경우

법정 부득이한 사유는 다음 각 호의 어느 하나에 해당하는 경우를 말한다(법세령 §82의4 ⑥).

---

759) 대법원 2017.1.25. 2016두51535.
760) 대법원 2018.10.25. 2018두42184.

1. **사업폐지에 관한 요건**(법세 §46의3 ③ 1호)**에 대한 부득이한 사유가 있는 것으로 보는 경우** : 분할신설법인 등이 '적격합병 요건 중 사업계속에 관한 요건(법세 §44 ② 3호)을 적용하지 않을 수 있는 부득이한 사유(법세령 §80의2 ① 2호 각 목)'에 해당하는 경우
2. **주식처분에 관한 요건**(법세 §44의3 ③ 2호)**에 대한 부득이한 사유가 있는 것으로 보는 경우** : 분할법인 등의 법정 주주(법세령 §82의4 ⑧)가 '법정 피합병법인의 주주 등(법세령 §80의4 ⑨, §80의2 ⑤)이 적격합병 요건 중 주식보유에 관한 요건(법세 §44 ② 2호)을 적용하지 않을 수 있는 부득이한 사유(법세령 §80의2 ① 1호 각 목)'에 해당하는 경우
3. **고용유지에 관한 요건**(법세 §44의3 ③ 3호)**에 대한 부득이한 사유가 있는 것으로 보는 경우** : 분할신설법인 등이 '적격합병 요건 중 고용유지에 관한 요건(법세 §44 ② 4호)을 적용하지 않을 수 있는 부득이한 사유(합병법인이 회생계획(채무회생 §193)을 이행 중인 경우, 합병법인이 파산함에 따라 근로자의 비율을 유지하지 못한 경우 및 합병법인이 적격합병, 적격분할, 적격물적분할 또는 적격현물출자에 따라 근로자의 비율을 유지하지 못한 경우)(법세령 §80의2 ① 3호 가목~다목)'에 해당하는 경우

분할신설법인 등이 양도받은 자산의 장부가액과 시가(법세 §46의2 ①)**와의 차액**(시가가 장부가액보다 큰 경우만 해당) **등을 익금에 산입한 경우**에는 분할신설법인 등이 분할법인 등에 지급한 **양도가액과** 분할법인 등의 분할등기일 현재의 **순자산시가와의 차액을** 위 사후관리사유(법세 §46의3 ③ 각 호)가 발생한 날부터 분할등기일 이후 5년이 되는 날까지 '적격합병 과세특례에 대한 사후관리 중 해당 규정'(법세령 §80의4 ⑤)을 준용하여 익금 또는 손금에 산입한다(법세 §46의3 ④).

5. 분할 시 이월결손금 등 공제 제한

5.1. 이월결손금의 공제 제한

분할합병의 상대방법인의 분할등기일 현재 **결손금**(법세 §13 ① 1호) **중 분할신설법인 등이 승계한 결손금**(법세 §46의3 ②)**을 제외한 금액**은 분할합병의 상대방법인의 각 사업연도의 과세표준을 계산할 때 분할법인으로부터 승계받은 사업에서 발생한 소득금액[중소기업 간 또는 동일사업을 하는 법인 간에 합병으로서 회계를 구분하여 기록하지 아니할 수 있는 경우(법세 §113 ③ 단서)에는 그 소득금액을 **법정 자산가액 비율**(법세령 §83 ①)로 안분계산한 금액으로 한다]의 범위에서는 공제하지 아니한다(법세 §46의4 ①). **법정 자산가액 비율**은 분할합병등기일 현재 분할법인(승계된 사업분만 해당)과 분할합병의 상대방법인(소멸하는 경우를 포함)의

사업용 자산가액 비율을 말하고, 이 경우 분할신설법인 등이 승계한 분할법인 등의 사업용 자산가액은 승계결손금을 공제하는 각 사업연도의 종료일 현재 계속 보유(처분 후 대체 취득하는 경우를 포함)・사용하는 자산에 한정하여 그 자산의 분할합병등기일 현재 가액에 따른다(법세령 §83 ①).

분할신설법인 등이 승계한 분할법인 등의 결손금(법세 §46의3 ②)은 분할법인 등으로부터 승계받은 사업에서 발생한 소득금액의 범위에서 분할신설법인 등의 각 사업연도의 과세표준을 계산할 때 공제한다(법세 §46의4 ②). 분할신설법인 등이 각 사업연도의 과세표준을 계산할 때 승계하여 공제하는 결손금은 분할등기일 현재 분할법인 등의 결손금(분할등기일을 사업연도의 개시일로 보아 계산한 금액)(법세 §13 ① 1호) 중 분할신설법인 등이 승계받은 사업에 속하는 결손금으로 하되, 분할등기일이 속하는 사업연도의 다음 사업연도부터는 매년 순차적으로 1년이 지난 것으로 보아 계산한 금액으로 한다(법세령 §83 ②). 이 경우 승계받은 사업에 속하는 결손금은 분할등기일 현재 분할법인 등의 결손금을 분할법인 등의 사업용 자산가액 중 분할신설법인 등이 각각 승계한 사업용 자산가액 비율로 안분계산한 금액으로 한다(법세령 §83 ③).

분할합병의 상대방법인의 분할등기일 현재 결손금과 분할신설법인 등이 승계한 분할법인 등의 결손금에 대한 공제는 '이월결손금 공제한도 규정'(법세 §13 ① 단서)에도 불구하고 **다음 각 호의 구분에 따른 소득금액의 100분의 80**(중소기업과 회생계획을 이행 중인 기업 등 법정 법인(법세령 §10 ①)의 경우는 100분의 100)을 한도로 한다(법세 §46의4 ⑤).

> 1. **분할합병의 상대방법인의 분할등기일 현재 결손금의 경우** : 분할합병의 상대방법인의 소득금액에서 분할법인으로부터 승계받은 사업에서 발생한 소득금액을 차감한 금액
> 2. **분할신설법인 등이 승계한 분할법인 등의 결손금의 경우** : 분할법인 등으로부터 승계받은 사업에서 발생한 소득금액

분할법인 등의 사업을 승계한 분할신설법인 등의 결손금을 공제할 때 **사업의 계속 또는 폐지의 판정과 적용**에 관하여는 '적격합병 및 그 사후관리의 경우 사업의 계속 또는 폐지의 판정과 적용에 관한 규정'(법세령 §80의2 ⑦, §80의4 ⑧)을 준용한다(법세령 §83 ⑥).

5.2. 자산 처분손실의 공제 제한

적격분할합병(법세 §46 ②)을 한 분할신설법인 등은 분할법인과 분할합병의 상대방법인이

분할합병 전 보유하던 **자산의 처분손실**(분할등기일 현재 해당 자산의 시가(법세 §52 ②)가 장부가액보다 낮은 경우로서 그 차액을 한도로 하며, 분할등기일 이후 5년 이내에 끝나는 사업연도에 발생한 것만 해당)을 각 분할합병 전 해당 법인의 사업에서 발생한 소득금액(해당 처분손실을 공제하기 전 소득금액)의 범위에서 해당 사업연도의 소득금액을 계산할 때 **손금에 산입**한다(법세 §46의4 ③ 전단). 이 경우 손금에 산입하지 아니한 처분손실은 **자산 처분 시** 각 분할합병 전 해당 법인의 사업에서 발생한 **결손금으로 보아 공제**(법세 §46의4 ①, ②)한다(법세 §46의4 ③ 후단).

분할법인 등의 사업을 승계한 분할신설법인 등의 익금에 산입하는 경우 **사업의 계속 또는 폐지의 판정과 적용**에 관하여는 '적격합병 및 그 사후관리의 경우 사업의 계속 또는 폐지의 판정과 적용에 관한 규정'(법세령 §80의2 ⑦, §80의4 ⑧)을 준용한다(법세령 §83 ⑥).

5.3. 감면 또는 세액공제 제한

분할신설법인 등이 승계한 분할법인 등의 감면 또는 세액공제(법세 §46의3 ②)는 분할법인 등으로부터 승계받은 사업에서 발생한 소득금액 또는 이에 해당하는 법인세액의 범위에서 법정 방법('합병에 따라 승계한 감면 또는 세액공제의 처리에 관한 규정'(법세령 §81 ③)을 준용)(법세령 §83 ④)에 따라 이를 적용한다(법세 §46의4 ④). **승계받은 감면 또는 세액공제를 적용하는 법정 방법**은 다음 각 호와 같다(법세령 §81 ③).

1. **감면**(일정 기간에 걸쳐 감면되는 것으로 한정)(법세 §59 ① 1호)**의 경우**에는 분할신설법인 등이 승계받은 사업에서 발생한 소득에 대하여 분할 당시의 **잔존감면기간** 내에 종료하는 각 사업연도분까지 그 감면을 적용
2. **세액공제**(외국납부세액공제를 포함)(법세 §59 ① 3호)**로서 이월된 미공제액의 경우**에는 분할신설법인 등이 다음 각 목의 구분에 따라 **이월공제잔여기간** 내에 종료하는 각 사업연도분까지 공제
   가. **이월된 외국납부세액공제 미공제액** : 승계받은 사업에서 발생한 국외원천소득을 해당 사업연도의 과세표준으로 나눈 금액에 해당 사업연도의 세액을 곱한 금액의 범위에서 공제
   나. **법인세 최저한세액**(조특 §132)**에 미달하여 공제받지 못한 금액으로서 이월**(조특 §144)**된 미공제액** : 승계받은 사업부문에 대하여 조세특례제한법(조특 §132)을 적용하여 계산한 법인세 최저한세액의 범위에서 공제. 이 경우 공제하는 금액은 합병법인의 법인세 최저한세액을 초과할 수 없다.

다. 가목 및 나목 외에 납부할 세액이 없어 공제받지 못한 금액으로서 이월(조특 §144)된
미공제액 : 승계받은 사업부문에 대하여 계산한 법인세 산출세액의 범위에서 공제

분할법인 등의 사업을 승계한 분할신설법인 등의 법인세에 가산하여 납부하는 경우 **사업의
계속 또는 폐지의 판정과 적용**에 관하여는 '적격합병 및 그 사후관리의 경우 사업의 계속
또는 폐지의 판정과 적용에 관한 규정'(법세령 §80의2 ⑦, §80의4 ⑧)을 준용한다(법세령 §83 ⑥).

5.4. 기부금한도초과액 공제 제한

분할합병의 상대방법인의 분할등기일 현재 기부금한도초과액(기부금(법세 §24 ② 1호, ③
1호) 중 이월(법세 §24 ⑤)된 금액으로서 그 후의 각 사업연도의 소득금액을 계산할 때 손금에
산입하지 아니한 금액) **중 분할신설법인 등이 승계한 기부금한도초과액**(법세 §46의3 ②)을
제외한 금액은 분할신설법인 등의 각 사업연도의 소득금액을 계산할 때 분할합병 전 분할합병의
상대방법인의 사업에서 발생한 소득금액을 기준으로 각 기부금 손금산입한도액(법세 §24 ②
2호, ③ 2호)의 범위에서 손금에 산입한다(법세 §46의4 ⑥).

분할법인 등의 사업을 승계한 분할신설법인 등의 기부금한도초과액을 손금산입할 때 **사업의
계속 또는 폐지의 판정과 적용**에 관하여는 '적격합병 및 그 사후관리의 경우 사업의 계속
또는 폐지의 판정과 적용에 관한 규정'(법세령 §80의2 ⑦, §80의4 ⑧)을 준용한다(법세령 §83 ⑥).

6. 분할 후 분할법인이 존속하는 경우의 과세특례

내국법인이 분할(물적분할은 제외)**한 후 존속하는 경우** 분할한 사업부문의 자산을 분할신설
법인 등에 양도함으로써 발생하는 **양도손익**(다음 제1호의 가액에서 제2호의 가액을 뺀 금액)은
분할법인이 분할등기일이 속하는 사업연도의 소득금액을 계산할 때 익금 또는 손금에 산입한다
(법세 §46의5 ①). **분할법인 등은 과세표준 신고**(법세 §60)를 할 때 **분할신설법인 등과 함께
분할과세특례신청서**(법세칙 §82)를 납세지 관할 세무서장에게 제출하여야 한다(법세령 §83의2
③ 전단). 분할과세특례 관련 신청서 또는 명세서를 제출하지 않아도 분할법인의 양도손익에
관한 과세특례가 적용되므로 분할법인이 수정신고(국기 §45 ① 3호)를 할 수 있는 것으로 보아야
한다. 해당 과세특례요건을 충족하는 것 자체가 신청 등 절차보다 중요하고 해당 요건을
충족하는 거래 자체에 과세특례를 적용받고자 하는 분할법인의 의사가 표현된 것으로 볼
수 있기 때문이다. 그러나 정당한 사유가 없이 분할과세특례 관련 신청서 또는 명세서를

제출하지 않은 경우(국기칙 §12 ① 1호) 또는 가산세 감면 제외 사유(국기령 §29)에 해당하는 경우(국기칙 §12 ① 2호)에는 분할법인이 수정신고(국기 §45 ① 3호)를 통하여 양도차익의 전부 또는 일부에 상당하는 금액을 익금과 손금에 동시에 산입할 수는 없다(국기칙 §12 ①). 입법론으로서는 가산세의 불이익을 부과하는 것은 별론으로 하더라도 시행규칙 상 위 제한은 폐지하는 것이 타당하다. **분할신설법인 등**은 **자산조정계정에 관한 명세서**(법세령 §82의4 ⑩)를 분할법인 등의 납세지 관할 세무서장에게 함께 제출하여야 한다(법세령 §83의2 ③ 후단).

> 1. 분할법인이 분할신설법인 등으로부터 받은 **양도가액**
> 2. 분할법인의 분할한 사업부문의 분할등기일 현재의 **순자산장부가액**. 분할법인의 순자산장부가액을 계산할 때 국세기본법에 따라 환급되는 법인세액이 있는 경우에는 이에 상당하는 금액을 분할법인의 분할등기일 현재의 순자산장부가액에 더한다(법세령 §83의2 ②).

양도가액(법세 §46의5 ① 1호)은 다음 각 호의 금액으로 한다(법세령 §83의2 ①).

> 1. **적격분할의 경우** : 분할법인의 분할등기일 현재의 분할한 사업부문의 순자산장부가액(법세 §46의5 ① 2호)
> 2. **제1호 외의 경우** : 다음 각 목의 금액을 모두 더한 금액
>   가. 분할신설법인 등이 분할로 인하여 분할법인의 주주에 지급한 분할신설법인 등의 주식가액 및 금전이나 그 밖의 재산가액의 합계액. 다만, 분할합병의 경우 분할합병의 상대방법인이 분할합병포합주식이 있는 경우에는 그 주식에 대하여 분할합병교부주식을 교부하지 아니하더라도 그 지분비율에 따라 분할합병교부주식을 교부한 것으로 보아 분할합병의 상대방법인의 주식가액을 계산한다.
>   나. 분할신설법인 등이 납부하는 분할법인의 법인세 및 그 법인세(감면세액을 포함)에 부과되는 국세와 법인지방소득세(지세 §88 ②)의 합계액

양도손익의 계산에 관하여는 '분할 시 분할법인 등에 대한 과세에 관한 양도손익 계산규정'(법세 §46 ②, ③, ④)을 준용한다(법세 §46의5 ②).

　분할신설법인 등에 대한 과세에 관하여는 '분할 시 분할신설법인 등에 대한 과세 규정'(법세 §46의2), '적격분할 시 분할신설법인 등에 대한 과세특례'(법세 §46의3) 및 '분할 시 이월결손금 등 공제 제한 규정'(법세 §46의4)을 준용한다(법세 §46의5 ③ 본문). 다만, **분할법인의 결손금은 승계하지 아니한다**(법세 §46의5 ③ 단서).

7. 물적분할 시 분할법인에 대한 과세특례

7.1. 물적분할 시 분할법인에 대한 과세이연 특례

물적분할에 대한 과세이연 규정은 회사가 기존 사업의 일부를 별도의 완전자회사로 분리하는 조직형태의 변화가 있었으나 지분관계를 비롯하여 기업의 실질적인 이해관계에 변동이 없는 때에는 실질적 동일성이 유지되는 것으로 보아 이를 과세의 계기로 삼지 않음으로써 회사분할을 통한 기업구조조정을 지원하기 위한 것이다.[761] 과세이연 규정의 내용은 다음과 같다. 분할법인이 물적분할에 의하여 분할신설법인의 주식 등을 취득한 경우로서 **적격분할의 요건**(분할대가요건(법세 §46 ② 2호)의 경우 전액이 주식 등이어야 함)(법세 §46 ②, ③)을 **갖춘 경우** 그 주식등의 가액 중 **물적분할로 인하여 발생한 자산의 양도차익에 상당하는 금액**은 법정 방법('분할신설법인주식 등'의 가액 중 물적분할로 인하여 발생한 자산의 양도차익에 상당하는 금액을 '분할신설법인주식 등'의 **압축기장충당금**으로 계상)(법세령 §84 ①, ②)에 **따라** 분할등기일이 속하는 사업연도의 소득금액을 계산할 때 **손금에 산입**할 수 있다(법세 §47 ① 본문). 분할신설법인이 승계한 사업의 계속 또는 폐지의 판정과 적용에 관하여는 '적격합병 및 그 사후관리의 경우 사업의 계속 또는 폐지의 판정과 적용에 관한 규정'(법세령 §80의2 ⑦, §80의4 ⑧)을 준용한다(법세령 §84 ⑰). **적격인적분할과 적격물적분할의 과세특례를 부여하는 방법이 다른 이유는 무엇인가?** 인적분할의 경우에는 분할대가를 주주가 받음에도 불구하고 이를 분할법인이 받는 것으로 의제하여 해당 사업의 양도손익을 분할법인이 인식한다. 적격인적분할의 경우에는 분할 사업부문의 양도가액을 그 순자산장부가액으로 의제하여 분할법인이 양도손익을 인식하지 않도록 과세특례를 부여한다. 물적분할의 경우에는 분할신설법인 등의 사업에 대한 주식이 분할 사업부문의 양도가액에 해당한다. 적격물적분할의 경우에는 그 양도가액에 해당하는 분할신설법인 등 주식의 가액을 분할신설법인에 승계된 사업부문의 순자산장부가액으로 계상하여야 분할법인이 그 양도손익을 인식하지 않을 수 있다. 그렇다면 인적분할의 경우에는 분할대가인 주식이 분할법인에 유입되지 않았음에도 분할사업부문의 양도가액을 받은 것으로 의제하여 그 양도손익을 계산하므로, 분할대가에 해당하는 양도가액을 분할 사업부문의 순자산장부가액으로 의제하는 것만으로 과세특례를 부여할 수 있다. 이 경우 분할법인은 그 보유하지 않는 주식에 대하여 압축기장충당금을 설정할 수도 없다. 그러나 물적분할의 경우에는 분할법인이 분할대가를 분할신설법인의 주식 형태로 실제 보유하므로 분할법인은 실제 보유한 주식에

---

761) 대법원 2018.6.28. 2016두40986.

대하여 압축기장충당금을 설정하는 방법으로 그 주식가액을 그 순자산장부가액으로 계상할 수 있어야 과세특례의 혜택을 누릴 수 있다. 또한 이상의 각 과세특례를 부여하는 방법 상 차이를 감안한다면, 과세이연된 금액을 사후관리하기 위한 계정 역시 인적분할의 경우에는 분할신설법인 등이 자산조정계정으로서, 물적분할의 경우에는 분할법인이 압축기장충당금으로서 각 계상하는 것이 타당하다. **적격물적분할과 분할합병이 동시에 이루어질 수 있는가?** 적격물적분할의 경우에는 그 분할대가가 반드시 전액 주식 등이어야 한다. 분할합병의 경우에는 분할합병 상대방법인의 주주가 반대주주로서 주식매수청구권을 행사할 수 있다. 이 경우에는 분할합병의 대가가 모두 주식 등일 수는 없다. 그런데 물적분할과 동시에 분할합병이 이루어지는 경우 그 분할합병의 대가 역시 물적분할의 대가에 포섭될 수 있어서 위 요건을 충족하였는지 여부가 쟁점이 될 수 있다. 그렇다면 물적분할과 동시에 분할합병이 이루어지는 경우에는 현실적으로 위 요건을 충족하기 어렵다. 즉 현실적으로 적격물적분할과 분할합병은 양립하기 어렵다. 이 경우에는 적격물적분할로 분할신설법인을 설립한 이후에 그 분할신설법인이 다시 적격합병을 하는 방법(법세 §47 ② 단서)을 통하여 적격물적분할에 대한 과세이연특례를 유지할 수밖에 없다.

분할법인은 신고(법세 §60)를 할 때 분할신설법인과 함께 **물적분할과세특례신청서**(법세칙 §82) 및 **자산의 양도차익에 관한 명세서**(법세칙 §82)를 납세지 관할 세무서장에게 제출하여야 한다(법세 §47 ⑥. ① : 법세령 §84 ⑱). **분할신설법인 또는 자산승계법인**은 승계자산을 처분한 날이 속하는 사업연도의 과세표준신고를 할 때 자산의 양도차익에 관한 명세서(법세칙 §82)를 납세지 관할 세무서장에게 제출해야 한다(법세령 §84 ⑲). 분할과세특례 관련 신청서 또는 명세서를 제출하지 않아도 분할법인의 양도손익에 관한 과세특례가 적용되므로 분할법인이 수정신고(국기 §45 ① 3호)를 할 수 있는 것으로 보아야 한다. 해당 과세특례요건을 충족하는 것 자체가 신청 등 절차보다 중요하고 해당 요건을 충족하는 거래 자체에 과세특례를 적용받고자 하는 분할법인의 의사가 표현된 것으로 볼 수 있기 때문이다. 그러나 정당한 사유가 없이 분할과세특례 관련 신청서 또는 명세서를 제출하지 않은 경우(국기칙 §12 ① 1호) 또는 가산세 감면 제외 사유(국기령 §29)에 해당하는 경우(국기칙 §12 ① 2호)에는 분할법인이 수정신고(국기 §45 ① 3호)를 통하여 양도차익의 전부 또는 일부에 상당하는 금액을 익금과 손금에 동시에 산입할 수는 없다(국기칙 §12 ①). 입법론으로서는 가산세의 불이익을 부과하는 것은 별론으로 하더라도 시행규칙 상 위 제한은 폐지하는 것이 타당하다. 한편 물적분할 이후 분할신설법인 등이 분할법인에게 배당하는 경우 발생하는 경제적 이중과세는 수입배당금 익금불산입 제도(법세

§18의2, §18의3; §18의3은 2023년 1월 1일 이후 받는 수입배당금에 대하여서는 적용되지 않음)를 통하여 조정되나, 반드시 분할 이전의 세부담과 동일하게 조정되는 것은 아님에 유의할 필요가 있다.

다만 **법정 부득이한 사유**(법세령 §84 ⑫)**가 있는 경우**에는 분할대가에 관한 요건(법세 §46 ② 2호), 사업계속에 관한 요건(법세 §46 ② 3호) 또는 고용유지에 관한 요건(법세 §46 ② 4호)을 갖추지 못한 경우에도 자산의 양도차익에 상당하는 금액을 법정 방법(법세령 §84 ①, ②)에 따라 손금에 산입할 수 있다(법세 §47 ① 단서). **법정 부득이한 사유**는 다음 각 호의 어느 하나에 해당하는 경우를 말한다(법세령 §84 ⑫).

> 1. **분할대가에 관한 요건**(법세 §46 ② 2호)**에 대한 부득이한 사유가 있는 것으로 보는 경우**
> : 분할법인이 '법정 피합병법인의 주주 등(법세령 §80의4 ⑨, §80의2 ⑤)이 적격합병 요건 중 주식보유에 관한 요건(법세 §44 ② 2호)을 적용하지 않을 수 있는 부득이한 사유(법세령 §80의2 ① 1호 각 목)'에 해당하는 경우
> 2. **사업계속에 관한 요건**(법세 §46 ② 3호)**에 대한 부득이한 사유가 있는 것으로 보는 경우**
> : 분할신설법인 등이 '적격합병 요건 중 사업계속에 관한 요건(법세 §44 ② 3호)을 적용하지 않을 수 있는 부득이한 사유(법세령 §80의2 ① 2호 각 목)'에 해당하는 경우
> 3. **고용유지에 관한 요건**(법세 §46 ② 4호)**에 대한 부득이한 사유가 있는 것으로 보는 경우**
> : 분할신설법인이 '적격합병 요건 중 고용유지에 관한 요건(법세 §44 ② 4호)을 적용하지 않을 수 있는 부득이한 사유(합병법인이 회생계획(채무회생 §193)을 이행 중인 경우', '합병법인이 파산함에 따라 근로자의 비율을 유지하지 못한 경우' 및 '합병법인이 적격합병, 적격분할, 적격물적분할 또는 적격현물출자에 따라 근로자의 비율을 유지하지 못한 경우')(법세령 §80의2 ① 3호 가목~다목)에 해당하거나, 법정 근로자[근로기준법에 따라 근로계약을 체결한 내국인 근로자를 말하나, 분할하는 사업부문에 종사하는 근로자의 경우에는 특정 근로자('분할 후 존속하는 사업부문과 분할하는 사업부문에 모두 종사하는 근로자' 또는 '분할하는 사업부문에 종사하는 것으로 볼 수 없는 인사, 재무, 회계, 경영관리 업무 또는 이와 유사한 업무를 수행하는 근로자')(법세령 §82의2 ⑩ 각 호 : 법세칙 §41 ⑩ 각 호)를 제외할 수 있다](법세령 §80의4 ⑨)가 5명 미만인 경우

분할법인이 손금에 산입한 양도차익에 상당하는 금액은 **다음 각 호의 어느 하나에 해당하는 사유가 발생하는 사업연도**에 해당 주식 등과 자산의 처분비율을 고려하여 **법정 금액**(법세령 §84 ③)**만큼 익금에 산입**한다(법세 §47 ② 본문). 다만, **분할신설법인이 적격합병 또는 적격분할하는 등 법정 부득이한 사유**(법세령 §84 ⑤)**가 있는 경우**에는 그러하지 아니하다(법세 §47 ② 단서).

1. 분할법인이 분할신설법인으로부터 받은 주식 등을 처분하는 경우
2. 분할신설법인이 분할법인으로부터 승계받은 법정 자산[감가상각자산(사업에 사용하지 아니하는 자산을 포함하나 유휴설비는 제외(법세령 §24 ③ 1호)), 토지 및 주식 등](법세령 §84 ④)을 처분하는 경우. 이 경우 분할신설법인은 그 자산의 처분 사실을 처분일부터 1개월 이내에 분할법인에 알려야 한다.

법정 금액은 다음 제1호와 제2호를 더한 비율에서 제1호와 제2호를 곱한 비율을 뺀 비율을 직전 사업연도 종료일(분할등기일이 속하는 사업연도의 경우에는 분할등기일) 현재 분할신설법인주식 등의 압축기장충당금 잔액에 곱한 금액을 말한다(법세령 §84 ③). 분할신설법인의 주식 등 및 분할신설법인 승계자산이 처분되는 경우 모두에 대하여 과세이연 효과를 종료시켜 해당 익금을 실현하여야 하므로 **두 경우의 비율을 합한 만큼 익금에 산입하여야 한다.** 그러나 두 경우를 단순하게 합할 경우에는 **두 경우의 교집합에 해당하는 부분이 중복하여 계산되므로 두 비율을 곱한 비율을 공제**하도록 규정한 것이다.

1. 분할법인이 직전 사업연도 종료일 현재 보유하고 있는 분할신설법인의 주식 등(법세 §47 ①)의 장부가액에서 해당 사업연도에 처분(법세 §47 ② 1호)한 분할신설법인의 주식 등의 장부가액이 차지하는 비율
2. 분할신설법인이 직전 사업연도 종료일 현재 보유하고 있는 분할법인으로부터 승계(법세 §47 ①)받은 승계자산(법세 §47 ④)의 양도차익(분할등기일 현재의 승계자산의 시가에서 분할등기일 전날 분할법인이 보유한 승계자산의 장부가액을 차감한 금액)에서 해당 사업연도에 처분한 승계자산의 양도차익이 차지하는 비율

분할신설법인이 적격합병되거나 적격분할하는 등 법정 부득이한 사유는 다음 각 호의 어느하나에 해당하는 경우를 말한다(법세령 §84 ⑤).

1. 분할법인 또는 분할신설법인이 **최초로 적격구조조정**(적격합병, 적격분할, 적격물적분할, 적격현물출자, 조세특례제한법에 따라 과세를 이연받은 주식의 포괄적 교환 등(조특 §38) 또는 조세특례제한법에 따라 과세를 이연받은 주식의 현물출자(조특 §38의2))**으로 주식 등 및 자산을 처분**하는 경우
2. **분할신설법인의 발행주식 또는 출자액 전부를 분할법인이 소유하고 있는 경우로서** 다음 각 목의 어느 하나에 해당하는 경우

가. 분할법인이 분할신설법인을 적격합병(적격분할합병(법세 §46의4 ③)을 포함)하거나 분할신설법인에 적격합병되어 분할법인 또는 분할신설법인이 주식 등 및 자산을 처분하는 경우

나. 분할법인 또는 분할신설법인이 적격합병, 적격분할, 적격물적분할 또는 적격현물출자로 주식 등 및 자산을 처분하는 경우. 다만, 해당 적격합병, 적격분할, 적격물적분할 또는 적격현물출자에 따른 합병법인, 분할신설법인 등 또는 피출자법인의 발행주식 또는 출자액 전부를 당초의 분할법인이 **직접** 또는 **법정 방법에 따라 간접으로 소유하고 있는 경우**(법세칙 §42 ①)로 한정한다. **법정 방법에 따라 간접으로 소유하고 있는 경우**는 당초의 분할법인이 해당 적격구조조정법인(적격합병, 적격분할, 적격물적분할 또는 적격현물출자에 따른 합병법인, 분할신설법인 등 또는 피출자법인)의 주주법인을 통해 적격구조조정법인을 소유하는 것을 말하며, 적격구조조정법인에 대한 당초의 분할법인의 간접소유비율은 법정 계산식[A(주주법인에 대한 당초의 분할법인의 주식소유비율) × B(적격구조조정법인에 대한 주주법인의 주식소유비율)]에 따라 계산한다(법세칙 §42 ①). **간접소유비율 계산방법을 적용할 때 주주법인이 둘 이상인 경우**에는 각 주주법인별로 계산한 비율(법세칙 §42 ①)을 합계한 비율을 적격구조조정법인에 대한 당초의 분할법인의 간접소유비율로 한다(법세칙 §42 ②). **주주법인과 당초의 분할법인 사이에 하나 이상의 법인이 끼어 있고, 이들 법인이 주식소유관계를 통하여 연결되어 있는 경우** 간접소유비율에 관하여는 위 각 계산방법(법세칙 §42 ①, ②)을 준용한다(법세칙 §42 ③).

3. 분할법인 또는 분할신설법인이 '**적격분할의 경우 주식 등과 그와 관련된 자산·부채만으로 구성된 적격 사업부문 요건**'(법세령 §82의2 ③ 각 호)을 충족한 사업부문의 적격분할 또는 적격물적분할로 주식 등 및 자산을 처분하는 경우

적격분할의 요건을 위반한 경우 과세이연된 금액을 익금에 산입하는 법인이 적격인적분할과 적격물적분할의 경우 다른 이유는 무엇인가? 인적분할의 경우에는 적격분할요건을 위반하는 사유가 발생하는 경우 분할신설법인 등이 과세이연된 금액을 익금에 산입하나, 물적분할의 경우에는 분할법인이 과세이연된 금액을 익금에 산입한다. 분할법인과 분할신설법인 등 모두가 과세이연된 금액을 익금에 산입하는 것을 허용할 규범적 정당성은 없다. 그렇다면 과세이연된 금액을 장부에 계상하여 관리하는 법인이 해당 금액을 익금에 산입하도록 하는 것이 타당하다. 인적분할의 경우에는 분할신설법인 등이 자산조정계정을 통하여 해당 금액을 관리하고 물적분할의 경우에는 분할법인이 주식에 대한 압축기장충당금을 통하여 해당 금액을 관리하고 있다. 따라서 적격분할요건을 위반하는 사유가 발생하는 경우 인적분할의 경우에는 분할신설법인 등이, 물적분할의 경우에는 분할법인이 과세이연된 금액을 익금에 산입하여야 한다.

7.2. 분할법인이 적격합병되거나 적격분할하는 등 경우 분할신설법인 주식 등 압축기장충당금의 대체 및 그 사후관리

분할법인이 적격합병되거나 적격분할하는 등 법정 부득이한 사유(법세 §47 ② 단서 : 법세령 §84 ⑤)로 인하여 출자법인이 손금에 산입한 양도차익에 상당하는 금액을 익금에 산입하지 않는 경우, 해당 분할법인이 보유한 분할신설법인주식 등의 압축기장충당금은 다음 각 호의 방법으로 대체한다(법세령 §84의2 ⑥). 이는 '분할법인이 적격합병 또는 적격분할하는 등 법정 부득이한 사유'가 있는 경우에는 분할신설법인의 주식 등에 대한 압축기장충당금이 익금에 산입되지 않으므로 해당 압축기장충당금을 '분할법인 또는 분할신설법인이 새로 취득하는 자산승계법인의 주식 등' 또는 '주식승계법인이 승계한 분할신설법인주식 등'에 대체하여 사후관리를 하기 위한 규정이다. 주식승계법인은 신고(법세 §60)를 할 때 자산승계법인과 함께 물적분할과세특례신청서(법세칙 §82) 및 자산의 양도차익에 관한 명세서(법세칙 §82)를 납세지 관할 세무서장에게 제출하여야 한다(법세 §47 ⑥ : 법세령 §84 ⑱).

> 1. 분할신설법인주식 등의 압축기장충당금 잔액에 '승계자산의 양도차익에서 처분한 승계자산의 양도차익이 차지하는 비율(비율을 산정할 때 처분한 승계자산은 적격구조조정으로 분할신설법인으로부터 분할신설법인의 자산을 승계하는 자산승계법인에 처분한 승계자산에 해당하는 것)'(법세령 §84 ③ 2호)을 곱한 금액을 분할법인 또는 분할신설법인이 새로 취득하는 자산승계법인의 주식 등의 압축기장충당금으로 할 것. 다만, 자산승계법인이 분할법인인 경우에는 분할신설법인주식 등의 압축기장충당금 잔액을 분할법인이 승계하는 자산 중 최초 현물출자 당시 양도차익이 발생한 자산의 양도차익에 비례하여 안분계산한 후 그 금액을 해당 자산이 감가상각자산인 경우 그 자산의 일시상각충당금으로, 해당 자산이 감가상각자산이 아닌 경우 그 자산의 압축기장충당금으로 한다.
> 2. 분할신설법인주식 등의 압축기장충당금 잔액에 '분할신설법인의 주식 등의 장부가액에서 처분한 분할신설법인의 주식 등의 장부가액이 차지하는 비율(비율을 산정할 때 처분한 주식은 '적격구조조정으로 출자법인으로부터 분할신설법인의 주식 등을 승계하는 주식승계법인에 처분한 분할신설법인의 주식 등에 해당하는 것')'(법세령 §84 ③ 1호)을 곱한 금액을 주식승계법인이 승계한 분할신설법인주식 등의 압축기장충당금으로 할 것

새로 압축기장충당금을 설정한 분할법인, 분할신설법인 또는 주식승계법인(법세령 §84 ⑥)은 다음 각 호의 어느 하나에 해당하는 사유가 발생하는 경우에는 그 사유가 발생한 날이 속하는 사업연도의 소득금액을 계산할 때 '해당 주식 등과 자산의 처분 시 익금산입 규정'(법세령

§84 ③)을 준용하여 계산한 금액만큼을 **익금에 산입**하되(법세령 §84 ⑦ 본문), '자산승계법인이 분할법인인 경우'(법세령 §84 ⑥ 1호 단서)에는 '**국고보조금 등 관련 일시상각충당금과 압축기장충 당금의 익금산입 규정**'(법세령 §64 ④ 각 호)에 따라 **익금에 산입**한다(법세령 §84 ⑦ 단서). 자산승계법 인은 신고(법세 §60)를 할 때 주식승계법인과 함께 **물적분할과세특례신청서**(법세칙 §82) 및 **자산의 양도차익에 관한 명세서**(법세칙 §82)를 납세지 관할 세무서장에게 제출하여야 한다(법세 §47 ⑥ ; 법세령 §84 ⑱).

---

1. 분할법인 또는 분할신설법인이 적격구조조정에 따라 새로 취득한 자산승계법인주식 등을 처분하거나 주식승계법인이 적격구조조정에 따라 승계한 분할신설법인주식 등을 처분하 는 경우
2. 자산승계법인이 적격구조조정으로 분할신설법인으로부터 승계한 법정 자산[감가상각자 산(유휴설비를 제외한, 사업에 사용하지 아니하는 것(법세령 §24 ③ 1호)을 포함), 토지 및 주식 등](법세령 §84 ④)을 처분하는 경우. 이 경우 분할신설법인 및 자산승계법인은 그 자산의 처분 사실을 처분일부터 1개월 이내에 분할법인, 분할신설법인, 주식승계법인 또는 자산승계법인에 알려야 한다.

다만, 새로 압축기장충당금을 설정한 분할법인, 분할신설법인 또는 주식승계법인에게 '**법정 압축기장충당금 익금산입 사유**'(법세령 §84의2 ⑦ 각 호)가 발생한다고 하더라도, '분할신설법인의 발행주식 또는 출자액 전부를 분할법인이 소유하고 있는 법정 경우'(법세령 §84 ⑤ 2호) 또는 '분할법인 또는 분할신설법인이 주식 등과 그와 관련된 자산·부채만으로 구성된 법정 사업부문 (법세령 §82의2 ③)의 적격분할 또는 적격물적분할로 주식 등 및 자산을 처분하는 경우'(법세령 §84 ⑤ 3호)에는 **익금에 산입하지 않는바**(법세령 §84 ⑦ 단서). 이 경우 해당 법인이 보유한 분할신설법 인주식 등 또는 자산승계법인주식 등의 **압축기장충당금의 대체 방법**에 관하여는 '분할신설법인 이 적격합병 또는 적격분할하는 등 법정 부득이한 사유가 있는 경우의 압축기장충당금 대체 방법에 관한 규정'(법세령 §84 ⑥)을 준용한다(법세령 §84 ⑧).

분할법인이 보유한 분할신설법인주식 등의 압축기장충당금을 대체한 경우(법세령 §84 ⑥) 새로 압축기장충당금을 설정한 분할법인, 분할신설법인 또는 주식승계법인은 '분할등기일이 속하는 사업연도의 다음 사업연도 개시일부터 2년'(법세령 §84 ⑬) 내에 다음 각 호의 어느 하나에 해당하는 사유가 발생하는 경우에는 **압축기장충당금 잔액 전부를 그 사유가 발생한 날이 속하는 사업연도의 소득금액을 계산할 때 익금에 산입**한다(법세령 §84 ⑨).

1. 자산승계법인이 분할신설법인으로부터 적격구조조정으로 승계받은 **사업을 폐지**하거나 분할신설법인이 분할법인으로부터 승계받은 **사업을 폐지**하는 경우. 분할신설법인 및 자산승계법인이 승계한 사업의 계속 또는 폐지의 판정과 적용에 관하여는 '적격합병 및 그 사후관리의 경우 사업의 계속 또는 폐지의 판정과 적용에 관한 규정'(법세령 §80의2 ⑦, §80의4 ⑧)을 준용한다(법세령 §84 ⑰).

2. 분할법인 또는 분할신설법인이 보유한 **자산승계법인지분비율**(자산승계법인주식 등이 자산승계법인의 발행주식총수 또는 출자총액에서 차지하는 비율)이 자산승계법인주식 등 취득일의 자산승계법인지분비율의 100분의 50 미만이 되거나 **분할신설법인지분비율** (주식승계법인이 보유한 분할신설법인주식 등이 분할신설법인의 발행주식총수 또는 출자 총액에서 차지하는 비율)이 분할신설법인주식 등 취득일의 분할신설법인지분비율의 100 분의 50 미만이 되는 경우

'법정 압축기장충당금 익금산입 사유'(법세령 §84 ⑦ 각 호)가 발생한다고 하더라도 익금에 산입하지 않을 수 있는 예외(법세령 §84 ⑦ 단서)가 적용되어 새로 압축기장충당금을 설정한' 분할법인, 분할신설법인 또는 주식승계법인'(법세령 §84 ⑧)에게 '법정 압축기장충당금 익금산입 사유'(법세령 §84 ⑦ 각 호)가 발생한 경우에는 그 사유가 발생한 날이 속하는 사업연도의 소득금액 을 계산할 때 '법정 비율에 의한 금액의 계산규정'(법세령 §84 ③)을 준용하여 계산한 금액만큼을 익금에 산입하되, '자산승계법인이 분할법인인 경우'(법세령 §84 ⑥ 1호 단서)에는 '국고보조금 등 관련 일시상각충당금과 압축기장충당금의 익금산입 규정'(법세령 §64 ④ 각 호)에 따라 익금에 산입한다(법세령 §84 ⑩). 다만 이 경우 다시 '분할신설법인의 발행주식 또는 출자액 전부를 분할법인이 소유하고 있는 법정 경우'(법세령 §84 ⑤ 2호) 또는 '분할법인 또는 분할신설법인이 주식 등과 그와 관련된 자산·부채만으로 구성된 법정 사업부문(법세령 §82의2 ③)의 적격분할 또는 적격물적분할로 주식 등 및 자산을 처분하는 경우'(법세령 §84 ⑤ 3호)에 해당한다면 역시 **익금에 산입하지 않는다**(법세령 §84 ⑩ 단서).

'법정 압축기장충당금 익금산입 사유'(법세령 §84의2 ⑦ 각 호)가 발생한다고 하더라도 익금에 산입하지 않을 수 있는 예외(법세령 §84의2 ⑦ 단서)가 적용되어 새로 압축기장충당금을 설정(법세령 §84의2 ⑧)한 출자법인, 피출자법인 또는 주식승계법인에게 '분할등기일이 속하는 사업연도의 다음 사업연도 개시일부터 2년'(법세령 §84 ⑬) 내에 '압축기장충당금 잔액 전부 익금산입 사유'(법 세령 §84 ⑨ 각 호)가 발생하는 경우에는 압축기장충당금 잔액 전부를 그 사유가 발생한 날이 속하는 사업연도의 소득금액을 계산할 때 익금에 산입한다(법세령 §84 ⑪).

7.3. 물적분할 시 분할법인에 대한 과세이연 특례에 대한 사후관리

양도차익 상당액을 손금에 산입한 분할법인은 분할등기일부터 **3년의 범위 내의 법정 기간 이내**[분할등기일이 속하는 사업연도의 다음 사업연도 개시일부터 2년(다음 제3호의 경우에는 3년)](법세령 §84 ⑬)**에 다음 각 호의 어느 하나에 해당하는 사유가 발생하는 경우**에는 '과세이연특례에 따라 압축기장충당금으로 손금에 산입한 금액'(법세 §47 ①) 중 '주식 등 및 자산의 처분에 따라 익금에 산입하고 남은 금액'(법세 §47 ②)을 **그 사유가 발생한 날이 속하는 사업연도의 소득금액을 계산할 때 익금에 산입**한다(법세 §47 ③ 본문). 다만, **법정 부득이한 사유**(법세령 §84 ⑫)가 있는 경우에는 그러하지 아니하다(법세 §47 ③ 단서). 분할신설법인주식 등의 압축기장충당금을 대체하여(법세령 §84 ⑥) 새로 압축기장충당금을 설정한 경우의 사후관리에 대하여서는 상술하였다.[762]

---

1. 분할신설법인이 분할법인으로부터 승계받은 **사업을 폐지**하는 경우. 분할신설법인이 승계한 사업의 계속 또는 폐지의 판정과 적용에 관하여는 '적격합병 및 그 사후관리의 경우 사업의 계속 또는 폐지의 판정과 적용에 관한 규정'(법세령 §80의2 ⑦, §80의4 ⑧)을 준용한다(법세령 §84 ⑰).
2. 분할법인이 분할신설법인의 발행주식총수 또는 출자총액의 **100분의 50 미만으로 주식 등을 보유**하게 되는 경우
3. 각 사업연도 종료일 현재 **분할신설법인에 종사하는 법정 근로자**[근로기준법에 따라 근로계약을 체결한 내국인 근로자를 말하나, 분할하는 사업부문에 종사하는 근로자의 경우에는 특정 근로자('분할 후 존속하는 사업부문과 분할하는 사업부문에 모두 종사하는 근로자' 또는 '분할하는 사업부문에 종사하는 것으로 볼 수 없는 인사, 재무, 회계, 경영관리 업무 또는 이와 유사한 업무를 수행하는 근로자')(법세령 §82의2 ⑩ 각 호 : 법세칙 §41 ⑩ 각 호)를 제외할 수 있다](법세령 §84 ⑭) **수가 분할등기일 1개월 전 당시 분할하는 사업부문에 종사하는 근로자 수의 100분의 80 미만으로 하락**하는 경우

법정 부득이한 사유는 다음 각 호의 어느 하나에 해당하는 경우를 말한다(법세령 §84 ⑫).

---

1. **분할대가에 관한 요건**(법세 §46 ② 2호)**에 대한 부득이한 사유가 있는 것으로 보는 경우**
   : 분할법인이 '법정 피합병법인의 주주 등(법세령 §80의4 ⑨, §80의2 ⑤)이 적격합병 요건 중 주식보유에 관한 요건(법세 §44 ② 2호)을 적용하지 않을 수 있는 부득이한 사유(법세령

---

762) 같은 Ⅲ 7.2 참조.

§80의2 ① 1호 각 목)'에 해당하는 경우

2. **사업계속에 관한 요건**(법세 §46 ② 3호)**에 대한 부득이한 사유가 있는 것으로 보는 경우**
   : 분할신설법인 등이 '적격합병 요건 중 사업계속에 관한 요건(법세 §44 ② 3호)을 적용하지
   않을 수 있는 부득이한 사유(법세령 §80의2 ① 2호 각 목)'에 해당하는 경우

3. **고용유지에 관한 요건**(법세 §46 ② 4호)**에 대한 부득이한 사유가 있는 것으로 보는 경우**
   : 분할신설법인이 '적격합병 요건 중 고용유지에 관한 요건(법세 §44 ② 4호)을 적용하지
   않을 수 있는 부득이한 사유(합병법인이 회생계획(채무회생 §193)을 이행 중인 경우',
   '합병법인이 파산함에 따라 근로자의 비율을 유지하지 못한 경우' 및 '합병법인이 적격합
   병, 적격분할, 적격물적분할 또는 적격현물출자에 따라 근로자의 비율을 유지하지 못한
   경우')(법세령 §80의2 ① 3호 가목~다목)에 해당하거나, 법정 근로자(근로기준법에 따라
   근로계약을 체결한 내국인 근로자를 말하나, 분할하는 사업부문에 종사하는 근로자의
   경우에는 특정 근로자(법세령 §82의2 ⑩ 각 호)를 제외할 수 있음)(법세령 §80의4 ⑨)가
   5명 미만인 경우

7.4. 물적분할 시 분할신설법인에 의한 분할법인 세무조정사항 등의 승계

분할법인은 **양도차익에 상당하는 금액을 손금에 산입한 경우** 분할법인이 각 사업연도의
소득금액 및 과세표준을 계산할 때 **익금 또는 손금에 산입하거나 산입하지 아니한 금액,
그 밖의 자산 · 부채 및 감면 · 세액공제**(법세 §59) 등을 **법정 방법**(법세령 §82의2 ⑮, ⑯, §85)**에**
따라 분할신설법인에 **승계한다**(법세 §47 ④).

분할신설법인은 분할법인이 압축기장충당금을 계상한 경우 분할법인이 분할 전에 적용받던
감면 또는 세액공제(법세 §59)**를 승계**하여 **법정 방법**(법세령 §81 ③, §84 ⑯)**에 따라** 감면 또는
세액공제의 **적용**을 받을 수 있다(법세령 §82의2 ⑮ 전단). **승계받은 감면 또는 세액공제를 적용하는
법정 방법**(법세령 §81 ③)은 다음 각 호와 같다(법세령 §81 ③, §84 ⑯).

1. **감면**(일정기간에 걸쳐 감면되는 것으로 한정)(법세 §59 ① 1호)**의 경우**에는 분할신설법인
   등이 승계받은 사업에서 발생한 소득에 대하여 분할 당시의 **잔존감면기간** 내에 종료하는
   각 사업연도분까지 그 감면을 적용

2. **세액공제**(외국납부세액공제를 포함)(법세 §59 ① 3호)**로서 이월된 미공제액의 경우**에는
   분할신설법인 등이 다음 각 목의 구분에 따라 **이월공제잔여기간** 내에 종료하는 각 사업연도
   분까지 공제
   가. **이월된 외국납부세액공제 미공제액** : 승계받은 사업에서 발생한 국외원천소득을
      해당 사업연도의 과세표준으로 나눈 금액에 해당 사업연도의 세액을 곱한 금액의

범위에서 공제

나. **법인세 최저한세액**(조특 §132)**에 미달하여 공제받지 못한 금액으로서 이월**(조특 §144)**된 미공제액** : 승계받은 사업부문에 대하여 조세특례제한법(조특 §132)을 적용하여 계산한 법인세 최저한세액의 범위에서 공제. 이 경우 공제하는 금액은 합병법인의 법인세 최저한세액을 초과할 수 없다.

다. **가목 및 나목 외에 납부할 세액이 없어 공제받지 못한 금액으로서 이월**(조특 §144)**된 미공제액** : 승계받은 사업부문에 대하여 계산한 법인세 산출세액의 범위에서 공제

적격물적분할(법세 §47 ①)**의 경우** 분할신설법인의 각 사업연도 소득금액 및 과세표준을 계산할 때 익금 또는 손금에 산입하거나 산입하지 아니한 세무조정사항은 모두 분할신설법인 등에 **승계**된다(법세령 §85 1호).

분할신설법인이 승계한 **분할법인의 감면·세액공제**는 분할법인으로부터 승계받은 사업에서 발생한 소득금액 또는 이에 해당하는 법인세액의 범위에서 **법정 방법**(법세령 §82의2 ⑮)에 따라 이를 **적용**한다(법세 §47 ⑤). 분할신설법인은 분할법인이 압축기장충당금을 계상한 경우 분할법인이 분할 전에 적용받던 **감면 또는 세액공제**(법세 §59)를 **승계**할 수 있는바(법세령 §82의2 ⑮ 전단), 이 경우 법인세법 또는 다른 법률에 해당 감면 또는 세액공제의 요건 등에 관한 규정이 있는 경우에는 분할신설법인이 **그 요건 등을 갖춘 경우에만 이를 적용**하며, 분할신설법인은 다음 각 호의 구분에 따라 승계받은 사업에 속하는 감면 또는 세액공제에 한정하여 적용받을 수 있다(법세령 §82의2 ⑮ 후단).

1. **이월된 감면·세액공제가 특정 사업·자산과 관련된 경우** : 특정 사업·자산을 승계한 분할신설법인이 공제
2. **제1호 외의 이월된 감면·세액공제의 경우** : 분할법인의 사업용 고정자산가액 중 분할신설법인이 각각 승계한 사업용 고정자산가액 비율로 안분하여 분할신설법인이 각각 공제

8. 분할 시 분할법인 등 주주에 대한 과세

분할법인 또는 소멸한 분할합병의 상대방법인의 주주인 내국법인이 취득하는 분할대가가 그 분할법인 또는 소멸한 분할합병의 상대방법인의 주식(분할법인이 존속하는 경우에는 소각 등에 의하여 감소된 주식만 해당)을 취득하기 위하여 사용한 금액을 초과하는 금액을 의제배당

금액으로 본다(법세 §16 ① 6호). 분할대가의 판정에 있어서 계약을 원인으로 지급되었는지 아니면 손해배상을 원인으로 지급되었는지 여부 등은 중요하지 않다. 분할대가에 해당하는지 여부는 그 지급원인과 관계 없이 분할신설법인 등에 이전된 순자산에 대한 대가로서의 경제적 실질을 갖는지 여부에 의하여 판정하여야 한다.

분할대가는 다음과 같이 계산한다. 분할신설법인 또는 **분할합병의 상대방법인**으로부터 분할로 인하여 취득하는 분할신설법인 또는 분할합병의 상대방법인(분할등기일 현재 분할합병의 상대방법인의 발행주식총수 또는 출자총액을 소유하고 있는 내국법인을 포함)의 주식의 가액과 금전 또는 그 밖의 재산가액의 합계액을 의미한다(법세 §16 ② 2호).

분할대가로 취득한 재산이 취득재산이 주식 등인 경우에 그 주식 등은 **원칙적으로 시가**(법세 §52)**에 의하여 평가하고,** 이 경우 자본거래로 인하여 특수관계인으로부터 분여받은 이익(법세령 §88 ① 8호)이 있는 경우에는 그 금액을 차감한 금액으로 한다(법세령 §14 ① 1호 라목). 해당 이익에 대하여서는 법인세법 상 소득처분(법세 §67 : 법세령 §106)을 통하여 별도로 과세되기 때문이다. **다만 분할대가인 주식 등의 가액을 종전 장부가액 또는 '시가'로 평가하는 경우가 있다. 적격분할에 관한 특정 요건**['분할등기일 현재 5년 이상 사업을 계속하던 내국법인이 법정 요건(법세 §46 ② 1호 각 목)을 갖추어 분할하는 경우일 것(다만, 분할합병의 경우에는 소멸한 분할합병의 상대방법인 및 분할합병의 상대방법인이 분할등기일 현재 1년 이상 사업을 계속하던 내국법인일 것)' 및 '분할법인 등의 주주가 분할신설법인 등으로부터 받은 분할대가의 전액이 주식인 경우(분할합병의 경우에는 분할대가의 100분의 80 이상이 분할신설법인 등의 주식인 경우 또는 분할대가의 100분의 80 이상이 분할합병의 상대방법인의 발행주식총수 또는 출자총액을 소유하고 있는 내국법인의 주식인 경우를 말함)로서 그 주식이 분할법인 등의 주주가 소유하던 주식의 비율 등을 고려하여 **법정 방법**(법세령 §82의2 ⑦)에 따라 배정될 것[2024년 12월 31일 이전에는 '주식의 비율에 따라 배정(분할합병의 경우에는 **법정 방법**(법세령 §82의2 ⑦)에 따라 배정한 것을 말함)될 것'](다만 분할법인의 지배주주 등(법세령 §82의2 ⑧)이 합병등기일이 속하는 사업연도의 종료일까지 그 주식 등을 보유할 필요는 없음)'](법세 §46 ② 1호, 2호) 모두를 갖춘 경우로서 분할로 취득한 주식 등을 시가로 평가한 가액이 종전의 장부가액보다 작은 경우에는 **시가**를 말함)로 평가한다(법세령 §14 ① 1호 나목 본문). 다만, **투자회사 등**이 취득하는 주식 등의 경우에는 영으로 한다(법세령 §14 ① 1호 나목 단서). 투자회사 등이 취득하는 주식 등을 영으로 평가하는 이유에 대하여서는 잉여금의 자본금 전입으로 인한 의제배당 부분에서 기술한다.[763] **분할대가로 받은 주식 등의 시가가 구주의 장부가액에 미달하**

여 분할대가인 주식을 그 시가로 평가하는 경우 분할법인의 주주는 그 차액을 손금으로 인식할 수 있는가? 분할법인 주주 단계에서는 의제배당의 쟁점이 발생하는바, 현행 법인세법 상 '음(-)의 배당'이라는 개념에 기하여 손금을 인식할 수는 없다. 다만 입법론으로서 법인 단계에서 주주에게 이전되는 현금흐름을 배당, 납입자본의 회수 및 양도손익으로 구분할 수 있다면 양도차손을 인식할 수 있는 것이 타당하다. 해석론으로서도 이 경우 양도차손이 발생한 것으로 볼 여지가 없는 것은 아니다. **판례는 합병거래와 관련하여 다음과 같이 손금산입을 부인하나, 분할거래에도 그대로 적용될 것으로 보인다.** 피합병회사의 주주인 법인이 회사 합병으로 피합병회사의 주식에 갈음하여 존속회사 또는 신설회사의 주식을 취득하는 경우, 피합병회사의 주식과 존속회사 또는 신설회사의 주식의 교체는 당해 법인이 자신의 의사에 따라 피합병회사의 주식을 처분하고 존속회사 또는 신설회사의 주식을 취득하는 것이 아니라 피합병회사가 다른 회사와 합병한 결과 당해 법인이 보유하던 자산인 피합병회사의 주식이 존속회사 또는 신설회사의 주식으로 대체되는 것에 불과하다고 할 것이므로, 존속회사 또는 신설회사의 주식의 시가가 피합병회사의 주식의 취득가액에 미치지 못한다고 하더라도 그 차액은 자산의 평가차손에 불과하여 당해 사업연도의 소득금액을 산정함에 있어서 이를 손금에 산입할 수 없다.[764]

분할대가가 주식 등 이외의 재산인 경우 그 재산가액은 그 재산의 취득 당시의 시가로 평가한다(법세령 §14 ① 2호).

분할대가를 계산하는 경우 다음 각 금액은 포함되지 않는다. 분할합병포합주식에 대하여 교부한 것으로 보는 분할합병교부주식 등의 가액(법세령 §82 ① 2호 가목 단서), 분할신설법인 등이 납부하는 분할법인의 법인세 및 그 법인세(감면세액을 포함)에 부과되는 국세와 법인지방 소득세(지세 §86 ②)의 합계액(법세령 §82 ① 2호 나목)은 분할대가에 포함되지 않는다(법세칙 §7). 또한 분할 후 법인이 존속하는 경우 소득금액의 계산과 관련하여서도 위 각 항목들(법세령 §83의2 ① 2호 가목 단서, 나목)은 그 분할대가에 포함되지 않는다(법세칙 §7). 이상 각 항목들은 법인 단계에서 분할에 따른 양도손익 또는 분할 후 존속하는 법인에 관한 소득금액을 적정하게 계산하기 위하여 분할대가에 추가된 것이나, 그 경제적 실질의 관점에서 보면 그 주주 등에게 실질적으로 교부된 대가로 볼 수 없기 때문에 의제배당의 계산에서 제외하는 것이다. 이상의 내용을 법인세법 시행규칙에서 정하는 것은 타당하지 않다. 법령 단계에서 위임규정을 갖추어서

---

763) 같은 절 제2관 Ⅱ 16.3 참조.
764) 대법원 2011.2.10. 2008두2330.

규정하여야 한다.

'주식 등을 취득하기 위하여 사용한 금액'은 해당 주식 등에 대한 '법인세법 상 취득가액'을 의미한다. '주식 등을 취득하기 위하여 사용한 금액'에 대한 구체적인 사항들은 '주주 등이 소각 또는 소멸되는 주식 등을 취득하기 위하여 사용한 금액'에 대하여 살핀 바와 같다.[765]

의제배당의 확정시기에 대하여 살핀다. 해당 법인의 분할등기일을 의제배당의 확정시기로 본다(법세령 §13 4호).

 그 밖의 기업구조조정에 관한 특례

1. 법인세법 상 일시상각충당금 또는 압축기장충당금을 통한 과세특례

1.1. 현물출자 시 과세특례

1.1.1. 현물출자 시 압축기장충당금을 통한 손금산입 특례

출자법인인 내국법인이 다음 각 호의 요건을 갖춘 현물출자를 하는 경우 그 현물출자로 취득한 현물출자를 받은 **피출자법인의 주식가액 중 현물출자로 발생한 자산의 양도차익에 상당하는 금액**(법세령 §84의2 ①)은 **법정 절차**(법세령 §84의2 ②)에 따라 현물출자일이 속하는 사업연도의 소득금액을 계산할 때 **손금에 산입**할 수 있다(법세 §47의2 ① 본문). 다만, **법정 부득이한 사유**(법세령 §84의2 ⑫)가 있는 경우에는 다음 제2호 또는 제4호의 요건을 갖추지 못한 경우에도 자산의 양도차익에 상당하는 금액을 **법정 절차**(법세령 §84의2 ①, ②)에 따라 **손금에 산입**할 수 있다(법세 §47의2 ① 단서). 손금에 산입하는 금액은 **피출자법인주식 등의 압축기장충당금으로 계상**하여야 한다(법세령 §84의2 ②). 출자법인 또는 주식승계법인은 신고(법세 §60)를 할 때 피출자법인 또는 자산승계법인과 함께 **현물출자과세특례신청서 및 자산의 양도차익에 관한 명세서**(법세칙 §82)를 납세지 관할 세무서장에게 제출하여야 한다(법세령 §84의2 ⑰). **피출자법인** 또는 **자산승계법인**은 승계자산을 처분한 날이 속하는 사업연도의 과세표준신고를 할 때 **자산의 양도차익에 관한 명세서**(법세칙 §82)를 납세지 관할 세무서장에게 제출해야 한다(법세령 §84의2 ⑱). 현물출자과세특례 관련 신청서 또는 명세서를 제출하지 않아도 출자법인의 양도차익에 관한 과세특례가 적용되므로 출자법인이 수정신고(국기 §45 ① 3호)를 할 수

---

765) 같은 절 제2관 II 16.2. 참조.

있는 것으로 보아야 한다. 해당 과세특례요건을 충족하는 것 자체가 신청 등 절차보다 중요하고 해당 요건을 충족하는 거래 자체에 과세특례를 적용받고자 하는 출자법인의 의사가 표현된 것으로 볼 수 있기 때문이다. 그러나 정당한 사유가 없이 현물출자과세특례 관련 신청서 또는 명세서를 제출하지 않은 경우(국기칙 §12 ① 1호) 또는 가산세 감면 제외 사유(국기령 §29)에 해당하는 경우(국기칙 §12 ① 2호)에는 출자법인이 수정신고(국기 §45 ① 3호)를 통하여 양도차익의 전부 또는 일부에 상당하는 금액을 익금과 손금에 동시에 산입할 수는 없다(국기칙 §12 ①). 입법론으로서는 가산세의 불이익을 부과하는 것은 별론으로 하더라도 시행규칙 상 위 제한은 폐지하는 것이 타당하다.

---

1. 출자법인이 현물출자일 현재 5년 이상 사업을 계속한 법인일 것
2. 피출자법인이 그 현물출자일이 속하는 사업연도의 종료일까지 출자법인이 현물출자한 자산으로 영위하던 사업을 계속할 것
3. 다른 내국인 또는 외국인과 공동으로 출자하는 경우 공동으로 출자한 자가 출자법인의 특수관계인이 아닐 것. 법문 상 현물출자 당시를 기준으로 공동출자 요건을 충족하여야 한다. 현물출자를 하여야 하는 법인을 내국법인으로 한정하여 해석하는 것이 타당하다. 현물출자로 발생한 자산의 양도차익에 대한 과세특례는 내국법인에 대하여 부여되기 때문이다. 그렇다면 공동출자한 내국인 및 외국인이 합하여 현물출자일 다음 날 현재 피출자법인의 발행주식총수 또는 출자총액의 100분의 80 이상의 주식 등을 보유하는 것으로 족하다. 따라서 현물출자로 인한 과세특례 요건은 물적적격분할의 요건과 달리 규정되어야 한다.
4. 출자법인 등(출자법인 및 제3호에 따라 출자법인과 공동으로 출자한 자)이 현물출자일 다음 날 현재 피출자법인의 발행주식총수 또는 출자총액의 100분의 80 이상의 주식 등을 보유하고, 현물출자일이 속하는 사업연도의 종료일까지 그 주식 등을 보유할 것
5. (삭제)

법정 부득이한 사유는 다음 각 호의 어느 하나에 해당하는 경우를 말한다(법세령 §84의2 ⑫).

---

1. **출자법인 등의 지분의 연속성 및 보유 요건**(법세령 §84의2 ② 4호)**과 관련된 경우** : 출자법인 등이 다음 각 목의 어느 하나에 해당하는 경우

   가. 해당 주주 등(피합병법인의 법정 지배주주 등(법세령 §84의2 ⑤))이 합병으로 교부받은 전체 주식 등의 2분의 1 미만을 처분한 경우. 이 경우 해당 주주 등이 합병으로

교부받은 주식 등을 서로 간에 처분하는 것은 해당 주주 등이 그 주식 등을 처분한 것으로 보지 않고, 해당 주주 등이 합병법인 주식 등을 처분하는 경우에는 합병법인이 선택한 주식 등을 처분하는 것으로 본다.

나. 해당 주주 등이 사망하거나 파산하여 주식 등을 처분한 경우

다. 해당 주주 등이 적격합병, 적격분할, 적격물적분할 또는 적격현물출자에 따라 주식 등을 처분한 경우

라. 해당 주주 등이 주식 등을 현물출자 또는 교환·이전하고 과세를 이연받으면서(조특 §38, §38의2, §121의30) 주식 등을 처분한 경우

마. 해당 주주 등이 채무자 회생 및 파산에 관한 법률에 따른 회생절차에 따라 법원의 허가를 받아 주식 등을 처분하는 경우

바. 해당 주주 등이 '금융채권자협의회 등이 기업과 체결한 기업개선계획의 이행을 위한 약정'(조특령 §34 ⑥ 1호) 또는 '채권은행자율협의회가 기업과 체결한 기업개선계획의 이행을 위한 특별약정'(조특령 §34 ⑥ 2호)에 따라 주식 등을 처분하는 경우

사. 해당 주주 등이 법령상 의무를 이행하기 위하여 주식 등을 처분하는 경우

2. **출자법인 등의 사업영위요건**(법세령 §84의2 ② 2호)**과 관련된 경우** : 피출자법인이 다음 각 목의 어느 하나에 해당하는 경우

가. 합병법인이 파산함에 따라 승계받은 자산을 처분한 경우

나. 합병법인이 적격합병, 적격분할, 적격물적분할 또는 적격현물출자에 따라 사업을 폐지한 경우

다. 합병법인이 기업개선계획의 이행을 위한 약정(조특령 §34 ⑥ 1호) 또는 기업개선계획의 이행을 위한 특별약정(조특령 §34 ⑥ 2호)에 따라 승계받은 자산을 처분한 경우

라. 합병법인이 채무자 회생 및 파산에 관한 법률에 따른 회생절차에 따라 법원의 허가를 받아 승계받은 자산을 처분한 경우

1.1.2. 주식 등 또는 자산의 처분에 의한 압축기장충당금의 익금산입 등 사후관리

출자법인이 손금에 산입한 양도차익에 상당하는 금액은 다음 각 호의 어느 하나에 해당하는 사유가 발생하는 사업연도에 해당 주식 등과 자산의 처분비율을 고려하여 **법정 금액**(법세령 §84의2 ③)만큼 **익금에 산입**한다(법세 §47의2 ② 본문). 다만, 피출자법인이 **적격합병 또는 적격분할**하는 등 **법정 부득이한 사유**(법세령 §84의2 ⑤)가 있는 경우에는 그러하지 아니하다(법세 §47의2 ② 단서).

1. 출자법인이 피출자법인으로부터 받은 주식 등을 처분하는 경우
2. 피출자법인이 출자법인 등으로부터 승계받은 **법정 자산**[감가상각자산(유휴설비를 제외한, 사업에 사용하지 아니하는 것(법세령 §24 ③ 1호)을 포함), 토지 및 주식 등](법세령 §84의2 ④)을 처분하는 경우. 이 경우 피출자법인은 그 자산의 처분 사실을 처분일부터 1개월 이내에 출자법인에 알려야 한다.

법정 금액은 다음 제1호와 제2호를 더한 비율에서 제1호와 제2호를 곱한 비율을 뺀 비율을 직전 사업연도 종료일(현물출자일이 속하는 사업연도의 경우에는 현물출자일) 현재 **피출자법인주식 등의 압축기장충당금 잔액**에 곱한 금액을 말한다(법세령 §84의2 ③). 피출자법인의 주식 등 및 피출자법인 승계자산이 처분되는 경우 모두에 대하여 현물출자로 인한 과세이연 효과를 종료시켜 해당 익금을 실현하여야 하므로 **두 경우의 비율을 합한** 만큼 익금에 산입하여야 한다. 그러나 두 경우를 단순하게 합할 경우에는 **두 경우의 교집합에 해당하는** 부분이 중복하여 계산되므로 두 비율을 곱한 비율을 공제하도록 규정한 것이다.

1. 출자법인이 직전 사업연도 종료일 현재 보유하고 있는 **피출자법인의 주식 등의 장부가액에서 해당 사업연도에 처분**(법세 §47의2 ② 1호)**한 피출자법인의 주식 등의 장부가액이 차지하는 비율**
2. 피출자법인이 직전 사업연도 종료일 현재 보유하고 있는 **승계자산**(출자법인 등으로부터 승계받은 법정 자산(법세령 §84의2 ④))**의 양도차익**(현물출자일 현재 승계자산의 시가에서 현물출자일 전날 출자법인 등이 보유한 승계자산의 장부가액을 차감한 금액)**에서 해당 사업연도에 처분한 승계자산의 양도차익이 차지하는 비율**

적격합병 또는 적격분할하는 등 법정 부득이한 사유는 다음 각 호의 어느 하나에 해당하는 경우를 말한다(법세령 §84의2 ⑤).

1. 출자법인 또는 피출자법인이 최초로 적격구조조정에 따라 주식 등 및 자산을 처분하는 경우
2. 피출자법인의 발행주식 또는 출자액 전부를 출자법인이 소유하고 있는 경우로서 다음 각 목의 어느 하나에 해당하는 경우
   가. 출자법인이 피출자법인을 적격합병(적격분할합병(법세 §46의4 ③)을 포함)하거나 피출자법인에 적격합병되어 출자법인 또는 피출자법인이 주식 등 및 자산을 처분하는 경우

나. 출자법인 또는 피출자법인이 적격합병, 적격분할, 적격물적분할 또는 적격현물출자로 주식 등 및 자산을 처분하는 경우. 다만, 해당 적격합병, 적격분할, 적격물적분할 또는 적격현물출자에 따른 합병법인, 분할신설법인 등 또는 피출자법인의 발행주식 또는 출자액 전부를 당초의 출자법인이 **직접** 또는 **법정 방법에 따라 간접**으로 소유하고 **있는 경우**(법세칙 §42 ④)로 한정한다. **법정 방법에 따라 간접으로 소유하고 있는 경우**은 당초의 출자법인이 주주법인을 통해 적격구조조정법인(적격합병, 적격분할, 적격물적분할 또는 적격현물출자에 따른 합병법인, 분할신설법인 등 또는 피출자법인)을 소유하는 것을 말하며, 적격구조조정법인에 대한 당초의 분할법인의 간접소유비율은 물적분할 시 분할법인에 대한 과세특례 중 해당 규정(법세칙 §42 ①, ②, ③)을 준용하여 계산하고, 이 경우 "당초의 분할법인"은 "당초의 출자법인"으로 본다(법세칙 §42 ④). 즉 **적격구조조정법인에 대한 당초의 출자법인의 간접소유비율**은 법정 계산식[A(주주법인에 대한 당초의 출자법인의 주식소유비율) × B(적격구조조정법인에 대한 주주법인의 주식소유비율)]에 따라 계산한다(법세칙 §42 ①). **간접소유비율 계산방법을 적용할 때 주주법인이 둘 이상인 경우**에는 각 주주법인별로 계산한 비율(법세칙 §42 ①)을 합계한 비율을 적격구조조정법인에 대한 당초의 출자법인의 간접소유비율로 한다(법세칙 §42 ②). **주주법인과 당초의 출자법인 사이에 하나 이상의 법인이 끼어 있고, 이들 법인이 주식소유관계를 통하여 연결되어 있는 경우** 간접소유비율에 관하여는 위 각 계산방법(법세칙 §42 ①, ②)을 준용한다(법세칙 §42 ③).

3. 출자법인 또는 피출자법인이 '주식 등과 그와 관련된 자산·부채만으로 구성된 법정 사업부문'(법세령 §82의2 ③)의 적격분할 또는 적격물적분할로 주식 등 및 자산을 처분하는 경우

피출자법인이 적격합병 또는 적격분할하는 등 법정 부득이한 사유(법세령 §84의2 ⑤)로 인하여 출자법인이 손금에 산입한 양도차익에 상당하는 금액을 익금에 산입하지 않는 경우, 해당 출자법인이 보유한 **피출자법인주식 등의 압축기장충당금**은 다음 각 호의 방법으로 **대체한다**(법세령 §84의2 ⑥). 이는 '피출자법인이 적격합병 또는 적격분할하는 등 법정 부득이한 사유'가 있는 경우에는 피출자법인의 주식 등에 대한 압축기장충당금이 익금에 산입되지 않으므로 **해당 압축기장충당금을 '출자법인 또는 피출자법인이 새로 취득하는 자산승계법인의 주식 등' 또는 '주식승계법인이 승계한 피출자법인주식 등'에 대체하여 사후관리를 하기 위한 규정이다.**

1. 피출자법인주식 등의 압축기장충당금 잔액에 '승계자산의 양도차익에서 처분한 승계자산의 양도차익이 차지하는 비율(비율을 산정할 때 처분한 승계자산은 적격구조조정으로 피출자법인으로부터 피출자법인의 자산을 승계하는 자산승계법인에 처분한 승계자산에 해당하는 것)'(법세령 §84의2 ③ 2호)을 곱한 금액을 출자법인 또는 피출자법인이 새로 취득하는 자산승계법인의 주식 등의 압축기장충당금으로 할 것. 다만, **자산승계법인이**

출자법인인 경우에는 피출자법인주식 등의 압축기장충당금 잔액을 출자법인이 승계하는 자산 중 최초 현물출자 당시 양도차익이 발생한 자산의 양도차익에 비례하여 안분계산한 후 그 금액을 해당 자산이 감가상각자산인 경우 그 자산의 **일시상각충당금**으로, 해당 자산이 감가상각자산이 아닌 경우 그 자산의 **압축기장충당금**으로 한다.

2. 피출자법인주식 등의 압축기장충당금 잔액에 '피출자법인의 주식 등의 장부가액에서 처분한 피출자법인의 주식 등의 장부가액이 차지하는 비율'(비율을 산정할 때 처분한 주식은 '적격구조조정으로 출자법인으로부터 피출자법인의 주식 등을 승계하는 주식승계법인에 처분한 피출자법인의 주식 등에 해당하는 것)'(법세령 §84의2 ③ 1호)을 **곱한 금액**을 주식승계법인이 승계한 피출자법인주식 등의 압축기장충당금으로 할 것

새로 압축기장충당금을 설정한 출자법인, 피출자법인 또는 주식승계법인(법세령 §84의2 ⑥)은 다음 각 호의 어느 하나에 해당하는 사유가 발생하는 경우에는 그 사유가 발생한 날이 속하는 사업연도의 소득금액을 계산할 때 '**해당 주식 등과 자산의 처분 시 익금산입 규정**'(법세령 §84의2 ③)을 준용하여 계산한 금액만큼을 **익금에 산입**하되, '자산승계법인이 출자법인인 경우'(법세령 §84의2 ⑥ 1호 단서)에는 '**국고보조금 등 관련 일시상각충당금과 압축기장충당금의 익금산입 규정**'(법세령 §64 ④ 각 호)에 따라 **익금에 산입**한다(법세령 §84의2 ⑦ 본문).

1. 출자법인 또는 피출자법인이 적격구조조정에 따라 새로 취득한 자산승계법인주식 등을 처분하거나 주식승계법인이 적격구조조정에 따라 승계한 피출자법인주식 등을 처분하는 경우
2. 자산승계법인이 적격구조조정으로 피출자법인으로부터 승계한 법정 자산[감가상각자산(유휴설비를 제외한, 사업에 사용하지 아니하는 것(법세령 §24 ③ 1호)을 포함), 토지 및 주식 등](법세령 §84의2 ④)을 처분하는 경우. 이 경우 피출자법인 및 자산승계법인은 그 자산의 처분 사실을 처분일부터 1개월 이내에 출자법인, 피출자법인, 주식승계법인 또는 자산승계법인에 알려야 한다.

다만, 새로 압축기장충당금을 설정한 출자법인, 피출자법인 또는 주식승계법인에게 '**법정 압축기장충당금 익금산입 사유**'(법세령 §84의2 ⑦ 각 호)가 발생한다고 하더라도, '피출자법인의 발행주식 또는 출자액 전부를 출자법인이 소유하고 있는 법정 경우'(법세령 §84의2 ⑤ 2호) 또는 '출자법인 또는 피출자법인이 주식 등과 그와 관련된 자산·부채만으로 구성된 법정 사업부문(법세령 §82의2 ③)의 적격분할 또는 적격물적분할로 주식 등 및 자산을 처분하는 경우'(법세령 §84의2 ⑤ 3호)에는 **익금에 산입하지 않는바**(법세령 §84의2 ⑦ 단서). 이 경우 해당 법인이 보유한

피출자법인주식 등 또는 자산승계법인주식 등의 **압축기장충당금의 대체 방법**에 관하여는 '피출자법인이 적격합병 또는 적격분할하는 등 법정 부득이한 사유가 있는 경우의 압축기장충당금 대체 방법에 관한 규정'(법세령 §84의2 ⑥)을 준용한다(법세령 §84의2 ⑧).

출자법인이 보유한 피출자법인주식 등의 압축기장충당금을 대체한 경우(법세령 §84의2 ⑥) 새로 압축기장충당금을 설정한 출자법인, 피출자법인 또는 주식승계법인의 경우에도 '현물출자일이 속하는 사업연도의 다음 사업연도 개시일부터 2년'(법세령 §84의2 ⑬) 내에 다음 각 호의 어느 하나에 해당하는 사유가 발생하는 경우에는 **압축기장충당금 잔액 전부를 그 사유가 발생한 날이 속하는 사업연도의 소득금액을 계산할 때 익금에 산입**한다(법세령 §84의2 ⑨).

1. 자산승계법인이 피출자법인으로부터 적격구조조정으로 승계받은 **사업을 폐지**하거나 피출자법인이 출자법인으로부터 승계받은 **사업을 폐지**하는 경우
2. 출자법인 또는 피출자법인이 보유한 **자산승계법인지분비율**(자산승계법인주식 등이 자산승계법인의 발행주식총수 또는 출자총액에서 차지하는 비율)**이** 자산승계법인주식 등 취득일의 자산승계법인지분비율의 100분의 50 미만이 되거나 **피출자법인지분비율**(주식승계법인이 보유한 피출자법인주식 등이 피출자법인의 발행주식총수 또는 출자총액에서 차지하는 비율)**이** 피출자법인주식 등 취득일의 피출자법인지분비율의 100분의 50 미만이 되는 경우

또한 '법정 압축기장충당금 익금산입 사유(법세령 §84의2 ⑦ 각 호)가 발생한다고 하더라도 익금에 산입하지 않을 수 있는 예외(법세령 §84의2 ⑦ 단서)가 적용되어 새로 압축기장충당금을 설정한' 출자법인, 피출자법인 또는 주식승계법인'(법세령 §84의2 ⑧)에게 '법정 압축기장충당금 익금산입 사유'(법세령 §84의2 ⑦ 각 호)가 발생한 경우에는 그 사유가 발생한 날이 속하는 사업연도의 소득금액을 계산할 때 '법정 비율에 의한 금액의 계산규정'(법세령 §84의2 ③)을 준용하여 계산한 금액만큼을 익금에 산입하되, '자산승계법인이 출자법인인 경우'(법세령 §84의2 ⑥ 1호 단서)에는 '국고보조금 등 관련 일시상각충당금과 압축기장충당금의 익금산입 규정'(법세령 §64 ④ 각 호)에 따라 **익금에 산입**한다(법세령 §84의2 ⑩). 다만 이 경우 다시 '피출자법인의 발행주식 또는 출자액 전부를 출자법인이 소유하고 있는 법정 경우'(법세령 §84의2 ⑤ 2호) 또는 '출자법인 또는 피출자법인이 주식 등과 그와 관련된 자산·부채만으로 구성된 법정 사업부문(법세령 §82의2 ③)의 적격분할 또는 적격물적분할로 주식 등 및 자산을 처분하는 경우'(법세령 §84의2

⑤ 3호)에 해당한다면 역시 **익금에 산입하지 않는다**(법세령 §84의2 ⑩ 단서).

1.1.3. 사업의 폐지 등에 의한 압축기장충당금의 익금산입 등 사후관리

양도차익 상당액을 손금에 산입한 출자법인은 현물출자일부터 3년의 범위에서 '현물출자일이 속하는 사업연도의 다음 사업연도 개시일부터 2년'(법세령 §84의2 ⑬) 내에 **다음 각 호의 어느 하나에 해당하는 사유가 발생하는 경우에는 그 손금에 산입한 금액**(법세 §47의2 ①) 중 **익금에 산입**(법세 §47의2 ②)하고 남은 금액을 그 사유가 발생한 날이 속하는 사업연도의 소득금액을 계산할 때 **익금에 산입한다**(법세 §47의2 ③ 본문). 다만, **대통령령으로 정하는 부득이한 사유**(법세령 §84의2 ⑫)가 있는 경우에는 그러하지 아니하다(법세 §47의2 ③ 단서). 이 경우 부득이한 사유는 **법정 요건 미비 법인의 손금산입 사유**(법세 §47의2 ① 단서)**의 경우에 있어서의 부득이한 사유**(법세령 §80의2 ① 1호 및 2호의 각 목)**와 같다**(법세령 §84의2 ⑫). **사업의 계속 및 폐지의 판정에 관하여서는 적격합병 중 관련 규정**(법세령 §80의2 ⑦, §80의4 ⑧)**을 준용한다**(법세령 §84의2 ⑭).

---

1. 피출자법인이 출자법인이 현물출자한 자산으로 영위하던 **사업을 폐지**하는 경우
2. 출자법인 등이 피출자법인의 **발행주식총수 또는 출자총액의 100분의 50 미만**으로 주식 등을 보유하게 되는 경우

또한 '**법정 압축기장충당금 익금산입 사유**(법세령 §84의2 ⑦ 각 호)**가 발생한다고 하더라도 익금에 산입하지 않을 수 있는 예외**(법세령 §84의2 ⑦ 단서)**가 적용되어 새로 압축기장충당금을 설정**(법세령 §84의2 ⑧)**한** 출자법인, 피출자법인 또는 주식승계법인에게 '현물출자일이 속하는 사업연도의 다음 사업연도 개시일부터 2년'(법세령 §84의2 ⑬) 내에 '**압축기장충당금 잔액 전부 익금산입 사유**'(법세령 §84의2 ⑨ 각 호)가 발생하는 경우에는 압축기장충당금 잔액 전부를 그 사유가 발생한 날이 속하는 사업연도의 소득금액을 계산할 때 익금에 산입한다(법세령 §84의2 ⑪).

1.2. 교환으로 인한 자산양도차익 상당액의 손금산입

법정 사업(법세령 §86 ①)을 하는 내국법인이 2년 이상 그 '사업에 직접 사용'하던 **법정 사업용자산**(법세령 §86 ②)을 **교환취득자산**(특수관계인 외의 다른 내국법인이 2년 이상 그 사업에 직접 사용하던 '동일한 종류'의 사업용자산)**과 교환**[여러 법인 간의 **법정 교환**(3 이상의 법인간에 하나의 교환계약에 의하여 각 법인이 자산을 교환하는 것)(법세령 §86 ③)**을 포함**]**하는 경우**

그 교환취득자산의 가액 중 **교환으로 발생한 사업용자산의 양도차익 상당액**은 **법정 절차**(법세령 §86 ④, ⑤)에 따라 해당 사업연도의 소득금액을 계산할 때 **손금에 산입**할 수 있다(법세 §50 ①). 이 규정은 내국법인이 교환취득자산을 교환일이 속하는 사업연도의 종료일까지 그 내국법인의 사업에 사용하는 경우에만 적용한다(법세 §50 ②). 이 경우 교환으로 인하여 2021년 12월 31일까지 취득하는 자산에 대해서는 **취득세의 100분의 75를 경감**한다(지특 §57의2 ③ 4호). 다만, 감면되는 취득세액의 20%는 **농어촌특별세**로 납부하여야 한다(농특 §5 ① 1호). 한편 교환되는 자산들의 시가가 다르고 그 시가 차이가 정상가액(법세령 §30)의 범위를 초과함에도 이를 조정하지 않으면 그 시가 차이가 법인세법 상 **기부금**(법세 §24 ①)에 해당될 수 있다. 내국법인은 신고(법세 §60)와 함께 **자산교환명세서**(법세칙 §82)를 납세지 관할 세무서장에게 제출하여야 한다(법세 §50 ③ : 법세령 §86 ⑥).

법정 사업은 다음 각 호의 소비성서비스업 및 부동산 관련 사업을 제외한 사업을 말한다(법세령 §86 ①).

소비성서비스업(조특령 §29 ③ 각 호)

1. 호텔업 및 여관업(관광진흥법에 따른 관광숙박업은 제외)
2. 주점업(일반유흥주점업, 무도유흥주점업 및 단란주점(식품위생령 §21) 영업만 해당하되, 관광진흥법에 따른 외국인전용유흥음식점업 및 관광유흥음식점업은 제외)
3. 그 밖에 오락·유흥 등을 목적으로 하는 사업으로서 기획재정부령으로 정하는 사업

부동산 관련 사업(조특령 §60 ①)

1. 부동산임대업
2. 부동산중개업
3. 부동산매매업(소세령 §122 ①)

법정 사업용자산은 토지·건축물·'법정 통합투자세액공제 대상자산'(조특 §24 ① 1호)과 그 밖에 기획재정부령으로 정하는 자산을 말한다(법세령 §86 ②). **법정 통합투자세액공제 대상자산**은 기계장치 등 사업용 유형자산(다만, '토지와 건축물 등 사업용 유형자산'(조특칙 §12 ① 별표1)'(조특령 §21 ②)은 제외) 및 그 밖의 '법정 유형자산과 무형자산'(조특령 §21 ③ : 조특칙 §12 ②, ③)을 말한다((조특 §24 ① 1호).

손금에 산입하는 양도차익에 상당하는 금액은 다음 제1호의 금액에서 제2호의 금액을 차감한 금액(그 금액이 해당 사업용 자산의 시가에서 장부가액을 차감한 금액을 초과하는 경우 그

초과한 금액을 제외)으로 한다(법세령 §86 ④). 이 경우 양도차익에 상당하는 금액의 일시상각충당금 또는 압축기장충당금의 계상을 통한 손금산입 및 그 익금산입에 관해서는 **국고보조금 등으로 취득한 사업용자산가액의 손금산입 중 관련 규정**(법세령 §64 ③, ④, ⑤)을 준용하여 익금에 산입한다(법세령 §86의3 ⑤).

> 1. 교환취득자산의 가액
> 2. 현금으로 대가의 일부를 지급한 경우 그 금액 및 사업용 자산의 장부가액

1.3. 사업양수 시 이월결손금 공제 제한

내국법인이 다른 내국법인의 사업을 양수하는 경우로서 법정 경우(법세령 §86의2 ①)에는 사업양수일 현재 결손금(법세 §13 ① 1호)은 사업을 양수한 내국법인의 각 사업연도의 과세표준을 계산할 때 양수한 사업부문에서 발생한 소득금액(**중소기업 간 또는 동일사업을 하는 법인 간에 사업을 양수하는 경우**(법세 §113 ⑦ 단서)로서 회계를 구분하여 기록하지 아니한 경우에는 그 소득금액을 **법정 자산가액 비율**(법세령 §86의2 ②)로 안분계산한 금액)의 범위에서는 공제하지 아니한다(법세 §50의2).

법정 사업양수는 다음 각 호의 기준에 모두 해당하는 경우를 말한다(법세령 §86의2 ①).

> 1. 양수자산이 사업양수일 현재 양도법인의 자산총액의 100분의 70 이상이고, 양도법인의 자산총액에서 부채총액을 뺀 금액의 100분의 90 이상인 경우
> 2. 사업의 양도·양수 계약일 현재 양도·양수인이 특수관계인인 법인인 경우

법정 자산가액 비율은 사업양수일 현재 양수법인의 사업용 자산가액과 양수한 사업부문의 사업용 자산가액의 비율을 말한다(법세령 §86의2 ② 전단). 이 경우 양수한 사업부문의 사업용 자산가액은 양수법인의 결손금을 공제하는 각 사업연도의 종료일 현재 계속 보유(처분 후 대체하는 경우를 포함)·사용하는 자산의 사업양수일 현재 가액으로 한다(법세령 §86의2 ② 후단).

2. 조세특례제한법 상 일시상각충당금 또는 압축기장충당금을 통한 과세특례

2.1. 주식의 포괄적 교환 · 이전에 대한 과세특례

2.1.1. 주식의 포괄적 교환 · 이전거래 개관

주식의 포괄적 교환과 포괄적 이전은 어느 회사의 발행주식총수를 소유하는 **완전모회사를 만들기 위한 방법**이다. **주식의 포괄적 교환**은 이미 존재하는 A회사와 B회사의 계약에 의하여 B회사의 주주가 소유하는 B회사의 주식 전부를 A회사에 이전하고 그 주식을 재원으로 하여 A회사가 B회사의 주주에게 신주를 발행하거나 자기주식을 교부하는 것을 말한다. 이에 의하여 A는 B의 주식 전부를 소유하는 완전모회사가 되고 B의 주주는 A의 주주로 수용된다.[766] **주식의 포괄적 이전**은 B의 계획에 의하여 A를 신설하되, 그 신설방법은 B의 주주가 가진 B회사의 주식 전부를 A에게 이전하고 A는 설립 시 발행하는 주식을 B의 주주에게 배정하는 것이다. 이에 의하여 A는 B의 완전모회사가 되고 B의 주주는 A의 주주가 된다.[767] 두 제도 모두 회사 간의 계약 또는 회사의 일방적 계획에 의하여 일방회사(자회사)의 주주들이 소유하는 주식이 타회사(모회사)에 강제적으로 이전된다는 점에 특색이 있다. 주주들이 주주총회의 결의에 참여하지만 이는 회사의 의사를 결정하는 것이고 개별 주주의 개인법적인 처분의사를 결정하는 것은 아니다.[768]

2.1.2. 주식의 포괄적 교환 등에 따른 완전자회사의 주주에 대한 과세이연 요건 등

내국법인이 다음 각 호의 요건을 모두 갖추어 '주식의 포괄적 교환 등'(주식의 포괄적 교환(상법 §360의2) 또는 주식의 포괄적 이전(상법 §360의15))에 따라 주식의 포괄적 교환 등의 상대방법인의 완전자회사로 되는 경우 그 주식의 포괄적 교환 등으로 발생한 **완전자회사 주주의 주식양도차익에 상당하는 금액에 대한 양도소득세 또는 법인세**에 대해서는 법정 절차(조특령 §35의2 ①)에 따라 완전자회사의 주주가 **완전모회사 또는 그 완전모회사의 완전모회사의 주식을 처분할 때까지 과세를 이연**받을 수 있다(조특 §38 ①). 이 경우 완전자회사의 주주는 주식의 포괄적 교환 · 이전일이 속하는 과세연도의 과세표준 신고를 할 때 완전모회사와 함께 **주식의 포괄적 교환 등 과세특례신청서**(조특칙 §61)를 납세지 관할 세무서장에게 제출하여야 한다(조특령 §35의2

---

766) 이철송, 전게서, 1174면.
767) 상게서.
768) 상게서.

⑭). 이 경우 과세표준 신고는 '확정신고'를 의미하는 것으로 본다. '예정신고'로 제한할 규범적 근거 및 당위성이 없기 때문이다. 과세이연 요건을 모두 갖춘 경우에는 **과점주주가 해당 법인의 부동산 등을 취득한 것으로 보아 부과하는 취득세를 2021년 12월 31일까지 면제한다**(지특 §57의2 ⑤ 7호 본문). 다만 법정 사유(조특 §38 ② 각 호)의 발생으로 인하여 과세이연된 양도소득세 또는 법인세를 납부하는 경우(부득이한 사유(조특 §38 ③)가 있는 경우는 제외)(조특 §38 ②)에는 면제받은 취득세를 추징한다(지특 §57의2 ⑤ 7호 단서). **주식의 포괄적 교환 등을 위한 주식의 양도와 관련된 증권거래세** 역시 면제된다(조특 §117 ① 14호).

1. 주식의 포괄적 교환·이전일 현재 1년 이상 계속하여 사업을 하던 내국법인 간의 주식의 포괄적 교환 등일 것. 다만, 주식의 포괄적 이전으로 신설되는 완전모회사는 제외한다.
2. 완전자회사의 주주가 완전모회사로부터 교환·이전대가를 받은 경우 그 교환·이전대가의 총합계액 중 완전모회사 주식의 가액이 100분의 80 이상이거나 그 완전모회사의 완전모회사 주식의 가액이 100분의 80 이상으로서 그 주식이 법정 방식(조특령 §35의2 ⑦)에 따라 배정되고, 완전모회사 및 '완전자회사의 법정 주주'(조특령 §35의2 ⑥)가 주식의 포괄적 교환 등으로 취득한 주식을 교환·이전일이 속하는 사업연도의 종료일까지 보유할 것
3. 완전자회사가 교환·이전일이 속하는 사업연도의 종료일까지 사업을 계속할 것. **완전자회사 사업의 계속 및 폐지 여부**를 판정할 때 완전자회사가 주식의 포괄적 교환·이전일 현재 보유하는 고정자산가액의 2분의 1 이상을 처분하거나 사업에 사용하지 아니하는 경우에는 사업을 폐지한 것으로 본다(조특령 §35의2 ⑧).

교환·이전대가의 총합계액 중 주식의 가액이 100분의 80 이상 인지를 판정할 때 완전모회사 가 주식의 포괄적 교환·이전일 전 2년 내에 취득한 완전자회사의 주식이 있는 경우에는 다음 각 호의 금액을 금전으로 교부한 것으로 보아 교환·이전대가의 총합계액에 더한다(조특령 §35의2 ⑤). 이는 합병의 경우 포합주식에 관한 규정과 동일한 취지를 담고 있는바, 완전자회사 주식의 단계적 취득을 통하여 과세이연 요건을 잠탈하는 것을 방지하기 위한 것이다.

1. **완전모회사가 주식의 포괄적 교환·이전일 현재 완전자회사의 지배주주**(법세령 §43 ⑦)**가 아닌 경우** : 완전모회사가 주식의 포괄적 교환·이전일 전 2년 이내에 취득한 완전자회사의 주식이 완전자회사의 발행주식총수의 100분의 20을 초과하는 경우 그 초과하는 주식의 취득가액
2. **완전모회사가 주식의 포괄적 교환·이전일 현재 완전자회사의 지배주주**(법세령 §43 ⑦)**인 경우** : 주식의 포괄적 교환·이전일 전 2년 이내에 취득한 주식의 취득가액

'완전자회사의 법정 주주'는 완전자회사의 '임원 또는 직원인 지배주주'(법세령 §43 ③) 중 다음 각 호의 어느 하나에 해당하는 자를 제외한 주주를 말한다(조특령 §35의2 ⑥).

> 1. 친족(법세령 §43 ⑧ 1호 가목) 중 4촌인 혈족
> 2. 주식의 포괄적 교환·이전일 현재 완전자회사에 대한 지분비율이 100분의 1 미만이면서 시가로 평가한 그 지분가액이 10억원 미만인 자

'완전자회사의 법정 주주'(조특령 §35의2 ⑥)에게 교환·이전대가로 받은 완전모회사 등 주식을 교부할 때에는 법정 계산식[완전모회사가 교환·이전대가로 지급한 완전모회사 등 주식의 총합계액 × 해당 주주의 완전자회사에 대한 지분비율(완전자회사의 자기주식에 대해 완전모회사등주식을 교부하지 않는 경우에는 완전자회사의 자기주식을 제외하고 산정한 지분비율)]에 따른 금액 이상의 완전모회사 등 주식을 교부하여야 한다(조특령 §35의2 ⑦).

다만 '법령에 따라 불가피하게 주식을 처분하는 경우 등 법정 부득이한 사유'(조특령 §35의2 ⑬)가 있는 경우에는 주식을 보유하거나 사업을 계속하는 것으로 본다(조특 §38 ③). 법정 부득이한 사유는 다음 각 호의 어느 하나에 해당하는 경우를 말한다(조특 §38 ③ ; 조특령 §35의2 ⑬).

> 1. **취득한 주식을 보유할 수 없는 경우** : 완전모회사 및 '완전자회사의 법정 주주'(조특령 §35의2 ⑥)가 다음 각 목(법세령 §80의2 ① 1호)의 어느 하나에 해당하는 경우
>
> > 가. 해당 주주 등이 합병으로 교부받은 전체 주식 등의 2분의 1 미만을 처분한 경우. 이 경우 해당 주주 등이 합병으로 교부받은 주식 등을 서로 간에 처분하는 것은 해당 주주 등이 그 주식 등을 처분한 것으로 보지 않고, 해당 주주 등이 합병법인 주식 등을 처분하는 경우에는 합병법인이 선택한 주식 등을 처분하는 것으로 본다.
> > 나. 해당 주주 등이 사망하거나 파산하여 주식 등을 처분한 경우
> > 다. 해당 주주 등이 적격합병, 적격분할, 적격물적분할 또는 적격현물출자에 따라 주식 등을 처분한 경우
> > 라. 해당 주주 등이 조세특례제한법(조특 §38, §38의2, §121의30)에 따라 주식 등을 현물출자 또는 교환·이전하고 과세를 이연받으면서 주식 등을 처분한 경우
> > 마. 해당 주주 등이 채무자 회생 및 파산에 관한 법률에 따른 회생절차에 따라 법원의 허가를 받아 주식 등을 처분하는 경우
> > 바. 해당 주주 등이 '금융채권자협의회 등이 기업과 체결한 기업개선계획의 이행을 위한 약정'(조특령 §34 ⑥ 1호) 또는 '채권은행자율협의회가 기업과 체결한 기업개선계획의 이행을 위한 특별약정'(조특령 §34 ⑥ 2호)에 따라 주식 등을 처분하는 경우

사. 해당 주주 등이 법령상 의무를 이행하기 위하여 주식 등을 처분하는 경우

2. **사업을 계속할 수 없는 경우** : 완전자회사가 다음 각 목(법세령 §80의2 ① 2호)의 어느
   하나에 해당하는 경우

> 가. 합병법인이 파산함에 따라 승계받은 자산을 처분한 경우
> 나. 합병법인이 적격합병, 적격분할, 적격물적분할 또는 적격현물출자에 따라 사업을
>   폐지한 경우
> 다. 합병법인이 기업개선계획의 이행을 위한 약정(조특령 §34 ⑥ 1호) 또는 기업개선계획의
>   이행을 위한 특별약정(조특령 §34 ⑥ 2호)에 따라 승계받은 자산을 처분한 경우
> 라. 합병법인이 채무자 회생 및 파산에 관한 법률에 따른 회생절차에 따라 법원의
>   허가를 받아 승계받은 자산을 처분한 경우

2.1.3. 완전자회사가 되는 내국법인의 주주가 '법인'인 경우에 대한 과세

'완전자회사인 내국법인'의 주주인 **법인**(내국법인 및 '국내사업장을 가지거나 국내원천
부동산소득이 있는 외국법인'(법세 §91 ①)에 한정)이 보유주식을 '완전모회사인 다른 내국법인'
에 주식의 포괄적 교환 등을 하고 과세를 이연받는 경우에는 **다음 제1호의 금액에서 제2호의
금액을 뺀 금액에 상당하는 금액**을 주식의 포괄적 교환·이전일이 속하는 사업연도의 소득금액
을 계산할 때 **손금에 산입**할 수 있고, 이 경우 손금에 산입하는 금액은 주식의 포괄적 교환
등으로 취득한 **완전모회사 또는 그 완전모회사의 완전모회사 주식의 압축기장충당금으로**
계상하여야 한다(조특령 §35의2 ①). 즉 이 규정에 따르면, '완전모회사 등 주식의 가액'에서
'양도한 완전자회사 주식의 취득가액'을 공제한 금액이 양수(+)인 경우에는 해당 금액에
대하여 압축기장충당금을 계상하고, 그 금액이 영(0) 또는 음수(-)인 경우에는 압축기장충당
금을 계상하지 않는다.

> 1. **주식의 포괄적 교환 등으로 취득한 교환·이전대가**[완전모회사 등 주식(교환·이전대가의
>   총합계액 중 완전모회사의 완전모회사 주식의 가액이 100분의 80 이상인 경우에는 완전모회
>   사의 완전모회사의 주식)의 가액, 금전, 그 밖의 재산가액의 합계액]에서 **주식의 포괄적
>   교환 등으로 양도한 '완전자회사의 주식의 취득가액'을 뺀 금액**
> 2. '제1호의 금액'과 '교환·이전대가로 받은 완전모회사 등 주식 외의 금전, 그 밖의 재산가액의
>   합계액' 중 작은 금액

완전모회사 또는 그 완전모회사의 완전모회사 주식의 압축기장충당금으로 계상한 금액(조특령 §35의2 ①)은 해당 법인이 완전모회사 등 주식을 처분하는 사업연도에 **법정 계산식**[압축기장충당금 × (처분한 주식 수/주식의 포괄적 교환 등으로 취득한 주식 수)]에 따른 금액을 익금에 산입하되, 자기주식으로 소각되는 경우에는 익금에 산입하지 아니하고 소멸하는 것으로 한다(조특령 §35의2 ② 전단). 감자차익 또는 감자차손은 자본거래로서 익금불산입 또는 손금불산입되므로, 자기주식을 소각하는 경우 해당 주식의 양도차익을 사후관리하기 위하여 설정된 압축기장충당금은 소멸하는 것으로 본다. 완전모회사 등 주식의 처분에 있어서, 주식의 포괄적 교환 등 외의 다른 방법으로 취득한 완전모회사 등 주식이 있으면 **주식의 포괄적 교환 등으로 취득한 주식을 먼저 양도한 것으로 본다**(조특령 §35의2 ② 후단).

2.1.4. 완전자회사가 되는 내국법인의 주주가 '거주자 등'인 경우에 대한 과세

완전자회사의 주주가 '**거주자 등**'(거주자, 비거주자 또는 '**국내사업장 및 국내원천 부동산소득이 없는 외국법인**')인 경우 그 보유주식을 완전모회사에 주식의 포괄적 교환 등을 하고 과세를 이연받는 경우에는 다음 제1호와 제2호의 금액 중 작은 금액을 양도소득으로 보아 **양도소득세를** 과세한다(조특령 §35의2 ③). 완전자회사 주식의 양도차익을 '완전모회사 등 주식 외의 금전, 그 밖의 재산가액의 합계액'의 범위 내에서만, 즉 '주식 외 금전 등 재산'을 그 대가로 받아 양도차익이 실현된 범위 내에서만 양도소득금액으로 인식한다.

1. 교환·이전대가에서 주식의 포괄적 교환 등으로 양도한 완전자회사 주식의 취득가액을 뺀 금액
2. 교환·이전대가로 받은 완전모회사 등 주식 외의 '금전, 그 밖의 재산가액의 합계액'

거주자 등이 완전모회사 등 주식의 전부 또는 일부를 양도하는 때에는 법정 계산식[((완전자회사 주식의 취득가액 − '주식 외의 금전, 그 밖의 재산가액의 합계액'(조특령 §35의2 ③ 2호) + '이미 과세된 양도소득'(조특령 §35의2 ③)) × (처분한 주식 수/주식의 포괄적 교환 등으로 취득한 주식 수)]에 따른 금액을 취득가액으로 보아 양도소득세를 과세한다(조특령 §35의2 ④ 전단). 즉 '교환·이전대가' 중 '완전모회사 등 주식에 해당하는 금액'에 완전자회사 주식의 양도차익으로서 과세된 금액을 더하여 완전자회사 주식의 취득가액을 계산한다. '교환·이전대가' 중 '주식 외의 금전, 그 밖의 재산가액의 합계액'은 과세이연 금액에 포함되지 않고, 이미

완전자회사 주식의 양도차익으로서 과세된 금액에 대하여 이중과세를 할 수는 없기 때문이다. 완전모회사 등 주식의 처분에 있어서, 주식의 포괄적 교환 등 외의 다른 방법으로 취득한 완전모회사 등 주식이 있으면 **주식의 포괄적 교환 등으로 취득한 주식을 먼저 양도한 것으로** 본다(조특령 §35의2 ④ 후단).

2.1.5. 주식의 포괄적 교환 등 과세특례에 대한 사후관리

완전자회사의 주주가 과세를 이연받은 경우(조특 §38 ①)에 있어서, 완전모회사는 완전자회사 주식을 **시가**(법세 §52 ②)로 취득하고, 이후 3년 이내의 범위에서 **법정 기간**(주식의 포괄적 교환·이전일이 속하는 사업연도의 다음 사업연도 개시일부터 **2년**)(조특령 §35의2 ⑪)에 **다음 각 호의 어느 하나의 사유가 발생**하는 경우 완전모회사는 해당 사유의 발생 사실을 발생일부터 1개월 이내에 완전자회사의 주주에게 알려야 하며, 완전자회사의 주주는 과세이연된 양도소득세 또는 법인세를 **법정 절차**(조특령 §35의2 ⑫)에 따라 납부하여야 한다(조특 §38 ②). 완전자회사의 주주 단계에서 과세이연된 경우, 완전모회사가 취득하는 완전자회사의 주식을 그 장부가액으로 계상한다면 완전자회사의 주주 단계와 완전모회사 단계에서 동일한 소득이 중복하여 과세되기 때문에 완전모회사가 취득하는 완전자회사의 주식을 시가로 계상하는 것이다.

---

1. 완전자회사가 사업을 폐지하는 경우
2. 완전모회사 또는 '**완전자회사의 법정 주주**'(조특령 §35의2 ⑥)가 주식의 포괄적 교환 등으로 취득한 주식을 처분하는 경우. '완전자회사의 법정 주주'는 완전자회사의 '**임원 또는 직원인 지배주주**'(법세령 §43 ③) **중 다음 각 호의 어느 하나에 해당하는 자를 제외한 주주를** 말한다(조특령 §35의2 ⑥)

> 1. 친족(법세령 §43 ⑧ 1호 가목) 중 4촌인 혈족
> 2. 주식의 포괄적 교환·이전일 현재 완전자회사에 대한 지분비율이 100분의 1 미만이면서 시가로 평가한 그 지분가액이 10억원 미만인 자

다만 '**법령에 따라 불가피하게 주식을 처분하는 경우 등 법정 부득이한 사유**'(조특령 §35의2 ⑬)가 있는 경우에는 **주식을 보유하거나 사업을 계속하는 것으로 본다**(조특 §38 ③). **법정 부득이한 사유**는 다음 각 호의 어느 하나에 해당하는 경우를 말한다(조특 §38 ③ ; 조특령 §35의2 ⑬).

1. **주식의 포괄적 교환 등으로 취득한 지분의 연속성 및 보유 요건**(조특 §38 ② 2호)**과 관련된 경우** : 완전모회사 및 '완전자회사의 법정 주주'(조특령 §35의2 ⑥)가 다음 각 목(법세령 §80의2 ① 1호)의 어느 하나에 해당하는 경우

> 가. 해당 주주 등이 합병으로 교부받은 전체 주식 등의 2분의 1 미만을 처분한 경우. 이 경우 해당 주주 등이 합병으로 교부받은 주식 등을 서로 간에 처분하는 것은 해당 주주 등이 그 주식 등을 처분한 것으로 보지 않고, 해당 주주 등이 합병법인 주식 등을 처분하는 경우에는 합병법인이 선택한 주식등을 처분하는 것으로 본다.
> 나. 해당 주주 등이 사망하거나 파산하여 주식 등을 처분한 경우
> 다. 해당 주주 등이 적격합병, 적격분할, 적격물적분할 또는 적격현물출자에 따라 주식 등을 처분한 경우
> 라. 해당 주주 등이 조세특례제한법(조특 §38, §38의2, §121의30)에 따라 주식 등을 현물출자 또는 교환·이전하고 과세를 이연받으면서 주식 등을 처분한 경우
> 마. 해당 주주 등이 채무자 회생 및 파산에 관한 법률에 따른 회생절차에 따라 법원의 허가를 받아 주식 등을 처분하는 경우
> 바. 해당 주주 등이 '금융채권자협의회 등이 기업과 체결한 기업개선계획의 이행을 위한 약정'(조특령 §34 ⑥ 1호) 또는 '채권은행자율협의회가 기업과 체결한 기업개선계획의 이행을 위한 특별약정'(조특령 §34 ⑥ 2호)에 따라 주식 등을 처분하는 경우
> 사. 해당 주주 등이 법령상 의무를 이행하기 위하여 주식 등을 처분하는 경우

2. **주식의 포괄적 교환 등으로 인한 완전자회사의 사업영위요건**(조특 §38 ② 1호)**과 관련된 경우** : 완전자회사가 다음 각 목(법세령 §80의2 ① 2호)의 어느 하나에 해당하는 경우

> 가. 합병법인이 파산함에 따라 승계받은 자산을 처분한 경우
> 나. 합병법인이 적격합병, 적격분할, 적격물적분할 또는 적격현물출자에 따라 사업을 폐지한 경우
> 다. 합병법인이 기업개선계획의 이행을 위한 약정(조특령 §34 ⑥ 1호) 또는 기업개선계획의 이행을 위한 특별약정(조특령 §34 ⑥ 2호)에 따라 승계받은 자산을 처분한 경우
> 라. 합병법인이 채무자 회생 및 파산에 관한 법률에 따른 회생절차에 따라 법원의 허가를 받아 승계받은 자산을 처분한 경우

과세이연된 양도소득세 또는 법인세를 납부하는 법정절차는 다음과 같다(조특령 §35의2 ⑫).

1. **완전자회사의 주주가 거주자 등인 경우** : 해당 사유가 발생한 날이 속하는 반기의 말일부터 2개월 이내에 **이연받은 세액**('이연받은 세액 중 이미 납부한 부분'과 '주식 외의 금전, 그 밖의 재산가액의 합계액의 범위 내에서 인식한 양도소득금액(조특령 §35의2 ③)에 대하여 납부한 세액'을 제외)을 납부. 이 경우 완전모회사 등 주식을 양도하는 경우에는 그 주식의 취득가액을 주식의 포괄적 교환·이전일 현재 완전모회사 등 주식의 시가로 한다.
2. **완전자회사의 주주가 법인인 경우** : 해당 사유가 발생한 날이 속하는 사업연도의 소득금액을 계산할 때 압축기장충당금으로 손금에 산입한 금액(조특령 §35의2 ①) 중 익금에 산입(조특령 §35의2 ②)하고 남은 금액을 익금에 산입

2.1.6. 주식의 포괄적 교환 등과 부당행위계산 부인

판례는 주식의 포괄적 교환 등 경우 완전모회사와 완전자회사 주주 사이의 거래에 대하여 **부당행위계산 부인규정을 적용한다.** 즉 주식의 포괄적 교환은 자산의 유상 양도로서의 성격도 있기 때문에, 주식의 포괄적 교환에 의하여 다른 회사의 발행주식의 총수를 소유하는 완전모회사가 완전자회사가 되는 회사의 주식을 시가보다 높은 가액으로 양수한 경우에는 법인의 자산이 과다계상되므로 부당행위계산 부인에 의하여 그 시가 초과액을 자산의 취득가액에서 제외하는 한편 그 금액을 완전모회사인 법인의 익금에 산입한다.[769] 주식의 포괄적 교환에 의하여 완전자회사가 되는 회사의 주주가 얻은 이익은 '법인의 자본을 증가시키는 거래에 따른 이익의 증여'로서 증여세가 과세된다.[770] 즉 완전자회사가 되는 회사의 주주가 얻은 이익에 대하여는 '재산의 고가양도에 따른 이익의 증여' 또는 '신주의 저가발행에 따른 이익의 증여'에 관한 규정을 적용하여 증여세를 과세할 수는 없다.[771] '기타 사외유출'이라는 소득처분은 법인의 익금에 산입한 금액이 사외에 유출된 경우라도 동일한 소득이 이미 귀속자의 과세소득을 구성하고 있는 등 귀속자에게 소득세의 납세의무를 지우는 것이 부적절한 경우에는 그 귀속자에 대한 소득처분 없이 유출사실만을 확정하는 '기타 사외유출'로 소득처분하도록 하는 데 그 취지가 있다.[772] 따라서 주식의 포괄적 교환에 의하여 완전자회사가 되는 회사의 주주가 얻은 이익이 '법인의 자본을 증가시키는 거래에 따른 이익의 증여'로서 증여세가 과세되므로 이 경우 부당행위계산 부인에 따라 법인의 익금에 산입되는 금액에 대하여는 '기타 사외유출'로

---

769) 대법원 2014.11.27. 2012두25248.
770) 대법원 2014.11.27. 2012두25248.
771) 대법원 2014.4.24. 2011두23047.
772) 대법원 2014.11.27. 2012두25248.

소득처분하여야 하고, 그 귀속자에게 배당, 상여 또는 기타소득의 소득처분을 할 수 없다.[773]

판례의 입장은 타당하지 않다. 그 이유는 다음과 같다. 주식의 포괄적 교환 등 거래가 종료된 후에는 완전자회사의 주주는 완전모회사의 주주로 전환된다. 즉 완전자회사의 주주가 그 주식을 현물출자하고 완전모회사 주식을 교부받는 것과 그 경제적 실질이 동일하다. 또한 주식의 포괄적 교환 등 거래에 있어서 완전자회사의 주주가 당초 보유한 주식의 취득가액에는 변화가 없고 단지 그 주식의 포괄적 교환 등으로 발생한 완전자회사 주주의 주식양도차익에 상당하는 금액에 대한 양도소득세 또는 법인세가 이연될 뿐이다(조특 §38 ①). 따라서 주식의 포괄적 교환 등으로 인하여 완전자회사 주주의 당초 취득가액이 증액되지 않으므로 해당 금액을 과세대상에 포섭하기 위하여 법인 단계에서 익금에 산입할 규범적 당위 역시 있다고 할 수 없다. 게다가 완전자회사 주식의 시가를 초과하여 완전모회사 주식이 발행된다고 하더라도 그 발행행위로 인하여 완전자회사의 주식 또는 완전자회사에 현존하는 순자산의 일부가 유출될 수는 없고 단지 해당 법인의 주주들 사이의 지분비율이 변동될 뿐이다. 법인 단계 순자산의 유출이 수반되지 않고서 법인의 이익이 주주에게 분여될 수는 없다. 따라서 완전모회사 주식과 완전자회사 주식의 교환비율이 완전모회사 주식의 시가를 초과하여 결정되었다면, 해당 거래 이후의 완전모회사 주주들 사이에서 이익이 분여될 수는 있음은 별론으로 하더라도 완전모회사 자체의 이익이 완전자회사의 주주에게 분여된다고 할 수는 없다. 게다가 주식의 포괄적 교환 등 거래를 통하여 완전모회사 단계에서 손익이 발생하지도 않을 뿐만 아니라 이익잉여금의 유보액에 변화가 발생하는 것 역시 아니라는 점 및 주식의 포괄적 교환 등 거래가 완결되기 이전에는 완전자회사 주주와 완전모회사 사이에 특수관계가 형성되지 않는다는 점 역시 감안하여야 한다. 이상의 각 논의에 비추어 보면, 주식의 포괄적 교환 등을 통하여 완전모회사의 이익이 완전자회사 주주에게 분여된다는 점을 전제로 하는 위 각 판례의 입장은 타당하지 않다.

주식의 포괄적 교환 등과 부당행위계산 부인규정의 적용 여부에 대하여 이하 보다 구체적으로 살핀다.

상법 상 완전모회사의 자본 증가액은 완전자회사에 현존하는 순자산액을 초과할 수 없다(상법 §360의7, §360의18). **완전자회사에 현존하는 순자산액은 완전모회사에 이전되는 완전자회사 주식의 총합계액이면서 완전모회사가 발행하는 신주의 총발행가액이 된다.**[774] 즉 상법은 완전모회사 자본금 증가의 한도액을 '완전자회사에 현존하는 순자산액'을 기준으로 정하고 있다. 따라서

---

773) 대법원 2014.11.27. 2012두25248.
774) 이철송, 전게서, 1185면~1186면.

완전모회사 자본금 증가액이 이를 초과하여 계상되었다면 해당 금액은 상법에 반하여 계상된 것이다. 이 경우는 주식을 액면미달발행한 것과 같다.[775] 한편 상법이 '완전모회사의 자본금'이 '완전자회사에 현존하는 순자산액'을 초과할 수 없다고 규정하므로(상법 §360의7, §360의18) 그 자본금이 '완전자회사에 현존하는 순자산액' 미달하여 증가될 수 있는바, 이 경우에는 교환차익이 발생하고 그 교환차익은 이는 기업회계기준(상법령 §15)에 따라 자본준비금으로 적립하여야 한다(상법 §459 ① ; 상법령 §18).[776] 그렇다면 '완전모회사의 자본금'이 '완전자회사에 현존하는 순자산액'을 초과하는 경우 인식할 교환차손의 경제적 실질을 주식할인발행차금(법세 §20 2호)과 같은 자본금에 대한 차감계정으로 보아야 한다. 즉 완전모회사 자본금에서 교환차손을 차감한 금액이 완전자회사에 현존하는 순자산의 가액과 동일하여야 한다. 따라서 법인세법상으로도 완전모회사의 자본금 증가액이 완전자회사에 현존하는 순자산을 초과하는 경우에는 완전모회사 단계에서 해당 초과액 상당에 대하여 주식할인발행차금이 계상된 것으로 의제하여야 한다. 완전모회사 단계에서 주식할인발행차금으로 의제된 금액에 대하여 손금산입(△유보), 손금불산입(기타)로 세무조정하여야 한다. 또한 완전모회사가 발행하는 신주의 취득가액 중 순자산초과액 역시 부인하여야 한다. 신주에 대한 순자산초과액에 대하여 손금산입(△유보)로 세무조정한 후 해당 주식이 처분되는 경우 손금불산입(유보)로 사후관리하여야 한다. 순자산초과액에 대한 세무조정은 납입자본의 실질에 부합하도록 자본을 계상하기 위한 것에 불과하므로 법인의 이익이 주주에게 분여될 여지가 없다. 따라서 이익의 분여를 전제로 하는 부당행위계산 부인규정은 적용될 수 없다. 다만 이 쟁점은 주식의 포괄적 교환 등 거래에 있어서 시가보다 높은 가액으로 출자한 완전자회사의 주주 등의 다른 주주 등에 대한 지분비율이 증가한 경우에 대하여 부당행위계산의 부인을 적용할 것인지 여부와는 구분되는 것이라는 점에 유의하여야 한다. 법인이 시가보다 높은 가액으로 완전자회사 주주의 당초 주식을 양수받은 경우 해당 주주 등의 출자지분비율이 다른 주주 등에 비하여 증가하는 경우에 대하여 부당행위계산의 부인을 적용할 것인지 여부는 별도의 규정(법세령 §88 ① 9호)에 의하여 해결하여야 한다.

한편 '자본금'의 증가한도와 '자본'의 증가한도는 구분하여야 한다. 자본금 계정은 자본 계정의 일부분에 불과하기 때문이다. 따라서 완전모회사의 '자본'이 완전자회사에 현존하는 순자산을 초과하여 증가한다면 이는 어떻게 취급하여야 하는지 여부가 쟁점이 될 수 있다. 합병 또는 분할의 경우 합병매수차손 또는 분할매수차손을 인식할 수 있을 것이나, 주식의

---

775) 상게서, 1186면.
776) 상게서, 1187면.

포괄적 교환 등에서는 이에 상당하는 계정과목을 인식할 근거가 없다. 완전자회사 주식의 가치는 유한책임의 법리에 의하여 음수로 계상될 수는 없고 완전자회사 단계의 손실이 완전모회사로 이전할 수도 없다는 점을 감안하면 주식의 포괄적 교환 등과 관련하여서는 완전모회사의 '자본'이 완전자회사에 현존하는 순자산을 초과하여 증가하는 경우 그 초과액은 상법 및 법인세법 상 모두 부인되어야 한다. 따라서 완전모회사의 '자본' 중 완전자회사에 현존하는 순자산을 초과하여 계상된 금액의 실질은 가장납입된 자본과 유사하다. 다만 가장납입의 경우에는 현실적인 납입이 존재하나 이 경우에는 현실적인 납입마저 없다는 점에서 차이를 보인다. 따라서 가장납입의 경우 금전의 현실적인 이동을 근거로 해당 주식발행의 유효성을 인정하는 판례[777]는 주식의 포괄적 교환 등에 적용될 수 없다. 이 경우 납입을 유효로 본다면 출자 없이 주주권을 유지하는 부당한 결과가 생기므로 납입으로서의 효력이 없음은 물론 주식인수 자체가 무효라고 보아야 한다.[778] 발기인이 있는 경우 발기인은 납입담보책임을 지고 그 발기인과 이사들은 연대하여 손해배당책임을 부담함[779]은 물론 각자의 행위가 상법상 책임요건(상법 §322, §399)을 충족한다면 그에 따라 손해배상책임을 져야 한다.[780] 또한 이 경우 손해배상채권은 이를 회수할 수 있다면 회사의 순자산가액에 산입할 수 있다.[781] 가장설립의 유효성을 인정하는 판례 역시 납입금이 회사에 실재하지 않는다는 점에 근거하여, 주금의 가장납입을 회사가 일시 차입금을 가지고 주주들의 주금을 체당납입한 것과 같이 볼 수 있어 주금납입이 종료된 후에도 주주는 회사에 대하여 체당납입한 주금을 상환할 의무가 있다고 판시한다.[782] 즉 **완전모회사의 '자본'이 완전자회사에 현존하는 순자산을 초과하여 증가하는 경우 해당 주식인수 자체를 무효로 보거나, 그 초과액을 완전모회사의 '발기인 또는 이사에 대한 손해배상 청구권' 또는 '주주에 대한 주금상환채권'으로서 계상하여야 한다.** 이는 주식의 포괄적 교환 등에 대한 상법 상 자본금 통제가 전제하는 사실관계를 벗어난 상황에 관한 논의에 해당한다. 만약 손해배상채권 또는 주금상환채권의 실현가능성이 없다면 이에 대한 손금을 인식하여야 한다. 따라서 **만약 완전자회사가 채무초과법인에 해당함에도 불구하고 주식의 포괄적 교환 등을 통하여 완전자회사의 주주에게 완전모회사의 주식을 발행하였고 이를 가장행위로 볼 수 없다면 이 거래를 무시할 수는 없을 뿐만 아니라 자본증가액과 완전자회사 순자산 사이의**

---

777) 대법원 1983.5.24. 82누522 ; 대법원 1988.12.23. 97다20649.
778) 이철송, 전게서, 267면.
779) 대법원 1989.9.12. 89누916.
780) 이철송, 전게서, 267면.
781) 대법원 1989.9.12. 89누916.
782) 대법원 2004.3.26. 2002다29138.

차액의 실질을 주식할인발행차금으로 볼 수도 없다. 이 경우 해당 채무초과액 및 '완전모회사 주식 발행가액'의 합계액 전체를 해당 거래의 대가로 보아 **완전모회사 단계에서 영업권을 인식하거나** 그에 관련된 손해배상채권 또는 주금상환채권을 자산으로 인식하여야 한다. 만약 영업권을 인식할 수 없거나 그 손해배상채권 또는 주금상환채권의 실현가능성이 없다면 즉시 **손금으로 인식하여야** 한다. 즉 '완전모회사가 계상하는 완전자회사 주식'의 계상금액은 '완전모회사 주식의 발행가액'으로 계상하되 그에 대응하는 자산을 계상하거나 손금을 인식하는 것으로 계상할 수밖에 없다. 해당 금액은 자본의 납입, 자본의 환급 또는 잉여금의 처분에 해당하지 않으므로 이를 **자본거래에 포섭할 수는 없다.** 완전모회사의 손금인식을 부인하기 위하여서는 별도의 손금불산입 또는 손금산입 이연규정이 신설되어야 한다. 이상의 논의에 따르면 완전모회사의 '자본'이 완전자회사에 현존하는 순자산을 초과하여 증가하는 경우 그 초과증가액을 법인세법 상 자본의 납입 등 자본거래로 포섭할 수 없고 완전모회사 단계에서 별도의 자본거래가 존재하는 것 역시 아니므로 완전모회사와 완전자회사의 주주 사이에 대하여 이를 전제로 하는 부당행위계산 부인규정을 적용할 수는 없다.

다만 완전모회사 주주 단계에서는 그 주주들 사이에서 이익의 분여가 발생할 수 있다. 완전모회사 주주들 사이에 특수관계가 있다면 법인세법 상 부당행위계산 부인규정(법세령 §88 ① 8호 나목, 9호)이 적용될 수 있고, 그렇지 않으면 자산수증익 또는 증여세의 과세 여부가 쟁점이 될 수 있다고 본다.

완전모회사가 완전자회사 주식의 출자대가로 완전자회사 주주에게 금전이나 그 밖의 재산을 교부한 경우, 주식의 포괄적 교환 등에 대한 과세특례가 적용된다면 완전모회사가 교부한 금전이나 그 밖의 재산의 가액범위 내에서 완전자회사 주주가 완전모회사에 대하여 양도차익을 실현한 것으로 본다. 만약 과세특례가 적용되지 않는다면 '완전자회사에 현존하는 순자산의 시가'를 한도로 완전자회사의 주주가 완전모회사에 대하여 양도차익을 실현한 것으로 보아야 한다. 다만 완전자회사가 채무초과법인에 해당함에도 불구하고 주식의 포괄적 교환 등을 통하여 완전모회사의 주식이 발행된 경우에는 완전자회사 주주가 교부받은 완전모회사 주식의 발행가액을 양도가액으로 보아 양도차익을 인식하여야 한다.

2.2. 주식의 현물출자 등에 의한 지주회사의 설립 등에 대한 과세특례

2.2.1. 지주회사의 설립과 주식의 포괄적 교환·이전 등의 관계

주식의 포괄적 교환과 이전은 지주회사의 설립을 용이하게 한다. 지주회사는 일반적으로 주식의 소유를 통하여 타회사의 사업내용을 지배하는 것을 주된 목적으로 하는 회사를 말한다. 상법상 모자회사(상법 §342의2)에서 모회사가 특히 자회사를 지배하는 것을 주된 목적으로 존재할 경우 이를 지주회사라고 할 수 있다. 그러나 주식의 포괄적 교환과 이전제도가 없다고 하더라도 지주회사를 설립하거나 기존회사를 지주회사로 바꾸는 방법이 없는 것은 아니다.[783] 즉 주식의 현물출자, 자기주식교환 또는 분할에 의하여 지주회사를 설립하거나 지주회사로 전환할 수도 있다. 2024년 1월 1일 이후 현물출자하거나 주식을 교환하는 분부터 적용하고(조특부 칙 2019.12.31. §19), 2023년 12월 31일 이전에 현물출자하거나 주식을 교환하는 경우에는 종전 규정이 적용된다(조특부칙 2019.12.31. §44).

2.2.2. 내국법인 주주의 현물출자 등에 의한 지주회사의 설립 등에 대한 과세특례 요건

내국법인의 내국인 주주가 2026년 12월 31일까지 다음 각 호의 요건을 모두 갖추어 주식을 '현물출자'함에 따라 지주회사(독점규제 및 공정거래에 관한 법률에 따른 지주회사 및 금융지주 회사법에 따른 금융지주회사를 포함)를 새로 설립하거나 기존의 내국법인을 지주회사로 전환하 는 경우 '그 현물출자로 인하여 취득한 주식의 가액 중 그 현물출자로 인하여 발생한 양도차익에 상당하는 금액'은 법정 방법(조특 §38의2 ③)에 따라 그 주주가 해당 지주회사의 주식을 처분할 때까지 양도소득세 또는 법인세의 과세를 이연받을 수 있다(조특 §38의2 ① 본문). 다만, 법정 부득이한 사유(조특령 §35의2 ⑬)로 취득한 주식을 보유할 수 없거나 사업을 계속할 수 없는 경우에는 제1호 또는 제2호의 요건을 갖추지 못한 경우에도 취득한 주식을 처분할 때까지 과세를 이연받을 수 있다(조특 §38의2 ① 단서). 내국법인인 주주가 이 경우 주주는 해당 현물출자 등을 한 날이 속하는 과세연도의 과세표준신고와 함께 주식 현물출자 등 양도차익명세서 및 과세이연 조정명세서를 납세지 관할 세무서장에게 제출해야 한다(조특 §38의2 ⑧). 또한 법인 주주는 지주회사 또는 전환지주회사와 함께 현물출자등 과세특례신청서를 납세지 관할세 무서장에게 제출해야 한다(조특령 §35의3 ⑮). 이하 금융투자소득 관련 개정부분은 2025년 1월 1일부터 적용하고(조특부칙 2021.12.28. §1 1호), 2025년 1월 1일 이전에 발생한 배당소득 또는

---

783) 상게서, 1177면.

양도소득에 대하여서는 종전 규정에 따른다(조특부칙 2021.12.28. §29 ①).

1. 지주회사 및 현물출자를 한 주주 중 **법정 주주**(조특령 §35의3 ②)가 현물출자로 취득한 주식을 현물출자일이 속하는 사업연도의 종료일까지 보유할 것. '**법정 주주**'는 완전자회사의 '**임원 또는 직원인 지배주주**'(법세령 §43 ③) **중 다음 각 호의 어느 하나에 해당하는 자를 제외한 주주**(법세령 §80의2 ⑤)를 말한다(조특령 §35의3 ④).

   1. 친족(법세령 §43 ⑧ 1호 가목) 중 4촌인 혈족
   2. 주식의 포괄적 교환·이전일 현재 완전자회사에 대한 지분비율이 100분의 1 미만이면서 시가로 평가한 그 지분가액이 10억원 미만인 자

2. 현물출자로 인하여 지주회사의 자회사로 된 내국법인이 현물출자일이 속하는 사업연도의 종료일까지 사업을 계속할 것. **사업의 계속 및 폐지의 판정**에 관하여서는 적격합병 중 관련 규정(법세령 §80의2 ⑦, §80의4 ⑧)을 준용한다(조특령 §35의3 ⑤).

2.2.3. 내국법인 주주의 전환지주회사에 대한 현물출자 등에 대한 과세특례 요건

내국법인의 주주가 전환지주회사[내국법인 내국인 주주의 현물출자 또는 분할(적격 인적분할(법세 §46 ② 각 호) 또는 적격 물적분할(법세 §47 ①) 요건을 갖춘 분할만 해당)에 의하여 지주회사로 전환한 내국법인으로서, '독점규제 및 공정거래에 관한 법률에 따른 지주회사'와 '금융지주회사법에 따른 금융지주회사'를 포함]에 대하여 '독점규제 및 공정거래에 관한 법률에 따른 지주회사 및 금융지주회사법에 따른 금융지주회사의 설립 등에 관한 법정요건'(조특 §38의2 ① 각 호) 및 다음 각 호의 요건을 모두 갖추어 2026년 12월 31일까지 **주식을 현물출자하거나 자기주식교환**(그 전환지주회사의 자기주식과 교환)하는 경우, 그 현물출자 또는 자기주식교환으로 인하여 취득한 **전환지주회사의 주식가액 중 현물출자 또는 자기주식교환으로 인하여 발생한 양도차익에 상당하는 금액**은 법정 방법(조특령 §35의3, §35의4)에 따라 그 주주가 해당 지주회사의 주식을 처분할 때까지 양도소득세 또는 법인세의 과세를 이연받을 수 있다(조특 §38의2 ② 전단). 이 경우 '독점규제 및 공정거래에 관한 법률에 따른 지주회사 및 금융지주회사법에 따른 금융지주회사의 설립 등에 관한 법정요건'(조특 §38의2 ① 각 호)을 적용할 때 "지주회사"는 "전환지주회사"로, "자회사"는 "지분비율미달자회사"로, "현물출자"는 "현물출자 또는 자기주식교환"으로 본다(조특 §38의2 ② 후단). 또한 이 경우 주주는 해당 현물출자 등을 한 날이 속하는 과세연도의 과세표준신고와 함께 **주식 현물출자 등 양도차익명세서 및 과세이연 조정명**

세서를 납세지 관할 세무서장에게 제출해야 한다(조특 §38의2 ⑧).

1. '지분비율미달자회사(전환지주회사의 주식소유비율이 법정 비율(100분의50, 100분의30 또는 100분의20)(공정거래 §18 ② 2호 각 목 외의 부분 본문) 미만인 법인)로서 다음 각 목에 해당하는 법인'의 주식을 현물출자하거나 자기주식교환하는 것일 것
   가. 전환지주회사가 될 당시 해당 전환지주회사가 출자하고 있는 다른 내국법인
   나. 전환지주회사의 분할로 신설·합병되는 법인 및 분할 후 존속하는 법인
2. 전환지주회사가 된 날부터 2년 이내에 현물출자하거나 자기주식교환하는 것일 것
3. 자기주식교환의 경우에는 지분비율 미달 자회사의 모든 주주가 그 자기주식교환에 참여할 수 있어야 하며, 그 사실을 법정 방법(조특령 §35의3 ⑨)에 따라 공시하였을 것

2.2.4. 내국법인 주주의 지주회사 및 전환지주회사 관련 과세이연 방법

양도소득세 또는 법인세의 과세를 이연받거나 분할납부할 수 있는 법정 방법은 다음과 같다(조특 §38의2 ③). 2021년 12월 31일 이전 현물출자 등에 대하여서는 개정 이전의 법률이 적용되어 법인 주주의 경우에는 해당 주식에 대한 압축기장충당금의 설정을 통하여 양도차익에 상당하는 금액을 손금에 산입하는 방법을 통하여, 거주자 등 주주의 경우에는 해당 주식의 취득가액에서 과세이연금액을 뺀 금액을 그 취득가액으로 보는 방법을 통하여 각 과세를 이연하였으나, 2022년 1월 1일 이후 현물출자 등에 대하여서는 다음과 같이 익금불산입하거나 분할납부하는 방법을 통하여 과세이연하거나 분할납부한다는 점에 유의하여야 한다.

1. 내국법인 : 양도차익에 상당하는 금액에 대해 양도일이 속하는 해당 사업연도와 해당 사업연도의 종료일 이후 3개 사업연도의 기간 중 익금에 산입하지 아니하고 그 다음 3개 사업연도의 기간 동안 균분한 금액 이상을 익금에 산입한다.
2. 거주자 : 금융투자소득세를 양도일이 속하는 해당 연도의 금융투자소득세 과세표준 확정신 고기한 종료일 이후 3년이 되는 날부터 3년의 기간 동안 균분한 금액 이상을 납부한다.

그러나 2023년 1월 시행령 개정을 통하여 '2021년 12월 31일 이전의 내국법인의 주주인 법인 또는 거주자에 대한 과세이연 방법'으로 다시 변경되었다. 이하 '법인인 주주' 및 '거주자인 주주'의 순서로 살핀다.

내국법인의 주주인 거주자가 과세이연을 받는 방법은 다음과 같다. 내국법인의 주주인

법인이 보유주식을 지주회사 또는 전환지주회사에 현물출자하거나 지주회사 또는 전환지주회사의 주식과 교환하고 과세를 이연받는 경우(조특 §38의2 ①, ②) 현물출자 등을 한 날 현재 **주식양도차익**[현물출자 등으로 **취득한 지주회사 또는 전환지주회사의 주식가액**(시가 평가액(법세 §52 ②)을 말함)에서 그 현물출자 등을 한 날 전일의 **해당 보유주식의 장부가액을 뺀 금액**(그 금액이 해당 보유주식의 시가에서 장부가액을 뺀 금액을 초과하는 경우 그 초과한 금액은 제외)]을 그 사업연도의 소득금액을 계산할 때 손금에 산입한다(조특령 §35의3 ① 전문). 보유주식의 양도차익을 한도로 이연할 수 있으므로, 그 초과한 금액을 과세이연 대상에서 제외하는 것이다. 이 경우 손금에 산입하는 금액은 해당 **주식의 압축기장충당금으로 계상**해야 한다(조특령 §35의3 ① 후문). 이상과 같이 지주회사 또는 전환지주회사가 자회사의 주주인 법인이 현물출자 등에 따른 주식양도차익을 손금에 산입한 경우 현물출자 등으로 취득한 자회사의 주식을 자회사의 주주인 법인의 장부가액으로 취득한 것으로 한다(조특령 §35의3 ⑭). 자회사의 주식을 장부가액으로 취득한 지주회사 또는 전환지주회사는 현물출자 등을 받은 날이 속하는 사업연도의 과세표준신고를 할 때 **자회사 주식의 장부가액 계산서**를 납세지 관할 세무서장에게 제출해야 한다(조특령 §35의3 ⑯).

압축기장충당금은 해당 지주회사 또는 전환지주회사의 **주식을 처분**(현물출자 등으로 취득한 주식 외에 다른 방법으로 취득한 주식이 있는 경우에는 현물출자 등으로 취득한 주식을 먼저 처분한 것으로 봄)**하는 사업연도에 이를 익금에 산입**하되, **일부 주식을 처분하는 경우**에는 다음 계산식에 따라 계산한 금액을 익금에 산입한다(조특령 §35의3 ②).

> 압축기장충당금 × (주식의 현물출자 또는 자기주식교환으로 취득한 지주회사 또는 전환지주회사의 주식 중 처분한 주식 수/주식의 현물출자 또는 자기주식교환으로 취득한 지주회사 또는 전환지주회사의 주식 수)

압축기장충당금의 익금산입에 대한 특례가 있다. **적격분할**(물적분할 및 분할합병은 제외)(법세령 §82의2 ③ 2호)**로 인하여 해당 지주회사 또는 전환지주회사의 주식을 양도하는 경우**에는 해당 주식에 계상된 압축기장충당금을 익금에 산입하지 않으며, 적격분할로 신설되는 법인은 해당 주식에 계상된 압축기장충당금을 적격분할로 양수받은 해당 지주회사 또는 전환지주회사 주식의 압축기장충당금으로 승계하고 위 계산식(조특령 §35의3 ②)에 따라 익금에 산입한다(조특령 §35의3 ③).

지주회사 또는 전환지주회사가 '자회사의 주식'을 현물출자 등으로 장부가액으로 취득한 경우, 지주회사 또는 전환지주회사는 현물출자 등으로 취득한 '자회사의 주식'의 가액을 현물출자 등을 한 날 현재의 시가로 계상하되, 시가에서 자회사의 주식의 장부가액 합계액을 뺀 금액을 자산조정계정으로 계상해야 한다(조특령 §35의3 ⑥ 전문). 이 경우 계상한 자산조정계정은 법정 계산식[자산조정계정 × (처분한 주식 수/현물출자 등으로 취득한 주식 수)]에 따른 금액을 해당 주식을 처분하는 사업연도에 익금 또는 손금에 산입하되, 자기주식으로 소각되는 경우에는 익금 또는 손금에 산입하지 않고 소멸하는 것으로 한다(조특령 §35의3 ⑥ 후문). 자기주식의 소각은 법인 주주의 보유주식 중 지주회사 또는 전환지주회사의 주식이 포함되고 이를 지주회사 또는 전환지주회사가 취득한 경우를 전제로 한 것이다.

중간지주회사 특례의 경우 과세이연 방법은 지주회사 또는 전환지주회사 관련 과세이연방법(조특령 §35의3 ①, ②)에 관한 규정을 준용한다(조특령 §35의3 ⑫ 전단). 이 경우 압축기장충당금으로 계상해야 할 금액은 '지주회사 또는 전환지주회사 관련 과세를 이연받은 금액'(조특령 §35의3 ①)과 '그 과세의 이연을 받은 중간지주회사의 주식을 해당 중간지주회사를 지배하는 금융지주회사의 주식과 교환함으로써 발생한 양도차익'의 합계액으로 하고, 그 중간지주회사의 주식과 교환함으로써 취득한 금융지주회사의 주식을 처분하는 사업연도에 해당 압축기장충당금을 익금에 산입한다(조특령 §35의3 ⑫ 후단).

내국법인의 주주인 거주자가 과세이연을 받는 방법은 다음과 같다. 내국법인의 주주인 거주자가 보유주식을 지주회사 또는 전환지주회사에 현물출자하거나 지주회사 또는 전환지주회사의 주식과 교환하고 과세를 이연받는 경우(조특 §38의2 ①, ②) 해당 보유주식의 현물출자 등에 따라 발생하는 주식과세이연금액에 대해서는 양도소득세를 과세하지 않되, 그 지주회사 또는 전환지주회사의 주식의 처분(현물출자 등으로 취득한 주식 외에 다른 방법으로 취득한 주식이 있는 경우에는 현물출자등으로 취득한 주식을 먼저 처분한 것으로 봄)에 대해서는 지주회사 또는 전환지주회사의 주식의 취득가액에서 주식과세이연금액을 뺀 금액을 취득가액으로 보아 양도소득세를 과세한다(조특령 §35의4 ①). 과세이연 특례(조특 §38의2 ①, ②, ⑥)를 적용받으려는 거주자는 해당 현물출자등을 한 날이 속하는 과세연도의 과세표준신고를 할 때 지주회사 또는 전환지주회사와 함께 현물출자등 과세특례신청서를 납세지 관할세무서장에게 제출해야 한다(조특령 §35의4 ④). '자회사의 주주인 거주자의 현물출자 등에 따른 주식과세이연금액에 대하여 양도소득세를 과세하지 않은 경우' 지주회사 또는 전환지주회사는 현물출자 등으로 취득한 자회사의 주식을 자회사의 주주인 거주자의 취득가액으로 취득한 것으로 한다(조특령 §35의4 ③). 자회사의 주식을 장부가액으로 취득한 지주회사 또는 전환지주회사는 현물출자 등을 받은 날이 속하는 사업연도의 과세표준신고를 할 때 **자회사 주식의 장부가액 계산서를** 납세지 관할 세무서장에게 제출해야 한다(조특령 §35의4 ⑤). **중간지주회사 특례**(조특 §38의2 ⑥)에 따른 양도소득세 과세의 이연에 관하여는 '주주인 거주자가 보유주식을 지주회사 또는 전환지주회사에 현물출자하거나 지주회사 또는 전환지주회사의 주식과 교환하고 이연받는 금액'에 관한 규정(조특령 §35의4 ①)을 준용한다(조특령 §35의4 ② 전단). 이 경우 과세의 이연을 받는 금액은 '주주인 거주자가 보유주식을 지주회사 또는 전환지주회사에 현물출자하거나 지주회사 또는 전환지주회사의 주식과 교환하고 이연받는 금액'(조특령 §35의4 ①)과 '그 과세의 이연을 받은 중간지주회사의 주식을 해당 중간지주회사를 지배하는 금융지주회사의 주식과 교환함으로써 발생한 양도차익'의 합계액으로 하고, 그 중간지주회사의 주식과 교환함으로써 취득한 금융지주회사의 주식을 양도하는 때에 양도소득세를 과세한다(조특령 §35의4 ② 후단).

2.2.5. 내국법인 주주의 지주회사 및 전환지주회사 관련 과세특례에 대한 사후관리

내국법인의 주주가 현물출자 등(조특 §38의2 ①, ②)을 한 날부터 3년 이내의 범위에서 법정 기간(현물출자 등을 한 날이 속하는 사업연도의 다음 사업연도 개시일부터 2년)(조특령 §35의3 ⑥, §38의3 ⑦)에 **다음 각 호의 어느 하나에 해당하는 사유가** 발생하는 경우에는 **현물출자등으로 취득한 주식의 장부가액과 현물출자등을 한 날 현재의 시가와의 차액**(시가가 장부가액보다 큰 경우만 해당한다)을 법정 방법(조특령 §35의3)에 따라 **익금에 산입**하여야 한다(조특 §38의2 ③ 전문). 이 경우 제2호의 사유에 해당하는 경우에는 법정 방법(조특령 §35의3)에 따라 계산한 **이자상당액을 법인세 납부금액에 가산하여 납부**하여야 한다(조특 §38의2 ③ 후문).

1. 신설되거나 전환된 지주회사(조특 §38의2 ①) 또는 전환지주회사(조특 §38의2 ②)가 지주회사 에 해당하지 아니하게 되는 경우. 다만, 독점규제 및 공정거래에 관한 법률 등 지주회사의 기준을 정한 **법령의 개정으로 지주회사에 해당하지 아니하게 되는 등 법정 경우**(조특령 §35의3 ⑦)는 제외한다. **법정 경우는 유예기간**[기준변경일(법령의 개정으로 인하여 지주회사 의 기준이 변경된 날)이 속하는 사업연도(지주회사의 기준이 변경되어 지주회사에 해당되지 않게 된 그 지주회사의 사업연도)와 그 다음 사업연도 개시일부터 4년 이내에 종료하는 사업연도의 기간] 중 각 사업연도 종료일 현재 그 지주회사의 신설 또는 전환 당시의 **법령에 따른 지주회사 기준**(신설 또는 전환 이후부터 기준변경일까지의 기간 중에 지주회사 의 기준이 2회 이상 변경된 경우에는 '기준변경일에서 가장 가까운 때의 기준')을 **충족하고 있는 경우로서, 해당 유예기간 중에 있는 경우**를 말한다(조특령 §35의3 ⑪).

2. 전환지주회사가 지주회사로 전환한 날의 다음 날부터 2년이 되는 날까지 지분비율 미달 자회사의 주식을 법정 비율(100분의50, 100분의30 또는 100분의20)(공정거래 §18 ② 2호 각 목 외의 부분 본문) 미만으로 소유하는 경우

3. 자회사(지분비율 미달 자회사를 포함)가 사업을 폐지하는 경우. 다만, 법정 부득이한 사유(조특령 §35의3 ⑬ 2호)로 취득한 주식을 처분하는 경우는 제외한다. **사업의 계속 및 폐지의 판정**에 관하여서는 적격합병 중 관련 규정(법세령 §80의2 ⑦, §80의4 ⑧)을 준용한다(조특령 §35의3 ⑤). 부득이한 사유로 인한 사업의 계속 및 폐지에 관한 특례는 2.2.6.에서 살핀다.

4. 지주회사(전환지주회사를 포함) 또는 현물출자 등을 한 주주 중 **법정 주주**(조특령 §35의3 ②)가 현물출자 등으로 취득한 주식을 처분하는 경우. '**법정 주주**'는 완전자회사의 '**임원 또는 직원인 지배주주**'(법세령 §43 ③) **중 다음 각 호의 어느 하나에 해당하는 자를 제외한 주주**를 말한다(조특령 §35의3 ②). 다만, 법정 부득이한 사유(조특령 §35의3 ⑬ 1호)로 취득한 주식을 처분하는 경우는 제외한다. 부득이한 사유로 인한 사업의 계속 및 폐지에 관한 특례는 2.2.6.에서 살핀다.

> 1. 친족(법세령 §43 ⑧ 1호 가목) 중 4촌인 혈족
> 2. 주식의 포괄적 교환·이전일 현재 완전자회사에 대한 지분비율이 100분의 1 미만이면서 시가로 평가한 그 지분가액이 10억원 미만인 자

내국법인의 주주가 법인인 경우 주식양도차익 상당액을 손금에 산입한 이후 위 각 사유(조특 §38의2 ⑤ 각 호)가 발생하면, **자산조정계정**(조특령 §35의3 ⑥)의 잔액(잔액이 0보다 큰 경우로 한정하며, 잔액이 0보다 작은 경우에는 없는 것으로 봄)을 익금에 산입하고, 이 경우 그 자산조정계정은 소멸하는 것으로 한다(조특령 §35의3 ⑧). **법인세에 가산하여 납부해야 하는 이자상당액**은 다음 제1호의 금액에 제2호의 값을 곱하여 계산한 금액으로 한다(조특령 §35의3 ⑩).

> 1. '전환지주회사가 지주회사로 전환한 날의 다음 날부터 2년이 되는 날까지 자회사의 주식을 법정 비율 미만으로 소유하는 사유'(조특 §38의2 ③ 2호)로 익금에 산입하는 자산조정계정 잔액을 현물출자 등을 한 날이 속하는 사업연도에 익금에 산입하지 않아 발생한 법인세액의 차액
> 2. 현물출자 등을 한 날이 속하는 사업연도의 다음 사업연도의 개시일부터 자산조정계정 잔액을 익금에 산입한 사업연도의 종료일까지의 기간에 대하여 1일 10만분의 22의 율을 곱한 값

중간지주회사에 관한 특례가 있다. 주식을 중간지주회사(다른 금융지주회사의 지배를 받는 금융지주회사)에 이전하거나 중간지주회사의 주식과 교환함에 따라 양도차익 과세 또는 금융투자소득세 납부를 이연받은 주주가 2024년 12월 31일까지 그 주식교환 또는 주식이전의 대가로 받은 중간지주회사의 주식을 그 중간지주회사를 지배하는 금융지주회사의 주식과 교환하는 경우에는 사후관리 규정(조특 §38의2 ④, ⑤)에도 불구하고 해당 주주가 그 중간지주회사의 주식을 처분하지 아니한 것으로 보고, 그 주식교환의 대가로 받은 금융지주회사의 주식을 처분할 때 그 중간지주회사의 주식을 처분한 것으로 본다(조특 §38의2 ⑥). 이 경우 주주는 해당 현물출자 등을 한 날이 속하는 과세연도의 과세표준신고와 함께 **주식 현물출자 등 양도차익 명세서 및 과세이연 조정명세서**를 납세지 관할 세무서장에게 제출해야 한다(조특 §38의2 ⑧).

한편 2021년 12월 31일 이전 **현물출자 등**에 대하여서는 개정 이전의 법률이 적용되어 지주회사 (전환지주회사 포함)가 현물출자 등으로 인하여 취득한 주식을 현물출자 등을 한 날 현재의 시가로 계상하고, 그 시가와 해당 주식의 장부가액의 차액을 자산조정계정으로 계상한 후, 각 사후관리 사유가 발생하면 해당 자산조정계정을 익금에 산입하는 방법으로 사후관리를 하였다. 그러나, 2022년 1월 1일 이후 **현물출자 등**에 대하여서는 익금불산입한 금액을 전액 익금산입하거나, 납부하지 않은 금융투자소득세를 전액 납부하는 방법을 통하여 사후관리한다는 점에 유의하여야 한다. 2023년 1월 시행령 개정을 통하여 다시 종전 방법으로 변경되었다.

2.2.6. 부득이한 사유로 인한 주식 보유요건 및 사업계속요건에 관한 특례

부득이한 법정 사유(조특 §38의2 ⑨)가 있는 경우에는 내국법인 주주의 '현물출자 등에 의한 지주회사의 설립 등에 관한 과세특례' 및 '전환지주회사에 대한 현물출자 등에 대한 과세특례'를 적용함에 있어서 주식을 보유하거나 사업을 계속하는 것으로 본다(조특 §38의2 ⑦). **부득이한 법정 사유**는 다음 각 호의 구분에 따른 사유가 있는 경우를 말한다(조특령 §38의3 ⑬).

> 1. **취득한 주식을 보유할 수 없는 경우** : 지주회사, 전환지주회사 및 '법정 주주 등(조특령 §35의3 ④ : 법세령 §80의2 ⑤)'이 다음 각 목(법세령 §80의2 ① 1호)의 어느 하나에 해당하는 경우
>
> > 가. 해당 주주 등이 합병으로 교부받은 전체 주식 등의 2분의 1 미만을 처분한 경우. 이 경우 해당 주주 등이 합병으로 교부받은 주식 등을 서로 간에 처분하는 것은 해당 주주 등이 그 주식 등을 처분한 것으로 보지 않고, 해당 주주 등이 합병법인

주식 등을 처분하는 경우에는 합병법인이 선택한 주식 등을 처분하는 것으로 본다.
나. 해당 주주 등이 사망하거나 파산하여 주식 등을 처분한 경우
다. 해당 주주 등이 적격합병, 적격분할, 적격물적분할 또는 적격현물출자에 따라 주식 등을 처분한 경우
라. 해당 주주 등이 조세특례제한법(조특 §38, §38의2, §121의30)에 따라 주식 등을 현물출자 또는 교환·이전하고 과세를 이연받으면서 주식 등을 처분한 경우
마. 해당 주주 등이 채무자 회생 및 파산에 관한 법률에 따른 회생절차에 따라 법원의 허가를 받아 주식 등을 처분하는 경우
바. 해당 주주 등이 '금융채권자협의회 등이 기업과 체결한 기업개선계획의 이행을 위한 약정'(조특령 §34 ⑥ 1호) 또는 '채권은행자율협의회가 기업과 체결한 기업개선계획의 이행을 위한 특별약정'(조특령 §34 ⑥ 2호)에 따라 주식 등을 처분하는 경우
사. 해당 주주 등이 법령상 의무를 이행하기 위하여 주식 등을 처분하는 경우

2. **사업을 계속할 수 없는 경우** : 지주회사 및 전환지주회사의 자회사가 다음 각 목(법세령 §80의2 ① 2호)의 어느 하나에 해당하는 경우

가. 합병법인이 파산함에 따라 승계받은 자산을 처분한 경우
나. 합병법인이 적격합병, 적격분할, 적격물적분할 또는 적격현물출자에 따라 사업을 폐지한 경우
다. 합병법인이 기업개선계획의 이행을 위한 약정(조특령 §34 ⑥ 1호) 또는 기업개선계획의 이행을 위한 특별약정(조특령 §34 ⑥ 2호)에 따라 승계받은 자산을 처분한 경우
라. 합병법인이 채무자 회생 및 파산에 관한 법률에 따른 회생절차에 따라 법원의 허가를 받아 승계받은 자산을 처분한 경우

2.3. 재무구조개선계획에 따른 기업 간 주식 등의 교환에 대한 과세특례

2.3.1. 재무구조개선계획에 따른 기업 간 주식 등의 교환에 대한 과세특례의 적용

'교환대상법인'에 해당하는 내국법인의 **지배주주 등**(법정 지배주주·출자자 및 그 특수관계인(조특령 §43 ① ; 법세령 §36 ⑥)**이** 2017년 12월 31일 이전에 **법정 재무구조개선계획**('법정의자(조특령 §34 ⑦ 1호~4호, §43 ③)가 승인한 법정 재무구조개선계획(조특령 §34 ⑥ 1호~4호)으로서 지배주주 등이 보유한 주식 등의 양도·양수계획이 명시된 것에 한정)(조특령 §43 ②, ③)**에 따라 그 소유 주식 등**(주식 또는 출자지분) **전부를 양도하고** '교환대상법인의 법정 특수관계인(조특령 §43 ④ ; 법세령 §2 ⑧ 각 호)이 아닌 다른 내국법인'에 해당하는 **교환양수법인의 주식**

등을 다음 각 호의 어느 하나에 해당하는 방법으로 그 소유비율에 따라 양수하는 경우에는 주식 등을 양도함에 따라 발생한 양도차익(교환양수법인 및 교환양수법인의 지배주주 등에 발생하는 양도차익을 포함)에 상당하는 금액에 대한 양도소득세 또는 법인세에 대해서는 **법정 방법**(조특령 §43 ⑥)에 따라 **양수한 주식 등을 처분**(상속·증여를 포함)**할 때까지 과세를 이연받을 수 있다**(조특 §46 ①). 이 경우 주식 등의 양도·양수에 있어 교환대상법인의 주식 등을 양도한 **지배주주 등 간의 해당 법인 주식 등의 보유비율에 따라** 교환양수법인의 주식 등이 **배분되어야** 한다(조특령 §43 ⑤). **주주 등은** 주식 등을 양도·양수한 날이 속하는 과세연도의 **과세표준신고와 함께 기업교환계약서, 주식 등 양도·양수명세서, 과세이연신청서를 납세지 관할 세무서장에게 제출하여야** 한다(조특령 §43 ⑫).

1. 교환양수법인이 이미 보유하거나 새롭게 발행한 주식 등을 양수하는 방법
2. 교환양수법인의 지배주주 등이 보유한 주식 등의 전부를 양수하는 방법(교환대상법인 및 교환양수법인이 서로 다른 기업집단(공정거래 §2 11호)에 소속되어 있는 경우로 한정)

양도소득세 또는 법인세를 과세이연하는 법정 방법은 다음 각 호의 방법에 따른다(조특령 §43 ⑥).

1. **지배주주 등이 법인인 경우** : 다음 각 목의 방법에 따라 과세를 이연받는 방법
   가. **과세이연금액**[주식 등을 양도(조특 §46 ①)함에 따라 발생한 양도차익(주식 등의 양도 당시의 시가(법세 §52 ②)에서 양도일 전일의 장부가액을 뺀 금액)으로서 양수한 교환양수법인의 주식 등의 가액을 한도로 하는 금액]을 **양수한 교환양수법인의 주식 등의 압축기장충당금으로 계상하여야** 한다.
   나. 압축기장충당금으로 계상한 금액(조특령 §43 ⑥ 1호 가목)은 **양수한 교환양수법인의 주식 등을 처분**[양도, 상속 또는 증여. 이 경우 법정 방식에 따라 양수한 주식 등(조특 §46 ①) 외에 다른 방법으로 취득한 주식 등이 있으면 법정 방식에 따라 양수한 주식 등을 먼저 양도, 상속 또는 증여한 것으로 봄)]**하는 사업연도에 이를 익금에 산입**하되, **일부 주식 등을 처분하는 경우**에는 **법정 계산식**[압축기장충당금으로 계상한 금액(조특령 §43 ⑥ 1호 가목) × (양수한 교환양수법인의 주식 등 중 처분한 주식 등의 수/양수한 교환양수법인의 주식 등의 수)]**에 의하여 계산한 금액을 익금에 산입**한다.
2. **지배주주 등이 거주자인 경우** : 주식 등을 양도(조특 §46 ①)할 때 양도소득세를 납부하지 아니하고 양수한 교환양수법인의 주식 등을 처분할 때에 교환양수법인의 주식 등의 취득가액에서 과세이연금액을 뺀 금액을 취득가액으로 보아 양도소득세를 납부하는 방법

교환양수법인의 지배주주 등이 보유한 주식 등의 전부를 양수하는 경우(조특 §46 ① 2호),
교환대상법인의 양도·양수에 있어서 나타난 해당 법인의 **자산부족액**을 익금에 산입하여
이를 **소득처분**(법세 §67)**하는 경우** 해당 법인은 소득세법에도 불구하고 그 처분금액에 대한
소득세를 **원천징수하지 아니한다**(조특 §46 ②). 이 경우 **자산부족액**은 교환대상법인과 교환양수
법인의 기업교환계약에 자산의 실제조사에 대한 내용이 포함되어 있는 경우로서 주식 등을
양도·양수한 날 현재의 자산부족액을 해당 법인이 **증권선물위원회**(금융위 §19)**에 요청하여**
지명을 받은 회계법인으로부터 확인받아 수정하여 회계처리한 것에 한정한다(조특령 §43 ⑦).
주주 등은 주식 등을 양도·양수한 날이 속하는 과세연도의 **과세표준신고와 함께 기업교환계약**
서, 주식 등 양도·양수명세서, 과세이연신청서를 납세지 관할 세무서장에게 제출하여야
한다(조특령 §43 ⑫).

2.3.2. 물적분할 또는 현물출자 시 과세특례에 따른 현물출자로 취득한 주식 등의 전부를 다시 재무구조개선계획에 따라 기업 간 주식 등의 교환을 하는 경우에 대한 과세이연 특례

내국법인이 **물적분할**(법세 §47) **또는 현물출자 시 과세특례**(법세 §47의2)**에 따른 현물출자로**
취득한 주식 등의 전부를 다시 재무구조개선계획에 따라 기업 간 **주식 등의 교환**(조특 §46
①)**을 하는 경우**에는, 현물출자 또는 물적분할 당시 자산의 양도차익에 상당하는 금액으로서
손금에 산입하여 과세를 이연받은 금액은 **법정 절차**(조특령 §43 ⑩)**에 따라 다시 과세를 이연받을**
수 있다(조특 §46 ④). 법정 절차에 따라 산정한 다시 과세를 이연받을 수 있는 금액은 '양수한
교환양수법인의 주식 등의 가액에 상당하는 금액의 범위에서 현물출자 또는 물적분할 당시 과세를
이연받은 금액'으로 하되, 그 금액은 **교환양수법인의 주식 등의 압축기장충당금으로 계상하고**
법정 방법(조특령 §43 ⑥ 1호 나목)**에 따라 익금에 산입한다**(조특령 §43 ⑩). 주주 등은 주식 등을
양도·양수한 날이 속하는 과세연도의 **과세표준신고와 함께 기업교환계약서, 주식 등 양도·양수**
명세서, 과세이연신청서를 납세지 관할 세무서장에게 제출하여야 한다(조특령 §43 ⑫).

2.3.3. 교환양수법인의 지배주주 등이 보유한 주식 등의 전부를 양수하는 경우에 대한 사후관리

교환양수법인의 지배주주 등이 보유한 주식 등의 전부를 양수하는 경우(조특 §46 ① 2호)에
있어서, 주식 등을 양도한 교환대상법인의 주주 등이 다음 각 호의 어느 하나에 해당하는

때에는 해당 사유가 발생한 과세연도에 **납부하지 아니한 세액을 납부하거나** 소득금액을 계산할 때 **손금에 산입한 금액을 익금에 산입하여야** 한다(조특 §46 ③ 전단).

---

1. 주식 등을 양도한 사업연도의 종료일 이후 5년 이내에 교환대상법인이 속하였던 기업집단에 교환대상법인과 동일한 업종을 경영하는 법인이 속하게 되는 경우. 이 경우 업종의 분류는 '한국표준산업분류의 소분류'에 따른다(조특령 §43 ⑨).
2. 주식 등을 양도한 사업연도의 종료일 이후 5년 이내에 지배주주 등이 교환대상법인의 주식 등을 다시 보유하게 되는 경우

이 경우 **법정 절차에 따라 계산한 이자상당가산액**(조특령 §43 ⑧)을 가산하여 양도소득세 또는 법인세로 납부하여야 하며 해당 세액은 법인세법 또는 소득세법에 따라 납부하여야 할 세액(법세 §64 : 소세 §76)으로 본다(조특 §46 ③ 후단). **법정 절차에 따라 계산한 이자상당가산액**은 다음 각 호에 따라 계산한 금액을 말한다(조특령 §43 ⑧).

---

1. **거주자의 경우** : 주식 등을 양도(조특 §46 ①)할 때 납부하지 아니한 양도소득세액에 가목에 따른 기간과 나목에 따른 율을 곱하여 계산한 금액
   가. 주식 등을 양도(조특 §46 ①)할 때 과세이연금액에 대한 양도소득세를 납부하지 아니한 과세연도의 종료일의 다음 날부터 법정 사유(조특 §46 ③ 각 호)가 발생하여 과세이연금액에 대한 양도소득세를 납부하는 과세연도의 종료일까지의 기간
   나. 1일 10만분의 25
2. **내국법인의 경우** : 과세이연금액을 익금에 산입하지 아니한 사업연도에 과세이연금액을 익금에 산입하지 아니함에 따라 발생한 법인세액의 차액에 가목에 따른 기간과 나목에 따른 율을 곱하여 계산한 금액
   가. 과세이연금액을 익금에 산입하지 아니한 사업연도 종료일의 다음 날부터 법정 사유(조특 §46 ③ 각 호)가 발생하여 과세이연금액을 익금에 산입하는 사업연도의 종료일까지의 기간
   나. 1일 10만분의 25

교환양수법인의 지배주주 등이 보유한 주식 등의 전부를 양수하는 경우(조특 §46 ① 2호)에 있어서, 주식 등을 양도한 교환대상법인의 **재무구조개선계획을 승인한 자**는 재무구조개선계획의 내용 및 그 이행실적을 매년 법정 절차(조특령 §43 ⑪)에 따라 **납세지 관할 세무서장에게 제출하여야** 한다(조특 §46 ⑤). **법정 절차**(조특령 §43 ⑪)는 다음과 같다. 재무구조개선계획 승인권자

는 교환대상법인의 그 승인일이 속하는 사업연도 종료일까지 재무구조개선계획의 내용을 **재무구조개선계획서**에 따라 교환대상법인의 납세지 관할 세무서장에게 제출하여야 하며, 다음 각 호에 해당하는 사업연도의 과세표준 신고기한 종료일까지 **재무구조개선계획이행보고서**를 교환대상법인의 납세지 관할 세무서장에게 제출하여야 한다(조특령 §43 ⑪ 전단). 이 경우 **교환대상법인이 재무구조개선계획 승인권자의 확인을 받아** 재무구조개선계획서 또는 재무구조개선계획이행보고서를 납세지 관할 세무서장에게 **제출하는 경우에는 재무구조개선계획승인권자가 제출한 것으로 본다**(조특령 §43 ⑪ 후단).

---

1. 주식 등을 양도·양수(조특 §46 ①)한 날이 속하는 사업연도
2. 주식 등을 양도·양수(조특 §46 ①)한 날이 속하는 사업연도의 다음 3개 사업연도

2.4. 농업협동조합중앙회의 분할 등에 대한 과세특례

농업협동조합법에 따른 농업협동조합중앙회가 2017년 12월 31일까지 농업협동조합법에 따라 분할하는 경우(농협 §161의2, §161의10~12, 법률 제10522호 농업협동조합법 일부개정법률 부칙 제6조)에는 법인세법 상 적격 물적분할(법세 §47 ①, §46 ② 각 호)로 보아 조세특례제한법 및 법인세법의 분할에 관한 규정을 적용하고, 이를 부가가치세법 상 재화의 공급(부가세 §9, §10)으로 보지 아니한다(조특 §121의23 ①). 따라서 물적분할에 의하여 분할신설법인의 주식 등을 취득한 경우, 그 주식 등의 가액 중 물적분할로 인하여 발생한 자산의 양도차익에 상당하는 금액은 분할등기일이 속하는 사업연도의 소득금액을 계산할 때 **'분할신설법인주식 등의 압축기장충당금으로 계상'**하여 **손금에 산입할 수** 있다(법세 §47 ① 본문 ; 법세령 §84 ②). 이 경우 분할법인 또는 주식승계법인은 신고를 할 때 분할신설법인 또는 자산승계법인과 함께 법정 **물적분할과세특례신청서** 및 **자산의 양도차익에 관한 명세서**를 납세지 관할 세무서장에게 제출하여야 한다(법세령 §84 ②).

농업협동조합중앙회가 위 분할(조특 §121의23 ①)로 **인하여 취득한 주식에 대하여** 분할 당시 발생한 자산의 양도차익에 상당하는 금액으로서 손금에 산입하여 과세를 이연받은 금액(법세 §47 ① 본문 ; 법세령 §84 ②)은 해당 분할로 취득한 주식을 **농협경제지주회사와 주식의 포괄적 교환을 하는 경우**(조특 §121의23 ③)에 **'위 분할**(조특 §121의23 ①)로 **취득한 주식에 계상된 압축기장충당금에 상당하는 금액'**에 대하여 다시 과세를 이연받을 수 있다(조특 §121의23 ④).

2.5. 수산업협동조합중앙회의 분할 등에 대한 과세특례

수산업협동조합법에 따른 수산업협동조합중앙회가 2016년 12월 31일까지 수산업협동조합법에 따라 분할하는 경우(조특령 §116의29 ① : 수협 §141의4 ①)에는 법인세법 상 적격 물적분할(법세 §47 ①, §46 ② 각 호)로 보아 조세특례제한법 및 법인세법의 분할에 관한 규정을 적용하고, 이를 부가가치세법 상 재화의 공급(부가세 §9, §10)으로 보지 아니한다(조특 §121의25 ①). 따라서 물적분할에 의하여 분할신설법인의 주식 등을 취득한 경우, 그 주식 등의 가액 중 물적분할로 인하여 발생한 자산의 양도차익에 상당하는 금액은 분할등기일이 속하는 사업연도의 소득금액을 계산할 때 '분할신설법인주식 등의 압축기장충당금으로 계상'하여 손금에 산입할 수 있다(법세 §47 ① 본문 : 법세령 §84 ②).

2.6. 사업재편계획에 따른 기업 간 주식 등의 교환에 대한 과세특례

2.6.1. 사업재편계획에 따른 기업 간 주식 등의 교환에 대한 과세특례의 적용

'교환대상법인'인 내국법인의 **지배주주 등**(지배주주·출자자 및 그 특수관계인)(법세령 §43 ⑦, ⑧)이 2021년 12월 31일 이전에 **법정 사업재편계획**[지배주주 등(법세령 §43 ⑦, ⑧)이 보유한 주식 등의 양도·양수계획이 포함되어 있는 것으로서, 사업재편계획승인권자(주무부처의 장)이 승인(기업활력 §10)한 사업재편계획(기업활력 §9 ② 각 호)](조특령 §116의34 ②)에 **따라** 그 **소유 주식 등**(주식 또는 출자지분) **전부를 양도하고, '교환양수법인**{교환대상법인의 법정 **특수관계인**[교환대상법인과 '법인세법 상 특수관계'(법세령 §2 ⑤ 1호~6호)에 있는 자(동일한 기업집단(공정거래 §2 11호)에 소속된 다른 계열회사는 제외)](조특령 §116의34 ③)이 아닌 다른 **내국법인**}'의 주식 등을 다음 각 호의 어느 하나에 해당하는 방법으로 그 소유비율에 따라 **양수하는 경우**에는 주식 등을 양도함에 따라 발생한 **양도차익**(교환양수법인 및 교환양수법인의 **지배주주 등**에 발생하는 양도차익을 포함)에 상당하는 금액에 대한 양도소득세 또는 법인세에 대해서는 **양수한 주식 등을 처분**(상속·증여를 포함)**할 때까지 법정 방법**(조특령 §116의34 ⑤)에 따라 **과세를 이연받을 수 있다**(조특 §121의30 ①). 이 경우 **주식 등의 양도·양수**는 교환대상법인의 주식 등을 양도한 지배주주 등 간의 해당 법인 주식 등의 보유비율에 따라 교환양수법인(조특령 §116의34 ③)의 주식 등이 배분되어야 한다(조특령 §116의34 ④). 지배주주 등은 주식 등을 양도·양수한 날이 속하는 과세연도의 과세표준신고를 할 때 **기업교환계약서, 주식 등 양도·양수명세서, 과세이연신청서**를 납세지 관할 세무서장에게 제출하여야 한다(조특령 §116의34 ⑫).

1. 교환양수법인이 이미 보유하거나 새롭게 발행한 주식 등을 양수하는 방법
2. 교환양수법인의 지배주주 등이 보유한 주식 등의 전부를 양수하는 방법(교환대상법인 및 교환양수법인이 서로 다른 기업집단(공정거래 §2 11호)에 소속되어 있는 경우로 한정)

양도소득세 또는 법인세를 과세이연하는 법정 방법은 다음 각 호의 방법에 따른다(조특령 §116의34 ⑤).

1. **지배주주 등이 거주자인 경우** : 주식 등을 양도(조특 §121의30 ①)할 때 양도소득세를 납부하지 아니하고 양수한 교환양수법인의 주식 등을 처분할 때에 다음의 계산식에 따라 산출한 금액을 취득가액으로 보아 양도소득세를 납부하는 방법

   > '지배주주 등이 양수(조특 §121의30 ①)한 교환양수법인의 주식 등' 중 '양도한 주식 등의 취득가액' - [과세이연소득(주식 등을 양도(조특 §121의30 ①)할 때 발생하는 금융투자소득(소세 §87의6 ① 1호)) × (양도한 교환양수법인의 주식 등의 수/양수한 교환양수법인의 주식 등의 수)]

2. **지배주주 등이 법인인 경우** : 다음 각 목의 방법에 따라 과세를 이연받는 방법
   가. **과세이연금액**[주식 등을 양도(조특 §121의30 ①)함에 따라 발생한 양도차익(주식 등의 양도 당시의 시가(법세 §52 ②)에서 양도일 전일의 장부가액을 뺀 금액)으로서 양수한 교환양수법인의 주식 등의 가액을 한도로 하는 금액]을 **양수한 교환양수법인의 주식 등의 압축기장충당금으로 계상하여야** 한다.
   나. 압축기장충당금으로 계상한 금액(조특령 §116의34 ⑤ 2호 가목)은 **양수한 교환양수법인의 주식 등을 처분**[양도, 상속 또는 증여. 이 경우 법정 방식에 따라 양수한 주식 등(조특 §121의30 ①) 외에 다른 방법으로 취득한 주식 등이 있으면 법정 방식에 따라 양수한 주식 등을 먼저 양도, 상속 또는 증여한 것으로 봄)]**하는 사업연도에 이를 익금에 산입하되, 일부 주식 등을 처분하는 경우**에는 **법정 계산식**[압축기장충당금으로 계상한 금액(조특령 §116의34 ⑤ 2호 가목) × (양수한 교환양수법인의 주식 등 중 처분한 주식 등의 수/양수한 교환양수법인의 주식 등의 수)]에 **의하여 계산한 금액을 익금에 산입**한다.

교환양수법인의 지배주주 등이 보유한 주식 등의 전부를 양수하는 경우(조특 §121의30 ① 2호)에 있어서, 교환대상법인의 양도·양수에 있어서 나타난 해당 법인의 **자산부족액**을 익금에 산입하여 이를 **소득처분**(법세 §67)**하는 경우** 해당 법인은 소득세법에도 불구하고 그 처분금액에 대한 소득세를 **원천징수하지 아니한다**(조특 §121의30 ②). 이 경우 **자산부족액**은 교환대상법인과

교환양수법인의 기업교환계약에 자산의 실제조사에 대한 내용이 포함되어 있는 경우로서 주식 등을 양도·양수한 날 현재의 자산부족액을 해당 법인이 **증권선물위원회**(금융위 §19)**에 요청하여 지명을 받은 회계법인으로부터 확인받아 수정하여 회계처리한 것에 한정**한다(조특령 §116의34 ⑥). 지배주주 등은 주식 등을 양도·양수한 날이 속하는 과세연도의 과세표준신고를 할 때 **기업교환계약서, 주식 등 양도·양수명세서, 과세이연신청서**를 납세지 관할 세무서장에게 제출하여야 한다(조특령 §116의34 ⑫).

사업재편계획을 이행하는 내국법인은 사업재편계획의 내용 및 그 이행실적을 매년 **법정 절차**(조특령 §116의34 ⑪)에 따라 납세지 관할 세무서장에게 제출하여야 한다(조특 §121의30 ⑤). 즉 **사업재편계획 승인내국법인**(사업재편계획을 승인받은 내국법인)은 **사업재편계획승인권자의 확인을 받아 사업재편계획서 및 사업재편계획이행보고서**를 다음 각 호의 구분에 따른 기한까지 납세지 관할 세무서장에게 제출하여야 한다(조특령 §116의34 ⑪).

1. **사업재편계획서** : 사업재편계획 승인내국법인의 사업재편계획 승인일이 속하는 사업연도 종료일
2. **사업재편계획이행보고서** : 다음 각 목에 해당하는 사업연도의 과세표준 신고기한 종료일
   가. 주식 등을 양도·양수(조특 §121의30 ①)한 날이 속하는 사업연도
   나. 주식 등을 양도·양수(조특 §121의30 ①)한 날이 속하는 사업연도의 다음 3개 사업연도

2.6.2. 과세이연된 양도소득세 또는 법인세의 사후관리

교환양수법인의 지배주주 등이 보유한 주식 등의 전부를 양수하는 경우(조특 §121의30 ① 2호)에 있어서, **주식 등을 양도한 교환대상법인의 주주 등이 다음 각 호의 어느 하나에 해당하는 때**에는 거주자는 해당 사유 발생일이 속하는 반기의 말일부터 2개월 이내에 납부하지 아니한 세액을 납부하여야 하며, 내국법인은 해당 사유가 발생한 사업연도의 소득금액을 계산할 때 손금에 산입한 금액을 익금에 산입하여야 한다(조특 §121의30 ③ 전단).

1. 주식 등을 양도한 사업연도의 종료일 이후 5년 이내에 교환대상법인이 속하였던 기업집단에 교환대상법인과 동일한 업종을 경영하는 법인이 속하게 되는 경우. 이 경우 업종의 분류는 '한국표준산업분류의 소분류'에 따른다(조특령 §116의34 ⑧).
2. 주식 등을 양도한 사업연도의 종료일 이후 5년 이내에 지배주주 등이 교환대상법인의 주식 등을 다시 보유하게 되는 경우
3. 법정 사유(조특령 §116의34 ⑨ : 기업활력 §13 ①)에 해당하여 사업재편계획의 승인이 취소된 경우

이 경우 **법정 절차에 따라 계산한 이자상당가산액**(조특령 §116의34 ⑦)을 가산하여 양도소득세 또는 법인세로 납부하여야 하며 해당 세액은 법인세법 또는 소득세법에 따라 납부하여야 할 세액(법세 §64 : 소세 §76)으로 본다(조특 §121의30 ③ 후단). **법정 절차에 따라 계산한 이자상당가산액**은 다음 각 호에 따라 계산한 금액을 말한다(조특령 §116의34 ⑦).

1. **지배주주 등이 거주자의 경우** : 주식 등을 양도(조특 §121의30 ①)할 때 납부하지 아니한 양도소득세액에 가목에 따른 기간과 나목에 따른 율을 곱하여 계산한 금액
   가. 주식 등을 양도(조특 §121의30 ①)할 때 과세이연소득에 대한 당초 양도소득세 예정신고 납부기한의 다음 날부터 '법정 사유(조특 §121의30 ③ 각 호)가 발생하여 과세이연금액에 대한 양도소득세를 납부하여야 하는 납부일'까지의 기간
   나. 1일 10만분의 25
2. **지배주주 등이 내국법인의 경우** : '과세이연금액을 익금에 산입하지 아니한 사업연도에 과세이연금액을 익금에 산입하지 아니함에 따라 발생한 법인세액의 차액'에 가목에 따른 기간과 나목에 따른 율을 곱하여 계산한 금액
   가. 과세이연금액을 익금에 산입하지 아니한 사업연도 종료일의 다음 날부터 '법정 사유(조특 §121의30 ③ 각 호)가 발생하여 과세이연금액을 익금에 산입하는 사업연도의 종료일'까지의 기간
   나. 1일 10만분의 25

2.6.3. 물적분할 또는 현물출자 시 과세특례에 따른 현물출자로 취득한 주식 등의 전부를 다시 사업재편계획에 따라 기업 간 주식 등의 교환을 하는 경우에 대한 과세이연 특례

내국법인이 물적분할(법세 §47) 또는 현물출자 시 과세특례(법세 §47의2)에 따른 현물출자로

취득한 주식 등의 전부를 다시 사업재편계획에 따라 기업 간 주식 등의 교환(조특 §121의30 ①)을 하는 경우에는, 현물출자 또는 물적분할 당시 자산의 양도차익에 상당하는 금액으로서 손금에 산입하여 과세를 이연받은 금액은 **법정 절차**(조특령 §116의34 ⑩)**에 따라 다시 과세를 이연받을 수 있다**(조특 §121의30 ④). **법정 절차에 따라 산정한 다시 과세를 이연받을 수 있는 금액**은 '양수한 교환양수법인의 주식 등의 가액에 상당하는 금액의 범위에서 현물출자 또는 물적분할 당시 과세를 이연받은 금액'으로 하되, 그 금액은 **교환양수법인의 주식 등의 압축기장 충당금으로 계상하고 법정 방법**(조특령 §116의34 ⑤ 2호 나목)**에 따라 익금에 산입한다**(조특령 §116의34 ⑩). 지배주주 등은 주식 등을 양도・양수한 날이 속하는 과세연도의 과세표준신고를 할 때 **기업교환계약서, 주식 등 양도・양수명세서, 과세이연신청서**를 납세지 관할 세무서장에게 제출하여야 한다(조특령 §116의34 ⑫).

 제7관 부당행위계산의 부인에 의한 소득금액 계산의 특례

Ⅰ 부당행위계산의 부인 총설

1. 부당행위계산의 부인의 입법취지 및 그 헌법 상 존립근거

과세관할(법세 §12)을 가진 납세지 관할 세무서장 또는 관할 지방국세청장은 내국법인의 행위 또는 소득금액의 계산이 **특수관계인**(법세 §2 12호 : 법세령 §2 ⑤)**과의 거래** 그 **조세의 부담을 부당하게 감소시킨 것으로 인정되는 경우**에는 그 법인의 행위 또는 소득금액의 계산(**부당행위계산**)(법세령 §88)을 **시가**(법세 §52 ②)**를 기준으로 다시 계산할 수 있다**(법세 §52 ①). 과세관할의 이상과 같은 권한의 행사를 **부당행위계산의 부인**이라고 한다. 조세법률주의는 "모든 국민은 법률이 정하는 바에 의하여 납세의 의무를 진다"(헌법 §38)에 근거하는바, 조세법률주의로부터 과세요건 법정주의, 과세요건 명확주의, 합법성의 원칙, 비과세 관행 또는 해석에 반한 소급과세의 금지원칙 및 신의성실의 원칙 등이 파생한다.[784] 과세관할을 가진 납세지 관할 세무서장 또는 관할 지방국세청장이 개별・구체적인 법률규정에 근거하지 않고 부당행위계산의 부인에 근거하여 해당 법인의 행위 또는 소득금액의 계산을 부인하는 것은 조세법률주의에 어긋나는 측면이 있다. 헌법 상 원리인 조세법률주의에 반하는 부당행위계산의 부인을

---

784) 이준봉, 전게서, 제1편 제2장 제1절 Ⅵ 참조.

어떻게 파악하여야 하는지 여부가 쟁점이 된다. 별도의 헌법 상 존립근거가 있어야 한다. 그렇다면 **부당행위계산의 부인의 헌법 상 존립근거는 무엇인가?** 부당행위계산의 부인은 실질과 세원칙을 구체화하여 공평과세를 실현하고자 하는 데에 그 입법 취지가 있다.[785] 또한 이는 과세의 공평을 기하고 조세회피행위를 방지하고자 하는 것이다.[786] 한편 헌법재판소는 실질과 세원칙이라 함은 조세평등주의의 이념을 실현하기 위한 제도의 하나로서 법률 상의 형식과 경제적 실질이 서로 부합하지 않는 경우에 그 경제적 실질을 추구하여 그에 과세함으로써 조세를 공평하게 부과하겠다는 것이라고 판시한다.[787] 이러한 의미에서의 실질과세원칙은 조세법률주의의 형해화를 막고 실효성을 확보한다는 점에서 조세법률주의와 상호보완적이고 불가분적인 관계에 있다고 할 수도 있다.[788] 조세법률주의는 "모든 국민은 법률이 정하는 바에 의하여 납세의 의무를 진다"(헌법 §38)에 근거한다. 이에 반하여 실질과세원칙은 조세평등주 의에 근거하여 법률 상의 형식과 경제적 실질이 서로 부합하지 않는 경우에 그 경제적 실질을 추구하여 그에 과세함으로써 조세를 공평하게 부과한 것이다. 부당행위계산의 부인 역시 조세평등주의에 근거하여 조세회피행위를 방지하기 위한 것이다. 즉 **부당행위계산의 부인과 실질과세원칙은 모두 헌법 상 조세평등주의에서 연원하는 제도이다.**

그렇다면 국세기본법 상 실질과세원칙(국기 §14)이 규정되어 있음에도 불구하고, 법인세법이 부당행위계산의 부인에 대하여 규정한 이유가 무엇인지 여부가 쟁점이 된다. 부당행위계산의 부인과 실질과세원칙의 구분에 대하여서는 이하 항을 바꾸어 설명한다.[789]

2. 부당행위계산의 부인과 실질과세원칙

먼저 법인세법 상 규정을 중심으로 부당행위계산 부인규정의 의의 및 입법취지에 대하여 본다.[790] 판례에 의하면, 부당행위계산이라 함은 납세자가 정상적인 경제인의 합리적 거래형식 에 의하지 아니하고 우회행위, 다단계행위 그 밖의 이상한 거래형식을 취함으로써 통상의 합리적인 거래형식을 취할 때 생기는 조세의 부담을 경감 내지 배제시키는 행위계산을 말하고, 법인세법이 부당행위계산 부인규정을 둔 취지는 법인과 특수관계 있는 자와의 거래가 동법 시행령이 규정하는 제반 거래형태를 빙자하여 남용함으로써 경제적 합리성을 무시하였다고

---

785) 대법원 2001.6.15. 99두1731.
786) 대법원 2002.9.4. 2001두7268.
787) 헌재 2006.6.29. 2004헌바76 ; 헌재 2004.7.15. 2003헌바45 ; 헌재 1989.7.21. 89헌마38.
788) 대법원 2012.1.19. 2008두8499.
789) 이준봉, 전게서, 제1편 제2장 제1절 Ⅵ 5 다 (3) (바)에 의존하여 작성한 것이다.
790) 소득세법 등에도 부당행위계산 부인규정이 있으나 법인세법에 대한 논의가 그대로 적용될 것으로 본다.

인정되어 조세법적인 측면에서 부당한 것이라고 보일 때 과세권자가 객관적으로 타당하다고 인정되는 소득이 있었던 것으로 의제하여 과세함으로써 과세의 공평을 기하고 조세회피행위를 방지하고자 하는 것이다.[791] 부당행위계산 부인규정은 경제인의 입장에서 볼 때 부자연스럽고 불합리한 행위계산을 함으로써 경제적 합리성을 무시하였다고 인정되는 경우에 한하여 적용되고, 경제적 합리성의 유무에 대한 판단은 거래행위의 여러 사정을 구체적으로 고려하여 과연 그 거래행위가 건전한 사회통념이나 상관행에 비추어 경제적 합리성을 결한 비정상적인 것인지 여부에 따라 판단하되, 비특수관계자 간의 거래가격, 거래 당시의 특별한 사정 등도 고려하여야 한다.[792] 또한 부당행위계산 부인규정은 실질과세원칙을 보충하여 공평과세를 실현하고자 하는 데 그 입법취지가 있다고 판시한다.[793]

부당행위계산 부인규정은 특수관계인들 사이의 거래에 국한하여[794] 조세의 부당한 감소가 있는 경우를 유형화한 이후에 시가를 기준으로 그 거래를 재구성하는 것인 바, **부당행위계산 부인규정의 적용대상과 실질과세원칙의 적용대상은 동일한 것인가?** 실질과세원칙이 적용되기 위하여서는 해당 거래의 경제적 실질이 존재하지 않아야 한다. 부당행위계산의 유형들(법세령 §88)은 시가에 의하지 않는 거래를 통하여 특수관계인에게 이익을 분여한 거래들에 속한다. 즉 위 유형들은 자신이 경제적 이익을 얻기보다는 특수관계인에게 오히려 이익을 제공하기 위한 거래들에 해당하므로 원칙적으로 해당 거래에 경제적 합리성이 있다고 할 수 없다. 따라서 실질과세원칙의 적용대상과 부당행위계산 부인규정의 적용대상은 원칙적으로 동일한 것으로 보아야 한다. 부당행위계산의 부인에 관하여 적용기준이 되는 이러한 '시가'에 대한 주장·증명책임은 원칙적으로 과세관청에 있다.[795]

그렇다면 **부당행위계산 부인규정을 별도로 둔 이유는 무엇인가?** 특수관계인들 사이에서 이익을 분여하는 거래에 대하여 실질과세원칙을 적용하는 것에 따른 불확실성을 감소시키기 위하여, 그 부당행위를 유형화하고 그에 대한 소득금액의 재계산방법 및 시가의 산정방법 등을 구체적으로 규정하는 부당행위계산 부인규정을 도입한 것으로 이해할 수 있다. 그러나 이것만으로는 부족하다. **특수관계인 사이에서 이익을 분여한 경우에 대하여 실질과세원칙을**

---

791) 대법원 2005.4.29. 2003두15249 ; 대법원 2006.11.10. 2006두125 ; 대법원 2018.7.26. 2016두40375.
792) 대법원 2010.10.28. 2008두15541 ; 대법원 2019.5.30. 2016두54213 ; 대법원 2020.12.10. 2017두35165 ; 대법원 2023.5.18. 2022두31570, 31587 ; 대법원 2023.5.18. 2018두33005 ; 대법원 2023.6.1. 2021두30679.
793) 대법원 1992.1.21. 91누7637.
794) 특수관계자 간의 거래에 특수관계자 외의 자를 통하여 이루어진 거래 역시 포함된다 : 대법원 2019.5.30. 2016두54213.
795) 대법원 2018.7.20. 2015두39842 ; 대법원 2018.7.26. 2016두40375.

적용하는 효과는 무엇일까? 특수관계인 사이에서 이익을 분여한 경우는 구체적인 상황에 따라서 그 경제적 실질이 다를 수 있다. 즉 해당 이익에 상당하는 금원을 분여한 것이 아니라 대여한 것으로 볼 수 있는 경우, 해당 이익에 상당하는 금원을 수령한 이후에 이를 무상으로 제공한 것으로 볼 수 있는 경우, 다른 거래를 통하여 해당 이익을 회수하여 실질적으로는 이익을 분여한 것으로 볼 수 없는 경우 및 해당 이익의 제공이 실질적으로 배당에 해당하는 경우 등으로 나눌 수 있다. 그러나 위 각 경우 중 '대여금 또는 배당금에 해당하는 경우' 및 '실질적으로 별개의 거래를 통하여 해당 이익을 회수하는 경우'에는 해당 법인이 그 이익을 별도로 익금에 산입할 이유가 없다. 그러나 이러한 경우에 대하여 부당행위계산 부인규정이 적용된다면, 법이 정하는 부당행위 유형에 해당하는 이상 반드시 그 분여한 이익을 익금에 산입하여야 한다. 이러한 의미에서 부당행위계산 부인규정은 실질과세원칙에 대한 특별규정으로 볼 수 있다. 이 견해를 취한다면 부당행위계산 부인규정이 적용되는 거래에 대하여서는 실질과세원칙이 적용되지 않는다고 보아야 한다. 그러나 부당행위계산 부인규정이 위와 같은 효과를 갖도록 하는 것이 타당한지 여부는 검토되어야 한다. **부당행위계산의 부인을 통하여 분여한 이익이 분여법인의 익금에는 산입되나 그 과세된 이익 상당액의 효과가 해당 거래와 관련된 자산 또는 용역의 취득원가 등에는 반영되지 않는 것이 타당한가?** 국제거래에 있어서 적용되는 이전가격세제는 국내거래에 있어서 적용되는 부당행위계산 부인과 유사한 것인바, 이전가격세제를 적용하는 경우에는 체약상대국이 거주자와 국외특수관계인의 거래가격을 정상가격으로 조정하고, 이에 대한 상호합의절차가 종결된 경우에는 과세당국은 그 합의에 따라 거주자의 각 과세연도 소득금액 및 결정세액을 조정하여 계산할 수 있다(국조 §10 ①). 이를 통상 **대응조정**이라고 한다. 국내거래에 부당행위계산 부인규정을 적용하는 경우에 대하여서는 위 대응조정에 해당하는 규정이 없다. 따라서 이익분여 법인이 그 분여한 이익에 대하여 과세되더라도 그 과세된 이익 상당액의 효과가 해당 거래와 관련된 자산 또는 용역의 취득원가 등에 반영되지 않는다. 따라서 부당행위계산 부인을 통하여 가산세를 부과하는 것과는 별도로, 후속거래에서 해당 자산 또는 용역을 매각하거나 이용하여 매출이 발생하는 경우 등에 다시 그 이익 상당액이 과세되는 불이익이 발생하게 된다. 이는 거래당사자들에게 시가에 따라 거래한 것보다 불리한 결과를 안기는 것으로서 가산세 이외의 벌칙을 추가적으로 부과하는 셈이다. 만약 거래당사자들이 당초부터 시가에 의하여 거래하였다면 해당 거래를 통하여 익금이 인식된 만큼 그 효과가 거래의 상대방이 취득하는 자산 또는 용역의 취득원가 등에 반영되어 경제적으로 동일한 소득이 거래당사자들 사이에서 중복하여 과세되지는 않기 때문이다. 이러한 불이익을 합리화할 규범적 정당성을 찾기 어렵고 국내거래를 국제거래에 비하여 차별하는 것 역시 합리화될 수 없다. 그렇다면 이는 부당한 입법이다.

한편 법인세법 시행령(법세령 §88) 상 부당행위계산의 유형에 해당하기만 하면 바로 부당행위계산 부인규정이 적용되어야 하는가? 즉 위 시행령 상 유형에 해당하기만 하면 부당행위계산 부인규정이 바로 적용되어야 하는지 아니면 위 유형에 해당되는 경우에도 다시 조세의 부당한 감소가 있어야 하는 것인지 여부가 쟁점이 될 수 있다. 법인세법(법세 §52 ①)은 단순히 '조세의 부담을 부당하게 감소시킨 것으로 인정되는 경우'라는 문언을 사용하고 있다. 만약 시행령이 조세의 부당한 감소가 있는지 여부를 묻지 않고서 시행령 상 유형에 해당되기만 하면 바로 부당행위계산 부인규정을 적용할 것을 의미하는 것이라면 이는 시행령이 모법의 내용을 확장하여 납세자에게 불리하게 세법을 적용하는 것에 해당하므로 위임입법의 법리에 어긋난 것으로서 위헌이라고 보아야 한다. 시행령 상 유형에 해당한다고 하더라도 반드시 조세의 부당한 감소가 있다고 볼 수 있는 것은 아니기 때문이다. 즉 부당행위계산 부인규정은 경제인의 처지에서 볼 때 부자연스럽고 불합리한 행위계산을 함으로 인하여 경제적 합리성을 무시하였다고 인정되는 경우에 한하여 적용되고 경제적 합리성의 유무를 판단할 때에는 해당 거래행위의 대가관계만을 따로 떼어 내어 단순히 특수관계인이 아닌 자와의 거래형태에서는 통상 행하여지지 아니하는 것이라 하여 바로 경제적 합리성이 없다고 보아서는 아니 되며, 거래행위의 제반 사정을 구체적으로 고려하여 과연 그 거래행위가 건전한 사회통념이나 상관행에 비추어 경제적 합리성이 없는 비정상적인 것인지의 여부에 따라 판단하여야 한다.[796] 또한 비특수관계인 간의 거래가격 및 거래 당시의 특별한 사정 등도 고려하여야 한다.[797] 위와 같이 시행령 상 유형에 해당된다고 하더라도 별도로 조세의 부당한 감소가 있는지 여부를 검토하여야 한다면 이 점에 있어서는 부당행위계산 부인규정이 실질과세원칙의 적용의 경우와 동일한 것이다. 다만 부당행위계산 부인규정은 특정 유형을 전제하여 적용된다는 점에서만 차이를 보이는 것이다.

법인세법 시행령 상 부당행위계산의 유형에 해당한다고 하더라도 반드시 조세의 부당한 감소가 수반되지 않는 거래에 대한 예를 본다. 내국법인이 100% 출자하여 사회간접자본 시설투자를 목적으로 하는 자회사를 설립하였다. 내국법인은 다시 제2차 자금을 자회사에게 출자가 아닌 대여금으로 제공하고 그 이자율은 연 20%로 약정하였다. 통상 시중이자율은

---

796) 대법원 2006.5.11. 2004두7993 ; 대법원 2007.2.22. 2006두13909 ; 대법원 2017.1.25. 2016두50686 ; 대법원 2018.3.15. 2017두63887 ; 대법원 2018.12.27. 2017두47519.
797) 대법원 2018.7.20. 2015두39842 ; 대법원 2018.7.26. 2016두40375 ; 대법원 2018.10.25. 2016두39573 ; 대법원 2018.12.27. 2017두47519.

5%에 불과하다고 가정한다. 특수관계인인 내국법인과 자회사가 이처럼 높은 이자율로 차입거래를 하는 것은 법인세법 시행령 상 부당행위계산의 유형(법세령 §88 ① 7호)에 해당한다. 만약 내국법인이 대여금이 아닌 출자금으로서 해당 금원을 자회사에게 공급하였다면 이에 대하여 부당행위계산 부인규정이 적용될 여지가 없다. 그러나 내국법인이 출자금이 아닌 대여금으로서 자회사에 자금을 조달하고 높은 이자를 받는다고 하여 반드시 부당한 조세의 감소가 발생하는 것은 아니다. 출자의 경우 주주인 내국법인에 대하여서는 수입배당금 익금불산입제도(법세 §18의3 ①)가 적용되어 해당 배당금은 내국법인의 익금에서 제외된다. 게다가 사회간접자본 시설투자를 목적으로 하는 자회사의 초기 단계에는 법인세가 과세될 익금이 발생하지 않거나 미미하게 발생한다. 즉 내국법인이 출자금으로서 투자하였을 경우에는 자회사 단계에서 법인세 과세가 이루어지지 않거나 미미한 수준에서 이루어지는 것에 그치고 주주인 내국법인 단계에서는 설사 배당을 수취한다고 하더라도 이는 익금불산입으로 처리된다. 그런데 내국법인이 출자 이후의 제2차 자금을 대여금으로서 제공한 경우에는 자회사 단계에서 해당 이자금액에 대하여 원천징수를 하고(법세 §73), 주주인 내국법인 단계에서도 해당 이자금액이 익금으로서 과세된다. 게다가 이러한 이자의 지급은 배당가능이익의 발생 여부와는 무관하게 이루어진다. 이상의 각 논의들을 종합하여 본다면, 주주인 내국법인이 자회사에게 출자가 아닌 대여금으로서 제2차 자금을 제공하고 높은 이자율을 약정한 것은 특수관계인들이 세금을 보다 일찍 또는 보다 많이 부담하더라도 투자한 자금을 조기에 회수하기 위한 거래라고 보아야 한다. 그렇다면 이를 두고 조세부담을 부당하게 감소하기 위한 거래라고 할 수는 없다. **이상과 같은 법리는 시가의 산정에 있어서도 동일하게 적용되어야 한다.** 법령 단계에서 공식의 형태로 평가방법을 규정한다고 할지라도 이에 대하여 납세자가 다른 보다 합리적인 평가방법 또는 법령 상 평가방법의 부당성을 입증할 수 있는 기회가 보장되어야 한다. 그 기회가 보장되지 않는다면 이 역시 자의적인 것으로서 조세공평주의에 반하는 것이다.[798] 판례 역시 부당행위계산의 부인제도 상 시가의 판정과 관련하여 법인세법 시행령이 '금전의 대여 또는 차용의 경우에는 가중평균차입이자율이나 당좌대출이자율을 시가로 한다'는 취지로 규정한다고 할지라도 이자율의 시가 역시 일반적이고 정상적인 금전거래에서 형성될 수 있는 객관적이고 합리적인 것이어야 하므로, 가중평균차입이자율 등을 시가로 볼 수 없는 사정이 인정된다면 정상적인 거래에서 적용되거나 적용될 것으로 판단되는 이자율의 시가를 과세관청이 증명하여야 한다고 판시한다.[799] 다만

---

798) 이준봉, 전게서, 제1편 제2장 제1절 Ⅵ 6 나 조세법의 해석 참조.
799) 대법원 2018.7.26. 2016두40375.

위 판례의 판시와 관련하여서는 현행 법령(법세령 §89 ③) 상 시가가 불분명한 경우에 대한 의제규정이 있음에도 불구하고 이에 반하여 위와 같이 해석할 수 있는 규범 상 근거가 존재하는지 여부에 대한 의문이 발생할 수 있다. 그러나 경제적 합리성 판정대상의 가장 중요한 요소에 해당하는 시가 개념과 경제적 합리성이 부인된 거래에 대한 과세의 기준으로서의 시가 개념은 구분되어야 한다. 위 현행법령은 후자의 시가 개념에 대한 정의 또는 의제규정을 두고 있는 것이다. 전자의 시가 개념은 후자의 시가 개념에 구애되지 않고 거래 당사자들 사이에 존재하는 일체의 사정들을 모두 감안하여 경제적 합리성에 따라 판단되어야 한다. 위 판시 역시 이러한 취지를 담은 것이라고 보는 것이 타당하다. 즉 거래당사자들이 거래한 가격이 경제적 합리성에 따른 시가에 근거하지 않았다는 점에 대한 입증은 과세관청이 부담하여야 하고 과세관청이 그 입증에 성공한 경우에야 후자의 시가 개념이 적용될 여지가 있다는 취지를 담은 것으로 이해하여야 한다.

부당행위계산에 해당되는지 여부에 대한 판정은 개별 거래를 대상으로 하는 것인가? 아니면 경제적 일체로 판단되는 거래들 전체를 대상으로 하여야 하는 것인가? 납세자들이 개별거래 별로 각 경제적 합리성이 확보되도록 거래하여야 할지 아니면 여러 거래들 전체로 보아 경제적 합리성이 유지되도록 거래를 구성할지 여부에 대하여 과세관청이 개입할 수 있는 규범적 합리성은 존재하지 않는다. 이는 납세자의 경영판단에 속하는 것이다. 또한 법인세법 시행령 상 부당행위계산의 유형(법세령 §88 ①)에 해당하는지 여부를 반드시 개별 거래별로 판단하여야 한다는 규범적 근거 역시 찾을 수 없다. 부당행위계산에 해당하는지 여부에 대한 판정은 경제적 일체로 판단되는 거래들 전체를 대상으로 하여야 한다.

해당 거래가 세법 상 가장행위로서 무시되어야 할 경우에도 부당행위계산 부인규정이 적용될 수 있을까? 부당행위계산 부인규정은 해당 거래가 실제 발생한 것을 전제로 하여 시가와의 차이에 해당하는 이익을 익금에 산입하는 것을 염두에 둔 것이므로 세법 상 가장행위에 해당하는 경우에는 부당행위계산 부인규정을 적용할 수 없는 것으로 보아야 한다.[800] 이 경우 부당한 조세감소가 있다면 부당행위계산 부인규정이 적용될 것이 아니라 실질과세원칙이 적용되어야 한다.

부당행위계산 부인규정의 적용요건에 해당하는지 여부를 판단하는 과정에서 실질과세원칙을 적용할 수 있는가? 즉 당사자들은 매매가 아니라 대여거래인 형식을 취하였으나 그 실질에 따라 해당 거래가 매매로 재구성된 경우에 대하여 다시 그 당사자들이 특수관계인들이고

---

800) 대법원 1985.4.23. 84누622 ; 대법원 1986.11.11. 86누449 ; 대법원 2019.5.30. 2016두54213.

그 대가가 시가에 미치지 못한다는 것을 근거로 해당 거래에 대하여 다시 부당행위계산 부인규정을 적용할 수 있는가? 긍정하는 것이 타당하다. 부당행위계산 부인규정을 실질과세원칙에 대한 특별규정으로 보는 경우에는 부당행위계산 부인규정이 우선하여 적용되고 실질과세원칙이 적용될 수 없을 것이다. 그러나 부당행위계산 부인규정 역시 거래의 실질이 확정된 이후에 대하여 적용되는 것이므로, 그 실질이 무엇인지 여부와 관련하여서는 부당행위계산 부인규정이 실질과세원칙에 대한 특별규정이라는 점과는 무관하게 여전히 실질과세원칙이 적용될 수 있다고 판단한다. 한편 법원은 문언 상 부당행위계산 부인규정을 적용하기 어려운 경우에도 이를 확장하여 적용하는 경향이 있다.[801] 그러나 부당행위계산 부인규정 상 유형을 확장하여 적용하기보다는 먼저 **실질과세원칙을 적용하여 해당 거래를 재구성한 이후에 부당행위계산 부인규정의 적용 여부를 판단하는 것이 타당하다.** 부당행위계산의 유형으로서 금전 대여에 해당하는지 또는 자산·용역 제공에 해당하는지는 거래의 내용이나 형식, 당사자의 의사, 계약체결의 경위, 거래대금의 실질적·경제적 대가관계, 거래의 경과 등 거래의 형식과 실질을 종합적으로 고려하여 거래관념과 사회통념에 따라 합리적으로 판단하여야 한다.[802] 또한 내국법인의 행위 또는 소득금액의 계산에 관한 기초적 사실행위에 불법행위, 허위행위 또는 가장행위가 있는 경우 과세관청으로서는 조사결정권에 의하여 그 행위의 존재 자체를 부정하고 실질적인 거래에 대하여 과세하여야 하는 것은 당연한 이치라 할 것이고, 나아가 그 실질적인 거래가 위 부당행위계산에 해당하는 경우에는 그 행위 또는 계산의 효력을 부인하고 과세할 수 있다.[803] 따라서 **거래당사자들 사이의 우회적 또는 다단계거래를 하나의 거래로 보아 부당행위계산의 부인을 적용할지 여부 역시 실질과세원칙을 적용하여 하나의 거래로 재구성할 수 있는 경우에 한하여 쟁점이 될 수 있다.**[804] 즉 거래당사자들 사이의 여러 거래 중 일부 거래가 건전한 사회통념 또는 상관행에 비추어 경제적 합리성이 결여된 것으로 볼 수 없는 경우[805] 및 해당 거래에 조세회피의 목적이 없는 경우[806] 등에는 거래 당사자들 사이의 여러 거래를 하나의 거래로 의제하여 부당행위계산의 부인을 적용할 수는 없다.

이하 실질과세원칙과 부당행위계산 부인규정에 대한 그 밖의 차이점을 본다.

---

801) 김의석, *실질과세원칙의 적용에 관한 접근방식*, 『조세법연구』 제18집 제2호, 한국세법학회, 2012, 25-27면 ; 대법원 1982.2.23. 81누332 ; 대법원 1990.7.24. 89누4772 ; 대법원 1997.5.28. 95누18697 ; 대법원 2009.5.14. 2006두11224 ; 대법원 2009.7.9. 2007두4049.
802) 대법원 2017.8.29. 2014두43301.
803) 대법원 1995.2.10. 94누1913.
804) 대법원 2014.4.10. 2013두20127 ; 대법원 2016.6.10. 2016두35014 ; 대법원 2019.5.30. 2016두54213.
805) 대법원 2014.4.10. 2013두20127.
806) 대법원 2018.3.15. 2017두63887.

실질과세원칙 역시 특수관계인들 사이의 거래에 대하여서만 적용되는 것인가? 실질과세원칙은 특수관계인들 사이의 거래에 대하여 보다 쉽게 적용될 수 있을 것이지만 이에 한정할 근거가 없다. 납세자가 그와 특수관계가 없는 독립적인 당사자 사이의 거래(arm's length transaction)라고 할지라도 경제적 실질이 없다면 이에 대하여 실질과세원칙이 적용되어야 한다. 즉 특수관계인 사이의 거래가 아니라고 할지라도, '납세자가 일반적으로 경제적 이익을 얻기 위하여 수행하는 통상의 방식을 선택하였더라도 실질적으로 이에 부합하는 활동이 없는 경우' 또는 '납세자가 선택한 방식이 통상의 방식에 해당하지 않고 또한 경제적 이익을 얻기 위한 합리적 의도에 따른 거래로도 볼 수 없는 경우' 등에 대하여서는 실질과세원칙이 적용되어야 한다. 이 점에서 실질과세원칙은 특수관계인들 사이의 거래에 대하여서만 적용되는 부당행위계산 부인규정과는 다르다. 미국의 경우에 있어서도 실질과세원칙이 특수관계인들 사이의 거래에 대하여 적용되는 것이 대부분이나[807] 독립적인 당사자 사이의 거래에 대하여서도 적용된다.[808]

부당행위계산 부인규정을 적용함에 있어서도 실질과세원칙의 경우와 마찬가지로 납세자의 주관적인 의도를 고려하여야 하는 것인가? 판례에 따르면, 부당행위계산 부인규정을 적용함에 있어서는 반드시 조세부담을 회피하거나 경감시킬 의도가 있어야만 하는 것은 아니다.[809] 따라서 이 점에서도 실질과세원칙은 부당행위계산 부인규정과는 다르다고 할 여지가 있다. 실질과세원칙은 객관적 요건 및 주관적 요건 모두를 감안하여 적용되기 때문이다. 실질과세원칙에 따르면, 납세자가 경제적 이익을 얻기 위한 통상의 방식을 선택하지 않는 경우에 있어서는 납세자가 경제적 이익을 얻기 위한 합리적인 의도에 따라 해당 방식을 선택하였고 해당 방식이 경제적 합리성 역시 가지고 있다는 점을 입증하여야 한다.[810] 따라서 납세자가 통상의 방식을 선택하지 않는 경우에 있어서는 과세관청이 실질과세원칙을 적용하기 위하여 납세자의 조세회피의도 등을 입증할 필요가 없다. 그런데 부당행위계산 부인규정 상 부당행위로 명시된 거래들은

---

807) *Campana Corat v. Harrison*, 114 F.2d 400 (7th Cir. 1940) ; *Limericks, Inc. v. Comm'r*, 7 T.C. 1129 (1946), *aff'd*, 165 F.2d 483 (5th Cir. 1948) ; *58th Street Plaza Theatre v. Comm'r*, 16 T.C. 469 (1951), *aff'd*, 195 F.2d 724 (2d Cir. 1952) ; *Cent. Cuba Sugar Co. v. Comm'r*, 16 T.C. 882 (1951), *aff'd on this point*, 198 F.2d 214 (2d Cir. 1952) ; *Gladys Chessman Evans v. Comm'r*, 30 T.C. 798 (1958) ; *Winters v. Dallman*, 238 F.2d 912 (7th Cir. 1956) ; *United States v. 58th Street Plaza Theatre*, 287 F. Suat 475 (S.D.N.Y. 1968) ; *Brown v. United States*, 329 F.2d 664, 673 (9th Cir. 2003).
808) *Crown Cork Int'l Corat v. Comm'r*, 4 T.C. 19, *aff'd*, 149 F.2d 968 (3d Cir. 1945) ; *Bank of Am. Nat'l Trust & Sav. Ass'n v. Comm'r*, 15 T.C. 544, *aff'd*, 193 F.2d 178 (9th Cir. 1951) ; *A. Arena & Co., Ltd. v. United States*, 103 F. Suat 505 (S.D. Cal. 1952) ; *Nat'l Lead Co. v. Comm'r*, 336 F.2d 134 (2d Cir.), *cert. denied*, 380 U.S. 908 (1964) ; *Frank Lyon Co. v. United States*, 435 U.S. 561, 584 (1978).
809) 대법원 2006.11.10. 2006두125.
810) 이준봉, 전게서, 제1편 제2장 제1절 VI 5 다 (3) (나) 실질과세원칙 상 실질의 의미 참조.

납세자가 경제적 이익을 얻기 위하여 선택하는 통상의 방식에 해당되지 않는다. 따라서 실질과세원칙에 따르더라도 과세관청은 이 경우들에 대하여 납세자의 조세회피의도 등을 입증할 필요가 없다. 그렇다면 이 점과 관련하여서는 실질과세원칙과 부당행위계산 부인규정이 다르다고 할 수 없다. 다만 부당행위계산 부인규정의 적용과 관련하여 납세자가 선택한 방식이 통상의 방식이 아닌 경우에 납세자가 '자신이 선택한 방식이 경제적 이익을 얻기 위한 합리적인 의도에 따른 것이고 해당 방식 역시 경제적 합리성을 가지고 있다는 점'을 입증할 수 있는 기회를 부여하지 않는다면 그 점에서 실질과세원칙과 부당행위계산 부인규정이 다르다고 할 수는 있다. 그러나 부당행위계산 부인규정의 적용에 있어서 납세자가 위와 같은 입증을 할 수 없다고 해석하는 것은 타당하지 않다.

부당행위계산의 부인 적용요건

1. 부당행위계산의 부인 적용요건 일반

납세지 관할 세무서장 또는 관할 지방국세청장은 내국법인의 행위 또는 소득금액의 계산이 **특수관계인**(법세 §2 12호 ; 법세령 §2 ⑤)과의 거래로 인하여 그 법인의 소득에 대한 **조세의 부담을 부당하게 감소시킨 것으로 인정되는 경우**에는 그 법인의 행위 또는 소득금액의 계산(**부당행위계산**)(법세령 §88)과 관계없이 그 법인의 각 사업연도의 소득금액을 계산한다(법세 §52 ①). 부당행위계산을 부인하는 경우 **시가**[사회통념 및 상거래 관행과 특수관계인이 아닌 자 간의 정상적인 거래에서 적용되거나 적용될 것으로 판단되는 가격(요율・이자율・임대료 및 교환 비율과 그 밖에 이에 준하는 것을 포함)](법세령 §89)을 기준으로 한다(법세 §52 ②). **부당행위계산 부인의 적용대상인 내국법인의 행위 또는 소득금액의 계산은 세법상 가공행위 또는 가장행위로서 부인되지 않는 것이어야 한다.** 이 경우에는 실질과세원칙의 적용을 통하여 부인되어야 하고 이는 시가를 기준으로 소득금액을 재계산하는 부당행위계산 부인의 적용과 무관하기 때문이다. **조세의 부당한 감소**는 거래행위의 제반 사정을 구체적으로 고려하여 과연 그 거래행위가 건전한 사회통념이나 상관행에 비추어 경제적 합리성을 결여한 것인지 여부에 의하여 판단하여야 한다.[811] **조세의 부당한 감소에 대한 주장・입증책임은 과세관청이 부담한다.**[812] 과세관청이 해당 거래에 대한 시가 및 해당 법인의 행위가 부당행위계산의

---

811) 대법원 2000.11.14. 2000두5494 ; 대법원 2003.12.12. 2002두9995 ; 대법원 2018.7.20. 2015두39842.
812) 대법원 1995.12.26. 95누3589.

유형에 속한다는 점을 입증하면, 조세의 부당한 감소에 대한 주장·입증책임을 다한 것으로 보아야 한다.

　부당행위계산 부인의 적용에 있어서 부당한 감소 여부가 문제되는 조세의 범위는 어떠한가? 부당행위계산 부인의 적용대상인 조세는 이익을 분여한 법인의 소득에 대한 조세를 의미한다. 즉 조세의 감소 여부는 이익을 분여한 법인의 법인세를 대상으로 판정한다. 다만 해당 감소가 부당한지 여부는 특수관계인 사이의 거래 전체를 대상으로 판정하여야 한다는 점에 유의하여야 한다. 특수관계인 사이의 거래에 합리성이 존재한다면 형식적으로 이익분여 법인의 법인세가 감소한다고 할지라도 이를 들어 그 감소가 부당하다고 할 수는 없다. 거래 전체의 경제적 합리성에 따른 의사결정으로 인하여 이익분여 법인의 법인세가 감소한다고 할지라도 해당 거래 전체를 대상으로 보면 법인세 부담이 감소하지 않거나 오히려 증가하는 경우 역시 있고, 해당 거래 전체가 별도의 사업상 목적이 없이 단지 법인세의 감소만을 목적으로 하는 거래에 해당한다고 볼 수 없는 경우 역시 있기 때문이다. 이러한 맥락에 따르면, '조세부담 감소의 판정은 당해 법인을 기준으로 할 수밖에 없는 것이고, 납세의무자의 주관적인 조세회피의 의도가 별도의 요건으로 요구되지 아니하므로 특수관계인 전체의 조세부담이 감소된 바 없어 조세회피의 의도가 없었다는 점이 부당성의 판단에 영향을 미칠 수 없다'는 취지의 판례는 타당하지 않다.[813] 부당한 조세의 감소에 관한 판단을 조세회피 의도에 관한 판단으로 대체하는 것에 대한 합리적 논거 및 규범적 정당성을 찾기 어렵기 때문이다. **부당한 조세의 감소에 관한 판단은 해당 거래와 관련된 구체적 사실관계 및 상황에 근거하여 그 거래 전체를 뒷받침하는 경제적 합리성이 존재하는지 여부에 의하여 이루어져야 한다. 거래 전체에 관한 경제적 합리성에 대한 판단을 각 법인 별로 인위적으로 구분하여 판단하여야 할 규범적 당위성 역시 없다.** 판례들 역시 이와 동일한 취지로 판시한다. 부당행위계산의 부인은 경제인의 입장에서 볼 때 부자연스럽고 불합리한 행위계산을 하여 경제적 합리성을 무시하였다고 인정되는 경우에 한하여 적용되는 것이고, 경제적 합리성 유무에 관한 판단은 거래행위의 여러 사정을 구체적으로 고려하여 과연 그 거래행위가 건전한 사회통념이나 상관행에 비추어 경제적 합리성이 없는 비정상적인 것인지에 따라 판단하되, 비특수관계자 간의 거래가격, 거래 당시의 특별한 사정 등도 고려하여야 한다.[814] 경제적 합리성의 유무에 관한 판단은 그 거래행위의 대가관계만을 따로 떼어내어 단순히 특수관계자가 아닌 사람과의 거래형태에서는 통상 행하여지지 아니하는

813）대법원 2000.2.11. 97누13184.
814）대법원 2018.7.20. 2015두39842.

것이라 하여 바로 이에 해당하는 것으로 볼 것이 아니라, 거래행위의 제반 사정을 구체적으로 고려하여 과연 그 거래행위가 건전한 사회통념이나 상관행에 비추어 경제적 합리성을 결여한 비정상적인 것인지 여부에 따라 판단하여야 한다.[815] 따라서 정상적 거래조건과 다른 조건에 의하여 체결된 거래라고 할지라도 해당 거래에 대한 경제적 합리성이 존재한다면 그 거래에 대하여 부당행위계산의 부인을 적용할 수 없다.[816] 즉 법인이 매입한 자산이 수익파생에 공헌하거나 장래에 자산의 운용으로 수익을 얻을 가능성이 있는 등 수익과 관련이 있는 자산에 해당하고 매입행위가 행위 당시를 기준으로 할 때 건전한 사회통념이나 상관행에 비추어 경제적 합리성을 결여한 비정상적인 행위라고 할 수 없다면, 설령 법인이 특수관계 없는 자로부터 자산을 매입함으로써 법인과 특수관계에 있는 자가 경제적으로 어떠한 이익을 얻었다고 하더라도 이를 부당행위계산에 해당한다고 할 수 없다.[817] 또한 판례는 비특수관계자 간의 거래가격, 거래 당시의 특별한 사정 등도 고려하여야 한다고 판시하는바,[818] **해당 거래와 관련된 구체적 사실관계 및 상황에는 법령 및 정부 등 규제기관의 조치 또는 권고 등 역시 포함되는 것으로 보아야 한다.** 법령 및 정부 등 규제기관의 조치 또는 권고 등으로 인하여 법인이 달리 행동을 할 기대가능성이 낮은 상황 하에서 다시 법인세법이 다른 가격에 의하여 거래할 것을 요구하는 것은 법인이 두 가지 가격에 의하여 거래할 것을 강요하는 것에 해당하므로, 그 자체가 규범적 정당성 또는 합리성을 갖는다고 할 수 없기 때문이다. **다만 이 쟁점은 법령 및 정부 등 규제기관의 조치 또는 권고 등으로 인하여 두 가지 이상의 가격이 제시된 상황에 관한 것임에 유의할 필요가 있다. 경제적 합리성에 대한 입증책임은 이를 주장하는 법인이 부담하여야 한다.** 과세관청이 해당 거래에 대한 시가 및 해당 법인의 행위가 부당행위계산의 유형에 속한다는 점을 입증하였다면, 그 입증에도 불구하고 부당행위계산의 부인이 적용될 수 없도록 하는 사정에 해당하는 경제적 합리성에 대한 입증책임은 납세자인 해당 법인이 부담하는 것이 공평의 관점에서 타당하기 때문이다.

부당행위계산의 부인을 적용하기 위하여서는 조세를 회피하거나 감소시킬 주관적 의도가 있어야 하는가? 조세의 부담을 부당하게 감소시키는 것으로 인정되는 경우에 관하여 법인세법이 개별적·구체적인 행위유형을 규정하고 그에 준하는 개괄적인 행위유형 역시 규정하고 있으므로, 제반 사정을 구체적으로 고려하여 그 거래행위가 건전한 사회통념이나 상관행에

---

815) 대법원 2001.11.27. 99두10131 ; 대법원 2006.5.11. 2004두7993 ; 대법원 2010.1.14. 2009두12822.
816) 대법원 2001.11.27. 99두10131 ; 대법원 2007.12.13. 2005두14257 ; 대법원 2010.1.14. 2009두12822.
817) 대법원 2014.4.10. 2013두20127.
818) 대법원 2010.5.13. 2007두14978 ; 대법원 2018.10.25. 2016두39573.

비추어 경제적 합리성을 결한 비정상적인 것인지의 여부에 따라 부당행위계산의 부인을 적용할 것인지 여부를 판단하여야 하고, 반드시 조세부담을 회피하거나 경감시킬 의도가 있어야만 하는 것은 아니다.[819) 조세부담을 회피하거나 경감시킬 의도가 해당 거래 전체에 대한 경제적 합리성 유무를 판단하기 위한 요소로서 기능할 수 있다고 본다.

　　부당행위계산의 부인을 적용할 것인지 여부를 결정하는 시점은 언제인가? 부당행위계산의 부인은 **그 행위 당시를 기준으로** 하여 당해 법인과 특수관계인 간의 거래(특수관계인 외의 자를 통하여 이루어진 거래를 포함)에 대하여 이를 적용한다(법세령 §88 ② 본문). 다만, '**특수관계인 인 법인 간의 합병(분할합병을 포함)에 있어서 주식 등을 시가보다 높거나 낮게 평가하여 불공정한 비율로 합병한 경우**'(법세령 §88 ① 8호 가목)에 있어서 **특수관계인인 법인의 판정**은 합병등기일이 속하는 사업연도의 **직전 사업연도의 개시일**(그 개시일이 서로 다른 법인이 합병한 경우에는 먼저 개시한 날)**부터 합병등기일까지의 기간에** 의한다(법세령 §88 ② 단서).

　　부당행위계산의 판정시점인 '행위 당시'는 어느 시점을 의미하는가? 먼저 부당행위계산 결과의 확정시점에 대하여 살핀다. 부당행위계산 결과의 확정시점은 해당 부당행위로 인한 권리·의무의 확정시점을 의미하는 것으로 보아야 한다. 부당행위계산 역시 관련된 권리·의무가 확정됨으로 인하여 비로소 그 부당행위계산 결과 역시 거래당사자들 사이에서 확정되었다고 할 수 있고, 그 부당행위계산으로 인한 권리·의무가 확정되었음에도 그 결과의 확정시점을 이연시킬 규범적 당위가 없기 때문이다. 즉 **부당행위계산 결과의 확정시점은 법인세법 상 일반원칙에 따른 권리·의무의 확정시점을 의미한다.** 그렇다면 **부당행위계산의 판정시점을 그 결과의 확정시점과 동일하게 판정할 수 있는가?** 이 쟁점은 특수관계인 사이의 합의내용과 무관하게 부당행위계산의 결과가 확정된다고 하더라도 해당 거래에 대하여 부당행위계산의 부인을 적용할 것인지 여부에 관한 것이다. 예를 들어 특수관계인들 사이에서 경제적 합리성에 입각한 옵션계약을 체결하였으나 시장상황으로 인하여 예상하지 못한 이익의 분여가 발생한 경우가 있을 수 있다. 거래당사자의 합의내용에 비추어 보면 부당행위계산의 결과가 발생할 것으로 예상되지 않았을지라도 그 합의 이후 상황으로 인하여 발생한 결과에 따라서는 부당행위계산의 부인이 적용될 수 있다고 해석할 수는 없다. 이는 해당 거래가 특수관계인 사이의 거래라도 할지라도 마찬가지이다. 따라서 특수관계인 사이 해당 거래에 대한 합의가 성립한 시점 당시에도 그 합의내용 상 부당행위계산 결과가 발생할 것으로 예상할 수 있어야 한다. 그렇다면 **부당행위계산의 판정시점인 '행위 당시'는 '부당행위계산의 결과가 발생할 것으로**

---

819) 대법원 1996.7.12. 95누7260 ; 대법원 2000.2.11. 97누13184 ; 대법원 2006.11.10. 2006두125.

예상되는 내용의 합의가 성립한 시점'으로 보아야 한다. 판례 역시 동일한 취지로 판시한다. 한편 차용금의 변제기가 장기간인 경우에는 높은 이율을 유지하는 것이 정당하다고 인정될 수 있는 등의 특별한 사정이 없는 한 최초로 금전을 차용한 당시뿐만 아니라 그 이후 이자를 지급할 당시를 기준으로 부당행위에 해당하는지 여부를 판단할 수 있다.[820] **다만 특수관계에 해당하는지 여부는 부당행위계산 결과의 확정 여부와 달리 거래당사자들의 의사에 의하여 자의로 조정할 수 있는 여지가 있다.** 이러한 사정을 감안하여 법인세법이 '**특수관계인인 법인 간의 합병(분할합병을 포함)에 있어서 특수관계인인 법인의 판정**은 합병등기일이 속하는 사업연도의 직전 사업연도의 개시일(그 개시일이 서로 다른 법인이 합병한 경우에는 먼저 개시한 날)부터 합병등기일까지의 기간에 의한다는 특별규정(법세령 §88 ② 단서)을 둔 것으로 본다. 이러한 특별규정이 없는 경우에는 특수관계에 해당하는지 여부 역시 '부당행위계산의 결과가 발생할 것으로 예상되는 내용의 합의가 성립한 시점'을 기준으로 판정하여야 한다.

부당행위계산의 판정시점과 익금에 산입할 금액의 산정시점은 동일하여야 하는가? 부당행위계산의 판정과 익금에 산입할 금액의 산정시점은 그 선택의 이유와 기준을 달리하므로 양자가 기준시기를 달리 본다고 하여 불합리한 것은 아니다.[821] 행위 당시 부당행위계산에 해당하지 않았음에도 사후적 결과로 인하여 부당행위계산에 해당할 수는 없다. 설사 행위 당시 부당행위계산에 해당하였다고 할지라도 사후적 결과가 발생하지 않았다면 이 역시 부당행위계산으로 보는 것은 타당하지 않다. 따라서 유가증권의 매매·위탁매매·인수 등을 목적으로 하는 법인이 특수관계자의 유상증자 시 발생한 실권주를 고가로 인수하였으나 그 당시 특수관계자인 법인의 결손금이 누적되어 그 주식의 1주당 평가액이 유상증자를 전후하여 모두 음수임이 명백하다면, 그 실권주를 고가로 인수하였다 하더라도 특수관계자인 실권주주에게 분여한 이익이 없다고 할 것이므로 부당행위계산 부인의 대상이 되지 않는다.[822] 이러한 맥락에 비추어 보면 부당행위계산으로 판정된 이후 사후적으로 이익의 분여가 발생한 경우에는 그 분여된 이익과 부당행위계산의 판정시점 당시 예견된 이익 중 적은 금액을 익금에 산입하는 것이 타당하다.

부당행위계산 부인의 적용대상인 내국법인의 범위는 어떠한가? 부당행위계산 부인의 적용대상인 조세가 법인세이므로, 내국법인은 법인세 납세의무를 부담하는 범위에서 부당행위계산 부인의 적용대상이 된다. 다만 내국법인이 납세의무를 부담하는지 여부는 포괄적인 납세의무를

---

820) 대법원 2018.10.25. 2016두39573.
821) 대법원 2010.5.13. 2007두14978.
822) 대법원 2010.11.11. 2008두8994.

부담하는지 여부에 의하여 결정되어야 하는 것이지, 실제 법인세를 납부하는지 여부에 의하여 결정되어야 하는 것은 아니다. 포괄적인 납세의무를 부담하는지 여부는 '해당 행위 또는 소득금액의 계산'이 법인세법 상 과세소득(법세 §4)의 범주에 속하는지 여부에 의하여 결정하여야 한다. 따라서 **비영리법인의 사업 중 수익사업에 해당하지 않는 거래**에 대하여서는 부당행위계산의 부인이 적용되지 않는다. 고유목적사업준비금의 설정 및 그에 따른 사용은 수익사업의 소득금액에 관계된 것으로 보아야 한다. 소득금액의 계산 이전 단계인 손금산입 여부와 관계된 것이기 때문이다. 또한 '과세대상인 소득금액을 계산하여야 하는 법인'이라면 해당 법인에 대하여 별도의 소득금액 계산의 특례가 적용된다고 하더라도 그 소득금액의 계산에 대하여서는 부당행위계산 부인이 적용된다. 따라서 법인세법 상 유동화전문회사에 대한 소득공제(법세 §51의2)가 적용되는 경우 및 조세특례제한법 상 조합법인에 대한 당기순이익 과세(조특 §72)가 적용되는 경우 등에도 부당행위계산 부인은 적용된다. **다만 부당행위계산의 부인을 적용하지 않는 항목에 관한 특별규정이 적용되는 내국법인 역시 있다.** '농협경제지주회사와 법률 제10522호 농업협동조합법 일부개정법률 부칙 제6조에 따른 분할'로 설립된 그 자회사가 법정 사업(조특령 §116의28 ②)을 위한 목적으로 **농업협동조합법에 따라 설립된 조합(조합원 및 조합공동사업법인을 포함)에 지출하는 금전, 재화 또는 용역**에 대해서는 기부금의 손금불산입(법세 §24), 기업업무추진비의 손금불산입(법세 §25) 및 부당행위계산의 부인(법세 §52)을 적용하지 아니한다(조특 §121의23 ⑤). 농업협동조합의 명칭을 사용하는 법인(농협 §159의2)이 지출하는 **농업지원사업비**에 대해서는 부당행위계산의 부인(법세 §52)을 적용하지 아니한다(조특 §121의23 ⑧). 수협은행이 법정 사업(조특령 §116의29 ③)을 위한 목적으로 수산업협동조합법에 따라 설립된 **조합(조합원을 포함)에 지출하는 금전, 재화 또는 용역**에 대해서는 기부금의 손금불산입(법세 §24), 기업업무추진비의 손금불산입(법세 §25) 및 부당행위계산의 부인(법세 §52)을 적용하지 아니한다(조특 §121의25 ③). 수산업협동조합의 명칭을 사용하는 법인((수협 §162의2 ① : 조특령 §116의29 ⑥)이 지출하는 **명칭사용료**에 대해서는 부당행위계산의 부인(법세 §52)을 적용하지 아니한다(조특 §121의25 ⑥).

부당행위계산의 부인이 외국법인에 대하여서도 적용되는가? 외국법인이라도 법인세법 상 과세소득(법세 §4)으로서 법인세법에 따라 소득금액을 계산하는 경우에는 부당행위계산의 부인이 적용되어야 한다. 법인세법 역시 국내사업장을 가진 외국법인과 국내원천 부동산소득(법세 §93 3호)이 있는 외국법인의 각 사업연도의 국내원천소득의 총합계액은 해당 사업연도에 속하는 익금의 총액에서 해당 사업연도에 속하는 손금의 총액을 뺀 금액으로 하며, 각 사업연도의 소득금액의 계산에 관하여 부당행위계산의 부인을 적용한다고 규정한다(법세 §92 ①).

내국법인은 각 사업연도에 **특수관계인과 거래한 내용에 관한 명세서**를 납세지 관할 세무서장에게 제출하여야 한다(법세 §52 ③). 즉 각 사업연도에 특수관계인과 거래가 있는 법인은 신고(법세 §60)와 함께 특수관계인 간 거래명세서(법세칙 §82)를 납세지 관할 세무서장에게 제출해야 한다(법세령 §90 ① 본문). 다만, 국제조세조정에 관한 법률(국조 §16)에 따라 납세지 관할 세무서장에게 그 내역을 제출한 국제거래의 내역은 제외할 수 있다(법세령 §90 ① 단서). 납세지 관할 세무서장 또는 지방국세청장은 제출받은 명세서의 내역을 확인하기 위하여 필요한 때에는 법인에 대하여 그 거래에 적용한 시가의 산정 및 그 계산근거 기타 필요한 자료의 제출을 요구할 수 있다(법세령 §90 ②).

부당행위계산의 부인이 적용되었으나 그 소득금액에는 변동이 없는 사업연도에 대하여 해당 법인이 다툴 수 있는가? 부당행위계산 부인으로 법인의 소득금액에 변동이 있어서 세액 또한 변동이 있으면 이를 다투는 것은 당연하다 할 것이지만, 과세관청이 그 사업연도의 행위계산을 부당행위계산이라 하여 부인하였다 하여도 그 부인의 효과가 그 사업연도의 소득금액의 다과에는 영향을 미치지 않는 경우라면 그 사업연도에는 이를 다툴 수 없고 그 부인의 효과가 나타나는 사업연도에 이르러 다툴 수밖에 없다.[823]

국제거래에 대하여서도 부당행위계산의 부인이 적용되는가? 국제거래는 거래 당사자 중 어느 한쪽이나 거래 당사자 양쪽이 비거주자 또는 외국법인(비거주자 또는 외국법인의 국내사업장은 제외)인 거래로서 유형자산 또는 무형자산의 매매·임대차, 용역의 제공, 금전의 대차, 그 밖에 거래자의 손익 및 자산과 관련된 모든 거래를 말한다(국조 §2 ① 1호). **국제거래에 대하여서는 법인세법 상 부당행위계산의 부인은 적용하지 아니하나, 법정 자산의 증여 등**(국조령 §4)**에 대하여서는 적용된다**(국조 §4 ②). **법정 자산의 증여 등**은 다음 각 호의 경우를 말한다(국조령 §4). 국제거래에 있어서 **정상가격에 결정 및 경정**(국조 §7)은 거주자와 국외특수관계인 사이에 수수된 거래가격을 전제로 하는바, 다음 각 목의 거래는 거래가격이 존재하지 않아 그 적용범위에 포함될 수 없으므로 이에 대하여 법인세법 상 부당행위계산의 부인을 적용하는 것이다. 판례 역시 국제조세조정에 관한 법률에서 정한 정상가격에 의한 이전가격세제의 적용요건과 법인세법에서 정한 부당행위계산 부인의 요건이 서로 달라 이전가격세제의 적용이 어려운 일정한 자산의 증여 등에 대하여는 법인세법의 부당행위계산 부인규정을 적용하도록 하였으므로, 국제조세조정에 관한 법률이 제정·시행된 이후부터는 일정한 자산의 증여 등에 대하여는 법인세법의 부당행위계산 부인규정이 적용되고, 나머지 거래에 관하여는 국제조세조정에 관한 법률의 정상가격에

---

823) 대법원 1997.11.28. 96누14333.

의한 과세조정에 관한 규정이 적용된다고 해석함이 타당하다고 판시한다.[824]

---

1. 자산을 무상으로 이전(현저히 저렴한 대가를 받고 이전하는 경우는 제외)하거나 채무를 면제하는 경우
2. 수익이 없는 자산을 매입하거나 현물출자를 받는 경우 또는 그 자산에 대한 비용을 부담하는 경우
3. 출연금을 대신 부담하는 경우
4. '다음 각 목의 어느 하나에 해당하는 자본거래로 인하여 주주 등(소액주주 등은 제외)인 법인이 특수관계인인 다른 주주 등에게 이익을 분여한 경우(법세령 §88 ① 8호)' 또는 '그 외의 자본거래로서 증자·감자, 합병(분할합병을 포함)·분할, 전환사채 등에 의한 주식의 전환·인수·교환 등 자본거래(상증세 §40 ①)를 통해 법인의 이익을 분여하였다고 인정되는 경우(다만, 상법(상법 §340의2), 벤처기업육성에 관한 특별조치법(벤처기업 §16의3) 또는 소재·부품·장비산업 경쟁력강화를 위한 특별조치법(소재산업 §56)에 따른 '주식매수선택권 등(법세령 §19 19호의2 각 목 외 부분) 중 주식매수선택권의 행사에 따라 주식을 발행하는 경우는 제외)(법세령 §88 ① 8호의2)'

> 가. 특수관계인인 법인 간의 합병(분할합병을 포함)에 있어서 주식 등을 시가보다 높거나 낮게 평가하여 불공정한 비율로 합병한 경우. 다만, 자본시장과 금융투자업에 관한 법률(자본시장 §165의4)에 따라 합병(분할합병을 포함)하는 경우는 제외한다.
> 나. 법인의 자본(출자액을 포함)을 증가시키는 거래에 있어서 신주(전환사채·신주인수권부사채 또는 교환사채 등을 포함)를 배정·인수받을 수 있는 권리의 전부 또는 일부를 포기(그 포기한 신주가 자본시장과 금융투자업에 관한 법률(자본시장 §9 ⑦)에 따른 모집방법으로 배정되는 경우를 제외)하거나 신주를 시가보다 높은 가액으로 인수하는 경우
> 다. 법인의 감자에 있어서 주주 등의 소유주식 등의 비율에 의하지 아니하고 일부 주주 등의 주식 등을 소각하는 경우

---

2. 특수관계인의 범위

특수관계인은 법인과 경제적 연관관계 또는 경영지배관계 등 법정 관계에 있는 자를 말한다(법세 §2 12호 전단). 이 경우 **본인도 그 특수관계인의 특수관계인으로 본다**(법세 §2 12호 후단). **경제적 연관관계 또는 경영지배관계 등 법정 관계**는 다음의 어느 하나에 해당하는 관계에 있는 자를 말한다(법세령 §2 ⑤).[825] 특수관계인의 범위에 관한 구체적 사항은 법인세법 총칙

---

824) 대법원 2015.9.10. 2013두6862.

중 그 용어의 정의와 관련된 부분에서 서술한다.[826]

---

① 임원(법세령 §40 ① ; 이하 같음)의 임면권의 행사, 사업방침의 결정 등 해당 법인의 경영에
대해 사실상 영향력을 행사하고 있다고 인정되는 자(상법 §401의2 ①에 따라 이사로 보는
자를 포함)와 그 친족(국기령 §1의2 ①에 정의된 자를 의미 : 이하 같음)
② 소액주주 등(법세령 §50 ②)이 아닌 주주 또는 출자자(이하 '비소액주주 등'이라고 함)와
그 친족
③ 다음의 어느 하나에 해당하는 자 및 이들과 생계를 함께하는 친족
㉠ 법인의 임원 · 직원 또는 비소액주주 등의 직원(비소액주주 등이 영리법인인 경우에는
그 임원을, 비영리법인인 경우에는 그 이사 및 설립자를 말함)
㉡ 법인 또는 비소액주주 등의 금전이나 그 밖의 자산에 의해 생계를 유지하는 자
④ 해당 법인이 직접 또는 그와 상기 ①~③의 관계에 있는 자를 통해 어느 법인의 경영에
대해 지배적인 영향력(국기령 §1의2 ④)을 행사하고 있는 경우 그 법인
⑤ 해당 법인이 직접 또는 그와 상기 ①~④의 관계에 있는 자를 통해 어느 법인의 경영에
대해 지배적인 영향력(국기령 §1의2 ④)을 행사하고 있는 경우 그 법인
⑥ 해당 법인에 30% 이상을 출자하고 있는 법인에 30% 이상을 출자하고 있는 법인이나
개인
⑦ 해당 법인이 독점규제 및 공정거래에 관한 법률에 따른 기업집단에 속하는 법인인 경우에는
그 기업집단에 소속된 다른 계열회사 및 그 계열회사의 임원

---

3. 부당행위계산의 유형 등

3.1. 부당행위계산의 유형

부당행위계산은 내국법인의 행위 또는 소득금액의 계산이 특수관계인과의 거래로 인하여
그 법인의 소득에 대한 조세의 부담을 부당하게 감소시킨 것으로 인정되는 경우에 있어서
그 법인의 행위 또는 소득금액의 계산을 의미한다(법세 §52 ①). 법률 단계에서 이에 대한
위임근거를 명시하지는 않으나, 시행령은 **조세의 부담을 부당하게 감소시킨 것으로 인정되는
경우를 명시적으로 열거하여 규정한다**(법세령 §88 ①). 시행령은 법률 단계의 '조세의 부담을
부당하게 감소시킨 것으로 인정되는 경우'라는 문언에 기속되어야 하므로, **시행령 단계에
명시된 각 경우라고 할지라도 해당 행위 또는 소득금액의 계산을 통하여 조세의 부담이 부당하게**

---

825) 제2장 제2절 Ⅳ 3 참조.
826) 제1편 제2장 제2절 Ⅳ 3 참조.

감소하는지 여부를 다시 판정하여야 한다. 또한 부당행위계산 부인규정은 예외적으로 납세자의 행위 또는 소득금액의 계산을 부인하는 것이므로 **시행령에 규정된 각 경우를 예시적인 것으로 해석할 것이 아니라 한정적인 것으로 해석하여야** 한다. 부당행위계산의 부인에 규정이 포괄위임 금지의 원칙에 위배되었다거나 그에 관한 법인세법 시행령이 모법의 위임한계를 벗어난 위헌·위법의 규정이라고 볼 수는 없다.[827] 부당행위계산 부인과 실질과세원칙 사이의 관계에 대하여서는 상술하였다. 또한 **법인세법이 실현주의에 기반하여 손익을 인식한다는 점에 비추어 보면, 손익실현 사건(realization event)의 발생 자체가 이연되는 것을, 특수관계인 사이에서 그 발생시기를 경제적 실질과 무관하게 의도적으로 조작하였다는 등 특별한 사정이 없는 한, 부당행위계산의 유형으로 파악할 수는 없다.**

이하 법인세법 시행령이 규정하는 각 유형별로 살핀다.

3.1.1. 자산을 고가매입 또는 현물출자받았거나 그 자산을 과대상각한 경우

'자산을 시가보다 높은 가액으로 매입 또는 현물출자받았거나 그 자산을 과대상각한 경우'는 부당행위계산의 유형에 해당한다(법세령 §88 ① 1호). 시가와 거래가액의 차액이 3억원 이상이거나 시가의 100분의 5에 상당하는 금액 이상인 경우에 한하여 부당행위계산 부인규정을 적용한다(법세령 §88 ③). 주권상장법인이 발행한 주식을 거래한 경우에는 이러한 규정(법세령 §88 ③)을 적용하지 않는다(법세령 §88 ④). **회사 및 그 계열회사의 대주주인 특수관계자가 신주인수를 포기한 실권주 등을 비롯하여 그 계열회사가 발행한 신주 전부를 고가로 인수한 경우** 그 이익분여의 대상은 발행법인이 아니라 신주를 배정받을 수 있는 권리의 전부 또는 일부를 포기한 주주이므로, 이 경우는 주주가 발행법인으로부터 주식을 고가인수한 경우에 해당하지 않는다.[828] **여러 자산을 포괄적으로 양수한 것으로 인정되는 경우, 판례에 의하면** 원칙적으로 개개의 자산별로 그 거래가격과 시가를 비교하여 고가양수 등에 해당하는지를 판단할 것이 아니라, 그 자산들의 전체 거래가격과 시가를 비교하여 포괄적 거래 전체로서 고가양수 등에 해당하는지 판단하여야 하고, 이 경우 부당행위계산 부인의 적용기준이 되는 '시가'에 대한 주장·증명책임은 과세관청에 있다.[829] 여러 자산을 포괄적으로 양수한 것으로 인정되는 경우 그 전체 거래가격이 시가와 비교하여 부당하지 않다면 해당 시가를 개별 자산별로 배분하는 것은 별론으로 하더라도 해당 전체 거래에 대하여 부당행위계산의 부인을 적용할 것은 아니다.

---

827) 대법원 2007.9.20. 2005두9415.
828) 대법원 2009.11.26. 2007두5363 참조.
829) 대법원 2013.9.27. 2013두10335.

이러한 맥락에 따르면 여러 자산을 포괄적으로 양수한 것으로 인정되는 경우 그 전체 거래가격이 시가와 비교하여 부당하다면 그 전체 거래에 대하여 부당행위계산의 부인을 적용하여야 한다. 다만 부당행위계산의 부인을 적용할 것인지 여부와 개별 자산의 취득원가를 얼마로 계상할 것인지 여부는 별개의 쟁점에 속하므로, 개별 자산의 취득원가는 전체 거래가격을 각 자산별로 배분하여 계상하여야 한다. 이 경우 개별 자산별로 배분을 잘못하였다고 하여 이에 대하여 다시 부당행위계산의 부인을 적용할 것은 아니다. 거래가격 전체를 기준으로 부당행위계산의 부인을 적용할 것인지 여부를 결정하여야 하기 때문이다. **자산을 고가로 매입하였는지 여부 및 그 고가매입액은 해당 거래 전체를 대상으로 그 구체적인 상황 등 사실관계에 근거한 경제적 실질에 따라 판단하여야 한다.** 원고 주주들 명의로 토지를 구입하였다가 골프장 조성공사 가 완공된 이후에 원고 회사에 매도하는 형식을 취하게 된 것은 토지취득과 골프장 조성사업을 보다 용이하게 수행하기 위한 것이고, 실제로는 이 사건 토지의 취득비용과 골프장 조성공사에 필요한 형질변경, 국토이용계획의 변경 등 모든 행정적인 절차와 공사대금의 지급 등 골프장 건설과 관련된 일련의 행위가 모두 원고 회사의 노력과 비용부담으로 이루어진 점 등을 고려하면, 골프장 조성공사가 진행된 상황이나 국토이용계획이 변경됨으로 인하여 시가가 상승한 부분은 고가 매입액에서 제외되어야 한다.830) 법인의 대표이사가 자기 소유의 토지에 대하여 법인 비용을 들여 보전임지전용허가와 농지전용허가를 받은 후 법인과 그 토지에 관한 매매계약을 체결하고, 그 매매대금을, 법인비용을 들여 조성한 대지의 현황을 기준으로 산정한 행위는 상법상 이사의 충실의무에 위배된 행위이고, 그 매매계약은 시가를 초과하여 법인의 노력과 비용으로 이루어진 지가상승분까지 대표이사 개인에게 귀속시킨 것으로서 경제적 합리성이 결여된 비정상적인 행위이므로, 부당행위계산 부인대상에 해당한다.831)

특수관계인 사이에서 자산을 고가매입하는 행위는 항상 부당행위계산에 해당하는가? 법인세 법 상 타인으로부터 매입한 자산의 취득가액은 원칙적으로 매입가액에 취득세(농어촌특별세와 지방교육세를 포함), 등록면허세, 그 밖의 부대비용을 가산한 금액으로 계상한다(법인령 §72 ② 1호). 따라서 **법인이 타인으로부터 자산을 고가로 매입하는 경우 매도인이 해당 매매가액을 기준으로 양도소득에 대한 조세를 부담하고 매수인이 그 처분 등 시점에 해당 금액만큼 손금을 추가적으로 인식한다면, 자산의 양도소득에 대한 과세기반의 유실이 발생하지는 않는다.** 따라서 법인세법이 이에 대하여 개입할 규범적 당위는 존재하지 않는다. 이는 특수관계인 사이의

---

830) 대법원 2004.7.9. 2003두1059, 1066.
831) 대법원 2010.5.13. 2007두14978.

자산 고가매입에 대하여서도 동일하게 적용되어야 한다. **법인의 특수관계인이 자산을 법인에게 매도한 경우 그 양도소득 과세에 대하여 살핀다.** 매도인이 거주자인 경우 원칙적으로 자산의 양도가액은 그 자산의 양도 당시의 양도자와 양수자 간에 실지거래가액에 따르나(소세 §96 ①), 거주자가 특수관계인에 해당하는 법인(외국법인을 포함)에 양도소득 과세대상 자산(소세 §94 ① 각 호)을 양도한 경우 해당 거주자의 상여·배당 등으로 소득처분(법세 §67)된 금액이 있는 경우에는 시가(법세 §52)를 매매사례가액으로 보아 양도소득을 계산한다(소세 §96 ③ 1호). 소득세법 상 매도인이 거주자인 경우에는 양도소득 과세대상 자산에 한하여 과세될 뿐이고 과세대상이라고 할지라도 그 양도소득에 대하여 비과세 및 감면 등 조세혜택이 부여된다면 현실적으로 과세되지는 않는다. 법인세법 상 매도인이 법인인 경우 해당 자산의 양도가액을 익금으로 인식하고(법세령 §11 2호), 자본거래로 인하여 특수관계인으로부터 분여받은 이익 역시 익금으로 인식한다(법세령 §11 8호). 다만 이 경우에도 자산의 양도가액에 대하여 비과세 및 감면 등 조세혜택이 부여된다면 현실적으로 과세되지 않을 수는 있다. 이상의 소득세법 및 법인세법 상 규정에 따르면, **특정 자산의 매매가액에 따라 계산한 양도소득이 매도인 단계에서 현실적으로 과세되지 않으면서도, 매수인인 법인은 해당 자산의 취득가액을 그 매매가액으로 인식할 수 있는 경우가 발생한다.** 이러한 경우 매도인에게 양도소득을 과다하게 이전하고 그 매입가액을 법인 단계에서 취득가액으로 인식한다면 자산의 양도소득에 과세기반 의 유실이 발생한다. 그렇다면 **조작가능성이 높은 특수관계인 사이에서 매매가액과 시가가 다르다는 점이 명백함에도 불구하고 자산을 고가로 매입하는 거래에 대하여서는 법인세법이 개입할 여지가 있다.** 이 경우라고 할지라도 해당 거래에 관한 별도의 경제적 합리성이 존재한다면 부당행위계산에 해당하지 않을 수 있음은 물론이다. 이상의 논의를 종합한다면 **특수관계인인 매도인 단계에서 자산의 매매가액에 따라 계산한 양도소득이 과세되지 않는다는 요건, 매매가액 과 시가가 다르다는 점이 거래 당시 명백하였다는 요건 및 특수관계인인 법인이 시가를 초과한 매매가액을 해당 자산의 취득가액으로 계상하였다는 요건을 충족한다면, 별도의 경제적 합리성 이 존재하지 않는 한, 특수관계인 사이의 자산 고가매입 거래는 부당행위계산에 해당하는 것으로 보아야 한다. 법인이 계상한 취득가액 중 시가 초과액은 부인하여야 한다.** 법인세법 역시 자산을 시가보다 높은 가액으로 매입한 부당행위계산의 경우 그 시가초과액을 취득가액에 서 제외한다(법세령 §72 ④ 3호). 이 경우 특수관계인에게 분여한 시가초과액을 손금으로 볼 수는 없으므로, 손금불산입(사외유출)로 소득처분하고, 취득가액에서 제외된 시가초과액에 대하여 손금산입(△유보)로 세무조정하고, 해당 자산이 감가상각되거나 처분되는 등 시점에 손금불산입(유보)로 사후관리하여야 한다. 매매가액이 아직 지급되지 않는 경우에는 해당 금액이 아직 사외유출되지 않은 것으로 보아 익금산입(유보)로 세무조정한 후 그 지급 시에 익금불산입(△유보)로 사후관리하여야 한다. 매도인이 거주자인 경우 그에 대하여 사외유출(상여·배당 등)로 소득처분된 금액은 양도소득에 해당하지 않는다(소세 §96 ③ 1호).

합병거래를 '자산을 시가보다 높은 가액으로 매입한 거래'로 보아 이에 대하여 부당행위계산의 부인을 적용할 수 있는가? 부당행위계산의 부인은 자산의 특정승계나 현물출자를 전제로 한 규정이므로 합병에 의한 포괄승계인 이 사건 채권의 승계에는 적용될 수 없다.[832] 합병거래는 거래 당사자인 법인들의 법인격 합일을 전제로 하므로 거래 당사자들 사이의 이익분여와 친하지 않고 원칙적으로 합병 과정에서 과세기반의 유실이 발행하지 않기 때문이다. 이러한 맥락에서 완전모자회사 사이의 합병에 있어서 포합주식에 대하여 합병대가를 지급하지 않는다고 할지라도 그에 대하여 부당행위계산의 부인을 적용할 수는 없다.

시가를 초과하여 지급한 금원을 해당 거래를 수행하기 위한 거래비용으로 재구성할 수 있는가? 시가를 초과하여 지급한 금액이 손금으로서의 요건을 별도로 충족하는지 여부에 의하여 결정하여야 한다. 즉 초과 지급금액이 법인세법 상 손금요건을 별도로 충족한다면 매입거래와 구분되는 별도의 손익거래 상 지출금액으로서 그 실질에 따라 재구성할 수 있다.

자기주식의 매입거래에 대하여 부당행위계산의 부인이 적용되는가? 부당행위계산의 부인이 적용되는지 여부는 특정 거래로 인하여 법인의 이익이 그 특수관계인에게 분여되고 해당 이익분여액이 그 법인의 소득금액 계산에 영향을 미치는지 여부 등을 기준으로 판단하여야 한다. 법인세법 상 자기주식의 매입거래가 자본거래에 해당한다면 소득금액 계산에 영향을 미칠 수 없고 법인이 그 주주 등에게 이익을 분여된다고 하더라도 이는 배당으로서 그 법인의 소득금액 계산에 영향을 미친다고 할 수 없으므로 그 경우에는 부당행위계산의 부인이 적용될 수 없다. 법인세법이 자기주식을 자산으로 취급하므로 자기주식의 매입거래가 자본거래가 되기 위하여서는 자기주식의 소각을 목적으로 취득한 거래에 해당하여야 한다. 한편 자기주식의 매입거래가 손익거래에 해당한다면, 그 거래로 인하여 법인의 이익이 그 특수관계인에게 분여될 수 있고 그 이익분여액이 법인의 소득금액 계산에 영향을 미치므로 그 경우에는 부당행위계산의 부인이 적용될 수 있다. 판례 역시 자기주식의 매입거래가 자본거래에 해당하는 경우에는 부당행위계산의 부인을 적용하고, 손익거래에 해당하는 경우에는 이를 적용하지 않는다. 즉 법인이 주식소각방법에 의한 자본감소절차의 일환으로 상법의 자본감소규정에 따른 적법한

---

832) 대법원 2015.1.15. 2012두4111.

절차를 밟아 당해 법인의 기본자산(차입금)으로 일정량의 자기주식을 액면금액에 취득하여 그 주식을 유상소각하였다면 이는 자본거래인 자본의 환급에 해당되는 것으로서 법인세법상 그 자체로서는 법인의 손익 내지 소득금액 계산에 영향이 없는 것이므로, 부당행위계산 부인의 대상으로 들고 있는 특별한 경우를 제외하고는 부당행위계산의 부인이 적용되지 않는다.[833] 주식회사가 자기주식을 처분하는 경우에도 다른 유동자산의 처분과 동일하게 보아야 할 것이므로 그 취득가액과 양도가액의 차액은 과세처분의 대상이 되는 유가증권 매각손익으로 처리하여야 한다.[834] 자본감소절차의 일환으로서 자기주식을 취득하여 소각하거나 회사합병으로 인하여 자기주식을 취득하여 처분하는 것은 자본의 증감에 관련된 거래로서 자본의 환급 또는 납입의 성질을 가지므로 자본거래로 봄이 상당하지만, 그 외 자기주식의 취득과 처분은 순자산을 증감시키는 거래임에 틀림이 없고, 법인세법도 이를 손익거래에서 제외하는 규정을 두고 있지 아니하므로, 그것은 과세처분의 대상이 되는 자산의 손익거래에 해당한다.[835]

비적격물적분할의 경우 역시 현물출자와 동일한 것으로 보아야 하는가? 물적분할법인과 현물출자법인은 모두 해당 법인이 피출자법인의 주식 등을 취득한다. 분할신설법인 등은 순자산을 시가로 양도받은 것으로 보아 계상하고 그 시가와 양도가액 사이의 차액을 분할매수차손익으로서 계상하여 향후 손익에 반영한다(법세 §46의2). 물적분할의 경우 적격요건(법세 §47 ① 단서, ②)을 갖추지 못한 경우에는 분할법인은 승계자산의 시가를 기준으로 계산된 양도차익에 대하여 과세된다(법세 §47 ① : 법세령 §84 ③). 현물출자의 경우 과세특례(법세 §48)가 적용되지 않으면, 현물출자한 자산의 시가 또는 주식 등의 시가를 기준으로 양도손익을 인식하고(법세령 §72 ① 4호) 현물출자를 받은 법인은 해당 자산의 시가로 취득가액을 계상하여야 한다(법세령 §72 ① 7호). 따라서 비적격물적분할 거래와 현물출자 거래는 그 경제적 실질이 유사하다. 따라서 부당행위계산 부인규정의 적용에 있어서 동일하게 취급하는 것이 타당하다.

법인이 시가보다 높은 가액으로 현물출자받은 경우, 해당 법인과 그 현물출자자 사이의 거래에 대하여 부당행위계산의 부인을 적용할 수 있는지 여부에 대하여 살핀다. 법인이 시가보다 높은 가액으로 현물출자를 받은 경우 해당 자산의 취득가액은 시가로 계상하여야 하며(법세령 §72 ② 3호 나목), 부당행위계산의 부인을 적용하는 경우 그 시가초과액 역시 취득가액에 포함되지 않는다(법세령 §72 ④ 3호). 현물출자한 출자법인이 취득한 주식 등의 가액은 '현물출자로 인하여 피출자법인을 새로 설립하면서 그 대가로 주식 등만 취득하는 현물출자'에 해당한다면 그

---

833) 대법원 1988.11.8. 87누174.
834) 대법원 1980.12.23. 79누370.
835) 대법원 1992.9.8. 91누13670.

현물출자한 순자산의 시가로, '그 밖의 경우'에 해당한다면 해당 주식 등의 시가로 결정된다(법세령 §72 ② 4호). 소득세법 상 거주자가 현물출자한 경우 그로 인한 주식 등의 취득가액은 시가초과액을 제외한 취득 당시의 시가로 계상한다(소세령 §163 ① 1호). **현물출자자 단계의 양도소득**에 대하여 살핀다. 매도인이 거주자인 경우 원칙적으로 자산의 양도가액은 그 자산의 양도 당시의 양도자와 양수자 간에 실지거래가액에 따르나(소세 §96 ①), 거주자가 특수관계인에 해당하는 법인(외국법인을 포함)에 양도소득 과세대상 자산(소세 §94 ① 각 호)을 양도한 경우 해당 거주자의 상여·배당 등으로 소득처분(법세 §67)된 금액이 있는 경우에는 시가(법세 §52)를 매매사례가액으로 보아 양도소득을 계산한다(소세 §96 ③ 1호). 소득세법 상 양도는 자산에 대한 등기 또는 등록과 관계없이 매도, 교환, 법인에 대한 현물출자 등을 통하여 그 자산을 유상으로 사실상 이전하는 것을 말한다(소세 §88 1호). 법인세법 상 매도인이 법인인 경우 해당 자산의 양도가액을 익금으로 인식하고(법세령 §11 2호), 자본거래(법세령 §88 ① 8호, 8호의2)로 인하여 특수관계인으로부터 분여받은 이익 역시 익금으로 인식한다(법세령 §11 8호). **법인이 특수관계인으로부터 고가로 현물출자를 받은 경우 각 과세 상 취급에 대하여 분석한다.** 피출자법인은 고가의 현물출자 여부와 무관하게 현물출자 자산의 취득가액을 시가로 계상하여야 한다. **현물출자자 단계의 주식 등 취득가액**에 관하여 본다. 피출자법인 단계에서 현물출자 자산을 시가로 계상하여야 한다면 현물출자자 단계에서도 그 주식 등 취득가액을 현물출자 자산의 시가로 계상하는 것이 타당하다. 그러나 '법인이 현물출자로 인하여 피출자법인을 새로 설립하면서 그 대가로 주식 등만 취득하는 경우'에는 그 주식 등의 취득가액을 '현물출자 자산의 시가'로 계상하지만, '그 밖의 경우'에는 '해당 주식 등의 시가'로 계상한다. **현물출자자 단계의 양도소득** 역시 현물출자 자산의 시가를 기준으로 계산하여야 경제적 실질에 부합하는 것이다. 그러나 '법인이 현물출자로 인하여 피출자법인을 새로 설립하면서 그 대가로 주식 등만 취득하는 경우'가 아니라면, 그 양도가액을 현물출자 자산의 시가가 아닌 '해당 주식 등의 시가'로 보아야 한다. 즉 현물출자자가 법인인 경우에는 현물출자자 단계의 양도소득 계산 상 시가초과액을 익금에서 배제하는 명시적인 규정은 없다. '거주자가 현물출자한 경우' 부당행위계산의 부인이 적용되지 않는다면 시가초과액은 시가에서 배제되지 않는다. 즉 현물출자자가 거주자인 경우에는 상여·배당 등으로 소득처분(법세 §67)된 금액이 있는 경우에 한하여 그 시가초과액이 양도소득 계산에서 제외된다. **피출자법인 단계에서 현물출자 자산을 시가로 계상하여야 함에도 불구하고 고가로 현물출자하는 경우가 발생할 수 있는가?** 현물출자의 부당평가에 대한 상법 상 효과는 다음과 같다. 현물출자가 과대하게 평가된 경우에는 현물출자에 대한 조사절차에 의하여

시정될 수 있지만 시정되지 아니한 채 설립등기 등을 필한 경우에는 그 부당평가의 정도가 경미하다면 발기인과 임원의 손해배상책임을 추궁하는 것으로 해결할 수 있으나 그 정도가 커서 자본구성에 발기인·임원의 책임추궁만으로 메우기 어려운 정도의 결함이 생겼다면 현물출자를 무효로 보아야 한다.[836] 즉 현물출자의 부당평가로 인한 차액에 대하여 별도의 자산(발기인·임원에 대한 손해배상청구권)을 인식하여 실현할 수 있다면 해당 현물출자는 유효하나 그 상태에 이르지 못한다면 해당 현물출자는 무효로 보아야 한다. 그런데 회사설립의 무효·취소의 소는 회사성립의 날로부터 2년 내에 소송만으로 이를 주장할 수 있다(상법 §184 ①, §269, §287의6, §328 ①, §552 ①). 주식회사의 경우 신주발행의 무효는 주주·이사 또는 감사에 한하여 신주를 발행한 날로부터 6월 내에 소송만으로 이를 주장할 수 있고(상법 §429), 유한회사의 증자무효의 소 역시 본점소재지에서의 등기를 한 날로부터 6월 내에 소송만으로 이를 주장할 수 있다(상법 §595 ①). 따라서 부당한 평가로 인한 현물출자 역시 상법 상 그 효력이 인정될 수 있다. 법인세법이 부당행위계산의 부인을 적용할지 여부에 대하여 규정하는 대상은 **상법 상 효력이 인정되는 현물출자**로 한정되어야 한다. 상법 상 효력이 부인되는 현물출자 및 그로 인한 신주발행에 대하여 부당행위계산의 부인을 적용할 것인지 여부를 논할 수 없기 때문이다. 다만 단체법적으로 규율되는 현물출자에 있어서, 상법에 반하지만 결과적으로 그 현물출자의 효력을 유지시키는 행위는 다른 경제적 합리성의 유무를 추가적으로 논할 필요가 없이 부당행위계산유형에 해당하는 것으로 보아야 한다. **고가의 현물출자가 현물출자자 및 피출자법인에 미치는 세법 상 효과는 어떠한가?** 고가의 현물출자 자체로 인하여 피출자법인의 순자산이 주주에게 유출되는 것은 아니고, 원칙적으로 현물출자자 단계의 양도소득 및 피출자법인 단계의 현물출자 자산의 취득가액에 영향을 미치는 것 역시 아니다. 고가로 현물출자한 주주의 출자비율이 증가하여, 주주들 사이의 출자비율이 달라질 뿐이다. 다만 현물출자한 법인이 취득한 주식 등의 취득가액을 '해당 주식 등의 시가'로 인식하는 경우에는 현물출자한 법인의 양도소득이 그 취득가액을 현물출자 자산의 시가로 인식하는 경우보다 증가하게 되나, 법인세법(법세령 §11 2호, 8호)은 소득세법(소세 §96 ③ 1호)과 달리 이를 수용하고 있다. 이 경우 '고가로 계상된 현물출자 자산의 취득가액'과 '현물출자로 인하여 발행된 주식 등의 시가'는 규범 상 동일한 것으로 보아야 한다. **고가의 현물출자로 인하여 피출자법인은 주주에게 이익을 분여할 수 있는가?** 고가의 현물출자 자체로 인하여 피출자법인의 순자산이 주주에게 유출되는 것은 아니므로, 피출자법인이 주주에게 이익을 분여할 수는 없다. 다만

---

836) 이철송, 전게서, 246면.

고가의 현물출자로 인하여 현물출자자 및 피출자법인의 순자산 관련 계정이 경제적 실질에 어긋나게 계상되거나 과세기반의 유실을 초래할 수 있도록 변화한다면 이를 수정하여 세무조정 하여야 할 필요는 있다. **피출자법인이 고가로 계상한 현물출자 자산의 가액과 관련하여 어떻게 세무조정하여야 하는가?** 피출자법인 단계에서 고가로 계상된 현물출자 자산의 취득가액 중 시가초과액은 부인되어야 하므로 손금산입(△유보)로 세무조정한 후 해당 자산의 처분·감가 상각 등 시점에 손금불산입(유보)로 사후관리하여야 한다. 또한 손금부인된 시가초과액은 현물출자자가 거주자인 경우와 법인인 경우로 구분하여 소득처분하여야 한다. **현물출자자가 거주자인 경우,** 손금산입된 시가초과액은 손금으로서의 적격을 갖추지 못하였으므로 손금불산 입하고 해당 거주자에 대한 사외유출로서 상여·배당 등으로 소득처분(법세 §67)하여야 한다. 이러한 소득처분을 반영하여 현물출자인 거주자는 시가초과액을 주식 등의 취득가액에서 제외하고 그 양도소득을 현물출자 자산의 시가를 기준으로 계산한다. **현물출자자가 법인인 경우,** 손금산입된 시가초과액은 손금으로서의 적격을 갖추지 못하였으므로 손금불산입하고 해당 법인에 대한 사외유출로서 기타사외유출로 소득처분(법세 §67)하여야 한다. 시가초과액 상당이 현물출자자인 법인의 익금에 산입되어 과세되기 때문이다. 한편 '법인이 현물출자로 인하여 피출자법인을 새로 설립하면서 그 대가로 주식 등만 취득하는 경우'에는 그 주식 등의 취득가액을 현물출자 자산의 시가로 계상하여 양도소득을 계산하여야 하나, 이 경우 시가초과액은 자본거래(법세령 §88 ① 8호, 8호의2)로 인하여 특수관계인으로부터 분여받은 이익으로서 역시 익금에 산입된다(법세령 §11 8호). **법인이 시가보다 높은 가액으로 현물출자받은 경우 해당 법인과 주주 사이의 현물출자에 대하여 부당행위계산의 부인을 적용하는 이유는 무엇인가?** 고가의 현물출자 자체로 인하여 피출자법인의 순자산이 주주에게 유출되는 것은 아니므로, 피출자법인이 주주에게 이익을 분여할 수는 없다. 따라서 피출자법인이 주주 등에게 이익을 분여하였다는 점에 근거하여 부당행위계산의 부인을 적용할 수는 없다. 다만 고가의 현물출자로 인하여 현물출자자 및 피출자법인의 순자산 관련 계정이 경제적 실질에 어긋나게 계상되거나 과세기반의 유실을 초래할 수 있도록 변화한다면 이를 수정하여 세무조정하여야 할 필요는 있는바, 이러한 세무조정에 대한 규범적 근거로서 부당행위계산의 부인을 적용할 수는 있다. **법인이 시가보다 높은 가액으로 현물출자받아 해당 주주 등의 출자지분비율이 다른 주주 등에 비하여 증가하는 경우에 대하여 부당행위계산의 부인을 적용할 것인지 여부는 별도의 규정**(법세령 §88 ① 8호, 8호의2, 9호)**에 의하여 해결하여야 한다는 점에 유의하여야 한다. 부당행위계산의 유형으로서 명시된 '자산을 과대상각한 경우'가 의미하는 바는 무엇인가?**

법인 단계에서 자산의 취득가액을 적정하게 계상하였다면 이에 대한 상각이 부당행위계산에 해당할 수는 없다. 따라서 자산의 취득단계에 대하여 부당행위계산의 부인이 적용된다면 그 이후 상각에 대하여 별도로 부당행위계산의 부인을 적용할 실익이 없다. 그러나 자산의 취득단계가 속한 사업연도에 대한 제척기간이 경과된 경우에는 해당 사업연도에 대한 소득금액을 경정할 수 없다. 이러한 경우에도 해당 자산 취득 이후에 이루어지는 상각에 대하여 사후관리할 필요가 있다. 이는 자산을 상각하는 경우에 국한될 필요는 없고 해당 자산을 처분하는 등 경우에도 동일하게 적용되어야 한다. 부당행위계산의 유형으로 명시된 '자산을 과대상각한 경우'를 '자산 취득단계에 대하여 부당행위계산의 부인을 적용할 수 없어서 법인이 계상한 취득가액에 근거하여 상각 또는 처분 등을 하여야 하는 경우'로 이해하는 것이 타당하다.

판례는 주식의 포괄적 교환 등 경우 완전모회사와 완전자회사 주주 사이의 거래에 대하여 부당행위계산 부인규정을 적용한다. 즉 주식의 포괄적 교환은 자산의 유상 양도로서의 성격도 있기 때문에, 주식의 포괄적 교환에 의하여 다른 회사의 발행주식의 총수를 소유하는 완전모회사가 완전자회사가 되는 회사의 주식을 시가보다 높은 가액으로 양수한 경우에는 법인의 자산이 과다계상되므로 부당행위계산 부인에 의하여 그 시가 초과액을 자산의 취득가액에서 제외하는 한편 그 금액을 완전모회사인 법인의 익금에 산입한다.[837] 주식의 포괄적 교환에 의하여 완전자회사가 되는 회사의 주주가 얻은 이익은 '법인의 자본을 증가시키는 거래에 따른 이익의 증여'로서 증여세가 과세된다.[838] 즉 완전자회사가 되는 회사의 주주가 얻은 이익에 대하여는 '재산의 고가양도에 따른 이익의 증여' 또는 '신주의 저가발행에 따른 이익의 증여'에 관한 규정을 적용하여 증여세를 과세할 수는 없다.[839] '기타 사외유출'이라는 소득처분은 법인의 익금에 산입한 금액이 사외에 유출된 경우라도 동일한 소득이 이미 귀속자의 과세소득을 구성하고 있는 등 귀속자에게 소득세의 납세의무를 지우는 것이 부적절한 경우에는 그 귀속자에 대한 소득처분 없이 유출사실만을 확정하는 '기타 사외유출'로 소득처분하도록 하는 데 그 취지가 있다.[840] 따라서 주식의 포괄적 교환에 의하여 완전자회사가 되는 회사의 주주가 얻은 이익이 '법인의 자본을 증가시키는 거래에 따른 이익의 증여'로서 증여세가 과세되므로 이 경우 부당행위계산 부인에 따라 법인의 익금에 산입되는 금액에 대하여는 '기타 사외유출'로 소득처분하여야 하고, 그 귀속자에게 배당, 상여 또는 기타소득의 소득처분을 할 수 없다.[841]

---

837) 대법원 2014.11.27. 2012두25248.
838) 대법원 2014.11.27. 2012두25248.
839) 대법원 2014.4.24. 2011두23047.
840) 대법원 2014.11.27. 2012두25248.

판례의 입장은 타당하지 않다. 그 이유는 다음과 같다. 주식의 포괄적 교환 등 거래가 종료된 후에는 완전자회사의 주주는 완전모회사의 주주로 전환된다. 즉 완전자회사의 주주가 그 주식을 현물출자하고 완전모회사 주식을 교부받는 것과 그 경제적 실질이 동일하다. 또한 주식의 포괄적 교환 등 거래에 있어서 완전자회사의 주주가 당초 보유한 주식의 취득가액에는 변화가 없고 단지 그 주식의 포괄적 교환 등으로 발생한 완전자회사 주주의 주식양도차익에 상당하는 금액에 대한 양도소득세 또는 법인세가 이연될 뿐이다(조특 §38 ①). 따라서 주식의 포괄적 교환 등으로 인하여 완전자회사 주주의 당초 취득가액이 증액되지 않으므로 해당 금액을 과세대상에 포섭하기 위하여 법인 단계에서 익금에 산입할 규범적 당위 역시 있다고 할 수 없다. 게다가 완전자회사 주식의 시가를 초과하여 완전모회사 주식이 발행된다고 하더라도 그 발행행위로 인하여 완전자회사의 주식 또는 완전자회사에 현존하는 순자산의 일부가 유출될 수는 없고 단지 해당 법인의 주주들 사이의 지분비율이 변동될 뿐이다. 법인 단계 순자산의 유출이 수반되지 않고서 법인의 이익이 주주에게 분여될 수는 없다. 따라서 완전모회사 주식과 완전자회사 주식의 교환비율이 완전자회사 주식의 시가를 초과하여 결정되었다면, 해당 거래 이후의 완전모회사 주주들 사이에서 이익이 분여될 수는 있음은 별론으로 하더라도 완전모회사 자체의 이익이 완전자회사의 주주에게 분여된다고 할 수는 없다. 게다가 주식의 포괄적 교환 등 거래를 통하여 완전모회사 단계에서 손익이 발생하지도 않을 뿐만 아니라 이익잉여금의 유보액에 변화가 발생하는 것 역시 아니라는 점 및 주식의 포괄적 교환 등 거래가 완결되기 이전에는 완전자회사 주주와 완전모회사 사이에 특수관계가 형성되지 않는다는 점 역시 감안하여야 한다. 이상의 각 논의에 비추어 보면, 주식의 포괄적 교환 등을 통하여 완전모회사의 이익이 완전자회사 주주에게 분여된다는 점을 전제로 하는 위 판례의 입장은 타당하지 않다.

주식의 포괄적 교환 등과 부당행위계산 부인규정의 적용 여부에 대하여 이하 보다 구체적으로 살핀다. 상법 상 완전모회사의 자본 증가액은 완전자회사에 현존하는 순자산액을 초과할 수 없다(상법 §360의7, §360의18). **완전자회사에 현존하는 순자산액은 완전모회사에 이전되는 완전자회사 주식의 총합계액이면서 완전모회사가 발행하는 신주의 총발행가액이 된다.**[842] **즉 상법은 완전모회사 자본금 증가의 한도액을 '완전자회사에 현존하는 순자산액'을 기준으로 정하고 있다.** 따라서 완전모회사 자본금 증가액이 이를 초과하여 계상되었다면 해당 금액은 상법에 반하여 계상된 것이다. 이 경우는 주식을 액면미달발행한 것과 같다.[843] 한편 상법이

---

841) 대법원 2014.11.27. 2012두25248.
842) 이철송, 전게서, 1185면~1186면.
843) 상게서, 1186면.

'완전모회사의 자본금'이 '완전자회사에 현존하는 순자산액'을 초과할 수 없다고 규정하므로(상법 §360의7, §360의18) 그 자본금이 '완전자회사에 현존하는 순자산액' 미달하여 증가될 수 있는바, 이 경우에는 교환차익이 발생하고 그 교환차익은 이는 기업회계기준(상법령 §15)에 따라 자본준비금으로 적립하여야 한다(상법 §459 ① : 상법령 §18).[844] 그렇다면 '완전모회사의 자본금'이 '완전자회사에 현존하는 순자산액'을 초과하는 경우 인식할 교환차손의 경제적 실질을 주식할인발행차금(법세 §20 2호)과 같은 자본금에 대한 차감계정으로 보아야 한다. 즉 완전모회사 자본금에서 교환차손을 차감한 금액이 완전자회사에 현존하는 순자산의 가액과 동일하여야 한다. 따라서 법인세법상으로도 **완전모회사의 자본금 증가액이 완전자회사에 현존하는 순자산을 초과하는 경우에는 완전모회사 단계에서 해당 초과액 상당에 대하여 주식할인발행차금이 계상된 것으로 의제하여야 한다.** 완전모회사 단계에서 주식할인발행차금으로 의제된 금액에 대하여 손금산입(△유보), 손금불산입(기타)로 세무조정하여야 한다. 또한 완전모회사가 발행하는 신주의 취득가액 중 순자산초과액 역시 부인하여야 한다. 신주에 대한 순자산초과액에 대하여 손금산입(△유보)로 세무조정한 후 해당 주식이 처분되는 경우 손금불산입(유보)로 사후관리하여야 한다. 순자산초과액에 대한 세무조정은 납입자본의 실질에 부합하도록 자본을 계상하기 위한 것에 불과하므로 법인의 이익이 주주에게 분여될 여지가 없다. 따라서 이익의 **분여를 전제로 하는 부당행위계산 부인규정은 적용될 수 없다.** 다만 이 쟁점은 주식의 포괄적 교환 등 거래에 있어서 시가보다 높은 가액으로 출자한 완전자회사의 주주 등의 다른 주주 등에 대한 지분비율이 증가한 경우에 대하여 부당행위계산의 부인을 적용할 것인지 여부와는 구분되는 것이라는 점에 유의하여야 한다. **법인이 시가보다 높은 가액으로 완전자회사 주주의 당초 주식을 양수받은 경우 해당 주주 등의 출자지분비율이 다른 주주 등에 비하여 증가하는 경우에 대하여 부당행위계산의 부인을 적용할 것인지 여부는 별도의 규정**(법세령 §88 ① 9호)에 의하여 해결하여야 한다.

'법인이 특수관계인인 주주 등에게 이익을 분여한 경우'와 '법인의 주주 등이 그와 특수관계인인 다른 주주 등에게 법인을 통하여 이익을 분여한 경우'는 어떻게 구분되어야 하는가? 법인과 주주 등 사이의 자본거래를 통하여서는 이익을 분여할 수 없다. 자본거래로 인하여 주주등 단계에서 이익 또는 손실이 발생하지 않기 때문이다. 따라서 법인과 주주 등 사이에서는 손익거래를 통하여서만 이익이 분여될 수 있다. 자본거래는 '자본 또는 출자의 납입', '자본 또는 출자의 환급' 및 '잉여금의 처분'을 의미하고 그 해당 거래의 본질 자체로 익금 또는

---

844) 상게서, 1187면.

손금에 포함될 수 없을 뿐만 아니라 법인세법 및 조세특례제한법을 통하여서도 이에 포함될 수 없다. 자본거래는 주주 또는 출자자의 지위에 근거하거나 주주 또는 출자자에 대하여서만 효과가 미치는 거래라고 할 수 있다.[845] 손익거래는 '법인의 순자산을 증가시키는 결과 기업회계 기준 상 수익(이익 또는 수입)을 발생시키는 거래', '법인의 순자산을 감소시키는 결과 기업회계 기준 상 손비(손실 또는 비용)를 발생시키는 거래' 및 '법인세법 및 조세특례제한법이 기업회계 기준과 달리 익금 및 손금에 대하여 정하는 거래'로 구성된다.[846] 따라서 **법인은 그 주주 등에게 '순자산의 증감을 통하여 기업회계기준 상 손익을 인식하는 거래' 또는 '법인세법 및 조세특례제한법이 기업회계기준과 달리 익금 및 손금에 대하여 정하는 거래'를 통하여서만 이익을 분여할 수 있다.** 자본거래를 구성하는 자본계정 및 손익 계정이 경제적 실질에 반하여 계상되어 해당 계정이 향후 주주 등의 손익에 영향을 미치는 결과를 야기하는 경우(예를 들면 법인이 시가보다 높은 가액으로 현물출자받은 자산이 향후 처분·감가상각 등 시점에 영향을 미치는 경우 등)에는 **해당 거래에 대한 수정이 필요하나, 이는 법인의 주주 등에 대한 이익분여를 전제로 하는 해당 거래에 대한 재구성과는 구분된다는 점에 유의할 필요가** 있다. 한편 **법인의 주주 등과 그와 특수관계인인 다른 주주 등 사이에는 법인 주주 등 지위를 함께 갖는다는 점 이외에 다른 직접적인 법률관계는 존재하지 않는다.** 법인 주주 등 지위에는 금전청구권을 포함하는 자익권과 법인의 의사결정에 참여하는 등 공익권이 내포된다. 따라서 법인의 주주 등이 그 주주 등 지위를 다른 주주 등에게 직접 이전하였다면 이는 재산권 등의 이전거래로서 손익거래에 해당한다. 그러나 법인의 특정 행위로 인하여 주주 등 지위에 변동이 초래되는 경우를, 설사 법인과 각 주주 등이 특수관계인에 해당한다고 할지라도, 그 주주 등 사이의 직접 거래로 볼 수는 없다. 다만 법인의 주주 등 사이에도 별도의 특수관계가 존재한다면 논의가 달라질 수 있다. 법인 및 각 주주 등 모두 상호 특수관계인에 해당되므로 법인세법이 이들 사이의 조작가능성에 주목하여 법인을 통한 주주 등 지위의 변동을 각 주주 등 사이의 직접적인 거래로 의제할 수 있다. 이 경우 주주 등 사이의 특수관계는 법인을 통한 간접적인 관계가 아니라 법인을 제외한 별도의 직접관계를 의미하는 것으로 보아야 한다. 이상의 논의에 따르면, **법인의 주주 등과 다른 주주 등 사이에 별도의 특수관계가 존재하는 경우에 한하여 법인의 특정 행위를 통하여 발생한 법인 주주 등 지위 상 변동을 주주 등 사이의 직접 거래로 인한 이익의 분여로 볼 수 있다.**

---

845) 같은 편 제1장 제2절 제1관 Ⅳ 참조.
846) 같은 편 제1장 제2절 제1관 Ⅳ 참조.

법인이 특수관계인인 주주에게 이익을 분여한 경우와 법인의 주주 등이 특수관계인인 다른 주주 등에게 법인을 통하여 이익을 분여한 경우에 대하여 부당행위계산의 부인을 적용하는 순서는 어떻게 결정되어야 하는가? 주주 등 지위에 변동을 초래하는 거래는 법인과 해당 주주 등 사이에서 발생한다. 법인이 주주 등으로부터 시가보다 높은 가액으로 현물출자받아 해당 주주 등의 출자지분이 증가하는 경우가 이에 해당한다. 법인이 주주 등에게 이익을 분여하는 거래로 인하여 해당 주주 등의 출자지분이 증가한다면 해당 거래만으로 특수관계인인 다른 주주 등의 출자지분은 감소하게 된다. 즉 '법인이 주주 등에게 이익을 분여하는 거래'와 별도로 '다른 주주 등의 법인에 대한 출자지분의 감소거래'가 존재하지 않는다고 하더라도 특수관계인인 주주 등 사이에서 주주 등 지위의 변동이 초래된다. '법인이 특정 주주 등에게 이익을 분여하는 거래'가 주된 거래에 해당하고 그 거래로 인하여 다른 주주 등의 법인에 대한 출자지분의 감소가 발생하는 것으로 보아야 한다. 특정 주주 등 출자지분의 증가로 귀결되는 이익분여의 결과는 모두 주식 등 출자지분의 장부가액에 반영되어야 한다. 또한 경제적으로 동일한 이익분여에 대하여 중복하여 부당행위계산의 부인을 적용할 수는 없다. 따라서 **법인과 주주 등 사이의 거래를 그 경제적 실질에 따라 과세하거나 과세기반의 유실을 초래하지 않도록 과세하는 과정에서, 해당 거래로 인하여 발생하는 주주들 사이의 이익분여의 결과 역시 반영되도록 해석하거나 입법하는 것이 타당하다.** 이러한 맥락에서 소득세법은 거주자가 특수관계인에 해당하는 법인(외국법인을 포함)에 양도소득 과세대상 자산(소세 §94 ① 각 호)을 양도한 경우 해당 거주자의 상여·배당 등으로 소득처분(법세 §67)된 금액이 있는 경우에는 시가(법세 §52)를 매매사례가액으로 보아 양도소득을 계산하고(소세 §96 ③ 1호), 부당행위계산의 부인을 적용하는 시가부족액과 관련하여 양수인인 거주자에 대하여 상여·배당 등으로 소득처분(법세 §67)된 금액이 있는 경우에는 그 상여·배당 등으로 소득처분된 금액을 해당 자산의 취득가액에 더한다고 규정한다(소세령 §163 ⑩ 2호). 법인세법 역시 매도인이 법인인 경우 자본거래(법세령 §88 ① 8호, 8호의2)로 인하여 특수관계인으로부터 분여받은 이익 역시 익금으로 인식한다고 규정한다(법세령 §11 8호).

3.1.2. 무수익자산을 매입 또는 현물출자받았거나 그 자산 관련 비용을 부담한 경우

'무수익자산을 매입 또는 현물출자받았거나 그 자산에 대한 비용을 부담한 경우'는 부당행위계산의 유형에 해당한다(법세령 §88 ① 2호). 무수익자산은 법인의 수익창출에 공헌하지 못하거나 법인의 수익과 관련이 없는 자산으로서 장래에도 그 자산의 운용으로 수익을 얻을 가망성이 희박한 자산을 말한다.[847] 법인의 목적사업과는 직접적인 관련성이 없다고 하여, 해당 자산을 수익창출에 공헌하지 못하였다거나 수익과 관련이 없는 자산으로서 그 자산의 운용으로 수익을 얻을 가망성이 희박한 무수익자산에 해당한다고 보기는 어렵다.[848]

판례는 부당행위계산 부인의 대상인 무수익자산의 매입으로 인정되면, 무수익자산의 매입은 부인되고 대신 매입대금 상당액을 법인이 대여한 것으로 의제하여 인정이자를 익금산입하는 것이 타당하다고 판시한다.[849] 판례의 입장은 타당하지 않다. 그 이유는 다음과 같다. 부당행위계산의 부인은 시가를 통하여 해당 거래를 재구성하기 위한 규정일 뿐 해당 거래의 존재 자체를 부인하기 위한 것은 아니다. 실질과세원칙의 적용을 통하여 가공행위로서 특정 거래를 부인할 수 있을 뿐이다. 따라서 위 판례 중 "부당행위계산 부인의 대상인 무수익자산의 매입으로 인정되면"이라는 판시를 '무수익자산의 매입이 경제적 실질이 존재하지 않는 가공행위에 해당하여 그 매입거래가 부인된다면'의 취지로 이해하는 것이 타당하다. 해당 매입거래가 존재하지 않는다면 해당 매매대금의 지급을 그 경제적 실질에 따라 대여금으로 보는 것은 타당하다. 그런데 '금전, 그 밖의 자산 또는 용역을 무상 또는 시가보다 낮은 이율·요율이나 임대료로 대부하거나 제공한 경우'는 별도의 부당행위계산에 해당한다(법세령 §88 ① 6호). 따라서 무수익자산의 매입 자체를 무상의 대여금 거래로 의제하는 것은 타당하지 않다.

법인이 무수익자산을 매입하거나 현물출자받았다고 하더라도 그 매도인 또는 출자자가 해당 자산을 다시 돌려받을 것이 예정되어 있다면, 해당 거래는 그 경제적 실질에 따라 대여금 거래로 보아 이에 대하여서는 '금전, 그 밖의 자산 또는 용역을 무상 또는 시가보다 낮은 이율·요율이나 임대료로 대부하거나 제공한 경우'에 해당하는 부당행위계산의 부인이 적용된다(법세령 §88 ① 6호). 그러나 법인이 무수익자산을 매입하거나 현물출자받았고 그 매도인 또는 출자자가 해당 자산을 다시 돌려받을 수 없다면, 이 역시 매입 또는 현물출자거래로 보아야 한다. 그 실질은 '자산을 시가보다 높은 가액으로 매입 또는 현물출자받은 경우'와 동일하다. 무수익자산의 경우를 별도의 부당행위계산으로 규정한 이유는 무엇인가? 자산 고가매입의 경우에는 통상 매도인 단계에서 양도소득이 발생하고 그 양도소득에 대한 과세 여부가 쟁점이 된다. 그러나 무수익자산의 경우에는 이와 사정이 다르다. 그 경제적 실질 상 손실이 내재되어 있으므로 그 대가를 수취하는 것 자체가 소득에 해당한다. 그럼에도 불구하고, 매매가액 또는 출자가액이 무수익자산의 매도인 또는 출자자가 계상하였던 장부가액

---

847) 대법원 2000.11.10. 98두12055 ; 대법원 2006.1.13. 2003두13267.
848) 대법원 2006.1.13. 2003두13267.
849) 대법원 2000.11.10. 98두12055.

을 초과하는 경우에는 양도소득을 인식하지만 이에 미치지 못하는 경우에는 오히려 양도손실을 인식하게 된다. 즉 특수관계인 사이에서 이익을 분여하면서도 그 매도인 또는 출자자 단계에서 양도손실을 야기할 수 있는 여지가 있다. 무수익자산의 장부가액을 초과하여 그 매매가액 또는 출자가액을 정하는 것은 이례적이다. 이러한 점을 감안하여 법인세법이 매도인 또는 출자자 단계에서 양도손익이 발생하는지 여부와 무관하게 별도의 경제적 합리성이 존재하지 않는 한 부당행위계산으로 규율하도록 결단한 것으로 보아야 한다. 따라서 무수익자산을 매입하거나 현물출자받은 행위는, 별도의 경제적 합리성이 존재하지 않는 한, 그 매도인 또는 출자자 단계에서 발생하는 양도손익과 무관하게 부당행위계산에 해당하는 것으로 보아야 한다. **무수익자산을 매입하거나 현물출자받은 경우에 대하여 부당행위계산의 부인을 적용한 결과는 어떠하여야 하는가?** 이 경우 무수익자산의 시가는 '0'으로 의제되고 그 매입가액 또는 그 주식의 발행가액 전체를 시가초과액으로 보아야 한다. 매입가액 또는 그 주식의 발행가액 전체를 업무무관 가지급금으로 보는 견해가 있을 수 있으나 해당 금액을 다시 회수할 것이 예정되어 있다면 이를 무수익자산을 매입하거나 현물출자한 것으로 볼 수 없으므로 이러한 견해에 동의하지 않는다. 향후 무수익자산에 대하여 수익이 발생한다면 그 시점에 익금을 인식하는 것으로 족하다. 매입가액 또는 주식의 발행가액 상당은 시가초과액으로서 특수관계인에게 유출된 것으로 보나 이는 손금으로서의 요건을 충족하지 못한 것이므로, 손금불산입(사외유출)로 소득처분하여야 한다. 한편 법인 단계의 해당 자산 취득가액은 모두 '0'으로 조정되어야 하므로, 해당 자산에 관하여 손금산입(△유보)로 세무조정하고 향후 처분 등 시점에 손금불산입(유보)로 사후관리하여야 한다. 무수익자산이 잔존가치를 갖는다면 그 처분 등 시점에 그에 대한 손익을 인식하여야 한다.

무수익자산 관련 비용을 부담하는 경우에 대하여 살핀다. 법인의 특수관계인이 무수익자산을 보유함에도 불구하고 법인이 그 관련 비용을 부담한다면 이는 법인이 그 특수관계인에게 해당 비용 상당액을 지급하는 것과 동일하다. 법인이 보유하는 무수익자산과 관련하여 비용을 부담한다면, 해당 비용은 손금으로서의 요건을 충족하지 못한 것으로 보아야 한다.

3.1.3. 자산을 무상 또는 저가로 양도하거나 현물출자한 경우

'자산을 무상 또는 시가보다 낮은 가액으로 양도 또는 현물출자한 경우'는 부당행위계산의 유형에 해당한다(법세령 §88 ① 3호 본문). 다만, **법정 주식매수선택권 등**(법세 §19 19호의2 각 목 외 부분)의 행사 또는 지급에 따라 주식을 양도하는 경우는 제외한다(법세령 §88 ① 3호 단서).

법정 주식매수선택권 등은 상법(상법 §340의2), 벤처기업육성에 관한 특별조치법(벤처기업 §16의3) 또는 소재·부품·장비산업 경쟁력강화를 위한 특별조치법(소재산업 §56)에 따른 '**주식매수선택권 또는 금전**' 중 법정 금액('주식매수선택권을 부여받은 경우에는 약정된 주식매수시기에 약정된 주식의 매수가액과 시가의 차액을 금전 또는 해당 법인의 주식으로 지급하는 경우의 해당 금액 또는 약정된 주식매수시기에 주식매수선택권 행사에 따라 주식을 시가보다 낮게 발행하는 경우 그 주식의 실제 매수가액과 시가의 차액', '주식기준보상으로 금전을 지급하는 경우 해당 금액')(법세 §19 19호의2 각 목)**을 제외한 금액**을 말한다(법세 §19 19호의2 각 목 외 부분).

시가와 거래가액의 차액이 3억원 이상이거나 시가의 100분의 5에 상당하는 금액 이상인 경우에 한하여 부당행위계산 부인규정을 적용한다(법세령 §88 ③). 주권상장법인이 발행한 주식을 거래한 경우에는 이 제한규정(법세령 §88 ③)을 적용하지 않는다(법세령 §88 ④).

특수관계인 사이에서 자산을 무상 또는 저가로 양도하는 행위는 항상 부당행위계산에 해당하는가? 매도인이 법인인 경우 자산의 양도가액을 익금으로 인식한다(법세령 §11 2호). 법인인 특수관계인이 그 자산을 양수한 경우 해당 법인은 자산의 취득가액을 원칙적으로 매입가액에 취득세(농어촌특별세와 지방교육세를 포함), 등록면허세, 그 밖의 부대비용을 가산한 금액으로 계상한다(법세령 §72 ② 1호). 소득세법 상 양도소득 과세대상 자산의 취득가액은 원칙적으로 실지거래가액에 기반하여 계상한다(소세 §97 ①). 따라서 **법인이 자산을 무상 또는 저가로 양도하는 경우 법인은 해당 매매가액을 기준으로 양도소득에 대한 조세를 부담하고 매수인이 그 처분 등 시점에 해당 금액만큼 익금을 추가적으로 인식한다면, 자산의 양도소득에 대한 과세기반의 유실이 발생하지는 않는다.** 따라서 법인세법이 이에 대하여 개입할 규범적 당위는 존재하지 않는다. 이는 특수관계인 사이에서 자산을 무상 또는 저가로 양도한 경우에도 동일하게 적용되어야 한다. **'법인의 특수관계인'이 법인으로부터 자산을 양수한 이후 해당 자산의 처분 등 시점에 발생할 양도소득 과세에 대하여 살핀다.** 거주자가 매수한 자산이 소득세법 상 모두 양도소득 과세대상 자산에 해당하는 것은 아니고, 양도소득 과세대상이라고 할지라도 그 양도소득에 대하여 비과세 및 감면 등 조세혜택이 부여된다면 현실적으로 과세되지는 않을 수 있다. 법인이 매수한 자산의 처분 등 시점에 그 양도소득에 과세될 것이나 이 경우에도 자산의 양도가액에 대하여 비과세 및 감면 등 조세혜택이 부여된다면 현실적으로 과세되지 않을 수 있다. 따라서 조작가능성이 높은 특수관계인 사이에서는 법인이 특수관계인에게 자산을 양도할 당시 이미 매매가액과 시가가 다르다는 점이 명백하고 또한 그 특수관계인 단계에서는 해당 자산의 처분 등 시점에 양도소득에 대하여 과세되지 않거나 그 조세부담이 경감될 것이 예견됨에도 불구하고, 해당 자산을 무상 또는 저가로 양도하려는 유인이 발생할 수 있다. 이러한 경우에는 특수관계인들 사이의 공모에 의하여 과세기반의 유실이 발생할 수 있으므로 법인세법이 개입할 여지가 있다. 다만 이 경우라고 할지라도 해당 거래에 관한 별도의 경제적 합리성이 존재한다면 부당행위계산에 해당하지 않을 수 있음은 물론이다. 이상의 논의를 종합한다면 **법인 단계에서는 자산의 매매가액에 따라 계산한 양도소득에 대하여 과세된다는 요건, 매매가액과 시가가 다르다는 점이 거래 당시 명백하였다는 요건 및 특수관계인인 양수인 단계에서는 해당 자산의 양도소득에 대하여 과세되지 않거나 그 조세부담이 경감될 것이 예견되었음에도 불구하고 해당 자산을 무상 또는 저가로 양도하였다는 요건을 충족한다면, 별도의 경제적 합리성이 존재하지 않는 한, 특수관계인 사이의 자산 무상 또는 저가 양도거래는 부당행위계산에 해당하는 것으로 보아야 한다.** 부당행위계산의 부인이 적용되는 시가부족액은 양도인인 법인 단계에서 익금에 산입하고 해당 금액이 그 양수인에게 사외유출(상여·배당 등)된 것으로 소득처분하여야 한다. 이 경우 양수인인 거주자에 대하여 상여·배당 등으로 소득처분(법세 §67)된 금액이 있는 경우에는 그 상여·배당 등으로 소득처분된 금액을 해당 자산의 취득가액에 더한다(소세령 §163 ⑩ 2호). 법인세법은 소득세법과 달리 자산의 취득가액을 원칙적으로 매입가액에 기반하여 계상한다는 규정을 둘 뿐이다(법세령 §72 ② 1호). 양수인이 거주자인 경우와 법인인 경우를 차별적으로 취급하여야 할 규범적 당위성은 존재하지 않는 것이나, 부당행위계산의 부인을 '양수인 단계에서 양도소득이 과세되지 않거나 그 조세부담이 경감되는 것'을 전제로 적용한다면 해당 자산의 취득가액을 시가로 계상하는지 여부가 중요한 의미를 갖는 것은 아니다. 다만 양수인이 법인인 경우에도 '시가를 기준으로 부당행위계산의 부인을 적용한다는 규정(법세 §52 ②)'에 근거하여 해당 자산의 매입가액을 실제거래가액에 시가부족액을 더한 금액으로 해석하는 것 역시 가능하다고 판단한다. 즉 양수인이 법인인 경우에도 부당행위계산의 부인이 적용된다면 '시가를 기준으로 부당행위계산의 부인을 적용한다는 규정(법세 §52 ②)'에 근거하여 해당 자산의 매입가액을 시가로 보는 것이 타당하다고 본다.

　비적격물적분할의 경우 역시 현물출자와 동일한 것으로 보아야 하는가? 물적분할법인과 현물출자법인은 모두 해당 법인이 피출자법인의 주식 등을 취득한다. 분할신설법인 등은 순자산을 시가로 양도받은 것으로 보아 계상하고 그 시가와 양도가액 사이의 차액을 분할매수차손익으로서 계상하여 향후 손익에 반영한다(법세 §46의2). 물적분할의 경우 적격요건(법세 §47 ① 단서, ②)을 갖추지 못한 경우에는 분할법인은 승계자산의 시가를 기준으로 계산된 양도차익에 대하여 과세된다(법세 §47 ①: 법세령 §84 ③). 현물출자의 경우 과세특례(법세 §48)가 적용되지 않으면, 현물출자한 자산의 시가 또는 주식 등의 시가를 기준으로 양도손익을 인식하고(법세령 §72 ① 4호) 현물출자를 받은 법인은 해당 자산의 시가로 취득가액을 계상하여야 한다(법세령 §72 ① 7호). 따라서 비적격물적분할 거래와 현물출자 거래는 그 경제적 실질이 유사하다. 따라서 부당행위계산 부인규정의 적용에 있어서 동일하게 취급하는 것이 타당하다.

　　법인이 시가보다 낮은 가액으로 현물출자받은 경우 해당 법인과 그 현물출자자 사이의 거래에 대하여 부당행위계산의 부인을 적용할 수 있는지 여부에 대하여 살핀다. 법인이 시가보다 낮은 가액으로 현물출자를 받은 경우에도 해당 자산의 취득가액은 시가로 계상하여야 한다(법세령 §72 ② 3호 나목). 이에 비추어 보면, 현물출자로 인하여 취득하는 주식 등 취득가액 역시 원칙적으로 양도인 단계에서 현물출자 자산의 시가로 계상하는 것이 타당하나, **법인세법 상 현물출자한 출자법인이 취득한 주식 등의 가액은** '현물출자로 인하여 피출자법인을 새로 설립하면서 그 대가로 주식 등만 취득하는 현물출자'에 해당한다면 그 현물출자한 순자산의 시가, '그 밖의 경우'에 해당한다면 해당 주식 등의 시가로 결정된다(법세령 §72 ② 4호). **소득세법 상 거주자가 저가로 현물출자한 경우 그 주식 등 취득가액을 정하는 명시적 규정이 없다고 하더라도** 그 주식 등의 취득가액은 현물출자 자산의 시가로 보는 것이 타당하다. 피출자법인이 현물출자 자산을 시가로 계상하기 때문이다. 그렇지 않더라도 최소한 부당행위계산의 부인이 적용되는 경우에는 저가로 현물출자한 법인이 취득한 주식 등 취득가액 역시 현물출자 자산의 시가로 보는 것이 타당하다. '거주자가 양수인으로서 특수관계인(외국법인을 포함)으로부터 취득한 주식 등의 취득가액을 매매가액에 시가부족액을 더한 취득 당시의 시가로 계상한다는 규정(소세령 §163 ⑩ 2호)'을 감안하면 그 경우 양도인이 그 대가로 취득하는 주식 등 취득가액 역시 현물출자 자산의 시가로 보는 것이 타당하기 때문이다. **현물출자자 단계의 양도소득에** 대하여 살핀다. 소득세법 상 거주자가 저가로 현물출자하고 해당 거래에 대하여 부당행위계산의 부인이 적용되는 경우 거주자가 특수관계법인(외국법인을 포함)으로부터 취득한 주식 등의 취득가액을 취득 당시의 현물출자 자산의 시가로 계상하여야 하므로, 거주자는 그 시가를 기준으로 현물출자 자산의 양도소득을 계산하여야 한다. 소득세법 상 양도는 자산에 대한 등기 또는 등록과 관계없이 매도, 교환, 법인에 대한 현물출자 등을 통하여 그 자산을 유상으로 사실상 이전하는 것을 말한다(소세 §88 1호). 현물출자자가 법인인 경우 해당 법인은 해당 자산의 양도가액을 익금으로 인식하고(법세령 §11 2호), 자본거래(법세령 §88 ① 8호, 8호의2)로 인하여 특수관계인으로부터 분여받은 이익 역시 익금으로 인식한다(법세령 §11 8호). 양도가액은 현물출자로 인하여 취득하는 주식 등 취득가액과 동일하게 보아야 한다. 그렇다면 '현물출자로 인하여 피출자법인을 새로 설립하면서 그 대가로 주식 등만 취득하는 현물출자'에 해당한다면 그 현물출자한 순자산의 시가, '그 밖의 경우'에 해당한다면 해당 주식 등의 시가를 양도가액으로 보아야 한다(법세령 §72 ② 4호). 그런데 이 경우에는 현물출자자인 법인이 그 양도소득을 과소하게 인식한다는 문제점이 발생한다. 양도가액을 현물출자로 취득한 주식 등의 시가로 평가한다면 양도가액이 과소평가될 수밖에 없기 때문이다. 그런데 법인의 저가 현물출자에 대하여 부당행위계산의 부인이 적용된다면 '시가를 기준으로 부당행위계산의 부인을 적용한다는 규정(법세 §52 ②)'에 근거하여 현물출자로 인하여 양도소득의 계산 상 양도가액을 현물출자 자산의 시가로 보는 것이 타당하다. 즉 저가의 현물출자자가 법인인 경우에도 부당행위계산의 부인이 적용된다면 현물출자로 취득한 주식 등 시가에 시가부족액을 더한 금액을 기준으로 현물출자 자산의 시가를 계산하는 것이 타당하다. 이로 인하여 중복과세가 발생하는 것도 아니다. **법인이 특수관계인에게 저가로 현물출자한 경우 각 과세 상 취급에 대하여 분석한다. 법인이 특수관계인으로부터 저가로 현물출자를 받은 경우 각 과세 상 취급에 대하여 분석한다.** 피출자법인은 저가의 현물출자 여부와 무관하게 현물출자 자산의 취득가액을 시가로 계상하여야 한다. **현물출자자 단계의 주식 등 취득가액**에 관하여 본다. 피출자법인 단계에서 현물출자 자산을 시가로 계상하여야 한다면 현물출자자 단계에서도 그 주식 등 취득가액을 현물출자 자산의 시가로 계상하는 것이 타당하다. 그러나 '법인이 현물출자로 인하여 피출자법인을 새로 설립하면서 그 대가로 주식 등만 취득하는 경우'에는 그 주식 등의 취득가액을 '현물출자 자산의 시가'로 계상하지만, '그 밖의 경우'에는 '해당 주식 등의 시가'로 계상하여야 한다. 이 경우 '저가로 계상된 현물출자 자산의 취득가액'과 '현물출자로 인하여 발행된 주식 등의 시가'는 규범 상 동일한 것으로 보아야 한다. **현물출자자 단계의 양도소득** 역시 현물출자 자산의 시가를 기준으로 계산하여야 경제적 실질에 부합하는 것이다. 그러나 '법인이 현물출자로 인하여 피출자법인을 새로 설립하면서 그 대가로 주식 등만 취득하는 경우'가 아니라면, 그 양도가액을 '현물출자 자산의 시가'가 아닌 '해당 주식 등의 시가'로 보아야 한다. 그런데 이 경우 현물출자자가 법인인 경우에는 현물출자자 단계 양도소득의 계산 상 시가부족액을 익금에 산입하는 명시적인 규정은 없다. 따라서 부당행위계산의 부인이 적용되지 않는다면 현물출자자 단계 양도소득의 계산 상 시가부족액을 익금에 산입할 수가 없다. '거주자가 현물출자한 경우'에도 부당행위계산의 부인이 적용되지 않는다면 시가부족액을 현물출자자의 양도소득 계산 상 양도소득에 포함시킬 수 없다. **피출자법인 단계에서 현물출자 자산을 시가로 계상하여야 함에도 불구하고 저가로**

현물출자하는 경우가 발생할 수 있는가? 현물출자의 부당평가에 대한 상법 상 효과는 다음과 같다. 현물출자가 과대하게 평가된 경우에는 현물출자에 대한 조사절차에 의하여 시정될 수 있지만 시정되지 아니한 채 설립등기 등을 필한 경우에는 그 부당평가의 정도가 경미하다면 발기인과 임원의 손해배상책임을 추궁하는 것으로 해결할 수 있으나 그 정도가 커서 자본구성에 발기인·임원의 책임추궁만으로 메우기 어려운 정도의 결함이 생겼다면 현물출자를 무효로 보아야 한다.[850] 즉 현물출자의 부당평가로 인한 차액에 대하여 별도의 자산(발기인·임원에 대한 손해배상청구권)을 인식하여 실현할 수 있다면 해당 현물출자는 유효하나 그 상태에 이르지 못한다면 해당 현물출자는 무효로 보아야 한다. 그런데 회사설립의 무효·취소의 소는 회사성립의 날로부터 2년 내에 소송만으로 이를 주장할 수 있다(상법 §184 ①, §269, §287의6, §328 ①, §552 ①). 주식회사의 경우 신주발행의 무효는 주주·이사 또는 감사에 한하여 신주를 발행한 날로부터 6월 내에 소송만으로 이를 주장할 수 있고(상법 §429), 유한회사의 증자무효의 소 역시 본점소재지에서의 등기를 한 날로부터 6월 내에 소송만으로 이를 주장할 수 있다(상법 §595 ①). 따라서 부당한 평가로 인한 현물출자 역시 상법 상 그 효력이 인정될 수 있다. 법인세법이 부당행위계산의 부인을 적용할지 여부에 대하여 규정하는 대상은 **상법 상 효력이 인정되는 현물출자**로 한정되어야 한다. 상법 상 효력이 부인되는 현물출자 및 그로 인한 신주발행에 대하여 부당행위계산의 부인을 적용할 것인지 여부를 논할 수 없기 때문이다. 나아가 단체법적으로 규율되는 현물출자에 있어서, 상법에 반하지만 결과적으로 그 현물출자의 효력을 유지시키는 행위는 다른 경제적 합리성의 유무를 추가적으로 논할 필요가 없이 부당행위계산유형에 해당하는 것으로 보아야 한다. **저가의 현물출자가 현물출자자 및 피출자법인에 미치는 세법 상 효과는 어떠한가?** 저가의 현물출자 자체로 인하여 피출자법인의 순자산이 주주에게 유출되는 것은 아니고, 원칙적으로 현물출자자 단계의 양도소득 및 피출자법인 단계의 현물출자 자산의 취득가액에 영향을 미치는 것 역시 아니다. 저가로 현물출자한 주주의 출자비율이 감소하여, 주주들 사이의 출자비율이 달라질 뿐이다. 다만 현물출자한 법인 및 거주자가 취득한 주식 등의 취득가액을 '해당 주식 등의 시가'로 인식하는 경우에는 현물출자한 법인 및 거주자의 양도소득이 그 취득가액을 현물출자 자산의 시가로 인식하는 경우보다 감소하게 되나, 이를 명시적으로 해결하는 규정은 없다. 부당행위계산의 부인이 적용되는 경우에 한하여 그 양도소득을 경제적 실질에 따라 계산할 수 있는 여지가 있다. **저가의 현물출자로 인하여 주주가 피출자법인에게 이익을 분여할 수 있는가?** 저가의 현물출자 자체로 인하여 주주로부터 피출자법인에게

---

850) 이철송, 전게서, 246면.

추가적인 순자산이 유입되는 것은 아니므로, 법인 주주가 피출자법인에게 이익을 분여할 수는 없다. 다만 저가의 현물출자로 인하여 현물출자자 및 피출자법인의 순자산 관련 계정이 경제적 실질에 어긋나게 계상되거나 과세기반의 유실을 초래할 수 있도록 변화한다면 이를 수정하여 세무조정하여야 할 필요는 있다. **피출자법인이 저가로 계상한 현물출자 자산의 가액과 관련하여 어떻게 세무조정하여야 하는가?** 피출자법인 단계에서 저가로 계상된 현물출자 자산의 취득가액 중 시가부족액을 인식하여야 하므로 익금산입(유보)로 세무조정한 후 해당 자산의 처분·감가상각 등 시점에 익금불산입(△유보)로 사후관리하여야 한다. 또한 익금산입된 시가부족액과 관련하여서는 현물출자자가 거주자인 경우와 법인인 경우로 구분하여 소득처분하여야 한다. **현물출자자가 거주자인 경우,** 해당 거주자 단계의 양도가액을 시가로 보아 양도소득금액을 계산하여야 한다. **현물출자자가 법인인 경우,** 해당 법인 단계에서 현물출자로 인하여 취득한 주식 등 취득가액에 시가부족액을 포함하여 익금(유보)로 세무조정한 후 해당 주식 등의 처분시점에 익금불산입(△유보)로 사후관리하여야 한다. 법인 주주가 저가의 현물출자로 인하여 피출자법인으로 과소하게 수령한 주식 등 취득가액은 손금으로서의 적격을 갖추지 못하였으므로 손금불산입하고 피출자법인에 대한 사외유출로서 기타사외유출로 소득처분(법세 §67)하여야 한다. 과소수령분(시가부족액) 상당이 피출자법인의 익금에 산입되어 과세되기 때문이다. **법인이 시가보다 낮은 가액으로 현물출자한 경우 주주와 피출자법인 사이의 현물출자에 대하여 부당행위계산의 부인을 적용하는 이유는 무엇인가?** 저가의 현물출자 자체로 인하여 법인이 피출자법인에게 순자산을 유입시키는 것은 아니므로, 주주인 법인이 피출자법인에게 이익을 분여할 수는 없다. 따라서 주주가 피출자법인에게 이익을 분여하였다는 점에 근거하여 부당행위계산의 부인을 적용할 수는 없다. 다만 저가의 현물출자로 인하여 현물출자자 및 피출자법인의 순자산 관련 계정이 경제적 실질에 어긋나게 계상되거나 과세기반의 유실을 초래할 수 있도록 변화한다면 이를 수정하여 세무조정하여야 할 필요는 있는바, 이러한 세무조정에 대한 규범적 근거로서 부당행위계산의 부인을 적용할 수는 있다. **법인 주주가 시가보다 낮은 가액으로 현물출자하여 해당 주주 등의 출자지분비율이 다른 주주 등에 비하여 감소하는 경우에 대하여 부당행위계산의 부인을 적용할 것인지 여부는 별도의 규정**(법세령 §88 ① 8호, 8호의2, 9호)**에 의하여 해결하여야 한다는 점에 유의하여야 한다.**

법정 주식매수선택권 등의 행사 또는 지급에 따라 주식을 양도하는 경우 부당행위계산의 부인을 적용하지 않는 이유는 무엇인가? 법정 주식매수선택권 등은 상법(상법 §340의2), 벤처기업 육성에 관한 특별조치법(벤처기업 §16의3) 또는 소재·부품·장비산업 경쟁력강화를 위한 특별조치법(소재산업 §56)에 따른 '주식매수선택권 또는 금전' 중 법정금액('주식매수선택권을 부여받은 경우에는 약정된 주식매수시기에 약정된 주식의 매수가액과 시가의 차액을 금전 또는 해당 법인의 주식으로 지급하는 경우의 해당 금액 또는 약정된 주식매수시기에 주식매수선택권 행사에 따라 주식을 시가보다 낮게 발행하는 경우 그 주식의 실제 매수가액과 시가의 차액', '주식기준보상으로 금전을 지급하는 경우 해당 금액')(법세 §19 19호의2 각 목)**을 제외한 금액**을 말한다(법세 §19 19호의2 각 목 외 부분). 이러한 법정 주식매수선택권 등의 행사 또는 지급에 따라 주식을 양도하는 경우에는 부당행위계산의 부인을 적용하지 않는다(법세령 §88 ① 2호 단서). 한편 주식매수선택 또는 금전 중에서 위와 같이 제외되는 '주식매수선택권 등의 행사 또는 지급에 따라 금전을 제공하는 경우'(법세령 §88 ① 6호 가목) 및 '주식매수선택권의 행사에 따라 주식을 발행하는 경우'(법세령 §88 ① 8호의2 단서)는 각 별도의 부당행위계산 유형으로서 각 해당 유형에서 제외된다. 즉 상법(상법 §340의2), 벤처기업육성에 관한 특별조치법(벤처기업 §16의3) 또는 소재·부품·장비산업 경쟁력강화를 위한 특별조치법(소재산업 §56)에 따른 주식매수선택권을 행사한 결과에 해당하는 주식의 양도, 금전의 지급 및 신주발행에 대하여서는 부당행위계산의 부인이 적용되지 않는다. **조세정책 상 결단에 의하여 상법, 벤처기업육성에 관한 특별조치법 및 소재·부품·장비산업 경쟁력강화를 위한 특별조치법에 근거한 주식매수선택권 등의 행사에 한하여 해당 거래에 대하여 부당행위계산의 부인을 적용하지 않은 것으로 보인다.** 따라서 법정 주식매수선택권 등이 아닌 주식매수선택권 등을 행사하는 경우 또는 법정 주식매수선택권 등 행사요건을 충족하지 못한 경우에 대하여서는 부당행위계산의 부인이 적용되는 것으로 보아야 한다.

법정 주식매수선택권 등의 행사요건을 충족하지 못한 경우 부당행위계산에 해당하는지 여부를 판정하는 시점은 언제인가? 주식매수선택권 등의 부여 시점을 기준으로 부당행위계산에 해당하는지 여부를 판정하여야 한다. 판례 역시 동일한 입장이다. 즉 법인이 임직원 등에게 주식매수선택권을 부여한 경우에 주식매수선택권의 부여가 저가양도로서 부당행위계산 부인의 대상이 되는지 여부는 주식매수선택권의 행사시기가 아니라 그 부여 시기를 기준으로 판단하여야 할 것이어서, 만약 주식매수선택권의 부여 당시에 정한 선택권의 행사가격이 부여 당시의 주식의 시가보다 높은 경우에는, 그것이 미공개 내부정보로 인하여 단기간 내에 주가가 상승할 것이 예상되는 경우임에도 이를 반영하지 아니한 채 행사가격을 약정하였다는 등의 특별한 사정이 없는 한, 이를 부당행위계산 부인의 대상이 되는 저가양도에 해당한다고 보기는 어렵다.[851)]

법정 주식매수선택권 등의 행사에 대하여 부당행위계산의 부인을 적용하지 않는 효과는 무엇인가? 법정 주식매수선택권 등을 행사하는 경우 이를 부여한 법인이 주식매수선택권을 행사하는 자에게 이익을 분여할 것이 예정되어 있는바, 법정 주식매수선택권 등의 행사에 대하여 부당행위계산의 부인을 적용하지 않는다면, 법인세법이 그 행사가격을 거래가액으로 인정하여 해당 법인이 그 행사가격과 시가 사이의 차액에 대하여 익금산입하고 소득처분을 할 필요가 없다는 것을 의미한다. 이는 주식매수선택권 등을 행사하는 자의 단계에서 그 차액이 근로소득 또는 기타소득으로 과세되는지 여부와는 별개의 쟁점에 해당한다. 주식매수선택권을 행사하여 얻은 이익은 근로소득(소세령 §38 ① 17호) 또는 기타소득(소세 §21 ① 22호)으로서 과세되고 이에 대하여 비과세 특례 등(조특 §16의2, §16의4 : 조특령 §14의2, §14의4)이 적용될 수도 있다.

3.1.4. 특수관계인인 법인 간 불공정한 비율로 합병·분할하여 합병·분할에 따른 양도손익을 감소시킨 경우

'특수관계인인 법인 간 합병(분할합병을 포함)·분할에 있어서 **불공정한 비율**로 합병·분할하여 합병·분할에 따른 양도손익을 감소시킨 경우'는 부당행위계산의 유형에 해당한다(법세령 §88 ① 3호의2 본문). 다만, 자본시장과 금융투자업에 관한 법률(자본시장 §165의4)에 따라 **주권상장법인이 합병(분할합병을 포함)·분할하는 경우**는 제외한다(법세령 §88 ① 3호의2 단서). 합병(분할합병을 포함)·분할의 경우 피합병법인 또는 분할법인 등이 인식하는 양도손익은 '피합병법인이 합병법인으로부터 받은 양도가액에서 피합병법인의 합병등기일 현재의 순자산장부가액을 뺀 금액' 또는 '분할법인 등이 분할신설법인 등으로부터 받은 양도가액에서 분할법인 등의 분할등기일 현재의 순자산장부가액을 뺀 금액'으로 계산된다(법세 §44 ①, §46 ①). 적격합병 또는 분할의 경우에는 양도손익이 없는 것으로 할 수 있으므로(법세 §44 ②, §46 ②), 위 부당행위계산의 부인이 적용될 수 없다. 비적격합병 또는 분할의 경우, 합병법인 또는 분할신설법인 등은 양도가액과 순자산시가의 차액을 합병매수차손익 또는 분할매수차손익으로 계상하여 사후관리한다(법세 §44의2, §46의2 : 법세령 §80의3, §82의3). 따라서 비적격합병 또는 분할의 경우 과세기반의 유실은 발생하지 않는다. 즉 양도가액의 감소로 인하여 피합병법인 또는 분할법인 등이 인식하는 양도손익이 감소한다고 하더라도 그에 상응하는 합병매수차손익 또는 분할매수차손익이 합병법인 또는 분할신설법인 등 단계에서 계상되어 사후관리되므로, 과세기반의 유실이 발생한다고 볼 수 없다. 그렇다면 '불공정한 비율로 합병·분할하여 합병·분할에 따른 양도손익을 감소시

---

851) 대법원 2010.5.27. 2010두1484.

킨 경우'가 의미하는 바는 무엇인가? '불공정한 비율로 합병·분할하여 합병·분할에 따른 양도손익을 감소시킨 경우'는 자산을 저가로 양도한 경우와 동일한 맥락에서 다루는 것이 타당하다. 즉 피합병법인 또는 분할법인 등 단계에서는 순자산의 양도가액에 따라 계산한 양도소득에 대하여 과세된다는 요건, 양도가액과 시가가 다르다는 점이 거래 당시 명백하였다는 요건 및 특수관계인인 합병법인 또는 분할신설법인 등 단계에서는 '해당 자산의 양도소득에 대하여 과세되지 않거나 그 조세부담이 경감될 것', 즉 '합병 또는 분할 당사자들이 부담하는 총조세부담이 경감될 것'이 예견되었음에도 불구하고 해당 순자산을 저가로 양도하였다는 요건을 충족한다면, 별도의 경제적 합리성이 존재하지 않는 한, 특수관계인 사이의 합병 또는 분할 거래를 불공정한 비율에 의한 합병 또는 분할로 보는 것이 타당하다. 이러한 취지에 비추어 보면 '불공정한 비율로 합병·분할하여 합병·분할에 따른 양도손익을 증가시킨 경우'에 대하여서는 부당행위계산의 부인이 적용되지 않는다고 보아야 한다. 한편 부당행위계산의 부인은 원칙적으로 자산의 특정승계나 현물출자를 전제로 한 규정이므로 합병에 의한 포괄승계인 이 사건 채권의 승계에는 적용될 수 없다.[852] 합병거래는 거래 당사자인 법인들의 법인격 합일을 전제로 하므로 거래 당사자들 사이의 이익분여와 친하지 않고 원칙적으로 합병 과정에서 과세기반의 유실이 발행하지 않기 때문이다. 따라서 '불공정한 비율로 합병·분할하여 합병·분할에 따른 양도손익을 감소시킨 경우'는 한정적으로 해석되어야 한다. 따라서 **'불공정한 비율로 합병·분할하여 합병·분할에 따른 양도손익을 증가시킨 경우'에 대하여서는 부당행위계산의 부인이 적용되지 않는 것으로 보아야 한다.** 또한 '불공정한 비율로 합병·분할하여 합병·분할에 따른 양도손익을 증가시킨 경우'는 자산을 고가양도한 경우와 동일한 맥락에서 다루는 것이 타당할 것이나, 현실적으로 피합병법인 또는 분할법인 단계에서 순자산의 양도가액에 따라 계산한 양도소득이 과세되지 않는다는 요건을 충족하기 어렵다는 점, 합병 또는 분할 이후 합병법인 또는 분할신설법인 등 조세부담이 가중될 것을 미리 예측하는 것 역시 매우 어렵다는 점 및 피합병법인 또는 분할법인 단계에서의 양도손익에 대한 조세부담이 합병 또는 분할 이후 조세부담보다 가벼운 상황에서 합병 또는 분할을 할 유인이 존재한다고 보기 어렵다는 점 역시 감안하여야 한다.

피합병법인 또는 분할법인 등이 특수관계인인 합병법인 또는 분할신설법인 등에게 이익을 분여한 경우와 특수관계인에 해당하는 해당 법인의 주주 등 사이에서 이익을 분여한 경우에 대한 부당행위계산의 부인을 적용하는 순서는 어떻게 결정되어야 하는가? 합병 또는 분할

---

852) 대법원 2015.1.15. 2012두4111.

거래당사자인 법인들 사이에 지급된 합병 또는 분할대가로 인하여 거래당사자 법인들 주주 등 사이에서 이익이 분여될 수 있고, 이는 자본거래에 관한 별도의 부당행위계산 유형(법세령 §88 ① 8호, 8호의2)에 해당할 수 있다. 피합병법인 또는 분할법인 등의 양도손익이 불공정한 비율을 통하여 감소한다면 그 주주 단계에서는 의제배당 금액 및 그 출자비율이 감소한다. 피합병법인 또는 분할법인 등의 '법인 주주 등'이 보유하는 출자비율이 감소한다면 그 주주 등이 '특수관계인에 해당하는 합병법인 또는 분할신설법인 등의 다른 주주 등'에게 이익을 분여하는 결과에 이른다. 해당 거래가 상법 상 유효하고 이에 대하여 부당행위계산의 부인이 적용된다면, 피합병법인 또는 분할법인 등의 주주 등에 대하여서는 의제배당 금액이 증가하고, 그 증가액이 합병법인 또는 분할신설법인 등의 다른 주주 등에게 분여된 것으로 보아야 한다. 그런데 피합병법인 또는 분할법인 등 단계의 양도소득 과세와 그 주주 단계의 의제배당 과세는 양자택일적 관계에 있는 것이 아니라 각 단계 별로 적용되어야 한다. 따라서 **피합병법인 또는 분할법인 등이 특수관계인인 합병법인 또는 분할신설법인 등에게 이익을 분여한 경우와 특수관계인에 해당하는 해당 법인의 주주 등 사이에서 이익을 분여한 경우에 대하여서는 두 경우 모두에 대하여 부당행위계산의 부인이 적용되어야 한다.**

3.1.5. 불량자산을 차환하거나 불량채권을 양수한 경우

'불량자산을 차환하거나 불량채권을 양수한 경우'는 부당행위계산의 유형에 해당한다(법세령 §88 ① 4호). 이 경우는 무수익자산을 매입한 경우와 동일한 맥락에서 다루는 것이 타당하다. '불량자산 또는 불량채권의 시가'와 '정상자산 또는 정상채권의 시가' 사이의 차액을 '특수관계인 사이에서 분여된 시가초과액'으로 보아 부당행위계산의 부인을 적용하여야 한다. '불량자산 또는 불량채권의 시가'는 자산의 평가에 관한 일반원칙에 따라서 이루어져야 한다.

3.1.6. 출연금을 대신 부담한 경우

'출연금을 대신 부담한 경우'는 부당행위계산의 유형에 해당한다(법세령 §88 ① 5호). 법인의 특수관계인이 부담하여야 할 출연금을 해당 법인이 이를 부담하여야 할 법률 상 의무 또는 경제적 합리성이 없음에도 부담하는 경우를 의미한다. 법인이 법률 상 의무 또는 경제적 합리성이 없음에도 특수관계인이 부담하여야 할 출연금을 대신하여 부담하는 것은 법인이 그 특수관계인에게 해당 출연금 상당액을 지급하는 것과 동일하다. 해당 출연금 상당액은 손금으로서의 요건을 충족하지 못한 것으로 보아야 한다.

3.1.7. 금전, 그 밖의 자산 또는 용역을 무상 또는 시가보다 낮은 이율·요율이나 임대료로 대부하거나 제공한 경우

'금전, 그 밖의 자산 또는 용역을 무상 또는 시가보다 낮은 이율·요율이나 임대료로 대부하거나 제공한 경우'는 부당행위계산의 유형에 해당한다(법세령 §88 ① 6호 본문). 다만, **다음 각 목의 어느 하나에 해당하는 경우는 제외한다**(법세령 §88 ① 6호 단서). 시가와 거래가액의 차액이 3억원 이상이거나 시가의 100분의 5에 상당하는 금액 이상인 경우에 한하여 부당행위계산 부인규정을 적용한다(법세령 §88 ③). **주권상장법인이 발행한 주식을 거래한 경우**에는 이 규정(법세령 §88 ③)을 적용하지 않는다(법세령 §88 ④). **부당행위계산의 부인을 적용하지 않는 법정 금전의 대부**(법세칙 §44) 역시 있다(법세령 §89 ⑤ 단서).[853]

> 가. **법정 주식매수선택권 등**(법세 §19 19호의2 각 목 외 부분)의 행사 또는 지급에 따라 금전을 제공하는 경우. **법정 주식매수선택권 등**은 상법(상법 §340의2), 벤처기업육성에 관한 특별조치법(벤처기업 §16의3) 또는 소재·부품·장비산업 경쟁력강화를 위한 특별조치법(소재산업 §56)에 따른 **'주식매수선택권 또는 금전' 중 법정금액**('주식매수선택권을 부여받은 경우에는 약정된 주식매수시기에 약정된 주식의 매수가액과 시가의 차액을 금전 또는 해당 법인의 주식으로 지급하는 경우의 해당 금액 또는 약정된 주식매수시기에 주식매수선택권 행사에 따라 주식을 시가보다 낮게 발행하는 경우 그 주식의 실제 매수가액과 시가의 차액', '주식기준보상으로 금전을 지급하는 경우 해당 금액')(법세 §19 19호의2 각 목)을 **제외한 금액**을 말한다(법세 §19 19호의2 각 목 외 부분). 법정 주식매수선택권 등에 대하여서는 자산을 무상 또는 저가로 양도하거나 현물출자한 경우에서 기술한 바와 같다.
>
> 나. 주주 등이나 출연자가 아닌 임원(소액주주 등인 임원을 포함) 및 직원에게 사택(**법정 임차사택**(법세칙 §42의3)을 포함)을 제공하는 경우. 무연고지에 근무하는 직원들에게 사택의 제공에 갈음하여 사택보조금을 지급한 것은 그 실질에 있어서는 사택의 제공과 동일시할 수 있다.[854] 복리후생 등의 목적으로 무연고지에 근무하는 직원들에게 무이자로 전세보증금을 대여한 것은, 업무와 관련성이 있을 뿐 아니라 건전한 사회통념이나 상관행에 비추어 경제적 합리성을 결한 비정상적인 거래라고 할 수 없어 부당행위계산 부인의 대상이 아니다.[855] **법정 임차사택**은 법인이 직접 임차하여 직원 등(임원 또는 직원)에게 무상으로 제공하는 주택으로서 다음 각 호의 경우를 제외하고는 임차기간 동안 직원 등이 거주하고 있는 주택을 말한다(법세칙 §42의3).

---

853) 부당행위계산의 부인 효과 부분에서 살핀다.
854) 대법원 2006.5.11. 2004두7993.
855) 대법원 2008.10.9. 2006두19013.

> 1. 입주한 직원 등이 전근·퇴직 또는 이사한 후에 해당 법인의 직원 등 중에서 입주
>   희망자가 없는 경우
> 2. 해당 임차사택의 계약 잔여기간이 1년 이하인 경우로서 주택임대인이 주택 임대차계
>   약의 갱신을 거부하는 경우

다. 연결납세방식(법세 §76의8)을 적용받는 연결법인 간에 연결법인세액의 변동이 없는 등 **법정 요건**(법세칙 §42의5)을 갖추어 용역을 제공하는 경우. **법정 요건**은 다음 각 호의 요건을 말한다(법세칙 §42의5).

> 1. 용역의 거래가격에 따른 '연결납세방식(법세 §76의8)을 적용받는 연결법인 간 거래'에
>   관한 연결법인세액의 변동이 없을 것. 이 경우 다음 각 목의 어느 하나에 해당하는
>   사유로 연결법인세액의 변동이 있는 경우는 변동이 없는 것으로 본다.
>   가. 연결 조정항목(연결집단을 하나의 내국법인으로 보아 수입배당금액의 익금불산
>   입 규정(법세 §18의2, §18의3; §18의3은 2023년 1월 1일 이후 받는 수입배당금에 대하여서는
>   적용되지 않음), 기부금의 손금불산입 규정(법세 §24) 및 기업업무추진비의 손금불
>   산입 규정(법세 §25)을 준용하여 익금 또는 손금에 산입하지 아니하는 금액)의
>   연결법인별 배분(법세 §76의14 ① 4호)
>   나. 법인세 외의 세목의 손금산입
>   다. 그 밖에 가목 및 나목과 유사한 것으로서 그 영향이 경미하다고 기획재정부장관이
>   인정하는 사유
> 2. 해당 용역의 착수일 등 용역을 제공하기 시작한 날이 속하는 사업연도부터 그
>   용역의 제공을 완료한 날이 속하는 사업연도까지 연결납세방식(법세 §76의8)을 적용
>   하는 연결법인 간의 거래일 것

금전 등을 '대부하거나 제공하였는지 여부'는 해당 거래의 형식만이 아니라 그 경제적 실질에 의하여 판정하여야 한다. 따라서 반드시 소비대차계약 또는 임대차계약을 체결하였는지 여부 등 거래의 형식을 취하지 않더라도 금전 등을 대부하거나 제공한 것으로 볼 수 있다. 또한 '금전 대여'에는 특별한 시가가 적용되므로 금전 대부와 자산·용역 제공 역시 구분되어야 한다. **'금전 대여'에 해당하는지 또는 '자산·용역 제공'에 해당하는지 여부** 역시 동일한 관점에서 판단하여야 한다. 즉 부당행위계산의 유형으로서 금전 대여에 해당하는지 또는 자산·용역 제공에 해당하는지는 거래의 내용이나 형식, 당사자의 의사, 계약체결의 경위, 거래대금의 실질적·경제적 대가관계, 거래의 경과 등 거래의 형식과 실질을 종합적으로 고려하여 거래관념과 사회통념에 따라 합리적으로 판단하여야 한다.[856] **금전 등을 무상 또는 시가보다 낮은**

---

856) 대법원 2017.8.29. 2014두43301.

이율·요율이나 임대료로 대부하거나 제공한 것에 대한 경제적 합리성이 있다면 부당행위계산에 해당하지 않는다. 완전 자본잠식상태로서 원리금의 지급이 극히 불투명함에도 이자를 만기에 일시 상환받는 조건인 회사채를 취득한 행위는 건전한 사회통념이나 상관행에 비추어 경제적 합리성이 있다고 할 수 없어 부당행위계산 부인 대상에 해당한다.[857] 법인이 특수관계자로부터 지급받아야 할 채권의 회수를 정당한 사유 없이 지연시키는 것은 실질적으로 그 채권 상당액이 의무이행기한 내에 전부 회수되었다가 다시 가지급된 것과 같은 효과를 가져오는바, 그와 같은 채권의 회수지연이 건전한 사회통념이나 상관행에 비추어 경제적 합리성이 결여되어 조세의 부담을 부당하게 감소시킨 것으로 인정되는 경우에는 '금전 등을 무상 또는 시가보다 낮은 이율·요율이나 임대료로 대부하거나 제공한 경우'에 준하는 행위로서 부당행위계산 부인에 의하여 그에 대한 인정이자가 익금에 산입된다.[858] 이 판시가 해당 가지급금이 무상 또는 낮은 이율로 제공된 점을 전제로 한 것으로 보아야 한다. 정당한 사유 없이 특수관계인으로부터 매매대금을 약정기한 내에 회수하지 아니한 것은 업무와 관련 없는 금전의 무상대부에 해당한다고 보아, 피고가 그 미회수 매매대금 중 약정기한을 도과한 부분에 상당하는 차입금의 지급이자를 손금불산입하고, 그에 대한 인정이자를 익금산입한 것은 적법하다.[859] 다만 채권의 회수지연과 관련하여 지급이자를 업무무관 가지급금으로서 손금불산입하거나 인정이자를 익금산입하기 위해서는 해당 법인이 특수관계인에 대하여 채권을 보유하고 있음이 전제가 되어야 하므로, 만약 해당 법인이 특수관계인에 대하여 채권을 보유하고 있지 않다면 그 채권의 보유를 전제로 한 지급이자 손금불산입이나 인정이자 익금산입은 할 수 없다.[860] 법인의 특수관계인 법인에 대한 담보 제공행위가 특수관계 법인들에 대한 직접적인 대여행위에 해당한다거나 그에 준하는 행위라고 볼 수는 없고, 이는 원고가 정기예금을 담보로 제공함으로써 특수관계 법인들이 대출받는 편익을 누렸더라도 마찬가지이다.[861] 즉 특수관계인에 대한 담보제공 자체가 부당행위계산에 해당하는 것은 아니다. 또한 특수관계인에 대한 담보제공이 법인의 자금조달을 위한 것이라면 그 담보제공을 부당행위계산이라고 할 수는 없다. 다만 높은 대출이자를 부담하고 있었음에도 불구하고, 차입금을 상환하지 않고 상당한 금원을 낮은 이율의 정기예금에 예치하여 특수관계 법인들의 대출금에 대한 담보로 제공한 행위는,

---

857) 대법원 2010.10.28. 2008두15541.
858) 대법원 2010.10.28. 2008두15541.
859) 대법원 2010.1.14. 2007두5646.
860) 대법원 2022.1.27. 2017두36045.
861) 대법원 2009.4.23. 2006두19037.

부당행위계산의 부인 대상인 '이익 분여'에 해당한다.[862] 특수관계인 채무자에게 변제자력이 없어서 법인이 그 채무자로부터 공사미수금을 기한 내에 지급받지 않은 것이 경제적 합리성을 무시한 부당행위계산에 해당한다고 볼 수는 없다.[863] **채권의 회수 지연을 부당행위계산으로 인정하기 위하여서는 해당 채권이 존재하여야 한다.** 구상금 채권과 관련하여 지급이자 손금불산입이나 인정이자 익금산입을 하기 위해서는 당해 법인이 구상금채권을 보유하고 있음이 전제가 되어야 하므로 만약 그 법인이 특수관계자에 대한 구상금채권을 포기하였다면 그 포기행위가 별도로 부당행위계산 부인의 대상이 되고 특수관계자에게는 증여세 등이 부과될 수 있음은 별론으로 하고, 그 후에는 더 이상 그 구상금채권의 보유를 전제로 한 지급이자 손금불산입이나 인정이자 익금산입을 할 수는 없다.[864] 법인이 그 채권에 대한 소멸시효 중단을 위한 별다른 조치를 취하지 아니함으로써 소멸시효가 완성된 경우에는 더 이상 그 채권의 보유를 전제로 하는 인정이자 익금산입은 계속할 수 없다.[865] 채권의 회수지연과 관련하여 지급이자를 업무무관 가지급금으로서 손금불산입하거나 인정이자를 익금산입하기 위해서는 해당 법인이 특수관계인에 대하여 채권을 보유하고 있음이 전제가 되어야 하므로, 만약 해당 법인이 특수관계인에 대하여 채권을 보유하고 있지 않다면 그 채권의 보유를 전제로 한 지급이자 손금불산입이나 인정이자 익금산입은 할 수 없다.[866] 법인이 채권의 회수불능이 명백하게 되어 대손이 발생하였다고 회계상 처리를 하였을 때에 한하여 세무회계상 법인세 법령에 따른 대손의 범위에 속하는지 여부를 가려 그 대손이 확정된 사업연도의 손금으로 산입할 수 있는 경우에는 그 손금산입 이전에는 해당 채권에 대하여 회수불능 여부와 관계없이 인정이자를 익금에 산입한다.[867] **특수관계가 존재하는 기간에 대응하여 금전 대부에 대한 인정이자를 계산할 수 있다.** 법인이 특수관계자에게 금전을 무상으로 대여한 후 그 특수관계자에 대하여 회사정리절차개시결정 등이 있더라도 그 법인과 주주 사이의 특수관계 역시 소멸하는 것은 아니므로 채무자인 특수관계자에 대하여 회사정리절차개시결정 등이 있더라도 채권자인 당해 법인이 보유하는 대여금채권에 관한 인정이자 상당액은 익금산입의 대상이 된다.[868] 특수관계가 소멸되는 날까지 회수하지 아니한 가지급금 등은 익금에 산입한다(법세령 §11 9호 가목). 이 규정은 법인세법이 특수관계가

---

862) 대법원 2009.4.23. 2006두19037.
863) 대법원 2000.11.14. 2000두5494.
864) 대법원 2009.10.29. 2007두16561.
865) 대법원 2013.10.31. 2010두4599.
866) 대법원 2022.1.27. 2017두36045.
867) 대법원 2003.12.11. 2002두7227.
868) 대법원 2009.12.10. 2007두15872.

소멸하는 시점까지 미회수한 업무무관 가지급금 등이 특수관계인에게 유출된 것으로 의제함으로써 발생하는 손금산입 효과를 상쇄하기 위하여 그 가지급금 등 상당액을 수익에 포함하는 것으로 보아야 한다. 즉 법인이 계상한 가지급금에 변화가 없고 설사 가지급금을 회수하였다고 하더라도 이로 인하여 손익이 발생하지 않음에도 불구하고 특수관계의 소멸을 계기로 손금산입과 익금산입을 동시에 의제하는 것이다. 특수관계인에 대한 가지급금을 규제하기 위한 목적에서 법인세법이 특별하게 인정하는 것으로 보아야 한다.[869]

3.1.8. 금전, 그 밖의 자산 또는 용역을 시가보다 높은 이율·요율이나 임차료로 차용하거나 제공받은 경우

'금전, 그 밖의 자산 또는 용역을 시가보다 높은 이율·요율이나 임차료로 차용하거나 제공받은 경우'는 부당행위계산의 유형에 해당한다(법세령 §88 ① 7호 본문). 다만, 연결납세방식(법세 §76의8)을 적용받는 연결법인 간에 연결법인세액의 변동이 없는 등 **법정 요건**(법세칙 §42의5)**을 갖추어 용역을 제공받은 경우는 제외**한다(법세령 §88 ① 7호 단서). **법정 요건**은 다음 각 호의 요건을 말한다(법세칙 §42의5).

---

1. 용역의 거래가격에 따른 '연결납세방식(법세 §76의8)을 적용받는 연결법인 간 거래'에 관한 연결법인세액의 변동이 없을 것. 이 경우 다음 각 목의 어느 하나에 해당하는 사유로 연결법인세액의 변동이 있는 경우는 변동이 없는 것으로 본다.
   가. 연결 조정항목(연결집단을 하나의 내국법인으로 보아 수입배당금액의 익금불산입 규정(법세 §18의2, §18의3; §18의3은 2023년 1월 1일 이후 받는 수입배당금에 대하여서는 적용되지 않음), 기부금의 손금불산입 규정(법세 §24) 및 기업업무추진비의 손금불산입 규정(법세 §25)을 준용하여 익금 또는 손금에 산입하지 아니하는 금액)의 연결법인별 배분(법세 §76의14 ① 4호)
   나. 법인세 외의 세목의 손금산입
   다. 그 밖에 가목 및 나목과 유사한 것으로서 그 영향이 경미하다고 기획재정부장관이 인정하는 사유
2. 해당 용역의 착수일 등 용역을 제공하기 시작한 날이 속하는 사업연도부터 그 용역의 제공을 완료한 날이 속하는 사업연도까지 연결납세방식(법세 §76의8)을 적용하는 연결법인 간의 거래일 것

시가와 거래가액의 차액이 3억원 이상이거나 시가의 100분의 5에 상당하는 금액 이상인

---

869) 같은 절 제2관 Ⅱ 12 참조.

경우에 한하여 부당행위계산 부인규정을 적용한다(법세령 §88 ③). 주권상장법인이 발행한 주식을 거래한 경우에는 이 규정(법세령 §88 ③)을 적용하지 않는다(법세령 §88 ④).

법인이 금전 등의 대부 또는 제공에 대한 대가로서 지급한 금원이 특정 요건을 충족한다면 해당 금액을 손금불산입한다는 규정이 있다면, 해당 요건을 충족하지 못하는 금액은 손금산입하여야 한다. 따라서 이에 대하여서는 부당행위계산의 부인이 적용되지 않는 것으로 보아야 한다. 특정한 요건을 충족하는 금원에 대하여 손금불산입한다는 명제는 손금산입되는 항목에 특정 요건을 충족하지 못한 금액이 포함된다는 명제와 동일하기 때문이다. 나아가 부당행위계산의 부인과 관련하여서는 손금불산입 규정들과의 관계를 조정하는 명시적인 규정을 두지 않는다는 점 역시 감안하여야 한다.

3.1.9. 파생상품에 근거한 권리를 행사하지 아니하거나 그 행사기간을 조정하는 등의 방법으로 이익을 분여하는 경우

'법정 파생상품(기업회계기준에 따른 선도거래, 선물, 스왑, 옵션, 그 밖에 이와 유사한 거래 또는 계약)(법세칙 §42의4)에 근거한 권리를 행사하지 아니하거나 그 행사기간을 조정하는 등의 방법으로 이익을 분여하는 경우'는 부당행위계산의 유형에 해당한다(법세령 §88 ① 7호의2). 내국법인이 국외 특수관계자와 함께 파생상품에 근거한 권리를 보유하다가 보유비율에 상응하는 권리를 행사하지 아니한 채 국외 특수관계자에게 권리의 전부를 행사할 수 있게 하는 방법으로 국외 특수관계자에게 이익을 분여하는 행위는 '자산의 무상이전'에 준하는 것으로서 법인세법 상 부당행위계산의 부인 대상이 된다.[870]

3.1.10. 자본거래로 인하여 주주 등인 법인이 특수관계인인 다른 주주 등에게 이익을 분여한 경우

'법정 자본거래(법세령 §88 ① 8호 각 목)로 인하여 주주 등(소액주주 등은 제외)인 법인이 특수관계인인 다른 주주 등에게 이익을 분여한 경우'는 부당행위계산의 유형에 해당한다(법세령 §88 ① 8호). 법정 자본거래는 다음 각 목과 같다(법세령 §88 ① 8호 각 목). 즉 '특수관계인인 법인 사이의 불공정비율에 의한 합병', '증자 단계에서 발생한 주주의 실권 또는 인수거래' 및 '감자 단계에서 발생한 법인의 불공정 소각'으로 인하여 법인의 주주가 그 특수관계인인 다른 주주에게 이익을 분여한 경우가 발생할 수 있는바, 이는 부당행위계산의 한 유형에

---

870) 대법원 2015.11.26. 2014두335.

해당한다. 자본거래와 손익거래의 구분에 대하여서는 기술하였다.[871] '법인 단계의 자본거래로 인하여 주주 단계에서 이익을 분여한 부당행위계산 유형에 해당하는지 여부'는 거래당사자법인에 외국법인이 포함되었는지 여부와 무관하게 판정되어야 한다. 그렇지 않으면 외국법인을 이용하여 부당행위계산의 부인을 잠탈할 수 있기 때문이다. 따라서 부당행위계산의 판정 이후 내국법인에 대하여서 그 효과를 적용하면 족하다. 따라서 법정 자본거래를 하는 법인이 외국법인인 경우에도 그 특수관계인으로서 내국법인이 다른 특수관계인에게 이익을 분여하였다면 해당 내국법인에 대하여 부당행위계산의 부인이 적용되며, 법인 주주인 내국법인이 그 국외특수관계법인으로부터 이익을 분여받은 경우 그 이익분여액을 익금에 산입하여야 한다.

> 가. 특수관계인인 법인 간의 합병(분할합병을 포함)에 있어서 주식 등을 시가보다 높거나 낮게 평가하여 **불공정한 비율로 합병**한 경우. 다만, 자본시장과 금융투자업에 관한 법률 (자본시장 §165의4)에 따라 **주권상장법인이 합병(분할합병을 포함)·분할하는 경우**는 제외한다.
> 나. **법인의 자본(출자액을 포함)을 증가시키는 거래**에 있어서 신주(전환사채·신주인수권부사채 또는 교환사채 등을 포함)를 배정·인수받을 수 있는 권리의 전부 또는 일부를 포기(그 포기한 신주가 자본시장과 금융투자업에 관한 법률에 따른 모집방법(자본시장 §9 ⑦)으로 배정되는 경우를 제외)하거나 신주를 시가보다 높은 가액으로 인수하는 경우
> 다. **법인의 감자**에 있어서 주주 등의 소유주식 등의 비율에 의하지 아니하고 일부 주주 등의 주식 등을 소각하는 경우

'**자본거래를 통하여 법인이 이익을 특수관계인에게 분여한 경우**'(법세령 §88 ① 8호 각 목), 익금에 산입할 금액의 계산에 관하여는 그 유형에 따라 상속세 및 증여세법 상 합병에 따른 이익의 증여(상증세 §38 ; 상증세령 §28 ③~⑦), 증자에 따른 이익의 증여(상증세 §39 ; 상증세령 §29 ②), 감자에 따른 이익의 증여(상증세 §39의2 ; 상증세령 §29의2 ①, ②), 현물출자에 따른 이익의 증여(상증세 §39의3 ; 상증세령 §29의3 ①), 전환사채 등의 주식전환 등에 따른 이익의 증여(상증세 §40 ; 상증세령 §30 ⑤), 법인의 조직변경 등에 따른 이익의 증여(상증세 §42의2 ; 상증세령 §32의2)의 규정을 **준용**한다(법세령 §89 ⑥ 전단). 이 경우 "대주주" 및 "특수관계인"은 법인세법 시행령에 의한 "특수관계인"으로 보고, "이익" 및 "대통령령으로 정하는 이익"은 "특수관계인에게 분여한 이익"으로 본다(법세령 §89 ⑥ 후단). 따라서 '특수관계인인 법인 간의 합병(분할합병을 포함)에 있어서 주식 등을 시가보다 높거나 낮게 평가하여 불공정한 비율로 합병한 경우'에

---

871) 같은 편 제1장 제2절 제1관 Ⅳ 참조.

대하여서는 상속세 및 증여세법 상 합병에 따른 이익의 증여(상증세 §38 ; 상중세령 §28 ③~⑦) 규정이, '법인의 자본(출자액을 포함)을 증가시키는 거래에 있어서 신주(전환사채·신주인수 권부사채 또는 교환사채 등을 포함)를 배정·인수받을 수 있는 권리의 전부 또는 일부를 포기하거나 신주를 시가보다 높은 가액으로 인수하는 경우'에 대하여서는 상속세 및 증여세법 상 증자에 따른 이익의 증여(상증세 §39 ; 상중세령 §29 ②) 규정이, '법인의 감자에 있어서 주주 등의 소유주식 등의 비율에 의하지 아니하고 일부 주주 등의 주식 등을 소각하는 경우'에 대하여서는 상속세 및 증여세법 상 감자에 따른 이익의 증여(상증세 §39의2 ; 상중세령 §29의2 ①, ②) 규정을 각 준용하여 특수관계인에게 분여한 이익을 계산한다. 다만 해당 규정을 준용함에 있어서 상속세 및 증여세법은 수증이익을 계산하는 것을 목적으로 하는 반면에 법인세법은 해당 법인이 특수관계인에게 부여한 이익을 계산하는 것을 목적으로 하므로, **해당 규정을 쟁점 법인이 그 특수관계인에게 부여한 이익을 계산하기 위하여 수정할 필요가 있다는 점에 유의하여야** 한다. 또한 **특수관계인에게 부여한 이익의 계산과 관련되지 않는 규정은 준용되지 않는다**는 점에 대하여서도 유의하여야 한다. 특수관계에 있는 비상장법인의 합병으로인하여 특수관계인에게 부여한 이익을 계산하기 위하여서는 특수관계에 있는 비상장법인의 합병으로 인하여 증여받은 이익을 계산하기 위한 규정을 준용함에 있어서, **'1주당 최근 3년간의 순손익액의 가중평균액' 및 '1주당 추정이익의 평균가액'의 적용에 관한 판례**가 있다. 상속세 및 증여세법 상 '합병당사법인의 합병 직전 주식가액'을 산정하거나 평가 기준일로부터 최근 3년 이내에 합병이 있는 경우 등 특별한 사정이 없는 한 '1주당 최근 3년간의 순손익액의 가중평균액'을 기초로 1주당 순손익가치를 산정할 수 없다. 이는 '1주당 추정이익의 평균가액'이 산정되지 아니하였거나 적용요건을 모두 갖추지 못함으로써 추정이익의 평균가액을 기초로 1주당 **순손익 가치**를 산정할 수 없다고 하여 달리 볼 것도 아니다. 이러한 법리는 법인세법 시행령 상 '불공정한 합병으로 인하여 특수관계인에게 분여한 이익'을 계산하기 위하여 '합병당사법인의 합병 직전 주식가액' 등을 산정하는 경우에도 마찬가지로 적용된다.[872] 만일 비상장주식의 1주당 가액을 상속세 및 증여세법 시행령 상 가액을 기초로 한 순손익가치와 순자산가치를 가중평균한 금액으로 평가할 수 없는 경우에는, 상속세 및 증여세법이 평가방법을 규정하지 아니한 재산의 평가는 다른 법정 평가방법을 준용하도록 규정하는 점, 상속세 및 증여세법이 규정한 보충적 평가방법에 의하더라도 그 가액을 평가할 수 없는 경우에는 객관적이고 합리적인 방법으로 평가한 가액에 의할 수밖에 없는 점 등에 비추어 볼 때, **순자산가치**만에 의하여

---

872) 대법원 2012.4.26. 2010두26988 ; 대법원 2013.12.26. 2011두2736 ; 대법원 2023.5.18. 2023두32839.

평가하도록 하는 등 상속세 및 증여세법이 마련한 보충적 평가방법 중에서 객관적이고 합리적인 방법을 준용하여 평가할 수 있다.[873] 시가란 원칙적으로 정상적인 거래에 의하여 형성된 객관적 교환가치를 의미하지만 이는 객관적이고 합리적인 방법으로 평가한 가액도 포함하는 개념이므로 공신력 있는 감정기관의 감정가액도 시가로 볼 수 있고, 그 가액이 **소급감정**에 의한 것이라 하여도 달라지지 않는바, 이러한 법리는 부당행위계산부인 규정을 적용하면서 비상장주식의 보충적 평가방법에 따라 당해 법인의 자산을 평가하는 경우에도 마찬가지로 적용된다.[874] **원감정가액**이 존재하고 그 원감정가액에 대하여 같은 호 단서에서 정하고 있는 재감정 사유가 인정되지 않는 경우에는, 과세관청의 의뢰에 따른 재감정가액은 공신력 있는 감정기관이 평가한 가액이라 하더라도 이를 시가로 볼 수 없고, 나아가 **평가심의위원회**는 국세청장이 과세관청에 설치하는 기관으로서 과세관청이 평가심의위원회의 자문결과에 구속되지 않는 점 등에 비추어 보면, 원감정가액이 **기준금액** 이상인 경우의 재감정 사유가 인정되는지는 평가심의위원회의 자문을 거쳤는지를 기준으로만 판단할 것은 아니고, 원감정가액의 감정평가목적, 납세자와 감정기관과의 관계, 통모 여부, 납세자의 조세회피 의사, 평가심의위원회의 자문내용 및 결과 등을 함께 고려하여 개별적으로 판단하여야 한다.[875]

특수관계인에게 이익을 분여한 법인은 해당 이익을 익금에 산입하고(법세령 §89 ⑤), 그 이익을 분여받은 법인 역시 그 이익을 익금에 산입하여야 한다(법세령 §11 8호). 법인 단계의 세무조정 및 소득처분은 '주주인 특수관계법인들 사이의 직접 거래로 환원된 이익분여 유형'에 상응하여 이루어져야 한다. 이익을 분여받은 개인 및 비영리법인에 대하여서는 상속세 및 증여세법상 해당 규정에 따라 증여세가 부과된다. 개인 및 비영리법인에 대하여서는 상속세 및 증여세법상 해당 규정에 따라 증여세가 부과되는 경우에는 기타사외유출로 소득처분한다(법세령 §106 ① 3호 자목). 증여세가 부과된 개인 및 비영리법인이 취득한 주식 등의 취득가액에는 상여·배당 등으로 소득처분된 금액(법세 §67)이 있으면 그 상여·배당 등으로 소득처분된 금액이 더하여진다(소세령 §163 ⑩ 2호).

3.1.11. 증자 · 감자, 합병 · 분할, 전환사채 등에 의한 주식의 전환 · 인수 · 교환 등 자본거래를 통해 법인의 이익을 분여하였다고 인정되는 경우

'**법정 자본거래**(법세령 §88 ① 8호 각 목) 이외의 자본거래로서, 증자 · 감자, 합병(분할합병을

---

873) 대법원 2012.6.14. 2011두32300 ; 대법원 2013.11.14. 2011두31253 ; 대법원 2023.5.18. 2023두32839.
874) 대법원 2001.8.21. 2000두5098 ; 대법원 2008.2.1. 2004두1834 ; 대법원 2024.4.12. 2020두54265.
875) 대법원 2024.4.12. 2020두54265.

포함)·분할, 전환사채 등에 의한 주식의 전환·인수·교환(상증세 §40 ①) 등 자본거래를 통해 **법인의 이익을 분여하였다고 인정되는 경우**'는 부당행위계산의 유형에 해당한다(법세령 §88 ① 8호의2 본문). 다만, **법정 주식매수선택권 등**(법세 §19 19호의2 각 목 외 부분) 중 주식매수선택권의 행사에 따라 주식을 발행하는 경우는 제외한다(법세령 §88 ① 8호의2 단서). **법정 주식매수선택권 등**은 상법(상법 §340의2), 벤처기업육성에 관한 특별조치법(벤처기업 §16의3) 또는 소재·부품·장비산업 경쟁력강화를 위한 특별조치법(소재산업 §56)에 따른 '**주식매수선택권 또는 금전**' 중 **법정 금액**('주식매수선택권을 부여받은 경우에는 약정된 주식매수시기에 약정된 주식의 매수가액과 시가의 차액을 금전 또는 해당 법인의 주식으로 지급하는 경우의 해당 금액 또는 약정된 주식매수시기에 주식매수선택권 행사에 따라 주식을 시가보다 낮게 발행하는 경우 그 주식의 실제 매수가액과 시가의 차액', '주식기준보상으로 금전을 지급하는 경우 해당 금액')(법세 §19 19호의2 각 목)**을 제외한 금액**을 말한다(법세 §19 19호의2 각 목 외 부분). 법정 주식매수선택권 등에 대하여서는 자산을 무상 또는 저가로 양도하거나 현물출자한 경우에서 기술하였는바, 이 규정은 주식매수선택권의 행사에 따라 주식을 발행하는 경우 납입금액에 비하여 많은 신주를 발행하더라도 이 경우를 '주식 등을 시가보다 낮게 평가하여 불공정한 비율로 자본거래가 이루어진 것'으로 보지 않는다는 취지를 담고 있다. '**법인 단계의 자본거래로 인하여 주주 단계에서 이익을 분여한 부당행위계산 유형에 해당하는지 여부**'는 거래당사자법인에 외국법인이 포함되었는지 여부와 무관하게 판정되어야 한다. 그렇지 않으면 외국법인을 이용하여 부당행위계산의 부인을 잠탈할 수 있기 때문이다. 따라서 부당행위계산의 판정 이후 내국법인에 대하여서 그 효과를 적용하면 족하다. 따라서 법정 자본거래를 하는 법인이 외국법인인 경우에도 그 특수관계인으로서 내국법인이 다른 특수관계인에게 이익을 분여하였다면 해당 내국법인에 대하여 부당행위계산의 부인이 적용되며, 법인 주주인 내국법인이 그 국외특수관계법인으로부터 이익을 분여받은 경우 그 이익분여액을 익금에 산입하여야 한다.

'자본거래를 통해 법인의 이익을 분여하였다고 인정되는 경우'가 의미하는 바는 무엇인가? 이 쟁점은 법인이 자본거래를 통하여 그 특수관계인에게 이익을 분여한 경우를 의미하는지 여부에 관한 것이다. 법인은 그 주주 등에게 '순자산의 증감을 통하여 기업회계기준 상 손익을 인식하는 거래' 또는 '법인세법 및 조세특례제한법이 기업회계기준과 달리 익금 및 손금에 대하여 정하는 거래'를 통하여서만 이익을 분여할 수 있다. 한편 자본거래를 구성하는 자본계정 및 손익 계정이 경제적 실질에 반하여 계상되어 해당 계정이 향후 주주 등의 손익에 영향을 미치는 결과를 야기하는 경우(예를 들면 법인이 시가보다 높은 가액으로 현물출자받은 자산이 향후 처분·감가상각 등 시점에 영향을 미치는 경우 등)에는 해당 거래에 대한 수정이 필요하나, 이는 법인의 주주 등에 대한 이익분여를 전제로 하는 해당 거래에 대한 재구성과는 구분된다는 점에 유의할 필요가 있다. 법인의 주주 등과 다른 주주 등 사이에 별도의 특수관계가 존재하는 경우에 한하여, '법인의 특정 행위를 통하여 발생한 법인 주주 등 지위 상의 변동'을 주주 등 사이의 직접 거래로 인한 이익의 분여로 볼 수 있을 뿐이다. 따라서 '법인의 이익을 분여하였다고 인정되는 경우'를 **'법인 단계의 자본거래로 인하여 그 법인 주주가 특수관계인인 다른 주주에게 이익을 분여하였다고 인정한 경우'**로 해석하여야 한다.

'**법정 자본거래**(법세령 §88 ① 8호 각 목) **이외의 자본거래를 통하여 이익을 분여하는 거래**'가 의미하는 바는 무엇인가? '자본거래와 손익거래의 구분' 및 '자본거래(또는 손익거래)와 자본계정(또는 손익계정) 사이의 관계'에 대하여서는 기술하였다.[876] **법인세법 상 거래**는 기능적 관점에서 법인의 '자산 및 비용의 합계액'과 '부채, 자본(자본금, 자본잉여금 및 이익잉여금) 및 수익의 합계액'을 동일하게 유지하는 방식으로 그 자산, 부채, 자본(자본금, 자본잉여금 및 이익잉여금), 수익, 비용 계정을 변화시키는 원인으로 정의할 수 있다. 따라서 자산, 부채, 수익, 비용, 자본금, 자본잉여금, 이익잉여금 계정의 계상금액에 영향을 미치지 못하는 행위 또는 사건은 거래에 포섭될 수 없다. 법인에 따라서는 장부를 복식부기원리에 의하여 기장하지 않는 법인 역시 있을 수 있으나 그렇다고 하더라도 해당 거래는 위 정의에 의하여 재해석될 수 있다. **손익거래**는 '법인의 순자산을 증가시키는 결과 기업회계기준 상 수익(이익 또는 수입)을 발생시키는 거래', '법인의 순자산을 감소시키는 결과 기업회계기준 상 손비(손실 또는 비용)를 발생시키는 거래' 및 '법인세법 및 조세특례제한법이 기업회계기준과 달리 익금 및 손금에 대하여 정하는 거래'로 구성된다. **자본거래**에 대하여 살핀다. 법인세법 상 거래 중 '자본 또는 출자의 납입' 및 '자본 또는 출자의 환급'의 경우는 자산·부채의 변동이 수반된다고 할지라도 그 변동분이 익금과 손금의 본질적 요소인 기업회계기준 상 수익 또는 비용(손비)에 해당하지 않아서 익금 또는 손금에 해당할 수 없고, 잉여금의 처분은 '자산의 감소 또는 부채의 증가'가 동반되지 않는 자본 계정 사이의 대체거래를 의미하므로 이 역시 기업회계기준 상 비용(손비)의 정의에 포섭될 수 없어서 손금이 될 수 없다. 또한 '자본 또는 출자의 납입', '자본 또는 출자의 환급' 및 '잉여금의 처분'이 익금과 손금의 정의에서 제외된다는 점에 관하여서는 법인세법 및 조세특례제한법이 달리 규정할 수 없다. 그렇다면 **'자본 또는 출자의 납입', '자본 또는 출자의 환급' 및 '잉여금의 처분'**은 그 해당 거래의 본질 자체로 익금 또는 손금에

---

876) 같은 편 제1장 제2절 제1관 Ⅳ 참조.

포함될 수 없을 뿐만 아니라 법인세법 및 조세특례제한법을 통하여서도 이에 포함될 수 없는바, 통상 이를 **자본거래**라고 한다. 자본거래는 주주 또는 출자자의 지위에 근거하거나 주주 또는 출자자에 대하여서만 효과가 미치는 거래라고 할 수 있다. '법정 자본거래(법세령 §88 ① 8호 각 목)'는 '특수관계인인 법인 사이의 불공정비율에 의한 합병', '증자 단계에서 발생한 주주의 실권 또는 인수거래' 및 '감자 단계에서 발생한 법인의 불공정 소각'을 의미한다. 즉 합병, 증자 및 감자거래에 불공정비율, 실권 또는 인수 및 불공정소각의 행태가 더하여진 경우를 의미한다. 따라서 '법정 자본거래(법세령 §88 ① 8호 각 목) 이외의 자본거래를 통하여 이익을 분여하는 거래'는 '**증자 · 감자, 합병(분할합병을 포함) · 분할, 전환사채 등에 의한 주식의 전환 · 인수 · 교환**(상증세 §40 ①) **등 자본거래**'로서 '특수관계인인 법인 사이의 불공정비율에 의한 합병', '증자 단계에서 발생한 주주의 실권 또는 인수거래' 및 '감자 단계에서 발생한 법인의 불공정 소각에 해당하지 않는 방법을 통하여 이익을 분여한 거래'로 보아야 한다.

'**법정 자본거래**(법세령 §88 ① 8호 각 목) **이외의 자본거래를 통하여 법인이 이익을 특수관계인에게 분여한 경우**'(법세령 §88 ① 8호의2 각 목)에도 **익금에 산입할 금액의 계산**에 관하여는 그 유형에 따라 상속세 및 증여세법 상 합병에 따른 이익의 증여(상증세 §38 ; 상증세령 §28 ③~⑦), 증자에 따른 이익의 증여(상증세 §39 ; 상증세령 §29 ②), 감자에 따른 이익의 증여(상증세 §39의2 ; 상증세령 §29의2 ①, ②), 현물출자에 따른 이익의 증여(상증세 §39의3 ; 상증세령 §29의3 ①), 전환사채 등의 주식전환 등에 따른 이익의 증여(상증세 §40 ; 상증세령 §30 ⑤), 법인의 조직 변경 등에 따른 이익의 증여(상증세 §42의2 ; 상증세령 §32의2)의 규정을 **준용**한다(법세령 §89 ⑥ 전단). 이 경우 "대주주" 및 "특수관계인"은 법인세법 시행령에 의한 "특수관계인"으로 보고, "이익" 및 "대통령령으로 정하는 이익"은 "특수관계인에게 분여한 이익"으로 본다(법세령 §89 ⑥ 후단). 다만 해당 규정을 준용함에 있어서 상속세 및 증여세법은 수증이익을 계산하는 것을 목적으로 하는 반면에 법인세법은 해당 법인이 특수관계인에게 부여한 이익을 계산하는 것을 목적으로 하므로, **해당 규정을 쟁점 법인이 그 특수관계인에게 부여한 이익을 계산하기 위하여 수정할 필요가 있다**는 점에 유의하여야 한다. 또한 **특수관계인에게 부여한 이익의 계산과 관련되지 않는 규정은 준용되지 않는다**는 점에 대하여서도 유의하여야 한다.

특수관계인에게 이익을 분여한 법인은 해당 이익을 익금에 산입하고(법세령 §89 ⑤), 그 이익을 분여받은 법인 역시 그 이익을 익금에 산입하여야 한다(법세령 §11 8호). 법인 단계의 세무조정 및 소득처분은 '주주인 특수관계법인들 사이의 직접 거래로 환원된 이익분여 유형'에 상응하여 이루어져야 한다. 이익을 분여받은 개인 및 비영리법인에 대하여서는 상속세 및 증여세법 상 해당 규정에 따라 증여세가 부과된다. 개인 및 비영리법인에 대하여서는 상속세 및 증여세법상 해당 규정에 따라 증여세가 부과되는 경우에는 기타사외유출로 소득처분한다(법세령 §106 ① 3호 자목). 증여세가 부과된 개인 및 비영리법인이 취득한 주식 등의 취득가액에는 상여·배당 등으로 소득처분된 금액(법세 §67)이 있으면 그 상여·배당 등으로 소득처분된 금액이 더하여진다(소세령 §163 ⑩ 2호).

3.1.12. 이상의 각 경우에 준하는 행위 또는 계산 및 그 외에 법인의 이익을 분여하였다고 인정되는 경우

'이상의 각 경우에 준하는 행위 또는 계산 및 그 외에 법인의 이익을 분여하였다고 인정되는 경우'는 부당행위계산의 유형에 해당한다(법세령 §88 ① 9호). 부당행위계산 중 특정 행위 또는 계산(법세령 §88 ① 1호, 3호, 6호, 7호)에 준하는 경우에는 시가와 거래가액의 차액이 3억원 이상이거나 시가의 100분의 5에 상당하는 금액 이상인 경우에 한하여 부당행위계산 부인규정을 적용한다(법세령 §88 ③). 주권상장법인이 발행한 주식을 거래한 경우에는 이 규정(법세령 §88 ③)을 적용하지 않는다(법세령 §88 ④).

'이상의 각 경우에 준하는 행위 또는 계산 및 그 외에 법인의 이익을 분여하였다고 인정되는 경우'가 의미하는 바는 무엇인가? 법인세법 시행령(법세령 §88 ①)이 조세의 부담을 부당하게 감소시키는 것으로 인정되는 경우에 관하여 제1호 내지 제8호에서는 개별적·구체적인 행위유형을 규정하고, 그 제9호에서는 '기타 제1호 내지 제8호에 준하는 행위 또는 계산 및 그 외에 법인의 이익을 분여하였다고 인정되는 경우'라고 하여 개괄적인 행위유형을 규정하고 있으므로, 제9호의 의미는 제1호 내지 제8호에서 정한 거래행위 이외에 이에 준하는 행위로서 특수관계자에게 이익분여가 인정되는 경우를 의미한다.[877] 즉 '그 외에 법인의 이익을 분여하였다고 인정되는 경우'가 별도의 특별한 의미를 갖는 것은 아니다.

'부당행위계산의 각 유형에 준하는 행위'가 의미하는 바는 무엇인가? '부당행위계산의 각 유형에 준하는 행위'는 비록 거래의 형식 상으로는 부당행위계산의 각 유형에 해당하지 않지만 그 경제적 실질이 그 유형에 해당하는 경우를 의미한다고 보아야 한다. 그렇다면 '부당행위계산의 각 유형에 준하는 행위'는 실질과세원칙의 적용을 통하여 부당행위계산의 각 유형으로 재구성되는 거래로 보는 것이 타당하다. '법인이 자본거래에 있어서 그 지배주주인 특수관계인에게 주식을 배정하지 않아서 해당 거래에 대하여 이익분여를 전제로 하는 부당행위계산의

---

877) 대법원 2006.11.10. 2006두125.

부인을 적용할 수는 없으나 그로 인하여 그 지배주주의 특수관계인 주주가 보다 많은 주식을 배정받은 거래'에 대하여, 실질과세원칙을 적용하여 해당 거래를 '법인의 자본거래와 관련하여 그 지배주주가 실권하여 지배주주의 특수관계인에게 이익을 분여한 경우에 준하는 행위'로 보아 부당행위계산의 부인을 적용하는 것이 그 예에 속한다. 판례는 카지노업 등을 영위하는 갑 주식회사가 '을 관광개발공사 정상화 유도를 통한 지역경제 활성화 기여'를 지정기탁사유로 150억 원의 기부금을 병 지방자치단체에 지급하였고, 을 공사가 병 지방자치단체로부터 위 기부금을 교부받아 운영자금으로 사용하였는데, 갑 회사가 위 기부금이 지방자치단체에 무상으로 기증하는 금품에 해당한다고 보아 해당 사업연도의 손금에 산입한 후 법인세를 신고·납부하자, 과세관청이 갑 회사가 특수관계인의 지위에 있는 을 공사에 제3자인 병 지방자치단체를 통하여 우회지원을 한 것이므로 부당행위계산 부인규정을 적용하여 위 기부금 전액을 손금불산입하여 갑 회사에 법인세 부과처분을 한 사안에서, 갑 회사의 기부행위는 기부금품의 모집 및 사용에 관한 법률의 규정에 따라 공익적 목적을 달성하기 위하여 상대방 및 수혜자를 병 지방자치단체로 하여 이루어진 것으로서 거기에 별다른 조세회피의 목적이 있었다고 보기 어려운 만큼, 위 기부금은 손금산입이 허용되는 특례기부금(구 '법정기부금')에 해당하는 것으로 보아야 하고, 최종적인 결과만을 내세워 위 기부행위와 병 지방자치단체의 자금지원행위를 하나의 행위 또는 거래라고 섣불리 단정하여 과세대상으로 삼을 수 없다고 판시한다.[878] 즉 실질과세원칙을 적용하여 부당행위계산의 한 유형으로 재구성할 수 없다면 특정 거래의 최종적인 결과만을 근거로 부당행위계산의 부인을 적용할 수는 없다.

'부당행위계산의 각 유형에 준하는 행위'로 인정한 판례에 대하여 살핀다.

법인이 업무와 직접 관련없이 특수관계에 있는 자들인 회사들에게 금원을 대여한 후, 그 사업연도 말에 이르러 해당 회사들이 액면금을 '위 대여금액에 발행일로부터 지급기일까지의 이자를 가산한 금액'으로 한 약속어음을 단자회사에게 발행·교부하고 단자회사로부터 지급받기로 한 어음할인금영수채권을 해당 회사들로부터 양수하는 한편, 위 약속어음을 단자회사로부터 매입하고 위 어음할인금영수채권과 어음매입대금지급채무를 대등액에서 상계함으로써 위 대여금을 변제받은 것으로 회계처리하였으나 그 어음금은 그 후 만기일에야 지급되었다면, 어음의 할인, 매매 등에 의하여서만 사실상의 대출업무를 취급하는 단자회사가 위 회사들이 발행한 약속어음을 할인해 주고 이를 다시 원고에게 매매하였다 하여 그 자체가 이상한 법형식에 따른 것은 아니나, 원고가 위 회사들로부터 직접 위 대여금을 회수하는 방법에 의하지 않고

878) 대법원 2018.3.15. 2017두63887.

우회적이고도 다단계인 행위형식을 통하여 '실제 위 약속어음의 지급기일에야 변제된 위 대여금채권이 약속어음발행일에 변제된 것처럼 회계처리함'으로써 특수관계에 있는 위 회사들에게는 이익을 분여하는 한편 스스로는 부당하게 조세의 부담을 경감시켰다 할 것이므로 이는 '부당행위계산의 각 유형에 준하는 행위'에 해당한다.[879] 즉 판례가 위 거래를 실제 약속어음의 지급기일까지 업무무관 가지급금이 무상으로 제공되었으나 이를 그 이전인 약속어음의 발행일에 변제된 것으로 처리하는 방법을 통하여 이익을 분여한 것으로 본 것이다.

피자헛 음식점업을 하던 법인이 미국 피자헛 회사로부터 상표 및 기술도입계약을 체결함에 있어 상표 등에 관한 권리를 취득할 수 없고 계약 종료시 상표 및 기술제공에 관한 모든 권리를 반환하기로 약정하였다 하더라도 그 동안의 영업실적과 전망 등에 비추어 영업권을 가지게 되었는바, 법인이 그 주주들 및 외국기업의 합작투자로 새로 설립된 회사에 영업과 관련한 시설물 등을 이전함에 있어, 영업권에 대한 대가를 지급받아 이를 주주들에게 교부하는 거래형식에 의하지 아니하고 정상적 경제인의 합리적 거래형식이 아닌 우회적인 행위형식을 통하여 영업권 이전에 대한 대가로 위 주주들에게는 주식발행액면초과액의 납입의무를 면하게 하고 합작투자회사인 외국기업만이 이를 납입하게 함으로써 적어도 위 주식발행액면초과액 중 위 주주들의 주식보유비율에 상당하는 이익을 위 주주들에게 분여하는 한편 스스로는 영업권을 양도함에 따른 소득에 대한 조세의 부담을 배제시킨 행위는 부당행위계산의 부인 대상에 해당한다.[880] 해당 법인의 주주들에게 지급하여야 할 금원을 대신하여 주금 중 일부의 납입의무를 면제한 것이므로 경제적 실질의 관점에서 이익을 분여한 것에는 해당하지 않는다. 법인 단계의 영업권 이전대가를 익금에 산입하지 않고 주주 단계에서 의제배당 소득을 인식하지 않기 위하여 해당 거래형식을 변경한 것에 해당한다. 따라서 위 판례상 거래에 대하여 조세회피로서 실질과세원칙이 적용됨은 별론으로 하더라도 해당 거래가액이 시가에 부합되지 않는다는 점에 근거한 부당행위계산의 부인을 적용할 수는 없다고 본다. 즉 영업권 이전대가를 법인이 수수하여 그 대가를 주주에게 배당한 것으로 거래를 재구성하는 것으로 족하다.

주식회사 태평양으로서는 태평양패션 등에게 주식을 양도할 당시 이미 현대 그룹이 태평양돌 핀스 프로야구단의 경영권을 인수하기 위하여 해당 주식을 시가보다 훨씬 높은 가격에 매수하려 한다는 사실을 알았거나 아니면 적어도 이를 예상하면서도 특수관계자인 태평양패션 등에게 해당 주식을 액면가로 양도함으로써 결과적으로 그 차액 상당의 이익을 태평양패션 등에게

---

879) 대법원 1990.7.24. 89누4772.
880) 대법원 1997.5.28. 95누18697.

분여하는 한편 스스로는 해당 주식을 양도함에 따른 소득에 대한 조세의 부담을 감소시켰다고 할 것이고, 또한 이와 같은 원고 회사의 일련의 행위에 경제적 합리성이 있다고 할 수는 없으므로 이는 부당행위계산에 해당한다.[881] 부당행위계산의 판정 당시 예견할 수 있는 사정 역시 감안하여야 하므로 위 판례상 거래를 주식을 특수관계인에게 저가양도한 것으로 보는 것이 타당하고, 이를 부당행위계산 유형에 준하는 행위로 보는 것은 타당하지 않다.

한국방송공사가 한국방송공사 새마을금고에 파견한 임직원들이 한국방송공사의 고유업무를 수행하거나 한국방송공사로부터 지휘·감독을 받았다고 볼 자료가 없고, 그 파견 임직원들이 한국방송공사 새마을금고에 대한 지휘·감독 등의 업무를 맡았다고 하여 그 업무가 곧바로 한국방송공사의 고유업무가 된다고 할 수도 없으므로, 한국방송공사가 특수관계자인 그 새마을금고에 파견한 임직원들의 인건비를 지급한 것은 '기타 특수관계에 있는 자에게 법인의 이익을 분여한 경우'에 해당한다.[882] 한국방송공사가 지급한 인건비를 업무무관경비로서 손금불산입하는 것으로 족하고, 이에 대하여 부당행위계산의 부인을 적용할 것은 아니다.

높은 대출이자를 부담하고 있었음에도 불구하고, 차입금을 상환하지 않고 상당한 금원을 낮은 이율의 정기예금에 예치하여 특수관계 법인들의 대출금에 대한 담보로 제공한 행위는, 부당행위계산의 부인 대상인 '이익 분여'에 해당한다.[883] 판례가 '법인이 높은 이자율로 차입한 대출금을 그 사업을 위하여 사용하지 않고 특수관계인의 차입을 위한 담보로 사용하는 행위'에 대하여 실질과세원칙을 적용하여 그 행위를 '법인이 특수관계인이 직접 차입할 경우 부담하여야 할 이자율 중 일부를 부담한 행위'로 재구성하고, 이에 대하여 다시 부당행위계산의 부인을 적용한 것으로 본다.

현대중공업 주식회사가 특수관계인인 현대우주항공이 실시한 각 유상증자에 참여하여 각 신주를 시가보다 높은 가액으로 인수하고, 현대우주항공으로 하여금 그 신주인수대금 등으로 자신의 채권자들에 대한 채무를 변제하게 함으로써 현대중공업 주식회사의 다른 특수관계인이 현대우주항공의 채권자에 대한 보증채무를 면하게 한 일련의 행위는 원고가 다른 특수관계인에게 보증채무 해소라는 이익을 분여한 행위로서 부당행위계산 부인의 대상에 해당한다.[884] 판례가 현대중공업 주식회사가 특수관계인인 현대우주항공을 통하여 다른 특수관계인의 보증채무를 해소한 행위에 대하여 실질과세원칙을 적용하여 현대중공업 주식회사가 직접 다른

881) 대법원 2003.6.13. 2001두9394.
882) 대법원 2008.10.9. 2006두19013.
883) 대법원 2009.4.23. 2006두19037.
884) 대법원 2015.9.10. 2013두6206.

특수관계인의 보증채무를 해소한 행위로 재구성하고, 이에 대하여 다시 부당행위계산의 부인을 적용한 것으로 본다.

'부당행위계산의 각 유형에 준하는 행위'로 인정하지 않은 판례에 대하여 살핀다.

법인이 일시 취득한 자기주식을 소각한 후 주식소각으로 인한 감자차익을 자본준비금으로 적립하였다가 자본에 전입하여 잔여 한국인 주주들의 주식소유지분비율대로 무상분배한 행위는 법인 단계의 익금산입 및 주주 단계의 배당소득과 무관한 것이므로 이에 대한 과세처분은 위법할 뿐만 아니라, '법인이 취한 감자절차는 형식적인 절차에 불과하여 실질적으로 이는 무상으로 수증한 이익을 잔존주주들에게 분배한 것'이라는 과세관청의 주장은 가장행위 또는 조세회피행위에 관한 것으로서 이에 대한 주장 입증책임은 과세관청에 있으나 이러한 책임을 다하였다고 볼 수 없다면 그 과세처분은 역시 위법하다.[885] 판례는 '법인이 무상으로 특수관계인인 주주에게 이익을 분여한 행위'로서 취급하기 위하여서는 '실질과세원칙의 적용을 통하여 해당 행위의 경제적 실질이 먼저 확정되어야 한다'는 점에 대하여 판시하고 있다.

기업이 특수관계자에게 보유주식을 양도한 직후 불공정 합병이 이루어져 특수관계자에게 경제적 이득이 돌아갔다 하더라도 주식 양도 당시는 위와 같은 거래행위로 인하여 받게 될 장래의 기대이익이 불확실하거나 미확정적이었으므로 법적 안정성과 예측가능성의 보장을 중핵으로 하는 조세법률주의의 원칙에 비추어, 위 기업이 특수관계자에게 보유주식을 양도한 행위가 저가양도행위에 해당하지 아니하는 것이라면 양도 이후에 일어난 법인 합병계약과 그에 따른 합병 등의 일련의 행위를 이와 별개의 거래행위의 하나로 파악하여 이를 부당행위계산 상 이익분여행위로 볼 수는 없다.[886] 판례는 별개의 행위를 일련의 하나의 행위로 보아 부당행위계산의 부인을 적용하기 위하여서는 먼저 해당 행위들을 실질과세원칙의 적용을 통하여 하나의 행위로 재구성할 수 있어야 한다는 점에 대하여 판시하고 있다.

4. 부당행위계산 규정의 적용 상 시가의 범위

4.1. 시가의 정의

부당행위계산의 부인을 적용하기 위한 시가는 **'건전한 사회통념 및 상거래 관행과 특수관계인이 아닌 자 간의 정상적인 거래에서 적용되거나 적용될 것으로 판단되는 가격**(요율 · 이자율 · 임

---

885) 대법원 1992.9.22. 91누13571.
886) 대법원 1996.5.10. 95누5301.

대료 및 교환 비율과 그 밖에 이에 준하는 것을 포함)'을 말한다(법세 §52 ②). 또한 시가의 적용에 있어서 '**해당 거래와 유사한 상황에서 해당 법인이 특수관계인 외의 불특정다수인과 계속적으로 거래한 가격 또는 특수관계인이 아닌 제3자 간에 일반적으로 거래된 가격**'이 있는 경우에는 그 가격에 따른다(법세령 §89 ① 본문). 법인세법 시행령 상 '해당 거래와 유사한 상황에서 해당 법인이 특수관계인 외의 불특정다수인과 계속적으로 거래한 가격 또는 특수관계인이 아닌 제3자 간에 일반적으로 거래된 가격'은 법인세법 상 '건전한 사회통념 및 상거래 관행과 특수관계인이 아닌 자 간의 정상적인 거래에서 적용되거나 적용될 것으로 판단되는 가격'에 대한 예시에 해당한다. 따라서 법률 단계의 시가 정의를 충족하는 가격이 있는 경우에는 이를 무시하고 시행령 단계의 시가 규정을 적용할 수는 없다. 판례 역시 시가란 원칙적으로 정상적인 거래로 형성된 객관적 교환가치를 의미하지만, 이는 **객관적이고 합리적인 방법으로 평가된 가액도 포함**하는 개념이라고 판시한다.[887] '**해당 거래와 유사한 상황에 해당하는지 여부**'는 각 거래 별로 구체적 상황 및 사실관계에 따라 판단할 수밖에 없다. 특별한 사정이 없는 한, 감자 전·후 또는 계약 위반이 발생하기 이전·이후 등을 유사한 상황으로 볼 수는 없다. 한편 판례는 시가를 '정상적인 거래에 의하여 형성된 객관적인 교환가격',[888] '불특정다수인 사이에 자유로이 거래가 이루어지는 경우에 통상 성립된다고 인정되는 가액'[889] 등으로 정의하는바, 이 역시 동일한 의미로 본다.

다만, **주권상장법인이 발행한 주식을 다음 각 호의 어느 하나에 해당하는 방법으로 거래한 경우** 해당 주식의 시가는 그 거래일의 거래소(자본시장 §8의2 ②) 최종시세가액(거래소 휴장 중에 거래한 경우에는 그 거래일의 직전 최종시세가액)으로 하며, **사실상 경영권의 이전이 수반되는 법정의 경우**[최대주주 등(최대주주 또는 최대출자자)(상증세 §63 ③)이 변경되는 경우 또는 최대주주 등(상증세 §63 ③) 간의 거래에서 주식 등의 보유비율이 100분의 1 이상 변동되는 경우. 다만 법정 법인(법세령 §10 ① 1호~3호, 6호)이 회생계획, 기업개선계획, 경영정상화 계획 또는 사업재편계획을 이행하기 위하여 주식을 거래하는 경우는 제외)(법세칙 §42의6 ①)**에는** 최대주주 등이 보유하는 주식 등의 할증평가 규정(상증세 §63 ③)을 준용하여 그 가액의 **100분의 20을 가산한다**(법세령 §89 ① 단서). 회사의 발행주식을 경영권과 함께 양도하는 경우 그 거래가액은 주식만을 양도하는 경우의 객관적 교환가치를 반영하는 일반적인 시가로 볼 수 없다.[890]

---

887) 대법원 2023.10.26. 2020두48215.
888) 대법원 1993.2.12. 92누9913 ; 대법원 2003.6.13. 2001두9394.
889) 대법원 2014.11.13. 2012두24863.
890) 대법원 2007.8.23. 2005두5574.

주식의 시가와 관련하여서는 상속세 및 증여세법 상 평가기간(6월 또는 3월)에 대한 제한(상증세령 §49 ①)이 적용되지 않는다. 법인세법이 상속세 및 증여세법 상 각 재산별 평가규정(상증세 §61~§66)을 법인세법 상 보충적 평가규정으로서 준용할 뿐 상속세 및 증여세법 상 평가의 원칙에 대한 규정(상증세 §60 ; 상증세령 §49)을 준용하지 않기 때문이다(법세령 §89). 한편 **소득세법**은 양도소득에 관하여 부당행위계산의 부인을 적용함에 법인세와 달리 상속세 및 증여세법 상 평가의 원칙에 대한 규정(상증세 §60 ; 상증세령 §49)을 준용한다. 소득세법은 이러한 차이를 감안하여, 개인과 법인간에 재산을 양수 또는 양도하는 경우로서 그 대가가 법인세법 상 시가의 범위(법세령 §89)에 포함되는 가액에 해당되어 당해 법인의 거래에 대하여 부당행위계산의 부인이 적용되지 아니하는 경우에는 소득세법 상 양도소득의 부당행위계산(소세 §101 ①)을 적용하지 아니한다고 규정한다(소세령 §167 ⑥).

> 1. 자본시장과 금융투자업에 관한 법률에 따른 증권시장(자본시장 §8의2 ④ 1호) 외에서 거래하는 방법
> 2. 대량매매 등 법정 거래방법(거래소의 증권시장업무규정(자본시장칙 §393)에서 일정 수량 또는 금액 이상의 요건을 충족하는 경우에 한정하여 매매가 성립하는 거래방법)(법세칙 §42의6 ②)

　　현행 법인세법 시행령에 따르면 **사실상 경영권의 이전이 수반되는 경우**에는 그 가액의 100분의 20을 가산한다(법세령 §89 ① 단서). 2023년 1월 개정 이전 법인세법 시행령에 따르면 **사실상 경영권의 이전이 수반되는 법정의 경우**[최대주주 등(최대주주 또는 최대출자자)(상증세 §63 ③)이 변경되는 경우 또는 최대주주 등(상증세 §63 ③) 간의 거래에서 주식 등의 보유비율이 100분의 1 이상 변동되는 경우)(법세칙 §42의6 ①)**에는** 최대주주 등이 보유하는 주식 등의 할증평가 규정(상증세 §63 ③)을 준용하여 그 가액의 **100분의 20을 가산**한다(법세령 §89 ① 단서). 그러나 **2021년 2월 17일 개정 이전**에는 '상장법인이 한국거래소에서 장내거래를 하는 경우' 및 '비상장 주식에 대한 시가가 존재하는 경우'에는 상속세 및 증여세법 상 할증평가 규정(상증세 §63 ③)이 적용되지 않았다. 이 점에서 상속세 및 증여세법 상 시가평가와 달랐다. 이에 상속세 및 증여세법은 이러한 차이를 고려하여, 개인과 법인 간에 재산을 양수하거나 양도하는 경우로서 그 대가가 법인세법에 따른 시가에 해당하여 그 법인의 거래에 대하여 부당행위계산의 부인이 적용되지 아니하는 경우에는 저가 양수 또는 고가 양도에 따른 이익의 증여규정이 적용하지 아니한다고 규정한다(상증세 §35 ③).

법인세법 시행령 단계에서 정하는 시가는 법인세법 상 '건전한 사회통념 및 상거래 관행과 특수관계인이 아닌 자 간의 정상적인 거래에서 적용되거나 적용될 것으로 판단되는 가격'에 대한 예시에 해당한다.[891] 즉 시행령 단계에서 명시적으로 규정하지 않았다고 하더라도 법률 단계의 시가 정의를 충족한다면 이 역시 시가로 보아야 한다. 따라서 시행령 상 '해당 거래와 유사한 상황에서 해당 법인이 특수관계인 외의 불특정다수인과 계속적으로 거래한 가격 또는 특수관계인이 아닌 제3자 간에 일반적으로 거래된 가격'에 해당하지 않는다고 할지라도 '건전한 사회통념 및 상거래 관행과 특수관계인이 아닌 자 간의 정상적인 거래에서 적용되거나 적용될 것으로 판단되는 가격'에 해당한다면 이 역시 시가로서 적용하여야 하고 이를 부인하고 시가가 불분명한 경우에 적용되는 보충적 평가방법에 의하여 가액을 산정할 수는 없다.[892] 즉 증권거래소에 상장되지 않은 비상장주식이라도 객관적인 교환가치가 적정하게 반영된 정상적인 거래의 실례가 있으면 그 거래가격을 시가로 보아야 한다.[893] 또한 주식상장법인이 발행한 주식의 시가를 그 거래일의 거래소(자본시장 §8의2 ②) 최종시세가액(거래소 휴장 중에 거래한 경우에는 그 거래일의 직전 최종시세가액)으로 한다는 규정(법세령 §89 ① 단서) 역시 예시규정에 해당하므로, 해당 최종시세가액을 시가로 볼 수 없는 사정이 존재하고 이를 대신할 별도의 시가 정의를 충족하는 가격이 존재한다면 해당 금액을 상장주식에 대한 시가로 보아야 한다.

시가에 대한 입증책임은 과세관청이 부담한다.[894] 다만 행위 당시와 적용할 시가의 기준시점 사이에 시간적 간격이 있다면 해당 기간 중 가격의 변동이 없어야 한다.[895] 이에 대한 입증책임은 이를 주장하는 자가 부담하는 것으로 본다.

4.2. 시가가 불분명한 경우 시가의 적용

시가가 불분명한 경우에는 '**다음 각 호를 차례로 적용**'하여 계산한 금액에 따른다(법세령 §89 ②). 시가를 산정하기 어려워서 보충적인 평가방법을 택할 수밖에 없었다는 점에 관한 입증책임은 과세처분의 적법성을 주장·입증할 책임을 지는 과세관청에 있다.[896]

---

891) 대법원 2001.8.21. 2000두5098 ; 대법원 2007.9.21. 2005두12022 ; 대법원 2010.1.14. 2007두23200.
892) 대법원 1997.9.26. 97누8502 ; 대법원 2000.7.28. 2000두1287 ; 대법원 2004.11.26. 2003두4447 ; 대법원 2006.1.12. 2005두937 ; 대법원 2014.11.13. 2012두24863.
893) 대법원 2006.1.12. 2005두937.
894) 대법원 2005.5.12. 2003두15287 ; 대법원 2012.10.26. 2012두12006 ; 대법원 2013.9.27. 2013두10335 ; 대법원 2017.2.3. 2014두14228 ; 대법원 2018.7.20. 2015두39842.
895) 대법원 2000.2.11. 99두2505 ; 대법원 2007.5.31. 2005두2841.
896) 대법원 1997.9.26. 97누8502 ; 대법원 2015.2.12. 2012두7905.

1. 감정평가 및 감정평가사에 관한 법률에 따른 **감정평가법인 등이 감정한 가액**이 있는 경우 그 가액(감정한 가액이 2 이상인 경우에는 그 감정한 가액의 평균액). 다만, **주식 등 및 가상자산은 제외한다.** 감정평가 및 감정평가사에 관한 법률에 따른 **감정평가법인 등**은 감정평가사사무소의 개설신고(감정평가 §21)를 한 감정평가사와 국토교통부장관의 인가(감정평가 §29)를 받은 감정평가법인을 말한다(감정평가 §2 4호). 감정가액을 결정할 때 둘 이상의 감정기관에 의뢰하여야 하는 상속세 및 증여세법 상 규정(상증세 §60 ⑤)이 준용되지 않으므로, **법인세법 상 감정가액의 결정을 위하여 반드시 둘 이상의 감정기관에 의뢰할 필요는 없다.** 감정가액의 평가시점에 대한 제한은 없다. 양도소득의 부당행위계산과 관련하여 토지 양도일을 평가기준일로 하여 소급산정한 감정가액의 평균액을 시가로 볼 수 있다는 판례[897]는 법인세법 상 부당행위계산의 부인에 대하여서도 적용될 수 있다고 본다. 감정은 법원이 어떤 사항을 판단함에 있어서 특별한 지식과 경험을 필요로 하는 경우 그 판단의 보조수단으로 그러한 지식이나 경험을 이용하는 데 지나지 아니하는 것이므로, **동일한 사실에 관하여 상반되는 수 개의 감정평가가 있고, 그 중 어느 하나의 감정평가가 오류가 있음을 인정할 자료가 없는 이상** 법원이 각 감정평가 중 어느 하나를 채용하거나 하나의 감정평가 중 일부만에 의거하여 사실을 인정하였다 하더라도 그것이 경험법칙이나 논리법칙에 위배되지 않는 한 위법하다고 할 수 없다.[898] **비상장주식 등의 평가에 있어서 감정가액에 의한 평가를 제외한 이유는 무엇인가?** 비상장주식에 대한 감정평가방법을 달리함에 따라 다양한 감정가액이 산출됨으로써 조세공평의 원칙에 반하는 결과가 초래되는 것을 방지하기 위하여 그 평가방법을 보충적 평가방법으로 통일할 필요가 있고, 비상장주식의 경우 일반적으로 불특정 다수인 사이에 거래가 이루어지지 아니하므로 감정평가에 의하여 시가를 도출하기도 어렵기 때문이다.[899] 이에 비추어 보면 특별한 사정이 없는 한 비상장주식에 대한 감정가액을 보충적 평가가액이 아닌 시가로 볼 수도 없다.[900] **상장주식**의 경우에는 증권시장에서 거래된 가격이 존재하므로 감정가액을 산정할 필요가 없다. **가상자산**은 비상장주식과 같은 이유로 감정가액에 의한 평가를 제외하고 보충적 평가방법(상증세령 §60 ②)에 따라 평가하도록 규정한 것으로 보인다. 비상장주식 등의 평가에 있어서 감정가액에 의한 평가를 제외한다고 하더라도, **비상장주식에 대한 보충적 평가방법**(상증세 §63 ; 상증세령 §54)**을 적용하기 위한 순자산가액을 평가하기 위하여서는 시가감정을 할 수 있다.**[901] 한편 '시가를 확인하고 검증하기 위한 감정평가'와 '시가가 불분명한 경우 그 보충적 가액을 결정하기 위한 감정평가'는 구분하여야 한다.
2. **상속세 및 증여세법 상** 합병에 따른 이익의 증여(상증세 §38), 증자에 따른 이익의 증여(상증세 §39), 감자에 따른 이익의 증여(상증세 §39의2), 현물출자에 따른 이익의 증여(상증세 §39의3), 부동산 등의 평가(상증세 §61), 선박 등 그 밖의 유형재산의 평가(상증세 §62), 유가증권 등의 평가(상증세 §63), 무체재산권의 가액(상증세 §64), 그 밖의 조건부 권리 등의 평가(상증세 §65), 저당권 등이 설정된 재산 평가의 특례(상증세 §66)**를 준용하여 평가한 가액.** 이 경우 **'비상장주식을 평가할 때'**(상증세 §63 ① 1호 나목 ; 상증세령 §54) 해당 비상장주식을 발행한

법인이 보유한 주식(주권상장법인이 발행한 주식으로 한정)의 평가금액은 평가기준일의 거래소 최종시세가액으로 하며, '해당 법인의 사업성, 거래 상황 등을 고려하여 그 주식 등에 대하여 법정 방법을 적용하여 평가할 때'(상증세 §63 ② 1호, 2호 ; 상증세령 §57 ①, ②) "직전 6개월(증여세가 부과되는 주식 등의 경우에는 3개월)"은 각각 "직전 6개월"로 본다. 평가대상 주식이 외국에 있는 비상장법인의 주식인 경우 상속세법 및 증여세법상 보충적 평가방법을 그대로 적용하는 것이 '부적당하지 않은 때'에 한하여 위 보충적 평가방법을 적용할 수 있고, 위 보충적 평가방법을 적용하는 것이 '부적당하지 않다'는 점에 관한 증명책임은 과세관청에게 있다.[902]

4.3. '금전'의 대여 또는 차용에 대한 시가의 특별 적용

금전의 대여 또는 차용의 경우(법세령 §88 ① 16호, 7호)에는 시가 적용의 일반원칙(법세령 §89 ①, ②)에도 불구하고 법정 가중평균차입이자율(법세칙 §43 ①)을 시가로 한다(법세령 §89 ③ 본문). 법정 가중평균차입이자율은 자금을 대여한 법인의 대여시점 현재 각각의 차입금 잔액(특수관계인으로부터의 차입금은 제외)에 차입 당시의 각각의 이자율을 곱한 금액의 합계액을 해당 차입금 잔액의 총액으로 나눈 비율을 말한다(법세칙 §43 ① 전단). 이 경우 산출된 비율 또는 대여금리가 해당 대여시점 현재 자금을 차입한 법인의 각각의 차입금 잔액(특수관계인으로부터의 차입금은 제외)에 차입 당시의 각각의 이자율을 곱한 금액의 합계액을 해당 차입금 잔액의 총액으로 나눈 비율보다 높은 때에는 해당 사업연도의 가중평균차입이자율이 없는 것으로 본다(법세칙 §43 ① 후단). 가중평균차입이자율이 없는 것으로 보는 경우에는 해당 대여금 또는 차입금에 한정하여 당좌대출이자율을 시가로 한다(법세칙 §43 ③ 3호). 변동금리로 차입한 경우에는 차입 당시의 이자율로 차입금을 상환하고 변동된 이자율로 그 금액을 다시 차입한 것으로 보며, 차입금이 채권자가 불분명한 사채 또는 매입자가 불분명한 채권·증권의 발행으로 조달된 차입금에 해당하는 경우에는 해당 차입금의 잔액은 가중평균차입이자율 계산을 위한 잔액에 포함하지 아니한다(법세칙 §43 ⑤).

다만, 다음 각 호의 경우에는 해당 각 호의 구분에 따라 법정 당좌대출이자율(연간 1,000분의 46)(법세칙 §43 ②)을 시가로 한다(법세령 §89 ③ 단서).

---

897) 대법원 2012.6.14. 2010두28328.
898) 대법원 2001.6.15. 99두1731.
899) 대법원 2011.5.13. 2008두1849.
900) 대법원 2011.5.13. 2008두1849.
901) 대법원 2001.8.21. 99두8459.
902) 대법원 2010.1.14. 2007두5646 ; 대법원 2015.2.12. 2014두43226.

1. **가중평균차입이자율의 적용이 불가능한 경우로서 법정 사유**(법세칙 §43 ③)**가 있는 경우**
: 해당 대여금 또는 차입금에 한정하여 당좌대출이자율을 시가로 한다. **법정 사유는** 다음 각 호의 어느 하나에 해당하는 경우를 말한다(법세칙 §43 ③).

> 1. 특수관계인이 아닌 자로부터 차입한 금액이 없는 경우
> 2. 차입금 전액이 채권자가 불분명한 사채 또는 매입자가 불분명한 채권·증권의 발행으로 조달된 경우
> 3. 가중평균차입이자율이 없는 것으로 보는 경우(법세칙 §43 ① 후단)

1의2. **대여기간이 5년을 초과하는 대여금이 있는 경우 등 법정의 경우**[대여한 날(계약을 갱신한 경우에는 그 갱신일)부터 해당 사업연도 종료일(해당 사업연도에 상환하는 경우는 상환일)까지의 기간이 5년을 초과하는 대여금이 있는 경우](법세칙 §43 ④) : 해당 대여금 또는 차입금에 한정하여 당좌대출이자율을 시가로 한다.

2. **해당 법인이 신고**(법세 §60)**와 함께 법정 절차**(법세칙 §43 ⑤)**에 따라 당좌대출이자율을 시가로 선택하는 경우** : 당좌대출이자율을 시가로 하여 선택한 사업연도와 이후 2개 사업연도는 당좌대출이자율을 시가로 한다. 법인이 이자율을 선택하는 경우에는 **가지급금 등의 인정이자조정명세서(갑)**(법세칙 §82 19호, 별지 19호)를 작성하여 제출하여야 한다(법세칙 §43 ⑤). 법인이 어느 사업연도에 위와 같은 방법으로 당좌대출이자율을 시가로 선택하였다면, 해당 사업연도와 이후 2개 사업연도는 당좌대출이자율을 시가로 적용하여야 하고, 가중평균차입이자율을 시가로 적용할 수는 없다. 나아가 그 이후의 사업연도에 대하여도 원칙으로 돌아가 가중평균차입이자율을 시가로 하되, 법인이 위와 같은 방법으로 당좌대출이자율을 시가로 선택하는 경우에는 다시 위 규정에 따라 그 사업연도와 이후 2개 사업연도는 당좌대출이자율을 시가로 적용하여야 하고, 이와 달리 법인이 최초로 당좌대출이자율을 시가로 선택한 경우에 한하여 위 규정이 적용된다고 볼 수는 없다.[903]

금전의 대여 또는 차용의 경우에 적용되는 시가에 대한 위 특별규정은 제한적인 것인가? 금전의 대여 또는 차용의 경우에는 가중평균차입이자율이나 당좌대출이자율을 시가로 한다는 특별규정은 **예시적 규정**에 불과하다. 즉 위 특별규정은 이자율은 채무액, 채무의 만기, 채무의 보증 여부, 채무자의 신용 정도 등 여러 가지 사정에 따라 달라질 수 있으므로 실제로 거래한 이자율이 부당행위계산에 해당하여 부인할 수 있는지 판단하기 어렵다는 점을 고려하여 마련된 것이다.[904] 원칙적으로는 금전의 대여 또는 차용의 경우에는 위 특별규정에 따라 가중평균차입

---

903) 대법원 2023.10.26. 2023두44443.
904) 대법원 2018.7.26. 2016두40375.

이자율이나 당좌대출이자율을 시가로 보아야 하나,[905] **가중평균차입이자율 또는 당좌대출이자율을 시가로 볼 수 없는 사정이 인정된다면** 정상적인 거래에서 적용되거나 적용될 것으로 판단되는 이자율의 시가를 과세관청이 증명하여야 한다.[906] **가중평균차입이자율 또는 당좌대출이자율을 시가로 볼 수 없는 사정**은 가중평균차입이자율 또는 당좌대출이자율을 적용하지 않는 것에 대한 경제적 합리성이 존재하는 경우를 의미하고, 이러한 사정은 후순위차입금에 대한 이자율[907] 및 교환사채에 대한 이자율[908] 등에 대하여 적용될 수 있다.

국외특수관계인에 대한 장기미회수채권에 대하여서도 시가에 대한 위 특별규정이 적용되는가? 국제거래는 거래 당사자 중 어느 한쪽이나 거래 당사자 양쪽이 비거주자 또는 외국법인(비거주자 또는 외국법인의 국내사업장은 제외)인 거래로서 유형자산 또는 무형자산의 매매·임대차, 용역의 제공, 금전의 대차, 그 밖에 거래자의 손익 및 자산과 관련된 모든 거래를 말한다(국조§2 ① 1호). 국제거래의 경우에는 과세당국은 거주자와 국외특수관계인 간의 국제거래에서 그 거래가격이 정상가격보다 낮거나 높은 경우에는 정상가격을 기준으로 거주자의 과세표준 및 세액을 결정하거나 경정할 수 있다(국조§7 ①). 따라서 국외특수관계인에 대한 장기미회수채권에 대하여서는 이자율에 관한 시가가 아닌 **정상가격**을 기준으로 거주자의 과세표준 및 세액이 결정된다. 이자율에 관한 정상가격의 산출방법에 대하여서는 별도의 규정이 적용된다(국조령 §11 : 국조칙 §3). 다만 국외특수관계인이 부담하는 채무를 면제하는 경우에는 부당행위계산의 부인이 적용된다는 점(국조령 §4 1호)에 유의하여야 한다.

4.4. '금전 외 자산' 또는 용역의 제공에 대한 시가의 특별 적용

'금전 외 자산' 또는 용역을 제공할 때 시가 적용의 일반원칙(법세령 §89 ①, ②)을 적용할 수 없는 경우에는 다음 각 호에 따라 계산한 금액을 시가로 한다(법세령 §89 ④).

> 1. **유형 또는 무형의 자산을 제공하거나 제공받는 경우**에는 당해 자산 시가의 100분의 50에 상당하는 금액에서 그 자산의 제공과 관련하여 받은 전세금 또는 보증금을 차감한 금액에 정기예금이자율을 곱하여 산출한 금액
> 2. **건설 기타 용역을 제공하거나 제공받는 경우**에는 당해 용역의 제공에 소요된 원가(직접비 및 간접비)와 그 원가에 해당 사업연도 중 특수관계인 외의 자에게 제공한 유사한 용역제공거

---

905) 대법원 2018.10.25. 2016두39573.
906) 대법원 2018.7.20. 2015두39842 ; 대법원 2018.7.26. 2016두40375.
907) 대법원 2018.7.20. 2015두39842 ; 대법원 2018.7.26. 2016두40375.
908) 대법원 2012.11.29. 2010두19294.

래 또는 특수관계인이 아닌 제3자 간의 일반적인 용역제공거래를 할 때의 수익률(기업회계 기준에 따라 계산한 매출액에서 원가를 차감한 금액을 원가로 나눈 율)을 곱하여 계산한 금액을 합한 금액

Ⅲ 부당행위계산의 부인 효과

납세지 관할 세무서장 또는 관할 지방국세청장은 부당행위계산과 관계없이 시가(법세 §53 ② ; 법세령 §89 ①, ②, ③, ④)를 기준으로 그 법인의 각 사업연도의 소득금액을 계산한다(법세 §53 ①). 이 경우 **시가와의 차액 등을 익금에 산입**하여 당해 법인의 각 사업연도의 소득금액을 계산한다(법세령 §89 ⑤ 본문). **시가와의 차액을 익금에 산입하는 이유는 무엇인가?** 이는 부당행위 계산 부인규정이 특수관계인 사이의 '이익의 분여를 통한 조세의 부당한 감소'가 수반된다는 점을 전제로 한 것이다. 따라서 특수관계인 사이에서 이익의 분여가 있다고 하더라도 그로 인하여 조세의 부당한 감소가 발생하지 않는다면 시가와의 차액 등을 익금에 산입할 수는 없다. 즉 조세의 부당한 감소를 복원하기 위하여 해당 금액을 익금에 산입하는 것이다. **익금에 산입된 금액은 그 귀속자에 따라 소득처분되어야 한다.** 소득처분한 금액이 다시 회수된다면 이는 이미 과세된 금액, 즉 **이월익금**으로서 익금불산입된다. '**이익의 분여를 통한 조세의 부당한 감소**'가 있는 경우 해당 금액이 법인세법 상 손금에 해당할 수 있는가? 법인의 순자산을 감소시키는 거래에 해당하더라도 부당행위계산 부인규정이 적용되는 경우 해당 감소금액을 법인의 사업과 관련하여 발생하거나 지출된 손실 또는 비용으로서 일반적으로 인정되는 통상적 이거나 수익과 직접 관련된 것으로 볼 수는 없으므로 법인세법 상 손금의 요건을 갖추지 못한 것으로 보아야 한다. 따라서 부당행위계산 부인의 효과로서 익금에 산입하는 것은 법인세법 상 손금에 대한 정의(법세 §19)를 확인한 것으로 볼 수 있다.[909] 다만 부당행위계산의 부인은 해당 손금을 부인하는 것에 그치지 않고 시가를 기준으로 그 법인의 각 사업연도의 소득금액을 계산하는 효과를 발생시키므로, 그 시가에 의한 거래효과가 거래당사자 사이에서 정합성 있게 적용되도록 해석하여야 한다. 또한 **부당행위계산의 부인은 실질과세원칙의 적용을 통하여 확정된 거래에 대하여 적용되므로 그 효과 역시 그 확정 거래를 기준으로 발생한다**는 점에 유의하여야 한다.

금전 대여의 경우 익금에 산입하는 금액을 통상 **인정이자**라고 한다. 특수관계인 사이에서

---

909) 유사한 취지 ; 송동진, 전게서, 291면.

동일인에 대한 가지급금 및 가수금이 동시에 계상되어 있다면 두 이자율 중 적은 이자율의 범위에서는 경제적 실질의 관점에서 이익을 분여한 것으로 볼 수 없으므로, 두 이자율의 차액에 대하여 인정이자를 계산하는 것이 타당하다. 다만 **법정 금전의 대여**(법세칙 §44)에 **대하여는 인정이자의 계산을 적용하지 아니한다**(법세령 §89 ⑤ 단서). **법정 금전의 대여**는 다음 각 호의 어느 하나에 해당하는 것을 말한다(법세칙 §44).

1. **원천징수 시기에 대한 특례**(소세 §132 ①, §135 ③)**에 따라 지급한 것으로 보는 미지급 소득**(배당소득 및 상여금)**에 대한 소득세**(개인지방소득세와 미지급소득으로 인한 중간예납세액상당액을 포함하며, 다음 계산식에 따라 계산한 금액을 한도)**를 법인이 납부하고 이를 가지급금 등으로 계상한 금액**(해당 소득을 실제 지급할 때까지의 기간에 상당하는 금액으로 한정). 동일인에 대한 가지급금 등과 가수금이 함께 있는 경우에는 이를 상계한 금액을 업무무관자산으로 보나(법세령 §53 ③), 인정이자 계산이 적용되지 않는 가지급금은 특정 경우에 한정된 것이므로 이에 대하여 가수금을 상계할 수는 없다고 본다.

   > 미지급소득에 대한 소득세액 =종합소득 총결정세액× (미지급소득/종합소득금액)

2. 국외에 자본을 투자한 내국법인이 해당 **국외투자법인에 종사하거나 종사할 자의 여비·급료 기타 비용을 대신하여 부담하고 이를 가지급금 등으로 계상한 금액**(그 금액을 실지로 환부받을 때까지의 기간에 상당하는 금액으로 한정). 동일인에 대한 가지급금 등과 가수금이 함께 있는 경우에는 이를 상계한 금액을 업무무관자산으로 보나(법세령 §53 ③), 인정이자 계산이 적용되지 않는 가지급금은 특정 경우에 한정된 것이므로 이에 대하여 가수금을 상계할 수는 없다고 본다.
3. 법인이 **우리사주조합**(근로복지 §2 4호) **또는 그 조합원에게 해당 우리사주조합이 설립된 회사의 주식취득**(조합원 간에 주식을 매매하는 경우와 조합원이 취득한 주식을 교환하거나 현물출자함으로써 독점규제 및 공정거래에 관한 법률에 의한 지주회사 또는 금융지주회사법에 의한 금융지주회사의 주식을 취득하는 경우를 포함)**에 소요되는 자금을 대여한 금액**(상환할 때까지의 기간에 상당하는 금액으로 한정)
4. 국민연금법에 의하여 근로자가 지급받은 것으로 보는 **퇴직금전환금**(당해 근로자가 퇴직할 때까지의 기간에 상당하는 금액으로 한정)
5. **소득처분 규정에 따라 대표자에게 상여처분한 금액**(법세령 §106 ① 1호 단서)**에 대한 소득세를 법인이 납부하고 이를 가지급금으로 계상한 금액**(특수관계가 소멸될 때까지의 기간에 상당하는 금액으로 한정)
6. 직원에 대한 **월정급여액의 범위에서의 일시적인 급료의 가불금**
7. 직원에 대한 **경조사비 또는 학자금**(자녀의 학자금을 포함)**의 대여액**
7의2. 중소기업(조특령 §2)에 근무하는 직원(지배주주 등인 직원은 제외)에 대한 **주택구입 또는 전세자금의 대여액**

8. 금융기관부실자산 등의 효율적 처리 및 한국자산관리공사의 설립에 관한 법률에 의한
한국자산관리공사가 출자총액의 전액을 출자하여 설립한 법인에 대여한 금액

인정이자로서 익금에 산입한 금액에 대하여서도 다시 인정이자를 인식하여야 하는가? 인정이자로서 익금에 산입한 이후 기간에 대하여서는 별도의 인정이자가 인식될 것이므로 해당 익금산입액에 대하여 다시 인정이자를 익금에 산입할 수는 없다. 다만 거래당사자들이 해당 금액을 원본에 편입하였다면 해당 원본에 대하여 인정이자를 계산하여야 한다.

가지급금에 대한 인정이자의 계산과 지급이자 손금불산입 사이의 관계는 어떠한가? 특수관계인에게 지급한 업무무관 가지급금이 있는 경우 해당 가지급금이 총차입금에서 차지하는 비율에 상응하는 지급이자는 손금불산입된다((법세 §28 ① 4호 나목 ; 법세령 §53). 특수관계인 사이에 가지급금이 있는 경우 해당 금액에 대하여서는 원칙적으로 부당행위계산의 부인을 적용하여 계산한 인정이자를 익금에 산입한다(법세령 §89 ⑤). 업무무관 여부와 정상적 이자율의 지급 여부는 각 별개의 쟁점에 속하므로, 두 규정은 그 적용대상 및 범위가 상이하다. 따라서 각 요건을 충족하였는지 여부에 따라 각 규정이 적용될 수 있다. 회사가 특수관계 법인들에 대한 은행 대출을 위해 정기예금을 예치하여 담보로 제공한 경우, 이는 '업무무관 가지급금'에 해당하지 않은 것이나 회사가 높은 대출이자를 부담하고 있었음에도 불구하고 차입금을 상환하지 않고 상당한 금원을 낮은 이율의 정기예금에 예치하여 특수관계 법인들의 대출금에 대한 담보로 제공한 행위는, 부당행위계산의 부인 대상인 '이익 분여'에 해당한다.[910] 특수관계회사로부터 후순위사채를 인수하여 보유한 것은 특수관계회사의 재무구조 개선에 필요한 자금을 지원하기 위한 것으로서 실질적으로 자금을 대여한 것이므로, 이는 업무무관 가지급금 등에 해당할 뿐만 아니라 국세청장 고시의 당좌대월이자율보다도 낮은 이자율로 특수관계인에게 후순위사채를 인수하여 보유한 것은 경제적 합리성을 결한 것으로서 부당행위계산의 부인 대상이 된다.[911] 채무자인 특수관계자에 대한 회사정리절차개시결정 등으로 인하여 가지급금을 제공한 법인이 회사정리절차 등에 의하지 아니하고는 권리행사를 할 수 없게 되었더라도 특수관계가 소멸한 것은 아니므로 업무무관 가지급금에 상당하는 차입금의 지급이자는 그 가지급금 채권이 대손금으로 확정되기 전까지 여전히 손금불산입의 대상이 되고, 특수관계자에게 금전을 무상으로 대여한 후 그 특수관계자에 대하여 회사정리절차개시결정 등이 있더라도

---

910) 대법원 2009.4.23. 2006두19037 ; 대법원 2009.5.14. 2006두11224.
911) 대법원 2008.9.25. 2006두15530.

그 전, 후를 통하여 당해 법인이 특수관계자에게 무상대여로 인한 이익을 분여하고 있다는 사정은 변함이 없으므로 법인이 보유한 대여금채권에 대한 인정이자 상당액은 익금산입의 대상이 된다.[912]

제1관 법인세액 계산 일반

내국법인의 각 사업연도의 소득에 대한 법인세는 **과세표준**(법세 §13)**에 다음 표의 세율을 적용하여 계산한 산출세액**(토지 등 양도소득에 대한 법인세액(법세 §55의2) 및 **투자·상생협력 촉진을 위한 과세특례를 적용하여 계산한 법인세액**(조특 §100의32)이 있으면 이를 합한 금액)을 그 세액으로 한다(법세 §55 ①).

과 세 표 준	세 율
2억원 이하	과세표준의 100분의 9
2억원 초과 200억원 이하	1천8백만원 + (2억원을 초과하는 금액의 100분의 19)
200억원 초과 3천억원 이하	37억8천만원 + (200억원을 초과하는 금액의 100분의 21)
3천억원 초과	625억8천만원 + (3천억원을 초과하는 금액의 100분의 24)

법인세법은 2024년 12월 31일 개정을 통하여 부동산임대업을 주된 사업으로 하는 등 법정 내국법인(법세령 §97의4 ②)에 해당하는지 여부를 기준으로 세율을 달리 규정한다.

부동산임대업을 주된 사업으로 하는 등 법정 내국법인(법세령 §97의4 ②)에 해당하지 않는 내국법인에 대한 세율은 다음과 같다.

---

912) 대법원 2009.12.10. 2007두15872.

과 세 표 준	세 율
2억원 이하	과세표준의 100분의 9
2억원 초과 200억원 이하	1천8백만원 + (2억원을 초과하는 금액의 100분의 19)
200억원 초과 3천억원 이하	37억8천만원 + (200억원을 초과하는 금액의 100분의 21)
3천억원 초과	625억8천만원 + (3천억원을 초과하는 금액의 100분의 24)

부동산임대업을 주된 사업으로 하는 등 법정 내국법인(법세령 §97의4 ②)에 해당하는 내국법인에 대한 세율은 다음과 같다.

과 세 표 준	세 율
200억원 이하	과세표준의 100분의 19
200억원 초과 3천억원 이하	38억원 + (200억원을 초과하는 금액의 100분의 21)
3천억원 초과	626억원 + (3천억원을 초과하는 금액의 100분의 24)

부동산임대업을 주된 사업으로 하는 등 법정 내국법인은 다음 각 호의 요건(법세령 §42 ② 각 호)을 모두 갖춘 내국법인(지급배당금 소득공제가 적용되는 내국법인(법세령 §51의2 ① 각 호) 및 프로젝트금융투자회사에 대한 소득공제가 적용되는 내국법인(조특 §104의31 ①)은 제외)을 말한다(법세령 §97의4 ②).

---

1. 해당 사업연도 종료일 현재 내국법인의 지배주주등(법세령 §43 ⑦)이 보유한 주식등의 합계가 해당 내국법인의 발행주식총수 또는 출자총액의 100분의 50을 초과할 것
2. 해당 사업연도에 부동산임대업을 주된 사업으로 하거나 다음 각 목의 금액 합계가 기업회계 기준에 따라 계산한 매출액(가목부터 다목까지에서 정하는 금액이 포함되지 않은 경우에는 이를 포함하여 계산)의 100분의 50 이상일 것
   가. 부동산 또는 부동산상의 권리의 대여로 인하여 발생하는 수입금액(임대보증금 등의 간주익금(조특 §138 ①)으로서 익금에 가산할 금액을 포함)
   나. 이자소득(소세 §16 ①)의 금액
   다. 배당소득(소세 §17 ①)의 금액
3. 해당 사업연도의 상시근로자 수가 5명 미만일 것

사업연도가 1년 미만인 내국법인의 각 사업연도의 소득에 대한 법인세는 그 사업연도의 과세표준(법세 §13)을 적용하여 계산한 금액을 그 사업연도의 월수로 나눈 금액에 12를 곱하여 산출한 금액을 그 사업연도의 과세표준으로 하여 계산한 세액(법세 §55 ①)에 그 사업연도의 월수를 12로 나눈 수를 곱하여 산출한 세액을 그 세액으로 한다(법세 §55 ② 전단). 이 경우

월수의 계산은 법정 방법(태양력에 따라 계산하되, 1개월 미만의 일수는 1개월)(법세령 §92)에 따른다(법세 §55 ② 후단). 이 경우 산출세액에 대한 계산식은 다음과 같다(법세칙 §45).

> 산출세액 = 〔과세표준(법세 §13)을 적용하여 계산한 금액 × (12/사업연도의 월수) × 세율 × (사업연도의 월수/12)〕

'토지 등 양도소득에 대한 법인세액'(법세 §55의2) 및 '투자·상생협력 촉진을 위한 과세특례를 적용하여 계산한 법인세액'(조특 §100의32)에 대하여서는 이하 항을 바꾸어 순서대로 살핀다.

제2관 영리내국법인의 토지 양도소득 등에 대한 법인세 계산특례

내국법인이 다음 각 호의 어느 하나에 해당하는 **토지 등**[토지, 건물(건물에 부속된 시설물과 구축물을 포함), 주택을 취득하기 위한 권리로서의 조합원입주권(소세 §88 9호) 및 분양권(소세 §88 10호)]을 **양도한 경우에는 해당 각 호에 따라 계산한 세액**을 토지 등 양도소득에 대한 법인세로 하여 과세표준(법세 §13)에 세율(법세 §55)을 적용하여 계산한 법인세액에 **추가하여 납부하여야** 한다(법세 §55의2 ① 전단). 이 경우 하나의 자산이 다음 각 호의 규정 중 둘 이상에 해당할 때에는 그 중 가장 높은 세액을 적용한다(법세 §55의2 ① 후단). **토지 등 양도소득의 귀속사업연도, 양도시기 및 취득시기**에 관하여서는 '자산의 판매손익 등의 귀속사업연도 규정'(소세령 §68)을 준용한다(법세령 §92의2 ⑥ 본문). 다만, 장기할부조건(소세령 §68 ④)에 의한 토지 등의 양도의 경우에는 관련 규정(소세령 §68 ②)에도 불구하고 '상품 등 외의 자산의 양도'에 관한 규정(소세령 §68 ① 3호)에 따른다(법세령 §92의2 ⑥ 단서).

> 1. 다음 각 목의 어느 하나에 해당하는 부동산을 2012년 12월 31일까지 양도한 경우에는 그 양도소득에 100분의 10을 곱하여 산출한 세액. **예약매출**에 의하여 토지 등을 양도하는 경우에는 그 계약일에 토지 등이 양도된 것으로 본다(법세령 §92의2 ⑦). 이 경우 **작업진행률을 기준으로 지정지역에 포함되는 기간에 상응하는 수익과 비용을 계산하는 경우**에 대하여서는 별도의 규정이 적용된다(법세령 §92의2 ⑧ ; 법세칙 §45의2 ②).
>   가. **지정지역**(소세 §104의2 ②)에 있는 부동산으로서 제2호에 따른 주택(이에 부수되는 토지를 포함)

나. **지정지역**(소세 §104의2 ②)에 있는 부동산으로서 제3호에 따른 비사업용 토지

다. 그 밖에 부동산가격이 급등하거나 급등할 우려가 있어 부동산가격의 안정을 위하여 필요한 경우에 법정 부동산

2. **법정 주택**(이에 부수되는 토지를 포함)(법세령 §92의2 ② ; 법세칙 §45의2 ①) 및 **별장**(주거용 건축물로서 상시 주거용으로 사용하지 아니하고 휴양 · 피서 · 위락 등의 용도로 사용하는 건축물)을 양도한 경우에는 토지 등의 양도소득에 100분의 20(미등기 토지 등의 양도소득에 대하여는 100분의 40)을 곱하여 산출한 세액. 다만, **법정 읍 또는 면**(지자 §3 ③, ④)에 있으면서 **법정 범위 및 기준**(법세령 §92의10)에 **해당하는 농어촌주택**(그 부속토지를 포함)은 제외한다. 토지 등을 2012년 12월 31일까지 양도함으로써 발생하는 소득에 대하여는 이 규정을 적용하지 아니한다(법세 §55의2 ⑧).

3. 비사업용 토지를 양도한 경우에는 토지 등의 양도소득에 100분의 10(미등기 토지 등의 양도소득에 대하여는 100분의 40)을 곱하여 산출한 세액. **토지를 취득한 후 법령에 따라 사용이 금지되거나 그 밖에 법정 부득이한 사유**가 있어 비사업용 토지에 해당하는 경우에는 **법정 방법**(법세령 §92의11 ; 법세칙 §46의2)에 따라 비사업용 토지로 보지 아니할 수 있다(법세 §55의2 ③). **미등기 토지 등**은 토지 등을 취득한 법인이 그 취득에 관한 등기를 하지 아니하고 양도하는 토지 등을 말하나, 장기할부 조건으로 취득한 토지 등으로서 그 계약조건에 의하여 양도 당시 그 토지 등의 취득등기가 불가능한 토지 등 또는 그 밖에 법정 토지 등(법세령 §92의2 ⑤)은 제외한다(법세 §55의2 ⑤). **토지 등을 2012년 12월 31일까지 양도함으로써 발생하는 소득**에 대하여는 이 규정을 적용하지 아니한다(법세 §55의2 ⑧).

4. 주택을 취득하기 위한 권리로서의 조합원입주권(소세 §88 9호) 및 분양권(소세 §88 10호)을 양도한 경우에는 토지 등의 양도소득에 100분의 20을 곱하여 산출한 세액

토지 등 양도소득은 토지 등의 양도금액에서 양도 당시의 장부가액을 **뺀** 금액으로 한다(법세 §55의2 ⑥ 본문). 다만, **비영리 내국법인**이 1990년 12월 31일 이전에 취득한 토지 등 양도소득은 양도금액에서 장부가액과 1991년 1월 1일 현재 상속세 및 증여세법 상 '평가의 원칙 등' 규정(상증세 §60)과 '부동산 등의 평가' 규정(상증세 §61 ①)에 따라 평가한 가액 중 큰 가액을 뺀 금액으로 할 수 있다(법세 §55의2 ⑥ 단서). 법인이 각 사업연도에 **토지 등 양도소득에 대한 과세특례**(법세 §55의2)를 적용받는 **2 이상의 토지 등을 양도하는 경우**에 토지 등 양도소득은 해당 사업연도에 양도한 **자산별로 계산한 양도소득금액**(법세 §55의2 ⑥)을 **합산한 금액**으로 한다(법세령 §92의2 ⑨ 전단). 이 경우 양도한 자산 중 양도 당시의 **양도차손**(장부가액이 양도금액을 초과하는 토지 등이 있는 경우에는 그 초과하는 금액)을 다음 각 호의 자산의 양도소득에서 순차로 차감하여 토지 등 양도소득을 계산한다(법세령 §92의2 ⑨ 후단).

비사업용 토지는 토지를 소유하는 기간 중 **법정 기간**(법세령 §92의3) **동안 다음 각 호의 어느 하나에 해당하는 토지**를 말한다(법세 §55의2 ②). 농지·임야·목장용지 및 그 밖의 토지의 판정은 특별한 규정이 있는 경우를 제외하고는 **사실상의 현황**에 의한다(법세령 §92의4 본문). 다만, 사실상의 현황이 분명하지 아니한 경우에는 **공부상의 등재현황**에 의한다(법세령 §92의4 단서). 업종의 분류는 특별한 규정이 있는 경우를 제외하고는 통계청장이 고시하는 한국표준산업분류(통계 §17)에 따른다(법세령 §92의8 ⑦).

1. 농지(전·답 및 과수원으로서 지적공부상의 지목에 관계없이 실제로 경작에 사용되는 토지를 말한다. 이 경우 농지의 경영에 직접 필요한 농막·퇴비사·양수장·지소·농도·수로 등의 토지 부분을 포함)(법세령 §92의5 ①)로서 다음 각 목의 어느 하나에 해당하는 것
   가. 농업을 주된 사업(법세령 §92의5 ②)으로 하지 아니하는 법인이 소유하는 토지. 다만, 농지법이나 그 밖의 법률에 따라 소유할 수 있는 농지로서 법정 농지(법세령 §92의5 ③)는 제외한다.
   나. 특별시, 광역시(광역시에 있는 군 지역은 제외), 특별자치시(특별자치시에 있는 읍·면 지역은 제외), 특별자치도(제주특별자치도 설치 및 국제자유도시 조성을 위한 특별법에 따라 설치된 행정시의 읍·면지역(제주특별자치 §10 ②)은 제외) 및 시 지역[지방자치법에 따른 도농 복합형태의 시의 읍·면 지역(지자 §3 ④)은 제외] 중 도시지역[법정 지역(국토의 계획 및 이용에 관한 법률에 따른 녹지지역 및 개발제한구역)(법세령 §92의5 ④)은 제외](국토계획 §6 1호)에 있는 농지. 다만, 특별시, 광역시, 특별자치시, 특별자치도 및 시 지역의 도시지역에 편입된 날부터 법정 기간(3년)(법세령 §92의5 ⑤)이 지나지 아니한 농지는 제외한다.
2. **임야**. 다만, 다음 각 목의 어느 하나에 해당하는 것은 제외한다.
   가. 산림자원의 조성 및 관리에 관한 법률에 따라 지정된 채종림·시험림, 산림보호구역(산림보호 §7), 그 밖에 공익상 필요하거나 산림의 보호·육성을 위하여 필요한 임야로서 법정의 것(법세령 §92의6 ①)
   나. 임업을 주된 사업(주업은 2 이상의 서로 다른 사업을 영위하는 경우에는 사업연도 종료일 현재 당해 법인의 총자산가액 중 당해 사업에 공여되는 자산의 가액이 큰 사업으로 함)(법세령 §92의6 ②)으로 하는 법인이나 산림자원의 조성 및 관리에 관한 법률에 따른 독림가인 법인이 소유하는 임야로서 법정의 것(법세령 §92의6 ③)
   다. 토지의 소유자·소재지·이용상황·보유기간 및 면적 등을 고려하여 법인의 업무와

직접 관련이 있다고 인정할 만한 상당한 이유가 있는 임야로서 법정의 것(법세령 §92의6 ④)

3. 다음 각 목의 어느 하나에 해당하는 **목장용지**(축산용으로 사용되는 축사와 부대시설의 토지, 초지 및 사료포)(법세령 §92의7 ①). 다만, 토지의 소유자·소재지·이용상황·보유기간 및 면적 등을 고려하여 법인의 업무와 직접 관련이 있다고 인정할 만한 상당한 이유가 있는 목장용지로서 법정의 것(법세령 §92의7 ②)은 제외한다.

  가. 축산업을 주된 사업(법세령 §92의7 ③)으로 하는 법인이 소유하는 목장용지로서 법정 축산용 토지의 기준면적(법세령 §92의7 ④)을 초과하거나 특별시, 광역시, 특별자치시, 특별자치도 및 시 지역의 도시지역[법정 지역(국토의 계획 및 이용에 관한 법률에 따른 녹지지역 및 개발제한구역)(법세령 §92의7 ⑤)은 제외]에 있는 목장용지(도시지역에 편입된 날부터 법정 기간(3년)(법세령 §92의7 ⑥)이 지나지 아니한 경우는 제외)

  나. 축산업을 주된 사업으로 하지 아니하는 법인이 소유하는 목장용지

4. **농지, 임야 및 목장용지 외의 토지** 중 다음 각 목을 제외한 토지

  가. 지방세법이나 관계 법률에 따라 재산세가 비과세되거나 면제되는 토지

  나. 재산세 별도합산과세대상(지세 §106 ① 2호) 또는 분리과세대상(지세 §106 ① 3호)이 되는 토지

  다. 토지의 이용상황, 관계 법률의 의무이행 여부 및 수입금액 등을 고려하여 법인의 업무와 직접 관련이 있다고 인정할 만한 상당한 이유가 있는 토지로서 법정의 것(법세령 §92의8 ; 법세칙 §46)

5. **주택 부속토지**(지세 §106 ②) 중 주택이 정착된 면적에 지역별로 법정 배율(법세령 §92의9)을 곱하여 산정한 면적을 초과하는 토지

6. **별장의 부속토지.** 다만, 별장에 부속된 토지의 경계가 명확하지 아니한 경우에는 그 건축물 바닥면적의 10배에 해당하는 토지를 부속토지로 본다.

7. 그 밖에 제1호부터 제6호까지에 규정된 토지와 유사한 토지로서 법인의 업무와 직접 관련이 없다고 인정할 만한 상당한 이유가 있는 대통령령으로 정하는 토지

비사업용 토지에 관한 규정(법세 §55의2 ②)**을 적용함에 있어서 연접하여 있는 다수 필지의 토지가 하나의 용도에 일괄하여 사용되고 그 총면적이 기준면적**(비사업용 토지 해당 여부의 판정기준이 되는 면적)**을 초과하는 경우**에는 다음 각 호의 구분에 따라 해당 호의 각 목의 순위에 따른 토지의 전부 또는 일부를 기준면적 초과부분으로 본다(법세령 §92의8 ⑤).

1. 토지 위에 건축물 및 시설물이 없는 경우
   가. 취득시기가 늦은 토지
   나. 취득시기가 동일한 경우에는 법인이 선택하는 토지
2. 토지 위에 건축물 또는 시설물이 있는 경우
   가. 건축물의 바닥면적 또는 시설물의 수평투영면적을 제외한 토지 중 취득시기가 늦은 토지
   나. 취득시기가 동일한 경우에는 법인이 선택하는 토지

비사업용 토지에 관한 규정(법세 §55의2 ②)을 적용함에 있어서 토지 위에 하나 이상의 건축물 (시설물 등을 포함)이 있고, 그 건축물이 법인의 특정 사업에 사용되는 특정용도분(다수의 건축물 중 특정 사업에 사용되는 일부 건축물을 포함)과 그러하지 아니한 부분이 함께 있는 경우 건축물의 부속토지면적 등(바닥면적 및 부속토지면적) 중 특정용도분의 부속토지면적 등의 계산은 다음 산식에 의한다(법세령 §92의8 ⑥).

1. 하나의 건축물이 복합용도로 사용되는 경우
   특정용도분의 부속토지면적 등 = 건축물의 부속토지면적 등 × (특정용도분의 연면적 / 건축물의 연면적)
2. 동일경계 안에 용도가 다른 다수의 건축물이 있는 경우
   특정용도분의 부속토지면적 = 다수의 건축물의 전체 부속토지면적 × (특정용도분의 바닥면적 / 다수의 건축물의 전체 바닥면적)

다음 각 호의 어느 하나에 해당하는 토지 등 양도소득에 대하여는 법인세 계산특례(법세 §55의2 ①)를 적용하지 아니한다(법세 §55의2 ④ 본문). 다만, 미등기 토지 등(토지 등을 취득한 법인이 그 취득에 관한 등기를 하지 아니하고 양도하는 토지 등을 말하나, 장기할부 조건으로 취득한 토지 등으로서 그 계약조건에 의하여 양도 당시 그 토지 등의 취득등기가 불가능한 토지 등이나 그 밖에 법정 토지 등(법세령 §92의2 ⑤)은 제외)(법세 §55의2 ⑤)에 대한 토지 등 양도소득에 대하여는 그러하지 아니하다(법세 §55의2 ④ 단서).

1. 파산선고에 의한 토지 등의 처분으로 인하여 발생하는 소득
2. 법인이 직접 경작하던 농지로서 법정의 경우(농지에 대한 양도소득이 비과세되는 경우)(법세령 §92의2 ③ : 소세령 §153 ①)에 해당하는 농지의 교환 또는 분할·통합으로 인하여 발생하는 소득
3. 도시 및 주거환경정비법이나 그 밖의 법률에 따른 환지처분 등 법정 사유(법세령 §92의2 ④)로 발생하는 소득

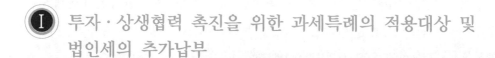

제3관 **투자·상생협력 촉진을 위한 과세특례**

Ⅰ 투자·상생협력 촉진을 위한 과세특례의 적용대상 및 법인세의 추가납부

각 사업연도 종료일 현재 **상호출자제한기업집단**(공정거래 §31 ①)에 속하는 내국법인이 투자, 임금 등으로 환류하지 아니한 법정 소득(조특 §100의32 ② 1호)이 있는 경우에는 법정 미환류소득(차기환류적립금(조특 §100의32 ⑤)과 이월된 초과환류액(조특 §100의32 ⑦)을 공제한 금액)(조특 §100의32 ②)에 **100분의 20을 곱하여 산출한 세액**을 미환류소득에 대한 법인세로 하여, 법인세법상 과세표준(법세 §13)에 그 세율(법세 §55)을 적용하여 계산한 법인세액에 **추가하여 납부하여야** 한다(조특 §100의32 ①).

Ⅱ 미환류소득에 대한 법인세의 계산 및 신고

법정 내국법인(조특 §100의32 ①)은 다음 각 호의 방법 중 어느 하나를 선택하여 산정한 **금액**(산정한 금액이 양수인 경우에는 "**미환류소득**"이라 하고, 산정한 금액이 음수인 경우에는 음의 부호를 뗀 금액을 "**초과환류액**"이라 함)을 **각 사업연도의 종료일이 속하는 달의 말일부터 3개월**(연결과세표준 등의 신고(법세 §76의17)에 따라 법인세의 과세표준과 세액을 신고하는 경우에는 각 연결사업연도의 종료일이 속하는 달의 말일부터 **4개월**) 이내에 법정 절차(조특령 §100의32 ③)에 따라 납세지 관할 세무서장에게 **신고하여야** 한다(조특 §100의32 ②). 미환류소득(또는 초과환류액)을 신고를 하려는 내국법인은 과세표준 신고(법세 §60, §76의17)를 할 때 **미환류소득**

에 대한 법인세 신고서(조특칙 §45의9 ①)를 납세지 관할 세무서장에게 제출하여야 한다(조특령 §100의32 ③). 이 경우 법인은 해당 사업연도의 개시일부터 **법정 기간**(다음 1호의 방법을 선택하여 신고한 경우에는 '3년이 되는 날이 속하는 사업연도', 다음 2호의 방법을 선택하여 신고한 경우에는 '1년이 되는 날이 속하는 사업연도')(조특령 §100의32 ⑮)**까지는 그 선택한 방법을 계속 적용하여야** 한다(조특 §100의32 ③). 다만 **법인이 합병을 하거나 사업을 양수하는 등 법정 경우**(합병법인 또는 사업양수법인이 해당 사업연도에 합병 또는 사업양수의 대가로 **법정 기업소득**(조특 §100의32 ② 1호)**의 100분의 50을 초과하는 금액**을 금전으로 지급하는 경우)(조특칙 §45의9 ⑬)**에는 그 선택한 방법을 변경할 수 있다**(조특령 §100의32 ⑯). **다음 각 호의 방법 중 어느 하나의 방법을 선택하지 아니한 내국법인의 경우에는 해당 법인이 최초로 법정 내국법인**(조특 §100의32 ① 각 호)**에 해당하게 되는 사업연도에** 미환류소득이 적게 산정되거나 초과환류액이 많게 산정되는 방법을 선택하여 신고한 것으로 본다(조특 §100의32 ④ ; 조특령 §100의32 ⑰).

---

1. 해당 사업연도(2025년 12월 31일이 속하는 사업연도까지를 말함; '직전 2개 사업연도에 차기환류 적립금을 적립한 경우'의 법인세 추가 납부의 경우(조특 §100의32 ⑥)에는 2027년 12월 31일이 속하는 사업연도 까지를 말함)의 소득 중 **법정 기업소득**(조특령 §100의32 ④ ; 조특칙 §45의9 ④, ⑤, ⑥)에 100분의 60부터 100분의 80까지의 범위에서 **법정 비율**(100분의 70)(조특령 §100의32 ⑤)**을 곱하여 산출한 금액에서 다음 각 목의 금액의 합계액을 공제**하는 방법

   가. **기계장치 등 법정 자산**(조특령 §100의32 ⑥ ; 조특칙 §45의9 ⑦, ⑧, ⑨)에 대한 투자 합계액. 투자가 2개 이상의 사업연도에 걸쳐서 이루어지는 경우에는 그 투자가 이루어지는 사업연도마다 해당 사업연도에 실제 지출한 금액을 기준으로 투자 합계액을 계산한다 (조특령 §100의32 ⑦).

   나. **법정 상시근로자**(조특령 §100의32 ⑧, ⑪, §26의4 ③)의 해당 사업연도 **법정 임금증가금액**(조특령 §100의32 ⑨ ; 조특칙 §45의9 ⑩)으로서 다음 구분에 따른 금액이 있는 경우 그 금액을 합한 금액. 근로소득의 합계액을 계산할 때에는 다음 각 호에 따른다(조특령 §100의32 ㉒).

      > 1. 합병·분할·현물출자 또는 사업의 양수 등에 따라 종전의 사업부문에서 종사하던 근로자를 합병법인 등(합병법인, 분할신설법인, 피출자법인, 양수법인 등)이 승계하는 경우에는 해당 근로자는 종전부터 합병법인 등에 근무한 것으로 본다.
      > 2. 법인이 새로 설립된 경우에는 직전 사업연도의 근로소득의 합계액은 영으로 본다. 다만, 제1호가 적용되는 경우는 제외한다.

      1) 상시근로자의 해당 사업연도 임금이 증가한 경우
         가) 해당 사업연도의 상시근로자 수가 직전 사업연도의 상시근로자 수보다 증가하지

아니한 경우 : 상시근로자 임금증가금액
나) 해당 사업연도의 상시근로자 수가 직전 사업연도의 상시근로자 수보다 증가한
경우 : **기존 상시근로자 임금증가금액**(해당 연도 상시근로자 임금증가금액에서
신규 상시근로자 임금증가금액(조특령 §100의32 ⑩ 2호 : 조특칙 §45의9 ⑪)을 뺀
금액)(조특령 §100의32 ⑩ 1호, ⑪, §26의4 ③)에 100분의 150을 곱한 금액과 **신규
상시근로자 임금증가금액**[(해당 연도 상시근로자 수 - 직전 연도 상시근로자
수) × 해당 연도에 최초로 '근로기준법에 따라 근로계약을 체결한 상시근로자'
(근로계약을 갱신하는 경우는 제외)에 대한 **법정 임금지급액의 평균액**(신규
상시근로자에 대한 법정 임금증가금액(조특령 §100의32 ⑨)/신규 상시근로자
수(조특령 §26의4 ③))(조특칙 §45의9 ⑪)](조특령 §100의32 ⑩ 2호, ⑪, §26의4 ③)에
100분의 200을 곱한 금액을 합한 금액
2) 해당 사업연도에 **법정 청년정규직근로자**(조특령 §100의32 ⑫, §26의5 ②) **수**(조특령
§100의32 ⑫, §26의5 ⑧ 1호)가 직전 사업연도의 청년정규직근로자 수보다 증가한
경우 : 해당 사업연도의 청년정규직근로자에 대한 임금증가금액
3) 해당 사업연도에 **근로기간 및 근로형태 등 법정 요건**(조특령 §100의32 ⑬, §26의4
⑬)을 충족하는 정규직 전환 근로자가 있는 경우 : 정규직 전환 근로자(청년정규직근
로자는 제외)에 대한 임금증가금액
다. **상생협력**(대기업과 중소기업 간, 중소기업 상호간 또는 위탁기업과 수탁기업 간에
기술, 인력, 자금, 구매, 판로 등의 부문에서 서로 이익을 증진하기 위하여 하는 공동의
활동)(상생협력 §2 3호)**을 위하여 지출하는 법정 금액**(조특령 §100의32 ⑭ ; 조특칙 §45의9
⑫)에 100분의 300을 곱한 금액
2. 기업소득에 100분의 10부터 100분의 20까지의 범위에서 **법정 비율**(100분의 15)(조특령
§100의32 ⑤)을 곱하여 산출한 금액에서 제1호 각 목(가목에 따른 자산에 대한 투자 합계액은
제외)의 합계액을 공제하는 방법

Ⅲ 차기환류적립금 및 초과환류액에 관한 특례

내국법인(방법을 선택하지 않아 신고의제된 법인(조특 §100의32 ④)은 제외)은 해당 사업연도
미환류소득(조특 §100의32 ②)**의 전부 또는 일부를** 다음 2개 사업연도의 투자, 임금 등으로
환류하기 위한 **차기환류적립금으로 적립하여** 해당 사업연도의 미환류소득에서 차기환류적립
금을 **공제할 수 있다**(조특 §100의32 ⑤). '직전 2개 사업연도에 차기환류적립금을 적립한 경우'
법정 계산식[(차기환류적립금 - 해당 사업연도의 초과환류액(조특 §100의32 ②)) × 100분의
20]에 **따라 계산한 금액**(음수인 경우에는 영)을 그 다음 다음 사업연도의 법인세액에 추가하여

납부하여야 한다(조특 §100의32 ⑥). '해당 사업연도에 차기환류적립금을 적립하여 미환류소득에서 공제한 내국법인'이 다음 2개 사업연도에 **상호출자제한기업집단에 속하는 내국법인에 해당하지 아니하게 되는 경우**에도 미환류소득에 대한 법인세(조특 §100의32 ①, ⑥)를 납부하여야 한다(조특령 §100의32 ⑱).

'**해당 사업연도에 초과환류액**(초과환류액으로 차기환류적립금을 공제한 경우(조특 §100의32 ⑥)에는 그 공제 후 남은 초과환류액)**이 있는 경우**'에는 그 초과환류액을 그 다음 2개 사업연도까지 이월하여 그 다음 2개 사업연도 동안 미환류소득에서 공제할 수 있다(조특 §100의32 ⑦). 직전 사업연도에 '구 법인세법(법률 제15222호로 개정된 것) 제56조 제7항'에 따라 발생한 초과환류액이 있는 경우에는 미환류소득(조특 §100의32 ②)에서 공제할 수 있다(조특 §100의32 ⑨). '구 법인세법(법률 제16008호로 개정되기 전의 것) 제56조 제5항'[913]에 따라 직전 사업연도에 적립한 차기환류적립금에서 초과환류액을 공제한 경우(조특 §100의32 ⑥)에는 제1호의 금액에서 제2호의 금액을 공제하고 남은 금액을 다음 사업연도로 이월하여 다음 사업연도의 미환류소득에서 공제할 수 있다(조특령 §100의32 ⑲).

> 1. 해당 사업연도의 초과환류액(조특 §100의32 ②)
> 2. '구 법인세법(법률 제16008호로 개정되기 전의 것) 제56조 제6항'에 따라 차기환류적립금에서 공제한 초과환류액

합병 또는 분할에 따라 피합병법인 또는 분할법인이 소멸하는 경우 합병법인 또는 분할신설법인은 **법정 방법**(조특칙 §45의9 ⑰)에 따라 미환류소득 및 초과환류액을 승계할 수 있다(조특령 §100의32 ㉓). **법정 방법은 다음과 같다**(조특칙 §45의9 ⑰). 즉 합병법인 등이 피합병법인 등의 미환류소득 등(미환류소득 또는 초과환류액)을 승계할 때에는 다음 각 호의 구분에 따른다.

> 1. **피합병법인이 소멸하는 경우** : 피합병법인의 미환류소득 등(합병등기일을 사업연도 종료일로 보고 계산한 금액으로서 법정 상시근로자의 임금증가 합계액(조특 §100의32 ② 1호 나목)은 포함하지 아니하고 계산한 금액)을 합병법인의 해당 사업연도말 미환류소득 등에 합산
> 2. **분할법인이 소멸하는 경우** : 분할법인의 미환류소득 등(분할등기일을 사업연도 종료일로 보고 계산한 금액으로서 법정 상시근로자의 임금증가 합계액(조특 §100의32 ② 1호 나목)은

---

913) 차기환류적립금을 '투자, 임금 또는 배당 등으로 환류하기 위한 금액'으로 정의한다는 점에서 현행 규정과 다르다.

포함하지 아니하고 계산한 금액을 말함)을 분할되는 각 사업부문의 자기자본(조특 §100의32 ①)의 비율에 따라 분할신설법인 또는 분할합병의 상대방법인의 해당 사업연도말 미환류소득 등에 합산

Ⅳ 기계장치 등 법정 자산의 처분에 대한 사후관리

내국법인이 **기계장치 등 법정 자산**(조특 §100의32 ② 1호 가목 ; 조특령 §100의32 ⑥)**을 처분하는 등 법정 경우**(조특령 §100의32 ⑳ ; 조특칙 §45의9 ⑭, ⑮)에는 '**그 자산에 대한 투자금액의 공제**'(조특 §100의32 ② 1호)로 인하여 납부하지 아니한 세액에 **법정 방법**(조특령 §100의32 ㉑ ; 조특칙 §45의9 ⑯)에 따라 계산한 **이자 상당액을 가산하여 납부하여야** 한다(조특 §100의32 ⑧).

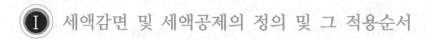

제4관 **세액감면 및 세액공제**

Ⅰ 세액감면 및 세액공제의 정의 및 그 적용순서

내국법인의 **각 사업연도의 소득에 대한 감면세액·세액공제액**은 해당 사업연도의 **법인세 산출세액에서 공제한다**(법세 §64 ① 1호). 법인세 산출세액 중 일부를 경감시키는 경우를 **세액감면**, 그 전부를 경감시키는 경우를 **세액면제**라고 하나, 통상 세액감면이라는 용어가 두 경우 모두를 포함하는 것으로 사용된다. 그런데 세액감면은 감면 또는 면제되는 소득을 전제로 계산된다. 즉 세액 감면 또는 면제를 하는 경우(법세 §59 ① 1호) 그 감면 또는 면제되는 세액은 별도의 규정이 있는 경우를 제외하고는 **산출세액**(토지 등 양도소득에 대한 법인세액(법세 §55의2) 및 투자·상생협력 촉진을 위한 과세특례를 적용하여 계산한 법인세액(조특 §100의32)은 제외)**에 그 감면 또는 면제되는 소득이 과세표준**(법세 §13)**에서 차지하는 비율**(100분의 100을 초과하는 경우에는 100분의 100)**을 곱하여 산출한 금액**(감면의 경우에는 그 금액에 해당 감면율을 곱하여 산출한 금액)으로 한다(법세 §59 ②). 따라서 세액감면에 대한 규정을 두는 경우에는 해당 규정에서 감면소득을 구분경리할 것을 요건으로 한다. 이에 대하여서는 각 개별 감면 부분에서 살핀다. **비과세소득**은 각 사업연도 소득금액에 대하여 공제된다는 점, 공제금액이 산출세액에서 해당 소득이 차지하는 비율과 무관하게 해당 금액 자체가 공제된다는 점 및

구분경리 또는 면제신청 등 절차규정을 준수하는지 여부와 무관하게 소득금액에서 공제된다는 점 등에서 세액감면과 구분된다. 한편 **세액공제** 역시 세액감면의 경우와 동일하게 산출세액에서 공제되는 항목이나, 이는 특정 소득을 전제로 하지 않고 '산출세액의 계산과 구분되는 별도의 기준'에 따라 계산한 특정 세액 자체를 그 산출세액에서 공제한다는 점에서 세액감면과 구분된다.

감면 또는 면제세액을 계산할 때 각 사업연도의 과세표준계산 시 공제한 공제액 등(이월결손금·비과세소득 또는 소득공제액)이 있는 경우 '감면 또는 면제되는 소득'은 다음 각 호의 금액을 공제한 금액으로 한다(법세령 §96).

1. 공제액 등이 감면사업 또는 면제사업에서 발생한 경우에는 공제액 전액
2. 공제액 등이 감면사업 또는 면제사업에서 발생한 것인지가 불분명한 경우에는 소득금액에 비례하여 안분계산한 금액

세액감면과 세액공제가 동시에 적용되는 경우 그 적용순서는 어떠한가? 법인세법 및 다른 법률을 적용할 때 법인세의 감면에 관한 규정과 세액공제에 관한 규정이 **동시에 적용되는 경우**에 그 적용순위는 별도의 규정이 있는 경우 외에는 **다음 각 호의 순서**에 따른다(법세 §59 ① 전단). 이 경우 **제1호와 제2호의 금액을 합한 금액이 법인이 납부할 법인세액**(토지 등 양도소득에 대한 법인세액(법세 §55의2) 및 투자·상생협력 촉진을 위한 과세특례를 적용하여 계산한 법인세액(조특 §100의32) 및 가산세는 제외)**을 초과하는 경우**에는 그 초과하는 금액은 없는 것으로 본다(법세 §59 ① 후단).

1. 각 사업연도의 소득에 대한 세액 감면(면제를 포함)
2. 이월공제가 인정되지 아니하는 세액공제
3. 이월공제가 인정되는 세액공제. 이 경우 해당 사업연도 중에 발생한 세액공제액과 이월된 미공제액이 함께 있을 때에는 이월된 미공제액을 먼저 공제한다.
4. 사실과 다른 회계처리로 인한 경정에 따른 세액공제(법세 §58의3). 이 경우 해당 세액공제액과 이월된 미공제액이 함께 있을 때에는 이월된 미공제액을 먼저 공제한다.

법인이 법인세법 또는 다른 법률에 의하여 제출한 **법인세의 감면 또는 세액공제신청서에 기재된 소득금액과 납세지 관할 세무서장 또는 지방국세청장이 결정 또는 경정한 소득금액**(법세 §66)**이 동일하지 아니한 경우** '감면 또는 세액공제의 기초가 될 소득금액'은 납세지 관할 세무서장 또는 지방국세청장이 결정 또는 경정한 금액에 의한다(법세칙 §50 본문). 다만, 조세특례

제한법 상 **추계과세 시 등의 감면배제**(조특 §128 ②, ③)가 적용되는 경우에는 그러하지 아니하다(법세칙 §50 단서).

이하 세액감면 및 세액공제의 순서로 각 구체적 규정에 대하여 살핀다.

 세액감면

법인세법 세액감면에 관한 개별규정을 두지 않는다. 조세특례제한법 상 세액감면(세액감면 및 면제) 규정은 다음과 같다.

번호	세액감면
1	창업중소기업 등에 대한 세액감면(조특 §6)
2	중소기업에 대한 특별세액감면(조특 §7)
3	기술이전 및 기술취득 등에 대한 과세특례(조특 §12)
4	연구개발특구에 입주하는 첨단기술기업 등에 대한 법인세 등의 감면(조특 §12의2)
5	공공차관 도입에 따른 과세특례(조특 §20)
6	국제금융거래에 따른 이자소득 등에 대한 법인세 등의 면제(조특 §21)
7	삭제(사업전환 중소기업 및 무역조정지원기업에 대한 세액감면(조특 §33의2))
8	공공기관이 혁신도시 등으로 이전하는 경우 법인세 등 감면(조특 §62 ④)
9	수도권 밖으로 공장을 이전하는 기업에 대한 세액감면 등(조특 §63)
10	수도권 밖으로 본사를 이전하는 법인에 대한 세액감면 등(조특 §63의2 ④)
11	농공단지 입주기업 등에 대한 세액감면(조특 §64)
12	영농조합법인 등에 대한 법인세의 면제 등(조특 §66)
13	영어조합법인 등에 대한 법인세의 면제 등(조특 §67)
14	농업회사법인에 대한 법인세의 면제 등(조특 §68)
15	사회적기업 및 장애인 표준사업장에 대한 법인세 등의 감면(조특 §85의6 ①, ②)
16	소형주택 임대사업자에 대한 세액감면(조특 §96)
17	상가건물 장기 임대사업자에 대한 세액감면(조특 §96의2)
18	재기중소기업인의 체납액 등에 대한 과세특례(조특 §99의6 ⑤, §6)
19	위기지역 창업기업에 대한 법인세 등의 감면(조특 §99의9)
20	감염병 피해 관련 특별재난지역의 중소기업에 대한 법인세 등의 감면(조특 §99의11)
21	산림개발소득에 대한 세액감면(조특 §102)
22	해외진출기업의 국내복귀에 대한 세액감면(조특 §104의24)

번호	세액감면
23	외국인투자에 대한 조세 감면(조특 §121의2, §121의4)
24	제주첨단과학기술단지 입주기업에 대한 법인세 등의 감면(조특 §121의8)
25	제주투자진흥지구 또는 제주자유무역지역 관련 법인세 등의 감면(조특 §121의9)
26	기업도시개발구역 등의 창업기업 등에 대한 법인세 등의 감면(조특 §121의17)
27	아시아문화중심도시 투자진흥지구 관련 법인세 등의 감면 등(조특 §121의20)
28	금융중심지 창업기업 등에 대한 법인세 등의 감면 등(조특 §121의21)

세액공제

1. 세액공제 개관

내국법인의 **각 사업연도의 소득에 대한 세액공제액은** 해당 사업연도의 **법인세 산출세액에서 공제**하는바(법세 §64 ① 1호), 그에 관한 규정은 법인세법 및 조세특례제한법에 있다. 이하 '법인세법 상 세액공제' 및 '조세특례제한법 상 세액공제'의 순서로 살핀다.

2. 법인세법 상 세액공제

2.1. 외국납부세액공제 등

국제거래에 있어서 거래당사자들은 거주지국에서 과세될 뿐만 아니라 원천지국에서도 과세되는 이중과세의 위험에 노출될 수 있다. 따라서 원활한 국제거래를 위하여서는 그 이중과세의 위험이 제거 또는 경감될 필요가 있다. 국제거래에 있어서 이중과세의 위험을 제거하거나 경감하는 방법을 다음 세 가지로 유형화할 수 있다.[914]

첫째, **소득공제방법**(exemption method). 이 방법에 의할 경우, 거주지국은 거주자의 국외원천소득에 대하여 과세할 수 없어서 거주자의 국외원천소득이 거주지국에서 면세된다(exempt)고 할 수 있다.

둘째, **세액공제방법**(credit method). 이 방법에 의할 경우, 거주자의 국외원천소득 역시 거주지국에서 과세된다. 거주자가 납부한 외국납부세액은 거주지국이 소득에 대하여 부과한 세금에 대하여 공제된다.

---

914) Lynne Oats · Emer Mulligan, *op. cit.*, at 84.

셋째, **손금산입방법**(deduction method). 이 방법에 의할 경우, 거주자가 납부한 외국납부세액은 사업 상 손금(expense)으로서 취급된다. 거주지국은 거주자의 국외원천소득에 대하여서는 과세하나 이 경우 그 외국납부세액을 국외원천소득에 대한 손금으로서 공제하는 것을 허용한다.

현행 법인세법은 국외원천소득에 대하여 원칙적으로 세액공제방법을 채택한다(법세 §57). 예외적으로 '외국납부세액 공제한도 초과액'을 이월공제기간 내에 공제받지 못한 경우에는 손금산입을 허용한다(법세 §57 ② 단서). 다만 2022년 12월 31일 개정을 통하여 법인세법은 **외국자회사로부터 받은 수입배당금에 대하여서는 소득공제방법**(법세 §18의4)을 적용한다. 이 경우 수입배당금에 대하여서는 외국납부세액공제를 적용하지 않는다(법세 §57 ⑥).

외국납부세액공제의 공제대상 세액을 기준으로 통상 다음과 같이 구분된다. 공제대상 세액을 국외원천소득에 대한 외국원천징수세액(foreign withholding taxes)으로 한정되는 경우에는 **직접 외국납부세액공제**(direct foreign tax credit)로, 배당재원에 상응하는 원천지국 법인 단계의 법인세를 거주지국의 공제대상세액에 포함하는 경우에는 **간접 외국납부세액공제** (deemed-paid foreign tax credit)로, 원천지국이 부여한 조세특례로 인하여 실제 원천지국에서 납부하지 않은 세액 역시 납부한 것으로 간주하여 거주지국의 공제대상세액에 포함하는 경우에는 **간주 외국납부세액공제**(tax sparing)으로 각 구분한다.

2.1.1. 직접 외국납부세액공제

2.1.1.1. 직접 외국납부세액공제 개관

내국법인의 각 사업연도의 소득에 대한 **과세표준에 국외원천소득**(법세령 §94 ②)**이 포함되어 있는 경우**로서 그 국외원천소득에 대하여 **법정 외국법인세액**(법세령 §94 ①)**을** 납부하였거나 납부할 것이 있는 경우에는 다음 **공제한도금액** 내에서 외국법인세액을 **해당 사업연도의 산출세액**(해당 국외원천소득이 과세표준에 산입되어 있는 사업연도의 산출세액)(법세령 §94 ③ 전단)**에 서 공제할 수 있다**(법세 §57 ① 전단). 이 경우 내국법인은 **신고**(법세 §60)**와 함께 외국납부세액공제세액계산서**(법세칙 §82)를 납세지 관할 세무서장에게 제출해야 한다(법세령 §94 ③ 후단). '**외국정부의 국외원천소득에 대한 법인세의 결정·통지의 지연, 과세기간의 상이 등의 사유**'로 신고(법세 §60)와 함께 외국납부세액공제세액계산서를 제출할 수 없는 경우에는 **외국정부의 국외원천소득에 대한 법인세 결정통지를 받은 날부터 3개월 이내**에 외국납부세액공제세액계산서에 증빙서류를 첨부하여 제출할 수 있다(법세령 §94 ④). 이 규정은 **외국정부가 국외원천소득에 대하여 결정한 법인세액을 경정함으로써 외국납부세액에 변동이 생긴 경우**에 관하여 이를 준용하고,

이 경우 환급세액이 발생하면 국세기본법(국기 §51)에 따라 충당하거나 환급할 수 있다(법세령 §94 ⑤). **외국정부가 감액경정한 경우**에는 국내 법인세액에 대하여 증액경정하여야 하는 경우가 발생한다. 이 경우 부과제척기간에 대한 특례규정은 없다. 환급세액에 관한 다툼이 민사소송에 해당한다는 점을 감안하면, 외국정부의 감액경정이 확정된 경우 역시 환급세액 오류에 관한 쟁점으로 보는 것이 타당하다. 즉 외국정부의 감액경정이 확정되었다면 이를 내국법인의 부당이득으로 보아 국가가 납세자인 내국법인을 상대로 민법 상 부당이득반환청구권을 행사할 수 있다고 본다. **공제한도금액**은 국외원천소득이 발생한 원천지국에서 우리나라보다 높은 법인세율을 규정하고 있는 경우 그에 따른 외국법인세액을 전부 공제할 수 있도록 허용하게 되면 국내원천소득에 대하여 납부하여야 할 법인세의 일부로 외국법인세액을 납부하도록 하는 결과가 되므로 이를 막기 위한 것이다.[915]

공제한도금액 = A × (B/C). 국외사업장이 2 이상의 국가에 있는 경우에는 **국가별로 구분**하여 공제한도금액를 계산한다(법세령 §94 ⑦).

A : 해당 사업연도의 산출세액(토지 등 양도소득에 대한 법인세액(법세 §55의2) 및 투자·상생협력 촉진을 위한 과세특례를 적용하여 계산한 법인세액(조특 §100의32)은 제외)

B : 국외원천소득(조세특례제한법이나 그 밖의 법률에 따라 세액감면 또는 면제를 적용받는 경우에는 세액감면 또는 면제 대상 국외원천소득에 세액감면 또는 면제 비율을 곱한 금액은 제외)

C : 해당 사업연도의 소득에 대한 과세표준

국외원천소득에 해당하는지 여부는 조세조약 상 외국납부세액공제에 대한 규정이 있는 경우와 그렇지 않은 경우로 구분하여야 한다. 먼저 조세조약 상 외국납부세액공제의 해석에 있어서는 원칙적으로 해당 조세조약에 대한 자율적 해석(autonomous interpretation)에 의하여 국외원천 여부가 판정되어야 한다. 조세조약 상 문언이 명백하지 않은 경우에는 조세조약 상 문맥(context)에 따라 해석하여야 할 비교적 강력한 논거를 제시된 경우에는 국내법에 따라 해석할 수 없고 그렇지 않은 경우라면 국내법에 따라 해석할 수 있다.[916] 이 경우 국내법은 '외국법인의 국내원천소득 규정'(법세 §93)을 의미한다. 한편 조세조약 상 외국납부세액공제에 관한 규정이 없다면 '외국납부세액공제의 적용 상 국외원천 여부'는 조세의 부과 및 징수절차에

---

915) 대법원 2015.3.26. 2014두5613.
916) Rust, in Reimer & Rust (eds.), Klaus Vogel on Double Taxation Conventions, Fourth Ed., Wolters Kluwer, Volume Ⅰ, 2015(이하 'Klaus Vogel Ⅰ'이라고 함), at 212, m.n.122.

관한 것이므로 조세조약의 적용대상이 아니라고 할 것이다. 따라서 법인세법 상 '외국법인의 국내원천소득 규정'(법세 §93)의 해석에 의하여 판정되어야 한다.

2.1.1.2. 외국납부세액의 계산

법정 외국법인세액은 외국정부(지방자치단체를 포함)에 납부하였거나 납부할 **다음 각 호의 세액**(가산세는 제외)을 말한다(법세령 §94 ① 본문). 다만, 정상가격에 의하여 국외특수관계인과의 거래에 대하여 과세조정을 함에 있어서,[917] 체약상대국의 과세조정에 대한 대응조정(국조 §12 ①)으로서 **내국법인의 소득을 감액조정한 금액 중 국외특수관계인에게 반환되지 않고 내국법인에게 유보되는 금액**에 대하여 '**외국정부가 과세한 금액**'과 '**해당 세액**'이 조세조약에 따른 비과세·면제·제한세율에 관한 규정에 따라 계산한 세액을 초과하는 경우에는 그 초과하는 세액은 제외한다(법세령 §94 ① 단서).

---

1. 초과이윤세 및 기타 법인의 소득 등을 과세표준으로 하여 과세된 세액
2. 법인의 소득 등을 과세표준으로 하여 과세된 세의 부가세액
3. 법인의 소득 등을 과세표준으로 하여 과세된 세와 동일한 세목에 해당하는 것으로서 소득 외의 수익금액 기타 이에 준하는 것을 과세표준으로 하여 과세된 세액. '**소득 외의 수익금액 기타 이에 준하는 것**'은 '법인세법 및 조세특례제한법 상 익금에서 손금을 공제하는 순액(net amount)에 해당하는 소득금액에 기반하지 않고서, 총액(gross amount)인 수익 등 소득 자체에 기반하여 계산된 과세표준'을 의미하는 것으로 보아야 한다.

외국납부세액공제를 '법인세법 및 조세특례제한법 상 과세표준 등에 기반하여 과세된 세액 등'에 대하여 허용하는 이유는 무엇인가? 내국법인이 각 사업연도에 납부하였거나 납부할 법인세는 손금불산입된다(법세 §21 1호). 각 사업연도에 납부하였거나 납부할 법인세는 조세특례 제한법 상 과세표준에 근거하여서도 계산된다. '각 사업연도에 납부하였거나 납부할 법인세'를 손금에 산입한다면 순환적 계산에 따른 기술적 문제 등으로 인하여 납부할 법인세액을 확정할 수 없기 때문이다. 외국납부세액이 '각 사업연도에 납부하였거나 납부할 법인세'와 그 성질 상 유사한 것이라면 동일하게 취급하는 것이 타당하다. 따라서 '법인세법 및 조세특례제한법 상 과세표준 등에 기반하여 과세된 세액'에 유사한 성질을 갖는 외국납부세액에 대하여서도 손금불산입하는 것이 타당하다. '각 사업연도에 납부하였거나 납부할 법인세'에 대하여 그 성질 상 유사한 '외국납부세액'을 세액공제하지 않는 것은 이중과세에 해당한다. '외국납부세액

---

917) 국제조세조정에 관한 법률 제2장 제1절.

공제'와 '외국납부세액의 손금산입'을 동시에 허용할 규범적 당위는 없다. 그렇다면 외국납부세액공제를 허용하는 경우의 외국법인세액 역시 손금불산입되는 것이 타당하고(법세 §21 1호), 외국납부세액공제 역시 그 성질 상 손금불산입되는 '법인세법 및 조세특례제한법 상 과세표준 등에 기반하여 과세된 세액 등'에 대하여 허용되어야 한다(법세령 §94 ① 본문). 다만 외국납부세액이 '각 사업연도에 납부하였거나 납부할 법인세'와 그 성격을 달리하여 그 자체로서 손금에 산입될 수 있는 것이라면 달리 보아야 한다.

외국정부에 납부하였거나 납부할 세액이라는 점은 어떻게 판정되어야 하는가? 세금은 납세자의 자의에 의한 기부금 등과 다르다. 납세자의 의사와 무관하게 강제적 징수에 의하여 부과 및 징수되어야 한다. 그렇지 않으면 '세액' 자체에 포섭될 수 없기 때문이다. 또한 외국정부에 의한 조세의 부과 및 징수가 해당 국가의 법률, 조세조약뿐만 아니라 국제적 공서양속에 부합한 것이어야 한다. 이를 용인하는 것 자체가 우리 헌법정신 및 이에 기반한 조세법률주의에 반하는 것이기 때문이다. 국제적 공서양속에 반하는 것에 대하여서는 납세자인 내국법인의 인식 여부가 쟁점이 될 수는 없지만, 외국 세법에 대한 위반 여부와 관련하여서는 그 내국법인이 외국 세법 자체에 정통할 것을 요구할 수는 없다. 따라서 외국정부에 의하여 부과 및 징수된 세금이 해당 국가의 세법에 위반된다는 점이 인식하였거나 인식할 수 있었음에도 불구하고 이에 대하여 불복하지 않은 경우 및 해당 세금 자체가 국제적 공서양속에 반하는 경우에 있어서는, 해당 세금을 '외국정부에 납부하였거나 납부할 세액'으로 보아 이에 대하여 외국납부세액공제를 허용하는 것은 타당하지 않다. 또한 조세조약 자체에 반하여 세금을 부과 및 징수하는 행위는 국제적 공서양속에 반하는 것으로 보아야 한다. 이상의 논의에 따르면, 원천지국의 과세권이 인정되는 범위를 초과하여 납부한 세액이 있더라도 이를 외국납부세액공제 대상으로 볼 수는 없고,[918] 외국법인의 거주지국에서 발생하여 우리나라에 소재한 위 외국법인의 고정사업장에 귀속된 소득으로서 거주지국과 체결한 조세조약의 해석상 그 소득에 대하여 우리나라가 먼저 과세권을 행사할 수 있고, 그에 따른 이중과세 조정은 거주지국에서 이루어지게 되는 경우에는, 그 소득에 대하여 거주지국에 납부한 세액이 있더라도 그 세액은 외국납부세액공제 대상에 해당한다고 볼 수는 없다.[919] 또한 대한민국 정부와 중화인민공화국 정부 간의 소득에 대한 조세의 이중과세회피와 탈세방지를 위한 협정의 제2의정서 제4조만으로 체약국의 의사에 따라 외국납부세액의 구체적인 공제방법이나 공제범위가 명확히 한정되어 있다고

---

918) 대법원 2024.2.8. 2021두32248.
919) 대법원 2024.1.25. 2021두46940.

보기 어렵고, 위 의정서 규정은 한국 거주자가 이중과세를 회피하는 방법으로 외국납부세액의 세액공제를 허용하여야 한다는 일반원칙을 정하면서도, 구체적인 공제방법이나 공제범위 등에 관하여는 한국 세법에 따르도록 정한 것으로 보아야 한다. 그리고 이중과세를 조정함에 있어 어느 정도의 공제와 한도를 둘 것인지 등은 여러 가지 요소를 고려하여 결정될 것으로서, 이에 관하여는 입법자에게 광범위한 입법형성권이 부여되어 있다. 따라서 법인세법에 따른 외국납부세액 공제제도만으로 외국납부세액의 이중과세가 완전히 회피되지 않더라도, 위 의정서 규정을 근거로 하여 해당 사업연도의 법인지방소득세액에서 중국에서 납부하였거나 납부할 세액을 공제할 수는 없다.[920]

2.1.1.3. 국외원천소득의 계산

'국외원천소득'(법세 §57 ①)은 '국외에서 발생한 소득'으로서 '내국법인의 각 사업연도 소득의 과세표준 계산에 관한 규정을 준용해 산출한 금액'으로 하고, **공제한도금액을 계산할 때의 국외원천소득**'(법세 §57 ①)은 그 **국외원천소득**에서 해당 사업연도의 과세표준을 계산할 때 손금에 산입된 금액(국외원천소득이 발생한 국가에서 과세할 때 손금에 산입된 금액은 제외)으로서 **국외원천소득에 대응하는 다음 각 호의 국외원천소득 대응비용을 뺀 금액**으로 한다(법세령 §94 ② 전단). 이 경우 각 사업연도의 과세표준계산 시 공제한 공제액 등(이월결손금·비과세소득 또는 소득공제액)이 있는 경우의 국외원천소득은 '감면 또는 면제되는 소득에 대한 공제규정'(법세령 §96 각 호)을 준용하여 계산한 공제액 등을 뺀 금액으로 하고, 위 규정을 준용하면서 "감면사업 또는 면제사업"은 "국외원천소득"으로 보아 적용한다(법세령 §94 ⑥).

---

1. **직접비용** : 해당 국외원천소득에 직접적으로 관련되어 대응되는 비용. 이 경우 해당 국외원천소득과 그 밖의 소득에 공통적으로 관련된 비용은 제외한다.
2. **배분비용** : 해당 국외원천소득과 그 밖의 소득에 공통적으로 관련된 비용 중 **법정 배분방법** (법세칙 §47 ③)에 따라 계산한 국외원천소득 관련 비용. **법정 배분방법**은 다음 각 호의 계산 방법을 말한다(법세칙 §47 ③).

   1. 국외원천소득과 그 밖의 소득의 업종이 동일한 경우의 공통손금은 국외원천소득과 그 밖의 소득별로 수입금액 또는 매출액에 비례하여 안분계산
   2. 국외원천소득과 그 밖의 소득의 업종이 다른 경우의 공통손금은 국외원천소득과 그 밖의 소득별로 개별 손금액에 비례하여 안분계산

---

920) 대법원 2024.1.11. 2023두44634.

내국법인이 연구개발 관련 비용 등 법정 비용[손비(법세령 §19)로서 조세특례제한법 상 연구개발 활동(조특 §2 ① 11호)에 따라 발생한 연구개발비(연구개발 업무를 위탁하거나 공동연구개발을 수행하는 데 드는 비용을 포함)](법세칙 §47 ①)에 대하여 법정 계산방법(법세칙 §47 ②)을 선택하여 계산하는 경우에는 그에 따라 계산한 금액을 국외원천소득대응비용으로 하고, 법정 계산방법을 선택한 경우에는 그 선택한 계산방법을 적용받으려는 사업연도부터 5개 사업연도 동안 연속하여 적용해야 한다(법세령 §94 ② 후단). 법정 계산방법은 다음 각 호의 방법을 말한다(법세칙 §47 ② 본문). 다만, 다음 제2호에 따라 계산한 금액이 다음 제1호에 따라 계산한 금액의 100분의 50 미만인 경우에는 제1호에 따라 계산한 금액의 100분의 50을 국외원천소득 대응 비용(법세령 §94 ②)으로 한다(법세칙 §47 ② 단서).

1. **매출액 방법** : 해당 사업연도에 내국법인의 전체 연구개발비 중 국내에서 수행되는 연구개발 활동에 소요되는 비용이 차지하는 **연구개발비용비율**의 구분에 따른 다음의 계산식에 따라 국외원천소득 대응 비용을 계산하는 방법

구 분	계산식
가. 연구개발비용비율이 50퍼센트 이상인 경우	$A \times 50/100 \times [C/(B+C+D)]$
나. 연구개발비용비율이 50퍼센트 미만인 경우	$\{A \times 50/100 \times [C/(C+D)]\}$ $+ \{A \times 75/100 \times [C/(B+C+D)]\}$

[비고]
위의 계산식에서 기호의 의미는 다음과 같다.
A : **연구개발비**
B : **기업회계기준에 따른 내국법인의 전체 매출액**[내국법인의 국내원천 사용료소득을 발생하는 권리 등(권리·자산 또는 정보)(법세 §93 8호 가목, 나목)을 사용하거나 양수하여 내국법인에게 그 권리 등의 사용료소득(사용대가 또는 양수대가)을 지급하는 외국법인으로서 내국법인이 의결권이 있는 발행주식총수 또는 출자총액의 50퍼센트 이상을 직접 또는 간접으로 보유하고 있는 **외국자회사의 해당 내국법인에 대한 매출액과 내국법인의 국외사업장에서 발생한 매출액**은 해당 내국법인의 전체 매출액에서 **제외**]
C : **해당 국가에서 내국법인에게 사용료소득을 지급하는 모든 비거주자 또는 외국법인의 해당 사용료소득에 대응하는 매출액**(내국법인이 해당 매출액을 확인하기 어려운 경우에는 사용료소득을 기준으로 내국법인이 합리적으로 계산한 금액으로 갈음할 수 있음)**의 합계액**(내국법인의 국외사업장의 매출액을 포함). 다만, 외국자회사의 경우 그 소재지국에서 재무제표 작성 시에 일반적으로 인정되는 회계원칙에 따라 산출한 외국자회사의 전체 매출액(해당 외국자회사에 대한 내국법인의 매출액이 있는 경우 이를 외국자회사의 전체 매출액에서 제외)에 내국법인의 해당 사업연도 종료일 현재 외국자회사에 대한 지분비율을 곱한 금액으로 한다.
D : **해당 국가 외의 국가에서 C에 따라 산출한 금액을 모두 합한 금액**

2. **매출총이익 방법** : 해당 사업연도에 내국법인의 연구개발비용비율의 구분에 따른 다음의 계산식에 따라 국외원천소득 대응 비용을 계산하는 방법

구 분	계산식
가. 연구개발비용비율이 50퍼센트 이상인 경우	A × 75/100 × [F/(E+F+G)]
나. 연구개발비용비율이 50퍼센트 미만인 경우	{A × 55/100 × [F/(F+G)]} + {A × 75/100 × [F/(E+F+G)]}

[비고]

위의 계산식에서 기호의 의미는 다음과 같다.

A : 연구개발비

E : 기업회계기준에 따른 내국법인의 매출총이익(국외사업장의 매출총이익과 비거주자 또는 외국법인으로부터 지급받은 사용료소득은 제외

F : 해당 국가에 소재하는 비거주자 또는 외국법인으로부터 내국법인이 지급받은 사용료소득과 내국법인의 해당 국가에 소재하는 국외사업장의 매출총이익 합계액

G : 해당 국가 외의 국가에 소재하는 비거주자 또는 외국법인으로부터 내국법인이 지급받은 사용료소득과 내국법인의 해당 국가 외의 국가에 소재하는 국외사업장의 매출총이익 합계액

2.1.1.4. 외국납부세액의 이월공제

외국정부에 납부하였거나 납부할 외국법인세액이 해당 사업연도의 공제한도금액을 초과하는 경우 그 초과하는 금액은 **이월공제기간**(해당 사업연도의 다음 사업연도 개시일부터 10년 이내에 끝나는 각 사업연도)로 **이월**하여 그 이월된 사업연도의 공제한도금액 내에서 공제받을 수 있다(법세 §57 ② 본문). 다만, 외국정부에 납부하였거나 납부할 외국법인세액을 **이월공제기간 내에 공제받지 못한 경우** 그 공제받지 못한 외국법인세액은 '세금과 공과금의 손금불산입 규정'(법세 §21 1호)에도 불구하고 이월공제기간의 종료일 다음 날이 속하는 사업연도의 소득금액을 계산할 때 **손금에 산입할 수 있다**(법세 §57 ② 단서).

다만 공제한도금액을 초과하는 외국법인세액 중 '국외원천소득 대응 비용과 관련된 외국법인세액(다음 제1호의 금액에서 다음 제2호의 금액을 뺀 금액)'에 대해서는 위 이월공제 규정(법세 §57 ② 본문)을 적용하지 않는다(법세령 §94 ⑮ 전단). 이 경우 해당 외국법인세액은 세액공제를 적용받지 못한 사업연도의 다음 사업연도 소득금액을 계산할 때 손금에 산입할 수 있다(법세령 §94 ⑮ 후단).

1. 국외원천소득대응비용을 차감하지 않는 방법으로 산출한 외국납부세액공제(법세 §57 ①)가 적용되는 국외원천소득(법세령 §94 ② 각 호 외 부분 전단)을 기준으로 계산한 공제한도금액
2. 국외원천소득대응비용을 차감한 국외원천소득을 기준으로 계산한 공제한도금액(법세 §57 ①)

2.1.2. 간주 외국납부세액공제

국외원천소득이 있는 내국법인이 조세조약의 상대국에서 해당 국외원천소득에 대하여 법인세를 감면받은 세액 상당액은 그 조세조약으로 정하는 범위에서 '세액공제의 대상이 되는 외국법인세액'(법세 §57 ①)으로 본다(법세 §57 ③). 따라서 감면받은 세액 상당액이 '조세조약으로 정하는 범위'에 해당하는지 여부가 중요하다.

2.1.3. 간접 외국납부세액공제

내국법인의 각 사업연도의 소득금액에 **외국자회사로부터 받는 수입배당금액**(이익의 배당이나 잉여금의 분배액)**이 포함되어 있는 경우** 그 외국자회사의 소득에 대하여 부과된 외국법인세액 중 그 수입배당금액에 대응하는 것으로서 **법정 방법에 따라 계산한 금액**(법세령 §94 ⑧)은 '세액공제되는 외국법인세액'(법세 §57 ①)으로 본다(법세 §57 ④). **외국자회사**는 내국법인이 의결권 있는 발행주식총수 또는 출자총액의 100분의 10('해외자원개발투자 배당소득에 대한 법인세의 면제'(조특 §22)가 적용되는 '해외자원개발사업을 하는 외국법인'의 경우에는 100분의 5) 이상을 출자하고 있는 외국법인으로서 **법정 요건**(내국법인이 직접 외국자회사의 의결권 있는 발행주식총수 또는 출자총액의 100분의 10 이상을 해당 외국자회사의 배당확정일 현재 6개월 이상 계속하여 보유하고 있는 법인; '보유'의 경우 '내국법인이 적격합병, 적격분할, 적격물적분할, 적격현물출자에 따라 다른 내국법인이 보유하고 있던 외국자회사의 주식 등을 승계받은 때'에는 그 승계 전 다른 내국법인이 외국자회사의 주식 등을 취득한 때부터 해당 주식 등을 보유한 것으로 봄)(법세령 §94 ⑨)을 갖춘 법인을 말한다(법세 §57 ⑤).

법정 방법에 따라 계산한 금액은 다음의 계산식에 따라 계산한 금액을 말한다(법세령 §94 ⑧ 전단).

> (외국자회사의 해당 사업연도 법인세액) × 〔수입배당금액/(외국자회사의 해당 사업연도 소득금액 − 외국자회사의 해당 사업연도 법인세액)〕

외국자회사의 해당 사업연도 법인세액은 **다음 각 호의 세액**으로서 '외국자회사가 외국납부세액으로 공제받았거나 공제받을 금액' 또는 '해당 수입배당금액이나 제3국(본점이나 주사무소 또는 사업의 실질적 관리장소 등을 둔 국가 외의 국가) 지점 등 귀속소득에 대하여 외국자회사의 소재지국에서 국외소득 비과세·면제를 적용받았거나 적용받을 경우 해당 세액 중 100분의

50에 상당하는 금액'을 포함하여 계산하고, **수입배당금액**(외국자회사가 외국손회사로부터 지급받는 수입배당금액을 포함)**은 이익이나 잉여금의 발생순서에 따라 먼저 발생된 금액부터 배당되거나 분배된 것으로 본다**(법세령 §94 ⑧ 후단). '이익이나 잉여금의 발생순서 및 귀속사업연도'는 해당 국가의 세법에 의하여 판정되어야 한다.

> 1. 외국자회사가 외국손회사로부터 지급받는 수입배당금액에 대하여 외국손회사의 소재지국 법률에 따라 외국손회사의 소재지국에 납부한 세액
> 2. 외국자회사가 제3국의 지점 등에 귀속되는 소득에 대하여 그 제3국에 납부한 세액

외국손회사는 다음 각 호의 요건을 모두 갖춘 법인을 말한다(법세령 §94 ⑩).

> 1. **해당 외국자회사가 직접** 외국손회사의 의결권 있는 발행주식총수 또는 출자총액의 **100분의 10**('해외자원개발투자 배당소득에 대한 법인세의 면제'(조특 §22)가 적용되는 '해외자원개발사업을 하는 외국법인'의 경우에는 **100분의 5) 이상을** 해당 외국손회사의 배당기준일 현재 **6개월 이상** 계속하여 보유하고 있을 것
> 2. **내국법인**이 외국손회사의 의결권 있는 발행주식총수 또는 출자총액의 **100분의 10**('해외자원개발투자 배당소득에 대한 법인세의 면제'(조특 §22)가 적용되는 '해외자원개발사업을 하는 외국법인'의 경우에는 **100분의 5) 이상을 외국자회사**(법세 §57 ⑤)**를 통하여 간접소유할 것.** 이 경우 주식의 간접소유비율은 내국법인의 외국자회사에 대한 주식소유비율에 그 외국자회사의 외국손회사에 대한 주식소유비율을 곱하여 계산한다.

2.1.4. 외국 혼성단체로부터 받은 배당에 관한 외국납부세액공제

내국법인의 각 사업연도의 소득금액에 **외국법인으로부터 받는 수입배당금액이 포함되어 있는 경우로서 그 외국법인의 소득에 대하여 해당 외국법인이 아니라 출자자인 내국법인이 직접 납세의무를 부담하는 등 법정 요건**(법세령 §94 ⑬)**을 갖춘 경우에는** 그 외국법인의 소득에 대하여 출자자인 내국법인에게 부과된 외국법인세액 중 해당 수입배당금액에 대응하는 것으로서 **법정 방법에 따라 계산한 금액**(법세령 §94 ⑭)은 '세액공제의 대상이 되는 외국법인세액'(법세 §57 ①)으로 본다(법세 §57 ⑥). 설립지국에서는 독립적인 납세의무자인 법인으로 인식되지 않으나 투자자국에서는 납세의무자인 법인으로 인식되는 실체를 **역혼성단체**(a reverse hybrid entity)라고 한다.[921] 반대로 설립지국에서는 독립적인 납세의무자인 법인으로 인식되나 투자

자국에서는 납세의무자인 법인으로 인식되지 않는 실체를 **혼성단체**(a hybrid entity)라고 한다.[922] 이 규정은 **국외원천소득이 거주지국의 역혼성단체 단계에서 발생하고 그에 대한 세부담을 그 주주 또는 출자자인 내국법인이 직접 부담하는 경우** 역시 내국법인의 외국납부세액으로 보아 공제를 허용하기 위한 것이다. 이를 허용하지 않으면 해당 세액은 '국외원천 배당소득에 대한 외국원천징수세액' 또는 '외국법인세액' 모두에 해당하지 아니하여, 직접 또는 간접 외국납부세액공제의 대상에 포함되지 못할 여지가 있기 때문이다. 설사 내국법인이 국외역 혼성단체를 통하여 가득한 소득을 국외원천 사업소득으로 본다고 할지라도, 이는 주주 또는 출자자인 내국법인의 국내사업과는 별개의 것이므로 특별한 규정이 없는 한 이에 대한 세금을 국내사업에 관한 세액에서 공제할 수는 없다.

법정 요건은 다음 각 호의 어느 하나에 해당하는 경우를 말한다(법세령 §94 ⑬).

> 1. **외국법인의 소득이 그 본점 또는 주사무소가 있는 거주지국에서 발생한 경우** : 거주지국의 세법에 따라 그 외국법인의 소득에 대하여 해당 외국법인이 아닌 그 주주 또는 출자자인 내국법인이 직접 납세의무를 부담하는 경우
> 2. **외국법인의 소득이 거주지국 이외의 원천지국에서 발생한 경우** : 다음 각 목의 요건을 모두 갖춘 경우
>   가. 거주지국의 세법에 따라 그 외국법인의 소득에 대하여 해당 외국법인이 아닌 그 주주 또는 출자자인 내국법인이 직접 납세의무를 부담할 것
>   나. 원천지국의 세법에 따라 그 외국법인의 소득에 대하여 해당 외국법인이 아닌 그 주주 또는 출자자인 내국법인이 직접 납세의무를 부담할 것

법정 방법에 따라 계산한 금액은 다음의 산식에 따라 계산한 금액을 말한다(법세령 §94 ⑭).

> (내국법인이 부담한 외국법인의 해당 사업연도 소득에 대한 법인세액) × {수입배당금액/{(외국법인의 해당 사업연도 소득금액 × 내국법인의 해당 사업연도 손익배분비율) − 내국법인이 부담한 외국법인의 해당 사업연도 소득에 대한 법인세액}}

---

921) OECD (2015), Neutralising the Effects of Hybrid Mismatch Arrangements, Action 2 - 2015 Final Report, OECD/G20 Base Erosion and Profit Shifting Project, OECD Publishing, Paris.http://dx.doi.org/10.1787/9789264241138-en, at 56, para. 140.
922) *Id.*, at 50, para. 115.

2.1.5. 외국납부세액공제 시의 환율적용

외국납부세액의 원화환산은 '외국세액을 납부한 때'의 외국환거래법에 의한 기준환율 또는 재정환율에 의한다(법세칙 §48 ①). 당해 사업연도 중에 확정된 외국납부세액이 분납 또는 납기미도래로 인하여 미납된 경우 동 미납세액에 대한 원화환산은 그 사업연도 종료일 현재의 외국환거래법에 의한 기준환율 또는 재정환율에 의하며, 사업연도 종료일 이후에 확정된 외국납부세액을 납부하는 경우 미납된 분납세액에 대하여는 확정일 이후 최초로 납부하는 날의 기준환율 또는 재정환율에 의하여 환산할 수 있다(법세칙 §48 ②). 국내에서 공제받은 외국납부세액을 외국에서 환급받아 국내에서 추가로 세액을 납부하는 경우의 원화환산은 '외국세액을 납부한 때'(법세칙 §48 ①) 또는 '그 사업연도 종료일 현재나 확정일 이후 최초로 납부하는 날'(법세칙 §48 ②)의 외국환거래법에 따른 기준환율 또는 재정환율에 따른다(법세칙 §48 ③ 본문). 다만, 환급받은 세액의 납부일이 분명하지 아니한 경우에는 '해당 사업연도 동안 해당 국가에 납부한 외국납부세액을 환산한 원화 합계액(법세칙 §48 ①, ②)을 해당 과세기간 동안 해당 국가에 납부한 외국납부세액의 합계액으로 나누어 계산한 환율'에 따른다(법세칙 §48 ③ 단서).

2.2. 간접투자회사 등의 외국납부세액공제 및 환급 특례

간접투자회사 등{자본시장과 금융투자업에 관한 법률에 따른 투자회사, 투자목적회사, 투자유한회사, 투자합자회사[기관전용 사모집합투자기구(법률 제18128호 자본시장과 금융투자업에 관한 법률 일부개정법률 부칙 제8조 제1항부터 제4항까지의 규정에 따라 기관전용 사모집합투자기구, 기업재무안정 사모집합투자기구 및 창업ㆍ벤처전문 사모집합투자기구로 보아 존속하는 종전의 경영참여형 사모집합투자기구를 포함)(자본시장 §9 ⑲ 1호)는 제외], 투자유한책임회사 및 부동산투자회사법에 따른 기업구조조정 부동산투자회사, 위탁관리 부동산투자회사 및 내국법인으로 보는 신탁재산(법세 §5 ②)}이 국외의 자산에 투자하여 얻은 소득에 대하여 납부한 외국법인세액(법세 §57 ①, ⑥)이 있는 경우에는 외국납부세액공제 규정(법세 §57)에도 불구하고 그 소득이 발생한 사업연도의 과세표준 신고 시 그 사업연도의 법인세액에서 그 사업연도의 외국납부세액(국외자산에 투자하여 얻은 소득에 대하여 소득세법 상 세율(소세 §129 ① 2호)을 곱하여 계산한 세액을 한도로 하고, 이를 초과하는 금액은 없는 것으로 봄)을 빼고 납부하여야 한다(법세 §57의2 ①).

간접투자회사 등이 간접투자외국법인세액을 납부한 경우 간접투자회사 등이 내국법인별로 지급한 소득에 대응하는 **간접투자외국법인세액**은 다음 각 호의 금액을 더한 금액으로 한다(법세령 §94의2 ①). 납부한 간접투자외국법인세액의 전부 또는 일부가 해당 사업연도 또는 회계기간 이후 환급된 경우 간접투자회사 등은 해당 환급금을 그 환급받은 날이 속하는 분기의 마지막 달의 다음 달 말일까지 납세지 관할 세무서장에게 납부해야 하고, 이 경우 간접투자회사 등의 외국납부세액 환급금 납부계산서(별지 64호의6)에 해당 환급금에 관한 입증서류를 첨부하여 납세지 관할 세무서장에게 제출해야 한다(법세칙 §48의2).

---

1. 간접투자회사 등이 다른 간접투자회사 등이 발행하는 증권을 취득하는 구조 외의 방식으로 투자한 경우: 다음 계산식에 따라 일(日)별로 계산한 금액의 합계액

> 내국법인의 일별 간접투자 외국법인세액 = A × B
>
> A : 간접투자회사 등이 납부한 일별 좌당 또는 주당 외국법인세액(간접투자회사 등이 납부한 총 외국법인세액을 간접투자회사 등이 발행한 총 좌수 또는 총 주식수로 나눈 금액)
> B : 내국법인의 간접투자회사 등에 대한 보유 좌수 또는 주식수(간접투자회사 등이 외국법인세액을 납부할 당시 내국법인이 보유하고 있던 좌수 또는 주식수)

2. 간접투자회사 등이 다른 간접투자회사 등이 발행하는 증권을 취득하는 구조로 투자한 경우: 다음 계산식에 따라 일별로 계산한 금액의 합계액

> 내국법인의 일별 간접투자 외국법인세액 = A × B × C
>
> A : 다른 간접투자회사 등이 납부한 일별 좌당 또는 주당 외국법인세액(다른 간접투자회사 등이 납부한 총 외국법인세액을 다른 간접투자회사 등이 발행한 총 좌수 또는 총 주식수로 나눈 금액)
> B : 간접투자회사 등의 다른 간접투자회사 등에 대한 보유 좌수 또는 주식수(다른 간접투자회사 등이 외국법인세액을 납부할 당시 간접투자회사 등이 보유하고 있던 좌수 또는 주식수)
> C : 내국법인의 간접투자회사 등에 대한 보유 좌수 또는 주식수의 비율(다른 간접투자회사 등이 외국법인세액을 납부할 당시 내국법인이 보유하고 있던 좌수 또는 주식수를 간접투자회사 등이 발행한 총 좌수 또는 총 주식수로 나눈 값)

간접투자회사 등으로부터 지급받은 소득(법세 §57의2 ② 1호)은 **세후기준가격**(기준가격(자본시장 §238 ⑥)에서 간접투자외국법인세액이 차감된 가격)을 기준으로 계산된 금액을 말한다(법세 §57의2 ② 1호 본문). 다만, 증권시장에 상장된 간접투자회사등의 증권의 매도에 따라 간접투자회사

등으로부터 지급받은 소득은 '법정 방법에 따라 계산한 금액'(다음 각 호에 따라 계산한 금액 중 적은 금액)(법세령 §94의2 ② ; 소세령 §117의2 ②)으로 한다(법세 §57의2 ② 1호 단서).

> 1. **매도 시의 과세표준기준가격**(기준가격(자본시장 §238 ⑥)에서 제26조의2 제4항 각 호 외의 부분 본문에 따라 '집합투자기구로부터의 이익에 포함되지 않는 손익'(소세령 §26의2 ④ 각 호 외 부분 본문)을 제외하여 산정한 금액을 말하며, 외국 집합투자증권(자본시장 §279 ①)으로서 과세표준기준가격이 없는 경우에는 기준가격(자본시장 §280 ④ 본문)을 말한다)에 서 **매수 시**(매수 후 결산·분배가 있었던 경우에는 직전 결산·분배 직후)**의 과세표준기준 가격**을 뺀 후 **직전 결산·분배 시 발생한 과세되지 않은 투자자별 손익**을 더하거나 **뺀** 금액
> 2. **실제 매도가격**에서 **실제 매수가격**을 뺀 후 **직전 결산·분배 시 발생한 과세되지 않은 투자자별 손익**을 더하거나 뺀 금액

내국법인의 산출세액에서 공제하는 간접투자외국법인세액(법세 §57의2 ② 2호)은 간접투자외 국법인세액을 **세후기준가격**을 고려하여 '법정 방법에 따라 계산한 금액'(내국법인별 간접투자 외국법인세액(법세령 §94의2 ①)에 다음 각 호의 구분에 따른 계산식에 따라 계산한 율을 곱한 금액)(법세령 §94의2 ③)을 말한다.

> 1. 법인세법 상 원천징수대상인 투자신탁이익(법세 §73 ① 2호)의 경우
>   가. 법인세법 상 원천징수세율(법세 §73 ①)이 간접투자외국법인세액에 적용된 외국 원천징 수세율보다 작은 경우
>
>   > (법인세법 상 원천징수세율/간접투자외국법인세액에 적용된 외국 원천징수세율) - (법인세 과세표준(법세 §55 ①)에 따른 한계세율)
>
>   나. 법인세법 상 원천징수세율(법세 §73 ①)이 간접투자외국법인세액에 적용된 외국 원천징 수세율보다 크거나 같은 경우
>
>   > 1 - (법인세 과세표준(법세 §55 ①)에 따른 한계세율)
>
> 2. 간접투자회사등으로부터 지급받은 제1호 외의 소득의 경우
>
>   > 1 - (법인세 과세표준(법세 §55 ①)에 따른 한계세율)

외국 원천징수세율은 '간접투자회사 등이 다른 간접투자회사 등이 발행하는 증권을 취득하는

각 방식'(법세령 §94의2 ① 각 호)에 따라 투자한 '**투자대상별로 법정 계산식에 따라 계산된 율**'을 **합산한 율**로 한다(법세령 §94의2 ④).

$$(A/B) \times C$$

A: 투자대상에서 발생한 소득에 대응하는 '**간접투자회사 등이 다른 간접투자회사 등이 발행하는 증권을 취득하는 각 방식**'(법세령 §94의2 ① 각 호)에 따라 계산된 간접투자외국법인세액

B: 투자대상별 간접투자외국법인세액의 합계액

C: 투자대상별 외국 원천징수세율(간접투자회사등이 직전 사업연도 또는 회계기간에 납부한 외국납부세액 ÷ 해당 외국납부세액에 대응하는 국외원천소득의 금액). 이 경우 직전 사업연도 또는 회계기간의 외국납부세액 또는 국외원천소득의 금액을 알 수 없는 등의 사유로 외국 원천징수세율을 계산할 수 없으면 해당 외국 원천징수세율은 100분의 14로 한다.

간접투자회사 등은 그 사업연도의 **외국납부세액**이 그 사업연도의 법인세액을 **초과하는 경우**에는 법정 절차에 따라 **환급받을 수 있다**(법세 §57의2 ②). 간접투자회사 등(간접투자회사 이 다른 간접투자회사 등이 발행하는 증권을 취득하는 구조로 투자한 경우에는 그 다른 간접투자회사 등을 포함)이 납부한 간접투자외국법인세액의 전부 또는 일부가 해당 사업연도 또는 회계기간 이후 환급된 경우 간접투자회사 등은 그 환급금을 법정 절차에 따라 납세지 관할 세무서장에게 납부해야 한다(법세령 §94의2 ⑥). 이 경우 자본시장과 금융투자업에 관한 법률에 따른 투자신탁재산을 운용하는 집합투자업자는 그 투자신탁을 대리하는 것으로 본다(법세령 §94의2 ⑦).

투자신탁 등(자본시장과 금융투자업에 관한 법률에 따른 투자신탁, 투자합자조합 및 투자익명조합)**의 경우에는** 그 **투자신탁 등을 내국법인으로 보아** 위 각 규정(법세 §57의2 ①, ②)을 적용하며, 이 경우 "사업연도"는 "투자신탁 등의 회계기간"으로 보고, "과세표준 신고 시"는 "결산 시"로 본다(법세 §57의2 ③). 투자신탁 등의 경우 해당 사업연도의 법인세액은 없는 것으로 보아 환급 규정(법세 §57의2 ②)을 적용한다(법세 §57의2 ④). **투자신탁 등의 경우** 자본시장과 금융투자업에 관한 법률에 따른 투자신탁재산을 운용하는 **집합투자업자**는 그 투자신탁을 **대리**하는 것으로 본다(법세 §57의2 ⑤).

내국법인이 '간접투자회사 등 관련 위 외국납부세액공제'(법세 §57의2 ①)를 받으려는 경우에는 과세표준신고와 함께 **간접투자회사등 외국납부세액공제 계산서**를 관할 세무서장에게 제출해야 한다(법세 §57의2 ⑧).

2.3. 재해손실에 대한 세액공제

내국법인이 각 사업연도 중 천재지변이나 그 밖의 재해로 인하여 **법정 자산총액**(법세령 §95 ①)의 100분의 20 이상을 상실하여 납세가 곤란하다고 인정되는 경우에는 **다음 각 호의 법인세액**에 그 상실된 자산의 가액이 상실 전의 자산총액에서 차지하는 **자산상실비율**(법세령 §95 ②)을 곱하여 계산한 금액(상실된 자산의 가액을 한도)을 그 세액에서 공제한다(법세 §58 ① 전단). 이 경우 자산의 가액에는 토지의 가액을 포함하지 아니한다(법세 §58 ① 후단). 다음 법인세에는 장부의 기록·보관 불성실 가산세(법세 §75의3) 및 국세기본법 상 가산세(국기 §47의2~ §47의5)를 포함하는 것으로 한다(법세령 §95 ③).

---

1. 재해 발생일 현재 부과되지 아니한 법인세와 부과된 법인세로서 미납된 법인세
2. 재해 발생일이 속하는 사업연도의 소득에 대한 법인세

법정 자산총액은 다음 각 호의 자산의 합계액을 말한다(법세령 §95 ①).

---

1. **사업용 자산**(토지를 제외)
2. 타인 소유의 자산으로서 그 상실로 인한 **변상책임이 당해 법인에게 있는 것**. 법인이 재해로 인하여 **수탁받은 자산을 상실**하고 그 자산가액의 **상당액을 보상하여 주는 경우**에는 이를 재해로 인하여 상실된 자산의 가액 및 상실 전의 자산총액에 포함하되, **예금·받을어음·외상매출금 등은 당해 채권추심에 관한 증서가 멸실된 경우**에도 이를 상실된 자산의 가액에 포함하지 아니한다(법세칙 §49 ② 전단). 이 경우 그 **재해자산이 보험에 가입되어 있어 보험금을 수령하는 때**에도 그 재해로 인하여 상실된 자산의 가액을 계산함에 있어서 동 보험금을 차감하지 아니한다(법세칙 §49 ② 후단). 자산의 상실 없이 **재해로 인하여 비로소 법인이 부담하게 된 채무 등**은 자산의 상실에 포함되지 않는다.[923]

자산상실비율은 재해발생일 현재 그 법인의 장부가액에 의하여 계산하되, 장부가 소실 또는 분실되어 장부가액을 알 수 없는 경우에는 납세지 관할 세무서장이 조사하여 확인한 재해발생일 현재의 가액에 의하여 이를 계산한다(법세령 §95 ②). 법인이 **동일한 사업연도 중에 2회 이상 재해를 입은 경우** 재해상실비율의 계산은 **다음 산식**에 의한다(법세칙 §49 ③ 전단). 이 경우 자산은 '법정 자산총액에 포함되는 자산'(법세령 §95 ①)에 한한다(법세칙 §49 ③ 전단).

---

923) 대법원 2008.9.11. 2006두11576.

> 재해상실비율 = (재해로 인하여 상실된 자산가액의 합계액/최초 재해발생 전 자산총액 +
> 최종 재해발생 전까지의 증가된 자산총액)

재해손실에 대한 세액공제액은 다음 계산식에 따른다(법세칙 §49 ①).

> 〔산출세액(법세 §55) + (장부의 기록·보관 불성실 가산세(법세 §75의3) 및 국세기본법 상
> 가산세(국기 §47의2~§47의5)〕 − (다른 법률에 따른 공제 및 감면세액)〕× (재해로 인하여
> 상실된 자산의 가액/상실 전 자산총액)

재해손실세액공제를 받고자 하는 내국법인은 납세지 관할 세무서장에게 신청하여야 하며(법세 §58 ②), **다음 각 호의 기한 내에 재해손실세액공제신청서**(법세칙 §82)를 납세지 관할 세무서장에게 제출하여야 한다(법세령 §95 ⑤).

> 1. 재해발생일 현재 과세표준신고기한이 지나지 않은 법인세의 경우에는 그 신고기한. 다만,
>   재해발생일부터 신고기한까지의 기간이 3개월 미만인 경우에는 재해발생일부터 3개월로
>   한다.
> 2. 재해발생일 현재 미납된 법인세와 납부해야 할 법인세의 경우에는 재해발생일부터 3개월

납세지 관할 세무서장은 '재해 발생일 현재 부과되지 아니한 법인세와 부과된 법인세로서 미납된 법인세'(신고기한이 지나지 아니한 것은 제외)(법세 §58 ① 1호)에 대한 공제신청(법세 §58 ②)을 받으면 그 공제세액을 결정하여 해당 법인에 알려야 한다(법세 §58 ③). 또한 납세지 관할 세무서장은 법인이 '공제받을 법인세'(법세 §58 ①)에 대하여 해당 세액공제가 확인될 때까지 국세징수법에 따라 그 **법인세의 지정납부기한·독촉장에서 정하는 기한을 연장하거나 납부고지를 유예**할 수 있다(법세령 §95 ⑥).

2.4. 사실과 다른 회계처리로 인한 경정에 따른 세액공제

내국법인이 **다음 각 호의 요건을 모두 충족하는 사실과 다른 회계처리를 하여 과세표준 및 세액을 과다하게 계상**함으로써 국세기본법(국기 §45의2)에 따라 **경정을 청구**하여 경정을 받은 경우에는 과다납부한 세액을 **환급하지 아니하고 그 경정일이 속하는 사업연도부터 각

사업연도의 법인세액에서 **과다납부한 세액을 공제**한다(법세 §58의3 ① 전단). 이 경우 각 사업연도 별로 공제하는 금액은 과다납부한 세액의 **100분의 20을 한도**로 하고, 공제 후 남아 있는 과다납부한 세액은 이후 사업연도에 **이월하여 공제**한다(법세 §58의3 ① 후단). 납세의무자가 자산을 과다계상하거나 부채를 과소계상하는 등의 방법으로 분식결산을 하고 이에 따라 과다하게 법인세를 신고·납부하였다가 그 과다납부한 세액에 대하여 취소소송을 제기하여 다투는 경우, 납세의무자에게 **신의성실의 원칙을 적용할 수는 없다.**[924] 판례는 심각한 배신행위에 기인한 것으로 보기 어렵다는 점을 근거로 한다. 한편 이 규정은, 다음 경고·주의 등 법정 조치에 이르기 전, 해당 법인이 분식회계 사실을 신속하게 자복하여 분식회계 관련 법적 불확실성을 스스로 제거하도록 하는 유인을 제공하는 기능을 수행한다. 따라서 분식회계를 이유로 한 경정청구 자체에 대하여 신의성실 원칙을 적용할 수 없다면, 다음 경고·주의 등 법정 조치 이전에 경정청구를 하는 것에 대하여서도 신의성실 원칙을 적용할 수 없다. 또한 이 규정은 납세의무자의 권리구제를 위한 국세기본법 상 경정청구(국기 §45의2)에 대한 특별규정으로서 그 경정청구 인용 시 납세의무자의 환급청구권을 제한하는 기능을 수행한다. 따라서 이 규정을 제한적으로 해석하는 것이 타당하다. 한편 이 규정은 경정처분을 통하여 이미 발생한 환급청구권을 제한하기 위한 것인바, '향후 소득금액이 발생하지 않는다는 사정'에 근거하여 납세자의 부담을 더욱 가중시키는 효과를 발생시킨다. 이를 합리화할 수 있는 규범적 정당성을 찾기는 어렵다. 향후 소득금액이 발생하는 경우에는 세액공제 규정을 활용할 수 있으나, 그렇지 않은 경우에는 세액공제 규정을 적용할 수도 없고 일정 기간 경과 후 세액공제 미사용분을 환급받을 수도 없기 때문이다. '향후 소득금액이 발생하지 않는다는 사정'에 근거하여 이미 발생한 권리를 박탈하거나 제한하는 방식으로 납세의무자의 부담을 가중시키는 것이 '납세의무 성립 당시 납세의무자의 소득, 수익, 재산, 행위 또는 거래에 근거하여 과세하여야 한다'는 조세법률주의 및 '납세의무자의 소득, 수익, 재산, 행위 또는 거래의 명칭이나 형식과 관계없이 그 실질에 따라 과세하여야 한다'는 실질과세원칙의 기반을 구성하는 조세공평주의에 부합한다고 볼 수는 없으므로, 이 규정이 헌법에 합치되는지 매우 의문스럽다.

> 1. **사업보고서**(자본시장 §159) 및 **감사보고서**(외감법 §23)를 제출할 때 수익 또는 자산을 과다 계상하거나 손비 또는 부채를 과소계상할 것
> 2. 내국법인, 감사인 또는 그에 소속된 공인회계사가 **경고·주의 등의 법정 조치**(법세령 §95의3 ①)를 받을 것. **경고·주의 등의 법정 조치**는 다음 각 호의 어느 하나에 해당하는

---

924) 대법원 2006.4.14. 2005두10170.

것을 말한다(법세령 §95의3 ①).

1. 임원해임권고 등 조치(자본시장령 §175 각 호)
2. 과징금의 부과(자본시장 §429 ③)
3. 징역 또는 벌금형의 선고(자본시장 §444 13호, §446 28호)
4. 감사인 또는 그에 소속된 공인회계사의 등록취소, 업무·직무의 정지건의 또는
   특정 회사에 대한 감사업무의 제한(외감법 §29 ③, ④)
5. 주주총회에 대한 임원의 해임권고 또는 유가증권의 발행제한(외감법 §29 ①)
6. 징역 또는 벌금형의 선고(외감법 §39~§44)

동일한 사업연도에 **사실과 다른 회계처리로 인한 경정청구의 사유**(법세 §58의3 ① 본문) 외에 다른 경정청구의 사유가 있는 경우에는 다음의 산식에 따라 계산한 금액을 그 공제세액으로 한다(법세령 §95의3 ②).

> 과다납부한 세액 × (사실과 다른 회계처리로 인하여 과다계상한 과세표준(법세 §58의3 ①)/
> 과다계상한 과세표준의 합계액)

내국법인이 해당 사실과 다른 회계처리와 관련하여 그 경정일이 속하는 사업연도 이전의 사업연도에 국세기본법(국기 §45) 상 **수정신고를 하여 납부할 세액이 있는 경우**에는 그 납부할 세액에서 '과다납부한 세액'(법세 §58의3 ①)을 과다납부한 세액의 100분의 20을 한도로 **먼저 공제하여야** 한다(법세 §58의3 ②).

'**과다납부한 세액을 공제받은 내국법인**'(법세 §58의3 ①, ②)으로서 **과다납부한 세액이 남아있는 내국법인이 해산하는 경우**에는 다음 각 호에 따른다(법세 §58의3 ③).

1. **합병 또는 분할에 따라 해산하는 경우** : 합병법인 또는 분할신설법인(분할합병의 상대방 법인을 포함)이 남아 있는 과다납부한 세액을 **승계하여 세액공제**(법세 §58의3 ①)한다.
2. **제1호 외의 방법에 따라 해산하는 경우** : 납세지 관할 세무서장 또는 관할 지방국세청장은 남아 있는 과다납부한 세액에서 '청산소득에 대한 법인세 납부세액'(법세 §77)을 **빼고** 남은 금액을 즉시 **환급**하여야 한다.

3. 조세특례제한법 상 세액공제

조세특례제한법 상 세액공제 규정은 다음과 같다.

번호	세액 공제
1	삭제(중소기업 등 투자 세액공제(조특 §5))
2	상생결제 지급금액에 대한 세액공제(조특 §7의4)
3	상생협력을 위한 기금 출연 등에 대한 세액공제(조특 §8의3)
4	연구·인력개발비에 대한 세액공제(조특 §10)
5	기술취득에 대한 세액공제(조특 §12 ②)
6	기술혁신형 합병에 대한 세액공제(조특 §12의3)
7	기술혁신형 주식취득에 대한 세액공제(조특 §12의4)
8	내국법인의 벤처기업 등에의 출자에 대한 과세특례(조특 §13의2)
9	내국법인의 소재·부품·장비전문기업에의 출자·인수에 대한 과세특례(조특 §13의3)
10	성과공유 중소기업의 경영성과급에 대한 세액공제 등(조특 §19)
11	통합투자세액공제(조특 §24)
12	삭제(특정 시설 투자 등에 대한 세액공제(조특 §25))
13	삭제(의약품 품질관리 개선시설투자에 대한 세액공제(조특 §25의4))
14	삭제(신성장기술 사업화를 위한 시설투자에 대한 세액공제(조특 §25의5))
15	영상콘텐츠 제작비용에 대한 세액공제(조특 §25의6)
16	삭제(초연결 네트워크 구축을 위한 시설투자에 대한 세액공제(조특 §25의7))
17	고용창출투자세액공제(조특 §26)
18	산업수요맞춤형고등학교 등 졸업자 병역이행 후 복직기업 관련 세액공제(조특 §29의2)
19	경력단절 여성 고용 기업 등에 대한 세액공제(조특 §29의3)
20	근로소득을 증대시킨 기업에 대한 세액공제(조특 §29의4)
21	청년고용을 증대시킨 기업에 대한 세액공제(조특 §29의5)
22	고용을 증대시킨 기업에 대한 세액공제(조특 §29의7)
23	통합고용세액공제(조특 §29의8)
24	고용유지중소기업 등에 대한 과세특례(조특 §30의3)
25	중소기업 사회보험료 세액공제(조특 §30의4)
26	상가임대료를 인하한 임대사업자에 대한 세액공제(조특 §96의3)
27	전자신고 등에 대한 세액공제(조특 §104의8 ①)
28	제3자물류비용에 대한 세액공제(조특 §104의14)
29	삭제(대학 맞춤형 교육비용 등에 대한 세액공제(조특 §104의18))

번호	세액 공제
30	기업의 운동경기부 등 설치·운영에 대한 과세특례(조특 §104의22)
31	석유제품 전자상거래에 대한 세액공제(조특 §104의25)
32	우수 선화주기업 인증을 받은 화주 기업에 대한 세액공제(조특 §104의30)
33	금사업자와 스크랩등사업자의 수입금액의 증가 등에 대한 세액공제(조특 §122의4)
34	금 현물시장에서 거래되는 금지금에 대한 과세특례(조특 §126의7 ⑧)

 조세특례의 제한 및 그 사후관리

1. 중복지원의 배제 등

1.1. 국가 등의 금전적 지원에 의하여 투자한 자산에 중복지원 배제

내국인이 법인세법에 따라 투자한 자산에 대하여 상생협력을 위한 기금 출연 등에 대한 세액공제(조특 §8의3), 통합투자세액공제(조특 §24) 및 고용창출투자세액공제(조특 §26)를 적용받는 경우 다음 각 호의 금액을 투자금액 또는 취득금액에서 차감한다(조특 §127 ①). 향후 해당 자산의 매각 등 처분시점에 해당 차감액만큼 손금을 적게 인식하거나, 그 감가상각시점에 감가상각비를 적게 계상하여야 한다.

---

1. 내국인이 자산에 대한 투자를 목적으로 다음 각 목의 어느 하나에 해당되는 국가 등으로부터 출연금 등의 자산을 지급받아 투자에 지출하는 경우 : 출연금 등의 자산을 투자에 지출한 금액에 상당하는 금액
   가. 국가
   나. 지방자치단체
   다. 공공기관의 운영에 관한 법률에 따른 공공기관
   라. 지방공기업법에 따른 지방공기업
2. 내국인이 자산에 대한 투자를 목적으로 금융회사 등(금융실명 §2 1호 각 목)으로부터 융자를 받아 투자에 지출하고 금융회사 등에 지급하여야 할 이자비용의 전부 또는 일부를 국가 등이 내국인을 대신하여 지급하는 경우 : 국가 등이 지급하는 이자비용에 상당하는 법정 금액(국가 등이 지급했거나 지급하기로 약정한 이자비용의 합계액)(조특령 §123 ①)
3. 내국인이 자산에 대한 투자를 목적으로 국가 등으로부터 융자를 받아 투자에 지출하는 경우 : 국가 등이 지원하는 이자지원금에 상당하는 법정 금액(융자받은 시점의 법인세법 상 가중평균차입이자율 등(법세령 §89 ③)을 적용하여 계산한 원리금 합계액 - 융자받은 시점의 실제 융자받은 이자율을 적용하여 계산한 원리금 합계액)(조특령 §123 ②)

4. 내국인이 '공사부담금으로 취득한 사업용자산가액의 손금산입 특례'(법세 §37 ①)가 적용되는 사업(법세 §37 ① 각 호)에 필요한 자산에 대한 투자를 목적으로 해당 자산의 수요자 또는 편익을 받는 자로부터 위 특례에 따라 공사부담금을 제공받아 투자에 지출하는 경우 : 공사부담금을 투자에 지출한 금액에 상당하는 금액

1.2. 특정 세액공제 동시적용의 경우 특례의 선택

내국인이 법인세법에 따라 투자한 자산에 대하여 상생협력을 위한 기금 출연 등에 대한 세액공제(조특 §8의3), 통합투자세액공제(조특 §24) 및 고용창출투자세액공제(조특 §26)가 동시에 적용되는 경우와 동일한 과세연도에 '성과공유 중소기업의 경영성과급에 대한 세액공제 등(조특 §19 ①)과 근로소득을 증대시킨 기업에 대한 세액공제(조특 §29의4)', '고용창출투자세액공제(조특 §26)와 청년고용을 증대시킨 기업에 대한 세액공제(조특 §29의5)' 또는 '고용창출투자세액공제(조특 §26)와 중소기업 사회보험료 세액공제(조특 §30의4)'가 동시에 적용되는 경우에는 각각 그 중 하나만을 선택하여 적용받을 수 있다(조특 §127 ②).

1.3. 외국인 투자에 대한 세액감면과 세액공제의 중복적용 배제

내국인에 대하여 동일한 과세연도에 상생협력을 위한 기금 출연 등에 대한 세액공제(조특 §8의3), 통합투자세액공제(조특 §24), 고용창출투자세액공제(조특 §26), 청년고용을 증대시킨 기업에 대한 세액공제(조특 §29의5), 고용을 증대시킨 기업에 대한 세액공제(조특 §29의7), 통합고용세액공제(조특 §29의8 ①), 중소기업 사회보험료 세액공제(조특 §30의4), 제3자물류비용에 대한 세액공제(조특 §104의14) 및 해외자원개발투자에 대한 과세특례(조특 §104의15)를 적용할 때 '외국인투자에 대한 조세 감면(조특 §121의2) 또는 외국인투자기업 증자의 조세감면(조특 §121의4)'에 따라 법인세를 감면하는 경우에는 해당 규정에 따라 공제할 세액에 해당 기업의 총주식 또는 총지분에 대한 내국인투자자의 소유주식 또는 지분의 비율을 곱하여 계산한 금액을 공제한다(조특 §127 ③). 통합고용세액공제(조특 §29의8 ①)는 고용을 증대시킨 기업에 대한 세액공제(조특 §29의7) 또는 중소기업 사회보험료 세액공제(조특 §30의4)에 따른 공제를 받지 아니한 경우에만 적용한다(조특 §127 ⑪).

세액감면을 적용받는 사업과 그 밖의 사업을 구분경리하는 경우(조특 §143)로서 그 밖의 사업에 공제규정이 적용되는 경우에는 해당 세액감면과 공제는 중복지원에 해당하지 아니한다(조특 §127 ⑩).

1.4. 세액감면 등과 세액공제의 동일 사업연도 동시적용의 경우 특례의 선택

내국인이 **동일한 과세연도에 특정 법인세액 감면 등**[창업중소기업 등에 대한 세액감면(조특 §6), 중소기업에 대한 특별세액감면(조특 §7), 연구개발특구에 입주하는 첨단기술기업 등에 대한 법인세 등의 감면(조특 §12의2), 중소기업 간의 통합에 대한 양도소득세의 이월과세 등(조특 §31 ④, ⑤), 법인전환에 대한 양도소득세의 이월과세(조특 §32 ④), 공공기관이 혁신도시 등으로 이전하는 경우 법인세 등 감면(조특 §62 ④), 수도권 밖으로 공장을 이전하는 기업에 대한 세액감면 등(조특 §63 ①), 수도권 밖으로 본사를 이전하는 법인에 대한 세액감면 등(조특 §63의2 ①), 농공단지 입주기업 등에 대한 세액감면(조특 §64), 영농조합법인 등에 대한 법인세의 면제 등(조특 §66), 영어조합법인 등에 대한 법인세의 면제 등(조특 §67), 농업회사법인에 대한 법인세의 면제 등(조특 §68), 사회적기업 및 장애인 표준사업장에 대한 법인세 등의 감면(조특 §85의6 ①, ②), 위기지역 창업기업에 대한 법인세 등의 감면(조특 §99의9 ②), 감염병 피해 관련 특별재난지역의 중소기업에 대한 법인세 등의 감면(조특 §99의11 ①), 해외진출기업의 국내복귀에 대한 세액감면(조특 §104의24 ①), 제주첨단과학기술단지 입주기업에 대한 법인세 등의 감면(조특 §121의8), 제주투자진흥지구 또는 제주자유무역지역 관련 법인세 등의 감면(조특 §121의9 ②), 기업도시개발구역 등의 창업기업 등에 대한 법인세 등의 감면(조특 §121의17 ②), 아시아문화중심도시 투자진흥지구 관련 법인세 등의 감면 등(조특 §121의20 ②), 금융중심지 창업기업 등에 대한 법인세 등의 감면 등(조특 §121의21 ②) 및 첨단의료복합단지 및 국가식품클러스터 관련 법인세 등의 감면(조특 §121의22 ②)]**와 특정 법인세액 공제**[상생협력을 위한 기금 출연 등에 대한 세액공제(조특 §8의3), 내국법인의 벤처기업 등에의 출자에 대한 과세특례(조특 §13의2), 통합투자세액공제(조특 §24), 영상콘텐츠 제작비용에 대한 세액공제(조특 §25의6), 고용창출투자세액공제(조특 §26), 중소기업 사회보험료 세액공제(중소기업에 대한 특별세액감면(조특 §7)과 동시에 적용되는 경우는 제외)(조특 §30의4), 제3자물류비용에 대한 세액공제(조특 §104의14), 해외자원개발투자에 대한 과세특례(조특 §104의15), 기업의 운동경기부 등 설치·운영에 대한 과세특례(조특 §104의22), 석유제품 전자상거래에 대한 세액공제(조특 §104의25), 금사업자와 스크랩등사업자의 수입금액의 증가 등에 대한 세액공제(조특 §122의4 ①) 및 금 현물시장에서 거래되는 금지금에 대한 과세특례(조특 §126의7 ⑧)]**를 동시에 적용받을 수 있는 경우**에는 그 중 하나만을 선택하여 적용받을 수 있다(조특 §127 ④ 본문). 다만, **창업중소기업 등에 대한 세액감면**(조특

§6 ⑦)에 따라 법인세를 감면받는 경우에는 **고용을 증대시킨 기업에 대한 세액공제**(조특 §29의7) 또는 통합고용세액공제(조특 §29의8 ①)를 동시에 적용하지 아니한다(조특 §127 ④ 단서).

세액감면을 적용받는 사업과 그 밖의 사업을 구분경리하는 경우(조특 §143)로서 그 밖의 사업에 공제규정이 적용되는 경우에는 해당 세액감면과 공제는 중복지원에 해당하지 아니한다 (조특 §127 ⑩).

1.5. 세액감면 등과 세액공제의 동일 사업장 및 사업연도 동시적용의 경우 특례의 선택

내국인의 **동일한 사업장에 대하여 동일한 과세연도에 특정 세액감면 등**['창업중소기업 등에 대한 세액감면(조특 §6), 중소기업에 대한 특별세액감면(조특 §7), 연구개발특구에 입주하는 첨단기술기업 등에 대한 법인세 등의 감면(조특 §12의2), 중소기업 간의 통합에 대한 양도소득세의 이월과세 등(조특 §31 ④, ⑤), 법인전환에 대한 양도소득세의 이월과세(조특 §32 ④), 공공기관이 혁신도시 등으로 이전하는 경우 법인세 등 감면(조특 §62 ④), 수도권 밖으로 공장을 이전하는 기업에 대한 세액감면 등(조특 §63 ①), 수도권 밖으로 본사를 이전하는 법인에 대한 세액감면 등(조특 §63의2 ①), 농공단지 입주기업 등에 대한 세액감면(조특 §64), 사회적기업 및 장애인 표준사업장에 대한 법인세 등의 감면(조특 §85의6 ①, ②), 위기지역 창업기업에 대한 법인세 등의 감면(조특 §99의9 ②), 감염병 피해 관련 특별재난지역의 중소기업에 대한 법인세 등의 감면(조특 §99의11 ①), 해외진출기업의 국내복귀에 대한 세액감면(조특 §104의24 ①), 제주첨단과학 기술단지 입주기업에 대한 법인세 등의 감면(조특 §121의8), 제주투자진흥지구 또는 제주자유무역지역 관련 법인세 등의 감면(조특 §121의9 ②), 기업도시개발구역 등의 창업기업 등에 대한 법인세 등의 감면(조특 §121의17 ②), 아시아문화중심도시 투자진흥지구 관련 법인세 등의 감면 등(조특 §121의20 ②), 금융중심지 창업기업 등에 대한 법인세 등의 감면 등(조특 §121의21 ②) 및 첨단의료복합단지 및 국가식품클러스터 관련 법인세 등의 감면(조특 §121의22 ②)]**과 특정 외국인투자 관련 감면**['외국인투자에 대한 조세 감면(조특 §121의2) 또는 외국인투자기업 증자의 조세감면(조특 §121의4)'] **중 둘 이상의 규정이 적용될 수 있는 경우**에는 그 중 하나만을 선택하여 적용받을 수 있다(조특 §127 ⑤). 내국인의 동일한 사업장에 대하여 동일한 과세연도에 '외국인투자에 대한 조세 감면(조특 §121의2) 또는 외국인투자기업 증자의 조세감면(조특 §121의4)'에 따른 **취득세 및 재산세의 감면규정**이 모두 적용될 수 있는 경우에는 그 중 하나만을 선택하여 적용받을 수 있다는 점에도 유의할 필요가 있다(조특 §127 ⑥).

2. 추계과세 시 등의 감면배제

2.1. 추계과세 시 세액공제 배제

법인세법 상 **추계과세를 하는 경우**(법세 §66 ③ 단서)에는 **특정 세액공제**[기업의 어음제도개선을 위한 세액공제(조특 §7의2), 상생결제 지급금액에 대한 세액공제(조특 §7의4), 상생협력을 위한 기금 출연 등에 대한 세액공제(조특 §8의3 ③), 연구·인력개발비에 대한 세액공제(조특 §10), 기술취득에 대한 세액공제(조특 §12 ②), 기술혁신형 합병에 대한 세액공제(조특 §12의3), 기술혁신형 주식취득에 대한 세액공제(조특 §12의4), 내국법인의 벤처기업 등에의 출자에 대한 과세특례(조특 §13의2), 내국법인의 소재·부품·장비전문기업에의 출자·인수에 대한 과세특례(조특 §13의3), 성과공유 중소기업의 경영성과급에 대한 세액공제 등(조특 §19 ①), 통합투자세액공제(조특 §24), 영상콘텐츠 제작비용에 대한 세액공제(조특 §25의6), 고용창출투자세액공제(조특 §26), 산업수요맞춤형고등학교 등 졸업자 병역이행 후 복직기업 관련 세액공제(조특 §29의2), 경력단절 여성 고용 기업 등에 대한 세액공제(조특 §29의3), 근로소득을 증대시킨 기업에 대한 세액공제(조특 §29의4), 청년고용을 증대시킨 기업에 대한 세액공제(조특 §29의5), 고용을 증대시킨 기업에 대한 세액공제(조특 §29의7), 통합고용세액공제(조특 §29의8), 고용유지중소기업 등에 대한 과세특례(조특 §30의3), 중소기업 사회보험료 세액공제(조특 §30의4), 상가임대료를 인하한 임대사업자에 대한 세액공제(간편장부대상자(소세 §160)는 제외)(조특 §96의3), 선결제 금액에 대한 세액공제(조특 §99의12), 제3자물류비용에 대한 세액공제(조특 §104의14), 해외자원개발투자에 대한 과세특례(조특 §104의15), 석유제품 전자상거래에 대한 세액공제(조특 §104의25), 우수선화주기업 인증을 받은 화주 기업에 대한 세액공제(조특 §104의30), 금사업자와 스크랩등사업자의 수입금액의 증가 등에 대한 세액공제(조특 §122의4) 및 금 현물시장에서 거래되는 금지금에 대한 과세특례(조특 §126의7 ⑧)]를 **적용하지 아니한다**(조특 §128 ① 본문). 다만, 추계를 하는 경우에도 **거주자에 대해서는** 통합투자세액공제(조특 §24) 및 고용창출투자세액공제(조특 §26)를 적용(투자에 관한 증거서류를 제출하는 경우로 한정)한다(조특 §128 ① 단서).

2.2. 결정 및 기한 후 신고 시 감면 등 배제

법인세법 상 **결정**(법세 §66 ①)을 하는 경우와 **기한 후 신고**(국기 §45의3)를 하는 경우에는 창업중소기업 등에 대한 세액감면(조특 §6), 중소기업에 대한 특별세액감면(조특 §7), 기술이전 및 기술취득 등에 대한 과세특례(조특 §12 ①, ③), 연구개발특구에 입주하는 첨단기술기업 등에 대한 법인세 등의 감면(조특 §12의2), 중소기업 간의 통합에 대한 양도소득세의 이월과세 등(조특 §31 ④, ⑤), 법인전환에 대한 양도소득세의 이월과세(조특 §32 ④), 공공기관이 혁신도시 등으로 이전하는 경우 법인세 등 감면(조특 §62 ④), 수도권 밖으로 공장을 이전하는 기업에 대한 세액감면 등(조특 §63 ①), 수도권 밖으로 본사를 이전하는 법인에 대한 세액감면 등(조특 §63의2 ①), 농공단지 입주기업 등에 대한 세액감면(조특 §64), 영농조합법인 등에 대한 법인세의 면제 등(조특 §66), 영어조합법인 등에 대한 법인세의 면제 등(조특 §67), 농업회사법인에 대한 법인세의 면제 등(조특 §68), 사회적기업 및 장애인 표준사업장에 대한 법인세 등의 감면(조특 §85의6 ①, ②), 소형주택 임대사업자에 대한 세액감면(조특 §96), 상가건물 장기 임대사업자에 대한 세액감면(조특 §96의2), 상가임대료를 인하한 임대사업자에 대한 세액공제(조특 §96의3), 위기지역 창업기업에 대한 법인세 등의 감면(조특 §99의9 ②), 감염병 피해 관련 특별재난지역의 중소기업에 대한 법인세 등의 감면(조특 §99의11 ①), 선결제 금액에 대한 세액공제(조특 §99의12), 산림개발소득에 대한 세액감면(조특 §102), 해외진출기업의 국내복귀에 대한 세액감면(조특 §104의24 ①), 제주첨단과학기술단지 입주기업에 대한 법인세 등의 감면(조특 §121의8), 제주투자진흥지구 또는 제주자유무역지역 관련 법인세 등의 감면(조특 §121의9 ②), 기업도시개발구역 등의 창업기업 등에 대한 법인세 등의 감면(조특 §121의17 ②), 아시아문화중심도시 투자진흥지구 관련 법인세 등의 감면 등(조특 §121의20 ②), 금융중심지 창업기업 등에 대한 법인세 등의 감면 등(조특 §121의21 ②), 첨단의료복합단지 및 국가식품클러스터 관련 법인세 등의 감면(조특 §121의22 ②)을 적용하지 아니한다(조특 §128 ②).

2.3. 경정 및 수정신고 시 감면 등 배제

법인세법 상 경정('사업자의 현금영수증가맹점 가입의무 등 관련 협력의무 위반을 사유'(조특 §128 ④ 각 호)에 해당되어 경정하는 경우는 제외)(법세 §66 ②)**을 하는 경우**와 **'과세표준 수정신고서를 제출한 과세표준과 세액을 경정할 것을 미리 알고 제출한 경우에는 법정 과소신고금액**(법인의 경우에는 부정과소신고과세표준(국기 §47의3 ② 1호))(조특령 §122 ①)에 대하여 창업중소기업 등에 대한 세액감면(조특 §6), 중소기업에 대한 특별세액감면(조특 §7), 기술이전 및 기술취득 등에 대한 과세특례(조특 §12 ①, ③), 연구개발특구에 입주하는 첨단기술기업 등에 대한 법인세 등의 감면(조특 §12의2), 중소기업 간의 통합에 대한 양도소득세의 이월과세 등(조특 §31 ④, ⑤), 법인전환에 대한 양도소득세의 이월과세(조특 §32 ④), 공공기관이 혁신도시 등으로 이전하는 경우 법인세 등 감면(조특 §62 ④), 수도권 밖으로 공장을 이전하는 기업에 대한 세액감면 등(조특 §63 ①), 수도권 밖으로 본사를 이전하는 법인에 대한 세액감면 등(조특 §63의2 ①), 농공단지 입주기업 등에 대한 세액감면(조특 §64), 영농조합법인 등에 대한 법인세의 면제 등(조특 §66), 영어조합법인 등에 대한 법인세의 면제 등(조특 §67), 농업회사법인에 대한 법인세의 면제 등(조특 §68), 사회적기업 및 장애인 표준사업장에 대한 법인세 등의 감면(조특 §85의6 ①, ②), 소형주택 임대사업자에 대한 세액감면(조특 §96), 상가건물 장기 임대사업자에 대한 세액감면(조특 §96의2), 상가임대료를 인하한 임대사업자에 대한 세액공제(조특 §96의3), 위기지역 창업기업에 대한 법인세 등의 감면(조특 §99의9 ②), 감염병 피해 관련 특별재난지역의 중소기업에 대한 법인세 등의 감면(조특 §99의11 ①), 선결제 금액에 대한 세액공제(조특 §99의12), 산림개발소득에 대한 세액감면(조특 §102), 해외진출기업의 국내복귀에 대한 세액감면(조특 §104의24 ①), 제주첨단과학기술단지 입주기업에 대한 법인세 등의 감면(조특 §121의8), 제주투자진흥지구 또는 제주자유무역역지역 관련 법인세 등의 감면(조특 §121의9 ②), 기업도시개발구역 등의 창업기업 등에 대한 법인세 등의 감면(조특 §121의17 ②), 아시아문화중심도시 투자진흥지구 관련 법인세 등의 감면 등(조특 §121의20 ②), 금융중심지 창업기업 등에 대한 법인세 등의 감면 등(조특 §121의21 ②), 첨단의료복합단지 및 국가식품클러스터 관련 법인세 등의 감면(조특 §121의22 ②)을 적용하지 아니한다(조특 §128 ③).

2.4. 현금영수증가맹점 가입의무 등 협력의무 위반 시 감면 등 배제

사업자가 **다음 각 호의 어느 하나에 해당하는 경우**에는 해당 과세기간의 해당 사업장에 대하여 창업중소기업 등에 대한 세액감면(조특 §6), 중소기업에 대한 특별세액감면(조특 §7), 기술이전 및 기술취득 등에 대한 과세특례(조특 §12 ①, ③), 연구개발특구에 입주하는 첨단기술기업 등에 대한 법인세 등의 감면(조특 §12의2), 중소기업 간의 통합에 대한 양도소득세의 이월과세 등(조특 §31 ④, ⑤), 법인전환에 대한 양도소득세의 이월과세(조특 §32 ④), 공공기관이 혁신도시 등으로 이전하는 경우 법인세 등 감면(조특 §62 ④), 수도권 밖으로 공장을 이전하는 기업에 대한 세액감면 등(조특 §63 ①), 수도권 밖으로 본사를 이전하는 법인에 대한 세액감면 등(조특 §63의2 ①), 농공단지 입주기업 등에 대한 세액감면(조특 §64), 영농조합법인 등에 대한 법인세의 면제 등(조특 §66), 영어조합법인 등에 대한 법인세의 면제 등(조특 §67), 농업회사법인에 대한 법인세의 면제 등(조특 §68), 사회적기업 및 장애인 표준사업장에 대한 법인세 등의 감면(조특 §85의6 ①, ②), 소형주택 임대사업자에 대한 세액감면(조특 §96), 상가건물 장기 임대사업자에 대한 세액감면(조특 §96의2), 상가임대료를 인하한 임대사업자에 대한 세액공제(조특 §96의3), 위기지역 창업기업에 대한 법인세 등의 감면(조특 §99의9 ②), 감염병 피해 관련 특별재난지역의 중소기업에 대한 법인세 등의 감면(조특 §99의11 ①), 선결제 금액에 대한 세액공제(조특 §99의12), 산림개발소득에 대한 세액감면(조특 §102), 해외진출기업의 국내복귀에 대한 세액감면(조특 §104의24 ①), 제주첨단과학기술단지 입주기업에 대한 법인세 등의 감면(조특 §121의8), 제주투자진흥지구 또는 제주자유무역지역 관련 법인세 등의 감면(조특 §121의9 ②), 기업도시개발구역 등의 창업기업 등에 대한 법인세 등의 감면(조특 §121의17 ②), 아시아문화중심도시 투자진흥지구 관련 법인세 등의 감면 등(조특 §121의20 ②), 금융중심지 창업기업 등에 대한 법인세 등의 감면 등(조특 §121의21 ②), 첨단의료복합단지 및 국가식품클러스터 관련 법인세 등의 감면(조특 §121의22 ②)을 적용하지 아니한다(조특 §128 ④ 본문). 다만, 사업자가 제1호 또는 제2호의 의무 불이행에 대하여 **정당한 사유가 있는 경우**에는 그러하지 아니하다(조특 §128 ④ 단서).

---

1. 소득세법에 따라 사업용계좌를 신고하여야 할 사업자(소세 §160의5 ③)가 이를 이행하지 아니한 경우
2. **현금영수증가맹점으로 가입하여야 할 사업자**(소세 §162의3 ① ; 법세 §117의2 ①)가 이를 이행하지 아니한 경우
3. **신용카드가맹점으로 가입한 사업자**(소세 §162의3 ① ; 법세 §117의2 ①) 또는 **현금영수증가맹점으로 가입한 사업자**(소세 §162의3 ① ; 법세 §117의2 ①)가 다음 각 목의 어느 하나에 해당하는 경우로서 그 **횟수·금액 등을 고려한 법정 경우**(조특령 §122 ②)
   가. 신용카드에 의한 거래를 거부하거나 신용카드매출전표를 사실과 다르게 발급한 경우
   나. 현금영수증의 발급요청을 거부하거나 사실과 다르게 발급한 경우

횟수·금액 등을 고려한 법정 경우는 신용카드가맹점 또는 현금영수증가맹점으로 가입한 사업자 중 신용카드에 의한 거래 또는 현금영수증의 발급을 거부하거나 신용카드매출전표 또는 현금영수증을 사실과 다르게 발급한 것을 이유로 관할 세무서장으로부터 신고금액을 통보받은 사업자(소세 §162의2 ④ 후단, §162의3 ⑥ 후단 ; 법세 §117 ④ 후단, §117의2 ⑤)로서 다음 각 호의 어느 하나에 해당하는 경우를 말한다(조특령 §122 ②).

> 1. 해당 과세연도(신용카드에 의한 거래 또는 현금영수증의 발급을 거부하거나 신용카드 매출전표 또는 현금영수증을 사실과 다르게 발급한 날이 속하는 해당 과세연도)에 신고금액을 3회 이상 통보받은 경우로서 그 금액의 합계액이 100만원 이상인 경우
> 2. 해당 과세연도에 신고금액을 5회 이상 통보받은 경우

3. 수도권과밀억제권역의 투자에 대한 조세감면 배제

1989년 12월 31일 이전부터 수도권과밀억제권역에서 계속하여 사업을 경영하고 있는 내국인과 1990년 1월 1일 이후 수도권과밀억제권역에서 새로 사업장을 설치하여 사업을 개시하거나 종전의 사업장(1989년 12월 31일 이전에 설치한 사업장을 포함)을 이전하여 설치하는 '1990년 이후 중소기업 등'이 수도권과밀억제권역에 있는 해당 사업장에서 사용하기 위하여 취득하는 사업용 고정자산으로서 **법정 증설투자**(조특령 §124 ①)에 해당하는 것에 대해서는 **통합투자세액공제**(조특 §24)**를 적용하지 아니한다**(조특 §130 ① 본문). 다만, **법정 산업단지 또는 공업지역**(조특령 §124 ②)에서 증설투자를 하는 경우 및 **법정 사업용 고정자산**(조특령 §124 ③)을 취득하는 경우에는 그러하지 아니하다(조특 §130 ① 단서).

법정 증설투자는 다음 각 호의 구분에 따른 투자를 말한다(조특령 §124 ①).

---

1. **법정 공장**(조특칙 §53 ① : 산업집적화 §2 1호)**인 사업장의 경우** : 사업용 고정자산을 새로 설치함으로써 해당 공장의 **법정 연면적**(공장 부지면적 또는 공장부지 안에 있는 건축물 각 층의 바닥면적을 말한다. 다만, 식당·휴게실·목욕실·세탁장·의료실·옥외체육시설 및 기숙사 등 종업원의 후생복지증진에 제공되는 시설의 면적과 대피소·무기고·탄약고 및 교육시설의 면적은 당해 공장의 연면적에 포함하지 않음)(조특칙 §53 ①)**이 증가되는 투자**
2. **제1호의 공장 외의 사업장인 경우** : **기계장치 등 사업용 고정자산을 추가로 설치하거나**(조특칙 §53 ②), 해당 사업장의 **법정 연면적**(사업장 부지면적 또는 사업장 부지 안에 있는 건축물 각 층의 바닥면적을 말한다. 다만, 식당·휴게실·목욕실·세탁장·의료실·옥외체육시설 및 기숙사 등 종업원의 후생복지증진에 제공되는 시설의 면적과 대피소·무기고·탄약고 및 교육시설의 면적은 해당 사업장의 연면적에 포함하지 않음)(조특칙 §53 ②)**이 증가되는 투자**

중소기업이 아닌 자가 1990년 1월 1일 이후 수도권과밀억제권역에서 새로 사업장을 설치하여 사업을 개시하거나 종전의 사업장을 이전하여 설치하는 경우 수도권과밀억제권역에 있는 해당 사업장에서 사용하기 위하여 취득하는 **사업용 고정자산에 대해서는 통합투자세액공제**(조특 §24)**를 적용하지 아니한다**(조특 §130 ② 본문). 다만, **법정 사업용 고정자산**(조특칙 §53 ③)을 취득하는 경우에는 그러하지 아니하다(조특 §130 ② 단서).

법정 사업용 고정자산을 취득하는 경우(조특 §130 ① 단서, §130 ② 단서)에 있어서, **법정 사업용 고정자산**은 각각 다음 각 호의 자산을 말한다(조특령 §124 ③).

1. 디지털방송을 위한 프로그램의 제작·편집·송신 등에 사용하기 위하여 취득하는 방송장비
2. 전기통신설비(전기통신 §8) 중 교환설비, 전송설비, 선로설비 및 정보처리설비(전기통신 §8 1호, 3호~5호)
3. 연구·시험, 직업훈련, 에너지 절약, 환경보전 또는 근로자복지 증진 등의 목적으로 사용되는 사업용자산(조특령 §21 ③ 1호 ; 조특칙 §12 ②)
4. 그 밖에 법정 사업용 고정자산(에너지절약시설(조특칙 별표 7), 신에너지 및 재생에너지를 생산하기 위한 시설을 제조하는 시설(조특칙 별표 7의2), 의약품 품질관리 개선시설(조특칙 별표 11))(조특칙 §54)

4. 최저한세액에 미달하는 세액에 대한 감면 등의 배제

내국법인(당기순이익과세(조특 §72 ①)를 적용받는 조합법인 등은 제외)의 각 사업연도의 소득과 '국내사업장을 갖거나 국내원천 부동산소득이 있는 외국법인'(법세 §91 ①)의 각 사업연도의 국내원천소득에 대한 법인세{토지 등 양도소득에 대한 법인세(법세 §55의2), 외국법인 국내사업장의 지점세(법세 §96), 투자·상생협력 촉진을 위한 과세특례를 적용하여 계산한 법인세(조특 §100의32), 가산세 및 법정 추징세액[조세특례제한법에 의하여 각종 준비금 등을 익금산입하는 경우와 감면세액을 추징하는 경우(소득세 또는 법인세에 가산하여 자진납부하거나 부과징수하는 경우를 포함)에 있어서의 이자상당가산액 ; 조세특례제한법 또는 법인세법에 의하여 소득세 또는 법인세의 감면세액을 추징하는 경우 당해 사업연도에 소득세 또는 법인세에 가산하여 자진납부하거나 부과징수하는 세액](조특령 §126 ①)은 제외하며, 법정 세액공제 등['최저한세 적용대상인 세액공제 등(세액감면, 세액면제, 세액공제)'(조특 §132 ① 3호, 4호)으로 열거되지 않은 세액공제 등](조특령 §126 ②)을 하지 아니한 법인세}를 계산할 때, '다음 각 호의 어느 하나에 규정된 감면 등을 적용받은 후의 세액'이 '제2호에 따른 손금산입 및 소득공제 등을 하지 아니한 경우의 과세표준에 100분의 17{과세표준이 100억원 초과 1천억원 이하 부분은 100분의 12, 과세표준이 100억원 이하 부분은 100분의 10, 중소기업의 경우에는 100분의 7[중소기업이 법정 경우(중소기업에 해당하지 아니하게 된 법정 사유(조특령 §2 ② 각 호 외의 부분 본문, ⑤)가 발생한 날이 속하는 과세연도와 그 다음 3개 과세연도가 경과한 경우)(조특령 §126 ②)에는 그 최초로 중소기업에 해당하지 아니하게 된 과세연도의 개시일부터 3년 이내에 끝나는 과세연도에는 100분의 8, 그 다음 2년 이내에 끝나는 과세연도에는 100분의 9]}을 곱하여 계산한 법인세 최저한세액'에 미달하는 경우 그 미달하는 세액에

상당하는 부분에 대해서는 감면 등을 하지 아니한다(조특 §132 ①). **다음 각 호에 열거된 감면 등과 그 밖의 감면 등이 동시에 적용되는 경우** 그 적용순위는 다음 각 호에 열거된 감면 등을 먼저 적용한다(조특 §132 ③). **법인세법 상 조세특례는 조세특례제한법 상 최저한세의 적용대상이 아니다.**

---

1. (삭제)
2. **법정 소득공제금액, 손금산입금액, 익금불산입금액 및 비과세금액**[중소기업 지원설비에 대한 손금산입의 특례 등(조특 §8), 상생협력 중소기업으로부터 받은 수입배당금의 익금불산입(조특 §8의2), 연구개발 관련 출연금 등의 과세특례(조특 §10의2), 중소기업창업투자회사 등의 주식양도차익 등에 대한 비과세(조특 §13), 창업기업 등에의 출자에 대한 과세특례(조특 §14), 서비스업 감가상각비의 손금산입특례(조특 §28), 중소·중견기업 설비투자자산의 감가상각비 손금산입 특례(조특 §28의2), 설비투자자산의 감가상각비 손금산입 특례(조특 §28의3), 에너지절약시설의 감가상각비 손금산입 특례(조특 §28의4), 자기관리 부동산투자회사 등에 대한 과세특례(조특 §55의2 ④), 공장의 대도시 밖 이전에 대한 법인세 과세특례(조특 §60 ②), 법인 본사를 수도권과밀억제권역 밖으로 이전하는 데 따른 양도차익에 대한 법인세 과세특례(조특 §61 ③), 공공기관이 혁신도시 등으로 이전하는 경우 법인세 등 감면(조특 §62 ①), 수도권 밖으로 공장을 이전하는 기업에 대한 세액감면 등(조특 §63 ④), 수도권 밖으로 본사를 이전하는 법인에 대한 세액감면 등(조특 §63의2 ④)]
3. **법정 세액공제금액**[기업의 어음제도개선을 위한 세액공제(조특 §7의2), 상생결제 지급금액에 대한 세액공제(조특 §7의4), 상생협력을 위한 기금 출연 등에 대한 세액공제(조특 §8의3), 연구·인력개발비에 대한 세액공제(중소기업이 아닌 자만 해당)(조특 §10), 기술취득에 대한 세액공제(조특 §12 ②), 기술혁신형 합병에 대한 세액공제(조특 §12의3), 기술혁신형 주식취득에 대한 세액공제(조특 §12의4), 내국법인의 벤처기업 등에의 출자에 대한 과세특례(조특 §13의2), 내국법인의 소재·부품·장비전문기업에의 출자·인수에 대한 과세특례(조특 §13의3), 성과공유 중소기업의 경영성과급에 대한 세액공제 등(조특 §19 ①), 통합투자세액공제(조특 §24), 영상콘텐츠 제작비용에 대한 세액공제(조특 §25의6), 고용창출투자세액공제(조특 §26), 산업수요맞춤형고등학교 등 졸업자 병역이행 후 복직기업 관련 세액공제(조특 §29의2), 경력단절 여성 고용 기업 등에 대한 세액공제(조특 §29의3), 근로소득을 증대시킨 기업에 대한 세액공제(조특 §29의4), 청년고용을 증대시킨 기업에 대한 세액공제(조특 §29의5), 고용을 증대시킨 기업에 대한 세액공제(조특 §29의7), 통합고용세액공제(조특 §29의8), 고용유지중소기업 등에 대한 과세특례(조특 §30의3), 중소기업 사회보험료 세액공제(조특 §30의4), 중소기업 간의 통합에 대한 양도소득세의 이월과세 등(조특 §31 ⑥), 법인전환에 대한 양도소득세의 이월과세(조특 §32 ④), 선결제 금액에 대한 세액공제(조특 §99의12), 전자신고 등에 대한 세액공제(조특 §104의8), 제3자물류비용에 대한 세액공제(조특 §104의14), 해외자원개발투자에 대한 과세특례(조특 §104의15), 기업의 운동경기부 등 설치·운영에

대한 과세특례(조특 §104의22), 석유제품 전자상거래에 대한 세액공제(조특 §104의25), 우수 선화주기업 인증을 받은 화주 기업에 대한 세액공제(조특 §104의30), 금사업자와 스크랩등사 업자의 수입금액의 증가 등에 대한 세액공제(조특 §122의4), 금 현물시장에서 거래되는 금지금에 대한 과세특례(조특 §126의7 ⑧)]

4. **법정 법인세의 면제 및 감면**[창업중소기업 등에 대한 세액감면(조특 §6), 중소기업에 대한 특별세액감면(조특 §7), 기술이전 및 기술취득 등에 대한 과세특례(조특 §12 ①, ③), 연구개발특구에 입주하는 첨단기술기업 등에 대한 법인세 등의 감면(조특 §12의2), 국제금융거래에 따른 이자소득 등에 대한 법인세 등의 면제(조특 §21), 중소기업 간의 통합에 대한 양도소득세의 이월과세 등(조특 §31 ④, ⑤), 법인전환에 대한 양도소득세의 이월과세(조특 §32 ④), 공공기관이 혁신도시 등으로 이전하는 경우 법인세 등 감면(조특 §62 ④), 수도권 밖으로 공장을 이전하는 기업에 대한 세액감면 등(조특 §63), 농공단지 입주기업 등에 대한 세액감면(조특 §64), 농업회사법인에 대한 법인세의 면제 등(조특 §68), 소형주택 임대사업자에 대한 세액감면(조특 §96), 상가건물 장기 임대사업자에 대한 세액감면(조특 §96의2), 위기지역 창업기업에 대한 법인세 등의 감면(조특 §99의9), 제102조, 제주첨단과학기술단지 입주기업에 대한 법인세 등의 감면(조특 §121의8), 제주투자진흥지구 또는 제주자유무역지역 관련 법인세 등의 감면(조특 §121의9), 기업도시개발구역 등의 창업기업 등에 대한 법인세 등의 감면(조특 §121의17), 아시아문화중심도시 투자진흥지구 관련 법인세 등의 감면 등(조특 §121의20), 금융중심지 창업기업 등에 대한 법인세 등의 감면 등(조특 §121의21), 첨단의료복합단지 및 국가식품클러스터 관련 법인세 등의 감면(조특 §121의22)]. **다만, 다음 각 목의 경우는 제외한다.**

가. 창업중소기업 등에 대한 세액감면(조특 §6 ①, ⑥), 연구개발특구에 입주하는 첨단기술기업 등에 대한 법인세 등의 감면(조특 §12의2), 위기지역 창업기업에 대한 법인세 등의 감면(조특 §99의9), 제주첨단과학기술단지 입주기업에 대한 법인세 등의 감면(조특 §121의8), 제주투자진흥지구 또는 제주자유무역지역 관련 법인세 등의 감면(조특 §121의 9), 기업도시개발구역 등의 창업기업 등에 대한 법인세 등의 감면(조특 §121의17), 아시아 문화중심도시 투자진흥지구 관련 법인세 등의 감면 등(조특 §121의20), 금융중심지 창업기업 등에 대한 법인세 등의 감면 등(조특 §121의21), 첨단의료복합단지 및 국가식품 클러스터 관련 법인세 등의 감면(조특 §121의22)에 따라 **법인세의 100분의 100에 상당하는 세액을 감면받는 과세연도**의 경우

나. 창업중소기업 등에 대한 세액감면(조특 §6)의 적용에 있어서 **업종별 최소고용인원에 근거하여 추가로 감면받는 부분**(조특 §6 ⑦)의 경우

다. 수도권 밖으로 공장을 이전하는 기업에 대한 세액감면 등(조특 §63)에 따라 **수도권 밖으로 이전하는 경우**

라. 농업회사법인에 대한 법인세의 면제 등(조특 §68)의 적용 중 **'작물재배업'에서 발생하는** 소득의 경우

납세의무자가 신고(국세기본법에 의한 수정신고 및 경정 등의 청구를 포함)한 법인세액이 '법정 손금산입 및 소득공제 등(조특 §132 ① 2호)을 하지 아니한 경우의 과세표준에 100분의 17{과세표준이 100억원 초과 1천억원 이하 부분은 100분의 12, 과세표준이 100억원 이하 부분은 100분의 10, 중소기업의 경우에는 100분의 7[중소기업이 법정 경우(중소기업에 해당하지 아니하게 된 법정 사유(조특령 §2 ② 각 호 외의 부분 본문. ⑤)가 발생한 날이 속하는 과세연도와 그 다음 3개 과세연도가 경과한 경우)(조특령 §126 ②)에는 그 최초로 중소기업에 해당하지 아니하게 된 과세연도의 개시일부터 3년 이내에 끝나는 과세연도에는 100분의 8, 그 다음 2년 이내에 끝나는 과세연도에는 100분의 9]}을 곱하여 계산한 법인세 최저한세액'에 미달하여 법인세를 경정하는 경우에는, 다음 각 호의 순서(같은 호 안에서는 조세특례제한법(조특 §132 ①)에 열거된 조문순서)에 따라 다음 각 호의 감면을 배제하여 세액을 계산한다(조특령 §126 ⑤). 조세특례제한법 상 요건을 충족하여 유효하게 적용되는 다음 각 호의 감면이 감면배제의 대상이 된다고 보아야 한다. 최저한세는 내국법인의 현실적인 세부담에 관련된 것이고 현실적으로 적용되지 않는 특례를 부인할 수도 없기 때문이다. 다만 법인세법 상 조세특례는 조세특례제한법 상 최저한세의 적용대상이 아니므로, 그 배제대상에도 포함되지 않는다.

1. (삭제)
2. (삭제)
2의2. **법정 손금산입 및 익금불산입**(조특 §132 ① 2호)
3. **법정 세액공제금액**(조특 §132 ① 3호). 이 경우 동일 조문에 의한 감면세액 중 이월된 공제세액이 있는 경우에는 나중에 발생한 것부터 적용배제한다.
4. **법정 법인세의 면제 및 감면**(조특 §132 ① 4호)
5. **법정 소득공제 및 비과세**(조특 §132 ① 2호)

5. 조세특례제한법 상 세액공제액의 이월공제

조세특례제한법 상 **특정 세액공제액**[기업의 어음제도개선을 위한 세액공제(조특 §7의2), 상생결제 지급금액에 대한 세액공제(조특 §7의4), 상생협력을 위한 기금 출연 등에 대한 세액공제(조특 §8의3), 연구·인력개발비에 대한 세액공제(중소기업이 아닌 자만 해당)(조특 §10), 기술취득에 대한 세액공제(조특 §12 ②), 기술혁신형 합병에 대한 세액공제(조특 §12의3), 기술혁신형 주식취득에 대한 세액공제(조특 §12의4), 내국법인의 벤처기업 등에의 출자에 대한 과세특례(조특

§13의2), 내국법인의 소재·부품·장비전문기업에의 출자·인수에 대한 과세특례(조특 §13의3), 성과공유 중소기업의 경영성과급에 대한 세액공제 등(조특 §19 ①), 통합투자세액공제(조특 §24), 영상콘텐츠 제작비용에 대한 세액공제(조특 §25의6), 고용창출투자세액공제(조특 §26), 산업 수요맞춤형고등학교 등 졸업자 병역이행 후 복직기업 관련 세액공제(조특 §29의2), 경력단절 여성 고용 기업 등에 대한 세액공제(조특 §29의3), 근로소득을 증대시킨 기업에 대한 세액공제(조특 §29의4), 청년고용을 증대시킨 기업에 대한 세액공제(조특 §29의5), 고용을 증대시킨 기업에 대한 세액공제(조특 §29의7), 통합고용세액공제(조특 §29의8), 고용유지중소기업 등에 대한 과세특례(조특 §30의3), 중소기업 사회보험료 세액공제(조특 §30의4), 중소기업 간의 통합에 대한 양도소득세의 이월과세 등(조특 §31 ⑥), 상가임대료를 인하한 임대사업자에 대한 세액공제(조특 §96의3), 선결제 금액에 대한 세액공제(조특 §99의12), 전자신고 등에 대한 세액공제(조특 §104의8), 제3자물류비용에 대한 세액공제(조특 §104의14), 해외자원개발투자에 대한 과세특례(조특 §104의15), 기업의 운동경기부 등 설치·운영에 대한 과세특례(조특 §104의22), 석유제품 전자상거래에 대한 세액공제(조특 §104의25), 우수 선화주기업 인증을 받은 화주 기업에 대한 세액공제(조특 §104의30), 금사업자와 스크랩등사업자의 수입금액의 증가 등에 대한 세액공제(조특 §122의4 ①), 성실신고 확인비용에 대한 세액공제(조특 §126의6), 금 현물시장에서 거래되는 금지금에 대한 과세특례(조특 §126의7 ⑧) 및 법률 제5584호 조세감면규제법개정법률 부칙 제12조 제2항(종전 제37조의 개정규정만 해당)에 따라 공제할 세액] 중 **해당 과세연도에 납부할 세액이 없거나 법인세 최저한세액**(조특 §132 ①)**에 미달하여 공제받지 못한 부분에 상당하는 금액**은 해당 과세연도의 다음 과세연도 개시일부터 **10년 이내**에 끝나는 각 과세연도에 이월하여 그 이월된 각 과세연도의 법인세에서 공제한다(조특 §144 ①).

각 과세연도의 **법인세에서 공제할 특정 세액공제액**(조특 §144 ①)**과 이월된 미공제 금액**(조특 §144 ①)**이 중복되는 경우**에는 이월된 미공제 금액(조특 §144 ①)을 먼저 공제하고 그 이월된 미공제 금액 간에 중복되는 경우에는 먼저 발생한 것부터 차례대로 공제한다(조특 §144 ②).

고용창출투자세액공제(조특 §26)**의 적용 상 공제초과액**(조특 §26 ① 2호 각 목 외의 부분 단서)**으로서 해당 투자가 이루어진 과세연도에 공제받지 못한 금액과 상시근로자 수의 감소로 인하여 법인세로 납부한 금액**(조특 §26 ⑥)은 다음 각 호의 순서대로 계산한 금액을 더한 금액을 한도로 하여 해당 투자가 이루어진 과세연도의 다음 과세연도 개시일부터 5년 이내에 끝나는 각 과세연도에 이월하여 그 이월된 각 과세연도의 법인세에서 공제한다(조특 §144 ③ 전단). 이 경우 이월공제받는 과세연도의 상시근로자 수는 다음 제3호 각 목에 따른 상시근로자 수 중 큰 수를 초과하여야 한다(조특 §144 ③ 후단). **상시근로자의 범위 및 상시근로자 수의 계산방법**은 고용창출투자세액공제의 적용(조특령 §23) 상 해당 규정(조특령 §23 ⑩~⑬)을 준용한다(조특령 §136의2 ⑤).

1. 이월공제받는 과세연도에 최초로 근로계약을 체결한 상시근로자 중 산업수요맞춤형고등학교 등의 졸업생 수 × 2천만원(중소기업의 경우는 2천500만원). **산업수요맞춤형고등학교 등의 졸업생 수**는 근로계약 체결일 현재 산업수요맞춤형고등학교 등을 졸업한 날부터 2년 이상 경과하지 아니한 상시근로자 수(이월공제받는 과세연도의 상시근로자 수에서 다음 제3호 각 목(조특 §144 ③ 3호 각 목)의 수 중 큰 수를 뺀 수를 한도)로 한다(조특령 §136의2 ①).

2. 이월공제받는 과세연도에 최초로 근로계약을 체결한 제1호 외의 상시근로자 중 청년근로자, 장애인근로자, 60세 이상인 근로자 수 × 1천500만원(중소기업의 경우는 2천만원). **청년근로자 수**는 고용창출투자세액공제의 적용(조특령 §23 ⑧ 1호) 상 상시근로자 수(이월공제받는 과세연도의 상시근로자 수에서 다음 제3호 각 목(조특 §144 ③ 3호 각 목)의 수 중 큰 수 및 산업수요맞춤형고등학교 등의 졸업생 수(조특령 §136의2 ①)를 뺀 수를 한도)로 한다(조특령 §136의2 ②). **장애인근로자 수**는 고용창출투자세액공제의 적용(조특령 §23 ⑧ 1호) 상 상시근로자 수(이월공제받는 과세연도의 상시근로자 수에서 다음 제3호 각 목(조특 §144 ③ 3호 각 목)의 수 중 큰 수, 산업수요맞춤형고등학교 등의 졸업생 수(조특령 §136의2 ①) 및 청년근로자 수(조특령 §136의2 ②)를 뺀 수를 한도)로 한다(조특령 §136의2 ③). **60세 이상인 근로자 수**는 고용창출투자세액공제의 적용(조특령 §23 ⑧ 1호) 상 상시근로자 수(이월공제받는 과세연도의 상시근로자 수에서 다음 제3호 각 목(조특 §144 ③ 3호 각 목)의 수 중 큰 수, 산업수요맞춤형고등학교 등의 졸업생 수(조특령 §136의2 ①), 청년근로자 수(조특령 §136의2 ②) 및 장애인근로자(조특령 §136의2 ③)를 뺀 수를 한도)로 한다(조특령 §136의2 ④).

3. (이월공제받는 과세연도의 상시근로자 수 − 제1호에 따른 졸업생 수 − 제2호에 따른 청년근로자, 장애인근로자, 60세 이상인 근로자 수 − 다음 각 목의 수 중 큰 수) × 1천만원(중소기업의 경우는 1천500만원)
   가. 이월공제받는 과세연도의 직전 과세연도의 상시근로자 수
   나. 이월공제받는 금액의 해당 투자가 이루어진 과세연도의 직전 과세연도의 상시근로자 수
   다. 상시근로자 수가 감소하여 법인세를 납부한 경우(조특 §26 ⑥) 그 상시근로자 수가 감소한 과세연도(2개 과세연도 연속으로 상시근로자 수가 감소한 경우에는 두 번째 과세연도)의 상시근로자 수

6. 감면세액의 추징

특정 조세특례[상생협력을 위한 기금 출연 등에 대한 세액공제(조특 §8의3 ③), 통합투자세액공제(조특 §24), 고용창출투자세액공제(조특 §26) 및 법률 제5584호 조세감면규제법개정법률 부칙

제12조 제2항(종전 제37조의 개정규정만 해당)]에 따라 **법인세를 감면받은 자가 투자완료일부터 2년**(법정 건물과 구축물(조특령 §137 ③ : 조특칙 §59의3)의 경우에는 5년)이 지나기 전에 **해당 자산을 처분한 경우**(임대하는 경우를 포함하며, **법정 경우**(조특령 §137 ①)는 제외)에는 처분한 날이 속하는 과세연도의 과세표준신고를 할 때 해당 자산에 대한 세액공제액 상당액에 **법정 방법**[(공제받은 과세연도의 과세표준신고일의 다음 날부터 해당 자산처분사유(조특 §146)가 발생한 날이 속하는 과세연도의 과세표준신고일까지의 기간) × (1일 10만분의 25의 율)](조특령 §137 ②)에 따라 **계산한 이자상당액을 가산하여 법인세로 납부**하여야 하며, 해당 세액은 법인세법 상 납부하여야 할 세액(법세 §64)으로 본다(조특 §146).

법정 건물과 구축물은 '연구 · 시험, 직업훈련, 에너지 절약, 환경보전 또는 근로자복지 증진 등의 목적으로 사용되는 사업용자산'(조특령 §21 ③ 1호) 또는 '운수업을 경영하는 자가 사업에 직접 사용하는 차량 및 운반구 등 자산'(조특령 §21 ③ 2호)으로서, 근로자복지 증진 시설(조특칙 §12 ② 4호), 유통산업합리화시설 중 창고시설 등(조특칙 §12 ③ 4호) 또는 숙박시설, 전문휴양시설(골프장 시설은 제외) 및 종합유원시설업의 시설(조특칙 §12 ③ 6호)을 말한다(조특령 §137 ③ : 조특칙 §59의3).

법정 경우는 다음 각 호의 어느 하나에 해당하는 경우를 말한다(조특령 §137 ①).

---

1. 현물출자, 합병, 분할, 분할합병, '교환으로 인한 자산양도차익 상당액의 손금산입 특례'(법세 §50)의 적용을 받는 교환, 통합, 사업전환 또는 사업의 승계로 인하여 당해 자산의 소유권이 이전되는 경우
2. 내용연수가 경과된 자산을 처분하는 경우
3. 국가 · 지방자치단체 또는 영유아보육법(법세령 §39 ① 1호 나목)에 기부하고 그 자산을 사용하는 경우

제4절 **신고 및 납부**

제1관 **과세표준 등의 신고**

과세표준 및 세액의 신고

납세의무가 있는 내국법인은 각 사업연도의 종료일이 속하는 달의 말일부터 3개월(내국법인이 **성실신고확인서**를 제출하는 경우(법세 §60의2 ① 본문)에는 **4개월**) **이내**에 법정 절차(법세령 §97 ①, ②)에 따라 그 사업연도의 소득에 대한 법인세의 과세표준과 세액을 납세지 관할 세무서장에게 신고하여야 한다(법세 §60 ①). **신고**(법세 §60 ①)를 할 때 그 **법인세 과세표준 및 세액신고서**(법세령 §97 ② ; 법세칙 §82)에는 법인세법(법세 §112)에 따른 기장과 각 사업연도의 소득에 대한 법인세의 과세표준과 세액(법 제55조의 2에 따른 토지 등 양도소득에 대한 법인세를 포함) 및 그 밖에 필요한 사항을 적어야 한다(법세령 §97 ① 전단). 이 경우 **외부감사 대상 법인**(외감법 §4)이 **전자신고**(국기 §2 19호)를 통하여 법인세 과세표준과 세액을 신고하는 때에는 그 신고서에 대표자가 서명날인하여 서면으로 납세지 관할 세무서장에게 제출하여야 한다(법세령 §97 ① 후단). 이 규정(법세 §60 ①)은 내국법인으로서 각 사업연도의 **소득금액이 없거나 결손금이 있는 법인의 경우**에도 적용한다(법세 §60 ③).

법인세의 과세표준과 세액을 신고할 때에는 그 법인세 과세표준 및 세액신고서(법세령 §97 ② ; 법세칙 §82)에 **다음 각 호의 서류를 첨부하여야** 한다(법세 §60 ②). 납세지 관할 세무서장 및 관할 지방국세청장은 **신고서 또는 그 밖의 서류에 미비한 점이 있거나 오류가 있을 때**에는 보정할 것을 요구할 수 있다(법세 §60 ⑥). 신고서에 다음 제1호 및 제2호의 서류를 첨부하지 아니하는 경우 **신고로 보지 아니한다**(법세 §60 ⑤ 본문). 다만, 사업소득(법세 §4 ③ 1호) **및 보유기간별 과세대상인 채권의 매매익**(법세 §4 ③ 7호)**에 해당하는 수익사업을 하지 아니하는 비영리내국법인**은 그러하지 아니하다(법세 §60 ⑤ 단서). 또한 **합병 또는 분할로 인하여 소멸하는 법인의 최종 사업연도의 과세표준과 세액을 신고함**에 있어서는 이익잉여금처분계산서(또는 결손금처리계산서)를 제출하지 아니한 경우에도 신고를 한 것으로 본다(법세령 §97 ⑧).

1. 기업회계기준을 준용하여 작성한 개별 내국법인의 **재무상태표·포괄손익계산서 및 이익잉여금처분계산서**(또는 **결손금처리계산서**). 기업회계기준에 따라 **원화 외의 통화를 기능통화로 채택한 경우** '재무상태표, 포괄손익계산서 및 이익잉여금처분계산서(또는 결손금처리계산서)'는 기업회계기준을 준용하여 작성한 기능통화로 표시된 **기능통화재무제표**를 말한다(법세령 §97 ③). **재무제표**는 '재무상태표, 포괄손익계산서 및 이익잉여금처분계산서(또는 결손금처리계산서) 및 현금흐름표'를 통칭한다(법세령 §97 ③). 다만 재무제표의 제출은 **국세정보통신망**(국기 §2 19호)**을 이용하여 표준재무제표**(표준재무상태표·표준손익계산서 및 표준손익계산서부속명세서)(법세칙 §82)**를 제출하는 것으로 갈음**할 수 있다(법세령 §97 ⑪ 본문). 다만, **한국채택국제회계기준**을 적용하는 법인은 표준재무제표를 제출해야 한다(법세령 §97 ⑪ 단서).

2. 법정 **세무조정계산서**(법인세 과세표준 및 세액조정계산서(법세칙 §82))(법세령 §97 ④)

3. 그 밖에 **법정 서류**(법세령 §97 ⑤). **법정 서류**는 다음 각 호의 서류를 말한다(법세령 §97 ⑤ 본문). 다만, 전자신고(국기 §2 19호)로 신고(법세 §60 ①)를 한 법인의 경우에는 부속서류 중 '기획재정부령으로 정하는 서류'(법세칙 §82)를 제출하지 아니할 수 있다(법세령 §97 ⑤ 단서). 그러나 신고서에 첨부하지 아니한 서류가 신고내용의 분석 등에 필요하여 납세지 관할 세무서장 또는 지방국세청장이 서면으로 그 제출을 요구하는 경우에는 이를 제출하여야 한다(법세령 §97 ⑥). 다만 재무제표, 기능통화재무제표, 원화재무제표 및 표시통화재무제표의 제출은 **국세정보통신망**(국기 §2 19호)**을 이용하여 표준재무제표**(표준재무상태표·표준손익계산서 및 표준손익계산서부속명세서)(법세칙 §82)**를 제출하는 것으로 갈음**할 수 있다(법세령 §97 ⑪ 본문). 다만, **한국채택국제회계기준**을 적용하는 법인은 표준재무제표를 제출해야 한다(법세령 §97 ⑪ 단서).

---

1. 기획재정부령으로 정하는 바에 따라 작성한 세무조정계산서(법세칙 §82) 부속서류 및 기업회계기준에 따라 작성한 **현금흐름표**(외부감사의 대상이 되는 법인(외감법 §4)만 해당). 기업회계기준에 따라 **원화 외의 통화를 기능통화로 채택한 경우** '현금흐름표'는 기업회계기준을 준용하여 작성한 기능통화로 표시된 **기능통화현금흐름표**를 말한다(법세령 §97 ③).

1의2. 기업회계기준에 따라 원화 외의 통화를 기능통화로 채택한 경우 원화를 표시통화로 하여 기업회계기준에 따라 기능통화재무제표를 환산한 **표시통화재무제표**

1의3. 기업회계기준에 따라 원화 외의 통화를 기능통화로 채택한 법인이 '원화 외의 기능통화를 채택하지 아니하였을 경우에 작성하여야 할 재무제표를 기준으로 과세표준을 계산하는 방법'(법세 §53의2 ① 1호)을 적용하는 경우, 원화 외의 기능통화를 채택하지 아니하고 계속하여 기업회계기준을 준용하여 원화로 재무제표를 작성할 경우에 작성하여야 할 **원화재무제표**

2. 합병 또는 분할한 경우 다음 각 목의 서류(합병법인 등만 해당)
   가. 합병등기일 또는 분할등기일 현재의 피합병법인 등의 재무상태표와 합병법인

등이 그 합병 또는 분할로 승계한 자산 및 부채의 명세서

나. 합병법인 등의 본점 등의 소재지, 대표자의 성명, 피합병법인 등의 명칭, 합병등기일 또는 분할등기일, 그 밖에 필요한 사항이 기재된 법정 서류(합병법인 등의 본점 등의 소재지, 대표자의 성명, 피합병법인 등의 명칭, 합병등기일 또는 분할등기일, 그 밖에 필요한 사항이 기재된 서류)(법세령 §97 ⑦)

외부감사인에 의한 감사를 받아야 하는 내국법인(외감법 §4)이 해당 사업연도의 감사가 종결되지 아니하여 **결산이 확정되지 아니하였다는 사유**로 법정 방법(신고기한의 종료일 3일 전까지 신고기한연장신청서(법세칙 §82)를 납세지 관할 세무서장에게 제출)(법세령 §97 ⑫)에 따라 신고기한의 연장을 신청한 경우에는 그 **신고기한을 1개월의 범위에서 연장할 수 있다**(법세 §60 ⑦). 이 경우 신고기한이 연장된 내국법인이 세액을 납부할 때에는 기한 연장일수에 금융회사 등의 이자율을 고려하여 **법정 이자율**(국세환급가산금 기본이자율(국기령 §43의3 ② 본문))(법세령 §97 ⑬)을 적용하여 계산한 금액을 가산하여 납부하여야 한다(법세 §60 ⑧ 전단). 이 경우 **기한 연장일수**는 법정 신고기한(법세 §60 ①)의 다음 날부터 신고 및 납부가 이루어진 날(연장기한까지 신고납부가 이루어진 경우만 해당) 또는 연장된 날까지의 일수로 한다(법세 §60 ⑧ 후단).

외부세무조정 대상법인의 세무조정에 대하여 살핀다.

기업회계와 세무회계의 정확한 조정 또는 성실한 납세를 위하여 필요하다고 인정하여 정하는 **외부세무조정 대상법인**(법세령 §97의2 ①)의 경우 세무조정계산서는 **다음 각 호의 어느 하나에 해당하는 자로서 법정 조정반**(법세령 §97의3)**에 소속된 자가 작성하여야** 한다(법세 §60 ⑨). **외부세무조정 대상법인 외의 법인은 과세표준 등을 신고할 때 다음 각 호의 세무사 등**(세무사, 공인회계사, 변호사)가 정확한 세무조정을 위하여 작성한 세무조정계산서를 첨부할 수 있다(법세령 §97의2 ①).

1. 세무사법에 따른 세무사등록부에 등록한 세무사
2. 세무사법에 따른 세무사등록부 또는 공인회계사 세무대리업무등록부에 등록한 공인회계사
3. 세무사법에 따른 세무사등록부 또는 변호사 세무대리업무등록부에 등록한 변호사. 세무사 자격 보유 변호사의 세무조정을 금지하는 조항은 수단의 적합성, 침해의 최소성 및 법익의 균형성을 갖추지 못한다는 취지의 헌법불합치 결정[925]을 반영한 것이다.

---

925) 헌재 2018.4.26. 2016헌마116.

외부세무조정 대상법인은 다음 각 호의 어느 하나에 해당하는 법인을 말한다(법세령 §97의2 ① 본문). 다만, 조세특례제한법 상 당기순이익과세(조특 §72)를 적용받는 법인은 제외한다(법세령 §97의2 ① 단서). 다음 제1호부터 제3호까지를 적용할 때에 해당 사업연도에 설립된 법인인 경우에는 해당 사업연도의 수입금액을 1년으로 환산한 금액을 직전 사업연도의 수입금액으로 본다(법세령 §97의2 ③).

---

1. 직전 사업연도의 **수입금액이 70억원 이상인 법인** 및 **외부감사인에게 회계감사를 받아야 하는 법인**(외감법 §4)
2. 직전 사업연도의 **수입금액이 3억원 이상인 법인**으로서 **법인세법 상 준비금의 손금산입**(비영리내국법인의 고유목적사업준비금의 손금산입(법세 §29), 책임준비금의 손금산입(법세 §30), 비상위험준비금의 손금산입(법세 §31)), **복리후생비의 손금불산입**(법세 §45) 또는 **조세특례제한법 상 조세특례**(전자신고 등에 대한 세액공제(조특 §104의8)는 제외)**를 적용받는 법인**
3. 직전 사업연도의 **수입금액이 3억원 이상인 법인**으로서 해당 사업연도 종료일 현재 법 및 **조세특례제한법 상 준비금 잔액이 3억원 이상인 법인**
4. 해당 사업연도 **종료일부터 2년 이내에 설립된 법인**으로서 해당 사업연도 **수입금액이 3억원 이상인 법인**
5. 직전 사업연도의 법인세 과세표준과 세액에 대하여 **추계과세**(법세 §66 ③ 단서)**에 따라 결정 또는 경정받은 법인**
6. 해당 사업연도 **종료일부터 소급하여 3년 이내에 합병 또는 분할**한 합병법인, 분할법인, 분할신설법인 및 분할합병의 상대방법인
7. **국외에 사업장**을 가지고 있거나 **외국자회사**(법세 §57 ⑤)를 가지고 있는 법인

법정 조정반은 대표자를 선임하여 지방국세청장의 지정을 받은 다음 각 호의 어느 하나에 해당하는 자를 말한다(법세령 §97의3 전단). 이 경우 세무사 등은 하나의 조정반에만 소속되어야 한다(법세령 §97의3 후단). 다만 2022년 2월 7일 개정 전 '변호사법에 따라 설립된 법무법인, 법무법인(유한) 또는 법무조합'을 제외한 규정에 대하여 대법원 전원합의체 판결은 이 규정을 모법의 위임범위를 벗어나고, 헌법상 직업수행의 자유를 침해하며 평등원칙에 위배되어 무효라고 판시하였다.[926] 이를 반영하여 다음 제4호가 추가되었다.

---

926) 대법원 2021.9.9. 2019두53464 전원합의체 판결.

1. 2명 이상의 세무사 등
2. 세무법인
3. 회계법인
4. 변호사법에 따라 설립된 법무법인, 법무법인(유한) 또는 법무조합

법정 조정반의 신청, 지정, 지정취소 및 유효기간 등에 관한 절차는 다음과 같다. 조정반 지정을 받으려는 자는 **조정반 지정 신청서**(법세칙 별지 63호의13 서식)를 작성하여 매년 11월 30일까지 대표자의 사무소 소재지 관할 지방국세청장에게 **조정반 지정 신청**을 하여야 한다(법세칙 §50의3 ① 본문). 다만, 세무사 등(법세 §60 ⑨ 각 호)로서 매년 12월 1일 이후 개업한 자 또는 매년 12월 1일 이후 설립된 세무법인 등[세무법인, 회계법인, 법무법인, 법무법인(유한) 또는 법무조합]은 각각 세무사 등의 개업신고일(구성원이 2명 이상인 경우에는 최근 개업한 조정반 구성원의 개업신고일) 또는 법인설립등기일(법무조합의 경우에는 관보 고시일(변호사 §58의19 ②))부터 1개월 이내에 신청할 수 있다(법세칙 §50의3 ① 단서). 신청을 받은 지방국세청장은 신청을 받은 연도의 12월 31일(매년 12월 1일 이후 개업 또는 설립에 따른 특례(법세칙 §50의3 ① 단서)에 따라 신청을 받은 경우 신청을 받은 날이 속하는 달의 다음 달 말일)까지 지정 여부를 결정하여 신청인에게 통지하고, 그 사실을 관보 또는 인터넷 홈페이지에 공고하여야 한다(법세칙 §50의3 ②). 지정 신청을 한 자가 '징계·조정반 취소·추계에 의한 경정 등 관련 법정 사유'(소세칙 §65의3 ② 각 호)에 해당하는 경우에는 조정반 지정을 하지 아니하여야 한다(법세칙 §50의3 ⑦). 지방국세청장은 조정반을 지정하는 경우에는 신청인에게 **조정반 지정서**(법세칙 별지63호의14 서식)를 발급하여야 한다(법세칙 §50의3 ⑧). 조정반 지정의 **유효기간은 1년**으로 한다(법세칙 §50의3 ④). **지방국세청장은** 조정반이 **다음 각 호의 어느 하나에 해당하는 경우**에는 **조정반 지정을 취소**할 수 있다(법세칙 §50의3 ③).

1. 조정반에 소속된 세무사 등이 1명이 된 경우
2. 세무조정계산서를 거짓으로 작성한 경우
3. 부정한 방법으로 지정을 받은 경우
4. 조정반 지정일부터 1년 이내에 조정반의 구성원(세무법인 등인 경우에는 실제 세무조정계산서 작성에 참여한 세무사 등) 또는 구성원의 배우자가 대표이사 또는 과점주주였던 법인의 세무조정을 한 경우

조정반의 구성원(세무법인 등의 구성원은 제외)이나 대표자가 변경된 경우에는 그 사유가 발생한 날부터 14일 이내에 **조정반 변경지정 신청서**(법세칙 별지 63호의13 서식)를 작성하여 대표자의 사무소 소재지 관할 지방국세청장에게 조정반 변경지정 신청을 하여야 한다(법세칙 §50의3 ⑤). 조정반 변경지정 신청을 받은 지방국세청장은 신청을 받은 날부터 7일 이내에 변경지정 여부를 결정하여 신청인에게 통지하여야 한다(법세칙 §50의3 ⑥). 변경지정 신청을 한 자가 '징계·조정반 취소·추계에 의한 경정 등 관련 법정 사유'(소세칙 §65의3 ② 각 호)에 해당하는 경우에는 조정반 변경지정을 하지 아니하여야 한다(법세칙 §50의3 ⑦). 지방국세청장은 조정반을 변경 지정하려는 경우에는 신청인에게 **조정반 변경지정서**(법세칙 별지 63호의14 서식)를 발급하여야 한다(법세칙 §50의3 ⑧).

소득세법에 따라 조정반 지정 또는 변경지정을 받은 자(소세칙 §65의3 ②, ⑥)는 법인세법에 따라 지정 또는 변경지정을 받은 것(법세칙 §50의3 ②, ⑥)으로 본다(법세칙 §50의3 ⑨).

 성실신고확인서 제출

다음 각 호의 어느 하나에 해당하는 내국법인은 성실한 납세를 위하여 법인세의 과세표준과 세액을 신고(법세 §60 ①)할 때 법정 서류(법세 §60 ② 각 호)에 더하여 비치·기록된 장부(법세 §112)와 증명서류(법세 §116)에 의하여 계산한 과세표준금액의 적정성을 **세무사 등 법정의자**[세무사(세무사법에 따라 등록한 공인회계사(세무사 §20의2)를 포함), 세무법인 또는 회계법인](법세령 §97의4 ①)가 확인하고 작성한 성실신고확인서를 납세지 관할 세무서장에게 제출하여야 한다(법세 §60의2 ① 본문). 다만, 외부감사인에 의한 감사를 받은 내국법인(외감법 §4)은 이를 제출하지 아니할 수 있다(법세 §60의2 ① 단서). 납세지 관할 세무서장은 제출된 성실신고확인서에 미비한 사항 또는 오류가 있을 때에는 보정할 것을 요구할 수 있다(법세 §60의2 ②).

---

1. 부동산임대업을 주된 사업으로 하는 등 **법정 요건**[기업업무추진비 손금불산입(법세 §25 ⑤) 및 업무용 승용차 관련비용의 손금불산입 등 특례(법세 §27의2 ⑤)의 적용 상 부동산법인 (법세령 §42 ② 각 호)](법세령 §97의4 ②)**에 해당하는 내국법인**
2. 소득세법 상 성실신고확인대상사업자(소세 §70의2 ①)가 사업용자산을 **현물출자하는 등 법정 방법**(사업용 유형자산 및 무형자산의 현물출자 및 사업의 양도·양수 등)(법세령 §97의4 ③)**에 따라 내국법인으로 전환한 경우** 그 내국법인(사업연도 종료일 현재 법인으로 전환한 후 3년 이내의 내국법인으로 한정). 이 경우 성실신고확인대상사업자는 해당

내국법인의 설립일이 속하는 연도 또는 직전 연도에 소득세법 상 성실신고확인대상사업자 (소세 §70의2 ①)에 해당하는 경우로 한다(법세령 §97의4 ④).

3. 제2호에 따라 전환한 내국법인이 그 전환에 따라 경영하던 사업을 **법정 방법**(사업용 유형자산 및 무형자산의 현물출자 및 사업의 양도·양수 등)(법세령 §97의4 ③)으로 인수한 다른 내국법인(같은 호에 따른 전환일부터 3년 이내인 경우로서 그 다른 내국법인의 사업연도 종료일 현재 인수한 사업을 계속 경영하고 있는 경우로 한정)

Ⅲ 준비금의 손금산입 특례

내국법인이 '조세특례제한법에 따른 준비금'을 '세무조정계산서에 계상하고 그 금액 상당액을 해당 사업연도의 이익처분을 할 때 그 준비금으로 적립한 경우'에는 그 금액을 결산을 확정할 때 손비로 계상한 것으로 보아 해당 사업연도의 소득금액을 계산할 때 손금에 산입한다(법세 §61 ①). 법인세법이 조세특례제한법 상 준비금에 대하여 이익처분을 전제로 하는 신고조정을 인정하는 규정이다. 이익처분을 전제로 하는 신고조정의 경우에는 모두 세무조정계산서에 계상하는 것을 전제로 한다. 이는 **손금에 산입하는 금액을 법인에 유보하여 향후 현실적인 지출에 대비할 수 있도록 배당가능이익 감소를 통하여 해당 금액 상당의 자산이 사외로 유출되는 것이 방지하는 경우에 한하여 손금산입을 인정하는 것을 목적으로 한다.** 따라서 **이익처분을 통하여 미처분 이익잉여금이 '준비금' 또는 '충당금' 형태의 임의적립금으로 계상되는 경우에 한하여 손금에 산입할 수 있다.**[927] 즉 손금에 산입한 준비금은 해당 준비금을 익금에 산입할 때 그 **적립금**을 처분하여야 하고(법세령 §98 ① 전단), 이 경우 해당 준비금을 익금에 산입하기 전에 그 적립금을 처분한 경우에는 같은 항에 따라 손비로 계상한 것으로 보지 아니한다(법세령 §98 ① 후단). 내국법인이 법인세법 시행령 또는 조세특례제한법 시행령에 따른 **일시상각충당금 또는 압축기장충당금**을 세무조정계산서(법세령 §97 ④)에 계상하고 이를 법인세 과세표준신고 시 손금에 산입한 경우 그 금액은 손비로 계상한 것으로 본다(법세령 §98 ② 전단). 이 경우 각 자산별로 해당 자산의 일시상각충당금 또는 압축기장충당금과 감가상각비에 관한 명세서를 세무조정계산서에 첨부하여 제출하여야 한다(법세령 §98 ② 후단).

---

927) 제2편 제1장 제2절 제1관 Ⅲ 7 참조.

Ⅰ 납부할 세액의 계산 및 납부

내국법인은 각 사업연도의 소득에 대한 **법인세 산출세액에서 다음 각 호의 법인세액**(가산세는 제외)**을 공제한 금액**을 각 사업연도의 소득에 대한 법인세로서 **법정신고기한**(법세 §60)**까지** 납세지 관할 세무서 등에 **납부**하여야 한다(법세 §64 ①). 법인세를 자진납부하는 법인은 **신고**(법세 §60)와 함께 납세지 관할세무서에 납부하거나 **국세징수법에 의한 납부서**에 의하여 한국은행(그 대리점을 포함) 또는 체신관서에 납부하여야 한다(법세령 §101 ①).

1. 해당 사업연도의 **감면세액 · 세액공제액**
2. 해당 사업연도의 **중간예납세액**(법세 §63의2)
3. 해당 사업연도의 **수시부과세액**(법세 §69)
4. 해당 사업연도에 **원천징수된 세액**(법세 §73, §73의2). 원천징수의무자가 원천징수한 세액은 가사 원천징수의무자가 관할세무관서에 이를 납부하지 아니하였다 하더라도 그 원천징수한 세액의 범위 내에서는 공제할 수 있다.[928] 원천징수의무자, 원천납세의무자 및 국가 사이의 법률관계에 대하여 유의할 필요가 있다.[929]

내국법인이 **납부할 세액**(법세 §64 ①)**이 1천만원을 초과하는 경우**에는 **납부할 세액의 법정 일부**(납부할 세액이 2천만원 이하인 경우에는 1천만원을 초과하는 금액, 납부할 세액이 2천만원을 초과하는 경우에는 그 세액의 100분의 50 이하의 금액)(법세령 §101 ②)**를** 납부기한이 지난 날부터 1개월(중소기업의 경우에는 2개월) 이내에 **분납**할 수 있다(법세 §64 ②).

감면세액 및 세액공제에 대하여서는 세액의 계산 부분[930]에서 살피고, **수시부과세액 및 원천징수된 세액**에 대하여서는 세액의 결정 · 경정 및 징수 부분에서 살핀다. 이하 항을 바꾸어 중간예납에 대하여 살핀다.

---

928) 대법원 1984.4.10. 83누540.
929) 이준봉, 전게서, 제3편 제3장 제2절 Ⅲ 참조.
930) 같은 장 제2절 제4관 참조.

사업연도의 기간이 6개월을 초과하는 내국법인은 각 사업연도(합병이나 분할에 의하지 아니하고 새로 설립된 법인의 최초 사업연도는 제외) 중 **중간예납기간**(해당 사업연도의 개시일부터 6개월이 되는 날까지의 기간)(법세 §63 ②)에 대한 **법정 중간예납세액**(법세 §63의2)을 납부할 의무가 있다(법세 §63 ① 본문). 다만, **다음 각 호의 어느 하나에 해당하는 법인**은 중간예납세액을 **납부할 의무가 없다**(법세 §63 ① 단서). 또한 납세지 관할 세무서장은 **중간예납기간 중 휴업 등의 사유로 수입금액이 없는 법인**에 대하여 그 사실이 확인된 경우에는 해당 중간예납기간에 대한 법인세를 징수하지 아니한다(법세 §63의2 ⑤).

> 1. 다음 각 목의 어느 하나에 해당하는 법인
>   가. 고등교육법에 따른 사립학교(고등교육 §3)를 경영하는 학교법인
>   나. 국립대학법인 서울대학교 설립·운영에 관한 법률에 따른 국립대학법인 서울대학교
>   다. 국립대학법인 인천대학교 설립·운영에 관한 법률에 따른 국립대학법인 인천대학교
>   라. 산업교육진흥 및 산학연협력촉진에 관한 법률에 따른 산학협력단
>   마. 초·중등교육법에 따른 사립학교(초중등교육 §3 3호)를 경영하는 학교법인
> 2. 직전 사업연도의 중소기업으로서 '직전 사업연도의 산출세액을 기준으로 하는 방법'(법세 §63의2 ① 1호)에 따라 계산한 금액이 50만원 미만인 내국법인

내국법인은 **중간예납기간이 지난 날부터 2개월 이내**에 중간예납세액을 **법정 절차**(법세령 §100)에 따라 납세지 관할 세무서 등[납세지 관할 세무서, 한국은행(그 대리점을 포함) 또는 체신관서]에 **납부하여야 한다**(법세 §63 ③). '납부할 중간예납세액'이 1천만원을 초과하는 경우에는 분납규정(법세 §64 ②)을 준용하여 **분납할 수 있다**(법세 §63 ④).

중간예납세액의 계산 및 그 납부절차에 대하여 살핀다. 중간예납세액은 **다음 각 호의 어느 하나의 방법**을 선택하여 계산한다(법세 §63의2 ①). 다만 직전 사업연도 종료일 현재 공시대상기업 집단(공정거래 §31 ①)에 속하는 내국법인[업종별 매출액 등을 고려하여 정하는 법정 법인(법정 업종별 중소기업기준(조특령 §2 ① 1호))(법세령 §100 ①)은 제외]은 제2호의 방법에 따라 중간예납 세액을 계산한다(법세 §63의2 ① 단서). 중간예납세액을 계산할 때 사업연도의 변경으로 인하여 직전 사업연도가 1년 미만인 경우에는 그 기간을 직전 사업연도로 본다(법세칙 §51 ①). **당기순이익 과세대상 조합법인 등**(당기순이익 과세를 포기한 법인을 제외)(조특 §72 ②)이 직전 사업연도의

법인세액이 없거나 당해 중간예납기간 종료일까지 법인세액이 확정되지 아니한 경우에는 당해 중간예납기간을 1사업연도로 보아 계산한 당기순이익을 과세표준으로 중간예납세액을 계산하여 납부하여야 한다(법세칙 §51 ④).

1. **직전 사업연도의 산출세액을 기준으로 하는 방법**. 이 경우 중간예납세액을 납부하는 때에는 **법인세 중간예납신고납부계산서**(법세칙 §82)를 납세지 관할 세무서장에게 제출하여야 한다(법세령 §100 ②). '납부할 세액'의 납부에 대한 해당 규정(법세령 §101 ②, ③)을 준용한다(법세령 §100 ③).

$$중간예납세액 = (A - B - C - D) \times (6/E)$$

A : 해당 사업연도의 직전 사업연도에 대한 법인세로서 확정된 산출세액(가산세를 포함하고, 토지 등 양도소득에 대한 법인세액(법세 §55의2) 및 투자·상생협력 촉진을 위한 과세특례를 적용하여 계산한 법인세액(조특 §100의32)은 제외)

B : 해당 사업연도의 직전 사업연도에 감면된 법인세액(소득에서 공제되는 금액은 제외)

C : 해당 사업연도의 직전 사업연도에 법인세로서 납부한 원천징수세액

D : 해당 사업연도의 직전 사업연도에 법인세로서 납부한 수시부과세액

E : 직전 사업연도 개월 수. 이 경우 개월 수는 역에 따라 계산하되, 1개월 미만의 일수는 1개월로 한다.

2. **해당 중간예납기간의 법인세액을 기준으로 하는 방법**. 이 경우 중간예납세액을 납부하는 때에는 **법인세 중간예납신고납부계산서**(법세칙 §82)에 법정 서류(이익잉여금처분계산서 또는 결손금처리계산서는 제외)(법세 §60 ② 각 호)를 첨부하여 납세지 관할 세무서장에게 제출하여야 한다(법세령 §100 ③). '납부할 세액'의 납부에 대한 해당 규정(법세령 §101 ②, ③)을 준용한다(법세령 §100 ③). 내국법인이 조세특례제한법에 따라 세액감면 등의 특례를 적용받는 중소기업에 해당하는지를 판단할 필요가 있는 경우 업종별 매출액(조특령 §2 1호)은 해당 중간예납기간의 매출액을 연간 매출액으로 환산한 금액으로 한다(법세칙 §51 ⑤).

$$중간예납세액 = (A - B - C - D)$$

A : 해당 중간예납기간을 1사업연도로 보고 '내국법인의 과세표준과 그 계산규정'[931]에 따라 계산한 과세표준에 세율(법세 §55)을 적용하여 산출한 법인세액(가산세를 포함하고, 토지 등 양도소득에 대한 법인세액(법세 §55의2) 및 투자·상생협력 촉진을 위한 과세특례를 적용하여 계산한 법인세액(조특 §100의32)은 제외). 이에 관하여서는 '사업연도가 1년 미만인 경우 산출세액의 계산규정'(법세칙 §45)을 준용한다(법세칙 §51 ⑥).

B : 해당 중간예납기간에 감면된 법인세액(소득에서 공제되는 금액은 제외)

C : 해당 중간예납기간에 법인세로서 납부한 원천징수세액
D : 해당 중간예납기간에 법인세로서 부과한 수시부과세액

중간예납세액 계산방법 관련 특별규정에 대하여 살핀다. 다음 각 호의 어느 하나에 해당하는 경우에는 다음 각 호의 구분에 따라 중간예납세액을 계산한다(법세 §63의2 ②).

1. 중간예납의 법정납부기한(법세 §63 ③)까지 중간예납세액을 납부하지 아니한 경우(다음 제2호 각 목에 해당하는 경우는 제외) : '직전 사업연도의 산출세액을 기준으로 하는 방법'(법세 §63의2 ① 1호)에 따른 방법
2. 다음 각 목의 어느 하나에 해당하는 경우 : '해당 중간예납기간의 법인세액을 기준으로 하는 방법'(법세 §63의2 ① 2호)에 따른 방법. 또한 결손 등으로 인하여 직전 사업연도의 법인세 산출세액이 없이 가산세로서 확정된 세액이 있는 법인의 경우에는 이 방법에 따라 해당 중간예납세액을 계산하여 납부하여야 한다(법세칙 §51 ③).
   가. 직전 사업연도의 법인세로서 확정된 산출세액(가산세는 제외)이 없는 경우(유동화전문회사 등(법세 §51의2 ① 각 호) 또는 프로젝트금융투자회사(조특 §104의31 ①)의 경우는 제외). 다만 직전 사업연도의 법인세 산출세액은 있으나 중간예납세액·원천징수세액 및 수시부과세액이 산출세액을 초과함으로써 납부한 세액이 없는 경우에는 법 직전 사업연도의 법인세액이 없는 경우로 보지 아니한다(법세칙 §51 ②).
   나. 해당 중간예납기간 만료일까지 직전 사업연도의 법인세액이 확정되지 아니한 경우
   다. 분할신설법인 또는 분할합병의 상대방법인의 분할 후 최초의 사업연도인 경우

중간예납세액 계산 상 '합병' 및 '연결납세' 관련 특별규정에 대하여 살핀다. 합병법인이 **합병 후 최초의 사업연도**에 '직전 사업연도의 산출세액을 기준으로 하는 방법'(법세 §63의2 ① 1호)에 따라 중간예납세액을 납부하는 경우에는 '합병법인의 직전 사업연도' 및 '각 피합병법인의 합병등기일이 속하는 사업연도의 직전 사업연도' 모두를 '직전 사업연도의 산출세액을 기준으로 하는 방법'(법세 §63의2 ① 1호)에 따른 직전 사업연도로 본다(법세 §63의2 ③). **연결납세방식을 적용하지 아니하게 된 법인**(법세 §76의9, §76의10, §76의12)이 연결납세방식을 적용하지 아니하는 최초의 사업연도에 '직전 사업연도의 산출세액을 기준으로 하는 방법'(법세 §63의2 ① 1호)에 따라 중간예납세액을 납부하는 경우에는 **직전 연결사업연도의 연결법인별 산출세액**(법세

---

931) 법인세법 제2장 제1절.

§76의15 ④)을 '직전 사업연도의 산출세액을 기준으로 하는 방법'(법세 §63의2 ① 1호)에 따른 계산식의 **직전 사업연도에 대한 법인세로서 확정된 산출세액**으로 본다(법세 §63의2 ④).

제5절 결정 · 경정 및 징수

제1관 과세표준의 결정 · 경정

 과세표준의 결정 · 경정

1. 과세표준의 결정 · 경정

납세지 관할 세무서장 또는 관할 지방국세청장은 내국법인이 **신고**(법세 §60)**를 하지 아니한 경우**에는 그 법인의 각 사업연도의 소득에 대한 법인세의 과세표준과 세액을 **결정**한다(법세 §66 ①). 결정은 **법정신고기한**(법세 §60)**부터 1년 내에 완료해야** 한다(법세령 §103 ③ 본문). 다만, 국세청장이 조사기간을 따로 정하거나 부득이한 사유로 인하여 **국세청장의 승인을 받은 경우**에는 그러하지 아니하다(법세령 §103 ③ 단서).

납세지 관할 세무서장 또는 관할 지방국세청장은 **신고**(법세 §60)**를 한 내국법인이 다음 각 호의 어느 하나에 해당하는 경우**에는 그 법인의 각 사업연도의 소득에 대한 법인세의 과세표준과 세액을 **경정**한다(법세 §66 ②).

1. 신고내용에 오류 또는 누락이 있는 경우
2. 지급명세서(법세 §120, §120의2), 매출 · 매입처별 계산서합계표(법세 §121)의 전부 또는 일부를 제출하지 아니한 경우
3. 다음 각 목의 어느 하나에 해당하는 경우로서 시설 규모나 영업 현황으로 보아 신고 내용이 불성실하다고 판단되는 경우
   가. 신용카드가맹점 가입 요건에 해당하는 법인(법세 §117 ①)이 정당한 사유 없이 여신전문 금융업법에 따른 신용카드가맹점(법인만 해당)으로 가입하지 아니한 경우
   나. 신용카드가맹점이 정당한 사유 없이 신용카드발급 의무(법세 §117 ②)를 위반하여 신용카드에 의한 거래를 거부하거나 신용카드 매출전표를 사실과 다르게 발급한

경우

다. 현금영수증가맹점으로 가입하여야 하는 법인(법세 §117의2 ①) 및 현금영수증가맹점 가입 대상자로 지정받은 법인(부가세 §46 ④)이 정당한 사유 없이 현금영수증가맹점(조특 §126의3)으로 가입하지 아니한 경우

라. 현금영수증가맹점이 정당한 사유 없이 현금영수증 발급을 거부하거나 사실과 다르게 발급한 경우

4. (삭제)

납세지 관할 세무서장 또는 관할 지방국세청장은 법인세의 과세표준과 세액을 결정 또는 경정하는 경우에는 **장부나 그 밖의 증명서류를 근거로** 하여야 한다(법세 §66 ③ 본문). 다만, **법정 사유**(법세령 §104 ①)로 장부나 그 밖의 증명서류에 의하여 소득금액을 계산할 수 없는 경우에는 **법정 방법**(법세령 §104 ②)에 따라 **추계**할 수 있다(법세 §66 ③ 단서). 추계결정·경정에 대하여서는 항을 바꾸어 살핀다.

원칙적으로 납세지 관할 세무서장이 과세표준과 세액을 **결정 또는 경정**한다(법세령 §103 ① 본문). **다만, 국세청장이 특히 중요하다고 인정하는 것에 대하여는 납세지 관할 지방국세청장이** 이를 결정 또는 경정할 수 있으며, 이 경우 납세지 관할 세무서장은 해당 과세표준을 결정 또는 경정하기 위하여 필요한 서류를 납세지 관할 지방국세청장에게 지체 없이 보내야 한다(법세령 §103 ① 단서). 법인세의 과세표준과 세액을 결정 또는 경정한 경우, **납세지 관할 세무서장 또는 관할 지방국세청장은 법정 절차**(법세령 §109)**에 따라** 이를 그 **내국법인에 알려야** 한다(법세 §70). 즉 납세지 관할 세무서장이 과세표준과 그 세액을 통지하는 경우(법세 §70)에는 **납부고지서에 그 과세표준과 세액의 계산명세를 첨부하여 고지**해야 하며, 각 사업연도의 **과세표준이 되는 금액이 없거나 납부할 세액이 없는 경우에는 그 결정된 내용을 통지**해야 한다(법세령 §109 ① 전단). 이 경우 국세청장이 특히 중요하다고 인정하여 **납세지 관할 지방국세청장이** 과세표준을 결정한 경우(법세령 §103 ① 단서)에는 납세지 관할 지방국세청장이 조사·결정하였다는 뜻을 덧붙여 적어야 한다(법세령 §109 ① 후단). 이 경우 '**납세지 관할 지방국세청장이 조사·결정하였다는 뜻**'은 필요적 기재사항으로 보기 어려울 뿐만 아니라, 그에 관한 기재가 누락되었다고 하더라도 납세자가 처분에 대한 불복 여부의 결정 및 불복 신청에 지장을 받는다고 단정하기도 어렵고, 더욱이 과세관청이 과세처분에 앞서 납세자에게 보낸 세무조사결과통지 등에 납부고지서의 필요적 기재사항이 제대로 기재되어 있어 납세의무자가 처분에 대한 불복 여부의 결정 및 불복 신청에 전혀 지장을 받지 않았음이 명백하다면, 이로써 납부고지서의 하자가 보완되거나

치유될 수 있다.[932] 관리책임자의 신고가 없는 외국법인 또는 소재지가 분명하지 아니한 내국법인에 대하여 과세표준을 결정한 때에는 이를 공시송달하여야 한다(법세령 §109 ③). 법정 방법(법세령 §104 ②)에 따라 추계하여 과세표준을 결정한 때에는 그 기준이 된 수입금액을 계산명세(법세령 §109 ① 전단)에 기재하여 통지하여야 한다(법세령 §109 ②).

결정 또는 경정은 신고서(법세 §60) 및 그 첨부서류에 의하거나 비치기장된 장부 또는 그 밖의 증명서류에 의한 **실지조사에 의함을 원칙**으로 한다(법세령 §103 ②).

2. 추계결정 · 경정

납세지 관할 세무서장 또는 관할 지방국세청장은 **법정 사유**(법세령 §104 ①)로 장부나 그 밖의 증명서류에 의하여 소득금액을 계산할 수 없는 경우에는 **법정 방법**(법세령 §104 ②)에 따라 **추계**할 수 있다(법세 §66 ③ 단서). 추계과세 여부를 납세자의 선택에 의하여 결정할 수는 없다. 즉 납세자 스스로 추계의 방법에 의한 조사결정을 원하고 있다는 사유만으로는 추계조사의 요건이 갖추어진 것으로 볼 수 없다.[933]

법정 사유는 다음 각 호의 어느 하나에 해당하는 경우를 말한다(법세령 §104 ①).

1. 소득금액을 계산할 때 필요한 장부 또는 증명서류가 없거나 중요한 부분이 미비 또는 허위인 경우
2. 기장의 내용이 시설규모, 종업원수, 원자재 · 상품 · 제품 또는 각종 요금의 시가 등에 비추어 허위임이 명백한 경우
3. 기장의 내용이 원자재사용량 · 전력사용량 기타 조업상황에 비추어 허위임이 명백한 경우

법정 방법은 다음 각 호의 어느 하나의 방법에 따른다(법세령 §104 ②). **기준경비율이 있는 업종과 기준경비율이 없는 업종을 겸영하는 법인의 경우** 기준경비율이 있는 업종에 대하여는 다음 제1호에 따르고 기준경비율이 없는 업종에 대하여는 다음 제2호에 따른다(법세칙 §53 ①).

1. **사업수입금액에서 다음 각 목의 금액을 공제한 금액을 과세표준으로 하여 그 세액을 결정 또는 경정하는 방법.** 이 경우 공제할 금액이 사업수입금액을 초과하는 경우에는 그 초과금액은 없는 것으로 본다.

---

932) 대법원 2020.10.29. 2017두51174.
933) 대법원 1999.1.15. 97누20304.

가. **매입비용**(사업용 유형자산 및 무형자산의 매입비용을 제외)과 사업용 유형자산 및 무형자산에 대한 **임차료**로서 증명서류에 의하여 지출하였거나 지출할 금액

나. 대표자 및 임원 또는 직원의 **급여**와 **임금 및 퇴직급여**로서 증명서류에 의하여 지급하였거나 지급할 금액

다. 사업수입금액에 **기준경비율**(소세령 §145)을 곱하여 계산한 금액

2. **기준경비율이 결정되지 아니하였거나 천재지변 등으로 장부나 그 밖의 증명서류가 멸실된 때에는 기장이 가장 정확하다고 인정되는 동일업종의 다른 법인의 소득금액을 고려하여 그 과세표준을 결정 또는 경정하는 방법.** 다만, 동일업종의 다른 법인이 없는 경우로서 과세표준신고 후에 장부나 그 밖의 증명서류가 멸실된 때에는 신고서(법세 §60) 및 그 첨부서류에 의하고 과세표준신고 전에 장부나 그 밖의 증명서류가 멸실된 때에는 직전 사업연도의 소득률에 의하여 과세표준을 결정 또는 경정한다.

3. **소기업**(조특 §7 ① 2호 가목)**이 폐업한 때**(조세탈루혐의가 있다고 인정되는 경우로서 법정 사유(법세칙 §53 ②)가 있는 경우는 제외)에는 다음 각 목에 따라 계산한 금액 중 적은 금액을 과세표준으로 하여 결정 또는 경정하는 방법

가. 수입금액에서 수입금액에 **단순경비율**(소세령 §145)을 곱한 금액을 뺀 금액

나. 수입금액에 직전 사업연도의 소득률을 곱하여 계산한 금액

다. 제1호의 방법에 따라 계산한 금액

조세탈루혐의가 있다고 인정되는 법정 사유는 다음 각 호의 어느 하나에 해당하는 것을 말한다(법세칙 §53 ②).

> 1. 무자료거래, 위장·가공 거래 등 거래내용이 사실과 다른 혐의가 있는 경우
> 2. 구체적인 탈세 제보가 있는 경우
> 3. 거래상대방이 조세범처벌법에 따른 범칙행위를 하여 조사를 받고, 조사과정에서 해당 법인과의 거래내용이 파악된 경우
> 4. 법인의 사업내용, 대표자의 재산상황 등을 고려할 때 명백한 탈루혐의가 있다고 인정되는 경우

추계결정 또는 경정을 하는 경우에는 **법정 방법**(법세령 §104 ②)**에 따라 계산한 금액**에 다음 각 호의 금액을 더한 금액을 **과세표준**으로 하여 그 세액을 결정 또는 경정한다(법세령 §104 ③).

> 1. 수입금액(법세령 §11) 중 사업수입금액(법세령 §11 1호)을 제외한 **사업외수익**(비영리법인의 경우에는 수익사업(법세 §4 ③)에서 생기는 수익으로 한정)**의 금액에서 다음 각 목의 금액을 차감한 금액**
>   가. 사업외수익에 직접 대응되고 증명서류나 객관적인 자료에 의하여 확인되는 원가상당액
>   나. 사업외수익에 해당 사업연도 중에 지출한 손비 중 환입된 금액이 포함된 경우에는

그 금액

다. 부동산을 임대하는 법인의 수입이자가 사업외수익에 포함된 경우에는 부동산임대에
   의한 전세금 또는 임대보증금에 대한 수입이자 상당액

2. 특수관계인과의 거래에서 부당행위계산의 부인(법세령 §88, §89)을 적용함에 따라 익금에
   산입하는 금액

3. '대손충당금의 손금산입'(법세 §34) 또는 '조세특례제한법에 따라 익금에 산입하여야 할
   준비금 또는 충당금'이 있는 법인의 경우 그 익금에 산입하여야 할 준비금 또는 충당금

추계결정·경정 시의 사업수입금액계산에 대하여 살핀다. 내국법인의 각 사업연도의 사업수
입금액을 장부나 그 밖의 증명서류에 의하여 계산할 수 없는 경우 그 **사업수입금액**의 계산은
다음 각 호의 방법에 따른다(법세령 §105 ①). **'수입금액을 추계결정 또는 경정한 경우'**(법세령
§105 ①)에도 법인이 비치한 장부나 그 밖의 증명서류에 의하여 **'소득금액을 계산할 수 있는
경우'**에는 해당 사업연도의 **과세표준과 세액은 실지조사에 의하여** 결정 또는 경정하여야
한다(법세령 §105 ②).

1. 기장이 정당하다고 인정되어 기장에 의하여 조사결정한 동일 업종의 업황이 유사한 다른
   법인의 사업수입금액을 참작하여 계산하는 방법
2. 국세청장이 사업의 종류·지역 등을 고려하여 사업과 관련된 인적·물적 시설(종업원·객
   실·사업장·차량·수도·전기 등)의 수량 또는 가액과 매출액의 관계를 정한 영업효율이
   있는 경우에는 이를 적용하여 계산하는 방법
3. 국세청장이 업종별로 투입원재료에 대하여 조사한 생산수율이 있는 경우에는 이를 적용하
   여 계산한 생산량에 당해 사업연도 중에 매출된 수량의 시가를 적용하여 계산하는 방법
4. 국세청장이 사업의 종류별·지역별로 정한 다음 각 목의 1에 해당하는 기준에 의하여
   계산하는 방법
   가. 생산에 투입되는 원·부재료 중에서 일부 또는 전체의 수량과 생산량과의 관계를
      정한 원단위투입량
   나. 인건비·임차료·재료비·수도광열비 기타 영업비용 중에서 일부 또는 전체의 비용과
      매출액과의 관계를 정한 비용관계비율
   다. 일정 기간 동안의 평균재고금액과 매출액 또는 매출원가와의 관계를 정한 상품회전율
   라. 일정 기간 동안의 매출액과 매출총이익의 비율을 정한 매매총이익률
   마. 일정 기간 동안의 매출액과 부가가치액의 비율을 정한 부가가치율
5. 추계결정·경정대상 법인에 대하여 제2호 내지 제4호의 비율을 산정할 수 있는 경우에는
   이를 적용하여 계산하는 방법

6. 주로 최종 소비자를 대상으로 거래하는 업종에 대하여는 국세청장이 정하는 입회조사기준에 의하여 계산하는 방법

　　법인세의 과세표준과 세액을 추계하는 경우에 대한 특칙에 대하여 살핀다. 법인세의 과세표준과 세액을 추계하는 경우에는 **이월결손금의 공제**(법세 §13 ① 1호) 및 **외국납부세액공제 등**(법세 §57)을 적용하지 아니한다(법세 §68 본문). 다만, **천재지변 등으로 장부나 그 밖의 증명서류가 멸실되어 법정 방법**(동일업종의 다른 법인의 소득금액을 고려하여 그 과세표준을 결정 또는 경정하는 방법(법세령 §104 ② 2호))**에 따라 추계하는 경우**(법세령 §107)에는 그러하지 아니하다(법세 §68 단서).

　　추계결정·경정 요건에 대한 입증책임은 어떻게 분배되어야 하는가?[934] 추계과세의 필요성과 합리성에 대한 쟁점은 각 개별세법이 정하는 추계과세요건을 충족하고, 그 방법에 관한 규정을 준수하였는지 여부에 관한 것인 바, 이에 대한 입증책임은 과세관청에게 있다. 즉 추계의 방법으로 소득금액을 결정할 경우에 그 **추계과세의 적법성**에 대한 입증책임은 과세관청에 있다.[935] 장부나 증빙서류의 일부가 미비되거나 허위로 된 것이 있다고 하여도 다른 장부나 증빙서류에 의하여 실액의 조사가 가능한 경우에는 추계과세를 할 수 없으며 이러한 **추계과세의 필요성**에 관한 입증책임은 과세관청에 있는 것이다.[936] 추계과세는 소득금액을 계산할 수 있는 장부와 증빙서류 등이 없거나 그 내용이 미비 또는 허위이어서 근거과세의 방법으로 과세할 수 없는 경우에 한함은 물론 그 추계의 방법과 내용은 가장 진실에 가까운 소득실액을 반영할 수 있도록 합리적이고 타당성이 있는 것이어야 하며 이러한 추계과세의 적법 여부가 다투어지는 경우에 그 **합리성과 타당성**에 관한 입증책임은 과세관청에게 있다.[937] 납세자가 장부를 비치·기장한 바 없다고 하더라도 계약서 등 다른 증빙서류를 근거로 과세표준을 계산할 수 있다면 과세표준과 세액은 실지조사방법에 의하여 결정하여야 하고 추계조사 방법에 의해서는 아니되고, 납세자 스스로 추계의 방법에 의한 조사결정을 원하고 있다는 사유만으로는 추계조사의 요건이 갖추어진 것으로 볼 수 없다.[938]

　　이하 과세관청에 의한 추계과세 필요성 및 합리성의 입증과 관련된 판례들을 살핀다.[939]

---

934) 이준봉, 진계서, 제4편 제3장 제2절 제1관 Ⅳ 3 라 (6) (나) 참조.
935) 대법원 1988.9.13. 85누988.
936) 대법원 1983.11.22. 83누444.
937) 대법원 1983.11.22. 83누444 ; 대법원 1984.4.10. 81누48 ; 대법원 2008.9.11. 2006두11576.
938) 대법원 1999.1.15. 97누20304.
939) 이 쟁점은 법인세법 및 소득세법 등에 공통된 것이므로 법인세법 판례에 한정하지 않는다.

과세관청이 과세처분 당시 장부 등의 미비로 추계과세를 하였다고 하더라도 그 처분의 취소심판 또는 소송에 있어서 장부 기타의 증빙서류가 나타났을 때에는 그 장부 등에 의한 실지조사의 방법으로 수입금액이나 과세표준을 결정하여야 하고 추계조사의 방법으로 결정할 수는 없다.[940] 과세처분의 취소를 구하는 소송의 심리 중 법인의 장부 또는 증빙서류가 현존하는 것으로 밝혀졌다면, 과세관청으로서는 이 장부 또는 증빙서류에 의하더라도 실지 소득금액을 계산할 수 없음을 입증할 책임이 있고 이 입증을 하지 못하는 한 추계에 의한 과세처분은 위법한 것으로서 취소될 수밖에 없다.[941] 소득세법 상 과세관청은 납세의무자가 제시하는 제반서류가 미비하거나 그 내용이 허위라고 의심할 부분이 있으면 그 부당성을 지적하고 새로운 자료를 제시받아 실지조사를 한 연후에 그렇게 하더라도 그 과세표준과 세액을 결정할 수 없는 경우에 비로소 추계조사방법으로 그 수입금액이나 과세표준을 결정할 수 있는 바, 과세처분의 취소소송단계에서 납세자에 의하여 관계 장부 등이 나타났다고 하더라도 그 장부 등의 중요 부분이 미비 또는 허위임이 밝혀지고 이를 보완할 새로운 자료가 제출되지 아니하여 실액조사가 불가능한 경우에까지 과세관청이 장부 등의 미비 부분이나 허위 부분을 지적하고 새로운 자료의 제시를 요구하여야 하는 것은 아니다.[942]

과세처분 당시는 장부 또는 증빙서류가 존재하지 아니하여 추계과세를 할 수 밖에 없었다고 하더라도 그 과세처분의 취소를 구하는 소송의 심리 중 법인의 장부 또는 증빙서류가 현존하는 것으로 밝혀졌다면, 과세관청으로서는 이 장부 또는 증빙서류에 의하더라도 실지 소득금액을 계산할 수 없음을 입증할 책임이 있고 이 입증을 하지 못하는 한 추계에 의한 과세처분은 위법한 것으로서 취소될 수밖에 없다.[943]

과세관청의 직원이 납세자로부터 증빙서류의 미비와 무기장의 확인서를 받았다 하더라도 과세관청으로서는 그와 같은 자료만으로는 실지조사를 할 수 없으므로, 납세자로 하여금 증빙서류를 보완하게 하거나 새로운 장부를 작성·제출하게 하는 등으로 실지조사를 하려는 노력을 기울여야 함에도 그러한 조치를 취하였다는 점에 관한 주장과 입증이 전혀 없을 뿐만 아니라 납세자가 종합소득세 신고를 하면서 수입과 지출의 근거가 되는 증빙서류와 그에 따라 작성한 장부를 제출하였음에도 이에 대한 검토 없이 이를 부인하고, 추계조사결정을 하면서 믿을 수 있는 증빙서류를 근거로 하지 아니하고 납세자로 하여금 총비용을 개략적으로

---

940) 대법원 1986.12.9. 86누516.
941) 대법원 1988.9.13. 85누988.
942) 대법원 1997.10.24. 97누10192.
943) 대법원 1988.9.13. 85누988.

진술하게 하여 작성된 사업장운영비용에 관한 추정서 상의 총비용 금액에 소득표준율을 적용, 역산의 방법으로 총수입금액을 계산한 경우, 과세관청이 그와 같은 방법으로 추계한 것은 합리성과 타당성이 없는 것이다.[944]

소득금액을 계산할 수 있는 장부와 증빙서류를 기장, 비치하지 않아서 소득세를 추계받는 경우라는 이유만으로, 달리 소득표준율표 상의 높은 율(기본율의 150퍼센트)이 바로 소득실액을 반영한 것이라거나 그 높은 율에 의한 원고의 소득금액 추계방법이 합리적이고 타당한 것이었다고 볼 자료가 없는 한, 위 높은 율에 따라 소득금액을 추계한 과세처분은 위법하다.[945]

납세자는 과세관청에 의한 추계과세 필요성 및 합리성의 입증에 대하여 어떻게 다툴 수 있는가? 과세관청이 추계과세의 소득표준율의 결정이 관계 규정이 정한 방법과 절차에 따라 결정되었음이 입증되었다고 하더라도 그 구체적인 내용이 현저하게 불합리하여 소득실액을 반영하기에 적절하지 않다는 점에 관하여는 이를 다투는 납세의무자가 입증하여야 한다.[946] 추계의 합리성이 과세관청에 의하여 일응 입증되었을 때에는 좀 더 사실과 근접한 추계방법이 존재한다는 것에 대하여 납세의무자가 입증을 할 필요성이 있다.[947] 또한 과세대상인 부동산의 매매에 있어서 그 실액이 파악되지 아니한 부분이 건물의 신축공사 비용에 지나지 아니하므로 이 부분에 한하여 그 실지비용을 가장 근접하게 산출할 수 있는 합리적 방법을 사용하면 좀 더 실액에 근접하게 소득금액을 산출할 수 있는 경우, 이러한 좀 더 사실과 근접한 추계방법이 존재한다는 점에 관한 입증의 필요는 납세의무자가 부담한다.[948] 과세관청이 추계의 필요성 및 합리성을 입증한다면, 추계세액이 진실한 과세표준액 및 세액과 다르다는 점은 납세자가 반증을 들어 입증하여야 하고 이를 **실액반증**이라고 한다.[949] 추계과세에 대한 취소소송에 있어서 원고가 과세관청이 인정한 매출금액을 그대로 인정하고서 필요경비 내지 그 일부로서의 매출원가에 대하여서만 추계액을 상회하는 실액을 주장입증하여 추계의 합리성을 다투는 경우가 적지 않다. 이 경우 원고는 과세관청이 인정한 매출액이 진실한 매출액에 합치된다는 점 및 원고가 주장하는 필요경비가 과세관청이 인정한 매출액에 대응되는 것이라는 점을 입증하여야 한다.[950] 또한 과세관청은 원고가 주장하는 필요경비(매출원가)를 동업자의 필요경비(매출원가

---

944) 대법원 1995.1.12. 94누10337.
945) 대법원 1984.4.10. 81누48.
946) 대법원 1997.9.9. 96누12054.
947) 대법원 1988.5.24. 86누121.
948) 대법원 1997.10.24. 97누10192.
949) 金子 宏, 租税法, 第16版, 弘文堂, 2011[이하 '金子 宏, 前揭書(2011)'], 865頁.
950) 上揭書.

율)율에서 제외한 상태로 수입금액 및 소득금액을 추계하고 그것을 기초로 하여 원처분의 적법성을 주장할 수 있다고 해석하는 것이 타당하다.[951] 동업자의 비율을 사용한 추계과세에 있어서 과세관청이 동업자의 주소 및 성명을 개시하지 않은 상태로 제출한 자료가 증거능력을 갖는 것인지 여부와 관련하여 다툼이 있지만, 긍정적으로 해석하는 것이 타당하다.[952] 세무공무원은 원칙적으로 납세자가 세법에서 정한 납세의무를 이행하기 위하여 제출한 자료나 국세의 부과·징수를 위하여 업무 상 취득한 자료 등을 타인에게 제공 또는 누설하거나 목적 외의 용도로 사용해서는 아니 된다는 점(국기 §81의3 ①)을 감안하여야 하기 때문이다.

법령 상 추계방법에 관한 규정은 열거적인가? 과세관청이 밝혀진 납세의무자의 총수입금액에 소득표준율을 곱하는 방식으로 과세표준을 추계함으로써 법 소정의 제1차적 방법을 사용하였다면 그 추계방법의 합리성은 일단 입증되었다고 할 것이다.[953] 즉 과세관청이 법령 상 방법에 따라 추계를 하였다면 일응 추계방법의 합리성에 대하여 입증한 것으로 보아야 한다. 다만 법령에서 정한 추계방법을 적용하였다고 할지라도 이를 적용하여 추계한다면 불합리하게 된다고 볼 만한 특수한 사정이 있다고 볼 수 있다면, 이와 같은 특수한 사정이 있음을 고려하지 아니하고 법령 상 추계방법을 적용하여 행하여진 과세처분은 그 추계방법과 내용에 있어 합리성과 타당성을 인정할 수 없다.[954] 만약 과세관청이 '법령에서 정한 추계방법'을 적용하기 위한 요건을 입증하였다면, 위 특수한 사정에 대한 입증책임은 납세자가 부담하여야 한다. 그렇다면 법령 상 추계방법에 의한 과세는 해당 추계의 필요성뿐만 아니라 추계방법의 합리성 및 타당성을 전제로 한다. 또한 법령 상 추계방법에 해당하지 않는다는 이유로 과세권의 행사를 막는 것은 과세권 행사에 대한 지나친 제약을 부과하는 것이라는 점, 추계과세의 원인이 납세자의 기장부실 또는 증빙불비 등에 기인한 것이므로 법령 상 추계방법을 열거적인 것으로 해석하면 납세자의 도덕적 해이를 야기할 수 있다는 점 및 '납세자의 기장부실 또는 증빙불비 등' 및 '천재지변'으로 인하여 법령 상 근거과세를 할 수 없는 경우 과세표준의 계산은 사실인정에 관한 쟁점에 해당할 수 있다는 점 등을 감안하면 법령 상 추계방법을 제한적 또는 열거적 규정으로 볼 수는 없다. 이상의 논의에 따르면 **법령 상 추계방법에 의한 과세는 해당 추계의 필요성뿐만 아니라 추계방법의 합리성 및 타당성을 전제로 하는 것이고, 법령 상 추계방법에 관한 규정은 예시적인 것으로 보아야 한다.** 따라서 **과세관청이 법령**

---

951) 大阪高判 昭和57年12月23日 行裁例集33卷12号、2671頁。
952) 金子 宏、前揭書(2011)、865頁。
953) 대법원 1997.10.24. 97누10192.
954) 대법원 1998.5.12. 96누5346.

상 규정되지 않는 방법에 의하여 추계과세를 하기 위하여서는, 해당 방법에 의한 추계의 필요성뿐만 아니라 그 추계방법의 합리성 및 타당성을 입증할 뿐만 아니라, 해당 사안에 대하여 법령 상 추계방법을 적용할 수 없는 특수한 사정 역시 각 존재한다는 점에 대하여서도 입증책임을 부담하여야 한다.

동일한 과세목적물에 대하여 실지조사와 추계조사를 혼합하여 과세표준을 정할 수 있는가? 판례는 이를 부인한다. 즉 단일한 과세목적물에 대하여 실지조사와 추계조사를 혼합하여 과세표준액을 정하는 것은 법인세법이나 부가가치세법 등 관계 법령이 인정하는 과세방식이 아니다.[955] 그러나 법령 상 추계방법이 예시적인 것이라면 실지조사와 추계조사를 혼합하였다는 점만으로 해당 과세처분이 위법하다고 할 수는 없다. 과세관청이 '실지조사와 추계조사를 혼합하는 방법'에 의한 추계의 필요성뿐만 아니라 그 추계방법의 합리성 및 타당성을 입증할 뿐만 아니라, 해당 사안에 대하여 법령 상 추계방법을 적용할 수 없는 특수한 사정 역시 각 존재한다는 점에 대하여 입증한다면 이 방법 역시 허용되는 것으로 보아야 한다.

Ⅱ 수시부과결정

납세지 관할 세무서장 또는 관할 지방국세청장은 내국법인이 그 사업연도 중에 **법정 수시부과 사유**(법세령 §108 ①)로 법인세를 포탈할 우려가 있다고 인정되는 경우에는 수시로 그 법인에 대한 법인세를 수시부과할 수 있다(법세 §69 ① 전단). 이 경우에도 각 사업연도의 소득에 대하여 신고(법세 §60)를 하여야 한다(법세 §69 ① 후단). **수시부과기간**은 그 사업연도 개시일부터 수시부과 사유가 발생한 날까지로 한다(법세 §69 ② 본문). 다만, **직전 사업연도에 대한 과세표준 등의 법정신고기한**(법세 §60) **이전에 수시부과사유가 발생한 경우**(직전 사업연도에 대한 과세표준신고를 한 경우는 제외)에는 직전 사업연도 개시일부터 수시부과사유가 발생한 날까지를 수시부과기간으로 한다(법세 §69 ② 단서).

법정 수시부과사유는 다음 각 호의 어느 하나에 해당하는 경우를 말한다(법세령 §108 ①).

1. 신고를 하지 아니하고 본점 등을 이전한 경우
2. 사업부진 기타의 사유로 인하여 휴업 또는 폐업상태에 있는 경우
3. 기타 조세를 포탈할 우려가 있다고 인정되는 상당한 이유가 있는 경우

---

955) 대법원 2001.12.24. 99두9193

납세지 관할 세무서장 또는 지방국세청장이 수시부과(법세 §69 ①)를 하는 경우에는 **결정 및 경정**(법세령 §103 ②), **추계결정 및 경정의 계산방법**(법세령 §104 ②)과 **사업연도가 1년 미만인 경우 산출세액의 계산**(법세 §55 ② ; 법세칙 §45) 규정을 준용하여 그 과세표준 및 세액을 결정한다(법세령 §108 ② 전단). 이 경우 **법인세법 상 가산세**(법세 §75, §75의2~§75의9) **규정은 적용하지 않는다**(법세령 §108 ② 후단). 이 경우 **'사업부진 기타의 사유로 인하여 휴업 또는 폐업상태에 있는 경우'**(법세령 §108 ① 2호)로서 납세지 관할 세무서장 또는 지방국세청장이 조사한 결과 **명백한 탈루혐의가 없다고 인정하는 경우**에는 '기준경비율이 결정되지 아니하였거나 천재지변 등으로 장부나 그 밖의 증명서류가 멸실된 때에는 기장이 가장 정확하다고 인정되는 동일 업종의 다른 법인의 소득금액을 고려하여 그 과세표준을 결정 또는 경정하는 방법'(법세령 §104 ② 2호 본문)에 의하여 그 과세표준 및 세액을 결정하되, 동일 업종의 다른 법인이 없는 경우에는 '과세표준신고 후에 장부나 그 밖의 증명서류가 멸실된 때에는 신고서 및 그 첨부서류에 의하고, 과세표준신고 전에 장부나 그 밖의 증명서류가 멸실된 때에는 직전 사업연도의 소득률에 의하여 과세표준을 결정 또는 경정하는 방법'(법세령 §104 ② 2호 단서)에 의하여 그 과세표준과 세액을 결정할 수 있다(법세령 §108 ⑤).

법인이 **주한 국제연합군 또는 외국기관으로부터 사업수입금액을 외국환은행을 통하여 외환증서 또는 원화로 영수할 때**에는 수시부과결정(법세 §69)에 의하여 그 영수할 금액에 대한 과세표준을 결정할 수 있다(법세령 §108 ③). 이 경우 법정 방법에 따라 과세표준을 계산하는 규정(법세령 §104 ②)을 준용하여 계산한 금액에 세율(법세 §55)을 곱하여 산출한 금액을 그 세액으로 한다(법세령 §108 ④).

 # Ⅲ 소득처분

1. 과세표준의 신고·결정 또는 경정이 있는 때의 소득처분

다음 각 호의 법인세 과세표준의 신고·결정 또는 경정이 있는 때 '익금에 산입하거나 손금에 산입하지 아니한 금액'은 그 귀속자 등에게 상여·배당·기타사외유출·사내유보 등 **법정 방법**(법세령 §106)에 **따라 소득처분**한다(법세 §67). 법문이 '그 귀속자 등에게'라는 문언을 사용하였다고 하더라도, 대통령령에 위임하고 있는 소득처분의 종류와 내용에는 사외유출된 익금가산액의 귀속이 불분명한 경우를 포함하고 있다고 보아야 한다.[956)]

1. 법인세법에 따른 신고(법세 §60)
2. 법인세법에 따른 결정 또는 경정(수시부과결정(법세 §69)을 포함)(법세 §66)
3. 국세기본법에 따른 수정신고(국기 §45)

법인세 과세표준의 신고·결정 또는 경정(법세 §67)이 있는 때 '익금에 산입하거나 손금에 산입하지 아니한 금액'[957]은 **다음 각 호의 구분에 따라 소득처분**한다(법세령 §106 ① 전단). **비영리내국법인과 비영리외국법인**에 대해서도 또한 같다(법세령 §106 ① 후단).

1. **익금에 산입한 금액**('업무용승용차 관련비용 중 업무용 사용금액에 해당하지 아니하여 손금불산입된 금액'(법세 §27의2 ②)을 포함)**이 사외에 유출된 것이 분명한 경우에는** 그 귀속자에 따라 **다음 각 목에 따라 배당, 이익처분에 의한 상여, 기타소득, 기타 사외유출로** 할 것. 익금에 산입한 금액이 사외에 유출되는 경우는 '**재무회계와 세무회계 사이의 영구적 차이**'로 인하여 세무상 자본이 재무회계 상 자본보다 과소계상된 경우를 의미하는바, 이 경우에는 해당 금액을 바로 손금으로 인식할 것이 아니라 세무 상 익금으로 인식한 후 해당 금액이 그 귀속자에게 유출된 것으로 처리하여야 한다. 귀속자에 대한 유출 자체가 법인세법 상 손금에 해당하는 경우에는 그 익금과 손금이 상쇄되어야 할 것이나 법인세법은 이에 대하여 명시적으로 규정하지 않는다. 이는 각 구체적 사안 별로 살펴야 한다. 또한 사외유출은 영구적 차이로 인하여 발생한 결과이므로 이에 대한 사후관리를 할 필요는 없다. 나아가 **사외유출된 소득이 출자자 등에게 현실로 귀속되었는지 여부와 현실귀속된 소득이 어떠한 종류에 해당하는가의 문제**는 기본적으로 **사실심 법원의 자유심증에 의하여 판단될 사실인정의 문제**로서 간접사실에 의한 추인의 여지를 배제하는 것은 아니다.[958] **다만, 귀속이 불분명한 경우에는 대표자**(소액주주 등이 아닌 주주 등인 임원 및 그와 '상여금 등의 손금불산입 적용 상 특수관계'(법세 §43 ⑧)에 있는 자가 소유하는 주식 등을 합하여 해당 법인의 발행주식총수 또는 출자총액의 100분의 30 이상을 소유하고 있는 경우의 그 임원이 법인의 경영을 사실상 지배하고 있는 경우에는 그 자를 대표자로 하고, 대표자가 2명 이상인 경우에는 사실상의 대표자)**에게 귀속된 것으로 본다.** 이 규정은 법인에 의한 세법상의 부당행위를 방지하고 법인의 사외유출된 소득의 귀속자를 빠짐없이 밝혀 소득세를 부과함으로써 조세부담의 공평을 실현하고자 하는 것으로 그 입법목적의 정당성이 인정되고, 사외유출된 소득의 귀속 여부 등에 관한 상당수의 증거자료는 법인의 수중에 있을 것이므로 과세관청으로서는 그 입증에 어려움이 있다는 것은 쉽게 예상할

---

956) 대법원 2008.4.24. 2006두187 ; 대법원 2010.4.29. 2007두11382.
957) 법인세법 시행령 상 문언은 '익금에 산입한 금액'이나, 위임규정인 법인세법 제67조에 따르면 이는 '익금에 산입하거나 손금에 산입하지 아니한 금액'으로 보아야 한다. 해당 시행령의 적용 시 역시 동일하게 보아야 한다.

수 있는 점 등에 비추어 이 사건 법률조항에 의한 수단의 선택은 적절하다고 할 것이며, 법인의 대표자는 귀속자가 불분명한 법인의 사외유출 소득에 대하여 그 귀속자가 누구인지를 입증함으로써 이 사건 법률조항의 적용에서 벗어날 수 있다는 점에서 최소침해성의 원칙에 위반하지 아니하고, 이 사건 법률조항에 의하여 실현되는 공익은 그로 인한 대표자의 경제적 불이익에 비하여 적다고 볼 수 없으므로 법익균형성도 갖추었다.[959] 이 경우 **사업연도 중에 대표자가 변경된 경우** 대표자 각인에게 귀속된 것이 분명한 금액은 이를 대표자 각인에게 구분하여 소득처분하고 귀속이 분명하지 아니한 경우에는 재직기간의 일수에 따라 구분계산하여 이를 대표자 각인에게 상여로 소득처분한다'(법세칙 §54). **최종적으로 결정된 '사실 상 대표자'가 수인인 경우**에 대한 연대납세의무 규정은 없다. 과세관청이 선택적으로 그 중 1인에 대하여 소득처분하고 징수하지 못한 세액에 대하여서는 다시 다른 자에게 소득처분할 수 있다고 본다. **상여처분의 대상이 되는 법인의 대표자는 제한적으로 엄격히 해석하여야 한다.**[960] '**상여처분의 대상인 대표자의 해석**'과 관련된 판례는 다음과 같다. 회사의 법인등기부상 대표자로 등재되어 있더라도 당해 회사를 실질적으로 운영한 사실이 없다면 그 회사의 귀속불명 소득을 그에게 귀속시켜 종합소득세를 부과할 수 없다.[961] 법원의 가처분결정에 의하여 직무집행이 정지된 법인의 대표자는 직무집행에서 배제되므로 법인의 귀속불명 소득을 위 대표자에게 귀속시킬 수 없다.[962] 법인등기부상 임원으로 등기되어 있었기는 하나 소외 한국산업은행이 회사를 관리한 관계로 회사의 임원으로서의 직무수행을 하지 못한 경우 그에 대하여 인정상여처분을 할 수는 없다.[963] 정리회사의 관리인은 정리회사의 대표자의 지위에 있다고 하기보다는 일종의 공익적 수탁자의 지위에 있는 것이므로, 인정상여의 취지나 정리회사의 관리인의 법적 지위에 비추어 볼 때 정리회사의 관리인은 특별한 사정이 없는 한 인정상여로 소득처분되는 법인의 대표자로 볼 수 없다.[964] 다만 대표이사가 관리인으로 선임되어 종전의 회사 조직을 그대로 장악하여 스스로 공익적 수탁자의 지위에서 벗어나 적극적으로 매출의 은닉, 누락 및 원자재 매입의 가장을 지시하는 등으로 자금을 조성하여 그 상당액을 사외유출시켜 그 본연의 임무에 위배하여 부당행위를 저지른 사정이 존재하는 경우에는 비록 관리인의 지위를 갖고 있다고 하여도 그를 인정상여로 소득처분되는 법인의 대표자와 달리 취급하여야 할 아무런 이유가 없다.[965] 지배주주가 따로 있다는 이유만으로 명목상의 대표이사로 볼 수는 없다.[966] 주식 등 소유 및 주주 등 임원요건을 충족하지 못한 경우에는 '법인의 경영을 사실상 지배하고 있는 경우'라고 할지라도 대표자가 될 수 없다.[967]

> 가. 귀속자가 주주 등(임원 또는 직원인 주주 등을 제외)인 경우에는 그 귀속자에 대한 **배당**. 법인의 출자자가 사외유출된 법인의 소득을 확정적으로 자신에게 귀속시켰다면 특별한 사정이 없는 한 이러한 소득은 주주총회의 결의 여부, 배당가능이익의 존부, 출자비율에 따라 지급된 것인지 여부 등과 관계없이 출자자에 대한 배당소득에 해당하는 것으로 추인할 수 있다.[968] 소득처분 자체가 '익금에 산입된 금액의 현실적 유출에 대한 사후적 취급'에 관한 것이므로, 해당 소득처분을 위한 사전적 요건을

충족하였는지 여부는 쟁점이 되지 않는다. 한편 '자본 또는 출자의 환급'의 성질을 갖는 거래는 특별한 규정을 통하여서도 손금에 포함될 수 없는 것이나,[969] 익금에 산입되는 금액은 이익잉여금에 편입될 성질의 것이므로 자본금 또는 자본잉여금의 환급에 해당하는지 여부가 쟁점이 될 수 없다. 이익잉여금 또는 결손금의 잔액에 대한 쟁점과 자본금 또는 자본잉여금의 환급에 대한 쟁점은 구분되는 것이다.

나. 귀속자가 임원 또는 직원인 경우에는 그 귀속자에 대한 **상여**. 귀속자가 지배주주인 임원의 경우에도 상여로 소득처분하는 것이 타당한지 여부가 쟁점이 될 수 있다. 지배주주인 임원은 배당 여부 자체를 결정할 수 있다는 점에서 이러한 쟁점의 제기는 타당하다. 그런데 만약 임원의 직무를 수행하였음에도 이를 배당으로 취급한다면 그 직무 수행에 상응하는 금액은 배당소득에서 제외되어야 한다는 주장 역시 있을 수 있는바, 이를 구분하는 것은 실무 상 어렵다. 상여로 취급하는 경우와 배당으로 취급하는 경우 그 적용 상 차이가 있으나 그 차이가 현저한 불합리를 야기하는 것은 아니다. 그렇다면 법인세법이, 소득처분이 중복되는 경우 그 적용 상 혼선을 피하기 위하여, 귀속자가 임원 또는 직원인 경우에는 모두 상여로 소득처분하도록 결단한 것으로 보아야 한다. 다소 문제가 있다고 하더라도 그 입법적 결단을 존중하는 것이 타당하다고 판단한다. 다만 소득처분에 의하여 의제되는 경우가 아니라, 과세관청이 현실적 귀속을 근거로 과세하는 경우에는 귀속자뿐만 아니라 해당 금원의 성격에 대하여서도 과세관청이 입증하여야 할 것으로 본다.

다. 귀속자가 법인이거나 사업을 영위하는 개인인 경우에는 **기타 사외유출**. 다만, 그 분여된 이익이 내국법인 또는 외국법인의 국내사업장의 각 사업연도의 소득이나 거주자 또는 비거주자의 국내사업장(소세 §120)의 사업소득을 구성하는 경우에 한한다. 사외유출은 **국내세법에 따른 이중과세를 방지**하기 위한 것이나, 정책적 목적에 의하여 기타사외유출로 소득처분하는 경우(법세령 §106 ① 3호) 역시 있다. 기타사외유출로 소득처분하는 경우에는 해당 법인 단계에서 원천징수의무가 발생하지 않는다. '특정 원천징수대상 사업소득(특정 면세의료보건용역 및 저술가·작곡가나 그 밖의 자가 직업상 제공하는 특정 면세 인적 용역)'(소세 §127 ① 3호 ; 소세령 §184 ① ; 부가세 §26 ① 5호, 15호)의 경우를 제외하고는, 사업소득을 지급하는 경우 그 지급자에게 원천징수의무가 없기 때문이다. 정책적 목적에 의한 기타사외유출 소득처분은 이러한 점 등을 감안한 것이다. **배당 또는 상여로 소득처분된 금액의 귀속자가 법인이거나 사업을 영위하는 개인인 경우에는 어떻게 소득처분하여야 하는가?** 배당 또는 상여로 소득처분된 금액이 해당 법인 또는 개인사업자의 익금 또는 수입금액으로 계상되는 것이라면, 해당 금액에 대하여 '배당 또는 상여' 및 '사업소득 등'으로 이중과세할 규범적 정당성은 없다. 기타 사외유출은 국내세법에 따른 이중과세를 방지하기 위하여 법인 단계의 원천징수의무를 부과하지 않는 소득처분이다. 배당 또는 상여 소득처분에 대하여서는 그 법인에게 원천징수의무가 부과되므로 이중과세의 방지와

는 무관하다. 그렇다면 배당 또는 상여로 소득처분된 금액이 다른 법인 또는 개인사업
자의 익금 또는 수입금액으로 계상된다면 이를 기타 사외유출로 소득처분하여
이중과세를 방지하는 것이 타당하다.
라. 귀속자가 가목 내지 다목 외의 자인 경우에는 그 귀속자에 대한 **기타소득**

2. 익금에 산입한 금액이 사외에 유출되지 아니한 경우에는 **사내유보**로 할 것. 익금에 산입한
금액이 사외에 유출되지 않은 경우는 '**재무회계와 세무회계 사이의 일시적 차이**'로 인하여
세무상 자본이 재무회계 상 자본보다 증가되어야 하는 경우를 의미한다. 따라서 세무
상 자본을 별도로 기록하여야 한다. 법인세법 상 유보금액을 '자본금과 적립금 조정명세서
(을)'(법세칙 별지 50호 서식 (을))에 적어 사후관리하며 그 일시적 차이가 해소되는 경우에는
'△유보'로 기록한 후 유보 금액과 상계처리한다. 그런데 일시적 차이는 항상 세무 상
자본을 증가하는 방향으로만 발생하는 것은 아니므로, 세무 상 자본이 감소하는 경우에
대하여서도 사후관리하여야 한다. 즉 '△유보'로 '자본금과 적립금 조정명세서(을)'에 적어
사후관리하며 그 일시적 차이가 해소되는 경우에는 '유보'로 기록한 후 '△유보' 금액과
상계처리한다. '자본금과 적립금 조정명세서(을)' 서식 역시 이를 전제로 구성되어 있다.
다만 이는 '익금에 산입한 금액'에 대한 소득처분은 아니므로 법령 상 명시적으로 규정되지
않았을 뿐이다. 한편 **법인이 유보(△유보)의 발생 후 사후관리 시점 이전에 전기오류수정손
익을 통하여 익금불산입(△유보) 또는 손금불산입(유보)로서 수정분개**를 하고 이로
인하여 재무회계상 자본과 세무상 자본이 일치되었다면, 그 사후관리 시점에는 손익항목이
아닌 전기오류수정손익을 손익항목에 편입하기 위하여 이에 대하여 익금산입(기타) 또는
손금산입(기타)로 소득처분한 후, 각 해당 익금 및 손금에 대하여 다시 익금불산입(△유보)
또는 손금불산입(유보)로 사후관리하여야 한다. 이는 전기오류수정손익을 통하여 사후관
리 목적 상 손익의 인식시점을 변경할 수 없으나, 이를 통하여 재무회계 상 자본과 세무
상 자본의 차이가 이미 해소되었다는 점을 감안한 것이다.

3. **제1호에도 불구하고 다음 각 목의 금액은 기타 사외유출로 할 것.** 이는 정책적 목적에
의하여 기타사외유출로 소득처분하는 것으로서, '해당 법인에게 원천징수의무를 부담시키
는 것이 타당하지 않다는 점' 또는 '법인의 익금에 산입한 금액이 사외에 유출된 경우라도
동일한 소득이 이미 귀속자의 과세소득을 구성하고 있는 등 귀속자에게 소득세의 납세의무
를 지우는 것이 부적절한 경우에는 그 귀속자에 대한 소득처분 없이 유출사실만을 확정하는
것이 타당하다는 점'[970] 등을 감안한 것이다.

가. 기부금 손금불산입(법세 §24)에 따라 특례기부금(법세 §24 ② 1호) 또는 일반기부금(법세
§24 ③ 1호)의 손금산입한도액을 초과하여 익금에 산입한 금액

나. 기업업무추진비의 손금불산입(법세 §25) 및 기업업무추진비의 손금불산입 특례(조특
§136)에 따라 익금에 산입한 금액

다. 업무용 승용차 관련 비용의 손금불산입 등 특례(법세 §27의2) 중 업무용승용차별 임차료
중 감가상각비 상당액(법세 §27의2 ③ 2호) 및 처분손실(법세 §27의2 ④) 관련 한도초과액으

로서 익금에 산입한 금액

라. 채권자가 불분명한 '사채의 이자'(법세 §28 ① 1호) 및 지급받은 자가 불분명한 '채권·증권의 이자·할인액 또는 차익'(법세 §28 ① 2호)으로서 손금불산입된 이자·할인액 또는 차익에 대한 '원천징수세액에 상당하는 금액'. '불분명 이자소득'을 대표자에 대한 상여로 소득처분하는 경우에는 법인이 해당 금액 전액에 대하여 원천징수하여 납부하여야 한다. 그럼에도 불구하고 **'불분명 이자소득'에 대한 원천징수세액을 다시 기타 사외유출로 소득처분한 이유는 무엇인가?** 대표자 인정상여에 있어서 법인이 원천징수의무를 이행하였음에도 그 익금산입액의 귀속이 불분명하다는 사유만으로 법인의 대표자에 대한 구상권 행사를 부정한다면, 이는 사실상 원천납세의무는 없고 원천징수의무만 있게 되어 원천징수제도의 기본 법리에 어긋나는 부당한 결과에 이르게 되므로, 대표자 인정상여에 대하여 원천징수세액을 원천징수하지 않고 국가에 납부한 경우에도 법인은 귀속자인 대표자에 대하여 해당 세액에 대하여 구상권을 행사할 수 있다.[971] 만약 법인이 대표자에 대한 구상권을 행사하지 않는 경우에는 해당 금액이 다시 대표자에게 유출된 것으로 보아야 하므로, 이에 대하여 소득처분을 하여야 하고 다시 원천징수하여야 한다. 법인세법이 이러한 경우 다시 원천징수의무를 부담하지 않도록 해당 금액을 기타 사외유출로 소득처분하여 결단한 것으로 보아야 한다. 기타 사외유출이 국내세법에 따른 이중과세를 방지하기 위하여 법인 단계의 원천징수의무를 부과하지 않는 소득처분이기 때문이다. 따라서 불분명 이자소득에 대한 원천징수세액을 기타 사외유출로 소득처분한 것은 이중과세와 무관하다.

마. '업무무관 비용 또는 업무무관 가지급금 등 관련 지급이자의 손금불산입'(법세 §28 ① 4호)에 의하여 익금에 산입한 금액

바. (삭제)

사. 임대보증금 등의 간주익금(조특 §138)에 의하여 익금에 산입한 금액

아. '대표자 귀속 사외유출 금액'(법세령 §106 ① 1호 각 목 외의 부분 단서) 및 '추계결정·경정(법세령 §104 ②)에 따라 결정된 과세표준과 법인의 재무상태표 상의 당기순이익과의 차액으로서 대표자에 대한 이익처분에 의한 상여로 소득처분된 금액'(법세령 §106 ②)과 관련하여 당해 법인이 그 처분에 따른 소득세 등을 대납하고 이를 손비로 계상하거나, 그 대표자와의 특수관계가 소멸될 때까지 회수하지 아니함에 따라 익금에 산입한 금액.
법인세법이 소득세 등을 대납하고 이를 손비로 계상하거나 이를 가지급금으로 계상한 후 그 대표자와의 특수관계가 소멸될 때까지 회수하지 아니한 행위 자체를 별도의 순자산의 유출행위로 보나, 이에 대하여 다시 소득처분하고 원천징수의무를 부과하는 것을 막기 위하여 해당 금액을 기타 사외유출로 소득처분한 것이다. 이 쟁점은 해당 **순자산의 유출이 손금에 산입되는지 여부와 무관한 것으로서, 순자산의 유출 자체의 취급에 관한 것이다.**
'대표자 귀속 사외유출 금액'(법세령 §106 ① 1호 각 목 외의 부분 단서)에 대한 소득세를 법인이 납부하고 이를 가지급금으로 계상한 금액(특수관계가 소멸될 때까지의 기간에

상당하는 금액에 한정)에 대하여서는 인정이자를 계산하지 않는다(법세령 §89 ⑤ 단서 ; 법세칙 §44 5호). '대표자 귀속 사외유출 금액'(법세령 §106 ① 1호 각 목 외의 부분 단서)에 대하여 대납한 소득세를 가지급금으로 계상한 경우 해당 가지급금은 업무무관 가지급금에 해당하지 않기 때문이다(법세령 §53 ① 단서 ; 법세칙 §44 5호). 향후 해당 가지급금을 손금으로 계상하는 시점에, 손금불산입하고 기타 사외유출로 소득처분하여야 한다. **'대표자와의 특수관계가 소멸될 때까지 회수하지 아니함에 따라 익금에 산입한 금액'이 순자산 유출행위에 해당하는지 여부에 관하여 살필 필요가 있다. '익금에 산입한 금액'이라는 문언과 순자산의 유출이 모순되는 측면이 있기 때문이다. 업무무관 가지급금의 경우에는 법인세법이 특수관계가 소멸하는 시점까지 미회수한 업무무관 가지급금 등이 특수관계인에게 유출된 것으로 의제함으로써 발생하는 손금산입 효과를 상쇄하기 위하여 그 가지급금 등 상당액을 익금에 포함하는 것으로 의제한다. 즉 법인이 계상한** 가지급금에 변화가 없고 설사 가지급금을 회수하였다고 하더라도 이로 인하여 손익이 발생하지 않음에도 불구하고 특수관계의 소멸을 계기로 손금산입과 익금산입을 동시에 의제하는 것이다. 특수관계인에 대한 가지급금을 규제하기 위한 목적에서 법인세법이 특별하게 인정하는 것으로 보아야 한다.[972] **따라서 업무무관 가지급금의 경우에는 '대표자와의 특수관계가 소멸될 때까지 회수하지 아니함에 따라 익금에 산입한 금액'은 '특수관계의 소멸로 인하여 대표자에게 유출된 것으로 의제된 가지급금 상당액'을 의미한다.** 그런데 기술한 바와 같이 '대표자 귀속 사외유출 금액'(법세령 §106 ① 1호 각 목 외의 부분 단서)에 대하여 대납한 소득세를 가지급금으로 계상한 경우 해당 가지급금은 업무무관 가지급금에 해당하지 않는다(법세령 §53 ① 단서 ; 법세칙 §44 5호). 따라서 위 손금산입 및 익금산입 의제효과가 발생하지 않으므로, '그 대표자와의 특수관계가 소멸될 때까지 회수하지 아니함에 따라 익금에 산입한 금액'에 대하여 소득처분할 필요가 없다. 그렇다면 **'추계결정·경정**(법세령 §104 ②)**에 따라 결정된 과세표준과 법인의 재무상태표 상의 당기순이익과의 차액으로서 대표자에 대한 이익처분에 의한 상여로 소득처분된 금액**(법세령 §106 ②)**과 관련하여 대납한 소득세를 가지급금으로 계상한 경우에 한하여 '그 대표자와의 특수관계가 소멸될 때까지 회수하지 아니함에 따라 익금에 산입한 금액'에 대하여 기타 사외유출로 소득처분하는 것으로 보아야 한다.**

자. '법인 단계의 자본거래로 인한 그 특수관계인 사이의 이익분여행위'(법세령 §88 ① 8호, 8호의2) 및 '그에 준하는 행위 또는 계산'(법세령 §88 ① 9호)과 관련하여 익금에 산입한 금액으로서 귀속자에게 상속세 및 증여세법에 의하여 증여세가 과세되는 금액

차. '외국법인의 국내사업장의 각 사업연도의 소득에 대한 법인세의 과세표준을 신고하거나 결정 또는 경정'함에 있어서 익금에 산입한 금액이 그 외국법인 등에 귀속되는 소득과 국제조세조정에 관한 법률 상 '정상가격에 의한 신고 및 경정청구'(국조 §6), '정상가격에 의한 결정 및 경정'(국조 §7), '정상원가분담액 등에 의한 결정 및 경정'(국조 §9), '체약상대국의 과세조정에 대한 대응조정'(국조 §12) 및 '사전승인 방법의 준수 등'(국조 §15)에 따라 익금에 산입된 금액이 국외특수관계인으로부터 반환되지 않은 소득

'익금에 산입하거나 손금에 산입하지 아니한 금액'이 법인의 결산서 상 자본계정에 이미 반영된 경우는 어떻게 처리하여야 하는가? 재무회계 상으로는 자본계정으로서 분개하여야 하나, 세무회계 상으로는 익금으로 처리하여야 하는 **자기주식처분익**이, 세무조정 상 익금에 산입하여야 하나 해당 금액이 이미 법인의 결산서 상 자본계정에 반영된 대표적인 예에 속한다. 이 경우 '익금에 산입하거나 손금에 산입하지 아니한 금액'은 각 사업연도 소득금액에 편입된 이후 자본계정 상 이익잉여금 등에 반영되는 경로를 거치지 않고, 직접 자본계정에 계상된 것에 해당한다. 따라서 법인세법 상 자본계정 총액에 대하여 세무조정할 필요는 없으며 단지 해당 금액을 익금으로 인식하는 세무조정이 필요할 뿐이다. 즉 해당 금액을 익금산입하여야 하나, 이에 대하여 사외유출 또는 유보 소득처분을 할 필요가 없다. 이와 같은 경우 통상 **'기타'**로 **소득처분**한다. '익금에 산입하거나 손금에 산입하지 아니하였음에도 불구하고 사외유출 또는 유보로 소득처분하는 경우에 해당하지 않는 경우'를 '기타'라는 용어로 표현한 것으로 본다. 이는 사외유출로 소득처분된 '기타소득'과 구분되는 것이며, 이미 자본에 반영되어 있으므로 사후관리할 필요 역시 없다.

2. 과세표준의 추계결정 · 경정이 있는 때의 소득처분

추계결정 · 경정(법세령 §104 ②)에 따라 결정된 과세표준과 법인의 재무상태표 상의 당기순이익과의 차액(법인세 상당액을 공제하지 않은 금액)은 **대표자에 대한 이익처분에 의한 상여**로 한다(법세령 §106 ② 본문). 다만, **천재지변 등으로 장부나 그 밖의 증명서류가 멸실되어 법정방법**(동일업종의 다른 법인의 소득금액을 고려하여 그 과세표준을 결정 또는 경정하는 방법(법

---

958) 대법원 1997.10.24. 97누2429 ; 대법원 2004.7.9. 2003두1059, 1066.
959) 헌재 2009.3.26. 2005헌바107.
960) 대법원 1992.7.14. 92누3120 ; 대법원 1994.3.8. 93누1176.
961) 대법원 1989.4.11. 88누3802.
962) 대법원 1980.3.11. 79누322.
963) 대법원 1991.3.12. 90누7289.
964) 대법원 1995.6.30. 94누149.
965) 대법원 1995.6.30. 94누149.
966) 대법원 2008.1.18. 2005두8030.
967) 대법원 2010.10.28. 2010두11108 ; 대법원 2017.9.7. 2016두57298.
968) 대법원 1997.10.24. 97누2429 ; 대법원 2004.7.9. 2003두1059, 1066.
969) 같은 장 제1절 제1관 Ⅲ 3 참조.
970) 대법원 2014.11.27. 2012두25248.
971) 대법원 2008.9.18. 2006다49789 전원합의체 판결.
972) 같은 장 제1절 제2관 Ⅱ 12 참조.

세령 §104 ② 2호))(법세령 §107)**에 따라 추계하는 경우**(법세 §68 단서)에는 이를 **기타 사외유출**로 한다(법세령 §106 ② 단서). 위 각 경우 **법인이 결손신고를 한 때에는 그 결손은 없는 것으로** 본다(법세령 §106 ③).

3. 부당하게 사외유출된 금액을 회수한 때의 소득처분

내국법인이 수정신고기한(국기 §45) 내에 매출누락, 가공경비 등 부당하게 사외유출된 금액을 회수하고 세무조정으로 익금에 산입하여 신고하는 경우의 소득처분은 **사내유보로 한다**(법세령 §106 ④ 본문). 다만, **다음 각 호의 어느 하나에 해당되는 경우로서 경정이 있을 것을 미리 알고 사외유출된 금액을 익금산입하는 경우에는 그러하지 아니하다**(법세령 §106 ④ 단서). 이 경우 소득처분에 대하여서는 항을 바꾸어 살핀다.[973] 특수관계인 사이에서 사외유출이 발생한 경우 그 회수 전까지의 기간에 대하여서는 부당행위계산의 부인이 적용될 수 있다.

1. 세무조사의 통지를 받은 경우
2. 세무조사가 착수된 것을 알게 된 경우
3. 세무공무원이 과세자료의 수집 또는 민원 등을 처리하기 위하여 현지출장이나 확인업무에 착수한 경우
4. 납세지 관할 세무서장으로부터 과세자료 해명 통지를 받은 경우
5. 수사기관의 수사 또는 재판 과정에서 사외유출 사실이 확인된 경우
6. 그 밖에 제1호부터 제5호까지의 규정에 따른 사항과 유사한 경우로서 경정이 있을 것을 미리 안 것으로 인정되는 경우

사외유출에 따른 소득처분에 의하여 납세의무가 성립한 후에 그 귀속자가 소득금액을 법인에게 환원시켰다고 하더라도 이미 발생한 납세의무에 영향을 미칠 수 없다.[974]

4. 법인세법 상 소득처분의 성격 및 기능 등에 관한 쟁점 별 검토

법인세법 상 소득처분의 성격 및 기능 등에 대하여 다음과 각 쟁점 별로 구분하여 살핀다.

---

973) 같은 Ⅲ 4.1 참조.
974) 대법원 1984.10.23. 83누124 ; 대법원 2001.9.14. 99두3324.

4.1. 익금산입(손금불산입)으로 세무조정한 경우의 소득처분과 법인 순자산 또는 자본 사이의 관계

익금산입(손금불산입)으로 세무조정한 경우의 소득처분과 법인 순자산 또는 자본 사이의 관계에 대하여 각 경우를 구분하여 살핀다.

'장부에 수익으로 계상되지 않은 금액이 법인세법상 익금산입되거나 장부에 비용으로 계상된 금액이 법인세법상 손금불산입되어 법인세법상 자본이 기업회계기준 상 자본보다 크게 세무조정되어야 하나 그 법인세법상 자본증가액은 향후 다시 감소될 예정인 경우', 그 일시적 법인세법상 자본증가액에 대응하는 소득처분을 유보라고 한다. 즉 **소득처분으로서 인식하는 '유보'는** 기업회계기준 상 자본을 세무조정을 통하여 증액하여 법인세법상 자본과 일치시키기 위한 **법인세법상 순자산의 일시적 증가분**을 의미한다. 일시적인 법인세법상 순자산 증가분인 유보는 결과적으로 소멸하는바, 이는 일시적인 법인세법상 순자산 감소분인 △유보와 상쇄되어 소멸한다. 일시적인 법인세법상 순자산 감소분으로서 △유보를 법인세법상 별도로 인식하여야 할 필요가 있기 때문에, 유보 자체가 소멸하는 것이 아니라 △유보와 상쇄되어 소멸하는 것으로 처리한다. 즉 유보를 인식하는 경우에는 그 소멸시점에 △유보를 인식하여 두 금액을 상쇄하며, △유보를 인식하는 경우에는 그 소멸시점에 유보를 인식하여 두 금액을 상쇄하는 방법으로 사후관리한다.

'장부에 자본 구성요소의 증가액으로 계상된 금액을 법인세법상 익금으로 인식하거나 장부에 비용으로 계상된 금액을 법인세법상 자본 구성요소의 감소액으로 인식하여 손금불산입하는 경우'에는, 법인세법상 소득금액이 증가한다. 그러나 이 경우에도 법인세법상 자본과 기업회계기준 상 자본은 여전히 동일하다. 이 경우에는 법인세법상 소득금액의 증가로 인하여 법인세법상 자본 구성요소와 기업회계기준 상 자본 구성요소 사이의 구성비율이 달라질 뿐이다. 이는 기업회계기준과 법인세법상 자본 사이의 영구적 차이에 해당한다. 이와 같이 법인세법상 소득금액의 변동분에 대응하는 법인세법 상 자본 구성요소 계정의 변동분을 통상 '기타'로 소득처분한다. 즉 **'기타'로 소득처분한 금액**은 세무조정(익금산입 또는 손금불산입)을 통하여 **인식한 법인세법상 소득금액의 증가분**에 대응하는 **법인세법상 자본 구성요소 계정의 영구적 변동분**을 의미한다.

'장부에 수익으로 계상되지 않은 금액이 법인세법상 익금산입되거나 장부에 비용으로 계상된 금액이 법인세법상 손금불산입되어 법인세법상 자본(각 사업연도 소득금액)이 기업회계기준

상 자본보다 커져야 하나 그 법인세법 상 소득금액 증가액이 법인의 장부상에는 계상되지 않은 상태로 유출된 경우', 그 영구적 순자산 차감분을 사외유출이라고 한다. 즉 **소득처분으로서 인식하는 사외유출은 익금산입(손금불산입)에 따라 증가된 법인세법상 자본(각 사업연도 소득금액)의 유출에 대응하여 인식하는 법인세법상 순자산의 영구적 차감분을 의미한다.** 사외유출된 금액은 그 귀속자에 따라 배당, 이익처분에 의한 상여, 기타소득, 기타 사외유출로 소득처분하며, 귀속이 불분명한 경우에는 대표자에게 귀속된 것으로 본다(법세령 §106 ① 1호).

　　사외유출된 금액이 향후 사업연도에 다시 사내로 유입된 경우 어떻게 소득처분하여야 하는 가? 사외유출은 '장부에 수익으로 계상되지 않은 금액이 법인세법상 익금산입되거나 장부에 비용으로 계상된 금액이 법인세법상 손금불산입된 경우'를 전제로 하므로, 당초 장부상으로는 수익이 계상되지 않거나 비용이 초과하여 계상된 상태에 있었다. 사외유출된 금액이 환입된다면 장부상 수익이 추가로 계상되거나 비용의 환입으로 인식한다. 이로써 법인세법이 '당초 익금산입 및 손금불산입하였으나 소득처분하기 이전과 동일한 상태'에 이르게 된다. 즉 사외유출된 금액이 환입된 범위 내에서는 '기업회계기준 상 자본'과 '법인세법 상 세무조정 후 사외유출 이전의 자본'이 동일하다. 그러나 법인세법 상으로는 여전히 순자산이 사외유출된 상태로 계상되어 있으므로, 사외유출 거래를 취소하여야 한다. 즉 법인세법 상 순자산의 유입으로서 익금산입하여 소득금액을 증가시키고, 해당 순자산의 유출로 인하여 감소한 자본 구성요소 계정을 다시 증액하여야 한다. 그런데 기업회계기준 상으로 '사외유출의 환입' 당시에 해당 금액이 수익 또는 비용의 환입으로서 반영된다. 즉 '법인세법 상 사외유출의 환입으로 인한 익금산입'은 이미 기업회계기준에 따른 결산서에 반영된 것이다. 따라서 **법인세법 상 사외유출된 금액이 향후 사업연도에 다시 사내로 유입되어 익금산입되는 경우에는 해당 유입액이 이미 기업회계기준 상 결산서에 반영되어 있으므로 익금산입(기타)로 소득처분하여야 한다. 다만 자진 수정신고를 유도하기 위하여 사내유보로 소득처분하는 특례가 있다**(법세령 §106 ④ 본문). 이 특례의 경우에는 종전 소득처분을 사내유보로 수정하여야 한다.

4.2. 익금불산입(손금산입)으로 세무조정한 경우의 소득처분과 법인 순 자산 또는 자본 사이의 관계

　　익금불산입(손금산입)으로 세무조정한 경우의 소득처분과 법인 순자산 또는 자본 사이의 관계에 대하여 각 경우를 구분하여 살핀다.

　　'장부에 수익으로 계상한 금액이 법인세법상 익금불산입되거나 장부에 비용으로 계상하지 않은 금액이 법인세법상 손금산입되어 법인세법상 자본이 기업회계기준 상 자본보다 작게 세무조정되어야 하나 그 법인세법상 자본감소액은 향후 다시 증가될 예정인 경우', 그 일시적 법인세법상 순자산 감소분을 △유보(기업회계기준 상 자본을 법인세법상 자본으로 일시 감액하기 위한 대차평형에 따른 일시적인 법인세법상 순자산 감소계정)로 소득처분한다. 일시적인 법인세법상 순자산 감소분인 △유보는 결과적으로 소멸하는바, 이는 일시적인 법인세법상 순자산 증가분인 유보와 상쇄되어 소멸한다. 일시적인 법인세법상 순자산 증가분으로서 유보를 법인세법상 별도로 인식하여야 할 필요가 있기 때문에 △유보 자체가 소멸하는 것이 아니라 유보와 상쇄되어 소멸하는 것으로 처리한다. 즉 △유보를 인식하는 경우에는 그 소멸시점에 유보를 인식하여 두 금액을 상쇄하며 유보를 인식한 경우에는 그 소멸시점에 △유보를 인식하여 두 금액을 상쇄하는 방법으로 사후관리한다.

'장부에 자본 구성요소의 감소액으로 계상된 금액을 법인세법상 손금으로 인식하거나 장부에 수익으로 계상된 금액을 법인세법상 자본 구성요소의 증가액으로 인식하여 익금불산입하는 경우'에는, 법인세법상 각 사업연도 소득금액이 감소한다. 그러나 이 경우에도 법인세법상 자본과 기업회계기준 상 자본은 여전히 동일하다. 법인세법상 소득금액의 감소로 인하여 법인세법상 자본 구성요소와 기업회계기준 상 자본 구성요소 사이의 구성비율이 달라질 뿐이다. 이는 기업회계기준과 법인세법상 자본 사이의 영구적 차이에 해당한다. 이 경우 법인세법상 소득금액의 변동분에 대응하는 법인세법 상 자본 구성요소 계정의 변동분을 '기타'로 소득처분한다. 즉 **'기타'로 소득처분한 금액은 세무조정(익금불산입 또는 손금산입)을 통하여 인식한 법인세법상 소득금액의 감소분**에 대응하는 **법인세법상 자본 구성요소 계정의 영구적 변동분**을 의미한다.

법인세법이 기업회계기준 상 자본의 감소를 내용으로 하는 세무조정을 통하여 소득금액의 영구적 감소분을 인식한 경우, 해당 감소분이 다시 법인에 유입된 것으로 소득처분할 수 있는가? '장부에 자본 구성요소의 감소액으로 계상된 금액을 법인세법상 손금으로 인식하거나 장부에 수익으로 계상된 금액을 법인세법상 자본 구성요소의 증가액으로 인식하여 익금불산입하는 경우'에는 법인세법 상 각 사업연도 소득금액이 세무조정을 통하여 감소한다고 하더라도 익금산입된 금액이 사외유출된 것으로 볼 여지 자체가 없다. **장부 상 자본감소분을 법인세법상 손금으로 인식한 경우라면** 향후 해당 금액이 다시 법인에 유입된다고 하더라도 이를 법인세법상 자산수증익, 채무면제익 또는 자본(또는 출자)의 납입으로 인식하여야 한다. 자산수증익 및 채무면제익은 소득금액을 계산하기 이전 단계의 구성요소인 익금에 불과하므로 그 인식을 두고 소득처분이라고 할 수 없으며, 자본(또는 출자)의 납입은 익금에 포함되지 않아 소득금액의 계산 자체와 무관한 것이므로 그 인식이 소득처분에 관계될 수는 없다. **장부에 수익으로 계상된 금액을 법인세법상 자본 구성요소의 증가액으로 인식한 경우**라면 이는 각 사업연도 소득금액이 감소하였을 뿐 순자산의 현실적인 감소가 수반된 것이 아니므로, 순자산이 다시 유입되는 경우를 상정할 수 없다. 따라서 **법인세법이 기업회계기준 상 자본의 감소를 내용으로 하는 세무조정을 통하여 소득금액 영구적 감소분을 인식한 경우에는 해당 감소분이 다시 법인에 유입된 것으로 보아 소득처분할 수 있는 여지 자체가 없다.**

4.3. 사외유출 여부의 판정

법인의 순자산이 사외유출되었는지 여부는 어떻게 판정하여야 하는지 여부에 대하여 살핀다. 사외유출의 소득처분은 법인 순자산의 감소를 전제로 하고, 소득처분은 법인세 과세표준의 신고·결정 또는 경정 당시 법인의 장부에 반영되지 않은 순자산의 변동분을 대상으로 한다. 따라서 **소득처분 목적 상 사외유출**은 '**법인세 과세표준의 신고·결정 또는 경정 당시 법인의 장부에 반영되지 않은 순자산의 감소**'를 의미한다. 법인의 장부에 반영되었는지 여부는 순자산의 감소 여부의 판정에 본질적인 영향을 미치는 요소가 아니다. **순자산의 감소 여부는 손금의 정의에 있어서 순자산이 감소하였는지 여부와 동일하게 판정되어야 한다.** 그렇지 않으면 순자산의 감소를 납세자인 법인이 장부에 반영하였는지 여부에 따라 해당 순자산 감소의 손금성이 달라지는 결과에 이르게 된다. 이에 대한 규범적 합리성을 찾을 수 없다. **법인세법 상 손금**은 순자산의 감소로 인한 손비(손실 또는 비용)의 발생(법세 §19 ①)을 전제로 하는바, 이는 특정 거래로 인하여 법인세법, 조세특례제한법 및 기업회계기준에 따른 자산·부채의 변동이 인식되는 시점에 발생하고 이 경우 법인세법 또는 조세특례제한법이 기업회계기준에 우선하여 적용된다. 또한 '손금의 발생'은 자산·부채의 변동분이 화폐금액으로 신뢰성 있게 측정된 상태를 의미하고, 이는 통상의 경우 일회적 거래로 인하여 즉시 측정된다고 할지라도 원칙적으로는 신뢰성 있게 측정된 상태에 이르기 위한 '시간의 경과'를 필요로 하는 개념이다. 또한 '신뢰성 있게 측정되는 상태'에 있어서 '신뢰성'에 대한 판단은 향후 경제적 상황의 변화에 따라 달라질 수 있는 것이므로 해당 변동액 역시 자산·부채의 계상금액에 반영될 수 있는 여지를 담고 있다.[975] 따라서 사외유출 여부는 다음과 같이 판정되어야 한다. **사외유출 여부는 특정 거래로 인하여 법인세법, 조세특례제한법 및 기업회계기준에 따른 자산·부채의 변동으로**

---

975) 같은 장 제1절 제1관 Ⅲ 2 참조.

인하여 순자산의 감소가 인식되는 시점에 발생하고 이 경우 법인세법 또는 조세특례제한법이 기업회계기준에 우선하여 적용된다. 또한 이 경우 **자산·부채의 변동으로 인하여 순자산의 감소는 그 변동분이 화폐금액으로 신뢰성 있게 측정된 상태에 이르러야** 하고, 이는 통상의 경우 일회적 거래로 인하여 즉시 측정된다고 할지라도 원칙적으로는 신뢰성 있게 측정된 상태에 이르기 위한 **'시간의 경과'를 필요로 할 수 있다.** 나아가 **'신뢰성'에 대한 판단은 향후 경제적 상황의 변화에 따라 달라질 수 있다.**

이하 **사외유출 여부 관련 판례**에 대하여 살핀다. 사용자가 **피용자에 대하여 불법행위로 인한 손해배상청구채권을 취득한 경우** 그 손해배상액 상당을 곧바로 그 피용자에게 지급된 근로소득으로 볼 수는 없다.[976] 법인의 피용자의 지위에 있는 자가 법인의 업무와는 무관하게 개인적 이익을 위해 법인의 자금을 횡령하는 등 불법행위를 함으로써 법인이 그 자에 대하여 그로 인한 손해배상채권 등을 취득하는 경우에는 그 금원 상당액이 곧바로 사외유출된 것으로 볼 수는 없고, 해당 **법인이나 그 실질적 경영자 등의 사전 또는 사후의 묵인, 채권회수포기 등 법인이 그에 대한 손해배상채권을 회수하지 않겠다는 의사를 객관적으로 나타낸 것으로 볼 수 있는 등의 사정이 있는 경우에만 사외유출로 보아** 이를 상여로서 소득처분할 수 있다 할 것이며, 대표이사의 직위에 있는 자라 하더라도 그 실질상 피용자의 지위에 있는 경우에는 이와 마찬가지로 보아야 한다.[977] 따라서 사외유출로 보는 경우에는 법인이 손해배상채권을 자산으로 계상할 수 없고 향후 이에 대한 대손 역시 인식할 수 없다고 보아야 한다. 법인의 실질적 경영자인 대표이사 등이 **법인의 자금을 유용하는 행위**는 특별한 사정이 없는 한 애당초 회수를 전제로 하여 이루어진 것이 아니어서 그 금액에 대한 지출 자체로서 이미 사외유출에 해당하나, **그 유용 당시부터 회수를 전제하지 않은 것으로 볼 수 없는 특별한 사정**에 관하여는 횡령의 주체인 대표이사 등의 법인 내에서의 실질적인 지위 및 법인에 대한 지배 정도, 횡령행위에 이르게 된 경위 및 횡령 이후의 법인의 조치 등을 통하여 그 대표이사 등의 의사를 법인의 의사와 동일시하거나 대표이사 등과 법인의 경제적 이해관계가 사실상 일치하는 것으로 보기 어려운 경우인지 여부 등 제반 사정을 종합하여 **개별적·구체적으로 판단**하여야 하며, 이러한 특별한 사정은 **이를 주장하는 법인이 입증하여야** 한다.[978]

법인이 매출사실이 있음에도 불구하고 그 매출액을 장부에 기재하지 아니한 경우에는 **특별한 사정이 없는 한 원료매입비 등 원가상당액을 포함한 매출누락액 전액이 사외로 유출된 것으로**

---

976) 대법원 1989.3.28. 87누880.
977) 대법원 2004.4.9. 2002두9254.
978) 대법원 2008.11.13. 2007두23323 ; 대법원 2013.2.28. 2012두23822

보아야 하고, 이 경우 그 매출누락액이 사외로 유출된 것이 아니라고 볼 특별사정은 이를 주장하는 법인이 입증하여야 한다.[979] 법인이 그 **자산을 양도하고도 그 양도대금을 장부에 기재하지 아니한 경우**에도 특별한 사정이 없는 한 기장되지 않은 양도대금 상당액이 사외로 유출된 것으로 보아야 하고, 사외로 유출된 것이 아니라고 볼 특별한 사정은 이를 주장하는 법인이 입증하여야 한다.[980] **과세관청이 법인세 과세표준 신고시에 경비로 신고되지 않은 금액을 특별히 법인의 경비로 인정하여 법인의 소득금액 계산에서 공제해 주었다 하더라도, 사외유출되어 대표자 등에게 귀속되는 소득금액에서 법인의 부담으로 지출된 경비를 당연히 공제해야 하는 것은 아니다.**[981] 법인의 **매출누락액이 사외로 유출된 것이 아니라고 보아야 할 특별한 사정**이 있다면 이를 대표이사에 대한 상여로 소득처분할 수는 없다.[982] 누락소득금액이 **전액 채권자단의 채권변제에 충당**되었다면 이를 대표자에 대한 상여로 소득처분할 수 없다.[983]

법인이 매출에 의하여 수령한 대금을 내용이 확정되지 아니한 임시계정인 가수금 계정에 **계상**함으로써 그 상대계정인 현금이 일단 법인에 들어온 것으로 회계처리를 하였다고 하더라도, 만일 그 **가수금 계정의 내용이 대표이사로부터의 단기 차입금 거래를 기장한 것으로서 장차 이를 대표이사에게 반제해야 할 채무**라는 것이 밝혀진 경우에는 그 가수금 거래는 법인의 순자산의 변동 내지 증가를 수반하지 아니하는 것으로서 법인의 수익이나 비용과는 무관한 것이므로, 그 가수금 채무가 애당초 **반제를 예정하지 아니한 명목만의 가공채무**라는 등의 **특별한 사정이 없는 한**, 장부에 법인의 수익으로서 기재되었어야 할 **매출누락액은 이미 사외로 유출되어 위 가수금 거래의 상대방인 대표이사에게 귀속된 것으로 보아야** 한다.[984] 매출 누락의 경우 해당 매출에 대한 부가가치세 매출세액 역시 소득처분액에 포함되어야 하는지 여부가 쟁점이 된다. 매출 누락의 경우에는 그 거래상대방은 최종적인 소비자로 의제하는 것이 타당하고, 부가가치세 매출세액은 법인이 최종적 소비자로부터 징수하여 납부하여야 한다. 따라서 그 귀속자는 매출누락으로 인하여 부가가치세 매출세액의 부담 역시 회피한 것으로 보아야 한다. 따라서 **매출누락의 경우 소득처분액에는 해당 매출에 대한 부가가치세 매출세액 역시 포함되고, 현실적 귀속 금액 역시 동일하게 보는 것이 타당하다.** 부가가치세 매출세액은 익금항목이 아니므로 익금에 산입되는 금액에 그 매출세액은 포함되지 않는다.

---

979) 대법원 2002.12.6. 2001두2560
980) 대법원 2006.12.21. 2005두2049
981) 대법원 1999.5.25. 97누19151
982) 대법원 1988.3.22. 86누587
983) 대법원 1990.9.28. 90누2222
984) 대법원 2002.1.11. 2000두3726

법인이 법인세의 과세표준과 세액을 신고하면서 **가공의 비용을 손금에 산입하였다고 하더라도** 그에 대응하는 명목상의 채무를 대차대조표상 부채로 계상해 둔 경우에는 당해 법인의 순자산에 아무런 변화가 없으므로 사외유출을 인정할 만한 다른 사정이 없는 한 그 비용 상당액이 사외로 유출된 것으로 볼 수 없다.[985] 이 경우에는 가공부채 및 해당 비용을 제거하여야 한다. 따라서 해당 비용을 손금불산입하나 가공부채가 장부에 계상되어 있으므로 사후관리를 위하여 유보로 소득처분한다. 가공부채를 변제하는 시점에는 장부 상으로는 소득금액에 영향을 주지 않지만 현실적인 순자산의 유출이 발생하므로 손금산입하고 △유보로 소득처분하여 사후관리를 마무리한다. 회사를 설립하거나 증자할 때 당초부터 진정한 주금의 납입으로 회사자금을 확보할 의도 없이 일시적인 차입금으로 단지 주금납입의 외형을 갖추고 회사설립이나 증자 후 곧바로 납입금을 인출하여 차입금을 변제하는 주금의 가장납입의 경우에도 금원의 이동에 따른 현실의 납입이 있고, 설령 그것이 실제로는 주금납입의 가장수단으로 이용된 것이더라도 이는 납입을 하는 발기인 또는 이사들의 주관적 의도의 문제에 불과하므로 이러한 내심적 사정에 의하여 회사의 설립이나 증자와 같은 집단적 절차의 일환을 이루는 주금납입의 효력이 좌우될 수 없어서 주금을 가장납입한 후 납입금을 인출하여 차입금을 변제한 경우에는 특별한 사정이 없는 한 납입금 상당액이 사외로 유출된 것으로 보아야 한다.[986] 그런데 가장설립의 유효성을 인정하는 판례는 납입금이 회사에 실재하지 않는다는 점에 근거하여, 주금의 가장납입을 회사가 일시 차입금을 가지고 주주들의 주금을 체당납입한 것과 같이 볼 수 있어 주금납입이 종료된 후에도 주주는 회사에 대하여 체당납입한 주금을 상환할 의무가 있다고 판시한다.[987] 그렇다면 회사법인은 해당 주주에 대한 주금납입채권을 자산으로서 보유한 것이므로 이를 들어 사외유출로 볼 수 없다는 점에서 위 두 판례는 일견 충돌하는 것으로 보인다. 전자의 판례를 '법인이 주금납입채권을 행사할 가능성이 희박하여 이를 자산으로 계상할 수 없는 경우'에 대하여 판시한 것으로 이해하는 것이 타당하다.

회사가 **'지배주주인 대표이사에 대한 대여금 상당 금액'을 잔여재산의 일부로 보아 폐업에 따른 청산절차의 일환으로서 분배**한 것으로 볼 수 있다면, 그 대여금이 사외에 유출된 것으로 보기는 어렵다.[988] 회사가 계상한 대여금이 자산으로서의 실질을 갖는다면 청산의 경우 지배주주로서 이에 대하여 분배를 받을 권리가 있어서 이를 들어 순자산이 유출되었다고 할 수

---

985) 대법원 2012.7.26. 2010두382.
986) 대법원 2016.9.23. 2016두40573.
987) 대법원 2004.3.26. 2002다29138.
988) 대법원 2012.6.28. 2011두30205.

없을 뿐만 아니라, 대여금이 자산으로서의 실질을 갖추지 못하였다면 가공자산을 분배한 것이므로 역시 이를 들어 순자산이 유출되었다고 할 수 없기 때문이다. 게다가 익금산입을 전제로 하는 소득처분 규정이 '잔여재산 가액에서 자기자본 총액을 공제하여 소득금액 및 과세표준을 계산하는 청산법인'(법세 §77, §79)에 대하여 적용된다고 볼 수도 없다.

4.4. 사외유출과 '자본의 환급' 또는 '잉여금의 처분' 사이의 관계

사외유출과 '자본의 환급' 또는 '잉여금의 처분' 사이의 관계는 어떠한지 여부에 관한 쟁점은 사외유출로 소득처분된 금액은 전부 손금불산입되어야 하는지 여부와 관계된다. 만약 사외유출이 '자본의 환급' 또는 '잉여금의 처분'(법세 §19 ①)에 해당한다면 이는 항상 손금불산입되어야 할 것이지만, 그렇지 않다면 다시 사외유출로 소득처분된 금액의 손금산입 여부에 대하여 검토하여야 하기 때문이다. 사외유출 귀속자가 주주 등 출자자인 경우에는 자본의 환급 여부가 문제로 될 수 있으나 이 경우에도 법인세법은 배당으로 소득처분하므로 이를 들어 자본의 환급으로 볼 수는 없고, 주식배당의 경우에는 잉여금의 처분으로 볼 여지가 있으나 순자산의 유출을 전제로 하는 사외유출의 경우는 주식배당과 무관하다. 그렇다면 사외유출 귀속자가 주주 등 출자자인 경우에도 사외유출은 '자본의 환급' 또는 '잉여금의 처분'에 해당하지 않는다. 그런데 사외유출의 귀속자는 주주 등 출자자 이외에도 임직원, 별도의 법인 또는 개인사업자 등이 있는바, 이들은 '자본의 환급' 또는 '잉여금의 처분'거래의 상대방 자체가 될 수 없다. 그렇다면 사외유출은 '자본의 환급' 또는 '잉여금의 처분'과 무관하므로 **사외유출의 손금산입 여부는 해당 순자산의 감소가 해당 법인의 사업과 관련하여 발생하거나 지출된 손실 또는 비용으로서 일반적으로 인정되는 통상적인 것이거나 수익과 직접 관련된 것인지 여부**(법세 §19 ①)**에 의하여 판정되어야** 한다. 다만 일반적으로 법인의 장부에 반영되지 않은 순자산의 감소가 사업관련성, 통상성 또는 수익 직접 관련성을 충족하는 것[989]은 어려울 것으로 본다.

4.5. 사외유출과 현실적 귀속 사이의 관계

'사외유출과 현실적 귀속 사이의 관계'라는 쟁점은 법인세법 상 사외유출의 경우 그 귀속자 별로 소득처분하는 규정이 '**현실적 귀속**' 및 '**사외유출 금원의 실질**'에 대한 입증을 배제하는 것인지 여부와 관계된다. 사외유출된 소득이 출자자 등에게 현실로 귀속되었는지 여부와

989) 같은 장 제1절 제1관 Ⅲ 5, 6 참조.

현실귀속된 소득이 어떠한 종류에 해당하는가의 문제는 기본적으로 사실심 법원의 자유심증에 의하여 판단될 사실인정의 문제로서 간접사실에 의한 추인의 여지를 배제하는 것은 아니다.[990] 소득처분 제도 자체가 위헌이라고 볼 수는 없지만, 사실인정의 문제와 관련하여 합리적 근거가 없이 그 실질에 대한 입증을 배제한다면 이는 조세평등주의에서 연원하는 실질과세원칙에 반한다. 동일한 경제적 실질에 해당함에도 불구하고 소득처분 제도로 인하여 그 경제적 실질에 반하여 달리 취급되어야 하고, 사실인정에 관한 문제이므로 조세법률주의와의 직접적인 충돌의 여지 역시 없는 것으로 보아야 하기 때문이다. 과세관청의 행정 상 편의만을 위하여 이를 합리화할 수는 없다. 법문언이 명시적으로 그 입증을 배제하는 것 역시 아니다. 판례 역시 현실적 귀속에 대한 입증을 허용한다. 대표자는 익금산입액의 귀속이 불분명하다는 사유로 상여처분된 소득금액에 대하여는 특별한 사정이 없는 한 그 금액이 현실적으로 자신에게 귀속되었는지 여부에 관계없이 원천징수의무자인 법인이 납부한 갑종근로소득세액 상당을 당해 법인에게 지급할 의무가 있고, 이 경우 법인의 구상금청구를 거절하기 위해서는 법인의 업무를 집행하여 옴으로써 그 내부사정을 누구보다도 잘 알 수 있는 대표자가 인정상여로 소득처분된 소득금액이 자신에게 귀속되지 않았을 뿐만 아니라 귀속자가 따로 있음을 밝히는 방법으로 그 귀속이 분명하다는 점을 증명하여야 한다.[991] 사외유출된 금원의 실질에 대한 입증 역시 허용되어야 한다. 현실적 귀속 및 사외유출 금원의 실질에 대하여서는 이를 주장하는 자가 그 입증책임을 부담하는 것이 타당하다. 귀속이 분명하다는 점에 관한 입증책임 역시 이를 주장하는 납세자에게 있다.[992]

5. 소득귀속자 관련 과세

법인세법 상 소득처분에 의하여 각 배당, 상여 및 기타소득으로 소득처분된 금액은 그 귀속자에 대하여 소득세법 상 각 배당소득(소세 §17 ① 4호), 근로소득(소세 §20 ① 3호) 및 기타소득(소세 §21 ① 20호)으로 과세된다. 법인세법에 의하여 세무서장 또는 지방국세청장이 **법인소득금액을 결정 또는 경정할 때에 소득처분**('국외지배주주로부터 차입한 금액에 대한 지급이자 손금불산입액의 소득처분된 경우'(국조령 §49)를 포함)**되는 배당·상여 및 기타소득**은 법인소득금액을 결정 또는 경정하는 세무서장 또는 지방국세청장이 그 결정일 또는 경정일부터 15일 내에

---

990) 대법원 1997.10.24. 97누2429 ; 대법원 2004.7.9. 2003두1059, 1066.
991) 대법원 2008.9.18. 2006다49789 전원합의체 판결.
992) 대법원 1992.8.14. 92누6747 ; 대법원 2017.10.26. 2017두1310.

소득금액변동통지서(소세칙 §100)에 따라 **해당 법인에 통지해야** 한다(소세령 §192 ① 본문). 다만, 해당 법인의 소재지가 분명하지 않거나 그 통지서를 송달할 수 없는 경우에는 해당 주주 및 해당 상여나 기타소득의 소득처분을 받은 **거주자에게 통지해야** 한다(소세령 §192 ① 단서). 과세관청이 내부적으로 소득처분을 하였다고 하더라도 그 내용을 **소득금액변동통지를 통해 법인에게 고지하지 않거나 소득금액변동통지를 하였더라도 사후 이를 취소 또는 철회한 경우**에는 법인에게 원천징수의무가 없고, 따라서 이를 전제로 과세관청이 징수처분에 나아갈 수도 없다.[993] 과세관청이 소득의 귀속자에게 하는 소득금액변동통지를 **납세지 관할 세무서장 또는 관할 지방국세청장이 아닌 다른 세무서장 또는 지방국세청장이** 하였다면 이는 관할 없는 과세관청의 통지로서 흠이 있는 통지라고 할 것이다.[994] 법인세는 '납세지를 관할하는 세무서장 또는 지방국세청장'을 과세관할로 정하고 있는바(법세 §12), 권한 없는 자에 의한 소득처분은 그 하자가 중대한 경우에 해당하므로 **납세지의 판정이 명백하다면** 납세지 관할 세무서장 또는 관할 지방국세청장이 아닌 **다른 세무서장 또는 지방국세청장이 한 소득금액변동통지는 무효**라고 보아야 한다. 소득금액변동통지서에 '소득자의 성명·주소 등'과 소득금액을 기재하도록 규정하고 있는 점 등에 비추어 보면, 과세관청이 소득금액변동통지서에 **소득의 귀속자나 소득의 귀속자별 소득금액을 특정하여 기재하지 않은 채 소득금액변동통지를 하였다면 특별한 사정이 없는 한 그 소득금액변동통지는 위법**하다.[995] 그러나 과세관청이 소득금액변동통지서에 기재하여야 할 사항을 일부 누락하거나 잘못 기재하였더라도 그것이 사소한 누락 또는 명백한 착오에 해당함이 소득금액변동통지서 상 분명하거나 소득금액변동통지에 앞서 이루어진 **세무조사결과통지** 등에 의하여 원천징수의무자가 그러한 사정을 충분히 알 수 있어서 **소득종류, 소득자, 소득금액 및 그에 따른 원천징수세액을 특정하고 원천징수의무자가 불복신청을 하는 데 지장을 초래하지 아니하는 경우**라면 소득금액변동통지를 위법하다고 볼 것은 아니다.[996]

소득금액변동통지와 과세적부심사의 관계에 대하여 살핀다. 과세전적부심사를 거치지 않고 곧바로 과세처분을 할 수 있거나 과세전적부심사에 대한 결정이 있기 전이라도 과세처분을 할 수 있는 예외사유로 정하고 있다는 등의 **특별한 사정이 없는 한, 세무조사결과통지 후 과세전적부심사 청구나 그에 대한 결정이 있기도 전에 과세처분을 하는 것은 원칙적으로**

---

993) 대법원 2006.8.25. 2006두3803
994) 대법원 2015.1.29. 2013두4118
995) 대법원 2013.9.26. 2011두12917
996) 대법원 2014.8.20. 2012두23341

과세전적부심사 이후에 이루어져야 하는 과세처분을 그보다 앞서 함으로써 과세전적부심사 제도 자체를 형해화시킬 뿐 아니라 과세전적부심사 결정과 과세처분 사이의 관계 및 불복절차를 불분명하게 할 우려가 있으므로, 그와 같은 과세처분은 납세자의 절차적 권리를 침해하는 것으로서 **절차상 하자가 중대하고도 명백하여 무효**이다.[997] 따라서 특별한 사정이 없음에도 세무조사결과통지가 있은 후 과세전적부심사 청구 또는 그에 대한 결정이 있기 전에 이루어진 **소득금액변동통지**는 납세자의 절차적 권리를 침해하는 것으로서 절차상 하자가 중대하고도 명백하여 **무효**이다.[998] 과세관청의 **익금산입** 등에 따른 법인세 부과처분과 그 익금 등의 **소득처분**에 따른 소득금액변동통지는 각각 **별개의 처분**이므로, 과세관청이 법인에 대하여 세무조사결과통지를 하면서 익금누락 등으로 인한 법인세 포탈에 관하여 조세범 처벌법 위반으로 고발 또는 통고처분을 하였더라도 이는 포탈한 법인세에 대하여 '조세범 처벌법 위반으로 고발 또는 통고처분하는 경우'에 해당할 뿐이지, **소득처분에 따른 소득금액변동통지와 관련된 조세포탈에 대해서까지** 과세전적부심사의 예외사유인 '고발 또는 통고처분'을 한 것으로 볼 수는 없다.[999] 원천징수의무자인 법인에 대한 소득금액변동통지는 **원천징수하는 소득세 또는 법인세의 납세의무를 확정하는 효력이 있다**는 점에서 부과고지의 효력을 갖는 납세고지와 유사한 부분이 있으나, 소득금액변동통지는 소득처분의 내용 중 법인의 원천징수의무 이행과 관련된 사항을 기재하여 원천징수의무자에게 통지하는 것으로서, 과세관청이 세금을 징수하기 위하여 세액 등 세금의 납부와 관련된 사항을 법정의 서류(납세고지서)로 **납세자에게 알리는 납세고지에 해당한다고 볼 수 없다.**[1000] 따라서 소득금액변동통지서 상 세액이 100만원 이상이라고 할지라도 **납세고지할 세액이 100만원 이상인 경우에 행하는 과세예고통지의 대상이 되는 것 역시 아니다.**[1001]

소득처분되는 배당·상여 및 기타소득에 대한 수입시기는 다음과 같다. 법인세법에 의하여 **배당**으로 소득처분된 금액의 수입시기는 '당해 법인의 당해 사업연도의 결산확정일'이다(소세령 §46 6호). **상여**의 경우에는 '해당 사업연도 중의 근로를 제공한 날(월평균금액을 계산한 것이 2년도에 걸친 때에는 각각 해당 사업연도 중 근로를 제공한 날)'이다(소세령 §49 ① 3호). **기타소득**의 경우에는 '그 법인의 해당 사업연도의 결산확정일'이다(소세령 §50 ① 2호). **소득처분되는 배당·상**

---

997) 대법원 2020.10.29. 2017두51174.
998) 대법원 2020.10.29. 2017두51174.
999) 대법원 2020.10.29. 2017두51174.
1000) 대법원 2021.4.29. 2020두52689.
1001) 대법원 2021.4.29. 2020두52689.

여 및 기타소득에 대한 납세의무 성립시기는 '각 수입시기가 속한 과세기간이 끝나는 때'이다(국기 §21 ② 1호). 배당 및 기타소득의 경우 해당 사업연도의 결산확정일은 소득처분된 날이 속하는 사업연도의 결산확정일을 의미하므로, 소득금액변동통지서의 송달이 필요하나, 상여의 경우에는 근로제공일이 속하는 과세기간이 끝나는 때에 납세의무가 성립하므로 소득금액변동통지서의 송달로 인하여 납세의무의 성립시기가 결정되는 것은 아니다. 과세관청이 사외유출된 익금가산액이 임원 또는 사용인에게 귀속된 것으로 보고 상여로 소득처분을 한 경우 당해 소득금액의 지급자로서 **원천징수의무자인 법인에 대하여는 소득금액변동통지서가 당해 법인에게 송달된 날에 그 원천징수의무가 성립하는 것과는 달리**, 그 소득의 귀속자에 대하여는 법인에 대한 소득금액변동통지가 송달되었는지 여부와 상관없이 소득처분의 대상이 되는 사업연도 중에 **근로를 제공한 날**이 수입시기가 되므로 해당 소득이 귀속된 과세기간이 종료하는 때에 납세의무가 성립한다.[1002] 내국법인의 차입금 중 국외지배주주로부터 **차입한 금액이** 국외지배주주가 주식 등으로 **출자한 출자지분에 대한 일정 비율을 초과하는 경우** 초과분에 대한 지급이자 중 일정액을 배당으로 소득처분된 것으로 간주하고 있으므로, 이러한 경우에는 원천징수의무자인 내국법인이 소득금액변동통지서를 받은 날에 비로소 원천징수의무가 성립한다고 볼 수 없다.[1003] 소득금액변동통지서를 받은 법인의 원천징수의무가 성립하려면 그 성립시기인 소득금액변동통지서를 받은 때에 소득금액을 지급받은 것으로 보아야 할 원천납세의무자의 소득세 납세의무가 성립되어 있어야 하며, 원천납세의무자의 소득세 납세의무가 그 소득세에 대한 **부과제척기간의 도과 등으로 소멸**하였다면 원천징수의무도 성립할 수 없다.[1004] 소득금액변동통지가 소득처분에 의한 소득을 지급받는 것으로 의제되는 **소득의 귀속자가 이미 사망한 후**에 있게 되는 경우에는 그 사망한 자의 원천납세의무가 발생할 여지가 없으며 그와 표리관계에 있는 원천징수의무자의 원천징수의무도 성립할 여지가 없다.[1005] 소득의 귀속자가 이미 사망한 경우와 관련하여 소득세 납세의무가 상속인들에게 승계되므로 소득의 귀속자가 이미 사망한 후 소득금액변동통지가 송달되더라도 원천징수의무의 성립에 장애가 되지 않는다는 견해가 있으나,[1006] 소득의 현실적 귀속에 근거한 것이 아니라 의제적 소득처분에 의하여 원천징수의무가 성립하는 경우에는 소득금액변동통지 당시 그 귀속자가

1002) 대법원 2006.7.13. 2004두4604 ; 대법원 2006.7.27. 2004두9944
1003) 대법원 2018.2.28. 2015두2710
1004) 대법원 2010.1.28. 2007두20959 ; 대법원 2010.4.29. 2007두11382
1005) 대법원 1992.7.14. 92누4048
1006) 송동진, 전게서, 555면 ; 강석규, 조세법쟁론, 삼일인포마인, 2020, 1034면.

사망하였다면 원천징수의무가 성립하지 않는 것으로 보아야 한다. 향후 의제적 소득처분에 의하여 비로소 발생할 수 있는 납세의무가 그 발생 이전에 미리 상속될 수는 없기 때문이다. 이는 근로제공일이 상여 소득처분의 수입시기에 해당한다고 하더라도 동일하게 보아야 한다. 의제적 소득처분에 의하여 원천징수의무 등 납세의무가 비로소 성립한다는 점에는 변화가 없기 때문이다.

　　종합소득 과세표준확정신고기한이 지난 후에 법인세법에 따라 법인이 법인세 과세표준을 신고하거나 세무서장이 법인세 과세표준을 결정 또는 경정하여 **익금에 산입한 금액이 배당·상여 또는 기타소득으로 소득처분됨으로써 소득금액에 변동이 발생함에 따라** 종합소득 과세표준확정신고 의무가 없었던 자, 세법에 따라 과세표준확정신고를 하지 아니하여도 되는 자 및 과세표준확정신고를 한 자가 **소득세를 추가 납부하여야 하는 경우** 해당 법인('해당 법인의 소재지가 분명하지 않거나 그 통지서를 송달할 수 없는 사유로 거주자가 통지를 받은 경우'(소세령 §192 ① 단서)에는 그 거주자)**이 소득금액변동통지서를 받은 날**(법인세법에 따라 법인이 신고함으로써 소득금액이 변동된 경우에는 그 법인의 법인세 신고기일)**이 속하는 달의 다음다음 달 말일까지 추가신고한 때**에는 종합소득 과세표준확정신고(소세 §70) 또는 과세표준확정신고의 특례(소세 §74)의 **법정신고기한까지 신고한 것으로** 본다(소세령 §134 ①). 이는 법인에게 소득금액변동통지서를 송달할 수 없는 경우에 소득처분을 받은 거주자에게 보충적으로 송달을 이행함으로써 법인에게 원천징수의무를 발생시키기 위한 규정이 아니라, 소득처분을 받은 거주자에게 종합소득 과세표준의 추가신고 및 자진납부의 기회를 주기 위하여 마련한 특칙이다.[1007] 이 경우 납부불성실가산세는 그 법정 추가 납부기한인 소득금액변동통지서를 받은 날이 속하는 달의 다음 달 말일의 다음 날부터 기산하여 산정하는 것이 타당하다.[1008]

　　소득처분되는 배당에 대하여는 **다음 각 호의 어느 하나에 해당하는 날에 그 배당소득을 지급한 것으로 보아 소득세를 원천징수**한다(소세 §131 ②). 이는 **상여 및 기타소득으로 소득처분하는 경우에도 적용**된다(소세 §135 ④, §145의2). 원천징수의무자인 법인은 원천징수한 소득세를 그 징수일이 속하는 달의 다음 달 10일까지 원천징수 관할 세무서, 한국은행 또는 체신관서에 납부하여야 한다(소세 §128 ①). 소득금액변동통지가 있은 때에 소득금액을 지급한 것으로 의제하게 됨으로써 당해 법인의 원천징수의무가 자동적으로 성립확정되는 효과를 가져오는 것이므로, 소득금액변동통지에 관한 위 규정들이 **단순히 그 지급시기만을 의제하는 규정은**

1007) 대법원 2013.9.26. 2010두24579
1008) 대법원 2006.7.27. 2004두9944

아니다.[1009] 따라서 지급사실 역시 의제된다고 보아야 하나, 이는 원천징수 목적의 범위 내에서 의제되는 것으로 보아야 한다. 즉 현실적 사외유출로서의 지급사실까지 의제하는 것으로 볼 수는 없다. 이는 별도의 입증대상에 속한다.

1. 법인세 과세표준을 결정 또는 경정하는 경우 : 소득금액변동통지서를 받은 날(소세령 §192 ①)
2. 법인세 과세표준을 신고하는 경우 : 그 신고일 또는 수정신고일

원천징수의무자의 소득귀속자에 대한 구상권에 대하여 살핀다. 대표자 인정상여에 있어서 법인이 원천징수의무를 이행하였음에도 그 익금산입액의 귀속이 불분명하다는 사유만으로 법인의 대표자에 대한 구상권행사를 부정한다면, 이는 사실상 원천납세의무는 없고 원천징수의무만 있게 되어 원천징수제도의 기본 법리에 어긋나는 부당한 결과에 이르게 되므로, **대표자 인정상여에 대하여 원천징수세액을 원천징수하지 않고 국가에 납부한 경우에도 법인은 귀속자인 대표자에 대하여 해당 세액에 대하여 구상권을 행사할 수 있다.**[1010] 원천징수의무자가 구상권을 행사할 때에는 국가에 원천징수세액을 납부한 사실뿐만 아니라 원천납세의무자의 납세의무가 존재한 사실까지 증명하여야 하는 것이 원칙이므로, 과세관청의 대표자 상여 소득처분 및 소득금액변동통지에 따라 원천징수세액을 납부한 법인이 구상권을 행사하고자 하는 경우에도 마찬가지로 **원천징수의무자인 법인은 원천징수세액을 납부한 사실뿐만 아니라 원천납세의무자인 대표자의 납세의무가 존재한 사실을 증명할 책임이 있다.**[1011] 법인의 구상금 청구를 거절하기 위해서는 법인의 업무를 집행하여 옴으로써 그 내부사정을 누구보다도 잘 알 수 있는 대표자가 인정상여로 소득처분된 소득금액이 **자신에게 귀속되지 않았을 뿐만** 아니라 귀속자가 따로 있음을 밝히는 방법으로 그 귀속이 분명하다는 점을 증명하여야 한다.[1012] 법인이 원천징수한 내용에 탈루 또는 오류가 있는 경우라고 할지라도 이를 근거로 소득귀속자에 대하여 결정 또는 경정할 수 있는 규범 상 근거는 없다(소세 §80 참조).

법인에 대한 소득금액변동통지에 따른 원천징수의무와 제2차 납세의무에 대하여 살핀다. 제2차 납세의무가 성립하기 위하여는 주된 납세의무자의 체납 등 그 요건에 해당되는 사실이

1009) 대법원 1993.8.27. 93누6058
1010) 대법원 2008.9.18. 2006다49789 전원합의체 판결
1011) 대법원 2016.6.9. 2014다82491
1012) 대법원 2008.9.18. 2006다49789 전원합의체 판결

발생하여야 하는 것이므로, 그 **성립시기는 적어도 '주된 납세의무의 납부기한'이 경과한 이후이다.**[1013] 소득금액변동통지에 따른 법인의 원천징수의무에 관하여 제2차 납세의무를 부담하는 과점주주는 어느 시점을 기준으로 여부가 쟁점이 된다. 소득의 현실적 귀속에 근거한 것이 아니라 의제적 소득처분에 의하여 원천징수의무가 성립하는 경우에 대한 제2차 납세의무이므로, **과점주주에 해당하는지 여부를 원천징수의무의 납부기한을 기준으로 판정하는 것이 타당**하다. 해당 법인의 과점주주라고 할지라도 향후 발생할 의제적 납세의무까지 부담시키는 것은 납세의무가 성립할 당시의 사실관계에 근거하지 않는 과세로서 조세법률주의에 반하여 해당 납세자의 예측가능성을 심각하게 훼손하는 것에 해당할 수 있다. **법인에 대한 소득금액변동통지에 따른 원천징수의무와 회생채권의 판정**에 대하여 살핀다. 조세채권이 '회생절차개시 전의 원인으로 생긴 재산상의 청구권'으로서 회생채권에 해당하는지 여부는 **회생절차개시결정 전에 법률에 정한 과세요건이 충족되어 그 조세채권이 성립되었는지 여부**를 기준으로 하여 정해지는 것인데, 과세관청이 법인의 사외유출금에 대하여 대표자 상여로 소득처분을 하고 소득금액변동통지를 하는 경우 그에 따른 원천징수분 근로소득세의 납세의무는 소득금액변동통지서가 송달된 때에 성립함과 동시에 확정되므로, 소득금액변동통지서가 당해 법인에 대한 회생절차개시 후에 송달되었다면 그 원천징수분 근로소득세 채권은 회생절차개시 후의 원인으로 생긴 것으로서 채무자회생법상의 회생채권에 해당하지 않는다.[1014]

법인이 채무자 회생 및 파산에 관한 법률에 따른 회생절차에 따라 **특수관계인이 아닌 다른 법인에 합병되는 등 인수되어 지배주주가 변경된 이후 회생절차 개시 전에 발생한 사유로 인수된 법인의 대표자 등에 대하여 상여로 소득처분되는 소득에 대해서는 소득세를 원천징수하지 아니한다**(소세 §155의4 ①).

소득처분된 소득에 대하여 법인에게 부과된 원천징수의무와 관련된 헌법재판소의 결정에 대하여 살핀다. 소득처분의 경우 법인에게 원천징수의무를 부과하는 규정은 상여로 소득처분된 금액이 법인 내부에서 은밀히 귀속이 이루어지므로 기업회계처리 시 자산흐름을 투명하게 하여 조세포탈을 방지하고 그러한 조세포탈 등의 범죄행위에 대하여 제재를 가함과 동시에 징수사무의 편의를 확보하려는 것으로 원천징수의무 부과 이외에 이러한 목적을 달성할 다른 방법이 없고, 소득금액변동통지의 처분성이 인정됨으로써 법인이 원천징수의무를 다툴 수 있는 실효성 있는 구제수단이 확보되어 있으며, 이 규정으로 달성되는 공익이 이 규정으로

1013) 대법원 2005.4.15. 2003두13083 ; 대법원 2012.5.9. 2010두13234.
1014) 대법원 2010.1.28. 2007두20959 ; 대법원 2013.2.28. 2012두23365.

인해 법인이 입는 피해에 비하여 결코 작다고 할 수 없으므로, 이 규정은 원천징수의무를 부담하는 법인의 재산권을 침해하지 않는다.[1015] 상여처분 규정은 상여처분의 구체적인 귀속자를 법률에서 규정하지 않고 시행령에서 규정하고 있으나, 상여란 임직원에 대하여 회사가 정규 급여와 별도로 지급하는 금원의 의미로 상용되고 있어 사외유출금이 임직원에게 귀속된 경우 상여처분될 것임은 쉽게 예측가능하므로 포괄위임금지의 원칙에 위배되지 않는다.[1016] 상여처분금액에 대하여는 임원 또는 사용인이 법인의 업무에 종사하는 과정에서 근로에 대한 대가로 받은 근로소득으로 의제하여 과세관청의 입증부담을 덜어 줄 필요가 있고, 실제로 법인에게 애당초 회수의사가 있다고 보기 어려운 경우의 대표이사 횡령금 등은 명목 여하를 불문하고 은폐된 상여금(정규 급여와 별도로 지급되는 근로대가)일 가능성이 높아 상여처분금액을 근로소득으로 의제하는 것에 충분히 합리성이 있으므로 실질과세의 원칙에 위배되지 않는다.[1017] 또한 상여처분금액을 근로소득으로 보아 이를 근로소득세의 과세대상으로 하더라도, 이것이 조세법률주의에 위배되는 것은 아니므로, 자의적인 과세처분권의 행사가 있을 수 없고, 따라서 임원 또는 사용인에게 근로소득세를 부과·징수하는 것은 국민의 납세의무에 기초하는 것이므로 재산권을 침해하지 않는다.[1018]

연말정산 또는 원천징수하여 소득세 또는 법인세를 납부하고 지급명세서를 제출기한까지 제출한 원천징수의무자 또는 원천징수대상자(소세 §164, §164의2)는 **국세기본법 상 경정청구**를 할 수 있다(국기 §45의2 ⑤). 이 경우 경정청구기간은 **소득금액변동통지에 따른 소득세 납부기한**(소득금액변동통지서를 받은 날이 속하는 달의 다음 달 10일) **다음 날부터 기산**된다.[1019] '**과세표준의 신고에 따른 소득금액변동통지의 송달**'(소세 §131 ② 2호, §135 ④, §145의2)**에 의하여 확정된 과세표준 및 세액**에 대하여서는 법정신고기한이 지난 후 5년 이내에 경정청구할 수 있다(국기 §45의2 ① 각 호 외의 부분). '**과세표준의 결정 또는 경정에 따른 소득금액변동통지의 송달**'(소세 §131 ② 1호, §135 ④, §145의2)**에 의하여 '증가된 과세표준 및 세액**'에 대하여서는 해당 처분이 있음을 안 날(처분의 통지를 받은 때에는 그 받은 날)부터 90일 이내에 경정을 청구할 수 있다(국기 §45의2 ① 각 호 외의 부분 단서). 종합소득 과세표준 확정신고기한이 경과한 후에 **소득처분에 의하여 소득금액에 변동이 발생하여 원천납세의무자가 종합소득 과세표준 및**

1015) 헌재 2009.7.30. 2008헌바1
1016) 헌재 2009.2.29. 2006헌바65
1017) 헌재 2009.2.29. 2006헌바65
1018) 헌재 2009.2.29. 2006헌바65
1019) 대법원 2011.11.24. 2009두23587

세액을 추가신고한 경우 원천납세의무자는 그가 실제로 납부한 세액의 한도 내에서가 아니라 '추가신고의 대상이 된 과세표준과 세액 전부'에 대하여 경정청구권을 행사할 수 있다.[1020] 다만 추가신고의 대상이 된 과세표준과 세액 전부에 대하여 경정청구권을 행사함에 따라 **환급청구권이 발생하는 경우**에는 원천납세의무자는 자신 명의로 납부된 세액에 관하여만 **환급청구권자가 될 수 있을 뿐**이고 원천징수의무자 명의로 납부된 세액에 관하여는 원천징수의무자가 환급청구권자가 된다.[1021]

과세관청의 소득처분에 따른 소득금액변동통지는 원천징수의무자인 법인의 경우에는 항고소송의 대상이 되는 조세행정처분에 해당한다.[1022] 즉 과세관청의 소득처분과 그에 따른 소득금액변동통지가 있는 경우 원천징수의무자인 법인은 소득금액변동통지서를 받은 날에 그 통지서에 기재된 소득의 귀속자에게 당해 소득금액을 지급한 것으로 의제되어 그 때 원천징수하는 소득세의 납세의무가 성립함과 동시에 확정되고, 원천징수의무자인 법인으로서는 소득금액변동통지서에 기재된 소득처분의 내용에 따라 원천징수세액을 그 다음 달 10일까지 관할 세무서장 등에게 납부하여야 할 의무를 부담하며, 만일 이를 이행하지 아니하는 경우에는 가산세의 제재를 받게 됨은 물론이고 형사처벌까지 받도록 규정되어 있는 점에 비추어 보면, 소득금액변동통지는 **원천징수의무자인 법인의 납세의무에 직접 영향을 미치는 과세관청의 행위**로서, 항고소송의 대상이 되는 조세행정처분이라고 봄이 상당하다. 과세관청이 **소득처분을 경정하면서 일부 항목에 대한 증액과 다른 항목에 대한 감액을 동시에 한 결과 전체로서 소득처분금액이 감소된 경우**에는 그에 따른 소득금액변동통지가 납세자인 당해 법인에 불이익을 미치는 처분이 아니므로 당해 법인은 그 소득금액변동통지의 취소를 구할 이익이 없다.[1023] 한편 원천징수의무자인 법인이 원천징수하는 소득세의 납세의무를 이행하지 아니함에 따라 **과세관청이 하는 납세고지**는 확정된 세액의 납부를 명하는 징수처분에 해당하므로 선행처분인 소득금액변동통지에 하자가 존재하더라도 **당연무효 사유에 해당하지 않는 한 후행처분인 징수처분에 그대로 승계되지 아니하므로**, 과세관청의 소득처분과 그에 따른 소득금액변동통지가 있는 경우 원천징수하는 소득세의 납세의무에 관하여는 이를 확정하는 소득금액변동통지에 대한 항고소송에서 다투어야 하고, 소득금액변동통지가 당연무효가 아닌 한 징수처분에 대한 항고소송에서 이를 다툴 수는 없다.[1024]

1020) 대법원 2016.7.14. 2014두45246
1021) 대법원 2016.7.14. 2014두45246
1022) 대법원 2006.4.20. 2002두1878 전원합의체판결
1023) 대법원 2012.4.13. 2009두5510

'해당 법인의 소재지가 분명하지 않거나 그 통지서를 송달할 수 없는 사유로 거주자가 소득금액변동통지를 받은 경우, 그 거주자에 대한 소득금액변동통지는 항고소송의 대상이 되는 조세행정처분에 해당하지 않는다. 해당 법인의 소재지가 분명하지 않거나 그 통지서를 송달할 수 없는 사유가 있는 경우에는 거주자에게 소득금액변동통지를 할 수 있다(소세령 §192 ① 단서). 이는 법인에게 소득금액변동통지서를 송달할 수 없는 경우에 소득처분을 받은 거주자에게 보충적으로 송달을 이행함으로써 법인에게 원천징수의무를 발생시키기 위한 규정이 아니라, 소득처분을 받은 거주자에게 종합소득 과세표준의 추가신고 및 자진납부의 기회를 주기 위하여 마련한 특칙이다.[1025) 따라서 이 경우 거주자에 대한 소득금액변동통지를 법인에 대한 소득금액변동통지로 볼 수 없고, 그로써 법인이 원천징수의무를 부담한다고 볼 수도 없다.[1026) 소득의 귀속자에 대한 소득금액변동통지는 원천납세의무자인 소득귀속자의 법률상 지위에 직접적인 법률적 변동을 가져오는 것이 아니므로, 항고소송의 대상이 되는 행정처분이라고 볼 수 없다.[1027) 원천징수의무자인 법인이 소득의 귀속자에 대한 소득금액변동통지에 대하여 다투는 것 역시 부적법하다.[1028) 다만 이 규정은 소득의 귀속자에게 종합소득 과세표준의 추가신고 및 자진납부의 기회를 주기 위하여 마련된 특칙으로서 원천납세의무에 따른 신고·납부기한과 이를 전제로 한 가산세의 존부나 범위를 결정하는 요건이 되므로, 소득의 귀속자에게 소득금액변동통지가 없거나 그것이 적법하지 아니한 경우에는 원천납세의무자인 소득의 귀속자는 별도의 과세처분취소소송 등에서 그 흠을 주장하여 다툴 수 있다.[1029)

법인세 부과처분과 그에 관한 인정상여처분은 독립한 별개의 처분에 해당한다. 법인세와 종합소득세는 세목뿐만 아니라 과세관청과 납세의무자도 전혀 다르고, 손금불산입으로 법인소득이 발생하였다 하더라도 그와 같은 소득의 귀속은 법인에 유보되거나 사외 유출되더라도 실제 귀속자에 따라 달라지게 되어 반드시 그 소득이 대표자에게만 귀속된다고는 볼 수 없는 등 각기 독립한 별개의 처분이므로, 법인이 법인세 부과처분 및 인정상여처분을 대상으로 전심절차를 거쳤다 하더라도, 당연히 그 인정상여의 귀속자에 대한 종합소득세 부과처분 취소소송의 전심절차를 거친 것으로 볼 수는 없고, 또한 중복하여 전심절차를 거칠 필요가 없는 경우에도 해당하지 않는다.[1030)

1024) 대법원 2012.1.26. 2009두14439
1025) 대법원 2013.9.26. 2010두24579
1026) 대법원 2013.9.26. 2010두24579
1027) 대법원 2014.7.24. 2011두14227 ; 대법원 2015.1.29. 2013두4118 ; 대법원 2015.3.26. 2013두9267
1028) 대법원 2014.7.24. 2011두14227
1029) 대법원 2015.1.29. 2013두4118

세액의 징수·환급

납세지 관할 세무서장은 내국법인이 각 사업연도의 소득에 대한 '**법인세로서 납부하여야 할 세액**'(법세 §64)의 전부 또는 일부를 납부하지 아니하면 그 미납된 법인세액을 국세징수법에 따라 징수하여야 한다(법세 §71 ①). 납세지 관할 세무서장은 내국법인이 '**납부하여야 할 중간예납 세액**'(법세 §63, §63의2)의 전부 또는 일부를 납부하지 아니하면 그 미납된 중간예납세액을 국세징 수법에 따라 징수하여야 한다(법세 §71 ② 본문). 다만, 중간예납세액을 납부하지 아니한 법인이 '**직전 사업연도의 법인세로서 확정된 산출세액이 없거나 확정되지 않는 경우 또는 분할 후 최초 사업연도인 경우**'(법세 §63의2 ② 2호)에는 중간예납세액을 결정하여 국세징수법에 따라 징수하여야 한다(법세 §71 ② 단서). 납세지 관할 세무서장은 '**원천징수의무자가 그 징수하여야 할 세액**'(법세 §73, §73의2)을 징수하지 아니하였거나 징수한 세액을 기한까지 납부하지 아니하면 지체 없이 원천징수의무자로부터 그 원천징수의무자가 원천징수하여 납부하여야 할 세액에 상당하는 금액에 **원천징수 등 납부지연가산세**(국기 §47의5 ①)**를 더한 금액**을 법인세로서 징수하여야 한다(법세 §71 ③ 본문). 다만, 원천징수의무자가 원천징수를 하지 아니한 경우로서 **납세의무 자가 그 법인세액을 이미 납부한 경우**에는 원천징수의무자에게 그 **가산세만 징수**한다(법세 §71 ③ 단서). 납세지 관할 세무서장은 중간예납(법세 §63, §63의2)·수시부과(법세 §69) 또는 원천징 수한 법인세액(법세 §73, §73의2)이 각 사업연도의 소득에 대한 법인세액(가산세를 포함)을 초과하는 경우 그 초과하는 금액은 '**환급하거나 다른 국세 및 강제징수비에 충당**'(국기 §51)하여야 한다(법세 §71 ④).

Ⅱ 중소기업의 결손금 소급공제에 따른 환급

중소기업에 해당하는 내국법인은 각 사업연도에 결손금이 발생한 경우 '법정 직전 사업연도의 **법인세액**[직전 사업연도의 법인세 산출세액(토지 등 양도소득에 대한 법인세(법세 §55의2)를 제외)에서 직전 사업연도의 소득에 대한 법인세로서 감면세액(공제 또는 감면된 법인세액)을

1030) 대법원 2006.12.7. 2005두4106

차감한 금액]'(법세령 §110 ①)을 한도로 **제1호의 금액에서 제2호의 금액을 차감한 금액**을 환급 신청할 수 있다(법세 §72 ①). 법인세액을 환급받으려는 내국법인은 법정신고기한(법세 §60)까지 **소급공제법인세액환급신청서**(법세칙 §82)를 납세지 관할 세무서장에게 제출(국세정보통신망에 의한 제출을 포함)하여야 한다(법세 §72 ② ; 법세령 §110 ②). 납세지 관할 세무서장은 신청을 받으면 지체 없이 환급세액을 결정하여 국세기본법(국기 §51, §52)에 따라 환급하여야 한다(법세 §72 ③). 위 각 규정은 법정신고기한(법세 §60) 내에 결손금이 발생한 사업연도와 그 직전 사업연도의 소득에 대한 법인세의 과세표준 및 세액을 각각 신고한 경우에만 적용한다(법세 §72 ④). 납세지 관할 세무서장은 당초 환급세액(법세 §72 ③)을 결정한 후 **당초 환급세액 계산의 기초가 된 직전 사업연도의 법인세액 또는 과세표준이 달라진 경우**에는 즉시 당초 환급세액을 경정하여 추가로 환급하거나 과다하게 환급한 세액 상당액을 징수하여야 한다(법세 §72 ⑥). 당초 환급세액을 경정할 때 소급공제 결손금액이 과세표준금액을 초과하는 경우 그 초과 결손금액은 소급공제 결손금액으로 보지 아니한다(법세령 §110 ⑤).

1. 직전 사업연도의 법인세 산출세액(토지 등 양도소득에 대한 법인세액(법세 §55의2)은 제외)
2. 직전 사업연도의 과세표준에서 소급공제를 받으려는 해당 사업연도의 결손금 상당액을 차감한 금액에 직전 사업연도의 세율(법세 §55 ①)을 적용하여 계산한 금액

납세지 관할 세무서장은 **다음 각 호의 어느 하나에 해당되는 경우**에는 **환급세액**(제1호 및 제2호의 경우에는 과다하게 환급한 세액 상당액)(법세령 §110 ③)**에 '법정 방법에 따라 계산한 이자상당액'**(법세령 §110 ④)**을 더한 금액**을 해당 결손금이 발생한 사업연도의 법인세로서 **징수한다**(법세 §72 ⑤).

1. 법인세를 환급(법세 §72 ③)한 후 결손금이 발생한 사업연도에 대한 법인세 과세표준과 세액을 경정(법세 §66)함으로써 결손금이 감소된 경우
2. 결손금이 발생한 사업연도의 직전 사업연도에 대한 법인세 과세표준과 세액을 경정(법세 §66)함으로써 환급세액이 감소된 경우
3. 중소기업에 해당하지 아니하는 내국법인이 법인세를 환급받은 경우

'**결손금이 감소됨에 따라 징수하는 법인세액의 계산**'은 다음 산식에 의한다(법세령 §110 ③)

본문). 다만, 결손금(법세 §14 ②) 중 그 일부 금액만을 소급공제받은 경우에는 '소급공제받지 아니한 결손금'이 먼저 감소된 것으로 본다(법세령 §110 ③ 단서).

> 당초 환급세액(법세 §72 ③) × (감소된 결손금액으로서 소급공제받지 아니한 결손금을 초과하는 금액/소급공제 결손금액)

'법정 방법에 따라 계산한 이자상당액'은 다음 제1호의 금액에 제2호의 율을 곱하여 계산한 금액을 말한다(법세령 §110 ④).

> 1. 징수 대상(법세 §72 ⑤)인 환급세액
> 2. 당초 환급세액의 통지일의 다음 날부터 징수하는 법인세액(법세 §72 ⑤)의 고지일까지의 기간에 대하여 1일 10만분의 22의 율. 다만, 납세자가 법인세액을 과다하게 환급받은 데 정당한 사유가 있는 때에는 기본이자율(연 1천분의 12(국기칙 §19의3))(국기령 §43의3 ② 본문)을 적용한다.

중소기업의 결손금 소급공제에 따른 환급 특례가 있다. 중소기업에 해당하는 내국인은 2021년 12월 31일이 속하는 과세연도에 법인세법 상 결손금이 발생한 경우 법인세법(법세 §72)에도 불구하고 **직전 2개 과세연도의 소득에 대하여 부과된 법인세액을 한도로 법정 방법**(조특령 §7의3)에 따라 계산한 금액을 환급신청할 수 있다(조특 §8의4).

Ⅲ 법인세법 상 원천징수

원천징수 제도는 해당 소득을 지급받는 자를 중심으로 법령 상 반영되어 있다. 따라서 법인세법 상 원천징수 제도는 법인이 소득을 지급받는 경우를 전제로 한다. 법인세법 상 원천징수세액은 법인이 원천납세의무자로서 원천징수의무자를 통하여 간접 납부한 것이므로, 해당 법인의 산출세액에서 공제된다(법세 §64 ① 4호). 법인세법 상 원천징수 제도는 '내국법인의 이자소득 등에 대한 원천징수'(법세 §73)와 '내국법인의 채권 등의 보유기간이자상당액에 대한 원천징수'(법세 §73의2)로 구분된다. 이하 법인세법 상 원천징수 제도에 대하여 순서대로 살핀다.

1. 내국법인의 이자소득 등에 대한 원천징수

1.1. 내국법인의 이자소득 등에 대한 원천징수 및 납부

내국법인(법정 금융회사 등의 법정 소득(법세령 §111 ①)은 **제외**)에게 다음 각 호의 금액을 지급하는 원천징수의무자는 그 지급하는 금액에 100분의 14의 세율을 적용하여 계산한 금액에 상당하는 법인세(1천원 이상인 경우만 해당)를 **원천징수하여** 그 징수일이 속하는 달의 다음 달 10일까지 납세지 관할 세무서 등에 **납부하여야** 한다(법세 §73 ① 본문). 이 경우 **투자신탁이익에 대하여 간접투자외국법인세액을 납부한 경우**에는 제1호의 금액[투자신탁이익(세후기준가격을 기준으로 계산된 금액)에 대한 원천징수세액]을 한도로 제1호의 금액에서 제2호[간접투자외국법인세액을 세후기준가격을 고려하여 **법정 방법에 따라 계산한 금액**(법세령 §111 ②)]의 금액을 뺀 금액을 원천징수한다(법세 §73 ②). **법정 방법에 따라 계산한 차감금액**은 내국법인별 **간접투자외국법인세액**(법세령 §94의2 ①)에 다음 각 호의 계산식에 따라 계산한 율을 곱한 금액으로 한다(법세령 §111 ②).

---

1. **법인세법 상 원천징수세율**(법세 §73 ①)이 간접투자외국법인세액에 적용된 **법정 외국 원천징수세율**(법세령 §94의2 ④) 보다 작은 경우

   (법인세법 상 원천징수세율/간접투자외국법인세액에 적용된 법정 원천징수세율) – (법인세법 상 원천징수세율)

2. **법인세법 상 원천징수세율**(법세 §73 ①)이 간접투자외국법인세액에 적용된 **법정 외국 원천징수세율**(법세령 §94의2 ④) 보다 크거나 같은 경우

   1 – 법인세법 상 원천징수세율

제2호의 금액이 같은 항 제1호의 금액을 초과하는 경우에는 해당 간접투자외국법인세액의 납부일부터 10년이 지난 날이 속하는 연도의 12월 31일까지의 기간 중에 투자신탁이익을 지급받는 때에 해당 투자신탁이익에 대한 원천징수세액을 한도로 공제할 수 있다(법세 §73 ③). 다만, 비영업대금(소세 §16 ① 11호)의 이익에 대해서는 100분의 25의 세율을 적용하되, 온라인투자연계금융업 및 이용자 보호에 관한 법률에 따라 금융위원회에 등록한 온라인투자연계금융업자를 통하여 지급받는 이자소득에 대해서는 100분의 14의 세율을 적용한다(법세 §73 ① 단서). 원천징수의무자는 원천징수한 법인세를 국세징수법에 따라 **원천징수의무자의**

납세지 관할세무서 등에 납부하여야 하며, **원천징수 이행상황신고서**(법세칙 §82)를 원천징수의무자의 납세지 관할 세무서장에게 **제출**(국세정보통신망에 의한 제출을 포함)하여야 한다(법세령 §115 ①). **다음 각 호의 소득금액이 자본시장과 금융투자업에 관한 법률에 따른 투자신탁재산에 귀속되는 시점에는 해당 소득금액이 지급되지 아니한 것으로 보아 원천징수하지 아니한다**(법세 §73 ⑤). **차입금과 이자의 변제에 관한 특별한 약정이 없이 차입금과 그 차입금에 대한 이자에 해당하는 금액의 일부만을 변제한 경우에는 이자를 먼저 변제한 것으로 본다**(법세칙 §56 본문). 다만, 비영업대금의 이익의 경우에는 소득세법 시행령(소세령 §51 ⑦)에 따라 회수한 금액에서 원금을 먼저 차감하여 계산한다(법세칙 §56 단서).

> 1. 이자소득의 금액(금융보험업을 하는 법인의 수입금액을 포함)(소세 §16 ①)
> 2. 집합투자기구로부터의 이익(소세 §17 ① 5호) 중 자본시장과 금융투자업에 관한 법률에 따른 **투자신탁이익**의 금액

법정 금융회사 등의 법정 소득은 다음 각 호의 법인에 지급하는 소득을 말하며, 내국법인의 **채권 등의 보유기간이자상당액에 대한 원천징수**(법세 §73의2 ① 전단)**의 대상인 그 원천징수대상채권 등**(단기사채 등(전자등록 §59 각 호 외의 부분 전단) 중 사채(전자등록 §2 1호 나목)로서 만기 1개월 이내의 것은 제외)**의 이자 등**(법세 §73의2 ① 전단)**을 자본시장과 금융투자업에 관한 법률에 따른 '투자회사 및 자본확충목적회사가 아닌 법인'에 지급하는 경우는 제외한다**(법세령 §111 ①).

> 1. 대손충당금을 기획재정부장관과 협의하여 정하는 대손충당금적립기준에 따라 적립하여 손금에 산입할 수 있는 금융회사 등(법세령 §61 ② 1호~28호)
>
> > 1. 은행법에 의한 인가를 받아 설립된 은행
> > 2. 한국산업은행법에 의한 한국산업은행
> > 3. 중소기업은행법에 의한 중소기업은행
> > 4. 한국수출입은행법에 의한 한국수출입은행
> > 5. (삭제)
> > 6. 농업협동조합법에 따른 농업협동조합중앙회(상호금융사업(농협 §134 ① 4호)에 한정) 및 농협은행
> > 7. 수산업협동조합법에 따른 수산업협동조합중앙회('회원의 상환준비금과 여유자금의 운용·관리'(수협 §138 ① 4호) 및 공제사업(수협 §138 ① 5호)에 한정) 및 수협은행

8. 자본시장과 금융투자업에 관한 법률에 따른 투자매매업자 및 투자중개업자

9. 자본시장과 금융투자업에 관한 법률에 따른 종합금융회사

10. 상호저축은행법에 의한 상호저축은행중앙회(지급준비예탁금에 한정) 및 상호저축
    은행

11. 보험업법에 따른 보험회사

12. 자본시장과 금융투자업에 관한 법률에 따른 신탁업자

13. 여신전문금융업법에 따른 여신전문금융회사

14. 산림조합법에 따른 산림조합중앙회(회원을 위한 신용사업(산림조합 §108 ① 3호),
    '회원의 상환준비금과 여유자금의 운용·관리'(산림조합 §108 ① 4호) 및 공제사업(산림
    조합 §108 ① 5호)으로 한정)

15. 한국주택금융공사법에 따른 한국주택금융공사

16. 자본시장과 금융투자업에 관한 법률에 따른 자금중개회사

17. 금융지주회사법에 따른 금융지주회사

17의2. 신용협동조합법에 따른 신용협동조합중앙회(신용사업(신협 §78 ① 5호), '조합
    및 조합원을 위한 공제사업'(신협 §78 ① 6호) 및 '조합이 아닌 자가 이용하는 사업'(신협
    §78의2 ①)에 한정)

18. 신용보증기금법에 따른 신용보증기금

19. 기술보증기금법에 따른 기술보증기금

20. 농림수산업자 신용보증법에 따른 농림수산업자신용보증기금

21. 한국주택금융공사법에 따른 주택금융신용보증기금

22. 무역보험법에 따른 한국무역보험공사

23. 지역신용보증재단법에 따른 신용보증재단

24. 새마을금고법에 따른 새마을금고중앙회(신용사업(새마을금고 §67 ① 5호) 및 '금고
    및 금고의 회원을 위한 공제사업'(새마을금고 §67 ① 6호)로 한정)

25. 중소기업창업투자회사(벤처투자 §2 10호)

26. 예금자보호법에 따른 예금보험공사 및 정리금융회사

27. 자산유동화에 관한 법률에 따른 유동화전문회사

28. 대부업 등의 등록 및 금융이용자 보호에 관한 법률에 따라 대부업자로 등록한
    법인

2. 한국은행법에 의한 한국은행

3. 자본시장과 금융투자업에 관한 법률에 따른 집합투자업자

4. 자본시장과 금융투자업에 관한 법률에 따른 투자회사, 투자목적회사, 투자유한회사 및
   투자합자회사[기관전용 사모집합투자기구('기관전용 사모집합투자기구, 기업재무안정
   사모집합투자기구 및 창업·벤처전문 사모집합투자기구로 보아 존속하는 종전의 경영참
   여형 사모집합투자기구'(법률 제18128호 자본시장과 금융투자업에 관한 법률 일부개정법률 부칙

§8 ①~④)를 포함)(자본시장 §9 ⑲ 1호)는 제외]

5. 농업협동조합법에 의한 조합
6. 수산업협동조합법에 따른 조합
7. 산림조합법에 따른 조합
8. 신용협동조합법에 따른 조합 및 신용협동조합중앙회
9. 새마을금고법에 따른 금고
10. 자본시장과 금융투자업에 관한 법률에 따른 증권금융회사
11. 거래소(위약손해공동기금으로 한정)
12. 자본시장과 금융투자업에 관한 법률에 따른 한국예탁결제원
13. 한국투자공사법에 따른 한국투자공사
14. 국가재정법의 적용을 받는 기금(법인 또는 법인으로 보는 단체에 한정)
15. 법률에 따라 자금대부사업을 주된 목적으로 하는 법인 또는 기금(다른 사업과 구분 경리되는 것에 한정)
16. 자본확충목적회사(조특 §104의3 ①)
17. 근로복지공단(근로자퇴직급여 보장법에 따른 중소기업퇴직연금기금으로 한정)(산업재해 §10)
18. 그 밖에 금융보험업을 영위하는 법정 법인(증권시장의 안정을 위하여 조합원이 공동으로 출자하여 주권상장법인의 주식을 취득하는 조합으로서 기획재정부장관이 정하는 조합)(법세칙 §58 ①)

법인세가 부과되지 아니하거나 면제되는 다음 각 호의 법정 소득(법세령 §111 ④)에 대해서는 법인세를 원천징수하지 아니한다(법세 §73 ④). **법정 소득**은 다음 각 호의 어느 하나에 해당하는 소득을 말한다(법세령 §111 ②).

1. 법인세가 부과되지 아니하거나 면제되는 소득
2. (삭제)
3. 신고한 과세표준에 이미 산입된 미지급소득
4. 법령 또는 정관에 의하여 비영리법인이 회원 또는 조합원에게 대부한 융자금과 비영리법인이 당해 비영리법인의 연합회 또는 중앙회에 예탁한 예탁금에 대한 이자수입
5. 법률에 따라 설립된 기금을 관리·운용하는 **법정 기금운용법인**(법세칙 §56의2 ①)과 **법률에 따라 공제사업을 영위하는 법정 법인**(법세칙 §56의2 ②) 중 건강보험·연금관리 및 공제사업을 영위하는 비영리내국법인(기금운용법인의 경우에는 해당 기금사업에 한정)이 국채법에 따라 등록하거나 주식·사채 등의 전자등록에 관한 법률에 따라 전자등록한 **다음 각 목의 국공채 등을 발행일부터 이자지급일 또는 상환일까지 계속하여 등록·보유함으로**써 발생한 이자 및 할인액

가. 국가 또는 지방자치단체가 발행한 채권 또는 증권
나. 한국은행 통화안정증권법에 의하여 한국은행이 발행한 통화안정증권
다. **법정 채권 또는 증권**(법세칙 §57). 이 경우 법정 채권 또는 증권은 다음 각 호의 것을 말한다(법세칙 §57).

> 1. 한국산업은행법에 의하여 한국산업은행이 발행하는 산업금융채권
> 2. 중소기업은행법에 의하여 중소기업은행이 발행하는 중소기업금융채권
> 3. 한국수출입은행법에 의하여 한국수출입은행이 발행하는 수출입금융채권
> 4. 은행법에 의한 국민은행이 발행하는 국민은행채권(1998년 12월 31일 은행법에 의한 국민은행과 장기신용은행법에 의한 장기신용은행이 합병되기 전의 장기신용은행이 발행한 장기신용채권의 상환을 위하여 발행하는 채권에 한정)
> 5. 주택저당채권 유동화회사법에 의하여 주택저당채권유동화회사가 발행하는 주택저당증권 및 주택저당채권담보부채권
> 6. 한국주택금융공사법에 따라 설립된 한국주택금융공사가 발행하는 주택저당채권담보부채권·주택저당증권·학자금대출증권 및 사채

6. 다음 각 목의 어느 하나에 해당하는 조합의 조합원인 법인(한국표준산업분류 상 금융보험업을 영위하는 법인을 제외)이 해당 조합의 규약에 따라 조합원 공동으로 예탁한 자금에 대한 이자수입
   가. 상장유가증권에 대한 투자를 통한 증권시장의 안정을 목적으로 설립된 법정 조합(증권시장의 안정을 위하여 조합원이 공동으로 출자하여 주권상장법인의 주식을 취득하는 조합으로서 기획재정부장관이 정하는 조합)(법세칙 §58)
   나. 채권시장의 안정을 목적으로 설립된 조합으로서 법정 조합
7. 한국토지주택공사법에 따른 한국토지주택공사가 주택도시기금(도시기금 §6 ②)에 예탁한 자금(국민연금법에 의한 국민연금 및 우체국예금·보험에 관한 법률에 의한 우체국예금으로부터 사채발행을 통하여 조성한 자금을 예탁한 것으로서 이자소득 지급 당시 국민연금 및 우체국예금이 그 사채를 계속 보유하고 있는 경우에 한정)에 대한 이자수입

법정 기금운용법인은 다음 각 호의 법인을 말한다(법세칙 §56의2 ①).

> 1. 공무원연금법에 따른 공무원연금관리공단
> 2. 사립학교교직원 연금법에 따른 사립학교교직원연금관리공단
> 3. 국민체육진흥법에 따른 서울올림픽기념국민체육진흥공단
> 4. 신용보증기금법에 따른 신용보증기금
> 5. 기술보증기금법에 따른 기술보증기금
> 6. 무역보험법에 따른 한국무역보험공사

7. 중소기업협동조합법에 따른 중소기업중앙회
8. 농림수산업자신용보증법에 따른 농림수산업자신용보증기금을 관리·운용하는 농업협동조합중앙회
9. 한국주택금융공사법에 따른 한국주택금융공사
10. 문화예술진흥법에 따른 한국문화예술위원회

법률에 따라 공제사업을 영위하는 법정 법인은 다음 각 호의 어느 하나에 해당하는 법인을 말한다(법세칙 §56의2 ②).

1. 한국교직원공제회법에 따른 한국교직원공제회
2. 군인공제회법에 따른 군인공제회
3. 신용협동조합법에 따른 신용협동조합중앙회(공제사업에 한정)
4. 건설산업기본법에 따라 설립된 건설공제조합 및 전문건설공제조합
5. 전기공사공제조합법에 따른 전기공사공제조합
6. 정보통신공사업법에 따른 정보통신공제조합
7. 대한지방행정공제회법에 따른 대한지방행정공제회
8. 새마을금고법에 따른 새마을금고중앙회(공제사업에 한정)
9. 과학기술인공제회법에 따른 과학기술인공제회
10. 소방산업공제조합(소방산업 §23 ①)
11. 건축사공제조합(건축사 §38의3 ①)

1.2. 원천징수세액의 납부기한에 관한 특례

상시 고용인원수 및 업종 등을 고려하여 정하는 법정 원천징수의무자[직전연도(신규로 사업을 개시한 사업자의 경우 신청일이 속하는 반기)의 상시 고용인원이 20인 이하인 원천징수의무자(금융·보험업을 영위하는 법인을 제외)로서 원천징수 관할 세무서장으로부터 '이자소득(법세 §73 ① 1호) 또는 투자신탁이익(법세 §73 ① 2호)에 대한 원천징수세액'을 반기별로 납부할 수 있도록 승인을 얻거나 국세청장이 정하는 바에 따라 지정을 받은 자](법세령 §115 ②)는 원천징수한 법인세를 **법정 절차**(법세령 §115 ④, ⑤, ⑥)에 따라 그 징수일이 속하는 **반기의 마지막 달의 다음 달 10일까지 납부**할 수 있다(법세 §73 ⑨). **직전연도의 상시 고용인원수**는 직전연도의 1월부터 12월까지의 매월 말일 현재 상시 고용인원의 평균인원수로 한다(법세령 §115 ③). 승인을 얻고자 하는 법인은 원천징수한 법인세를 반기별로 납부하고자 하는 반기의

직전월의 1일부터 말일까지 원천징수 관할 세무서장에게 신청하여야 한다(법세령 §115 ④). 신청을 받은 원천징수 관할 세무서장은 당해 원천징수의무자의 원천징수 세액신고·납부의 성실도 등을 참작하여 승인 여부를 결정한 후 신청일이 속하는 반기의 다음 달 말일까지 이를 통지하여야 한다(법세령 §115 ⑤). 원천징수한 법인세의 반기별 납부에 관하여 기타 필요한 사항은 국세청장이 정한다(법세령 §115 ⑥).

1.3. 원천징수의 대리 또는 위임

원천징수의무자를 대리하거나 그 위임을 받은 자의 행위는 수권 또는 위임의 범위에서 본인 또는 위임인의 행위로 본다(법세 §73 ⑥). **법정 금융회사 등**(법세령 §111 ①)**이** 내국법인(거주자를 포함)이 발행한 **어음이나 채무증서를 인수·매매·중개 또는 대리하는 경우**에는 금융회사 등과 그 내국법인 간에 대리 또는 위임의 관계가 있는 것으로 본다(법세 §73 ⑦). **외국법인이 발행한 채권 또는 증권에서 발생하는 이자소득**(법세 §73 ① 1호) **또는 투자신탁이익**(법세 §73 ① 2호)**을 내국법인에 지급하는 경우**에는 국내에서 그 지급을 대리하거나 그 지급권한을 위임받거나 위탁받은 자가 그 소득에 대한 법인세를 원천징수하여야 한다(법세 §73 ⑧).

자본시장과 금융투자업에 관한 법률에 따른 신탁업자가 신탁재산을 직접 운용하거나 보관· 관리하는 경우 **해당 신탁업자와** 이자소득(법세 §73 ① 1호) 또는 투자신탁이익(법세 §73 ① 2호)을 **신탁재산에 지급하는 자 간에** 대리 또는 위임관계가 있는 것으로 본다(법세령 §111 ⑦). **한국예탁결제원**(자본시장 §294)**에 예탁된 증권 등**(신탁업자와 신탁재산에 지급하는 자 사이의 대리 또는 위임의 관계가 간주되는 신탁재산(법세령 §111 ⑦)은 제외)(자본시장 §294 ①)**을** 말하며, 이하 '증권 등']에서 발생하는 이자소득 등에 대해서는 **다음 각 호의 구분에 따른 자와 해당 증권 등을 발행한 자 간에** 원천징수의무의 대리 또는 위임의 관계가 있는 것으로 본다(법세령 §111 ⑧).

> 1. 한국예탁결제원에 계좌를 개설한 예탁자(자본시장 §309 ①)가 소유하고 있는 증권 등의 경우 : 한국예탁결제원
> 2. 예탁자(자본시장 §309 ①)가 투자자로부터 예탁받은 증권 등(자본시장 §309 ②)의 경우 : 예탁자

1.4. 이자소득금액의 지급의제

다음 각 호의 어느 하나에 해당하는 경우에는 해당 채권 등의 이자 등을 지급받는 것으로 본다(법세령 §111 ⑤).

> 1. 전환사채를 주식으로 전환하거나 교환사채를 주식으로 교환하는 경우
> 2. 신주인수권부사채의 신주인수권을 행사(신주 발행대금을 해당 신주인수권부사채로 납입하는 경우만 해당)하는 경우

1.5. 이자소득금액의 지급시기

이자소득금액의 지급시기는 다음 각 호에 따른 날(소세령 §190 각 호)로 한다(법세령 §111 ⑥ 본문). 다만, **법정 은행 등**[은행법에 따른 은행, 한국산업은행, 중소기업은행, 한국수출입은행, 농업협동조합중앙회(상호금융사업) 및 농협은행, 수산업협동조합중앙회(상환준비금과 여유자금의 운용·관리, 공제사업) 및 수협은행, 상호저축은행중앙회(지급준비예탁금) 및 상호저축은행](법세령 §61 ② 1호~7호, 10호)**이 다음 제1호의 어음을 발행하여 매출하는 경우에는 해당** 어음을 할인매출하는 날에 이자 등을 지급하는 것으로 보아 원천징수하고, 자본시장과 금융투자업에 관한 법률에 따른 **신탁업자가 운용하는 신탁재산에 귀속되는 소득금액은 법정 특정일**['원천징수를 대리하거나 위임을 받은 자'(소세 §127 ②)가 정하는 '**이자소득**이 신탁에 귀속된 날부터 3개월 이내의 특정일(동일 귀속연도 이내로 한정)' 또는 '**금융투자소득**이 발생하는 계좌를 관리하는 금융회사 등'(소세 §127 ⑦)이 '계좌보유자별 금융투자소득금액 또는 금융투자결손금을 계산하는 반기 마지막 달(또는 계좌해지일이 속하는 달)의 다음 달 10일'(소세 §148의2, §148의3)](소세 §155의2)에 지급하는 것으로 보아 원천징수한다(법세령 §111 ⑥ 단서).

> 1. 금융회사 등이 매출 또는 중개하는 어음, 단기사채 등(전자등록 §59), '**은행**(한국산업은행(법세령 §61 ② 2호), 중소기업은행(법세령 §61 ② 3호), 한국수출입은행(법세령 §61 ② 4호)을 포함)(은행 §2) 및 상호저축은행법에 따른 상호저축은행이 매출하는 표지어음으로서 보관통장으로 거래되는 것(은행이 매출한 표지어음의 경우에는 보관통장으로 거래되지 아니하는 것도 포함)'의 **이자와 할인액**. 다만, 어음이 한국예탁결제원(자본시장 §294)에 **발행일부터 만기일까지 계속하여 예탁**되거나 단기사채 등이 전자등록기관(전자등록 §2 6호)에 **발행일부터 만기일까지 계속하여 전자등록**된 경우에는 해당 어음 및 단기사채 등의 이자와 할인액을 **지급받는**

자가 할인매출일에 원천징수하기를 선택한 경우만 해당한다 : **할인매출하는 날**

1의2. 비거주자의 국내원천소득에 대하여 원천징수(소세 §156)를 하는 경우에는 '외국법인 또는 비거주자로부터 받는 소득으로서 그 소득을 지급하는 **외국법인 또는 비거주자의 국내사업장**과 실질적으로 관련하여 그 국내사업장의 소득금액을 계산할 때 **손금 또는 필요경비에 산입되는 국내원천 이자소득**'(소세 §119 1호 나목) : 당해 소득을 **지급하는 외국법인 또는 비거주자의 당해 사업연도 또는 과세기간의 소득에 대한 과세표준의 신고기한의 종료일**(신고기한을 연장한 경우(법세 §97 ②)에는 그 연장한 기한의 종료일)

1의3. **동업기업으로부터 배분받는 소득**(조특 §100의18 ①)으로서 해당 동업기업의 과세기간 종료 후 3개월이 되는 날까지 **지급하지 아니한 소득** : 해당 **동업기업의 과세기간 종료 후 3개월이 되는 날**

1의4. **직장공제회** 반환금을 분할하여 지급하는 경우 **납입금 초과이익** : 납입금 초과이익을 원본에 전입하는 뜻의 특약에 따라 **원본에 전입된 날**

2. **그 밖의 이자소득**

다음 각 호의 날을 그 지급일로 본다(소세령 §45 1호~5호, 7호~9호, 9호의2, 10호).

> 1. '금전 사용에 따른 대가로서의 성격이 있는 소득'(소세 §16 ① 12호) 및 '이자소득을 발생시키는 거래 또는 행위와 파생상품이 결합된 경우 해당 파생상품의 거래 또는 행위로부터의 이익'(소세 §16 ① 13호) : 약정에 따른 상환일. 다만, 기일 전에 상환하는 때에는 그 상환일
>
> 2. 보유기간 별 이자소득 과세가 적용되는 채권 등(소세 §46 ①)으로서 무기명인 것의 이자와 할인액 : 그 지급을 받은 날
>
> 3. 보유기간 별 이자소득 과세가 적용되는 채권 등(소세 §46 ①)으로서 기명인 것의 이자와 할인액 : 약정에 의한 지급일
>
> 3의2. 파생결합사채로부터의 이익 : 그 이익을 지급받은 날. 다만, 원본에 전입하는 뜻의 특약이 있는 분배금은 그 특약에 따라 원본에 전입되는 날로 한다.
>
> 4. 보통예금 · 정기예금 · 적금 또는 부금의 이자
>   가. 실제로 이자를 지급받는 날
>   나. 원본에 전입하는 뜻의 특약이 있는 이자는 그 특약에 의하여 원본에 전입된 날
>   다. 해약으로 인하여 지급되는 이자는 그 해약일
>   라. 계약기간을 연장하는 경우에는 그 연장하는 날
>   마. 정기예금연결정기적금의 경우 정기예금의 이자는 정기예금 또는 정기적금이 해약되거나 정기적금의 저축기간이 만료되는 날
>
> 5. 통지예금의 이자 : 인출일
>
> 7. 채권 또는 증권의 환매조건부 매매차익 : 약정에 의한 당해 채권 또는 증권의 환매수일 또는 환매도일. 다만, 기일 전에 환매수 또는 환매도하는 경우에는 그 환매수일 또는 환매도일로 한다.

8. 저축성보험의 보험차익 : 보험금 또는 환급금의 지급일. 다만, 기일 전에 해지하는 경우에는 그 해지일로 한다.

9. 직장공제회 초과반환금 : 약정에 따른 납입금 초과이익 및 반환금 추가이익의 지급일. 다만, 반환금을 분할하여 지급하는 경우 원본에 전입하는 뜻의 특약이 있는 납입금 초과이익은 특약에 따라 원본에 전입된 날로 한다.

9의2. 비영업대금의 이익 : 약정에 의한 이자지급일. 다만, '이자지급일의 약정이 없거나 약정에 의한 이자지급일 전에 이자를 지급받는 경우' 또는 '비영업대금을 회수한 금액이 원금에 미달하여 원금에서 먼저 차감된 금원(소세령 §51 ⑦)을 지급받는 경우'에 는 각 해당일을 그 이자지급일로 한다.

10. 원천징수 대상인 채권 등(소세령 §193의2)의 보유기간이자 등 상당액 : 해당 채권 등의 매도일 또는 이자 등의 지급일

1.6. 채권 등 보유기간이자상당액의 계산 등

채권 등의 이자 등(채권 등의 이자 등을 지급받기 전에 매도하는 경우에는 채권 등을 매도하는 경우의 이자 등)**에 대한 원천징수대상소득**은 내국법인이 채권 등(자본시장과 금융투자업에 관한 법률에 따른 신탁업자가 운용하는 신탁재산에 귀속되는 채권 등을 포함)을 **취득하여 보유한 기간에 발생한 소득**으로 한다(법세령 §113 ①). 채권 등을 취득하여 보유한 기간에 발생한 소득은 **채권 등의 액면가액 등**에 **제1호 각 목의 기간**과 **제2호 각 목의 이자율 등**을 적용하여 계산한 **보유기간이자상당액**으로 한다(법세령 §113 ②). 원천징수의무를 부담하는 법인은 채권이 타인에게 매도되는 시점에 법정 산식에 따라 계산한 금액을 채권의 보유기간이자상당액에 대한 원천징수대상금액으로 보아 원천징수를 할 의무가 있고, 이는 **해당 채권이 매도되는 과정에서 채권의 처분손실이 발생하였다고 하여 달리 볼 수 없다.**[1031] 자본시장과 금융투자업에 관한 법률에 따른 **신탁업자**는 해당 신탁재산에 귀속되는 **채권 등의 보유기간이자상당액에 해당하는 원천징수세액에 대한 확인서**를 작성하여 '원천징수를 대리하거나 위임을 받은 자'(소세 §127 ②)가 정하는 '**이자소득이 신탁에 귀속된 날부터 3개월 이내의 특정일(동일 귀속연도 이내로 한정)**'(소세 §155의2)이 속하는 달의 다음 달 말일까지 납세지 관할 세무서장에게 제출하여야 한다(법세령 §113 ⑩). '**채권 등의 매도**'에는 법인의 고유재산에서 취득하여 보유하는 채권 등을 법인이 관리하는 재산으로 유상이체하는 경우와 관리하는 재산 간에 유상이체하는 경우

1031) 대법원 2017.12.22. 2014두2256

및 관리하는 재산에서 고유재산으로 유상이체하는 경우를 포함한다(법세령 §113 ③ 본문). 다만, 법정 경우(특정금전신탁(자본시장령 §103 1호)이 중도해지되거나 그 신탁계약기간이 종료됨에 따라 해당 특정금전신탁에서 운용하던 채권 등을 위탁자에게 유상이체하는 경우)(법세칙 §59 ②)에는 그러하지 아니하다(법세령 §113 ③ 단서).

---

1. **채권 등을 보유한 기간**. 채권 등의 **보유기간 확인**에 관하여는 다음 방법(소세령 §102 ⑧)에 의한다(법세령 §113 ⑧).

> 1. 채권 등을 금융회사 등에 개설된 계좌에 의하여 거래하는 경우 : 해당 금융회사 등의 **전산처리체계** 또는 **통장원장**으로 확인하는 방법
> 2. 제1호 외의 경우 : 법인으로부터 채권 등을 매수한 때에는 당해 법인이 발급하는 **채권 등 매출확인서**(소세칙 §100)에 의하며, 개인으로부터 채권 등을 매수한 경우에는 공증인법의 규정에 의한 **공증인이 작성한 공정증서**(거래당사자의 성명·주소·주민등록번호·매매일자·채권 등의 종류와 발행번호·액면금액을 기재한 것에 한정)에 의하여 확인하는 방법

가. **채권 등의 이자소득금액을 지급받기 전에 매도하는 경우**에는 당해 채권 등을 취득한 날 또는 직전 이자소득금액의 계산기간 종료일의 다음 날부터 매도하는 날(매도하기 위하여 알선·중개 또는 위탁하는 경우에는 실제로 매도하는 날)까지의 기간. 다만, 취득한 날 또는 직전 이자소득금액의 계산기간 종료일부터 매도하는 날 전일까지로 기간을 계산하는 약정이 있는 경우에는 그 기간으로 한다.

나. **채권 등의 이자소득금액을 지급받는 경우**에는 당해 채권 등을 취득한 날 또는 직전 이자소득금액의 계산기간 종료일의 다음 날부터 이자소득금액의 계산기간 종료일까지의 기간. 다만, 취득한 날 또는 직전 이자소득금액의 계산기간 종료일부터 매도하는 날 전일까지로 기간을 계산하는 약정이 있는 경우에는 그 기간으로 한다.

2. **적용이자율**

가. 당해 채권 등의 이자계산기간에 대하여 **약정된 이자계산방식에 의한 이자율**에 발행시의 **할인율을 가산**하고 **할증률을 차감**한 이자율. 다만, 공개시장에서 발행하는 원리금 분리형 국채(소세령 §22의2 ①) 및 통합발행채권(소세령 §22의2 ②)의 경우에는 발행시의 할인율과 할증률을 가감하지 아니한다.

나. 만기상환일에 각 이자계산기간에 대한 **보장이율을 추가로 지급하는 조건이 있는 전환사채·교환사채 또는 신주인수권부사채의 경우**에는 가목의 이자율에 당해 추가지급이율을 가산한 이자율. 다만, **전환사채 또는 교환사채를 주식으로 전환청구 또는 교환청구한 경우로서 이자지급의 약정이 있는 경우**에는 전환청구일 또는 교환청구일부터는 **법정 방법**[해당 이자를 지급받는 자에게 청구일 이후의 약정이자가 지급되는 것으로 보아 청구일(청구일이 분명하지 아니한 경우에는 해당 전환사채 등 발행법인의

사업연도 중에 최초로 청구된 날과 최종으로 청구된 날의 가운데에 해당하는 날)부터 해당 전환사채 등 발행법인의 사업연도 말일까지의 기간에 대하여 약정이자율을 적용(소세칙 §88의2)](법세칙 §59 ①)에 따라 당해 약정이자율로 한다.

법인이 **선이자지급방식의 채권 등**(법정 이자소득금액의 지급시기(소세령 §190 각 호)에 원천징수하는 채권 등)을 **취득한 후 사업연도가 종료**되어 원천징수된 세액을 전액 공제하여 법인세를 신고하였으나 그 후의 사업연도 중 해당 채권 등의 만기상환일이 도래하기 전에 **이를 매도**함으로써 해당 사업연도 전에 **공제한 원천징수세액이 계산한 보유기간이자상당액**(법세령 §113 ②)에 **대한 세액을 초과하는 경우**에는 그 초과하는 금액을 해당 채권 등을 매도한 날이 속하는 사업연도의 법인세에 가산하여 납부하여야 한다(법세령 §113 ⑥). 법인이 **선이자지급방식의 채권 등**(채권 등의 매출 시 세금을 원천징수한 채권 등에 한정)을 **이자계산기간 중에 매도하는 경우** 해당 법인(금융회사 등이 해당 채권 등의 매도를 중개하는 경우에는 해당 금융회사 등)은 중도 매도일에 해당 채권 등을 새로이 매출한 것으로 보아 이자 등을 계산하여 세액을 원천징수하여야 한다(법세령 §113 ⑪).

법인이 **취득일이 서로 다른 동일종목의 채권 등을 매도하는 경우** 채권 등 보유기간(법세령 §113 ② 1호)은 **재고자산의 원가법에 의한 평가방법**(법세령 §74 ① 1호 가목~다목)을 **준용하는 방법** 또는 **기획재정부령이 정하는 법정 방법**(법세칙 §59 ③) 중 하나를 **선택**하여 적용할 수 있으며, 당해 법인은 이를 **다음 각 호의 1의 기한 내**에 납세지 관할 세무서장에게 **신고**하여 계속적으로 적용하여야 한다(법세령 §113 ⑦ 전단). 이 경우 법인이 보유기간의 계산방법을 신고하지 아니하거나 신고한 방법과 상이한 방법을 적용하여 계산한 경우에는 **선입선출법**(법세령 §74 ① 1호 나목)을 준용하여 보유기간을 계산한다(법세령 §113 ⑦ 후단).

1. 보유기간이자상당액에 대한 원천징수세액납부일
2. 보유기간이자상당액에 대한 법인세 과세표준신고일

기획재정부령이 정하는 법정 방법은 다음 각 호의 1에 **해당하는 방법**을 말한다(법세칙 §59 ③ 선단). 이 경우 보유기간의 계산은 소수점 이하 두 자리까지만 할 수 있다(법세칙 §59 ③ 후단).

1. 채권 등을 매도할 때마다 그 매도일 현재의 보유채권 등 및 매도채권 등의 취득일별 채권 등의 수에 당해 채권 등의 취득일부터 매도일까지의 보유기간을 곱하여 계산한 기간의 합계를 채권 등의 총수로 나누어 계산하는 방법. 이 경우 직전 매도일 현재의 보유채권 등에 대하여는 직전 매도 시에 계산한 평균 보유기간에 직전 매도일부터 당해 매도일까지의 기간을 합한 기간을 취득일부터 매도일까지의 보유기간으로 한다.
2. 가목의 기간에서 나목의 평균경과기간을 차감한 기간을 보유기간으로 하는 방법
   가. 채권 등의 발행일(발행일 이전에 매출하는 경우에는 매출일)부터 매도일까지의 보유기간
   나. 채권 등의 매도일 직전에 취득한 채권 등의 취득수에 발행일(발행일 이전에 매출하는 경우에는 매출일)부터 취득일까지의 경과기간을 곱한 기간과 당해 채권 등의 취득 직전에 보유한 채권 등의 경과기간을 평균한 기간에 보유채권수를 곱한 기간의 합계를 채권 등의 수로 나누어 계산한 평균경과기간
3. 채권 등을 취득할 때마다 계산한 평균보유기간에 매도일까지의 기간을 합하는 방법

'채권 등을 매도한 것으로 보는 경우(법인의 고유재산에서 취득하여 보유하는 채권 등을 법인이 관리하는 재산으로 유상이체하는 경우와 관리하는 재산 간에 유상이체하는 경우 및 관리하는 재산에서 고유재산으로 유상이체하는 경우)'(법세령 §113 ③ 본문)에는 관리하는 재산의 보유기간이자상당액에 대한 원천징수에 관하여는 당해 재산을 관리하는 법인이 채권 등을 매도하는 것으로 본다(법세령 §113 ⑬).

1.7. 적격집합투자기구의 증권을 매도하는 경우 그 보유기간이자상당액에 관한 계산특례

적격집합투자기구의 증권을 매도하는 경우 그 보유기간이자상당액 계산에 관한 특례가 있다. '집합투자증권의 환매·양도 및 집합투자기구의 해지·해산으로 발생한 이익과 연 1회 이상 이익금의 분배 등 법정 요건(소세령 §150의7 ②)을 갖춘 적격집합투자기구'(소세 §87의6 ① 4호)의 증권에 근거하여 그 '집합투자기구이익금 중 금융투자소득(소세 §87의6 ① : 소세령 §150의6, §150의7, §150의8)이 아닌 소득'에 해당하는 부분으로부터 분배받은 금액(소세령 §26의2 ④)에 대한 보유기간이자상당액은, 그 증권을 취득한 법인이 투자신탁의 이익 계산기간 중도에 매도(자본시장과 금융투자업에 관한 법률에 따른 집합투자업자가 취득하여 매도하는 증권의 경우를 포함)한 기간에 대하여 소득세법 상 해당 규정(소세령 §26의2 ④, §150의17 : 소세칙 §13)을 적용하여 계산한다(법세령 §113 ⑤).

1.8. 원천징수의무의 승계

법인이 해산한 경우에 원천징수하여야 할 법인세(법세 §73, §73의2)를 징수하지 아니하였거나 징수한 법인세를 납부하지 아니하고 잔여재산을 분배한 때에는 청산인과 잔여재산의 분배를 받은 자가 각각 그 분배한 재산의 가액과 분배받은 재산의 가액을 한도로 그 법인세를 연대하여 납부할 책임을 진다(법세령 §116 ①). 법인이 합병 또는 분할로 인하여 소멸한 경우 합병법인 등은 피합병법인 등이 원천징수하여야 할 법인세(법세 §73, §73의2)를 징수하지 아니하였거나 징수한 법인세를 납부하지 아니한 것에 대하여 납부할 책임을 진다(법세령 §116 ②).

1.9. 원천징수영수증의 발급

원천징수의무자가 납세의무자로부터 법인세를 원천징수한 경우에는 그 납세의무자에게 법정 절차(소세 §133)에 따라 원천징수영수증을 발급하여야 한다(법세 §74 ① : 법세령 §117 ①). 국내에서 이자소득 또는 배당소득을 지급하는 원천징수의무자는 이를 지급할 때 소득을 받는 자에게 그 이자소득 또는 배당소득의 금액과 그 밖에 필요한 사항을 적은 **원천징수영수증**(소세칙 §100)을 발급하여야 한다(소세 §133 ① 본문). 다만, 원천징수의무자가 지급한 날이 속하는 과세기간 의 다음 연도 3월 31일까지 이자소득 또는 배당소득을 받는 자에게 그 이자소득 또는 배당소득의 금액과 그 밖에 필요한 사항을 **법정 방법**(소세령 §193 ③)에 **따라 통지**하는 경우에는 해당 원천징수영수증을 발급한 것으로 본다(소세 §133 ① 단서). 법정 방법에 따라 통지하는 경우는 법정 사유(소세령 §193 ③ 각 호) 중 어느 하나에 해당하는 경우를 말한다(소세령 §193 ③ 전단). 이 경우 지급받은 이자소득 및 배당소득의 연간합계액과 원천징수세액명세 및 원천징수의무자 의 사업자등록번호 등(사업자등록번호와 그 상호 또는 법인명)을 기재하거나 통보하는 때에도 원천징수영수증을 발급한 것으로 본다(소세령 §193 ③ 후단).

> 1. 금융회사 등이 이자소득이나 배당소득을 받은 자의 통장 또는 금융거래명세서에 그 지급내 용과 원천징수의무자의 사업자등록번호 등을 기재하여 통보하는 경우
> 2. 금융회사 등이 이자소득이나 배당소득을 받는 자로부터 신청을 받아 그 지급내용과 원천징 수의무자의 사업자등록번호 등을 우편, 전자계산조직을 이용한 정보통신 또는 팩스로 통보하여 주는 경우

원천징수의무자는 이자소득 또는 배당소득의 지급금액이 법정 금액 이하인 경우(계좌별로

1년간 발생한 이자소득 또는 배당소득금액이 1백만원 이하인 경우)(소세령 §193 ④)에는 원천징수영수증을 발급하지 아니할 수 있다(소세 §133 ② 본문). 다만, 채권 등에 대한 원천징수 특례(소세 §133의2 ①)에 따라 원천징수영수증을 발급하는 경우와 이자소득 또는 배당소득을 받는 자가 원천징수영수증의 발급을 요구하는 경우에는 원천징수영수증을 발급하거나 통지하여야 한다(소세 §133 ② 단서).

1.10. 지급명세서의 제출

내국법인에 이자소득(소세 §127 ① 1호) 또는 배당소득(소세 §127 ① 2호)을 지급하는 자는 특별한 규정이 있는 경우를 제외하고는 소득세법 상 지급명세서 제출 또는 면제규정(소세 §164 : 소세령 §213, §214)을 준용하여 지급명세서를 납세지 관할 세무서장에게 제출하여야 한다(법세령 §162 본문). 다만, 다음 각 호의 소득에 대하여는 지급명세서를 제출하지 아니할 수 있다(법세령 §162 단서).

1. 법정 금융회사 등(법세령 §111 ①)에 지급하는 이자소득(원천징수대상이 되는 경우(법세령 §111 ①)는 제외)
2. 자본시장과 금융투자업에 관한 법률에 따른 한국예탁결제원이 증권회사 등 예탁자에게 지급하는 의제배당소득(법세 §16 ①)

2. 내국법인이 '채권 등을 매도하는 경우 등' 그 보유기간이자상당액에 대한 원천징수

내국법인이 원천징수대상채권 등(보유기간이자상당액 과세대상인 채권 등(소세 §46 ①) 또는 투자신탁의 수익증권)을 타인에게 매도(중개·알선과 그 밖에 대통령령으로 정하는 경우를 포함하되, 환매조건부 채권매매 등 법정 경우(법세령 §114의2)는 제외)[1032]하는 경우 그 내국법인은 법정 방법(법세령 §113)에 따라 계산한 해당 원천징수대상채권 등의 보유기간에 따른 이자 등(이자, 할인액 및 투자신탁이익)의 금액에 100분의 14의 세율을 적용하여 계산한 금액에 상당하는 법인세(1천원 이상인 경우만 해당)를 원천징수하여 그 징수일이 속하는 달의 다음 달 10일까지 납세지 관할 세무서 등에 납부하여야 한다(법세 §73의2 ① 전단). 이 경우 **해당**

1032) 원천징수영수증의 발급(법인 §74) 및 법인과세 신탁재산의 원천징수(법인 §75의18)의 경우에도 같다.

내국법인을 원천징수의무자로 본다(법세 §73의2 ① 후단). 원천징수의무자는 원천징수한 법인세를 국세징수법에 따라 **원천징수의무자의 납세지 관할세무서 등에 납부**하여야 하며, **원천징수 이행상황신고서**(법세칙 §82)를 원천징수의무자의 납세지 관할 세무서장에게 **제출**(국세정보통신망에 의한 제출을 포함)하여야 한다(법세령 §115 ①).

'내국법인의 이자소득 등에 대한 원천징수 규정'(법세 §73)은 '내국법인에게 원천징수대상 소득을 지급하는 자'에 대한 원천징수를 그 적용대상으로 하는 반면에, '내국법인의 채권 등의 보유기간이자상당액에 대한 원천징수 규정'(법세 §73의2)은 타인에게 원천징수대상채권 등을 매도하는 내국법인이 부담하는 원천징수를 그 적용대상으로 한다는 점에서 구분된다.

원천징수대상채권 등의 이자 등(법세 §73의2)에는 원천징수를 대리하거나 위임받은 금융회사 등(법세 §73 ⑦)이 어음 또는 채무증서를 발행한 법인으로부터 **인수·매입하여 매출**('법인의 고유재산에서 취득하여 보유하는 채권 등을 법인이 관리하는 재산으로 유상이체하는 경우와 관리하는 재산간에 유상이체하는 경우 및 관리하는 재산에서 고유재산으로 유상이체하는 경우로서 법정의 경우'(법세령 §113 ③)를 포함)**하는 경우에 그 금융회사 등에 귀속되는 이자 등은 포함하지 않는다**(법세령 §113 ⑨ 본문). 다만, **법정 방법으로 매출하는 어음**[금융회사 등이 매출 또는 중개하는 어음, 단기사채 등(전자등록 §59), '은행(한국산업은행(법세령 §61 ② 2호), 중소기업은행(법세령 §61 ② 3호), 한국수출입은행(법세령 §61 ② 4호)을 포함)(은행 §2) 및 상호저축은행법에 따른 상호저축은행이 매출하는 표지어음으로서 보관통장으로 거래되는 것(은행이 매출한 표지어음의 경우에는 보관통장으로 거래되지 아니하는 것도 포함)](소세령 §190 1호) **외의 어음의 경우에는 그 금융회사 등에 귀속되는 이자 등을 포함한다**(법세령 §113 ⑨ 단서).

다음 각 호의 법인에 원천징수대상채권 등을 매도하는 경우로서 당사자 간의 약정이 있을 때에는 그 약정에 따라 원천징수의무자를 대리하거나 그 위임을 받은 자의 행위는 수권 또는 위임의 범위에서 본인 또는 위임인의 행위로 본다(법세 §73의2 ③).

1. 법정 금융회사 등(법세령 §113 ⑫, §61 ②)
2. 자본시장과 금융투자업에 관한 법률에 따른 집합투자업자

자본시장과 금융투자업에 관한 법률에 따른 **신탁재산에 속한 원천징수대상채권 등을 매도하는 경우 신탁업자와 다음 각 호의 구분에 따른 자 간에 대리 또는 위임의 관계가 있는 것으로 본다**(법세 §73의2 ④).

1. 수익자과세신탁(법세 §5 ①)의 신탁재산 : 해당 신탁재산의 수익자
2. 법인과세신탁(법세 §5 ③)의 신탁재산 : 해당 신탁재산의 위탁자

법인세가 부과되지 아니하거나 면제되는 소득 등 법정 소득(법세령 §113 ④)에 대해서는 법인세를 원천징수하지 아니한다(법세 §73의2 ②). 법정 소득은 **다음 각 호의 어느 하나에 해당하는 소득**을 말한다(법세령 §113 ④).

1. 내국법인의 이자소득 등에 대한 원천징수가 면제(법세 §73 ②)되는 법정 소득(법세령 §111 ④)

> 1. 법인세가 부과되지 아니하거나 면제되는 소득
> 2. (삭제)
> 3. 신고한 과세표준에 이미 산입된 미지급소득
> 4. 법령 또는 정관에 의하여 비영리법인이 회원 또는 조합원에게 대부한 융자금과 비영리법 인이 당해 비영리법인의 연합회 또는 중앙회에 예탁한 예탁금에 대한 이자수입
> 5. 법률에 따라 설립된 기금을 관리·운용하는 **법정 기금운용법인**(법세칙 §56의2 ①)과 **법률에 따라 공제사업을 영위하는 법정 법인**(법세칙 §56의2 ②) 중 건강보험·연금관리 및 공제사업을 영위하는 비영리내국법인(기금운용법인의 경우에는 해당 기금사업에 한정)이 국채법에 따라 등록하거나 주식·사채 등의 전자등록에 관한 법률에 따라 전자등록한 **다음 각 목의 국공채 등을 발행일부터 이자지급일 또는 상환일까지 계속하여 등록·보유**함으로써 발생한 이자 및 할인액
>   가. 국가 또는 지방자치단체가 발행한 채권 또는 증권
>   나. 한국은행 통화안정증권법에 의하여 한국은행이 발행한 통화안정증권
>   다. **법정 채권 또는 증권**(법세칙 §57). 이 경우 법정 채권 또는 증권은 다음 각 호의 것을 말한다(법세칙 §57).
>
>   > 1. 한국산업은행법에 의하여 한국산업은행이 발행하는 산업금융채권
>   > 2. 중소기업은행법에 의하여 중소기업은행이 발행하는 중소기업금융채권
>   > 3. 한국수출입은행법에 의하여 한국수출입은행이 발행하는 수출입금융채권
>   > 4. 은행법에 의한 국민은행이 발행하는 국민은행채권(1998년 12월 31일 은행법에 의한 국민은행과 장기신용은행법에 의한 장기신용은행이 합병되기 전의 장기 신용은행이 발행한 장기신용채권의 상환을 위하여 발행하는 채권에 한정)
>   > 5. 주택저당채권 유동화회사법에 의하여 주택저당채권유동화회사가 발행하는 주택저당증권 및 주택저당채권담보부채권

> 6. 한국주택금융공사법에 따라 설립된 한국주택금융공사가 발행하는 주택저
> 당채권담보부채권·주택저당증권·학자금대출증권 및 사채

6. 다음 각 목의 어느 하나에 해당하는 조합의 조합원인 법인(한국표준산업분류 상 금융보험업을 영위하는 법인을 제외)이 해당 조합의 규약에 따라 조합원 공동으로 예탁한 자금에 대한 이자수입
    가. 상장유가증권에 대한 투자를 통한 증권시장의 안정을 목적으로 설립된 법정 조합(증권시장의 안정을 위하여 조합원이 공동으로 출자하여 주권상장법인의 주식을 취득하는 조합으로서 기획재정부장관이 정하는 조합)(법세칙 §58)
    나. 채권시장의 안정을 목적으로 설립된 조합으로서 법정 조합
7. 한국토지주택공사법에 따른 한국토지주택공사가 주택도시기금(도시기금 §6 ②)에 예탁한 자금(국민연금법에 의한 국민연금 및 우체국예금·보험에 관한 법률에 의한 우체국예금으로부터 사채발행을 통하여 조성한 자금을 예탁한 것으로서 이자소득 지급 당시 국민연금 및 우체국예금이 그 사채를 계속 보유하고 있는 경우에 한정)에 대한 이자수입

2. '자본시장과 금융투자업에 관한 법률에 따른 투자회사' 및 '금융기관의 자본확충 지원을 위하여 설립된 법정 법인(조특 §104의3 ①)인 자본확충목적회사(법세령 §111 ① 16호)'의 원천징수대상채권 등(보유기간이자상당액 과세대상인 채권 등(소세 §46 ①) 또는 투자신탁의 수익증권)에 대한 보유기간이자상당액
3. 제2호 외의 법정 금융회사 등(법세령 §111 ①)의 단기사채 등(전자등록 §59) 중 사채(전자등록 §2 1호 나목)로서 만기 1개월 이내의 것에 대한 보유기간이자상당액

    원천징수대상채권 등의 보유기간에 따른 이자 등의 계산, 원천징수의무의 위임·대리 및 납부에 관하여 이상의 특별규정이 적용되지 않는 경우에는 '**내국법인의 이자소득 등에 대한 원천징수에 관한 규정들**'(법세 §73 ; 법세령 §111, §113, §115, §116, §162 ; 법세칙 §56, §56의2, §57, §58, §59)이 적용된다.

Ⅳ 소득세법 상 원천징수

원천징수 제도는 해당 소득을 지급받는 자를 중심으로 법령 상 반영되어 있으므로, 법인이 거주자 또는 비거주자에게 소득을 지급하는 경우 부담하는 원천징수는 소득세법에 규정되어 있다. 법인이 납부하여야 하는 소득세법 상 원천징수세액은 법인이 원천납세의무자로서 원천징수당한 세액이 아니라, 법인이 원천징수의무자로서 징수하여 납부하는 세액을 의미한다. 즉 거주자 또는 비거주자에게 소득을 지급하는 법인에 대하여서는 원천징수의무자로서의 지위에 기반하여 소득세법 상 원천징수 관련 규정(소세 §127~§159 ; 소세령 §184~§207의10 ; 소세칙 §88의2~§95의4)이 적용되고 그 원천징수세액은 해당 법인의 산출세액에서 공제되는 원천징수세액(법세 §64 ① 4호)과 구분된다는 점에 유의하여야 한다.

제6절 | **가산세**

제1관 | **가산세 개요**

가산세에 관한 일반규정은 국세기본법에 있다. **정부**는 세법에서 규정한 의무를 위반한 자에게 **국세기본법 또는 세법에서 정하는 바에 따라 가산세를 부과할 수 있다**(국기 §47 ①). 가산세는 해당 의무가 규정된 세법의 **해당 국세의 세목으로 한다**(국기 §47 ② 본문). 다만, **해당 국세를 감면하는 경우에는 가산세는 그 감면대상에 포함시키지 아니하는 것으로 한다**(국기 §47 ② 단서). 가산세는 납부할 세액에 가산하거나 환급받을 세액에서 공제한다(국기 §47 ③). 국세기본법 상 가산세는 **무신고가산세**(국기 §47의2), **과소신고 · 초과환급신고가산세**(국기 §47의3), **납부지연가산세**(국기 §47의4) 및 **원천징수 등 납부지연가산세**(국기 §47의5)가 있다. 또한 국세기본법은 '**가산세 자체에 대한 감면 등 규정**'(국기 §48) 및 '**가산세의 한도 규정**'(국기 §49)을 두고 있다.[1033)

법인세법은 납세자의 협력의무 위반을 사유로 하는 가산세를 국세기본법과 별도로 규정한다. 법인세법 상 가산세로는 **업무용승용차 관련 비용 명세서 제출 불성실 가산세**(법세 §74의2),

---

1033) 이에 관한 구체적 내용은 이준봉, 전게서, 제2편 제6장 참조.

성실신고확인서 제출 불성실 가산세(법세 §75), 주주 등의 명세서 등 제출 불성실 가산세(법세 §75의2), 장부의 기록·보관 불성실 가산세(법세 §75의3), 기부금영수증 발급·작성·보관 불성실 가산세(법세 §75의4), 증명서류 수취 불성실 가산세(법세 §75의5), 신용카드 및 현금영수증 발급 불성실 가산세(법세 §75의6), 지급명세서 등 제출 불성실 가산세(법세 §75의7), 계산서 등 제출 불성실 가산세(법세 §75의8) 및 특정외국법인의 유보소득 계산 명세서 제출 불성실 가산세(법세 §75의9)가 있다.

제2관 **법인세법 상 가산세**

 업무용승용차 관련 비용 명세서 제출 불성실 가산세

업무용승용차 관련 비용 등을 손금에 산입한 내국법인(법세 §27의2 ①~⑤)이 **업무용승용차 관련 비용 등에 관한 명세서**(법세 §27의2 ⑥)**를 제출하지 아니하거나 사실과 다르게 제출한 경우**에는 다음 각 호의 구분에 따른 금액을 가산세로 해당 사업연도의 법인세액에 더하여 납부하여야 한다(법세 §74의2 ①). 이 경우 가산세는 산출세액이 없는 경우에도 적용한다(법세 §74의2 ②).

> 1. **명세서를 제출하지 아니한 경우** : 해당 내국법인이 신고(법세 §60)를 할 때 업무용승용차 관련비용 등으로 손금에 산입한 금액의 100분의 1
> 2. **명세서를 사실과 다르게 제출한 경우** : 해당 내국법인이 신고(법세 §60)를 할 때 업무용승용차 관련비용 등으로 손금에 산입한 금액 중 해당 명세서에 사실과 다르게 적은 금액의 100분의 1

 성실신고확인서 제출 불성실 가산세

성실신고 확인대상인 내국법인(법세 §60의2 ①)이 각 사업연도의 종료일이 속하는 달의 말일부터 4개월 이내에 **성실신고확인서를 납세지 관할 세무서장에게 제출하지 아니한 경우**에는 다음 각 호의 금액 중 큰 금액을 가산세로 해당 사업연도의 법인세액에 더하여 납부하여야 한다(법세 §75 ①). 경정(법세 §66)으로 산출세액이 0보다 크게 된 경우에는 경정된 산출세액을 기준으로 가산세를 계산한다(법세 §75 ②). 가산세는 산출세액이 없는 경우에도 적용한다(법세 §75 ③).

> 1. 법인세 산출세액(토지 등 양도소득에 대한 법인세액(법세 §55의2) 및 투자·상생협력 촉진을 위한 과세특례(조특 §100의32)를 적용하여 계산한 법인세액은 제외. 이하 가산세 규정(법세 §75의2~§75의9)에서 같음)의 100분의 5
> 2. 수입금액의 1만분의 2

주주 등의 명세서 등 제출 불성실 가산세

'법인의 설립 또는 설치신고'(법세 §109 ①) 또는 '사업자등록'(법세 §111)과 관련하여 주주 등의 명세서를 제출하여야 하는 내국법인이 다음 각 호의 어느 하나에 해당하는 경우에는 해당 주주 등이 보유한 주식 등의 액면금액(무액면주식인 경우에는 그 주식을 발행한 법인의 자본금을 발행주식 총수로 나누어 계산한 금액) 또는 출자가액의 1천분의 5를 가산세로 설립일 이 속하는 사업연도의 법인세액에 더하여 납부하여야 한다(법세 §75의2 ①). 이 경우 가산세는 산출세액이 없는 경우에도 적용한다(법세 §75의2 ③).

> 1. 명세서를 제출하지 아니한 경우
> 2. 명세서에 주주 등의 명세의 전부 또는 일부를 누락하여 제출한 경우
> 3. 제출한 명세서가 **법정 불분명한 경우**(법세령 §120 ①)에 해당하는 경우. **법정 불분명한 경우는 다음 각 호의 어느 하나**에 해당하는 경우를 말한다(법세령 §120 ① 본문). 다만, 내국법인이 **주식 등의 실제소유자를 알 수 없는 경우 등 정당한 사유**가 있는 경우는 제외한다(법세령 §120 ① 단서).
>
>> 1. 제출된 주주 등의 명세서에 '법인의 설립 또는 설치신고'와 관련하여 주주 등의 명세서의 법정 필요적 기재사항(주주 등의 성명 또는 법인명, 주민등록번호·사업자 등록번호 또는 고유번호 ; 주주 등별 주식 등의 보유현황)(법세령 §152 ② 1호, 2호)의 전부 또는 일부를 기재하지 아니하였거나 잘못 기재하여 주주 등의 명세를 확인할 수 없는 경우
>> 2. 제출된 주주 등의 명세서의 필요적 기재사항이 주식 등의 실제소유자에 대한 사항과 다르게 기재되어 주주 등의 명세를 확인할 수 없는 경우

사업연도 중에 주식 등의 변동사항이 있는 사유로 주식등변동상황명세서를 제출하여야 하는 내국법인(법세 §119)이 다음 각 호의 어느 하나에 해당하는 경우에는 그 주식 등의 액면금액 또는 출자가액의 100분의 1을 가산세로 해당 사업연도의 법인세액에 더하여 납부하여야 한다(법세 §75의2 ②). 이 경우 가산세는 산출세액이 없는 경우에도 적용한다(법세 §75의2 ③).

1. 명세서를 제출하지 아니한 경우
2. 명세서에 주식 등의 변동사항을 누락하여 제출한 경우
3. 제출한 명세서가 **법정 불분명한 경우**(법세령 §120 ②)에 해당하는 경우. **법정 불분명한 경우는 다음 각 호의 어느 하나에 해당하는 경우를 말한다**(법세령 §120 ② 본문). 다만, 내국법인이 **주식 등의 실제소유자를 알 수 없는 경우 등 정당한 사유**가 있는 경우는 제외한다(법세령 §120 ② 단서).

   1. 제출된 변동상황명세서에 법정 필요적 기재사항(주주 등의 성명 또는 법인명, 주민등록번호·사업자등록번호 또는 고유번호 ; 주주 등별 주식 등의 보유현황 ; 사업연도 중의 주식 등의 변동사항)(법세령 §161 ① 1호~3호)의 전부 또는 일부를 기재하지 아니하였거나 잘못 기재하여 주식 등의 변동상황을 확인할 수 없는 경우
   2. 제출된 변동상황명세서의 필요적 기재사항이 주식 등의 실제소유자에 대한 사항과 다르게 기재되어 주식 등의 변동사항을 확인할 수 없는 경우

 장부의 기록·보관 불성실 가산세

내국법인(비영리내국법인과 법인세법 또는 다른 법률에 따라 법인세가 비과세되거나 전액 면제되는 소득만 있는 법인은 제외)이 장부의 비치·기장 의무(법세 §112)를 이행하지 아니한 경우에는 다음 각 호의 금액 중 큰 금액을 가산세로 해당 사업연도의 법인세액에 더하여 납부하여야 한다(법세 §75의3 ①). 이 경우 가산세는 산출세액이 없는 경우에도 적용한다(법세 §75의3 ②).

1. 산출세액의 100분의 20
2. 수입금액의 1만분의 7

기부금영수증 발급·작성·보관 불성실 가산세

기부금영수증을 발급하는 내국법인이 다음 각 호의 어느 하나에 해당하는 경우에는 다음 각 호의 구분에 따른 금액을 가산세로 해당 사업연도의 법인세액에 더하여 납부하여야 한다(법세 §75의4 ①). 이 경우 가산세는 산출세액이 없는 경우에도 적용한다(법세 §75의4 ④).

---

1. 기부금영수증을 사실과 다르게 적어 발급(기부금액 또는 기부자의 인적사항 등 주요사항을 적지 아니하고 발급하는 경우를 포함)한 경우
   가. 기부금액을 사실과 다르게 적어 발급한 경우 : 사실과 다르게 발급된 금액[영수증에 실제 적힌 금액(영수증에 금액이 적혀 있지 아니한 경우에는 기부금영수증을 발급받은 자가 기부금을 손금 또는 필요경비에 산입하거나 기부금세액공제를 받은 해당 금액)과 건별로 발급하여야 할 금액과의 차액을 말한다]의 100분의 5
   나. 기부자의 인적사항 등을 사실과 다르게 적어 발급하는 등 가목 외의 경우 : 영수증에 적힌 금액의 100분의 5
2. 기부자별 발급명세를 '기부금영수증 발급명세의 작성·보관의무 등 규정'(법세 §112의2 ①)에 따라 작성·보관하지 아니한 경우 : 작성·보관하지 아니한 금액의 1천분의 2. 다만 공익법인이 제출하여야 할 보고서(상증세 §48 ⑤)를 제출하지 않거나 그 제출된 보고서의 내용이 불분명한 사유로 가산세가 부과되는 경우(상증세 §78 ③)에는 이 가산세를 적용하지 않는다(법세 §75의4 ③).

기부금영수증(법세 §75의4 ①, §112의2 ①)은 다음 각 호의 어느 하나에 해당하는 영수증을 말하며, 전자기부금영수증[법정 전자적 방법(국세청장이 구축한 전자기부금영수증 발급 시스템을 이용하는 방법)(법세령 §155의2 ①)으로 발급한 기부금영수증]을 포함한다(법세 §75의4 ②).

---

1. 기부금을 손금에 산입(법세 §24)하기 위하여 필요한 영수증
2. 기부금을 필요경비에 산입(소세 §34)하거나 기부금세액공제(소세 §59의4)를 받기 위하여 필요한 영수증

증명서류 수취 불성실 가산세

내국법인[**법정 법인**[국가 및 지방자치단체 : 비영리법인(수익사업(법세 §3 ①)과 관련된 부분은 제외)](법세령 §120 ③)**은 제외**]이 사업과 관련하여 **법정 사업자**(재화나 용역을 공급받고 그 대가를 지급하는 경우 지출증명서류의 수취 및 보관할 의무를 부담하는 법인)(법세령 §120 ④, §158 ① 각 호)**로부터 재화 또는 용역을 공급받고 법정 증명서류**(법세 §116 ② 각 호)**를 받지 아니하거나 사실과 다른 증명서류를 받은 경우**에는 그 받지 아니하거나 사실과 다르게 받은 금액으로 손금에 산입하는 것이 인정되는 금액(건별로 받아야 할 금액과의 차액)의 100분의 2를 가산세로 해당 사업연도의 법인세액에 더하여 납부하여야 한다(법세 §75의5 ①). 이 경우 가산세는 산출세액이 없는 경우에도 적용한다(법세 §75의5 ③).

법정 증명서류는 다음 각 호의 어느 하나에 해당하는 증명서류를 말한다(법세 §116 ② 각 호).

> 1. 여신전문금융업법에 따른 신용카드 매출전표(신용카드와 유사한 것으로서 법정 직불카드 등(법세령 §158 ③)을 사용하여 거래하는 경우에는 그 증명서류를 포함). 법정 직불카드 등은 다음 각 호의 어느 하나에 해당하는 것을 말한다(법세령 §158 ③).
>
>> 1. 여신전문금융업법에 따른 직불카드
>> 2. 외국에서 발행된 신용카드
>> 3. 기명식선불카드, 직불전자지급수단, 기명식선불전자지급수단 또는 기명식전자화폐 (조특 §126의2 ① 4호)
>
> 2. 현금영수증
> 3. 세금계산서(부가세 §32)
> 4. 계산서(법세 §121 : 소세 §163)

다음 각 호의 어느 하나에 해당하는 경우는 위 가산세를 적용하지 아니한다(법세 §75의5 ②).

> 1. 기업업무추진비로서 손금불산입된 경우(법세 §25 ②)
> 2. 법정 증빙서류(법세 §116 ② 각 호)의 수취·보관의무가 없는 경우(법세 §116 ② 각 호 외의 부분 단서)

신용카드 및 현금영수증 발급 불성실 가산세

신용카드가맹점으로 가입한 내국법인(법세 §117)이 신용카드에 의한 거래를 거부하거나 신용카드 매출전표를 사실과 다르게 발급하여 납세지 관할 세무서장으로부터 통보받은 경우(법세 §117 ④ 후단)에는 통보받은 건별 거부 금액 또는 신용카드 매출전표를 사실과 다르게 발급한 금액(건별로 발급하여야 할 금액과의 차액)의 100분의 5(건별로 계산한 금액이 5천원 미만이면 5천원)를 가산세로 해당 사업연도의 법인세액에 더하여 납부하여야 한다(법세 §75의6 ①). 이 경우 가산세는 산출세액이 없는 경우에도 적용한다(법세 §75의6 ③).

내국법인이 **다음 각 호의 어느 하나에 해당하는 경우**에는 **다음 각 호의 구분에 따른 금액**을 가산세로 해당 사업연도의 법인세액에 더하여 납부하여야 한다(법세 §75의6 ②). 이 경우 가산세는 산출세액이 없는 경우에도 적용한다(법세 §75의6 ③).

1. 현금영수증가맹점 가입의무(법세 §117의2 ①)를 위반하여 현금영수증가맹점으로 가입하지 아니하거나 그 가입기한이 지나서 가입한 경우 : 가입하지 아니한 사업연도의 수입금액[둘 이상의 업종을 하는 법인인 경우에는 법정 업종(소득세법 시행령 별표 3의2에 따른 소비자상대업종)(법세령 §120 ⑤)에서 발생한 수입금액만 해당하며, 세금계산서 발급분 등 법정 수입금액(계산서 발급분(법세 §121) 또는 세금계산서 발급분(부가세 §32))(법세령 §120 ⑥)은 제외]의 100분의 1에 가입하지 아니한 기간을 고려하여 계산한 법정 비율[가맹하지 아니한 사업연도의 일수에서 현금영수증가맹점 가입의무 요건(법세 §117의2 ①)에 해당하는 날부터 3개월이 지난 날의 다음 날부터 가맹한 날의 전일까지의 일수(그 기간이 2 이상의 사업연도에 걸쳐 있는 경우 각 사업연도별로 적용)가 차지하는 비율](법세령 §120 ⑦)을 곱한 금액
2. 현금영수증 발급의무(법세 §117의2 ③)를 위반하여 현금영수증 발급을 거부하거나 사실과 다르게 발급하여 납세지 관할 세무서장으로부터 통보받은 경우(현금영수증의 발급대상 금액이 건당 5천원 이상인 경우만 해당하며, 다음 제3호에 해당하는 경우는 제외)(법세 §117의2 ⑥ 후단) : 통보받은 건별 발급거부 금액 또는 사실과 다르게 발급한 금액(건별로 발급하여야 할 금액과의 차액)의 100분의 5(건별로 계산한 금액이 5천원 미만이면 5천원)
3. 현금영수증 발급을 요청하지 아니하더라도 현금영수증 발급의무를 부담하는 법인(법세 §117의2 ④)이 이를 위반하여 현금영수증을 발급하지 아니한 경우(국민건강보험법에 따른 보험급여의 대상인 경우 등 법정의 경우(법세령 §120 ⑧)는 제외) : 미발급금액의 100분의 20(착오나 누락으로 인하여 거래대금을 받은 날부터 10일 이내에 관할 세무서에 자진 신고하거나 현금영수증을 자진 발급한 경우에는 100분의 10). 국민건강보험법에 따른 보험급여의 대상인 경우 등 법정의 경우는 다음 각 호의 어느 하나에 해당하는 경우를 말한다(법세령 §120 ⑧).

1. 국민건강보험법에 따른 보험급여
2. 의료급여법에 따른 의료급여
3. 긴급복지지원법에 따른 의료지원비
4. 응급의료에 관한 법률에 따른 대지급금
5. 자동차손해배상 보장법에 따른 보험금 및 공제금(여객자동차 운수사업법 및 화물자동차 운수사업법에 따른 공제사업자(자배법 §2 6호)의 공제금에 한정)

지급명세서 등 제출 불성실 가산세

지급명세서(법세 §120, §120의2 : 소세 §164, §164의2) 또는 간이지급명세서(소세 §164의3)를 제출하여야 할 자가 **다음 각 호의 어느 하나에 해당하는 경우에는 각 호에서 정하는 금액**을 가산세로 해당 사업연도의 법인세액에 더하여 납부하여야 한다(법세 §75의7 ①). 원천징수대상 사업소득(과세표준확정신고의 예외(소세 §73 ① 4호)가 적용되는 법정 사업소득은 제외)(소세 §164의3 ① 2호) 또는 '인적용역을 일시적으로 제공하고 받는 대가(소세 §21 ① 19호)에 해당하는 기타소득'(소세 §164의3 ① 3호)에 대한 지급명세서 등의 제출의무가 있는 자에 대하여 다음 제1호 가목의 가산세가 부과되는 부분에 대해서는 같은 호 나목의 가산세를 부과하지 아니하고, 제2호 가목의 가산세가 부과되는 부분에 대해서는 같은 호 나목의 가산세를 부과하지 아니한다(법세 §75의7 ⑤). 이 경우 가산세는 산출세액이 없는 경우에도 적용한다(법세 §75의7 ⑥). 법인이 합병·분할 또는 해산하는 경우 지급금액에 관하여 필요한 사항은 법정 방법에 따른다(법세 §75의7 ⑦). 즉 지급명세서의 제출의무(법세 §120)가 있는 법인이 합병·분할 또는 해산함으로써 과세표준을 신고·결정 또는 경정한 경우(법세 §84, §85, §87), 그 지급명세서 상 지급금액은 합병등기일·분할등기일 또는 해산등기일까지 제출하여야 하는 금액으로 한다(법세령 §120 ⑫).

1. 지급명세서 등(지급명세서 또는 간이지급명세서)를 기한까지 제출하지 아니한 경우
   : 다음 각 목의 구분에 따른 금액
   가. 지급명세서의 경우 : 제출하지 아니한 분의 지급금액의 100분의 1(제출기한이 지난 후 3개월 이내에 제출하는 경우에는 지급금액의 1천분의 5). 다만, 일용근로자의 일용근로소득(소세 §164 ① 각 호 외의 부분 단서)에 대한 지급명세서의 경우에는 제출하지 아니한 분의 지급금액의 1만분의 25(제출기한이 지난 후 1개월 이내에 제출하는 경우에는 지급금액의 10만분의 125)로 한다.
   나. 간이지급명세서의 경우 : 제출하지 아니한 분의 지급금액의 1만분의 25[제출기한이 지난 후 1개월 이내에 제출하는 경우에는 지급금액의 10만분의 125로 한다]
   다만 다음 각 호에 해당하는 경우에는 제1항 제1호 나목의 가산세는 부과하지 아니한다(법세 §75의7 ③).

   > 1. 2026년 1월 1일부터 2026년 12월 31일(소득세법에 따라 원천징수세액을 반기별로 납부하는 원천징수의무자(소세 §128 ②)의 경우에는 2027년 12월 31일)까지 일용근로자가 아닌 근로자에게 지급하는 근로소득(소세 §164의3 ① 1호)을 지급하는 경우로서 해당 소득에 대한 간이지급명세서를 그 소득 지급일(근로소득 원천징수시기에 대한 특례(소세 §135)를 적용받는 소득에 대해서는 해당 소득에 대한 과세기간 종료일)이 속하는 반기의 마지막 달의 다음 달 말일(휴업, 폐업 또는 해산한 경우에는 휴업일, 폐업일 또는 해산일이 속하는 반기의 마지막 달의 다음 달 말일)까지 제출하는 경우
   > 2. 2024년 1월 1일부터 2024년 12월 31일까지 '인적용역을 일시적으로 제공하고 받는 대가(소세 §21 ① 19호)에 해당하는 기타소득'(소세 §164의3 ① 3호)을 지급하는 경우로서 해당 소득에 대한 지급명세서를 그 소득 지급일이 속하는 과세연도의 다음 연도 2월 말일(휴업, 폐업 또는 해산한 경우에는 휴업일, 폐업일 또는 해산일이 속하는 달의 다음다음 달 말일)까지 제출하는 경우

   또한 상시고용인원 수 및 업종 등을 고려하여 원천징수세액을 반기별로 납부하는 원천징수의무자(소세 §128 ②)가 2021년 7월 1일부터 2022년 6월 30일까지 **일용근로소득 또는 원천징수대상 사업소득**(소세 §164의3 ① 2호)**을 지급하는 경우**로서 다음 각 호의 어느 하나에 해당하는 경우에는 **위 제1호의 가산세는 부과하지 아니한다**(법세 §75의7 ②).

   > 1. **일용근로소득에 대한 지급명세서**를 그 소득 지급일('근로소득 원천징수시기에 대한 특례'(소세 §135)가 적용되는 소득에 대해서는 해당 소득에 대한 과세기간 종료일)이 속하는 분기의 마지막 달의 다음 달 말일(휴업, 폐업 또는 해산한 경우에는 휴업일, 폐업일 또는 해산일이 속하는 분기의 마지막 달의 다음 달 말일)까지 제출하는 경우

2. **원천징수대상 사업소득**(소세 §164의3 ① 2호)**에 대한 간이지급명세서**를 그 소득 지급일('연말정산 사업소득의 원천징수시기에 대한 특례'(소세 §144의5)가 적용되는 소득에 대해서는 해당 소득에 대한 과세기간 종료일)이 속하는 반기의 마지막 달의 다음 달 말일(휴업, 폐업 또는 해산한 경우에는 휴업일, 폐업일 또는 해산일이 속하는 반기의 마지막 달의 다음 달 말일)까지 제출하는 경우

2. **제출된 지급명세서 등이 법정 불분명한 경우**(법세령 §120 ⑨)**에 해당하거나 제출된 지급명세서 등에 기재된 지급금액이 사실과 다른 경우** : 법정 불분명한 경우는 다음 각 호의 구분에 따른 경우를 말한다(법세령 §120 ⑨). **다만 '지급일 현재 사업자등록증의 발급을 받은 자 또는 고유번호를 부여받은 자에게 지급한 경우' 및 '그 밖의 지급으로서 지급 후에 그 지급받은 자가 소재불명으로 확인된 경우'는 불분명한 경우로 보지 않는다**(법세령 §120 ⑩).

1. **지급명세서의 경우** : 다음 각 목의 어느 하나에 해당하는 경우
   가. 제출된 지급명세서에 지급자 또는 소득자의 주소, 성명, 고유번호(주민등록번호로 갈음하는 경우에는 주민등록번호)나 사업자등록번호, 소득의 종류, 소득귀속연도 또는 지급액을 적지 않았거나 잘못 적어 지급사실을 확인할 수 없는 경우
   나. 제출된 지급명세서 및 이자·배당소득 지급명세서에 유가증권표준코드를 적지 않았거나 잘못 적어 유가증권의 발행자를 확인할 수 없는 경우
   다. 내국법인인 금융회사 등으로부터 제출된 이자·배당소득 지급명세서에 해당 금융회사 등이 과세구분을 적지 않았거나 잘못 적은 경우
   라. 이연퇴직소득세(소세령 §202 ①)를 적지 않았거나 잘못 적은 경우
2. **간이지급명세서의 경우** : 제출된 간이지급명세서에 지급자 또는 소득자의 주소·성명·납세번호(주민등록번호로 갈음하는 경우에는 주민등록번호)나 사업자등록번호, 소득의 종류, 소득의 귀속연도 또는 지급액을 적지 않았거나 잘못 적어 지급사실을 확인할 수 없는 경우
3. (삭제)
4. (삭제)

다음 각 목의 구분에 따른 금액을 가산세로 본다(법세 §75의7 ① 2호).
가. **지급명세서의 경우** : 불분명하거나 사실과 다른 분의 지급금액의 100분의 1. 다만, 일용근로소득에 대한 지급명세서의 경우에는 불분명하거나 사실과 다른 분의 지급금액의 1만분의 25로 한다.
나. **간이지급명세서의 경우** : 불분명하거나 사실과 다른 분의 지급금액의 1만분의 25

다만 일용근로소득 또는 간이지급명세서 제출 대상 소득(소세 §164의3 ① 각 호)에 대하여 제출한 지급명세서 등이 **'법정 불분명한 경우**(법세령 §120 ⑨)**에 해당하거나 제출된 명세서에**

기재된 지급금액이 사실과 다른 경우'(법세 §75의7 ① 2호 각 목 외의 부분)로서 명세서에 기재된 **각각의 총지급금액에서 그 경우에 해당하는 분의 지급금액이 차지하는 비율이** 법정 비율(100분의 5)(법세령 §120 ⑪) 이하인 경우에는 위 제2호의 가산세는 **부과하지 아니한다**(법세 §75의7 ④).

ⓧ 계산서 등 제출 불성실 가산세

내국법인{**법정 법인**[국가 및 지방자치단체 ; 비영리법인(수익사업(법세 §3 ①)과 관련된 부분은 제외)](법세령 §120 ③)**은 제외**}이 **다음 각 호의 어느 하나에 해당하는 경우에는 다음 각 호의 구분에 따른 금액을 가산세로** 해당 사업연도의 법인세액에 더하여 납부하여야 한다(법세 §75의8 ①). 이 경우 가산세는 산출세액이 없는 경우에도 적용한다(법세 §75의8 ③). 그러나 '증명서류 수취 불성실 가산세'(법세 §75의5) 및 '부가가치세법 상 가산세'(부가세 §60 ②, ③, ⑤, ⑥, ⑦)가 적용되는 부분에 대하여서는 이 가산세를 적용하지 않는다(법세 §75의8 ②).

1. **매입처별 세금계산서합계표**(법세 §120의3 ①)를 법정 기한(매년 2월 10일)(법세 §120 ① : 법세령 §163의2 ①)까지 제출하지 아니한 경우 또는 제출하였더라도 그 **매입처별 세금계산서 합계표에 법정 사항의 전부 또는 일부를 적지 아니하거나 사실과 다르게 적은 경우**(거래처별 사업자등록번호 또는 공급가액을 적지 아니하거나 사실과 다르게 적은 경우를 말하나, 제출된 매입처별 세금계산서합계표에 적어야 할 사항을 착오로 사실과 다르게 적은 경우로서 발급받은 세금계산서에 의하여 거래사실이 확인되는 경우를 제외(법세령 §120 ⑬) ; 또한 다음 제4호가 적용되는 분 역시 제외) : 공급가액의 1천분의 5
2. **계산서의 작성·발급 등 의무**(법세 §121 ①, ②)에 따라 발급한 **계산서에 적어야 할 법정 사항**(계산서의 필요적 기재사항)(법세령 §120 ⑭ 본문 ; 소세령 §211 ① 1호~4호)**의 전부 또는 일부를 적지 아니하거나 사실과 다르게 적은 경우**(발급한 계산서의 필요적 기재사항 중 일부가 착오로 사실과 다르게 기재되었으나 해당 계산서의 그 밖의 기재사항으로 보아 거래사실이 확인되는 경우에는 이를 사실과 다르게 기재된 계산서로 보지 아니한다(법세령 §120 ⑭ 단서) ; 또한 다음 제3호가 적용되는 분 역시 제외) : 공급가액의 100분의 1
3. **매출·매입처별 계산서합계표**(법세 §121 ⑤)를 법정 기한(매년 2월 10일)(법세 §121 ⑤ : 법세령 §164 ④)까지 제출하지 아니한 경우 또는 제출하였더라도 그 **합계표에 적어야 할 법정 사항**(거래처별 사업자등록번호 및 공급가액)(법세령 §120 ⑮ 본문)**의 전부 또는 일부를 적지 아니하거나 사실과 다르게 적은 경우**(제출된 매출·매입처별 계산서합계표의 기재사항이 착오로 사실과 다르게 기재된 경우로서 발급하거나 발급받은 계산서에 의하여 거래사실이 확인되는 경우에는 이를 사실과 다르게 기재된 매출·매입처별 계산서합계표

로 보지 아니한다(법세령 §120 ⑮ 단서) ; 또한 다음 제4호가 적용되는 분 역시 제외) : 공급가액의 1천분의 5

4. 다음 각 목의 어느 하나에 해당하는 경우 : 공급가액의 100분의 2(가목을 적용할 때 전자계산서(법세 §121 ① 후단)를 발급하지 아니하였으나 전자계산서 외의 계산서를 발급한 경우와 계산서의 법정 발급시기(법세 §121 ⑧)가 지난 후 해당 재화 또는 용역의 공급시기가 속하는 사업연도 말의 다음 달 25일까지 계산서(법세 §121 ①, ②)를 발급한 경우는 100분의 1)

가. 재화 또는 용역을 공급한 자가 계산서(법세 §121 ①, ②)를 법정 발급시기(법세 §121 ⑧)에 발급하지 아니한 경우

나. 재화 또는 용역을 공급하지 아니하고 계산서 등(신용카드 매출전표(법세 §116 ② 1호), 현금영수증(법세 §116 ② 2호) 및 계산서(법세 §121 ①, ②))을 발급한 경우

다. 재화 또는 용역을 공급받지 아니하고 계산서 등을 발급받은 경우

라. 재화 또는 용역을 공급하고 실제로 재화 또는 용역을 공급하는 법인이 아닌 법인의 명의로 계산서 등을 발급한 경우

마. 재화 또는 용역을 공급받고 실제로 재화 또는 용역을 공급하는 자가 아닌 자의 명의로 계산서 등을 발급받은 경우

5. **전자계산서 발급·전송에 대한 법정 기한**(전자계산서 발급일의 다음 날)(법세 §121 ⑦ : 법세령 §164 ⑤)**이 지난 후** 재화 또는 용역의 공급시기가 속하는 사업연도 말의 다음 달 25일까지 국세청장에게 전자계산서 발급명세를 **전송하는 경우**(위 제4호가 적용되는 분은 제외) : 공급가액의 1천분의 3(2016년 12월 31일 이전에 재화 또는 용역을 공급한 분에 대해서는 1천분의 1)

6. **전자계산서 발급·전송에 대한 법정 기한**(전자계산서 발급일의 다음 날)(법세 §121 ⑦ : 법세령 §164 ⑤)**이 지난 후** 재화 또는 용역의 공급시기가 속하는 사업연도 말의 다음 달 25일까지 국세청장에게 전자계산서 발급명세를 **전송하지 아니한 경우**(위 제4호가 적용되는 분은 제외) : 공급가액의 1천분의 5(2016년 12월 31일 이전에 재화 또는 용역을 공급한 분에 대해서는 1천분의 3)

특정외국법인의 유보소득 계산 명세서 제출 불성실 가산세

특정외국법인의 유보소득 계산 명세서(국조 §34 3호)를 제출하여야 하는 내국법인(국조 §34)이 다음 각 호의 어느 하나에 해당하는 경우에는 해당 특정외국법인의 배당 가능한 유보소득금액의 1천분의 5를 가산세로 해당 사업연도의 법인세액에 더하여 납부하여야 한다(법세 §75의9 ①). 이 경우 가산세는 산출세액이 없는 경우에도 적용한다(법세 §75의9 ②).

1. 제출기한까지 명세서를 제출하지 아니한 경우
2. 제출한 명세서의 전부 또는 일부를 적지 아니하는 등 제출한 명세서가 '법정 불분명한 경우(배당 가능한 유보소득금액을 산출할 때 적어야 하는 금액의 전부 또는 일부를 적지 아니하거나 잘못 적어 배당 가능한 유보소득금액을 잘못 계산한 경우)'(법세령 §120 ⑯)에 해당하는 경우

제2장

법인과세 신탁재산의 각 사업연도의 소득에 대한 법인세 과세특례

제1절 통칙

신탁재산에 귀속되는 소득에 대해서는 그 **신탁의 이익을 받을 수익자**가 그 신탁재산을 가진 것으로 보고 법인세법을 적용하나(법세 §5 ①), **다음 각 호의 어느 하나에 해당하는 신탁**으로서 **법정 요건**(법세령 §3의2 ①)**을 충족하는 신탁**(투자신탁(자본시장 §9 ⑱ 1호) 및 수익증권이 발행된 신탁(소세 §17 ① 5호의3)은 제외)의 경우에는 신탁재산에 귀속되는 소득에 대하여 그 신탁의 **수탁자**[거주자(내국법인 또는 소득세법에 따른 거주자)인 경우에 한정]가 법인세를 납부할 의무가 있다(법세 §5 ② 전단). 이 경우 **신탁재산별로 각각을 하나의 내국법인**으로 본다(법세 §5 ② 후단). 내국법인으로 보는 신탁재산을 '**법인과세 신탁재산**', 그 신탁재산에 귀속되는 소득에 대하여 법인세를 납부하는 신탁의 수탁자를 '**법인과세 수탁자**'라고 한다(법세 §75의10).

1. 목적신탁(신탁 §3 ① 각 호 외의 부분 단서)
2. 수익증권발행신탁(신탁 §78 ②)
3. 유한책임신탁(신탁 §114 ①)
4. 그 밖에 제1호부터 제3호까지의 규정에 따른 신탁과 유사한 신탁으로서 대통령령으로 정하는 신탁

법정 요건은 다음과 같다(법세령 §3의2 ①).

1. 수익자가 둘 이상일 것. 다만, 어느 하나의 수익자를 기준으로 법인세법 상 '경제적 연관관계 또는 경영지배관계 등 법정 관계(법세령 §2 ⑤)에 있는 자'(법세 §2 12호)이거나 소득세법 상 특수관계인(소세령 §98 ① : 국기령 §1의2 ①, ②, ③ 1호)에 해당하는 자는 수익자 수를 계산할 때 포함하지 않는다.

2. '위탁자가 신탁을 해지할 수 있는 권리, 수익자를 지정하거나 변경할 수 있는 권리, 신탁 종료 후 잔여재산을 귀속 받을 권리를 보유하는 등 신탁재산을 실질적으로 지배·통제할 것'(법세령 §3의2 ② 1호)에 해당하지 않을 것

다만 **수익자가 위탁자가 신탁재산을 실질적으로 통제하는 등 법정 요건**(법세령 §3의2 ②)**을 충족하는 신탁의 경우**에는 신탁재산에 귀속되는 소득에 대하여 그 신탁의 **위탁자**가 법인세를 납부할 의무가 있다(법세 §5 ③). **법정 요건**은 다음 각 호의 어느 하나에 해당하는 신탁을 말한다(법세령 §3의2 ②).

1. 위탁자가 신탁을 해지할 수 있는 권리, 수익자를 지정하거나 변경할 수 있는 권리, 신탁 종료 후 잔여재산을 귀속 받을 권리를 보유하는 등 신탁재산을 실질적으로 지배·통제할 것
2. 신탁재산 원본을 받을 권리에 대한 수익자는 위탁자로, 수익을 받을 권리에 대한 수익자는 위탁자의 지배주주 등(법세령 §43 ⑦)의 배우자 또는 같은 주소 또는 거소에서 생계를 같이 하는 직계존비속(배우자의 직계존비속을 포함)으로 설정했을 것

자본시장과 금융투자업에 관한 법률의 적용을 받는 법인의 신탁재산(보험회사의 특별계정 (자본시장 §251 ①)은 제외)**에 귀속되는 수입과 지출**은 그 법인에 귀속되는 수입과 지출로 보지 아니한다(법세 §5 ④).

법인과세 신탁재산 및 법인과세 수탁자에 대해서는 '**법인과세 신탁재산의 각 사업연도의 소득에 대한 법인세 과세특례**'를 '**총칙**'[1034] 및 '**내국법인의 각 사업연도의 소득에 대한 법인 세**'[1035]**의 규정에 우선하여 적용**한다(법세 §75의10). 따라서 법인과세 신탁재산 및 법인과세 수탁자에 대한 특별 규정이 없다면, '**총칙**'[1036] 및 '내국법인의 각 사업연도의 소득에 대한 법인세'[1037]의 규정이 적용된다.

신탁재산에 대한 법인세 과세방식의 적용에 대하여 살핀다.

법인과세 수탁자는 법인과세 신탁재산에 귀속되는 소득에 대하여 **그 밖의 소득과 구분하여 법인세를 납부**하여야 한다(법세 §75의11 ①). 재산의 처분 등에 따라 법인과세 수탁자가 법인과세

1034) 법인세법 제1장.
1035) 법인세법 제2장.
1036) 법인세법 제1장.
1037) 법인세법 제2장.

x

신탁재산의 재산으로 그 법인과세 신탁재산에 부과되거나 그 법인과세 신탁재산이 납부할 법인세 및 강제징수비를 충당하여도 부족한 경우에는 그 신탁의 수익자(신탁이 종료되어 신탁재산이 귀속되는 자(신탁 §101)를 포함)는 분배받은 재산가액 및 이익을 한도로 그 부족한 금액에 대하여 **제2차 납세의무를 진다**(법세 §75의11 ②). 법인과세 신탁재산이 그 이익을 **수익자에게 분배하는 경우에는 배당**으로 본다(법세 §75의11 ③). **신탁계약의 변경 등으로 법인과세 신탁재산**(법세 §5 ②)**에 해당하지 아니하게 되는 경우**에는 그 사유가 발생한 날이 속하는 사업연도분부터 법인과세 신탁재산의 법인세 납부의무에 관한 규정(법세 §5 ②)을 적용하지 아니한다(법세 §75의11 ④).

법인과세 신탁재산의 설립 및 해산 등에 대하여 살핀다.

법인과세 신탁재산은 신탁법에 따라 그 신탁이 설정된 날(신탁 §3)에 설립된 것으로 본다(법세 §75의12 ①). 법인과세 신탁재산은 신탁법(신탁의 종료사유(신탁 §98), 합의에 의한 신탁의 종료(신탁 §99) 또는 법원의 명령에 의한 신탁의 종료(신탁 §100))에 따라 그 신탁이 종료된 날(신탁이 종료된 날이 분명하지 아니한 경우에는 부가가치세법 상 폐업일(부가세 §5 ③))에 해산된 것으로 본다(법세 §75의12 ②). 법인과세 수탁자는 법인과세 신탁재산에 대한 사업연도를 따로 정하여 법인 설립신고(법세 §109) 또는 사업자등록(법세 §111)과 함께 납세지 관할 세무서장에게 사업연도를 신고하여야 한다(법세 §75의12 ③ 전단). 이 경우 사업연도의 기간은 1년을 초과하지 못한다(법세 §75의12 ③ 후단). 법인과세 신탁재산의 최초 사업연도의 개시일은 그 신탁이 설정된 날(신탁 §3)로 한다(법세령 §120의2). 법인과세 신탁재산의 법인세 납세지는 그 법인과세 수탁자의 납세지로 한다(법세 §75의12 ④). 관할 지방국세청장이나 국세청장은 법인과세 신탁재산의 납세지(법세 §75의12 ④)가 그 법인과세 신탁재산의 납세지로 적당하지 않다고 인정되는 경우로서 다음 각 호의 어느 하나에 해당하는 경우에는 그 납세지를 지정할 수 있다(법세령 §120의3).

1. 법인과세 수탁자의 본점 등의 소재지가 등기된 주소와 동일하지 않은 경우
2. 법인과세 수탁자의 본점 등의 소재지가 자산 또는 사업장과 분리되어 있어 조세포탈의 우려가 있다고 인정되는 경우

공동수탁자가 있는 법인과세 신탁재산에 대한 적용에 대하여 살핀다.

하나의 법인과세 신탁재산에 둘 이상의 수탁자가 있는 경우(신탁 §50)에는 수탁자 중 신탁사무를 주로 처리하는 대표수탁자로 신고한 자(법세 §109, §109의2)가 법인과세 신탁재산에 귀속되는

소득에 대하여 법인세를 납부하여야 한다(법세 §75의13 ①). 대표수탁자 외의 수탁자는 법인과세 신탁재산에 관계되는 법인세에 대하여 연대하여 납부할 의무가 있다(법세 §75의13 ②).

제2절 **과세표준과 그 계산**

 법인과세 신탁재산에 대한 소득공제에 대하여 살핀다.

 법인과세 신탁재산이 수익자에게 배당한 경우에는 그 금액을 해당 배당을 결의한 잉여금 처분의 대상이 되는 **사업연도의 소득금액에서 공제**한다(법세 §75의14 ①). 이 규정을 적용받으려는 법인과세 수탁자는 과세표준신고(법세 §60)와 함께 **소득공제신청서**를 납세지 관할 세무서장에게 제출하여 소득공제 신청을 해야 한다(법세령 §120의4 ②). 공제하는 배당금액이 해당 배당을 결의한 잉여금 처분의 대상이 되는 사업연도의 소득금액을 초과하는 경우 그 **초과금액**은 없는 것으로 본다(법세령 §120의4 ①). 배당을 받은 '법인과세 신탁재산의 수익자'에 대하여 법인세법 또는 조세특례제한법에 따라 그 **배당에 대한 소득세 또는 법인세가 비과세되는 경우**에는 그 배당금액을 공제(법세 §75의14 ①)하지 아니한다(법세 §75의14 ② 본문). 다만, 배당을 받은 수익자가 동업기업과세특례(조특 §100의15 ①)를 적용받는 동업기업인 경우로서 그 동업자들(그 동업자들의 전부 또는 일부가 **상위 동업기업**(조특 §100의15 ③)에 해당하는 경우에는 그 상위 동업기업에 출자한 동업자들)에 대하여 배분받은 배당(조특 §100의18 ①)에 해당하는 소득에 대한 소득세 또는 법인세가 전부 과세되는 경우는 그 배당금액을 공제(법세 §75의14 ①)한다(법세 §75의14 ② 단서). 이 경우 배당금액을 공제받으려는 법인과세 수탁자는 **소득공제신청서**(법세령 §120의4 ②)에 **배당을 받은 동업기업으로부터 제출받은**(조세특례제한법 상 신고기한(조특 §100의23 ①)까지 제출받은 것) **동업기업과세특례적용 및 동업자과세여부 확인서를 첨부**하여 소득공제를 신청해야 한다(법세령 §120의4 ③).

 신탁의 합병 및 분할에 대하여 살핀다.

 수탁자가 동일한 여러 개의 신탁은 1개의 신탁으로 할 수 있다(신탁 §90). 합병 전의 신탁재산에 속한 권리·의무는 합병 후의 신탁재산에 존속한다(신탁 §93). 신탁재산 중 일부를 분할하여 수탁자가 동일한 새로운 신탁의 신탁재산으로 할 수 있다(신탁 §94 ①). 신탁재산 중 일부를 분할하여 수탁자가 동일한 다른 신탁과 분할합병할 수 있다(신탁 §94 ②). 분할(신탁 §94)되는 신탁재산에 속한 권리·의무는 분할계획서 또는 분할합병계획서가 정하는 바에 따라 분할

후 신설신탁 또는 분할합병신탁에 존속한다(신탁 §97 ①). 수탁자는 분할하는 신탁재산의 채권자에게 분할된 신탁과 분할 후의 신설신탁 또는 분할합병신탁의 신탁재산으로 변제할 책임이 있다(신탁 §97 ②). **법인과세 신탁재산에 대한 신탁의 합병**(신탁 §90)은 법인의 합병으로 보아 법인세법을 적용한다(법세 §75의15 ① 전단). 이 경우 신탁이 합병되기 전의 법인과세 신탁재산은 피합병법인으로 보고, 신탁이 합병된 후의 법인과세 신탁재산은 합병법인으로 본다(법세 §75의15 ① 후단). **법인과세 신탁재산에 대한 신탁의 분할**(분할합병을 포함)(신탁 §94)은 법인의 분할로 보아 법인세법을 적용한다(법세 §75의15 ② 전단). 이 경우 신탁의 분할에 따라 새로운 신탁으로 이전하는 법인과세 신탁재산은 분할법인 등으로 보고, 신탁의 분할에 따라 그 법인과세 신탁재산을 이전받은 법인과세 신탁재산은 분할신설법인 등으로 본다(법세 §75의15 ② 후단).

법인과세 신탁재산의 소득금액 계산에 대하여 살핀다.

수탁자의 변경에 따라 법인과세 신탁재산의 수탁자가 그 법인과세 신탁재산에 대한 자산과 부채를 변경되는 수탁자에게 이전하는 경우 그 자산과 부채의 이전가액을 수탁자 변경일 현재의 장부가액으로 보아 이전에 따른 손익은 없는 것으로 한다(법세 §75의16 ①).

제3절 | 신고·납부 및 징수

법인과세 신탁재산의 신고 및 납부에 대하여 살핀다.

법인과세 신탁재산에 대해서는 **성실신고확인서 제출**(법세 §60의2) 및 **중간예납 의무**(법세 §63)를 **적용하지 아니한다**(법세 §75의17).

법인과세 신탁재산의 원천징수에 대하여 살핀다.

내국법인의 이자소득 등에 대한 원천징수 규정(법세 §73 ①)에도 법인과세 신탁재산이 **법정 소득**(법세령 §120의5 ①)을 지급받고, 법인과세 신탁재산의 수탁자가 **법정 금융회사 등**(법세령 §120의5 ②)에 해당하는 경우에는 **원천징수하지 아니한다**(법세 §75의18 ①). 법인과세 신탁재산에 속한 **원천징수대상채권 등을 매도하는 경우** 법인과세 수탁자를 **원천징수의무자**로 본다(법세 §75의18 ②).

법정 소득은 다음 각 호의 소득을 말한다(법세령 §120의5 ①).

1. 이자소득의 금액(금융보험업을 하는 법인의 수입금액을 포함)(소세 §16 ①). **다만, 보유기간 별 과세 채권 등**[단기사채 등(전자등록 §59 각 호 외의 부분 전단) 중 사채(신탁법에 따른 신탁사채 및 자본시장과 금융투자업에 관한 법률에 따른 조건부자본증권을 포함)(전자등록 §2 1호 나목)로서 만기 1개월 이내의 것은 제외)](법세 §73의2 ① 전단 ; 소세 §46 ①)**의 이자 등을** 자본시장과 금융투자업에 관한 법률에 따른 **투자회사** 또는 조세특례제한법에 따른 **자본확충목적회사**(조특 §103 ①)**가 아닌 법인에 지급하는 경우는 제외**한다.

2. 집합투자기구(소세 §17 ① 5호)로부터의 이익 중 **투자신탁의 이익의 금액**

법정 금융회사 등(법세령 §120의5 ②)은 다음 각 호의 법인을 말한다(법세령 §120의5 ②, §111 ① 각 호).

1. 대손충당금을 기획재정부장관과 협의하여 정하는 대손충당금적립기준에 따라 적립하여 손금에 산입할 수 있는 금융회사 등(법세령 §61 ② 1호~28호)

   1. 은행법에 의한 인가를 받아 설립된 은행
   2. 한국산업은행법에 의한 한국산업은행
   3. 중소기업은행법에 의한 중소기업은행
   4. 한국수출입은행법에 의한 한국수출입은행
   5. (삭제)
   6. 농업협동조합법에 따른 농업협동조합중앙회(상호금융사업(농협 §134 ① 4호)에 한정) 및 농협은행
   7. 수산업협동조합법에 따른 수산업협동조합중앙회('회원의 상환준비금과 여유자금의 운용·관리'(수협 §138 ① 4호) 및 공제사업(수협 §138 ① 5호)에 한정) 및 수협은행
   8. 자본시장과 금융투자업에 관한 법률에 따른 투자매매업자 및 투자중개업자
   9. 자본시장과 금융투자업에 관한 법률에 따른 종합금융회사
   10. 상호저축은행법에 의한 상호저축은행중앙회(지급준비예탁금에 한정) 및 상호저축은행
   11. 보험업법에 따른 보험회사
   12. 자본시장과 금융투자업에 관한 법률에 따른 신탁업자
   13. 여신전문금융업법에 따른 여신전문금융회사
   14. 산림조합법에 따른 산림조합중앙회(회원을 위한 신용사업(산림조합 §108 ① 3호), '회원의 상환준비금과 여유자금의 운용·관리'(산림조합 §108 ① 4호) 및 공제사업(산림 조합 §108 ① 5호)으로 한정)
   15. 한국주택금융공사법에 따른 한국주택금융공사

16. 자본시장과 금융투자업에 관한 법률에 따른 자금중개회사

17. 금융지주회사법에 따른 금융지주회사

17의2. 신용협동조합법에 따른 신용협동조합중앙회(신용사업(신협 §78 ① 5호), '조합 및 조합원을 위한 공제사업'(신협 §78 ① 6호) 및 '조합이 아닌 자가 이용하는 사업'(신협 §78의2 ①)에 한정)

18. 신용보증기금법에 따른 신용보증기금

19. 기술보증기금법에 따른 기술보증기금

20. 농림수산업자 신용보증법에 따른 농림수산업자신용보증기금

21. 한국주택금융공사법에 따른 주택금융신용보증기금

22. 무역보험법에 따른 한국무역보험공사

23. 지역신용보증재단법에 따른 신용보증재단

24. 새마을금고법에 따른 새마을금고중앙회(신용사업(새마을금고 §67 ① 5호) 및 '금고 및 금고의 회원을 위한 공제사업'(새마을금고 §67 ① 6호)로 한정)

25. 중소기업창업투자회사(벤처투자 §2 10호)

26. 예금자보호법에 따른 예금보험공사 및 정리금융회사

27. 자산유동화에 관한 법률에 따른 유동화전문회사

28. 대부업 등의 등록 및 금융이용자 보호에 관한 법률에 따라 대부업자로 등록한 법인

2. 한국은행법에 의한 한국은행

3. 자본시장과 금융투자업에 관한 법률에 따른 집합투자업자

4. 자본시장과 금융투자업에 관한 법률에 따른 투자회사, 투자목적회사, 투자유한회사 및 투자합자회사(기관전용 사모집합투자기구(자본시장 §9 ⑲ 1호)는 제외)

5. 농업협동조합법에 의한 조합

6. 수산업협동조합법에 따른 조합

7. 산림조합법에 따른 조합

8. 신용협동조합법에 따른 조합 및 신용협동조합중앙회

9. 새마을금고법에 따른 금고

10. 자본시장과 금융투자업에 관한 법률에 따른 증권금융회사

11. 거래소(위약손해공동기금으로 한정)

12. 자본시장과 금융투자업에 관한 법률에 따른 한국예탁결제원

13. 한국투자공사법에 따른 한국투자공사

14. 국가재정법의 적용을 받는 기금(법인 또는 법인으로 보는 단체에 한정)

15. 법률에 따라 자금대부사업을 주된 목적으로 하는 법인 또는 기금(다른 사업과 구분 경리되는 것에 한정)

16. 조세특례제한법에 따른 자본확충목적회사(조특 §104의3 ①)

17. 그 밖에 금융보험업을 영위하는 법정 법인(증권시장의 안정을 위하여 조합원이 공동으로 출자하여 주권상장법인의 주식을 취득하는 조합으로서 기획재정부장관이 정하는 조합) (법세칙 §58 ①)

제2장의 2

연결사업연도의 소득에 대한 법인세 과세특례

제1절 **통칙**

　　연결납세방식이란 둘 이상의 내국법인을 하나의 과세표준과 세액을 계산하는 단위로 하여 법인세를 신고·납부하는 방식을 말한다(법세 §2 6호). **연결법인**이란 연결납세방식을 적용받는 내국법인을 말하며(법세 §2 7호), **연결집단**이란 연결법인 전체를 말한다(법세 §2 8호). **연결모법인**이란 연결집단 중 다른 연결법인을 연결지배하는 연결법인을 말하며(법세 §2 9호), **연결자법인**이란 연결모법인의 연결지배를 받는 연결법인을 말한다(법세 §2 10호). **연결사업연도**란 연결집단의 소득을 계산하는 1회계기간을 말한다(법세 §2 11호). **연결지배**는 내국법인이 다른 내국법인의 발행주식총수 또는 출자총액의 100분의 90 이상을 보유하고 있는 경우를 말하고, 그 보유비율은 다음 각 목에서 정하는 바에 따라 계산한다(법세 §2 10호의2).

> 가. 의결권 없는 주식 또는 출자지분을 포함할 것
> 나. 상법 또는 자본시장과 금융투자업에 관한 법률에 따라 보유하는 자기주식은 제외할 것
> 다. 근로복지기본법에 따른 우리사주조합을 통하여 근로자가 취득한 주식 및 그 밖에 **법정 주식**(법세령 §2 ⑤)으로서 발행주식총수의 100분의 5 이내의 주식은 해당 법인이 보유한 것으로 볼 것. **법정 주식**은 다음 각 호의 주식을 말한다(법세령 §2 ⑤).
>
> > 1. 근로복지기본법에 따른 **우리사주조합**이 보유한 주식
> > 2. **특정 주식매수선택권**(법세령 §19 19호의2 각 목 외 부분의 본문)의 행사에 따라 발행되거나 양도된 주식(주식매수선택권을 행사한 자가 제3자에게 양도한 주식을 포함)
>
> 라. 다른 내국법인을 통하여 또 다른 내국법인의 주식 또는 출자지분을 간접적으로 보유하는 경우로서 **법정 경우**(연결가능모법인이 연결가능자법인을 통해 또 다른 내국법인의 주식 또는 출자지분을 보유하는 경우)(법세령 §2 ⑥)에는 **법정방법**(법세령 §2 ⑦)에 따라 합산할 것. **법정방법**은 다음을 말한다(법세령 §2 ⑦). 연결가능모법인이 연결가능자법인을 통해 보유하고 있는 또 다른 내국법인에 대한 주식 또는 출자지분의 보유비율은 법정 계산식[(연

결가능모법인의 연결가능자법인에 대한 주식 또는 출자지분 보유비율)×(연결가능자법
인의 또 다른 내국법인에 대한 주식 또는 출자지분 보유비율)]에 따라 계산한다. 이
경우 연결가능자법인이 둘 이상인 경우에는 각 연결가능자법인별로 위 계산식에 따라
계산한 비율을 합산한다.

연결납세방식의 적용 등에 대하여 살핀다.

다른 내국법인을 연결지배하는 내국법인인 **연결가능모법인**(비영리법인 등 법정 법인(법세령
§120의12 ①)은 제외)과 그 다른 내국법인인 **연결가능자법인**[청산 중인 법인 등 법정 법인(법세령
§120의12 ②, ① 2호, 3호, 6호, 7호)은 제외]은 **법정 절차**(법세령 §120의13)에 따라 **연결가능모법인의
납세지 관할 지방국세청장의 승인을 받아** 연결납세방식을 적용할 수 있다(법세 §76의8 ① 전단).
이 경우 **연결가능자법인이 둘 이상일 때**에는 해당 법인 모두가 연결납세방식을 적용하여야
한다(법세 §76의8 ① 후단). **연결대상법인 등**(연결납세방식을 적용받으려는 내국법인과 해당
내국법인의 연결가능자법인(법세 §76의8 ①))은 최초의 연결사업연도 개시일부터 **10일 이내**에
연결납세방식 적용 신청서(법세칙 §82)를 해당 내국법인의 **납세지 관할 세무서장을 경유하여
관할 지방국세청장에게 제출**하여야 한다(법세령 §120의13 ①). 신청을 받은 관할 지방국세청장은
최초의 연결사업연도 개시일부터 **2개월이 되는 날**까지 **승인 여부를 서면으로 통지**하여야
하며, 그 날까지 통지하지 아니한 경우에는 **승인한 것으로 본다**(법세령 §120의13 ③).

비영리법인 등 법정 법인은 다음 각 호의 어느 하나에 해당하는 법인을 말한다(법세령 §120의12
①).

1. 비영리내국법인
2. 해산으로 청산 중인 법인
3. 유동화전문회사 등(법세 §51의2 ① 각 호) 또는 프로젝트금융투자회사(조특 §104의31 ①)
4. 다른 내국법인(비영리내국법인은 제외)으로부터 연결지배(법세 §2 10호의2)를 받는 법인
5. (삭제)
6. 동업기업과세특례를 적용하는 동업기업(조특 §100의15 ①)
7. 해운기업에 대한 법인세 과세표준 계산 특례(조특 §104의10 ②)

청산 중인 법인 등 법정 법인은 다음 각 법인을 말한다(법세령 §120의12 ②, ① 2호, 3호, 6호,
7호).

2. 해산으로 청산 중인 법인
3. 유동화전문회사 등(법세 §51의2 ① 각 호) 또는 프로젝트금융투자회사(조특 §104의31 ①)
6. 동업기업과세특례를 적용하는 동업기업(조특 §100의15 ①)
7. 해운기업에 대한 법인세 과세표준 계산 특례(조특 §104의10 ②)

연결납세방식을 적용받는 각 연결법인의 사업연도는 연결사업연도와 일치하여야 한다(법세 §76의8 ② 전단). 이 경우 연결사업연도의 기간은 1년을 초과하지 못하며, 연결사업연도의 변경에 관하여는 사업연도의 변경 규정(법세 §7)을 준용한다(법세 §76의8 ② 후단). 연결납세방식 적용 신청서를 제출하는 연결대상법인 등은 **연결사업연도를 함께 신고하여야** 한다(법세령 §120의13 ② 전단). 이 경우 **연결사업연도와 사업연도가 다른 연결대상법인 등**은 사업연도의 변경을 신고한 것(법세 §7 ①)으로 본다(법세령 §120의13 ② 후단). **본래 사업연도**(법세 §76의9, §76의10)**가 법령 등에 규정되어 연결사업연도와 일치시킬 수 없는 연결가능자법인으로서 법정 요건을 갖춘 내국법인**(법세령 §120의13 ③)인 경우에는 연결사업연도를 해당 내국법인의 사업연도로 보아 연결납세방식을 적용할 수 있다(법세 §76의8 ③). **법정 요건을 갖춘 내국법인**(법세령 §120의13 ③)은 다음 각 호의 요건을 모두 갖춘 **법정 내국법인**[자본시장과 금융투자업에 관한 법률에 따른 금융투자업(신탁업은 제외)을 영위하는 법인, 보험업법에 따른 보험회사 또는 상호저축은행법에 따른 상호저축은행](법세칙 §60의2) **중 제1호에 따른 사업연도가 연결사업연도와 일치하지 아니하는 법인**을 말한다(법세령 §120의13 ③).

1. 사업연도가 법령 등에 규정되어 있어 임의로 변경하는 것이 불가능할 것
2. 법령 등에 따라 연결사업연도 말에 분기별 또는 반기별 재무제표를 작성하여 감사인의 감사의견(외감법 §2 7호)을 받을 것

연결법인의 납세지는 납세지 규정(법세 §9 ①)에도 불구하고 연결모법인의 납세지로 한다(법세 §76의8 ④).

다음 각 호의 어느 하나에 해당하는 합병, 분할 또는 주식의 포괄적 교환·이전의 경우에는 그 합병일, 분할일 또는 교환·이전일이 속하는 연결사업연도에 한정하여 연결사업연도(법세 §76의8 ②), 연결자법인의 추가(법세 §76의11 ①) 및 연결자법인의 배제(법세 §76의12 ①)에 관한

규정들에도 불구하고 법정 절차(법세령 §120의12 ⑤, ⑥, ⑦)에 따라 **연결납세방식을 적용**할 수 있다(법세 §76의8 ⑥).

1. 연결납세방식(법세 §76의8 ①)을 적용받는 연결모법인 간의 적격합병
2. 연결납세방식(법세 §76의8 ①)을 적용받는 연결모법인 간의 주식의 포괄적 교환·이전(조세특례제한법(조특 §38)에 따라 과세이연을 받는 경우만 해당)
3. 연결납세방식(법세 §76의8 ①)을 적용받는 연결모법인의 적격분할

'**연결납세방식을 적용받는 연결모법인 간의 적격합병**'의 사유가 발생한 경우 피합병법인의 연결자법인은 다음 각 호에 따라 연결납세방식을 적용할 수 있다(법세령 §120의12 ⑤).

1. **합병등기일이 속하는 피합병법인의 연결사업연도 개시일부터 합병등기일까지의 기간** : 피합병법인을 연결모법인으로 하여 해당 기간을 1연결사업연도로 의제하여 연결납세방식을 적용. 이 경우 피합병법인과 그 연결자법인은 해당 기간에 대한 재무제표 및 이에 관한 감사인의 감사의견(외감법 §2 7호)을 피합병법인 납세지 관할 세무서장을 경유하여 관할 지방국세청장에게 제출하여야 한다.
2. **합병등기일 다음 날부터 합병법인의 연결사업연도 종료일까지의 기간** : 합병법인을 연결모법인으로 하여 해당 기간을 1연결사업연도로 의제하여 연결납세방식을 적용. 이 경우 합병법인이 합병으로 새로 설립된 법인이 아닌 경우에는 기존의 연결자법인은 종전대로 연결납세방식을 적용하며, 피합병법인의 연결자법인은 1연결사업연도로 의제된 기간을 통산하여 연결납세방식을 적용한다.
3. 제2호에 따라 연결납세방식을 적용받으려는 합병법인은 합병등기일부터 1개월 내에 **연결법인 변경신고서**(새로 설립된 합병법인인 경우에는 **연결납세방식 적용신청서**)를 납세지 관할 세무서장을 경유하여 관할 지방국세청장에게 제출하여야 한다.

'**연결납세방식을 적용받는 연결모법인 간의 주식의 포괄적 교환·이전**(조세특례제한법(조특 §38)에 따라 과세이연을 받는 경우만 해당)'**의 사유가 발생한 경우** 주식의 포괄적 교환 등(교환·이전)을 통해 **변경연결모법인**의 연결가능자법인이 된 **종전연결모법인**의 연결자법인은 다음 각 호에 따라 연결납세방식을 적용할 수 있다(법세령 §120의12 ⑥).

1. **교환 등을 한 날이 속하는 종전연결모법인의 연결사업연도 개시일부터 교환 등을 한 날까지의 기간** : 종전연결모법인을 연결모법인으로 하여 해당 기간을 1연결사업연도로

의제하여 연결납세방식을 적용. 이 경우 종전연결모법인과 그 연결자법인은 해당 기간에 대한 재무제표 및 이에 관한 감사인의 감사의견(외감법 §2 7호)을 종전연결모법인 납세지 관할 세무서장을 경유하여 관할 지방국세청장에게 제출하여야 한다.

2. **교환 등을 한 날의 다음 날부터 변경연결모법인의 연결사업연도 종료일까지의 기간** : 변경연결모법인을 연결모법인으로 하여 해당 기간을 1연결사업연도로 의제하여 연결납세방식을 적용. 이 경우 주식의 포괄적 교환을 한 변경연결모법인의 경우에는 기존의 연결자법인은 종전대로 연결납세방식을 적용하며, 종전연결모법인과 그 연결자법인은 1연결사업연도로 의제된 기간을 통산하여 연결납세방식을 적용한다.

3. 제2호에 따라 연결납세방식을 적용받으려는 변경연결모법인은 교환 등을 한 날부터 1개월 내에 **연결법인 변경신고서**(주식의 포괄적 이전을 통해 새로 설립된 변경연결모법인의 경우에는 **연결납세방식 적용신청서**)를 납세지 관할 세무서장을 경유하여 관할 지방국세청장에게 제출하여야 한다.

'**연결납세방식을 적용받는 연결모법인의 적격분할**'의 사유가 발생한 경우 분할로 인하여 분할신설법인의 연결가능자법인으로 된 분할법인의 연결자법인은 다음 각 호에 따라 연결납세방식을 적용할 수 있다(법세령 §120의12 ⑦).

1. **분할등기일이 속하는 분할법인의 연결사업연도 개시일부터 분할등기일까지의 기간** : 분할법인을 연결모법인으로 하여 해당 기간을 1연결사업연도로 의제하여 연결납세방식을 적용. 이 경우 분할법인이 분할 후 소멸하지 않는 경우에는 기존의 연결자법인은 종전대로 연결납세방식을 적용하며, 분할신설법인의 연결자법인으로 되는 분할법인의 연결자법인은 1연결사업연도로 의제된 기간을 통산하여 연결납세방식을 적용한다.

2. **분할등기일 다음 날부터 분할신설법인의 연결사업연도 종료일까지의 기간** : 분할신설법인을 연결모법인으로 하여 해당 기간을 1연결사업연도로 의제하여 연결납세방식을 적용. 이 경우 연결납세방식을 적용받으려는 분할신설법인은 분할등기일부터 1개월 내에 **연결납세방식 적용신청서**를 납세지 관할 세무서장을 경유하여 관할 지방국세청장에게 제출하여야 한다.

3. 제1호의 경우로서 분할법인이 분할 후 소멸하는 경우에는 분할법인과 그 연결자법인은 해당 기간에 대한 재무제표 및 이에 관한 감사인의 감사의견(외감법 §2 7호)을 분할법인 납세지 관할 세무서장을 경유하여 관할 지방국세청장에게 제출하여야 한다.

연결납세방식의 취소에 대하여 살핀다.

연결모법인의 납세지 관할 지방국세청장은 **다음 각 호의 어느 하나에 해당하는 경우**에는 법정 절차(법세령 §120의14 ①)에 따라 연결납세방식의 적용 승인을 취소할 수 있다(법세 §76의9 ①). 연결모법인의 납세지 관할 지방국세청장이 연결납세방식의 적용 승인을 취소하는 때에는 **그 사유를 연결모법인에게 서면으로 통지**하여야 한다(법세령 §120의14 ①).

---

1. 연결법인의 사업연도가 연결사업연도와 일치하지 아니하는 경우
2. 연결모법인이 연결지배하지 아니하는 내국법인에 대하여 연결납세방식을 적용하는 경우
3. 연결모법인의 연결가능자법인 대하여 연결납세방식을 적용하지 아니하는 경우
4. 추계결정 및 경정 사유(법세 §66 ③ 단서 : 법세령 §104 ①)로 장부나 그 밖의 증명서류에 의하여 연결법인의 소득금액을 계산할 수 없는 경우
5. 연결법인에 수시부과사유(법세 §69 ①)가 있는 경우
6. 연결모법인이 다른 내국법인(비영리내국법인은 제외)의 연결지배를 받는 경우

연결납세방식을 적용받은 각 연결법인은 **연결납세방식을 적용받은 연결사업연도와 그 다음 연결사업연도의 개시일부터 4년 이내에 끝나는 연결사업연도 중에 연결납세방식의 적용 승인이 취소된 경우** 다음 각 호의 구분에 따라 소득금액이나 결손금을 연결납세방식의 적용 승인이 취소된 사업연도의 **익금 또는 손금에 각각 산입하여야** 한다(법세 §76의9 ② 본문). 다만, **법정 부득이한 사유**['연결모법인이 다른 내국법인(비영리내국법인은 제외)의 연결지배를 받는 사유'(법세 §76의9 ① 6호)로 연결납세방식의 적용 승인이 취소된 연결집단이 취소된 날부터 1개월 이내에 새로운 모법인(연결지배하는 다른 내국법인(법세 §76의9 ① 6호))을 기준으로 연결납세방식의 적용 신청서를 제출하여 승인받은 경우](법세령 §120의14 ②)**가 있는 경우에는 그러하지 아니하다**(법세 §76의9 ② 단서). 연결납세방식의 적용 승인이 취소된 연결법인은 취소된 날이 속하는 사업연도와 그 다음 사업연도의 개시일부터 4년 이내에 끝나는 사업연도까지는 **연결납세방식의 적용 당시와 동일한 법인을 연결모법인으로 하여 연결납세방식을 적용받을 수 없다**(법세 §76의9 ③).

---

1. **연결사업연도 동안 다른 연결법인의 결손금과 합한 해당 법인의 소득금액**(법세 §76의14 ①) : 익금에 산입
2. **연결사업연도 동안 다른 연결법인의 소득금액과 합한 해당 법인의 결손금**(법세 §76의14 ①) : 손금에 산입

연결납세방식의 적용 승인이 취소된 경우 '각 연결사업연도의 개시일 전 15년 이내에 개시한 연결사업연도의 결손금'(법세 §76의13 ① 1호) 중 각 연결법인에 귀속하는 금액으로서 법정 금액(각 연결사업연도의 과세표준을 계산할 때 공제되지 아니한 금액)을 **해당 연결법인의 결손금**(법세 §13 ① 1호)으로 본다(법세 §76의9 ④). 연결중간예납(법세 §76의18)으로서 납부한 **연결중간예납세액 중 연결법인별 중간예납세액**(법세 §76의18 ④)은 '산출세액에 대한 공제세액'(법세 §64 ①)을 적용할 때에 그 중간예납세액(법세 §64 ① 2호)으로 본다(법세 §76의9 ⑤). 연결납세방식의 적용 승인이 취소된 경우 취소된 날이 속하는 **연결사업연도의 개시일부터 그 연결사업연도의 종료일까지의 기간과 취소된 날이 속하는 연결사업연도 종료일의 다음 날부터 본래사업연도 개시일 전날까지의 기간을 각각 1사업연도**로 본다(법세 §76의9 ⑥).

연결납세방식의 포기에 대하여 살핀다.

연결납세방식의 적용을 포기하려는 연결법인은 **연결납세방식을 적용하지 아니하려는 사업연도 개시일 전 3개월이 되는 날까지** 법정 절차(법세령 §120의15)에 따라 연결모법인의 납세지 관할 지방국세청장에게 **신고하여야** 한다(법세 §76의10 ① 본문). 다만, 연결납세방식을 **최초로 적용받은 연결사업연도와 그 다음 연결사업연도의 개시일부터 4년 이내에 끝나는 연결사업연도까지는** 연결납세방식의 적용을 **포기할 수 없다**(법세 §76의10 ① 단서). 연결납세방식의 적용을 포기하려는 때에는 연결모법인이 **연결납세방식 포기 신고서**를 납세지 관할 세무서장을 경유하여 관할 지방국세청장에게 제출하여야 한다(법세령 §120의15). 연결납세방식의 적용을 포기하는 경우에는 '연결납세가 취소된 경우의 **연결납세의 적용배제**(법세 §76의9 ③) 및 **결손금**(법세 §76의9 ④)에 관한 규정'을 준용한다(법세 §76의10 ② 본문). 이 경우 '연결납세가 취소된 경우의 사업연도(법세 §76의9 ③) 규정' 중 "취소된 날이 속하는 사업연도"는 "연결납세방식이 적용되지 아니하는 최초의 사업연도"로 본다(법세 §76의10 ② 단서). 연결납세방식의 적용을 포기하는 경우 **연결모법인의 납세지 관할 지방국세청장에게 신고한 날이 속하는 연결사업연도의 종료일 다음 날부터 본래 사업연도 개시일 전날까지의 기간을 1사업연도**로 본다(법세 §76의10 ③).

연결자법인의 추가에 대하여 살핀다.

연결모법인이 새로 다른 내국법인을 연결지배하게 된 경우에는 연결지배가 성립한 날이 속하는 연결사업연도의 다음 연결사업연도부터 해당 내국법인은 연결납세방식을 적용하여야 한다(법세 §76의11 ①). **법인의 설립등기일부터 연결모법인이 연결지배하는 내국법인**은 설립등기일이 속하는 사업연도부터 연결납세방식을 적용하여야 한다(법세 §76의11 ②). 연결모법인은 연결자법인이 변경된 경우에는 **변경일 이후 중간예납기간 종료일과 사업연도 종료일 중 먼저**

도래하는 날부터 1개월 이내에 법정 절차(법세령 §120의16 ①)에 따라 납세지 관할 지방국세청장에게 **신고하여야** 한다(법세 §76의11 ③). 연결모법인이 연결자법인의 변경 사실을 신고하는 때에는 **연결법인 변경신고서**를 납세지 관할 세무서장을 경유하여 관할 지방국세청장에게 제출하여야 한다(법세령 §120의16 ①).

　연결자법인의 배제에 대하여 살핀다.

　연결모법인의 **연결지배를 받지 아니하게 되거나 해산한 연결자법인**은 해당 사유가 발생한 날이 속하는 연결사업연도의 개시일부터 연결납세방식을 적용하지 아니한다(법세 §76의12 ① 본문). 다만, **연결자법인이 다른 연결법인에 흡수합병되어 해산하는 경우**에는 해산등기일이 속하는 연결사업연도에 연결납세방식을 적용할 수 있다(법세 §76의12 ① 단서).

　연결납세방식을 적용받은 연결사업연도와 그 다음 연결사업연도의 개시일부터 4년 이내에 끝나는 연결사업연도 중에 연결납세방식을 적용하지 아니하는 경우 다음 각 호의 구분에 따라 **소득금액 또는 결손금**을 해당 사유가 발생한 날이 속하는 사업연도의 **익금 또는 손금에 각각 산입**하여야 한다(법세 §76의12 ② 본문). 다만, **법정 부득이한 사유**(연결자법인이 파산함에 따라 해산하는 경우 또는 연결자법인이 다른 연결법인에 흡수합병되어 해산하는 경우)(법세령 §120의16 ②)가 있는 경우에는 그러하지 아니하다(법세 §76의12 ② 단서).

---

1. **연결사업연도 동안 다른 연결법인의 결손금과 합한 연결배제법인**(연결납세방식을 적용하지 아니하게 된 개별법인(법세 §76의12 ①)을 말함)**의 소득금액**(법세 §76의14 ①) : 연결배제법인의 익금에 산입
2. **연결사업연도 동안 다른 연결법인의 소득금액과 합한 연결배제법인의 결손금**(법세 §76의14 ①) : 연결배제법인의 손금에 산입
3. **연결사업연도 동안 연결배제법인의 결손금과 합한 해당 법인의 소득금액**(법세 §76의14 ①) : 해당 법인의 익금에 산입
4. **연결사업연도 동안 연결배제법인의 소득금액과 합한 해당 법인의 결손금**(법세 §76의14 ①) : 해당 법인의 손금에 산입

　연결납세방식을 적용하지 아니하는 경우에는 '연결납세가 취소된 경우의 **연결납세의 적용배제**(법세 §76의9 ③), **결손금**(법세 §76의9 ④), **중간예납**(법세 §76의9 ⑤) 및 **사업연도**(법세 §76의9 ⑥)에 관한 규정'을 준용한다(법세 §76의12 ③). 연결자법인이 변경된 경우 그 변경사유가 발생한 날부터 1개월 이내에 법정 절차(연결법인 변경신고서를 납세지 관할세무서장을 경유하여

관할지방국세청장에게 제출)(법세령 §120의16 ①)에 따라 납세지 관할지방국세청장에게 신고하여야 한다(법세 §76의12 ④).

연결법인의 연대납부의무에 대하여 살핀다.

연결법인은 각 연결사업연도의 소득(법세 §76의14 ①)에 대한 법인세(각 연결법인의 토지 등 양도소득에 대한 법인세(법세 §55의2) 및 투자·상생협력 촉진을 위한 과세특례(조특 §100의32)를 적용하여 계산한 법인세를 포함)를 연대하여 납부할 의무가 있다(법세 §3 ③).

제2절 과세표준과 그 계산

연결과세표준에 대하여 살핀다. 각 연결사업연도의 소득에 대한 과세표준은 **각 연결사업연도 소득의 범위에서 다음 각 호에 따른 금액을 차례로 공제한 금액**으로 한다(법세 §76의13 ① 본문). 다만, 제1호의 금액에 대한 공제는 **연결소득 개별귀속액**(법세 §76의13 ③ 1호)의 100분의 80(중소기업과 **회생계획을 이행 중인 법정 연결법인**(법세령 §120의17 ①, §10 ① 각 호)의 경우는 100분의 100)을 한도로 한다(법세 §76의13 ① 단서).

> 1. 각 연결사업연도의 개시일 전 15년 이내에 개시한 연결사업연도의 결손금(연결법인의 연결납세방식의 적용 전에 발생한 결손금을 포함)(법세 §76의13 ②)으로서 그 후의 각 연결사업연도(사업연도를 포함)의 과세표준을 계산할 때 공제되지 아니한 금액. 먼저 발생한 사업연도의 결손금부터 공제한다(법세령 §120의17 ②).
> 2. 법인세법과 조세특례제한법에 따른 각 연결법인의 비과세소득의 합계액
> 3. 법인세법과 조세특례제한법에 따른 각 연결법인의 소득공제액의 합계액

회생계획을 이행 중인 법정 연결법인(법세령 §120의17 ①, §10 ① 각 호)은 다음 각 호의 어느 하나에 해당하는 법인을 말한다(법세령 §120의17 ①, §10 ① 각 호).

> 1. 법원이 인가결정한 회생계획(채무회생 §245)을 이행 중인 법인
> 2. 기업개선계획의 이행을 위한 약정을 체결하고 기업개선계획(구조조정 §14 ①)을 이행 중인 법인
> 3. 해당 법인의 채권을 보유하고 있는 금융회사 등(금융실명 §2 1호)과 경영정상화계획의

이행을 위한 협약을 체결하고 경영정상화계획을 이행 중인 법인

4. 채권, 부동산 또는 그 밖의 재산권 등 유동화자산을 기초로 자본시장과 금융투자업에 관한 법률에 따른 증권을 발행하거나 자금을 차입하는 유동화거래를 할 목적으로 설립된 법인으로서 다음 각 목의 요건을 모두 갖춘 법인

　가. 상법 또는 그 밖의 법률에 따른 주식회사 또는 유한회사일 것

　나. 한시적으로 설립된 법인으로서 상근하는 임원 또는 직원을 두지 아니할 것

　다. 정관 등에서 법인의 업무를 유동화거래에 필요한 업무로 한정하고 유동화거래에서 예정하지 아니한 합병, 청산 또는 해산이 금지될 것

　라. 유동화거래를 위한 회사의 자산 관리 및 운영을 위하여 업무위탁계약 및 자산관리위탁계약이 체결될 것

　마. 2015년 12월 31일까지 유동화자산의 취득을 완료하였을 것

5. 유동화전문회사 등에 대한 소득공제가 적용되는 내국법인(법세 §51의2 ① 각 호)

6. 사업재편계획 승인(기업활력 §10)을 받은 법인

연결사업연도의 결손금은 각 연결사업연도의 소득(법세 §76의14 ①)이 0보다 적은 경우 해당 금액으로서 신고(법세 §60)하거나 결정·경정(법세 §66)되거나, 수정신고(국기 §45)한 과세표준에 포함된 결손금과 해당 연결사업연도의 소득금액을 계산할 때 손금에 산입하지 아니하는 처분손실(법세 §76의14 ② 각 호 외의 부분 후단)을 말한다(법세 §76의13 ②). '**연결자법인의 배제로 인하여 연결납세방식을 적용하지 아니하는 법인**(법세 §76의12 ③)'의 '법정 부득이한 사유(법세 §76의9 ② 각 호 외의 부분 단서)로 **손금에 산입되지 않은 결손금 상당액**'(법세령 §120의14 ②)은 '각 연결사업연도 소득에서 공제되는 결손금'(법세 §76의13 ① 1호)에서 차감한다(법세령 §120의17 ③). 이 경우 **사업연도에 2 이상의 연결법인에서 발생한 결손금이 있는 경우**에는 연결사업연도의 과세표준을 계산할 때 해당 연결법인에서 발생한 결손금부터 연결소득 개별귀속액을 한도로 먼저 공제하고 해당 연결법인에서 발생하지 아니한 2 이상의 다른 연결법인의 결손금은 해당 결손금의 크기에 비례하여 각각 공제된 것으로 본다(법세령 §120의17 ⑥).

결손금을 공제하는 경우 **다음 각 호의 결손금은 해당 각 호의 금액을 한도로 공제**한다(법세 §76의13 ③).

1. **연결법인의 연결납세방식의 적용 전에 발생한 결손금** : 연결소득 개별귀속액(각 연결사업연도의 소득 중 해당 연결법인에 귀속되는 소득으로서 법정 소득금액(법세령 §120의17 ④)). 법정 소득금액은 다음의 산식 중 하나를 선택하여 계산한 금액을 말한다(법세령 §120의17 ④).

계산식 1 : 각 연결사업연도의 소득(법세 §76의14 ①) × [해당 법인의 소득 또는 결손금을 합한 법정 금액(0보다 큰 경우에 한정)(법세 §76의14 ① 1호~4호)/연결집단의 소득 또는 결손금을 합한 법정 금액(0보다 큰 경우에 한정)(법세 §76의14 ① 1호~4호)의 합계액]. 법정 금액은 '연결법인별 각 사업연도의 소득(또는 결손금)'에 대하여 '연결법인별 연결 조정항목의 제거', '연결법인 간 거래손익의 조정' 및 '연결 조정항목의 연결법인별 배분'을 거친 금액을 말한다(법세 §76의14 ① 1호~4호).

계산식 2 : 각 연결사업연도의 소득(법세 §76의14 ①) × [해당 법인의 소득 또는 결손금을 합한 법정 금액(법세 §76의14 ① 1호~4호)/연결집단의 소득 또는 결손금을 합한 법정 금액(법세 §76의14 ① 1호~4호)의 합계액].

2. 연결모법인이 적격합병에 따라 피합병법인의 자산을 양도받는 경우 합병등기일 현재 **피합병법인**(합병등기일 현재 연결법인이 아닌 법인만 해당)**의 결손금**(법세 §13 ① 1호) : 연결모법인의 연결소득 개별귀속액 중 피합병법인으로부터 승계받은 사업에서 발생한 소득

3. 연결모법인이 적격분할합병에 따라 소멸한 분할법인의 자산을 양도받는 경우 분할등기일 **현재 소멸한 분할법인의 결손금**(법세 §13 ① 1호) **중 연결모법인이 승계받은 사업에 귀속하는 금액** : 연결모법인의 연결소득 개별귀속액 중 소멸한 분할법인으로부터 승계받은 사업에서 발생한 소득

각 연결사업연도의 소득에 대하여 살핀다.

각 연결사업연도의 소득은 각 연결법인별로 다음 각 호의 순서에 따라 계산한 소득 또는 결손금을 합한 금액으로 한다(법세 §76의14 ①).

1. **연결법인별 각 사업연도의 소득의 계산** : 각 연결법인의 각 사업연도의 소득 또는 결손금을 계산(법세 §14)

2. **다음 각 목에 따른 연결법인별 연결 조정항목의 제거**

   가. **수입배당금액의 익금불산입 조정** : 익금에 산입하지 아니한 각 연결법인의 수입배당금액 상당액(법세 §18의2, §18의3; §18의3은 2023년 1월 1일 이후 받는 수입배당금에 대하여서는 적용되지 않음)을 익금에 산입

   나. **기부금과 기업업무추진비의 손금불산입 조정** : 손금산입한도를 초과하여 손금에 산입하지 아니한 기부금(법세 §24) 및 기업업무추진비 상당액(법세 §25)을 손금에 산입

3. **다음 각 목에 따른 연결법인 간 거래손익의 조정.** 양도법인 또는 양수법인이 연결납세방식을 적용받지 아니하게 된 경우, **'양도법인이 양도손익 이연자산을 양도할 때 익금 또는 손금에 산입하지 아니한 금액' 중 '익금 또는 손금에 산입하고 남은 금액'**은 연결납세방식을 적용받지 아니하게 된 날이 속하는 사업연도에 양도법인의 익금 또는 손금에 산입한다(법세령

§120의18 ④). **양도법인 또는 양수법인을 다른 연결법인이 합병하는 경우** 합병법인을 양도법인 또는 양수법인으로 본다(법세령 §120의18 ⑤). **양도법인이 분할하는 경우** 익금 또는 손금에 산입하지 아니한 금액은 분할법인 또는 분할신설법인(분할합병의 상대방법인을 포함)이 분할등기일 현재 순자산가액을 기준으로 안분하여 각각 승계하고, 양수법인이 분할하는 경우로서 분할신설법인이 양도손익 이연자산을 승계하는 경우에는 분할신설법인이 해당 자산을 양수한 것으로 본다(법세령 §120의18 ⑥). **연결법인으로부터 양수한 유가증권과 연결법인 외의 법인으로부터 양수한 같은 종류의 유가증권을 보유한 양수법인이 유가증권을 양도한 경우**의 소득금액 계산 등 양도손익의 이연에 있어서,

가. **수입배당금액의 조정** : 다른 연결법인으로부터 받은 수입배당금액 상당액을 익금에 불산입

나. **기업업무추진비의 조정** : 다른 연결법인에 지급한 기업업무추진비 상당액을 손금에 불산입

다. **대손충당금의 조정** : 다른 연결법인에 대한 채권에 대하여 설정한 대손충당금 상당액을 손금에 불산입. 연결법인이 대손충당금의 손금산입 규정에 따라 손금불산입한 금액이 있는 경우에는 당초 손비로 계상한 채권별 대손충당금의 크기에 비례하여 손금불산입액을 배분하고 다른 연결법인에 대한 채권에 대하여 계상한 대손충당금 상당액에서 배분된 손금불산입액을 뺀 금액을 손금에 산입하지 아니한다(법세령 §120의18 ⑧).

라. **자산양도손익의 조정** : 유형자산 및 무형자산 등 **법정 자산**(법세령 §120의18 ①)을 다른 연결법인에 양도함에 따라 발생하는 손익을 **법정 방법**(법세령 §120의18 ②)에 따라 익금 또는 손금에 불산입

법정 자산은 다음과 같다. 법정 자산은 **다음 각 호의 양도손익 이연자산**으로서 양도시점에 **국내에 소재하는 자산**을 말한다(법세령 §120의18 ① 본문). 다만, 제1호부터 제3호까지의 자산으로서 거래 건별 장부가액이 1억원 이하인 자산은 양도손익 이연자산에서 제외할 수 있다(법세령 §120의18 ① 단서).

> 1. 유형자산(건축물은 제외)(법세령 §24 ① 1호)
> 2. 무형자산(법세령 §24 ① 2호)
> 3. 매출채권, 대여금, 미수금 등의 채권
> 4. 자본시장과 금융투자업에 관한 법률에 따른 금융투자상품(자본시장 §3 ①)
> 5. 토지와 건축물

법정 방법은 다음과 같다. 양도손익 이연자산을 다른 연결법인에 해당하는 양수법인에 양도함에 따라 발생한 연결법인인 양도법인의 양도소득 또는 양도손실은 익금 또는 손금에 산입하지 아니하고, 양수법인에게 다음 각 호의 어느 하나의 사유가 발생한 날이 속하는 사업연도에 다음 각 호의 산식에 따라 계산한 금액을 양도법인의 익금 또는 손금에 산입한다(법세령 §120의18 ② 본문). 다만, 해당 양도손익 이연자산의 양도에 대하여 부당행위계산의 부인(법세 §52 ①)이 적용되는 경우에는 그러하지 아니하다(법

세령 §120의18 ② 단서).

1. **양도손익 이연자산을 감가상각하는 경우** : (양도소득 또는 양도손실) × (감가상각액/양수법인의 장부가액). 이 경우 익금 또는 손금에 산입하는 금액은 다음 산식을 대신 적용하여 계산할 수 있다(법세령 §120의18 ③ 본문). 이 경우 월수는 역에 따라 계산하되 1개월 미만의 일수는 1개월로 한다(법세령 §120의18 ③ 단서).

> 양도소득 또는 양도손실) × [(해당 사업연도의 월수)/(양도손익 이연자산의 내용연수 중 경과하지 아니한 기간의 월수)]

2. **양도손익 이연자산을 양도**(다른 연결법인에 양도하는 경우는 제외)**하는 경우** : (양도소득 또는 양도손실) × (양도손익 이연자산의 양도비율). 이 경우 양수법인이 연결법인으로부터 매입한 자산과 연결법인 외의 자로부터 매입한 자산이 함께 있는 경우에는 연결법인으로부터 매입한 자산을 먼저 양도한 것으로 본다(법세칙 §60의3 ①). 연결법인이 채권에 대해 현재가치할인차금을 계상한 경우 채권의 양도가액은 채권의 총매출가액 중 양도법인이 보유한 기간에 해당하는 이자수익을 제외한 금액으로 한다(법세칙 §60의3 ②).

3. **양도손익 이연자산에 대손이 발생하거나 멸실된 경우** : (양도소득 또는 양도손실) × [(대손금액 또는 멸실금액)/(양수법인의 장부가액)]

4. **양도한 채권의 지급기일이 도래하는 경우** : 양도법인의 양도가액 − 양도법인의 장부가액

5. **양도손익 자산을 상법 상 주식소각 규정**(상법 §343)**에 따라 소각하는 경우** : (양도소득 또는 양도손실) × (소각자산의 장부가액/양수법인의 장부가액)

4. **연결 조정항목의 연결법인별 배분 : 연결집단을 하나의 내국법인으로 보아** 수입배당금 익금불산입(법세 §18의2, §18의3; §18의3은 2023년 1월 1일 이후 받는 수입배당금에 대하여서는 적용되지 않음), 기부금(법세 §24) 및 기업업무추진비(법세 §25)에 관한 규정을 준용하여 익금 또는 손금에 산입하지 아니하는 금액을 계산한 후, 해당 금액 중 **법정 방법**(법세령 §120의19, §120의20, §120의21)에 따라 계산한 금액을 각 연결법인별로 익금 또는 손금에 불산입.
연결법인의 수입배당금액 익금불산입은 다음과 같이 계산한다(법세령 §120의19). 연결집단을 하나의 내국법인으로 보아 계산한 수입배당금액의 익금불산입 금액은 수입배당금액을 지급한 내국법인에 출자한 각 연결법인의 출자비율의 합계액 중 해당 연결법인의 출자비율이 차지하는 비율에 따라 해당 연결법인에 배분하여 익금에 산입하지 아니한다(법세령 §120의19 ①). **출자비율**(법세 §18의2 ① 1호, §18의3 ① 1호; §18의3은 2023년 1월 1일 이후 받는 수입배당금에 대하여서는 적용되지 않음)은 각 연결법인이 수입배당금액을 지급한 내국법인에 출자한 비율을 더하여 계산하고, 차입금 및 차입금의 이자(법세 §18의2 ① 2호, §18의3 ① 2호; §18의3은 2023년 1월 1일 이후 받는 수입배당금에 대하여서는 적용되지 않음)는 각 연결법인의

차입금 및 차입금의 이자를 더하여 계산하되, 연결법인 간 차입금 및 차입금의 이자(해당 차입거래에 대하여 부당행위계산의 부인(법세 §52 ①)이 적용되는 경우는 제외)를 뺀 금액으로 한다(법세령 §120의19 ②). **재무상태표 상의 자산총액**(법세령 §17의2 ③)은 **각 연결법 인의 재무상태표 상의 자산총액의 합계액**(연결법인에 대한 대여금·매출채권 및 연결법인 의 주식 등 법정 자산('연결법인간 대여금, 매출채권, 미수금 등의 채권' 또는 '연결법인이 발행한 주식')(법세칙 §60의4)**을 제거한 후의 금액**)으로 한다(법세령 §120의19 ③).

연결법인의 기부금 손금불산입은 다음과 같이 계산한다(법세령 §120의20). 연결집단을 하나의 내국법인으로 보아 계산한 기부금 손금불산입 금액 중 각 연결법인별 배분액은 다음 각 호의 금액의 합계액으로 한다(법세령 §120의20 ①).

1. 특례기부금(법세 §24 ② 1호)과 일반기부금(법세 §24 ③ 1호) 외의 기부금으로서 해당 연결법인이 지출한 기부금
2. 특례기부금(법세 §24 ② 1호)과 일반기부금(법세 §24 ③ 1호)에 대하여 각각 다음 산식에 따라 계산한 금액 : (연결집단을 하나의 내국법인으로 보아 계산한 해당 기부금의 손금불산입액) × (해당 연결법인의 해당 기부금 지출액/각 연결법인의 해당 기부금 지출액의 합계액). 이 경우 **기부금의 손금산입한도액 초과금액을 이월하여 손금에 산입하는 경우**(법세 §24 ⑤) 먼저 발생한 사업연도의 손금산입한도액 초과금액부터 손금에 산입하며, 그 이월하여 손금에 산입하는 금액 중 각 연결법인별 배분액은 다음 계산식에 따른 금액으로 한다(법세령 §120의20 ②) : (연결집단을 하나의 내국법인 으로 보아 계산한 기부금 한도초과이월액 중 손금산입액) × (해당 연결법인의 해당 기부금의 손금산입한도 초과금액/각 연결법인의 해당 기부금의 손금산입한도 초과금 액의 합계액).

연결법인의 기업업무추진비 손금불산입은 다음과 같이 계산한다. 연결집단을 하나의 내국법인으로 보아 계산한 기업업무추진비 손금불산입 금액 중 각 연결법인별 배분액은 다음 각 호의 금액의 합계액으로 한다(법세령 §120의21 ①).

1. 기업업무추진비 한도초과액의 손금불산입(법세 §25 ④) 중 다음 산식에 따라 계산한 금액 : (연결집단을 하나의 내국법인으로 보아 계산한 기업업무추진비의 손금불산입 액) × (해당 연결법인의 기업업무추진비 지출액/각 연결법인의 기업업무추진비 지출액의 합계액). 이 경우 **수입금액**(법세 §25 ④ 2호)은 각 연결법인의 수입금액의 합계액에서 연결법인 간 양도손익 이연자산의 양도에 따른 수입금액을 뺀 금액으로 한다(법세령 §120의21 ②).
2. 신용카드 등 미사용 기업업무추진비의 손금불산입(법세 §25 ②) 중 해당 연결법인이 지출한 금액

다음 각 호의 어느 하나에 해당하는 처분손실은 해당 호에 따른 금액을 한도로 해당 연결사업연

도의 소득금액을 계산할 때 **손금에 산입한다**(법세 §76의14 ② 전단). 이 경우 **한도를 초과하여 손금에 산입하지 아니한 처분손실**은 **연결과세표준의 결손금**(법세 §76의13 ① 1호)으로 보고 **해당 호에 따른 금액을 한도로 이후 연결사업연도의 과세표준에서 공제한다**(법세 §76의14 ② 후단). 이 경우 **사업연도에 2 이상의 연결법인에서 발생한 결손금이 있는 경우**에는 연결사업연도의 과세표준을 계산할 때 해당 연결법인에서 발생한 결손금부터 연결소득 개별귀속액을 한도로 먼저 공제하고 해당 연결법인에서 발생하지 아니한 2 이상의 다른 연결법인의 결손금은 해당 결손금의 크기에 비례하여 각각 공제된 것으로 본다(법세령 §120의17 ⑥).

1. 내국법인이 다른 내국법인의 연결가능자법인이 된(설립등기일부터 연결가능자법인이 된 경우는 제외) 이후 연결납세방식을 적용한 경우, **연결납세방식을 적용한 사업연도와 그 다음 사업연도의 개시일부터 4년 이내에 끝나는 연결사업연도에 발생한 자산**(연결납세방식을 적용하기 전 취득한 자산으로 한정)**의 처분손실** : 다음 각 목의 구분에 따른 금액(해당 처분손실을 공제하기 전 귀속액을 말하되, '**한도를 초과하여 손금에 산입하지 아니한 처분손실**'(법세 §76의14 ② 후단)의 경우에는 그러하지 아니함)
   가. **연결모법인의 자산처분 손실**의 경우 해당 연결모법인의 연결소득 개별귀속액
   나. **연결자법인의 자산처분 손실**의 경우 해당 연결자법인의 연결소득 개별귀속액
2. **연결모법인이 다른 내국법인**(합병등기일 현재 연결법인이 아닌 법인으로 한정)**을 적격합병**(연결모법인을 분할합병의 상대방법인으로 하여 적격분할합병하는 경우를 포함)**하는 경우, 합병등기일 이후 5년 이내에 끝나는 연결사업연도에 발생한 기존연결법인**(합병 전 연결모법인 및 연결자법인)**과 피합병법인**(분할법인을 포함)**이 합병 전 각각 보유하던 자산의 처분손실**(합병등기일 현재 해당 자산의 시가가 장부가액보다 낮은 경우로서 그 차액을 한도) : 다음 각 목의 구분에 따른 소득금액(해당 처분손실을 공제하기 전 소득금액을 말하되, '**한도를 초과하여 손금에 산입하지 아니한 처분손실**'(법세 §76의14 ② 후단)의 경우에는 그러하지 아니함)
   가. **기존연결법인의 자산처분 손실**의 경우, 기존연결법인의 소득금액(연결모법인의 연결소득 개별귀속액 중 합병 전 연결모법인의 사업에서 발생한 소득금액 및 연결자법인의 연결소득 개별귀속액을 말함)
   나. **피합병법인이 합병 전 보유하던 자산의 처분손실**의 경우, 연결모법인의 연결소득 개별귀속액 중 피합병법인으로부터 승계받은 사업에서 발생한 소득금액

　　연결산출세액에 대하여 살핀다. 각 연결사업연도의 소득에 대한 법인세는 연결과세표준(법세 §76의13)에 세율(법세 §55 ①)을 적용하여 계산한 **연결산출세액**으로 한다(법세 §76의15 ①). 사업연도가 1년 미만인 내국법인의 각 사업연도의 소득에 대한 법인세는 그 사업연도의 과세표준을 그 사업연도의 월수로 나눈 금액에 12를 곱하여 산출한 금액을 그 사업연도의 과세표준으로 하여 계산한 세액에 그 사업연도의 월수를 12로 나눈 수를 곱하여 산출한 세액을 그 세액으로 한다(법세 §76의15 ③, §55의2 ② 본문). 이 경우 월수의 계산은 법정 방법(월수는 태양력에 따라 계산하되, 1개월 미만의 일수는 1개월)(법세령 §92)으로 한다(법세 §76의15 ③, §55의2 ② 단서).

　　연결법인이 '**토지 등 양도소득에 대한 과세특례**'(법세 §55의2)**의 토지 등을 양도한 경우**(해당 토지 등을 다른 연결법인이 양수하여 연결법인 간 거래손익의 조정(법세 §76의14 ① 3호)이 적용되는 경우를 포함) 또는 '**투자·상생협력 촉진을 위한 과세특례**'에 따른 미환류소득[연결법인 간 거래손익의 조정 등(법세 §76의14)을 하지 아니하고 계산한 소득으로서 법정 금액(해당 사업연도에 연결납세방식을 적용하지 아니하고 '투자·상생협력 촉진을 위한 과세특례'(조특 §100의32)에 따라 계산한 미환류소득)(법세령 §120의22 ①)을 말한다](조특 §100의32 ②)**이 있는 경우**에는 '토지 등 양도소득에 대한 과세특례'(법세 §55의2)에 의한 법인세액 및 '투자·상생협력 촉진을 위한 과세특례'(조특 §100의32)에 의한 법인세액을 **통상의 연결산출세액**(법세 §76의15 ①)**에 합산한 금액을 연결산출세액으로** 한다(법세 §76의15 ②). 각 연결법인의 과세표준 개별귀속액을 계산할 때 2 **이상의 연결법인의 연결소득 개별귀속액에서 다른 연결법인의 결손금을 공제하는 경우**에는 각 연결소득 개별귀속액(해당 법인에서 발생한 결손금을 뺀 금액)의 크기에 비례하여 공제한다(법세령 §120의22 ③).

　　연결법인별 산출세액은 제1호의 금액에 제2호의 비율을 곱하여 계산한 금액으로 한다(법세 §76의15 ④ ; 법세령 §120의22 ② 본문). 이 경우 연결법인에 토지 등 양도소득에 대한 법인세(법세 §55의2) 및 투자·상생협력 촉진을 위한 과세특례(조특 §100의32)를 적용하여 계산한 법인세액이 있는 경우에는 이를 가산한다(법세 §76의15 ④ ; 법세령 §120의22 ② 단서).

1. **과세표준 개별귀속액**[해당 연결법인의 연결소득 개별귀속액에서 각 연결사업연도의 과세표준(법세 §76의13) 계산 시 공제된 결손금(해당 연결법인의 연결소득 개별귀속액에서

공제된 금액)과 해당 연결법인의 비과세소득 및 소득공제액을 뺀 금액]
2. **연결세율**[연결사업연도의 소득에 대한 과세표준(법세 §76의13 ①)에 대한 연결산출세액(토지 등 양도소득에 대한 법인세(법세 §55의2)는 제외)의 비율)(법세 §76의15 ①)]

연결산출세액이 없는 경우로서 다음 각 호에 해당하는 경우에는 정산금(결손금 이전에 따른 손익을 정산한 금액)을 해당 호에서 정하는 바에 따라 연결법인별로 배분하여야 한다(법세 §76의19 ⑤).

1. 다음 각 목의 어느 하나에 해당하는 연결자법인이 있는 경우: 해당 연결자법인이 법정 방법(법세령 §120의26 ①, §120의22 ④ 1호)에 따라 계산한 정산금을 법정 기한(법세 §76의19 ①)까지 연결모법인에 지급. 다만 '연결모법인이 모든 연결자법인을 완전지배하거나 연결자법인의 주주 전부의 동의를 받은 법정 경우'(법세령 §120의22 ⑤ 각 호)에는 정산금을 "0"으로 할 수 있다(법세령 §120의26 ③).
   가. 연결자법인의 해당 연결사업연도 소득금액에 다른 연결법인의 결손금이 합하여진 경우(법세 §76의14 ①)
   나. 연결자법인의 연결소득 개별귀속액에서 다른 연결법인의 결손금이 공제된 경우(법세 §76의13 ① 1호)
2. 다음 각 목의 어느 하나에 해당하는 연결자법인이 있는 경우: 연결모법인이 법정 방법(법세령 §120의26 ②, §120의22 ④ 2호)에 따라 계산한 정산금을 법정 기한(법세 §76의19 ①)까지 해당 연결자법인에 지급. 다만 '연결모법인이 모든 연결자법인을 완전지배하거나 연결자법인의 주주 전부의 동의를 받은 법정 경우'(법세령 §120의22 ⑤ 각 호)에는 정산금을 "0"으로 할 수 있다(법세령 §120의26 ③).
   가. 연결자법인의 해당 연결사업연도 결손금이 다른 연결법인의 소득금액에 합하여진 경우(법세 §76의14 ①)
   나. 연결자법인의 결손금이 다른 연결법인의 연결소득 개별귀속액에서 공제된 경우(법세 §76의13 ① 1호)

'연결자법인 단계에 다른 연결법인의 결손금이 합산되거나 소득공제된 경우' 및 '연결자법인이 결손금이 다른 연결법인 단계에서 합산되거나 소득공제된 경우'에는 그 연결법인에 대한 연결법인별 산출세액을 해당 호에서 정하는 금액으로 하고, 이 경우 해당 연결법인에 토지 등 양도소득에 대한 법인세(법세 §55의2)가 있는 경우에는 이를 가산한다(법세령 §120의22 ④).

1. 연결자법인 단계에 다른 연결법인의 결손금이 합산되거나 소득공제된 경우(법세 §76의19
   ⑤ 1호 각 목)에 해당하는 연결법인: 다음 계산식에 따라 계산한 금액

> A × (B ÷ C)
>
> A : 각 연결법인별 조정 과세표준 상당액〔각 연결법인별 소득(법세 §76의14 ①)에서
> 각 연결사업연도의 과세표준(법세 §76의13 ①) 계산 시 공제한 결손금(해당 법인
> 에서 발생한 결손금으로서 해당 법인의 소득에서 공제한 금액으로 한정), 비과세소
> 득 및 소득공제액을 차감한 금액〕
> B : 조정 연결산출세액(각 연결법인별 조정 과세표준 상당액의 합계액에 세율(법세 §55
> ①)을 적용하여 계산한 금액)
> C : 조정 과세표준 상당액(각 연결법인별 조정 과세표준 상당액의 합계액)

2. 연결자법인이 결손금이 다른 연결법인 단계에서 합산되거나 소득공제된 경우(법세 §76의19
   ⑤ 2호 각 목)에 해당하는 연결법인: 다음 계산식에 따라 계산한 금액

> D × (E ÷ F)
>
> D : 결손금 조정세액(연결산출세액(법세 §76의15 ①)에서 제1호의 계산식 B에 해당하
> 는 금액을 차감한 금액)
> E : 각 연결법인별 결손금 공제액(다른 연결법인의 소득금액에 합쳐진 결손금(법세 §76
> 의14 ①)과 다른 연결법인의 연결소득개별귀속액에서 공제된 결손금(법세 §76의
> 13 ① 1호)의 합계액)
> F : 총 결손금 공제액(각 연결법인별 결손금 공제액을 모두 더한 금액)

3. '연결자법인 단계에 다른 연결법인의 결손금이 합산되거나 소득공제된 경우' 및 '연결자법인
   이 결손금이 다른 연결법인 단계에서 합산되거나 소득공제된 경우' 모두 해당하는 연결법
   인: 제1호의 금액과 제2호의 금액을 더하여 계산한 금액

연결법인 관련 결손금이 합산되거나 소득공제된 경우의 계산규정에 대한 예외 역시 있다.
'연결모법인이 모든 연결자법인을 완전지배하거나 연결자법인의 주주 전부의 동의를 받은
다음 각 호의 경우'에는 '연결법인별 연결산출세액을 정산금을 감안하지 않고 계산하는 당초의
방식'(법세령 §120의22 ②)에 따라 계산한 금액으로 할 수 있다(법세령 §120의22 ⑤).

1. 연결모법인이 모든 연결자법인을 완전지배[내국법인이 다른 내국법인의 발행주식총수(주식회사가 아닌 법인인 경우에는 출자총액을 말하며, 의결권 없는 주식등을 포함)의 전부(우리사주조합(근로복지 §2 4호)을 통하여 근로자가 취득한 주식 등 법정 주식[우리사주조합이 보유한 주식, 우리사주조합을 통하여 근로자가 취득한 주식, 법정 주식매수선택권(법세령 §19 19호의2 각 목 외의 부분 본문)의 행사에 따라 발행되거나 양도된 주식(주식매수선택권을 행사한 자가 제3자에게 양도한 주식을 포함)](법세칙 §60의5)으로서 발행주식총수의 100분의 5 이내의 주식은 제외)를 보유하는 경우를 말하며, 내국법인과 그 내국법인의 완전지배를 받는 법인이 보유한 다른 내국법인의 주식등의 합계가 그 다른 내국법인의 발행주식총수의 전부인 경우를 포함]하는 경우
2. 연결사업연도 종료일 현재 연결자법인의 발행주식총수 또는 출자총액(연결법인이 보유하지 않은 주식 또는 출자지분으로 한정)의 100분의 90 이상의 동의를 법정신고기한(법세 §76의17) 내에 받은 경우

연결법인의 세액감면 및 세액공제 등에 대하여 살핀다. 연결산출세액에서 공제하는 연결법인의 감면세액과 세액공제액은 **각 연결법인별로 계산한 감면세액과 세액공제액의 합계액**으로 한다(법세 §76의16 ①).

각 연결법인의 감면세액과 세액공제액은 **각 연결법인별 산출세액을 그 산출세액**(법세 §55)으로 보아 법인세법 및 조세특례제한법에 따른 세액감면과 세액공제를 적용하여 계산한 금액으로 하며, **연결집단을 하나의 내국법인으로 보아 '최저한세액에 미달하는 세액에 대한 감면 등의 배제 규정'**(조특 §132 ①)을 적용한다(법세 §76의16 ②).

각 연결법인의 감면 또는 면제되는 세액은 감면 또는 면제되는 소득에 연결세율을 곱한 금액(감면의 경우에는 그 금액에 해당 감면율을 곱하여 산출한 금액)으로 한다(법세령 §120의23 ① 전단). 이 경우 감면 또는 면제되는 소득은 과세표준 개별귀속액을 한도로 하되 그 계산에 관하여는 통상의 '감면 및 세액공제액의 계산 규정'(법세령 §96)을 준용한다(법세령 §120의23 ① 후단).

'최저한세액에 미달하는 세액에 대한 감면 등의 배제 규정'(조특 §132 ①)에 따른 법인세 최저한세액에 미달하여 세액공제 또는 세액감면 등을 하지 아니하는 세액 중 연결법인별 배분액은 다음 계산식에 따른 금액으로 한다(법세령 §120의23 ② 전단). 이 경우 **최저한세의 적용 대상인 손금산입 및 소득공제 등**(조특 §132 ① 1호, 2호)에 따라 감소된 세액을 포함하여 계산하며, 감소된 세액은 그 손금산입 및 소득공제 등의 금액에 연결세율을 곱하여 계산한

금액으로 한다(법세령 §120의23 ② 후단).

> (연결집단을 하나의 내국법인으로 보아 계산한 법인세 최저한세액에 미달하는 세액) ×
> (해당 연결법인의 조세특례제한법 상 최저한세 적용대상인 공제·감면 세액 등(조특 §132
> ① 각 호)/각 연결법인의 조세특례제한법 상 최저한세 적용대상인 공제·감면 세액 등(조특
> §132 ① 각 호)의 합계액)

세액감면과 세액공제의 적용순서는 통상의 '감면 및 세액공제액의 계산 규정'(법세 §59 ①)을
준용하며, **연결법인의 적격합병과 적격분할에 따른 세액감면과 세액공제의 승계**는 '적격합병
시 조세속성의 승계규정'(법세 §44의3 ②), '적격분할 시 조세속성의 승계규정'(법세 §46의3 ②),
및 '감면 및 세액공제액의 계산 규정'(법세 §59 ①)을 준용한다(법세 §76의16 ③).

제4절 신고 및 납부

연결모법인은 각 연결사업연도의 종료일이 속하는 달의 말일부터 **4개월 이내**에 '**각 연결사업
연도의 소득에 대한 법인세과세표준 및 세액신고서**'(법세령 §120의24 ①)를 통하여 해당 연결사업
연도의 소득에 대한 법인세의 과세표준과 세액을 납세지 관할 세무서장에게 신고하여야 한다(법
세 §76의17 ① 본문). 다만, 외부감사인에 의한 감사(외감법 §4)를 받아야 하는 연결모법인 또는
연결자법인이 **해당 사업연도의 감사가 종결되지 아니하여 결산이 확정되지 아니하였다는
사유로 법정 절차**(법세령 §120의24 ②)에 따라 신고기한의 연장을 신청한 경우에는 그 신고기한을
1개월의 범위에서 연장할 수 있다(법세 §76의17 ① 단서). 이 경우 연결모법인은 법정신고기한(법세
§76의17 ① 본문)의 종료일 3일 전까지 **신고기한연장신청서**를 납세지 관할 세무서장에게 제출하여
야 한다(법세령 §120의24 ②). 연결모법인의 과세표준 등의 신고에 관하여는 '각 사업연도의
소득금액이 없거나 결손금이 있는 법인의 신고'에 관한 규정(법세 §60 ③), '신고서의 보정요구'에
관한 규정(법세 §60 ⑥), '신고연장의 경우 이자액 가산납부'에 관한 규정(법세 §60 ⑧) 및 '세무조정계
산서 적격작성자'에 관한 규정(법세 §60 ⑨)을 **준용**한다(법세 §76의17 ④). 연결모법인은 통상의
'**주식등변동상황명세서의 제출기한**'(법세 §119 ①)에도 불구하고, '각 연결사업연도의 소득에
대한 법인세과세표준 및 세액신고서'의 제출기한(법세 §76의17 ①)까지 주식등변동상황명세서

(연결자법인의 주식 등의 변동사항을 포함)를 제출할 수 있다(법세 §76의17 ⑤).

연결사업연도의 소득에 대한 법인세의 과세표준과 세액을 신고할 때에는 그 신고서에 **다음 각 호의 서류를 첨부하여야** 한다(법세 §76의17 ②). **다음 제1호 및 제2호의 서류를 첨부하지 아니하면 법인세법에 따른 신고로 보지 아니한다**(법세 §76의17 ③).

---

1. 연결소득금액 조정명세서(법세칙 §82)
2. 각 연결법인의 법정 서류(법세 §60 ② 1호~3호)

> 1. 기업회계기준을 준용하여 작성한 개별 내국법인의 재무상태표·포괄손익계산서 및 이익잉여금처분계산서(또는 결손금처리계산서)
> 2. 법인세 과세표준 및 세액조정계산서(법세령 §97 ④ : 법세칙 §82)
> 3. 그 밖에 법정 서류(법세령 §97 ⑤ 본문). 다만, 전자신고(국기 §2 19호)로 신고(법세 §60 ①)를 한 법인의 경우에는 부속서류 중 '기획재정부령으로 정하는 서류'를 제출하지 아니할 수 있다(법세령 §97 ⑤ 단서).
>
> > 1. '기획재정부령으로 정하는 바에 따라 작성한 세무조정계산서 부속서류' 및 기업회계기준에 따라 작성한 **현금흐름표**(외부감사의 대상이 되는 법인(외감법 §4)만 해당)
> > 1의2. 기업회계기준에 따라 원화 외의 통화를 기능통화로 채택한 경우, 원화를 표시통화로 하여 기업회계기준에 따라 기능통화재무제표를 환산한 **표시통화재무제표**
> > 1의3. 기업회계기준에 따라 원화 외의 통화를 기능통화로 채택한 법인이 '원화 외의 기능통화를 채택하지 아니하였을 경우에 작성하여야 할 재무제표를 기준으로 과세표준을 계산하는 방법'(법세 §53의2 ① 1호)을 적용하는 경우, 원화 외의 기능통화를 채택하지 아니하고 계속하여 기업회계기준을 준용하여 원화로 재무제표를 작성할 경우에 작성하여야 할 **원화재무제표**
> > 2. **합병 또는 분할한 경우 다음 각 목의 서류**(합병법인 등만 해당)
> > 　가. 합병등기일 또는 분할등기일 현재의 피합병법인 등의 재무상태표와 합병법인 등이 그 합병 또는 분할로 승계한 자산 및 부채의 명세서
> > 　나. 합병법인 등의 본점 등의 소재지, 대표자의 성명, 피합병법인 등의 명칭, 합병등기일 또는 분할등기일, 그 밖에 필요한 사항이 기재된 서류

3. 연결법인 간 출자 현황 및 거래명세 등에 관한 **'연결법인 간 출자현황신고서 및 연결법인 간 거래명세서'**(법세칙 §82)

연결중간예납에 대하여 살핀다.

연결사업연도가 6개월을 초과하는 연결모법인은 각 연결사업연도 개시일부터 6개월이 되는 날까지를 **중간예납기간**으로 하여 **다음 각 호의 어느 하나에 해당하는 방법을 선택하여** 계산한 **연결중간예납세액**을 중간예납기간이 지난 날부터 2개월 이내에 납세지 관할 세무서 등에 납부하여야 한다(법세 §76의18 ①). 다만 연결모법인 또는 연결자법인이 직전 연결사업연도 종료일 현재 공시대상기업집단(공정거래 §31 ①)에 속하는 내국법인[업종별 매출액 등을 고려하여 정하는 법정 법인(법정 업종별 중소기업기준(조특령 §2 ① 1호))(법세령 §100 ④)은 제외]은 제2호의 방법에 따라 계산한 연결중간예납세액을 납세지 관할 세무서등에 납부하여야 한다(법세 §76의18 ① 단서). **또한 다음 각 호의 경우에는** 해당 각 호의 구분에 따라 연결중간예납세액을 계산한다(법세 §76의18 ②).

---

1. 연결중간예납의 법정 납부기한(법세 §76의18 ① 각 호 외 부분 본문)까지 연결중간예납세액을 납부하지 아니한 경우(공시대상기업집단 등(법세 §76의18 ① 각 호 외 부분 단서) 또는 다음 각 호에 해당하는 경우는 제외): 제1호에 따른 방법
2. 다음 각 목의 어느 하나에 해당하는 경우: 제2호에 따른 방법
   가. 직전 연결사업연도의 법인세로서 확정된 연결산출세액(가산세는 제외)이 없는 경우
   나. 해당 중간예납기간 만료일까지 직전 연결사업연도의 연결산출세액이 확정되지 아니한 경우

연결납세방식을 처음으로 적용하는 경우에는 각 연결법인에 대한 통상의 중간예납세액(법세 §63의2)의 합계액을 연결중간예납세액으로 하고, **연결법인이 추가된 경우**(법세 §76의11 ①)에는 연결중간예납세액(법세 §76의18 ①, ②)과 추가된 연결법인에 대한 통상의 중간예납세액(법세 §63의2)의 합계액을 연결중간예납세액으로 한다(법세 §76의18 ③). **연결법인이 중간예납기간이 지나기 전에 연결가능자법인에 해당하지 아니하게 되거나 해산**('연결자법인이 다른 연결법인에 흡수합병되어 해산하는 경우'(법세 §76의12 ① 단서)로서 연결납세방식을 적용하는 경우는 제외)**한 경우** 연결모법인은 해당 연결법인의 중간예납세액 귀속분으로서 정하여진 '**법정 연결법인별 중간예납세액**'(법세령 §120의25 ①)을 빼고 납부할 수 있다(법세 §76의18 ④). '**법정 연결법인별 중간예납세액**'은 직전 연결사업연도에 확정된 연결법인별 산출세액(가산세를 포함하며, 토지 등 양도소득에 대한 법인세(법세 §55의2)는 제외)에서 '직전 연결사업연도에 해당 연결법인의 감면된 법인세액' 및 '직전 연결사업연도에 해당 연결법인이 법인세로서 납부한 원천징수세액'을 뺀 금액을 직전 사업연도의 개월수로 나눈 금액에 6을 곱하여 계산한

금액으로 한다(법세령 §120의25 ①). '다음 제2호에 따라 연결중간예납세액을 계산하는 경우 법정 연결법인별 중간예납세액'은 해당 중간예납기간을 1사업연도로 보아 계산한 연결법인별 산출세액(법세령 §120의22)에서 '해당 중간예납기간에 해당 연결법인의 감면된 법인세액' 및 '해당 중간예납기간에 해당 연결법인이 법인세로서 납부한 원천징수세액'을 뺀 금액으로 한다 (법세령 §120의25 ②). 연결중간예납세액의 납부에 관하여는 '중간예납기간 중 휴업 등의 사유로 수입금액이 없는 법인'에 관한 규정(법세 §63의2 ⑤) 및 '납부할 세액이 1천만원을 초과하는 경우의 분납'에 관한 규정(법세 §64 ②)을 준용한다(법세 §76의18 ⑤).

---

1. 직전 연결사업연도의 산출세액을 기준으로 하는 방법

연결중간예납세액 $= (A - B - C) \times 6/D$
A : 해당 연결사업연도의 직전 연결사업연도에 대한 법인세로서 확정된 연결산출세액
(가산세를 포함하고, 토지 등 양도소득에 대한 법인세(법세 §55의2) 및 투자·상생
협력 촉진을 위한 과세특례(조특 §100의32)를 적용하여 계산한 법인세액은 제외)
B : 해당 연결사업연도의 직전 연결사업연도에 감면된 법인세액(소득에서 공제되는
금액은 제외)
C : 해당 연결사업연도의 직전 연결사업연도에 각 연결법인이 법인세로서 납부한
원천징수세액의 합계액
D : 직전 연결사업연도의 개월 수. 이 경우 개월 수는 역에 따라 계산하되, 1개월
미만의 일수는 1개월로 한다.

2. 해당 중간예납기간의 법인세액을 기준으로 하는 방법

연결중간예납세액 $= (A - B - C)$
A : 해당 중간예납기간을 1연결사업연도로 보고 산출한 연결산출세액(법세 §76의15)
B : 해당 중간예납기간에 감면된 법인세액(소득에서 공제되는 금액은 제외)
C : 해당 중간예납기간에 각 연결법인이 법인세로서 납부한 원천징수세액의 합계액

연결법인세액의 납부에 대하여 살핀다. 연결모법인은 연결산출세액에서 다음 각 호의 법인세액(가산세는 제외)을 공제한 금액을 각 연결사업연도의 소득에 대한 법인세로서 **법정신고기한**(법세 §76의17 ①)**까지** 납세지 관할 세무서 등에 **납부하여야** 한다(법세 §76의19 ①). '납부할 세액이 1천만원을 초과하는 경우의 분납'에 관한 규정(법세 §64 ②)을 준용한다(법세 §76의19 ④).

1. 해당 연결사업연도의 감면세액ㆍ세액공제액
2. 해당 연결사업연도의 연결중간예납세액(법세 §76의18)
3. 해당 연결사업연도의 각 연결법인의 원천징수된 세액(법세 §73, §73의2)의 합계액

연결자법인은 법정 기한(법세 §76의17 ①)까지 **연결법인별 산출세액에서 다음 각 호의 금액을 뺀** 금액에 '성실신고확인서 제출 불성실 가산세'(법세 §75), '주주 등의 명세서 등 제출 불성실 가산세'(법세 §75의2), '장부의 기록ㆍ보관 불성실 가산세'(법세 §75의3), '기부금영수증 발급ㆍ작성ㆍ보관 불성실 가산세'(법세 §75의4), '증명서류 수취 불성실 가산세'(법세 §75의5), '신용카드 및 현금영수증 발급 불성실 가산세'(법세 §75의6), '지급명세서 등 제출 불성실 가산세'(법세 §75의7), '계산서 등 제출 불성실 가산세'(법세 §75의8) 및 '특정외국법인의 유보소득 계산 명세서 제출 불성실 가산세'(법세 §75의9)에 관한 각 규정을 준용하여 계산한 **가산세를 가산하여 연결모법인에 지급하여야** 한다(법세 §76의19 ②). 해당 계산금액이 음의 수인 경우 연결모법인은 음의 부호를 뗀 금액을 법정 기한(법세 §76의19 ①)까지 연결자법인에 지급하여야 한다(법세 §76의19 ③).

1. 해당 연결사업연도의 해당 법인의 감면세액
2. 해당 연결사업연도의 연결법인별 중간예납세액
3. 해당 연결사업연도의 해당 법인의 원천징수된 세액(법세 §73, §73의2)

제5절 결정ㆍ경정 및 징수 등

각 연결사업연도의 소득에 대한 법인세의 **결정ㆍ경정ㆍ징수 및 환급**에 관하여는 통상의 '결정 및 경정(추계결정 또는 경정에 관한 규정(법세 §66 ③ 단서)은 제외)'(법세 §66), '소득처분'(법세 §67), '과세표준과 세액의 통지'(법세 §70), '징수 및 환급'(법세 §71), '내국법인의 이자소득 등에 대한 원천징수'(법세 §73), '내국법인의 채권 등의 보유기간이자상당액에 대한 원천징수'(법세 §73의2) 및 '원천징수영수증의 발급'(법세 §74)에 관한 각 규정을 준용한다(법세 §76의20).

연결모법인은 각 **연결법인별**로 '성실신고확인서 제출 불성실 가산세'(법세 §75), '주주 등의 명세서 등 제출 불성실 가산세'(법세 §75의2), '장부의 기록ㆍ보관 불성실 가산세'(법세 §75의3),

'기부금영수증 발급·작성·보관 불성실 가산세'(법세 §75의4), '증명서류 수취 불성실 가산세'(법세 §75의5), '신용카드 및 현금영수증 발급 불성실 가산세'(법세 §75의6), '지급명세서 등 제출 불성실 가산세'(법세 §75의7), '계산서 등 제출 불성실 가산세'(법세 §75의8) 및 '특정외국법인의 유보소득 계산 명세서 제출 불성실 가산세'(법세 §75의9)에 관한 **각 규정을 준용하여 계산한 가산세의 합계액**을 각 연결사업연도의 소득에 대한 법인세액에 **더하여 납부하여야** 한다(법세 §76의21).

각 연결사업연도의 소득에 대한 법인세액을 계산할 때 **연결집단을 하나의 내국법인으로 보아 그 연결집단이 법인세법 및 조세특례제한법에 따른 중소기업 또는 중견기업에 해당하는 경우**에는 다음 각 호의 구분에 따라 법인세법 및 조세특례제한법에 따른 중소기업 또는 중견기업에 관한 규정을 적용한다(법세 §76의22 ①).

---

1. 연결집단이 중소기업에 해당하는 경우: 다음 각 목의 구분에 따른 규정을 적용
   가. 중소기업에 해당하는 연결법인: 중소기업에 관한 규정을 적용
   나. 중견기업에 해당하는 연결법인: 중견기업에 관한 규정을 적용
2. 연결집단이 중견기업에 해당하는 경우: 중소기업에 해당하는 연결법인과 중견기업에 해당하는 연결법인에 각각 중견기업에 관한 규정을 적용

연결납세방식을 적용하는 최초의 연결사업연도의 직전 사업연도 당시 중소기업에 해당하는 법인이 연결납세방식을 적용함에 따라 중소기업에 관한 규정을 적용받지 못하게 되는 경우에는 연결납세방식을 적용하는 최초의 연결사업연도와 그 다음 연결사업연도의 개시일부터 5년 이내에 끝나는 연결사업연도까지는 중소기업에 관한 규정을 적용한다(법세 §76의22 ②).

제3장

내국영리법인의 청산소득에 대한 법인세

법인세법은 법인의 각 사업연도 소득금액(법세 §14)에 대하여 각 사업연도별로 과세하였음에도 다시 법인의 해산 시 청산소득 금액(법세 §79)에 대하여 과세한다.

각 사업연도 소득금액에 대하여 법인세를 부과함에도 불구하고 다시 청산소득 금액에 대하여 과세하는 이유는 무엇인가? 법인의 잔여재산에는 착오, 누락 또는 오류 등으로 각 사업연도 소득금액에 대하여 과세되지 않은 금액이 포함될 수 있다는 점 및 법인 자산 중에는 미실현이득이 내재된 자산이 포함될 수 있어서 법인격이 소멸하는 시점에 이를 실현소득으로 과세할 필요가 있다는 점으로 인하여 법인세법은 각 사업연도 소득금액에 대하여 과세함에도 다시 청산소득에 대하여 과세한다.

각 사업연도 소득금액 계산방식과 청산소득 금액 계산방식이 다른 이유는 무엇인가? 각 사업연도 소득금액은 계속기업으로서 존속하는 법인의 과세대상으로서 특정 사업기간 동안 순자산 변동분을 측정하기 위한 개념이다. 세무상 이익잉여금은 법인세 과세대상이 된 각 사업연도 소득금액으로서 금액의 누적분이다. 자기자본 총액, 즉 자본금 및 자본잉여금의 합계액은 주주 또는 출자자의 불입자본을 의미한다. 청산소득 금액을 과세하는 이유에 비추어 보면 청산소득 금액은 법인 해산시점 당시 잔여재산의 시가평가액에서 그 해산시점 당시 세무상 이익잉여금 누적액 및 자기자본 총액을 공제하는 방법으로 특정할 수 있다.

청산소득 금액의 계산 시 잔여재산가액 확정시점과 자기자본 총액의 측정시점이 어떻게 설정되어야 하는가? 특정 사업연도 중 법인 순자산의 변동분은 해당 사업연도 말 자기자본 총액의 변동분과 일치한다. 특정 시점 당시 잔여재산가액은 해당 동일 시점을 기준으로 측정된 자산총액과 부채총액에 의하여 계산되어야 한다. 그렇지 않으면 기준시점이 아닌 시점에 확정된 순자산의 변동액이 잔여재산가액에 혼입되며 이를 반영한 자기자본 총액은 특정 시점 당시 자기자본 총액과 달라진다. 이러한 방식으로는 청산소득 금액을 과세하는 취지에 부합할 수 없다.

잔여재산가액 확정시점, 해산사유 발생일 또는 해산등기일은 동일하게 정하여질 수 있는가? 해산은 법인격의 소멸을 가져오는 조직법 상 법률사실이고, 상법상 해산사유의 발생일로부터 회사는 해산한다.[1038] 회사가 해산된 때에는 합병과 파산의 경우 외에는 그 해산사유가 있은 날로부터 본점소재지에서는 2주간 내, 지점소재지에서는 3주간 내에 해산등기를 하여야 한다(상법 §228, §269, §287의39, §521의2, §613). 해산의 등기는 제3자를 보호하기 위해 해산을 공시하는 것이고 등기에 의하여 해산의 효과가 생기는 것은 아니다.[1039] 해산 이후 합병의 경우 외에는 상법 또는 채무자회생 및 파산에 관한 법률에 따른 청산절차가 개시되는바, 해당 청산절차 중 잔여재산가액이 확정된다. 따라서 잔여재산가액 확정시점, 해산사유 발생일 또는 해산등기일은 동일하게 정하여질 수 없다. 그렇다면 현실적으로 달리 설정되는 각 기준시점으로 인하여 발생하는 이중과세 등의 문제를 어떻게 해결할 것인지 여부가 쟁점이 될 수밖에 없다.

청산기간 중에도 해당 법인의 사업활동은 여전히 지속될 수 있는바, 해당 활동에서 발생한 소득은 어떻게 과세하여야 하는가? 법인세법은 내국법인이 청산기간에 대하여서도 각 사업연도 소득금액의 계산을 위한 사업연도를 의제한다. 즉 청산 중인 내국법인의 잔여재산가액이 사업연도 중에 확정된 경우에는 '그 사업연도 개시일부터 잔여재산가액 확정일까지의 기간'을, 사업을 계속하는 경우(상법 §229, §285, §287의40, §519, §610)에는 '그 사업연도 개시일부터 계속등기일(계속등기를 하지 아니한 경우에는 사실상의 사업 계속일을 말함)까지의 기간' 및 '계속등기일 다음 날부터 그 사업연도 종료일까지의 기간'을 각 1사업연도로 본다(법세 §8 ④). 따라서 '해산등기일 다음 날부터 그 사업연도 종료일까지의 기간' 중에 잔여재산가액이 확정된 경우에는 사업연도가 다시 '해산등기일 다음 날부터 잔여재산가액 확정일까지의 기간' 및 '잔여재산가액 확정일 다음 날부터 그 사업연도 종료일까지의 기간'으로 구분된다. 잔여재산가액의 확정일이 속하는 사업연도 이전의 기간에 대한 사업연도 역시 별도로 정하여야 함은 물론이다.

자기자본 총액의 측정시점을 해산등기일로 정하여 청산소득 금액을 산정한다면 잔여재산가액은 어떻게 확정하여야 하는가? 현행 법인세법은 자기자본 총액의 측정시점을 해산등기일로 정하여 청산소득 금액을 산정한다(법세 §79 ①). 잔여재산의 가액은 자산총액에서 부채총액을 공제한 금액으로 한다(법세령 §121 ①). 자산총액을 산정함에 원칙적으로 해산등기일을 기준으로

1038) 이철송, 전게서, 179면.
1039) 이철송, 전게서, 179면.

산정하나 특정 자산에 대하여서는 '추심 또는 환가처분한 날' 또는 '분배한 날'을 기준으로 해당 금액을 확정한다(법세령 §121 ②). 한편 청산기간 중 자산 처분액(환가를 위한 재고자산의 처분액을 포함)은 청산소득 금액에 포함하나(법세칙 §61 본문), 청산기간 중에 해산 전의 사업을 계속하여 영위하는 경우 당해 사업에서 발생한 사업수입이나 임대수입, 공·사채 및 예금의 이자수입 등은 청산소득 금액에 포함되지 않는다(법세칙 §61 단서). 그렇다면 이상의 각 특별규정을 어떻게 해석하여야 할 것인지 여부가 쟁점이 된다. **'특별규정에 의하여 청산소득 금액에 포함되는 항목'으로 인하여 발생한 해산등기일 이후 자산 증가분 또는 감소분은 '청산기간 중 각 사업연도 소득금액의 계산'에서 제외되어야 한다.** 따라서 자산의 '추심 또는 환가처분' 및 '분배'에 수반하여 발생한 순자산 변동분 역시 청산소득 금액의 계산에 반영되고 청산기간 중 각 사업연도의 손익계산에서는 제외되어야 한다. 즉 특정 자산의 '추심 또는 환가처분' 및 '분배'는 '청산기간 중에 해산 전의 사업을 계속하여 영위하는 경우 당해 사업에서 발생한 사업수입'(법세칙 §61 단서)의 범위에 포함되지 않는다. **'특별규정에 의하여 청산소득 금액에서 제외되는 항목'으로 인하여 발생한 해산등기일 이후 자산 증가분 또는 감소분은 '청산기간 중 각 사업연도 소득금액의 계산'에서 포함되어야 한다.** 즉 특별규정에 의하여 특정 수입항목을 청산소득 금액에서 제외한다는 것은 해당 수입항목으로 인하여 발생한 순자산 증가분을 청산소득 금액의 계상 상 잔여재산가액의 확정에 반영하지 않는다는 의미로 해석하여야 한다. 따라서 '청산기간 중에 해산 전의 사업을 계속하여 영위하는 경우 당해 사업에서 발생한 사업수입이나 임대수입, 공·사채 및 예금의 이자수입 등'(법세칙 §61 단서)과 관련된 순자산 변동분은 청산소득 금액의 계산 상 잔여재산가액의 확정에 반영하지 않는다. 다만 환가를 위한 재고자산의 처분액 역시 청산소득 금액의 계산에 포함되는 자산처분액에 포함되므로 이 경우 순자산 변동분은 청산기간 중 각 사업연도 소득금액의 계산에서 제외되는 점에 유의하여야 한다. 한편 **현행 법인세법은 부채총액에 대한 특별규정을 두지 않으므로, 해산등기일 이후 부채로 인한 순자산 변동분은 청산기간 중 각 사업연도 소득금액에 반영되어야 한다.** 따라서 해산등기일 이후 채무면제익 등은 청산기간 중 각 사업연도 소득금액에 반영되어야 한다.

청산기간 중 각 사업연도의 소득금액 역시 청산소득 금액 상 자기자본 총액에 반영될 수 있는가? 현행 법인세법은 자기자본 총액의 측정시점을 해산등기일로 정하여 청산소득 금액을 산정하므로(법세 §79 ①), 청산기간 중 소득금액은 해당 자기자본 총액에 반영될 수 없다. 또한 특별규정에 의한 해산등기일 이후 순자산 변동분을 이상과 같이 해석하는 이상 중복과세가 발생하거나 과세기반의 일실이 발생하지 않는바, 해당 금액을 청산소득 금액 계산 상 다시 자기자본 총액에 반영한다면 이로 인하여 다른 문제가 야기될 뿐이다. 따라서 청산기간 중 각 사업연도의 소득금액은 청산소득 금액의 계상 상 자기자본 총액에 반영될 수 없다.

이월결손금이 청산소득 금액 계산 상 자기자본 총액에서 공제되는 이유는 무엇인가? 경제적 실질의 관점에 따라 해산등기일 당시 자기자본 총액을 계산하기 위하여서는 자기자본 총액에서 해산등기일 당시 존재하는 이월결손금을 공제하여야 한다. 자본계정이 총액에 의하여 기재되고, 이월결손금은 자본계정에 대한 차감계정으로서의 성격을 갖기 때문이다. 따라서 세무상 자기자본 총액을 그 실질에 따라 계산하기 위하여 이월결손금을 공제하여야 한다는 점은 해석으로서도 가능하므로 별도의 규정을 둘 실익이 적다. 한편 판례는 청산소득과세에 있어서 세무회계상 자기자본을 정확하게 파악하기 위하여는 기업회계 상 자기자본의 총액에서 그에 반영되지 아니한 세무회계상의 이월결손금을 공제하여야 하는 점 등을 고려하여 보면, '세무회계상의 이월결손금을 공제하기 전의 자기자본의 총액'은 기업회계 상 결손금이 반영된 것을 의미한다고 판시한다.[1040] 판례 역시 법인세법 상 경제적 실질에 따른 자기자본을 계산하기 위하여 법인세법 상 이월결손금을 자기자본에서 공제한다는 점을 전제하는 것으로 보아야 한다. 다만 법인세법 상 이월결손금의 공제대상을 기업회계 상 자기자본의 총액으로 한정하는 것에는 동의하지 않는다. 이월결손금이 '법인세법 상 경제적 실질에 따른 자기자본'을 계산하기 위한 목적만을 수행하는 것으로 볼 수는 없기 때문이다. **계속기업의 가정이 유지된다면 향후 각 사업연도 소득금액에서 공제되어 향후 납부할 법인세액을 차감하는 기능이 이월결손금의 본질적 속성에 해당한다. 그럼에도 불구하고 각 사업연도 소득금액에 대한 대용치에 해당하는 청산소득 금액의 계산 시 그 청산소득 금액을 오히려 증가하는 방식으로 기능하는 것은 부당하다.** 이로 인하여 주주 등에게 분배되는 잔여재산이 감소하는 것은 물론이고, 이월결손금이 자기자본 총액 중 자본잉여금 등과 상계된다면 이는 납입자본을 청산소득 금액으로 전환하는 문제점마저 발생한다. 이에 대한 규범적 정당성 또는 합리성을 찾기는 어렵다. 즉 청산소득 금액은 각 사업연도 소득금액 중 해산 당시 과세되지 않은 금액을 포착하기 위하여 계산하는 것이므로 경제적 실질에 부합하는 자기자본 총액에 기반하여 해산 당시 미실현소득을 계산하는 것이 일응 타당하다고 볼 수 있으나, 청산소득 금액의 본질을 감안한다면 법인세법이 이에 그칠 수는 없다. '청산소득 금액의 범위 내에서' 이월결손금을 다시 공제될 수 있어야 한다. 법인세법이 후자의 쟁점과 관련하여 명시적으로 규정하지 않는 것은 **입법의 흠결**에 해당한다. 이를 용인할 규범적 정당성 또는 합리성을 찾기는 어렵기 때문에 신속히 입법을 통하여 정비될 필요가

1040) 대법원 2011.5.13. 2008두14074

있고 그렇지 않다고 하더라도 해석론을 통하여 이를 해결하여야 한다. **해석론으로서 다음과 같이 그 해결을 모색하는 것이 타당하다.** 내국법인의 각 사업연도의 소득에 대한 법인세의 과세표준을 계산함에 있어서 이월결손금은 각 사업연도의 소득의 범위에서 공제할 수 있다(법세 §13 ①). 한편 청산소득에 대한 법인세의 과세표준은 해산에 의한 청산소득 금액(법세 §79)과 동일하다(법세 §77). 그러나 청산소득 금액의 계산과정에서 이월결손금의 공제를 허용하지 않으면 청산법인의 경제적 실질에 부합하는 과세를 할 수 없다. 따라서 청산소득 금액에서 이월결손금을 공제할 수 있도록 허용하는 해석론을 전개할 수 있는 규범적 근거를 무엇인지 여부가 쟁점이 된다. "그 이월결손금은 그날 현재의 그 법인의 자기자본의 총액에서 그에 상당하는 금액과 상계하여야"(법세 §79 ④)를 "청산소득 금액을 계산하는 날 현재의 그 법인의 자기자본의 총액에서 그에 상당하는 금액과 상계하여야"로 해석하는 것이 타당하다. 현행 법인세법 제79조 제4항은 "내국법인의 해산에 의한 청산소득 금액을 계산할 때"를 전제로 하고 있으며 "해산등기일 현재"를 이월결손금의 범위를 한정하기 위한 것만으로 보는 것 역시 가능하기 때문이다. 현행법이 청산소득 금액을 잔여재산가액 확정일 및 해산등기일 모두를 기준으로 사용하여 계산하므로 "그날 현재"를 반드시 "해산등기일 현재"로 해석할 필요는 없다. 해당 문언을 목적론적 관점에서 청산소득 금액의 계산기준일, 즉 잔여재산가액 확정일 또는 해산등기일 현재로 이해하는 것이 타당하다. 또한 잔여재산가액 확정일 현재의 자기자본 총액에 '확정된 잔여재산환가액'이 포함되는 것은 당연하다. 잔여재산가액 확정일을 기준으로 대차대조표(또는 재무상태표)를 작성한다면, 청산소득 금액을 구성하는 잔여재산 평가액 자체는 해당 자기자본 총액 중 잉여금에 편입되어야 하기 때문이다. 이상의 해석론에 따르면, 이월결손금의 상계대상을 **'해산등기일 현재의 자기자본 총액'**에 한정하지 않고, **'해산등 기일 현재의 자기자본 총액 및 잔여재산가액 확정일 현재 잔여재산환가액'**으로 확장시키는 것이 가능하다. 이상 해석론을 뒷받침할 수 있는 규범적 정당성에 관한 논거들에 대하여 살핀다. '잔여재산환가액'은 '해산등기일 현재 존재하는 잔여재산에 대한 새로운 평가액'이라는 점, 잔여재산평가액에서 해산등기일 당시 순자산액을 차감한 금액이 청산소득 금액의 본질에 해당한다는 점, '해산등기일 현재 잔여재산에 대한 평가액'을 정확히 계산하기 위하여서는 '자기자본 총액에서 이월결손금을 공제한 당시 순자산'이 기준으로서 기능하여야 한다는 점에서 현행 입법의 태도를 수긍할 수 있으나 해당 법인이 계속될 경우 향후 각 사업연도 소득금액에서 공제되는 기능을 수행하는 이월결손금은 향후 소득금액에 대한 대용치에 해당하는 청산소득 금액에서도 각 사업연도 소득금액의 경우와 동일하게 공제되는 것이 타당하는 점, 이월결손금을 청산소득 금액에서 공제하여 그 과세표준을 계산할 수 있는 규범적 근거가 불비한 상태이므로 청산소득 금액에서 이월결손금을 공제하기 위하여서는 이월결손금을 잔여재산 평가액에서 공제할 수 밖에 없다는 점, 이월결손금을 해산등기일 현재의 자기자본 총액 및 잔여재산환가액 모두에서 공제한다고 하더라도 각 단계에서 청산소득 금액 또는 이익잉여금의 범위 내에서 공제되는 등 별도의 한도를 설정할 수 있으므로 무의미한 작업이 아니라는 점, 법인 단계의 청산소득 금액의 계산 상 이월결손금을 공제한다고 하더라도 결손금 자체가 분배대상이 되는 것은 아니므로 그 공제 자체가 주주 단계의 의제배당금액 계산에 영향을 미치는 것은 아니라는 점 및 해산등기일 현재 자기자본 총액은 이미 과세된 이익잉여금과 과세대상이 아닌 주주 등의 불입자본으로 구성되므로 이를 다시 감소시켜서 청산소득 금액을 증가시키는 과정에서 법인세법이 이중과세를 인위적으로 야기하는 결과에 이를 수도 있다는 점을 각 감안하면, 이상 해석론에 따라 이월결손금의 공제대상을 결정하는 것이 타당하다. 즉 **법인세법**(법세 **§79 ④**) 상 **'이월결손금은 그날 현재의 그 법인의 자기자본의 총액에서 그에 상당하는 금액과 상계하여야 한다'는 문언을 '이월결손금은 해산등기일 현재의 자기자본 총액 및 잔여재산가액 확정일 현재 잔여재산환가액에서 그에 상당하는 금액과 상계하여야 한다'는 취지로 해석하는 것이 타당하다.** 각 사업연도 소득금액[경제학적 개념으로서 유량(flow)]에서 공제할 수 있는 이월결손금을 특정 시점을 기준으로 계산하는 청산소득 금액[경제학적 개념으로서 저량(stock)]에서 공제하기 위하여서는 해산등기일 당시 시가로 평가한 순자산액, 즉 잔여재산의 확정가액에서 공제할 수밖에 없다. 한편 이월결손금이 청산소득 금액을 초과하는 경우 그 계산을 허용한다면 이는 청산 단계에서의 결손금 창출을 용인하는 것에 해당한다. 주주 등에게 유한책임이 인정된다면 결손이 주주 단계에 이전될 수 없다는 점 및 상법 상 잔여재산에 결손금은 포함될 수 없으므로 해당 결손금이 주주 등에 분배될 수 없다는 점에 비추어 이는 허용될 수 없다. 따라서 **청산소득 금액 계산 상 이월결손금의 공제를 허용한다고 할지라도 그 공제한도는 청산소득 금액의 범위 내로 제한되어야 한다.** 이상의 해석론에 의하여 '이월결손금을 잔여재산 환가액에서 공제하는 것'은 청산소득 금액을 계산한 이후의 추가적인 계산과정에 해당한다는 점에서, 청산소득 금액의 계산 상 해산등기일 현재 자기자본 총액에서 공제되는 이월결손금 공제의 경우와 구분된다는 점에 유의하여야 한다. 즉 이상의 해석론에 의할 경우 청산소득은 두 단계('청산소득 금액의 계산' 및 '이월결손금에 의한 그 청산소득 금액의 조정')에 걸쳐서 계산되어야 한다.

　청산소득 금액 계산 상 자기자본 총액에서 공제되는 이월결손금의 범위를 잉여금을 한도로

설정하는 이유는 무엇인가? 청산소득 금액을 잔여재산환가액에서 '자기자본 총액에서 이월결손금을 공제한 금액'을 공제한 금액만으로 계산한다는 입장에 따르면, 이를 '이월결손금 공제로 인하여 증가되는 청산소득 금액을 잉여금 한도로 제한한다'는 의미로 해석하여야 한다. 판례 역시 납입자본금에 대한 과세를 방지하기 위하여 잉여금을 초과하는 이월결손금은 없는 것으로 보아야 한다고 판시한다.[1041] 그러나 이월결손금을 공제하여 청산소득 금액을 증가시키는 것 자체의 규범적 정당성 또는 합리성을 찾기 어렵다면, 청산소득 금액의 증가액을 잉여금의 범위 내로 제한하는 규정 역시 작위적으로 볼 수밖에 없다. 그러나 **이월결손금을 청산소득 금액의 범위 내에서 잔여재산환가액에서 공제할 수 있다는 입장**을 취한다면, '청산소득 금액 계산 상 자기자본 총액에서 공제되는 이월결손금의 한도를 잉여금으로 설정하는 규정'을 **'상계하는 이월결손금의 금액은 자기자본 총액 중 이익잉여금에 상당하는 금액을 초과하지 못하며'로 해석하는 것이 타당하다.** 계속기업 가정이 유지될 경우에는 향후 이월하여 공제할 수 있는 결손금이 청산으로 인하여 공제될 수 없게 되므로 해당 이월결손금을 해산등기일 현재의 이익잉여금의 범위에서 소급하여 공제하도록 허용하는 것이 해당 법인 청산 거래의 경제적 실질에 부합하고, 자본잉여금과 이월결손금을 공제하는 것은 자본 또는 출자의 환급분을 청산소득 금액에 포함시키는 것으로서 청산소득 금액 계산의 본질에 어긋나기 때문이다. 청산소득 금액에서 '공제할 수 있는 법정 이월결손금'(법세령 §16 ①)이 각 사업연도 소득금액에서 공제할 수 있는 금액으로 한정된다는 점 역시 감안하여야 한다. 다만 이월결손금을 해산등기일 현재의 자기자본 총액에서만 공제할 수 있다는 입장을 취한다고 할지라도, 이익잉여금의 범위 내에서만 공제할 수 있다는 취지로 해석하는 것 역시 가능하다고 판단한다. 한편 법인세법은 상법 상 잔여재산의 분배를 전제로 하여 그 잔여재산가액을 확정하여 청산소득 금액을 계산하므로 부(-)의 청산소득 금액을 상정할 수 없다는 점 및 청산소득 금액 계산의 본질 상 해산등기일 현재 이익잉여금의 범위에서 공제할 수밖에 없다는 점 모두를 충족하기 위하여서는, **해산등기일 현재 자기자본 총액에서 공제하는 이월결손금은 자기자본 총액 중 이익잉여금의 범위 내로, 잔여재산환가액에서 공제되는 이월결손금은 청산소득 금액의 범위 내로 한정되는 것이 타당하다.** 따라서 해산등기일 현재 법인 순자산에 부합하는 자기자본 계산 상 공제되는 이월결손금의 범위와 청산소득 금액 계산 상 잔여재산확정가액에서 공제되는 이월결손금의 범위는 일치하지 않을 수 있다.

청산소득 금액을 계산할 때 해산등기일 전 2년 이내에 자본금 또는 출자금에 전입한 잉여금이

1041) 대법원 2011.5.13. 2008두14074

있는 경우에는 해당 금액을 자본금 또는 출자금에 전입하지 아니한 것으로 보는 이유는 무엇인가? 청산소득 금액을 계산할 때 해산등기일 전 2년 이내에 자본금 또는 출자금에 전입한 잉여금이 있는 경우에는 해당 금액을 자본금 또는 출자금에 전입하지 아니한 것으로 보는바(법세 §79 ⑤), **일반적인 해석에 따르면** 이 규정을 청산소득 금액을 감소시키려는 시도를 방지하기 위한 것으로 본다. 청산소득 금액을 잔여재산확정가액에서 '자기자본 총액에서 이월결손금을 공제한 금액'을 공제한 금액만으로 계산한다는 입장에 따르면, 다음과 같은 계산경로를 따르게 된다. 이월결손금을 잉여금을 한도로 공제할 수 있으므로 그 잉여금을 미리 줄인다면 공제되는 이월결손금이 감소한다. 그 결과로 자기자본 총액이 보다 크게 계산될 것이므로 청산소득 금액은 감소한다. 그러나 이를 막기 위하여 특별 규정이 필요하다는 입장에는 찬성할 수 없다. 법인세법이 작위적으로 이중과세하는 것을 회피하려는 시도 자체를 법인세법이 다시 부정적으로 평가하여 좌절시키는 것을 합당하다고 볼 수는 없기 때문이다. **이월결손금을 청산소득 금액의 범위 내에서 잔여재산환가액에서 공제할 수 있다는 입장에 따르면** 다음과 같이 해석하는 것이 타당하다. 잉여금을 자본금 또는 출자금에 전입하는 것은 주식배당 또는 무상주의 발행에 해당한다. 자본잉여금의 전입으로 인한 무상주의 발행은 배당소득 및 잔여재산가액 자체의 계산과 무관하다. 배당소득은 법인세를 납부한 세후 이익잉여금을 재원으로 한다. 이월결손금은 세전 소득금액과 공제하기 위한 것이다. 해산 직전에 이익잉여금을 자본에 전입하지 않았다면 해당 금액 역시 청산소득 금액 계산 상 이월결손금에서 공제할 수 있었다. 해산등기일 직전에 있었던 이익잉여금의 자본금 또는 출자금의 전입으로 인하여 청산소득 금액이 불리하게 계산되는 것을 법인세법이 방지할 필요가 있다. 그렇다면 위 규정을 **해산등기일 전 2년 이내에 자본금 또는 출자금에 전입한 이익잉여금이 있는 경우에는 해당 금액을 자본금 또는 출자금에 전입하지 아니한 것으로 보아 이익잉여금 잔액을 계산하고 그 금액을 한도로 이월결손금을 공제하는 것을 허용하는 취지로 해석하는 것이 타당하다.**

 '자기자본의 총액에서 이미 상계되었거나 상계된 것으로 보는 이월결손금'을 청산소득 금액의 계산 상 자기자본 총액에서 공제하지 않는 이유는 무엇인가? 상법 상 결손의 보전을 위한 자본금의 감소는 주주총회의 보통결의(상법 §368 ①)에 의한다(상법 §438 ②). 자본금의 결손은 결산기말 현재의 순자산액이 자본금과 법정준비금(이익준비금 및 자본준비금)의 합계에 미달하는 상태를 의미한다.[1042] 이익잉여금을 재원으로 하는 이익준비금(상법 §458) 및 자본잉여금을 재원으로 하는 자본준비금(상법 §459)은 자본금의 결손 보전에 충당하는 경우 외에는 처분하지

1042) 이철송, 전게서, 995면.

못한다(상법 §460). 따라서 이익준비금 및 자본준비금을 결손 보전을 위하여 충당할 수 있다. 이 경우 위와 같이 충당되는 범위에서 상법 상 결손금은 이미 감소하나, 법인세법 상으로는 사업연도 소득금액에서 공제되지 않았다면 소멸하였다고 볼 수 없다. **일반적인 해석에 따르면** 상법 상 이상과 같이 상계된 이월결손금은 법인세법 상으로는 여전히 존재하지만, 청산소득 금액이 과다계상되는 것을 방지하기 위하여 이를 자기자본 총액에서 공제하는 이월결손금에서 제외(법세령 §121 ③)하는 것으로 본다. 이상의 해석에 따르면 자본금의 결손을 위하여 충당되지 않은 이월결손금은 그 범위에서 제외되어야 한다. 그러나 자기자본 총액에서 이월결손금을 공제하여 청산소득 금액을 계산하는 것 자체에 문제가 있는 것이므로, 상법 상 소멸하였으나 법인세법 상 존재하는 이월결손금에 한하여 이러한 문제점을 해결하는 것을 합리적이라고 할 수는 없다. **이월결손금을 '청산소득 금액의 범위 내에서 잔여재산환가액에서 공제할 수 있다'는 입장에 따르면 다음과 같이 해석하는 것이 타당하다.** '이익준비금 또는 자본준비금'과 상계된 이월결손금은 자본 계정들 사이의 분개에 의한 것이므로, 해산등기일 당시 법인세법 상 '자본총액 또는 부채총액'에 영향을 미칠 수 없고, 그 결손금은 공제할 수 있는 법정 결손금(법세령 §16 ①)에 포함되지도 않는다. 또한 상법에 따라 이익준비금에 의하여 이월결손금이 보전된다는 사유로 인하여 법인세법 상 '이익잉여금'이 감소하는 것 역시 아니다. 법인세법 상 자기자본 총액에서 이월결손금을 상계할 수 있는 경우는 이월결손금 소급공제가 허용되는 경우뿐이다. 따라서 '자기자본의 총액에서 이미 상계되었거나 상계된 것으로 보는 이월결손금'을 중소기업의 결손금 소급공제 규정(법세 §72 ①)에 따라 공제받은 결손금과 같이 법인세법에 따라 이익잉여금과 상계된 이월결손금으로 보는 것이 타당하다. 이를 허용한다면 이중의 혜택을 부여하기 때문이다.

청산소득 금액 계산 상 공제되지 못한 이월결손금을 청산기간 중 각 사업연도 소득금액에서는 공제할 수 있는가? 청산기간 중 사업연도 소득금액을 계산할 때 과세표준(법세 §13)에 관한 규정을 준용하지 않는다는 점에 비추어 보면 청산소득 금액의 계산 상 공제되지 않은 이월결손금을 청산기간 중 각 사업연도 소득금액에서 공제하는 것을 허용할 근거가 없다고 볼 여지가 있다. 그러나 법인세법(법세 §79 ⑦)은 청산기간에 생기는 각 사업연도의 소득금액의 계산에 관하여 과세표준(법세 §13)에 관한 규정을 준용하지 않는 것일 뿐이라는 점 및 청산소득에 대한 법인세의 과세표준은 해산에 의한 청산소득 금액(법세 §79)과 동일하다는 규정(법세 §77)은 청산기간 중 각 사업연도 소득에 대한 과세표준 계산과는 무관하다는 점에 비추어 보면 청산소득 금액의 계산 상 공제되지 않은 이월결손금 역시 청산기간 중 각 사업연도 소득에 대한 과세표준의 계산에 있어서 공제될 수 있다고 보는 것이 타당하다. 이 경우에도 청산기간 중 최종 사업연도의 소득금액을 초과한 금액은 소멸되는 것으로 보아야 한다. 결손금 자체는 잔여재산에 포함되지 않아서 분배대상이 될 수 없기 때문이다. 청산기간 중 사업연도 소득금액에 상응하는 순자산증가분 자체는 이월결손금의 존재 여부와 무관하게 주주 등에 대한 분배대상이 된다. 그렇다면 주주 등에 대한 분배대상인 잔여재산에는 청산소득 금액 계산 상 잔여재산가액 및 청산기간 중 사업연도의 순자산 증가분 모두 포함되며 그와 관련된 결손금의 존재는 무시된다. 따라서 주주 등 의제배당의 계산을 위한 잔여재산가액과 청산소득 금액의 계산을 위한 잔여재산가액은 각 계산의 목적에 따라 다를 수 있다. 다만 무한책임을 부담하는 출자자의 경우에는 특별한 규정이 없는 한 해당 최종 사업연도 소득금액을 초과한 금액 역시 이월결손금으로서 출자자에게 승계되는 것이 타당하다.

청산기간 중 각 사업연도에서 발생한 결손금은 다음 사업연도에서 결손금으로 공제될 수 있는가? 법인세법(법세 §79 ⑦)은 청산기간에 생기는 각 사업연도의 소득금액을 계산에 관하여 과세표준(법세 §13)에 관한 규정을 준용하지 않는 것일 뿐이라는 점 및 청산소득에 대한 법인세의 과세표준은 해산에 의한 청산소득 금액(법세 §79)과 동일하다는 규정(법세 §77)은 청산기간 중 각 사업연도 소득에 대한 과세표준 계산과는 무관하다는 점에 비추어 보면, 청산기간 중 사업연도 사이의 이월결손금 공제는 내국법인의 각 사업연도 소득금액 계산에 관한 일반원칙에 따라 공제될 수 있다고 보아야 한다.

청산소득 금액에 대하여 과세함에도 청산기간 중 별도의 사업연도를 의제하여 각 사업연도 소득금액을 계산하는 이유는 무엇인가? 청산소득 금액의 계산 상 잔여재산가액 확정시점, 해산사유 발생일 또는 해산등기일은 동일하게 정하여질 수는 없다. 청산기간 중 법인의 사업활동이 지속되는 경우 여전히 소득이 발생할 수 있다. 청산기간 중 법인의 사업활동으로 인하여 발생하는 소득을 과세하지 않는다면 청산소득 금액의 산정 상 기준시점의 차이로 인하여 과세되지 않는 소득이 있을 수 있고, 청산기간 중 법인의 사업활동으로 인하여 발생하는 소득을 과세한다면 이중과세 등의 문제가 발생할 수도 있다. 그렇다면 청산소득 금액 외 청산기간 중 사업연도 소득금액에 대하여서도 과세하는 방법을 통하여 이중과세 또는 비과세가 발생하지 않도록 조정하는 것이 타당하다.

청산소득 금액의 계산 상 자기주식이 잔여재산가액에 포함되는가? 해산은 법인격의 소멸을 가져오는 조직법 상 법률사실이고, 상법 상 해산사유의 발생일로부터 회사는 해산하는바,[1043]

[1043] 이철송, 전게서, 179면.

법인이 해산한다면 자기주식의 가액은 영(0)으로 전환된다. 따라서 자기주식은 주주 등에 대한 분배대상인 잔여재산 자체에 포함되지 않는 것으로 보아야 한다. 따라서 소멸하는 자기주식을 자기자본 총액에서 차감할 필요도 없다. 이를 차감한다면 잔여재산에 포함되지 않고 소멸하는 자기주식에 대하여 법인세를 부과하는 결과에 이르기 때문이다.

청산소득 금액과 청산기간 중 각 사업연도 소득금액을 분리하여 과세하지 않은 방법은 없는가? 입법론으로서는 청산절차의 종료시점 또는 그 이전 추심, 환가처분 또는 분배시점 등 현재의 시가로 평가한 금액에 기반하여 산정된 소득금액에 대하여, 청산절차가 종료되는 시점까지 청산기간 중 사업연도 소득금액으로서 과세하는 것이 타당하다.

법인이 설립무효 또는 설립취소의 소에 의하여 무효 또는 취소의 판결을 받은 경우 그 판결 전 법인에 대하여 청산소득이 과세되어야 하는가? 법인이 설립무효 또는 설립취소의 소에 의하여 무효 또는 취소의 판결을 받은 경우에 그 무효 또는 취소의 판결에는 소급효가 없다. 즉 설립무효의 판결 또는 설립취소의 판결은 제3자에 대하여도 그 효력이 있다. 그러나 판결확정 전에 생긴 회사와 사원 및 제3자 간의 권리의무에 영향을 미치지 아니한다(상법 §190). 따라서 이 경우에는 법인 해산의 경우에 준하여 청산하여야 한다.[1044] 즉 법인이 무효 또는 취소의 판결을 받은 경우에도 판결확정 전에 발생한 소득 및 청산소득에 대하여 법인세 납세의무를 부담하여야 한다.

청산소득의 금액과 청산기간에 생기는 각 사업연도의 소득금액을 계산할 때에는 청산소득 금액 계산 관련 특별규정(법세 §79 ①~⑥)을 제외하고는 영리내국법인의 소득금액계산에 관한 규정(법세 §14~18, §18~18의2, §18의4, §19, §19의2, §20~31, §33~38, §40~42, §42의2, §43, §44, §44의2, §44의3, §45, §46, §46의2~46의5, §47, §47의2, §50, §51, §51의2, §53, §53의2, §53의3, §54; 조특 §104의31)을 준용한다(법세 §79 ⑦).

1044) 이철송, 전게서, 152면.

과세표준과 그 계산

청산소득 금액 및 청산기간 중 각 사업연도 소득금액의 계산

내국법인의 **청산소득에 대한 법인세의 과세표준**은 **청산소득 금액**(법세 §79)으로 한다(법세 §77). 즉 영리법인의 각 사업연도의 소득에 대한 과세표준은 각 사업연도의 소득금액(법세 §14)에서 이월결손금, 비과세소득 및 소득공제를 공제하여 계산하나(법세 §13), 내국법인의 청산소득 금액을 바로 그 과세표준으로 한다. 비영리내국법인 및 외국법인은 청산소득에 대하여 과세되지 않는다(법세 §4 ①, ④).

내국법인의 해산으로 인한 청산소득 금액은 다음과 같이 계산한다. 내국법인이 해산(합병이나 분할에 의한 해산은 제외)한 경우 그 해산에 의한 청산소득의 금액은 그 법인의 해산에 의한 **잔여재산의 가액에서 해산등기일 현재의 자기자본의 총액**('자본금 또는 출자금'과 '잉여금'의 합계액)**을 공제한 금액으로 한다**(법세 §79 ①). 해산으로 인하여 청산 중인 내국법인이 그 해산에 의한 잔여재산의 일부를 주주 등에게 분배한 후 상법(상법 §229, §285, §287의40, §519, §610)에 따라 **사업을 계속하는 경우**에는 그 **해산등기일부터 계속등기일까지의 사이에 분배한 잔여재산의 분배액의 총합계액에서 해산등기일 현재의 자기자본의 총액을 공제한 금액을 그 법인의 해산에 의한 청산소득의 금액으로 한다**(법세 §79 ②). **해산등기일 현재 잔여재산이 존재하는지 여부**는 법인의 장부에 계상되었는지 여부와 무관하게 경제적 실질의 관점에서 해당 법인에 귀속된 것인지 여부에 의하여 판정하여야 한다. **잔여재산가액에서 공제하는 자기자본 총액은 세무 상 자기자본 총액으로 계산되어야 한다.** 청산소득 금액은 각 사업연도 소득금액 중 해산 당시 과세되지 않은 금액을 포착하기 위하여 계산되는 것이므로, 해산등기일 현재 자기자본 총액은 이미 과세된 이익잉여금과 과세대상이 아닌 주주 등의 불입자본으로 구성되어야 하기 때문이다. 따라서 해산등기일 현재 세무상 유보잔액은 자기자본 총액에 반영되어야 한다. **잔여재산의 가액**은 자산총액에서 부채총액을 공제한 금액으로 한다(법세령 §121 ①). **자산총액**은 해산등기일 현재의 자산의 합계액으로 하되, 추심할 채권과 환가처분할 자산에 대하여는 다음 각 호에 의한다(법세령 §121 ②). '**추심 또는 환가처분한 날**' 또는 '**분배한 날**' 이전에 청산절차의 진행을 위하여 지출된 법인의 순자산 여기 자산총액에서 반영되어야 하고, 잔여재산가액이 최종적으로 확정된 날까지의 그 확정으로 인하여 발생한 변동분 역시 해산등기일 현재의 자산총액에 반영하여 계산한다'는 취지로 해석하여야 한다. 이 경우 **추심 또는 환가처분한 날**은 청산등기 유무와 무관하게 최종적으로 추심 또는 환가처분한 날로 보아야 한다. 청산등기 유무에 따라 제한할 규범적 근거 및 그 정당성이 없다. 추심 또는 환가처분의 방법에도 제한은 없다. 따라서 그 추심 또는 환가절차와 무관하게 결과적으로 주주 또는 출자자에게 분배할 수 있는 잔여재산으로 전환되었는지 여부가 중요할 뿐이다. **부채총액**의 범위와 관련하여 판례는 각 사업연도에 납부하였거나 납부할 법인세는 포함되지 않는다고 판시한다.[1045] 각 사업연도에 납부하였거나 납부할 법인세는 각 사업연도 소득금액 계산 시 손금불산입 항목(법세 §21 1호)이고 이는 청산소득 금액 및 청산기간 중 각 사업연도 소득금액의 계산에도 준용된다는 점(법세 §79 ⑦)을 근거로 한다. 다만 청산소득 금액의 계산 시 부채총액에서 각 사업연도의 미지급법인세를 제외한다면 청산소득 금액이 증가하는바, 그 미지급법인세를 청산기간 중 각 사업연도 소득금액에서도 다시 손금불산입한다면 이는 이중과세에 해당한다. 따라서 **'청산소득 금액'의 계산 시 부채총액에서 공제되는 미지급법인세는 해산등기일 현재의 미지급법인세로 한정되어야 한다. 해산등기일 이후 사업연도에 대하여 발생한 미지급법인세는 당해 '청산기간 중 사업연도 소득금액'을 계산할 때 손금불산입되어야 한다.**

---

1. 추심할 채권과 환가처분할 자산은 **추심 또는 환가처분한 날** 현재의 금액
2. 추심 또는 환가처분 전에 분배한 경우에는 그 **분배한 날** 현재의 시가에 의하여 평가한 금액. 이 경우 시가는 별도의 규정이 없으므로 법인세법 상 부당행위계산 부인규정 상 시가(법세 §52 ② : 법세령 §89)로 보는 것이 타당하다.

청산기간 중 **국세기본법에 따라 환급되는 법인세액**이 있는 경우 이에 상당하는 금액은 그 법인의 해산등기일 현재의 **자기자본의 총액에 가산**한다(법세 §79 ③). 국세기본법에 따라 환급되는 법인세액이 다시 청산소득으로서 과세되지 않도록 하기 위한 것이다. 법인이 **해산등기일 현재의 자산을 청산기간 중에 처분한 금액**(환가를 위한 재고자산의 처분액을 포함)은 이를 청산소득에 포함한다(법세칙 §61 본문). 그 처분방법에는 제한이 없다. 특정 자산의 교환가치가 실현된 것으로 볼 수 있으면 모두 해당 자산이 처분된 것으로 보아야 한다. 다만, **청산기간 중에 해산 전의 사업을 계속하여 영위하는 경우 당해 사업에서 발생한 사업수입**이나 임대수입,

---

1045) 대법원 2001.5.8. 98두9363

공·사채 및 예금의 이자수입 등은 그러하지 아니하다(법세칙 §61 단서). **해산등기일 이후 발생한 자산수증익**은 청산기간 중 사업연도 소득금액에 포함하는 것이 타당하다. 해산등기일 현재의 자산에 관한 '추심 또는 환가처분'에 관련된 것으로 볼 수는 없고 자산수증익은 각 사업연도 소득금액의 계산 상 포함되는 것이기 때문이다. 따라서 해산등기일 이후 발생한 자산수증익을 '해산 전의 사업에서 발생한 사업수입'에 포함하는 것이 타당하다. **폐업에 대한 보상금**은 특정 자산의 교환가치에 해당하지 않으므로 청산소득 금액에 포함되지 않고, 이 역시 '해산 전의 사업에서 발생한 사업수입'에 포함하는 것이 타당하다. **청산기간 중 해산 전의 사업을 계속 영위하는 경우 '당해 사업에서 발생한 사업수입이나 임대수입, 공·사채 및 예금의 이자수입 등'만을 제외하는 이유는 무엇인가?** 사업수입이 청산절차로 이행되었다는 사실만으로 바로 중단되는 것은 아니고, 청산기간 중 사업연도 역시 계속되므로 해당 사업수입은 청산기간 중 각 사업연도 소득금액에 포함되는 것이 타당하다. 한편 법인이 적극적 사업영위활동을 지속하는지 여부와 무관하게 특정 자산을 보유하는 등 소극적 사정만으로 해당 자산에서 법정과실이 분리되는 경우 역시 있다. **해산등기일 현재 자산에서 분리되는 이자 또는 배당 등 법정과실은 청산기간 중 소득금액에 포함하는 것이 타당하다.** 그 이유는 다음과 같다. 이러한 수입금액은 이미 해산등기일 현재의 해당 자산으로부터 분리되었다는 점, 해산등기일 이후 사업연도를 별도로 정하고 있다는 점, 법정과실은 통상 천연과실과 달리 별도의 환가가 필요없다는 점, 법인에게 지급하는 이자소득은 원천징수대상이 되는바(법세 §73, §73의2) 청산소득 금액의 계산 상 원천징수세액의 공제규정(법세 §64)이 적용되지 않아서 이자소득은 청산기간 중 사업연도 소득금액에 포함시키는 것이 타당하다는 점 및 수입배당금 익금불산입 규정(법세 §18의2, §18의3; §18의3은 2023년 1월 1일 이후 받는 수입배당금에 대하여서는 적용되지 않음)을 준용하므로(법세 §79 ⑥) 법정과실인 배당 역시 청산기간 중 사업소득 금액에 포함하는 것이 타당하다는 점을 각 감안하여야 하기 때문이다. 그렇다면 **'임대수입, 공·사채 및 예금의 이자수입 등'을 '해산등기일 현재 자산에서 분리되는 임대수입, 공·사채 및 예금의 이자수입 등과 같은 법정과실'로 해석하는 것이 타당하다.** 이에 수입배당금 역시 포함되어야 함을 물론이다.

청산소득 금액을 계산할 때 해산등기일 현재 그 내국법인에 **법정 이월결손금**(법세령 §121 ③)이 있는 경우에는 그 이월결손금은 그날 현재의 그 법인의 **자기자본의 총액에서 그에 상당하는 금액과 상계**하여야 한다(법세 §79 ④ 본문). 다만, 상계하는 이월결손금의 금액은 자기자본의 총액 중 잉여금의 금액을 초과하지 못하며, 초과하는 이월결손금이 있는 경우에는 그 이월결손금은 없는 것으로 본다(법세 §79 ④ 단서). 즉 이월결손금을 자본금 또는 출자금에서 공제할 수는 없다. 해산등기일 전 2년 이내에 자본금 또는 출자금에 전입한 잉여금이 있는 경우에는 해당 금액을 자본금 또는 출자금에 **전입하지 아니한 것으로** 본다(법세 §79 ⑤).

법정 이월결손금은 다음 중 어느 하나에 해당하는 것을 말한다(법세령 §16 ①, §121 ③ 본문). 다만 자기자본의 총액에서 이미 상계되었거나 상계된 것으로 보는 이월결손금을 제외한다(법세령 §121 ③ 단서).

---

1. 결손금(적격합병 및 적격분할로 승계받은 결손금(법세 §44의3 ②, §46의3 ②)은 제외)(법세 §14 ②)으로서 그 후의 각 사업연도의 과세표준을 계산할 때 이월결손금으로서 공제(법세 §13 ① 1호)되지 아니한 금액. **적격합병 및 적격분할로 승계받은 결손금**(법세 §44의3 ②, §46의3 ②)은 승계받은 법인의 사업에서 발생한 결손금이므로 해당 사업에서 발생한 소득금액의 범위에서 공제될 수 있다.
2. 신고된 각 사업연도의 과세표준(법세 §60)에 포함되지 아니하였으나 다음 중 어느 하나에 해당하는 결손금으로서 법인세법 상 결손금(법세 §14 ②)에 해당하는 것
    가. 채무자 회생 및 파산에 관한 법률에 따른 회생계획인가의 결정을 받은 법인의 결손금으로서 법원이 확인한 것
    나. 기업구조조정 촉진법에 의한 기업개선계획의 이행을 위한 약정이 체결된 법인으로서 금융채권자협의회가 의결한 결손금

내국법인의 해산에 의한 청산소득의 금액을 계산할 때 그 **청산기간에 생기는 각 사업연도의 소득금액이 있는 경우**에는 그 법인의 해당 각 사업연도의 소득금액에 산입한다(법세 §79 ⑥). 즉 청산기간 중 사업연도의 소득금액에 산입될 뿐, 청산소득 금액에는 산입되지 않는다.

'청산소득 금액' 및 '청산기간 중 각 사업연도 소득금액'을 계산하는 때 이상의 각 규정을 제외하고는 **내국영리법인의 각 사업연도 소득금액을 계산하기 위한 다음 규정들이 준용**된다(법세 §79 ⑥). 각 사업연도의 소득(법세 §14), 익금의 계산(법세 §15~§18의4), 손금의 계산(법세 §19~§28), 준비금 및 충당금의 손금산입(법세 §29~§38), 손익의 귀속시기 등(법세 §40~§43), 합병 및 분할 등에 대한 특례(법세 §44~§47의2, §50), 비과세 및 소득공제(법세 §51, §51의2), 소득금액 계산의 특례(법세 §52~§54) 및 프로젝트금융투자회사에 대한 소득공제(조특 §104의31)에 관한 규정들이 준용된다(법세 §79 ⑥).

지급배당금 소득공제에 관한 규정이 준용되므로(법세 §51의2 ; 조특 §104의31), **해산등기일 현재 자산총액 중 주주 등에게 분배된 금액은 청산소득 금액 및 청산기간 중 각 사업연도 소득금액 모두에서 제외되어야 한다.** 청산기간 중 각 사업연도 소득금액의 증가로 인한 부분에

대하여서는 배당가능이익에 기반하여 지급배당금 소득공제가 적용되어야 하나, 청산소득금액은 배당가능이익이 아닌 '잔여재산 및 자기자본 총액'에 기반하여 산정되므로 지급배당금 소득공제가 적용되는 법인의 **청산소득에 대하여서는 잔여재산이 자기자본 총액을 초과하는 금액을 기준으로 그 소득공제가 적용되어야** 한다. 즉 **청산소득에 대하여 지급배당금 소득공제를 적용하기 위하여서는 법정 배당가능이익을 목적론적 관점에서 재해석하여야** 한다. 입법론적으로 정비할 필요가 있다. '청산기간 중 각 사업연도 소득금액 및 청산소득금액' 중 '공제되지 않은 금액'은 다음 사업연도에 다시 과세되지 않지만 잔여재산 분배액에는 포함될 수는 있다. 이는 주주 단계 의제배당액 계산에 영향을 미친다. **법인 단계 소득공제액과 주주 단계 의제배당액이 반드시 동일할 필요는 없다.** 지급배당금 소득공제는 경제적 이중과세를 법인 단계에서 조정하기 위한 제도이므로, 법인세법이 특별하게 규정하지 않는 한, 그 주주 단계에서 배당소득금액을 어떻게 산정하는지 여부 및 비과세 여부 등이 소득공제액에 영향을 미칠 수 없다.[1046] 법인 단계의 요건에 따라 그 소득공제액을 계산하는 것으로 족하다.

부당행위계산 부인규정(법세 §52) **역시 준용**됨에 유의하여야 한다. 따라서 추심 또는 환가처분 등과 관련하여서도 부당행위계산 부인규정이 적용될 수 있다.

제2관   **법인의 조직변경으로 인한 청산소득에 대한 과세특례**

내국법인이 다음 각 호의 어느 하나에 해당하면 청산소득에 대한 법인세를 과세하지 아니한다(법세 §78 ①).

---

1. 상법의 규정에 따라 **조직변경**하는 경우
2. 특별법에 따라 설립된 법인이 그 특별법의 개정이나 폐지로 인하여 상법에 따른 회사로 **조직변경**하는 경우
3. 그 밖의 법률에 따른 내국법인의 **법정 조직변경**(법세령 §120의26). **법정 조직변경**은 다음과 같다(법세령 §120의26).

1046) 제2편 제1장 제1절 제2관 Ⅰ 3 참조.

1. 변호사법에 따라 법무법인이 법무법인(유한)으로 조직변경하는 경우
2. 관세사법에 따라 관세사법인이 관세법인으로 조직변경하는 경우
3. 변리사법에 따라 특허법인이 특허법인(유한)으로 조직변경하는 경우
4. 협동조합 기본법(협동조합 §60의2 ①)에 따라 법인 등이 협동조합으로 조직변경하는 경우
5. 지방공기업법(지방공기업 §80)에 따라 지방공사가 지방공단으로 조직변경하거나 지방공단이 지방공사로 조직변경하는 경우

제3절 세액의 계산

내국법인의 청산소득에 대한 법인세는 **청산소득 과세표준**(법세 §77)에 **내국법인 각 사업연도 과세표준에 대하여 적용되는 법정 세율**(법세 §55 ①)을 적용하여 계산한 금액을 그 세액으로 한다(법세 §83). 내국법인 각 사업연도 과세표준에 대하여 적용되는 법정 세율은 다음 표와 같다(법세 §55 ①).

과세 표준	세율
2억원 이하	과세표준의 100분의 9
2억원 초과 200억원 이하	1천8백만원 + (2억원을 초과하는 금액의 100분의 19)
200억원 초과 3천억원 이하	37억8천만원 + (200억원을 초과하는 금액의 100분의 21)
3천억원 초과	625억8천만원 + (3천억원을 초과하는 금액의 100분의 24)

제4절 신고 및 납부

청산소득에 대한 법인세 확정신고에 대하여 살핀다. 청산소득에 대한 법인세의 납부의무가 있는 내국법인은 **법정 절차**(법세령 §124 ①)에 따라 다음 각 호의 기한까지 청산소득에 대한 법인세의 과세표준과 세액을 납세지 관할 세무서장에게 신고하여야 한다(법세 §84 ①). 이 경우에는 청산소득의 금액(법세 §79)을 기재한 **청산소득에 대한 법인세과세표준 및 세액신고서**

(법세칙 §82)에 법정 서류(법세 §84 ② 각 호)를 첨부하여 납세지 관할 세무서장에게 제출하여야 한다(법세령 §124 ①). 청산소득의 금액이 없는 경우에도 동일하게 신고하여야 한다(법세령 §124 ③).

---

1. 내국법인이 해산하는 경우(법세 §79 ①) : **법정 잔여재산가액확정일**(법세령 §124 ③)이 속하는 달의 말일부터 3개월 이내. **법정 잔여재산가액확정일**은 다음 각 호의 날을 말한다(법세령 §124 ③).

> 1. 해산등기일 현재의 잔여재산의 추심 또는 환가처분을 완료한 날
> 2. 해산등기일 현재의 잔여재산을 그대로 분배하는 경우에는 그 분배를 완료한 날

2. 잔여재산의 일부를 주주 등에게 분배한 후 사업을 계속하는 경우(법세 §79 ②) : 계속등기일이 속하는 달의 말일부터 3개월 이내

청산소득에 대한 과세표준 및 세액을 신고할 때에는 그 신고서에 다음 각 호의 서류를 첨부하여야 한다(법세 §84 ②).

---

1. 잔여재산가액 확정일 또는 계속등기일 현재의 그 해산한 법인의 재무상태표. 재무상태표에는 대차대조표 역시 포함된 것으로 본다.
2. 그 밖의 법정 서류[해산(합병 또는 분할에 의한 해산을 제외)의 경우에는 해산한 법인의 본점 등의 소재지, 청산인의 성명 및 주소 또는 거소, 잔여재산가액의 확정일 및 분배예정일 기타 필요한 사항](법세령 §124 ② 1호)

청산소득에 대한 법인세 중간신고에 대하여 살핀다. 내국법인(유동화전문회사 등에 대한 소득공제 적용 법인(법세 §51의2 ① 각 호) 또는 프로젝트금융투자회사에 대한 소득공제 적용 법인(조특 §104의31 ①)은 제외)**이 다음 각 호의 어느 하나에 해당하면** 그 각 호에서 정한 날이 속하는 달의 말일부터 **1개월 이내에 법정 절차**(법세 §85 ② ; 법세령 §125 ①)에 따라 이를 납세지 관할 세무서장에게 신고하여야 한다(법세 §85 ① 본문). 다만, 국유재산법에 규정된 청산절차(국유재산 §80)에 따라 청산하는 법인의 경우에는 제2호는 적용하지 아니한다(법세 §85 ① 단서). 이 경우 **법정 중간신고 청산소득의 금액**(법세 §86 ③, ④)을 기재한 **청산소득에 대한 법인세과세표준 및 세액신고서**(법세칙 §82)에 **법정 서류**['해산등기일 및 그 분배한 날 또는 해산등기일부터 1년이 되는 날 현재의 재무상태표'와 '해산(합병 또는 분할에 의한 해산을 제외)의 경우에는

해산한 법인의 본점 등의 소재지, 청산인의 성명 및 주소 또는 거소, 잔여재산가액의 확정일 및 분배예정일 기타 필요한 사항(법세령 §124 ② 1호)'│를 **첨부하여** 납세지 관할 세무서장에게 제출하여야 한다(법세 §85 ② : 법세령 §125 ①).

---

1. 해산에 의한 잔여재산가액이 확정되기 전에 그 일부를 주주 등에게 분배한 경우 : 그 분배한 날
2. 해산등기일부터 1년이 되는 날까지 잔여재산가액이 확정되지 아니한 경우 : 그 1년이 되는 날

법정 중간신고 청산소득의 금액은 '해산에 의한 잔여재산가액이 확정되기 전에 그 일부를 주주 등에게 분배하여 그 분배일에 신고하여야 하는 내국법인'(법세 §85 ① 1호)의 경우에는 그 분배하는 잔여재산의 가액(전에 분배한 잔여재산의 가액이 있을 때에는 그 합계액)이 그 해산등기일 현재의 **자기자본의 총액을 초과하는 경우에는 그 초과하는 금액**(법세 §86 ③), '해산등기일부터 1년이 되는 날까지 잔여재산가액이 확정되지 않아 그 1년이 되는 날에 신고하여야 하는 내국법인'(법세 §85 ① 2호)의 경우에는 **해산등기일부터 1년이 되는 날 현재 법정 잔여재산 가액 예정액**(해산등기일부터 1년이 되는 날 현재의 자산을 시가에 의하여 평가한 금액의 합계액에서 부채총액을 공제한 금액)(법세령 §126 ②)**이 그 해산등기일 현재의 자기자본의 총액을 초과하는 경우에는 그 초과하는 금액**(법세 §86 ④)을 말한다.

청산소득에 대한 법인세의 납부에 대하여 살핀다.

확정신고한 법인의 납부에 대하여 살핀다. 해산에 의한 청산소득 금액을 계산하는 내국법인(법세 §79 ①, ②)으로서 **확정신고를 한 법인**은 그 해산으로 인한 청산소득의 금액에 법정 세율(법세 §83)을 적용하여 계산한 세액에서 중간 신고납부한 세액(법세 §86 ③, ④)의 합계액을 공제한 금액을 법인세로서 신고기한까지 신고와 함께 납세지 관할 세무서 등에 납부하여야 한다(법세 §86 ① : 법세령 §126 ①). 즉 신고와 함께 납세지 관할세무서에 납부하거나 국세징수법에 의한 납부서에 의하여 한국은행(그 대리점을 포함) 또는 체신관서에 납부하여야 한다(법세령 §126 ①, §101 ①).

중간신고한 법인의 납부에 대하여 살핀다. **해산에 의한 잔여재산가액이 확정되기 전에 그 일부를 주주 등에게 분배하여 그 분배일에 신고하여야 하는 내국법인**(법세 §85 ① 1호)의 경우 그 분배하는 잔여재산의 가액(전에 분배한 잔여재산의 가액이 있을 때에는 그 합계액)이

그 해산등기일 현재의 자기자본의 총액을 초과하는 경우에는 그 초과하는 금액에 법정 세율(법세 §83)을 적용하여 계산한 세액(전에 잔여재산의 일부를 분배함으로써 납부한 법인세액이 있는 경우에는 그 세액의 합계액을 공제한 금액)을 그 신고기한까지 신고와 함께 납세지 관할 세무서 등에 납부하여야 한다(법세 §86 ③ ; 법세령 §126 ①). 즉 신고와 함께 납세지 관할세무서에 납부하거나 국세징수법에 의한 납부서에 의하여 한국은행(그 대리점을 포함) 또는 체신관서에 납부하여야 한다(법세령 §126 ①, §101 ①). **해산등기일부터 1년이 되는 날까지 잔여재산가액이 확정되지 않아 그 1년이 되는 날에 신고하여야 하는 내국법인**(법세 §85 ① 2호)의 경우 해산등기일부터 1년이 되는 날 현재 **법정 잔여재산가액 예정액**(해산등기일부터 1년이 되는 날 현재의 자산을 시가에 의하여 평가한 금액의 합계액에서 부채총액을 공제한 금액)(법세령 §126 ②)이 그 해산등기일 현재의 자기자본의 총액을 초과하는 경우에는 그 초과하는 금액에 법정 세율(법세 §83)을 적용하여 계산한 세액을 그 신고기한까지 신고와 함께 납세지 관할 세무서 등에 납부하여야 한다(법세 §86 ④ ; 법세령 §126 ①). 즉 신고와 함께 납세지 관할세무서에 납부하거나 국세징수법에 의한 납부서에 의하여 한국은행(그 대리점을 포함) 또는 체신관서에 납부하여야 한다(법세령 §126 ①, §101 ①).

제5절 결정 · 경정 및 징수

제1관 결정 및 경정 등

납세지 관할 세무서장 또는 관할 지방국세청장은 내국법인이 **신고**(법세 §84, §85)**를 하지 아니한 경우**에는 그 법인의 청산소득에 대한 법인세의 과세표준과 세액을 **결정**한다(법세 §87 ①). 납세지 관할 세무서장 또는 관할 지방국세청장은 **신고**(법세 §84, §85)**를 한 내국법인이 그 신고한 내용에 오류 또는 누락이 있는 경우**에는 그 법인의 청산소득에 대한 법인세의 과세표준과 세액을 **경정**한다(법세 §87 ②). 납세지 관할 세무서장 또는 관할 지방국세청장은 **청산소득에 대한 법인세의 과세표준과 세액을 결정하거나 경정한 후 그 결정이나 경정에 오류 또는 탈루가 있는 것을 발견한 경우에는 즉시 이를 다시 경정**한다(법세 §87 ③).

납세지 관할 세무서장 또는 관할 지방국세청장이 결정 또는 경정한 경우에는 장부나 그 밖의 증명서류를 근거로 하여야 한다(법세 §87 ④, §66 ③ 본문). 다만, **법정 사유**(법세령 §104 ①)로 장부나 그 밖의 증명서류에 의하여 소득금액을 계산할 수 없는 경우에는 **법정 방법**(법세령 §104 ②, ③)에 따라 추계할 수 있다(법세 §87 ④, §66 ③ 단서).

법정 사유(법세령 §104 ①)는 다음 각 호의 어느 하나에 해당하는 경우를 말한다(법세령 §104 ①).

> 1. 소득금액을 계산할 때 필요한 장부 또는 증명서류가 없거나 중요한 부분이 미비 또는 허위인 경우
> 2. 기장의 내용이 시설규모, 종업원수, 원자재·상품·제품 또는 각종 요금의 시가 등에 비추어 허위임이 명백한 경우
> 3. 기장의 내용이 원자재사용량·전력사용량 기타 조업상황에 비추어 허위임이 명백한 경우

추계결정 또는 경정을 하는 경우에는 다음 각 호의 어느 하나의 방법에 따른다(법세령 §104 ②).

> 1. **사업수입금액에서 다음 각 목의 금액을 공제한 금액을 과세표준으로 하여 그 세액을 결정 또는 경정하는 방법**. 이 경우 공제할 금액이 사업수입금액을 초과하는 경우에는 그 초과금액은 없는 것으로 본다.
>   가. 매입비용(사업용 유형자산 및 무형자산의 매입비용을 제외)과 사업용 유형자산 및 무형자산에 대한 임차료로서 증명서류에 의하여 지출하였거나 지출할 금액
>   나. 대표자 및 임원 또는 직원의 급여와 임금 및 퇴직급여로서 증명서류에 의하여 지급하였거나 지급할 금액
>   다. 사업수입금액에 **기준경비율**(소세령 §145)을 곱하여 계산한 금액
> 2. **기준경비율이 결정되지 아니하였거나 천재지변 등으로 장부나 그 밖의 증명서류가 멸실된 때에는 기장이 가장 정확하다고 인정되는 동일업종의 다른 법인의 소득금액을 고려하여 그 과세표준을 결정 또는 경정하는 방법**. 다만, 동일 업종의 다른 법인이 없는 경우로서 과세표준신고 후에 장부나 그 밖의 증명서류가 멸실된 때에는 신고서(법세 §60) 및 그 첨부서류에 의하고 과세표준신고 전에 장부나 그 밖의 증명서류가 멸실된 때에는 직전 사업연도의 소득률에 의하여 과세표준을 결정 또는 경정한다.
> 3. **소기업**(조특 §7 ① 2호 가목)**이 폐업한 때**(조세탈루혐의가 있다고 인정되는 법정 사유(법세칙 §53)가 있는 경우는 제외)**에는 다음 각 목에 따라 계산한 금액 중 적은 금액을 과세표준으로 하여 결정 또는 경정하는 방법**
>   가. 수입금액에서 수입금액에 **단순경비율**(소세령 §145)을 곱한 금액을 뺀 금액
>   나. 수입금액에 직전 사업연도의 소득률을 곱하여 계산한 금액
>   다. 제1호의 방법에 따라 계산한 금액
>   **조세탈루혐의가 있다고 인정되는 법정 사유**는 다음과 같다(법세칙 §53).

1. 무자료거래, 위장·가공 거래 등 거래내용이 사실과 다른 혐의가 있는 경우
2. 구체적인 탈세 제보가 있는 경우
3. 거래상대방이 조세범 처벌법에 따른 범칙행위를 하여 조사를 받고, 조사과정에서 해당 법인과의 거래내용이 파악된 경우
4. 법인의 사업내용, 대표자의 재산상황 등을 고려할 때 명백한 탈루혐의가 있다고 인정되는 경우

추계결정 또는 경정을 하는 경우에는 **과세표준을 위 법정 방법**(법세령 §104 ②)**에 따라 계산한 금액에 다음 각 호의 금액을 더한 금액**으로 하여 그 세액을 결정 또는 경정한다(법세령 §104 ③).

1. **사업외수익**[법정 수익(법세령 §11) 중 사업수입금액(법세령 §11 1호)을 제외한 금액(비영리법 인의 경우에는 수익사업(법세 §4 ③)에서 생기는 수익으로 한정)]**의 금액에서 다음 각 목의 금액을 차감한 금액**
   가. 사업외수익에 직접 대응되고 증명서류나 객관적인 자료에 의하여 확인되는 원가상당액
   나. 사업외수익에 해당 사업연도 중에 지출한 손비 중 환입된 금액이 포함된 경우에는 그 금액
   다. 부동산을 임대하는 법인의 수입이자가 사업외수익에 포함된 경우에는 부동산임대에 의한 전세금 또는 임대보증금에 대한 수입이자 상당액
2. **특수관계인과의 거래에서 부당행위계산 부인규정**(법세령 §88, §89)**의 적용에 따라 익금에 산입하는 금액**
3. 대손충당금의 손금산입 규정(법세 §34) 또는 조세특례제한법에 따라 익금에 산입하여야 할 준비금 또는 충당금이 있는 법인의 경우 그 익금에 산입하여야 할 준비금 또는 충당금

납세지 관할 세무서장 또는 **관할 지방국세청장**은 내국법인의 청산소득에 대한 법인세의 과세표준과 세액을 결정하거나 경정한 경우(법세 §87)에는 이를 그 **법인이나 청산인에게 알려야** 한다(법세 §88 본문). 다만, 그 법인이나 청산인에게 알릴 수 없는 경우에는 **공시로써 이를 갈음**할 수 있다(법세 §88 단서).

제2관 징수

납세지 관할 세무서장은 내국법인이 납부(법세 §86)하여야 할 청산소득에 대한 법인세의 전부 또는 일부를 납부하지 아니하면 그 미납된 법인세액을 **국세징수법에 따라 징수하여야** 한다(법세 §89 ①). **납세지 관할 세무서장**은 납부(법세 §86)하였거나 징수(법세 §89 ①)한 법인세액이 납세지 관할 세무서장 또는 관할 지방국세청장이 결정하거나 경정한 법인세액(법세 §87)보다 적으면 그 부족한 금액에 상당하는 법인세를 징수하여야 한다(법세 §89 ②).

제3관 청산소득에 대한 가산금의 적용 제외

청산소득에 대한 법인세를 징수할 때에는 '**납부하지 아니한 세액 또는 과소납부분 세액**'에 대한 **납부지연가산세**(납부고지서에 따른 납부기한의 다음 날부터 부과되는 분에 한정)(국기 §47의4 ① 1호), '**납부고지서에 따른 납부기한까지 납부하지 아니한 세액 또는 과소납부분 세액**'에 대한 **납부지연가산세**(국기 §47의4 ① 3호) 및 '납부고지서에 따른 납부기한의 다음 날부터 납부일까지의 기간이 5년을 초과하는 경우에는 그 기간은 5년으로 제한하는 규정'(국기 §47의4 ⑦)을 적용하지 아니한다(법세 §90).

제6절 청산법인 주주 등에 대한 의제배당

해산한 법인의 주주 등(법인으로 보는 단체의 구성원을 포함)인 내국법인이 법인의 해산으로 인한 **잔여재산의 분배**로서 취득하는 금전과 그 밖의 재산가액이 그 주식 등을 취득하기 위하여 사용한 금액을 초과하는 금액을 의제배당 금액으로 본다(법세 §16 ① 4호). 상법 상 **조직변경**(상법 §242, §286, §287의43, §604, §607)은 회사의 해산원인(상법 §227, §285, §287의38, §517, §609)이 아니기 때문에 본 규정이 적용되지 않는다.

잔여재산의 분배로 인하여 주주 등이 취득하는 금전이 아닌 재산의 가액에 대하여서는 주주 등이 법인으로부터 주식 등 소각 또는 소멸의 대가로서 취득하는 재산의 평가에 대하여 살핀 바와 같다.[1047] 즉 취득재산이 **주식 등인 경우** 그 재산은 시가(법세 §52)에 의하여 평가하나, 이 경우 자본거래로 인하여 특수관계인으로부터 분여받은 이익(법세령 §88 ① 8호)이 있는 경우에는 그 금액을 차감한 금액으로 한다(법세령 §14 ① 1호 라목). 해당 이익에 대하여서는 법인세법상 소득처분(법세 §67 ; 법세령 §106)을 통하여 별도로 과세되기 때문이다. 취득재산이 **주식 등이 아닌 경우**에는 그 재산의 취득 당시의 시가로 평가한다(법세령 §14 ① 2호).

'주식 등을 취득하기 위하여 사용한 금액'은 해당 주식 등에 대한 '법인세법 상 취득가액'을 의미한다. '주식 등을 취득하기 위하여 사용한 금액'에 대한 구체적인 사항들은 '주주 등이 소각 또는 소멸되는 주식 등을 취득하기 위하여 사용한 금액'에 대하여 살핀 바와 같다.[1048]

의제배당의 확정시기에 대하여 살핀다. 해당 법인 잔여재산의 가액이 확정된 날을 의제배당의 확정시기로 본다(법세령 §13 2호). **잔여재산의 가액이 확정되기 이전에 잔여재산을 분배한 경우 그 확정시기는 언제인가?** 잔여재산의 확정은 그 시점이 객관적으로 특정되는 것이나 실제 잔여재산의 분배일은 청산인 등의 의사에 의하여 주관적으로 그 시점이 정하여지는 것이므로, 잔여재산의 가액이 확정되기 이전에 잔여재산이 분배되었다고 할지라도 그와 관련된 의제배당의 확정시기는 잔여재산의 가액이 확정된 날로 보아야 한다. 그렇지 않으면 의제배당에 관한 손익의 인식이 자의로 조정될 여지가 발생한다. 나아가 잔여재산이 그 가액의 확정 이전에 분배되었다고 할지라도 잔여재산 가액의 확정으로 인하여 정산되어야 한다는 점 및 청산인 등 위법행위로 인하여 그 확정 이전에 분배된 경우에는 법인 및 이해관계인이 반환청구권을 갖는다는 점 역시 고려하여야 한다.

1047) 같은 절 제2관 Ⅱ 16.2 참조.
1048) 같은 절 제2관 Ⅱ 16.2 참조.

제4장

비영리내국법인의 소득에 대한 법인세

제1절 **비영리법인의 범위**

 비영리내국법인의 범위

법인세법상 비영리법인으로 볼 수 있는 내국법인은 민법 제32조에 의하여 설립한 법인, 사립학교법에 의하여 설립된 학교법인, 특별법에 의하여 설립된 비영리법인, 법정 조합법인 등 및 법인으로 보는 단체로 구분된다(법세 §2 2호). 외국법인 중 외국의 정부·지방자치단체 및 영리를 목적으로 하지 아니하는 법인(법인으로 보는 단체를 포함)은 비영리외국법인에 해당한다(법세 §2 4호). 한편 조세특례제한법이 비영리법인으로 의제하는 경우 역시 있다. 즉 특정 정비사업조합은 비영리내국법인으로 의제된다(조특 §104의7 ②).

이하 각 순서대로 살핀다.

 법인세법 상 비영리법인

1. 민법 제32조에 의하여 설립한 법인

'민법 제32조에 따라 설립된 법인'은 비영리법인에 해당한다(법세 §2 2호 가목). 민법 상 학술, 종교, 자선, 기예, 사교 기타 영리 아닌 사업을 목적으로 하는 사단 또는 재단은 주무관청의 허가를 얻어 이를 법인으로 할 수 있다(민법 §32). 이를 통상 민법 상 비영리법인이라고 한다. 이에는 사단법인(민법 §40)과 재단법인(민법 §43)이 있다. 반면에 회사는 상행위나 그 밖의 영리를 목적으로 하여 설립한 법인을 말한다(상법 §169). 영리성 유무에 따라, 상법 상 영리법인인 회사와 민법 상 비영리법인인 사단법인 및 재단법인이 구분된다. 따라서 영리성 유무는 민법과 상법 모두 동일하게 해석되어야 하며, 법인세법 역시 원칙적으로 이를 달리 해석할 규범적 당위는 존재하지 않는다. '**영리성**'은 대외적으로 영리활동 또는 수익활동을 하는 것뿐만 아니라 그 활동을 통하여 얻은 이익을 사원들에게 분배하는 것을 목적으로 하는 것을 의미한다. 따라서 비영리법인 역시 대외적으로 수익활동을 할 수 있지만 그 활동으로 인한 이익을 구성원에게 분배하는 것을 목적으로 하지 않으므로 영리성을 충족하지 못한다.[1049] 이익의 분배에는 잔여재산의 분배 역시 포함되는 것으로 본다. 즉 해당 법인의 구성원에게 잔여재산 역시 분배할 수 없다고 보아야 한다. 그렇지 않으면 설사 배당을 하지 못한다고 할지라도 법인 해산 시에 잔여재산을 분배하는 방법으로 그 구성원들이 투자원리금을 회수할 수 있기 때문이다. 다만 법정 조합법인 등(법세령 §2 ①)은 주주 또는 출자자 등에 대하여 배당함에도 불구하고 법인세법이 이를 비영리법인으로 본다는 점에 유의하여야 한다.

민법 상 비영리법인이 해산하는 경우, 해산한 법인의 재산은 정관으로 지정한 자에게 귀속한다(민법 §80 ①). 정관으로 귀속권리자를 지정하지 아니하거나 이를 지정하는 방법을 정하지 아니한 때에는 이사 또는 청산인은 주무관청의 허가를 얻어 그 법인의 목적에 유사한 목적을 위하여 그 재산을 처분할 수 있으나 사단법인에 있어서는 총회의 결의가 있어야 한다(민법 §80 ②). 이상과 같이 처분되지 아니한 재산은 국고에 귀속한다(민법 §80 ③).

2. 사립학교법 또는 그 밖의 특별법에 의하여 설립된 법인

2.1. 사립학교법에 의하여 설립된 학교법인

'사립학교법에 따라 설립된 법인'은 비영리법인에 해당한다(법세 §2 2호 나목). 사립학교는 학교법인, 공공단체 외의 법인 또는 그 밖의 사인이 설치하는 유아교육법(유아교육 §2 2호), 초·중등교육법(초중등교육 §2) 및 고등교육법(고등교육 §2)에 따른 학교를 말한다(사립학교 §2 1호). 학교법인은 사립학교만을 설치·경영할 목적으로 이 법에 따라 설립되는 법인을 말한다(사립학교 §2 2호). 사립학교법에 따라 학교법인을 설립하려는 자는 일정한 재산을 출연하고, 정관을 작성하여 교육부장관의 허가를 받은 후(사립학교 §10), 설립등기를 마쳐야 한다(사립학교 §8). 국립학교나 공립학교는 국가 또는 지방자치단체에 속하므로 이에 해당하지 않는다.

사립학교법에 따른 학교법인이 정관에 해산에 따른 잔여재산의 귀속자에 관한 규정을 두려는 경우 그 귀속자는 학교법인이나 그 밖에 교육사업을 경영하는 자 중에서 선정되도록 하여야

1049) 이철송, 전게서, 45면.

한다(사립학교 §35 ①). 해산한 학교법인의 잔여재산은 합병 및 파산의 경우를 제외하고는 교육부장관에게 청산종결을 신고한 때에 정관으로 지정한 자에게 귀속된다(사립학교 §35 ②). 위 각 경우에도 불구하고 학교법인의 임원 또는 해당 학교법인이 설립한 사립학교를 경영하는 자 등이 사립학교법 또는 교육 관계 법령을 위반하여 해당 학교법인이 관할청으로부터 회수 등 재정적 보전을 필요로 하는 시정요구를 받았으나 이를 이행하지 아니하고 해산되는 경우 정관으로 지정한 자가 법정 사유(사립학교 §35 ③ 각 호)에 해당하는 경우에는 그 지정이 없는 것으로 본다(사립학교 §35 ③). 위 각 규정에 따라 처분되지 아니한 재산 중 대학교육기관을 설치·경영하는 학교법인의 재산은 한국사학진흥재단법(사학진흥 §17 ②)에 따른 사학진흥기금의 청산지원계정에 귀속되고, '사립의 초등학교·중학교·고등학교·고등기술학교·고등공민 학교·특수학교·유치원 및 이들에 준하는 각종학교'(사립학교 §4 ① 1호)를 설치·경영하는 학교법인의 재산은 해당 지방자치단체에 귀속된다(사립학교 §35 ④).

2.2. 특별법에 따라 설립된 법인

'특별법에 따라 설립된 법인으로서 민법 제32조에 규정된 목적과 유사한 목적을 가진 법인'은 비영리법인에 해당한다(법세 §2 2호 나목). 특별법에 따라 설립된 법인은 사립학교법 이외의 특별에 의하여 설립된 비영리법인을 의미한다. '민법 제32조에 규정된 목적'은 '학술, 종교, 자선, 기예, 사교 기타 영리 아닌 사업'을 의미한다. 따라서 특별법에 따라 설립된 법인의 경우에는 '학술, 종교, 자선, 기예, 사교 기타 영리 아닌 사업과 유사한 목적을 가진 것인지 여부'가 쟁점이 된다. '영리성 유무'를 통하여 상법 상 회사와 민법 상 비영리법인을 구분하는바, 특별법 상 비영리법인을 구분함에 있어서도 원칙적으로 동일한 '영리성 유무' 기준을 사용하는 것이 타당하다. 그렇지 않으면 동일한 실질을 가짐에도 불구하고 달리 규제되는 불합리가 발생할 수 있기 때문이다. 이상의 논의에 따르면 '사립학교법이 아닌 특별법에 의하여 설립된 비영리법인'은 학술, 종교, 자선, 기예, 사교 기타 영리 아닌 사업과 유사한 목적을 가져야 하고 그 구성원에게 수익활동에서 발생한 이익 및 잔여재산을 분배하지 못한다고 해석하여야 한다. 이러한 요건을 충족하는지 여부는 개별 특별법, 관계 법령 및 정관을 통하여 판정하여야 한다. 다만 특별법에 의하여 설립된 법정 법인(법세령 §2 ①)으로서 그 주주·사원 또는 출자자에게 이익을 배당하지만 여전히 비영리법인으로 의제되는 경우 역시 있다(법세 §2 2호 나목 괄호부분). 이에 대하여서는 항을 바꾸어 살핀다.

특별법에 따라 설립된 법인으로서 그 구성원이 국가 또는 지방자치단체에 한정된 경우

그 구성원에게 이익배당 또는 잔여재산분배를 하는 경우에도 이를 비영리법인으로 볼 수 있는가? 국가 또는 지방자치단체 역시 경제주체로서 투자활동 등 경제활동을 수행할 수 있다. 따라서 국가 또는 지방자치단체가 납세의무를 부담하지 않는다는 점 또는 비영리법인의 경우 궁극적으로 잔여재산이 국고에 귀속될 수 있다는 점 등에 근거하여 국가 또는 지방자치단체가 특별법에 근거하여 설립한 법인이라는 점에만 근거하여 해당 법인을 비영리법인으로 의제할 수는 없다. 게다가 이를 뒷받침하는 규범적 근거 역시 없으며 비영리법인 세제는 이익배당 또는 잔여재산분배를 고려하지 않고 설계되어 있다는 점 역시 감안하여야 한다. 다만 해당 법인의 이익잉여금의 사용 또는 처분 등이 관계 법령에 의하여 그 구성원인 국가 또는 지방자치단체에 의하여 지시, 관리 또는 감독된다는 점은 이 쟁점과 무관하다는 점에 유의하여야 한다.

2.3. 법정 조합법인 등

법정 조합법인 등의 경우에는 주주 또는 출자자 등에 대한 배당 여부에 불구하고 이를 비영리법인으로 보아 법인세법을 적용한다(법세 §2 2호 나목 괄호부분). **법정 조합법인 등**은 다음과 같다(법세령 §2 ①).

> - 농업협동조합법에 따라 설립된 조합(조합공동사업법인을 포함)과 그 중앙회
> - 소비자생활협동조합법에 따라 설립된 조합과 그 연합회 및 전국연합회
> - 수산업협동조합법에 따라 설립된 조합(어촌계 및 조합공동사업법인을 포함)과 그 중앙회
> - 산림조합법에 따라 설립된 산림조합(산림계를 포함)과 그 중앙회
> - 엽연초생산협동조합법에 따라 설립된 엽연초생산협동조합과 그 중앙회
> - 중소기업협동조합법에 따라 설립된 조합과 그 연합회 및 중앙회
> - 신용협동조합법에 따라 설립된 신용협동조합과 그 연합회 및 중앙회
> - 새마을금고법에 따라 설립된 새마을금고와 그 연합회
> - 염업조합법에 따라 설립된 대한염업조합

법정 조합법인 등을 주주 또는 출자자 등에 대한 배당 여부에 불구하고 비영리법인으로 보아 법인세법을 적용하는 것은 비영리법인 과세체계에 부합하지 않는다. 정치적 결단에 따른 것으로 본다. 따라서 **법정 조합법인 등에 대하여서는 비영리법인 과세체계가 수정되어야 한다.** 법정 조합법인 등 중 대한염업조합을 제외한 조합 등에 대하여서는 수익사업과 관련하여 해당 법인의 소득금액이 아닌 결산재무제표 상 당기순이익에 근거하여 과세표준을 계산하는

당기순이익과세를 적용하여 과세한다(조특 §72 ①). 이 경우에 대하여 비영리법인의 고유목적사업준비금의 손금산입 규정을 적용하는 것 역시 그 체계 상 부합되지 않는다. 따라서 **당기순이익과세를 하는 조합법인 등의 경우**(조특 §72 ①)에는 고유목적사업준비금의 손금산입 규정을 적용하지 않는다(조특령 §69 ①). 당기순이익 과세의 적용대상에서 대한염업조합을 배제한 것에 특별한 사정이 있는 것으로 보이지는 않는다.

당기순이익 과세가 적용되는 조합법인의 범위는 다음과 같다(조특 §72 ① 각 호).

---

1. 신용협동조합법에 따라 설립된 신용협동조합 및 새마을금고법에 따라 설립된 새마을금고
2. 농업협동조합법에 따라 설립된 조합 및 조합공동사업법인
3. (삭제)
4. 수산업협동조합법에 따라 설립된 조합(어촌계를 포함) 및 조합공동사업법인
5. 중소기업협동조합법에 따라 설립된 협동조합·사업협동조합 및 협동조합연합회
6. 산림조합법에 따라 설립된 산림조합(산림계를 포함) 및 조합공동사업법인
7. 엽연초생산협동조합법에 따라 설립된 엽연초생산협동조합
8. 소비자생활협동조합법에 따라 설립된 소비자생활협동조합

---

3. 법인으로 보는 단체

가. 법인으로 보는 단체의 의의

'법인으로 보는 단체'(법인으로 보는 법인이 아닌 사단·재단 기타 단체)(국기 §13 ④)는 법인세법 상 비영리법인에 해당한다(법세 §2 2호 다목). 법인으로서 등기되지 않았으나 법인으로서의 실질을 갖춘 단체를 비영리법인으로 의제하는 규정이다. 법인으로서의 실질을 갖추었으나 법인으로서의 법인격을 갖추지 못한 경우에는 권리·의무가 해당 단체에 귀속되기 어렵다. 이를 해결하기 위하여 부동산등기법은 종중, 문중 기타 대표자나 관리인이 있는 법인 아닌 사단이나 재단에 속하는 부동산의 등기에 관하여는 그 사단 또는 재단을 등기권리자 또는 등기의무자로 한다고 규정하여 부동산등기에 관한 한 법인으로 보는 단체도 권리의무의 주체가 될 수 있도록 규정하고 있다(부동산등기 §26). 또한 민사소송법 역시 민사소송에 관한 소송능력을 인정하는 규정을 두고 있다(민소 §52). 법인세법이 이와 동일한 맥락 하에서 법인으로 보는 단체에 대하여 납세의무 주체로서의 지위를 인정한 것이다. **법인으로 보는 단체를 비영리법인으로 취급하는 이유는 무엇인가?** 회사는 상행위나 그 밖의 영리를 목적으로 하여 설립한 법인을

말한다(상법 §169). 회사는 본점소재지에서 설립등기를 함으로써 성립한다(상법 §172). 영리법인에 대하여서는 법인세법이 적용되고, 상행위나 그 밖의 영리를 목적으로 하면서도 법인으로 설립되지 않는 단체에 대하여서는 공동사업장 과세(소세 §43) 또는 동업기업과세특례(조특 §100의14~§100의26)가 적용된다. 그러나 영리를 목적으로 하지 않은 단체에 대하여서는 공동사업장 과세 또는 동업기업과세특례가 적용될 수는 없다. 해당 단체의 구성원들에게 수익을 배분하지 않는다면, 해당 단체를 소득세법 상 거주자 또는 비거주자로 볼 수밖에 없다. 소득세법 상 거주자 또는 비거주자로 취급하는 경우와 비영리법인으로 취급하는 경우에 대하여 적용되는 과세체계는 상이하다. 비영리법인에 대하여서는 비영리 목적에 따른 활동에 보다 정합성을 갖는 과세체계가 적용된다. 따라서 영리를 목적으로 하지 않는 단체에 대하여서는, 해당 단체가 법인으로서의 실질을 갖추었다면, 이를 비영리법인에 해당하는 법인으로 취급될 수 있는 여지를 부여하는 것이 타당하다.

나. 법인으로 보는 단체의 범위

(1) 당연히 법인으로 보는 단체

법인이 아닌 사단·재단 기타 단체 가운데 다음 중 어느 하나에 해당하는 경우로서 수익을 구성원에게 분배하지 아니하는 단체는 비영리법인으로 보아 법인세법을 적용받으며, 여타의 단체는 소득세법의 적용을 받게 된다(국기 §13 ①).

> 1. 주무관청의 허가 또는 인가를 받아 설립되거나 법령에 따라 주무관청에 등록한 사단, 재단, 그 밖의 단체로서 등기되지 아니한 것. 부동산등기용 등록번호를 부여받은 것만으로 주무관청에 등록한 것으로 볼 수 없다.[1050] 관계 법령에 따라 등록하였는지 여부에 의하여 등록 여부를 판정하여야 한다. 법인격 없는 사단이면서 동시에 법인격 없는 재단일 수는 없다.[1051]
> 2. 공익을 목적으로 출연된 기본재산이 있는 재단으로서 등기되지 아니한 것. 한국자산관리공사에 설치된 부실채권정리기금이 이에 해당한다.[1052]

법인 아닌 단체로서 위 각 요건을 갖추었으나 수익을 구성원에게 분배하는 단체는 국내에 주사무소 또는 사업의 실질적 관리장소를 둔 경우에는 1거주자로, 그 밖의 경우에는 1비거주자로

1050) 대법원 2010.12.23. 2008두19864
1051) 대법원 1999.9.7. 97누17261
1052) 대법원 2016.11.24. 2016두43268

보아 소득세법을 적용한다(소세 §2 ③ 본문). 다만, 다음 각 호의 어느 하나에 해당하는 경우에는 소득구분에 따라 해당 단체의 각 구성원 별로 소득세법 또는 법인세법에 따라 소득에 대한 소득세 또는 법인세[해당 구성원이 법인세법에 따른 법인(법인으로 보는 단체를 포함)인 경우로 한정]를 납부할 의무를 진다(소세 §2 ③ 단서).

> 1. 구성원 간 이익의 분배비율이 정하여져 있고 해당 구성원별로 이익의 분배비율이 확인되는 경우
> 2. 구성원 간 이익의 분배비율이 정하여져 있지 아니하나 사실상 구성원별로 이익이 분배되는 것으로 확인되는 경우

해당 단체의 전체 구성원 중 일부 구성원의 분배비율만 확인되거나 일부 구성원에게만 이익이 분배되는 것으로 확인되는 경우에는 다음 각 호의 구분에 따라 소득세 또는 법인세를 납부할 의무를 진다(소세 §2 ④).

> 1. 확인되는 부분 : 해당 구성원별로 소득세 또는 법인세에 대한 납세의무 부담
> 2. 확인되지 아니하는 부분 : 해당 단체를 1거주자 또는 1비거주자로 보아 소득세에 대한 납세의무 부담

법인으로 보는 단체 외의 법인 아닌 단체에 해당하는 국외투자기구(투자권유를 하여 모은 금전 등을 가지고 재산적 가치가 있는 투자대상자산을 취득, 처분하거나 그 밖의 방법으로 운용하고 그 결과를 투자자에게 배분하여 귀속시키는 투자행위를 하는 기구로서 국외에서 설립된 기구)를 국내원천소득의 실질귀속자(소세 §119의2 ① 2호)로 보는 경우 그 국외투자기구는 1비거주자로서 소득세를 납부할 의무를 진다(소세 §2 ⑤).

(2) 신청·승인에 의하여 법인으로 보는 단체

법인으로 보는 사단·재단 기타 단체 이외의 법인 아닌 단체(이하 '법인으로 보는 임의단체') 중 다음 요건을 모두 갖춘 것으로서 관할 세무서장에게 법정 절차(국기령 §8)에 따라 신청하여 승인을 얻은 단체에 대하여 이를 법인으로 보며, 승인을 얻은 날이 속하는 과세기간과 그 후 3년간은 거주자 또는 비거주자로 볼 수 없도록 규정하고 있다(국기 §13 ②). 즉 법인으로 보는 임의단체의 요건에 해당될 경우에는 선택에 의하여 개인으로 납세의무를 이행하거나

관할 세무서장의 승인을 받아 법인으로 납세의무를 이행할 수 있다.

> 1. 사단, 재단, 그 밖의 단체의 조직과 운영에 관한 규정을 가지고 대표자나 관리인을 선임하고 있을 것
> 2. 사단, 재단, 그 밖의 단체 자신의 계산과 명의로 수익과 재산을 독립적으로 소유·관리할 것
> 3. 사단, 재단, 그 밖의 단체의 수익을 구성원에게 분배하지 아니할 것

법인으로 보는 단체와 관련하여서는 조합과 같은 '법인 아닌 기타 단체'에 유의하여야 한다. 사람을 구성원으로 하는 단체는 사단과 조합의 두 유형이 있는데 조합은 사단과 달리 단체로서의 단일성보다는 구성원의 개성이 강하게 표면에 나타나고 있으며 민법은 조합을 법인으로 하지 않고 구성원 사이의 일종의 계약관계로 규정하고 있다. 따라서 조합은 법인세법의 적용을 받는 단체가 아니고 소득세법의 적용대상이 된다. 다만, 노동조합, 협동조합 등과 같은 단체들은 명칭만 조합이지 실제로는 특례법에 의하여 설립하는 사단으로서의 실체를 가진다.

4. 전환 국립대학 법인에 대한 특례

세법에서 규정하는 납세의무에도 불구하고 **전환 국립대학 법인**(국립대학 법인(고등교육 §3) 중 국립학교 또는 공립학교로 운영(고등교육 §3, §18, §19)되다가 법인별 설립근거가 되는 법률에 따라 국립대학 법인으로 전환된 법인)에 대한 국세의 납세의무(국세를 징수하여 납부할 의무는 제외)를 적용할 때에는 전환 국립대학 법인을 별도의 법인으로 보지 아니하고 국립대학 법인으로 전환되기 전의 국립학교 또는 공립학교로 본다(국기 §13 ⑧ 본문). 다만, 전환 국립대학 법인이 해당 법인의 설립근거가 되는 법률에 따른 교육·연구 활동에 지장이 없는 범위 외의 수익사업을 하는 경우의 납세의무에 대해서는 그러하지 아니하다(국기 §13 ⑧ 단서).

5. 비영리외국법인

비영리외국법인은 외국법인 중 외국의 정부·지방자치단체 및 영리를 목적으로 하지 아니하는 법인(법인으로 보는 단체를 포함)을 말한다(법세 §2 4호). 즉 외국법인 중 외국의 정부·지방자치단체는 영리활동을 하는지 여부와 무관하게 비영리법인으로 취급하고, 그 밖의 외국법인은 영리를 목적으로 하지 아니하는 법인(법인으로 보는 단체를 포함)에 해당하는지 여부에 따라

비영리법인으로 구분한다. 영리성 유무는 내국법인의 경우와 동일하게 판정하여야 한다.

Ⅲ 조세특례제한법 상 비영리법인

법정 정비사업조합(조특 §104의7 ② 각 호)에 대해서는 법인세법(법세 §2)에도 불구하고 **비영리내국법인**으로 보아 법인세법(고유목적사업준비금의 손금산입(법세 §29)은 제외)을 적용한다(조특 §104의7 ② 전단). 이 경우 전환정비사업조합은 신고(조특 §104의7 ① 단서)한 경우만 해당한다(조특 §104의7 ② 후단). **법정 정비사업조합**은 다음과 같다(조특 §104의7 ② 각 호).

> 1. 도시 및 주거환경정비법(도시정비 §35)에 따라 설립된 조합(전환정비사업조합을 포함)
> 2. 빈집 및 소규모주택 정비에 관한 특례법(빈집정비 §23)에 따라 설립된 조합

2003년 6월 30일 이전에 **주택건설촉진법**(법률 제6852호로 개정되기 전의 것) 제44조 제1항에 따라 조합설립의 인가를 받은 재건축조합으로서 도시 및 주거환경정비법(도시정비 §38)에 따라 법인으로 등기한 **전환정비사업조합**에 대해서는 법인세법(법세 §3)에도 불구하고 전환정비사업조합 및 그 조합원을 각각 공동사업장 및 공동사업자로 보아 소득세법(법세 §43 ③, §87 ①)을 적용한다(조특 §104의7 ① 본문). 다만, 전환정비사업조합이 해당 사업연도의 소득에 대한 과세표준과 세액을 납세지 관할 세무서장에게 신고(법세 §60)하는 경우 해당 사업연도 이후부터는 그러하지 아니하다(조특 §104의7 ① 단서).

제2절 │ 비영리법인의 과세소득

비영리내국법인의 과세소득은 '각 사업연도의 소득' 및 '토지 등 양도소득에 대한 과세특례(법세 §55의2)에 따른 토지 등 양도소득'으로 한정된다. 즉 비영리내국법인의 청산소득은 과세소득이 아니다. 비영리법인이 해산하는 경우 그 잔여재산은 정관으로 지정한 자에게 귀속시켜야 하며, 정관에 지정한 자가 없거나 그 지정 방법을 정하지 아니한 때에는 당해 법인과 유사한 목적을 가진 비영리법인에게 인도하거나 국가에 귀속시켜야 한다(민법 §80). 따라서 비영리법인의 청산소득에 대하여 법인세를 과세되면 해당 비영리법인의 기본재산이 감소하여 이를 승계한

비영리법인의 당초 목적사업에 따른 활동이 저해될 우려가 있고 국가에 귀속되는 경우에는 그 과세 실익이 없는 것이므로 비영리법인의 청산소득에 대하여는 법인세를 과세하지 않는다. 한편 비영리내국법인이 해산한 경우 그 수익사업과 관련하여서는 해산등기일 다음 날부터 그 사업연도 종료일까지의 기간이 하나의 사업연도로 의제되고(법세 §8 ①) 청산 중 내국법인의 경우에도 해당 기간이 사업연도에 포함되므로(법세 §8 ④) 위 각 사업연도의 소득은 청산소득에 포함되지 않고 별도의 각 사업연도 소득으로서 과세된다는 점에 유의하여야 한다.

'토지 등 양도소득에 대한 과세특례'(법세 §55의2)에 따른 토지 등 양도소득'은 영리내국법인 관련 해당 부분에서 살핀다.

비영리법인에 대한 출연과 과세

비영리법인에 대한 출연자가 법인인 경우 해당 출연재산이 기부금에 해당된다면 해당 금원은 특례기부금, 일반기부금 또는 통상의 비지정기부금으로 구분된다. 이에 대하여서는 기부금의 손금불산입(법세 §24) 부분에서 살핀다. **출연자가 개인인 경우** '사업자'에 대하여서는 출연재산이 기부금으로 취급되나(소세 §34), '사업소득만 있는 거주자가 아닌 거주자'에 대하여서는 법인의 경우와 달리 특별세액공제로서 기부금 세액공제(소세 §59의4 ④)가 인정된다. 출연재산이 기부금에 해당한다는 점과 유상양도라는 점은 양립할 수 없다. 다만 **비영리법인이 출연자의 채무 등을 부담한다면** 해당 금액의 범위 내에서는 양도로 취급될 수 있다(소세 §88 1호 단서).

비영리법인이 출연을 받은 경우 해당 출연재산에 대한 **자산수증익**은 그 수익사업에 해당하지 않는다(법세 §4 ③). 해당 자산수증익에 대하여 비영리법인은 수증자인 거주자로서는 증여세 과세대상이 되는 모든 증여재산에 대하여 증여세 납세의무를 부담하고, 비거주자로서는 증여세 과세대상이 되는 국내에 있는 모든 증여재산에 대하여 **증여세 납세의무**를 부담한다(상증세 §4의2). 한편 상속인 또는 수유자는 상속세 납세의무를 부담하는바 영리법인만이 수유자에서 제외될 뿐이다(상증세 §3의2 ①). 따라서 비영리법인이 '유증', '사인증여' 또는 '유언대용신탁 및 수익자연속신탁'에 의하여 재산 또는 신탁의 수익권을 취득한 경우(상증세 §2 5호) 그에 대하여 **상속세 납세의무**를 부담한다.

종교·자선·학술 관련 사업 등 공익성을 갖는 사업을 하는 공익법인 등(상증세령 §12)에게 **출연한 재산의 가액**으로서 법정 신고기한(법령상 또는 행정상의 사유로 공익법인 등의 설립이

지연되는 등 법정 부득이한 사유(상증세령 §13 ①)가 있는 경우에는 그 사유가 없어진 날이 속하는 달의 말일부터 6개월까지를 말함)(상증세 §67)까지 출연한 재산의 가액은 상속세 과세가액에 산입하지 아니한다(상증세 §16 ①). 다만 내국법인의 의결권 있는 주식 또는 출자지분을 법정 비율(상증세 §16 ② 각 호)을 초과하여 출연하는 경우에는 그 초과액을 상속세 과세가액에 산입한다(상증세 §16 ②).

공익법인 등에 해당하는 비영리법인이 기부받은 자산의 취득가액에 대하여 살핀다. '특수관계인 외의 자'로부터 기부받은 일반기부금(법세 §24 ③ 1호)에 해당하는 자산(기부금에 해당하는 금전 외의 자산(법세 §36 ① 2호)만 해당)은 기부한 자의 **기부 당시 장부가액**[사업소득과 관련이 없는 자산(개인인 경우만 해당)의 경우에는 취득 당시의 취득가액(소세령 §89)을 말한다]을 취득가액으로 계상한다(법세령 §72 ② 5호의3 본문). 다만, 상속세 및 증여세법에 따라 증여세 과세가액에 산입되지 않은 출연재산이 그 후에 과세요인이 발생하여 그 과세가액에 산입되지 않은 출연재산에 대하여 증여세의 전액이 부과되는 경우에는 **기부 당시의 시가**로 한다(법세령 §72 ② 5호의3 단서). **그 밖의 경우 비영리법인이 기부받은 자산**은 그 기부 당시의 시가를 취득가액으로 계상한다(법세령 §72 ② 7호).

기부금의 가액, 증여재산 가액 및 비영리법인 단계의 취득가액은 특별한 규정이 없는 한 동일하게 평가되어야 한다. 따라서 자산의 시가에 대하여 증여세를 부담한다면 기부금의 가액 및 해당 자산의 취득가액 역시 동일하게 평가되는 것이 타당하다. 기부금이 해당 자산의 시가로 평가되는 경우(특수관계인에게 기부하는 경우, 비지정기부금에 해당하는 경우 및 사업자인 거주자로부터 기부받는 경우 등)(법세령 §36 ① 3호)에는 기부자는 양도차익을 인식하고 기부받은 비영리법인은 그 시가 상당액에 대하여 증여세를 납부한 후 해당 자산의 취득가액을 시가로 계상하여야 한다.

특례기부금(법세 §24 ② 1호)을 받는 자가 해당 기부금으로 운영하는 사업을 하는 자는 공익법인에 해당한다(상증세령 §12 8호). 기부자 단계에서 특례기부금(법세 §24 ② 1호)을 장부가액으로 평가하고(법세령 §36 ① 1호), 해당 자산은 증여세 과세가액에 포함되지 않는다. 다만 향후 과세요인이 발생하면 증여세가 부과될 수 있다. 특례기부금이 증여세 과세가액에 포함되지 않음에도 불구하고 공익법인에 해당하는 비영리법인이 이를 시가로 계상하는 것(법세령 §72 ② 7호)은 조세혜택에 해당한다. 기부자 단계에서 양도차익을 인식하지 않으면서도 비영리법인 단계에서 증여세가 부과되지 않음에도 불구하고 해당 자산의 취득가액을 시가로 계상할 수 있기 때문이다. 이 경우에는 향후 과세요인이 발생하여 증여세가 부과된다고 하더라도 이미 해당 자산을 시가로 계상하였으므로, 별도의 규정이 필요없다.

공익법인이 일반기부금을 받는 경우(상증세령 §12)에도 해당 자산은 증여세 과세가액에서 제외될 수 있다(상증세 §16 ①). 법인이 기부금을 금전 외의 자산으로 '특수관계인이 아닌 자'에게 제공한 일반기부금(법세 §24 ③ 1호)의 경우에는 해당 기부금을 기부했을 때의 장부가액으로 평가하고(법세령 §36 ① 2호), 이에 대하여 증여세가 부과되지 않는다. 따라서 이 경우에는 해당 자산의 장부가액 등으로 그 취득가액을 계상하는 것이 타당하다. 즉 기부자의 장부가액을 비영리법인이 승계한 것으로 본다. 따라서 향후 해당 자산에 대하여 증여세의 전액이 부과된다면 기부 당시 시가로 계상하여야 한다. 만약 증여세가 부분적으로 부과된다면 해당 부분에 상응하는 부분이 취득가액에 더하여져야 할 것으로 본다.

사업자가 기부금(소세 §34)**을 금전 외의 자산으로 제공한 경우** 해당 자산의 가액은 이를 제공한 때의 시가(시가가 장부가액보다 낮은 경우에는 장부가액을 말함)에 따른다(소세령 §81 ③ 본문). 다만, 박물관 및 미술관 진흥법(박물관 §3)에 따른 국립 박물관 및 국립 미술관에 제공하는 기부금에 대해서는 기증유물의 감정평가를 위하여 문화체육관광부에 두는 위원회에서 산정한 금액으로 할 수 있다(소세령 §81 ③ 단서). 이 경우에는 해당 산정금액을 시가로 보아야 한다. 따라서 사업자가 기부금을 금전 외의 자산으로 제공한 경우 비영리법인은 해당 자산의 취득가액을 시가로 계상하여야 한다(법세령 §72 ② 7호). 즉 법인세법은 비영리법인 단계에서 증여세가 부과되는지 여부와 무관하게 기부자인 사업자 단계에서 기부자산을 시가로 평가하고 비영리법인은 그 자산의 취득가액을 시가로 계상하는 체계를 취하고 있다.

개인이 사업소득과 관련 없는 자산을 금전 외의 자산으로서 기부한 경우에는 기부금의 손금불산입 여부가 쟁점이 되지 않고 특별세액공제로서 기부금 세액공제(소세 §59의4 ④)가 쟁점이 된다. 기부 당시 장부가액과 시가 사이의 차액에 대한 과세가 이루어지지 않는다. 기부는 해당 자산의 양도가 아니기 때문이다. 따라서 비영리법인은 해당 자산의 취득가액을 기부자인 개인의 취득 당시의 취득가액(소세령 §89)으로 계상할 필요가 있다. 이는 **일반기부금**(구 '지정기부금')으로서 증여세 과세가액에 포함되지 않는 경우로 한정되어야 한다. 따라서 기부 이후 발생한 과세요인으로 인하여 일반기부금에 대하여 비영리법인 단계에서 증여세의 전액이 부과되는 경우에는 **기부 당시의 시가**로 해당 자산의 취득가액을 계상하여야 한다(법세령 §72 ② 5호의3 단서). 만약 증여세가 부분적으로 부과된다면 해당 부분에 상응하는 부분이 취득가액에 더하여져야 할 것으로 본다. 개인의 사업소득과 관련 없는 기부자산이 **특례기부금**(구 '법정기부금')에 해당한다면 비영리법인 단계에서 증여세가 과세되지 않음에도 불구하고 법인이 기부자인 경우와 동일하게 비영리법인은 해당 자산을 시가로 계상하여야 한다(법세령 §72 ② 7호). 이 경우에는 향후 과세요인이 발생하여 증여세가 부과된다고 하더라도 이미 해당 자산을 시가로 계상하였으므로, 별도의 규정이 필요없다.

제4절 비영리법인의 각 사업연도 소득금액에 대한 특례

I 개요

법인세법은 영리내국법인 및 비영리내국법인의 각 사업연도 소득에 대한 법인세를 '내국법인의 각 사업연도의 소득에 대한 법인세'라는 장[1053]에서 함께 다룬다. 다만 영리내국법인을 중심으로 규정하고 비영리내국법인에 대하여서는 특례를 두는 방식을 취한다. 따라서 각 사업연도 소득금액의 계산과 관련하여 비영리내국법인에 대한 특례가 적용되지 않는 경우에 대하여서는 영리내국법인에 대한 규정들이 적용된다.

비영리내국법인의 각 사업연도 소득금액의 계산과 관련하여서는 수익사업에 발생하는 소득에 한하여 각 사업연도 소득금액에 해당한다는 **'수익사업 관련 특례'** 및 비영리내국법인이 고유목적사업 등에 지출하기 위하여 고유목적사업준비금을 손비로 계상한 경우에는 그 계상한 고유목적사업준비금을 해당 사업연도의 소득금액을 계산할 때 손금에 산입할 수 있다는 **'고유목적사업준비금의 손금산입 특례'**가 적용된다. 또한 수익사업의 경리 및 기장에 관한 **'구분경리 및 장부기장 특례'** 역시 규정되어 있다.

이하 각 순서대로 살핀다.

II 비영리내국법인의 수익사업 관련 특례

1. 비영리법인의 수익사업과 각 사업연도 소득

비영리내국법인의 각 사업연도의 소득은 **수익사업**(법세 §4 ③ 각 호)**에서 생기는 소득**으로 한정된다(법세 §4 ③). 다만 **조합법인**(법세 §2 2호 나목)의 경우에는 이익을 배당받을 수 있음에도

1053) 법인세법 제2장.

불구하고 비영리법인으로 분류되는바, 그 조합법인의 각 사업연도 소득의 계산 역시 별도의 특례에 의하여 계산한다. 이를 **당기순이익과세**라고 한다. 신용협동조합 및 농업협동조합 등 특정 조합법인(조특 §72 ① 각 호)의 각 사업연도의 소득에 대한 법인세는 2020년 12월 31일 이전에 끝나는 사업연도까지 법인세법 규정(법세 §13, §55)에도 불구하고 해당 법인의 결산재무제표 상 당기순이익[법인세 등을 공제하지 아니한 당기순이익을 말함]에 기부금(해당 법인의 수익사업과 관련된 것만 해당)의 손금불산입액(법세 §24)과 기업업무추진비(해당 법인의 수익사업과 관련된 것만 해당)의 손금불산입액(법세 §25) 등 손금의 계산에 관한 법정 규정(법세령 §69)을 적용하여 계산한 금액을 합한 금액에 100분의 9[해당 금액이 20억원(2016년 12월 31일 이전에 조합법인 사이 합병하는 경우로서 합병에 따라 설립되거나 합병 후 존속하는 조합법인의 합병등기일이 속하는 사업연도와 그 다음 사업연도에 대하여는 40억원을 말함)을 초과하는 경우 그 초과분에 대하여서는 100분의 12]의 세율을 적용하여 과세한다(조특 §72 ① 본문). 다만, 해당 법인이 법정 절차(법세령 §69)에 따라 당기순이익과세를 포기한 경우에는 그 이후의 사업연도에 대하여 당기순이익과세를 하지 아니한다(조특 §72 ① 단서).

당기순이익과세를 하는 조합법인 등의 경우(조특 §72 ①)**에는 고유목적사업준비금의 손금산입 규정을 적용하지 않는다**(조특령 §69 ①). 당기순이익 과세의 경우 비영리법인의 고유목적사업준비금의 손금산입 규정을 적용하는 것은 그 체계 상 부합되지 않기 때문이다.

당기순이익 과세가 적용되는 조합법인의 범위는 다음과 같다(조특 §72 ① 각 호). 당기순이익 과세의 적용대상에서 대한염업조합을 배제한 것에 특별한 사정이 있는 것으로 보이지는 않는다.

> 1. 신용협동조합법에 따라 설립된 신용협동조합 및 새마을금고법에 따라 설립된 새마을금고
> 2. 농업협동조합법에 따라 설립된 조합 및 조합공동사업법인
> 3. (삭제)
> 4. 수산업협동조합법에 따라 설립된 조합(어촌계를 포함) 및 조합공동사업법인
> 5. 중소기업협동조합법에 따라 설립된 협동조합·사업협동조합 및 협동조합연합회
> 6. 산림조합법에 따라 설립된 산림조합(산림계를 포함) 및 조합공동사업법인
> 7. 엽연초생산협동조합법에 따라 설립된 엽연초생산협동조합
> 8. 소비자생활협동조합법에 따라 설립된 소비자생활협동조합

수익사업에서 생기는 소득은 무엇을 의미하는가? 수익사업에서 생기는 소득은 다음 각 사업에서 생기는 소득을 의미한다(법세 §4 ③).

> 1. 제조업, 건설업, 도매 및 소매업 등 통계청장이 작성·고시하는 한국표준산업분류(통계 §22)에 따른 사업으로서 법정(법세령 §3 ①)의 사업
> 2. 이자소득(소세 §16 ①)
> 3. 배당소득(소세 §17 ①)
> 4. 주식·신주인수권 또는 출자지분의 양도로 인한 수입
> 5. 유형자산 및 무형자산의 처분으로 인한 수입. 다만, 고유목적사업에 직접 사용하는 자산의 처분으로 인한 법정의(법세령 §3 ②) 수입은 제외한다. 이 경우 법정의 수입은 다음과 같다.
>
> > 해당 유형자산 및 무형자산의 **처분일**(지방으로 이전하는 공공기관(지방분권 §25)의 경우에는 **공공기관 이전일**) 현재 3년 이상 계속하여 법령 또는 정관에 규정된 고유목적사업(수익사업(법세령 §3 ①)은 제외)에 직접 사용한 유형자산 및 무형자산의 처분으로 인하여 생기는 수입을 말한다. 이 경우 해당 자산의 유지·관리 등을 위한 관람료·입장료 수입 등 **부수수익**이 있는 경우에도 이를 고유목적사업에 직접 사용한 자산으로 보며, 비영리법인이 수익사업에 속하는 자산을 고유목적사업에 전입한 후 처분하는 경우에는 **전입 시 시가로 평가한 가액**을 그 자산의 취득가액으로 하여 처분으로 인하여 생기는 수입을 계산한다. 다만 고유목적사업에 **총 10년 이상 직접 사용한 유·무형자산의 경우**에는 자산의 보유기간 대비 고유목적사업 사용기간에 비례하여 계산된 처분수입 [(양도가액 − 고유목적사업 최초 전입시 시가) × (직접 사용기간 ÷ 보유기간)]은 과세에서 제외한다.
>
> 6. 법정 자산(소세 §94 ① 2호, 4호)의 양도로 인한 수입
> 7. 그 밖에 대가를 얻는 계속적 행위로 인한 수입에 해당하는 법정 채권매매익(법세령 §3 ③)

　　외국법인의 경우에는 각 국내원천소득 및 토지 등 양도소득(법세 §95의2)에 대하여 법인세가 과세되는바(법세 §4 ④), 비영리외국법인의 각 사업연도의 국내원천소득 역시 수익사업에서 생기는 소득으로 한정한다(법세 §4 ⑤).

　　수익사업, 비수익사업 및 고유목적사업은 어떻게 구별되는 것인가? 법인세법이 수익사업을 '사업의 객관적 분류'에 따라 정의하고 있으므로, 고유목적사업에 지출하기 위하여 영위하는 사업이라고 할지라도 사업소득 등에 해당한다면 수익사업이 된다. 즉 해당 사업의 동기·지출목적 등은 수익사업의 정의와 무관하다. 즉 수익사업에 해당하는지의 여부를 가림에 있어 그 사업에서 얻는 수익이 당해 법인의 고유목적을 달성하기 위한 것인지의 여부 등 목적사업과의

관련성을 고려할 것은 아니다.[1054] 한편 비영리법인이 수익을 얻었다고 하더라도 이를 수익사업에 해당하지 않은 활동을 통하여 가득한 것이라면 이는 과세대상이 아니다. 즉 수익사업에 대한 반대개념에 해당하는 **비수익사업을 통하여 가득한 소득은 영리내국법인의 비과세소득에 대응하는 것으로 보아야** 한다. 법인세법은 수익사업과 비수익사업의 구분을 명확히 하기 위하여, 수익사업을 한정적으로 열거하여 규정한다. **고유목적사업은** 수익을 가득하기 위한 사업이 아니라 **비영리법인이 가득한 수익을 지출하기 위한 활동**을 의미하므로 해당 수익이 수익사업으로 인하여 가득한 것인지 아니면 비수익사업으로 인하여 가득한 것인지 여부를 묻지 않는다. 즉 **수익사업 및 비수익사업은 '비영리법인이 수익을 가득하기 위하여 수행한 활동'을** 기준으로 구분한 것이고, 고유목적사업 및 비고유목적사업은 '비영리법인이 기왕에 가득한 수익을 지출하기 위한 활동'을 기준으로 구분한 것이다.

비영리법인에 대하여서도 부당행위계산의 부인이 적용되는가? 부당행위계산 부인의 적용대상인 조세가 법인세이므로, 법인세 납세의무를 부담하는 범위에서 부당행위계산 부인의 적용대상이 된다. 다만 법인이 납세의무를 부담하는지 여부는 포괄적인 납세의무를 부담하는지 여부에 의하여 결정되어야 하는 것이지, 실제 법인세를 납부하는지 여부에 의하여 결정되어야 하는 것은 아니다. 포괄적인 납세의무를 부담하는지 여부는 '해당 행위 또는 소득금액의 계산'이 법인세법 상 과세소득(법세 §4)의 범주에 속하는지 여부에 의하여 결정하여야 한다. 따라서 비영리법인의 경우에는 수익사업에 한하여 부당행위계산의 부인이 적용될 수 있다. 판례의 입장 역시 같다. 부당행위계산 부인이나 업무무관 가지급금의 손금불산입 관련 규정은 비영리법인의 경우 법인세의 납세의무가 있는 수익사업에 관한 거래에 대하여만 적용되고, 비영리법인이 고유목적사업에 사용하기 위하여 수익사업에 속하는 차입금을 특수관계자에게 무상으로 대여한 경우에는 그것을 수익사업에 관한 거래로 보기 어려우므로 이에 대하여는 부당행위계산 부인이나 업무무관 가지급금의 손금불산입 관련 규정을 적용할 수 없다.[1055] 그렇다면 **비수익사업에서 얻은 소득이 사외유출된 경우는 어떻게 처리하여야 하는가?** 형법 상 배임 또는 횡령 등이 문제될 수 있으며, 거래상대방에게 해당 소득이 귀속되었다면 '증여세(개인의 경우)' 또는 '자산수증익에 대한 법인세(법인의 경우)'가 부과될 수 있다. 다만 이 경우에는 소득처분(배당, 상여 또는 기타소득)을 전제로 하는 법인 단계의 원천징수가 쟁점이 될 수는 없다.

1054) 대법원 1996.6.14. 95누14435
1055) 대법원 2013.11.28. 2013두12645

2. 비영리법인의 수익사업에 대한 개별적 검토

2.1. 사업소득

사업소득은 제조업, 건설업, 도매 및 소매업 등 **통계청장이 작성·고시하는 한국표준산업분류**(통계 §22)에 **따른 사업**으로서 **법정 사업을 제외**한 사업을 말한다(법세 §4 ③ 1호). '**사업소득에서 제외되는 법정 사업**'은 다음과 같다(법세령 §3 ①).

---

1. 축산업(축산관련 서비스업을 포함)·조경관리 및 유지 서비스업 외의 농업
2. 연구개발업(계약 등에 의하여 그 대가를 받고 연구 및 개발용역을 제공하는 사업을 제외)
2의2. 비영리내국법인이 외국에서 영위하는 선급검사용역에 대하여 당해 외국이 법인세를 부과하지 아니하는 경우로서 당해 외국에 본점 또는 주사무소가 있는 비영리외국법인(국내에 사업의 실질적 관리장소가 소재하지 아니하는 경우에 한정)이 국내에서 영위하는 선급검사용역
3. 다음 각 목의 어느 하나에 해당하는 교육시설에서 해당 법률에 따른 교육과정에 따라 제공하는 교육서비스업
   가. 유아교육법에 따른 유치원
   나. 초·중등교육법 및 고등교육법에 따른 학교
   다. 경제자유구역 및 제주국제자유도시의 외국교육기관 설립·운영에 관한 특별법에 따라 설립된 외국교육기관(정관 등에 따라 잉여금을 국외 본교로 송금할 수 있거나 실제로 송금하는 경우는 제외)
   라. 제주특별자치도 설치 및 국제자유도시 조성을 위한 특별법에 따라 설립된 비영리법인이 운영하는 국제학교
   마. 전공대학 형태의 평생교육시설(평생교육 §31 ④) 및 같은 법 제33조 제3항에 따른 원격대학 형태의 평생교육시설(평생교육 §33 ③)
4. 보건업 및 사회복지 서비스업 중 다음 각 목의 어느 하나에 해당하는 사회복지시설에서 제공하는 사회복지사업
   가. 사회복지시설(사회복지 §34) 중 사회복지관, 부랑인·노숙인 시설 및 결핵·한센인 시설
   나. 중앙자활센터(기초생활 §15의2 ①) 및 지역자활센터(기초생활 §16 ①)
   다. 아동복지시설(아동복지 §52 ①)
   라. 노인복지시설(노인전문병원은 제외)(노인복지 §31)
   마. 장기요양기관(노인요양 §2 4호)
   바. 장애인복지시설(장애복지 §58 ①) 및 장애인복지단체(장애복지 §63 ①)가 운영하는 중증장애인생산품 생산시설(장애우선구매 §2 ②)
   사. 한부모가족복지시설(한부모 §19 ①)
   아. 어린이집(영유아보육 §10)
   자. 성매매피해자 등을 위한 지원시설(성매매방지 §9 ①) 및 성매매피해상담소(성매매방지 §17 ①)

차. 정신요양시설(정신건강 §3 6호) 및 정신재활시설(정신건강 §3 7호)

카. 성폭력피해상담소(성폭력방지 §10 ②) 및 성폭력피해자보호시설(성폭력방지 §12 ②)

타. 입양기관(입양특례 §20 ①)

파. 가정폭력 관련 상담소(가정폭력 §5 ②) 및 보호시설(가정폭력 §7 ②)

하. 다문화가족지원센터(다문화가족 §12 ①)

거. 건강가정지원센터(건강가정 §35 ①)

5. 연금 및 공제업 중 다음 각 목의 어느 하나에 해당하는 사업

　가. 국민연금법에 의한 국민연금사업

　나. 특별법에 의하거나 정부로부터 인가 또는 허가를 받아 설립된 단체가 영위하는 사업(기금조성 및 급여사업에 한정)

　다. 근로자퇴직급여보장법에 따른 중소기업퇴직연금기금을 운용하는 사업

6. 사회보장보험업 중 국민건강보험법에 의한 건강보험사업과 산업재해보상보험법에 의한 산업재해보상보험사업

7. 주무관청에 등록된 종교단체(그 소속단체를 포함)가 공급하는 용역 중 부가가치세가 면제되는 용역(부가세 §26 ① 18호)을 공급하는 사업

8. 금융 및 보험 관련 서비스업 중 다음 각 목의 어느 하나에 해당하는 사업

　가. 예금자보호법에 의한 예금보험기금 및 예금보험기금채권상환기금을 통한 예금보험 및 이와 관련된 자금지원·채무정리 등 예금보험제도를 운영하는 사업

　나. 농업협동조합의 구조개선에 관한 법률 및 수산업협동조합법에 의한 상호금융예금자보호기금을 통한 예금보험 및 자금지원 등 예금보험제도를 운영하는 사업

　다. 새마을금고법에 의한 예금자보호준비금을 통한 예금보험 및 자금지원 등 예금보험제도를 운영하는 사업

　라. 금융회사부실자산 등의 효율적 처리 및 한국자산관리공사의 설립에 관한 법률에 따른 구조조정기금을 통한 부실자산 등의 인수 및 정리와 관련한 사업

　마. 신용협동조합법에 의한 신용협동조합예금자보호기금을 통한 예금보험 및 자금지원 등 예금보험제도를 운영하는 사업

　바. 산림조합법에 의한 상호금융예금자보호기금을 통한 예금보험 및 자금지원 등 예금보험제도를 운영하는 사업

9. 혈액관리법에 따라 보건복지부장관으로부터 혈액원 개설 허가를 받은 자가 행하는 혈액사업

10. 한국주택금융공사법에 따른 주택담보노후연금보증계정을 통하여 주택담보노후연금보증제도를 운영하는 사업(보증사업과 주택담보노후연금을 지급하는 사업에 한정

11. 수급권자·차상위계층 등 법정의 자(법세칙 §2의2 ①)에게 창업비 등의 용도로 대출하는 사업(기초생활 §2)으로서 법정 요건(법세칙 §2의2 ②)을 갖춘 사업

12. 비영리법인(사립학교의 신축·증축, 시설확충, 그 밖에 교육환경 개선을 목적으로 설립된 법인에 한정이 외국인학교의 운영자에게 학교시설을 제공하는 사업

13. 대한체육회에 가맹한 경기단체(국민체육 §33) 및 태권도 진흥 및 태권도공원조성에 관한 법률에 따른 국기원의 승단·승급·승품 심사사업

14. 수도권매립지관리공사의 설립 및 운영 등에 관한 법률에 따른 수도권매립지관리공사가 행하는 폐기물처리와 관련한 사업
15. 한국장학재단 설립 등에 관한 법률에 따른 한국장학재단이 학자금대출계정을 통하여 운영하는 학자금 대출사업(한국재단 §24의2)
16. 제1호, 제2호, 제2호의 2, 제3호부터 제15호까지의 규정과 비슷한 사업으로서 법정 사업

사업에는 그 사업 활동이 각 사업연도의 전 기간 동안 계속하는 사업 외에 상당 기간 동안 계속하거나 정기적 또는 부정기적으로 수차례에 걸쳐 하는 사업을 포함한다(법세칙 §2). **비영리법인의 사업 자체에 대한 정의규정은 없으나 그 사업 역시 내국영리법인의 사업과 동일한 것으로 해석하여야 한다.** 즉 '법인의 사업'은 '익금 또는 손금의 발생 및 변동의 결과'인 순이익을 계속하여 창출하기 위한 활동으로서, '법인의 의사결정기관' 또는 '법인의 의사결정을 구체적으로 집행할 수 있는 지위에 있거나 그 지위에 있다고 법률상 평가되는 자'에 의하여 수행되거나, 법률 상 법인에 귀속되는 행위로 인하여 야기된 '경제적 자원의 통제 및 이전' 또는 '그와 관련하여 수행되는 업무'로 정의할 수 있다.[1056] 따라서 사업으로서의 적격을 갖추기 위하여서는 '익금 또는 손금의 발생 및 변동을 위한 활동' 및 '법인의 의사결정에 의한 경제적 자원의 통제 및 이전 등 활동'이라는 요건을 충족하여야 한다. 판례에 따르면 비영리법인의 사업이 수익사업에 해당하려면 적어도 그 사업 자체가 수익성을 가진 것이거나 수익을 목적으로 영위한 것이어야 하는바,[1057] 그 사업이 수익성을 갖추었는지 여부는 해당 사업이 영리내국법인의 사업에 관한 정의를 충족하는지 여부에 의하여 판정하여야 한다. 단순히 수익사업에 해당하기 위하여서는 수익성을 갖추어야 한다는 해석은 동어반복에 불과하고, 수익사업의 수익은 비수익사업에 대응하기 위한 개념에 불과하기 때문이다. 사회복지법인이 소유한 수영장의 이용대상이 장애인 이외에 일반인을 포함하여 아무런 제한이 없으며 운영시간 또한 일반 영리목적의 수영장과 조금도 다름이 없을 뿐만 아니라, 일반인 이용자(92.6%)를 포함한 대부분의 이용자들(99.2%)이 이용료를 부담하고 있는 데다가 그 이용요금 또한 인근 수영장의 50~68%에 달하는 것이라면 그 수영장의 운영은 수익성이 있거나 수익을 목적으로 하는 것으로서 수익사업에 해당한다.[1058] 따라서 **사업으로서의 요건을 충족하지 못한다면 법정 사업**(법세령 §3 ①)**에 해당하지 않더라도 해당 활동은 수익사업의 범위에서 제외된다.** 이에 관한 **판례의 입장에**

1056) 같은 장 제2절 제1관 Ⅲ 5 참조
1057) 대법원 1996.6.14. 95누14435
1058) 대법원 1997.2.28. 96누14845

대하여 살핀다. 저작권의 신탁관리를 목적으로 당국의 허가를 받아 설립된 비영리사단법인으로서 소속 회원인 음악저작권자들로부터 저작권의 신탁관리를 의뢰받아 저작물의 이용자들에게 이를 사용하게 한 후 그들로부터 사용료를 수령하여 관리수수료와 원천소득세를 공제한 나머지 금액을 저작권자들에게 건네주는 절차를 통하여 음악저작권 신탁관리 업무를 수행하여 왔고, 위 법인의 관리업무는 주무부서의 지도와 감독하에 이루어지고 수수료의 비율 또한 저작권법이 정하는 절차를 거쳐 관계 장관의 승인으로 결정되며 위 법인의 정관 및 저작권신탁계약 약관의 관련 조항에 의하면 위와 같이 징수한 관리수수료를 필요경비로 사용한 후 발생하는 잔액 즉, 수지차액금은 이를 전액 회원들에게 안분하여 적정한 방법으로 이를 추가로 분배하도록 하는 이른바 실비정산방식의 회계처리를 채택하여 운영하여 왔다면, 비영리사단법인인 위 협회가 영위한 신탁관리업무가 한국표준산업분류표 상의 대리·중개 또는 알선업 등의 서비스업에 해당한다고 하더라도 그 사업 자체가 수익성을 가진 것이라고 볼 수 없다.[1059] 비영리 내국법인인 중소기업진흥공단이 운용·관리하는 중소기업구조고도화자금의 대출금리가 조달금리보다 낮기 때문에 발생하는 이차손실을 보전하기 위하여 정부로부터 받은 이차보전출연금은 '수익사업에서 생긴 소득'에 해당하지 않는다.[1060]

수익사업 중 '사업소득 이외의 소득'을 '사업소득'에 귀속시킬 수 있는가? 이 쟁점은 수익사업으로서 열거된 '사업소득 이외의 소득'이 사업으로서의 성격을 갖는 경우 해당 소득을 사업소득에 귀속시킬 수 있는지 여부와 관계된다. 현실적으로 비영리법인이 '사업소득 이외의 소득'으로 열거된 소득 자체를 사업활동의 정도에 이를 정도의 활동을 통하여 가득하기는 어렵고, 관계 법령 상 비영리법인의 정의 또는 요건과 상충될 여지 역시 있다. 다만 **'사업소득 이외의 소득'이 사업으로서의 성격을 갖는 경우 해당 사업이 '사업소득에서 배제되는 법정 사업'에 해당하지 않고 '한국표준산업분류에 해당하는 사업'에 해당한다면 이 역시 사업소득으로 보아야 한다.** 한편 '사업소득 이외의 소득'을 사업소득을 얻기 위한 활동의 일환으로서 가득하게 된다면, 이 역시 사업소득에 귀속되는 것으로 보는 것이 타당하다. 예를 들어 사업소득의 운용자금을 일시적으로 예치하여 이자소득을 수령하였다면 그 소득은 사업소득에 귀속시키는 것이 타당하다. 그렇다면 '사업소득에서 배제되는 법정 사업'에 해당하지 않고 '한국표준산업분류에 해당하는 사업'의 일환으로서 수행된 활동을 통하여 부수적으로 소득이 발생하는 경우 그 소득이 설사 '사업소득 이외의 소득'에 해당한다고 할지라도 이를 사업소득에 귀속시키는 것이 타당하다.

1059) 대법원 1996.6.14. 95누14435
1060) 대법원 2005.9.9. 2003두12455

그러나 '사업소득에서 배제되는 법정 사업으로부터 발생한 소득' 또는 '비수익사업으로부터 발생한 소득'은 영리내국법인의 비과세소득에 대응하는 것이므로, 이를 사업소득에 귀속시킬 수는 없다고 본다.

2.2. 이자소득

수익사업에 해당하는 이자소득의 범위(소세 §16 ①)는 다음과 같다(법세 §4 ③ 2호). 즉 소득세법 상 이자소득을 수익사업에 해당하는 이자소득으로 본다(소세 §16 ①).

1. 국가나 지방자치단체가 발행한 채권 또는 증권의 이자와 할인액
2. 내국법인이 발행한 채권 또는 증권의 이자와 할인액
2의2. 국내 또는 국외에서 받는 법정 파생결합사채로부터의 이익[유가증권이나 통화 또는 그 밖에 대통령령으로 정하는 자산이나 지표 등의 변동과 연계하여 미리 정하여진 방법에 따라 상환 또는 지급금액이 결정되는 사채(상법 §469 ① 3호)로서 증권(발행과 동시에 투자자가 지급한 금전 등에 대한 이자, 그 밖의 과실에 대하여만 해당 기초자산의 가격·이자율·지표·단위 또는 이를 기초로 하는 지수 등의 변동과 연계된 증권)(자본시장 §4 ⑦ 1호)으로부터 발생한 이익](소세령 §23). 다만 2024년 12월 31일 소득세법 개정을 통하여 삭제되었다.
3. 국내에서 받는 예금(적금·부금·예탁금 및 우편대체를 포함한)의 이자
4. 상호저축은행법에 따른 신용계 또는 신용부금으로 인한 이익
5. 외국법인의 국내지점 또는 국내영업소에서 발행한 채권 또는 증권의 이자와 할인액
6. 외국법인이 발행한 채권 또는 증권의 이자와 할인액
7. 국외에서 받는 예금의 이자
8. 법정 채권 또는 증권의 환매조건부 매매차익[금융회사 등(금융회사 등(금융실명 §2 1호 각 목)과 '이자소득 지급 시 원천징수가 면제된 법인'(법세령 §111 ① 각 호))이 환매기간에 따른 사전약정이율을 적용하여 환매수 또는 환매도하는 조건으로 매매하는 채권 또는 증권의 매매차익](소세령 §24)
9. 법정 저축성보험의 보험차익[보험계약에 따라 만기 또는 보험의 계약기간 중에 받는 보험금·공제금 또는 계약기간 중도에 해당 보험계약(소세령 §25 ②)이 해지됨에 따라 받는 보험금(환급금으로서 피보험자의 사망·질병·부상 그 밖의 신체상의 상해로 인하여 받거나 자산의 멸실 또는 손괴로 인하여 받는 것이 아닌 것으로 한정)에서 보험료(납입보험료 또는 납입공제료)를 뺀 금액](소세령 §25 ①). 다만, 다음 각 목의 어느 하나에 해당하는 보험의 보험차익은 제외한다.
   가. 최초로 보험료를 납입한 날부터 만기일 또는 중도해지일까지의 기간이 10년 이상으로서 법정 요건(소세령 §25 ③)을 갖춘 보험

나. 법정 요건(소세령 §25 ④)을 갖춘 종신형 연금보험

10. **법정 직장공제회**[민법(민법 §32) 또는 그 밖의 법률에 따라 설립된 공제회·공제조합(이와 유사한 단체를 포함)으로서 동일 직장이나 직종에 종사하는 근로자들의 생활안정, 복리증진 또는 상호부조 등을 목적으로 구성된 단체](소세령 §26 ①) **초과반환금**[납입금 초과이익(근로자가 퇴직하거나 탈퇴하여 그 규약에 따라 직장공제회로부터 받는 반환금에서 납입공제료를 뺀 금액)과 반환금 추가이익(반환금을 분할하여 지급하는 경우 그 지급하는 기간 동안 추가로 발생하는 이익)](소세령 §26 ②)

11. 비영업대금의 이익(금전의 대여를 사업목적으로 하지 아니하는 자가 일시적·우발적으로 금전을 대여함에 따라 지급받는 이자 또는 수수료 등)(소세령 §26 ③)

12. 제1호부터 제11호까지의 소득과 **유사한 소득으로서 금전 사용에 따른 대가로서의 성격이 있는 것**. 일정 기간 후에 같은 종류로서 같은 양의 채권을 반환받는 조건으로 채권을 대여하고 해당 채권의 차입자로부터 지급받는 해당 채권에서 발생하는 이자에 상당하는 금액을 포함한다(소세령 §26 ④). 거주자가 환매기간에 따른 사전약정이율을 적용하여 환매수하는 조건으로 채권 등(채권 또는 채권에 준하는 증권)을 매도하고 환매수하는 날까지 해당 채권 등의 매수인으로부터 지급받는 해당 채권 등에서 발생하는 이자에 상당하는 금액은 제12호의 이자소득에 포함된다(소세령 §26 ⑥). 이 경우 지급된 금원을 통상 manufactured payment라고 한다.

13. 제1호부터 제12호까지의 규정 중 어느 하나에 해당하는 소득을 발생시키는 **거래 또는 행위와 파생상품**(자본시장 §5)**이 법정 방법**(소세령 §26 ⑤)**에 따라 결합된 경우 해당 파생상품의 거래 또는 행위로부터의 이익**

2.3. 배당소득

수익사업에 해당하는 배당소득의 범위(소세 §17 ①)는 다음과 같다(법세 §4 ③ 3호). 즉 소득세법상 배당소득을 수익사업에 해당하는 배당소득으로 본다.

5의2. 국내 또는 국외에서 받는 **법정 파생결합증권 또는 파생결합사채로부터의 이익**(소세령 §26의3 ①). **법정 파생결합증권 또는 파생결합사채로부터의 이익**(소세령 §26의3 ①)은 다음과 같다.

1. **파생결합증권**으로부터 발생한 이익. 다만, 당사자 일방의 의사표시에 따라 증권시장 또는는 이와 유사한 시장으로서 외국에 있는 시장에서 매매거래되는 **특정 주권의 가격이나 주가지수 수치의 변동과 연계**하여 **미리 정해진 방법에 따라** 주권의 매매나 금전을 수수하는 거래를 성립시킬 수 있는 권리를 표시하는 증권 또는 증서로부터 발생한 이익은 제외한다.
2. **상장지수증권을 계좌 간 이체, 계좌의 명의변경, 상장지수증권의 실물양도의 방법으로 거래**하여 발생한 이익. 다만, 증권시장에서 거래되는 주식의 가격만을 기반으로 하는 **지수의 변화를 그대로 추적하는 것을 목적으로 하는 상장지수증권**을 계좌 간 이체, 계좌의 명의변경 및 상장지수증권의 실물양도의 방법으로 거래하여 발생한 이익은 제외한다.
3. '유가증권이나 통화 또는 그 밖에 법정 자산이나 지표(기초자산의 가격·이자율·지표·단위 또는 이를 기초로 하는 법정 지수(자본시장 §4 ⑩))(상법령 §20) 등의 변동과 연계하여 미리 정하여진 방법에 따라 상환 또는 지급금액이 결정되는 사채'(상법 §469 ② 3호)로부터 발생한 이익

5의3. **금전이 아닌 재산의 신탁계약**에 의한 수익권이 표시된 수익증권으로서 **법정 수익증권**(소세령 §26의3 ⑧)**으로부터의 이익. 법정 수익증권**은 다음 각 호의 요건을 모두 갖춘 수익증권을 말한다(소세령 §26의3 ⑧). 법정 수익증권에 해당하는 **조각투자상품**을 실물양도, 계좌간 이체, 계좌의 명의변경, 그 밖에 이와 유사한 권리이전의 방법으로 거래하여 발생한 이익은 조각투자상품으로부터의 이익에 포함된다(소세령 §26의3 ⑩). 조각투자상품으로부터의 이익은 각종 보수·수수료 등 기획재정부령으로 정하는 금액을 뺀 금액으로 하며, 조각투자상품으로부터의 이익에 대한 과세표준 계산방식 등은 기획재정부령으로 정한다(소세령 §26의3 ⑪).

---

1. 금융혁신지원 특별법에 따른 혁신금융사업자가 '신탁업자가 금전신탁계약에 의한 수익권이 표시된 수익증권을 발행할 수 있다'는 취지의 규정(자본시장 §110 ①)에도 불구하고 **혁신금융서비스 특례**(금융혁신 §4 ② 5호)**를 적용받아 발행**한 것일 것
2. 신탁의 이익이 증권 소유자에게 **매년 1회 이상 분배**될 것. 다만, 신탁의 이익이 0보다 적은 경우 등 법정 사유에 해당하는 경우에는 그렇지 않다.

5의4. **투자계약증권**으로서 **법정 투자계약증권**(소세령 §26의3 ⑨)**으로부터의 이익. 법정 투자계약증권**은 다음 각 호의 요건을 모두 갖춘 수익증권을 말한다(소세령 §26의3 ⑨). 법정 투자계약증권에 해당하는 **조각투자상품**을 실물양도, 계좌간 이체, 계좌의 명의변경, 그 밖에 이와 유사한 권리이전의 방법으로 거래하여 발생한 이익은 조각투자상품으로부

터의 이익에 포함된다(소세령 §26의3 ⑩). 조각투자상품으로부터의 이익은 각종 보수·수수료 등 기획재정부령으로 정하는 금액을 뺀 금액으로 하며, 조각투자상품으로부터의 이익에 대한 과세표준 계산방식 등은 기획재정부령으로 정한다(소세령 §26의3 ⑪).

1. 자본시장과 금융투자업에 관한 법률에 따라 모집(자본시장 §119 ①)된 것일 것
2. 공동사업의 결과로 얻은 이익이 증권 소유자에게 매년 1회 이상 분배될 것. 다만, 공동사업의 이익이 0보다 적은 경우 등 법정 사유에 해당하는 경우에는 그렇지 않다.

1. **내국법인**으로부터 받는 이익이나 잉여금의 배당 또는 분배금
2. **법인으로 보는 단체**로부터 받는 배당금 또는 분배금
2의2. **내국법인으로 보는 법인과세 신탁재산**(법세 §5 ②)으로부터 받는 배당금 또는 분배금
3. 의제배당
4. **법인세법에 따라 배당으로 소득처분**(법세 §67 : 법세령 §106)된 금액
5. **국내 또는 국외에서 받는 법정 집합투자기구**로부터의 이익[자본시장과 금융투자업에 관한 법률에 따른 집합투자기구(보험회사의 특별계정(자본시장 §251)은 제외하되, 금전의 신탁으로서 원본을 보전하는 것을 포함)로부터의 이익과 국외에서 설정된 집합투자기구로부터의 이익. 다만, 집합투자증권의 환매 등으로 발생한 이익은 제외](소세령 §26의2 ①, ②). 다만, 적격집합투자기구(소세 §87의6 ① 4호)로부터의 이익은 집합투자기구의 이익금에 대한 소득의 구분을 고려하여 정하는 법정 이익(소세령 §150의7)으로 한정한다.
6. **외국법인**으로부터 받는 이익이나 잉여금의 배당 또는 분배금
7. **국제조세조정에 관한 법률**(국조 §27)에 따라 배당받은 것으로 간주된 금액
8. 공동사업에서 발생한 소득금액(소세 §43) 중 **출자공동사업자**(소세 §43 ①)**의 손익분배비율**에 해당하는 금액
9. 제1호, 제2호, 제2호의 2 및 제3호부터 제7호까지의 규정에 따른 소득과 **유사한 소득으로서 수익분배의 성격이 있는 것**. 거주자가 환매기간에 따른 사전약정이율을 적용하여 환매수하는 조건으로 증권(채권 또는 채권에 준하는 증권을 제외)을 매도하고 환매수하는 날까지 해당 채권 등의 매수인으로부터 지급받는 해당 채권 등에서 발생하는 이자에 상당하는 금액은 제9호의 배당소득에 포함된다(소세령 §26의3 ⑦). 이 경우 지급된 금원을 통상 manufactured payment라고 한다.
10. 제1호, 제2호, 제2호의 2 및 제3호부터 제9호까지의 규정 중 어느 하나에 해당하는 **소득을 발생시키는 거래 또는 행위와 파생상품이 법정 방법**(소세령 §26의3 ⑤)**에 따라 결합된 경우 해당 파생상품의 거래 또는 행위로부터의 이익**

2.4. 주식·신주인수권 또는 출자지분의 양도로 인한 수입

주식·신주인수권 또는 출자지분의 양도로 인한 수입은 비영리법인의 수익사업에 해당한다 (법세 §4 ③ 4호). 이 경우 '수입'은 양도차익으로 해석하여야 한다. 양도차익의 계산과 관련하여서는 영리내국법인에 대하여 적용되는 해당 규정들이 적용된다. '주식·신주인수권 또는 출자지분의 양도로 인한 수입'은 소득세법 상 금융투자소득 중 '주식 등의 양도로 발생한 소득'(소세 §87의6 ① 1호)에 대응하는 것으로 본다.

2.5. 유형자산 및 무형자산의 처분으로 인한 수입

유형자산 및 무형자산의 처분으로 인한 수입은 비영리법인의 수익사업에 해당한다(법세 §4 ③ 5호 본문). 이 경우 '수입'은 양도차익으로 해석하여야 한다. 양도차익의 계산과 관련하여서는 영리내국법인에 대하여 적용되는 해당 규정들이 적용된다. 다만 **수익사업에서 사용한 유형자산 및 무형자산을 고유목적사업에 전입**한 후 해당 자산을 처분하는 경우 그 취득가액을 전입 당시 시가로 계산한다는 점(법세령 §3 ② 후단)에 비추어 보면, 수익사업에서 사용한 유형자산 및 무형자산을 고유목적사업에 전입하는 경우 **고유목적사업준비금과 상계되는 금액은 그 전입 당시 시가로 보아야 하고 수익사업에서 그에 대한 처분익을 인식하여야** 한다. '유형자산 및 무형자산'의 범위에 '주식·신주인수권 또는 출자지분', '부동산에 관한 권리'(소세 §94 ① 2호) 및 '기타자산'(소세 §94 ① 4호)은 제외되어야 한다. 별도의 수익사업에 관련된 자산이기 때문이다.

다만, 고유목적사업에 직접 사용하는 자산의 처분으로 인한 법정 수입(법세령 §3 ②)**은 제외**한다 (법세 §4 ③ 5호 단서). **법정 수입**은 유형자산 및 무형자산의 처분일(이전하는 공공기관의 경우(지방분권 §25)에는 공공기관 이전일) 현재 3년 이상 계속하여 **법령 또는 정관에 규정된 고유목적사업** (사업소득에서 제외되는 법정 사업'(법세령 §3 ①)은 제외)**에 직접 사용**한 유형자산 및 무형자산의 처분으로 인하여 생기는 다음 각 호에 따라 계산한 수입 중 큰 수입을 말한다(법세령 §3 ② 전단). 이 경우 해당 자산의 유지·관리 등을 위한 관람료·입장료수입 등 **부수수익**이 있는 경우에는 이를 고유목적사업에 직접 사용한 자산으로 보며, 비영리법인이 수익사업에 속하는 자산을 고유목적사업에 전입한 후 처분하는 경우에는 전입 시 시가로 평가한 가액을 그 자산의 취득가액으로 본다(법세령 §3 ② 후단).

1. 유형자산 및 무형자산의 처분일(이전하는 공공기관의 경우(지방분권 §25)에는 공공기관 이전일) 현재 3년 이상 계속하여 고유목적사업에 직접 사용한 경우: 해당 자산의 처분으로 인하여 생기는 수입. 이 경우 비영리내국법인이 수익사업에 속하는 자산을 고유목적사업에 전입한 후 처분하는 경우에는 전입 당시의 시가로 평가한 가액을 그 자산의 취득가액으로 하여 처분으로 인하여 생기는 수입을 계산한다.
2. 유형자산 및 무형자산을 10년 이상 고유목적사업에 직접 사용한 경우(처분일 현재 고유목적사업에 직접 사용하고 있지 않는 경우를 포함한다): 다음 계산식에 따라 계산한 수입. 이 경우 비영리내국법인이 해당 자산을 최초로 고유목적사업에 전입한 당시의 시가로 평가한 가액을 그 자산의 취득가액으로 하여 처분으로 인하여 생기는 수입을 계산한다.

> (해당 자산의 처분으로 인하여 생기는 수입)×(해당 자산을 고유목적사업에 직접 사용한 일수/해당 자산을 보유한 일수)

판례에 따르면 수익사업에 속한 자산을 고유목적사업에 전입하는 것 자체가 해당 자산의 처분에 해당하는 것은 아니다. 따라서 사립학교법인이 부동산 임대사업으로 사용하던 부동산을 학교 운영시설로 사용하기 위하여 고유목적사업에 전입하면서 부동산의 시가와 장부가액의 평가차익을 자산의 임의평가차익으로 보아 익금불산입한 경우 해당 평가차익은 과세대상이 되는 고정자산의 처분이익에 해당하지 아니하고, 이때 고유목적사업준비금과 상계하는 자산가액은 기타의 사업에 속하는 자산을 수익사업에 지출 또는 전입한 경우와 마찬가지로 시가에 의하여야 한다.[1061] 그러나 **해당 자산의 취득가액을 전입 당시 시가로 계상한다는 규정이 2018. 2. 13. 개정을 통하여 신설되었으므로, 수익사업에 속한 자산을 고유목적사업에 전입하는 것 자체를 해당 자산의 처분으로 보아야** 한다. '직접 사용 여부'는 해당 자산의 사용과 관련된 구체적 사실관계에 의하여 판정할 수밖에 없으나, 해당 자산의 교환가치가 아닌 사용가치 자체가 고유목적사업에 투입되는 것인지 여부를 기준으로 판정하는 것이 타당하다. '**3년 이상 계속하여 고유목적사업에 사용하였는지 여부**'의 판정에 있어서 법인 또는 단체의 동일성이 유지되는 한 법인 또는 단체의 속성에 변화가 있더라도 해당 기간을 합산하여야 한다. 한편 법인세법이 비영리국내법인이 고정자산의 처분일 현재 3년 이상 계속하여 고유목적사업에 직접 사용하지 아니하는 고정자산의 처분으로 생기는 수입에 관하여 법인세를 부과한다고 규정하고 있을 뿐, 고유목적사업에 직접 사용하지 못한 데 정당한 사유가 있는 경우에는

1061) 대법원 2016.8.18. 2016두31173

달리 본다는 규정을 두고 있지 아니하므로, 토지의 처분대금을 법인세 과세소득으로 보아야 하는지를 결정하는 경우 해당 **비영리법인이 토지를 직접 사용하지 못한 데 정당한 사유가 있는지 없는지는 따질 필요가 없다.**[1062]

　3년 이상 계속하여 고유목적사업에 직접 사용하지 아니하는 고정자산의 처분으로 생기는 수입에 대하여서는 **토지 등 양도소득에 대한 과세특례**(법세 §55의2)가 적용될 수 있다(법세 §4 ① 3호).

2.6. 부동산에 관한 권리 및 기타자산의 처분으로 인한 수입

　부동산에 관한 권리(소세 §94 ① 2호) **및 기타자산**(소세 §94 ① 4호)**의 처분으로 인한 수입**은 비영리법인의 수익사업에 해당한다(법세 §4 ③ 5호 본문). 이 경우 '수입'은 양도차익으로 해석하여야 한다. 양도차익의 계산과 관련하여서는 영리내국법인에 대하여 적용되는 해당 규정들이 적용된다. **부동산에 관한 권리 및 기타자산의 처분으로 인한 수입**은 다음과 같다(소세 §94 ① 2호, 4호).

---

2. 다음 각 목의 어느 하나에 해당하는 부동산에 관한 권리의 양도로 발생하는 소득
　가. 부동산을 취득할 수 있는 권리(건물이 완성되는 때에 그 건물과 이에 딸린 토지를 취득할 수 있는 권리를 포함)
　나. 지상권
　다. 전세권과 등기된 부동산임차권
4. 다음 각 목의 어느 하나에 해당하는 자산(이하 "**기타자산**")의 양도로 발생하는 소득
　가. **사업에 사용하는 제1호**(토지) **및 제2호**(부동산에 관한 권리)**의 자산과 함께 양도하는 영업권**(영업권을 별도로 평가하지 아니하였으나 사회통념 상 자산에 포함되어 함께 양도된 것으로 인정되는 영업권과 행정관청으로부터 인가·허가·면허 등을 받음으로써 얻는 경제적 이익을 포함)
　나. **이용권·회원권** 그 밖에 그 명칭과 관계없이 시설물을 배타적으로 이용하거나 일반이용자보다 유리한 조건으로 이용할 수 있도록 약정한 단체의 구성원이 된 자에게 **부여되는 시설물 이용권**(법인의 주식 등을 소유하는 것만으로 시설물을 배타적으로 이용하거나 일반이용자보다 유리한 조건으로 시설물 이용권을 부여받게 되는 경우 그 주식 등을 포함)
　다. 법인의 **자산총액 중 다음의 합계액이 차지하는 비율**이 100분의 50 이상인 **법인의 과점주주**[소유 주식 등의 비율을 고려하여 정해진 법정 주주(법인의 주주 1인 및

[1062) 대법원 2017.7.11. 2016두64722

기타 주주가 소유하고 있는 주식 등의 합계액이 해당 법인의 주식 등의 합계액의 100분의 50을 초과하는 경우 그 주주 1인 및 기타 주주)(소세령 §158 ①)]**가 그 법인의 주식 등의 100분의 50 이상을 해당 과점주주 외의 자에게 양도하는 경우**(과점주주가 다른 과점주주에게 양도한 후 양수한 과점주주가 과점주주 외의 자에게 다시 양도하는 경우로서 법정의 경우(과점주주가 해당 법인의 주식 등의 100분의 50 이상을 과점주주 외의 자에게 양도한 주식 등 중에서 양도하는 날(여러 번에 걸쳐 양도하는 경우에는 그 양도로 양도한 주식 등이 전체 주식 등의 100분의 50 이상이 된 날을 말함)부터 소급해 3년 내에 해당 법인의 과점주주 간에 해당 법인의 주식 등을 양도한 경우)(소세령 §158 ③)를 포함)**에 해당 주식 등.** 과점주주가 주식 등을 과점주주 외의 자에게 여러 번에 걸쳐 양도하는 경우로서 과점주주 중 1인이 주식 등을 양도하는 날부터 **소급해 3년 내에 과점주주가 양도한 주식 등을 합산해 해당 법인의 주식 등의 100분의 50 이상을 양도하는 경우**에도 적용한다(소세령 §158 ② 전단). 과점주주 중 1인이 주식 등을 양도하는 날부터 소급하여 그 합산하는 기간 중 **최초로 양도하는 날 현재의 해당 법인의 주식 등의 합계액 또는 자산총액을 기준으로 그 적용 여부를 판정**한다(소세령 §158 ② 후단). 자산총액의 산정에 관한 특례(소세령 §158 ④, ⑤)이 적용된다.

1) 부동산 등[제1호(토지) 및 제2호(부동산에 관한 권리)에 따른 자산]의 가액
2) 해당 법인이 직접 또는 간접으로 보유한 다른 법인의 주식가액에 그 다른 법인의 부동산 등 보유비율을 곱하여 산출한 가액. 이 경우 다른 법인의 범위 및 부동산 등 보유비율의 계산방법 등은 법정 방법(소세령 §158 ⑥, ⑦)에 의한다.

라. **법정 사업**(체육시설의 설치·이용에 관한 법률에 따른 골프장업·스키장업 등 체육시설업, 관광진흥법에 따른 관광사업 중 휴양시설관련업 및 부동산업·부동산개발업으로서 '골프장, 스키장, 휴양콘도미니엄 또는 전문휴양시설'을 건설 또는 취득하여 직접 경영하거나 분양 또는 임대하는 사업(소세칙 §76))(소세령 §158 ⑧)**을 하는 법인으로서 자산총액 중 다목 1) 및 2)의 합계액이 차지하는 비율이 100분의 80 이상인 법인의 주식 등.** 자산총액의 산정에 관한 특례(소세령 §158 ④, ⑤)가 적용된다.

마. **제1호(토지)의 자산과 함께 양도하는 이축권**(개발제한 §12 ① 2호, 3호의2). 다만, 해당 이축권 가액을 법정 방법에 따라 별도로 평가하여 신고하는 경우[감정평가 및 감정평가사에 관한 법률에 따른 감정평가업자가 감정한 가액이 있는 경우 그 가액(감정한 가액이 둘 이상인 경우에는 그 감정한 가액의 평균액)을 구분하여 신고하는 경우](소세령 §158의2)는 제외한다.

2.7. 보유기간 별 과세대상인 채권의 매매익

대가를 얻는 계속적 행위로 인한 수입으로서 **법정 수입**(법세령 §3 ③)은 비영리법인의 수익사업에 해당한다(법세 §4 ③ 7호). **법정 수입은 보유기간 별 과세 채권 등**(그 이자소득에 대하여

법인세가 비과세되는 것은 제외)(소세 §46 ①)을 매도함에 따른 매매익(채권 등의 매각익에서 채권 등의 매각손을 차감한 금액)을 말한다(법세령 §3 ③ 본문). 다만, **금융 및 보험 관련서비스업 중 법정 보험 등 사업**(법세령 §3 ① 8호)에 귀속되는 채권 등의 매매익을 제외한다(법세령 §3 ③ 단서).

보유기간 별 과세 채권 등은 '**법정 채권 또는 증권**'(소세 §16 ① 1호, 2호, 2호의2, 5호, 6호) 및 '**이자 또는 할인액을 발생시키는 법정 증권**[금융회사 등이 발행한 예금증서 및 이와 유사한 증서(기획재정부령으로 정하는 것은 제외) 및 어음(금융회사 등이 발행·매출 또는 중개하는 어음을 포함하며, 상업어음은 제외)은 포함하되, 법률에 따라 소득세가 면제된 채권 등은 제외]'(소세령 §102 ①)을 말한다(소세 §46 ①).

비영리내국법인의 고유목적사업준비금의 손금산입 특례

1. 고유목적사업준비금의 설정 및 손금산입 등

비영리내국법인[법인으로 보는 단체의 경우에는 **법정 단체**('공익법인 등에 해당하는 일반기부금단체(법세령 §39 ① 1호)', '법령에 의하여 설치된 기금' 및 '공동주택(공동주택 §2 ① 1호 가목)의 입주자대표회의·임차인대표회의 또는 이와 유사한 관리기구)(법세령 §56 ①)'만 해당]이 **각 사업연도의 결산을 확정할 때** 그 법인의 **고유목적사업 등**[고유목적사업(해당 비영리내국법인의 법령 또는 정관에 따른 설립목적을 직접 수행하는 사업으로서 수익사업(법세령 §3 ①) 외의 사업)(법세령 §56 ⑤)이나 **일반기부금**(법세 §24 ③ 1호 ; 법세령 §39)]에 지출하기 위하여 **고유목적사업준비금을 손비로 계상한 경우**에는 **다음 각 호의 구분에 따른 금액의 합계액**(다음 제2호에 따른 수익사업에서 결손금이 발생한 경우에는 제1호 각 목의 금액의 합계액에서 그 결손금 상당액을 차감한 금액)**의 범위**에서 그 계상한 고유목적사업준비금을 해당 사업연도의 소득금액을 계산할 때 **손금에 산입**한다(법세 §29 ①). 비영리내국법인은 준비금의 계상 및 지출에 관한 **고유목적사업준비금조정명세서**(법세칙 §82)를 비치·보관하고 이를 신고(법세 §60)와 함께 납세지 관할 세무서장에게 제출하여야 한다(법세 §29 ⑨ ; 법세령 §56 ⑨). 다만 **외부감사인**(외감법 §2 7호, §9)의 회계감사를 받는 비영리내국법인이 고유목적사업준비금을 **세무조정계산서**(법세 §60 ② 2호)**에 계상**하고 그 금액 상당액을 해당 사업연도의 이익처분을 할 때 **고유목적사업준비금으로 적립한 경우**에는 그 금액을 결산을 확정할 때 손비로 계상한 것으로 본다(법세 §29 ②).

1. 다음 각 목의 금액
   가. 이자소득의 금액(소세 §16 ① 각 호). 다만 비영업대금의 이익(소세 §16 ① 11호)은 제외한다. 이 경우 비영업대금의 이익이 다음 제2호의 수익사업에서 발생한 소득에 해당하는지 여부는 추가로 검토되어야 한다. 한편 '금융보험업을 영위하는 비영리내국법인이 한국 표준산업분류 상 금융보험업을 영위하는 법인의 계약기간이 3개월 이하인 금융상품(계약기간이 없는 요구불예금을 포함)에 자금을 예치함에 따라 발생하는 이자소득금액', '특별법에 의하거나 정부로부터 인가 또는 허가를 받아 설립된 단체가 영위하는 사업(기금조성 및 급여사업에 한정)(법세령 §3 ① 5호 나목)을 영위하는 자가 자금을 운용함에 따라 발생하는 이자소득금액' 및 '한국주택금융공사법에 따른 주택금융신용보증기금이 주택담보노후연금보증료 등(주택금융 §43의8 ①, ②)의 수입을 운용함에 따라 발생하는 이자소득금액'은 소득세법 상 **이자소득의 금액으로 의제**된다(법세령 §56 ②). 위임입법의 법리에 반하지 않도록 법률 단계에서 이자소득의 의제에 관한 **위임규정**을 두는 것이 타당하다.
   나. 배당소득의 금액[(소세 §17 ① 각 호). 다만, 공익법인 등에 출연한 재산에 대한 상속세 과세가액 불산입 규정(상증세 §16) 또는 공익법인 등이 출연받은 재산에 대한 과세가액 불산입 등 규정(상증세 §48)에 따라 상속세 과세가액 또는 증여세 과세가액에 산입되거나, 증여세가 부과되는 주식 등으로부터 발생한 배당소득의 금액은 제외한다.
   다. 특별법에 따라 설립된 비영리내국법인이 해당 법률에 따른 복지사업으로서 그 회원이나 조합원에게 대출한 융자금에서 발생한 이자금액
2. '그 밖의 수익사업'에서 발생한 소득에 100분의 50(공익법인의 설립·운영에 관한 법률에 따라 설립된 법인으로서 고유목적사업 등에 대한 지출액 중 100분의 50 이상의 금액을 장학금으로 지출하는 법인의 경우에는 100분의 80)을 곱하여 산출한 금액. **그 밖의 수익사업에서 발생한 소득은 해당 사업연도의 수익사업에서 발생한 소득금액**(고유목적사업준비금과 특례기부금(법세 §24 ② 1호)을 손금에 산입하기 전의 소득금액에서 경정(법세 §66 ②)으로 증가된 소득금액 중 해당 법인의 특수관계인에게 상여 및 기타소득으로 소득처분된 금액(법세령 §106)은 제외)**에서** '이자 및 배당소득의 금액에 대한 **고유목적사업준비금**'(법세 §29 ② 1호), '**결손금**(각 사업연도 소득의 100분의 80을 이월결손금 공제한도로 적용받는 법인(법세 §13 ① 각 호 외 부분 단서)은 공제한도 적용으로 인해 공제받지 못하고 이월된 결손금을 차감한 금액)'(법세 §13 ① 1호) 및 '**특례기부금**'(법세 §24 ② 1호)**을 뺀 금액**으로 한다(법세령 §56 ③). 특례기부금(구 '법정기부금')은 '고유목적사업준비금의 설정 여부와 관계 없이' 그 손금산입한도액을 계산한다. 즉 특례기부금 손금산입한도액 계산의 기초가 되는 '해당 사업연도의 소득금액'은 특례기부금과 일반기부금만을 손금에 산입하기 전의 소득금액을 의미하고, 특례기부금과 일반기부금 외에 고유목적사업준비금까지 손금에 산입하기 전의 소득금액으로 해석할 수는 없다.[1063] 이로 인하여 '그 밖의 수익사업'으로 인한 소득금액은 해당 금액만큼 감소하게 되나, 이는 이중으로 손금산입하는 것을 제한하기 위한 것이다. 판례에 따르면, 이 경우 **특례기부금**(구 '법정기부금')은 특례기부금의 손금한도액이 아니라

비영리법인이 특례기부금으로 지출한 금액을 의미한다.[1064] '특례기부금의 손금산입한도액을 초과한 지출금액'에 대하여 일반기부금과 그 실질이 유사한 고유목적사업준비금으로 설정하는 것을 허용할 규범적 당위가 없기 때문이다.

특례기부금을 지출하기 위하여 고유목적사업준비금을 손비로 계상할 수 없는 이유는 무엇인가? 이 쟁점은 '비영리법인이 고유목적사업을 수행하는 것이 특례기부금 지출 또는 일반기부금 지출 중 어느 것에 보다 유사한지 여부' 및 '특례기부금의 지출로 인하여 고유목적사업준비금의 잔액에 영향을 미치는 것이 타당한지 여부'에 관한 것이다. 일반기부금은 '사회복지 · 문화 · 예술 · 교육 · 종교 · 자선 · 학술 등 공익성'과 관련된다(법세 §24 ③ 1호). 법인세법상 비영리법인으로 볼 수 있는 내국법인은 민법 제32조에 의하여 설립한 법인, 사립학교법에 의하여 설립된 학교법인, 특별법에 의하여 설립된 비영리법인, 법정 조합법인 등 및 법인으로 보는 단체로 구분된다(법세 §2 2호). 민법 제32조에 의하여 설립한 법인, 사립학교법에 의하여 설립된 학교법인 및 특별법에 의하여 설립된 비영리법인은 모두 '사회복지 · 문화 · 예술 · 교육 · 종교 · 자선 · 학술 등 공익성'과 관련된다. 법정 조합법인 및 특정 정비사업조합은 특례기부금 단체 및 일반기부금 단체에 포함되지 않고, 고유목적사업준비금의 손금산입 특례가 적용되지 않는다(조특 §104의7 ② 전단 괄호부분 : 조특령 §69 ①). 법인으로 보는 단체 중 법정 단체('공익법인 등에 해당하는 일반기부금단체(법세령 §39 ① 1호)', '법령에 의하여 설치된 기금' 및 '공동주택(공동주택 §2 ① 1호 가목)의 입주자대표회의 · 임차인대표회의 또는 이와 유사한 관리기구')(법세령 §56 ①)'를 제외한 단체의 수익사업에서 발생한 소득을 고유목적사업비로 지출하는 금액은 일반기부금으로 본다(법세령 §39 ②). 법인으로 보는 단체 중 법정 단체(법세령 §56 ①)는 고유목적사업준비금을 손금에 산입할 수 있다(법세 §29 ① 각 호 외 괄호부분). 비영리법인이 고유목적사업을 수행하는 것은 일반기부금의 지출과 밀접하게 관련되어 있다. 한편 특례기부금 단체 중에는 '사회복지 · 문화 · 예술 · 교육 · 종교 · 자선 · 학술 등 공익성'과 관련된 단체 역시 포함될 수 있으나, 특례기부금(구 '법정기부금')을 지출하는 경우 그 손금산입한도액이 고유목적사업준비금의 설정 잔액에 의하여 영향을 받지 않도록 할 필요 역시 있다. 만약 특례기부금의 지출을 위하여서도 고유목적사업준비금을 설정하도록 한다면 특례기부금 손금한도액 계산의 기초가 되는 해당 사업연도의 소득금액을 특례기부금과 일반기부금 외에 고유목적사업준비금까지 손금에 산입하기 전의

1063) 대법원 2019.12.27. 2018두37472
1064) 대법원 2019.12.27. 2018두37472

소득금액으로 해석하여야 하는바, 그렇다면 해당 비영리법인의 고유목적사업준비금을 통하여 손금산입한 금액에 대하여 다시 특례기부금을 설정할 수 있는 결과에 이른다. 이는 법문(법세 §24 ② 2호)에 반한다. 판례 역시 특례기부금 손금산입한도액 계산의 기초가 되는 '해당 사업연도의 소득금액'은 특례기부금과 일반기부금만을 손금에 산입하기 전의 소득금액을 의미하고, 특례기부금과 일반기부금 외에 고유목적사업준비금까지 손금에 산입하기 전의 소득금액으로 해석할 수는 없다고 판시한다.[1065] 이상의 각 점을 감안하여, 법인세법이 '일반기부금에 대한 지출'에 한정하여 '고유목적사업에 대한 지출'을 동일하게 취급하는 것으로 보인다.

'일반기부금의 지출'과 그 성격이 유사한 고유목적사업준비금의 손금산입한도가 특례기부금의 법정 한도 이상으로 설정된 것이 타당한가? 고유목적사업준비금을 손금에 산입할 수 있는 비영리법인의 경우에는 이익을 배당할 수 없고, 영리법인의 주주 등과 같이 해당 법인의 운영에 대하여 통제할 수 있는 구성원이 없다. 주무관청 등의 감시만으로는 비영리법인이 해당 목적에 맞게 기능하도록 유도하기에 부족하다. 따라서 영리법인의 경우와 달리 비영리법인의 경우에는 그 수익사업으로부터 발생한 소득을 해당 법인의 고유목적사업 자체에 사용하도록 별도의 유인을 제공할 필요가 있다. 법인세법이 이러한 점을 감안하여 일반기부금의 지출과 그 성격이 유사한 고유목적사업준비금의 손금산입 한도를 특례기부금 이상으로 설정하고, 나아가 추가적으로 특례기부금의 지출을 손금에 산입할 수 있도록 규정한 것으로 본다.

'고유목적사업에서 수익사업을 제외한다'는 문언이 뜻하는 바는 무엇인가? 법인세법은 고유목적사업을 해당 비영리내국법인의 법령 또는 정관에 따른 설립목적을 직접 수행하는 사업으로서 수익사업(법세령 §3 ①) 외의 사업이라고 정의한다(법세령 §56 ⑤). 그런데 수익사업 및 비수익사업은 '비영리법인이 수익을 가득하기 위하여 수행한 활동'을 기준으로 구분한 것이고, 고유목적사업 및 비고유목적사업은 '비영리법인이 기왕에 가득한 수익을 지출하기 위한 활동'을 기준으로 구분한 것이다. 즉 고유목적사업과 수익사업은 상이한 분류기준에 따른 구분에 해당한다. 따라서 고유목적사업과 수입사업을 대비시켜서 고유목적사업을 정의하는 것은 타당하지 않다. 이상의 각 점에 비추어 보면, 고유목적사업에서 수익사업을 제외한다는 문언을 '비영리법인이 기왕에 가득한 수익을 다시 수익사업에 투입하는 것은 고유목적사업에서 제외된다'는 취지로 해석하는 것이 타당하다.

고유목적사업준비금의 손금산입 규정을 적용하지 않는 경우가 있다. 첫째, 법정 경우[해당 비영리 내국법인의 수익사업에서 발생한 소득에 대하여 법인세법 또는 조세특례제한법에

1065) 대법원 2019.12.27. 2018두37472

따른 비과세·면제, 준비금의 손금산입, 소득공제 또는 세액감면(세액공제를 제외)을 적용받는 경우를 말하나, 고유목적사업준비금만을 적용받는 것으로 수정신고한 경우는 제외](법세령 §56 ⑧)에는 **고유목적사업준비금의 손금산입 규정을 적용하지 않는다**(법세 §29 ⑧). **둘째, 당기순이익과세를 하는 조합법인 등의 경우**(조특 §72 ①)에는 고유목적사업준비금의 손금산입 규정을 적용하지 않는다(조특령 §69 ①). **셋째, 원천징수된 이자소득**(법세 §73, §73의2)**으로서 분리과세방식을 선택한 경우에는 고유목적사업준비금의 손금산입 규정을 적용하지 않는다.** 비영리내국법인은 이자소득(비영업대금의 이익(소세 §16 ① 11호)은 제외하고, 투자신탁의 이익을 포함)으로서 원천징수된 이자소득(법세 §73, §73의2)에 대하여는 과세표준 신고를 하지 아니할 수 있고 이 경우 과세표준 신고를 하지 아니한 이자소득은 각 사업연도의 소득금액을 계산할 때 포함하지 아니한다(법세 §62). **넷째, 정비사업조합이 조합원분이 아닌 일반분양분 주택 등을 공급하는 사업**은 비영리법인의 수익사업에 해당한다. 다만 이 경우에는 고유목적사업준비금의 손금산입(법세 §29)이 적용되지 않는다(조특 §104의7 ② 전단 괄호부분).

고유목적사업준비금을 세무조정계산서에 계상하여 손금산입하는 경우에 관한 세무조정은 다음과 같다. 고유목적사업준비금을 세무조정계산서에 계상하여 손금산입하는 때에는 손금산입(△유보)로, 고유목적사업 등에 사용하는 때에는 손금불산입(유보)로, 고유목적사업준비금을 환입하는 때에는 익금산입(유보)로 각 세무조정을 한다. 한편 고유목적사업준비금을 각 사업연도 말에 계상하여 손금산입하는 경우 고유목적사업 등에 사용하는 때에는 세무조정사항이 발생하지 않고 이를 환입하는 때에는 익금산입(유보)로 세무조정을 한다.

2. 고유목적사업준비금의 설정 및 손금산입 특례

농업협동조합중앙회에 대한 특례가 있다. 즉 농업협동조합중앙회가 고유목적사업준비금을 계상할 때 회원에 대한 잉여금의 배당 등 **법정 금액**(조특령 §116의28 ③)을 고유목적사업준비금으로 세무조정계산서에 계상하면 해당 금액은 손금으로 계상한 것으로서 고유목적사업에 지출 또는 사용된 금액으로 본다(조특 §121의23 ⑦). **법정 금액**은 '농업협동조합중앙회가 농업협동조합법에 따라 해당 사업연도의 다음 사업연도에 회원에게 배당하는 금액(농협 §68, §161)' 및 '2012년 3월 2일 이후 개시하는 사업연도부터 해당 사업연도까지 농업협동조합법에 따라 회원에게 배당하는 금액(농협 §68, §161)의 합계액에서 2012년 3월 2일이 속하는 사업연도부터 해당 사업연도의 직전 사업연도까지 조세특례제한법 상 고유목적사업준비금으로 세무조정계산서에 계상된 금액의 합계액(조특 §121의23 ⑥)을 뺀 금액(그 수가 음수이면 영)'을 합한 금액을 말한다(조특령

§116의28 ③).

수산업협동조합중앙회에 대한 특례가 있다. 즉 수산업협동조합중앙회가 고유목적사업준비금을 계상할 때 '회원에 대한 잉여금의 배당 등 **법정 금액**'(조특령 §116의29 ⑤) 또는 '공적자금으로서 예금보험공사가 수산업협동조합중앙회에 출자한 자금(수협 §153)의 상환을 위하여 지출하는 금액'을 고유목적사업준비금으로 세무조정계산서에 계상하면 해당 금액은 손금으로 계상한 것으로서 고유목적사업에 지출 또는 사용된 금액으로 본다(조특 §121의25 ⑤). **법정 금액**은 '수산업협동조합중앙회가 수산업협동조합법에 따라 해당 사업연도의 다음 사업연도에 회원에게 배당하는 금액(수협 §71, §168)'을 말한다(조특령 §116의29 ⑤). 수산업협동조합중앙회가 2022년 1월 1일부터 2025년 12월 31일까지 상환한 금액(조특 §121의25 ⑤ 2호)이 손금에 산입할 수 있는 범위(조특 §121의25 ④)를 초과하여 손금에 산입하지 못한 금액에 대해서는 2023년 1월 1일부터 2028년 12월 31일까지의 기간 중 각 사업연도에 균분한 금액을 고유목적사업에 지출 또는 사용된 금액으로 본다(조특 §121의25 ⑨).

수익사업에서 발생한 소득금액 전액을 고유목적사업준비금으로 계상할 수 있는 특례가 있다. 즉 다음 각 호의 어느 하나에 해당하는 법인에 대해서는 2025년 12월 31일 이전에 끝나는 사업연도까지 '법인세법 상 수익사업에서 발생한 소득의 고유목적사업준비금 계상에 관한 규정'(법세 §29 ① 2호) 상 손금산입한도에 구애되지 않고 해당 법인의 수익사업(다음 제4호 및 제5호의 경우에는 해당 사업과 해당 사업 시설에서 그 시설을 이용하는 자를 대상으로 하는 수익사업만 해당하고, 다음 제6호의 체육단체의 경우에는 국가대표의 활동과 관련된 수익사업만 해당)에서 발생한 소득을 고유목적사업준비금으로 손금에 산입할 수 있다(조특 §74 ①).

---

1. 다음 각 목의 어느 하나에 해당하는 법인
    가. 사립학교법에 따른 학교법인
    나. 산업교육진흥 및 산학연협력촉진에 관한 법률에 따른 산학협력단
    다. 평생교육법에 따른 원격대학 형태의 평생교육시설을 운영하는 비영리법인(민법 §32)
    라. 국립대학법인 서울대학교 설립·운영에 관한 법률에 따른 국립대학법인 서울대학교 및 발전기금
    마. (삭제)
    바. 국립대학법인 인천대학교 설립·운영에 관한 법률에 따른 국립대학법인 인천대학교 및 발전기금
2. 사회복지사업법에 따른 사회복지법인

3. 다음 각 목의 어느 하나에 해당하는 법인
   가. 국립대학병원 설치법에 따른 국립대학병원 및 국립대학치과병원 설치법에 따른 국립대
      학치과병원
   나. 서울대학교병원 설치법에 따른 서울대학교병원
   다. 서울대학교치과병원 설치법에 따른 서울대학교치과병원
   라. 국립암센터법에 따른 국립암센터
   마. 지방의료원의 설립 및 운영에 관한 법률에 따른 지방의료원
   바. 대한적십자사 조직법에 따른 대한적십자사가 운영하는 병원
   사. 국립중앙의료원의 설립 및 운영에 관한 법률에 따른 국립중앙의료원
4. 도서관법에 따라 등록한 도서관을 운영하는 법인
5. 박물관 및 미술관 진흥법에 따라 등록한 박물관 또는 미술관을 운영하는 법인
6. 정부로부터 허가 또는 인가를 받은 문화예술단체로서 법정 법인(지방문화원진흥법에
   의하여 주무부장관의 인가를 받아 설립된 지방문화원, 법정 예술의 전당(문화예술 §23의2),
   '지정 전문예술법인 및 전문예술단체'(문화예술 §7)로서 기획재정부장관이 문화체육관광부
   장관과 협의하여 고시하는 법인 및 단체(조특칙 §29의2))(조특령 §70 ①).
7. 국제경기대회 지원법에 따라 설립된 조직위원회로서 기획재정부장관이 효율적인 준비와
   운영을 위하여 필요하다고 인정하여 고시한 조직위원회
8. 공익법인의 설립·운영에 관한 법률에 따라 설립된 법인으로서 해당 과세연도의 고유목적
   사업이나 일반기부금(법세 §24 ③ 1호)에 대한 지출액 중 100분의 80 이상의 금액을 장학금으
   로 지출한 법인
9. 다음 각 목의 어느 하나에 해당하는 법인
   가. 공무원연금법에 따른 공무원연금공단
   나. 사립학교교직원연금법에 따른 사립학교교직원연금공단

법정 지역에 개설한 의원급 또는 병원급 의료기관의 수익사업에서 발생한 소득금액 전액을
고유목적사업준비금으로 계상할 수 있는 특례가 있다. 즉 수도권과밀억제권역 및 광역시를
제외하고 인구 등을 고려하여 정하는 **법정 지역**(조특령 §70 ⑤)에 개설한 의원급 또는 병원급
의료기관(의료 §3 ② 1호, 3호)을 개설하여 의료업을 영위하는 비영리내국법인('수익사업에서
발생한 소득금액 전액을 고유목적사업준비금으로 계상할 수 있는 특례'(조특령 §70 ①)가 적용되
는 비영리내국법인은 제외)에 대하여는 2022년 12월 31일 이전에 끝나는 사업연도까지 고유목적
사업준비금(법세 §29)을 계상하는 경우 그 법인의 수익사업에서 발생한 소득을 고유목적사업준
비금으로 손금에 산입할 수 있다(조특령 §70 ④). **법정 지역**은 '인구수가 30만명 이하인 시(제주특
별자치도에 두는 행정시(제주특별자치 §10 ②)를 포함)·군 지역' 및 '국립대학병원 설치법에

따른 국립대학병원 또는 사립학교법에 따른 사립학교가 운영하는 병원이 소재하고 있지 아니한 지역' 모두에 해당하는 **특정 지역**(조특칙 §29의3 ; 조특칙 별표 8의6)을 말한다(조특령 §70 ⑤).

수익사업에서 발생한 소득금액의 60%를 고유목적사업준비금으로 계상할 수 있는 특례가 있다. 즉 다음 각 호의 어느 하나에 해당하는 법인에 대해서는 2011년 12월 31일 이전에 끝나는 사업연도까지 고유목적사업준비금(법세 §29)을 계상하는 경우 그 법인의 수익사업에서 발생한 소득 중 **법정 금액**('해당 사업연도의 수익사업에서 발생한 소득금액'에서 '자산수증익 또는 채무면제익에 충당할 수 있는 법정 이월결손금'(법세령 §16 ①)을 뺀 금액의 100분의 60)(조특령 §70 ②)을 고유목적사업준비금으로 손금에 산입할 수 있다(조특 §74 ②). 이 경우 농업협동조합중앙회가 생산조정 또는 출하조정약정의 이행에 따른 손실보전을 목적으로 적립 하는 금액은 이를 고유목적사업준비금으로 본다(조특령 §70 ③).

> 1. 농업협동조합법에 따라 설립된 농업협동조합중앙회
> 2. 수산업협동조합법에 따라 설립된 수산업협동조합중앙회
> 3. 산림조합법에 따라 설립된 산림조합중앙회

농업중앙협의회가 수익사업에서 발생한 소득금액에 대한 고유목적사업준비금을 계상하는 경우 그 계상금액에 관한 특례가 있다. 즉 농업협동조합중앙회가 고유목적사업준비금을 계상하 는 경우에는 다음 각 호의 금액을 합한 금액의 범위에서 고유목적사업준비금을 손금에 산입할 수 있다(조특 §121의23 ⑥).

> 1. 법인세법 상 고유목적사업준비금을 적립할 수 있는 이자 및 배당소득의 금액(법세 §29 ① 1호 가목, 나목)
> 2. 농업협동조합의 명칭을 사용하는 법인(농협 §159의2)에 대해서 부과하는 농업지원사업비 수입금액에 100분의 70에서 100분의 100까지의 범위에서 기획재정부장관과 농림축산식품 부장관이 협의하여 법정 비율(100분의 100)(조특칙 §51의9)을 곱하여 산출한 금액
> 3. 제1호 및 제2호에 규정된 것 외의 수익사업에서 발생한 소득에 100분의 50을 곱하여 산출한 금액

수산업중앙협의회가 수익사업에서 발생한 소득금액에 대한 고유목적사업준비금을 계상하 는 경우 그 계상금액에 관한 특례가 있다. 즉 수산업협동조합중앙회가 고유목적사업준비금을

계상하는 경우에는 다음 각 호의 금액을 합한 금액의 범위에서 고유목적사업준비금을 손금에 산입할 수 있다(조특 §121의25 ④).

> 1. 법인세법 상 고유목적사업준비금을 적립할 수 있는 이자 및 배당소득의 금액(법세 §29 ① 1호 가목, 나목)
> 2. 수산업협동조합의 명칭을 사용하는 법인(수협 §162의2 ①)에 대해서 부과하는 명칭사용료 수입금액에 100분의 70에서 100분의 100까지의 범위에서 기획재정부장관과 해양수산부장관이 협의하여 법정 비율(100분의 100)(조특칙 §51의10)을 곱하여 산출한 금액
> 3. 제1호 및 제2호에 규정된 것 외의 수익사업에서 발생한 소득에 100분의 50을 곱하여 산출한 금액

주권상장법인 주식의 양도소득금액 전액을 고유목적사업준비금으로 계상할 수 있는 특례가 있다. 즉 법률에 따라 설립된 기금(국가재정 별표2)을 관리·운용하는 법인 중 법정 비영리법인(해당 법률에서 주식의 취득 및 양도가 허용된 기금을 관리·운용하는 비영리법인)(조특령 §70 ④)이 해당 기금에서 취득한 자본시장과 금융투자업에 관한 법률에 따른 주권상장법인의 주식을 2009년 12월 31일 이전에 끝나는 사업연도까지 양도함에 따라 소득이 발생한 경우에는 '법인세법 상 수익사업에서 발생한 소득의 고유목적사업준비금 계상에 관한 규정'(법세 §29 ① 2호) 상 손금산입한도에 구애되지 않고 그 소득 전액을 고유목적사업준비금으로 손금에 산입할 수 있다(조특 §74 ③).

3. 고유목적사업준비금의 지출 등

고유목적사업준비금을 수익사업에 대한 손금에 산입한 **비영리내국법인이 고유목적사업 등에 지출한 경우**에는 해당 금액을 **먼저 계상한 사업연도의 고유목적사업준비금부터 차례로 상계하여야** 하고, 이 경우 고유목적사업 등에 지출한 금액이 직전 사업연도 종료일 현재의 고유목적사업준비금의 잔액을 초과한 경우 초과하는 금액은 그 **사업연도에 계상할 고유목적사업준비금에서 지출한 것으로 본다**(법세 §29 ③). 한편 판례는 고유목적사업준비금을 계상하지 않고 고유목적사업에 지출한 경우에는 비영리내국법인의 수익사업에 속하는 잉여금 및 자본원입액에서 상계할 수밖에 없다고 판시한다.[1066] '해당 사업연도에 계상할 고유목적사업준비금에서 지출한 것으로 보는 경우'는 '고유목적사업준비금을 계상하지 않고 고유목적사업에 지출한

1066) 대법원 2013.11.28. 2013두12645

경우'에 해당하지 않는 것으로 보아야 한다. 다만 **해당 사업연도에 계상할 고유목적사업준비금 역시 초과하여 지출한 금액**을 고유목적사업준비금과 상계할 수 없음은 당연하고 해당 금액 역시 비영리내국법인의 수익사업에 속하는 잉여금 및 자본원입액에서 상계할 수밖에 없다고 본다. 다만 **해당 지출이 '수익사업에서 발생한 소득금액' 자체에서 공제되는 손금에 해당하는지 여부는 '수익사업에서 발생한 익금'에서 공제되는 손금으로서의 요건을 충족하는지 여부와는 별개로 판단하여야** 한다. 고유목적사업준비금은 '수익사업에서 발생한 소득'에 대하여 손금산입을 허용하는 것이므로, 고유목적사업준비금의 손금산입한도에 대한 규정이 '수익사업에서 발생한 소득'의 계산 자체에 대하여 영향을 미칠 수는 없기 때문이다. 한편 비영리법인이 고유목적사업에 지출하기 위하여 고유목적사업준비금을 계상한 경우에 한하여 일정한 범위 안에서만 손금에 산입할 수 있음에도 **고유목적사업준비금을 계상하지 않고 고유목적사업에 지출한 경우에는 비영리내국법인의 수익사업에 속하는 잉여금 및 자본원입액에서 상계할 수밖에 없다고 판시하는 판례**[1067] 및 법인세법이 비영리법인에 대하여 수익사업과 고유목적사업 등을 구분하고 수익사업에서 생기는 소득에 대하여만 과세하면서도 고유목적사업 등에 지출하기 위한 고유목적사업준비금을 일정 한도액의 범위 안에서 수익사업의 손금에 산입할 수 있도록 한 취지 등을 종합하면 비영리법인의 경우 수익사업에서 얻은 소득을 고유목적사업 등에 지출한다고 하더라도, **특별한 사정이 없는 한 이는 '수익사업의 소득을 얻기 위하여 지출한 비용'으로 볼 수 없으므로, 이를 고유목적사업준비금의 손금산입 한도액 범위 안에서 손금에 산입할 수 있을 뿐 이와 별도로 비영리법인의 선택에 따라 그 지출금을 수익사업의 수익에 대응하는 비용으로 보아 손금에 산입하는 것은 허용될 수 없다는 판례**[1068]가 있는바, 이 판례들 역시 '수익사업에서 발생한 소득에 대한 손금산입'과 '수익사업 소득의 계산 상 공제되는 손금산입'을 구분하여 판시한 것으로 이해하는 것이 타당하다.

고유목적사업준비금을 계상한 비영리내국법인이 '일반기부금'을 지출한 경우에는 해당 고유목적사업준비금에서 일반기부금을 지출한 것으로 보아 고유목적사업준비금과 상계하여 야 한다. 법문이 일반기부금에 지출한 것 역시 고유목적사업 등에 지출한 것으로 규정한다(법세 §29 ① 각 호 외의 부분). 이 규정은 일반기부금 손금산입한도액(법세 §24 ③ 2호)과 상관 없이 손금산입하는 것을 허용하기 위한 정책적 배려를 반영한 것이다. **고유목적사업준비금을 계상한 비영리내국법인이 '특례기부금'을 지출한 경우에는 고유목적사업준비금과 상계하지 않는다.**

1067) 대법원 2013.11.28. 2013두12645
1068) 대법원 2020.5.28. 2018두32330

법문 상 일반기부금에 한하여 그 지출을 고유목적사업 등에 지출한 것으로 규정되어 있다(법세 §29 ① 각 호 외의 부분). 만약 특례기부금의 지출을 위하여서도 고유목적사업준비금을 설정하도록 한다면 특례기부금 손금한도액 계산의 기초가 되는 해당 사업연도의 소득금액을 특례기부금과 일반기부금 외에 고유목적사업준비금까지 손금에 산입하기 전의 소득금액으로 해석하여야 하는바, 그렇다면 해당 비영리법인의 고유목적사업준비금을 통하여 손금산입한 금액에 대하여 다시 특례기부금을 설정할 수 있는 결과에 이른다. 이는 '특례기부금 및 일반기부금을 손금에 산입하기 전의 해당 사업연도 소득금액을 기준으로 특례기부금의 기준소득금액을 산정한다'는 취지의 법문(법세 §24 ② 2호)에 반한다. 이상의 각 점을 감안하여 법인세법이 일반기부금에 한하여 그 지출을 고유목적사업에 대한 지출로 의제하는 규정을 둔 것으로 본다. 판례 역시 특례기부금 손금산입한도액 계산의 기초가 되는 '해당 사업연도의 소득금액'은 특례기부금과 일반기부금만을 손금에 산입하기 전의 소득금액을 의미하고, 특례기부금과 일반기부금 외에 고유목적사업준비금까지 손금에 산입하기 전의 소득금액으로 해석할 수는 없다고 판시한다.[1069]

고유목적사업준비금 설정한도를 초과하여 계상한 금액은 손금불산입되고 그 한도초과액은 이후 사업연도에서 그 한도에 미달하여 고유목적사업준비금이 설정된 경우에도 추인될 수 없다. 고유목적사업준비금은 각 사업연도 및 각 소득금액 별로 별개로 설정될 뿐만 아니라 그 설정한도 미만으로 설정할지 여부는 해당 법인의 선택에 따른 것이며 그 한도초과액의 추인을 허용하는 규정 역시 없기 때문이다.

고유목적사업준비금을 손금에 산입한 비영리내국법인이 사업에 관한 모든 권리와 의무를 다른 비영리내국법인에 **포괄적으로 양도하고 해산하는 경우**에는 해산등기일 현재의 고유목적 사업준비금 잔액은 그 다른 비영리내국법인이 승계할 수 있다(법세 §29 ④).

'고유목적사업에 지출 또는 사용하였는지 여부'는 비영리법인 결산서 상 계상 여부 또는 계정과목 등에 의하여 결정되는 것이 아니라 그 경제적 실질에 따라 해당 금액이 고유목적사업을 위하여 해당 비영리법인 이외의 당사자에게 지출 또는 사용되었는지 여부에 의하여 결정하여야 하므로 단순한 법인 내부의 경리 상 수익사업에서 비수익사업으로 변경하여 계상하는 경우는 포함될 수 없고, 이는 해당 비영리법인 이외의 당사자가 해당 법인에 대하여 행사할 수 있는 해당 금액에 대한 청구권이 확정되었는지 여부에 의하여 판단하여야 한다. 다만 아래와 같이 의료법인의 경우에는 의료발전회계로 구분경리하는 것을 고유목적사업에 지출 또는 사용한

1069) 대법원 2019.12.27. 2018두37472

것으로 보는 규정(법세령 §56 ⑥ 3호)을 포함하는 고유목적사업에 지출 또는 사용에 대한 의제규정 (법세령 §56 ⑥)이 있다는 점에 유의하여야 한다.

고유목적사업에 지출 또는 사용된 것으로 의제되는 금액 역시 있다. 즉 다음 각 호의 금액은 고유목적사업에 지출 또는 사용한 금액으로 본다(법세령 §56 ⑥ 본문). 다만, 비영리내국법인이 유형자산 및 무형자산 취득 후 법령 또는 정관에 규정된 고유목적사업이나 보건업[의료법인(보건업을 영위하는 비영리내국법인)에 한정]에 3년 이상 자산을 직접 사용하지 아니하고 처분하는 경우에는 다음 제1호 또는 제3호의 금액을 고유목적사업에 지출 또는 사용한 금액으로 보지 아니한다(법세령 §56 ⑥ 단서).

1. 비영리내국법인이 해당 고유목적사업의 수행에 직접 소요되는 유형자산 및 무형자산 취득비용(자본적 지출(법세령 §31 ②)을 포함) 및 인건비 등 필요경비로 사용하는 금액
2. 특별법에 따라 설립된 법인(해당 법인에 설치되어 운영되는 기금 중 법인으로 보는 단체(국기 §13 ①)를 포함)으로서 건강보험·연금관리·공제사업 및 예금보험제도를 운영하는 법정사업(법세령 §3 ① 8호)을 영위하는 비영리내국법인이 손금으로 계상한 고유목적사업준비금을 '법령에 의하여 기금 또는 준비금'으로 적립한 금액
3. 의료법인이 지출하는 다음 각 목의 어느 하나에 해당하는 금액. 이 경우 의료법인은 손비로 계상한 고유목적사업준비금상당액을 **법정 의료발전회계**(고유목적사업준비금의 적립 및 지출에 관하여 다른 회계와 구분하여 독립적으로 경리하는 회계)(법세칙 §29의2 ④)로 구분하여 경리하여야 한다(법세령 §56 ⑩). 의료발전회계 처리방법과 관련하여서는 법인세법 기본통칙 29-56…6을 참고할 수 있다.
   가. 의료기기 등 **법정 자산**(병원 건물 및 부속토지, 의료기기법에 따른 의료기기, 보건의료기본법에 따른 보건의료정보의 관리를 위한 정보시스템 설비, 산부인과 병원·의원 또는 조산원을 운영하는 의료법인이 취득하는 산후조리원(모자보건 §2 10호) 건물 및 부속토지)(법세칙 §29의2 ①)을 취득하기 위하여 지출하는 금액. 이 경우 법정 자산의 취득을 위하여 지출한 금액을 반드시 고유목적사업에 지출한 금액으로서 고유목적사업준비금과 상계하지 않고, **해당 법정 자산을 취득한 것으로 계상하여 그 자산에 대하여 감가상각하는 방법으로 손금에 산입하는 것 역시 가능한지 여부**가 쟁점이 될 수 있다. 의료법인의 선택에 따라 고유목적사업준비금의 잔액이 달라지는 문제가 발생하고 본 규정이 의제규정의 형식을 취한다는 점에 비추어 허용될 수 없다고 판단한다.
   나. 법정 의료 해외진출(의료해외진출 §2 1호)을 위하여 **법정 용도**('병원 건물 및 부속토지를 임차하거나 인테리어 하는 경우', '의료기기법에 따른 의료기기 또는 보건의료기본법에 따른 보건의료정보의 관리를 위한 정보시스템 설비를 임차하는 경우')(법세칙 §29의2 ②)로 지출하는 금액.
   다. **법정 연구개발사업**('자체연구개발사업'(조특령 §별표 6 1호 가목)과 '위탁 및 공동연구개

발사업'(조특령 §별표 6 1호 나목))(법세칙 §29의2 ③)을 위하여 지출하는 금액

4. 농업협동조합법에 따른 농업협동조합중앙회가 '이익처분으로서 계상한 고유목적사업준비금'(법세 §29 ②)을 회원에게 무상으로 대여하는 금액

5. 농업협동조합법에 의한 농업협동조합중앙회가 농업협동조합의 구조개선에 관한 법률에 의한 상호금융예금자보호기금에 출연하는 금액

6. 수산업협동조합법에 의한 수산업협동조합중앙회가 수산업협동조합의 부실예방 및 구조개선에 관한 법률에 의한 상호금융예금자보호기금에 출연하는 금액

7. 신용협동조합법에 의한 신용협동조합중앙회가 동법에 의한 신용협동조합예금자보호기금에 출연하는 금액

8. 새마을금고법에 의한 새마을금고연합회가 동법에 의한 예금자보호준비금에 출연하는 금액

9. 산림조합법에 의한 산림조합중앙회가 동법에 의한 상호금융예금자보호기금에 출연하는 금액

10. 제주국제자유도시 개발센터(제주특별자치 §166)가 '개발센터시행계획의 수립·집행'(제주특별자치 §170 ① 1호), '외국교육기관·국제학교, 그 밖에 교육 관련 기관의 유치·설립·운영 및 지원(관련 토지의 취득·비축을 포함)'(제주특별자치 §170 ① 2호 라목), '외국의료기관의 유치와 설립·운영 지원(관련 토지의 취득·비축을 포함)'(제주특별자치 §170 ① 2호 마목) 및 '국제자유도시와 관련된 법정 투자유치업무'(제주특별자치 §170 ① 3호)에 지출하는 금액

손금에 산입한 고유목적사업준비금의 잔액이 있는 비영리내국법인은 고유목적사업준비금을 손금에 산입한 사업연도의 종료일 이후 **5년 이내에 그 잔액 중 일부를** 먼저 손금에 산입한 사업연도의 잔액부터 **차례로 감소시켜 익금에 산입할 수** 있다(법세 §29 ⑥). 즉 해당 법인이 임의로 고유목적사업준비금을 조기에 환입할 수 있고, 이를 통하여 다음 이자상당액의 지급을 경감시킬 수 있다. 판례는 위 규정이 2018년 12월 24일 신설되기 이전에도 임의의 조기환입을 인정하고 있었다. 즉 비영리내국법인이 5년의 유예기간 중에 고유목적사업준비금을 고유목적사업 등이 아닌 다른 용도에 사용하여 더 이상 고유목적사업에 지출할 수 없다는 점이 분명하게 드러난 경우라면, 5년의 유예기간에도 불구하고 사용금액 상당을 사유가 발생한 사업연도의 익금에 곧바로 산입할 수 있다.[1070] 임의로 고유목적사업준비금을 조기에 환입하는 경우에는 법정 절차(법세령 §56 ⑦)에 따라 계산한 이자상당액을 해당 사업연도의 법인세에 더하여 납부하여야 한다(법세 §29 ⑦). **이자상당액**은 '당해 고유목적사업준비금의 잔액을 손금에 산입한 사업연도

1070) 대법원 2017.3.9. 2016두59249

에 그 잔액을 손금에 산입함에 따라 발생한 법인세액의 차액'에 '손금에 산입한 사업연도의 다음 사업연도의 개시일부터 익금에 산입한 사업연도의 종료일까지의 기간에 대하여 1일 10만분의 25의 율'를 곱하여 계산한 금액을 말한다(법세령 §56 ⑦). 다만 **손금에 산입한 고유목적사업준비금의 잔액이 있는 비영리내국법인**이 다음 각 호의 어느 하나에 해당하게 된 경우 그 잔액(제5호의 경우에는 고유목적사업 등이 아닌 용도에 사용한 금액)은 **해당 사유가 발생한 날**이 속하는 사업연도의 소득금액을 계산할 때 **익금에 산입한다**(법세 §29 ⑤). 이상과 같이 익금에 산입한 금액은 '수익사업에서 발생한 소득'에 해당하지 않으므로, 이에 대하여 **다시 고유목적사업준비금을 설정할 수는 없다**.

> 1. 해산한 경우(고유목적사업준비금을 승계한 경우(법세 §29 ④)는 제외)
> 2. 고유목적사업을 전부 폐지한 경우
> 3. 법인으로 보는 단체가 법정 절차(국기 §13 ③)에 따라 승인이 취소되거나 거주자로 변경된 경우
> 4. 고유목적사업준비금을 손금에 산입한 사업연도의 종료일 이후 5년이 되는 날까지 고유목적사업 등에 사용하지 아니한 경우(5년 내에 사용하지 아니한 잔액으로 한정). 이 경우 법정 절차(법세령 §56 ⑦)에 따라 계산한 **이자상당액**을 해당 사업연도의 법인세에 더하여 납부하여야 한다(법세 §29 ⑦). **이자상당액**은 '당해 고유목적사업준비금의 잔액을 손금에 산입한 사업연도에 그 잔액을 손금에 산입함에 따라 발생한 법인세액의 차액'에 '손금에 산입한 사업연도의 다음 사업연도의 개시일부터 익금에 산입한 사업연도의 종료일까지의 기간에 대하여 1일 10만분의 25의 율'를 곱하여 계산한 금액을 말한다(법세령 §56 ⑦).
> 5. 고유목적사업준비금을 고유목적사업 등이 아닌 용도에 사용한 경우

4. 고유목적사업준비금으로 손금산입하는 비영리내국법인의 인건비 특례

고유목적사업준비금으로 손금산입하는 법정 비영리내국법인의 인건비에 관한 특례가 있다. 해당 사업연도에 다음 각 호의 어느 하나에 해당하는 법인의 임원 및 직원이 해당 사업연도에 지급받는 **총급여액**(소득세법 상 근로소득(소세 §20 ① 각 호)의 금액의 합계액 ; 해당 사업연도의 근로기간이 1년 미만인 경우에는 총급여액을 근로기간의 월수로 나눈 금액에 12를 곱하여 계산한 금액으로 하고, 이 경우 개월 수는 태양력에 따라 계산하되, 1개월 미만의 일수는 1개월)이 8천만원을 초과하는 경우 그 초과하는 금액은 '비영리내국법인이 해당 고유목적사업의 수행에 직접 소요되는 인건비'(법세령 §56 ⑥ 1호)로 보지 아니한다(법세령 §56 ⑪ 본문). 다만, 해당 법인이 해당 사업연도의 과세표준을 신고(법세 §60)하기 전에 해당 임원 및 종업원의

인건비 지급규정에 대하여 **주무관청으로부터 승인받은 경우**에는 그러하지 아니하다(법세령 §56 ⑪ 단서). 인건비 지급규정을 승인받은 자는 승인받은 날부터 3년이 지날 때마다 다시 승인을 받아야 하고, 그 기간 내에 인건비 지급규정이 변경되는 경우에는 그 사유가 발생한 날이 속하는 사업연도의 과세표준 신고기한(법세 §60)까지 다시 승인을 받아야 한다(법세령 §56 ⑬). 승인을 요청받은 주무관청은 해당 인건비 지급규정이 사회통념상 타당하다고 인정되는 경우 이를 승인하여야 한다(법세령 §56 ⑫). 주무관청의 승인을 받은 법인은 신고(법세 §60)를 할 때 인건비 지급규정 및 주무관청의 승인사실을 확인할 수 있는 서류를 납세지 관할 세무서장에게 제출하여야 한다(법세령 §56 ⑭).

---

1. 수익사업에서 해당 사업연도에 발생한 소득(법세 §29 ① 2호)에 대하여 100분의 50을 곱한 금액을 초과하여 고유목적사업준비금으로 손금산입하는 비영리내국법인
2. '사회복지사업법에 따른 사회복지법인'(조특 §74 ① 2호) 및 '공익법인의 설립·운영에 관한 법률에 따라 설립된 법인으로서 해당 과세연도의 고유목적사업이나 일반기부금에 대한 지출액 중 100분의 80 이상의 금액을 장학금으로 지출한 법인'(조특 §74 ① 8호)에 해당하여 수익사업에서 해당 사업연도에 발생한 소득에 대하여 100분의 50을 곱한 금액을 초과하여 고유목적사업준비금으로 손금산입하는 비영리내국법인
3. 법정 계산식[(해당 사업연도 및 직전 5개 사업연도 동안 수익사업(법세 §29 ① 2호)에서 발생한 소득 등 고유목적사업준비금으로 손금산입한 금액의 합계액)/(해당 사업연도 및 직전 5개 사업연도 동안 수익사업(법세 §29 ① 2호)에서 발생한 소득의 합계액)]에 따라 계산한 비율이 100분의 50을 초과하는 비영리내국법인

구분경리와 장부기장 특례

비영리법인이 수익사업을 하는 경우에는 자산·부채 및 손익을 그 **수익사업**에 속하는 것과 **수익사업이 아닌 그 밖의 사업**에 속하는 것을 각각 다른 회계로 구분하여 기록하여야 한다(법세 §113 ①). 법인은 구분하여야 할 사업 또는 재산별로 자산·부채 및 손익을 법인의 장부 상 각각 독립된 계정과목에 의하여 구분경리하여야 하나(법세령 §156 ①), 각 사업 또는 재산별로 구분할 수 없는 공통되는 익금과 손금은 그러하지 아니하다(법세칙 §75 ① 단서).

구분경리를 하는 경우 수익사업과 기타의 사업에 공통되는 자산과 부채는 이를 수익사업에 속하는 것으로 한다(법세칙 §76 ①). 수익사업의 자산의 합계액에서 부채(충당금을 포함)의

합계액을 공제한 금액을 수익사업의 자본금으로 한다(법세칙 §76 ②). **기타의 사업에 속하는 자산을 수익사업에 지출 또는 전입한 경우** 그 자산가액은 자본의 원입으로 경리하고, 그 자산가액은 시가에 의한다(법세칙 §76 ③). **수익사업에 속하는 자산을 기타의 사업에 지출한 경우** 그 자산가액 중 수익사업의 소득금액(잉여금을 포함)을 초과하는 금액은 자본원입액의 반환으로 하고, 이 경우 **수익사업에서 발생한 소득금액 전액을 고유목적사업준비금으로 계상할 수 있는 조세특례제한법 상 특례**(조특 §74 ①)가 적용되는 법인이 수익사업회계에 속하는 자산을 비영리사업회계에 전입한 경우에는 이를 비영리사업에 지출한 것으로 한다(법세칙 §76 ④).

비영리법인 역시 장부를 갖추어 두고 **복식부기 방식으로 장부를 기장**하여야 하며, 장부와 관계있는 **중요한 증명서류를 비치 · 보존**하여야 하나(법세 §112 본문), 비영리법인은 **사업소득**(법세 §4 ③ 1호) 및 **보유기간 별 과세대상인 채권의 매매익**(법세 §4 ③ 7호)의 수익사업(비영리외국법인의 경우 해당 수익사업 중 국내원천소득이 발생하는 경우만 해당)을 하는 경우로 한정한다(법세 §112 단서). 이 경우 장부의 기장에 대하여서는 위 각 규정들(법세칙 §76 ①~④)이 적용된다(법세칙 §76 ⑤).

비영리법인이 수익사업과 기타의 사업의 손익을 구분경리하는 경우(법세 §113 ①) **공통되는 익금과 손금**은 다음 각 호의 규정에 의하여 구분계산하여야 한다(법세칙 §76 ⑥ 본문). 다만, 공통익금 또는 손금의 구분계산에 있어서 개별손금(공통손금 외의 손금의 합계액)이 없는 경우나 기타의 사유로 다음 각 호의 규정을 적용할 수 없거나 적용하는 것이 불합리한 경우에는 공통익금의 수입항목 또는 공통손금의 비용항목에 따라 국세청장이 정하는 작업시간 · 사용시간 · 사용면적 등의 기준에 의하여 안분계산한다(법세칙 §76 ⑥ 단서). 이 경우 공통되는 익금은 과세표준이 되는 것에 한하며, 공통되는 손금은 익금에 대응하는 것에 한한다(법세칙 §76 ⑦).

1. 수익사업과 기타의 사업의 공통익금은 수익사업과 기타의 사업의 수입금액 또는 매출액에 비례하여 안분계산
2. 수익사업과 기타의 사업의 업종이 동일한 경우의 공통손금은 수익사업과 기타의 사업의 수입금액 또는 매출액에 비례하여 안분계산
3. 수익사업과 기타의 사업의 업종이 다른 경우의 공통손금은 수익사업과 기타의 사업의 개별 손금액에 비례하여 안분계산

법률에 의하여 법인세가 감면되는 사업과 기타의 사업을 겸영하는 법인은 다음과 같이 **구분경리하여야 한다**(법세칙 §75 ② 전단). 이 경우 업종의 구분은 한국표준산업분류에 의한

소분류에 의하되, 소분류에 해당 업종이 없는 경우에는 중분류에 의한다(법세칙 §75 ② 후단). 법인은 구분하여야 할 사업 또는 재산별로 자산·부채 및 손익을 법인의 장부 상 각각 독립된 계정과목에 의하여 구분경리하여야 하나(법세령 §56 ①), 각 사업 또는 재산별로 구분할 수 없는 공통되는 익금과 손금은 그러하지 아니하다(법세칙 §75 ① 단서). 비영리법인이 수익사업과 기타의 사업의 손익을 구분경리하는 경우(법세 §113 ①) **공통되는 익금과 손금**은 다음 각 호의 규정에 의하여 구분계산하여야 한다(법세칙 §76 ⑥ 본문). 다만, 공통익금 또는 손금의 구분계산에 있어서 개별손금(공통손금 외의 손금의 합계액)이 없는 경우나 기타의 사유로 다음 각 호의 규정을 적용할 수 없거나 적용하는 것이 불합리한 경우에는 공통익금의 수입항목 또는 공통손금의 비용항목에 따라 국세청장이 정하는 작업시간·사용시간·사용면적 등의 기준에 의하여 안분계산한다(법세칙 §76 ⑥ 단서). 이 경우 공통되는 익금은 과세표준이 되는 것에 한하며, 공통되는 손금은 익금에 대응하는 것에 한한다(법세칙 §76 ⑦).

---

1. 수익사업과 기타의 사업의 공통익금은 수익사업과 기타의 사업의 수입금액 또는 매출액에 비례하여 안분계산
2. 수익사업과 기타의 사업의 업종이 동일한 경우의 공통손금은 수익사업과 기타의 사업의 수입금액 또는 매출액에 비례하여 안분계산
3. 수익사업과 기타의 사업의 업종이 다른 경우의 공통손금은 수익사업과 기타의 사업의 개별 손금액에 비례하여 안분계산

제5절 비영리법인의 과세표준 및 세액의 신고·납부에 관한 특례

이자소득에 대한 신고특례

비영리내국법인은 이자소득(비영업대금의 이익(소세 §16 ① 11호)은 제외하고, 투자신탁의 이익을 포함)으로서 **원천징수된 이자소득**(법세 §73, §73의2)에 대하여는 과세표준신고를 하지 아니할 수 있고 이 경우 과세표준 신고를 하지 아니한 이자소득은 각 사업연도의 소득금액을 계산할 때 포함하지 아니한다(법세 §62 ①). 비영리내국법인은 원천징수된 이자소득 중 일부에 대하여도 과세표준신고를 하지 아니할 수 있다(법세령 §99 ①). 과세표준신고를 하지 아니한

이자소득에 대하여는 **수정신고, 기한 후 신고** 또는 **경정 등**에 의하여 이를 과세표준에 포함시킬 수 없다(법세령 §99 ②).

Ⅱ 자산양도소득에 대한 신고특례

비영리내국법인(사업소득(법세 §4 ③ 1호)에 따른 수익사업을 하는 비영리내국법인은 제외)이 '주식·신주인수권 또는 출자지분의 양도로 인한 수입'(법세 §4 ③ 4호), '유형자산 및 무형자산의 처분으로 인한 수입'(법세 §4 ③ 5호) 및 '부동산에 관한 권리(소세 §94 ① 2호)와 기타자산(소세 §94 ① 4호)의 양도로 인한 수입'(법세 §4 ③ 6호)으로서 다음 각 호의 어느 하나에 해당하는 자산의 양도로 인하여 발생하는 자산양도소득이 있는 경우에는 **과세표준 신고**(법세 §60 ①)**를 하지 아니할 수 있다**(법세 §62의2 ① 전단). 이 경우 **과세표준 신고를 하지 아니한 자산양도소득은 각 사업연도의 소득금액을 계산할 때 포함하지 아니한다**(법세 §62의2 ① 후단). 이는 비영리법인이 영리를 추구하는 법인이 아닌 점을 고려하여 자산양도소득에 대한 법인세 부담이 양도소득세보다 과중하여지지 않도록 하려는 규정이다.[1071] 또한 수익사업을 영위하지 아니하던 기간에 토지의 양도로 인한 양도소득이 발생하였다면, 그 후 같은 사업연도 내에 수익사업을 영위하였더라도 그 양도소득에 대하여서는 위 규정을 적용할 수 있다.[1072] 즉 **양도소득이 발생할 당시를 기준으로 사업소득**(법세 §4 ③ 1호)**에 따른 수익사업을 하였는지 여부를 판정**한다. 자산의 양도소득에 대한 과세특례는 각 자산의 양도일이 속하는 **각 사업연도 단위별**로 이를 적용한다(법세령 §99의2 ② 전단). 이 경우 각 사업연도 단위별로 이를 적용하지 아니한 때에는 당해 사업연도의 양도소득에 대하여는 비영리내국법인의 자산양도소득에 대한 신고 특례(법세 §62의2)를 적용하지 아니한다(법세령 §99의2 ② 후단). 따라서 동일 사업연도에 발생한 양도소득을 자산별로 구분하여 위 특례의 적용 여부를 선택할 수는 없다.

---

1. 법정 대주주 등이 소유하고 양도소득 과세대상이 되는 주식등(소세 §94 ① 3호)과 법정 주식등
2. 토지 또는 건물(건물에 부속된 시설물과 구축물을 포함)
3. 부동산에 관한 권리(소세 §94 ① 2호)와 기타자산(소세 §94 ① 4호)

1071) 대법원 2012.1.26. 2010두3763
1072) 대법원 2012.1.26. 2010두3763

과세표준의 신고를 하지 아니한 자산양도소득에 대하여는 '소득세법 상 양도소득과세표준의 계산규정'(소세 §92)을 준용하여 계산한 과세표준에 '소득세법 상 양도소득세의 세율'(소세 §104 ① 각 호)을 적용하여 계산한 금액을 법인세로 납부하여야 한다(법세 §62의2 ② 전단). 이 경우 '소득세법 상 지정지역에 있는 부동산으로서 비사업용 토지(소세 §104의3) 등'에 대한 가중세율(소세 §104 ④)을 적용하는 경우에는 '토지 등 양도소득에 대한 과세특례'(법세 §55의2)를 적용하지 아니한다(법세 §62의2 ② 후단).

'**소득세법 상 양도소득과세표준의 계산규정**'(소세 §92)을 **준용하여 계산한 과세표준**은 자산의 양도로 인하여 발생한 총수입금액에 해당하는 양도가액에서 필요경비를 공제하고, 공제한 후의 양도차익에서 '소득세법 상 장기보유 특별공제액(소세 §95 ②) 및 양도소득 기본공제(소세 §103)'를 공제하여 계산한다(법세 §62의2 ③).

양도가액, 필요경비 및 양도차익의 계산에 관하여는 소득세법 상 규정(양도가액(소세 §96), 양도소득의 필요경비 계산(소세 §97), 양도소득의 필요경비 계산 특례(소세 §97의2), 양도 또는 취득의 시기(소세 §98) 및 양도차익의 산정(소세 §100))을 준용한다(법세 §62의2 ④ 본문). 다만, **상속세 및 증여세법에 따라 상속세 과세가액 또는 증여세 과세가액에 산입되지 아니한 재산을 출연받은 비영리내국법인이 법정 자산**(법세령 §99의2 ③)을 양도하는 경우에는 그 자산을 출연한 출연자의 취득가액을 그 법인의 취득가액으로 하며, '승인에 의하여 법인으로 보는 단체'(국기 §13 ②)의 경우에는 승인을 받기 전의 당초 취득한 가액을 취득가액으로 한다(법세 §62의2 ④ 단서). **법정 자산**은 출연받은 날부터 3년 이내에 양도하는 자산을 말한다(법세령 §99의2 ③ 본문). 다만, 1년 이상 **다음 각 호의 어느 하나에 해당하는 사업**(보건업 외에 사업소득(법세령 §3 ①)에 해당하는 수익사업은 제외)에 직접 사용한 자산을 제외한다(법세령 §99의2 ③ 단서). 상속세 및 증여세법에 의하여 상속세과세가액 또는 증여세과세가액에 산입되지 아니한 출연재산이 그 후에 과세요인이 발생하여 그 과세가액에 산입되지 아니한 상속세 또는 증여세의 전액 상당액이 부과되는 경우에는 위 규정(법세령 §99의2 ③)을 적용하지 아니한다(법세령 §99의2 ④).

1. 법령에서 직접 사업을 정한 경우에는 그 법령에 규정된 사업
2. 행정관청으로부터 허가·인가 등을 받은 경우에는 그 허가·인가 등을 받은 사업
3. 제1호 및 제2호 외의 경우에는 법인등기부 상 목적사업으로 정하여진 사업

과세표준의 계산에 관하여는 소득세법 상 규정들(양도소득의 부당행위계산(소세 §101) 및 양도소득금액의 구분계산 등(소세 §102))을 준용하고, **세액계산에 관하여는** 양도소득세액 계산의 순서규정(소세 §92 ③)을 준용한다(법세 §62의2 ⑤).

법인세의 과세표준에 대한 신고ㆍ납부ㆍ결정ㆍ경정 및 징수에 관하여는 자산 양도일이 속하는 각 사업연도의 소득에 대한 법인세 과세표준의 신고ㆍ납부ㆍ결정ㆍ경정 및 징수에 관한 규정을 준용하되, 그 밖의 법인세액에 합산하여 신고ㆍ납부ㆍ결정ㆍ경정 및 징수한다(법세 §62의2 ⑥ 전단). 이 경우 **장부의 기록ㆍ보관 불성실 가산세**(법세 §75의3)를 준용한다(법세 §62의2 ⑥ 후단).

법인세는 소득세법 상 규정들(양도소득과세표준 예정신고(소세 §105), 예정신고납부(소세 §106) 및 예정신고 산출세액의 계산(소세 §107))을 준용하여 **양도소득과세표준 예정신고 및 자진납부를** 하여야 한다(법세 §62의2 ⑦ 전단). 이 경우 양도소득세의 분할납부(소세 §112)를 준용한다(법세 §62의2 ⑦ 후단). 양도소득과세표준 예정신고 및 자진납부를 한 경우에도 과세표준의 신고(법세 §60 ①)를 할 수 있다(법세령 §99의2 ⑤ 전단). 이 경우 예정신고납부세액은 납부할 세액(법세 §64)에서 이를 공제한다(법세령 §99의2 ⑤ 후단). 양도소득과세표준 예정신고를 하는 경우에는 **양도소득과세표준예정신고서**(법세칙 §82)를 제출하여야 한다(법세령 §99의2 ⑥).

비영리내국법인이 **양도소득과세표준 예정신고**(법세 §62의2 ⑦)**를 한 경우에는 과세표준에 대한 신고**(법세 §62의2 ⑥)**를 한 것으로 본다**(법세 §62의2 ⑧ 본문). 다만, 해당 과세기간에 누진세율 적용대상 자산에 대한 예정신고를 2회 이상 하는 경우 등(소세 §110 ④ 단서)으로서 법정 경우(소세령 §173 ⑤)에는 과세표준에 대한 신고(법세 §62의2 ⑥)를 하여야 한다(법세 §62의2 ⑧ 단서).

제6절 조합법인, 정비사업조합 및 학교법인에 대한 과세특례

Ⅰ 조합법인에 대한 과세특례

조합법인(법세 §2 2호 나목)의 경우에는 이익을 배당받을 수 있음에도 불구하고 비영리법인으로 분류되는바, 그 조합법인의 각 사업연도 소득의 계산 역시 별도의 특례에 의하여 계산한다. 이를 **당기순이익과세**라고 한다. 신용협동조합 및 농업협동조합 등 특정 조합법인(조특 §72 ① 각 호)의 각 사업연도의 소득에 대한 법인세는 2020년 12월 31일 이전에 끝나는 사업연도까지

법인세법 규정(법세 §13, §55)에도 불구하고 해당 법인의 결산재무제표 상 당기순이익[법인세 등을 공제하지 아니한 당기순이익을 말한다]에 **기부금**(해당 법인의 수익사업과 관련된 것만 해당)**의 손금불산입액**(법세 §24)**과 기업업무추진비**(해당 법인의 수익사업과 관련된 것만 해당) **의 손금불산입액**(법세 §25) **등 손금의 계산에 관한 법정 규정**(대손금의 손금불산입(법세 §19의2 ②), 기부금의 손금불산입(법세 §24), 기업업무추진비의 손금불산입(법세 §25), 과다경비 등 손금불 산입(법세 §26), 업무와 관련 없는 비용의 손금불산입(법세 §27), 업무용 승용차 관련 비용의 손금불산입 등 특례(법세 §27의2), 지급이자의 손금불산입(법세 §28), 퇴직급여충당금의 손금산입 (법세 §33), 대손충당금의 손금산입(법세 §34 ②) : 해당 법인의 수익사업과 관련된 것만 해당)(법세 령 §69 ①)**을 적용하여 계산한 금액**을 합한 금액에 100분의 9[해당 금액이 20억원(2016년 12월 31일 이전에 조합법인 사이 합병하는 경우로서 합병에 따라 설립되거나 합병 후 존속하는 조합법인의 합병등기일이 속하는 사업연도와 그 다음 사업연도에 대하여는 40억원)을 초과하는 경우 그 초과분에 대하여서는 100분의 12]의 세율을 적용하여 과세한다(조특 §72 ① 본문). 한도액이 음수인 경우 영으로 한다(조특칙 §29 ①).

당기순이익 과세가 적용되는 조합법인의 범위는 다음과 같다(조특 §72 ① 각 호). 당기순이익 과세의 적용대상에서 대한염업조합을 배제한 것에 특별한 사정이 있는 것으로 보이지는 않는다.

1. 신용협동조합법에 따라 설립된 신용협동조합 및 새마을금고법에 따라 설립된 새마을금고
2. 농업협동조합법에 따라 설립된 조합 및 조합공동사업법인
3. (삭제)
4. 수산업협동조합법에 따라 설립된 조합(어촌계를 포함) 및 조합공동사업법인
5. 중소기업협동조합법에 따라 설립된 협동조합·사업협동조합 및 협동조합연합회
6. 산림조합법에 따라 설립된 산림조합(산림계를 포함) 및 조합공동사업법인
7. 엽연초생산협동조합법에 따라 설립된 엽연초생산협동조합
8. 소비자생활협동조합법에 따라 설립된 소비자생활협동조합

당기순이익과세를 하는 조합법인 등의 경우(조특 §72 ①)**에는 고유목적사업준비금의 손금산입 규정을 적용하지 않는다**(조특령 §69 ①). 당기순이익 과세의 경우 비영리법인의 고유목적사업준 비금의 손금산입 규정을 적용하는 것은 그 체계 상 부합되지 않기 때문이다. 당기순이익 과세를 포기하는 경우(조특 §72 ① 단서)에는 고유목적사업준비금의 손금산입을 적용할 수 있다.

조합법인 등의 설립에 관한 법령 또는 정관(당해 법령 또는 정관의 위임을 받아 제정된

규정을 포함)**에 규정된 설립목적을 직접 수행하는 사업**(수익사업(법세령 §3 ①) 외의 사업에 한정을 위하여 지출하는 금액은 기부금(법세 §24) 또는 기업업무추진비(법세 §25)로 보지 아니하며, '특수관계인과의 거래에서 발생한 수입금액에 대해서는 그 수입금액에 법정 비율을 적용하여 산출한 금액의 100분의 10에 상당하는 금액을 기업업무추진비의 수입금액별 한도로 한다'는 규정(법세 §25 ④ 2호 단서)은 당해 조합법인 등에 출자한 조합원 또는 회원과의 거래에서 발생한 수입금액에 대하여는 이를 적용하지 아니한다(조특령 §69 ③). 퇴직급여충당금의 손금산입(법세 §33)에 따른 손금불산입액을 계산함에 있어서 2012년 12월 31일이 속하는 사업연도 종료일 현재 결산재무제표 상 퇴직급여충당금의 누적액은 법정 방법(법세령 §60 ②)에 따라 손금에 산입한 것으로 본다(조특칙 §29 ②). 조합법인 등의 기부금의 손금불산입액을 계산할 때 기준소득금액(법세 §24 ② 2호)은 해당 조합법인 등의 결산재무제표 상 당기순이익에 특례기부금(법세 §24 ② 1호), 일반기부금(법세 §24 ③ 1호) 및 정치자금의 손금산입특례 등(조특 §76)에 따른 기부금을 합한 금액으로 한다(조특령 §69 ④).

조합법인(당기순이익과세를 포기한 법인은 제외)(법세 §2 2호 나목)에 대하여 **특정 조세특례제한법 규정의 적용이 배제**된다(조특 §72 ②). 해당 규정은 다음과 같다. 중소기업 정보화 지원사업에 대한 과세특례(조특 §5의2), 창업중소기업 등에 대한 세액감면(조특 §6), 중소기업에 대한 특별세액감면(조특 §7), 기업의 어음제도개선을 위한 세액공제(조특 §7의2), 상생결제 지급금액에 대한 세액공제(조특 §7의4), 중소기업 지원설비에 대한 손금산입의 특례 등(조특 §8), 상생협력 중소기업으로부터 받은 수입배당금의 익금불산입(조특 §8의2), 상생협력을 위한 기금 출연 등에 대한 세액공제(조특 §8의3), 연구·인력개발비에 대한 세액공제(조특 §10), 연구개발 관련 출연금 등의 과세특례(조특 §10의2), 기술이전 및 기술취득 등에 대한 과세특례(조특 §12), 연구개발특구에 입주하는 첨단기술기업 등에 대한 법인세 등의 감면(조특 §12의2), 기술혁신형 합병에 대한 세액공제(조특 §12의3), 기술혁신형 주식취득에 대한 세액공제(조특 §12의4), 중소기업창업투자회사 등의 주식양도차익 등에 대한 비과세(조특 §13), 창업기업 등에의 출자에 대한 과세특례(조특 §14), 성과공유 중소기업의 경영성과급에 대한 세액공제 등(조특 §19), 해외자원개발투자 배당소득에 대한 법인세의 면제(조특 §22), 통합투자세액공제(조특 §24), 영상콘텐츠 제작비용에 대한 세액공제(조특 §25의6), 고용창출투자세액공제(조특 §26), 서비스업 감가상각비의 손금산입 특례(조특 §28), 설비투자자산의 감가상각비 손금산입 특례(조특 §28의3), 산업수요맞춤형고등학교 등 졸업자를 병역 이행 후 복직시킨 기업에 대한 세액공제(조특 §29의2), 경력단절 여성 고용기업 등에 대한 세액공제(조특 §29의3), 근로소득을 증대시킨 기업에 대한 세액공제(조특 §29의4),

통합고용세액공제 중 '정규직 근로자로의 전환' 및 '육아휴직 복귀자' 관련 규정(조특 §29의8 ③, ④), 중소기업 사회보험료 세액공제(조특 §30의4), 중소기업 간의 통합에 대한 양도소득세의 이월과세 등 관련 특정 사유가 발생한 경우에 대한 적용 규정(조특 §31 ④~⑥), 법인전환에 대한 양도소득세의 이월과세 관련 규정(조특 §32 ④), 사업전환 무역조정지원기업에 대한 과세특례(조특 §33), 수도권 밖으로 공장을 이전하는 기업에 대한 세액감면 등(조특 §63), 수도권 밖으로 본사를 이전하는 법인에 대한 세액감면 등(조특 §63의2), 농공단지 입주기업 등에 대한 세액감면(조특 §64), 영농조합법인 등에 대한 법인세의 면제 등(조특 §66), 영어조합법인 등에 대한 법인세의 면제 등(조특 §67), 농업회사법인에 대한 법인세의 면제 등(조특 §68), 위기지역 창업기업에 대한 법인세 등의 감면(조특 §99의9), 산림개발소득에 대한 세액감면(조특 §102), 제3자물류비용에 대한 세액공제(조특 §104의14), 해외자원개발투자에 대한 과세특례(조특 §104의15).

다만, 해당 법인이 법정 절차(조특령 §69)에 따라 당기순이익과세를 포기한 경우에는 그 이후의 사업연도에 대하여 당기순이익과세를 하지 아니한다(조특 §72 ① 단서). 당기순이익과세를 포기하고자 하는 법인은 당기순이익과세를 적용받지 아니하고자 하는 사업연도의 직전 사업연도 종료일(신설법인의 경우에는 사업자등록증교부신청일)까지 신청서(조특칙 §61)를 납세지 관할 세무서장에게 제출(국세정보통신망에 의한 제출을 포함)하여야 한다(조특령 §69 ②).

수산업협동조합법에 따라 설립된 조합(어촌계를 포함)(조특 §72 ① 4호) 및 산림조합법에 따라 설립된 산림조합(산림계를 포함)(조특 §72 ① 6호)에 대한 특례가 있다(조특 §72 ④). 수산업협동조합법에 따라 설립된 조합(어촌계를 포함)(조특 §72 ① 4호) 및 산림조합법에 따라 설립된 산림조합(산림계를 포함)(조특 §72 ① 6호)이 2010년 12월 31일까지 수산업협동조합의 부실예방 및 구조개선에 관한 법률(수협구조개선 §7 ① 3호) 및 산림조합의 구조개선에 관한 법률(산림구조개선 §7 ① 3호)에 따라 재무구조개선을 위한 자금을 지원(자금을 각 법에 따른 상호금융예금자보호기금으로부터 무이자로 대출받아 수산업협동조합중앙회 또는 산림조합중앙회에 예치하고 정기적으로 이자를 받은 후 상환하는 방식의 지원)받은 경우로서 그 자금을 법정 방법(재무구조개선을 위한 자금을 수산업협동조합중앙회에 예치함에 따라 발생하는 이자 및 그 이자금액의 지출에 관하여 다른 회계와 구분하여 독립적으로 경리하는 것)(조특칙 §29 ③)으로 구분하여 경리하는 경우에는 해당 자금을 예치함에 따라 발생하는 이자를 당기순이익을 계산할 때 수익으로 보지 아니할 수 있다(조특 §72 ④ 전단). 이 경우 해당 조합이 그 이자금액을 지출하고 비용으로 계상(자산 취득에 지출한 경우에는 감가상각비 또는 처분 당시 장부가액으로 계상)한 경우에는 그 이자금액을 비용으로 보지 아니한다(조특 §72 ④ 후단).

'신용협동조합 및 새마을금고'(조특 §72 ① 1호) 중 인수조합 및 인수금고에 대한 특례가 있다(조특 §72 ⑤). '신용협동조합 및 새마을금고'(조특 §72 ① 1호) 중 신용협동조합법(신협 §86의4 ②) 및 새마을금고법(새마을금고 §80의2 ②)에 따른 인수조합 등(인수조합 및 인수금고)이 2015년 12월 31일까지 신용협동조합법(신협 §86의4 ③) 및 새마을금고법(새마을금고 §80의2 ③)에 따라 계약이전의 이행을 위하여 자금을 지원(자금을 각 법에 따른 예금자보호기금 및 예금자보호준비금으로부터 무이자로 대출받아 신용협동조합중앙회 또는 새마을금고중앙회에 예치하고 정기적으로 이자를 받은 후 상환하는 방식의 지원)받은 경우로서 그 자금을 법정 방법(계약이전의 이행을 위한 자금을 신용협동조합중앙회 또는 새마을금고중앙회에 예치함에 따라 발생하는 이자 및 그 이자금액의 지출에 관하여 다른 회계와 구분하여 독립적으로 경리하는 것)(조특칙 §29 ④)으로 구분하여 경리하는 경우에는 해당 자금을 예치함에 따라 발생하는 이자를 당기순이익을 계산할 때 수익으로 보지 아니할 수 있다(조특 §72 ⑤ 전단). 이 경우 해당 인수조합 등이 그 이자금액을 지출하고 비용으로 계상(자산 취득에 지출한 경우에는 감가상각비 또는 처분 당시 장부가액으로 계상하는 것)한 경우에는 그 이자금액을 비용으로 보지 아니한다(조특 §72 ⑤ 후단).

조합법인 등의 경우에는 제1호에 규정된 세액에서 제2호에 규정된 세액을 차감한 금액을 감면을 받는 세액으로 보아 **농어촌특별세**의 법정 세율(100분의 20)(농특 §5 ① 1호)을 적용한다(농특 §5 ②).

> 1. 해당 법인의 각 사업연도 과세표준금액에 법인세법 상 세율(법세 §55 ①)을 적용하여 계산한 법인세액
> 2. 해당 법인의 각 사업연도 과세표준금액에 조세특례제한법 상 세율(조특 §72 ①)을 적용하여 계산한 법인세액

정비사업조합에 대한 과세특례

법정 정비사업조합(조특 §104의7 ② 각 호)에 대해서는 법인세법(법세 §2)에도 불구하고 **비영리내국법인**으로 보아 법인세법(고유목적사업준비금의 손금산입(법세 §29)은 제외)을 적용한다(조특 §104의7 ② 전단). 이 경우 전환정비사업조합은 신고(조특 §104의7 ① 단서)한 경우만 해당한다(조특 §104의7 ② 후단). **법정 정비사업조합**은 다음과 같다(조특 §104의7 ② 각 호).

1. 도시 및 주거환경정비법(도시정비 §35)에 따라 설립된 조합(전환정비사업조합을 포함)
2. 빈집 및 소규모주택 정비에 관한 특례법(빈집정비 §23)에 따라 설립된 조합

2003년 6월 30일 이전에 **주택건설촉진법**(법률 제6852호로 개정되기 전의 것) 제44조 제1항에 따라 조합설립의 인가를 받은 재건축조합으로서 도시 및 주거환경정비법(도시정비 §38)에 따라 법인으로 등기한 **전환정비사업조합**에 대해서는 법인세법(법세 §3)에도 불구하고 전환정비사업조합 및 그 조합원을 각각 공동사업장 및 공동사업자로 보아 소득세법(법세 §43 ③, §87 ①)을 적용한다(조특 §104의7 ① 본문). 다만, 전환정비사업조합이 해당 사업연도의 소득에 대한 과세표준과 세액을 납세지 관할 세무서장에게 신고(법세 §60)하는 경우 해당 사업연도 이후부터는 그러하지 아니하다(조특 §104의7 ① 단서).

도시개발법이나 그 밖의 법률에 따른 환지처분[도시개발법에 따른 도시개발사업, 농어촌정비법에 따른 농업생산기반 정비사업, 그 밖의 법률에 따라 사업시행자가 사업완료 후에 사업구역 내의 토지소유자 또는 관계인에게 종전의 토지 또는 건축물 대신에 그 구역 내의 다른 토지 또는 사업시행자에게 처분할 권한이 있는 건축물의 일부와 그 건축물이 있는 토지의 공유지분으로 바꾸어 주는 것(사업시행에 따라 분할·합병 또는 교환하는 것을 포함)](소세령 §152 ①)**으로 지목 또는 지번이 변경되거나 보류지로 충당되는 경우에는 양도로 보지 아니한다**(소세 §88 1호 가목).

정비사업조합이 도시 및 주거환경정비법에 따라 해당 **정비사업에 관한 공사를 마친 후에 그 관리처분계획에 따라 조합원에게 공급하는 것으로서 종전의 토지를 대신하여 공급하는 토지 및 건축물**(해당 정비사업의 시행으로 건설된 것만 해당)은 부가가치세법(부가세 §9, §10)에 따른 재화의 공급으로 보지 아니한다(조특 §104의7 ③).

정비사업조합이 관리처분계획에 따라 해당 정비사업의 시행으로 조성된 토지 및 건축물의 소유권을 타인에게 모두 이전한 경우로서 그 **정비사업조합이 납부할 국세 또는 강제징수비를 납부하지 아니하고 그 남은 재산을 분배하거나 인도한 경우**에는 그 정비사업조합에 대하여 강제징수를 하여도 징수할 금액이 부족한 경우에만 그 남은 재산의 분배 또는 인도를 받은 자가 그 부족액에 대하여 제2차 납세의무를 진다. 이 경우 해당 제2차 납세의무는 그 남은 재산을 분배 또는 인도받은 가액을 한도로 한다(조특 §104의7 ④).

정비사업조합이 도시 및 주거환경정비법에 따라 해당 정비사업에 관한 관리처분계획에

따라 **조합원에게 종전의 토지를 대신하여 토지 및 건축물을 공급하는 사업**은 법인세법(법세 §4 ③)에 따른 **수익사업이 아닌 것으로** 본다(조특 §104의7 ④ ; 조특령 §104의4). 따라서 정비사업을 통하여 조합원분 주택 등 가치를 증가시키는 것을 해당 정비사업조합 단계의 수익사업으로 보아 과세하지 않는다. **정비사업조합이 조합원분이 아닌 일반분양분 주택 등을 공급하는 사업**은 비영리법인의 수익사업에 해당한다. 다만 이 경우에는 고유목적사업준비금의 손금산입 (법세 §29)이 적용되지 않는다(조특 §104의7 ② 전단 괄호부분).

Ⅲ 대학재정 건전화를 위한 과세특례

고등교육법에 따른 **학교법인이 법정 수익용 기본재산**(조특령 §104의16 ①)**을 양도**하고 양도일부터 1년 이내에 **다른 수익용 기본재산을 취득**하는 경우 보유하였던 수익용 기본재산을 양도하여 발생하는 양도차익은 법정 절차(조특령 §104의16 ③)에 따라 계산한 금액을 해당 사업연도의 소득금액을 계산할 때 익금에 산입하지 아니할 수 있고, 이 경우 해당 금액은 양도일이 속하는 사업연도 종료일 이후 3년이 되는 날이 속하는 사업연도부터 3개 사업연도의 기간 동안 균분한 금액 이상을 익금에 산입하여야 한다(조특 §104의16 ①).

학교법인이 다른 수익용 기본재산을 취득하지 아니하는 경우에는 해당 사유가 발생한 날이 속하는 사업연도의 소득금액을 계산할 때 법정 절차(조특령 §104의16 ⑤)에 따라 계산한 금액을 익금에 산입하고, 이 경우 익금에 산입하는 금액에 하여서는 **법정 이자상당가산액**(조특 §33 ③ 후단 ; 조특령 §30 ⑨)을 가산하여 법인세 또는 양도소득세로 납부하여야 하며, 그 세액은 법인세법 또는 소득세법 상 납부하여야 할 세액(법세 §64 ; 소세 §111)으로 본다(조특 §104의16 ②, §33 ③ 후단).

고등교육법에 따른 학교법인이 발행주식총수의 100분의 50 이상을 출자하여 설립한 법인이 **해당 법인에 출자한 학교법인에 출연하는 학교법인 출연금**은 '해당 사업연도의 소득금액(기부금(법세 §24)을 손금에 산입하기 전의 소득금액)'에서 '결손금(법세 §13 ① 1호)의 합계액 및 기부금(학교법인 출연금은 제외)(법세 §24)의 합계액'을 공제한 금액을 한도로 손금에 산입한다 (조특 §104의16 ④).

대학 재정 건전화 관련 과세특례의 구체적 적용과 관련된 그 밖의 규정들이 있다(조특 §104의16 ; 조특령 §104의16).

비영리법인의 청산과 과세

　비영리법인은 존립기간의 만료, 법인의 목적의 달성 또는 달성 불능 기타 정관에 정한 해산사유의 발생, 파산 또는 설립허가의 취소로 해산하고(민법 §77 ①), 사단법인은 사원이 없게 되거나 총회의 결의로도 해산한다(민법 §77 ②). 내국법인이 사업연도 중에 해산(합병 또는 분할에 따른 해산과 조직변경(법세 §78 각 호)은 제외)한 경우에는 다음 각 호의 기간을 각각 1사업연도로 본다(법세 §8 ①). 따라서 비영리법인이 사업연도 중 해산한다면, 그 사업연도는 다음 각 기간으로 구분된 기간을 각 1사업연도로 본다.

> 1. 그 사업연도 개시일부터 해산등기일(파산으로 인하여 해산한 경우에는 파산등기일을 말하며, 법인으로 보는 단체의 경우에는 해산일)까지의 기간
> 2. 해산등기일 다음 날부터 그 사업연도 종료일까지의 기간

　비영리법인이 해산한 때에는 파산의 경우를 제하고는 이사가 청산인이 되나, 정관 또는 총회의 결의로 달리 정한 바가 있으면 그에 의한다(민법 §82). 해산한 법인은 청산의 목적범위 내에서만 권리가 있고 의무를 부담한다(민법 §81). 법원에 의하여 청산인을 선임하거나(민법 §83), 해임하는 경우 역시 있다(민법 §84). '현존사무의 종결', '채권의 추심 및 채무의 변제' 그리고 '잔여재산의 인도'가 청산인의 직무이다(민법 §87 ①). 비영리법인의 청산소득에 대하여서는 법인세가 과세되지 않는다(법세 §4 ①). 다만 청산과정 중 '수익사업으로부터 발생한 소득'(법세 §4 ① 1호) 또는 '토지 등 양도소득(법세 §55의2)'(법세 §4 ① 3호)이 있다면 이에 대하여서는 법인세가 과세된다.

　비영리법인의 해산한 경우 잔여재산은 정관으로 지정한 자에게 귀속한다(민법 §80 ①). 정관으로 귀속권리자를 지정하지 아니하거나 이를 지정하는 방법을 정하지 아니한 때에는 이사 또는 청산인은 주무관청의 허가를 얻어 그 법인의 목적에 유사한 목적을 위하여 그 재산을 처분할 수 있으나, 사단법인에 있어서는 총회의 결의가 있어야 한다(민법 §80 ②). 이상의 규정에 의하여 처분되지 아니한 재산은 국고에 귀속한다(민법 §80 ③). 비영리법인으로부터 잔여재산을 받은 다른 비영리법인은 증여세를 납부할 의무가 있다(상증세 §4의2 ①). 다만 비영리법인의 잔여재산이 공익법인 등에 귀속되는 경우 원칙적으로 해당 공익법인 등의 증여세 과세가액에 산입하지 아니한다(상증세 §48 ①). 출연받은 재산을 해당 직접 공익목적사업에 효율적으로

사용하기 위하여 주무관청의 허가를 받아 다른 공익법인 등에게 출연하는 것 역시 원칙적으로 공익법인 등의 정관 상 고유목적사업에 사용하는 것으로 한다(상증세령 §38 ② 단서). 비영리법인이 해산하여 청산하는 경우에 그 법인에 부과되거나 그 법인이 납부할 국세 및 강제징수비를 납부하지 아니하고 해산에 의한 잔여재산을 분배하거나 인도하였을 때에 그 법인에 대하여 강제징수를 하여도 징수할 금액에 미치지 못하는 경우에는 청산인 또는 잔여재산을 분배받거나 인도받은 자는 그 부족한 금액에 대하여 제2차 납세의무를 진다(국기 §38 ①).

제8절 보칙에 관한 특례

법인세법 상 보칙[1073]은 특별한 규정이 없는 한 비영리법인에 대하여서도 적용된다. 비영리법인에 대한 특례에 해당하는 규정은 다음과 같다.

비영리내국법인과 비영리외국법인(국내사업장을 가지고 있는 외국법인만 해당)이 새로 수익사업(사업소득(법세 §4 ③ 1호) 및 보유기간 별 과세대상인 채권의 매매익(법세 §4 ③ 7호)에 해당하는 수익사업만 해당)을 시작한 경우에는 그 개시일부터 2개월 이내에 다음 각 호의 사항을 적은 신고서에 그 사업개시일 현재의 그 수익사업과 관련된 재무상태표와 그 밖에 법정 서류를 첨부하여 납세지 관할 세무서장에게 신고하여야 한다(법세 §110).

> 1. 법인의 명칭
> 2. 본점이나 주사무소 또는 사업의 실질적 관리장소의 소재지
> 3. 대표자의 성명과 경영 또는 관리책임자의 성명
> 4. 고유목적사업
> 5. 수익사업의 종류
> 6. 수익사업 개시일
> 7. 수익사업의 사업장

장부의 비치·기장(법세 §112) 및 구분경리(법세 §113)에 대하여서는 '비영리법인의 각 사업연도 소득금액에 대한 특례'[1074]에서 살핀다.

1073) 법인세법 제6장.
1074) 같은 장 제4절 Ⅲ 참조.

제5장

조세특례제한법 상 동업기업 과세특례

동업기업 과세특례 관련 용어의 정의

　　동업기업은 2명 이상이 금전이나 그 밖의 재산 또는 노무 등을 출자하여 공동사업을 경영하면서 발생한 이익 또는 손실을 배분받기 위하여 설립한 단체를 말한다(조특 §100의14 1호). **동업자**는 동업기업의 출자자인 거주자, 비거주자, 내국법인 및 외국법인을 말한다(조특 §100의14 2호). **동업자군별 '동업기업 소득금액 또는 결손금'**은 동업자를 거주자, 비거주자, 내국법인 및 외국법인의 동업자군으로 구분하여 각 군별로 동업기업을 각각 하나의 거주자, 비거주자, 내국법인 또는 외국법인으로 보아 소득세법 또는 법인세법에 따라 계산한 해당 과세연도의 소득금액 또는 결손금을 말한다(조특 §100의14 4호). **동업자군별 '배분대상 소득금액 또는 결손금'**은 동업자군별 동업기업 소득금액 또는 결손금에 동업자군별 손익배분비율을 곱하여 계산한 금액을 말한다(조특 §100의14 6호). **동업자군별 손익배분비율**은 동업자군별로 해당 군에 속하는 동업자들의 손익배분비율을 합한 비율을 말한다(조특 §100의14 5호). **배분**(allocation)은 동업기업의 소득금액 또는 결손금 등을 각 과세연도의 종료일에 자산의 실제 분배 여부와 관계없이 동업자의 소득금액 또는 결손금 등으로 귀속시키는 것을 말한다(조특 §100의14 3호). **분배**(distribution)는 동업기업의 자산이 동업자에게 실제로 이전되는 것을 말한다(조특 §100의14 8호). **지분가액**은 동업자가 보유하는 동업기업 지분의 세무상 장부가액으로서 동업기업 지분의 양도 또는 동업기업 자산의 분배시 과세소득의 계산 등의 기초가 되는 가액을 말한다(조특 §100의14 7호).

동업기업 과세특례의 적용범위

동업기업 과세특례는 동업기업으로서 다음 각 호의 어느 하나에 해당하는 단체가 적용신청(조특 §100의17)을 한 경우 해당 동업기업 및 그 동업자에 대하여 적용한다(조특 §100의15 ① 본문). 다만, **동업기업 과세특례를 적용받는 동업기업의 동업자**는 동업기업의 자격으로 동업기업과세특례를 적용받을 수 없으며, **외국단체**(조특 §100의15 ① 5호)의 경우 국내사업장을 하나의 동업기업으로 보아 해당 국내사업장과 실질적으로 관련되거나 해당 국내사업장에 귀속하는 소득으로 한정하여 동업기업과세특례를 적용한다(조특 §100의15 ① 단서). 동업기업과세특례를 적용받는 동업기업과 그 동업자에 대해서는 **각 세법의 규정에 우선하여 그 특례를 적용**한다(조특 §100의15 ②).

1. 민법에 따른 **조합**
2. 상법에 따른 **합자조합** 및 **익명조합**(투자합자조합(자본시장 §9 ⑱ 5호) 및 **투자익명조합**(자본시장 §9 ⑱ 6호)은 제외). 투자합자조합(자본시장 §9 ⑱ 5호) 및 투자익명조합(자본시장 §9 ⑱ 6호)에 대하여서는 소득세법 상 '공동사업에 대한 소득금액 계산의 특례'(소세 §43) 또는 '집합투자기구로부터의 배당소득 등'(소세령 §26의2)이 적용된다.
3. 상법에 따른 **합명회사** 및 **합자회사**(투자합자회사(자본시장 §9 ⑱ 4호) 중 **기관전용 사모집합투자기구**(자본시장 §9 ⑲ 1호)가 아닌 것은 제외). 기관전용 사모집합투자기구에 대하여서는 동업기업 과세특례가 적용되나, 그 밖의 투자합자회사에 대하여서는 '유동화전문회사 등에 대한 소득공제'(법세 §51의2)가 적용된다.
4. 제1호부터 제3호까지의 규정에 따른 단체와 유사하거나 인적 용역을 주로 제공하는 **법정단체**(조특령 §100의15 ①). **법정 단체**는 다음 각 호의 어느 하나에 해당하는 단체를 말한다(조특령 §100의15 ①).

   1. 법무법인(변호사 §40) 및 법무조합(변호사 §58의18)
   2. 특허법인(변리사 §6의3 : 변리사령 §14)
   3. 노무법인(노무사 §7의2)
   4. 법무사합동법인(법무사 §33)
   5. 전문적인 인적용역을 제공하는 법인으로서 다음 각 목의 어느 하나에 해당하는 것
      가. 법무법인(유한)(변호사 §58의2)
      나. 특허법인(유한)(변리사 §6의12)
      다. 회계법인(회계사 §23)
      라. 세무법인(세무사 §16의3)
      마. 관세법인(관세사 §17)

5. 외국법인(법세 §2 3호) 또는 비거주자(소세 §2 ③)로 보는 법인 아닌 단체 중 제1호부터 제4호까지의 규정에 따른 단체와 유사한 **법정 외국단체**(조특령 §100의15 ②). **법정 외국단체는 다음 각 호에 모두 해당하는** 외국단체를 말한다(조특령 §100의15 ②).

> 1. 동업기업 과세특례의 적용대상인 단체(기관전용 사모집합투자기구는 제외)(조특 §100의15 ① 1호~4호)와 유사한 외국단체
> 2. 국내사업장(법세 §94 ; 소세 §120)을 가지고 사업을 경영하는 외국단체
> 3. 설립된 국가(우리나라와 조세조약이 체결된 국가에 한정)에서 동업기업과세특례와 유사한 제도를 적용받는 외국단체

제3절 동업기업 및 동업자의 납세의무

동업기업에 대해서는 소득세법 및 법인세법 상 납세의무(법세 §3 ① ; 소세 §2 ①)에도 불구하고 **각 과세소득**(법세 §4 ① 각 호 ; 소세 §3)에 대한 **소득세 또는 법인세를 부과하지 아니한다**(조특 §100의16 ①). **동업자**는 '배분받은 동업기업의 소득'(조특 §100의18)에 대하여 소득세 또는 법인세를 **납부할 의무**를 진다(조특 §100의16 ②).

내국법인이 동업기업과세특례를 적용받는 경우 해당 **동업기업 전환법인**은 '**해산에 의한 청산소득의 금액**'(법세 §79 ①)에 준하여 **법정 방법**(조특령 §100의16 ③, ④, ⑤, ⑥)에 따라 계산한 과세표준에 세율(법세 §55 ①)을 적용하여 계산한 금액을 '**준청산소득에 대한 법인세**'로 납부할 의무가 있다(조특 §100의16 ③). 준청산소득 금액은 **준청산일**(해당 내국법인이 동업기업과세특례를 적용받는 최초 사업연도의 직전 사업연도의 종료일) 현재의 잔여재산의 가액에서 자기자본의 총액을 공제한 금액으로 한다(조특령 §100의16 ③). **잔여재산의 가액**은 자산총액에서 부채총액을 공제한 금액으로 하고, 자산총액 및 부채총액은 **장부가액**으로 계산한다(조특령 §100의16 ④). **자기자본의 총액은 자본금 또는 출자금과 잉여금의 합계액**으로 하되, 준청산일 이후 국세기본법에 따라 **환급되는 법인세액**이 있는 경우 이에 상당하는 금액은 준청산일 현재의 자기자본의 총액에 가산하고, 준청산일 현재의 **이월결손금**(법세령 §18 ①)의 잔액은 준청산일 현재의 자기자본의 총액에서 그에 상당하는 금액과 상계한다(조특령 §100의16 ⑤ 본문). 다만, 상계하는 이월결손금의 금액은 자기자본의 총액 중 잉여금의 금액을 초과하지 못하며, 초과하는 이월결손금은 없는 것으로 본다(조특령 §100의16 ⑤ 단서). 준청산소득 금액을 계산할 때 위 각 규정(조특령

§100의16 ③, ④, ⑤)을 제외하고는 법인세법 상 내국법인의 과세표준과 그 계산에 관한 규정(다만 과세표준(법세 §13)에 관한 규정은 제외)(법세 §14~§54)을 준용한다(조특령 §100의16 ⑥).

동업기업 전환법인은 동업기업과세특례를 적용받는 최초 사업연도의 직전 사업연도 종료일 이후 3개월이 되는 날까지 법정 절차(조특령 §100의16 ⑦)에 따라 **준청산소득에 대한 법인세의 과세표준과 세액을 납세지 관할 세무서장에게 신고하여야** 한다(조특 §100의16 ④). 이 경우 **준청산소득에 대한 법인세과세표준 및 세액신고서**에 법정 서류('준청산일 현재의 해당 내국법인의 재무상태표' 및 '준청산일 현재의 해당 내국법인의 자본금과 적립금조정명세서')(조특칙 §45의8)를 첨부하여 납세지 관할 세무서장에게 제출하여야 한다(조특령 §100의16 ⑦).

제4절 **동업기업과세특례의 적용 및 포기신청**

동업기업과세특례를 적용받으려는 기업은 법정 절차(조특령 §100의16 ①)에 따라 관할 세무서장에게 신청을 하여야 한다(조특 §100의17 ①). 동업기업과세특례를 적용받으려는 기업은 동업기업과세특례를 적용받으려는 최초의 과세연도의 개시일 이전(기업을 설립하는 경우로서 기업의 설립일이 속하는 과세연도부터 적용받으려는 경우에는 그 과세연도의 개시일부터 1개월 이내)에 **동업자 전원의 동의서**(외국단체의 경우에는 법정 사항(조특령 §100의15 ② 각 호)을 입증할 수 있는 서류를 포함)와 함께 **동업기업과세특례 적용신청서**를 납세지 관할 세무서장에게 제출하여야 한다(조특령 §100의16 ①).

동업기업과세특례를 적용받고 있는 동업기업은 법정 절차(조특령 §100의16 ②)에 따라 동업기업과세특례의 적용을 포기할 수 있다. 다만, 동업기업과세특례를 최초로 적용받은 과세연도와 그 다음 과세연도의 개시일부터 4년 이내에 끝나는 과세연도까지는 동업기업과세특례의 적용을 포기할 수 없다(조특 §100의17 ②). **동업기업이 동업기업과세특례의 적용을 포기하려면 동업기업** 과세특례를 적용받지 아니하려는 최초의 과세연도의 개시일 이전에 **동업자 전원의 동의서와 함께 동업기업과세특례 포기신청서**를 납세지 관할 세무서장에게 제출하여야 한다(조특령 §100의16 ②).

제 5 절　동업기업 소득금액 등의 계산 및 배분

제 1 관　동업기업 소득금액 및 결손금의 계산 및 배분

Ⅰ 동업기업 소득금액 및 결손금의 배분

'동업자군별 배분대상 소득금액 또는 결손금'은 각 과세연도의 종료일에 해당 동업자군에 속하는 동업자들에게 **동업자 간의 손익배분비율**(조특령 §100의17)에 따라 **배분한다**(조특 §100의18 ① 본문). 다만, 동업기업의 경영에 참여하지 아니하고 출자만 하는 **법정 수동적 동업자**(조특령 §100의18 ①)에게는 결손금을 배분하지 아니하되, 해당 과세연도의 종료일부터 15년 이내에 끝나는 각 과세연도에 그 수동적 동업자에게 소득금액을 배분할 때 배분되지 아니한 결손금을 그 배분대상 소득금액에서 법정 방법(조특령 §100의18 ②)에 따라 공제하고 배분한다(조특 §100의18 ① 단서).

동업자 간의 손익배분비율은 동업자 간에 서면으로 약정한 해당 사업연도의 손익분배에 관한 **단일의 비율로서 신고**(조특령 §100의24)**한 약정손익분배비율**에 따른다(조특령 §100의17 ① 본문). **과세연도 중 동업자가 가입하거나 탈퇴하여 손익배분비율이 변경**되면 변경 이전과 이후 기간별로 산출한 동업자군별 배분대상 소득금액 또는 결손금을 각각의 해당 손익배분비율에 따라 계산한다(조특령 §100의17 ⑤). 어느 동업자의 출자지분과 그와 특수관계자(소득세법 시행령 상 '특수관계에 있는 자'(소세령 §98 ①) 또는 법인세법 시행령 상 '특수관계에 있는 자'(법세령 §2 ⑧)를 말함)인 동업자의 출자지분의 합계가 가장 큰 경우에는 **그 동업자와 특수관계자인 동업자 간에는** 약정손익분배비율이 있다고 하더라도 **출자지분의 비율에 따른다**(조특령 §100의17 ③). 다만, 약정손익분배비율이 없는 경우에는 **출자지분의 비율**에 따른다(조특령 §100의17 ① 단서). **조세회피의 우려가 있다고 인정되는 법정 사유**(조특칙 §46)가 발생하면 해당 사유가 발생한 과세연도에 대하여는 **직전 과세연도의 손익배분비율**에 따른다(조특령 §100의17 ②). **조세회피의 우려가 있다고 인정되는 법정 사유**는 다음 각 호의 어느 하나에 해당하는 경우로서 직전 과세연도의 손익배분비율과 해당 과세연도의 손익배분비율을 달리 적용하는 경우를 말한다(조특칙 §46 ①). 이는 다음 각 사유가 발생한 동업자군에 속하는 동업자에 한하여 적용하며,

해당 과세연도 중 동업자가 가입하거나 탈퇴하여 변경된 경우에는 변경되지 아니한 동업자에 한하여 적용한다(조특칙 §46 ②).

1. 해당 동업기업 내 어느 하나의 동업자군의 동업자군별 동업기업 소득금액 및 결손금의 합계가 직전 과세연도에는 영보다 크고 해당 과세연도에는 영보다 적은 경우.
2. 해당 동업기업 내 어느 하나의 동업자군의 동업자군별 동업기업 소득금액 및 결손금의 합계가 직전 과세연도에는 영보다 적고 해당 과세연도에는 영보다 큰 경우

동업기업이 기관전용 사모집합투자기구(자본시장 §9 ⑲ 1호)인 경우로서 **정관, 약관 또는 투자계약서에서 정한 비율, 순서 등에 따라 결정된 이익의 배당률 또는 손실의 배분율**을 약정손익배분비율로 신고한 때에는 해당 비율에 따른다(조특령 §100의17 ④ 전단). 이 경우 성과보수(자본시장 §86 ①, §249의14 ⑪)는 **업무집행사원에 대한 이익의 우선배당**으로 본다(조특령 §100의17 ④ 후단).

법정 수동적 동업자는 다음 각 호의 어느 하나에 해당하는 동업자를 말한다(조특령 §100의18 ①).

1. 다음 각 목의 요건을 모두 갖춘 동업자
   가. 동업기업에 성명 또는 상호를 사용하게 하지 아니할 것
   나. 동업기업의 사업에서 발생한 채무에 대하여 무한책임을 부담하기로 약정하지 아니할 것
   다. 법정 임원(법세령 §40 ① 각 호) 또는 이에 준하는 자가 아닐 것
2. 해당 동업기업이 기관전용 사모집합투자기구인 경우에는 그 유한책임사원
3. (삭제)

결손금의 이월공제에 관하여는 **동업자군별**로 다음 각 호의 구분에 따른 규정을 적용한다(조특령 §100의18 ③).

1. **거주자군** : 소득세법 상 '결손금 및 이월결손금의 공제'(소세 §45)
2. **비거주자군** : 소득세법 상 '비거주자 종합과세 시 과세표준과 세액의 계산'(소세 §122)
3. **내국법인군** : 법인세법 상 '이월결손금'(법세 §13 ① 1호)
4. **외국법인군** : 법인세법 상 '국내사업장을 가진 외국법인과 국내원천 부동산소득이 있는 외국법인의 과세표준'(법세 §91)

'해당 동업자군별 배분대상 결손금이 발생한 과세연도의 종료일부터 10년 이내에 종료하는 각 과세연도에 그 수동적 동업자에게 동업자군별 소득금액을 배분하는 경우'(조특 §100의18 ① 단서)에는 **제1호**의 금액에서 **제2호**의 금액을 공제하고 배분한다(조특령 §100의18 ② 전단). 이 경우 '동업기업으로부터 배분받은 소득금액 또는 결손금을 동업자군별 법정 소득구분(조특령 §100의18 ⑥)에 따라 동업자의 익금 또는 손금으로 계산하는 규정'(조특 §100의18 ③ 본문) 또는 '수동적 동업자가 소득을 직접 받지 아니하고 동업기업을 통하여 받음으로써 소득세 또는 법인세를 부당하게 감소시킨 것으로 인정되어 동업기업이 받은 소득을 기준으로 국내원천소득을 구분하는 규정'(조특 §100의24 ③ 단서)이 적용되는 **수동적 동업자에게 배분하는 경우**, 배분대상 소득금액(조특령 §100의18 ② 1호) 및 배분대상 결손금(조특령 §100의18 ② 2호)은 '**비거주자의 국내원천소득 구분**'(소세 §119) 또는 '**외국법인의 국내원천소득 구분**'(법세 §93)에 따라 계산한 금액으로 한다(조특령 §100의18 ② 후단).

1. 해당 과세연도에 그 수동적 동업자에게 배분할 소득금액으로서 다음의 금액 : (해당 과세연도의 해당 동업자군별 배분대상 소득금액) × (해당 과세연도의 그 수동적 동업자의 손익배분비율/해당 과세연도의 해당 동업자군별 손익배분비율)
2. 해당 동업자군별 배분대상 결손금이 발생한 과세연도에 그 수동적 동업자에게 배분되지 **않은 결손금으로서 다음의 금액**(해당 결손금이 발생한 과세연도 이후 과세연도에 공제되지 않은 금액만 해당) : (해당 동업자군별 배분대상 결손금이 발생한 과세연도의 해당 동업자군별 배분대상 결손금) × (해당 동업자군별 배분대상 결손금이 발생한 과세연도의 그 수동적 동업자의 손익배분비율/해당 동업자군별 배분대상 결손금이 발생한 과세연도의 해당 동업자군별 손익배분비율)

각 동업자에게 배분되는 결손금은 동업기업의 해당 과세연도의 종료일 현재 해당 **동업자의 지분가액을 한도**로 한다(조특 §100의18 ② 전단). 이 경우 지분가액을 초과하는 해당 동업자의 결손금은 법정 방법(조특령 §100의18 ④, ⑤)에 따라 해당 과세연도의 다음 과세연도 개시일 이후 15년 이내에 끝나는 각 과세연도에 이월하여 배분한다(조특 §100의18 ② 후단). **배분한도 초과결손금**(지분가액을 초과하는 해당 동업자의 결손금)은 이월된 각 과세연도에 배분하는 동업기업의 각 과세연도의 결손금이 지분가액에 미달할 때에만 그 **미달하는 금액의 범위에서** 추가로 배분한다(조특령 §100의18 ④ 전단). 이 경우 배분한도 초과결손금에 해당하는 금액은 소득세법(소세 §45) 및 법인세법(법세 §13 ① 1호)에 따라 이월결손금의 공제를 적용할 때 **해당**

배분한도 초과결손금이 발생한 동업기업의 과세연도의 종료일에 발생한 것으로 본다(조특령 §100의18 ④ 후단). 동업자군별로 둘 이상으로 구분된 결손금이 발생한 때에는 배분한도 초과결손금은 각각의 구분된 결손금의 크기에 비례하여 발생한 것으로 본다(조특령 §100의18 ⑤).

Ⅱ 동업자 단계의 소득금액 및 결손금의 계산

동업자는 동업기업의 과세연도 종료일이 속하는 과세연도의 소득세 또는 법인세 과세표준을 계산할 때 '배분받은 소득금액 또는 결손금'(조특 §100의18 ①)을 법정 구분(조특령 §100의18 ⑥)에 따른 익금 또는 손금으로 보아 계산한다(조특 §100의18 ③ 본문). 동업자군별로 둘 이상으로 구분된 결손금이 발생한 때에는 배분한도 초과결손금은 각각의 구분된 결손금의 크기에 비례하여 발생한 것으로 본다(조특령 §100의18 ⑤). 다만, 수동적 동업자(기관전용 사모집합투자기구(자본시장 §9 ⑲ 1호)의 수동적 동업자 중 비거주자 또는 외국법인은 제외)의 경우에는 배분받은 소득금액을 배당소득(소세 §17 ①, §119 2호 ; 법세 §93 2호)으로 본다(조특 §100의18 ③ 단서). 이 경우 '수동적 동업자인 비거주자 또는 외국법인에 대한 조세조약의 적용'은 국내세법이 배당소득으로 의제하지 않으므로 조세조약의 자율적 해석(autonomous interpretation)에 의한 소득구분 (qualification)에 따라야 한다. 2022년 12월 31일 개정 이전의 단서의 문언은 다음과 같다. 수동적 동업자(기관전용 사모집합투자기구(자본시장 §9 ⑲ 1호)의 수동적 동업자 중 우리나라와 조세조약이 체결된 국가에서 설립된 연금·기금 등으로서 배분받는 소득이 해당 국가에서 과세되지 아니하는 법정 연금·기금 수동적 동업자(조특령 §100의18 ⑨)는 제외)의 경우에는 배분받은 소득금액을 배당소득(소세 §17 ①, §119 2호 ; 법세 §93 2호)으로 본다(조특 §100의18 ③ 단서).

'동업자가 배분받은 소득금액'은 동업자군별로 다음 각 호의 구분에 따른다(조특령 §100의18 ⑥).

> 1. **거주자군** : 소득세법 상 이자소득(소세 §16), 배당소득(소세 §17), 사업소득(소세 §19), 기타소득(소세 §21) 및 양도소득(소세 §94)에 대한 수입금액
> 2. **비거주자군**
>   가. **국내사업장이 있는 비거주자**(소세 §121 ②), **국내원천 부동산소득이 있는 비거주자**(소세 §121 ②) 및 **종합소득과세표준 확정신고를 하는 국내원천 인적용역소득이 있는 비거주자**(소세 §121 ⑤)의 경우 : 비거주자의 '국내원천 근로소득(소세 §119 7호) 및 국내원천

퇴직소득(소세 §119 8호)'을 제외한 국내원천소득(소세 §119 1호~6호, 9호~12호)에 대한 수입금액

나. **가목 외의 비거주자의 경우** : 국내원천 이자소득(소세 §119 1호), 국내원천 배당소득(소세 §119 2호), 국내원천 선박등임대소득(소세 §119 4호), 국내원천 사업소득(소세 §119 5호), 국내원천 인적용역소득(소세 §119 6호), 국내원천 사용료소득(소세 §119 10호), 국내원천 유가증권양도소득(소세 §119 11호) 및 국내원천 기타소득(소세 §119 12호)에 대한 수입금액. 이 경우 동업기업인 기관전용 사모집합투자기구가 투자목적회사(자본시장 §249의13)를 통하여 지급받은 소득을 수동적동업자에게 배분하는 경우 수동적동업자가 배분받은 소득금액은 해당 투자목적회사가 지급받은 소득의 소득구분에 따른다.

3. **내국법인군** : 법인세법 상 익금(법세 §15)

4. **외국법인군**

가. '**국내사업장을 가진 외국법인, 국내원천 부동산소득이 있는 외국법인 및 법인세의 과세표준을 신고하여야 할 국내원천 부동산등양도소득이 있는 외국법인**'(법세 §97 ①)의 경우 : 해당 외국법인의 각 사업연도의 국내원천소득의 총합계액(법세 §92 ①)에 따른 익금

나. **가목 외의 외국법인의 경우** : 국내원천 이자소득(법세 §93 1호), 국내원천 배당소득(법세 §93 2호), 국내원천 선박등임대소득(법세 §93 4호), 국내원천 사업소득(법세 §93 5호), 국내원천 인적용역소득(법세 §93 6호), 국내원천 사용료소득(법세 §93 8호), 국내원천 유가증권양도소득(법세 §93 9호) 및 국내원천 기타소득(법세 §93 10호)에 대한 수입금액. 이 경우 동업기업인 **기관전용 사모집합투자기구가 투자목적회사**(자본시장 §249의13)를 통하여 지급받은 소득을 수동적동업자에게 배분하는 경우 수동적동업자가 배분받은 소득금액은 해당 투자목적회사가 지급받은 소득의 소득구분에 따른다.

동업기업이 기관전용 사모집합투자기구인 경우로서 비거주자·외국법인인 수동적 동업자에게 소득을 배분하는 경우에는 해당 동업자가 배분받은 소득금액(조특 §100의18 ①)에서 **자본시장과 금융투자업에 관한 법률에 따른 보수**(성과보수는 제외)·**수수료 중 동업기업의 손익배분비율에 따라 그 동업자에게 귀속하는 금액을 뺀 금액**('동업기업으로부터 배분받은 소득금액 또는 결손금을 동업자군별 법정 소득구분(조특령 §100의18 ⑥)에 따라 동업자의 익금 또는 손금으로 계산하는 규정'(조특 §100의18 ③ 본문) 또는 '수동적 동업자가 소득을 직접 받지 아니하고 동업기업을 통하여 받음으로써 소득세 또는 법인세를 부당하게 감소시킨 것으로 인정되어 동업기업이 받은 소득을 기준으로 국내원천소득을 구분하는 규정'(조특 §100의24 ③ 단서)이 적용되는 기관전용 사모집합투자기구의 수동적 동업자의 경우에는 국내원천소득의 소득구분(법세 §93 ; 소세 §119)에 따른 소득금액 비율로 안분하여 계산한 금액)을 그 동업자가 배분받은

소득금액으로 한다(조특령 §100의18 ⑧).

'**동업자가 배분받은 결손금**'은 동업자군별로 다음 각 호의 구분에 따른다(조특령 §100의18 ⑦).

1. **거주자군** : 소득세법 상 사업소득(소세 §19) 및 양도소득(소세 §94)에 대한 필요경비
2. **비거주자군** : 국내원천 부동산소득(소세 §119 3호), 국내원천 선박등임대소득(소세 §119 4호), 국내원천 사업소득(소세 §119 5호), 국내원천 인적용역소득(소세 §119 6호), 국내원천 부동산등양도소득(소세 §119 9호), 국내원천 사용료소득(소세 §119 10호), 및 국내원천 유가증권양도소득(소세 §119 11호)에 대한 필요경비(국내사업장이 있는 비거주자(소세 §121 ②), 국내원천 부동산소득이 있는 비거주자(소세 §121 ②) 및 종합소득과세표준 확정신고를 하는 국내원천 인적용역소득이 있는 비거주자(소세 §121 ⑤)에 한정)
3. **내국법인군** : 법인세법 상 손금(법세 §19)
4. **외국법인군** : 해당 외국법인의 각 사업연도의 국내원천소득의 총합계액(법세 §92 ①)에 따른 손금('국내사업장을 가진 외국법인, 국내원천 부동산소득이 있는 외국법인 및 법인세의 과세표준을 신고하여야 할 국내원천 부동산등양도소득이 있는 외국법인'(법세 §97 ①)에 한정)

제2관 동업기업 세액의 계산 및 배분

동업기업과 관련된 다음 각 호의 금액은 각 과세연도의 종료일에 **동업자 간의 손익배분비율**에 따라 **동업자에게 배분**한다(조특 §100의18 ④ 본문). 다음 각 호의 금액은 **동업기업을 하나의 내국법인으로 보아 계산**한다(조특령 §100의19 ①). 다만, '법인세법 상 토지 등 양도소득에 대한 법인세'(법세 §55의2)는 내국법인 및 외국법인인 동업자에게만 배분한다(조특 §100의18 ④ 단서). **동업자**는 동업기업의 과세연도 종료일이 속하는 과세연도의 소득세 또는 법인세를 신고·납부할 때 위 배분받은 금액(조특 §100의18 ④) 중 다음 제1호 및 제2호의 금액은 해당 동업자의 소득세 또는 법인세에서 **공제**하고, 다음 제3호 및 제4호의 금액은 해당 동업자의 소득세 또는 법인세에 **가산**한다(조특 §100의18 ⑤).

1. 법인세법 및 조세특례제한법에 따른 세액공제 및 세액감면금액
2. 동업기업에서 발생한 소득에 대하여 원천징수된 세액(법세 §73, §73의2)
3. 법인세법 상 가산세(법세 §75, §75의2~§75의9) 및 조세특례제한법 상 가산세(조특 §100의25).

다만 조세특례제한법 시행령(조특령 §100의19 ③)은 동업자에게 배분하는 가산세를 '장부의 기록·보관 불성실 가산세'(법세 §75의3), '증명서류 수취 불성실 가산세'(법세 §75의5), '신용카드 및 현금영수증 발급 불성실 가산세'(법세 §75의6), '지급명세서 등 제출 불성실 가산세'(법세 §75의7), '계산서 등 제출 불성실 가산세'(법세 §75의8), '조세특례제한법 상 무신고 또는 과소신고가산세'(조특 §100의25 ①) 및 '조세특례제한법 상 원천징수세액 불성실납부 가산세'(조특 §100의25 ②)로 한정한다.

4. 법인세법 상 토지 등 양도소득에 대한 법인세(법세 §55의2)

동업자가 배분받은 금액은 다음 각 호의 방법에 따라 공제하거나 가산한다(조특령 §100의19 ②).

1. **세액공제·세액감면금액** : 산출세액에서 공제하는 방법
2. **원천징수세액** : 기납부세액으로 공제하는 방법. 다만, 다음 각 목의 어느 하나에 해당하는 경우에는 동업기업이 조세특례제한법 상 '비거주자 또는 외국법인인 동업자에 대한 원천징수'(조특 §100의24) 또는 소득세법 상 '원천징수의무'(소세 §127)에 따라 해당 동업자가 배분받은 소득에 대한 소득세 또는 법인세를 원천징수할 때 해당 세액에서 공제하되, 해당 세액을 초과하는 금액은 없는 것으로 본다.
   가. 거주자·비거주자·외국법인인 수동적 동업자의 경우
   나. 거주자인 동업자(수동적 동업자는 제외)로서 배분받은 소득이 '소득세법 상 이자소득(소세 §16), 배당소득(소세 §17), 사업소득(소세 §19) 및 기타소득(소세 §21)'에 대한 수입금액으로 구분(조특령 §100의18 ⑥ 1호)되는 경우
3. **가산세** : 산출세액에 합산하는 방법
4. **토지 등 양도소득에 대한 법인세에 상당하는 세액** : 산출세액에 합산하는 방법. 이 경우 토지 등 양도소득에 대한 법인세에 상당하는 세액은 동업기업을 하나의 내국법인으로 보아 산출한 금액에 내국법인 및 외국법인인 동업자의 손익배분비율의 합계를 곱한 금액으로 한다.

제6절 **동업기업과 동업자 간의 거래**

동업자가 동업자의 자격이 아닌 제3자의 자격으로 동업기업과 거래를 하는 경우 동업기업과 동업자는 해당 과세연도의 소득금액을 계산할 때 그 거래에서 발생하는 수익 또는 손비를 익금 또는 손금에 산입한다(조특 §100의19 ①). 납세지 관할 세무서장은 동업기업 또는 동업자가

소득을 부당하게 감소시킨 것으로 인정되면 부당행위계산의 부인(법세 §52)을 준용하여 해당 소득금액을 계산할 수 있다(조특 §100의19 ② 전단). 이 경우 동업기업과 동업자는 법인세법 상 특수관계인(법세 §52 ①)으로 본다(조특 §100의19 ② 후단).

동업자가 동업자의 자격이 아닌 제3자의 자격으로 동업기업과 거래하는 경우는 동업자가 동업기업으로부터 얻는 거래대가가 동업기업의 소득과 관계없이 해당 거래를 통하여 공급되는 재화 또는 용역의 가치에 따라 결정되는 경우로서 다음 각 호의 어느 하나에 해당하는 거래를 말한다(조특령 §100의20 ①).

---

1. 동업자가 동업기업에 재화를 양도하거나 동업기업으로부터 재화를 양수하는 거래
2. 동업자가 동업기업에 금전, 그 밖의 자산을 대부하거나 임대하는 거래 또는 동업기업으로부터 금전, 그 밖의 자산을 차입하거나 임차하는 거래
3. 동업자가 동업기업에 용역(해당 동업기업이 영위하는 사업에 해당하는 용역은 제외)을 제공하는 거래 또는 동업기업으로부터 용역을 제공받는 거래. 동업기업이 **기관전용 사모집합투자기구**인 경우 그 **업무집행사원**이 그 업무(자본시장 §249의14)로서 해당 동업기업에 용역을 제공하는 거래는 동업자가 동업자의 자격이 아닌 제3자의 자격으로 동업기업과 거래하는 경우에 해당하는 것으로 본다(조특령 §100의20 ② 본문). 다만, **성과보수**를 지급받는 부분은 제외한다(조특령 §100의20 ② 단서).
4. 그 밖에 제1호부터 제3호까지의 규정과 비슷한 거래로서 기획재정부령으로 정하는 거래

제7절 | 지분가액의 조정

동업자의 최초 지분가액은 동업기업과세특례를 적용받는 최초 과세연도의 직전 과세연도의 종료일(기업의 설립일이 속하는 과세연도부터 적용받는 경우에는 그 과세연도의 개시일) 현재의 **동업기업의 출자총액에 해당 동업자의 출자비율을 곱하여 계산한 금액**으로 한다(조특령 §100의21 ①).

동업자가 동업기업으로부터 '소득'을 배분받는 경우 등 **다음 각 호의 사유**(조특령 §100의21 ②)**가 발생하면 동업자의 지분가액을 증액 조정**한다(조특 §100의20 ②).

1. 동업기업에 자산을 출자하는 경우 : 출자일 현재의 자산의 시가
2. 동업기업의 지분을 매입하는 경우 또는 상속·증여받는 경우 : 지분의 매입가액 또는 상속·증여일 현재의 지분의 시가
3. 동업기업으로부터 소득금액을 배분받는 경우 : 소득금액(소득세법, 법인세법 및 조세특례제한법에 따른 비과세소득을 포함). 소득금액을 배분받는 경우에는 과세대상이 된 소득이 **해당 지분의 양도 시 중복하여 과세되는 것을 방지하기 위하여 그 지분가액을 증액하는** 것이다.

동업자가 동업기업으로부터 '자산'을 분배받는 경우 등 다음 각 호의 사유(조특령 §100의21 ③)가 발생하면 동업자의 지분가액을 **감액 조정**한다(조특 §100의20 ②). 지분가액을 감액조정하는 경우 지분가액의 최저금액은 영으로 한다(조특령 §100의21 ⑤).

1. 동업기업의 자산을 분배받는 경우 : 분배일 현재의 자산의 시가
2. 동업기업의 지분을 양도하거나 상속·증여하는 경우 : 지분의 양도일 또는 상속·증여일 현재의 해당 지분의 지분가액
3. 동업기업으로부터 결손금을 배분받는 경우 : 결손금의 금액

둘 이상의 지분가액 조정사유가 동시에 발생하면 다음의 순서에 따른다(조특령 §100의21 ④ 본문). 다만, 손실이 인정되는 자산의 분배 사유('동업기업이 해산에 따른 청산, 분할, 합병 등으로 소멸되는 경우' 또는 '동업자가 동업기업을 탈퇴하는 경우')(조특령 §100의23)의 경우에는 '제2호'보다 '제3호 또는 제4호'를 먼저 적용한다(조특령 §100의21 ④ 단서).

1. 증액조정사유(조특 §100의20 ②) 중 제1호 및 제2호
2. 감액조정사유(조특령 §100의21 ③) 중 제1호 및 제2호
3. 증액조정사유(조특 §100의20 ②) 중 제3호
4. 감액조정사유(조특령 §100의21 ③) 중 제3호

제8절 | 동업기업 지분의 양도

동업자가 동업기업의 지분을 타인에게 양도하는 경우 '주식 등'(소세 §87의2 1호) 또는 '과점주주가 양도하는 부동산주식 등'(해당 동업자가 비거주자인 경우 '부동산주식 등'(소세 §119 9호 나목) 또는 '내국법인이 발행한 주식 또는 출자지분과 그 밖의 유가증권'(소세 §119 11호 가목), 외국법인인 경우 '부동산주식 등'(법세 §93 7호 나목) 또는 '내국법인이 발행한 주식 등과 그 밖의 유가증권'(법세 §93 9호 가목))(소세 §94 ① 4호 다목)을 양도한 것으로 보아 '소득세법 또는 법인세법'에 따라 '양도소득세, 금융투자소득세 또는 법인세'를 과세한다(조특 §100의21 ①). 지분의 양도소득은 '양도일 현재의 해당 지분의 지분가액'을 '취득가액'으로 보아 계산한다(조특령 §100의22).

제9절 | 동업기업 지분의 분배

동업자가 동업기업으로부터 자산을 분배받은 경우 분배받은 자산의 시가가 분배일의 해당 동업자의 지분가액을 초과하면 동업자는 분배일이 속하는 과세연도의 소득금액을 계산할 때 그 초과하는 금액을 배당소득(소세 §17 ①)으로 본다(조특 §100의22 ①). 동업자가 동업기업의 해산 등 법정 사유('동업기업이 해산에 따른 청산, 분할, 합병 등으로 소멸되는 경우' 또는 '동업자가 동업기업을 탈퇴하는 경우')(조특령 §100의23)가 발생함에 따라 동업기업으로부터 자산을 분배받은 경우 분배받은 자산의 시가가 분배일의 해당 동업자의 지분가액에 미달하면 동업자는 분배일이 속하는 과세연도의 소득금액을 계산할 때 그 미달하는 금액을 주식 등(소세 §87의2 1호) 또는 기타자산(소세 §94 ① 4호)을 양도함에 따라 발생한 손실로 본다(조특 §100의22 ②). 동업기업으로부터 분배받은 자산의 시가 중 분배일의 해당 동업자의 지분가액 상당액은 해당 동업자의 분배일이 속하는 과세연도의 소득세 또는 법인세 과세표준을 계산할 때 익금에 산입하지 아니한다(조특 §100의22 ③). '출자의 환급' 또는 '기왕에 과세된 금액'에 해당하기 때문이다.

동업기업은 각 과세연도의 종료일이 속하는 달의 말일부터 3개월이 되는 날이 속하는 달의 15일까지 법정 절차(조특령 §100의24)에 따라 해당 '과세연도의 소득의 계산 및 배분명세'를 관할 세무서장에게 신고하여야 한다(조특 §100의23 ①). 각 과세연도의 소득금액이 없거나 결손금이 있는 동업기업의 경우에도 동일하다(조특 §100의23 ②). 동업기업은 신고를 할 때 각 동업자에게 해당 동업자와 관련된 신고내용을 통지하여야 한다(조특 §100의23 ③).

동업기업이 신고할 때, 동업기업 소득 계산 및 배분명세 신고서(조특칙 §61)와 다음 각 호의 서류를 제출해야 한다(조특령 §100의24 전단). 이 경우 제1호 및 제2호의 서류를 첨부하지 않으면 신고(조특 §100의23)로 보지 않는다(조특령 §100의24 후단).

---

1. 기업회계기준을 준용하여 작성한 재무상태표와 손익계산서
2. 지분가액조정명세서(조특칙 §61)
2의2. 약정손익분배비율(조특령 §100의17 ① 본문)에 관한 서면약정서
2의3. '동업기업으로부터 배분받은 소득금액 또는 결손금을 동업자의 익금 또는 손금으로 보아 계산하는 수동적 동업자'(조특 §100의18 ③ 본문)에 대하여 법정 연기금 수동적 동업자 요건(조특령 §100의18 ⑨ 각 호)을 입증할 수 있는 서류
3. 그 밖에 법정 서류(조특칙 §46의2). 법정 서류는 다음 각 호의 서류를 말한다(조특칙 §46의2).

> 1. 다음 각 목의 구분에 따른 서류
>   가. '거주자군' 및 '국내사업장이 있는 비거주자(소세 §121 ②), 국내원천 부동산소득이 있는 비거주자(소세 §121 ②) 및 종합소득과세표준 확정신고를 하는 국내원천 인적용역소득이 있는 비거주자(소세 §121 ⑤)로 구성된 비거주자군' : 다음의 서류 중 해당 거주자군 또는 비거주자군과 관련된 서류
>   1) 소득세법 시행규칙 별지 제40호 서식 (1)의 이자소득명세서, 배당소득명세서, 부동산임대소득 · 사업소득명세서, 근로소득 · 연금소득 · 기타소득명세서
>   2) 소득세법 시행규칙 제65조 제2항 제1호 가목 · 다목 및 같은 항 제2호 각 목의 서류
>   3) 소득세법 시행규칙 제102조의 조정계산서 및 관련 서류
>   4) 소득세법 시행규칙 별지 제45호 서식의 기부금명세서
>   나. 내국법인군 및 '국내사업장을 가진 외국법인, 국내원천 부동산소득이 있는 외국법인 및 법인세의 과세표준을 신고하여야 할 국내원천 부동산등양도소득이 있는 외국법인(법세 §97 ①)'으로 구성된 외국법인군 : 다음의 서류 중 해당 내국법인군

또는 외국법인군과 관련된 서류

    1) 법인세법 시행규칙 제82조 제1항 제4호부터 제56호까지 및 제60호의 서류

    2) 조세특례제한법 시행규칙 제61조 제1항 각 호의 서류

다. '국내원천소득으로서 국내사업장과 실질적으로 관련되지 아니하거나 그 국내사업장에 귀속되지 아니한 소득이 있는 비거주자'(소세 §156 ①)로 구성된 비거주자군 및 '국내원천소득으로서 국내사업장과 실질적으로 관련되지 아니하거나 그 국내사업장에 귀속되지 아니한 소득이 있는 외국법인(법세 §98 ①)'으로 구성된 외국법인군 : 다음의 서류 중 해당 비거주자군 또는 외국법인군과 관련된 서류

    1) 소득세법 시행규칙 별지 제23호 서식 (1)의 이자·배당소득 지급명세서

    2) 소득세법 시행규칙 별지 제23호 서식 (5)의 비거주자의 사업소득·기타소득 등 지급명세서

    3) 소득세법 시행규칙 별지 제24호 서식 (7)의 유가증권양도소득 지급명세서

    4) 소득세법 시행규칙 별지 제24호 서식 (8)의 양도소득 지급명세서

2. 배분한도 초과결손금계산서

2의2. 약정손익분배비율에 관한 서면약정서

3. 수동적 동업자 이월결손금계산서

4. 동업기업 세액배분명세서

제11절 비거주자 또는 외국법인인 동업자에 대한 원천징수

동업기업은 비거주자 또는 외국법인인 동업자에게 배분된 소득에 대해서는 다음 각 호의 세율을 적용**하여 계산한 금액**에 상당하는 소득세 또는 법인세를 **징수하여 법정신고기한**(신고(조특 §100의23)하지 아니한 금액을 분배하는 경우에는 해당 분배일이 속하는 달의 다음 달 10일과 법정신고기한(조특 §100의23 ①) 중 **빠른 날**)(조특 §100의23 ①)**까지** 납세지 관할 세무서장에게 **납부**하여야 한다(조특 §100의24 ①).

1. **수동적 동업자인 경우**에는 '소득세법 상 국내원천 배당소득으로서 100분의 20'(소세 §156 ① 2호) 및 '법인세법 상 국내원천 배당소득으로서 100분의 20'(법세 §98 ① 2호). 다만, '수동적 동업자가 소득을 직접 받지 아니하고 동업기업을 통하여 받음으로써 소득세 또는 법인세를 부당하게 감소시킨 것으로 인정되는 경우'(조특 §100의24 ③ 단서) 및 '동업기업으로부터 배분받은 소득금액 또는 결손금을 동업자의 익금 또는 손금으로 보아 계산하는

경우'(조특령 §100의18 ③ 본문)에는 소득세법 상 '비거주자의 국내원천소득에 대한 원천징수의 특례'에 따른 각 세율(소세 §156 ① 각 호) 및 법인세법 상 '외국법인에 대한 원천징수 또는 징수의 특례'에 따른 각 세율(법세 §98 ① 각 호). 이 경우 원천징수의 적용방법에 관하여는 소득세법 및 법인세법 관련규정(소세 §156의2~§156의8 ; 법세 §98의3~§98의7)을 준용한다(조특 §100의24 ⑦).

2. **수동적 동업자 외의 동업자인 경우**에는 다음 각 목의 세율 중 최고세율. 이 경우 동업기업이 국내에서 사업을 하는 장소를 비거주자 또는 외국법인인 동업자의 국내사업장으로 본다(조특 §100의24 ⑥).

　가. 비거주자인 동업자의 경우 : 소득세법 상 종합소득세율(소세 §55)

　나. 외국법인인 동업자의 경우 : 법인세법 상 각 사업연도의 소득에 대한 세율(법세 §55)

동업기업은 원천징수(조특 §100의24 ①)를 하는 경우 **지급명세서**(소세 §164의2 ; 법세 §120의2)를 제출하여야 한다(조특 §100의24 ② 전단). 이 경우 해당 소득은 동업기업이 신고(조특 §100의23)를 할 때(신고(조특 §100의23)를 하지 아니한 금액이 분배되는 경우에는 분배할 때)에 비거주자 또는 외국법인인 동업자에게 지급된 것으로 본다(조특 §100의24 ② 후단).

수동적 동업자에게 배분되는 소득의 구분은 제100조의 18 제3항 단서에 따른다(조특 §100의24 ③ 본문). 다만, **수동적 동업자가 소득을 직접 받지 아니하고 동업기업을 통하여 받음으로써 소득세 또는 법인세를 부당하게 감소시킨 것으로 인정될 때**에는, 배당소득(조특 §100의18 ③ 단서 ; 소세 §17 ①, §119 2호 ; 법세 §93 2호)으로 보지 아니하고, **동업기업이 받는 소득을 기준으로** 소득세법 상 '비거주자의 국내원천소득의 소득구분'(소세 §119) 또는 법인세법 상 '외국법인의 국내원천소득의 소득구분"(법세 §93)에 따른다(조특 §100의24 ③ 단서). 이 경우 원천징수의 적용방법에 관하여는 소득세법 및 법인세법 관련규정(소세 §156의2~§156의8 ; 법세 §98의3~§98의7)을 준용한다(조특 §100의24 ⑦).

비거주자 및 외국법인인 동업자는 '소득세법 상 관련규정'(소세 §121~§125)을 준용하여 **소득세의 과세표준확정신고**를 하거나 '법인세법 상 관련규정'(법세 §91, §92, §95, §95의2, §97)을 준용하여 **법인세의 과세표준신고**를 하여야 한다(조특 §100의24 ④ 본문). 다만, **동업기업이 소득세 또는 법인세를 원천징수하여 납부한 경우**(조특 §100의24 ①)에는 과세표준확정신고 또는 과세표준신고를 하지 아니할 수 있다(조특 §100의24 ④ 단서). 이 경우 동업기업이 국내에서 사업을 하는 장소를 비거주자 또는 외국법인인 동업자의 국내사업장으로 본다(조특 §100의24 ⑥).

'수동적 동업자가 소득을 직접 받지 아니하고 동업기업을 통하여 받음으로써 소득세 또는 법인세를 부당하게 감소시킨 것으로 인정되는 경우'(조특 §100의24 ③ 단서) 및 **'동업기업으로부터**

배분받은 소득금액 또는 결손금을 동업자의 익금 또는 손금으로 보아 계산하는 경우'(조특령 §100의18 ③ 본문), 해당 소득이 '국내원천 부동산등양도소득'(소세 §119 9호 ; 법세 §93 7호)인 경우에는 비거주자 및 외국법인에 대한 원천징수 특례세율(소득세법 상 '비거주자의 국내원천소득에 대한 원천징수의 특례'에 따른 각 세율(소세 §156 ① 각 호) 및 법인세법 상 '외국법인에 대한 원천징수 또는 징수의 특례'에 따른 각 세율(법세 §98 ① 각 호))로 원천징수하지 아니하고 다음 각 호의 방법에 따른다(조특 §100의24 ⑤).

> 1. '국내원천 부동산소득'(소세 §119 3호 ; 법세 §93 3호)인 경우 : 동업자가 소득세 과세표준의 확정신고·납부를 하거나 법인세 과세표준의 신고·납부를 하는 방법
> 2. '국내원천 부동산등양도소득'(소세 §119 9호 ; 법세 §93 7호)인 경우 : 동업기업이 '소득세법 상 국내원천 배당소득으로서 100분의 20'(소세 §156 ① 2호) 및 '법인세법 상 국내원천 배당소득으로서 100분의 20'(법세 §98 ① 2호)의 세율로 원천징수하고, 동업자가 소득세 과세표준의 확정신고·납부를 하거나 법인세 과세표준의 신고·납부를 하는 방법. 이 경우 원천징수의 적용방법에 관하여는 소득세법 및 법인세법 관련규정(소세 §156의2~§156의 8 ; 법세 §98의3~98의7)을 준용한다(조특 §100의24 ⑦).

비거주자 또는 외국법인인 동업자가 국내사업장(동업기업이 국내에서 사업을 하는 장소를 비거주자 또는 외국법인인 동업자의 국내사업장으로 보는 경우(조특 §100의24 ⑥)는 제외)(소세 §120 ; 법세 §94)이 있고 동업자에게 배분된 소득이 그 국내사업장에 귀속되는 소득인 경우에는 해당 소득을 그 국내사업장의 과세표준에 합산하여 신고·납부하여야 한다(조특 §100의24 ⑧).

제12절 가산세

관할 세무서장은 동업기업이 신고(조특 §100의23 ①)를 하지 아니하거나 신고하여야 할 소득금 액보다 적게 신고한 경우 다음 각 호의 금액을 가산세로 징수하여야 한다(조특 §100의25 ① 전단). 이 경우 신고하여야 할 소득금액은 '동업자군별 배분대상 소득금액의 합계액'(조특령 §100의26 ①)으로 정한다(조특 §100의25 ① 후단).

> 1. 신고하지 아니한 경우 : 신고하여야 할 소득금액의 100분의 4
> 2. 신고하여야 할 소득금액보다 적게 신고한 경우 : 적게 신고한 소득금액의 100분의 2

관할 세무서장은 **동업기업이 원천징수**(조특 §100의24)**하였거나 원천징수하여야 할 세액을 납부기한에 납부하지 아니하거나 적게 납부하는 경우**에는 납부하지 아니하거나 적게 납부한 세액의 100분의 10을 한도로 하여 다음 각 호의 금액을 합한 금액을 가산세로 징수하여야 한다(조특 §100의25 ②).

> 1. 납부하지 아니하거나 적게 납부한 세액 × 납부기한의 다음 날부터 자진납부일 또는 납부고지일까지의 기간 × 금융기관이 연체대출금에 대하여 적용하는 이자율을 고려하여 정한 법정 이자율(1일 10만분의 25)(조특령 §100의26 ②)
> 2. 납부하지 아니하거나 적게 납부한 세액의 100분의 3

제13절 준용규정

법인이 아닌 동업기업의 경우 **과세연도, 납세지, 사업자등록, 세액공제, 세액감면, 원천징수, 가산세, 토지 등 양도소득에 대한 법인세 등 법정 사항**(조특령 §100의27)에 대해서는 그 동업기업을 하나의 내국법인(법정 외국단체인 동업기업(조특 §100의15 ① 5호)의 경우에는 외국법인)으로 보아 법인세법과 조세특례제한법의 해당 규정을 준용한다(조특 §100의26). **법정 사항**은 다음 각 호의 사항을 말한다(조특령 §100의27).

> 1. 사업연도(법세 §6, §7)
> 2. 납세지와 과세관할(법세 §9~§12)
> 3. 사업자등록(법세 §111)
> 4. 조세특례제한법 및 법인세법에 따른 세액공제 및 세액감면
> 5. 원천징수(법세 §73, §73의2, §74)
> 6. 가산세(법세 §75의3, §75의5~§75의8)
> 7. 토지 등 양도소득에 대한 법인세(법세 §55의2)

8. 결정 및 경정(법세 §66)

9. 장부의 비치·기장(법세 §112)

10. 구분경리(법세 §113)

11. 지출증빙서류의 제출 및 보관(법세 §116)

12. 신용카드가맹점 가입·발급의무 등(법세 §117)

13. 현금영수증가맹점 가입·발급의무 등(법세 §117의2)

14. 지급명세서의 제출의무(법세 §120, §120의2)

15. 매입처별 세금계산서합계표의 제출(법세 §120의3)

16. 계산서의 작성·교부 등(법세 §121)

17. 질문·조사(법세 §122)

18. 그 밖에 기획재정부령으로 정하는 사항

제6장

보칙

법인의 설립 또는 설치신고

내국법인은 그 **설립등기일**(사업의 실질적 관리장소를 두게 되는 경우에는 그 **실질적 관리장소**를 두게 된 날을 말하며, 법인과세 신탁재산의 경우에는 **설립일**)부터 2개월 이내에 다음 각 호의 사항을 적은 법인 설립신고서에 **법정 주주 등의 명세서**(주식 등의 실제소유자를 기준으로 '주주 등의 성명 또는 법인명, 주민등록번호 · 사업자등록번호 또는 고유번호' 및 '주주 등 별 주식 등의 보유현황'을 적은 주주 등의 명세서)(법세령 §152 ②)와 **사업자등록 서류 등**(부가가치세법 상 사업자등록 신청서류(부가세령 §11 ③ 표, ④))(법세령 §152 ①)을 **첨부**하여 납세지 관할 세무서장에게 신고하여야 한다(법세 §109 ① 전단). 이 경우 **사업자등록**(법세 §111)을 한 때에는 법인 설립신고를 한 것으로 본다(법세 §109 ① 후단).

> 1. 법인의 명칭과 대표자의 성명[법인과세 신탁재산의 경우에는 법인과세 수탁자(둘 이상의 수탁자가 있는 경우 대표수탁자 및 그 외의 모든 수탁자)의 명칭과 대표자의 성명]
> 2. 본점이나 주사무소 또는 사업의 실질적 관리장소의 소재지(법인과세 신탁재산의 경우 법인과세 수탁자의 본점이나 주사무소 또는 사업의 실질적 관리장소의 소재지)
> 3. 사업 목적
> 4. 설립일

외국법인이 국내사업장을 가지게 되었을 때에는 그 날부터 2개월 이내에 **다음 각 호의 사항**을 적은 국내사업장 설치신고서에 국내사업장을 가지게 된 날 현재의 **재무상태표**와 그 밖의 **법정 서류**(본점 등의 등기에 관한 서류 및 정관)(법세령 §152 ④)를 **첨부**하여 납세지 관할 세무서장에게 신고하여야 한다(법세 §109 ② 전단). **외국법인의 관리책임자**는 위 **법정 서류**(법세령 §152 ④)를 첨부하여 납세지 관할 세무서장에게 **설치신고**를 하여야 한다(법세령

§152 ③). '외국법인이 고정된 장소를 가지고 있지 아니하면서도 종속대리인에 의한 국내사업장을 가지게 된 경우'(법세 §94 ③)에는 **국내사업장 설치신고서만 제출할 수 있다**(법세 §109 ② 후단). **외국법인의 관리책임자가 제출한 신고서를 받은 납세지 관할 세무서장은 행정정보의 공동이용** (전자정부 §36 ①)**을 통하여 지점의 법인 등기사항증명서를 확인하여야 한다**(법세령 §152 ⑤ 본문). 다만, 신고인이 국내사업장의 사업영위 내용을 입증하는 다른 서류를 제출하는 경우에는 그러하지 아니하다(법세령 §152 ⑤ 단서). 이상의 규정은 **국내원천 부동산소득**(법세 §93 3호)**이 있는 외국법인의 신고**에 관하여서도 동일하게 적용된다(법세 §109 ④).

1. 법인의 명칭과 대표자의 성명
2. 본점 또는 주사무소의 소재지
3. 국내에서 수행하는 사업이나 국내에 있는 자산의 경영 또는 관리책임자의 성명
4. 국내사업의 목적 및 종류와 국내자산의 종류 및 소재지
5. 국내사업을 시작하거나 국내자산을 가지게 된 날

내국법인과 외국법인은 신고한 **신고서 및 그 첨부서류의 내용이 변경된 경우**에는 그 변경사항이 발생한 날부터 15일 이내에 그 변경된 사항을 납세지 관할 세무서장에게 신고하여야 한다(법세 §109 ③). 외국법인이 **관리책임자를 변경한 때**에는 그 성명과 주소 또는 거소를 지체없이 납세지 관할 세무서장에게 신고하여야 한다(법세령 §153 ①). 관리책임자는 당해 외국법인의 납세지 관할 세무서의 관할 구역 안에 주소 또는 6월 이상 거소를 둔 자이어야 한다(법세령 §153 ②). **관리책임자가 그 주소 또는 거소를 변경한 때**에는 그 사항을 지체 없이 납세지 관할 세무서장에게 신고하여야 한다(법세령 §153 ③).

제2절 법인과세 신탁재산의 수탁자 변경신고

법인과세 신탁재산에 신수탁자가 선임된 경우 신수탁자는 선임일 이후 2개월 이내에 **다음 각 호의 사항을 적은 신고서에 신수탁자로 선임된 사실을 증명하는 서류 등을 첨부하여** 납세지 관할 세무서장에게 신고하여야 한다(법세 §109의2 ①).

1. 신수탁자의 명칭과 대표자의 성명
2. 법인과세 신탁재산의 명칭
3. 신수탁자의 본점이나 주사무소 또는 사업의 실질적 관리장소의 소재지
4. 신수탁자에게 신탁사무를 승계한 새로운 수탁자가 선임되기 전의 전수탁자의 명칭
5. 신수탁자 선임일
6. 신수탁자 선임사유

법인과세 신탁재산에 대하여 전수탁자의 임무가 종료된 경우 그 임무의 종료에 따라 **신탁사무를 승계한 신수탁자**는 승계일 이후 2개월 이내에 **다음 각 호의 사항을 적은 신고서에 전수탁자의 임무가 종료된 사실을 증명하는 서류 등을 첨부**하여 납세지 관할 세무서장에게 신고하여야 한다(법세 §109의2 ②).

1. 전수탁자의 명칭과 대표자의 성명
2. 법인과세 신탁재산의 명칭
3. 전수탁자의 본점이나 주사무소 또는 사업의 실질적 관리장소의 소재지
4. 신탁사무를 승계받은 신수탁자의 명칭
5. 신탁사무 승계일
6. 전수탁자 종료사유

둘 이상의 수탁자가 있는 법인과세 신탁재산의 대표수탁자가 변경되는 경우 그 변경 전의 대표수탁자와 변경 후의 대표수탁자는 각각 변경일 이후 2개월 이내에 **다음 각 호의 사항을 적은 신고서에 변경사실을 증명하는 서류 등을 첨부**하여 납세지 관할 세무서장에게 신고하여야 한다(법세 §109의2 ③).

1. 변경 전 또는 변경 후의 대표수탁자의 명칭과 대표자의 성명
2. 법인과세 신탁재산의 명칭
3. 변경 전 또는 변경 후의 대표수탁자의 본점이나 주사무소 또는 사업의 실질적 관리장소의 소재지
4. 대표수탁자 변경일
5. 대표수탁자 변경사유

비영리법인의 수익사업 개시신고

　비영리내국법인과 비영리외국법인(국내사업장을 가지고 있는 외국법인만 해당)이 **새로** **수익사업**('사업소득'(법세 §4 ③ 1호) 및 '대가를 얻는 계속적 행위로 인한 수입으로서 보유기간이 자산당액 과세대상인 채권 등(소세 §46 ①)의 매매익'(법세 §4 ③ 7호 : 법세령 §3 ③)만 해당)**을** **시작한 경우**에는 그 개시일부터 2개월 이내에 **다음 각 호의 사항을 적은** 신고서에 그 사업개시일 현재의 그 수익사업과 관련된 **재무상태표**와 그 밖에 **법정 서류를 첨부**하여 납세지 관할 세무서장에게 신고하여야 한다(법세 §110).

---

1. 법인의 명칭
2. 본점이나 주사무소 또는 사업의 실질적 관리장소의 소재지
3. 대표자의 성명과 경영 또는 관리책임자의 성명
4. 고유목적사업
5. 수익사업의 종류
6. 수익사업 개시일
7. 수익사업의 사업장

사업자등록

　신규로 사업을 시작하는 법인은 **사업장마다** 당해 사업의 개시일부터 20일 내에 **사업자등록신** **청서**를 납세지 관할 세무서장에게 제출하여 등록하여야 한다(법세 §111 ① 전단 : 법세령 §154 ①). 이 경우 내국법인이 **법인 설립신고**(법세 §109 ①)**를 하기 전에 등록**하는 때에는 주주 등의 **명세서**(법세 §109 ①)를 제출하여야 한다(법세 §111 ① 후단). **부가가치세법에 따라 사업자등록을** **한 사업자**는 그 사업에 관하여 등록을 한 것으로 본다(법세 §111 ②). **부가가치세법에 따라** **법인과세 수탁자로서 사업자등록을 한 경우**에는 그 법인과세 신탁재산에 관하여 등록을 한 것으로 본다(법세 §111 ③). **법인 설립신고**(법세 §109)**를 한 경우**에는 **사업자등록신청을 한 것으로** 본다(법세 §111 ⑤).

국세청장은 사업자등록번호를 교부하지 아니하는 법인에 대하여는 고유번호를 부여하여야 한다(법세령 §154 ③).

법인세법 상 사업자등록에 대하여서는 부가가치세법 상 사업자등록에 관한 규정들(부가세 §8 : 부가세령 §11~§16)이 준용된다(법세 §111 ④ : 법세령 §154 ②).

제5절 장부의 비치·기장

납세의무가 있는 법인은 **장부를 갖추어 두고 복식부기 방식**(법인의 재산과 자본의 변동을 빠짐없이 이중기록하여 계산하는 정규의 부기형식에 의하여 기장하는 것)(법세령 §155)**으로 장부를 기장**하여야 하며, 장부와 관계있는 **중요한 증명서류를 비치·보존**하여야 한다(법세 §112 본문). 다만, 비영리법인은 '**사업소득**'(법세 §4 ③ 1호) 및 '**대가를 얻는 계속적 행위로 인한 수입으로서 보유기간이자상당액 과세대상인 채권 등**(소세 §46 ①)**의 매매익**'(법세 §4 ③ 7호 : 법세령 §3 ③)의 수익사업(비영리외국법인의 경우 해당 수익사업 중 **국내원천소득**이 발생하는 경우만 해당)을 하는 경우로 한정한다(법세 §112 단서).

비영리법인 역시 장부를 갖추어 두고 **복식부기 방식으로 장부를 기장**하여야 하며, 장부와 관계있는 **중요한 증명서류를 비치·보존**하여야 하나(법세 §112 본문), 비영리법인은 **사업소득**(법세 §4 ③ 1호) 및 **보유기간 별 과세대상인 채권의 매매익**(법세 §4 ③ 7호)의 수익사업(비영리외국법인의 경우 해당 수익사업 중 국내원천소득이 발생하는 경우만 해당)을 하는 경우로 한정한다(법세 §112 단서).

구분경리를 하는 경우 수익사업과 기타의 사업에 공통되는 자산과 부채는 이를 수익사업에 속하는 것으로 한다(법세칙 §76 ①). 수익사업의 자산의 합계액에서 부채(충당금을 포함)의 합계액을 공제한 금액을 수익사업의 자본금으로 한다(법세칙 §76 ②). **기타의 사업에 속하는 자산을 수익사업에 지출 또는 전입한 경우** 그 자산가액은 자본의 원입으로 경리하고, 그 자산가액은 시가에 의한다(법세칙 §76 ③). **수익사업에 속하는 자산을 기타의 사업에 지출한 경우** 그 자산가액 중 수익사업의 소득금액(잉여금을 포함)을 초과하는 금액은 자본원입액의 반환으로 하고, 이 경우 **수익사업에서 발생한 소득금액 전액을 고유목적사업준비금으로 계상할 수 있는 조세특례제한법 상 특례**(조특 §74 ①)가 적용되는 법인이 수익사업회계에 속하는 자산을 비영리사업회계에 전입한 경우에는 이를 비영리사업에 지출한 것으로 한다(법세칙 §76 ④).

기부금영수증 발급명세의 작성·보관의무 등

  기부금영수증을 발급하는 법인은 **법정 기부자별 발급명세**(법세령 §155의2 ③)를 작성하여 발급한 날부터 **5년간 보관**하여야 한다(법세 §112의2 ① 본문). 다만, **전자기부금영수증을 발급한 경우**에는 그러하지 아니하다(법세 §112의2 ① 단서). **법정 기부자별 발급명세**는 다음 각 호의 내용이 모두 포함된 것을 말한다(법세령 §155의2 ③).

---

1. 기부자의 성명, 주민등록번호 및 주소(기부자가 법인인 경우에는 상호, 사업자등록번호와 본점 등의 소재지)
2. 기부금액
3. 기부금 기부일자
4. 기부금영수증 발급일자
5. 그 밖에 기획재정부령이 정하는 사항

  기부금영수증을 발급하는 법인은 보관하고 있는 **기부자별 발급명세를 국세청장, 지방국세청장 또는 납세지 관할 세무서장이 요청하는 경우** 이를 제출하여야 한다(법세 §112의2 ② 본문). 다만, **전자기부금영수증을 발급한 경우**에는 그러하지 아니하다(법세 §112의2 ② 단서).

  기부금영수증을 발급하는 법인은 해당 사업연도의 기부금영수증 총발급건수 및 금액 등이 적힌 **기부금영수증 발급합계표**를 해당 사업연도의 종료일이 속하는 달의 말일부터 **6개월 이내에** 관할 세무서장에게 **제출**하여야 한다(법세 §112의2 ③ 본문). 다만, **전자기부금영수증을 발급한 경우**에는 그러하지 아니하다(법세 §112의2 ③ 단서). 기부금영수증을 발급하는 법인은 해당 사업연도의 직전 사업연도에 받은 기부금에 대하여 발급한 기부금영수증 금액의 총합계액이 3억원 이상의 금액으로서 법정 금액(3억원)(법세령 §155의2 ④)을 초과하는 경우에는 해당 사업연도에 받은 기부금에 대하여 그 기부금을 받은 날이 속하는 연도의 다음 연도 1월 10일까지 전자기부금영수증을 발급하여야 한다(법세 §112의2 ④).

  국세청장은 납세관리상 필요한 범위에서 **전자기부금영수증 발급 신청, 발급 방법 등에 필요한 세부적인 사항**을 정할 수 있다(법세령 §155의2 ②).

구분경리 법인의 범위 및 그 방법 등

비영리법인이 수익사업을 하는 경우에는 자산·부채 및 손익을 그 **수익사업**에 속하는 것과 **수익사업이 아닌 그 밖의 사업**에 속하는 것을 각각 다른 회계로 구분하여 기록하여야 한다(법세 §113 ①).

자본시장과 금융투자업에 관한 법률의 적용을 받는 법인은 각 사업연도의 소득금액을 계산할 때 신탁재산에 귀속되는 소득과 그 밖의 소득을 각각 다른 회계로 구분하여 기록하여야 한다(법세 §113 ②). **법인과세 수탁자는 법인과세 신탁재산별로** 신탁재산에 귀속되는 소득을 각각 다른 회계로 구분하여 기록하여야 한다(법세 §113 ⑥).

다른 내국법인을 합병하는 법인은 다음 각 호의 구분에 따른 기간 동안 자산·부채 및 손익을 피합병법인으로부터 승계받은 사업에 속하는 것과 그 밖의 사업에 속하는 것을 각각 다른 회계로 구분하여 기록하여야 한다(법세 §113 ③ 본문). 다만, **중소기업 간 또는 동일사업을 하는 법인 간에 합병하는 경우**에는 회계를 구분하여 기록하지 아니할 수 있다(법세 §113 ③ 단서).

> 1. 합병등기일 현재 결손금(법세 §13 ① 1호)이 있는 경우 또는 피합병법인의 이월결손금을 공제(법세 §45 ②)받으려는 경우 : 그 결손금 또는 이월결손금을 공제받는 기간
> 2. 그 밖의 경우 : 합병 후 5년간

내국법인이 분할합병하는 경우 분할신설법인 등은 다음 각 호의 구분에 따른 기간 동안 자산·부채 및 손익을 분할법인 등으로부터 승계받은 사업에 속하는 것과 그 밖의 사업에 속하는 것을 각각 별개의 회계로 구분하여 기록하여야 한다(법세 §113 ④ 본문). 다만, **중소기업 간 또는 동일사업을 하는 법인 간에 분할합병하는 경우**에는 회계를 구분하여 기록하지 아니할 수 있다(법세 §113 ④ 단서).

> 1. 분할법인 등의 이월결손금을 공제(법세 §46의4 ②)받으려는 경우 : 그 이월결손금을 공제받는 기간
> 2. 그 밖의 경우 : 분할 후 5년간

연결모법인이 다른 내국법인(합병등기일 현재 연결법인이 아닌 경우만 해당)을 합병(연결모법인을 분할합병의 상대방법인으로 하는 분할합병을 포함)한 경우에는 다음 각 호의 구분에 따른 기간 동안 자산·부채 및 손익을 피합병법인(분할법인을 포함)으로부터 승계받은 사업에 속하는 것과 그 밖의 사업에 속하는 것을 각각 별개의 회계로 구분하여 기록하여야 한다(법세 §113 ⑤ 본문). 다만 중소기업 간 또는 동일사업을 하는 법인 간에 합병하는 경우에는 회계를 구분하여 기록하지 아니할 수 있다(법세 §113 ⑤ 단서).

---

1. 합병등기일 현재 '연결과세표준의 계산 상 결손금'(법세 §76의13 ① 1호)이 있는 경우 또는 피합병법인의 이월결손금을 공제(법세 §76의13 ③ 2호)받으려는 경우 : 그 결손금 또는 이월결손금을 공제받는 기간
2. 그 밖의 경우 : 합병 후 5년간

다른 내국법인의 사업을 양수하는 내국법인에 대하여 '사업양수 시 이월결손금 공제 제한규정'(법세 §50의2)이 적용되는 경우 그 내국법인은 사업양수일 현재 결손금(법세 §13 ① 1호)이 있는 경우 그 결손금을 공제받는 기간 동안 자산·부채 및 손익을 양도법인으로부터 양수한 사업에 속하는 것과 그 밖의 사업에 속하는 것을 각각 다른 회계로 구분하여 기록하여야 한다(법세 §113 ⑦ 본문). 다만, 중소기업 간 또는 동일사업을 하는 법인 간에 사업을 양수하는 경우에는 회계를 구분하여 기록하지 아니할 수 있다(법세 §113 ⑦ 단서).

구분경리의 방법에 대하여 살핀다. 법인은 구분하여야 할 사업 또는 재산별로 자산·부채 및 손익을 법인의 장부상 각각 독립된 계정과목에 의하여 구분경리하여야 하나(법세령 §156 ①), 각 사업 또는 재산별로 구분할 수 없는 공통되는 익금과 손금은 그러하지 아니하다(법세칙 §75 ① 단서). 중소기업의 판정은 합병 또는 분할합병 전의 현황에 따르고, 동일사업을 영위하는 법인(분할법인의 경우 승계된 사업분에 한정)의 판정은 실질적으로 동일한 사업을 영위하는 것으로서 정하는 법정 사업[한국산업은행법(2014. 5. 21. 법률 제12663호로 개정된 것) 부칙 제3조에 따른 한국산업은행, 산은금융지주주식회사 및 한국정책금융공사법에 따른 한국정책금융공사가 각각 영위하던 사업](법세칙 §75의2) 외에는 '한국표준산업분류에 따른 세분류'에 따른다(법세령 §156 ② 전단). 이 경우 합병법인 또는 피합병법인이나 분할법인(승계된 사업분에 한정) 또는 분할합병의 상대방법인이 2 이상의 세분류에 해당하는 사업을 영위하는 경우에는 사업용 자산가액 중 동일사업에 사용하는 사업용 자산가액의 비율이 각각 100분의 70을 초과하

는 경우에만 동일사업을 영위하는 것으로 본다(법세령 §156 ② 후단).

Ⅱ 수익사업을 영위하는 비영리법인의 구분경리 특례

수익사업을 영위하는 비영리법인이 구분경리를 하는 경우 수익사업과 기타의 사업에 공통되는 자산과 부채는 이를 수익사업에 속하는 것으로 한다(법세칙 §76 ①). 수익사업의 자산의 합계액에서 부채(충당금을 포함)의 합계액을 공제한 금액을 수익사업의 자본금으로 한다(법세칙 §76 ②). **기타의 사업에 속하는 자산을 수익사업에 지출 또는 전입한 경우** 그 자산가액은 자본의 원입으로 경리하고, 그 자산가액은 시가에 의한다(법세칙 §76 ③). **수익사업에 속하는 자산을 기타의 사업에 지출한 경우** 그 자산가액 중 수익사업의 소득금액(잉여금을 포함)을 초과하는 금액은 자본원입액의 반환으로 하고, 이 경우 **수익사업에서 발생한 소득금액 전액을 고유목적사업준비금으로 계상할 수 있는 조세특례제한법 상 특례**(조특 §74 ①)가 적용되는 법인이 수익사업회계에 속하는 자산을 비영리사업회계에 전입한 경우에는 이를 비영리사업에 지출한 것으로 한다(법세칙 §76 ④).

비영리법인이 수익사업과 기타의 사업의 손익을 구분경리하는 경우(법세 §113 ①) **공통되는 익금과 손금**은 다음 각 호의 규정에 의하여 구분계산하여야 한다(법세칙 §76 ⑥ 본문). 다만, 공통익금 또는 손금의 구분계산에 있어서 개별손금(공통손금 외의 손금의 합계액)이 없는 경우나 기타의 사유로 다음 각 호의 규정을 적용할 수 없거나 적용하는 것이 불합리한 경우에는 공통익금의 수입항목 또는 공통손금의 비용항목에 따라 국세청장이 정하는 작업시간·사용시간·사용면적 등의 기준에 의하여 안분계산한다(법세칙 §76 ⑥ 단서). 이 경우 공통되는 익금은 과세표준이 되는 것에 한하며, 공통되는 손금은 익금에 대응하는 것에 한한다(법세칙 §76 ⑦).

1. 수익사업과 기타의 사업의 공통익금은 수익사업과 기타의 사업의 수입금액 또는 매출액에 비례하여 안분계산
2. 수익사업과 기타의 사업의 업종이 동일한 경우의 공통손금은 수익사업과 기타의 사업의 수입금액 또는 매출액에 비례하여 안분계산
3. 수익사업과 기타의 사업의 업종이 다른 경우의 공통손금은 수익사업과 기타의 사업의 개별 손금액에 비례하여 안분계산

법인세가 감면되는 사업과 기타의 사업을 겸영하는 법인의 구분 경리 특례

법률에 의하여 법인세가 감면되는 사업과 기타의 사업을 겸영하는 법인은 다음과 같이 **구분경리하여야 한다**(법세칙 §75 ② 전단). **업종의 구분**은 한국표준산업분류에 의한 소분류에 의하되, 소분류에 해당 업종이 없는 경우에는 중분류에 의한다(법세칙 §75 ② 후단). 해당 법인이 구분하여야 할 사업 또는 재산별로 자산·부채 및 손익을 법인의 장부상 각각 독립된 계정과목에 의하여 구분경리하여야 하나(법세령 §56 ①), 각 사업 또는 재산별로 구분할 수 없는 공통되는 익금과 손금은 그러하지 아니하다는 점(법세칙 §75 ① 단서)은 비영리법인의 경우와 동일하다(법세칙 §75 ② 전단). 또한 '비영리법인의 경우 **공통되는 익금과 손금**을 구분계산에 관한 규정'(법세칙 §76 ⑥, ⑦) 역시 그대로 적용된다(법세칙 §75 ② 전단).

 합병법인 및 분할신설법인 등의 구분경리 특례

합병법인이 피합병법인으로부터 승계받은 사업과 그 밖의 사업을 구분경리함에 있어서 **자산·부채 및 손익의 구분계산**은 다음 각 호에 따른다(법세칙 §77 ①). '**분할신설법인 등이 분할법인 등으로부터 승계받은 사업과 그 밖의 사업을 구분경리하는 경우**'(법세 §113 ④) 및 '**연결모법인이 피합병법인**(분할법인을 포함)**으로부터 승계받은 사업과 그 밖의 사업에 속하는 것을 구분경리하는 경우**'(법세 §113 ⑤)에도 동일하다(법세칙 §77 ③, ④).

---

1. 유형자산 및 무형자산과 부채는 용도에 따라 각 사업별로 구분하되, 용도가 분명하지 아니한 차입금은 총수입금액에서 각 사업의 당해 사업연도의 수입금액이 차지하는 비율에 따라 안분계산
2. 현금·예금 등 당좌자산 및 투자자산은 자금의 원천에 따라 각 사업별로 구분하되, 그 구분이 분명하지 아니한 경우에는 총수입금액에서 각 사업의 당해 사업연도의 수입금액이 차지하는 비율에 따라 안분계산
3. 제1호 및 제2호 외의 자산 및 잉여금 등은 용도·발생원천 또는 기업회계기준에 따라 계산
4. 각 사업에 속하는 익금과 손금은 각각 독립된 계정과목에 의하여 구분하여 기록하되, 각 사업에 공통되는 익금과 손금은 '비영리법인의 경우 공통되는 익금과 손금을 구분계산에 관한 규정'(법세칙 §76 ⑥, ⑦)을 준용하여 구분계산. 다만, 합병등기일 전부터 소유하던

유형자산 및 무형자산의 양도손익은 합병등기일 전에 유형자산 및 무형자산을 소유하던 사업부문에 속하는 익금과 손금으로 본다.

합병법인은 위 규정(법세칙 §77 ①)에도 불구하고 **다음 각 호의 방법으로 구분경리할 수 있다**(법세칙 §77 ② 전단). 이 경우 합병법인은 피합병법인의 **이월결손금을 공제받고자 하는 사업연도가 종료할 때**(연결모법인의 경우에는 합병 후 5년간)까지 **계속 적용**하여야 한다(법세칙 §77 ② 후단). '**분할신설법인 등이 분할법인 등으로부터 승계받은 사업과 그 밖의 사업을 구분경리하는 경우**'(법세 §113 ④) 및 '**연결모법인이 피합병법인**(분할법인을 포함)**으로부터 승계받은 사업과 그 밖의 사업에 속하는 것을 구분경리하는 경우**'(법세 §113 ⑤)에도 동일하다(법세칙 §77 ③, ④).

1. 피합병법인으로부터 승계받은 사업장과 기타의 사업장별로 자산·부채 및 손익을 각각 독립된 회계처리에 의하여 구분계산. 이 경우 피합병법인으로부터 승계받은 사업장의 자산·부채 및 손익은 이를 피합병법인으로부터 승계받은 사업에 속하는 것으로 한다.
2. 본점 등에서 발생한 익금과 손금 등 각 사업장에 공통되는 익금과 손금은 '비영리법인의 경우 공통되는 익금과 손금을 구분계산에 관한 규정'(법세칙 §76 ⑥, ⑦)을 준용하여 안분계산. 다만, 합병등기일 전부터 소유하던 유형자산 및 무형자산의 양도손익은 합병등기일 전에 유형자산 및 무형자산을 소유하던 사업부문에 속하는 익금과 손금으로 본다.
3. 제1호 및 제2호의 규정을 적용함에 있어서 합병등기일 이후 새로이 사업장을 설치하거나 기존 사업장을 통합한 경우에는 그 주된 사업내용에 따라 피합병법인으로부터 승계받은 사업장, 기타의 사업장 또는 공통사업장으로 구분. 이 경우 주된 사업내용을 판정하기 곤란한 경우에는 다음 각 목에 의한다.
   가. 새로이 사업장을 설치한 경우에는 합병법인의 사업장으로 보아 구분경리
   나. 기존 사업장을 통합한 경우에는 통합한 날이 속하는 사업연도의 직전 사업연도의 각 사업장별 수입금액(수입금액이 없는 사업장이 있는 경우에는 각 사업장별 자산총액)이 많은 법인의 사업장으로 보아 구분경리

지출증명서류의 수취 및 보관

　법인은 각 사업연도에 그 사업과 관련된 **모든 거래에 관한 증명서류**를 작성하거나 받아서 신고기한(법세 §60)이 지난 날부터 **5년간 보관하여야** 한다(법세 §116 ① 본문). 다만, 각 사업연도 개시일 전 5년이 되는 날 이전에 개시한 사업연도에서 발생한 결손금을 각 사업연도의 소득에서 공제(법세 §13 ① 1호)하려는 법인은 해당 결손금이 발생한 사업연도의 증명서류를 공제되는 소득의 귀속사업연도의 신고기한(법세 §60)부터 1년이 되는 날까지 보관하여야 한다(법세 §116 ① 단서). **직전 사업연도의 수입금액이 30억원**(사업연도가 1년 미만인 법인의 경우 30억원에 해당 사업연도의 월수를 곱하고 12로 나누어 산출한 금액) 이상으로서 지출증명서류를 수취하여 보관한 법인은 **지출증명서류 합계표**를 작성하여 보관해야 한다(법세령 §158 ⑥).

　법인이 **법정 사업자**(법세령 §158 ①)로부터 재화나 용역을 공급받고 그 대가를 지급하는 경우에는 **다음 각 호의 어느 하나에 해당하는 증명서류**를 받아 보관하여야 한다(법세 §116 ② 본문). 다만, **법정 경우**(법세령 §158 ②)에는 그러하지 아니하다(법세 §116 ② 단서).

---

1. 여신전문금융업법에 따른 신용카드 매출전표(신용카드와 유사한 것으로서 직불카드 등 ('여신전문금융업법에 따른 직불카드', '외국에서 발행된 신용카드' 또는 '기명식선불카드, 직불전자지급수단, 기명식선불전자지급수단 또는 기명식전자화폐'(조특 §126의2 ① 4호)) (법세령 §158 ③)을 사용하여 거래하는 경우에는 그 증명서류를 포함)
2. 현금영수증
3. 세금계산서(부가세 §32). 세금계산서를 발급받지 못한 경우 매입자발행세금계산서(부가세 §34의2 ②)를 발행하여 보관하면 수취·보관 의무를 이행한 것으로 본다(법세 §116 ③ 1호).
4. 계산서(법세 §121 : 소세 §163). 계산서를 발급받지 못하여 매입자발행계산서(법세 §121의2)를 발행하여 보관한 경우 수취·보관 의무를 이행한 것으로 본다(법세 §116 ③ 2호).

법정 사업자는 다음 각 호의 어느 하나에 해당하는 사업자를 말한다(법세령 §158 ①).

---

1. **법인**. 다만, 다음 각 목의 어느 하나에 해당하는 법인은 제외한다.
　가. 비영리법인(사업소득(법세령 §3 ①)인 수익사업과 관련된 부분은 제외)
　나. 국가 및 지방자치단체
　다. 금융보험업을 영위하는 법인(금융·보험용역(소세령 §208의2 ① 3호)을 제공하는 경우에

한정)
　　라. 국내사업장이 없는 외국법인
2. **사업자**(부가세 §3). 다만, 읍·면지역에 소재하는 간이과세자(부가세 §61)로서 여신전문금융업법에 의한 신용카드가맹점 또는 현금영수증가맹점(조특 §126의3)이 아닌 사업자를 제외한다.
3. **사업자**(소세 §1의2 ① 5호) 및 '**국내원천 부동산소득**(소세 §119 3호) **및 국내원천 사업소득**(소세 §119 5호)**이 있는 비거주자**'. 다만, 국내사업장(소세 §120)이 없는 비거주자를 제외한다.

법정 경우는 다음 각 호의 어느 하나에 해당하는 경우를 말한다(법세령 §158 ②).

1. 공급받은 재화 또는 용역의 건당 거래금액(부가가치세를 포함)이 3만원 이하인 경우
2. 농·어민(한국표준산업분류에 의한 농업 중 작물재배업·축산업·복합농업, 임업 또는 어업에 종사하는 자를 말하며, 법인을 제외)으로부터 재화 또는 용역을 직접 공급받은 경우
3. 원천징수대상 사업소득자(소세 §127 ① 3호)로부터 용역을 공급받은 경우(원천징수한 것에 한정)
4. 용역화물료 징수용역(법세령 §164 ⑧ 1호)을 공급받는 경우
5. 기타 법정 경우(법세칙 §79). 이는 다음 각 호의 어느 하나에 해당하는 경우를 말한다(법세칙 §79).

> 1. 재화의 공급으로 보지 아니하는 사업(부가세 §10)의 양도에 의하여 재화를 공급받은 경우
> 2. 방송용역(부가세 §26 ① 8호)을 제공받은 경우
> 3. 전기통신사업법에 따른 전기통신사업자로부터 전기통신용역을 공급받은 경우. 다만, 전자상거래 등에서의 소비자보호에 관한 법률에 따른 통신판매업자가 전기통신사업법에 따른 부가통신사업자로부터 보편적 역무에 해당하는 부가통신역무(통신사업 §4 ④)를 제공받는 경우를 제외한다.
> 4. 국외에서 재화 또는 용역을 공급받은 경우(세관장이 세금계산서 또는 계산서를 교부한 경우를 제외)
> 5. 공매·경매 또는 수용에 의하여 재화를 공급받은 경우
> 6. 토지 또는 주택을 구입하거나 주택의 임대업을 영위하는 자(법인을 제외)로부터 주택임대용역을 공급받은 경우
> 7. 택시운송용역을 제공받은 경우
> 8. 건물(토지를 함께 공급받은 경우에는 당해 토지를 포함하며, 주택을 제외)을 구입하는 경우로서 거래내용이 확인되는 매매계약서 사본을 법인세과세표준신고서(법세 §60)에 첨부하여 납세지 관할 세무서장에게 제출하는 경우

9. 금융·보험용역(소세령 §208의2 ① 3호)을 제공받은 경우

9의2. (삭제)

9의3. 항공기의 항행용역을 제공받은 경우

9의4. 부동산임대용역을 제공받은 경우로서 '부동산 임대용역의 공급가액 계산규정'(부가세령 §65 ①)을 적용받는 전세금 또는 임대보증금에 대한 부가가치세액을 임차인이 부담하는 경우

9의5. 재화공급계약·용역제공계약 등에 의하여 확정된 대가의 지급지연으로 인하여 연체이자를 지급하는 경우

9의6. 한국철도공사법에 의한 한국철도공사로부터 철도의 여객운송용역을 공급받는 경우

10. 다음 각 목의 어느 하나에 해당하는 경우로서 공급받은 재화 또는 용역의 거래금액을 금융실명거래 및 비밀보장에 관한 법률에 의한 금융기관을 통하여 지급한 경우로서 법인세과세표준신고서(법세 §60)에 송금사실을 기재한 경비 등의 송금명세서를 첨부하여 납세지 관할 세무서장에게 제출하는 경우

　가. 간이과세(부가세 §61)를 적용받는 사업자로부터 부동산임대용역을 제공받은 경우

　나. 임가공용역을 제공받은 경우(법인과의 거래를 제외)

　다. 운수업을 영위하는 자(간이과세(부가세 §61)를 적용받는 사업자에 한정)가 제공하는 운송용역을 공급받은 경우(위 제7호의 규정을 적용받는 경우를 제외)

　라. 간이과세(부가세 §61)를 적용받는 사업자로부터 재활용폐자원 등(조특령 §110 ④ 각 호)이나 재활용가능자원(자원의 절약과 재활용촉진에 관한 법률 시행규칙 별표 1 제1호부터 제9호까지의 규정에 열거된 것에 한정)(재활용 §2 2호)을 공급받은 경우

　마. 항공법에 의한 상업서류 송달용역을 제공받는 경우

　바. 공인중개사의 업무 및 부동산 거래신고에 관한 법률에 따른 중개업자에게 수수료를 지급하는 경우

　사. 복권 및 복권기금법에 의한 복권사업자가 복권을 판매하는 자에게 수수료를 지급하는 경우

　아. 전자상거래 등에서의 소비자보호에 관한 법률에 따른 통신판매(소비자보호 §2 2호 본문)에 따라 재화 또는 용역을 공급받은 경우

　자. 그 밖에 국세청장이 정하여 고시하는 경우

11. 유료도로법에 따른 유료도로를 이용하고 통행료를 지급하는 경우

신용카드매출전표를 수취하여 보관하고 있는 것으로 의제되는 경우가 있다. 즉 다음 각 호의 1에 해당하는 증빙을 보관하고 있는 경우에는 신용카드매출전표를 수취하여 보관하고

있는 것으로 본다(법세령 §158 ④).

> 1. 여신전문금융업법에 의한 신용카드업자로부터 교부받은 신용카드 및 직불카드 등의 월별이
>   용대금명세서
> 2. 여신전문금융업법에 의한 신용카드업자로부터 전송받아 전사적 자원관리 시스템에 보관하
>   고 있는 신용카드 및 직불카드 등의 거래정보(국세기본법 시행령 상 '장부 등의 비치와
>   보존 요건'(국기령 §65의7)을 충족하는 경우에 한정)

지출증명서류를 수취하여 보관한 것으로 의제되는 경우가 있다. 즉 법인이 다음 각 호의
어느 하나에 해당하는 지출증명서류를 받은 경우에는 지출증명서류를 보관한 것(법세 §116
①)으로 보아 이를 별도로 보관하지 아니할 수 있다(법세령 §158 ⑤).

> 1. 현금영수증(조특 §126의3 ④)
> 2. 신용카드 매출전표(법세 §116 ② 1호)
> 3. 부가가치세법에 따라 국세청장에게 전송된 전자세금계산서(부가세 §32 ③, ⑤)
> 4. 소득세법에 따라 국세청장에게 전송된 전자계산서(소세 §163 ⑧)

제9절 　신용카드가맹점 가입·발급 의무 등

국세청장은 주로 사업자가 아닌 소비자에게 재화나 용역을 공급하는 법정 법인(소비자상대업
종(소세령 별표 3의2)을 영위하는 법인)(법세령 §159 ①)에 대하여 납세관리를 위하여 필요하다고
인정되면 **신용카드가맹점으로 가입하도록 지도할 수 있다**(법세 §117 ①).

국세청장의 지도에 따라 가입한 신용카드가맹점(법세 §117 ①)은 사업과 관련하여 신용카드에
의한 거래를 이유로 재화나 용역을 공급하고 그 **사실과 다르게 신용카드 매출전표를 발급하여서
는 아니 된다**(법세 §117 ② 본문). 다만, 대규모점포 등 법정 사업자(**법정 여행업**(관광진흥 §3
① 1호), 유통산업발전법에 따른 **대규모 점포** 또는 **체육시설**(체육시설 §3)을 운영하는 사업자)(법세
령 §159 ②)가 판매시점정보관리시스템을 설치·운영하는 등 법정 방법(전사적기업자원관리설
비(조특 §5의2 1호) 또는 판매시점정보관리시스템설비(유통산업 §2 12호)를 설치·운영하는 방법)

(법세령 §159 ③)으로 **다른 사업자의 매출과 합산하여 신용카드 매출전표를 발급하는 경우**에는 사실과 다르게 발급한 것으로 보지 아니한다(법세 §117 ② 단서).

신용카드가맹점으로부터 신용카드에 의한 거래가 거부되거나 신용카드 매출전표를 사실과 **다르게 발급받은 자**는 그 거래 내용을 국세청장, 지방국세청장 또는 세무서장에게 **신고할 수 있다**(법세 §117 ③). 신고를 받은 자는 신용카드가맹점의 납세지 관할 세무서장에게 이를 **통보**하여야 하고, 납세지 관할 세무서장은 해당 사업연도의 신고금액을 그 사업연도 종료 후 2개월 이내(법세령 §159 ⑤)에 해당 신용카드가맹점에 통보하여야 한다(법세 §117 ④). 신용카드가맹점으로부터 신용카드에 의한 거래가 거부되거나 사실과 다르게 신용카드매출전표를 발급받은 자가 신고하려는 때에는 **다음 각 호의 사항이 포함된 신고서에 관련 사실을 증명할 수 있는 서류 또는 자료를 첨부**하여 그 거래가 거부되거나 사실과 다르게 발급받은 날부터 **1개월 이내**에 국세청장·지방국세청장 또는 세무서장에게 제출하여야 한다(법세령 §159 ④ 본문). 다만, **증명서류나 자료는 가능한 경우에만 첨부**한다(법세령 §159 ④ 단서).

1. 신고자 성명
2. 신용카드가맹점 명칭
3. 신용카드에 의한 거래가 거부되거나 사실과 다르게 발급받은 일시·거래내용 및 금액

국세청장은 신용카드에 의한 거래를 거부하거나 신용카드 매출전표를 사실과 다르게 발급한 신용카드가맹점에 대하여 그 **시정에 필요한 명령**을 할 수 있다(법세 §117 ⑤). 국세청장은 납세관리 상 필요한 범위 안에서 신용카드가맹점 가입대상법인의 지정절차, 신용카드에 의한 거래거부 등에 관한 신고·통보절차 등에 **필요한 세부적인 사항**을 정할 수 있다(법세령 §159 ⑥).

제10절 ## 현금영수증가맹점 가입·발급 의무 등

주로 사업자가 아닌 소비자에게 재화나 용역을 공급하는 법정 사업자[소비자상대업종(소세령 별표 3의2)을 영위하는 법인(법세령 §159 ①) ; 다만 현금영수증가맹점으로 가입하기 곤란한 법정 법인('국가 및 지방자치단체', '외국을 항행하는 항공기 안에서 소매업을 영위하는 항공운송 업 법인', '사실과 다르게 발급한 것으로 보지 아니하는 법정 사업자(법세 §117의2 ③ 단서)를

통하여 현금영수증을 발급하는 법인')은 제외](법세령 §159의2 ①)는 그 요건에 해당하는 날이 속하는 달의 말일부터 **3개월 이내**에 현금영수증가맹점으로 **가입하여야** 한다(법세 §117의2 ①). 현금영수증의 발급대상금액은 **건당 1원 이상의 거래금액**으로 한다(법세령 §159의2 ⑥). 현금영수증가맹점으로 가입한 법인은 국세청장이 정하는 바에 따라 **현금영수증가맹점을 나타내는 표지**를 게시하여야 한다(법세 §117의2 ②).

현금영수증가맹점은 사업과 관련하여 재화나 용역을 공급하고, 그 상대방이 대금을 현금으로 지급한 후 **현금영수증 발급을 요청하는 경우**에는 이를 거부하거나 사실과 다르게 발급하여서는 아니 된다(법세 §117의2 ③ 본문). 다만, 현금영수증 발급이 곤란한 **법정 사유**(항공운송업을 영위하는 법인이 항공기에서 재화를 판매하는 경우)(법세령 §159의2 ②)**에 해당하는 경우**에는 현금영수증을 발급하지 아니할 수 있고, 대규모 점포 등 법정 사업자(**대규모 점포**(유통산업 §2) 또는 **체육시설**(체육시설 §3)을 운영하는 사업자)(법세령 §159의2 ③, §159 ②)가 판매시점정보관리시스템을 설치·운영하는 등 법정 방법(전사적기업자원관리설비(조특 §5의2 1호) 또는 판매시점정보관리시스템설비(유통산업 §2 12호)를 설치·운영하는 방법)(법세령 §159의2 ④, §159 ③)으로 **다른 사업자의 매출과 합산하여 현금영수증을 발급하는 경우**에는 사실과 다르게 발급한 것으로 보지 아니한다(법세 §117의2 ③ 단서). 현금영수증가맹점으로 가입한 법인은 그로부터 재화 또는 용역을 공급받은 상대방이 **현금영수증의 발급을 요청하지 아니하는 경우**에도 법정 방법(대금을 현금으로 받은 날부터 5일 이내에 무기명으로 발급 가능)(법세령 §159의2 ⑧)에 따라 현금영수증을 발급할 수 있다(법세 §117의2 ⑦).

소비자상대업종(소세령 별표 3의2)을 **영위하는 법인**(법세령 §159의2 ⑤)이 건당 거래금액(부가가치세액을 포함)이 **10만원 이상인 재화 또는 용역을 공급하고 그 대금을 현금으로 받은 경우**에는 상대방이 **현금영수증 발급을 요청하지 아니하더라도** 법정 방법(대금을 현금으로 받은 날부터 5일 이내에 무기명으로 발급 가능)(법세령 §159의2 ⑧)에 따라 현금영수증을 발급하여야 한다(법세 §117의2 ④ 본문). 다만, 사업자등록(법세 §111 ; 소세 §168 ; 부가세 §8)을 한 자에게 재화나 용역을 공급하고 **계산서·세금계산서**(법세 §121 ; 소세 §163 ; 부가세 §32)**를 발급한 경우**에는 현금영수증을 발급하지 아니할 수 있다(법세 §117의2 ④ 단서).

현금영수증가맹점 또는 **현금영수증을 발급하여야 하는 내국법인**(법세 §117의2 ④)이 현금영수증을 발급하지 아니하거나 사실과 다른 현금영수증을 발급한 경우에는 그 상대방은 그 현금거래 내용을 국세청장, 지방국세청장 또는 세무서장에게 **신고**할 수 있다(법세 §117의2 ⑤). 신고를 받은 자는 현금영수증가맹점의 납세지 관할 세무서장에게 이를 **통보**하여야 하고, 납세지 관할 세무서장은 해당 사업연도의 신고금액을 해당 현금영수증가맹점에 통보하여야 한다(법세 §117의2 ⑥).

현금영수증가맹점으로부터 현금영수증 발급이 거부되거나 사실과 다른 현금영수증을 발급받은 자가 그 거래내용을 신고하려는 때에는 **다음 각 호의 사항이 포함된 신고서**에 관련 사실을 증명할 수 있는 서류 또는 자료를 첨부하여 현금영수증 발급이 거부되거나 사실과 다르게 발급받은 날부터 **5년 이내**에 국세청장·지방국세청장 또는 세무서장에게 제출하여야 한다(법세령 §159의2 ⑦).

1. 신고자 성명
2. 현금영수증가맹점 상호
3. 현금영수증 발급이 거부되거나 사실과 다르게 발급받은 일자·거래내용 및 금액

납세지 관할 세무서장은 해당 사업연도의 신고금액을 **다음 각 호의 구분에 따른 기한까지** 해당 현금영수증가맹점에 통보하여야 한다(법세령 §159의2 ⑨).

1. **해당 사업연도 중에 신고를 받은 경우** : 그 사업연도 종료 후 2개월 이내
2. **해당 사업연도가 지난 후에 신고를 받은 경우** : 신고일 이후 2개월 이내

국세청장은 현금영수증가맹점으로 가입한 법인에게 현금영수증 발급 요령, 현금영수증가맹점 표지 게시방법 등 현금영수증가맹점으로 가입한 법인이 준수하여야 할 사항과 관련하여 **필요한 명령**을 할 수 있다(법세 §117의2 ⑧). 현금영수증가맹점 가입대상법인의 가입, 탈퇴, 발급거부 등에 관한 신고·통보 절차, 소비자가 현금영수증의 발급을 원하지 아니할 경우 무기명으로 발급하는 방법 등에 관하여 **필요한 세부적인 사항**은 **납세관리 상 필요한 범위**에서 국세청장이 정한다(법세령 §159의2 ⑩).

내국법인(비영리내국법인은 제외)은 주주나 사원(유한회사의 사원)의 성명 · 주소 및 주민등록번호(법인인 주주나 사원은 법인명과 법인 본점 소재지 및 사업자등록번호) 등 **법정 사항이 적힌 주주명부나 사원명부**(법세령 §160)를 작성하여 갖추어 두어야 한다(법세 §118).

법정 사항이 적힌 주주명부나 사원명부은 주주명부(상법 §352) 또는 사원명부(상법 §566)로서 다음 각 호의 구분에 의한 주주 또는 사원의 인적 사항이 기재된 것을 말한다(법세령 §160).

1. 개인의 경우에는 성명 · 주소 및 주민등록번호(재외국민의 경우에는 여권번호 또는 재외국민등록법 상의 등록번호)
2. 법인(법인으로 보는 단체를 포함)의 경우에는 법인명 · 본점 등의 소재지 및 사업자등록번호(사업자등록번호를 교부하지 아니하는 법인에 대한 고유번호(법세령 §154 ③)를 포함)
3. 법인이 아닌 단체의 경우에는 당해 단체를 대표하는 자의 성명 · 주소 및 주민등록번호. 다만, 부가가치세법에 의하여 고유번호를 부여받은 단체의 경우에는 그 단체명 · 소재지 및 고유번호
4. 외국인 및 외국단체의 경우에는 출입국관리법에 의한 등록외국인기록표 또는 외국단체등록대장에 기재된 성명 · 단체명 · 체류지 및 등록번호. 다만, 외국인등록증이 발급되지 아니한 자의 경우에는 여권 또는 신분증에 기재된 성명 및 번호

사업연도 중에 주식 등의 변동사항이 있는 법인(법정 조합법인 등(법세령 §161 ①)은 **제외**)은 신고기한(법세 §60)까지 **법정 주식등변동상황명세서**(법세령 §161 ⑥)를 납세지 관할 세무서장에게 제출하여야 한다(법세 §119 ①).

법정 조합법인 등은 다음 각 호의 어느 하나에 해당하는 법인을 말한다(법세령 §161 ①).

1. 당기순이익 과세대상 법인(그 중앙회 및 연합회는 제외)(법세령 §2 ① 각 호)
2. 자본시장과 금융투자업에 관한 법률에 따른 투자회사, 투자유한회사, 투자합자회사(기관전용 사모집합투자기구(자본시장 §9 ⑲ 1호)는 제외)

3. 기업구조조정투자회사 등 '집합투자기구 제외 법인'(자본시장 §6 ⑤ 각 호)
4. 해당 법인의 주주 등이 **법정 공공기관 또는 기관투자자**(법세칙 §79의3 ①)와 주권상장법인의 **소액주주**(법세령 §161 ④)로 구성된 법인. **법정 공공기관 또는 기관투자자**는 다음 각 호의 공공기관 등을 말한다(법세칙 §79의3 ①).

> 1. 공공기관의 운영에 관한 법률에 따른 공공기관으로서 별표 11의 공공기관
> 2. 법정 금융기관[은행(법세령 §61 ② 1호~4호), '농업협동조합중앙회 및 농협은행(상호금융사업(농협 §134 ① 4호)에 한정)'(법세령 §61 ② 6호), '수산업협동조합중앙회 및 수협은행('회원의 상환준비금과 여유자금의 운용·관리'(수협 §138 ① 4호) 및 공제사업(수협 §138 ① 5호)에 한정)'(법세령 §61 ② 7호), '투자매매업자 및 투자중개업자'(법세령 §61 ② 8호), 종합금융회사(법세령 §61 ② 9호), '상호저축은행중앙회 및 상호저축은행'(법세령 §61 ② 10호), 보험회사(법세령 §61 ② 11호), 주택금융신용보증기금(법세령 §61 ② 21호), '대부업자로 등록한 법인'(법세령 §61 ② 28호)]
> 3. 자본시장과 금융투자업에 관한 법률에 따른 집합투자업자 또는 증권금융회사
> 4. 기금을 관리·운용하는 법정 법인(법세칙 §56의2 ① 각 호)
> 5. 공제사업을 영위하는 법정 법인(법세칙 §56의2 ② 각 호)

소액주주는 소액주주 등으로서 **다음 각 호의 어느 하나에 해당하는 주주 등**을 말한다(법세령 §161 ④). 소액주주 등과 액면금액·시가 또는 출자총액은 해당 법인의 사업연도 개시일과 사업연도 종료일 현재의 현황에 의하고, 어느 한 날이라도 소액주주 등에 해당하지 아니하면 소액주주 등으로 보지 아니한다(법세령 §161 ⑤).

> 1. 유가증권시장상장법인의 경우 보유하고 있는 주식의 액면금액의 합계액이 3억원에 미달하고 그 주식의 시가(최종시세가액 또는 평가액)(법세칙 §79의3 ②)의 합계액이 100억원 미만인 주주
> 2. 코스닥시장상장법인의 경우 보유하고 있는 주식의 액면금액의 합계액이 3억원에 미달하고 그 주식의 시가(최종시세가액 또는 평가액)(법세칙 §79의3 ②)의 합계액이 100억원 미만인 주주. 다만, 코스닥시장 상장 전에 주식을 취득한 경우에는 해당 주식의 액면금액의 합계액이 500만원 이하인 주주와 중소기업의 주식을 코스닥시장을 통하여 양도한 주주
> 3. 제1호 및 제2호 외의 법인의 경우 보유하고 있는 주식의 액면금액 또는 출자총액의 합계액이 500만원 이하인 주주 등

5. 정비사업조합(도시정비 §38)
6. 그 밖에 기획재정부령이 정하는 법인

법정 주식등변동상황명세서는 주식 등의 실제소유자를 기준으로 다음 각 호의 내용을 적은 법정 문서(법세칙 §82)를 말한다(법세령 §161 ⑥).

1. 주주 등의 성명 또는 법인명, 주민등록번호·사업자등록번호 또는 고유번호
2. 주주 등별 주식 등의 보유현황
3. 사업연도 중의 주식 등의 변동사항. 주식 등의 변동은 매매·증자·감자·상속·증여 및 출자 등에 의하여 주주 등·지분비율·보유주식액면총액 및 보유출자총액 등이 변동되는 경우를 말한다(법세령 §161 ⑦).
4. (삭제)

주식등변동상황명세서의 제출에 관한 특례가 있다. 천재지변 등이 발생한 경우 주식등변동상황명세서의 제출은 다음 각 호에 따라 그 의무를 면제하거나 그 기한을 연장할 수 있다(법세령 §163 ②). 면제 또는 연장을 받고자 하는 법인은 '계산서 발급 관련 보고서 제출기한'(법세 §121) 내에 납세지 관할 세무서장에게 그 승인을 신청하여야 한다(법세령 §163 ③).

1. 천재지변 등으로 장부나 그 밖의 증명서류가 멸실된 때에는 그 사유가 발생한 월의 전월 이후분은 해당 사업이 원상회복한 월이 속하는 전월분까지 그 보고서의 제출의무를 면제
2. 권한 있는 기관에 장부나 그 밖의 증명서류가 압수 또는 영치된 경우 그 사유가 발생한 당월분과 직전 월분에 대하여는 보고서의 제출이 가능한 상태로 된 날이 속하는 월의 다음 달 말일까지 제출기한을 연장

주식등변동상황명세서의 제출의무가 없는 법인 역시 있다(법세 §119 ②).

1. 주권상장법인으로서 법정 법인(해당 사업연도 중 주식의 명의개서 또는 변경을 취급하는 자를 통하여 1회 이상 주주명부를 작성하는 법인)(법세령 §161 ②) : 지배주주 등(그 특수관계인을 포함)(법세령 §161 ③) 외의 주주 등이 소유하는 주식 등. 지배주주 등은 해당 법인의 사업연도 개시일과 사업연도 종료일 현재의 현황에 의하고, 어느 한 날이라도 지배주주 등에 해당하면 지배주주 등으로 본다(법세령 §161 ⑤).
2. 제1호 외의 법인 : 해당 법인의 소액주주(법세령 §161 ④)가 소유하는 주식 등. 소액주주 등과 액면금액·시가 또는 출자총액은 해당 법인의 사업연도 개시일과 사업연도 종료일 현재의 현황에 의하고, 어느 한 날이라도 소액주주 등에 해당하지 아니하면 소액주주 등으로 보지 아니한다(법세령 §161 ⑤).

내국법인에 이자소득(소세 §127 ① 1호) 또는 배당소득(소세 §127 ① 1호)을 지급하는 자('대리 또는 위임'(법세 §73 ④, ⑤, ⑥) 및 '보유기간이자상당액 과세대상 채권 등(소세 §46 ①)의 매도'(법세 §73의2)로 인하여 **원천징수를 하여야 하는 자**를 포함)는 **법정 절차**(법세령 §162)에 따라 납세지 관할 세무서장에게 **지급명세서를 제출**하여야 한다(법세 §120 ① 본문). 이 경우 자본시장과 금융투자업에 관한 법률의 적용을 받는 **법인의 신탁재산에 귀속되는 소득**은 '해당 법인에 귀속되는 수입과 지출로 보지 아니함'(법세 §5 ④)에도 불구하고 그 법인에 소득이 지급된 것으로 보아 해당 소득을 지급하는 자는 지급명세서를 제출하여야 한다(법세 §120 ① 단서). 납세지 관할 세무서장 또는 지방국세청장은 법인세의 과세표준을 결정 또는 경정하는 경우(법세 §66)에는 지급명세서의 제출 여부 및 그 기재사항이 분명한지 여부를 확인하여야 한다(법세칙 §80).

이자소득 및 배당소득 중 다음 각 호의 소득에 대하여서는 지급명세서를 제출하지 아니할 수 있다(법세령 §162). 그 밖의 지급명세서의 제출에 관하여는 **소득세법 상 지급명세서의 제출에 관한 규정**(소세 §164 ; 소세령 §213, §214)을 **준용**한다(법세 §120 ② ; 법세령 §162).

---

1. **법정 금융회사 등**(법세령 §111 ① 각 호)에 **지급하는 이자소득**(원천징수대상이 되는 경우(법세령 §111 ①)는 제외)
2. 자본시장과 금융투자업에 관한 법률에 따른 **한국예탁결제원이 증권회사 등 예탁자에게 지급하는 의제배당소득**(법세 §16 ①)

지급명세서의 제출에 관한 특례가 있다. 천재지변 등이 발생한 경우 지급명세서의 제출은 다음 각 호에 따라 그 의무를 면제하거나 그 기한을 연장할 수 있다(법세령 §163 ②). 면제 또는 연장을 받고자 하는 법인은 '계산서 발급 관련 보고서 제출기한'(법세 §121) 내에 납세지 관할 세무서장에게 그 승인을 신청하여야 한다(법세령 §163 ③).

1. 천재지변 등으로 장부나 그 밖의 증명서류가 멸실된 때에는 그 사유가 발생한 월의 전월 이후분은 해당 사업이 원상회복한 월이 속하는 전월분까지 그 보고서의 제출의무를 면제
2. 권한 있는 기관에 장부나 그 밖의 증명서류가 압수 또는 영치된 경우 그 사유가 발생한 당월분과 직전 월분에 대하여는 보고서의 제출이 가능한 상태로 된 날이 속하는 월의 다음 달 말일까지 제출기한을 연장

제14절 외국법인의 국내원천소득 등에 대한 지급명세서 제출의무의 특례

국내원천소득(법세 §93)을 외국법인에 지급하는 자(자본시장과 금융투자업에 관한 법률에 따라 주식을 상장하는 경우로서 **상장 전 이미 발행된 주식을 양도하는 경우에는 그 주식을 발행한 법인**)는 **지급명세서**를 납세지 관할 세무서장에게 그 지급일이 속하는 연도의 다음 연도 2월 말일(휴업하거나 폐업한 경우에는 휴업일 또는 폐업일이 속하는 달의 다음다음 달 말일)까지 제출하여야 한다(법세 §120의2 ① 본문). 다만, '외국법인에 대한 조세조약상 비과세 또는 면제 적용 신청'(법세 §98의4)에 따라 **비과세 또는 면제대상임이 확인되는 소득 등 법정 소득**(법세령 §162의2 ① 단서)을 지급하는 경우에는 그러하지 아니하다(법세 §120의2 ① 단서).

주식의 상장 관련 규정은 2021년 1월 1일 이후 양도대가를 지급하는 분부터 적용한다(법세 부칙 2020.12.22. §14).

비과세 또는 면제대상임이 확인되는 소득 등 법정 소득은 다음 각 호의 어느 하나에 해당하는 소득을 말한다(법세령 §162의2 ① 단서). '**외국법인의 채권 등의 이자 등에 대한 원천징수 특례**'(법세령 §138의3) 또는 '**유가증권을 투자매매업자 또는 투자중개업자를 통하여 양도하는 경우 그 투자매매업자 또는 투자중개업자의 원천징수**'(법세령 §98 ⑦)가 적용되는 경우에는 해당 원천징수의무자가 그 지급금액에 대한 **지급명세서를 제출해야** 한다(법세령 §162의2 ③).

1. 법인세법 및 조세특례제한법에 따라 법인세가 과세되지 아니하거나 면제되는 국내원천소득. 다만, 다음 각 목의 어느 하나에 해당하는 국내원천소득은 제외한다.
   가. '국제금융거래에 따른 이자소득 등에 대한 법인세 등의 면제'(조특 §21 ①)가 적용되는 국내원천소득
   나. '비거주자 등의 정기외화예금에 대한 이자소득세 비과세'(조특 §21의2 ①)가 적용되는

국내원천소득

　　다. '구 조세특례제한법(법률 제12173호 조세특례제한법 일부개정법률로 개정되기 전의
　　　것) 제121조의 2 제3항'에 따른 '외국인투자에 대한 조세감면'이 적용되는 국내원천소득

2. 국내원천 이자소득(법세 §93 1호), 국내원천 배당소득(법세 §93 2호), 국내원천 선박등임대소득
　(법세 §93 4호), 국내원천 사용료소득(법세 §93 8호), 국내원천 유가증권양도소득(법세 §93
　9호) 및 국내원천 기타소득('국내에서 발행된 복권·경품권, 그 밖의 추첨권에 의하여
　받는 당첨금품과 승마투표권·승자투표권·소싸움경기투표권·체육진흥투표권의 구매
　자가 받는 환급금'(법세 §93 10호 사목)을 제외)(법세 §93 10호)의 국내원천소득으로서 국내사
　업장과 실질적으로 관련되거나 그 국내사업장에 귀속되는 소득(원천징수되는 소득(법세
　§73, §73의2, §98의3)은 제외)

3. 국내원천 부동산소득(법세 §93 3호)

4. 국내원천 사업소득(원천징수되는 소득(법세 §98)은 제외)(법세 §93 5호)

5. 국내원천 기타소득 중 '국내에서 발행된 복권·경품권, 그 밖의 추첨권에 의하여 받는
　당첨금품과 승마투표권·승자투표권·소싸움경기투표권·체육진흥투표권의 구매자가
　받는 환급금'(법세 §93 10호 사목)

6. 비과세 또는 면제신청을 한 국내원천소득(법세 §98의4)

7. 원천징수세액이 1천원 미만인 소득(국내원천 부동산등양도소득(법세 §93 7호) 및 국내원천
　유가증권양도소득(법세 §93 9호)은 제외)

8. 그밖에 지급명세서를 제출할 실효성이 없다고 인정되는 **법정 소득**(법세칙 §80의2). 법정
　소득은 **다음 각 호의 1에 해당하는 소득**을 말한다(법세칙 §80의2).

> 1. 예금 등의 잔액이 30만원 미만으로서 1년간 거래가 없는 계좌에서 발생하는 이자소득
>   또는 배당소득
> 2. 계좌별로 1년간 발생한 이자소득 또는 배당소득이 3만원 미만인 경우의 당해 소득

　국내원천 이자소득(법세 §93 1호), 국내원천 배당소득(법세 §93 2호) 및 국내원천 유가증권양도소
득(법세 §93 9호)에 대하여 제출하는 지급명세서는 따로 기획재정부령으로 정할 수 있다(법세령
§162의2 ④).

　그 밖의 지급명세서의 제출에 관하여는 **소득세법 상 지급명세서의 제출에 관한 규정**(소세
§164 ; 소세령 §215, §216)**을 준용**한다(법세 §120의2 ② ; 법세령 §162의2 ⑤).

매입처별 세금계산서합계표의 제출

부가가치세법 및 조세특례제한법에 따라 **부가가치세가 면제되는 사업을 하는 법인**은 재화나 용역을 공급받고 **세금계산서**(부가세 §32 ①), **수정세금계산서**(부가세 §32 ⑦) **또는 수입세금계산서**(부가세 §35 ①)**를 발급받은 경우**에는 **법정 기한**(매년 2월 10일)(법세령 §163의2 ①)까지 매입처별 세금계산서합계표(부가가치세법(부가세 §54)에 따른 매입처별 세금계산서합계표)를 납세지 관할 세무서장에게 제출하여야 한다(법세 §120의3 ① 본문). 다만, 세금계산서를 발급받은 국가, 지방자치단체, 지방자치단체조합, 그 밖에 **법정의 자**(부가세령 §99)로서 제출한 경우(부가세 §54 ⑤)에는 그러하지 아니하다(법세 §120의3 ① 단서). 매입처별 세금계산서합계표의 제출 등에 관해서는 부가가치세법 상 '세금계산서합계표의 제출방법에 관한 규정'(부가세령 §97, §98)을 준용한다(법세령 §163의2 ②).

법정의 자는 다음 각 호의 자를 말한다(부가세령 §99).

1. 부가가치세가 면제되는 사업자 중 소득세 또는 법인세의 납세의무가 있는 자(조세특례제한법에 따라 소득세 또는 법인세가 면제되는 자를 포함)
2. 민법(민법 §32) 상 비영리법인
3. 특별법에 따라 설립된 법인
4. 각급학교 기성회, 후원회 또는 이와 유사한 단체
5. 외국법인연락사무소(법세 §94의2)

가상자산 거래내역 등의 제출

가상자산 이용자 보호 등에 관한 법률에 따른 **가상자산사업자**는 가상자산 거래내역 등 법인세 부과에 필요한 자료를 법정 절차(법세령 §163의3)에 따라 거래가 발생한 날이 속하는 분기 또는 연도의 종료일의 다음다음 달 말일까지 납세지 관할 세무서장, 지방국세청장 또는 국세청장에게 제출하여야 한다(법세 §120의4 ①). 가상자산사업자는 **가상자산거래명세서** 및 **가상자산거래집계표**에 거래자의 인적사항 및 거래금액등을 기재하여 납세지 관할 세무서장,

지방국세청장 또는 국세청장에게 제출해야 한다(법세령 §163의3). 국세청장은 가상자산사업자가 가상자산 거래내역 등 법인세 부과에 필요한 자료를 제출하지 아니한 경우에는 그 시정에 필요한 명령을 할 수 있다(법세 §120의4 ②). **가상자산사업자에 해당하는지 여부를 판정하는 기준은 무엇인가?** 가상자산거래를 영업으로 한 가상자산사업자에 해당하는지를 판단할 때에는 영리를 목적으로 가상자산 관련 거래를 계속·반복하는 자인지를 살펴보아야 하고, 여기에 해당하는지 여부는 가상자산사업자를 자금세탁 및 공중협박자금조달 방지 체계 내로 편입한 구 특정 금융거래정보의 보고 및 이용 등에 관한 법률의 개정 취지에다가 가상자산 관련 거래의 목적, 종류, 규모, 횟수, 기간, 태양 등 개별사안에 드러난 여러 사정을 종합적으로 고려하여 사회통념에 따라 합리적으로 판단하여야 한다. **자기의 계산으로 오로지 자기의 이익을 위하여 가상자산거래소를 통해서만 가상자산의 매매나 교환을 계속·반복하는 가상자산거래소의 일반적인 이용자는 특별한 사정이 없는 한 가상자산사업자로 보기 어려울 것이나,** 불특정 다수인 고객이나 이용자의 편익을 위하여 가상자산거래를 하고 그 대가를 받는 행위를 계속·반복하는 자는 원칙적으로 가상자산사업자로 볼 수 있다.[1075]

제17절　계산서의 작성 · 발급 등

　법인이 재화나 용역을 공급하면 법정 절차(법세령 §164 ① : 소세령 §211, §211의2, §212, §212의2)에 따라 **계산서 등**(계산서나 영수증)**을 작성하여 공급받는 자에게 발급하여야 한다**(법세 §121 ① 전단). 이 경우 계산서는 법정 전자적 방법(부가가치세법(부가세령 §68 ⑤)에 따른 방법)(법세령 §164 ②)으로 작성한 **전자계산서를 발급하여야 한다**(법세 §121 ① 후단). 전자계산서를 발급하였을 때에는 **법정 기한**(전자계산서 발급일의 다음 날)(법세령 §164 ⑤)까지 **법정 전자계산서 발급명세**('소득세법 상 계산서 기재사항'(소세령 §211 ① 각 호)을 적은 것)(법세령 §164 ⑤)를 국세청장에게 전송하여야 한다(법세 §121 ⑦). **자산을 시설대여하는 리스회사가 리스이용자와 리스계약을 체결한 경우**로서 리스회사가 리스이용자와 특수관계가 없는 제3자로부터 잔존가치의 보증을 받은 때에는 계산서의 공급가액을 리스회사와 리스이용자의 리스계약에 따라 작성한다(법세령 §164 ⑨).

　다만 사업과 관련하여 **법인 또는 사업자등록**(소세 §168)**을 한 사업자로부터 재화 또는 용역을**

1075) 대법원 2024.12.12. 2024도10710.

공급받은 법인이 재화 또는 용역을 공급한 법인 또는 사업자의 부도·폐업, 공급 계약의 해제·변경 또는 그 밖에 **법정 사유**로 계산서를 발급받지 못한 경우에는 **납세지 관할 세무서장의 확인**을 받아 **매입자발행계산서**를 발행할 수 있다(법세 §121의2). 매입자발행계산서의 발급 대상 및 방법 등에 관하여는 '소득세법 상 매입자발행계산서의 발급 대상 및 방법 등 규정'(소세령 §212의4)을 준용한다(법세령 §164의2 전문). 이 경우 "신청인"은 "신청법인"으로, "과세기간"은 "사업연도"로 본다(법세령 §164의2 후문).

부가가치세가 면제되는 농산물·축산물·수산물과 임산물의 위탁판매 또는 대리인에 의한 판매의 경우에는 **수탁자나 대리인**이 재화를 공급한 것으로 보아 계산서 등을 작성하여 그 재화를 공급받는 자에게 발급하여야 한다(법세 §121 ② 본문). 다만, '위탁자 또는 본인의 명의로 소득세법(소세령 §212의2)에 의하여 계산서 등을 교부하는 경우'(법세령 §164 ②)에는 그러하지 아니하다(법세 §121 ② 단서).

세관장은 수입되는 재화에 대하여 재화를 수입하는 법인에 법정 절차(법세령 §164 ① : 소세령 §211, §211의2, §212, §212의2)에 따라 계산서를 발급하여야 한다(법세 §121 ③).

부동산을 매각하는 경우 등 계산서 등을 발급하는 것이 적합하지 아니하다고 인정되는 법정의 경우(**토지 및 건축물과 그 각각의 분양권을 공급하는 경우**)(법세령 §164 ③)에는 **위 각 규정**(법세 §121 ①, ②, ③)**을 적용하지 아니한다**(법세 §121 ④).

법인은 발급하였거나 발급받은 계산서에 관한 **매출·매입처별 계산서합계표**를 법정 기한(매년 2월 10일 ; '외국법인의 경우에는 매년 2월 19일'(법세령 §164 ⑥))(법세령 §164 ④)까지 납세지 관할 세무서장에게 제출하여야 한다(법세 §121 ⑤ 본문). 다만, **다음 각 호의 어느 하나에 해당하는 계산서의 합계표는 제출하지 아니할 수 있다**(법세 §121 ⑤ 단서). '소득세법 상 매출·매입처별 계산서합계표의 제출 등에 관한 규정'(소세령 §212)은 다른 규정이 있는 경우를 제외하고는 매출·매입처별 계산서합계표의 제출에 관하여 이를 준용한다(법세령 §164 ⑦).

---

1. 세관장으로부터 계산서를 발급받은 법인(법세 §121 ③)은 그 계산서의 매입처별 합계표
2. 전자계산서(법세 §121 ① 후단)를 발급하거나 발급받고 전자계산서 발급명세를 국세청장에게 전송한 경우(법세 §121 ⑦)에는 매출·매입처별 계산서합계표

부가가치세법에 따라 세금계산서 또는 영수증을 작성·발급하였거나 매출·매입처별 세금계산서합계표를 제출한 분에 대하여는 계산서 등을 작성·발급하였거나 매출·매입처별 계산

서합계표를 제출한 것으로 본다(법세 §121 ⑥).

영수증 발급에 관한 규정이 적용되는 경우가 있다. 정부업무를 대행하는 법정 단체(조특령 §106 ⑦)가 공급하는 법정 재화 또는 용역(조특 §106 ① 6호 ; 조특령 §106 ⑦) 중 다음 각 호의 어느 하나에 해당하는 것을 공급하는 경우에는 '소득세법 상 영수증 발급규정'(소세령 §211 ②)을 준용한다(법세령 §164 ⑧).

제18절 ## 질문·조사

법인세에 관한 사무에 종사하는 공무원은 그 직무수행에 필요한 경우에는 **다음 각 호의 어느 하나에 해당하는 자**에 대하여 질문하거나 해당 장부·서류 또는 그 밖의 물건을 조사하거나 그 제출을 명할 수 있다(법세 §122 전단). 이 경우 직무상 필요한 범위 외에 다른 목적 등을 위하여 그 **권한을 남용해서는 아니 된다**(법세 §122 후단). 법인세에 관한 조사를 위하여 **장부·서류** 기타의 물건을 조사할 때에는 **조사원증**(법세칙 §82)을 제시하여야 한다(법세령 §165 ①). 또한 **법인세에 관한 사무에 종사하는 공무원**은 그 직무수행 상 필요한 경우에는 **부가가치세 면세거래** 분에 대한 수입금액의 조사결정에 필요한 자료의 제출을 요구할 수 있다(법세령 §165 ②).

> 1. 납세의무자 또는 납세의무가 있다고 인정되는 자
> 2. 원천징수의무자
> 3. 지급명세서 제출의무자 및 매출·매입처별 계산서합계표 제출의무자
> 4. 외국법인이 국내에서 수행하는 사업이나 국내에 있는 자산에 관한 경영 또는 관리책임자(법세 §109 ② 3호)
> 5. 제1호에 해당하는 자와 거래가 있다고 인정되는 자
> 6. 납세의무자가 조직한 동업조합과 이에 준하는 단체
> 7. 기부금영수증을 발급한 법인

제19절 등록전산정보자료의 요청

국세청장은 특수관계인 및 법정 지배주주 등(법세령 §164의6 ; §43 ⑦)의 판단을 위하여 필요한 경우에는 **법원행정처장에게 가족관계에 관한 등록전산정보자료**(가족등록 §11 ④)를 요청할 수 있다(법세 §122의2 전단). 이 경우 요청을 받은 법원행정처장은 특별한 사유가 없으면 이에 협조하여야 한다(법세 §122의2 후단).

제 7 장

벌칙

납세지 관할 세무서장은 **다음 각 호의 어느 하나에 해당하는 명령사항을 위반한 법인에** 2천만원 이하의 과태료를 부과·징수한다(법세 §124).

1. 신용카드에 의한 거래를 거부하거나 신용카드 매출전표를 사실과 다르게 발급한 신용카드 가맹점에 대한 명령(법세 §117 ⑤)
2. 현금영수증가맹점으로 가입한 법인에 대한 현금영수증 발급 요령, 현금영수증가맹점 표지 게시방법 등과 관련된 명령(법세 §117의2 ⑧)
3. 가상자산 거래내역 등의 제출 관련 가상자산사업자에 대한 명령(법세 §120의4 ②)

참고 문헌

■ 국내문헌

- 강석규, 조세법쟁론, 삼일인포마인, 2020.
- 김완석·황남석, 법인세법론, 삼일인포마인, 개정증보판, 2021.
- 노영보, 도산법 강의, 박영사, 2018.
- 송동진, 법인세법, 삼일인포마인, 2020.
- 신찬수·이철재·정창모, 법인세의 실무, 삼일인포마인, 2021.
- 신창섭, 국제사법 제4판, 세창출판사, 2018.
- 이준봉, 유동화거래와 조세, 한국학술정보(주), 2012.
- 이준봉, 조세법총론 제7판 삼일인포마인, 2021.
- 이창희, 세법강의 제18판, 박영사, 2020.
- 이철송, 회사법강의 제29판, 박영사, 2021.
- 임승순, 조세법 제20판, 박영사, 2020.
- 한국행정학회, 민간투자활성화를 위한 지속가능한 민관협력(Public – Private Partnerships, PPPs)에 관한 연구, 기획재정부 보고서, 2011.11.30.
- 김의석, *실질과세원칙의 적용에 관한 접근방식*,『조세법연구』제18집 제2호, 한국세법학회, 2012.
- http://pimac.kdi.re.kr/about/private.jsp (2022년 3월 38일 최종방문).

■ 구미문헌

- Anghard Miller and Lynne Oats, Principles of International Taxation, 3th Ed., Bloomsbury Professional, 2012.
- Anne L. Alstott, Taxation in Six Concepts: A Student's Guide, CCH Inc., 2018.
- Carter Commission, Report of the Royal Commission on Taxation(Carter Report)(1966), vol. 3.
- Dominic Daher, Joshua Rosenberg and Steve Johnson, Practical Guide to Corporate Taxation, CCH, 2012.

- Donald B. Tobin·Samuel A. Donaldson, Principles of Federal Income Taxation of Individuals 8th Ed., West Academic Publishing, 2017.
- Haig in Haig(ed.), The Federal Income Tax(1921).
- Howard E. Abrams·Richard L. Doernberg·Don A. Leatherman, Federal Corporate Taxation 7th Ed., Foundation Press, 2013.
- Lynne Oats · Emer Mulligan, Principles of International Taxation, 7th. Ed., Bloomsbury Professional, 2019.
- Michael J. Graetz·Deborah H. Schenk·Anne L. Alstott, Federal Income Taxation, Principles and Policies, 8th Ed., Foundation Press.
- OECD (2015), Neutralising the Effects of Hybrid Mismatch Arrangements, Action 2 – 2015 Final Report, OECD/G20 Base Erosion and Profit Shifting Project, OECD Publishing, Paris. http://dx.doi.org/10.1787/9789264241138-en.
- Peter W. Hogg, Joanne E. Magee & Jin Yan Li, Principles of Canadian Income Tax Law, 7th Ed., CARSWELL, 2010.
- Reuven S. Avi-Yonah, Advanced Introduction to International Tax Law, Edward Elgar, 2015.
- Rust, in Reimer & Rust (eds.), Klaus Vogel on Double Taxation Conventions, Fourth Ed., Wolters Kluwer, Volume Ⅰ, 2015.
- Simons, Personal Income Tax(1938).
- Stephen Schwarz·Daniel J. Lathrope·Brant J. Hellwig, Fundamentals of Business Enterprise Taxation, 6th Ed., Foundation Press.
- Douglas A. Kahn·Howard Bromberg, *Provisions Denying a Deduction for Illegal Expenses and Expenses of an Illegal Business Should Be Repealed*, 18 『Fla. Tax Rev.』 207, 2016.

■ **일본문헌**

- 岡村 忠生, 法人税法講義 第三版, 成文堂, 2006
- 金子 宏、租税法, 第十六版, 弘文堂, 2011.
- 金子 宏, 租税法 第二十三版, 弘文堂, 2019

색 인

가공계상 / 558
가공손실 / 249
가공행위 / 434, 443
가불금 / 323, 937
가산금 / 452, 544
가산세 / 458, 537, 968, 1037, 1102, 1201
가산세의 한도 / 1058
가상자산 / 758, 932
가상자산 거래내역 / 1228
가상자산거래명세서 / 1228
가상자산거래소 / 1229
가상자산거래집계표 / 1228
가상자산사업자 / 1228
가수금 / 937
가장행위 / 875
가족관계 / 1232
가중평균차입이자율 / 933, 934
가지급금 / 322, 325, 594, 916, 937, 938,
　1015
각 사업연도 소득금액 / 141
각 사업연도의 소득 / 112, 194
간이인도 / 710
간이지급명세서 / 1065
간접 소유비율 / 432
간접 외국납부세액공제 / 954
간접 차입 / 674
간접사실 / 1011
간접소유비율 / 506, 821, 834
간접외국납부세액 / 330

간접투자외국법인세액 / 965, 1040
간접투자회사 / 964
간접투자회사등 외국납부세액공제 계산서 /
　967
간주 외국납부세액공제 / 954
간주익금 / 385, 386, 940
간주임대료 / 541
간주처분 / 53
감가상각 / 420, 489
감가상각 시부인 / 552
감가상각누계액 / 314, 556
감가상각대상금액 / 567
감가상각방법변경신청서 / 572
감가상각방법신고서 / 571
감가상각방법의 변경 / 573
감가상각비 / 312, 494, 496, 551, 973
감가상각비 시부인 / 566
감가상각비시부인명세서 / 551, 581
감가상각비조정명세서 / 551, 556, 581
감가상각비조정명세서합계표 / 551
감가상각의 의제 / 554, 576
감가상각자산 / 182, 551, 556
감면 / 152, 435, 444, 471, 790, 810, 814,
　826
감면사업 / 153
감면세액 / 380, 458, 996
감사 / 160, 1098
감사보고서 / 970
감액 / 459, 746
감액 조정 / 1196
감액손실 / 551

감자 / 327
감자대금 / 429
감자대금 반환청구권 / 412
감자무효 판결 / 411
감자무효의 소 / 412
감자차손 / 340, 406, 533
감자차손익 / 356, 362
감자차익 / 398, 402, 404, 406, 410, 533
감정평가 / 932, 1139
감정평가법인 / 932
강제상각 / 655
강제조정 / 636
강제집행 / 521
강제징수비 / 544, 1073
개량 / 693
개발비 / 500, 563, 730
개별법 / 367, 748
개별선박순톤수 / 118
개별선박표준이익 / 192
개별소비세 / 543
개성공업지구 / 154
개인사업자 / 656
개인지방소득세 / 937
개인형퇴직연금 / 632, 675
거래 / 278
거래단위 / 290, 291, 301, 707
거래징수 / 498
거래징수의무자 / 540
거주 / 113
거주자 / 295
거주자판정규칙 / 86
거주지국 / 963
건물 / 476, 479, 988
건설 / 714
건설자금 / 661, 663
건설중인 자산 / 557
결산 / 245, 673
결산기 / 167, 333

결산내용연수 / 569
결산조정 / 243, 248, 271, 554, 679
결손 / 399
결손 보전 / 343
결손금 / 145, 150, 232, 335, 353, 415, 454, 472, 784, 788, 812, 1037, 1096, 1118, 1193
결손금 감액경정 / 147
결손금 소급공제 / 150
결손금 처리계산서 / 455
결손금의 보전 / 464, 529
결손금의 처리 / 402
결손금처리계산서 / 989, 990
결손의 보전 / 404, 455
결정 / 522, 977, 1000, 1001, 1102, 1123
결합 시설물 / 310
경고·주의 / 970
경과월수 / 572
경과일수 / 386
경매취소 / 519
경상경비 / 500
경영권 / 929
경영정상화계획 / 144, 150, 475
경영지배관계 / 98, 885, 1071
경영참여형 사모집합투자기구 / 964, 1042
경정 / 969, 978, 1000, 1001, 1102, 1123, 1173
경정청구 / 223, 295, 388, 516, 517, 689, 1034
경제적 실질 / 211, 252, 268, 290, 308, 311, 319, 409, 708
경제적 연관관계 / 98, 885, 1071
경제적 이익 / 265
경제적 이중과세 / 208, 330, 347, 369, 427, 438
경제적 자원 / 253
경제적 자원 통제 / 274
경제적 지위 / 55

경제적 합리성 / 326
경제적 효익 / 198, 215, 229, 254, 315
경조사비 / 323
계산서 / 1068, 1229
계산서 등 제출 불성실 가산세 / 1059
계속등기일 / 1121
계약이전결정 / 514
계약이전명령 / 514
계약해지손실 / 731
계열회사 / 98, 105, 108
고가매입 / 888
고용승계 / 772
고용유지 / 788, 807, 812, 819, 826
고용인원수 / 1045
고용창출투자세액공제 / 973, 974, 986
고유목적사업 / 608, 1142, 1152, 1164
고유목적사업준비 / 669
고유목적사업준비금 / 430, 1132, 1140,
　1141, 1165, 1176, 1212
고유목적사업준비금조정명세서 / 1156
고유번호 / 1222
고의 / 255, 256
고전적 이중과세 방식 / 79
고정비 / 642
고정사업장 / 957
골동품 / 558, 651
공개 / 607
공공기관 / 522, 1223
공공기관 이전일 / 1142
공공연구기관첨단기술지주회사 / 438
공공임대주택 / 696
공과금 / 546
공급가액 / 1069
공기업·준정부기관 회계규칙 / 165
공동경비 / 641
공동광고선전비 / 504, 642
공동구매비 / 642
공동근로복지기금 / 511

공동사업 / 1184
공동사업장 과세 / 92, 1133
공동사용료 / 642
공동수탁자 / 1073
공동연구개발비 / 642
공동주택 / 1156
공동행사비 / 641
공모부동산투자회사 / 700
공사부담금 / 692, 974
공사부담금사용계획서 / 692
공사부담금상당액 손금산입조정명세서 / 692
공서양속 / 957
공시대상기업집단 / 997, 1100
공업용수 / 564
공업용수도시설이용권 / 562
공업지역 / 981
공익법인 / 740, 1137, 1156
공익법인 등 추천서 / 605
공익사업 / 479
공익사업지역 / 479, 480
공익신탁 / 155, 610
공인회계사 / 991
공장 / 476, 479
공장시설 / 476
공정가치 / 314, 426, 509
공정증서 / 1050
공제기한 / 149
공제사업 / 1043, 1045, 1056
공제한도 / 954, 958
공증기관 / 522
공통손금 / 1171, 1212
공통익금 / 1171, 1212
공평의 원칙 / 219
공항시설관리권 / 563
과다납부 / 971
과대상각 / 887, 894
과료 / 544
과세관할 / 133, 135, 136

과세기간 / 122
과세기반 잠식 / 304
과세소득 / 110
과세연도 / 122, 331, 986
과세이연 / 78, 355, 388, 471, 698, 701, 846
과세이연 조정명세서 / 852, 853, 859
과세이연신청서 / 861
과세적부심사 / 1028
과세표준 / 140, 141, 143, 956, 1115
과세표준 개별귀속액 / 1094
과세표준 계산에 대한 특례 / 141
과세표준 수정신고서 / 978
과세표준계산방법 / 180, 186
과세표준계산방법변경신청서 / 180, 187, 190,
  191
과세표준계산방법신고서 / 190, 191
과세표준기준가격 / 966
과소신고·초과환급신고가산세 / 1058
과오납금 / 450
과점주주 / 1197
과태금 / 544
과태료 / 544, 1233
관리인 / 1135
관리책임자 / 1204, 1205
관리처분계획 / 96, 1180
관리형신탁 / 750
관세환급가산금 / 452
관행 / 195, 227, 708
광고선전비 / 504, 505, 615
광물자원 / 500
광업권 / 562
광업용 부동산 / 652
교부금합병 / 765
교육·훈련비 / 493, 640
교환 / 304, 695, 837, 852
교환대상법인 / 860, 865
교환사채 / 722, 753
교환양수법인 / 860, 865

교환취득자산 / 837
구매물량 / 487
구분 / 1210
구분경리 / 153, 386, 468, 976, 1140, 1170,
  1212, 1213, 1214
구상권 / 256, 538, 1032
구상금채권 / 915
구상무역 / 743
구상채권 / 220, 523, 681
구상채권상각충당금 / 523, 682, 685
구축물 / 558, 988
국가 / 115
국가보조금 / 470
국고 / 88
국고보조금 / 150, 314, 454, 687, 823, 835,
  836
국고보조금 등 상당액 손금산입조정명세서 /
  687
국공채 / 1043
국내사업장 / 117, 130, 131, 132, 134, 162,
  843, 844, 982, 1183, 1201, 1204
국내사업장 설치신고 / 123
국내원천 부동산등양도소득 / 131, 1192
국내원천 부동산소득 / 117, 130, 131, 843,
  844, 982, 1191
국내원천 인적용역소득 / 1191
국내원천소득 / 49, 110, 113, 1048, 1208,
  1226
국립대학 법인 / 1135
국민연금 / 1044
국민연금관리공단 / 160
국민주택 / 157, 177
국세정보통신망 / 134, 295, 990
국세청장 / 134, 1229
국세환급금 / 452
국외거래 / 565
국외원천소득 / 954, 958
국외원천소득 대응비용 / 958

국외원천소득대응비용 / 960
국외지역 / 619
국외투자기구 / 94, 132, 1134
국외투자법인 / 323, 525, 937
국외특수관계인 / 935
국적 / 113
국제거래 / 660, 884
국제금융기구 / 595
국제기구 / 611
국제사법 / 84
권리 / 198
권리의무확정주의 / 67, 706
귀속 / 383, 513
귀속권리자 / 88
귀속사업연도 / 213, 247, 275, 291, 707
귀속소득 / 51, 68
귀속시기 / 246
귀속자 / 1012, 1027, 1129
귀책사유 / 256
규범적 판단 / 222
근로소득 / 493, 974
근로자 / 491, 806
근로청소년 / 503
금강산지구 / 154
금융감독원장 / 514
금융기관부실자산 / 323
금융리스 / 497, 564, 566, 734
금융보험업 / 718, 726, 1076
금융위원회 / 672
금융지주회사 / 261, 323, 440, 506, 852
금융채 / 433
금융채권자 / 467, 475
금융채권자채무 / 513, 515
금융채권자협의회 / 150
금융투자상품 / 750
금융투자소득 / 1047, 1152
금융투자소득세 / 853, 1197
금융회사 / 1040, 1053, 1054, 1076, 1225

금전등록기 / 727
금전소비대차 / 432
급료 / 323
급여 / 1003
급여지급기준 / 506, 625
기간경과 / 719
기간과세 / 273
기관전용 사모집합투자기구 / 159, 367, 964,
    1042, 1185, 1189, 1191, 1192
기관투자자 / 1223
기금 / 116, 562, 1156, 1164
기금운용법인 / 1043, 1044, 1056
기납부세액 / 458
기능통화 / 179, 182, 189, 425, 694
기능통화 재무제표 / 184, 189
기능통화재무제표 / 990
기능통화현금흐름표 / 990
기대가득기간 / 508
기대손실 / 637
기대수익 / 637
기대여명기간 / 71
기명식 선불전자지급수단 / 619
기명식 선불카드 / 619
기명식 전자화폐 / 619
기본권 보장 / 262
기본자본 / 674
기본재산 / 93, 1136
기본한도금액 / 620
기부금 / 588, 838, 1089, 1137, 1176
기부금 모금액 / 607
기부금 손금불산입 / 1092
기부금명세서 / 594
기부금영수증 / 594, 1062, 1209
기부금영수증 발급·작성·보관 불성실
    가산세 / 1059
기부금영수증 발급합계표 / 1209
기부금한도 / 791, 815
기부자별 발급명세 / 1209

기부채납 / 257
기부행위 / 101
기술보증기금 / 1044
기술적 이유 / 250
기업개선계획 / 144, 150, 454, 1118
기업결합 / 765
기업교환계약서 / 861
기업구조조정 / 281, 285, 760
기업구조조정 부동산투자회사 / 159, 173
기업구조조정투자회사 / 157, 159, 475
기업그룹 / 625
기업업무추진비 / 192, 488, 501, 504, 541,
　　562, 588, 612, 613, 615, 616, 617, 619,
　　620, 622, 630, 883, 913, 916, 994, 1014,
　　1063, 1089, 1090, 1091, 1092, 1141
기업재무안정 사모집합투자기구 / 1042
기업집단 / 625
기업회계기준 / 141, 165, 195, 227, 252,
　　313, 708
기업회계기준서 / 187
기여금 / 510
기준가격 / 965, 966
기준감가상각비 / 555, 581
기준경비율 / 1002, 1124
기준내용연수 / 568
기준면적 / 944
기준상각률 / 584
기준상각비 / 587
기준소득금액 / 603, 612
기준일 / 357, 434, 443
기준환율 / 964
기증유물 / 1139
기초자산 / 751
기타 / 337
기타 사외유출 / 1011
기타소득 / 1011
기타자산 / 1154
기타포괄손실 / 400

기타포괄손익 / 182, 188, 200, 202, 231,
　　335, 391
기타포괄손익누계액 / 197, 232, 334
기한 후 신고 / 147, 389, 516, 977, 1173

납부고지 / 969
납부서 / 996
납부의무 / 110
납부지연가산세 / 1058, 1126
납세신고서 / 388
납세의무 / 110
납세의무의 성립 / 225
납세의무자 / 109
납세지 / 131
납세지변경신고서 / 134
납세지의 변경 / 134
납세지의 지정 / 134
납입자본 / 202, 344
납입자본의 환수 / 210
납입자본의 회수 / 344
납입행위 / 202, 203
납품계약 / 711
내국법인 수입배당금 익금불산입 / 428
내국영리법인 / 1118
내부발생원가 / 733
내용연수 / 494, 567
내용연수변경신고서 / 570
내용연수승인(변경승인)신청서 / 569
내재손실 / 786, 789
노하우 / 229
농어민 / 619
농어촌주택 / 942
농어촌특별세 / 538, 1179
농업중앙협의회 / 1163
농업지원사업비 / 883
농업협동조합 / 589, 613, 864, 883

농업협동조합중앙회 / 864, 1160
농지 / 943, 946
누진세율 소득공제 / 445
누진적 세율구조 / 70

단기금융자산 / 737, 740
단기매매증권 / 755
단기사채 / 1076
단순경비율 / 1003
단순분할 / 795
단일세율세 / 75
단주 매각대금 / 804
단체 / 77
단체협약 / 68
담세능력 / 51, 211, 252, 269
담합금 / 264
담합사례금 / 264
당기법인세부담액(환급액) / 241
당기법인세부채 / 241
당기법인세자산 / 241
당기손익 / 188
당기순손실 / 400
당기순손익 / 231, 335
당기순이익 / 91, 165, 167, 173, 200, 399,
　1017
당기순이익과세 / 91, 118, 192, 982, 1175
당연무효 / 135
당좌대출이자율 / 933, 934
대규모 점포 / 1218, 1220
대급금 / 453, 543
대납세액 / 538
대도시 / 476
대리 / 967, 1046, 1055
대리납부 / 453
대리인 / 1230
대물변제 / 530

대손금 / 518, 519, 523, 530, 683
대손사유 / 224, 518
대손상각비 / 527
대손세액 / 453, 540
대손세액공제 / 498, 526
대손실적률 / 679
대손처리기준 / 522
대손충당금 / 523, 679, 683, 780, 808
대손충당금 및 대손금조정명세서 / 520, 679
대손충당금적립기준 / 680, 1041, 1076
대위변제 / 523
대응조정 / 872
대지 / 476, 479
대차대조표 / 166
대체 취득 / 693
대체거래 / 237, 391
대체효과 / 68
대표권 상실 / 412
대표수탁자 / 1204, 1206
대표자 / 1011, 1135
대학 재정 건전화 / 481
대한염업조합 / 91
댐사용권 / 562
도관체 / 78
독립채산제 / 132
독촉장 / 969
동결효과 / 58
동업기업 / 330, 512, 1048, 1184, 1186
동업기업 과세특례 / 152
동업기업 세액배분명세서 / 1199
동업기업 소득 계산 및 배분명세 신고서 /
　1198
동업기업 전환법인 / 1186, 1187
동업기업 지분 / 1184
동업기업과세특례 / 92, 112, 174, 435, 444,
　1133, 1185
동업기업과세특례 적용신청서 / 1187
동업기업과세특례 포기신청서 / 1187

동업기업과세특례적용 / 159
동업기업과세특례적용 및 동업자과세여부
  확인서 / 1074
동업자 / 1184
동업자군 / 331, 512, 1184
동업자군별 배분대상 소득금액 / 331
동업자군별 손익배분비율 / 1184
동의서 / 1187
동일사업 / 1211
동일업종 / 1003
동일지배 / 495
동종자산 / 582
등기부상 소재지 / 132
등록외국인기록표 / 1222
등록전산정보자료 / 1232
디자인권 / 560

리베이트 / 264
리스개설직접원가 / 497, 733
리스료 / 497, 733
리스이용자 / 497
리스회사 / 497, 565

만기보유증권 / 755
만기보장수익률 / 722, 728
만기상환일 / 1051
매각손실 / 683
매도가능증권 / 755
매매 / 308, 1046
매매기준율 / 181, 184, 185, 190, 738
매입가액 / 315, 327, 485
매입거래 / 890
매입비용 / 1003
매입세액 / 453, 537, 540

매입세액 공제특례 / 738
매입세액공제 / 541
매입에누리 / 485
매입에누리금액 / 486
매입자발행계산서 / 1230
매입처별 세금계산서합계표 / 1068, 1228
매입할인 / 485, 486
매출 / 301
매출·매입처별 계산서합계표 / 1000, 1068,
  1230
매출가격환원법 / 748
매출세액 / 452, 453, 540
매출세액미수금 / 498
매출액 방법 / 959
매출어음 할인 / 433
매출에누리 / 225, 301, 488, 709
매출에누리금액 / 300
매출원가 / 485, 544
매출총이익 방법 / 959
매출할인 / 300, 301, 488, 709
매출환입 / 225, 709
면세사업자 / 541
면제 / 152, 435, 444, 1226
면제사업 / 153
면책 / 519
면책결정 / 520
명예퇴직금 / 627
명의개서 / 1224
모델 조세협약 / 463
목장용지 / 944
목적물반환청구권의 양도 / 710
목적신탁 / 121
몰수 / 265
무료진료권 / 501
무상감자 / 314, 352, 353
무상성 / 317, 320
무상소각 / 356
무상주 / 354, 356, 375, 460

무상증자 / 156
무수익자산 / 899
무수익자산 관련 비용 / 901
무시 / 875
무신고가산세 / 1058
무액면주식 / 354, 366, 375, 412
무역조정지원기업 / 470
무증자합병 / 765
무형자산 / 494, 559
문화산업전문회사 / 159
문화재보호 / 651
문화접대비 / 622
물가연동국고채 / 722
물류시설 / 480
물적 납부의무 / 109
물적 분할 / 378
물적분할 / 739, 795, 815, 817
물적분할과세특례신청서 / 818, 822, 823
미경과보험료적립금 / 726
미납금 / 543
미달계상금액 / 552
미달금액 / 172, 365
미분양주택 / 525
미상각신계약비 / 296
미상각잔액 / 575
미수이자 / 719
미술품 / 504
미실현손실 / 333, 462
미실현이익 / 333, 462
미인도청구 판매 / 710
미지급 소득 / 937
미지급금 / 323, 594
미지급법인세 / 1116
미지급소득 / 525
미처분이익잉여금 / 244
미환류소득 / 112, 120, 946, 1094
미회수 / 324
민간임대주택 / 178

민간투자방식 / 311
민간투자사업 / 161, 308
민간투자시설 / 310

반대주주 / 769
반제품 / 421
반출 / 543
반환 / 251
발기설립 / 177
발생 / 211
발생주의 / 59, 62
발행주식총수 / 103, 472
배당 / 167, 168, 1011, 1074
배당가능이익 / 157, 163, 164, 165, 166,
  171, 332, 333, 338, 371, 401, 437, 458,
  462
배당기준일 / 431, 434, 440, 443, 962
배당락 / 434, 444
배당소득 / 724, 725, 1149, 1225
배당재원 / 437
배당준비금 / 671
배당지급시기 / 163
배당청구권 / 373
배분 / 330, 1184, 1188
배분대상 소득금액 / 1184
배분방법 / 958
배분비용 / 958
배분한도 / 1190
배분한도 초과결손금계산서 / 1199
배정 / 805
배출권 / 740
백투백 스왑 / 731
번복 / 320
벌금 / 544
벌금형 / 262, 971
벌칙 / 262

법률비용 / 256
법무법인 / 992
법무법인(유한) / 992
법무조합 / 992
법원 / 210, 252, 268, 522
법원행정처장 / 1232
법인 / 83, 327
법인 설립신고 / 123, 1207
법인 설립신고서 / 1204
법인 아닌 기타 단체 / 94, 1135
법인과세 수탁자 / 1071, 1207, 1210
법인과세 신탁재산 / 435, 444, 1071, 1204,
    1205
법인세 과세표준 및 세액신고서 / 989
법인세 주주귀속 방식 / 79
법인세 차감 후 이자율 / 451
법인세 추납액 / 241
법인세과세표준 및 세액신고서 / 1120
법인세비용 / 537
법인세액 감면 / 975
법인세액 공제 / 975
법인세와 주주 단계 소득세의 통합 / 56
법인으로 보는 단체 / 88, 92, 124, 1132,
    1158
법인으로 보는 임의단체 / 94, 1134
법인의 사업 / 254
법인지방소득세 / 238, 380, 448, 537, 539,
    797
법인지방소득세액 / 958
법인청산계획서 / 473
법정 미환류소득 / 946
법정 주주 등의 명세서 / 1204
법정과실 / 1117
법정신고기한 / 458
법정이자 / 451
법정자본금 / 232
법정적립금 / 334
법정준비금 / 455, 458

법정준비금의 감소 / 404
벤처기업 / 908
변경등기일 / 129, 393
변경연결모법인 / 1082
변동금리 / 933
변액보험계약 / 424
변제 / 473, 513
변호사 / 991
별도합산과세대상 / 944
별장 / 944
병원 / 599
병원급 / 1162
보건복지부장관 / 501
보고기간 / 314
보고기업 / 187
보관통장 / 723, 1047
보류지 / 96, 1180
보상금 / 1117
보상원가 / 509
보수 / 491
보완자본 / 674
보유 중인 자산 / 421
보유기간 별 과세 채권 / 1155
보유기간 확인 / 1050
보유기간이자 등 상당액 / 721
보유기간이자상당액 / 1041, 1049, 1051,
    1052, 1057, 1225
보조금 / 263
보증금 / 384
보증보험 / 672
보증보험금 / 220
보증인 / 109, 111
보증채무 / 320
보충적 평가방법 / 919, 932
보통거래방식 / 712
보통주 / 162
보험감독회계기준 / 383, 511, 724
보험계약 / 673

보험계약국제회계기준 / 296, 673
보험계약자산 / 297
보험금 / 693
보험기관 / 522
보험료 / 635, 726
보험사업 / 670, 672
보험수리적손실 / 637
보험수리적이익 / 637
보험종목 / 672
보험종목별 적립기준금액 / 672
보험차익 / 693, 1049
보험차익사용계획서 / 693
보험차익상당액 손금산입조정명세서 / 693
보험회사 / 383, 511, 673, 724
복리후생비 / 490, 493, 639, 640
복식부기 / 1171
복합금융상품 / 509
본거지법주의 / 84
본래사업연도 / 1085
본사 / 478
본사이전법인 / 478
본점 / 132, 477, 478, 963
본점소재지주의 / 85
부가가치세 / 73
부담금 / 635
부담부 증여 / 316
부당이득 / 451
부당행위계산 / 315, 316, 326, 356, 409,
  493, 589, 613, 847, 871, 1119, 1125,
  1143
부당행위계산 부인규정 / 164, 321, 869
부대비용 / 485
부도발생일 / 521
부도수표 / 521
부도어음 / 521
부도확인일 / 521
부동산 / 131
부동산 관련 사업 / 838

부동산등기용 등록번호 / 93
부동산매매업 / 650
부동산매매업자 / 420
부동산세 / 73
부동산임대업 / 384, 620, 621, 657, 807, 939
부동산투자회사 / 157
부분종속기업 / 496
부속토지 / 471
부수수익 / 1142, 1152
부실금융기관 / 514
부실징후기업 / 150, 551, 746
부실채권정리기금 / 1133
부유세 / 49, 73
부의 영업권 / 283, 285, 775, 780
부진정연대채무 / 320
부채 / 195, 198
부채 인수 / 288, 779
부채요소 / 509
부채의 총액 / 195, 226
부채인수액 / 288
분리과세대상 / 944
분배 / 1115, 1184, 1197
분배비율 / 93, 1134
분식회계 / 167, 970
분할 / 129, 135, 519, 739, 795, 796, 909,
  1074
분할계획서 / 803, 1074
분할과세특례신청서 / 796, 815
분할대가 / 380, 804, 819, 825, 828, 829
분할등기일 / 519, 797
분할매수차손 / 560, 809
분할매수차손익 / 909
분할매수차익 / 537, 808
분할법인 / 108, 380
분할신설법인 / 108, 152, 171, 359, 364,
  796, 818
분할차손 / 536
분할차익 / 171, 359, 364, 365, 417, 460,

536

분할평가차익 / 468

분할합병 / 152, 380, 468, 475, 795, 909, 1074, 1210

분할합병계약서 / 803

분할합병계획서 / 1074

분할합병교부주식 / 797

분할합병신탁 / 1075

분할합병의 상대방회사 / 795

분할합병포합주식 / 382, 797, 805, 829

불공정한 비율 / 909, 918

불공정한 합병 / 919

불량자산 / 911

불량채권 / 911

불성실가산세 / 458

불성실기부금수령단체 / 598

불확실성 / 469

비거주자 / 1048

비과세 / 175, 355, 435, 444, 1226

비과세소득 / 142, 144, 155, 950

비대칭적 성격구분 / 289

비사업용 토지 / 942, 943

비상근임원 / 626

비상위험준비금 / 669, 672

비상위험준비금명세서 / 672

비상장법인 / 919, 933

비상장주식 / 932

비소액주주 / 102

비수익사업 / 1142

비영리내국법인 / 87, 989, 1011, 1061, 1183

비영리법인 / 88, 152, 430, 883, 1128

비영리사업회계 / 489

비영리외국법인 / 87, 114, 1011, 1135, 1183

비영업대금 / 1040

비영업대금의 이익 / 1041, 1049

비영업형 소형자동차 / 541

비용 / 225, 231, 242

비적격물적분할 / 891, 903

비지정기부금 / 500, 593, 612, 1137

비출자공동사업자 / 641

비파생금융부채 / 426

비파생금융자산 / 426

비해운소득 / 118, 192

비화폐성항목 / 425

빈집 / 1136

사내근로복지기금 / 511

사내유보 / 1014

사단 / 94

사단법인 / 88, 1128

사립학교 / 1129

사망 / 471, 521

사모발행 / 667

사모방식 / 176

사모법인 / 174

사실과 다른 회계처리 / 969

사실상 영향력 / 99, 107

사실상 혼인관계 / 100

사실인정 / 222

사업 / 253, 300, 1146

사업 관련성 / 258

사업결합 / 561

사업계속 / 771, 807, 819, 826

사업관련성 / 256, 267, 482

사업보고서 / 970

사업부문 / 799, 821

사업소득 / 989

사업수입금액 / 131, 301

사업시행자 / 309, 310, 514

사업양도대금 / 429

사업양수 / 839, 1211

사업양수인 / 453

사업연도 / 97, 122, 124, 939, 1113, 1173

사업연도 개시일 / 125, 126

사업연도의 의제 / 127
사업영위요건 / 832, 846
사업외수익 / 1003
사업용 고정자산 / 981
사업용유형고정자산 / 475
사업용자산 / 837
사업의 계속 / 841
사업의 양도・양수 / 561
사업의 폐지 / 521
사업인수도 / 495
사업인정고시일 / 479, 480
사업자 / 453
사업자단위 / 133
사업자등록 / 123, 1204, 1207, 1229
사업자등록신청서 / 1207
사업장 / 131, 133
사업재편계획 / 144, 148, 150, 465, 466,
    467, 468, 515, 865
사업재편계획서 / 867
사업재편계획승인권자 / 867
사업재편계획이행보고서 / 867
사업전환 / 471
사업폐지 / 788, 812
사외유출 / 324, 341, 1022
사외적립자산 / 637
사용 / 1166
사용료소득 / 959
사용비율 / 642, 804
사용수익기부자산가액 / 563
사용인 / 256
사원명부 / 1222
사원의 퇴사・탈퇴 / 352
사인증여 / 1137
사적 자치 / 259
사전승인 / 295
사전약정 / 487
사전약정이율 / 1149, 1151
사중손실 / 68

사채할인발행차금 / 727
사채할증발행차금 / 727
사회적협동조합 / 605, 607
사회질서 / 263, 264
사회통념 / 263, 928, 929
산림계 / 1178
산림조합 / 1178
산업금융채권 / 1044
산업기술연구조합 / 501, 563
산업단지 / 479, 981
산업수요맞춤형고등학교 / 987
산업입지 / 479
산업체부설 중・고등학교 / 503
산출세액 / 939, 950, 996, 1101
산학연협력기술지주회사 / 438
산후조리원 / 1167
삼각주식교환 / 766
삼각합병 / 765
상각 / 282, 773
상각률 / 567, 570
상각범위액 / 574
상각부인액 / 566
상각형 조건부자본증권 / 753
상거래 관행 / 928, 929
상계 / 209, 251
상생협력 / 948
상속증여세 / 73
상시근로자 / 622, 947, 987
상여금 / 491, 625
상여처분 / 323
상위 동업기업 / 174, 1074
상장주식 / 932
상장지수증권 / 1150
상장회사 / 506, 507
상표권 / 560
상품 / 302, 421, 485
상행위 / 88
상호주 / 103

상호출자제한기업집단 / 120, 946
상호합의 / 295
상환할증금 / 728
새마을금고 / 1179
새마을금고중앙회 / 1045
새마을진료권 / 501
생계 / 106
생명보험업 / 591
생산 중인 자산 / 421
생산량비례법 / 572
생산설비 / 552
생산조정 / 1163
생애 기준 평균소득 / 57
서면약정서 / 1198
서화 / 651
선거운동 / 607
선급금 / 257, 453, 626
선급임차료 / 497
선도계약 / 751
선물계약 / 751
선박 / 651
선박 보유 현황 및 기준선박 투자계획서 / 192
선박투자회사 / 159
선박표준이익 / 118
선수금 / 309
선수수수료 / 731
선입선출법 / 748
설립등기일 / 393, 1204
설립무효 / 1114
설립무효 또는 설립취소의 소 / 120
설립무효의 판결 / 128
설립자 / 98, 105
설립준거지법주의 / 84
설립취소 / 1114
설립취소의 판결 / 128
설비투자자산 / 552, 555
설정한도 / 1166
설치신고 / 1204

성공보수약정 / 220
성과공유 중소기업 / 974
성과보상기금 / 510
성과조건 / 508
성매매 / 267
성숙 / 217
성실신고확인서 / 989, 994, 1059, 1075,
   1102
성실신고확인서 제출 불성실 가산세 / 1059
성장관리권역 / 478
세관장 / 453, 1230
세금계산서 / 1228
세금과 공과금 / 321
세무사 / 991
세무조사 / 1018
세무조사결과통지 / 1001
세무조정 / 165
세무조정계산서 / 272, 673, 781, 990, 1156,
   1160
세무조정사항 / 780, 808, 827
세분류 / 477, 642, 1211
세액감면 / 950, 976, 1098
세액공제 / 445, 790, 810, 814, 826, 953,
   1098
세액공제액 / 996
세액면제 / 950
세율 / 1120
세전 금액 / 239
세종특별자치시 / 478
세후 금액 / 239
세후기준가격 / 965, 966
소각 / 234, 327, 856
소각거래 / 409
소각일 / 359, 360
소규모주택 / 1136
소급 / 223
소급감정 / 920
소급공제 / 142, 145, 1038

소급공제법인세액환급신청서 / 1038
소급효 / 120, 223
소기업 / 1124
소득 재분배 / 50
소득 평준화 / 55
소득공제 / 142, 144, 156, 445, 953
소득공제신청서 / 1074
소득과세 / 58
소득귀속자 / 1032
소득금액 / 335
소득금액변동통지 / 1028, 1034
소득금액의 계산 / 294
소득세 / 49
소득이전 / 61, 304
소득처분 / 322, 936, 1010, 1011
소득표준율 / 1007, 1008
소득효과 / 68
소멸 / 319
소멸분할합병 / 795
소멸시효 / 519, 520
소멸회사 / 416
소모품 / 421
소분류 / 1172, 1213
소비과세 / 58
소비성서비스업 / 838
소비세 / 49
소비자상대업종 / 1220
소송능력 / 92
소액수선비 / 580
소액자산 / 579
소액주주 / 103, 654, 1223
소유권이전 조건부 약정 / 565
소유주 / 231, 314
소유지분비율 / 642
소재지 / 133
손금 / 53, 141, 225, 247, 264
손금불산입 / 321
손금산입 / 445, 954

손금산입 특례규정 / 250
손금의 발생 / 226, 274, 482
손금의 총액 / 287, 289, 455
손금의 확정 / 226, 277, 482
손비 / 225, 242, 482
손상 / 222, 282, 773
손상차손 / 551, 552, 579
손상차손누계액 / 314
손실 / 225, 242
손실보상 / 314
손실보전 / 1163
손실보전준비금 / 669
손실보전준비금명세서 / 674, 675
손익 귀속시기 / 267
손익거래 / 279, 280, 314, 890
손익배분비율 / 512, 1188
손익의 분배 / 412
손해배상 / 314
손해배상금 / 261, 548
손해배상채권 / 518, 851
수권 / 1046
수도권 / 984
수도권과밀억제권역 / 477, 478, 479, 981
수도시설관리권 / 562
수도시설이용권 / 562
수동적 동업자 / 1189, 1190, 1200
수동적 동업자 이월결손금계산서 / 1199
수리권 / 562
수목 / 558
수산업중앙협의회 / 1163
수산업협동조합 / 589, 613, 865, 883, 1178
수산업협동조합중앙회 / 1161
수선비 / 494
수시부과기간 / 1009
수시부과사유 / 1009
수시부과세액 / 538, 996
수용 / 479
수익 / 122, 198, 215

수익 직접 관련성 / 258, 267, 482
수익사업 / 883, 1140, 1142, 1170, 1207
수익사업회계 / 489
수익용 기본재산 / 481, 1181
수익자 / 121, 1071
수익자연속신탁 / 1137
수익적 지출 / 578
수익증권 / 752, 1150
수익증권발행신탁 / 121, 750
수익증권이 발행된 신탁 / 121, 1071
수입 / 198
수입금액 / 301, 620, 1004
수입배당금 / 429
수입배당금 익금불산입 / 79, 164, 337, 369, 1091
수입배당금액 / 330, 428, 433, 446, 962, 1089
수입배당금액명세서 / 430, 438
수입보증료 / 621
수입세금계산서 / 1228
수입시기 / 721, 724
수입이자 / 663
수정내용연수 / 570
수정세금계산서 / 1228
수정신고 / 147, 296, 388, 516, 971, 1173
수정신고기한 / 1018
수처리시설 / 564
수출 / 522
수출계약 / 711
수출입금융채권 / 1044
수취배당금 세액공제 방식 / 79
수취배당금 익금불산입 방식 / 79
수탁가공계약 / 711
수탁자 / 121, 1071, 1230
수평적 공평 / 63, 69
순손익가치 / 919
순액 / 956
순자산 / 194, 197, 228

순자산 변동분 / 53
순자산가액 / 1090
순자산가치 / 919
순자산계정 / 280, 284, 773
순자산세 / 73
순자산시가 / 787
순자산장부가액 / 359, 766, 797, 816
순자산차감계정 / 773
스노우볼 스왑 / 731
스왑계약 / 751
승계결손금 / 789
승계금액 / 416
승용자동차 / 554
시가 / 327, 828, 928, 1138
시가감정 / 932
시가법 / 367
시가주의 / 59
시간의 경과 / 199
시공자 / 515
시설대여업자 / 656
시용판매 / 711
시인부족액 / 566, 567
시장조건 / 508
시험연구용자산 / 568
신고 / 989
신고기한연장신청서 / 1098
신고내용연수 / 568
신고조정 / 243, 270, 554, 687, 689
신뢰성 / 199, 216, 229, 312
신설분할합병 / 795
신설신탁 / 1075
신설합병 / 416, 765, 770
신설합병법인 / 286, 778
신수탁자 / 1205
신용보증 / 685
신용카드 / 619
신용카드 매출전표 / 1064, 1218, 1233
신용카드 및 현금영수증 발급 불성실 가산세 /

1059
신용카드가맹점 / 980, 1000, 1064, 1218
신용카드매출전표 / 541, 1217
신용협동조합 / 1179
신용회복목적회사 / 669, 675
신용회복지원협약 / 519, 521
신의성실의 원칙 / 970
신종자본증권 / 674
신주발행 / 288, 520, 779, 893
신주발행가액 / 287, 288
신주발행비 / 392, 532
신주발행형 / 507
신주인수권 / 1152
신주인수권부사채 / 722, 727, 753
신주인수권증권 / 751, 753
신주인수권증서 / 751, 753
신탁 / 121
신탁계정 / 433
신탁사채 / 1076
신탁업 / 266
신탁업자 / 1046, 1055
신탁재산 / 121, 722, 1047, 1055, 1071
실권주 / 887
실액반증 / 1007
실용신안권 / 560
실제발생소득 / 446
실제부담세액 / 446
실제소유자 / 1224
실종 / 521
실지조사 / 1002, 1004, 1006, 1009
실질과세원칙 / 208, 250, 251, 252, 269,
    281, 290, 307, 317, 326, 361, 870, 871,
    924, 936
실질귀속자 / 94, 1134
실질적 관리장소 / 85, 93, 114, 132, 1204
실질적 지배자 / 99
실질적 평등 / 259
실현가능성 / 216

실현계기 / 63
실현주의 / 55, 59, 61, 62, 887
심리적 소득 / 69
쌍방관계설 / 99

압축기장충당금 / 180, 182, 454, 482, 483,
    688, 694, 701, 817, 821, 822, 830, 833,
    836, 855, 861, 864, 866, 995
액면가 / 234
액면가액 / 286, 318, 354, 366, 369, 375,
    532
액면미달 발행 / 318
약정손익분배비율 / 1188
약정이자 / 719
양도 / 302
양도가액 / 489, 816, 1174
양도금액 / 302, 489
양도담보권자 / 109
양도대가 / 168
양도성 예금증서 / 750
양도소득 / 130
양도소득 과세대상 / 328, 329
양도소득과세표준예정신고서 / 1175
양도소득세 / 476, 477, 479, 480, 481, 697,
    844
양도손실 / 434, 444
양도손익 이연자산 / 1090
양도차손 / 353
양도차익 / 479, 822, 1174
양도차익상당액 / 467, 472, 474
양립불가능성 / 288
어업권 / 562
업무 / 255
업무무관 가지급금 / 322, 323, 523, 632,
    661, 662, 682
업무무관 비용 / 648

업무무관 자산 / 648, 661
업무무관자산 / 385, 937
업무용승용차 / 655, 656, 658
업무용승용차 관련 비용 등에 관한 명세서 / 1059
업무용승용차 관련 비용 명세서 제출 불성실 가산세 / 1058
업무용승용차 관련비용 명세서 / 655, 656, 659
업무위탁계약 / 144
업무전용자동차보험 / 656
업무집행권 / 412
업무집행사원 / 1189
업무집행자 / 101
업무집행지시자 / 100
업종별 최소고용인원 / 984
업종별회계처리준칙 / 165
에너지절약시설 / 552, 982, 983
여권번호 / 1222
여비 / 323, 493, 640
역삼각합병 / 765
역진적 효과 / 70
역합병 / 354, 378, 793
역혼성단체 / 962
연간 소득 / 57
연결 조정항목 / 1091
연결가능자법인 / 1093
연결과세표준 / 1087
연결납세방식 / 97, 130, 913, 916, 999
연결납세방식 적용신청서 / 1082
연결모법인 / 457, 547, 1079, 1211, 1213
연결배제법인 / 1086
연결법인 / 110, 1079
연결법인 간 거래명세서 / 1099
연결법인 간 출자현황신고서 / 1099
연결법인 변경신고서 / 1082, 1086
연결법인별 산출세액 / 1094, 1102
연결법인세액 / 916

연결사업연도 / 458, 1079, 1088
연결산출세액 / 1094, 1095
연결세율 / 1095
연결소득 개별귀속액 / 1094
연결자법인 / 457, 1086
연결중간예납 / 1100
연결지배 / 97, 1079, 1085, 1086
연결집단 / 1079
연구개발 / 469
연구개발 관련 비용 / 959
연구개발비 / 468
연구개발비 세액공제 / 469
연금·기금 수동적 동업자 / 1191
연금부담금 / 677
연대납부 / 1087
연대납세의무자 / 109, 111
연대채무 / 320
연말정산 / 1034
연면적 / 386
연지급수입 / 432, 664, 741
연체이자 / 719
열공급시설이용권 / 562
영구적 차이 / 447, 1011
영리 외국법인 / 114
영리법인 / 87
영리성 / 87, 90, 1128
영수증 / 541, 727, 1229
영업권 / 282, 285, 497, 560, 561, 581, 773, 774, 780, 782
영업권 손상차손 / 495
영업비용 / 487
영업소 / 132
영업자 / 500
영토 / 113
영해 / 132
예금보험공사 / 514
예상거래 / 426
예수금 / 453

예시규정 / 321, 934
예약매출 / 717, 941
예탁금 / 1043
온라인투자연계금융업자 / 1040
옵션계약 / 751
완전 모자 관계 / 354, 378
완전모자회사 / 377, 378, 784, 792
완전모회사 / 393, 396, 784, 840, 841
완전손회사 / 354, 378
완전자법인 / 354, 378
완전자회사 / 377, 394, 396, 792
완전지배 / 801, 802
완전한 지배권 / 64
외국 법령 / 122, 126
외국기관 / 1010
외국납부세액 / 964
외국납부세액 환급금 납부계산서 / 965
외국납부세액공제 / 499, 537, 790, 814, 826,
    1005
외국단체 / 1185, 1186
외국단체등록대장 / 1222
외국법인 / 114, 124, 131, 135, 354, 378,
    447, 464, 800, 883, 921, 963, 1046,
    1048, 1142, 1183, 1204
외국법인세액 / 956, 1040
외국손회사 / 962
외국원천징수세액 / 954
외국인 통합계좌 / 132
외국인투자 / 976
외국자회사 / 329, 445, 472, 738, 801, 961
외국자회사 수입배당금액 / 152
외국자회사 수입배당금액 명세서 / 446
외국정부 / 955, 956
외국항행 / 156
외부감사인 / 991
외부세무조정 / 991
외상매출금 / 521
외항운송사업 / 192

외화 / 392, 425, 738
외화대금 / 711
외화자산등평가차손익조정명세서 / 757
외화자산의 평가 / 393, 533
외환증서 / 1010
외환차이 / 182, 188
용역매출 / 717
우리사주매수선택권 / 507
우리사주조합 / 323, 525, 937, 1097
우선주 / 429
우체국예금 / 1044
운영비 / 503
운용리스 / 497
운항일수 / 192
운휴자산 / 557
원가모형 / 314
원가법 / 748, 1051
원감정가액 / 920
원본 / 122
원재료 / 421
원천 / 113
원천징수 / 110, 132, 458, 473, 538, 719,
    729, 862, 866, 996, 1034, 1039, 1075,
    1160, 1200, 1201, 1202
원천징수 등 납부지연가산세 / 1037, 1058
원천징수 시기 / 937
원천징수 이행상황신고서 / 1041
원천징수대상자 / 1034
원천징수대상채권 / 133, 1054
원천징수된 이자소득 / 1172
원천징수세액 / 539
원천징수세율 / 966, 1040
원천징수영수증 / 619, 1053
원천징수의무자 / 109, 132, 510, 539, 1030,
    1034, 1045
원천징수일 / 723
원화 / 1010
원화 재무제표 / 184, 189, 990, 1099

원화환산 재무제표 / 190
원화환산환율 / 393
월정급여액 / 323
위법 감자 / 413
위법배당 / 428
위법비용 / 261, 262
위법사업 / 301
위법소득 / 261, 263, 265
위약금 / 547
위임 / 640, 1046, 1055
위임관계 / 106
위탁 / 252
위탁관리 부동산투자회사 / 157, 159, 173
위탁매매 / 712
위탁연구개발 / 469
위탁자 / 121, 122, 1072
위탁자산 운용수수료 / 621
위탁판매 / 1230
위험분담형 BTO 사업 / 309
위험회피 / 426
위험회피대상항목 / 426
위험회피수단 / 426
위험회피용통화선도 / 187
위험회피효과 / 426
유가증권 / 315, 326, 327, 750
유가증권손상차손 / 756
유가증권시장 / 800
유동성공급자 / 291
유동화거래 / 144
유동화자산 / 730
유동화전문회사 / 120, 144, 156, 159, 164,
  435, 444, 566, 725, 1121, 1185
유료도로관리권 / 562
유보소득 배당간주 / 446
유사외국회사 / 84
유상거래 / 327
유상소각 / 356, 460
유상이체 / 1049

유언대용신탁 / 1137
유예기간 / 649, 857
유입 / 254
유증 / 1137
유출 / 254
유통발행주식 총수 / 431, 440
유한책임신탁 / 121
유한책임회사 / 79, 332
유형자산 / 314, 494, 499, 551
유효이자율 / 451, 526
유휴설비 / 557
유흥주점 / 267
육아휴직 복귀자 / 1178
융자 / 973
은행업 / 266
음(−) / 353
의결권의 행사 또는 부활의 조건 / 104
의결권의 행사가 일시적으로 제한되는 주식 /
  103
의결권이 제한되는 주식 / 103
의도 / 877
의료기술협력단 / 604
의료업 / 1162
의원급 / 1162
의정서 / 958
의제 / 126, 1167
의제기부금 / 588
의제매입세액 / 738
의제매입세액공제 / 542
의제배당 / 169, 306, 331, 337, 346, 349,
  428, 437, 459, 724, 793, 827, 1127
의제배당대상 자본잉여금 / 337, 341, 358,
  362, 364, 418, 458
이동평균법 / 356, 367, 748
이사 / 105, 160
이연법인세부채 / 241, 537
이연법인세자산 / 241, 537
이연수익 / 690

이연수익법 / 470
이월 / 970
이월결손금 / 143, 146, 158, 165, 168, 173,
  289, 454, 456, 477, 1005, 1107, 1118,
  1186, 1211
이월결손금 공제 / 142, 146
이월공제 / 142, 145
이월공제기간 / 960
이월공제배당금액 / 158
이월기부금 / 592
이월이익잉여금 / 165, 168, 173
이익 / 198, 962
이익배당 / 90, 462
이익의 분여 / 851, 936
이익잉여금 / 56, 202, 232, 306, 331, 333,
  338, 402, 418, 532
이익잉여금의 배당 / 342, 346
이익잉여금처분계산서 / 989, 990
이익준비금 / 165, 168, 333, 402, 461, 1112
이익처분 / 272, 995
이익처분에 의한 상여 / 1011, 1017
이익처분을 전제로 하는 신고조정 / 243, 248,
  272
이자상당가산액 / 465, 467, 468, 469, 471,
  472, 473, 474, 476, 477, 478, 479, 480,
  481, 700, 863, 868, 1181
이자상당액 / 858, 988, 1168
이자소득 / 132, 718, 721, 1047, 1148, 1225
이자수입 / 1117
이자율 / 54
이자율스왑 / 731
이전가격 / 295
이전공공기관 / 478
이중과세 / 444
이중세율 방식 / 79
익금 / 53, 141, 194, 326
익금불산입 / 287, 298
익금불산입률 / 430, 439

익금산입 / 298
익금의 발생 / 195, 212
익금의 총액 / 287, 289, 455
익금의 확정 / 195, 216
익명조합 / 429, 1185
인가 / 265
인건비 / 300, 489, 490, 1169
인도 / 713
인도자 / 496
인두세 / 49
인센티브 / 487
인수 / 473, 513, 1046
인수거절 / 522
인수금고 / 1179
인수금융기관 / 514
인수자 / 496
인수조합 / 1179
인식차액 / 285
인적분할 / 795
인정상여처분 / 1036
인정이자 / 524, 525, 662, 682, 915, 937,
  938
인척 / 100
인터넷 홈페이지 / 605, 608
인플레이션 / 72
일괄 / 290
일괄계산 / 133
일반과세자 / 541
일반기부금 / 563, 593, 603, 611, 1014,
  1092, 1137, 1158, 1166, 1170, 1177
일반기업회계기준 / 188
일반분양분 / 96, 1181
일반적 BTO 사업 / 309
일반적 조세회피방지규정 / 307, 361
일반적 통상성 / 258, 260, 267, 482
일반적으로 용인되는 통상적인 비용 / 264
일상생활 / 106
일시상각충당금 / 180, 182, 454, 482, 483,

688, 694, 823, 836, 995
일시예금 / 663
일시적 차이 / 447, 1014
일용근로소득 / 1066
임금 / 491, 1003
임금증가금액 / 947
임대료 / 308, 726
임대보증금 / 302, 940
임대사업 / 159
임대업 / 308
임대주택 / 696
임면권 / 105
임야 / 943
임원 / 101, 256, 630, 842
임의준비금 / 399, 455
임의평가 / 338
임의회비 / 500
임차료 / 497, 1003
임차보증금 / 541
임차사택 / 912
입양 / 100
입회금 / 562
잉여 식품 / 502
잉여금 / 157, 334, 962, 1118, 1165
잉여금의 분배 / 342
잉여금의 처분 / 225, 235, 238, 241, 246, 279, 391, 482, 530, 531, 922, 1026
잉여금처분결의일 / 725
잉여금처분에 의한 신고조정 / 243, 270

자금관리사무수탁회사 / 161
자기관리 부동산투자회사 / 156, 177, 178
자기자본 / 384, 385, 1186
자기자본 총액 / 1104, 1107
자기자본비율 / 514
자기주식 / 103, 170, 304, 305, 314, 356,

359, 360, 406, 769, 856, 890, 1113
자기주식 취득 / 234
자기주식교환 / 853
자기주식소각익 / 306, 360, 361
자기주식처분손실 / 340
자기주식처분이익 / 207
자기주식처분익 / 305, 394, 1017
자기지분상품 / 304
자기출자지분 / 359, 360, 406, 769
자동차대여사업자 / 656
자동차등록번호판 / 656
자동차보험 / 672
자매회사 / 784
자본 또는 출자의 납입 / 194, 202, 279, 339, 391, 530, 922
자본 또는 출자의 환급 / 225, 235, 246, 279, 339, 391, 398, 409, 463, 482, 530, 922
자본감소 / 234, 398, 409, 533
자본거래 / 279, 280, 314, 391, 530, 773, 851, 917
자본계정 / 280, 284
자본금 / 197, 286, 333, 334, 375, 415, 455, 1118
자본금과 적립금조정명세서 / 267
자본금의 감소 / 398
자본금의 결손 / 340
자본손실 / 60
자본요소 / 509
자본원입액 / 1165
자본의 감소 / 352, 436
자본의 총액 / 197
자본의 환급 / 1026
자본잉여금 / 197, 232, 305, 306, 334, 375, 458, 459, 463
자본잉여금의 분배 / 342, 344, 404
자본잉여금의 처분 / 343
자본적 지출 / 578, 665
자본전입 / 235, 437

자본조정 / 197, 207, 232, 334, 339, 403
자본준비금 / 169, 235, 333, 358, 402, 437,
    447, 458, 461, 463, 1112
자본청구권 / 204
자본충실 원칙 / 281
자본확충목적회사 / 669, 673, 719, 1041,
    1076
자사주 / 503
자산 / 195, 198
자산·부채의 승계 / 803
자산·부채의 평가 / 230, 267, 292, 419,
    550, 704
자산감액손실 / 552
자산관리위탁계약 / 144
자산관리회사 / 161
자산교환명세서 / 838
자산상실비율 / 968
자산수증익 / 314, 316, 456, 457, 464, 513,
    515, 1137
자산승계법인 / 818, 830, 834
자산승계법인지분비율 / 824, 836
자산양도소득 / 1173
자산양도손익 / 1090
자산유동화계획 / 422, 566
자산의 양도차익에 관한 명세서 / 818, 822,
    823, 830
자산의 총액 / 195, 226
자산조정계정 / 784, 821, 856, 858
자산조정계정에 관한 명세서 / 768, 784, 796,
    809, 816
자산증여 / 466
자산차감법 / 470
자산총액 / 433, 442
자유 / 259
자의성 / 211
자전거래 / 737
작물재배업 / 984
작업진행률 / 225, 712, 714, 716, 941

잔여재산 / 87, 89, 113, 129, 376, 605
잔여재산가액 / 1104
잔여재산가액 확정일 / 129, 1121
잔여재산분배 / 90
잔여재산분배청구권 / 373
잔여재산의 분배 / 1126
잔여재산의 인도 / 1182
잔여청구권 / 235
잔존가액 / 567, 571
잔존감면기간 / 790, 814, 826
장기 기대 소득 / 57
장기미지급비용 / 509
장기미회수채권 / 935
장기신용채권 / 1044
장기용역계약 / 715
장기임차보증금 / 714
장기재직 / 510
장기할부조건 / 309, 465, 565, 712
장부가액 / 292, 294, 311, 312, 354, 355,
    433, 489, 855, 1138
장부의 기록·보관 불성실 가산세 / 968,
    1059
장부의 비치·기장 의무 / 1061
장애인근로자 수 / 987
장외파생상품 / 291
재고자산 / 420, 421, 489, 499, 550, 1051
재고자산 등 평가방법신고(변경신고)서 / 749
재고자산 평가 / 748
재고자산평가조정명세서 / 748
재고자산평가차익 / 759, 760
재고자산평가차익 익금불산입 신청서 / 759
재공품 / 421
재구성 / 875
재단 / 94
재단법인 / 88, 1128
재무구조개선계획 / 472, 474, 696, 860
재무구조개선계획 승인권자 / 864
재무구조개선계획이행보고서 / 864

재무상태표 / 166, 990, 1183, 1207
재무제표요소 / 290
재보험계약자산 / 297
재보험자산 / 296
재분류조정 / 231
재작성 / 313
재정손실 / 60
재정환율 / 964
재지정 / 598, 602, 609
재택 노동 배우자 / 69
재판상 화해 / 521
재평가 / 313
재평가모형 / 314, 745
재평가세 / 359
재평가적립금 / 172, 235, 337, 357, 359,
    435, 436, 437, 458, 459, 591
재평가차액 / 172, 337, 341, 357, 359, 458,
    459
재해 / 968
재해발생일 / 969
재해손실 / 969
재해손실세액공제신청서 / 969
재활용폐자원 / 738
쟁송 / 322
저가매입 / 315
저가법 / 748
저장품 / 421
저축 / 57
저축성보험 / 1049
적격 증빙 / 619
적격구조조정 / 820
적격물적분할 / 443, 817
적격법인 / 159
적격분할 / 150, 171, 172, 297, 359, 364,
    381, 454, 460, 797, 809, 1118
적격분할합병 / 1089
적격유사법인 / 159, 174
적격인적분할 / 817

적격집합투자기구 / 1052
적격합병 / 150, 170, 171, 297, 359, 362,
    363, 377, 454, 460, 767, 783, 784, 1082,
    1089, 1118
적격합병등취득자산 / 586
적기시정조치 / 514
적립 / 1156
적립금조정명세서 / 457
적립대상보험료 / 672
적수 / 385, 387, 433, 443
적용이자율 / 1050
전 세계 소득 / 113
전가 / 76
전기가스공급시설이용권 / 562
전기수정오류손실 / 684
전담부서 / 469
전문모금기관 / 599
전사적기업자원관리설비 / 1218, 1220
전세금 / 302, 541
전세자금 / 323
전수탁자 / 1206
전신전화전용시설이용권 / 562
전용측선이용권 / 562
전입 / 1142
전자계산서 / 1069, 1229
전자계산서 발급명세 / 1229
전자기부금영수증 / 1209
전자등록 / 1047
전자신고 / 989
전환 국립대학 법인 / 95, 1135
전환권(신주인수권)대가 / 728
전환권(신주인수권)조정 / 728
전환사업 / 470
전환사채 / 722, 727, 753
전환이익 / 297
전환이익 익금불산입신청서 / 297
전환정비사업조합 / 1136, 1180
전환지주회사 / 853, 855, 858

전환형 조건부자본증권 / 753
점유개정 / 710
접대비 손금불산입 / 1092
정관 / 88, 113, 123, 126, 332, 412, 428, 1152, 1182
정규직 근로자 / 1178
정규직 전환 근로자 / 948
정률법 / 572
정부출연금 / 470
정비사업전문관리업자 / 514
정비사업조합 / 95, 1136, 1158, 1160, 1179
정산금 / 1096
정상가격 / 884, 935
정상가액 / 588
정액기준 / 498
정액법 / 572
정책적 목적 / 208, 250
제2차 납세의무 / 96, 109, 1073, 1183
제2차 납세의무자 / 109, 111, 538
제거 / 253, 303, 319
제로 쿠폰 스왑 / 731
제명 / 412
제세공과금 / 499
제약업 / 475
제작원가 / 485, 557
제조원가보고서 / 749
제조장 / 543
제주첨단과학기술단지 입주기업 / 444
제품 / 302, 421, 485
제한세율 / 132
조각투자상품 / 1150
조건부 이자율 / 722
조건부자본증권 / 753, 1076
조사 / 1231
조세계획 / 60
조세공평 / 50
조세법률주의 / 269, 322
조세조약 / 132, 154, 295, 794, 957

조세지출예산 / 70
조세탈루혐의 / 1003, 1124
조세평등주의 / 208, 211, 249, 251, 269, 326, 870
조세포탈 / 125, 282, 284
조세피난처 / 113
조세혜택 기준 / 65, 218
조세회피 / 1188
조세회피방지규정 / 317
조정 / 522, 549
조정반 / 991
조정반 변경지정 신청서 / 994
조정반 지정 신청서 / 993
조정반 지정서 / 993
조직변경 / 120, 130, 376, 1119, 1182
조합 / 94, 500, 1135, 1185
조합 방식 / 79
조합공동사업법인 / 589, 613, 883
조합법인 / 90, 101, 118, 192, 430, 997, 1131, 1140, 1158, 1160, 1175, 1222
조합원 / 96
조합원분 / 96
존속법인 / 286, 778
존속분할합병 / 795
졸업생 수 / 987
종류주식 / 162, 392, 441
종범 / 262
종속기업 / 496
종전감가상각 / 555
종전감가상각비 / 581
종전연결모법인 / 1082
종합소득 과세표준확정신고기한 / 1031
종합소득금액 / 323
죄악세 / 262
주가지수 / 1150
주권상장법인 / 912, 929, 1224
주금상환채권 / 851
주류 제조장 / 543

주류제조자 / 543
주무관청 / 93, 1182
주민등록 / 136
주범 / 262
주사무소 / 132, 477, 478, 963
주세 / 543
주식 등 양도·양수명세서 / 861
주식 등의 양도차익 / 472
주식 현물출자 등 양도차익명세서 / 852, 853, 859
주식결제요구권 / 509
주식결제형 주식기준보상거래 / 508
주식교환 / 393
주식기준보상 / 506
주식기준보상거래 / 509
주식기준보상액 / 624
주식등변동상황명세서 / 1098, 1222, 1224
주식등승계가능법인 / 802
주식매수선택권 / 506, 507, 624, 901, 907, 912, 921, 1097
주식매수청구권 / 233, 769
주식발행액면초과액 / 170, 203, 285, 286, 318, 359, 392, 777
주식배당 / 64, 162, 241, 354, 367, 371, 428, 435
주식병합 / 234, 352
주식보상비용 / 508
주식보유 / 806
주식선택권 / 340, 508
주식승계법인 / 835
주식양도차익 / 56, 855
주식워런트증권 / 291, 707
주식의 소각 / 234, 352
주식의 포괄적 교환 / 393, 696, 840
주식의 포괄적 교환 등 과세특례신청서 / 840
주식의 포괄적 교환·이전 / 1081
주식의 포괄적 교환차손 / 534
주식의 포괄적 이전 / 396, 840

주식이전 / 396, 397
주식인수도 / 495
주식처분 / 788, 812
주식처분비율 / 699
주식할인발행차금 / 203, 285, 286, 392, 532, 777
주주 등의 명세서 / 1060
주주 등의 명세서 등 제출 불성실 가산세 / 1059
주주명부 / 697, 701, 1222, 1224
주주총회 / 396, 971
주택 / 942
주택 부속토지 / 944
주택 저당권부 채권 / 64
주택건설사업자 / 160, 174
주택도시기금 / 386, 1044
주택도시보증공사 / 523, 685
주택저당증권 / 1044
주택저당채권담보부채권 / 1044
주파수이용권 / 563
주한 국제연합군 / 1010
준공 / 665
준비금 / 243, 244, 245, 247, 270, 271, 482, 483, 668, 669, 995
준비금 자본전입 / 404
준비금의 감소 / 333, 462
준비금의 자본전입 / 462
준청산소득 / 1186
준청산일 / 1186
중간배당 / 167, 462
중간신고 / 1121
중간예납 의무 / 1075
중간예납기간 / 1101
중간예납세액 / 458, 538, 937, 996, 997, 1037, 1085
중간예납신고납부계산서 / 998
중개 / 723, 1046
중견기업 / 490, 491, 510, 1103

중고자산 / 570
중과실 / 256
중대한 과실 / 256
중복자산 / 468, 475
중분류 / 1172, 1213
중소·중견기업 / 552
중소기업 / 143, 323, 454, 457, 479, 489,
  490, 491, 510, 620, 813, 839, 1039,
  1103, 1210, 1211
중소기업 사회보험료 세액공제 / 974
중소기업금융채권 / 1044
중소기업기준 / 997, 1100
중소기업인 / 712
중소기업창업투자회사 / 156
중소기업회계기준 / 165
중재기관 / 522
즉시상각의 의제 / 577
증권 / 751
증권선물위원회 / 862, 867
증권시장 / 712
증권예탁증권 / 753
증명서류 / 1063, 1208, 1215
증명서류 수취 불성실 가산세 / 1059
증명책임 / 294
증설투자 / 981
증액 / 420
증액 조정 / 1195
증액조정 / 142
증여 / 473, 474, 513, 515
증여세 / 317, 1137
증여세 과세가액 / 1182
증자방식 / 503
지급거절 / 522
지급기준 / 490
지급명세서 / 1000, 1065, 1200, 1225, 1226
지급명세서 등 제출 불성실 가산세 / 1059
지급배당금 / 164
지급배당금 소득공제 / 162, 243, 940, 1119

지급배당금 소득공제 방식 / 79
지급배당금 소득금액 공제 / 79, 367, 368,
  371
지급시기 / 1047
지급이자 / 385, 432
지급이자 손금불산입 / 433, 660, 938
지방 공장 / 476
지방공기업 / 973
지방자치단체 / 115
지방자치단체조합 / 110, 115
지배기업 / 496
지배력 / 561
지배목적 보유주식 / 799
지배적인 영향력 / 107
지배주주 / 104, 381, 627, 640, 805, 842,
  860
지분가액 / 1184, 1195, 1197
지분법 / 755
지분비율미달자회사 / 853
지분상품결제요구권 / 509
지분소유권자 / 239
지분의 연속성 / 831, 846
지분의 환급 / 235
지분증권 / 752
지분참여 소득공제 / 445
지연손해배상금 / 547
지점 / 132
지정기간 / 596
지정납부기한 / 969
지정의 취소 / 597
지정지역 / 941
지정취소사유 / 602
지주회사 / 323, 438, 503, 852, 855
지주회사 수입배당금 익금불산입 / 438
지출 / 1166
지출증명서류 / 1218
지출증명서류 합계표 / 1215
직계비속 / 100

직불전자지급수단 / 619
직불카드 / 619
직업교육 / 503
직원 / 106
직장공제회 / 1048
직장공제회 초과반환금 / 1049
직접 사용 / 1142, 1152
직접 소유비율 / 431
직접 외국납부세액공제 / 954
직접비용 / 958
진입도로 / 578
질권자 / 357
질문 / 1231
집결효과 / 55
집합투자 / 422, 423
집합투자기구 / 724, 725, 726
집합투자기구로부터의 이익 / 132
집합투자업자 / 621, 967
집합투자재산 / 173, 420, 422, 754
징발보상증권 / 735
징발재산 / 734
징벌적 손해배상금 / 54
징벌적 손해배상액 / 549
징수 / 1102
징역 / 971

차감계정 / 271, 453
차기적립금 / 112, 120
차기환류적립금 / 946, 949
차액결제 통화선도 / 731
차액결제 통화스왑 / 731
차액보상금액 / 508
차액정산 / 731
차용개념 / 83, 100, 233
차입금 / 384, 430, 432, 439, 442, 659
창설적 규정 / 507

창업·벤처전문 사모집합투자기구 / 1042
창업자 / 522
채권 / 329
채권 등 매출확인서 / 1050
채권의 매매익 / 1171, 1208
채권의 재조정 / 526
채권의 포기 / 317
채권의 회수 / 915
채권자 불명 사채 / 498
채권확인서 / 515
채무면제익 / 151, 317, 320, 360, 456, 457,
    464, 467, 475, 529
채무보증 / 523, 524, 525
채무상환 / 466
채무의 면제 / 319, 454
채무의 출자전환 / 149, 170, 317, 359, 360,
    392, 464, 739
채무조정이익 / 528
채무증권 / 752
채무초과회사 / 765
채취권 / 562
책임준비금 / 296, 383, 511, 669, 670, 724
처분 / 147
처분손실 / 789, 814, 1093
처분일 / 1142
천재지변 / 1003, 1017
철거 / 310
철도시설관리권 / 562
청구권 행사 기준 / 65, 217
청년고용 / 974
청년근로자 수 / 987
청년정규직근로자 / 948
청산 중인 법인 / 129, 1080
청산기간 / 1113
청산소득 / 112, 113, 114, 120, 140, 1104
청산소득 금액 / 1107
청산인 / 1125, 1182
청산종결 / 89

체계적이고 합리적인 배분 / 258
체육시설 / 1218, 1220
초과배당금 / 157
초과배당금액 / 158
초과수익력 / 284
초과이윤세 / 956
초과환류액 / 112, 120, 946, 949
초인플레이션 / 179
총결정세액 / 323
총급여액 / 635
총면적 / 944
총액 / 956
총액과세 / 262
총액인수방식 / 667
총평균법 / 356, 367, 748
총포괄손익 / 200, 231
최저한세 / 827, 982, 1097
추계 / 152, 576, 684, 952, 1002
추계결정 / 1003, 1017
추계과세 / 977, 1005
추계방법 / 1007, 1008
추계조사 / 1006, 1009
추상적 부과 · 징수권 / 238, 449
추상적 소유지분 / 239, 449
추심 / 129, 1115
추정이익 / 919
추진위원회 / 515
추징 / 265
추징세액 / 982
출연금 / 105, 911, 973
출연자 / 1137
출연재산 / 1137
출자가액 / 369
출자관계 / 108
출자금 / 1118
출자금액 / 366, 375
출자비율 / 412, 431
출자의 감소 / 352

출자의 납입 / 317
출자의 환급 / 168, 233
출자전환 / 692
출자전환채무 / 340
출자좌수 / 234
출자지분 / 1152, 1188
출자총액 / 103, 472
출하조정 / 1163
충당 / 452, 1037
충당금 / 243, 244, 247, 270, 271, 482, 483, 668
충당부채 / 247
충당한도 / 151
취득 · 양도자산의 감가상각비조정명세 / 551
취득 · 양도자산의 감가상각비조정명세서 / 581
취득가액 / 200, 292, 294, 312, 313, 326, 369, 380, 736
취득거래 / 409
취득세 / 738, 841
측정 / 199
친족 / 100

코스닥시장 / 800
콜옵션 롱포지션 / 737
콜옵션 프리미엄 / 737

탈세 / 282, 284
탐광비 / 500
탐사평가자산 / 500
택지개발사업 / 712
토지 / 942
토지 등 양도소득 / 112, 119, 538, 939, 950, 1094, 1136, 1154

톤세 / 192
통고처분 / 544
통상성 / 256
통상소득 / 57
통상임금 / 628
통제 / 253, 319, 1072
통지예금 / 1048
통합고용세액공제 / 972, 977, 983, 986,
　1178
통합투자세액공제 / 838, 973, 974
통화선도 / 184, 187, 420, 425, 745, 757
통화스왑 / 184, 420, 425, 731, 745
통화안정증권 / 1044
퇴사 / 234
퇴직금 / 632
퇴직금전환금 / 323, 525, 937
퇴직급여 / 491, 632, 637, 675, 1003
퇴직급여충당금 / 627, 635, 780, 808
퇴직급여충당금조정명세서 / 676
퇴직보험료 / 491
퇴직연금부담금 / 638
퇴직연금부담금조정명세서 / 636
퇴직위로금 / 491, 627
퇴직저축기금 / 59
투자 포트폴리오 / 57
투자·상생협력 촉진을 위한 과세특례 / 112,
　939, 1094
투자결과보고서 / 697
투자계약증권 / 752
투자기구 / 368
투자매매업자 / 621, 1226
투자목적회사 / 159, 367
투자세액공제 / 690
투자신탁 / 132, 175, 967
투자신탁이익 / 966, 1046
투자신탁재산 / 722, 967
투자완료일 / 988
투자유한책임회사 / 367

투자유한회사 / 159, 367
투자익명조합 / 1185
투자중개업자 / 621, 1226
투자합자조합 / 1185
투자합자회사 / 159, 367, 1185
투자회사 / 159, 164, 173, 354, 366, 367,
　375, 377, 381, 719, 792, 1041, 1076
특례기부금 / 561, 563, 592, 593, 595, 603,
　925, 1014, 1092, 1137, 1138, 1139, 1157,
　1158, 1165, 1177
특별 조세회피방지규정 / 307, 361
특별계정 / 420, 424, 754, 1072
특별계정평가방법신고서 / 754
특별법에 따라 설립된 법인 / 1130
특별부가세 / 119
특별이해관계 / 103
특별학급 / 503
특수관계 / 322
특수관계인 / 98, 105, 315, 321, 353, 869,
　885, 1071
특수관계인 개인 / 326
특수관계자 / 871, 877
특수목적법인 / 159
특정금전신탁 / 1050
특정외국법인 / 446
특정외국법인의 유보소득 계산 명세서 / 1069
특정외국법인의 유보소득 계산 명세서 제출
　불성실 가산세 / 1059
특정용도분 / 945
특정차입금 / 663, 665
특종보험 / 672
특허권 / 562

파견 임직원 / 491
파산 / 518, 520, 521
파산등기일 / 127

파산선고 / 946
파산종결 / 128, 129
파산취소 / 128, 129
파산폐지 / 128, 129
파산해지 / 128
파생결합사채 / 1048, 1148
파생결합증권 / 333, 462, 752
파생상품 / 426, 462, 731, 737, 751, 917,
　1048
판매 관련 부대비용 / 486, 488
판매 후 리스거래 / 734
판매부대비용 / 505, 614
판매비 / 487
판매수당 / 487
판매장 / 543
판매장려금 / 487
평가 / 294, 311, 312, 420, 499, 528, 929
평가감 / 499
평가손실 / 550
평가손익 / 173
평가심의위원회 / 920
평가이익 / 426
평가증 / 567
평가차손 / 499
평가차익 / 311
평균경과기간 / 1052
평균법 / 355
평균보유기간 / 1052
평균환율 / 179, 184, 185, 190, 191
평등 / 259
평등원칙 / 992
폐기 / 580
폐업 / 472, 475, 476, 479, 1003, 1117,
　1124
폐지 / 329
포괄손익 / 204, 242
포괄손익계산서 / 200, 990
포괄적 과세표준 / 52

포기 / 515
표면이자율 / 728
표시통화재무제표 / 990, 1099
표준재무제표 / 990
표지어음 / 723, 1047
풋옵션 롱 포지션 / 732
풋옵션 숏 포지션 / 732, 737
풋옵션 프리미엄 / 737
프로젝트금융투자회사 / 435, 444, 712, 940,
　1121
피출자법인 / 331, 342, 441, 830, 893
피출자법인지분비율 / 836
피합병법인 / 108, 170, 766, 1213
필요경비 / 1174

하수종말처리장시설관리권 / 562
학교법인 / 89, 481, 1158, 1181
학교법인 출연 / 481
학교법인 출연금 / 514, 1181
학자금 / 323, 511
학자금대출증권 / 1044
한계세율 / 56, 262
한국무역보험공사 / 519, 521, 1044
한국수출입은행 / 621
한국예탁결제원 / 1046, 1054, 1225
한국은행 / 595
한국자산관리공사 / 323, 621, 938
한국채택국제회계기준 / 165, 179, 296, 495,
　498, 555, 672, 734, 759, 990
한국투자공사 / 621
한국표준산업분류 / 300, 477, 642, 1044,
　1144, 1171, 1211, 1213
한국학교 / 596
할인금액 / 300
할인매출일 / 1048
합리적 추정 / 293, 418

합명회사 / 332, 1185
합병 / 129, 135, 152, 354, 468, 475, 519, 739, 764, 909, 999, 1074, 1210
합병거래 / 890
합병과세특례신청서 / 768
합병교부주식 / 767
합병대가 / 170, 286, 288, 354, 377, 380, 416, 771
합병등기일 / 519
합병매수차손 / 282, 285, 560, 773, 781
합병매수차손익 / 909
합병매수차익 / 283, 285, 417, 536, 775, 781
합병법인 / 108, 286, 1213
합병차손 / 286, 535, 778
합병차익 / 170, 286, 359, 362, 363, 415, 460, 535, 778
합병평가차익 / 468
합병포합주식 / 767, 769
합의해제 / 715
합자회사 / 332, 1185
항고소송 / 147, 1035
항공운송업 / 1219
항만시설관리권 / 563
해산 / 88, 113, 297, 376, 472, 475, 476, 479, 1104, 1115, 1182
해산등기일 / 127, 129, 1105
해산수당 / 491, 627
해상보험 / 672
해약 / 225, 715
해약환급금준비금 / 673
해약환급금준비금에 관한 명세서 / 673
해약환급금준비금의 손금산입 / 297
해양수산부장관 / 192
해외모법인 / 506, 507
해외사업장 / 186, 188
해외사업장 재무제표 / 186
해외수재 및 해외원보험 / 672
해외시찰·훈련비 / 502

해외자원개발 / 446
해외자원개발사업자 / 702
해외자원개발투자 / 962
해외자원개발투자회사 / 159
해외직접투자 / 702
해외현지법인 / 492, 624
해운기업 / 118, 192
해운소득 / 118
해제 / 223
해체 / 310
핵심인력 / 510
행방불명 / 521
행위규제 / 265
허가 / 265
혁신금융사업자 / 1150
혁신금융서비스 / 1150
혁신도시 / 478
현금결제요구권 / 509
현금결제형 주식보상거래 / 508
현금배당 / 162, 241
현금영수증 / 619, 1220, 1233
현금영수증 발급의무 / 1064
현금영수증가맹점 / 980, 1001, 1219
현금영수증가맹점 가입의무 / 1064
현금주의 / 719
현금흐름 / 426
현금흐름세 / 74
현금흐름표 / 990, 1099
현물 / 626
현물 이전거래 / 63
현물기부 / 591, 593
현물배당 / 162, 428
현물출자 / 316, 323, 327, 392, 433, 472, 473, 503, 695, 696, 700, 739, 741, 830, 852, 855, 856, 887, 891, 899, 903, 994
현물출자 과세특례신청서 / 697, 701, 830
현물출자명세서 / 696, 701
현실적 귀속 / 1026

현실적인 퇴직 / 633
현장실습수업 / 503
현재가치 / 526, 527
현재가치할인차금 / 432, 528, 664, 714, 734, 741
현재의무 / 199
혈족 / 100
협력중소기업 / 511
협회 / 500
형의 집행 / 521
혼성금융상품 / 446
혼성단체 / 963
혼성증권 / 753
화재보험 / 672
화폐가치 / 56
화폐금액 / 199, 229
화폐금액 신뢰성 / 274
화폐성 외화자산 / 184, 420, 425
화폐성 청구권 / 239
화폐성외화자산 / 187
화폐성외화자산·부채 / 757
화폐성외화자산등평가방법신고서 / 757
화폐성항목 / 425
화해 / 522, 549
화해권고결정 / 522
확정 / 211, 217
확정 소득 자산 / 54
확정계약 / 426
확정급여형퇴직연금 / 632, 675
확정기여형퇴직연금 / 632, 675
확정시기 / 357, 372, 375, 376, 380, 382, 830
확정신고 / 1120, 1122, 1191
확정판결 / 521
환가처분 / 129, 1115
환급 / 233, 452, 967, 971, 1037, 1102, 1116
환급가산금 / 450

환급금 / 450
환급세액 / 453, 1038
환급액 / 209
환급청구권자 / 1035
환매금지형집합투자기구 / 173, 367, 754
환매기간 / 1149, 1151
환매조건부 매매차익 / 661, 1048
환매조건부 채권매도 / 433
환매조건부 채권매매 / 1054
환변동보험 / 184, 420, 425, 745
환산내용연수 / 568
환위험 / 184
환위험회피용통화선도 / 758
환율 / 533
환율변동 / 426
환율변동분 / 711
환입 / 320
환지처분 / 95, 1180
활용실적 / 607
회계감사 / 608
회계기준 / 708
회계기준원 / 252
회계정책 / 314
회계처리기준 / 297
회계추정 / 293, 312, 313
회생계획 / 143, 144, 457, 813, 1087
회생계획인가 / 454, 475, 520, 551, 746, 1118
회생계획인가 등의 결정 / 148
회생계획인가의 결정 / 150, 526
회생채권 / 1033
회수 / 322, 324
회수기일 / 521
회수기일 도래기준 / 712
회수불능 / 221, 519, 520
회피 / 214, 276
횡령 / 518
후발적 경정청구 / 223, 265

후속적인 변화 / 253
후순위채권 / 674
후입선출법 / 748
휴면회사 / 127
흡수분할합병 / 795
흡수합병 / 416, 765

allegiance / 113
allocation / 1184
amortization / 773
autonomous interpretation / 1191
average lifetime income / 57

back-to-back swap / 731
base erosion / 304
BBO / 310
bifurcation approach / 731
BOO / 310
BOT / 309
brother-sister corporations / 763
BTL / 309
BTO / 309
Build-Operate-Transfer / 309
Build-Own-Operate / 310
Build-Transfer-Lease / 309
Build-Transfer-Operate / 309
built-in loss / 786, 789
bunching / 55
bundle transaction / 284
business restructuring / 760
Buy-Build-Operate / 310

call option long position / 737
call option premium / 737
Carter Commission / 50
cascading effect / 428
cascading tax effect / 81
cherry picking / 57
claim of right doctrine / 65, 217
classical double tax system / 79
classical system of corporate tax / 348, 427
collective bargaining agreements / 68
combined facility / 310
complete dominion / 64
complete liquidation / 764
comprehensive income / 204, 242
comprehensive tax base / 52
consolidation / 416
consumption or cash flow tax / 74
corporation / 348
Credit method / 445, 953

deadweight loss / 68
debt-equity swap / 360, 392
Deduction method / 445, 954
deduction method / 445, 954
deemed-paid foreign tax credit / 954
DES / 360, 392, 464
direct foreign tax credit / 954
distribution / 1184
dividend imputation / 348, 427
dividend-paid deduction / 79, 348, 428
dividend-received credit method / 79
dividend-received deduction / 348, 427
dividend-received deduction method / 79
DPD / 348, 428

DRD / 348, 427

economic position / 55
estate and gift taxes / 74
exclusionary component / 218
exclusionary component of tax benefit rule / 66
Exemption method / 445, 953
exemption method / 445,953
exemption with participation / 445
exemption with progression / 445
expected long-term income / 57

fixed income asset / 54
flat rate tax / 75
foreign withholding taxes / 954
forward / 751
franking credit / 348, 427
futures / 751

GAAR / 307, 361
general anti-avoidance rule / 307, 361
gross amount / 956
gross up / 80

Haig-Simons / 50
home mortgage loans / 64
horizontal equity / 63, 69
hybrid entity / 963
hybrid instrument / 753

impairment / 773
imputation method / 79
imputed income / 68
imputed tax credit / 348, 427
incidence / 76
inclusionary component / 218
inclusionary component of tax benefit rule / 66
income effect / 68
income shifting / 61
integration / 56
integration approach / 731
in-kind transfers / 63

LBO / 310
Lease-Build-Operative / 310
life expectancy / 71
limited liability company / 79
limited liability corporation / 348, 428
link / 113
LLC / 348, 428
lock-in / 58

manufactured payment / 1149, 1151
mark-to-market system / 59
merger / 416

nationality / 113
net amount / 956
net worth tax / 73

nontaxable retirement savings funds / 59
non−delivable forward / 731
non−delivable swap / 731
non−pecuniary benefits / 69

option / 751
ordinary income / 57

partnership method / 79
partnership taxation / 348, 428
pass−through entity / 78
penalty / 262
Place of effective management / 86
profit shifting / 304
psychic income / 69
punitive damages award / 54
put option long position / 732
put option premium / 737
put option short position / 732, 737

qualification / 1191

real estate taxes / 73
realization / 61
realization event / 63, 887
realization rule / 55
record date / 434, 443
regressive effect / 70
residence / 113
revenue cost / 60

reverse hybrid entity / 962
reverse−triangular merger / 765

S Corporation / 79
SAAR / 307, 361
sham / 434, 443
sin tax / 262
snowball swap / 731
source / 113
special anti−avoidance rule / 307, 361
special purpose company / 159
spin-offs / 763
split-offs / 763
split-ups / 762, 764
stay−at−home spouse / 69
stock dividend / 64
substitution effect / 68
swap / 751
S−corporation / 348, 428

tax benefit rule / 65, 218
tax expenditure budget / 70
tax haven / 113
tax−exempt organizations / 77
territoriality / 113
tie−breakers / 86
tonnage tax / 192
transfer payments / 69
transfer price / 295
triangular merger / 765
two−rates or split−rate method / 79

up－front fee / 731

value－added tax / 73

WAA / 310
wealth tax / 73
Wraparound Addition / 310

zero－coupon swap / 731

 법령색인

ㄱ

가맹사업거래의 공정화에 관한 법률 §2 / 423
가정폭력방지 및 피해자보호 등에 관한 법률
　§5 ② / 1145
가정폭력방지 및 피해자보호 등에 관한 법률
　§7 ② / 1145
가족관계의 등록 등에 관한 법률 §11 ④
　/ 1232
감정평가 및 감정평가사에 관한 법률 §2
　/ 932
감정평가 및 감정평가사에 관한 법률 §21
　/ 932
감정평가 및 감정평가사에 관한 법률 §29
　/ 932
개발제한구역의 지정 및 관리에 관한
　특별조치법 §12 ① / 1155
개별소비세법 §1 ② / 541, 554, 655
개별소비세법 §4 / 543
개별소비세법 §9 ① / 543
개별소비세법 §10 ① / 543
건강가정기본법 §35 ① / 1145
건설기술 진흥법 §74 / 685
건축물의 분양에 관한 법률 §4 ① / 161
건축법 §18 / 649, 652
건축사법 §38의3 ① / 1045
게임산업진흥에 관한 법률 §32 ① / 759
고등교육법 §2 / 89, 1129
고등교육법 §3 / 95, 997, 1135
고등교육법 §18 / 95, 1135
고등교육법 §19 / 95, 1135
고등교육법 §22 / 503

고용보험법 §58 / 771
고용상 연령차별금지 및 고령자고용촉진에
　관한 법률 §19 / 770
공공기관의 운영에 관한 법률 §4 / 604, 606
공공기관의 운영에 관한 법률 §5 / 622
공공기관의 운영에 관한 법률 §5 ④ / 604,
　606
공공기관의 운영에 관한 법률 §39 ③ / 146,
　455
공공주택 특별법 §2 / 697
공공주택 특별법 §2 ① / 1156, 1158
공유재산 및 물품 관리법 §7 ② / 525
공인노무사법 §7의2 / 1185
공인회계사법 §23 / 1185
공직선거법 §58 ① / 605, 607
공항시설법 §26 / 563, 572
과학기술분야 정부출연연구기관 등의
　설립·운영 및 육성에 관한 법률 §33 / 596
관광진흥법 §3 ① / 1218
관세법 §46 / 452
관세법 §48 ① / 452
관세법 시행령 §56 ② / 452
관세법 시행령 §56 ③ / 452
관세법 시행령 §56 ④ / 452
관세법 시행규칙 §9의3 / 452
관세사법 §17 / 1185
구 조세특례제한법 시행령 §9의2 ① / 470
국민기초생활보장법 §2 / 1145
국민기초생활보장법 §15의2 ① / 1144
국민기초생활보장법 §16 ① / 1144
국민체육진흥법 §33 / 1145

국세기본법 §2 / 109, 110, 111, 452, 540, 546, 989, 990, 1099
국세기본법 §3 ① / 110
국세기본법 §3 ② / 452
국세기본법 §4 / 434, 443
국세기본법 §13 / 88
국세기본법 §13 ① / 93, 1133, 1167
국세기본법 §13 ② / 94, 124, 1134, 1174
국세기본법 §13 ③ / 1169
국세기본법 §13 ④ / 92, 1132
국세기본법 §13 ⑧ / 95, 1135
국세기본법 §14 / 208, 211, 250, 252, 269, 317, 647, 870
국세기본법 §14 ② / 290
국세기본법 §14 ③ / 290
국세기본법 §21 ② / 1030
국세기본법 §25 / 109
국세기본법 §38 ① / 1183
국세기본법 §38~§41 / 109
국세기본법 §42 / 109
국세기본법 §43 / 136
국세기본법 §45 / 143, 146, 147, 388, 516, 971, 1011, 1018, 1088
국세기본법 §45 ① / 768, 796, 815, 816, 818, 830, 831
국세기본법 §45의2 / 147, 388, 450, 516, 969, 970
국세기본법 §45의2 ① / 689, 1034
국세기본법 §45의2 ② / 716
국세기본법 §45의2 ⑤ / 1034
국세기본법 §45의3 / 147, 977
국세기본법 §47 ① / 1058
국세기본법 §47 ② / 1058
국세기본법 §47 ③ / 1058
국세기본법 §47의2 / 1058
국세기본법 §47의2~§47의5 / 968, 969
국세기본법 §47의3 / 1058
국세기본법 §47의3 ② / 978

국세기본법 §47의4 / 1058
국세기본법 §47의4 ① / 1126
국세기본법 §47의4 ⑦ / 1126
국세기본법 §47의5 / 1058
국세기본법 §47의5 ① / 1037
국세기본법 §47의5 ③ / 116
국세기본법 §48 / 1058
국세기본법 §49 / 1058
국세기본법 §51 / 450, 955, 1037
국세기본법 §51 ⑧ / 450, 1038
국세기본법 §51~§54 / 449
국세기본법 §52 / 1038
국세기본법 §52 ① / 450
국세기본법 §52 ② / 450
국세기본법 §52 ③ / 450
국세기본법 §81의3 ① / 1008
국세기본법 §85의5 / 598, 602, 609
국세기본법 시행령 §1의2 ① / 98, 99, 100, 121, 622, 631, 769, 886, 1071
국세기본법 시행령 §1의2 ② / 121, 1071
국세기본법 시행령 §1의2 ③ / 121, 1071
국세기본법 시행령 §1의2 ④ / 98, 107, 631, 886
국세기본법 시행령 §8 / 94, 1134
국세기본법 시행령 §24 / 136
국세기본법 시행령 §25의2 / 716
국세기본법 시행령 §29 / 768, 796, 816, 818, 831
국세기본법 시행령 §43의3 ① / 450
국세기본법 시행령 §43의3 ② / 450, 991, 1039
국세기본법 시행령 §65의7 / 1218
국세기본법 시행규칙 §12 ① / 768, 796, 816, 818, 831
국세기본법 시행규칙 §19의3 / 450, 451, 1039
국유재산법 §13 ② / 525
국유재산법 §80 / 1121

국제금융기구에의 가입조치에 관한 법률 §2
　② / 595
국제사법 §16 / 84
국제사법 §19 / 472
국제조세조정에 관한 법률 §2 ① / 492, 884,
　935
국제조세조정에 관한 법률 §4 ② / 884
국제조세조정에 관한 법률 §6 / 1016
국제조세조정에 관한 법률 §7 / 884, 1016
국제조세조정에 관한 법률 §7 ① / 935
국제조세조정에 관한 법률 §9 / 1016
국제조세조정에 관한 법률 §10 ① / 872
국제조세조정에 관한 법률 §12 / 1016
국제조세조정에 관한 법률 §12 ① / 956
국제조세조정에 관한 법률 §15 / 1016
국제조세조정에 관한 법률 §16 / 884
국제조세조정에 관한 법률 §22 / 660
국제조세조정에 관한 법률 §24 / 660
국제조세조정에 관한 법률 §25 / 660
국제조세조정에 관한 법률 §26 ① / 660
국제조세조정에 관한 법률 §26 ② / 660
국제조세조정에 관한 법률 §26 ③ / 660
국제조세조정에 관한 법률 §27 / 1151
국제조세조정에 관한 법률 §27 ① / 446
국제조세조정에 관한 법률 §27 ① 1호 / 446
국제조세조정에 관한 법률 §27 ② / 295
국제조세조정에 관한 법률 §29 ① / 446
국제조세조정에 관한 법률 §29 ② / 446
국제조세조정에 관한 법률 §34 / 1069
국제조세조정에 관한 법률 시행령 §4 / 884,
　935
국제조세조정에 관한 법률 시행령 §11 / 935
국제조세조정에 관한 법률 시행령 §11의2 ②
　/ 296
국제조세조정에 관한 법률 시행령 §11의2 ⑤
　/ 296
국제조세조정에 관한 법률 시행령 §17 / 295
국제조세조정에 관한 법률 시행령 §17 ①

국제조세조정에 관한 법률 시행령 §17 ②
　/ 296
국제조세조정에 관한 법률 시행령 §17 ③
　/ 296
국제조세조정에 관한 법률 시행령 §42 ②
　/ 295
국제조세조정에 관한 법률 시행령 §47 / 345
국제조세조정에 관한 법률 시행령 §49 / 1027
국제조세조정에 관한 법률 시행규칙 §3 / 935
국제조세조정에 관한 법률 시행규칙 §5 / 295,
　296
국채법 시행규칙 §3 / 722
국토의 계획 및 이용에 관한 법률 §6 / 697,
　943
근로기준법 §2 / 106, 491
근로기준법 §2 ① / 622, 628
근로기준법 §2 ② / 628
근로기준법 §26 / 628
근로기준법 §46 / 628
근로기준법 §52 ② / 628
근로기준법 §56 / 628
근로기준법 §60 / 628
근로복지기본법 §2 / 503, 937
근로복지기본법 §2 4호 / 1097
근로복지기본법 §39 / 507
근로복지기본법 §50 / 511
근로복지기본법 §86의2 / 511
근로자퇴직급여 보장법 §2 / 491, 632, 637,
　675, 676, 677
근로자퇴직급여 보장법 §8 / 632, 675
근로자퇴직급여 보장법 §8 ② / 633
근로자퇴직급여 보장법 §16 ① / 637, 677
근로자퇴직급여 보장법 §19 / 636
근로자퇴직급여 보장법 §24 / 636
근로자퇴직급여 보장법 시행규칙 §3 ②~⑤ /
　637, 677
근로자퇴직급여 보장법 시행규칙 §5 / 637,

677

금융산업의 구조개선에 관한 법률 §2 / 514, 653

금융산업의 구조개선에 관한 법률 §10 / 653

금융산업의 구조개선에 관한 법률 §10 ① / 514

금융산업의 구조개선에 관한 법률 §14 ② / 514, 653

금융실명거래 및 비밀보장에 관한 법률 §2 / 144, 150, 620, 661, 973, 1087, 1148

금융위원회의 설치 등에 관한 법률 §19 / 862, 867

금융지주회사법 §2 ① / 440

금융지주회사법 §15의2 ① / 753

금융지주회사법 시행령 §2 ② / 440

금융혁신지원 특례법 §4 ② / 1150

금융회사부실자산 등의 효율적 처리 및 한국자산관리공사의 설립에 관한 법률 §31 ① / 621

금융회사의 지배구조에 관한 법률 §5 ① / 424, 769

기부금품의 모집 및 사용에 관한 법률 §5 ① / 595

기부금품의 모집 및 사용에 관한 법률 §5 ② / 595

기부금품의 모집 및 사용에 관한 법률 §16 / 598, 602, 609

기부금품의 모집 및 사용에 관한 법률 시행령 §13 / 595

기부금품의 모집 및 사용에 관한 법률 시행령 §14 ① / 595

기업 활력 제고를 위한 특별법 §9 ② / 865

기업 활력 제고를 위한 특별법 §9 ②, §10 / 465, 466, 467, 468, 515

기업 활력 제고를 위한 특별법 §10 / 144, 150, 865, 1088

기업 활력 제고를 위한 특별법 §13 ① / 868

기업구조조정 촉진법 §14 ① / 144, 1087

기업구조조정투자회사법 §4 ② / 160, 177, 372

기업구조조정투자회사법 §12 / 160, 177, 372

기업구조조정투자회사법 §17 / 160, 177, 372

노동조합 및 노동관계조정법 §24 ② / 655

노동조합 및 노동관계조정법 §24 ④ / 655

노인복지법 §31 / 1144

노인장기요양보험법 §2 / 1144

농어촌특별세법 §5 / 538

농어촌특별세법 §5 ① / 838, 1179

농어촌특별세법 §5 ② / 1179

농어촌특별세법 §13 / 538

농업협동조합법 §68 / 1160

농업협동조합법 §134 ① / 680, 1041, 1076

농업협동조합법 §159의2 / 883, 1163

농업협동조합법 §161 / 1160

농업협동조합법 §161의2, §161의10~12 / 864

농업협동조합의 구조개선에 관한 법률 §29 / 652

농업협동조합의 구조개선에 관한 법률 §30 / 652

다문화가족지원법 §12 ① / 1145

대·중소기업 상생협력 촉진에 관한 법률 §2 / 948

대·중소기업 상생협력 촉진에 관한 법률 §35 / 654

대덕연구개발특구 등의 육성에 관한 법률 §34 / 652

도시 및 주거환경정비법 §35 / 95, 1136, 1180

도시 및 주거환경정비법 §38 / 95, 1136, 1180, 1223

도시 및 주거환경정비법 §113 ① / 515
도시 및 주거환경정비법 §133 / 515
독점규제 및 공정거래에 관한 법률 §2 / 861, 865, 866
독점규제 및 공정거래에 관한 법률 §10의2 ① / 524
독점규제 및 공정거래에 관한 법률 §11 / 104
독점규제 및 공정거래에 관한 법률 §14 ① / 120
독점규제 및 공정거래에 관한 법률 §18 ② / 854, 858
독점규제 및 공정거래에 관한 법률 §24 / 523, 681
독점규제 및 공정거래에 관한 법률 §31 ① / 946, 997, 1100
독점규제 및 공정거래에 관한 법률 시행령 §17의2 ① / 524
독점규제 및 공정거래에 관한 법률 시행령 §17의2 ② / 524

모자보건법 §2 10호 / 1167
무역보험법 §3 / 425, 745
무역보험법 §37 / 521
문화예술진흥법 §7 / 1162
문화예술진흥법 §23의2 / 1162
민간임대주택특별법 §2 / 178, 697
민간임대주택특별법 시행령 §4 ① / 159, 372
민법 §32 / 88, 604, 606, 608, 1128, 1149, 1161, 1228
민법 §33 / 83
민법 §34 / 83
민법 §40 / 88, 1128
민법 §43 / 88, 1128
민법 §77 / 83
민법 §77 ① / 1182
민법 §77 ② / 1182

민법 §80 / 113, 1136
민법 §80 ① / 88, 1129, 1182
민법 §80 ② / 88, 1129, 1182
민법 §80 ③ / 88, 1129, 1182
민법 §81 / 1182
민법 §82 / 1182
민법 §83 / 1182
민법 §84 / 1182
민법 §85 / 127
민법 §87 ① / 1182
민법 §156 / 434, 443
민법 §157 / 434, 443
민법 §159 / 434, 443
민법 §160 ① / 434, 443
민법 §160 ② / 434, 443
민법 §160 ③ / 434, 443
민법 §161 / 434, 443
민법 §187 / 711, 712, 803
민법 §188 ① / 710
민법 §188 ② / 710
민법 §189 / 710
민법 §190 / 710
민법 §469 ① / 538
민법 §690 / 106
민법 §706 / 412
민법 §711 / 332, 405, 411, 412, 413
민법 §719 ② / 235
민사소송법 §52 / 92, 1132
민사조정법 §30 / 522
민사집행법 §102 / 521

박물관 및 미술관 진흥법 §3 / 1139
방문판매 등에 관한 법률 §2 / 423
법무사법 §33 / 1185
법인세법 §1 / 83
법인세법 §2 / 49, 87, 88, 89, 90, 92, 95,

96, 97, 98, 99, 101, 103, 108, 114, 118,
120, 121, 124, 430, 869, 878, 885, 1071,
1079, 1128, 1129, 1130, 1131, 1132,
1135, 1136, 1140, 1158, 1175, 1177,
1179, 1186
법인세법 §2 10호의2 / 97, 801, 1079, 1080
법인세법 §3 / 95, 110, 208, 238, 250, 1136,
1180
법인세법 §3 ① / 110, 1063, 1068, 1186
법인세법 §3 ② / 110, 115
법인세법 §3 ③ / 110, 1087
법인세법 §3 ④ / 110, 111
법인세법 §4 / 110, 111, 238, 883, 1143
법인세법 §4 ① / 112, 113, 119, 139, 1115,
1154, 1182, 1186
법인세법 §4 ② / 116
법인세법 §4 ③ / 114, 116, 118, 119, 145,
152, 989, 1003, 1125, 1137, 1140, 1142,
1144, 1148, 1149, 1152, 1154, 1155,
1171, 1173, 1181, 1183, 1207, 1208
법인세법 §4 ④ / 114, 119, 1115, 1142
법인세법 §4 ⑤ / 114, 1142
법인세법 §5 ① / 121, 175, 1071
법인세법 §5 ② / 121, 964, 1071, 1073,
1151
법인세법 §5 ③ / 175, 122, 1072
법인세법 §5 ④ / 1072, 1225
법인세법 §6 / 97, 122, 126, 1202
법인세법 §6 ① / 97
법인세법 §6 ② / 123
법인세법 §6 ③ / 123
법인세법 §6 ④ / 123
법인세법 §6 ⑤ / 123
법인세법 §6 ⑥ / 124
법인세법 §7 / 97, 124, 571, 574, 1081,
1102, 1202
법인세법 §7 ① / 125, 1081
법인세법 §7 ② / 126

법인세법 §7 ③ / 126
법인세법 §8 / 97, 123, 126, 571, 574
법인세법 §8 ① / 114, 127, 1137, 1182
법인세법 §8 ② / 129, 684
법인세법 §8 ③ / 130
법인세법 §8 ④ / 114, 129, 1105, 1137
법인세법 §8 ⑤ / 130
법인세법 §8 ⑥ / 130
법인세법 §8 ⑦ / 130
법인세법 §9 / 1202
법인세법 §9 ① / 131, 1081
법인세법 §9 ② / 131
법인세법 §9 ② 단서 / 134
법인세법 §9 ③ / 131, 132
법인세법 §9 ④ / 132, 133
법인세법 §10 / 1202
법인세법 §10 ① / 133
법인세법 §10 ② / 134
법인세법 §11 / 131, 739, 740, 742, 1202
법인세법 §11 ① / 134, 135
법인세법 §11 ② / 134
법인세법 §11 ③ / 135
법인세법 §12 / 111, 123, 131, 133, 135,
869, 1028, 1202
법인세법 §13 / 118, 142, 189, 192, 539,
939, 940, 941, 946, 950, 1112, 1113,
1115, 1141, 1176, 1187
법인세법 §13 ① / 140, 143, 146, 148, 151,
155, 156, 158, 184, 401, 454, 456, 457,
476, 477, 478, 481, 514, 603, 612, 784,
788, 789, 809, 812, 813, 839, 1005,
1085, 1089, 1108, 1118, 1157, 1181,
1189, 1190, 1210, 1211, 1215
법인세법 §13 ① / 151, 455
법인세법 §13 ① 1호 / 150, 152
법인세법 §13 ①, §45 ①, §45 ②, §46의 4
②, §79 ④, §91 ① / 151, 455
법인세법 §13 ② / 144, 155, 156, 243

법인세법 §13~§54 / 192

법인세법 §14 / 1089, 1104, 1115, 1118

법인세법 §14 ① / 53, 116, 117, 141, 194, 207, 287, 289, 292, 489, 536, 779

법인세법 §14 ② / 53, 141, 144, 146, 150, 194, 289, 292, 401, 402, 454, 455, 456, 1039, 1118

법인세법 §14 ③ / 143, 144, 146, 194, 289, 455

법인세법 §14~§54 / 1187

법인세법 §15 / 116, 117, 321, 1192

법인세법 §15 ① / 53, 117, 141, 194, 205, 211, 251, 278, 298, 299, 311, 321, 322, 383, 384, 391, 418

법인세법 §15 ② / 211, 299, 326, 331, 497, 741

법인세법 §15 ③ / 311, 322, 428

법인세법 §15~§18의3 / 1118

법인세법 §16 / 299, 349, 428, 438, 446

법인세법 §16 ① / 162, 169, 172, 235, 331, 334, 337, 342, 352, 356, 357, 358, 359, 362, 373, 376, 377, 380, 406, 417, 435, 437, 458, 459, 460, 461, 739, 791, 828, 1054, 1126, 1225

법인세법 §16 ① 2호 / 170, 418

법인세법 §16 ② / 354, 377, 378, 380, 739, 740, 792, 793, 828

법인세법 §17 / 237, 391

법인세법 §17 ① / 149, 169, 170, 171, 205, 251, 286, 287, 317, 358, 359, 360, 364, 389, 391, 392, 393, 395, 396, 397, 413, 416, 417, 459, 464, 533, 534, 535, 536, 778, 779

법인세법 §17 ① 5호 / 362, 416

법인세법 §17 ① 6호 / 417

법인세법 §17 ② / 149, 151, 250, 389, 454, 464, 529, 739

법인세법 §18 / 148, 149, 150, 151, 164, 250, 311, 314, 318, 343, 389, 418, 420, 447, 448, 450, 452, 454, 457, 459, 464, 688

법인세법 §18 8호 / 435, 436, 447, 461

법인세법 §18 8호 단서 / 458

법인세법 §18 8호 본문 / 458

법인세법 §18의2 / 164, 240, 337, 348, 367, 369, 370, 371, 388, 389, 427, 435, 819, 913, 916, 1089, 1091, 1117

법인세법 §18의2 ① / 331, 428, 430, 432, 435, 444, 742, 1091,

법인세법 §18의2 ② / 367, 369, 433, 434, 439, 442

법인세법 §18의2 ⑤ / 430

법인세법 §18의3 / 240, 348, 367, 369, 370, 371, 389, 427, 435, 819, 913, 916, 1089, 1091, 1117

법인세법 §18의3 ① / 438, 439, 440, 441, 742, 874

법인세법 §18의3 ② / 367, 369, 443

법인세법 §18의3 ⑦ / 438

법인세법 §18의4 / 152, 240, 348, 389, 427, 499, 500, 537, 738, 954, 1118

법인세법 §18의4 ① / 446, 738

법인세법 §18의4 ② / 447

법인세법 §18의4 ③ / 446

법인세법 §18의4 ④ / 446

법인세법 §18의4 ⑤ / 446

법인세법 §19 / 116, 117, 237, 492, 624, 782, 901, 902, 908, 912, 921, 936, 1193

법인세법 §19 ① / 53, 117, 141, 209, 225, 242, 247, 273, 278, 482, 512, 531, 661, 663, 668, 1022, 1026

법인세법 §19 ② / 125, 226, 258, 267, 269, 278, 482, 588, 640, 643, 644, 646, 661, 663

법인세법 §19 ③ / 273, 484, 512

법인세법 §19~§28 / 1118

법인세법 §19의2 / 499, 517

법인세법 §19의2 ① / 248, 271, 320, 518, 681, 686

법인세법 §19의2 ② / 320, 324, 523, 530, 654, 681, 739, 1176

법인세법 §19의2 ③ / 520, 684

법인세법 §19의2 ④ / 520

법인세법 §19의2 ⑤ / 680

법인세법 §19의2 ⑥ / 686

법인세법 §20 / 209, 244, 270, 286, 287, 318, 392, 517, 531, 532, 536, 778, 779, 849, 897

법인세법 §21 / 321, 448, 449, 499, 517, 537, 543, 544, 546, 547, 956, 957, 960, 1116

법인세법 §21의2 / 517, 548

법인세법 §22 / 311, 418, 499, 517, 550

법인세법 §23 / 494, 517

법인세법 §23 ① / 494, 496, 551, 555, 566, 576, 581, 583, 588

법인세법 §23 ② / 555, 576, 581, 582, 583, 585, 587

법인세법 §23 ③ / 554, 576

법인세법 §23 ④ / 577, 665

법인세법 §23 ⑥ / 551

법인세법 §24 / 118, 192, 481, 501, 514, 517, 589, 883, 913, 916, 1014, 1062, 1089, 1091, 1137, 1141, 1176, 1177, 1181

법인세법 §24 ① / 502, 505, 588, 648, 838

법인세법 §24 ② / 593, 594, 595, 603, 604, 612, 791, 815, 1014, 1092, 1138, 1157, 1159, 1166, 1177

법인세법 §24 ③ / 563, 593, 594, 603, 611, 612, 740, 791, 815, 1014, 1092, 1138, 1139, 1156, 1158, 1162, 1165, 1177

법인세법 §24 ④ / 593, 612

법인세법 §24 ⑤ / 593, 594, 603, 612, 791, 815, 1092

법인세법 §24 ⑥ / 593, 603, 612

법인세법 §25 / 118, 192, 501, 517, 541, 613, 883, 913, 916, 1014, 1089, 1091, 1141, 1176, 1177

법인세법 §25 ① / 612

법인세법 §25 ② / 619, 620, 1063, 1092

법인세법 §25 ③ / 619

법인세법 §25 ④ / 184, 620, 622, 623, 1092, 1177

법인세법 §25 ⑤ / 620, 994

법인세법 §26 / 490, 491, 493, 502, 504, 517, 623, 640, 1176

법인세법 §26 ① / 655

법인세법 §27 / 517, 642, 646, 648, 661, 1176

법인세법 §27 ② / 666

법인세법 §27의2 / 517, 1014, 1176

법인세법 §27의2 ① / 554, 574, 655, 1059

법인세법 §27의2 ② / 574, 656, 1011, 1059

법인세법 §27의2 ③ / 574, 658, 1014, 1059

법인세법 §27의2 ④ / 659, 1014, 1059

법인세법 §27의2 ⑤ / 658, 659, 994, 1059

법인세법 §27의2 ⑥ / 655, 656, 659, 1059

법인세법 §28 / 498, 517, 660, 742, 1176

법인세법 §28 ① / 322, 523, 524, 557, 655, 659, 660, 666, 682, 741, 938, 1015

법인세법 §28 ② / 741

법인세법 §28 ③ / 660

법인세법 §29 / 95, 96, 428, 464, 669, 670, 992, 1136, 1160, 1162, 1163, 1179, 1181

법인세법 §29 ① / 248, 271, 1156, 1158, 1161, 1163, 1164, 1165, 1166, 1170

법인세법 §29 ② / 244, 245, 248, 271, 272, 1156, 1157, 1168

법인세법 §29 ③ / 1164

법인세법 §29 ④ / 1166, 1169

법인세법 §29 ⑤ / 1169

법인세법 §29 ⑥ / 1168
법인세법 §29 ⑦ / 1168, 1169
법인세법 §29 ⑧ / 1160
법인세법 §29 ⑨ / 1156
법인세법 §29~§38 / 1118
법인세법 §30 / 669, 992
법인세법 §30 ① / 248, 271, 670
법인세법 §30 ② / 671
법인세법 §30 ③ / 672
법인세법 §30 ④ / 670
법인세법 §31 / 669, 992
법인세법 §31 ① / 248, 271, 672
법인세법 §31 ② / 245, 271, 248, 272, 494, 672
법인세법 §31 ③ / 672
법인세법 §32 / 297
법인세법 §32 ① / 244, 248, 271, 673
법인세법 §32 ② / 673
법인세법 §33 / 669, 1176, 1177
법인세법 §33 ① / 248, 271, 635, 676
법인세법 §33 ② / 635, 638, 639, 678
법인세법 §33 ③ / 678, 766, 780, 808
법인세법 §33 ④ / 678, 766, 780, 781, 808
법인세법 §33 ⑤ / 676
법인세법 §33의2 / 656, 659
법인세법 §34 / 669, 684, 1004, 1125
법인세법 §34 ① / 248, 271, 526, 679
법인세법 §34 ② / 523, 681, 1176
법인세법 §34 ③ / 682, 684
법인세법 §34 ④ / 684, 766, 780, 781, 808
법인세법 §34 ⑤ / 679
법인세법 §35 / 541, 669
법인세법 §35 ① / 248, 271, 523, 682, 685
법인세법 §35 ② / 244, 245, 249, 271, 272, 686
법인세법 §35 ③ / 686
법인세법 §35 ④ / 685
법인세법 §36 / 150, 314, 454, 669

법인세법 §36 ① / 248, 271, 454, 687, 689, 702, 1138
법인세법 §36 ② / 689, 690, 693, 694
법인세법 §36 ③ / 690, 693, 694
법인세법 §36 ④ / 687
법인세법 §36 ⑤ / 687, 689
법인세법 §37 / 669
법인세법 §37 ① / 248, 271, 692, 974
법인세법 §37 ③ / 692
법인세법 §38 / 669
법인세법 §38 ① / 248, 271, 693
법인세법 §38 ③ / 693
법인세법 §40 / 1118
법인세법 §40 ① / 67, 211, 273, 669, 706
법인세법 §40 ② / 211, 273, 706
법인세법 §41 / 315, 329, 1118
법인세법 §41 ① / 485, 557, 736
법인세법 §41 ① 1호의2 / 446
법인세법 §41 ①, ② / 314
법인세법 §42 / 311, 321, 345, 418, 1118
법인세법 §42 ① / 187, 294, 311, 312, 418, 419, 420, 489, 499, 528, 550, 567, 705, 706, 736, 742, 744
법인세법 §42 ② / 550, 745
법인세법 §42 ③ / 550, 551, 552, 579, 742, 746, 747, 756
법인세법 §42 ④ / 745, 746
법인세법 §42의2 ① / 759, 760
법인세법 §42의2 ② / 760
법인세법 §42의3 ① / 296, 297, 673
법인세법 §42의3 ② / 297, 383, 511
법인세법 §42의3 ③ / 297
법인세법 §42의3 ④ / 297
법인세법 §42의3 ⑤ / 297
법인세법 §43 / 165, 195, 198, 208, 225, 228, 247, 267, 277, 294, 311, 313, 418, 420, 421, 426, 485, 489, 679, 706, 707, 736, 744, 1118

법인세법 §43 ③ / 95, 1136, 1180
법인세법 §43 ⑧ / 1011
법인세법 §44 / 108, 603, 612, 1118
법인세법 §44 ① / 195, 766, 767, 909
법인세법 §44 ② / 166, 170, 297, 359, 362,
　459, 377, 417, 698, 701, 760, 767, 771,
　772, 788, 792, 805, 806, 807, 812, 819,
　825, 826, 909
법인세법 §44 ③ / 166, 170, 297, 359, 362,
　377, 459, 760, 772, 784, 792, 909
법인세법 §44의2 / 560, 783, 909
법인세법 §44의2 ① / 780, 783
법인세법 §44의2 ② / 781
법인세법 §44의2 ③ / 781
법인세법 §44의3 ① / 783
법인세법 §44의3 ② / 150, 454, 784, 785,
　788, 790, 791, 1098, 1118
법인세법 §44의3 ③ / 587, 785, 786, 787,
　788, 812
법인세법 §44의3 ④ / 786
법인세법 §44의3 ⑤ / 784
법인세법 §45 / 108, 992, 1118
법인세법 §45 ① / 151, 455, 788, 789
법인세법 §45 ② / 151, 455, 789, 1210
법인세법 §45 ③ / 789
법인세법 §45 ⑤ / 789
법인세법 §45 ⑥ / 791
법인세법 §45 ⑦ / 791
법인세법 §46 / 108, 603, 612, 1118
법인세법 §46 ① / 171, 359, 796, 797, 807,
　909
법인세법 §46 ① 각호 외 부분 전단 / 364
법인세법 §46 ② / 166, 171, 297, 359, 364,
　381, 459, 760, 797, 805, 806, 807, 813,
　816, 817, 819, 825, 826, 828, 853, 864,
　865
법인세법 §46 ③ / 807, 816, 817
법인세법 §46 ④ / 816

법인세법 §47 / 108
법인세법 §46의2 / 560, 809, 816, 891, 903,
　909
법인세법 §46의2 ① / 808, 809, 810, 812
법인세법 §46의2 ② / 808
법인세법 §46의3 / 816
법인세법 §46의3 ① / 809
법인세법 §46의3 ② / 150, 152, 454, 809,
　810, 812, 813, 814, 815, 1098, 1118
법인세법 §46의3 ③ / 587, 810, 812
법인세법 §46의3 ④ / 812
법인세법 §46의3 ⑤ / 809
법인세법 §46의4 / 151, 152, 455, 816
법인세법 §46의4 ① / 812, 814
법인세법 §46의4 ② / 813, 814, 1210
법인세법 §46의4 ③ / 814, 821, 833
법인세법 §46의4 ④ / 814
법인세법 §46의4 ⑤ / 813
법인세법 §46의4 ⑥ / 815
법인세법 §46의5 / 603, 612
법인세법 §46의5 ① / 815, 816
법인세법 §46의5 ② / 816
법인세법 §46의5 ③ / 816
법인세법 §47 / 862, 868, 1118
법인세법 §47 ① / 443, 817, 818, 820, 825,
　827, 853, 864, 865, 891, 903, 904
법인세법 §47 ② / 587, 818, 819, 820, 822,
　825, 891, 903
법인세법 §47 ③ / 825
법인세법 §47 ④ / 820, 826
법인세법 §47 ⑤ / 827
법인세법 §47 ⑥ / 818, 822, 823
법인세법 §47의2 / 669, 695, 862, 868, 1118
법인세법 §47의2 ① / 575, 830, 837
법인세법 §47의2 ② / 832, 833, 837
법인세법 §47의2 ③ / 837
법인세법 §48 / 891, 904
법인세법 §50 / 670, 695, 988, 1118

법인세법 §50 ① / 838
법인세법 §50 ② / 838
법인세법 §50 ③ / 838
법인세법 §50의2 / 839, 1211
법인세법 §51 / 1118
법인세법 §51 ② / 149, 151, 454, 464
법인세법 §51의2 / 120, 156, 157, 240, 348,
　367, 368, 369, 428, 435, 444, 883, 1118,
　1185
법인세법 §51의2 ① / 144, 157, 161, 162,
　174, 176, 243, 354, 367, 371, 375, 423,
　525, 717, 999, 1080, 1081, 1088, 1121
법인세법 §51의2 ② / 174, 175, 176
법인세법 §51의2 ② 1호 / 368
법인세법 §51의2 ② 1호 단서 / 159
법인세법 §51의2 ② 2호 / 368
법인세법 §51의2 ③ / 159
법인세법 §51의2 ④ / 158
법인세법 §51의2 ⑤ / 158
법인세법 §51의2 ⑤ / 158
법인세법 §51의2 ⑥ / 158
법인세법 §52 / 164, 296, 315, 316, 327,
　353, 357, 376, 377, 381, 392, 409, 503,
　589, 613, 617, 626, 654, 740, 742, 783,
　791, 828, 883, 889, 892, 899, 1118,
　1119, 1127, 1195
법인세법 §52 ① / 869, 873, 878, 886, 1090,
　1092, 1195
법인세법 §52 ② / 170, 205, 306, 317, 326,
　327, 328, 359, 360, 700, 737, 780, 785,
　786, 789, 814, 855, 861, 866, 869, 878,
　903, 905, 929, 1116
법인세법 §52 ③ / 884
법인세법 §52 ④ / 315
법인세법 §52의3 ③ / 669
법인세법 §53 / 178, 294, 295, 1118
법인세법 §53 ① / 936
법인세법 §53 ② / 936

법인세법 §53의2 / 141, 178
법인세법 §53의2 ① / 179, 183, 184, 185,
　694, 990, 1099
법인세법 §53의2 ② / 180
법인세법 §53의2 ③ / 180, 183, 248, 271,
　694
법인세법 §53의2 ④ / 181
법인세법 §53의3 / 141, 178
법인세법 §53의3 ① / 186, 189, 190
법인세법 §53의3 ② / 186
법인세법 §54 / 1118
법인세법 §55 / 118, 192, 651, 662, 941,
　946, 969, 998, 1010, 1097, 1141, 1176,
　1200
법인세법 §55 ① / 939, 940, 966, 1038,
　1094, 1096, 1120, 1179, 1186
법인세법 §55 ② / 940, 941, 1010
법인세법 §55의2 / 110, 112, 113, 1119, 39,
　153, 538, 939, 941, 942, 950, 951, 955,
　982, 998, 1037, 1038, 1060, 1087, 1094,
　1095, 1100, 1101, 1136, 1137, 1154,
　1174, 1182, 1193, 1194, 1202
법인세법 §55의2 ① / 941, 945
법인세법 §55의2 ② / 943, 944, 945
법인세법 §55의2 ③ / 942
법인세법 §55의2 ④ / 945
법인세법 §55의2 ⑤ / 942, 945
법인세법 §55의2 ⑥ / 942
법인세법 §55의2 ⑧ / 942
법인세법 §57 / 152, 184, 537, 954, 964,
　1005
법인세법 §57 ① / 499, 537, 539, 954, 958,
　960, 961, 962, 964
법인세법 §57 ② / 153, 954, 960
법인세법 §57 ③ / 961
법인세법 §57 ④ / 330, 961
법인세법 §57 ⑤ / 802, 961, 962, 992
법인세법 §57 ⑥ / 954, 962, 964

법인세법 §57의2 / 184
법인세법 §57의2 ① / 445, 964, 967
법인세법 §57의2 ② / 965, 966, 967
법인세법 §57의2 ③ / 967
법인세법 §57의2 ④ / 967
법인세법 §57의2 ⑤ / 967
법인세법 §57의2 ⑧ / 967
법인세법 §58 ① / 968, 969
법인세법 §58 ② / 969
법인세법 §58 ③ / 969
법인세법 §58의3 / 951
법인세법 §58의3 ① / 970, 971
법인세법 §58의3 ② / 971
법인세법 §58의3 ③ / 971
법인세법 §59 / 784, 809, 810, 826, 827
법인세법 §59 ① / 790, 814, 826, 950, 951,
  1098
법인세법 §59 ② / 950
법인세법 §60 / 95, 143, 145, 147, 150, 159,
  176, 180, 186, 187, 297, 367, 430, 438,
  439, 446, 454, 520, 551, 576, 581, 594,
  620, 636, 655, 656, 659, 670, 672, 673,
  676, 679, 685, 687, 689, 692, 693, 748,
  754, 757, 758, 759, 768, 784, 796, 809,
  815, 818, 822, 823, 830, 838, 884, 934,
  946, 954, 996, 1000, 1002, 1003, 1009,
  1011, 1038, 1059, 1074, 1088, 1118,
  1124, 1136, 1156, 1169, 1170, 1180,
  1215, 1216, 1217, 1222
법인세법 §60 ① / 989, 990, 991, 994, 1099,
  1173, 1175
법인세법 §60 ② / 672, 686, 781, 808, 809,
  989, 994, 998, 1099, 1156
법인세법 §60 ② 2호 / 673
법인세법 §60 ③ / 989, 1098
법인세법 §60 ⑤ / 989
법인세법 §60 ⑥ / 989, 1098
법인세법 §60 ⑦ / 991

법인세법 §60 ⑧ / 991, 1098
법인세법 §60 ⑨ / 991, 993, 1098
법인세법 §60의2 / 1075
법인세법 §60의2 ① / 989, 994, 1059
법인세법 §60의2 ② / 994
법인세법 §61 ① / 244, 245, 249, 271, 272,
  995
법인세법 §62 / 1160
법인세법 §62 ① / 1172
법인세법 §62의2 / 1173
법인세법 §62의2 ① / 1173
법인세법 §62의2 ② / 1174
법인세법 §62의2 ③ / 1174
법인세법 §62의2 ④ / 1174
법인세법 §62의2 ⑤ / 1175
법인세법 §62의2 ⑥ / 1175
법인세법 §62의2 ⑦ / 1175
법인세법 §62의2 ⑧ / 1175
법인세법 §63 / 126, 1037, 1075
법인세법 §63 ① / 997
법인세법 §63 ② / 997
법인세법 §63 ③ / 997, 999
법인세법 §63 ④ / 997
법인세법 §63의2 / 538, 996, 997, 1037,
  1100
법인세법 §63의2 ① / 193, 997, 999, 1000
법인세법 §63의2 ② / 999, 1037
법인세법 §63의2 ③ / 999
법인세법 §63의2 ④ / 1000
법인세법 §63의2 ⑤ / 997, 1101
법인세법 §64 / 465, 466, 467, 468, 471,
  472, 473, 474, 476, 477, 478, 479, 480,
  481, 698, 702, 863, 868, 988, 1037,
  1117, 1175, 1181
법인세법 §64 ① / 950, 953, 996, 1039,
  1058, 1085
법인세법 §64 ② / 996, 997, 1101
법인세법 §66 / 143, 145, 147, 951, 1011,

1038, 1059, 1088, 1102, 1203, 1225

법인세법 §66 ① / 977, 1000

법인세법 §66 ② / 978, 1000, 1157

법인세법 §66 ③ / 152, 302, 576, 977, 992, 1001, 1002, 1084, 1102, 1124

법인세법 §67 / 162, 163, 336, 353, 376, 377, 381, 473, 791, 828, 862, 866, 889, 892, 894, 899, 903, 907, 920, 924, 1010, 1011, 1102, 1127, 1151

법인세법 §68 / 152, 1005, 1018

법인세법 §69 / 538, 996, 1010, 1011, 1037

법인세법 §69 ① / 1009, 1010, 1084

법인세법 §69 ② / 1009

법인세법 §70 / 1001, 1102

법인세법 §71 / 1102

법인세법 §71 ① / 1037

법인세법 §71 ② / 1037

법인세법 §71 ③ / 1037

법인세법 §71 ④ / 1037

법인세법 §72 / 146, 667, 1039

법인세법 §72 ① / 150, 151, 454, 1038, 1112

법인세법 §72 ② / 1038

법인세법 §72 ③ / 1038, 1039

법인세법 §72 ④ / 1038

법인세법 §72 ⑤ / 1038, 1039

법인세법 §72 ⑥ / 1038

법인세법 §73 / 132, 193, 356, 458, 538, 547, 719, 722, 742, 874, 996, 1037, 1039, 1053, 1055, 1057, 1102, 1117, 1160, 1172, 1193, 1202, 1227

법인세법 §73 ① / 719, 722, 726, 966, 1040, 1045, 1046, 1075

법인세법 §73 ① 2호 / 966

법인세법 §73 ② / 1040, 1056

법인세법 §73 ③ / 1040

법인세법 §73 ④ / 1043, 1225

법인세법 §73 ⑤ / 1041, 1225

법인세법 §73 ⑥ / 1046, 1225

법인세법 §73 ⑦ / 1046, 1055

법인세법 §73 ⑧ / 1046

법인세법 §73 ⑨ / 1045

법인세법 §73의2 / 132, 193, 458, 538, 547, 719, 722, 742, 996, 1037, 1039, 1053, 1055, 1102, 1117, 1160, 1172, 1193, 1202, 1225, 1229

법인세법 §73의2 ① / 1041, 1054, 1055, 1076

법인세법 §73의2 ② / 1056

법인세법 §73의2 ③ / 1055

법인세법 §73의2 ④ / 1055

법인세법 §74 / 1102

법인세법 §74 ① / 1053

법인세법 §74의2 / 1058

법인세법 §74의2 ① / 1059

법인세법 §74의2 ② / 1059

법인세법 §75 / 458, 547, 1010, 1059, 1102, 1193

법인세법 §75 ① / 1059

법인세법 §75 ② / 1060

법인세법 §75 ③ / 1060

법인세법 §75의2~§75의9 / 458, 547, 1010, 1060, 1193

법인세법 §75의2 / 458, 547, 1010, 1059, 1102, 1193

법인세법 §75의2 ① / 1060

법인세법 §75의2 ② / 1061

법인세법 §75의2 ③ / 1060, 1061

법인세법 §75의3 / 968, 969, 1059, 1102, 1175, 1194, 1202

법인세법 §75의3 ① / 1061

법인세법 §75의3 ② / 1061

법인세법 §75의4 / 1059, 1102, 1103

법인세법 §75의4 ① / 1062

법인세법 §75의4 ② / 1062

법인세법 §75의4 ③ / 1062

법인세법 §75의4 ④ / 1062
법인세법 75의5~§75의8 / 1202
법인세법 §75의5 / 1059, 1068, 1102, 1103,
  1194
법인세법 §75의5 ① / 1063
법인세법 §75의5 ② / 1063
법인세법 §75의5 ③ / 1063
법인세법 §75의6 / 1059, 1102, 1103, 1194
법인세법 §75의6 ① / 1064
법인세법 §75의6 ② / 1064
법인세법 §75의6 ③ / 1064
법인세법 §75의7 / 1059, 1102, 1103, 1194
법인세법 §75의7 ① / 1065, 1067, 1068
법인세법 §75의7 ② / 1066
법인세법 §75의7 ③ / 1066
법인세법 §75의7 ④ / 1068
법인세법 §75의7 ⑤ / 1065
법인세법 §75의7 ⑥ / 1065
법인세법 §75의7 ⑦ / 1065
법인세법 §75의8 / 1059, 1102, 1103, 1194
법인세법 §75의8 ① / 1068
법인세법 §75의8 ② / 1068
법인세법 §75의8 ③ / 1068
법인세법 §75의9 / 1059, 1102, 1103
법인세법 §75의9 ① / 1069
법인세법 §75의9 ② / 1069
법인세법 §75의10 / 1071, 1072
법인세법 §75의11 ① / 1072
법인세법 §75의11 ② / 1073
법인세법 §75의11 ③ / 1073
법인세법 §75의11 ④ / 1073
법인세법 §75의12 ① / 1073
법인세법 §75의12 ② / 1073
법인세법 §75의12 ③ / 1073
법인세법 §75의12 ④ / 1073
법인세법 §75의13 ① / 1074
법인세법 §75의13 ② / 1074
법인세법 §75의14 / 435, 444

법인세법 §75의14 ① / 1074
법인세법 §75의14 ② / 1074
법인세법 §75의15 ① / 1075
법인세법 §75의15 ② / 1075
법인세법 §75의16 ① / 1075
법인세법 §75의17 / 1075
법인세법 §75의18 ① / 1075
법인세법 §75의18 ② / 1075
법인세법 §76의10 ① / 1085
법인세법 §76의10 ② / 1085
법인세법 §76의10 ③ / 1085
법인세법 §76의11 ① / 1081, 1085, 1100
법인세법 §76의11 ② / 1085
법인세법 §76의11 ③ / 1086
법인세법 §76의12 ① / 1081, 1086, 1100
법인세법 §76의12 ② / 1086
법인세법 §76의12 ③ / 1086, 1088
법인세법 §76의12 ④ / 1087
법인세법 §76의13 / 1094
법인세법 §76의13 ① / 140, 1085, 1087,
  1088, 1093, 1095, 1096, 1211
법인세법 §76의13 ② / 1087, 1088
법인세법 §76의13 ③ / 1087, 1088, 1211
법인세법 §76의14 / 428, 1094
법인세법 §76의14 ① / 110, 116, 913, 916,
  1084, 1086, 1087, 1088, 1089, 1094,
  1095, 1096
법인세법 §76의14 ② / 1088, 1093
법인세법 §76의15 / 1101
법인세법 §76의15 ① / 1094, 1095, 1096
법인세법 §76의15 ② / 1094
법인세법 §76의15 ③ / 1094
법인세법 §76의15 ④ / 1000, 1094
법인세법 §76의16 ① / 1097
법인세법 §76의16 ② / 1097
법인세법 §76의16 ③ / 1098
법인세법 §76의17 / 946, 1097
법인세법 §76의17 ① / 457, 458, 547, 548,

1098, 1101, 1102
법인세법 §76의17 ② / 1099
법인세법 §76의17 ③ / 1099
법인세법 §76의17 ④ / 1098
법인세법 §76의17 ⑤ / 1099
법인세법 §76의18 / 458, 547, 1085, 1102
법인세법 §76의18 ① / 1100
법인세법 §76의18 ② / 1100
법인세법 §76의18 ③ / 1100
법인세법 §76의18 ④ / 1085, 1100
법인세법 §76의18 ⑤ / 1101
법인세법 §76의19 ① / 458, 547, 1095,
    1101, 1102
법인세법 §76의19 ② / 457, 458, 547, 548,
    1102
법인세법 §76의19 ③ / 457, 548, 1102
법인세법 §76의19 ④ / 1101
법인세법 §76의19 ⑤ / 1095, 1096
법인세법 §76의20 / 1102
법인세법 §76의21 / 1103
법인세법 §76의22 ① / 1103
법인세법 §76의22 ② / 1103
법인세법 §76의8 / 97, 913, 916
법인세법 §76의8 ① / 130, 1080, 1082
법인세법 §76의8 ② / 1081
법인세법 §76의8 ③ / 1081
법인세법 §76의8 ④ / 1081
법인세법 §76의8 ⑥ / 1082
법인세법 §76의8~§76의22 / 97
법인세법 §76의9 / 999, 1081
법인세법 §76의9 ① / 1084
법인세법 §76의9 ② / 1084, 1088
법인세법 §76의9 ③ / 1084, 1085, 1086
법인세법 §76의9 ④ / 1085, 1086
법인세법 §76의9 ⑤ / 1085, 1086
법인세법 §76의9 ⑥ / 1085, 1086
법인세법 §76의10 / 999, 1081
법인세법 §76의12 / 999

법인세법 §77 / 120, 140, 971, 1108, 1112,
    1113, 1115, 1120, 1026
법인세법 §78 / 120, 127, 130, 1182
법인세법 §78 ① / 1119
법인세법 §79 / 197, 1026, 1104, 1108,
    1112, 1113, 1115, 1120
법인세법 §79 ① / 120, 140, 334, 1105,
    1106, 1114, 1115, 1121, 1122, 1186
법인세법 §79 ①, §77 / 120
법인세법 §79 ② / 1115, 1121, 1122
법인세법 §79 ③ / 1116
법인세법 §79 ④ / 148, 151, 455, 1108,
    1109, 1117
법인세법 §79 ⑤ / 1111, 1118
법인세법 §79 ⑥ / 1117, 1118
법인세법 §79 ⑦ / 1112, 1113, 1114, 1116
법인세법 §81 ② / 152
법인세법 §83 / 1120, 1122, 1123
법인세법 §83 ② / 152
법인세법 §84 / 1065, 1123
법인세법 §84 ① / 1120
법인세법 §84 ② / 1121
법인세법 §85 / 1065, 1123
법인세법 §85 ① / 1121, 1122, 1123
법인세법 §85 ② / 1121, 1122
법인세법 §86 / 1126
법인세법 §86 ① / 1122
법인세법 §86 ③ / 1121, 1122, 1123
법인세법 §86 ④ / 1121, 1122, 1123
법인세법 §87 / 1065, 1125, 1126
법인세법 §87 ① / 95, 1136, 1180, 1123
법인세법 §87 ② / 1123
법인세법 §87 ③ / 1123
법인세법 §87 ④ / 1124
법인세법 §88 / 1125
법인세법 §89 ① / 1126
법인세법 §89 ② / 1126
법인세법 §90 / 1126

법인세법 §91 / 140, 1189, 1200
법인세법 §91 ① / 117, 151, 156, 455, 843, 982
법인세법 §92 / 1200
법인세법 §92 ① / 117, 883, 1192, 1193
법인세법 §92 ② / 117
법인세법 §92 ③ / 117
법인세법 §93 / 113, 114, 117, 123, 124, 130, 131, 133, 134, 464, 883, 955, 956, 959, 1190, 1191, 1192, 1197, 1200, 1201, 1205, 1226, 1227
법인세법 §93 2호 / 1191
법인세법 §93 3호 / 123, 134, 140
법인세법 §93 5호 / 1227
법인세법 §93 각호 / 140
법인세법 §94 / 117, 123, 124, 1186, 1201
법인세법 §94 ③ / 1205
법인세법 §94의2 / 1228
법인세법 §95 / 1200
법인세법 §95의2 / 114, 119, 1142, 1200
법인세법 §96 / 982
법인세법 §97 / 1200
법인세법 §97 ① / 1192, 1193, 1198
법인세법 §97 ② / 723, 1048
법인세법 §98 / 132, 133, 742, 1227
법인세법 §98 ① / 140, 1199, 1200, 1201
법인세법 §98의3 / 132, 133, 140, 1200, 1201, 1227
법인세법 §98의3~§98의7 / 1200, 1201
법인세법 §98의4 / 1226, 1227
법인세법 §98의5 / 132, 140
법인세법 §98의6 / 132, 140
법인세법 §98의6 ① / 85
법인세법 §98의8 / 132
법인세법 §109 / 1073, 1207
법인세법 §109 ① / 123, 1060, 1204, 1207
법인세법 §109 ② / 123, 1204, 1205, 1231
법인세법 §109 ③ / 1205

법인세법 §109 ④ / 1205
법인세법 §109의2 / 1073
법인세법 §109의2 ① / 1205
법인세법 §109의2 ② / 1206
법인세법 §109의2 ③ / 1206
법인세법 §110 / 1183, 1207
법인세법 §111 / 123, 1060, 1073, 1202, 1204, 1220
법인세법 §111 ① / 1207
법인세법 §111 ② / 1207
법인세법 §111 ③ / 1207
법인세법 §111 ④ / 1208
법인세법 §111 ⑤ / 1207
법인세법 §112 / 989, 994, 1061, 1171, 1183, 1203, 1208
법인세법 §112의2 ① / 1062, 1209
법인세법 §112의2 ② / 1209
법인세법 §112의2 ③ / 1209
법인세법 §112의2 ④ / 1209
법인세법 §113 / 178, 468, 1183, 1203
법인세법 §113 ① / 1170, 1171, 1172, 1210, 1212
법인세법 §113 ② / 1210
법인세법 §113 ③ / 788, 812, 1210
법인세법 §113 ④ / 1210, 1213, 1214
법인세법 §113 ⑤ / 1211, 1213, 1214
법인세법 §113 ⑥ / 1210
법인세법 §113 ⑦ / 839, 1211
법인세법 §116 / 994, 1203
법인세법 §116 ① / 1215, 1218
법인세법 §116 ② / 1063, 1069, 1215, 1218
법인세법 §116 ③ / 1215
법인세법 §116 ③ 2호 / 1215
법인세법 §116 ④ / 541
법인세법 §117 / 1064, 1203
법인세법 §117 ① / 1000, 1218
법인세법 §117 ② / 1000, 1218, 1219
법인세법 §117 ③ / 1219

법인세법 §117 ④ / 1064, 1219
법인세법 §117 ④, §117의2 ⑤ / 980
법인세법 §117 ⑤ / 1219, 1233
법인세법 §117의2 / 1203
법인세법 §117의2 ① / 980, 1001, 1064, 1220
법인세법 §117의2 ② / 1220
법인세법 §117의2 ③ / 1064, 1219, 1220
법인세법 §117의2 ④ / 1064, 1220
법인세법 §117의2 ⑤ / 1220
법인세법 §117의2 ⑥ / 1064, 1221
법인세법 §117의2 ⑦ / 1220
법인세법 §117의2 ⑧ / 1221, 1233
법인세법 §118 / 1222
법인세법 §119 / 1061
법인세법 §119 ① / 1098, 1222
법인세법 §119 ② / 1224
법인세법 §120 / 742, 1000, 1065, 1203
법인세법 §120 ① / 1068, 1225
법인세법 §120 ② / 1225
법인세법 §120의2 / 742, 1000, 1065, 1200, 1203
법인세법 §120의2 ① / 1226
법인세법 §120의2 ② / 1227
법인세법 §120의3 / 1203
법인세법 §120의3 ① / 1068, 1228
법인세법 §120의3 ① / 1228
법인세법 §120의4 ① / 1228
법인세법 §120의4 ② / 1229, 1233
법인세법 §121 / 619, 1000, 1063, 1064, 1203, 1215, 1220, 1224, 1225
법인세법 §121 ① / 1068, 1069, 1229, 1230
법인세법 §121 ② / 1068, 1069, 1230
법인세법 §121 ③ / 1230
법인세법 §121 ④ / 1230
법인세법 §121 ⑤ / 1068, 1230
법인세법 §121 ⑥ / 1231
법인세법 §121 ⑦ / 1069, 1229, 1230

법인세법 §121 ⑧ / 1069
법인세법 §121의2 / 1215, 1230
법인세법 §122 / 1203, 1231
법인세법 §122의2 / 1232
법인세법 §124 / 1233
법인세법 시행령 §2 ① / 87, 90, 101, 430, 1129, 1130, 1131, 1222
법인세법 시행령 §2 ② / 85, 114
법인세법 시행령 §2 ③ / 85, 114
법인세법 시행령 §2 ④ / 85
법인세법 시행령 §2 ⑤ / 98, 99, 100, 101, 105, 107, 108, 513, 630, 634, 865, 869, 878, 885, 1071, 1079
법인세법 시행령 §2 ⑥ / 1079
법인세법 시행령 §2 ⑦ / 1079
법인세법 시행령 §2 ⑧ / 121, 300, 322, 473, 641, 746, 860, 1188
법인세법 시행령 §2 ⑧ 1호 / 631
법인세법 시행령 §2 ⑧ 1호, 2호, 4호~7호 / 631
법인세법 시행령 §3 ① / 119, 604, 1142, 1144, 1146, 1152, 1156, 1157, 1159, 1167, 1174, 1177, 1215
법인세법 시행령 §3 ② / 119, 1142, 1152
법인세법 시행령 §3 ③ / 119, 1142, 1155, 1156, 1207, 1208
법인세법 시행령 §3의2 ① / 121, 1071
법인세법 시행령 §3의2 ② / 121, 122, 1072
법인세법 시행령 §4 ① / 124
법인세법 시행령 §4 ② / 125
법인세법 시행령 §5 / 125
법인세법 시행령 §6 / 129
법인세법 시행령 §7 ① / 131, 132
법인세법 시행령 §7 ② / 131
법인세법 시행령 §7 ③ / 131, 134
법인세법 시행령 §7 ④ / 132, 134
법인세법 시행령 §7 ⑤ / 132
법인세법 시행령 §7 ⑥ / 132, 133

법인세법 시행령 §7 ⑦ / 133
법인세법 시행령 §7 ⑧ / 133
법인세법 시행령 §8 ① / 131, 133
법인세법 시행령 §8 ② / 134
법인세법 시행령 §8 ③ / 134
법인세법 시행령 §8 ④ / 134
법인세법 시행령 §9 ② / 134
법인세법 시행령 §9 ③ / 135
법인세법 시행령 §10 / 143, 151, 457
법인세법 시행령 §10 ① / 144, 525, 789,
    813, 929, 1087
법인세법 시행령 §10 ② / 148, 150, 454
법인세법 시행령 §10 ③ / 146, 149, 150,
    454, 455
법인세법 시행령 §10 ④ / 152
법인세법 시행령 §10 ⑤ / 152
법인세법 시행령 §11 / 211, 298, 299, 302,
    304, 308, 311, 314, 317, 320, 321, 322,
    360, 383, 395, 418, 488, 489, 528, 889,
    892, 893, 894, 899, 902, 904, 915, 920,
    923, 1003, 1125
법인세법 시행령 §11 10호 / 299, 383, 511
법인세법 시행령 §11 11호 / 299
법인세법 시행령 §11 1호 / 300
법인세법 시행령 §11 2호의2 / 207, 234, 304
법인세법 시행령 §12 ① / 169, 337, 341,
    342, 357, 358, 392, 417, 458
법인세법 시행령 §12 ① 4호 / 418
법인세법 시행령 §12 ② / 363, 365
법인세법 시행령 §12 ③ / 363, 365
법인세법 시행령 §12 ④ / 360
법인세법 시행령 §13 / 354, 357, 366, 372,
    375, 376, 380, 382, 435, 444, 794, 830,
    1127
법인세법 시행령 §14 ① / 353, 354, 367,
    374, 375, 376, 377, 378, 379, 381, 382,
    791, 792, 793, 794, 828, 829, 1127
법인세법 시행령 §14 ② / 354, 355

법인세법 시행령 §14 ③ / 355, 356
법인세법 시행령 §14 ④ / 354, 366, 375
법인세법 시행령 §15 ① / 149, 150, 151,
    454, 464, 529, 739
법인세법 시행령 §15 ② / 464, 529
법인세법 시행령 §16 / 148, 314, 318
법인세법 시행령 §16 ① / 146, 149, 150,
    151, 166, 169, 454, 464, 529, 1110,
    1112, 1118, 1163
법인세법 시행령 §16 ② / 150, 454
법인세법 시행령 §17 ① / 318, 337, 341,
    358, 458, 459, 528
법인세법 시행령 §17 ② / 459
법인세법 시행령 §17 ③ / 461
법인세법 시행령 §17 ④ / 461
법인세법 시행령 §17 ⑤ / 235, 436
법인세법 시행령 §17의2 ① / 431
법인세법 시행령 §17의2 ② / 433
법인세법 시행령 §17의2 ③ / 430, 432
법인세법 시행령 §17의2 ④ / 435, 444
법인세법 시행령 §17의2 ⑤ / 436
법인세법 시행령 §17의3 ① / 439
법인세법 시행령 §17의3 ② / 438, 440
법인세법 시행령 §17의3 ③ / 440
법인세법 시행령 §17의3 ④ / 442
법인세법 시행령 §17의3 ⑤ / 441
법인세법 시행령 §17의3 ⑥ / 443
법인세법 시행령 §17의3 ⑧ / 440
법인세법 시행령 §17의3 ⑨ / 444
법인세법 시행령 §18 / 169
법인세법 시행령 §18 ① / 446, 1186
법인세법 시행령 §18 ② / 446
법인세법 시행령 §18 ③ / 446
법인세법 시행령 §18 ④ / 446
법인세법 시행령 §19 / 273, 301, 302, 483,
    484, 485, 487, 489, 492, 494, 495, 497,
    498, 499, 500, 501, 502, 503, 504, 506,
    507, 510, 511, 512, 537, 554, 624, 885,

959

법인세법 시행령 §19 3호 / 490
법인세법 시행령 §19 3호의2 / 490
법인세법 시행령 §19 3호의3 / 490
법인세법 시행령 §19 19호의2 / 304, 1079, 1097
법인세법 시행령 §19 23호 / 484, 511
법인세법 시행령 §19의2 / 320
법인세법 시행령 §19의2 ① / 224, 518, 519, 520, 522
법인세법 시행령 §19의2 ② / 521
법인세법 시행령 §19의2 ③ / 248, 271, 518, 519
법인세법 시행령 §19의2 ④ / 519
법인세법 시행령 §19의2 ⑤ / 271, 526
법인세법 시행령 §19의2 ⑥ / 523, 524, 681
법인세법 시행령 §19의2 ⑦ / 523, 682
법인세법 시행령 §19의2 ⑧ / 520
법인세법 시행령 §21 / 540
법인세법 시행령 §22 / 537, 540, 542
법인세법 시행령 §22의2 ② / 738
법인세법 시행령 §23 / 548
법인세법 시행령 §23 ① / 548, 549
법인세법 시행령 §23 ② / 548
법인세법 시행령 §24~§34 / 495, 554
법인세법 시행령 §24 / 494, 495, 554
법인세법 시행령 §24 ① / 501, 551, 556, 558, 559, 568, 570, 572, 581, 582, 587, 730, 1090
법인세법 시행령 §24 ② / 555, 581
법인세법 시행령 §24 ③ / 556, 820, 823, 833, 835
법인세법 시행령 §24 ④ / 565
법인세법 시행령 §24 ⑤ / 497, 566, 734
법인세법 시행령 §24 ⑥ / 566
법인세법 시행령 §25 / 494
법인세법 시행령 §25 ① / 555
법인세법 시행령 §25 ② / 556

법인세법 시행령 §26 / 551
법인세법 시행령 §26 ① / 567, 571
법인세법 시행령 §26 ② / 567, 574
법인세법 시행령 §26 ③ / 571
법인세법 시행령 §26 ④ / 571, 572
법인세법 시행령 §26 ⑤ / 571, 572
법인세법 시행령 §26 ⑥ / 567, 571, 583
법인세법 시행령 §26 ⑦ / 571
법인세법 시행령 §26 ⑧ / 571, 574
법인세법 시행령 §26 ⑨ / 574
법인세법 시행령 §26의2 ① / 582, 585
법인세법 시행령 §26의2 ② / 582, 584, 585, 586, 587
법인세법 시행령 §26의2 ③ / 584
법인세법 시행령 §26의2 ④ / 583, 584, 585, 586
법인세법 시행령 §26의2 ⑤ / 585
법인세법 시행령 §26의2 ⑥ / 585, 586, 587
법인세법 시행령 §26의2 ⑦ / 586
법인세법 시행령 §26의2 ⑧ / 586
법인세법 시행령 §26의2 ⑨ / 586
법인세법 시행령 §26의2 ⑩ / 576, 587
법인세법 시행령 §26의3 ① / 581, 587
법인세법 시행령 §26의3 ② / 587
법인세법 시행령 §26의3 ③ / 587
법인세법 시행령 §27 / 584
법인세법 시행령 §27 ① / 572
법인세법 시행령 §27 ② / 572
법인세법 시행령 §27 ③ / 572
법인세법 시행령 §27 ④ / 573
법인세법 시행령 §27 ⑤ / 573
법인세법 시행령 §27 ⑥ / 573, 574
법인세법 시행령 §28 / 567, 664
법인세법 시행령 §28 ① / 568, 569, 570, 571, 573, 574, 576, 582, 587
법인세법 시행령 §28 ② / 568, 571
법인세법 시행령 §28 ③ / 568, 569, 570
법인세법 시행령 §28 ④ / 568

법인세법 시행령 §28 ⑤ / 568
법인세법 시행령 §28 ⑥ / 573, 574
법인세법 시행령 §29 / 567, 584
법인세법 시행령 §29 ① / 568, 569
법인세법 시행령 §29 ② / 569
법인세법 시행령 §29 ③ / 569
법인세법 시행령 §29 ④ / 569
법인세법 시행령 §29의2 ① / 570
법인세법 시행령 §29의2 ② / 575
법인세법 시행령 §29의2 ③ / 575, 576
법인세법 시행령 §29의2 ④ / 576
법인세법 시행령 §29의2 ⑤ / 570
법인세법 시행령 §30 / 838
법인세법 시행령 §30 ① / 576
법인세법 시행령 §30 ② / 576
법인세법 시행령 §31 ② / 577, 580, 742, 1167
법인세법 시행령 §31 ③ / 578, 579, 580
법인세법 시행령 §31 ④ / 579, 580
법인세법 시행령 §31 ⑤ / 579
법인세법 시행령 §31 ⑥ / 580
법인세법 시행령 §31 ⑦ / 552, 563, 581
법인세법 시행령 §31 ⑦, §32 / 495
법인세법 시행령 §31 ⑧ / 552, 579
법인세법 시행령 §32 ① / 566, 567, 665
법인세법 시행령 §32 ② / 567
법인세법 시행령 §32 ③ / 567
법인세법 시행령 §32 ④ / 567
법인세법 시행령 §32 ⑤ / 567
법인세법 시행령 §32 ⑥ / 567
법인세법 시행령 §33 / 551, 556, 566, 581
법인세법 시행령 §35 / 505, 588, 648
법인세법 시행령 §36 ① / 591, 593, 617, 740, 1138, 1139
법인세법 시행령 §36 ② / 594
법인세법 시행령 §36 ③ / 594
법인세법 시행령 §36 ⑥ / 860
법인세법 시행령 §37 ① / 595

법인세법 시행령 §37 ② / 596
법인세법 시행령 §37 ③ / 594
법인세법 시행령 §38 ① / 596
법인세법 시행령 §38 ② / 596
법인세법 시행령 §38 ③ / 596, 597, 598, 601, 602
법인세법 시행령 §38 ④ / 597, 598, 599, 601
법인세법 시행령 §38 ⑥ / 596, 599
법인세법 시행령 §38 ⑦ / 596, 599
법인세법 시행령 §38 ⑧ / 597, 598, 601
법인세법 시행령 §38 ⑨ / 597, 598, 601
법인세법 시행령 §38 ⑩ / 597, 601
법인세법 시행령 §38 ⑪ / 597, 598, 601, 602
법인세법 시행령 §38 ⑫ / 598, 601, 602, 609
법인세법 시행령 §38 ⑬ / 598, 602
법인세법 시행령 §38 ⑭ / 596, 598, 601, 602
법인세법 시행령 §38 ⑮ / 598, 601, 602
법인세법 시행령 §39 / 1156
법인세법 시행령 §39 ① / 563, 603, 606, 607, 609, 988, 1156, 1158
법인세법 시행령 §39 ① 1호 나목 / 608
법인세법 시행령 §39 ① 1호 다목 / 608
법인세법 시행령 §39 ① 1호 마목 / 608
법인세법 시행령 §39 ② / 604, 609, 1158
법인세법 시행령 §39 ③ / 604, 609
법인세법 시행령 §39 ④ / 594
법인세법 시행령 §39 ⑤ / 605, 606, 608, 609
법인세법 시행령 §39 ⑥ / 608, 609
법인세법 시행령 §39 ⑥ 1호 / 608
법인세법 시행령 §39 ⑥ 2호 / 608
법인세법 시행령 §39 ⑦ / 608
법인세법 시행령 §39 ⑧ / 608, 609, 610
법인세법 시행령 §39 ⑨ / 605, 609

법인세법 시행령 §39 ⑩ / 608, 609
법인세법 시행령 §39 ⑪ / 608, 609
법인세법 시행령 §39 ⑫ / 605, 609
법인세법 시행령 §39 ⑬ / 604, 609, 610
법인세법 시행령 §39 ⑭ / 611
법인세법 시행령 §39 ⑮ / 611
법인세법 시행령 §40 ① / 98, 99, 101, 105,
    300, 491, 618, 630, 631, 770, 886, 1189
법인세법 시행령 §40 ② / 612
법인세법 시행령 §41 ① / 619
법인세법 시행령 §41 ② / 619
법인세법 시행령 §41 ③ / 619
법인세법 시행령 §41 ④ / 619
법인세법 시행령 §41 ⑤ / 619
법인세법 시행령 §41 ⑥ / 619
법인세법 시행령 §42 ① / 293, 620, 621,
    641, 744
법인세법 시행령 §42 ② / 620, 621, 622,
    657, 658, 659, 940, 994
법인세법 시행령 §42 ③ / 621
법인세법 시행령 §42 ④ / 622
법인세법 시행령 §42 ⑤ / 622
법인세법 시행령 §42 ⑥ / 617
법인세법 시행령 §43~§48 / 623
법인세법 시행령 §43 / 490, 491, 623, 634
법인세법 시행령 §43 ① / 624
법인세법 시행령 §43 ② / 625
법인세법 시행령 §43 ③ / 628, 769, 806,
    842, 845, 853, 858
법인세법 시행령 §43 ④ / 626
법인세법 시행령 §43 ⑤ / 627
법인세법 시행령 §43 ⑦ / 104, 122, 466,
    473, 506, 511, 513, 622, 631, 770, 799,
    805, 806, 841, 865, 940, 1072, 1232
법인세법 시행령 §43 ⑧ / 104, 105, 502,
    466, 473, 513, 631, 633, 640, 769, 806,
    807, 842, 845, 853, 858, 865
법인세법 시행령 §44 / 490, 491, 636, 637,
    676, 677
법인세법 시행령 §44 ① / 632
법인세법 시행령 §44 ② / 633
법인세법 시행령 §44 ③ / 633
법인세법 시행령 §44 ④ / 634, 635, 676
법인세법 시행령 §44 ⑤ / 634
법인세법 시행령 §44 ⑥ / 634
법인세법 시행령 §44의2 / 293, 312, 490,
    491, 705
법인세법 시행령 §44의2 ① / 635, 638
법인세법 시행령 §44의2 ② / 635, 636
법인세법 시행령 §44의2 ③ / 635, 636, 637,
    638, 677
법인세법 시행령 §44의2 ④ / 185, 190, 635,
    636, 638, 676, 677
법인세법 시행령 §44의2 ⑤ / 636
법인세법 시행령 §45 ① / 490, 503, 639
법인세법 시행령 §46 / 502, 640
법인세법 시행령 §48 / 504, 641
법인세법 시행령 §48 ② / 641
법인세법 시행령 §49 ① / 648, 650, 651,
    655, 661, 666, 667, 678
법인세법 시행령 §49 ② / 648, 651
법인세법 시행령 §49 ③ / 648
법인세법 시행령 §50 / 648
법인세법 시행령 §50 ① / 654
법인세법 시행령 §50 ② / 98, 103, 631, 654,
    747
법인세법 시행령 §50의2 ① / 554, 655
법인세법 시행령 §50의2 ② / 656
법인세법 시행령 §50의2 ③ / 554, 655
법인세법 시행령 §50의2 ④ / 656
법인세법 시행령 §50의2 ⑤ / 657
법인세법 시행령 §50의2 ⑥ / 657
법인세법 시행령 §50의2 ⑦ / 657
법인세법 시행령 §50의2 ⑧ / 656
법인세법 시행령 §50의2 ⑨ / 657
법인세법 시행령 §50의2 ⑩ / 658

법인세법 시행령 §50의2 ⑪ / 658
법인세법 시행령 §50의2 ⑫ / 657, 658
법인세법 시행령 §50의2 ⑬ / 658, 659
법인세법 시행령 §50의2 ⑭ / 655, 656, 659
법인세법 시행령 §50의2 ⑮ / 657, 658, 659
법인세법 시행령 §50의2 ⑯ / 657, 658, 659
법인세법 시행령 §51 ① / 660
법인세법 시행령 §51 ② / 661
법인세법 시행령 §51의2 ① / 940
법인세법 시행령 §52 / 557, 661, 666
법인세법 시행령 §52 ① / 663
법인세법 시행령 §52 ② / 663, 665
법인세법 시행령 §52 ③ / 664
법인세법 시행령 §52 ④ / 664
법인세법 시행령 §52 ⑤ / 666
법인세법 시행령 §52 ⑥ / 666
법인세법 시행령 §52 ⑦ / 666
법인세법 시행령 §53 / 322, 938
법인세법 시행령 §53 ① / 524, 632, 662,
  666, 682, 1016
법인세법 시행령 §53 ② / 660, 661, 666
법인세법 시행령 §53 ③ / 667, 937
법인세법 시행령 §53 ④ / 386, 667
법인세법 시행령 §55 / 386, 433, 442, 660
법인세법 시행령 §56 / 669
법인세법 시행령 §56 ① / 604, 1156, 1158,
  1172, 1213
법인세법 시행령 §56 ② / 1157
법인세법 시행령 §56 ③ / 1157
법인세법 시행령 §56 ⑤ / 1156, 1159
법인세법 시행령 §56 ⑥ / 1167, 1169
법인세법 시행령 §56 ⑦ / 672, 1168, 1169
법인세법 시행령 §56 ⑧ / 1160
법인세법 시행령 §56 ⑨ / 1156
법인세법 시행령 §56 ⑩ / 1167
법인세법 시행령 §56 ⑪ / 1169, 1170
법인세법 시행령 §56 ⑫ / 1170
법인세법 시행령 §56 ⑬ / 1170

법인세법 시행령 §56 ⑭ / 1170
법인세법 시행령 §57 / 293, 312, 669, 705
법인세법 시행령 §57 ① / 670
법인세법 시행령 §57 ② / 671
법인세법 시행령 §57 ③ / 671
법인세법 시행령 §57 ④ / 671
법인세법 시행령 §57 ⑤ / 672
법인세법 시행령 §57 ⑥ / 670
법인세법 시행령 §58 ① / 672
법인세법 시행령 §58 ② / 672
법인세법 시행령 §58 ③ / 672
법인세법 시행령 §58 ⑤ / 672
법인세법 시행령 §59 ① / 673
법인세법 시행령 §59 ② / 673
법인세법 시행령 §59 ③ / 673
법인세법 시행령 §60 / 293, 312, 669, 705,
  757
법인세법 시행령 §60 ① / 635, 676
법인세법 시행령 §60 ② / 676, 1177
법인세법 시행령 §60 ④ / 676
법인세법 시행령 §60 ⑤ / 676
법인세법 시행령 §61 / 669
법인세법 시행령 §61 ① / 679
법인세법 시행령 §61 ② / 160, 184, 185,
  190, 191, 322, 420, 521, 523, 524, 652,
  662, 667, 679, 680, 682, 685, 723, 724,
  745, 757, 1041, 1047, 1055, 1076
법인세법 시행령 §61 ③ / 679, 680, 681
법인세법 시행령 §61 ④ / 526, 680
법인세법 시행령 §61 ⑤ / 679
법인세법 시행령 §63 / 669
법인세법 시행령 §63 ① / 523, 621, 682,
  685, 726
법인세법 시행령 §63 ② / 686, 726
법인세법 시행령 §63 ③ / 685, 686
법인세법 시행령 §63 ④ / 686
법인세법 시행령 §63 ⑤ / 685
법인세법 시행령 §64 / 314, 454, 669

법인세법 시행령 §64 ① / 687, 702
법인세법 시행령 §64 ② / 687, 688, 689
법인세법 시행령 §64 ③ / 180, 182, 248, 271, 454, 687, 688, 689, 692, 693, 694, 702, 839
법인세법 시행령 §64 ④ / 182, 687, 688, 692, 693, 694, 823, 824, 835, 836, 839
법인세법 시행령 §64 ⑤ / 182, 688, 692, 963, 693, 694, 839
법인세법 시행령 §64 ⑥ / 470, 687
법인세법 시행령 §64 ⑦ / 689, 692, 693
법인세법 시행령 §64 ⑧ / 687, 689
법인세법 시행령 §65 / 669
법인세법 시행령 §65 ① / 692
법인세법 시행령 §65 ② / 692, 693
법인세법 시행령 §65 ⑤ / 692
법인세법 시행령 §66 / 669
법인세법 시행령 §66 ① / 693
법인세법 시행령 §66 ② / 693
법인세법 시행령 §66 ③ / 693
법인세법 시행령 §66 ④ / 693
법인세법 시행령 §68 / 211, 273, 669
법인세법 시행령 §68 ① / 709, 712
법인세법 시행령 §68 ② / 712
법인세법 시행령 §68 ③ / 712, 713, 718
법인세법 시행령 §68 ④ / 565, 664, 713, 741
법인세법 시행령 §68 ⑤ / 709
법인세법 시행령 §68 ⑥ / 185, 191, 714
법인세법 시행령 §68 ⑦ / 712
법인세법 시행령 §69 / 118, 192, 211, 273, 669, 710, 1141
법인세법 시행령 §69 ① / 185, 191, 712, 714, 717, 1176
법인세법 시행령 §69 ② / 717
법인세법 시행령 §69 ③ / 225, 447, 715
법인세법 시행령 §70 / 211, 271, 273, 669
법인세법 시행령 §70 ① / 185, 191, 718

법인세법 시행령 §70 ② / 316, 724
법인세법 시행령 §70 ③ / 185, 191, 726
법인세법 시행령 §70 ④ / 185, 191, 722, 725
법인세법 시행령 §70 ⑤ / 722, 726
법인세법 시행령 §70 ⑥ / 724
법인세법 시행령 §71 / 211, 273, 669
법인세법 시행령 §71 ① / 185, 191, 271, 726
법인세법 시행령 §71 ② / 727
법인세법 시행령 §71 ③ / 185, 191, 727
법인세법 시행령 §71 ④ / 730
법인세법 시행령 §71 ⑤ / 563, 730
법인세법 시행령 §71 ⑥ / 731
법인세법 시행령 §72 / 315, 329, 485, 574
법인세법 시행령 §72 ① / 737, 891, 904
법인세법 시행령 §72 ② / 304, 315, 327, 496, 530, 736, 742, 888, 891, 892, 902, 903, 904, 905, 1138, 1139, 1140
법인세법 시행령 §72 ② 1호의2 / 738
법인세법 시행령 §72 ③ / 272, 326, 740
법인세법 시행령 §72 ④ / 565, 714, 741, 742, 889, 891
법인세법 시행령 §72 ⑤ / 293, 705, 742
법인세법 시행령 §72 ⑥ / 664, 742
법인세법 시행령 §73~§77 / 745
법인세법 시행령 §73 / 173, 184, 185, 190, 191, 367, 420, 421, 422, 425, 550, 745, 748, 750, 754, 757
법인세법 시행령 §74~§76 / 312, 345, 418
법인세법 시행령 §74~§77 / 745
법인세법 시행령 §74~§78 / 550
법인세법 시행령 §74 / 312, 345, 418, 550, 745
법인세법 시행령 §74 ① / 747, 749, 759, 1051
법인세법 시행령 §74 ② / 748, 749
법인세법 시행령 §74 ③ / 749, 754

법인세법 시행령 §74 ④ / 749, 754
법인세법 시행령 §74 ⑤ / 749, 754
법인세법 시행령 §74 ⑥ / 749, 754
법인세법 시행령 §74 ⑦ / 748
법인세법 시행령 §75 ① / 356, 754
법인세법 시행령 §75 ① 각호 / 367
법인세법 시행령 §75 ② / 754
법인세법 시행령 §75 ③ / 173, 367, 754
법인세법 시행령 §75 ④ / 754
법인세법 시행령 §76 / 528
법인세법 시행령 §76 ① / 187, 757
법인세법 시행령 §76 ② / 187, 757
법인세법 시행령 §76 ③ / 757, 758
법인세법 시행령 §76 ④ / 187, 758
법인세법 시행령 §76 ⑤ / 187, 758
법인세법 시행령 §76 ⑥ / 432, 442, 757, 758
법인세법 시행령 §76 ⑦ / 757
법인세법 시행령 §77 / 758
법인세법 시행령 §78 ① / 551, 552, 579, 746, 747
법인세법 시행령 §78 ② / 551, 746, 756
법인세법 시행령 §78 ③ / 551, 746, 747
법인세법 시행령 §78 ④ / 747
법인세법 시행령 §78의2 ① / 759
법인세법 시행령 §78의2 ③ / 760
법인세법 시행령 §78의2 ④ / 759
법인세법 시행령 §78의3 ① / 296
법인세법 시행령 §78의3 ② / 296, 297
법인세법 시행령 §78의3 ③ / 297
법인세법 시행령 §78의3 ④ / 297
법인세법 시행령 §78의3 ⑤ / 297
법인세법 시행령 §78의3 ⑥ / 297
법인세법 시행령 §79 / 165, 196, 198, 227, 228, 300, 383, 487, 512, 708
법인세법 시행령 §80 ① / 380, 394, 766, 767, 769, 770, 794
법인세법 시행령 §80 ② / 766

법인세법 시행령 §80 ③ / 768
법인세법 시행령 §80의2 ① / 767, 771, 772, 788, 806, 807, 812, 819, 826, 837, 842, 843, 846, 859, 860
법인세법 시행령 §80의2 ② / 768, 770
법인세법 시행령 §80의2 ③ / 770
법인세법 시행령 §80의2 ④ / 377, 769, 792
법인세법 시행령 §80의2 ⑤ / 377, 769, 771, 788, 792, 812, 819, 825, 853, 859
법인세법 시행령 §80의2 ⑥ / 770, 806
법인세법 시행령 §80의2 ⑦ / 770, 789, 790, 791, 806, 813, 814, 815, 817, 824, 825, 837, 853, 858
법인세법 시행령 §80의2 ⑧ / 771, 806
법인세법 시행령 §80의3 / 909
법인세법 시행령 §80의3 ① / 417, 560, 781, 808
법인세법 시행령 §80의3 ② / 282, 774, 781, 787
법인세법 시행령 §80의3 ③ / 781, 809
법인세법 시행령 §80의4 / 767
법인세법 시행령 §80의4 ① / 586, 738, 783, 784, 809
법인세법 시행령 §80의4 ② / 784, 785, 787
법인세법 시행령 §80의4 ③ / 785
법인세법 시행령 §80의4 ④ / 785, 786, 810
법인세법 시행령 §80의4 ⑤ / 786, 812
법인세법 시행령 §80의4 ⑥ / 785, 788
법인세법 시행령 §80의4 ⑦ / 785, 788
법인세법 시행령 §80의4 ⑧ / 785, 811
법인세법 시행령 §80의4 ⑧ / 767, 770, 789, 790, 791, 806, 813, 814, 815, 817, 824, 825, 837, 853, 858
법인세법 시행령 §80의4 ⑨ / 785, 788, 812, 819, 825, 826
법인세법 시행령 §80의4 ⑪ / 768, 784
법인세법 시행령 §81 ① / 788
법인세법 시행령 §81 ② / 789

법인세법 시행령 §81 ③ / 790, 814, 826
법인세법 시행령 §81 ④ / 789, 790, 791
법인세법 시행령 §82 / 797
법인세법 시행령 §82 ① / 382, 394, 797, 804, 805, 829
법인세법 시행령 §82 ② / 797
법인세법 시행령 §82 ③ / 796
법인세법 시행령 §82의2 ① / 797, 806
법인세법 시행령 §82의2 ② / 807
법인세법 시행령 §82의2 ③ / 799, 821, 823, 824, 834, 835, 836
법인세법 시행령 §82의2 ③ 2호 / 855
법인세법 시행령 §82의2 ④ / 802, 803
법인세법 시행령 §82의2 ⑤ / 800
법인세법 시행령 §82의2 ⑥ / 805
법인세법 시행령 §82의2 ⑦ / 381, 804, 805, 828
법인세법 시행령 §82의2 ⑧ / 381, 804, 805, 806, 811, 828
법인세법 시행령 §82의2 ⑨ / 806, 807
법인세법 시행령 §82의2 ⑩ / 811, 819, 825, 826
법인세법 시행령 §82의2 ⑮ / 826, 827
법인세법 시행령 §82의2 ⑯ / 826
법인세법 시행령 §82의3 / 909
법인세법 시행령 §82의3 ① / 560, 808
법인세법 시행령 §82의3 ② / 809
법인세법 시행령 §82의3 ③ / 809
법인세법 시행령 §82의4 ① / 586, 738, 809, 810
법인세법 시행령 §82의4 ② / 809, 810
법인세법 시행령 §82의4 ③ / 810
법인세법 시행령 §82의4 ④ / 810
법인세법 시행령 §82의4 ⑤ / 810
법인세법 시행령 §82의4 ⑥ / 810, 811
법인세법 시행령 §82의4 ⑦ / 811
법인세법 시행령 §82의4 ⑧ / 811, 812
법인세법 시행령 §82의4 ⑨ / 811

법인세법 시행령 §82의4 ⑩ / 796, 809, 816
법인세법 시행령 §83 ① / 812, 813
법인세법 시행령 §83 ② / 813
법인세법 시행령 §83 ③ / 813
법인세법 시행령 §83 ④ / 814
법인세법 시행령 §83 ⑥ / 813, 814, 815
법인세법 시행령 §83의2 ① / 382, 816, 829
법인세법 시행령 §83의2 ② / 816
법인세법 시행령 §83의2 ③ / 815, 816
법인세법 시행령 §84 ① / 817, 819
법인세법 시행령 §84 ② / 817, 819, 864, 865
법인세법 시행령 §84 ③ / 819, 820, 822, 823, 824, 891, 904
법인세법 시행령 §84 ④ / 820, 823
법인세법 시행령 §84 ⑤ / 819, 820, 822, 823, 824
법인세법 시행령 §84 ⑥ / 822, 823, 824, 825
법인세법 시행령 §84 ⑦ / 823, 824
법인세법 시행령 §84 ⑧ / 823, 824
법인세법 시행령 §84 ⑨ / 823, 824
법인세법 시행령 §84 ⑩ / 824
법인세법 시행령 §84 ⑪ / 824
법인세법 시행령 §84 ⑫ / 819, 825
법인세법 시행령 §84 ⑬ / 823, 824, 825
법인세법 시행령 §84 ⑭ / 825
법인세법 시행령 §§84 ⑯ / 826
법인세법 시행령 §84 ⑰ / 817, 824, 825
법인세법 시행령 §84 ⑱ / 818, 822, 823
법인세법 시행령 §84 ⑲ / 818
법인세법 시행령 §84의2 / 670
법인세법 시행령 §84의2 ① / 830
법인세법 시행령 §84의2 ② / 830, 831, 832
법인세법 시행령 §84의2 ③ / 832, 833, 834, 835, 836
법인세법 시행령 §84의2 ④ / 833, 835
법인세법 시행령 §84의2 ⑤ / 831, 832, 833,

834, 835, 836, 837

법인세법 시행령 §84의2 ⑥ / 822, 834, 835, 836

법인세법 시행령 §84의2 ⑦ / 823, 824, 835, 836, 837

법인세법 시행령 §84의2 ⑧ / 824, 836, 837

법인세법 시행령 §84의2 ⑨ / 836, 837

법인세법 시행령 §84의2 ⑩ / 836, 837

법인세법 시행령 §84의2 ⑪ / 837

법인세법 시행령 §84의2 ⑫ / 830, 831, 837

법인세법 시행령 §84의2 ⑬ / 836, 837

법인세법 시행령 §84의2 ⑭ / 837

법인세법 시행령 §84의2 ⑰ / 830

법인세법 시행령 §84의2 ⑱ / 830

법인세법 시행령 §85 / 170, 359, 362, 671, 766, 780, 783, 784, 787, 808, 809, 810, 826, 827

법인세법 시행령 §85의2 / 766, 796

법인세법 시행령 §86 / 670

법인세법 시행령 §86 ① / 837, 838

법인세법 시행령 §86 ② / 837, 838

법인세법 시행령 §86 ③ / 837

법인세법 시행령 §86 ④ / 839

법인세법 시행령 §86 ④, ⑤ / 838

법인세법 시행령 §86 ⑥ / 838

법인세법 시행령 §86의2 ① / 839

법인세법 시행령 §86의2 ② / 839

법인세법 시행령 §86의3 ① / 157, 165, 166, 167, 169, 173, 176, 717

법인세법 시행령 §86의3 ② / 159, 372

법인세법 시행령 §86의3 ③ / 160, 174

법인세법 시행령 §86의3 ④ / 160, 161, 372

법인세법 시행령 §86의3 ⑤ / 161, 162, 372, 839

법인세법 시행령 §86의3 ⑥ / 161

법인세법 시행령 §86의3 ⑦ / 161

법인세법 시행령 §86의3 ⑧ / 157, 168

법인세법 시행령 §86의3 ⑨ / 159

법인세법 시행령 §86의3 ⑩ / 174, 176, 368

법인세법 시행령 §88 / 327, 869, 871, 873, 878, 1004, 1125

법인세법 시행령 §88 ① / 316, 321, 353, 357, 376, 377, 381, 409, 667, 679, 739, 740, 741, 742, 791, 828, 849, 851, 874, 875, 881, 885, 886, 887, 892, 894, 897, 899, 900, 901, 904, 907, 908, 909, 911, 912, 916, 917, 918, 920, 921, 922, 923, 924, 933, 1016, 1127

법인세법 시행령 §88 ② / 881, 882

법인세법 시행령 §88 ③ / 887, 902, 912, 917, 924

법인세법 시행령 §88 ④ / 887, 902, 912, 917, 924

법인세법 시행령 §89 / 315, 327, 878, 930, 1004, 1116, 1125

법인세법 시행령 §89 ① / 929, 930, 931, 933, 935, 936

법인세법 시행령 §89 ② / 931, 933, 935, 936

법인세법 시행령 §89 ③ / 875, 933, 936, 973

법인세법 시행령 §89 ④ / 935, 936

법인세법 시행령 §89 ⑤ / 316, 504, 523, 524, 525, 682, 912, 920, 923, 936, 937, 938, 1016

법인세법 시행령 §89 ⑥ / 918, 923

법인세법 시행령 §90 ① / 884

법인세법 시행령 §90 ② / 884

법인세법 시행령 §91 / 295

법인세법 시행령 §91의2 ① / 180, 184, 186, 187, 190, 191

법인세법 시행령 §91의2 ② / 180, 190

법인세법 시행령 §91의2 ③ / 180, 184, 186, 187, 190, 191

법인세법 시행령 §91의2 ④ / 180, 186, 187

법인세법 시행령 §91의2 ⑤ / 180

법인세법 시행령 §91의3 ① / 184
법인세법 시행령 §91의3 ② / 184
법인세법 시행령 §91의3 ③ / 184
법인세법 시행령 §91의3 ④ / 184, 185, 191
법인세법 시행령 §91의3 ⑤ / 181, 184, 185,
  187, 190, 191
법인세법 시행령 §91의3 ⑥ / 184, 185, 191,
  694
법인세법 시행령 §91의3 ⑦ / 185
법인세법 시행령 §91의3 ⑧ / 694
법인세법 시행령 §91의4 ① / 186
법인세법 시행령 §91의4 ② / 186, 187, 191
법인세법 시행령 §91의5 / 191
법인세법 시행령 §91의5 ① / 189
법인세법 시행령 §91의5 ② / 189
법인세법 시행령 §91의5 ③ / 190
법인세법 시행령 §91의5 ④ / 190
법인세법 시행령 §91의5 ⑤ / 190
법인세법 시행령 §91의5 ⑥ / 190
법인세법 시행령 §91의5 ⑦ / 191
법인세법 시행령 §92 / 941, 1094
법인세법 시행령 §92의2 ② / 942
법인세법 시행령 §92의2 ③ / 946
법인세법 시행령 §92의2 ④ / 946
법인세법 시행령 §92의2 ⑤ / 942, 945
법인세법 시행령 §92의2 ⑥ / 941
법인세법 시행령 §92의2 ⑦ / 941
법인세법 시행령 §92의2 ⑧ / 180, 941
법인세법 시행령 §92의2 ⑨ / 942
법인세법 시행령 §92의3 / 943
법인세법 시행령 §92의4 / 943
법인세법 시행령 §92의5 ① / 943
법인세법 시행령 §92의5 ② / 943
법인세법 시행령 §92의5 ③ / 943
법인세법 시행령 §92의5 ④ / 943
법인세법 시행령 §92의5 ⑤ / 943
법인세법 시행령 §92의6 ① / 943
법인세법 시행령 §92의6 ② / 943

법인세법 시행령 §92의6 ③ / 943
법인세법 시행령 §92의6 ④ / 944
법인세법 시행령 §92의7 ① / 944
법인세법 시행령 §92의7 ② / 944
법인세법 시행령 §92의7 ③ / 944
법인세법 시행령 §92의7 ④ / 944
법인세법 시행령 §92의7 ⑤ / 944
법인세법 시행령 §92의7 ⑥ / 944
법인세법 시행령 §92의8 / 944
법인세법 시행령 §92의8 ⑤ / 944
법인세법 시행령 §92의8 ⑥ / 945
법인세법 시행령 §92의8 ⑦ / 943
법인세법 시행령 §92의9 / 944
법인세법 시행령 §92의10 / 942
법인세법 시행령 §92의11 / 942
법인세법 시행령 §94 / 330
법인세법 시행령 §94 ① / 954, 956, 957
법인세법 시행령 §94 ② / 954, 958, 959,
  960
법인세법 시행령 §94 ③ / 954
법인세법 시행령 §94 ④ / 954
법인세법 시행령 §94 ⑤ / 955
법인세법 시행령 §94 ⑥ / 958
법인세법 시행령 §94 ⑦ / 955
법인세법 시행령 §94 ⑧ / 961, 962
법인세법 시행령 §94 ⑨ / 801, 961
법인세법 시행령 §94 ⑩ / 962
법인세법 시행령 §94 ⑬ / 962, 963
법인세법 시행령 §94 ⑭ / 962, 963
법인세법 시행령 §94 ⑮ / 960
법인세법 시행령 §94의2 ① / 965, 966, 967,
  1040
법인세법 시행령 §94의2 ② / 966
법인세법 시행령 §94의2 ③ / 966
법인세법 시행령 §94의2 ④ / 967, 1040
법인세법 시행령 §94의2 ⑥ / 967
법인세법 시행령 §94의2 ⑦ / 967
법인세법 시행령 §95 ① / 968

법인세법 시행령 §95 ② / 968
법인세법 시행령 §95 ③ / 968
법인세법 시행령 §95 ⑤ / 969
법인세법 시행령 §95 ⑥ / 969
법인세법 시행령 §95의3 ① / 970, 971
법인세법 시행령 §95의3 ② / 971
법인세법 시행령 §96 / 153, 951, 958, 1097
법인세법 시행령 §97 ① / 989
법인세법 시행령 §97 ② / 989
법인세법 시행령 §97 ③ / 990
법인세법 시행령 §97 ④ / 990, 995, 1099
법인세법 시행령 §97 ⑤ / 990, 1099
법인세법 시행령 §97 ⑥ / 990
법인세법 시행령 §97 ⑦ / 991
법인세법 시행령 §97 ⑧ / 989
법인세법 시행령 §97 ⑪ / 990
법인세법 시행령 §97 ⑫ / 991
법인세법 시행령 §97 ⑬ / 991
법인세법 시행령 §97의2 ① / 991, 992
법인세법 시행령 §97의2 ③ / 992
법인세법 시행령 §97의3 / 991, 992
법인세법 시행령 §97의4 ① / 994
법인세법 시행령 §97의4 ② / 939, 940, 994
법인세법 시행령 §97의4 ③ / 994, 995
법인세법 시행령 §97의4 ④ / 995
법인세법 시행령 §98 ① / 995
법인세법 시행령 §98 ② / 995
법인세법 시행령 §98 ⑦ / 1226
법인세법 시행령 §99 ① / 1172
법인세법 시행령 §99 ② / 1173
법인세법 시행령 §99의2 ② / 1173
법인세법 시행령 §99의2 ③ / 1174
법인세법 시행령 §99의2 ④ / 1174
법인세법 시행령 §99의2 ⑤ / 1175
법인세법 시행령 §99의2 ⑥ / 1175
법인세법 시행령 §100 / 997
법인세법 시행령 §100 ① / 997
법인세법 시행령 §100 ② / 998

법인세법 시행령 §100 ③ / 998
법인세법 시행령 §100 ④ / 1100
법인세법 시행령 §101 ① / 996
법인세법 시행령 §101 ② / 996, 998
법인세법 시행령 §101 ③ / 998
법인세법 시행령 §103 ① / 1001
법인세법 시행령 §103 ② / 1002, 1010
법인세법 시행령 §103 ③ / 1000
법인세법 시행령 §104 ① / 576, 1001, 1002,
    1084, 1124
법인세법 시행령 §104 ② / 1001, 1002,
    1003, 1005, 1010, 1015, 1016, 1017,
    1018, 1124, 1125
법인세법 시행령 §104 ③ / 684, 1003, 1124,
    1125
법인세법 시행령 §105 ① / 1004
법인세법 시행령 §105 ② / 1004
법인세법 시행령 §106 / 336, 353, 376, 377,
    381, 791, 828, 1010, 1127, 1151, 1157
법인세법 시행령 §106 ① / 324, 384, 518,
    525, 603, 612, 617, 618, 619, 620, 658,
    659, 660, 661, 920, 924, 937, 1011,
    1013, 1015, 1016, 1020
법인세법 시행령 §106 ① 1호 / 323
법인세법 시행령 §106 ② / 1015, 1016,
    1017, 1018
법인세법 시행령 §106 ③ / 1018
법인세법 시행령 §106 ④ / 1018, 1020
법인세법 시행령 §107 / 1005, 1018
법인세법 시행령 §108 ① / 1009, 1010
법인세법 시행령 §108 ② / 1010
법인세법 시행령 §108 ③ / 1010
법인세법 시행령 §108 ④ / 1010
법인세법 시행령 §108 ⑤ / 1010
법인세법 시행령 §109 / 1001
법인세법 시행령 §109 ① / 1001, 1002
법인세법 시행령 §109 ② / 1002
법인세법 시행령 §109 ③ / 1002

법인세법 시행령 §110 ① / 1038
법인세법 시행령 §110 ② / 1038
법인세법 시행령 §110 ③ / 1038, 1039
법인세법 시행령 §110 ④ / 1038, 1039
법인세법 시행령 §110 ⑤ / 1038
법인세법 시행령 §111 / 1057
법인세법 시행령 §111 ① / 661, 719, 1040,
　1041, 1046, 1054, 1057, 1148, 1225
법인세법 시행령 §111 ② / 1040, 1043
법인세법 시행령 §111 ④ / 1043, 1056
법인세법 시행령 §111 ⑤ / 729, 1047
법인세법 시행령 §111 ⑥ / 722, 723, 726,
　1047
법인세법 시행령 §111 ⑦ / 1046
법인세법 시행령 §111 ⑧ / 1046
법인세법 시행령 §113 / 1054, 1057
법인세법 시행령 §113 ① / 1049
법인세법 시행령 §113 ② / 1049, 1051
법인세법 시행령 §113 ③ / 1050, 1052, 1055
법인세법 시행령 §113 ④ / 1056
법인세법 시행령 §113 ⑤ / 1052
법인세법 시행령 §113 ⑥ / 1051
법인세법 시행령 §113 ⑦ / 1051
법인세법 시행령 §113 ⑧ / 1050
법인세법 시행령 §113 ⑨ / 1055
법인세법 시행령 §113 ⑩ / 1049
법인세법 시행령 §113 ⑪ / 1051
법인세법 시행령 §113 ⑫ / 1055
법인세법 시행령 §113 ⑬ / 1052
법인세법 시행령 §114의2 / 1054
법인세법 시행령 §115 / 1057
법인세법 시행령 §115 ① / 1041, 1055
법인세법 시행령 §115 ② / 1045
법인세법 시행령 §115 ③ / 1045
법인세법 시행령 §115 ④ / 1045, 1046
법인세법 시행령 §115 ⑤ / 1045, 1046
법인세법 시행령 §115 ⑥ / 1045, 1046
법인세법 시행령 §116 / 1057

법인세법 시행령 §116 ① / 1053
법인세법 시행령 §116 ② / 1053
법인세법 시행령 §117 ① / 1053
법인세법 시행령 §120 ① / 1060
법인세법 시행령 §120 ② / 1061
법인세법 시행령 §120 ③ / 1063, 1068
법인세법 시행령 §120 ④ / 1063
법인세법 시행령 §120 ⑤ / 1064
법인세법 시행령 §120 ⑥ / 1064
법인세법 시행령 §120 ⑦ / 1064
법인세법 시행령 §120 ⑧ / 1064
법인세법 시행령 §120 ⑨ / 1067
법인세법 시행령 §120 ⑩ / 1067
법인세법 시행령 §120 ⑪ / 1068
법인세법 시행령 §120 ⑫ / 1065
법인세법 시행령 §120 ⑬ / 1068
법인세법 시행령 §120 ⑭ / 1068
법인세법 시행령 §120 ⑮ / 1068, 1069
법인세법 시행령 §120 ⑯ / 1070
법인세법 시행령 §120의2 / 1073
법인세법 시행령 §120의12 / 130
법인세법 시행령 §120의12 ① / 1080
법인세법 시행령 §120의12 ② / 1080
법인세법 시행령 §120의12 ⑤ / 1082
법인세법 시행령 §120의12 ⑥ / 1082
법인세법 시행령 §120의12 ⑦ / 1082, 1083
법인세법 시행령 §120의13 / 130, 1080
법인세법 시행령 §120의13 ① / 1080
법인세법 시행령 §120의13 ② / 1081
법인세법 시행령 §120의13 ③ / 1080, 1081
법인세법 시행령 §120의14 ① / 1084
법인세법 시행령 §120의14 ② / 1084, 1088
법인세법 시행령 §120의15 / 1085
법인세법 시행령 §120의16 ① / 1086, 1087
법인세법 시행령 §120의16 ② / 1086
법인세법 시행령 §120의17 ① / 1087
법인세법 시행령 §120의17 ② / 1087
법인세법 시행령 §120의17 ③ / 1088

법인세법 시행령 §120의17 ④ / 1088
법인세법 시행령 §120의17 ⑥ / 1088, 1093
법인세법 시행령 §120의18 ① / 1090
법인세법 시행령 §120의18 ② / 1090, 1091
법인세법 시행령 §120의18 ③ / 1091
법인세법 시행령 §120의18 ④ / 1090
법인세법 시행령 §120의18 ⑤ / 1090
법인세법 시행령 §120의18 ⑥ / 1090
법인세법 시행령 §120의18 ⑧ / 1090
법인세법 시행령 §120의19 / 1091
법인세법 시행령 §120의19 ① / 1091
법인세법 시행령 §120의19 ② / 1092
법인세법 시행령 §120의19 ③ / 1092
법인세법 시행령 §120의20 / 1091, 1092
법인세법 시행령 §120의20 ① / 1092
법인세법 시행령 §120의20 ② / 1092
법인세법 시행령 §120의21 / 1091
법인세법 시행령 §120의21 ① / 1092
법인세법 시행령 §120의21 ② / 1092
법인세법 시행령 §120의22 / 1101
법인세법 시행령 §120의22 ① / 1094
법인세법 시행령 §120의22 ② / 1094, 1096
법인세법 시행령 §120의22 ③ / 1094
법인세법 시행령 §120의22 ④ / 1095
법인세법 시행령 §120의22 ⑤ / 1095, 1096
법인세법 시행령 §120의23 ① / 1097
법인세법 시행령 §120의23 ② / 1097
법인세법 시행령 §120의24 ① / 1098
법인세법 시행령 §120의24 ② / 1098
법인세법 시행령 §120의25 ① / 1100, 1101
법인세법 시행령 §120의25 ② / 1101
법인세법 시행령 §120의26 / 120, 130, 1119
법인세법 시행령 §120의26 ① / 1095
법인세법 시행령 §120의26 ② / 1095
법인세법 시행령 §120의26 ③ / 1095
법인세법 시행령 §120의3 / 1073
법인세법 시행령 §120의4 ① / 1074
법인세법 시행령 §120의4 ② / 1074

법인세법 시행령 §120의4 ③ / 1074
법인세법 시행령 §120의5 ① / 1075
법인세법 시행령 §120의5 ② / 1075, 1076
법인세법 시행령 §120의5 ②, §111 ① / 1076
법인세법 시행령 §121 ① / 1105, 1115
법인세법 시행령 §121 ② / 1106, 1115
법인세법 시행령 §121 ③ / 1112, 1117, 1118
법인세법 시행령 §123 ③ / 129
법인세법 시행령 §124 ① / 1120, 1121
법인세법 시행령 §124 ② / 1121, 1122
법인세법 시행령 §124 ③ / 1121
법인세법 시행령 §125 ① / 1121, 1122
법인세법 시행령 §126 ① / 1122, 1123
법인세법 시행령 §126 ①, §101 ① / 1122,
  1123
법인세법 시행령 §126 ② / 1122, 1123
법인세법 시행령 §132 ⑧ / 133
법인세법 시행령 §138의3 / 1226
법인세법 시행령 §152 ① / 1204
법인세법 시행령 §152 ② / 1060, 1204
법인세법 시행령 §152 ③ / 1205
법인세법 시행령 §152 ④ / 1204
법인세법 시행령 §152 ⑤ / 1205
법인세법 시행령 §153 ① / 1205
법인세법 시행령 §153 ② / 1205
법인세법 시행령 §153 ③ / 1205
법인세법 시행령 §154 ① / 1207
법인세법 시행령 §154 ② / 1208
법인세법 시행령 §154 ③ / 1208, 1222
법인세법 시행령 §155 / 1208
법인세법 시행령 §155의2 ① / 1062
법인세법 시행령 §155의2 ② / 1209
법인세법 시행령 §155의2 ③ / 1209
법인세법 시행령 §155의2 ④ / 1209
법인세법 시행령 §156 ① / 1170, 1211
법인세법 시행령 §156 ② / 1211, 1212
법인세법 시행령 §158 ① / 1063, 1215
법인세법 시행령 §158 ② / 1215, 1216

법인세법 시행령 §158 ③ / 1063, 1215
법인세법 시행령 §158 ④ / 1218
법인세법 시행령 §158 ⑤ / 1218
법인세법 시행령 §158 ⑥ / 1215
법인세법 시행령 §159 ① / 1218, 1219
법인세법 시행령 §159 ② / 1218, 1220
법인세법 시행령 §159 ③ / 1219, 1220
법인세법 시행령 §159 ④ / 1219
법인세법 시행령 §159 ⑤ / 1219
법인세법 시행령 §159 ⑥ / 1219
법인세법 시행령 §159의2 ① / 1220
법인세법 시행령 §159의2 ② / 1220
법인세법 시행령 §159의2 ③ / 1220
법인세법 시행령 §159의2 ④ / 1220
법인세법 시행령 §159의2 ⑤ / 1220
법인세법 시행령 §159의2 ⑥ / 1220
법인세법 시행령 §159의2 ⑦ / 1221
법인세법 시행령 §159의2 ⑧ / 1220
법인세법 시행령 §159의2 ⑨ / 1221
법인세법 시행령 §159의2 ⑩ / 1221
법인세법 시행령 §160 / 1222
법인세법 시행령 §161 ① / 1061, 1222
법인세법 시행령 §161 ② / 1224
법인세법 시행령 §161 ③ / 1224
법인세법 시행령 §161 ④ / 1223, 1224
법인세법 시행령 §161 ⑤ / 1223, 1224
법인세법 시행령 §161 ⑥ / 1222, 1224
법인세법 시행령 §161 ⑦ / 1224
법인세법 시행령 §162 / 1054, 1057, 1225
법인세법 시행령 §162의2 ① / 1226
법인세법 시행령 §162의2 ③ / 1226
법인세법 시행령 §162의2 ④ / 1227
법인세법 시행령 §162의2 ⑤ / 1227
법인세법 시행령 §163 ② / 1224, 1225
법인세법 시행령 §163 ③ / 1224, 1225
법인세법 시행령 §163의2 ① / 1068, 1228
법인세법 시행령 §163의2 ② / 1228
법인세법 시행령 §163의3 / 1228, 1229

법인세법 시행령 §164 ① / 1229, 1230
법인세법 시행령 §164 ② / 1229, 1230
법인세법 시행령 §164 ③ / 1230
법인세법 시행령 §164 ④ / 1068, 1230
법인세법 시행령 §164 ⑤ / 1069, 1229
법인세법 시행령 §164 ⑥ / 1230
법인세법 시행령 §164 ⑦ / 1230
법인세법 시행령 §164 ⑧ / 1216, 1231
법인세법 시행령 §164 ⑨ / 1229
법인세법 시행령 §164의2 / 1230
법인세법 시행령 §164의6; §43 ⑦ / 1232
법인세법 시행령 §165 ① / 1231
법인세법 시행령 §165 ② / 1231
법인세법 시행규칙 §2 / 1146
법인세법 시행규칙 §2의2 ① / 1145
법인세법 시행규칙 §2의2 ② / 1145
법인세법 시행규칙 §2의3 / 133
법인세법 시행규칙 §3 / 134
법인세법 시행규칙 §4 ① / 145, 152
법인세법 시행규칙 §4 ② / 152
법인세법 시행규칙 §6 / 302
법인세법 시행규칙 §6의2 / 322
법인세법 시행규칙 §7 / 380, 382, 794, 829
법인세법 시행규칙 §8 / 170, 171, 337, 341,
  358, 359, 362, 364, 458, 459
법인세법 시행규칙 §10 / 487
법인세법 시행규칙 §10 ② / 500
법인세법 시행규칙 §10의2 ① / 506
법인세법 시행규칙 §10의2 ② / 506
법인세법 시행규칙 §10의2 ③ / 507
법인세법 시행규칙 §10의3 / 511
법인세법 시행규칙 §10의4 ① / 521, 522
법인세법 시행규칙 §10의4 ② / 522
법인세법 시행규칙 §10의5 / 525
법인세법 시행규칙 §12 ① / 560, 582
법인세법 시행규칙 §12 ② / 581
법인세법 시행규칙 §12 ③ / 557
법인세법 시행규칙 §12 ④ / 557

법인세법 시행규칙 §13 ① / 582
법인세법 시행규칙 §13 ② / 582
법인세법 시행규칙 §13 ③ / 583, 586
법인세법 시행규칙 §13 ④ / 583, 586
법인세법 시행규칙 §13 ⑤ / 583, 586
법인세법 시행규칙 §13의2 / 555, 581, 587, 588
법인세법 시행규칙 §14 / 573
법인세법 시행규칙 §15 / 568, 570
법인세법 시행규칙 §15 ① / 582, 587
법인세법 시행규칙 §15 ② / 582, 587
법인세법 시행규칙 §15 ③ / 582, 587, 588
법인세법 시행규칙 §16 / 569
법인세법 시행규칙 §17 / 578
법인세법 시행규칙 §18 / 594
법인세법 시행규칙 §18의2 / 600
법인세법 시행규칙 §18의2 ③ / 596, 599, 600
법인세법 시행규칙 §18의2 ④ / 597, 600
법인세법 시행규칙 §18의2 ⑤ / 598, 601
법인세법 시행규칙 §18의2 ⑥ / 597, 600
법인세법 시행규칙 §18의3 / 605
법인세법 시행규칙 §18의3 ① / 604
법인세법 시행규칙 §18의3 ② / 605, 606
법인세법 시행규칙 §18의3 ③ / 605
법인세법 시행규칙 §18의3 ④ / 609
법인세법 시행규칙 §18의3 ⑤ / 609
법인세법 시행규칙 §18의3 ⑥ / 606
법인세법 시행규칙 §18의3 ⑦ / 606
법인세법 시행규칙 §19 ① / 597, 601
법인세법 시행규칙 §19 ③ / 597, 598, 601, 602
법인세법 시행규칙 §19 ④ / 597, 599, 601
법인세법 시행규칙 §19 ⑤ / 597, 600
법인세법 시행규칙 §19 ⑥ / 597, 598, 601, 602
법인세법 시행규칙 §19 ⑦ / 598, 601, 602
법인세법 시행규칙 §19의2 ① / 608

법인세법 시행규칙 §19의2 ② / 608
법인세법 시행규칙 §19의2 ③ / 608
법인세법 시행규칙 §19의2 ④ / 607
법인세법 시행규칙 §19의2 ⑤ / 608, 609
법인세법 시행규칙 §19의2 ⑥ / 608, 609
법인세법 시행규칙 §20 ① / 620, 621
법인세법 시행규칙 §20 ② / 613
법인세법 시행규칙 §22 ① / 632
법인세법 시행규칙 §22 ② / 633
법인세법 시행규칙 §22 ③ / 633
법인세법 시행규칙 §22 ④ / 633, 634
법인세법 시행규칙 §22 ⑤ / 634
법인세법 시행규칙 §23 / 635, 636
법인세법 시행규칙 §24 ① / 635
법인세법 시행규칙 §24 ② / 637
법인세법 시행규칙 §25 / 504
법인세법 시행규칙 §25 ① / 641
법인세법 시행규칙 §25 ② / 641
법인세법 시행규칙 §25 ④ / 642
법인세법 시행규칙 §26 ① / 649, 650, 652
법인세법 시행규칙 §26 ② / 646, 648
법인세법 시행규칙 §26 ③ / 649
법인세법 시행규칙 §26 ④ / 649
법인세법 시행규칙 §26 ⑤ / 649, 650, 651
법인세법 시행규칙 §26 ⑥ / 649
법인세법 시행규칙 §26 ⑦ / 650
법인세법 시행규칙 §26 ⑧ / 649, 650
법인세법 시행규칙 §26 ⑨ / 650
법인세법 시행규칙 §26 ⑩ / 650
법인세법 시행규칙 §26 ⑪ / 651
법인세법 시행규칙 §27 / 650, 662
법인세법 시행규칙 §27의2 ① / 656
법인세법 시행규칙 §27의2 ② / 656
법인세법 시행규칙 §27의2 ③ / 656
법인세법 시행규칙 §27의2 ④ / 657
법인세법 시행규칙 §27의2 ⑤ / 656, 658
법인세법 시행규칙 §27의2 ⑥ / 657
법인세법 시행규칙 §27의2 ⑦ / 657, 659

법인세법 시행규칙 §27의2 ⑧ / 658
법인세법 시행규칙 §28 / 322, 662
법인세법 시행규칙 §28 ② / 667
법인세법 시행규칙 §29의2 ① / 1167
법인세법 시행규칙 §29의2 ② / 1167
법인세법 시행규칙 §29의2 ③ / 1168
법인세법 시행규칙 §29의2 ④ / 1167
법인세법 시행규칙 §30 / 296, 672
법인세법 시행규칙 §31 / 293, 418, 705
법인세법 시행규칙 §31 ① / 677
법인세법 시행규칙 §31 ② / 635, 677
법인세법 시행규칙 §31 ③ / 678
법인세법 시행규칙 §32 ① / 683
법인세법 시행규칙 §32 ② / 684
법인세법 시행규칙 §33 ① / 710
법인세법 시행규칙 §33 ② / 712
법인세법 시행규칙 §34 / 293, 418, 705, 714
법인세법 시행규칙 §34 ① / 716
법인세법 시행규칙 §34 ② / 716
법인세법 시행규칙 §34 ③ / 716
법인세법 시행규칙 §34 ④ / 717
법인세법 시행규칙 §35 / 566
법인세법 시행규칙 §35 ① / 498, 733, 734
법인세법 시행규칙 §35 ② / 734
법인세법 시행규칙 §35 ③ / 735
법인세법 시행규칙 §37 ② / 740, 742
법인세법 시행규칙 §37 ③ / 664, 741
법인세법 시행규칙 §37의2 / 420, 425, 745
법인세법 시행규칙 §38 / 747
법인세법 시행규칙 §39 / 754
법인세법 시행규칙 §39의2 / 757
법인세법 시행규칙 §39의3 ① / 296
법인세법 시행규칙 §39의3 ② / 297
법인세법 시행규칙 §40 ① / 743
법인세법 시행규칙 §40 ② / 743
법인세법 시행규칙 §40 ③ / 743
법인세법 시행규칙 §40의2 ① / 770
법인세법 시행규칙 §40의2 ② / 771

법인세법 시행규칙 §41 ① / 807
법인세법 시행규칙 §41 ② / 807
법인세법 시행규칙 §41 ③ / 799
법인세법 시행규칙 §41 ④ / 799, 800
법인세법 시행규칙 §41 ⑤ / 800
법인세법 시행규칙 §41 ⑥ / 803
법인세법 시행규칙 §41 ⑦ / 804
법인세법 시행규칙 §41 ⑧ / 799, 800
법인세법 시행규칙 §41 ⑨ / 802
법인세법 시행규칙 §41 ⑩ / 806, 819, 825
법인세법 시행규칙 §42 ① / 821, 834
법인세법 시행규칙 §42 ①, ② / 821, 834
법인세법 시행규칙 §42 ② / 821, 834
법인세법 시행규칙 §42 ③ / 821, 834
법인세법 시행규칙 §42 ④ / 834
법인세법 시행규칙 §42의2 ① / 161
법인세법 시행규칙 §42의2 ② / 161
법인세법 시행규칙 §42의3 / 912
법인세법 시행규칙 §42의4 / 917
법인세법 시행규칙 §42의5 / 913, 916
법인세법 시행규칙 §42의6 ① / 929, 930
법인세법 시행규칙 §42의6 ② / 930
법인세법 시행규칙 §43 ① / 933, 934
법인세법 시행규칙 §43 ② / 933
법인세법 시행규칙 §43 ③ / 933, 934
법인세법 시행규칙 §43 ④ / 934
법인세법 시행규칙 §43 ⑤ / 933, 934
법인세법 시행규칙 §44 / 322, 504, 524, 525,
    662, 682, 912, 937, 1016
법인세법 시행규칙 §44의2 / 181, 185, 191
법인세법 시행규칙 §45 / 941, 998, 1010
법인세법 시행규칙 §45의2 ① / 942
법인세법 시행규칙 §45의2 ② / 941
법인세법 시행규칙 §46 / 944
법인세법 시행규칙 §46의2 / 942
법인세법 시행규칙 §47 ① / 959
법인세법 시행규칙 §47 ② / 959
법인세법 시행규칙 §47 ③ / 958

법인세법 시행규칙 §48 ① / 964
법인세법 시행규칙 §48 ② / 964
법인세법 시행규칙 §48 ③ / 964
법인세법 시행규칙 §48의2 / 965
법인세법 시행규칙 §49 ① / 969
법인세법 시행규칙 §49 ② / 968
법인세법 시행규칙 §49 ③ / 968
법인세법 시행규칙 §50 / 951, 952
법인세법 시행규칙 §50 ③ / 654
법인세법 시행규칙 §50의3 ① / 993
법인세법 시행규칙 §50의3 ② / 993, 994
법인세법 시행규칙 §50의3 ③ / 993
법인세법 시행규칙 §50의3 ④ / 993
법인세법 시행규칙 §50의3 ⑤ / 994
법인세법 시행규칙 §50의3 ⑥ / 994
법인세법 시행규칙 §50의3 ⑦ / 993, 994
법인세법 시행규칙 §50의3 ⑧ / 993, 994
법인세법 시행규칙 §50의3 ⑨ / 994
법인세법 시행규칙 §51 ① / 997
법인세법 시행규칙 §51 ② / 999
법인세법 시행규칙 §51 ③ / 999
법인세법 시행규칙 §51 ④ / 998
법인세법 시행규칙 §51 ⑤ / 998
법인세법 시행규칙 §51 ⑥ / 998
법인세법 시행규칙 §53 / 1124
법인세법 시행규칙 §53 ① / 1002
법인세법 시행규칙 §53 ② / 1003
법인세법 시행규칙 §54 / 1012
법인세법 시행규칙 §56 / 1041, 1057
법인세법 시행규칙 §56의2 / 1057
법인세법 시행규칙 §56의2 ① / 1043, 1044,
  1056
법인세법 시행규칙 §56의2 ② / 1043, 1045,
  1056
법인세법 시행규칙 §57 / 1044, 1056, 1057
법인세법 시행규칙 §58 / 1044, 1057
법인세법 시행규칙 §58 ① / 1043, 1078
법인세법 시행규칙 §59 / 1057

법인세법 시행규칙 §59 ① / 1051
법인세법 시행규칙 §59 ② / 1050
법인세법 시행규칙 §59 ③ / 1051
법인세법 시행규칙 §60의2 / 1081
법인세법 시행규칙 §60의3 ① / 1091
법인세법 시행규칙 §60의3 ② / 1091
법인세법 시행규칙 §60의4 / 1092
법인세법 시행규칙 §60의5 / 1097
법인세법 시행규칙 §61 / 176, 1116, 1117
법인세법 시행규칙 §61 단서 / 1106
법인세법 시행규칙 §61 본문 / 1106
법인세법 시행규칙 §75 ① / 1170, 1172,
  1211, 1213
법인세법 시행규칙 §75 ② / 1171, 1172,
  1213
법인세법 시행규칙 §75의2 / 1211
법인세법 시행규칙 §76 ① / 1170, 1171,
  1208, 1212
법인세법 시행규칙 §76 ② / 1171, 1208,
  1212
법인세법 시행규칙 §76 ③ / 1171, 1208,
  1212
법인세법 시행규칙 §76 ④ / 1171, 1208,
  1212
법인세법 시행규칙 §76 ⑤ / 1171
법인세법 시행규칙 §76 ⑥ / 1171, 1172,
  1212, 1213, 1214
법인세법 시행규칙 §76 ⑦ / 1171, 1172,
  1212, 1213, 1214
법인세법 시행규칙 §77 ① / 1213, 1214
법인세법 시행규칙 §77 ② / 1214
법인세법 시행규칙 §77 ③, ④ / 1213, 1214
법인세법 시행규칙 §79 / 1216
법인세법 시행규칙 §79의3 ① / 1223
법인세법 시행규칙 §79의3 ② / 1223
법인세법 시행규칙 §80 / 1225
법인세법 시행규칙 §80의2 / 1227
법인세법 시행규칙 §82 / 132, 134, 151, 159,

180, 186, 187, 239, 430, 438, 457, 520,
551, 568, 569, 570, 571, 572, 581, 594,
636, 670, 679, 685, 687, 689, 692, 693,
748, 749, 768, 784, 796, 809, 815, 818,
822, 823, 830, 838, 884, 934, 954, 969,
989, 990, 991, 998, 1038, 1041, 1055,
1080, 1099, 1121, 1156, 1175, 1224,
1231
법인세법 시행규칙 §82 ⑥ / 133
법인세법 시행규칙 §82 ⑦ / 125
법인의 등기사항에 관한 특례법 §3 / 128
법인의 등기사항에 관한 특례법 시행규칙 §3 /
128
벤처기업육성에 관한 특별조치법 §2 ① / 440
벤처기업육성에 관한 특별조치법 §16의3 /
507, 885, 902, 907, 908, 912, 921
벤처투자 촉진에 관한 법률 §2 / 522, 681,
1042, 1077
변리사법 §6의3 / 1185
변리사법 §6의12 / 1185
변리사법 시행령 §14 / 1185
변호사법 §40 / 1185
변호사법 §58의2 / 1185
변호사법 §58의18 / 1185
변호사법 §58의19 ② / 993
보건의료기술 진흥법 §28의2 ① / 599, 604
보험업법 §108 ① / 420, 424, 745, 754
보험업법 §108 ② / 425
보험업법 §108 ③ / 425
보험업법 §118 ① / 122
보험업법 §120 / 383, 511, 724
보험업법 §120 ③ / 297, 383, 511
보험업법 시행령 §52 / 424
보험업법 시행령 §61 / 122
보험업법 시행령 §63 / 383, 511
보험업법 시행령 §63 ② / 296
보험업법 시행령 §63 ④ / 672
보험업법 시행령 §65 ② 3호 / 673

부가가치세법 §3 / 1216
부가가치세법 §5 ③ / 1073
부가가치세법 §8 / 134, 1208, 1220
부가가치세법 §8 ③, ④ / 133
부가가치세법 §9, §10 / 96, 864, 865, 1180
부가가치세법 §10 / 1216
부가가치세법 §26 / 541
부가가치세법 §26 ① / 1013, 1145, 1216
부가가치세법 §29 / 453
부가가치세법 §29 ① / 453
부가가치세법 §29 ② / 453
부가가치세법 §30 / 453
부가가치세법 §32 / 619, 1063, 1064, 1215,
1220
부가가치세법 §32 ① / 1228
부가가치세법 §32 ③, ⑤ / 1218
부가가치세법 §32 ⑦ / 1228
부가가치세법 §34의2 / 619
부가가치세법 §34의2 ② / 1215
부가가치세법 §35 / 619
부가가치세법 §35 ① / 453, 1228
부가가치세법 §36 ①~③ / 541
부가가치세법 §36 ④ / 727
부가가치세법 §37 ① / 453
부가가치세법 §37 ② / 453, 540
부가가치세법 §38 / 453
부가가치세법 §38 ① / 453
부가가치세법 §39 ① / 541, 542
부가가치세법 §42 / 542, 738
부가가치세법 §42 ③ / 542
부가가치세법 §45 / 498
부가가치세법 §45 ① / 453, 540
부가가치세법 §46 ③ / 541
부가가치세법 §46 ④ / 1001
부가가치세법 §48 / 453
부가가치세법 §49 / 453
부가가치세법 §52 ④ / 453
부가가치세법 §54 / 1228

부가가치세법 §54 ⑤ / 1228
부가가치세법 §60 ②, ③, ⑤, ⑥, ⑦ / 1068
부가가치세법 §61 / 1216, 1217
부가가치세법 시행령 §11~§16 / 1208
부가가치세법 시행령 §11 ③, ④ / 1204
부가가치세법 시행령 §19 ① / 541, 655
부가가치세법 시행령 §22 ② / 542
부가가치세법 시행령 §29 ① / 715
부가가치세법 시행령 §65 ① / 1217
부가가치세법 시행령 §68 ⑤ / 1229
부가가치세법 시행령 §71 ① / 541
부가가치세법 시행령 §74 / 541
부가가치세법 시행령 §78 / 541
부가가치세법 시행령 §79 / 541
부가가치세법 시행령 §87 / 498
부가가치세법 시행령 §87 ① / 526
부가가치세법 시행령 §88 ⑤ / 541
부가가치세법 시행령 §88 ⑥ / 541
부가가치세법 시행령 §88 ⑦ / 541
부가가치세법 시행령 §97 / 1228
부가가치세법 시행령 §98 / 1228
부가가치세법 시행령 §99 / 1228
부가가치세법 시행규칙 §11 / 541
부동산 거래신고 등에 관한 법률 §2 / 85
부동산등기법 §26 / 92, 1132
부동산투자회사법 §2 / 157, 177, 178
부동산투자회사법 §3~§8 / 157
부동산투자회사법 §9 ① / 697, 700
부동산투자회사법 §11의2 ① / 157
부동산투자회사법 §14의8 ③ / 696
부동산투자회사법 §42 / 698, 702
부동산투자회사법 §43 / 698, 701
부동산투자회사법 §44 / 698, 701
부동산투자회사법 §45 / 157
부동산투자회사법 §49의2 ① / 157
부동산투자회사법 §49의3 ① / 700, 701
빈집 및 소규모주택 정비에 관한 특례법 §23
 / 95, 1136, 1180

사립학교법 §2 / 89, 1129
사립학교법 §4 ① / 89, 1130
사립학교법 §8 / 89, 1129
사립학교법 §10 / 89, 1129
사립학교법 §35 ① / 89, 1130
사립학교법 §35 ② / 89, 1130
사립학교법 §35 ③ / 89, 1130
사립학교법 §35 ④ / 89, 1130
사회기반시설에 대한 민간투자법 §2 / 525
사회기반시설에 대한 민간투자법 §4 / 160,
 161, 309
사회복지법 §34 / 1144
사회적기업 육성법 §2 / 612
산림보호법 §7 / 943
산림조합법 §108 ① / 680, 1042, 1076
산림조합의 구조개선에 관한 법률 §7 ① /
 1178
산업교육진흥 및 산학연협력촉진에 관한 법률
 §8 / 503
산업재해보상보험법 §10 / 636, 1043
산업재해보상보험법 §43 ① / 599
산업집적활성화 및 공장설립에 관한 법률 §2 /
 649, 650, 981
산업집적활성화 및 공장설립에 관한 법률 §39
 / 650
산업집적활성화 및 공장설립에 관한 법률 §41
 / 653
상법 §16 ① / 235
상법 §169 / 87, 88, 92, 1128, 1133
상법 §172 / 83, 92, 392, 532, 1133
상법 §174 / 170, 362, 415, 416, 534, 535
상법 §179 4호 / 204
상법 §179 / 412
상법 §183 / 393, 532
상법 §190 / 121, 1114
상법 §192 / 128

상법 §195 / 235, 332, 405, 411, 412, 413
상법 §205 ① / 412
상법 §210 / 412
상법 §216 / 412
상법 §220 ① / 412
상법 §222 / 204, 235
상법 §227 / 83, 115, 233, 376, 1126
상법 §228 / 127, 1105
상법 §229 / 129, 1105, 1115
상법 §230~§240 / 416
상법 §230 / 416
상법 §232 / 400, 404, 410
상법 §242 / 376, 1126
상법 §269 / 233, 235, 332, 405, 411, 412, 413, 893, 9067, 1105
상법 §272 / 204
상법 §279 / 413
상법 §285 / 129, 1105, 1115
상법 §286 / 376, 1126
상법 §287의4 ① / 204
상법 §287의4 ② / 204
상법 §287의6 / 893, 906
상법 §287의9 / 234, 405, 410
상법 §287의28 / 234
상법 §287의32 / 405
상법 §287의33 / 404
상법 §287의35 / 332, 404, 410
상법 §287의36 / 404, 410, 412
상법 §287의37 / 332
상법 §287의37 ① / 332
상법 §287의37 ④ / 332
상법 §§287의38 / 233, 376, 1126
상법 §287의39 / 1105
상법 §287의40 / 1105, 1115
상법 §287의43 / 376, 1126
상법 §295 ① / 204
상법 §303 / 204
상법 §305 ① / 204

상법 §317 ④ / 393, 532
상법 §322 / 850
상법 §328 ① / 893, 906
상법 §335의2 ④ / 233
상법 §340의2 / 507, 751, 885, 902, 907, 908, 912, 921
상법 §341 / 373
상법 §341의2 / 234, 373
상법 §342의2 / 852
상법 §341의3 / 234
상법 §342 / 234
상법 §343 / 1091
상법 §343 ① / 234
상법 §344 ① / 433, 442
상법 §344의2 ① / 103
상법 §344의3 ① / 104
상법 §352 / 1222
상법 §354 / 357
상법 §354 ① / 357, 373, 375, 434, 443
상법 §360의2 / 393, 533, 840
상법 §360의2 ① / 393
상법 §360의2 ② / 393
상법 §360의15 / 396, 534, 840
상법 §360의15 ① / 396
상법 §360의15 ② / 396
상법 §360의16 ① / 397
상법 §360의17 ① / 397
상법 §360의18 / 396, 397, 534
상법 §360의24 ① / 760
상법 §360의24 / 760
상법 §360의25 / 760
상법 §360의3 ① / 395
상법 §360의3 ③ / 393, 766
상법 §360의3 ⑥ / 766
상법 §360의4 ① / 395
상법 §360의5 / 234
상법 §360의7 / 393, 395, 533, 897
상법 §360의7 ① / 393, 395

상법 §360의7 ② / 394
상법 §360의18 / 848, 849, 896, 897
상법 §360의22 / 234
상법 §368 ① / 402, 1111
상법 §368 ③ / 103
상법 §369 ② / 103, 805
상법 §369 ③ / 103
상법 §374의2 ① / 234
상법 §382 / 106
상법 §382 ② / 106
상법 §389 ③ / 412
상법 §399 / 412, 850
상법 §401 / 412
상법 §401의2 ① / 98, 99, 100, 105, 631, 886
상법 §409 ② / 103
상법 §417 / 318, 392, 532
상법 §417 ① / 532
상법 §420의2 / 751, 753
상법 §423 ① / 393, 532
상법 §429 / 893, 906
상법 §434 / 410, 532
상법 §438 ① / 146, 410, 455
상법 §438 ② / 400, 402, 1111
상법 §439 / 400, 410
상법 §439 ①, ② / 400, 404, 410
상법 §443 / 410
상법 §445 / 411
상법 §445, §446 / 412
상법 §446의2 / 146, 333, 455, 462
상법 §447 / 146, 455
상법 §447 ② / 400, 402
상법 §449 ① / 245
상법 §458~§460 / 333, 343, 400, 404, 415, 462
상법 §458 / 165, 332, 333, 334, 343, 400, 404, 411, 414, 415, 462, 1111
상법 §459 / 343, 414, 1111

상법 §459 ① / 170, 171, 341, 343, 357, 358, 359, 360, 362, 363, 364, 365, 402, 414, 849, 897
상법 §459 ② / 343, 363, 365, 414, 461
상법 §460 / 146, 343, 399, 402, 414, 455, 1112
상법 §461 / 166, 333, 343, 400, 402, 404, 415, 462
상법 §461 ① / 343, 402, 415
상법 §461 ③ / 372, 373, 375, 724
상법 §461의2 / 169, 333, 342, 343, 402, 404, 415, 458, 462, 463
상법 §462 / 162, 333, 462
상법 §462 ① / 166, 332, 333, 403, 462
상법 §462 ② / 332
상법 §462의2 / 162
상법 §462의2 ② / 354, 366
상법 §462의3 / 167, 333, 462
상법 §462의4 / 162, 368, 369, 371
상법 §469 ① / 1148
상법 §469 ② / 753
상법 §469 ② 3호 / 1150
상법 §503의2 / 171, 364
상법 §513 / 753
상법 §516의2 / 753
상법 §516의5 / 751, 753
상법 §517 / 233, 376, 1126
상법 §519 / 129, 1105, 1115
상법 §520의2 / 127
상법 §521의2 / 1105
상법 §522~§530 / 416
상법 §522의3 / 234, 769, 804
상법 §523의2 ① / 765
상법 §530의2 / 343, 365, 414, 417, 536
상법 §530조의2 ① / 795
상법 §530조의2 ② / 795
상법 §530조의2 ③ / 795
상법 §530조의6 ① / 795

상법 §530의10 / 803
상법 §530의11 ② / 234, 769, 804
상법 §530조의12 / 795
상법 §542의3 / 506, 507, 751
상법 §548 ① / 204
상법 §552 ① / 893, 906
상법 §560 / 234
상법 §566 / 1222
상법 §579 / 400
상법 §580 / 332
상법 §583 ① / 332, 333, 334, 343, 404, 411, 415, 462
상법 §583 ①, §597 / 400, 404
상법 §595 ① / 893, 906
상법 §597 / 410, 412
상법 §598~§608 / 416
상법 §604 / 376, 1126
상법 §607 / 376, 1126
상법 §609 / 233, 376, 1126
상법 §610 / 129, 1105, 1115
상법 §613 / 1105
상법 §617 / 84
상법 §862 / 759
상법 시행령 §1 / 459
상법 시행령 §15 / 165, 196, 227, 336, 337, 342, 343, 358, 363, 365, 402, 414, 458, 459, 708, 849, 897
상법 시행령 §16 ① / 455
상법 시행령 §18 / 336, 337, 342, 343, 358, 402, 414, 458, 459, 849, 897
상법 시행령 §19 / 333, 402, 462
상법 시행령 §20 / 1150
상법 시행령 §28 / 127
상법 시행령 §5 / 405
상속세 및 증여세법 §2 / 1137
상속세 및 증여세법 §3의2 ① / 1137
상속세 및 증여세법 §4의2 / 1137
상속세 및 증여세법 §4의2 ① / 1182

상속세 및 증여세법 §4의2 ③ / 317
상속세 및 증여세법 §16 / 1157
상속세 및 증여세법 §16 ① / 1138, 1139
상속세 및 증여세법 §16 ② / 1138
상속세 및 증여세법 §35 ③ / 930
상속세 및 증여세법 §38 / 918, 919, 923, 932
상속세 및 증여세법 §39 / 918, 919, 923, 932
상속세 및 증여세법 §39 / 923
상속세 및 증여세법 §39의2 / 918, 919, 923, 932
상속세 및 증여세법 §39의3 / 918, 923, 932
상속세 및 증여세법 §40 / 918, 923
상속세 및 증여세법 §40 ① / 885, 921, 923
상속세 및 증여세법 §42의2 / 918, 923
상속세 및 증여세법 §45의5 / 329
상속세 및 증여세법 §48 / 598, 1157
상속세 및 증여세법 §48 ① / 1182
상속세 및 증여세법 §48 ②, ③ / 601, 609
상속세 및 증여세법 §48 ⑤ / 1062
상속세 및 증여세법 §48 ⑧~⑪ / 601, 609
상속세 및 증여세법 §50의2 / 599, 608
상속세 및 증여세법 §50의3 ① / 597, 599, 601, 607, 608
상속세 및 증여세법 §50의4 / 608
상속세 및 증여세법 §60 / 930, 942
상속세 및 증여세법 §60 ⑤ / 932
상속세 및 증여세법 §61~§66 / 930
상속세 및 증여세법 §61 / 930, 932
상속세 및 증여세법 §61 ① / 942
상속세 및 증여세법 §62 / 932
상속세 및 증여세법 §63 / 932
상속세 및 증여세법 §63 ① / 932
상속세 및 증여세법 §63 ② / 933
상속세 및 증여세법 §63 ③ / 929, 930
상속세 및 증여세법 §64 / 932
상속세 및 증여세법 §65 / 932

상속세 및 증여세법 §66 / 932
상속세 및 증여세법 §67 / 1138
상속세 및 증여세법 §78 / 598
상속세 및 증여세법 §78 ③ / 1062
상속세 및 증여세법 §78 ⑤, ⑩, ⑪ / 601, 609
상속세 및 증여세법 시행령 §2 ① / 602
상속세 및 증여세법 시행령 §2의2 ① / 467
상속세 및 증여세법 시행령 §12 / 740, 1137, 1138, 1139
상속세 및 증여세법 시행령 §13 ① / 1138
상속세 및 증여세법 시행령 §14 ① / 610
상속세 및 증여세법 시행령 §19 ② / 474
상속세 및 증여세법 시행령 §28 ③~⑦ / 918, 919, 923
상속세 및 증여세법 시행령 §29 ② / 918, 919, 923
상속세 및 증여세법 시행령 §29의2 ①, ② / 918, 919, 923
상속세 및 증여세법 시행령 §29의3 ① / 918, 923
상속세 및 증여세법 시행령 §30 ⑤ / 918, 923
상속세 및 증여세법 시행령 §32의2 / 918, 923
상속세 및 증여세법 시행령 §38 ② / 1183
상속세 및 증여세법 시행령 §38 ⑧ / 604, 607
상속세 및 증여세법 시행령 §38 ⑩ / 602
상속세 및 증여세법 시행령 §43 ③, ④ / 608
상속세 및 증여세법 시행령 §43의2 ⑩ / 600
상속세 및 증여세법 시행령 §43의5 ② / 608
상속세 및 증여세법 시행령 §43의5 ④ / 607
상속세 및 증여세법 시행령 §49 / 930
상속세 및 증여세법 시행령 §49 ① / 930
상속세 및 증여세법 시행령 §54 / 932
상속세 및 증여세법 시행령 §57 ①, ② / 933
상속세 및 증여세법 시행령 §60 ② / 932

상속세 및 증여세법 시행규칙 §25 ⑥ / 597, 601, 607
상속세 및 증여세법 시행규칙 §25 ⑦ / 597, 601, 607
상업등기법 §73 ① / 127
새마을금고법 §67 ① / 681, 1042, 1077
새마을금고법 §80의2 ② / 1179
새마을금고법 §80의2 ③ / 1179
서민의 금융생활 지원에 관한 법률 §3 / 685
서민의 금융생활 지원에 관한 법률 §75 / 521
성매매방지 및 피해자보호 등에 관한 법률 §9 ① / 1144
성폭력방지 및 피해자보호 등에 관한 법률 §10 ② / 1145
성폭력방지 및 피해자보호 등에 관한 법률 §12 ② / 1145
성매매방지 및 피해자보호 등에 관한 법률 §17 ① / 1144
소득세법 §1의2 ① / 570, 1216
소득세법 §2 ① / 1186
소득세법 §2 ③ / 93, 1134, 1186
소득세법 §2 ④ / 93, 1134
소득세법 §2 ⑤ / 94, 1134
소득세법 §7 ① / 132
세무사법 §16의3 / 1185
세무사법 §20의2 / 994
소득세법 §12 / 634
소득세법 §14 ③ / 770
소득세법 §16 / 1191, 1194
소득세법 §16 ① / 119, 622, 661, 721, 722, 940, 1041, 1048, 1076, 1142, 1148, 1156, 1157, 1160, 1172
소득세법 §16 ① 11호 / 1040
소득세법 §17 / 464, 1191, 1194
소득세법 §17 ① / 119, 622, 724, 726, 940, 1027, 1041, 1076, 1142, 1149, 1157, 1191, 1197, 1200
소득세법 §17 ① 5호의3 / 121, 1071

소득세법 §17 ② / 724
소득세법 §17 ③, §56 / 240, 348, 367, 369, 427
소득세법 §19 / 1191, 1193, 1194
소득세법 §20 / 510
소득세법 §20 ① / 634, 1027, 1169
소득세법 §20 ① 6호 / 490
소득세법 §21 / 1191, 1194
소득세법 §21 ① / 909, 1027
소득세법 §21 ① 19호 / 1065, 1066
소득세법 §22 ③ / 634
소득세법 §22 ④ / 634
소득세법 §33 ① / 256
소득세법 §34 / 1062, 1137, 1139
소득세법 §35 / 541
소득세법 §39 ① / 720
소득세법 §39 ⑤ / 720
소득세법 §43 / 92, 1133, 1151, 1185
소득세법 §43 ① / 1151
소득세법 §45 / 1189, 1190
소득세법 §46 ① / 721, 722, 727, 1048, 1054, 1057, 1076, 1156, 1207, 1208, 1225
소득세법 §50 ① / 633
소득세법 §55 / 1200
소득세법 §56 / 371
소득세법 §59의4 / 1062
소득세법 §59의4 ④ / 1137, 1139
소득세법 §70 / 1031
소득세법 §70의2 ① / 994, 995
소득세법 §73 ① 4호 / 1065
소득세법 §74 / 1031
소득세법 §76 / 863, 868
소득세법 §80 / 1032
소득세법 §87 / 92
소득세법 §87의2 / 1197
소득세법 §87의6 ① / 866, 1052, 1151, 1152
소득세법 §88 / 892, 904, 941, 942, 1137
소득세법 §88 1호 / 96, 1180
소득세법 §92 / 1174
소득세법 §92 ③ / 698, 1175
소득세법 §94 / 1191, 1193
소득세법 §94 ① / 119, 326, 696, 698, 700, 807, 889, 892, 899, 1152, 1154, 1173, 1197
소득세법 §95 ② / 1174
소득세법 §96 / 1174
소득세법 §96 ① / 889, 892
소득세법 §96 ③ / 889, 890, 892, 893, 899
소득세법 §97 / 1174
소득세법 §97 ① / 902
소득세법 §97의2 / 1174
소득세법 §98 / 1174
소득세법 §99 / 386
소득세법 §100 / 1174
소득세법 §101 / 326, 1175
소득세법 §101 ① / 930
소득세법 §101 ② / 317
소득세법 §102 / 1175
소득세법 §103 / 1174
소득세법 §104 ① / 1174
소득세법 §104 ④ / 1174
소득세법 §104의2 ② / 941, 942
소득세법 §104의3 / 1174
소득세법 §105 / 1175
소득세법 §106 / 1175
소득세법 §107 / 1175
소득세법 §110 ④ / 1175
소득세법 §111 / 471, 476, 477, 478, 479, 480, 481, 698, 1181
소득세법 §112 / 1175
소득세법 §119 / 723, 1048, 1190, 1191, 1192, 1193, 1197, 1200, 1201, 1216
소득세법 §119 2호 / 1191
소득세법 §119의2 ① / 94, 1134
소득세법 §120 / 1013, 1186, 1201, 1216

소득세법 §121~§125 / 1200
소득세법 §121 / 1200
소득세법 §121 ② / 1191, 1193, 1198
소득세법 §121 ⑤ / 1191, 1193, 1198
소득세법 §122 / 1189
소득세법 §127~§159 / 1058
소득세법 §127 / 1058, 1194
소득세법 §127 ① / 1013, 1054, 1216, 1225
소득세법 §127 ② / 1047, 1049
소득세법 §127 ⑦ / 1047
소득세법 §128 ① / 1031
소득세법 §128 ② / 1066
소득세법 §129 ① 2호 / 964
소득세법 §131 / 525
소득세법 §131 ① / 163
소득세법 §131 ② / 163, 1031, 1034
소득세법 §132 ① / 323, 937
소득세법 §133 / 1053
소득세법 §133 ① / 1053
소득세법 §133 ② / 1054
소득세법 §133의2 ① / 1054
소득세법 §135 / 525, 1066
소득세법 §135 ③ / 323, 937
소득세법 §135 ④ / 1031, 1034
소득세법 §144 / 619
소득세법 §144의5 / 1067
소득세법 §145 / 619
소득세법 §145의2 / 1031, 1034
소득세법 §148의2, §148의3 / 1047
소득세법 §155의2 / 1047, 1049
소득세법 §155의4 ① / 1033
소득세법 §156 / 723, 1048
소득세법 §156 ① / 1199, 1200, 1201
소득세법 §156의2~§156의8 / 1200, 1201
소득세법 §160 / 977
소득세법 §160의2 ④ / 541
소득세법 §160의5 ③ / 980
소득세법 §162 / 727

소득세법 §162의2 ④ / 980
소득세법 §162의3 ① / 980
소득세법 §§162의3 ⑥ / 980
소득세법 §163 / 619, 1063, 1215, 1220
소득세법 §163 ⑧ / 1218
소득세법 §164 / 1034, 1054, 1065, 1225, 1227
소득세법 §164 ① / 1066
소득세법 §164의2 / 1034, 1065, 1200
소득세법 §164의3 / 1065
소득세법 §164의3 ① / 1066, 1067
소득세법 §164의3 ① 1호 / 1066
소득세법 §164의3 ① 2호 / 1065
소득세법 §164의3 ① 3호 / 1065, 1066
소득세법 §168 / 619, 1220, 1229
소득세법 시행령 §22의2 ① / 1050
소득세법 시행령 §22의2 ①, ② / 722
소득세법 시행령 §22의2 ② / 1050
소득세법 시행령 §22의2 ③ / 722
소득세법 시행령 §23 / 1148
소득세법 시행령 §24 / 661, 1148
소득세법 시행령 §25 ① / 1148
소득세법 시행령 §25 ② / 1148
소득세법 시행령 §25 ③ / 1148
소득세법 시행령 §25 ④ / 1149
소득세법 시행령 §26 ① / 1149
소득세법 시행령 §26 ② / 1149
소득세법 시행령 §26 ③ / 1149
소득세법 시행령 §26 ④ / 1149
소득세법 시행령 §26 ⑤ / 1149
소득세법 시행령 §26 ⑥ / 1149
소득세법 시행령 §26의2 / 1185
소득세법 시행령 §26의2 ① / 724
소득세법 시행령 §26의2 ①, ② / 1151
소득세법 시행령 §26의2 ④ / 966, 1052
소득세법 시행령 §26의2 ④, §150의17 / 1052
소득세법 시행령 §26의3 ① / 1149

소득세법 시행령 §26의3 ⑤ / 1151
소득세법 시행령 §26의3 ⑦ / 1151
소득세법 시행령 §26의3 ⑧ / 1150
소득세법 시행령 §26의3 ⑨ / 1150
소득세법 시행령 §26의3 ⑩ / 1150, 1151
소득세법 시행령 §26의3 ⑪ / 1150, 1151
소득세법 시행령 §27의3 ② 1호 / 367, 369
소득세법 시행령 §38 ① / 909
소득세법 시행령 §38 ③ / 490
소득세법 시행령 §45 / 718, 719, 721, 723,
  1048
소득세법 시행령 §46 / 724, 1029
소득세법 시행령 §48 / 718
소득세법 시행령 §49 ① / 1029
소득세법 시행령 §50 ① / 1029
소득세법 시행령 §51 ⑦ / 721, 1041, 1049
소득세법 시행령 §68 / 941
소득세법 시행령 §68 ① / 941
소득세법 시행령 §68 ② / 941
소득세법 시행령 §68 ④ / 941
소득세법 시행령 §81 ③ / 1139
소득세법 시행령 §89 / 740, 1138, 1139
소득세법 시행령 §98 ① / 121, 1071, 1188
소득세법 시행령 §102 ① / 1156
소득세법 시행령 §102 ⑧ / 1050
소득세법 시행령 §117의2 ② / 966
소득세법 시행령 §122 ① / 838
소득세법 시행령 §134 ① / 1031
소득세법 시행령 §145 / 1003, 1124
소득세법 시행령 §150의6 / 1052
소득세법 시행령 §150의7 / 1052, 1151
소득세법 시행령 §150의7 ② / 1052
소득세법 시행령 §150의8 / 1052
소득세법 시행령 §152 ① / 96, 1180
소득세법 시행령 §153 ① / 946
소득세법 시행령 §155의2 / 723
소득세법 시행령 §157 / 326
소득세법 시행령 §158 ① / 1155

소득세법 시행령 §158 ② / 1155
소득세법 시행령 §158 ③ / 1155
소득세법 시행령 §158 ④, ⑤ / 1155
소득세법 시행령 §158 ⑥, ⑦ / 1155
소득세법 시행령 §158 ⑧ / 1155
소득세법 시행령 §158의2 / 1155
소득세법 시행령 §162 / 471, 649, 666
소득세법 시행령 §162 ① / 649
소득세법 시행령 §163 ① / 892
소득세법 시행령 §163 ⑩ / 899, 903, 904,
  920, 924
소득세법 시행령 §167 ③, ④ / 326
소득세법 시행령 §167 ⑥ / 930
소득세법 시행령 §173 ⑤ / 1175
소득세법 시행령 §184~§207의10 / 1058
소득세법 시행령 §184 / 1058
소득세법 시행령 §184 ① / 1013
소득세법 시행령 §190 / 723, 1047, 1051,
  1055
소득세법 시행령 §192 / 163
소득세법 시행령 §192 ① / 1028, 1031,
  1032, 1036
소득세법 시행령 §193 ③ / 1053
소득세법 시행령 §193 ④ / 1054
소득세법 시행령 §193의2 / 1049
소득세법 시행령 §193의2 ③ / 721, 722,
  727, 728, 729
소득세법 시행령 §196 ① / 622
소득세법 시행령 §202 ① / 1067
소득세법 시행령 §208의2 ① / 1215, 1217
소득세법 시행령 §211 / 1229, 1230
소득세법 시행령 §211 ① / 1068, 1229
소득세법 시행령 §211 ② / 1231
소득세법 시행령 §211의2 / 1229, 1230
소득세법 시행령 §212 / 1229, 1230
소득세법 시행령 §212의2 / 1229, 1230
소득세법 시행령 §212의4 / 1230
소득세법 시행령 §213, §214 / 1054, 1225

소득세법 시행령 §215, §216 / 1227
소득세법 시행규칙 §13 / 1052
소득세법 시행규칙 §65의3 ② / 993, 994
소득세법 시행규칙 §65의3 ②, ⑥ / 994
소득세법 시행규칙 §76 / 1155
소득세법 시행규칙 §88의2~§95의4 / 1058
소득세법 시행규칙 §88의2 / 722, 728, 729,
　　1051, 1058
소득세법 시행규칙 §88의4 / 722
소득세법 시행규칙 §100 / 1028, 1050, 1053
소방산업의 진흥에 관한 법률 §23 ① / 1045
소재·부품·장비산업 경쟁력강화를 위한
　　특별조치법 §56 / 507, 885, 902, 908, 912,
　　921
송·변전설비 주변지역의 보상 및 지원에
　　관한 법률 §2 / 654
송·변전설비 주변지역의 보상 및 지원에
　　관한 법률 §5 / 654
수도권정비계획법 §6 ① / 478
수산업협동조합법 §71/ 1161
수산업협동조합법 §138 ① / 680, 1041, 1076
수산업협동조합법 §141의4 ① / 865
수산업협동조합법 §153 / 1161
수산업협동조합법 §162의2 ① / 883, 1164
수산업협동조합법 §168 / 1161
수산업협동조합의 부실예방 및 구조개선에
　　관한 법률§7 ① / 1178
식품 등 기부 활성화에 관한 법률 §2 / 502
식품위생법 시행령 §21 / 838
신용협동조합법 §78 ① / 680, 1042, 1077
신용협동조합법 §78의2 ① / 680, 1042, 1077
신용협동조합법 §86의4 ② / 1179
신용협동조합법 §86의4 ③ / 1179
신탁법 §3 / 1073
신탁법 §3 ① / 121, 1071
신탁법 §46~§48 / 750
신탁법 §50 / 1073
신탁법 §78 ① / 750

신탁법 §78 ② / 121, 1071
신탁법 §90 / 1074, 1075
신탁법 §93 / 1074
신탁법 §94 / 1074, 1075
신탁법 §94 ① / 1074
신탁법 §94 ② / 1074
신탁법 §97 ① / 1075
신탁법 §97 ② / 1075
신탁법 §98 / 1073
신탁법 §99 / 1073
신탁법 §100 / 1073
신탁법 §101 / 1073
신탁법 §103 ① / 750
신탁법 §114 ① / 121, 1071

아동복지법 §52 ① / 1144
어업협정체결에 따른 어업인 등의 지원 및
　　수산업발전특별법 §4 ③ / 556
여신전문금융업법 §2 / 655
여신전문금융업법 §3 ② / 659
염관리법 §16 / 653
영유아보육법 §10 / 1144
예금자보호법 §3 / 514, 653
예금자보호법 §36의3 / 653
온실가스 배출권의 할당 및 거래에 관한 법률
　　§12 / 740
외국환거래법 §3 ① / 702
유아교육법 §2 / 89, 1129
유통산업발전법 §2 / 1218, 1220
은행법 §2 / 723, 1047, 1055
은행법 §33 ① / 753
은행법 §41 / 122
은행법 시행령 §1의2 / 674
은행법 시행령 §19 / 674
의료 해외진출 및 외국인환자 유치 지원에
　　관한 법률 §2 / 1167

의료법 §3 ② / 1162

임대주택법 §2 / 697

입양특례법 §20 ① / 1145

자동차관리법 §27 ① / 656

자동차관리법 §3 ② / 655

자동차손해배상 보장법 §2 / 1065

자본시장과 금융투자업에 관한 법률 §2 / 726

자본시장과 금융투자업에 관한 법률 §3 ①
/ 423, 750, 1090

자본시장과 금융투자업에 관한 법률 §3 ②
/ 750

자본시장과 금융투자업에 관한 법률 §4 ①
/ 752

자본시장과 금융투자업에 관한 법률 §4 ②
/ 333, 462, 752, 753

자본시장과 금융투자업에 관한 법률 §4 ③
/ 752

자본시장과 금융투자업에 관한 법률 §4 ④
/ 752

자본시장과 금융투자업에 관한 법률 §4 ⑤
/ 752

자본시장과 금융투자업에 관한 법률 §4 ⑥
/ 752

자본시장과 금융투자업에 관한 법률 §4 ⑦
/ 621, 752, 1148

자본시장과 금융투자업에 관한 법률 §4 ⑧
/ 753

자본시장과 금융투자업에 관한 법률 §4 ⑩
/ 752, 1150

자본시장과 금융투자업에 관한 법률 §5 / 333,
462, 1149

자본시장과 금융투자업에 관한 법률 §5 ①
/ 621, 751, 753

자본시장과 금융투자업에 관한 법률 §6 ①
/ 621

자본시장과 금융투자업에 관한 법률 §6 ④
/ 768, 769

자본시장과 금융투자업에 관한 법률 §6 ⑤
/ 422, 1223

자본시장과 금융투자업에 관한 법률 §8의2 ②
/ 929, 931

자본시장과 금융투자업에 관한 법률 §8의2 ④
/ 712, 930

자본시장과 금융투자업에 관한 법률 §9 ⑦
/ 667, 740, 742, 885, 918

자본시장과 금융투자업에 관한 법률 §9 ⑱
/ 121, 422, 1071, 1185

자본시장과 금융투자업에 관한 법률 §9 ⑲
/ 159, 354, 367, 372, 375, 1043, 1077,
1185, 1189, 1191, 1222

자본시장과 금융투자업에 관한 법률 §9 ⑲
1호 / 964, 1191

자본시장과 금융투자업에 관한 법률 §9 ⑳
/ 173, 367, 420, 422, 621, 745, 754

자본시장과 금융투자업에 관한 법률 §74 ①
/ 423

자본시장과 금융투자업에 관한 법률 §74 ③
/ 423

자본시장과 금융투자업에 관한 법률 §77의2
/ 423

자본시장과 금융투자업에 관한 법률 §77의6
① / 423

자본시장과 금융투자업에 관한 법률 §86 ①,
§249의14 ⑪ / 1189

자본시장과 금융투자업에 관한 법률 §87
/ 104

자본시장과 금융투자업에 관한 법률 §103 ②
/ 423

자본시장과 금융투자업에 관한 법률 §110 /
752

자본시장과 금융투자업에 관한 법률 §110 ①
/ 1150

자본시장과 금융투자업에 관한 법률 §119 ①

/ 1151

자본시장과 금융투자업에 관한 법률 §159
/ 970

자본시장과 금융투자업에 관한 법률 §165의4
/ 885, 909, 918

자본시장과 금융투자업에 관한 법률 §165의5
/ 424, 769

자본시장과 금융투자업에 관한 법률
§165의11 ① / 753

자본시장과 금융투자업에 관한 법률 §189 /
752

자본시장과 금융투자업에 관한 법률
§194~§217의2 / 173

자본시장과 금융투자업에 관한 법률 §230
/ 173, 367, 754

자본시장과 금융투자업에 관한 법률 §230 ①
/ 367

자본시장과 금융투자업에 관한 법률 §230 ⑤
/ 367

자본시장과 금융투자업에 관한 법률 §238 ⑥
/ 965, 966

자본시장과 금융투자업에 관한 법률
§249의13 / 423, 1192

자본시장과 금융투자업에 관한 법률
§249의14 / 1195

자본시장과 금융투자업에 관한 법률 §251
/ 1151

자본시장과 금융투자업에 관한 법률 §251 ①
/ 1072

자본시장과 금융투자업에 관한 법률 §279 ①
/ 966

자본시장과 금융투자업에 관한 법률 §280 ④
/ 966

자본시장과 금융투자업에 관한 법률 §294
/ 723, 1046, 1047

자본시장과 금융투자업에 관한 법률 §294 ①
/ 1046

자본시장과 금융투자업에 관한 법률 §309 ①

/ 1046

자본시장과 금융투자업에 관한 법률 §309 ②
/ 1046

자본시장과 금융투자업에 관한 법률 §324 ①
/ 424, 768

자본시장과 금융투자업에 관한 법률 §329
/ 423

자본시장과 금융투자업에 관한 법률 §336
/ 423

자본시장과 금융투자업에 관한 법률 §393 ①
/ 712

자본시장과 금융투자업에 관한 법률 §429 ③
/ 971

자본시장과 금융투자업에 관한 법률 §444
/ 971

자본시장과 금융투자업에 관한 법률 시행령
§3 ① / 750

자본시장과 금융투자업에 관한 법률 시행령
§3 ② / 750

자본시장과 금융투자업에 관한 법률 시행령
§3 ③ / 751

자본시장과 금융투자업에 관한 법률 시행령
§4 / 752

자본시장과 금융투자업에 관한 법률 시행령
§4의3 / 751, 753

자본시장과 금융투자업에 관한 법률 시행령
§6 ① / 422

자본시장과 금융투자업에 관한 법률 시행령
§6 ② / 422

자본시장과 금융투자업에 관한 법률 시행령
§6 ③ / 422

자본시장과 금융투자업에 관한 법률 시행령
§6 ④ / 422, 423, 792

자본시장과 금융투자업에 관한 법률 시행령
§10 ① / 422

자본시장과 금융투자업에 관한 법률 시행령
§10 ③ / 422

자본시장과 금융투자업에 관한 법률 시행령

§17 / 971

자본시장과 금융투자업에 관한 법률 시행령
  §103 / 1050

자본시장과 금융투자업에 관한 법률 시행령
  §176의9 ① / 800

자본시장과 금융투자업에 관한 법률 시행령
  §242 ② / 173, 367, 754

자본시장과 금융투자업에 관한 법률 시행규칙
  §393 / 930

자산유동화에 관한 법률 §13 / 730

자산유동화에 관한 법률 §3 / 422, 423, 649,
  653, 730

자산유동화에 관한 법률 4 / 730

자산재평가법 §13 ① / 172, 337, 341, 342,
  357, 358, 359, 360, 458, 459

자산재평가법 §28 ② / 435, 460

자산재평가법 §33 ① / 342, 358, 459

자원의 절약과 재활용촉진에 관한 법률 §2
  / 1217

자유무역협정 체결에 따른 무역조정 지원에
  관한 법률 §6 / 470

자유무역협정 체결에 따른 무역조정 지원에
  관한 법률 §6 ③ / 470

장애인복지법 §58 ① / 1144

장애인복지법 §63 ① / 1144

재난 및 안전관리 기본법 §60 / 596

재외국민의 교육지원 등에 관한 법률 §5 ①,
  ④ / 597

재외동포의 출입국과 법적 지위에 관한 법률
  §2 / 604, 607

전기통신사업 회계정리 및 보고에 관한 규정
  §8 / 982

전기통신사업법 §4 ④ / 1216

전자금융거래법 §2 / 759

전자상거래 등에서의 소비자보호에 관한 법률
  §2 / 1217

전자어음의 발행 및 유통에 관한 법률 §2
  / 759

전자정부법 §36 ① / 161, 597, 600, 605,
  606, 1205

전파법 §14 / 563, 572

정신건강증진 및 정신질환자 복지서비스
  지원에 관한 법률 §3 / 1145

제주특별자치도 설치 및 국제자유도시 조성을
  위한 특별법 §10 ② / 943, 1162

제주특별자치도 설치 및 국제자유도시 조성을
  위한 특별법 §166 / 1168

제주특별자치도 설치 및 국제자유도시 조성을
  위한 특별법 §170 ① / 1168

조세범 처벌절차법 §15 ① / 545

조세범 처벌절차법 §17 ② / 545

조세특례제한법 §2 ① / 959

조세특례제한법 §3 ① / 192

조세특례제한법 §5 / 184, 972

조세특례제한법 §5 ① / 143, 151, 457

조세특례제한법 §5의2 / 1177, 1218, 1220

조세특례제한법 §6 / 952, 975, 976, 977,
  978, 979, 984, 1177

조세특례제한법 §6 ①, ⑥ / 984

조세특례제한법 §6 ⑦ / 976, 984

조세특례제한법 §7 / 952, 975, 976, 977,
  978, 979, 984, 1177

조세특례제한법 §7 ① / 1003, 1124

조세특례제한법 §8 / 983, 1177

조세특례제한법 §7의2 / 977, 983, 985, 1177

조세특례제한법 §7의4 / 972, 977, 983, 985,
  1177

조세특례제한법 §8의2 / 983, 1177

조세특례제한법 §8의3 / 972, 973, 974, 975,
  983, 985, 1177

조세특례제한법 §8의3 ① / 511

조세특례제한법 §8의3 ③ / 977, 987

조세특례제한법 §8의4 / 150, 1039

조세특례제한법 §10 / 184, 972, 977, 983,
  985, 1177

조세특례제한법 §10의2 / 390, 470, 983,

1177
조세특례제한법 §10의2 ① / 468, 470
조세특례제한법 §10의2 ② / 469, 470
조세특례제한법 11 / 184
조세특례제한법 §12 / 952, 1177
조세특례제한법 §12 ① / 977, 978, 979, 984
조세특례제한법 §12 ② / 972, 977, 983, 985
조세특례제한법 §12 ③ / 977, 978, 979, 984
조세특례제한법 §12의2 / 952, 975, 976,
  978, 979, 984, 1177
조세특례제한법 §12의3 / 972, 977, 983,
  985, 1177
조세특례제한법 §12의4 / 972, 977, 983,
  985, 1177
조세특례제한법 §13 / 983, 1177
조세특례제한법 §13 ① / 155
조세특례제한법 §13 ② / 156
조세특례제한법 §13 ④ / 155, 156
조세특례제한법 §13의2 / 972, 975, 977,
  983, 986
조세특례제한법 §13의3 / 972, 977, 983, 986
조세특례제한법 §13의4 / 155
조세특례제한법 §14 / 983, 1177
조세특례제한법 §16의2 / 510, 909
조세특례제한법 §16의3 / 510
조세특례제한법 §16의4 / 510, 909
조세특례제한법 §19 / 972, 1177
조세특례제한법 §19 ① / 974, 977, 983, 986
조세특례제한법 §20 / 952
조세특례제한법 §21 / 952, 984
조세특례제한법 §21 ① / 1226
조세특례제한법 §21의2 ① / 1226
조세특례제한법 §22 / 445, 738, 801, 961,
  962, 1177
조세특례제한법 §24~§26 / 184
조세특례제한법 §24 / 184, 972, 973, 974,
  975, 977, 981, 983, 986, 987, 1177
조세특례제한법 §24 ① / 465, 838

조세특례제한법 §25 / 972
조세특례제한법 §25의4 / 972
조세특례제한법 §25의5 / 972
조세특례제한법 §25의6 / 972, 975, 977,
  983, 986, 1177
조세특례제한법 §25의7 / 972
조세특례제한법 §26 / 972, 973, 974, 975,
  977, 983, 986, 987, 1177
조세특례제한법 §26 ① / 986
조세특례제한법 §26 ⑥ / 986, 987
조세특례제한법 §28 / 983, 1177
조세특례제한법 §28 ① / 555
조세특례제한법 §28의2 / 552, 983
조세특례제한법 §28의2 ① / 555
조세특례제한법 §28의3 / 552, 983, 1177
조세특례제한법 §28의3 ① / 555
조세특례제한법 §28의4 / 552, 983
조세특례제한법 §29의2 / 972, 977, 983,
  986, 1177
조세특례제한법 §29의3 / 972, 977, 983,
  986, 1177
조세특례제한법 §29의4 / 972, 974, 977,
  983, 986, 1177
조세특례제한법 §29의5 / 972, 974, 977,
  983, 986
조세특례제한법 §29의6 / 510
조세특례제한법 §29의7 / 972, 974, 976,
  977, 983, 986
조세특례제한법 §29의8 / 972, 977, 983, 986
조세특례제한법 §29의8 ① / 974, 976
조세특례제한법 §29의8 ③ / 1178
조세특례제한법 §29의8 ④ / 1178
조세특례제한법 §30의3 / 972, 977, 983, 986
조세특례제한법 §30의4 / 972, 974, 975,
  977, 983, 986, 1178
조세특례제한법 §31 ④ / 975, 976, 978, 979,
  984, 1178
조세특례제한법 §31 ⑤ / 975, 976, 978, 979,

984, 1178

조세특례제한법 §31 ⑥ / 983, 986, 1178

조세특례제한법 §32 ④ / 975, 976, 978, 979, 983, 984, 1178

조세특례제한법 §33 / 390, 471, 1178

조세특례제한법 §33 ① / 471

조세특례제한법 §33 ② / 471

조세특례제한법 §33 ③ / 471, 477, 479, 480, 481, 1181

조세특례제한법 §33 ④ / 471

조세특례제한법 §33의2 / 952

조세특례제한법 §34 / 390, 472

조세특례제한법 §34 ① / 472

조세특례제한법 §34 ② / 472

조세특례제한법 §38 / 670, 696, 771, 820, 832, 842, 846, 860, 1082

조세특례제한법 §38 ① / 840, 845, 848, 896

조세특례제한법 §38 ② / 841, 846

조세특례제한법 §38 ③ / 841, 842, 845

조세특례제한법 §38의2 / 670, 696, 820, 832, 842, 846, 860

조세특례제한법 §38의2 ① / 852, 853, 855, 856, 857

조세특례제한법 §38의2 ② / 853, 855, 856, 857

조세특례제한법 §38의2 ③ / 852, 854, 857

조세특례제한법 §38의2 ③ 2호 / 858

조세특례제한법 §38의2 ④ / 859

조세특례제한법 §38의2 ⑤ / 858, 859

조세특례제한법 §38의2 ⑥ / 856, 857, 859

조세특례제한법 §38의2 ⑦ / 859

조세특례제한법 §38의2 ⑧ / 852, 854, 859

조세특례제한법 §38의2 ⑨ / 859

조세특례제한법 §38의3 / 390, 473

조세특례제한법 §38의3 ① / 472

조세특례제한법 §38의3 ② / 472

조세특례제한법 §39 / 390, 474, 484

조세특례제한법 §39 ① / 473, 513

조세특례제한법 §39 ② / 473

조세특례제한법 §39 ③ / 473

조세특례제한법 §39 ④ / 473

조세특례제한법 §39 ⑤ / 474

조세특례제한법 §40 / 390, 474, 484

조세특례제한법 §40 ① / 474, 513

조세특례제한법 §40 ② / 474, 514

조세특례제한법 §40 ③ / 474

조세특례제한법 §40 ④ / 474

조세특례제한법 §40 ④ 3호 단서 / 474

조세특례제한법 §40 ⑤ / 474

조세특례제한법 §44 / 148, 390, 475

조세특례제한법 §44 ① / 475

조세특례제한법 §44 ② / 475

조세특례제한법 §44 ③ / 475

조세특례제한법 §44 ④ / 475

조세특례제한법 §46 / 670, 696

조세특례제한법 §46 ① / 861, 862, 863, 864

조세특례제한법 §46 ② / 862

조세특례제한법 §46 ③ / 863

조세특례제한법 §46 ④ / 862

조세특례제한법 §46 ⑤ / 863

조세특례제한법 §47의4 / 390, 476

조세특례제한법 §47의4 ① / 475

조세특례제한법 §48 / 248, 272

조세특례제한법 §52 / 484, 514

조세특례제한법 §55의2 / 157

조세특례제한법 §55의2 ④ / 157, 178, 983

조세특례제한법 §55의2 ⑤ / 157, 178

조세특례제한법 §55의2 ⑥ / 178

조세특례제한법 §60 / 390, 477

조세특례제한법 §60 ② / 476, 983

조세특례제한법 §60 ③ / 476

조세특례제한법 §60 ⑤ / 476

조세특례제한법 §61 / 390, 477

조세특례제한법 §61 ③ / 477, 479, 983

조세특례제한법 §61 ④ / 477

조세특례제한법 §61 ⑤ / 477, 478, 479

조세특례제한법 §61 ⑥ / 479
조세특례제한법 §62 / 390, 478
조세특례제한법 §62 ① / 478, 983
조세특례제한법 §62 ② / 478
조세특례제한법 §62 ④ / 478, 952, 975, 976,
  978, 979, 984
조세특례제한법 §62 ⑦ / 478
조세특례제한법 §62 ⑧ / 478
조세특례제한법 §63 / 952, 984, 1178
조세특례제한법 §63 ① / 975, 976, 978, 979
조세특례제한법 §63 ③ / 478
조세특례제한법 §63 ④ / 983
조세특례제한법 §63의2 / 435, 444, 1178
조세특례제한법 §63의2 ① / 975, 976, 978,
  979
조세특례제한법 §63의2 ④ / 479, 952, 983
조세특례제한법 §63의2 ⑤ / 390
조세특례제한법 §64 / 952, 975, 976, 978,
  979, 984, 1178
조세특례제한법 §66 / 952, 975, 978, 979,
  1178
조세특례제한법 §67 / 952, 975, 978, 979,
  1178
조세특례제한법 §68 / 952, 975, 978, 979,
  984, 1178
조세특례제한법 §72 / 141, 178, 883, 992
조세특례제한법 §72 ① / 91, 118, 119, 192,
  982, 1132, 1141, 1160, 1175, 1176, 1178,
  1179
조세특례제한법 §72 ② / 997, 1177
조세특례제한법 §72 ④ / 1178
조세특례제한법 §72 ⑤ / 1179
조세특례제한법 §74 / 669, 673
조세특례제한법 §74 ① / 1161, 1170, 1171,
  1208, 1212
조세특례제한법 §74 ② / 149, 1163
조세특례제한법 §74 ③ / 1164
조세특례제한법 §76 / 1177

조세특례제한법 §79의9 ① / 479
조세특례제한법 §85의2 / 390
조세특례제한법 §85의6 ①, ② / 952, 975,
  976, 978, 979
조세특례제한법 §85의7 / 479
조세특례제한법 §85의7 ① / 479
조세특례제한법 §85의8 / 390, 480
조세특례제한법 §85의8 ① / 480
조세특례제한법 §85의8 ② / 480
조세특례제한법 §85의9 / 390, 481
조세특례제한법 §85의9 ① / 480
조세특례제한법 §85의9 ② / 480
조세특례제한법 §94 / 184
조세특례제한법 §96 / 952, 978, 979, 984
조세특례제한법 §96의2 / 952, 978, 979,
  980, 984
조세특례제한법 §96의3 / 972, 977, 978,
  979, 980, 986
조세특례제한법 §97의6 / 670
조세특례제한법 §97의6 ① / 696, 698, 699
조세특례제한법 §97의6 ② / 698, 699, 700
조세특례제한법 §97의6 ③ / 698
조세특례제한법 §97의6 ④ / 697
조세특례제한법 §97의6 ⑤ / 697
조세특례제한법 §97의8 / 670
조세특례제한법 §97의8 ① / 700, 701
조세특례제한법 §97의8 ② / 701, 702
조세특례제한법 §97의8 ③ / 700, 702
조세특례제한법 §97의8 ④ / 701
조세특례제한법 §97의8 ⑤ / 701
조세특례제한법 §99의6 ⑤, §6 / 952
조세특례제한법 §99의9 / 952, 984, 1178
조세특례제한법 §99의9 ② / 975, 976, 978,
  979, 980
조세특례제한법 §99의11 / 952
조세특례제한법 §99의11 ① / 975, 976, 978,
  979, 980
조세특례제한법 §99의12 / 977, 978, 979,

980, 983, 986

조세특례제한법 §104의5 / 184

조세특례제한법 §100의8 ① / 723

조세특례제한법 §100의14~§100의26 / 92,
    240, 348, 428, 1133

조세특례제한법 §100의14 / 92, 330, 331,
    512, 1184

조세특례제한법 §100의15 ① / 112, 139,
    174, 330, 435, 444, 1074, 1080, 1081,
    1185, 1186, 1202

조세특례제한법 §100의15 ② / 330, 1185

조세특례제한법 §100의15 ③ / 174, 1074

조세특례제한법 §100의16 ① / 1186

조세특례제한법 §100의16 ② / 1186

조세특례제한법 §100의16 ③ / 1186

조세특례제한법 §100의16 ④ / 1187

조세특례제한법 §100의17 / 1185

조세특례제한법 §100의17 ① / 1187

조세특례제한법 §100의17 ② / 1187

조세특례제한법 §100의18 / 112, 139, 330,
    1186

조세특례제한법 §100의18 ① / 174, 331,
    512, 1048, 1074, 1188, 1190, 1191, 1192

조세특례제한법 §100의18 ② / 1190

조세특례제한법 §100의18 ③ / 1190, 1191,
    1192, 1198, 1200

조세특례제한법 §100의18 ③ 단서 / 1191

조세특례제한법 §100의18 ④ / 1193

조세특례제한법 §100의18 ⑤ / 1193

조세특례제한법 §100의19 ① / 1194

조세특례제한법 §100의19 ② / 1195

조세특례제한법 §100의20 ② / 1195, 1196

조세특례제한법 §100의21 ① / 1197

조세특례제한법 §100의22 ① / 1197

조세특례제한법 §100의22 ② / 1197

조세특례제한법 §100의22 ③ / 1197

조세특례제한법 §100의23 / 1198, 1199,
    1200

조세특례제한법 §100의23 ① / 159, 176,
    1074, 1198, 1199, 1201

조세특례제한법 §100의23 ② / 1198

조세특례제한법 §100의23 ③ / 1198

조세특례제한법 §100의24 / 1194, 1202

조세특례제한법 §100의24 ① / 1199, 1200

조세특례제한법 §100의24 ② / 1200

조세특례제한법 §100의24 ③ / 1190, 1192,
    1199, 1200

조세특례제한법 §100의24 ④ / 1200

조세특례제한법 §100의24 ⑤ / 1201

조세특례제한법 §100의24 ⑥ / 1200, 1201

조세특례제한법 §100의24 ⑦ / 1200, 1201

조세특례제한법 §100의24 ⑧ / 1201

조세특례제한법 §100의25 / 1193

조세특례제한법 §100의25 ① / 1194, 1201

조세특례제한법 §100의25 ② / 1194, 1202

조세특례제한법 §100의26 / 1202

조세특례제한법 §100의32 / 112, 120, 139,
    153, 939, 941, 950, 951, 955, 982, 998,
    1060, 1087, 1094, 1101

조세특례제한법 §100의32 ① / 112, 946,
    949, 950

조세특례제한법 §100의32 ② / 110, 946,
    947, 948, 949, 950, 1094

조세특례제한법 §100의32 ③ / 947

조세특례제한법 §100의32 ④ / 947, 948

조세특례제한법 §100의32 ⑤ / 946, 948

조세특례제한법 §100의32 ⑥ / 947, 949

조세특례제한법 §100의32 ⑦ / 946, 949

조세특례제한법 §100의32 ⑧ / 950

조세특례제한법 §100의32 ⑨ / 949

조세특례제한법 §102 / 952, 978, 979, 980,
    1178

조세특례제한법 §103 ① / 1076

조세특례제한법 §104의3 / 248, 272, 669

조세특례제한법 §104의3 ① / 674, 719,
    1043, 1057, 1077

조세특례제한법 §104의3 ② / 674
조세특례제한법 §104의3 ③ / 674
조세특례제한법 §104의3 ④ / 674
조세특례제한법 §104의3 ⑤ / 674
조세특례제한법 §104의7 ① / 95, 1136, 1179, 1180
조세특례제한법 §104의7 ② / 88, 95, 96, 1128, 1136, 1158, 1160, 1179, 1181
조세특례제한법 §104의7 ③ / 96, 1180
조세특례제한법 §104의7 ④ / 96, 1180, 1181
조세특례제한법 §104의8 / 983, 986, 992
조세특례제한법 §104의8 ① / 972
조세특례제한법 §104의9 / 248, 272
조세특례제한법 §104의10 / 118
조세특례제한법 §104의10 ① / 141, 178, 192, 193
조세특례제한법 §104의10 ② / 193, 1080, 1081
조세특례제한법 §104의10 ③ / 193
조세특례제한법 §104의10 ④ / 193
조세특례제한법 §104의10 ⑤ / 193
조세특례제한법 §104의10 ⑥ / 193
조세특례제한법 §104의10 ⑦ / 193
조세특례제한법 §104의12 / 248, 272, 669
조세특례제한법 §104의12 ① / 675
조세특례제한법 §104의12 ② / 675
조세특례제한법 §104의12 ③ / 675
조세특례제한법 §104의12 ④ / 675
조세특례제한법 §104의12 ⑤ / 675
조세특례제한법 §104의14 / 972, 974, 975, 977, 983, 986, 1178
조세특례제한법 §104의15 / 974, 975, 977, 983, 986, 1178
조세특례제한법 §104의15 ① / 446
조세특례제한법 §104의15 ④ / 670, 702
조세특례제한법 §104의16 / 390, 481, 1181
조세특례제한법 §104의16 ① / 481, 1181
조세특례제한법 §104의16 ② / 481, 1181

조세특례제한법 §104의16 ④ / 481, 484, 514, 1181
조세특례제한법 §104의18 / 972
조세특례제한법 §104의2 / 155
조세특례제한법 §104의2 ② / 556, 557
조세특례제한법 §104의22 / 973, 975, 984, 986
조세특례제한법 §104의23 / 683
조세특례제한법 §104의24 / 952
조세특례제한법 §104의24 ① / 975, 976, 978, 979, 980
조세특례제한법 §104의25 / 973, 975, 977, 984, 986
조세특례제한법 §104의26 / 484
조세특례제한법 §104의26 ① / 515
조세특례제한법 §104의26 ② / 515
조세특례제한법 §104의28 / 155
조세특례제한법 §104의30 / 973, 977, 984, 986
조세특례제한법 §104의31 / 156, 435, 444, 712, 1118
조세특례제한법 §104의31 ① / 176, 525, 717, 940, 999, 1080, 1081, 1121
조세특례제한법 §104의31 ② / 176
조세특례제한법 §104의31 ③ / 177
조세특례제한법 §104의31 ④ / 177
조세특례제한법 §104의31 ⑤ / 176
조세특례제한법 §106 ① / 1231
조세특례제한법 §108 / 542, 738
조세특례제한법 §117 ① / 841
조세특례제한법 §121의2 / 953, 974, 976
조세특례제한법 §121의4 / 953, 974, 976
조세특례제한법 §121의8 / 435, 444, 953, 975, 976, 978, 979, 980, 984
조세특례제한법 §121의9 / 435, 444, 953, 984
조세특례제한법 §121의9 ② / 975, 976, 978, 979, 980

조세특례제한법 §121의17 / 953, 984
조세특례제한법 §121의17 ② / 975, 976, 978, 979, 980
조세특례제한법 §121의20 / 953, 984
조세특례제한법 §121의20 ② / 975, 976, 978, 979, 980
조세특례제한법 §121의21 / 953, 984
조세특례제한법 §121의21 ② / 975, 976, 978, 979, 980
조세특례제한법 §121의22 / 984
조세특례제한법 §121의22 ② / 975, 976, 978, 979, 980
조세특례제한법 §121의23 / 673
조세특례제한법 §121의23 ① / 670, 702, 864
조세특례제한법 §121의23 ③ / 864
조세특례제한법 §121의23 ④ / 670, 702, 864
조세특례제한법 §121의23 ⑤ / 589, 613, 883
조세특례제한법 §121의23 ⑥ / 1160, 1163
조세특례제한법 §121의23 ⑦ / 1160
조세특례제한법 §121의23 ⑧ / 883
조세특례제한법 §121의25 / 673
조세특례제한법 §121의25 ① / 670, 703, 865
조세특례제한법 §121의25 ③ / 589, 613, 883
조세특례제한법 §121의25 ④ / 1161, 1164
조세특례제한법 §121의25 ⑤ / 1161
조세특례제한법 §121의25 ⑥ / 883
조세특례제한법 §121의25 ⑨ / 1161
조세특례제한법 §121의26 / 390, 465
조세특례제한법 §121의26 ① / 465
조세특례제한법 §121의26 ② / 465
조세특례제한법 §121의27 / 149, 390, 466
조세특례제한법 §121의27 ① / 466, 484, 515
조세특례제한법 §121의27 ② / 466
조세특례제한법 §121의27 ③ / 466, 467
조세특례제한법 §121의28 / 149, 390, 467
조세특례제한법 §121의28 ① / 466, 515
조세특례제한법 §121의28 ② / 466, 484, 516
조세특례제한법 §121의28 ③ / 467

조세특례제한법 §121의28 ④ / 467
조세특례제한법 §121의28 ⑤ / 467
조세특례제한법 §121의29 / 148, 390, 467
조세특례제한법 §121의29 ① / 467
조세특례제한법 §121의29 ② / 467
조세특례제한법 §121의29 ③ / 467
조세특례제한법 §121의30 / 390, 670, 703, 771, 832, 842, 846, 860
조세특례제한법 §121의30 ① / 865, 866, 867, 868, 869
조세특례제한법 §121의30 ② / 866
조세특례제한법 §121의30 ③ / 867, 868
조세특례제한법 §121의30 ③ / 868
조세특례제한법 §121의30 ④ / 869
조세특례제한법 §121의30 ⑤ / 867
조세특례제한법 §121의31 / 390, 468
조세특례제한법 §121의31 ① / 468
조세특례제한법 §121의31 ② / 468
조세특례제한법 §122의4 / 973, 977, 984
조세특례제한법 §122의4 ① / 975, 986
조세특례제한법 §126의2 ① / 619, 1063, 1215
조세특례제한법 §126의3 / 1001, 1216
조세특례제한법 §126의3 ④ / 1218
조세특례제한법 §126의6 / 986
조세특례제한법 §126의7 ⑧ / 973, 975, 977, 984, 986
조세특례제한법 §127 ① / 690, 973
조세특례제한법 §127 ② / 974
조세특례제한법 §127 ③ / 974
조세특례제한법 §127 ④ / 975, 976
조세특례제한법 §127 ⑤ / 976
조세특례제한법 §127 ⑥ / 976
조세특례제한법 §127 ⑩ / 974, 976
조세특례제한법 §127 ⑪ / 974
조세특례제한법 §128 ① / 977
조세특례제한법 §128 ② / 952, 978
조세특례제한법 §128 ③ / 952, 979

조세특례제한법 §128 ④ / 978, 980
조세특례제한법 §130 ① / 981
조세특례제한법 §130 ② / 981
조세특례제한법 §132 / 144, 790, 814, 827
조세특례제한법 §132 ① / 982, 983, 985,
  986, 1097, 1098
조세특례제한법 §132 ③ / 983
조세특례제한법 §136 / 1014
조세특례제한법 §136 ② / 622
조세특례제한법 §136 ③ / 623
조세특례제한법 §136 ④ / 623
조세특례제한법 §136 ⑤ / 623
조세특례제한법 §138 / 299, 1015
조세특례제한법 §138 ① / 384, 622, 940
조세특례제한법 §143 / 974, 976
조세특례제한법 §144 / 790, 814, 815, 827
조세특례제한법 §144 ① / 986
조세특례제한법 §144 ② / 986
조세특례제한법 §144 ③ / 986, 987
조세특례제한법 §146 / 988
조세특례제한법 시행령 §2 / 120, 323, 491,
  526, 937, 998
조세특례제한법 시행령 §2 ① / 997, 1100
조세특례제한법 시행령 §2 ② / 982, 985
조세특례제한법 시행령 §2 ⑤ / 985
조세특례제한법 시행령 §4 ① / 491
조세특례제한법 시행령 §6의4 ① / 510
조세특례제한법 시행령 §7의3 / 1039
조세특례제한법 시행령 §9 ① / 469
조세특례제한법 시행령 §9의2 / 470
조세특례제한법 시행령 §9의2 ② / 468
조세특례제한법 시행령 §9의2 ③ / 468, 469
조세특례제한법 시행령 §14의2 / 909
조세특례제한법 시행령 §14의4 / 909
조세특례제한법 시행령 §21 ② / 838
조세특례제한법 시행령 §21 ③ / 838, 982,
  988
조세특례제한법 시행령 §23 / 987

조세특례제한법 시행령 §23 ④ / 555
조세특례제한법 시행령 §23 ⑧ / 987
조세특례제한법 시행령 §23 ⑩~⑬ / 987
조세특례제한법 시행령 §25 ② / 555
조세특례제한법 시행령 §25 ③~⑨ / 555
조세특례제한법 시행령 §25의2 ① / 555
조세특례제한법 시행령 §25의2 ② / 555
조세특례제한법 시행령 §25의2 ③~⑨ / 555
조세특례제한법 시행령 §25의3 ② / 555
조세특례제한법 시행령 §25의3 ③ / 555
조세특례제한법 시행령 §25의3 ④~⑩ / 555
조세특례제한법 시행령 §26의4 ① / 622
조세특례제한법 시행령 §26의4 ③ / 947, 948
조세특례제한법 시행령 §26의5 ② / 948
조세특례제한법 시행령 §26의5 ⑧ / 948
조세특례제한법 시행령 §29 ③ / 838
조세특례제한법 시행령 §30 / 471
조세특례제한법 시행령 §30 ④ / 470
조세특례제한법 시행령 §30 ⑤ / 471
조세특례제한법 시행령 §30 ⑥ / 471
조세특례제한법 시행령 §30 ⑧ / 471
조세특례제한법 시행령 §30 ⑨ / 476, 477,
  479, 480, 481, 1181
조세특례제한법 시행령 §34 / 472
조세특례제한법 시행령 §34 ① / 471
조세특례제한법 시행령 §34 ③ / 471
조세특례제한법 시행령 §34 ④ / 471
조세특례제한법 시행령 §34 ⑤ / 471
조세특례제한법 시행령 §34 ⑥ / 472, 513,
  771, 772, 832, 842, 843, 846, 860
조세특례제한법 시행령 §34 ⑦ / 472, 513,
  860
조세특례제한법 시행령 §34 ⑧ / 472
조세특례제한법 시행령 §34 ⑨ / 472
조세특례제한법 시행령 §34 ⑩ / 472
조세특례제한법 시행령 §34 ⑪ / 472
조세특례제한법 시행령 §35의2 ① / 840,
  843, 844, 847

조세특례제한법 시행령 §35의2 ② / 844, 847
조세특례제한법 시행령 §35의2 ③ / 844, 847
조세특례제한법 시행령 §35의2 ④ / 844, 845
조세특례제한법 시행령 §35의2 ⑤ / 841
조세특례제한법 시행령 §35의2 ⑥ / 841,
  842, 845, 846
조세특례제한법 시행령 §35의2 ⑦ / 841, 842
조세특례제한법 시행령 §35의2 ⑧ / 841
조세특례제한법 시행령 §35의2 ⑫ / 846
조세특례제한법 시행령 §35의2 ⑬ / 842,
  845, 852
조세특례제한법 시행령 §35의2 ⑭ / 841
조세특례제한법 시행령 §35의3 / 853, 857
조세특례제한법 시행령 §35의3 ① / 855, 856
조세특례제한법 시행령 §35의3 ② / 853,
  855, 856, 858
조세특례제한법 시행령 §35의3 ③ / 855
조세특례제한법 시행령 §35의3 ④ / 853, 859
조세특례제한법 시행령 §35의3 ⑤ / 853, 858
조세특례제한법 시행령 §35의3 ⑥ / 856,
  857, 858
조세특례제한법 시행령 §35의3 ⑦ / 857
조세특례제한법 시행령 §35의3 ⑧ / 858
조세특례제한법 시행령 §35의3 ⑨ / 854
조세특례제한법 시행령 §35의3 ⑩ / 858
조세특례제한법 시행령 §35의3 ⑪ / 857
조세특례제한법 시행령 §35의3 ⑫ 전단 / 856
조세특례제한법 시행령 §35의3 ⑫ 후단 / 856
조세특례제한법 시행령 §35의3 ⑬ / 858
조세특례제한법 시행령 §35의3 ⑭ / 855
조세특례제한법 시행령 §35의3 ⑮ / 852
조세특례제한법 시행령 §35의3 ⑯ / 855
조세특례제한법 시행령 §35의4 / 853
조세특례제한법 시행령 §35의4 ① / 856, 857
조세특례제한법 시행령 §35의4 ② / 857
조세특례제한법 시행령 §35의4 ③ / 857
조세특례제한법 시행령 §35의4 ④ / 856
조세특례제한법 시행령 §35의4 ⑤ / 857

조세특례제한법 시행령 §35의5 / 473
조세특례제한법 시행령 §35의5 ① / 472
조세특례제한법 시행령 §36 / 474
조세특례제한법 시행령 §36 ① / 473, 513
조세특례제한법 시행령 §36 ② / 473, 513
조세특례제한법 시행령 §36 ③ / 473, 513
조세특례제한법 시행령 §36 ④ / 473, 513
조세특례제한법 시행령 §36 ⑥ / 473
조세특례제한법 시행령 §36 ⑦ / 473
조세특례제한법 시행령 §36 ⑧ / 473
조세특례제한법 시행령 §36 ⑨ / 473
조세특례제한법 시행령 §36 ⑩ / 473
조세특례제한법 시행령 §36 ⑪ / 473
조세특례제한법 시행령 §36 ⑯ / 474
조세특례제한법 시행령 §37 / 474
조세특례제한법 시행령 §37 ① / 474
조세특례제한법 시행령 §37 ② / 474, 513
조세특례제한법 시행령 §37 ③ / 474
조세특례제한법 시행령 §37 ④ / 474
조세특례제한법 시행령 §37 ⑪ / 474, 514
조세특례제한법 시행령 §37 ⑫ / 474
조세특례제한법 시행령 §37 ⑬ / 474
조세특례제한법 시행령 §37 ⑭ / 474
조세특례제한법 시행령 §37 ⑮ / 474
조세특례제한법 시행령 §37 ⑱ / 474
조세특례제한법 시행령 §37 ⑲ / 474
조세특례제한법 시행령 §37 ⑳ / 474
조세특례제한법 시행령 §38의3 ⑬ / 859
조세특례제한법 시행령 §41 / 475
조세특례제한법 시행령 §41 ① / 475
조세특례제한법 시행령 §43 ① / 860
조세특례제한법 시행령 §43 ② / 860
조세특례제한법 시행령 §43 ③ / 860
조세특례제한법 시행령 §43 ④ / 860
조세특례제한법 시행령 §43 ⑤ / 861
조세특례제한법 시행령 §43 ⑥ / 861, 862
조세특례제한법 시행령 §43 ⑦ / 862
조세특례제한법 시행령 §43 ⑧ / 863

조세특례제한법 시행령 §43 ⑨ / 863
조세특례제한법 시행령 §43 ⑩ / 862
조세특례제한법 시행령 §43 ⑪ / 863, 864
조세특례제한법 시행령 §43 ⑫ / 861, 862
조세특례제한법 시행령 §44의4 / 476
조세특례제한법 시행령 §44의4 ① / 475
조세특례제한법 시행령 §44의4 ② / 475
조세특례제한법 시행령 §44의4 ④ / 475
조세특례제한법 시행령 §44의4 ⑥ / 476
조세특례제한법 시행령 §51의2 ③ / 177
조세특례제한법 시행령 §51의2 ④ / 178
조세특례제한법 시행령 §54 / 476
조세특례제한법 시행령 §56 / 477
조세특례제한법 시행령 §56 ② / 476
조세특례제한법 시행령 §56 ③ / 476
조세특례제한법 시행령 §56 ⑤ / 476
조세특례제한법 시행령 §56 ⑥ / 476
조세특례제한법 시행령 §57 / 477
조세특례제한법 시행령 §57 ④ / 477
조세특례제한법 시행령 §57 ⑫ / 477
조세특례제한법 시행령 §57 ⑮ / 477
조세특례제한법 시행령 §58 / 478
조세특례제한법 시행령 §58 ② / 478
조세특례제한법 시행령 §60 ① / 838
조세특례제한법 시행령 §69 / 1178
조세특례제한법 시행령 §69 ① / 91, 1132,
    1141, 1158, 1160, 1176
조세특례제한법 시행령 §69 ② / 1178
조세특례제한법 시행령 §69 ③ / 1177
조세특례제한법 시행령 §69 ④ / 1177
조세특례제한법 시행령 §70 ① / 1162
조세특례제한법 시행령 §70 ② / 149, 1163
조세특례제한법 시행령 §70 ③ / 1163
조세특례제한법 시행령 §70 ④ / 1162, 1164
조세특례제한법 시행령 §70 ⑤ / 1162, 1163
조세특례제한법 시행령 §79의10 / 481
조세특례제한법 시행령 §79의10 ① / 480
조세특례제한법 시행령 §79의10 ② / 480

조세특례제한법 시행령 §79의10 ⑦ / 480
조세특례제한법 시행령 §79의8 / 479
조세특례제한법 시행령 §79의8 ① / 479
조세특례제한법 시행령 §79의8 ⑤ / 479
조세특례제한법 시행령 §79의8 ⑥ / 479
조세특례제한법 시행령 §79의9 / 480
조세특례제한법 시행령 §79의9 ⑤ / 480
조세특례제한법 시행령 §79의9 ⑥ / 480
조세특례제한법 시행령 §97의6 ① / 696, 698
조세특례제한법 시행령 §97의6 ② / 696,
    697, 698
조세특례제한법 시행령 §97의6 ③ / 696,
    697, 698
조세특례제한법 시행령 §97의6 ④ / 698, 700
조세특례제한법 시행령 §97의6 ⑤ / 696
조세특례제한법 시행령 §97의6 ⑦ / 698,
    699, 700
조세특례제한법 시행령 §97의6 ⑧ / 698, 700
조세특례제한법 시행령 §97의6 ⑨ / 697
조세특례제한법 시행령 §97의6 ⑩ / 697
조세특례제한법 시행령 §97의8 ① / 700, 701
조세특례제한법 시행령 §97의8 ② / 701
조세특례제한법 시행령 §97의8 ④ / 701
조세특례제한법 시행령 §97의8 ⑤ / 702
조세특례제한법 시행령 §97의8 ⑥ / 701
조세특례제한법 시행령 §97의8 ⑦ / 701
조세특례제한법 시행령 §100의15 ① / 1185
조세특례제한법 시행령 §100의15 ② / 1186,
    1187
조세특례제한법 시행령 §100의16 ① / 1187
조세특례제한법 시행령 §100의16 ② / 1187
조세특례제한법 시행령 §100의16 ③ / 1186,
    1187
조세특례제한법 시행령 §100의16 ④ / 1186,
    1187
조세특례제한법 시행령 §100의16 ⑤ / 1186,
    1187
조세특례제한법 시행령 §100의16 ⑥ / 1187

조세특례제한법 시행령 §100의16 ⑦ / 1187
조세특례제한법 시행령 §100의17 / 1188
조세특례제한법 시행령 §100의17 ① / 1188,
1198
조세특례제한법 시행령 §100의17 ② / 1188
조세특례제한법 시행령 §100의17 ③ / 1188
조세특례제한법 시행령 §100의17 ④ / 1189
조세특례제한법 시행령 §100의17 ⑤ / 1188
조세특례제한법 시행령 §100의18 ① / 152,
331, 1188, 1189
조세특례제한법 시행령 §100의18 ② / 152,
331, 1188, 1190
조세특례제한법 시행령 §100의18 ③ / 1189,
1200, 1201
조세특례제한법 시행령 §100의18 ④ / 1190,
1191
조세특례제한법 시행령 §100의18 ⑤ / 1190,
1191
조세특례제한법 시행령 §100의18 ⑥ / 1190,
1191, 1192, 1194
조세특례제한법 시행령 §100의18 ⑦ / 1193
조세특례제한법 시행령 §100의18 ⑧ / 1193
조세특례제한법 시행령 §100의18 ⑨ / 1191,
1198
조세특례제한법 시행령 §100의19 ① / 1193
조세특례제한법 시행령 §100의19 ② / 1194
조세특례제한법 시행령 §100의19 ③ / 1194
조세특례제한법 시행령 §100의20 ① / 1195
조세특례제한법 시행령 §100의20 ② / 1195
조세특례제한법 시행령 §100의21 ① / 1195
조세특례제한법 시행령 §100의21 ② / 1195
조세특례제한법 시행령 §100의21 ③ / 1196
조세특례제한법 시행령 §100의21 ④ / 1196
조세특례제한법 시행령 §100의21 ⑤ / 1196
조세특례제한법 시행령 §100의22 / 1197
조세특례제한법 시행령 §100의23 / 1196,
1197
조세특례제한법 시행령 §100의24 / 1188,
1198
조세특례제한법 시행령 §100의26 ① / 1201
조세특례제한법 시행령 §100의26 ② / 1202
조세특례제한법 시행령 §100의27 / 1202
조세특례제한법 시행령 §100의32 ③ / 946,
947
조세특례제한법 시행령 §100의32 ④ / 947
조세특례제한법 시행령 §100의32 ⑤ / 947,
948
조세특례제한법 시행령 §100의32 ⑥ / 947,
950
조세특례제한법 시행령 §100의32 ⑦ / 947
조세특례제한법 시행령 §100의32 ⑧ / 947
조세특례제한법 시행령 §100의32 ⑨ / 947,
948
조세특례제한법 시행령 §100의32 ⑩ / 948
조세특례제한법 시행령 §100의32 ⑪ / 947,
948
조세특례제한법 시행령 §100의32 ⑫ / 948
조세특례제한법 시행령 §100의32 ⑬ / 948
조세특례제한법 시행령 §100의32 ⑭ / 948
조세특례제한법 시행령 §100의32 ⑮ / 947
조세특례제한법 시행령 §100의32 ⑯ / 947
조세특례제한법 시행령 §100의32 ⑰ / 947
조세특례제한법 시행령 §100의32 ⑱ / 949
조세특례제한법 시행령 §100의32 ⑲ / 949
조세특례제한법 시행령 §100의32 ⑳ / 950
조세특례제한법 시행령 §100의32 ㉑ / 950
조세특례제한법 시행령 §100의32 ㉒ / 947
조세특례제한법 시행령 §100의32 ㉓ / 949
조세특례제한법 시행령 §104 ① / 673, 674
조세특례제한법 시행령 §104 ② / 673, 674
조세특례제한법 시행령 §104 ③ / 674
조세특례제한법 시행령 §104 ④ / 674
조세특례제한법 시행령 §104의4 / 96, 1181
조세특례제한법 시행령 §104의7 / 193
조세특례제한법 시행령 §104의7 ① / 192,
193

조세특례제한법 시행령 §104의7 ② / 118, 192
조세특례제한법 시행령 §104의7 ⑤ / 193
조세특례제한법 시행령 §104의7 ⑥ / 193
조세특례제한법 시행령 §104의7 ⑦ / 193
조세특례제한법 시행령 §104의10 / 675
조세특례제한법 시행령 §104의10 ⑤ / 192
조세특례제한법 시행령 §104의10 ⑥ / 192
조세특례제한법 시행령 §104의10 ⑩ / 192
조세특례제한법 시행령 §104의16 / 481, 1181
조세특례제한법 시행령 §104의16 ① / 481, 1181
조세특례제한법 시행령 §104의16 ③ / 481, 1181
조세특례제한법 시행령 §104의16 ⑤ / 481, 1181
조세특례제한법 시행령 §104의23 / 515
조세특례제한법 시행령 §104의28 ① / 176, 718
조세특례제한법 시행령 §104의28 ② / 177
조세특례제한법 시행령 §104의28 ③ / 177
조세특례제한법 시행령 §104의28 ④ / 177
조세특례제한법 시행령 §104의28 ⑤ / 177
조세특례제한법 시행령 §104의28 ⑥ / 177
조세특례제한법 시행령 §104의28 ⑧ / 176
조세특례제한법 시행령 §104의28 ⑨ / 176
조세특례제한법 시행령 §106 ⑦ / 1231
조세특례제한법 시행령 §110 ④ / 1217
조세특례제한법 시행령 §110 ⑤ / 542
조세특례제한법 시행령 §116의28 ② / 589, 613, 883
조세특례제한법 시행령 §116의28 ③ / 1160, 1161
조세특례제한법 시행령 §116의29 ① / 865
조세특례제한법 시행령 §116의29 ③ / 589, 613, 883
조세특례제한법 시행령 §116의29 ⑤ / 1161

조세특례제한법 시행령 §116의29 ⑥ / 883
조세특례제한법 시행령 §116의30 / 465
조세특례제한법 시행령 §116의30 ① / 465
조세특례제한법 시행령 §116의30 ② / 465
조세특례제한법 시행령 §116의30 ③ / 465
조세특례제한법 시행령 §116의30 ④ / 465
조세특례제한법 시행령 §116의30 ⑤ / 465
조세특례제한법 시행령 §116의30 ⑥ / 465
조세특례제한법 시행령 §116의30 ⑨ / 465
조세특례제한법 시행령 §116의30 ⑩ / 465
조세특례제한법 시행령 §116의31 / 466
조세특례제한법 시행령 §116의31 ① / 515
조세특례제한법 시행령 §116의31 ② / 515
조세특례제한법 시행령 §116의31 ③ / 466, 515
조세특례제한법 시행령 §116의31 ④ / 466, 515
조세특례제한법 시행령 §116의31 ⑤ / 515
조세특례제한법 시행령 §116의31 ⑥ / 466, 515
조세특례제한법 시행령 §116의31 ⑦ / 466
조세특례제한법 시행령 §116의31 ⑧ / 466
조세특례제한법 시행령 §116의31 ⑨ / 466
조세특례제한법 시행령 §116의32 / 467
조세특례제한법 시행령 §116의32 ② / 466, 515
조세특례제한법 시행령 §116의32 ③ / 466
조세특례제한법 시행령 §116의32 ⑨ / 466, 516
조세특례제한법 시행령 §116의32 ⑪ / 467
조세특례제한법 시행령 §116의32 ⑫ / 467
조세특례제한법 시행령 §116의32 ⑬ / 467
조세특례제한법 시행령 §116의32 ⑭ / 467
조세특례제한법 시행령 §116의32 ⑮ / 467
조세특례제한법 시행령 §116의33 / 467
조세특례제한법 시행령 §116의33 ① / 467
조세특례제한법 시행령 §116의33 ② / 467
조세특례제한법 시행령 §116의33 ③ / 467

조세특례제한법 시행령 §116의34 ② / 865
조세특례제한법 시행령 §116의34 ③ / 865
조세특례제한법 시행령 §116의34 ④ / 865
조세특례제한법 시행령 §116의34 ⑤ / 865,
866, 869
조세특례제한법 시행령 §116의34 ⑥ / 867
조세특례제한법 시행령 §116의34 ⑦ / 868
조세특례제한법 시행령 §116의34 ⑧ / 868
조세특례제한법 시행령 §116의34 ⑨ / 868
조세특례제한법 시행령 §116의34 ⑩ / 869
조세특례제한법 시행령 §116의34 ⑪ / 867
조세특례제한법 시행령 §116의34 ⑫ / 865,
867, 869
조세특례제한법 시행령 §116의35 / 468
조세특례제한법 시행령 §116의35 ① / 468
조세특례제한법 시행령 §116의35 ④ / 468
조세특례제한법 시행령 §116의35 ⑥ / 468
조세특례제한법 시행령 §116의35 ⑦ / 468,
471
조세특례제한법 시행령 §122 ① / 978
조세특례제한법 시행령 §122 ② / 980
조세특례제한법 시행령 §123 ① / 973
조세특례제한법 시행령 §123 ② / 973
조세특례제한법 시행령 §124 ① / 981
조세특례제한법 시행령 §124 ② / 981
조세특례제한법 시행령 §124 ③ / 981
조세특례제한법 시행령 §126 ① / 982
조세특례제한법 시행령 §126 ② / 982, 985
조세특례제한법 시행령 §126 ⑤ / 985
조세특례제한법 시행령 §130 ③ / 622
조세특례제한법 시행령 §130 ④ / 622
조세특례제한법 시행령 §130 ⑤ / 622
조세특례제한법 시행령 §132 ① / 384, 385
조세특례제한법 시행령 §132 ② / 384. 386
조세특례제한법 시행령 §132 ③ / 384, 386
조세특례제한법 시행령 §132 ④ / 384, 386
조세특례제한법 시행령 §132 ⑤ / 384, 386
조세특례제한법 시행령 §132 ⑥ / 384. 387

조세특례제한법 시행령 §136의2 ① / 987
조세특례제한법 시행령 §136의2 ② / 987
조세특례제한법 시행령 §136의2 ③ / 987
조세특례제한법 시행령 §136의2 ④ / 987
조세특례제한법 시행령 §136의2 ⑤ / 987
조세특례제한법 시행령 §137 ① / 988
조세특례제한법 시행령 §137 ② / 988
조세특례제한법 시행령 §137 ③ / 988
조세특례제한법 시행규칙 §12 ① / 838
조세특례제한법 시행규칙 §12 ② / 838, 982,
988
조세특례제한법 시행규칙 §12 ③ / 838. 988
조세특례제한법 시행규칙 §29 ① / 1176
조세특례제한법 시행규칙 §29 ② / 1177
조세특례제한법 시행규칙 §29 ③ / 1178
조세특례제한법 시행규칙 §29 ④ / 1179
조세특례제한법 시행규칙 §29의2 / 1162
조세특례제한법 시행규칙 §29의3 / 1163
조세특례제한법 시행규칙 §44의2 / 696, 697
조세특례제한법 시행규칙 §45의8 / 1187
조세특례제한법 시행규칙 §45의9 ① / 947
조세특례제한법 시행규칙 §45의9 ④ / 947
조세특례제한법 시행규칙 §45의9 ⑤ / 947
조세특례제한법 시행규칙 §45의9 ⑥ / 947
조세특례제한법 시행규칙 §45의9 ⑦ / 947
조세특례제한법 시행규칙 §45의9 ⑧ / 947
조세특례제한법 시행규칙 §45의9 ⑨ / 947
조세특례제한법 시행규칙 §45의9 ⑩ / 947
조세특례제한법 시행규칙 §45의9 ⑪ / 948
조세특례제한법 시행규칙 §45의9 ⑫ / 948
조세특례제한법 시행규칙 §45의9 ⑬ / 947
조세특례제한법 시행규칙 §45의9 ⑭ / 950
조세특례제한법 시행규칙 §45의9 ⑮ / 950
조세특례제한법 시행규칙 §45의9 ⑯ / 950
조세특례제한법 시행규칙 §45의9 ⑰ / 949
조세특례제한법 시행규칙 §46 / 1188
조세특례제한법 시행규칙 §46 ① / 1188
조세특례제한법 시행규칙 §46 ② / 1189

조세특례제한법 시행규칙 §46의2 / 1198
조세특례제한법 시행규칙 §46의3 / 193
조세특례제한법 시행규칙 §51의9 / 1163
조세특례제한법 시행규칙 §51의10 / 1164
조세특례제한법 시행규칙 §53 ① / 981
조세특례제한법 시행규칙 §53 ② / 981
조세특례제한법 시행규칙 §53 ③ / 981
조세특례제한법 시행규칙 §54 / 982
조세특례제한법 시행규칙 §59 / 386
조세특례제한법 시행규칙 §59 ① / 386
조세특례제한법 시행규칙 §59 ② / 387
조세특례제한법 시행규칙 §59의3 / 988
조세특례제한법 시행규칙 §61 / 696, 701,
  840, 1178, 1198
주세법 §3 / 543
주세법 §9 ① / 543
주세법 §11 / 543
주식·사채 등의 전자등록에 관한 법률 §2 /
  723, 759, 1041, 1047, 1057, 1076
주식·사채 등의 전자등록에 관한 법률 §59 /
  723, 1041, 1047, 1055, 1057, 1076
주식회사 등의 외부감사에 관한 법률 §2 /
  599, 608, 1081, 1082, 1083, 1156
주식회사 등의 외부감사에 관한 법률 §4 /
  989, 990, 991, 992, 994, 1098, 1099
주식회사 등의 외부감사에 관한 법률 §5 ① /
  146, 455, 555, 581
주식회사 등의 외부감사에 관한 법률 §5 ①,
  §4 / 165
주식회사 등의 외부감사에 관한 법률 §9 /
  1156
주식회사 등의 외부감사에 관한 법률 §23 /
  970
주식회사 등의 외부감사에 관한 법률 §29 ① /
  971
주식회사 등의 외부감사에 관한 법률 §29 ③,
  ④ / 971
주식회사 등의 외부감사에 관한 법률

§39~§44 / 971
주택건설기준 등에 관한 규정 §2 3호 / 386
주택도시기금법 §6 ② / 1044, 1057
주택법 §16 / 654
주택법 §16 ① / 654
주택법 시행령 §18 / 654
중소기업 인력지원 특별법 §35의2 / 510
중소기업 인력지원 특별법 §35의3 ① / 510
중소기업기본법 §2 ① / 510
중증장애인생산품 우선구매 특별법 §2 ② /
  1144
지방공기업법 §80 / 1120
지방세기본법 §2 ① / 109
지방세기본법 §44 / 109
지방세기본법 §60 / 450
지방세기본법 §60 ⑥ / 450
지방세기본법 §62 ① / 450
지방세기본법 §62 ② / 450
지방세기본법 §75 / 109
지방세기본법 시행령 §43 / 450
지방세법 §2 / 546
지방세법 §86 / 238
지방세법 §86 ② / 238, 380, 382, 449, 767,
  794, 797, 816, 829
지방세법 §103의9 / 539
지방세법 §103의19~§103의65 / 238
지방세법 §106 ① / 944
지방세법 §106 ② / 944
지방세특례제한법 §57의2 ③ / 838
지방세특례제한법 §57의2 ⑤ / 841
지방자치법 §3 / 116
지방자치법 §3 ③ / 942
지방자치법 §3 ④ / 942, 943
지방자치법 §176 ① / 110
지방자치법 §176 ② / 110
지방자치분권 및 지역균형발전에 관한 특별법
  §25 / 1142, 1152, 1153
지역신용보증재단법 §35 / 685, 686

직업교육훈련 촉진법 §7 / 503
질서위반행위규제법 §2, §5 / 545
질서위반행위규제법 §14, §15 / 545
질서위반행위규제법 §24 / 545
집단에너지사업법 §2 / 692

채무자 회생 및 파산에 관한 법률 §23 / 127
채무자 회생 및 파산에 관한 법률 §23 ① /
  128
채무자 회생 및 파산에 관한 법률 §146 / 103
채무자 회생 및 파산에 관한 법률 §193 / 772,
  788, 807, 812, 819, 826
채무자 회생 및 파산에 관한 법률 §245 / 144,
  1087
채무자 회생 및 파산에 관한 법률 §540 / 129
체육시설의 설치 · 이용에 관한 법률 §3 /
  1218, 1220
초 · 중등교육법 §2 / 89, 1129
초 · 중등교육법 §3 / 997

콘텐츠산업 진흥법 §20의2 / 685

통계법 §17 / 943
통계법 §22 / 119, 300, 1142, 1144
특정 금융거래정보의 보고 및 이용 등에 관한
  법률 §2 / 746, 758, 759
특정 금융거래정보의 보고 및 이용 등에 관한
  법률 시행령 §4 / 759

파견근로자보호 등에 관한 법률 §2 / 639

평생교육법 §31 ④ / 604, 610, 1144
평생교육법 §33 ③ / 604, 610, 1144
폐기물관리법 §25 ③ / 574

한국사학진흥재단법 §17 ② / 89, 1130
한국장학재단 설립 등에 관한 법률 §24의2 /
  1146
한국주택금융공사법 §43의8 ①, ② / 1157
한국투자공사법 §34 ② / 621
한부모가족지원법 §19 ① / 1144
항만법 §24 / 563, 572
해외자원개발 사업법 §2 / 702
행정권한의 위임 및 위탁에 관한 규정 §3 ① /
  604, 607
헌법 §38 / 238, 451, 869, 870
헌법 §59 / 268, 451
헌법 §119 ① / 260, 645
혁신도시 조성 및 발전에 관한 특별법 §2 /
  478
협동조합 기본법 §60의2 ① / 1120
협동조합 기본법 §85 / 604, 606
협동조합 기본법 §93 ① / 605, 607
협동조합 기본법 시행령 §21 / 605, 607
형법 §41 / 544
형법 §45 / 544
형법 §47 / 544
형법 §69 ① / 544
형법 §69 ② / 544

OECD 모델 조세협약 §10 ③ / 463

UN 모델 조세협약 §10 ③ / 463

대법원 1963.11.7. 62다117 / 226

1967년
대법원 1967.6.13. 67다302 / 233

1977년
대법원 1977.12.27. 76누25 / 216, 219

1980년
대법원 1980.3.11. 79누322 / 1017
대법원 1980.4.22. 79누296 / 216, 220
대법원 1980.12.23. 79누370 / 891

1981년
대법원 1981.2.10. 79누441 / 216, 220

1982년
대법원 1982.2.23. 81누332 / 876
대법원 1982.9.14. 80누127 / 135

1983년
대법원 1983.5.24. 82누522 / 850
대법원 1983.9.27. 83누300 / 134
대법원 1983.11.22. 83누444 / 1005

1984년
대법원 1984.3.13. 83누720 / 224
대법원 1984.4.10. 81누48 / 1005, 1007
대법원 1984.4.10. 83누540 / 996

대법원 1984.10.23. 83누124 / 1018

1985년
대법원 1985.4.23. 84누622 / 875

1986년
대법원 1986.3.25. 86누30 / 98
대법원 1986.9.9. 85누379 / 602
대법원 1986.10.14. 84누430. / 114
대법원 1986.11.11. 86누449 / 875
대법원 1986.12.9. 86누516 / 1006

1987년
대법원 1987.7.21. 87누108 / 592
대법원 1987.9.8. 85누821 / 538

1988년
대법원 1988.3.22. 86누587 / 1024
대법원 1988.5.24. 86누121 / 1007
대법원 1988.9.13. 85누988 / 1005, 1006
대법원 1988.11.8. 87누174 / 891
대법원 1988.12.13. 88누3666 / 102
대법원 1988.12.23. 97다20649 / 850

1989년
대법원 1989.2.28. 87누891 / 576
대법원 1989.3.28. 87누880 / 1023
대법원 1989.4.11. 88누3802 / 1017
대법원 1989.9.12. 89누916 / 850
대법원 1989.9.12. 89누1896 / 224
대법원 1989.11.14. 88누6412 / 230

헌재 1989.7.21. 89헌마38 / 870

1990년

대법원 1990.3.23. 89누5386 / 546
대법원 1990.7.24. 89누4772 / 876, 926
대법원 1990.9.28. 90누2222 / 1024
대법원 1990.10.30. 90누325 / 519

1991년

대법원 1991.3.12. 90누7289 / 1017
대법원 1991.11.22. 91누1691 / 710

1992년

대법원 1992.1.21. 91누7637 / 871
대법원 1992.7.14. 92누3120 / 1017
대법원 1992.7.14. 92누4048 / 1030
대법원 1992.8.14. 92누6747 / 1027
대법원 1992.9.8. 91누13670 / 891
대법원 1992.9.22. 91누13571 / 928
대법원 1992.10.23. 92누2936, 2943 / 714
대법원 1992.11.10. 91누8302 / 647, 663

1993년

대법원 1993.1.19. 92누8293 전원합의체 판결
  / 614, 616
대법원 1993.2.12. 92누9913 / 929
대법원 1993.5.25. 92누18320 / 594
대법원 1993.8.27. 93누6058 / 1032

1994년

대법원 1994.3.8. 93누1176 / 1017
대법원 1994.5.10. 93다47615 / 764
대법원 1994.12.2. 92누14250. / 518

1995년

대법원 1995.1.12. 94누10337 / 1007
대법원 1995.2.10. 94누1913 / 876

대법원 1995.6.30. 94누149 / 1017
대법원 1995.7.14. 94누3469 / 290
대법원 1995.8.11. 95누3121 / 663
대법원 1995.12.26. 95누3589 / 878

1996년

대법원 1996.5.10. 95누5301 / 928
대법원 1996.6.14. 95누14435 / 1143, 1146,
  1147
대법원 1996.7.12. 95누7260 / 881

1997년

대법원 1997.2.28. 96누14845 / 1146
대법원 1997.4.8. 96누2200 / 216
대법원 1997.4.11. 96누9164 / 602
대법원 1997.5.28. 95누18697 / 876, 926
대법원 1997.7.25. 96누10119 / 591
대법원 1997.9.9. 96누12054 / 1007
대법원 1997.9.26. 97누8502 / 931
대법원 1997.10.24. 97누2429 / 1017, 1027
대법원 1997.10.24. 97누10192 / 1006, 1007,
  1008
대법원 1997.11.28. 96누14333 / 884

헌재 1997.7.16. 96헌바36~49 / 546

1998년

대법원 1998.5.8. 96누6158 / 263
대법원 1998.5.12. 96누5346 / 1008
대법원 1998.6.12. 97누11386 / 592
대법원 1998.11.10. 97누12068 / 654

1999년

대법원 1999.1.15. 97누20304 / 1002, 1005
대법원 1999.5.25. 97누19151 / 1024
대법원 1999.6.25. 97누14194 / 615
대법원 1999.9.7. 97누17261 / 93, 1133

2000년

대법원 2000.1.18. 98두13102 / 428, 431, 432
대법원 2000.2.11. 97누13184 / 879, 881
대법원 2000.2.11. 99두2505 / 931
대법원 2000.2.25. 98두1826 / 707
대법원 2000.7.28. 2000두1287 / 931
대법원 2000.11.10. 98두12055 / 900
대법원 2000.11.14. 2000두5494 / 878, 915

2001년

대법원 2001.5.8. 98두9363 / 1116
대법원 2001.6.1. 99다1260 / 136
대법원 2001.6.15. 99두1731 / 870, 933
대법원 2001.8.21. 99두8459 / 933
대법원 2001.8.21. 2000두5098 / 920, 931
대법원 2001.9.14. 99두3324 / 1018
대법원 2001.11.27. 99두10131 / 880
대법원 2001.12.24. 99두9193 / 1009

2002년

대법원 2002.4.12. 2000두2990 / 616
대법원 2002.8.27. 2001다13624 / 106
대법원 2002.9.4. 2001두7268 / 870
대법원 2002.9.27. 2001두5989 / 223
대법원 2002.10.11. 2002두1953 / 224
대법원 2002.11.8. 2001두7961 / 720
대법원 2002.11.13. 2001두1918 / 257, 564, 592
대법원 2002.12.6. 2001두2560 / 1024
대법원 2002.12.26. 2001두6227 / 305

헌재 2002.8.29. 2001헌가24 / 211

2003년

대법원 2003.1.10. 2002다61897 / 136
대법원 2003.3.11. 2002두4068 / 524, 647, 663, 682
대법원 2003.6.13. 2001두9394 / 927, 929
대법원 2003.12.11. 2002두7227 / 519, 915
대법원 2003.12.12. 2002두9995 / 878
대법원 2003.12.12. 2003두6559 / 614

헌재 2003.12.18. 2002헌마593 / 211

2004년

대법원 2004.1.29. 2003두247 / 592
대법원 2004.2.13. 2002두11479 / 222
대법원 2004.3.26. 2001두10790 / 654, 663
대법원 2004.3.26. 2002다29138 / 850, 1025
대법원 2004.4.9. 2002두9254 / 1023
대법원 2004.4.9. 2003두7804 / 564
대법원 2004.7.9. 2003두1059, 1066 / 349, 888, 1017, 1027
대법원 2004.9.23. 2003두6870 / 518, 708
대법원 2004.11.25. 2003두14802 / 224
대법원 2004.11.26. 2003두4447 / 931
대법원 2004.12.10. 2004다25123 / 630

헌재 2004.7.15. 2003헌바45 / 870

2005년

대법원 2005.4.15. 2003두13083 / 1033
대법원 2005.4.29. 2003두15249 / 871
대법원 2005.5.12. 2003두15287 / 931
대법원 2005.5.13. 2004두3328 / 222
대법원 2005.9.9. 2003두12455 / 1147

2006년

대법원 2006.1.12. 2005두937 / 931
대법원 2006.1.13. 2003두13267 / 900
대법원 2006.4.14. 2005두10170 / 970
대법원 2006.4.20. 2002두1878
  전원합의체판결 / 1035

대법원 2006.5.11. 2004두7993 / 873, 880, 912
대법원 2006.7.13. 2004두4604 / 1030
대법원 2006.7.27. 2004두9944 / 1030, 1031
대법원 2006.7.28. 2004두13844 / 558
대법원 2006.8.25. 2004다26119 / 99
대법원 2006.8.25. 2006두3803 / 1028
대법원 2006.11.10. 2006두125 / 871, 877, 881, 924
대법원 2006.12.7. 2005두4106 / 1037
대법원 2006.12.21. 2005두2049 / 1024

헌재 2006.6.29. 2004헌바76 / 870

2007년

대법원 2007.1.25. 2005두5598 / 654
대법원 2007.2.22. 2006두13909 / 873
대법원 2007.5.31. 2005두2841 / 931
대법원 2007.8.23. 2005두5574 / 929
대법원 2007.9.20. 2005두9415 / 663, 887
대법원 2007.9.21. 2005두12022 / 931
대법원 2007.10.25. 2005두8924 / 488, 505, 614, 615
대법원 2007.11.29. 2005다28358 / 627
대법원 2007.12.13. 2005두14257 / 880

헌재 2007.1.1. 2005헌바75, 2006헌바7, 2006헌바8 / 663

2008년

대법원 2008.1.18. 2005두8030 / 1017
대법원 2008.2.1. 2004두1834 / 920
대법원 2008.4.11. 2006두5502 / 592
대법원 2008.4.24. 2006두187 / 1011
대법원 2008.7.10. 2006두1098 / 614, 615
대법원 2008.9.11. 2006두2558 / 806
대법원 2008.9.11. 2006두11576 / 968, 1005

대법원 2008.9.18. 2006다49789 전원합의체 판결 / 1017, 1027, 1032
대법원 2008.9.25. 2006두15530 / 938
대법원 2008.10.9. 2006두19013 / 912, 927
대법원 2008.11.13. 2007두23323 / 1023

2009년

대법원 2009.1.30. 2006두18270 / 713
대법원 2009.4.23. 2006두19037 / 663, 914, 915, 927, 938
대법원 2009.4.23. 2007두337 / 290
대법원 2009.5.14. 2006두11224 / 558, 876, 938
대법원 2009.7.9. 2007두1781 / 272, 273
대법원 2009.7.9. 2007두4049 / 564, 876
대법원 2009.8.20. 2007두1439 / 257
대법원 2009.9.10. 2009다11808 / 451
대법원 2009.10.29. 2007두16561 / 915
대법원 2009.11.12. 2007두12422 / 261, 264, 614, 615
대법원 2009.11.26. 2007두5363 / 887
대법원 2009.11.26. 2009다39240 / 100
대법원 2009.12.10. 2007두11955 / 564
대법원 2009.12.10. 2007두15872 / 102, 663, 915, 939

헌재 2009.2.29. 2006헌바65 / 1034
헌재 2009.3.26. 2005헌바107 / 1017
헌재 2009.7.30. 2007헌바15 / 524, 682
헌재 2009.7.30. 2008헌바1 / 1034

2010년

대법원 2010.1.14. 2007두5646 / 524, 682, 914, 933
대법원 2010.1.14. 2007두23200 / 931
대법원 2010.1.14. 2009두12822 / 880
대법원 2010.1.28. 2007두20959 / 1030,

1033
대법원 2010.3.25. 2007두18017 / 304
대법원 2010.3.25. 2007두20867 / 667
대법원 2010.4.29. 2007두11092 / 201
대법원 2010.4.29. 2007두11382 / 1011,
  1030
대법원 2010.5.13. 2007두14978 / 880, 882,
  888
대법원 2010.5.27. 2010두1484 / 909
대법원 2010.6.24. 2007두18000 / 505, 614,
  615, 616
대법원 2010.10.28. 2008두15541 / 871, 914
대법원 2010.10.28. 2008두19628 / 305
대법원 2010.10.28. 2010두11108 / 1017
대법원 2010.11.11. 2008두8994 / 882
대법원 2010.12.23. 2008두19864 / 93, 1133

2011년
대법원 2011.2.10. 2008두2330 / 378, 382,
  793, 829
대법원 2011.5.13. 2008두1849 / 933
대법원 2011.5.13. 2008두14074 / 767, 1107,
  1110
대법원 2011.6.24. 2008두20871 / 220
대법원 2011.7.21. 2008두150 전원합의체
  판결 / 98
대법원 2011.7.28. 2008두5650 / 304, 710
대법원 2011.9.29. 2009두11157 / 221
대법원 2011.11.24. 2009두23587 / 1034

2012년
대법원 2012.1.19. 2008두8499 / 870
대법원 2012.1.26. 2009두14439 / 1036
대법원 2012.1.26. 2010두3763 / 1173
대법원 2012.4.13. 2009두5510 / 1035
대법원 2012.4.26. 2010두26988 / 919
대법원 2012.5.9. 2010두13234 / 1033

대법원 2012.6.14. 2011두32300 / 920
대법원 2012.6.28. 2011두30205 / 1025
대법원 2012.7.26. 2010두382 / 1025
대법원 2012.8.17. 2009두14965 / 320
대법원 2012.8.23. 2010두12996 / 320
대법원 2012.9.27. 2010두14329 / 614, 615
대법원 2012.10.11. 2012두12532 / 154
대법원 2012.10.26. 2012두12006 / 931
대법원 2012.11.29. 2010두19294 / 935

2013년
대법원 2013.2.28. 2012두23365 / 1033
대법원 2013.2.28. 2012두23822 / 1023
대법원 2013.4.11. 2010두17847 / 257
대법원 2013.5.9. 2012두27091 / 305
대법원 2013.5.23. 2013두673 / 305, 408,
  732
대법원 2013.6.14. 2011두29250 / 304
대법원 2013.9.13. 2013두6718 / 224
대법원 2013.9.26. 2010두24579 / 1031,
  1036
대법원 2013.9.26. 2011두12917 / 125, 1028
대법원 2013.9.27. 2013두10335 / 887, 931
대법원 2013.10.31. 2010두4599 / 915
대법원 2013.11.14. 2011두31253 / 920
대법원 2013.11.28. 2013두12645 / 1143,
  1164, 1165
대법원 2013.12.18. 2012다89399 전원합의체
  판결 / 629
대법원 2013.12.26. 2011두1245 / 223, 225,
  709, 716
대법원 2013.12.26. 2011두2736 / 919

2014년
대법원 2014.1.29. 2013두18810 / 224
대법원 2014.2.27. 2011두13842 / 716
대법원 2014.3.13. 2012두10611 / 225

대법원 2014.3.13. 2013두20844 / 808
대법원 2014.4.10. 2013두20127 / 876, 880
대법원 2014.4.10. 2013두25344 / 498, 720
대법원 2014.4.24. 2011두23047 / 847, 895
대법원 2014.5.16. 2011두32751 / 570
대법원 2014.7.24. 2011두14227 / 1036
대법원 2014.7.24. 2012두6247 / 524, 682
대법원 2014.8.20. 2012두23341 / 295, 1028
대법원 2014.8.26. 2014두4719 / 261
대법원 2014.11.13. 2012두24863 / 929, 931
대법원 2014.11.27. 2012두25248 / 847, 848,
  895, 896, 1017

2015년

대법원 2015.1.15. 2012두4111 / 890, 910
대법원 2015.1.15. 2012두7608 / 263, 264
대법원 2015.1.29. 2013두4118 / 135, 1028,
  1036
대법원 2015.2.12. 2012두7905 / 931
대법원 2015.2.12. 2014두43226 / 933
대법원 2015.2.26. 2014도16164 / 263, 267
대법원 2015.3.26. 2013두9267 / 1036
대법원 2015.3.26. 2014두5613 / 955
대법원 2015.7.16. 2014두5514 전원합의체
  판결 / 265
대법원 2015.8.19. 2015두1588 / 225, 715,
  718
대법원 2015.9.10. 2010두1385 / 217
대법원 2015.9.10. 2013두6206 / 927
대법원 2015.9.10. 2013두6862 / 487, 557,
  885
대법원 2015.11.26. 2014두335 / 917
대법원 2015.12.10. 2013두13327 / 266
대법원 2015.12.23. 2012두16299 / 725

2016년

대법원 2016.1.14. 2013두17534 / 524

대법원 2016.1.14. 2014두8896 / 86
대법원 2016.1.28. 2013두7001 / 565
대법원 2016.2.18. 2015두50153 / 635
대법원 2016.6.9. 2014다82491 / 1032
대법원 2016.6.10. 2016두35014 / 876
대법원 2016.7.14. 2014두45246 / 1035
대법원 2016.8.18. 2016두31173 / 1153
대법원 2016.9.23. 2016두40573 / 1025
대법원 2016.11.24. 2016두43268 / 93, 1133

2017년

대법원 2017.1.12. 2015두48693 / 429
대법원 2017.1.25. 2016두50686 / 873
대법원 2017.1.25. 2016두51535 / 811
대법원 2017.2.3. 2014두14228 / 931
대법원 2017.3.22. 2016두51511 / 291, 707
대법원 2017.3.9. 2016두59249 / 1168
대법원 2017.4.27. 2014두6562 / 349
대법원 2017.7.11. 2015두49115 / 433
대법원 2017.7.11. 2016두64722 / 489, 1154
대법원 2017.8.29. 2014두43301 / 654, 876,
  913
대법원 2017.9.7. 2016두57298 / 1017
대법원 2017.9.7. 2017두36588 / 519
대법원 2017.9.21. 2015두60884 / 238, 625
대법원 2017.9.21. 2016두60201 / 225
대법원 2017.10.26. 2017두1310 / 1027
대법원 2017.10.26. 2017두51310 / 264
대법원 2017.12.22. 2014두2256 / 524, 682,
  1049
대법원 2017.12.22. 2014두44847 / 196, 227,
  709

2018년

대법원 2018.2.28. 2015두2710 / 1030
대법원 2018.3.15. 2017두63887 / 602, 873,
  876, 925

대법원 2018.5.11. 2014두44342 / 651
대법원 2018.5.11. 2015두41463 / 783
대법원 2018.5.11. 2017두54791 / 782, 783
대법원 2018.5.30. 2015다51968 / 630
대법원 2018.6.28. 2016두40986 / 785, 806, 817
대법원 2018.6.28. 2017두68295 / 522
대법원 2018.7.20. 2015두39842 / 871, 873, 878, 879, 931, 935
대법원 2018.7.24. 2015두46239 / 740
대법원 2018.7.26. 2016두40375 / 871, 873, 874, 934, 935
대법원 2018.10.25. 2016두39573 / 873, 880, 882, 935
대법원 2018.10.25. 2018두42184 / 811
대법원 2018.12.27. 2017두47519 / 873

헌재 2018.4.26. 2016헌마116 / 991

2019년
대법원 2019.5.16. 2015다35270 / 220
대법원 2019.5.30. 2016두54213 / 871, 875, 876
대법원 2019.6.27. 2016두49525 / 305, 663
대법원 2019.9.9. 2017두47564 / 222
대법원 2019.12.27. 2018두37472 / 1158, 1159, 1166

2020년
대법원 2020.1.30. 2016두59188 / 223, 225
대법원 2020.4.9. 2017두50492 / 592
대법원 2020.4.9. 2018두57490 / 707
대법원 2020.5.28. 2018두32330 / 1165
대법원 2020.7.9. 2017두63788 / 148
대법원 2020.10.29. 2017두51174 / 1002, 1029
대법원 2020.12.10. 2017두35165 / 871

2021년
대법원 2021.2.25. 2017두237 / 86
대법원 2021.4.29. 2020두52689 / 1029
대법원 2021.7.29. 2020두39655 / 322
대법원 2021.8.12. 2018두34305. / 322
대법원 2021.9.9. 2019두53464 전원합의체 판결 / 992
대법원 2021.9.16. 2017두68813 / 226, 261

2022년
대법원 2022.1.27. 2017두36045 / 310, 663, 914, 915
대법원 2022.1.27. 2017두51983 / 309, 578
대법원 2022.1.27. 2017두52719 / 309
대법원 2022.1.27. 2018두39027 / 309
대법원 2022.6.30. 2018두54323 / 306
대법원 2022.7.28. 2019두58346 / 564, 577
대법원 2022.10.27. 2020두47397 / 85

2023년
대법원 2023.4.27. 2018두62928 / 273
대법원 2023.5.18. 2018두33005 / 871
대법원 2023.5.18. 2022두31570, 31587 / 871
대법원 2023.5.18. 2023두32839 / 919, 920
대법원 2023.6.1. 2021두30679 / 871
대법원 2023.10.12. 2023두45736. / 250, 507, 508
대법원 2023.10.26. 2020두48215. / 929
대법원 2023.10.26. 2023두44443 / 934
대법원 2023.11.30. 2019두58445. / 202
대법원 2023.11.30. 2020두37857. / 429
대법원 2023.12.21. 2023두50912 / 715

2024년
대법원 2024.1.11. 2023두44634 / 958
대법원 2024.1.25. 2021두46940 / 957

대법원 2024.2.8. 2021두32248 / 957
대법원 2024.4.12. 2020두54265 / 920
대법원 2024.6.13. 2023두39808 / 321
대법원 2024.7.25. 2022두63386 / 632
대법원 2024.9.12. 2021두35308 / 261, 263
대법원 2024.11.20. 2022두47629 / 217, 220
대법원 2024.12.12. 2021두48359 / 469
대법원 2024.12.12. 2024도10710. / 1229
대법원 2024.12.19. 2020다247190
　전원합의체판결 / 629, 630
대법원 2024.12.19. 2023다302838
　전원합의체판결 / 630
대법원 2024.12.24. 2021두55203 / 469

58th Street Plaza Theatre v. Comm'r, 16 T.C. 469 (1951), aff'd, 195 F.2d 724 (2d Cir. 1952) / 877

A. Arena & Co., Ltd. v. United States, 103 F. Suat 505 (S.D. Cal. 1952) / 877

Alice Phelan Sullivan Corp. v. United States, 381 F.2d 399 (Ct. Cl. 1967) / 66, 218

Bank of Am. Nat'l Trust & Sav. Ass'n v. Comm'r, 15 T.C. 544, aff'd, 193 F.2d 178 (9th Cir. 1951) / 877

Bowers v. Kerbaugh-Empire Co., 271 U.S. 170, 46 S. Ct. 449 (1926) / 72

Bramblett v. Commissioner, 960 F. 2d 526(5th Cir. 1992) / 60

Brown v. United States, 329 F.3d 664, 673 (9th Cir. 2003) / 877

Burnet v. Sanford & Brooks Co., 282 U.S. 359 (1931) / 64

Campana Corat v. Harrison, 114 F.2d 400 (7th Cir. 1940) / 877

Cent. Cuba Sugar Co. v. Comm'r, 16 T.C. 882 (1951), aff'd on this point, 198 F.2d 214 (2d Cir. 1952) / 877

Cesarini v. United States, 296 F. Supp. 3 (N.D. Ohio 1969) / 64

Commissioner v. Glenshaw Glass Co., 348 U.S. 426(1955) / 54

Cottage Savings Association v. Commissioner, 499 U.S. 554, 111 S. Ct. 1503 (1991) / 64

Crown Cork Int'l Corat v. Comm'r, 4 T.C. 19, aff'd, 149 F.2d 968 (3d Cir. 1945) / 877

Eisner v. Macomber, 252 U.S. 189, 40 S. Ct. 189 (1920) / 64

Frank Lyon Co. v. United States, 435 U.S. 561, 584 (1978) / 877

Gladys Chessman Evans v. Comm'r, 30 T.C. 798 (1958) / 877

Haverly v. United States, 513 F.2d 224 (7th Cir. 1975) / 64

Hillsboro National Bank v. Commissioner, 460 U.S. 370 (1983) / 67, 219

Larchfield Corp. v. United States, 203 F. Supp. 821 (1962) / 66, 219

Limericks, Inc. v. Comm'r, 7 T.C. 1129 (1946), aff'd, 165 F.2d 483 (5th Cir. 1948) / 877

Nat'l Lead Co. v. Comm'r, 336 F.2d 134 (2d Cir.), cert. denied, 380 U.S. 908 (1964) / 877

National Bank of Commerce v. Commissioner, 115 F.2d 875 (9th Cir. 1940) / 66, 218

North American Oil Consolidated v. Burnet, 286 U.S. 417 (1932) / 65, 217

Pike v. Commissioner, 44 T.C. 787 (1965) / 65, 218

Tennessee Foundry & Machinery Co. v. Commissioner, 48 T.C. 419 (1967) / 66, 219

United States v. 58th Street Plaza Theatre, 287 F. Suat 475 (S.D.N.Y. 1968) / 877

United States v. Foster Lumber Co., 429 U.S. 32, 97 S. Ct. 204 (1976) / 145

United States v. Lewis, 340 U.S. 590 (1951) / 65, 217

Van Cleave v. United States, 718 F.2d 193 (6th Cir. 1983) / 65, 218

Winters v. Dallman, 238 F.2d 912 (7th Cir. 1956) / 877

大阪高判 昭和57年12月23日 行裁例集33卷12号 / 1008

이준봉(성균관대학교 법학전문대학원 교수)

▌ 학력
- 서울대학교 법과대학 졸업
- 연세대학교 경영대학원 졸업(회계학석사)
- 고려대학교 대학원 경영학과 졸업(경영학박사)
- 서울대학교 대학원 법학과 졸업(법학박사)

▌ 경력
- 육군법무관
- 변호사
- 성균관대학교 법학전문대학원 교수(세법 등)(2007~현재)
- 북경대학교 법학원 visiting scholar
- 전 국세청 국세심사위원
- 전 (사) 한국세법학회 회장
- 전 (사) 한국국제조세협회 이사장
- 전 국세청 납세자보호위원회 위원장
- 기획재정부 국세예규심사위원회 위원
- 기획재정부 세제발전심의위원회 위원
- 기획재정부 자체평가위원회 위원
- 조세심판원 비상임심판관
- 국토교통부 건설분쟁조정위원회 위원장
- 관세청 납세자보호위원회 위원장
- (사) 한국세법학회 고문
- (사) 한국국제조세협회 고문

▌ 상훈
- 홍조근정훈장
- 조세법률문화상(한국세법학회)

▌ 주요 연구실적

【저서】
- 판례세법, 박영사(5인 공저)(2011)
- 유동화거래와 조세, 한국학술정보(2012)
- 주요국의 조세제도 캐나다 편, 한국조세재정연구원(2013)
- 조세법총론, 삼일인포마인(제11판, 2025)

【주요 논문】
- 파생금융상품의 회계처리 및 과세방안에 관한 연구
- 세무조사, 환경변수개선 및 처벌강화를 통한 재무제표부정예방에 관한 실증적 연구
- 재무제표사기의 발생, 예방 및 적발에 관한 연구
- 기업회계기준과 세법의 조화
- 외부감사인의 책임제한
- 일본잉여금배당을 전제로 한 배당과세방안에 연구
- 현행 기업회계기준 및 회계감사기준 관련 법규정의 문제점
- 계약해제와 조세
- 현행 부채비율의 산정 및 자본잠식판정에 관한 개선방안
- 일본신탁과세제도와 그 시사점
- 유동화금융자산의 양도와 과세
- 세법 상 법적 실체인 신탁의 도입에 대한 검토
- 유동화거래의 과세에 관한 연구
- 법인인 유동화기구와 이중과세의 조정
- 사회적 기업 조세특례의 개선방안에 관한 검토
- 휴대폰 단말기 약정보조금의 부가가치세 과세표준에의 포함 여부에 관한 연구
- 유언대용신탁 및 수익자연속신탁의 과세에 관한 연구
- 국외투자신탁을 이용한 조세회피의 방지에 관한 연구
- 영리법인을 이용한 증여와 실질과세
- 역외탈세의 논의국면에서 본 탈세의 개념체계
- 조세범처벌과 관련된 헌법상 쟁점들에 대한 검토
- 법인세법상 주요한 쟁점에 대한 판례의 동향과 전망
- 주식대여약정과 조세조약의 적용
- 하이브리드 미스매치의 해소와 관련된 국내세법상 대응방안에 대한 연구
- 국내 미등록 특허 사용료와 국내원천소득
- 담배소비세 납세의무의 성립시기에 관한 연구
- An Overview of the Protection of Taxpayer Rights in Korea
- 중국의 일대일로 정책과 BEPS 맥락에 따른 원천지국 과세권의 강화
- 위법비용의 소득과세 방안에 관한 연구
- 주식회사의 외부감사에 관한 법률 상 회계처리기준 및 회계감사기준의 위반과 관련된 처벌조항의 위헌성에 대한 검토
- 조세포탈죄의 고의에 관한 연구
- 균등화세의 도입을 통한 디지털 경제의 과세에 관한 연구
- 현행 동업기업 과세특례 상 비거주자 과세의 개선방안에 관한 연구
- 고정사업장과 부가가치세 납세의무
- 법인세법 상 사용료 소득구분과 한미조세협약 상 사용료 조항의 적용

제4판 **법인세법강의**

2022년 5월 18일 초판 발행
2025년 4월 2일 4판 발행

저   자 이 준 봉
발 행 인 이 희 태
발 행 처 **삼일피더블유씨솔루션**
서울특별시 용산구 한강대로 273 용산빌딩 4층
등록번호 : 1995. 6. 26 제3-633호
전   화 : (02) 3489-3100
F A X : (02) 3489-3141
I S B N : 979-11-6784-373-9 93320

저자협의
인지생략

정가 80,000원